Das intelligente Online-Wörterbuch: 1x intelligent nachschlagen – 5-fach Wissen sammeln

Schlagen Sie im intelligenten Online-Wörterbuch nach und erfahren Sie alles zu dem von Ihnen gesuchten Begriff:

Schlagen Sie die richtige Übersetzung in der PONS Wörterbuchdatenbank nach. Lassen Sie sich alle Stichwörter und Beispielsätze vorlesen und trainieren Sie die französische Aussprache.

Mit ergänzenden Informationen aus Wikipedia® – so lernen Sie mit einem Klick alles über die Herkunft und die Bedeutung des Wortes und erfahren alle relevanten Hintergrundinformationen.

Mit veranschaulichenden Bildern zum gesuchten Begriff – so bleibt der Wortschatz besser haften.

Mit ergänzenden Videos aus Youtube® – so sehen Sie in bewegten Bildern alles über das von Ihnen gesuchte Wort.

Mit Übersetzerfunktion für ganze Texte – so sparen Sie Zeit bei der Übertragung vom Deutschen ins Französische und vom Französischen ins Deutsche.

Viel Erfolg beim Nachschlagen wünscht Ihnen

Ihre
PONS-Redaktion

Mit intelligentem Online-Wörterbuch

Structure des articles français-allemand

anormalement [anɔʀmalmɑ̃] *adv.* ungewöhnlich **ANPE** [ɑɛnpeø] *f abr. de* **Agence nationale pour l'emploi**	Toutes les entrées sont présentées dans l'ordre alphabétique et imprimées en couleur.
adresse[1] [adʀɛs] *f* a. INFORM Adresse *f;* **changer d'~** umziehen; **~ électronique** E-Mail-Adresse **adresse**[2] [adʀɛs] *f sans pl.* Geschicklichkeit *f*	Les exposants en chiffre arabe indiquent qu'il s'agit de mots identiques avec des sens différents (homographes).
Pacifique [pasifik] *m* **le ~** der Pazifik	Le tilde remplace l'entrée dans les exemples et tournures idiomatiques.
cheval [ʃ(ə)val, o] <-aux> ... **œil** [œj, jø] <yeux> ... **beau, bel, belle** [bo, bɛl] <x> ...	Les formes irrégulières au pluriel des substantifs et des adjectifs sont indiquées entre chevrons.
chanter [ʃɑ̃te] <1> ... **boire** [bwaʀ] <irr> ...	Un numéro suivant l'infinitif du verbe ou la marque *irr* renvoie aux tableaux de conjugaison qui se trouvent en annexe.
voyant, e [vwajɑ̃, jɑ̃t] **I.** *part prés de* **voir** **II.** *adj.* (*qui se remarque*) auffallend **III.** *m, f* ❶ (*devin*) Hellseher(in) *m(f)* ❷ (*opp: aveugle*) Sehende(r) *f(m)*	Les chiffres romains subdivisent une entrée en différentes catégories grammaticales. Les chiffres arabes subdivisent une entrée en ses différents sens.
quatre [katʀ(ə)] **I.** *num.* vier ▶ **manger comme ~** für zwei essen; **un de ces ~ [matins]** *fam* demnächst **II.** *m inv.* Vier *f; voir a.* **cinq**	Le signe ▶ introduit le bloc des expressions figées. Les mots soulignés permettent une meilleure orientation.
	De nombreuses balises sémantiques permettent de trouver la bonne traduction:
conservatoire [kɔ̃sɛʀvatwaʀ] *m* MUS Konservatorium *nt;* THEAT Schauspielschule *f*	• indication du domaine
costume [kɔstym] *m* ❶ (*complet*) [Herren]anzug *m* ❷ (*d'époque, de théâtre*) Kostüm *nt;* (*d'un pays*) Tracht *f*	• définitions et synonymes, sujets et objets typiques et autres explications
chenil [ʃ(ə)nil] *m* ❶ (*lieu de garde*) Hundeheim *nt* ❷ CH (*désordre*) Durcheinander *nt*	• indication des régionalismes
bosseur, -euse [bɔsœʀ, -øz] *m, f fam* Arbeitstier *nt*	• indication du niveau de langue

So einfach können Sie jetzt zusätzlich im intelligenten Online-Wörterbuch nachschlagen:

1. Gehen Sie auf die Seite **www.pons.de/meinpons**
2. Geben Sie Ihren persönlichen Code ein und registrieren Sie sich mit Ihrem Benutzernamen, Ihrer E-Mail-Adresse und dem von Ihnen gewählten Passwort.
3. Danach erhalten Sie eine E-Mail mit dem Link für die Freischaltung Ihres persönlichen Zugangs zum Online-Wörterbuch.
4. Los geht's! Der Zugang ist jetzt für Sie freigeschaltet. Mit Ihrem Benutzernamen und Ihrem Passwort können Sie nun werbefrei in Ihrem persönlichen Wörterbuch nachschlagen: wann Sie wollen und von wo Sie wollen.

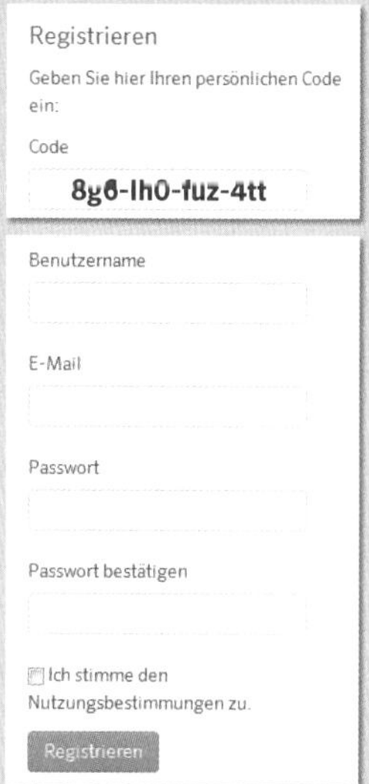
Registrieren

Geben Sie hier Ihren persönlichen Code ein:

Code

8g6-lh0-fuz-4tt

Benutzername

E-Mail

Passwort

Passwort bestätigen

Ich stimme den Nutzungsbestimmungen zu.

Registrieren

Unsere Nutzungsbedingungen finden Sie im Impressum.

Viel Erfolg beim Nachschlagen wünscht Ihnen

Ihre
PONS-Redaktion

STANDARDWÖRTERBUCH

FRANZÖSISCH

mit intelligentem Online-Wörterbuch

Französisch – Deutsch

Deutsch – Französisch

PONS GmbH
Stuttgart

PONS

Standardwörterbuch
Französisch
mit intelligentem Online-Wörterbuch

Bearbeitet von: Dr. Nathalie Karanfilovic und Dr. Birgit Klausmann

Entwickelt auf der Basis des
PONS Standardwörterbuchs Französisch,
ISBN 978-3-12-517577-8

Online-Angebot
PONS verpflichtet sich, den Zugriff auf das Online-Angebot, das zu diesem Buch gehört, mindestens bis Ende 2018 kostenlos zu gewährleisten. Einen Anspruch auf Nutzung, der darüber hinausgeht, gibt es nicht.
Weitere Informationen entnehmen Sie bitte unseren AGBs.

Warenzeichen, Marken und gewerbliche Schutzrechte
Wörter, die unseres Wissens eingetragene Warenzeichen oder Marken oder sonstige gewerbliche Schutzrechte darstellen, sind als solche – soweit bekannt – gekennzeichnet. Die jeweiligen Berechtigten sind und bleiben Eigentümer dieser Rechte.
Es ist jedoch zu beachten, dass weder das Vorhandensein noch das Fehlen derartiger Kennzeichnungen die Rechtslage hinsichtlich dieser gewerblichen Schutzrechte berührt.

1. Auflage 2016 (1,01 - 2016)

www.pons.de
E-Mail: info@pons.de

Projektleitung: Barbara Krüger
Online-Angebot: Anika Gebhardt
Sprachdatenverarbeitung: Dr. Wolfgang Schindler
Gestaltung: Petra Michel, Essen
Umschlaggestaltung: Anne Helbich
Logoentwurf: Erwin Poell, Heidelberg
Logoüberarbeitung: Sabine Redlin, Ludwigsburg
Satz: Dörr + Schiller GmbH, Stuttgart
Druck: Druckerei C.H. Beck, Nördlingen
Printed in Germany

ISBN 978-3-12-516032-3

Inhaltsverzeichnis

Table des matières

Verwendete Lautschriftzeichen
Signes utilisés pour la transcription phonétique

Die französische Phonetik		Die deutsche Phonetik	
[ː]	longueur vocalique	[ː]	Längezeichen
[ø]	**Eu**rope	[ˈ]	Betonungszeichen
[a]	b**a**c	[ʔ]	Knacklaut
[ɑ]	cl**a**sse	[ø]	Am**ö**be
[ɛ]	c**ai**sse	[a]	K**a**mel
[ɑ̃]	ch**an**son	[ɑ]	H**a**rdware
[b]	**b**eau	[ai̯]	S**ei**fe
[d]	**d**u	[au̯]	Fr**au**
[e]	**é**tat	[ɛ]	Tab**e**lle
[ə]	m**e**nace	[ɑ̃]	Br**an**che
[ɛ̃]	af**in**	[æ]	J**a**zz
[f]	**f**eu	[b]	Getrie**b**e
[g]	**g**ant	[ç]	Tei**ch**
[ˊ]	**h**éros (h aspiré)	[ʤ]	**Dsch**ungel
[i]	d**i**plôme	[e]	Gr**e**mium
[j]	**y**acht	[ə]	Temp**e**l
[ʒ]	**j**our	[ɛ̃]	Cous**in**
[k]	**c**acher	[f]	Ha**f**en
[l]	**l**oup	[g]	Ha**g**ebutte
[m]	**m**arché	[h]	**H**agel
[n]	**n**ature	[i]	Hind**i**
[ɲ]	di**gn**e	[ɪ]	Br**i**lle
[ŋ]	camp**ing**	[i̯]	Fus**i**on
[o]	**au**to	[j]	In**j**ektion
[ɔ]	**o**btenir	[ʒ]	Eta**g**e
[œ]	c**œu**r	[k]	Inse**k**t
[ɔ̃]	b**on**b**on**	[ks]	wa**chs**en
[œ̃]	auc**un**	[l]	**L**uft
[p]	**p**age	[m]	**M**acht
[ʀ]	**r**ègle	[n]	**N**uss
[s]	**s**el	[ŋ]	Geda**n**ke
[ʃ]	**ch**ef	[o]	Ab**o**

Die französische Phonetik		Die deutsche Phonetik	
[t]	timbre	[ɔ]	Rolle
[u]	coup	[o̯]	Pointe
[v]	vapeur	[õ]	Bronze
[w]	kiwi	[œ]	Töpfer
[y]	nature	[ɔ͜y]	Freude
[ɥ]	huile	[p]	Abstinenz
[z]	zèbre	[p͜f]	Gipfel
		[kv]	Quelle
		[r]	Reise
		[ɐ]	Hafer
		[ɐ̯]	Herd
		[s]	Respekt
		[ʃ]	Flasche
		[θ]	Thriller
		[t]	Tisch
		[t͜s]	Ziel
		[t͜ʃ]	Kitsch
		[u]	Universität
		[ʊ]	Runde
		[ʌ]	Publicity
		[x]	Sprache
		[ʏ]	Stück
		[y]	Rübe
		[v]	Wasser
		[z]	Hose

Zeichen und Abkürzungen
Symboles et abréviations

▶	phraseologischer Block	bloc phraséologique	▶
|	zusammengesetztes, trennbares Verb	verbe composé séparable	
=	Kontraktion	contraction	=
*	Partizip ohne *ge-*	pas de *ge-* au participe passé	
≈	entspricht etwa	correspond à	≈
–	Sprecherwechsel im Dialog	changement d'interlocuteur	–
®	Warenzeichen	marque déposée	®
RR	reformierte Schreibung	nouvelle orthographe	
ALT	alte Schreibung	ancienne orthographe	
a.	auch	aussi	*a.*
A	österreichisch	autrichien	
Abk.	Abkürzung	abréviation	*abr.*
Adj.	Adjektiv	adjectif	*adj.*
ADMIN	Verwaltung	administration	ADMIN
Adv.	Adverb	adverbe	*adv.*
AGR	Landwirtschaft	agriculture	AGR
Akk	Akkusativ	accusatif	
ANAT	Anatomie	anatomie	ANAT
app	Apposition	apposition	*app*
ARCHÄOL	Archäologie	archéologie	ARCHEOL
ARCHIT	Architektur	architecture	ARCHIT
Art.	Artikel	article	*art.*
	Kunst	beaux-arts	ART
ASTRO	Astrologie, Astronomie	astrologie, astronomie	ASTRO
attr	attributiv	épithète	
AUT	Auto, Transport und Verkehr	automobile, moyens de transport	AUT
	Hilfsverb	auxiliaire	*aux*
AVIAT	Luftfahrt, Raumfahrt	aviation, espace	AVIAT
	belgisch	belge	BELG
bes.	besonders	surtout	
best.	bestimmte(r, s)	défini	
BIO	Biologie	biologie	BIO
BOT	Botanik, Gartenbau	botanique, horticulture	BOT
	kanadisch	canadien	CAN
CH	schweizerisch	suisse	CH
	Jagd	chasse	CHASSE
	Eisenbahn	chemin de fer	CHEMDFER
CHEM	Chemie	chimie	CHIM
CINE	Film, Kino	cinéma	CINE
COM	Handel	commerce	COM

	Komparativ	comparatif	*comp.*
	Ergänzung, Objekt	complément	*compl*
	Konjunktion	conjonction	*conj.*
COUT	Mode	couture	COUT
Dat	Dativ	datif	
	bestimmt	défini	*déf*
	unvollständiges Verb	verbe défectif	*défec*
dekl	dekliniert	décliné	
	demonstrativ	démonstratif	*dém*
	Begleiter des Substantivs	déterminant	*dét*
Dim	Verkleinerungsform	diminutif	*dim*
EISENBAHN	Eisenbahn	chemin de fer	
	Ökologie	écologie	ECOL
	Wirtschaft	économie	ECON
ELEC	Elektrizität	électricité	ELEC
	Kindersprache	langage enfantin	*enfantin*
etw	etwas	quelque chose	
f	Femininum	féminin	*f*
fam	umgangssprachlich	familier	*fam*
fig	figurativ, übertragen	figuré	*fig*
FIN	Finanzen, Börse	finances, bourse	FIN
form	förmlicher Sprachgebrauch	langage formel	*form*
	Futur	futur	*fut*
GASTR	Gastronomie	gastronomie	GASTR
geh	gehobener Sprachgebrauch	soutenu	
Gen	Genitiv	génitif	
	meist	généralement	*gén*
GEO	Geographie, Geologie	géographie, géologie	GEO
HIST	Geschichte	histoire	HIST
Hilfsv.	Hilfsverb	auxiliare	
Imp.	Imperfekt	imparfait	*imparf*
	unpersönlich	impersonnel	*impers.*
IND	Industrie	industrie	IND
	unbestimmt	indéfini	*indéf.*
	Indikativ	indicatif	*indic.*
INET	Internet	Internet	INET
Infin.	Infinitiv	infinitif	*infin*
INFORM	Informatik	informatique	INFORM
Interj.	Interjektion	interjection	*interj.*
	Frage-, fragend	interrogatif	*interrog.*
intr.	intransitiv	intransitif	*intr.*
	unveränderlich	invariable	*inv.*
iron	ironisch, scherzhaft	ironique, humoristique	*iron*
JAGD	Jagd	chasse	
	unregelmäßig	irrégulier	*irr*
jd	jemand	quelqu'un (nominatif)	
jdm	jemandem	quelqu'un (datif)	
jdn	jemanden	quelqu'un (accusatif)	

jds	jemandes	quelqu'un (génitif)	
	Spiele	jeux	JEUX
JUR	Jura, Recht	juridique	JUR
Kinderspr.	Kindersprache	langage enfantin	
Komp.	Komparativ	comparatif	
KUNST	Kunst	beaux-arts	
LING	Linguistik, Grammatik	linguistique, grammaire	LING
LITER	Literatur	littérature	LITTER
	Wendung	locution	*loc*
m	Maskulinum	masculin	*m*
MATH	Mathematik, Geometrie	mathématiques, géométrie	MATH
MED	Medizin, Pharmazie	médecine, pharmacie	MED
MEDIA	(audiovisuelle) Medien	médias, audiovisuel	MEDIA
METAL	Hüttenwesen	métallurgie	METAL
METEO	Meteorologie	météorologie	METEO
	südfranzösisch	du Midi	MIDI
MIL	Militär	militaire	MIL
MIN	Bergbau	industrie minière	MIN
MINER	Mineralogie	minéralogie	MINER
MUS	Musik	musique	MUS
NAUT	Seefahrt	navigation	NAUT
NDEUTSCH	norddeutsch	allemand du Nord	
	Verneinung	négation	*nég*
Nom	Nominativ	nominatif	
	nordfranzösisch	du Nord	NORD
NS	nationalsozialistisch	national-socialiste	
nt	Neutrum	neutre	
Num.	Zahlwort	numéral	*num.*
o	oder	ou	*o*
ÖKOL	Ökologie	écologie	
ÖKON	Wirtschaft	économie	
opp	Gegenteil	opposé, antonyme	*opp*
OPT	Optik	optique	OPT
	Angeln	pêche	PECHE
pej	abwertend	péjoratif	*péj*
pers	persönlich	personnel	*pers*
Pers	Person	personne	*pers.*
PHILOS	Philosophie	philosophie	PHILOS
PHOT	Fotografie	photographie	PHOT
PHYS	Physik	physique	PHYS
Pl	Plural	pluriel	*pl*
POL	Politik	politique	POL
	possessiv	possessif	*poss*
POST	Post	poste	POST
PP	Partizip Perfekt	participe passé	*part passé*
	Partizip Präsens	participe présent	*part prés*
präd	prädikativ	attribut	
Präp.	Präposition	préposition	*prép*

Präs.	Präsens	présent	*prés*
PRESSE	Presse	presse	PRESSE
Pron.	Pronomen	pronom	*pron.*
	reflexiv	pronominal	*pron.*
prov	sprichwörtlich	proverbe	*prov*
PSYCH	Psychologie	psychologie	PSYCH
	etwas	quelque chose	qc
	jemand	quelqu'un	qn
RADIO	Rundfunk	radio	RADIO
refl.	reflexiv	réfléchi, pronominal	
reg	regelmäßig	régulier	
	Relativ-	relatif	*rel.*
REL	Religion	religion	REL
s.	siehe	voir	
S.	Sache	chose	
SCI	Naturwissenschaften	sciences naturelles	SCI
SCHULE	Schulwesen	école	SCOL
SDEUTSCH	süddeutsch	allemand du Sud	
Sing	Singular	singulier	*sing*
SOZIOL	Soziologie	sociologie	SOCIOL
	gehoben	soutenu	*soutenu*
SPIEL	Spiele	jeux	
SPORT	Sport	sport	SPORT
	Konjunktiv	subjonctif	*subj*
	Substantiv	substantif	*subst*
Superl.	Superlativ	superlatif	*superl.*
TECH	Technik	technique	TECH
TELEC	Nachrichtentechnik	télécommunications	TELEC
TEXTIL	Textilien	textile	TEXTIL
THEAT	Theater	théâtre	THEAT
TOUR	Tourismus	tourisme	TOUR
tr.	transitiv	transitif	*tr.*
TV	Fernsehen	télévision	TV
TYP	Buchdruck	typographie	TYP
UNIV	Universität	université	UNIV
unpers.	unpersönlich	impersonnel	
unreg	unregelmäßig	irrégulier	
unv	unveränderlich	invariable	
V.	Verb	verbe	*v.*
vulg	vulgär	vulgaire	*vulg*
ZOOL	Zoologie	zoologie	ZOOL

Aa

A, **a** [ɑ] *m inv.* A *nt,* a *nt;* **a commercial** (*arobase*) at-Zeichen *nt,* at *nt*

a [a] *indic. prés. de* **avoir**

à [a] <à + le = au, à la, à + les = aux> *prép.* ❶ (*introduit une notion de temps*) **à sept heures** um sieben [Uhr]; **à Noël** an Weihnachten; **à l'arrivée** bei der Ankunft; **le cinq juin au matin** am fünften Juni morgens; **au printemps** im Frühling; **à mon retour** bei meiner Rückkehr; **à demain!** bis morgen!; **de deux à huit heures** von zwei bis acht Uhr ❷ (*introduit une notion de lieu*) **aller à l'école/la poste** in die Schule/auf die Post gehen; **aller à la mer/à la montagne/à Paris** ans Meer/ins Gebirge/nach Paris fahren; **aller au Japon/aux États-Unis** nach Japan/in die Vereinigten Staaten fliegen; **s'asseoir à son bureau** sich an seinen Schreibtisch setzen; **être à la piscine/poste** im Schwimmbad/auf der Post sein; **habiter à Paris/aux États-Unis** in Paris/in den Vereinigten Staaten leben; **être assis à son bureau** an seinem Schreibtisch sitzen; **au coin de la rue** an der Straßenecke; **à la page 36** auf Seite 36; **à cinq minutes d'ici** fünf Minuten von hier [entfernt]; **à la télévision** im Fernsehen; **avoir mal à la tête** Kopfschmerzen haben; **les larmes aux yeux** mit Tränen in den Augen ❸ (*par*) **à l'heure/la journée** in der Stunde/am Tag; **7 litres aux 100 [kilomètres]** 7 Liter auf 100 [Kilometer]; **acheter au poids/au mètre** nach Gewicht/meterweise [ein]kaufen ❹ (*cause*) **à cette nouvelle, ...** bei dieser Nachricht ... ❺ (*indique une appartenance*) **c'est à moi/lui** das gehört mir/ihm; **un ami à eux** ein Freund von ihnen; **avoir une maison à soi** ein eigenes Haus haben ❻ (*indique le moyen*) **coudre/écrire qc à la machine** etw auf der Maschine nähen/schreiben; **cuisiner au beurre** mit Butter kochen; **à la loupe** durch die Lupe ❼ (*indique la manière*) **à 2/3** zu zweit/dritt; **s'ennuyer à mourir** sich zu Tode langweilen; **c'est à mourir de rire** das ist zum Totlachen

à + [aplys] *interj. fam* bis dann

abaissement [abɛsmɑ̃] *m* (*d'un niveau, siège*) Niedrigerstellen *nt;* (*de l'âge de la retraite*) Herabsetzen *nt*

abaisser [abese] <1> **I.** *v. tr.* (*niveau*) niedriger stellen; (*âge de la retraite*) herabsetzen **II.** *v. pron.* (*s'humilier*) **s'~** sich erniedrigen

abandon [abɑ̃dɔ̃] *m* ❶ Verlassen *nt;* (*d'un nouveau-né, animal*) Aussetzen *nt;* **laisser qc à l'~** etw verkommen lassen ❷ a. SPORT (*des études, d'une piste*) Aufgabe *f;* (*des recherches*) Einstellung *f*

abandonné, **e** [abɑ̃dɔne] *adj.* (*maison*) verlassen; (*enfant*) ausgesetzt; (*animal*) herrenlos

abandonner [abɑ̃dɔne] <1> **I.** *v. tr.* ❶ verlassen; (*nouveau-né, animal*) aussetzen; (*véhicule*) stehen lassen; **se sentir abandonné** sich alleingelassen fühlen ❷ (*renoncer à*) aufgeben; (*pouvoir, fonction*) verzichten auf (+ *Akk*) **II.** *v. intr.* aufgeben **III.** *v. pron.* **s'~ au désespoir** sich der Verzweiflung (*Dat*) hingeben

abasourdir [abazuʀdiʀ] <8> *v. tr.* (*stupéfier*) sprachlos machen; **être abasourdi** verblüfft sein

abat-jour [abaʒuʀ] *m inv.* Lampenschirm *m*

abats [aba] *mpl* Innereien *Pl*

abattage [abataʒ] *m* (*d'un mur, d'une maison*) Abreißen *nt;* (*d'une cloison*) Einreißen *nt*

abattoir [abatwaʀ] *m* Schlachthof *m*

abattre [abatʀ] <irr> **I.** *v. tr.* ❶ (*mur, maison*) abreißen; (*cloison*) einreißen; (*arbre*) fällen; (*forêt*) abholzen; (*avion*) abschießen ❷ (*animal de boucherie*) schlachten; (*personne*) erschießen ❸ (*travailler vite et beaucoup*) **~ de la besogne** seine Arbeit flott erledigen **II.** *v. pron.* **s'~** ❶ (*tomber brutalement*) umstürzen; (*pluie*) niederprasseln ❷ (*fondre sur: aigle, personne*) sich stürzen auf (+ *Akk*)

abattu, **e** [abaty] **I.** *part. passé de*

abattre **II.** *adj.* (*physiquement*) geschwächt; (*moralement*) niedergeschlagen

abbaye [abei] *f* Abtei *f*

abbé [abe] *m* ① (*prêtre*) Priester *m* ② (*supérieur d'une abbaye*) Abt *m*

abbesse [abɛs] *f* Äbtissin *f*

abcès [apsɛ] *m* Abszess *m*

abdication [abdikasjɔ̃] *f* Abdankung *f*

abdiquer [abdike] <1> *v. intr.* ① (*roi*) abdanken ② (*renoncer*) aufgeben

abdomen [abdɔmɛn] *m* Bauch *m*

abdominal, e [abdɔminal, o] <-aux> *adj.* Bauch-

abdominaux [abdɔmino] *mpl* Bauchmuskeln *Pl*

abeille [abɛj] *f* Biene *f*

aberrant, e [abeʀɑ̃, ɑ̃t] *adj.* widersinnig; (*prix, idée*) irrsinnig

aberration [abeʀasjɔ̃] *f* Widersinnigkeit *f*

abîmer [abime] <1> **I.** *v. tr.* beschädigen **II.** *v. pron.* ① (*se détériorer*) **s'~** sich abnutzen ② (*détériorer*) **s'~ les yeux** sich (*Dat*) die Augen verderben; **s'~ la santé** seine Gesundheit ruinieren

abject, e [abʒɛkt] *adj.* niederträchtig

aboiement [abwamɑ̃] *m* Bellen *nt*

abolir [abɔliʀ] <8> *v. tr.* abschaffen; (*frontière*) aufheben

abolition [abɔlisjɔ̃] *f* Abschaffung *f*; (*des frontières*) Aufhebung *f*

abominable [abɔminabl] *adj.* (*acte*) abscheulich; (*temps*) scheußlich

abomination [abɔminasjɔ̃] *f* abscheuliche Tat

abondamment [abɔ̃damɑ̃] *adv.* reichlich

abondance [abɔ̃dɑ̃s] *f* Fülle *f* ▸ **en ~** in Hülle und Fülle

abondant, e [abɔ̃dɑ̃, ɑ̃t] *adj.* (*nourriture*) reichhaltig; **des pluies ~es** ergiebige Regenfälle *Pl*

abonder [abɔ̃de] <1> *v. intr.* reichlich vorhanden sein

abonné, e [abɔne] **I.** *adj.* **être ~ à un journal** eine Zeitung abonniert haben, auf eine Zeitung abonniert werden (CH) **II.** *m, f* (*d'un théâtre, journal*) Abonnent(in) *m(f)*; **~ au téléphone** Fernsprechteilnehmer *m*

abonnement [abɔnmɑ̃] *m* Abonnement *nt*; (*au téléphone*) Anschluss *m*; **~ hebdomadaire/mensuel** Wochen-/Monatskarte *f*

abonner [abɔne] <1> **I.** *v. pron.* **s'~ à qc** etw abonnieren **II.** *v. tr.* **~ qn à un journal** jdn für ein Zeitungsabonnement werben

abord [abɔʀ] *m* (*alentours*) **les ~s d'une ville** die unmittelbare Umgebung einer Stadt ▸ **au premier ~** auf den ersten Blick; [**tout**] **d'~** zu[aller]erst; **d'~ tu n'avais qu'à ...** *fam* also, du hättest einfach nur ...; **et d'~, qui ...** *fam* und überhaupt, wer ...

abordable [abɔʀdabl] *adj.* (*prix*) erschwinglich

abordage [abɔʀdaʒ] *m* (*assaut*) Entern *nt*

aborder [abɔʀde] <1> **I.** *v. tr.* ① (*accoster, évoquer*) ansprechen ② (*sujet*) herangehen an (+ *Akk*); (*épreuve*) anpacken **II.** *v. intr.* anlegen

aborigène [abɔʀiʒɛn] *adj.* (*peuple*) eingeboren

aboutir [abutiʀ] <8> *v. intr.* ① (*réussir*) Erfolg haben; (*projet*) erfolgreich abgeschlossen werden; **ne pas ~** erfolglos [geblieben] sein ② (*se terminer par*) führen zu

aboutissement [abutismɑ̃] *m* Ergebnis *nt*

aboyer [abwaje] <6> *v. intr.* bellen

abracadabrant, e [abʀakadabʀɑ̃, ɑ̃t] *adj.* ungewöhnlich

abrasif [abʀɑzif] *m* Schleifmittel *nt*

abrégé [abʀeʒe] *m* ① (*texte réduit*) gekürzte Fassung; **en ~** abgekürzt ② (*ouvrage*) Abriss *m*

abréger [abʀeʒe] <2a, 5> *v. tr.* (*souffrances*) verkürzen; (*rencontre, mot*) abkürzen; (*texte*) kürzen

abreuver [abʀœve] <1> **I.** *v. tr.* **~ qn de compliments** jdn mit Komplimenten überhäufen **II.** *v. pron.* (*boire*) **s'~** trinken

abreuvoir [abʀœvwaʀ] *m* Tränkrinne *f*

abréviation [abʀevjasjɔ̃] *f* Abkürzung *f*

abri [abʀi] *m* ① (*protection naturelle*) Schutz *m*; **mettre qc à l'~** etw in Sicherheit bringen ② MIL Unterstand *m* ③ (*lieu aménagé*) Hütte *f*; (*en montagne*) Schutzhütte ▸ **être à l'~** (*personne*) in Sicherheit sein; (*vélo, voiture*) untergestellt sein; **être à l'~ du besoin** keine finanziellen Sorgen [mehr] haben; **être à l'~ des gelées** vor Frost geschützt sein

abribus® [abʀibys] *m* Wartehäuschen *nt*

abricot [abʀiko] **I.** *m* Aprikose *f,* Marille *f* (A) **II.** *adj. inv.* aprikosenfarben

abricotier [abʀikɔtje] *m* Aprikosenbaum *m*

abriter [abʀite] <1> **I.** *v. tr.* ❶ (*protéger*) schützen vor (+ *Dat*) ❷ (*héberger*) beherbergen **II.** *v. pron.* ❶ **s'~** (*se protéger du danger*) in Deckung gehen; (*population*) Schutz suchen; (*se protéger des intempéries*) sich unterstellen ❷ *fig* **s'~ derrière qn/qc** sich hinter jdm/etw verstecken

abroger [abʀɔʒe] <2a> *v. tr.* aufheben

abrupt, e [abʀypt] *adj.* (*pente*) steil

abruti, e [abʀyti] **I.** *adj.* (*idiot*) blöd **II.** *m, f fam* Idiot(in) *m(f)*

abrutir [abʀytiʀ] <8> *v. tr.* (*bruit, soleil*) [ganz] benommen machen; **~ qn de travail** jdn mit Arbeit überhäufen

abrutissant, e [abʀytisɑ̃, ɑ̃t] *adj.* (*travail*) stumpfsinnig; (*musique*) [ohren]betäubend

abrutissement [abʀytismɑ̃] *m* Benommenheit *f*

ABS [ɑbeɛs] *m abr. de* **Anti-lock Brake System** ABS *nt*

absence [apsɑ̃s] *f* ❶ Abwesenheit *f;* **en l'~ de qn** in jds Abwesenheit ❷ (*manque*) **l'~ de qc** das Fehlen einer S. (*Gen*); **~ d'humour** Humorlosigkeit *f*

absent, e [apsɑ̃, ɑ̃t] **I.** *adj.* ❶ abwesend; (*élève*) fehlend; **être ~ à une réunion** bei einer Besprechung fehlen; **être ~ du bureau** nicht im Büro sein ❷ (*air, regard*) [geistes]abwesend **II.** *m, f* Abwesende(r) *f(m)*

absentéisme [apsɑ̃teism] *m* (*d'un élève*) häufiges Fernbleiben vom Unterricht

absenter [apsɑ̃te] <1> *v. pron.* **s'~** weggehen

absinthe [apsɛ̃t] *f* Absinth *m*

absolu [apsɔly] *m* **l'~** das Absolute

absolu, e [apsɔly] *adj.* absolut; (*confiance*) uneingeschränkt; (*amour*) bedingungslos

absolument [apsɔlymɑ̃] *adv.* ❶ (*d'une manière absolue*) unbedingt; **~ pas** überhaupt nicht; **~ rien** absolut nichts ❷ (*remarquable*) ganz; (*vrai*) vollkommen; (*faux*) völlig ▸ **~!** genau!; **mais ~!** aber sicher!

absorbant, e [apsɔʀbɑ̃, ɑ̃t] *adj.* (*tissu*) saugfähig

absorber [apsɔʀbe] <1> *v. tr.* ❶ (*consommer*) zu sich nehmen; (*médicament*) einnehmen ❷ (*s'imbiber*) aufsaugen; (*odeur*) absorbieren ❸ ECON (*concurrent*) übernehmen ❹ (*accaparer*) in Anspruch nehmen; **être absorbé par une lecture** in eine Lektüre völlig vertieft sein

absorption [apsɔʀpsjɔ̃] *f* (*d'un médicament*) Einnahme *f*

absoudre [apsudʀ] <irr> *v. tr.* REL **~ qn** jdm [die] Absolution erteilen

abstenir [apstəniʀ] <9> *v. pron.* ❶ (*se refuser*) **s'~ de qc** auf etw (*Akk*) verzichten ❷ (*ne pas voter*) **s'~** sich der Stimme (*Gen*) enthalten

abstention [apstɑ̃sjɔ̃] *f* [Stimm]enthaltung *f*

abstentionniste [apstɑ̃sjɔnist] *mf* Nichtwähler(in) *m(f)*

abstinence [apstinɑ̃s] *f* ❶ (*chasteté*) Enthaltsamkeit *f* ❷ (*sobriété*) Abstinenz *f*

abstraction [apstʀaksjɔ̃] *f* **faire ~ de qc** etw außer Acht lassen

abstraire [apstʀɛʀ] <irr> *v. tr.* ❶ (*schématiser*) abstrahieren ❷ (*isoler par la pensée*) absehen von

abstrait [apstʀɛ] *m* (*abstraction*) Abstrakte *nt*

abstrait, e [apstʀɛ, ɛt] *adj.* abstrakt

absurde [apsyʀd] *adj.* absurd

absurdité [apsyʀdite] *f* ❶ (*caractère absurde*) Absurdität *f* ❷ (*bêtise*) Unsinn *m kein Pl.*

abus [aby] *m* ❶ (*consommation excessive*) **~ d'alcool/de tabac** übermäßiger Alkohol-/Tabakgenuss ❷ (*usage abusif*) Missbrauch *m;* **~ sexuel sur qn** sexueller Missbrauch von jdm; **~ de biens sociaux** Unterschlagung *f;* **~ de pouvoir** Amtsmissbrauch

abuser [abyze] <1> **I.** *v. intr.* ❶ übertreiben; **~ de l'alcool/du tabac** zu viel trinken/rauchen ❷ (*faire un usage excessif*) **~ de son pouvoir** seine Macht missbrauchen ❸ (*exploiter*) **~ de la confiance de qn** jds Vertrauen ausnutzen ❹ (*violer*) **~ de qn** jdn missbrauchen (*geh*) **II.** *v. pron.* **si je ne m'abuse** wenn ich [mich] nicht irre

abusif, -ive [abyzif, -iv] *adj.* übermäßig; (*licenciement*) ungerechtfertigt
acacia [akasja] *m* Akazie *f*
académicien, ne [akademisjɛ̃, jɛn] *m, f* Mitglied *nt* der Académie française
académie [akademi] *f* ❶ (*société savante*) Akademie *f* ❷ SCOL, UNIV Schule *f;* (*circonscription*) ≈ Schulaufsichtsbezirk *m* ❸ (*service administratif d'une académie*) ≈ Oberschulamt *nt*
Académie [akademi] *f* Akademie *f;* **l'~ française** die Académie française

> Die **Académie française** wurde 1635 in Paris gegründet und ist seitdem mit der Pflege der französischen Sprache und der Förderung der französischen Literatur betraut. Die vierzig Mitglieder, *les immortels,* sind auf Lebenszeit gewählt, ebenso wie der *secrétaire perpétuel,* der diese ehrwürdige Institution leitet. Die Sprachpflege besteht vor allem in der ständigen Überarbeitung des *Dictionnaire de l'Académie française.* Gegenwärtig wird die neunte Ausgabe dieses maßgebenden Wörterbuch des Französischen erstellt. Darüber hinaus vergibt die **Académie française** begehrte Literaturpreise.

académique [akademik] *adj.* ❶ (*d'une société savante*) Akademie- ❷ (*de l'Académie française*) der Académie française
acajou [akaʒu] *m* (*bois*) Mahagoni[holz *nt*] *nt*
acariens [akaʀjɛ̃] *mpl* Milben *Pl*
accablant, e [akablɑ̃, ɑ̃t] *adj.* ❶ (*chaleur*) drückend; (*nouvelle*) deprimierend; (*travail*) erschöpfend ❷ (*témoignage, preuve*) belastend
accabler [akable] <1> *v. tr.* ❶ (*abattre*) **~ qn** (*nouvelle*) jdn deprimieren; (*dettes*) auf jdm lasten; **être accablé de travail** mit Arbeit überhäuft sein ❷ (*imposer*) **~ qn de reproches** jdn mit Vorwürfen überschütten; **~ le peuple d'impôts** dem Volk [viel zu] hohe Steuern aufbürden ❸ (*confondre*) **~ qn** (*témoignage*) jdn belasten
accalmie [akalmi] *f* ❶ METEO [vorübergehendes] Nachlassen ❷ (*trêve*) etwas ruhigere Phase
accaparer [akapaʀe] <1> *v. tr.* ❶ (*conversation*) an sich (*Akk*) reißen; (*attention*) auf sich (*Akk*) ziehen ❷ (*occuper complètement*) völlig in Anspruch nehmen
accéder [aksede] <5> *v. intr.* ❶ (*parvenir à*) gelangen zu ❷ (*atteindre*) **~ à un poste** eine Stelle erlangen; **~ en finale** ins Finale kommen
accélérateur [akseleʀatœʀ] *m* AUT Gaspedal *nt;* **donner un coup d'~** aufs Gaspedal treten
accélération [akseleʀasjɔ̃] *f* Beschleunigung *f*
accéléré [akseleʀe] *m* Zeitraffer *m*
accélérer [akseleʀe] <5> **I.** *vt, vi* beschleunigen **II.** *v. pron.* **s'~** (*pouls*) sich beschleunigen; (*travaux*) schneller gehen
accent [aksɑ̃] *m* ❶ **~ aigu/grave/circonflexe** Akut *m*/Gravis *m*/Zirkumflex *m* ❷ (*manière de prononcer*) Akzent *m* ❸ (*accentuation*) Akzent *m,* Betonung *f;* **mettre l'~ sur qc** etw [besonders] hervorheben
accentuation [aksɑ̃tɥasjɔ̃] *f* ❶ (*des symptômes*) Verschlimmerung *f* ❷ LING Setzen *nt* der Akzente
accentué, e [aksɑ̃tɥe] *adj.* LING betont
accentuer [aksɑ̃tɥe] <1> **I.** *v. tr.* a. LING betonen; (*efforts*) verstärken **II.** *v. pron.* **s'~** sich verstärken; (*froid*) sich verschärfen
acceptable [aksɛptabl] *adj.* akzeptabel
acceptation [aksɛptasjɔ̃] *f* Zustimmung *f*
accepter [aksɛpte] <1> **I.** *v. tr.* (*cadeau, échec, destin*) annehmen; (*excuses*) akzeptieren; (*responsabilité*) übernehmen; **~ une thèse/théorie** einer These/Theorie zustimmen **II.** *v. intr.* ❶ (*être d'accord*) akzeptieren; **~ de faire qc** damit einverstanden sein, etw zu tun ❷ (*tolérer*) dulden ❸ (*permettre*) zulassen
accès [aksɛ] *m* ❶ Eingang *m;* (*pour piétons*) Zugang *m;* (*pour véhicules*) Zufahrt *f;* **~ interdit** kein Zutritt ❷ (*action d'accéder à une position*) **~ à un poste** Zugang *m* zu einer Stelle ❸ (*crise*) Anfall *m;* **~ d'humeur** Launenhaftigkeit *f* ❹ INFORM Zugang *m*
accessible [aksesibl] *adj.* ❶ (*lieu*) zugänglich; **être ~ à qn** für jdn erreich-

bar sein ❷ (*compréhensible*) verständlich ❸ (*prix*) erschwinglich

accession [aksesjɔ̃] *f* ~ **à qc** Erlangen *nt* einer S. (*Gen*); ~ **à la propriété** Erwerb *m* von [Wohnungs]eigentum

accessoire [akseswaʀ] **I.** *adj.* nebensächlich **II.** *m* ❶ (*pièce complémentaire*) Zubehörteil *nt;* **les ~s** das Zubehör ❷ COUT Accessoire *nt* ❸ THEAT, CINE Requisit *nt*

accessoirement [akseswaʀmɑ̃] *adv.* nebenbei

accessoiriste [akseswaʀist] *mf* Requisiteur(in) *m(f)*

accident [aksidɑ̃] *m* Unfall *m;* ~ **de parcours** Missgeschick *nt;* **avoir un** ~ verunglücken

accidenté, e [aksidɑ̃te] **I.** *adj.* ❶ (*terrain*) uneben ❷ (*personne*) verunglückt; (*voiture*) Unfall- **II.** *m, f* Verunglückte(r) *f(m)*

accidentel, le [aksidɑ̃tɛl] *adj.* (*dû au hasard*) zufällig; (*dû à un accident*) Unfall-

accidentellement [aksidɑ̃tɛlmɑ̃] *adv.* ❶ zufällig ❷ (*dans un accident*) **mourir** ~ tödlich verunglücken

acclamation [aklamasjɔ̃] *f* Jubel *m kein Pl.*; **les ~s du public** die Beifall[s]rufe des Publikums

acclamer [aklame] <1> *v. tr.* ~ **qn** jdm zujubeln

acclimatation [aklimatasjɔ̃] *f* Akklimatisierung *f*

acclimater [aklimate] <1> *v. pron.* **s'**~ sich gewöhnen an (+ *Akk*)

accolade [akɔlad] *f* ❶ (*embrassade*) feierliche Umarmung *f* ❷ TYP geschweifte Klammer

accoler [akɔle] <1> *v. tr.* anhängen an (+ *Akk*)

accommodant, e [akɔmɔdɑ̃, ɑ̃t] *adj.* (*patron, directeur*) entgegenkommend

accommodation [akɔmɔdasjɔ̃] *f* ❶ (*adaptation*) ~ **à une nouvelle vie** Anpassung *f* an ein neues Leben ❷ GASTR [Art *f* der] Zubereitung *f*

accommoder [akɔmɔde] <1> **I.** *v. tr.* GASTR zubereiten; (*restes*) verwerten **II.** *v. pron.* (*se contenter de*) **s'~ de qc** mit etw zufrieden sein

accompagnateur, -trice [akɔ̃paɲatœʀ, -tʀis] *m, f* Begleiter(in) *m(f)*

accompagnement [akɔ̃paɲmɑ̃] *m* MUS Begleitung *f*

accompagner [akɔ̃paɲe] <1> *v. tr.* begleiten

accompli, e [akɔ̃pli] *adj.* perfekt

accomplir [akɔ̃pliʀ] <8> **I.** *v. tr.* (*travail*) erledigen; (*tâche*) erfüllen; (*devoir*) tun **II.** *v. pron.* **s'**~ (*prophétie*) sich erfüllen

accomplissement [akɔ̃plismɑ̃] *m* (*d'un travail, d'une tâche, mission*) Erledigung *f*

accord [akɔʀ] *m* ❶ Einverständnis *nt;* **d'un commun** ~ einmütig; **donner son ~ à qn** jdm seine Zustimmung geben; **d'~!** einverstanden! ❷ (*convention*) Vereinbarung *f* ❸ (*entente*) [gutes] Einvernehmen; **faire qc en ~ avec qn** etw in Übereinstimmung mit jdm tun; **se mettre** [*o* **tomber**] **d'~ avec qn/sur qc** sich mit jdm/auf etw (*Akk*) einigen ❹ MUS Akkord *m* ❺ LING **faute d'**~ Kongruenzfehler *m*

accordéon [akɔʀdeɔ̃] *m* Akkordeon *nt*

accordéoniste [akɔʀdeɔnist] *mf* Akkordeonspieler(in) *m(f)*

accorder [akɔʀde] <1> **I.** *v. tr.* ❶ (*crédit, délai*) gewähren; (*permission*) erteilen; (*faveur*) erweisen; (*circonstances atténuantes*) zubilligen; (*confiance*) schenken ❷ (*attribuer*) ~ **de l'importance à qc** einer S. (*Dat*) Gewicht beilegen ❸ MUS stimmen ❹ (*verbe, adjectif*) angleichen an (+ *Akk*) **II.** *v. pron.* ❶ (*s'entendre*) **s'~ avec qn sur une solution** sich mit jdm über eine Lösung einigen ❷ (*s'octroyer*) **s'~ une pause** sich (*Dat*) eine Pause gönnen

accoster [akɔste] <1> **I.** *v. intr.* anlegen **II.** *v. tr.* ❶ (*aborder*) ansprechen ❷ NAUT (*quai*) anlegen an (+ *Dat*)

accouchement [akuʃmɑ̃] *m* Geburt *f*

accoucher [akuʃe] <1> **I.** *v. intr.* MED entbinden; ~ **d'une fille** ein Mädchen zur Welt bringen ▸ **allez, accouche!** *fig* los, raus damit! **II.** *v. tr.* ~ **qn** jdn entbinden

accoucheur, -euse [akuʃœʀ, -øz] *m, f* Hebamme *f*

accouder [akude] <1> *v. pron.* **s'~ à qc** sich mit den Ellbogen auf etw (*Akk*) stützen

accoudoir [akudwaʀ] *m* Armlehne *f*

accouplement [akupləmɑ̃] *m* ZOOL Paarung *f*

accoupler [akuple] <1> **I.** *v. pron.*

ZOOL **s'~** sich paaren **II.** *v. tr.* ZOOL paaren mit

accourir [akuʀiʀ] <irr> *v. intr. + avoir o être* (*personne*) herbeieilen; (*animal*) angelaufen kommen

accoutrement [akutʀəmɑ̃] *m* Aufmachung *f*

accoutrer [akutʀe] <1> *v. pron.* **s'~** sich ausstaffieren

accoutumance [akutymɑ̃s] *f* Gewöhnung *f*

accoutumé, e [akutyme] *adj.* gewohnt

accoutumer [akutyme] <1> *v. tr.* **~ son enfant à qc** (*habituer*) sein Kind an etw (*Akk*) gewöhnen

accro [akʀo] *fam abr. de* **accroché** **I.** *adj.* ① (*dépendant d'une drogue*) süchtig ② (*passionné*) **~ de jazz** [ganz] verrückt auf Jazz (*Akk*) **II.** *mf* ① (*drogué*) Junkie *m* ② (*passionné*) Fan *m*

accroc [akʀo] *m* (*déchirure*) Riss *m*; **faire un ~ à sa chemise** sich (*Dat*) ein Loch ins Hemd reißen

accrochage [akʀɔʃaʒ] *m* ① (*collision*) [leichter] Zusammenstoß ② (*altercation*) Auseinandersetzung *f*

accroche [akʀɔʃ] *f* MEDIA Blickfang *m*

accrocher [akʀɔʃe] <1> **I.** *v. tr.* ① (*suspendre*) aufhängen; **~ qc à qc** etw an etw (*Akk*) hängen ② (*déchirer*) hängen bleiben mit ③ (*entrer en collision*) streifen **II.** *v. pron.* ① (*se tenir à qc*) **s'~ à qc** sich an etw (*Dat*) festklammern ② (*se faire un accroc*) **s'~ à qc** an etw (*Dat*) hängen bleiben ③ (*persévérer*) **s'~** durchhalten ④ (*se disputer*) **s'~ avec qn** sich mit jdm in die Haare kriegen

accrocheur, -euse [akʀɔʃœʀ, -øz] *adj.* **titre ~/publicité accrocheuse** Titel, der/Werbung, die Aufmerksamkeit erregt

accroissement [akʀwasmɑ̃] *m* Zunahme *f*; (*du chiffre d'affaires*) Steigerung *f*

accroître [akʀwɑtʀ] <irr> **I.** *v. tr.* (*patrimoine*) vermehren **II.** *v. pron.* **s'~** (*mécontentement*) zunehmen

accroupir [akʀupiʀ] <8> *v. pron.* **s'~** in die Hocke gehen; **être accroupi** kauern

accru, e [akʀy] *adj.* höher

accu [aky] *m souvent pl. fam abr. de* **accumulateur** Akku *m*

accueil [akœj] *m* ① (*fait de recevoir*) Empfang *m*; **faire bon/mauvais ~ à qn** jdn freundlich/unfreundlich empfangen ② (*lieu*) Rezeption *f* ③ INET (*badge*) Home *nt*; **page d'~** Homepage *f*, Startseite *f*

accueillant, e [akœjɑ̃, ɑ̃t] *adj.* (*personne*) freundlich; (*pièce*) gastlich

accueillir [akœjiʀ] <irr> *v. tr.* empfangen; (*nouvelle, hôte*) aufnehmen; (*projet*) begrüßen

accumulateur [akymylatœʀ] *m* Akku *m*

accumulation [akymylasjɔ̃] *f* Anhäufung *f*; (*de preuves*) Sammeln *nt*

accumuler [akymyle] <1> **I.** *v. tr.* anhäufen; (*preuves*) sammeln; **~ les erreurs** einen Fehler nach dem anderen begehen **II.** *v. pron.* **s'~** sich sammeln; (*difficultés*) sich häufen

accusateur, -trice [akyzatœʀ, -tʀis] **I.** *adj.* (*regard*) anklagend **II.** *m, f* Ankläger(in) *m(f)*

accusatif [akyzatif] *m* LING Akkusativ *m*

accusation [akyzasjɔ̃] *f* Anschuldigung *f*; JUR Anklage *f*

accusé, e [akyze] *m, f* JUR Angeklagte(r) *f(m)*

accuser [akyze] <1> *v. tr.* ① JUR anklagen; **~ qn d'un vol** jdn des Diebstahls beschuldigen ② (*montrer*) **son visage accuse la fatigue** er/sie sieht müde aus

ace [ɛs] *m* SPORT Ass *nt*

acerbe [asɛʀb] *adj.* (*ton, paroles*) scharf

acéré, e [aseʀe] *adj.* (*griffes, couteau*) scharf

acétate [asetat] *m* CHIM Acetat *nt*

acétone [asetɔn] *f* CHIM Aceton *nt*

acharné, e [aʃaʀne] *adj.* (*travailleur*) verbissen; (*joueur*) leidenschaftlich; (*combat*) erbittert; **être ~** hartnäckig sein

acharnement [aʃaʀnəmɑ̃] *m* ① Hartnäckigkeit *f*, Verbissenheit *f* ② MED **~ thérapeutique** Lebensverlängerung *f* mit allen Mitteln, lebensverlängernde Maßnahmen *Pl*

acharner [aʃaʀne] <1> *v. pron.* **s'~ sur qn** von jdm nicht ablassen; **s'~ sur qc** sich an etw (*Dat*) festbeißen; (*détruire*) einen Gegenstand blindwütig zerstören; **s'~ à faire qc** sich darauf versteifen, etw zu tun

achat [aʃa] *m* Kauf *m;* (*de biens durables*) Anschaffung *f;* **faire des ~s** einkaufen

acheminer [aʃ(ə)mine] <1> *v. tr.* befördern

acheter [aʃ(ə)te] <4> **I.** *v. tr.* (1) **~ qc chez qn** etw bei jdm [ein]kaufen (2) *péj* (*silence*) sich (*Dat*) erkaufen **II.** *v. pron.* **s'~ qc** sich (*Dat*) etw kaufen

acheteur, -euse [aʃtœʀ, -øz] *m, f* Käufer(in) *m(f)*

achèvement [aʃɛvmɑ̃] *m* (*d'un immeuble*) Fertigstellung *f;* (*des travaux*) Abschluss *m*

achever [aʃ(ə)ve] <4> *v. tr.* (1) (*œuvre*) vollenden; **~ de faire qc** etw zu Ende tun (2) (*tuer*) töten (3) (*épuiser*) den Rest geben (*fam*)

acide [asid] **I.** *adj.* sauer **II.** *m* CHIM Säure *f*

acidité [asidite] *f* (*d'un fruit*) saurer Geschmack

acidulé, e [asidyle] *adj.* (*goût, bonbon*) säuerlich

acier [asje] *m* (1) (*métal*) Stahl *m* (2) (*industrie*) **l'~** die Stahlindustrie

aciérie [asjeʀi] *f* Stahlwerk *nt*

acné [akne] *f* Akne *f*

acolyte [akɔlit] *m péj* Komplize *m*

acompte [akɔ̃t] *m* Anzahlung *f*

Açores [asɔʀ] *fpl* **les ~** die Azoren *Pl*

à-côté [akote] <à-côtés> *m* (1) (*détail*) Nebensächlichkeit *f* (2) (*gain occasionnel*) Zubrot *nt kein Pl.* **à-coup** [aku] <à-coups> *m* Ruck *m;* **par ~s** stoßweise

acoustique [akustik] *f sans pl.* (*qualité sonore*) Akustik *f*

acquéreur [akeʀœʀ] *m* Käufer *m*

acquérir [akeʀiʀ] <irr> *v. tr.* (1) erwerben (2) (*compétence*) sich (*Dat*) aneignen; (*expérience*) sammeln

acquiescer [akjese] <2> *v. intr.* zustimmen

acquis [aki] *mpl* (*avantages sociaux*) Errungenschaften *Pl*

acquis, e [aki, iz] **I.** *part. passé de* **acquérir II.** *adj.* (1) (*fortune*) erworben; (*droit*) wohlerworben; (*expériences*) gewonnen; (*avantages*) erkämpft (2) (*reconnu*) feststehend; **considérer qc comme ~** etw als gesichert betrachten

acquisition [akizisjɔ̃] *f* (1) (*action*) Erwerb *m;* **faire l'~ de qc** [sich (*Dat*)] etw anschaffen (2) (*objet acquis*) Anschaffung *f*

acquittement [akitmɑ̃] *m* (*d'un accusé*) Freispruch *m*

acquitter [akite] <1> **I.** *v. tr.* (*personne*) freisprechen **II.** *v. pron.* **s'~ d'une dette** eine Schuld begleichen; **s'~ d'une fonction** eine Funktion ausüben

âcre [ɑkʀ] *adj.* herb; (*fumée*) beißend

acrobate [akʀɔbat] *mf* Akrobat(in) *m(f)*

acrobatie [akʀɔbasi] *f* (*tour*) Akrobatenstück *nt;* **~ aérienne** Kunstflug *m*

acrobatique [akʀɔbatik] *adj.* akrobatisch

acrylique [akʀilik] **I.** *adj.* acrylhaltig **II.** *m* Acryl *nt*

acte [akt] *m* (1) (*action*) Tat *f,* Handlung *f;* **~ d'agression** aggressiver Akt; **~ de vandalisme** Akt *m* blinder Zerstörungswut; **~ désespéré** Verzweiflungstat; **~ sexuel** Geschlechtsakt *m;* **faire ~ de présence** sich kurz blicken lassen; **passer à l'~** zur Tat schreiten (2) JUR (*document*) Urkunde *f;* **l'Acte Unique Européen** die Einheitliche Europäische Akte; **~ de vente** Kaufvertrag *m;* **~ d'origine** CH Heimatschein (CH); **prendre ~ de qc** (*écrire*) etw zu Protokoll nehmen; (*prendre connaissance de*) etw zur Kenntnis nehmen (3) THEAT Akt *m*

acteur, -trice [aktœʀ, -tʀis] *m, f* Schauspieler(in) *m(f)*

actif, -ive [aktif, -iv] **I.** *adj.* (1) aktiv (2) ECON (*population*) erwerbstätig (3) LING **la voix active** das Aktiv **II.** *m, f* (*travailleur*) Erwerbstätige(r) *f(m)*

action [aksjɔ̃] *f* (1) (*acte*) Tat *f* (2) *sans pl.* (*fait d'agir*) Handeln *nt,* Handlung *f;* (*démarche*) Vorgehen *nt,* Aktion *f;* (*du gouvernement*) Maßnahmen *Pl;* **~ syndicale** Kampf *m* der Gewerkschaft(en); **passer à l'~** etwas unternehmen (3) CINE, THEAT Handlung *f;* **manquer d'~** zu wenig Action haben (*fam*) (4) FIN Aktie *f*

actionnaire [aksjɔnɛʀ] *mf* Aktionär(in) *m(f)*

actionnement [aksjɔnmɑ̃] *m* (*d'un levier*) Betätigen *nt;* (*d'une machine*) Ingangsetzen *nt*

actionner [aksjɔne] <1> *v. tr.* (*levier*) betätigen

activation [aktivasjɔ̃] *f* Aktivierung *f*
activement [aktivmɑ̃] *adv.* aktiv
activer [aktive] <1> **I.** *v. tr.* ❶ (*feu*) anfachen; (*processus*) beschleunigen; (*travaux*) vorantreiben ❷ INFORM aktivieren **II.** *v. intr.* ein bisschen schneller machen; **faire ~ qn** jdn antreiben **III.** *v. pron.* **s'~** geschäftig hin und her sausen
activiste [aktivist] **I.** *adj.* aktivistisch **II.** *mf* Aktivist(in) *m(f)*
activité [aktivite] *f* ❶ *sans pl.* (*fait d'être actif*) Aktivität *f;* (*agitation dans un lieu*) geschäftiges Treiben; **entrer en ~** (*volcan*) ausbrechen ❷ (*professionnelle*) Tätigkeit *f;* (*politique*) Aktivität *f;* **~ économique** Wirtschaft *f;* **~ industrielle** produzierendes Gewerbe *nt;* **~ commerciale** Handelsgewerbe *nt;* (*dans une société*) kaufmännische Tätigkeit; **avoir plusieurs ~s** verschiedenen Beschäftigungen nachgehen
actrice [aktʀis] *f voir* **acteur**
actualisation [aktɥalizasjɔ̃] *f* Aktualisierung *f*
actualiser [aktɥalize] <1> *v. tr.* aktualisieren
actualité [aktɥalite] *f* ❶ *sans pl.* Aktualität *f;* **d'~** aktuell ❷ *sans pl.* (*événements*) Zeitgeschehen *nt;* **l'~ économique** das Neueste aus der Wirtschaft ❸ *pl* TV, RADIO Nachrichten *Pl*
actuel, le [aktɥɛl] *adj.* aktuell; (*régime*) herrschend; (*directeur*) jetzig; (*monde*) von heute; (*état, circonstances*) gegenwärtig
actuellement [aktɥɛlmɑ̃] *adv.* zurzeit
acuité [akɥite] *f* ❶ (*de la douleur*) Heftigkeit *f;* (*du son*) Intensität *f* ❷ (*sensibilité*) Schärfe *f*
acuponcteur, -trice, *m, f,* **acupuncteur, -trice** [akypɔ̃ktœʀ, -tʀis] *m, f* Akupunkteur(in) *m(f)*
acuponcture, acupuncture [akypɔ̃ktyʀ] *f* Akupunktur *f*
adage [adaʒ] *m* geflügeltes Wort
adaptable [adaptabl] *adj.* passend
adaptateur [adaptatœʀ] *m* TECH Adapter *m*
adaptation [adaptasjɔ̃] *f* ❶ *sans pl.* Anpassung *f* ❷ CINE, THEAT Bearbeitung *f*
adapter [adapte] <1> **I.** *v. tr.* ❶ (*embout*) anbringen; **~ qc à qc** etw mit etw verbinden ❷ CINE, THEAT bearbeiten **II.** *v. pron.* (*s'habituer à*) **s'~ à qn/qc** sich jdm/einer S. anpassen
addictif, -ive [adiktif, -iv] *adj.* Sucht-; **substance addictive** Suchtmittel *nt;* **comportement ~** Suchtverhalten *nt*
addiction [adiksjɔ̃] *f* Sucht *f;* **~ à la nicotine** Nikotinsucht
addictologie [adiktolɔʒi] *f* MED Suchtmedizin *f*
additif [aditif] *m* (*supplément*) Zusatz *m*
addition [adisjɔ̃] *f* ❶ Addition *f* ❷ (*facture*) Rechnung *f* ❸ (*ajout*) Hinzufügen *nt*

> Wenn man in Frankreich im Restaurant zahlen möchte, ruft man den Ober mit *Monsieur!* bzw. die Kellnerin mit *Madame!* und bittet um **l'addition**. Man bezahlt dann den genauen Betrag, ohne aufzurunden, und lässt beim Gehen das Trinkgeld auf dem Tisch liegen.
> Geht man mit anderen zusammen essen, wird nie getrennt bezahlt. Stattdessen übernimmt einer aus der Gruppe die gesamte Rechnung, und später teilt man die Summe untereinander auf.

additionner [adisjɔne] <1> **I.** *v. tr.* zusammenzählen **II.** *v. pron.* **s'~** (*erreurs*) sich summieren
adepte [adɛpt] *mf* Anhänger(in) *m(f)*
adéquat, e [adekwa, at] *adj.* passend; (*tenue*) angemessen
adhérence [adeʀɑ̃s] *f* Haftung *f*
adhérent, e [adeʀɑ̃, ɑ̃t] **I.** *adj.* **être ~ à qc** auf etw (*Dat*) haften **II.** *m, f* Mitglied *nt*
adhérer [adeʀe] <5> *v. intr.* ❶ (*coller*) **~ à qc** an etw festkleben (*Dat*); (*pneu*) auf etw (*Dat*) haften ❷ (*approuver*) **~ à qc** einer S. zustimmen ❸ (*devenir membre de*) **~ à un parti** einer Partei beitreten
adhésif [adezif] *m* ❶ (*pansement*) Heftpflaster *nt* ❷ (*ruban ~*) Klebeband *nt*
adhésif, -ive [adezif, -iv] *adj.* haftend; **ruban ~** Klebeband *nt,* Klebestreifen *m*
adhésion [adezjɔ̃] *f* ❶ (*approbation*) **~ à qc** Zustimmung *f* zu etw ❷ (*inscription*) **~ à l'Union européenne** Beitritt

m in die Europäische Union ③ (*fait d'être membre*) Mitgliedschaft *f*

adieu [adjø] <x> **I.** *m* **les ~x** Abschied *m;* **faire ses ~x à qn** von jdm Abschied nehmen **II.** *interj.* lebe wohl/leben Sie wohl; **~, la belle vie** ade, du schönes Leben

adjectif [adʒɛktif] *m* Adjektiv *nt;* **~ épithète** Attribut *nt*

adjectival, e [adʒɛktival, o] <-aux> *adj.* adjektivisch

adjoindre [adʒwɛ̃dʀ] <irr> *v. tr.* (*ajouter*) **~ qc** etw hinzufügen

adjoint, e [adʒwɛ̃, wɛ̃t] **I.** *adj.* stellvertretend **II.** *m, f* Assistent(in) *m(f);* (*remplaçant*) Stellvertreter(in) *m(f)*

adjonction [adʒɔ̃ksjɔ̃] *f* TECH **l'~ à qc** (*à l'extérieur*) das Anbringen an etw; (*à l'intérieur*) der Einbau in etw

adjudant [adʒydɑ̃] *m* MIL Hauptfeldwebel *m*

adjudication [adʒydikasjɔ̃] *f* ① (*vente aux enchères*) Versteigerung *f* ② (*appel d'offres, attribution*) [öffentliche] Ausschreibung

adjuger [adʒyʒe] <2a> *v. tr.* (*décerner*) **être adjugé à qn** (*prix*) an jdn gehen ▸ **une fois, deux fois, trois fois, adjugé!** zum Ersten, zum Zweiten, zum Dritten!

adjuvant [adʒyvɑ̃] *m* (*médicament*) unterstützendes Mittel

admettre [admɛtʀ] <irr> *v. tr.* ① (*accepter*) dulden; (*personne, animal*) hineinlassen; (*visites*) erlauben ② SCOL, UNIV zulassen ③ (*reconnaître*) zugeben ④ (*supposer*) annehmen; **admettons que ...** angenommen, dass ...; **en admettant que ...** vorausgesetzt, dass ... ⑤ (*plusieurs interprétations*) zulassen

administrateur, -trice [administʀatœʀ, -tʀis] *m, f* ① (*gestionnaire*) Verwalter(in) *m(f);* **~ de site** INET Webmaster *m* ② (*membre d'un conseil d'administration*) Mitglied *nt* des Verwaltungsrats

administratif, -ive [administʀatif, -iv] *adj.* (*démarche*) administrativ; **services ~s** Verwaltung *f*

administration [administʀasjɔ̃] *f* ① *sans pl.* Verwaltung *f;* (*d'une entreprise*) Leitung *f* ② (*secteur du service public*) [Verwaltungs]behörde *f*

Administration [administʀasjɔ̃] *f* **l'~** die Verwaltung

administré, e [administʀe] *m* **chers ~s!** liebe Mitbürger!

administrer [administʀe] <1> *v. tr.* ① (*gérer*) verwalten; (*pays*) regieren ② (*médicament*) verabreichen

admirable [admiʀabl] *adj.* bewundernswert

admirablement [admiʀabləmɑ̃] *adv.* sehr gut

admirateur, -trice [admiʀatœʀ, -tʀis] *m, f* Bewunderer *m*/Bewunderin *f;* (*d'une vedette*) Verehrer(in) *m(f)*

admiratif, -ive [admiʀatif, -iv] *adj.* (*regard*) bewundernd

admiration [admiʀasjɔ̃] *f sans pl.* Bewunderung *f;* **avec ~** voller Bewunderung; **rester/tomber en ~ devant qn** jdn sehr bewundern; **rester/tomber en ~ devant qc** etw voller Bewunderung betrachten

admirer [admiʀe] <1> *v. tr.* bewundern

admissible [admisibl] *adj.* akzeptabel; (*candidat*) zugelassen

admission [admisjɔ̃] *f* ① *sans pl.* (*accès*) **~ dans un club/à l'Union européenne** Aufnahme *f* in einem Klub/der Europäischen Union; **~ dans une discothèque** Zutritt *m* zu einer Diskothek ② SCOL, UNIV Zulassung *f*

ADN [ɑdeɛn] *m abr. de* **acide désoxyribonucléique** DNS *f*

ado [ado] *mf fam abr. de* **adolescent**

adolescence [adɔlesɑ̃s] *f* Jugend *f*

adolescent, e [adɔlesɑ̃, ɑ̃t] **I.** *adj.* jugendlich; **être ~** jung sein **II.** *m, f* Jugendliche(r) *f(m)*

à donf [adɔ̃f] *adv. fam* volle Kanne

adonner [adɔne] <1> *v. pron.* **s'~ à la boisson/au jeu** dem Alkohol/dem Spiel verfallen

adopter [adɔpte] <1> *v. tr.* ① (*enfant*) adoptieren ② (*point de vue*) einnehmen; (*motion*) annehmen; (*loi*) verabschieden; (*procédé*) einführen

adoptif, -ive [adɔptif, -iv] *adj.* Adoptiv-

adoption [adɔpsjɔ̃] *f* ① JUR (*d'un enfant*) Adoption *f* ② (*approbation*) Annahme *f;* (*d'un procédé*) Einführung *f*

adorable [adɔʀabl] *adj.* (*joli*) süß; (*gentil*) sehr lieb

adorateur, -trice [adɔʀatœʀ, -tʀis] *m, f* (*d'une divinité, d'une femme*) Verehrer(in) *m(f);* (*d'un objet*) Liebhaber(in) *m(f)*

adoration [adɔʀasjɔ̃] *f sans pl.* Verehrung *f;* **être en ~ devant qn** jdn anbeten

adorer [adɔʀe] <1> *v. tr.* ❶ (*aimer*) sehr mögen; (*plat*) schrecklich gern essen (*fam*); (*musique, chanteur*) schwärmen für; **~ faire qc** etw sehr gern tun ❷ REL anbeten

adosser [adose] <1> *v. pron.* **s'~ à qc** sich [mit dem Rücken] an etw (*Akk*) lehnen

adoucir [adusiʀ] <8> **I.** *v. tr.* (*linge, peau*) weich machen; (*voix*) dämpfen; (*peine*) lindern; (*personne*) besänftigen **II.** *v. pron.* **s'~** (*personne, température*) milder werden; (*voix*) sanfter werden

adoucissant [adusisɑ̃] *m* Weichspüler *m*

adrénaline [adʀenalin] *f* Adrenalin *nt*

adresse[1] [adʀɛs] *f* a. INFORM Adresse *f;* **changer d'~** umziehen; **~ électronique** E-Mail-Adresse

adresse[2] [adʀɛs] *f sans pl.* Geschicklichkeit *f*

adresser [adʀese] <1> **I.** *v. tr.* ❶ (*envoyer*) schicken ❷ (*parler*) **~ la parole à qn** jdn ansprechen **II.** *v. pron.* **s'~ à qn** (*personne*) sich an jdn wenden; (*remarque*) jdm gelten; (*publicité*) sich an jdn richten; (*littérature*) für jdn bestimmt sein

Adriatique [adʀijatik] *f* **l'~** die Adria

adroit, e [adʀwa, wat] *adj.* geschickt

adroitement [adʀwatmɑ̃] *adv.* geschickt

adulte [adylt] **I.** *adj.* (*personne*) erwachsen; (*animal*) ausgewachsen **II.** *mf* Erwachsene(r) *f(m);* **réservé aux ~s** nur für Erwachsene

adultère [adyltɛʀ] *m* Ehebruch *m*

advenir [advəniʀ] <9> **I.** *v. intr.* geschehen **II.** *v. intr. impers.* **quoi qu'il advienne** was auch geschehen mag; **que va-t-il ~ de moi?** was wird aus mir?

adverbe [advɛʀb] *m* Adverb *nt*

adverbial, e [advɛʀbjal, jo] < -aux> *adj.* adverbial

adversaire [advɛʀsɛʀ] *mf* Gegner(in) *m(f)*

adverse [advɛʀs] *adj.* (*forces, camp*) feindlich; (*équipe*) gegnerisch

adversité [advɛʀsite] *f sans pl, soutenu* (*détresse*) Unglück *nt*

aération [aeʀasjɔ̃] *f sans pl.* Lüftung *f;* (*d'une pièce*) Lüften *nt*

aéré, e [aeʀe] *adj.* (*pièce*) gelüftet

aérer [aeʀe] <5> **I.** *v. tr.* [aus]lüften **II.** *v. pron.* **s'~** frische Luft schnappen (*fam*)

aérien, ne [aeʀjɛ̃, jɛn] *adj.* Luft-; (*ligne, compagnie*) Flug-

aérobic [aeʀɔbik] *f* Aerobic *nt kein Art.*

aérodrome [aeʀodʀom] *m* Flugplatz *m*

aérodynamique [aeʀodinamik] *adj.* (*véhicule*) aerodynamisch

aérodynamisme [aeʀodinamism] *m* Aerodynamik *f*

aérogare [aeʀogaʀ] *f* Flughafen[gebäude *nt*] *m;* (*terminal*) Terminal *nt o m*

aéroglisseur [aeʀoglisœʀ] *m* Luftkissenfahrzeug *nt*

aéronautique [aeʀonotik] *f sans pl.* Luftfahrt *f*

aéronaval, e [aeʀonaval] <s> *adj.* zur Marine und zur Luftfahrt zugehörig

Aéronavale [aeʀonaval] *f: Luftwaffe der französischen Marine*

aéroport [aeʀopɔʀ] *m* Flughafen *m*

Aéropostale [aeʀopɔstal] *f: ehemalige französische Luftpostgesellschaft (1927–1933)*

aérosol [aeʀosɔl] *m* Spray *nt o m*

aérospatial, e [aeʀospasjal, jo] < -aux> *adj.* **recherche ~e** [Welt]raumforschung *f*

aérospatiale [aeʀospasjal] *f* Luft- und Raumfahrtindustrie *f*

affable [afabl] *adj.* freundlich

affabulation [afabylasjɔ̃] *f* Lügenmärchen *nt*

affaiblir [afebliʀ] <8> **I.** *v. tr.* schwächen **II.** *v. pron.* **s'~** nachlassen; (*personne*) schwächer werden

affaiblissement [afeblismɑ̃] *m* Schwächung *f;* (*d'une monnaie*) Abschwächung *f*

affaire [afɛʀ] *f* ❶ Angelegenheit *f;* **c'est mon ~** das ist meine Sache; **ce n'est pas ton ~** das geht dich nichts an; **~ de pots-de-vin** Bestechungsaffäre *f;* **embarquer qn dans une sale ~** jdn in eine schmutzige Sache verwickeln ❷ JUR Fall *m;* **classer une ~** eine Sache zu den Akten legen ❸ *sans pl.* (*entreprise*) Geschäft *nt,* Betrieb *m* ❹ *pl* (*commerce*) Geschäft *nt,* Geschäfte *Pl;* **être dans les ~s** Geschäftsmann/-frau sein; **parler ~s** über das Geschäftliche reden; **rendez-vous d'~s** geschäftliche Verabredung ⑤ *pl* POL Staatsgeschäfte *Pl*; ~ **d'État** *a. iron* Staatsangelegenheit *f*; **les Affaires étrangères** die auswärtigen Angelegenheiten; (*ministère*) das Auswärtige Amt ⑥ *pl* (*effets personnels*) Sachen *Pl* ▸ **la belle ~!** was soll's! (*fam*); **c'est une ~ classée!** vergessen wir die Sache!; **avoir ~ à qn/qc** es mit jdm/etw zu tun haben

affaissement [afɛsmɑ̃] *m* Senkung *f*

affaisser [afese] <1> *v. pron.* **s'~** (*baisser de niveau*) sich senken; (*poutre*) durchhängen

affaler [afale] <1> *v. pron.* **s'~ dans un fauteuil** sich in einen Sessel fallen lassen; **être affalé dans un fauteuil** in einem Sessel zusammengesunken sein

affamé, e [afame] *adj.* hungrig; (*population*) hungernd

affectation [afɛktasjɔ̃] *f* ① *sans pl.* (*mise à disposition*) **l'~ d'une somme à qc** die Verwendung einer Summe für etw ② (*nomination*) Einstellungsbescheid *m*

affecté, e [afɛkte] *adj.* (*sentiment*) unecht

affecter [afɛkte] <1> *v. tr.* ① (*sentiment, attitude*) vortäuschen ② (*nommer*) **~ qn à un poste** jdn in eine Position stellen ③ (*émouvoir*) **~ qn** jdm nahegehen

affectif, -ive [afɛktif, -iv] *adj.* Gefühls-

affection [afɛksjɔ̃] *f* ① Zuneigung *f*; **prendre qn en ~** jdn lieb gewinnen ② MED Erkrankung *f*

affectionner [afɛksjɔne] <1> *v. tr.* bevorzugen

affectueusement [afɛktɥøzmɑ̃] *adv.* liebevoll; **je vous embrasse ~** liebe Grüße [und Küsse]

affectueux, -euse [afɛktɥø, -øz] *adj.* liebevoll

affichage [afiʃaʒ] *m* ① *sans pl.* (*action de poser des affiches*) Anschlagen *nt*; **~ électoral** Wahlplakate *Pl*; **~ publicitaire** Plakatwerbung *f* ② (*moyen de renseigner*) Bekanntmachung *f* durch Aushang; (*des départs*) Anzeigetafel *f* ③ INFORM Anzeige *f*; **~ électronique** elektronische Anzeigetafel; **~ à cristaux liquides** LCD-Anzeige

affiche [afiʃ] *f* ① (*feuille imprimée*) Plakat *nt*; ADMIN Aushang *m*; **~ électorale** Wahlplakat *nt* ② *sans pl.* THEAT [Theater]programm *nt*; **être à l'~** auf dem Spielplan stehen

afficher [afiʃe] <1> **I.** *v. tr.* ① (*placarder*) aufhängen; (*résultat*) aushängen ② INFORM, TECH anzeigen; **être affiché sur l'écran** auf dem Bildschirm zu sehen sein ③ (*opinions politiques*) bekannt geben **II.** *v. intr.* **défense d'~!** Plakate ankleben verboten! **III.** *v. pron.* **s'~** (*personne*) sich zur Schau stellen; **s'~ avec qn** sich in aller Öffentlichkeit mit jdm zeigen

affilée [afile] ▸ **d'~** ununterbrochen, ohne Pause

affiliation [afiljasjɔ̃] *f* ① (*adhésion*) **~ à un parti** Eintritt *m* in eine Partei; **~ à une fédération** Beitritt *m* zu einer Föderation ② (*fait d'être membre*) **~ à qc** Mitgliedschaft *f* in etw (*Dat*)

affilié, e [afilje] **I.** *adj.* **être ~ à un parti** einer Partei (*Dat*) angehören; **être ~ à la Sécurité sociale** in der gesetzlichen Krankenkasse sein **II.** *m, f* Mitglied *nt*

affiner [afine] <1> *v. tr.* (*style*) verfeinern

affinité [afinite] *f* Gemeinsamkeit *f*

affirmatif [afiʀmatif] *interj. fam* ja[wohl]; TELEC positiv

affirmatif, -ive [afiʀmatif, -iv] *adj.* (*réponse*) positiv; (*geste, sourire*) zustimmend; (*ton*) bestimmt; **être ~** sich (*Dat*) sicher sein

affirmation [afiʀmasjɔ̃] *f* Behauptung *f*

affirmative [afiʀmativ] *f sans pl.* **répondre par l'~** bejahen

affirmativement [afiʀmativmɑ̃] *adv.* mit ja

affirmer [afiʀme] <1> *v. tr.* ① (*soutenir*) behaupten; **~ sur l'honneur que ...** bei seiner/ihrer Ehre [be]schwören, dass ... ② (*originalité, autorité*) beweisen; (*position*) festigen

affligé, e [afliʒe] *adj.* **être ~ de qn/qc** unter jdm/etw (*Akk*) leiden

affligeant, e [afliʒɑ̃, ʒɑ̃t] *adj.* (*lamentable*) erbärmlich

affluence [aflyɑ̃s] *f sans pl.* Andrang *m*; (*de visiteurs*) Strom *m*

affluent [aflyɑ̃] *m* Zufluss *m*

affluer [aflye] <1> *v. intr.* (*manifestants*) [zusammen]strömen; (*sang*) strömen; (*argent*) fließen

afflux [afly] *m sans pl.* (*arrivée massive:*

de clients) Ansturm *m;* (*de visiteurs*) Strom *m*

affolant, e [afɔlɑ̃, ɑ̃t] *adj.* beängstigend

affolé, e [afɔle] *adj.* (*personne, foule*) von panischer Angst ergriffen; (*animal*) zu Tode erschrocken; **être ~** in Panik sein (*fam*)

affolement [afɔlmɑ̃] *m sans pl.* Panik *f*

affoler [afɔle] <1> **I.** *v. tr.* sehr erschrecken **II.** *v. pron.* **s'~** in Panik geraten

affranchi, e [afʀɑ̃ʃi] *adj.* (*esclave, serf*) freigelassen

affranchir [afʀɑ̃ʃiʀ] <8> *v. tr.* ❶ POST frankieren ❷ (*esclave*) freilassen

affranchissement [afʀɑ̃ʃismɑ̃] *m* (*action*) Frankieren *nt*

affréter [afʀete] <5> *v. tr.* ❶ (*donner en location*) vermieten ❷ (*prendre en location*) mieten

affreusement [afʀøzmɑ̃] *adv.* furchtbar

affreux, -euse [afʀø, -øz] *adj.* ❶ (*laid*) furchtbar hässlich ❷ (*horrible*) schrecklich; (*temps*) scheußlich

affront [afʀɔ̃] *m soutenu* Beleidigung *f*

affrontement [afʀɔ̃tmɑ̃] *m* Konfrontation *f*

affronter [afʀɔ̃te] <1> **I.** *v. tr.* ❶ *a.* SPORT (*combattre*) **~ qn** jdm gegenübertreten ❷ (*situation difficile*) konfrontiert werden mit; (*hiver*) gerüstet sein für **II.** *v. pron.* **s'~** aufeinandertreffen

affût [afy] *m* ❶ CHASSE (*endroit*) Hochsitz *m* ❷ (*attente*) Warten *nt* ▸ **être à l'~** auf der Lauer liegen

affûter [afyte] <1> *v. tr.* schärfen

afghan [afgɑ̃] *m* Afghanisch *nt; voir a.* **allemand**

afghan, e [afgɑ̃, aːn] *adj.* afghanisch; *voir a.* **allemand**

Afghan, e [afgɑ̃, aːn] *m, f* Afghane *m*/Afghanin *f*

Afghanistan [afganistɑ̃] *m* **l'~** Afghanistan *nt*

afin [afɛ̃] *prép.* **~ de...** um zu ...; **~ que...** + *subj.* damit ...

africain, e [afʀikɛ̃, ɛn] *adj.* afrikanisch

Africain, e [afʀikɛ̃, ɛn] *m, f* Afrikaner(in) *m(f)*

Afrikan[d]er [afʀikanɛʀ, afʀikɑ̃dɛʀ] *m, f* Afrik[a]ander(in) *m(f)*

afrikans [afʀikɑ̃s] *m* Afrikaans *nt; voir a.* **allemand**

Afrique [afʀik] *f* **l'~** Afrika *nt;* **l'~ du Nord/Sud** Nord-/Südafrika; **l'~ noire** Schwarzafrika

afro-américain, e [afʀoameʀikɛ̃, ɛn] <afro-américains> *adj.* afroamerikanisch **Afro-Américain, e** [afʀoameʀikɛ̃, ɛn] <Afro-Américains> *m, f* Afroamerikaner(in) *m(f)*

after-shave [aftɛʀʃɛv] *m inv.* Aftershave *nt*

agaçant, e [agasɑ̃, ɑ̃t] *adj.* äußerst ärgerlich

agacement [agasmɑ̃] *m* Ärger *m*

agacer [agase] <2> *v. tr.* ärgern

âge [ɑʒ] *m* ❶ (*temps de vie*) Alter *nt;* **arriver à l'~ adulte** erwachsen werden; **avoir l'~ de faire qc** alt genug sein etw zu tun; **faire plus vieux que son ~** älter aussehen, als man ist; **elle a passé l'~ de voyager** sie ist zu alt zum [Ver]reisen; **prendre de l'~** älter werden; **à l'~ de 8 ans** im Alter von 8 Jahren; **quel ~ as-tu?** wie alt bist du? ❷ (*ère*) Zeitalter *nt* ▸ **le troisième ~** die Senioren; **~ de la retraite** Pensionsalter *nt*

âgé, e [ɑʒe] *adj.* alt; **être ~ de dix ans** zehn Jahre alt sein; **un enfant ~ de dix ans** ein Kind von zehn Jahren

agence [aʒɑ̃s] *f* ❶ (*bancaire*) [Bank]niederlassung *f;* (*commerciale*) Geschäftsstelle *f;* (*pour les photos*) Agentur *f;* **~ de voyages** Reisebüro *nt* ❷ ADMIN **l'Agence nationale pour l'emploi** Arbeitsamt *nt*

agencement [aʒɑ̃smɑ̃] *m* ❶ (*d'éléments*) Zusammenfügen *nt;* (*de faits*) Aneinanderreihung *f* ❷ LITTER (*d'un roman, d'une phrase*) Aufbau *m*

agencer [aʒɑ̃se] <2> *v. tr.* ❶ (*ordonner: éléments*) zusammensetzen ❷ (*structurer, combiner: phrase*) [auf]bauen; (*couleurs*) [aufeinander] abstimmen ❸ (*aménager*) **être bien agencé** gut angelegt sein ❹ (*équiper: cuisine*) einrichten

agenda [aʒɛ̃da] *m* [Termin]kalender *m;* **~ électronique** Organizer *m*

agenouiller [aʒ(ə)nuje] <1> *v. pron.* **s'~** sich hinknien; (*pour prier*) niederknien; **être agenouillé sur qc** auf etw (*Dat*) knien

agent [aʒɑ̃] *m* ❶ **~ [de police]** Polizist(in) *m(f);* **~ de la force publique** Polizeibeamte(r) *m*/-beamtin *f;* **~ du littoral** *Spezialist(in) für den [ökologi-*

schen] *Küstenschutz* ❷ ECON Vertreter(in) *m(f)*; *(immobilier)* Makler(in) *m(f)* ❸ a. ART, LITTER Agent(in) *m(f)*; ~ **secret** Geheimagent

agglomération [aglɔmeʀasjɔ̃] *f* ❶ *(localité)* Ortschaft *f* ❷ *(ville et banlieue)* Großraum *m*

agglomérer [aglɔmeʀe] <5> *v. tr.* ❶ *(neige, sable)* anhäufen ❷ TECH *(bois)* pressen

agglutiner [aglytine] <1> *v. pron.* *(se rassembler)* **s'~** sich sammeln

aggravant, e [agʀavɑ̃, ɑ̃t] *adj.* erschwerend

aggravation [agʀavasjɔ̃] *f* *(d'une crise)* Zuspitzung *f*; *(d'une situation)* Verschlechterung *f*; *(du chômage)* Zunahme *f*

aggraver [agʀave] <1> **I.** *v. tr.* verschlimmern; *(crise)* verschärfen; *(difficultés)* vergrößern **II.** *v. pron.* **s'~** schlimmer werden; *(conflit)* sich zuspitzen; *(conditions sociales)* schlechter werden; *(difficultés)* größer werden

agile [aʒil] *adj.* geschickt

agilité [aʒilite] *f sans pl.* Beweglichkeit *f*

agir [aʒiʀ] <8> **I.** *v. intr.* ❶ handeln ❷ *(influencer)* ~ **sur qn/qc** jdn/etw beeinflussen ❸ MED wirken **II.** *v. pron. impers.* **il s'agit de qn/qc** es handelt sich um jdn/etw; **il s'agit de faire qc** es geht darum, etw zu tun

agissements [aʒismɑ̃] *mpl péj* *(machinations)* Machenschaften *Pl*

agitateur, -trice [aʒitatœʀ, -tʀis] *m, f* Agitator(in) *m(f)*

agitation [aʒitasjɔ̃] *f* ❶ *(animation)* geschäftiges Treiben ❷ *(excitation)* Aufregung *f* ❸ *(troubles)* Unruhe *f*

agité, e [aʒite] *adj.* *(personne)* unruhig; *(mer)* bewegt

agiter [aʒite] <1> **I.** *v. tr.* *(drapeau)* schwenken; *(mouchoir)* winken mit; *(bouteille)* schütteln **II.** *v. pron.* **s'~** *(s'énerver)* unruhig werden; **arrête de t'~ comme ça!** hör auf, so herumzurennen!

agneau, agnelle [aɲo, aɲɛl] <x> *m, f* Lamm *nt*

agonie [agɔni] *f* Todeskampf *m*

agoniser [agɔnize] <1> *v. intr.* im Sterben liegen

agrafe [agʀaf] *f* ❶ COUT Haken *m* ❷ *(pour papiers)* Heftklammer *f*

agrafer [agʀafe] <1> *v. tr.* *(feuilles)* zusammenheften

agrafeuse [agʀaføz] *f* ❶ *(pour papiers)* Heftgerät *nt* ❷ *(pour clouer)* Tacker *m*

agraire [agʀɛʀ] *adj.* *(politique)* Agrar-; *(réforme)* Boden-

agrandir [agʀɑ̃diʀ] <8> **I.** *v. tr.* ❶ *(rendre plus grand)* größer machen ❷ *(rendre plus large)* erweitern ❸ *(entreprise, photo)* vergrößern **II.** *v. pron.* **s'~** größer werden; *(entreprise)* sich vergrößern; *(ville)* sich ausdehnen; *(famille)* Zuwachs bekommen

agrandissement [agʀɑ̃dismɑ̃] *m* Vergrößerung *f*

agréable [agʀeabl] *adj.* angenehm

agréablement [agʀeabləmɑ̃] *adv.* angenehm

agréé, e [agʀee] *adj.* *(expert)* zugelassen

agréer [agʀee] <1> *v. tr. soutenu* *(remerciements)* annehmen; **veuillez ~, Madame/Monsieur, mes salutations distinguées** ≈ mit freundlichen Grüßen

agrégation [agʀegasjɔ̃] *f: eine Staatsprüfung für Gymnasiallehrer in Form eines „Concours", mit deren Bestehen die Lehrerlaubnis an höheren Schulen erworben wird*

agrégé, e [agʀeʒe] **I.** *adj.* **être ~** die „Agrégation" haben **II.** *m, f* *(professeur de lycée)* Gymnasiallehrer(in) *m(f)* mit „Agrégation"; *(chargé(e) de cours à l'université)* Hochschuldozent(in) *m(f)* mit „Agrégation"

agrémenter [agʀemɑ̃te] <1> *v. tr.* *(pièce)* verschönern

agrès [agʀɛ] *mpl* SPORT [Turn]geräte *Pl*

agresser [agʀese] <1> *v. tr.* überfallen; *(verbalement)* angreifen

agresseur, -euse [agʀɛsœʀ, -øz] *m, f* Angreifer(in) *m(f)*

agressif, -ive [agʀesif, -iv] *adj.* aggressiv; *(couleur)* grell

agression [agʀesjɔ̃] *f* Überfall *m*; **être victime d'une ~** überfallen werden

agressivité [agʀesivite] *f* Aggressivität *f*

agricole [agʀikɔl] *adj.* landwirtschaftlich

agriculteur, -trice [agʀikyltœʀ, -tʀis] *m, f* Landwirt(in) *m(f)*

agriculture [agʀikyltyʀ] *f* Landwirtschaft *f*

A

agripper [agʀipe] <1> **I.** *v. tr.* packen **II.** *v. pron.* **s'~ à qn/qc** sich an jdn/etw klammern
agroalimentaire [agʀoalimɑ̃tɛʀ] **I.** *adj.* **société** ~ Nahrungsmittelfirma *f;* **industrie** ~ Nahrungsgüterindustrie *f* **II.** *m* Lebensmittelsektor *m*
agronomie [agʀɔnɔmi] *f* Agrarwissenschaft *f*
agrotourisme [agʀotuʀism] *m* Agrotourismus *m*
agrume [agʀym] *m* Zitrusfrucht *f*
aguets [agɛ] **être aux ~** auf der Lauer liegen
ah [ˊɑ] *interj.* ❶ (*de joie, d'admiration*) **~!** ah! ❷ (*de sympathie, de déception*) **~!** ach! ❸ *interrog a. iron* **~ ~!** ach ja? ❹ (*rire*) **~! ~!** haha! ▸ **~ bon** (*résignation*) na ja; (*polémique*) soso; (*étonnement*) ach ja; **~ non** ach nein; **~ non alors!** o nein!; **~ oui** (*confirmation*) doch, doch; (*polémique*) soso; (*évidence*) ach ja!; **~ oui, je vois ...** ach ja, ich verstehe
ahuri, e [ayʀi] **I.** *adj.* verblüfft **II.** *m, f* *péj* Blödmann *m*
ahurissant, e [ayʀisɑ̃, ɑ̃t] *adj.* verblüffend
ai [ɛ] *indic. prés. de* **avoir**
aide [ɛd] **I.** *f* ❶ Hilfe *f;* (*financière*) Unterstützung *f;* **à l'~!** [zu] Hilfe!; **appeler à l'~** um Hilfe rufen ❷ *fig* **à l'~ de qc** mit Hilfe einer S. **II.** *mf* Aushilfe *f;* **~ familiale** Haushaltshilfe *f*
aide-mémoire [ɛdmemwaʀ] *m inv.* ❶ (*mémento*) kurzer Abriss ❷ (*feuille*) Merkzettel *m* **aide-ménagère** [ɛdmenaʒɛʀ] <aides-ménagères> *f* Haushaltshilfe *f*
aider [ede] <1> **I.** *v. tr.* **~ qn** jdm helfen; (*financièrement*) jdn [finanziell] unterstützen **II.** *v. pron.* (*utiliser*) **s'~ de qc** etw zu Hilfe nehmen
aide-soignante [ɛdswaɲɑ̃t] <aides-soignantes> *f* Hilfsschwester *f*
aie [ɛ] *subj prés de* **avoir**
aïe [aj] *interj.* ❶ (*douleur*) au, aua ❷ (*problème*) oje ▸ **~ ~ ~!** *fam* auwei[a]!
aigle [ɛgl] *mf* Adler *m*/Adlerweibchen *f*
aigre [ɛgʀ] *adj.* ❶ sauer; (*odeur*) säuerlich ❷ (*critique*) scharf ❸ (*vent*) schneidend
aigre-doux, aigre-douce [ɛgʀədu, ɛgʀədus] <aigres-doux> *adj.* süß-sauer
aigreur [ɛgʀœʀ] *f* ❶ (*acidité*) Säure *f* ❷ (*saveur aigre*) saurer Geschmack
aigri, e [egʀi] *adj.* verbittert
aigrir [egʀiʀ] <8> *v. pron.* **s'~** sauer werden; (*personne*) verbittern
aigu, ë [egy] *adj.* (*angle*) spitz; (*voix*) schrill; (*note*) hoch; (*intelligence, perception*) scharf; (*douleur*) stechend; (*crise*) akut
aiguillage [egɥijaʒ] *m* CHEMDFER Weiche *f*
aiguille [egɥij] *f* Nadel *f;* (*d'une montre*) Zeiger *m*
aiguiller [egɥije] <1> *v. tr.* ❶ CHEMDFER umsetzen ❷ (*orienter*) **mal ~ qn** jdn in die falsche Richtung schicken
aiguillonner [egɥijɔne] <1> *v. tr.* antreiben
aiguiser [egize] <1> *v. tr.* ❶ (*outil*) schärfen; (*couteau*) schleifen ❷ (*appétit, sens*) anregen
aïkido [aikido] *m* Aikido *nt*
ail [aj] *m* Knoblauch *m*
aile [ɛl] *f* ❶ (*organe*) Flügel *m* ❷ (*partie latérale: d'un véhicule*) Kotflügel *m;* (*d'un avion*) Tragfläche *f* ❸ ARCHIT [Seiten]flügel *m* ▸ **voler de ses propres ~s** auf eigenen Füßen stehen
aileron [ɛlʀɔ̃] *m* (*de requin*) Flosse *f*
ailier [elje] *m* Flügelstürmer(in) *m(f);* **~ droit** Rechtsaußen *m*
aille [aj] *subj prés de* **aller**
ailleurs [ajœʀ] *adv.* woanders; **regarder ~** woandershin schauen; **nulle part ~** nirgendwo anders; **partout ~** überall sonst ▸ **d'~, ...** übrigens; **par ~** außerdem
ailloli [ajɔli] *m* Knoblauchmajonäse *f*
aimable [ɛmabl] *adj.* freundlich ▸ **trop ~!** *iron* tausend Dank! (*fam*)
aimablement [ɛmabləmɑ̃] *adv.* ❶ (*avec politesse*) höflich ❷ (*avec cordialité*) freundlich
aimant [ɛmɑ̃] *m* Magnet *m*
aimanté, e [ɛmɑ̃te] *adj.* **corps ~** Magnet *m*
aimanter [ɛmɑ̃te] <1> *v. tr.* magnetisieren
aimer [eme] <1> **I.** *v. intr.* (*apprécier*) **tu aimes?** gefällt es dir? **II.** *v. tr.* ❶ (*éprouver de l'amour*) lieben ❷ (*apprécier*) mögen; (*nourriture*) gern essen; (*boisson*) gern trinken ❸ (*désirer, souhaiter*) **j'aimerais ...** ich wür

de gern ... ❸ (*préférer*) ~ **autant** [*o* **mieux**] **qc** etw lieber mögen; **j'aimerais mieux du fromage** ich hätte lieber [etwas] Käse; **j'aime mieux le football que le tennis** mir gefällt Fußball besser als Tennis; **j'aime autant m'en aller** ich gehe lieber weg; **j'aimerais mieux que** + *subj.* mir wäre es lieber, wenn **III.** *v. pron.* **s'~** (*d'amour*) sich lieben; (*d'amitié*) sich mögen

aine [ɛn] *f* ANAT Leiste *f*

aîné, e [ene] **I.** *adj.* ❶ (*plus âgé de deux*) ältere(r, s) ❷ (*plus âgé de plusieurs*) älteste(r, s) **II.** *m, f* ❶ (*plus âgé de deux*) Ältere(r, s) ❷ (*plus âgé parmi plusieurs*) Älteste(r, s); **elle est mon ~e de 3 ans** sie ist 3 Jahre älter als ich

aînés [ene] *mpl* CAN (*le troisième âge*) **les ~** die Senioren *Pl*

ainsi [ɛ̃si] *adv.* ❶ (*de cette manière*) so; **et ~ de suite** und so weiter; **pour ~ dire** sozusagen ❷ REL ~ **soit-il!** amen! ▶ ~ **que** (*comparaison*) [so] wie; (*énumération*) und [auch]

air[1] [ɛʀ] *m sans pl.* Luft *f;* ~ **conditionné** Klimaanlage *f;* **en plein ~** im Freien; **avoir besoin de changer d'~** einen Klimawechsel brauchen

air[2] [ɛʀ] *m* ❶ (*allure*) Aussehen *nt;* **avoir l'~ distingué/d'une reine** vornehm/wie eine Königin aussehen ❷ (*ressemblance*) **un faux ~ de qn** eine entfernte Ähnlichkeit mit jdm (*Dat*) ❸ (*expression*) Miene *f* ❹ (*apparence*) **avoir l'~ triste** einen traurigen Eindruck machen; **ça a l'~ délicieux** es sieht appetitlich aus; **cette proposition m'a l'~ idiote** dieser Vorschlag kommt mir dumm vor; **ça m'en a tout l'~** es sieht mir ganz danach aus ▶ **sans en avoir l'~** obwohl man es [gar] nicht vermuten würde

air[3] [ɛʀ] *m* MUS Melodie *f;* ~ **populaire** Volksweise *f*

airbag® [ɛʀbag] *m* Airbag *m*

airbus® [ɛʀbys] *m* Airbus *m*

aire [ɛʀ] *f* Platz *m;* ~ **de repos** Rastplatz *m*

airelle [ɛʀɛl] *f* Preiselbeere *f*

aisance [ɛzɑ̃s] *f* ❶ (*richesse*) Wohlstand *m* ❷ (*facilité*) Leichtigkeit *f*

aise [ɛz] *f* **se sentir à l'~** sich wohl fühlen; **se mettre à l'~** (*s'installer confortablement*) es sich (*Dat*) bequem machen; (*enlever sa veste*) ablegen

aisé, e [eze] *adj.* (*fortuné*) wohlhabend

aisément [ezemɑ̃] *adv.* ohne weiteres

aisselle [ɛsɛl] *f* Achselhöhle *f*

Aix-la-Chapelle [ɛkslaʃapɛl] Aachen *nt*

ajournement [aʒuʀnəmɑ̃] *m* (*d'un examen, d'une élection*) Verschiebung *f*

ajourner [aʒuʀne] <1> *v. tr.* (*voyage*) verschieben; (*décision*) aufschieben

ajout [aʒu] *m* Zusatz *m*

ajouter [aʒute] <1> **I.** *v. tr.* ❶ (*mettre, dire en plus*) hinzufügen; **ajoute deux assiettes!** stell noch zwei Teller auf den Tisch!; **sans ~ un mot** ohne ein weiteres Wort ❷ (*additionner*) ~ **qc à qc** etw zu etw dazurechnen **II.** *v. pron.* **s'~ à qc** zu etw [noch] hinzukommen

ajusté, e [aʒyste] *adj.* (*vêtement*) tailliert

ajuster [aʒyste] <1> **I.** *v. tr.* TECH anpassen; (*ceinture de sécurité*) richtig einstellen **II.** *v. pron.* **s'~ sur/à qc** auf etw (*Akk*) passen

alambic [alɑ̃bik] *m* Destillierkolben *m*

alambiqué, e [alɑ̃bike] *adj.* (*discours*) kompliziert

alarmant, e [alaʀmɑ̃, ɑ̃t] *adj.* alarmierend

alarme [alaʀm] *f* ❶ Alarm *m;* **donner l'~** Alarm schlagen ❷ (*dispositif*) Alarmanlage *f*

alarmer [alaʀme] <1> **I.** *v. tr.* alarmieren **II.** *v. pron.* **s'~ de qc** sich wegen etw ängstigen

alarmiste [alaʀmist] *adj.* dramatisierend

Alaska [alaska] *m* **l'~** Alaska *nt*

à la va comme je te pousse [alavakɔmjətəpus] *adv. fam* schlampig

albanais [albanɛ] *m* Albanisch *nt; voir a.* **allemand**

albanais, e [albanɛ, ɛz] *adj.* albanisch; *voir a.* **allemand**

Albanais, e [albanɛ, ɛz] *m, f* Albaner(in) *m(f)*

Albanie [albani] *f* **l'~** Albanien *nt*

albatros [albatʀos] *m* Albatros *m*

albinos [albinos] *mf* Albino *m*

album [albɔm] *m* ❶ (*cahier, disque*) Album *nt* ❷ (*volume illustré*) Bildband *m;* (*pour enfants*) Bilderbuch *nt*

alchimie [alʃimi] *f* Alchimie *f*

alchimiste [alʃimist] *mf* Alchimist(in) *m(f)*

alcool [alkɔl] *m* ❶ CHIM Alkohol *m*; ~ **à brûler** [Brenn]spiritus *m* ❷ (*spiritueux*) Spirituose *f meist Pl.*

alcoolémie [alkɔlemi] *f* Blutalkohol[spiegel *m*] *m*

alcoolique [alkɔlik] **I.** *adj.* (*personne*) alkoholabhängig **II.** *mf* Alkoholiker(in) *m(f)*

alcoolisé, e [alkɔlize] *adj.* alkoholhaltig

alcoolisme [alkɔlism] *m* Alkoholismus *m*

alcoologue [alkɔlɔg] *mf* Facharzt *m*/Fachärztin *f* für Alkoholismus

alcootest® [alkɔtɛst] *m* Alkoholtest *m*

> In Frankreich gilt genauso wie in Deutschland die 0,5-Promille-Grenze. Eine Zeit lang mussten in Frankreich alle Auto- und Motorradfahrer, auch ausländische Urlauber und Durchreisende, den Alkohol-Schnelltest **alcootest** dabeihaben, den man in großen Supermärkten, Apotheken und an Tankstellen kaufen kann. Diese Pflicht besteht jedoch seit Ende 2012 nicht mehr.

aléatoire [aleatwaʀ] *adj.* [rein] zufällig

alémanique [alemanik] **I.** *adj.* alemannisch; **la Suisse** ~ die deutschsprachige Schweiz **II.** *m* Alemannisch *nt*; *voir a.* **allemand**

alentours [alɑ̃tuʀ] *mpl* ❶ (*abords*) Umgebung *f* ❷ *fig* **aux ~ de midi** gegen Mittag

alerte [alɛʀt] **I.** *adj.* schwungvoll **II.** *f* Alarm *m*; ~ **à la bombe** Bombenalarm; **donner l'~** Alarm geben; **être en [état d']~** in Alarmbereitschaft sein

alerter [alɛʀte] <1> *v. tr.* alarmieren; (*informer*) in Kenntnis setzen

alexandrin [alɛksɑ̃dʀɛ̃] *m* Alexandriner *m*

algèbre [alʒɛbʀ] *f* Algebra *f*

algébrique [alʒebʀik] *adj.* algebraisch

Alger [alʒe] Algier *nt*

Algérie [alʒeʀi] *f* **l'~** Algerien *nt*

algérien [alʒeʀjɛ̃] *m* Algerisch *nt*; *voir a.* **allemand**

algérien, ne [alʒeʀjɛ̃, jɛn] *adj.* algerisch; *voir a.* **allemand**

Algérien, ne [alʒeʀjɛ̃, jɛn] *m, f* Algerier(in) *m(f)*

algue [alg] *f* Alge *f*

alias [aljas] *adv.* alias

alibi [alibi] *m* Alibi *nt*

alicament [alikamɑ̃] *m: synthetischer Lebensmittelersatz*

aliénation [aljenasjɔ̃] *f* MED ~ **mentale** Geistesgestörtheit *f*

aliéné, e [aljene] *m, f* Geisteskranke(r) *f(m)*

aliéner [aljene] <5> *v. tr.* JUR (*donner*) übertragen

alignement [aliɲ(ə)mɑ̃] *m* (*de maisons*) Reihe *f*

aligner [aliɲe] <1> **I.** *v. tr.* ❶ (*mettre en ligne*) in einer Reihe aufstellen; (*chiffres*) untereinanderschreiben ❷ (*rendre conforme*) ~ **une monnaie sur qc** eine Währung an etw (*Akk*) angleichen **II.** *v. pron.* **s'~** sich [in einer Reihe] aufstellen

aliment [alimɑ̃] *m* Lebensmittel *nt*

alimentaire [alimɑ̃tɛʀ] *adj.* (*industrie*) Nahrungsmittel-; **régime** ~ Diät *f*

alimentation [alimɑ̃tasjɔ̃] *f* ❶ (*action: d'une personne*) Ernährung *f*; (*d'un animal*) Fütterung *f* ❷ (*produits*) Nahrungsmittel *Pl*; **magasin d'~** Lebensmittelgeschäft *nt* ❸ (*approvisionnement*) ~ **en eau** Wasserversorgung *f*

alimenter [alimɑ̃te] <1> **I.** *v. tr.* ❶ (*nourrir*) ernähren ❷ (*approvisionner*) ~ **qc en eau** etw mit Wasser versorgen ❸ (*entretenir*) ~ **la conversation** (*sujet*) für Gesprächsstoff sorgen **II.** *v. pron.* **s'~** (*personne, animal*) Nahrung zu sich nehmen

alinéa [alinea] *m* ❶ (*renfoncement*) Einzug *m* ❷ (*paragraphe*) Absatz *m*

aliter [alite] <1> *v. tr.* **être alité** das Bett hüten müssen

alizé [alize] *m* Passat[wind *m*] *m*

Allah [a(l)la] *m* Allah *m*

allaitement [alɛtmɑ̃] *m* (*d'un bébé*) Stillen *nt*; (*d'un animal*) Säugen *nt*

allaiter [alete] <1> **I.** *v. intr.* stillen **II.** *v. tr.* (*bébé*) stillen; (*animal*) säugen

alléchant, e [aleʃɑ̃, ɑ̃t] *adj.* (*odeur, plat*) verlockend

allécher [aleʃe] <5> *v. tr.* anlocken

allée [ale] *f* ❶ (*chemin bordé d'arbres*) Allee *f* ❷ (*passage*) ~ **centrale** [Mittel]gang *m*

allégé, e [aleʒe] *adj.* fettarm

allégement, allègement [alɛʒmɑ̃] *m*

(*des charges*) Verringerung *f;* ~ **des impôts** steuerliche Entlastung

alléger [aleʒe] <2a, 5> *v. tr.* ① leichter machen ② (*impôts*) senken; (*programmes scolaires*) entlasten

allégorie [al(l)egɔʀi] *f* Allegorie *f*

alléguer [a(l)lege] <5> *v. tr.* (*prétexter*) vorschützen

Allemagne [almaɲ] *f* **l'~** Deutschland *nt;* **l'~ de l'Est/de l'Ouest** Ost-/Westdeutschland; **l'~ fédérale** die Bundesrepublik Deutschland; **la réunification des deux ~s** die [Wieder]vereinigung Deutschlands; **aller en ~** nach Deutschland fahren

allemand [almɑ̃] *m* **l'~** Deutsch *nt,* das Deutsche; **parler [l']~** Deutsch sprechen; **écrire en ~** auf Deutsch schreiben; **traduire en ~** ins Deutsche übersetzen

allemand, e [almɑ̃, ɑ̃d] *adj.* deutsch; **ces légumes sont ~s** dieses Gemüse kommt aus Deutschland

Allemand, e [almɑ̃, ɑ̃d] *m, f* Deutsche(r) *f(m)*

aller[1] [ale] <irr> **I.** *v. intr.* + *être* ① (*se déplacer à pied*) gehen; **on a sonné, peux-tu y ~?** es hat geklingelt, kannst du mal hingehen?; **y ~ en courant** hinlaufen; **~ et venir** hin und her laufen; **pour ~ à l'hôtel de ville?** wie komme ich zum Rathaus?; **~ au-devant de qn/qc** jdm/einer S. entgegenkommen ② (*pour faire quelque chose*) **~ à la boulangerie** zum Bäcker gehen; **~ se coucher/se promener** schlafen gehen/spazieren gehen; **~ voir qn** jdn besuchen; **je vais voir ce qui se passe** ich gehe [mal] nachsehen, was los ist; **~ chercher les enfants à l'école** die Kinder von der Schule abholen gehen ③ (*rouler/voler*) fahren/fliegen ④ (*faire un voyage*) reisen ⑤ (*être acheminé*) **~ à Paris** (*marchandise*) nach Paris geliefert werden; (*courrier*) nach Paris gehen ⑥ (*avoir sa place quelque part*) **~ à la cave** in den Keller kommen ⑦ (*être conçu pour*) **ce plat ne va pas au micro-ondes** diese Schüssel ist nicht mikrowellenfest ⑧ (*oser*) **~ jusqu'à faire qc** so weit gehen[,] etw zu tun ⑨ (*progresser*) **~ vite** (*personne*) schnell vorankommen; (*chose*) schnell vorangehen; (*nouvelles*) sich schnell herumsprechen ⑩ (*se porter*) **il va bien** ihm geht es gut; **comment ça va/vas-tu/allez-vous?** wie geht's?/wie geht es dir?/Ihnen?; **ça va pas[, la tête]?** *fam* sonst geht's dir gut! ⑪ (*fonctionner, évoluer*) **ça va les études ?** was macht das Studium?; **tout va bien/mal** alles geht gut/schief; **quelque chose ne va pas** da stimmt etwas nicht ⑫ (*pour donner un âge approximatif*) **~ sur ses 3 ans** bald drei [Jahre alt] sein ⑬ (*convenir à qn*) **ça va** das ist gut; **ça ira** das passt schon; **ça peut ~** es geht schon; **ça [te] va?** [bist du damit] einverstanden? ⑭ (*être seyant*) **~ bien/mal à qn** jdm gut/nicht stehen ⑮ (*être coordonné, assorti*) **~ avec qc** zu etw gehören; **~ ensemble** zusammengehören; **~ bien avec qc** gut zu etw passen ⑯ (*se dérouler*) **ne pas ~ sans difficulté** nicht ohne Schwierigkeiten ablaufen; **laisser ~ les affaires** die Sache laufen lassen (*fam*) ⑰ (*pour commencer, démarrer*) **on y va?** packen wir's an? ⑱ *impers.* (*être en jeu*) **il y va de notre vie** es geht um unser Leben ⑲ (*ne rien faire*) **se laisser ~** (*se négliger*) sich gehen lassen; (*abandonner*) aufgeben; (*se décontracter*) sich entspannen ⑳ (*être*) **il en va de même pour toi** dasselbe gilt auch für dich ▶**cela va de soi** [das ist doch] selbstverständlich; **ça va [comme ça]!** *fam* das reicht!; **où allons-nous?** wo soll/wird das [noch] enden? **II.** *aux* + *être* (*pour exprimer le futur proche*) **~ faire qc** gleich etw tun; **le train va partir** der Zug fährt gleich ab; **elle allait faire qc** sie wollte gerade etw tun; **ne va pas croire/imaginer que ...** glaub bloß nicht, dass ... (*fam*) **III.** *v. pron.* + *être* **s'en ~** ① (*partir: à pied*) [weg]gehen; (*en voiture, à vélo, en bateau*) [weg]fahren; (*en avion*) [weg]fliegen; **s'en ~ en vacances** in Urlaub fahren; **s'en ~ à l'étranger** ins Ausland gehen ② (*disparaître: héritage*) zerrinnen; (*tache*) herausgehen; (*cicatrice*) weggehen **IV.** *interj.* ① *fam* (*invitation à agir*) **vas-y/allons-y/allez-y!** (*en route!*) los geht's!; (*au travail!*) [na] dann wollen wir mal!; **vas-y/allez-y!** (*pour encourager*) los!; **allons!** nur Mut!; **allons debout!** auf geht's!; **allez, presse-toi**

un peu! komm, beeil dich ein bisschen!; **allez, allez, circulez!** los, weitergehen/weiterfahren!; **allez, au revoir!** also dann, auf Wiedersehen!; **allons/allez donc!** *iron* (*c'est évident!*) natürlich!; (*vraiment?*) ach komm/kommen Sie! ❷ (*voyons!*) **un peu de calme, allons!** etwas Ruhe, bitte! ❸ (*pour exprimer la résignation, la conciliation*) **je le sais bien, va!** schon gut, ich weiß es ja! (*fam*); **allez, allez, ça ne sera rien!** schon gut, es wird nicht so schlimm! (*fam*); **va/allez savoir!** tja! (*fam*) ❹ (*non!?*) **allez!** *fam* [ach] komm! ❺ (*d'accord!*) **alors, va pour le ciné!** also gut, dann gehen wir eben ins Kino!

aller[2] [ale] *m* ❶ (*trajet: à pied*) Hinweg *m;* (*en voiture, train*) Hinfahrt *f;* (*en avion*) Hinflug *m* ❷ (*voyage*) Hinreise *f;* **à l'~** hinwärts ❸ (*billet*) **~ simple** einfache Hinfahrt; **un ~ pour Grenoble, s'il vous plaît** bitte einmal Grenoble [Hinfahrt]

allergie [alɛʀʒi] *f* Allergie *f*

allergique [alɛʀʒik] *adj.* allergisch

alliage [aljaʒ] *m* Legierung *f*

alliance [aljɑ̃s] *f* ❶ (*engagement mutuel*) Bündnis *nt* ❷ (*anneau*) Ehering *m*

allié, e [alje] **I.** *adj.* POL verbündet **II.** *m, f* ❶ POL Bündnispartner(in) *m(f)* ❷ (*ami*) Verbündete(r) *f(m)* ❸ *pl* HIST **les Alliés** die Alliierten

allier [alje] <1> *v. pron.* **s'~ à qn** sich mit jdm verbünden

allô [alo] *interj.* hallo

In Frankreich meldet man sich am Telefon nicht mit seinem Namen, sondern nur mit **Allô**. Der Anrufer nennt dann seinen Namen, indem er sagt: "C'est... [à l'appareil]", also zum Beispiel: "C'est Patrick à l'appareil."

alloc [alɔk] *f fam abr. de* **allocation** Beihilfe *f,* Unterstützung *f;* (*allocation familiale*) ≈ Kindergeld *nt,* Familienbeihilfe (A); **toucher les ~s** ≈ Kindergeld kriegen, ≈ Familienbeihilfe kriegen (A)

allocation [alɔkasjɔ̃] *f* ≈ Beihilfe *f;* **~ chômage/logement** Arbeitslosen-/Wohngeld *nt;* **~s familiales** Kindergeld *nt,* Familienbeihilfe (A)

allocution [alɔkysjɔ̃] *f* Ansprache *f*

allongement [alɔ̃ʒmɑ̃] *m* ❶ (*fait de s'allonger*) Verlängerung *f;* (*d'un muscle*) Streckung *f;* (*des métaux*) [Längs]dehnung *f;* (*d'une voyelle*) Längung *f* ❷ (*action d'allonger*) Verlängerung *f;* (*d'un réseau de transport*) Ausbau *m*

allonger [alɔ̃ʒe] <2a> **I.** *v. intr.* (*devenir plus long*) länger werden **II.** *v. tr.* ❶ (*rendre plus long*) verlängern ❷ (*cou*) recken; (*bras*) [aus]strecken ❸ (*blessé*) [ausgestreckt] hinlegen; **être allongé** [ausgestreckt] liegen **III.** *v. pron.* **s'~** ❶ (*devenir plus long*) länger werden ❷ (*se coucher*) sich hinlegen

allouer [alwe] <1> *v. tr.* (*attribuer*) gewähren

allumage [alymaʒ] *m* AUT Zündung *f*

allume-cigare [alymsigaʀ] <allume-cigares> *m* Zigarettenanzünder *m*

allumer [alyme] <1> **I.** *v. tr.* ❶ (*feu, cigarette, bougie*) anzünden; **être allumé** brennen ❷ (*briquet, lampe*) anmachen; (*projecteur, four*) einschalten; **~ le couloir** im Flur [das] Licht [an]machen; **la cuisine est allumée** in der Küche brennt [das] Licht **II.** *v. intr.* [das] Licht [an]machen **III.** *v. pron.* **s'~** ❶ (*lumière*) angehen; (*yeux*) aufleuchten; (*regard*) sich aufhellen ❷ (*se mettre en marche automatiquement: appareil*) sich einschalten

allumette [alymɛt] *f* Streichholz *nt*

allumeuse [alymøz] *f péj fam* Vamp *m*

allure [alyʀ] *f* ❶ *sans pl.* (*vitesse*) Geschwindigkeit *f;* **à toute ~** mit voller Geschwindigkeit ❷ *sans pl.* (*apparence*) Aussehen *nt;* **avoir de l'~** (*personne*) Stil haben; (*chose*) elegant wirken ❸ *pl* (*airs*) Gebaren *nt*

allusion [a(l)lyzjɔ̃] *f* Anspielung *f;* **faire ~ à qn/qc** eine Anspielung auf jdn/etw machen

alluvions [a(l)lyvjɔ̃] *fpl* Schwemmland *Pl*

almanach [almana] *m* Kalender *m*

alors [alɔʀ] **I.** *adv.* ❶ (*à ce moment-là*) damals; **jusqu'~** bis dahin ❷ (*par conséquent*) da ❸ (*dans ce cas*) ja dann; **~, je comprends!** ja dann verstehe ich das!; **~, qu'est-ce qu'on fait?** ja, was machen wir denn da? ❹ *fam* (*impatience, indignation*) **~, tu viens?** also, kommst du jetzt [endlich]? ▶ **ça ~!** na, so was!; **et** ~**?** (*la belle affaire!*) na und? (*fam*); (*suspense*) und dann?; ~ **là!** ja, dann!; **non, mais** ~**!** nein, also wirklich! (*fam*) **II.** *conj.* ~ **que** ❶ (*pendant que*) während ❷ (*tandis que*) wohingegen ❸ (*bien que*) obwohl

alouette [alwɛt] *f* Lerche *f*

alourdir [aluʀdiʀ] <8> *v. tr.* ❶ schwer[er] machen ❷ (*impôts, charges*) erhöhen

Alpes [alp] *fpl* **les** ~ die Alpen

alphabet [alfabɛ] *m* Alphabet *nt*

alphabétique [alfabetik] *adj.* alphabetisch; **par ordre** ~ in alphabetischer Reihenfolge

alphabétisation [alfabetizasjɔ̃] *f* Alphabetisierung *f*

alphabétiser [alfabetize] <1> *v. tr.* alphabetisieren

alpin, e [alpɛ̃, in] *adj.* GEO Alpen-

alpinisme [alpinism] *m* Bergsteigen *nt*

alpiniste [alpinist] *mf* Bergsteiger(in) *m(f)*

Alsace [alzas] *f* **l'**~ das Elsass

alsacien [alzasjɛ̃] *m* Elsässisch *nt; voir a.* **allemand**

alsacien, ne [alzasjɛ̃, jɛn] *adj.* elsässisch; *voir a.* **allemand**

Alsacien, ne [alzasjɛ̃, jɛn] *m, f* Elsässer(in) *m(f)*

altération [alteʀasjɔ̃] *f* (*d'un aliment*) Verderben *nt;* (*de la qualité*) Minderung *f;* (*des traits*) Entstellung *f*

altercation [altɛʀkasjɔ̃] *f* [heftiger] Wortwechsel

alter ego [altɛʀego] *m inv.* Alter Ego *nt*

altérer [alteʀe] <5> *v. tr.* ❶ (*relation, santé*) beeinträchtigen; (*couleur, métal*) verändern; (*qualité*) mindern ❷ (*visage, traits*) entstellen

altermondialiste [altɛʀmɔ̃djalist] *mf* Globalisierungsgegner(in) *m(f)*

alternance [altɛʀnɑ̃s] *f* Wechsel *m;* **en** ~ **avec** im Wechsel mit

alternatif, -ive [altɛʀnatif, -iv] *adj.* ❶ ELEC **courant** ~ Wechselstrom *m* ❷ POL (*politique, événement, culture*) alternativ

alternative [altɛʀnativ] *f* Alternative *f*

alternativement [altɛʀnativmɑ̃] *adv.* abwechselnd

alterner [altɛʀne] <1> *v. intr.* abwechseln

altesse [altɛs] *f* Hoheit *f*

altitude [altityd] *f* Höhe *f* [über dem Meeresspiegel]; **être à 400 m d'**~ sich in 400 m Höhe befinden; (*village*) in 400 m Höhe liegen; **prendre de l'**~ an Höhe gewinnen

alto [alto] *m* ❶ (*instrument*) Bratsche *f* ❷ (*musicien*) Bratschist(in) *m(f)*

alu [aly] *m abr. de* **aluminium** Alu *nt*

aluminium [alyminjɔm] *m* Aluminium *nt*

alunir [alyniʀ] <8> *v. intr.* auf dem Mond landen

alunissage [alynisaʒ] *m* Mondlandung *f*

alvéole [alveɔl] *f* Wabe *f;* **en forme d'**~ wabenförmig

amabilité [amabilite] *f* ❶ Liebenswürdigkeit *f;* **ayez l'**~ **de m'apporter un café** wären Sie so freundlich mir einen Kaffee zu bringen ❷ *pl* (*politesses*) Höflichkeiten *Pl*

amadouer [amadwe] <1> *v. tr.* umstimmen; ~ **qn pour qu'il fasse qc** jdn dazu bringen etw zu tun

amaigrir [amegʀiʀ] <8> *v. tr.* **être amaigri par qc** durch etw abgemagert sein

amaigrissant, e [amegʀisɑ̃, ɑ̃t] *adj.* gewichtsreduzierend

amalgame [amalgam] *m* ❶ a. MED (*alliage de métaux*) Amalgam *nt;* (*matière obturatrice*) Amalgamfüllung *f* ❷ (*mélange: de matériaux*) Gemisch *nt;* (*de gens, de choses*) Mischung *f;* (*d'idées*) Amalgam *nt*

amalgamer [amalgame] <1> *v. tr.* (*métal*) amalgamieren; (*éléments*) vermischen

amande [amɑ̃d] *f* Mandel *f*

amandier [amɑ̃dje] *m* Mandelbaum *m*

amant [amɑ̃] *m* Liebhaber *m;* (*seulement extraconjugal*) Geliebter *m;* **les** ~**s** die Liebenden

amarre [amaʀ] *f* Halteleine *f;* **larguez les** ~**s!** Leinen los!

amarrer [amaʀe] <1> *v. tr.* (*bateau*) vertäuen

amas [amɑ] *m* Haufen *m*

amasser [amɑse] <1> **I.** *v. tr.* anhäufen **II.** *v. pron.* **s'**~ (*personnes*) sich drängen

amateur, -trice [amatœʀ, -tʀis] **I.** *mf* ❶ Amateur(in) *m(f)* ❷ *sans art* (*connaisseur*) ~ **d'art** Kunstliebhaber(in) *m(f);*

être ~ de films/de bons vins gerne Filme sehen/gute Weine trinken ③ *péj* Stümper(in) *m(f)* **II.** *adj. pas de forme féminine* (*équipe*) Amateur-; (*peintre*) Hobby-

amateurisme [amatœʀism] *m* SPORT Amateursport *m*

amazone [amazon] *f* (*cavalière*) Reiterin *f;* **en ~** im Damensitz

ambassade [ɑ̃basad] *f* Botschaft *f*

ambassadeur, -drice [ɑ̃basadœʀ, -dʀis] *m, f* Botschafter(in) *m(f)*

ambiance [ɑ̃bjɑ̃s] *f* Atmosphäre *f;* (*entre personnes*) Stimmung *f*

ambianceur, -euse [ɑ̃bjɑ̃sœʀ, -øz] *m, f* Partygeher(in) *m(f),* Partymacher(in) *m(f)*

ambiant, e [ɑ̃bjɑ̃, jɑ̃t] *adj.* (*enthousiasme*) allgemein; **à [la] température ~e** bei Zimmertemperatur

ambidextre [ɑ̃bidɛkstʀ] *adj.* **être ~** beidhändig sein

ambigu, ë [ɑ̃bigy] *adj.* mehrdeutig

ambiguïté [ɑ̃bigɥite] *f* Mehrdeutigkeit *f;* **sans ~** unmissverständlich

ambitieux, -euse [ɑ̃bisjø, -jøz] **I.** *adj.* ehrgeizig **II.** *m, f* ehrgeiziger Mensch

ambition [ɑ̃bisjɔ̃] *f* Ehrgeiz *m*

ambitionner [ɑ̃bisjɔne] <1> *v. tr.* (*poste, prix*) anstreben

ambre [ɑ̃bʀ] *m* **~ [jaune]** Bernstein *m*

ambulance [ɑ̃bylɑ̃s] *f* Krankenwagen *m*

ambulancier, -ière [ɑ̃bylɑ̃sje, -jɛʀ] *m, f* Krankenwagenfahrer(in) *m(f)*

ambulant, e [ɑ̃bylɑ̃, ɑ̃t] *adj.* (*marchand*) fliegend

ambulatoire [ɑ̃bylatwaʀ] *adj.* ambulant

âme [ɑm] *f* Seele *f* ▸ **être violoniste dans l'~** mit Leib und Seele Geiger sein

amélioration [ameljɔʀasjɔ̃] *f* Verbesserung *f;* (*du temps, de la santé*) Besserung *f*

améliorer [ameljɔʀe] <1> **I.** *v. tr.* verbessern; (*qualité, production*) steigern; (*budget*) aufbessern **II.** *v. pron.* **s'~** besser werden; (*santé, temps, situation*) sich bessern

amen [amɛn] *interj.* amen

aménagement [amenaʒmɑ̃] *m* ① (*d'une pièce*) Einrichtung *f;* (*d'un quartier*) Errichtung *f* ② (*modification*) Umstellung *f;* **~ du temps de travail** Arbeitszeitregelung *f*

aménager [amenaʒe] <2a> *v. tr.* ① (*pièce*) einrichten ② (*modifier*) umstellen; (*par des travaux*) umbauen

amende [amɑ̃d] *f* Geldstrafe *f*

amendement [amɑ̃dmɑ̃] *m* (*d'une loi*) [Ab]änderungsantrag *m*

amender [amɑ̃de] <1> *v. tr.* POL [ab]ändern

amener [am(ə)ne] <4> **I.** *v. tr.* ① *fam* (*apporter*) mitbringen ② (*mener*) bringen; **qu'est-ce qui t'amène ici?** was führt dich hierher? ③ (*provoquer*) verursachen ④ (*entraîner à*) **~ qn à faire qc** jdn dazu bringen etw zu tun **II.** *v. pron. fam* **amène-toi!** komm [schon] her!

amenuiser [amənɥize] <1> *v. pron.* **s'~** sich verringern; (*espoir*) schwinden (*geh*)

amer, -ère [amɛʀ] *adj.* bitter; (*souvenir*) schmerzlich

amèrement [amɛʀmɑ̃] *adv.* bitter; (*critiquer*) scharf

américain [ameʀikɛ̃] *m* Amerikanisch *nt; voir a.* **allemand**

américain, e [ameʀikɛ̃, ɛn] *adj.* amerikanisch; *voir a.* **allemand**

Américain, e [ameʀikɛ̃, ɛn] *m, f* Amerikaner(in) *m(f)*

Amérique [ameʀik] *f* **l'~** Amerika *nt;* **l'~ centrale/latine/du Nord/du Sud** Mittel-/Latein-/Nord-/Südamerika

amerrir [ameʀiʀ] <8> *v. intr.* wassern

amertume [amɛʀtym] *f* Bitterkeit *f*

améthyste [ametist] *f* Amethyst *m*

ameublement [amœbləmɑ̃] *m* Einrichtung *f*

ameuter [amøte] <1> *v. tr.* alarmieren

ami, e [ami] **I.** *m, f* Freund(in) *m(f);* **se faire des ~s** Freunde finden **II.** *adj.* (*pays*) befreundet; **être très ~ avec qn** mit jdm eng befreundet sein

amiable [amjabl] *adj.* (*constat*) einvernehmlich; **à l'~** gütlich

amiante [amjɑ̃t] *m* Asbest *m*

amibe [amib] *f* Amöbe *f*

amical, e [amikal, o] < -aux> *adj.* ① (*rencontre, conseil*) freundschaftlich; (*attitude*) freundlich ② SPORT **match ~** Freundschaftsspiel *nt*

amicale [amikal] *f* (*association*) Vereinigung *f*

amicalement [amikalmɑ̃] *adv.* (*formule de fin de lettre*) herzliche Grüße

amidon [amidɔ̃] *m* Stärke *f*

amidonner [amidɔne] <1> *v. tr.* stärken

amincir [amɛ̃siʀ] <8> **I.** *v. tr.* schlank[er] machen **II.** *v. pron.* **s'~** (*personne*) schlanker werden

amincissant, e [amɛ̃sisɑ̃, ɑ̃t] *adj.* **être ~** (*robe*) schlank machen

amiral [amiʀal, o] < -aux> *m* Admiral *m*

amitié [amitje] *f* Freundschaft *f;* **se lier d'~ avec qn** sich mit jdm anfreunden; **avoir de l'~ pour qn** jdn mögen; **~s** (*formule de fin de lettre*) alles Liebe; **faire toutes ses ~s à qn** jdn herzlich grüßen lassen

ammoniac [amɔnjak] *m* CHIM Ammoniak *nt*

ammoniaque [amɔnjak] *f* (*liquide*) Salmiakgeist *m*

amnésie [amnezi] *f* Gedächtnisverlust *m*

amnésique [amnezik] **I.** *adj.* an Gedächtnisverlust leidend **II.** *mf* an Gedächtnisverlust Leidende(r) *f(m)*

amnistie [amnisti] *f* Amnestie *f*

amnistier [amnistje] <1> *v. tr.* amnestieren

amocher [amɔʃe] <1> *v. tr. fam* ramponieren; (*blesser*) [übel] zurichten

amoindrir [amwɛ̃dʀiʀ] <8> **I.** *v. tr.* (*autorité*) schwächen **II.** *v. pron.* **s'~** (*forces*) abnehmen

amonceler [amɔ̃s(ə)le] <3> *v. tr.* aufhäufen

amoncellement [amɔ̃sɛlmɑ̃] *m* Haufen *m*

amont [amɔ̃] *m* (*d'un cours d'eau*) Oberlauf *m;* **vers l'~** flussaufwärts

amoral, e [amɔʀal, o] < -aux> *adj.* amoralisch

amorcer [amɔʀse] <2> **I.** *v. tr.* ① (*explosif*) scharf machen ② PECHE beködern ③ (*commencer*) **~ un virage** in eine Kurve gehen **II.** *v. pron.* **s'~** (*dialogue*) in Gang kommen

amortir [amɔʀtiʀ] <8> *v. tr.* ① (*bruit, choc*) dämpfen; (*chute*) bremsen ② (*dette*) tilgen ③ (*équipement, voiture*) amortisieren

amortissement [amɔʀtismɑ̃] *m* (*d'un choc, bruit*) Dämpfung *f*

amortisseur [amɔʀtisœʀ] *m* Stoßdämpfer *m*

amour [amuʀ] *m* ① (*sentiment, acte*) Liebe *f;* **l'~ maternel** die Mutterliebe; **faire l'~** miteinander schlafen ② (*personne*) Liebe *f;* **mon ~** [mein] Liebling; **être un ~** *fam* ein [richtiger] Schatz sein ③ (*attachement, altruisme*) **~ du prochain** Nächstenliebe; **~ de la nature** Liebe *f* zur Natur ▶ **pour l'~ de Dieu** um Gottes willen; **vivre d'~ et d'eau fraîche** von Luft und Liebe leben

amouracher [amuʀaʃe] <1> *v. pron. péj* **s'~ de qn** sich in jdn vernarren

amoureusement [amuʀøzmɑ̃] *adv.* liebevoll

amoureux, -euse [amuʀø, -øz] **I.** *adj.* **être ~ de qn** in jdn verliebt sein; **tomber ~ de qn** sich in jdn verlieben **II.** *m, f* ① (*soupirant*) Verehrer(in) *m(f);* **des ~** Verliebte *Pl*; (*sentiment plus profond*) Liebende *Pl*; **en ~** in trauter Zweisamkeit ② (*passionné*) **~ de la musique/de la nature** Musikliebhaber *m*/Naturfreund *m*

amour-propre [amuʀpʀɔpʀ] <amours-propres> *m* Selbstachtung *f*

amours [amuʀ] *mpl f si poétique* Liebschaften *Pl*; **comment vont tes ~?** was macht die Liebe? ▶ **à tes/vos ~!** *iron* Gesundheit!

amovible [amɔvibl] *adj.* abnehmbar

ampère [ɑ̃pɛʀ] *m* Ampere *nt*

amphétamine [ɑ̃fetamin] *f* Amphetamin *nt*

amphi [ɑ̃fi] *m* UNIV *fam abr. de* **amphithéâtre** Hörsaal *m*

amphibie [ɑ̃fibi] *m* ZOOL Amphibie *f*

amphithéâtre [ɑ̃fiteɑtʀ] *m* ① Amphitheater *nt* ② UNIV Hörsaal *m*

amphore [ɑ̃fɔʀ] *f* Amphore *f*

ample [ɑ̃pl] *adj.* ① weit ② (*sujet*) umfangreich; (*information*) ausführlich

amplement [ɑ̃pləmɑ̃] *adv.* ausführlich; **être ~ suffisant** völlig ausreichen

ampleur [ɑ̃plœʀ] *f* ① (*d'un vêtement*) Weite *f* ② (*importance: d'une catastrophe*) Ausmaß *nt;* **prendre de l'~** (*événement*) an Bedeutung gewinnen

ampli [ɑ̃pli] *m fam*, **amplificateur** [ɑ̃plifikatœʀ] *m* Verstärker *m*

amplifier [ɑ̃plifje] <1> **I.** *v. tr.* ① verstärken ② (*exagérer*) aufblähen **II.** *v. pron.* **s'~** (*bruit*) anschwellen; (*mouvement, scandale*) sich ausweiten

amplitude [ɑ̃plityd] *f* (*ampleur*) Ausmaß *nt*

ampoule [ɑ̃pul] *f* ① ELEC [Glüh]birne *f* ② MED Ampulle *f* ③ (*cloque*) Blase *f*

amputation [ɑ̃pytasjɔ̃] *f* Amputation *f*

amputer [ɑ̃pyte] <1> *v. tr.* amputieren

amulette [amylɛt] *f* Amulett *nt*

amusant, e [amyzɑ̃, ɑ̃t] *adj.* ① (*jeu*) unterhaltsam; (*travail, vacances*) abwechslungsreich ② (*drôle*) lustig ③ (*curieux*) witzig (*fam*)

amuse-gueule [amyzgœl] *m inv. fam* Knabbereien *Pl*

amusement [amyzmɑ̃] *m* ① (*divertissement*) Zeitvertreib *m* ② (*plaisir*) Vergnügen *nt*

amuser [amyze] <1> **I.** *v. tr.* ① (*divertir*) unterhalten; **~ qn** (*activité*) jdm Spaß machen ② (*faire rire*) amüsieren **II.** *v. pron.* **s'~** ① (*jouer*) spielen ② (*se divertir*) **bien s'~** sich gut amüsieren; **amuse-toi/amusez-vous bien!** viel Spaß!; **qn s'amuse à faire qc** es macht jdm Spaß etw zu tun

amuseur, -euse [amyzœʀ, -øz] *m, f* **~ public/amuseuse publique** Alleinunterhalter(in) *m(f)*; (*à la télé*) Entertainer(in) *m(f)*

amygdale [amidal] *f* Mandel *f*

an [ɑ̃] *m* ① (*durée*) Jahr *nt*; **après cinq ~s de vie commune** nach fünfjährigem Zusammenleben ② (*âge*) Jahr *nt*; **avoir cinq ~s** fünf [Jahre alt] sein; **à quarante ~s** mit vierzig [Jahren]; **homme de cinquante ~s** fünfzigjähriger Mann; **fêter ses vingt ~s** seinen/ihren zwanzigsten Geburtstag feiern ③ (*point du temps*) Jahr *nt*; **l'~ dernier/prochain** letztes/nächstes Jahr; **par ~** jährlich; **en l'~ 200 avant Jésus-Christ** [im Jahr] 200 vor Christus; **le nouvel ~, le premier de l'~** Neujahr *nt*, der Neujahrstag; **au nouvel ~** an [*o* zu] Neujahr

anagramme [anagʀam] *f* Anagramm *nt*

anal, e [anal, o] <-aux> *adj.* anal

analgésique [analʒezik] *m* Schmerzmittel *nt*

analogie [analɔʒi] *f* Analogie *f*; **par ~** analog

analogue [analɔg] *adj.* analog, ähnlich

analphabète [analfabɛt] **I.** *adj.* des Lesens und Schreibens unkundig **II.** *mf* Analphabet(in) *m(f)*

analphabétisme [analfabetism] *m* Analphabetismus *m*

analyse [analiz] *f* Analyse *f*; MED Untersuchung *f*

analyser [analize] <1> *v. tr.* ① analysieren; (*mot*) bestimmen ② MATH, MED untersuchen

analyste [analist] *mf* Analytiker(in) *m(f)*

analytique [analitik] *adj.* analytisch

ananas [anana(s)] *m* Ananas *f*

anarchie [anaʀʃi] *f* Chaos *nt*; POL Anarchie *f*

anarchique [anaʀʃik] *adj.* anarchisch

anarchiste [anaʀʃist] **I.** *adj.* anarchistisch **II.** *mf* Anarchist(in) *m(f)*

anathème [anatɛm] *m* Exkommunikation *f*

anatomie [anatɔmi] *f* Anatomie *f*

anatomique [anatɔmik] *adj.* anatomisch

ancestral, e [ɑ̃sɛstʀal, o] <-aux> *adj.* alt[überliefert]

ancêtre [ɑ̃sɛtʀ] *mf* ① (*aïeul*) Vorfahr(in) *m(f)* ② (*précurseur*) Vorläufer(in) *m(f)*

ancêtres [ɑ̃sɛtʀ] *mpl* HIST Vorfahren *Pl*

anchois [ɑ̃ʃwa] *m* Sardelle *f*

ancien, ne [ɑ̃sjɛ̃, jɛn] **I.** *adj.* ① (*bâtiment, coutume*) alt; (*objet d'art, culture, peuple*) antik; (*livre*) antiquarisch ② *antéposé* (*ex-*) ehemalig ③ (*qui a de l'ancienneté*) **être ~ dans le métier** schon lange im Beruf sein **II.** *m, f* (*personne*) **les ~s** die Alten

anciennement [ɑ̃sjɛnmɑ̃] *adv.* früher

ancienneté [ɑ̃sjɛnte] *f* ADMIN Dienstalter *nt*

anciens [ɑ̃sjɛ̃] *mpl* HIST Völker *Pl* des Altertums

ancre [ɑ̃kʀ] *f* Anker *m*

ancrer [ɑ̃kʀe] <1> *v. tr.* ① NAUT verankern; **être ancré dans la rade** auf der Reede liegen ② *fig* **être ancré dans qc** fest [*o* tief] in etw (*Dat*) verankert sein

Andorre [ɑ̃dɔʀ] *f* Andorra *nt*

andouille [ɑ̃duj] *f*: *Wurst aus Innereien von Schwein oder Kalb*

andouillette [ɑ̃dujɛt] *f*: *Würstchen aus Innereien*

androgyne [ɑ̃dʀɔʒin] **I.** *adj.* BIO androgyn **II.** *mf* BIO Zwitter *m*

âne [ɑn] *m* ① ZOOL Esel *m* ② (*imbécile*) **quel ~!** so ein Esel! ▸ **être têtu comme un ~** störrisch wie ein Esel sein
anéantir [aneɑ̃tiʀ] <8> *v. tr.* ① (*ville*) dem Erdboden gleichmachen; (*effort, espoir*) zunichtemachen ② (*déprimer, accabler*) niederdrücken; **~ qn** (*mauvaise nouvelle*) jdn niederschmettern
anéantissement [aneɑ̃tismɑ̃] *m* Zerstörung *f*
anecdote [anɛkdɔt] *f* Anekdote *f*
anecdotique [anɛkdɔtik] *adj.* anekdotisch
anémie [anemi] *f* Blutarmut *f*
anémier [anemje] <1a> *v. tr. a. fig* schwächen
anémone [anemɔn] *f* BOT Anemone *f*
ânerie [ɑnʀi] *f* Dummheit *f*
ânesse [ɑnɛs] *f* Eselin *f*; *voir a.* **âne**
anesthésie [anɛstezi] *f* Narkose *f*
anesthésier [anɛstezje] <1> *v. tr.* betäuben
anesthésiste [anɛstezist] *mf* Narkosearzt *m*/Narkoseärztin *f*, Anästhesist(in) *m(f)*
ange [ɑ̃ʒ] *m* Engel *m*; **~ gardien** Schutzengel
angélique[1] [ɑ̃ʒelik] *adj.* engelhaft
angélique[2] [ɑ̃ʒelik] *f* BOT Engelwurz *f*
angine [ɑ̃ʒin] *f* Angina *f*
anglais [ɑ̃glɛ] *m* Englisch *nt*; *voir a.* **allemand**
anglais, e [ɑ̃glɛ, ɛz] *adj.* englisch ▸ **filer à l'~e** sich auf Französisch verabschieden; *voir a.* **allemand**
Anglais, e [ɑ̃glɛ, ɛz] *m, f* Engländer(in) *m(f)*
angle [ɑ̃gl] *m* Ecke *f*; MATH Winkel *m*
Angleterre [ɑ̃glətɛʀ] *f* **l'~** England *nt*
anglicisme [ɑ̃glisism] *m* (*emprunt*) Anglizismus *m*
anglophone [ɑ̃glɔfɔn] **I.** *adj.* englischsprechend; (*dont l'anglais est la langue maternelle*) englischsprachig **II.** *mf* Englischsprechende(r) *f(m)*; (*dont l'anglais est la langue maternelle*) Englischsprachige(r) *f(m)*
anglo-saxon, ne [ɑ̃glosaksɔ̃, ɔn] <anglo-saxons> *adj.* angelsächsisch
Anglo-Saxon, ne [ɑ̃glosaksɔ̃, ɔn] <Anglo-Saxons> *m, f* Angelsachse *m*/Angelsächsin *f*
angoissant, e [ɑ̃gwasɑ̃, ɑ̃t] *adj.* beängstigend
angoisse [ɑ̃gwas] *f* (*peur*) Angst *f*; (*malaise*) Angstzustand *m*
angoissé, e [ɑ̃gwase] **I.** *adj.* (*visage, voix*) angsterfüllt; (*personne*) verängstigt **II.** *m, f* ängstlicher Mensch
angoisser [ɑ̃gwase] <1> *v. tr.* ängstigen
angora [ɑ̃gɔʀa] **I.** *adj.* Angora- **II.** *m* (*laine*) Angorawolle *f*
anguille [ɑ̃gij] *f* Aal *m*
angulaire [ɑ̃gylɛʀ] *adj.* eckig; **pierre ~** Eckstein *m*
anguleux, -euse [ɑ̃gylø, -øz] *adj.* (*menton*) eckig
animal [animal, o] <-aux> *m* Tier *nt*; **~ domestique** Haustier
animal, e [animal, o] <-aux> *adj.* (*matières*) tierisch; (*fonctions*) animalisch
animalier, -ière [animalje, -jɛʀ] *adj.* **documentaire ~** Tierfilm *m*
animateur, -trice [animatœʀ, -tʀis] *m, f* ① (*spécialiste de l'animation*) Betreuer(in) *m(f)*; (*d'un club de sport*) Leiter(in) *m(f)* ② RADIO, TV Moderator(in) *m(f)*; (*d'un débat*) Leiter(in) *m(f)*
animation [animasjɔ̃] *f* ① (*grande activité: d'un bureau*) [rege] Betriebsamkeit; (*d'un quartier*) lebhaftes Treiben; **mettre de l'~** für Stimmung sorgen ② (*conduite de groupe*) Leitung *f* ③ CINE Animation *f*
animé, e [anime] *adj.* (*discussion*) lebhaft; (*rue*) belebt; **dessin ~** Zeichentrickfilm *m*
animer [anime] <1> **I.** *v. tr.* ① (*débat*) leiten; (*émission*) moderieren ② (*mouvoir*) bewegen ③ (*égayer*) beleben **II.** *v. pron.* **s'~** (*rue, yeux*) sich beleben; (*conversation*) lebhaft werden
animisme [animism] *m* Animismus *m*
animosité [animozite] *f* Feindseligkeit *f*
anis [anis] *m* Anis *m*
anisette [anizɛt] *f* Anisette *m*
ankyloser [ɑ̃kiloze] <1> *v. pron.* **s'~** (*devenir raide*) steif werden
annales [anal] *fpl* Annalen *Pl*
anneau [ano] <x> *m* ① Ring *m* ② (*maillon*) Glied *nt*
année [ane] *f* Jahr *nt*; **au cours des dernières ~s** in den letzten Jahren; **bien des ~s après** Jahre später; **tout au long de l'~** das ganze Jahr [über];

~ **scolaire** [Schul]jahr *nt;* ~ **universitaire** akademisches Jahr; **l'~ prochaine/dernière/passée** nächstes/letztes/vergangenes Jahr; ~ **de naissance** Geburtsjahr; **les ~s trente** die dreißiger Jahre; **1985, c'est une bonne ~ pour le Bordeaux** 1985 ist beim Bordeaux ein guter Jahrgang; **bonne ~!** ein gutes neues Jahr!

année-lumière [anelymjɛʀ] <années-lumière> *f* Lichtjahr *nt*

annexe [anɛks] *f* ❶ (*document, fichier, pièce*) Anhang *m;* **joindre qc en ~** etw als Anlage beifügen ❷ (*bâtiment*) Nebengebäude *nt*

annexer [anɛkse] <1> *v. tr.* (*territoire, pays*) annektieren

annexion [anɛksjɔ̃] *f* Annexion *f*

annihiler [aniile] <1> *v. tr.* (*efforts, espoir*) zunichtemachen

anniversaire [anivɛʀsɛʀ] **I.** *adj.* **jour ~** Jahrestag *m;* **cérémonie ~** Gedenkfeier *f* **II.** *m* (*d'une personne*) Geburtstag *m;* (*d'un événement*) Jahrestag *m;* **bon ~!** alles Gute zum Geburtstag!

annonce [anɔ̃s] *f* ❶ (*avis*) Ankündigung *f* ❷ (*information officielle*) ~ **de qc** Bekanntgabe *f* einer S. (*Gen*); MEDIA Meldung *f* einer S. (*Gen*) ❸ (*texte*) [**petite**] ~ Anzeige *f;* **les petites ~s** (*rubrique*) die Kleinanzeigen; **passer une ~** eine Anzeige aufgeben

annoncer [anɔ̃se] <2> **I.** *v. tr.* a. METEO ankündigen; (*fait, décision*) mitteilen; (*à la radio, la TV*) melden; ~ **qn** jdn melden **II.** *v. pron.* ❶ (*arriver*) **s'~** sich ankündigen; (*été*) vor der Tür stehen ❷ (*se présenter*) **bien/mal s'~** gut/schlecht anfangen; **ça s'annonce bien** es sieht gut aus

annonceur, -euse [anɔ̃sœʀ, -søz] *m, f* (*speaker*) Sprecher(in) *m(f)*

annotation [anɔtasjɔ̃] *f* Anmerkung *f*

annoter [anɔte] <1> *v. tr.* mit Anmerkungen versehen

annuaire [anɥɛʀ] *m* Jahrbuch *nt;* ~ **téléphonique** Telefonbuch

annuel, le [anɥɛl] *adj.* jährlich; (*congé*) Jahres-

annulaire [anylɛʀ] *m* Ringfinger *m*

annulation [anylasjɔ̃] *f* (*d'une commande*) Stornierung *f;* (*d'un rendez-vous*) Absage *f;* (*d'un examen, contrat*) Annullierung *f*

annuler [anyle] <1> *v. tr.* ❶ (*voyage, commande*) stornieren; (*rendez-vous*) absagen ❷ (*jugement*) aufheben; (*mariage*) annullieren ❸ INFORM abbrechen

anoblir [anɔbliʀ] <8> *v. tr.* adeln

anodin, e [anɔdɛ̃, in] *adj.* (*personne, détail*) unbedeutend

anomalie [anɔmali] *f* Anomalie *f*

anonymat [anɔnima] *m* Anonymität *f;* **dans l'~** anonym

anonyme [anɔnim] *adj.* anonym

anorak [anɔʀak] *m* Anorak *m*

anorexie [anɔʀɛksi] *f* Magersucht *f*

anorexique [anɔʀɛksik] *adj.* magersüchtig

anormal, e [anɔʀmal, o] <-aux> *adj.* ungewöhnlich

anormalement [anɔʀmalmɑ̃] *adv.* ungewöhnlich

ANPE [ɑɛnpeø] *f abr. de* **Agence nationale pour l'emploi**

anse [ɑ̃s] *f* Henkel *m*

antagonisme [ɑ̃tagɔnism] *m* Gegensatz *m*

antagoniste [ɑ̃tagɔnist] *mf* Gegner(in) *m(f)*

antarctique [ɑ̃taʀktik] *adj.* antarktisch

Antarctique [ɑ̃taʀktik] *m* **l'~** die Antarktis

antécédent [ɑ̃tesedɑ̃] *m* ❶ LING Bezugswort *nt* ❷ *pl* a. MED Vorgeschichte *f*

antenne [ɑ̃tɛn] *f* ❶ Antenne *f* ❷ RADIO, TV Sender *m;* **une heure d'~** eine Stunde Sendezeit ❸ ZOOL Fühler *m*

antérieur, e [ɑ̃teʀjœʀ] *adj.* ❶ (*précédent*) frühere(r, s); **être ~ à qc** vor etw (*Dat*) liegen ❷ (*patte, membre*) Vorder-

antérieurement [ɑ̃teʀjœʀmɑ̃] *adv.* früher

antériorité [ɑ̃teʀjɔʀite] *f* [zeitlich] früheres Vorhandensein; LING Vorzeitigkeit *f*

anthologie [ɑ̃tɔlɔʒi] *f* Anthologie *f*

anthracite [ɑ̃tʀasit] *m* Anthrazit *m*

anthropologue [ɑ̃tʀɔpɔlɔg] *mf* Anthropologe *m*/Anthropologin *f*

antiacnéique [ɑ̃tiakneik] **I.** *adj.* gegen Akne; **crème ~** [Anti-]Aknecreme *f* **II.** *m* Aknemittel *nt*

anti-âge [ɑ̃tiaʒ] *adj. inv.* Antifalten-, Anti-Aging-; **crème ~** Antifaltencreme *f,* Anti-Aging-Creme

antialcoolique [ɑ̃tialkɔlik] *adj.* **campagne ~** Antialkoholkampagne *f*

antiatomique [ɑ̃tiatɔmik] *adj.* **abri ~** Strahlenschutzbunker *m*

antibiotique [ɑ̃tibjɔtik] *m* Antibiotikum *nt*
antibrouillard [ɑ̃tibʀujaʀ] *m* Nebelscheinwerfer *m*
anticerne[s] [ɑ̃tisɛʀn] *m* Augencreme *f* *(gegen Schwellungen und Augenringe)*
antichambre [ɑ̃tiʃɑ̃bʀ] *f* Vorzimmer *nt*
anticipation [ɑ̃tisipasjɔ̃] *f* **par ~** im Voraus
anticiper [ɑ̃tisipe] <1> *v. intr.* (*devancer les faits*) vorgreifen
anticlérical, e [ɑ̃tikleʀikal, o] <-aux> **I.** *adj.* antiklerikal **II.** *m, f* Antiklerikale(r) *f(m)*
anticonformiste [ɑ̃tikɔ̃fɔʀmist] *adj.* nonkonformistisch
anticonstitutionnel, le [ɑ̃tikɔ̃stitysjɔnɛl] *adj.* verfassungswidrig
anticorps [ɑ̃tikɔʀ] *m* Antikörper *m*
anticyclone [ɑ̃tisiklon] *m* Hoch[druckgebiet] *nt*
antidépresseur [ɑ̃tidepʀesœʀ] *m* Antidepressivum *nt*
antidérapant, e [ɑ̃tideʀapɑ̃, ɑ̃t] *adj.* rutschfest
antidote [ɑ̃tidɔt] *m* MED Gegenmittel *nt*
anti-effraction [ɑ̃tiefʀaksjɔ̃] *adj. inv.* (*porte, fenêtre*) einbruchsicher
antiémeute [ɑ̃tiemøt] *adj.* Antikonflikt-; **police ~** Antikonflikt-Team *nt* der Polizei
antigel [ɑ̃tiʒɛl] *m* Frostschutzmittel *nt*
anti-inflammatoire [ɑ̃tiɛ̃flamatwaʀ] <anti-inflammatoires> *adj.* entzündungshemmend
antillais, e [ɑ̃tijɛ, jɛz] *adj.* antillisch
Antillais, e [ɑ̃tijɛ, ɛz] *m, f* Bewohner(in) *m(f)* der Antillen
Antilles [ɑ̃tij] *fpl* **les ~** die Antillen
antilope [ɑ̃tilɔp] *f* Antilope *f*
antimilitariste [ɑ̃timilitaʀist] *adj.* antimilitaristisch
antimite [ɑ̃timit] **I.** *adj.* gegen Motten **II.** *m* Mottenschutzmittel *nt*
antimondialiste [ɑ̃timɔ̃djalist] *mf* Globalisierungsgegner(in) *m(f)*
antipathie [ɑ̃tipati] *f* **~ pour qn/qc** Abneigung *f* gegen jdn/etw
antipathique [ɑ̃tipatik] *adj.* unsympathisch
antipelliculaire [ɑ̃tipelikylɛʀ] *adj.* gegen Schuppen
anti-piratage [ɑ̃tipiʀataʒ] *adj. inv.* INFORM (*document, fichier*) kopiergeschützt; **protection ~** Kopierschutz *m*
antipode [ɑ̃tipɔd] *m* GEO Ort *m* auf der anderen Seite der Erdkugel
antipoison [ɑ̃tipwazɔ̃] *adj. inv.* **centre ~** *Spezialklinik für Vergiftungen*
antipolio [ɑ̃tipɔljo] *adj. inv. abr. de* **antipoliomyélitique** gegen Kinderlähmung
antiquaire [ɑ̃tikɛʀ] *mf* Antiquitätenhändler(in) *m(f)*
antique [ɑ̃tik] *adj.* antik
antiquité [ɑ̃tikite] **I.** *f sans pl.* ❶ HIST **l'Antiquité** (*ancienne civilisation*) das Altertum; (*civilisation gréco-romaine*) die Antike ❷ (*période très reculée*) Vorzeit *f* **II.** *fpl* ❶ (*œuvres d'art antiques*) Altertümer *Pl* ❷ (*objets anciens*) Antiquitäten *Pl*
Antiquité [ɑ̃tikite] *f sans pl.* **l'~** die Antike
antiquités [ɑ̃tikite] *fpl* Antiquitäten *Pl*
antireflet [ɑ̃tiʀəflɛ] *adj.* (*verre*) entspiegelt
antirides [ɑ̃tiʀid] *adj.* gegen Falten
antirouille [ɑ̃tiʀuj] *adj. inv.* Rostschutz-
antisèche [ɑ̃tisɛʃ] *f fam* Spickzettel *m*
antisémite [ɑ̃tisemit] *adj.* antisemitisch
antisémitisme [ɑ̃tisemitism] *m* Antisemitismus *m*
antiseptique [ɑ̃tisɛptik] *adj.* antiseptisch
antitabac [ɑ̃titaba] *adj. inv.* Antiraucher-, gegen das Rauchen
antithèse [ɑ̃titɛz] *f* PHILOS Antithese *f*
anti-virus [ɑ̃tiviʀys] *adj. inv.* INFORM (*programme*) Antiviren-
antivol [ɑ̃tivɔl] *m* (*d'un vélo*) [Fahrrad]schloss *nt*
antonyme [ɑ̃tɔnim] *m* Antonym *nt*
anus [anys] *m* After *m*
Anvers [ɑ̃vɛʀ] Antwerpen *nt*
anxiété [ɑ̃ksjete] *f* Angst *f*
anxieusement [ɑ̃ksjøzmɑ̃] *adv.* ängstlich
anxieux, -euse [ɑ̃ksjø, -jøz] **I.** *adj.* ängstlich **II.** *m, f* ängstlicher Mensch
AOC [ɑose] *abr. de* **appellation d'origine contrôlée** kontrollierte Herkunftsbezeichnung

Das Prädikat **AOC** ist ein Qualitätssiegel für landwirtschaftliche Produkte – besonders für Wein, Spirituosen und Käse – aus einer bestimmten

Region. Seine Vergabe ist an bestimmte Auflagen gebunden. So sind beispielsweise bei den **AOC-Weinen** die Rebsorte, das Anbaugebiet, das Herstellungsverfahren und eine gleichbleibend gute Qualität vorgeschrieben. In Frankreich sind über 400 Weine mit dem angesehenen AOC-Prädikat ausgezeichnet. Auch in der Schweiz gibt es dieses Gütesiegel.
Seit einigen Jahren wird die Abkürzung **AOC** durch das neue Siegel *AOP* (appellation d'origine protégée) ersetzt.

AOP [aope] *abr. de* **appellation d'origine protégée** *Qualitätssiegel für landwirtschaftliche Produkte aus einer bestimmten Region, das die Echtheit, Unverfälschtheit und hohe Qualität dieser Erzeugnisse garantiert*

aorte [aɔʀt] *f* Aorta *f*

août [u(t)] *m* August *m;* **en ~** im August; **début/fin ~** Anfang/Ende August; **pendant tout le mois d'~** den ganzen August über; **le 15 ~, c'est l'Assomption** der 15. August ist Mariä Himmelfahrt

aoûtien, ne [ausjɛ̃, jɛn] *m, f* Augusturlauber(in) *m(f)*

apaisement [apɛzmɑ̃] *m* Beruhigung *f*

apaiser [apeze] <1> **I.** *v. tr.* beruhigen; (*douleur*) lindern **II.** *v. pron.* **s'~** (*douleur*) nachlassen; (*colère, tempête*) sich legen

aparté [apaʀte] *m* (*entretien*) vertrauliches Gespräch

apartheid [apaʀtɛd] *m* Apartheid *f*

apathie [apati] *f* Apathie *f*

apathique [apatik] *adj.* apathisch

apatride [apatʀid] *mf* Staatenlose(r) *f(m)*

apercevoir [apɛʀsəvwaʀ] <12> **I.** *v. tr.* ❶ (*entrevoir*) flüchtig wahrnehmen ❷ (*remarquer*) bemerken **II.** *v. pron.* ❶ (*se voir*) **s'~** sich sehen ❷ (*se rendre compte*) **s'~ de qc/de la présence de qn** etw/jdn bemerken

aperçu [apɛʀsy] *m* kurzer Überblick; INFORM Seitenansicht *f*

apéro [apeʀo] *m fam,* **apéritif** [apeʀitif] *m* Aperitif *m*

apesanteur [apəzɑ̃tœʀ] *f* Schwerelosigkeit *f*

à-peu-près [apøpʀɛ] *m inv.* (*approximation*) **c'est de l'~** das ist alles nur so ungefähr

apeuré, e [apœʀe] *adj.* verängstigt

aphone [afɔn] *adj.* ohne Stimme

aphrodisiaque [afʀɔdizjak] *m* Aphrodisiakum *nt*

aphte [aft] *m* MED Aphthe *f*

à-pic [apik] <à-pics> *m* Steilhang *m;* (*en bord de mer*) Kliff *nt*

apiculteur, -trice [apikyltœʀ, -tʀis] *m, f* Imker(in) *m(f)*

apitoiement [apitwamɑ̃] *m* **~ sur qn** Mitleid *nt* mit jdm

apitoyer [apitwaje] <6> *v. pron.* **s'~ sur qn/qc** jdn/etw bemitleiden

aplanir [aplaniʀ] <8> *v. tr.* (*niveler*) einebnen

aplati, e [aplati] *adj.* platt [gedrückt]

aplatir [aplatiʀ] <8> **I.** *v. tr.* platt drücken **II.** *v. pron.* (*se plaquer*) **s'~ contre qc** sich gegen etw drücken; (*s'écraser*) gegen etw prallen

aplomb [aplɔ̃] *m* ❶ (*équilibre*) Gleichgewicht *nt;* (*verticalité*) Lot *nt;* **d'~** senkrecht ❷ (*assurance*) Selbstsicherheit *f*

à plus [aplys] *interj. fam* bis dann

apnée [apne] *f* SPORT Tauchen *nt* ohne Sauerstoffgerät

apnéiste [apneist] *mf* Apnoetaucher(in) *m(f)*

apocalypse [apɔkalips] *f* Apokalypse *f*

apocalyptique [apɔkaliptik] *adj.* apokalyptisch

apogée [apɔʒe] *m* Höhepunkt *m*

apolitique [apɔlitik] *adj.* unpolitisch

apologie [apɔlɔʒi] *f* ❶ (*éloge*) Verherrlichung *f* ❷ (*justification*) Verteidigung *f*

a posteriori [a pɔsteʀjɔʀi] *adv.* im Nachhinein, nachträglich

apostrophe [apɔstʀɔf] *f* ❶ Apostroph *m* ❷ (*interpellation*) barscher Zuruf

apostropher [apɔstʀɔfe] <1> *v. tr.* anfahren

apothéose [apɔteoz] *f* Höhepunkt *m*

apôtre [apotʀ] *m* ❶ REL, HIST Jünger *m* ❷ (*propagateur d'une idée*) Verfechter(in) *m(f)*

apparaître [apaʀɛtʀ] <irr> *v. intr.* + *être* ❶ (*se montrer*) erscheinen ❷ (*surgir: difficulté, fièvre*) auftreten

❺ (*sembler*) ~ **grand à qn** jdm groß scheinen [*o* vorkommen]

appareil [apaʀɛj] *m* ❶ (*machine, instrument*) Gerät *nt;* ~ **photo[graphique]** Fotoapparat *m;* **~s ménagers** Haushaltsgeräte *Pl* ❷ (*prothèse*) Prothese *f;* (*dentaire*) Zahnspange *f;* (*dentier*) Gebiss *nt;* ~ **auditif** Hörgerät *nt* ❸ (*avion*) Maschine *f* ❹ ANAT ~ **digestif** Verdauungsapparat *m;* ~ **circulatoire** Kreislaufsystem *nt;* ~ **respiratoire** Atmungsorgane *Pl*

appareillage [apaʀɛjaʒ] *m* NAUT Auslaufen *nt*

appareiller [apaʀeje] <1> *v. intr.* ablegen

apparemment [apaʀamɑ̃] *adv.* anscheinend; (*vraisemblablement*) offensichtlich

apparence [apaʀɑ̃s] *f* ❶ (*aspect*) Anblick *m;* ~ **physique** äußeres Erscheinungsbild ❷ (*ce qui semble être*) [An]schein *m* ▸ **sauver les ~s** den Schein wahren

apparent, e [apaʀɑ̃, ɑ̃t] *adj.* ❶ (*visible*) sichtbar ❷ (*évident, manifeste*) offensichtlich

apparenté, e [apaʀɑ̃te] *adj.* (*parent*) ~ **à qn/qc** mit jdm/etw verwandt

apparenter [apaʀɑ̃te] <1> *v. pron.* **s'~ à qc** ❶ (*ressembler*) einer S. (*Dat*) ähneln ❷ (*se lier par mariage*) in etw (*Akk*) einheiraten

apparition [apaʀisjɔ̃] *f* ❶ (*d'une personne*) Erscheinen *nt;* (*d'un acteur*) Auftritt *m* ❷ *sans pl.* (*d'un phénomène*) Auftreten *nt;* (*d'une étoile*) Erscheinen *nt* ❸ (*d'un être surnaturel*) Erscheinung *f* ❹ (*fantôme*) Gespenst *nt*

appart [apaʀt] *m fam,* **appartement** [apaʀtəmɑ̃] *m* (*habitation*) Wohnung *f*

appartenance [apaʀtənɑ̃s] *f* (*dépendance: à un parti*) Mitgliedschaft *f*

appartenir [apaʀtəniʀ] <9> **I.** *v. intr.* ❶ (*être la propriété de*) ~ **à qn** jdm gehören ❷ (*faire partie de*) ~ **à qc** einer S. (*Dat*) angehören **II.** *v. intr. impers.* **il appartient à qn de faire qc** es ist jds Sache, etw zu tun

appât [apɑ] *m* Köder *m*

appâter [apɑte] <1> *v. tr.* (*allécher*) locken

appauvrir [apovʀiʀ] <8> *v. tr.* (*personne*) arm machen; (*pays*) verarmen lassen

appauvrissement [apovʀismɑ̃] *m* Verarmung *f*

appel [apɛl] *m* ❶ (*cri*) Ruf *m* ❷ (*signal*) Zeichen *nt* ❸ (*demande*) Appell *m;* **faire ~ à qn/qc** an jdn/etw appellieren ❹ (*exhortation*) ~ **à qc** Aufruf *f* zu etw; **lancer un ~ à qn** einen Appell an jdn richten ❺ (*vérification de présence*) **faire l'~** die Namen aufrufen ❻ TELEC Anruf *m* ❼ INFORM Aufruf *m* ▸ **faire ~** Berufung einlegen; ~ **d'offres** Ausschreibung *f*

appelé, e [aple] *m, f* MIL Einberufene(r) *m*

appeler [aple] <4> **I.** *v. tr.* ❶ rufen ❷ (*faire venir*) [herbei]rufen ❸ (*téléphoner à*) anrufen ❹ (*nommer*) nennen; ~ **qn par son prénom** jdn mit seinem Vornamen anreden ❺ (*désigner*) ~ **qn à un poste** jdm eine Stelle zuteilen ❻ (*se référer à*) **en ~ à qc** an etw (*Akk*) appellieren ❼ INFORM aufrufen **II.** *v. intr.* (*héler*) rufen; (*téléphoner*) anrufen **III.** *v. pron.* **s'~** heißen; **comment t'appelles-tu/s'appelle cette plante?** wie heißt du/diese Pflanze?; **je m'appelle** ich heiße

appellation [apelasjɔ̃] *f* Bezeichnung *f;* ~ **d'origine** Herkunftsbezeichnung

appendice [apɛ̃dis] *m* Anhang *m*

appendicite [apɛ̃disit] *f* Blinddarmentzündung *f*

appétissant, e [apetisɑ̃, ɑ̃t] *adj.* appetitanregend

appétit [apeti] *m* Appetit *m;* **donner de/couper l'~ à qn** jdm Appetit machen/den Appetit verderben

applaudir [aplodiʀ] <8> **I.** *v. intr.* [Beifall] klatschen **II.** *v. tr.* ~ **qn/qc** jdm/einer S. applaudieren, jdm/einer S. Beifall spenden

applaudissements [aplodismɑ̃] *mpl* Applaus *m*

applicable [aplikabl] *adj.* ~ **à qn/qc** anwendbar auf jdn/etw

application [aplikasjɔ̃] *f* ❶ (*pose*) Auftragen *nt* ❷ (*utilisation*) a. INFORM Anwendung *f* ❸ (*mise en pratique: d'une idée*) Umsetzung *f;* **mettre en ~** praktisch anwenden

applique [aplik] *f* Wandleuchte *f*

appliqué, e [aplike] *adj.* (*élève*) fleißig

appliquer [aplike] <1> **I.** *v. tr.* ❶ (*poser*) auftragen ❷ (*mettre en pra-*

tique) [praktisch] anwenden; (*décision*) ausführen; (*règlement*) befolgen **II.** *v. pron.* **s'~ à faire qc** sich (*Dat*) Mühe geben etw zu tun

appoint [apwɛ̃] *m* Zubrot *nt* ▸ **faire l'~** eine Geldsumme passend geben

appontement [apɔ̃tmɑ̃] *m* Landungsbrücke *f*

apport [apɔʀ] *m* **l'~ de qn/qc à qc** jds Beitrag/der Beitrag einer S. (*Gen*) zu etw

apporter [apɔʀte] <1> *v. tr.* ❶ bringen; **~ sa contribution à qc** seinen Beitrag zu etw leisten ❷ (*avec soi*) mitbringen ❸ (*preuve*) liefern ❹ (*profiter à*) **~ beaucoup à qn/qc** jdm/einer S. viel geben

apposer [apoze] <1> *v. tr.* **~ qc sur qc** (*timbre*) etw an etw (*Dat*) aufkleben; (*signature*) etw unter etw (*Akk*) setzen

apposition [apozisjɔ̃] *f* LING Apposition *f*

appréciable [apʀesjabl] *adj.* beachtlich

appréciation [apʀesjasjɔ̃] *f* Beurteilung *f*

apprécier [apʀesje] <1> **I.** *v. tr.* ❶ (*distance, vitesse*) abschätzen ❷ (*aimer*) schätzen **II.** *v. intr. fam* **il n'a pas apprécié!** das hat ihm gar nicht gefallen!; **je vous laisse ~** ich lasse Sie selbst urteilen

appréhender [apʀeɑ̃de] <1> *v. tr.* ❶ (*redouter*) **~ de faire qc** Angst haben etw zu tun ❷ (*arrêter*) fassen

appréhension [apʀeɑ̃sjɔ̃] *f* Befürchtung *f*; **avec ~** ängstlich

apprendre [apʀɑ̃dʀ] <13> **I.** *v. tr.* ❶ (*informer*) **~ qc à qn** jdm etw mitteilen; **~ qc par qn/qc** von einer S. durch jdn/etw erfahren ❷ (*leçon, langue*) lernen; (*science, art, métier, technique*) erlernen; **~ à faire qc** lernen etw zu tun ❸ (*enseigner*) beibringen **II.** *v. intr.* lernen

apprenti, e [apʀɑ̃ti] *m, f* Lehrling *m*, Auszubildende(r) *f(m)*

apprentissage [apʀɑ̃tisaʒ] *m* (*formation*) Lehre *f*; **être en ~** in der Lehre sein

apprêté, e [apʀete] *adj.* affektiert

apprêter [apʀete] <1> *v. pron.* **s'~ à faire qc** im Begriff sein etw zu tun

apprivoiser [apʀivwaze] <1> *v. tr.* zähmen

approbateur, -trice [apʀɔbatœʀ, -tʀis] *adj.* zustimmend

approbation [apʀɔbasjɔ̃] *f* Zustimmung *f*

approche [apʀɔʃ] *f* ❶ Näherkommen *nt*; (*d'un événement, danger*) [Heran]nahen *nt* ❷ (*manière d'aborder un sujet*) Vorgehensweise *f*; **l'~ du problème** der Problemansatz; **une ~** eine Einführung

approcher [apʀɔʃe] <1> **I.** *v. intr.* näher kommen; (*moment, date*) näher rücken; (*saison*) nahen; (*nuit*) hereinbrechen; (*orage*) [her]aufziehen **II.** *v. tr.* ❶ (*mettre plus près*) **~ qc de qn/qc** etw an jdn/etw näher heranschieben; **elle approche son visage du sien** sie nähert ihr Gesicht dem seinen/ihren ❷ (*venir plus près*) **~ qn** sich jdm nähern; **ne m'approche pas!** komm mir nicht zu nahe! **III.** *v. pron.* **s'~ de qn/qc** sich jdm/einer S. nähern

approfondi, e [apʀɔfɔ̃di] *adj.* gründlich; (*connaissance*) fundiert

approfondir [apʀɔfɔ̃diʀ] <8> *v. tr.* (*trou*) vertiefen; (*sujet*) sich näher beschäftigen mit; (*connaissances*) erweitern

approprié, e [apʀɔpʀije] *adj.* **~ à qc** für etw geeignet

approprier [apʀɔpʀije] <1> *v. pron.* **s'~ qc** sich (*Dat*) etw aneignen

approuver [apʀuve] <1> *v. tr.* ❶ (*agréer*) **~ qn/qc** jdm zustimmen/etw gutheißen; **~ que** + *subj.* es begrüßen, dass ❷ JUR (*projet de loi*) annehmen

approvisionnement [apʀɔvizjɔnmɑ̃] *m* **~ en qc** Versorgung *f* mit etw

approvisionner [apʀɔvizjɔne] <1> **I.** *v. tr.* **~ en qc** (*ville*) mit etw versorgen; (*magasin*) mit etw beliefern; (*compte*) mit etw auffüllen **II.** *v. pron.* **s'~ en qc** sich mit etw versorgen

approximatif, -ive [apʀɔksimatif, iv] *adj.* ungefähr

approximation [apʀɔksimasjɔ̃] *f* [ungefähre] Schätzung *f*

approximativement [apʀɔksimativmɑ̃] *adv.* ungefähr

appui [apɥi] *m* ❶ (*support*) Stütze *f* ❷ (*aide*) Unterstützung *f*

appuie-tête [apɥitɛt] <appuie-tête[s]> *m* Kopfstütze *f*

appuyer [apɥije] <6> **I.** *v. intr.* ❶ (*presser*) ~ **sur qc** (*avec la main/le pied*) drücken/treten auf etw (*Akk*) ❷ (*insister sur*) ~ **sur qc** (*prononciation*) etw betonen; (*argumentation*) etw hervorheben **II.** *v. tr.* ❶ (*poser*) ~ **qc contre/sur qc** etw gegen etw lehnen/auf etw (*Akk*) stützen ❷ (*presser*) ~ **sa main sur qc** mit der Hand auf etw (*Akk*) drücken; ~ **son pied sur qc** [mit dem Fuß] auf etw (*Akk*) treten ❸ (*soutenir*) unterstützen **III.** *v. pron.* **s'~ contre qn/qc** sich an jdn/etw [an]lehnen; **s'~ sur qn/sur qc** sich auf jdn/etw stützen; (*compter sur*) sich auf jdn/etw verlassen

âpre [ɑpʀ] *adj. a. fig* herb

après [apʀɛ] **I.** *prép.* ❶ (*temporel*) nach (+ *Dat*); **bien/peu ~ qc** lange/kurz nach etw; ~ **avoir fait qc** nachdem jd etw getan hat ❷ (*plus loin que*) nach (+ *Dat*) ❸ (*derrière*) hinter (+ *Dat*); **courir ~ l'autobus** dem Bus hinterherrennen; ~ **toi/vous!** [bitte] nach dir/nach Ihnen! ❹ (*chaque*) **page ~ page** Seite für Seite ❺ (*selon*) **d'~ qn/qc** nach jdm/etw **II.** *adv.* ❶ (*plus tard, ensuite*) danach; (*par la suite*) nachher; **longtemps/peu ~** viel später/bald darauf ❷ (*plus loin, derrière*) dahinter ❸ (*à part ça*) ansonsten ❹ *fam* (*à la suite de*) hinterher ❺ (*qui suit*) **d'~** danach ▸ **et ~?** *fam* [na] und?; ~ **tout** schließlich **III.** *conj.* ~ **que** nachdem

après-demain [apʀɛdmɛ̃] *adv.* übermorgen **après-guerre** [apʀɛgɛʀ] <après-guerres> *m* Nachkriegszeit *f* **après-midi** [apʀɛmidi] **I.** *m o f inv.* Nachmittag *m;* **cet[te]** ~ heute Nachmittag; **[dans] l'~** am Nachmittag; **4 heures de l'~** 4 Uhr nachmittags **II.** *adv.* **mardi** ~ [am] Dienstagnachmittag; **demain** ~ morgen Nachmittag; **tous les lundis** ~ montagnachmittags **après-11-septembre** [apʀɛɔ̃zsɛptɑ̃bʀ] *sans pl. m* **l'~** die Zeit nach dem 11. September [2011] *(dem Tag der Attentate auf das World Trade Center in New York und das Pentagon in Washington)* **après-rasage** [apʀɛʀɑzaʒ] *m inv.* Rasierwasser *nt* **après-ski** [apʀɛski] *m inv.* Schneestiefel *m* **après-vente** [apʀɛvɑ̃t] *m inv.* Kundendienst *m*

âpreté [ɑpʀəte] *f* ❶ (*d'un vin*) Herbheit *f* ❷ (*d'un paysage, d'une voix*) Rauheit *f*

a priori [apʀijɔʀi] **I.** *adv.* a priori **II.** *m inv.* Apriori *nt*

à-propos [apʀɔpo] *m* **esprit d'~** Schlagfertigkeit *f*

apte [apt] *adj.* geeignet

aptitude [aptityd] *f* Eignung *f*

aquarelle [akwaʀɛl] *f* Aquarell *nt*

aquarium [akwaʀjɔm] *m* Aquarium *nt*

aquatique [akwatik] *adj.* Wasser-

aqueduc [akdyk] *m* Aquädukt *m o nt*

aquilin [akilɛ̃] *adj.* **un nez ~** eine Adlernase

Aquitaine [akitɛn] *f* **l'~** Aquitanien *nt*

arabe [aʀab] **I.** *adj.* arabisch; *voir a.* **allemand II.** *m* Arabisch *nt; voir a.* **allemand**

Arabe [aʀab] *mf* Araber(in) *m(f)*

arabesque [aʀabɛsk] *f* Arabeske *f*

Arabie [aʀabi] *f* **l'~ [Saoudite]** [Saudi]-Arabien *nt*

arachide [aʀaʃid] *f* ❶ (*plante*) Erdnuss *f* ❷ CAN (*cacahouète*) **des ~s salées** gesalzene Erdnüsse *Pl*

araignée [aʀeɲe] *f* Spinne *f*

arbalète [aʀbalɛt] *f* Armbrust *f*

arbitrage [aʀbitʀaʒ] *m* SPORT Schiedsrichteramt *nt*

arbitraire [aʀbitʀɛʀ] *adj.* willkürlich

arbitrairement [aʀbitʀɛʀmɑ̃] *adv.* willkürlich

arbitre [aʀbitʀ] *mf* ❶ SPORT Schiedsrichter(in) *m(f)* ❷ (*conciliateur*) Vermittler(in) *m(f)*

arbitrer [aʀbitʀe] <1> *v. tr.* ~ **qc** bei etw schlichten; SPORT bei etw Schiedsrichter(in) sein

arborer [aʀbɔʀe] <1> *v. tr.* (*drapeau*) hissen

arborescence [aʀbɔʀesɑ̃s] *f* INFORM Baumstruktur *f*

arboriculteur, -trice [aʀbɔʀikyltœʀ, tʀis] *m, f* Baumpfleger(in) *m(f)*

arbre [aʀbʀ] *m* ❶ BOT Baum *m* ❷ TECH Welle *f*

arbuste [aʀbyst] *m* Strauch *m*

arc [aʀk] *m* Bogen *m;* ~ **de triomphe** Triumphbogen

arcade [aʀkad] *f* Arkade *f*

arc-boutant [aʀkbutɑ̃] <arcs-boutants> *m* ARCHIT Strebebogen *m* **arc-bouter** [aʀkbute] <1> *v. pron.* **s'~ contre qc** sich gegen etw stemmen

arceau [aʀso] <x> *m* kleiner Bogen

arc-en-ciel [aʀkɑ̃sjɛl] <arcs-en-ciel> *m* Regenbogen *m*

archaïque [aʀkaik] *adj.* archaisch; (*mot, tournure*) veraltet

archaïsme [aʀkaism] *m* ❶ (*caractère désuet*) Veraltetsein *nt* ❷ LING Archaismus *m*

arche [aʀʃ] *f* ❶ Bogen *m* ❷ REL ~ **de Noé** Arche *f* Noah

archéologie [aʀkeɔlɔʒi] *f* Archäologie *f*

archéologique [aʀkeɔlɔʒik] *adj.* archäologisch

archéologue [aʀkeɔlɔg] *mf* Archäologe *m*/Archäologin *f*

archet [aʀʃɛ] *m* Bogen *m*

archétype [aʀketip] *m* Archetyp[us] *m*

archevêché [aʀʃəveʃe] *m* Erzbistum *nt*

archevêque [aʀʃəvɛk] *m* Erzbischof *m*

archiconnu, e [aʀʃikɔny] *adj.* überall bekannt

archiduc, archiduchesse [aʀʃidyk, aʀʃidyʃɛs] *m, f* Erzherzog(in) *m(f)*

archipel [aʀʃipɛl] *m* Archipel *m*

architecte [aʀʃitɛkt] *mf* Architekt(in) *m(f)*

architectural, e [aʀʃitɛktyʀal, o] <-aux> *adj.* architektonisch

architecture [aʀʃitɛktyʀ] *f* Architektur *f;* INFORM Struktur *f*

archive [aʀʃiv] *f* INFORM Archiv *nt*

archiver [aʀʃive] <1> *v. tr.* archivieren

archives [aʀʃiv] *fpl* Archiv *nt*

archiviste [aʀʃivist] *mf* Archivar(in) *m(f)*

arçon [aʀsɔ̃] *m* Sattelbogen *m*

arctique [aʀktik] *adj.* arktisch; (*pôle*) Nord-

Arctique [aʀktik] *m* **l'~** die Arktis

ardemment [aʀdamɑ̃] *adv.* sehnlichst

ardent, e [aʀdɑ̃, ɑ̃t] *adj.* ❶ (*brûlant*) glühend ❷ *fig* (*désir, passion*) brennend; (*amour, lutte*) heiß

ardeur [aʀdœʀ] *f* ❶ (*chaleur*) glühende Hitze ❷ (*force vive*) Heftigkeit *f* ❸ (*zèle*) Begeisterung *f;* ~ **à qc** Eifer *m* bei etw

ardoise [aʀdwaz] **I.** *f sans pl.* Schiefer *m* **II.** *adj. inv.* (*couleur*) schieferfarben; (*bleu, gris*) schiefer-

ardu, e [aʀdy] *adj.* (*problème, question*) schwierig

are [aʀ] *m* Ar *nt*

arène [aʀɛn] *f* Arena *f*

arête [aʀɛt] *f* ❶ (*d'un poisson*) Gräte *f* ❷ (*bord saillant*) Kante *f*

argent [aʀʒɑ̃] **I.** *m* ❶ Geld *nt;* ~ **de poche** Taschengeld ❷ (*métal*) Silber *nt* **II.** *adj. inv.* (*couleur*) Silber-

argenté, e [aʀʒɑ̃te] *adj.* ❶ (*couleur, reflets*) silbern ❷ (*recouvert d'argent*) versilbert

argenterie [aʀʒɑ̃tʀi] *f sans pl.* Silbergeschirr *nt*

argentin, e [aʀʒɑ̃tɛ̃, in] *adj.* argentinisch

Argentin, e [aʀʒɑ̃tɛ̃, in] *m, f* Argentinier(in) *m(f)*

Argentine [aʀʒɑ̃tin] *f* **l'~** Argentinien *nt*

argile [aʀʒil] *f* Ton *m*

argileux, -euse [aʀʒilø, -øz] *adj.* tonhaltig

argot [aʀgo] *m* ❶ *sans pl.* (*langue verte*) Argot *m o nt* ❷ (*langage particulier*) Jargon *m*

argotique [aʀgɔtik] *adj.* **expression ~** Argotausdruck *m*

argument [aʀgymɑ̃] *m* Argument *nt*

argumentation [aʀgymɑ̃tasjɔ̃] *f* Argumentation *f*

argumenter [aʀgymɑ̃te] <1> *v. intr.* argumentieren

Argus [aʀgys] *m* ≈ Schwackeliste *f*

aride [aʀid] *adj.* trocken

aridité [aʀidite] *f sans pl.* Trockenheit *f*

aristocrate [aʀistɔkʀat] *mf* Aristokrat(in) *m(f)*

aristocratie [aʀistɔkʀasi] *f* Aristokratie *f*

aristocratique [aʀistɔkʀatik] *adj.* aristokratisch

arithmétique [aʀitmetik] **I.** *f* ❶ SCOL Rechnen *nt* ❷ (*science*) Arithmetik *f* **II.** *adj.* arithmetisch

arlequin [aʀləkɛ̃] *m* Harlekin *m*

armada [aʀmada] *f* Heer *nt*

armagnac [aʀmaɲak] *m* Armagnac *m*

armateur [aʀmatœʀ] *m* Reeder(in) *m(f)*

armature [aʀmatyʀ] *f* Gerüst *nt;* (*d'une tente*) Gestänge *nt;* (*d'un soutien-gorge*) Bügel *Pl*

arme [aʀm] *f* Waffe *f;* **~s de destruction massive** Massenvernichtungswaffen

armé, e [aʀme] *adj.* bewaffnet

armée [aʀme] *f* Armee *f;* **être à l'~** seinen Militärdienst absolvieren; ~ **du Salut** Heilsarmee

armement [aʀməmɑ̃] *m* Bewaffnung *f;* (*d'un pays*) Rüstung *f*
Arménie [aʀmeni] *f* **l'~** Armenien *nt*
arménien [aʀmenjɛ̃] *m* Armenisch *nt; voir a.* **allemand**
arménien, ne [aʀmenjɛ̃, jɛn] *adj.* armenisch; *voir a.* **allemand**
Arménien, ne [aʀmenjɛ̃, jɛn] *m, f* Armenier(in) *m(f)*
armer [aʀme] <1> **I.** *v. tr.* ① (*soldat, pays*) bewaffnen ② (*fusil*) laden; (*appareil photo*) spannen ③ (*équiper*) ausrüsten **II.** *v. pron.* ① **s'~** (*soldat*) sich bewaffnen ② *fig* **s'~ de patience** sich mit Geduld wappnen
armistice [aʀmistis] *m* Waffenstillstand *m*

In Frankreich wird am 11. November der Feiertag **l'Armistice** begangen. An diesem Tag wird des Waffenstillstands gedacht, der 1918 geschlossen wurde und den Ersten Weltkrieg beendete. Zu den wichtigen Feierlichkeiten gehört die offizielle Kranzniederlegung am Grab des Unbekannten Soldaten in Paris, das sich unter dem Bogen des *Arc de Triomphe* befindet.

armoire [aʀmwaʀ] *f* Schrank *m*
armoiries [aʀmwaʀi] *fpl* Wappen *nt*
armure [aʀmyʀ] *f* MIL Rüstung *f*
armurerie [aʀmyʀʀi] *f* (*commerce*) Waffenhandlung *f*
armurier [aʀmyʀje] *m* Waffenhändler(in) *m(f)*
arnaque [aʀnak] *f fam* Betrug *m*
arnaquer [aʀnake] <1> *v. tr. fam* übers Ohr hauen
arnaqueur, -euse [aʀnakœʀ, -øz] *m, f fam* Betrüger(in) *m(f)*
arobas [aʀɔba(z)] *m* INET at *nt*
aromate [aʀɔmat] *m* Gewürzkraut *nt*
aromatiser [aʀɔmatize] <1> *v. tr.* (*aliments*) würzen
arôme [aʀom] *m* Aroma *nt;* (*d'un vin*) Bouquet *nt*
arpenter [aʀpɑ̃te] <1> *v. tr.* ① (*parcourir: pièce*) durchmessen ② (*mesurer*) vermessen
arqué, e [aʀke] *adj.* **avoir les jambes ~es** O-Beine haben (*fam*)
arrache-pied [aʀaʃpje] *adv.* **d'~** (*lutter, travailler*) unermüdlich
arracher [aʀaʃe] <1> **I.** *v. tr.* ① herausreißen; (*arbre*) entwurzeln; (*clou*) herausziehen; (*dent*) ziehen ② (*affiche*) abreißen ③ (*prendre*) **~ qn des mains de qn** jdn jds Händen entreißen; **~ qc des mains de qn** jdm etw aus den Händen reißen **II.** *v. pron.* (*se disputer*) **s'~ qn/qc** sich um jdn/etw reißen ▸ **s'~ les cheveux** sich (*Dat*) die Haare ausreißen
arrangeant, e [aʀɑ̃ʒɑ̃, ʒɑ̃t] *adj.* umgänglich
arrangement [aʀɑ̃ʒmɑ̃] *m* ① Zusammenstellung *f* ② (*accord*) Einigung *f* ③ MUS Arrangement *nt*
arranger [aʀɑ̃ʒe] <2a> **I.** *v. tr.* ① ordnen; (*pièce*) einrichten ② (*organiser*) organisieren; (*rencontre*) arrangieren ③ (*régler*) regeln; (*réparer*) in Ordnung bringen ④ (*contenter*) **~ qn** jdm gelegen kommen; **ça m'arrange [que** + *subj.*] es passt mir gut[, dass] ⑤ *fam* (*malmener*) übel zurichten **II.** *v. pron.* **s'~** ① (*se mettre d'accord*) sich einigen ② (*s'améliorer: problème*) sich regeln; (*situation*) sich bessern ③ (*se débrouiller*) **s'~ pour que** + *subj.* es sich (*Dat*) so einrichten, dass
arrestation [aʀɛstasjɔ̃] *f* Verhaftung *f*
arrêt [aʀɛ] *m* ① (*d'une machine, d'un moteur*) Abstellen *nt;* (*d'un réacteur*) Abschalten *nt;* (*des négociations, hostilités*) Einstellen *nt;* (*de la production*) Einstellung *f;* **~ cardiaque** Herzstillstand *m;* **sans ~** unaufhörlich; **en ~ maladie** krankgeschrieben sein ② AUT Halt *m;* **dix minutes d'~** zehn Minuten Aufenthalt; **rester** [*o* **tomber**] **en ~** stehen bleiben ③ (*station*) Haltestelle *f*
arrêté [aʀete] *m* Erlass *m*
arrêté, e [aʀete] *adj.* fest; *péj* festgefahren
arrêter [aʀete] <1> **I.** *v. intr.* **~ de faire qc** aufhören etw zu tun **II.** *v. tr.* ① (*stopper*) anhalten; (*télé, machine*) ausmachen; **au voleur, arrêtez-le!** haltet den Dieb! ② (*terminer, abandonner*) aufhören mit ③ (*interrompre*) unterbrechen ④ (*bloquer*) aufhalten ⑤ (*faire prisonnier*) verhaften ⑥ (*date*) festlegen **III.** *v. pron.* **s'~** ① (*s'immobi-*

liser) stehen bleiben; (*véhicule, chauffeur*) [an]halten ❷ (*cesser*) aufhören; (*épidémie, inflation, production*) zum Stillstand kommen

arrêt-maladie [aʀɛmaladi] <arrêts-maladie> *m* (*congé*) Beurlaubung *f* wegen Krankheit; (*certificat*) Arbeitsunfähigkeitsbescheinigung *f*; **être en ~** krank geschrieben sein

arrhes [aʀ] *fpl* Anzahlung *f*

arriéré [aʀjeʀe] *m* FIN Rückstand *m*

arrière [aʀjɛʀ] **I.** *m* ❶ *sans pl.* AUT, NAUT, AVIAT Heck *nt;* (*d'un train*) hinteres Teil; **à l'~ de la voiture** auf dem Rücksitz des Wagens ❷ SPORT Verteidiger(in) *m(f)* ▸**se pencher en ~** sich zurückbeugen; **regarder en ~** (*derrière soi/vers le passé*) nach hinten sehen/zurücksehen; **rester en ~** hinten bleiben; **aller en ~** rückwärtsgehen **II.** *adj. inv.* (*roue*) Hinter-; (*siège*) Rück-

arrière-cour [aʀjɛʀkuʀ] <arrière-cours> *f* Hinterhof *m* **arrière-goût** [aʀjɛʀgu] <arrière-goûts> *m* Nachgeschmack *m* **arrière-grand-mère** [aʀjɛʀgʀɑ̃mɛʀ] <arrière-grands-mères> *f* Urgroßmutter *f* **arrière-grand-père** [aʀjɛʀgʀɑ̃pɛʀ] <arrière-grands-pères> *m* Urgroßvater *m* **arrière-grands-parents** [aʀjɛʀgʀɑ̃paʀɑ̃] *mpl* Urgroßeltern *Pl* **arrière-pays** [aʀjɛʀpei] *m inv.* Hinterland *nt* **arrière-petite-fille** [aʀjɛʀpətitfij] <arrière-petites-filles> *f* Urenkelin *f* **arrière-petit-fils** [aʀjɛʀpətifis] <arrière-petits-fils> *m* Urenkel *m* **arrière-petits-enfants** [aʀjɛʀpətizɑ̃fɑ̃] *mpl* Urenkel *Pl* **arrière-plan** [aʀjɛʀplɑ̃] <arrière-plans> *m a. fig* Hintergrund *m;* **à l'~** im Hintergrund **arrière-saison** [aʀjɛʀsɛzɔ̃] <arrière-saisons> *f* Nachsaison *f* **arrière-train** [aʀjɛʀtʀɛ̃] <arrière-trains> *m* ZOOL Hinterteil *nt*

arrivage [aʀivaʒ] *m* Lieferung *f*

arrivant, e [aʀivɑ̃, ɑ̃t] *m, f* Ankommende(r) *f(m)*

arrivée [aʀive] *f* ❶ Ankunft *f* ❷ (*endroit*) Ziel *nt* ❸ TECH Anschluss *m*

arriver [aʀive] <1> **I.** *v. intr.* + *être* ❶ (*venir, finir*) ankommen; **~ [le] premier** als Erster ankommen ❷ (*approcher*) kommen ❸ (*être acheminé*) **~ par un tuyau** durch ein Rohr kommen ❹ (*aller jusque*) **~ aux genoux** bis an die Knie gehen; **il m'arrive à l'épaule** er reicht mir bis zur Schulter ❺ (*atteindre*) **~ à qc** (*personne*) etw erreichen ❻ (*réussir*) **qn arrive à faire qc** es gelingt jdm etw zu tun ❼ (*survenir*) **qu'est-ce qui est arrivé?** was ist passiert? ❽ (*aboutir*) **en ~ à faire qc** schließlich etw tun **II.** *v. intr. impers.* + *être* (*se produire*) **qu'est-ce qu'il t'est arrivé?** was ist dir denn passiert?; **il m'arrive de faire qc** (*de temps en temps*) es kommt vor, dass ich etw tue

arriviste [aʀivist] *mf* Karrierist(in) *m(f)*

arrogance [aʀɔgɑ̃s] *f* Arroganz *f*

arrogant, e [aʀɔgɑ̃, ɑ̃t] *adj.* arrogant

arrondir [aʀɔ̃diʀ] <8> **I.** *v. tr.* ❶ (*rendre rond*) rund machen ❷ (*simplifier*) **~ qc à qc** (*vers le haut/le bas*) etw auf etw (*Akk*) aufrunden/abrunden **II.** *v. pron.* **s'~** [immer] runder werden

arrondissement [aʀɔ̃dismɑ̃] *m* Arrondissement *nt*

In Paris, Lyon und Marseille heißen die Stadtbezirke **arrondissements.** Aber auch die Verwaltungsbezirke eines Departements werden so genannt.
Paris ist in zwanzig Arrondissements unterteilt. Sie sind nach einem einfachen System durchnummeriert: Diejenigen mit den niedrigen Nummern befinden sich im Zentrum, diejenigen mit den höheren Nummern sind weiter von der Stadtmitte entfernt. Die Nummer ist auch Teil der Postleitzahl von Paris, die mit 75... beginnt. So steht beispielsweise *75020 Paris* für *Paris vingtième,* also für das zwanzigste Arrondissement.

arrosage [aʀozaʒ] *m* ❶ (*au jet*) Sprengen *nt* ❷ (*à l'arrosoir*) Gießen *nt*

arroser [aʀoze] <1> *v. tr.* ❶ gießen ❷ GASTR *a. fig* begießen

arrosoir [aʀozwaʀ] *m* Gießkanne *f*

arsenal [aʀsənal, o] <-aux> *m a. fig* Arsenal *nt*

arsenic [aʀsənik] *m* Arsen *nt*

art [aʀ] *m* Kunst *f;* **~ moderne** moderne Kunst; **les ~s premiers** die ursprüngliche [*o* ethnologische] Kunst; **avoir l'~ du compromis** es meisterhaft verstehen, Kompromisse zu schließen

artère [aʀtɛʀ] *f* ① ANAT Arterie *f* ② (*voie de communication*) [Haupt]verkehrsader *f*

artériel, le [aʀteʀjɛl] *adj.* arteriell

arthrose [aʀtʀoz] *f* Arthrose *f*

artichaut [aʀtiʃo] *m* Artischocke *f*

article [aʀtikl] *m* Artikel *m;* JUR Paragraph *m*

articulaire [aʀtikylɛʀ] *adj.* Gelenk-

articulation [aʀtikylasjɔ̃] *f* ① Gelenk *nt* ② (*prononciation*) Artikulieren *nt*

articulé, e [aʀtikyle] *adj.* (*opp: rigide*) **une poupée ~e** eine Gliederpuppe

articuler [aʀtikyle] <1> **I.** *v. tr.* (*prononcer*) artikulieren **II.** *v. pron.* **s'~ à qc** (*os*) durch ein Gelenk mit etw verbunden sein

artifice [aʀtifis] *m* ① (*moyen ingénieux*) Trick *m* ② *souvent pl.* (*tromperie*) List *f*

artificiel, le [aʀtifisjɛl] *adj.* künstlich

artificiellement [aʀtifisjɛlmɑ̃] *adv.* künstlich

artificier [aʀtifisje] *m* ① (*fabricant, organisateur*) Feuerwerker(in) *m(f)* ② (*spécialiste du désamorçage*) [Bomben]entschärfer(in) *m(f)*

artillerie [aʀtijʀi] *f* Artillerie *f*

artisan, e [aʀtizɑ̃, an] *m, f* Handwerker(in) *m(f)*

artisanal, e [aʀtizanal, o] <-aux> *adj.* handwerklich; (*produit*) handgearbeitet

artisanat [aʀtizana] *m* Handwerk *nt*

artiste [aʀtist] *mf* Künstler(in) *m(f)*

artistique [aʀtistik] *adj.* künstlerisch

aryen, ne [aʀjɛ̃, jɛn] *adj.* arisch

as[1] [a] *indic. prés. de* **avoir**

as[2] [ɑs] *m* Ass *nt*

ascendance [asɑ̃dɑ̃s] *f* Abstammung *f*

ascendant [asɑ̃dɑ̃] *m sans pl.* **~ sur qn/qc** [starker] Einfluss auf jdn/etw

ascenseur [asɑ̃sœʀ] *m* Aufzug *m*

ascension [asɑ̃sjɔ̃] *f* ① Aufstieg *m;* **faire l'~ d'une montagne** einen Berg besteigen ② *sans pl.* REL **l'Ascension** Christi Himmelfahrt

aseptisé, e [asɛptize] *adj.* ① (*instrument*) sterilisiert; (*pansement*) keimfrei; (*chambre, plaie*) desinfiziert ② *fig* steril

aseptiser [asɛptize] <1> *v. tr.* (*instrument*) sterilisieren; (*chambre, plaie*) desinfizieren

asexué, e [asɛksɥe] *adj.* ungeschlechtlich

asiatique [azjatik] *adj.* asiatisch

Asiatique [azjatik] *mf* Asiat(in) *m(f)*

Asie [azi] *f* **l'~** Asien *nt;* **l'~ centrale/Mineure** Zentral-/Kleinasien

asile [azil] *m* ① Asyl *nt* ② (*refuge*) Zufluchtsort *m;* **offrir un ~ à qn** jdm Unterschlupf gewähren

asocial, e [asɔsjal, jo] <-aux> *adj.* asozial

aspect [aspɛ] *m* ① *sans pl.* Aussehen *nt* ② (*point de vue*) Aspekt *m*

asperge [aspɛʀʒ] *f* Spargel *m*

asperger [aspɛʀʒe] <2a> **I.** *v. tr.* **~ qn/qc de qc** jdn/etw mit etw bespritzen **II.** *v. pron.* **s'~ de parfum/d'eau** sich mit Parfüm besprühen/mit Wasser bespritzen; **s'~ le visage d'eau froide** sich (*Dat*) kaltes Wasser ins Gesicht spritzen

asphalte [asfalt] *m* Asphalt *m*

asphyxie [asfiksi] *f sans pl.* Ersticken *nt;* **mourir par ~** ersticken

asphyxier [asfiksje] <1> *vt, vpr* [s']~ ersticken

aspic [aspik] *m* GASTR Sülze *f*

aspirant [aspiʀɑ̃] *m* MIL Offiziersanwärter(in) *m(f)*

aspirateur [aspiʀatœʀ] *m* Staubsauger *m;* **passer l'~** staubsaugen

aspiration [aspiʀasjɔ̃] *f* ① *sans pl.* (*inspiration*) Einatmen *nt* ② *sans pl.* (*élan*) **~ à la liberté** Streben *nt* nach Freiheit ③ *pl* (*désirs*) Sehnsüchte *Pl*

aspiré, e [aspiʀe] *adj.* LING aspiriert

aspirer [aspiʀe] <1> **I.** *v. tr.* ① (*inspirer, inhaler*) einatmen; **~ à pleins poumons** tief durchatmen ② (*avec la bouche*) [ein]saugen ③ TECH absaugen **II.** *v. intr.* (*désirer*) **~ à qc** sich nach etw sehnen

aspirine [aspiʀin] *f* Aspirin® *nt*

assagir [asaʒiʀ] <8> *v. pron.* **s'~** ruhiger werden

assaillant, e [asajɑ̃, jɑ̃t] *m, f* Angreifer(in) *m(f)*

assaillir [asajiʀ] <irr> *v. tr.* angreifen

assainir [aseniʀ] <8> *v. tr.* sanieren

assainissement [asenismɑ̃] *m* ARCHIT Sanierung *f;* (*d'un marécage*) Trockenlegung *f*

assaisonnement [asɛzɔnmɑ̃] *m*

❶ *sans pl.* Würzen *nt;* (*d'une salade*) Anmachen *nt* ❷ (*ingrédient*) Würze *f*

assaisonner [asɛzɔne] <1> *v. tr.* (*plat*) würzen; (*salade*) anmachen

assassin [asasɛ̃] *m* Mörder(in) *m(f)*

assassinat [asasina] *m* ❶ (*action*) Ermordung *f* ❷ (*résultat*) Mord *m*

assassiner [asasine] <1> *v. tr.* ermorden

assaut [aso] *m* ❶ (*ruée*) Ansturm *m* ❷ MIL ~ **de qc** Sturm *m* auf etw (*Akk*); **à l'~!** Attacke!

assèchement [asɛʃmɑ̃] *m* Trockenlegung *f*

assécher [aseʃe] <5> *v. tr.* trocken legen

ASSEDIC [asedik] *fpl abr. de* **Association pour l'emploi dans l'industrie et le commerce** ❶ (*organisme*) *für die Zahlung der Arbeitslosenversicherung in Frankreich zuständige Organisation* ❷ (*régime d'assurance*) ≈ Arbeitslosenversicherung *f* ❸ (*cotisation*) ≈ Beitrag *m* für die Arbeitslosenversicherung ❹ (*indemnités*) ≈ Arbeitslosengeld *nt;* **toucher les ~** Arbeitslosengeld bekommen

assemblage [asɑ̃blaʒ] *m* (*de pièces mécaniques*) Zusammenbauen *nt;* (*de couleurs*) Zusammenstellung *f*

assemblée [asɑ̃ble] *f* Versammlung *f;* **l'Assemblée nationale** die Nationalversammlung; **l'Assemblée fédérale** CH Rat *m* (CH)

> Die **Assemblée nationale** bildet zusammen mit dem *Sénat* das französische Parlament. Ihr Sitz ist das *Palais Bourbon* in Paris. Sie setzt sich aus 577 Abgeordneten, den *députés*, zusammen, die nach dem Mehrheitswahlrecht in direkter Wahl für fünf Jahre gewählt werden. Ein neues Gesetz kann nur mit Zustimmung von **Assemblée nationale** und *Sénat* verabschiedet werden. Die **Assemblée nationale** bereitet in sechs Fachausschüssen die neuen Gesetze vor und kontrolliert die Regierungsarbeit.

assembler [asɑ̃ble] <1> **I.** *v. tr.* zusammensetzen; (*meuble, moteur*) zusammenbauen **II.** *v. pron.* **s'~** sich versammeln

assembleur [asɑ̃blœʀ] *m* INFORM Assembler *m*

asseoir [aswaʀ] <irr> **I.** *v. tr.* ~ **qn sur/dans/contre qc** jdn auf/in/an etw (*Akk*) setzen; **faire ~ qn** jdn bitten, sich zu setzen; **être assis** sitzen; **rester assis** sitzen bleiben; **assis!** (*à une personne, à plusieurs personnes*) hingesetzt!; (*à un chien*) sitz! **II.** *v. pron.* **s'~** sich [hin]setzen; **asseyez vous!** setzt euch!/setzen Sie sich!

assermenté, e [asɛʀmɑ̃te] *adj.* vereidigt

asservir [asɛʀviʀ] <8> *v. tr.* unterwerfen

assesseur [asesœʀ] *mf* Beisitzer(in) *m(f)*

assez [ase] *adv.* ❶ (*suffisamment*) genug; ~ **parlé!** genug der Worte! ❷ (*plutôt*) ziemlich; **aimer ~ les films de Bergman** die Filme von Bergman ganz gerne sehen ❸ (*quantité suffisante*) **c'est/ce n'est pas ~** das reicht/reicht nicht ❹ (*dans l'ensemble*) **être ~ content de soi** [eigentlich] ganz zufrieden mit sich sein ❺ SCOL ~ **bien** ≈ befriedigend ❻ (*exprimant la lassitude*) **~!** genug!; **en voilà ~!** jetzt ist es aber genug!; **j'en ai ~ de tes bêtises!** jetzt reicht's mir aber mit deinen Dummheiten!

assidu, e [asidy] *adj.* (*élève*) immer anwesend; (*travail*) ständig

assiduité [asidɥite] *f sans pl.* regelmäßige Anwesenheit; ~ **au travail** Beharrlichkeit *f* bei der Arbeit

assidûment [asidymɑ̃] *adv.* (*fréquenter*) regelmäßig, eifrig

assiéger [asjeʒe] <2a, 5> *v. tr.* belagern

assiette [asjɛt] *f* Teller *m*

assignation [asiɲasjɔ̃] *f* Vorladung *f*

assigner [asiɲe] <1> *v. tr.* ❶ (*attribuer*) zuteilen ❷ JUR ~ **qn à résidence** jdm einen Aufenthaltsort zuweisen; ~ **qn à comparaître** jdn vorladen

assimilation [asimilasjɔ̃] *f* ❶ *fig* (*de connaissances*) Aneignen *nt* ❷ (*intégration*) ~ **à qc** Eingliederung *f* in etw (*Akk*)

assimiler [asimile] <1> **I.** *v. tr.* ❶ (*confondre*) ~ **qn/qc à qn/qc** jdn/

etw mit jdm/etw gleichsetzen; ~ **qn à qc** jdn mit etw vergleichen ❷ *(connaissances)* sich *(Dat)* aneignen, aufnehmen ❸ *(intégrer)* eingliedern **II.** *v. pron. (s'intégrer)* **s'~ à qc** sich in etw *(Akk)* integrieren

assis, e [asi, iz] **I.** *part. passé de* **asseoir II.** *adj.* sitzend

assise [asiz] *f* ❶ ARCHIT *(rangée)* Schicht *f* ❷ *souvent pl. (fondement)* Grundlage *f*

assises [asiz] *fpl* JUR Schwurgericht *nt*

assistanat [asistana] *m* UNIV, SCOL Assistenz *f*

assistance [asistɑ̃s] *f* ❶ *(public)* Publikum *nt* ❷ *(secours)* Hilfe *f; (médicale)* Betreuung; **demander ~ à qn** jdn um Hilfe bitten; **prêter ~ à qn** jdm Hilfe leisten

assistant, e [asistɑ̃, ɑ̃t] *m, f* ❶ *(aide)* Assistent(in) *m(f);* MED medizinisch-technische(r) Assistent(in) *m(f),* MTA *mf;* ~ **social** Sozialarbeiter *m* ❷ INFORM ~ **personnel** Organizer *m*

assisté, e [asiste] *adj.* ❶ SOCIOL **personne ~e** Sozialhilfeempfänger(in) *m(f)* ❷ AUT **direction ~e** Servolenkung *f* ❸ INFORM **dessin ~ par ordinateur** computerunterstütztes Entwerfen *nt;* **traduction ~e par ordinateur** computergestützte Übersetzung

assister [asiste] <1> **I.** *v. intr.* ~ **à qc** *(être présent)* bei etw anwesend sein; *(regarder)* sich *(Dat)* etw ansehen; *(participer)* an etw *(Dat)* teilnehmen; *(être témoin de)* etw miterleben **II.** *v. tr.* ~ **qn dans qc** jdm bei etw helfen

associatif, -ive [asɔsjatif, -iv] *adj.* ❶ PSYCH, MATH assoziativ ❷ *(relatif à une association)* **vie associative** Vereinsleben *nt*

association [asɔsjasjɔ̃] *f* ❶ *(action d'associer)* Vereinigung *f* ❷ *(action de s'associer)* Zusammenschluss *m* ❸ *(groupement)* Organisation *f;* JUR *(opp: société)* Verein *m;* ~ **économique/sportive** Wirtschaftsverband *m*/Sportverein *m*

associé, e [asɔsje] **I.** *m, f* Gesellschafter(in) *m(f)* **II.** *adj. (gérant)* teilhabend

associer [asɔsje] <1> **I.** *v. tr. (choses, personnes)* [miteinander] verbinden **II.** *v. pron.* ❶ *(s'allier)* **s'~** sich zusammenschließen ❷ *(participer à)* **s'~ à qc** sich an etw *(+ Dat)* beteiligen

assoiffé, e [aswafe] *adj.* ❶ *(qui a soif)* [sehr] durstig ❷ *(avide)* ~ **de vengeance** rachsüchtig

assombrir [asɔ̃bʀiʀ] <8> **I.** *v. tr.* ❶ *(obscurcir)* verdunkeln ❷ *(personne)* trübsinnig machen **II.** *v. pron.* **s'~** sich verdunkeln; *(horizon, visage)* sich verfinstern; *(personne)* trübsinnig werden

assommant, e [asɔmɑ̃, ɑ̃t] *adj. fam* nervtötend

assommer [asɔme] <1> *v. tr.* ❶ bewusstlos schlagen ❷ *fam (ennuyer)* zu Tode langweilen

Assomption [asɔ̃psjɔ̃] *f* Mariä Himmelfahrt *f*

> Der 15. August, **l'Assomption**, ist ein Feiertag, an dem für viele die Ferien zu Ende gehen. Oft kommt es auf den Straßen zu Verkehrsbehinderungen. Dieses Datum steht in einigen Gegenden Frankreichs auch klimatisch für das Ende des Sommers.

assorti, e [asɔʀti] *adj. (couleurs, vêtements)* passend; **être ~ à qc** zu etw passen; **être bien/mal ~s** gut/schlecht zusammenpassen

assortiment [asɔʀtimɑ̃] *m* Sortiment *nt;* ~ **de charcuterie** Wurstplatte *f;* ~ **de gâteaux** Gebäckmischung *f*

assortir [asɔʀtiʀ] <8> *v. tr. (couleurs, fleurs)* zusammenstellen; ~ **qc à qc** etw auf etw *(+ Akk)* abstimmen

assoupi, e [asupi] *adj.* ❶ *(somnolent)* dösend ❷ *(affaibli)* abgekühlt; *(douleur)* gelindert

assoupir [asupiʀ] <8> *v. pron.* **s'~** dösen

assoupissement [asupismɑ̃] *m* Schläfrigkeit *f*

assouplir [asupliʀ] <8> **I.** *v. tr.* ❶ *(cheveux, cuir)* geschmeidig machen; *(linge)* weich machen ❷ *(règlement)* lockern **II.** *v. pron.* **s'~** ❶ *(devenir plus souple: chaussures)* weich[er] werden; *(cuir)* geschmeidig[er] werden; *(personne)* gelenkig[er] werden ❷ *(devenir moins rigide)* umgänglich[er] werden

assouplissant [asuplisɑ̃] *m* Weichspüler *m*

assouplissement [asuplismɑ̃] *m a. fig* Lockerung *f*

assourdir [asuʀdiʀ] <8> **I.** *v. tr.* (*abasourdir*) betäuben **II.** *v. pron.* **s'~** (*bruit*) schwächer werden

assouvir [asuviʀ] <8> *v. tr.* (*faim, vengeance*) stillen

assujetti, e [asyʒeti] **I.** *adj.* unterworfen; **~ à l'impôt** steuerpflichtig **II.** *m, f* ADMIN (*à l'impôt*) Steuerpflichtige(r) *f(m);* (*à la sécurité sociale*) Beitragspflichtige(r) *f(m)*

assujettir [asyʒetiʀ] <8> *v. tr.* **~ qn à l'impôt** jdm eine Steuer auferlegen

assumer [asyme] <1> **I.** *v. tr.* (*risque*) auf sich (*Akk*) nehmen; (*tâche, responsabilité*) übernehmen **II.** *v. intr. fam* dazu stehen

assurance [asyʀɑ̃s] *f* ❶ *sans pl.* (*aplomb*) Selbstbewusstsein *nt;* **avec ~** selbstsicher ❷ (*garantie*) Zusicherung *f* ❸ (*contrat*) Versicherung *f* ❹ (*société*) Versicherung[sgesellschaft *f*] *f*

assuré, e [asyʀe] **I.** *adj.* sicher **II.** *m, f* Versicherte(r) *f(m)*

assurément [asyʀemɑ̃] *adv. soutenu* gewiss

assurer [asyʀe] <1> **I.** *v. tr.* ❶ versichern ❷ (*protection*) gewährleisten; (*avenir*) sichern ❸ SPORT sichern **II.** *v. pron.* **s'~** ❶ (*contracter une assurance*) sich versichern ❷ (*vérifier*) sich überzeugen **III.** *v. intr. fam* wissen, wo's langgeht

assureur [asyʀœʀ] *m* Versicherungsträger *m*

astérisque [asteʀisk] *m* Sternchen *nt*

astéroïde [asteʀɔid] *m* Asteroid *m*

asthmatique [asmatik] **I.** *adj.* asthmatisch **II.** *mf* Asthmatiker(in) *m(f)*

asthme [asm] *m* Asthma *nt*

asticot [astiko] *m fam* Made *f*

asticoter [astikɔte] <1> *v. tr. fam* nerven

astigmate [astigmat] *adj.* astigmatisch

astiquer [astike] <1> *v. tr.* polieren

astral, e [astʀal, o] <-aux> *adj.* **signe ~** Sternzeichen *nt*

astre [astʀ] *m* ❶ (*astronomie*) Gestirn *nt* ❷ (*astrologie*) Stern *m*

astreignant, e [astʀɛɲɑ̃, ɑ̃t] *adj.* anstrengend

astreindre [astʀɛ̃dʀ] <irr> *v. tr.* **~ qn à un travail** jdn zu einer Arbeit zwingen

astreinte [astʀɛ̃t] *f* Zwang *m;* JUR Zwangsgeld *nt*

astringent [astʀɛ̃ʒɑ̃] *m* adstringierendes Mittel *nt*

astrologie [astʀɔlɔʒi] *f* Astrologie *f*

astrologique [astʀɔlɔʒik] *adj.* astrologisch

astrologue [astʀɔlɔg] *mf* Astrologe *m*/Astrologin *f*

astronaute [astʀonot] *mf* Astronaut(in) *m(f)*

astronautique [astʀonotik] *f* Raumfahrt *f*

astronome [astʀɔnɔm] *mf* Astronom(in) *m(f)*

astronomie [astʀɔnɔmi] *f* Astronomie *f*

astronomique [astʀɔnɔmik] *adj. a. fig* astronomisch

astrophysique [astʀofizik] *f* Astrophysik *f*

astuce [astys] *f* ❶ *sans pl.* (*qualité*) Raffiniertheit *f* ❷ *souvent pl.* (*truc*) Trick *m*

astucieux, -euse [astysjø, -jøz] *adj.* schlau

asymétrie [asimetʀi] *f* Asymmetrie *f*

asymétrique [asimetʀik] *adj.* asymmetrisch

atchoum [atʃum] *interj.* hatschi

atelier [atəlje] *m* Werkstatt *f;* (*d'un artiste*) Atelier *nt*

athée [ate] **I.** *adj.* atheistisch **II.** *mf* Atheist(in) *m(f)*

athéisme [ateism] *m* Atheismus *m*

Athènes [atɛn] Athen *nt*

athlète [atlɛt] *mf* Leichtathlet(in) *m(f)*

athlétique [atletik] *adj.* athletisch

athlétisme [atletism] *m* Leichtathletik *f*

atlantique [atlɑ̃tik] *adj.* atlantisch; (*côte*) Atlantik-

Atlantique [atlɑ̃tik] *m* **l'~** der Atlantik

atlantiste [atlɑ̃tist] *adj.* POL proatlantisch

atlas [atlɑs] *m* Atlas *m*

atmosphère [atmɔsfɛʀ] *f* ❶ *a.* METEO Atmosphäre *f* ❷ (*ambiance*) Stimmung *f*

atmosphérique [atmɔsfeʀik] *adj.* atmosphärisch; (*pression*) Luft-

atoll [atɔl] *m* Atoll *nt*

atome [atom] *m* Atom *nt*

atomique [atɔmik] *adj.* atomar

atomiser [atɔmize] <1> *v. tr.* (*pulvériser*) zerstäuben

atomiseur [atɔmizœʀ] *m* Zerstäuber *m*

atout [atu] *m* ❶ Trumpf *m* ❷ (*qualité*) Pluspunkt *m*

âtre [ɑtʀ] *m* Feuerstelle *f*

atroce [atʀɔs] *adj.* grauenhaft; (*peur*) furchtbar

atrocement [atʀɔsmɑ̃] *adv.* furchtbar

atrocité [atʀɔsite] *f* ❶ (*d'un acte*) Abscheulichkeit *f* ❷ *pl* (*action*) Gräuel[taten *Pl*] *Pl* ❸ (*calomnie*) **dire des ~s** Gräuelmärchen erzählen

atrophier [atʀɔfje] <1> *v. pron.* **s'~** verkümmern

attabler [atable] <1> *v. pron.* **s'~** sich zu Tisch setzen

attachant, **e** [ataʃɑ̃, ɑ̃t] *adj.* (*personne, personnalité*) fesselnd; (*enfant*) reizend

attache [ataʃ] *f* (*lien*) Befestigung *f*

attaché, **e** [ataʃe] *m, f* Attaché *m;* **~(e) de presse** Pressesprecher(in) *m(f)*

attaché-case [ataʃekɛz] <attachés-cases> *m* Aktenkoffer *m*

attachement [ataʃmɑ̃] *m* Anhänglichkeit *f*

attacher [ataʃe] <1> **I.** *v. tr.* ❶ (*fixer*) **~ qn/qc à qc** jdn/etw an etw (*Dat*) festmachen; (*avec une corde, ficelle*) jdn/etw an etw (*Akk*) anbinden; **~ qn sur/à qc** jdn an etw (*Akk*) fesseln ❷ (*lacets, tablier*) binden; (*montre, collier*) zumachen; **~ sa ceinture de sécurité** sich anschnallen ❸ (*cheveux*) zusammenbinden ❹ (*attribuer*) **~ de l'importance à qc** einer S. (*Dat*) Bedeutung beimessen **II.** *v. pron.* ❶ (*mettre sa ceinture de sécurité*) **s'~** sich anschnallen ❷ (*se lier d'affection*) **s'~ à qn** jdn/etw lieb gewinnen; **être ~ à qn/qc** an jdm/einer S. hängen

attaquant, **e** [atakɑ̃, ɑ̃t] *m, f* Angreifer(in) *m(f)*

attaque [atak] *f* ❶ Angriff *m* ❷ MED Anfall *m*

attaquer [atake] <1> **I.** *v. tr.* ❶ angreifen ❷ (*jugement*) anfechten; **~ qn en justice** jdn verklagen ❸ (*commencer*) beginnen ▸ **~ le mal à la racine** das Übel an der Wurzel packen **II.** *v. pron.* ❶ (*chercher à résoudre*) **s'~ à un problème** ein Problem angehen ❷ (*commencer*) **s'~ à qc** etw in Angriff nehmen

attardé, **e** [ataʀde] *adj.* (*en retard*) verspätet

attarder [ataʀde] <1> *v. pron.* **s'~** sich verspäten

atteindre [atɛ̃dʀ] <irr> *v. tr.* ❶ erreichen ❷ (*personne, cible*) treffen

atteint, **e** [atɛ̃, ɛ̃t] *adj.* ❶ **malade ~ du cancer** Krebspatient *m* ❷ *fam* übergeschnappt

atteinte [atɛ̃t] *f* ❶ (*préjudice*) Beeinträchtigung *f* ❷ (*portée*) **réputation hors d'~** unantastbares Ansehen; **se mettre hors d'~** sich in Sicherheit bringen

attelage [at(ə)laʒ] *m* (*dispositif: de chevaux*) Geschirr *nt*

atteler [at(ə)le] <3> **I.** *v. tr.* anspannen **II.** *v. pron.* **s'~ à un travail** sich an eine Arbeit machen (*fam*)

attelle [atɛl] *f* Schiene *f*

attenant, **e** [at(ə)nɑ̃, ɑ̃t] *adj.* angrenzend

attendre [atɑ̃dʀ] <14> **I.** *v. tr.* warten auf (+ *Akk*); (*enfant*) erwarten; (*occasion*) abwarten **II.** *v. intr.* warten **III.** *v. pron.* **s'~ à qc** etw erwarten; (*en cas de chose désagréable*) auf etw (*Akk*) gefasst sein

attendri, **e** [atɑ̃dʀi] *adj.* gerührt

attendrir [atɑ̃dʀiʀ] <8> **I.** *v. tr.* rühren **II.** *v. pron.* **se laisser ~** sich erweichen lassen; **s'~ sur soi-même** sich selbst bemitleiden

attendrissant, **e** [atɑ̃dʀisɑ̃, ɑ̃t] *adj.* rührend

attendu, **e** [atɑ̃dy] *adj.* (*espéré*) erwartet

attentat [atɑ̃ta] *m* **~ contre qn/qc** Attentat *nt* auf jdn/etw

attente [atɑ̃t] *f* ❶ (*expectative*) **l'~ de qn/qc** das Warten auf jdn/etw; **salle d'~** Wartesaal *m;* **mise en ~** Warteschleife *f* ❷ (*espoir*) **contre toute ~** wider Erwarten

attenter [atɑ̃te] <1> *v. intr.* **~ à sa vie** Selbstmord verüben; **~ à la vie de qn** jdm nach dem Leben trachten (*geh*)

attentif, **-ive** [atɑ̃tif, -iv] *adj.* aufmerksam; **être ~ à qc** auf etw (*Akk*) achten

attention [atɑ̃sjɔ̃] *f* Aufmerksamkeit *f;* **avec ~** aufmerksam; **à l'~ de qn** zu jds Händen; **faire ~ à qn/qc** auf jdn/etw aufpassen; **fais ~!** pass [doch] auf!; **~!** Vorsicht!

attentionné, **e** [atɑ̃sjɔne] *adj.* aufmerksam

attentivement [atɑ̃tivmɑ̃] *adv.* aufmerksam

atténuation [atenɥasjɔ̃] *f* (*d'un sentiment*) Milderung *f*

atténuer [atenɥe] <1> **I.** *v. tr.* (*douleur*) lindern; (*bruit*) dämpfen **II.** *v. pron.* **s'~** nachlassen

atterré, e [ateʀe] *adj.* erschüttert

atterrir [ateʀiʀ] <8> *v. intr.* landen

atterrissage [ateʀisaʒ] *m* Landen *nt;* **~ en catastrophe** Bruchlandung *f*

attestation [atɛstasjɔ̃] *f* Bescheinigung *f*

attester [atɛste] <1> *v. tr.* **~ qc/que ...** (*personne*) etw bestätigen/bestätigen, dass ...; (*par écrit*) etw bescheinigen/bescheinigen, dass ...; (*document*) ein Beweis für etw sein/dafür sein, dass ...

attirail [atiʀaj] *m fam* Zeug *nt*

attirance [atiʀɑ̃s] *f* Anziehungskraft *f;* **éprouver de l'~ pour qn** sich zu jdm hingezogen fühlen

attirant, e [atiʀɑ̃, ɑ̃t] *adj.* (*personne*) anziehend; (*proposition*) verlockend

attirer [atiʀe] <1> **I.** *v. tr.* ❶ (*personne*) anziehen; (*animal, client*) anlocken ❷ (*intéresser: projet, pays*) ansprechen; **~ le regard** Aufsehen erregen ❸ (*procurer*) **~ des ennuis à qn** jdn in Schwierigkeiten bringen **II.** *v. pron.* sich anziehen; **s'~ des ennuis** in Schwierigkeiten geraten

attiser [atize] <1> *v. tr. a. fig* schüren

attitré, e [atitʀe] *adj.* (*promoteur*) beauftragt

attitude [atityd] *f* Haltung *f*

attouchement [atuʃmɑ̃] *m* Berührung *f*

attractif, -ive [atʀaktif, -iv] *adj.* (*prix*) interessant

attraction [atʀaksjɔ̃] *f* ❶ Anziehungskraft *f* ❷ (*divertissement*) Attraktion *f*

attrait [atʀɛ] *m* Reiz *m*

attrape [atʀap] *f* Scherzartikel *m*

attraper [atʀape] <1> **I.** *v. tr.* ❶ fangen; (*bus, train*) erreichen ❷ (*tromper*) reinlegen (*fam*) ❸ (*maladie*) sich (*Dat*) holen; (*punition, amende*) bekommen **II.** *v. pron.* **s'~** (*maladie contagieuse*) sich übertragen

attrayant, e [atʀɛjɑ̃, jɑ̃t] *adj.* interessant

attribuer [atʀibɥe] <1> *v. tr.* (*prix*) verleihen

attribut [atʀiby] *m* ❶ Attribut *nt* ❷ LING **~ du sujet** prädikative Ergänzung zum Subjekt

attribution [atʀibysjɔ̃] *f* Zuweisung *f;* (*d'une indemnité*) Gewährung *f;* (*d'un prix*) Verleihung *f*

attristant, e [atʀistɑ̃] *adj.* traurig

attrister [atʀiste] <1> *v. tr.* traurig machen

attroupement [atʀupmɑ̃] *m* Menschenansammlung *f*

attrouper [atʀupe] <1> *v. pron.* **s'~ sur la place** auf dem Platz zusammenströmen

atypique [atipik] *adj.* atypisch

au [o] = **à le** *voir* **à**

aubaine [obɛn] *f* Geschenk *nt* des Himmels

aube [ob] *f* Morgendämmerung *f*

aubépine [obepin] *f* [eingriffeliger] Weißdorn

auberge [obɛʀʒ] *f* [Land]gasthaus *nt;* **~ de jeunesse** Jugendherberge *f*

aubergine [obɛʀʒin] **I.** *f* Aubergine *f,* Melanzani *f* (A) **II.** *adj. inv.* (*couleur*) aubergine[farben]

aubergiste [obɛʀʒist] *mf* [Gast]wirt(in) *m(f)*

auburn [obœʀn] *adj. inv.* kastanienbraun

aucun, e [okœ̃, yn] **I.** *adj. antéposé* **~ ... ne ..., ne ... ~ ...** kein(e); **sans ~** ohne **II.** *pron.* **~ ne ..., ne ... ~** keine(r, s); **je n'aime ~ de ces romans** ich mag keinen dieser Romane

aucunement [okynmɑ̃] *adv.* keineswegs

audace [odas] *f* ❶ Kühnheit *f* ❷ (*effronterie*) Dreistigkeit *f*

audacieux, -euse [odasjø, -jøz] *adj.* ❶ kühn; (*projet, mode*) gewagt ❷ (*effronté*) frech

au-dedans [odədɑ̃] **I.** *adv.* drinnen **II.** *prép.* **~ de qc** (*sans mouvement*) innerhalb einer S. (*Gen*); (*avec mouvement*) in etw (*Akk*) [hinein] **au-dehors** [odəɔʀ] **I.** *adv.* ❶ (*sans mouvement*) draußen; (*avec mouvement*) nach außen, nach draußen ❷ (*dans l'apparence extérieure*) äußerlich **II.** *prép.* **~ de qc** außerhalb einer S. (*Gen*); (*avec mouvement*) aus etw [heraus] **au-delà** [od(ə)la] **I.** *adv.* (*plus loin*) weiter **II.** *prép.* **~ de qc** (*sans mouvement*) jenseits (*Gen*) einer S.; (*avec mouvement*) auf die andere Seite einer S. (*Gen*); (*dépassant*) über etw (*Akk*) hinaus **III.** *m*

Jenseits *nt* **au-dessous** [od(ə)su] **I.** *adv.* darunter **II.** *prép.* ❶ (*plus bas*) **~ de qn/qc** unter jdm/etw; **~ de Lyon** unterhalb von Lyon ❷ (*inférieur, subordonné*) **être ~ de qn** jdm unterstehen ▸ **être ~ de tout** nutzlos sein

au-dessus [od(ə)sy] **I.** *adv.* darüber **II.** *prép.* ❶ **~ de qn/qc** (*sans mouvement*) über jdm/etw; (*avec mouvement*) über jdn/etw; **~ de Lyon** oberhalb von Lyon ❷ (*supérieur*) **être ~ de qn/qc** über jdm/etw (*Dat*) stehen

au-devant [od(ə)vɑ̃] *prép.* **~ de** entgegen (*Dat*)

audible [odibl] *adj.* hörbar

audience [odjɑ̃s] *f* ❶ Audienz *f;* JUR Gerichtsverhandlung *f* ❷ MEDIA Einschaltquote *f*

audimat [odimat] *m* (*taux d'écoute*) Einschaltquote *f*

audionumérique [odjonymeʀik] *adj.* digital

audiovisuel [odjovisɥɛl] *m* TV audiovisuelle Medien *Pl*

audiovisuel, le [odjovisɥɛl] *adj.* audiovisuell

audit [odit] *m* Revision *f*

auditeur, -trice [oditœʀ, -tʀis] *m, f* ❶ Zuhörer(in) *m(f)* ❷ UNIV **~ libre** Gasthörer *m*

auditif, -ive [oditif, -iv] *adj.* (*mémoire*) auditiv; **appareil ~** Hörgerät *nt*

audition [odisjɔ̃] *f* ❶ (*sens*) Hören *nt* ❷ JUR Anhörung *f* ❸ THEAT, CINE (*d'un acteur*) Vorsprechen *nt;* (*d'un chanteur*) Vorsingen *nt;* (*d'un musicien*) Vorspielen *nt*

auditionner [odisjɔne] <1> **I.** *v. tr.* (*acteur*) vorsprechen lassen; (*musicien*) vorspielen lassen; (*chanteur*) vorsingen lassen **II.** *v. intr.* (*acteur*) vorsprechen; (*musicien*) vorspielen; (*chanteur*) vorsingen

auditoire [oditwaʀ] *m* Zuhörerschaft *f*

auge [oʒ] *f* ❶ (*abreuvoir*) Tränke *f* ❷ (*mangeoire*) Futtertrog *m*

augmentation [ɔgmɑ̃tasjɔ̃] *f* Erhöhung *f;* (*d'une production*) Steigerung *f;* (*du chômage, de l'inflation*) Zunahme *f*

augmenter [ɔgmɑ̃te] <1> **I.** *v. tr.* erhöhen; (*misère*) vergrößern; **~ [le salaire de] qn de cinq pour cent** jds Gehalt/Lohn um fünf Prozent erhöhen **II.** *v. intr.* steigen; (*impôts*) erhöht werden; (*marchandise, vie*) teurer werden; (*douleur*) stärker werden

augure[1] [ogyʀ] *m* **être de bon/mauvais ~** Gutes/nichts Gutes verheißen

augure[2] [ogyʀ] *m* HIST Augur *m*

aujourd'hui [oʒuʀdɥi] *adv.* heute; **il y a ~ huit jours** heute vor acht Tagen ▸ **c'est pour ~ ou pour demain?** *fam* wird's bald?

aula [ola] *f* CH ❶ UNIV (*amphithéâtre*) Hörsaal *m* ❷ (*grande salle: d'un établissement scolaire*) Aula *f*

aulne [o(l)n] *m* Erle *f*

aumône [omon] *f* Almosen *nt*

aumônier [omonje] *m* **~ d'un lycée** Religionsunterricht erteilender Geistlicher; **~ d'une prison/d'un hôpital** Gefängnis-/Krankenhauspfarrer *m*

auparavant [opaʀavɑ̃] *adv.* vorher

auprès de [opʀɛ də] *prép.* bei; **viens t'asseoir ~ ~ moi** komm, setz dich zu mir

auquel [okɛl] = **à lequel** *voir* **lequel**

aura [ɔʀa] *f* Aura *f* (*geh*)

aurai [ɔʀɛ] *fut de* **avoir**

auréole [ɔʀeɔl] *f* ❶ (*tache*) Rand *m* ❷ REL Heiligenschein *m*

auréoler [ɔʀeɔle] <1> *v. tr.* ❶ (*parer*) **~ qn de gloire** jdn mit einem Glorienschein umgeben ❷ (*entourer*) einrahmen

auriculaire [ɔʀikylɛʀ] *m* kleiner Finger

aurore [ɔʀɔʀ] *f* Morgenröte *f;* (*heure du jour*) Morgengrauen *nt*

auscultation [ɔskyltasjɔ̃] *f* Abhören *nt*

ausculter [ɔskylte] <1> *v. tr.* abhören

aussi [osi] **I.** *adv.* ❶ (*élément de comparaison*) **~ ... que** so ... wie; **elle est ~ grande que moi** sie ist [genau]so groß wie ich; **Paul ~ bien que son frère** Paul [eben]so wie sein Bruder ❷ (*également*) auch; **bon appétit! – merci, vous ~!** guten Appetit! – danke, gleichfalls! ❸ (*en plus*) auch noch **II.** *conj.* daher

aussitôt [osito] **I.** *adv.* sofort; **~ après** gleich danach; **~ dit, ~ fait** gesagt, getan **II.** *conj.* **~ que** sobald

austère [ostɛʀ] *adj.* streng; (*vie*) asketisch

austérité [osteʀite] *f* Strenge *f;* **mesure d'~** Sparmaßnahmen *Pl*

austral, e [ɔstʀal] <s> *adj.* (*hémisphère*) südlich

Australie [ostʀali] *f* **l'~** Australien *nt*
australien, ne [ostʀaljɛ̃, jɛn] *adj.* australisch
Australien, ne [ɔstʀaljɛ̃, jɛn] *m, f* Australier(in) *m(f)*
autant [otɑ̃] *adv.* ❶ (*tant*) so viel ❷ (*relation d'égalité*) ~ **que** ebenso [sehr]/ebenso viel ... wie; **d'~** ebenso viel; ~ **de beurre que de farine** genauso viel Butter wie Mehl; **pas ~ de ... que** nicht so viel ... wie ❸ (*dans la mesure où*) [**pour**] ~ **que je sache** soviel ich weiß; ~ **que possible** so weit wie möglich ❹ **d'~ plus** umso mehr
autarcie [otaʀsi] *f* Autarkie *f*
autel [otɛl] *m* Altar *m*
auteur [otœʀ] *m* ❶ (*écrivain*) Autor(in) *m(f)* ❷ (*créateur*) Schöpfer(in) *m(f)* ❸ (*responsable*) Verursacher(in) *m(f)*
auteur-compositeur [otœʀkɔ̃pozitœʀ] <auteurs-compositeurs> *m* Texter(in) *m(f)* und Komponist(in) *m(f)*, Liedermacher(in) *m(f)*
authenticité [otɑ̃tisite] *f* Echtheit *f*
authentifier [otɑ̃tifje] <1> *v. tr.* (*document, signature*) beglaubigen; (*tableau*) für echt befinden
authentique [otɑ̃tik] *adj.* echt
autisme [otism] *m* Autismus *m*
autiste [otist] **I.** *adj.* autistisch **II.** *mf* Autist(in) *m(f)*
auto [oto] *f abr. de* **automobile** Auto *nt*
autobiographe [otobjɔgʀaf] *mf* Autobiograf(in) *m(f)*
autobiographie [otobjɔgʀafi] *f* Autobiografie *f*
autobiographique [otobjɔgʀafik] *adj.* autobiografisch
autobus [otobys] *m* [Auto]bus *m*
autocar [otokaʀ] *m* Reisebus *m*
autochtone [otokton] *mf* Einheimische(r) *f(m)*
autocollant [otokɔlɑ̃] *m* Aufkleber *m*
autocollant, e [otokɔlɑ̃, ɑ̃t] *adj.* selbstklebend
autocritique [otokʀitik] *f* Selbstkritik *f*
autocuiseur [otokɥizœʀ] *m* Schnellkochtopf *m*
autodafé [otodafe] *m* HIST ~ **de livres** Bücherverbrennung *f*
autodéfense [otodefɑ̃s] *f* Selbstverteidigung *f*
autodérision [otodeʀizjɔ̃] *f* Selbstironie *f*
autodétermination [otodetɛʀminasjɔ̃] *f* Selbstbestimmung *f*
autodétruire [otodetʀɥiʀ] <irr> *v. pron.* **s'~** (*machine, cassette*) sich selbst vernichten; (*personne*) sich [selbst] zugrunde richten
autodidacte [otodidakt] *mf* Autodidakt(in) *m(f)*
autodiscipline [otodisiplin] *f* Selbstdisziplin *f*
autoécole, **auto-école** [otoekɔl] <auto-écoles> *f* Fahrschule *f*
autofiction [otofiksjɔ̃] *f* LITTER Autofiktion *f*
autofinancement [otofinɑ̃smɑ̃] *m* Eigenfinanzierung *f*
autofocus [otofɔkys] **I.** *adj.* mit Autofokus **II.** *m* Automatikkamera *f*
autogestion [otoʒɛstjɔ̃] *f* Selbstverwaltung *f*
autographe [otogʀaf] *m* Autogramm *nt*
automate [otomat] *m* Automat *m;* ~ **bancaire** Geldautomat, Bankomat® *m*
automatique [otomatik] *adj.* automatisch
automatiquement [otomatikmɑ̃] *adv.* automatisch
automatisation [otomatizasjɔ̃] *f* ❶ (*action*) Automatisierung *f* ❷ (*résultat*) Automation *f*
automatiser [otomatize] <1> *v. tr.* automatisieren
automatisme [otomatism] *m* Automatismus *m*
automnal, e [otɔnal, o] <-aux> *adj.* herbstlich; (*brume, fleurs*) Herbst-
automne [otɔn] *m* Herbst *m;* **en ~** im Herbst
automobile [otomɔbil] **I.** *adj.* Auto-; (*industrie, salon*) Automobil- **II.** *f* (*voiture*) Auto *nt*
automobiliste [otomɔbilist] *mf* Autofahrer(in) *m(f)*
autonome [otonom] *adj.* ❶ (*personne*) unabhängig; (*responsable*) selb[st]ständig; (*état, province*) autonom; **travailleur** ~ CAN (*free-lance*) Freiberufler *m* ❷ INET offline
autonomie [otonomi] *f* ❶ (*indépendance*) Autonomie *f;* (*sur le plan financier*) Unabhängigkeit *f* ❷ TECH Betriebsdauer *f*

A

autonomiste [otonomist] *mf* Anhänger(in) *m(f)* einer Autonomiebewegung
autoportrait [otopɔʀtʀɛ] *m* Selbstporträt *nt*
autopsie [otɔpsi] *f* Autopsie *f*
autoradio [otoʀadjo] *m* Autoradio *nt*
autoreverse [otoʀivœʀs] *adj. inv.* mit Autoreverse
autorisation [otoʀizasjɔ̃] *f* Erlaubnis *f;* (*de caractère officiel*) schriftliche Genehmigung; ~ **de sortie du territoire** Ausreisegenehmigung (*für Minderjährige*)
autorisé, e [otoʀize] *adj.* erlaubt
autoriser [otoʀize] <1> *v. tr.* ① ~ **qn à faire qc** jdm erlauben, etw zu tun ② (*habiliter*) ~ **qn à faire qc** (*titre, décret*) jdn berechtigen, etw zu tun; (*personne*) jdn ermächtigen, etw zu tun
autoritaire [otoʀitɛʀ] *adj.* autoritär
autorité [otoʀite] *f* ① Autorität *f;* (*parentale*) Gewalt *f;* **avec** ~ bestimmt; **avoir de l'~ sur qn** Macht über jdn haben; **être sous l'~ de qn** (*employé*) jdm unterstehen; (*enfant*) unter jds Aufsicht (*Dat*) stehen ② (*influence, considération*) Ansehen *nt;* **jouir d'une grande** ~ großes Ansehen genießen; **faire** ~ (*ouvrage*) als maßgebend gelten; (*personne*) als Autorität gelten ③ *souvent pl.* (*organisme*) Behörde *f*
autoroute [otoʀut] *f* Autobahn *f*
autoroutier, -ière [otoʀutje, -jɛʀ] *adj.* Autobahn-
autostop, auto-stop [otostɔp] *m sans pl.* Trampen *nt;* **faire de l'~** trampen
autostoppeur, -euse *m, f,* **auto-stoppeur, -euse** [otostɔpœʀ, -øz] <autostoppeurs> *m, f* Tramper(in) *m(f)*
autour [otuʀ] **I.** *adv.* herum; **tout** ~ rundherum **II.** *prép.* ① (*entourant*) ~ **de qn/qc** um jdn/etw herum; **tout** ~ **de qn/qc** ringsherum um jdn/etw ② (*à proximité de*) ~ **de...** in der Umgebung von ... ③ (*environ*) ~ **des cent euros** um die hundert Euro [herum]; ~ **des 15 heures** [so] gegen 15 Uhr
autre [otʀ] **I.** *adj. antéposé* ① (*différent*) andere(r, s); ~ **chose** etwas anderes; **d'une** ~ **manière** anders ② (*supplémentaire*) weitere(r, s) ③ (*second des deux*) **l'~ ...** der/die/das andere ... ▸ **nous ~s ..., vous ~s ...** wir ..., ihr [dagegen] .. **II.** *pron. indéf.* ① andere(r); **un ~/une ~ que** ein anderer/eine andere als; **tout ~ ... que** ein ganz anderer/eine ganz andere ... als; **quelqu'un d'~** jemand anders; **qui d'~?** wer sonst? ② (*chose différente*) andere(r, s); **d'~s** andere; **quelques ~s** ein paar andere; **quelque chose d'~** etwas anderes; **rien d'~** nichts anderes; **quoi d'~?** was sonst? ③ (*personne, chose supplémentaire*) weitere(r, s); **tu es une menteuse! – J'en connais une ~!** du bist eine Lügnerin! – Du auch! ④ (*opp: l'un*) **l'un(e) l'~/les un(e)s les ~s** einander ▸ **entre ~s** unter anderem; **une ~!** Zugabe!
autrefois [otʀəfwɑ] *adv.* früher
autrement [otʀəmɑ̃] *adv.* ① (*différemment*) anders; **on ne peut pas faire ~** es geht nicht anders ② (*sinon*) sonst ▸ ~ **dit** mit anderen Worten
Autriche [otʀiʃ] *f* **l'~** Österreich *nt*
autrichien, ne [otʀiʃjɛ̃, jɛn] *adj.* österreichisch
Autrichien, ne [otʀiʃjɛ̃, jɛn] *m, f* Österreicher(in) *m(f)*
autruche [otʀyʃ] *f* ZOOL Strauß *m*
autrui [otʀɥi] *pron. inv.* ein anderer/eine andere; (*les autres*) andere; **pour le compte d'~** auf fremde Rechnung
auvent [ovɑ̃] *m* Vordach *nt*
auvergnat, e [ovɛʀɲa, at] *adj.* aus der Auvergne
aux [o] = **à les** *voir* **à**
auxiliaire [ɔksiljɛʀ] **I.** *adj.* Hilfs- **II.** *mf* Hilfskraft *f* **III.** *m* LING Hilfsverb *nt;* ~ **de mode** Modalverb
avachi, e [avaʃi] *adj.* ① (*personne*) schlaff ② (*chaussures*) ausgetreten
avachir [avaʃiʀ] <8> *v. pron.* ① (*s'affaisser*) **s'~** (*muscles, traits*) erschlaffen; (*chaussures*) ausleiern ② *fam* (*devenir amorphe*) träge werden
avais [avɛ] *imparf de* **avoir**
aval [aval] *m* (*d'un cours d'eau*) Unterlauf *m;* **en ~ de** unterhalb (*Gen*)
avalanche [avalɑ̃ʃ] *f* Lawine *f*
avaler [avale] <1> **I.** *v. tr.* ① [hinunter]schlucken; (*par accident*) verschlucken ② (*dévorer*) verschlingen ③ (*croire*) ~ **n'importe quoi** einem alles abkaufen (*fam*) **II.** *v. intr.* schlucken; (*manger*) zu sich nehmen

A

avance [avɑ̃s] *f* ① (*progression*) Vormarsch *m* ② (*opp: retard*) **en ~ [de cinq minutes]** [fünf Minuten] zu früh; **être en ~ dans un travail** bei einer Arbeit [schon] weiter sein als vorgesehen ③ (*précocité*) **être en ~ pour son âge** für sein Alter sehr weit [entwickelt] sein; **être en ~ sur qn** jdm voraus sein ④ (*distance*) **avoir de l'~ sur qn/qc** einen Vorsprung vor jdm/etw haben ⑤ (*somme*) Vorschuss *m* ⑥ *pl* (*approche amoureuse*) **faire des ~s à qn** bei jdm Annäherungsversuche machen

avancé, e [avɑ̃se] *adj.* (*nuit, âge*) fortgeschritten; (*enfant*) weit entwickelt; (*civilisation, technique*) hoch entwickelt ▸ **ne pas être plus ~** nicht viel weiter als vorher sein

avancée [avɑ̃se] *f* ① (*saillie*) Vorsprung *m* ② (*de l'ennemi*) Vormarsch *m*

avancement [avɑ̃smɑ̃] *m* ① (*des travaux*) Vorankommen *nt* ② (*promotion*) Beförderung *f*; **avoir de l'~** befördert werden

avancer [avɑ̃se] <2> **I.** *v. tr.* ① (*montre*) vorstellen; (*rendez-vous, départ*) vorverlegen ② (*chaise, table*) vorrücken; (*voiture*) vorfahren; **~ de huit cases** JEUX acht Felder vorrücken ③ (*idée, thèse*) vorbringen ④ (*argent*) vorstrecken ▸ **ça t'avance à quoi?** [und] was hast du davon?; **ça ne nous avance à rien!** das bringt uns gar nichts [ein]! **II.** *v. intr.* ① (*approcher: conducteur, voiture*) [weiter] vorfahren; (*personne*) vorankommen, vorwärtskommen; (*ennemi, armée*) vorrücken ② (*être en avance: montre*) vorgehen ③ (*progresser: personne*) vorankommen; (*travail*) vorangehen **III.** *v. pron.* ① **s'~** (*pour sortir d'un rang*) vortreten; (*en s'approchant*) näher kommen; **s'~ vers qn/qc** auf jdn/etw zugehen ② (*prendre de l'avance*) **s'~ dans son travail** mit der Arbeit vorankommen ③ (*se risquer, anticiper*) **s'~ trop** sich zu weit vorwagen

avant [avɑ̃] **I.** *prép.* (*temps, lieu*) vor (+ *Dat*); **~ de faire qc** bevor jd etw tut; **en ~ de qn/qc** vor jdm/etw ▸ **~ tout** vor allem **II.** *adv.* (*temps, lieu*) vorher; **passer ~** vorgehen; **en ~** nach vorne; **plus/trop ~** weiter vor/zu weit vor; **le jour d'~** am Tag[e] davor **III.** *conj.* **~ que** + *subj.* bevor **IV.** *m* ① Vorderteil *nt o m*; **à l'~** vorn[e]; **vers l'~** nach vorn ② SPORT Stürmer(in) *m(f)* **V.** *adj. inv.* Vorder-; **le clignotant ~ droit** der Blinker vorne rechts

avantage [avɑ̃taʒ] *m* ① *a.* SPORT Vorteil *m*; **à son ~** zu seinem/ihrem Vorteil; **être à son ~** vorteilhaft aussehen; **avoir l'~** führen ② (*supériorité*) Überlegenheit *f*

avantager [avɑ̃taʒe] <2a> *v. tr.* ① (*favoriser*) begünstigen ② (*mettre en valeur*) **~ qn** (*vêtement, coiffure*) jdm gut stehen

avantageusement [avɑ̃taʒøzmɑ̃] *adv.* günstig

avantageux, -euse [avɑ̃taʒø, -ʒøz] *adj.* (*prix*) günstig

avant-bras [avɑ̃bʀɑ] *m inv.* Unterarm *m* **avant-centre** [avɑ̃sɑ̃tʀ] <avants-centres> *m* Mittelstürmer(in) *m(f)* **avant-coureur** [avɑ̃kuʀœʀ] <avant-coureurs> *adj.* (*bruit*) vorauseilend **avant-dernier, -ière** [avɑ̃dɛʀnje, -jɛʀ] <avant-derniers> **I.** *adj.* vorletzte(r, s) **II.** *m, f* Vorletzte(r) *f(m)* **avant-garde** [avɑ̃gaʀd] <avant-gardes> *f* ART, LITTER Avantgarde *f* **avant-goût** [avɑ̃gu] <avant-goûts> *m* Vorgeschmack *m* **avant-guerre** [avɑ̃gɛʀ] <avant-guerres> *m o f* Vorkriegszeit *f* **avant-hier** [avɑ̃tjɛʀ] *adv.* vorgestern **avant-midi** [avɑ̃midi] *m o f inv.* CAN, BELG (*matinée*) Vormittag *m* **avant-première** [avɑ̃pʀəmjɛʀ] <avant-premières> *f* Voraufführung *f* **avant-propos** [avɑ̃pʀɔpo] <avant-propos> *m inv.* Vorwort *nt* **avant-veille** [avɑ̃vɛj] <avant-veilles> *f* zwei Tage zuvor

avare [avaʀ] **I.** *adj.* geizig **II.** *mf* Geizhals *m*

avarice [avaʀis] *f* Geiz *m*

avarie [avaʀi] *f* Schaden *m*

avarié, e [avaʀje] *adj.* verdorben

avatar [avataʀ] *m gén. pl.* ① (*malheur, mésaventure*) Unannehmlichkeit *f* ② INET Avatar *m*

AVC [avese] *m abr. de* **accident vasculaire cérébral** MED Schlaganfall *m*

avec [avɛk] **I.** *prép.* mit (+ *Dat*); **agir ~ précaution** vorsichtig handeln; **être gentil ~ qn** nett zu jdm sein; **~ toutes ces histoires, j'ai oublié ...** wegen all dieser Geschichten habe ich vergessen ... **II.** *adv. fam* damit; **tu viens ~?** BELG kommst du mit? ▶ **faire ~** sich [eben] damit abfinden

avènement [avɛnmɑ̃] *m* (*d'un roi*) Thronbesteigung *f*

avenir [av(ə)niʀ] *m* Zukunft *f;* **à l'~** in Zukunft

avent [avɑ̃] *m* Advent *m*

aventure [avɑ̃tyʀ] *f* Abenteuer *nt;* **avoir le goût de l'~** abenteuerlustig sein ▶ **dire la bonne ~ à qn** jdm die Zukunft voraussagen; **à l'~** aufs Geratewohl

aventurer [avɑ̃tyʀe] <1> *v. pron.* **s'~** sich wagen; *fig* sich einlassen

aventureux, -euse [avɑ̃tyʀø, -øz] *adj.* abenteuerlich; (*projet*) waghalsig

aventurier, -ière [avɑ̃tyʀje, -jɛʀ] *m, f* Abenteurer(in) *m(f)*

avenue [av(ə)ny] *f* Avenue *f*

avéré, e [aveʀe] *adj.* erwiesen

avérer [aveʀe] <5> *v. pron.* **s'~** sich erweisen als; (*exact, faux*) sich herausstellen als; **il s'avère que ...** es stellt sich heraus, dass ...

averse [avɛʀs] *f* [Regen]schauer *m;* (*d'injures*) Flut *f*

aversion [avɛʀsjɔ̃] *f* Abneigung *f*

averti, e [avɛʀti] *adj.* kompetent

avertir [avɛʀtiʀ] <8> *v. tr.* ❶ (*informer*) benachrichtigen ❷ (*mettre en garde*) warnen

avertissement [avɛʀtismɑ̃] *m* ❶ (*mise en garde*) Warnung *f* ❷ SPORT Verwarnung *f*

avertisseur [avɛʀtisœʀ] *m* Hupe *f*

aveu [avø] <x> *m souvent pl.* Geständnis *nt;* **passer aux ~x** ein Geständnis ablegen

aveuglant, e [avœglɑ̃, ɑ̃t] *adj.* (*lumière, soleil*) grell

aveugle [avœgl] **I.** *adj.* blind **II.** *mf* Blinde(r) *f(m);* **~ de naissance** Blindgebor[e]ne(r) *f(m)*

aveuglement [avœgləmɑ̃] *m* Blindheit *f*

aveuglément [avœglemɑ̃] *adv.* (*en toute confiance*) blind[lings]

aveugler [avœgle] <1> *v. tr.* ❶ (*éblouir*) blenden ❷ *fig* blind machen

aveuglette [avœglɛt] ▶ **à l'~** wie ein Blinder [tastend]

avez [ave] *indic. prés. de* **avoir**

aviateur, -trice [avjatœʀ, -tʀis] *m, f* Flieger(in) *m(f)*

aviation [avjasjɔ̃] *f* ❶ AUT Luftfahrt *f;* **compagnie d'~** Fluggesellschaft *f* ❷ MIL Luftwaffe *f*

avide [avid] *adj.* **~ de qc** gierig nach etw; **~ d'argent/de pouvoir** geldgierig/machthungrig

avidité [avidite] *f* Gier *f*

avilir [aviliʀ] <8> *v. tr.* erniedrigen

avion [avjɔ̃] *m* Flugzeug *nt;* **aller en ~** fliegen; **par ~** POST mit Luftpost

avion-cargo [avjɔ̃kaʀgo] <avions-cargos> *m* Frachtflugzeug *nt*

aviron [aviʀɔ̃] *m* (*sport*) Rudern *nt*

avis [avi] *m* ❶ (*opinion*) Ansicht *f;* **donner son ~ sur qc** seine Meinung über etw (*Akk*) äußern; **changer d'~** seine Meinung ändern; (*se raviser*) es sich (*Dat*) anders überlegen; **être de l'~ de qn** jds Meinung sein; **si tu veux mon ~** wenn du mich fragst ❷ (*notification*) Mitteilung *f;* (*affiche officielle*) Bekanntmachung *f;* **~ au lecteur** Hinweis *m* für den Leser; **~ de décès/recherche** Todes-/Suchanzeige *f;* **sauf ~ contraire** sofern keine gegenteilige Mitteilung ergeht (*form*) ▶ **~ aux amateurs!** falls es jdn interessiert

avisé, e [avize] *adj.* klug

aviser [avize] <1> *v. tr.* **~ qn de qc** jdn von etw benachrichtigen

aviver [avive] <1> *v. tr.* (*couleurs, teint*) auffrischen

avocat [avɔka] *m* Avocado *f*

avocat, e [avɔka, at] *m, f* [Rechts]anwalt *m*/Rechtsanwältin *f,* Advokat(in) *m(f)* (A, CH)

avoine [avwan] *f* Hafer *m*

avoir [avwaʀ] <irr> **I.** *v. tr.* ❶ haben; **~ de la visite** Besuch haben; **~ douze ans** zwölf Jahre alt sein; **~ deux mètres de haut/de large** zwei Meter hoch/breit sein ❷ (*chapeau*) aufhaben; (*vêtement*) anhaben ❸ (*obtenir, attraper*) bekommen; (*examen*) bestehen; **pouvez-vous m'~ ce livre?** können Sie mir dieses Buch besorgen? ❹ (*devoir*) haben; **~ qc à faire** etw zu tun haben; **ne pas ~ à faire qc** etw nicht tun sollen; (*ne pas avoir besoin*) etw nicht zu machen brauchen; **j'ai des cachets à prendre** ich muss Tabletten [ein]nehmen ❺ *fam* (*rouler*) reinlegen ▶ **en ~ après qn** *fam* etwas gegen jdn haben; **en ~ jusque-là de qc**

A

fam die Nase von etw voll haben; **en ~ <u>pour</u> deux minutes** zwei Minuten brauchen; **j'en ai <u>pour</u> dix euros** es kostet mich zehn Euro; **<u>qu'est-ce</u> qu'il a?** was hat er denn? **II.** *aux* **il n'a rien dit** er hat nichts gesagt; **elle a couru/marché deux heures** sie ist zwei Stunden gelaufen/gegangen; **l'Italie a été battue par le Brésil** Italien ist von Brasilien geschlagen worden **III.** *v. tr. impers.* ❶ (*exister*) **il y a ...** es gibt ...; **il y a 300 km de Nancy à Paris** von Nancy nach Paris sind es 300 km; **il y a champagne et champagne** Champagner ist nicht gleich Champagner; **il n'y a pas que l'argent dans la vie** Geld ist nicht alles im Leben; **il n'y a qu'à partir plus tôt** wir müssen nur früher losfahren; **il n'y a que toi pour faire cela!** das bringst [auch] nur du fertig! ❷ (*temporel*) **il y a trois jours/quatre ans** vor drei Tagen/vier Jahren; (*durée*) [schon] seit drei Tagen/vier Jahren ▸ **il n'y a plus rien à <u>faire</u>** da ist nichts mehr zu machen; **il n'y en a que <u>pour</u> lui/elle** alles dreht sich nur [noch] um ihn/sie; **il n'y a pas de <u>quoi</u>!** keine Ursache! **IV.** *m* ❶ (*crédit*) Guthaben *nt* ❷ (*bon d'achat*) Gutschein *m*

avoisinant, e [avwazinɑ̃, ɑ̃t] *adj.* benachbart; (*rue*) Nachbar-

avoisiner [avwazine] <1> *v. tr. a. fig* **~ qc** an etw (*Akk*) grenzen

avons [avɔ̃] *indic. prés. de* **avoir**

avortement [avɔʀtəmɑ̃] *m* Abtreibung *f*

avorter [avɔʀte] <1> *v. intr.* ❶ abtreiben ❷ (*échouer*) fehlschlagen

avouer [avwe] <1> **I.** *v. tr* gestehen, (*erreur, méprise*) eingestehen **II.** *v. intr.* ❶ (*confesser*) gestehen ❷ (*admettre*) zugeben

avril [avʀil] *m* April *m* ▸ **<u>poisson</u> d'~** Aprilscherz *m;* **poisson d'~!** April, April!; *voir a.* **août**

axe [aks] *m* Achse *f*

axer [akse] <1> *v. tr.* ausrichten

ayant [ɛjɑ̃] *part prés de* **avoir**

azalée [azale] *f* BOT Azalee *f*

azimut [azimyt] *m* ASTRO Azimut *m o nt*

azote [azɔt] *m* Stickstoff *m*

aztèque [astɛk] *adj.* aztekisch

Aztèque [astɛk] *mf* Azteke *m*/Aztekin *f*

azur [azyʀ] *m* **ciel d'~** azurblauer Himmel

Bb

B

B, b [be] *m inv.* B *nt,* b *nt*
baba¹ [baba] *m* GASTR ≈ Savarin *m (mit Rum und Sirup getränkter Hefekuchen)*
baba² [baba] *m* ▸ **l'avoir dans le ~** *fam* (*être bien roulé*) der/die Gelackmeierte sein
babiller [babije] <1> *v. intr.* plappern
babines [babin] *fpl* Lefzen *Pl*
babiole [babjɔl] *f* Kleinigkeit *f*
bâbord [bɑbɔʀ] *m* Backbord *nt*
babouin [babwɛ̃] *m* Pavian *m*
baby-foot® [babifut] *m inv.* Tischfußballspiel *nt,* Tischfußball *m*
babyphone [babifɔn] *m* Babyfon® *nt*
baby-sitting [bebisitiŋ, babisitiŋ] *m sans pl.* Babysitting *nt*
bac¹ [bak] *m* ① (*récipient*) Behälter *m;* (*d'un évier*) [Spül]becken *nt* ② (*bateau*) Fähre *f*
bac² [bak] *m fam abr. de* **baccalauréat** ≈ Abi *nt*
baccalauréat [bakalɔʀea] *m* ≈ Abitur *nt*

Das **baccalauréat** ist die Abschlussprüfung des *lycée* und berechtigt zum Hochschulstudium. Termin und Inhalt der Abiturprüfung werden in Frankreich vom Staat einheitlich für das ganze Land festgelegt. Es gibt drei verschiedene Zweige des **baccalauréat**: das *bac S (bac scientifique)* mit dem Schwerpunkt Mathematik und Naturwissenschaften, das *bac L (bac littéraire)* mit dem Schwerpunkt Literatur und das *bac ES (bac économique et social)* mit dem Schwerpunkt Wirtschaft und Soziales.

bâche [bɑʃ] *f* Plane *f*
bachelier, -ière [baʃəlje, -jɛʀ] *m, f* Abiturient(in) *m(f)*
bachelor [baʃ(ə)lɔʀ] *m* UNIV Bachelor *m,* Bachelorabschluss *m*
bacille [basil] *m* Bazillus *m*
bâcler [bɑkle] <1> *v. tr. fam* hinschludern
bacon [bekɔn] *m* Lachsschinken *m*
bactérie [bakteʀi] *f* Bakterie *f*
bactériologique [bakteʀjɔlɔʒik] *adj.* bakteriologisch
badaud, e [bado, od] *m, f* Schaulustige(r) *f(m)*
Bade-Wurtemberg [badvyʀtɑ̃bɛʀg] *m* **le ~** Baden-Württemberg *nt*
badge [badʒ] *m* Button *m*
badigeon [badiʒɔ̃] *m* Tünche *f*
badigeonner [badiʒɔne] <1> *v. tr.* einpinseln
badiner [badine] <1> *v. intr.* scherzen
BAFA [bafa] *m inv. abr. de* **brevet d'aptitude aux fonctions d'animateur** *Befähigung als Betreuer(in) von Kindern und Jugendlichen (in Ferienzentren)*
baffe [baf] *f fam* Ohrfeige *f*
baffle [bafl] *m* Lautsprecherbox *f*
bafouer [bafwe] <1> *v. tr.* verhöhnen
bafouiller [bafuje] <1> *vt, vi fam* stammeln
bagage [bagaʒ] *m* ① *pl* Gepäck *nt* ② (*connaissances*) Kenntnisse *Pl*
bagarre [bagaʀ] *f* Schlägerei *f*
bagarrer [bagaʀe] <1> *v. pron. fam* **se ~** sich prügeln
bagarreur, -euse [bagaʀœʀ, -øz] *m, f fam* Raufbold *m*
bagatelle [bagatɛl] *f* Kleinigkeit *f;* (*vétille*) Bagatelle *f*
bagnard [baɲaʀ] *m* Sträfling *m*
bagne [baɲ] *m* ▸ **quel ~!** die reinste Sklavenarbeit!
bagnole [baɲɔl] *f fam* Karre *f*
bague [bag] *f* Ring *m*
baguette [bagɛt] *f* ① (*pain*) Baguette *nt* ② (*bâton*) Stab *m;* (*d'un tambour*) Schlegel *m;* (*d'un chef d'orchestre*) Taktstock *m;* **~ chinoise** Stäbchen *nt* ③ TECH [Profil]leiste *f*

Das **baguette** ist das bekannteste französische Stangenweißbrot und gehört zu jedem Essen dazu. Die Bäckereien bieten es mehrmals am Tag ofenfrisch an. Selbst sonntagvormittags wird es frisch gebacken. Neben dem **baguette** gibt es die dickere *flûte* und die dünnere und längere *ficelle*.

bahut [bay] *m* ❶ (*buffet*) Anrichte *f* ❷ *fam* (*lycée*) Penne *f*

baie [bɛ] *f* ❶ GEO Bucht *f* ❷ (*fenêtre*) ~ **vitrée** großes Glasfenster ❸ BOT Beere *f*

baignade [bɛɲad] *f* Baden *nt*

baigner [beɲe] <1> **I.** *v. tr.* baden **II.** *v. intr.* ~ **dans qc** in etw (*Dat*) schwimmen **III.** *v. pron.* **se** ~ baden; (*dans une piscine*) schwimmen

baigneur [bɛɲœʀ] *m* (*poupée*) Babypuppe *f*

baignoire [bɛɲwaʀ] *f* Badewanne *f*

bail [baj, bo] <-aux> *m* (*d'un local commercial*) Pachtvertrag *m;* (*d'une maison*) Mietvertrag *m*

bâillement [bɑjmɑ̃] *m* Gähnen *nt*

bâiller [bɑje] <1> *v. intr.* ❶ (*personne*) gähnen ❷ (*col*) abstehen

bâillon [bɑjɔ̃] *m* Knebel *m*

bâillonner [bɑjɔne] <1> *v. tr.* knebeln

bain [bɛ̃] *m* Bad *nt;* **grand/petit** ~ Schwimmer-/Nichtschwimmerbecken

bain-marie [bɛ̃maʀi] <bains-marie> *m* Wasserbad *nt*

baïonnette [bajɔnɛt] *f* Bajonett *nt*

baisemain [bɛzmɛ̃] *m* Handkuss *m*

baiser[1] [beze] *m* Kuss *m;* **bons ~s** (*en formule*) liebe Grüße

baiser[2] [beze] <1> **I.** *v. tr.* ❶ *soutenu* küssen ❷ *fam* (*coucher avec*) bumsen (*vulg*) ❸ *fam* (*tromper*) [he]reinlegen **II.** *v. intr. fam* bumsen (*vulg*)

baisse [bɛs] *f* Rückgang *m;* FIN Baisse *f;* (*de pouvoir*) Schwinden *nt;* (*de popularité*) Einbuße *f;* ~ **de tension** MED Blutdruckabfall *m*

baisser [bese] <1> **I.** *v. tr.* ❶ (*store, rideau*) herunterlassen; (*vitre de voiture*) herunterkurbeln; (*col*) herunterschlagen ❷ (*tête, prix*) senken; (*yeux*) niederschlagen ❸ (*rendre moins fort: ton*) leiser machen; (*voix*) senken (*geh*) **II.** *v. intr.* (*forces, mémoire, vue*) nachlassen; (*niveau, rivière*) sinken; (*température*) zurückgehen; (*prix*) sinken **III.** *v. pron.* **se** ~ sich bücken

bal [bal] <s> *m* Ball *m*

balade [balad] *f fam* Spaziergang *m;* (*en voiture*) Spazierfahrt *f*

balader [balade] <1> *v. pron.* **se** ~ *fam* spazieren gehen; (*en voiture*) spazieren fahren

baladeur [baladœʀ] *m* Walkman® *m;* ~ **numérique** MP3-Player *m*

baladodiffusion [baladodifyzjɔ̃] *f* Podcasting *nt*

balafre [balɑfʀ] *f* Schmiss *m*

balai [balɛ] *m* Besen *m*

balai-brosse [balɛbʀɔs] <balais-brosses> *m* Schrubber *m*

balan [balɑ̃] *m* CH **je suis sur le** ~ ich schwanke; (*incertain*) ich bin unsicher

balance [balɑ̃s] *f* Waage *f;* ~ **commerciale** Handelsbilanz *f*

Balance [balɑ̃s] *f* ASTRO Waage *f;* **être [du signe de la]** ~ Waage sein

balancé, e [balɑ̃se] *adj.* ❶ (*équilibré*) ausgewogen ❷ *fam* (*bien bâti*) **bien** ~ gut gebaut

balancer [balɑ̃se] <2> **I.** *v. tr.* ❶ (*personne*) schaukeln; (*bras*) schlenkern mit; (*jambes*) baumeln mit ❷ *fam* (*jeter*) schmeißen; (*à la poubelle*) wegschmeißen **II.** *v. pron.* **se** ~ ❶ (*bateau*) [hin und her] schaukeln; (*branches*) sich hin und her bewegen ❷ (*sur une balançoire*) schaukeln

balancier [balɑ̃sje] *m* (*d'une horloge*) Pendel *nt*

balançoire [balɑ̃swaʀ] *f* Schaukel *f*

balayage [balɛjaʒ] *m* ❶ Kehren *nt* ❷ INFORM Scannen *nt*

balayer [baleje] <7> *v. tr.* ❶ (*ramasser*) zusammenkehren ❷ (*nettoyer*) fegen ❸ INFORM scannen ❹ (*objection, argument*) vom Tisch wischen (*fam*)

balayette [balɛjɛt] *f* Handfeger *m,* Bartwisch *m* (A)

balayeur, -euse [balɛjœʀ, -jøz] *m, f* Straßenfeger(in) *m(f)*

balayeuse [balɛjøz] *f* [Straßen]kehrmaschine *f*

balbutiement [balbysimɑ̃] *m* ❶ Stammeln *nt;* (*d'un bébé*) Brabbeln *nt* ❷ *pl* (*débuts*) Anfänge *Pl*

balbutier [balbysje] <1> *vt, vi* stammeln; (*bébé*) brabbeln

balcon [balkɔ̃] *m* Balkon *m*

Bâle [bɑl] Basel *nt*

Baléares [baleaʀ] *fpl* **les [îles]** ~ die Balearen

baleine [balɛn] *f* ZOOL Wal *m*

balisage [balizaʒ] *m* Markierung *f*

balise [baliz] *f* ❶ AVIAT, NAUT Bake *f;* (*lumineuse*) Leuchtfeuer *nt* ❷ AUT Leitpfosten *m* ❸ INFORM Tag *nt*

baliser [balize] <1> *v. tr. a.* INFORM markieren

baliverne [balivɛʀn] *f* Unsinn *m kein Pl.*
balkanique [balkanik] *adj.* Balkan-
Balkans [balkɑ̃] *mpl* **les ~** der Balkan
ballade [balad] *f* Ballade *f*
ballant, e [balɑ̃, ɑ̃t] *adj.* (*jambes*) baumelnd; (*bras*) schlenkernd
ballast [balast] *m* Schotter[bett *nt*] *m*
balle [bal] *f* ① (*ballon*) Ball *m;* **jouer à la ~** Ball spielen ② (*projectile*) Kugel *f* ③ *pl fam* (*francs*) **cent ~s** hundert Eier ▶ **se tirer une ~ dans le pied** *fam* sich (*Dat*) ins [eigene] Knie schießen; **à deux ~s** *fam* (*fête, musique*) lahm; (*histoire, cours*) todlangweilig
ballerine [balʀin] *f* ① (*danseuse*) Ballerina *f* ② (*chaussure*) Ballerinaschuh *m*
ballet [balɛ] *m* Ballett *nt*
ballon [balɔ̃] *m* ① Ball *m;* **jouer au ~** Ball spielen ② (*baudruche*) Luftballon *m* ③ (*aérostat*) Ballon *m* ④ GEO Belchen *m*
ballonnement [balɔnmɑ̃] *m* (*du ventre*) Aufgeblähtsein *nt*
ballot [balo] *m* [kleiner] Ballen *m*
ballottage [balɔtaʒ] *m* **être en ~** in die Stichwahl kommen
ballotter [balɔte] <1> **I.** *v. intr.* hin- und herrutschen **II.** *v. tr.* (*voiture*) durchschütteln
balluchon [balyʃɔ̃] *m* Bündel *nt*
balnéaire [balneɛʀ] *adj.* **station ~** Seebad *nt*
balourd, e [baluʀ, uʀd] *adj.* unbeholfen
balte [balt] *adj.* **les États ~s** die Baltischen Staaten
Balte [balt] *mf* Balte *m*/Baltin *f*
Baltique [baltik] *f* **la** [**mer**] **~** die Ostsee
baluchon [balyʃɔ̃] *m voir* **balluchon**
balustrade [balystʀad] *f* (*en bois, métal*) Geländer *nt;* (*en maçonnerie*) Brüstung *f*
bambin [bɑ̃bɛ̃] *m* kleiner Junge/kleines Mädchen
bambou [bɑ̃bu] *m* Bambus *m*
ban [bɑ̃] *m* ① *pl* (*de mariage*) Aufgebot *nt* ② *fam* (*applaudissements*) rhythmischer Beifall
banal, e [banal] <s> *adj.* banal; (*choses, idée*) alltäglich; (*personne*) durchschnittlich
banalisation [banalizasjɔ̃] *f* Banalisierung *f*
banaliser [banalize] <1> *v. tr.* banalisieren
banalité [banalite] *f* Banalität *f*
banane [banan] *f* ① Banane *f* ② (*pochette*) Gürteltasche *f*
bananier [bananje] *m* Bananenstaude *f*
banc [bɑ̃] *m* ① Bank *f;* **~ des accusés** Anklagebank ② (*colonie: de poissons*) Schwarm *m*
bancaire [bɑ̃kɛʀ] *adj.* Bank-
bancal, e [bɑ̃kal] <s> *adj.* (*meuble*) wack[e]lig
bandage [bɑ̃daʒ] *m* Verband *m*
bande[1] [bɑ̃d] *f* ① (*long morceau étroit*) Streifen *m;* (*d'un magnétophone*) [Ton]band *nt;* CINE Film[streifen] *m* ② MED Binde *f* ③ (*B.D.*) **~ dessinée** Comic *m*
bande[2] [bɑ̃d] *f* (*groupe constitué*) Bande *f;* **~ d'amis** Clique *f*
bande-annonce [bɑ̃danɔ̃s] <bandes-annonces> *f* Vorschau *f*
bandeau [bɑ̃do] <x> *m* ① (*serre-tête*) Stirnband *nt* ② (*sur les yeux*) Binde *f*
bander [bɑ̃de] <1> **I.** *v. tr.* ① (*panser*) verbinden ② (*tendre*) spannen **II.** *v. intr. fam* einen Ständer haben
banderole [bɑ̃dʀɔl] *f* Spruchband *nt*
bande-son [bɑ̃dsɔ̃] <bandes-son> *f* Tonspur *f* **bande-vidéo** [bɑ̃dvideo] <bandes-vidéo> *f* Videoband *nt*
bandit [bɑ̃di] *m* (*malfaiteur*) Bandit *m;* (*malhonnête*) Gauner *m*
banditisme [bɑ̃ditism] *m* Verbrechertum *nt*
bandoulière [bɑ̃duljɛʀ] *f* Schulterriemen *m*
bang [bɑ̃g] *interj.* peng!
Bangladesh [bɑ̃gladɛʃ, bɛ̃gladɛʃ] *m* Banglades[c]h *nt*
banlieue [bɑ̃ljø] *f* Vorort *m*
banlieusard, e [bɑ̃ljøzaʀ, aʀd] *m, f* Vorstädter(in) *m(f)*
banni, e [bani] *adj.* verbannt
bannière [banjɛʀ] *f* Banner *nt*
bannir [baniʀ] <8> *v. tr.* verbannen
banque [bɑ̃k] *f* Bank *f;* **Banque centrale** Zentralbank; **Banque centrale européenne** Europäische Zentralbank; **Banque européenne d'investissement** Europäische Investitionsbank
banqueroute [bɑ̃kʀut] *f* Bankrott *m*
banquet [bɑ̃kɛ] *m* Bankett *nt* (*geh*)
banquette [bɑ̃kɛt] *f* [Sitz]bank *f;* **~ arrière** AUT Rückbank *f*

B

banquier, -ière [bɑ̃kje, -jɛʀ] *m, f* Bankier *m*
banquise [bɑ̃kiz] *f* Packeis *nt*
baobab [baɔbab] *m* Affenbrotbaum *m*
baptême [batɛm] *m* Taufe *f*
baptiser [batize] <1> *v. tr.* ❶ taufen ❷ (*surnommer*) einen Spitznamen geben
baquet [bakɛ] *m* Bottich *m*
bar[1] [baʀ] *m* ❶ (*comptoir, meuble*) Bar *f* ❷ (*café*) Lokal *nt,* Bistro *nt*

> Die französischen **bars** sind wie die *cafés* kleine, einfache Lokale, in denen man am Tresen oder am Tisch einen Kaffee, Aperitif oder Saft trinkt und morgens auch frühstücken kann. Es gibt dort nur kleine Snacks, beispielsweise Sandwiches oder überbackene Toasts, denn die **bars** sind keine Speiselokale.

bar[2] [baʀ] *m* ZOOL Seebarsch *m*
bar[3] [baʀ] *m* PHYS Bar *nt*
baragouiner [baʀagwine] <1> *fam* **I.** *v. tr.* radebrechen **II.** *v. intr.* Kauderwelsch reden
baraque [baʀak] *f* ❶ [Holz]baracke *f* ❷ *fam* (*maison*) Bude *f*
baraqué, e [baʀake] *adj. fam* breitschultrig
baraquement [baʀakmɑ̃] *m* Barackenlager *nt*
baratin [baʀatɛ̃] *m fam* Geschwätz *nt*
baratiner [baʀatine] <1> *fam* **I.** *v. tr.* ~ **qn** auf jdn einreden **II.** *v. intr.* dummes Zeug reden
barbant, e [baʀbɑ̃, ɑ̃t] *adj. fam* öde
barbare [baʀbaʀ] **I.** *adj.* ❶ (*cruel*) barbarisch ❷ (*grossier*) unkultiviert **II.** *m* ❶ (*brute*) Barbar *m* ❷ (*inculte*) [Kultur]banause *m*
barbarie [baʀbaʀi] *f* Barbarei *f*
barbe [baʀb] *f* ❶ (*poils*) Bart *m* ❷ GASTR ~ **à papa** Zuckerwatte *f*
barbecue [baʀbəkju] *m* Grill *m;* **faire un ~** grillen
barbelé [baʀbəle] *m* Stacheldraht *m*
barbelé, e [baʀbəle] *adj.* **fil de fer ~** Stacheldraht *m*
barber [baʀbe] <1> *v. tr. fam* anöden
barbiturique [baʀbityʀik] *m* BIO Barbiturat *nt*
barboter [baʀbɔte] <1> **I.** *v. intr.* [herum]planschen **II.** *v. tr. fam* klauen
barboteuse [baʀbɔtøz] *f* Strampelhöschen *nt*
barbouillage [baʀbujaʒ] *m* Geschmier[e] *nt*
barbouiller [baʀbuje] <1> *fam* **I.** *v. tr.* ❶ beschmieren; (*papier, page*) vollkritzeln ❷ **avoir l'estomac barbouillé** einen verdorbenen Magen haben **II.** *v. pron.* **se ~ le visage de qc** sich (*Dat*) das Gesicht mit etw vollschmieren
barbu [baʀby] *m* Bärtige(r) *m*
barbu, e [baʀby] *adj.* bärtig
barbue [baʀby] *f* ZOOL Glattbutt *m*
barder [baʀde] <1> *v. intr. fam* ▸ **ça barde** es ist dicke Luft
barème [baʀɛm] *m* Tabelle *f;* SCOL Bewertungsmaßstab *m*
baril [baʀil] *m* Fass *nt*
barillet [baʀijɛ] *m* (*d'une montre*) Federgehäuse *nt;* (*d'un revolver*) Trommel *f*
bariolé, e [baʀjɔle] *adj.* bunt bemalt
barioler [baʀjɔle] <1> *v. tr.* bunt bemalen
barmaid [baʀmɛd] *f* Bardame *f*
barman [baʀman] <s> *m* Barkeeper *m*
baromètre [baʀɔmɛtʀ] *m* Barometer *nt*
baron, ne [baʀɔ̃, ɔn] *m, f* Baron(in) *m(f)*
baroque [baʀɔk] **I.** *adj.* barock **II.** *m* Barock *m o nt*
baroudeur [baʀudœʀ] *m fam* Haudegen *m*
barque [baʀk] *f* Kahn *m*
barquette [baʀkɛt] *f* ❶ (*tartelette*) *kleines Gebäck in Form eines Schiffchens* ❷ (*récipient*) Schale *f*
barrage [baʀaʒ] *m* ❶ (*barrière*) Sperre *f* ❷ ELEC [Stau]damm *m*
barre [baʀ] *f* ❶ (*pièce*) Stange *f;* ~ **de chocolat** Schokoladenriegel *m* ❷ JUR ~ **des témoins** Zeugenstand *m* ❸ (*trait*) Strich *m* ❹ SPORT (*pour la danse*) Stange *f;* (*en athlétisme*) Latte *f* ❺ NAUT [Ruder]pinne *f* ❻ INFORM Leiste *f;* ~ **de défilement/des tâches** Bildlauf-/Taskleiste; ~ **d'espacement** Leertaste *f*
barré, e [baʀe] *adj.* (*rue*) gesperrt
barreau [baʀo] <x> *m* ❶ (*d'une échelle*) Sprosse *f;* (*d'une grille*) [Gitter]stab *m* ❷ JUR Anwaltschaft *f*
barrer [baʀe] <1> **I.** *v. tr.* ❶ (*chemin, route: fermer*) sperren; (*bloquer*) versperren ❷ (*biffer*) durchstreichen

③ NAUT steuern ④ CAN *(fermer à clé)* abschließen **II.** *v. intr.* steuern **III.** *v. pron. fam* **se ~** abhauen

barrette [barɛt] *f* [Haar]spange *f*

barreur, -euse [barœr, -øz] *m, f* Steuermann *m*/-frau *f*

barricade [barikad] *f* Barrikade *f*

barricader [barikade] <1> **I.** *v. tr.* *(porte)* verbarrikadieren; *(rue)* versperren **II.** *v. pron.* **se ~** ① *(derrière une barricade)* sich verbarrikadieren ② *(s'enfermer)* sich einschließen

barrière [barjɛr] *f* ① *(fermeture)* Absperrung *f;* CHEMDFER Schranke *f* ② *(clôture)* Zaun *m* ③ *(séparation)* Barriere *f*

barrique [barik] *f* Fass *nt*

barrir [barir] <8> *v. intr.* trompeten

bar-tabac [bartaba] <bars-tabac> *m: Bistro mit Tabakwarenverkauf*

baryton [baritɔ̃] *m* Bariton *m*

bas, se [ba, bas] *adj.* ① niedrig; *(stature)* klein; *(branche, ciel)* tief hängend; **à voix ~se** leise ② *(opp: aigu)* tief ③ *antéposé (peuple)* einfach; *(sentiment)* erbärmlich

bas¹ [ba] *m* Strumpf *m*

bas² [ba] **I.** *m (partie inférieure)* unterer Teil; *(d'une maison)* Erdgeschoss *nt* **II.** *adv.* ① **en ~** unten; **voir plus ~** siehe unten; **en ~ de la colline** am Fuße des Hügels ② *(opp: aigu/haut)* tief; **tomber très ~** *(thermomètre)* stark fallen ③ *(doucement)* leise

basalte [bazalt] *m* Basalt *m*

basané, e [bazane] *adj.* dunkel[häutig]

bas-côté [bakote] <bas-côtés> *m (d'une route)* [Straßen]rand *m*

bascule [baskyl] *f* ① *(balançoire)* Wippe *f* ② *(balance)* Waage *f*

basculer [baskyle] <1> **I.** *v. intr.* ① *(tomber)* umkippen ② *fig (sombrer)* abgleiten **II.** *v. tr. (faire pivoter)* [um]kippen

base [baz] *f* ① *a.* MIL Basis *f; (d'un monument)* Fundament *nt;* **~ aérienne/navale** Luftwaffen-/Flottenstützpunkt *m* ② *(principe)* Grundlage *f* ③ INFORM **~ de données** Datenbank *f*

base-ball [bɛzbol] *m* Baseball *m*

baser [baze] <1> **I.** *v. tr.* ① *(fonder)* stützen ② MIL **être basé à Strasbourg** in Straßburg stationiert sein **II.** *v. pron.* **se ~ sur qc** sich auf etw *(Akk)* stützen

bas-fond [bafɔ̃] <bas-fonds> *m* ① *(endroit)* Untiefe *f* ② *pl (d'une ville)* Elendsviertel *Pl*; *(d'une société)* Abschaum *m (pej)*

B

basilic [bazilik] *m* Basilikum *nt*

basilique [bazilik] *f* Basilika *f*

basique [bazik] *adj.* CHIM basisch

basket [baskɛt] *f* Basketballschuh *m*

basketteur, -euse [basketœr, -øz] *m, f* Basketballspieler(in) *m(f)*

basque¹ [bask] **I.** *adj.* baskisch; **Pays ~** Baskenland *nt; voir a.* **allemand II.** *m* Baskisch *nt; voir a.* **allemand**

basque² [bask] *f* [Rock]schoß *m*

Basque [bask] *mf* Baske *m*/Baskin *f*

basse [bas] *f* Bass *m*

basse-cour [baskur] <basses-cours> *f (lieu)* Hühnerhof *m; (animaux)* Kleinvieh *nt*

Basse-Saxe [bassaks] *f* **la ~** Niedersachsen *nt*

bassesse [basɛs] *f* Niederträchtigkeit *f; (d'un sentiment)* Erbärmlichkeit *f*

bassin [basɛ̃] *m* Becken *nt*

bassine [basin] *f* Wanne *f*

bassiste [basist] *mf* Bassist(in) *m(f)*

basson [basɔ̃] *m (instrument)* Fagott *nt*

baster [baste] <1> *v. intr.* CH *(céder, s'incliner)* nachgeben

> Die im 14. Jahrhundert in Paris erbaute **Bastille** war ein berüchtigtes Staatsgefängnis. Bei dem berühmten *Sturm auf die Bastille* am 14. Juli 1789 wurden die Gefangenen befreit und das Gebäude zerstört. Dieser Tag markiert den Beginn der Französischen Revolution, und der 14. Juli ist seit Langem Nationalfeiertag in Frankreich.

bastion [bastjɔ̃] *m* Bastion *f*

bas-ventre [bavɑ̃tr] <bas-ventres> *m* Unterleib *m*

bataille [bataj] *f* ① Schlacht *f* ② *(jeu) Kartenspiel, bei dem der gewinnt, der zuletzt alle Karten hat*

batailler [bataje] <1> *v. intr.* **~ pour qc** um etw kämpfen

batailleur, -euse [batajœr, -jøz] **I.** *adj.* **être ~** ein Raufbold sein **II.** *m, f* Kämpfer(in) *m(f)*

bataillon [batajɔ̃] *m* ① Bataillon *nt* ② *(grand nombre)* Heer *nt*

B

bâtard, e [bɑtaʀ, aʀd] **I.** *adj.* (*enfant*) unehelich; (*chien*) nicht reinrassig **II.** *m, f* (*enfant*) uneheliches Kind; (*chien*) Promenadenmischung *f*

bateau [bato] <x> *m* Schiff *nt*

bateau-citerne [batositɛʀn] <bateaux-citernes> *m* Tanker *m* **bateau-mouche** [batomuʃ] <bateaux-mouches> *m: kleines Vergnügungsschiff auf der Seine*

batelier, -ière [batəlje, -jɛʀ] *m, f* [Fluss]schiffer(in) *m(f)*

bâti, e [bɑti] *adj.* bebaut; **être bien/mal ~** eine gute/schlechte Figur haben

bâtiment [bɑtimɑ̃] *m* ① (*édifice*) Gebäude *nt* ② ECON Baugewerbe *nt* ③ NAUT [großes] Schiff

bâtir [bɑtiʀ] <8> *v. tr.* bauen

bâtisse [bɑtis] *f* Kasten *m* (*fam*)

bâton [bɑtɔ̃] *m* ① (*canne*) Stock *m* ② (*bâtonnet*) Stiel *m* ③ (*stick*) Stift *m* ④ (*trait vertical*) [senkrechter] Strich

bâtonnet [bɑtɔnɛ] *m* Stöckchen *nt*

batracien [batʀasjɛ̃] *m* ZOOL Lurch *m*

battage [bataʒ] *m* (*publicité*) Rummel *m* (*fam*)

battant [batɑ̃] *m* ① (*d'une cloche*) Klöppel *m* ② (*d'une fenêtre, porte*) Flügel *m*

battant, e [batɑ̃, ɑ̃t] **I.** *adj.* (*personne*) einsatzfreudig **II.** *m, f* Kämpfernatur *f*

batte [bat] *f* Schläger *m*

battement [batmɑ̃] *m* ① (*bruit, rythme*) Schlagen *nt;* (*de la pluie*) Prasseln *nt* ② (*intervalle de temps*) [verfügbare] Zeit; (*entre deux cours*) Pause *f*

batterie [batʀi] *f* Batterie *f;* MUS Schlagzeug *nt;* **~ de cuisine** Topf- und Pfannenset *nt*

batteur [batœʀ] *m* ① (*mixeur*) [Hand]rührgerät *nt* ② MUS Schlagzeuger(in) *m(f)*

battre [batʀ] <irr> **I.** *v. tr.* ① *a.* MUS schlagen ② (*blé*) dreschen; (*fer*) schmieden; (*tapis, matelas*) [aus]klopfen ③ (*blanc d'œuf, crème*) schlagen; (*œuf entier*) verquirlen ④ (*campagne, forêt*) durchkämmen **II.** *v. intr.* ① (*cogner, frapper*) schlagen; (*porte, volet*) klappern; (*pluie*) gegen etw (*Akk*) trommeln ② (*agiter*) **~ des ailes** mit den Flügeln schlagen; **~ des cils** blinzeln; **~ des mains** [in die Hände] klatschen **III.** *v. pron.* ① (*se bagarrer*) **se ~** [**contre qn**] [mit jdm] kämpfen ② (*se disputer*) **se ~ avec qn pour qc** sich mit jdm um etw streiten ③ (*militer*) **se ~ pour qc** für etw streiten (*geh*)

battu, e [baty] **I.** *part. passé de* **battre** **II.** *adj.* (*vaincu*) geschlagen

battue [baty] *f* Suchaktion *f;* CHASSE Treibjagd *f*

baudet [bodɛ] *m fam* Esel *m*

baudruche [bodʀyʃ] *f* **ballon de ~** Luftballon *m*

baume [bom] *m* Balsam *m*

baux [bo] *voir* **bail**

bauxite [boksit] *f* Bauxit *m*

bavard, e [bavaʀ, aʀd] **I.** *adj.* ① (*loquace*) redselig ② (*indiscret*) geschwätzig (*pej*) **II.** *m, f* (*qui parle beaucoup*) Schwätzer(in) *m(f)*

bavardage [bavaʀdaʒ] *m* ① (*papotage*) Plauderei *f* ② (*propos vides*) Geschwätz *nt* (*fam*)

bavarder [bavaʀde] <1> *v. intr.* plaudern

bavarois [bavaʀwa] *m* ① (*dialecte*) Bairisch *nt; voir a.* **allemand** ② GASTR Bayerische Creme

bavarois, e [bavaʀwa, waz] *adj.* bay[e]risch; (*dialecte*) bairisch; *voir a.* **allemand**

Bavarois, e [bavaʀwa, waz] *m, f* Bayer(in) *m(f)*

bave [bav] *f* Geifer *m;* (*des gastéropodes*) Schleim *m*

baver [bave] <1> *v. intr.* ① geifern; (*escargot, limace*) Schleim absondern ② (*stylo*) auslaufen

bavette [bavɛt] *f* ① (*bavoir*) Lätzchen *nt* ② (*viande*) *Steakfleisch aus dem oberen Teil des Bauchlappens*

baveux, -euse [bavø, -øz] *adj.* ① (*personne, animal*) speichelnd; (*escargot, limace*) schleimig ② (*omelette*) nicht ganz gar

Bavière [bavjɛʀ] *f* **la ~** Bayern *nt*

bavoir [bavwaʀ] *m* Latz *m*

bavure [bavyʀ] *f* (*erreur*) Irrtum *m*

bazar [bazaʀ] *m* ① (*magasin*) Kaufhalle *f* ② (*souk*) Basar *m* ③ *fam* (*désordre*) Kuddelmuddel *nt*

bazarder [bazaʀde] <1> *v. tr. fam* wegschmeißen

BCE [beseø] *f abr. de* **Banque centrale européenne** EZB *f*

B.D. [bede] *f fam abr. de* **bande des-**

sinée Comic *m;* **lire des ~** Comics lesen

beach-volley [bitʃvɔlɛ] *m inv.* Beachvolleyball *m*

béant, **e** [beɑ̃, ɑ̃t] *adj.* (*gouffre, trou*) gähnend

béat, **e** [bea, at] *adj.* (*air, sourire*) [glück]selig

béatifier [beatifje] <1> *v. tr.* seligsprechen

béatitude [beatityd] *f* Glücksgefühl *nt*

beau [bo] <x> *m* ① **le ~** das Schöne ② METEO **se mettre au ~** schön werden

beau, **bel**, **belle** [bo, bɛl] <x> *adj. antéposé* schön ▶ **avoir ~ faire qc** etw tun können, so viel man will; **il fait ~** es ist schön[es Wetter]; **se faire ~** sich fein machen; **de plus belle** umso schlimmer

beaucoup [boku] *adv.* ① (*en grande quantité*) viel ② (*intensément*) **ça m'a ~ plu** es hat mir sehr gut gefallen ③ (*fréquemment*) [sehr] oft ④ (*~ de personnes*) **~ pensent la même chose** viele glauben dasselbe ⑤ (*~ de choses*) **avoir ~ à faire** viel zu tun haben ⑥ *avec un comp* **~ plus rapide/petit** viel schneller/kleiner ⑦ *avec un adv* **~ trop** viel zu viel

beauf [bof] *m fam abr. de* **beau-frère** Schwager *m*

beau-fils [bofis] <beaux-fils> *m* ① (*gendre*) Schwiegersohn *m* ② (*fils du conjoint*) Stiefsohn *m* **beau-frère** [bofʀɛʀ] <beaux-frères> *m* Schwager *m* **beau-père** [bopɛʀ] <beaux-pères> *m* ① (*père du conjoint*) Schwiegervater *m* ② (*conjoint de la mère*) Stiefvater *m*

beauté [bote] *f* Schönheit *f*

beaux-arts [bozaʀ] *mpl* **les ~** die schönen Künste **beaux-enfants** [bozɑ̃fɑ̃] *mpl* Stiefkinder *Pl* **beaux-parents** [bopaʀɑ̃] *mpl* Schwiegereltern *Pl*

bébé [bebe] *m* Baby *nt*

bébé-éprouvette [bebeepʀuvɛt] <bébés-éprouvettes> *m* Retortenbaby *nt*

bébé-médicament [bebemedikamɑ̃] <bébés-médicaments> *m* Designerbaby *nt*

bébête [bebɛt] *adj. fam* bisschen doof

bec [bɛk] *m a. fam* Schnabel *m*

bécane [bekan] *f fam* (*bicyclette*) [Fahr]rad *nt;* (*moto*) Maschine *f*

bécasse [bekas] *f* ① ZOOL [Wald]schnepfe *f* ② *fam* (*sotte*) dumme Gans

bec-de-lièvre [bɛkdəljɛvʀ] <becs-de-lièvre> *m* Hasenscharte *f*

béchamel [beʃamɛl] *f* Béchamelsoße *f*

bêche [bɛʃ] *f* Spaten *m*

bêcher [beʃe] <1> *vt, vi* umgraben

bécoter [bekɔte] <1> **I.** *v. tr. fam* abknutschen **II.** *v. pron. fam* **se ~** knutschen

becqueter [bɛkte] <3> **I.** *v. tr.* ZOOL aufpicken **II.** *v. intr.* ZOOL picken

becter [bɛkte] <1> *v. intr. fam* futtern

bédé [bede] *f fam* Comic *m*

bédo [bedo] *m fam* Tüte *f,* Trompete *f;* **fumer le ~** eine Tüte [*o* Trompete] rauchen; (*habituellement*) kiffen

bedonnant, **e** [bədɔnɑ̃, ɑ̃t] *adj. fam* dick[bäuchig]

Bédouin, **e** [bedwɛ̃, win] *m, f* Beduine *m*/Beduinin *f*

bée [be] *adj. voir* **bouche**

beefsteak [biftɛk] *voir* **bifteck**

beffroi [befʀwa] *m* Wach[t]turm *m;* (*d'une église*) Turm *m*

bégaiement [begɛmɑ̃] *m* Stottern *nt*

bégayer [begeje] <7> **I.** *v. intr.* stottern **II.** *v. tr.* stammeln

bégonia [begɔnja] *m* Begonie *f*

bègue [bɛg] **I.** *adj.* stotternd **II.** *mf* Stotterer *m*/Stotterin *f*

beige [bɛʒ] **I.** *adj.* beige **II.** *m* Beige *nt*

beignet [bɛɲɛ] *m* Krapfen *m,* Buchtel *f* (A)

bel [bɛl] *voir* **beau**

bêler [bele] <1> *v. intr.* (*mouton*) blöken; (*chèvre*) meckern

belette [bəlɛt] *f* Wiesel *nt*

belge [bɛlʒ] *adj.* belgisch

Belge [bɛlʒ] *mf* Belgier(in) *m(f)*

belgicisme [bɛlʒisism] *m* belgischer Ausdruck

Belgique [bɛlʒik] *f* **la ~** Belgien *nt*

> **La Belgique** ist eine konstitutionelle Monarchie mit einer föderativen Staatsform, einem *État fédéral.* Der König ist das Staatsoberhaupt. Er ernennt und entlässt die föderalen Minister und Staatssekretäre und übt gemeinsam mit der Kammer und dem Senat die gesetzgebende Gewalt aus.

B

> Belgien setzt sich aus den drei Regionen *Flandern, Wallonien* und *Brüssel* zusammen; die Amtssprachen sind Niederländisch (Flämisch), Französisch und Deutsch.

Belgrade [bɛlgʀad] Belgrad *nt*

bélier [belje] *m* Widder *m*

Bélier [belje] *m* ASTRO Widder *m; voir a.* **Balance**

belle [bɛl] **I.** *adj. voir* **beau II.** *f* SPORT Entscheidungsspiel *nt*

belle-fille [bɛlfij] <belles-filles> *f* ① (*bru*) Schwiegertochter *f* ② (*fille du conjoint*) Stieftochter *f* **belle-mère** [bɛlmɛʀ] <belles-mères> *f* ① (*mère du conjoint*) Schwiegermutter *f* ② (*conjointe du père*) Stiefmutter *f* **belle-sœur** [bɛlsœʀ] <belles-sœurs> *f* Schwägerin *f*

belligérant, e [beliʒeʀɑ̃, ɑ̃t] *adj.* Krieg führend

belligérants [beliʒeʀɑ̃] *mpl* Krieg führende Mächte *Pl*

belliqueux, -euse [belikø, -øz] *adj.* ① (*guerrier*) kriegerisch ② (*personne*) streitsüchtig

belote [bəlɔt] *f: dem Schafkopf ähnelndes französisches Kartenspiel*

belvédère [bɛlvedɛʀ] *m* ① (*édifice*) Belvedere *nt* ② (*point de vue*) Aussichtspunkt *m*

bémol [bemɔl] *m* MUS b *nt*

ben [bɛ̃] *adv. fam* **eh ~!** Mensch [Meier]!

bénédiction [benediksjɔ̃] *f* Segen *m*

bénéfice [benefis] *m* ① COM Profit *m* ② (*avantage*) Vorteil *m*

bénéficiaire [benefisjɛʀ] *mf* Empfänger(in) *m(f); (d'une retraite)* CH Bezieher(in) *m(f)*, Bezüger(in) *m(f)* (CH)

bénéficier [benefisje] <1> *v. intr.* profitieren

bénéfique [benefik] *adj.* günstig

Benelux [benelyks] *m* **le ~** die Beneluxstaaten *Pl*

bénévolat [benevɔla] *m* ehrenamtliche Tätigkeit *f*

bénévole [benevɔl] **I.** *adj.* freiwillig; (*fonction*) ehrenamtlich **II.** *mf* Freiwillige(r) *f(m)*; (*dans une fonction*) Ehrenamtliche(r) *f(m)*

bénévolement [benevɔlmɑ̃] *adv.* freiwillig

Bengladesh [bɑ̃gladɛʃ] *voir* **Bangladesh**

bénin, -igne [benɛ̃, -iɲ] *adj.* harmlos; (*tumeur*) gutartig

Bénin [benɛ̃] *m* **le ~** Benin *nt*

bénir [beniʀ] <8> *v. tr.* segnen

bénit, e [beni, it] *adj.* geweiht

bénitier [benitje] *m* Weihwasserbecken *nt*

benjamin, e [bɛ̃ʒamɛ̃, in] *m, f* Jüngste(r) *f(m)*

benne [bɛn] *f* Kübel *m*; (*d'un camion*) Mulde *f*

benzine [bɛ̃zin] *f* Reinigungsbenzin *nt*

béotien, ne [beɔsjɛ̃, jɛn] *m, f* [Kultur]banause *m*

BEPC [beøpese] *m abr. de* **brevet d'études du premier cycle** ≈ Mittlere Reife

béqueter [bekte] <3> *voir* **becqueter**

béquille [bekij] *f* Krücke *f*; (*d'une moto, d'un vélo*) Ständer *m*

berbère [bɛʀbɛʀ] **I.** *adj.* berberisch; *voir a.* **allemand II.** *m* Berberisch *nt; voir a.* **allemand**

Berbère [bɛʀbɛʀ] *mf* Berber(in) *m(f)*

berceau [bɛʀso] <x> *m* Wiege *f*

bercement [bɛʀsəmɑ̃] *m* Wiegen *nt*

bercer [bɛʀse] <2> *v. tr.* wiegen

berceuse [bɛʀsøz] *f* Wiegenlied *nt*

béret [beʀɛ] *m* **~ basque** Baskenmütze *f*

berge [bɛʀʒ] *f* ① (*rive*) Ufer *nt* ② *pl, fam* (*années*) Jahre *Pl*

berger [bɛʀʒe] *m* (*chien*) Schäferhund *m*

berger, -ère [bɛʀʒe, -ɛʀ] *m, f* Hirte *m*/Hirtin *f*

bergerie [bɛʀʒəʀi] *f* Schafstall *m*

Berlin [bɛʀlɛ̃] Berlin *nt*

berline [bɛʀlin] *f* AUT Limousine *f*

berlingot [bɛʀlɛ̃go] *m* ① (*bonbon*) *tetraederförmiges, weiß gestreiftes Frucht-/Gewürzbonbon* ② (*emballage*) Tetrapak® *m*

berlinois [bɛʀlinwa] *m* Berlinerisch *nt; voir a.* **allemand**

berlinois, e [bɛʀlinwa, az] *adj.* aus Berlin, Berliner

Berlinois, e [bɛʀlinwa, az] *m, f* Berliner(in) *m(f)*

bermuda [bɛʀmyda] *m* Bermudashorts *Pl*

berne [bɛʀn] ▸ **être en** ~ auf halbmast [gesetzt] sein

Berne [bɛʀn] Bern *nt*

berner [bɛʀne] <1> *v. tr.* an der Nase herumführen

besace [bəzas] *f* Umhängetasche *f*

besogne [bəzɔɲ] *f* Arbeit *f*

besogneux, **-euse** [bəzɔɲø, -øz] *adj.* ❶ (*nécessiteux*) bedürftig ❷ (*affecté à de petits travaux*) bescheiden

besoin [bəzwɛ̃] *m* ❶ (*nécessité*) **le ~ de qc** (*constant*) der Bedarf an etw (*Dat*); (*momentané*) das Bedürfnis nach etw; **~s financiers** finanzielle Bedürfnisse ❷ (*nécessité d'uriner*) ~ **naturel** Notdurft *f* (*geh*) ▸ **avoir ~ de qc/de faire qc** etw brauchen/etw machen müssen; **au** ~ bei Bedarf; **dans le** ~ Not leidend

bestial, **e** [bɛstjal, jo] <-aux> *adj.* brutal; (*instinct*) tierisch

bestialité [bɛstjalite] *f* Bestialität *f*

bestiaux [bɛstjo] *mpl* Vieh *nt*

bestiole [bɛstjɔl] *f fam* Tier[chen] *nt*

best-seller [bɛstsɛlœʀ] <best-sellers> *m* Bestseller *m*

bêta [beta] *app* INFORM **version** ~ Betaversion *f*

bétail [betaj] *m sans pl.* Vieh *nt*

bête [bɛt] **I.** *f* ❶ (*animal*) Tier *nt;* **les ~s** (*bétail*) Vieh *nt* ❷ (*insecte*) Viech *nt* (*pej*)(*vermine*) Ungeziefer *nt* ❸ (*être humain*) Bestie *f* ❹ (*animalité*) **la** ~ das Animalische **II.** *adj.* (*idiot*) dumm ▸ **c'est tout** ~ es ist ganz einfach

bêtement [bɛtmɑ̃] *adv.* dummerweise

bêtise [betiz] *f* ❶ (*a. acte*) Dummheit *f* ❷ (*parole*) Unsinn *m kein Pl.* ❸ (*peccadille*) Lappalie *f*

béton [betɔ̃] *m* Beton *m*

bétonner [betɔne] <1> *v. tr.* betonieren

bétonnière [betɔnjɛʀ] *f* Betonmischmaschine *f;* (*camion*) Transportmischer *m*

bette [bɛt] *f* Mangold *m*

betterave [bɛtʀav] *f* Rübe *f*

beuglement [bøgləmɑ̃] *m* (*meuglement: de la vache, du veau*) Muhen *nt;* (*du taureau, bœuf*) Brüllen *nt*

beugler [bøgle] <1> *v. intr.* (*vache, veau*) muhen; (*taureau, bœuf*) brüllen

beur [bœʀ] *m fam*, **beur[e]** [bœʀ] *f*, **beurette** [bœʀɛt] *f fam* Kind *nt* maghrebinischer Einwanderer

> Mit **beurs** und **beures** oder **beurettes** bezeichnet man in der französischen Umgangssprache (junge) Menschen, die in Frankreich geboren sind, aber nordafrikanische Wurzeln haben. Der Begriff **beur** ist, genauer gesagt, der Verlan-Ausdruck für *arabe* und wird von den betreffenden Personen selbst verwendet, die ihn nicht als abwertend empfinden. Ihre Kultur, ihre Musik (etwa der *raï*), ihre Literatur und ihre Küche (beispielsweise *couscous* oder *merguez*), haben in Frankreich großen Einfluss.

beurre [bœʀ] *m* Butter *f*

beurré, **e** [bœʀe] *adj. fam* blau

beurrer [bœʀe] <1> *v. tr.* (*tartine, toast*) mit Butter bestreichen; (*moule*) einfetten

beurrier [bœʀje] *m* Butterdose *f*

beuverie [bœvʀi] *f* Trinkgelage *nt*

bévue [bevy] *f* Fehler *m*

biais [bjɛ] *m* Umweg *m;* (*échappatoire*) Ausweg *m* ▸ **de** ~ schräg

biaiser [bjeze] <1> *v. intr.* ausweichen

biathlon [biatlɔ̃] *m* Biathlon *nt*

bibelot [biblo] *m* Nippfigur *f*

biberon [bibʀɔ̃] *m* Flasche *f*

bible [bibl] *f* Bibel *f*

bibliographie [biblijɔgʀafi] *f* Bibliographie *f*

bibliographique [biblijɔgʀafik] *adj.* bibliographisch

bibliothécaire [biblijɔtekɛʀ] *mf* Bibliothekar(in) *m(f)*

bibliothèque [biblijɔtɛk] *f* ❶ (*salle*) Bibliothek *f;* (*~ publique*) Bücherei *f;* **~ en ligne** Onlinebibliothek ❷ (*meuble*) Bücherregal *nt*

biblique [biblik] *adj.* biblisch

bicarbonate [bikaʀbɔnat] *m* Hydrogenkarbonat *nt*

bicéphale [bisefal] *adj.* ❶ (*à deux têtes*) zweiköpfig ❷ (*à deux chefs*) mit einer Doppelspitze [versehen]

biceps [bisɛps] *m* Bizeps *m*

biche [biʃ] *f* Hirschkuh *f*

bichette [biʃɛt] *f* **ma** ~ mein Schätzchen

bichonner [biʃɔne] <1> **I.** *v. tr.* [ver]hätscheln **II.** *v. pron.* **se** ~ sich fein machen

bicolore [bikɔlɔʀ] *adj.* zweifarbig
bicross® [bikʀɔs] *m* ❶ (*bicyclette*) BMX[-Rad] *nt;* (*V.T.T.*) Mountainbike *nt* ❷ (*sport*) Mountainbiking *nt*
bicyclette [bisiklɛt] *f* [Fahr]rad *nt;* **faire de la ~** Rad fahren
bide [bid] *m fam* Wampe *f*
bidet [bidɛ] *m* Bidet *nt*
bidon [bidɔ̃] **I.** *m* ❶ Kanister *m;* (*de lait*) Kanne *f* ❷ *fam* (*ventre*) Wampe *f* **II.** *adj. inv, fam* Schein-
bidonner [bidɔne] <1> *v. pron. fam* **se ~** sich schieflachen
bidonville [bidɔ̃vil] *m* Slum *m*
bidule [bidyl] *m fam* Dings[bums] *nt*
bielle [bjɛl] *f* (*de voiture*) Pleuel[stange *f*] *m*
bien [bjɛ̃] **I.** *adv.* ❶ (*beaucoup: rire*) viel; (*manger*) gut; (*boire*) eine Menge; **~ des gens** viele Leute; **il a ~ du mal à faire qc** ihm fällt es sehr schwer, etw zu tun ❷ (*au moins*) mindestens ❸ (*plus*) **c'est ~ mieux** das ist viel besser; **~ assez** mehr als genug ❹ (*agir, se tenir*) richtig; **tu ferais ~ de me le dire** du sagst es mir wohl besser ❺ (*vraiment, très*) sehr; (*imaginer, voir*) gut; **aimer ~ qn/qc** jdn/etw gernhaben; **je veux ~, merci!** gern, danke! ❻ (*à la rigueur*) schon; **il a ~ voulu nous recevoir** er war so nett, uns zu empfangen; **je vous prie de ~ vouloir faire qc** ich bitte Sie, etw zu tun ❼ (*effectivement*) wirklich ❽ (*sans le moindre doute*) [sehr] wohl; (*sûrement*) bestimmt ❾ (*typiquement*) **c'est ~ toi** das ist typisch für dich ▸**qn va ~** jdm geht es gut; **ou ~** oder [lieber]; **~ plus** schlimmer noch; **~ que** + *subj.* obwohl; **tant ~ que mal** mehr schlecht als recht **II.** *adj. inv.* ❶ (*satisfaisant*) **être ~** gut sein ❷ (*en forme, à l'aise*) **se sentir ~** sich wohl fühlen; **être ~** es bequem haben; **être ~ avec qn** sich gut mit jdm verstehen ❸ (*joli*) schön; (*homme*) gut aussehend ❹ (*sympathique*) nett ❺ (*comme il faut*) anständig **III.** *m* ❶ (*capital physique ou moral*) Gut *nt;* **le ~ général** das [All]gemeinwohl; **le ~ et le mal** das Gute und das Böse ❷ (*capital matériel*) Eigentum *nt;* **~s collectifs/de consommation** Kollektiv-/Konsumgüter *Pl*
bien-aimé, e [bjɛ̃neme] <bien-aimés> *adj.* geliebt
bien-être [bjɛ̃nɛtʀ] *m sans pl.* Wohlbefinden *nt*
bienfaisance [bjɛ̃fəzɑ̃s] *f* Wohltätigkeit *f*
bienfaisant, e [bjɛ̃fəzɑ̃, ɑ̃t] *adj.* (*personne*) wohltätig; (*climat, pluie*) wohltuend
bienfait [bjɛ̃fɛ] *m* Wohltat *f;* **les ~s** (*d'un traitement*) wohltuende Wirkung
bienfaiteur, -trice [bjɛ̃fɛtœʀ, -tʀis] *m, f* Wohltäter(in) *m(f)*
bien-fondé [bjɛ̃fɔ̃de] <bien-fondés> *m* Richtigkeit *f*
bienheureux, -euse [bjɛ̃nœʀø, -øz] **I.** *adj.* REL (*personne*) selig **II.** *m, f* Selige(r) *f(m)*
biennal, e [bjɛnal, o] <-aux> *adj.* zweijährlich
bienséance [bjɛ̃seɑ̃s] *f* Anstand *m*
bientôt [bjɛ̃to] *adv.* bald; **à ~!** bis bald!
bienveillance [bjɛ̃vɛjɑ̃s] *f* Wohlwollen *nt*
bienveillant, e [bjɛ̃vɛjɑ̃, jɑ̃t] *adj.* wohlwollend
bienvenu, e [bjɛ̃v(ə)ny] **I.** *adj.* willkommen **II.** *m, f* **être le/la ~(e) pour qn/qc** jdm/einer S. gelegen kommen
bienvenue [bjɛ̃v(ə)ny] **I.** *f* **souhaiter la ~ à qn** jdn [herzlich] willkommen heißen **II.** *interj.* CAN *fam* (*je vous en prie*) **~!** gern geschehen!
bière [bjɛʀ] *f* Bier *nt;* **~ blonde/brune** helles/dunkles Bier; **~ [à la] pression** Bier vom Fass
biffer [bife] <1> *v. tr.* streichen
bifteck [biftɛk] *m* [Beef]steak *nt*
bifurcation [bifyʀkasjɔ̃] *f* Gabelung *f*
bifurquer [bifyʀke] <1> *v. intr.* ❶ (*se diviser*) sich gabeln ❷ (*changer de direction*) abbiegen
bigamie [bigami] *f* Bigamie *f*
bigarré, e [bigaʀe] *adj.* (*tissu*) bunt[gemustert]
bigarreau [bigaʀo] <x> *m* BOT Knorpelkirsche *f*
big-bang [bigbɑ̃g] *m* Urknall *m*
bigleux, -euse [biglø, -øz] *adj. fam* **être ~** (*loucher*) schielen
bigorneau [bigɔʀno] <x> *m* Strandschnecke *f*
bigot, e [bigo, ɔt] **I.** *adj.* bigott **II.** *m, f* Frömmler(in) *m(f)*
bigoudi [bigudi] *m* Lockenwickler *m*
bijou [biʒu] <x> *m* ❶ (*joyau*) Schmuck-

stück *nt;* **des ~x** Schmuck *m* ❷ (*chef-d'œuvre*) Kleinod *nt*

bijouterie [biʒutʀi] *f* Juweliergeschäft *nt*

bijoutier, -ière [biʒutje, -jɛʀ] *m, f* Juwelier(in) *m(f)*

bilan [bilɑ̃] *m* ❶ Bilanz *f;* **déposer le ~** Konkurs anmelden ❷ MED Untersuchung *f*

bilatéral, e [bilateʀal, o] <-aux> *adj.* ❶ (*stationnement*) auf beiden Seiten ❷ JUR, POL bilateral

bile [bil] *f* Galle *f*

bilingue [bilɛ̃g] **I.** *adj.* zweisprachig **II.** *mf* Zweisprachige(r) *f(m)*

bilinguisme [bilɛ̃gɥism] *m* Zweisprachigkeit *f*

billard [bijaʀ] *m* Billard *nt*

bille [bij] *f* Murmel *f;* **stylo à ~** Kugelschreiber *m*

billet [bijɛ] *m* ❶ (*entrée*) Eintrittskarte *f* ❷ (*titre de transport: d'autobus*) Fahrschein *m;* (*de train*) Fahrkarte *f;* (*d'avion*) Flugticket *nt;* **~ aller** einfache Fahrkarte; **~ aller-retour** Rückfahrkarte ❸ (*numéro*) Los *nt* ❹ (*argent*) [Geld]schein *m*

billetterie [bijɛtʀi] *f* (*distributeur de billets*) Geldautomat *m;* **~ automatique** Fahrkartenautomat *m*

bimbo [bimbo] *f fam* Modetussi *f*

bimensuel, le [bimɑ̃sɥɛl] *adj.* **être ~** (*journal, revue*) zweimal im Monat erscheinen

bimestriel, le [bimɛstʀijɛl] *adj.* **être ~** (*journal, revue*) alle zwei Monate erscheinen

bimoteur [bimɔtœʀ] **I.** *adj. inv.* (*avion, bateau*) zweimotorig **II.** *m* (*avion*) zweimotoriges Flugzeug

binaire [binɛʀ] *adj.* binär

biner [bine] <1> *v. tr.* [durch]hacken

bing [biŋ] *interj.* peng

biniou [binju] *m* [bretonischer] Dudelsack

bio [bjo] *adj. fam abr. de* **biologique** Bio-; **magasin ~** Bioladen *m*

biocarburant [bjokaʀbyʀɑ̃] *m* Biokraftstoff *m*

biochimie [bjoʃimi] *f* Biochemie *f*

biocombustible [bjokɔ̃bystibl] *m* Biotreibstoff *m*

biodégradable [bjodegʀadabl] *adj.* biologisch abbaubar

biodégrader [bjodegʀade] *v. pron.* ECOL **se ~** sich zersetzen

biodiversité [bjodivɛʀsite] *f* Artenvielfalt *f*

bioénergie [bjoenɛʀʒi] *f* Bioenergetik *f*

biographie [bjɔgʀafi] *f* Biografie *f*

biographique [bjɔgʀafik] *adj.* biografisch

bioindustrie [bjɔɛ̃dystʀi] *f: Industrie (chemische, Pharma-), die sich der Umwandlung von organischen Substanzen durch Mikroorganismen bedient*

biologie [bjɔlɔʒi] *f* Biologie *f*

biologique [bjɔlɔʒik] *adj.* biologisch; **aliments ~s** Biokost *f*

biologiste [bjɔlɔʒist] *mf* Biologe *m*/Biologin *f*

biomasse [bjomas] *f* Biomasse *f*

biométrie [bjometʀi] *f* Biometrie *f*

biopic [bjopik] *m* CINE, TV Biopic *nt*

biopsie [bjɔpsi] *f* Biopsie *f*

biorythme [bjɔʀitm] *m* Biorhythmus *m*

biosphère [bjosfɛʀ] *f* Biosphäre *f*

biosynthèse [bjosɛ̃tɛz] *f* Biosynthese *f*

biotechnique [bjotɛknik] *f* Biotechnik *f*

biotechnologie [bjotɛknɔlɔʒi] *f* Biotechnologie *f*

bioterrorisme [bjoteʀɔʀism] *m* Bioterrorismus *m*

bioterroriste [bjoteʀɔʀist] **I.** *adj.* bioterroristisch **II.** *mf* Bioterrorist(in) *m(f)*

biotope [bjɔtɔp] *m* Biotop *nt*

biovigilance [bjoviʒilɑ̃s] *f: Überwachung der Auswirkungen gentechnisch veränderter Lebensmittel*

bip [bip] *m* Tonzeichen *nt; fam* (*appareil*) Piepser *m;* **~ sonore** Pfeifton *m*

bipède [bipɛd] **I.** *adj.* zweifüßig **II.** *m* Zweifüßer *m*

biper [bipe] <1> *v. tr. fam* anpiepsen

biplace [biplas] **I.** *adj.* zweisitzig **II.** *m* Zweisitzer *m*

bique [bik] *f fam* Ziege *f*

biquet, te [bikɛ, ɛt] *m, f fam* ► **mon ~** mein Schätzchen

biréacteur [biʀeaktœʀ] *m* zweistrahliges Flugzeug

bis [bis] **I.** *adv.* **~!** Zugabe! **II.** *app* **n° 12 ~** Nr. 12a

bis, e [bi, biz] *adj.* graubraun

biscornu, e [biskɔʀny] *adj.* bizarr

biscotte [biskɔt] *f* Zwieback *m*

biscuit [biskɥi] *m* ❶ (*gâteau sec*) Keks *m* ❷ (*pâtisserie*) Biskuit *m*

bise[1] [biz] *f* (*vent du Nord*) kalter Nordwind

bise[2] [biz] *f fam* [angedeutetes] Küsschen auf die Wange *nt;* **se faire la ~** sich mit Küsschen auf die Wange begrüßen/verabschieden; **grosses ~s!** viele Grüße und Küsse!

> In Frankreich geben sich Freunde, Verwandte und gute Bekannte zur Begrüßung und zum Abschied angedeutete Küsschen auf die Wange. Das ist ganz üblich und hat nichts mit besonderer Zuneigung zu tun. Die Zahl der **bises** variiert regional: meist sind es zwei, manchmal aber auch drei oder vier. Wenn man nicht sicher ist, ob **bises** angebracht sind oder doch besser ein Händedruck, sollte man warten, bis der andere die Initiative ergreift.

biseau [bizo] <x> *m* [abgeschrägte] Kante

biseauter [bizote] <1> *v. tr.* abschrägen

bisexualité [bisɛksɥalite] *f* (*d'une personne*) Bisexualität *f*

bisexuel, le [bisɛksɥɛl] *adj.* bisexuell

bison [bizɔ̃] *m* Bison *m* ▸ **Bison futé** *Informationssystem zum Vermeiden und Umfahren von Staus*

bisou [bizu] *m fam* Küsschen *nt*

bissectrice [bisɛktʀis] *f* MATH Winkelhalbierende *f*

bisser [bise] <1> *v. tr.* **~ un musicien** eine Zugabe von einem Musiker fordern

bissextile [bisɛkstil] *adj.* **année ~** Schaltjahr *nt*

bistouri [bistuʀi] *m* Skalpell *nt*

bistro[t] [bistʀo] *m fam* Kneipe *f*

bit [bit] *m* INFORM Bit *nt*

bitume [bitym] *m* Asphalt *m*

bivouac [bivwak] *m* Biwak *nt*

bivouaquer [bivwake] <1> *v. intr.* biwakieren

bizarre [bizaʀ] *adj.* seltsam

bizarrement [bizaʀmɑ̃] *adv.* seltsam

bizarrerie [bizaʀʀi] *f* (*d'une personne*) seltsame Art; (*d'une idée, initiative*) Eigenartigkeit *f*

blabla [blabla] *m fam* Blabla *nt*

blackbouler [blakbule] <1> *v. tr.* POL **se faire ~** eine Niederlage erleiden

black-out [blakaut] *m inv.* ❶ (*obscurité*) Verdunkelung *f* ❷ *fig* Nachrichtensperre *f*

blafard, e [blafaʀ, aʀd] *adj.* (*teint*) bleich; (*lumière*) fahl (*geh*)

blague [blag] *f fam* ❶ (*histoire drôle*) Witz *m* ❷ (*farce*) Streich *m* ▸ **sans ~!** im Ernst!

blaguer [blage] <1> *v. intr.* Witze machen

blagueur, -euse [blagœʀ, -øz] *m, f* Spaßvogel *m*

blaireau [blɛʀo] <x> *m* ❶ ZOOL Dachs *m* ❷ (*pour la barbe*) Rasierpinsel *m* ❸ *fam* dummer Spießer *m* (*pej*)

blairer [bleʀe] <1> *v. tr. fam* riechen

blâmable [blɑmabl] *adj.* tadelnswert

blâme [blɑm] *m* (*sanction*) Verweis *m*

blâmer [blɑme] <1> *v. tr.* (*personne*) tadeln; (*conduite*) verurteilen

blanc [blɑ̃] *m* ❶ (*couleur*) Weiß *nt;* **en ~** in Weiß ❷ TYP, INFORM Leerstelle *f* ❸ (*espace vide*) Lücke *f* ❹ (*vin*) Weißwein *m* ❺ (*linge*) Weißwäsche *f* ❻ GASTR **~ d'œuf** Eiweiß *nt;* **~ de poulet** Hähnchenbrust *f* ❼ ANAT **le ~ de l'œil** das Weiße im Auge

blanc, he [blɑ̃, ɑ̃ʃ] *adj.* ❶ (*de couleur ~he*) weiß ❷ (*bulletin de vote*) leer; (*feuille*) unbeschrieben ❸ (*fictif*) **mariage ~** Scheinheirat *f;* **examen ~** Probeklausur *f*

Blanc, he [blɑ̃, ɑ̃ʃ] *m, f* Weiße(r) *f(m)*

blanc-bec [blɑ̃bɛk] <blancs-becs> *m fam* Grünschnabel *m*

blanchâtre [blɑ̃ʃɑtʀ] *adj.* weißlich

blanche [blɑ̃ʃ] *f* MUS halbe Note

Blanche-Neige [blɑ̃ʃnɛʒ] *f* Schneewittchen *nt*

blancheur [blɑ̃ʃœʀ] *f* Weiß *nt*

blanchiment [blɑ̃ʃimɑ̃] *m* (*d'un mur, d'une façade*) Weißen *nt;* **~ de l'argent** Geldwäsche *f*

blanchir [blɑ̃ʃiʀ] <8> **I.** *v. tr.* ❶ (*rendre blanc*) weiß machen; (*mur*) weißen ❷ (*argent*) waschen **II.** *v. intr.* weiße Haare bekommen

blanchissage [blɑ̃ʃisaʒ] *m* (*du linge*) Waschen *nt*

blanchisserie [blɑ̃ʃisʀi] *f* Wäscherei *f*

blanquette [blɑ̃kɛt] *f* Frikassee *nt*

blasé, e [blɑze] **I.** *adj.* blasiert **II.** *m, f* blasierter Mensch

blason [blɑzɔ̃] *m* Wappen *nt*

blasphème [blasfɛm] *m* Blasphemie *f*

blasphémer [blasfeme] <5> *v. intr.* Gott lästern

blazer [blazɛʀ, blazœʀ] *m* Blazer *m*

blé [ble] *m* ❶ (*plante*) Weizen *m;* (*grain*) Getreide *nt* ❷ *fam* (*argent*) Knete *f*

bled [blɛd] *m péj fam* Kaff *nt*

blême [blɛm] *adj.* (*visage*) bleich

blêmir [blemiʀ] <8> *v. intr.* bleich werden

blennorragie [blenɔʀaʒi] *f* MED Gonorrhö[e] *f*

blessant, e [blesɑ̃, ɑ̃t] *adj.* verletzend

blessé, e [blese] **I.** *adj.* verletzt **II.** *m, f* Verletzte(r) *f(m)*

blesser [blese] <1> **I.** *v. tr.* ❶ verletzen ❷ (*meurtrir: chaussures*) drücken **II.** *v. pron.* **se ~** sich verletzen

blessure [blesyʀ] *f* (*lésion*) Verletzung *f;* (*plaie*) Wunde *f*

blette [blɛt] *f* Mangold *m*

bleu [blø] *m* ❶ (*couleur*) Blau *nt;* **~ ciel/foncé** Himmel-/Dunkelblau ❷ (*marque*) blauer Fleck ❸ (*vêtement*) blauer Arbeitsanzug ❹ (*fromage*) Blauschimmelkäse *m* ❺ *pl* SPORT **les ~s** *französische Fußballnationalmannschaft*

bleu, e [blø] *adj.* ❶ (*de couleur bleue*) blau ❷ (*steak*) englisch

bleuâtre [bløɑtʀ] *adj.* bläulich

bleuet [bløɛ] *m* Kornblume *f*

bleuir [bløiʀ] <8> **I.** *v. tr.* **avoir les mains toutes bleuies par le froid** von der Kälte ganz blaue Hände haben **II.** *v. intr.* blau werden; (*visage*) blau anlaufen

bleuté, e [bløte] *adj.* bläulich

blindage [blɛ̃daʒ] *m* Panzerung *f*

blindé [blɛ̃de] *m* Panzer *m*

blindé, e [blɛ̃de] *adj.* ❶ gepanzert ❷ *fam* (*endurci*) abgehärtet ❸ *fam* (*ivre*) breit

blinder [blɛ̃de] <1> *v. tr.* ❶ (*renforcer: véhicule, porte*) panzern ❷ *fam* (*endurcir*) **~ qn contre qc** jdn gegen etw abhärten

bloc [blɔk] *m* Block *m* ▶ **en ~** im Ganzen

blocage [blɔkaʒ] *m* ❶ (*des roues, freins*) Blockieren *nt;* (*de la porte*) Versperren *nt* ❷ (*des prix, salaires*) Stopp *m;* (*d'un crédit, des commandes*) Sperre *f* ❸ PSYCH innerer Widerstand

bloc-cuisine [blɔkkɥizin] <blocs-cuisines> *m* Küchenzeile *f*

blockhaus [blɔkos] *m* Bunker *m*

bloc-moteur [blɔkmɔtœʀ] <blocs-moteurs> *m* (*de la voiture*) Motorblock *m* **bloc-notes** [blɔknɔt] <blocs-notes> *m* Notizblock *m*

blocus [blɔkys] *m* Blockade *f*

blog [blɔg] *m* INET Blog *nt o m*

blogosphère [blɔgɔsfɛʀ] *f* INET Blogosphäre *f*

bloguer [blɔge] <1> *v. intr.* INET bloggen

blogueur, -euse [blɔgœʀ, -øz] *m, f* INET Blogger(in) *m(f)*

blond [blɔ̃] *m* ❶ (*couleur*) Blond *nt;* **~ cendré** Aschblond ❷ (*personne*) Blonde(r) *m*

blond, e [blɔ̃, blɔ̃d] *adj.* (*personne*) blond; (*bière, tabac*) hell

blonde [blɔ̃d] *f* ❶ (*personne*) Blonde *f;* (*femme*) Blondine *f* ❷ (*bière*) helles Bier ❸ (*cigarette*) Zigarette *f* aus hellem Tabak

blondinet, te [blɔ̃dinɛ, ɛt] *m, f* Blondschopf *m*

blondir [blɔ̃diʀ] <8> *v. intr.* (*cheveux*) blond werden

bloquer [blɔke] <1> **I.** *v. tr.* ❶ blockieren; (*passage, route, porte*) versperren; **être bloqué dans l'ascenseur** im Fahrstuhl festsitzen ❷ ECON sperren; (*négociations*) zum Stocken bringen ❸ (*jours de congés*) zusammenlegen ❹ (*balle*) stoppen **II.** *v. pron.* **se ~** ❶ (*s'immobiliser*) klemmen; (*roues, freins*) blockieren ❷ PSYCH sich innerlich sperren ❸ INFORM (*programme*) abstürzen **III.** *v. intr.* PSYCH *fam* abblocken

blottir [blɔtiʀ] <8> *v. pron.* **se ~ contre qn** sich an jdn kuscheln; **se ~ dans un coin** sich in eine Ecke kauern

blouse [bluz] *f* [Arbeits]kittel *m*

blouson [bluzɔ̃] *m* Blouson *m o nt* ▶ **~ noir** Rocker *m*

blue-jean [bludʒin] <blue-jeans> *m* [Blue]jeans *f*

blues [blus] *m inv.* ❶ (*musique*) Blues *m* ❷ (*cafard*) **avoir un coup de ~** schwermütig sein

bluffer [blœfe] <1> *vt, vi* bluffen

boa [bɔa] *m* Boa *f*

B

bob [bɔb] *m* ❶ SPORT Bob *m* ❷ (*chapeau*) Stoffhut *m*

bobard [bɔbaʀ] *m fam* [Lügen]märchen *nt*

bobine [bɔbin] *f* Spule *f;* (*de fil*) Rolle *f*

bobo [bobo] *m fam* Wehwehchen *nt*

bobsleigh [bɔbslɛg] *m voir* **bob 1**

bocal [bɔkal, o] <-aux> *m* Glas *nt*

Boche [bɔʃ] *mf péj fam* Boche *mf (abwertende Bezeichnung für Deutsche aus dem 2. Weltkrieg)*

bock [bɔk] *m* Glas *nt* Bier

bœuf [bœf] *m* ❶ ZOOL Rind *nt* ❷ (*opp: taureau, vache*) Ochse *m* ❸ (*viande*) Rindfleisch *nt*

bof [bɔf] *interj.* na ja

bogue [bɔg] *m o f* INFORM bug *m*

bohème [bɔɛm] *adj.* unkonventionell

Bohême [bɔɛm] *f* **la ~** Böhmen *nt*

bohémien, ne [bɔemjɛ̃, jɛn] *m, f* Zigeuner(in) *m(f)*

boille [bɔj] *f* CH (*récipient à lait*) Milchkanne *f*

boire [bwaʀ] <irr> **I.** *v. tr.* ❶ trinken; (*finir de ~*) austrinken ❷ (*s'imprégner de*) aufsaugen **II.** *v. intr.* trinken; **~ à la santé de qn** auf jds Wohl trinken

bois [bwɑ] **I.** *m* ❶ (*forêt*) [kleiner] Wald ❷ (*matériau*) Holz *nt* ▶ **toucher du ~** [dreimal] auf Holz klopfen **II.** *mpl* ❶ MUS Holzblasinstrumente *Pl* ❷ (*cornes: des cervidés*) Geweih *nt*

boisé, e [bwɑze] *adj.* bewaldet

boiser [bwɑze] <1> *v. tr.* (*région*) aufforsten

boiserie [bwɑzʀi] *f* [Holz]täfelung *f*

boisson [bwasɔ̃] *f* Getränk *nt*

boîte [bwat] *f* ❶ (*récipient*) Schachtel *f;* **~ à outils** Werkzeugkasten *m;* **~ en plastique** Plastikdose *f* ❷ (*conserve*) Dose *f;* **en ~** aus der Dose ❸ *fam* (*discothèque*) Disko *f;* **~ de nuit** Nachtklub *m* ❹ *fam* (*entreprise*) Laden *m* ❺ AUT **~ de vitesses** [Schalt]getriebe *nt* ❻ AVIAT **~ noire** Flugschreiber *m* ❼ (*casier*) **~ aux lettres** Briefkasten *m;* **~ postale** Postfach *nt* ❽ INFORM, INET **~ de dialogue** Dialogfeld *nt;* **~ à rythmes** Drumcomputer *m;* **~ aux lettres [électronique]** Mailbox *f* ❾ TELEC **~ vocale** Mailbox *f*

boiter [bwate] <1> *v. intr.* hinken

boiteux, -euse [bwatø, -øz] *adj.* (*personne*) hinkend

boîtier [bwatje] *m* Gehäuse *nt*

boitiller [bwatije] <1> *v. intr.* leicht hinken

boiton [bwatɔ̃] *m* CH (*porcherie*) Schweinestall *m*

bol [bɔl] *m* ❶ (*récipient*) Schale *f* ❷ CAN (*cuvette*) **~ de toilette** Toilettenschüssel *f* ▶ **avoir du ~** *fam* Schwein haben; **en avoir ras le ~** *fam* die Nase voll haben

bolet [bɔlɛ] *m* BOT Röhrling *m*

bolide [bɔlid] *m* Rennwagen *m*

bolosser [bɔlɔse] <1> *v. tr. fam* verprügeln; **se faire ~** verprügelt werden

bombance [bɔ̃bɑ̃s] *f* **faire ~** *fam* ein großes Ess- und Trinkgelage machen

bombardement [bɔ̃baʀdəmɑ̃] *m* Bombardierung . *f;* **~ aérien** Luftangriff *m*

bombarder [bɔ̃baʀde] <1> *v. tr.* bombardieren; **~ qn de qc** jdn mit etw bewerfen

bombardier [bɔ̃baʀdje] *m* Bomber *m*

bombe [bɔ̃b] *f* ❶ Bombe *f;* **~ atomique** Atombombe; **~ lacrymogène** Tränengas *nt;* **~ humaine** menschliche Bombe ❷ (*atomiseur*) Spraydose *f* ❸ (*casquette*) Reitkappe *f*

bombé, e [bɔ̃be] *adj.* gewölbt

bomber [bɔ̃be] <1> *v. tr.* ❶ (*poitrine, torse*) [he]rausstrecken (*fam*) ❷ *fam* (*peindre*) sprühen

bon [bɔ̃] **I.** *m* ❶ (*coupon d'échange*) Gutschein *m* ❷ (*ce qui est bon*) **le ~** das Gute ❸ (*personne gentille*) Gute(r) *m* ▶ **avoir du ~** seine Vorzüge haben **II.** *adv.* **sentir ~** duften ▶ **il fait ~** es ist mild

bon, ne [bɔ̃, bɔn] <meilleur> *adj. antéposé* ❶ (*opp: mauvais*) gut; **être ~ en maths** gut in Mathe sein; **être très ~** sehr gut schmecken ❷ (*adéquat, correct*) richtig; **tous les moyens sont ~s** alle Mittel sind recht ❸ (*valable*) gültig ❹ (*soirée, moment, vacances, week-end*) schön; (*eau*) sehr angenehm ❺ (*intensif de quantité*) gut; (*intensif de qualité*) anständig (*fam*) ❻ (*être fait pour*) **c'est ~ à savoir** das ist gut zu wissen ❼ (*être destiné à*) **être ~ pour qc** reif für etw sein (*fam*) ❽ (*moralement*) gut; **ne pas avoir de ~nes fréquentations** keine anständigen Freunde haben; **ne pas avoir de ~nes lectures** nichts Anständiges lesen ▶ **c'est ~** (*a bon goût*) das schmeckt gut; (*fait du bien*) das tut gut; (*ça ira comme ça*) das reicht; **n'être ~ à rien** zu nichts zu gebrauchen sein; **à quoi ~?** wozu?

bonbon [bɔ̃bɔ̃] *m* Bonbon *m o nt*

bonbonne [bɔ̃bɔn] *f* [bauchige] Korbflasche

bond [bɔ̃] *m* (*saut*) Satz *m*; **~ en avant** ECON Sprung *m* nach vorn

bonde [bɔ̃d] *f* (*bouchon: de l'évier, de la baignoire*) Stöpsel *m*

bondé, e [bɔ̃de] *adj.* überfüllt

bondir [bɔ̃diʀ] <8> *v. intr.* [hoch]springen; **~ à la porte** an die Tür stürzen; **~ de joie** Freudensprünge machen (*fam*)

bonheur [bɔnœʀ] *m* Glück *nt*; **par ~** zum Glück; **porter ~ à qn** jdm Glück bringen

bonhomie [bɔnɔmi] *f* Herzlichkeit *f*

bonhomme [bɔnɔm, bɔ̃zɔm] <bonshommes> *m fam* (*homme*) Mann *m*; (*plutôt négatif*) Kerl *m*; **~ de neige** Schneemann *m*

boniche [bɔniʃ] *f péj fam* Dienstmädchen *nt*

bonification [bɔnifikasjɔ̃] *f* (*amélioration: d'un vin*) Verbesserung *f*

bonifier [bɔnifje] <1> *v. pron.* **se ~** (*vin*) besser werden

boniment [bɔnimɑ̃] *m* ① (*baratin: d'un vendeur, camelot*) Anpreisen *nt* der Ware ② (*mensonges*) Lügengeschichte *f*

bonjour [bɔ̃ʒuʀ] *m* **~!** guten Tag/Morgen!; CAN (*bonne journée*) einen schönen Tag noch!; **donner bien le ~ à qn de la part de qn** jdm von jdm einen schönen Gruß bestellen

bonne [bɔn] *f* Dienstmädchen *nt*

bonnement [bɔnmɑ̃] *adv.* ▸ **tout ~** ganz einfach

bonnet [bɔnɛ] *m* ① Mütze *f*; **~ de bain** Badekappe *f* ② (*du soutien-gorge*) Körbchen *nt*

bonsoir [bɔ̃swaʀ] *m* (*en arrivant*) guten Abend; (*en partant*) auf Wiedersehen; (*avant le coucher*) gute Nacht

bonté [bɔ̃te] *f* Güte *f*

bonus [bɔnys] *m* Schadenfreiheitsrabatt *m*

bonze [bɔ̃z] *m* Bonze *m*

boom [bum] *m* Boom *m*; **~ démographique** Bevölkerungsexplosion *f*

boomerang [bumʀɑ̃g] *m* Bumerang *m*

booster [buste] <1> *v. tr. fam* (*croissance, économie*) kräftig ankurbeln; (*retraites, pensions*) kräftig anheben; (*carrière*) in Schwung bringen; (*cheveux, look, couple*) aufpeppen

booter [bute] <1> *v. intr.* INFORM [hoch]booten

bord [bɔʀ] *m* Rand *m*; (*d'une table, d'un trottoir*) Kante *f*; (*d'un lac, d'une rivière*) Ufer *nt*; **au ~ de [la] mer** am Meer ▸ **passer par-dessus ~** über Bord gehen; **virer de ~** wenden; *fig* umschwenken; **à ~** an Bord

bordeaux [bɔʀdo] **I.** *m* Bordeaux[wein *m*] *m* **II.** *app inv.* weinrot

bordel [bɔʀdɛl] *m* ① *vulg* (*maison close*) Puff *m* (*fam*) ② *fam* (*désordre*) Saustall *m*

bordélique [bɔʀdelik] *adj. fam* chaotisch

border [bɔʀde] <1> *v. tr.* ① (*rivière, route*) säumen (*geh*) ② COUT **~ qc de dentelle** etw mit Spitze besetzen ③ (*enfant, malade*) zudecken; (*lit*) machen *(indem man die Laken unter der Matratze feststeckt)*

bordereau [bɔʀdəʀo] <x> *m* (*formulaire*) Schein *m*; **~ d'achat** [Kauf]beleg *m*; **~ de livraison** Lieferschein

bordier [bɔʀdje] *m* CH (*riverain*) Anlieger *m*, Anstößer *m* (CH)

bordure [bɔʀdyʀ] *f* ① (*bord*) Rand *m* ② (*rangée*) Reihe *f*

boréal, e [bɔʀeal] <s> *adj.* nördlich

borgne [bɔʀɲ] *adj.* einäugig

borne [bɔʀn] *f* ① (*pierre*) Grenzstein *m*; **~ kilométrique** Kilometerstein ② *pl* (*limite*) Grenzen *Pl*; **dépasser les ~s** zu weit gehen ③ *fam* (*distance de 1 km*) Kilometer *m*

borné, e [bɔʀne] *adj.* (*personne*) borniert

borner [bɔʀne] <1> *v. pron.* **se ~ à qc** (*se contenter de*) sich mit etw begnügen

bosquet [bɔskɛ] *m* Baumgruppe *f*

bosse [bɔs] *f* ① (*déformation*) Beule *f*; (*difformité*) Buckel *m*; (*du chameau*) Höcker *m* ② (*accident de terrain*) [leichte] Erhebung *f*

bosser [bɔse] <1> *v. intr. fam* arbeiten; (*travailler dur*) schuften

B

B

bosseur, **-euse** [bɔsœʀ, -øz] *m, f fam* Arbeitstier *nt*

bossu, **e** [bɔsy] **I.** *adj.* buck[e]lig **II.** *m, f* Buck[e]lige(r) *f(m)*

botanique [bɔtanik] **I.** *adj.* botanisch **II.** *f* Botanik *f*

botaniste [bɔtanist] *mf* Botaniker(in) *m(f)*

botte [bɔt] *f* ❶ (*chaussure*) Stiefel *m* ❷ (*de légumes*) Bund *nt;* (*de foin*) Ballen *m*

botté, **e** [bɔte] *adj.* gestiefelt

botter [bɔte] <1> *v. tr.* ~ **le derrière/les fesses à qn** jdn in den Hintern treten (*fam*)

bottin® [bɔtɛ̃] *m* Telefonbuch *nt*

bottine [bɔtin] *f* Stiefelette *f*

bouc [buk] *m* ❶ ZOOL Ziegenbock *m* ❷ (*barbe*) Spitzbart *m* ▶ ~ **émissaire** Sündenbock *m*

boucan [bukɑ̃] *m fam* Radau *m*

bouche [buʃ] *f* ❶ Mund *m;* **parler la ~ pleine** mit vollem Mund sprechen ❷ (*ouverture*) ~ **de métro** Metroeingang *m* ❸ *pl* GEO **les ~s du Rhône** die Mündung der Rhone ▶ ~ **bée** bass erstaunt; **être une fine ~** ein Feinschmecker sein; **faire la fine ~** wählerisch sein

bouché, **e** [buʃe] *adj.* ❶ (*obstrué*) verstopft ❷ (*sans avenir*) ohne Zukunft ❸ *fam* (*personne*) beschränkt

bouche-à-bouche [buʃabuʃ] *m sans pl.* Mund-zu-Mund-Beatmung *f*

bouchée [buʃe] *f* ❶ (*petit morceau*) Bissen *m* ❷ GASTR ~ **au chocolat** Praline *f* ▶ **pour une ~ de pain** für ein Butterbrot (*fam*)

boucher [buʃe] <1> **I.** *v. tr.* (*bouteille*) zukorken; (*trou*) zumachen; (*toilettes, évier*) verstopfen **II.** *v. pron.* **se ~** (*évier*) verstopfen; **se ~ le nez/les oreilles** sich (*Dat*) die Nase/Ohren zuhalten

boucher, **-ère** [buʃe, -ɛʀ] *m, f* Metzger(in) *m(f)*

bouchère [buʃɛʀ] *f* (*femme du boucher*) Fleischersfrau *f*

boucherie [buʃʀi] *f* ❶ (*magasin*) Metzgerei *f* ❷ (*massacre*) Gemetzel *nt*

boucherie-charcuterie [buʃʀiʃaʀkytʀi] <boucheries-charcuteries> *f* Fleisch- und Wurstwarengeschäft *nt*

bouche-trou [buʃtʀu] <bouche-trous> *m* (*émission, article de journal*) [Lücken]füller *m*

bouchon [buʃɔ̃] *m* ❶ (*d'une bouteille*) Korken *m;* (*d'un bidon, tube*) Verschluss *m;* (*d'un réservoir*) Deckel *m* ❷ (*embouteillage*) Stau *m* ❸ PECHE Schwimmer *m*

bouchonner [buʃɔne] <1> *v. intr. fam* sich stauen

boucle [bukl] *f* ❶ (*de soulier, ceinture*) Schnalle *f;* ~ **d'oreille** Ohrring *m* ❷ (*qui s'enroule*) ~ **de cheveux** Haarlocke *f* ❸ INFORM, MATH Schleife *f*

bouclé, **e** [bukle] *adj.* (*cheveux, poils*) lockig

boucler [bukle] <1> **I.** *v. tr.* schließen; (*ceinture*) zumachen; (*dossier*) abschließen **II.** *v. intr.* ❶ (*friser*) **ses cheveux bouclent naturellement** er/sie hat Naturlocken ❷ INFORM eine Schleife machen

bouclette [buklɛt] *f* [Ringel]löckchen *nt*

bouclier [buklije] *m* ❶ (*arme défensive*) Schild *m* ❷ (*protection, défense*) Schutzschild *m,* Schutz *m;* ~ **fiscal** FIN Deckelung *f* der Steuerquote

bouddhisme [budism] *m* Buddhismus *m*

bouddhiste [budist] **I.** *adj.* buddhistisch **II.** *mf* Buddhist *m*

bouder [bude] <1> *v. intr.* schmollen

boudeur, **-euse** [budœʀ, -øz] **I.** *adj.* beleidigt **II.** *m, f* jd, der schmollt

boudin [budɛ̃] *m* ❶ (*charcuterie*) ~ **noir** ≈ Blutwurst *f,* ≈ Blunze[n] *f* (A); ~ **blanc** *aus Geflügelfleisch, Milch, Ei und Brotkrume hergestellte Wurst* ❷ *fam* (*fille*) Pummel *m*

boudiné, **e** [budine] *adj.* ❶ (*doigt*) Wurst- (*fam*) ❷ (*serré dans un vêtement étriqué*) beengt

boue [bu] *f* Schlamm *m,* Gatsch *m* (A)

bouée [bwe] *f* ❶ (*balise*) Boje *f* ❷ (*protection gonflable*) Schwimmreifen *m;* ~ **de sauvetage** Rettungsring *m*

boueux, **-euse** [bwø, -øz] *adj.* schlammig

bouffant, **e** [bufɑ̃, ɑ̃t] *adj.* **des manches ~es** Puffärmel *Pl*

bouffe [buf] *f fam* Essen *nt*

bouffée [bufe] *f* ❶ (*souffle*) ~ **d'air frais/chaud** frische Brise/Schwall *m* heißer Luft ❷ (*poussée*) ~ **de chaleur** [Hitze]wallung *f*

bouffer [bufe] <1> **I.** *v. intr. fam* (*manger*) essen **II.** *v. tr. fam* ① (*manger*) futtern ② (*essence, huile*) schlucken

bouffi, **e** [bufi] *adj.* (*visage*) aufgedunsen; (*yeux*) verquollen

bouffon, **ne** [bufɔ̃, ɔn] *m, f* ① (*fou*) Narr *m* ② *fam* (*personne sans intérêt, niaise, ridicule*) Witzfigur *f*

bouge [buʒ] *m* (*bar mal famé*) Spelunke *f* (*pej*)

bougeoir [buʒwaʀ] *m* Kerzenständer *m*

bougeotte [buʒɔt] *f* **avoir la ~** *fam* kein Sitzfleisch haben

bouger [buʒe] <2a> **I.** *v. intr.* ① (*remuer*) sich bewegen; **je ne bouge pas d'ici!** ich rühre mich nicht vom Fleck! ② *fam* (*changer*) **ne pas ~** (*prix, taux*) unverändert bleiben; **faire ~ qc** etw ins Rollen bringen **II.** *v. tr.* ① (*meuble, objet*) umstellen ② (*bras, doigt, tête*) bewegen **III.** *v. pron. fam* **se ~** ① (*se remuer*) sich bewegen ② (*faire un effort*) sich anstrengen

bougie [buʒi] *f* Kerze *f;* AUT Zündkerze *f*

bougon, **ne** [bugɔ̃, ɔn] *adj.* mürrisch

bougonner [bugɔne] <1> *v. intr.* murren

bougre, **bougresse** [bugʀ, bugʀɛs] *m, f fam* Kerl *m*

boui-boui [bwibwi] <bouis-bouis> *m péj fam* Spelunke *f*

bouillant, **e** [bujɑ̃, jɑ̃t] *adj.* ① (*qui bout*) kochend ② (*boisson*) kochend heiß

bouille [buj] *f fam* Gesicht *nt*

bouilli, **e** [buji] *part. passé de* **bouillir**

bouillie [buji] *f* Brei *m*

bouillir [bujiʀ] <irr> *vt, vi* ① kochen; **faire ~** zum Kochen bringen ② (*laver à l'eau bouillante, stériliser*) [aus]kochen ③ *fig* **~ d'impatience** vor Ungeduld (+ *Dat*) platzen

bouilloire [bujwaʀ] *f* [Wasser]kessel *m*

bouillon [bujɔ̃] *m* Brühe *f*

bouillon-cube [bujɔ̃kyb] <bouillon-cubes> *m* Brühwürfel *m*

bouillonnement [bujɔnmɑ̃] *m* ① (*ébullition*) Sprudeln *nt* ② *fig* (*des idées*) Überschäumen *nt*

bouillonner [bujɔne] <1> *v. intr.* ① brodeln ② *fig* **~ d'idées** vor Ideen überschäumen

bouillotte [bujɔt] *f* Wärmflasche *f*

boulanger [bulɑ̃ʒe] *m* Bäcker *m*

boulangère [bulɑ̃ʒɛʀ] *f* ① (*artisane*) Bäckerin *f* ② (*femme d'un boulanger*) Bäckersfrau *f*

boulangerie [bulɑ̃ʒʀi] *f* Bäckerei *f*

boulangerie-pâtisserie [bulɑ̃ʒʀipɑtisʀi] <boulangeries-pâtisseries> *f* Bäckerei *f* und Konditorei

boulanger-pâtissier [bulɑ̃ʒepɑtisje] <boulangers-pâtissiers> *m* Bäcker *m* und Konditor *m*

boule [bul] *f* ① Kugel *f;* **~ de neige** Schneeball *m* ② *pl* JEUX **jeu de ~s** Boule[spiel] *nt;* **jouer aux ~s** Boule spielen ③ (*tête*) **avoir la ~ à zéro** *fam* eine Glatze haben; **perdre la ~** *fam* durchdrehen

> Das **jeu de boules** ist in Frankreich sehr beliebt und wird auf speziellen öffentlichen Plätzen, den *boulodromes,* gespielt. Zwei Mannschaften versuchen dabei, Metallkugeln möglichst nah an eine kleine Holzkugel *(le cochonnet)* zu werfen.
> Es gibt verschiedene Varianten des Boulespiels. Die bekannteste ist *la pétanque.* Dabei wird die Kugel ohne Anlauf, also aus dem Stand oder der Hocke, mit geschlossenen Beinen geworfen.

bouleau [bulo] <x> *m* Birke *f*

bouledogue [buldɔg] *m* Bulldogge *f*

boulet [bulɛ] *m* (*de canon*) [Kanonen]kugel *f;* (*boule de métal attachée aux pieds des condamnés*) [Eisen]kugel *f*

boulette [bulɛt] *f* ① Kügelchen *nt;* **~ de pétrole** Ölklumpen *m* ② GASTR Frikadelle *f*

boulevard [bulvaʀ] *m* Boulevard *m*

bouleversant, **e** [bulvɛʀsɑ̃, ɑ̃t] *adj.* (*spectacle, récit*) erschütternd

bouleversement [bulvɛʀsəmɑ̃] *m* grundlegende Veränderung; (*émotion*) Erschütterung *f*

bouleverser [bulvɛʀse] <1> *v. tr.* ① (*personne*) [zutiefst] erschüttern ② (*carrière, vie*) völlig verändern; (*emploi du temps, programme*) umstoßen

boulimie [bulimi] *f* MED Ess- und Brechsucht *f,* Bulimie *f*

boulimique [bulimik] **I.** *adj.* ① (*vorace*)

gefräßig ❷ *fig* unersättlich **II.** *mf* Bulimiekranke(r) *f(m)*

B

bouliste [bulist] *mf* Boulespieler(in) *m(f)*

boulodrome [bulodʀom] *m* Bouleplatz *m*

boulon [bulɔ̃] *m* Schraubenbolzen *m* [mit Mutter]

boulonner [bulɔne] <1> *v. intr. fam* schuften

boulot [bulo] *m fam* (*travail*) Arbeit *f;* (*emploi*) Job *m*

boum[1] [bum] **I.** *interj.* bum[s] **II.** *m* (*bruit sonore*) Bums *m* (*fam*)

boum[2] [bum] *f fam* Fete *f*

bouquet [bukɛ] *m* ❶ (*de fleurs*) Strauß *m;* (*de persil, thym*) Bund *nt;* ~ **garni** Bund mit verschiedenen Küchenkräutern ❷ (*parfum: d'un vin*) Blume *f,* Bouquet *nt*

bouquetin [buktɛ̃] *m* Steinbock *m*

bouquin [bukɛ̃] *m fam* Schmöker *m*

bouquiner [bukine] <1> *v. intr. fam* schmökern

bouquiniste [bukinist] *mf* Bouquinist(in) *m(f)*

Die **bouquinistes** sind Buchhändler, die antiquarische und gebrauchte Bücher an Ständen auf der Straße verkaufen. Es gibt sie nicht nur in Paris, aber die Antiquare am Seine-Ufer sind sicher die bekanntesten.

bourbier [buʀbje] *m* Schlammloch *nt*

bourde [buʀd] *f fam* Schnitzer *m*

bourdon [buʀdɔ̃] *m* ZOOL Hummel *f*

bourdonnement [buʀdɔnmɑ̃] *m* Summen *nt;* (*des voix*) Gemurmel *nt*

bourdonner [buʀdɔne] <1> *v. intr.* (*insecte*) summen

bourg [buʀ] *m* Marktflecken *m*

bourgade [buʀgad] *f* kleiner Marktflecken

bourge [buʀʒ] *mf péj fam abr. de* **bourgeois II.2** Spießer(in) *m(f)*

bourgeois, e [buʀʒwa, waz] **I.** *adj.* ❶ bürgerlich ❷ *péj* spießbürgerlich **II.** *m, f* ❶ Bürgerliche(r) *f(m)* ❷ *péj* Spießbürger(in) *m(f)* ❸ HIST (*citoyen*) Bürger(in) *m(f)*

bourgeoisie [buʀʒwazi] *f* Bürgertum *nt;* HIST Bourgeoisie *f*

bourgeon [buʀʒɔ̃] *m* Knospe *f*

bourgeonner [buʀʒɔne] <1> *v. intr.* BOT Knospen treiben

bourgmestre [buʀgmɛstʀ] *m* BELG (*maire*) Bürgermeister *m*

bourgogne [buʀgɔɲ] *m* Burgunder[wein *m*] *m*

Bourgogne [buʀgɔɲ] *f* **la** ~ Burgund *nt*

bourguignon, ne [buʀgiɲɔ̃, ɔn] *adj.* burgundisch; GASTR Burgunder-

Bourguignon, ne [buʀgiɲɔ̃, ɔn] *m, f* Burgunder(in) *m(f)*

bourlinguer [buʀlɛ̃ge] <1> *v. intr. fig fam* [viel] herumreisen

bourrade [buʀad] *f* Stoß *m*

bourrage [buʀaʒ] *m* ❶ (*d'un coussin, matelas*) Füllen *nt;* (*d'une pipe*) Stopfen *nt* ❷ *fig fam* ~ **de crâne** (*endoctrinement*) Indoktrination *f;* (*gavage intellectuel*) stures [Ein]pauken (*pej*) ❸ TECH ~ **de papier** Papierstau *m*

bourrasque [buʀask] *f* (*de vent*) Bö *f*

bourratif, -ive [buʀatif, -iv] *adj.* sättigend

bourre [buʀ] *f* ❶ (*matière de remplissage*) Füllung *f* ❷ (*duvet des bourgeons*) Flaum *m*

bourré, e [buʀe] *adj.* ❶ randvoll; (*portefeuille*) prall; (*valise*) vollgestopft; **être ~ de fautes/complexes** voller Fehler/Komplexe sein ❷ *fam* (*ivre*) besoffen

bourreau [buʀo] <x> *m* ❶ (*exécuteur*) Henker *m* ❷ (*tortionnaire*) Peiniger *m;* ~ **d'enfants** *jd, der Kinder misshandelt;* ~ **des cœurs** *iron* Herzensbrecher *m*

bourrée [buʀe] *f* Bourrée *f alter franz. Volkstanz*

bourrelet [buʀlɛ] *m* ❶ (*pour isoler*) Abdichtung *f* ❷ ANAT Wulst *m o f*

bourrer [buʀe] <1> **I.** *v. tr.* (*pipe*) stopfen; ~ **qn/qc de qc** jdn/etw mit etw vollstopfen **II.** *v. pron.* **se ~ de qc** sich mit etw vollstopfen **III.** *v. intr.* sättigen

bourricot [buʀiko] *m fam* Esel *m*

bourrique [buʀik] *f fam* Esel(in) *m(f)* ▸ **faire tourner qn en ~** jdn wahnsinnig machen

bourru, e [buʀy] *adj.* mürrisch

bourse[1] [buʀs] *f* ❶ (*porte-monnaie*) Geldbeutel *m* ❷ (*allocation*) ~ **d'études** Stipendium *nt;* ~ **de mérite** leistungsabhängiges Stipendium ❸ *pl* ANAT Hodensack *m*

Bourse [buʀs] *f* (*lieu*) Börse *f;* (*ensemble des cours*) Börsenkurse *Pl*, Börse; **jouer à la ~** [an der Börse] spekulieren

boursicoter [buʀsikɔte] <1> *v. intr. fam* kleine Börsengeschäfte machen

boursier, **-ière**[1] [buʀsje, -jɛʀ] **I.** *adj.* **étudiant ~** Stipendiat *m* **II.** *m, f* Stipendiat(in) *m(f)*

boursier, **-ière**[2] [buʀsje, -jɛʀ] **I.** *adj.* (*relatif à la Bourse*) Börsen- **II.** *m, f* (*professionnel de la Bourse*) Börsenmakler(in) *m(f)*

boursouflé, **e** [buʀsufle] *adj.* [an]geschwollen; (*visage*) aufgedunsen

boursoufler [buʀsufle] <1> *v. tr.* anschwellen

boursouflure [buʀsuflyʀ] *f* (*de la peau, du visage*) Schwellung *f;* (*d'une surface, peinture*) Blase *f*

bousculade [buskylad] *f* ① Gedränge *nt* ② (*précipitation*) Eile *f*

bousculer [buskyle] <1> **I.** *v. tr.* ① (*personne*) anstoßen; (*presser*) drängen; (*livres, chaises*) umwerfen ② (*déranger*) völlig durcheinanderbringen; (*habitudes, traditions*) von Grund auf ändern **II.** *v. pron.* **se ~** sich drängeln

bouse [buz] *f* Kuhfladen *m*

bousiller [buzije] <1> *v. tr. fam* kaputt machen

boussole [busɔl] *f* [Magnet]kompass *m*

bout [bu] *m* ① (*extrémité, limite*) Ende *nt;* (*du doigt, nez*) Spitze *f;* **~ à ~** aneinander; **jusqu'au ~** bis zum Schluss; **tout au ~** ganz hinten; **tenir jusqu'au ~** durchhalten ② (*morceau*) Stück[chen *nt*] *nt* ③ (*terme*) nach (+ *Dat*); **au ~ d'un moment** nach einer Weile ▶ **savoir qc sur le ~ des doigts** etw im Schlaf können; **tenir le bon ~** es bald geschafft haben; **joindre les deux ~s** mit seinem Geld auskommen; **à tout ~ de champ** alle naselang (*fam*); **être à ~ de forces** mit seinen Kräften am Ende sein (*fam*); **à ~ de souffle** außer Atem; **venir à ~ de qc/qn** mit etw/jdm fertigwerden; **au ~ du compte** letzten Endes

boutade [butad] *f* Bonmot *nt*

boute-en-train [butɑ̃tʀɛ̃] *m inv.* Stimmungskanone *f* (*fam*)

bouteille [butɛj] *f* (*récipient*) ① (*récipient*) Flasche *f;* **~ consignée** Pfandflasche; **~ non consignée** Einwegflasche; **~ de lait** Milchflasche; **boire à la ~** aus der Flasche trinken ② (*vin*) **une bonne ~** ein guter Tropfen

boutique [butik] *f* Laden *m*

bouton [butɔ̃] *m* ① Knopf *m;* (*de porte*) Knauf *m;* (*d'un interrupteur*) Schalter *m* ② MED **~ de fièvre** Fieberbläschen *nt;* **~ d'acné** Aknepickel *m* ③ BOT Knospe *f*

bouton-d'or [butɔ̃dɔʀ] <boutons-d'or> *m* Butterblume *f*

boutonner [butɔne] <1> **I.** *v. tr.* zuknöpfen **II.** *v. pron.* **se ~** (*vêtement*) zugeknöpft werden; (*personne*) seine Knöpfe zumachen

boutonneux, **-euse** [butɔnø, -øz] *adj.* pick[e]lig

boutonnière [butɔnjɛʀ] *f* Knopfloch *nt*

bouton-poussoir [butɔ̃puswaʀ] <boutons-poussoirs> *m* Druckschalter *m*

bouton-pression [butɔ̃pʀesjɔ̃] <boutons-pression> *m* Druckknopf *m*

bouture [butyʀ] *f* Steckling *m*

bouvreuil [buvʀœj] *m* Dompfaff *m*

bovin, **e** [bɔvɛ̃, in] *adj.* Rinder-

bovins [bɔvɛ̃] *mpl* Rinder *Pl*

box [bɔks] <es> *m* ① (*dans une écurie*) Box *f;* (*dans un garage*) Stellplatz *m* ② JUR **~ des accusés** Anklagebank *f*

boxe [bɔks] *f* Boxen *nt*

boxer [bɔkse] <1> *vt, vi* boxen

boxeur, **-euse** [bɔksœʀ, -øz] *m, f* Boxer(in) *m(f)*

boxon [bɔksɔ̃] *m fam* Durcheinander *nt*

boyau [bwajo] <x> *m* ① ANAT Darm *m* ② (*chambre à air*) Schlauch *m*

boycott [bɔjkɔt] *m,* **boycottage** [bɔjkɔtaʒ] *m* Boykott *m*

boycotter [bɔjkɔte] <1> *v. tr.* boykottieren

boy-scout [bɔjskut] <boys-scouts> *m* Pfadfinder *m*

BP [bepe] *abr. de* **boîte postale**

Brabant [bʀabɑ̃] *m* **le ~** Brabant

bracelet [bʀaslɛ] *m* Armband *nt*

bracelet-montre [bʀaslɛmɔ̃tʀ] <bracelets-montres> *m* Armbanduhr *f*

braconnage [bʀakɔnaʒ] *m* CHASSE Wilderei *f*

braconner [bʀakɔne] <1> *v. intr.* CHASSE wildern; PECHE ohne Angelschein angeln

braconnier, **-ière** [bʀakɔnje, -jɛʀ] *m, f* ① CHASSE Wilderer *m* ② PECHE Angler(in) *m(f)* ohne Angelschein

B

brader [bʀade] <1> *v. tr.* COM verschleudern

braderie [bʀadʀi] *f* Trödelmarkt *m*

braguette [bʀagɛt] *f* Hosenschlitz *m*

braillard, e [bʀɑjaʀ, -jaʀd] **I.** *adj. fam* plärrend; (*ivrogne, foule*) grölend **II.** *m, f fam* Schreihals *m*

braille [bʀɑj] *m* Blindenschrift *f*

brailler [bʀɑje] <1> *vt, vi* brüllen; (*ivrogne, foule*) grölen

braise [bʀɛz] *f* Glut *f*

braiser [bʀeze] <1> *v. tr.* schmoren

bramer [bʀame] <1> *v. intr.* ZOOL röhren

brancard [bʀɑ̃kaʀ] *m* Tragbahre *f*

brancardier, -ière [bʀɑ̃kaʀdje, -jɛʀ] *m, f* Träger(in) *m(f)*

branchage [bʀɑ̃ʃaʒ] *m* Geäst *nt*

branche [bʀɑ̃ʃ] *f* ❶ (*d'un arbre*) Ast *m* ❷ (*tige: d'une paire de lunettes*) Bügel *m;* (*d'un chandelier*) Arm *m* ❸ (*famille*) Linie *f* ❹ (*domaine: d'enseignement, d'une science*) Zweig *m;* (*de l'économie, de profession*) Branche *f*

branché, e [bʀɑ̃ʃe] *adj. fam* up to date; **être ~ cinéma** auf Kino abfahren

branchement [bʀɑ̃ʃmɑ̃] *m* Anschluss *m*

brancher [bʀɑ̃ʃe] <1> **I.** *v. tr.* ❶ (*raccorder*) anschließen [an (+ *Akk*)] ❷ (*orienter*) **~ la conversation sur qn/qc** die Unterhaltung auf jdn/etw lenken **II.** *v. pron.* **se ~ sur qc** etw einschalten

branchies [bʀɑ̃ʃi] *fpl* Kiemen *Pl*

brandir [bʀɑ̃diʀ] <8> *v. tr.* (*arme*) drohend schwingen; (*drapeau*) schwenken

branlant, e [bʀɑ̃lɑ̃, ɑ̃t] *adj.* wack[e]lig

branle-bas [bʀɑ̃lbɑ] *m inv. fig* Trubel *m*

branler [bʀɑ̃le] <1> **I.** *v. intr.* wackeln **II.** *v. pron. vulg* **se ~** sich (*Dat*) einen runterholen

braquage [bʀakaʒ] *m* ❶ (*des roues*) Einschlagen *nt* ❷ *fam* (*attaque*) bewaffneter Überfall *m*

braquer [bʀake] <1> *v. tr.* ❶ AUT **~ le volant à droite** nach rechts einschlagen ❷ (*diriger*) **~ qc sur qn** (*arme*) etw auf jdn richten ❸ *fam* (*banque, magasin*) überfallen

bras [bʀa] *m* ❶ Arm *m;* **~ dessus ~ dessous** untergehakt; (*d'un fauteuil*) Armlehne ❷ (*main-d'œuvre*) Arbeitskraft *f* ► **rester les ~ ballants** untätig herumsitzen/herumstehen; **baisser les ~** das Handtuch werfen

brasier [bʀɑzje] *m* Flammenmeer *nt* (*geh*) *fig* Inferno *nt*

bras-le-corps [bʀaləkɔʀ] ► **prendre à ~** in die Arme schließen

brassage [bʀasaʒ] *m* (*de la bière*) Brauen *nt*

brassard [bʀasaʀ] *m* Armbinde *f*

brasse [bʀas] *f* Brustschwimmen *nt;* **~ papillon** Delphinschwimmen *nt*

brassée [bʀase] *f* einen Arm voll[er]

brasser [bʀase] <1> *v. tr.* ❶ (*cartes*) mischen ❷ *fig* **~ de l'argent** mit großen Summen umgehen ❸ (*bière*) brauen

brasserie [bʀasʀi] *f* ❶ (*restaurant*) Gastwirtschaft *f* ❷ (*entreprise de bière*) Brauerei *f*

brasseur [bʀasœʀ] *m* [Bier]brauer *m*

brassière [bʀasjɛʀ] *f* ❶ (*de bébé*) Jäckchen *nt* ❷ CAN *fam* (*soutien-gorge*) BH *m*

bravade [bʀavad] *f* ❶ (*ostentation de bravoure*) Imponiergehabe *nt* ❷ (*attitude de défi insolent*) dreiste Herausforderung

brave [bʀav] *adj.* ❶ (*soldat*) tapfer ❷ *antéposé* (*honnête*) anständig ❸ (*naïf*) [lieb und] gut

braver [bʀave] <1> *v. tr.* ❶ (*défier*) **~ l'adversaire** dem Gegner die Stirn bieten; **~ le danger/la mort** der Gefahr/dem Tod ins Auge sehen ❷ (*loi*) sich hinwegsetzen über (+ *Akk*)

bravo [bʀavo] **I.** *interj.* bravo **II.** *m* Bravo[ruf *m*] *nt*

bravoure [bʀavuʀ] *f* Mut *m*

break [bʀɛk] *m* AUT Kombi[wagen *m*] *m*

brebis [bʀəbi] *f* [Mutter]schaf *nt* ► **~ galeuse** schwarzes Schaf

brèche [bʀɛʃ] *f* Öffnung *f;* (*dans une coque*) Loch *nt*

bredouille [bʀəduj] *adj.* mit leeren Händen

bredouiller [bʀəduje] <1> *vt, vi* stottern

bref [bʀɛf] *adv.* **en ~** kurz; **enfin ~** kurz und gut

bref, brève [bʀɛf, bʀɛv] *adj.* kurz; **soyez ~!** fassen Sie sich kurz!

breloque [bʀəlɔk] *f* [Armband]anhänger *m*

Brême [bʀɛm] Bremen

Brésil [bʀezil] *m* **le ~** Brasilien

brésilien, ne [bʀeziljɛ̃, -jɛn] *adj.* brasilianisch

Brésilien, ne [bʀeziljɛ̃, -jɛn] *m, f* Brasilianer(in) *m(f)*

Bretagne [bʀətaɲ] *f* **la ~** die Bretagne

bretelle [bʀətɛl] *f* ❶ (*de pantalon*) Hosenträger *m;* (*de soutien-gorge*) Träger *m* ❷ (*bifurcation d'autoroute*) Auffahrt *f*/Abfahrt *f*

breton [bʀətɔ̃] *m* Bretonisch *nt; voir a.* **allemand**

breton, ne [bʀətɔ̃, ɔn] *adj.* bretonisch; *voir a.* **allemand**

Breton, ne [bʀətɔ̃, -ɔn] *m, f* Bretone *m*/Bretonin *f*

breuvage [bʀœvaʒ] *m* ❶ Trank *m* (*geh*) *péj* Gebräu *nt* ❷ CAN (*boisson non alcoolisée*) nichtalkoholisches Getränk

brève [bʀɛv] *adj. voir* **bref**

brevet [bʀəvɛ] *m* ❶ (*diplôme*) [Abschluss]zeugnis *nt,* Diplom *nt;* **~ des collèges** ≈ mittlere Reife ❷ (*certificat*) **~ d'invention** Patent *nt* ❸ MIL, NAUT, AVIAT Schein *m;* **~ de pilote** Flugschein

brevetable [bʀəvətabl] *adj.* patentierbar

breveté, e [bʀəv(ə)te] *adj.* ❶ (*invention*) patentiert ❷ (*ingénieur, interprète*) Diplom-

breveter [bʀəv(ə)te] <3> *v. tr.* patentieren

bréviaire [bʀevjɛʀ] *m* Brevier *nt*

bribe [bʀib] *f souvent pl. fig* (*de conversation*) Wortfetzen *m*

bric-à-brac [bʀikabʀak] *m inv.* Durcheinander *nt*

bricelet [bʀislɛ] *m* CH (*gaufre*) *dünne, knusprige Waffel*

bricolage [bʀikɔlaʒ] *m* ❶ Basteln *nt* ❷ (*mauvais travail*) Pfusch *m* (*pej*)(*fam*)

bricole [bʀikɔl] *f* ❶ (*objet de peu de valeur*) Kleinigkeit *f* ❷ (*petit événement*) Lappalie *f* (*fam*)

bricoler [bʀikɔle] <1> **I.** *v. intr.* basteln; **savoir ~** [handwerklich] geschickt sein **II.** *v. tr.* [zusammen]basteln; (*tant bien que mal*) herumbasteln an (+ *Dat*)

bricoleur, -euse [bʀikɔlœʀ, -øz] **I.** *adj.* [handwerklich] geschickt **II.** *m, f* Heimwerker(in) *m(f)*

bride [bʀid] *f* Zügel *m*

bridé, e [bʀide] *adj.* **des yeux ~s** Schlitzaugen *Pl*

brider [bʀide] <1> *v. tr.* ❶ (*mettre la bride: cheval*) [auf]zäumen ❷ (*réprimer*) zügeln

bridge [bʀidʒ] *m* ❶ JEUX Bridge *nt* ❷ (*prothèse dentaire*) Brücke *f*

briefer [bʀife] <1> *v. tr.* instruieren

briefing [bʀifiŋ] *m* Instruktion *f*

brièvement [bʀijɛvmɑ̃] *adv.* kurz

brièveté [bʀijɛvte] *f* Kürze *f*

brigade [bʀigad] *f* Brigade *f;* **~ anti-drogue** Abteilung *f* zur Drogenbekämpfung; **~ des stupéfiants** Rauschgiftdezernat

brigadier [bʀigadje] *m* (*de gendarmerie*) Brigadeführer *m;* MIL Gefreite(r) *m*

brigand [bʀigɑ̃] *m péj* Betrüger *m*

briguer [bʀige] <1> *v. tr.* (*emploi*) sich bemühen um

brillamment [bʀijamɑ̃] *adv.* glänzend

brillance [bʀijɑ̃s] *f* Glanz *m*

brillant [bʀijɑ̃] *m* ❶ (*diamant*) Brillant *m* ❷ (*aspect brillant*) Glanz *m*

brillant, e [bʀijɑ̃, jɑ̃t] *adj.* glänzend; (*couleurs*) leuchtend; (*discours, candidat*) brillant; (*victoire*) glorreich

briller [bʀije] <1> *v. intr.* ❶ (*soleil, étoile*) scheinen; (*diamant*) funkeln; (*chaussures, cheveux*) glänzen ❷ (*se mettre en valeur*) **~ par qc** durch etw glänzen

brimade [bʀimad] *f* Schikane *f*

brimer [bʀime] <1> *v. tr.* schikanieren

brin [bʀɛ̃] *m* ❶ **~ de paille/d'herbe** Stroh-/Grashalm *m;* **~ de muguet** Maiglöckchen *nt;* **~ de laine** [kurzer] Wollfaden ❷ (*petite quantité*) **un ~ de bon sens** ein Funke *m* Verstand

brindille [bʀɛ̃dij] *f* Reis *nt* (*geh*)

bringue [bʀɛ̃g] *f* ❶ *péj fam* (*fille*) **grande ~** Bohnenstange *f* ❷ *fam* Fete *f*

brio [bʀijo] *m* Bravour *f*

brioche [bʀijɔʃ] *f* Brioche *f* (*brötchenartiges Gebäck aus weichem, süßem Hefeteig*)

brique[1] [bʀik] **I.** *f* Ziegelstein *m;* **maison de ~** Backsteinhaus *nt* **II.** *app inv.* (*couleur*) ziegelrot

brique®[2] [bʀik] *f* (*emballage*) Tetra Pak® *m*

briquer [bʀike] <1> *v. tr.* [auf Hochglanz] polieren

briquet [bʀikɛ] *m* Feuerzeug *nt*

B

briqueterie [bʀik(ə)tʀi, bʀikɛtʀi] *f* Ziegelei *f*
brise [bʀiz] *f* Brise *f*
brise-glace [bʀizglas] *m inv.* Eisbrecher *m* **brise-lames** [bʀizlam] *m inv.* Wellenbrecher *m*
briser [bʀize] <1> **I.** *v. tr.* ❶ (*vaisselle, vase*) zerbrechen; (*vitre, carreau*) einschlagen ❷ (*grève, révolte, forces*) brechen; (*espoir, illusions*) zerstören ▸ **être brisé** CAN (*être en panne*) defekt sein **II.** *v. pron.* **se ~** zerbrechen
briseur, -euse [bʀizœʀ, -øz] *m, f* **~ de grève** Streikbrecher *m*
britannique [bʀitanik] *adj.* britisch
Britannique [bʀitanik] *mf* Brite *m*/Britin *f*
broc [bʀo] *m* Krug *m*
brocante [bʀɔkɑ̃t] *f* (*boutique*) Trödelladen *m* (*fam*); (*foire*) Trödelmarkt *m*
brocanteur, -euse [bʀɔkɑ̃tœʀ, -øz] *m, f* Trödler(in) *m(f)*
broche [bʀɔʃ] *f* ❶ (*bijou*) Brosche *f* ❷ GASTR [Brat]spieß *m*
brochet [bʀɔʃɛ] *m* Hecht *m*
brochette [bʀɔʃɛt] *f* GASTR Spieß *m*, Schaschlik *m o nt*
brochure [bʀɔʃyʀ] *f* Broschüre *f*
brocoli [bʀɔkɔli] *m* Brokkoli *Pl*
broder [bʀɔde] <1> **I.** *v. tr.* (*étoffe*) besticken; (*motif*) sticken **II.** *v. intr.* (*affabuler*) fabulieren
broderie [bʀɔdʀi] *f* Stickerei *f*
brome [bʀom] *m* CHIM Brom *nt*
bromure [bʀɔmyʀ] *m* CHIM Bromid *nt*
bronche [bʀɔ̃ʃ] *f* Bronchie *f*
broncher [bʀɔ̃ʃe] <1> *v. intr.* aufmucken (*fam*)
bronchite [bʀɔ̃ʃit] *f* Bronchitis *f*
bronzage [bʀɔ̃zaʒ] *m* [Sonnen]bräune *f*
bronze [bʀɔ̃z] *m* Bronze *f*
bronzé, e [bʀɔ̃ze] *adj.* braun gebrannt
bronzer [bʀɔ̃ze] <1> *v. intr.* [sich] bräunen
brosse [bʀɔs] *f* ❶ (*ustensile*) Bürste *f*; **~ à dents** Zahnbürste ❷ (*pinceau*) Quast *m* ❸ (*coupe de cheveux*) Bürsten[haar]schnitt *m*
brosser [bʀɔse] <1> **I.** *v. tr.* ❶ (*épousseter*) abbürsten ❷ (*portrait*) zeichnen **II.** *v. pron.* **se ~** sich abbürsten; **se ~ les cheveux** sich (*Dat*) die Haare bürsten; **se ~ les dents** sich (*Dat*) die Zähne putzen
brouette [bʀuɛt] *f* Schubkarre *f*
brouhaha [bʀuaa] *m* Lärm *m*
brouillard [bʀujaʀ] *m* Nebel *m*
brouille [bʀuj] *f* Streit *m*
brouillé, e [bʀuje] *adj.* ❶ (*fâché*) zerstritten ❷ (*nul*) **être ~ avec les chiffres** *fam* mit [den] Zahlen auf Kriegsfuß stehen (*iron*)
brouiller [bʀuje] <1> **I.** *v. tr.* ❶ (*rendre trouble*) trüben ❷ (*cartes*) mischen; (*pistes*) verwischen **II.** *v. pron.* ❶ (*se fâcher*) **se ~** sich zerstreiten ❷ (*se troubler*) **ma vue se brouille** ich sehe alles ganz verschwommen; **mes idées se brouillent** ich kann keinen klaren Gedanken fassen
brouillon [bʀujɔ̃] *m* Konzept *nt*
brouillon, ne [bʀujɔ̃, jɔn] *adj.* (*élève*) schlampig (*pej*)(*fam*)
broussaille [bʀusɑj] *f* Gestrüpp *nt*
broussailleux, -euse [bʀusɑjø, -jøz] *adj.* voller Gestrüpp; (*jardin*) verwildert
brousse [bʀus] *f* (*contrée tropicale*) Busch *m*
brouter [bʀute] <1> **I.** *v. tr.* abweiden **II.** *v. intr.* weiden
broutille [bʀutij] *f fig* Lappalie *f*
broyer [bʀwaje] <6> *v. tr.* zerkleinern
Bruges [bʀyʒ] Brügge
brugnon [bʀyɲɔ̃] *m* Nektarine *f*
bruine [bʀɥin] *f* Nieselregen *m*
bruiner [bʀɥine] <1> *v. intr. impers.* nieseln
bruire [bʀɥiʀ] <irr, déf> *v. intr.* (*vent*) säuseln
bruissement [bʀɥismɑ̃] *m* (*des feuilles*) Säuseln *nt*; (*du tissu, papier*) Rascheln *nt*
bruit [bʀɥi] *m* ❶ (*son*) Geräusch *nt*; (*de vaisselle*) Klappern *nt*; (*de ferraille*) Scheppern *nt* ❷ (*vacarme*) Lärm *m* ❸ (*rumeur*) Gerücht *nt*; **le ~ court que...** es geht das Gerücht um, dass... ▸ **faire du ~** Krach machen; (*avoir un grand retentissement*) Aufsehen erregen
bruitage [bʀɥitaʒ] *m* Geräuschkulisse *f*
brûlant, e [bʀylɑ̃, ɑ̃t] *adj.* ❶ glühend heiß; (*plat, liquide*) kochend heiß ❷ (*sujet*) heiß
brûlé [bʀyle] *m* **le ~** das Verbrannte; (*plat brûlé*) das Angebrannte; **ça sent le ~ ici** hier riecht es verbrannt/angebrannt
brûlé, e [bʀyle] **I.** *adj.* verbrannt; (*plat*)

angebrannt **II.** *m, f* **grand** ~ Verletzte(r) *m* mit schweren Verbrennungen

brûle-pourpoint [bʀylpuʀpwɛ̃] ▸ **à** ~ ohne Umschweife

brûler [bʀyle] <1> **I.** *v. intr.* ❶ brennen ❷ (*être très chaud*) heiß sein ❸ GASTR anbrennen ❹ (*être dévoré*) ~ **de faire qc** darauf brennen, etw zu tun ▸ **tu brûles!** heiß!, du bist ganz nah dran! **II.** *v. tr.* ❶ verbrennen; (*forêt, maison*) niederbrennen ❷ (*endommager*) ~ **qc** (*liquide bouillant*) etw verbrühen; (*gel*) etw erfrieren lassen; (*soleil*) etw verbrennen ❸ (*stop, signal*) überfahren; (*étape*) überspringen; ~ **un feu rouge** bei Rot über eine Ampel fahren, eine rote Ampel überfahren ❹ (*électricité*) verbrauchen; (*calories*) verbrauchen, verbrennen **III.** *v. pron.* **se** ~ sich verbrennen; **se** ~ **qc** sich (*Dat*) etw verbrennen

brûleur [bʀylœʀ] *m* Brenner *m*

brûlure [bʀylyʀ] *f* ❶ (*blessure*) Verbrennung *f;* (*plaie*) Brandwunde *f* ❷ (*trou*) Brandloch *nt* ❸ MED **~s d'estomac** Sodbrennen *nt*

brume [bʀym] *f* Nebel *m*

brumeux, -euse [bʀymø, -øz] *adj.* (*temps*) diesig

brumisateur® [bʀymizatœʀ] *m* Zerstäuber *m*

brun [bʀœ̃] *m* ❶ (*couleur*) Braun *nt* ❷ (*personne*) Dunkelhaarige(r) *m,* Brünette(r) *m*

brun, e [bʀœ̃, bʀyn] *adj.* (*opp: blond*) braun; (*personne*) dunkelhaarig, brünett; (*cheveux, tabac*) dunkel; **Patrick est** ~ Patrick hat dunkle Haare, Patrick ist brünett

brunante [bʀynɑ̃t] *f* CAN (*crépuscule*) [Abend]dämmerung *f*

brunâtre [bʀynɑtʀ] *adj.* bräunlich

brune [bʀyn] *f* ❶ (*personne*) Dunkelhaarige *f,* Brünette *f* ❷ (*bière*) dunkles Bier

brunir [bʀyniʀ] <8> **I.** *v. intr.* braun werden **II.** *v. tr.* bräunen

Brunswick [bʀœ̃svik] Braunschweig *nt*

brushing® [bʀœʃiŋ] *m* Föhnfrisur *f*

brusque [bʀysk] *adj.* ❶ (*soudain*) plötzlich ❷ (*personne, ton*) barsch; (*geste*) heftig

brusquement [bʀyskəmɑ̃] *adv.* plötzlich

brusquer [bʀyske] <1> *v. tr.* ❶ (*précipiter*) überstürzen ❷ (*bousculer*) brüsk behandeln; (*parler durement*) anfahren

brusquerie [bʀyskəʀi] *f* Barschheit *f*

brut [bʀyt] *adv.* brutto

brut, e [bʀyt] *adj.* ❶ Roh-; (*champagne*) brut; (*diamant*) ungeschliffen ❷ ECON Brutto-

brutal, e [bʀytal, o] <-aux> *adj.* brutal; (*langage, réponse*) unverblümt

brutalement [bʀytalmɑ̃] *adv.* ❶ heftig ❷ (*soudainement*) [ur]plötzlich

brutaliser [bʀytalize] <1> *v. tr.* brutal behandeln

brutalité [bʀytalite] *f* ❶ *sans pl.* Brutalität *f* ❷ *pl* (*actes violents*) **être victime de ~s** ein Opfer der Gewalt sein

brute [bʀyt] *f* brutaler Kerl

Bruxelles [bʀy(k)sɛl] Brüssel *nt*

bruyamment [bʀyjamɑ̃, bʀɥijamɑ̃] *adv.* laut

bruyant, e [bʀyjɑ̃, bʀɥijɑ̃, jɑ̃t] *adj.* laut

bruyère [bʀyjɛʀ] *f* Heidekraut *nt*

BTS [beteɛs] *m abr. de* **brevet de technicien supérieur** Ingenieurdiplom *nt*

bu, e [by] *part. passé de* **boire**

buanderie [bɥɑ̃dʀi] *f* Waschküche *f*

Bucarest [bykaʀɛst] Bukarest *nt*

buccal, e [bykal, o] <-aux> *adj.* Mund-

buccodentaire [bykodɑ̃tɛʀ] *adj.* (*hygiène*) Mund- und Zahn-

bûche [byʃ] *f* [Holz]scheit *nt*

> Das traditionelle Dessert beim Weihnachtsessen ist die **bûche de Noël:** eine mit Buttercreme gefüllte und mit Schokolade verzierte große Biskuitrolle, die wie ein großes Holzscheit mit Rinde aussieht.

bûcher [byʃe] <1> *v. intr. fam* büffeln

bûcheron, ne [byʃʀɔ̃, ɔn] *m, f* Holzfäller(in) *m(f)*

bûcheur, -euse [byʃœʀ, -øz] **I.** *adj. fam* fleißig **II.** *m, f fam* Arbeitstier *nt*

Budapest [bydapɛst] Budapest *nt*

budget [bydʒɛ] *m* FIN Budget *nt;* **le ~ de l'Etat** der Staatshaushalt

budgétaire [bydʒetɛʀ] *adj.* Haushalts-

buée [bɥe] *f* Beschlag *m*

buffet [byfɛ] *m* Büfett *nt;* ~ **de la gare** Bahnhofsgaststätte *f*

buffle [byfl] *m* Büffel *m*

bug [bœg] *m* INFORM Programmfehler *m*
building [b(y)ildiŋ] *m* Hochhaus *nt*
buis [bɥi] *m* Buchs[baum] *m*
buisson [bɥisɔ̃] *m* Busch *m*
bulbe [bylb] *m* Zwiebel *f*
bulgare [bylgaʀ] **I.** *adj.* bulgarisch; *voir a.* **allemand II.** *m* Bulgarisch *nt; voir a.* **allemand**
Bulgare [bylgaʀ] *mf* Bulgare *m*/Bulgarin *f*
Bulgarie [bylgaʀi] *f* **la ~** Bulgarien *nt*
bulldozer [byldɔzɛʀ] *m* Bulldozer *m*
bulle [byl] *f* Blase *f;* (*dans une bande dessinée*) Sprechblase *f*
bulletin [byltɛ̃] *m* ❶ (*communiqué*) Bericht *m* ❷ PRESSE (*journal*) Bulletin *nt;* **~ d'information** Nachrichten *Pl* ❸ POL **~ de vote** Stimmzettel *m* ❹ SCOL **~ scolaire** Schulzeugnis *nt* ❺ (*certificat*) **~ de paye** (*d'un ouvrier*) Lohnzettel *m;* (*d'un employé*) Gehaltszettel
buraliste [byʀalist] *mf* Tabak[waren]händler(in) *m(f)*
bureau [byʀo] <x> *m* ❶ (*meuble*) Schreibtisch *m* ❷ (*lieu de travail*) Büro *nt,* Arbeitszimmer *nt* ❸ (*service*) **~ des objets trouvés** Fundbüro *nt;* **~ de poste** Postamt *nt;* **~ de tabac** Tabak[waren]laden *m;* **~ de vote** Wahllokal *nt*
bureaucrate [byʀokʀat] *mf* Bürokrat(in) *m(f)*
bureaucratie [byʀokʀasi] *f* Bürokratie *f*
bureaucratique [byʀokʀatik] *adj.* bürokratisch
bureautique® [byʀotik] *f* Bürokommunikation *f*
burette [byʀɛt] *f* TECH Ölkanne *f*
burin [byʀɛ̃] *m* ❶ (*outil*) [Gravier]nadel *f* ❷ (*ciseau*) Meißel *m*
buriné, e [byʀine] *adj.* (*visage*) zerfurcht; (*traits*) scharf
burka [buʀka] *f voir* **burqa**
burlesque [byʀlɛsk] *adj.* THEAT, CINE burlesk
burnous [byʀnu(s)] *m* Burnus *m*
burqa [buʀka] *f* Burka *f*
bus[1] [bys] *m abr. de* **autobus** Bus *m*
bus[2] [bys] *m* INFORM **~ de données** Datenbus *m*
bus[3] [by] *passé simple de* **boire**
buse [byz] *f* ZOOL Bussard *m*
busqué, e [byske] *adj.* (*nez*) Haken-
buste [byst] *m* ❶ Oberkörper *m;* (*poitrine de femme*) Brust *f* ❷ (*sculpture*) Büste *f*
bustier [bystje] *m* Bustier *nt*
but [by(t)] *m* ❶ Ziel *nt* ❷ SPORT Tor *nt*
butane [bytan] *m* Butan[gas *nt*] *nt*
buté, e [byte] *adj.* trotzig
buter [byte] <1> **I.** *v. intr.* stoßen **II.** *v. tr. fam* (*tuer*) umlegen **III.** *v. pron.* **se ~** bockig werden
buteur [bytœʀ] *m* Torjäger *m*
butin [bytɛ̃] *m* Beute *f*
butiner [bytine] <1> *v. intr.* Nektar sammeln
butoir [bytwaʀ] *m* ❶ CHEMDFER Prellbock *m* ❷ TECH Anschlag *m*
butte [byt] *f* [Erd]hügel *m;* **la ~ Montmartre** der Hügel Montmartre
buvable [byvabl] *adj.* trinkbar
buvais [byvɛ] *imparf de* **boire**
buvant [byvɑ̃] *part prés de* **boire**
buvard [byvaʀ] *m* Löschblatt *nt*
buvette [byvɛt] *f* Bar *f*
buveur, -euse [byvœʀ, -øz] *m, f* Trinker(in) *m(f)*
buvez [byve], **buvons** [byvɔ̃] *indic prés et impératif de* **boire**
byte [bajt] *m* INFORM Byte *nt*
byzantin, e [bizɑ̃tɛ̃, in] *adj.* byzantinisch

Cc

C, c [se] *m inv.* C *nt,* c; **c cédille** C-Cedille

c' < *devant a* ç'> *pron. dém. voir* **ce**

ça [sa] *pron. dém.* ① *fam* (*pour désigner ou renforcer*) das; **ah ~ non!** das auf gar keinen Fall!; *voir a.* **cela** ② *fam* (*répétitif*) **le fer, ~ rouille** Eisen rostet nun eben mal ③ *péj* (*personne*) **et ~ vote!** und so etwas wählt! ▸**c'est ~** [ganz] genau; **~ va?** wie geht's?; *voir a.* **cela**

çà [sa] **~ et là** hier und da

caban [kabɑ̃] *m* Caban *m (modischer kurzer Herrenmantel)*

cabane [kaban] *f* Hütte *f*

cabanon [kabanɔ̃] *m* Schuppen *m*

cabaret [kabaʀɛ] *m* ① Nachtlokal *nt* ② CAN (*plateau*) Tablett *nt*

cabas [kabɑ] *m* Einkaufstasche *f*

cabillaud [kabijo] *m* Kabeljau *m*

cabine [kabin] *f* Kabine *f;* **~ téléphonique** Telefonzelle *f*

cabinet [kabinɛ] *m* ① *pl* (*toilettes*) Toilette *f;* **être aux ~s** auf der Toilette sein ② (*d'un médecin*) Praxis *f;* (*d'un avocat*) Kanzlei *f* ③ POL Kabinett *nt* ④ (*endroit isolé*) **~ de toilette** [kleiner] Waschraum

câble [kɑbl] *m* Kabel *nt;* **~ métallique** Drahtseil *nt*

câbler [kɑble] <1> *v. tr.* TV verkabeln

caboche [kabɔʃ] *f fam* Schädel *m*

cabosser [kabɔse] <1> *v. tr.* verbeulen

cabot [kabo] *m fam péj* (*chien*) Köter *m*

cabrer [kɑbʀe] <1> *v. tr.* (*cheval*) steigen lassen; (*avion*) hochziehen

cabri [kabʀi] *m* Zicklein *nt*

cabriole [kabʀijɔl] *f* Luftsprung *m*

cabriolet [kabʀijɔlɛ] *m* Kabrio[lett] *nt*

caca [kaka] *m enfantin fam* **faire ~** Aa machen

cacahuète, cacahouète [kakawɛt] *f* Erdnuss *f*

cacao [kakao] *m* Kakao *m*

cacatoès [kakatɔɛs] *m* Kakadu *m*

cachalot [kaʃalo] *m* Pottwal *m*

cache [kaʃ] *m* INFORM Cache[speicher] *m*

cache-cache [kaʃkaʃ] *m inv.* Versteckspiel *nt* **cache-col** [kaʃkɔl] *m inv.* Halstuch *nt*

cachemire [kaʃmiʀ] *m* Kaschmir *m*

cache-nez [kaʃne] *m inv.* Schal *m* **cache-pot** [kaʃpo] <cache-pots> *m* Übertopf *m*

cacher¹ [kaʃe] <1> **I.** *v. tr.* ① (*dissimuler*) verstecken ② (*masquer*) verdecken ③ (*ne pas laisser voir*) verbergen ④ (*garder secret*) **~ qc à qn** jdm etw verheimlichen **II.** *v. pron.* ① **se ~** sich verstecken; (*chose*) sich verbergen ② (*tenir secret*) **ne pas se ~ de qc** kein[en] Hehl aus etw machen

cacher² [kaʃɛʀ] *adj. voir* **casher**

cachet [kaʃɛ] *m* ① MED Tablette *f* ② (*tampon*) Stempel *m;* **~ officiel** Amtssiegel *nt* ③ (*rétribution*) Honorar *nt;* (*d'un acteur*) Gage *f*

cacheter [kaʃte] <3> *v. tr.* versiegeln

cachette [kaʃɛt] *f* Versteck *nt* ▸**en ~** heimlich

cachot [kaʃo] *m* (*cellule*) Kerker *m*

cachotterie [kaʃɔtʀi] *f gén. pl.* Geheimniskrämerei *f*

cachottier, -ière [kaʃɔtje, -jɛʀ] **I.** *adj.* heimlichtuend **II.** *m, f* Heimlichtuer(in) *m(f)*

cacophonie [kakɔfɔni] *f* Missklang *m*

cactus [kaktys] *m* Kaktus *m*

c.-à-d. *abr. de* **c'est-à-dire** d.h.

cadastre [kadastʀ] *m* Kataster *m o nt*

cadavre [kadɑvʀ] *m* (*d'une personne*) Leiche *f;* (*d'un animal*) Kadaver *m*

cadeau [kado] <x> *m* Geschenk *nt;* **faire ~ de qc à qn** jdm etw schenken

cadenas [kadnɑ] *m* Vorhängeschloss *nt*

cadenasser [kadnɑse] <1> *v. tr.* mit einem Vorhängeschloss verschließen

cadence [kadɑ̃s] *f* ① (*rythme*) Rhythmus *m* ② (*vitesse*) Tempo *nt*

cadet, te [kadɛ, ɛt] **I.** *adj.* ① (*le plus jeune*) jüngste(r, s) ② (*plus jeune que qn*) jüngere(r, s) **II.** *m, f* ① (*dernier-né*) Jüngste(r) *f(m)* ② (*plus jeune que qn*) Jüngere(r) *f(m);* **elle est ma ~te de trois mois** sie ist drei Monate jünger als ich

cadrage [kɑdʀaʒ] *m* Bildeinstellung *f*

cadran [kadʀɑ̃] *m* ① Zifferblatt *nt;* **~ solaire** Sonnenuhr *f* ② CAN *fam* (*réveil*) Wecker *m*

cadre [kadʀ] **I.** *m* ❶ (*encadrement*) Rahmen *m* ❷ (*environnement*) Umgebung *f* ❸ (*limites*) Rahmen *m* **II.** *mf* leitende(r) Angestellte(r) *f(m)*; ~ **moyen/supérieur** mittlere/obere Führungskraft

cadrer [kadʀe] <1> *v. intr.* ~ **avec qc** mit etw übereinstimmen

cadreur [kadʀœʀ] *m* Kameramann *m*/Kamerafrau *f*

caduc, caduque [kadyk] *adj.* ❶ (*périmé*) überholt ❷ BOT **à feuilles ~s** im Winter die Blätter verlierend

cafard [kafaʀ] *m* ❶ (*insecte*) [Küchen]schabe *f* ❷ (*spleen*) Depressionen *Pl*

café [kafe] *m* ❶ (*boisson*) Kaffee *m*; ~ **filtre** Filterkaffee ❷ (*bar*) Bistro *nt*, Lokal *nt* ❸ (*moment du repas*) **au ~** beim Kaffee ❹ CH (*dîner*) **un ~ complet** ein leichtes Nachtessen (CH)

> Der französische **café** ist ähnlich stark wie ein Espresso und wird aus einer kleinen Tasse getrunken. Ein *café crème* ist ein Milchkaffee; er wird mit aufgeschäumter Milch in einer größeren Tasse serviert. Ein *café au lait* ist die einfache Variante eines Milchkaffees, wie man ihn sich privat zubereitet: mit warmer Milch und meist in einem *bol*, einer Trinkschale. (In der Gastronomie wird der Begriff *café au lait* kaum verwendet.) Ein *café liégeois* ist ein kalter Kaffee mit Eis und Sahne, ähnlich dem deutschen Eiskaffee.
>
> In einem **café** kann man wie in einer *bar* Kaffee, Saft oder etwas Alkoholisches trinken, einen Snack essen und auch frühstücken. Kaffee und Kuchen bekommt man in einem *salon de thé*.

caféine [kafein] *f* Koffein *nt*

café-restaurant [kafeʀɛstɔʀɑ̃] <cafés-restaurants> *m* Gaststätte *nt*, Restaurant *nt* **café-tabac** [kafetaba] <cafés-tabacs> *m* Bar *f* mit Tabakladen

cafétéria [kafeteʀja] *f* Cafeteria *f*

café-théâtre [kafeteɑtʀ] <cafés-théâtres> *m* Kleinkunstbühne *f*

cafetière [kaftjɛʀ] *f* Kaffeekanne *f*; ~ **électrique** Kaffeemaschine *f*

cafouiller [kafuje] <1> *v. intr. fam* ❶ (*agir avec confusion*) Murks machen ❷ (*s'embrouiller*) chaotisch werden

cage [kaʒ] *f* ❶ (*pour enfermer*) Käfig *m*; ~ **à lapin** Kaninchenstall *m* ❷ TECH ~ **d'ascenseur** Aufzugschacht *m*; ~ **d'escalier** Treppenhaus *nt*

cageot [kaʒo] *m* [Obst]kiste *f*

cagette [kaʒɛt] *f* [Obst]kiste *f*

cagibi [kaʒibi] *m* Abstellkammer *f*

cagnotte [kaɲɔt] *f* gemeinsame Kasse

cagoule [kagul] *f* Kapuzenmütze *f*

cagoulé, e [kagule] *adj.* maskiert; (*encagoulé*) vermummt

cahier [kaje] *m* [Schreib]heft *nt*; ~ **de textes** Aufgabenheft

cahoter [kaɔte] <1> *v. intr.* holpern

caïd [kaid] *m* [Gangster]boss *m*

caillasser [kajase] <1> *v. tr. fam* ~ **qn** Steine auf jdn schmeißen; ~ **qc** Steine gegen etw schmeißen

caille [kaj] *f* Wachtel *f*

caillé, e [kaje] *adj.* (*sang*) geronnen

cailler [kaje] <1> *vi, vpr* ❶ (*sang, lait*) gerinnen ❷ *fam* (*avoir froid*) sich (*Dat*) einen abfrieren

caillot [kajo] *m* Gerinnsel *nt*

caillou [kaju] <x> *m* (*pierre*) Kiesel[stein *m*] *m*

caillouteux, -euse [kajutø, -øz] *adj.* steinig

caïman [kaimɑ̃] *m* Kaiman *m*

Caire [kɛʀ] *m* **le ~** Kairo *nt*

caisse [kɛs] *f* ❶ (*boîte*) Kiste *f*; ~ **à outils** Werkzeugkasten *m* ❷ (*dépôt d'argent, guichet*) Kasse *f*; ~ **d'épargne** Sparkasse; ~ **noire** Geheimfonds *m* ❸ (*organisme de gestion*) Kasse *f*; ~ **d'assurance maladie** Krankenkasse ❹ *fam* (*voiture*) **tourner en ~** cruisen

caissier, -ière [kesjo, jɛʀ] *m, f* Kassierer(in) *m(f)*

cajoler [kaʒɔle] <1> *v. tr.* liebkosen

cajolerie [kaʒɔlʀi] *f gén. pl.* Zärtlichkeiten *Pl*

cajoleur, -euse [kaʒɔlœʀ, -øz] *adj.* zärtlich; (*voix*) sanft

cajou [kaʒu] *m* [**noix de**] ~ Cashewkern *m*

cake [kɛk] *m* englischer [Tee]kuchen

cal [kal] *m* Schwiele *f*

calamar [kalamaʀ] *m* Tintenfisch *m*

calamité [kalamite] *f* Katastrophe *f*

calanque [kalɑ̃k] *f* [kleine] Felsbucht
calcaire [kalkɛʀ] **I.** *adj.* kalkhaltig **II.** *m* GEO Kalk[stein] *m*
calciné, e [kalsine] *adj.* verkohlt
calciner [kalsine] <1> *v. tr.* CHIM kalzinieren
calcium [kalsjɔm] *m* Kalzium *nt*
calcul [kalkyl] *m* ❶ Berechnung *f*; **faire le ~ de** berechnen; **faire une erreur de ~** sich verrechnen ❷ (*arithmétique*) **~ algébrique** algebraisches Rechnen ❸ *pl* (*estimation*) Berechnung *f*
calculable [kalkylabl] *adj.* berechenbar
calculatrice [kalkylatʀis] *f* Rechner *m*
calculer [kalkyle] <1> **I.** *v. intr.* rechnen **II.** *v. tr.* ausrechnen; (*risque*) einkalkulieren
calculette [kalkylɛt] *f* Taschenrechner *m*
cale[1] [kal] *f* NAUT Laderaum *m*
cale[2] [kal] *f* (*coin*) Keil *m*
calé, e [kale] *adj. fam* **être ~ en qc** in etw (*Dat*) etwas draufhaben
calèche [kalɛʃ] *f* Kalesche *f*
caleçon [kalsɔ̃] *m* Unterhose *f*
calembour [kalɑ̃buʀ] *m* Kalauer *m*; **faire un ~** kalauern
calendrier [kalɑ̃dʀije] *m* ❶ Kalender *m* ❷ (*programme*) Zeitplan *m*
cale-pied [kalpje] <cale-pieds> *m* Rennbügel *m*
calepin [kalpɛ̃] *m* Notizbuch *nt*
caler [kale] <1> **I.** *v. intr.* ❶ AUT (*conducteur*) den Motor abwürgen; (*moteur*) absterben ❷ *fam* (*être rassasié*) bis obenhin voll sein **II.** *v. tr.* ❶ (*meuble*) unterlegen ❷ (*rendre stable*) **~ qc contre qc** etw gegen etw lehnen
calfeutrer [kalføtʀe] <1> *v. tr.* abdichten
calibre [kalibʀ] *m* Durchmesser *m*; (*d'un projectile*) Kaliber *nt*; (*des fruits, œufs*) Größe *f*
calice [kalis] *m* BOT [Blüten]kelch *m*
califourchon [kalifuʀʃɔ̃] **à ~** rittlings
câlin [kɑlɛ̃] *m* Zärtlichkeit *f*; **faire un ~ à qn/au chat** *fam* mit jdm schmusen/die Katze streicheln
câlin, e [kɑlɛ̃, in] *adj.* anschmiegsam
câliner [kɑline] <1> *v. tr.* **~ qn** zu jdm zärtlich sein
call-girl [kolgœʀl] <call-girls> *f* Callgirl *nt*
calligraphie [ka(l)ligʀafi] *f* ❶ (*technique*) Kalligraphie *f* ❷ (*écriture élégante*) Schönschrift *f*
calmant [kalmɑ̃] *m* Beruhigungsmittel *nt*
calmant, e [kalmɑ̃, ɑ̃t] *adj.* beruhigend
calmar [kalmaʀ] *m voir* **calamar**
calme [kalm] **I.** *adj.* ruhig; (*lieu*) still **II.** *m* Ruhe *f*; **du ~!** Ruhe bewahren!
calmement [kalməmɑ̃] *adv.* ruhig
calmer [kalme] <1> **I.** *v. tr.* ❶ (*personne, esprits, nerfs*) beruhigen ❷ (*douleur*) lindern; (*faim*) stillen **II.** *v. pron.* **se ~** sich beruhigen; (*tempête*) nachlassen
calomnie [kalɔmni] *f* Verleumdung *f*
calomnier [kalɔmnje] <1a> *v. tr.* verleumden
calomnieux, -euse [kalɔmnjø, -jøz] *adj.* verleumderisch
calorie [kalɔʀi] *f* Kalorie *f*
calorifique [kalɔʀifik] *adj.* wärmeerzeugend
calotte [kalɔt] *f fam* (*gifle*) Ohrfeige *f*
calque [kalk] *m* (*papier*) Pauspapier *nt*
calumet [kalymɛ] *m* Kalumet *nt* ▸ **fumer le ~ de la paix** die Friedenspfeife rauchen
calvados [kalvados] *m* Calvados *m*
calvaire [kalvɛʀ] *m* Martyrium *nt*
calvitie [kalvisi] *f* ❶ (*tonsure*) Glatze *f* ❷ (*phénomène*) Kahlköpfigkeit *f*
camarade [kamaʀad] *mf* ❶ (*collègue*) Kamerad(in) *m(f)*; **~ d'études** Kommilitone *m*/Kommilitonin *f* ❷ POL Genosse *m*/Genossin *f*
camaraderie [kamaʀadʀi] *f* Kameradschaft *f*
Camargue [kamaʀg] *f* **la ~** die Camargue
Cambodge [kɑ̃bɔdʒ] *m* **le ~** Kambodscha *nt*
cambouis [kɑ̃bwi] *m* [gebrauchtes] Schmieröl
cambré, e [kɑ̃bʀe] *adj.* **être très ~** ein starkes Hohlkreuz haben
cambriolage [kɑ̃bʀijɔlaʒ] *m* Einbruch *m*, Einbruchsdiebstahl *m*
cambrioler [kɑ̃bʀijɔle] <1> *v. tr.* **~ qc** in etw (*Akk*) einbrechen
cambrioleur, -euse [kɑ̃bʀijɔlœʀ, -øz] *m, f* Einbrecher(in) *m(f)*
cambrousse [kɑ̃bʀus] *f fam* ländliche Gegend; **en pleine ~** mitten in der

Pampa; **débarquer de sa ~** gerade aus seinem Kuhdorf kommen

came [kam] *f fam* Stoff *m*

camé, e [kame] *m, f fam* Fixer(in) *m(f)*

caméléon [kameleɔ̃] *m* ZOOL Chamäleon *nt*

camélia [kamelja] *m* BOT Kamelie *f*

camelote [kamlɔt] *f fam* Ramsch *m*

camembert [kamɑ̃bɛʀ] *m* Camembert *m*

caméra [kameʀa] *f* Kamera *f*

caméraman [kameʀaman] <s> *m* Kameramann *m*/Kamerafrau *f*

Cameroun [kamʀun] *m* **le ~** Kamerun *nt*

caméscope [kameskɔp] *m* Camcorder *m*

camion [kamjɔ̃] *m* Lastwagen *m*, Lkw *m*

camion-citerne [kamjɔ̃sitɛʀn] <camions-citernes> *m* Tankwagen *m*

camionnette [kamjɔnɛt] *f* Lieferwagen *m*

camionneur [kamjɔnœʀ] *m* Lastwagenfahrer(in) *m(f)*

camisole [kamizɔl] *f* Mieder *nt*

camomille [kamɔmij] *f* ① (*fleur*) Kamille *f* ② (*tisane*) Kamillentee *m*

camouflage [kamuflaʒ] *m* MIL Tarnung *f*

camoufler [kamufle] <1> *v. tr.* ① MIL tarnen ② (*tenir secret*) verheimlichen

camp [kɑ̃] *m* ① *a.* MIL, POL Lager *nt*; **~ de concentration** Konzentrationslager ② SPORT Seite *f* ▶ **ficher le ~** *fam* abhauen

campagnard, e [kɑ̃paɲaʀ, aʀd] **I.** *adj.* ländlich **II.** *m, f* Landbewohner(in) *m(f)*

campagne [kɑ̃paɲ] *f* ① (*opp: ville*) Land *nt*; **à la ~** auf dem Land[e] ② (*paysage*) ländliche Gegend ③ MIL Feldzug *m*, Kampf *m* ④ (*action de communication*) **~ électorale/publicitaire** Wahl-/Werbekampagne *f*

campement [kɑ̃pmɑ̃] *m* Lager *nt*

camper [kɑ̃pe] <1> *v. intr.* ① (*monter une tente*) campen ② (*être installé provisoirement*) kampieren (*fam*)

campeur, -euse [kɑ̃pœʀ, -øz] *m, f* Camper *m*

camping [kɑ̃piŋ] *m* ① (*action de camper*) Zelten *nt*, Camping *nt*; **faire du ~** zelten ② (*lieu*) [**terrain de**] **~** Campingplatz *m*

camping-car [kɑ̃piŋkaʀ] <camping-cars> *m* Wohnmobil *nt* **camping-gaz®** [kɑ̃piŋgɑz] *m inv.* Gaskocher *m*

campus [kɑ̃pys] *m* Campus *m*

Canada [kanada] *m* **le ~** Kanada *nt*

canadair® [kanadɛʀ] *m* Löschflugzeug *nt*

canadien, ne [kanadjɛ̃, jɛn] *adj.* kanadisch

Canadien, ne [kanadjɛ̃, jɛn] *m, f* Kanadier(in) *m(f)*

canadienne [kanadjɛn] *f* ① (*veste*) lammfellgefütterte Jacke (*aus Stoff oder Leder*) ② (*tente*) kleines [Zweimann]zelt

canaille [kanɑj] *f* ① (*fripon*) Halunke *m* ② *iron* (*enfant*) Schlingel *m*

canal [kanal, o] <-aux> *m* Kanal *m*

canalisation [kanalizasjɔ̃] *f* ① (*tuyauterie*) Rohrleitung *f*; **~ d'eau/de gaz** Wasser-/Gasleitung ② (*égouts*) Kanalisation *f*

canaliser [kanalize] <1> *v. tr.* kanalisieren

canapé [kanape] *m* ① (*meuble*) Couch *f* ② GASTR Häppchen *nt*

canapé-lit [kanapeli] <canapés-lits> *m* Schlafcouch *f*

canard [kanaʀ] *m* ① (*oiseau*) Ente *f* ② *fam* (*journal*) Blatt *nt*

canari [kanaʀi] *m* Kanarienvogel *m*

canasson [kanasɔ̃] *m péj* Gaul *m*

cancan [kɑ̃kɑ̃] *m* **french ~** French-Cancan *m*

cancer [kɑ̃sɛʀ] *m* Krebs *m*

Cancer [kɑ̃sɛʀ] *m* ASTRO Krebs *m*; *voir a.* **Balance**

cancéreux, -euse [kɑ̃seʀø, -øz] **I.** *adj.* Krebs- **II.** *m, f* Krebskranke(r) *f(m)*

cancérigène [kɑ̃seʀiʒɛn] *adj.*, **cancérogène** [kɑ̃seʀɔʒɛn] *adj.* Krebs erregend

cancérologue [kɑ̃seʀɔlɔg] *mf* Krebsspezialist(in) *m(f)*

cancre [kɑ̃kʀ] *m fam* Kameramann *m*/Kamerafrau *f*, fauler Schüler/faule Schülerin

candélabre [kɑ̃delɑbʀ] *m* [mehrarmiger] Kerzenständer *m*

candidat, e [kɑ̃dida, at] *m, f* ① Kandidat(in) *m(f)* ② (*à un poste*) Bewerber(in) *m(f)*

candidature [kɑ̃didatyʀ] *f* ① (*aux élections*) Kandidatur *f* ② (*à un poste, un jeu*) Bewerbung *f*; **poser sa ~ à un**

poste sich um eine Stelle bewerben; **retenir une ~** eine Bewerbung berücksichtigen
candide [kɑ̃did] *adj.* (*ingénu*) unverdorben
cane [kan] *f* (*opp: mâle*) Entenweibchen *nt*
caneton [kantɔ̃] *m* Entenküken *nt*
canette [kanɛt] *f* [Bier]dose *f*
canevas [kanvɑ] *m* Kanevas *m*
caniche [kaniʃ] *m* Pudel *m*
caniculaire [kanikylɛʀ] *adj.* (*chaleur*) unerträglich
canicule [kanikyl] *f* ❶ (*période*) Hundstage *Pl* ❷ (*chaleur*) Hitze *f*
canif [kanif] *m* Taschenmesser *nt*, Feitel *m* (A)
canin, e [kanɛ̃, in] *adj.* Hunde-; **races ~es** Hunderassen *Pl*
canine [kanin] *f* Eckzahn *m*
caniveau [kanivo] <x> *m* Rinnstein *m*
cannabis [kanabis] *m* Cannabis *m*
canne [kan] *f* ❶ (*bâton*) [Spazier]stock *m* ❷ (*tige*) **~ à sucre** Zuckerrohr *nt* ❸ (*gaule*) **~ à pêche** Angelrute *f*
cannelle [kanɛl] *f* Zimt *m*
cannibale [kanibal] **I.** *adj.* kannibalisch **II.** *mf* Kannibale *m*/Kannibalin *f*
cannibalisme [kanibalism] *m* Kannibalismus *m*
canoë [kanɔe] *m* ❶ (*embarcation*) Kanu *nt* ❷ (*sport*) Kanufahren *nt*
canoë-kayak [kanɔekajak] <canoës-kayaks> *m* Kajak *m o nt*; **faire du ~** Kajak fahren
canon [kanɔ̃] **I.** *adj. inv. fam* **super ~** echt stark **II.** *m* ❶ (*arme*) Kanone *f* ❷ (*tube: d'un fusil*) Lauf *m* ❸ (*machine*) **~ à neige** Schneekanone *f*
canot [kano] *m* Boot *nt*
cantatrice [kɑ̃tatʀis] *f* [Opern]sängerin *f*
cantine [kɑ̃tin] *f* Kantine *f*
cantique [kɑ̃tik] *m* [Kirchen]lied *nt*
canton [kɑ̃tɔ̃] *m* ❶ (*en France*) ≈ Land-/Stadtkreis *m* ❷ (*en Suisse*) Kanton *m*
cantonal, e [kɑ̃tɔnal, o] <-aux> *adj.* ❶ (*en France*) **élections ~es** ≈ Kreiswahlen *Pl* ❷ (*en Suisse*) kantonal; **autorités ~es** Kantonsbehörden *Pl*
cantonner [kɑ̃tɔne] <1> **I.** *v. tr.* (*reléguer*) **~ qn dans qc** jdn auf etw (*Akk*) beschränken **II.** *v. pron.* **se ~ dans qc** sich auf etw (*Akk*) beschränken
cantonnier [kɑ̃tɔnje] *m* Straßenarbeiter *m*
canular [kanylaʀ] *m fam* Scherz *m*
canyoning [kanjɔniŋ] *m* SPORT Canyoning *nt*
CAO [seɑo] *abr. de* **conception assistée par ordinateur** CAD *nt*
caoutchouc [kautʃu] *m* ❶ (*matière*) Kautschuk *m* ❷ (*élastique*) Gummi[ring *m*] *m* ❸ (*plante*) Gummibaum *m*
cap [kap] *m* ❶ (*pointe de terre*) Kap *nt* ❷ (*direction*) Kurs *m*
CAP [seɑpe] *m abr. de* **certificat d'aptitude professionnelle** *Zeugnis für eine abgeschlossene Berufsausbildung (z.B. Gesellenbrief)*
capable [kapabl] *adj.* fähig
capacité [kapasite] *f* ❶ (*contenance*) Fassungsvermögen *nt* ❷ INFORM Kapazität *f*; **~ d'une mémoire** Speicherkapazität ❸ (*faculté*) Fähigkeit *f* ❹ (*puissance*) **~ de production** Produktionskapazität *f* ❺ SCOL **~ en droit** *Abschlusszeugnis eines vereinfachten Jurastudiums für Nichtabiturienten*
cape [kap] *f* Umhang *m*
capeline [kaplin] *f: Damenhut mit breiter Krempe*
CAPES [kapɛs] *m abr. de* **certificat d'aptitude au professorat de l'enseignement secondaire** ≈ *Staatsexamen für das Lehramt an höheren Schulen*
capharnaüm [kafaʀnaɔm] *m fam* Rumpelkammer *f*
capillaire [kapilɛʀ] *adj.* **lotion ~** Haarwasser *nt*
capitaine [kapitɛn] *m* ❶ MIL Hauptmann *m* ❷ NAUT, AVIAT, SPORT Kapitän *m*
capital [kapital, o] <-aux> *m* ❶ Kapital *nt* ❷ *pl* FIN Gelder *Pl*
capital, e [kapital, o] <-aux> *adj.* wesentlich
capitale [kapital] *f* ❶ (*ville*) Hauptstadt *f* ❷ (*lettre*) Großbuchstabe *m*
capitaliser [kapitalize] <1> *v. tr.* FIN kapitalisieren
capitalisme [kapitalism] *m* Kapitalismus *m*
capitaliste [kapitalist] *mf* Kapitalist(in) *m(f)*
capitonner [kapitɔne] <1> *v. tr.* polstern

C

capitulation [kapitylasjɔ̃] *f* Kapitulation *f*

capituler [kapityle] <1> *v. intr.* kapitulieren

caporal [kapɔʀal, o] <-aux> *m* Gefreite(r) *m*

capot [kapo] *m* Motorhaube *f*

capote [kapɔt] *f* ❶ AUT Verdeck *nt* ❷ *fam* (*préservatif*) ~ [**anglaise**] Pariser *m*

câpre [kɑpʀ] *f* Kaper *f*

caprice [kapʀis] *m* ❶ (*fantaisie*) Laune *f* ❷ *pl* (*changement*) Launen *Pl* ❸ (*exigence d'un enfant*) Quengelei *f*

capricieux, **-euse** [kapʀisjø, -jøz] *adj.* (*personne*) launisch; (*temps*) unbeständig

Capricorne [kapʀikɔʀn] *m* ASTRO Steinbock *m; voir a.* **Balance**

capsule [kapsyl] *f* ❶ (*d'une bouteille*) Kron[en]korken *m* ❷ (*médicament*) Kapsel *f*

capter [kapte] <1> *v. tr.* ❶ (*source*) fassen; (*énergie*) einfangen ❷ (*émission*) empfangen; (*message*) mitbekommen (*fam*) ❸ (*chercher à obtenir*) ~ **l'attention de qn** jdn fesseln

capteur [kaptœʀ] *m* Sensor *m*

captif, **-ive** [kaptif, -iv] *adj.* (*personne, animal*) gefangen [gehalten]

captivant, **e** [kaptivɑ̃, ɑ̃t] *adj.* fesselnd

captiver [kaptive] <1> *v. tr.* fesseln

captivité [kaptivite] *f* Gefangenschaft *f*

capture [kaptyʀ] *f* (*d'un animal*) [Ein]fangen *nt*

capturer [kaptyʀe] <1> *v. tr.* (*personne*) fassen; (*animal*) einfangen

capuche [kapyʃ] *f* Kapuze *f*

capuchon [kapyʃɔ̃] *m* (*bouchon*) [Verschluss]kappe *f*

capucine [kapysin] *f* Kapuzinernonne *f*

car[1] [kaʀ] *m* Bus *m*

car[2] [kaʀ] *conj.* denn

carabine [kaʀabin] *f* Karabiner *m*

caractère [kaʀaktɛʀ] *m* ❶ (*tempérament*) Charakter *m* ❷ (*fermeté*) Charakter[stärke *f*] *m;* **avoir beaucoup de ~** willensstark sein ❸ (*personne*) [starke] Persönlichkeit ❹ (*symbole*) [Schrift]zeichen *nt;* **~s d'imprimerie** Druckschrift *f;* **en ~s gras** fett; **en ~s italiques** kursiv

caractériel, **le** [kaʀakteʀjɛl] **I.** *adj.* (*personne*) verhaltensgestört **II.** *m, f* Verhaltensgestörte(r) *f(m)*

caractériser [kaʀakteʀize] <1> **I.** *v. tr.* ❶ (*être typique de*) kennzeichnen ❷ (*définir*) charakterisieren **II.** *v. pron.* **se ~ par qc** sich durch etw auszeichnen

caractéristique [kaʀakteʀistik] **I.** *adj.* **être ~ de qn/qc** charakteristisch für jdn/etw sein **II.** *f* typisches Merkmal

carafe [kaʀaf] *f* Karaffe *f*

Caraïbes [kaʀaib] *fpl* **les ~** die Karibik

carambolage [kaʀɑ̃bɔlaʒ] *m* [Massen]karambolage *f*

caramel [kaʀamɛl] *m* ❶ (*bonbon*) Karamellbonbon *m o nt* ❷ (*substance*) Karamell *m*

caraméliser [kaʀamelize] <1> *vt, vi, vpr* karamellisieren

carapace [kaʀapas] *f* (*d'un crabe, d'une tortue*) Panzer *m*

carat [kaʀa] *m* Karat *nt*

caravane [kaʀavan] *f* ❶ (*nomades*) Karawane *f* ❷ (*véhicule*) Wohnwagen *m*

caravelle [kaʀavɛl] *f* Karavelle *f*

carbone [kaʀbɔn] *m* Kohlenstoff *m*

carboniser [kaʀbɔnize] <1> *v. tr.* verkohlen

carburant [kaʀbyʀɑ̃] *m* Treibstoff *m*

carburateur [kaʀbyʀatœʀ] *m* Vergaser *m*

carburer [kaʀbyʀe] <1> *v. intr.* (*moteur*) vergasen

carcasse [kaʀkas] *f* ❶ (*squelette*) Gerippe *nt* ❷ *fam* (*corps*) **ma vieille ~** meine alten Knochen ❸ (*charpente: d'un bateau*) Gerippe *nt;* (*d'un édifice*) Skelett *nt*

carcéral, **e** [kaʀseʀal, o] <-aux> *adj.* Gefängnis-

cardiaque [kaʀdjak] **I.** *adj.* **malaise ~** Herzanfall *m* **II.** *mf* Herzkranke(r) *f(m)*

cardinal [kaʀdinal, o] <-aux> *m* Kardinal *m*

cardinal, **e** [kaʀdinal, o] <-aux> *adj.* MATH Kardinal-

cardiologie [kaʀdjɔlɔʒi] *f* Kardiologie *f*

cardiologue [kaʀdjɔlɔg] *mf* Herzspezialist(in) *m(f)*

carême [kaʀɛm] *m* ❶ (*jeûne*) Fasten *nt* ❷ (*période*) Fastenzeit *f*

carence [kaʀɑ̃s] *f* MED Mangel *m;* **~ alimentaire** einseitige Ernährung

caressant, **e** [kaʀesɑ̃, ɑ̃t] *adj.* (*personne*) anschmiegsam; (*voix*) zärtlich

caresse [karɛs] *f* Streicheln *nt*
caresser [karese] <1> *v. tr.* ① (*faire des caresses*) streicheln ② (*nourrir: espoir*) hegen
cargaison [kargɛzɔ̃] *f* Ladung *f*
cargo [kargo] *m* Frachtschiff *nt*
caricatural, e [karikatyral, o] <-aux> *adj.* grotesk
caricature [karikatyr] *f* Karikatur *f*
caricaturer [karikatyre] <1> *v. tr.* karikieren
caricaturiste [karikatyrist] *mf* Karikaturist(in) *m(f)*
carie [kari] *f* Karies *f*
carié, e [karje] *adj.* von Karies befallen
carillon [karijɔ̃] *m* (*d'une église*) Glockenspiel *nt;* (*d'une porte d'entrée*) Türglocke *f*
carillonner [karijɔne] <1> *v. intr.* (*cloche, horloge*) läuten, schlagen
carmin [karmɛ̃] **I.** *adj. inv.* karm[es]in[rot] **II.** *m* (*couleur*) Karm[es]inrot *nt*
carnage [karnaʒ] *m* ① (*tuerie*) Blutbad *nt* ② *fam* (*dévastation*) Verwüstung *f*
carnassier [karnasje] *m* Fleischfresser *m*
carnassier, -ière [karnasje, -jɛr] *adj.* Fleisch fressend
carnaval [karnaval] <s> *m* Karneval *m,* Fasching *m* (SDEUTSCH)
carnet [karnɛ] *m* ① (*calepin*) Heft *nt;* ~ **d'adresses** Adressbuch *nt;* ~ **de notes** Zeugnisheft; ~ **d'épargne** CH (*livret d'épargne*) Sparbuch *nt,* Sparheft (CH); ~ **de santé** Gesundheitspass *m* ② (*paquet*) ~ **de tickets** Fahrscheinheft *nt;* ~ **de timbres** Briefmarkenheftchen *nt;* ~ **de chèques** Scheckheft
carnivore [karnivɔr] *m* Fleischfresser *m*
carnotset [karnɔtsɛ] *m* CH Partykeller *m*
carotide [karɔtid] *f* Halsschlagader *f*
carotte [karɔt] *f* Karotte *f,* Möhre *f;* ~ **rouge** CH (*betterave*) rote Rübe *f* (CH)
carpe [karp] *f* Karpfen *m*
carpette [karpɛt] *f* (*tapis*) Läufer *m*
carré [kare] *m* ① MATH Quadrat *nt;* **quatre/six au** ~ vier/sechs im Quadrat ② JEUX **un** ~ **d'as** vier Asse ③ (*parcelle*) ~ **de terre** Stück *nt* Land
carré, e [kare] *adj.* ① (*rectangulaire*) quadratisch ② (*robuste: épaules*) breit ③ MATH **mètre/kilomètre** ~ Quadratmeter *m*/-kilometer *m*
carreau [karo] <x> *m* ① (*vitre*) [Fenster]scheibe *f;* **faire les ~x** die Fenster putzen ② (*carrelage*) Fliese *f* ③ (*motif sur tissu*) Karo *nt;* (*sur papier*) Kästchen *nt;* **à grands/petits ~x** groß/klein kariert ④ JEUX Karo *nt*
carrefour [karfur] *m* ① (*de routes*) Kreuzung *f* ② (*point de rencontre*) Treffpunkt *m*
carrelage [karlaʒ] *m* Fliesen *Pl*
carreler [karle] <3> *v. tr.* fliesen
carrelet [karlɛ] *m* Scholle *f*
carreleur, -euse [karlœr, -øz] *m, f* Fliesenleger(in) *m(f)*
carrément [karemɑ̃] *adv. fam* geradeheraus
carrière[1] [karjɛr] *f* Laufbahn *f;* **faire** ~ Karriere machen
carrière[2] [karjɛr] *f* ~ **de pierres** Steinbruch *m*
carrosse [karɔs] *m* Karosse *f*
carrosserie [karɔsri] *f* Karosserie *f*
carrousel [karuzɛl] *m* TECH kreisförmiges Förderband
carrure [karyr] *f* ① (*largeur du dos*) Schulterbreite *f* ② (*envergure*) Format *nt*
cartable [kartabl] *m* ① SCOL Schultasche *f* ② CAN (*classeur à anneaux*) Ringordner *m*
carte [kart] *f* ① GEO [Land]karte *f;* ~ **en relief** Reliefkarte ② JEUX ~ **à jouer** Spielkarte *f;* **jouer aux ~s** Karten spielen ③ POST ~ **postale** Ansichtskarte *f,* [Post]karte ④ GASTR [Speise]karte *f* ⑤ (*bristol*) ~ **de visite** Visitenkarte *f* ⑥ (*moyen de paiement*) ~ **à mémoire/à puce** Magnet-/Chipkarte *f;* ~ **bancaire/de crédit** Kreditkarte; ~ **de téléphone** Telefonkarte ⑦ (*document*) ~ **d'électeur** Wahlschein *m;* ~ **d'étudiant** Studentenausweis *m;* ~ **[nationale] d'identité** Personalausweis *f;* ~ **de séjour** Aufenthaltserlaubnis *f;* ~ **grise** Kraftfahrzeugschein
cartel [kartɛl] *m* Kartell *nt*
cartilage [kartilaʒ] *m* Knorpel *m*
cartilagineux, -euse [kartilaʒinø, -øz] *adj.* (*viande*) knorp[e]lig
cartomancien, ne [kartɔmɑ̃sjɛ̃, jɛn] *m, f* Kartenleger(in) *m(f)*
carton [kartɔ̃] *m* ① (*matière*) Pappe *f* ② (*emballage*) Karton *m* ▸ ~ **jaune/rouge** gelbe/rote Karte

carton-pâte [kaʀtɔ̃pɑt] *m* Pappmaché *nt*

cartouche [kaʀtuʃ] *f* ❶ (*d'un fusil*) Patrone *f* ❷ **~ de cigarettes** Stange *f* Zigaretten ❸ **~ d'encre** Tintenpatrone *f*

C

cas [kɑ] *m* ❶ (*circonstance*) Fall *m;* **~ difficile** schwierige Angelegenheit; **~ d'urgence** Notfall; **dans ce ~** in diesem Fall; **dans le ~ contraire** andernfalls; **en tout ~** auf jeden Fall ❷ (*hypothèse*) **au ~ où** für den Fall, dass; **en ~ de** im Falle von; **en d'absence** bei Abwesenheit; **en ~ de besoin** wenn nötig ❸ MED, JUR, LING Fall *m*

casanier, -ière [kazanje, -jɛʀ] *adj.* (*personne*) häuslich

cascade [kaskad] *f* ❶ (*chute d'eau*) Wasserfall *m* ❷ CINE Stunt *m*

cascadeur, -euse [kaskadœʀ, -øz] *m, f* CINE Stuntman *m*/Stuntgirl *nt*

case [kɑz] *f* ❶ (*d'un formulaire, damier*) Feld *nt;* **avancer de huit ~s** acht Felder vorrücken; **~ spéciale** Spezialfeld ❷ (*hutte*) Hütte *f*

caser [kɑze] <1> **I.** *v. tr.* ❶ (*loger*) unterbringen ❷ (*marier*) unter die Haube bringen **II.** *v. pron.* **se ~** ❶ (*se loger*) unterkommen ❷ (*se marier*) heiraten

caserne [kazɛʀn] *f* Kaserne *f*

cash [kaʃ] *adv. fam* cash

casher [kaʃɛʀ] *adj. inv.* koscher

casier [kɑzje] *m* ❶ (*case*) Fach *nt* ❷ JUR **~ judiciaire** Strafregister *nt*

casino [kazino] *m* [Spiel]kasino *nt*

casque [kask] *m* ❶ (*protection*) Helm *m;* (*d'un motocycliste*) Sturzhelm ❷ MUS Kopfhörer *m* ▶**~ <u>bleu</u>** Blauhelm *m*

casquer [kaske] <1> *v. intr. fam* blechen

casquette [kaskɛt] *f* Schirmmütze *f*

cassant, e [kɑsɑ, ɑ̃t] *adj.* bruchempfindlich

cassation [kɑsasjɔ̃] *f* (*d'un testament, d'un acte*) Ungültigkeitserklärung *f*

casse [kɑs] **I.** *f* ❶ (*dégât*) Schaden *m* ❷ (*bagarre*) **il va y avoir de la ~** *fam* gleich wird es eine Schlägerei geben ❸ (*commerce du ferrailleur*) Schrottplatz *m* **II.** *m fam* Bruch *m*

cassé, e [kɑse] *adj.* (*voix*) rau

casse-cou [kɑsku] *m inv. fam* Draufgänger(in) *m(f)*

casse-croûte [kɑskʀut] *m inv. fam* Imbiss *m,* Zwischenmahlzeit *f*

casse-gueule [kɑsgœl] *inv. m fam* **c'est un vrai ~!** (*endroit glissant*) das ist die reinste Rutschbahn!

casse-noisettes [kɑsnwazɛt] *m inv.* Nussknacker *m*

casse-noix [kɑsnwɑ] *m inv.* Nussknacker *m*

casse-pieds [kɑspje] *inv.* **I.** *adj. fam* ❶ (*importun*) nervig ❷ (*ennuyeux*) langweilig **II.** *mf fam* Nervensäge *f*

casser [kɑse] <1> **I.** *v. tr* ❶ (*objet*) zerbrechen; (*branche*) abbrechen; (*noix*) knacken; **~ qc en deux** etw in zwei Teile brechen ❷ (*ambiance*) stören ❸ ECON **~ les prix** die Preise radikal senken ❹ (*jugement*) aufheben ▶**~ les <u>pieds</u> à qn** *fam* jdm auf die Nerven gehen **II.** *v. intr.* (*objet*) zerbrechen; (*branche*) abbrechen; (*fil*) [ab]reißen **III.** *v. pron.* ❶ (*se rompre*) **se ~** zerbrechen; (*branche*) abbrechen; **se ~ en mille morceaux** in tausend Stücke zerspringen ❷ (*être fragile*) **se ~/ne pas se ~** zerbrechlich/unzerbrechlich sein ❸ (*se briser*) **se ~ un bras** sich (*Dat*) einen Arm brechen ❹ *fam* (*se fatiguer*) **se ~ la tête** sich den Kopf zerbrechen ❺ *fam* (*s'en aller*) abhauen

casserole [kasʀɔl] *f* [Stiel]kasserole *f*

casse-tête [kɑstɛt] *m inv.* **~ chinois** kniffliges Problem

cassette [kasɛt] *f* Kassette *f;* **~ vidéo** Videokassette

casseur, -euse [kɑsœʀ, -øz] *m, f* Schrotthändler(in) *m(f)*

cassis [kasis] *m* schwarze Johannisbeere

cassoulet [kasulɛ] *m: weißer Bohneneintopf mit Würstchen und Fleisch aus Südwestfrankreich*

cassure [kɑsyʀ] *f* Bruch *m*

castagnettes [kastaɲɛt] *fpl* Kastagnetten *Pl*

caste [kast] *f* Kaste *f*

casting [kastiŋ] *m* CINE, THEAT Casting *nt*

castor [kastɔʀ] *m* Biber *m*

castration [kastʀasjɔ̃] *f* Kastration *f*

castrer [kastʀe] <1> *v. tr.* kastrieren

cataclysme [kataklism] *m* [Natur]katastrophe *f*

catacombes [katakɔ̃b] *fpl* Katakomben *Pl*

catalogue [katalɔg] *m* Katalog *m*
cataloguer [katalɔge] <1> *v. tr.* katalogisieren
catalyseur [katalizœʀ] *m* CHIM Katalysator *m*
catamaran [katamaʀɑ̃] *m* Katamaran *m*
catapulter [katapylte] <1> *v. tr. a.* AVIAT katapultieren
cataracte [kataʀakt] *f* MED grauer Star
catastrophe [katastʀɔf] *f* Katastrophe *f;* **faire qc en ~** etw überstürzt tun; **atterrir en ~** notlanden
catastrophé, e [katastʀɔfe] *adj. fam* entsetzt
catastrophique [katastʀɔfik] *adj.* katastrophal
catch [katʃ] *m* Catchen *nt*
catéchisme [kateʃism] *m* Religionsunterricht *m*
catégorie [kategɔʀi] *f* ❶ (*groupe*) Kategorie *f;* **~ grammaticale** Wortart *f;* **~ socioprofessionnelle** Berufsstand *m;* **~ d'âge** Altersklasse *f* ❷ SPORT Klasse *f* ❸ (*qualité*) **de 1ère ~** (*produit alimentaire*) Güteklasse *f* 1; (*hôtel*) erster Klasse
catégorique [kategɔʀik] *adj.* kategorisch
catégoriquement [kategɔʀikmɑ̃] *adv.* kategorisch
cathédrale [katedʀal] *f* Kathedrale *f;* **~ de Cologne/de Strasbourg** Kölner Dom *m*/Straßburger Münster *nt*
catholicisme [katɔlisism] *m* Katholizismus *m*
catholique [katɔlik] **I.** *adj.* REL katholisch **II.** *mf* Katholik(in) *m(f)*
catimini [katimini] ▶ **en ~** [klamm]heimlich
cauchemar [koʃmaʀ] *m a. fig* Alptraum *m;* **faire un ~** einen Alptraum haben
cauchemardesque [koʃmaʀdɛsk] *adj.* alptraumhaft
causant, e [kozɑ̃, ɑ̃t] *adj.* gesprächig
cause [koz] **I.** *f* ❶ (*raison*) Ursache *f,* Grund *m;* **fermé pour ~ de maladie** wegen Krankheit geschlossen ❷ JUR Fall *m* ❸ (*ensemble d'intérêts*) Sache *f;* **pour la bonne ~** für einen guten Zweck ▶ **mettre qn en ~** jdn beschuldigen **II.** *prép.* **à ~ de** wegen (+ *Gen*)
causer[1] [koze] <1> *v. tr.* verursachen
causer[2] [koze] <1> *vt, vi* plaudern; **cause toujours!** *fam* red' du nur!
causette [kozɛt] *f* **faire la ~** *fam* einen [kleinen] Schwatz halten
caustique [kostik] *adj.* CHIM ätzend
caution [kosjɔ̃] *f* ❶ (*garantie*) Bürgschaft *f;* **se porter ~ pour qn** für jdn bürgen ❷ (*somme*) Kaution *f*
cautionner [kosjɔne] <1> *v. tr.* JUR (*personne*) bürgen für
cavaler [kavale] <1> *v. intr. fam* (*courir*) Gas geben
cavalerie [kavalʀi] *f* MIL Kavallerie *f*
cavalier [kavalje] *m* ❶ MIL Kavallerist *m* ❷ JEUX Pferd *nt* ❸ (*titre de politesse*) Kavalier *m*
cavalier, -ière [kavalje, -jɛʀ] **I.** *adj. péj* unverschämt **II.** *m, f* ❶ SPORT Reiter(in) *m(f)* ❷ (*au bal*) Tanzpartner(in) *m(f)*
cave [kav] *f* ❶ (*local souterrain*) Keller *m* ❷ (*provision de vins*) Weinkeller *m* ❸ *pl* **~s viticoles** Weinkellerei *f* ❹ (*cabaret*) Kellerbar *f*
caveau [kavo] <x> *m* (*tombeau*) Gruft *f*
caverne [kavɛʀn] *f* Höhle *f*
caviar [kavjaʀ] *m* GASTR Kaviar *m*
cavité [kavite] *f* (*caverne*) Höhle *f*
CB [sibi] *f abr. de* **Citizen's band** CB-Funk *m*
CCP [sesepe] *m abr. de* **compte chèques postal**
CD [sede] *m abr. de* **Compact Disc** CD *f*
CDI [sedei] *m* ❶ *abr. de* **centre de documentation et d'information** *Dokumentations- und Informationsstelle einer Schule* ❷ *abr. de* **Compact Disc Interactive** CD-I *f*
CD-ROM [sedeʀɔm] *m abr. de* **Compact Disc Read Only Memory** CD-ROM *f*
ce[1] [sə] < *devant en et formes de "être" commençant par une voyelle* **c'**, *devant a* **ç'**> *pron. dém.* ❶ (*pour désigner*) das; **ce sont de bons souvenirs** das sind schöne Erinnerungen ❷ (*dans une question*) **qui est-ce?, c'est qui?** *fam* wer ist das?; (*au téléphone*) wer ist da?; **qui est-ce qui/que** wer/wen; **qu'est-ce [que c'est]?, c'est quoi?** *fam* was ist das?; **qu'est-ce qui/que** was ❸ (*pour insister*) **c'est à elle de faire qc** (*c'est à son tour*) sie ist dran [etw zu tun]; (*c'est son rôle*) sie soll etw tun ❹ (*devant une relative*) **voilà tout ce**

que je sais das ist alles, was ich weiß; **dis-moi ce dont tu as besoin** sag mir, was du brauchst ▸ **et ce** und zwar; **sur ce** daraufhin

ce² [sə] *adj. dém.* ❶ (*pour désigner*) diese(r, s); ~ **vase/tableau/cet homme** diese Vase/dieses Bild/dieser Mann; *voir a.* **cette** ❷ (*intensif, péjoratif*) ~ **garçon**[-**là**] der Junge [da] ❸ (*en opposition*) ~ **livre-ci ...** ~ **livre-là** dieses Buch hier ... jenes Buch dort ❹ (*matin, midi, après-midi, soir*) heute; ~ **jour-là** an jenem Tag; ~ **mois-ci** diesen/in diesem Monat

CE [seø] *f abr. de* **Communauté européenne** HIST EG *f*

ceci [səsi] *pron. dém.* dieses [hier]; **à ~ près qu'il ment** außer, dass er lügt; *voir a.* **cela**

cécité [sesite] *f* Blindheit *f*

céder [sede] <5> **I.** *v. tr.* ❶ (*abandonner au profit de qn*) überlassen ❷ (*vendre*) veräußern **II.** *v. intr.* ❶ (*renoncer*) nachgeben ❷ (*capituler*) aufgeben ❸ (*succomber*) nachgeben ❹ (*se rompre*) nachgeben; (*chaise*) zusammenbrechen

cédérom [sedeʀɔm] *m* CD-ROM *f*

CEDEX [sedɛks] *m abr. de* **courrier d'entreprise à distribution exceptionnelle** *Sammelpostamt für gesondert zugestellte Firmen- und Behördenpost*

cédille [sedij] *f* Cedille *f (kommaähnliches, diakritisches Zeichen unter einem c/C)*

cèdre [sɛdʀ] *m* Zeder *f*

CEE [seøø] *f abr. de* **Communauté économique européenne** HIST EWG *f*

ceinture [sɛ̃tyʀ] *f* ❶ (*pour la taille*) Gürtel *m* ❷ (*partie d'un vêtement*) Bund *m;* (*d'une robe*) Taille *f* ❸ AUT, AVIAT [Sicherheits]gurt *m;* **attacher sa ~ de sécurité** sich anschnallen

ceinturer [sɛ̃tyʀe] <1> *v. tr.* (*personne*) umklammern

ceinturon [sɛ̃tyʀɔ̃] *m* MIL Koppel *nt*

cela [s(ə)la] *pron. dém.* ❶ (*pour désigner*) das; **pour ~** deshalb; **après ~** danach ❷ (*pour renforcer*) **qui/quand/où ~?** wer [*o* wen]/wann/wo [*o* wohin] [sagst du/sagen Sie]?; **~ fait dix jours que j'attends** ich warte jetzt schon seit zehn Tagen ▸ **et avec ~?** was darf es sonst noch sein?; **sans ~** ansonsten; *voir a.* **ça, ceci**

célébration [selebʀasjɔ̃] *f* Feier[lichkeiten *Pl*] *f*

célèbre [selɛbʀ] *adj.* berühmt

célébrer [selebʀe] <5> *v. tr.* ❶ (*fêter*) feiern ❷ (*exploit*) rühmen

célébrissime [selebʀisim] *adj.* (*très célèbre*) hochberühmt

célébrité [selebʀite] *f* Berühmtheit *f*

céleri [sɛlʀi] *m* Sellerie *m o f*

céleri-rave [sɛlʀiʀav] <céleris-raves> *m* Sellerie[knolle *f*] *m o f*

céleste [selɛst] *adj.* (*relatif au ciel*) **corps ~** Himmelskörper *m*

célibat [seliba] *m* Ehelosigkeit *f;* (*d'un prêtre*) Zölibat *nt o m*

célibataire [selibatɛʀ] **I.** *adj.* ledig **II.** *mf* Junggeselle *m*/Junggesellin *f*

celle, celui [sɛl] <s> *pron. dém.* ❶ + *prép* ~ **de Paul est plus jolie** der[jenige]/die[jenige]/das[jenige] von Paul ist schöner ❷ + *pron. rel.* ~ **que tu as achetée est moins chère** der, den/das, das/die, die du gekauft hast, ist billiger

celle-ci, celui-ci [sɛlsi] <celles-ci> *pron. dém.* ❶ (*chose*) diese(r, s) [hier]; (*personne*) diese [hier] ❷ (*référence à un antécédent*) diese ❸ (*en opposition*) ~ **est moins chère que celle-là** diese(r, s) ist billiger als jene(r, s); (*avec un geste*) diese(r, s) [hier] ist billiger als diese(r, s) [da] **celle-là, celui-là** [sɛlla] <celles-là> *pron. dém.* ❶ (*chose*) diese(r, s) [da]; (*personne*) diese [da] ❷ (*référence à un antécédent*) jene(r, s) ❸ (*en opposition*) *voir* **celle-ci**

celles, ceux [sɛl] *pl pron. dém.* ❶ + *prép* die[jenigen] + *Präp;* ~ **d'entre vous** diejenigen von Ihnen ❷ + *pron. rel.* die[jenigen]; *voir a.* **celle**

celles-ci, ceux-ci [sɛlsi] *pl pron. dém.* ❶ (*pour distinguer*) diese [hier] ❷ (*référence à un antécédent*) diese ❸ (*en opposition*) *voir* **celle-ci** **celles-là, ceux-là** [sɛlla] *pl pron. dém.* ❶ (*en désignant*) diese [da] ❷ (*référence à un antécédent*) jene ❸ (*en opposition*) diese da; *voir a.* **celle-ci**

cellier [selje] *m* Vorratsraum *m*

cellophane® [selɔfan] *f* Zellophan® *nt;* (*emballage*) Frischhaltefolie *f*

cellulaire [selylɛʀ] *m* CAN (*téléphone portable*) Handy *nt*

cellule [selyl] *f* Zelle *f*

cellulite [selylit] *f* MED Zellulitis *f*
cellulose [selyloz] *f* Zellulose *f*
celte [sɛlt] *adj.* keltisch
Celte [sɛlt] *mf* Kelte *m*/Keltin *f*
celtique [sɛltik] **I.** *adj.* keltisch **II.** *m* Keltisch *nt; voir* **allemand**
celui, **celle** [səlɥi] <ceux> *pron. dém.* der[jenige]/die[jenige]/das[jenige]; *voir a.* **celle**
celui-ci, **celle-ci** [səlɥisi] <ceux-ci> *pron. dém.* (*chose*) diese(r, s) [hier]; (*personne*) dieser [hier]; *voir a.* **celle-ci, celui-là** **celui-là**, **cello-là** [səlɥila] <ceux-là> *pron. dém.* ① (*chose*) diese(r, s) [da]; (*personne*) dieser [da] ② (*référence à un antécédent*) jene(r, s) ③ (*en opposition*) *voir* **celui-ci, celle-ci**
cendre [sɑ̃dʀ] *f* Asche *f*
cendré, **e** [sɑ̃dʀe] *adj.* (*cheveux*) aschblond
cendrier [sɑ̃dʀije] *m* Aschenbecher *m*
Cendrillon [sɑ̃dʀijɔ̃] *f* Aschenputtel *nt*
censé, **e** [sɑ̃se] *adj.* **être ~ faire qc** [eigentlich] etw tun wollen; **je te le dis, mais tu n'es pas ~ le savoir** ich sage es dir, aber eigentlich darfst du es gar nicht wissen
censeur [sɑ̃sœʀ] *mf* ① MEDIA Kritiker(in) *m(f)* ② POL Zensor(in) *m(f)* ③ SCOL *Beamter/Beamtin, der/die an Gymnasien für die Schulordnung zuständig ist*
censure [sɑ̃syʀ] *f* Zensur *f*
censurer [sɑ̃syʀe] <1> *v. tr.* zensieren
cent [sɑ̃] **I.** *num.* [ein]hundert; **cinq ~s euros** fünfhundert Euro ▸**pour ~** Prozent *nt;* **~ pour ~** hundertprozentig **II.** *m inv.* Hundert *f; voir a.* **cinq, cinquante**
centaine [sɑ̃tɛn] *f* ① **une ~ de personnes** etwa hundert Personen; **des ~s de personnes** Hunderte *Pl* von Personen; **plusieurs ~s** mehrere Hundert; **par ~s** zu Hunderten ② (*cent unités*) Hunderter *m*
centenaire [sɑ̃tnɛʀ] **I.** *adj.* hundertjährig; **être ~** hundert Jahre alt sein **II.** *mf* Hundertjährige(r) *f(m)* **III.** *m* (*d'une personne*) hundertster Geburtstag; (*d'un événement*) hundertster Jahrestag
centième [sɑ̃tjɛm] *adj. antéposé* hundertste(r, s)
centigramme [sɑ̃tigʀam] *m* Zentigramm *nt*
centilitre [sɑ̃tilitʀ] *m* Zentiliter *m o nt*
centime [sɑ̃tim] *m* ① HIST Centime *m;* **une pièce de 50 ~s** eine Fünfzigcentimemünze ② (*centiéme partie de l'euro*) Cent *m*
centimètre [sɑ̃timɛtʀ] *m* Zentimeter *m o nt*
central [sɑ̃tʀal] *m* TELEC [Telefon]zentrale *f*
central, **e** [sɑ̃tʀal, o] <-aux> *adj.* zentral; (*personnage*) Haupt-
centrale [sɑ̃tʀal] *f* ① ELEC Kraftwerk *nt;* **~ électrique** Elektrizitätswerk; **~ atomique/nucléaire** Atom-/Kernkraftwerk ② POL Arbeitnehmerorganisation *f* ③ COM Zentrale *f*
Centrale [sɑ̃tʀal] *f* SCOL *Hochschule für die Ingenieurausbildung*
centralisation [sɑ̃tʀalizasjɔ̃] *f* ① (*de la politique*) Zentralisierung *f;* (*des secours*) zentrale Koordination; (*des renseignements*) zentrale Erfassung ② (*résultat*) Zentralisation *f*
centraliser [sɑ̃tʀalize] <1> *v. tr.* zentralisieren
centre [sɑ̃tʀ] *m* ① (*d'un cercle*) Mittelpunkt *m;* (*d'une ville*) Zentrum *nt* ② POL Mitte; **~ gauche/droit** gemäßigte Linke/Rechte ③ (*lieu d'activités, organisme*) Zentrum *nt;* **~ aéré** Ferien- und Freizeitzentrum; **~ commercial/culturel** Einkaufs-/Kulturzentrum; **~ d'achats** CAN (*~ commercial*) Einkaufszentrum; **~ d'appels** Call-Center *nt;* **~ équestre/sportif** Reit-/Sportzentrum; **~ hospitalier régional/universitaire** Landes-/Universitätsklinik *f;* **~ de détention pour jeunes** Jugendstrafanstalt *f* ④ (*joueur*) Mittelstürmer *m* ⑤ (*point essentiel*) Mittelpunkt *m;* **~ d'intérêt** [Themen]schwerpunkt
centrer [sɑ̃tʀe] <1> *v. tr.* ① *a. fig* (*placer au centre*) zentrieren; **~ son discours sur un sujet** ein Thema in den Mittelpunkt seiner Rede stellen ② SPORT [zur Mitte] flanken
centre[-]ville [sɑ̃tʀəvil] <centres-villes> *m* Stadtzentrum *nt*
centrifuge [sɑ̃tʀifyʒ] *adj.* zentrifugal; **force ~** Zentrifugalkraft *f*
centrifugeuse [sɑ̃tʀifyʒøz] *f* Zentrifuge *f*

centuple [sɑ̃typl] **I.** *adj.* hundertfach **II.** *m* **le ~** das Hundertfache

cep [sɛp] *m* Rebstock *m*

cépage [sepaʒ] *m* Rebsorte *f*

cèpe [sɛp] *m* Steinpilz *m*, Herrenpilz (A)

cependant [s(ə)pɑ̃dɑ̃] *adv.* jedoch

céramique [seʀamik] *f* Keramik *f*

cerceau [sɛʀso] <x> *m* Reifen *m*

cercle [sɛʀkl] *m* ① (*forme géométrique, groupe*) Kreis *m* ② (*groupe sportif*) Club *m*, Klub *m* ▶ **~ vicieux** Teufelskreis *m*

cercueil [sɛʀkœj] *m* Sarg *m*

céréale [seʀeal] *f* ① AGR Getreide *nt*; **les ~s** das Getreide ② (*petit-déjeuner*) *Haferflocken, Cornflakes, Müsli etc.*

cérébral, e [seʀebʀal, o] <-aux> *adj.* ① ANAT Gehirn- ② (*intellectuel*) geistig

cérémonial [seʀemɔnjal] <s> *m* Zeremoniell *nt*

cérémonie [seʀemɔni] *f* Zeremonie *f*

cerf [sɛʀ] *m* Hirsch *m*

cerfeuil [sɛʀfœj] *m* Kerbel *m*

cerf-volant [sɛʀvɔlɑ̃] <cerfs-volants> *m* Drachen *m*

cerise [s(ə)ʀiz] **I.** *f* Kirsche *f* **II.** *adj. inv.* [**rouge**] ~ kirschrot

cerisier [s(ə)ʀizje] *m* Kirschbaum *m*

cernes [sɛʀn] *mpl* Ringe *Pl* unter den Augen

cerné, e [sɛʀne] *adj.* **avoir les yeux ~s** Ringe *Pl* unter den Augen haben

cerner [sɛʀne] <1> *v. tr.* ① *a. fig* (*entourer d'un trait*) umreißen ② (*ennemi*) umstellen ③ (*problème*) erfassen

certain, e [sɛʀtɛ̃, ɛn] **I.** *adj.* sicher; **être sûr et ~** hundertprozentig sicher sein; **un plaisir ~** ein sicheres Vergnügen **II.** *adj. indéf.* ① *pl, antéposé* (*quelques*) gewisse *Pl* ② (*bien déterminé*) **un ~ endroit** eine bestimmte Stelle **III.** *pron. pl* manche *Pl*, gewisse *Pl* (*pej*)

certainement [sɛʀtɛnmɑ̃] *adv.* ① (*selon toute apparence*) sicher[lich] ② (*sans aucun doute*) zweifellos

certes [sɛʀt] *adv.* (*pour exprimer une réserve: en début de phrase*) zugegeben, ...; (*au milieu de la phrase*) zwar; (*dans une négation*) bestimmt

certificat [sɛʀtifika] *m* ① (*attestation*) Bescheinigung *f*; **~ médical** ärztliches Attest; **~ de naissance** Geburtsurkunde *f*; **~ de scolarité** Schulbescheinigung ② (*diplôme*) Zeugnis *nt*; (*d'études universitaires*) Diplom *nt*; **délivrer un ~ à qn** jdm ein Zeugnis ausstellen

certifier [sɛʀtifje] <1> *v. tr.* ① versichern ② JUR beglaubigen

certitude [sɛʀtityd] *f* Gewissheit *f*

cerveau [sɛʀvo] <x> *m* ① ANAT Gehirn *nt* ② (*esprit, organisateur*) Kopf *m* ③ (*d'une organisation*) [Schalt]zentrale *f*

cervelas [sɛʀvəla] *m* Zervelatwurst *f*

cervelet [sɛʀvəlɛ] *m* ANAT Kleinhirn *nt*

cervelle [sɛʀvɛl] *f* ① *fam* **ne rien avoir dans la ~** nichts im Kopf haben ② GASTR Hirn *nt*

cervical, e [sɛʀvikal, o] <-aux> *adj.* ANAT **vertèbres ~es** Halswirbel *Pl*

ces [se] *adj. dém. pl* ① (*pour désigner*) diese; **~ tableaux/dames** diese Bilder/Damen; *voir a.* **cette** ② *fam* (*intensif, péjoratif*) **il a de ~ idées!** er hat vielleicht Ideen! ③ (*avec étonnement*) diese ④ (*en opposition*) diese; **~ gens-ci ... ~ gens-là** die Leute hier ... die Leute dort ⑤ (*temporel*) **~ nuits-ci** diese Nächte; **~ jours-ci** zur Zeit; **dans ~ années-là** in jenen Jahren

CES [seøɛs] *m* ① *abr. de* **collège d'enseignement secondaire** ② *abr. de* **contrat emploi-solidarité** ≈ ABM-Stelle *f*

césarienne [sezaʀjɛn] *f* MED Kaiserschnitt *m*

cessation [sesasjɔ̃] *f* Einstellen *nt*

cesser [sese] <1> **I.** *v. tr.* einstellen; **faire ~ qc** etw beenden **II.** *v. intr.* aufhören

cessez-le-feu [sesel(e)fø] *m inv.* (*prolongé*) Waffenruhe *f*; (*momentané*) Waffenpause *f*

cession [sesjɔ̃] *f* Übertragung *f*

c'est-à-dire [sɛtadiʀ] *conj.* ① (*à savoir*) das bedeutet [also] ② (*justification*) eigentlich ③ (*rectification*) besser gesagt

cet [sɛt] *adj. dém. voir* **ce**

cétacé [setase] *m* Wal *m*

cette [sɛt] *adj. dém.* ① (*pour désigner*) diese(r, s); **~ chaise/dame** dieser Stuhl/diese Dame ② (*intensif, péjoratif*) **~ fille[-là]** das Mädchen [da] ③ (*avec étonnement*) so ein(e) ④ (*en opposition*) **~ version-ci ... ~ version-là** diese Fassung hier ... jene Fassung dort ⑤ (*temporel*) **~ nuit** heute Nacht; **~ semaine** diese Woche

ceux, celles [sø] *pl pron. dém.* die[jenigen]; *voir a.* **celles**

ceux-ci, celles-ci [søsi] *pl pron. dém.*

❶ (*pour distinguer*) diese [hier] ❷ (*référence à un antécédent*) diese ❸ (*en opposition*) *voir* **celle-ci** **ceux-là**, **celles-là** [søla] *pl pron. dém.* ❶ (*en désignant*) diese da ❷ (*référence à un antécédent*) jene ❸ (*en opposition*) diese da; *voir a.* **ceux-ci, celles-ci**

Cévennes [sevɛn] *fpl* **les ~** die Cevennen

cf., Cf. [kɔ̃fɛʀ] *abr. de* **confer** vgl.

CFC [seɛfse] *m abr. de* **chlorofluorocarbone** FCKW *m*

ch [ʃəvo] *abr. de* **cheval-vapeur** PS *f*

chacal [ʃakal] <s> *m* Schakal *m*

chacun, e [ʃakœ̃, ʃakyn] *pron.* ❶ (*chose ou personne dans un ensemble défini*) jede(r, s) [Einzelne]; (*de deux personnes*) jede(r) von beiden; **~/~e de nous** jeder/jede [Einzelne] von uns; **~ [à] son tour** einer nach dem anderen ❷ (*toute personne*) jede(r)

chagrin [ʃagʀɛ̃] *m* Kummer *m*

chagriner [ʃagʀine] <1> *v. tr.* **~ qn** jdm Kummer machen

chah [ʃa] *m voir* **schah**

chahut [ʃay] *m* Krach *m*

chahuter [ʃayte] <1> **I.** *v. intr.* (*enfants*) herumtoben; (*faire du bruit*) Radau machen (*fam*) **II.** *v. tr.* **~ un professeur** den Unterricht eines Lehrers stören

chaîne [ʃɛn] *f* ❶ Kette *f* ❷ IND [Fließ]band *nt* ❸ RADIO, TV (*émetteur*) Sender *m;* (*programme*) Programm *nt;* **~ câblée** Kabelkanal *m* ❹ (*appareil stéréo*) Anlage *f*

chaînette [ʃɛnɛt] *f* Kettchen *nt*

chaînon [ʃɛnɔ̃] *m a. fig* [Ketten]glied *nt*

chair [ʃɛʀ] **I.** *f* Fleisch *nt* **II.** *adj. inv.* hautfarben

chaire [ʃɛʀ] *f* ❶ (*du prêtre*) Kanzel *f* ❷ UNIV Lehrstuhl *m*

chaise [ʃɛz] *f* Stuhl *m*

châle [ʃɑl] *m* [Schulter]tuch *nt*

chalet [ʃalɛ] *m* Chalet *nt* (CH)

chaleur [ʃalœʀ] *f* ❶ (*température élevée*) Wärme *f;* (*très élevée*) Hitze *f;* **vague de ~** Hitzewelle *f* ❷ ANAT Körperwärme *f* ❸ *fig* Wärme *f;* (*d'un accueil*) Herzlichkeit *f*

chaleureusement [ʃalœʀøzmɑ̃] *adv.* warm

chaleureux, -euse [ʃalœʀø, -øz] *adj.* warm; (*accueil*) herzlich

challenge [ʃalɑ̃ʒ, tʃalɛndʒ] *m* Pokalwettbewerb *m*

chalumeau [ʃalymo] <x> *m* (*pour souder*) Schweißbrenner *m*

chalutier [ʃalytje] *m* Fischkutter *m*

chamailler [ʃamɑje] <1> *v. pron.* **se ~** (*enfants*) sich zanken

chambouler [ʃɑ̃bule] <1> *v. tr. fam* (*projets, programme*) über den Haufen werfen

chambre [ʃɑ̃bʀ] *f* ❶ (*pièce où l'on couche*) Schlafzimmer *nt;* **~ individuelle/double** Einzel-/Doppelzimmer; **~ d'amis** Gästezimmer ❷ POL, JUR Kammer *f* ❸ COM **~ de commerce et d'industrie** Industrie- und Handelskammer *f* ❹ (*tuyau*) **~ à air** Schlauch *m*

chambrer [ʃɑ̃bʀe] <1> *v. tr.* ❶ (*tempérer*) auf Zimmertemperatur bringen ❷ *fam* (*se moquer de*) aufziehen

chameau [ʃamo] <x> *m* ❶ Kamel *nt* ❷ *fam* (*femme*) Biest *nt;* (*homme*) Schuft *m*

chamois [ʃamwa] *m* Gämse *f*

champ [ʃɑ̃] *m* ❶ (*de céréales, fleurs*) Feld *nt;* (*de pommes de terre, betteraves*) Acker *m* ❷ MIL **~ de bataille** Schlachtfeld *nt;* **~ de Mars** *früher: Exerzier- und Paradeplatz, heute: Park am Fuß des Eiffelturms in Paris*

champagne [ʃɑ̃paɲ] *m* Champagner *m*

champêtre [ʃɑ̃pɛtʀ] *adj.* ländlich

champignon [ʃɑ̃piɲɔ̃] *m* Pilz *m*

champion, ne [ʃɑ̃pjɔ̃, -jɔn] **I.** *adj. fam* **être ~** [einsame] Spitze sein **II.** *m, f* Meister(in) *m(f)*

championnat [ʃɑ̃pjɔna] *m* Meisterschaft *f*

chance [ʃɑ̃s] *f* ❶ (*bonne fortune*) Glück *nt;* **avoir de la ~** Glück haben; (*toujours*) ein Glückskind sein; **avoir de la ~ de faire qc** Glück haben, dass man etw tut; **la ~ a tourné** das Glück hat sich gewendet; **par ~** glücklicherweise; **bonne ~!** viel Glück! ❷ (*hasard*) Glück *nt;* **par ~** [rein] zufällig ❸ (*probabilité, possibilité de succès*) Chance *f;* **rater une ~** eine Gelegenheit verpassen

chanceler [ʃɑ̃s(ə)le] <3> *v. intr.* schwanken

chancelier, -ière [ʃɑ̃səlje, jɛʀ] *m, f* ❶ (*garde des Sceaux en France*) ≈ Justizminister(in) *m(f)* ❷ (*Premier ministre en Allemagne/Autriche*) [Bundes]kanzler(in) *m(f)*

C

chancellerie [ʃɑ̃sɛlʀi] *f* ❶ (*ministère de la Justice en France*) Justizministerium *nt* ❷ (*service du Premier ministre en Allemagne/Autriche*) [Bundes]kanzleramt *nt*

chanceux, **-euse** [ʃɑ̃sø, -øz] *adj.* **être ~** Glück haben

Chandeleur [ʃɑ̃d(ə)lœʀ] *f* REL **la ~** [Mariä] Lichtmess

> An **Chandeleur**, das am 2. Februar begangen wird, treffen sich viele Franzosen im Familien- oder Freundeskreis zum traditionellen Crêpe-Essen.

chandelier [ʃɑ̃dəlje] *m* Kerzenständer *m*

chandelle [ʃɑ̃dɛl] *f* (*bougie*) Kerze *f* ▸ **voir** **trente-six** **~s** Sterne sehen (*fam*)

change [ʃɑ̃ʒ] *m* ❶ (*échange d'une monnaie*) [Geld]wechsel *m;* **bureau de ~** Wechselstube *f* ❷ (*taux du change*) [Wechsel]kurs *m*

changeant, **e** [ʃɑ̃ʒɑ̃, ɑ̃t] *adj.* (*temps, humeur*) wechselhaft

changement [ʃɑ̃ʒmɑ̃] *m* ❶ (*modification*) Veränderung *f;* **avoir besoin de ~** Abwechslung brauchen; **~ de gouvernement/direction** Regierungs-/Richtungswechsel *m;* **~ d'adresse** Adressenänderung *f* ❷ AUT **il n'y a aucun ~** man muss kein einziges Mal umsteigen

changer [ʃɑ̃ʒe] <2a> **I.** *v. tr.* ❶ (*personne, comportement*) verändern; (*date*) ändern; **ne ~ en rien qc** an etw (*Dat*) nichts ändern ❷ (*déplacer*) **~ qc de place** etw umstellen; **~ qn de poste** jdn versetzen ❸ (*remplacer*) **~ les draps** die Betten frisch beziehen ❹ (*échanger*) **~ pour** [*o* **contre**] **qc** gegen etw [aus]tauschen ❺ FIN **~ contre qc** in etw umtauschen **II.** *v. intr.* ❶ (*se transformer*) sich verändern ❷ (*temps, personne*) sich ändern ❸ (*se modifier*) **~ de qc** etw ändern ❹ (*substituer*) wechseln ❺ (*déménager*) **~ d'adresse** umziehen ❻ AUT **~ de vitesse** einen anderen Gang einlegen; **~ à Paris** in Paris umsteigen; **~ de train/bus à Berlin** in Berlin den Zug/Bus wechseln; **~ de file** die [Fahr]spur wechseln ❼ (*faire un échange*) **~ de place avec qn** [den Platz] mit jdm tauschen **III.** *v. pron.* **se ~** sich umziehen

chanson [ʃɑ̃sɔ̃] *f* Lied *nt;* **la ~ française** das französische Chanson

chansonnette [ʃɑ̃sɔnɛt] *f* Liedchen *nt*

chansonnier [ʃɑ̃sɔnje] *m* Kabarettist(in) *m(f)*

chant [ʃɑ̃] *m* ❶ (*action de chanter, musique vocale*) Gesang *m* ❷ (*chanson*) **~ populaire** Volkslied *nt;* **~ de Noël** Weihnachtslied ❸ (*du coq*) Krähen *nt;* (*des oiseaux*) Zwitschern *nt*

chantage [ʃɑ̃taʒ] *m* Erpressung *f*

chanter [ʃɑ̃te] <1> **I.** *v. intr.* ❶ (*produire des sons*) singen; (*coq*) krähen ❷ (*menacer*) **faire ~** erpressen **II.** *v. tr.* ❶ (*interpréter*) singen ❷ (*célébrer*) besingen

chanterelle [ʃɑ̃tʀɛl] *f* Pfifferling *m,* Eierschwamm *m* (A)

chanteur, **-euse** [ʃɑ̃tœʀ, -øz] *m, f* Sänger(in) *m(f)*

chantier [ʃɑ̃tje] *m* ❶ (*lieu*) Baustelle *f;* (*travaux*) Bauarbeiten *Pl;* **être en ~** im Bau sein ❷ *fam* (*désordre*) Durcheinander *nt*

chantilly [ʃɑ̃tiji] *f* geschlagene süße Sahne

chantonner [ʃɑ̃tɔne] <1> *v. intr.* leise singen, summen

chanvre [ʃɑ̃vʀ] *m* Hanf *m*

chaos [kao] *m* Chaos *nt*

chaotique [kaɔtik] *adj.* chaotisch

chape [ʃap] *f* (*de béton*) Estrich *m;* (*d'asphalte*) Asphaltdecke *f*

chapeau [ʃapo] <x> *m* Hut *m;* **~ de sécurité** CAN (*casque*) Schutzhelm *m* ▸ **~!** *fam* Hut ab!

chapelet [ʃaplɛ] *m* ❶ REL (*objet*) Rosenkranz *m* ❷ (*prières*) Rosenkranz[gebete *Pl*] *m*

chapelle [ʃapɛl] *f* Kapelle *f*

chapelure [ʃaplyʀ] *f* Paniermehl *nt*

chapiteau [ʃapito] <x> *m* Zelt *nt*

chapitre [ʃapitʀ] *m* Kapitel *nt*

chapka**chapka** [ʃapka] *f* Pelzmütze *f* mit Ohrenklappen, Schapka *f*

chaque [ʃak] *adj. inv.* ❶ (*qui est pris séparément*) jede(r, s); **~ élève** jeder Schüler/jede Schülerin ❷ *fam* (*chacun*) je[weils]; **un peu de ~** ein bisschen von allem ❸ *abusif* (*tous/toutes les*) alle; **~ été** jeden Sommer; **~ fois** jedes Mal; **à ~ fois que...** jedes Mal wenn ...

char [ʃaʀ] *m* ❶ MIL Panzer *m* ❷ (*voiture décorée*) Wagen *m*
charabia [ʃaʀabja] *m fam* Kauderwelsch *nt*
charade [ʃaʀad] *f* Scharade *f*
charbon [ʃaʀbɔ̃] *m* Kohle *f*
charcuter [ʃaʀkyte] <1> *v. tr. péj fam* übel zurichten
charcuterie [ʃaʀkytʀi] *f* ❶ (*boutique*) Fleischerei *f*, Metzgerei *f* (SDEUTSCH) *(für Fleisch und Wurst vom Schwein)* ❷ (*spécialité*) Wurst[waren *Pl*] *f (aus Schweinefleisch)*
charcutier, **-ière** [ʃaʀkytje, -jɛʀ] *m, f* Fleischer(in) *m(f)*, Metzger(in) *m(f)* (SDEUTSCH), Schlachter(in) *m(f)* (NDEUTSCH)
chardon [ʃaʀdɔ̃] *m* Distel *f*
charge [ʃaʀʒ] *f* ❶ (*fardeau*) Last *f*; (*d'un camion*) Ladung *f* ❷ (*responsabilité, tâche*) Verpflichtung *f*; **avoir la ~ de qn/qc** für jdn/etw verantwortlich sein; **prendre qc en ~** etw übernehmen ❸ (*fonction*) Amt *nt* ❹ *souvent pl.* (*obligations financières*) Kosten *Pl*; **être à [la] ~ de qn** (*enfant*) jdm gegenüber unterhaltsberechtigt sein; **les personnes à ~** die unterhaltsberechtigten Angehörigen ❺ JUR Anklagepunkt *m* ❻ MIL Angriff *m*
chargé, **e** [ʃaʀʒe] *adj.* ❶ beladen; **~ de qc** mit etw beladen; **voyageur très ~** Reisender *m* mit schwerem Gepäck ❷ (*programme*) voll; (*journée*) [gut] ausgefüllt; (*classe*) überfüllt ❸ (*responsable*) **~ de qn/qc** zuständig für jdn/etw ❹ (*fusil*) geladen; (*batterie*) [auf]geladen ❺ *fam* (*drogué*) zugedröhnt
chargement [ʃaʀʒəmɑ̃] *m* ❶ (*action*) Beladen *nt*; (*d'une arme*) Laden *nt*; (*d'une marchandise*) Einladen *nt* ❷ (*marchandises*) Ladung *f* ❸ (*fret*) Fracht *f* ❹ INFORM Laden *nt*
charger [ʃaʀʒe] <2a> **I.** *v. tr.* ❶ (*marchandise*) verladen; **~ qn/qc de qc** jdn/etw mit etw beladen; **~ sur/dans qc** auf etw (*Akk*) [auf]laden/in etw (*Akk*) [ein]laden ❷ (*attribuer une mission*) **~ qn de qc** jdn mit etw beauftragen; **être chargé de qc** für etw verantwortlich sein ❸ (*attaquer*) angreifen ❹ TECH laden; **~ un appareil photo** einen Film in einen Fotoapparat einlegen ❺ INFORM laden **II.** *v. intr.* (*attaquer*) zum Angriff übergehen **III.** *v. pron.* **se ~ de qn/qc** sich um jdn/etw kümmern; **se ~ de faire qc** es übernehmen etw zu tun
chargeur [ʃaʀʒœʀ] *m* ❶ (*docker*) Docker *m* ❷ (*d'une arme à feu*) Magazin *nt*

C

chariot [ʃaʀjo] *m* Wagen *m*; COM Einkaufswagen *m*
charismatique [kaʀismatik] *adj.* charismatisch
charisme [kaʀism] *m* Charisma *nt*
charitable [ʃaʀitabl] *adj.* wohltätig
charité [ʃaʀite] *f* ❶ (*amour du prochain*) Nächstenliebe *f* ❷ (*action*) Wohltätigkeit *f*
charlatan [ʃaʀlatɑ̃] *m* ❶ (*escroc*) Scharlatan *m* ❷ (*guérisseur*) Quacksalber *m*
Charlemagne [ʃaʀləmaɲ(ə)] *m* Karl der Große
charlotte [ʃaʀlɔt] *f* ❶ GASTR Charlotte *f* ❷ (*bonnet*) Duschhaube *f*
charmant, **e** [ʃaʀmɑ̃, ɑ̃t] *adj.* ❶ (*agréable*) reizend ❷ (*ravissant*) charmant ❸ *antéposé iron* entzückend
charme [ʃaʀm] *m* ❶ (*d'une personne*) Charme *m*; (*d'un lieu*) Zauber *m*; **faire du ~ à qn** jdn zu bezirzen versuchen ❷ *souvent pl.* (*beauté*) Reize *Pl* ❸ (*envoûtement*) Zauber *m*
charmer [ʃaʀme] <1> *v. tr.* ❶ (*enchanter*) bezaubern ❷ (*envoûter*) verzaubern
charmeur, **-euse** [ʃaʀmœʀ, -øz] **I.** *adj.* (*sourire, manières*) bezaubernd; (*air*) einschmeichelnd **II.** *m, f* Charmeur(in) *m(f)*
charnel, **le** [ʃaʀnɛl] *adj.* ❶ (*corporel*) fleischlich ❷ (*sexuel*) körperlich
charnier [ʃaʀnje] *m* Massengrab *nt*
charnière [ʃaʀnjɛʀ] **I.** *f* Scharnier *nt* **II.** *adj.* ❶ (*de transition*) Übergangs- ❷ (*décisif*) entscheidend
charnu, **e** [ʃaʀny] *adj.* (*lèvre*) wulstig; (*fruit*) fleischig
charognard [ʃaʀɔɲaʀ] *m* ❶ (*animal*) Aasfresser *m* ❷ (*vautour*) [Aas]geier *m*
charogne [ʃaʀɔɲ] *f* Aas *nt*
charpente [ʃaʀpɑ̃t] *f* Gerüst *nt*
charpentier [ʃaʀpɑ̃tje] *m* Zimmermann *m*
charrette [ʃaʀɛt] *f* Karren *m*
charrier [ʃaʀje] <1> **I.** *v. tr.* ❶ (*transporter*) **~ qc** etw fahren; (*rivière*) etw mit sich führen ❷ *fam* auf den Arm nehmen **II.** *v. intr. fam* übertreiben

charrue [ʃaʀy] *f* Pflug *m*
charte [ʃaʀt] *f* Charta *f*
charter [ʃaʀtɛʀ] *m* ❶ (*vol*) Charterflug *m*, Charter *m* ❷ (*avion*) Chartermaschine *f*
chasse[1] [ʃas] *f* ❶ (*action*) Jagd *f* ❷ (*poursuite*) **prendre qn/qc en ~** jds Verfolgung/die Verfolgung einer S. (*Gen*) aufnehmen ❸ (*lieu*) Jagdrevier *nt*
chasse[2] [ʃas] *f fam* (*chasse d'eau*) [Wasser]spülung *f;* **tirer la ~** spülen
chassé-croisé [ʃasekʀwaze] <chassés-croisés> *m* Hin und Her *nt*
chasse-neige [ʃasnɛʒ] *m inv.* Schneepflug *m*
chasser [ʃase] <1> **I.** *v. intr.* (*aller à la chasse*) auf die Jagd gehen **II.** *v. tr.* ❶ jagen ❷ (*faire partir*) **~ qn/qc de qc** jdn/etw aus etw vertreiben ❸ *fig* (*idées noires*) vertreiben
chasseur [ʃasœʀ] *m* ❶ Jäger *m* ❷ *fig* **~ de têtes** Headhunter *m*
chasseur, -euse [ʃasœʀ, -øz] *m, f* Jäger(in) *m(f)*
châssis [ʃɑsi] *m* TECH, AUT Chassis *nt*
chaste [ʃast] *adj. a. antéposé* keusch
chasteté [ʃastəte] *f* Keuschheit *f*
chat[1] [ʃa] *m* Katze *f;* (*mâle*) Kater *m; voir a.* **chatte** ▸ **il n'y a pas un ~ dans la rue** es ist keine Menschenseele auf der Straße
chat[2] [tʃat] *m* INET Chat *m*
châtaigne [ʃɑtɛɲ] *f* Esskastanie *f*
châtaignier [ʃɑteɲe] *m* Kastanie[nbaum *m*] *f*
châtain [ʃɑtɛ̃] *adj. pas de forme féminine* [kastanien]braun
château [ʃɑto] <x> *m* ❶ (*palais*) Schloss *nt* ❷ (*forteresse*) ~ [**fort**] Burg *f* ❸ (*belle maison*) Herrensitz *m* ❹ (*fig*) **~ d'eau** Wasserturm *m*
châtelain, e [ʃɑt(ə)lɛ̃, ɛn] *m, f* HIST Schlossherr(in) *m(f)*
châtiment [ʃɑtimɑ̃] *m* Strafe *f*
chaton [ʃatɔ̃] *m a.* BOT Kätzchen *nt*
chatouiller [ʃatuje] <1> *v. tr.* kitzeln
chatouilles [ʃatuj] *fpl* Kitzeln *nt;* **faire des ~ à qn** jdn kitzeln
chatouilleux, -euse [ʃatujø, -jøz] *adj.* **être ~ de qc** an etw (*Dat*) kitz[e]lig sein
chatoyant, e [ʃatwajɑ̃, ɑ̃t] *adj.* schillernd
chatoyer [ʃatwaje] <6> *v. intr.* schillern
châtrer [ʃɑtʀe] <1> *v. tr.* kastrieren
chatte [ʃat] *f* Katze *f; voir a.* **chat**
chatter [tʃate] <1> *v. intr.* INET chatten
chaud [ʃo] *m* (*chaleur*) Wärme *f;* (*chaleur extrême*) Hitze *f;* **il/elle a ~** ihm/ihr ist [es] warm/heiß; **il fait ~** es ist warm/heiß; **au ~** im Warmen; **garder qc au ~** etw warm halten
chaud, e [ʃo, ʃod] *adj.* ❶ (*opp: froid*) warm; (*très chaud*) heiß; **vin ~** Glühwein *m;* **chocolat ~** heiße Schokolade ❷ *antéposé* (*discussion*) hitzig ❸ (*couleur, ton*) warm ❹ *fam* (*sensuel*) heiß
chaudement [ʃodmɑ̃] *adv.* ❶ (*contre le froid*) warm ❷ (*recommander*) wärmstens
chaudière [ʃodjɛʀ] *f* Kessel *m*
chaudron [ʃodʀɔ̃] *m* [Koch]kessel *m*
chauffage [ʃofaʒ] *m* Heizung *f*
chauffagiste [ʃofaʒist] *mf* Heizungsmonteur(in) *m(f)*
chauffant, e [ʃofɑ̃, ɑ̃t] *adj.* Heiz-; **brosse ~e** Lockenstab *m*
chauffard [ʃofaʀ] *m* Verkehrsrowdy *m*
chauffe-biberon [ʃofbibʀɔ̃] <chauffe-biberons> *m* Flaschenwärmer *m* **chauffe-eau** [ʃofo] *m inv.* Durchlauferhitzer *m* **chauffe-plat** [ʃofpla] <chauffe-plats> *m* Warmhalteplatte *f*
chauffer [ʃofe] <1> **I.** *v. intr.* ❶ (*devenir chaud*) warm werden; (*très chaud*) heiß werden; (*moteur*) warm laufen ❷ (*mettre du chauffage*) heizen **II.** *v. tr.* ❶ (*personne*) wärmen; (*pièce, maison*) heizen; (*eau*) heiß machen; **faire ~** [auf]wärmen; **faire ~ le four** den Backofen vorheizen ❷ TECH zum Glühen bringen ❸ (*mettre dans l'ambiance*) anheizen **III.** *v. pron.* **se ~ au gaz/charbon** mit Gas/Kohle heizen
chauffeur [ʃofœʀ] *m* Fahrer(in) *m(f);* **~ de taxi** Taxifahrer(in)
chaume [ʃom] *m* Stroh *nt*
chaumière [ʃomjɛʀ] *f* strohgedeckte Hütte
chaussée [ʃose] *f* Fahrbahn *f* ▸ **"~ déformée"** „Fahrbahnschäden" *Pl;* **~ glissante** Straßenglätte *f*
chausse-pied [ʃospje] <chausse-pieds> *m* Schuhlöffel *m*
chausser [ʃose] <1> **I.** *v. tr.* ❶ (*skis*) anschnallen ❷ (*mettre une chaussure*) **~ un enfant** einem Kind Schuhe anziehen **II.** *v. intr.* **~ du 38/42** Schuhgröße

38/42 haben **III.** *v. pron.* **se ~** [sich (*Dat*)] Schuhe anziehen
chaussette [ʃosɛt] *f* ❶ (*socquette*) Socke *f;* **en ~s** in Socken ❷ (*mi-bas*) Kniestrumpf *m*
chausson [ʃosɔ̃] *m* ❶ (*chaussure*) Hausschuh *m;* **~ de danse** Ballettschuh ❷ GASTR **~ aux pommes** Apfeltasche *f*
chaussure [ʃosyʀ] *f* Schuh *m;* **~s à crampons** Spikes *Pl*
chauve [ʃov] **I.** *adj.* kahl[köpfig]; **être ~** eine Glatze haben **II.** *m* Mann *m* mit einer Glatze
chauve-souris [ʃovsuʀi] <chauves-souris> *f* Fledermaus *f*
chauvin, e [ʃovɛ̃, in] *adj.* chauvinistisch
chauvinisme [ʃovinism] *m* Chauvinismus *m*
chaux [ʃo] *f* Kalk *m*
chavirer [ʃaviʀe] <1> *v. intr.* kentern
chef [ʃɛf] *m* ❶ (*responsable*) Chef(in) *m(f);* (*d'une tribu*) Häuptling *m;* **~ d'État** Staatsoberhaupt *nt;* **~ d'entreprise** Firmenchef(in) **~ d'orchestre** Dirigent(in) *m(f)* ❷ (*supérieur hiérarchique*) Vorgesetzte(r) *f(m);* **rédacteur en ~** Chefredakteur(in) *m(f);* **ingénieur en ~** Chefingenieur(in) *m(f)* ❸ (*meneur*) [An]führer(in) *m(f)* ❹ *fam* (*champion*) Ass *nt* ❺ MIL (*sergent-~*) Feldwebel *m* ❻ (*cuisinier*) Chefkoch *m*/Chefköchin *f*
chef-d'œuvre [ʃɛdœvʀ] <chefs-d'œuvre> *m* Meisterwerk *nt* **chef-lieu** [ʃɛfljø] <chefs-lieux> *m* Hauptstadt *f,* Hauptort *m*
cheftaine [ʃɛftɛn] *f* Führerin *f*
cheik [ʃɛk] *m* Scheich *m*
chelem [ʃlɛm] *m* Schlemm *m*
chemin [ʃ(ə)mɛ̃] *m* ❶ (*voie*) Weg *m;* **demander son ~ à qn** jdn nach dem Weg fragen; **prendre le ~ de la gare** in Richtung Bahnhof gehen; **rebrousser ~** umkehren; **en ~** unterwegs; **se tromper de ~** (*à pied*) sich verlaufen; (*en voiture*) sich verfahren ❷ (*distance à parcourir*) Strecke *f* ❸ (*méthode, voie*) Weg *m* ▸**le droit ~** der rechte Weg
chemin de fer [ʃ(ə)mɛ̃dəfɛʀ] <chemins de fer> *m* Eisenbahn *f*
cheminée [ʃ(ə)mine] *f* ❶ (*à l'extérieur*) Schornstein *m* ❷ (*dans une pièce*) [offener] Kamin
cheminement [ʃ(ə)minmɑ̃] *m* Dahinwandern *nt*
cheminer [ʃ(ə)mine] <1> *v. intr.* ❶ seines Weges ziehen ❷ *fig* (*pensée*) sich entwickeln
cheminot [ʃ(ə)mino] *m* Eisenbahner *m*
chemise [ʃ(ə)miz] *f* ❶ (*vêtement*) Hemd *nt* ❷ (*dossier*) [Akten]mappe *f*
chemisette [ʃ(ə)mizɛt] *f* kurzärmeliges Hemd
chemisier [ʃ(ə)mizje] *m* Bluse *f*
chêne [ʃɛn] *m* Eiche *f*
chêne-liège [ʃɛnljɛʒ] <chênes-lièges> *m* Korkeiche *f*
chenil [ʃ(ə)nil] *m* ❶ (*lieu de garde*) Hundeheim *nt* ❷ CH (*désordre*) Durcheinander *nt*
chenille [ʃ(ə)nij] *f* ❶ ZOOL Raupe *f* ❷ TECH Raupe[nkette *f*] *f*
cheptel [ʃɛptɛl] *m* Viehbestand *m*
chèque [ʃɛk] *m* Scheck *m;* **~ bancaire/postal** Bank-/Postscheck; **faire un ~ de 100 euros à qn** jdm einen Scheck über 100 Euro ausstellen
chèque-restaurant [ʃɛkʀɛstɔʀɑ̃] <chèques-restaurant> *m* Essensgutschein *m (für bestimmte Restaurants)*
chéquier [ʃekje] *m* Scheckheft *nt*
cher [ʃɛʀ] *adv.* ❶ (*opp: bon marché*) teuer; **acheter qc trop ~** für etw zu viel bezahlen; **coûter ~** teuer sein; **revenir ~ à qn** jdn viel kosten ❷ *fig* **coûter ~ à qn** jdn teuer zu stehen kommen; **payer ~ qc** sich (*Dat*) etw teuer erkaufen
cher, chère [ʃɛʀ] **I.** *adj.* ❶ (*coûteux*) teuer; **moins ~** billiger ❷ (*aimé*) lieb ❸ *antéposé* liebe(r, s); **~ Monsieur** lieber Herr X; **chère Madame** liebe Frau X; **~s tous** Ihr Lieben **II.** *m, f appellatif* **mon ~/ma chère** mein Lieber/meine Liebe
chercher [ʃɛʀʃe] <1> **I.** *v. tr.* ❶ (*personne, objet, compromis*) suchen ❷ (*ramener, rapporter*) **aller ~** [ab]holen; **envoyer un enfant ~ qn/qc** ein Kind jdn/etw holen schicken **II.** *v. intr.* ❶ **~ à faire qc** versuchen etw zu tun; **~ à ce que** + *subj.* bestrebt sein, dass ❷ (*fouiller*) **~ dans qc** in etw (*Dat*) herumstöbern ❸ (*réfléchir*) nachdenken
chercheur, -euse [ʃɛʀʃœʀ, -øz] *m, f* Forscher(in) *m(f)*
chéri, e [ʃeʀi] **I.** *adj.* geliebt **II.** *m, f* ❶ (*personne aimée*) Liebling *m,* Schatz

m ❷ *péj* (*favori*) **le ~/la ~e de qn** jds Liebling *m*

chérir [ʃeʀiʀ] <8> *v. tr.* (*aimer*) [zärtlich] lieben

chérot [ʃeʀo] *adj. fam* **ça fait ~** das ist happig

chérubin [ʃeʀybɛ̃] *m* REL Cherub *m*

chétif, -ive [ʃetif, -iv] *adj.* (*arbre*) kümmerlich; (*personne*) schmächtig

cheval [ʃ(ə)val, o] <-aux> *m* ❶ ZOOL Pferd *nt* ❷ SPORT **faire du/monter à ~** reiten; **promenade à ~** Ausritt *m* ❸ AUT **elle fait combien de chevaux, votre voiture?** wie viel PS hat Ihr Wagen? ❹ FIN **~ fiscal** *Kfz-Steuereinheit*

chevalerie [ʃ(ə)valʀi] *f* Rittertum *nt*

chevalet [ʃ(ə)valɛ] *m* (*de peintre*) Staffelei *f;* (*d'un violon*) Steg *m*

chevalier [ʃ(ə)valje] *m* Ritter *m*

chevalière [ʃ(ə)valjɛʀ] *f* Siegelring *m*

chevalin, e [ʃ(ə)valɛ̃, in] *adj.* Pferde-

cheval-vapeur [ʃ(ə)valvapœʀ] <chevaux-vapeur> *m* Pferdestärke *f*

chevauchée [ʃ(ə)voʃe] *f* Ausritt *m*

chevaucher [ʃ(ə)voʃe] <1> *v. tr.* **~ qc** auf etw (*Dat*) reiten

chevelu, e [ʃəvly] *adj.* mit langen Haaren

chevelure [ʃəvlyʀ] *f* Haar *nt*

chevet [ʃ(ə)vɛ] *m* (*tête du lit*) Kopfende *nt;* **table de ~** Nachttisch *m;* **être au ~ de qn** an jds Bett (*Dat*) sitzen

cheveu [ʃ(ə)vø] <x> *m* [Kopf]haar *nt;* **avoir les ~x courts/longs** kurze/lange Haare haben ▸ **avoir un ~ sur la langue** lispeln

cheville [ʃ(ə)vij] *f* ❶ ANAT Knöchel *m* ❷ (*tige pour boucher*) Dübel *m*

chèvre [ʃɛvʀ] **I.** *f* Ziege *f* **II.** *m* (*fromage*) Ziegenkäse *m*

chevreau [ʃəvʀo] <x> *m* Zicklein *nt*

chèvrefeuille [ʃɛvʀəfœj] *m* Jelängerjelieber *nt*

chevreuil [ʃəvʀœj] *m* ❶ (*animal*) *a.* GASTR Reh *nt* ❷ (*mâle*) Rehbock *m*

chevron [ʃəvʀɔ̃] *m* ❶ (*poutre*) [Dach]sparren *m* ❷ (*galon*) Chevron *m* ❸ TYP Spitzklammer *f*

chevronné, e [ʃəvʀɔne] *adj.* routiniert

chevrotine [ʃəvʀɔtin] *f* [Reh]posten *m*

chewing-gum [ʃwiŋgɔm] <chewing-gums> *m* Kaugummi *m o nt*

chez [ʃe] *prép.* ❶ (*au logis de*) bei (+ *Dat*); **~ qn** bei jdm [zu Hause]; **~ nous** bei uns; **je vais/rentre ~ moi** ich gehe nach Hause; **tu restes ~ toi** du bleibst zu Hause; **tu es ~ toi?** bist du zu Hause?; **je viens ~ toi** ich komme zu dir; **passer ~ qn** bei jdm vorbeigehen; **aller ~ le coiffeur** zum Frisör gehen ❷ (*dans le pays de*) **ils rentrent ~ eux, en Italie** sie kehren nach Italien zurück ❸ (*dans les œuvres de*) **~ Corneille** bei Corneille ▸ **... de ~ ...** *fam* ... ohne Ende, so was von ...; **grave de ~ grave** krass ohne Ende, so was von krass

chez-moi [ʃemwa] *m inv.* eigene vier Wände **chez-soi** [ʃeswa] *m inv.* eigene vier Wände

chialer [ʃjale] <1> *v. intr. fam* heulen

chiant, e [ʃjɑ̃, ʃjɑ̃t] *adj. fam* stinklangweilig

chiasse [ʃjas] *f vulg* Dünnschiss *m*

chic [ʃik] **I.** *m sans pl.* Schick *m* **II.** *adj. inv.* ❶ (*élégant*) schick; (*allure*) vornehm ❷ (*sélect*) vornehm ❸ *fam* **~ type** feiner Kerl ❹ *antéposé fam* (*agréable*) toll ▸ **bon ~ bon genre** *iron* geschniegelt und gebügelt **III.** *interj. fam* **~ [alors]!** klasse!

chicane [ʃikan] *f* Streiterei *f*

chicaner [ʃikane] <1> *v. intr.* **~ sur qc** wegen etw streiten

chicha [ʃiʃa] *f* Wasserpfeife *f,* Shisha *f*

chiche [ʃiʃ] **I.** *adj.* **t'es pas ~ de le faire!** *fam* du traust dich doch nie, es zu tun! **II.** *interj. fam* **~!** (*pari accepté*) die Wette gilt!

chichi [ʃiʃi] *m gén. pl.* **en voilà des ~s!** das ist vielleicht ein Getue!

chicorée [ʃikɔʀe] *f* ❶ (*plante*) Endivie *f* ❷ (*café*) Kaffee-Ersatz *m*

chicot [ʃiko] *m* [Zahn]stumpf *m*

chien [ʃjɛ̃] *m* Hund *m;* **~ de race** Rassehund; *voir a.* **chienne** ▸ **vie de ~** Hundeleben *nt* (*fam*)

chiendent [ʃjɛ̃dɑ̃] *m* Quecke *f*

chienlit [ʃjɑ̃li] *f* Chaos *nt*

chienne [ʃjɛn] *f* Hündin *f; voir a.* **chien**

chier [ʃje] <1a> *vt, vi vulg* scheißen, kacken

chiffon [ʃifɔ̃] *m* Lappen *m*

chiffonné, e [ʃifɔne] *adj.* zerknittert; (*papier*) zerknüllt

chiffonner [ʃifɔne] <1> *v. tr.* ❶ zerknittern; (*papier*) zerknüllen ❷ (*chagriner*) bedrücken

chiffonnier, -ière [ʃifɔnje, -jɛʀ] *m, f* ▸**se battre comme des ~s** sich heftig schlagen

chiffre [ʃifʀ] *m* ❶ Ziffer *f*, Zahl *f*; **à/de trois ~s** dreistellig ❷ (*montant*) Summe *f*; **~ d'affaires** Umsatz *m* ❸ (*statistiques*) **les ~s** die Zahlen; **les ~s du chômage** die Arbeitslosenzahl ❹ (*d'un coffre-fort*) [Zahlen]kombination *f*; (*d'un message*) Kode *m*, Code *m*

chiffrer [ʃifʀe] <1> **I.** *v. tr.* beziffern **II.** *v. pron.* **se ~ à qc** sich auf etw (*Akk*) belaufen

chignole [ʃiɲɔl] *f* (*perceuse*) Handbohrmaschine *f*

chignon [ʃiɲɔ̃] *m* [Haar]knoten *m*

chiite [ʃiit] *adj.* schiitisch

Chiite [ʃiit] *mf* Schiit(in) *m(f)*

Chili [ʃili] *m* **le ~** Chile *nt*

chilien, ne [ʃiljɛ̃, jɛn] *adj.* chilenisch; *voir a.* **allemand**

Chilien, ne [ʃiljɛ̃, jɛn] *m, f* Chilene *m*/Chilenin *f*

chimère [ʃimɛːʀ(ə)] *f* Hirngespinst *nt*

chimie [ʃimi] *f* Chemie *f*

chimio [ʃimjo] *f fam*, **chimiothérapie** [ʃimjoteʀapi] *f* Chemotherapie *f*

chimique [ʃimik] *adj.* chemisch

chimiste [ʃimist] *mf* Chemiker(in) *m(f)*

chimpanzé [ʃɛ̃pɑ̃ze] *m* Schimpanse *m*

chinchilla [ʃɛ̃ʃila] *m* Chinchilla *f o nt*

Chine [ʃin] *f* **la ~** China *nt*

chiné, e [ʃine] *adj.* meliert

chinois [ʃinwa] *m* ❶ (*langue*) Chinesisch *nt*; *voir a.* **allemand** ❷ GASTR trichterförmiges Sieb

chinois, e [ʃinwa, waz] *adj.* chinesisch; *voir a.* **allemand**

Chinois, e [ʃinwa, waz] *m, f* Chinese *m*/Chinesin *f*

chinoiser [ʃinwaze] <1> *v. intr.* pingelig sein (*fam*)

chiot [ʃjo] *m* Welpe *m*

chiottes [ʃjɔt] *fpl fam* Klo *nt*

chiper [ʃipe] <1> *v. tr. fam* klauen

chipie [ʃipi] *f* ❶ (*mégère*) zänkisches Weib; **vieille ~** alte Hexe (*fam*) ❷ (*petite fille*) Luder *nt*

chipoter [ʃipɔte] <1> *v. intr.* **~ sur qc** wegen etw nörgeln

chips [ʃips] *f gén. pl.* Kartoffelchip *m*, Chip

chique [ʃik] *f* Kautabak *m*

chiqué [ʃike] *m fam* Schau *f*; **c'est du ~** das ist reine Angabe

chiquer [ʃike] <1> *v. intr.* Tabak kauen

chirurgical, e [ʃiʀyʀʒikal, o] <-aux> *adj.* chirurgisch

C

chirurgie [ʃiʀyʀʒi] *f* Chirurgie *f*

chirurgien, ne [ʃiʀyʀʒjɛ̃, jɛn] *m, f* Chirurg(in) *m(f)*; **~-dentiste** Kieferchirurg(in)

Chleuh [ʃlø] *mf péj fam* Boche *mf* (*abwertende Bezeichnung für Deutsche aus dem 2. Weltkrieg*)

chlinguer [ʃlɛ̃ge] <1> *v. intr. voir* **schlinguer**

chlore [klɔʀ] *m* Chlor *nt*

chlorofluorocarbone [klɔʀoflyɔʀokaʀbɔn] *m* Fluorchlorkohlenwasserstoff *m*

chloroforme [klɔʀɔfɔʀm] *m* Chloroform *nt*

chlorophylle [klɔʀɔfil] *f* Chlorophyll *nt*

choc [ʃɔk] **I.** *m* ❶ Schock *m* ❷ (*coup*) Stoß *m* ❸ (*heurt*) Aufprall *m* ❹ (*collision*) Zusammenstoß *m* **II.** *app* **prix-~** Preisknüller *m* (*fam*)

chochotte [ʃɔʃɔt] **I.** *adj. fam* (*snob*) **être ~** sich zieren (*pej*) **II.** *f fam* ▸**faire la** [*o* **sa**] **~** herumdrucksen

chocolat [ʃɔkɔla] **I.** *m* ❶ (*produit*) Schokolade *f*; **barre de ~** Schokoladenriegel *m*; **en ~** aus Schokolade; **~ en poudre** Kakaopulver *nt* ❷ (*boisson*) Kakao *m*; **~ liégeois** *Schokoladeneis, Schokoladensoße mit Schlagsahne* ❸ (*friandise*) Praline *f* **II.** *adj. inv.* (*couleur*) schokoladenfarben

chocolaté, e [ʃɔkɔlate] *adj.* **crème ~e** Schokoladencreme *f*; **barre ~e** Schokoriegel *m*

chocolatier, -ière [ʃɔkɔlatje, -jɛʀ] **I.** *adj.* **industrie chocolatière** Schokoladenindustrie *f* **II.** *m, f* ❶ (*producteur*) Schokoladenfabrikant(in) *m(f)* ❷ (*commerçant*) Schokoladen[groß]händler(in) *m(f)*

chœur [kœʀ] *m* Chor *m*

choisi, e [ʃwazi] *adj.* ❶ (*morceau*) ausgewählt ❷ (*langage*) gewählt

choisir [ʃwaziʀ] <8> **I.** *v. intr.* ❶ **~ entre qn et qn/qc et qc** zwischen jdm und jdm/etw und etw wählen ❷ (*trancher*) sich entscheiden **II.** *v. tr.* ❶ [aus]wählen; (*métier*) wählen; **~ qn/qc pour faire qc** jdn/etw wählen um etw zu tun; ~ **qn entre deux personnes** sich zwischen zwei Menschen für jdn entscheiden ❷ (*se décider à*) ~ **de faire qc** sich entscheiden etw zu tun ❸ (*élire*) wählen; (*désigner*) bestimmen

choix [ʃwa] *m* ❶ (*d'un ami, cadeau*) Wahl *f;* **faire un bon/mauvais** ~ eine gute/schlechte Wahl treffen; **au** ~ (*dessert*) nach Wahl ❷ (*décision*) **arrêter son** ~ **sur qc** sich für etw entscheiden ❸ (*variété*) Auswahl *f;* **au** ~ zur Auswahl ❹ (*qualité*) **de** ~ bester Qualität; **premier/second** ~ erste/zweite Wahl

choléra [kɔleʀa] *m* Cholera *f*

cholestérol [kɔlɛsteʀɔl] *m* Cholesterin *nt*

chômage [ʃomaʒ] *m* Arbeitslosigkeit *f;* ~ **temporaire** zeitweilige Arbeitslosigkeit; **être au** ~ arbeitslos sein; **toucher le** ~ *fam* Arbeitslosengeld kriegen

chômer [ʃome] <1> *v. intr.* ❶ (*être sans travail*) arbeitslos sein ❷ (*ne pas travailler*) nicht arbeiten

chômeur, -euse [ʃomœʀ, -øz] *m, f* Arbeitslose(r) *f(m)*

chope [ʃɔp] *f* Humpen *m*

choper [ʃɔpe] <1> *v. tr. fam* (*attraper*) ~ **une grippe** sich (*Dat*) eine Grippe holen

choquant, e [ʃɔkɑ̃, ɑ̃t] *adj.* schockierend

choquer [ʃɔke] <1> **I.** *v. intr.* Aufsehen erregen **II.** *v. tr.* ❶ (*scandaliser*) schockieren ❷ (*pudeur*) verletzen

choral [kɔʀal] <s> *m* Choral *m*

choral, e [kɔʀal] <-aux> *adj.* Chor-

chorale [kɔʀal] *f* Chor *m*

chorégraphe [kɔʀegʀaf] *mf* Choreograph(in) *m(f)*

chorégraphie [kɔʀegʀafi] *f* Choreographie *f*

choriste [kɔʀist] *mf* Chormitglied *nt*

chose [ʃoz] **I.** *f* ❶ (*objet abstrait*) Sache *f;* (*objet matériel*) Ding *nt;* **chaque** ~ **en son temps** alles zu seiner Zeit; **c'est la moindre des** ~**s** das ist das wenigste ❷ (*ce dont il s'agit*) Sache *f;* **mettre les** ~**s au point** die Dinge auf den Punkt bringen ❸ (*paroles*) **j'ai deux/plusieurs** ~**s à vous dire** ich habe Ihnen Verschiedenes zu sagen; **parler de** ~**s et d'autres** von diesem und jenem reden ▸ **pas grand**-~ nicht viel **II.** *m fam* (*truc*) Dingsda *nt;* **monsieur Chose** Herr Dings[da]

chou [ʃu] <x> *m* ❶ (*légume*) Kohl *m;* ~ **de Bruxelles** Rosenkohl ❷ GASTR ~ **à la crème** Windbeutel *m*

chouchou, te [ʃuʃu, ut] *m, f fam* Herzchen *nt;* ~**(te) de qn** jds Liebling *m*

choucroute [ʃukʀut] *f* Sauerkraut *nt*

chouette [ʃwɛt] **I.** *adj. fam* klasse **II.** *f* (*oiseau*) Eule *f*

chou-fleur [ʃuflœʀ] <choux-fleurs> *m* Blumenkohl *m* **chou-rave** [ʃuʀav] <choux-raves> *m* Kohlrabi *m*

choyer [ʃwaje] <6> *v. tr.* ~ **qn** für jdn liebevoll sorgen

chrétien, ne [kʀetjɛ̃, jɛn] **I.** *adj.* christlich; **être** ~ Christ sein **II.** *m, f* Christ(in) *m(f)*

chrétienté [kʀetjɛ̃te] *f* Christenheit *f*

christ [kʀist] *m* Christus[figur *f*] *m*

christianiser [kʀistjanize] <1> *v. tr.* christianisieren

christianisme [kʀistjanism] *m* Christentum *nt*

chrome [kʀom] *m* Chrom *nt*

chromé, e [kʀome] *adj.* verchromt

chromosome [kʀomozom] *m* Chromosom *nt*

chronique [kʀɔnik] **I.** *adj.* ❶ (*maladie*) chronisch ❷ (*problème*) andauernd **II.** *f* ❶ LITTER Chronik *f* ❷ MEDIA Kolumne *f;* RADIO Kommentar *m*

chroniqueur, -euse [kʀɔnikœʀ, -øz] *m, f* ❶ LITTER Chronist(in) *m(f)* ❷ MEDIA ~ **financier/sportif** Wirtschafts-/Sportredakteur *m*

chronologie [kʀɔnɔlɔʒi] *f* Chronologie *f*

chronologique [kʀɔnɔlɔʒik] *adj.* chronologisch

chronomètre [kʀɔnɔmɛtʀ] *m* Stoppuhr *f*

chronométrer [kʀɔnɔmetʀe] <5> *v. tr.* stoppen

chrysalide [kʀizalid] *f* Puppe *f*

chrysanthème [kʀizɑ̃tɛm] *m* Chrysantheme *f*

CHU [seaʃy] *m abr. de* **centre hospitalier universitaire**

chuchotement [ʃyʃɔtmɑ̃] *m* Flüstern *nt;* (*en cachette*) Tuscheln *nt*

chuchoter [ʃyʃɔte] <1> *vt, vi* flüstern

chut [ʃyt] *interj.* pst

chute [ʃyt] *f* ❶ (*d'une personne*) Sturz

m; (*des feuilles*) [Ab]fallen *nt;* ~ **des cheveux** Haarausfall *m;* **faire une** ~ **de 5 m** 5 m in die Tiefe stürzen ❷ (*d'un gouvernement, du dollar*) Sturz *m* ❸ GEO ~ **d'eau** Wasserfall *m* ❹ METEO ~ **de neige** Schneefall *m;* ~ **de température** Temperatursturz *m* ❺ (*d'une histoire*) Schluss *m*

chuter [ʃyte] <1> *v. intr.* ❶ *fam* (*tomber*) stürzen ❷ *fam* (*candidat*) durchfallen ❸ (*baisser*) sinken

Chypre [ʃipʀ] *f* [**l'île de**] ~ Zypern *nt*

chypriote [ʃipʀijɔt] *adj. voir* **cypriote**

ci [si] *adv.* **comme** ~ **comme ça** *fam* so lala; **à cette heure-**~ zu dieser Zeit; *voir a.* **ceci, celui**

ci-après [siapʀɛ] *adv.* nachstehend

cibiste [sibist] *mf* CB-Funker(in) *m(f)*

cible [sibl] *f* ❶ Zielscheibe *f;* **atteindre la** ~ das Ziel treffen ❷ COM, MEDIA Zielgruppe *f*

cibler [sible] <1> *v. tr.* ~ **des personnes** Menschen gezielt ansprechen

ciboulette [sibulɛt] *f* Schnittlauch *m*

cicatrice [sikatʀis] *f* Narbe *f*

cicatrisation [sikatʀizasjɔ̃] *f* Vernarbung *f*

cicatriser [sikatʀize] <1> **I.** *v. tr.* ❶ (*plaie*) vernarben lassen ❷ *fig* überwunden sein **II.** *vi, vpr* vernarben

ci-contre [sikɔ̃tʀ] *adv.* nebenstehend **ci-dessous** [sid(ə)su] *adv.* [weiter] unten **ci-dessus** [sid(ə)sy] *adv.* [weiter] oben

cidre [sidʀ] *m* Cidre *m*

Cie *abr. de* **compagnie** Co

ciel [sjɛl, sjø] <cieux> *m* Himmel *m* ▸ **au nom du** ~**!** um Himmels willen!

cierge [sjɛʀʒ] *m* Kerze *f*

cieux [sjø] *pl de* **ciel**

cigale [sigal] *f* Zikade *f*

cigare [sigaʀ] *m* Zigarre *f*

cigarette [sigaʀɛt] *f* Zigarette *f*

cigarillo [sigaʀijo] *m* Zigarillo *nt o m*

ci-gît [siʒi] hier ruht

cigogne [sigɔɲ] *f* Storch *m*

ci-inclus [siɛ̃kly] in der Anlage; **la copie** ~**e** die beiliegende Kopie **ci-joint** [siʒwɛ̃] anbei; **les documents** ~**s** die beiliegenden Dokumente

cil [sil] *m* Wimper *f*

cime [sim] *f* (*d'un arbre*) Wipfel *m;* (*d'une montagne*) Gipfel *m*

ciment [simɑ̃] *m* Zement *m*

cimenter [simɑ̃te] <1> *v. tr.* ❶ zementieren ❷ *fig* festigen

cimetière [simtjɛʀ] *m* Friedhof *m*

ciné [sine] *m fam abr. de* **cinéma**

cinéaste [sineast] *m* Filmemacher(in) *m(f)*

ciné-club [sineklœb] <ciné-clubs> *m* Filmclub *m*

cinéma [sinema] *m* Kino *nt;* **faire du** ~ in der Filmbranche arbeiten ▸ **arrête ton** ~ *fam* hör auf mit dem Theater

cinémascope® [sinemaskɔp] *m* Cinemascope® *nt*

cinémathèque [sinematɛk] *f* Filmarchiv *nt*

cinématographique [sinematɔgʀafik] *adj.* Film-

cinéphile [sinefil] *mf* Kinofreund(in) *m(f)*

cinétique [sinetik] *adj.* kinetisch

cinglé, e [sɛ̃gle] **I.** *adj. fam* bekloppt **II.** *m, f fam* **quel** ~**/quelle** ~**e!** was für ein Spinner/eine blöde Ziege!

cingler [sɛ̃gle] <1> *v. tr.* ❶ (*frapper*) ~ **le visage à qn** jdm ins Gesicht schlagen ❷ (*fouetter*) ins Gesicht peitschen

cinoche [sinɔʃ] *m fam* Kintopp *m*

cinq [sɛ̃k, *devant une consonne* sɛ̃] **I.** *num.* ❶ fünf; **en** ~ **exemplaires** in fünffacher Ausfertigung; **dans** ~ **jours** heute in fünf Tagen; **faire qc un jour sur** ~ alle fünf Tage etw tun; **un Français/foyer sur** ~ jeder fünfte Franzose/Haushalt; **rentrer** ~ **par** ~ [jeweils] zu fünft hineingehen; **à** ~ zu fünft ❷ (*dans l'indication de l'âge, la durée*) **avoir/avoir bientôt** ~ **ans** fünf [Jahre alt] sein/werden; **à** ~ **ans** mit fünf [Jahren]; **personne/période de** ~ **ans** Fünfjährige(r)/Zeitraum von fünf Jahren ❸ (*dans l'indication de l'heure*) **il est** ~ **heures** es ist fünf [Uhr]; **il est dix heures** ~**/moins** ~ es ist fünf [Minuten] nach/vor zehn; **toutes les** ~ **heures** alle fünf Stunden ❹ (*dans l'indication de la date*) **le** ~ **mars** der fünfte März; **arriver le** ~ **mars** am fünften März kommen; **arriver le** ~ am Fünften kommen; **le vendredi** ~ **mars** am Freitag, den fünften März; **Aix, le** ~ **mars** Aix, den fünften März **II.** *m inv.* ❶ Fünf *f;* **compter de** ~ **en** ~ in Fünferschritten zählen ❷ SCOL **avoir** ~ **sur dix/sur vingt** ≈ eine

C

Vier/eine Sechs haben ▶ ~ **sur** ~ einwandfrei **III.** *adv.* (*dans une énumération*) fünftens; (*dans un ordre du jour*) Punkt fünf

cinquantaine [sɛ̃kɑ̃tɛn] *f* ❶ (*environ cinquante*) **une ~ de personnes/pages** etwa fünfzig Personen/Seiten ❷ (*âge approximatif*) **avoir la ~** [*o* **une ~ d'années**] ungefähr fünfzig [Jahre alt] sein; **approcher de la ~** auf die fünfzig zugehen; **avoir dépassé la ~** über fünfzig [Jahre alt] sein

cinquante [sɛ̃kɑ̃t] **I.** *num.* ❶ fünfzig; **à ~ à l'heure** mit fünfzig Stundenkilometern ❷ (*dans l'indication des époques*) **les années ~** die fünfziger Jahre **II.** *m inv.* ❶ (*cardinal*) Fünfzig *f* ❷ (*taille de confection*) **faire du ~** ≈ Größe 48 tragen; *voir a.* **cinq**

cinquantenaire [sɛ̃kɑ̃tnɛʀ] *m* fünfzigjähriges Jubiläum

cinquantième [sɛ̃kɑ̃tjɛm] **I.** *adj. antéposé* fünfzigste(r, s) **II.** *mf* **le/la ~** der/die/das Fünfzigste **III.** *m* (*fraction*) Fünfzigstel *nt; voir a.* **cinquième**

cinquième [sɛ̃kjɛm] **I.** *adj. antéposé* fünfte(r, s); **la ~ page avant la fin** die fünftletzte Seite; **arriver ~, obtenir la ~ place** Fünfte(r) werden **II.** *mf* **le/la ~** der/die/das Fünfte; **être le ~ de la classe** der Fünftbeste [in] der Klasse sein **III.** *m* ❶ (*fraction*) Fünftel *nt* ❷ (*étage*) fünfter Stock ❸ (*arrondissement*) **habiter dans le ~** im fünften Arrondissement wohnen ❹ (*dans une charade*) fünfte Silbe **IV.** *f* ❶ (*vitesse*) fünfter Gang; **passer en ~** den fünften Gang einlegen ❷ SCOL ≈ siebte Klasse; **élève de ~** ≈ Siebtklässler(in) *m(f)*; **professeur de ~** ≈ Lehrer(in) *m(f)* einer siebten Klasse

cinquièmement [sɛ̃kjɛmmɑ̃] *adv.* fünftens

cintre [sɛ̃tʀ] *m* [Kleider]bügel *m*

cintré, e [sɛ̃tʀe] *adj.* (*chemise, manteau*) tailliert

cirage [siʀaʒ] *m* Schuhcreme *f*

circoncis, e [siʀkɔ̃si, iz] *adj.* beschnitten

circoncision [siʀkɔ̃sizjɔ̃] *f* Beschneidung *f*

circonférence [siʀkɔ̃feʀɑ̃s] *f* [Kreis]umfang *m*

circonscription [siʀkɔ̃skʀipsjɔ̃] *f* ❶ ADMIN [Verwaltungs]bezirk *m* ❷ POL Wahlkreis *m*

circonscrire [siʀkɔ̃skʀiʀ] <irr> *v. tr.* (*délimiter*) abgrenzen

circonspect, e [siʀkɔ̃spɛ(kt), ɛkt] *adj.* (*termes*) besonnen

circonspection [siʀkɔ̃spɛksjɔ̃] *f* Umsichtigkeit *f*

circonstance [siʀkɔ̃stɑ̃s] *f* ❶ *souvent pl.* (*conditions*) Umstand *m;* **les ~s d'un accident** die Einzelheiten eines Unfalls ❷ (*occasion*) Gelegenheit *f*

circonstancié, e [siʀkɔ̃stɑ̃sje] *adj.* ausführlich

circuit [siʀkɥi] *m* ❶ (*itinéraire touristique*) Rundfahrt *f* ❷ (*parcours*) Strecke *f* ❸ SPORT Rennstrecke *f* ❹ (*jeu*) Spielzeugautorennbahn *f* ❺ ELEC Stromkreis *m* ❻ ECON Kreislauf *m*

circulaire [siʀkylɛʀ] **I.** *adj.* (*mouvement, scie*) Kreis- **II.** *f* Rundschreiben *nt*

circulation [siʀkylasjɔ̃] *f* ❶ (*trafic*) Verkehr *m;* **~ interdite** (*aux piétons*) kein Durchgang; (*aux voitures*) keine Durchfahrt ❷ ECON Umlauf *m* ❸ MED Blutkreislauf *m;* **bonne/mauvaise ~** gute/schlechte Durchblutung

circulatoire [siʀkylatwaʀ] *adj.* **appareil ~** Kreislaufsystem *nt*

circuler [siʀkyle] <1> *v. intr.* ❶ (*aller et venir*) herumgehen; **~ en voiture** mit dem Auto unterwegs sein ❷ (*passer de main en main*) in Umlauf sein ❸ (*couler*) fließen ❹ (*nouvelle*) kursieren

cire [siʀ] *f* Wachs *nt*

ciré [siʀe] *m* Ölzeug *nt*

cirer [siʀe] <1> *v. tr.* (*chaussures, meuble*) polieren; (*parquet*) wachsen [und bohnern] ▶ **j'en ai rien à ~, moi, de toutes tes histoires !** *fam* mit deinen Geschichten habe ich nichts am Hut!

cireur [siʀœʀ] *m* **~** [**de chaussures**] Schuhputzer *m*

cireuse [siʀøz] *f* (*appareil ménager*) Bohnermaschine *f*

cirque [siʀk] *m* Zirkus *m*

cirrhose [siʀoz] *f* Zirrhose *f*

cisailler [sizaje] <1> *v. tr.* ❶ (*couper*) [zer]schneiden ❷ (*élaguer*) [be]schneiden

cisailles [sizaj] *fpl* Schere *f*

ciseau [sizo] <x> *m* ❶ *pl* Schere *f;* **une**

paire de ~x eine Schere ❷ (*outil*) Meißel *m*

ciseler [sizle] <4> *v. tr.* ziselieren

citadelle [sitadɛl] *f* Festung *f*

citadin, e [sitadɛ̃, in] **I.** *adj.* städtisch **II.** *m, f* Städter(in) *m(f)*

citation [sitasjɔ̃] *f* ❶ (*extrait*) Zitat *nt* ❷ JUR [Vor]ladung *f*

cité [site] *f* ❶ (*ville*) Stadt *f* ❷ (*vieux quartier*) Altstadt *f* ❸ (*immeubles*) Siedlung *f*; **~ universitaire** Studenten[wohn]heim *nt*

cité-dortoir [sitedɔʀtwaʀ] <cités-dortoirs> *f* Schlafstadt *f* (*fam*)

citer [site] <1> *v. tr.* ❶ (*rapporter*) zitieren ❷ (*énumérer*) nennen; **~ en exemple** als Beispiel nehmen ❸ JUR vorladen

citerne [sitɛʀn] *f* ❶ (*réservoir*) Tank *m* ❷ (*pour l'eau de pluie*) Zisterne *f*

citoyen, ne [sitwajɛ̃, jɛn] *m, f* [Staats]bürger(in) *m(f)*

citron [sitʀɔ̃] **I.** *m* Zitrone *f*; **~ pressé** *frisch gepresster Zitronensaft mit Wasser* **II.** *adj. inv.* [**jaune**] ~ zitronengelb

citronnade [sitʀɔnad] *f* Zitronenwasser *nt*

citronnelle [sitʀɔnɛl] *f* Zitronenmelisse *f*

citronnier [sitʀɔnje] *m* Zitronenbaum *m*

citrouille [sitʀuj] *f* Kürbis *m*

civet [sivɛ] *m: in Wein geschmortes Wildragout*

civière [sivjɛʀ] *f* [Trag]bahre *f*

civil [sivil] *m* ❶ (*personne*) Zivilist *m* ❷ (*vie ~e*) **dans le ~** im Zivilleben

civil, e [sivil] *adj.* ❶ (*relatif au citoyen*) Zivil-; **guerre ~e** Bürgerkrieg *m* ❷ (*opp: religieux*) **mariage ~** standesamtliche Trauung ❸ JUR bürgerlich; **responsabilité ~e** zivilrechtliche Haftung

civilisation [sivilizasjɔ̃] *f* ❶ (*culture*) Kultur *f* ❷ (*état*) Zivilisation *f*

civiliser [sivilize] <1> *v. tr.* zivilisieren

civique [sivik] *adj.* [staats]bürgerlich

civisme [sivism] *m* staatsbürgerliches Pflichtgefühl

clafoutis [klafuti] *m: Süßspeise, die aus einem Eierkuchenteig und Kirschen besteht*

clair [klɛʀ] **I.** *adv.* ❶ (*distinctement*) klar ❷ (*sans ambiguïté*) deutlich **II.** *m* **~ de lune** Mondschein *m*

clair, e [klɛʀ] *adj.* ❶ (*lumineux*) klar ❷ (*opp: foncé*) hell; (*bleu*) hell- ❸ (*peu consistant*) dünn ❹ (*intelligible, transparent*) klar; (*explication*) einleuchtend ❺ (*évident*) deutlich

claire [klɛʀ] *f* (*huître*) Auster *f* aus einem Austernpark

clairement [klɛʀmɑ̃] *adv.* deutlich

clairière [klɛʀjɛʀ] *f* Lichtung *f*

clair-obscur [klɛʀɔpskyʀ] <clairs-obscurs> *m* ❶ ART Helldunkel *nt* ❷ (*lumière tamisée*) Halbdunkel *nt*

clairon [klɛʀɔ̃] *m* Bügelhorn *nt*

claironner [klɛʀɔne] <1> *v. tr. iron, fig* ausposaunen

clairsemé, e [klɛʀsəme] *adj.* ❶ (*dispersé*) vereinzelt ❷ (*peu dense*) spärlich

clairvoyance [klɛʀvwajɑ̃s] *f* Weitblick *m*

clairvoyant, e [klɛʀvwajɑ̃, jɑ̃t] *adj.* weit blickend

clamer [klame] <1> *v. tr.* hinausschreien

clan [klɑ̃] *m* ❶ *péj* Clique *f* ❷ HIST Klan *m*

clandestin, e [klɑ̃dɛstɛ̃, in] **I.** *adj.* geheim; (*commerce*) Schwarz-; **passager ~** blinder Passagier **II.** *m, f* illegaler Einwanderer/illegale Einwanderin

clandestinité [klɑ̃dɛstinite] *f* Heimlichkeit *f*

clapet [klapɛ] *m* ❶ TECH [Klappen]ventil *nt* ❷ *fam* (*bouche*) Klappe *f*

clapier [klapje] *m* Kaninchenstall *m*

clapoter [klapɔte] <1> *v. intr.* plätschern

claquage [klakaʒ] *m* MED Muskel[faser]riss *m*

claque [klak] *f* (*tape: sur la joue*) Ohrfeige *f*; (*sur l'épaule*) Klaps *m* ▶**j'en ai ma/il en a sa ~** *fam* mir/ihm reicht's

claqué, e [klake] *adj. fam* fix und fertig

claquer [klake] <1> **I.** *v. tr.* ❶ (*jeter violemment*) knallen ❷ *fam* (*dépenser*) verpulvern ❸ *fam* (*fatiguer*) [total] fertigmachen **II.** *v. intr.* ❶ (*drapeau*) schlagen; (*porte, volet*) [zu]schlagen; (*fouet*) knallen; **~ des dents** mit den Zähnen klappern ❷ *fam* (*élastique*) reißen **III.** *v. pron.* MED *fam* **se ~ un muscle** sich (*Dat*) einen Muskel[faser]riss zuziehen

claquettes [klakɛt] *fpl* Stepptanz *m*; **faire des ~** steppen

clarification [klaʀifikasjɔ̃] *f* (*d'une question*) Klärung *f*
clarifier [klaʀifje] <1> **I.** *v. tr.* ~ **un fait** Licht in eine Sache bringen **II.** *v. pron.* **se** ~ (*fait*) sich klären
clarinette [klaʀinɛt] *f* MUS Klarinette *f*
clarté [klaʀte] *f* ① (*d'une étoile*) Helligkeit *f;* (*d'une bougie*) Schein *m;* (*du ciel*) Helle *f* ② (*transparence*) Reinheit *f* ③ (*éclat*) Frische *f* ④ (*opp: confusion*) Klarheit *f*
classe [klɑs] *f* ① (*groupe*) Klasse *f;* **~s moyennes** Mittelstand *m;* ~ **ouvrière/dirigeante** Arbeiterklasse/Oberschicht *f;* ~ **d'âge** Altersklasse ② AUT **billet de première** ~ Fahrschein *m* erster Klasse ③ *fam* (*élégance*) **être** ~ Klasse sein ④ SCOL (*niveau*) Klasse *f;* (*année*) Schuljahr *nt;* (*élèves*) [Schul]klasse; (*cours*) Unterricht *m;* (*salle*) Klassenzimmer *nt;* **en** ~ in der Klasse; ~ **de terminale** ≈ Abiturklasse, ≈ 12./13. Klasse; ~ **préparatoire** Vorbereitungsklasse [auf eine der „grandes écoles"]; **passer dans la** ~ **supérieure** versetzt werden; **être en** ~ Unterricht haben ⑤ (*séjour*) ~ **verte** Schulausflug *m* mit Unterricht in Biologie; ~ **de neige** Skifreizeit *f* ⑥ MIL **faire ses ~s** die Grundausbildung machen

In Frankreich macht man nach zwölf Schuljahren Abitur. Die Grundschule, *l'école primaire,* dauert fünf Jahre. Die anschließenden Klassenstufen werden dann rückwärts gezählt, von der *sixième* bis zur *terminale,* der Abiturklasse. (Dies erinnert an die Zählung, die früher an deutschen Gymnasien üblich war: Sexta, Quinta, Quarta usw.)
Die erste **classe** im *collège* ist die *sixième,* die zweite heißt *cinquième,* die dritte *quatrième* und die vierte *troisième.* Daran schließen sich die drei Klassenstufen des *lycée* an, die *seconde, première* und *terminale* heißen. Die *cinquième* entspricht also ungefähr dem siebten Schuljahr in Deutschland, die *quatrième* dem achten usw.

classé, e [klɑse] *adj.* ① (*protégé*) unter Denkmalschutz stehend ② (*réglé*) abgeschlossen ③ (*de valeur*) klassifiziert
classement [klɑsmɑ̃] *m* ① (*rangement*) Einordnen *nt* ② (*d'un élève*) Einstufung *f;* (*d'un joueur*) Ranglistenplatz *m;* (*d'un hôtel*) Kategorie *f* ③ (*place sur une liste*) Rangfolge *f* ④ (*liste par ordre de mérite*) Wertung *f*
classer [klɑse] <1> **I.** *v. tr.* ① (*ordonner*) ordnen; (*timbres*) sortieren ② (*ranger selon la performance*) einstufen ③ (*régler*) abschließen ④ (*monument*) unter Denkmalschutz stellen; (*site*) zum Landschaftsschutzgebiet erklären ⑤ *péj* (*juger définitivement*) einordnen **II.** *v. pron.* **se** ~ **premier** sich als Erster platzieren
classeur [klɑsœʀ] *m* [Akten]ordner *m*
classicisme [klasisism] *m* ART Klassik *f*
classification [klasifikasjɔ̃] *f* Klassifizierung *f*
classifier [klasifje] <1> *v. tr.* klassifizieren
classique [klasik] **I.** *adj.* ① ART klassisch ② (*habituel*) typisch; (*produit*) herkömmlich ③ SCOL humanistisch **II.** *m* ① (*auteur, œuvre*) Klassiker *m* ② (*musique*) Klassik *f*
clause [kloz] *f* Klausel *f*
claustrophobe [klostʀɔfɔb] *adj.* **être** ~ unter Klaustrophobie leiden
claustrophobie [klostʀɔfɔbi] *f* Klaustrophobie *f*
clavecin [klavsɛ̃] *m* MUS Cembalo *nt*
clavicule [klavikyl] *f* ANAT Schlüsselbein *nt*
clavier [klavje] *m* Tastatur *f*
clé [kle] *f* ① *a.* MUS, TECH Schlüssel *m;* ~ **de contact** Zündschlüssel; **fermer à** ~ abschließen ② INFORM ~ **USB** USB-Stick *m*
clean [klin] *adj. fam* ① (*propre*) proper ② (*bien*) schwer in Ordnung ③ (*opp. speedé*) clean
clef [kle] *f voir* **clé**
clémence [klemɑ̃s] *f* Milde *f*
clément, e [klemɑ̃, ɑ̃t] *adj.* mild
clémentine [klemɑ̃tin] *f* Klementine *f*
cleptomane [klɛptɔman] *mf* Kleptomane *m*/Kleptomanin *f*
clerc [klɛʀ] *m* ① (*de notaire*) Schreiber *m* ② (*clergé*) Geistliche(r) *m*
clergé [klɛʀʒe] *m* Klerus *m*

clérical, e [kleʀikal, o] <-aux> *adj.* geistlich
clic [klik] **I.** *interj.* klick **II.** *m* Klick *m;* ~ **sur la souris** Mausklick
clic-clac [klikklak] *m inv.* Klappsofa *nt*
cliché [kliʃe] *m* ❶ Klischee *nt* ❷ (*photo*) Abzug *m*
client, e [klijɑ̃, jɑ̃t] *m, f* ❶ (*acheteur*) Kunde *m*/Kundin *f* ❷ (*d'un restaurant*) Gast *m;* (*d'un avocat*) Klient(in) *m(f);* (*d'un médecin*) Patient(in) *m(f)* ❸ ECON Abnehmer(in) *m(f)*
clientèle [klijɑ̃tɛl] *f* Kundschaft *f;* (*d'un avocat*) Klientel *f;* (*d'un médecin*) Patienten *Pl;* (*d'un restaurant*) Gäste *Pl*
cligner [kliɲe] <1> *v. tr.* ~ **des yeux** blinzeln; ~ **de l'œil** zwinkern
clignotant [kliɲɔtɑ̃] *m* AUT Blinker *m;* **mettre le/son** ~ blinken
clignotant, e [kliɲɔtɑ̃, ɑ̃t] *adj.* Blink-
clignoter [kliɲɔte] <1> *v. intr.* blinken; (*lampe*) flackern
clim [klim] *f fam abr. de* **climatisation** Klimaanlage *f*
climat [klima] *m* ❶ METEO Klima *nt* ❷ (*ambiance*) Atmosphäre *f*
climatique [klimatik] *adj.* klimatisch
climatisation [klimatizasjɔ̃] *f* ❶ (*action*) Klimatisierung *f* ❷ (*dispositif*) Klimaanlage *f*
climatiser [klimatize] <1> *v. tr.* klimatisieren
climatiseur [klimatizœʀ] *m* Klimaanlage *f*
clin d'œil [klɛ̃dœj] <clins d'œil> *m* Augenzwinkern *nt;* **faire un** ~ [**à qn**] [jdm zu]zwinkern ▸ **en un** ~ im Nu
clinique [klinik] **I.** *adj.* klinisch **II.** *f* [Privat]klinik *f*
clip [klip] *m* ❶ TV Clip *m* ❷ (*bijou*) Klipp *m,* Clip *m*
cliquable [klikabl] *adj.* INFORM anklickbar
clique [klik] *f péj fam* Clique *f*
cliquer [klike] <1> *v. intr.* INFORM klicken; ~ **sur un symbole avec la souris** ein Symbol mit der Maus anklicken
cliqueter [klik(ə)te] <3> *v. intr.* (*monnaie, clés*) klimpern; (*verre*) klirren
cliquetis [klik(ə)ti] *m* (*de la monnaie, clés*) Klimpern *nt;* (*de verres*) Klirren *nt*
clitoris [klitɔʀis] *m* ANAT Klitoris *f*
clivage [klivaʒ] *m* (*des groupes*) Spaltung *f*
cloaque [klɔak] *m* Kloake *f*
clochard, e [klɔʃaʀ, aʀd] *m, f* Stadtstreicher(in) *m(f)*
cloche[1] [klɔʃ] *f* Glocke *f*
cloche[2] [klɔʃ] **I.** *adj. fam* dämlich **II.** *f fam* Dussel *m*

C

cloche-pied [klɔʃpje] **à** ~ auf einem Bein
clocher[1] [klɔʃe] *m* Kirchturm *m*
clocher[2] [klɔʃe] <1> *v. intr. fam* nicht stimmen
clochette [klɔʃɛt] *f* Glöckchen *nt*
clodo [klodo] *m fam abr. de* **clochard**
cloison [klwazɔ̃] *f* [Zwischen]wand *f*
cloisonnement [klwazɔnmɑ̃] *m* (*séparation idéologique, sociale*) Abgrenzung *f*
cloisonner [klwazɔne] <1> *v. tr.* durch Zwischenwände abtrennen
cloître [klwatʀ] *m* Kloster *nt*
cloîtrer [klwatʀe] <1> **I.** *v. tr. fig* einsperren **II.** *v. pron.* **se** ~ **dans une maison** sich in einem Haus einschließen
clonage [klɔnaʒ] *m* Klonen *nt*
clone [klon] *m* BIO, INFORM Klon *m*
clope [klɔp] *f fam* Glimmstängel *m*
clopin-clopant [klɔpɛ̃klɔpɑ̃] *adv. fam* humpelnd
cloque [klɔk] *f* Blase *f*
cloquer [klɔke] <1> *v. intr.* Blasen bilden; (*peau*) Brandblasen bilden
clore [klɔʀ] <irr> *v. tr.* schließen, [be]enden
clos, e [klo, kloz] *adj.* ❶ geschlossen ❷ (*achevé*) erledigt
clôture [klotyʀ] *f* ❶ Zaun *m;* (*d'arbustes*) Hecke *f* ❷ (*d'un festival*) Ende *nt;* (*d'un débat*) Beendigung *f*
clôturer [klotyʀe] <1> *v. tr.* ❶ (*entourer*) einfrieden ❷ (*finir*) beenden
clou [klu] *m* ❶ (*pointe*) Nagel *m* ❷ (*attraction*) Höhepunkt *m* ❸ *pl fam* (*passage*) Zebrastreifen *m* ❹ GASTR ~ **de girofle** Gewürznelke *f* ▸ **ne pas valoir un** ~ *fam* keinen Pfifferling wert sein
clouer [klue] <1> *v. tr.* ❶ annageln; (*planches*) zusammennageln; (*caisse*) vernageln ❷ *fam* ~ **qn au lit** jdn ans Bett fesseln
clouté, e [klute] *adj.* mit Nägeln beschlagen; **pneus ~s** Spikesreifen *Pl*
clown [klun] *m* Clown *m*

club [klœb] *m* ❶ Klub *m;* ~ **de théâtre** Theater-AG *f;* ~ **de volley** Volleyballverein *m* ❷ SPORT Golfschläger *m*

CMU [seɛmy] *f abr. de* **couverture maladie universelle** *Krankenfürsorgekasse, die bei Menschen mit sehr geringem Einkommen sämtliche Kosten für die medizinische Versorgung übernimmt*

CNRS [seɛnɛʀɛs] *m abr. de* **Centre national de la recherche scientifique** *nationales Forschungszentrum für Wissenschaft und Technik*

coaguler [kɔagyle] <1> *vi, vpr* gerinnen

coalition [kɔalisjɔ̃] *f* Bündnis *nt,* Koalition *f*

coasser [kɔase] <1> *v. intr.* quaken

cobalt [kɔbalt] *m* CHIM Kobalt *nt*

cobaye [kɔbaj] *m* ❶ (*animal*) Meerschweinchen *nt* ❷ *fig* Versuchskaninchen *nt* (*fam*)

Coblence [kɔblɑ̃s] Koblenz *nt*

cobra [kɔbʀa] *m* Kobra *f*

coca[-cola]® [kɔkakɔla] *m* [Coca]-Cola® *f*

cocaïne [kɔkain] *f* Kokain *nt*

cocaïnomane [kɔkainɔman] *mf* Kokainsüchtige(r) *f(m)*

cocarde [kɔkaʀd] *f* Kokarde *f*

cocasse [kɔkas] *adj. fam* drollig

coccinelle [kɔksinɛl] *f* ❶ ZOOL Marienkäfer *m* ❷ AUT Käfer *m*

coccyx [kɔksis] *m* Steißbein *nt*

coche [kɔʃ] *m* ▸ **rater le** ~ *fam* die Gelegenheit verpassen

cocher[1] [kɔʃe] <1> *v. tr.* ankreuzen

cocher[2] [kɔʃe] *m* Kutscher *m*

cochon [kɔʃɔ̃] *m* ❶ (*animal*) Schwein *nt;* ~ **d'Inde** Meerschweinchen *nt* ❷ GASTR Schweinefleisch *nt*

cochon, ne [kɔʃɔ̃, ɔn] **I.** *adj. fam* ❶ (*sale*) schmuddelig ❷ (*obscène*) schweinisch; **histoires ~nes** Zoten *Pl* **II.** *m, f péj fam* ❶ (*personne sale*) Ferkel *nt* ❷ (*vicieux*) Schwein *nt;* **vieux** ~ Lustmolch *m*

cochonner [kɔʃɔne] <1> *v. tr. fam* ❶ (*bâcler*) hinpfuschen ❷ (*salir*) dreckig machen

cochonnerie [kɔʃɔnʀi] *f fam* ❶ (*nourriture*) Dreckszeug *nt* ❷ *souvent pl. fam* (*obscénités*) Schweinereien *Pl;* (*saletés*) Dreck *m*

cochonnet [kɔʃɔnɛ] *m* ❶ ZOOL Ferkel *nt* ❷ (*aux boules*) Zielkugel *f*

cocker [kɔkɛʀ] *m* Cockerspaniel *m*

cockpit [kɔkpit] *m* Cockpit *nt*

cocktail [kɔktɛl] *m* ❶ (*boisson*) Cocktail *m;* ~ **de bienvenue** Begrüßungscocktail ❷ (*réunion*) Cocktailparty *f* ❸ (*mélange*) Mischung *f*

coco [koko] *m péj* (*type*) Früchtchen *nt* (*fam*)

cocon [kɔkɔ̃] *m* Kokon *m*

cocorico [kɔkɔʀiko] *m* Kikeriki *nt*

cocoter [kɔkɔte] <1> *v. intr. fam* stinken

cocotier [kɔkɔtje] *m* Kokospalme *f*

cocotte [kɔkɔt] *f* (*marmite*) Topf *m*

cocotte-minute® [kɔkɔtminyt] <cocottes-minute> *f* Schnellkochtopf *m*

cocu, e [kɔky] **I.** *adj. fam* betrogen **II.** *m, f fam* betrogener Ehemann/betrogene Ehefrau

code [kɔd] *m* ❶ (*chiffrage*) Kode *m;* ~ **postal** Postleitzahl *f* ❷ (*permis*) theoretische Fahrprüfung ❸ (*feux*) Abblendlicht *nt* ❹ JUR Gesetzbuch *nt;* ~ **de la route** Straßenverkehrsordnung *f*

code-barres [kɔdbaʀ] <codes-barres> *m* Strichcode *m*

codécision [kodesizjɔ̃] *f* POL (*de l'Union européenne*) gemeinsamer Entschluss *m*

coder [kɔde] <1> *v. tr.* verschlüsseln

codifier [kɔdifje] <1> *v. tr.* kodifizieren

coefficient [kɔefisjɑ̃] *m* ❶ MATH, PHYS Koeffizient *m* ❷ (*facteur*) ~ **d'erreur** Fehlerquote *f;* ~ **annuel** CH Steuer[an]satz *m,* Steuerfuß *m* (CH)

coéquipier, -ière [koekipje, -jɛʀ] *m, f* Mannschaftskamerad(in) *m(f)*

cœur [kœʀ] *m* ❶ ANAT Herz *nt;* **mon** ~ **bat** mein Herz klopft ❷ (*d'un débat*) Kernpunkt *m* ▸ **avoir un** ~ **d'or/de pierre** ein Herz aus Gold/aus Stein haben; **faire qc de bon** ~ etw [von Herzen] gern tun; **qn a mal au** ~ jdm ist schlecht; **briser le** ~ **à qn** jdm das Herz brechen; **par** ~ (*apprendre, connaître*) auswendig; **sans** ~ herzlos

coexistence [kɔɛgzistɑ̃s] *f* Nebeneinanderbestehen *nt*

coexister [kɔegziste] <1> *v. intr.* nebeneinander bestehen

coffre [kɔfʀ] *m* ❶ (*meuble*) Truhe *f;* ~ **à jouets** Spielzeugkiste *f* ❷ AUT Kofferraum *m*

coffre-fort [kɔfʀəfɔʀ] <coffres-forts> *m* Safe *m*

coffrer [kɔfʀe] <1> *v. tr. fam* ins Kittchen bringen

coffret [kɔfʀɛ] *m* Schatulle *f*

cogiter [kɔʒite] <1> *v. intr. iron* scharf nachdenken

cognac [kɔɲak] *m* Cognac *m*

cogner [kɔɲe] <1> **I.** *v. tr.* **~ qn/qc** an jdn/etw [an]stoßen **II.** *v. intr.* zuschlagen; **~ à/sur/contre qc** an/auf/gegen etw (*Akk*) schlagen **III.** *v. pron.* **se ~ la tête contre qc** sich den Kopf an etw (*Dat*) stoßen

cohabitation [koabitasjɔ̃] *f* POL Kohabitation *f*

cohabiter [koabite] <1> *v. intr.* zusammen unter einem Dach leben; POL kohabitieren

cohérence [koeʀɑ̃s] *f* (*d'un propos*) Zusammenhang *m;* (*d'un raisonnement*) Kohärenz *f*

cohérent, e [koeʀɑ̃, ɑ̃t] *adj.* kohärent; (*texte*) [logisch] zusammenhängend

cohésion [koezjɔ̃] *f* Zusammenhalt *m;* **~ sociale** sozialer Zusammenhalt

cohorte [koɔʀt] *f* (*de touristes, fans*) Schar *f*

cohue [kɔy] *f* ❶ (*foule*) [Menschen]menge *f* ❷ (*bousculade*) Gedränge *nt*

coi, te [kwa, kwat] *adj.* **rester ~** völlig sprachlos sein

coiffe [kwaf] *f* [Trachten]haube *f*

coiffé, e [kwafe] *adj.* frisiert

coiffer [kwafe] <1> *vt, vpr* [**se**] **~** [sich] frisieren

coiffeur, -euse [kwafœʀ, -øz] *m, f* Friseur *m*/Friseurin *f*, Friseuse *f*

coiffeuse [kwaføz] *f* Frisierkommode *f*

coiffure [kwafyʀ] *f* Frisur *f*

coin [kwɛ̃] *m* Ecke *f;* **au ~ de la rue** an der [Straßen]ecke; **~ cuisine/repas** Koch-/Essecke ▸ **ça t'en/vous en bouche un ~!** *fam* da staunste/staunt ihr[, was]?

coincé, e [kwɛ̃se] *adj. fam* verklemmt

coincer [kwɛ̃se] <2> **I.** *v. tr.* ❶ **~ qc** (*personne*) etw einklemmen; (*grain de sable*) etw blockieren ❷ *fam* (*attraper*) schnappen ❸ *fam* (*coller*) in Verlegenheit bringen **II.** *v. pron.* **se ~ le doigt** sich (*Dat*) den Finger einklemmen

coïncidence [kɔɛ̃sidɑ̃s] *f* Zufall *m*

coïncider [kɔɛ̃side] <1> *v. intr.* ❶ (*être concomitant*) [zeitlich] zusammenfallen ❷ (*correspondre*) übereinstimmen

coin-coin [kwɛ̃kwɛ̃] *m inv.* Quakquak *nt*

coing [kwɛ̃] *m* Quitte *f*

coït [kɔit] *m* Koitus *m*

coite [kwat] *adj. voir* **coi**

coke [kɔk] *f fam abr. de* **cocaïne** Koks *m o nt*

col [kɔl] *m* ❶ (*d'un vêtement*) Kragen *m;* **~ roulé** Rollkragen ❷ GEO [Gebirgs]pass *m* ❸ (*goulot*) Hals *m*

colchique [kɔlʃik] *m* BOT Herbstzeitlose *f*

coléoptère [kɔleɔptɛʀ] *m* ZOOL Käfer *m*

colère [kɔlɛʀ] *f* Wut *f;* **être/se mettre en ~ contre qn** auf jdn wütend sein/werden; **en ~** aufgebracht

coléreux, -euse [kɔleʀø, -øz] *adj.*, **colérique** [kɔleʀik] *adj.* jähzornig

colibri [kɔlibʀi] *m* Kolibri *m*

colimaçon [kɔlimasɔ̃] *m* Schnecke *f*

colin [kɔlɛ̃] *m* Seehecht *m*

colin-maillard [kɔlɛ̃majaʀ] *m sans pl.* **jouer à ~** Blindekuh spielen

colique [kɔlik] *f* ❶ (*diarrhée*) Durchfall *m* ❷ *gén. pl.* (*douleurs*) Kolik *f*

colis [kɔli] *m* Paket *nt*

collabo *mf fam abr. de* **collaborateur 2**

collaborateur, -trice [ko(l)labɔʀatœʀ, -tʀis] *m, f* ❶ (*membre du personnel*) Mitarbeiter(in) *m(f)* ❷ (*pendant une guerre*) Kollaborateur(in) *m(f)*

collaboration [ko(l)labɔʀasjɔ̃] *f* Zusammenarbeit *f*

collaborer [ko(l)labɔʀe] <1> *v. intr.* ❶ **~ avec qn** mit jdm zusammenarbeiten; **~ à qc** an etw (*Dat*) mitarbeiten ❷ (*pendant une guerre*) kollaborieren

collage [kɔlaʒ] *m* (*d'une étiquette*) Aufkleben *nt;* (*d'une affiche*) Ankleben *nt*

collant [kɔlɑ̃] *m* Strumpfhose *f*

collant, e [kɔlɑ̃, ɑ̃t] *adj.* ❶ (*moulant*) hauteng ❷ (*poisseux*) klebrig

collation [kɔlasjɔ̃] *f* Imbiss *m*

colle [kɔl] *f* ❶ (*matière*) Klebstoff *m* ❷ (*punition*) Nachsitzen *nt*

collecte [kɔlɛkt] *f* Sammlung *f*

collecter [kɔlɛkte] <1> *v. tr.* sammeln

collecteur [kɔlɛktœʀ] *m* (*égout*) Hauptkanal *m*

collectif, -ive [kɔlɛktif, -iv] *adj.* gemeinsam; (*travail*) Gemeinschafts-

collection [kɔlɛksjɔ̃] *f* ❶ (*réunion d'objets*) Sammlung *f;* **faire la ~ de qc**

etw sammeln ❷ (*de livres*) Reihe *f* ❸ (*modèles*) Kollektion *f*
collectionner [kɔlɛksjɔne] <1> *v. tr.* sammeln

collectionneur, -euse [kɔlɛksjɔnœʀ, -øz] *m, f* Sammler(in) *m(f)*
collectivité [kɔlɛktivite] *f* Gemeinschaft *f;* **~s locales** Gebietskörperschaften *Pl*
collector [kɔlɛktɔʀ] *m* Sammlerstück *nt;* **édition ~** Sammleredition *f*
collège [kɔlɛʒ] *m* SCOL **~** [**d'enseignement secondaire**] ≈ Realschule *f;* **aller au ~** auf das Collège gehen; **Collège de France** *universitätsähnliche Lehranstalt in Paris, deren Vorlesungen von jedermann besucht werden können, an der jedoch keine Diplome vergeben werden*

> Im Anschluss an die Grundschule, im Alter von elf Jahren, beginnt für alle französischen Schulkinder das **collège**, das vier Jahre dauert. Es ist eine Art Gesamtschule, in der ganztägig unterrichtet wird. Die Klassen, die die Schülerinnen und Schüler durchlaufen, heißen *sixième, cinquième, quatrième* und *troisième.* Das Abschlusszeugnis, mit dem man danach abgehen kann, ist das *brevet des collèges.*

collégien, ne [kɔleʒjɛ̃, jɛn] *m, f* ≈ Realschüler(in) *m(f)*
collègue [kɔ(l)lɛg] *mf* Kollege *m*/Kollegin *f*
coller [kɔle] <1> **I.** *v. tr.* ❶ kleben; (*timbre, étiquette*) aufkleben; (*affiche, papier peint*) ankleben; (*enveloppe*) zukleben ❷ *fam* **~ une baffe à qn** jdm eine kleben ❸ *fam* (*embarrasser par une question*) **~ qn** jdm eine knifflige Frage stellen **II.** *v. intr.* ❶ (*adhérer*) kleben; **qc qui colle** etw Klebriges ❷ (*mouler*) hauteng [sein] **III.** *v. pron.* **se ~ à qn** sich an jdn schmiegen
collet [kɔlɛ] *m* Schlinge *f*
collier [kɔlje] *m* Halskette *f;* (*d'un chien*) Halsband *nt*
collimateur [kɔlimatœʀ] *m* ▸ **avoir dans le ~** im Visier haben
colline [kɔlin] *f* Hügel *m*
collision [kɔlizjɔ̃] *f* Zusammenstoß *m*
colloque [kɔ(l)lɔk] *m* Kolloquium *nt*
colmater [kɔlmate] <1> *v. tr.* (*fuite*) abdichten; (*brèche*) schließen
colo [kɔlɔ] *f fam abr. de* **colonie de vacances**
colocataire [kolɔkatɛʀ] *mf* Mitbewohner(in) *m(f)*
Cologne [kɔlɔɲ] Köln *nt*
colombage [kɔlɔ̃baʒ] *m* Fachwerk *nt;* **maison à ~** Fachwerkhaus *nt*
colombe [kɔlɔ̃b] *f* Taube *f*
Colombie [kɔlɔ̃bi] *f* **la ~** Kolumbien *nt*
colon [kɔlɔ̃] *m* Siedler *m*
côlon [kolɔ̃] *m* ANAT Grimmdarm *m*
colonel [kɔlɔnɛl] *m* Oberst *m*
colonial [kɔlɔnjal, jo] <-aux> *m* Kolonist *m*
colonialisme [kɔlɔnjalism] *m* Kolonialismus *m*
colonie [kɔlɔni] *f* ❶ (*territoire, communauté*) Kolonie *f* ❷ (*centre*) **~ de vacances** Ferienlager *nt*
colonisation [kɔlɔnizasjɔ̃] *f* Kolonisation *f*
coloniser [kɔlɔnize] <1> *v. tr.* kolonisieren
colonnade [kɔlɔnad] *f* Säulengang *m*
colonne [kɔlɔn] *f* ❶ ARCHIT Säule *f* ❷ (*section*) Spalte *f* ❸ (*file*) Reihe *f* ❹ MIL Kolonne *f* ❺ ANAT **~ vertébrale** Wirbelsäule *f*
colorant [kɔlɔʀɑ̃] *m* Farbstoff *m*
colorant, e [kɔlɔʀɑ̃, ɑ̃t] *adj.* Färbe-
coloration [kɔlɔʀasjɔ̃] *f* ❶ (*teinte*) Farbe *f* ❷ (*nuance*) Färbung *f*
coloré, e [kɔlɔʀe] *adj.* gefärbt
colorer [kɔlɔʀe] <1> *vt, vpr* [**se**] **~** [sich] färben
coloriage [kɔlɔʀjaʒ] *m* Ausmalen *nt*
colorier [kɔlɔʀje] <1> *v. tr.* ausmalen
coloris [kɔlɔʀi] *m* ❶ (*teinte*) Farbgebung *f* ❷ (*couleur*) Farbe *f*
coloriser [kɔlɔʀize] <1> *v. tr.* kolorieren
colossal, e [kɔlɔsal, o] <-aux> *adj.* kolossal
colosse [kɔlɔs] *m* Koloss *m*
colportage [kɔlpɔʀtaʒ] *m* (*métier*) **le ~ de qc** das Hausieren mit etw
colporter [kɔlpɔʀte] <1> *v. tr. péj* (*nouvelles*) [überall] herumerzählen
colporteur, -euse [kɔlpɔʀtœʀ, -øz] *m, f* Hausierer(in) *m(f)*
colza [kɔlza] *m* Raps *m*

C.O.M. [kɔm] *f abr. de* **collectivité d'outre-mer** Übersee-Gebiet *nt*

> Die **C.O.M.** sind frühere französische Kolonialgebiete in Übersee, die heute nicht vollständig unabhängig sind, aber relativ autonom verwaltet werden. Zu ihnen gehören die Inselgruppen *Saint-Pierre und Miquelon* vor der Ostküste Kanadas und *Saint Barthélemy* in der Karibik.
> Einige andere ehemalige Kolonien verfügen über einen weitreichenden autonomen Sonderstatus, zum Beispiel die pazifischen Inselgruppen *Französisch-Polynesien* und *Wallis und Futuna,* die die Bezeichnung *collectivité sui generis* tragen.
> Die heutigen **C.O.M.** und Überseegebiete mit Sonderstatus wurden früher *T.O.M.* (territoire d'outre-mer) genannt.

coma [kɔma] *m* Koma *nt*

comateux, -euse [kɔmatø, -øz] *adj.* komatös

combat [kɔ̃ba] *m* Kampf *m*

combatif, -ive [kɔ̃batif, -iv] *adj.* kämpferisch

combattant, e [kɔ̃batɑ̃, ɑ̃t] *m, f* Kämpfer(in) *m(f);* **ancien ~** Veteran *m*

combattre [kɔ̃batʀ] <irr> **I.** *v. tr.* (*ennemi*) kämpfen gegen; (*incendie, maladie*) bekämpfen **II.** *v. intr.* **~ contre qn/qc/pour qc** gegen jdn/etw/für etw kämpfen **III.** *v. pron.* **se ~** sich bekämpfen

combien [kɔ̃bjɛ̃] **I.** *adv.* (*quantité*) wie viel; (*nombre*) wie viele; **~ de temps** wie lange; **depuis ~ de temps** seit wann; **~ coûte cela?** wie viel kostet das?; **ça fait ~?** *fam* wie viel macht das?; **je vous dois ~?** was macht das?; **~ de personnes/kilomètres** wie viele Personen/Kilometer; **~ de fois** wie oft **II.** *m* **nous sommes le ~?** *fam* den Wievielten haben wir heute? **III.** *mf* **le ~?** der Wievielte?

combinaison [kɔ̃binɛzɔ̃] *f* ① (*association*) Kombination *f* ② (*sous-vêtement*) Unterrock *m* ③ (*vêtement*) **~ de plongée/ski** Taucher-/Skianzug *m*

combine [kɔ̃bin] *f fam* Dreh *m*

combiné [kɔ̃bine] *m* TELEC Hörer *m*

combiner [kɔ̃bine] <1> **I.** *v. tr.* ① (*réunir*) kombinieren ② (*organiser*) aushecken **II.** *v. pron.* (*s'assembler*) **se ~ avec qc** sich mit etw kombinieren lassen

comble[1] [kɔ̃bl] *m* ① (*summum*) Gipfel *m* ② *souvent pl.* (*grenier*) Dachboden *m*

comble[2] [kɔ̃bl] *adj.* [brechend] voll

combler [kɔ̃ble] <1> *v. tr.* ① (*boucher*) auffüllen ② (*retard*) aufholen; (*déficit*) ausgleichen; (*lacune*) schließen ③ (*personne*) wunschlos glücklich machen; (*vœu*) erfüllen

combustible [kɔ̃bystibl] **I.** *adj.* brennbar **II.** *m* Brennstoff *m*

combustion [kɔ̃bystjɔ̃] *f* Verbrennung *f*

comédie [kɔmedi] *f* ① CINE, THEAT Komödie *f;* **~ musicale** Musical *nt* ② (*simulation*) Theater *nt*

comédien, ne [kɔmedjɛ̃, jɛn] *m, f* ① (*acteur*) Schauspieler(in) *m(f)* ② (*hypocrite*) Heuchler(in) *m(f)*

comestible [kɔmɛstibl] *adj.* essbar

comète [kɔmɛt] *f* Komet *m*

coming-out [kɔmiŋaut] <coming-out[s]> *m* Coming-out *nt;* **faire son ~** sein Coming-out haben

comique [kɔmik] **I.** *adj.* ① (*amusant*) komisch ② THEAT, CINE, LITTER Komödien- **II.** *m* Komiker(in) *m(f)*

comité [kɔmite] *m* Komitee *nt;* **~ d'entreprise** ≈ Betriebsrat *m*

Comité des régions *m* Ausschuss *m* der Regionen

Comité économique et social *m* Wirtschafts- und Sozialausschuss *m*

commandant, e [kɔmɑ̃dɑ̃, ɑ̃t] *m, f* ① MIL Major(in) *m(f)* ② NAUT Kommandant(in) *m(f)*

commande [kɔmɑ̃d] *f* ① COM, ECON Bestellung *f;* **passer une ~** eine Bestellung aufgeben ② TECH **~ à distance** Fernbedienung ③ INFORM Befehl *m* ▶ **sur ~** (*vendre*) auf Bestellung; (*pleurer*) auf Kommando

commandement [kɔmɑ̃dmɑ̃] *m* ① Befehl *m* ② MIL Kommando *nt* ③ REL Gebot *nt*

commander [kɔmɑ̃de] <1> **I.** *v. tr.* ① (*passer commande*) **~ qc à qn** etw bei jdm bestellen ② (*exercer son autorité*) kommandieren ③ (*ordonner*) befehlen ④ (*diriger*) leiten ⑤ (*faire fonctionner*) in

Gang setzen **II.** *v. intr.* ❶ (*passer commande*) bestellen ❷ (*exercer son autorité*) befehlen

commanditaire [kɔmɑ̃ditɛʀ] *m* COM Kommanditist(in) *m(f)*

C

commanditer [kɔmɑ̃dite] <1> *v. tr.* finanzieren

commando [kɔmɑ̃do] *m* Kommando *nt*

comme [kɔm] **I.** *conj.* ❶ (*au moment où*) [gerade] als ❷ (*étant donné que*) da ❸ (*de même que*) wie auch ❹ (*exprimant une comparaison*) wie; **grand(e) ~ ça** so groß; **petit(e) ~ ça** so klein; **~ si** als ob ❺ (*en tant que*) als; **~ plat principal** als Hauptgericht ❻ (*tel que*) wie ❼ (*quel genre de*) was für ...?; **qu'est-ce que tu fais ~ sport?** was für Sport treibst du? **II.** *adv.* ❶ (*exclamatif*) wie; **~ c'est gentil!** wie nett! ❷ (*manière*) wie; **savoir ~ ...** wissen wie (sehr) ...; **~ ça** so; **c'est ~ ça** so ist es nun mal; **il n'est pas ~ ça** so ist er nicht ▶ **~ ci ~ ça** so lala (*fam*)

commémoration [kɔmemɔʀasjɔ̃] *f* Gedenkfeier *f;* **en ~ de qc** zum Gedenken an etw (*Akk*)

commémorer [kɔmemɔʀe] <1> *v. tr.* **~ qc** einer S. (*Gen*) gedenken

commencement [kɔmɑ̃smɑ̃] *m* Anfang *m*

commencer [kɔmɑ̃se] <2> **I.** *v. tr.* **~ qc** [mit] etw anfangen **II.** *v. intr.* ❶ (*débuter*) anfangen ❷ (*faire en premier*) **~ par qc** mit etw anfangen; **~ par faire qc** erst einmal etw tun ▶ **pour ~** zunächst

comment [kɔmɑ̃] *adv.* ❶ (*de quelle façon*) wie; **~ ça va?** wie geht's dir?; **et toi, ~ tu t'appelles?** und du? Wie heißt du?; **~ est-ce que ça s'appelle en français?** wie heißt es auf Französisch? ❷ (*invitation à répéter*) **~?** wie bitte?

commentaire [kɔmɑ̃tɛʀ] *m* Kommentar *m*

commentateur, -trice [kɔmɑ̃tatœʀ, -tʀis] *m, f* Kommentator(in) *m(f)*

commenter [kɔmɑ̃te] <1> *v. tr.* kommentieren

commérage [kɔmeʀaʒ] *m souvent pl.* Gerede *nt kein Pl.*

commerçant, e [kɔmɛʀsɑ̃, ɑ̃t] **I.** *adj.* ❶ (*rue*) Geschäfts- ❷ (*habile*) geschäftstüchtig **II.** *m, f* (*personne*) Geschäftsmann *m*/Geschäftsfrau *f,* Händler(in) *m(f)*

commerce [kɔmɛʀs] *m* ❶ (*activité*) Handel *m;* **~ électronique** E-Commerce *m* ❷ (*magasin*) Geschäft *nt;* **~ de détail/en gros** Einzel-/Großhandel *m*

commercial, e [kɔmɛʀsjal, jo] <-aux> **I.** *adj.* Handels-; **centre ~** Einkaufszentrum *nt* **II.** *m, f* kaufmännische(r) Angestellte(r) *f(m)*

commercialisation [kɔmɛʀsjalizasjɔ̃] *f* Vermarktung *f*

commercialiser [kɔmɛʀsjalize] <1> *v. tr.* vermarkten

commettre [kɔmɛtʀ] <irr> *v. tr.* (*délit, faute*) begehen; (*attentat*) verüben

commis [kɔmi] *m* kleine(r) Angestellte(r) *f(m),* Gehilfe *m*/Gehilfin *f*

commissaire [kɔmisɛʀ] *mf* Kommissar(in) *m(f)*

commissaire-priseur, -euse [kɔmisɛʀpʀizœʀ, -øz] <commissaires-priseurs> *m, f* Auktionator(in) *m(f)*

commissariat [kɔmisaʀja] *m* Revier *nt,* Wache *f*

commission [kɔmisjɔ̃] *f* ❶ ADMIN Kommission *f* ❷ (*message*) Nachricht *f;* **faire une ~ à qn** jdm etwas ausrichten ❸ *pl* (*courses*) Einkäufe *Pl;* **faire les ~s** einkaufen ❹ COM Provision *f*

Commission européenne *f* Europäische Kommission

commissionnaire [kɔmisjɔnɛʀ] *m* (*coursier*) Bote *m*/Botin *f*

commode[1] [kɔmɔd] *adj.* ❶ (*pratique*) praktisch ❷ *souvent négatif* (*facile*) einfach ❸ (*personne, caractère*) umgänglich

commode[2] [kɔmɔd] *f* Kommode *f*

commodité [kɔmɔdite] *f* Komfort *m*

commotion [komosjɔ̃] *f* ❶ (*traumatisme*) Erschütterung *f* ❷ (*émotion*) Schock *m*

commuer [kɔmɥe] <1> *v. tr.* umwandeln

commun [kɔmœ̃] *m* ▶ **hors du ~** außergewöhnlich; **en ~** zusammen; **faire qc en ~** etw gemeinsam tun

commun, e [kɔmœ̃, yn] *adj.* ❶ (*comparable*) gemeinsam ❷ (*collectif*) Gemeinschafts- ❸ (*courant*) [weit]verbreitet; (*trivial*) gewöhnlich

communal, e [kɔmynal, o] <-aux>

adj. (*fonds*) kommunal; (*forêt*) Gemeinde-

communautaire [kɔmynotɛʀ] *adj.* ❶ (*commun*) gemeinschaftlich ❷ (*de l'UE*) EU-; **la politique ~** die EU-Politik

communauté [kɔmynote] *f* ❶ (*groupe*) Gemeinschaft *f* ❷ REL [Kirchen]gemeinde *f*

Communauté économique européenne *f* Europäische Wirtschaftsgemeinschaft

Communauté européenne *f* Europäische Gemeinschaft

commune [kɔmyn] *f* Gemeinde *f*

communément [kɔmynemɑ̃] *adv.* gemeinhin

communiant, e [kɔmynjɑ̃, jɑ̃t] *m, f* Kommunikant(in) *m(f)*

communicatif, -ive [kɔmynikatif, -iv] *adj.* ❶ (*contagieux*) ansteckend ❷ (*expansif*) kommunikativ

communication [kɔmynikasjɔ̃] *f* ❶ (*message*) Mitteilung *f* ❷ TELEC (*jonction*) Verbindung *f*; (*conversation*) Gespräch *nt;* **être en ~ avec qn** mit jdm sprechen ❸ (*relation*) Verständigung *f* ❹ (*liaison*) **moyen de ~** Verkehrsmittel *nt*

communier [kɔmynje] <1> *v. intr.* REL kommunizieren

communion [kɔmynjɔ̃] *f* REL Kommunion *f*

communiqué [kɔmynike] *m* Kommuniqué *nt;* **~ de presse** Pressemitteilung *f*

communiquer [kɔmynike] <1> **I.** *v. tr.* ❶ **~ une demande à qn** jdm eine Bitte mitteilen ❷ (*transmettre*) **~ un dossier à qn** jdm eine Akte aushändigen **II.** *v. intr.* ❶ **~ avec qn** mit jdm kommunizieren (*geh*) ❷ TELEC **~ avec qc** mit etw verbunden sein

communisme [kɔmynism] *m* Kommunismus *m*

communiste [kɔmynist] **I.** *adj.* kommunistisch **II.** *mf* Kommunist(in) *m(f)*

commutateur [kɔmytatœʀ] *m* Schalter *m*

compact [kɔ̃pakt] *m* CD *f*

compact, e [kɔ̃pakt] *adj.* kompakt

compagne [kɔ̃paɲ] *f* Lebensgefährtin *f*

compagnie [kɔ̃paɲi] *f* ❶ Gesellschaft *f* ❷ MIL Kompanie *f* ▶**en ~ de qn** in jds Begleitung

compagnon [kɔ̃paɲɔ̃] *m* ❶ (*concubin*) Lebensgefährte *m* ❷ (*ouvrier*) [Handwerks]geselle *m*

comparable [kɔ̃paʀabl] *adj.* vergleichbar

comparaison [kɔ̃paʀɛzɔ̃] *f* Vergleich *m;* **en ~ de/par ~ à** im Vergleich zu

comparaître [kɔ̃paʀɛtʀ] <irr> *v. intr.* JUR erscheinen

comparatif [kɔ̃paʀatif] *m* GRAM Komparativ *m*

comparatif, -ive [kɔ̃paʀatif, -iv] *adj.* Vergleichs-

comparativement [kɔ̃paʀativmɑ̃] *adv.* vergleichsweise

comparé, e [kɔ̃paʀe] *adj.* (*droit, grammaire*) vergleichend; **~ à** verglichen mit

comparer [kɔ̃paʀe] <1> **I.** *v. tr.* **~ qn/qc à** [*o* **avec**] **qn/qc** jdn/etw mit jdm/etw vergleichen **II.** *v. intr.* vergleichen **III.** *v. pron.* **se ~ à** [*o* **avec**] sich vergleichen mit

comparse [kɔ̃paʀs] *mf péj* Komparse *m*/Komparsin *f*

compartiment [kɔ̃paʀtimɑ̃] *m* ❶ (*casier*) Fach *nt* ❷ AUT Abteil *nt*

comparution [kɔ̃paʀysjɔ̃] *f* Erscheinen *nt*

compas [kɔ̃pɑ] *m* ❶ MATH Zirkel *m* ❷ NAUT, AVIAT Kompass *m*

compassion [kɔ̃pasjɔ̃] *f soutenu* Mitgefühl *nt*

compatibilité [kɔ̃patibilite] *f* ❶ **~ entre qc et qc** Vereinbarkeit *f* von etw und etw ❷ INFORM, MED Kompatibilität *f*

compatible [kɔ̃patibl] *adj.* ❶ (*conciliable*) vereinbar ❷ INFORM, MED kompatibel

compatir [kɔ̃patiʀ] <8> *v. intr. soutenu* Anteil nehmen

compatissant, e [kɔ̃patisɑ̃, ɑ̃t] *adj.* (*personne, parole*) mitfühlend

compatriote [kɔ̃patʀijɔt] *mf* Landsmann *m*/Landsmännin *f*

compensation [kɔ̃pɑ̃sasjɔ̃] *f* ❶ Gegenleistung *f;* **~ financière** Entschädigung *f* ❷ (*équilibre*) Ausgleich *m* ▶**en ~** dafür

compenser [kɔ̃pɑ̃se] <1> *v. tr.* kompensieren

compère [kɔ̃pɛʀ] *m* Kumpan *m*

compétence [kɔ̃petɑ̃s] *f* ❶ *a.* JUR Kompetenz *f* ❷ (*responsabilité*) Zuständigkeit *f*

C

compétent, **e** [kɔ̃petɑ̃, ɑ̃t] *adj.* ❶ **être ~ en qc** kompetent in etw (*Dat*) sein ❷ JUR zuständig

compétitif, **-ive** [kɔ̃petitif, -iv] *adj.* wettbewerbsfähig

compétition [kɔ̃petisjɔ̃] *f* ❶ COM Konkurrenz *f* ❷ SPORT Wettkampf *m*

compétitivité [kɔ̃petitivite] *f* Wettbewerbsfähigkeit *f*

compil [kɔ̃pil] *f abr. de* **compilation** Sampler *m*

compilateur [kɔ̃pilatœʀ] *m* INFORM Compiler *m*

compilation [kɔ̃pilasjɔ̃] *f* ❶ MUS Sampler *m* ❷ INFORM (*action*) Kompilieren *nt;* (*logiciels*) Programmpaket *nt*

compiler [kɔ̃pile] <1> *v. tr.* INFORM kompilieren

complainte [kɔ̃plɛ̃t] *f* Klagelied *nt*

complaisance [kɔ̃plɛzɑ̃s] *f* ❶ *soutenu* (*obligeance*) Liebenswürdigkeit *f;* **par ~** aus Gefälligkeit *f* ❷ (*autosatisfaction*) Selbstgefälligkeit *f*

complaisant, **e** [kɔ̃plɛzɑ̃, ɑ̃t] *adj.* gütig, hilfsbereit

complément [kɔ̃plemɑ̃] *m a.* LING Ergänzung *f;* **~ d'objet direct** direktes Objekt

complémentaire [kɔ̃plemɑ̃tɛʀ] *adj.* ergänzend; (*renseignement*) zusätzlich

complet, **-ète** [kɔ̃plɛ, -ɛt] *adj.* ❶ (*entier*) vollständig; (*pain*) Vollkorn-; **les œuvres complètes** die gesammelten Werke ❷ (*total*) völlig; **succès/échec ~** voller Erfolg/totaler Misserfolg ❸ (*achevé*) vollendet ❹ (*hôtel*) belegt; (*parking*) besetzt

complètement [kɔ̃plɛtmɑ̃] *adv.* ❶ (*entièrement*) vollständig ❷ (*absolument*) völlig

compléter [kɔ̃plete] <5> *vt, vpr* [**se**] ~ [sich] ergänzen

complexe [kɔ̃plɛks] **I.** *adj.* komplex **II.** *m* ECON, PSYCH Komplex *m*

complexé, **e** [kɔ̃plɛkse] *adj. fam* voller Komplexe

complexer [kɔ̃plɛkse] <1> *v. tr.* **~ qn** bei jdm Komplexe hervorrufen

complexité [kɔ̃plɛksite] *f* Komplexität *f*

complication [kɔ̃plikasjɔ̃] *f* ❶ (*difficulté*) Schwierigkeit *f* ❷ MED Komplikation *f*

complice [kɔ̃plis] **I.** *adj.* verständnisinnig **II.** *mf* Komplize *m*/Komplizin *f*

complicité [kɔ̃plisite] *f* ❶ (*participation*) Mittäterschaft *f* ❷ (*connivence*) [geheimes] Einverständnis

compliment [kɔ̃plimɑ̃] *m* ❶ (*éloge*) Kompliment *nt* ❷ (*félicitations*) Glückwunsch *m*

complimenter [kɔ̃plimɑ̃te] <1> *v. tr.* ❶ (*congratuler*) **~ qn pour qc** jdn zu etw beglückwünschen ❷ (*faire l'éloge*) **~ qn pour qc** jdm für etw Komplimente machen

compliqué, **e** [kɔ̃plike] *adj.* kompliziert; (*problème*) schwierig

compliquer [kɔ̃plike] <1> **I.** *v. tr.* erschweren **II.** *v. pron.* **se ~** (*choses*) komplizierter werden; (*situation*) sich zuspitzen; (*maladie*) sich verschlimmern; **se ~ la vie** sich (*Dat*) das Leben [unnötig] schwer machen

complot [kɔ̃plo] *m* Komplott *nt*

comploter [kɔ̃plɔte] <1> **I.** *v. tr.* ausklügeln **II.** *v. intr.* **~ contre qn** gegen jdn ein Komplott schmieden

comportement [kɔ̃pɔʀtəmɑ̃] *m* Verhalten *nt*

comporter [kɔ̃pɔʀte] <1> **I.** *v. tr.* bestehen aus **II.** *v. pron.* **se ~** sich verhalten

composant [kɔ̃pozɑ̃] *m* Bestandteil *m*

composante [kɔ̃pozɑ̃t] *f* Komponente *f*

composé [kɔ̃poze] *m* CHIM Verbindung *f*

composer [kɔ̃poze] <1> **I.** *v. tr.* ❶ (*constituer*) zusammenstellen ❷ (*plat*) kreieren; (*musique*) komponieren; (*texte*) verfassen ❸ (*former*) bilden **II.** *v. intr.* MUS komponieren **III.** *v. pron.* **se ~ de qc** aus etw bestehen

composite [kɔ̃pozit] *adj.* [bunt]gemischt, zusammengewürfelt

compositeur, **-trice** [kɔ̃pozitœʀ, -tʀis] *m, f* Komponist(in) *m(f)*

composition [kɔ̃pozisjɔ̃] *f* ❶ (*organisation*) Zusammenstellung *f* ❷ (*d'une musique*) Komponieren *nt;* (*d'un texte*) Schreiben *nt* ❸ (*œuvre*) Komposition *f*

compost [kɔ̃pɔst] *m* Kompost *m*

composter [kɔ̃pɔste] <1> *v. tr.* entwerten

compote [kɔ̃pɔt] *f* Kompott *nt*

compréhensible [kɔ̃pʀeɑ̃sibl] *adj.* verständlich

compréhensif, **-ive** [kɔ̃pʀeɑ̃sif, -iv] *adj.* verständnisvoll

compréhension [kɔ̃pʀeɑ̃sjɔ̃] *f* ❶ (*clarté*) Verständlichkeit *f* ❷ (*tolérance*) Verständnis *nt*

comprendre [kɔ̃pʀɑ̃dʀ] <13> **I.** *v. tr.* ❶ (*saisir, concevoir*) verstehen; **faire ~ qc à qn** (*expliquer*) jdm etw klarmachen; (*dire indirectement*) jdm etw zu verstehen geben ❷ (*s'apercevoir de*) **~ qc** sich (*Dat*) über etw (*Akk*) im Klaren sein ❸ (*comporter*) bestehen aus ❹ (*inclure*) **~ qn/qc** jdn/etw mit einschließen **II.** *v. intr.* verstehen **III.** *v. pron.* **se ~** ❶ (*être compréhensible*) verständlich sein ❷ (*communiquer*) sich verständigen ❸ (*s'accorder: personnes*) sich [gut] verstehen

compresse [kɔ̃pʀɛs] *f* Kompresse *f*

compresseur [kɔ̃pʀesœʀ] *m* Kompressor *m*

compression [kɔ̃pʀesjɔ̃] *f* ❶ (*réduction*) Reduzierung *f* ❷ INFORM Komprimierung *f*

comprimé [kɔ̃pʀime] *m* Tablette *f*

comprimer [kɔ̃pʀime] <1> *v. tr.* ❶ (*presser*) komprimieren ❷ (*réduire*) reduzieren ❸ INFORM komprimieren

compris, e [kɔ̃pʀi, iz] **I.** *part. passé de* **comprendre II.** *adj.* ❶ (*inclus*) inklusive; **être ~ dans le prix** im Preis inbegriffen sein ❷ (*situé*) **être ~ entre cinq et sept pour cent** zwischen fünf und sieben Prozent liegen

compromettant, e [kɔ̃pʀɔmetɑ̃, ɑ̃t] *adj.* kompromittierend

compromettre [kɔ̃pʀɔmɛtʀ] <irr> **I.** *v. tr.* (*personne*) kompromittieren; (*réputation*) gefährden **II.** *v. pron.* **se ~ avec qn/dans qc** wegen jdm/einer S. ins Gerede kommen

compromis [kɔ̃pʀɔmi] *m* Kompromiss *m*

compromission [kɔ̃pʀɔmisjɔ̃] *f* Zugeständnis *nt*

comptabiliser [kɔ̃tabilize] <1> *v. tr.* FIN [ver]buchen

comptabilité [kɔ̃tabilite] *f* ❶ (*comptes*) Buchführung *f* ❷ (*service*) Buchhaltung *f*

comptable [kɔ̃tabl] *mf* Buchhalter(in) *m(f)*

comptage [kɔ̃taʒ] *m* Zählung *f*

comptant [kɔ̃tɑ̃] *adv.* (*payer*) bar

compte [kɔ̃t] *m* ❶ *sans pl.* (*calcul*) Zählung *f;* (*des points*) [Aus]zählung; **~ à rebours** Countdown *m* ❷ *sans pl.* (*résultat*) Ergebnis *nt;* **le ~ y est** *fam* es haut hin ❸ (*note*) Rechnung *f* ❹ (*écritures comptables*) Konto *nt;* **faire les ~s** Bilanz ziehen ❺ (*~ en banque*) Konto *nt;* **~ chèque/courant** Scheck-/Girokonto; **~ chèque postal/[d']épargne** ≈ Postgiro-/Sparkonto; **ouvrir/fermer un ~** ein Konto eröffnen/auflösen ▶**en fin de ~** letzten Endes; **tout ~ fait** alles in allem; **se rendre ~ de qc** sich (*Dat*) über etw (*Akk*) im Klaren sein; **tenir ~ de qc** etw berücksichtigen; **à son ~** selbständig; **pour le ~ de qn/qc** in jds Auftrag/im Auftrag einer S.

compte-gouttes [kɔ̃tgut] *m inv.* Pipette *f* ▶**au ~** in Etappen

compter [kɔ̃te] <1> **I.** *v. tr.* ❶ (*chiffrer*) zählen; (*totaliser*) zusammenzählen ❷ (*mesurer*) **~ son argent** mit seinem Geld geizen ❸ (*facturer*) berechnen ❹ (*prévoir*) **~ 200 g/10 euros par personne** 200 g/10 Euro pro Person rechnen ❺ (*prendre en compte*) berücksichtigen ❻ (*ranger parmi*) **~ qn/qc parmi ...** jdn/etw zu ... zählen ❼ (*dénombrer*) zählen ❽ (*avoir l'intention de*) **~ faire qc** beabsichtigen etw zu tun; (*espérer*) damit rechnen etw zu tun ❾ SCOL (*faute*) anrechnen **II.** *v. intr.* ❶ (*énumérer*) zählen ❷ (*calculer*) rechnen; **~ sur ses doigts** an den Fingern abzählen ❸ (*être économe*) **dépenser sans ~** ausgeben ohne aufs Geld zu sehen ❹ (*s'appuyer*) **~ sur qn/qc** auf jdn/etw zählen ❺ (*avoir de l'importance*) zählen; **~ pour qn** jdm etwas bedeuten **III.** *v. pron.* **se ~** sich mitzählen

compte rendu [kɔ̃tʀɑ̃dy] *m* Bericht *m*

compteur [kɔ̃tœʀ] *m* ❶ Tachometer *m* ❷ (*~ d'électricité*) Zähler *m*

comptine [kɔ̃tin] *f* Abzählreim *m*

comptoir [kɔ̃twaʀ] *m* Theke *f*

compulser [kɔ̃pylse] <1> *v. tr.* nachschlagen in (+ *Dat*)

comte [kɔ̃t] *m* Graf *m*

comté [kɔ̃te] *m* Grafschaft *f*

comtesse [kɔ̃tɛs] *f* Gräfin *f*

con, ne [kɔ̃, kɔn] **I.** *adj. parfois inv fam* bescheuert **II.** *m, f fam* (*homme*) [Voll]idiot *m;* (*femme*) blöde Ziege

conard [kɔnaʀ] *m fam voir* **connard**

C

conasse [kɔnas] *f fam voir* **connasse**

concasser [kɔ̃kɑse] <1> *v. tr.* (*roche*) zerkleinern; (*épices*) zerstoßen; (*grain*) schroten

concave [kɔ̃kav] *adj.* konkav

concéder [kɔ̃sede] <5> *v. tr.* (*droit, privilège*) zugestehen, zubilligen

concentration [kɔ̃sɑ̃tʀasjɔ̃] *f* Konzentration *f*

concentré, e [kɔ̃sɑ̃tʀe] *adj.* ❶ (*condensé*) konzentriert; **lait ~** Kondensmilch *f* ❷ (*attentif*) konzentriert

concentrer [kɔ̃sɑ̃tʀe] <1> **I.** *v. tr.* konzentrieren **II.** *v. pron.* **se ~ sur qn/qc** sich auf jdn/etw konzentrieren

concept [kɔ̃sɛpt] *m* Konzept *nt*

conception [kɔ̃sɛpsjɔ̃] *f sans pl.* ❶ BIO Empfängnis *f* ❷ (*élaboration*) Konzeption *f*; (*d'un produit*) Entwicklung *f* ❸ (*idée*) Auffassung *f*

concernant [kɔ̃sɛʀnɑ̃] *prép.* bezüglich (+ *Gen*)

concerner [kɔ̃sɛʀne] <1> *v. tr.* betreffen; **en ce qui concerne qn/qc** was jdn/etw betrifft

concert [kɔ̃sɛʀ] *m* Konzert *nt*

concertation [kɔ̃sɛʀtasjɔ̃] *f* Abstimmung *f*

concerter [kɔ̃sɛʀte] <1> *v. pron.* **se ~ sur qc** sich hinsichtlich einer S. (*Gen*) besprechen

concerto [kɔ̃sɛʀto] *m* Concerto *nt*

concession [kɔ̃sesjɔ̃] *f* ❶ (*compromis*) Zugeständnis *nt* ❷ COM Konzession *f*

concessionnaire [kɔ̃sesjɔnɛʀ] *mf* COM Vertragshändler(in) *m(f)*

concevable [kɔ̃s(ə)vabl] *adj.* denkbar

concevoir [kɔ̃s(ə)vwaʀ] <12> *v. tr.* ❶ *soutenu* (*procréer: enfant*) empfangen ❷ (*se représenter*) begreifen ❸ (*élaborer*) konzipieren ❹ (*comprendre*) verstehen

concierge [kɔ̃sjɛʀʒ] *mf* Hausmeister(in) *m(f)*, Abwart *m*/Abwärtin *f* (CH)

conciliant, e [kɔ̃siljɑ̃, jɑ̃t] *adj.* (*personne*) entgegenkommend

conciliation [kɔ̃siljasjɔ̃] *f* Ausgleich *m*; **tentative de ~** Vermittlungsversuch *m*

concilier [kɔ̃silje] <1> *v. tr.* [miteinander] in Einklang bringen

concis, e [kɔ̃si, iz] *adj.* kurz und bündig

concision [kɔ̃sizjɔ̃] *f sans pl.* Knappheit *f*

concitoyen, ne [kɔ̃sitwajɛ̃, jɛn] *m, f* Mitbürger(in) *m(f)*

conclu, e [kɔ̃kly] *part. passé de* **conclure**

concluant, e [kɔ̃klyɑ̃, ɑ̃t] *adj.* stichhaltig

conclure [kɔ̃klyʀ] <irr> **I.** *v. tr.* ❶ (*marché, pacte*) [ab]schließen ❷ (*terminer*) beenden ❸ (*déduire*) **~ qc de qc** etw aus etw schließen **II.** *v. intr.* (*terminer*) zum Schluss kommen; **pour ~** um abzuschließen; **~ par qc** mit etw schließen

conclusion [kɔ̃klyzjɔ̃] *f* ❶ (*d'un accord*) Abschluss *m*; (*d'un mariage*) Schließen *nt* ❷ (*fin*) Ende *nt*, Schluss *m*; **en ~** letzten Endes; **~, ...** Fazit ... ❸ (*d'une thèse*) [Schluss]folgerung *f*

concombre [kɔ̃kɔ̃bʀ] *m* Gurke *f*

concordance [kɔ̃kɔʀdɑ̃s] *f* ❶ (*accord*) Übereinstimmung *f* ❷ GRAM **~ des temps** Zeitenfolge *f*

concorder [kɔ̃kɔʀde] <1> *v. intr.* übereinstimmen

concourir [kɔ̃kuʀiʀ] <irr> *v. intr.* (*être en compétition*) **~ à qc** am Wettbewerb um etw teilnehmen

concours [kɔ̃kuʀ] *m* ❶ (*compétition*) Wettbewerb *m*; SPORT Wettkampf *m* ❷ (*jeu*) Preisausschreiben *nt* ❸ SCOL, UNIV Aufnahmeprüfung *f* ❹ (*aide*) Beitrag *m*

> Zahlreiche Auswahlverfahren für Studienplätze, Beamtenstellen sowie für Beförderungen finden in Frankreich in Form von **concours** statt. Dies sind einheitliche Prüfungen, bei denen eine von vornherein feststehende Zahl von Plätzen oder Posten vergeben wird. Die Auslese ist in der Regel sehr streng, besonders dann, wenn über die Zulassung zum Studium an den Elitehochschulen, den *grandes écoles*, entschieden wird.

concret, -ète [kɔ̃kʀɛ, -ɛt] *adj.* konkret

concrètement [kɔ̃kʀɛtmɑ̃] *adv.* konkret

concrétiser [kɔ̃kʀetize] <1> **I.** *v. tr.* (*rêve, projet*) verwirklichen **II.** *v. pron.* **se ~** (*projet*) konkrete Formen annehmen; (*rêve*) wahr werden

conçu, e [kɔ̃sy] *part. passé de* **concevoir**

concubin, e [kɔ̃kybɛ̃, in] *m, f* Lebensgefährte *m*/Lebensgefährtin *f*

concubinage [kɔ̃kybinaʒ] *m* wilde Ehe

concurrence [kɔ̃kyʀɑ̃s] *f sans pl. a.* COM Konkurrenz

concurrencer [kɔ̃kyʀɑ̃se] <2> *v. tr.* ~ **qn/qc** mit jdm/etw konkurrieren

concurrent, e [kɔ̃kyʀɑ̃, ɑ̃t] **I.** *adj.* konkurrierend **II.** *m, f* Konkurrent(in) *m(f)*

condamnable [kɔ̃danabl] *adj.* verwerflich

condamnation [kɔ̃danasjɔ̃] *f sans pl.* JUR *a. fig* Verurteilung *f;* (*peine*) Strafe *f*

condamné, e [kɔ̃dane] *m, f* Strafgefangene(r) *f(m);* ~ **à mort** zum Tode Verurteilte(r) *f(m)*

condamner [kɔ̃dane] <1> *v. tr.* ❶ JUR ~ **qn à 10 ans de prison** jdn zu 10 Jahren Haft verurteilen ❷ *fig* ~ **qn** jdm keine Chancen [mehr] geben ❸ (*obliger*) ~ **qn à faire qc** jdn dazu zwingen etw zu tun ❹ (*fenêtre, porte*) versperren

condensation [kɔ̃dɑ̃sasjɔ̃] *f sans pl.* Kondensation *f*

condensé [kɔ̃dɑ̃se] *m* Kondensat *nt*

condenser [kɔ̃dɑ̃se] <1> *v. tr.* kondensieren

condescendant, e [kɔ̃desɑ̃dɑ̃, ɑ̃t] *adj.* herablassend

condiment [kɔ̃dimɑ̃] *m a. fig* würzige Zutat

condition [kɔ̃disjɔ̃] *f* ❶ (*exigence*) Bedingung *f;* **à ~ que** + *subj.* unter der Bedingung, dass; **sans ~[s]** bedingungslos ❷ *pl* COM **~s de livraison** Lieferbedingungen *Pl* ❸ *sans pl.* SOCIOL Situation *f* ❹ *sans pl.* (*forme*) Kondition *f* ❺ *pl* (*cadre*) **~s de travail/vie** Arbeits-/Lebensbedingungen *Pl* ❻ *pl* (*circonstances*) Umstände *Pl*; **dans ces ~s** unter diesen Bedingungen ❼ (*rang social*) soziale Stellung

conditionnel [kɔ̃disjɔnɛl] *m* Konditional *m;* ~ **présent** Konditionalpräsens *nt*

conditionnelle [kɔ̃disjɔnɛl] *f* GRAM Konditionalsatz *m*

conditionnement [kɔ̃disjɔnmɑ̃] *m* Präsentation *f,* Aufmachung *f*

conditionner [kɔ̃disjɔne] <1> *v. tr.* ❶ (*emballer*) verpacken ❷ (*traiter*) haltbar machen

condoléances [kɔ̃dɔleɑ̃s] *fpl* [**toutes**] **mes ~!** mein Beileid!

conducteur, -trice [kɔ̃dyktœʀ, -tʀis] **I.** *adj.* PHYS leitend **II.** *m, f* Fahrer(in) *m(f);* ~ **de TGV** TGV-Lokführer *m*

conduire [kɔ̃dɥiʀ] <irr> **I.** *v. intr.* ❶ fahren ❷ (*aboutir*) führen **II.** *v. tr.* ❶ AUT steuern ❷ (*emmener*) bringen ❸ (*guider, mener*) führen ❹ (*diriger*) leiten; (*pays*) führen **III.** *v. pron.* **se ~** sich benehmen

conduit [kɔ̃dɥi] *m* [Rohr]leitung *f*

conduit, e [kɔ̃dɥi, it] *part. passé de* **conduire**

conduite [kɔ̃dɥit] *f* ❶ AUT **leçon de ~** Fahrstunde *f* ❷ (*comportement*) Benehmen *nt* ❸ (*tuyau*) Leitung *f*

> Ähnlich wie beim *Führerschein mit 17* in Deutschland dürfen in Frankreich Jugendliche ab 16 Jahren in Begleitung eines Erwachsenen, der eine Sondergenehmigung hat, Auto fahren. Dieses frühe Fahren in Begleitung, die **conduite accompagnée**, wird den anderen Verkehrsteilnehmern durch einen Aufkleber an dem betreffenden Auto signalisiert: Eine Abbildung zeigt ein kleines Männchen am Steuer und daneben ein größeres.

cône [kon] *m* Kegel *m;* **en** [**forme de**] ~ kegelförmig

confection [kɔ̃fɛksjɔ̃] *f* ❶ GASTR Zubereitung *f* ❷ *sans pl.* (*prêt-à-porter*) Bekleidungsindustrie *f*

confectionner [kɔ̃fɛksjɔne] <1> *v. tr.* ❶ GASTR zubereiten ❷ (*fabriquer*) anfertigen

confédération [kɔ̃fedeʀasjɔ̃] *f* POL Konföderation *f,* Staatenbund *m*

conférence [kɔ̃feʀɑ̃s] *f* ❶ (*exposé*) Vortrag *m* ❷ (*réunion*) *a.* POL Konferenz *f;* **être en ~** in einer Sitzung sein

conférencier, -ière [kɔ̃feʀɑ̃sje, -jɛʀ] *m, f* Vortragende(r) *f(m)*

confesser [kɔ̃fese] <1> **I.** *v. tr.* (*péché*) beichten **II.** *v. pron.* **se ~ à qn** bei jdm beichten

confesseur [kɔ̃fesœʀ] *m* Beichtvater *m*

confession [kɔ̃fesjɔ̃] *f* ❶ (*religion*) Konfession *f* ❷ (*aveu*) Geständnis *nt*

confessionnal [kɔ̃fesjɔnal, o] <-aux> *m* Beichtstuhl *m*

confessionnel, le [kɔ̃fesjɔnɛl] *adj.* konfessionell

confetti [kɔ̃feti] *m* Konfetti *nt*

confiance [kɔ̃fjɑ̃s] *f sans pl.* Vertrauen *nt*

confiant, e [kɔ̃fjɑ̃, jɑ̃t] *adj.* ① (*sans méfiance*) vertrauensselig; **~ en qn/qc** auf jdn/etw vertrauend ② (*sûr de soi*) selbstbewusst

confidence [kɔ̃fidɑ̃s] *f* vertrauliche Mitteilung

confident, e [kɔ̃fidɑ̃, ɑ̃t] *m, f* Vertraute(r) *f(m)*

confidentiel, le [kɔ̃fidɑ̃sjɛl] *adj.* vertraulich

confier [kɔ̃fje] <1> **I.** *v. tr.* anvertrauen; **~ une mission à qn** jdn mit einem Auftrag betrauen **II.** *v. pron.* **se ~** sich anvertrauen

configuration [kɔ̃figyʀasjɔ̃] *f* Beschaffenheit *f*

confiné, e [kɔ̃fine] *adj.* (*reclus*) eingesperrt

confirmation [kɔ̃fiʀmasjɔ̃] *f* ① (*preuve, document*) Bestätigung *f* ② REL (*catholique*) Firmung *f*; (*protestante*) Konfirmation *f*

confirmer [kɔ̃fiʀme] <1> **I.** *v. tr.* bestätigen **II.** *v. pron.* **se ~** sich bewahrheiten

confiserie [kɔ̃fizʀi] *f* ① (*sucrerie*) Süßigkeit *f* ② (*magasin*) Süßwarenladen *m*, Süßwarengeschäft *nt*

confiseur, -euse [kɔ̃fizœʀ, -øz] *m, f* Süßwarenfabrikant(in) *m(f)*

confisquer [kɔ̃fiske] <1> *v. tr.* **~ un objet** einen Gegenstand abnehmen; (*police*) einen Gegenstand beschlagnahmen

confit [kɔ̃fi] *m* **~ d'oie** Gänse-Confit *nt* *(im eigenen Fett gebratenes Fleisch)*

confit, e [kɔ̃fi, it] *adj.* (*fruits*) kandiert

confiture [kɔ̃fityʀ] *f* Marmelade *f*

conflictuel, le [kɔ̃fliktɥɛl] *adj.* (*pulsions, intérêts*) entgegengesetzt

conflit [kɔ̃fli] *m* Konflikt *m*; **~s sociaux** soziale Spannungen *Pl*

confluent [kɔ̃flyɑ̃] *m* Zusammenfluss *m*

confondre [kɔ̃fɔ̃dʀ] <14> *v. tr.* durcheinanderbringen

conforme [kɔ̃fɔʀm] *adj.* **certifié ~** [amtlich] beglaubigt; **être ~ à qc** mit etw übereinstimmen

conformément [kɔ̃fɔʀmemɑ̃] *adv.* **~ aux termes de votre courrier du ...** *form* mit Bezug auf Ihr Schreiben vom ...

conformiste [kɔ̃fɔʀmist] *adj.* angepasst

conformité [kɔ̃fɔʀmite] *f* Übereinstimmung *f*

confort [kɔ̃fɔʀ] *m* Komfort *m*

confortable [kɔ̃fɔʀtabl] *adj.* bequem

confortablement [kɔ̃fɔʀtabləmɑ̃] *adv.* bequem

confrère [kɔ̃fʀɛʀ] *m* Kollege *m*

confrérie [kɔ̃fʀeʀi] *f* Bruderschaft *f*

confrontation [kɔ̃fʀɔ̃tasjɔ̃] *f* Konfrontation *f*

confronter [kɔ̃fʀɔ̃te] <1> *v. tr.* konfrontieren

confus, e [kɔ̃fy, yz] *adj.* ① (*indistinct*) undeutlich ② (*embrouillé*) konfus ③ (*embarrassé*) verwirrt

confusion [kɔ̃fyzjɔ̃] *f* ① *sans pl.* (*embarras*) Verlegenheit *f* ② (*erreur*) Verwechslung *f* ③ *sans pl.* (*agitation*) Unruhe *f*

congé [kɔ̃ʒe] *m* ① Urlaub *m*; SCOL [Schul]ferien *Pl*; UNIV Semesterferien; **~s payés** bezahlter Urlaub; **être en ~ de maladie** krankgeschrieben sein ② (*salutation*) **prendre ~ de qn/qc** sich von jdm/etw verabschieden

congédier [kɔ̃ʒedje] <1> *v. tr.* (*employé*) entlassen

congélateur [kɔ̃ʒelatœʀ] *m* Tiefkühltruhe *f*

congeler [kɔ̃ʒ(ə)le] <4> *v. tr.* einfrieren; **être congelé** tiefgefroren sein

congénital, e [kɔ̃ʒenital, o] < -aux> *adj. a. fig* angeboren

congère [kɔ̃ʒɛʀ] *m* Schneewehe *f*

congestion [kɔ̃ʒɛstjɔ̃] *f* MED Schlaganfall *m*; **~ cérébrale** [Ge]hirnschlag *m*; **~ pulmonaire** [leichte] Lungenentzündung

Congo [kɔ̃gɔ] *m* **le ~** der Kongo

congrégation [kɔ̃gʀegasjɔ̃] *f* Kongregation *f*

congrès [kɔ̃gʀɛ] *m* Kongress *m*

conifère [kɔnifɛʀ] *m* Nadelbaum *m*

conique [kɔnik] *adj.* kegelförmig

conjoint, e [kɔ̃ʒwɛ̃, wɛ̃t] *m, f form* [Ehe]gatte *m*/[Ehe]gattin *f*

conjointement [kɔ̃ʒwɛ̃tmɑ̃] *adv.* zusammen

conjonctif, -ive [kɔ̃ʒɔ̃ktif, -iv] *adj.* (*tissu*) Binde-

conjonction [kɔ̃ʒɔ̃ksjɔ̃] *f* LING Konjunktion *f*, Bindewort *nt*

conjonctive [kɔ̃ʒɔ̃ktiv] *f* ANAT Bindehaut *f*

conjonctivite [kɔ̃ʒɔ̃ktivit] *f* Bindehautentzündung *f*

conjoncture [kɔ̃ʒɔ̃ktyʀ] *f* ❶ *sans pl.* (*situation*) Bedingungen *Pl* ❷ *sans pl.* ECON Konjunktur *f*

conjoncturel, le [kɔ̃ʒɔ̃ktyʀɛl] *adj.* (*crise, cycle*) Konjunktur-

conjugaison [kɔ̃ʒygɛzɔ̃] *f* Konjugation *f*

conjugal, e [kɔ̃ʒygal, o] <-aux> *adj.* ehelich; (*lit, vie*) Ehe-

conjuguer [kɔ̃ʒyge] <1> *v. tr.* ❶ LING konjugieren ❷ (*unir*) vereinigen

conjurer [kɔ̃ʒyʀe] <1> *v. tr.* ❶ (*éviter*) abwenden ❷ (*supplier*) beschwören

connaissance [kɔnɛsɑ̃s] *f* ❶ *sans pl.* (*fait de connaître*) Kenntnis *f;* **prendre ~ de qc** etw zur Kenntnis nehmen; **pas à ma ~** nicht, dass ich wüsste ❷ *pl* (*choses apprises*) Kenntnisse *Pl* ❸ (*personne*) Bekannte(r) *f(m),* Bekanntschaft *f;* **faire la ~ de qn** die Bekanntschaft von jdm machen ❹ (*lucidité*) Bewusstsein *nt;* **sans ~** bewusstlos

connaisseur, -euse [kɔnɛsœʀ, -øz] **I.** *adj.* Kenner- **II.** *m, f* Kenner(in) *m(f)*

connaître [kɔnɛtʀ] <irr> **I.** *v. tr.* ❶ kennen; (*nom, adresse*) wissen; **comme je te connais, ...** wie ich dich kenne, ... ❷ (*comprendre*) **~ son métier** sein Handwerk verstehen ❸ (*rencontrer*) kennen lernen; **faire ~ qn à qn** jdn mit jdm bekannt machen ❹ (*éprouver*) erleben; **~ un succès fou** (*personne*) einen Riesenerfolg haben; (*film*) ein Riesenerfolg sein **II.** *v. pron.* ❶ **se ~** sich kennen ❷ (*être spécialiste*) **s'y ~** etwas davon verstehen; **s'y ~ en ordinateurs** sich [gut] mit Computern auskennen

connard [kɔnaʀ] *m fam* [Voll]idiot *m*

connasse [kɔnas] *f fam* blöde Ziege

connecter [kɔnɛkte] <1> **I.** *v. tr.* anschließen an (+ *Akk*); **~ des ordinateurs en réseau** Computer vernetzen **II.** *v. pron.* **se ~ au réseau/sur Internet** sich ins Netz/ins Internet einloggen

connerie [kɔnʀi] *f fam* ❶ *sans pl.* (*stupidité*) Schwachsinn *m* ❷ (*acte*) Quatsch *m kein Pl.*

connexion [kɔnɛksjɔ̃] *f a.* INFORM Verbindung *f*

connotation [kɔnɔtasjɔ̃] *f* Konnotation *f*

connu, e [kɔny] **I.** *part. passé de* **connaître II.** *adj.* bekannt

conquérant, e [kɔ̃keʀɑ̃, ɑ̃t] *m, f* Eroberer *m*/Eroberin *f*

conquérir [kɔ̃keʀiʀ] <irr> *v. tr.* erobern

conquête [kɔ̃kɛt] *f* Eroberung *f*

conquis, e [kɔ̃ki, iz] *part. passé de* **conquérir**

consacré, e [kɔ̃sakʀe] *adj.* ❶ (*église*) geweiht ❷ (*adéquat*) üblich

consacrer [kɔ̃sakʀe] <1> **I.** *v. tr.* ❶ (*vie*) widmen ❷ REL weihen **II.** *v. pron.* **se ~ à qn/qc** sich jdm/einer S. widmen

consanguin, e [kɔ̃sɑ̃gɛ̃, in] *adj.* (*mariage*) zwischen Blutsverwandten

consciemment [kɔ̃sjamɑ̃] *adj.* bewusst

conscience [kɔ̃sjɑ̃s] *f* ❶ *sans pl.* PSYCH Bewusstsein *nt;* **avoir/prendre ~ de qc** sich (*Dat*) einer S. (*Gen*) bewusst sein/werden ❷ *sans pl.* (*sens moral*) **une bonne/mauvaise ~** ein gutes/schlechtes Gewissen

consciencieusement [kɔ̃sjɑ̃sjøzmɑ̃] *adv.* gewissenhaft

consciencieux, -euse [kɔ̃sjɑ̃sjø, -jøz] *adj.* gewissenhaft

conscient, e [kɔ̃sjɑ̃, jɑ̃t] *adj.* ❶ (*informé*) bewusst; **être ~ de qc** sich (*Dat*) einer S. (*Gen*) bewusst sein ❷ (*lucide*) bei Bewusstsein

consécration [kɔ̃sekʀasjɔ̃] *f* (*d'une carrière*) Krönung *f*

consécutif, -ive [kɔ̃sekytif, -iv] *adj.* ❶ (*à la file*) aufeinanderfolgend ❷ (*résultant de*) **~ à qc** durch eine S. hervorgerufen

conseil [kɔ̃sɛj] *m* ❶ (*recommandation*) Rat[schlag *m*] *m;* **demander ~ à qn** jdn um Rat fragen ❷ (*personne*) Berater(in) *m(f)* ❸ (*assemblée: privée*) Vorstand *m;* (*publique*) Verwaltungsrat *m;* **Conseil exécutif** CH Regierungsrat (CH); **Conseil fédéral** CH Bundesrat (CH); **~ général** *oberstes Exekutivorgan eines Departements;* **~ municipal /régional** Gemeinde-/Regionalrat; **Conseil national** CH Nationalrat (CH); **~ de l'Europe** Europarat; **~ de classe** Schulkonferenz *f*

conseiller [kɔ̃seje] <1> *v. tr.* ❶ (*recommander*) raten; (*vin*) empfehlen ❷ (*guider*) **~ qn dans qc** jdn bei etw beraten

conseiller, -ère [kɔ̃seje, -ɛʀ] *m, f* Berater(in) *m(f)*

C

consensus [kɔ̃sɛ̃sys] *m* Konsens *m*

consentant, e [kɔ̃sɑ̃tɑ̃, ɑ̃t] *adj.* **être ~** einverstanden sein

consentement [kɔ̃sɑ̃tmɑ̃] *m* Zustimmung *f*

consentir [kɔ̃sɑ̃tiʀ] <10> **I.** *v. intr.* **~ à qc** einer S. (*Dat*) zustimmen; **~ à faire qc/à ce que** + *subj.* damit einverstanden sein etw zu tun/, dass **II.** *v. tr.* gewähren

conséquence [kɔ̃sekɑ̃s] *f* Folge *f;* **avoir qc pour ~** etw zur Folge haben; **en ~** (*donc*) infolgedessen; (*conformément à cela*) [dem]entsprechend

conséquent, e [kɔ̃sekɑ̃, ɑ̃t] *adj.* ① (*cohérent*) konsequent; **par ~** folglich ② *fam* (*considérable*) beachtlich

conservateur, -trice [kɔ̃sɛʀvatœʀ, -tʀis] **I.** *adj.* ① POL konservativ ② GASTR **agent ~** Konservierungsstoff *m* **II.** *m, f* ① (*d'un musée*) Verwalter(in) *m(f)* ② POL Konservative(r) *f(m)*

conservation [kɔ̃sɛʀvasjɔ̃] *f* (*d'un monument*) Instandhaltung *f;* (*d'un aliment*) Aufbewahrung *f*

conservatisme [kɔ̃sɛʀvatism] *m* Konservatismus *m*

conservatoire [kɔ̃sɛʀvatwaʀ] *m* MUS Konservatorium *nt;* THEAT Schauspielschule *f*

conserve [kɔ̃sɛʀv] *f* Konserve *f;* **en ~** aus der Dose

conserver [kɔ̃sɛʀve] <1> **I.** *v. tr.* ① (*papiers, aliments*) aufbewahren ② GASTR konservieren ③ (*ne pas perdre*) behalten; (*tradition*) pflegen; (*habitude*) beibehalten **II.** *v. pron.* **se ~** sich halten

considérable [kɔ̃sideʀabl] *adj.* beachtlich

considérablement [kɔ̃sideʀabləmɑ̃] *adv.* beachtlich

considération [kɔ̃sideʀasjɔ̃] *f* ① *pl* (*raisonnement*) Überlegungen *Pl* ② (*estime*) Ansehen *nt* ③ (*attention*) **prendre qn/qc en ~** jdn/etw berücksichtigen

considérer [kɔ̃sideʀe] <5> *v. tr.* ① überdenken; (*détail*) bedenken ② (*contempler*) [eingehend] betrachten ③ (*penser*) **~ que ...** finden, dass ...

consigne [kɔ̃siɲ] *f* ① *sans pl.* AUT Gepäckaufbewahrung *f;* **~ automatique** Schließfach *nt* ② *sans pl.* COM Pfand *nt* ③ (*instructions*) Anweisungen *Pl*, Vorschriften *Pl*

consigné, e [kɔ̃siɲe] *adj.* (*bouteille*) Pfand-

consigner [kɔ̃siɲe] <1> *v. tr.* ① (*mettre à la consigne: bagages*) zur Aufbewahrung geben ② (*facturer*) **qc est consigné** auf etw (*Akk*) wird Pfand erhoben

consistance [kɔ̃sistɑ̃s] *f* Konsistenz *f*

consistant, e [kɔ̃sistɑ̃, ɑ̃t] *adj.* ① (*épais*) dickflüssig ② *fam* (*substantiel*) gehaltvoll ③ (*argument*) stichhaltig

consister [kɔ̃siste] <1> *v. intr.* ① (*se composer de*) **~ en qc** aus etw bestehen ② (*être*) **~ en qc** in etw (*Dat*) bestehen; **~ à faire qc** darin bestehen, etw zu tun

consœur [kɔ̃sœʀ] *f* Kollegin *f;* *voir a.* **confrère**

consolation [kɔ̃sɔlasjɔ̃] *f* Trost *m*

console [kɔ̃sɔl] *f a.* TECH Konsole *f*

consoler [kɔ̃sɔle] <1> *vt, vpr* [**se**] **~** [sich] trösten

consolider [kɔ̃sɔlide] <1> *v. tr.* sichern; (*mur*) befestigen

consommable [kɔ̃sɔmabl] *adj.* essbar

consommateur, -trice [kɔ̃sɔmatœʀ, -tʀis] *m, f* ① (*acheteur*) Verbraucher(in) *m(f)* ② (*client*) Gast *m*

consommation [kɔ̃sɔmasjɔ̃] *f* ① *sans pl.* **~ de qc** Verbrauch *m* an etw (*Dat*); ECON Konsum *m* an etw (*Dat*) ② (*boisson*) Getränk *nt*

consommé [kɔ̃sɔme] *m* [Kraft]brühe *f*

consommer [kɔ̃sɔme] <1> **I.** *v. intr.* ① (*boire*) etwas zu sich (*Dat*) nehmen ② (*acheter*) konsumieren **II.** *v. tr.* ① GASTR zu sich (*Dat*) nehmen ② (*user*) verbrauchen **III.** *v. pron.* **qc se consomme chaud** etw wird warm gegessen; (*boisson*) etw wird warm getrunken; **à ~ avant le ...** mindestens haltbar bis ...

consonance [kɔ̃sɔnɑ̃s] *f* MUS Konsonanz *f*

consonne [kɔ̃sɔn] *f* Konsonant *m*

conspirateur, -trice [kɔ̃spiʀatœʀ, -tʀis] *m, f* Verschwörer(in) *m(f)*

conspiration [kɔ̃spiʀasjɔ̃] *f* Verschwörung *f*

conspirer [kɔ̃spiʀe] <1> *v. intr.* konspirieren

constamment [kɔ̃stamɑ̃] *adv.* ununterbrochen

constance [kɔ̃stɑ̃s] *f* Beständigkeit *f*

Constance [kɔ̃stɑ̃s] Konstanz *nt*

constant, e [kɔ̃stɑ̃, ɑ̃t] *adj.* ❶ (*invariable*) konstant ❷ (*continuel*) ständig

constat [kɔ̃sta] *m* Protokoll *nt;* **~ à l'amiable** Unfallaufnahme *f (ohne die Polizei hinzuzuziehen)*

constatation [kɔ̃statasjɔ̃] *f* Feststellung *f*

constater [kɔ̃state] <1> *v. tr.* feststellen

constellation [kɔ̃stelasjɔ̃] *f* ASTRO Sternbild *nt*

consternant, e [kɔstɛʀnɑ, ɑt] *adj.* erschütternd

consternation [kɔ̃stɛʀnasjɔ̃] *f* Betroffenheit *f*

consterné, e [kɔ̃stɛʀne] *adj.* bestürzt

consterner [kɔ̃stɛʀne] <1> *v. tr.* betroffen machen

constipation [kɔ̃stipasjɔ̃] *f* Verstopfung *f*

constipé, e [kɔ̃stipe] *adj.* ❶ MED verstopft ❷ *fam* verklemmt

constituant, e [kɔ̃stitɥɑ̃, ɑ̃t] *adj.* ❶ POL verfassungsgebend ❷ (*constitutif*) **les éléments ~s de qc** die Bestandteile einer S. (*Gen*)

constitué, e [kɔ̃stitɥe] *adj.* ❶ (*composé*) **être ~ de qc** aus etw bestehen ❷ (*conformé*) **bien ~** gut entwickelt

constituer [kɔ̃stitɥe] <1> **I.** *v. tr.* ❶ (*composer*) bilden ❷ (*gouvernement*) bilden; (*dossier*) anlegen ❸ (*représenter*) darstellen **II.** *v. pron.* JUR **se ~ témoin** als Zeuge auftreten

constitution [kɔ̃stitysjɔ̃] *f* ❶ POL Verfassung *f;* **la Constitution** die Französische Verfassung ❷ *sans pl.* (*d'un groupe*) Bildung *f;* (*d'un dossier*) Anlage *f* ❸ *sans pl.* (*composition*) Zusammensetzung *f*

constitutionnel, le [kɔ̃stitysjɔnɛl] *adj.* verfassungskonform

constructeur [kɔ̃stʀyktœʀ] *m* ❶ (*ingénieur*) Konstrukteur(in) *m(f)* ❷ (*firme*) Hersteller *m* ❸ (*bâtisseur*) Baumeister(in) *m(f)*

constructif, -ive [kɔ̃stʀyktif, -iv] *adj.* konstruktiv

construction [kɔ̃stʀyksjɔ̃] *f* ❶ *sans pl.* (*action*) Bau *m;* **la ~ de l'Europe** *fig* der Aufbau Europas ❷ (*édifice*) Bauwerk *nt,* Konstruktion *f*

construire [kɔ̃stʀɥiʀ] <irr> *v. tr.* ❶ (*bâtir*) bauen ❷ (*fabriquer*) herstellen ❸ (*élaborer*) aufstellen

consul [kɔ̃syl] *m* Konsul(in) *m(f)*

consulat [kɔ̃syla] *m* Konsulat *nt*

consultant, e [kɔ̃syltɑ̃, ɑ̃t] **I.** *adj.* beratend **II.** *m, f* Berater(in) *m(f)*

consultation [kɔ̃syltasjɔ̃] *f* ❶ *sans pl.* (*d'un ouvrage*) Nachschlagen *nt* in (+ *Dat*); (*d'un agenda, d'un horaire*) Nachsehen *nt* in (+ *Dat*) ❷ (*séance*) Beratung *f;* (*médicale*) Sprechstunde *f* ❸ CH (*prise de position*) Stellungnahme *f,* Vernehmlassung *f* (CH)

consulter [kɔ̃sylte] <1> **I.** *v. intr.* Sprechstunde haben **II.** *v. tr.* ❶ (*demander avis*) zu Rate ziehen; (*médecin*) aufsuchen ❷ (*ouvrage*) nachschlagen in (+ *Dat*); (*agenda*) nachsehen in (+ *Dat*)

consumer [kɔ̃syme] <1> *vt, vpr* [**se**] ~ [sich] verbrennen

contact [kɔ̃takt] *m* ❶ *sans pl.* (*toucher*) Kontakt *m,* Berührung *f;* **entrer/être en ~** (*choses*) in Berührung treten/stehen ❷ (*rapport*) Kontakt *m;* **au ~ de qn** im Umgang *m* mit jdm; **entrer en ~** Kontakt aufnehmen; **rester en ~** in Verbindung bleiben ❸ ELEC, AUT Kontakt *m;* **couper/mettre le ~** den Motor abstellen/anlassen

contacter [kɔ̃takte] <1> *v. tr.* **~ qn/qc** sich mit jdm/etw in Verbindung setzen

contagieux, -euse [kɔ̃taʒjø, -jøz] *adj.* ansteckend

contagion [kɔ̃taʒjɔ̃] *f* Ansteckung *f*

container [kɔ̃tɛnɛʀ] *m* Behälter *m*

contamination [kɔ̃taminasjɔ̃] *f* (*d'une personne*) Ansteckung *f*

contaminer [kɔ̃tamine] <1> *v. tr.* (*milieu*) verseuchen; **~ qn** (*personne*) jdn anstecken; (*virus*) jdn infizieren

conte [kɔ̃t] *m* Märchen *nt*

contemplation [kɔ̃tɑ̃plasjɔ̃] *f sans pl.* Betrachtung *f*

contempler [kɔ̃tɑ̃ple] <1> *vt, vpr* [**se**] ~ [sich] betrachten

contemporain, e [kɔ̃tɑ̃pɔʀɛ̃, ɛn] **I.** *adj.* zeitgenössisch; (*français*) heutig **II.** *m, f* Zeitgenosse *m*/Zeitgenossin *f*

contenance [kɔ̃t(ə)nɑ̃s] *f* ❶ (*d'un récipient*) Inhalt *m;* (*d'un réservoir*) Fassungsvermögen *nt* ❷ (*attitude*) Haltung *f*

contenant [kɔ̃t(ə)nɑ̃] *m* Behältnis *nt*

conteneur [kɔ̃t(ə)nœʀ] *m* Container *m*

C

contenir [kɔ̃t(ə)niʀ] <9> **I.** *v. tr.* ❶ *(renfermer)* enthalten ❷ *(rire)* unterdrücken; *(foule)* in Schach halten **II.** *v. pron.* **se ~** sich beherrschen

content, e [kɔ̃tɑ̃, ɑ̃t] *adj.* ❶ *(heureux)* **~ de qc** erfreut über etw *(Akk)*; **très ~** glücklich; **être ~ pour qn** sich für jdn freuen; **être ~ de faire qc/que** + *subj.* sich freuen etw zu tun/, dass ❷ *(satisfait)* **~ de qn/qc** zufrieden mit jdm/etw

contentement [kɔ̃tɑ̃tmɑ̃] *m sans pl.* Zufriedenheit *f*

contenter [kɔ̃tɑ̃te] <1> **I.** *v. tr. (personne)* zufriedenstellen **II.** *v. pron.* **se ~ de qc** sich mit etw zufriedengeben

contenu [kɔ̃t(ə)ny] *m* Inhalt *m*

contenu, e [kɔ̃t(ə)ny] *adj.* unterdrückt

conter [kɔ̃te] <1> *v. tr.* **ne pas s'en laisser ~** sich *(Dat)* nichts vormachen lassen

contestable [kɔ̃tɛstabl] *adj.* zweifelhaft; *(argument)* fraglich

contestataire [kɔ̃tɛstatɛʀ] **I.** *adj.* oppositionell; *(mouvement)* Protest- **II.** *mf* Systemgegner(in) *m(f)*

contestation [kɔ̃tɛstasjɔ̃] *f* Einwand *m*

contester [kɔ̃tɛste] <1> **I.** *v. intr.* widersprechen **II.** *v. tr.* in Frage stellen

conteur, -euse [kɔ̃tœʀ, tøz] *m, f* Märchendichter(in) *m(f)*

contexte [kɔ̃tɛkst] *m a.* LING Kontext *m*, Zusammenhang *m*

continent [kɔ̃tinɑ̃] *m* ❶ GEO Kontinent *m* ❷ *(opp: île)* Festland *nt*

continental, e [kɔ̃tinɑ̃tal, o] <-aux> *adj.* Kontinental-

contingences [kɔ̃tɛ̃ʒɑ̃s] *fpl* Belanglosigkeiten *Pl*

contingent [kɔ̃tɛ̃ʒɑ̃] *m* ❶ MIL [Truppen]kontingent *nt* ❷ *(part) a.* COM [An]teil *m*

continu [kɔ̃tiny] *m sans pl.* **en ~** ohne Pause

continu, e [kɔ̃tiny] *adj. (ligne)* durchgehend; *(effort, bruit)* kontinuierlich

continuation [kɔ̃tinɥasjɔ̃] *f* Weiterführung *f*

continuel, le [kɔ̃tinɥɛl] *adj.* ständig

continuellement [kɔ̃tinɥɛlmɑ̃] *adv.* ununterbrochen

continuer [kɔ̃tinɥe] <1> **I.** *v. intr.* ❶ *(se poursuivre)* weitergehen ❷ *(poursuivre)* weitermachen; *(à pied)* weitergehen; *(en voiture)* weiterfahren ❸ *(persister)* weitermachen; **~ à faire qc** fortfahren etw zu tun **II.** *v. tr.* ❶ fortsetzen; *(exposé)* fortfahren mit ❷ *(prolonger)* verlängern

continuité [kɔ̃tinɥite] *f* Kontinuität *f*

contorsionner [kɔ̃tɔʀsjɔne] <1> *v. pron.* **se ~** sich verrenken

contour [kɔ̃tuʀ] *m* Umrisse *Pl*

contourner [kɔ̃tuʀne] <1> *v. tr.* ❶ **~ qc** *(route)* um etw herumführen; *(personne)* um etw herumgehen; *(en véhicule)* um etw herumfahren ❷ *(éluder)* umgehen

contraceptif [kɔ̃tʀasɛptif] *m* Verhütungsmittel *nt*

contraceptif, -ive [kɔ̃tʀasɛptif, -iv] *adj.* empfängnisverhütend

contraception [kɔ̃tʀasɛpsjɔ̃] *f* [Empfängnis]verhütung *f*

contracté, e [kɔ̃tʀakte] *adj. (tendu)* angespannt

contracter [kɔ̃tʀakte] <1> **I.** *v. tr.* ANAT anspannen **II.** *v. pron.* **se ~** sich zusammenziehen; *(visage)* sich verzerren

contraction [kɔ̃tʀaksjɔ̃] *f* ❶ *(action)* Zusammenziehen *nt* ❷ *(état)* Anspannung *f* ❸ *pl (lors d'un accouchement)* Wehen *Pl*

contractuel, le [kɔ̃tʀaktɥɛl] *m, f (agent)* Hilfspolizist *m*/Politesse *f*

contradiction [kɔ̃tʀadiksjɔ̃] *f sans pl.* Widerspruch *m*

contradictoire [kɔ̃tʀadiktwaʀ] *adj.* widersprüchlich

contraignant, e [kɔ̃tʀɛɲɑ̃, ɑ̃t] *adj.* zwingend; *(horaire)* streng [festgelegt]

contraindre [kɔ̃tʀɛ̃dʀ] <irr> *v. tr.* **~ qn à qc** jdn zu etw zwingen

contraint, e [kɔ̃tʀɛ̃, ɛ̃t] *adj.* gezwungen

contrainte [kɔ̃tʀɛ̃t] *f* Zwang *m*

contraire [kɔ̃tʀɛʀ] **I.** *adj.* ❶ *(opposé)* entgegengesetzt; *(preuve)* Gegen- ❷ *(incompatible)* **~ à l'usage** gegen die Gewohnheit ❸ *(défavorable)* ungünstig **II.** *m* Gegenteil *nt*; **bien** [*o* **tout**] **au ~** ganz im Gegenteil

contrairement [kɔ̃tʀɛʀmɑ̃] *adv.* **~ à qn/qc** im Gegensatz zu jdm/entgegen etw

contralto [kɔ̃tʀalto] *m* Kontraalt *m*

contrariant, e [kɔ̃tʀaʀjɑ̃, jɑ̃t] *adj.* ärgerlich

contrarier [kɔ̃tʀaʀje] <1> *v. tr.*

① (*fâcher*) ärgern ② (*projets*) durchkreuzen

contrariété [kɔ̃tʀaʀjete] *f sans pl.* Verärgerung *f*

contraste [kɔ̃tʀast] *m a.* TV Kontrast *m*

contraster [kɔ̃tʀaste] <1> *v. intr.* ~ **avec qc** im Gegensatz zu etw stehen

contrat [kɔ̃tʀa] *m* Vertrag *m;* ~ **de travail** Arbeitsvertrag; **passer/conclure un ~ avec qn** mit jdm einen Vertrag [ab]schließen

contravention [kɔ̃tʀavɑ̃sjɔ̃] *f* ① (*procès-verbal*) Strafzettel *m* (*fam*) ② (*amende*) Geldstrafe *f*

contre [kɔ̃tʀ] **I.** *prép.* ① (*proximité, contact: avec mouvement*) an (+ *Akk*); (*sans mouvement*) an (+ *Dat*); **venir tout ~ qn** sich [eng] an jdn schmiegen ② (*opposition, échange*) gegen ③ (*proportion*) zu (+ *Dat*), gegen; **ils se battaient à dix ~ un** sie waren zehn gegen einen **II.** *adv.* (*opposition*) dagegen; **je n'ai rien ~** ich habe nichts dagegen; **par ~** dagegen

contre-attaque [kɔ̃tʀatak] *f* Gegenangriff *m*

contrebalancer [kɔ̃tʀəbalɑ̃se] <2> **I.** *v. tr.* ausgleichen **II.** *v. pron.* **s'en ~** *fam* sich darüber lustig machen

contrebande [kɔ̃tʀəbɑ̃d] *f* ① (*activité*) Schmuggel *m* ② (*marchandise*) Schmuggelware *f*

contrebandier, -ière [kɔ̃tʀəbɑ̃dje, -jɛʀ] *m, f* Schmuggler(in) *m(f)*

contrebas [kɔ̃tʀəbɑ] *adv.* **en ~** unterhalb .

contrebasse [kɔ̃tʀəbɑs] *f* Kontrabass *m*

contrecarrer [kɔ̃tʀəkaʀe] <1> *v. tr.* vereiteln

contrecœur [kɔ̃tʀəkœʀ] *adv.* **à ~** widerwillig

contrecoup [kɔ̃tʀəku] *m* Folge *f*

contre-courant [kɔ̃tʀəkuʀɑ̃] *m* **à ~** gegen den Strom

contredanse [kɔ̃tʀədɑ̃s] *f fam* ① (*procès-verbal*) Strafzettel *m* ② (*amende*) Geldstrafe *f*

contredire [kɔ̃tʀədiʀ] <irr> **I.** *v. tr.* ~ **qn/qc** jdm/einer S. widersprechen **II.** *v. pron.* **se ~** sich (*Dat*) widersprechen

contre-espionnage [kɔ̃tʀɛspjɔnaʒ] *m sans pl.* [Spionage]abwehr *f* **contre-exemple** [kɔ̃tʀɛgzɑ̃pl] *m* Gegenbeispiel *nt* **contre-expertise** [kɔ̃tʀɛkspɛʀtiz] *f* Gegengutachten *nt*

contrefaçon [kɔ̃tʀəfasɔ̃] *f* Fälschung *f*

contrefaire [kɔ̃tʀəfɛʀ] <irr> *v. tr.* fälschen

contrefait, e [kɔ̃tʀəfɛ, ɛt] *adj.* (*imité*) gefälscht

contrefort [kɔ̃tʀəfɔʀ] *m* ARCHIT Strebepfeiler *m*

contre-indication [kɔ̃tʀɛ̃dikasjɔ̃] *f* Gegenanzeige *f* **contre-indiqué, e** [kɔ̃tʀɛ̃dike] *adj.* ① MED **être ~** nicht geeignet sein ② (*déconseillé*) nicht ratsam **contre-jour** [kɔ̃tʀəʒuʀ] *m* Gegenlicht *nt*

contremaître, -esse [kɔ̃tʀəmɛtʀ, -ɛs] *m, f* Vorarbeiter(in) *m(f)*

contre-offensive [kɔ̃tʀɔfɑ̃siv] *f* Gegenangriff *m*

contrepartie [kɔ̃tʀəpaʀti] *f* **en ~** als Gegenleistung [*o* Entschädigung]; (*par contre*) andererseits

contre-pied [kɔ̃tʀəpje] *m sans pl.* [genaues] Gegenteil **contre-plaqué** [kɔ̃tʀəplake] *m sans pl.* Sperrholz *nt* **contre-plongée** [kɔ̃tʀəplɔ̃ʒe] *f* CINE, TV Aufnahme *f* von unten

contrepoids [kɔ̃tʀəpwa] *m* Gegengewicht *nt*

contrepoison [kɔ̃tʀəpwazɔ̃] *m* Gegengift *nt*

contre-productif, -ive [kɔ̃tʀəpʀɔdyktif, -iv] *adj.* kontraproduktiv

contrer [kɔ̃tʀe] <1> *v. tr.* ~ **qn/qc** jdm Kontra geben/etw durchkreuzen

contre-révolution [kɔ̃tʀəʀevɔlysjɔ̃] *f* Gegenrevolution *f*

contresens [kɔ̃tʀəsɑ̃s] *m* Fehlinterpretation *f;* (*dans une traduction*) Übersetzungsfehler *m*

contresigner [kɔ̃tʀəsiɲe] <1> *v. tr.* gegenzeichnen

contretemps [kɔ̃tʀətɑ̃] *m* **j'ai eu un ~** mir ist etwas dazwischengekommen

contrevenir [kɔ̃tʀəv(ə)niʀ] <9> *v. intr.* ~ **à qc** gegen etw verstoßen

contribuable [kɔ̃tʀibɥabl] *mf* Steuerzahler(in) *m(f)*

contribuer [kɔ̃tʀibɥe] <1> *v. intr.* ~ **à qc** zu etw beitragen

contribution [kɔ̃tʀibysjɔ̃] *f* ① ~ **à qc** Beitrag *m* zu etw; **mettre qn à ~ pour qc** jds Dienste bei etw in Anspruch nehmen ② *pl* (*impôts*) Steuern *Pl*

C

contrit, e [kɔ̃tʀi] *adj.* reuevoll
contrôle [kɔ̃tʀol] *m* ❶ (*des passeports*) Kontrolle *f;* (*de la caisse*) Prüfung *f;* (*douane*) Zoll *m;* ~ **d'identité** Ausweiskontrolle; ~ **technique** ≈ TÜV ❷ *sans pl.* (*surveillance*) Aufsicht *f* ❸ SCOL Arbeit *f,* Test *m;* ~ **de géographie** Erdkundetest ❹ (*maîtrise*) **garder/perdre le** ~ **de qc** die Kontrolle über etw (*Akk*) behalten/verlieren

In Frankreich müssen Kraftfahrzeuge, die älter als vier Jahre sind, regelmäßig auf ihre Verkehrssicherheit und ihre Abgasemissionen hin überprüft werden. Dies geschieht im Rahmen der **contrôle technique**, die im Zweijahresrhythmus fällig ist. Ist das Fahrzeug sicher und entsprechen seine Emissionen der Norm, erhält sein Halter einen Aufkleber, den er an der Windschutzscheibe anbringt.

contrôler [kɔ̃tʀole] <1> **I.** *v. tr.* ❶ kontrollieren; (*liste, affirmation*) überprüfen; (*comptes*) prüfen ❷ (*prix*) überwachen ❸ (*maîtriser*) unter Kontrolle haben **II.** *v. pron.* **se** ~ sich beherrschen
contrôleur, -euse [kɔ̃tʀolœʀ, -øz] *m, f* AUT Kontrolleur(in) *m(f)*
contrordre [kɔ̃tʀɔʀdʀ] *m* Gegenbefehl *m*
controverse [kɔ̃tʀɔvɛʀs] *f* Kontroverse *f*
controversé, e [kɔ̃tʀɔvɛʀse] *adj.* umstritten
contusion [kɔ̃tyzjɔ̃] *f* Prellung *f*
convaincant, e [kɔ̃vɛ̃kɑ̃, ɑ̃t] *adj.* überzeugend
convaincre [kɔ̃vɛ̃kʀ] <irr> *v. tr.* ❶ (*persuader*) überzeugen ❷ JUR überführen
convaincu, e [kɔ̃vɛ̃ky] *part. passé de* **convaincre**
convalescence [kɔ̃valesɑ̃s] *f* Genesung *f*
convalescent, e [kɔ̃valesɑ̃, ɑ̃t] **I.** *m, f* Genesende(r) *f(m)* **II.** *adj.* auf dem Wege der Besserung
convenable [kɔ̃vnabl] *adj.* ❶ (*adéquat*) passend ❷ (*correct*) anständig ❸ (*salaire*) angemessen; (*vin*) ordentlich
convenablement [kɔ̃vnabləmɑ̃] *adv.* ❶ (*habillé*) passend; (*être équipé*) entsprechend ❷ (*se tenir, s'habiller*) anständig ❸ (*de manière acceptable*) ordentlich
convenance [kɔ̃vnɑ̃s] *f pl* (*bon usage*) Anstand *m*
convenir[1] [kɔ̃vniʀ] <9> **I.** *v. intr.* ❶ (*aller*) ~ **à qn** jdm passen; (*climat, nourriture*) jdm bekommen ❷ (*être approprié*) ~ **à qc** zu etw passen **II.** *v. intr. impers.* **il convient de** es ist angebracht; **comme il convient** wie es sich gehört
convenir[2] [kɔ̃vniʀ] <9> **I.** *vt, vi* ~ **de qc/que ...** etw zugeben/zugeben, dass ... **II.** *v. tr. impers.* **il est convenu que** + *subj.* es ist abgemacht, dass; **comme convenu** wie vereinbart
convention [kɔ̃vɑ̃sjɔ̃] *f* ❶ (*accord*) Abkommen *nt* ❷ (*règle*) Konvention *f*
conventionné, e [kɔ̃vɑ̃sjɔne] *adj.* (*établissement*) Vertrags-; (*médecin*) Kassen-
conventionnel, le [kɔ̃vɑ̃sjɔnɛl] *adj.* konventionell
convenu, e [kɔ̃vny] **I.** *part. passé de* **convenir II.** *adj.* vereinbart
convergence [kɔ̃vɛʀʒɑ̃s] *f* ❶ (*des lignes*) Zusammenlaufen *nt;* (*des intérêts*) Übereinstimmung *f* ❷ (*UE*) Konvergenz *f*
convergent, e [kɔ̃vɛʀʒɑ̃, ʒɑ̃t] *adj.* (*lignes, routes*) zusammenlaufend; (*points de vue, intérêts*) übereinstimmend
converger [kɔ̃vɛʀʒe] <2a> *v. intr.* (*intérêts*) übereinstimmen; **les regards convergent sur** [*o* **vers**] **qn/qc** die Blicke richten sich auf jdn/etw
conversation [kɔ̃vɛʀsasjɔ̃] *f* Unterhaltung *f,* Gespräch *nt;* ~ **téléphonique** Telefongespräch; **changer de** ~ vom Thema ablenken
conversion [kɔ̃vɛʀsjɔ̃] *f* ❶ REL Übertritt *m,* Konvertieren *nt* ❷ FIN Umtausch *m*
converti, e [kɔ̃vɛʀti] **I.** *adj.* bekehrt **II.** *m, f* Konvertit(in) *m(f)*
convertible [kɔ̃vɛʀtibl] *adj.* ~ **en qc** konvertierbar in etw (*Akk*)
convertir [kɔ̃vɛʀtiʀ] <8> **I.** *v. tr.* ❶ ~ **qn à une religion** jdn zu einer Religion bekehren ❷ (*transformer*) ~ **des dollars en euros** Dollar in Euro um-

rechnen ❸ INFORM konvertieren **II.** *v. pron.* (*adopter*) **se ~** konvertieren

convexe [kɔ̃vɛks] *adj.* konvex

conviction [kɔ̃viksjɔ̃] *f* Überzeugung *f*

convier [kɔ̃vje] <1> *v. tr. soutenu* **~ qn à un repas** jdn zu einem Essen laden

convive [kɔ̃viv] *mf gén. pl.* Gast *m*

convivial, e [kɔ̃vivjal, jo] <-aux> *adj.* ❶ gesellig ❷ INFORM benutzerfreundlich

convocation [kɔ̃vɔkasjɔ̃] *f* ❶ (*action*) Einberufung *f* ❷ JUR Vorladung *f* ❸ SCOL [schriftliche] Aufforderung [zu erscheinen]

convoi [kɔ̃vwa] *m* ❶ (*véhicules*) Konvoi *m*; **~ militaire** Militärkolonne *f* ❷ CHEMDFER Zug *m*

convoiter [kɔ̃vwate] <1> *v. tr.* begehren

convoitise [kɔ̃vwatiz] *f* Begierde *f*

convoquer [kɔ̃vɔke] <1> *v. tr.* ❶ bestellen; (*assemblée*) einberufen ❷ JUR vorladen

convoyer [kɔ̃vwaje] <6> *v. tr.* **~ qc** den Transport von etw bewachen

convoyeur [kɔ̃vwajœʀ] *m* TECH Förderer *m*

convulser [kɔ̃vylse] <1> *v. tr.* (*visage, traits*) verzerren

convulsif, -ive [kɔ̃vylsif, -iv] *adj.* krampfhaft; (*toux*) krampfartig

convulsion [kɔ̃vylsjɔ̃] *f gén. pl.* MED Zuckung *f*

cool [kul] *adj. inv. fam* ❶ (*décontracté: personne*) locker; (*tenue*) lässig ❷ (*excellent*) cool; **super ~** total cool; **c'est ~ !** das sieht cool aus!; ▸ **à la ~** cool; **un mec à la ~** ein cooler Typ

coopérant, e [kɔɔpeʀɑ̃, ɑ̃t] *m, f* Entwicklungshelfer(in) *m(f)*

coopératif, -ive [kɔ(ɔ)peʀatif, -iv] *adj.* kooperativ

coopération [kɔɔpeʀasjɔ̃] *f a.* POL Kooperation *f*, Zusammenarbeit *f*

coopérative [kɔ(ɔ)peʀativ] *f* Genossenschaft *f*

coopérer [kɔɔpeʀe] <5> *v. intr.* zusammenarbeiten; **~ à qc** bei etw mitwirken

coordinateur, -trice [kɔɔʀdinatœʀ, -tʀis] *m, f voir* **coordonnateur**

coordination [kɔɔʀdinasjɔ̃] *f sans pl.* Koordination *f*

coordonnateur, -trice [kɔɔʀdɔnatœʀ, -tʀis] **I.** *adj.* koordinierend; (*bureau*) Koordinations- **II.** *m, f* Koordinator(in) *m(f)*; **être ~ de qc** etw koordinieren

coordonné, e [kɔɔʀdɔne] *adj.* aufeinander abgestimmt

coordonnées [kɔɔʀdɔne] *f* ❶ *pl fam* **les ~ de qn** jds Adresse *f* und Telefonnummer *f* ❷ MATH Koordinate *f*

coordonner [kɔɔʀdɔne] <1> *v. tr.* koordinieren

copain, copine [kɔpɛ̃, kɔpin] *m, f fam* Freund(in) *m(f)*, Kamerad(in) *m(f)*; **de vieux ~s** alte Kumpel *Pl*; **être très ~ avec qn** mit jdm eng befreundet sein; **petit ~/petite copine** [fester] Freund/[feste] Freundin

coparentalité [kopaʀɑ̃talite] *f* gemeinsames Sorgerecht *nt*

copeau [kɔpo] <x> *m* Span *m*

Copenhague [kɔpɛnag] Kopenhagen *nt*

copie [kɔpi] *f* ❶ (*double*) Kopie *f*; **~ de sécurité** [*o* **de sauvegarde**] INFORM Sicherheitskopie ❷ (*produit*) Imitation *f* ❸ (*feuille double*) Doppelbogen *m* ❹ (*devoir*) Arbeit *f*

copier [kɔpje] <1> **I.** *v. tr.* ❶ (*transcrire*) abschreiben ❷ (*photocopier*) [foto]kopieren ❸ (*imiter*) nachmachen **II.** *v. intr.* SCOL **~ sur qn** bei jdm abschreiben

copieur [kɔpjœʀ] *m* Kopierer *m*

copieur, -euse [kɔpjœʀ, -jøz] *m, f* SCOL Abschreiber(in) *m(f)*

copieusement [kɔpjøzmɑ̃] *adv.* reichlich

copieux, -euse [kɔpjø, -jøz] *adj.* reichlich

copilote [kopilɔt] *mf* ❶ AVIAT Kopilot(in) *m(f)* ❷ AUT Beifahrer(in) *m(f)*

copinage [kɔpinaʒ] *m péj fam* Vetternwirtschaft *f*

copine [kɔpin] *f voir* **copain**

coproduction [kopʀɔdyksjɔ̃] *f* Koproduktion *f*

copropriétaire [kopʀɔpʀijetɛʀ] *mf* Miteigentümer(in) *m(f)*

copuler [kɔpyle] <1> *v. intr.* (*animal*) kopulieren; (*personne*) Geschlechtsverkehr haben

copyright [kɔpiʀajt] *m inv.* Urheberrecht *nt*

copyrighté, e [kɔpiʀajte] *adj.* urheberrechtlich geschützt

coq [kɔk] *m a.* GASTR Hahn *m*

C

C

coq-à-l'âne [kɔkalɑn] *m inv.* Gedankensprung *m*
coque [kɔk] *f* ❶ TECH Rumpf *m* ❷ ZOOL Herzmuschel *f*
coquelet [kɔklɛ] *m* Hähnchen *nt*
coquelicot [kɔkliko] *m* [Klatsch]mohn *m*
coqueluche [kɔklyʃ] *f* MED Keuchhusten *m*
coquet, te [kɔkɛ, ɛt] *adj.* ❶ (*élégant*) **être ~** eitel sein ❷ (*charmant*) nett ❸ *fam* (*important*) stolz
coquetier [kɔktje] *m* Eierbecher *m*
coquetterie [kɔkɛtʀi] *f* ❶ (*d'une personne*) Eitelkeit *f* ❷ (*désir de plaire*) Koketterie *f*
coquillage [kɔkijaʒ] *m* Muschel *f*
coquille [kɔkij] *f* ❶ ZOOL (*de l'escargot*) [Schnecken]haus *nt;* (*des mollusques*) Schale *f;* (*d'un œuf*) [Eier]schale; **~ Saint-Jacques** GASTR Jakobsmuschel ❷ TYP Druckfehler *m*
coquillettes [kɔkijɛt] *fpl* Hörnchen *Pl*
coquin, e [kɔkɛ̃, in] **I.** *adj.* ❶ (*espiègle*) schelmisch ❷ (*grivois*) anzüglich **II.** *m, f* Frechdachs *m*
cor [kɔʀ] *m* Horn *nt*
corail [kɔʀaj, kɔʀo] <coraux> **I.** *m* Koralle *f* **II.** *app inv.* korallenrot
Coran [kɔʀɑ̃] *m* **le ~** der Koran
coranique [kɔʀanik] *adj.* koranisch; (*loi a.*) des Koran; (*école*) Koran-
corbeau [kɔʀbo] <x> *m* Rabe *m*
corbeille [kɔʀbɛj] *f* Korb *m;* **~ à papier/pain** Papier-/Brotkorb
corbillard [kɔʀbijaʀ] *m* Leichenwagen *m*
cordage [kɔʀdaʒ] *m* ❶ (*corde*) Tau *nt* ❷ NAUT Takelage *f*
corde [kɔʀd] *f* ❶ (*lien, câble*) Strick *m;* (*d'un alpiniste, d'une balançoire*) Seil *nt;* (*d'un bateau*) Leine *f;* **~ à sauter** Springseil ❷ MUS Saite *f; pl* Streichinstrumente *Pl* ❸ SPORT (*d'une raquette*) Saite *f;* (*d'un arc*) Sehne *f* ❹ ANAT **~s vocales** Stimmbänder *Pl*
cordial, e [kɔʀdjal, jo] <-aux> *adj.* herzlich
cordialement [kɔʀdjalmɑ̃] *adv.* herzlich
cordialité [kɔʀdjalite] *f sans pl.* Herzlichkeit *f*
cordillère [kɔʀdijɛʀ] *f* Gebirgskette *f;* **~ des Andes** Andenkordilleren *Pl*
cordon [kɔʀdɔ̃] *m* Schnur *f*
cordon-bleu [kɔʀdɔ̃blø] <cordons-bleus> *m fam* fabelhafter Koch/fabelhafte Köchin
cordonnerie [kɔʀdɔnʀi] *f* Schusterwerkstatt *f*
cordonnier, -ière [kɔʀdɔnje, -jɛʀ] *m, f* Schuster(in) *m(f)*
Corée [kɔʀe] *f* **la ~** Korea *nt;* **la ~ du Nord/du Sud** Nord-/Südkorea
coréen [kɔʀeɛ̃] *m* Koreanisch *nt; voir a.* **allemand**
coréen, ne [kɔʀeɛ̃, ɛn] *adj.* koreanisch; *voir a.* **allemand**
Coréen, ne [kɔʀeɛ̃, ɛn] *m, f* Koreaner(in) *m(f)*
coriace [kɔʀjas] *adj.* zäh
coriandre [kɔʀjɑ̃dʀ] *f* Koriander *m*
cormoran [kɔʀmɔʀɑ̃] *m* Kormoran *m*
corne [kɔʀn] *f* ZOOL Horn *nt*
cornée [kɔʀne] *f* ANAT Hornhaut *f* [des Auges]
corneille [kɔʀnɛj] *f* Krähe *f*
cornélien, ne [kɔʀneljɛ̃, jɛn] *adj.* (*situation*) qualvoll; (*personnage*) wie bei Corneille; **la tragédie ~ne** die Corneillesche Tragödie
cornemuse [kɔʀnəmyz] *f* Dudelsack *m*
corner¹ [kɔʀne] <1> *v. tr.* **~ une page** die Ecke einer Seite umknicken
corner² [kɔʀnɛʀ] *m* SPORT Eckball *m*
cornet [kɔʀnɛ] *m* GASTR [Papier]tüte *f;* (*d'une glace*) Waffeltüte
corniche [kɔʀniʃ] *f* ❶ ARCHIT Sims *nt o m* ❷ (*escarpement*) [Fels]vorsprung *m* ❸ (*route*) *Straße an einer Steilküste, einem Steilhang*
cornichon [kɔʀniʃɔ̃] *m* Gürkchen *nt*
cornu, e [kɔʀny] *adj.* gehörnt
corolle [kɔʀɔl] *f* Blütenkrone *f*
coron [kɔʀɔ̃] *m* Bergarbeitersiedlung *f*
coronaire [kɔʀɔnɛʀ] *adj.* ANAT Herzkranz-
corporation [kɔʀpɔʀasjɔ̃] *f* ❶ (*association*) Körperschaft *f;* (*d'artisans*) Innung *f* ❷ HIST (*d'artisans*) Zunft *f;* (*de commerçants*) Gilde *f*
corporel, le [kɔʀpɔʀɛl] *adj.* körperlich
corps [kɔʀ] *m* ❶ ANAT Körper *m* ❷ (*cadavre*) Leiche *f* ❸ (*défunt*) Leichnam *m* ❹ CHIM Substanz *f* ❺ (*groupe*) Körperschaft *f;* **~ médical** Ärzteschaft *f*
corpulence [kɔʀpylɑ̃s] *f* **être de forte ~** korpulent sein
corpulent, e [kɔʀpylɑ̃, ɑ̃t] *adj.* korpulent

corpus [kɔʀpys] *m* Korpus *nt*
correct, e [kɔʀɛkt] *adj.* ❶ (*exact*) korrekt; **c'est** ~ CAN (*ça va*) [das] ist/geht in Ordnung ❷ (*convenable*) korrekt ❸ *fam* (*acceptable*) annehmbar
correctement [kɔʀɛktəmɑ̃] *adv.* richtig; (*se conduire, s'habiller*) korrekt
correcteur, -trice [kɔʀɛktœʀ, -tʀis] *m, f* SCOL, TYP Korrektor(in) *m(f)*
correction [kɔʀɛksjɔ̃] *f* ❶ (*action*) Korrektur *f*, Verbesserung *f* ❷ (*châtiment*) **recevoir une bonne** ~ eine ordentliche Tracht Prügel *Pl* bekommen ❸ (*bienséance*) Korrektheit *f*
correctionnel, le [kɔʀɛksjɔnɛl] *adj.* Straf-
correctionnelle [kɔʀɛksjɔnɛl] *f fam* **passer en** ~ sich vor der Strafkammer verantworten müssen
corrélation [kɔʀelasjɔ̃] *f* [direkter] Zusammenhang
corres [kɔʀɛs] *mf fam abr. de* **correspondant(e)**
correspondance [kɔʀɛspɔ̃dɑ̃s] *f* ❶ (*échange de lettres*) Briefwechsel *m* ❷ COM Schriftverkehr *m* ❸ AUT Anschluss *m;* **nous avons une** ~ **à Stuttgart** wir steigen in Stuttgart um
correspondancier, -ière [kɔʀɛspɔ̃dɑ̃sje, -jɛʀ] *m, f* Korrespondent(in) *m(f)*
correspondant, e [kɔʀɛspɔ̃dɑ̃, ɑ̃t] **I.** *adj.* entsprechend **II.** *m, f* ❶ (*contact*) Briefpartner(in) *m(f); (d'un jeune)* Brieffreund(in) *m(f)* ❷ (*au téléphone*) Gesprächspartner *m* ❸ COM [Geschäfts]partner *m* ❹ MEDIA Korrespondent(in) *m(f)*
correspondre [kɔʀɛspɔ̃dʀ] <14> **I.** *v. intr.* ❶ (*être en contact*) ~ **avec qn** mit jdm im Briefwechsel stehen; ~ **par fax/courrier électronique** per Fax/E-Mail korrespondieren ❷ AUT ~ **avec qc** Anschluss an etw (*Akk*) haben ❸ (*aller avec*) ~ **à qc** zu etw gehören ❹ (*s'accorder avec, être l'équivalent de*) ~ **à qc** etw (*Dat*) entsprechen **II.** *v. pron.* **se** ~ sich entsprechen
corrida [kɔʀida] *f* Stierkampf *m*
corridor [kɔʀidɔʀ] *m* Korridor *m*
corrigé [kɔʀiʒe] *m* Lösung *f*
corriger [kɔʀiʒe] <2a> **I.** *v. tr.* ❶ (*relever les fautes*) korrigieren ❷ (*supprimer les fautes*) verbessern ❸ (*rectifier*) korrigieren; (*théorie, prévisions*) revidieren; (*mauvaise habitude*) abstellen ❹ (*punir*) schlagen **II.** *v. pron.* **se** ~ sich bessern
corroborer [kɔʀɔbɔʀe] <1> *v. tr.* erhärten
corroder [kɔʀɔde] <1> *v. tr.* (*oxyder*) angreifen
corrompre [kɔʀɔ̃pʀ] <irr> *v. tr.* bestechen
corrompu, e [kɔʀɔ̃py] **I.** *part. passé de* **corrompre II.** *adj.* ❶ (*malhonnête*) korrupt ❷ (*perverti*) verdorben
corrosif, -ive [kɔʀozif, iv] *adj.* ❶ (*caustique*) korrosiv ❷ (*acerbe*) bissig
corrosion [kɔʀozjɔ̃] *f* Korrosion *f*
corruptible [kɔʀyptibl] *adj.* bestechlich
corruption [kɔʀypsjɔ̃] *f* Korruption *f*
corsage [kɔʀsaʒ] *m* Bluse *f*
corsaire [kɔʀsɛʀ] *m* Freibeuter *m*
corse [kɔʀs] **I.** *adj.* korsisch; *voir a.* **allemand II.** *m* Korsisch *nt; voir a.* **allemand**
Corse [kɔʀs] **I.** *f* **la** ~ Korsika *nt* **II.** *mf* Korse *m*/Korsin *f*
corsé, e [kɔʀse] *adj.* ❶ (*épicé*) scharf [gewürzt]; (*vin*) vollmundig; (*café*) aromatisch ❷ (*compliqué*) knifflig
corser [kɔʀse] <1> **I.** *v. tr.* (*mets*) würzen; (*situation*) komplizieren **II.** *v. pron.* **se** ~ spannend werden
corset [kɔʀsɛ] *m* Korsett *nt*
cortège [kɔʀtɛʒ] *m* Zug *m;* REL Prozession *f*
cortex [kɔʀtɛks] *m* Rinde *f;* ~ **cérébral** Großhirn *nt*
cortisone [kɔʀtizɔn] *f* Kortison *nt*
corvée [kɔʀve] *f* ❶ (*obligation pénible*) lästige Pflicht ❷ CH (*travail non payé, fait de plein gré*) Fronarbeit *f* (CH)
cosaque [kɔzak] *m* Kosak *m*
cosinus [kɔsinys] *m* MATH Kosinus *m*
cosmétique [kɔsmetik] *adj.* kosmetisch
cosmique [kɔsmik] *adj.* kosmisch
cosmonaute [kɔsmɔnot] *mf* Kosmonaut(in) *m(f)*
cosmopolite [kɔsmɔpɔlit] *adj.* kosmopolitisch
cosmos [kɔsmos] *m* Kosmos *m*
cosse [kɔs] *f* BOT Hülse *f*
cossu, e [kɔsy] *adj.* wohlhabend
costaud, e [kɔsto, od] *adj. fam* ❶ (*fort*) kräftig ❷ (*solide*) robust
costume [kɔstym] *m* ❶ (*complet*) [Herren]anzug *m* ❷ (*d'époque, de théâ-*

C

tre) Kostüm *nt;* (*d'un pays*) Tracht *f*

costumer [kɔstyme] <1> *v. pron.* **se ~ en clown** sich als Clown verkleiden

costumier, -ière [kɔstymje, -jɛʀ] *m, f* ❶ (*loueur*) Kostümverleiher(in) *m(f)* ❷ (*fabricant*) Kostümschneider(in) *m(f)* ❸ THEAT, CINE Gewandmeister(in) *m(f)*

cotation [kɔtasjɔ̃] *f* FIN [Börsen]notierung *f*

cote [kɔt] *f* ❶ FIN [Kurs]notierung *f* ❷ (*popularité*) Beliebtheit *f*

coté, e [kɔte] *adj.* beliebt

côte [kot] *f* ❶ (*littoral*) Küste *f;* **la ~ atlantique** die Atlantikküste ❷ (*pente qui monte*) Steigung *f* ❸ (*pente qui descend*) [Ab]hang *m* ❹ ANAT Rippe *f* ❺ GASTR Kotelett *nt;* **~ de bœuf** T-Bone-Steak *nt* ▸ **~ à ~** Seite an Seite

côté [kote] **I.** *m* ❶ (*partie latérale*) Seite *f;* **des deux ~s de qc** auf beiden/beide Seiten einer S. (*Gen*); **du ~ de ...** im Bereich von ... ❷ (*aspect*) Seite *f;* **par certains ~s** in mancher Hinsicht ❸ (*direction*) Richtung *f; suivi d'un subst sans art* -seite; **de quel ~ allez-vous?** in welche Richtung gehen Sie? ❹ (*parti*) Seite *f;* **du ~ de qn** auf jds Seite (*Akk o Dat*); **aux ~s de qn** an jds Seite (*Dat*); **de mon ~** ich meinerseits ▸ **d'un ~ ..., de l'autre** [~] einerseits ..., andererseits; **laisser qn de ~** jdn links liegen lassen; **laisser qc de ~** etw beiseitelassen **II.** *adv.* ❶ (*à proximité*) **à ~** (*chambre*) nebenan ❷ (*en comparaison*) **à ~** daneben ❸ (*en plus*) **à ~** nebenher ❹ (*voisin*) **les gens [d'] à ~** die Leute von nebenan **III.** *prép.* ❶ (*à proximité de*) **à ~ de qn/qc** neben jdm/jdn/etw; **juste à ~ de qc** direkt neben etw (*Akk o Dat*) ❷ (*en comparaison de*) **à ~ de qn/qc** gemessen an jdm/etw ❸ (*hors de*) **à ~ de qc** neben etw (*Akk o Dat*) ▸ **être à ~ de la plaque** *fam* danebenliegen

coteau [kɔto] <x> *m* ❶ (*versant*) Hang *m* ❷ (*vignoble*) Weinberg *m*

Côte d'Azur [kotdazyʀ] *f* **la ~** die Côte d'Azur

Côte d'Ivoire [kotdivwaʀ] *f* **la ~** die Elfenbeinküste

côtelé, e [kot(ə)le] *adj.* gerippt

côtelette [kotlɛt] *f* GASTR Kotelett *nt*

coter [kɔte] <1> *v. tr.* ❶ FIN [an der Börse] notieren ❷ (*apprécier*) **la voiture est cotée à l'Argus** das Auto steht auf der Zeitwerttabelle

côtier, -ière [kotje, -jɛʀ] *adj.* Küsten-

cotillons [kɔtijɔ̃] *mpl* Partyartikel *Pl* (*Konfetti, Papierschlangen, -hütchen etc*)

cotisant, e [kɔtizɑ̃, ɑ̃t] *m, f* Beitragszahler(in) *m(f);* (*d'un club*) [zahlendes] Mitglied

cotisation [kɔtizasjɔ̃] *f* Beitrag *m*

cotiser [kɔtize] <1> **I.** *v. intr.* **~ à qc** [seine] Beiträge zu etw entrichten **II.** *v. pron.* **se ~ pour faire qc** zusammenlegen um etw zu tun

coton [kɔtɔ̃] *m* ❶ Baumwolle *f* ❷ (*fil*) [Baumwoll]garn *nt* ❸ (*ouate*) Wattebausch *m;* **du ~** Watte *f*

cotonnade [kɔtɔnad] *f* Baumwollstoff *m*

coton-tige® [kɔtɔ̃tiʒ] <cotons-tiges> *m* Wattestäbchen *nt*

côtoyer [kotwaje] <6> *soutenu* **I.** *v. tr.* **~ qn** mit jdm verkehren, mit jdm Umgang pflegen **II.** *v. pron.* **se ~** miteinander verkehren [*o* Umgang pflegen]

cou [ku] *m* Hals *m;* **je fais ... cm de tour de ~** ich trage Kragengröße ...

couchage [kuʃaʒ] *m* Liegefläche *f*

couchant [kuʃɑ̃] **I.** *adj.* **au soleil ~** bei Sonnenuntergang *m* **II.** *m* Westen *m*

couche [kuʃ] *f* ❶ *a.* GEO, METEO, SOCIOL Schicht *f* ❷ (*lange*) Windel *f* ❸ MED **fausse ~** Fehlgeburt *f*

couché, e [kuʃe] *adj.* ❶ liegend; **être ~** liegen ❷ (*au lit*) **rester ~** im Bett bleiben

couche-culotte [kuʃkylɔt] <couches-culottes> *f* Windelhöschen *nt*

coucher [kuʃe] <1> **I.** *v. intr.* ❶ schlafen; **~ à l'hôtel** im Hotel übernachten ❷ *fam* **~ avec qn** mit jdm schlafen **II.** *v. tr.* ❶ (*mettre au lit*) ins Bett bringen ❷ legen; (*bouteille*) liegend lagern **III.** *v. pron.* **se ~** ❶ (*aller au lit*) ins Bett gehen ❷ (*s'allonger*) sich [hin]legen ❸ (*soleil*) untergehen **IV.** *m* **au ~ du soleil** bei Sonnenuntergang

couchette [kuʃɛt] *f* Liege[wagen]platz *m*

couci-couça [kusikusa] *adv. fam* so lala

coucou [kuku] **I.** *m* ❶ (*oiseau*) Kuckuck *m* ❷ (*pendule*) Kuckucksuhr *f* ❸ *péj* (*vieil avion*) [alte] Mühle **II.** *interj.* kuckuck

coude [kud] *m* ❶ ANAT Ell[en]bogen *m* ❷ (*courbure*) Biegung *f* ▸ **~ à ~** Seite an Seite

coudre [kudʀ] <irr> **I.** *v. intr.* nähen **II.** *v. tr.* ❶ (*assembler*) zusammennähen ❷ (*fixer*) ~ **un bouton à qc** einen Knopf an etw (*Akk*) annähen; ~ **une pièce sur qc** ein Teil auf etw (*Akk*) aufnähen

coudrier [kudʀije] *m* BOT Haselstrauch *m*

couenne [kwan] *f* Schwarte *f*

couette [kwɛt] *f* ❶ Federbett *nt* ❷ *gén. pl.* (*coiffure*) Rattenschwänzchen *nt* (*fam*)

couffin [kufɛ̃] *m* [Baby]tragekorb *m*

couillon, **ne** [kujɔ̃, jɔn] *m, f fam* Blödmann *m*

couillonner [kujɔne] <1> *v. tr. fam* reinlegen

couillu, **e** [kujy] *adj. fam* (*personne*) ganz schön mutig; (*livre, film*) ganz schön gewagt

couiner [kwine] <1> *v. intr.* (*rat, porc*) quieken; (*porte*) quietschen

coulant, **e** [kulɑ̃, ɑ̃t] *adj.* ❶ *fam* kulant ❷ (*pâte*) flüssig; (*fromage*) so weich, dass er läuft

coulée [kule] *f* ~ **de lave** Lavastrom *m*

couler [kule] <1> **I.** *v. intr.* ❶ (*s'écouler*) fließen; (*fortement*) strömen ❷ (*préparer*) **faire ~ un bain à qn** jdm ein Bad einlassen ❸ (*robinet*) tropfen; (*récipient*) lecken; (*stylo*) auslaufen ❹ (*goutter*) laufen; (*œil*) tränen ❺ (*sombrer*) untergehen **II.** *v. tr.* ❶ ~ **du plomb dans un moule** Blei in eine Form gießen ❷ (*sombrer*) versenken

couleur [kulœʀ] *f* ❶ Farbe *f*; **d'une seule ~** einfarbig; **de plusieurs ~s** mehrfarbig ❷ (*linge*) Buntwäsche *f* ❸ POL [politische] Couleur *f*

couleuvre [kulœvʀ] *f* Natter *f*

coulis [kuli] *m* ~ **de framboises** Himbeersoße *f*

coulissant, **e** [kulisɑ̃, ɑ̃t] *adj.* Schiebe-

coulisse [kulis] *f souvent pl. a.* THEAT Kulisse *f*

coulisser [kulise] <1> *v. intr.* [in einer Schiene] laufen

couloir [kulwaʀ] *m* ❶ *a.* CHEMDFER, AVIAT Gang *m*, Flur *m* ❷ GEO Schlucht *f* ❸ AUT ~ **aérien** Luftkorridor *m*

coup [ku] *m* ❶ (*agression*) Schlag *m*; **donner un ~ à qn** jdn schlagen; ~ **de poing/de pied** Faustschlag/Fußtritt *m*; ~ **de couteau** Messerstich *m* ❷ (*bruit*) Klopfen *nt*; ~ **de sifflet** Pfiff *m* ❸ (*heurt*) Stoß *m* ❹ (*décharge*) ~ [**de feu**] Schuss *m* ❺ (*choc moral*) Schlag *m* ❻ (*action rapide*) **d'un ~ de crayon** mit wenigen schnellen [Blei-stift]strichen *Pl*; ~ **de fil** [*o* **téléphone**] Anruf *m* ❼ SPORT **le ~ droit** die Vorhand; ~ **franc** Freistoß *m* ❽ JEUX Zug *m* ❾ (*manifestation brusque*) ~ **de tonnerre** Donnerschlag *m*; ~ **de foudre** Liebe *f* auf den ersten Blick; ~ **de soleil** Sonnenbrand *m* ❿ (*action*) Coup *m*; ~ **d'État** Staatsstreich *m*; **être sur un ~** gerade etwas aushecken ⓫ (*quantité bue*) Schluck *m*; **boire un ~** *fam* einen trinken ▶**prendre un ~ de froid** sich erkälten; **donner un ~ de main à qn** jdm zur Hand gehen; **jeter un ~ d'œil sur le feu** ein Auge auf das Feuer (*Akk*) haben; **avoir un ~ de pompe** *fam* einen Durchhänger haben; **ça vaut le ~ de faire qc** es lohnt sich etw zu tun; **du même ~** gleichzeitig; **du premier ~** auf Anhieb; **d'un seul ~** auf ein Mal; **tout à ~** plötzlich; **après ~** im Nachhinein; **du ~** *fam* darum

coupable [kupabl] **I.** *adj.* ❶ (*fautif*) schuldig ❷ (*condamnable*) verwerflich **II.** *mf* ❶ (*responsable*) Schuldige(r) *f(m)* ❷ (*malfaiteur*) Täter(in) *m(f)*

coupant, **e** [kupɑ̃, ɑ̃t] *adj.* scharf

coup-de-poing [kudpwɛ̃] *adj. inv.* (*opération, politique*) knallhart

coupe [kup] *f* ❶ (*verre*) Trinkschale *f*; **une ~ de champagne** ein Glas *nt* Champagner ❷ (*récipient*) Schale *f* ❸ SPORT Pokal *m*; (*épreuve*) Pokal[wettbewerb *m*] *m*; **la ~ du monde de football** die Fußballweltmeisterschaft

coupe-circuit [kupsiʀkɥi] <coupe-circuits> *m* Sicherung *f* **coupe-faim** [kupfɛ̃] <coupe-faim[s]> *m* Appetitzügler *m* **coupe-feu** [kupfø] <coupe-feu[x]> **I.** *m* [Brand]schneise *f* **II.** *app inv.* **porte ~** Brandschutztür *f*

coupelle [kupɛl] *f* Schälchen *nt*

coupe-ongle [kupɔ̃gl] <coupe-ongles> *m* Nagelknipser *m* **coupe-papier** [kuppapje] *m inv.* Brieföffner *m*

couper [kupe] <1> **I.** *v. intr.* ❶ (*être tranchant*) schneiden; **attention, ça coupe!** Achtung, das ist scharf!

❷ (*prendre un raccourci*) abkürzen ❸ (*interrompre*) unterbrechen ❹ TELEC **ne coupez pas!** bleiben Sie am Apparat! ❺ CINE **coupez!** Schnitt! ❻ JEUX abheben **II.** *v. tr.* ❶ schneiden; (*tête, branche*) abschneiden; (*gorge*) durchschneiden; (*volaille*) aufschneiden; (*poisson*) zerlegen; (*arbre*) fällen ❷ (*isoler*) **être coupé de toute civilisation** von jeglicher Zivilisation abgeschnitten sein ❸ (*texte*) kürzen; (*film*) schneiden; (*passage*) herausnehmen ❹ (*ligne téléphonique*) unterbrechen; (*communication, relations*) abbrechen; **~ l'eau/l'électricité à qn** jdm das Wasser/den Strom abstellen; (*faim*) nehmen ❺ (*route*) versperren; **~ la respiration à qn** jdm den Atem nehmen ❻ (*diluer*) verdünnen ❼ JEUX abheben **III.** *v. pron.* ❶ **se ~** sich schneiden; **se ~ la main** sich (*Akk o Dat*) in die Hand schneiden ❷ (*trancher*) **se ~ les ongles** sich (*Dat*) die Nägel schneiden; **se ~ du pain** sich (*Dat*) Brot abschneiden

couper-coller [kupekɔle] <1> INFORM **I.** *v. tr.* mit Ausschneiden und Einsetzen bearbeiten **II.** *m* Ausschneiden *nt* und Einsetzen *nt*

couperet [kupʀɛ] *m* Schlachtermesser *nt*

couperose [kupʀoz] *f* Kupferrose *f*

coupe-vent [kupvɑ̃] <coupe-vent[s]> *m* Windjacke *f*

couple [kupl] **I.** *m* [Liebes]paar *nt* **II.** *f* CAN *fam* **une ~ de ...** (*quelques*) ein paar ...

couplet [kuplɛ] *m* Strophe *f*

coupole [kupɔl] *f* Kuppel *f*

coupon [kupɔ̃] *m* ❶ COUT Stoffrest *m* ❷ (*bon*) Abschnitt *m*

coupon-réponse [kupɔ̃ʀepɔ̃s] <coupons-réponse> *m* Antwortkarte *f*

coupure [kupyʀ] *f* ❶ Schnittwunde *f* ❷ PRESSE **~ de presse** Zeitungsausschnitt *m* ❸ (*interruption*) **~ d'électricité** Unterbrechung *f* der Stromversorgung ❹ (*billet*) **petites ~s** kleine Scheine *Pl* ❺ (*changement*) Einschnitt *m*

cour [kuʀ] *f* ❶ (*d'un bâtiment*) Hof *m;* **~ de l'école** Schulhof ❷ JUR **la Cour suprême** der oberste Gerichtshof ▸**faire la ~ à qn** jdm den Hof machen

courage [kuʀaʒ] *m* ❶ Mut *m;* **bon ~!** nur Mut! ❷ (*ardeur*) **avec ~** eifrig

courageusement [kuʀaʒøzmɑ̃] *adv.* tapfer

courageux, -euse [kuʀaʒø, -ʒøz] *adj.* mutig; (*soldat, attitude*) tapfer

couramment [kuʀamɑ̃] *adv.* ❶ (*parler*) fließend ❷ (*souvent*) häufig

courant [kuʀɑ̃] *m* ❶ ELEC Strom *m* ❷ (*cours d'eau*) Strömung *f* ❸ (*dans l'air*) Luftstrom *m;* **~ d'air** [Luft]zug *m;* (*gênant*) Durchzug; **il y a un ~ d'air** es zieht ❹ (*mouvement*) Bewegung *f* ❺ (*cours*) **dans le ~ de la journée** im Laufe des Tages ▸**être au ~ de qc** über etw (*Akk*) auf dem Laufenden sein

courant, e [kuʀɑ̃, ɑ̃t] *adj.* ❶ (*habituel*) üblich; (*dépenses*) laufend; (*usage*) geläufig ❷ (*année, affaires*) laufend

courbature [kuʀbatyʀ] *f souvent pl.* Muskelkater *m kein Pl.*

courbe [kuʀb] **I.** *adj.* gebogen; (*ligne, trajectoire*) gekrümmt **II.** *f* GEO, FIN Kurve *f;* (*d'une route, d'un fleuve*) Biegung *f;* (*des reins*) Wölbung *f*

courbé, e [kuʀbe] *adj.* krumm

courber [kuʀbe] <1> **I.** *v. intr.* **~ sous qc** (*personne*) den Rücken wegen etw krümmen; (*bois*) sich unter etw (*Dat*) biegen **II.** *v. tr.* ❶ (*plier*) biegen ❷ (*pencher*) **~ le dos** den Rücken krümmen; **~ la tête devant qn** sich jdm beugen **III.** *v. pron.* **se ~** ❶ (*se baisser*) den Rücken krümmen; (*à cause de l'âge*) einen krummen Rücken haben ❷ (*ployer*) sich biegen

courbette [kuʀbɛt] *f* **faire des ~s à qn** vor jdm katzbuckeln

courbure [kuʀbyʀ] *f* (*des sourcils, du nez*) Bogen *m*

coureur [kuʀœʀ] *m* (*de jupons*) Schürzenjäger *m*

coureur, -euse [kuʀœʀ, -øz] *m, f* ❶ SPORT Läufer(in) *m(f)* ❷ AUT Fahrer(in) *m(f)*

courge [kuʀʒ] *f* Kürbis *m*

courgette [kuʀʒɛt] *f* Zucchini *f*

courir [kuʀiʀ] <irr> **I.** *v. intr.* ❶ (*se mouvoir, se dépêcher*) laufen; (*plus vite*) rennen; **~ partout** überall herumrennen; **~ faire qc** schnell etw tun gehen ❷ (*se répandre*) umgehen; **faire ~ le bruit que ...** das Gerücht in die Welt setzen, dass ... ❸ (*se diriger vers*) **~ à la faillite** kurz vor dem Bankrott stehen **II.** *v. tr.* ❶ (*magasins*) abklappern; **~ les filles** den Mädchen nachlaufen, hinter den Mädchen her sein (*fam*) ❷ (*s'exposer à: risque*) eingehen; ~ **un danger** sich einer Gefahr (*Dat*) aussetzen

couronne [kuʀɔn] *f* ❶ *a.* BOT, MED, FIN Krone *f* ❷ (*pour décorer*) Kranz *m*

couronné [kuʀɔne] *adj.* (*livre, film*) preisgekrönt

couronnement [kuʀɔnmɑ̃] *m* Krönung *f*

couronner [kuʀɔne] <1> *v. tr.* ❶ (*roi*) krönen ❷ (*récompenser*) [mit einem Preis] auszeichnen

courriel [kuʀjɛl] *m* INET E-Mail *f o nt*

courrier [kuʀje] *m* ❶ Post *f* ❷ INET ~ **électronique** E-Mail *f*

courroie [kuʀwa] *f* Riemen *m*

cours [kuʀ] *m* ❶ (*déroulement*) Verlauf *m;* (*des saisons*) Ablauf; (*du temps*) Lauf; **au ~ de qc** im Laufe einer S. (*Gen*) ❷ (*leçon*) Unterricht *m;* (*leçon privée*) Kurs *m;* UNIV Seminar *nt;* ~ **magistral** Vorlesung *f;* ~ **particulier** Privatunterricht; (*pour rattraper*) Nachhilfeunterricht; **faire ~ de qc à qn** jdn in etw (*Dat*) unterrichten; **suivre un ~** einen Kurs besuchen; ~ **de maths** *fam* Mathe-Stunde *f* ❸ (*d'une monnaie*) Kurs *m* ❹ (*courant*) ~ **d'eau** Wasserlauf *m*

course [kuʀs] *f* ❶ (*action de courir*) Laufen *nt* ❷ (*épreuve*) Rennen *nt;* (*à pied*) Lauf *m;* **vélo de ~** Rennrad *nt;* **faire la ~ avec qn** mit jdm um die Wette laufen; ~ **à pied** Laufsport *m;* ~ **de vitesse** Sprint *m* ❸ (*déplacement*) ~ **en taxi** Taxifahrt *f* ❹ (*commission*) **les ~s** die Besorgungen *Pl*; **faire les** [*o* **ses**] **~s** Besorgungen machen

coursier, **-ière** [kuʀsje, -jɛʀ] *m, f* Laufbursche *m*

court, **e** [kuʀ, kuʀt] *adj.* kurz

court[1] [kuʀ] *m* ~ **de tennis** Tennisplatz *m*

court[2] [kuʀ] *adv.* kurz ▶ **être à ~ de qc** von etw nicht genug haben

court-bouillon [kuʀbujɔ̃] <courts-bouillons> *m* Brühe *f* **court-circuit** [kuʀsiʀkɥi] <courts-circuits> *m* Kurzschluss *m* **court-circuiter** [kuʀsiʀkɥite] <1> *v. tr.* ELEC kurzschließen

courtier, **-ière** [kuʀtje, -jɛʀ] *m, f* Makler(in) *m(f)*

courtisan [kuʀtizɑ̃] *m* Höfling *m*

courtisane [kuʀtizan] *f* HIST, LITTER Kurtisane *f*

courtiser [kuʀtize] <1> *v. tr.* ~ **qn** jdm den Hof machen

court-métrage [kuʀmetʀaʒ] <courts-métrages> *m* Kurzfilm *m*

courtois, **e** [kuʀtwa, waz] *adj.* höflich

courtoisie [kuʀtwazi] *f* Höflichkeit *f*

couru, **e** [kuʀy] *part. passé de* **courir**

couscous [kuskus] *m* Couscous *nt o m*

Ein Gericht, das in Frankreich oft gegessen wird, ist **le couscous**. Es stammt ursprünglich aus Nordafrika und besteht aus gedämpftem Weizengries, der mit Gemüse und Fleisch serviert wird.

couscoussier [kuskusje] *m* Couscoustopf *m*

cousin, **e** [kuzɛ̃, in] *m, f* Cousin *m*/Cousine *f*

coussin [kusɛ̃] *m* ❶ Kissen *nt* ❷ BELG (*oreiller*) Kopfkissen *nt* ❸ (*partie rembourrée*) Polster *nt*

coussinet [kusinɛ] *m* kleines Kissen

cousu, **e** [kuzy] *part. passé de* **coudre**

coût [ku] *m* Kosten *Pl*; (*d'une marchandise*) Preis *m*

coûtant [kutɑ̃] *adj.* **prix ~** Selbstkostenpreis *m*

couteau [kuto] <x> *m* Messer *nt;* ~ **de cuisine**/**suisse** Küchen-/Schweizermesser

coutellerie [kutɛlʀi] *f* Schneidwarenindustrie *f*

coûter [kute] <1> *v. tr.* kosten; **ça coûte cher** das ist teuer

coûteux, **-euse** [kutø, -øz] *adj.* kostspielig

coutume [kutym] *f* Brauch *m;* **c'est la ~** das ist so üblich

coutumier, **-ière** [kutymje, -jɛʀ] *adj.* üblich, gewöhnlich

couture [kutyʀ] *f* ❶ (*action*) Nähen *nt* ❷ (*ouvrage*) Näharbeit *f* ❸ (*profession*) Konfektion[sindustrie *f*] *f;* **la haute ~** die Haute Couture ❹ (*suite de points*) Naht *f*

couturier [kutyʀje] *m* Modeschöpfer *m*

couturière [kutyʀjɛʀ] *f* Schneider[meister]in *f*

couvée [kuve] *f* (*œufs*) Gelege *nt;* (*poussins*) Brut *f*

couvent [kuvɑ̃] *m* Kloster *nt*

couver [kuve] <1> *v. tr.* ❶ [aus]brüten ❷ (*materner*) umhegen

couvercle [kuvɛʀkl] *m* Deckel *m*

couvert [kuvɛʀ] *m* ❶ Besteck *nt;* **mettre le ~** den Tisch decken ❷ (*place*) Gedeck *nt*

couvert, e [kuvɛʀ, ɛʀt] **I.** *part. passé de* **couvrir II.** *adj.* ❶ (*habillé*) **être trop ~** zu warm angezogen sein ❷ (*protégé*) **être ~** (*par qc*) zugedeckt sein; (*par qn*) Rückendeckung bekommen ❸ (*assuré*) **être ~ par une assurance** bei einer Versicherung versichert sein ❹ (*opp: en plein air*) überdacht ❺ METEO (*ciel*) bedeckt; (*temps*) trüb ❻ (*recouvert*) **~ de poussière** mit Staub bedeckt; **~ de sang** voller Blut

couverture [kuvɛʀtyʀ] *f* ❶ (*d'un lit*) [Bett]decke *f* ❷ (*d'un cahier, magazine*) Umschlag *m;* (*d'un livre*) Einband *m*

couveuse [kuvøz] *f* ❶ (*pour prématurés*) Brutkasten *m* ❷ (*pour œufs*) **~ artificielle** Brutapparat *m*

couvre-chef [kuvʀəʃɛf] <couvre-chefs> *m* Kopfbedeckung *f* **couvre-feu** [kuvʀəfø] <couvre-feux> *m* (*signal*) Zapfenstreich *m;* (*période*) Sperrstunde *f* **couvre-lit** [kuvʀəli] <couvre-lits> *m* Tagesdecke *f*

couvreur, -euse [kuvʀœʀ, -øz] *m, f* Dachdecker(in) *m(f)*

couvrir [kuvʀiʀ] <11> **I.** *v. tr.* ❶ abdecken; (*récipient, personne*) zudecken; (*toit*) decken; (*livre*) einbinden ❷ (*recouvrir*) **~ qc** (*couverture, toile*) etw zudecken; **qc couvre qn** jd ist mit etw zugedeckt; **~ de qc** mit etw bedecken ❸ (*habiller*) **~ qn** jdn warm anziehen ❹ (*visage*) verdecken; (*son*) übertönen ❺ (*protéger*) **~ qn** hinter jdm stehen ❻ (*parcourir*) zurücklegen ❼ (*relater*) berichten über (+ *Akk*) **II.** *v. pron.* **se ~** ❶ (*s'habiller*) sich anziehen ❷ (*se protéger*) sich absichern ❸ METEO (*ciel*) sich bewölken

covoiturage [kovwatyʀaʒ] *m* Fahrgemeinschaftssystem *nt*

cow-boy [kobɔj] <cow-boys> *m* Cowboy *m*

coyote [kɔjɔt] *m* Coyote *m*

crabe [kʀɑb] *m* Krabbe *f*

crac [kʀak] *interj.* knack

crachat [kʀaʃa] *m* Spucke *f*

craché, e [kʀaʃe] *adj.* ▶ **c'est lui tout ~** *fam* (*très ressemblant*) er/sie ist ihm wie aus dem Gesicht geschnitten; (*typique de qn*) das sieht ihm ähnlich

cracher [kʀaʃe] <1> **I.** *v. intr.* (*expectorer*) [aus]spucken **II.** *v. tr.* ❶ ausspucken; (*sang*) spucken; (*venin*) verspritzen ❷ (*fumée*) ausstoßen; (*lave*) speien

cracheur [kʀaʃœʀ, -øz] *m* **~ de feu** Feuerschlucker *m*

crachin [kʀaʃɛ̃] *m* Sprühregen *m*

crack¹ [kʀak] *m fam* Ass *nt*

crack² [kʀak] *m* (*drogue*) Crack *nt o m*

cracker [kʀakœʀ, kʀakɛʀ] *m* INFORM, INET Hacker *m*

craie [kʀɛ] *f* Kreide *f*

craindre [kʀɛ̃dʀ] <irr> **I.** *v. tr.* ❶ (*redouter*) fürchten ❷ (*pressentir*) [be]fürchten ❸ (*être sensible à*) **~ la chaleur** hitzeempfindlich sein **II.** *v. intr.* **~ pour qn/qc** Angst um jdn/etw haben

craint, e [kʀɛ̃, ɛ̃t] *part. passé de* **craindre**

crainte [kʀɛ̃t] *f* ❶ (*peur*) **~ de qn/qc** Furcht *f* vor jdm/etw; **de ~ de qc** aus Furcht vor etw (*Dat*) ❷ (*pressentiment*) Befürchtungen *Pl*

craintif, -ive [kʀɛ̃tif, -iv] *adj.* ängstlich

cramer [kʀame] <1> *v. intr. fam* (*maison*) abbrennen

cramoisi, e [kʀamwazi] *adj.* purpurrot

crampe [kʀɑ̃p] *f* [Muskel]krampf *m*

crampon [kʀɑ̃pɔ̃] *m* SPORT Steigeisen *nt;* (*de foot*) Stollen *m*

cramponner [kʀɑ̃pɔne] <1> *v. pron.* **se ~ à qn/qc** sich an jdm/etw festklammern

cran¹ [kʀɑ̃] *m* ❶ **hausser/baisser qc d'un ~** etw [um] ein Loch höher/tiefer stellen ❷ (*trou*) Loch *nt*

cran² [kʀɑ̃] *m fam* **avoir du ~** Mumm haben

crâne [kʀɑn] *m* Schädel *m*

crâner [kʀɑne] <1> *v. intr. fam* eine Schau abziehen

crâneur, -euse [kʀɑnœʀ, -øz] **I.** *adj.* angeberisch (*fam*) **II.** *m, f* Angeber(in) *m(f)*

crânien, ne [kʀɑnjɛ̃, jɛn] *adj.* Schädel-

crapaud [kʀapo] *m* Kröte *f*

crapule [kʀapyl] *f* Schuft *m*
crapuleux, **-euse** [kʀapylø, -øz] *adj.* niederträchtig
craquant, **e** [kʀakɑ̃, ɑ̃t] *adj. fam* toll
craqueler [kʀakle] <3> **I.** *v. tr.* rissig werden lassen **II.** *v. pron.* **se** ~ Risse bekommen
craquelure [kʀaklyʀ] *f* Riss *m*
craquer [kʀake] <1> *v. intr.* ❶ (*bonbon*) krachen; (*parquet*) knarren; (*feuilles mortes*) rascheln; (*neige*) knirschen; (*bois*) knacken ❷ (*branche, glace*) brechen; (*vêtement*) reißen; (*aux coutures*) [auf]platzen ❸ (*personne*) zusammenbrechen; (*nerfs*) versagen ❹ (*s'attendrir*) schwach werden ▸ **plein à** ~ zum Bersten voll
crash [kʀaʃ] <[e]s> *m* Absturz *m*
crasse [kʀas] *f* Dreck *m*
crasseux, **-euse** [kʀasø, -øz] *adj.* schmutzig
cratère [kʀatɛʀ] *m* Krater *m*
cravache [kʀavaʃ] *f* [Reit]gerte *f*
cravacher [kʀavaʃe] <1> *v. tr.* ~ **un animal** einem Tier die Peitsche geben
cravate [kʀavat] *f* Krawatte *f*
crawl [kʀol] *m* Kraulen *nt*
crawler [kʀole] <1> *v. intr.* kraulen; **dos crawlé** Rückenkraulen *nt*
crayon [kʀɛjɔ̃] *m* Bleistift *m;* ~ **de couleur** Buntstift; ~ **pour les yeux** Eyeliner *m*
crayonner [kʀɛjɔne] <1> *v. tr.* [mit dem Bleistift] zu Papier bringen
créance [kʀeɑ̃s] *f* Forderung *f,* Schuld *f*
créancier, **-ière** [kʀeɑ̃sje, -jɛʀ] *m, f* FIN Gläubiger(in) *m(f)*
créateur, **-trice** [kʀeatœʀ, -tʀis] **I.** *adj.* schöpferisch **II.** *m, f* Schöpfer(in) *m(f)*
Créateur [kʀeatœʀ] *m* REL **le** ~ der Schöpfer
créatif, **-ive** [kʀeatif, -iv] *adj.* schöpferisch
création [kʀeasjɔ̃] *f* ❶ *sans pl.* REL **la Création** die Schöpfung ❷ ART Werk *nt;* (*d'un couturier*) Kreation *f* ❸ (*invention*) Herstellung *f* ❹ ECON ~ **d'emploi** Schaffung *f* eines Arbeitsplatzes; ~ **d'entreprise** Firmengründung *f*
créativité [kʀeativite] *f* Kreativität *f*
créature [kʀeatyʀ] *f* Lebewesen *nt*
crèche [kʀɛʃ] *f* ❶ REL Krippe *f* ❷ (*pouponnière*) Kinderkrippe *f*
crécher [kʀeʃe] <5> *v. intr. fam* wohnen
crédibiliser [kʀedibilize] <1> *v. tr.* glaubwürdig machen
crédibilité [kʀedibilite] *f* Glaubwürdigkeit *f*
crédible [kʀedibl] *adj.* glaubwürdig
crédit [kʀedi] *m* ❶ (*paiement échelonné*) Ratenzahlung *f;* **acheter/vendre à** ~ auf Raten *Pl* kaufen/verkaufen ❷ (*prêt*) Kredit *m* ❸ (*opp: débit*) Guthaben *nt*
créditer [kʀedite] <1> *v. tr.* ~ **un compte de 100 euros** einem Konto 100 Euro gutschreiben
créditeur, **-trice** [kʀeditœʀ, -tʀis] *m, f* Gläubiger(in) *m(f)*
credo [kʀedo] *m* REL Glaubensbekenntnis *nt*
crédule [kʀedyl] *adj.* gutgläubig
crédulité [kʀedylite] *f* Gutgläubigkeit *f*
créer [kʀee] <1> *v. tr.* (*besoins, emploi, œuvre*) schaffen; (*entreprise*) gründen; (*produit*) kreieren; (*monde*) erschaffen; (*problèmes*) bereiten
crémaillère [kʀemajɛʀ] *f* ▸ **pendre la** ~ eine Einweihungsparty geben
crématoire [kʀematwaʀ] *adj.* **four** ~ Krematorium *nt*
crème [kʀɛm] **I.** *adj. inv.* cremefarben **II.** *f* ❶ (*produit laitier*) Rahm *m;* ~ **chantilly** Schlagsahne *f* ❷ (*entremets*) Creme *f;* ~ **glacée** Eiscreme ❸ (*liqueur*) ~ **de cassis** Johannisbeerlikör *m* ❹ (*de soins*) Creme *f* ❺ (*le meilleur*) gesellschaftliche Elite **III.** *m* Milchkaffee *m*
crémerie [kʀɛmʀi] *f* Milch-[und Käse]-geschäft *nt* ▸ **changer de** ~ woanders hingehen
crémeux, **-euse** [kʀemø, -øz] *adj.* cremig
crémier, **-ière** [kʀemje, -jɛʀ] *m, f* Milch-[und Käse]händler(in) *m(f)*
créneau [kʀeno] <x> *m* **faire un** ~ einparken
créole [kʀeɔl] **I.** *adj.* kreolisch; *voir a.* **allemand II.** *m* Kreol *nt; voir a.* **allemand**
Créole [kʀeɔl] *mf* Kreole *m*/Kreolin *f*
crêpe [kʀɛp] *f* GASTR Crêpe *f,* Pfannkuchen *m*
crêper [kʀepe] <1> *v. tr.* ❶ TEXTIL kreppen ❷ (*cheveux*) toupieren
crêperie [kʀɛpʀi] *f* Crêperie *f*

C

crépi [kʀepi] *m* [Rau]putz *m*
crêpière [kʀepjɛʀ] *f* (*plaque*) Crêpeeisen *nt;* (*poêle*) Crêpepfanne *f*
crépiter [kʀepite] <1> *v. intr.* (*feu*) knistern
crépon [kʀepɔ̃] *m* Krepon *m*
crépu, e [kʀepy] *adj.* gekräuselt
crépuscule [kʀepyskyl] *m* Dämmerung *f*
cresson [kʀesɔ̃] *m* Kresse *f*
Crète [kʀɛt] *f* **la ~** Kreta *nt*
crête [kʀɛt] *f* ① ZOOL Kamm *m* ② (*d'une montagne*) Grat *m*
crétin, e [kʀetɛ̃, in] *fam* **I.** *adj.* blöd[e] **II.** *m, f* Depp *m*
creuser [kʀøze] <1> **I.** *v. tr.* ① ausheben; (*sillon*) ziehen; (*tunnel*) bohren ② (*évider*) graben **II.** *v. intr.* hungrig machen **III.** *v. pron.* **se ~** einfallen; (*roche*) ausgehöhlt werden ▸**se ~ la tête** sich (*Dat*) den Kopf zerbrechen
creuset [kʀøzɛ] *m* [Schmelz]tiegel *m*
creux [kʀø] *m* ① (*cavité*) Höhle *f*, Loch *nt;* **le ~ de la main** die hohle Hand ② *fam* **avoir un ~** Kohldampf *m* haben
creux, -euse [kʀø, -øz] *adj.* ① (*vide*) hohl; (*ventre, tête*) leer ② (*vain*) nichts sagend ③ (*concave*) nach innen gewölbt ④ (*rentré: visage*) eingefallen ⑤ (*sans activité*) ruhig; **les heures creuses** die Zeiten außerhalb des Stoßbetrieb[e]s
crevaison [kʀəvɛzɔ̃] *f* Reifenpanne *f*
crevant, e [kʀəvɑ̃, ɑ̃t] *adj. fam* mörderisch
crevasse [kʀəvas] *f* ① (*fissure*) Spalte *f* ② (*gerçure*) Riss *m*
crevassé, e [kʀəvase] *adj.* (*mur, sol*) rissig
crevé, e [kʀəve] *adj. fam* kaputt
crève [kʀɛv] *f fam* böse Erkältung
crever [kʀəve] <4> **I.** *v. intr.* ① (*ballon*) platzen; (*sac*) aufplatzen ② AUT eine Reifenpanne haben ③ (*être plein de*) **~ de jalousie** vor Eifersucht (*Dat*) platzen ④ *fam* **~ de froid/de faim** vor Kälte/Hunger umkommen; **une chaleur à ~** eine mörderische Hitze **II.** *v. tr.* (*ballon, pneu*) kaputtstechen **III.** *v. pron. fam* **se ~** sich kaputtmachen
crevette [kʀəvɛt] *f* Garnele *f*
cri [kʀi] *m* Schrei *m*
criailler [kʀijɑje] <1> *v. intr.* (*bébé*) plärren, schreien
criant, e [kʀijɑ̃, jɑ̃t] *adj.* ① (*injustice*) himmelschreiend ② (*preuve*) offenkundig
criard, e [kʀijaʀ, jaʀd] *adj.* ① (*voix*) keifend ② (*couleur*) grell
crible [kʀibl] *m* [grobes] Sieb ▸**passer qc au ~** etw genau unter die Lupe nehmen (*fam*)
criblé, e [kʀible] *adj.* ① (*percé*) **~ de balles** von Kugeln durchsiebt ② (*couvert de*) **~ de dettes** hochverschuldet
cribler [kʀible] <1> *v. tr.* **~ qn de balles** jdn mit Kugeln durchsieben; **~ qc de trous** etw durchlöchern
cric [kʀik] *m* Winde *f*
cricket [kʀikɛt] *m* Kricket[spiel *nt*] *nt*
criée [kʀije] *f* **vente à la ~** Versteigerung *f*
crier [kʀije] <1> **I.** *v. intr.* ① (*hurler*) schreien ② (*se fâcher*) **~ contre** [*o* **après** *fam*] **qn** jdn anschreien **II.** *v. tr.* (*à voix forte*) rufen; **~ qc à qn** jdm etw zurufen
crime [kʀim] *m* ① Mord *m* ② JUR **~ contre qn/qc** Verbrechen *nt* gegen jdn/etw
criminalité [kʀiminalite] *f sans pl.* Kriminalität *f*
criminel, le [kʀiminɛl] **I.** *adj.* kriminell **II.** *m, f* Verbrecher(in) *m(f)*
crin [kʀɛ̃] *m sans pl.* (*matière*) Rosshaar *nt*
crinière [kʀinjɛʀ] *f* Mähne *f*
crique [kʀik] *f* kleine Bucht
criquet [kʀikɛ] *m* Heuschrecke *f*
crise [kʀiz] *f* ① MED **~ cardiaque** Herzanfall *m;* **~ d'appendicite** Blinddarmentzündung *f;* **faire une ~ de nerfs** einen Nervenzusammenbruch bekommen ② ECON, POL, FIN Krise *f*
crispation [kʀispasjɔ̃] *f* Zucken *nt;* (*d'un muscle*) Krampf *m*
crispé, e [kʀispe] *adj.* verkrampft
crisper [kʀispe] <1> **I.** *v. tr.* (*visage*) verzerren **II.** *v. pron.* **se ~** sich verkrampfen
crisser [kʀise] <1> *v. intr.* (*pneus*) quietschen; (*freins*) kreischen
cristal [kʀistal, o] <-aux> *m* ① MINER [Quarz]kristall *m* ② (*verre*) Kristall *nt* ③ *pl* (*cristallisation*) Kristalle *Pl*
cristallin [kʀistalɛ̃] *m* (*de l'œil*) Linse *f*
cristallisé [kʀistalize] *adj.* kristallisiert; **sucre ~** [Kristall]zucker *m*

cristalliser [kʀistalize] <1> **I.** *v. intr.* CHIM Kristalle *Pl* bilden **II.** *v. tr.* CHIM auskristallisieren **III.** *v. pron.* CHIM **se ~** Kristalle bilden

critère [kʀitɛʀ] *m* Kriterium *nt*

critiquable [kʀitikabl] *adj.* kritisierbar

critique [kʀitik] **I.** *adj.* kritisch **II.** *f* Kritik *f* **III.** *mf* Kritiker(in) *m(f)*

critiquer [kʀitike] <1> *v. tr.* ① (*condamner*) kritisieren ② (*juger*) rezensieren

croasser [kʀɔase] <1> *v. intr.* krächzen

croc [kʀo] *m* Fangzahn *m*

croche [kʀɔʃ] *f* MUS Achtel *nt,* Achtelnote *f*

croche-pied [kʀɔʃpje] <croche-pieds> *m* **faire un ~ à qn** jdm ein Bein stellen

crochet [kʀɔʃɛ] *m* ① (*pour accrocher*) [Wand]haken *m* ② (*aiguille*) Häkelnadel *f* ③ *pl* TYP eckige Klammern *Pl* ④ (*détour*) **faire un ~** einen Umweg machen

crocheter [kʀɔʃte] <4> *v. tr.* (*porte, serrure*) mit dem Dietrich öffnen

crochu, **e** [kʀɔʃy] *adj.* (*bec*) gekrümmt; (*doigts*) verkrümmt

croco [kʀɔko] *m fam,* **crocodile** [kʀɔkɔdil] *m* Krokodil *nt*

crocus [kʀɔkys] *m* Krokus *m*

croire [kʀwaʀ] <irr> **I.** *v. tr.* ① (*tenir pour vrai*) glauben; **faire ~ qc à qn** jdn etw (*Akk*) glauben machen ② (*avoir confiance en qn*) **~ qn** jdm trauen; **~ qn, car il ne ment jamais** jdm glauben, denn er lügt niemals ③ (*s'imaginer*) sich einbilden ④ (*supposer*) **il faut ~ que ...** es ist anzunehmen, dass ... ⑤ (*estimer*) **~ qn capable** jdn für fähig halten **II.** *v. intr.* ① REL glauben; **~ en Dieu** an Gott (*Akk*) glauben ② (*faire confiance à qn*) **~ en qn** an jdn glauben ③ (*être convaincu de qc*) **~ à qc** an etw (*Akk*) glauben; **~ en qc** in etw (*Akk*) vertrauen **III.** *v. pron.* **se ~ intelligent** sich für intelligent halten

croisade [kʀwazad] *f* HIST Kreuzzug *m*

croisé, **e** [kʀwaze] *adj.* ▶ **mots ~s** Kreuzworträtsel *nt*

croisement [kʀwazmɑ̃] *m* Kreuzung *f*

croiser [kʀwaze] <1> **I.** *v. tr.* ① (*bras*) verschränken; (*mains*) falten; **~ les jambes** ein Bein über das andere schlagen ② (*route, regard*) kreuzen; (*véhicule*) begegnen ③ (*passer à côté de*) **~ qn** jdm begegnen ④ BIO, ZOOL kreuzen **II.** *v. pron.* **se ~** (*personnes*) sich treffen; (*regards*) sich begegnen

croiseur [kʀwazœʀ] *m* NAUT Kreuzer *m*

croisière [kʀwazjɛʀ] *f* Kreuzfahrt *f*

croisiériste [kʀwazjeʀist] *mf* Kreuzfahrtteilnehmer(in) *m(f)*

croissance [kʀwasɑ̃s] *f sans pl. a.* ECON Wachstum *nt;* (*d'un enfant*) Entwicklung *f*

croissant [kʀwasɑ̃] *m* GASTR Croissant *nt,* Hörnchen *nt*

croissant, **e** [kʀwasɑ̃, ɑ̃t] *adj.* wachsend; (*nombre*) steigend

croissanterie [kʀwasɑ̃tʀi] *f* Croissanterie *f*

croître [kʀwatʀ] <irr> *v. intr.* ① (*grandir*) wachsen ② (*augmenter*) zunehmen

croix [kʀwa] *f* Kreuz *nt;* **mettre une ~** ankreuzen

Croix-Rouge [kʀwaʀuʒ] *f* **la ~** das Rote Kreuz

croquant, **e** [kʀɔkɑ̃, ɑ̃t] *adj.* knusprig

croque-madame [kʀɔkmadam] *m inv: getoastetes Käse-Schinken-Sandwich mit Spiegelei* **croque-monsieur** [kʀɔkməsjø] *m inv: getoastetes Käse-Schinken-Sandwich* **croque-mort** [kʀɔkmɔʀ] <croque-morts> *m fam* Leichenbestatter *m*

croquer [kʀɔke] <1> **I.** *v. tr.* ① (*biscuit*) knabbern; (*bonbons*) zerbeißen ② (*dessiner*) skizzieren **II.** *v. intr.* **~ dans une pomme** [kräftig] in einen Apfel beißen

croquet [kʀɔkɛ] *m* SPORT Krocket *nt*

croquette [kʀɔkɛt] *f* Krokette *f*

croquis [kʀɔki] *m* Skizze *f*

cross [kʀɔs] *m* ① (*course à pied*) Geländelauf *m* ② (*course de moto*) Querfeldeinwettbewerb *m*

crosse [kʀɔs] *f* ① (*d'un fusil*) Kolben *m;* (*d'un revolver*) Griff *m* ② REL Bischofsstab *m* ③ SPORT Schläger *m*

crotale [kʀɔtal] *m* Klapperschlange *f*

crotte [kʀɔt] *f* Kot *m* (*geh*); (*de chien*) Haufen *m* (*fam*); (*de cheval*) Pferdeapfel *m;* (*de nez*) Popel *m* (*fam*)

crotté, **e** [kʀɔte] *adj.* schmutzig

crottin [kʀɔtɛ̃] *m* ① (*d'un âne*) Mist *m;* (*d'un cheval*) Pferdeapfel *m* ② (*fromage*) *kleiner, runder Ziegenkäse*

crouler [kʀule] <1> *v. intr.* ① (*s'écrouler*) einstürzen ② (*s'effondrer*) zusammenbrechen

C

croupe [kʀup] *f* (*d'un cheval*) Kruppe *f;* *fam* (*d'une femme*) Hintern *m* ▶ **monter en ~** hinten aufsitzen

croupier, -ière [kʀupje, -jɛʀ] *m, f* Croupier *m*

C

croupion [kʀupjɔ̃] *m* Sterz *m*

croupir [kʀupiʀ] <8> *v. intr.* **~ en prison** im Gefängnis verfaulen

croustillant, e [kʀustijɑ̃, jɑ̃t] *adj.* GASTR knusprig

croustille [kʀustij] *f* CAN [Kartoffel]chip *m*

croustiller [kʀustije] <1> *v. intr.* knusprig sein

croûte [kʀut] *f* ❶ *sans pl.* (*de pain, fromage*) Rinde *f* ❷ GASTR **pâté en ~** Blätterteigpastete *f* ❸ *sans pl.* MED Schorf *m;* (*de sang*) Kruste *f* ❹ (*sédiment*) Belag *m* ❺ GEO **~ terrestre** Erdkruste *f* ▶ **casser la ~** *fam* etw essen

croûton [kʀutɔ̃] *m* Croûton *m*

croyable [kʀwajabl] *adj.* **c'est à peine ~** es ist kaum zu glauben

croyance [kʀwajɑ̃s] *f* **la ~ dans/en qc** der Glaube an/in etw (*Akk*); **~ religieuse** Glaube *m*

croyant [kʀwajɑ̃] *part prés de* **croire**

croyant, e [kʀwajɑ̃, jɑ̃t] **I.** *adj.* religiös **II.** *m, f* Gläubige(r) *f(m)*

C.R.S. [seɛʀɛs] *m abr. de* **compagnie républicaine de sécurité** (*policier*) Bereitschaftspolizist(in) *m(f)*

cru [kʀy] *m* ❶ (*terroir*) [Wein]anbaugebiet *nt* ❷ (*vin*) **un grand ~** ein großer [*o* edler] Wein

cru, e [kʀy] **I.** *part. passé de* **croire** **II.** *adj.* ❶ (*aliments*) roh ❷ (*vif*) grell ❸ (*direct*) ungeschminkt

crû, e [kʀy] *part. passé de* **croître**

cruauté [kʀyote] *f sans pl.* Grausamkeit *f*

cruche [kʀyʃ] *f* Krug *m*

crucial, e [kʀysjal, jo] <-aux> *adj.* entscheidend

crucifier [kʀysifje] <1> *v. tr.* kreuzigen

crucifix [kʀysifi] *m* Kruzifix *nt*

crucifixion [kʀysifiksjɔ̃] *f* Kreuzigung *f*

cruciforme [kʀysifɔʀm] *adj.* kreuzförmig; **tournevis ~** Kreuzschlitzschraubendreher *m*

cruciverbiste [kʀysivɛʀbist] *mf* Kreuzworträtselfan *m*

crudité [kʀydite] *f pl* [Gemüse]rohkost *f;* **assiette de ~s** ≈ Salatplatte *f*

crue [kʀy] *f* Hochwasser *nt*

cruel, le [kʀyɛl] *adj.* ❶ (*méchant*) grausam ❷ (*sort*) grausam

cruellement [kʀyɛlmɑ̃] *adv.* (*méchamment*) grausam

crus [kʀy] *passé simple de* **croire**

crûs [kʀy] *passé simple de* **croître**

crustacé [kʀystase] *m* Krustentier *nt*

cryptage [kʀiptaʒ] *m* INFORM Verschlüsselung *f*

crypte [kʀipt] *f* Krypta *f*

crypter [kʀipte] <1> *v. tr.* verschlüsseln

cube [kyb] *m* ❶ **mètre ~** Kubikmeter *m* ❷ MATH Würfel *m* ❸ (*jouet*) Holzklötzchen *nt* ❹ MATH Kubikzahl *f*

cubique [kybik] *adj.* würfelförmig

cubisme [kybism] *m* ART Kubismus *m*

cucu[l] [kyky] *adj. inv. fam* doof; (*personne*) einfältig; (*film*) kitschig

cueillette [kœjɛt] *f sans pl.* Ernten *nt;* (*des fruits*) Pflücken *nt;* (*des champignons*) Sammeln *nt*

cueilli, e [kœji] *part. passé de* **cueillir**

cueillir [kœjiʀ] <irr> *v. tr.* (*fleurs*) pflücken; (*légumes*) ernten; (*champignons*) sammeln; (*raisins*) lesen

cui-cui [kɥikɥi] *interj.* piep-piep

cuiller, cuillère [kɥijɛʀ] *f* Löffel *m;* **~ à café** [*o* **à thé** CAN] Teelöffel; **~ à soupe** [*o* **à table** CAN] Esslöffel

cuillerée, cuillérée [kɥijeʀe] *f* **~ à café/soupe** Tee-/Esslöffel *m*

cuir [kɥiʀ] *m sans pl.* Leder *nt* ▶ **~ chevelu** Kopfhaut *f*

cuirasse [kɥiʀas] *f* ❶ MIL Panzer[ung *f*] *m* ❷ HIST [Brust]harnisch *m* ▶ **le défaut de la ~** die verwundbare Stelle

cuirassé [kɥiʀase] *m* Panzerkreuzer *m*

cuire [kɥiʀ] <irr> *vt, vi* kochen; (*à la vapeur*) garen; (*à la poêle*) frittieren; (*au four: viande*) braten; (*pain, gâteau*) backen

cuisant, e [kɥizɑ̃, ɑ̃t] *adj.* (*déception*) bitter

cuisine [kɥizin] *f* ❶ (*pièce*) Küche *f;* (*meubles*) Einbauküche ❷ (*art culinaire*) Kochkunst *f;* (*nourriture*) Küche *f;* **livre de ~** Kochbuch *nt;* **faire la ~** kochen

cuisiner [kɥizine] <1> **I.** *v. intr.* kochen **II.** *v. tr.* ❶ kochen ❷ *fam* (*interroger*) **~ qn** jdn ausquetschen

cuisinier, -ière [kɥizinje, -jɛʀ] *m, f* Koch *m*/Köchin *f*

cuisinière [kɥizinjɛʀ] *f* [Küchen]herd *m*
cuissardes [kɥisaʀd] *fpl* Overknees *Pl*, sehr hohe Stiefel *Pl*
cuisse [kɥis] *f* ❶ ANAT Schenkel *m* ❷ GASTR (*de lièvre, volaille*) Keule *f;* (*de grenouille*) Schenkel *m*
cuisson [kɥisɔ̃] *m* ❶ *sans pl.* Kochen *nt;* (*d'un rôti*) Braten *nt;* (*du pain, gâteau*) Backen *nt* ❷ (*durée*) Koch-/Brat-/Backzeit *f*
cuissot [kɥiso] *m* Keule *f*
cuistot [kɥisto] *m fam* Koch *m*
cuit, **e** [kɥi, kɥit] **I.** *part. passé de* **cuire** **II.** *adj.* ❶ GASTR gar; (*légumes, jambon*) gekocht; (*steak*) fertig [gebraten]; (*gâteau, pain*) fertig [gebacken]; **ne pas être [assez] ~** nicht [ganz] gar/nicht [ganz] durchgebraten/nicht [ganz] durchgebacken sein; **être trop ~** zerkocht/zu stark gebraten/zu stark gebacken sein ❷ TECH gebrannt; **terre ~e** Terrakotta *f*
cuite [kɥit] *f fam* Rausch *m;* **prendre une ~** sich (*Dat*) einen antrinken, sich (*Dat*) die Kante geben; **tenir une ~** ziemlich zu sein
cuivre [kɥivʀ] *m* ❶ (*métal et ustensiles*) Kupfer *nt* ❷ *pl* MUS Blech[blas]instrumente *Pl*
cuivré, **e** [kɥivʀe] *adj.* kupferfarben
cul [ky] *m sans pl. fam* Hintern *m* ▶ **avoir du ~** Dusel haben; **ne pas avoir du ~** [echt] Pech haben
culasse [kylas] *f* ❶ (*d'un moteur*) Zylinderkopf *m* ❷ (*d'un fusil*) Verschluss *m*
culbute [kylbyt] *f* ❶ **faire une ~** einen Purzelbaum schlagen ❷ (*chute*) **faire des ~s dans l'escalier** kopfüber die Treppe hinunterfallen
culbuter [kylbyte] <1> **I.** *v. intr.* (*tomber*) stürzen **II.** *v. tr.* (*faire tomber*) umwerfen
cul-de-jatte [kydʒat] <culs-de-jatte> *mf* beinloser Krüppel **cul-de-sac** [kydsak] <culs-de-sac> *m* Sackgasse *f*
culinaire [kylinɛʀ] *adj.* **art ~** Kochkunst *f*
culminant, **e** [kylminɑ̃, ɑ̃t] *adj. fig* **point ~** Höhepunkt *m*
culminer [kylmine] <1> *v. intr.* (*avoir une hauteur de*) **le pic culmine à 8000 m** der Berggipfel liegt bei 8000 m
culot [kylo] *m* ❶ (*d'une ampoule*) Sockel *m* ❷ *fam* (*assurance*) Unverschämtheit *f;* **avoir du ~** unverschämt sein
culotte [kylɔt] *f* Unterhose *f*
culotté, **e** [kylɔte] *adj.* dreist
culpabiliser [kylpabilize] <1> **I.** *v. tr.* **~ qn** jdm Schuldgefühle machen **II.** *v. intr.* sich schuldig fühlen
culpabilité [kylpabilite] *f sans pl.* Schuld *f*
culte [kylt] *m* ❶ *sans pl.* (*vénération*) Kult *m* ❷ *sans pl.* (*religion*) Religion *f* ❸ (*office protestant*) [Predigt]gottesdienst *m*
cultivable [kyltivabl] *adj.* bebaubar
cultivateur, **-trice** [kyltivatœʀ, -tʀis] *m, f* Landwirt(in) *m(f)*
cultivé, **e** [kyltive] *adj.* ❶ (*personne*) gebildet ❷ (*terre*) bebaut
cultiver [kyltive] <1> **I.** *v. tr.* ❶ AGR anbauen ❷ (*mémoire*) trainieren; (*don*) fördern ❸ (*entretenir*) pflegen **II.** *v. pron.* **se ~ en faisant qc** sich bilden, indem man etw tut
culture [kyltyʀ] *f* ❶ *sans pl.* Anbau *m;* **~ de la vigne** Weinbau ❷ *sans pl.* (*d'un champ*) Bebauen *nt* ❸ *pl* (*terres cultivées*) Felder *Pl* ❹ BIO Kultur *f* ❺ *sans pl.* (*savoir*) Bildung *f;* (*connaissances spécialisées*) Wissen *nt;* **~ générale** Allgemeinbildung; **ministre de la Culture** Kultusminister *m* ❻ (*civilisation*) Kultur *f*
culturel, **le** [kyltyʀɛl] *adj.* Kultur-
culturisme [kyltyʀism] *m sans pl.* Bodybuilding *nt*
cumin [kymɛ̃] *m* Kümmel *m*
cumul [kymyl] *m sans pl.* Häufung *f*
cumuler [kymyle] <1> *v. tr.* kumulieren
cumulus [kymylys] *m* (*nuage*) Haufenwolke *f*
curatif, **-ive** [kyʀatif, -iv] *adj.* Heil-
cure [kyʀ] *f* Kur *f;* **~ de désintoxication** Entziehungskur; **~ thermale** Thermalkur
curé [kyʀe] *m* Pfarrer(in) *m(f)*
cure-dent [kyʀdɑ̃] <cure-dents> *m* Zahnstocher *m*
curer [kyʀe] <1> **I.** *v. tr.* reinigen **II.** *v. pron.* **se ~ les ongles** sich (*Dat*) die Nägel sauber machen
curieusement [kyʀjøzmɑ̃] *adv.* merkwürdig
curieux [kyʀjø] *mpl* (*badauds*) Schaulustige(n) *Pl*

C

C

curieux, -euse [kyʀjø, -jøz] *adj.* ❶ (*indiscret*) neugierig ❷ (*intéressé*) **être ~ d'apprendre qc** auf etw (*Akk*) gespannt sein; **être ~ de savoir** wissen wollen ❸ (*étrange*) seltsam; **ce qui est ~, c'est que ...** das Seltsame [daran] ist, dass ...

curiosité [kyʀjozite] *f* ❶ *sans pl.* Neugier[de] *f* ❷ (*site*) Sehenswürdigkeit *f* ❸ (*objet rare*) Rarität *f*

curiste [kyʀist] *mf* Kurgast *m*

curriculum [vitae] [kyʀikylɔm(vite)] *m inv* Lebenslauf *m*

curry [kyʀi] *m sans pl.* Curry *nt o m*

curseur [kyʀsœʀ] *m* INFORM Cursor *m*

cursus [kyʀsys] *m* UNIV Studiengang *m*

customiser [kœstɔmize] <1> *v. tr.* **~ qc** einer S. eine persönliche Note verleihen

cutané, e [kytane] *adj.* **maladie ~e** Hautkrankheit *f*

cutter [kœtœʀ, kytɛʀ] *m* Cutter[-Messer *nt*] *m*

cuve [kyv] *f* (*fermée*) Tank *m;* (*ouverte*) Bottich *m;* **~ à vin** Bütte *f*

cuvée [kyve] *f* Jahrgang *m*

cuver [kyve] <1> *v. tr. fam* **~ son vin** seinen Rausch ausschlafen

cuvette [kyvɛt] *f* ❶ (*récipient*) Waschschüssel *f* ❷ (*d'un évier*) Becken *nt* ❸ GEO Kessel *m*

CV [seve] *m* ❶ *abr. de* **curriculum vitae** ❷ *abr. de* **cheval fiscal**

cyanure [sjanyʀ] *m* Zyanid *nt*

cyberboutique [sibɛʀbutik] *f* INET Shopping-Mall *f*

cybercafé [sibɛʀkafe] *m* Internetcafé *nt*

cybercriminalité [sibɛʀkʀiminalite] *f* INET Internetkriminalität *f*

cyberespace [sibɛʀɛspas] *m* INET Cyberspace *m*

cyberguerre [sibɛʀgɛʀ] *f* INET Cyberwar *m*

cybernaute [sibɛʀnot] *mf* [Internet]-surfer(in) *m(f)*

cybernétique [sibɛʀnetik] *f* Kybernetik *f*

cyberpolice [sibɛʀpolis] *f* INET Internetpolizei *f*

cyclamen [siklamɛn] *m* Alpenveilchen *nt*

cycle [sikl] *m* ❶ BIO, MED Zyklus *m;* **~ menstruel** Periode *f* ❷ ASTRO, ECON Kreislauf *m* ❸ SCOL **premier ~** ≈ Unter- und Mittelstufe *f,* ≈ Sekundarstufe I; **deuxième ~** ≈ Oberstufe, ≈ Sekundarstufe II; **~ d'orientation** Orientierungsstufe *(8. und 9. Schuljahr als Orientierung für die Wahl des Abiturschwerpunkts)* ❹ UNIV **premier ~** Grundstudium *nt;* **deuxième ~** Hauptstudium; **troisième ~** Doktorandenstudium

cyclique [siklik] *adj.* zyklisch

cyclisme [siklism] *m sans pl.* Radsport *m*

cycliste [siklist] **I.** *adj.* Rad- **II.** *mf* Radfahrer(in) *m(f)*

cyclomoteur [siklomɔtœʀ] *m* Mofa *nt*

cyclone [siklon] *m* Zyklon *m*

cyclope [siklɔp] *m* Zyklop *m*

cygne [siɲ] *m* Schwan *m*

cylindre [silɛ̃dʀ] *m* ❶ (*rouleau*) Walze *f* ❷ MATH, AUT, TECH Zylinder *m*

cylindrée [silɛ̃dʀe] *f sans pl.* (*volume*) Hubraum *m*

cylindrique [silɛ̃dʀik] *adj.* zylindrisch

cymbale [sɛ̃bal] *f sans pl.* MUS Becken *nt*

cynique [sinik] **I.** *adj.* zynisch **II.** *mf* Zyniker(in) *m(f)*

cynisme [sinism] *m* Zynismus *m*

cyprès [sipʀɛ] *m* Zypresse *f*

cypriote [sipʀijɔt] *adj.* zypriotisch

Cypriote [sipʀijɔt] *mf* Zypriote *m*/Zypriotin *f*

cystite [sistit] *f* Blasenentzündung *f*

Dd

D, d [de] *m inv.* D *nt,* d *nt*
d' *voir* **de**
d'abord [dabɔʀ] *voir* **abord**
d'accord [dakɔʀ] *voir* **accord**
dactylo [daktilo] **I.** *mf abr. de* **dactylographe** Schreibkraft *f;* **être ~** als Schreibkraft arbeiten **II.** *f abr. de* **dactylographie** Maschineschreiben *nt;* **apprendre la ~** Maschineschreiben lernen; **cours de ~** Maschineschreibkurs *m*
dactylographie [daktilɔgʀafi] *f sans pl.* Maschineschreiben *nt*
dactylographier [daktilɔgʀafje] <1> *v. tr.* auf [*o* mit] der Maschine schreiben
dada[1] [dada] *m fam* **avoir un ~** ein Steckenpferd haben
dada[2] [dada] *adj. inv.* ART, LITTER dadaistisch
dadais [dadɛ] *m* **grand ~** Tollpatsch *m*
dahlia [dalja] *m* Dahlie *f*
daim [dɛ̃] *m* ❶ ZOOL Damwild *nt;* (*mâle*) Damhirsch *m* ❷ (*cuir*) Wildleder *nt*
dalle [dal] *f* [Stein]platte *f*
daltonien, ne [daltɔnjɛ̃, jɛn] *adj.* farbenblind
dame [dam] *f* ❶ Dame *f,* Frau *f* ❷ JEUX **jouer aux ~s** Dame spielen; **~ de trèfle** Kreuzdame
damer [dame] <1> *v. tr.* (*terre*) feststampfen
damier [damje] *m* JEUX Damebrett *nt*
damné, e [dane] **I.** *adj. antéposé, fam* verdammt **II.** *m, f* Verdammte(r) *f(m)*
damner [dane] <1> *v. tr.* verdammen
dandiner [dɑ̃dine] <1> *v. pron.* **se ~** (*canard, personne*) watscheln
Danemark [danmaʀk] *m* **le ~** Dänemark *nt*
danger [dɑ̃ʒe] *m* Gefahr *f;* **attention ~!** Vorsicht!; **~ de mort!** Lebensgefahr!; **courir un ~** sich in Gefahr begeben; **mettre qc en ~** etw in Gefahr bringen
dangereusement [dɑ̃ʒʀøzmɑ̃] *adv.* gefährlich
dangereux, -euse [dɑ̃ʒʀø, -øz] *adj.* gefährlich
danois [danwa] *m* Dänisch *nt; voir a.* **allemand**
danois, e [danwa, waz] *adj.* dänisch; *voir a.* **allemand**
Danois, e [danwa, waz] *m, f* Däne *m*/Dänin *f*
dans [dɑ̃] *prép.* ❶ (*local, sans changement de lieu*) in (+ *Dat*); **jouer ~ la cour** im Hof spielen; **~ le grenier** auf dem Dachboden ❷ (*à travers*) durch (+ *Akk*); **rentrer ~ un arbre** gegen einen Baum fahren ❸ (*à l'intérieur de*) in (+ *Dat*), innerhalb (+ *Gen*); **porter qn ~ ses bras** jdn auf dem Arm tragen ❹ (*contenant*) aus (+ *Dat*); **boire ~ un verre** aus einem Glas trinken ❺ (*futur*) in (+ *Dat*); **~ combien de temps?** wann? ❻ (*dans un délai de*) innerhalb von (+ *Dat*), binnen (+ *Dat*); **~ une heure** in einer Stunde ❼ (*dans le courant de*) im Laufe (+ *Gen*) ❽ (*état, manière, cause*) in (+ *Dat*); **~ ces conditions** unter diesen Bedingungen; **travailler ~ les ordinateurs** im Bereich Computer arbeiten
dansant, e [dɑ̃sɑ̃, ɑ̃t] *adj.* **soirée ~e** Tanzabend *m*
danse [dɑ̃s] *f* Tanz *m,* Tanzen *nt;* **~ classique** Ballett *nt*
danser [dɑ̃se] <1> **I.** *v. intr.* ❶ ART tanzen ❷ (*flammes, reflets*) flackern **II.** *v. tr.* tanzen
danseur, -euse [dɑ̃sœʀ, -øz] *m, f* Tänzer(in) *m(f)*
Danube [danyb] *m* **le ~** die Donau
dard [daʀ] *m* Stachel *m*
dare-dare [daʀdaʀ] *adv. fam* schnurstracks
dartre [daʀtʀ] *f* [Haut]flechte *f*
date [dat] *f* (*jour, événement*) Datum *nt;* **~ de naissance/de mariage** Geburts-/Hochzeitstag *m;* **à quelle ~?** wann?
dater [date] <1> **I.** *v. tr.* datieren **II.** *v. intr.* (*remonter à*) **cette décision date de quelques minutes** diese Entscheidung ist einige Minuten alt
datif [datif] *m* LING Dativ *m*
datte [dat] *f* Dattel *f*
dattier [datje] *m* Dattelpalme *f*
daube [dob] *f* GASTR Schmorbraten *m*
dauphin [dofɛ̃] *m* Delphin *m*

D

daurade [dɔʀad] *f* ZOOL Goldbrasse *f*

davantage [davɑ̃taʒ] *adv.* ① (*plus*) mehr ② (*temporel*) länger

DDASS [das] *f abr. de* **direction départementale d'action sanitaire et sociale** *Gesundheits- und Sozialbehörde auf Departmentebene*

de[1] [də, dy, de] <d', de la, du, des> *prép.* ① (*point de départ*) von [... aus]; **~ ... à ...** von ... bis ... ② (*origine*) aus; **venir ~ Paris/d'Angleterre** aus Paris/aus England stammen; **le vin d'Italie** italienischer Wein; **tu es d'où?** woher bist du?; **le train ~ Paris** (*provenance*) der Zug aus Paris; (*destination*) der Zug nach Paris ③ (*appartenance*) des, der, des (+ *Gen*); **la femme d'Antoine** Antoines Frau ④ *sans art* (*matière*) aus ⑤ (*spécificité*) **roue ~ secours** Ersatzrad *nt* ⑥ (*partie*) *souvent non traduit* **la majorité des Français** die Mehrheit der Franzosen ⑦ *avec un contenant, âge, poids, temps* (*contenu*) **un sac ~ pommes de terre** ein Sack Kartoffeln; **combien ~ kilos?** wie viel Kilo?; **un billet ~ cent euros** ein Hundert-Euro-Schein; **une jeune fille ~ 20 ans** ein zwanzigjähriges Mädchen ⑧ (*identification*) **la Ville ~ Paris** die Stadt Paris ⑨ (*qualification*) von einem/einer; **cet idiot ~ Durand** dieser Dummkopf von Durand ⑩ (*parmi*) **le/la plus doué(e) ~ nous** der/die Begabteste von uns ⑪ (*qualité*) von (+ *Dat*); **ce film est d'un ennui!** dieser Film ist vielleicht langweilig! (*fam*) ⑫ (*particule nobiliaire*) von; **le général ~ Gaulle** der General de Gaulle ⑬ *après un nom dérivé de verbe* (*compl de nom*) des, der, des; **la crainte ~ qn/qc** die Angst vor jdm/etw ⑭ + *compl d'un verbe* (*agent*) von (+ *Dat*); **~ quoi ...?** von was ...?, **~ qui?** von wem? ⑮ (*cause*) **mourir ~ qc** an etw (*Dat*) sterben ⑯ (*temporel*) **~ nuit** nachts; **ne rien faire ~ la journée** den ganzen Tag über nichts tun ⑰ (*manière*) mit; **~ mémoire** aus dem Gedächtnis ⑱ (*moyen*) mit; **faire signe ~ la main** [mit der Hand] winken ⑲ (*introduction d'un compl*) **c'est à toi ~ jouer** du bist dran

de[2] [də, dy, de] <d', de la, du, des> *art. partitif, non traduit* **du vin/~ la bière/des gâteaux** Wein/Bier/Kekse; **il ne boit pas ~ vin/d'eau** er trinkt keinen Wein/kein Wasser

dé[1] [de] *m* (*jeu*) Würfel *m;* **jeter les/jouer aux ~s** würfeln

dé[2] [de] *m* **~ à coudre** Fingerhut *m*

dealer [dile] <1> *v. tr. fam* **~ qc** mit etw dealen, etw verticken

dealeur, -euse [dilœʀ, -øz] *m, f fam* Dealer(in) *m(f),* Drogenhändler(in) *m(f)*

déambulateur [deɑ̃bylatœʀ] *m* Rollator *m*

déambuler [deɑ̃byle] <1> *v. intr.* auf und ab wandern

débâcle [debɑkl] *f* Zusammenbruch *m*

déballage [debalaʒ] *m* ① (*opp: emballage: d'un paquet*) Auspacken *nt* ② *fam* (*désordre*) Chaos *nt* ③ *péj fam* (*divulgations*) Erguss *m*

déballer [debale] <1> *v. tr.* auspacken

débander [debɑ̃de] <1> **I.** *v. tr.* MED **~ le bras à qn** jdm den Verband vom Arm nehmen **II.** *v. intr. fam* schlaff werden

débarbouiller [debaʀbuje] <1> **I.** *v. tr.* **~ qn** jdm das Gesicht waschen **II.** *v. pron.* **se ~** sich (*Dat*) das Gesicht waschen

débarcadère [debaʀkadɛʀ] *m* Landungsbrücke *f*

débardeur [debaʀdœʀ] *m* (*t-shirt sans bras*) ärmelloses T-Shirt

débarquement [debaʀkəmɑ̃] *m* ① (*des marchandises*) Ausladen *nt;* (*des voyageurs*) Aussteigen *nt* ② (*descente: des troupes*) Landung *f*

débarquer [debaʀke] <1> **I.** *v. tr.* NAUT (*marchandises*) löschen; (*passagers*) an Land setzen **II.** *v. intr.* ① (*opp: embarquer: passager*) mit dem Schiff ankommen; NAUT von Bord gehen; (*troupes*) landen ② *fam* **~ chez qn** bei jdm aufkreuzen

débarras [debaʀɑ] *m* Abstellraum *m* ▸ **bon ~!** den/die/das wären wir los!

débarrasser [debaʀɑse] <1> **I.** *v. tr.* (*pièce*) ausräumen; (*grenier*) entrümpeln; (*table*) abdecken; **~ qn de son manteau** jdm aus dem Mantel helfen **II.** *v. pron.* ① **se ~ de son manteau** seinen Mantel ablegen ② (*donner, vendre*) **se ~ de vieux livres** alte Bücher weggeben ③ (*liquider*) **se ~ d'une affaire** sich einer Sache (*Gen*) entledigen ❹ (*éloigner*) **se ~ de qn** sich (*Dat*) jdn vom Hals schaffen

débat [deba] *m* ❶ Diskussion *f* ❷ *pl* POL Debatte *f*

débattre [debatʀ] <irr> **I.** *v. tr.* **~ qc** über etw (*Akk*) diskutieren ▸ **à ~** auszuhandeln **II.** *v. intr.* **~ de qc** über etw (*Akk*) verhandeln **III.** *v. pron.* **se ~** um sich schlagen

débauche [deboʃ] *f* Ausschweifung *f*

débauché, **e** [deboʃe] *m, f* Wüstling *m*

débaucher [deboʃe] <1> **I.** *v. tr.* (*licencier*) entlassen **II.** *v. pron.* **se ~** ausschweifen

débile [debil] *adj.* ❶ *fam* schwachsinnig ❷ (*atteint de débilité*) geistig behindert

débilisant, **e** [debilizɑ̃, ɑ̃t] *adj.* (*émission, publicité*) schwachsinnig, idiotisch

débilité [debilite] *f fam* Schwachsinn *m*

débit [debi] *m* ❶ (*d'un tuyau, robinet*) Durchflussmenge *f;* (*d'une rivière*) Wasserführung *f* ❷ (*élocution*) Redefluss *m* ❸ FIN Soll *nt*

débiter [debite] <1> *v. tr.* ❶ FIN **~ un compte de 100 euros** ein Konto mit 100 Euro belasten ❷ (*vendre*) verkaufen ❸ *péj* (*banalités, sottises*) verzapfen ❹ (*produire*) ausstoßen ❺ (*bois, tissu*) zerschneiden

débiteur, **-trice** [debitœʀ, -tʀis] **I.** *m, f* Schuldner(in) *m(f)* **II.** *adj.* (*compte*) Debet-

déblatérer [deblateʀe] <5> *v. intr. fam* **~ contre qn/qc** über jdn/etw vom Leder ziehen

déblayer [debleje] <7> *v. tr.* (*débarrasser*) freimachen

déblocage [deblɔkaʒ] *m* ❶ ECON (*du crédit, des prix*) Freigabe *f* ❷ (*issue: de la situation*) Verbesserung *f;* (*d'une crise*) Überwindung *f*

débloquer [deblɔke] <1> **I.** *v. tr.* ❶ TECH (*frein, vis*) lösen; (*écrou*) lockern; (*serrure*) entriegeln; (*porte*) wieder aufbekommen ❷ ECON (*crédit, marchandise*) freigeben **II.** *v. intr. fam* überschnappen

déboguer [debɔge] <1> *v. tr.* INFORM **~ qc** einen Systemfehler in etw (*Dat*) beheben

déboires [debwaʀ] *mpl* Enttäuschungen *Pl*

déboisement [debwazmɑ̃] *m* Abholzen *nt*

déboiser [debwaze] <1> *v. tr.* abholzen

déboîter [debwate] <1> *v. tr.* ❶ MED (*épaule*) auskugeln; **sa chute lui a déboîté une épaule** er hat sich bei dem Sturz eine Schulter ausgekugelt ❷ (*démonter: porte*) aushängen, aus den Angeln heben

débonnaire [debɔnɛʀ] *adj.* gutmütig

débordant, **e** [debɔʀdɑ̃, ɑ̃t] *adj.* (*activité*) rastlos; (*imagination*) blühend

débordé, **e** [debɔʀde] *adj.* (*submergé*) überlastet

débordement [debɔʀdəmɑ̃] *m* ❶ (*d'un liquide*) Überlaufen *nt* ❷ (*flot*) **~ de paroles** Wortschwall *m* ❸ *gén. pl.* (*désordres*) Ausschreitungen *Pl*

déborder [debɔʀde] <1> **I.** *v. intr.* ❶ (*liquide*) überlaufen; (*lac, rivière*) über die Ufer treten; (*récipient*) überlaufen ❷ (*être plein de*) **~ de joie** außer sich vor Freude sein **II.** *v. tr.* (*être dépassé*) **être débordé par qn/qc** jds/einer S. nicht mehr Herr werden

débouché [debuʃe] *m* ❶ (*marché*) Absatzmarkt *m* ❷ *pl* (*perspectives*) Berufsaussichten *Pl* ❸ (*d'une rue*) [Ein]mündung *f*

déboucher [debuʃe] <1> **I.** *v. tr.* ❶ (*nez*) freibekommen; (*lavabo*) frei machen ❷ (*ouvrir: Flasche*) aufmachen **II.** *v. pron.* **se ~** (*tuyau, lavabo, nez*) [wieder] frei werden **III.** *v. intr.* ❶ (*piéton*) hervorkommen; (*véhicule*) herausgefahren kommen ❷ (*aboutir*) **~ dans/sur une rue** (*personne*) auf eine Straße stoßen; (*voie*) in eine Straße [ein]münden ❸ (*aboutir à*) **~ sur qc** zu etw führen

déboucler [debukle] <1> *v. tr.* (*ceinture*) aufmachen, öffnen

débouler [debule] <1> *v. intr. fig fam* **~ chez qn** bei jdm hereingeschneit kommen

déboulonner [debulɔne] <1> *v. tr.* abschrauben

débourser [debuʀse] <1> *v. tr.* ausgeben

déboussoler [debusɔle] <1> *v. tr. fam* verstören

debout [d(ə)bu] *inv.* ❶ (*personne*) stehend; (*manger, voyager*) im Stehen; **être ~** stehen; **se mettre ~** aufstehen; **rester ~** stehen bleiben; **poser/ranger qc ~** etw [aufrecht] hinstellen

D

② (*levé*) **être** ~ auf sein; **rester** ~ aufbleiben ③ (*opp: malade, fatigué*) **ne plus tenir** ~ nicht mehr stehen können

déboutonner [debutɔne] <1> *v. tr.* aufknöpfen

débraillé, e [debʀɑje] *adj.* schlampig

débrancher [debʀɑ̃ʃe] <1> *v. tr.* ~ **une lampe** den Stecker einer Lampe herausziehen

débrayage [debʀɛjaʒ] *m* AUT Auskuppeln *nt*

débrayer [debʀeje] <7> *v. intr.* AUT auskuppeln, die Kupplung treten

débridé, e [debʀide] *adj.* ungezügelt

débris [debʀi] *m* ① *gén. pl.* (*fragment*) Scherbe *f* ② *pl* (*restes*) Überreste *Pl*

débrouillard, e [debʀujaʀ, jaʀd] *fam* **I.** *adj.* gewitzt **II.** *m, f* Schlaukopf *m*

débrouiller [debʀuje] <1> **I.** *v. tr.* (*affaire*) Klarheit bringen in (+ *Akk*) **II.** *v. pron. fam* **se** ~ zurechtkommen

débroussailler [debʀusɑje] <1> *v. tr.* ~ **un terrain** das Gestrüpp von einem Gelände entfernen

débusquer [debyske] <1> *v. tr.* (*animal*) aufscheuchen

début [deby] *m* ① (*commencement*) Anfang *m*, Beginn *m*; **au** ~ **de qc** am Anfang/zu Beginn von etw ② *pl* **les** ~**s de qn dans/à qc** jds erste Schritte in/auf etw (*Dat*)

débutant, e [debytɑ̃, ɑ̃t] **I.** *adj.* unerfahren **II.** *m, f* Anfänger(in) *m(f)*

débuter [debyte] <1> **I.** *v. intr.* anfangen; ~ **au théâtre** beim Theater debütieren **II.** *v. tr.* beginnen

déca [deka] *m fam abr. de* **décaféiné** Koffeinfreie(r) *m*

décacheter [dekaʃte] <3> *v. tr.* (*lettre*) öffnen

décade [dekad] *f* Dekade *f*

décadence [dekadɑ̃s] *f* (*d'une civilisation*) Niedergang *m*; (*des mœurs*) Verfall *m*

décadent, e [dekadɑ̃, ɑ̃t] *adj.* (*art, civilisation*) untergehend; (*personne*) dekadent

décaféiné [dekafeine] *m* koffeinfreier Kaffee

décalage [dekalaʒ] *m* ① (*d'un horaire*) [zeitliche] Verschiebung ② (*écart temporel*) Zeitabstand *m* ③ (*écart spatial*) Versetzung *f*

décalcomanie [dekalkɔmani] *f* Abziehbild *nt*

décalé, e [dekale] *adj.* versetzt

décaler [dekale] <1> **I.** *v. tr.* ① ~ **qc d'un jour** etw um einen Tag verschieben ② (*meuble, appareil*) [ein bisschen] weiterschieben; (*titre, paragraphe*) versetzen **II.** *v. pron.* **se** ~ sich einen Platz weiter setzen

décalquer [dekalke] <1> *v. tr.* ~ **qc sur qc** etw aus etw abpausen

décamper [dekɑ̃pe] <1> *v. intr. fam* sich aus dem Staub machen

décan [dekɑ̃] *m* ASTRO Dekade *f*

décanter [dekɑ̃te] <1> *v. tr.* (*liquide*) klären

décapant [dekapɑ̃] *m* Beizmittel *nt*

décapant, e [dekapɑ̃, ɑ̃t] *adj.* ① (*produit*) Abbeiz- ② (*article, humour*) ätzend

décaper [dekape] <1> *v. tr.* (*métal*) beizen; (*bois, meuble*) abbeizen

décapiter [dekapite] <1> *v. tr.* köpfen

décapotable [dekapɔtabl] **I.** *adj.* mit aufklappbarem Verdeck **II.** *f* Kabriolett *nt*

décapsuler [dekapsyle] <1> *v. tr.* öffnen

décapsuleur [dekapsylœʀ] *m* Flaschenöffner *m*

décarcasser [dekaʀkase] <1> *v. pron. fam* **se** ~ **pour qn** sich für jdn abrackern

décathlon [dekatlɔ̃] *m* Zehnkampf *m*

décathlonien, ne [dekatlɔnjɛ̃, jɛn] *m, f* Zehnkämpfer(in) *m(f)*

décéder [desede] <5> *v. intr.* + *être form* versterben; ~ **de qc** an etw (*Dat*) sterben

déceler [des(ə)le] <4> *v. tr.* entdecken; (*cause, raison*) herausfinden

décembre [desɑ̃bʀ] *m* Dezember *m*; *voir a.* **août**

décence [desɑ̃s] *f* Anstand *m*

décennie [deseni] *f* Jahrzehnt *nt*

décent, e [desɑ̃, ɑ̃t] *adj.* anständig

décentralisation [desɑ̃tʀalizasjɔ̃] *f* Dezentralisierung *f*

décentraliser [desɑ̃tʀalize] <1> *v. tr.* dezentralisieren

déception [desɛpsjɔ̃] *f* Enttäuschung *f*

décerner [desɛʀne] <1> *v. tr.* verleihen

décès [desɛ] *m form* Ableben *nt*

décevant, e [des(ə)vɑ̃, ɑ̃t] *adj.* enttäuschend

décevoir [des(ə)vwaʀ] <12> *v. tr.* enttäuschen; **qc déçoit qn** jd ist von etw enttäuscht

déchaîné, e [deʃene] *adj.* (*passions*) hemmungslos; (*vent*) entfesselt; (*mer*) tosend; (*foule, enfant*) außer Rand und Band

déchaînement [deʃɛnmɑ̃] *m* (*de la tempête*) Wüten *nt;* (*de la haine, violence*) Ausbruch *m*

déchaîner [deʃene] <1> **I.** *v. tr.* (*passions*) entfesseln **II.** *v. pron.* **se ~** toben; **se ~ contre qn/qc** gegen jdn/etw wüten

déchanter [deʃɑ̃te] <1> *v. intr. fam* seine Illusionen aufgeben

décharge [deʃaʀʒ] *f* ① (*dépôt*) Mülldeponie *f*, Müllkippe *f* ② (*salve*) Schüsse *Pl* ③ ELEC Schlag *m*

déchargement [deʃaʀʒəmɑ̃] *m* (*d'un camion*) Ausladen *nt;* (*d'un navire*) Löschen *nt*

décharger [deʃaʀʒe] <2a> **I.** *v. tr.* ① (*voiture*) ausladen; (*bateau*) löschen ② (*soulager*) erleichtern ③ JUR entlasten **II.** *v. pron.* ① **se ~ du travail sur qn** die Arbeit auf jdn abwälzen ② ELEC **se ~** sich entladen

décharné, e [deʃaʀne] *adj.* (*visage*) abgezehrt

déchausser [deʃose] <1> **I.** *v. tr.* (*skis*) abschnallen **II.** *v. pron.* **se ~** ① seine Schuhe ausziehen ② MED (*dent*) locker werden

déchéance [deʃeɑ̃s] *f* Verfall *m;* (*d'une civilisation*) Untergang *m*

déchets [deʃɛ] *mpl* (*restes, ordures*) Abfall *m*, Müll *m;* **~ biodégradables** Biomüll *m;* **~ nucléaires** Atommüll *m*

déchetterie [deʃɛtʀi] *f* Müllverwertungsanlage *f*

déchiffrer [deʃifʀe] <1> *v. tr.* ① (*message, code*) entschlüsseln ② (*hiéroglyphes, texte*) entziffern

déchiqueté, e [deʃikte] *adj.* (*feuille*) gezackt

déchiqueter [deʃikte] <3> *v. tr.* zerfetzen

déchirant, e [deʃiʀɑ̃, ɑ̃t] *adj.* (*spectacle, adieux*) herzzerreißend

déchiré, e [deʃiʀe] *adj.* zerrissen

déchirement [deʃiʀmɑ̃] *m* ① (*souffrance*) großer Kummer ② (*divisions*) Zwietracht *f*

déchirer [deʃiʀe] <1> **I.** *v. tr.* ① (*papier, tissu*) zerreißen; (*pantalon, enveloppe*) aufreißen; **~ qc en morceaux** etw in Stücke reißen ② (*faire souffrir*) **~ qn** jdm das Herz zerreißen ③ (*parti, pays*) spalten **II.** *v. pron.* **se ~** ① (*sac*) [auf]reißen; (*vêtement*) einen Riss bekommen ② (*se quereller*) sich gegenseitig zerfleischen

déchirure [deʃiʀyʀ] *f a.* MED Riss *m*

déchu, e [deʃy] *adj.* (*souverain*) gestürzt

décibel [desibɛl] *m* Dezibel *nt*

décidé, e [deside] *adj.* (*air, personne*) entschlossen; (*ton*) bestimmt

décidément [desidemɑ̃] *adv.* also wirklich

décider [deside] <1> **I.** *v. tr.* ① beschließen; **~ de faire qc** beschließen etw zu tun ② (*persuader*) **~ qn à faire qc** jdn dazu bewegen, etw zu tun **II.** *v. intr.* **~ de qc** über etw (*Akk*) entscheiden **III.** *v. pron.* **se ~** sich entscheiden; **se ~ à faire qc** sich dazu entschließen etw zu tun

décilitre [desilitʀ] *m* Deziliter *m*

décimal, e [desimal, o] < -aux> *adj.* Dezimal-

décimer [desime] <1> *v. tr.* dezimieren

décimètre [desimɛtʀ] *m* Dezimeter *m o nt*

décisif, -ive [desizif, -iv] *adj.* (*moment, bataille*) entscheidend; (*argument*) ausschlaggebend

décision [desizjɔ̃] *f* ① Entscheidung *f;* **prendre une ~** einen Entschluss fassen ② (*choix fait par une assemblée*) Beschluss *m* ③ (*choix fait par un tribunal*) Entscheid *m*

déclamer [deklame] <1> *v. tr.* (*poème, vers*) vortragen

déclaration [deklaʀasjɔ̃] *f* ① (*discours*) [öffentliche] Erklärung; **faire une ~** eine Erklärung abgeben ② (*propos*) Aussage *f;* **~ des droits de l'homme et du citoyen** Erklärung der Menschen- und Bürgerrechte ③ (*témoignage*) Aussage *f* ④ (*aveu*) **~ d'amour** Liebeserklärung *f* ⑤ ADMIN (*d'un décès*) Meldung *f;* (*d'une naissance*) Anzeige *f* ⑥ (*formulaire*) Meldung *f*

déclaré, e [deklaʀe] *adj.* erklärt

déclarer [deklaʀe] <1> **I.** *v. tr.* ① ~

D

son amour à qn jdm seine Liebe erklären; ~ **la guerre** den Krieg erklären ❷ ADMIN (*employé, marchandise*) anmelden; (*décès, naissance*) melden; **vous avez quelque chose à ~?** haben Sie etwas zu verzollen? **II.** *v. pron.* ❶ **se ~** (*incendie, orage*) ausbrechen; (*fièvre, maladie*) zum Ausbruch kommen ❷ (*se prononcer*) **se ~ pour/contre qn/qc** sich für/gegen jdn/etw aussprechen

déclenchement [deklɑ̃ʃmɑ̃] *m* Auslösen *nt*

déclencher [deklɑ̃ʃe] <1> **I.** *v. tr. a.* TECH auslösen **II.** *v. pron.* **se ~** (*mécanisme*) in Gang kommen

déclencheur [deklɑ̃ʃœʀ] *m* Auslöser *m;* ~ **à retardement** Selbstauslöser *m*

déclic [deklik] *m* ❶ (*mécanisme*) Auslöseknopf *m* ❷ (*bruit*) Klicken *nt*

déclin [deklɛ̃] *m* (*des forces physiques et mentales*) Nachlassen *nt;* (*du jour*) Abnehmen *nt;* (*d'une civilisation*) Niedergang *m*

déclinaison [deklinɛzɔ̃] *f* LING, ASTRO Deklination *f*

décliner [dekline] <1> **I.** *v. tr.* ❶ (*refuser*) zurückweisen ❷ LING deklinieren **II.** *v. intr.* (*jour*) sich neigen (*geh*)(*forces, prestige*) schwinden (*geh*)

décocher [dekɔʃe] <1> *v. tr.* ~ **un regard/une œillade** jdm einen Blick zuwerfen

décoction [dekɔksjɔ̃] *f* BIO Abkochung *f*

décodage [dekɔdaʒ] *m* (*d'une information, d'un message*) Dekodierung *f*

décoder [dekɔde] <1> *v. tr.* dekodieren

décodeur [dekɔdœʀ] *m* Decoder *m*

décoiffer [dekwafe] <1> *v. tr.* ~ **qn** jds Haare durcheinanderbringen; **être tout décoiffé** ganz zerzaust sein

décoincer [dekwɛ̃se] <2> *v. tr.* ❶ (*dégager: pied, doigt, tiroir*) herausziehen; (*porte*) aufziehen; (*pièce, jeton*) herausbekommen ❷ *fam* (*détendre: personne*) locker machen

décollage [dekɔlaʒ] *m* Start *m*

décollement [dekɔlmɑ̃] *m* Abgehen *nt;* (*d'un papier peint, d'une moquette*) Ablösen *nt*

décoller [dekɔle] <1> **I.** *v. tr.* ~ **un timbre de l'enveloppe** eine Briefmarke vom Umschlag ablösen **II.** *v. intr.* ❶ AVIAT ~ **de qc** von etw abfliegen; **nous décollons à 13 h** wir fliegen um 13 Uhr ab ❷ ECON (*pays*) einen wirtschaftlichen Aufschwung erleben; (*économie*) einen Aufschwung erleben ❸ *fam* **ne pas ~ de chez qn** bei jdm hängen bleiben **III.** *v. pron.* **se ~** (*carrelage, timbre*) sich lösen

décolleté [dekɔlte] *m* Dekolletee *nt*

décolleté, **e** [dekɔlte] *adj.* ausgeschnitten

décolonisation [dekɔlɔnizasjɔ̃] *f* Dekolonisation *f*

décoloniser [dekɔlɔnize] <1> *v. tr.* in die Unabhängigkeit entlassen

décolorant [dekɔlɔʀɑ̃] *m* Entfärber *m*

décolorant, **e** [dekɔlɔʀɑ̃, ɑ̃t] *adj.* **produit ~** Entfärbungsmittel *nt*

décoloration [dekɔlɔʀasjɔ̃] *f* Entfärben *nt;* (*des cheveux*) Aufhellen *nt*

décoloré, **e** [dekɔlɔʀe] *adj.* (*cheveux*) gebleicht; (*papier, affiches*) vergilbt

décolorer [dekɔlɔʀe] <1> **I.** *v. tr.* (*tissu, vêtement*) entfärben; (*cheveux*) bleichen **II.** *v. pron.* ❶ **se ~** (*cheveux*) [aus]bleichen; (*étoffe*)(*au soleil*) ausbleichen; (*au lavage*) die Farbe verlieren ❷ (*enlever la couleur*) **se ~ les cheveux** sich (*Dat*) die Haare aufhellen

décombres [dekɔ̃bʀ] *mpl a. fig* Trümmer *Pl*

décommander [dekɔmɑ̃de] <1> **I.** *v. tr.* (*rendez-vous, réunion*) absagen; (*marchandise*) abbestellen; ~ **qn** jdm absagen **II.** *v. pron.* **se ~** absagen

décomplexé, **e** [dekɔ̃plɛkse] *adj. fam* ohne Hemmungen

décomposé, **e** [dekɔ̃poze] *adj.* ❶ (*substance organique*) zersetzt ❷ (*visage, traits*) entstellt

décomposer [dekɔ̃poze] <1> **I.** *v. tr.* ❶ CHIM, PHYS, MATH, LING zerlegen ❷ (*idée, problème*) analysieren ❸ (*détailler*) im Einzelnen zeigen **II.** *v. pron.* **se ~** (*substance organique*) sich zersetzen; (*cadavre*) verwesen; (*visage, traits*) sich verzerren

décomposition [dekɔ̃pozisjɔ̃] *f* (*putréfaction: d'une substance organique*) Zersetzung *f;* (*d'un cadavre*) Verwesung *f*

décompresser [dekɔ̃pʀese] <1> *v. intr. fam* ausspannen

décomprimer [dekɔ̃pʀime] <1> *v. tr.* TECH ~ **de l'air** den Luftdruck vermindern

décompte [dekɔ̃t] *m* Abrechnung *f*
décompter [dekɔ̃te] <1> *v. tr.* (*votes*) [aus]zählen
déconcentré, **e** [dekɔ̃sɑ̃tʀe] *adj.* unkonzentriert
déconcentrer [dekɔ̃sɑ̃tʀe] <1> **I.** *v. tr.* (*personne*) aus dem Konzept bringen **II.** *v. pron.* **se ~** sich aus dem Konzept bringen lassen
déconcertant, **e** [dekɔ̃sɛʀtɑ̃, ɑ̃t] *adj.* verwirrend
déconcerter [dekɔ̃sɛʀte] <1> *v. tr.* verwirren
déconfiture [dekɔ̃fityʀ] *f fam* (*faillite*) Pleite *f*
décongélation [dekɔ̃ʒelasjɔ̃] *f* Auftauen *nt*
décongeler [dekɔ̃ʒ(ə)le] <4> *vt, vi* auftauen
déconnecter [dekɔnɛkte] <1> **I.** *v. tr.* ❶ ELEC unterbrechen ❷ INFORM ausloggen; (*serveur, réseau*) verlassen **II.** *v. intr. fam* abschalten
déconner [dekɔne] <1> *v. intr. fam* ❶ (*dire/faire des bêtises*) Mist reden/machen ❷ (*être détraqué*) **~ complètement** [total] durchdrehen
déconseillé, **e** [dekɔ̃seje] *adj.* nicht empfehlenswert; **il est ~ de faire qc** es ist nicht ratsam, etw zu tun
déconseiller [dekɔ̃seje] <1> **I.** *v. tr.* **~ un placement à qn** jdm von einer Geldanlage abraten **II.** *v. intr.* **~ à un collègue de faire qc** einem Kollegen davon abraten, etw zu tun
déconsidérer [dekɔ̃sideʀe] <5> **I.** *v. tr.* in Misskredit bringen **II.** *v. pron.* **se ~ auprès de qn/aux yeux de qn** sich bei jdm/in jds Augen in Verruf bringen
décontaminer [dekɔ̃tamine] <1> *v. tr.* (*lieu, personne*) dekontaminieren; INFORM (*disquettes*) von Viren befreien
décontenancer [dekɔ̃t(ə)nɑ̃se] <2> *v. tr.* aus der Fassung bringen
décontracté, **e** [dekɔ̃tʀakte] *adj.* entspannt; (*style, ton, air*) locker
décontracter [dekɔ̃tʀakte] <1> *vt, vpr* [**se**] **~** [sich] entspannen
décontraction [dekɔ̃tʀaksjɔ̃] *f* ❶ (*détente: du corps, d'une personne*) Entspannung *f* ❷ (*désinvolture*) Ungezwungenheit *f péj* Lässigkeit *f*
décor [dekɔʀ] *m* ❶ Dekor *m o nt*, Ausstattung *f* ❷ THEAT Bühnenbild *nt*, Kulisse *f*; CINE Szenenaufbau *m* ❸ (*cadre*) Umgebung *f*
décorateur, **-trice** [dekɔʀatœʀ, -tʀis] *m, f* Dekorateur(in) *m(f)*; **~ d'intérieurs** Innenausstatter *m*
décoratif, **-ive** [dekɔʀatif, -iv] *adj.* dekorativ

D

décoration [dekɔʀasjɔ̃] *f* ❶ Dekoration *f* ❷ (*art*) Innenarchitektur *f* ❸ (*distinction honorifique*) Auszeichnung *f*
décoré, **e** [dekɔʀe] *adj.* ❶ (*lieu, plat*) verziert; (*vitrines*) dekoriert ❷ (*personne*) [mit einem Orden] ausgezeichnet
décorer [dekɔʀe] <1> *v. tr.* ❶ (*plat*) garnieren; (*vitrine*) dekorieren ❷ (*agrémenter*) [ver]zieren ❸ (*personne*) auszeichnen
décortiquer [dekɔʀtike] <1> *v. tr.* ❶ (*marrons, arbre*) schälen ❷ (*texte*) analysieren
découdre [dekudʀ] <irr> *v. tr.* (*boutons*) abtrennen; (*ourlet*) auftrennen
découler [dekule] <1> *v. intr.* **~ de qc** von etw kommen
découpage [dekupaʒ] *m* ❶ [Zu]schneiden *nt* ❷ *souvent pl.* (*images*) Ausschneidebilder *Pl* ❸ ADMIN, POL Einteilung *f*
découpe [dekup] *f* ❶ COUT Passe *f* ❷ TECH Zuschneiden *nt*; (*avec une scie*) Aussägen *nt*
découpé, **e** [dekupe] *adj.* (*côte, relief*) zerklüftet; (*sommet, feuille*) gezackt
découper [dekupe] <1> *v. tr.* ❶ (*gâteau, viande*) aufschneiden; (*volaille*) tranchieren ❷ (*tissu, moquette*) zuschneiden; **~ un article dans qc** einen Artikel aus etw ausschneiden
découragé, **e** [dekuʀaʒe] *adj.* entmutigt
décourageant, **e** [dekuʀaʒɑ̃, ʒɑ̃t] *adj.* entmutigend
découragement [dekuʀaʒmɑ̃] *m* Mutlosigkeit *f*
décourager [dekuʀaʒe] <2a> **I.** *v. tr.* ❶ (*démoraliser*) entmutigen ❷ (*dissuader*) **~ qn de la création d'une entreprise** jdn davon abbringen, eine Firma zu gründen **II.** *v. pron.* **se ~** den Mut verlieren
décousu, **e** [dekuzy] *adj.* ❶ COUT aufgetrennt ❷ (*conversation, récit*) unzusammenhängend; (*idées*) wirr

découvert [dekuvɛʀ] *m* FIN Defizit *nt;* (*d'un compte*) Überziehung *f;* **être à ~** im Soll sein (*fam*)

découvert, e [dekuvɛʀ, ɛʀt] *adj.* ❶ (*nu*) bloß ❷ (*lieu*) offen [liegend]

découverte [dekuvɛʀt] *f* Entdeckung *f,* Erkundung *f;* **être à la ~ de qc** etw entdecken; **partir à la ~ de qc** etw erkunden gehen

découvrir [dekuvʀiʀ] <11> **I.** *v. tr.* ❶ entdecken ❷ (*enfant, malade*) aufdecken ❸ (*statue*) enthüllen ❹ (*ruines, objet*) ausgraben ❺ (*jambes, épaules*) zeigen **II.** *v. pron.* **se ~** ❶ (*enlever sa couverture*) sich aufdecken; (*enlever son chapeau*) den Hut abnehmen ❷ (*ciel*) sich aufhellen

décrédibiliser [dekʀedibilize] <1> *v. tr.* unglaubwürdig machen

décrépit, e [dekʀepi, it] *adj.* (*personne*) altersschwach

décrépitude [dekʀepityd] *f* (*d'un empire*) Niedergang *m*

décret [dekʀɛ] *m* [Rechts]verordnung *f*

décréter [dekʀete] <5> *v. tr.* ❶ POL anordnen ❷ *fig* **~ que ...** bestimmen, dass ...

décrire [dekʀiʀ] <irr> *v. tr.* beschreiben; (*événement, situation*) schildern

décrisper [dekʀispe] <1> *v. tr.* (*situation, affrontement*) entschärfen

décrocher [dekʀɔʃe] <1> **I.** *v. tr.* ❶ (*rideaux, linge*) abnehmen; **~ le téléphone** den [Telefon]hörer abnehmen ❷ *fam* (*obtenir*) kriegen **II.** *v. intr.* (*au téléphone*) den [Telefon]hörer abnehmen

décroiser [dekʀwɑze] <1> *v. tr.* (*jambes*) nebeneinanderstellen; (*bras*) wieder fallen lassen; (*fils*) entwirren

décroissant, e [dekʀwasɑ̃, ɑ̃t] *adj.* (*intensité*) abnehmend; **à vitesse ~e** mit herabgesetzter Geschwindigkeit

décroître [dekʀwɑtʀ] <irr> *v. intr.* + *avoir o être* abnehmen; (*jours*) kürzer werden; (*vitesse*) abnehmen

décrue [dekʀy] *f* (*des eaux*) Sinken *nt*

décrypter [dekʀipte] <1> *v. tr.* (*hiéroglyphe*) entziffern

déçu, e [desy] **I.** *part. passé de* **décevoir II.** *adj.* enttäuscht **III.** *m, f souvent pl.* Enttäuschte(r) *f(m);* **~(e) de la politique** Politikverdrossene(r) *f(m)*

déculotter [dekylɔte] <1> *v. tr.* ❶ **~ qn** jdm die Hosen ausziehen ❷ (*vider: pipe*) ausklopfen

déculpabiliser [dekylpabilize] <1> *v. tr.* (*action, situation*) entschuldbar machen; **~ qn** jdm das Schuldgefühl nehmen

dédaigner [dedeɲe] <1> *v. tr.* **~ qn** jdn verachten, auf jdn herabsehen

dédaigneux, -euse [dedɛɲø, -øz] *adj.* (*personne, regard, air*) herablassend

dédale [dedal(ə)] *m* (*de rues, chemins*) Gewirr *nt*

dedans [dədɑ] **I.** *adv.* ❶ (*opp: dehors*) drinnen; **venir de ~** von drinnen kommen ❷ (*à l'intérieur, dans un lieu*) innen, drinnen; **il n'y a rien ~** da ist nichts drin ❸ (*vers l'intérieur*) hinein, rein; **mettre qn ~** (*en prison*) jdn einlochen **II.** *m sans pl.* **le ~ de qc** die Innenseite einer S. (*Gen*)

dédicace [dedikas] *f* Widmung *f*

dédicacer [dedikase] <2> *v. tr.* widmen

dédier [dedje] <1> *v. tr.* widmen

dédommagement [dedɔmaʒmɑ̃] *m* Entschädigung *f*

dédommager [dedɔmaʒe] <2a> *v. tr.* **~ une victime de qc** ein Opfer für etw entschädigen

dédouanement [dedwanmɑ̃] *m* Verzollung *f*

dédouaner [dedwane] <1> *v. tr.* (*marchandise*) verzollen

dédramatiser [dedʀamatize] <1> *vt, vi* entdramatisieren

déductible [dedyktibl] *adj.* FIN **être ~ des impôts** von der Steuer absetzbar sein

déduction [dedyksjɔ̃] *f* ❶ COM Abzug *m;* FIN Absetzung *f;* **~ d'impôt** Steuerabzug; **moins la ~ de 10%** abzüglich 10% ❷ (*conclusion*) Deduktion *f*

déduire [dedɥiʀ] <irr> *v. tr.* ❶ (*acompte, frais*) abziehen ❷ (*conclure*) ableiten; **~ de qc que ...** aus etw folgern, dass ...

déesse [deɛs] *f* Göttin *f*

défaillance [defajɑ̃s] *f* ❶ (*d'une personne*) Schwäche *f* ❷ (*d'un moteur, système*) Versagen *nt;* (*d'un appareil*) Defekt *m*

défaillant, e [defajɑ̃, jɑ̃t] *adj.* ❶ (*insuffisant: forces*) geschwächt; (*mémoire*) nachlassend ❷ (*affaibli: personne*) geschwächt; (*voix*) zitternd; (*main*) unsicher

défaire [defɛʀ] <irr> **I.** *v. tr.* ① aufmachen; (*nœud, corde*) lösen; (*chaussures, manteau*) ausziehen; (*skis, bretelles*) abmachen ② (*enlever ce qui est fait*) aufmachen; (*ourlet*) auftrennen; ~ **le lit** das Bett abziehen/aufdecken ③ (*déballer*) auspacken **II.** *v. pron.* ① **se** ~ (*paquet, ourlet*) aufgehen; (*nœud, lacets*) aufgehen; (*bouton*) abgehen; (*coiffure*) in Unordnung geraten ② (*se séparer*) **se** ~ **de qn/qc** jdn/etw loswerden

défait, e [defɛ, defɛt] *part. passé de* **défaire**

défaite [defɛt] *f* Niederlage *f*

défaut [defo] *m* Fehler *m*

défavorable [defavɔʀabl] *adj.* ① (*conditions, temps*) ungünstig ② (*opp: en faveur de*) **être** ~ **à un projet** einem Vorhaben ablehnend gegenüberstehen

défavorisé, e [defavɔʀize] *adj.* benachteiligt; **un milieu** ~ ein sozial schwaches Milieu

défavoriser [defavɔʀize] <1> *v. tr.* ~ **Jean par rapport à Paul** Jean im Vergleich zu Paul benachteiligen

défection [defɛksjɔ̃] *f* (*d'un partisan, ami*) Abfall *m*

défectueux, -euse [defɛktɥø, -øz] *adj.* defekt

défendable [defɑ̃dabl] *adj.* MIL **être** ~ verteidigt werden können

défendeur, défenderesse [defɑ̃dœʀ, defɑ̃dəʀɛs] *m, f* JUR Beklagte(r) *f(m)*

défendre[1] [defɑ̃dʀ] <14> **I.** *v. tr.* verteidigen; ~ **une cause** sich für eine Sache einsetzen **II.** *v. pron.* ① (*se protéger*) **se** ~ sich wehren ② (*se débrouiller*) **se** ~ **en qc** in etw (*Dat*) zurechtkommen

défendre[2] [defɑ̃dʀ] <1> *v. tr.* ~ **que** + *subj.* untersagen, dass

défendu, e [defɑ̃dy] **I.** *part. passé de* **défendre II.** *adj.* verboten

défenestrer [def(ə)nɛstʀe] <1> *v. tr.* aus dem Fenster stürzen

défense[1] [defɑ̃s] *f* Verteidigung *f;* **légitime** ~ Notwehr *f;* **prendre la** ~ **de qn/qc** jdn/etw verteidigen; **sans** ~ wehrlos

défense[2] [defɑ̃s] *f* (*interdiction*) Verbot *nt;* ~ **de fumer** Rauchen verboten

défense[3] [defɑ̃s] *f* (*d'un éléphant*) Stoßzahn *m*

défenseur [defɑ̃sœʀ] *mf* ① MIL, JUR, SPORT Verteidiger(in) *m(f)* ② (*partisan*) Anhänger(in) *m(f);* (*d'un projet*) Befürworter(in) *m(f)*

défensif, -ive [defɑ̃sif, -iv] *adj.* ① MIL Verteidigungs- ② *fig* (*attitude*) defensiv

défensive [defɑ̃siv] *f* Defensive *f*

déféquer [defeke] <5> *v. intr. form* den Darm entleeren

déférer [defeʀe] <5> *v. tr.* ~ **qn à la justice** jdn vor Gericht (*Akk*) bringen

déferlement [defɛʀləmɑ̃] *m* (*des vagues*) Brechen *nt;* (*de la mer*) Brandung *f*

déferler [defɛʀle] <1> *v. intr.* (*vagues*) sich brechen; (*foule*) strömen

défi [defi] *m* Herausforderung *f*

déficience [defisjɑ̃s] *f* Schwäche *f*

déficient, e [defisjɑ̃, jɑ̃t] *adj.* (*intelligence*) schwach ausgeprägt; (*raisonnement*) unterdurchschnittlich; (*forces, personne*) schwach

déficit [defisit] *m* ① FIN Fehlbetrag *m;* ~ **de la balance des paiements** Zahlungsbilanzdefizit ② (*perte*) Verlust *m;* MED (*manque*) Mangel *m*

déficitaire [defisitɛʀ] *adj.* (*budget, entreprise*) defizitär

défier [defje] <1> *v. tr.* ① (*provoquer*) ~ **qn aux échecs** jdn zu einer Partie Schach herausfordern ② (*parier*) **je te défie de faire ça** ich wette, dass du das nicht tun kannst ③ (*braver*) ~ **l'autorité** sich der Autorität (*Dat*) widersetzen

défigurer [defigyʀe] <1> *v. tr.* ① (*abîmer le visage de qn*) entstellen ② (*monument, paysage*) verunstalten

défilé [defile] *m* Umzug *m;* ~ **de mode** Modenschau *f;* MIL [Militär]parade *f;* (*de gens*) Andrang *m*

défilement [defilmɑ̃] *m* Ablauf *m;* INFORM Scrollen *nt*

défiler [defile] <1> **I.** *v. intr.* ① (*personnes*) vorbeimarschieren; (*cortège, manifestants*) vorbeiziehen; (*voitures*) vorbeifahren; (*souvenirs, images*) vorüberziehen; (*jours*) dahinziehen ② INFORM **faire** ~ **qc vers le haut/bas** etw nach oben/unten blättern **II.** *v. pron. fam* **se** ~ sich drücken

défini, e [defini] *adj.* ① (*déterminé: chose*) bestimmt; **bien/mal** ~ (*mot, terme*) gut/schlecht definiert; (*douleur*) ganz bestimmt/undefinierbar ② GRAM (*article*) bestimmt

D

définir [definiʀ] <8> **I.** *v. tr.* ① (*concept, terme*) definieren ② (*sensation*) genau beschreiben; (*position*) erläutern ③ (*modalités, objectifs*) festlegen; (*politique*) bestimmen **II.** *v. pron.* **se ~ comme un centriste** sich selbst als als einen Politiker der Mitte beschreiben

D

définitif, **-ive** [definitif, -iv] *adj.* endgültig; (*refus, décision*) definitiv ▶ **en définitive** letzten Endes

définition [definisjɔ̃] *f* ① LING, MATH Definition *f;* **~ d'un mot** Begriffsbestimmung *f* ② TV **~ de l'image** Bildauflösung *f*

définitivement [definitivmɑ̃] *adv.* endgültig; (*s'installer, quitter*) für immer

déflagration [deflagʀasjɔ̃] *f* Verpuffung *f*

déflation [deflasjɔ̃] *f* Deflation *f*

défonce [defɔ̃s] *f fam* Trip *m*

défoncé, **e** [defɔ̃se] *adj.* ① (*détérioré*) beschädigt; (*canapé, sommier, matelas*) kaputt ② (*déformé: route, chaussée*) uneben ③ *fam* (*sous l'effet de la drogue*) **être ~** auf dem Trip sein

défoncer [defɔ̃se] <2> **I.** *v. tr.* eindrücken; (*porte, vitre*) einschlagen **II.** *v. pron. fam* **se ~** ① (*se droguer*) sich einen Trip reinziehen ② (*se donner du mal*) sich abschinden

déformant, **e** [defɔʀmɑ̃, ɑ̃t] *adj.* **miroir ~** Zerrspiegel *m*

déformation [defɔʀmasjɔ̃] *f* (*d'une pièce, d'un objet*) Verformung *f;* (*d'un nom*) Abänderung *f;* (*de pensées, faits*) Verzerrung *f*

déformer [defɔʀme] <1> **I.** *v. tr.* ① verformen; (*chaussures*) austreten ② (*faits*) falsch darstellen; (*pensées*) falsch wiedergeben; **~ la voix** die Stimme verzerren **II.** *v. pron.* **se ~** (*chaussures*) sich verformen; (*vêtement*) die Form verlieren

défoulement [defulmɑ̃] *m* Abreagieren *nt*

défouler [defule] <1> *v. pron.* **se ~** sich abreagieren; (*enfant, jeune*) sich austoben

défraîchi, **e** [defʀeʃi] *adj.* (*couleur*) verblasst

défricher [defʀiʃe] <1> *v. tr.* (*forêt*) roden

défriser [defʀize] <1> *v. tr.* ① *fam* (*gêner*) fuchsen ② (*enlever la frisure*) entkrausen; (*temps, pluie*) glatt machen; **~ qn** jds Frisur zerstören

défroisser [defʀwase] <1> *v. tr.* glätten

dégagé, **e** [degaʒe] *adj.* ① (*ciel*) wolkenlos; (*route, front*) frei ② (*allure, air*) lässig

dégagement [degaʒmɑ̃] *m* ① (*fait de déterrer*) Bergung *f;* (*fait de décoincer: d'un boulon, membre*) Herausziehen *nt;* (*d'une personne*) Bergung, Befreiung *f* ② (*déblaiement: d'une route, rue*) Räumung *f* ③ (*émanation*) **~ de gaz** Ausströmen *nt* von Gas; **~ de chaleur** Wärmeabgabe *f*

dégager [degaʒe] <2a> **I.** *v. tr.* ① (*personnes enfouies*) befreien ② (*bronches, nez*) freimachen; (*rue, couloir*) räumen ③ (*odeur, parfum*) verströmen; (*gaz*) freisetzen ④ (*idée*) herausarbeiten **II.** *v. pron.* ① **se ~** (*passage, voie d'accès*) sich leeren; (*ciel*) sich aufhellen ② (*émaner*) **se ~ de qc** (*gaz, vapeur*) aus etw entweichen; (*odeur*) von etw ausgehen ③ (*ressortir*) **se ~ de qc** (*idée*) sich in etw (*Dat*) abzeichnen

dégainer [degene] <1> *vt, vi* ziehen

dégarni, **e** [degaʀni] *adj.* **front ~** Stirnglatze *f*

dégât [dega] *m pl* Schaden *m,* Schäden *Pl*

dégazage [degazaʒ] *m* Ablassen *nt* von Ölrückständen; **~ sauvage** illegales Ablassen von Altöl

dégel [deʒɛl] *m* Tauwetter *nt*

dégeler [deʒ(ə)le] <4> **I.** *v. tr.* ① auftauen ② (*crédits, dossier*) freigeben **II.** *v. intr.* auftauen

dégénéré, **e** [deʒeneʀe] *adj.* ① MED geistesgestört ② (*dénaturé: art, idéologie*) degeneriert

dégénérer [deʒeneʀe] <5> *v. intr.* ① degenerieren ② (*se changer en*) **~ en qc** in etw (*Akk*) ausarten

dégivrer [deʒivʀe] <1> *v. tr.* (*réfrigérateur*) abtauen; (*vitres*) enteisen

déglutir [deglytiʀ] <8> **I.** *v. tr.* hinunterschlucken **II.** *v. intr.* schlucken

dégonflé, **e** [degɔ̃fle] *adj.* nicht aufgepumpt; (*pneu*) platt

dégonfler [degɔ̃fle] <1> **I.** *v. tr.* (*enflure*) zum Abschwellen bringen; **~ un ballon/pneu** die Luft aus einem Ball/

Reifen [heraus]lassen **II.** *v. pron.* **se ~** ❶ (*ballon, pneu*) [die] Luft verlieren; (*enflure*) abschwellen ❷ *fam* (*avoir peur*) Bammel kriegen; (*reculer*) kneifen **III.** *v. intr.* (*enflure*) abschwellen

dégorger [degɔʀʒe] <2a> *v. intr.* ❶ (*se déverser*) ~ **dans qc** (*égouts, rivière*) in etw (*Akk*) fließen ❷ GASTR (*concombres, aubergines*) Wasser ziehen; (*poisson, viande*) wässern

dégouliner [deguline] <1> *v. intr.* (*goutte à goutte*) [herab]tropfen; (*en filet*) laufen

dégourdi, e [deguʀdi] *adj.* (*enfant*) aufgeweckt; (*adulte*) geschickt

dégourdir [deguʀdiʀ] <8> *v. pron.* **se ~** sich auflockern; **se ~ les jambes** sich (*Dat*) die Beine vertreten

dégoût [degu] *m* ❶ **~ d'un aliment** Ekel *m* vor einem Nahrungsmittel; **avec ~** angeekelt ❷ (*aversion*) **~ pour qn/qc** Widerwillen *m* gegen jdn/etw ❸ (*lassitude*) Überdruss *m*

dégoûtant, e [degutɑ̃, ɑ̃t] **I.** *adj.* ❶ (*nourriture, plat, odeur*) widerlich ❷ (*sale*) [ekelhaft] dreckig ❸ (*abject, ignoble: personne*) gemein ❹ (*grivois, licencieux: personne*) widerlich; (*histoire*) obszön **II.** *m, f fam* (*personne sale*) Ferkel *nt*

dégoûté, e [degute] *adj.* angewidert

dégoûter [degute] <1> *v. tr.* ❶ (*nourriture, odeur*) anekeln ❷ (*ôter l'envie de*) **~ qn** es jdm verleiden

dégoutter [degute] <1> *v. intr.* (*couler*) [herab]tropfen

dégradant, e [degʀadɑ̃, ɑ̃t] *adj.* erniedrigend

dégradation [degʀadasjɔ̃] *f* ❶ (*dégâts*) Beschädigung *f;* (*de l'environnement*) Zerstörung *f* ❷ (*détérioration*) Verschlechterung *f* ❸ (*avilissement: d'une personne*) Erniedrigung *f* ❹ MIL Degradierung *f*

dégradé [degʀade] *m* ❶ (*de couleurs*) Abstufung *f* ❷ (*coupe de cheveux*) Stufenschnitt *m*

dégrader [degʀade] <1> **I.** *v. tr.* ❶ (*édifice, route*) beschädigen ❷ (*faire un dégradé*) abstufen ❸ MIL degradieren **II.** *v. pron.* **se ~** ❶ (*s'avilir*) sich erniedrigen ❷ (*se détériorer: édifice*) verfallen; (*situation, temps*) sich verschlechtern

dégrafer [degʀafe] <1> **I.** *v. tr.* aufmachen **II.** *v. pron.* **une robe se dégrafe** der Verschluss eines Kleides geht auf

dégraissage [degʀɛsaʒ] *m* (*d'un bouillon, d'une sauce*) Abschöpfen *nt* des Fettes

dégraissant [degʀɛsɑ̃] *m* (*solvant*) Fettlöser *m;* (*détachant*) Fleck[en]entferner *m*

dégraissant, e [degʀɛsɑ̃, ɑ̃t] *adj.* (*solvant*) fettlösend; **produit ~** Fettlöser *m*

dégraisser [degʀese] <1> *v. tr.* entfetten

degré[1] [dəgʀe] *m* ❶ *a.* MATH, MED, SOCIOL Grad *m* ❷ (*dans la hiérarchie*) Stufe *f* ❸ SCOL **l'enseignement du premier ~** das Grundschulwesen; **l'enseignement du second ~** das höhere Schulwesen

degré[2] [dəgʀe] *m* ❶ *a.* GEO, MATH Grad *m* ❷ (*d'un alcool*) [Volum]prozent *nt;* **~ en alcool** Alkoholgehalt *m*

dégriffé, e [degʀife] *adj.* ohne Markenzeichen

dégringolade [degʀɛ̃gɔlad] *f fam* (*d'une monnaie*) Sturz *m;* (*des titres*) Fall *m*

dégringoler [degʀɛ̃gɔle] <1> **I.** *v. intr. fam* ❶ (*actions, monnaie*) [stark] fallen ❷ (*tomber*) **~ de qc** von etw [he]runterpurzeln **II.** *v. tr. fam* (*escalier*) [he]runtersausen

dégriser [degʀize] <1> *v. tr.* (*désenivrer*) nüchtern machen

déguenillé, e [deg(ə)nije] *adj.* zerlumpt

déguerpir [degɛʀpiʀ] <8> *v. intr.* sich davonmachen

dégueulasse [degœlas] *adj. fam* ❶ (*mains, pantalon*) [total] verdreckt ❷ (*personne, nourriture*) widerlich

déguisé, e [degize] *adj.* verkleidet; (*pour le carnaval*) kostümiert

déguisement [degizmɑ̃] *m* ❶ Verkleidung *f* ❷ (*costume*) [Masken]kostüm *nt*

déguiser [degize] <1> **I.** *v. tr.* ❶ verkleiden ❷ (*voix, écriture*) verstellen **II.** *v. pron.* **se ~ en qc** sich als etw verkleiden

dégustation [degystasjɔ̃] *f* Probe *f*

déguster [degyste] <1> *vt, vi* genießen

déhancher [deɑ̃ʃe] <1> *v. pron.* **se ~** die Hüften schwingen

dehors [dəɔʀ] **I.** *adv.* ❶ (*à l'extérieur*)

D

draußen; ~ **!** raus! ② (*pas chez soi*) außer Haus ▸**mettre qn ~** jdn hinauswerfen; **de** ~ von draußen; **rester en** ~ sich heraushalten; **en ~ de qc** (*à l'extérieur de*) außerhalb einer S. (*Gen*); (*mis à part*) abgesehen von etw **II.** *m* **les bruits du ~** die Geräusche von draußen

déjà [deʒa] **I.** *adv.* ① (*dès maintenant*) schon; **il était ~ parti** er war schon weg; **~?** schon? ② (*auparavant*) schon [einmal]; **à cette époque ~** damals schon ③ (*intensif*) schon; **il est assez paresseux!** der ist so schon faul genug! ④ (*à la fin d'une question*) noch [gleich] **II.** *conj. fam* **~ que ...** schon genug, dass ...

déjanté, e [deʒɑ̃te] *adj. fam* (*personne*) durchgeknallt, abgedreht; (*film, livre*) abgefahren; **il est complètement ~** er ist voll abgedreht

déjeuner [deʒœne] <1> **I.** *v. intr.* ① (*à midi*) zu Mittag essen ② (*le matin*) frühstücken **II.** *m* Mittagessen *nt;* **au ~** zum Mittagessen

déjouer [deʒwe] <1> *v. tr.* vereiteln

délabré, e [delabʀe] *adj.* (*maison, mur*) verfallen; (*façade*) verwittert

délabrement [delabʀəmɑ̃] *m* (*d'une maison, d'un mur*) Verfall *m*

délabrer [delabʀe] <1> *v. pron.* (*se dégrader*) **se ~** (*maison, mur*) verfallen

délacer [delase] <2> *v. tr.* aufschnüren

délai [delɛ] *m* ① Frist *f* ② (*sursis*) Aufschub *m* ▸**dans les ~s** termingerecht; **dans un ~ de** innerhalb von; **sans ~** unverzüglich

délaissé, e [delese] *adj.* ① (*abandonné*) im Stich gelassen ② (*négligé*) vernachlässigt

délaisser [delese] <1> *v. tr.* ① (*négliger*) vernachlässigen ② verlassen; (*enfant*) im Stich lassen; (*activité*) aufgeben

délasser [delɑse] <1> *vt, vpr* **[se] ~** [sich] entspannen

délateur, -trice [delatœʀ, -tʀis] *m, f* Denunziant(in) *m(f)*

délation [delasjɔ̃] *f* Denunziation *f*

délavé, e [delave] *adj.* verwaschen

délaver [delave] <1> **I.** *v. tr.* ① (*diluer: peinture, couleur*) verdünnen ② (*éclaircir: jean*) bleichen; (*inscription*) abwaschen **II.** *v. pron.* **se ~** (*peinture*) sich abwaschen; (*inscription*) verblassen

délayer [deleje] <7> *v. tr.* **~ la farine/le plâtre dans qc** das Mehl/den Gips mit etw anrühren

délectation [delɛktasjɔ̃] *f* (*plaisir sensuel*) Genuss *m;* (*plaisir intellectuel*) Genugtuung *f*

délecter [delɛkte] <1> *v. pron.* **se ~ à qc** sich an etw (*Dat*) ergötzen (*geh*)

délégation [delegasjɔ̃] *f* (*d'élus*) Abordnung *f;* **~ syndicale** Gewerkschaftsdelegation

délégué, e [delege] **I.** *adj.* abgeordnet **II.** *m, f* (*d'une association, d'un parti*) Delegierte(r) *f(m),* Vertreter(in) *m(f)*

déléguer [delege] <5> *v. tr.* **~ qn à un congrès** jdn zu einem Kongress entsenden

délestage [delɛstaʒ] *m* ELEC [kurzzeitige] Stromabschaltung

délester [delɛste] <1> *v. tr.* ① ELEC **~ qc** [kurzzeitig] den Strom in etw (*Dat*) abstellen ② AUT entlasten

délibération [delibeʀasjɔ̃] *f* ① (*de l'assemblée*) Debatte *f;* (*du jury*) Beratung *f* ② (*décision*) Beschluss *m* ③ (*réflexion*) Überlegung *f*

délibéré [delibeʀe] *m* Beratung *f*

délibérément [delibeʀemɑ̃] *adv.* absichtlich

délibérer [delibeʀe] <5> *v. intr.* beraten

délicat, e [delika, at] *adj.* ① (*peau, parfum*) zart; (*visage, traits*) fein; (*mets*) delikat ② (*geste*) behutsam ③ (*fragile*) empfindlich; (*enfant*) zart; (*santé*) schwach ④ (*question, situation*) heikel; (*opération*) schwierig ⑤ (*raffiné, sensible: personne*) feinfühlig; (*odorat, oreilles*) empfindlich; (*palais*) fein ⑥ (*plein de tact: personne*) taktvoll; (*geste*) aufmerksam

délicatement [delikatmɑ̃] *adv.* fein

délicatesse [delikatɛs] *f* ① (*douceur*) Behutsamkeit *f* ② (*d'une opération, situation*) Schwierigkeit *f* ③ (*raffinement*) Finesse *f* ④ (*tact*) Feingefühl *nt;* **avec ~** taktvoll; **sans ~** taktlos

délice [delis] *m* Genuss *m*

délicieux, -euse [delisjø, -jøz] *adj.* köstlich

délictueux, -euse [deliktɥø, -øz] *adj.* strafbar

délier [delje] <1a> *v. tr.* losbinden; (*corde*) lösen

délimitation [delimitasjɔ̃] *f* Abgrenzung *f*
délimiter [delimite] <1> *v. tr. a. fig* abgrenzen
délinquance [delɛ̃kɑ̃s] *f* Kriminalität *f;* **~ juvénile** Jugendkriminalität
délinquant, e [delɛ̃kɑ̃, ɑ̃t] *m, f* Straffällige(r) *f(m)*
délirant, e [deliʀɑ̃, ɑ̃t] *adj.* (*histoire, idée*) [völlig] verrückt; (*enthousiasme, joie*) wahnsinnig
délire [deliʀ] *m* ❶ (*divagation*) Delirium *nt;* (*dû à la fièvre*) [Fieber]wahn *m* ❷ (*exaltation*) **une foule en ~** eine tobende Menge ▸**c'est du ~ !** das ist [ja] Wahnsinn!
délirer [deliʀe] <1> *v. intr.* ❶ MED delirieren ❷ (*dérailler*) spinnen (*fam*)
délit [deli] *m* Straftat *f;* **~ informatique** Datenmissbrauch *m*
délivrance [delivʀɑ̃s] *f* ❶ (*soulagement*) Erleichterung *f* ❷ (*libération*) Befreiung *f* ❸ ADMIN (*d'un passeport*) Ausstellung *f*
délivrer [delivʀe] <1> **I.** *v. tr.* ❶ (*otage*) befreien ❷ ADMIN (*passeport*) ausstellen **II.** *v. pron.* **se ~ de ses liens** sich von seinen Fesseln befreien
délocaliser [delɔkalize] <1> *v. tr.* auslagern
déloger [delɔʒe] <2a> *v. tr.* ausquartieren
déloyal, e [delwajal, jo] <-aux> *adj.* (*adversaire, attitude*) unfair; (*procédé*) unlauter
delta [dɛlta] *m* Delta *nt*
deltaplane® [dɛltaplan] *m* Drachen *m;* **faire du ~** Drachen fliegen
deltiste [dɛltist] *mf* Drachenflieger(in) *m(f)*
déluge [delyʒ] *m* Sturzregen *m*
démagogie [demagɔʒi] *f* Demagogie *f*
démagogique [demagɔʒik] *adj.* demagogisch
démagogue [demagɔg] *mf* Demagoge *m*/Demagogin *f*
demain [dəmɛ̃] *adv.* morgen; **~ soir** morgen Abend; **à ~!** bis morgen!
demande [d(ə)mɑ̃d] *f* ❶ Bitte *f;* **~ en mariage** Heiratsantrag *m* ❷ ADMIN Antrag *m;* **~ d'emploi** Stellengesuch *nt* ❸ ECON **~ en qc** Nachfrage *f* nach etw ❹ JUR **~ en qc** [Klage]antrag *m* auf etw (*Akk*) ❺ (*formulaire*) [Antrags]formular *nt* ▸**à la ~** nach Bedarf; **sur [simple] ~** auf Anfrage
demandé, e [d(ə)mɑ̃de] *adj.* **être ~** gefragt sein
demander [d(ə)mɑ̃de] <1> **I.** *v. tr.* ❶ **~ qc** um etw bitten; **~ conseil** um Rat fragen; **~ un renseignement à qn** jdn um eine Auskunft bitten; **~ pardon à qn** jdn um Verzeihung bitten; **~ à qn de faire qc** jdn [darum] bitten etw zu tun ❷ (*employé*) sprechen wollen; (*au téléphone: personne, poste*) verlangen ❸ (*s'enquérir de*) **~ le chemin/l'heure à qn** jdn nach dem Weg/der Uhrzeit fragen ❹ (*efforts, travail*) erfordern; (*soin, eau*) brauchen ❺ (*exiger*) **~ de l'obéissance à qn** von jdm Gehorsam verlangen; **~ la liberté** die Freiheit fordern; **~ un prix pour qc** einen Preis für etw verlangen ▸**qn ne demande qu'à faire qc** jd möchte [ja] gerne etw tun **II.** *v. intr.* **~ à qn si** jdn fragen, ob ▸**il n'y a qu'à ~** man braucht doch nur zu fragen **III.** *v. pron.* **se ~ ce que/comment** sich fragen, was/wie
demandeur, -euse [d(ə)mɑ̃dœʀ, -øz] *m, f* Antragsteller(in) *m(f);* **~ d'emploi** Arbeit[s]suchender *m*
démangeaison [demɑ̃ʒɛzɔ̃] *f gén. pl.* Juckreiz *m kein Pl.* Jucken *nt kein Pl.*
démanger [demɑ̃ʒe] <2a> *vt, vi a. fig* jucken
démanteler [demɑ̃t(ə)le] <4> *v. tr.* (*cartel, organisation*) zerschlagen
démaquillant [demakijɑ̃] *m* Make-up-Entferner *m*
démaquillant, e [demakijɑ̃, jɑ̃t] *adj.* Reinigungs-
démaquiller [demakije] <1> **I.** *v. tr.* abschminken **II.** *v. pron.* **se ~ le visage** sich (*Dat*) das Gesicht abschminken
démarcation [demaʀkasjɔ̃] *f a. fig* Abgrenzung *f*
démarche [demaʀʃ] *f* ❶ (*allure*) Gang *m* ❷ (*d'une personne*) Methode *f,* Vorgehen *nt* ❸ (*intervention*) Schritt *m;* **faire des ~s** Schritte unternehmen
démarcher [demaʀʃe] <1> *v. tr.* **~ qn** bei jdm einen Vertreterbesuch machen; **~ les gens par téléphone** Kunden per Telefon werben
démarqué, e [demaʀke] *adj.* ❶ (*dégriffé*) ohne Markenzeichen ❷ (*soldé*) herabgesetzt

D

démarquer [demaʀke] <1> **I.** *v. tr.* COM ~ **qc** (*dégriffer*) das Markenzeichen von etw entfernen; (*solder*) etw herabsetzen **II.** *v. pron.* **se** ~ SPORT sich freispielen

démarrage [demaʀaʒ] *m* ❶ AUT Anlassen *nt,* Starten *nt* ❷ (*départ*) Anfahren *nt* ❸ (*lancement*) Start *m* ❹ INFORM ~ **à chaud/à froid** Warm-/Kaltstart *m*

D

démarrer [demaʀe] <1> **I.** *v. intr.* ❶ (*voiture*) anspringen; (*machine*) anlaufen; **faire ~ qc** etw anlassen ❷ (*partir*) anfahren ❸ (*campagne, exposition*) beginnen; (*industrie, économie*) in Schwung kommen **II.** *v. tr.* ❶ (*mettre en marche*) anlassen ❷ *fam* starten; (*mouvement*) ins Leben rufen; (*processus*) in Gang setzen

démarreur [demaʀœʀ] *m* Anlasser *m*

démasquer [demaske] <1> **I.** *v. tr.* (*voleur, traître*) entlarven **II.** *v. pron.* **se ~** seine Maske fallen lassen

démêlé [demele] *m* Auseinandersetzung *f*

démêler [demele] <1> *v. tr.* ❶ (*fil*) entwirren; (*cheveux*) auskämmen ❷ (*affaire*) aufklären

démembrer [demɑ̃bʀe] <1> *v. tr.* (*pays, propriété*) zerstückeln

déménagement [demenaʒmɑ̃] *m* ❶ (*changement de domicile*) Umzug *m* ❷ (*fait de quitter le logement*) Auszug *m*

déménager [demenaʒe] <2a> **I.** *v. intr.* ❶ (*changer de domicile*) umziehen; ~ **à Paris/rue de ...** nach Paris/in die ... Straße [um]ziehen ❷ (*quitter un logement*) ausziehen **II.** *v. tr.* ❶ (*meubles*) [um]räumen ❷ (*maison, pièce*) ausräumen

déménageur [demenaʒœʀ] *m* ❶ (*personne qui emporte les meubles*) Möbelpacker *m* ❷ (*entrepreneur*) Spediteur *m*

démence [demɑ̃s] *f* Wahnsinn *m*

démener [dem(ə)ne] <4> *v. pron.* **se ~** ❶ (*se débattre*) um sich schlagen ❷ (*faire des efforts*) sich [große] Mühe geben

dément, e [demɑ̃, ɑ̃t] *m, f* Geisteskranke(r) *f(m)*

démenti [demɑ̃ti] *m* Dementi *nt*

démentir [demɑ̃tiʀ] <10> *v. tr.* ❶ ~ **qn** jdm widersprechen ❷ (*nier*) dementieren

démesuré, e [deməzyʀe] *adj.* maßlos

démesurément [deməzyʀemɑ̃] *adv.* (*grand, long*) unverhältnismäßig

démettre [demɛtʀ] <irr> **I.** *v. tr.* ~ **qn de ses fonctions** jdn seines Amtes entheben **II.** *v. pron.* **se ~ le bras/l'épaule** sich (*Dat*) den Arm/die Schulter verrenken

demeurant [dəmœʀɑ̃] ▶ **au** ~ alles in allem

demeure [d(ə)mœʀ] *f* Wohnsitz *m*

demeuré, e [dəmœʀe] **I.** *adj.* [geistig] zurückgeblieben **II.** *m, f* Schwachsinnige(r) *f(m) fig* Schwachkopf *m*

demeurer [dəmœʀe] <1> *v. intr.* ❶ + *avoir* (*habiter*) wohnen ❷ + *avoir* (*subsister*) weiterbestehen ❸ + *être* (*rester*) bleiben

demi [d(ə)mi] *m* ❶ (*fraction*) **un** ~ ein halb ❷ (*bière*) kleines Bier

demi, e [d(ə)mi] **I.** *m, f* (*moitié*) Hälfte *f* **II.** *adj.* **une heure/deux heures et ~e** eineinhalb/zweieinhalb Stunden; **avoir quatre ans et ~** viereinhalb [Jahre alt] sein

demi-bouteille [d(ə)mibutɛj] <demi-bouteilles> *f* halbe Flasche **demi-cercle** [d(ə)misɛʀkl] <demi-cercles> *m* Halbkreis *m* **demi-douzaine** [d(ə)miduzɛn] <demi-douzaines> *f* halbes Dutzend

demie [d(ə)mi] **I.** *adj. voir* **demi II.** *f* (*heure*) **neuf heures et ~** halb neun; **partir à la ~** um halb gehen

demi-finale [d(ə)mifinal] <demi-finales> *f* Halbfinale *nt* **demi-finaliste** [d(ə)mifinalist] <demi-finalistes> *mf* Teilnehmer(in) *m(f)* am Halbfinale **demi-frère** [d(ə)mifʀɛʀ] <demi-frères> *m* Halbbruder *m* **demi-heure** [d(ə)mijœʀ] <demi-heures> *f* halbe Stunde **demi-jour** [d(ə)miʒuʀ] *m inv.* Halbdunkel *nt* **demi-journée** [d(ə)miʒuʀne] <demi-journées> *f* halber Tag

démilitariser [demilitaʀize] <1> *v. tr.* entmilitarisieren

demi-litre [d(ə)militʀ] <demi-litres> *m* ❶ (*contenu*) halber Liter ❷ (*contenant*) Halbliterflasche *f* **demi-mesure** [d(ə)mim(ə)zyʀ] <demi-mesures> *f* Halbheit *f* **demi-mot** [d(ə)mimo] <demi-mots> *m* **à ~** andeutungsweise

déminer [demine] <1> *v. tr.* entminen

demi-pension [d(ə)mipɑ̃sjɔ̃] <demi-pensions> *f* ❶ (*hôtel*) Halbpension *f;* **en ~** mit Halbpension ❷ SCOL [Schul]-kantine *f* **demi-pensionnaire** [d(ə)mipɑ̃sjɔnɛʀ] <demi-pensionnaires> *mf* Schüler, der/Schülerin, die in der [Schul]kantine isst

démis, e [demi, iz] *part. passé de* **démettre**

demi-sœur [d(ə)misœʀ] <demi-sœurs> *f* Halbschwester *f*

démission [demisjɔ̃] *f* ❶ (*d'un ministre*) Rücktritt *m;* (*d'un salarié*) Kündigung *f* ❷ (*renoncement*) Kapitulation *f*

démissionnaire [demisjɔnɛʀ] *adj.* zurückgetreten

démissionner [demisjɔne] <1> *v. intr.* zurücktreten; **~ d'une fonction** von einem Amt zurücktreten; **~ de son poste** seine Stelle kündigen

demi-tarif [d(ə)mitaʀif] <demi-tarifs> *m* halber Preis; **à ~** zum halben Preis

demi-tour [d(ə)mituʀ] <demi-tours> *m* Kehrtwendung *f;* **faire ~** umkehren

démobiliser [demɔbilize] <1> *v. tr.* MIL demobilisieren

démocrate [demɔkʀat] **I.** *adj.* demokratisch **II.** *mf* Demokrat(in) *m(f)*

démocrate-chrétien, ne [demɔkʀatkʀetjɛ̃, jɛn] <démocrates-chrétiens> *adj.* christlich-demokratisch

démocratie [demɔkʀasi] *f* Demokratie *f*

démocratique [demɔkʀatik] *adj.* demokratisch

démocratisation [demɔkʀatizasjɔ̃] *f* Demokratisierung *f*

démocratiser [demɔkʀatize] <1> *v. tr.* demokratisieren

démodé, e [demɔde] *adj.* altmodisch; (*procédé, théorie*) überholt

démoder [demɔde] <1> *v. pron.* **se ~** aus der Mode kommen

démographie [demɔgʀafi] *f* Demographie *f*

démographique [demɔgʀafik] *adj.* (*données, étude*) demographisch; (*croissance, poussée*) Bevölkerungs-

demoiselle [d(ə)mwazɛl] *f* (*jeune fille*) Fräulein *nt; iron* [junge] Dame

démolir [demɔliʀ] <8> *v. tr.* abreißen; (*mur*) niederreißen; (*jouet, objet*) kaputtmachen

démolition [demɔlisjɔ̃] *f* (*d'une maison*) Abbruch *m;* (*d'un mur*) Niederreißen *nt*

démon [demɔ̃] *m* Teufel *m*

démoniaque [demɔnjak] *adj.* dämonisch

démonstratif [demɔ̃stʀatif] *m* Demonstrativpronomen *nt*

démonstration [demɔ̃stʀasjɔ̃] *f* ❶ *a.* MATH Beweis *m* ❷ (*argumentation*) Beweisführung *f* ❸ (*présentation*) Demonstration *f;* COM (*d'un produit*) Vorführung *f;* **faire la ~ de qc** etw vorführen

démontable [demɔ̃tabl] *adj.* zerlegbar

démontage [demɔ̃taʒ] *m* Zerlegen *nt*

démonté, e [demɔ̃te] *adj.* (*mer*) aufgewühlt

démonter [demɔ̃te] <1> **I.** *v. tr.* ❶ zerlegen; (*auvent, tente*) abbauen ❷ (*déconcerter*) aus der Fassung bringen **II.** *v. pron.* **se ~** ❶ (*appareil, meuble*) sich zerlegen lassen; (*accidentellement*) auseinanderfallen ❷ (*se troubler*) **sans se ~** ohne sich aus der Fassung bringen zu lassen

démontrer [demɔ̃tʀe] <1> *v. tr.* **~ que …** beweisen, dass …

démoralisant, e [demɔʀalizɑ̃, ɑ̃t] *adj.* deprimierend

démoraliser [demɔʀalize] <1> **I.** *vt, vi* entmutigen **II.** *v. pron.* **se ~** den Mut verlieren

démotiver [demɔtive] <1> *v. tr.* **~ qn** jdm die Motivation nehmen

démouler [demule] <1> *v. tr.* aus der Form nehmen

démuni, e [demyni] *adj.* ❶ (*pauvre*) mittellos ❷ (*impuissant*) **~ devant qn/qc** hilflos jdm/etw gegenüber ❸ (*privé de*) **être ~ de qc** etw nicht besitzen

démystifier [demistifje] <1a> *v. tr.* aufklären

dénaturer [denatyʀe] <1> *v. tr.* (*goût, saveur*) verfälschen

dénicher [deniʃe] <1> *v. tr.* ausfindig machen; (*bistrot, objet rare*) aufstöbern

dénigrer [denigʀe] <1> *v. tr.* (*action, personne*) schlechtmachen

dénivellation [denivelasjɔ̃] *f* Höhenunterschied *m*

dénombrer [denɔ̃bʀe] <1> *v. tr.* zählen

dénominateur [denɔminatœʀ] *m* MATH Nenner *m*

dénomination [denɔminasjɔ̃] *f* Bezeichnung *f*

dénommé, e [denɔme] *adj. antéposé* **un ~ Durand** ein gewisser [Herr] Durand; **le ~ Durand** der besagte Durand

dénommer [denɔme] <1> *v. tr.* bezeichnen

dénoncer [denɔ̃se] <2> **I.** *v. tr.* ① ~ **un complice à qn** einen Komplizen an jdn verraten; ~ **un opposant politique à qn** einen Oppositionellen bei jdm denunzieren; ~ **qn à la police** jdn bei der Polizei anzeigen ② (*abus, injustice*) anprangern **II.** *v. pron.* **se ~ à la police** sich [der Polizei] stellen

dénonciateur, -trice [denɔ̃sjatœʀ, -tʀis] *m, f* ① (*délateur: d'une personne*) Denunziant(in) *m(f)* ② (*accusateur: d'une injustice*) Ankläger(in) *m(f)*

dénonciation [denɔ̃sjasjɔ̃] *f* Anzeige *f;* (*dans une dictature*) Denunzierung *f*

dénouement [denumɑ̃] *m* Ausgang *m;* (*de l'enquête*) Ergebnis *nt*

dénouer [denwe] <1> **I.** *v. tr.* (*ficelle, lacets*) aufknoten; (*noeud*) aufbinden; (*intrigue, affaire*) lösen **II.** *v. pron.* **se ~** sich lösen

dénoyauter [denwajote] <1> *v. tr.* entsteinen

denrée [dɑ̃ʀe] *f* Essware *f*

dense [dɑ̃s] *adj. a.* PHYS dicht

densité [dɑ̃site] *f* Dichte *f*

dent [dɑ̃] *f* ① ANAT (*de l'homme, animal*) Zahn *m;* ~ **de devant** Vorderzahn; ~ **de lait** Milchzahn; **se laver les ~s** sich die Zähne putzen; **une brosse à ~s** eine Zahnbürste ② *fig* (*d'une fourchette*) Zinke *f;* (*d'un peigne, engrenage*) Zahn *m*

dentaire [dɑ̃tɛʀ] *adj.* **plaque/prothèse ~** Zahnbelag *m*/Zahnersatz *m*

dental, e [dɑ̃tal, o] <-aux> *adj.* dental

dentelé, e [dɑ̃t(ə)le] *adj.* gezackt

dentelle [dɑ̃tɛl] *f* Spitze *f*

dentier [dɑ̃tje] *m* Gebiss *nt*

dentifrice [dɑ̃tifʀis] *m* Zahnpasta *f*

dentiste [dɑ̃tist] *mf* Zahnarzt *m*/Zahnärztin *f*

dentition [dɑ̃tisjɔ̃] *f* Gebiss *nt*

dénucléarisé, e [denykleaʀize] *adj.* atomwaffenfrei

dénudé, e [denyde] *adj.* (*dos, épaules*) entblößt; (*montagne, arbre*) kahl; (*câble électrique*) abisoliert

dénuder [denyde] <1> *v. tr.* entkleiden

dénué, e [denɥe] *adj.* **être ~ de qc** einer S. (*Gen*) entbehren

dénuement [denymɑ̃] *m* Elend *nt*

dénutrition [denytʀisjɔ̃] *f* Unterernährung *f*

déodorant [deɔdɔʀɑ̃] *m* Deodorant *nt*

déontologie [deɔ̃tɔlɔʒi] *f* Ethik *f*

déontologue [deɔ̃tɔlɔg] *mf* Ethiker(in) *m(f)*

dépannage [depanaʒ] *m* Reparatur *f;* **service de ~** Pannenhilfe *f*

dépanner [depane] <1> *v. tr.* ① (*machine, voiture*) reparieren; ~ **qn** jds Panne beheben; (*remorquer*) jdn abschleppen ② *fam* (*aider*) ~ **qn** jdm aushelfen

dépanneur, -euse [depanœʀ, -øz] *m, f* Mechaniker(in) *m(f)*

dépanneuse [depanøz] *f* Abschleppwagen *m*

dépaqueter [depakte] <3> *v. tr.* auspacken

dépareillé, e [depaʀeje] *adj.* (*collection*) unvollständig

départ [depaʀ] *m* ① (*action de partir: d'une personne*)(*à pied*) Weggehen *nt;* (*en avion*) Abflug *m;* (*en voiture, bateau*) Abfahrt *f;* (*d'un train, bateau*) Abfahrt *f* ② SPORT Start *m;* **faux ~** Fehlstart ③ (*démission*) Rücktritt *m;* (*licenciement*) Entlassung *f;* **~ à la retraite** Pensionierung *f* ④ (*début, origine*) Beginn *m,* Anfang *m;* **de ~** (*idée*) anfänglich; (*point*) Ausgangs-; **au ~** zu Beginn ▸ **au ~ de Paris** ab Paris; **être sur le ~** im Aufbruch sein

départager [depaʀtaʒe] <2a> *v. tr.* ~ **les candidats** zwischen den Kandidaten entscheiden

département [depaʀtəmɑ̃] *m* ① ADMIN Departement *nt;* ~ **d'outre-mer** Überseedepartement ② (*section: d'une entreprise*) Abteilung *f;* (*d'une université, faculté*) Fachbereich *m* ③ ADMIN, POL, CH Direktion *f* (CH)

Ein französisches **département** ist eine Verwaltungseinheit, also ein Teil des Staatsgebiets mit eigenen Zuständigkeiten, z. B. im sozialen und medizinischen Bereich. In Frankreich gibt es 96 Departements und fünf *départements et régions d'outre-mer (D.O.M.-R.O.M.)*.

départemental, e [depaʀtəmɑ̃tal, o] <-aux> *adj.* Departements-; **route ~e** ≈ Landstraße *f*

dépassé, e [depase] *adj.* ❶ (*démodé*) überholt ❷ (*désorienté*) **être ~ par qc** bei etw nicht mehr mitkommen (*fam*)

dépassement [depasmɑ̃] *m* (*d'un véhicule*) Überholen *nt*

dépasser [depase] <1> **I.** *v. tr.* ❶ (*doubler*) überholen ❷ (*aller plus loin que: à pied*) vorbeigehen an (+ *Dat*); (*en véhicule*) vorbeifahren an (+ *Dat*) ❸ (*outrepasser*) überschreiten ▸**ça me/le dépasse!** das ist mir/ihm zu hoch! (*fam*) **II.** *v. intr.* ❶ (*doubler*) überholen ❷ (*bâtiment, tour*) hervorragen; (*vêtement*) hervorschauen **III.** *v. pron.* **se ~** sich selbst übertreffen

dépaysé, e [depeize] *adj.* fremd

dépaysement [depeizmɑ̃] *m* ❶ (*désorientation*) Fremdheit *f;* (*changement*) Umstellung *f* ❷ (*changement salutaire*) [willkommene] Abwechslung

dépayser [depeize] <1> *v. tr.* ❶ (*désorienter*) verwirren ❷ (*changer les idées*) ablenken

dépecer [depəse] <2> *v. tr.* (*animal*) zerlegen

dépêche [depɛʃ] *f* Nachricht *f*

dépêcher [depeʃe] <1> *v. pron.* **se ~ de faire qc** sich beeilen etw zu tun

dépeindre [depɛ̃dʀ] <irr> *v. tr.* schildern

dépendance [depɑ̃dɑ̃s] *f* Abhängigkeit *f*

dépendant, e [depɑ̃dɑ̃, ɑ̃t] *adj.* abhängig

dépendre [depɑ̃dʀ] <14> *v. intr.* ❶ (*être sous la dépendance de*) **~ de qn/qc** von jdm/etw abhängig sein ❷ (*faire partie de*) **~ de qc** (*terrain*) zu etw gehören ❸ (*relever de*) **~ de qn/qc** jdm/etw unterstehen ❹ (*être conditionné par*) **~ de qc/qn** von jdm/etw abhängen; **ça dépend** *fam* das kommt drauf an; **ça dépend du temps** das hängt vom Wetter ab

dépens [depɑ̃] *mpl* **aux ~ de qn/qc** auf jds Kosten (*Akk*)/auf Kosten einer S. (*Gen*)

dépense [depɑ̃s] *f* Ausgabe *f*

dépenser [depɑ̃se] <1> **I.** *v. tr.* ❶ (*débourser*) ausgeben ❷ (*électricité, énergie*) verbrauchen ❸ (*user*) **~ son temps à faire qc** kostbare Zeit aufwenden um etw zu machen **II.** *v. pron.* **se ~** sich verausgaben; (*enfant*) sich austoben

dépensier, -ière [depɑ̃sje, -jɛʀ] *adj.* verschwenderisch

dépérir [depeʀiʀ] <8> *v. intr.* (*personne*) dahinvegetieren; (*animal*) eingehen

dépêtrer [depetʀe] <1> *v. tr. fam* herausholen; **~ qn d'une situation** jdm aus der Klemme helfen

dépeuplement [depœpləmɑ̃] *m* **~ d'une région** Entvölkerung *f* einer Region

dépeupler [depœple] <1> **I.** *v. tr.* (*pays, région*) entvölkern **II.** *v. pron.* **une ville se dépeuple** die Bevölkerung einer Stadt geht zurück

déphasé, e [defaze] *adj. fam* **être ~** neben sich (*Dat*) stehen

dépilatoire [depilatwaʀ] *adj.* **crème ~** Enthaarungscreme

dépistage [depistaʒ] *m* (*d'une maladie*) Erkennung *f;* **~ du cancer** Krebsvorsorge *f;* **test de ~ du Sida** Aidstest *m*

dépister [depiste] <1> *v. tr.* (*personne, animal*) aufspüren

dépit [depi] *m* Ärger *m;* **par ~** aus Trotz ▸**en ~ du bon sens** gegen den gesunden Menschenverstand

déplacé, e [deplase] *adj.* unpassend

déplacement [deplasmɑ̃] *m* ❶ (*d'un objet*) Umstellen *nt* ❷ (*voyage*) [Geschäfts]reise *f* ❸ (*mouvement*) Bewegung *f* ❹ (*mutation*) Versetzung *f*

déplacer [deplase] <2> **I.** *v. tr.* ❶ (*objet*) an einen anderen Platz legen/stellen; (*meuble*) umstellen ❷ (*fonctionnaire*) versetzen ❸ (*population*) umsiedeln **II.** *v. pron.* **se ~** ❶ (*personne, animal*) sich fortbewegen; (*cyclone*) sich bewegen ❷ (*se décaler: en position debout*) zur Seite gehen; (*en position assise*) zur Seite rücken ❸ (*voyager*) reisen; **se ~ en voiture** mit dem Auto fahren; **se ~ en avion** fliegen

déplaire [deplɛʀ] <irr> *v. intr.* **~ à qn** jdm missfallen

déplaisant, e [deplɛzɑ̃, ɑ̃t] *adj.* unangenehm

dépliant [deplijɑ̃] *m* Faltprospekt *m*

déplier [deplije] <1> **I.** *v. tr.* (*drap, vêtement*) auffalten; (*plan, journal*) auseinanderfalten **II.** *v. pron.* **se ~** sich öffnen

déploiement [deplwamɑ̃] *m* ❶ (*action de déployer: d'une aile*) Ausbreiten *nt;*

(d'un drapeau) Hissen *nt* ❷ *(étalage: de richesses)* Zurschaustellen *nt* ❸ *(dépense)* ~ **d'énergie** Aufwand *m* an Energie

déplorable [deplɔʀabl] *adj.* *(effet, fin)* bedauerlich

D

déplorer [deplɔʀe] <1> *v. tr.* ❶ *(regretter)* bedauern ❷ *(enregistrer)* **on déplore des victimes** Opfer sind zu beklagen *(geh)*

déployer [deplwaje] <7> **I.** *v. tr.* ❶ *(ailes, carte)* ausbreiten ❷ *(énergie, ingéniosité)* einsetzen; *(étaler: charmes, richesses)* zur Schau stellen **II.** *v. pron.* **se** ~ *(soldats, troupes)* ausschwärmen; *(cortège)* sich auseinanderziehen

déplumer [deplyme] <1> *v. pron.* **se** ~ die Federn verlieren

dépoli, **e** [depɔli] *adj.* matt

dépolluer [depɔlɥe] <1> *v. tr.* *(lieu)* säubern; *(rivière, mer)* sanieren

dépopulation [depɔpylasjɔ̃] *f* Bevölkerungsrückgang *m*

déportation [depɔʀtasjɔ̃] *f* Deportation *f*

déporté, **e** [depɔʀte] *m, f* Deportierte(r) *f(m)*

déporter [depɔʀte] <1> **I.** *v. tr.* ❶ HIST *(exiler)* deportieren; *(bannir)* verbannen ❷ *(voiture, vélo)* abdrängen **II.** *v. pron.* AUT **se** ~ ausscheren

déposer [depoze] <1> **I.** *v. tr.* ❶ *(poser)* stellen/legen; *(se débarrasser)* abstellen/ablegen ❷ *(personne)* absetzen; *(ordures)* abladen ❸ *(bagages, carte de visite)* abgeben; *(lettre, document)* hinterlegen; *(paquet, colis)* abgeben ❹ FIN *(argent)* einzahlen; *(chèque)* einreichen ❺ *(brevet)* anmelden; *(marque déposée)* eintragen lassen; *(réclamation)* einreichen; ~ **plainte** Anzeige erstatten **II.** *v. intr.* *(témoigner)* aussagen **III.** *v. pron.* **se** ~ *(lie, poussière)* sich absetzen

dépositaire [depozitɛʀ] *m* Verwahrer(in) *m(f)*; *(d'un secret)* Mitwisser(in) *m(f)*

déposition [depozisjɔ̃] *f* *(témoignage)* [Zeugen]aussage *f*

déposséder [depɔsede] <5> *v. tr.* enteignen

dépossession [depɔsesjɔ̃] *f* Enteignung *f*

dépôt [depo] *m* ❶ *(d'une plainte)* Erheben *nt*; *(d'une marque déposée)* Eintragen *nt*; *(d'un brevet)* Anmeldung *f* ❷ FIN *(d'un chèque)* Einreichen *nt*; *(d'argent, d'espèces)* Einzahlung *f*; ~ **de bilan** Konkursanmeldung *f* ❸ *(d'objets précieux, d'un testament)* Hinterlegung *f* ❹ *(sédiment)* Ablagerung *f* ❺ *(d'autobus)* Depot *nt*; ~ **d'ordures** Mülldeponie *f*, Kehrichtdeponie *f* (CH)

dépotoir [depɔtwaʀ] *m* Müllhalde *f*

dépouille [depuj] *f* ❶ *(peau: d'un animal à fourrure)* Fell *nt*; *(d'un serpent)* Haut *f* ❷ *form* *(corps)* ~ **mortelle** sterbliche Überreste *Pl*

dépouillé, **e** [depuje] *adj.* ❶ *(sobre)* karg; *(texte)* nüchtern ❷ *(exempt)* **être** ~ **de qc** ohne etw sein

dépouillement [depujmɑ̃] *m* *(d'un scrutin)* [Aus]zählen *nt*; *(du courrier)* Durchsehen *nt*

dépouiller [depuje] <1> *v. tr.* ❶ *(scrutin)* [aus]zählen; *(courrier)* durchsehen ❷ *(dévaliser)* berauben

dépourvu, **e** [depuʀvy] *adj.* **être** ~ **de qc** ohne etw sein

dépoussiérer [depusjeʀe] <5> *v. tr.* abstauben

dépravation [depʀavasjɔ̃] *f* Verfall *m*

dépravé, **e** [depʀave] *adj.* *(goût, personne)* verdorben

dépraver [depʀave] <1> *v. tr.* *(goût, personne)* verderben

dépréciation [depʀesjasjɔ̃] *f* *(d'une marchandise)* Wertminderung *f*

déprédation [depʀedasjɔ̃] *f* *gén. pl.* Verwüstung *f*

dépressif, **-ive** [depʀesif, -iv] **I.** *adj.* depressiv **II.** *m, f* Depressive(r) *f(m)*

dépression [depʀesjɔ̃] *f* ❶ PSYCH Depression *f* ❷ METEO Tief *nt* ❸ ECON Konjunkturtief *nt*

déprimant, **e** [depʀimɑ̃, ɑ̃t] *adj.* deprimierend

déprime [depʀim] *f fam* Katzenjammer *m*; **être en pleine** ~ total am Ende sein

déprimé, **e** [depʀime] *adj.* deprimiert

déprimer [depʀime] <1> **I.** *v. tr.* deprimieren **II.** *v. intr. fam* deprimiert sein

déprivatisation [depʀivatizasjɔ̃] *f* Verstaatlichung *f*, Entprivatisierung *f*

déprogrammer [depʀɔgʀame] <1> *v. tr.* ❶ MEDIA aus dem Programm neh-

men ❷ INFORM (*robot*) umprogrammieren
dépuceler [depys(ə)le] <3> *v. tr. fam* entjungfern
depuis [dəpɥi] **I.** *prép.* ❶ (*à partir de*) seit; ~ **quelle date?** seit wann?; ~ **Paris, ...** seit Paris ...; ~ **ma fenêtre** von meinem Fenster aus; ~ **mon plus jeune âge** seit meiner frühesten Kindheit; ~ **que ...** seit[dem] ... ❷ (*durée, distance*) seit; ~ **longtemps** seit langem; ~ **peu** seit kurzem; ~ **10 minutes** (*être parti*) seit 10 Minuten; ~ **cela** seitdem **II.** *adv.* seither
députation [depytasjɔ̃] *f* Entsendung *f*
député, e [depyte] *m, f* Abgeordnete(r) *f(m)*
déraciner [deʀasine] <1> *v. tr.* entwurzeln
déraillement [deʀɑjmɑ̃] *m* Entgleisung *f*
dérailler [deʀɑje] <1> *v. intr.* ❶ (*train*) entgleisen ❷ *fam* (*déraisonner*) Unsinn reden; **il déraille complètement** der spinnt total
dérailleur [deʀɑjœʀ] *m* Kettenschaltung *f*
déraisonnable [deʀɛzɔnabl] *adj.* unvernünftig
déraisonner [deʀɛzɔne] <1> *v. intr.* faseln (*pej*)(*fam*)
dérangé, e [deʀɑ̃ʒe] *adj.* ❶ *fam* (*fou*) verwirrt ❷ MED **être** ~ eine Magenverstimmung haben; **avoir l'intestin** ~ Darmbeschwerden haben ❸ (*désordonné*) unaufgeräumt
dérangement [deʀɑ̃ʒmɑ̃] *m* ❶ (*gêne*) Störung *f* ❷ (*incident technique*) **être en** ~ (*ligne*) gestört sein
déranger [deʀɑ̃ʒe] <2a> **I.** *v. tr.* ❶ (*gêner*) stören ❷ in Unordnung bringen; (*objet, affaires*) durcheinanderbringen **II.** *v. intr.* ❶ (*arriver mal à propos*) stören ❷ (*mettre mal à l'aise*) für Unbehagen sorgen **III.** *v. pron.* ❶ **je me suis dérangé pour rien** mein Gang war umsonst ❷ (*se déplacer*) **se ~ pour qn** sich (*Dat*) wegen jdm Umstände machen
dérapage [deʀapaʒ] *m* AUT Schleudern *nt*
déraper [deʀape] <1> *v. intr.* ❶ ausrutschen; (*voiture*) ins Schleudern geraten ❷ (*conversation*) abgleiten
dératiseur, -euse [deʀatizœʀ, -øz] *m, f* Rattenjäger(in) *m(f)*, Rattenbekämpfer(in) *m(f)*
déréglé, e [deʀegle] *adj.* ❶ (*machine, mécanisme*) gestört; (*appétit, estomac*) gestört, beeinträchtigt; **être** ~ nicht in Ordnung sein ❷ (*vie*) ausschweifend
dérèglement [deʀɛgləmɑ̃] *m* (*de l'appétit, d'une machine*) Störung *f*
déréglementation [deʀɛgləmɑ̃tasjɔ̃] *f* Deregulierung *f*
déréglementer [deʀɛgləmɑ̃te] <1> *v. tr.* deregulieren
dérégler [deʀegle] <5> **I.** *v. tr.* (*machine*) verstellen; (*climat*) verändern **II.** *v. pron.* **se** ~ (*machine*) sich verstellen
dérider [deʀide] <1> *v. tr.* aufheitern
dérision [deʀizjɔ̃] *f* Spott *m*
dérivation [deʀivasjɔ̃] *f* (*d'un cours d'eau, d'une route*) Umleitung *f*
dérive [deʀiv] *f* (*d'un avion, bateau*) Abdrift *f*; **être à la** ~ (*bateau*) dahintreiben ❷ GEO Verschiebung *f* ❸ *fig* (*d'une politique*) Abdriften *nt*; (*d'une monnaie*) Abgleiten *nt*; (*de l'économie*) Abflauen *nt*
dérivé [deʀive] *m* CHIM Derivat *nt*
dériver [deʀive] <1> **I.** *v. tr.* umleiten **II.** *v. intr.* ❶ LING ~ **de qc** aus etw kommen ❷ (*barque*) abtreiben
dériveur [deʀivœʀ] *m* Sturmsegel *nt*
dermatologie [dɛʀmatɔlɔʒi] *f* Dermatologie *f*
dermatologue [dɛʀmatɔlɔg] *mf* Hautarzt *m*/Hautärztin *f*
dernier [dɛʀnje] *m* ❶ (*personne, chose*) **le** ~ (*dans le temps*) der/die/das Letzte; (*pour le mérite*) der/die/das Schlechteste; **son petit** ~ sein/ihr Jüngster; **en** ~ als Letzte(r, s) ❷ (*étage*) oberstes Stockwerk; **habiter au** ~ im obersten Stockwerk wohnen, ganz oben wohnen ▸ **être le ~ des imbéciles** der Letzte sein
dernier, -ière [dɛʀnje, -jɛʀ] *adj.* ❶ *antéposé* (*ultime*) letzte(r, s); **le ~ étage** das oberste Stockwerk; **la dernière marche** (*la plus haute*) die oberste Stufe; (*la plus basse*) die unterste Stufe; **arriver** ~ (*dans une course, une réunion*) als Letzter eintreffen; (*dans un classement*) Letzter sein; **être ~ en classe** der Schlechteste in der Klasse

D

sein ❷ *antéposé* (*le plus récent: œuvre, temps, heure*) letzte(r, s); (*mode, nouvelle, édition*) neueste(r, s); (*événement*) jüngste(r, s); **ces ~s temps/jours** in letzter Zeit/in den letzten Tagen ❸ *postposé* (*antérieur: an, mois, siècle*) letzte(r, s), vergangene(r, s); **l'an ~ à cette époque** letztes Jahr um diese Zeit; **au siècle ~** im letzten Jahrhundert

D

dernière [dɛʀnjɛʀ] *f* ❶ (*personne, chose*) **la ~** (*dans le temps*) der/die/das Letzte; (*pour le mérite*) der/die/das Schlechteste ❷ (*représentation*) Schlussvorstellung *f* ❸ *fam* (*histoire, nouvelle*) **la ~** das Neueste

dernièrement [dɛʀnjɛʀmɑ̃] *adv.* neulich

dernier-né, **dernière-née** [dɛʀnjene, dɛʀnjɛʀne] <derniers-nés> *m, f* Letztgeborene(r) *f(m)*

dérobé, **e** [deʀɔbe] *adj.* (*escalier, porte*) Geheim-

dérober [deʀɔbe] <1> *v. tr.* stehlen; (*secret*) entlocken; (*baiser*) rauben

dérogation [deʀɔgasjɔ̃] *f* Ausnahme *f;* **par ~** aufgrund einer Sonderregelung

déroger [deʀɔʒe] <2a> *v. intr.* **~ à une loi** gegen ein Gesetz verstoßen

dérouiller [deʀuje] <1> **I.** *v. tr.* (*ôter la rouille*) entrosten **II.** *v. intr. fam* (*recevoir une correction*) etwas einstecken müssen **III.** *v. pron.* **se ~ les muscles** die Muskeln spielen lassen

déroulement [deʀulmɑ̃] *m* ❶ (*processus: d'une cérémonie*) Verlauf *m;* (*suite des faits: d'un crime*) Ablauf *m* ❷ (*d'un rouleau, tuyau*) Abrollen *nt;* (*d'une bobine, cassette*) Abspulen *nt*

dérouler [deʀule] <1> **I.** *v. tr.* (*tuyau, rouleau*) abrollen; (*bobine, cassette*) abspulen **II.** *v. pron.* **se ~** ❶ (*vie, manifestation*) verlaufen; (*crime, événement*) sich abspielen; (*action, film*) spielen ❷ (*bobine, cassette*) sich abwickeln

déroutant, **e** [deʀutɑ̃, ɑ̃t] *adj.* verwirrend

déroute [deʀut] *f* Flucht *f*

dérouter [deʀute] <1> *v. tr.* ❶ umleiten ❷ verwirren; (*orateur, candidat*) aus dem Konzept bringen

derrière [dɛʀjɛʀ] **I.** *prép.* (*sans mouvement*) hinter (+ *Dat*); (*avec mouvement*) hinter (+ *Akk*); **être ~ qn** hinter jdm sein; (*dans un classement*) hinter jdm kommen; (*dans une compétition*) hinter jdm liegen; (*soutenir qn*) hinter jdm stehen; (*suivre qn*) hinter jdm her sein; **avoir qn/qc ~ soi** jdn/etw hinter sich (*Dat*) haben; **faire qc ~ qn** *fig* etw hinter jds Rücken (*Dat*) tun; **laisser qn/qc ~ soi** (*abandonner*) jdn/etw zurücklassen; (*après la mort*) etw hinterlassen; **de ~ qc** hinter etw (*Dat*) vor; **par ~** von hinten; **par ~ qc** hinter etw (*Dat*) herum **II.** *adv.* hinten; **de ~** von hinten; **là ~** da hinten; **marcher ~** am Ende gehen; **rester loin ~** weit zurückbleiben; **courir ~** hinterherlaufen **III.** *m* ❶ (*d'une maison*) Rückseite *f;* **la porte de ~** die Hintertür ❷ *fam* (*postérieur*) Hintern *m*

des[1] [de] **I.** *art. déf pl contracté* **les pages ~ livres** die Seiten der Bücher; *voir a.* **de II.** *art. partitif, non traduit* **je mange ~ épinards** ich esse Spinat

des[2] [de, də] < *devant adj* **de**> *art. indéf pl, non traduit* **j'ai acheté ~ pommes et de beaux citrons** ich habe Äpfel und schöne Zitronen gekauft

dès [dɛ] *prép.* (*à partir de*) bereits; **~ lors** (*à partir de ce moment-là*) seitdem; (*par conséquent*) infolgedessen; **~ maintenant** ab sofort; **~ que ...** sobald ...; **~ le matin ...** schon morgens ...; **~ mon retour je ferai ...** gleich nach meiner Rückkehr werde ich ...

désabusé, **e** [dezabyze] *adj.* (*expression, geste*) enttäuscht

désaccord [dezakɔʀ] *m* ❶ (*mésentente*) Unstimmigkeit *f* ❷ (*divergence*) Uneinigkeit *f;* **être en ~ avec qn/qc sur qc** mit jdm/etw in etw (*Dat*) nicht einig sein ❸ (*contradiction*) Diskrepanz *f*

désaccordé, **e** [dezakɔʀde] *adj.* verstimmt

désaccorder [dezakɔʀde] <1> **I.** *v. tr.* verstimmen **II.** *v. pron.* **se ~** sich verstimmen

désaffecté, **e** [dezafɛkte] *adj.* (*église, école*) geschlossen

désaffection [dezafɛksjɔ̃] *f* Unbeliebtheit *f*

désagréable [dezagʀeabl] *adj.* unangenehm

désagréger [dezagʀeʒe] <2a, 5> **I.** *v. tr.* (*désintégrer*) zersetzen **II.** *v. pron.* **se ~** (*corps chimique*) zerfallen; (*roche*) verwittern; (*foule*) sich auflösen

désaltérant, e [dezalteʀɑ̃, ɑ̃t] *adj.* durststillend

désaltérer [dezalteʀe] <5> **I.** *vt, vi* den Durst stillen **II.** *v. pron.* **se** ~ seinen Durst stillen

désamorcer [dezamɔʀse] <2> *v. tr.* (*arme*) sichern; (*bombe*) entschärfen

désapprobateur, -trice [dezapʀɔbatœʀ, -tʀis] *adj.* missbilligend

désapprouver [dezapʀuve] <1> **I.** *v. tr.* (*comportement*) missbilligen; (*projet*) ablehnen **II.** *v. intr.* nicht einverstanden sein

désargenté, e [dezaʀʒɑ̃te] *adj. fam* **être** ~ pleite [*o* blank] sein

désarmant, e [dezaʀmɑ̃, ɑ̃t] *adj.* entwaffnend

désarmement [dezaʀməmɑ̃] *m* Abrüstung *f*

désarmer [dezaʀme] <1> *v. tr.* (*personne*) entwaffnen; (*pays, navire*) abrüsten

désarroi [dezaʀwa] *m* 1 (*trouble*) Verwirrung *f* 2 (*désespoir*) Verzweiflung *f*

désastre [dezastʀ] *m* 1 Katastrophe *f* 2 (*dégât*) Schaden *m*

désastreux, -euse [dezastʀø, -øz] *adj.* 1 verheerend 2 (*nul*) miserabel

désavantage [dezavɑ̃taʒ] *m* Nachteil *m;* (*physique*) Handikap *nt*

désavantager [dezavɑ̃taʒe] <2a> *v. tr.* benachteiligen

désavantageux, -euse [dezavɑ̃taʒø, -ʒøz] *adj.* nachteilig

descendance [desɑ̃dɑ̃s] *f* Nachkommenschaft *f*

descendant, e [desɑ̃dɑ̃, ɑ̃t] **I.** *adj.* (*chemin*) abschüssig **II.** *m, f* Nachkomme *m*

descendre [desɑ̃dʀ] <14> **I.** *v. intr.* + *être* 1 hinuntergehen; ~ **en voiture/par l'ascenseur** mit dem Auto/mit dem Aufzug herunterfahren 2 (*opp: grimper, escalader: vu d'en haut/d'en bas*) hinunterklettern/herunterklettern 3 (*quitter, sortir*) aussteigen; ~ **du bateau** von Bord gehen; ~ **de la voiture/du train** aus dem Auto/dem Zug [aus]steigen 4 (*voler*) tiefer fliegen; (*pour se poser, vu d'en haut/d'en bas: avion*) runtergehen (*fam*)/herunterkommen 5 (*aller, se rendre*) ~ **en ville** in die Stadt gehen/fahren 6 (*faire irruption*) ~ **dans un bar** (*police, justice*) in einer Bar eine Razzia machen 7 (*loger*) ~ **à l'hôtel/chez qn** im Hotel/bei jdm absteigen 8 (*être issu de*) ~ **de qn/d'une famille pauvre** von jdm abstammen/aus einer armen Familie stammen 9 (*aller en pente*) ~ **en pente douce** (*route, chemin*) leicht abwärtsführen 10 (*aller de haut en bas: ballon, voiture*) hinunterrollen; ~ **dans la plaine** (*rivière*) in die Ebene [hinunter]fließen; (*route*) in die Ebene [hinunter]führen 11 (*baisser: marée*) zurückgehen; (*niveau de l'eau, prix, taux*) sinken; (*baromètre, thermomètre*) fallen 12 (*atteindre*) ~ **à/jusqu'à** (*robe, cheveux*) bis zu etw gehen; (*puits, tunnel*) [bis] auf etw (*Akk*) hinuntergehen **II.** *v. tr.* + *avoir* 1 (*se déplacer à pied: vu d'en haut/d'en bas*) hinuntergehen/herunterkommen 2 (*se déplacer en véhicule: vu d'en haut/d'en bas*) hinunterfahren/herunterkommen 3 (*porter en bas: vu d'en haut/d'en bas*) hinunterbringen/herunterbringen; ~ **qc à la cave** etw in den Keller bringen 4 (*stores, rideaux*) herunterlassen

descente [desɑ̃t] *f* 1 (*d'une pente*)(*à pied, en escalade*) Abstieg *m;* (*en voiture, à ski*) Abfahrt *f;* (*d'un fleuve*) Fahrt *f* stromabwärts 2 AVIAT Landung *f* 3 (*arrivée*) **à la ~ d'avion/de bateau** bei der Ankunft im Flughafen/Hafen 4 (*action de descendre au fond de*) ~ **dans qc** Hinuntersteigen *nt* in etw (*Akk*) 5 (*attaque brusque*) **une ~ de police** eine Polizeikontrolle; **faire une ~ dans un bar** *fam* eine Razzia in einer Bar machen 6 (*pente*) Gefälle *nt;* **dans la ~/les ~s** auf abfallender Strecke

descriptif [dɛskʀiptif] *m* Beschreibung *f*

description [dɛskʀipsjɔ̃] *f* Beschreibung *f*

désemparé, e [dezɑ̃paʀe] *adj.* (*personne*) hilflos

désenchanté, e [dezɑ̃ʃɑ̃te] *adj.* ernüchtert

désenfler [dezɑ̃fle] <1> **I.** *v. tr.* zum Abschwellen bringen **II.** *vi, vpr* abschwellen

déséquilibre [dezekilibʀ] *m* 1 (*des forces, valeurs*) Ungleichgewicht *nt;* (*d'une construction, d'une personne*) mangelndes Gleichgewicht; **être en ~** (*per-*

D

sonne, objet) wackelig sein ❷ PSYCH ~ **mental** psychische Störungen *Pl*

déséquilibré, e [dezekilibʀe] *adj.* (*personne, balance*) unausgeglichen; PSYCH psychisch gestört

déséquilibrer [dezekilibʀe] <1> *v. tr.* aus dem Gleichgewicht bringen

D

désert [dezɛʀ] *m* ❶ GEO Wüste *f* ❷ (*lieu dépeuplé*) Einöde *f*, Einschicht *f* (A)

désert, e [dezɛʀ, ɛʀt] *adj.* ❶ (*pays, région*) unbewohnt; (*île, maison*) verlassen ❷ (*plage, rue*) menschenleer

déserter [dezɛʀte] <1> **I.** *v. tr.* verlassen **II.** *v. intr.* MIL desertieren

déserteur [dezɛʀtœʀ] *m* MIL Deserteur *m*

désertification [dezɛʀtifikasjɔ̃] *f* GEO Versteppung *f*

désertion [dezɛʀsjɔ̃] *f* MIL Fahnenflucht *f*

désertique [dezɛʀtik] *adj.* (*climat, plante*) Wüsten-; (*région*) öde

désespérant, e [dezɛspeʀɑ̃, ɑ̃t] *adj.* **être** ~ (*notes, comportement*) zum Verzweifeln sein

désespéré, e [dezɛspeʀe] *adj.* verzweifelt; (*cas*) hoffnungslos; (*situation*) ausweglos

désespérément [dezɛspeʀemɑ̃] *adv.* (*appeler, lutter*) verzweifelt

désespérer [dezɛspeʀe] <5> **I.** *v. intr.* verzweifeln; ~ **de qc** die Hoffnung auf etw (*Akk*) aufgeben **II.** *v. tr.* ❶ (*affliger*) verzweifeln lassen ❷ (*décourager*) zur Verzweiflung bringen

désespoir [dezɛspwaʀ] *m* ❶ (*perte ou absence d'espoir*) Hoffnungslosigkeit *f* ❷ (*détresse, désespérance*) Verzweiflung *f*

déshabillé [dezabije] *m* (*vêtement*) Negligé *nt*

déshabiller [dezabije] <1> *vt, vpr* [**se**] ~ [sich] ausziehen

déshabituer [dezabitɥe] <1> *v. pron.* **se ~ de qc** sich (*Dat*) etw abgewöhnen

désherbant [dezɛʀbɑ̃] *m* Unkrautvertilgungsmittel *nt*

désherber [dezɛʀbe] <1> *v. intr.* Unkraut jäten

déshérité, e [dezeʀite] *adj.* enterbt

déshériter [dezeʀite] <1> *v. tr.* JUR enterben

déshérités [dezeʀite] *mpl* **les** ~ die Bedürftigen

déshonorant, e [dezɔnɔʀɑ̃, ɑ̃t] *adj.* (*conduite*) unehrenhaft; (*échec, accusation*) entehrend

déshonorer [dezɔnɔʀe] <1> **I.** *v. tr.* (*famille*) Schande bringen über (+ *Akk*); (*profession*) in Misskredit bringen; (*femme*) entehren **II.** *v. pron.* **se** ~ seine Ehre verlieren

design [dezajn] *m* Design *nt*

désignation [deziɲasjɔ̃] *f* Bezeichnung *f*

designer [dizajnœʀ] *mf* Designer(in) *m(f)*

désigner [deziɲe] <1> *v. tr.* ❶ (*montrer, indiquer*) ~ **qn/qc** auf jdn/etw hinweisen; ~ **qn/qc du doigt** mit dem Finger auf jdn/etw zeigen ❷ (*choisir*) ~ **qn comme qc** jdn zu etw ernennen ❸ (*qualifier*) **être tout désigné pour qc** besonders geeignet sein für etw ❹ (*dénommer*) ~ **qn par son nom** jdn beim Namen nennen

désillusion [dezi(l)lyzjɔ̃] *f* Enttäuschung *f*

désinfectant [dezɛ̃fɛktɑ̃] *m* Desinfektionsmittel *nt*

désinfectant, e [dezɛ̃fɛktɑ̃, ɑ̃t] *adj.* desinfizierend

désinfecter [dezɛ̃fɛkte] <1> *v. tr.* desinfizieren

désinfection [dezɛ̃fɛksjɔ̃] *f* Desinfektion *f*

désinflation [dezɛ̃flasjɔ̃] *f* Rückgang *m* der Inflation

désinformation [dezɛ̃fɔʀmasjɔ̃] *f* Desinformation *f*

désintégration [dezɛ̃tegʀasjɔ̃] *f* PHYS (*d'une matière*) Zerfall *m*

désintégrer [dezɛ̃tegʀe] <5> *vt, vpr* PHYS [**se**] ~ [sich] spalten

désintéressé, e [dezɛ̃teʀese] *adj.* ❶ (*personne, attitude*) uneigennützig ❷ (*esprit, jugement*) unvoreingenommen

désintéresser [dezɛ̃teʀese] <1> *v. pron.* **se ~ de qn/qc** das Interesse an jdm/etw verlieren

désintérêt [dezɛ̃teʀɛ] *m* Desinteresse *nt*

désintoxication [dezɛ̃tɔksikasjɔ̃] *f* Entgiftung *f*

désintoxiquer [dezɛ̃tɔksike] <1> *v. tr.* (*drogué, alcoolique*) entwöhnen; **se faire** ~ sich einer Entziehungskur unterziehen

désinvolte [dezɛ̃vɔlt] *adj.* (*mouvement, attitude*) ungezwungen
désinvolture [dezɛ̃vɔltyʀ] *f* Ungezwungenheit *f*
désir [deziʀ] *m* ❶ Wunsch *m;* ~ **de qc** Wunsch nach etw ❷ (*appétit sexuel*) Verlangen *nt*
désirable [deziʀabl] *adj.* ❶ (*qualités, attention*) wünschenswert ❷ (*personne*) begehrenswert
désirer [deziʀe] <1> *v. tr.* ❶ wünschen; **je désire/désirerais un café** ich möchte [gerne] einen Kaffee [haben]; **désirer qc** [sich] etw wünschen/haben wollen ❷ (*convoiter*) begehren
désireux, -euse [deziʀø, -øz] *adj.* **être ~ de qc** nach etw streben
désistement [dezistəmɑ̃] *m* POL Rücktritt *m*
désister [deziste] <1> *v. pron.* **se ~** POL zurücktreten
désobéir [dezɔbeiʀ] <8> *v. intr.* ~ **à qn** jdm nicht gehorchen; (*soldat*) jds Befehl verweigern; ~ **à un ordre** sich einem Befehl widersetzen
désobéissance [dezɔbeisɑ̃s] *f* ~ **à qn** Ungehorsam *m* gegenüber jdm; ~ **à un ordre/une loi** Nichtbeachtung *f* eines Befehls/eines Gesetzes
désobéissant, e [dezɔbeisɑ̃, ɑ̃t] *adj.* ungehorsam
désobligeant, e [dezɔbliʒɑ̃, ʒɑ̃t] *adj.* (*attitude, propos*) unfreundlich
désodorisant [dezɔdɔʀizɑ̃] *m* De[s]odorant *nt*
désodorisant, e [dezɔdɔʀizɑ̃, ɑ̃t] *adj.* desodorierend
désodoriser [dezɔdɔʀize] <1> *v. tr.* ~ **le couloir** den unangenehmen Geruch im Korridor beseitigen
désœuvré, e [dezœvʀe] *adj.* untätig
désœuvrement [dezœvʀəmɑ̃] *m* Untätigkeit *f*
désolant, e [dezɔlɑ̃, ɑ̃t] *adj.* (*spectacle, nouvelle*) traurig
désolation [dezɔlasjɔ̃] *f* Trostlosigkeit *f*
désolé, e [dezɔle] *adj.* ❶ (*éploré*) untröstlich ❷ (*navré*) **je suis vraiment ~** es tut mir wirklich leid ❸ (*lieu, paysage*) trostlos
désoler [dezɔle] <1> *v. tr.* traurig machen, betrüben
désolidariser [desɔlidaʀize] <1> *v. pron.* **se ~ de qn/qc** sich von jdm/etw distanzieren
désopilant, e [dezɔpilɑ̃, ɑ̃t] *adj.* wahnsinnig lustig
désordonné, e [dezɔʀdɔne] *adj.* ❶ (*sans ordre*) unordentlich ❷ (*esprit, personne*) chaotisch ❸ (*gestes, mouvements*) unkontrolliert
désordre [dezɔʀdʀ] *m* ❶ *sans pl.* (*d'une personne, d'un lieu*) Unordnung *f* ❷ (*de l'esprit*) Durcheinander *nt* ❸ *gén. pl.* POL Unruhen *Pl*
désorganiser [dezɔʀganize] <1> *v. tr.* (*service, projets*) durcheinanderbringen
désorienté, e [dezɔʀjɑ̃te] *adj.* verwirrt
désorienter [dezɔʀjɑ̃te] <1> *v. tr.* ❶ (*personne*) verwirren ❷ (*déconcerter*) verunsichern
désormais [dezɔʀmɛ] *adv.* von nun an
désosser [dezɔse] <1> *v. tr.* GASTR (*viande*) von den Knochen lösen
desquels, desquelles [dekɛl] *pron. voir* **lequel**
dessaisir [deseziʀ] <8> *v. pron.* **se ~ de qc** etw abgeben
dessaler [desale] <1> *v. tr.* entsalzen
dessèchement [desɛʃmɑ̃] *m* (*de la peau, du sol*) Austrocknung *f*
dessécher [deseʃe] <1> **I.** *v. tr.* ❶ (*terre, peau*) austrocknen; (*végétation*) verdorren lassen; (*plantes*) trocknen ❷ (*sécher pour conserver: fruits*) dörren **II.** *v. pron.* **se ~** (*bouche, lèvres*) trocken werden; (*terre, peau*) austrocknen; (*végétation*) verdorren
desserré, e [deseʀe] *adj.* (*vis, lacet*) locker; (*ceinture, cravate*) gelockert; (*frein*) gelöst
desserrer [deseʀe] <1> **I.** *v. tr.* ❶ (*dévisser*) lockern ❷ (*étau, cravate*) lockern; (*ceinture*) weiter machen; (*frein à main*) lösen ❸ (*poing*) öffnen **II.** *v. pron.* **se ~** (*vis, étau, nœud*) sich lockern; (*frein à main*) sich lösen; (*personnes*) auseinanderrücken; (*rangs*) sich auflösen
dessert [desɛʀ] *m* Nachtisch *m*, Dessert *nt*
desserte [desɛʀt] *f* ❶ (*meuble*) Serviertisch *m* ❷ AUT ~ **de qc** [Verkehrs]verbindung *f* zu etw
desservir [desɛʀviʀ] <irr> *v. tr.* ❶ (*table*) abräumen ❷ (*nuire à*) ~ **qn/qc** jdm/einer S. schaden ❸ AUT ~ **qc**

(*bus, train*) etw anfahren; (*compagnie aérienne*) etw anfliegen

dessin [desɛ̃] *m* ❶ (*image*) Zeichnung *f*; ~[s] **animé**[s] Zeichentrickfilm *m* ❷ (*activité*) Zeichnen *nt* ❸ (*motif*) Muster *nt*

dessinateur, -trice [desinatœʀ, -tʀis] *m, f* ❶ ART Zeichner(in) *m(f)* ❷ IND Designer(in) *m(f)*

dessiner [desine] <1> **I.** *v. intr.* zeichnen **II.** *v. tr.* ❶ ART zeichnen ❷ TECH (*plan d'une maison*) zeichnen; (*meuble, véhicule*) entwerfen ❸ (*contours, formes*) betonen

dessoûler [desule] <1> *v. intr.* nüchtern werden

dessous [d(ə)su] **I.** *adv.* (*sous: passer, regarder, être [placé]*) d[a]runter **II.** *prép.* ❶ (*sous*) **en ~ de qc** unterhalb einer S. (*Gen*), unter etw (*Dat*); **d'en ~** *fam* (*voisin, appartement*) von unten; **habiter en ~ de chez qn** unter jdm wohnen ❷ (*plus bas que*) **en ~ de qc** unter einer S. (*Dat*) **III.** *m* ❶ (*face inférieure, de ce qui est plus bas: d'une assiette, langue*) Unterseite *f*; (*des pieds, chaussures*) Sohle *f*; **le voisin/l'étage du ~** der Nachbar von unten/die untere Etage ❷ *pl* TEXTIL Dessous *Pl* ❸ *pl* (*d'une affaire, de la politique*) Hintergründe *Pl*

dessous-de-plat [d(ə)sud(ə)pla] *m inv.* [Schüssel]untersetzer *m* **dessous-de-table** [d(ə)sud(ə)tabl] *m inv.* Schmiergeld *nt*

dessus [d(ə)sy] **I.** *adv.* (*sur qn/qc*) darauf; **mettre ~** darauf stellen/legen; **elle lui a tapé/tiré ~** sie hat auf ihn eingeschlagen/geschossen **II.** *prép.* **enlever de ~ qc** von etw herunternehmen **III.** *m* (*de la tête, du pied*) Oberseite *f*; **le voisin/l'étage du ~** der Nachbar von oben/die obere Etage ▸ **avoir le ~** überlegen sein

dessus-de-lit [d(ə)syd(ə)li] *m inv.* Tagesdecke *f*

déstabilisation [destabilizasjɔ̃] *f* Destabilisierung *f*

déstabiliser [destabilize] <1> *v. tr.* (*État, économie*) destabilisieren; (*personne*) verunsichern

destin [dɛstɛ̃] *m* Schicksal *nt*

destinataire [dɛstinatɛʀ] *mf* Empfänger(in) *m(f)*

destination [dɛstinasjɔ̃] *f* Ziel *nt*; (*d'une lettre*) Bestimmungsort *m*; **arriver à ~** am Ziel ankommen; **le train à ~ de Hambourg** der Zug nach Hamburg

destinée [dɛstine] *f* Schicksal *nt*

destiner [dɛstine] <1> **I.** *v. tr.* ❶ **~ un poste à qn** eine Stelle für jdn vorsehen; **être destiné à qn** (*fortune, emploi, livre*) für jdn bestimmt sein; (*remarque, allusion*) sich an jdn richten ❷ (*prévoir un usage*) **~ un local à qc** ein Lokal für etw bestimmen **II.** *v. pron.* **se ~ à la politique** sich der Politik verschreiben

destituer [dɛstitɥe] <1> *v. tr.* absetzen

destitution [dɛstitysjɔ̃] *f* Absetzung *f*; (*d'un fonctionnaire*) [Dienst]entlassung *f*; (*d'un ministre*) Amtsenthebung *f*

déstresser [destʀese] <1> **I.** *v. intr.* *fam* entstressen **II.** *v. pron.* **se ~** Stress abbauen

destructeur, -trice [dɛstʀyktœʀ, -tʀis] *adj.* (*critique, idée*) destruktiv; (*action, feu, guerre*) zerstörerisch; (*fléau*) verheerend

destructif, -ive [dɛstʀyktif, -iv] *adj.* destruktiv

destruction [dɛstʀyksjɔ̃] *f* (*d'un immeuble, d'un objet*) Zerstörung *f*; (*d'archives, de preuves*) Vernichtung *f*

déstructurer [destʀyktyʀe] <1> *v. tr.* **~ qc** die Struktur einer S. (*Gen*) auflösen

désuet, désuète [dezɥɛ, dezɥɛt] *adj.* (*coutume, vêtement*) altmodisch

désuétude [dezɥetyd] *f* **tomber en ~** (*expression*) außer Gebrauch kommen

désuni, e [dezyni] *adj.* zerstritten

désunion [dezynjɔ̃] *f* (*d'un parti, d'une famille*) Uneinigkeit *f*

désunir [dezyniʀ] <8> *v. tr.* (*couple*) auseinanderbringen; (*famille, équipe*) entzweien

détachable [detaʃabl] *adj.* (*partie, capuche*) abtrennbar; (*feuilles*) abreißbar

détachant [detaʃɑ̃] *m* Fleckentferner *m*

détaché, e [detaʃe] *adj.* (*air, œil*) gleichgültig

détachement [detaʃmɑ̃] *m* Gleichgültigkeit *f*

détacher[1] [detaʃe] <1> **I.** *v. tr.* ❶ (*prisonnier, chien*) losmachen; (*en enlevant un lien*) losbinden ❷ (*cheveux, nœud*) lösen ❸ (*timbre*) ablösen; (*feuille*) abreißen ❹ ADMIN **~ qn à Paris** jdn einstweilig nach Paris versetzen ⑤ (*lettres, notes*) voneinander absetzen **II.** *v. pron.* ① (*se libérer*) **se ~** sich befreien ② (*se séparer*) **se ~ de qc** (*bateau, satellite*) sich von etw trennen ③ (*se défaire*) **se ~** (*chaîne, lacet*) aufgehen ④ (*prendre ses distances*) **se ~ de qn** sich [gefühlsmäßig] von jdm lösen

détacher[2] [detaʃe] <1> *v. tr.* **~ qc** etw reinigen

détail [detaj] <s> *m* ① (*d'une description, d'un récit*) Einzelheit *f*, Detail *nt;* **dans les moindres ~s** bis ins kleinste Detail ② *sans pl.* (*des dépenses, d'un compte*) detaillierte Aufstellung

détaillant, e [detajɑ̃, jɑ̃t] *m, f* Einzelhändler(in) *m(f)*

détaillé, e [detaje] *adj.* (*explications, récit*) ausführlich; (*plan*) detailliert

détailler [detaje] <1> *v. tr.* ① COM (*articles*) einzeln verkaufen; (*marchandise*) in kleineren Mengen verkaufen ② (*plan, histoire*) ausführlich erörtern

détaler [detale] <1> *v. intr. fam* sich aus dem Staub machen

détartrant [detaʀtʀɑ̃] *m* Entkalker *m*

détartrer [detaʀtʀe] <1> *v. tr.* (*chaudière, conduit*) entkalken

détaxe [detaks] *f* Steuerermäßigung *f*

détecter [detɛkte] <1> *v. tr.* (*objets cachés, personne*) aufspüren; (*fuite de gaz, mines*) ausfindig machen

détecteur [detɛktœʀ] *m* **~ de fumée** Rauchmelder *m*

détective [detɛktiv] *mf* Detektiv(in) *m(f)*

déteindre [detɛ̃dʀ] <irr> *v. intr.* die Farbe verlieren; **~ sur qc** auf etw (*Akk*) abfärben

détendre [detɑ̃dʀ] <14> **I.** *v. tr.* (*arc, corde*) lockern; (*muscle, situation*) entspannen; (*atmosphère*) auflockern **II.** *v. pron.* **se ~** (*se relâcher: ressort*) sich lockern; (*arc, corde*) an Spannung verlieren; (*muscle, personne, situation*) sich entspannen; (*atmosphère*) sich auflockern

détendu, e [detɑ̃dy] *adj.* entspannt

détenir [det(ə)niʀ] <9> *v. tr.* ① (*objet, pouvoir*) besitzen; (*preuve, majorité*) verfügen über (+ *Akk*); (*record, titre*) halten ② (*retenir prisonnier*) gefangen halten

détente [detɑ̃t] *f* Entspannung *f*

détenteur, -trice [detɑ̃tœʀ, -tʀis] *m, f* Besitzer(in) *m(f);* (*d'un compte, d'un brevet*) Inhaber(in) *m(f);* **~ du titre** Titelträger *m;* **~ du record** Rekordhalter *m*

détention [detɑ̃sjɔ̃] *f* ① (*possession: d'un document, d'une somme*) Besitz *m* ② (*incarcération*) Haft *f*

détenu, e [det(ə)ny] *m, f* Häftling *m*

détergent [detɛʀʒɑ̃] *m* Reinigungsmittel *nt*

détérioration [deteʀjɔʀasjɔ̃] *f* (*d'un appareil, de marchandises*) Beschädigung *f;* (*des relations*) Verschlechterung *f*

détériorer [deteʀjɔʀe] <1> **I.** *v. tr.* ① (*appareil, marchandise*) beschädigen ② (*climat social, relations*) verschlechtern **II.** *v. pron.* **se ~** ① (*appareil, marchandise*) Schaden nehmen ② (*temps, santé*) sich verschlechtern

déterminant, e [detɛʀminɑ̃, ɑ̃t] *adj.* (*action, rôle, événement*) entscheidend; (*argument, raison*) ausschlaggebend

détermination [detɛʀminasjɔ̃] *f* ① (*fixation: d'une grandeur, d'une date*) Bestimmung *f;* (*de l'heure, du lieu*) Festlegung *f;* (*de la cause, de l'origine*) Ermittlung *f* ② (*décision*) Entschluss *m* ③ (*fermeté*) Entschlossenheit *f*

déterminé, e [detɛʀmine] *adj.* ① (*idée, lieu, but*) bestimmt ② (*personne, air*) entschlossen

déterminer [detɛʀmine] <1> *v. tr.* ① (*sens, inconnue*) bestimmen; (*cause*) ermitteln ② (*date, lieu*) festlegen

déterminisme [detɛʀminism] *m* Determinismus *m*

déterré, e [deteʀe] *m, f* ▸ **avoir une mine de ~** *fam* leichenblass aussehen

déterrer [deteʀe] <1> *v. tr.* (*arbre, personne*) ausgraben; (*mine, obus*) freilegen

détestable [detɛstabl] *adj.* (*personne, comportement*) abscheulich

détester [detɛste] <1> *v. tr.* hassen; (*aliment*) [ganz und] gar nicht mögen

détonant, e [detɔnɑ̃, ɑ̃t] *adj.* **gaz ~** Knallgas *nt*

détonateur [detɔnatœʀ] *m* Zündkapsel *f*

détonation [detɔnasjɔ̃] *f* (*d'une arme à feu*) Knall *m*

détoner [detɔne] <1> *v. intr.* detonieren

D

détonner [detɔne] <1> *v. intr.* (*couleurs*) nicht zusammenpassen

détour [detuʀ] *m* ❶ (*sinuosité*) Biegung *f* ❷ (*trajet plus long*) Umweg *m* ❸ (*biais*) Ausflucht *f*

détourné, e [detuʀne] *adj.* ❶ (*faisant un détour*) **sentier** ~ Umweg *m* ❷ (*indirect: reproche, allusion*) versteckt

détournement [detuʀnəmɑ̃] *m* ❶ ~ **d'avion** Flugzeugentführung *f* ❷ (*vol*) Unterschlagung *f;* ~ **de fonds** Unterschlagung *f* von Geldern; ~ **de mineur** Verführung *f* Minderjähriger

détourner [detuʀne] <1> **I.** *v. tr.* ❶ (*rivière, circulation*) umleiten; (*par la contrainte: avion*) entführen ❷ (*tête, visage, regard*) abwenden ❸ (*texte*) verfremden; ~ **qn de sa route** jdn von seinem Weg abbringen ❹ (*distraire*) ~ **qn de qc** jdn von etw ablenken ❺ (*somme, fonds*) unterschlagen **II.** *v. pron.* **se** ~ sich abwenden

détracteur, -trice [detʀaktœʀ, -tʀis] *m, f* Gegner(in) *m(f)*

détraqué, e [detʀake] **I.** *adj.* ❶ (*appareil, mécanisme*) gestört ❷ (*santé, estomac*) angegriffen **II.** *m, f fam* Verrückte(r) *f(m)*

détraquer [detʀake] <1> **I.** *v. tr.* ❶ (*appareil*) kaputtmachen ❷ *fam* (*santé*) angreifen; (*estomac*) verderben **II.** *v. pron. fam* **se** ~ **l'estomac** sich (*Dat*) den Magen verderben

détrempé, e [detʀɑ̃pe] *adj.* (*sol, chemin*) aufgeweicht

détremper [detʀɑ̃pe] <1> *v. tr.* (*couleur, mortier*) anrühren

détresse [detʀɛs] *f* ❶ Verzweiflung *f* ❷ (*situation difficile*) Not *f*

détriment [detʀimɑ̃] *m* **au** ~ **de qc** auf Kosten einer S. (*Gen*)

détritus [detʀity(s)] *mpl* Abfall *m*

détroit [detʀwa] *m* Meerenge *f*

détromper [detʀɔ̃pe] <1> *v. tr.* ~ **qn** jdn über seinen Irrtum aufklären

détrôner [detʀone] <1> *v. tr.* entthronen

détruire [detʀɥiʀ] <irr> *v. tr.* ❶ zerstören ❷ (*armes, population*) vernichten; (*fig: personne, illusions*) zerstören; (*plans, espoirs*) zunichtemachen

dette [dɛt] *f* ❶ (*somme d'argent*) [Geld]-schuld *f* ❷ (*devoir*) Schuld *f;* **avoir une** ~ **envers qn** in jds Schuld (*Dat*) stehen (*geh*)

deuil [dœj] *m* ❶ (*affliction*) Trauer *f* ❷ (*décès*) Trauerfall *m*

deux [dø] **I.** *num.* ❶ zwei; **tous les** ~ alle beide; **à** ~ zu zweit ❷ (*quelques*) **habiter à** ~ **pas d'ici** um die Ecke wohnen; **il ne faut que** ~ **minutes pour aller à la gare** [bis] zum Bahnhof sind es nur ein paar Minuten; **j'ai** ~ **mots à vous dire!** ich hätte [da] ein Wörtchen mit Ihnen zu reden! **II.** *m inv.* (*cardinal*) Zwei *f*

deuxième [døzjɛm] **I.** *adj. antéposé* zweite(r, s); **vingt-**~ zweiundzwanzigste(r, s) **II.** *mf* **le/la** ~ der/die/das Zweite **III.** *f* (*vitesse*) zweiter Gang; *voir a.* **cinquième**

deuxièmement [døzjɛmmɑ̃] *adv.* zweitens

deux-pièces [døpjɛs] *m inv.* ❶ (*appartement*) Zweizimmerwohnung *f* ❷ (*maillot de bain*) Bikini *m* **deux-points** [døpwɛ̃] *mpl inv.* LING Doppelpunkt *m* **deux-roues** [døʀu] *m inv.* Zweirad *nt* **deux-temps** [døtɑ̃] *m inv.* Zweitakter *m*

deuzio [døzjo] *adv.* zweitens

dévaler [devale] <1> *v. intr.* (*vu d'en haut/vu d'en bas*) ~ **de qc** (*personne*) etw hinunterrennen/herunterrennen; (*skieur*) etw hinuntersausen/heruntersausen

dévaliser [devalize] <1> *v. tr.* (*personne*) ausplündern; (*banque*) ausrauben

dévalorisant, e [devalɔʀizɑ̃, -ɑ̃t] *adj.* abwertend

dévalorisation [devalɔʀizasjɔ̃] *f* (*d'une monnaie*) Entwertung *f;* (*d'une voiture*) Wertminderung *f*

dévaloriser [devalɔʀize] <1> **I.** *v. tr.* ❶ (*dévaluer*) entwerten ❷ (*mérite, talent*) abwerten; (*personne*) herabsetzen; **être dévalorisé** (*métier*) an Ansehen verloren haben **II.** *v. pron.* **se** ~ ❶ (*monnaie, marchandise*) an Wert verlieren ❷ (*personne*) sich selbst herabsetzen

dévaluation [devalɥasjɔ̃] *f* FIN Abwertung *f*

dévaluer [devalɥe] <1> *v. tr.* FIN abwerten

devancer [d(ə)vɑ̃se] <2> *v. tr.* ❶ (*être

le premier) übertreffen ❷ (*précéder*) ~ **qn** jdm zuvorkommen ❸ (*aller au devant de*) zuvorkommen (+ *Dat*)

devant [d(ə)vɑ̃] **I.** *prép.* ❶ (*en face de: être, se trouver, rester*) vor (+ *Dat*); (*avec mouvement: aller, passer*) vor (+ *Akk*); **passer ~ qn/qc** an jdm/etw vorbeigehen ❷ (*en avant de*) vor (+ *Dat*); (*avec mouvement*) vor (+ *Akk*); **passer ~ qn** vor jdn gehen ❸ (*face à, en présence de*) ~ **qn** (*s'exprimer, pleurer*) vor jdm; ~ **le danger** (*rester calme*) angesichts der Gefahr ▸ **avoir du temps ~ soi** [genug] Zeit haben **II.** *adv.* ❶ (*en face*) davor ❷ (*en avant*) vorn[e]; (*avec mouvement*) nach vorn[e] **III.** *m* (*d'un vêtement*) Vorderteil *nt;* (*d'un objet*) Vorderseite *f*

devanture [d(ə)vɑ̃tyʀ] *f* **en ~** im Schaufenster

dévastateur, **-trice** [devastatœʀ, -tʀis] *adj.* (*orage, effet*) verheerend; (*virus*) todbringend; (*passion*) zerstörerisch

dévastation [devastasjɔ̃] *f* Verwüstung *f*

dévaster [devaste] <1> *v. tr.* (*pays, les terres*) verwüsten; (*récoltes*) vernichten

développé, **e** [dev(ə)lɔpe] *adj.* entwickelt

développement [devlɔpmɑ̃] *m* ❶ BIO Entwicklung *f* ❷ ECON (*de l'industrie, d'une affaire*) Entwicklung *f;* (*de la production*) Steigerung *f;* **être en plein ~** (*économie, entreprise*) einen bedeutenden Aufschwung erleben; **pays en voie de ~** Entwicklungsland *nt* ❸ (*des connaissances*) Erweiterung *f;* (*d'une maladie*) Fortschreiten *nt* ❹ (*de l'intelligence*) Entwicklung *f;* (*d'une civilisation*) [Weiter]entwicklung *f* ❺ (*d'un thème, problème*) Erläuterung *f;* SCOL (*d'une dissertation*) Hauptteil *m* ❻ PHOT Entwickeln *nt*

développer [dev(ə)lɔpe] <1> **I.** *v. tr.* ❶ entwickeln; (*créativité*) fördern; (*attention*) wecken; (*connaissances*) erweitern ❷ (*usine, secteur*) ausbauen ❸ (*technique, machine*) entwickeln ❹ (*thème*) ausführen; (*aspect, pensée*) darlegen ❺ PHOT **faire ~** entwickeln lassen **II.** *v. pron.* **se ~** ❶ *a.* ECON, TECH sich entwickeln ❷ (*échanges*) zunehmen; (*relations*) sich entwickeln

devenir [dəv(ə)niʀ] <9> *v. intr.* + *être* ~ **riche/ingénieur** reich/Ingenieur *m* werden

dévergondé, **e** [devɛʀgɔ̃de] *adj.* (*personne*) schamlos

déverrouiller [deveʀuje] <1> *v. tr.* (*arme à feu*) entsichern

déverser [devɛʀse] <1> **I.** *v. tr.* ❶ (*liquide*) gießen ❷ (*sable, ordures*) [aus]schütten **II.** *v. pron.* **se ~ dans une rivière** sich in einen Fluss (*Akk*) ergießen

dévêtir [devetiʀ] <irr> *v. pron.* **se ~** sich ausziehen

déviant, **e** [devjɑ̃, jɑ̃t] *adj.* von der Norm abweichend

déviation [devjasjɔ̃] *f* Umleitung *f*

dévider [devide] <1> *v. tr.* (*câble, pelote*) abwickeln

dévier [devje] <1> **I.** *v. intr.* abweichen **II.** *v. tr.* (*circulation*) umleiten; (*coup, balle*) ablenken; (*conversation*) in eine andere Richtung lenken

devin, **devineresse** [dəvɛ̃, dəvin(ə)ʀɛs] *m, f* Wahrsager(in) *m(f)*

deviner [d(ə)vine] <1> *v. tr.* ❶ (*réponse, secret*) erraten ❷ (*sens, pensée*) [er]ahnen; (*intention*) durchschauen

devinette [d(ə)vinɛt] *f* Rätsel *nt*

devis [d(ə)vi] *m* Kostenvoranschlag *m*

dévisager [devizaʒe] <2a> *v. tr.* anstarren

devise [d(ə)viz] *f* ❶ (*règle de conduite*) Motto *nt* ❷ (*monnaie*) Devisen *Pl*

dévisser [devise] <1> **I.** *v. intr.* SPORT abstürzen **II.** *v. tr.* (*écrou, couvercle*) abschrauben

dévoiler [devwale] <1> **I.** *v. tr.* enthüllen; (*charmes, rondeurs*) entblößen **II.** *v. pron.* **se ~** (*mystère, fourberie*) offenkundig werden

devoir [d(ə)vwaʀ] <irr> **I.** *v. tr.* ❶ (*argent*) schulden; **~ qc à qn** jdm etw schulden ❷ (*être redevable de*) **~ un succès à qn/qc** jdm/einer S. einen Erfolg verdanken **II.** *aux* ❶ **~ faire qc** etw tun müssen ❷ (*obligation exprimée par autrui*) sollen ❸ (*fatalité*) müssen ❹ (*hypothèse*) müssen; **il doit se faire tard, non?** es wird wohl spät werden, oder? **III.** *m* ❶ (*obligation morale*) Pflicht *f* ❷ (*ce que l'on doit faire*) Aufgabe *f* ❸ SCOL (*~ surveillé*) [Klassen]arbeit *f;* **~ sur table** SCOL Klassenarbeit; UNIV Klausur *f;* (*~s à la maison*) *pl* Hausaufgabe *f*

dévorer [devɔʀe] <1> **I.** *v. intr.* (*personne*) das Essen hinunterschlingen **II.** *v. tr.* ❶ (*avaler*) ~ **qc** (*personne*) etw verschlingen; (*animal*) etw fressen ❷ (*lire*) verschlingen ❸ (*tourmenter*) ~ **qn** (*remords, peur*) jdn quälen

dévot, e [devo, ɔt] *adj.* (*pieux*) fromm

dévotion [devosjɔ̃] *f* Frömmigkeit *f*

dévoué, e [devwe] *adj.* ergeben

dévouement [devumɑ̃] *m* ❶ (*attachement*) Ergebenheit *f* ❷ (*action de se sacrifier*) ~ **à qn/qc** Aufopferung *f* für jdn/etw

dévouer [devwe] <1> *v. pron.* **se** ~ sich [auf]opfern

dextérité [dɛksteʀite] *f* ❶ (*adresse*) Geschicklichkeit *f*; (*des doigts*) Fingerfertigkeit *f* ❷ (*adresse d'esprit*) Gewandtheit *f*

dézipper [dezipe] <1> *v. tr.* INFORM (*fichier*) dekomprimieren, entzippen

diabète [djabɛt] *m* Zuckerkrankheit *f*

diabétique [djabetik] **I.** *adj.* zuckerkrank **II.** *mf* Diabetiker(in) *m(f)*

diable [djɑbl] *m* Teufel *m*

diablesse [djɑblɛs] *f* Teufelin *f*

diablotin [djablɔtɛ̃] *m* Teufelchen *nt*

diabolique [djabɔlik] *adj.* diabolisch

diabolo [djabɔlo] *m* Diabolo *nt*

diacre [djakʀ] *m* Diakon *m*

diadème [djadɛm] *m* Diadem *nt*

diagnostic [djagnɔstik] *m a.* MED Diagnose *f*

diagnostiquer [djagnɔstike] <1> *v. tr.* diagnostizieren (*geh*)

diagonale [djagɔnal] *f* Diagonale *f*

diagramme [djagʀam] *m* Diagramm *nt*

dialecte [djalɛkt] *m* Mundart *f*

dialogue [djalɔg] *m* Gespräch *nt*

dialoguer [djalɔge] <1> *v. intr.* ❶ ~ **avec qn** (*parler*) ein Gespräch mit jdm führen; (*négocier*) einen Dialog mit jdm führen ❷ INFORM ~ **avec qc** im Dialog mit etw stehen

diamant [djamɑ̃] *m* Diamant *m*

diamantaire [djamɑ̃tɛʀ] *mf* ❶ (*tailleur*) Diamantschleifer(in) *m(f)* ❷ (*commerçant*) Diamantenhändler(in) *m(f)*

diamètre [djamɛtʀ] *m* Durchmesser *m*

diapason [djapazɔ̃] *m* (*instrument*) Stimmgabel *f*

diaphragme [djafʀagm] *m* ANAT Zwerchfell *nt*

diapo [djapo] *f abr. de* **diapositive** Dia *nt*

diapositive [djapozitiv] *f* Dia[positiv] *nt*

diarrhée [djaʀe] *f* Durchfall *m*

diaspora [djaspɔʀa] *f* Diaspora *f*

dico [diko] *m fam abr. de* **dictionnaire** Wörterbuch *nt*

dictateur, -trice [diktatœʀ, -tʀis] *m, f* Diktator(in) *m(f)*

dictatorial, e [diktatɔʀjal, jo] <-aux> *adj.* diktatorisch

dictature [diktatyʀ] *f* ❶ POL Diktatur *f* ❷ (*autoritarisme*) Tyrannei *f*

dictée [dikte] *f a.* SCOL Diktat *nt*

dicter [dikte] <1> *v. tr.* ❶ diktieren ❷ vorschreiben; (*volonté, vues*) aufzwingen

diction [diksjɔ̃] *f* Sprechweise *f*

dictionnaire [diksjɔnɛʀ] *m* Wörterbuch *nt*

dicton [diktɔ̃] *m* sprichwörtliche Redensart

didacticiel [didaktisjɛl] *m* INFORM Lernsoftware *f*

didactique [didaktik] *adj.* didaktisch

dièse [djɛz] *m* Kreuz *nt*

diesel [djezɛl] *m* Diesel[motor] *m*

diète [djɛt] *f* Schonkost *f*

diététicien, ne [djetetisjɛ̃, jɛn] *m, f* Ernährungsberater(in) *m(f)*

diététique [djetetik] **I.** *adj.* Diät-; (*aliment*) diätetisch **II.** *f* Ernährungswissenschaft *f*

dieu [djø] <x> *m* ❶ Gott *m* ❷ *sans pl.* **le bon Dieu** *fam* der liebe Gott ▸ **Dieu merci!** Gott sei Dank!; **Dieu soit loué!** Oh Gott!; **Oh, mon Dieu!** Oh, mein Gott!

diffamateur, -trice [difamatœʀ, -tʀis] *adj.* verleumderisch

diffamation [difamasjɔ̃] *f* Diffamierung *f*

diffamatoire [difamatwaʀ] *adj.* diffamierend

diffamatrice [difamatʀis] *adj. voir* **diffamateur**

diffamer [difame] <1> *v. tr.* in Verruf (*Akk*) bringen

différé [difeʀe] *m* TV Aufzeichnung *f*

différemment [difeʀamɑ̃] *adv.* anders

différence [difeʀɑ̃s] *f* ❶ ~ **avec qn/qc** Unterschied *m* zu jdm/etw; **à la ~ de qn/qc** im Unterschied zu jdm/etw ❷ (*écart*) Differenz *f*

différencier [difeʀɑ̃sje] <1> **I.** *v. tr.* auseinanderhalten **II.** *v. pron.* **se ~ du**

copain par qc sich vom Kumpel durch etw (*Akk*)/in etw (*Dat*) unterscheiden

différend [difeʀɑ̃] *m* Meinungsverschiedenheit *f*

différent, e [difeʀɑ̃, ɑ̃t] *adj.* ❶ andere(r, s)*präd.*; ~ **de** anders als ❷ *pl, antéposé* (*divers*) verschieden

différer [difeʀe] <5> **I.** *v. intr.* ❶ (*être différent*) unterschiedlich sein; (*opinions*) auseinandergehen ❷ (*avoir une opinion différente*) ~ **sur qc** in etw (*Dat*) unterschiedlicher Ansicht sein **II.** *v. tr.* verschieben

difficile [difisil] *adj.* ❶ schwierig ❷ (*moment*) schwer[wiegend]

difficilement [difisilmɑ̃] *adv.* schwierig; (*péniblement*) schwer

difficulté [difikylte] *f sans pl.* Schwierigkeit *f*

difforme [difɔʀm] *adj.* missgestaltet; (*membre, arbre*) unförmig

diffraction [difʀaksjɔ̃] *f* Beugung *f*

diffus, e [dify, yz] *adj.* (*lumière*) diffus; (*sentiments, souvenirs*) vage

diffuser [difyze] <1> **I.** *v. tr.* ❶ (*lumière, bruit*) verbreiten ❷ MEDIA senden; (*concert, discours*) übertragen **II.** *v. pron.* **se** ~ (*bruit, chaleur*) sich verbreiten

diffuseur, -euse [difyzœʀ, -øz] *m, f* (*de livres, d'un éditeur*) Vertreiber(in) *m(f)*; (*d'une marque*) Vertriebshändler(in) *m(f)*

diffusion [difyzjɔ̃] *f* ❶ (*de la chaleur, lumière*) Verbreitung *f* ❷ MEDIA Ausstrahlung *f*, Sendung *f*; (*d'un concert, discours*) Übertragung *f*

digérer [diʒeʀe] <5> **I.** *v. intr.* verdauen; **bien/mal** ~ eine gute/schlechte Verdauung haben **II.** *v. tr.* ❶ ANAT verdauen ❷ (*assimiler*) [geistig] verarbeiten ❸ *fam* (*affront*) schlucken

digeste [diʒɛst] *adj.* bekömmlich

digestif [diʒɛstif] *m* Verdauungsschnaps *m*

digestion [diʒɛstjɔ̃] *f* Verdauung *f*

digital, e [diʒital, o] <-aux> *adj.* Finger-

digitale [diʒital] *f* BOT Fingerhut *m*

digne [diɲ] *adj.* ~ **de ce nom** dieses Namens würdig

dignement [diɲ(ə)mɑ̃] *adv.* würdig

dignitaire [diɲitɛʀ] *mf* Würdenträger(in) *m(f)*

dignité [diɲite] *f* ❶ Würde *f* ❷ (*amour-propre*) Selbstachtung *f*

digue [dig] *f* Damm *m*

dilapider [dilapide] <1> *v. tr.* vergeuden; (*fortune, patrimoine*) verschleudern

dilater [dilate] <1> *v. pron.* **se** ~ (*métal, corps*) sich [aus]dehnen; (*pupille, cœur*) sich weiten

D

dilemme [dilɛm] *m* Dilemma *nt*

dilettante [diletɑ̃t] *mf* Dilettant(in) *m(f)*

diluer [dilɥe] <1> **I.** *v. tr.* ❶ ~ **avec de l'eau/dans de l'eau** mit Wasser verdünnen/in Wasser (*Dat*) auflösen ❷ (*affaiblir*) verwässern **II.** *v. pron.* **se** ~ sich auflösen

dimanche [dimɑ̃ʃ] *m* Sonntag *m*; ~ **de l'Avent/de Pâques/des Rameaux** Advents-/Oster-/Palmsonntag; ~, **on part en vacances** am Sonntag fahren wir in Urlaub; **le** ~ sonntags; **tous les ~s** jeden Sonntag; ~ **matin** [am] Sonntagmorgen; ~ **dans la nuit** Sonntagnacht

dimension [dimɑ̃sjɔ̃] *f* ❶ (*taille*) Größe *f* ❷ *pl* (*mesures*) Dimension[en *Pl*] *f*; **prendre les ~s de la table** den Tisch abmessen ❸ (*importance*) Dimension *f* ❹ (*aspect*) Tragweite *f*

diminué, e [diminɥe] *adj.* **être très ~ mentalement/physiquement** psychisch/körperlich sehr geschwächt sein

diminuer [diminɥe] <1> **I.** *v. intr.* nachlassen; (*bruit, vent*) schwächer werden; (*forces*) schwinden; (*nombre, brouillard*) zurückgehen; (*jours*) kürzer werden; **faire** ~ reduzieren; ~ **de longueur/de largeur/d'épaisseur** kürzer/schmaler/dünner werden **II.** *v. tr.* ❶ verringern; (*impôts, prix*) senken; (*durée*) verkürzen; (*salaire, rideau*) kürzen ❷ (*autorité*) mindern; (*forces*) schwächen; (*souffrance*) lindern **III.** *v. pron.* **se** ~ sich selbst erniedrigen

diminutif [diminytif] *m* Verkleinerungsform *f*

diminution [diminysjɔ̃] *f* ❶ (*des forces, des chances*) Schwinden *nt*; (*de l'autorité*) Abnahme *f*; (*du nombre*) Rückgang *m*; (*des impôts, prix*) Sinken *nt*; (*de la température*) Rückgang ❷ (*de la consommation*) Einschränkung *f*; (*des prix, impôts*) Senkung *f*; (*des salaires*) Kürzung *f*

dinde [dɛ̃d] *f* ZOOL Truthenne *f;* GASTR Pute *f*

dindon [dɛ̃dɔ̃] *m* Truthahn *m*

dindonneau [dɛ̃dɔno] <x> *m* junger Truthahn

dînatoire [dinatwaʀ] *adj.* **apéritif ~** später, ausgiebiger Aperitif *(anstelle des Abendessens)*

dîner [dine] <1> **I.** *v. intr.* zu Abend essen **II.** *m* Abendessen *nt;* **au ~** zum Abendessen

> In Frankreich ist, anders als in Deutschland, **le dîner** die warme Hauptmahlzeit des Tages. Zu Hause oder im Restaurant – das französische Abendessen besteht mindestens aus Vor-, Haupt- und Nachspeise und wird üblicherweise nicht vor 19 Uhr verzehrt. Meist trinkt man ein Glas Wein dazu und isst vor dem Dessert (oder auch anstelle eines Nachtischs) etwas Käse.

dînette [dinɛt] *f* Puppengeschirr *nt*

dingue [dɛ̃g] **I.** *adj. fam* **être ~** übergeschnappt; **~ de qn/qc** verrückt nach jdm/auf etw (*Akk*) **II.** *mf fam* ❶ Bekloppte(r) *f(m)* ❷ (*fan*) **~ du foot** Fußballfanatiker(in) *m(f)*

dinosaure [dinɔzɔʀ] *m a. fig* Dinosaurier *m*

diocèse [djɔsɛz] *m* Diözese *f*

diode [djɔd] *f* Diode *f*

dioxine [diɔksin, djɔksin] *f* Dioxin *nt*

diphtérie [difteʀi] *f* Diphtherie *f*

diphtongue [diftɔ̃g] *f* Diphthong *m*

diplomate [diplɔmat] **I.** *adj.* diplomatisch **II.** *mf* Diplomat(in) *m(f)*

diplomatie [diplɔmasi] *f* Diplomatie *f*

diplomatique [diplɔmatik] *adj.* diplomatisch

diplôme [diplom] *m* ❶ (*examen*) Diplomprüfung *f,* Examen *nt* ❷ (*document, attestation*) Diplom *nt,* Zeugnis *nt;* **~ de fin d'études** Abschlusszeugnis; **~ d'ingénieur** Ingenieursdiplom ❸ (*prix, titre*) Auszeichnung *f*

diplômé, e [diplome] **I.** *adj.* diplomiert; (*infirmière*) examiniert **II.** *m, f* (*d'une université*) Absolvent(in) *m(f)*

dire [diʀ] <irr> **I.** *v. tr.* ❶ (*exprimer*) sagen; (*peur*) ausdrücken; (*projets*) verraten; **~ qc** (*loi*) etw besagen; (*journal*) etw schreiben; (*test, sondage*) etw aussagen; **~ qc à qn** jdm etw sagen; **~ du bien/mal de qn/qc** über jdn/etw nur Gutes/Schlechtes sagen; **qu'est-ce que tu dis de ça?** was sagst du dazu?; **dis voir** sag mal; **dis donc, ...** sag mal, ...; **dis, comment tu t'appelles, toi?** sag, wie heißt denn du? ❷ (*prétendre*) sagen; **entendre ~ qc** [von etw] hören ❸ (*faire savoir*) ausrichten lassen ❹ (*ordonner*) **~ à qn de venir** jdm sagen, er soll kommen ❺ (*plaire*) **ça vous dit d'aller voir ce film?** habt ihr Lust den Film anzusehen? ❻ (*croire, penser*) **je veux ~ que qn a fait qc** ich meine, jd hat etw getan; **on dirait que...** es ist, als ob..., man könnte sagen, dass ... ❼ (*reconnaître*) **il faut ~ que ...** man muss sagen, dass ... ❽ (*messe*) lesen; (*prière*) sprechen; (*poème*) aufsagen ❾ (*signifier*) **vouloir ~** bedeuten; (*mot*) heißen; **ce qui veut ~ que** was heißt, [dass] ❿ (*traduire*) **comment dit-on ... en allemand?** was heißt ... auf Deutsch?; **on dit** man sagt/so wird etwas ausgedrückt ⓫ (*évoquer*) bekannt vorkommen; **quelque chose me dit que ...** ich habe [irgendwie] das Gefühl, dass ... ▸**disons** sagen wir [mal]; **je ne te/vous le fais pas ~!** allerdings! **II.** *v. pron.* ❶ (*penser*) **se ~ que ...** sich (*Dat*) sagen, dass ... ❷ (*se prétendre*) **se ~ médecin/malade** behaupten Arzt/krank zu sein ❸ (*l'un(e) à l'autre*) **se ~ qc** sich (*Dat*) etw sagen ❹ (*s'employer*) **qc se dit en français** etw sagt man im Französischen ❺ (*être traduit*) heißen; **comment se dit ... en allemand?** was heißt ... auf Deutsch? **III.** *m gén. pl.* Gerede *nt;* (*d'un témoin*) Aussage *f*

direct [diʀɛkt] *m* ❶ MEDIA Livesendung *f;* **en ~** (*émission*) Direkt-; (*chanter*) live; (*retransmettre*) direkt; **être en ~** direkt übertragen werden ❷ CHEMDFER Direktverbindung *f*

direct, e [diʀɛkt] *adj.* direkt; (*vente, accès*) Direkt-; (*héritier*) in direkter Linie; (*propos*) unmissverständlich

directement [diʀɛktəmɑ̃] *adv.* direkt

directeur, -trice [diʀɛktœʀ, -tʀis] **I.** *adj.* (*idée, ligne*) Leit-; (*roue*) Lenk- **II.** *m, f* Direktor(in) *m(f),* Leiter(in) *m(f); (d'un théâtre)* Intendant(in) *m(f); (d'une école primaire)* Rektor(in) *m(f),* Schulleiter(in) *m(f)*

directif, -ive [diʀɛktif, -iv] *adj.* autoritär

direction [diʀɛksjɔ̃] *f* ❶ Richtung *f;* **prendre la ~ de Nancy** in Richtung Nancy gehen/fahren ❷ *(action)* Leitung *f; (d'un groupe, pays)* Führung *f* ❸ *(fonction)* Direktion *f,* Leitung *f* ❹ *(bureau)* Direktion[sabteilung *f*] *f* ❺ AUT Lenkung *f*

directive [diʀɛktiv] *f gén. pl.* Richtlinie *f*

directrice [diʀɛktʀis] *voir* **directeur**

dirigeable [diʀiʒabl] *m* Luftschiff *nt*

dirigeant, e [diʀiʒɑ̃, ʒɑ̃t] **I.** *adj.* führend **II.** *m, f* führende Persönlichkeit; **les ~s** die Führung

diriger [diʀiʒe] <2a> **I.** *v. intr.* die Leitung haben **II.** *v. tr.* ❶ *(administration, entreprise)* leiten; *(personnes)* führen; *(musicien, orchestre)* dirigieren ❷ *(voiture)* lenken; *(avion, bateau)* steuern ❸ *(faire aller)* **~ vers qn/qc** auf jdn/etw richten **III.** *v. pron.* ❶ **se ~ vers qn/qc** *(personne)* auf jdn/etw zugehen; *(véhicule)* auf jdn/etw zufahren; *fig* sich auf jdn/eine S. zubewegen; **se ~ vers Marseille** *(avion, bateau)* Kurs *m* auf Marseille nehmen ❷ SCOL, UNIV **se ~ vers la médecine** die medizinische Laufbahn einschlagen

dis [di] *indic prés et passé simple de* **dire**

discal, e [diskal, o] <-aux> *adj.* **hernie ~e** Bandscheibenvorfall *m*

discerner [disɛʀne] <1> *v. tr.* ❶ *(percevoir)* wahrnehmen ❷ *(saisir)* erkennen ❸ *(différencier)* **~ qc de qc** etw von etw unterscheiden

disciple [disipl] *m* ❶ *(élève)* Schüler(in) *m(f)* ❷ *(adepte)* Anhänger(in) *m(f)*

disciplinaire [disiplinɛʀ] *adj.* disziplinarisch

discipline [disiplin] *f* ❶ *a.* SPORT Disziplin *f* ❷ *(matière)* Fach *nt*

discipliné, e [disipline] *adj.* diszipliniert

discipliner [disipline] <1> *v. tr. (faire obéir)* **~ la classe** in der Klasse für Disziplin sorgen

disc-jockey [diskʒɔkɛ] <disc-jockeys> *m* Diskjockey *m*

disco [disko] *adj. inv.* Disco-, Disko-; **musique ~** Discomusik *f,* Diskomusik

discographie [diskɔgʀafi] *f* Diskographie *f*

discontinu, e [diskɔ̃tiny] *adj.* *(ligne)* gestrichelt; *(effort)* nicht kontinuierlich

discordant, e [diskɔʀdɑ̃, ɑ̃t] *adj.* *(incompatible)* widersprüchlich; *(opinions)* unterschiedlich; *(caractères)* gegensätzlich; *(couleurs)* sich beißend; *(sons)* disharmonisch

D

discothèque [diskɔtɛk] *f* ❶ Diskothek *f* ❷ *(collection)* Schallplattensammlung *f*

discount [diskɔnt, diskaunt] *m* **faire du ~** Discountgeschäfte machen

discours [diskuʀ] *m* ❶ Rede *f;* **faire un ~** eine Rede halten ❷ *(bavardage)* Gerede *nt kein Pl. (fam)*

discréditer [diskʀedite] <1> *v. tr.* **~ qn/qc auprès de qn** jdn/etw bei jdm in Misskredit bringen

discret [diskʀɛ, -ɛt] *adj.* ❶ *(réservé)* diskret ❷ *(sobre)* dezent ❸ *(retiré)* ruhig

discrètement [diskʀɛtmɑ̃] *adv.* *(avertir)* diskret; *(observer)* unauffällig

discrétion [diskʀesjɔ̃] *f* ❶ Diskretion *f* ❷ *(sobriété)* Dezenz *f*

discrimination [diskʀiminasjɔ̃] *f* Diskriminierung *f*

discriminatoire [diskʀiminatwaʀ] *adj.* diskriminierend

disculper [diskylpe] <1> *vt, vpr* [**se**] **~** [sich] entlasten

discussion [diskysjɔ̃] *f* ❶ Gespräch *nt* ❷ *(d'un problème)* Besprechung *f;* **~ sur qc** Diskussion *f* über etw *(Akk)*

discutable [diskytabl] *adj.* *(théories)* anfechtbar; *(goût)* zweifelhaft

discuté, e [diskyte] *adj.* umstritten

discuter [diskyte] <1> **I.** *v. tr.* ❶ diskutieren; **~ un projet de loi** über einen Gesetzesentwurf beraten ❷ *(ordre, autorité)* in Frage stellen **II.** *v. intr.* ❶ **~ de qc avec qn** sich mit jdm über etw *(Akk)* unterhalten; **~ d'un problème** ein Problem diskutieren/besprechen ❷ *(négocier)* verhandeln **III.** *v. pron.* **ça se discute** darüber lässt sich streiten

disent [diz] *indic. et subj. prés. de* **dire**

disgracieux, -euse [disgʀasjø, -jøz] *adj.* *(démarche)* plump

disjoncter [disʒɔ̃kte] <1> *v. intr. fam* ❶ ELEC **ça a disjoncté!** die Sicherung ist durchgebrannt! ❷ *(débloquer)* ausrasten

disjoncteur [disʒɔ̃ktœʀ] *m* Unterbrecher *m*

D

dislocation [dislɔkasjɔ̃] *f* Auseinanderfallen *nt*

disloquer [dislɔke] <1> **I.** *v. tr.* auseinandernehmen **II.** *v. pron.* **se ~** (*meuble, voiture*) in die Brüche gehen; (*famille*) auseinanderbrechen; (*manifestation, parti*) sich auflösen

disons [dizɔ̃] *indic prés et impératif de* **dire**

disparaître [dispaʀɛtʀ] <irr> *v. intr.* + *avoir* ❶ verschwinden; (*trace*) sich verlieren; (*espoir*) schwinden ❷ (*mourir: personne*) versterben

disparate [dispaʀat] *adj.* (*couleurs, garde-robe*) bunt zusammengewürfelt

disparité [dispaʀite] *f* (*d'une œuvre*) Vielschichtigkeit *f*

disparition [dispaʀisjɔ̃] *f* ❶ Verschwinden *nt;* (*du soleil, d'une culture*) Untergang *m* ❷ (*mort*) Versterben *nt*

disparu, e [dispaʀy] **I.** *part. passé de* **disparaître II.** *adj.* **être porté ~** als vermisst gelten **III.** *m, f* ❶ Vermisste(r) *f(m)* ❷ (*défunt*) Verstorbene(r) *f(m)*

dispatcher [dispatʃe] <1> *v. tr.* verteilen

dispensaire [dispɑ̃sɛʀ] *m: öffentliches Gesundheitsamt für Schutzimpfungen und Vorsorgeuntersuchungen*

dispense [dispɑ̃s] *f* Sondererlaubnis *f;* **~ de qc** Befreiung *f* von etw

dispenser [dispɑ̃se] <1> **I.** *v. tr.* **~ qn de qc** jdn von etw befreien **II.** *v. pron.* **se ~ de qc** etw unterlassen

disperser [dispɛʀse] <1> **I.** *v. tr.* ❶ (*éparpiller*) zerstreuen ❷ (*répartir*) verteilen **II.** *v. pron.* **se ~** ❶ sich zerstreuen ❷ (*se déconcentrer*) sich verzetteln (*fam*)

dispersion [dispɛʀsjɔ̃] *f* Zerstreuen *nt;* (*de l'esprit*) Zerstreuung *f*

disponibilité [dispɔnibilite] *f sans pl.* Verfügbarkeit *f*

disponible [dispɔnibl] *adj.* verfügbar; (*article*) vorrätig; (*appartement, place*) frei

disposé, e [dispoze] *adj.* **être ~ à faire qc** bereit sein etw zu tun

disposer [dispoze] <1> **I.** *v. tr.* anordnen; (*joueurs, soldats*) aufstellen **II.** *v. intr.* **~ de qc** über etw (*Akk*) verfügen

dispositif [dispozitif] *m* ❶ (*mécanisme*) Vorrichtung *f* ❷ (*ensemble de mesures*) Reihe *f* von Maßnahmen

disposition [dispozisjɔ̃] *f* ❶ *sans pl.* Anordnung *f;* (*d'un article, texte*) Gliederung *f* ❷ (*d'une loi, d'un contrat*) Bestimmung *f;* (*d'un testament*) Verfügung *f* ▶ **avoir qc à sa ~** etw zu seiner Verfügung haben

disproportion [dispʀɔpɔʀsjɔ̃] *f* Missverhältnis *nt*

disproportionné, e [dispʀɔpɔʀsjɔne] *adj.* (*corps*) schlecht proportioniert; (*réactions*) unangemessen

dispute [dispyt] *f* Streit *m*

disputer [dispyte] <1> **I.** *v. tr.* ❶ *fam* (*gronder*) ausschimpfen ❷ (*contester*) **~ qc à qn** jdm etw streitig machen ❸ SPORT (*match*) austragen **II.** *v. pron.* ❶ (*se quereller*) **se ~ avec qn** sich mit jdm streiten ❷ (*lutter pour*) **se ~ qc** sich um etw streiten

disquaire [diskɛʀ] *m* Schallplattenhändler(in) *m(f)*

disqualification [diskalifikasjɔ̃] *f* Disqualifikation *f*

disqualifier [diskalifje] <1> *vt, vpr* [**se**] **~** [sich] disqualifizieren

disque [disk] *m* ❶ Scheibe *f* ❷ MUS [Schall]platte *f;* **~ compact** CD *f;* **mettre un ~** eine Platte auflegen ❸ SPORT Diskus *m* ❹ INFORM **~ dur** Festplatte *f;* **~ optique compact** CD-ROM *f*

disquette [diskɛt] *f* Diskette *f*

dissection [disɛksjɔ̃] *f* Sezieren *nt*

dissémination [diseminasjɔ̃] *f* Verstreuung *f*

disséminer [disemine] <1> **I.** *v. tr.* verstreuen **II.** *v. pron.* **se ~** sich verteilen

dissension [disɑ̃sjɔ̃] *f* Meinungsverschiedenheit *f*

disséquer [diseke] <5> *v. tr.* (*cadavre*) sezieren

dissertation [disɛʀtasjɔ̃] *f* Aufsatz *m*

disserter [disɛʀte] <1> *v. intr.* **~ sur qc** sich über etw (*Akk*) auslassen

dissidence [disidɑ̃s] *f* Spaltung *f*

dissident, e [disidɑ̃, ɑ̃t] *m, f* Dissident(in) *m(f)*

dissimulation [disimylasjɔ̃] *f* ❶ *sans pl.* (*duplicité*) Heuchelei *f* ❷ (*action de cacher*) Verbergen *nt;* (*de bénéfices, revenus*) Unterschlagung *f*

dissimuler [disimyle] <1> **I.** *v. tr.* ❶ verstecken; (*visage, difficultés*) verbergen ❷ (*masquer*) **~ ses sentiments**

à qn seine Gefühle vor jdm verbergen ❸ (*taire*) ~ **qc à qn/que** jdm etw verschweigen/jdm verschweigen, dass ❹ FIN unterschlagen **II.** *v. pron.* **se ~** sich verbergen

dissipation [disipasjɔ̃] *f* Disziplinlosigkeit *f;* (*du patrimoine*) Verschwendung *f;* (*de la brume*) Auflösung *f*

dissipé, e [disipe] *adj.* undiszipliniert

dissiper [disipe] <1> **I.** *v. tr.* ❶ (*faire disparaître*) vertreiben ❷ zerstreuen; (*soupçons, doutes*) ausräumen; (*illusions*) zerstören; (*malentendu*) aufklären ❸ SCOL ablenken **II.** *v. pron.* **se ~** (*brume*) sich auflösen; (*doutes, soupçons*) sich zerstreuen; SCOL sich leicht ablenken lassen

dissocier [disɔsje] <1> *v. tr.* **~ qc de qc** etw getrennt von etw betrachten

dissolution [disɔlysjɔ̃] *f* ❶ Auflösung *f* ❷ (*liquide*) Lösung *f*

dissolvant [disɔlvɑ̃] *m* Lösungsmittel *nt*

dissonance [disɔnɑ̃s] *f* Dissonanz *f*

dissoudre [disudʀ] <irr> *vt, vpr* [**se**] **~** [sich] auflösen

dissuader [disɥade] <1> *v. tr.* **~ qn de qc** (*par la persuasion*) jdn von etw abbringen; (*par la peur*) jdn von etw abschrecken

dissuasif, -ive [disɥazif, -iv] *adj.* abschreckend

dissuasion [disɥazjɔ̃] *f* Abschreckung *f*

distance [distɑ̃s] *f* ❶ Entfernung *f;* **à quelle ~ est Cologne?** wie weit ist Köln entfernt?; **à une ~ de 500 m** 500 m weit [entfernt] ❷ MATH Abstand *m* ❸ SPORT Distanz *f*

distancer [distɑ̃se] <2> *v. tr.* SPORT abhängen

distant, e [distɑ̃, ɑ̃t] *adj.* ❶ (*personne, attitude*) distanziert ❷ (*éloigné*) entfernt

distendre [distɑ̃dʀ] <14> *v. tr.* ausleiern; (*liens*) lockern

distillation [distilasjɔ̃] *f* Destillation *f;* (*d'un alcool*) Brennen *nt*

distiller [distile] <1> *v. tr.* destillieren

distillerie [distilʀi] *f* Brennerei *f*

distinct, e [distɛ̃, ɛ̃kt] *adj.* ❶ (*différent*) verschieden ❷ (*net*) deutlich

distinctement [distɛ̃ktəmɑ̃] *adv.* deutlich

distinctif, -ive [distɛ̃ktif, -iv] *adj.* charakteristisch

distinction [distɛ̃ksjɔ̃] *f* ❶ (*différenciation*) Unterscheidung *f* ❷ (*décoration, honneur*) Auszeichnung *f* ❸ (*élégance*) Vornehmheit *f*

distingué, e [distɛ̃ge] *adj.* ❶ (*élégant*) vornehm ❷ (*éminent*) berühmt

distinguer [distɛ̃ge] <1> **I.** *v. tr.* ❶ (*percevoir*) erkennen ❷ (*différencier*) unterscheiden ❸ (*honorer*) auszeichnen **II.** *v. pron.* ❶ **se ~ de qn/qc par qc** sich durch etw von jdm/etw unterscheiden ❷ (*s'illustrer*) **se ~ par qc** sich durch etw auszeichnen

D

distorsion [distɔʀsjɔ̃] *f* PHYS Verzerrung *f*

distraction [distʀaksjɔ̃] *f* ❶ (*étourderie*) Unachtsamkeit *f* ❷ *sans pl.* (*dérivatif*) Abwechslung *f* ❸ *gén. pl.* (*passe-temps*) Zeitvertreib *m*

distraire [distʀɛʀ] <irr> **I.** *v. tr.* ❶ (*délasser*) unterhalten ❷ (*déranger*) **~ qn de qc** jdn von etw ablenken **II.** *v. pron.* **se ~** sich amüsieren

distrait, e [distʀɛ, ɛt] **I.** *part. passé de* **distraire II.** *adj.* zerstreut

distrayant, e [distʀɛjɑ̃, jɑ̃t] *adj.* unterhaltsam

distribanque® [distʀibɑ̃k] *m* Bankomat® *m,* Geldautomat *m*

distribuer [distʀibɥe] <1> *v. tr.* ❶ **~ qc à qn** etw an jdn verteilen; **~ des coups/gifles** Schläge/Ohrfeigen austeilen ❷ COM vertreiben

distributeur [distʀibytœʀ] *m* Automat *m;* **~ de billets** Geldautomat

distributeur, -trice [distʀibytœʀ, -tʀis] *m, f* COM ❶ Vertreiber(in) *m(f)* ❷ (*entreprise*) Vertriebsgesellschaft *f* ❸ (*diffuseur*) Verkaufsstelle *f*

distribution [distʀibysjɔ̃] *f* ❶ Verteilung *f;* (*du courrier*) Zustellung *f;* (*des cartes*) Ausgeben *nt;* (*des tâches*) Zuteilung *f* ❷ FIN **~ des prix** Preisverteilung *f* ❸ COM Vertrieb *m;* **la ~ d'eau** die Wasserversorgung *f* ❹ CINE, THEAT [Rollen]besetzung *f*

district [distʀikt] *m* Bezirk *m*

dit [di] *indic. prés. de* **dire**

dit, e [di, dit] **I.** *part. passé de* **dire II.** *adj.* (*le Sage, le Bègue*) mit dem Beinamen; (*touristique, socialiste*) so genannt

dites [dit] *indic. prés. de* **dire**

diurne [djyʀn] *adj.* (*animal*) tagaktiv

D

divagation [divagasjɔ̃] *f gén. pl.* wirres Gerede *nt kein Pl.*
divaguer [divage] <1> *v. intr.* (*malade*) phantasieren
divan [divɑ̃] *m* Diwan *m*
divergence [divɛʀʒɑ̃s] *f* Divergenz *f*
divergent, e [divɛʀʒɑ̃, ʒɑ̃t] *adj.* voneinander abweichend
diverger [divɛʀʒe] <2a> *v. intr.* ❶ (*s'écarter*) auseinandergehen ❷ (*s'opposer*) ~ **de qc** von etw abweichen
divers, e [divɛʀ, ɛʀs] *adj.* ❶ (*paysages, coutumes*) verschiedenartig; (*hypothèses, personnes*) verschieden ❷ (*mouvements, intérêts*) unterschiedlich ❸ *pl* (*plusieurs*) mehrere
diversement [divɛʀsəmɑ̃] *adv.* unterschiedlich
diversification [divɛʀsifikasjɔ̃] *f* Diversifikation *f*
diversifier [divɛʀsifje] <1> *v. tr.* diversifizieren
diversion [divɛʀsjɔ̃] *f a.* MIL Ablenkung *f*
diversité [divɛʀsite] *f* Verschiedenartigkeit *f;* (*multiplicité*) Vielfalt *f*
divertir [divɛʀtiʀ] <8> **I.** *v. tr.* unterhalten **II.** *v. pron.* **se ~** sich amüsieren
divertissant, e [divɛʀtisɑ̃, ɑ̃t] *adj.* unterhaltsam
divertissement [divɛʀtismɑ̃] *m sans pl.* Unterhaltung *f;* (*passe-temps*) Beschäftigung *f*
dividende [dividɑ̃d] *m* Dividende *f*
divin, e [divɛ̃, in] *adj.* ❶ REL göttlich ❷ (*beauté*) bezaubernd
divinement [divinmɑ̃] *adv.* wundervoll
divinité [divinite] *f sans pl.* Göttlichkeit *f*
diviser [divize] <1> **I.** *v. tr.* ❶ [ein]teilen; ~ **qc en qc** etw in etw (*Akk*) teilen; ~ **qc entre plusieurs personnes** etw unter mehreren Personen aufteilen; **divisé par** geteilt durch ❷ MATH dividieren ❸ (*désunir*) entzweien; (*groupe, population*) spalten **II.** *v. pron.* **se ~ en qc** (*cellule, route*) sich in etw (*Akk*) teilen; (*parti*) sich in etw (*Akk*) spalten
divisible [divizibl] *adj.* ~ **par qc** teilbar durch etw
division [divizjɔ̃] *f* ❶ ~ **en qc** (*d'un pays*) Gliederung *f* in etw (*Akk*)(*des tâches*) Verteilung *f* ❷ MATH Division *f;* **faire une ~** dividieren ❸ MIL Division *f* ❹ SPORT Liga *f*
divisionnaire [divizjɔnɛʀ] *adj.* **commissaire ~** Oberkommissar(in) *m(f)*
divorce [divɔʀs] *m* [Ehe]scheidung *f;* ~ **avec qn** Scheidung von jdm; **demander le ~** die Scheidung einreichen
divorcé, e [divɔʀse] *adj.* ~ **de qn** von jdm geschieden
divorcer [divɔʀse] <2> *v. intr.* ~ **de qn** sich von jdm scheiden lassen
divulgation [divylgasjɔ̃] *f* (*d'un secret*) Preisgabe *f*
divulguer [divylge] <1> *v. tr.* verraten
dix [dis, *devant une voyelle* diz, *devant une consonne* di] **I.** *num.* zehn ▸ **répéter ~ fois la même chose** hundert Mal dasselbe sagen **II.** *m inv.* Zehn *f; voir a.* **cinq**
dix-huit [dizɥit, *devant une consonne* dizɥi] **I.** *num.* achtzehn **II.** *m inv.* Achtzehn *f; voir a.* **cinq** **dix-huitième** [dizɥitjɛm] <dix-huitièmes> **I.** *adj. antéposé* achtzehnte(r, s) **II.** *mf* **le/la ~** der/die/das Achtzehnte **III.** *m* (*fraction*) Achtzehntel *nt; voir a.* **cinquième**
dixième [dizjɛm] **I.** *adj. antéposé* zehnte(r, s) **II.** *mf* **le/la ~** der/die/das Zehnte **III.** *m* (*fraction*) Zehntel *nt; voir a.* **cinquième**
dix-neuf [diznœf] **I.** *num.* neunzehn **II.** *m inv.* Neunzehn *f; voir a.* **cinq** **dix-neuvième** [diznœvjɛm] <dix-neuvièmes> **I.** *adj. antéposé* neunzehnte(r, s) **II.** *mf* **le/la ~** der/die/das Neunzehnte **III.** *m* (*fraction*) Neunzehntel *nt; voir a.* **cinquième** **dix-sept** [dissɛt] **I.** *num.* siebzehn **II.** *m inv.* Siebzehn *f; voir a.* **cinq** **dix-septième** [dissɛtjɛm] <dix-septièmes> **I.** *adj. antéposé* siebzehnte(r, s) **II.** *mf* **le/la ~** der/die/das Siebzehnte **III.** *m* (*fraction*) Siebzehntel *nt; voir a.* **cinquième**
dizaine [dizɛn] *f* ❶ (*environ dix*) **une ~ de personnes/pages** etwa zehn Personen/Seiten; **quelques/plusieurs ~s de personnes** ein paar/mehrere Dutzend Personen ❷ (*âge approximatif*) **avoir une ~ d'années** ungefähr zehn [Jahre alt] sein
D.J. [didʒɛ, didʒi] *m abr. de* **disque-jockey** DJ *m*

djembé [dʒœmbe] *m* MUS Djembe *f*
DJette [didʒɛt] *f* DJane *f*
djeuns, **djeun's**, **djeunz** [dʒœns] *mpl fam, iron* Teenies *Pl*
dl *abr. de* **décilitre** dl
dm *abr. de* **décimètre** dm
DM [dœtʃmaʀk] *abr. de* **Deutsche Mark** DM
do [do] *m inv.* C *nt,* c *nt*
docile [dɔsil] *adj.* folgsam
docilement [dɔsilmɑ̃] *adv.* (*se comporter*) folgsam
docker [dɔkɛʀ] *m* Hafenarbeiter *m*
docteur [dɔktœʀ] *mf* Doktor *m*
doctorat [dɔktɔʀa] *m* ~ **en** Doktorwürde *f* in (+ *Dat*); **un doctorat** ein Doktortitel
doctrine [dɔktʀin] *f* Doktrin *f*
docudrame [dɔkydʀam] *m* TV Dokudrama *nt*
document [dɔkymɑ̃] *m* Dokument *nt; pl* Unterlagen *Pl*
documentaire [dɔkymɑ̃tɛʀ] **I.** *adj.* dokumentarisch **II.** *m* Dokumentarfilm *m*
documentaliste [dɔkymɑ̃talist] *mf* Dokumentalist(in) *m(f)*
documentation [dɔkymɑ̃tasjɔ̃] *f* Dokumentation *f,* Materialsammlung *f*
documenter [dɔkymɑ̃te] <1> **I.** *v. tr.* informieren **II.** *v. pron.* **se** ~ sich (*Dat*) Informationsmaterial beschaffen
dodo [dodo] *m enfantin fam* **faire** ~ heia machen; **le dodo** *fam* das Schlafen
dodu, **e** [dɔdy] *adj. fam* gut genährt; (*bras, poule*) fleischig
dogmatique [dɔgmatik] *adj.* dogmatisch
dogme [dɔgm] *m* Dogma *nt*
doigt [dwa] *m* ❶ ANAT Finger *m;* **compter sur ses ~s** mit den Fingern zählen; **lever le** ~ sich melden ❷ (*mesure*) Fingerbreit *m* ▸ **faire qc les ~s dans le nez** *fam* etw mit links machen; **se fourrer le ~ dans l'œil** *fam* [total] falschliegen (*fam*)
doigté [dwate] *m* Fingerspitzengefühl *nt*
dois [dwa] *indic. prés. de* **devoir**
doit [dwa] *indic. prés. de* **devoir**
doivent [dwav] *indic. et subj. prés. de* **devoir**
dollar [dɔlaʀ] *m* Dollar *m*
dolmen [dɔlmɛn] *m* ARCH, HIST Dolmen *m*
D.O.M. [dɔm] *m abr. de* **département d'outre-mer** Übersee-Departement *nt*

D.O.M. war bis zur Verfassungsänderung von 2003 die Bezeichnung für vier ehemalige französische Kolonialgebiete in Übersee, die den Status von Departements hatten und – unter Berücksichtigung landesspezifischer Besonderheiten – auch wie solche verwaltet wurden: *Französisch-Guayana,* die Antilleninseln *Guadeloupe* und *Martinique* sowie die im Indischen Ozean gelegene Insel *La Réunion.* Seit 2003 werden sie unter der neuen Bezeichnung **D.O.M.-R.O.M.** geführt, die für *Départements et régions d'outre-mer* steht.

domaine [dɔmɛn] *m* ❶ (*terre*) Ländereien *Pl*; ~ **familial** Familienbesitz *m* ❷ (*sphère*) Gebiet *nt,* Bereich *m,* Branche *f* ❸ INET Domäne *f*
dôme [dom] *m* [Außen]kuppel *f*
domestique [dɔmɛstik] **I.** *adj.* **animal** ~ Haustier *nt* **II.** *mf* Hausangestellte(r) *f(m)*
domestiquer [dɔmɛstike] <1> *v. tr.* (*énergie solaire, vent, marées*) nutzbar machen
domicile [dɔmisil] *m* ❶ Wohnung *f* ❷ ADMIN Wohnsitz *m* ▸ **à** ~ (*livrer*) ins Haus; (*recevoir*) zu Hause
domiciliation [dɔmisiljasjɔ̃] *f* (*d'un chèque*) Zahlungsort *m*
domicilier [dɔmisilje] <1> *v. tr. form* **être domicilié à Paris** seinen Wohnsitz in Paris haben
dominant, **e** [dɔminɑ̃, ɑ̃t] *adj.* dominierend; (*opinion, vent*) vorherrschend; (*position, nation*) führend
dominateur, **-trice** [dɔminatœʀ, -tʀis] *adj.* herrisch
domination [dɔminasjɔ̃] *f* Vormacht *f*
dominer [dɔmine] <1> **I.** *v. tr.* ❶ (*être le maître de*) ~ **qn/qc** über jdn/etw herrschen ❷ (*contrôler*) zügeln; (*sujet*) beherrschen ❸ (*surpasser*) übertreffen ❹ (*surplomber*) überragen ❺ (*orateur, voix*) übertönen **II.** *v. intr.* ❶ (*prédominer*) vorherrschen ❷ SPORT dominieren
dominical, **e** [dɔminikal, o] < -aux> *adj.* **repos** ~ Sonntagsruhe *f kein Pl.*

D

domino [dɔmino] *m* Dominostein *m*
dommage [dɔmaʒ] *m* ❶ (*préjudice*) Schaden *m;* **~s matériels** Sachschaden *m;* **~ et intérêts** Schaden[s]ersatz *m kein Pl.* ❷ *pl* (*dégâts*) Schäden *Pl* ▸**quel ~!** wie schade!
D
dompter [dɔ̃(p)te] <1> *v. tr.* bändigen
dompteur, -euse [dɔ̃(p)tœʀ, -øz] *m, f* Dompteur(in) *m(f)*
D.O.M.-T.O.M. [dɔmtɔm] *mpl abr. de* **départements et territoires d'outre-mer** *frühere Bezeichnung der D.O.M.-R.O.M. voir* **D.O.M.**
don [dɔ̃] *m* ❶ (*action*) Schenkung *f;* (*cadeau*) Geschenk *nt;* (*cadeau charitable*) Spende *f;* **faire un ~ à qn** jdm eine Spende zukommen lassen ❷ (*aptitude*) Begabung *f*
donateur, -trice [dɔnatœʀ, -tʀis] *m, f* Spender(in) *m(f)*
donation [dɔnasjɔ̃] *f* Schenkung *f*
donc [dɔ̃k] *conj.* also; (*en interrogative*) denn; (*en impérative*) doch
donne [dɔn] *f* JEUX Geben *nt*
donné, e [dɔne] *adj.* bestimmt ▸**étant ~ qc** in Anbetracht einer S. (*Gen*)
donnée [dɔne] *f gén. pl.* ❶ (*élément d'appréciation*) Angabe *f* ❷ SCOL **~s du problème** Problemstellung *f* ❸ *pl* INFORM, ADMIN Daten *Pl*
donner [dɔne] <1> **I.** *v. tr.* ❶ (*remettre*) geben ❷ (*offrir*) schenken ❸ (*communiquer*) **~ le bonjour à qn** jdm Grüße ausrichten, jdn grüßen ❹ SCOL **~ des devoirs à qn** jdm Hausaufgaben aufgeben ❺ (*causer*) **~ faim/soif** hungrig/durstig machen; **qn/qc lui donne envie de faire qc** er/sie bekommt durch jdn/etw Lust etw zu tun ❻ (*attribuer*) **~ qc à qn** jdm etw zuschreiben ❼ (*produire*) **~ qc** (*arbre*) etw tragen; (*vigne*) etw geben ❽ (*faire passer pour*) **~ qc pour certain** etw als sicher darstellen ❾ (*échanger*) **~ qc pour qc** etw für etw [her]geben **II.** *v. intr.* **~ sur qc** (*pièce, fenêtre*) auf etw (*Akk*) hingehen; (*porte*) zu etw hinführen **III.** *v. pron.* **se ~ à qn/qc** sich jdm/einer S. widmen
donneur, -euse [dɔnœʀ, -øz] *m, f a.* MED Spender(in) *m(f)*
dont [dɔ̃] *pron. rel.* ❶ *compl d'un subst* dessen/deren ❷ *compl d'un verbe* wovon/woraus/womit/woran ❸ (*partie d'un tout*) von denen, darunter
dopage [dɔpaʒ] *m* Doping *nt*
dopant [dɔpɑ̃] *m* Dopingmittel *nt*
doper [dɔpe] <1> *v. pron.* **se ~** Aufputschmittel nehmen; SPORT sich dopen
doré, e [dɔʀe] *adj.* ❶ vergoldet ❷ (*blés, lumière*) golden; (*pain, gâteau*) goldbraun; (*peau*) gebräunt
dorénavant [dɔʀenavɑ̃] *adv.* von jetzt an
dorer [dɔʀe] <1> **I.** *v. tr.* ❶ (*recouvrir d'or*) vergolden ❷ (*peau*) bräunen **II.** *v. intr.* GASTR knusprig braun werden **III.** *v. pron.* **se faire ~ au soleil** sich in der Sonne bräunen lassen
dorloter [dɔʀlɔte] <1> *v. tr.* verwöhnen
dormant, e [dɔʀmɑ̃, ɑ̃t] *adj.* **eau ~e** stehendes Gewässer
dormeur, -euse [dɔʀmœʀ, -øz] *m, f* ❶ Schläfer(in) *m(f)* ❷ (*qui dort beaucoup*) Langschläfer(in) *m(f)*
dormi [dɔʀmi] *part. passé de* **dormir**
dormir [dɔʀmiʀ] <irr> *v. intr.* ❶ (*sommeiller*) schlafen ❷ (*maison, nature*) ruhig sein
dorsal, e [dɔʀsal, o] <-aux> *adj.* Rücken-
dortoir [dɔʀtwaʀ] *m* Schlafsaal *m*
dorure [dɔʀyʀ] *f* Vergoldung *f*
doryphore [dɔʀifɔʀ] *m* Kartoffelkäfer *m*
dos [do] *m* ❶ ANAT Rücken *m* ❷ *fig* (*d'une chaise*) Lehne *f;* (*d'un couteau, livre*) Rücken *m;* (*de la main*) Handrücken *m;* (*d'un papier écrit*) Rückseite *f* ▸**faire qc dans le ~ de qn** etw hinter jds Rücken (*Dat*) tun
dosage [dozaʒ] *m a. fig* Dosierung *f*
dos d'âne [dodɑn] *m inv.* Bodenwelle *f*
dose [doz] *f* ❶ BIO Dosis *f* ❷ GASTR Menge *f*
doser [doze] <1> *v. tr.* dosieren
dosette [dozɛt] *f* Pad *nt;* **~ de café** Kaffeepad
doseur [dozœʀ] *m* Dosierhilfe *f*
dossard [dosaʀ] *m* Startnummer *f*
dossier [dosje] *m* ❶ (*appui pour le dos*) [Rücken]lehne *f* ❷ (*classeur*) [Akten]ordner *m* ❸ ADMIN Akte[n *Pl*] *f;* **~ de candidature** Bewerbungsunterlagen *Pl*
dot [dɔt] *f* Aussteuer *f*
dotation [dɔtasjɔ̃] *f* ❶ (*action*) **la ~ en**

qc die Zuteilung von etw ② ADMIN finanzielle Ausstattung *f*

doté, e [dɔte] *adj.* **être ~ de qc** (*machine*) mit etw ausgestattet sein; (*personne*) etw haben

doter [dɔte] <1> *v. tr.* **~ qn** jdm eine Aussteuer mitgeben

douane [dwan] *f* ① (*administration*) Zoll[behörde *f*] *m* ② (*poste*) Zoll[stelle] *f* ③ (*droit*) Zollgebühren *Pl*, Zoll *m*

douanier, -ière [dwanje, -jɛʀ] **I.** *adj.* Zoll- **II.** *m, f* Zollbeamte(r) *m*/Zollbeamtin *f*

doublage [dublaʒ] *m* ① CINE Synchronisation *f* ② COUT (*d'un vêtement*) Füttern *nt*

double [dubl] **I.** *adj. adv.* doppelt **II.** *m* ① **le ~** das Doppelte ② Kopie *f;* **un ~ de clé** ein Zweitschlüssel *m* ③ (*exemplaire identique*) Dublette *f;* (*personne*) Doppelgänger(in) *m(f);* **en ~** doppelt ④ SPORT Doppel *nt*

doublé, e [duble] *adj.* ① (*vêtement*) gefüttert ② (*acteur*) gedoubelt; (*film*) synchronisiert

doublement [dubləmɑ̃] *m* Verdoppelung *f*

doubler [duble] <1> **I.** *v. tr.* ① (*multiplier par deux*) verdoppeln ② (*vêtement*) füttern ③ MEDIA (*acteur*) doubeln; (*film*) synchronisieren ④ (*véhicule*) überholen **II.** *v. intr.* (*nombre, prix*) sich verdoppeln

doublure [dublyʀ] *f* ① COUT Futter *nt* ② CINE Double *nt*

douce [dus] *adj. voir* **doux**

douceâtre [dusɑtʀ] *adj.* süßlich

doucement [dusmɑ̃] *adv.* ① (*avec précaution*) sacht[e]; (*sans bruit*) leise; (*avec délicatesse*) vorsichtig ② (*descendre, monter*) allmählich; (*appuyer*) mit Gefühl

douceur [dusœʀ] *f* ① (*d'une étoffe*) Geschmeidigkeit *f;* **en ~** sachte ② (*d'un caractère*) Sanftmut *f;* (*de la vie*) Annehmlichkeiten *Pl* ③ *gén. pl.* (*friandises*) Süßigkeiten *Pl*

douche [duʃ] *f* Dusche *f*

doucher [duʃe] <1> **I.** *v. tr.* [ab]duschen **II.** *v. pron.* **se ~** [sich] duschen

doudoune [dudun] *f* Daunenjacke *f*

doué, e [dwe] *adj.* begabt

douille [duj] *f* TECH Tülle *f*

douillet, te [dujɛ, jɛt] *adj.* ① (*sensible*) zimperlich; (*pleurnicheur*) wehleidig ② (*logis, nid, lit*) behaglich

douleur [dulœʀ] *f* Schmerz *m*

douloureuse [duluʀøz] *f fam* Rechnung *f*

douloureux, -euse [duluʀø, -øz] *adj.* ① (*blessure, maladie*) schmerzhaft; (*partie du corps*) schmerzend ② (*souvenir, événement*) schmerzlich

doute [dut] *m* Zweifel *m* ▶ **sans ~** sicherlich; **sans ~ que qn a fait qc** wahrscheinlich hat jd etw getan

douter [dute] <1> **I.** *v. intr.* ① **~ de qc** an etw (*Dat*) zweifeln, **~ que** + *subj.* bezweifeln, dass ② (*se méfier*) **~ de qn/qc** jdm/etw misstrauen **II.** *v. pron.* **se ~ de qc** etw vermuten

douteux, -euse [dutø, -øz] *adj.* ① (*issue, origine*) ungewiss; (*sens*) nicht eindeutig ② *péj* (*goût, mœurs*) zweifelhaft

doux, douce [du, dus] *adj.* ① weich ② (*fruit, saveur*) süß; (*piment*) edelsüß; **les drogues douces** die weichen Drogen ③ (*voix*) sanft ④ (*odeur, vin*) lieblich ⑤ (*climat, temps*) mild ⑥ (*personne*) freundlich ⑦ (*gestes*) ruhig; (*pente*) sanft; **à feu ~** auf kleiner Flamme ⑧ (*vie, souvenir, visage*) angenehm

douzaine [duzɛn] *f* ① (*douze*) Dutzend *nt;* **à la ~** im Dutzend ② (*environ douze*) **une ~ de personnes** etwa zwölf Personen

douze [duz] **I.** *num.* zwölf **II.** *m inv.* Zwölf *f; voir a.* **cinq**

douzième [duzjɛm] **I.** *adj. antéposé* zwölfte(r, s) **II.** *mf* **le/la ~** der/die/das Zwölfte **III.** *m* Zwölftel *nt; voir a.* **cinquième**

doyen, ne [dwajɛ̃, jɛn] *m, f* ① (*aîné*) Älteste(r) *f(m)* ② UNIV Dekan(in) *m(f)*

draconien, ne [dʀakɔnjɛ̃, jɛn] *adj.* drakonisch

dragée [dʀaʒe] *f* Dragee *nt*

dragon [dʀagɔ̃] *m* Drache *m*

drag-queen [dʀagkwin] <drag-queens> *f* Drag-Queen *f*

drague [dʀag] *f* (*filet*) Schleppnetz *nt*

draguer [dʀage] <1> *v. tr.* ① (*pêcher*) mit dem Schleppnetz fangen ② (*dégager*) ausbaggern ③ *fam* anmachen, anbandeln (A)

dragueur [dʀagœʀ] *m* Baggerschiff *nt*

drainage [dʀɛnaʒ] *m a.* MED Dränage *f*

drainer [dʀene] <1> *v. tr. a.* MED dränieren

D

dramatique [dʀamatik] *adj.* ❶ THEAT **l'art** ~ die Schauspielkunst; **le genre** ~ das Drama ❷ (*histoire, récit*) dramatisch

dramatisation [dʀamatizasjɔ̃] *f* Dramatisierung *f*

dramatiser [dʀamatize] <1> *v. tr., intr.* dramatisieren

dramaturge [dʀamatyʀʒ] *m* Bühnenautor(in) *m(f)*

drame [dʀam] *m* Drama *nt;* **tourner au** ~ tragisch ausgehen

drap [dʀa] *m* Bettlaken *nt*

drapé [dʀape] *m* Faltenwurf *m*

drapeau [dʀapo] <x> *m* Fahne *f,* Flagge *f*

draper [dʀape] <1> **I.** *v. tr.* ❶ ~ **qc/qn de qc** etw/jdn mit etw umhüllen ❷ (*plisser*) drapieren **II.** *v. pron.* **se** ~ **dans une cape** sich in einen Umhang hüllen

drap-housse [dʀa] <draps-housses> *m* Spann[bett]laken *nt*

Dresde [dʀɛsd] Dresden *nt*

dressage [dʀesaʒ] *m* Dressur *f*

dresser [dʀese] <1> **I.** *v. tr.* ❶ (*bilan, liste*) aufstellen; (*carte, plan*) zeichnen; (*procès-verbal*) ausstellen ❷ (*barrière, monument*) errichten; (*tente*) aufschlagen ❸ (*tête*) heben ❹ (*piège*) aufstellen; (*autel*) schmücken ❺ (*animal*) dressieren **II.** *v. pron.* ❶ (*se mettre droit*) sich aufrichten ❷ (*bâtiment, statue*) sich erheben ❸ (*mettre en opposition*) **se** ~ **contre qn/qc** sich gegen jdn/etw auflehnen

dresseur, **-euse** [dʀesœʀ, -øz] *m, f* Dresseur(in) *m(f)*

DRH [deɛʀaʃ] **I.** *f abr. de* **direction des ressources humaines** HRM *nt* **II.** *mf abr. de* **directeur**(**-trice**) **des ressources humaines** HR-Manager(in) *m(f)*

dribbler [dʀible] <1> *vt, vi* dribbeln; ~ **qn** an jdm vorbeidribbeln

drogue [dʀɔg] *f a. fig* Droge *f,* Rauschgift *nt;* ~ **douce/dure** weiche/harte Droge

drogué, **e** [dʀɔge] *m, f* Drogensüchtige(r) *f(m)*

droguer [dʀɔge] <1> *v. pron.* **se** ~ Drogen/zu viele Medikamente nehmen

droguerie [dʀɔgʀi] *f* Drogerie *f*

droguiste [dʀɔgist] *mf* Drogist(in) *m(f)*

droit [dʀwa] **I.** *m* ❶ Recht[sanspruch *m*] *nt;* ~**s civiques** Bürgerrechte *Pl;* **de quel** ~ mit welchem Recht; **avoir** ~ **à qc** Recht auf etw (*Akk*) haben; **avoir le** ~ **de faire qc** das Recht haben etw zu tun; **être en fin de** ~**s** keinen Anspruch auf Arbeitslosengeld mehr haben ❷ JUR Recht *nt;* (*études juridiques*) Rechtswissenschaft *f;* ~ **civil** Zivilrecht; ~ **public** öffentliches Recht ❸ *pl* (*taxe*) Gebühr *f* **II.** *adv.* ❶ (*marcher, se tenir*) aufrecht ❷ (*rouler, marcher*) geradeaus ❸ (*mettre, poser*) gerade; (*tenir*) gerade ▸ **tout** ~ geradeaus

droit, **e** [dʀwa, dʀwat] *adj.* ❶ (*opp: gauche*) rechte(r, s) ❷ gerade; **angle** ~ rechter Winkel ❸ (*personne*) aufrichtig; (*chemin*) recht

droite [dʀwat] *f* ❶ MATH Gerade *f* ❷ POL Rechte *f;* **un parti de** ~ eine rechte Partei ❸ (*côté droit*) Rechte *f,* rechte Seite; **à** ~ [nach] rechts; **tourner à** ~ rechts abbiegen; **de** ~ auf der rechten Seite

droitier, **-ière** [dʀwatje, -jɛʀ] *m, f* Rechtshänder(in) *m(f)*

droiture [dʀwatyʀ] *f* Aufrichtigkeit *f*

drôle [dʀol] *adj.* ❶ (*comique*) lustig ❷ *fam* (*bizarre*) komisch

drôlement [dʀolmɑ̃] *adv.* ❶ (*bizarrement*) komisch ❷ *fam* (*rudement*) ganz schön

drôlerie [dʀolʀi] *f* Spaß *m*

D.R.O.M. [dʀɔm] *mpl abr. de* **départements et régions d'outre-mer** französische Departements *Pl* und Regionen in Übersee

dromadaire [dʀɔmadɛʀ] *m* Dromedar *nt*

dru, **e** [dʀy] *adj.* dicht

druide [dʀɥid] *m* Druide *m*

du [dy] = **de le** *voir* **de**

dû [dy] <dus> *m* Schuld *f*

dû, **due** [dy] <dus> **I.** *part. passé de* **devoir II.** *adj.* ❶ (*que l'on doit*) schuldig ❷ (*imputable*) **être** ~ **à qc** von etw herrühren ❸ (*mérité*) **être** ~ **à qn** jdm zustehen

dualité [dɥalite] *f* Dualität *f*

dubitatif, **-ive** [dybitatif, -iv] *adj.* zweifelnd

duc [dyk] *m* Herzog *m*

duché [dyʃe] *m* Herzogtum *nt*

duchesse [dyʃɛs] *f* Herzogin *f*

duel [dɥɛl] *m a. fig* Duell *nt*

dune [dyn] *f* Düne *f*
duo [dɥo, dyo] *m* MUS Duett *nt*
dupe [dyp] **I.** *f* Betrogene(r) *f(m)* **II.** *adj.* **être ~ de qc** sich (*Akk*) von etw täuschen lassen
duper [dype] <1> *v. tr.* hinters Licht führen
duplex [dyplɛks] *m* ARCHIT **appartement en ~** Maisonettewohnung *f*
duplicata [dyplikata] *m* Duplikat *nt*
duquel, de laquelle [dykɛl] <desquel(le)s> = **de lequel** *voir* **lequel**
dur, e [dyʀ] **I.** *adj.* ❶ (*ferme*) hart; (*viande*) zäh ❷ (*travail, obligation*) schwer; (*personne*) schwierig; (*temps, vie*) hart ❸ (*climat*) extrem; (*combat, punition*) hart; (*lumière*) grell; **~, ~!** das ist hart! ❹ (*drogue*) hart ❺ (*regard*) ernst; (*critique*) hart, scharf **II.** *adv.* (*travailler*) hart **III.** *m, f* ▸ **jouer les ~s** *fam* den starken Mann markieren
durable [dyʀabl] *adj.* (*chose*) dauerhaft; (*souvenir*) bleibend; (*effet, influence*) nachhaltig
durablement [dyʀabləmɑ̃] *adv.* auf Dauer
durant [dyʀɑ̃] *prép.* (*au cours de*) während (+ *Gen*); **~ l'hiver** den Winter über
durcir [dyʀsiʀ] <8> **I.** *v. tr.* ❶ *a. fig* hart machen; (*acier*) härten ❷ (*attitude, position*) verhärten **II.** *v. intr.* (*aliment, pâte*) hart werden; (*colle, peinture*) aushärten **III.** *v. pron.* **se ~** ❶ hart werden; (*colle*) aushärten ❷ (*devenir intransigeant*) sich verhärten
durcissement [dyʀsismɑ̃] *m* ❶ (*solidification*) Hartwerden *nt;* (*du ciment*) Abbinden *nt;* (*de la colle*) Aushärten *nt* ❷ (*raffermissement*) Verhärtung *f;* (*d'un conflit*) Verschärfung *f*
durée [dyʀe] *f* Dauer *f;* **chômeur de longue ~** Langzeitarbeitslose(r) *m*
durement [dyʀmɑ̃] *adv.* hart
durer [dyʀe] <1> *v. intr.* ❶ + *compl de temps* dauern ❷ (*personne*) sich halten; (*matériel, vêtement*) haltbar sein ▸ **ça ne peut plus ~** so kann das nicht weitergehen
dureté [dyʀte] *f* ❶ *a. fig* Härte *f* ❷ (*difficulté*) Schwierigkeit *f*
durillon [dyʀijɔ̃] *m* Schwiele *f*
dus [dy] *passé simple de* **devoir**
duvet [dyvɛ] *m* ❶ (*plume*) Daune *f* ❷ (*d'une personne, feuille*) Flaum *m* ❸ (*sac de couchage*) [Daunen]schlafsack *m*
DVD [devede] *m abr. de* **Digital Versatile Disc** DVD *f*
dynamique [dinamik] **I.** *adj.* dynamisch **II.** *f* Dynamik *f*
dynamiser [dinamize] <1> *v. tr.* mobilisieren
dynamisme [dinamism] *m* Dynamik *f*
dynamite [dinamit] *f* Dynamit *nt*
dynamiter [dinamite] <1> *v. tr. a. fig* sprengen
dynamo [dinamo] *f* Dynamo *m*
dynastie [dinasti] *f a. fig* Dynastie *f*
dysfonctionnement [disfɔ̃ksjɔnmɑ̃] *m* Funktionsstörung *f*
dysfonctionner [disfɔ̃ksjɔne] <1> *v. intr.* (*organe, glande, institution*) nicht richtig funktionieren
dyslexie [dislɛksi] *f* Legasthenie *f*
dyslexique [dislɛksik] *adj.* legasthenisch

D

Ee

E, e [ø, ə] *m inv.* E *nt,* e *nt*

eau [o] <x> *f* ① Wasser *nt;* **un verre d'~** ein Glas Wasser; **~ du robinet** Leitungswasser; **~ minérale** Mineralwasser; **~ de source** Quellwasser ② (*étendue de l'eau*) Gewässer *nt*

eau-de-vie [od(ə)vi] <eaux-de-vie> *f* Schnaps *m*

ébahi, e [ebai] *adj.* verblüfft

ébahir [ebaiʀ] <8> *v. tr.* verblüffen

ébats [eba] *mpl* (*des animaux, enfants*) Herumtollen *nt* ▶ **~ amoureux** Liebesspiele *Pl*

ébauche [eboʃ] *f* (*d'une œuvre*) Entwurf *m;* (*d'un tableau*) Skizze *f;* (*d'un sourire*) Andeutung *f*

ébaucher [eboʃe] <1> *v. tr.* (*œuvre*) entwerfen; (*peinture*) skizzieren

ébène [ebɛn] *f* Ebenholz *nt*

ébéniste [ebenist] *mf* Kunsttischler(in) *m(f)*

éberlué, e [ebɛʀlɥe] *adj. fam* perplex

éblouir [ebluiʀ] <8> *v. tr.* blenden

éblouissant, e [ebluisɑ̃, ɑ̃t] *adj.* (*lumière*) grell

éblouissement [ebluismɑ̃] *m* Blendung *f*

éborgner [ebɔʀɲe] <1> *v. tr.* **~ qn** jdm ein Auge ausstechen

éboueur [ebuœʀ] *m* Müllmann *m* (*fam*)

ébouillanter [ebujɑ̃te] <1> *v. pron.* **s'~ qc** sich (*Dat*) etw verbrühen

éboulement [ebulmɑ̃] *m* Einsturz *m*

éboulis [ebuli] *m* Geröll *nt kein Pl.*

ébouriffant, e [ebuʀifɑ̃, ɑ̃t] *adj. fam* (*nouvelle*) unglaublich

ébouriffé, e [ebuʀife] *adj.* zerzaust

ébranler [ebʀɑ̃le] <1> **I.** *v. tr. a. fig* erschüttern **II.** *v. pron.* **s'~** sich in Bewegung setzen

ébréché, e [ebʀeʃe] *adj.* angeschlagen

ébriété [ebʀijete] *f form* Trunkenheit *f*

ébruiter [ebʀɥite] <1> *v. tr.* ausplaudern

ébullition [ebylisjɔ̃] *f* ① (*d'un liquide*) [Auf]kochen *nt;* **porter à ~** zum Kochen bringen ② *fig* **en ~** (*quartier, esprit*) in Aufruhr

écaille [ekaj] *f* ZOOL Schuppe *f*

écailler [ekaje] <1> *v. tr.* (*poisson*) [ab]schuppen

écarlate [ekaʀlat] *adj.* scharlachrot

écarquiller [ekaʀkije] <1> *v. tr.* **~ les yeux devant qc** angesichts einer S. (*Gen*) die Augen aufreißen

écart [ekaʀ] *m* ① (*distance*) Abstand *m* ② (*de prix*) Unterschied *m* ③ (*mouvement brusque*) **faire un ~** zur Seite ausweichen ▶ **mettre qn à l'~** jdn ausschließen

écarté, e [ekaʀte] *adj.* ① (*lieu*) abgelegen ② (*bras*) weit offen; (*dents*) auseinanderstehend; (*jambes*) gespreizt

écarteler [ekaʀtəle] <4> *v. tr.* HIST vierteilen

écartement [ekaʀtəmɑ̃] *m* Abstand *m*

écarter [ekaʀte] <1> **I.** *v. tr.* ① (*objets*) zur Seite schieben; (*bras*) ausbreiten; (*jambes*) spreizen ② (*idée*) verwerfen; (*danger*) abwenden **II.** *v. pron.* ① (*se séparer*) **s'~** (*foule*) sich teilen ② (*s'éloigner*) **s'~ de qc** sich von etw entfernen

ecchymose [ekimoz] *f* Bluterguss *m*

ecclésiastique [eklezjastik] **I.** *adj.* kirchlich; (*vie*) geistlich **II.** *m* Geistliche(r) *m*

écervelé, e [esɛʀvəle] *adj.* gedankenlos

échafaud [eʃafo] *m* Schafott *nt*

échafaudage [eʃafodaʒ] *m* ① (*construction*) Gerüst *nt* ② (*empilement*) Stapel *m*

échafauder [eʃafode] <1> *v. tr.* (*projets*) entwerfen

échalote [eʃalɔt] *f* Schalotte *f*

échancré, e [eʃɑ̃kʀe] *adj.* ausgeschnitten

échancrure [eʃɑ̃kʀyʀ] *f* Ausschnitt *m*

échange [eʃɑ̃ʒ] *m* ① [Aus]tausch *m;* **faire un ~ avec qn** mit jdm tauschen ② *gén. pl.* ECON Handel *m;* **~s scolaires** Schüleraustausch

échanger [eʃɑ̃ʒe] <2a> *v. tr.* (*adresses, idées*) austauschen; (*anneaux, regards*) wechseln; (*timbres*) tauschen; (*marchandise*) umtauschen

échangeur [eʃɑ̃ʒœʀ] *m* Kreuzung *f* (*auf mehreren Ebenen*)

échantillon [eʃɑ̃tijɔ̃] *m* COM [Waren]probe *f,* Muster *nt*

échantillonnage [eʃɑ̃tijɔnaʒ] *m* [repräsentativer] Querschnitt
échappatoire [eʃapatwaʀ] *f* (*subterfuge*) Ausflucht *f;* (*issue*) Ausweg *m*
échappée [eʃape] *f* SPORT Ausreißversuch *m*
échapper [eʃape] <1> **I.** *v. intr.* ❶ (*s'enfuir*) entkommen; **~ à un danger** einer Gefahr (*Dat*) entgehen ❷ (*se soustraire à*) **~ à qc** sich einer S. (*Dat*) entziehen; **~ à la mort** dem Tod entrinnen ❸ (*être oublié*) **~ à qn** jdm entfallen sein ❹ (*ne pas être compris*) **le problème échappe à qn** jd versteht das Problem nicht ❺ (*glisser des mains*) **~ à qn** jdm entgleiten (*geh*); **laisser ~ qc** etw fallen lassen ❻ (*dire par inadvertance*) **~ à qn** (*gros mot, paroles*) jdm entfahren **II.** *v. pron.* ❶ (*s'évader*) **s'~ de qc** aus etw ausbrechen; (*souris*) aus etw entwischen ❷ (*sortir*) **s'~ de qc** (*fumée*) aus etw herausdringen; (*gaz*) aus etw entweichen
écharde [eʃaʀd] *f* [Holz]splitter *m*
écharpe [eʃaʀp] *f* ❶ (*vêtement*) Schal *m* ❷ (*bandage*) Schlinge *f*
échasse [eʃɑs] *f* ZOOL Strandreiter *m*
échassier [eʃɑsje] *m* Stelzvogel *m*
échauffement [eʃofmɑ̃] *m* ❶ (*de l'atmosphère, du sol*) Erwärmung *f* ❷ SPORT Aufwärmen *nt*
échauffer [eʃofe] <1> *v. pron.* **s'~** SPORT sich aufwärmen
échauffourée [eʃofuʀe] *f* Schlägerei *f*
échéance [eʃeɑ̃s] *f* ❶ (*date limite*) Fälligkeit *f* ❷ (*délai*) Fälligkeitsfrist *f* ❸ (*règlement*) fällige Zahlung
échéant, e [eʃeɑ̃, ɑ̃t] *adj.* (*annuité*) fällig [werdend]; **le cas ~** gegebenenfalls
échec¹ [eʃɛk] *m* (*de négociations*) Scheitern *nt;* (*d'un spectacle*) Misserfolg *m*
échec² [eʃɛk] *m pl* Schach *nt;* **jeu d'~s** Schachspiel *nt* [**être**] **~ et <u>mat</u>** schachmatt [sein]
échelle [eʃɛl] *f* ❶ (*escabeau*) Leiter *f* ❷ (*proportion*) Maßstab *m;* **à l'~ de 1:100 000** im Maßstab 1:100 000 **à l'~ nationale/communale** auf nationaler/kommunaler Ebene ❸ (*graduation*) Skala *f*
échelon [eʃlɔ̃] *m* ❶ (*barreau*) Sprosse *f* ❷ ADMIN Stufe *f,* Ebene *f*
échelonnement [eʃ(ə)lɔnmɑ̃] *m* MIL Staff[e]lung *f*
échelonner [eʃ(ə)lɔne] <1> *v. tr.* ❶ (*paiements*) [gleichmäßig] verteilen ❷ (*salaires*) staffeln
échevelé, e [eʃəv(ə)le] *adj.* (*personne*) zerzaust
échine [eʃin] *f* **~ dorsale** Rückgrat *nt*
échiquier [eʃikje] *m* Schachbrett *nt*
écho [eko] *m* ❶ Echo *nt* ❷ PRESSE Klatschspalte *f*
échographie [ekɔgʀafi] *f* Ultraschalluntersuchung *f*
échoppe [eʃɔp] *f* [Verkaufs]bude *f*
échouer [eʃwe] <1> **I.** *v. intr.* scheitern; **~ à l'examen** die Prüfung nicht bestehen **II.** *v. tr.* **faire ~ qc** etw vereiteln
éclabousser [eklabuse] <1> *v. tr.* bespritzen
éclaboussure [eklabusyʀ] *f* Spritzer *m*
éclair [eklɛʀ] *m* ❶ *a.* METEO, PHOT Blitz *m* ❷ GASTR Eclair *m* **<u>en</u> un ~** blitzschnell
éclairage [eklɛʀaʒ] *m* Beleuchtung *f*
éclaircie [eklɛʀsi] *f* METEO [kurze] Aufheiterung
éclaircir [eklɛʀsiʀ] <8> **I.** *v. tr.* ❶ (*rendre clair*) aufhellen ❷ (*élucider*) **~ une affaire** Licht in eine Sache bringen **II.** *v. pron.* ❶ **s'~** (*temps*) aufklaren ❷ (*rendre plus distinct*) **s'~ la gorge** sich räuspern ❸ (*devenir compréhensible*) **s'~** (*idée*) klarer werden; (*mystère*) sich aufklären
éclaircissement [eklɛʀsismɑ̃] *m* (*d'une situation*) Klärung *f;* (*d'un malentendu*) Beseitigung *f*
éclairé, e [ekleʀe] *adj.* (*averti*) aufgeklärt; **agir en esprit ~** sich aufgeschlossen geben
éclairer [ekleʀe] <1> **I.** *v. tr.* ❶ erhellen; **~ qn** jdm leuchten ❷ (*texte*) erläutern; (*situation*) klären ❸ (*instruire*) **~ un collègue sur qn/qc** einen Kollegen über jdn/etw aufklären **II.** *v. intr.* leuchten; **peu/beaucoup ~** wenig/viel Licht geben **III.** *v. pron.* **s'~ à l'électricité/au gaz** elektrisches Licht/Gaslicht haben
éclaireur, -euse [eklɛʀœʀ, -øz] *m, f* MIL Aufklärer(in) *m(f)*
éclat [ekla] *m* ❶ (*fragment*) Splitter *m* ❷ (*scandale*) Eklat *m* ❸ (*d'un métal*)

E

Glanz *m;* (*d'un diamant*) Feuer *nt* ▸ **rire aux ~s** schallend lachen

éclatant, e [eklatɑ̃, ɑ̃t] *adj.* ❶ (*beauté*) strahlend; (*santé*) blühend ❷ (*exemple*) eklatant; (*succès*) durchschlagend; (*victoire*) glänzend

éclatement [eklatmɑ̃] *m* Explosion *f*

éclater [eklate] <1> **I.** *v. intr.* ❶ (*verre*) zerspringen; (*pneu*) platzen; (*bombe*) explodieren; (*coup de feu*) krachen ❷ (*structure*) auseinanderbrechen ❸ (*orage*) losbrechen ❹ (*cris, rires*) erschallen; **~ de rire** in lautes Gelächter ausbrechen ❺ (*nouvelle*) wie eine Bombe einschlagen ❻ (*se manifester*) **faire ~ le scandale** den Skandal auslösen; **laisser ~ sa colère** seiner Wut (*Dat*) freien Lauf lassen **II.** *v. tr. fam* (*fracasser*) verprügeln; **je vais lui ~ la gueule** den werde ich [auf]klatschen **III.** *v. pron. fam* **s'~** sich prima amüsieren

éclectique [eklɛktik] *adj.* eklektisch

éclectisme [eklɛktism] *m* Eklektizismus *m*

éclipse [eklips] *f* Finsternis *f*

éclipser [eklipse] <1> *v. tr.* ASTRO verfinstern, verdunkeln

éclore [eklɔʀ] <irr> *v. intr.* + *être* (*bourgeon*) aufbrechen; (*poussin*) ausschlüpfen

éclosion [eklozjɔ̃] *f* (*d'une couvée*) Ausschlüpfen *nt;* (*d'un bourgeon*) Aufbrechen *nt*

écluse [eklyz] *f* Schleuse *f*

éco [eko] *adj. fam abr. de* **écologie, ecologique**

écobilan [ekobilɑ̃] *m* Ökobilanz *f*

écocitoyen, ne [ekositwajɛ̃, jɛn] **I.** *adj.* umweltbewusst **II.** *m(f)* umweltbewusster Mensch

écocitoyenneté [ekositwajɛnte] *f* Umweltbewusstsein *nt;* (*comportement*) umweltbewusstes Verhalten

écoemballage [ekoɑ̃balaʒ] *m* umweltfreundliche Verpackung

écœurant, e [ekœʀɑ̃, ɑ̃t] *adj.* widerlich ▸ **en ~** CAN (*très, beaucoup*) sehr

écœurement [ekœʀmɑ̃] *m* ❶ (*nausée*) Übelkeit *f* ❷ (*dégoût*) Ekel *m*

écœurer [ekœʀe] <1> *vt, vi* anekeln

écolage [ekɔlaʒ] *m* CH (*frais de scolarité*) Schulgeld *nt*

école [ekɔl] *f* Schule *f;* **~ cantonale** CH Kantonsschule (CH); **~ maternelle** Kindergarten *m;* **~ primaire** Grundschule; **~ publique** öffentliche Schule; **~ secondaire** höhere Schule; (*en Suisse*) Sekundarschule (CH); **aller à l'~** zur Schule gehen; **entrer à l'~** in die Schule kommen; *voir a.* **maternelle**

> Die französischen Kinder kommen mit sechs Jahren in die **école primaire**, die fünf Schuljahre umfasst: *cours préparatoire, cours élémentaire 1* und *2* sowie *cours moyen 1* und *2.*
> Mit elf Jahren wechseln die Kinder aufs *collège* über, das vier Jahre dauert. Erst danach gabelt sich der gemeinsame Bildungsweg. Die Jugendlichen können nach dem *collège* entweder die Schule verlassen oder die drei Klassen des *lycée* durchlaufen, um das *baccalauréat* abzulegen.

écolier, -ière [ekɔlje, -jɛʀ] *m, f* Schüler(in) *m(f)*

écolo [ekɔlo] *abr. de* **écologiste, écologique**

écologie [ekɔlɔʒi] *f* Ökologie *f*

écologique [ekɔlɔʒik] *adj.* (*solution*) umweltfreundlich; (*société*) umweltbewusst; **catastrophe ~** Umweltkatastrophe *f*

écologiste [ekɔlɔʒist] **I.** *m, f* ❶ (*ami de la nature*) Umweltschützer(in) *m(f)* ❷ POL Grüne(r) *f(m)* ❸ (*spécialiste de l'écologie*) Ökologe *m*/Ökologin *f* **II.** *adj.* (*pratique, politique*) umweltbewusst, ökologisch; **politique ~** Umweltpolitik *f;* **mouvement ~** Umweltbewegung *f;* **parti ~** grüne Partei

écologue [ekɔlɔg] *mf* Ökologe *m*/Ökologin *f*

écomusée [ekɔmyse] *m: Museum, das die geographischen, sozialen und kulturellen Gegebenheiten einer menschlichen Gemeinschaft beschreibt*

économe [ekɔnɔm] *adj.* sparsam

économie [ekɔnɔmi] *f* ❶ Wirtschaft *f;* **l'~ nationale** die Volkswirtschaft; **~ libérale** freie Marktwirtschaft; **~ de marché** Marktwirtschaft ❷ (*science*) Wirtschaftswissenschaften *Pl* ❸ (*gain*) Gewinn *m* ❹ *pl* (*épargne*) Ersparnisse *Pl*

économique [ekɔnɔmik] *adj.* ❶ (*bon marché*) sparsam [im Verbrauch] ❷ (*qui a rapport à l'économie*) wirtschaftlich; **crise ~** Wirtschaftskrise *f*

économiquement [ekɔnɔmikmɑ̃] *adv.* sparsam

économiser [ekɔnɔmize] <1> *vt, vi* ❶ (*épargner*) sparen; **~ sur qc** an etw (*Dat*) sparen ❷ (*utiliser en moins*) einsparen

économiseur [ekɔnɔmizœʀ] *m* INFORM **~ d'écran** Bildschirmschoner *m*

économiste [ekɔnɔmist] *mf* Wirtschaftsexperte *m*/-expertin *f*

écoper [ekɔpe] <1> *v. tr. fam* (*coup*) abbekommen

écorce [ekɔʀs] *f* (*d'un arbre*) Rinde *f*

écorché, e [ekɔʀʃe] *m, f* ▸ **être un ~ vif/une ~e vive** überempfindlich sein

écorcher [ekɔʀʃe] <1> **I.** *v. tr.* ❶ **être écorché** aufgeschürft sein ❷ (*nom*) falsch aussprechen; (*vérité*) entstellen **II.** *v. pron.* **s'~** sich (*Dat*) die Haut abschürfen; **s'~ qc** sich (*Dat*) etw zerkratzen

écorchure [ekɔʀʃyʀ] *f* Hautabschürfung *f*

écorner [ekɔʀne] <1> *v. tr.* **~ un livre** Eselsohren in ein Buch (*Akk*) machen

écossais [ekɔsɛ] *m* Schottisch *nt; voir a.* **allemand**

écossais, e [ekɔsɛ, ɛz] *adj.* schottisch; **tissu ~** Schotten *m; voir a.* **allemand**

Écossais, e [ekɔsɛ, ɛz] *m, f* Schotte *m*/Schottin *f*

Écosse [ekɔs] *f* **l'~** Schottland *nt*

écosser [ekɔse] <1> *v. tr.* aushülsen

écosystème [ekosistɛm] *m* Ökosystem *nt*

écotourisme [ekɔtuʀism] *m* Ökotourismus *m*

écoulement [ekulmɑ̃] *m* ❶ (*d'un liquide*) Ablaufen *nt* ❷ (*du temps*) Verrinnen *nt* (*geh*) ❸ COM (*des stocks*) Absatz *m*

écouler [ekule] <1> **I.** *v. tr.* COM (*marchandises*) absetzen **II.** *v. pron.* **s'~** ❶ (*liquide*) ablaufen; **s'~ dans/de qc** in etw (*Akk*)/aus etw fließen ❷ (*temps*) vergehen ❸ (*marchandises*) Absatz finden

écourter [ekuʀte] <1> *v. tr.* ❶ kürzen ❷ (*séjour*) abkürzen

écoute [ekut] *f* ❶ RADIO, TV **avoir une grande ~** eine hohe Einschaltquote haben ❷ (*surveillance*) **~s téléphoniques** telefonische Überwachung ▸ **être à l'~ de qn** für jdn da sein; **être à l'~ d'une radio** einen Sender hören; **rester à l'~** (*à la radio, au téléphone*) dranbleiben

écouter [ekute] <1> **I.** *v. tr.* ❶ zuhören; **~ les informations** Nachrichten hören ❷ (*tenir compte de, obéir*) **~ qn/qc** auf jdn/etw hören **II.** *v. intr.* zuhören **III.** *v. pron.* **aimer s'~ parler** sich [selbst] gern reden hören

écouteur [ekutœʀ] *m* ❶ (*du téléphone*) Hörer *m* ❷ *pl* (*casque*) Kopfhörer *m*

écoutille [ekutij] *f* NAUT Luke *f*

écran [ekʀɑ̃] *m* ❶ (*protection*) Schutz *m* ❷ TV Bildschirm *m;* [**petit**] **~** Fernsehen *nt* ❸ CINE Leinwand *f;* [**grand**] **~** Kino *nt;* **à l'~** im Kino ❹ (*moniteur*) Monitor *m;* (*d'ordinateur*) Bildschirm *m*

écrasant, e [ekʀazɑ̃, ɑ̃t] *adj.* (*poids*) erdrückend; (*nombre*) überwältigend; (*défaite*) vernichtend

écrasé, e [ekʀaze] *adj.* (*nez*) breit

écraser [ekʀaze] <1> **I.** *v. tr.* ❶ zerdrücken; (*légumes*) pürieren; (*cigarette*) ausdrücken ❷ (*conducteur*) überfahren ❸ (*ennemi*) vernichten; (*équipe adverse*) haushoch schlagen **II.** *v. pron.* ❶ **s'~ contre un arbre** frontal gegen einen Baum prallen ❷ (*se crasher*) **s'~** abstürzen

écrémer [ekʀeme] <5> *v. tr.* entrahmen

écrevisse [ekʀəvis] *f* [Fluss]krebs *m*

écrier [ekʀije] <1> *v. pron.* **s'~** schreien

écrin [ekʀɛ̃] *m* Schmuckkästchen *nt*

écrire [ekʀiʀ] <irr> **I.** *v. tr.* schreiben; (*rédiger*) verfassen **II.** *v. intr.* schreiben; **~ à la main/au stylo** mit der Hand/dem Füller schreiben; **~ à l'ordinateur** mit dem Computer schreiben **III.** *v. pron.* **s'~** geschrieben werden

écrit [ekʀi] *m* ❶ (*document*) Schriftstück *nt* ❷ (*ouvrage*) Schrift *f* ❸ (*épreuve*) **l'~** die [Prüfungs]klausur; (*examen*) die schriftliche Prüfung, das Schriftliche ▸ **par ~** schriftlich

écrit, e [ekʀi, it] *part. passé de* **écrire**

écriteau [ekʀito] <x> *m* [Hinweis]schild *nt*

écriture [ekʀityʀ] *f* ❶ [Hand]schrift *f* ❷ (*alphabet*) Schrift *f* ❸ (*style*) Schreibweise *f*

écrivain [ekʀivɛ̃] *m* Schriftsteller(in) *m(f)*
écrou [ekʀu] *m* [Schrauben]mutter *f*
écrouer [ekʀue] <1> *v. tr.* inhaftieren
écroulement [ekʀulmɑ̃] *m* Zusammenbruch *m*
écrouler [ekʀule] <1> *v. pron.* **s'~** ① (*tomber*) einstürzen ② (*cours de la Bourse*) einbrechen, abbröckeln ③ (*empire*) zusammenbrechen; (*projet*) sich zerschlagen
écru, e [ekʀy] *adj.* naturfarben
ECU [eky] *m* HIST *abr. de* **European Currency Unit** Ecu *m o f*
écueil [ekœj] *m* Klippe *f*
écuelle [ekɥɛl] *f* Napf *m*
écume [ekym] *f* (*mousse*) Schaum *m;* (*des vagues*) Gischt *f*
écumer [ekyme] <1> *v. tr.* ① (*enlever l'écume*) ~ **qc** den Schaum von etw abschöpfen ② (*piller: région*) plündern
écumoire [ekymwaʀ] *f* Schaumlöffel *m*
écureuil [ekyʀœj] *m* Eichhörnchen *nt*
écurie [ekyʀi] *f* [Pferde]stall *m*
écuyer, -ère [ekɥije, -ɛʀ] *m, f* ① HIST [Schild]knappe *m* ② (*cavalier*) [guter] Reiter *m*/[gute] Reiterin *f*
édam [edam] *m* (*fromage*) Edamer *m*
édenté, e [edɑ̃te] *adj.* zahnlos
EDF [ødeɛf] *f abr. de* **Électricité de France** *französische Elektrizitätsgesellschaft*
édicter [edikte] <1> *v. tr.* verfügen
édifiant, e [edifjɑ̃, jɑ̃t] *adj.* (*exemplaire*) beispielhaft
édification [edifikasjɔ̃] *f* Bau *m*
édifice [edifis] *m* Gebäude *nt*
édifier [edifje] <1> *v. tr.* (*temple, palais*) errichten
Édimbourg [edɛ̃buʀ] Edinburg
édit [edi] *m* HIST, POL Edikt *nt*
éditer [edite] <1> *v. tr.* herausgeben
éditeur [editœʀ] *m* INFORM Editor *m;* ~ **de textes** Texteditor
éditeur, -trice [editœʀ, -tʀis] **I.** *adj.* **maison éditrice** Verlag *m;* **la maison éditrice Klett** der Klett-Verlag **II.** *m, f* Herausgeber(in) *m(f)*
édition [edisjɔ̃] *f* ① (*d'un disque*) Herausgabe *f;* (*d'un livre*) Veröffentlichung *f* ② (*livre*) Auflage *f;* ~ **complète** Gesamtausgabe ③ (*établissement*) **les ~s** der Verlag ④ INFORM Edition *f*
éditique [editik] *m* INFORM Desktop-Publishing *nt*
éditorial [editɔʀjal, jo] <-aux> *m* Leitartikel *m*
éditorialiste [editɔʀjalist] *mf* Leitartikler(in) *m(f)*
édredon [edʀədɔ̃] *m* Daunenbett *nt*
éducateur, -trice [edykatœʀ, -tʀis] *m, f* Erzieher(in) *m(f)*
éducatif, -ive [edykatif, -iv] *adj.* **jeu ~** Lernspiel *nt;* **système ~** Bildungssystem *nt*
éducation [edykasjɔ̃] *f* ① Erziehung *f;* **l'Éducation nationale** das Schul- und Hochschulwesen ② (*culture générale*) Bildung *f* ③ (*enseignement*) ~ **physique** Sport[unterricht *m*] *m*
édulcorant [edylkɔʀɑ̃] *m* Süßstoff *m*
éduquer [edyke] <1> *v. tr.* erziehen
efface [efas] *f* CAN (*gomme*) Radiergummi *m*
effacé, e [efase] *adj.* (*manière, personne*) zurückhaltend
effacement [efasmɑ̃] *m* ① (*d'une inscription*) [Aus]löschen *nt* ② (*suppression d'information*) Löschen *nt*
effacer [efase] <2> **I.** *v. tr.* ① [aus]löschen; (*trace*) verwischen; (*tache*) entfernen; ~ **qc avec une gomme** etw ausradieren ② (*tableau noir*) abwischen; (*disquette*) löschen ③ (*faire oublier*) auslöschen; (*crainte*) zerstreuen **II.** *v. pron.* **s'~** ① (*s'estomper*) verblassen ② (*tache*) sich entfernen lassen
effaceur [efasœʀ] *m* Tintenkiller *m*
effarant, e [efaʀɑ̃, ɑ̃t] *adj.* unerhört
effaré, e [efaʀe] *adj.* (*personne*) verstört
effarer [efaʀe] <1> *v. tr.* aus der Fassung bringen
effaroucher [efaʀuʃe] <1> *v. tr.* (*animal*) aufschrecken, aufscheuchen; (*personne*) einschüchtern
effectif [efɛktif] *m* (*d'une armée, d'un parti*) Stärke *f;* (*d'une entreprise*) Belegschaft *f*
effectif, -ive [efɛktif, -iv] *adj.* (*pouvoir*) tatsächlich; (*travail*) effektiv
effectivement [efɛktivmɑ̃] *adv.* tatsächlich
effectuer [efɛktɥe] <1> **I.** *v. tr.* ausführen; (*parcours*) zurücklegen; (*réforme*) durchführen **II.** *v. pron.* **s'~** (*mouvement*) ausgeführt werden; (*paiement*) erfolgen

effervescence [efɛʀvesɑ̃s] *f* Aufregung *f*
effervescent, e [efɛʀvesɑ̃, ɑ̃t] *adj.* (*liquide*) sprudelnd
effet [efɛ] *m* ❶ Wirkung *f;* **~ secondaire** Nebenwirkung; **être l'~ de qc** die Folge von etw sein ❷ (*impression*) Eindruck *m* ❸ (*phénomène*) Effekt *m;* **~s spéciaux** Spezialeffekte *Pl;* **~ de serre** Treibhauseffekt ▸**en ~** tatsächlich; (*pour confirmer le propos d'un tiers*) in der Tat
efficace [efikas] *adj.* wirksam; (*personne*) kompetent
efficacement [efikasmɑ̃] *adv.* effizient
efficacité [efikasite] *f* Wirksamkeit *f;* (*d'une machine*) Leistungsfähigkeit *f;* (*d'une personne*) Tüchtigkeit *f*
effigie [efiʒi] *f* Bildnis *nt*
effiler [efile] <1> *v. tr.* ❶ (*effilocher*) ausfransen ❷ (*couper en amincissant: cheveux*) ausdünnen
effilocher [efilɔʃe] <1> *v. tr.* zerfasern
effleurer [eflœʀe] <1> *v. tr.* ❶ *a. fig* streifen ❷ (*passer par la tête*) **~ qn** jdm in den Sinn kommen
effluve [eflyv] *m* Wohlgeruch *m*
effondré, e [efɔ̃dʀe] *adj.* (*personne*) völlig gebrochen
effondrement [efɔ̃dʀəmɑ̃] *m* ❶ Einsturz *m;* (*d'un sportif*) Zusammenbruch *m* ❷ (*des prix*) Sturz *m*
effondrer [efɔ̃dʀe] <1> *v. pron.* **s'~** ❶ (*s'écrouler*) einstürzen ❷ (*être anéanti*) zusammenbrechen ❸ (*cours de la Bourse*) fallen, einbrechen ❹ INFORM (*ordinateur*) abstürzen
efforcer [efɔʀse] <2> *v. pron.* **s'~ de faire qc** sich bemühen etw zu tun
effort [efɔʀ] *m* ❶ (*physique*) Anstrengung *f* ❷ (*intellectuel*) Bemühung *f*
effraction [efʀaksjɔ̃] *f* Einbruch *m*
effrayant, e [efʀɛjɑ̃, ɑ̃t] *adj.* (*silence*) beängstigend
effrayer [efʀeje] <7> **I.** *v. tr.* erschrecken **II.** *v. pron.* **s'~ de qc** über etw (*Akk*) erschrecken
effréné, e [efʀene] *adj.* wild
effriter [efʀite] <1> *v. tr.* (*érosion*) bröck[e]lig machen
effronté, e [efʀɔ̃te] **I.** *adj.* dreist **II.** *m, f* unverschämte Person
effronterie [efʀɔ̃tʀi] *f* Dreistigkeit *f;* **avec ~** dreist
effroyable [efʀwajabl] *adj.* entsetzlich
effusion [efyzjɔ̃] *f* Gefühlsausbruch *m;* **~ de sang** Blutvergießen *nt*
égal, e [egal, o] <-aux> **I.** *adj.* ❶ (*de même valeur*) gleich; **de prix ~** gleich teuer ❷ (*sans variation*) **être d'humeur ~e** ausgeglichen sein **II.** *m, f* **la femme est l'~e de l'homme** die Frau ist dem Mann ebenbürtig
également [egalmɑ̃] *adv.* ❶ (*pareillement*) gleich[ermaßen] ❷ (*aussi*) ebenfalls
égaler [egale] <1> *v. tr.* ❶ MATH **deux plus deux égale[nt] quatre** zwei plus zwei ist vier ❷ (*être pareil*) **~ qn/qc en beauté/grosseur** jdm/einer S. an Schönheit/Größe (*Dat*) gleichkommen
égalisation [egalizasjɔ̃] *f* SPORT Ausgleich *m*
égaliser [egalize] <1> **I.** *v. tr.* ausgleichen; (*revenus*) [einander] angleichen **II.** *v. intr.* den Ausgleich erzielen
égalité [egalite] *f* ❶ Gleichheit *f;* **~ des forces** Gleichgewicht *nt* der Kräfte; **~ des chances** Chancengleichheit; **~ des droits** Gleichberechtigung *f* ❷ MATH Kongruenz *f*
égard [egaʀ] *m pl* Achtung *f* ▸**par ~ pour qn/qc** mit Rücksicht auf jdn/etw
égaré, e [egaʀe] *adj.* verirrt
égarement [egaʀmɑ̃] *m* geistige Verwirrung
égarer [egaʀe] <1> **I.** *v. tr.* ❶ (*induire en erreur*) in die Irre führen ❷ (*perdre*) verlegen **II.** *v. pron.* **s'~** (*se perdre*) sich verirren
égayer [egeje] <7> *v. tr.* aufheitern
églantier [eglɑ̃tje] *m* Heckenrosenstrauch *m*
églantine [eglɑ̃tin] *f* Heckenrose *f*
églefin [egləfɛ̃] *m* Schellfisch *m*
église [egliz] *f* Kirche *f*
ego [ego] *m inv.* Ego *nt*
égocentrique [egosɑ̃tʀik] *adj.* egozentrisch
égocentrisme [egosɑ̃tʀism] *m* Egozentrik *f*
égoïsme [egɔism] *m* Egoismus *m*
égoïste [egɔist] **I.** *adj.* egoistisch **II.** *mf* Egoist(in) *m(f)*
égorger [egɔʀʒe] <2a> *v. tr.* **~ qn/un animal avec qc** jdm die Kehle/einem Tier die Gurgel mit etw durchschneiden

E

E

égosiller [egozije] <1> *v. pron.* **s'~** sich heiser schreien

égout [egu] *m* [Abwasser]kanal *m;* **les ~s** die Kanalisation; **bouche d'~** Gully *m o nt*

égoutter [egute] <1> **I.** *v. tr.* abtropfen lassen **II.** *v. pron.* **s'~** abtropfen

égouttoir [egutwaʀ] *m* **~ à vaisselle** Abtropfgestell *nt*

égratigner [egʀatiɲe] <1> **I.** *v. tr.* zerkratzen **II.** *v. pron.* **s'~ qc** sich (*Dat*) etw aufschürfen

égratignure [egʀatiɲyʀ] *f* Kratzer *m*

égrener [egʀəne] <4> *v. tr.* ❶ (*cosse*) enthülsen; (*épi*) entkörnen; (*grappe, raisin*) abbeeren; (*coton*) egrenieren ❷ (*chapelet*) herunterbeten

Égypte [eʒipt] *f* **l'~** Ägypten *nt*

égyptien [eʒipsjɛ̃] *m* Ägyptisch *nt;* **l'~ moderne** das Neuägyptische; *voir a.* **allemand**

égyptien, ne [eʒipsjɛ̃, jɛn] *adj.* ägyptisch; *voir a.* **allemand**

Égyptien, ne [eʒipsjɛ̃, jɛn] *m, f* Ägypter(in) *m(f)*

eh [e, ɛ] *interj.* he !; **~ oui!** tja!/In der Tat!; **~ bien ça par exemple!** na so was! (*fam*); **~ bien!** *fam* nun gut!; **Eh bien, ...** nun, ...

éhonté, e [eɔ̃te] *adj.* schamlos

éjaculation [eʒakylasjɔ̃] *f* Samenerguss *m*

éjectable [eʒɛktabl] *adj.* **siège ~** Schleudersitz *m*

éjecter [eʒɛkte] <1> *v. tr.* ❶ (*machine*) auswerfen ❷ (*projeter*) **être éjecté de qc** aus etw [heraus]geschleudert werden

élaboration [elabɔʀasjɔ̃] *f* Ausarbeitung *f*

élaborer [elabɔʀe] <1> *v. tr.* ausarbeiten

élaguer [elage] <1> *v. tr.* (*arbre*) ausschneiden

élan [elɑ̃] *m* ❶ **prendre son ~** Schwung *m* holen ❷ (*accès*) **~ de tendresse** Anwandlung *f* von Zärtlichkeit

élancé, e [elɑ̃se] *adj.* schlank

élancement [elɑ̃smɑ̃] *m* stechender Schmerz

élancer [elɑ̃se] <2> *v. pron.* ❶ **s'~ vers qn/qc** sich auf jdn/etw stürzen ❷ (*prendre son élan*) **s'~** Schwung holen

élargir [elaʀʒiʀ] <8> **I.** *v. tr.* ❶ (*rendre plus large*) verbreitern ❷ (*jupe*) weiter machen ❸ (*horizon*) erweitern; (*débat*) ausdehnen **II.** *v. pron.* **s'~** (*fleuve*) breiter werden; (*horizon*) sich erweitern

élargissement [elaʀʒismɑ̃] *m* (*d'une route*) Verbreiterung *f;* (*de l'Union européenne*) Erweiterung *f*

élasticité [elastisite] *f* Elastizität *f;* (*de la peau*) Geschmeidigkeit *f*

élastique [elastik] **I.** *adj.* elastisch **II.** *m a.* COUT Gummi[band *nt*] *nt*

électeur, -trice [elɛktœʀ, -tʀis] *m, f* Wähler(in) *m(f)*

élection [elɛksjɔ̃] *f* Wahl *f;* **~s européennes** Europawahlen *Pl;* **~ présidentielle** Präsidentenwahl

électoral, e [elɛktɔʀal, -o] <-aux> *adj.* Wahl-

électorat [elɛktɔʀa] *m* Wählerschaft *f*

électricien, ne [elɛktʀisjɛ̃, jɛn] *m, f* Elektriker(in) *m(f)*

électricité [elɛktʀisite] *f* ❶ Strom *m* ❷ PHYS Elektrizität *f*

électrifier [elɛktʀifje] <1a> *v. tr.* elektrifizieren

électrique [elɛktʀik] *adj.* elektrisch

électriser [elɛktʀize] <1> *v. tr. a. fig* elektrisieren

électrocardiogramme [elɛktʀokaʀdjɔgʀam] *m* Elektrokardiogramm *nt*

électrochoc [elɛktʀoʃɔk] *m* Elektroschock *m*

électrocuter [elɛktʀɔkyte] <1> *v. pron.* **s'~ avec qc** von etw einen tödlichen Stromstoß bekommen

électrocution [elɛktʀɔkysjɔ̃] *f* [tödlicher] elektrischer Schlag; **condamner qn par ~** jdn zum Tod auf dem elektrischen Stuhl verurteilen

électrode [elɛktʀɔd] *f* Elektrode *f*

électrogène [elɛktʀɔʒɛn] *adj.* stromerzeugend

électromagnétique [elɛktʀomaɲetik] *adj.* elektromagnetisch

électroménager [elɛktʀomenaʒe] **I.** *adj.* **appareil ~** elektrisches Haushaltsgerät **II.** *m* elektrische Haushaltsgeräte *Pl*

électron [elɛktʀɔ̃] *m* Elektron *nt*

électronicien, ne [elɛktʀɔnisjɛ̃, jɛn] *m, f* Elektroniker(in) *m(f)*

électronique [elɛktʀɔnik] **I.** *adj.* elektronisch **II.** *f* Elektronik *f*

élégamment [elegamɑ̃] *adv.* (*s'habiller*) elegant
élégance [elegɑ̃s] *f sans pl.* Eleganz *f*
élégant, e [elegɑ̃, ɑ̃t] *adj.* elegant
élément [elemɑ̃] **I.** *m* ❶ (*composant*) Element *nt,* Bestandteil *m* ❷ (*mobilier*) Element *nt* ❸ (*d'un problème*) Element *nt* ❹ (*groupe dans une collectivité*) Teil *m* ❺ CHIM Element *nt* **II.** *mpl* ❶ (*principes de base*) Grundbegriffe *Pl* ❷ (*connaissances sommaires*) Grundkenntnisse *Pl* ❸ (*forces naturelles*) Naturgewalten *Pl*; **les quatre ~s** die vier Elemente
élémentaire [elemɑ̃tɛʀ] *adj.* elementar
éléphant [elefɑ̃] *m* Elefant *m*
éléphanteau [elefɑ̃to] <x> *m* Elefantenkalb *nt*
élevage [el(ə)vaʒ] *m* Zucht *f*
élévation [elevasjɔ̃] *f* ❶ (*accession*) Erhebung *f;* **~ de qn à une dignité** jds Einsetzung *f* in ein Amt ❷ (*hausse*) Ansteigen *nt;* **~ de la température** Temperaturanstieg *m*
élevé, e[1] [el(ə)ve] *adj.* ❶ hohe(r, s) ❷ (*conversation, style*) gepflegt; (*opinion*) hoch
élevé, e[2] [el(ə)ve] *adj.* **bien/mal ~** gut/schlecht erzogen
élève [elɛv] *mf* Schüler(in) *m(f)*
élever[1] [el(ə)ve] <4> **I.** *v. tr.* ❶ (*monument*) errichten ❷ (*porter vers le haut*) hochheben ❸ (*niveau, ton*) heben; (*voix*) erheben ❹ (*promouvoir*) **~ qn à un rang** jdn in einen Rang erheben ❺ (*critique, doute*) äußern **II.** *v. pron.* ❶ **s'~ à 1000 euros** sich auf 1000 Euro (*Akk*) belaufen ❷ (*mépriser*) **s'~ au-dessus des injures** sich über Beleidigungen hinwegsetzen ❸ (*s'opposer à*) **s'~ contre qc** sich gegen etw wenden
élever[2] [el(ə)ve] <4> *v. tr.* aufziehen; (*éduquer*) erziehen
éleveur, -euse [el(ə)vœʀ, -øz] *m, f* [Vieh]züchter(in) *m(f)*
éligible [eliʒibl] *adj.* wählbar
élimination [eliminasjɔ̃] *f* Beseitigung *f;* (*d'un adversaire*) Ausschaltung *f;* (*des déchets*) Entsorgung *f*
éliminatoire [eliminatwaʀ] **I.** *adj.* ❶ SCOL, UNIV (*note, faute*) zum Ausschluss führend ❷ SPORT **match ~** Ausscheidungsspiel *nt* **II.** *f souvent pl.* Ausscheidungs[wett]kämpfe *Pl*
éliminer [elimine] <1> **I.** *v. tr.* ❶ (*erreurs*) beseitigen ❷ (*tuer*) eliminieren ❸ SCOL, UNIV **il a été éliminé à l'oral** er ist im Mündlichen durchgefallen ❹ SPORT **~ qn de la course** jdn aus dem Rennen werfen; **être éliminé** ausscheiden ❺ (*possibilité*) ausschließen ❻ IND (*déchets*) entsorgen **II.** *v. pron.* **s'~ facilement** (*tache*) leicht zu entfernen sein
élire [eliʀ] <irr> *v. tr.* wählen
élite [elit] *f* Elite *f*
élitiste [elitist] *adj.* **école ~** Eliteschule *f*
élixir [eliksiʀ] *m* Elixier *nt*
elle [ɛl] *pron. pers.* ❶ (*féminin*) sie ❷ *interrog, non traduit* **Sophie a-t-~ ses clés ?** hat Sophie ihre Schlüssel? ❸ (*répétitif*) **la vache, ~ fait meuh** die Kuh macht muh ❹ *fam* (*pour renforcer*) **la mer, ~ aussi, est polluée** auch das Meer ist verschmutzt; **il veut l'aider, ~ ?** der möchte er helfen? ❺ *avec une prép* **avec ~** mit ihr; **sans ~** ohne sie ❻ *dans une comparaison* sie ❼ (*soi*) sich; *voir a.* **moi, lui**
elle-même [ɛlmɛm] *pron. pers.* sie selbst; *voir a.* **lui-même**
elles [ɛl] *pron. pers.* ❶ (*féminin pl*) sie ❷ *interrog, non traduit* **les filles, sont-~ là ?** sind die Mädchen da? ❸ (*répétitif*) **regarde les fleurs comme ~ sont belles** sieh mal, wie schön die Blumen sind ❹ *fam* (*pour renforcer*) **~, ~ n'ont pas bu** die haben nichts getrunken ❺ (*avec une prép*) **avec ~** mit ihnen; **sans ~** ohne sie ❻ (*dans une comparaison*) sie ❼ (*soi*) sich; *voir a.* **moi, lui**
elles-mêmes [ɛlmɛm] *pron. pers.* sie selbst; *voir a.* **moi-même, nous-mêmes**
ellipse [elips] *f* LING, GEOM Ellipse *f*
elliptique [eliptik] *adj.* elliptisch
élocution [elɔkysjɔ̃] *f* Aussprache *f;* **avoir une ~ lente/rapide** langsam/schnell sprechen
éloge [elɔʒ] *m* Lob *nt*
élogieux, -euse [elɔʒjø, -jøz] *adj.* lobend
éloigné, e [elwaɲe] *adj.* ❶ (*dans l'espace*) fern ❷ (*avenir*) fern; (*passé*) weit zurückliegend ❸ (*parent*) entfernt
éloignement [elwaɲmɑ̃] *m* ❶ (*distance*) Entfernung *f* ❷ (*recul*) [zeitlicher] Abstand

éloigner [elwaɲe] <1> **I.** *v. tr.* ❶ (*mettre à distance*) fernhalten ❷ (*danger*) bannen **II.** *v. pron.* ❶ **s'~** sich entfernen ❷ (*s'écarter de*) **s'~ du sujet** vom Thema abkommen ❸ (*prendre ses distances par rapport à*) **s'~ de qn/qc** auf Distanz zu jdm/etw gehen

élongation [elɔ̃gasjɔ̃] *f* Zerrung *f*

élu, e [ely] **I.** *part. passé de* **élire II.** *adj.* gewählt **III.** *m, f* POL Abgeordnete(r) *f(m)*

élucider [elyside] <1> *v. tr.* aufklären

éluder [elyde] <1> *v. tr.* umgehen

Élysée [elize] *m* **l'~** der Elyseepalast

e-mail [imɛl] *m abr. de* **electronic mail** Mail *f*

émail [emaj, emo] <-aux> *m* ❶ *sans pl.* (*vernis*) Glasur *f* ❷ (*sur métal*) Email *nt*

émaillé, e [emaje] *adj.* emailliert

émancipation [emɑ̃sipasjɔ̃] *f* Emanzipation *f*

émancipé, e [emɑ̃sipe] *adj.* emanzipiert

émanciper [emɑ̃sipe] <1> *v. pron.* **s'~** sich emanzipieren

émaner [emane] <1> *v. intr.* **~ de qn/qc** (*autorité, charme*) von jdm/etw ausgehen

emballage [ɑ̃balaʒ] *m* [Ver]packung *f*

emballant, e [ɑ̃balɑ̃, ɑ̃t] *adj. fam* (*enthousiasmant*) toll

emballer [ɑ̃bale] <1> **I.** *v. tr.* einpacken **II.** *v. pron.* **s'~** ❶ *fam* (*s'emporter*) sich aufregen ❷ (*animal*) durchgehen; (*moteur*) aufheulen

embarcadère [ɑ̃baʀkadɛʀ] *m* Anlegestelle *f*

embarcation [ɑ̃baʀkasjɔ̃] *f* Boot *nt*

embardée [ɑ̃baʀde] *f* AUT schnelles Ausweichen *nt*

embargo [ɑ̃baʀgo] *m* Embargo *nt*

embarquement [ɑ̃baʀkəmɑ̃] *m* ❶ (*des marchandises*) Verladen *nt* ❷ NAUT Einschiffen *nt*

embarquer [ɑ̃baʀke] <1> **I.** *v. intr.* ❶ an Bord gehen ❷ CAN (*monter*) **~ dans l'autobus/dans une voiture** in den Bus einsteigen/in einem Wagen steigen **II.** *v. tr.* ❶ (*marchandises*) verladen ❷ (*passagers*) einsteigen lassen ❸ (*voler*) mitgehen lassen (*fam*) **III.** *v. pron.* (*s'engager*) **s'~ dans qc** sich auf etw (*Akk*) einlassen

embarras [ɑ̃baʀa] *m* ❶ (*gêne*) Verlegenheit *f* ❷ (*tracas*) Unannehmlichkeit *f*

embarrassant, e [ɑ̃baʀasɑ̃, ɑ̃t] *adj.* ❶ (*délicat*) unangenehm ❷ (*situation*) misslich

embarrassé, e [ɑ̃baʀase] *adj.* verlegen

embarrasser [ɑ̃baʀase] <1> **I.** *v. tr.* ❶ (*déconcerter*) in Verlegenheit bringen ❷ (*gêner dans ses mouvements*) behindern ❸ (*couloir*) versperren **II.** *v. pron.* (*s'encombrer*) **s'~ de qn/qc** sich mit jdm/etw belasten

embauche [ɑ̃boʃ] *f* ❶ (*recrutement*) Einstellung *f* ❷ (*travail*) Beschäftigung *f*; **offre d'~** Stellenangebot *nt*

embaucher [ɑ̃boʃe] <1> *vt, vi* einstellen

embellie [ɑ̃beli] *f* METEO Aufheiterung *f*

embellir [ɑ̃beliʀ] <8> **I.** *v. intr.* schöner werden **II.** *v. tr.* (*maison, ville*) verschönern; (*réalité*) beschönigen

embêtant, e [ɑ̃bɛtɑ̃, ɑ̃t] *adj. fam* ❶ (*personne*) lästig ❷ (*fâcheux*) dumm

embêtement [ɑ̃bɛtmɑ̃] *m fam* Scherereien *Pl*

embêter [ɑ̃bete] <1> **I.** *v. tr. fam* ❶ (*contrarier*) nerven ❷ (*casser les pieds*) anöden **II.** *v. pron. fam* (*s'ennuyer*) **s'~** sich [zu Tode] langweilen

emblée [ɑ̃ble] *adv.* **d'~** auf Anhieb

emblème [ɑ̃blɛm] *m* Emblem *nt*

embobiner [ɑ̃bɔbine] <1> *v. tr. fam* beschwatzen

emboîter [ɑ̃bwate] <1> *v. tr.* zusammensetzen

embolie [ɑ̃bɔli] *f* Embolie *f*

embonpoint [ɑ̃bɔ̃pwɛ̃] *m* Leibesfülle *f*

embouchure [ɑ̃buʃyʀ] *f* GEO Mündung *f*

embourber [ɑ̃buʀbe] <1> *v. pron.* **s'~** im Schlamm stecken bleiben

embourgeoisement [ɑ̃buʀʒwazmɑ̃] *m* Verbürgerlichung *f*

embourgeoiser [ɑ̃buʀʒwaze] <1> *v. pron.* **s'~** verbürgerlichen

embout [ɑ̃bu] *m* (*d'un parapluie*) Spitze *f*

embouteillage [ɑ̃butɛjaʒ] *m* AUT [Verkehrs]stau *m*

emboutir [ɑ̃butiʀ] <8> *v. tr.* AUT einbeulen

embranchement [ɑ̃bʀɑ̃ʃmɑ̃] *m* Abzweigung *f*

embrassades [ɑ̃bʀasad] *fpl* Küsse [und Umarmungen] *Pl*

embrasser [ɑ̃bʀase] <1> **I.** *v. tr.* ❶ (*donner un baiser*) küssen ❷ (*saluer*) **je t'embrasse/vous embrasse** viele Grüße ❸ (*prendre dans les bras*) umarmen **II.** *v. pron.* **s'~** ❶ (*donner un baiser*) sich küssen ❷ (*prendre dans ses bras*) sich umarmen

embrayage [ɑ̃bʀɛjaʒ] *m* Kupplung *f*

embrayer [ɑ̃bʀeje] <7> *v. intr.* ❶ (*conducteur*) einkuppeln, die Kupplung kommen lassen ❷ (*commencer à parler*) **~ sur qn/qc** auf jdn/etw zu sprechen kommen

embrigader [ɑ̃bʀigade] <1> *v. tr. péj* **~ qn dans qc** jdn für etw rekrutieren

embrouille [ɑ̃bʀuj] *f* Verwirrspiel *nt*

embrouillé, e [ɑ̃bʀuje] *adj.* verworren

embrouiller [ɑ̃bʀuje] <1> **I.** *v. tr.* ❶ (*chose*) kompliziert machen ❷ (*personne*) verwirren **II.** *v. pron.* **s'~** durcheinandergeraten

embroussaillé, e [ɑ̃bʀusaje] *adj.* (*terrain*) mit Gestrüpp zugewachsen; (*sourcils*) buschig

embruns [ɑ̃bʀœ̃] *mpl* Gischt *m o f*

embryon [ɑ̃bʀijɔ̃] *m* Embryo *m*

embûches [ɑ̃byʃ] *fpl* Fallstricke *Pl*

embuer [ɑ̃bɥe] <1> *v. tr.* beschlagen

embuscade [ɑ̃byskad] *f* **dresser une ~ à qn** jdn in einen Hinterhalt locken

embusquer [ɑ̃byske] <1> *v. tr.* **être embusqué** im Hinterhalt liegen

éméché, e [emeʃe] *adj. fam* beschwipst

émeraude [emʀod] **I.** *adj. inv.* smaragdfarben **II.** *f* Smaragd *m*

émergence [emɛʀʒɑ̃s] *f* [plötzliches] Auftauchen

émerger [emɛʀʒe] <2a> *v. intr.* ❶ **~ de qc** (*plongeur*) aus etw auftauchen ❷ *fam* (*se réveiller*) munter werden

émeri [emʀi] *m* **toile [d']~** Schleifpapier *nt*

émérite [emeʀit] *adj.* (*professeur*) emeritiert

émerveillement [emɛʀvɛjmɑ̃] *m* Entzückung *f*

émerveiller [emɛʀveje] <1> **I.** *v. tr.* entzücken **II.** *v. pron.* **s'~ de qc** in Entzückung über etw (*Akk*) geraten

émetteur [emetœʀ] *m* Sender *m*

émetteur, -trice [emetœʀ, -tʀis] *adj.* Sende-

émetteur-récepteur [emetœʀʀesɛptœʀ] <émetteurs-récepteurs> *m* kombiniertes Sende- und Empfangsgerät

émettre [emɛtʀ] <irr> **I.** *v. intr.* MEDIA ausstrahlen **II.** *v. tr.* ❶ (*son*) von sich geben; (*odeur*) verbreiten ❷ (*opinion*) äußern; (*hypothèse*) aufstellen ❸ FIN ausgeben

émeute [emøt] *f* Aufruhr *m*

émietter [emjete] <1> **I.** *v. tr.* zerbröseln **II.** *v. pron.* **s'~** zerbröckeln

émigrant, e [emigʀɑ̃, ɑ̃t] *m, f* Auswanderer *m*/Auswanderin *f*

émigration [emigʀasjɔ̃] *f* Auswanderung *f*

émigré, e [emigʀe] *m, f* Emigrant(in) *m(f)*

émigrer [emigʀe] <1> *v. intr.* auswandern

émincer [emɛ̃se] <2> *v. tr.* in dünne Scheiben schneiden

éminence [eminɑ̃s] *f* GEO Anhöhe *f*

éminent, e [eminɑ̃, ɑ̃t] *adj.* hervorragend

émirat [emiʀa] *m* Emirat *nt*

émissaire [emisɛʀ] *m* Abgesandte(r) *f(m)* [mit geheimem Auftrag]

émission [emisjɔ̃] *f* ❶ MEDIA Sendung *f*; **~ radiophonique/télévisée** Radio-/Fernsehsendung *f* ❷ PHYS Emission *f* ❸ FIN Ausgabe *f*

emmagasiner [ɑ̃magazine] <1> *v. tr.* [ein]lagern

emmêler [ɑ̃mele] <1> **I.** *v. tr.* durcheinanderbringen **II.** *v. pron.* **s'~** sich verwickeln

emménagement [ɑ̃menaʒmɑ̃] *m* Einzug *m* [in eine Wohnung]

emménager [ɑ̃menaʒe] <2a> *v. intr.* einziehen

emmener [ɑ̃m(ə)ne] <4> *v. tr.* ❶ **~ qn au cinéma** jdn zum Kino bringen ❷ (*prendre avec soi*) mitnehmen

emmerdant, e [ɑ̃mɛʀdɑ̃, ɑ̃t] *adj. fam* ❶ (*agaçant*) nervig ❷ (*ennuyeux*) stinklangweilig

emmerde [ɑ̃mɛʀd] *f fam* Mordsärger *m kein Pl.*

emmerdement [ɑ̃mɛʀdəmɑ̃] *m fam* Schererei *f*

emmerder [ɑ̃mɛʀde] <1> **I.** *v. tr. fam* ❶ (*énerver*) nerven ❷ (*contrarier*) **être emmerdé** in der Klemme sitzen

❸ (*barber*) ankotzen (*vulg*) **II.** *v. pron. fam* ❶ (*s'ennuyer*) **s'~** Däumchen drehen ❷ (*se démener*) **s'~ à faire qc** sich abrackern um etw zu tun

emmerdeur, -euse [ɑ̃mɛʀdœʀ, -øz] *m, f fam* ❶ (*raseur*) Langweiler(in) *m(f)* ❷ (*personne agaçante*) Nervensäge *f*

emmitoufler [ɑ̃mitufle] <1> *v. pron.* **s'~ dans qc** sich in etw (*Akk*) einmummen

emmurer [ɑ̃myʀe] <1> *v. tr.* einmauern

émoluments [emɔlymɑ̃] *mpl* ADMIN Bezüge *Pl*

émotif, -ive [emɔtif, -iv] *adj.* (*personne*) feinfühlig; **choc ~** Schock *m*

émotion [emosjɔ̃] *f* ❶ (*surprise, chagrin*) Aufregung *f* ❷ (*sentiment*) Emotion *f* ▸ **~s fortes** Nervenkitzel *m*

émotionnel, le [emosjɔnɛl] *adj.* (*choc*) emotional; (*réaction a.*) gefühlsmäßig

émotivité [emotivite] *f* [starke] Erregbarkeit

émousser [emuse] <1> *v. tr.* **être émoussé** stumpf sein

émoustiller [emustije] <1> *v. tr.* aufheitern

émouvant, e [emuvɑ̃, ɑ̃t] *adj.* bewegend

émouvoir [emuvwaʀ] <irr> **I.** *v. tr.* bewegen **II.** *v. pron.* **s'~ de qc** sich über etw (*Akk*) aufregen

empaillé, e [ɑ̃paje] *adj.* ausgestopft

empaqueter [ɑ̃pak(ə)te] <3> *v. tr.* einpacken

emparer [ɑ̃paʀe] <1> *v. pron.* **s'~ de qc** etw an sich (*Akk*) reißen; **s'~ d'un objet** sich eines Gegenstands bemächtigen (*geh*)

empâter [ɑ̃pate] <1> *v. tr.* **être empâté** (*langue*) schwer sein

empattement [ɑ̃patmɑ̃] *m* AUT Radstand *m*

empêché, e [ɑ̃peʃe] *adj.* verhindert

empêchement [ɑ̃pɛʃmɑ̃] *m* **avoir un ~** verhindert sein

empêcher [ɑ̃peʃe] <1> **I.** *v. tr.* ❶ (*faire obstacle à*) verhindern; **~ que** + *subj.* verhindern, dass ❷ (*opp: permettre à*) **~ qn de faire qc** jdn [daran] hindern etw zu tun ▸ [**il**] **n'empêche que...** trotzdem/dennoch ... **II.** *v. pron.* **ne** [**pas**] **pouvoir s'~ de faire qc** ganz einfach etw tun müssen

empereur [ɑ̃pʀœʀ] *m* Kaiser *m; voir a.* **impératrice**

empester [ɑ̃pɛste] <1> **I.** *v. intr.* stinken **II.** *v. tr.* **~ qc** nach etw stinken

empêtrer [ɑ̃petʀe] <1> *v. pron.* **s'~ dans qc** sich in etw (*Dat*) verfangen

empiècement [ɑ̃pjɛsmɑ̃] *m* COUT Einsatz *m*

empiéter [ɑ̃pjete] <5> *v. intr.* ❶ (*terrain*) sich ausdehnen ❷ (*déborder dans le temps*) sich überschneiden

empiffrer [ɑ̃pifʀe] <1> *v. pron. fam* **s'~ de qc** sich (*Dat*) mit etw den Bauch vollschlagen

empilement [ɑ̃pilmɑ̃] *m* [Auf]stapeln *nt*

empiler [ɑ̃pile] <1> **I.** *v. tr.* [auf]stapeln **II.** *v. pron.* **s'~** sich stapeln

empire [ɑ̃piʀ] *m* Kaiserreich *nt*, Imperium *nt*

empirer [ɑ̃piʀe] <1> *v. intr.* sich verschlimmern

empirique [ɑ̃piʀik] *adj.* empirisch

emplacement [ɑ̃plasmɑ̃] *m* ❶ (*endroit*) Stelle *f* ❷ (*place*) Standort *m;* (*dans un parking*) Parkplatz *m;* (*sur un camping*) [Stell]platz *m*

emplettes [ɑ̃plɛt] *fpl* ▸ **faire des ~** Einkäufe *Pl* machen

emploi [ɑ̃plwa] *m* ❶ (*poste*) Stelle *f*, Arbeitsstelle, Arbeitsplatz *m;* **un ~ d'informaticienne** eine Stelle als Informatikerin; **~ à plein temps** Ganztagsstelle; **~ à mi-temps** Halbtagsstelle; **~ à temps partiel** Teilzeitstelle; **création d'~s** Schaffung *f* von Arbeitsstellen ❷ ECON Arbeitsmarkt *m;* **politique de l'~** Arbeitsmarktpolitik *f;* **situation de l'~** Beschäftigungslage *f;* **être sans ~** arbeitslos sein ❸ (*utilisation*) Gebrauch *m;* (*d'un appareil*) Bedienung *f;* (*d'une somme*) Verwendung *f* ❹ LING Gebrauch *m* ▸ **~ du temps** Terminkalender *m;* SCOL Stundenplan *m*

employé, e [ɑ̃plwaje] *m, f* Angestellte(r) *f(m)*

employer [ɑ̃plwaje] <6> **I.** *v. tr.* ❶ (*faire travailler*) beschäftigen ❷ (*produit*) verwenden; (*force*) anwenden ❸ LING gebrauchen **II.** *v. pron.* ❶ LING **s'~** gebraucht werden ❷ (*se consacrer*) **s'~ à faire qc** sich sehr bemühen etw zu tun

employeur, -euse [ɑ̃plwajœʀ, -jøz] *m, f* Arbeitgeber(in) *m(f)*

empocher [ɑ̃pɔʃe] <1> *v. tr.* (*argent*) einstecken

empoignade [ɑ̃pwaɲad] *f* (*bagarre*) Auseinandersetzung *f*

empoigner [ɑ̃pwaɲe] <1> **I.** *v. tr.* (*personne*) packen **II.** *v. pron.* **s'~** sich verprügeln

empoisonnant, e [ɑ̃pwazɔnɑ̃, ɑ̃t] *adj. fam* sterbenslangweilig

empoisonnement [ɑ̃pwazɔnmɑ̃] *m* Vergiftung *f;* **~ dû à des champignons** Pilzvergiftung

empoisonner [ɑ̃pwazɔne] <1> **I.** *v. tr.* ❶ (*intoxiquer*) vergiften ❷ (*vie*) schwer machen ❸ (*air*) verpesten ❹ *fam* (*embêter*) **~ qn avec qc** jdm mit etw auf den Wecker gehen **II.** *v. pron.* **s'~** sich vergiften

emporté, e [ɑ̃pɔʀte] *adj.* leicht aufbrausend

emporter [ɑ̃pɔʀte] <1> **I.** *v. tr.* ❶ (*prendre avec soi*) mitnehmen ❷ (*enlever*) wegbringen; (*blessé*) wegtragen ❸ (*transporter*) **~ qn vers qc** jdn zu etw bringen ❹ (*entraîner, arracher*) **~ qc** (*vent*) etw fortwehen; **~ qn** (*enthousiasme*) jdn mit [sich] reißen; (*récit, rêve*) jdn entführen ❺ (*faire mourir*) dahinraffen (*geh*) **II.** *v. pron.* **s'~ contre qn/qc** sich über jdn/etw erregen

empoté, e [ɑ̃pɔte] *adj. fam* ❶ (*maladroit*) tollpatschig ❷ (*lent*) lahm

empreint, e [ɑ̃pʀɛ̃, ɛ̃t] *adj.* **~ de qc** von etw geprägt

empreinte [ɑ̃pʀɛ̃t] *f* ❶ (*trace*) Abdruck *m;* **~s digitales** Fingerabdrücke *Pl* ❷ (*marque durable*) Gepräge *nt* (*geh*)

empressé, e [ɑ̃pʀese] *adj.* beflissen

empressement [ɑ̃pʀɛsmɑ̃] *m* Übereifer *m*

empresser [ɑ̃pʀese] <1> *v. pron.* **s'~ de faire qc** sich beeilen etw zu tun

emprise [ɑ̃pʀiz] *f* (*d'une personne*) [beherrschender] Einfluss; (*d'une drogue*) Macht *f;* **avoir agi sous l'~ de la colère/jalousie** im Zorn/aus Eifersucht gehandelt haben

emprisonnement [ɑ̃pʀizɔnmɑ̃] *m* Inhaftierung *f*

emprisonner [ɑ̃pʀizɔne] <1> *v. tr.* inhaftieren

emprunt [ɑ̃pʀœ̃] *m* ❶ FIN (*somme*) Darlehen *nt;* (*auprès d'une banque*) Kredit *m* ❷ (*emprunt public*) Anleihe *f*

emprunté, e [ɑ̃pʀœ̃te] *adj.* linkisch

emprunter [ɑ̃pʀœ̃te] <1> **I.** *v. intr.* FIN ein Darlehen aufnehmen **II.** *v. tr.* ❶ leihen; (*livre*) ausleihen; **je peux t'~ cent euros/ta voiture?** kannst du mir hundert Euro/deinen Wagen leihen? ❷ (*passage souterrain*) benutzen

emprunteur, -euse [ɑ̃pʀœ̃tœʀ, -øz] *m, f* ❶ (*qui emprunte qc*) Entleiher(in) *m(f)* ❷ FIN Kreditnehmer(in) *m(f)*

ému, e [emy] *adj.* bewegt

émulation [emylasjɔ̃] *f* ❶ Wetteifer *m* ❷ INFORM Emulation *f*

émuler [emyle] <1> *v. tr.* INFORM emulieren

en [ɑ̃] **I.** *prép.* ❶ (*lieu*) in (+ *Dat*); **~ ville** in der Stadt; **habiter ~ Meurthe et Moselle/Corse** im Departement Meurthe et Moselle/auf Korsika wohnen; **~ Allemagne** in Deutschland; **~ mer/~ bateau** auf See/auf dem Schiff; **~ pleine mer** mitten im Meer/auf hoher See; **être ~ cinquième** in der "cinquième" sein; **elle se disait ~ elle-même que ...** sie dachte bei sich, dass ... ❷ (*direction*) in (+ *Akk*); **aller ~ ville** in die Stadt fahren; **aller ~ Rhénanie** ins Rheinland gehen; **aller ~ Normandie** in die Normandie fahren; **aller ~ Iran** in den Iran fliegen; **aller ~ France/~ Corse** nach Frankreich/nach Korsika fahren; **passer ~ seconde** in die "seconde" versetzt werden ❸ (*date, moment*) **~ [l'an] 2013** im Jahre 2013; **~ été/automne/hiver** im Sommer/Herbst/Winter; **~ avril 2012** im April 2012; **~ dix minutes/deux jours/mois** innerhalb von zehn Minuten/zwei Tagen/Monaten; **~ semaine** die Woche über; **de jour ~ jour** von Tag zu Tag ❹ (*manière d'être, de faire*) **être ~ bonne/mauvaise santé** bei guter/schlechter Gesundheit sein; **être/se mettre ~ colère** wütend sein/werden; **être ~ réunion/déplacement** in einer Sitzung/unterwegs sein; **être parti ~ voyage** auf Reisen sein; **~ deuil** in Trauer; **des cerisiers ~ fleurs** blühende Kirschbäume; **une voiture ~ panne** ein Wagen mit einer Panne; **écouter ~ silence** schweigend zuhören; **peindre qc ~ blanc** etw weiß [an]streichen ❺ (*changer, convertir*) in (+ *Akk*); (*se *déguiser*) als ⑥ (*en tant que*) als ⑦ *gérondif* (*simultanéité*) beim + *Infin.*; **~ sortant** beim Hinausgehen ⑧ *gérondif* (*condition*) wenn; **~ travaillant beaucoup, tu réussiras** wenn du viel arbeitest, wirst du Erfolg haben ⑨ *gérondif* (*concession*) obgleich ⑩ *gérondif* (*manière*) **~ chantant/courant** singend/im Laufschritt ⑪ (*état, forme*) **~ morceaux** in Stücken; **~ vrac** lose; **du café ~ grains/~ poudre** ungemahlener/gemahlener Kaffee; **deux boîtes ~ plus/~ trop** zwei Dosen mehr/zu viel; **~ trois actes** in drei Akten ⑫ (*fait de*) **être ~ laine/bois** aus Wolle/Holz sein ⑬ (*moyen de transport*) mit+ *Art*; **~ train/voiture** mit dem Zug/Auto; **~ vélo** *fam* mit dem Rad ⑭ (*partage, division*) in (+ *Akk*); **je coupe la tarte ~ six** ich schneide den Kuchen in sechs Stücke ⑮ (*pour indiquer le domaine*) in (+ *Dat*); **~ math/allemand** in Mathe/Deutsch; **~ économie** im Bereich der Wirtschaft; **fort ~ math** gut in Mathe ⑯ *après certains verbes* **croire ~ qn** an jdn glauben; **avoir confiance ~ qn** Vertrauen zu jdm haben; **parler ~ son nom** in seinem/ihrem Namen sprechen ▸**s'~ aller** weggehen/wegfahren; **~ arrière** nach hinten/rückwärts; **~ plus, ...** außerdem ...; **~ plus** zusätzlich; **~ plus de ...** über ... hinaus **II.** *pron.* ① (*pour des indéfinis, des quantités*) davon; (*savoir*) darüber; **as-tu un stylo? – oui, j'~ ai un/non, je n'~ ai pas** hast du einen Kuli? – ja, ich habe einen/nein, ich habe keinen ② *tenant lieu de subst* **j'~ connais qui feraient mieux de ...** ich kenne welche, die besser daran täten, ... ③ (*de là*) **j'~ viens** ich komme von dort ④ (*de cela*) **on ~ parle** man spricht darüber; **j'~ ai besoin** ich brauche es; **je m'~ souviens** ich erinnere mich daran; **j'~ suis fier(fière)** ich bin stolz darauf; **j'~ suis sûr(e)** da bin ich mir sicher, ich bin mir dessen sicher; **j'~ suis content(e)** ich freue mich darüber; **j'~ conclus que ...** ich schließe daraus, dass ... ⑤ (*à cause de cela*) **elle ~ est malade** sie ist deshalb ganz krank; **j'~ suis malheureux** ich bin unglücklich darüber ⑥ *annonce ou reprend un subst* **j'~ vends, des livres** ich verkaufe Bücher; **vous ~ avez, de la chance!** Sie haben ja wirklich [ein] Glück! ⑦ *avec valeur de possessif* **ne jette pas cette rose, je voudrais ~ garder les pétales!** wirf die Rose nicht weg, ich möchte die Blütenblätter aufheben!

encadré [ɑ̃kadʀe] *m* Kasten *m*

encadrement [ɑ̃kadʀəmɑ̃] *m* ① Rahmen *m* ② (*prise en charge*) Betreuung *f*

encadrer [ɑ̃kadʀe] <1> *v. tr.* ① [ein]rahmen ② (*entourer*) umranden ③ (*s'occuper de*) betreuen

encaissement [ɑ̃kɛsmɑ̃] *m* Einkassieren *nt*

encaisser [ɑ̃kese] <1> **I.** *v. intr.* ① kassieren ② *fam* (*savoir prendre des coups*) einiges einstecken können **II.** *v. tr.* ① [ein]kassieren; (*chèque*) einlösen ② *fam* einstecken

encart [ɑ̃kaʀ] *m* Beilage *f*

en-cas [ɑ̃ka] *m inv.* Imbiss *m*

encastrable [ɑ̃kastʀabl] *adj.* zum Einbauen

encastrer [ɑ̃kastʀe] <1> **I.** *v. tr.* **~ qc dans/sous qc** etw in etw (*Akk*)/unter etw (*Dat*) einbauen **II.** *v. pron.* **s'~ dans/sous qc** genau in/unter etw (*Akk*) passen

encaustique [ɑ̃kostik] *f* [Bohner]wachs *nt*

encavage [ɑ̃kavaʒ] *m* CH (*mettre en cave des aliments*) Einkellern *nt*

enceinte[1] [ɑ̃sɛ̃t] *adj.* schwanger; **être ~ de trois mois** im dritten Monat schwanger sein

enceinte[2] [ɑ̃sɛ̃t] *f* ① (*fortification, rempart*) Ringmauer *f* ② (*espace clos*) abgeschlossener Bereich; (*d'une ville, d'un tribunal*) Innenraum *m;* (*d'une foire, d'un parc naturel*) Gelände *nt* ③ (*haut-parleur*) Lautsprecherbox *f*

encens [ɑ̃sɑ̃] *m* Weihrauch *m*

encenser [ɑ̃sɑ̃se] <1> *v. tr.* weihräuchern

encercler [ɑ̃sɛʀkle] <1> *v. tr.* einkreisen

enchaînement [ɑ̃ʃɛnmɑ̃] *m* ① **~ de circonstances** Verkettung *f* von Umständen; **~ des événements** Abfolge *f* der Ereignisse ② (*structure logique*) Herleitung *f* ③ (*transition*) **~ entre qc et qc** Überleitung *f* von etw zu etw

enchaîner [ɑ̃ʃene] <1> **I.** *v. tr.* ① **~ des**

personnes l'une à l'autre Menschen aneinanderketten ❷ (*idées*) aneinanderreihen **II.** *v. pron.* ❶ **des personnes s'enchaînent à qc** Menschen ketten sich an etw (*Akk*) an ❷ (*se succéder*) ineinander übergehen **III.** *v. intr.* **~ sur qc** mit etw fortfahren

enchanté, e [ɑ̃ʃɑ̃te] *adj.* ❶ (*ravi*) hocherfreut ❷ (*magique*) verzaubert ▸ **~ de faire votre connaissance** es freut mich Ihre Bekanntschaft zu machen; **~!** sehr erfreut!

enchantement [ɑ̃ʃɑ̃tmɑ̃] *m* ❶ (*ravissement*) Entzücken *nt* ❷ (*sortilège*) Zauber *m*

enchanter [ɑ̃ʃɑ̃te] <1> *v. tr.* ❶ (*ravir*) bezaubern ❷ (*ensorceler*) verzaubern

enchanteur, enchanteresse [ɑ̃ʃɑ̃tœʀ, ɑ̃ʃɑ̃t(ə)ʀɛs] *m, f* Zauberer *m*/Zauberin *f*

enchère [ɑ̃ʃɛʀ] *f gén. pl.* Gebot *nt;* **acheter aux ~s** ersteigern; **vendre aux ~s** versteigern

enchérir [ɑ̃ʃeʀiʀ] <8> *v. intr.* **~ sur qn/qc** jdn/etw überbieten

enchevêtré, e [ɑ̃ʃ(ə)vetʀe] *adj.* verschlungen; (*fils*) [ineinander] verwickelt

enchevêtrement [ɑ̃ʃ(ə)vɛtʀəmɑ̃] *m* wirres Durcheinander

enchevêtrer [ɑ̃ʃ(ə)vetʀe] <1> *v. pron.* **s'~** (*branches*) sich [ineinander] verschlingen; (*fils*) sich verwickeln

enclave [ɑ̃klav] *f* Enklave *f*

enclencher [ɑ̃klɑ̃ʃe] <1> **I.** *v. tr.* ❶ TECH einrasten lassen; (*vitesse*) einlegen ❷ (*engager*) in Gang setzen **II.** *v. pron.* **s'~** (*levier de commande*) einrasten; (*mécanisme*) sich einschalten

enclin, e [ɑ̃klɛ̃, in] *adj.* **être ~ à qc** zu etw neigen

enclos [ɑ̃klo] *m* eingefriedetes Grundstück

enclume [ɑ̃klym] *f* Amboss *m*

encoche [ɑ̃kɔʃ] *f* Kerbe *f*

encoder [ɑ̃kɔde] <1> *v. tr.* kodieren, enkodieren

encolure [ɑ̃kɔlyʀ] *f* ❶ (*d'un animal, d'une personne*) Hals *m* ❷ (*d'une robe*) [Hals]ausschnitt *m* ❸ (*tour de cou*) Kragenweite *f*

encombrant, e [ɑ̃kɔ̃bʀɑ̃, ɑ̃t] *adj.* ❶ (*embarrassant*) sperrig ❷ (*importun*) lästig ❸ *iron* (*passé*) belastend

encombre [ɑ̃kɔ̃bʀ] ▸ **sans ~** [ganz] problemlos

encombré, e [ɑ̃kɔ̃bʀe] *adj.* ❶ versperrt; (*route*) verstopft ❷ (*pièce*) vollgestopft; (*table*) vollgestellt ❸ (*lignes téléphoniques*) überlastet

encombrement [ɑ̃kɔ̃bʀəmɑ̃] *m* ❶ (*d'une rue*) Verstopfung *f;* (*des lignes téléphoniques*) Überlastung *f* ❷ (*embouteillage*) Stau *m*

encombrer [ɑ̃kɔ̃bʀe] <1> **I.** *v. tr.* ❶ verstopfen; (*passage*) versperren ❷ (*s'amonceler*) **des choses encombrent une table/pièce** ein Tisch/ein Zimmer ist voller Sachen ❸ (*surcharger*) überladen **II.** *v. pron.* **ne pas s'~ de qn/qc** sich nicht mit jdm/etw belasten

encontre [ɑ̃kɔ̃tʀ] ▸ **aller à l'~ de qc** im Gegensatz zu etw stehen

encore [ɑ̃kɔʀ] **I.** *adv.* ❶ (*continuation*) noch; **le chômage augmente ~** die Arbeitslosigkeit steigt noch weiter [an]; **en être ~ à qc** immer noch bei etw sein; **hier/ce matin ~** noch gestern/heute Morgen ❷ (*répétition*) noch ein[mal]; **voulez-vous ~ une tasse de thé?** wollen Sie noch eine Tasse Tee?; **c'est ~ de ma faute** und ich bin wieder schuld; **c'est ~ moi!** ich bin's noch mal! ❸ + *nég* **pas ~/~ pas** noch nicht; **elle n'est ~ jamais partie** sie ist noch nie weg gewesen ❹ + *comp* **~ mieux** noch besser; **~ plus** noch mehr; **~ moins** noch weniger; **il aime ~ mieux qc** ihm ist etw immer noch lieber ❺ (*renforcement*) **non seulement ..., mais ~** nicht nur ..., sondern auch [noch]; **~ et toujours** immer wieder ❻ (*objection*) **~ faut-il le savoir!** das muss man allerdings wissen! ❼ (*restriction*) **..., et ~!** ..., und [selbst] das noch nicht einmal!; **si ~ on avait son adresse!** wenn wir wenigstens seine/ihre Adresse hätten! ▸ **et puis quoi ~!** sonst fehlt dir nichts? (*iron*) (*fam*) **II.** *conj. fam* **~ que ...** obwohl ...

encourageant, e [ɑ̃kuʀaʒɑ̃, ɑ̃t] *adj.* ermutigend

encouragement [ɑ̃kuʀaʒmɑ̃] *m* ❶ Ermutigung *f*, Aufmunterung *f* ❷ SCOL *Belobigung, die dazu ermuntert, weiterhin gute und noch bessere Leistungen zu zeigen*

encourager [ɑ̃kuʀaʒe] <2a> *v. tr.* ❶ (*élève*) ermuntern; **~ qn d'un re-**

E

gard/geste jdn mit einem Blick/einer Geste ermutigen; ~ **un sportif en criant** einen Sportler durch Zurufe anfeuern ❷ (*inciter à*) ~ **qn à qc** jdn zu etw ermuntern ❸ (*soutenir*) unterstützen

encourir [ɑ̃kuʀiʀ] <irr> *v. tr.* ~ **un châtiment/une amende** mit Bestrafung/einer Geldstrafe rechnen müssen

encrasser [ɑ̃kʀase] <1> *vt, vpr* [**s'**]~ verschmutzen

encre [ɑ̃kʀ] *f* Tinte *f*

encrer [ɑ̃kʀe] <1> *v. tr.* (*tampon*) [mit Tinte/Tusche] tränken

encrier [ɑ̃kʀije] *m* Tintenfass *nt*

encroûter [ɑ̃kʀute] <1> *v. tr.* ❶ (*couvrir d'une croûte*) mit einer Kruste bedecken ❷ (*abêtir*) verknöchern lassen

enculé [ɑ̃kyle] *m vulg* Arschloch *nt*

enculer [ɑ̃kyle] <1> *v. tr. vulg* in den Arsch ficken

encyclopédie [ɑ̃siklɔpedi] *f* Enzyklopädie *f*

encyclopédique [ɑ̃siklɔpedik] *adj.* enzyklopädisch; (*esprit*) universal

endetté, e [ɑ̃dete] *adj.* verschuldet

endettement [ɑ̃dɛtmɑ̃] *m* Verschuldung *f*

endetter [ɑ̃dete] <1> *v. pron.* **s'**~ sich verschulden

endeuiller [ɑ̃dœje] <1> *v. tr.* (*personne, famille*) in Trauer versetzen

endiablé, e [ɑ̃djable] *adj.* (*danse*) wild; (*rythme*) rasend

endiguer [ɑ̃dige] <1> *v. tr. a. fig* eindämmen

endimanché, e [ɑ̃dimɑ̃ʃe] *adj.* sonntäglich gekleidet

endimancher [ɑ̃dimɑ̃ʃe] <1> *v. pron.* **s'**~ sich sonntäglich kleiden

endive [ɑ̃div] *f* Chicorée *m o f*

endoctrinement [ɑ̃dɔktʀinmɑ̃] *m* Indoktrinierung

endoctriner [ɑ̃dɔktʀine] <1> *v. tr.* indoktrinieren

endolori, e [ɑ̃dɔlɔʀi] *adj.* schmerzend

endommager [ɑ̃dɔmaʒe] <2a> *v. tr.* [be]schädigen

endormant, e [ɑ̃dɔʀmɑ̃, ɑ̃t] *adj.* einschläfernd

endormi, e [ɑ̃dɔʀmi] **I.** *adj.* ❶ **il est encore tout** ~ er ist noch ganz verschlafen ❷ (*bras, jambe*) eingeschlafen ❸ *fam* (*personne*) lahm; (*esprit*) träge; (*regard*) verschlafen **II.** *m, f fam* Schlafmütze *f*

endormir [ɑ̃dɔʀmiʀ] <irr> **I.** *v. tr.* ❶ ~ **qn** jdn zum [Ein]schlafen bringen; (*chaleur, bercement*) jdn schläfrig machen ❷ (*anesthésier*) betäuben ❸ (*ennuyer*) ~ **qn** einschläfernd auf jdn wirken ❹ (*douleur*) betäuben; (*soupçons*) zerstreuen; (*vigilance*) einschläfern ❺ (*tromper*) ~ **qn avec qc** jdn mit etw einlullen (*fam*) **II.** *v. pron.* **s'**~ einschlafen

endosser [ɑ̃dose] <1> *v. tr.* (*responsabilité*) übernehmen; **faire ~ qc à qn** jdm etw zuschieben

endroit[1] [ɑ̃dʀwa] *m* ❶ (*lieu*) Stelle *f*; **par ~s** stellenweise ❷ (*localité*) Ort *m*

endroit[2] [ɑ̃dʀwa] *m* (*d'un vêtement*) rechte Seite; (*d'un tapis, d'une étoffe*) Oberseite *f*; **être à l'**~ (*vêtement*) richtig herum sein

enduire [ɑ̃dɥiʀ] <irr> **I.** *v. tr.* ~ **de qc** mit etw bestreichen/einreiben/einlassen (SDEUTSCH, A) ; ~ **le papier peint de colle** Leim auf die Tapete auftragen **II.** *v. pron.* **s'**~ **de qc** sich mit etw einreiben

enduit [ɑ̃dɥi] *m* Spachtel[kitt *m*] *m*

endurance [ɑ̃dyʀɑ̃s] *f* Ausdauer *f*, Durchhaltevermögen *nt*

endurant, e [ɑ̃dyʀɑ̃, ɑ̃t] *adj.* ausdauernd

endurci, e [ɑ̃dyʀsi] *adj.* ❶ (*personne*) hartherzig ❷ (*célibataire*) eingefleischt

endurcir [ɑ̃dyʀsiʀ] <8> *vt, vpr* (*moralement*) [**s'**]~ verhärten

endurer [ɑ̃dyʀe] <1> *v. tr.* ertragen

énergétique [enɛʀʒetik] *adj.* Energie-

énergie [enɛʀʒi] *f* ❶ (*force*) Energie *f* ❷ IND ~ **atomique** [*o* **nucléaire**] Atomenergie, Kernenergie; ~ **solaire** Sonnenenergie

énergique [enɛʀʒik] *adj.* energisch

énergiquement [enɛʀʒikmɑ̃] *adv.* energisch; (*frotter, secouer*) kräftig

énergisant, e [enɛʀʒizɑ̃, ɑ̃t] *adj.* (*action*) belebend

énergumène [enɛʀgymɛn] *m fam* verrückter Kerl

énervant, e [enɛʀvɑ̃, ɑ̃t] *adj.* nervtötend

énervé, e [enɛʀve] *adj.* ❶ (*agacé*) gereizt ❷ (*excité*) aufgeregt ❸ (*nerveux*) nervös

énervement [enɛʀvəmɑ̃] *m* ① (*agacement*) Gereiztheit *f* ② (*surexcitation*) Unruhe *f* ③ (*nervosité*) Nervosität *f*

énerver [enɛʀve] <1> **I.** *v. tr.* ① (*agacer*) ~ **qn** jdm auf die Nerven gehen (*fam*) ② (*exciter*) ~ **qn** jdn unruhig machen **II.** *v. pron.* **s'~ après qn/qc** sich über jdn/etw aufregen

enfance [ɑ̃fɑ̃s] *f* Kindheit *f;* **dès la petite ~** von klein auf ▸ **[re]tomber en ~** [wieder] kindisch werden

enfant [ɑ̃fɑ̃] *mf* ① Kind *nt;* ~ **trouvé** Findelkind ② (*fils ou fille de qn*) Kind *nt;* ~ **légitime/naturel/adoptif** eheliches/uneheliches Kind/Adoptivkind; ~ **unique** Einzelkind ▸ ~ **prodige** Wunderkind *nt*

enfantillage [ɑ̃fɑ̃tijaʒ] *m* Albernheit *f*

enfantin, e [ɑ̃fɑ̃tɛ̃, in] *adj.* ① (*rires*) kindlich; **chanson ~e** Kinderlied *nt* ② (*simple*) kinderleicht

enfer [ɑ̃fɛʀ] *m* Hölle *f;* **c'est l'~** [*o* **un véritable ~**] das ist die Hölle [auf Erden] ▸ **avoir un look d'~** *fam* irre toll aussehen; **bruit d'~** Höllenlärm *m*

enfermer [ɑ̃fɛʀme] <1> **I.** *v. tr.* ① einschließen ② (*mettre en prison*) einsperren ▸ **être enfermé dehors** *fam* ausgesperrt sein **II.** *v. pron.* **s'~** sich einschließen

enfiler [ɑ̃file] <1> *v. tr.* ① (*aiguille*) einfädeln; (*perles*) auffädeln ② (*pull-over*) überziehen

enfin [ɑ̃fɛ̃] *adv.* ① (*fin d'une attente*) endlich; **te voilà ~!** da bist du ja endlich! ② (*fin d'une énumération*) schließlich ③ (*pour corriger ou préciser*) genauer gesagt; **elle est jolie, ~, à mon sens** sie ist hübsch, jedenfalls meiner Meinung nach ④ (*pour clore la discussion*) **~, on verra bien** na ja, wir werden es ja sehen; **~, tu fais pour le mieux** du tust jedenfalls, was du kannst ⑤ (*marque l'irritation*) also wirklich!; **~, c'est quelque chose, quand même!** das ist doch wirklich allerhand! ▸ ~ **bref** kurz und gut; ~ **quoi** *fam* also wirklich

enflammé, e [ɑ̃flame] *adj.* ① (*passionné*) leidenschaftlich; (*paroles a.*) glühend; (*nature a.*) feurig ② MED entzündet

enflammer [ɑ̃flame] <1> **I.** *v. tr.* ① entzünden ② (*exalter*) entflammen; (*imagination*) anregen **II.** *v. pron.* **s'~** sich entzünden; (*personne*) in helle Begeisterung geraten

enflé, e [ɑ̃fle] *adj.* MED [an]geschwollen

enfler [ɑ̃fle] <1> **I.** *v. tr.* (*doigts, rivière*) anschwellen lassen **II.** *vi, vpr* anschwellen

enfoiré [ɑ̃fwaʀe] *m vulg* Arschloch *nt*

enfoncé, e [ɑ̃fɔ̃se] *adj.* (*yeux*) tief liegend

enfoncement [ɑ̃fɔ̃smɑ̃] *m* (*d'une pièce*) Nische *f;* (*d'une falaise*) Vertiefung *f*

enfoncer [ɑ̃fɔ̃se] <2> **I.** *v. tr.* ① (*clou*) hineinschlagen; (*punaise*) hineindrücken; (*couteau*) hineinstechen ② (*mettre*) ~ **ses mains dans qc** die/seine Hände tief in etw (*Akk*) hineinstecken ③ *fam* (*laisser se perdre*) niedermachen **II.** *v. intr.* ~ **dans qc** in etw (*Dat*) einsinken **III.** *v. pron.* ① **s'~ dans la neige** im Schnee einsinken ② (*se planter*) **s'~ une aiguille dans le bras** sich (*Dat*) eine Nadel in den Arm stechen ③ (*s'engager*) **s'~ dans l'obscurité** in die Dunkelheit eintauchen ④ (*s'installer au fond*) **s'~ dans un fauteuil** es sich (*Dat*) in einem Sessel bequem machen ⑤ *fam* (*se perdre*) **s'~** sich reinreißen

enfoui, e [ɑ̃fwi] **I.** *part. passé de* **enfouir** **II.** *adj.* ~ **dans/sous qc** in/unter etw (*Dat*) vergraben

enfouir [ɑ̃fwiʀ] <8> **I.** *v. tr.* ① (*mettre en terre*) vergraben ② (*cacher*) verstecken **II.** *v. pron.* ① **s'~ sous ses couvertures** sich unter der Decke vergraben ② (*se réfugier*) **s'~ dans un trou/terrier** sich in einem Loch/seinem Bau verkriechen

enfourcher [ɑ̃fuʀʃe] <1> *v. tr.* ~ **son cheval/vélo** sein Pferd besteigen/aufs Fahrrad steigen

enfourner [ɑ̃fuʀne] <1> *v. tr.* ① in den [Back]ofen schieben ② *fam* (*ingurgiter*) in sich (*Akk*) hineinschaufeln

enfreindre [ɑ̃fʀɛ̃dʀ] <irr> *v. tr.* ~ **qc** gegen etw verstoßen

enfuir [ɑ̃fɥiʀ] <irr> *v. pron.* **s'~ quelque part** irgendwohin fliehen; **s'~ de qc** aus etw fliehen

enfumer [ɑ̃fyme] <1> *v. tr.* ① (*emplir de fumée: pièce*) verräuchern ② (*incommoder par la fumée: personnes*) einräuchern

E

engagé, e [ɑ̃gaʒe] **I.** *adj.* engagiert **II.** *m, f* MIL Freiwillige(r) *f(m)*

engageant, e [ɑ̃gaʒɑ̃, ɑ̃t] *adj.* (*avenir, paroles*) verlockend; (*mine*) verführerisch

engagement [ɑ̃gaʒmɑ̃] *m* ❶ (*promesse*) Verpflichtung *f* ❷ (*embauche*) Anstellung *f* ❸ MIL Verpflichtung *f* [zum Militärdienst] ❹ THEAT, CINE, POL Engagement *nt* ❺ SPORT Anspiel *nt* ❻ (*inscription*) Anmeldung *f* ❼ *gén. pl.* (*dépense*) Verbindlichkeit *f* ▶ **sans** ~ unverbindlich

engager [ɑ̃gaʒe] <2a> **I.** *v. tr.* ❶ (*mettre en jeu*) ~ **qc** mit etw bürgen ❷ (*lier*) verpflichten ❸ (*représentant*) anstellen; (*comédien*) engagieren ❹ (*bataille, débat*) eröffnen **II.** *v. pron.* ❶ **s'~ à faire qc** sich [dazu] verpflichten etw zu tun ❷ MIL **s'~** sich [freiwillig] verpflichten ❸ (*pénétrer*) **s'~ dans une rue** in eine Straße einbiegen ❹ (*se lancer*) **s'~ dans qc** sich auf etw (*Akk*) einlassen ❺ (*prendre position*) **s'~ dans la lutte contre qc** sich im Kampf gegen etw engagieren ❻ (*commencer*) **s'~** (*processus, négociation*) in Gang kommen

engelure [ɑ̃ʒlyʀ] *f* Frostbeule *f*

engendrer [ɑ̃ʒɑ̃dʀe] <1> *v. tr.* zeugen

engin [ɑ̃ʒɛ̃] *m* ❶ *fam* Ding *nt* ❷ TECH [Bau]maschine *f*, Gerät *nt*

englober [ɑ̃glɔbe] <1> *v. tr.* [mit] einbeziehen

engloutir [ɑ̃glutiʀ] <8> *v. tr.* ❶ (*dévorer*) verschlingen ❷ (*dilapider*) verprassen ❸ (*faire disparaître*) ~ **qn/qc** jdn/etw versenken; (*vagues*) jdn/etw verschlingen

engluer [ɑ̃glye] <1> *v. tr.* mit Leim bestreichen

engouement [ɑ̃gumɑ̃] *m* Schwärmerei *f*

engouffrer [ɑ̃gufʀe] <1> **I.** *v. tr. fam* (*dévorer*) runterschlingen **II.** *v. pron.* **s'~ dans qc** (*personnes*) sich in etw (*Akk*) stürzen

engourdi, e [ɑ̃guʀdi] *adj.* ❶ (*doigts*) klamm ❷ (*de froid*) steif

engourdir [ɑ̃guʀdiʀ] <8> **I.** *v. tr.* (*doigts, mains*) klamm werden lassen **II.** *v. pron.* **s'~** steif werden

engourdissement [ɑ̃guʀdismɑ̃] *m* Steifwerden *nt*, Gefühlloswerden *nt*

engrais [ɑ̃gʀɛ] *m* Dünger *m*

engraisser [ɑ̃gʀese] <1> *v. tr.* (*rendre plus gras*) mästen

engrenage [ɑ̃gʀənaʒ] *m* Verkettung *f*

engueulade [ɑ̃gœlad] *f fam* Anpfiff *m*

engueuler [ɑ̃gœle] <1> **I.** *v. tr. fam* anschnauzen **II.** *v. pron. fam* **s'~** sich anbrüllen

énième [ɛnjɛm] *adj.* **pour la ~ fois** zum x-ten Mal

énigmatique [enigmatik] *adj.* rätselhaft

énigme [enigm] *f* Rätsel *nt*

enivrant, e [ɑ̃nivʀɑ̃, ɑ̃t] *adj.* berauschend; (*parfum*) betäubend

enivrer [ɑ̃nivʀe] <1> *v. pron.* **s'~** sich betrinken

enjambée [ɑ̃ʒɑ̃be] *f* großer Schritt

enjamber [ɑ̃ʒɑ̃be] <1> *v. tr.* ~ **un fossé** einen großen Schritt über einen Graben hinweg machen; ~ **un mur** über eine Mauer hinwegsteigen

enjeu [ɑ̃ʒø] <x> *m* ❶ (*argent*) Einsatz *m* ❷ *fig* **être l'~ de qc** bei etw auf dem Spiel stehen

enjôler [ɑ̃ʒole] <1> *v. tr.* ~ **qn par qc** jdn mit etw umgarnen (*fam*)

enjôleur, -euse [ɑ̃ʒolœʀ, -øz] *adj.* (*paroles*) [ein]schmeichelnd

enjoliver [ɑ̃ʒɔlive] <1> *v. tr.* [ver]zieren

enjoliveur [ɑ̃ʒɔlivœʀ] *m* Radkappe *f*

enjoué, e [ɑ̃ʒwe] *adj.* heiter

enlacer [ɑ̃lase] <2> **I.** *v. tr.* umschlingen **II.** *v. pron.* **s'~** sich umarmen

enlaidir [ɑ̃lediʀ] <8> **I.** *v. intr.* hässlich werden **II.** *v. tr.* (*personne*) entstellen; (*paysage*) verunstalten

enlèvement [ɑ̃lɛvmɑ̃] *m* Entführung *f*

enlever [ɑ̃lve] <4> **I.** *v. tr.* ❶ (*déplacer*) herunternehmen; ~ **les draps d'un lit** ein Bett abziehen ❷ (*tache*) entfernen; (*mot*) streichen ❸ (*ôter*) ~ **l'envie/le goût à qn de faire qc** jdm die Lust nehmen etw zu tun ❹ (*chapeau, montre, lunettes*) abnehmen; (*vêtement, chaussures*) ausziehen ❺ (*kidnapper*) entführen **II.** *v. pron.* **s'~** ❶ (*tache*) herausgehen ❷ (*se détacher*) abgehen

enliser [ɑ̃lize] <1> *v. pron.* **s'~** ❶ (*s'enfoncer*) stecken bleiben ❷ (*stagner*) ins Stocken geraten

enneigé, e [ɑ̃neʒe] *adj.* verschneit

enneigement [ɑ̃nɛʒmɑ̃] *m* Schneedecke *f*

ennemi, e [en(ə)mi] **I.** *adj.* feindlich;

(*frères*) verfeindet **II.** *m, f* Feind(in) *m(f)*

ennui [ɑ̃nɥi] *m* ❶ Lang[e]weile *f* ❷ *souvent pl.* (*problème*) Unannehmlichkeit *f* ▸ **l'~, c'est que** das Dumme ist [nur], dass

ennuyé, e [ɑ̃nɥije] *adj.* verärgert

ennuyer [ɑ̃nɥije] <6> **I.** *v. tr.* ❶ (*lasser*) langweilen, fadisieren (A) ❷ (*être peu attrayant*) ~ **qn** jdm lästig sein ❸ (*être gênant*) **ça ennuie qn de devoir faire qc** es ist jdm unangenehm etw tun zu müssen ❹ (*irriter*) ~ **qn avec qc** jdm mit etw lästig sein ❺ (*déplaire*) stören **II.** *v. pron.* **s'~** sich langweilen, sich fadisieren (A)

ennuyeux, -euse [ɑ̃nɥijø, -jøz] *adj.* ❶ langweilig; ~ **à mourir** todlangweilig ❷ (*contrariant*) ärgerlich

énoncé [enɔ̃se] *m* Wortlaut *m*

énoncer [enɔ̃se] <2> *v. tr.* klar darlegen

énonciation [enɔ̃sjasjɔ̃] *f* LING Äußerung *f*

enorgueillir [ɑ̃nɔʀgœjiʀ] <8> *v. pron.* **s'~ de qc** stolz auf etw (*Akk*) sein

énorme [enɔʀm] *adj.* riesig

énormément [enɔʀmemɑ̃] *adv.* sehr

énormité [enɔʀmite] *f* [ausgemachter] Unsinn*kein Pl.*

enquête [ɑ̃kɛt] *f* ❶ COM, SOCIOL (*étude*) ~ **sur qc** Untersuchung *f* über etw ❷ (*sondage d'opinions*) [Meinungs]umfrage *f* ❸ ADMIN, JUR Untersuchung *f*; **ouvrir une ~** eine Untersuchung einleiten

enquêter [ɑ̃kete] <1> *v. intr.* ADMIN, JUR ~ **sur qn** eine Untersuchung gegen jdn einleiten; **la police va ~ sur qc** die Polizei wird in einer S. (*Dat*) ermitteln

enquêteur, -euse [ɑ̃kɛtœʀ, -øz] *m, f* Untersuchungsbeamte(r) *m*/Untersuchungsbeamtin *f*

enquiquinant, e [ɑ̃kikinɑ̃, ɑ̃t] *adj. fam* nervig

enquiquiner [ɑ̃kikine] <1> **I.** *v. tr. fam* (*importuner*) ~ **qn avec qc** jdn mit etw nerven **II.** *v. pron. fam* ❶ (*s'ennuyer*) **s'~** sich langweilen ❷ (*se donner du mal*) **s'~ avec qc** sich mit etw herumplagen

enquiquineur, -euse [ɑ̃kikinœʀ, -øz] *m, f fam* Nervensäge *f*

enraciner [ɑ̃ʀasine] <1> **I.** *v. tr.* (*plante*) einpflanzen **II.** *v. pron.* **s'~** (*personne*) Wurzeln schlagen

enragé, e [ɑ̃ʀaʒe] **I.** *adj.* tollwütig **II.** *m, f* Besessene(r) *f(m)*

enrager [ɑ̃ʀaʒe] <2a> *v. intr.* rasend werden [vor Wut]

enrayer [ɑ̃ʀeje] <7> *v. tr.* bremsen

enregistrable [ɑ̃ʀ(ə)ʒistʀabl] *adj.* INFORM beschreibbar

enregistrement [ɑ̃ʀ(ə)ʒistʀəmɑ̃] *m* ❶ MEDIA Aufnahme *f*; (*d'une émission*) Aufzeichnung *f* ❷ INFORM (*action*) Speicherung *f* ❸ INFORM (*document*) Datensatz *m* ❹ AUT Abfertigung *f*

enregistrer [ɑ̃ʀ(ə)ʒistʀe] <1> **I.** *v. tr.* ❶ MEDIA aufnehmen ❷ INFORM speichern ❸ (*mémoriser*) registrieren ❹ (*noter par écrit*) ~ **une déclaration** eine Aussage zu Protokoll nehmen; ~ **une commande** eine Bestellung aufnehmen ❺ AUT abfertigen; **faire ~ ses bagages** sein/das Gepäck aufgeben **II.** *v. intr.* ❶ MEDIA aufnehmen ❷ INFORM speichern

enregistreur [ɑ̃ʀ(ə)ʒistʀœʀ] *m* Schreiber *m*

enrhumer [ɑ̃ʀyme] <1> *v. pron.* **s'~** [einen] Schnupfen bekommen

enrichi, e [ɑ̃ʀiʃi] *adj.* (*devenu riche*) neureich

enrichir [ɑ̃ʀiʃiʀ] <8> **I.** *v. tr.* ❶ (*rendre riche*) reich/reicher machen ❷ (*augmenter*) ~ **une collection de nouveaux tableaux** eine Sammlung um neue Bilder erweitern **II.** *v. pron.* **s'~ de qc** ❶ (*devenir riche*) sich an etw (*Dat*) bereichern ❷ (*s'améliorer*) durch etw bereichert werden ❸ (*augmenter*) um etw reicher werden

enrichissant, e [ɑ̃ʀiʃisɑ̃, ɑ̃t] *adj.* bereichernd

enrichissement [ɑ̃ʀiʃismɑ̃] *m* Reich[er]werden *nt*

enrobé, e [ɑ̃ʀɔbe] *adj.* ❶ GASTR ~ **de chocolat** mit Schokoladenüberzug ❷ *fam* (*personne*) gut gepolstert

enrober [ɑ̃ʀɔbe] <1> *v. tr.* ~ **qc de qc** etw mit etw überziehen

enrôlement [ɑ̃ʀolmɑ̃] *m* Anwerbung *f*

enrôler [ɑ̃ʀole] <1> *v. tr.* ❶ ~ **qn dans qc** jdn zu etw einziehen ❷ MIL anwerben

enroué, e [ɑ̃ʀwe] *adj.* heiser

enrouer [ɑ̃ʀwe] <1> *v. tr.* heiser machen

enrouler [ɑ̃ʀule] <1> **I.** *v. tr.* (*câble*) aufwickeln **II.** *v. pron.* **s'~ autour de/sur qc** sich um/auf etw (*Akk*) wickeln; **s'~ sur soi-même** sich einrollen

ensabler [ɑ̃sɑble] <1> *v. pron.* **s'~** (*bateau*) auf Sand laufen; (*véhicule*) im Sand stecken bleiben

ensanglanté, e [ɑ̃sɑ̃glɑ̃te] *adj.* blutverschmiert

enseignant, e [ɑ̃sɛɲɑ̃, ɑ̃t] *m, f* Lehrer(in) *m(f)*

enseigne [ɑ̃sɛɲ] *f* [Aushänge]schild *nt;* **~ lumineuse** [Neon]leuchtschild

enseignement [ɑ̃sɛɲ(ə)mɑ̃] *m* ❶ Unterricht *m;* **~ élémentaire** Grundschulunterricht ❷ (*profession*) Lehrberuf *m* ❸ (*institution*) Unterrichtswesen *nt;* **~ obligatoire** Schulpflicht *f;* **~ public** staatliches Schulwesen; **~ secondaire** (*institution*) Sekundarbereich *m;* (*action*) weiterführender Unterricht *m;* **~ supérieur** (*institution*) Hochschulwesen *nt;* (*action*) Hochschulunterricht *m* ❹ (*leçon*) Lehre *f*

enseigner [ɑ̃seɲe] <1> *v. tr.* lehren; **~ le français à qn** jdn in Französisch unterrichten

ensemble [ɑ̃sɑ̃bl] **I.** *adv.* ❶ (*opp: seul*) zusammen; **travailler ~** zusammenarbeiten; **tous ~** alle zusammen ❷ (*en commun*) gemeinsam ❸ (*l'un avec l'autre*) miteinander ❹ (*en même temps*) zugleich ▸ **aller bien/mal ~** gut/schlecht zusammenpassen; **aller ~** zusammengehören **II.** *m* ❶ (*totalité*) Gesamtheit *f;* **l'~ du personnel/des questions** die gesamte Belegschaft/sämtliche Fragen ❷ (*unité*) [harmonische] Einheit; **former un ~ harmonieux** ein harmonisches Ganzes bilden ❸ (*groupement*) **~ de lois** Gesetzespaket *nt* ❹ MATH Menge *f* ❺ (*vêtement*) MUS Ensemble *nt* ▸ **dans l'~** im Großen und Ganzen

ensemencer [ɑ̃s(ə)mɑ̃se] <2> *v. tr.* (*terre*) besäen

ensevelir [ɑ̃səvliʀ] <8> *v. tr.* begraben

ensoleillé, e [ɑ̃sɔleje] *adj.* sonnig

ensommeillé, e [ɑ̃sɔmeje] *adj.* schläfrig

ensorceler [ɑ̃sɔʀsəle] <3> *v. tr.* verzaubern

ensorcellement [ɑ̃sɔʀsɛlmɑ̃] *m* Zauber *m*

ensuite [ɑ̃sɥit] *adv.* ❶ (*par la suite*) danach ❷ (*derrière en suivant*) dahinter; **d'accord, mais ~?** einverstanden, aber was dann? ❸ (*en plus*) außerdem

ensuivre [ɑ̃sɥivʀ] <irr, défec> *v. pron.* **s'~** sich ergeben

entaille [ɑ̃taj] *f* ❶ (*encoche*) Kerbe *f* ❷ (*coupure*) [tiefe] Schnittwunde

entailler [ɑ̃taje] <1> *v. tr.* einkerben

entame [ɑ̃tam] *f* (*de pain, jambon*) Anschnitt *m*

entamer [ɑ̃tame] <1> *v. tr.* ❶ (*fromage*) anschneiden; (*bouteille*) aufmachen ❷ (*amorcer*) einleiten; (*négociations*) aufnehmen; (*poursuites*) anstellen

entartrer [ɑ̃taʀtʀe] <1> *v. tr.* verkalken lassen

entassement [ɑ̃tasmɑ̃] *m* ❶ (*pile*) Durcheinander *nt* ❷ (*encombrement*) Zusammengedrängtsein *nt*

entasser [ɑ̃tase] <1> **I.** *v. tr.* ❶ anhäufen; (*argent*) horten ❷ (*serrer*) zusammenpferchen **II.** *v. pron.* ❶ (*s'amonceler*) **s'~** sich türmen ❷ (*se serrer*) **s'~ dans qc** sich in etw (*Dat*) zusammendrängen

entendre [ɑ̃tɑ̃dʀ] <14> **I.** *v. intr.* hören; **se faire ~** sich (*Dat*) Gehör verschaffen **II.** *v. tr.* ❶ (*percevoir*) hören; **~ qn parler** jdn reden hören; **~ la pluie tomber** den Regen fallen hören, hören, wie der Regen fällt; **je l'ai entendu dire** ich habe es gehört ❷ (*comprendre*) verstehen; **laisser ~ que …** zu verstehen geben, dass … ❸ (*vouloir*) **~ faire qc** gedenken etw zu tun **III.** *v. pron.* ❶ **s'~ avec qn** sich mit jdm verstehen ❷ (*se mettre d'accord*) **s'~ sur qc** sich über etw (*Akk*) verständigen; **s'~ pour faire qc** sich darauf einigen etw zu tun

entendu, e [ɑ̃tɑ̃dy] **I.** *part. passé de* **entendre** **II.** *adj.* abgemacht; **il est [bien] ~ que …** es versteht sich von selbst, dass … ▸ **bien ~** selbstverständlich

entente [ɑ̃tɑ̃t] *f* ❶ (*amitié*) Einvernehmen *nt* ❷ (*fait de s'accorder*) Verständigung *f* ❸ (*accord*) Übereinkunft *f*

entériner [ɑ̃teʀine] <1> *v. tr.* billigen

entérite [ɑ̃teʀit] *f* [Dünn]darmentzündung *f*

enterrement [ɑ̃tɛʀmɑ̃] *m* Beerdigung *f*

enterrer [ɑ̃teʀe] <1> *v. tr.* ❶ (*inhumer*)

beerdigen ❷ (*enfouir*) vergraben ❸ (*affaire*) begraben

entêtant, e [ãtɛtã, ãt] *adj.* (*parfum*) schwer

en-tête [ãtɛt] <en-têtes> *f* [gedruckter] Briefkopf

entêté, e [ãtete] **I.** *adj.* (*personne*) eigensinnig **II.** *m, f* eigensinniger Mensch

entêtement [ãtɛtmã] *m* Eigensinn[igkeit *f*] *m*

entêter [ãtete] <1> *v. pron.* **s'~ dans qc** sich auf etw (*Akk*) versteifen; **s'~ à faire qc** sich darauf versteifen etw zu tun

enthousiasme [ãtuzjasm] *m* Begeisterung *f*, Enthusiasmus *m*

enthousiasmer [ãtuzjasme] <1> **I.** *v. tr.* in Begeisterung versetzen **II.** *v. pron.* **s'~** sich begeistern

enthousiaste [ãtuzjast] **I.** *adj.* begeistert **II.** *mf* Enthusiast(in) *m(f)*

enticher [ãtiʃe] <1> *v. pron.* **s'~ de qn** für jdn schwärmen

entier [ãtje] *m* **l'~** das Ganze

entier, -ière [ãtje, -jɛʀ] *adj.* ❶ (*dans sa totalité*) ganz; **dans le monde ~** auf der ganzen Welt ❷ (*absolu*) völlig; **ma confiance en lui est entière** er hat mein vollstes Vertrauen ❸ (*personne*) heil; (*objet*) ganz; (*collection*) vollständig

entièrement [ãtjɛʀmã] *adv.* völlig

entité [ãtite] *f* PHILOS Wesenheit *f*

entonner [ãtɔne] <1> *v. tr.* anstimmen

entonnoir [ãtɔnwaʀ] *m* Trichter *m*

entorse [ãtɔʀs] *f* Verstauchung *f*

entortiller [ãtɔʀtije] <1> **I.** *v. tr.* ❶ (*enrouler*) **~ qc autour de qc** etw um etw [herum]wickeln ❷ (*enjôler*) einwickeln (*fam*) **II.** *v. pron.* ❶ (*s'enrouler*) **s'~ autour de qc** sich um etw ranken ❷ (*s'envelopper*) **s'~ dans qc** sich in etw (*Akk*) einwickeln

entourage [ãtuʀaʒ] *m* Umgebung *f*

entouré, e [ãtuʀe] *adj.* ❶ (*admiré*) umschwärmt ❷ (*aidé*) umsorgt ❸ (*accompagné*) **être bien/mal ~** von den richtigen/nicht von den richtigen Leuten umgeben sein

entourer [ãtuʀe] <1> **I.** *v. tr.* ❶ **~ qn/qc** jdn/etw umgeben; (*police*) jdn/etw umstellen; **la foule entoure le chanteur** die Menge umringt den Sänger; **être entouré d'arbres** von Bäumen umgeben sein ❷ (*mettre autour*) **~ un mot** ein Wort einkreisen ❸ *fig* **~ qc de mystère** etw mit einem Geheimnis umgeben ❹ (*soutenir*) **~ qn** jdm zur Seite stehen; **~ qn de soins** jdn liebevoll pflegen **II.** *v. pron.* **s'~ de bons amis** sich mit guten Freunden umgeben; **s'~ de garanties/précautions** sich nach allen Seiten absichern

entracte [ãtʀakt] *m* THEAT, CINE Pause *f*

entraide [ãtʀɛd] *f* [gegenseitige] Hilfe

entraider [ãtʀede] <1> *v. pron.* **s'~** sich [gegenseitig] helfen

entrailles [ãtʀɑj] *fpl* Eingeweide *Pl*

entrain [ãtʀɛ̃] *m* Schwung *m*

entraînant, e [ãtʀɛnã, ãt] *adj.* mitreißend

entraînement [ãtʀɛnmã] *m* ❶ Übung *f* ❷ SPORT Training *nt*

entraîner [ãtʀene] <1> **I.** *v. tr.* ❶ (*emporter*) mit sich [fort]reißen ❷ (*emmener*) ziehen ❸ (*inciter*) **~ qn à qc** jdn zu etw verleiten; **~ qn à faire qc** jdn dazu verleiten etw zu tun ❹ (*causer*) zur Folge haben ❺ SPORT trainieren **II.** *v. pron.* **s'~ à qc/à faire qc** sich in etw (*Dat*)/darin üben etw zu tun

entraîneur, -euse [ãtʀɛnœʀ, -øz] *m, f* Trainer(in) *m(f)*

entrapercevoir [ãtʀapɛʀsəvwaʀ] <12> *v. tr.* [nur] flüchtig sehen

entrave [ãtʀav] *f* Hemmnis *nt*

entraver [ãtʀave] <1> *v. tr.* **~ qn/qc dans qc** jdn/etw bei etw behindern

entre [ãtʀ] *prép.* ❶ (*position dans l'intervalle*) zwischen (+ *Dat*); **il était assis ~ les deux enfants** er saß zwischen den beiden Kindern ❷ (*mouvement vers l'intervalle*) zwischen (+ *Akk*); **il s'assit ~ les deux enfants** er setzte sich zwischen die beiden Kinder ❸ (*parmi des choses*) zwischen (+ *Dat*) ❹ (*parmi des personnes*) unter (+ *Dat*), von (+ *Dat*); **la plupart d'~ eux/elles** die meisten von ihnen; **~ autres** unter anderem; **~ hommes** unter Männern; **~ nous** unter uns [gesagt] ❺ (*à travers*) durch (+ *Akk*) ❻ (*dans*) in (+ *Akk*); **remettre son sort ~ les mains de son médecin** sein Schicksal in die Hände seines Arztes legen ❼ (*indiquant une relation*) zwischen (+ *Dat*)

E

entrebâillement [ɑ̃tʀəbɑjmɑ̃] *m* Spalt *m*
entrebâiller [ɑ̃tʀəbɑje] <1> *v. tr.* einen Spalt[breit] öffnen
entrechoquer [ɑ̃tʀəʃɔke] <1> *v. tr.* gegeneinanderschlagen
entrecouper [ɑ̃tʀəkupe] <1> *v. tr.* ~ **qc de qc** etw mit etw unterbrechen
entrecroiser [ɑ̃tʀəkʀwaze] <1> **I.** *v. tr.* [miteinander] verflechten **II.** *v. pron.* **s'~** (*routes*) sich kreuzen

entre-déchirer [ɑ̃tʀədeʃiʀe] <1> *v. pron.* **s'~** (*animaux*) sich [gegenseitig] zerreißen
entre-deux-guerres [ɑ̃tʀədøgɛʀ] *m sans pl.* **l'~** die Zeit zwischen den beiden Weltkriegen **entre-deux-tours** [ɑ̃tʀədøtuʀ] *m inv.* POL *Zeit[raum] zwischen den beiden Wahlgängen einer Wahl*
entrée [ɑ̃tʀe] *f* ① (*d'une personne*) Eintreten *nt;* (*d'un acteur*) Auftritt *m;* (*d'un train*) Einfahrt *f;* **faire une ~ triomphale** einen triumphalen Einzug halten ② (*accès*) Eingang *m;* ~ **principale/de service** Haupt-/Dienstboteneingang ③ (*droit d'entrer*) Zutritt *m;* ~ **interdite!** kein Zutritt!; ~ **interdite à tout véhicule** Einfahrt verboten ④ (*d'un appartement*) Diele *f;* (*d'un hôtel, immeuble*) Eingangshalle *f;* (*d'une maison*) Hausflur *m* ⑤ (*billet*) Eintrittskarte *f;* ~ **non payante** Freikarte *f* ⑥ (*somme perçue*) Eintrittspreis *m* ⑦ (*adhésion*) Beitritt *m* ⑧ (*commencement*) ~ **en matière** Einleitung *f* ⑨ GASTR erster Gang; **en ~** als Vorspeise ⑩ (*d'un dictionnaire*) Eintrag *m* ⑪ INFORM Eingabe *f*
entrefilet [ɑ̃tʀəfilɛ] *m* kurze [Zeitungs]notiz
entrejambe [ɑ̃tʀəʒɑ̃b] *m* Schritt *m*
entrelacer [ɑ̃tʀəlase] <2> *v. pron.* **s'~** sich [ineinander] verschlingen
entremêler [ɑ̃tʀəmele] <1> *v. tr. fig* ~ **qc de qc** etw in etw (*Akk*) einstreuen
entremets [ɑ̃tʀəmɛ] *m* Süßspeise *f*
entremetteur, -euse [ɑ̃tʀəmetœʀ, -øz] *m, f péj* Kuppler(in) *m(f)*
entremettre [ɑ̃tʀəmɛtʀ] <irr> *v. pron.* **s'~ dans qc** vermittelnd in etw (*Akk*) eingreifen
entremise [ɑ̃tʀəmiz] *f* Vermittlung *f*
entreposer [ɑ̃tʀəpoze] <1> *v. tr.* (ein)lagern; (*meubles*) unterstellen; ~ **qc en douane** etw unter Zollverschluss lagern
entrepôt [ɑ̃tʀəpo] *m* Lagerhalle *f*
entreprenant, e [ɑ̃tʀəpʀənɑ̃, ɑ̃t] *adj.* ① (*dynamique*) unternehmungslustig ② (*galant*) galant
entreprendre [ɑ̃tʀəpʀɑ̃dʀ] <13> *v. tr.* unternehmen; (*étude, travail*) in Angriff nehmen
entrepreneur, -euse [ɑ̃tʀəpʀənœʀ, -øz] *m, f* ① Unternehmer(in) *m(f)* ② TECH Bauunternehmer(in) *m(f)*
entreprise [ɑ̃tʀəpʀiz] *f* ① (*firme*) Unternehmen *nt,* Betrieb *m,* Firma *f;* ~ **de construction** Baufirma; ~ **de transports** Speditionsfirma ② (*opération*) Unternehmung *f*
entrer [ɑ̃tʀe] <1> **I.** *v. intr.* + *être* ① (*pénétrer*) eintreten; (*vu de l'intérieur*) hereinkommen; (*vu de l'extérieur*) hineingehen; **défense d'~!** Eintritt verboten!; **faire ~ qn/un animal** jdn hereinbitten/ein Tier hereinholen; **laisser ~ qn/un animal** jdn/ein Tier herein-/hineinlassen ② (*pénétrer dans un lieu*) ~ **dans qc** etw betreten; (*chien*) in etw (*Akk*) [herein-]/[hinein]laufen; **le train entre en gare** der Zug fährt [in den Bahnhof] ein ③ (*aborder*) ~ **dans les détails** ins Detail gehen; ~ **dans le vif du sujet** sofort zum Kern der Sache kommen ④ *fam* (*heurter*) ~ **dans qc** gegen etw laufen/fahren ⑤ (*s'engager dans*) ~ **dans un club** Mitglied eines Klubs werden; ~ **dans un parti** einer Partei beitreten; ~ **dans l'armée** zur Armee gehen; ~ **dans la vie active** ins Erwerbsleben eintreten ⑥ (*être admis*) ~ **à l'hôpital/l'école/en sixième** ins Krankenhaus/in die Schule/die 1. Klasse des Gymnasiums kommen; **faire ~ qn dans une entreprise** jdm eine Stelle in einem Unternehmen verschaffen ⑦ (*s'enfoncer*) **la clé n'entre pas dans le trou de la serrure** der Schlüssel passt nicht ins Schlüsselloch ⑧ (*s'associer à*) ~ **dans la discussion** sich an der Diskussion beteiligen ⑨ (*faire partie de*) ~ **dans la composition d'un produit** Bestandteil eines Produkts sein ⑩ ~ **en application** in Kraft treten; ~ **en contact avec qn** mit jdm Kontakt aufnehmen; ~ **en guerre** in den Krieg

eintreten; ~ **en scène** auftreten **II.** *v. tr. + avoir* ① ~ **qc dans qc** etw in etw (*Akk*) hineinbringen ② INFORM eingeben
entre-temps [ɑ̃tʀətɑ̃] *adv.* inzwischen
entretenir [ɑ̃tʀət(ə)niʀ] <9> **I.** *v. tr.* ① in Stand halten; (*beauté, voiture*) pflegen ② (*faire vivre*) ~ **qn** für jds Unterhalt aufkommen ③ (*correspondance, relations*) unterhalten; (*doute, espoir*) hegen ④ (*parler à*) ~ **qn de qn/qc** jdm von jdm/etw erzählen **II.** *v. pron.* **s'~ avec qn de qn/qc** sich mit jdm über jdn/etw unterhalten
entretenu, **e** [ɑ̃tʀət(ə)ny] **I.** *part. passé de* **entretenir II.** *adj.* gepflegt
entretien [ɑ̃tʀətjɛ̃] *m* ① (*de la peau, d'un vêtement*) Pflege *f;* (*d'une maison*) Instandhaltung *f;* (*d'une machine*) Wartung *f* ② (*discussion en privé*) Gespräch *nt,* Unterhaltung *f*
entretuer [ɑ̃tʀətɥe] <1> *v. pron.* **s'~** sich gegenseitig umbringen
entrevoir [ɑ̃tʀəvwaʀ] <irr> *v. tr.* ① (*voir: indistinctement*) undeutlich sehen; (*brièvement*) [nur] flüchtig sehen ② (*pressentir*) vorhersehen; ~ **une amélioration** Anzeichen einer Besserung sehen
entrevue [ɑ̃tʀəvy] *f* Unterredung *f*
entrouvert, **e** [ɑ̃tʀuvɛʀ, ɛʀt] *adj.* halb geöffnet
entrouvrir [ɑ̃tʀuvʀiʀ] <11> *vt, vpr* [**s'**]~ [sich] ein wenig öffnen
entuber [ɑ̃tybe] <1> *v. tr. fam* übers Ohr hauen
énumération [enymeʀasjɔ̃] *f* Aufzählung *f*
énumérer [enymeʀe] <5> *v. tr.* aufzählen
envahir [ɑ̃vaiʀ] <8> *v. tr.* ① MIL (*pays*) einfallen in (+ *Akk*) ② (*se répandre*) ~ **les rues** auf die Straßen strömen; ~ **un terrain** (*mauvaises herbes*) ein Gelände überwuchern; (*eau*) ein Gelände überschwemmen ③ (*doute, terreur*) überkommen
envahissant, **e** [ɑ̃vaisɑ̃, ɑ̃t] *adj.* (*personne*) aufdringlich
envahissement [ɑ̃vaismɑ̃] *m* ① MIL **l'~ de l'Europe par les Huns** der Einfall der Hunnen in Europa ② (*fait d'occuper, de proliférer*) Überhandnehmen *nt;* **l'~ du stade/magasin** der Ansturm auf das Stadion/den Laden
envahisseur, **-euse** [ɑ̃vaisœʀ, -øz] *m, f* MIL Angreifer(in) *m(f)*
enveloppe [ɑ̃vlɔp] *f* ① POST [Brief]umschlag *m;* **être sous ~** sich in einem [verschlossenen] [Brief]umschlag befinden ② (*protection*) [Schutz]hülle *f* ③ FIN Gelder *Pl*
enveloppé, **e** [ɑ̃vlɔpe] *adj.* rundlich
envelopper [ɑ̃vlɔpe] <1> **I.** *v. tr.* (*verre*) einpacken; ~ **un bébé dans une couverture** ein Baby in eine Decke einwickeln **II.** *v. pron.* **s'~ dans son manteau** sich in seinen Mantel hüllen
envenimé, **e** [ɑ̃v(ə)nime] *adj.* (*propos*) böswillig
envenimer [ɑ̃v(ə)nime] <1> **I.** *v. tr.* verschlimmern **II.** *v. pron.* **s'~** (*situation, conflit*) sich zuspitzen
envergure [ɑ̃vɛʀgyʀ] *f* ① (*dimension*) Spannweite *f* ② (*valeur, ampleur*) Tragweite *f;* **avoir de l'~** (*personne*) Format haben
envers [ɑ̃vɛʀ] **I.** *prép.* ~ **qn/qc** jdm/einer S. gegenüber **II.** *m* (*d'une feuille de papier*) Rückseite *f;* (*d'un vêtement*) linke Seite; (*d'une assiette*) Unterseite *f* ▸ **à l'~** (*dans le mauvais sens*) verkehrt herum; (*à rebours*) umgekehrt; (*de bas en haut*) auf dem Kopf; (*à reculons*) rückwärts; (*en désordre*) durcheinander
enviable [ɑ̃vjabl] *adj.* beneidenswert
envie [ɑ̃vi] *f* ① Lust *f;* **avoir ~ de cacahuètes** Lust auf Erdnüsse haben; **avoir ~ de faire qc** Lust haben etw zu tun; **avoir ~ de faire pipi/d'aller au W.-C.** *fam* mal aufs Klo müssen; ~ **de vomir** Brechreiz *m;* **mourir d'~ de faire qc** darauf brennen etw zu tun; **ça me donne ~ de partir en vacances** da bekomme ich Lust zu verreisen ② (*convoitise*) Begierde *f* ③ (*péché capital*) Wollust *f* ④ (*jalousie*) Neid *m*
envier [ɑ̃vje] <1> *v. tr.* beneiden; ~ **qn pour sa richesse/d'être riche** jdn um seinen Reichtum beneiden/jdn darum beneiden, dass er reich ist
envieux, **-euse** [ɑ̃vjø, -jøz] **I.** *adj.* neidisch **II.** *m, f* Neider(in) *m(f)*
environ [ɑ̃viʀɔ̃] **I.** *adv.* ungefähr **II.** *mpl* (*d'une ville*) Umgebung *f;* **aux ~s de 20 euros** an die 20 Euro
environnant, **e** [ɑ̃viʀɔnɑ̃, ɑ̃t] *adj.* der Umgebung

E

environnement [ɑ̃viʀɔnmɑ̃] *m* ❶ (*milieu écologique*) Umwelt *f* ❷ (*environs*) Umgebung *f* ❸ (*milieu social*) Umfeld *nt*

environner [ɑ̃viʀɔne] <1> *v. tr.* umgeben

envisager [ɑ̃vizaʒe] <2a> *v. tr.* ❶ (*question, situation*) in Betracht ziehen; **~ l'avenir/la mort** der Zukunft/dem Tod entgegensehen ❷ (*projeter*) planen ❸ (*prévoir*) **~ que** + *subj.* davon ausgehen, dass

envoi [ɑ̃vwa] *m* ❶ [Ab]schicken *nt;* (*d'une marchandise, commande*) Versand *m;* (*de vivres*) Sendung *f* ❷ (*colis, courrier*) Sendung *f;* **~ recommandé** Einschreiben *nt*

envol [ɑ̃vɔl] *m* Auffliegen *nt*

envolée [ɑ̃vɔle] *f* (*des oiseaux*) Auffliegen *nt*

envoler [ɑ̃vɔle] <1> *v. pron.* **s'~** ❶ (*quitter le sol*) wegfliegen; (*avion*) abfliegen ❷ (*monnaie, prix*) hochschnellen ❸ (*disparaître*) sich in Luft auflösen (*fam*)

envoûtement [ɑ̃vutmɑ̃] *m* Bann *m*

envoûter [ɑ̃vute] <1> *v. tr.* in seinen Bann ziehen

envoyé, e [ɑ̃vwaje] **I.** *part. passé de* **envoyer II.** *m, f* ❶ PRESSE Korrespondent(in) *m(f);* **~ spécial** Sonderberichterstatter *m,* (Sonder-)Korrespondent ❷ POL, REL Abgesandte(r) *f(m)*

envoyer [ɑ̃vwaje] <irr> *v. tr.* ❶ (*démission*) einreichen; **~ un colis/une lettre à qn** jdm ein Paket/einen Brief schicken; **~ ses amitiés/félicitations à qn** jdm eine Gruß-/Glückwunschkarte schicken; **~ qn à la poste/chez qn** jdn zur Post/zu jdm schicken ❷ (*ballon*) werfen; (*avec le pied*) schießen; **~ le ballon à qn** (*avec la main/le pied*) jdm den Ball zuwerfen/zuschießen ▸ **~ tout promener** *fam* alles hinschmeißen **II.** *v. pron. fam* (*boire, manger*) **s'~ un verre/une pizza** sich (*Dat*) ein Glas/eine Pizza reinziehen

enzyme [ɑ̃zim] *m o f* Enzym *nt*

éolienne [eɔljɛn] *f* (*machine*) Windrad *nt*

épagneul, e [epaɲœl] *m, f* Spaniel *m*

épais, se [epɛ, ɛs] *adj.* ❶ dick; **cette planche est ~se de 4 cm** dieses Brett ist 4 cm dick ❷ (*forêt, brouillard*) dicht ❸ (*liquide*) dickflüssig

épaisseur [epɛsœʀ] *f* ❶ (*dimension*) Stärke *f;* (*d'une couche, couverture*) Dicke *f;* (*de la neige*) Höhe *f;* **avoir une ~ de 7 cm** 7 cm dick sein ❷ (*consistance: d'un liquide*) Dickflüssigkeit *f*

épaissir [epesiʀ] <8> **I.** *v. intr.* (*liquide*) eindicken **II.** *v. pron.* **s'~** (*liquide, air*) dicker werden; (*forêt, brouillard*) dichter werden

épanoui, e [epanwi] *adj.* ❶ (*fleur*) aufgeblüht; (*sourire, visage*) strahlend ❷ (*caractère, personne*) ausgeglichen

épanouir [epanwiʀ] <8> *v. pron.* **s'~** ❶ (*fleur*) aufblühen ❷ (*visage*) sich erhellen ❸ (*trouver le bonheur*) aufblühen ❹ (*beauté*) sich entfalten

épanouissement [epanwismɑ̃] *m* (*d'une personne*) Selbstverwirklichung *f*

épargnant, e [epaʀɲɑ̃, ɑ̃t] *m, f* Sparer(in) *m(f)*

épargne [epaʀɲ] *f* Sparen *nt*

épargne-logement [epaʀɲlɔʒmɑ̃] *f sans pl.* Bausparen *nt*

épargner [epaʀɲe] <1> **I.** *v. tr.* ❶ (*forces*) schonen ❷ (*éviter*) **~ un discours à qn** jdn mit einer Rede verschonen ❸ (*laisser vivre*) verschonen **II.** *v. pron.* **s'~ qc** sich (*Dat*) etw ersparen

éparpiller [epaʀpije] <1> **I.** *v. tr.* (*personnes*) [überall] verteilen; (*miettes*) [überall] verstreuen **II.** *v. pron.* **s'~** (*foule*) sich zerstreuen

épars, e [epaʀ, aʀs] *adj.* (*maisons*) vereinzelt; (*cheveux*) zerzaust

épatant, e [epatɑ̃, ɑ̃t] *adj. fam* toll

épaté, e [epate] *adj. fam* platt

épater [epate] <1> *v. tr. fam* verblüffen

épaule [epol] *f* Schulter *f;* **hausser les ~s** mit den Schultern zucken

épauler [epole] <1> *v. tr.* ❶ (*aider*) **~ qn** jdm unter die Arme greifen ❷ (*arme*) anlegen

épaulette [epolɛt] *f* COUT Schulterpolster *nt*

épave [epav] *f* Wrack *nt*

épée [epe] *f* Schwert *nt*

épeler [ep(ə)le] <3> *vt, vi* buchstabieren

épépiner [epepine] <1> *v. tr.* entkernen

éperdu, e [epɛʀdy] *adj.* (*personne*) außer sich

éperon [ep(ə)ʀɔ̃] *m* Sporn *m*

éperonner [ep(ə)ʀɔne] <1> *v. tr.* **~ un cheval** einem Pferd die Sporen geben

épervier [epɛʀvje] *m* ZOOL Sperber *m*
éphémère [efemɛʀ] *adj.* vergänglich
épi [epi] *m* (*de maïs*) Kolben *m*
épice [epis] *f* Gewürz *nt*
épicé, e [epise] *adj.* ❶ GASTR gewürzt ❷ (*histoire*) pikant
épicéa [episea] *m* Fichte *f*
épicentre [episɑ̃tʀ] *m* Epizentrum *nt*
épicer [epise] <2> *v. tr.* würzen
épicerie [episʀi] *f* Lebensmittelgeschäft *nt;* ~ **fine** Feinkostgeschäft *nt*
épicier, -ière [episje, -jɛʀ] *m, f* Lebensmittelhändler(in) *m(f)*
épicurien, ne [epikyʀjɛ̃, jɛn] *adj.* epikureisch
épidémie [epidemi] *f* Seuche *f*
épiderme [epidɛʀm] *m* [Ober]haut *f*
épidermique [epidɛʀmik] *adj.* Oberhaut-
épier [epje] <1> *v. tr.* [heimlich] beobachten; ~ **qn** jdm nachspionieren
épilation [epilasjɔ̃] *f* Epilieren *nt*
épilepsie [epilɛpsi] *f* Epilepsie *f*
épileptique [epilɛptik] **I.** *adj.* epileptisch **II.** *mf* Epileptiker(in) *m(f)*
épiler [epile] <1> *v. tr.* enthaaren, epilieren
épilogue [epilɔg] *m* Epilog *m;* (*d'un roman*) Nachwort *nt*
épiloguer [epilɔge] <1> *v. intr.* ~ **sur qc** sich lang und breit über etw (*Akk*) auslassen
épinard [epinaʀ] *m* Spinat *m*
épine [epin] *f* (*d'un hérisson, cactus*) Stachel *m;* (*d'un buisson*) Dorn *m*
épineux [epinø] *m* Dornenstrauch *m*
épingle [epɛ̃gl] *f* [Steck]nadel *f;* ~ **à cheveux** Haarnadel; ~ **à nourrice** Sicherheitsnadel
épingler [epɛ̃gle] <1> *v. tr.* ❶ ~ **des photos au mur** Fotos an die Wand pinnen (*fam*) ❷ *fam* (*attraper*) schnappen
Épiphanie [epifani] *f sans pl.* **l'**~ das Fest der Heiligen Drei Könige
épique [epik] *adj.* (*poésie, style*) episch; **poème** ~ Epos *nt*
épiscopal, e [episkɔpal, o] <-aux> *adj.* bischöflich
épisode [epizɔd] *m* ❶ Episode *f* ❷ (*d'un film, feuilleton*) Folge *f* ▸ **par** ~**s** zeitweise
épisodique [epizɔdik] *adj.* gelegentlich
épisodiquement [epizɔdikmɑ̃] *adv.* gelegentlich

épitaphe [epitaf] *f* Grabinschrift *f*
épithète [epitɛt] *f* GRAM Attribut *nt*
épître [epitʀ] *f* REL Apostelbrief *m,* Epistel *f*
éploré, e [eplɔʀe] *adj.* ❶ (*en pleurs*) in Tränen aufgelöst ❷ (*triste*) untröstlich
épluchage [eplyʃaʒ] *m* (*des fruits, légumes*) Schälen *nt*
éplucher [eplyʃe] <1> *v. tr.* ❶ (*fruits, légumes*) schälen ❷ *fig* (*comptes*) [genau] unter die Lupe nehmen
épluchure [eplyʃyʀ] *f souvent pl.* Schalen *Pl*
éponge [epɔ̃ʒ] *f* Schwamm *m* ▸ **jeter l'**~ das Handtuch werfen
éponger [epɔ̃ʒe] <2a> *v. tr.* (*sol*) wischen; (*liquide*) aufwischen
épopée [epɔpe] *f* LITTER Epos *nt*
époque [epɔk] *f* Zeit *f,* Epoche *f;* **à l'**~ damals; **à l'**~ **de qn/qc** zu jds Zeit/zur Zeit einer S. (*Gen*); **à cette** ~ **de l'année** um diese Jahreszeit ▸ **d'**~ [stil]echt
époumoner [epumɔne] <1> *v. pron.* **s'**~ **à faire qc** sich (*Dat*) die Lunge aus dem Hals schreien um etw zu tun
épouse [epuz] *f voir* **époux**
épouser [epuze] <1> *v. tr.* ❶ heiraten ❷ (*idées, point de vue*) teilen; ~ **une cause** für eine Sache eintreten
épousseter [epuste] <3> *v. tr.* abstauben
époustouflant, e [epustuflɑ̃, ɑ̃t] *adj. fam* unglaublich
époustoufler [epustufle] <1> *v. tr. fam* umhauen
épouvantable [epuvɑ̃tabl] *adj.* schrecklich; (*temps*) scheußlich
épouvantail [epuvɑ̃taj] <s> *m a. fig* Vogelscheuche *f*
épouvante [epuvɑ̃t] *f* **film d'**~ Horrorfilm *m*
épouvanter [epuvɑ̃te] <1> *v. tr.* ❶ (*horrifier*) in Angst und Schrecken versetzen ❷ (*inquiéter*) ~ **qn** jdm Angst machen
époux, épouse [epu, epuz] *m, f form* Gatte *m*/Gattin *f;* **les** ~ die Eheleute; **Mme Dumas, épouse Meier** Frau Meier, geborene Dumas
épreuve [epʀœv] *f* ❶ (*test*) Prüfung *f,* Probe *f;* **mettre qn/qc à l'**~/**à rude** ~ jdn/etw auf die Probe/auf eine harte Probe stellen ❷ (*examen, moment diffi-*

E

cile) Prüfung *f* ❸ SPORT Wettkampf *m* ❹ (*adversité, malheur*) harte Zeit ▸ ~ **de force** Kraftprobe *f;* **être à l'~ du feu/de l'eau** feuer-/wasserfest sein; **à toute ~** bewährt

épris, e [epʀi, iz] *adj.* ~ **de qn** in jdn verliebt, von jdm angetan

éprouvant, e [epʀuvɑ̃, ɑ̃t] *adj.* anstrengend; (*chaleur*) drückend

éprouvé, e [epʀuve] *adj.* ❶ (*pays, région*) hart getroffen; **être très ~** viel durchmachen ❷ (*confirmé*) bewährt

éprouver [epʀuve] <1> *v. tr.* ❶ (*besoin, envie*) verspüren; (*sentiment*) haben; (*tendresse, douleur*) empfinden ❷ (*ébranler: physiquement, moralement*) mitnehmen; (*matériellement*) schwer treffen

éprouvette [epʀuvɛt] *f* Reagenzglas *nt*

épuisant, e [epɥizɑ̃, ɑ̃t] *adj.* anstrengend

épuisé, e [epɥize] *adj.* ❶ [völlig] erschöpft ❷ (*gisement*) [völlig] abgebaut; (*terre*) ausgelaugt; (*réserves*) aufgebraucht; (*stock, ressources*) erschöpft ❸ (*édition, livre*) vergriffen; (*article*) ausverkauft

épuisement [epɥizmɑ̃] *m* ❶ Erschöpfung *f* ❷ (*des réserves, ressources*) Erschöpfung *f* ❸ (*vente totale*) Ausverkauf *m*

épuiser [epɥize] <1> **I.** *v. tr.* ❶ (*fatiguer*) strapazieren ❷ (*économies, réserves*) aufbrauchen; (*sujet*) erschöpfend behandeln; (*possibilités, ressources*) ausschöpfen ❸ (*stock, articles*) ausverkaufen **II.** *v. pron.* ❶ **s'~** (*réserves*) zu Ende gehen; (*source*) versiegen ❷ (*se fatiguer*) **s'~ à faire qc** sich abmühen etw zu tun

épuisette [epɥizɛt] *f* Kescher *m*

épuration [epyʀasjɔ̃] *f* CHIM Reinigung *f*

épurer [epyʀe] <1> *v. tr.* reinigen

équateur [ekwatœʀ] *m* Äquator *m*

équation [ekwasjɔ̃] *f* MATH Gleichung *f*

équatorial, e [ekwatɔʀjal, jo] <-aux> *adj.* (*climat*) äquatorial; (*forêt, région*) Äquatorial-

équerre [ekɛʀ] *f* Geodreieck *nt*

équestre [ekɛstʀ] *adj.* Reit-

équilatéral, e [ekɥilateʀal, o] <-aux> *adj.* (*triangle*) gleichseitig

équilibre [ekilibʀ] *m* ❶ Gleichgewicht *nt;* **en ~** im Gleichgewicht; **être en ~ sur le bord de la table** halb auf der Tischkante stehen; **mettre qc en ~** etw ausbalancieren ❷ PSYCH seelisches Gleichgewicht ❸ POL, ECON Gleichgewicht *nt*

équilibré, e [ekilibʀe] *adj.* ❶ (*balance*) austariert; (*chargement*) gleichmäßig verteilt; (*repas*) ausgewogen; (*budget*) ausgeglichen ❷ (*personne, esprit*) ausgeglichen

équilibrer [ekilibʀe] <1> **I.** *v. tr.* ❶ (*balance*) austarieren; (*charge, pouvoirs*) gleichmäßig verteilen; (*budget*) ausgleichen; **bien ~ ses repas** sich sehr ausgewogen ernähren ❷ (*stabiliser*) ~ **qn/qc** jdm/einer S. Halt geben ❸ (*contrebalancer*) ausgleichen **II.** *v. pron.* **s'~** sich die Waage halten

équilibriste [ekilibʀist] *mf* Akrobat(in) *m(f)*

équinoxe [ekinɔks] *m* Tagundnachtgleiche *f*

équipage [ekipaʒ] *m* (*d'un avion, bateau*) Besatzung *f*

équipe [ekip] *f* ❶ SPORT Mannschaft *f;* **faire ~ avec qn** mit jdm in einer Mannschaft sein ❷ (*groupe*) Team *nt;* **l'~ de jour/nuit/du matin/soir** die Tages-/Nacht-/Früh-/Spätschicht; **en ~** im Team; SCOL in Gruppen

équipée [ekipe] *f* (*aventure*) [abenteuerliches] Unterfangen

équipement [ekipmɑ̃] *m* ❶ Ausrüstung *f;* (*d'un hôtel, hôpital*) Einrichtung *f;* (*d'une voiture*) Ausstattung *f* ❷ *souvent pl.* (*installations*) Anlage *f;* **des ~s sportifs/collectifs** Sportanlagen/öffentliche Einrichtungen ❸ ADMIN **l'Equipement [du territoire]** ≈ die Landesplanungsbehörde

équiper [ekipe] <1> *v. pron.* **s'~ en qc** sich mit etw ausrüsten

équipier, -ière [ekipje, jɛʀ] *m, f* [Mannschafts]kamerad(in) *m(f)*

équitable [ekitabl] *adj.* gerecht

équitablement [ekitabləmɑ̃] *adv.* gerecht

équitation [ekitasjɔ̃] *f* Reiten *nt;* **faire de l'~** reiten

équité [ekite] *f* (*d'un jugement, d'une loi*) Angemessenheit *f*

équivalence [ekivalɑ̃s] *f* ❶ Gleichwertigkeit *f* ❷ UNIV Äquivalenz *f;* **elle obtient une ~ pour qc** ihr wird etw anerkannt

équivalent [ekivalɑ̃] *m* **l'~** das Entsprechende; (*d'un mot*) die Entsprechung; **sans ~** ohnegleichen

équivalent, e [ekivalɑ̃, ɑ̃t] *adj.* (*part, forme*) gleich; (*diplôme*) gleichwertig; (*expression*) gleichbedeutend

équivaloir [ekivalwaʀ] <irr> *v. intr.* **~ à qc** einer S. (*Dat*) entsprechen

équivoque [ekivɔk] *adj.* 1 (*ambigu*) zweideutig 2 (*louche*) zwielichtig

érable [eʀabl] *m* Ahorn *m*

éradication [eʀadikasjɔ̃] *f* Ausrotten *nt*

éradiquer [eʀadike] <1> *v. tr.* ausrotten

érafler [eʀɑfle] <1> **I.** *v. tr.* **~ qn/qc** jdn/etw zerkratzen; (*balle*) jdn/etw streifen; **être éraflé** (*genou*) aufgeschürft sein **II.** *v. pron.* **s'~ qc** sich (*Dat*) etw zerkratzen; **s'~ le genou** sich (*Dat*) das Knie aufschürfen

éraflure [eʀɑflyʀ] *f* Schramme *f*

ère [ɛʀ] *f* 1 Zeitalter *nt,* Ära *f;* **~ industrielle** Industriezeitalter 2 Zeitrechnung *f* 3 GEO **~ tertiaire/quaternaire** Tertiär *nt*/Quartär *nt*

érection [eʀɛksjɔ̃] *f* Erektion *f*

éreintant, e [eʀɛ̃tɑ̃, ɑ̃t] *adj.* aufreibend

éreinté, e [eʀɛ̃te] *adj.* [völlig] erschöpft

érémiste [eʀemist] *mf* Sozialhilfeempfänger(in) *m(f)*

ergonomique [ɛʀgɔnɔmik] *adj.* ergonomisch

ériger [eʀiʒe] <2a> *v. tr. form* (*monument*) errichten

ermitage [ɛʀmitaʒ] *m* Einsiedelei *f*

ermite [ɛʀmit] *m* Eremit *m*

éroder [eʀɔde] <1> *v. tr.* (*vent*) erodieren; (*pluie, eau*) auswaschen

érogène [eʀɔʒɛn] *adj.* (*zone*) erogen

érosion [eʀɔzjɔ̃] *f* Erosion *f*

érotique [eʀɔtik] *adj.* erotisch

érotisme [eʀɔtism] *m* Erotik *f*

errant, e [eʀɑ̃, ɑ̃t] *adj.* umherirrend; **vie ~e** Nomadenleben *nt*

erratum [eʀatɔm, eʀata] <errata> *m* Druckfehler *m*

errer [eʀe] <1> *v. intr.* umherirren; (*animal*) streunen (*pej*) umherirren

erreur [eʀœʀ] *f* 1 (*faute*) Fehler *m* 2 (*idée/opinion erronée*) Irrtum *m;* **~ d'ordinateur/de système** Computer-/Systemfehler; **~ d'appréciation/de jugement** Fehleinschätzung *f*/Fehlurteil *nt;* **raccrochez! c'est une ~** [**de numéro**] legen Sie auf! Sie haben sich verwählt; **~ judiciaire** Justizirrtum; **~ médicale** [ärztlicher] Kunstfehler; **il y a ~/n'y a pas d'~** hier liegt ein/kein Irrtum vor; **j'ai commis une ~** mir ist ein Fehler unterlaufen; **être dans l'~** im Irrtum sein; **faire ~** sich irren; **induire qn en ~** jdn irreführen; **par ~** aus Versehen; **sauf ~ de ma part** wenn ich mich nicht täusche ▶ **l'~ est humaine** *prov* Irren ist menschlich (*prov*)

erroné, e [eʀɔne] *adj.* irrig

ersatz [ɛʀsats] *m inv.* **~ de café/savon** Kaffee-/Seifenersatz *m*

érudit, e [eʀydi, it] *adj.* gelehrt

érudition [eʀydisjɔ̃] *f* Gelehrsamkeit *f*

éruption [eʀypsjɔ̃] *f* GEO Ausbruch *m*

es [ɛ] *indic. prés. de* **être**

escabeau [ɛskabo] <x> *m* [Tritt]leiter *f*

escadrille [ɛskadʀij] *f* MIL Staffel *f*

escadron [ɛskadʀɔ̃] *m* (*de cavalerie*) Schwadron *f;* (*de chasseurs, gendarmerie*) Staffel *f*

escalade [ɛskalad] *f* 1 Erklettern *nt;* **faire l'~ d'une montagne** auf einen Berg steigen 2 (*sport*) Bergsteigen/Klettern *nt,* Klettersport *m;* **faire de l'~** klettern 3 (*surenchère*) [schneller] Anstieg; **au Pérou, c'est l'~ de la violence** in Peru eskaliert die Gewalt

escalader [ɛskalade] <1> *v. tr.* 1 (*montagne*) steigen auf (+ *Akk*) 2 (*grille, mur*) steigen über (+ *Akk*)

escalator [ɛskalatɔʀ] *m* Rolltreppe *f*

escale [ɛskal] *f* 1 NAUT Zwischenstopp *m* 2 AVIAT Zwischenlandung *f*

escalier [ɛskalje] *m sing o pl* Treppe *f;* **~ roulant** Rolltreppe; **~ de service** Hintertreppe; **être dans l'~** im Treppenhaus sein; **tomber dans les ~s** die Treppe hinunter-/herunterfallen

escalope [ɛskalɔp] *f* Schnitzel *nt*

escamotable [ɛskamɔtabl] *adj.* (*antenne*) einschiebbar

escamoter [ɛskamɔte] <1> *v. tr.* (*train d'atterrissage*) einfahren; (*antenne*) einziehen

escapade [ɛskapad] *f* Eskapade *f*

escargot [ɛskaʀgo] *m* ZOOL, GASTR Schnecke *f* ▶ **rouler comme un ~** im Schneckentempo fahren (*fam*)

escarmouche [ɛskaʀmuʃ] *f* MIL Gefecht *nt*

E

escarpé, e [ɛskaʀpe] *adj.* (*montagne*) steil [aufragend]

escarpin [ɛskaʀpɛ̃] *m* Pumps *m*

esclaffer [ɛsklafe] <1> *v. pron.* **s'~** schallend [los]lachen

esclavage [ɛsklavaʒ] *m* Sklaverei *f*

esclave [ɛsklav] **I.** *adj.* versklavt; **~ de qn/qc** jdm/einer S. verfallen **II.** *mf* Sklave *m*/Sklavin *f*

escompte [ɛskɔ̃t] *m* COM Skonto *nt o m*

escompter [ɛskɔ̃te] <1> *v. tr.* FIN diskontieren

escorte [ɛskɔʀt] *f* Eskorte *f;* (*d'un prisonnier*) Wache *f*

escorter [ɛskɔʀte] <1> *v. tr.* ❶ (*personne*) geleiten ❷ (*protéger*) eskortieren

escrime [ɛskʀim] *f* Fechten *nt*

escroc [ɛskʀo] *m* Betrüger(in) *m(f)*

escroquer [ɛskʀɔke] <1> *v. tr.* **~ qn de mille euros** jdn um tausend Euro betrügen

escroquerie [ɛskʀɔkʀi] *f* Betrug *m,* Schwindel *m*

ésotérique [ezɔteʀik] *adj.* esoterisch

espace [ɛspas] **I.** *m* ❶ (*place*) Platz *m;* **~ vide** Zwischenraum *m;* **~ publicitaire** Werbefläche *f* ❷ (*zone*) Gebiet *nt fig* Raum *m;* **~ vert** Grünfläche *f* ❸ (*cosmos*) Weltraum *m;* MATH Raum *m;* **~ aérien** Luftraum *m* ❹ (*distance*) Abstand *m,* Zwischenraum *m* ❺ (*durée*) **~ [de temps]** Zeitraum *m* ❻ TYP, INFORM Leerstelle *f* **II.** *f* TYP Leerzeichen *nt*

espacement [ɛspasmɑ̃] *m* Abstand *m*

espacer [ɛspase] <2> **I.** *v. tr.* (*élèves*) auseinandersetzen; **~ les lignes un peu plus** etwas mehr Abstand zwischen den Zeilen lassen **II.** *v. pron.* **s'~** seltener werden

espadon [ɛspadɔ̃] *m* ZOOL Schwertfisch *m*

espadrille [ɛspadʀij] *f* ❶ Espandrillo *m* ❷ CAN (*basket*) Turnschuh *m*

Espagne [ɛspaɲ] *f* **l'~** Spanien *nt*

espagnol [ɛspaɲɔl] *m* Spanisch *nt; voir a.* **allemand**

espagnol, e [ɛspaɲɔl] *adj.* spanisch; *voir a.* **allemand**

Espagnol, e [ɛspaɲɔl] *m, f* Spanier(in) *m(f)*

espèce [ɛspɛs] *f* ❶ (*catégorie*) Art *f;* **~ animale/de rosiers** Tier-/Rosenart; **~ canine** Hunderasse *f;* **l'~ [humaine]** das Menschengeschlecht ❷ *souvent péj* (*sorte*) Art *f;* **c'est un(e) ~ de pot de chambre** das ist so eine Art Nachttopf (*fam*); **~ d'imbécile!** *fam* [du/Sie/so ein] Blödmann!/[du/Sie/so eine] blöde Kuh!; **de ton/cette/de la pire ~** *fam* von deiner/dieser/der schlimmsten Sorte ❸ *pl* (*argent liquide*) Bargeld *nt;* **régler en ~s** bar bezahlen

espérance [ɛspeʀɑ̃s] *f* ❶ (*confiance*) Zuversicht *f* ❷ (*espoir*) Hoffnung *f;* **donner de grandes ~s** viel versprechend sein; **fonder de grandes ~s sur qn/qc** große Hoffnungen auf jdn/etw setzen; **dans l'~ de faire qc/que** + *subj.* in der Hoffnung etw zu tun/, dass ❸ (*durée*) **~ de vie** Lebenserwartung *f*

espérer [ɛspeʀe] <5> **I.** *v. tr.* ❶ (*souhaiter*) hoffen auf (+ *Akk*); **je l'espère bien** das hoffe ich [doch] sehr; **nous espérons vous revoir bientôt** wir hoffen, Sie bald wiederzusehen; **j'espère n'avoir rien oublié** ich hoffe, ich habe nichts vergessen ❷ (*compter sur*) rechnen mit (+ *Dat*), erwarten **II.** *v. intr.* hoffen; **espérons!** hoffentlich!

espiègle [ɛspjɛgl] *adj.* schelmisch

espièglerie [ɛspjɛgləʀi] *f* Schalk *m*

espion, ne [ɛspjɔ̃, jɔn] **I.** *m, f* Spion(in) *m(f)* **II.** *app* (*satellite-, avion-*) Spionage-

espionnage [ɛspjɔnaʒ] *m* Spionage *f;* **les services d'~** der Spionagedienst; **~ industriel** Industriespionage; **d'~** (*film, roman*) Spionage-

espionner [ɛspjɔne] <1> *v. tr.* ausspionieren; (*conversation*) [heimlich] belauschen; **~ qn** jdm nachspionieren

esplanade [ɛsplanad] *f* [großer, freier] [Vor]platz

espoir [ɛspwaʀ] *m* ❶ Hoffnung *f;* **sans ~** hoffnungslos; (*amour*) aussichtslos; **conserver l'~/ne pas perdre ~** die Hoffnung nicht aufgeben; **enlever tout ~ à qn** jdm jede Hoffnung nehmen; **tu as encore l'~ que ...?** + *subj.* glaubst du wirklich noch, dass ...?; **je garde l'~ qu'il viendra** ich gebe die Hoffnung nicht auf, dass er kommt; **dans l'~ de faire qc** in der Hoffnung etw zu tun ❷ (*personne, chose*) Hoffnung *f;* **les ~s de la boxe française** der

Nachwuchs des französischen Boxsports

esprit [ɛspʀi] *m* 1 (*pensée*) Geist *m*, Verstand *m;* **avoir l'~ clair** einen klaren Verstand haben; **avoir l'~ vif** geistig rege sein; **avoir l'~ étroit/large** engstirnig/großzügig sein; **avoir l'~ libre/pratique** ein unabhängig/praktisch denkender Mensch sein 2 (*tête*) **avoir qn/qc à l'~** jdn/etw im Sinn haben; **une idée me traverse l'~** eine Idee geht mir durch den Kopf; **une idée/un mot me vient à l'~** mir fällt [gerade] etw/ein Wort ein; **dans mon/son ~** meiner/seiner/ihrer Meinung nach; **avoir l'~ ailleurs** mit seinen Gedanken woanders sein 3 (*humour*) Geist *m*, Witz *m;* **plein d'~** äußerst geistreich; **faire de l'~** witzig sein wollen 4 (*personne*) **~ libre** Freidenker(in) *m(f)* 5 (*humeur*) **les ~s** die Gemüter *Pl* 6 (*caractère*) **avoir bon/mauvais ~** umgänglich/aufsässig sein 7 (*intention, prédisposition*) Sinn *m;* **dans cet ~** in diesem Sinne; **l'~ français** die französische Wesensart; **avoir l'~ de compétition/de contradiction/d'équipe** Kampf-/Widerspruchs-/Mannschaftsgeist haben; **avoir l'~ de famille** Familiensinn haben; **avoir l'~ d'observation** eine gute Beobachtungsgabe haben; **l'~ de sacrifice** die Opferbereitschaft; **avoir l'~ d'entreprise** unternehmungslustig sein ▸ **reprendre ses ~s** sich wieder fassen

esquimau, de [ɛskimo, -od] <x> *adj.* Eskimo-; **le peuple ~** die Eskimos *Pl*

esquimau®¹ [ɛskimo] <x> *m* GASTR *Eis am Stiel mit Schokoladenüberzug*

esquimau² [ɛskimo] *m* Eskimoisch *nt;* *voir a.* **allemand**

Esquimau, de [ɛskimo, -od] *m, f* Eskimo *m*/Eskimofrau *f*

esquinté, e [ɛskɛ̃te] *adj. fam* kaputt

esquinter [ɛskɛ̃te] <1> **I.** *v. tr. fam* 1 (*chose*) kaputtmachen; (*personne*) vermöbeln; (*voiture*) ramponieren 2 (*santé*) ruinieren **II.** *v. pron. fam* **s'~** (*chose*) kaputtgehen; (*personne*) sich kaputtmachen; **s'~ les yeux** sich (*Dat*) die Augen verderben; **s'~ à faire qc** sich damit abplagen etw zu tun

esquisse [ɛskis] *f* 1 ART, IND Skizze *f*, Entwurf *m;* **dessiner une ~ de qc** etw skizzieren 2 (*d'un sourire*) Andeutung *f* 3 (*présentation rapide*) Abriss *m*, Überblick *m*

esquisser [ɛskise] <1> **I.** *v. tr.* 1 *a.* ART skizzieren 2 (*sourire*) andeuten **II.** *v. pron.* **s'~** (*silhouette, solution*) sich abzeichnen; **s'~ sur le visage de qn** (*sourire*) über jds Gesicht (*Akk*) huschen

esquiver [ɛskive] <1> **I.** *v. tr.* (*éviter*) [geschickt] ausweichen (+ *Dat*) **II.** *v. pron.* **s'~** sich wegstehlen

essai [esɛ] *m* 1 *gén. pl.* (*test*) Versuch *m;* (*d'un appareil, médicament*) Test *m;* **~s nucléaires** Atom[waffen]tests *Pl;* **faire l'~ de qc** etw ausprobieren; **à l'~** auf Probe; **mettre qn à l'~** jdn auf die Probe stellen 2 (*tentative*) Versuch *m;* **ne pas en être à son premier ~** das nicht zum ersten Mal machen 3 SPORT Versuch *m;* (*en sport automobile*) Trainingsrunde *f* 4 LITTER Essay *m o nt*

essaim [esɛ̃] *m* Schwarm *m*

essaimer [eseme] <1> *v. intr.* (*abeilles*) schwärmen

essayage [esɛjaʒ] *m* Anprobe *f*

essayer [eseje] <7> **I.** *v. tr.* 1 (*chaussures, vêtement*) [an]probieren; (*nourriture, méthode*) [aus]probieren; (*boucher, coiffeur*) ausprobieren; **~ un médicament sur qn/une souris** an jdm/einer Maus ein Medikament testen 2 (*tenter*) **~ qc** es mit etw versuchen **II.** *v. intr.* versuchen; **ça ne coûte rien d'~** Probieren kostet nichts

essence [esɑ̃s] *f* 1 Benzin *nt;* **prendre de l'~** tanken 2 (*nature profonde*) **l'~** das Wesentliche

essentiel [esɑ̃sjɛl] *m* 1 (*le plus important*) **l'~** das Wesentliche; **pour l'~** im Wesentlichen; **tu es en bonne santé? c'est l'~** du bist gesund? Das ist die Hauptsache; **l'~ est que** + *subj.* das Wichtigste ist, dass; **aller à l'~** zur Sache kommen 2 (*la plus grande partie*) **l'~ de qc** das Gros einer S. (*Gen*)

essentiel, le [esɑ̃sjɛl] *adj.* 1 wesentlich; (*changement*) grundlegend 2 (*indispensable*) **être ~ à qc/pour faire qc** unentbehrlich für etw sein/unentbehrlich sein um etw zu tun 3 PHILOS essenziell

essentiellement [esɑ̃sjɛlmɑ̃] *adv.* im Wesentlichen

E

essieu [esjø] <x> *m* TECH, AUT [Rad]achse *f*

essor [esɔʀ] *m* Aufschwung *m*

essorage [esɔʀaʒ] *m* Schleudern *nt*

essorer [esɔʀe] <1> *vt, vi* schleudern

essoreuse [esɔʀøz] *f* (*à linge*) [Wäsche]schleuder *f*

essouffler [esufle] <1> **I.** *v. tr.* außer Atem bringen; **être complètement essoufflé** völlig außer Atem sein **II.** *v. pron.* **s'~ à faire qc** außer Atem kommen, wenn man etw tut; *fig* bei etw nicht mehr mithalten können

essuie-glace [esɥiglas] <essuie-glaces> *m* Scheibenwischer *m* **essuie-mains** [esɥimɛ̃] *m inv.* Handtuch *nt* **essuie-tout** [esɥitu] *m inv.* Küchentuch *nt*

essuyer [esɥije] <6> **I.** *v. tr.* ❶ abtrocknen; (*larmes*) trocknen (*geh*) ❷ (*éponger*) wegwischen; (*de l'eau par terre*) aufwischen ❸ (*meubles*) abstauben; (*chaussures*) abputzen ❹ (*échec, perte*) erleiden; (*reproches, coups*) hinnehmen müssen; (*refus*) bekommen **II.** *v. pron.* ❶ (*se sécher*) **s'~** sich abtrocknen ❷ (*se nettoyer*) **s'~ les pieds** sich (*Dat*) die Füße abputzen

est[1] [ɛ] *indic. prés. de* **être**

est[2] [ɛst] **I.** *m sans pl.* **l'~** der Osten; **les régions de l'~** die Gebiete im Osten; **l'Europe de l'~** Osteuropa *nt;* **à l'~** (*vers le point cardinal*) nach Osten; (*dans/vers la région*) im/in den Osten; **à l'~ de qc** östlich von etw; **être exposé à l'~** nach Osten gehen; **dans l'~ de** im Osten von; **de l'~** aus dem Osten; **vent d'~** Ostwind *m;* **d'~ en ouest** von Ost[en] nach West[en]; **vers l'~** nach Osten **II.** *adj. inv.* Ost-; (*banlieue, longitude*) östlich

Est [ɛst] *m sans pl.* **l'~** der Osten; **l'autoroute de l'~** die Autobahn nach Osten; **les régions de l'~** die Gebiete im Osten; **les gens de l'~** die Leute aus dem Osten; **l'Europe de l'~** Osteuropa *nt;* **les pays de l'~** die osteuropäischen Staaten; **le bloc de l'~** der Ostblock

est-allemand, e [ɛstalmɑ̃, ɑ̃d] *adj.* ostdeutsch

est-ce que [ɛskə] *adv. ne se traduit pas* **où ~ tu vas?** wohin gehst du?

esthète [ɛstɛt] *mf* Ästhet(in) *m(f)*

esthéticien, ne [ɛstetisjɛ̃, jɛn] *m, f* Kosmetiker(in) *m(f)*

esthétique [ɛstetik] **I.** *adj.* ästhetisch **II.** *f* Ästhetik *f*

estimable [ɛstimabl] *adj.* ❶ (*personne*) respektabel; (*travail*) lobenswert ❷ (*résultats*) anständig

estimatif, -ive [ɛstimatif, -iv] *adj.* **devis ~** Kostenvoranschlag *m*

estimation [ɛstimasjɔ̃] *f* (*des dégâts*) Schätzung *f;* (*d'une somme*) Veranschlagung *f;* **une première ~ des résultats** eine erste Hochrechnung der Ergebnisse; **faire une ~ de qc** etw schätzen; **faire une ~ rapide de qc** etw kurz überschlagen

estime [ɛstim] *f* [Hoch]achtung *f;* **digne d'~** achtenswert; **l'~ de soi-même** die Selbstachtung; **avoir de l'~ pour qn** jdn schätzen

estimer [ɛstime] <1> **I.** *v. tr.* ❶ (*dégâts*) schätzen; (*coûts, somme*) veranschlagen; (*résultat*) beurteilen; **être estimé à cent euros/vingt morts** auf hundert Euro/zwanzig Tote geschätzt werden ❷ (*considérer*) **~ qc inutile** etw für unnötig halten; **~ avoir le droit de donner son avis** glauben das Recht zu haben seine Meinung zu sagen; **ne pas ~ que** + *subj.* nicht glauben, dass ❸ (*respecter*) **~ qn pour ses qualités humaines** jdn wegen seiner menschlichen Qualitäten achten; **être estimé de tous** von allen hoch geschätzt werden **II.** *v. pron.* **s'~ heureux d'avoir été sélectionné** sich glücklich schätzen ausgewählt worden zu sein

estival, e [ɛstival, o] <-aux> *adj.* Sommer-

estivant, e [ɛstivɑ̃, ɑ̃t] *m, f* Sommerurlauber(in) *m(f)*

estomac [ɛstɔma] *m* Magen *m;* **avoir mal à l'~** Magenschmerzen haben ▸ **peser sur l'~ à qn** jdm schwer im Magen liegen

estomaquer [ɛstɔmake] <1> *v. tr. fam* verblüffen

estomper [ɛstɔ̃pe] <1> *v. tr.* (*contours, dessin*) verwischen

Estonie [ɛstɔni] *f* **l'~** Estland *nt*

estonien [ɛstɔnjɛ̃] *m* Estnisch *nt; voir a.* **allemand**

estonien, ne [ɛstɔnjɛ̃, jɛn] *adj.* estnisch; *voir a.* **allemand**

Estonien, ne [ɛstɔnjɛ̃, jɛn] *m, f* Estländer(in) *m(f),* Este *m*/Estin *f*

estrade [ɛstʀad] *f* Podium *nt;* (*à l'université*) Katheder *nt;* (*d'un orchestre*) Bühne *f*

estropié, e [ɛstʀɔpje] *adj.* verkrüppelt

estropier [ɛstʀɔpje] <1a> *v. tr.* zum Krüppel machen

estuaire [ɛstɥɛʀ] *m* Mündung *f*

estudiantin, e [ɛstydjɑ̃tɛ̃, in] *adj.* studentisch

esturgeon [ɛstyʀʒɔ̃] *m* Stör *m*

et [e] *conj.* ① und ② (*dans des indications d'heures*) nach; **à quatre heures ~ demie** um halb fünf ③ (*aussi bien ... que*) **~ son mari ~ son amant ...** sowohl ihr Mann als auch ihr Freund ... ④ (*et qui plus est*) und zwar ▶ **~ alors!** na und!

étable [etabl] *f* Stall *m*

établi, e [etabli] *adj.* ① (*ordre*) allgemein gültig ② (*vérité, fait*) allgemein bekannt ③ CH (*installé*) niedergelassen (CH)

établir [etabliʀ] <8> **I.** *v. tr.* ① (*usine*) aufbauen; (*centre de vacances*) einrichten; (*quartier général*) aufschlagen ② (*liste*) zusammenstellen; (*emploi du temps*) ausarbeiten; (*prix*) festsetzen ③ (*facture, chèque*) ausstellen; (*constat*) aufnehmen ④ (*comparaison*) anstellen; (*rapport*) herstellen ⑤ SPORT (*record*) aufstellen **II.** *v. pron.* **s'~** ① (*s'installer*) sich niederlassen; (*colonisateur*) sich ansiedeln ② (*professionnellement*) sich niederlassen; **s'~ à son compte** sich selb(st)ständig machen ③ (*usage*) sich einbürgern; (*relations*) sich entwickeln; (*régime*) sich etablieren; **le silence s'établit [de nouveau]** es kehrt [wieder] Ruhe ein

établissement [etablismɑ̃] *m* (*institution*) Einrichtung *f,* Anstalt *f;* (*hôtel*) Haus *nt;* (*d'une banque, société*) Niederlassung *f;* **aux ~s Dupond** bei [der Firma] Dupond; **~ scolaire** Lehranstalt *f;* **~ d'enseignement secondaire** Schule *f* der Mittel- und Oberstufe

étage [etaʒ] *m* (*d'une maison*) Stock[werk *nt*] *m,* Etage *f;* **immeuble à trois/quatre ~s** drei-/vierstöckiges Haus; **à l'~** oben

étager [etaʒe] <2a> *v. tr.* (*objets*) auftürmen

étagère [etaʒɛʀ] *f* ① (*tablette*) [Regal]brett *nt* ② (*meuble*) Regal *nt*

étain [etɛ̃] *m* Zinn *nt*

étais [etɛ] *imparf de* **être**

étal [etal] <s> *m* Marktstand *m*

étalage [etalaʒ] *m* COM Ausstellen/-legen *nt*

étalement [etalmɑ̃] *m* (*de papiers*) Ausbreiten *nt*

étaler [etale] <1> **I.** *v. tr.* ① (*éparpiller*) ausbreiten ② (*exposer pour la vente*) auslegen ③ (*peinture*) auftragen; (*graver*) verteilen ④ (*dans le temps*) verteilen; **être étalé dans le temps** (*réforme*) sich über einen bestimmten Zeitraum erstrecken ⑤ (*connaissances*) prahlen mit; (*luxe*) zur Schau stellen **II.** *v. pron.* ① **bien/mal s'~** (*beurre*) sich gut/schlecht streichen lassen; (*peinture*) sich gut/schlecht verarbeiten lassen ② (*dans l'espace*) **s'~** (*plaine, ville*) sich ausbreiten/-dehnen ③ (*s'afficher*) **s'~** (*inscription, nom*) prangen ④ (*se vautrer*) **s'~** es sich (*Dat*) bequem machen ⑤ *fam* (*tomber*) **s'~** auf die Nase fallen ⑥ **s'~ dans le temps** sich über einen bestimmten Zeitraum erstrecken

étalon [etalɔ̃] *m* Zuchthengst *m*

étalon-or [etalɔ̃ɔʀ] *m sans pl.* Goldwährung *m*

étamine [etamin] *f* BOT Staubblatt *nt*

étanche [etɑ̃ʃ] *adj.* wasserdicht

étanchéité [etɑ̃ʃeite] *f* **vérifier l'~ de qc** überprüfen, ob etw wasserdicht ist

étancher [etɑ̃ʃe] <1> *v. tr.* (*sang*) stillen

étang [etɑ̃] *m* Teich *m*

étant [etɑ̃] *part prés de* **être**

étape [etap] *f* ① (*trajet*) Etappe *f* ② (*lieu d'arrêt*) Etappenziel *nt* ③ (*période dans la vie*) Abschnitt *m* ④ (*période dans une évolution*) Phase *f;* (*dans la résolution d'un problème*) Schritt *m;* **~ de la vie** Lebensabschnitt *m;* **faire qc par ~s** etw schrittweise machen

état [eta] *m* ① Zustand *m;* (*des recherches*) Stand *m;* **~ d'urgence** Notstand; **dans l'~ actuel des choses** beim gegenwärtigen Stand der Dinge; **~ physique** körperliche Verfassung; **~ de santé** Gesundheitszustand; **être en ~ de marche** (*voiture*) fahren; (*machine*) funktionieren; **être en ~ de**

faire qc in der Lage sein etw zu tun ❷ (*des recettes, dépenses*) Verzeichnis *nt,* Aufstellung *f* ▶~ **d'esprit** Einstellung *f*~ **civil** Personenstand *m;* (*service*) Standesamt *nt,* ≈ Einwohnermeldeamt *nt*

État [eta] *m* POL Staat *m;* ~ **de droit** Rechtsstaat; **~s membres de l'UE** EU-Mitgliedstaaten

état-major [etamaʒɔʀ] <états-majors> *m* MIL Generalstab *m*

états-unien, ne [etazynjɛ̃, jɛn] *adj.* US-amerikanisch **États-Unien, ne** [etazynjɛ̃, jɛn] *m, f* US-Amerikaner(in) *m(f)* **États-Unis** [etazyni] *mpl* **les ~ d'Amérique** die Vereinigten Staaten von Amerika

étau [eto] <x> *m* Schraubstock *m*

étayer [eteje] <7> *v. tr.* [ab]stützen

etc. [ɛtseteʀa] *abr. de* **et cætera, et cetera** usw.

été[1] [ete] *m* Sommer *m; voir a.* **automne**

été[2] [ete] *part. passé de* **être**

éteindre [etɛ̃dʀ] <irr> **I.** *v. tr.* ❶ ausmachen; (*radio*) abstellen; (*chauffage*) abdrehen; (*four*) abschalten; (*bougie*) ausblasen; (*feu*) löschen; (*cigarette*) ausdrücken ❷ (*~ la lumière de*) ~ **la pièce/l'escalier** im Zimmer/auf der Treppe das Licht ausmachen **II.** *v. intr.* das Licht ausmachen **III.** *v. pron.* **s'~** ausgehen

éteint, e [etɛ̃, ɛ̃t] **I.** *part. passé de* **éteindre II.** *adj.* (*bougie, cigarette*) ausgegangen; (*volcan*) inaktiv

étendard [etɑ̃daʀ] *m* Standarte *f*

étendre [etɑ̃dʀ] <14> **I.** *v. tr.* ❶ (*coucher*) hinlegen ❷ (*tapis*) ausrollen; ~ **une couverture sur qn** eine Decke über jdm ausbreiten ❸ (*faire sécher*) aufhängen ❹ (*bras, jambes*) ausstrecken; (*ailes*) ausbreiten **II.** *v. pron.* ❶ (*se reposer*) **s'~** sich hinlegen; (*s'allonger*) sich ausstrecken ❷ (*s'appesantir*) **s'~ sur qc** sich über etw (*Akk*) auslassen ❸ (*augmenter*) **s'~** (*épidémie, incendie*) um sich greifen; (*tache*) sich vergrößern; (*ville, pouvoir*) wachsen; (*connaissances, cercle*) sich erweitern

étendu, e [etɑ̃dy] **I.** *part. passé de* **étendre II.** *adj.* ❶ (*personne, jambes*) ausgestreckt; (*ailes*) ausgebreitet ❷ (*vaste*) ausgedehnt; (*plaine, vue*) weit; (*ville*) groß ❸ (*connaissances*) umfangreich; (*pouvoir*) weitreichend

étendue [etɑ̃dy] *f* ❶ (*d'un pays*) Ausdehnung *f* ❷ (*espace*) Weite *f,* Fläche *f;* **de vastes ~s de forêts** große Waldgebiete ❸ (*d'une catastrophe*) Ausmaß *nt;* **l'~ des connaissances de qn** jds umfassende Kenntnisse

éternel, le [etɛʀnɛl] *adj.* ❶ (*qui dure longtemps*) ewig; (*regrets*) tief; (*recommencement*) ständig ❷ *antéposé* (*inévitable*) unvermeidlich ❸ *antéposé péj* (*sempiternel*) ewig

éternellement [etɛʀnɛlmɑ̃] *adv.* ewig; (*depuis toujours*) schon immer; (*sans arrêt*) immer

éterniser [etɛʀnize] <1> *v. pron.* **s'~** ❶ (*traîner*) sich hinziehen ❷ *fam* (*s'attarder*) ewig bleiben; **s'~ sur un sujet** sich endlos über ein Thema auslassen

éternité [etɛʀnite] *f* Ewigkeit *f*

éternuement [etɛʀnymɑ̃] *m gén. pl.* Niesen *nt kein Pl.*

éternuer [etɛʀnɥe] <1> *v. intr.* niesen

êtes [ɛt] *indic. prés. de* **être**

étêter [etete] <1> *v. tr.* (*arbre*) kappen

éther [etɛʀ] *m* Äther *m*

Éthiopie [etjɔpi] *f* **l'~** Äthiopien *nt*

éthiopien [etjɔpjɛ̃] *m* Äthiopisch *nt; voir a.* **allemand**

éthiopien, ne [etjɔpjɛ̃, jɛn] *adj.* äthiopisch; *voir a.* **allemand**

Éthiopien, ne [etjɔpjɛ̃, jɛn] *m, f* Äthiopier(in) *m(f)*

éthique [etik] *adj.* ethisch

ethnie [ɛtni] *f* Volksstamm *m*

ethnique [ɛtnik] *adj.* ethnisch

ethnologie [ɛtnɔlɔʒi] *f* Ethnologie *f*

ethnologue [ɛtnɔlɔg] *mf* Ethnologe *m*/Ethnologin *f*

éthylique [etilik] *adj.* Alkohol-

éthylisme [etilism] *m* Alkoholismus *m*

étincelant, e [etɛ̃s(ə)lɑ̃, ɑ̃t] *adj.* ❶ (*scintillant*) glitzernd ❷ (*couleurs*) leuchtend ❸ (*regard*) strahlend

étinceler [etɛ̃s(ə)le] <3> *v. intr.* (*or, diamant*) funkeln; (*couteau, lame*) blitzen; (*étoile*) blinken

étincelle [etɛ̃sɛl] *f* Funke[n] *m* ▶**cela fait des ~s** *fam* es funkt

étiqueter [etikte] <3> *v. tr.* etikettieren

étiquette [etikɛt] *f* ❶ (*marque*) Etikett *nt;* (*sur un paquet*) Aufschrift *f* ❷ (*adhésif*) Aufkleber *m;* (*de prix*) Preisschild *nt* ③ (*protocole*) Etikette *f* ④ INFORM (*label*) Label *nt*

étirer [etiʀe] <1> *v. pron.* **s'~** ① (*s'allonger*) sich strecken ② (*textile*) sich dehnen

étoffe [etɔf] *f* Stoff *m*

étoffé, e [etɔfe] *adj.* LITTER (*style*) reich, üppig

étoffer [etɔfe] <1> *v. tr.* LITTER (*récit*) ausbauen, ausschmücken

étoile [etwal] *f* ① Stern *m;* ~ **filante** Sternschnuppe *f;* ~ **du berger** Abendstern ② (*d'un hôtel, général*) Stern *m;* **restaurant cinq ~s** Fünf-Sterne-Restaurant ▸ **coucher à la belle ~** unter freiem Himmel schlafen

étoilé, e [etwale] *adj.* (*nuit*) sternklar, sternenklar

étole [etɔl] *f* Stola *f*

étonnant [etɔnɑ̃] *m* **l'~ est que** + *subj.* das Erstaunliche daran ist, dass

étonnant, e [etɔnɑ̃, ɑ̃t] *adj.* erstaunlich; **c'est ~, ...** das ist aber merkwürdig, ...; **ce n'est pas ~** das ist kein Wunder

étonné, e [etɔne] *adj.* erstaunt

étonnement [etɔnmɑ̃] *m* Verwunderung *f,* Erstaunen *nt*

étonner [etɔne] <1> **I.** *v. tr.* erstaunen **II.** *v. pron.* **s'~ de qc** sich über etw (*Akk*) wundern; **s'~ que** + *subj.* sich darüber wundern, dass

étouffant, e [etufɑ̃, ɑ̃t] *adj.* (*chaleur*) drückend; (*air*) stickig

étouffé, e [etufe] *adj.* (*personne*) erstickt; (*bruit, son*) gedämpft; (*rires*) unterdrückt

étouffement [etufmɑ̃] *m sans pl.* Ersticken *nt*

étouffer [etufe] <1> **I.** *v. tr.* ① ersticken; **cette chaleur m'étouffe** diese Hitze bringt mich um (*fam*) ② (*feu*) löschen ③ (*bruit*) dämpfen ④ (*sanglot*) ersticken ⑤ (*scandale*) vertuschen; (*rumeur*) aus der Welt schaffen; (*opposition*) zum Schweigen bringen ⑥ (*révolte*) niederschlagen **II.** *v. intr.* ① (*mourir*) ersticken ② (*suffoquer*) keine Luft mehr bekommen; **on étouffe ici!** hier erstickt man ja! **III.** *v. pron.* **s'~** ersticken

étourderie [etuʀdəʀi] *f* ① *sans pl.* (*caractère*) Unbesonnenheit *f* ② (*acte*) Leichtsinn *m*

étourdi, e [etuʀdi] **I.** *adj.* leichtsinnig **II.** *m, f* leichtsinniger Mensch

étourdiment [etuʀdimɑ̃] *adv.* gedankenlos

étourdir [etuʀdiʀ] <8> **I.** *v. tr.* ① (*assommer*) betäuben ② (*abrutir*) ~ **qn** (*mouvement*) jdn ganz schwind[e]lig machen; (*paroles*) jdn ganz benommen machen ③ (*enivrer*) ~ **qn** (*parfum*) jdn regelrecht betäuben; **le vin l'étourdit** der Wein steigt ihr/ihm zu Kopf **II.** *v. pron.* **s'~** sich betäuben

étourdissant, e [etuʀdisɑ̃, ɑ̃t] *adj.* (*bruit*) [ohren]betäubend; (*succès*) überwältigend; (*personne*) umwerfend; (*rythme*) atemberaubend

étourdissement [etuʀdismɑ̃] *m* Schwindelgefühl *nt,* Schwindelanfall *m*

étourneau [etuʀno] <x> *m* ZOOL Star *m*

étrange [etʀɑ̃ʒ] *adj.* seltsam

étrangement [etʀɑ̃ʒmɑ̃] *adv.* seltsam

étranger [etʀɑ̃ʒe] *m* (*pays*) **l'~** das Ausland; **séjour à l'~** Auslandsaufenthalt *m*

étranger, -ère [etʀɑ̃ʒe, -ɛʀ] **I.** *adj.* ① (*d'un autre pays*) ausländisch; (*politique*) Außen-; (*affaires*) auswärtig; (*travailleur*) Gast-; (*langue, corps*) Fremd- ② (*d'un autre groupe*) fremd; **être ~ à la famille** nicht zur Familie gehören ③ (*non familier*) fremd; (*usage, notion*) unbekannt ④ (*extérieur*) **être ~ à une affaire** in eine Affäre nicht verwickelt sein **II.** *m, f* ① (*d'un autre pays*) Ausländer(in) *m(f)* ② (*d'une autre région*) Fremde(r) *f(m)*

étrangeté [etʀɑ̃ʒte] *f sans pl.* Seltsamkeit *f,* Eigenartigkeit *f*

étranglement [etʀɑ̃gləmɑ̃] *m* Erwürgen *nt,* Erdrosseln *nt*

étrangler [etʀɑ̃gle] <1> **I.** *v. tr.* ① (*tuer*) erwürgen; ~ **un animal** einem Tier den Hals umdrehen ② (*serrer le cou*) ~ **qn** (*cravate*) jdm den Hals zuschnüren; (*émotion, fureur*) jdm die Kehle zuschnüren **II.** *v. pron.* **s'~ avec qc** ① (*mourir*) sich mit etw strangulieren ② (*en mangeant*) sich an etw (*Dat*) verschlucken

être [ɛtʀ] <irr> **I.** *v. intr.* ① (*pour qualifier*) sein ② (*pour indiquer la date*) **quel jour sommes-nous?** was ist heute für ein Tag?; **on est mercredi/le 2 mai** es ist Mittwoch/der 2. Mai ③ (*pour

E

indiquer le lieu) sein; **le stylo est là, sur le bureau** der Kuli liegt da, auf dem Schreibtisch; **le vase est là, sur la table** die Vase steht da, auf dem Tisch; **les clés sont là, dans la serrure** die Schlüssel stecken da, im Schloss; **les clés sont là, au crochet** die Schlüssel hängen da, am Haken ④ (*appartenir*) ~ **à qn** jdm gehören ⑤ (*travailler*) ~ **dans l'enseignement/le textile** im Bildungswesen/in der Textilindustrie beschäftigt sein ⑥ (*pour indiquer l'activité en cour*) ~ **toujours à faire qc** ständig dabei sein etw zu tun ⑦ (*pour exprimer une étape d'une évolution*) **où en es-tu de tes maths?** wie weit bist du mit deinen Matheaufgaben?; **en ~ à faire qc** gerade dabei sein etw zu tun; (*en arriver à*) so weit gekommen sein, dass man etw tut; **j'en suis à me demander si ...** ich frage mich inzwischen, ob ... ⑧ (*attentif*) **ne pas ~ à ce qu'on fait** nicht [ganz] bei der Sache sein ⑨ (*pour exprimer l'obligation*) ~ **à faire** erledigt werden müssen; **ce livre est à lire absolument** dieses Buch muss man unbedingt gelesen haben ⑩ (*provenir*) ~ **de qn** (*enfant, œuvre*) von jdm sein; ~ **d'une région/famille** aus einer Region/einer Familie kommen ⑪ (*vêtu de*) ~ **en costume** einen Anzug tragen ⑫ *au passé* (*aller*) **avoir été faire/acheter qc** etw gemacht/gekauft haben ⑬ (*exister*) sein; **la voiture la plus économique qui soit** das sparsamste Auto, das es gibt ▶**n'y ~ pour rien** nichts damit zu tun haben; **ça y est** (*c'est fini*) so; (*je comprends*) ach so; (*je te l'avais dit*) siehst du; **ça y est, voilà qu'il pleut!** jetzt haben wir die Bescherung, es regnet!; **ça y est?** (*alors*) was ist?; **n'est-ce pas?** nicht wahr? **II.** *v. intr. impers.* ① **il est impossible/étonnant ...** es ist unmöglich/erstaunlich, ... ② (*pour indiquer l'heure*) **il est dix heures/midi/minuit** es ist zehn [Uhr]/zwölf Uhr mittags/Mitternacht **III.** *aux* ① (*comme auxiliaire du passé actif*) ~ **venu** gekommen sein; **s'~ rencontrés** sich getroffen haben ② (*comme auxiliaire du passif*) **le sol est lavé chaque jour** der Boden wird jeden Tag geputzt **IV.** *m* ① (*opp: chose*) ~ **vivant** Lebewesen *nt* ② (*opp: animal*) ~ **humain** Mensch *m*

étreindre [etʀɛ̃dʀ] <irr> *v. tr.* (*ami*) umarmen; (*adversaire*) umklammern, packen

étreinte [etʀɛ̃t] *f* (*d'un ami*) Umarmung *f*; (*d'un adversaire*) Umklammerung *f*

étrennes [etʀɛn] *fpl* Neujahrsgeschenk *nt*

étrier [etʀije] *m* Steigbügel *m*

étriller [etʀije] <1> *v. tr* (*cheval*) striegeln

étriper [etʀipe] <1> *v. tr.* ① (*vider*) ausnehmen ② *fam* (*personne*) verdreschen

étriqué, e [etʀike] *adj.* (*vêtement*) zu eng

étroit, e [etʀwa, wat] *adj.* ① (*opp: large*) schmal; (*chaussures*) eng; **qn est à l'~ dans un vêtement** jdm ist ein Kleidungsstück zu eng ② (*opp: lâche: lien*) eng ③ (*surveillance*) streng

étroitement [etʀwatmɑ̃] *adv.* (*serré*) eng

étroitesse [etʀwatɛs] *f* **l'~ de sa jupe la gênait** ihr enger Rock behinderte sie

étude [etyd] **I.** *f* ① (*apprentissage*) Lernen *nt*, Studieren *nt*; **l'~ des mathématiques** das Mathematikstudium ② (*examen: de la nature*) Studium *nt*, Erforschung *f*; (*d'un dossier*) Studium; (*d'un projet*) Prüfung *f*, Untersuchung *f*; ~ **d'une question** Beschäftigung *f* mit einer Frage; ~ **de marché** Marktforschung *f* ③ (*ouvrage*) ~ **sur qc** Studie *f* über etw (*Akk*) ④ (*local, bureau: d'un notaire*) Kanzlei *f*, Büro *nt* ⑤ (*salle d'un établissement scolaire*) Raum *m* für stilles Arbeiten; ~ **surveillée** ≈ Hausaufgabenbetreuung *f* **II.** *fpl* ① (*scolarité*) Schulbildung *f*; **~s primaires** ≈ Primarstufe *f*; **~s secondaires** Sekundarstufe I und II; **faire des ~s** eine Schule besuchen ② UNIV Studium *nt*; **~s supérieures** Studium; **faire des ~s** studieren

> An den französischen Universitäten sind **les études** nicht in Semester, sondern in Studienjahre eingeteilt. Studierende, die die Abschlussarbeiten am Ende eines Studienjahres nicht bestehen, können Nachholkurse belegen und einen zweiten Versuch unternehmen.

Die Vorgaben hinsichtlich der Studienzeit sind relativ streng, und das Hochschulsystem ist generell stark „verschult". Andererseits ist das Durchschnittsalter der Hochschulabsolventen recht niedrig: Es liegt zwischen 23 bis 24 Jahren.

étudiant, e [etydjɑ̃, jɑ̃t] **I.** *adj.* studentisch; (*vie, révolte*) Studenten- **II.** *m, f* Student(in) *m(f)*

étudié, e [etydje] *adj.* ❶ (*soigné*) **jeu d'un acteur très ~** gut einstudierte Rolle ❷ (*avantageux*) günstig

étudier [etydje] <1> **I.** *v. tr.* ❶ (*leçon*) lernen; (*langue*) [er]lernen; (*cours*) nacharbeiten; (*rôle*) [ein]studieren; (*à l'université*) studieren; **~ le piano/le violon** Klavier-/Geigespielen lernen ❷ (*faire des recherches*) untersuchen; (*nature*) beobachten; (*région*) erforschen ❸ (*en vue d'une décision, action*) studieren; (*dossier*) bearbeiten; (*plan*) prüfen; (*question*) sich befassen mit ❹ SCOL (*sujet*) sich beschäftigen mit; (*texte, auteur*) lesen ❺ (*personne*) studieren **II.** *v. intr.* studieren

étui [etɥi] *m* Etui *nt*

étuve [etyv] *f* (*à désinfection*) Sterilisator *m*

étymologie [etimɔlɔʒi] *f* Etymologie *f*

étymologique [etimɔlɔʒik] *adj.* etymologisch

eu, e [y] *part. passé de* **avoir**

eucalyptus [økaliptys] *m* Eukalyptus *m*

euh [ø] *interj.* ❶ *en tête d'un énoncé* hm ❷ *interrompant une énonciation* (*trou de mémoire*) äh; (*émotion, auto-correction*) ach

eunuque [ønyk] *m* Eunuch *m*

euphémisant, e [øfemizɑ̃, ɑ̃t] *adj.* beschönigend

euphémisme [øfemism] *m* Beschönigung *f,* Euphemismus *m*

euphorie [øfɔʀi] *f* Euphorie *f*

euphorique [øfɔʀik] *adj.* euphorisch

EUR *m abr. de* **euro** EUR

eurasien, ne [øʀazjɛ̃, jɛn] *adj.* eurasisch

Eurasien, ne [øʀazjɛ̃, jɛn] *m, f* Eurasier(in) *m(f)*

euro [øʀo] **I.** *m* Euro *m;* **billet de dix ~s** Zehn-Euro-Schein *m* **II.** *app* Euro-; **zone ~** Eurozone *f,* Euroländer *Pl*

euro centime *m* Cent *m*

eurochèque [øʀoʃɛk] *m* Eurocheque *m*

eurocrate [øʀɔkʀat] *mf souvent péj* Eurokrat(in) *m(f)*

eurodéputé, e [øʀɔdepyte] *m, f* Europaabgeordnete(r) *f(m)*

eurodevise [øʀod(ə)viz] *f* Euro-Währung *f*

Europe [øʀɔp] *f* **l'~** Europa *nt;* **l'~ centrale/de l'Est/l'Ouest** Mittel-/Ost-/Westeuropa *nt;* **l'~ des Quinze** die 15 Mitgliedsländer der EU; **faire l'~** ein vereintes Europa schaffen

européanisation [øʀɔpeanizasjɔ̃] *f* Europäisierung *f*

européaniser [øʀɔpeanize] <1> **I.** *v. tr.* europäisieren **II.** *v. pron.* **s'~** europäisiert werden

européen, ne [øʀɔpeɛ̃, ɛn] *adj.* ❶ GEO (*continent*) europäisch; **les fleuves ~s** die Flüsse Europas ❷ POL, ECON europäisch; (*parlement, élections*) Europa-; **l'Union ~ne** die Europäische Union

Européen, ne [øʀɔpeɛ̃, ɛn] *m, f* Europäer(in) *m(f)*

européennes [øʀɔpeɛn] *fpl* (*élections*) Wahl *f* zum Europaparlament

eurosceptique [øʀosɛptik] **I.** *adj.* euroskeptisch **II.** *mf* Euroskeptiker(in) *m(f)*

eurosignal [øʀosiɲal] *m* Notruf *m*

eus [y] *passé simple de* **avoir**

euthanasie [øtanazi] *f* Euthanasie *f*

eux [ø] *pron. pers, pl masculin ou mixte* ❶ *fam* (*pour renforcer*) **~, ils n'ont pas bu** die haben nichts getrunken ❷ *avec une prép* **avec ~** mit ihnen; **sans ~** ohne sie ❸ *dans une comparaison* sie ❹ (*soi*) sich; *voir a.* **lui**

eux-mêmes [ømɛm] *pron. pers.* sie selbst; *voir a.* **moi-même, nous-mêmes**

évacuation [evakɥasjɔ̃] *f* ❶ (*des habitants*) Evakuierung *f;* (*des blessés*) Abtransport *m;* (*d'une salle de tribunal*) Räumung *f* ❷ (*action de quitter*) Räumung *f;* (*d'un bateau*) Verlassen *nt* ❸ (*écoulement*) Abfließen *nt;* **système d'~** Ablauf *m;* **l'~ des eaux usées se fait ...** das Abwasser wird ... geleitet ❹ CH (*action de vider*) **~ des ordures** Kehrichtabfuhr *f* (CH)

évacuer [evakɥe] <1> *v. tr.* ❶ MIL (*ville*) räumen ❷ (*habitants*) evakuieren; (*blessés*) abtransportieren ❸ (*quitter*) räumen; (*bateau*) verlassen ❹ (*eaux usées*) ablassen

évadé, e [evade] *m, f* entflohener Häftling

évader [evade] <1> *v. pron.* ❶ **s'~ de qc** aus etw ausbrechen ❷ *(fuir)* **s'~ du réel** vor der Realität flüchten

évaluation [evalɥasjɔ̃] *f* ❶ *(des coûts)* Überschlag *m;* *(des risques)* Abschätzung *f;* *(des chances)* Einschätzung *f;* *(d'une fortune)* Schätzung *f* ❷ *(des dégâts)* Schätzung *f;* ~ **des connaissances** SCOL Klassenarbeit *f*

évaluer [evalɥe] <1> *v. tr.* *(poids)* schätzen; *(distance)* abschätzen; *(chances)* einschätzen

évangélique [evɑ̃ʒelik] *adj.* evangelisch

évangéliste [evɑ̃ʒelist] *m* Evangelist *m*

Évangile [evɑ̃ʒil] *m* *(texte, livre)* Evangelium *nt*

évanoui, e [evanwi] *adj.* ❶ *(personne)* ohnmächtig ❷ *(bonheur)* vergangen; *(rêve)* geplatzt

évanouir [evanwiʀ] <8> *v. pron.* ❶ *(perdre connaissance)* **s'~** ohnmächtig werden ❷ *(disparaître)* **s'~** *(image, fantôme)* [ver]schwinden; *(illusions)* schwinden; *(espoirs)* zerrinnen

évanouissement [evanwismɑ̃] *m* Ohnmacht[sanfall *m*] *f*

évaporation [evapɔʀasjɔ̃] *f* Verdampfung *f*

évaporer [evapɔʀe] <1> *v. pron.* **s'~** verdunsten

évasé, e [evɑze] *adj.* *(jupe)* ausgestellt

évaser [evɑze] <1> *v. tr.* *(trou)* vergrößern, erweitern

évasif, -ive [evazif, -iv] *adj.* *(réponse)* ausweichend; *(geste)* vage; **devenir ~** ausweichen

évasion [evazjɔ̃] *f* ~ **de qn de prison** jds Ausbruch *m* aus dem Gefängnis

évêché [eveʃe] *m* Bistum *nt*

éveil [evɛj] *m* ❶ *(état éveillé)* **tenir qn en ~** jdn wach halten ❷ *(réveil)* ~ **des sens/d'un sentiment chez qn** Erwachen *nt* der Sinne bei jdm/eines Gefühls in jdm

éveillé, e [eveje] *adj.* ❶ *(en état de veille)* wach ❷ *(alerte)* aufgeweckt; **esprit ~** heller Kopf

éveiller [eveje] <1> **I.** *v. tr.* ❶ *(attention)* erregen; *(désir)* wachrufen; *(soupçons)* wecken ❷ *(intelligence)* fördern **II.** *v. pron.* **s'~ à l'amour** seine ersten Erfahrungen in der Liebe machen

événement, évènement [evɛnmɑ̃] *m* ❶ Ereignis *nt;* **les ~s de mai 1968** *die politischen Unruhen im Mai 1968* ❷ *(spectacle, manifestation)* Event *m o nt* ▸ **il est dépassé par les ~s** ihm wächst alles über den Kopf

éventail [evɑ̃taj] <s> *m* Fächer *m*

éventé, e [evɑ̃te] *adj.* *(terrasse)* windig; *(vin)* schal, abgestanden

éventer [evɑ̃te] <1> *v. tr.* *(secret)* lüften, aufdecken

éventrer [evɑ̃tʀe] <1> *v. tr.* ❶ *(tuer)* ~ **qn/un animal** jdm/einem Tier den Bauch aufschlitzen ❷ *(sac)* aufreißen; *(matelas)* aufschlitzen

éventualité [evɑ̃tɥalite] *f* ❶ **dans l'~ d'une guerre** im Falle eines Krieges ❷ *(possibilité)* Eventualität *f,* Möglichkeit *f*

éventuel, le [evɑ̃tɥɛl] *adj.* möglich; *(successeur a.)* potenziell

éventuellement [evɑ̃tɥɛlmɑ̃] *adv.* eventuell

évêque [evɛk] *m* Bischof *m*

évertuer [evɛʀtɥe] <1> *v. pron.* **s'~ à faire qc** sich abquälen etw zu tun

éviction [eviksjɔ̃] *f* Ausschaltung *f*

évidemment [evidamɑ̃] *adv.* ❶ *(en tête de phrase)* natürlich ❷ *(en réponse)* na klar *(fam)* ❸ *(comme on peut le voir)* offenbar

évidence [evidɑ̃s] *f* ❶ *sans pl.* *(caractère)* Offensichtlichkeit *f,* Offenkundigkeit *f;* **de toute** [*o* **à l'**]**~** ganz offensichtlich ❷ *(fait)* klare Tatsache; **se rendre à l'~** sich den Tatsachen beugen ❸ *(vue)* **être bien en ~** *(objet)* gut sichtbar sein

évident, e [evidɑ̃, ɑ̃t] *adj.* ❶ *(progrès)* klar [erkennbar]; *(signe)* eindeutig, *(bonne volonté)* unbestreitbar ❷ *(clair)* **c'est ~ pour qn** das ist jdm klar; **il est ~ que ...** es versteht sich von selbst, dass ... ❸ *(visible)* offensichtlich; **il est ~ que ...** es ist offensichtlich, dass ... ▸ **c'est pas ~!** *fam* das ist gar nicht so einfach!

évider [evide] <1> *v. tr.* aushöhlen

évier [evje] *m* Spüle *f*

évincer [evɛ̃se] <2> *v. tr.* JUR vertreiben

évitable [evitabl] *adj.* vermeidbar

éviter [evite] <1> **I.** *v. tr.* ❶ *(erreur)* vermeiden; *(endroit)* meiden; ~ **de**

faire qc es vermeiden etw zu tun ❷ (*corvée*) sich entziehen (+ *Dat*); ~ **de faire qc** sich davor hüten etw zu tun ❸ (*fuir*) ausweichen (+ *Dat*); (*regard*) ~ **qn** jdn meiden; (*essayer de ne pas rencontrer*) jdm aus dem Weg gehen ❹ (*empêcher: personne*) vermeiden; ~ **qc** etw verhindern; ~ **que qn** [**ne**] + *subj.* verhindern, dass jd ❺ (*obstacle, coup*) ausweichen (+ *Dat*) ❻ (*épargner*) ~ **qc à qn** jdm etw ersparen **II.** *v. pron.* ❶ **s'~** sich meiden; (*essayer de ne pas se rencontrer*) sich aus dem Weg gehen ❷ (*ne pas avoir*) **s'~ des soucis** sich (*Dat*) Sorgen ersparen

évocateur, **-trice** [evɔkatœʀ, -tʀis] *adj.* (*style*) anschaulich

évocation [evɔkasjɔ̃] *f* (*de souvenirs*) Wachrufen *nt*

évolué, **e** [evɔlɥe] *adj.* (*pays, société*) [hoch] entwickelt; (*idées, personne*) liberal

évoluer [evɔlɥe] <1> *v. intr.* ❶ (*chose, monde*) sich entwickeln; (*goûts, situation*) sich ändern ❷ (*se transformer*) sich verändern; ~ **vers qc** sich zu etw hin entwickeln ❸ MED (*maladie*) fortschreiten

évolution [evɔlysjɔ̃] *f* ❶ (*d'une personne, d'un phénomène*) Entwicklung *f;* (*des goûts, comportements*) Veränderung *f*, Wandel *m;* (*des sciences*) [Weiter]entwicklung *f;* **l'~ des techniques** der technische Fortschritt ❷ MED (*d'une maladie*) Fortschreiten *nt;* (*d'une tumeur*) Ausbreiten *nt* ❸ BIO Evolution *f*

évoquer [evɔke] <1> *v. tr.* ❶ (*personne*) erinnern an (+ *Akk*); (*fait, enfance*) in Erinnerung rufen; (*souvenirs*) wachrufen ❷ (*décrire*) schildern ❸ (*problème*) erwähnen; (*question, sujet*) anschneiden

ex [ɛks] *mf fam* Ex *mf*

ex, **ex.** [ɛks] *m abr. de* **exemple** Bsp.

exacerbé, **e** [ɛgzasɛʀbe] *adj.* übersteigert

exacerber [ɛgzasɛʀbe] <1> *v. tr.* (*jalousie*) anstacheln

exact, **e** [ɛgzakt] *adj.* ❶ genau; (*description*) präzis[e]; (*définition, valeur*) exakt; (*mot*) treffend; (*calculs, réponse*) korrekt; **c'est ~ que ...** es ist richtig, dass ... ❷ (*personne*) pünktlich

exactement [ɛgzaktəmɑ̃] *adv.* genau; **c'est ~ ce que ...** das ist haargenau das, was ... (*fam*)

exaction [ɛgzaksjɔ̃] *f pl* (*violences*) Ausschreitungen *Pl*

exactitude [ɛgzaktityd] *f* ❶ (*précision*) Korrektheit *f;* (*des mesures*) Genauigkeit *f* ❷ (*ponctualité*) Pünktlichkeit *f;* **avec ~** (*arriver*) pünktlich

ex æquo [ɛgzeko] **I.** *adj. inv.* **être ~ en qc** in etw gleich stehen; (*équipes*) die gleiche Punktzahl haben **II.** *adv.* (*classer*) gleich; (*arriver*) gleichzeitig **III.** *mpl* Kandidaten *Pl*/Sportler *Pl* mit gleicher Punktzahl

exagération [ɛgzaʒeʀasjɔ̃] *f* Übertreibung *f*

exagéré, **e** [ɛgzaʒeʀe] *adj.* übertrieben; (*prix*) überhöht; **être un peu ~** (*plaisanterie*) ein bisschen zu weit gehen

exagérer [ɛgzaʒeʀe] <5> **I.** *v. tr.* (*attitude*) übertreiben; **il ne faut rien ~, n'exagérons rien** man soll nichts übertreiben **II.** *v. intr.* ❶ (*amplifier en parlant*) übertreiben ❷ (*abuser*) es übertreiben

exaltant, **e** [ɛgzaltɑ̃, ɑ̃t] *adj.* erhebend, begeisternd

exaltation [ɛgzaltasjɔ̃] *f* Begeisterung *f*

exalté, **e** [ɛgzalte] *adj.* schwärmerisch; (*personne*) exaltiert

exalter [ɛgzalte] <1> *v. tr.* (*faire vibrer: foule*) begeistern

examen [ɛgzamɛ̃] *m* ❶ (*des faits*) [Über]prüfung *f;* (*d'une proposition*) Prüfung; (*des empreintes digitales*) Untersuchung *f* ❷ MED, BIO Untersuchung *f* ❸ SCOL Prüfung *f;* UNIV [Abschluss]examen *nt;* ~ **d'entrée** Aufnahmeprüfung ❹ JUR **mise en ~** *Festnahme mit gleichzeitiger Eröffnung eines Ermittlungsverfahrens*

examinateur, **-trice** [ɛgzaminatœʀ, -tʀis] *m, f* Prüfer(in) *m(f)*

examiner [ɛgzamine] <1> *v. tr.* ❶ prüfen; (*faits, causes*) [über]prüfen; (*dossier*) einsehen; (*texte, ouvrage*) genau durchlesen; (*objet, patient*) untersuchen ❷ (*regarder attentivement*) mustern

exaspérant, **e** [ɛgzaspeʀɑ̃, ɑ̃t] *adj.* nervenaufreibend

exaspération [ɛgzaspeʀasjɔ̃] *f* Verzweiflung *f*

exaspérer [ɛgzaspeʀe] <5> *v. tr.* ~ **qn avec qc** jdn mit etw zur Verzweiflung bringen

exaucer [ɛgzose] <2> *v. tr.* ❶ (*Dieu*) erhören ❷ (*vœu*) erfüllen

excédant, **e** [ɛksedɑ̃, ɑ̃t] *adj.* lästig

excédent [ɛksedɑ̃] *m* Überschuss *m;* ~ **de bagages** Gepäckübergewicht *nt*

excédentaire [ɛksedɑ̃tɛʀ] *adj.* überschüssig

excéder [ɛksede] <5> *v. tr.* (*poids, durée*) überschreiten; (*moyens, forces*) übersteigen

excellence [ɛkselɑ̃s] *f* Vorzüglichkeit *f*

excellent, **e** [ɛkselɑ̃, ɑ̃t] *adj.* hervorragend

exceller [ɛksele] <1> *v. intr.* ~ **en musique/dans son domaine** sich in der Musik/in seinem Bereich auszeichnen

excentré, **e** [ɛksɑ̃tʀe] *adj.* (*région, quartier*) abgelegen

excentricité [ɛksɑ̃tʀisite] *f sans pl.* Exzentrizität *f;* (*d'un vêtement*) Extravaganz *f*

excentrique [ɛksɑ̃tʀik] **I.** *adj.* exzentrisch; (*tenue*) extravagant **II.** *mf* Exzentriker(in) *m(f)*

excepté [ɛksɛpte] *prép.* außer (+ *Dat*); ~ **que/si** außer, dass; **avoir tout prévu, ~ ce cas** mit allem gerechnet haben, nur damit nicht

excepter [ɛksɛpte] <1> *v. tr.* ~ **qn de qc** jdn von etw ausnehmen

exception [ɛksɛpsjɔ̃] *f* Ausnahme *f;* **faire ~ à la règle** eine Ausnahme von der Regel bilden; **faire une ~ pour qn** bei jdm eine Ausnahme machen; **à l'~ de qn/qc** abgesehen von jdm/etw; **sauf ~** von Ausnahmen abgesehen

exceptionnel, **le** [ɛksɛpsjɔnɛl] *adj.* ❶ außergewöhnlich; (*occasion*) einmalig ❷ (*prime, congé*) Sonder-; **mesures ~les** Sondermaßnahmen *Pl*; **à titre ~** ausnahmsweise

exceptionnellement [ɛksɛpsjɔnɛlmɑ̃] *adv.* ❶ ausnahmsweise ❷ (*très*) außergewöhnlich

excès [ɛksɛ] *m* ❶ ~ **de vitesse** Geschwindigkeitsüberschreitung *f* ❷ *pl* (*abus*) Exzesse *Pl* ❸ (*violences*) Ausschreitungen *Pl*

excessif, **-ive** [ɛksesif, -iv] *adj.* übertrieben; (*prix*) überhöht

excessivement [ɛksesivmɑ̃] *adv.* äußerst; (*manger*) unmäßig; **être ~ cher** überteuert sein

excision [ɛksizjɔ̃] *f* ❶ MED (*d'un cor, tissu*) Herausschneiden *nt* ❷ (*ablation rituelle*) ~ **d'une fille** Beschneidung *f* eines Mädchens

excitant, **e** [ɛksitɑ̃, ɑ̃t] *adj.* ❶ aufregend; (*livre, projet*) spannend ❷ (*café*) anregend; (*médicament*) stimulierend

excitation [ɛksitasjɔ̃] *f* Aufregung *f*

excité, **e** [ɛksite] **I.** *adj.* aufgeregt **II.** *m, f* Hitzkopf *m*

exciter [ɛksite] <1> **I.** *v. tr.* ❶ (*désir, curiosité*) erregen; (*imagination*) anregen ❷ (*idée*) reizen ❸ (*troubler sexuellement*) erregen **II.** *v. pron.* **s'~ sur qc** ❶ (*s'énerver*) sich über etw (*Akk*) aufregen ❷ *fam* (*s'acharner*) sich an etw (*Dat*) festbeißen

exclamation [ɛksklamasjɔ̃] *f* Ausruf *m*

exclamer [ɛksklame] <1> *v. pron.* **s'~ de joie** freudig ausrufen

exclu, **e** [ɛkskly] **I.** *part. passé de* **exclure** **II.** *adj.* **il n'est pas ~ que** + *subj.* es ist nicht ausgeschlossen, dass **III.** *m, f* **les ~s** die [von der Gesellschaft] Ausgeschlossenen

exclure [ɛksklyʀ] <irr> *v. tr.* ❶ ~ **qn d'un groupe** jdn aus einer Gruppe ausschließen; ~ **qn de l'école** jdn von der Schule verweisen ❷ (*écarter*) ausschließen

exclusif, **-ive** [ɛksklyzif, -iv] *adj.* ausschließlich; (*droit, privilège*) alleinig; **reportage ~** Exklusivbericht *m*

exclusion [ɛksklyzjɔ̃] *f* Ausschluss *m;* (*du lycée*) Verweis *m;* ~ **sociale** soziale Ausgrenzung

exclusivement [ɛksklyzivmɑ̃] *adv.* ❶ (*seulement*) ausschließlich ❷ (*uniquement*) nur

exclusivité [ɛksklyzivite] *f* (*d'une marque*) Alleinvertrieb *m;* (*d'un livre*) Exklusivrecht *nt;* **une ~ XY** (*produit*) ein geschütztes Produkt von XY, (*scoop*) eine Exklusivmeldung von XY ▶ **en ~** ausschließlich

excommunier [ɛkskɔmynje] <1a> *v. tr.* exkommunizieren

excréments [ɛkskʀemɑ̃] *mpl* Kot *m*

excroissance [ɛkskʀwasɑ̃s] *f* Wucherung *f*

excursion [ɛkskyʀsjɔ̃] *f* Ausflug *m,* Exkursion *f*

excusable [ɛkskyzabl] *adj.* verzeihlich

excuse [ɛkskyz] *f* ❶ Entschuldigung *f* ❷ (*prétexte*) Ausrede *f;* **la belle ~!** schöne Ausrede!

excuser [ɛkskyze] <1> **I.** *v. tr.* ❶ **excuse-moi/excusez-moi!** entschuldige/entschuldigen Sie [bitte]! ❷ (*personne*) in Schutz nehmen; (*conduite*) entschuldigen **II.** *v. pron.* **s'~ de qc** sich für etw entschuldigen ▸ **je m'excuse de vous déranger** entschuldigen Sie bitte die Störung
exécrable [ɛgzekʀabl] *adj.* scheußlich
exécutant, e [ɛgzekytɑ̃, ɑ̃t] *m, f* (*agent*) Befehlsempfänger(in) *m(f)*
exécuter [ɛgzekyte] <1> *v. tr.* ❶ *a.* INFORM (*effectuer*) ausführen; (*projet*) durchführen; (*travail*) erledigen; (*peine*) vollziehen ❷ (*tuer*) hinrichten ❸ (*assassiner*) umbringen
exécuteur, -trice [ɛgzekytœʀ, -tʀis] *m, f* Ausführende(r) *f(m)*
exécutif [ɛgzekytif] *m* Exekutive *f*
exécution [ɛgzekysjɔ̃] *f* ❶ Ausführung *f;* (*d'un travail*) Durchführung *f;* (*d'une commande*) Erledigung *f;* (*d'une peine*) Vollzug *m* ❷ (*mise à mort*) Hinrichtung *f*
exégèse [ɛgzeʒɛz] *f* Interpretation *f,* Auslegung *f*
exemplaire [ɛgzɑ̃plɛʀ] **I.** *adj.* ❶ (*conduite, personne*) beispielhaft ❷ (*punition*) exemplarisch **II.** *m* ❶ (*d'un livre*) Exemplar *nt;* **en deux ~s** in zweifacher Ausfertigung *f* ❷ (*spécimen*) Exemplar *nt*
exemple [ɛgzɑ̃pl] *m* ❶ (*modèle*) Beispiel *nt;* **donner l'~** mit gutem Beispiel vorangehen; **prendre ~ sur qn** sich (*Dat*) an jdm ein Beispiel nehmen ❷ (*illustration*) Beispiel *nt;* **par ~** zum Beispiel
exempt, e [ɛgzɑ̃(pt), ɑ̃(p)t] *adj.* ❶ (*dispensé: personne*) befreit ❷ (*dépourvu*) frei
exempter [ɛgzɑ̃(p)te] <1> *v. tr.* (*personne*) befreien; (*réformer*) freistellen
exemption [ɛgzɑ̃psjɔ̃] *f* (*d'une charge*) Befreiung *f*
exercer [ɛgzɛʀse] <2> **I.** *v. tr.* ❶ (*métier, pouvoir*) ausüben; (*fonction*) bekleiden ❷ (*entraîner*) schulen; (*oreille, mémoire*) trainieren **II.** *v. intr.* tätig sein; (*médecin*) praktizieren **III.** *v. pron.* **s'~** üben; **s'~ à la trompette** Trompete üben
exercice [ɛgzɛʀsis] *m* ❶ SCOL, MUS, SPORT Übung *f* ❷ *sans pl.* (*activité physique*) Bewegung *f;* **faire de l'~** sich (*Dat*) Bewegung verschaffen ❸ (*d'un métier, du pouvoir*) Ausübung *f;* (*d'une fonction*) Bekleidung *f;* **dans l'~ de ses fonctions** in Ausübung seines Amtes ▸ **en ~** im Dienst; POL amtierend
exergue [ɛgzɛʀg] *m* **en ~** als Inschrift
ex-femme [ɛksfam] <ex-femmes> *f* **mon ~** meine frühere Frau
exhaler [ɛgzale] <1> *v. tr.* (*répandre*) ausströmen
exhaustif, -ive [ɛgzostif, -iv] *adj.* erschöpfend
exhiber [ɛgzibe] <1> *v. tr.* vorzeigen
exhibition [ɛgzibisjɔ̃] *f* (*d'un animal*) Vorführung *f;* (*d'un athlète*) Darbietung *f*
exhibitionnisme [ɛgzibisjɔnism] *m a. fig* Exhibitionismus *m*
exhibitionniste [ɛgzibisjɔnist] *mf* Exhibitionist(in) *m(f)*
exhortation [ɛgzɔʀtasjɔ̃] *f* [Er]mahnung *f*
exhumer [ɛgzyme] <1> *v. tr.* (*corps*) exhumieren
exigeant, e [ɛgziʒɑ̃, ʒɑ̃t] *adj.* anspruchsvoll
exigence [ɛgziʒɑ̃s] *f* ❶ (*caractère*) anspruchsvolles Wesen ❷ *pl* (*prétentions*) Ansprüche *Pl*
exiger [ɛgziʒe] <2a> *v. tr.* ❶ verlangen; **~ trop de qn** jdn überfordern; **~ que** + *subj.* verlangen, dass ❷ (*travail*) erfordern
exigible [ɛgziʒibl] *adj.* (*impôt*) fällig
exigu, exiguë [ɛgzigy] *adj.* (*logement*) winzig [klein]
exil [ɛgzil] *m* Exil *nt;* **condamner qn à l'~** jdn verbannen
exilé, e [ɛgzile] **I.** *adj.* ❶ (*expatrié*) emigriert ❷ (*chassé*) ausgebürgert; (*banni*) verbannt ❸ (*retiré*) zurückgezogen **II.** *m, f* ❶ (*expatrié*) Emigrant(in) *m(f)* ❷ (*banni*) Verbannte(r) *f(m);* **~ politique** politischer Flüchtling
exiler [ɛgzile] <1> **I.** *v. tr.* verbannen **II.** *v. pron.* **s'~** ins Exil gehen
existant, e [ɛgzistɑ̃, ɑ̃t] *adj.* bestehend
existence [ɛgzistɑ̃s] *f* ❶ (*vie*) Existenz *f;* (*mode de vie*) Lebensweise *f* ❷ (*d'une institution*) Bestehen *nt*
existentialisme [ɛgzistɑ̃sjalism] *m* Existenzialismus *m*
existentiel, le [ɛgzistɑ̃sjɛl] *adj.* existenziell

E

exister [ɛgziste] <1> **I.** *v. intr.* existieren; **ce mot existe** dieses Wort gibt es; **continuer d'~** fortbestehen **II.** *v. intr. impers.* **il existe qc** es gibt etw
ex-mari [ɛksmaʀi] <ex-maris> *m* **mon ~** mein früherer Mann
exode [ɛgzɔd] *m* [Massen]auswanderung *f;* **~ rural** Landflucht *f*
exonération [ɛgzɔneʀasjɔ̃] *f* **~ d'impôts** Steuerbefreiung *f*
exonérer [ɛgzɔneʀe] <5> *v. tr.* FIN **être exonéré de la T.V.A.** nicht der Mehrwertsteuer unterliegen
exorbitant, e [ɛgzɔʀbitɑ̃, ɑ̃t] *adj.* übertrieben
exorciser [ɛgzɔʀsize] <1> *v. tr.* exorzieren
exotique [ɛgzɔtik] *adj.* exotisch
exotisme [ɛgzɔtism] *m* Exotik *f*
expansif, -ive [ɛkspɑ̃sif, -iv] *adj.* gesprächig
expansion [ɛkspɑ̃sjɔ̃] *f* ECON Expansion *f;* **~ économique** Wirtschaftswachstum *nt;* **secteur en pleine ~** Wachstumsbranche *f*
expatrié, e [ɛkspatʀije] *m, f* Emigrant(in) *m(f)*
expatrier [ɛkspatʀije] <1> **I.** *v. tr.* (*personne*) ausbürgern **II.** *v. pron.* **s'~** auswandern
expédier [ɛkspedje] <1> *v. tr.* [ab]schicken; **~ qc par bateau** etw verschiffen
expéditeur, -trice [ɛkspeditœʀ, -tʀis] *m, f* Absender(in) *m(f)*
expéditif, -ive [ɛkspeditif, -iv] *adj.* schnell
expédition [ɛkspedisjɔ̃] *f* ❶ (*envoi*) Versand *m* ❷ (*mission*) Expedition *f;* SCI *a.* Forschungsreise *f*
expérience [ɛkspeʀjɑ̃s] *f* ❶ *sans pl.* (*pratique*) Erfahrung *f;* **par ~** aus Erfahrung ❷ (*événement*) Erlebnis *nt* ❸ (*essai*) Experiment *nt;* **~s sur les animaux** Tierversuche *Pl*
expérimental, e [ɛkspeʀimɑ̃tal, o] <-aux> *adj.* (*données, science*) empirisch
expérimentation [ɛkspeʀimɑ̃tasjɔ̃] *f* Experimentieren *nt*
expérimenté, e [ɛkspeʀimɑ̃te] *adj.* erfahren
expérimenter [ɛkspeʀimɑ̃te] <1> *v. tr.* **~ un médicament sur qn/un animal** ein Medikament an jdm/einem Tier ausprobieren
expert, e [ɛkspɛʀ, ɛʀt] **I.** *adj.* (*cuisinière, médecin*) erfahren; (*technicien*) fachkundig; **être ~ en qc** sich in etw (*Dat*) auskennen **II.** *m, f* ❶ (*spécialiste*) Experte *m*/Expertin *f* ❷ JUR (*pour évaluer un objet*) Sachverständige(r) *f(m);* (*pour évaluer des dommages*) Gutachter(in) *m(f)*
expert-comptable, experte-comptable [ɛkspɛʀkɔtabl] <experts-comptables> *m, f* Buchprüfer(in) *m(f)*
expertise [ɛkspɛʀtiz] *f* Begutachtung *f* [durch einen Sachverständigen]; **~ judiciaire** gerichtliches Gutachten
expertiser [ɛkspɛʀtize] <1> *v. tr.* ❶ (*étudier l'authenticité*) begutachten ❷ (*estimer*) schätzen
expier [ɛkspje] <1a> *v. tr.* (*crime*) büßen für
expiration [ɛkspiʀasjɔ̃] *f* ❶ ANAT Ausatmen *nt* ❷ (*d'un délai, mandat*) Ablauf *m*
expirer [ɛkspiʀe] <1> **I.** *v. tr.* ausatmen **II.** *v. intr.* (*mandat, délai*) ablaufen
explicable [ɛksplikabl] *adj.* erklärbar
explicatif, -ive [ɛksplikatif, -iv] *adj.* **note explicative** Erläuterung *f;* **notice explicative** Gebrauchsanweisung *f*
explication [ɛksplikasjɔ̃] *f* ❶ (*indication*) Erklärung *f* ❷ (*commentaire, annotation*) Erläuterung *f;* **~ de texte** Textinterpretation *f* ❸ (*discussion*) Aussprache *f* ❹ (*raison*) Begründung *f*
explicite [ɛksplisit] *adj.* eindeutig, klar
explicitement [ɛksplisitmɑ̃] *adv.* [klar und] deutlich
expliquer [ɛksplike] <1> **I.** *v. tr.* **~ qc à qn** jdm etw erklären; **tu lui as bien expliqué que ...?** du hast ihm doch gesagt, dass ...? **II.** *v. pron.* ❶ (*se faire comprendre*) **s'~** sich ausdrücken ❷ (*justifier*) **s'~ sur qc** sich für etw entschuldigen; **s'~ sur son choix** seine Wahl rechtfertigen ❸ (*rendre des comptes*) **s'~ devant le tribunal** sich vor Gericht verantworten ❹ (*avoir une discussion*) **s'~ avec qn sur qc** sich mit jdm über etw (*Akk*) aussprechen ❺ (*comprendre*) **s'~ qc** sich (*Dat*) etw erklären können
exploit [ɛksplwa] *m a. iron* Leistung *f*
exploitable [ɛksplwatabl] *adj.* (*terre, domaine*) [landwirtschaftlich] nutzbar

exploitant, e [ɛksplwatɑ̃, ɑ̃t] *m, f* **~(e) agricole** Landwirt(in) *m(f)*

exploitation [ɛksplwatasjɔ̃] *f* ❶ (*d'une ferme*) Bewirtschaftung *f;* (*de ressources naturelles*) Nutzung *f;* (*d'une mine*) Abbau *m* ❷ (*bien*) Betrieb *m* ❸ (*de données*) Auswertung *f* ❹ (*abus*) Ausbeutung *f*

exploiter [ɛksplwate] <1> *v. tr.* ❶ (*terre*) bewirtschaften; (*ressources*) nutzen; (*mine*) ausbeuten ❷ (*utiliser: situation*) nutzen, (*idée*) verwerten ❸ (*abuser: personne*) ausbeuten; (*chose*) ausnutzen

exploiteur, -euse [ɛksplwatœʀ, -øz] *m, f* Ausbeuter(in) *m(f)*

explorateur, -trice [ɛksplɔʀatœʀ, -tʀis] *m, f* Forscher(in) *m(f)*

exploration [ɛksplɔʀasjɔ̃] *f* (*d'un pays, d'une région*) Erforschung *f*

explorer [ɛksplɔʀe] <1> *v. tr.* (*pays*) erforschen

exploser [ɛksploze] <1> *v. intr. a. fig* explodieren

explosif [ɛksplozif] *m* Sprengstoff *m*

explosion [ɛksplozjɔ̃] *f* ❶ (*d'une bombe*) Explosion *f* ❷ (*manifestation soudaine*) **~ de joie/colère** Freuden-/Wutausbruch *m;* **~ démographique** Bevölkerungsexplosion *f*

exportable [ɛkspɔʀtabl] *adj.* exportierbar

exportateur [ɛkspɔʀtatœʀ] *m* (*pays*) Exportland *nt*

exportateur, -trice [ɛkspɔʀtatœʀ, -tʀis] **I.** *adj.* exportierend **II.** *m, f* (*personne*) Exporteur(in) *m(f)*

exportation [ɛkspɔʀtasjɔ̃] *f* ❶ (*action*) Export *m* ❷ *pl* (*biens*) Export *m* ❸ INFORM Übertragung *f*

exporter [ɛkspɔʀte] <1> *v. tr.* ❶ exportieren ❷ INFORM **~ des fichiers sur qc** Dateien auf etw (*Akk*) transferieren

exposé [ɛkspoze] *m* ❶ Referat *nt;* **faire un ~ sur qc** ein Referat über etw (*Akk*) halten ❷ (*description*) Darstellung *f*

exposer [ɛkspoze] <1> **I.** *v. tr.* ❶ (*tableau*) ausstellen; (*marchandise*) auslegen ❷ (*décrire*) darlegen ❸ (*vie, honneur*) aufs Spiel setzen ❹ (*disposer*) **~ qc au soleil** etw der Sonne (*Dat*) aussetzen; **une pièce bien exposée** ein helles Zimmer **II.** *v. pron.* **s'~ à qc** sich einer S. (*Dat*) aussetzen

exposition [ɛkspozisjɔ̃] *f* ❶ (*de marchandises*) Ausstellen *nt* ❷ *a.* ART (*présentation, foire*) Ausstellung *f* ❸ (*orientation*) **~ au sud** Ausrichtung *f* nach Süden ❹ (*action de soumettre à qc*) Aussetzen *nt;* PHOT Belichtung *f*

exprès [ɛkspʀɛ] *adv.* ❶ absichtlich ❷ (*spécialement*) [**tout**] **~** eigens

express [ɛkspʀɛs] *adj. inv.* **café ~** Espresso *m;* **train ~** Schnellzug *m*

expressément [ɛkspʀesemɑ̃] *adv.* ausdrücklich

expressif, -ive [ɛkspʀesif, -iv] *adj.* ausdrucksvoll

expression [ɛkspʀesjɔ̃] *f* ❶ (*action*) Ausdruck *m;* **mode d'~** Ausdrucksweise *f* ❷ (*mots*) **~ familière/figée** umgangssprachlicher/feststehender Ausdruck ▸ **veuillez agréer l'~ de mes sentiments distingués** mit freundlichen Grüßen

expressionnisme [ɛkspʀesjɔnism] *m* Expressionismus *m*

expresso [ɛkspʀeso] *m* Espresso *m;* **machine à ~s** Espressomaschine *f*

exprimer [ɛkspʀime] <1> **I.** *v. tr.* (*pensée, sentiment*) ausdrücken; (*opinion, désir*) äußern **II.** *v. pron.* **s'~ en français** sich auf Französisch ausdrücken; **s'~ par gestes** sich durch Gesten verständlich machen

expropriation [ɛkspʀɔpʀijasjɔ̃] *f* Enteignung *f*

expulser [ɛkspylse] <1> *v. tr.* (*étranger*) abschieben; (*élève, joueur*) verweisen; **~ qn de son appartement** jdn zur Räumung seiner Wohnung zwingen

expulsion [ɛkspylsjɔ̃] *f* (*d'un élève*) Verweisung *f* von der Schule; (*d'un étranger*) Abschiebung *f;* (*d'un locataire*) Zwangsräumung *f;* (*d'un joueur*) Platzverweis *m*

expurger [ɛkspyʀʒe] <2a> *v. tr.* zensieren

exquis, e [ɛkski, iz] *adj.* ausgezeichnet; (*goût, manières, parfum*) erlesen

extase [ɛkstɑz] *f* Ekstase *f*

extasier [ɛkstɑzje]*v. pron.* **s'~ sur qn/qc** über jdn/etw in Ekstase geraten

extatique [ɛkstatik] *adj.* (*air*) verzückt

extenseur [ɛkstɑ̃sœʀ] *adj.* **muscle ~** Streckmuskel *m*

extensible [ɛkstɑ̃sibl] *adj.* dehnbar
extensif, -ive [ɛkstɑ̃sif, -iv] *adj.* (*culture*) extensiv
extension [ɛkstɑ̃sjɔ̃] *f* ❶ (*d'un ressort*) Dehnen *nt;* (*d'un bras*) Strecken *nt* ❷ (*d'une ville*) Ausdehnung *f;* (*d'un incendie, d'une épidémie*) Ausbreitung *f* ❸ INFORM **~ de mémoire** Speichererweiterung *f*

exténuant, e [ɛkstenɥɑ̃, ɑ̃t] *adj.* anstrengend
exténuer [ɛkstenɥe] <1> *v. tr.* erschöpfen
extérieur [ɛksteʀjœʀ] *m* ❶ (*monde extérieur*) Außenwelt *f* ❷ (*dehors*) Außenseite *f;* **à l'~ de** außerhalb (*Gen*); **de l'~** von außen
extérieur, e [ɛksteʀjœʀ] *adj.* ❶ äußere(r, s); (*activité*) außerhäuslich ❷ POL, COM Außen- ❸ (*visible*) äußerlich; **aspect ~** äußere Erscheinung
extérieurement [ɛksteʀjœʀmɑ̃] *adv.* äußerlich
extérioriser [ɛksteʀjɔʀize] <1> *v. pron.* **s'~** sich äußern; (*personne*) aus sich herausgehen; (*colère, joie*) zum Ausdruck kommen
extermination [ɛkstɛʀminasjɔ̃] *f* Ausrottung *f*
exterminer [ɛkstɛʀmine] <1> *v. tr.* ausrotten
externat [ɛkstɛʀna] *m* SCOL Externat *nt*
externe [ɛkstɛʀn] **I.** *adj.* (*surface*) äußere(r,s) **II.** *mf* SCOL Externe(r) *f(m)*
extincteur [ɛkstɛ̃ktœʀ] *m* Feuerlöscher *m*
extinction [ɛkstɛ̃ksjɔ̃] *f* ❶ (*d'un incendie*) Löschen *nt* ❷ (*disparition*) Aussterben *nt* ❸ *fig* **~ de voix** völlige Heiserkeit
extirper [ɛkstiʀpe] <1> *v. tr.* [völlig] entfernen
extorquer [ɛkstɔʀke] <1> *v. tr.* **~ de l'argent à qn** von jdm Geld erpressen
extorsion [ɛkstɔʀsjɔ̃] *f* Erpressung *f*
extra [ɛkstʀa] **I.** *adj. inv.* ❶ (*qualité*) erstklassig ❷ *fam* (*formidable*) stark **II.** *m* **un ~** etwas Besonderes
extraction [ɛkstʀaksjɔ̃] *f* MINER (*du pétrole/charbon*) Förderung *f*
extrader [ɛkstʀade] <1> *v. tr.* ausliefern
extradition [ɛkstʀadisjɔ̃] *f* Auslieferung *f*
extraire [ɛkstʀɛʀ] <irr> *v. tr.* ❶ herausholen; (*charbon, pétrole*) fördern; (*dent*) ziehen ❷ (*séparer*) gewinnen; **~ le jus de qc** den Saft aus etw [her]auspressen
extrait [ɛkstʀɛ] *m* ❶ Auszug *m;* **~ de compte** Kontoauszug; **~ de naissance** Geburtsurkunde *f* ❷ (*concentré*) Extrakt *m o nt*
extrait, e [ɛkstʀɛ, ɛt] *part. passé de* **extraire**
extralucide [ɛkstʀalysid] *adj.* **voyante ~** Hellseherin *f*
extraordinaire [ɛkstʀaɔʀdinɛʀ] *adj.* ❶ (*opp: ordinaire*) Sonder- ❷ (*insolite*) ungewöhnlich ❸ (*exceptionnel*) außergewöhnlich
extrapoler [ɛkstʀapɔle] <1> *v. intr.* verallgemeinern
extraterrestre [ɛkstʀateʀɛstʀ] *mf* Außerirdische(r) *f(m)*
extravagance [ɛkstʀavagɑ̃s] *f* ❶ (*d'une personne*) exzentrisches Wesen; (*d'une conduite, d'un costume*) Extravaganz *f;* (*d'un projet*) Ausgefallenheit *f* ❷ (*action*) Verrücktheit *f* ❸ (*idée*) verrückte Idee
extravagant, e [ɛkstʀavagɑ̃, ɑ̃t] *adj.* (*personne*) exzentrisch; (*robe, idée*) extravagant; (*prix*) überhöht
extrême [ɛkstʀɛm] **I.** *adj.* ❶ (*au bout d'un espace, d'une durée*) äußerste(r, s) ❷ (*excessif*) extrem; **d'~ droite/gauche** rechts-/linksradikal **II.** *m* ❶ (*dernière limite*) Extrem *nt* ❷ *pl* (*opposé*) Extreme *Pl* ❸ POL **l'~ gauche/droite** die Links-/Rechtsextremisten *Pl*
extrêmement [ɛkstʀɛmmɑ̃] *adv.* äußerst
Extrême-Orient [ɛkstʀɛmɔʀjɑ̃] *m* **l'~** der Ferne Osten
extrémisme [ɛkstʀemism] *m* Extremismus *m*
extrémiste [ɛkstʀemist] **I.** *adj.* POL radikal **II.** *mf* Radikale(r) *f(m)*
extrémité [ɛkstʀemite] *f* ❶ (*bout*) äußerstes Ende ❷ *pl* (*mains, pieds*) Extremitäten *Pl*
exubérant, e [ɛgzybeʀɑ̃, ɑ̃t] *adj.* (*personne*) überschwänglich
exutoire [ɛgzytwaʀ] *m* **~ à qc** Ventil *nt* für etw
eye-liner [ajlajnœʀ] <eye-liners> *m* Eyeliner *m* **eye-shadow** [ajʃɛdo] <eye-shadows> *m* Lidschatten *m*

Ff

F, f [ɛf] *m inv.* F *nt,* f *nt*
F *abr. de* **franc** HIST F
fa [fa] *m inv.* F *nt,* f *nt*
fable [fɑbl] *f* Fabel *f*
fabricant, e [fabʀikɑ̃, ɑ̃t] *m, f* Hersteller(in) *m(f); (propriétaire)* Fabrikant(in) *m(f)*
fabrication [fabʀikasjɔ̃] *f* Herstellung *f;* ~ **artisanale** handwerkliche [An]fertigung *f* ▸**de ma/sa** ~ selbst gemacht
fabrique [fabʀik] *f* Fabrik *f*
fabriquer [fabʀike] <1> **I.** *v. tr.* ❶ herstellen ❷ *fam (faire)* **mais qu'est-ce que tu fabriques?** was machst du denn so lange? **II.** *v. pron.* **se** ~ **une table avec qc** sich *(Dat)* aus etw einen Tisch bauen
fabulateur, -trice [fabylatœʀ, -tʀis] *m, f* Geschichtenerzähler(in) *m(f)*
fabulation [fabylasjɔ̃] *f* Erfinden *nt* von Geschichten
fabuler [fabyle] <1> *v. intr.* Geschichten erfinden
fabuleusement [fabyløzmɑ̃] *adv.* sagenhaft
fabuleux, -euse [fabylø, -øz] *adj.* ❶ *(fantastique)* sagenhaft ❷ *fam (incroyable)* unglaublich
fac [fak] *f fam abr. de* **faculté** Uni *f*
façade [fasad] *f a. fig* Fassade *f*
face [fas] *f* ❶ *(visage)* Gesicht *nt* ❷ *(côté)* Seite *f; (d'une monnaie)* Vorderseite *f;* **pile ou ~?** Kopf oder Zahl? ❸ *(aspect)* Seite *f* ❹ *(indiquant une orientation)* **de** ~ von vorne; **être en** ~ **de qn** [direkt] vor jdm stehen; *(assis)* jdm gegenübersitzen; **être en** ~ **de qc** einer S. *(Dat)* gegenüberliegen; **en** ~ **de qn/qc** gegenüber jdm/einer S.; **le voisin d'en** ~ der Nachbar von gegenüber ❺ *(indiquant une circonstance)* ~ **à qc** angesichts *(Gen)* etw ▸**être/se trouver** ~ **à** ~ **avec qn/qc** jdm/einer S. gegenüberstehen
face-à-face [fasafas] *m inv.* Streitgespräch *nt*
facétie [fasesi] *f* Scherz *m*
facétieux, -euse [fasesjø, -jøz] *adj.* spaßig
facette [fasɛt] *f a. fig* Facette *f*
fâché, e [fɑʃe] *adj.* verärgert; **être** ~ **avec qn** mit jdm zerstritten sein
fâcher [fɑʃe] <1> **I.** *v. tr. (irriter)* verärgern **II.** *v. pron.* ❶ *(se mettre en colère)* **se** ~ sich ärgern; **se** ~ **contre qn** mit jdm schimpfen ❷ *(se brouiller)* **se** ~ **avec qn** sich mit jdm überwerfen *(geh)*
fâcherie [fɑʃʀi] *f* Unstimmigkeit *f*
fâcheusement [fɑʃøzmɑ̃] *adv.* unangenehm
fâcheux, -euse [fɑʃø, -øz] *adj. (contretemps)* widrig; *(nouvelle)* unerfreulich
facho [faʃo] *adj. fam abr. de* **fasciste** faschistisch
facial, e [fasjal, jo] <-aux> *adj.* Gesichts-
faciès [fasjɛs] *m (mine)* Gesicht[sausdruck *m*] *nt*
facile [fasil] **I.** *adj.* leicht; **c'est plus** ~ **de faire qc** es ist leichter, etw zu tun **II.** *adv. fam* ❶ *(sans difficulté)* locker; **faire qc** ~ etw mit links tun ❷ *(au moins)* gut und gerne
facilement [fasilmɑ̃] *adv.* ❶ *(sans difficulté)* leicht ❷ *(au moins)* mindestens
facilité [fasilite] *f* ❶ *(opp: difficulté)* Leichtigkeit *f* ❷ *(aptitude)* **avoir des ~s** begabt sein ❸ *sans pl. péj* Bequemlichkeit *f* ❹ *pl (occasion)* Gelegenheit *f* ❺ *(possibilité)* Möglichkeit *f*
faciliter [fasilite] <1> *v. tr.* erleichtern
façon [fasɔ̃] *f* ❶ *(manière)* ~ **de faire qc** Art [und Weise] *f* etw zu tun; ~ **d'agir** Handlungsweise *f* ❷ *pl (comportement)* Benehmen *nt;* **avoir des ~s de ...** sich wie ein(e) ... benehmen ▸**d'une** ~ **générale** im Allgemeinen; **de toute ~, ...** auf jeden Fall; **à ma** ~ auf meine Art; **faire qc de** ~ **à ce que** + *subj.* etw tun, damit
façonner [fasɔne] <1> *v. tr.* bearbeiten
fac-similé [faksimile] <fac-similés> *m* Faksimile *nt*
facteur [faktœʀ] *m* a. MATH Faktor *m*
facteur, -trice [faktœʀ, -tʀis] *m, f* POST Briefträger(in) *m(f)*
factice [faktis] *adj.* falsch; *(fleur)* künstlich; *(sourire)* aufgesetzt
faction [faksjɔ̃] *f* aufrührerische Gruppe

factrice [faktʀis] *f voir* **facteur**

facturation [faktyʀasjɔ̃] *f* ❶ (*action*) Inrechnungstellung *f* ❷ (*service*) Rechnungsabteilung *f*

facture [faktyʀ] *f* Rechnung *f*

facturer [faktyʀe] <1> *v. tr.* ~ **qc à qn** (*établir une facture*) jdm eine Rechnung über etw ausstellen; (*faire payer*) jdm etw berechnen

facultatif, -ive [fakyltatif, -iv] *adj.* fakultativ; **matière facultative** Wahlfach *nt*

faculté[1] [fakylte] *f* UNIV Fachbereich *m;* ~ **de droit** juristische Fakultät

faculté[2] [fakylte] *f* Fähigkeit *f;* ~**s intellectuelles** *pl* geistige Kräfte

fada [fada] **I.** *adj. fam* verrückt **II.** *m, f fam* Spinner *m*

fadaise [fadɛz] *f gén. pl.* dummes Zeug *kein Pl.*

fadasse [fadas] *adj. fam a. fig* fade; (*couleur*) langweilig

fade [fad] *adj.* **être** ~ nach nichts schmecken

fadeur [fadœʀ] *f* Geschmacklosigkeit *f*

fagot [fago] *m* Reisigbündel *nt*

fagoter [fagɔte] <1> *v. tr. péj* unmöglich anziehen

faiblard, e [fɛblaʀ, aʀd] *adj. péj fam* schwach

faible [fɛbl] **I.** *adj.* ❶ (*sans force*) schwach; (*après une maladie*) geschwächt ❷ *antéposé* (*restreint*) gering; (*protestation, espoir*) schwach; **à une ~ majorité** mit knapper Mehrheit ❸ (*bête*) ~ **d'esprit** geistig Zurückgebliebene(r) *f(m)* **II.** *m, f* ❶ Schwache(r) *f(m)* ❷ (*personne sans volonté*) Schwächling *m* ❸ ECON **les économiquement ~s** die wirtschaftlich Schwachen **III.** *m sans pl.* Schwäche *f;* **avoir un ~ pour qn/qc** ein Faible für jdn/etw haben

faiblement [fɛbləmɑ̃] *adv.* ❶ (*mollement*) schwach ❷ (*légèrement*) leicht

faiblesse [fɛblɛs] *f* ❶ (*manque de force*) Schwäche *f;* (*après une maladie*) geschwächter Zustand; (*due à la constitution*) Schwächlichkeit *f;* **avoir une ~** einen Schwächeanfall bekommen ❷ (*manque de volonté*) Willensschwäche *f*

faiblir [fεbliʀ] <8> *v. intr.* (*personne*) schwachwerden; (*cœur, lumière*) schwächer werden; (*espoir, force*) schwinden; (*résistance, vent*) nachlassen; (*revenu, rendement*) sinken; (*chances, écart*) sich verringern

faïence [fajɑ̃s] *f* Fayence *f*

faïencerie [fajɑ̃sʀi] *f* ❶ (*industrie*) Steingutindustrie *f* ❷ (*fabrique*) Steingutfabrik *f* ❸ (*vaisselle*) Steingut[geschirr *nt*] *nt*

faille[1] [faj] *subj prés de* **falloir**

faille[2] [faj] *f* ❶ GEO Verwerfung *f* ❷ (*crevasse*) Spalte *f* ❸ (*défaut*) Schwachstelle *f;* **détermination sans ~** unerbittliche Entschlossenheit

faillible [fajibl] *adj.* fehlbar

faillir [fajiʀ] <irr> *v. intr.* ❶ **il a failli acheter ce livre** er hätte das Buch beinahe gekauft ❷ (*manquer*) ~ **à son devoir** seine Pflicht verletzen

faillite [fajit] *f* Konkurs *m*

faim [fɛ̃] *f* ❶ Hunger *m;* ~ **de loup** Bärenhunger; **donner ~ à qn** jdn hungrig machen; **ne pas manger à sa ~** sich nicht satt essen ❷ (*famine*) Hungersnot *f* ❸ (*désir ardent*) **avoir ~ de qc** Verlangen *nt* nach etw haben

fainéant, e [fɛneɑ̃, ɑ̃t] **I.** *adj.* faul **II.** *m, f* Faulenzer(in) *m(f)*

fainéanter [fɛneɑ̃te] <1> *v. intr.* faulenzen

fainéantise [fɛneɑ̃tiz] *f* Faulheit *f*

faire [fɛʀ] <irr> **I.** *v. tr.* ❶ (*objet, vêtement*) machen; (*maison, nid*) bauen; (*produit*) herstellen; (*gâteau*) backen; (*repas*) zubereiten; **le bébé fait ses dents** das Baby zahnt ❷ (*enfant*) bekommen ❸ (*évacuer*) ~ **ses besoins** seine Notdurft verrichten ❹ (*faute, cadeau*) machen; (*livre*) schreiben; (*conférence*) abhalten; (*discours*) halten; (*loi*) erlassen; ~ **un chèque à qn** jdm einen Scheck ausstellen; ~ **une promesse à qn** jdm ein Versprechen geben; ~ **la guerre contre qn** gegen jdn Krieg führen; ~ **la paix** Frieden schließen; ~ **l'amour à qn** mit jdm schlafen; ~ **la bise à qn** jdn mit Wangenkuss begrüßen; ~ **du bruit** Lärm machen; *fig* Aufsehen erregen; ~ **l'école buissonnière** die Schule schwänzen; ~ **étape** [unterwegs] eine Pause machen; ~ **grève** streiken; ~ **signe à qn** jdm zuwinken; ~ **sa toilette** sich waschen ❺ (*avoir une activité*) machen; (*tâche, travail*) erledigen; (*métier*) ausüben; (*service militaire*) ableisten; **je n'ai rien à ~** ich habe nichts zu tun; ~ **une bonne**

action ein gutes Werk tun; ~ **du théâtre/jazz** Theater/Jazz spielen; ~ **du violon/du piano** Geige/Klavier spielen; ~ **de la politique** Politik betreiben; ~ **du sport** Sport treiben; ~ **de l'escalade** klettern; ~ **de la voile** segeln; ~ **du tennis** Tennis spielen; ~ **du vélo/canoë** Fahrrad/Kanu fahren; ~ **du cheval** reiten; ~ **du patin à roulettes** Rollschuh laufen; ~ **du skate/ski** Skateboard/Ski fahren; ~ **un petit jogging** etwas joggen; ~ **du camping** zelten/campen; ~ **de la couture/du tricot** nähen/stricken; ~ **des photos** Fotos machen/fotografieren; ~ **du cinéma** in der Filmbranche arbeiten; **ne ~ que bavarder** nur schwatzen; **que faites-vous dans la vie?** was tun Sie beruflich? ⑥ (*étudier: école*) besuchen; ~ **des études** studieren; ~ **de la recherche** Forschung betreiben; ~ **du français** Französisch lernen/haben ⑦ (*café*) machen; (*bagages*) packen; ~ **la cuisine** kochen ⑧ (*argenterie, chaussures*) putzen; (*chambre, salle à manger*) aufräumen; (*lit*) machen; ~ **le ménage** (*nettoyer*) putzen; (*mettre de l'ordre*) aufräumen; ~ **la vaisselle** abspülen ⑨ (*mouvement, promenade*) machen; (*pansement*) anlegen; (*numéro de téléphone*) wählen; (*tournoi*) teilnehmen an (+ *Dat*); ~ **les courses** einkaufen; ~ **la manche** *fam* betteln [gehen]; ~ **le portrait de qn** jdn beschreiben; ~ **bon voyage** eine gute Reise haben ⑩ MED *fam* ~ **de la fièvre** Fieber haben ⑪ (*distance, trajet*) zurücklegen; (*pays*) bereisen; (*circuit*) machen; (*magasins*) abklappern (*fam*); (*à pied: rue*) abgehen; (*avec un véhicule: rue*) abfahren; ~ **des zigzags** Zickzacklinien fahren; ~ **du stop** per Anhalter fahren ⑫ COM (*produit*) führen ⑬ AGR (*cultiver*) anbauen ⑭ (*fixer un prix*) **ils/elles font combien?** wie viel kosten sie? ⑮ (*feindre, agir comme*) ~ **le pitre** den Clown spielen; ~ **l'idiot** Blödsinn machen; **il a fait comme s'il ne me voyait pas** er hat so getan, als ob er mich nicht sähe ⑯ (*tenir un rôle*) ~ **le Père Noël** den Weihnachtsmann spielen ⑰ (*transformer*) **il a fait de lui une star** er hat aus ihm einen Star gemacht ⑱ (*causer*) ~ **plaisir à qn** (*personne*) jdm Freude machen; ~ **du bien/mal à qn** jdm gut tun/schaden; **ça ne fait rien** das macht nichts; ~ **honte à qn** jdm ein schlechtes Gewissen einjagen; **qu'est-ce que ça peut bien te ~?** was geht dich das an? ⑲ (*servir de*) **la cuisine fait salle à manger** die Küche dient als Esszimmer ⑳ (*laisser quelque part*) **qu'ai-je bien pu ~ de mes lunettes?** wo habe ich nur meine Brille gelassen? ㉑ (*donner comme résultat*) machen; **deux et deux font quatre** zwei und zwei macht vier ㉒ (*dire*) machen; ~ **comprendre qc à qn** jdm etw begreiflich machen ㉓ (*avoir pour conséquence*) ~ **que ...** zur Folge haben, dass ... ㉔ (*être la cause de*) ~ **chavirer un bateau** ein Boot zum Kentern bringen ㉕ (*inviter à*) ~ **venir qn** jdn kommen lassen; ~ **entrer qn** jdn reinlassen; ~ **voir qc à qn** jdm etw herzeigen ㉖ (*charger de*) ~ **réparer/changer qc par qn** etw von jdm reparieren/ändern lassen; ~ **faire qc à qn** jdn etw tun lassen ㉗ (*forcer, inciter à*) ~ **ouvrir qc** etw öffnen lassen; ~ **payer qn** jdn zahlen lassen ㉘ (*pour remplacer un verbe déjà énoncé*) **qn le fait/l'a fait** jd tut es/hat es getan **II.** *v. intr.* ① (*agir*) ~ **vite** sich beeilen; ~ **attention à qc** auf etw aufpassen; ~ **de son mieux** sein Bestes tun; **tu peux mieux ~** du kannst das noch besser; **tu ferais mieux/bien de te taire** du bist besser/am besten still; ~ **comme si de rien n'était** so tun, als ob nichts gewesen wäre ② *fam* **ce manteau me fera encore un hiver** der Mantel hält noch einen Winter ③ (*paraître*) ~ **vieux/paysan** alt/wie ein Bauer aussehen ④ (*rendre*) ~ **bon/mauvais effet** einen guten/schlechten Eindruck machen ⑤ (*mesurer, peser*) ~ **1,2 m de long/de large/de haut** 1,2 m lang/breit/hoch sein; ~ **trois kilos** drei Kilo wiegen; ~ **... cm de tour de cou** Kragengröße ... tragen/haben; ~ **70 litres** 70 Liter fassen; ~ **8 euros** 8 Euro machen ⑥ (*être incontinent*) ~ **dans la culotte** in die Hose machen ▸ ~ **partie de qc** zu etw gehören; ~ **la queue** *fam* anstehen; ~ **manger qn** jdn füttern; **faites comme chez vous!** *iron* fühlen Sie sich [ganz] wie zu Hause!; **ne pas s'en ~** *fam* sich keine Sorgen machen; **se ~ mal** sich wehtun; **ça ne se fait pas** das gehört sich nicht **III.** *v. intr. impers.*

❶ METEO **il fait chaud** es ist warm; **il fait beau/mauvais** es ist schön[es Wetter]/schlechtes Wetter; **il fait dix degrés** es sind zehn Grad ❷ (*temps écoulé*) **cela fait bien huit ans** das ist gut acht Jahre her ❸ (*pour indiquer l'âge*) **ça me fait 40 ans** *fam* ich bin 40 [Jahre alt] **IV.** *v. pron.* ❶ **se ~ une robe** sich (*Dat*) ein Kleid machen; **se ~ 1500 euros par mois** *fam* 1500 Euro im Monat verdienen ❷ (*action réciproque*) **se ~ des politesses** Höflichkeiten austauschen ❸ *fam* **je me le suis fait** (*avoir couché avec*) mit dem bin ich schon ins Bett gegangen; **je vais me le ~ celui-là!** (*le brutaliser*) den werde ich mir vornehmen! ❹ (*se former*) **se ~** (*fromage, vin*) seinen vollen Geschmack entwickeln ❺ (*devenir*) **se ~ vieux** alt werden; **se ~ curé** Priester werden ❻ (*s'habituer à*) **se ~ à qc** sich an etw (+ *Akk*) gewöhnen ❼ (*être à la mode*) **se ~** (*look, vêtement*) Mode sein ❽ (*arriver*) **se ~** stattfinden; (*film, livre*) zustande kommen ❾ *impers.* **comment ça se fait?** wie kommt das?; **il se fait tard** es wird spät ❿ (*sens passif*) **se ~ opérer** operiert werden; **qn se fait voler qc** jdm wird etw gestohlen ▸ **t'en fais pas!** *fam* mach dir nichts draus!

faire-part [fɛʀpaʀ] *m inv.* Anzeige *f*

fair-play [fɛʀplɛ] **I.** *m inv.* Fairness *f* **II.** *adj. inv.* fair

faisabilité [fəzabilite] *f* Machbarkeit *f*

faisable [fəzabl] *adj.* machbar

faisan, e [fəzɑ̃, an] *m, f* Fasan *m*

faisandé, e [fəzɑ̃de] *adj.* mit Hautgout

faisceau [fɛso] <x> *m* **~ lumineux** Lichtkegel *m;* NAUT Leuchtfeuer *nt*

faiseur, -euse [fəzœʀ, -øz] *m, f péj* **~ de belles phrases** Schwätzer *m;* **~ de bons mots** Witzbold *m*

faisselle [fɛsɛl] *f* ❶ (*passoire*) Abtropfsieb *nt* (*für die Molke des Quarks*) ❷ (*fromage blanc*) Quark *m*

fait [fɛ] *m* ❶ Tatsache *f;* **un ~ nouveau** ein neues Element ❷ (*événement*) Ereignis *nt;* (*phénomène*) Phänomen *nt* ❸ JUR **les ~s** (*action criminelle, délit*) die Tat; (*éléments constitutifs*) der Tatbestand; (*état des choses*) der Sachverhalt ❹ (*conséquence*) **être le ~ de qc** die Folge von etw sein ❺ RADIO, PRESSE **~ divers** [Lokal]nachricht *f,* vermischte Nachrichten *Pl*; (*à la radio, télé*) Meldung *f* ▸ **au ~** übrigens; **tout à ~** ganz/völlig; **du ~ que** da; **en ~** in Wirklichkeit

fait, e [fɛ, fɛt] **I.** *part. passé de* **faire** **II.** *adj.* ❶ (*propre à*) **être ~ pour qc** für etw geeignet sein; **être ~ pour** *fam* das Zeug dazu haben ❷ (*constitué*) **être bien ~** eine gute Figur haben ❸ (*ongles*) lackiert; (*yeux*) geschminkt ❹ (*fromage*) reif ❺ *fam* (*pris*) **être ~** geliefert sein ❻ (*tout prêt*) **expression toute ~e** feststehender Ausdruck ▸ **c'est bien ~ pour toi/lui** das geschieht dir/ihm recht; **vite ~ bien ~** ganz schnell

faîte [fɛt] *m* (*de l'arbre*) Wipfel *m;* (*d'une montagne*) Gipfel *m*

faitout, fait-tout [fɛtu] *m inv.* [Koch]topf *m*

fakir [fakiʀ] *m* Fakir *m*

falaise [falɛz] *f* ❶ (*paroi*) Felswand *f* ❷ (*côte*) Steilküste *f* ❸ (*rocher*) Felsen *m*

falbalas [falbala] *mpl péj* Firlefanz *m*

falloir [falwaʀ] <irr> *v. intr. impers.* ❶ (*besoin*) **il faut qn/qc pour faire qc** man braucht jdn/etw um etw zu tun; **il me faudra du temps** ich werde Zeit brauchen ❷ (*devoir*) **il faut faire qc** man muss etw tun; **que faut-il faire?** was sollen wir tun?; **il a bien fallu!** es musste sein!; **il faut que** + *subj.* jd muss ❸ (*être probablement*) **il faut être fou pour parler ainsi** man muss schon verrückt sein um so zu reden ❹ (*se produire fatalement*) **j'ai fait ce qu'il fallait** ich habe [das] getan, was sein musste ❺ (*faire absolument*) **il fallait me le dire** du hättest es mir sagen sollen ▸ **il le faut** es muss sein; **comme il faut** wie es sich gehört

falsification [falsifikasjɔ̃] *f* Fälschen *nt*

falsifier [falsifje] <1> *v. tr.* fälschen

falzar [falzaʀ] *m fam* Hose *f*

famé, e [fame] *adj.* **mal ~** verrufen

famélique [famelik] *adj.* abgemagert

fameux, -euse [famø, -øz] *adj.* ❶ (*mets, vin*) köstlich; (*idée*) glänzend ❷ (*célèbre*) berühmt ▸ **ne pas être ~** nicht gerade besonders sein

familial, e [familjal, jo] <-aux> *adj.* (*atmosphère, milieu*) familiär; **vie ~e** Familienleben *nt*

F

familiariser [familjaʀize] <1> *v. pron.* **se ~ avec qc** sich mit etw vertraut machen; **se ~ avec qn** mit jdm vertraut werden

familiarité [familjaʀite] *f* ❶ (*amitié*) Vertrautheit *f* ❷ *pl péj* (*paroles*) Vertraulichkeiten *Pl*; (*comportement*) Zudringlichkeit *f*

familier [familje] *m* Stammgast *m*

familier, -ière [familje, -jɛʀ] *adj.* ❶ vertraut; (*problème, spectacle*) bekannt ❷ (*comportement, tâche*) üblich ❸ (*conduite, entretien*) ungezwungen; (*personne*) umgänglich ❹ (*expression, style*) umgangssprachlich ❺ *péj* (*cavalier*) ~ **avec qn** allzu vertraulich gegenüber jdm ❻ (*domestique*) **des animaux ~s** Haustiere *Pl*

familièrement [familjɛʀmɑ̃] *adv.* ❶ (*en langage courant*) umgangssprachlich ❷ (*s'exprimer*) einfach; (*parler*) ungezwungen ❸ (*amicalement*) ungezwungen ❹ (*cavalièrement*) sehr vertraulich

famille [famij] *f* ❶ Familie *f*; (*sens large*) Verwandtschaft *f*; **~ d'accueil** Gastfamilie; **avoir de la ~** (*parenté*) Verwandte haben; (*~ proche*) Angehörige haben; (*femme/mari et enfants*) Familie haben; **en ~** im [engsten] Familienkreis ❷ a. BOT, ZOOL Familie *f*

famine [famin] *f* Hungersnot *f*

fan [fan] *mf* Fan *m*, Anhänger(in) *m(f)*

fana [fana] *abr. de* **fanatique I.** *adj. fam* **être ~ de qn/qc** nach jdm/auf etw (*Akk*) verrückt sein **II.** *mf fam* Fan *m*; **~ d'ordinateur** Computerfreak *m*

fanatique [fanatik] **I.** *adj.* fanatisch **II.** *mf* ❶ (*passionné*) begeisterter Anhänger/begeisterte Anhängerin; **~ de football** Fußballfanatiker(in) *m(f)* ❷ (*militant*) Fanatiker(in) *m(f)*; **~ de qc** fanatischer Anhänger einer S. (*Gen*)

fanatiser [fanatize] <1> *v. tr.* fanatisch machen

fanatisme [fanatism] *m* Fanatismus *m*

fané, e [fane] *adj.* (*fleur*) verwelkt; (*couleur*) verblasst; (*étoffe, beauté*) verblichen

faner [fane] <1> *v. pron.* **se ~** (*fleur*) verwelken; (*couleur*) verblassen

fanes [fan] *fpl* Kraut *nt*

fanfare [fɑ̃faʀ] *f* Blaskapelle *f*

fanfaron, ne [fɑ̃faʀɔ̃, ɔn] **I.** *adj.* großtuerisch **II.** *m, f* Angeber(in) *m(f)*; **faire le ~** sich aufspielen

fanfaronnade [fɑ̃faʀɔnad] *f* Wichtigtuerei *f*

fanfaronner [fɑ̃faʀɔne] <1> *v. intr.* sich aufspielen

fanfreluche [fɑ̃fʀəlyʃ] *f gén. pl. souvent péj* Firlefanz *m kein Pl.* (*fam*)

fanion [fanjɔ̃] *m* (*d'un club*) Wimpel *m*; (*d'une voiture officielle*) Flagge *f*; (*de marquage*) Fähnchen *nt*

fantaisie [fɑ̃tezi] *f* ❶ (*caprice*) Laune *f* ❷ (*imagination*) Fantasie *f* ❸ (*originalité*) Einfallsreichtum *m*; **manquer de ~** (*vie*) eintönig sein ❹ (*original*) **bijoux ~** origineller Schmuck

fantaisiste [fɑ̃tezist] **I.** *adj.* ❶ (*nouvelle, version*) frei erfunden; (*explication, hypothèse*) aus der Luft gegriffen ❷ (*peu fiable*) unzuverlässig **II.** *mf* Luftikus *m*

fantasme [fɑ̃tasm] *m* Wunschvorstellung *f*; **vivre dans ses ~s** in einer Traumwelt leben

fantasmer [fɑ̃tasme] <1> *v. intr.* fantasieren

fantasque [fɑ̃task] *adj.* launisch; (*bizarre*) seltsam

fantassin [fɑ̃tasɛ̃] *m* Infanterist *m*

fantastique [fɑ̃tastik] **I.** *adj.* ❶ fantastisch; (*atmosphère*) unwirklich; (*événement, rêve*) irreal; **personnage ~** Fabelwesen *nt* ❷ *fam* (*formidable*) fantastisch; (*personne, réalisation*) großartig; (*richesse, progrès*) ungeheuer[lich] **II.** *m* **le ~** das Übernatürliche

fantoche [fɑ̃tɔʃ] *m* ❶ (*tiré d'en bas*) Hampelmann *m* ❷ (*tiré d'en haut*) Marionette *f*

fantomatique [fɑ̃tomatik] *adj.* gespenstisch

fantôme [fɑ̃tom] **I.** *m* ❶ (*spectre*) Gespenst *nt* ❷ (*illusion, souvenir*) Phantom *nt* **II.** *app* ❶ **train ~** Geisterbahn *f* ❷ (*sans réalité*) **société ~** Scheinfirma *f*

faon [fɑ̃] *m* [Reh]kitz *nt*; (*du cerf*) Hirschkalb *nt*

far [faʀ] *m* **~ breton** *Auflauf mit Backpflaumen*

faramineux, -euse [faʀaminø, -øz] *adj. fam* wahnsinnig

farandole [faʀɑ̃dɔl] *f* Farandole *f* (*provenzalischer Volkstanz*)

farce[1] [faʀs] *f* ❶ (*tour*) Streich *m* ❷ (*plaisanterie*) Scherz *m* ❸ (*objet*) **~s et attrapes** Scherzartikel *Pl*

F

farce[2] [faʀs] *f* GASTR Füllung *f*
farceur, -euse [faʀsœʀ, -øz] *m, f* Spaßvogel *m*
farci, e [faʀsi] *adj.* GASTR gefüllt
farcir [faʀsiʀ] <8> **I.** *v. tr.* ❶ GASTR ~ **qc de qc** etw mit etw füllen ❷ *péj* (*bourrer*) ~ **qc de qc** etw mit etw vollstopfen (*fam*) **II.** *v. pron. péj fam* **se ~ qc** etw zu ertragen haben; **se ~ qn** jdn auf dem Hals haben
fard [faʀ] *m* Schminke *f;* ~ **à joues** Rouge *nt;* ~ **à paupières** Lidschatten *m* ▸ **piquer un** ~ *fam* einen roten Kopf bekommen
fardeau [faʀdo] <x> *m* Last *f*
farder [faʀde] <1> *v. tr., pron.* [**se**] ~ [sich] schminken
farfelu, e [faʀfəly] **I.** *adj. fam* verrückt **II.** *m, f fam* Spinner(in) *m(f)*
farfouiller [faʀfuje] <1> *v. intr. fam* ~ **dans qc** in etw (*Dat*) herumstöbern
farine [faʀin] *f* Mehl *nt*
fariner [faʀine] <1> *v. tr.* (*poisson*) in Mehl wälzen; (*plaque de four*) mit Mehl bestäuben
farineux [faʀinø] *m* stärkehaltiges Nahrungsmittel
farineux, -euse [faʀinø, -øz] *adj.* mehlig
farniente [faʀnjɛnte, faʀnjɑ̃t] *m* Dolcefarniente *nt*
farouche [faʀuʃ] *adj.* ❶ (*timide*) scheu ❷ (*haine*) wild
farouchement [faʀuʃmɑ̃] *adv.* heftig
fart [faʀt] *m* [Ski]wachs *nt*
farter [faʀte] <1> *v. tr.* wachsen
Far West [faʀwɛst] *m* **le** ~ der Wilde Westen
fascicule [fasikyl] *m* ❶ (*livret*) Heft *nt* ❷ (~ *d'information*) Broschüre *f*
fascinant, e [fasinɑ̃, ɑ̃t] *adj.* faszinierend
fascination [fasinasjɔ̃] *f* ❶ (*envoûtement*) Verzauberung *f* ❷ (*séduction*) Faszination *f*
fasciner [fasine] <1> *v. tr.* ❶ (*hypnotiser*) in seinen Bann schlagen ❷ (*séduire*) faszinieren
fascisant, e [faʃizɑ̃, ɑ̃t] *adj.* faschistoid
fascisme [faʃism] *m* Faschismus *m*
fasciste [faʃist] **I.** *adj.* faschistisch **II.** *mf* Faschist(in) *m(f)*
fasse [fas] *subj prés de* **faire**
faste[1] [fast] *m* Prunk *m*
faste[2] [fast] *adj.* **jour** ~ Glückstag *m*
fast-food, fastfood [fastfud] <fastfoods> *m* Fastfood-Restaurant *nt,* Schnellimbissrestaurant *nt*
fastidieux, -euse [fastidjø, -jøz] *adj.* eintönig
fastoche [fastɔʃ] *adj. fam* total einfach
fastueux, -euse [fastɥø, -øz] *adj.* (*fête*) glanzvoll; (*vie*) luxuriös
fatal, e [fatal] *adj.* ❶ verhängnisvoll; **être ~ à qn** jdm zum Verhängnis werden ❷ (*mortel*) tödlich ❸ (*inévitable*) unabwendbar ❹ (*marqué par le destin*) schicksalhaft
fatalement [fatalmɑ̃] *adv.* zwangsläufig
fatalisme [fatalism] *m* Fatalismus *m*
fataliste [fatalist] **I.** *adj.* fatalistisch **II.** *mf* Fatalist(in) *m(f)*
fatalité [fatalite] *f* ❶ (*destin hostile*) Schicksal *nt* ❷ (*inévitabilité*) Unabwendbarkeit *f*
fatidique [fatidik] *adj.* schicksalhaft
fatigant, e [fatigɑ̃, ɑ̃t] *adj.* ermüdend
fatigue [fatig] *f* ❶ (*d'une personne*) Müdigkeit *f;* (*des yeux*) Ermüdung *f* ❷ (*état d'épuisement*) Erschöpfung *f*
fatigué, e [fatige] *adj.* müde
fatiguer [fatige] <1> **I.** *v. tr.* ~ **qn** ❶ (*travail, marche*) jdn anstrengen; (*personne*) jdn überanstrengen ❷ (*excéder*) jdm lästig sein ❸ (*ennuyer*) jdn langweilen **II.** *v. pron.* ❶ **se ~** (*personne*) sich überanstrengen; (*cœur*) ermüden ❷ (*se lasser*) **se ~ à faire qc** es leid sein, etw zu tun
fatma [fatma] *f: maghrebinische Hausangestellte*
fatras [fatʀa] *m* wirres Durcheinander
fatuité [fatɥite] *f* Überheblichkeit *f*
faubourg [fobuʀ] *m* Vorort *m*
fauche [foʃ] *f sans pl, fam* Diebstahl *m*
fauché, e [foʃe] *adj. fam* pleite
faucher [foʃe] <1> *v. tr.* ❶ (*couper*) mähen ❷ (*véhicule*) erfassen; (*mortellement*) überfahren ❸ *fam* (*voler*) klauen
faucheuse [foʃøz] *f* Mähmaschine *f*
faucille [fosij] *f* Sichel *f*
faucon [fokɔ̃] *m* ZOOL, POL Falke *m*
faudra [fodʀa] *fut de* **falloir**
faufiler [fofile] <1> *v. pron.* **se ~ dans un passage étroit** durch einen engen Durchgang schlüpfen; **se ~ parmi la foule** sich durch die Menge schlängeln
faune [fon] *f* ZOOL Fauna *f*

faussaire [fosɛʀ] *mf* Fälscher(in) *m(f)*

fausse [fos] *adj. voir* **faux**

faussé, e [fose] *adj.* verbogen; (*porte*) verzogen

fausser [fose] <1> *v. tr.* (*altérer*) verfälschen; (*intentionnellement*) fälschen; (*réalité*) entstellen

faut [fo] *indic. prés. de* **falloir**

faute [fot] *f* ❶ a. SPORT Fehler *m;* **faire un sans ~** einen Volltreffer landen (*fam*); **sans ~** ganz sicher ❷ (*manquement à des lois, règles*) Vergehen *nt* ❸ (*responsabilité*) **c'est [de] la ~ de qn/qc** daran ist jd/etw schuld; **c'est [de] ma ~** das ist meine Schuld; **c'est la faute à qn** *fam* das ist die Schuld von jdm ❹ (*par manque de*) **~ de temps** aus Zeitmangel; **~ de preuves** aus Mangel an Beweisen; **~ de mieux** mangels Alternative ▸ **~ de quoi** sonst

fauteuil [fotœj] *m* Sessel *m;* **~ roulant** Rollstuhl *m*

fauteur [fotœʀ] *m* **~ de désordre/troubles** Unruhestifter *m*

fautif, -ive [fotif, -iv] **I.** *adj.* schuldig; **être ~** schuld sein **II.** *m, f* Schuldige(r) *f(m)*

fauve [fov] **I.** *adj.* ❶ (*couleur*) fahlgelb ❷ (*sauvage*) wild **II.** *m* ❶ (*couleur*) Fahlgelb *nt* ❷ (*animal*) Raubtier *nt*

fauvette [fovɛt] *f* Grasmücke *f*

faux, fausse [fo, fos] *adj.* ❶ *antéposé* falsch; (*perle*) unecht; (*signature, tableau*) gefälscht; **fausse monnaie** Falschgeld *nt* ❷ *postposé* (*air, personne*) falsch; (*regard*) trügerisch

faux[1] [fo] *f* (*outil*) Sense *f*

faux[2] [fo] **I.** *m* ❶ **le ~** das Falsche ❷ (*falsification, imitation*) Fälschung *f* **II.** *adv.* falsch

faux-filet [fofilɛ] <faux-filets> *m* Lende[nstück *nt*] *f* **faux-fuyant** [fofɥijɑ̃] <faux-fuyants> *m* Ausflucht *f* **faux-monnayeur** [fomɔnɛjœʀ] <faux-monnayeurs> *m* Falschmünzer(in) *m(f)* **faux-semblant** [fosɑ̃blɑ̃] <faux-semblants> *m* **user de ~s** sich verstellen **faux-sens** [fosɑ̃s] <faux-sens> *m* Fehlinterpretation *f*

faveur [favœʀ] *f* ❶ (*bienfait*) Gefallen *m;* **de ~** Sonder- ❷ (*bienveillance*) Gunst *f;* **en ma/ta ~** zu meinen/deinen Gunsten

favorable [favɔʀabl] *adj.* günstig; **donner un avis ~** sich positiv äußern; **être ~ à qn/qc** jdn unterstützen/etw befürworten

favorablement [favɔʀabləmɑ̃] *adv.* positiv

favori, te [favɔʀi, it] **I.** *adj.* Lieblings- **II.** *m, f* ❶ (*préféré*) Liebling *m* ❷ SPORT Favorit(in) *m(f)*

favoris [favɔʀi] *mpl* Koteletten *Pl*

favoriser [favɔʀize] <1> *v. tr.* ❶ begünstigen; (*ambition, commerce*) unterstützen; (*personne*) bevorzugen ❷ (*aider*) unterstützen

favorite [favɔʀit] *adj. voir* **favori**

favoritisme [favɔʀitism] *m* POL Günstlingswirtschaft *f*

fax [faks] *m abr. de* **téléfax** Fax *nt*

faxer [fakse] <1> *v. tr.* faxen

fayot [fajo] *m fam* (*haricot*) grüne Bohne

FB *m abr. de* **franc belge** *voir* **franc**

FC [ɛfse] *m abr. de* **football club** FC *m*

fébrile [febʀil] *adj.* fiebrig; (*agité*) fieberhaft

fébrilement [febʀilmɑ̃] *adv.* hektisch

fébrilité [febʀilite] *f* Hektik *f*

fécal, e [fekal, o] <-aux> *adj.* **les matières ~es** Fäkalien *Pl*

fécond, e [fekɔ̃, ɔ̃d] *adj.* fruchtbar; (*esprit*) kreativ; (*idée*) zündend; (*écrivain, siècle*) produktiv; (*conversation, sujet*) ergiebig

fécondation [fekɔ̃dasjɔ̃] *f* Befruchtung *f;* **~ in vitro** In-vitro-Fertilisation *f*

féconder [fekɔ̃de] <1> *v. tr.* befruchten

fécondité [fekɔ̃dite] *f* Fruchtbarkeit *f;* (*d'un artiste, écrivain*) Produktivität *f;* **taux de ~** Geburtenrate *f*

fécule [fekyl] *f* Stärke *f*

féculent [fekylɑ̃] *m* stärkehaltiges Nahrungsmittel

fédéral, e [fedeʀal, o] <-aux> *adj.* ❶ (*régime*) bundesstaatlich; (*en Suisse*) eidgenössisch; **gouvernement ~** Bundesregierung *f* ❷ (*central*) **union ~e** Zentralverband *m*

fédéralisme [fedeʀalism] *m* Föderalismus *m*

fédéraliste [fedeʀalist] **I.** *adj.* föderalistisch **II.** *mf* Föderalist(in) *m(f)*

fédérateur, -trice [fedeʀatœʀ, -tʀis] *adj.* **thème ~** gemeinsames Thema; **jouer un rôle ~** eine vermittelnde Rolle spielen

fédération [fedeʀasjɔ̃] *f* ❶ Bündnis *nt;* ~ **européenne** europäische Gemeinschaft ❷ (*associations*) Verband *m;* ~ **syndicale** Gewerkschaftsbund

fédéré, e [fedeʀe] *adj.* föderiert; (*au sein d'une association*) vereinigt

fédérer [fedeʀe] <5> *v. tr.* vereinigen; (*États*) in einer Föderation zusammenschließen

fée [fe] *f* Fee *f*

feeling [filiŋ] *m* Gespür *nt*

féerie [fe(e)ʀi] *f* THEAT, CINE Märchenspiel *nt*

féerique [fe(e)ʀik] *adj.* märchenhaft

feignant, e [fɛɲɑ̃, ɑ̃t] *voir* **fainéant**

feint, e [fɛ̃, fɛ̃t] *adj.* gespielt; (*maladie*) vorgeschoben

feinte [fɛ̃t] *f* Täuschungsmanöver *nt*

feinter [fɛ̃te] <1> *v. tr.* SPORT täuschen

fêlé, e [fele] *adj.* ❶ gesprungen; (*bras, côte*) angebrochen ❷ *fam* **tu es complètement ~!** du bist ja völlig bekloppt!

fêler [fele] <1> *v. pron.* **se ~** einen Sprung/Sprünge bekommen; **se ~ qc** sich (*Dat*) etw brechen

félicitations [felisitasjɔ̃] *fpl* Glückwünsche *Pl*; **avec les ~ du jury** summa cum laude

féliciter [felisite] <1> **I.** *v. tr.* ~ **qn de qc** jdm zu etw gratulieren; ~ **qn de faire qc** jdn loben, dass er etw tut **II.** *v. pron.* **se ~ de qc** über etw (*Akk*) froh sein

félin [felɛ̃] *m* Raubkatze *f*

félin, e [felɛ̃, in] *adj.* (*race*) der Katzen; (*démarche, grâce*) katzenartig

fêlure [felyʀ] *f* Sprung *m*

femelle [fəmɛl] **I.** *adj.* weiblich **II.** *f* ❶ ZOOL Weibchen *nt* ❷ *péj fam* Weibsbild *nt*

féminin [feminɛ̃] *m* LING Femininum *nt*

féminin, e [feminɛ̃, in] *adj.* ❶ weiblich ❷ (*voix*) Frauen-; (*vêtements, mode*) Damen-; (*condition, revendication*) der Frauen

féminisation [feminizasjɔ̃] *f* ~ **de l'enseignement** (*action*) Steigerung *f* des Frauenanteils im Lehramt; (*résultat*) Zunahme *f* des Frauenanteils im Lehramt

féminiser [feminize] <1> **I.** *v. tr.* ~ **une profession** Frauen Zugang zu einem Beruf verschaffen **II.** *v. pron.* **se ~** ❶ (*se faire femme*) fraulicher werden ❷ (*comporter de plus en plus de femmes*) **un parti politique se féminise** der Frauenanteil in einer politischen Partei steigt

féminisme [feminism] *m* Feminismus *m*

féministe [feminist] **I.** *adj.* feministisch; **mouvement ~** Frauenbewegung *f* **II.** *mf* Feminist(in) *m(f)*

féminité [feminite] *f* Weiblichkeit *f*

femme [fam] *f* ❶ (*opp: homme*) Frau *f;* (*épouse*) [Ehe]frau *f;* **vêtements de ~s** Damenbekleidung *f;* **t'as vu la bonne ~ là-bas!** *fam* hast du die Tante dahinten gesehen! ❷ (*profession*) **une ~ médecin/politique** eine Ärztin/Politikerin; ~ **au foyer** Hausfrau; ~ **de ménage** Putzfrau, Bedienerin *f* (A); ~ **d'intérieur** tüchtige Hausfrau; ~ **d'État** Staatsfrau

femme-enfant [famɑ̃fɑ̃] <femmes-enfants> *f* Kindfrau *f*

femmelette [famlɛt] *f péj* Schwächling *m*

fémur [femyʀ] *m* Oberschenkelknochen *m*

fenaison [fənɛzɔ̃] *f* Heuernte *f*

fendiller [fɑ̃dije] <1> *v. pron.* **se ~** rissig werden

fendre [fɑ̃dʀ] <14> **I.** *v. tr.* (*bois*) spalten; (*fissurer: glace*) zum Springen bringen **II.** *v. pron.* ❶ **se ~** (*mur, terre*) Risse bekommen; (*verre, glace*) Sprünge bekommen ❷ (*se blesser*) **se ~ la lèvre** sich (*Dat*) die Lippe aufschlagen

fendu, e [fɑ̃dy] *adj.* ❶ (*crâne*) gespalten; (*lèvre*) aufgeplatzt ❷ (*côte*) angebrochen; (*assiette, verre*) gesprungen ❸ (*jupe, veste*) geschlitzt

fenêtre [f(ə)nɛtʀ] *f* Fenster *nt*

fennec [fenɛk] *m* ZOOL Fennek *m*

fenouil [fənuj] *m* Fenchel *m*

fente [fɑ̃t] *f* ❶ (*d'un mur, rocher*) Spalt *m* ❷ (*interstice*) Schlitz *m*

féodal, e [feɔdal, o] <-aux> *adj.* feudal

féodalité [feɔdalite] *f* HIST Feudalismus *m*

fer [fɛʀ] *m* ❶ (*métal*) Eisen *nt;* **en** [*o* **de**] ~ aus Eisen ❷ (*objet*) ~ **à cheval** Hufeisen *nt* ❸ (*appareil*) ~ **à repasser** Bügeleisen *nt;* ~ **à onduler** Lockenstab *m;* ~ **à friser** Brennschere *f* ▶ **de ~** (*main, santé, volonté*) eisern

ferai [f(ə)ʀɛ] *fut de* **faire**
fer-blanc [fɛʀblɑ̃] <fers-blancs> *m* [Weiß]blech *nt*
férié, e [feʀje] *adj.* **jour** ~ Feiertag *m*

> In Frankreich gibt es folgende **jours fériés**: *le Jour de l'An* (Neujahr) am 1. Januar, *le lundi de Pâques* (Ostermontag), *la Fête du Travail* (Tag der Arbeit) am 1. Mai, *la Fête de la Victoire 1945* (Ende des Zweiten Weltkriegs) am 8. Mai, *l'Ascension* (Christi Himmelfahrt), *le lundi de Pentecôte* (Pfingstmontag), *la Fête nationale* (der französische Nationalfeiertag) am 14. Juli, *l'Assomption* (Mariä Himmelfahrt) am 15. August, *la Toussaint* (Allerheiligen) am 1. November, *l'Armistice de 1918* (Waffenstillstand nach dem Ersten Weltkrieg) am 11. November und *Noël* (Weihnachten) am 25. Dezember.

fermage [fɛʀmaʒ] *m* Pacht *f*
ferme¹ [fɛʀm] **I.** *adj.* fest; (*seins, peau*) straff; (*ton*) bestimmt; (*main*) ruhig; (*volonté*) unerschütterlich; **être ~ avec qn** jdm gegenüber bestimmt auftreten **II.** *adv.* ❶ (*s'ennuyer*) fürchterlich ❷ (*discuter*) heftig
ferme² [fɛʀm] *f* ❶ (*bâtiment*) Bauernhaus *nt* ❷ (*exploitation*) Bauernhof *m*
ferme³ [fɛʀm] ▸**la** ~! *fam* halt/haltet die Klappe!
fermé, e [fɛʀme] *adj.* ❶ (*opp: ouvert*) geschlossen; (*à clé*) verschlossen; (*col, route*) gesperrt ❷ (*société*) geschlossen; (*club, cercle*) exklusiv ❸ (*personne*) verschlossen
fermement [fɛʀməmɑ̃] *adv.* fest
ferment [fɛʀmɑ̃] *m* BIO Gärstoff *m*
fermentation [fɛʀmɑ̃tasjɔ̃] *f* BIO Gärung *f*
fermenter [fɛʀmɑ̃te] <1> *v. intr.* (*jus*) gären; (*pâte*) arbeiten
fermer [fɛʀme] <1> **I.** *v. intr.* ❶ (*être, rester fermé*) schließen ❷ (*pouvoir être fermé*) **bien/mal** ~ (*boîte, porte*) gut/schlecht schließen **II.** *v. tr.* ❶ (*opp: ouvrir: porte, yeux*) schließen; (*rideau*) zuziehen; (*tiroir*) zuschieben; (*livre*) zuklappen; ~ **une maison à clé** ein Haus abschließen ❷ (*boutonner*) zuknöpfen ❸ (*enveloppe*) zukleben ❹ (*robinet*) zudrehen ❺ (*passage, accès*) versperren; (*aéroport, frontière*) sperren ❻ (*clore*) **fermez la parenthèse!** Klammer zu! **III.** *v. pron.* **se** ~ ❶ (*se refermer: porte, yeux*) zufallen; (*plaie*) verheilen ❷ (*passif: boîte*) sich schließen lassen
fermeté [fɛʀməte] *f* ❶ (*consistance*) Festigkeit *f* ❷ (*autorité*) Bestimmtheit *f*; (*dans l'éducation de qn*) Strenge *f*
fermette [fɛʀmɛt] *f* kleines Bauernhaus
fermeture [fɛʀmətyʀ] *f* ❶ (*d'un sac, vêtement*) Verschluss *m*; ~ **automatique** automatischer Türschließer ❷ (*d'une porte, d'un magasin, guichet*) Schließen *nt*; (*d'une école, frontière*) Schließung *f*; (*d'une entreprise, d'un aéroport*) Stilllegung *f*; ~ **annuelle** Betriebsferien *Pl*
fermier, -ière [fɛʀmje, -jɛʀ] **I.** *adj.* (*beurre*) Land-; (*poulet, canard*) vom Bauernhof **II.** *m, f* ❶ (*agriculteur*) Bauer *m*/Bäuerin *f* ❷ (*locataire*) Pächter(in) *m(f)*
fermoir [fɛʀmwaʀ] *m* Verschluss *m*
féroce [feʀɔs] *adj.* ❶ (*animal*) wild ❷ (*personne*) unbarmherzig; (*critique*) scharf; (*air, regard*) böse ❸ (*appétit, envie*) riesig
férocité [feʀɔsite] *f* ❶ (*d'un animal*) Grausamkeit *f*; (*d'une critique*) Schärfe *f* ❷ (*d'un combat*) Heftigkeit *f*
ferraille [fɛʀɑj] *f* Schrott *m*; **mettre une voiture à la** ~ ein Auto verschrotten lassen
ferrailleur, -euse [fɛʀɑjœʀ, -jøz] *m, f* Schrotthändler(in) *m(f)*
ferré, e [feʀe] *adj.* (*cheval*) beschlagen; (*bâton, soulier*) [mit Eisen] beschlagen
ferrer [feʀe] <1> *v. tr.* (*cheval*) beschlagen; (*souliers*) mit Eisen beschlagen
ferreux, -euse [fɛʀø, -øz] *adj.* eisenhaltig
ferronnerie [fɛʀɔnʀi] *f* Kunstschmiedearbeiten *Pl*
ferroviaire [fɛʀɔvjɛʀ] *adj.* Eisenbahn-
ferrure [feʀyʀ] *f* (*d'un meuble, d'une porte*) [Eisen]beschlag *m*
ferry [feʀi] < -ies> *m*, **ferry-boat** [feʀibot] <ferry-boats> *m* Fähre *f*
fertile [fɛʀtil] *adj. a. fig* fruchtbar
fertilisation [fɛʀtilizasjɔ̃] *f* Fruchtbarmachung *f*

fertiliser [fɛʀtilize] <1> *v. tr.* fruchtbar machen

fertilité [fɛʀtilite] *f* Fruchtbarkeit *f*

fervent, e [fɛʀvɑ̃, ɑ̃t] *adj.* ① REL (*croyant*) fromm; (*disciple*) leidenschaftlich; (*prière*) inbrünstig ② (*supporter*) begeistert

ferveur [fɛʀvœʀ] *f* a. REL (*d'une personne*) Eifer *m;* (*d'une prière, foi*) Inbrunst *f*

fesse [fɛs] *f* Hinterbacke *f;* **les ~s** das Gesäß ▸ **avoir qn aux ~s** *fam* jdn auf dem Hals haben

fessée [fese] *f* **donner une ~ à qn** jdm eine Tracht Prügel geben

fessier [fesje] **I.** *adj.* (*muscle*) Gesäß- **II.** *m iron fam* Hinterteil *nt*

festin [fɛstɛ̃] *m* Festessen *nt*

festival [fɛstival] <s> *m* Festspiele *Pl,* Festival *nt;* **le ~ de Cannes** das Filmfestival von Cannes

festivalier, -ière [fɛstivalje, -jɛʀ] *m, f* Festspielbesucher(in) *m(f)*

festivités [fɛstivite] *fpl* Festveranstaltungen *Pl*

festoyer [fɛstwaje] <6> *v. intr.* schlemmen

fêtard, e [fɛtaʀ, aʀd] *m, f fam* Nachtschwärmer(in) *m(f)*

fête [fɛt] *f* ① (*solennité, festivité*) Fest *nt;* (*jour du prénom*) Namenstag *m;* **~ des Mères/des Pères** Mutter-/Vatertag; **~ nationale** Nationalfeiertag; **~ du Travail** Tag der Arbeit ② *pl* (*congé*) Feiertage *Pl* ③ (*kermesse*) **~ foraine** Jahrmarkt *m;* **~ de la bière à Munich** Münchner Oktoberfest ④ (*réception*) Fest *nt,* Feier *f;* (*entre amis*) Party *f;* **jour de ~** Feiertag *m,* Festtag

Als **fêtes** bezeichnet man im weiteren Sinn die Zeit zwischen Weihnachten und Neujahr, im engeren Sinn aber den Weihnachtsfeiertag am 25. Dezember und den Neujahrstag am 1. Januar.
Der 14. Juli ist der Tag der **fête nationale**, der französische Nationalfeiertag zum Gedenken an die Französische Revolution im Jahr 1789. An diesem Tag sind die Städte mit Fahnen geschmückt, und in Paris findet auf den Champs-Elysées eine große Militärparade statt. Abends gibt es überall in Frankreich Feuerwerke. Belgiens Nationalfeiertag ist der 21. Juli. Die Schweiz begeht ihren am 1. August.

Fête-Dieu [fɛtdjø] <Fêtes-Dieu> *f* **la ~** Fronleichnam *m*

fêter [fete] <1> *v. tr.* ① feiern ② (*faire fête à*) feierlich empfangen

fétiche [fetiʃ] *app* **objet ~** Talisman *m*

fétichisme [fetiʃism] *m* Fetischismus *m*

fétichiste [fetiʃist] **I.** *adj.* fetischistisch **II.** *mf* Fetischist(in) *m(f)*

fétide [fetid] *adj.* übel riechend; (*odeur*) widerlich

feu [fø] <x> *m* ① (*source de chaleur*) Feuer *nt;* **~ de camp** Lagerfeuer ② (*incendie*) Feuer *nt;* **mettre le ~ à qc** etw anzünden, etw in Brand stecken ③ *souvent pl.* (*d'un véhicule*) Licht *nt* ④ AUT **~ de signalisation** Verkehrsampel *f;* **passer au ~ rouge** bei Rot durchfahren; **le ~ est [au] rouge** die Ampel ist rot ⑤ (*brûleur d'un réchaud*) **à ~ doux/vif** (*réchaud à gaz*) auf kleiner/starker Flamme; (*réchaud électrique*) bei schwacher/starker Hitze ⑥ (*spectacle*) **~ d'artifice** Feuerwerk *nt* ▸ **y a pas le ~ [au lac] !** *fam* bloß keine Hektik!; **~ vert** grünes Licht; **péter le ~** vor Energie sprühen; **n'y voir que du ~** nichts merken

feuillage [fœjaʒ] *m* Laub *nt*

feuille [fœj] *f* ① Blatt *nt;* (*d'aluminium, or*) Folie *f;* **~ de papier** Blatt [Papier] *nt* ② (*formulaire*) **~ de paie** Gehaltsabrechnung *f;* **~ de soins** [ärztlicher] Behandlungsschein ③ INFORM (*d'un tableur*) [Arbeits]blatt *nt* ④ POL **~ de route** Roadmap *f*

feuillet [fœjɛ] *m* Blatt *nt*

feuilleté [fœjte] *m* GASTR Blätterteiggebäck *nt*

feuilleté, e [fœjte] *adj.* GASTR **pâte ~e** Blätterteig *m*

feuilleter [fœjte] <3> *v. tr.* durchblättern

feuilleton [fœjtɔ̃] *m* **~ télévisé** Fernsehserie *f*

feuillu [fœjy] *m* Laubbaum *m*

feuillu, e [fœjy] *adj.* ① [dicht] belaubt ② (*opp: résineux*) Laub tragend

feutre [føtʀ] *m* ❶ (*stylo*) Filzstift *m* ❷ (*étoffe*) Filz *m*
feutré, **e** [føtʀe] *adj.* (*fait de feutre*) verfilzt
feutrer [føtʀe] <1> *v. intr., pron.* [**se**] ~ verfilzen
fève [fɛv] *f* Saubohne *f*
février [fevʀije] *m* Februar *m; voir a.* **août**
FF [ɛfɛf] **I.** *m abr. de* **franc français** **II.** *f abr. de* **Fédération française** Französischer Verband
FFI [ɛfɛfi] *fpl* HIST *abr. de* **Forces françaises de l'intérieur** *Widerstandstruppen der Gaullisten im Zweiten Weltkrieg*
fiabilité [fjabilite] *f* Zuverlässigkeit *f;* (*d'un dispositif*) Betriebssicherheit *f*
fiable [fjabl] *adj.* zuverlässig; (*machine*) betriebssicher
fiacre [fjakʀ] *m* [Pferde]droschke *f*
fiançailles [fjɑ̃saj] *fpl* Verlobung *f*
fiancé, **e** [fjɑ̃se] **I.** *adj.* verlobt **II.** *m, f* Verlobte(r) *f(m)*
fiancer [fjɑ̃se] <2> *v. pron.* **se ~ avec qn** sich mit jdm verloben
fiasco [fjasko] *m* Fiasko *nt;* **être un ~** ein Reinfall sein; (*pièce*) ein Flop sein
fibre [fibʀ] *f* Faser *f*
fibreux, **-euse** [fibʀø, -øz] *adj.* faserig
ficelé, **e** [fis(ə)le] *adj. fam* ▶ **bien**/**mal** ~ (*intrigue, travail*) gut/schlecht gemacht
ficeler [fis(ə)le] <3> *v. tr.* (*paquet*) [ver]schnüren; (*rôti*) [mit einem Bindfaden] umwickeln
ficelle [fisɛl] *f* ❶ (*corde mince*) Schnur *f;* (*en cuisine*) Bindfaden *m* ❷ (*pain*) dünnes Stangenweißbrot
fiche [fiʃ] *f* ❶ (*carte*) [Kartei]karte *f;* (*formulaire*) Blatt *nt;* **~ d'état civil** Auszug *m* aus dem Personenstandsregister ❷ CH (*dossier*) Akte *f,* Fiche *f* (CH)
fiche-horaire [fiʃɔʀɛʀ] <fiches-horaires> *f* Fahrplanauszug *m*
ficher[1] [fiʃe] <1> **I.** *v. tr. part passé: fichu, fam* ❶ (*faire*) treiben; **ne rien ~** keinen Finger krumm machen ❷ (*claque*) verpassen ▶ **~ un coup à qn** jdm einen schweren Schlag versetzen; **je t'en fiche!** von wegen! **II.** *v. pron. part passé: fichu, fam* **qn se fiche de qn/qc** jd/etw ist jdm piepegal
ficher[2] [fiʃe] <1> *v. tr.* (*inscrire*) registrieren
fichier [fiʃje] *m* ❶ Kartei *f* ❷ INFORM Datei *f*
fichier-texte [fiʃjetɛkst] <fichiers-textes> *m* INFORM Textdatei *f*
fichu [fiʃy] *m* Schal *m*
fichu, **e** [fiʃy] **I.** *part. passé de* **ficher**[1] **II.** *adj. fam* ❶ *antéposé* (*caractère, métier*) mies; (*problème, question*) verflixt; (*idée*) [sau]blöd; **quel ~ temps!** so ein Sauwetter! ❷ (*en mauvais état*) **être ~** (*vêtement, appareil*) hin sein; **être mal ~** (*personne*) sich elend fühlen ❸ (*vacances, soirée*) im Eimer ❹ (*habillé*) zurechtgemacht ❺ (*capable*) **ne pas être ~ de faire qc** nicht imstande sein etw zu tun
fictif, **-ive** [fiktif, -iv] *adj.* fiktiv
fiction [fiksjɔ̃] **I.** *f* ❶ (*imagination*) Fantasie *f* ❷ (*fait imaginé*) [freie] Erfindung; (*histoire*) frei erfundene Geschichte; **film de ~** frei erfundener Film **II.** *adj.* ❶ (*futuriste*) futuristisch ❷ (*imaginaire*) rein fiktiv
fidèle [fidɛl] **I.** *adj.* ❶ treu; **être ~ à ses habitudes** seinen Gewohnheiten treu sein ❷ (*récit*) wirklichkeitsgetreu; (*reproduction*) originalgetreu; (*traduction*) wortgetreu **II.** *mpl* REL Gläubige(n) *Pl* **III.** *mf* (*d'un homme politique*) Anhänger(in) *m(f);* (*d'un magasin*) Stammkunde *m*/Stammkundin *f*
fidèlement [fidɛlmɑ̃] *adv.* ❶ (*servir, obéir*) treu ❷ (*reproduire, décrire*) genau; (*traduire*) wortgetreu
fidéliser [fidelize] <1> *v. tr.* als Stammkunden gewinnen
fidélité [fidelite] *f* ❶ (*dévouement*) **~ à qn** Treue *f* zu jdm ❷ (*d'une copie, d'un portrait*) Genauigkeit *f*
fief [fjɛf] *m* POL Hochburg *f*
fieffé, **e** [fjefe] *adj. antéposé fam* **être un ~ menteur** ein abgefeimter Lügner sein
fiel [fjɛl] *m* Boshaftigkeit *f*
fiente [fjɑ̃t] *f* Kot *m*
fier [fje] <1> *v. pron.* **se ~ à qn** sich auf jdn verlassen
fier, **fière** [fjɛʀ] *adj.* **~ de qn/qc** stolz auf jdn/etw
fièrement [fjɛʀmɑ̃] *adv.* stolz
fierté [fjɛʀte] *f* Stolz *m*
fiesta [fjɛsta] *f fam* Fete *f*
fièvre [fjɛvʀ] *f* ❶ MED Fieber *nt* ❷ (*vive agitation*) Hektik *f*

F

fiévreusement [fjevʀøzmɑ̃] *adv.* fieberhaft
fiévreux, -euse [fjevʀø, -øz] *adj.* ❶ MED fiebrig ❷ (*activité, excitation*) fieberhaft
figé, e [fiʒe] *adj.* starr; (*expression*) fest
figer [fiʒe] <2a> **I.** *v. tr.* ~ **qn** (*surprise, terreur*) jdn erstarren lassen **II.** *v. pron.* **se** ~ (*visage, sourire*) erstarren
fignoler [fiɲɔle] <1> *v. tr. fam* ausfeilen
figue [fig] *f* Feige *f*
figuier [figje] *m* Feigenbaum *m*
figurant, e [figyʀɑ̃, ɑ̃t] *m, f* CINE, THEAT Statist(in) *m(f)*
figuratif, -ive [figyʀatif, -iv] *adj.* ART gegenständlich
figuration [figyʀasjɔ̃] *f* CINE, THEAT **faire de la** ~ als Statist(in) arbeiten
figure [figyʀ] *f* ❶ (*visage*) Gesicht *nt* ❷ (*personnage*) [große] Persönlichkeit ❸ (*image*) Figur *f;* MATH grafische Darstellung ❹ SPORT Figur *f;* **~s imposées/libres** Pflicht *f*/Kür *f* ▶ **casser la ~ à qn** *fam* jdn verhauen; **se casser la ~** *fam* hinfliegen; (*d'en haut*) runterfliegen
figuré, e [figyʀe] *adj.* (*sens*) übertragen; (*langage*) bilderreich
figurer [figyʀe] <1> **I.** *v. intr.* ❶ THEAT, CINE als Statist auftreten ❷ (*être mentionné*) stehen **II.** *v. pron.* **se** ~ **qc** sich (*Dat*) etw vorstellen
figurine [figyʀin] *f* Figürchen *nt*
fil [fil] *m* ❶ (*brin*) Faden *m;* (*de haricot*) Faser *f;* (*corde à linge*) [Wäsche]leine *f;* ~ **de fer** Eisendraht *m;* (*personne maigre*) Bohnenstange *f* ❷ ELEC Leitung *f;* (*d'un téléphone*) Schnur *f* ▶ **au ~ des ans** im Laufe der Jahre
filament [filamɑ̃] *m* ELEC Glühfaden *m*
filandreux, -euse [filɑ̃dʀø, -øz] *adj.* (*viande*) sehnig, flachsig (A)
filasse [filas] *adj. inv. péj* (*cheveux*) strohig
filature [filatyʀ] *f* ❶ (*usine*) Spinnerei *f* ❷ (*action*) Spinnen *nt* ❸ (*surveillance*) Beschattung *f;* **prendre qn en** ~ jdn beschatten
file [fil] *f* ❶ (*colonne*) Reihe *f;* (*d'attente*) Schlange *f;* **se mettre à la** ~ sich [hinten] anstellen ❷ (*voie de circulation*) [Fahr]spur *f;* **prendre la ~ de droite** sich rechts einordnen ▶ **en ~ indienne** im Gänsemarsch
filer [file] <1> **I.** *v. intr.* ❶ (*maille*) laufen; (*collant*) eine Laufmasche haben ❷ (*personne*) rennen; (*en voiture*) rasen; (*véhicule*) rasen; (*étoile*) vorbeiziehen; (*temps*) verfliegen ❸ *fam* (*partir vite*) lossausen; (*se retirer*) sich verziehen **II.** *v. tr.* ❶ (*tisser*) spinnen ❷ (*surveiller*) ~ **qn** jdn beschatten ❸ *fam* (*donner*) ~ **de l'argent à qn** jdm Geld geben; ~ **une claque à qn** jdm eine Ohrfeige verpassen
filet [filɛ] *m* ❶ (*réseau de maille*) Netz *nt* ❷ GASTR Filet *nt* ❸ (*petite quantité*) ~ **d'huile** Schuss *m* Öl; ~ **d'eau** Wasserstrahl *m*
filetage [filtaʒ] *m* Gewinde *nt*
filial, e [filjal, jo] <-aux> *adj.* (*amour*) kindlich
filiale [filjal] *f* Tochtergesellschaft *f*
filiation [filjasjɔ̃] *f* Abstammung *f*
filière [filjɛʀ] *f* ❶ (*suite de formalités*) Dienstweg *m* ❷ UNIV Studiengang *m* ❸ (*de la drogue*) Ring *m*
filiforme [filifɔʀm] *adj.* (*jambes, personne*) spindeldürr; (*antennes*) fadenförmig
filigrane [filigʀan] *m* (*d'un billet de banque*) Wasserzeichen *nt*
fille [fij] *f* ❶ (*opp: garçon*) Mädchen *nt,* Gitsch[e] *f* (A); **jeune** ~ junges Mädchen ❷ (*opp: fils*) Tochter *f*
fillette [fijɛt] *f* kleines Mädchen
filleul, e [fijœl] *m, f* Patenkind *nt*
film [film] *m* Film *m;* ~ **vidéo/d'action** Video-/Actionfilm; ~ **plastique** Plastikfolie *f*
filmer [filme] <1> *v. tr., intr.* filmen
filmographie [filmɔgʀafi] *f* Filmverzeichnis *nt*
filon [filɔ̃] *m* ❶ MINER Ader *f* ❷ *fam* (*travail*) lukrativer Job
filou [filu] *m fam* (*escroc*) Gauner *m;* (*coquin*) Schlingel *m*
filouter [filute] <1> *v. tr. fam* übers Ohr hauen
fils [fis] *m* Sohn *m;* **Dupont** ~ Dupont junior; **Alexandre Dumas** ~ Alexandre Dumas der Jüngere ▶ **de père en fils** von Generation zu Generation; **être bien le ~ de son père** ganz der Vater sein
filtrage [filtʀaʒ] *m* Filtern *nt*
filtrant, e [filtʀɑ̃, ɑ̃t] *adj.* Filter-
filtre [filtʀ] *m* Filter *m o nt*

filtrer [filtʀe] <1> *v. tr.* filtern; (*informations*) genau überprüfen

fin [fɛ̃] *f* ❶ (*issue*) Ende *nt;* **à la ~** am Ende; **sans ~** endlos; **mettre ~ à qc** einer S. (*Dat*) ein Ende bereiten; **~ de siècle** Jahrhundertwende *f;* **la ~ du monde** der Weltuntergang; **~ de série** Restposten *m;* **être en ~ de droits** keinen Anspruch auf Arbeitslosengeld mehr haben ❷ (*mort*) Ende *nt* ❸ (*but*) **arriver à ses ~s** sein Ziel erreichen ▸ **en ~ de compte** letztlich, letzten Endes; **arrondir ses ~s de mois** sein Gehalt aufbessern

fin, e [fɛ̃, fin] **I.** *adj.* ❶ (*cheveux, sable*) fein; (*couche, étoffe, tranche*) dünn ❷ (*traits, visage*) fein; (*jambes, taille*) schlank ❸ (*mets*) erlesen; (*vin*) erstklassig; (*lingerie*) Fein- ❹ (*personne*) klug; (*dans ses remarques*) feinsinnig; (*dans ses actes*) geschickt; (*humour, nuance*) fein; (*esprit, observation*) scharfsinnig; (*remarque*) geistreich ❺ *antéposé* (*cuisinier, tireur*) ausgezeichnet; **~ connaisseur** Spezialist *m* **II.** *adv.* (*soûl*) völlig; (*prêt*) ganz

final, e [final] <s> *adj.* endgültig; (*point, accord*) Schluss-; (*consonne, résultat*) End-

finale [final] <s> *f* Finale *nt*

finalement [finalmɑ̃] *adv.* schließlich

finaliste [finalist] *mf* Finalist(in) *m(f)*

finalité [finalite] *f* PHILOS Zweckbestimmtheit *f*

finances [finɑ̃s] *fpl* Finanzen *Pl;* **les Finances** (*ministère*) das Finanzministerium

financement [finɑ̃smɑ̃] *m* Finanzierung *f*

financer [finɑ̃se] <2> *v. tr.* finanzieren

financier [finɑ̃sje] *m* Finanzier *m*

financier, -ière [finɑ̃sje, -jɛʀ] *adj.* (*problèmes*) finanziell; (*crise, politique*) Finanz-; **soucis ~s** Geldsorgen *Pl*

financièrement [finɑ̃sjɛʀmɑ̃] *adv.* finanziell [gesehen]

finasser [finase] <1> *v. intr.* mit Tricks arbeiten

finaud, e [fino, od] **I.** *adj.* pfiffig **II.** *m, f* Pfiffikus *m*

fine [fin] *f* feiner Weinbrand

finement [finmɑ̃] *adv.* ❶ (*brodé, ciselé*) [sehr] fein ❷ (*agir*) clever; (*manœuvrer, observer*) geschickt

finesse [finɛs] *f* ❶ Feinheit *f;* (*des mains, de la taille*) Zierlichkeit *f* ❷ (*d'une personne*) Scharfsinn *m;* (*d'une allusion*) Spitzfindigkeit *f*

fini [fini] *m* (*d'un produit*) sorgfältige Verarbeitung

fini, e [fini] *adj.* ❶ **être ~** zu Ende sein; (*travail, études*) beendet sein ❷ (*personne*) erledigt ❸ (*nombre*) endlich ❹ *péj* (*menteur, voleur*) ausgemacht ❺ (*cousu*) **bien/mal ~** gut/schlecht gearbeitet

finir [finiʀ] <8> **I.** *v. intr.* ❶ (*rue, propriété*) enden; (*vacances, spectacle*) zu Ende sein; (*contrat*) auslaufen; **bien/mal ~** ein gutes/böses Ende nehmen; **n'en pas ~** kein Ende nehmen ❷ (*terminer*) aufhören; **avoir fini** fertig sein; **je finirai par le plus important ...** zum Abschluss nun das Wichtigste ...; **en ~ avec qc** eine Lösung für etw finden ❸ SPORT **~ à la quatrième place** auf Platz vier kommen ❹ (*en venir à*) **~ par faire qc** schließlich etw tun ❺ (*se retrouver*) **~ en prison** im Gefängnis enden **II.** *v. tr.* ❶ beenden; (*devoirs*) fertig machen; **~ de manger** fertig essen; **~ de s'habiller** sich fertig anziehen; **~ le mois** in diesem Monat mit dem Geld auskommen ❷ (*plat*) aufessen; (*assiette*) leer essen; (*bouteille, verre*) leer trinken (*fam*) ❸ (*passer la fin de*) **~ ses jours à la campagne** den Rest seiner Tage auf dem Land verbringen ❹ (*dispute*) aufhören mit

finish [finiʃ] *m inv.* SPORT Endspurt *m*

finition [finisjɔ̃] *f* (*action*) Fertigstellung *f;* TECH *gén. pl.* Feinarbeiten *Pl;* (*résultat*) Verarbeitung *f*

finlandais, e [fɛ̃lɑ̃dɛ, ɛz] *adj.* finnisch

Finlandais, e [fɛ̃lɑ̃dɛ, ɛz] *m, f* Finne *m*/Finnin *f*

Finlande [fɛ̃lɑ̃d] *f* **la ~** Finnland *nt*

finnois [finwa] *m* Finnisch *nt; voir a.* **allemand**

finnois, e [finwa, waz] *adj.* finnisch; *voir a.* **allemand**

Finnois, e [finwa, waz] *m, f* Finne *m*/Finnin *f*

fiole [fjɔl] *f* Phiole *f*

fiord [fjɔʀd] *m* Fjord *m*

fioriture [fjɔʀityʀ] *f* Schnörkel *m*

firent [fiʀ] *passé simple de* **faire**

firmament [fiʀmamɑ̃] *m* Firmament *nt*

firme [fiʀm] *f* Firma *f*

fis [fi] *passé simple de* **faire**
fisc [fisk] *m* Fiskus *m*
fiscal, e [fiskal, o] <-aux> *adj.* Steuer-
fiscalité [fiskalite] *f* Steuerwesen *nt*
fission [fisjɔ̃] *f* Spaltung *f*
fissure [fisyʀ] *f* Riss *m;* (*d'un vase*) Sprung *m*
fissurer [fisyʀe] <1> **I.** *v. tr.* (*éclair*) Risse verursachen in (+ *Dat*) **II.** *v. pron.* **se ~** rissig werden
fiston [fistɔ̃] *m fam* Sohnemann *m*
fit [fi] *passé simple de* **faire**
fîtes [fit] *passé simple de* **faire**
fitness [fitnɛs] *m* Fitness *f;* **club de ~** Fitnessstudio *nt*
fixateur [fiksatœʀ] *m* PHOT Fixiermittel *nt*
fixation [fiksasjɔ̃] *f* ❶ (*obsession*) Fixierung *f;* **faire une ~ sur qn/qc** auf jdn/etw fixiert sein ❷ (*dispositif*) Befestigungsvorrichtung *f*
fixe [fiks] **I.** *adj.* fest; (*point*) Fix-; (*idée*) fix; (*regard*) starr **II.** *m* festes Gehalt **III.** *interj.* **~!** stillgestanden!
fixé, e [fikse] *adj.* **ne pas encore être ~** noch nicht so recht wissen
fixement [fiksəmɑ̃] *adv.* **regarder qn/qc ~** jdn/etw anstarren
fixer [fikse] <1> **I.** *v. tr.* ❶ (*personne*) befestigen ❷ (*regarder*) **~ qn/qc** (*personne*) auf jdn/etw starren; (*regard*) auf jdn/etw starr gerichtet sein ❸ (*arrêter*) **~ son attention sur qc** seine Aufmerksamkeit auf etw (*Akk*) richten ❹ (*règle, conditions*) festlegen; (*rendez-vous, délai*) ausmachen **II.** *v. pron.* ❶ **se ~ au mur** an der Wand befestigt werden ❷ (*s'établir*) **se ~ à Paris** sich in Paris niederlassen ❸ (*se poser*) **se ~ sur qn/qc** (*attention*) sich auf jdn/etw richten; (*choix*) auf jdn/etw fallen ❹ (*se définir*) **se ~ un but** sich (*Dat*) ein Ziel setzen
fjord [fjɔʀd] *m voir* **fiord**
flac [flak] *interj.* platsch
flacon [flakɔ̃] *m* Fläschchen *nt;* (*de parfum*) Flakon *m*
flagada [flagada] *adj. inv, fam* **être ~** fix und fertig sein
flagellation [flaʒelasjɔ̃] *f* Geißelung *f*
flageller [flaʒele] <1> *v. tr., pron.* [**se**] **~** [sich] geißeln
flageoler [flaʒɔle] <1> *v. intr.* (*jambes*) zittern
flageolet [flaʒɔlɛ] *m* MUS Flageolett *nt*
flagrant, e [flagʀɑ̃, ɑ̃t] *adj.* offenkundig
flair [flɛʀ] *m* (*du chien*) Geruchssinn *m* ▸ **avoir du ~** eine feine Nase haben
flairer [fleʀe] <1> *v. tr.* (*pressentir*) wittern
flamand [flamɑ̃] *m* Flämisch *nt; voir a.* **allemand**
flamand, e [flamɑ̃, ɑ̃d] *adj.* flämisch; *voir a.* **allemand**
Flamand, e [flamɑ̃, ɑ̃d] *m, f* Flame *m*/Flämin *f*
flamant [flamɑ̃] *m* Flamingo *m*
flambé, e [flɑ̃be] *adj.* GASTR flambiert
flambeau [flɑ̃bo] <x> *m* Fackel *f*
flambée [flɑ̃be] *f* ❶ (*feu*) [hell] loderndes Feuer *nt* ❷ (*du dollar*) plötzlicher Anstieg
flamber [flɑ̃be] <1> **I.** *v. intr.* brennen; (*maison*) lichterloh brennen **II.** *v. tr.* GASTR flambieren
flamboyant, e [flɑ̃bwajɑ̃, jɑ̃t] *adj.* ❶ (*feu*) lodernd; (*couleur*) leuchtend; (*soleil*) glühend ❷ ART spätgotisch
flamboyer [flɑ̃bwaje] <6> *v. intr.* [auf]lodern; (*soleil*) glühen; (*couleur*) leuchten
flamenco [flamɛnko] *m* Flamenco *m*
flamme [flam] *f* ❶ Flamme *f* ❷ *pl* (*brasier*) Feuer *nt;* **être en ~s** in Flammen stehen ❸ (*des yeux*) Feuer *nt*
flammèche [flamɛʃ] *f* brennendes Teilchen
flan [flɑ̃] *m* GASTR (*préparé au four*) Flan *m;* (*crème*) Pudding *m*
flanc [flɑ̃] *m* Seite *f;* (*d'une montagne*) Hang *m*
flancher [flɑ̃ʃe] <1> *v. intr. fam* (*personne*) kneifen; (*cœur, mémoire*) nicht mehr mitmachen
Flandre [flɑ̃dʀ] *f* **la ~, les ~s** Flandern *nt*
flanelle [flanɛl] *f* Flanell *m*
flâner [flɑne] <1> *v. intr.* ❶ (*se promener*) bummeln ❷ (*musarder*) herumtrödeln
flânerie [flɑnʀi] *f* ❶ (*promenade*) Umherschlendern *nt* ❷ (*musardise*) Herumtrödeln *nt*
flâneur, -euse [flɑnœʀ, -øz] *m, f* Müßiggänger *m*
flanquer [flɑ̃ke] <1> *v. tr. fam* ❶ (*chose*) schmeißen; **~ qn dehors** jdn rausschmeißen ❷ (*donner*) **~ une gifle à qn** jdm eine runterhauen

flapi, e [flapi] *adj. fam* hundemüde
flaque [flak] *f* Pfütze *f;* (*de sang*) Lache *f*
flash [flaʃ] <es> *m* ① PHOT Blitz *m* ② RADIO, TV **~ d'information** Kurznachrichten *Pl* ③ CINE Flash *m*
flash-back [flaʃbak] *m inv.* Rückblende *f*
flasher [flaʃe] <1> *fam* **I.** *v. tr.* (*au radar*) blitzen; **se faire ~** geblitzt werden **II.** *v. intr.* ① **~ sur qn/qc** voll auf jdn/etw abfahren ② (*être excellent*) flashen
flasque [flask] *adj.* schlaff
flatter [flate] <1> *v. tr.* schmeicheln
flatterie [flatʀi] *f* Schmeichelei *f*
flatteur, -euse [flatœʀ, -øz] **I.** *adj.* schmeichelhaft **II.** *m, f* Schmeichler(in) *m(f)*
fléau [fleo] <x> *m* Plage *f*
flèche [flɛʃ] *f* ① a. MATH Pfeil *m* ② (*toit pointu*) [Turm]spitze *f* ▸ **en ~** blitzschnell
flécher [fleʃe] <5> *v. tr.* mit Pfeilen markieren
fléchette [fleʃɛt] *f* ① (*petite flèche*) kleiner Pfeil ② *pl* (*jeu*) Darts *nt*
fléchir [fleʃiʀ] <8> **I.** *v. tr.* (*bras, genoux*) beugen **II.** *v. intr.* ① (*se plier*) sich beugen ② (*céder*) schwach werden; (*volonté*) schwächer werden
fléchissement [fleʃismɑ̃] *m* (*du bras, de la jambe*) Beugen *nt;* (*de la poutre, planche*) Biegen *nt*
flegmatique [flɛgmatik] *adj.* phlegmatisch
flegme [flɛgm] *m* ① (*placidité*) Gelassenheit *f* ② (*lourdeur*) Phlegma *nt*
flemmard, e [flemaʀ, aʀd] **I.** *adj. fam* faul **II.** *m, f fam* Faulpelz *m*
flemme [flɛm] *f fam* **avoir la ~ de faire qc** zu faul sein etw zu tun
flétri, e [fletʀi] *adj.* (*plante*) welk; (*fleur*) verwelkt
flétrir [fletʀiʀ] <8> *v. pron.* **se ~** (*plante, fleur*) verwelken; (*visage*) welk werden
flétrissement [fletʀismɑ̃] *m* BOT Welken *nt*
fleur [flœʀ] *f* ① Blume *f;* (*partie d'une plante*) Blüte *f;* **en ~[s]** blühend ② (*objet, motif, dessin décoratif*) Blume *f;* **à ~s** (*chapeau*) blumengeschmückt; (*tissu, papier*) geblümt ③ (*compliment*) **jeter des ~s à qn** *fam* jdm Komplimente machen ▸ **~ bleue** sentimental
fleuret [flœʀɛ] *m* Florett *nt*
fleurette [flœʀɛt] ▸ **conter ~ à une femme** *iron* [in Gegenwart einer Frau] Süßholz raspeln
fleuri, e [flœʀi] *adj.* ① (*en fleurs*) blühend ② (*garni de fleurs*) blumengeschmückt ③ (*aux motifs floraux*) geblümt ④ (*style*) blumig
fleurir [flœʀiʀ] <8> **I.** *v. intr.* blühen **II.** *v. tr.* mit Blumen schmücken
fleuriste [flœʀist] *mf* Blumenhändler(in) *m(f)*
fleuron [flœʀɔ̃] *m* ART (*d'une couronne*) stilisierte Blume; (*de ferronnerie*) Eisenzacke *f* ▸ **être le [plus beau] ~ d'une collection** das Schmuckstück einer Sammlung sein
fleuve [flœv] *m* Fluss *m;* (*très grand*) Strom *m*
flexibilité [flɛksibilite] *f* ① (*souplesse*) Biegsamkeit *f* ② (*adaptabilité*) Flexibilität *f*
flexible [flɛksibl] *adj.* ① (*souple*) biegsam ② (*adaptable*) flexibel
flexion [flɛksjɔ̃] *f* Beugen *nt*
flibustier [flibystje] *m* Freibeuter(in) *m(f)*
flic [flik] *m fam* Bulle *m*
flicaille [flikɑj] *f péj fam* Bullen *Pl*
flic flac [floc] [flikflak(flɔk)] pitsch, patsch
flingue [flɛ̃g] *m fam* Knarre *f*
flinguer [flɛ̃ge] <1> **I.** *v. tr. fam* abknallen **II.** *v. pron. fam* **se ~** sich (*Dat*) eine Kugel in den Kopf jagen
flippant, e [flipɑ̃, ɑt] *adj. fam* Horror-; **moments ~s** Horrorzeit *f;* **de la musique ~e** Musik, die einen runterzieht/runterzog/...
flipper[1] [flipœʀ] *m* Flipper *m*
flipper[2] [flipe] <1> *v. intr. fam* eine Mordsangst haben
flique [flik] *adj.* **ça fait ~** *fam* das geht einem/mir/ihm/... auf den Zeiger
fliquer [flike] <1> *v. tr. fam* auf Schritt und Tritt bewachen
flirt [flœʀt] *m* Flirt *m*
flirter [flœʀte] <1> *v. intr. a. fig* flirten
floc [flɔk] ▸ **faire ~ [~]** (*caillou qui tombe dans l'eau*) plumps machen; (*bottes qui ont pris l'eau*) platsch machen
flocon [flɔkɔ̃] *m* Flocke *f;* **~s de maïs** GASTR Cornflakes *Pl*

floconneux, **-euse** [flɔkɔnø, øz] *adj.* flockig

flonflons [flɔ̃flɔ̃] *mplfam* Klänge *Pl*

flop [flɔp] **faire ~** platsch machen (*fam*)

flopée [flɔpe] *f fam* (*de gamins*) Haufen *m;* (*de badauds*) Menge *f;* (*de touristes*) Masse *f*

floraison [flɔʀɛzɔ̃] *f* Blüte[zeit *f*] *f*

floral, **e** [flɔʀal, o] <-aux> *adj.* Blumen-

flore [flɔʀ] *f* Flora *f*

florilège [flɔʀilɛʒ] *m* Auswahl *f*

florin [flɔʀɛ̃] *m* Gulden *m*

florissait [flɔʀisɛ] *imparf de* **fleurir**

florissant, **e** [flɔʀisɑ̃, ɑ̃t] *adj.* blühend

flot [flo] *m* ❶ Flut *f* ❷ *soutenu* (*de personnes*) Scharen *Pl* ▸ **être à ~** (*bateau*) flott sein

flottaison [flɔtɛzɔ̃] *f* **ligne de ~** Wasserlinie *f*

flottant, **e** [flɔtɑ̃, ɑ̃t] *adj.* ❶ (*glace, bois*) Treib- ❷ (*foulard, drapeaux*) flatternd; (*crinière*) wehend; (*chevelure*) fliegend ❸ (*instable*) schwankend; (*monnaie*) fluktuierend

flotte[1] [flɔt] *f* MIL, ECON Flotte *f;* **~ aérienne** Luftflotte *f*

flotte[2] [flɔt] *f fam* Wasser *nt;* (*pluie*) Regen *m*

flottement [flɔtmɑ̃] *m* (*hésitation*) Schwanken *nt*

flotter [flɔte] <1> **I.** *v. intr.* ❶ schwimmen; (*brouillard*) hängen; (*parfum*) schweben ❷ (*onduler*) flattern ❸ (*hésiter*) zögern **II.** *v. intr. impers, fam* (*pleuvoir*) schütten

flotteur [flɔtœʀ] *m* TECH Schwimmer *m*

flou [flu] **I.** *m* ❶ Verschwommenheit *f;* (*d'une pensée*) Unbestimmtheit *f* ❷ CINE, PHOT **~ artistique** weiche Manier; *iron* gewollte Unklarheit **II.** *adv.* verschwommen

flou, **e** [flu] *adj.* ❶ verschwommen; (*photo*) unscharf ❷ (*pensée*) vage

flouer [flue] <1> *v. tr. fam* reinlegen

flouter [flute] <1> *v. tr.* INFORM verpixeln

fluctuation [flyktɥasjɔ̃] *f gén. pl.* Fluktuation *f;* (*de l'opinion*) Schwanken *nt kein Pl.*

fluctuer [flyktɥe] <1> *v. intr.* schwanken

fluet, **te** [flyɛ, ɛt] *adj.* zart

fluide [flyid] **I.** *adj.* flüssig **II.** *m* ❶ CHIM Flüssigkeit *f* ❷ (*force occulte*) Fluidum *nt*

fluidifier [flɥidifje] <1> *v. tr.* verflüssigen

fluidité [flɥidite] *f* (*du sang*) Dünnflüssigkeit *f;* (*d'un style*) Flüssigkeit *f;* **~ du trafic** Verkehrsfluss *m*

fluo [flyɔ] *adj. sans pl. abr. de* **fluorescent**

fluor [flyɔʀ] *m* Fluor *nt*

fluoré, **e** [flyɔʀe] *adj.* mit Fluor angereichert

fluorescence [flyɔʀesɑ̃s] *f* Fluoreszenz *f*

fluorescent, **e** [flyɔʀesɑ̃, ɑ̃t] *adj.* leuchtend

flûte [flyt] **I.** *f* Flöte *f;* (*pain*) dünnes Stangenweißbrot **II.** *interj. fam* verflixt

flûtiste [flytist] *mf* Flötist(in) *m(f)*

fluvial, **e** [flyvjal, jo] <-aux> *adj.* Fluss-; (*port*) Binnen-; (*transport*) auf Binnenwasserstraßen

flux [fly] *m* ❶ Flut *f;* **le ~ et le reflux** (*marée*) Ebbe *f* und Flut *f;* (*alternance*) das Auf und Ab ❷ MED **~ de sang** Blutung *f* ❸ PHYS, ECON Fluss *m*

fluxion [flyksjɔ̃] *f* Entzündung *f*

FM [ɛfɛm] *f abr. de* **Frequency Modulation** Frequenzmodulation *f*

FMI [ɛfɛmi] *m abr. de* **Fonds monétaire international** IWF *m*

FN [ɛfɛn] *m abr. de* **Front national** FN *m (rechtsradikale französische Partei)*

focal, **e** [fɔkal, o] <-aux> *adj.* (*distance, plan*) Brenn-

focale [fɔkal] *f* Brennweite *f*

focaliser [fɔkalize] <1> *v. tr. fig* (*attention*) richten auf (+ *Akk*)

foehn [føn] *m* ❶ (*vent*) Föhn *m* ❷ CH (*sèche-cheveux*) Föhn *m*

fœtal, **e** [fetal, o] <-aux> *adj.* des Fötus; (*position*) Embryonal-

fœtus [fetys] *m* Fötus *m*

fofolle [fɔfɔl] *adj. voir* **foufou**

foi [fwa] *f* ❶ (*croyance*) **~ en qn** Glaube[n] *m* an jdn; **avoir la ~** gläubig sein ❷ (*confiance*) **avoir ~ en qn/qc** *soutenu* Vertrauen *nt* zu jdm/in etw (*Akk*) haben ▸ **être de <u>bonne</u>/<u>mauvaise</u> ~** aufrichtig/unaufrichtig sein; **<u>avoir</u> la ~** mit Überzeugung bei der Sache sein; **<u>ma</u> ~** na ja; **<u>ma</u> ~ oui/non** aber ja/nein

foie [fwa] *m* Leber *f;* **avoir mal au ~** eine Magenverstimmung haben

foin [fwɛ̃] *m sans pl.* Heu *nt;* (*herbe sur pied*) Wiesengras *nt*

foire [fwaʀ] *f* ❶ (*grand marché*) [Waren]markt *m* ❷ (*exposition commerciale*) [Waren]messe *f* ❸ (*fête foraine*) Jahrmarkt *m*; ~ **du Trône** *ein traditioneller Pariser Jahrmarkt* ❹ *fam* (*endroit bruyant*) Rummel *m* ▸**faire la** ~ *fam* durchfeiern

foirer [fwaʀe] <1> *v. intr. fam* (*rater*) schiefgehen

foireux, -euse [fwaʀø, -øz] *adj. fam* feige

fois [fwa] *f* ❶ **une** ~ einmal/ein Mal; **une** ~ **par an** einmal im Jahr; **les autres** ~ sonst; [**à**] **chaque** ~ jedesmal; **à chaque** ~ **que ...** jedes Mal wenn ...; **c'est la dernière** ~ das ist das letzte Mal; **en plusieurs** ~ in mehreren Etappen; **il était une** ~ **...** es war einmal ...; **pour la première** ~ zum ersten Mal; **pour une** ~ ausnahmsweise; **trente-six** ~ x-mal; **une dernière** ~ ein letztes Mal ❷ *dans un comp* **deux** ~ **plus/moins vieux que qn/qc** doppelt/halb so alt wie jd/etw; **cinq** ~ **plus d'argent/de personnes** fünfmal so viel Geld/Personen ❸ (*comme multiplicateur*) **9** ~ **3 font 27** 9 mal 3 ist 27 ▸**plutôt deux** ~ **qu'une** herzlich gern[e]; **c'est trois** ~ **rien** das ist nicht der Rede wert; **un** [**seul**] **enfant/bateau à la** ~ ein Kind/Schiff nach dem anderen; [**tout**] **à la** ~ gleichzeitig; **des** ~ *fam* ab und zu; **une** ~ **parti, ...** als er schließlich weg war, ...; **une** ~ **que ...** sobald ...

foison [fwazɔ̃] ▸**à** ~ in Hülle und Fülle

foisonnement [fwazɔnmɑ̃] *m* Fülle *f*

foisonner [fwazɔne] <1> *v. intr.* reichlich vorhanden sein

fol [fɔl] *adj. voir* **fou**

folâtre [fɔlɑtʀ] *adj.* ausgelassen

folâtrer [fɔlɑtʀe] <1> *v. intr.* sich tummeln

folichon, ne [fɔliʃɔ̃, ɔn] *adj. fam* **ne pas être** ~ nicht gerade umwerfend sein

folie [fɔli] *f* ❶ (*démence*) Wahnsinn *m* ❷ (*déraison*) Verrücktheit *f* ❸ (*passion*) **avoir la** ~ **de qc** verrückt nach etw (*Dat*) sein; **aimer qn/qc à la** ~ jdn/etw wahnsinnig lieben ❹ (*conduite, paroles*) Torheit *f*

folio [fɔljo] *m* TYP ❶ (*feuillet*) Folio[blatt nt] *nt* ❷ (*numéro*) Seitenzahl *f*

folklo [fɔlklo] *adj. inv, fam abr. de* **folklorique**

folklore [fɔlklɔʀ] *m* Folklore *f*

folklorique [fɔlklɔʀik] *adj.* folkloristisch

folle [fɔl] **I.** *adj. voir* **fou II.** *f fam* (*homosexuel*) [**grande**] ~ Tunte *f*, Tucke *f*

follement [fɔlmɑ̃] *adv.* wahnsinnig (*fam*); (*amoureux*) unsterblich; (*comique*) irrsinnig

foncé, e [fɔ̃se] *adj.* dunkel; (*bleu, rouge*) dunkel-

foncer [fɔ̃se] <2> **I.** *v. tr.* dunkler machen **II.** *v. intr.* ❶ (*se jeter sur*) losgehen ❷ *fam* (*aller très vite*) [los]wetzen ❸ (*devenir plus foncé*) dunkler werden

fonceur, -euse [fɔ̃sœʀ, -øz] *m, f* Draufgänger(in) *m(f)*

foncier, -ière [fɔ̃sje, -jɛʀ] *adj.* Grund-; (*revenus*) aus Liegenschaften *Pl*

foncièrement [fɔ̃sjɛʀmɑ̃] *adv.* von Grund auf

fonction [fɔ̃ksjɔ̃] *f* ❶ Funktion *f*; **qn a pour** ~ **de faire qc** jds Aufgabe ist es, etw zu tun; **faire** ~ **de qc** als etw dienen; **faire** ~ **de qn** jds Rolle übernehmen ❷ (*activité professionnelle*) Tätigkeit *f* ❸ (*charge*) Amt *nt* ❹ BIO, LING, MATH, TECH, INFORM Funktion *f* ❺ CHIM Wirkung *f* ▸**la** ~ **publique** der öffentliche Dienst; **être** ~ **de qc** von etw abhängen; **en** ~ **de qc** einer S. (*Dat*) entsprechend

fonctionnaire [fɔ̃ksjɔnɛʀ] *mf* Beamte(r) *m*/Beamtin *f*

fonctionnalité [fɔ̃ksjɔnalite] *f* ❶ *sans pl.* Funktionalität *f* ❷ *gén. pl.* INFORM Funktionen *Pl*

fonctionnariser [fɔ̃ksjɔnaʀize] <1> *v. tr.* (*entreprise, personne*) in den Staatsdienst übernehmen

fonctionnel, le [fɔ̃ksjɔnɛl] *adj.* funktionell; MED, MATH Funktions-

fonctionnement [fɔ̃ksjɔnmɑ̃] *m* Funktionieren *nt*

fonctionner [fɔ̃ksjɔne] <1> *v. intr.* funktionieren; (*organe, administration*) arbeiten

fond [fɔ̃] *m* ❶ a. GASTR Boden *m*; (*de la mer*) Grund *m* ❷ (*d'une pièce, d'un couloir*) hinterer Teil; **au** ~ **de qc** in der Tiefe von etw; **au** ~ **du jardin** [ganz] am Ende des Gartens; **au** ~ **de la cour** hinten im Hof ❸ **le** ~ (*du cœur, de l'âme*) das Innere; **avoir un bon** ~ einen guten Kern haben; **du** ~ **du cœur** von ganzem Herzen ❹ (*degré le *plus bas*) **être au ~ de l'abîme** am Boden zerstört sein ❺ (*ce qui est essentiel*) **le ~** (*des choses*) das Wesentliche; (*d'un problème*) der Kern ❻ (*opp: forme*) Inhalt *m* ❼ (*de bouteille, verre*) Rest *m* ❽ (*sonore*) Hintergrund *m* ❾ SPORT **course de ~** Langstreckenlauf *m;* **ski de ~** [Ski]langlauf *m* ❿ (*base*) **~ de teint** Grundierung *f* ▸ **à ~** voll und ganz; (*nettoyer, remanier*) gründlich; (*respirer*) tief; (*connaître*) in- und auswendig; **à ~ la caisse** *fam* mit einem Affenzahn; **au ~, ...** *fam* im Grunde genommen ...; **de ~** Haupt-; (*article*) Leit-

fondamental, e [fɔ̃damɑ̃tal, o] <-aux> *adj.* ❶ grundlegend; (*élément, loi*) Grund- ❷ (*essentiel*) wesentlich

fondamentalement [fɔ̃damɑ̃talmɑ̃] *adv.* von Grund auf; (*modifier*) grundlegend; (*opposé*) grund-

fondamentaliste [fɔ̃damɑ̃talist] *mf* REL Fundamentalist(in) *m(f)*

fondant, e [fɔ̃dɑ̃, ɑ̃t] *adj.* ❶ (*glace*) schmelzend ❷ (*poire*) saftig ❸ (*tendre*) zart

fondateur, -trice [fɔ̃datœʀ, -tʀis] *m, f* (*d'une usine, ville*) Gründer(in) *m(f)*

fondation [fɔ̃dasjɔ̃] *f* ❶ (*fait de fonder*) Gründung *f* ❷ (*établissement*) Stiftung *f* ❸ ARCHIT *pl* Fundament *nt*

fondé, e [fɔ̃de] *adj.* **bien ~** (*crainte, critique*) berechtigt; (*opinion*) fundiert

fondement [fɔ̃dmɑ̃] *m* Grundlage *f;* **ne reposer sur aucun ~** völlig unbegründet sein

fonder [fɔ̃de] <1> **I.** *v. tr.* ❶ gründen; (*dispensaire, institution*) ins Leben rufen ❷ (*faire reposer*) **~ une décision sur qc** eine Entscheidung mit etw begründen **II.** *v. pron.* **se ~ sur qc** (*personne*) sich auf etw (*Akk*) berufen; (*raisonnement*) durch etw (*Akk*) begründet sein

fonderie [fɔ̃dʀi] *f* [Metall]gießerei *f*

fondeur [fɔ̃dœʀ] *m* [Metall]gießer(in) *m(f)*

fondeur, -euse [fɔ̃dœʀ, -øz] *m, f* (*au ski*) Langläufer(in) *m(f)*

fondre [fɔ̃dʀ] <14> **I.** *v. intr.* ❶ schmelzen ❷ (*se dissoudre*) **~ dans un liquide** zerfließen; **~ sous la langue** auf der Zunge zergehen ❸ (*s'attendrir*) **~ en larmes** in Tränen ausbrechen ❹ (*diminuer rapidement: argent, muscles*) dahinschwinden; (*diminuer partiellement*) [zusammen]schrumpfen **II.** *v. tr.* ❶ schmelzen; (*bijoux, argenterie*) einschmelzen; (*beurre*) zerlassen ❷ (*fabriquer*) gießen **III.** *v. pron.* **se ~ dans qc** ❶ (*former un tout avec*) in etw (*Dat*) aufgehen ❷ (*disparaître*) in etw (*Dat*) verschwinden

fonds [fɔ̃] *m* ❶ (*commerce*) Geschäft *nt* ❷ (*capital*) Vermögen *nt;* **~ publics** [*o* **d'État**] öffentliche Gelder *Pl*

fondu, e [fɔ̃dy] **I.** *part. passé de* **fondre** **II.** *adj.* (*fromage*) Schmelz-; **neige ~e** Schneeregen *m;* (*au sol*) Pappschnee *m*

fondue [fɔ̃dy] *f* Fondue *nt;* **~ savoyarde** Käsefondue

font [fɔ̃] *indic. prés. de* **faire**

fontaine [fɔ̃tɛn] *f* Brunnen *m* ▸ **pleurer comme une ~** *iron* wie ein Schlosshund heulen (*fam*)

fonte [fɔ̃t] *f* ❶ Schmelzen *nt* ❷ (*métal*) Gusseisen *nt*

fonts [fɔ̃] *mpl* **~ baptismaux** Taufstein *m*

foot [fut] *m sans pl. abr. de* **football** Fußball *m*

football [futbol] *m sans pl.* Fußball *m*

footballeur, -euse [futbolœʀ, -øz] *m, f* Fußballspieler(in) *m(f)*

footing [futiŋ] *m* Joggen *nt;* **faire du/son ~** joggen

for [fɔʀ] ▸ **en/dans mon/son ~ intérieur** in meinem/seinem/ihrem tiefsten Inneren

forage [fɔʀaʒ] *m* Bohrung *f*

forain, e [fɔʀɛ̃, ɛn] **I.** *adj.* (*attraction, baraque*) Jahrmarkts-; **fête ~e** Jahrmarkt *m* **II.** *m, f* Schausteller(in) *m(f)*

forçat [fɔʀsa] *m* zur Zwangsarbeit verurteilter Sträfling

force [fɔʀs] *f* ❶ a. PHYS Kraft *f* ❷ (*niveau intellectuel*) Geistesgabe *f* ❸ (*pouvoir*) Stärke *f;* **employer la ~** Gewalt anwenden ❹ *gén. pl.* (*ensemble de personnes*) Kräfte *Pl* ❺ MIL **~ de frappe** *schlagwortartige Bezeichnung für die französische Atomstreitmacht;* **~s de l'ordre** Polizei *f;* **~[s] armée[s]** Streitkräfte *Pl* ❻ (*d'un argument, préjugé*) Stärke *f* ❼ (*principe d'action*) Kraft *f;* (*de la nature, du mal*) Kräfte *Pl* ❽ (*d'un choc, coup*) Wucht *f;* (*du vent*) Stärke *f;* (*d'un désir, d'une passion*) Heftigkeit *f;* **avec un vent de ~ 7** bei Windstärke 7

❾ (*d'un moteur*) Leistungskraft *f;* (*d'un médicament, poison*) Wirkungskraft *f* ❿ (*d'un style, terme*) Auskdruckskraft *f* ▸ **à** ~ mit der Zeit; **à ~ de pleurer** durch das viele Weinen; **faire qc de** ~ etw unter Zwang tun

forcé, e [fɔʀse] **I.** *part. passé de* **forcer** **II.** *adj.* ❶ (*bain, mariage*) unfreiwillig; (*travail*) Zwangs-; (*atterrissage*) Not- ❷ (*rire, sourire*) gezwungen; (*amabilité, gaieté*) aufgesetzt

forcément [fɔʀsemɑ̃] *adv.* zwangsläufig; **pas** ~ nicht unbedingt; **~!** na klar! (*fam*)

forcené, e [fɔʀsəne] **I.** *adj.* ❶ (*très violent*) gewaltig ❷ (*démesuré*) wahnsinnig **II.** *m, f* Verrückte(r) *f(m)*

forceps [fɔʀsɛps] *m sans pl.* Geburtszange *f*

forcer [fɔʀse] <2> **I.** *v. tr.* ❶ (*obliger*) zwingen ❷ (*tordre*) verbiegen ❸ (*coffre, porte, serrure*) aufbrechen; (*barrage*) durchbrechen ❹ (*admiration, estime*) hervorrufen; (*respect*) einflößen ❺ (*voix*) heben; (*pas*) beschleunigen **II.** *v. intr.* ❶ sich überanstrengen ❷ (*agir avec force*) ~ **sur qc** etw mit Gewalt tun **III.** *v. pron.* **se ~ à faire qc** sich Mühe geben etw zu tun; **se ~ à qc** sich zu etw (*Dat*) zwingen

forcing [fɔʀsiŋ] *m sans pl.* ❶ SPORT schneller Vorstoß ❷ *fam* (*déploiement d'énergie*) Kraftakt *m;* **faire le ~ pour obtenir qc** nicht locker lassen, bis man etw erreicht; **faire qc au** ~ etw unter Aufbietung aller Kräfte tun

forcir [fɔʀsiʀ] <8> *v. intr.* (*grossir*) zunehmen

forer [fɔʀe] <1> *v. tr.* bohren

forestier, -ière [fɔʀɛstje, -jɛʀ] **I.** *adj.* Wald- **II.** *m, f* Förster(in) *m(f)*

foret [fɔʀɛ] *m* Bohrer *m*

forêt [fɔʀɛ] *f* Wald *m*

forêt-noire [fɔʀɛnwaʀ] <forêts-noires> *f* (*gâteau*) Schwarzwälder Kirschtorte *f* **Forêt-Noire** [fɔʀɛnwaʀ] *f* GEO **la** ~ der Schwarzwald

forfait [fɔʀfɛ] *m* ❶ (*prix fixé*) Pauschale *f* ❷ TELEC Flatrate *f;* (*payé par avance*) Prepaid-Vertrag *m;* ~ **illimité** unbegrenzte Flatrate ❸ SPORT **le ~ de neige** die Schneepauschale ▸ **déclarer** ~ aussteigen

forfaitaire [fɔʀfɛtɛʀ] *adj.* (*indemnité*) pauschal festgesetzt; (*montant, prix*) Pauschal-

forge [fɔʀʒ] *f* (*fourneau*) Schmiedeofen *m*

forger [fɔʀʒe] <2a> *v. tr.* ❶ (*façonner*) schmieden ❷ (*excuse, prétexte*) erfinden

forgeron [fɔʀʒəʀɔ̃] *m* Schmied *m*

formaliser [fɔʀmalize] <1> *v. pron.* **se ~ de qc** Anstoß an etw (*Dat*) nehmen

formalisme [fɔʀmalism] *m péj* Überbetonung *f* der Form

formalité [fɔʀmalite] *f* ❶ ADMIN, JUR Formalität *f;* ~ **administrative** Verwaltungsformalität ❷ (*démarche de peu d'importance*) [reine] Formsache

format [fɔʀma] *m* Format *nt*

formatage [fɔʀmataʒ] *m* INFORM Formatierung *f*

formater [fɔʀmate] <1> *v. tr.* INFORM formatieren

formateur, -trice [fɔʀmatœʀ, -tʀis] *m, f* Ausbilder(in) *m(f)*

formation [fɔʀmasjɔ̃] *f* ❶ (*d'une équipe*) Aufstellung *f* ❷ LING (*d'un mot*) Bildung *f* ❸ (*du monde*) Entstehung *f;* (*du capitalisme*) Entwicklung *f;* (*d'une couche*) Bildung *f;* (*d'un embryon*) Entwicklung ❹ (*apprentissage professionnel*) Ausbildung *f;* ~ **professionnelle** Berufsausbildung; ~ **continue** Weiterbildung *f* ❺ (*éducation morale et intellectuelle*) Bildung *f* ❻ (*groupe*) Gruppe *f;* (*dans le domaine politique*) Gruppierung *f*

forme [fɔʀm] *f* ❶ Form *f;* **en ~ de croix/de cœur** kreuz-/herzförmig; **sous la ~ de qn/qc** in jds Gestalt/in der Gestalt einer S. (*Gen*); **sous toutes ses ~s** in all seinen/ihren Erscheinungsformen ❷ (*silhouette*) Gestalt *f* ❸ *pl* (*galbe du corps*) Rundungen *Pl* ❹ (*condition physique, intellectuelle*) Form *f,* Kondition *f* ❺ *pl* (*bienséance*) [Umgangs]formen *Pl* ❻ ART, LITTER, MUS [Ausdrucks]form *f* ❼ LING, JUR Form *f* ▸ **prendre** ~ (*projet*) Gestalt annehmen

formel, le [fɔʀmɛl] *adj.* ❶ (*déclaration, engagement*) ausdrücklich; (*refus*) entschieden; (*ordre*) strikt; (*preuve*) eindeutig; **être ~ sur qc** sich in Bezug auf etw (*Akk*) klar ausdrücken ❷ (*de pure forme*) formell

formellement [fɔʀmɛlmɑ̃] *adv.* ausdrücklich

former [fɔʀme] <1> **I.** *v. tr.* ❶ (*façonner*) formen ❷ (*créer*) bilden; (*association, parti*) gründen; (*complot*) schmieden ❸ (*armée*) aufbauen ❹ (*projet*) entwerfen; (*vœu*) äußern ❺ (*produire, donner*) herausbilden ❻ (*personne*) ausbilden; (*caractère*) formen ❼ (*cercle*) bilden; (*boucle*) machen **II.** *v. pron.* **se ~** sich bilden

formica® [fɔʀmika] *m* ≈ Resopal® *nt*

formidable [fɔʀmidabl] *adj.* ❶ *fam* (*film, type*) toll ❷ (*volonté*) ungeheuer; (*dépense*) gewaltig; **c'est ~!** das ist ja irre!

F

formidablement [fɔʀmidabləmɑ̃] *adv.* unheimlich

formol [fɔʀmɔl] *m* Formalin® *nt*

formulaire [fɔʀmylɛʀ] *m* Formular *nt,* Drucksorte *f* (A)

formulation [fɔʀmylasjɔ̃] *f* Formulierung *f*

formule [fɔʀmyl] *f* ❶ Formulierung *f* ❷ (*paroles rituelles*) Formel *f;* **~ de politesse** [Höflichkeits]floskel *f* ❸ (*choix, possibilité*) Angebot *nt;* **~ à dix euros** Menü *nt* zu zehn Euro ❹ (*façon de faire*) Methode *f* ❺ SCI, CHIM Formel *f* ❻ AUT, SPORT **~ I** Formel I *f*

formuler [fɔʀmyle] <1> *v. tr.* formulieren; (*requête*) abfassen

forniquer [fɔʀnike] <1> *v. intr.* **~ avec qn** mit jdm Unzucht treiben

forsythia [fɔʀsisja] *m* Forsythie *f*

fort [fɔʀ] **I.** *adv.* ❶ (*frapper*) kräftig; (*parler, crier*) laut; (*sentir*) streng riechen; **le vent souffle ~** es weht ein starker Wind ❷ (*beaucoup*) **j'en doute ~** das möchte ich stark bezweifeln ❸ *fam* (*bien*) gut ▸ **y <u>aller</u> ~** *fam* zu weit gehen **II.** *m* ❶ (*forteresse*) Fort *nt* ❷ (*spécialité*) **la cuisine, ce n'est pas mon ~** Kochen ist nicht gerade meine Stärke

fort, e [fɔʀ, fɔʀt] **I.** *adj.* ❶ (*constitution, nature*) kräftig; (*personne, animal*) stark ❷ *postposé* (*homme, régime*) stark; (*monnaie*) hart ❸ *postposé* (*carton, fil, papier*) dick ❹ (*lumière*) hell; (*averse, battement*) heftig; **~e chaleur** [Affen]hitze *f* (*fam*) ❺ (*moutarde, sauce*) scharf ❻ (*désir, douleur, rhume*) stark; (*fièvre*) hoch ❼ (*doué*) gut ❽ (*terme*) hart; **dire qc haut et ~** etw laut und deutlich sagen ❾ (*chevilles, jambes*) kräftig; (*poitrine*) groß ❿ *postposé* (*courageux*) stark ⓫ (*somme, mortalité*) hoch; (*différence*) groß; (*baisse, hausse*) stark; **il y a de ~es chances pour que** + *subj.* es bestehen gute Chancen, dass ▸ **c'<u>est</u> un peu ~!** das gibt's doch nicht! **II.** *m, f* Starke(r) *f(m)*

fortement [fɔʀtəmɑ̃] *adv.* ❶ fest; (*secouer*) kräftig ❷ (*vivement*) **insister ~ sur qc** nachdrücklich auf etw (*Dat*) bestehen

forteresse [fɔʀtəʀɛs] *f* Festung *f*

fortiche [fɔʀtiʃ] *adj. fam* **être ~ en math** in Mathe echt was loshaben

fortifiant [fɔʀtifjɑ̃] *m* (*remède*) Stärkungsmittel *nt*

fortifiant, e [fɔʀtifjɑ̃, jɑ̃t] *adj.* (*remède*) stärkend; (*nourriture*) Kraft-

fortification [fɔʀtifikasjɔ̃] *f* Befestigungsanlage *f*

fortifier [fɔʀtifje] <1> *v. tr.* ❶ (*rendre vigoureux*) kräftigen ❷ MIL befestigen

fortin [fɔʀtɛ̃] *m* kleines Fort

fortuit, e [fɔʀtɥi, it] *adj.* zufällig

fortuitement [fɔʀtɥitmɑ̃] *adv.* zufällig[erweise]

fortune [fɔʀtyn] *f* ❶ (*richesse*) Vermögen *nt;* **faire ~** reich werden ❷ *fam* (*grosse somme*) Vermögen *nt* ❸ (*chance*) Glück *nt* ▸ **<u>de</u> ~** behelfsmäßig

fortuné, e [fɔʀtyne] *adj.* wohlhabend

forum [fɔʀɔm] *m* ❶ (*débat*)a. HIST Forum *nt* ❷ (*place*) Platz *m* ❸ INET Forum *nt;* **~ de discussion sur Internet** Internetforum

fosse [fos] *f* ❶ (*cavité*) Grube *f;* GEO Graben *m* ❷ (*tombe*) Grab *nt;* (*charnier*) Massengrab *nt* ❸ ANAT **~s nasales** Nasen[neben]höhlen *Pl*

fossé [fose] *m* ❶ (*tranchée*) Graben *m* ❷ (*écart*) Kluft *f*

fossette [fosɛt] *f* Grübchen *nt*

fossile [fosil] **I.** *adj.* GEO fossil **II.** *m* GEO Fossil *nt*

fossilisation [fosilizasjɔ̃] *f* Versteinerung *f*

fossiliser [fosilize] <1> *v. tr., pron.* GEO [**se**] **~** versteinern

fossoyeur [foswajœʀ] *m* Totengräber *m*

fou, fol, folle [fu, fɔl] **I.** *adj.* ❶ (*dément*) verrückt; **devenir ~ furieux** einen Tobsuchtsanfall bekommen ❷ (*dérangé*) **être ~ à lier** völlig übergeschnappt sein (*fam*); **devenir ~** durchdrehen (*fam*) ③ (*idiot*) **qn est/serait ~ de faire qc** jd ist/wäre verrückt, etw zu tun; **il faut être ~ pour faire cela** man muss ganz schön dumm sein, um das zu tun ④ (*désir*) unbändig; (*idée, projet*) verrückt; (*amour*) wahnsinnig; **avoir le ~ rire** einen Lachkrampf bekommen ⑤ (*éperdu*) **être ~ de qn** ganz verrückt nach jdm sein (*fam*); **être ~ de qc** ganz versessen auf etw (*Akk*) sein (*fam*) ⑥ (*courage, énergie, mal*) wahnsinnig (*fam*); **un monde ~** wahnsinnig viele Leute (*fam*) ⑦ (*exubérant*) **être tout ~** außer Rand und Band sein (*fam*) ⑧ (*cheveux, mèche*) widerspenstig **II.** *m, f* ① (*dément*) Wahnsinnige(r) *f(m)*; MED Geistesgestörte(r) *f(m)* ② (*écervelé*) **vieux ~** närrischer Alter *m*; **travailler comme un ~** wie ein Irrer arbeiten ③ (*personne exubérante*) **faire le ~** (*faire, dire des bêtises*) Blödsinn machen; (*se défouler*) sich austoben ④ JEUX Läufer *m* ⑤ (*bouffon*) Narr *m*

foudre [fudʀ] *f* Blitz *m* ▸ **un coup de ~** Liebe auf den ersten Blick

foudroyant, e [fudʀwajɑ̃, jɑ̃t] *adj.* (*succès*) durchschlagend; (*vitesse*) rasant; (*nouvelle*) umwerfend

foudroyer [fudʀwaje] <6> *v. tr.* ① (*frapper par la foudre*) **être foudroyé** (*personne*) vom Blitz erschlagen werden; (*animal*) vom Blitz getroffen werden ② (*électrocuter*) **être foudroyé** einen elektrischen Schlag bekommen ③ (*tuer*) tödlich treffen

fouet [fwɛ] *m* ① (*verge*) Peitsche *f* ② (*châtiment*) **donner le ~ à qn** jdn mit der Peitsche schlagen ③ GASTR Schneebesen *m* ▸ **de plein ~** mit voller Wucht

fouetter [fwete] <1> *v. tr.* ① (*personne, animal*) mit der Peitsche schlagen ② GASTR schlagen

foufou, fofolle [fufu, fɔfɔl] *adj. fam* **être un peu ~** (*personne*) leicht verrückt sein; (*chien*) ein bisschen verspielt sein

fougère [fuʒɛʀ] *f* BOT Farn *m*

fougue [fug] *f* Schwung *m*

fougueux, -euse [fugø, -øz] *adj.* (*tempérament, personne*) aufbrausend; (*cheval*) feurig

fouille [fuj] *f* ① (*inspection*) Durchsuchung *f* ② *pl* ARCHEOL [Aus]grabungen *Pl*

fouillé, e [fuje] *adj.* (*commentaire*) ausführlich; (*étude*) eingehend; (*travail*) gewissenhaft

fouille-merde [fujmɛʀd] <fouille-merdes> *mf fam* Schmierfink *m*

fouiller [fuje] <1> **I.** *v. tr.* ① (*lieu, poches*) durchsuchen ② (*creuser*) **~ qc** (*animal*) in etw (*Dat*) wühlen; (*archéologue*) in etw (*Dat*) graben **II.** *v. intr.* ① (*inspecter*) **~ dans qc** in etw (*Dat*) herumwühlen ② (*creuser: animal*) wühlen; (*archéologue*) [Aus]grabungen machen

fouillis [fuji] *m* Unordnung *f*

fouine [fwin] *f* Steinmarder *m*

fouiner [fwine] <1> *v. intr. fam* herumschnüffeln

fouineur, -euse [fwinœʀ, -øz] *m, f* Schnüffler(in) *m(f)*

foulard [fulaʀ] *m* ① (*fichu*) Kopftuch *nt* ② (*écharpe*) Halstuch *nt*

foule [ful] *f* ① (*multitude de personnes*) [Menschen]menge *f*; **il y a/n'y a pas ~** es sind viele/wenige Leute da ② (*grand nombre*) **une ~ de gens** eine Menge Leute

foulée [fule] *f* SPORT Schritt *m*; (*d'un coureur*) Tritt *m*; **à grandes/petites ~s** mit großen/kleinen Schritten

fouler [fule] <1> *v. pron.* ① **se ~ la cheville** sich (*Dat*) den Knöchel verstauchen ② *iron fam* (*se fatiguer*) **se ~** sich ins Zeug legen

foulure [fulyʀ] *f* MED Verstauchung *f*

four [fuʀ] *m* GASTR Backofen *m*; TECH Ofen *m*; **~ électrique/[à] micro-ondes** Elektro-/Mikrowellenherd *m*

fourbe [fuʀb] *adj.* falsch

fourberie [fuʀbəʀi] *f* Hinterlist *f*

fourbi [fuʀbi] *m fam* Krempel *m*

fourbu, e [fuʀby] *adj.* erschöpft

fourche [fuʀʃ] *f* ① (*outil*) Gabel *f* ② SPORT **~ de bicyclette** Radgabel *f*

fourcher [fuʀʃe] <1> *v. intr.* (*cheveux*) sich [an den Spitzen] spalten

fourchette [fuʀʃɛt] *f* ① GASTR, JEUX Gabel *f* ② (*marge*) Spanne *f*

fourchu, e [fuʀʃy] *adj.* **cheveux ~s** gespaltene Haarspitzen *Pl*

fourgon [fuʀgɔ̃] *m* ① CHEMDFER Güterwagen *m* ② (*voiture*) Kastenwagen *m*;

~ **funéraire** Leichenwagen *m*

fourgonnette [fuʀgɔnɛt] *f* Lieferwagen *m*

fourguer [fuʀge] <1> *v. tr. fam* ~ **qc à qn** (*vendre*) etw an jdn verkloppen; (*refiler*) jdm etw andrehen

fourme [fuʀm] *f: französische Käsesorte*

fourmi [fuʀmi] *f* ZOOL Ameise *f* ▸**qn a des ~s dans les jambes** jdm sind die Beine eingeschlafen

F

fourmilier [fuʀmilje] *m* ZOOL Ameisenbär *m*

fourmilière [fuʀmiljɛʀ] *f* ❶ ZOOL Ameisenhaufen *m* ❷ (*foule grouillante*) geschäftiges Treiben

fourmillement [fuʀmijmɑ̃] *m* ❶ (*agitation*) Gewimmel *nt* ❷ (*picotement*) Kribbeln *nt;* **j'ai des ~s dans les bras** es kribbelt mir in den Armen

fourmiller [fuʀmije] <1> *v. intr.* **les moustiques/fautes fourmillent** es wimmelt von Stechmücken/Fehlern

fournaise [fuʀnɛz] *f* Brutkasten *m* (*fam*)

fourneau [fuʀno] <x> *m* ❶ (*cuisinière*) [Küchen]herd *m* ❷ (*chaufferie*) Schmelzofen *m*

fournée [fuʀne] *f* ~ **de pains** Schub *m* Brote

fourni, e [fuʀni] *adj.* (*barbe*) dicht; (*sourcils*) buschig

fournil [fuʀni] *m* Backstube *f*

fournir [fuʀniʀ] <8> **I.** *v. tr.* ❶ (*approvisionner*) ~ **qn en qc** jdn mit etw beliefern ❷ (*prétexte*) liefern; (*renseignement*) erteilen; ~ **qc à des réfugiés** Flüchtlinge mit etw versorgen ❸ (*alibi, preuve*) liefern; (*pièce d'identité*) vorzeigen ❹ (*produire*) hervorbringen; ~ **un gros effort** sich sehr anstrengen **II.** *v. pron.* **se ~ en qc chez qn** bei jdm etw einkaufen

fournisseur, -euse [fuʀnisœʀ, -øz] *m, f* ❶ (*détaillant*) Händler(in) *m(f)* ❷ (*producteur*) Anbieter(in) *m(f)* ❸ (*livreur*) Lieferant(in) *m(f)*

fourniture [fuʀnityʀ] *f* ❶ (*livraison*) Lieferung *f* ❷ *pl* (*accessoires*) Ausstattung *f;* COUT Utensilien *Pl*; **~s scolaires** Schulbedarf *m;* ~ **de bureau** Büromaterial *nt*

fourrage [fuʀaʒ] *m* [Vieh]futter *nt*

fourrager, -ère [fuʀaʒe, -ɛʀ] *adj.* Futter-

fourre [fuʀ] *f* CH ❶ (*taie d'oreiller*) Kopfkissenbezug *m* ❷ (*housse d'édredon*) Bettbezug *m*

fourré [fuʀe] *m* Gestrüpp *nt*

fourré, e [fuʀe] *adj.* ❶ COUT gefüttert ❷ GASTR gefüllt ❸ *fam* (*s'être placé*) **être ~ devant la télé** vorm Fernseher hängen

fourreau [fuʀo] <x> *m* (*d'une épée*) Scheide *f;* (*d'un parapluie*) Hülle *f*

fourrer [fuʀe] <1> **I.** *v. tr.* ❶ *fam* (*mettre*) ~ **qc dans qc** etw in etw (*Akk*) hineinstecken ❷ GASTR ~ **qc au chocolat** etw mit Schokolade füllen **II.** *v. pron. fam* **être tout le temps fourré au café** wieder mal im Café rumhängen ▸**s'en ~ jusque-là** sich (*Dat*) den Bauch vollschlagen (*fam*)

fourre-tout [fuʀtu] *m inv.* (*sac*) Reisetasche *f*

fourreur, -euse [fuʀœʀ, -øz] *m, f* Kürschner(in) *m(f)*

fourrière [fuʀjɛʀ] *f* ❶ (*pour voitures*) Abstellplatz *m* für amtlich abgeschleppte Fahrzeuge ❷ (*pour animaux*) Tierheim *nt*

fourrure [fuʀyʀ] *f* Pelz *m*

fourvoyer [fuʀvwaje] <6> *v. pron.* **se ~ dans qc** sich in etw (*Dat*) verirren

foutaise [futɛz] *f fam* Mist *m;* **quelle ~!** was für 'n Quatsch!

foutoir [futwaʀ] *m péj vulg* Saustall *m*

foutre [futʀ] <14> **I.** *v. tr. fam* ❶ (*faire*) **ne rien ~** stinkfaul sein; **qu'est-ce que tu fous?** was treibst du [bloß]? ❷ (*donner*) ~ **une baffe à qn** jdm eine runterhauen; **fous-moi la paix!** lass mich in Ruhe! ❸ (*mettre*) stecken; **tout ~ par terre** alles auf den Boden schmeißen; *fig* alles vermasseln ▸**je n'en ai rien à ~!** das ist mir piepegal!; **qu'est-ce que ça peut me/te ~?** was geht mich/dich das an?; **je t'en fous!** von wegen! **II.** *v. pron. fam* ❶ **se ~ un coup de marteau sur les doigts** sich (*Dat*) mit dem Hammer auf die Finger hauen ❷ (*se moquer*) **se ~ de qn** jdn auf die Schippe nehmen ❸ (*se désintéresser*) **se ~ de qn/qc** auf jdn/etw pfeifen; **qn se fout que** + *subj.* es ist jdm völlig schnuppe, ob ▸**va te faire ~!** mach, dass du wegkommst!; **se ~ dedans** sich total verhauen

foutrement [futʀəmɑ̃] *adv. fam* verdammt

foutu, e [futy] **I.** *part. passé de* **foutre II.** *adj. fam* ❶ (*chose*) kaputt; **être ~** (*chose*) im Eimer sein; (*personne*) erledigt sein; (*malade*) es nicht mehr lange machen ❷ *antéposé* (*maudit*) mies ❸ (*capable*) **ne pas être ~ de faire qc** es nicht hinkriegen, etw zu tun ▸**être mal ~** nicht auf dem Damm sein

foyer [fwaje] *m* ❶ (*famille*) [häusliches] Heim *nt;* **fonder un ~** eine Familie gründen ❷ (*résidence*) Heim *nt* ❸ (*salle de réunion*) Aufenthaltsraum *m;* THEAT Foyer *nt* ❹ (*cheminée*) Kamin *m;* (*d'un four, fourneau*) Feuerstelle *f* ❺ (*incendie*) Brand *m* ❻ MATH, PHYS, OPT Brennpunkt *m*

frac [fʀak] *m* Frack *m*

fracas [fʀaka] *m* Krach *m*

fracassant, e [fʀakasɑ̃, ɑ̃t] *adj.* ohrenbetäubend

fracasser [fʀakase] <1> **I.** *v. tr.* **~ qc à qn** jdm etw zertrümmern **II.** *v. pron.* **se ~** zerspringen

fraction [fʀaksjɔ̃] *f* ❶ MATH Bruch *m* ❷ (*d'un groupe, d'une somme*) Teil *m;* **une ~ de seconde** der Bruchteil einer Sekunde

fractionnel, le [fʀaksjɔnɛl] *adj.* Spaltungs-

fractionnement [fʀaksjɔnmɑ̃] *m* Zersplitterung *f*

fractionner [fʀaksjɔne] <1> **I.** *v. tr.* zerlegen **II.** *v. pron.* **se ~ en plusieurs groupes** sich in mehrere Gruppen aufspalten

fracture [fʀaktyʀ] *f* ❶ MED [Knochen]bruch *m;* **se faire une ~ du poignet** sich (*Dat*) das Handgelenk brechen ❷ GEO Bruch *m* ❸ *fig* **~ sociale** Auseinanderbrechen *nt* der Gesellschaft, soziale Kluft

fracturer [fʀaktyʀe] <1> **I.** *v. tr.* ❶ (*porte, voiture*) aufbrechen ❷ MED brechen **II.** *v. pron.* MED **se ~ le bras** sich (*Dat*) den Arm brechen

fragile [fʀaʒil] *adj.* ❶ (*cassant*) zerbrechlich ❷ (*personne, santé*) zart; (*organisme*) anfällig; (*estomac*) empfindlich; (*cœur*) schwach ❸ (*gloire, bonheur*) vergänglich; (*argument, preuve*) nicht stichhaltig; (*équilibre*) labil; (*hypothèse*) auf schwachen Füßen stehend; (*paix*) unsicher; (*économie*) instabil ❹ (*bâtiment*) baufällig

fragilisé, e [fʀaʒilize] *adj.* (*santé*) angegriffen

fragiliser [fʀaʒilize] <1> *v. tr.* schwächen

fragilité [fʀaʒilite] *f* ❶ (*facilité à se casser*) Zerbrechlichkeit *f* ❷ (*faiblesse*) Anfälligkeit *f;* (*d'un corps*) Schwäche *f;* (*d'une personne*) Zartheit *f*

fragment [fʀagmɑ̃] *m* (*débris*) Teil *nt;* (*d'os*) Splitter *m*

fragmentaire [fʀagmɑ̃tɛʀ] *adj.* (*connaissance, exposé*) lückenhaft

fragmentation [fʀagmɑ̃tasjɔ̃] *f* a. BIO Teilung *f;* (*d'un problème*) Gliederung *f*

fragmenter [fʀagmɑ̃te] <1> *v. tr.* **~ qc en qc** etw in etw (*Akk*) aufteilen

fraîche [fʀɛʃ] **I.** *adj. voir* **frais II.** *f* **à la ~** (*le matin*) in der Morgenfrische; (*le soir*) in der Abendkühle

fraîchement [fʀɛʃmɑ̃] *adv.* frisch

fraîcheur [fʀɛʃœʀ] *f* ❶ Kühle *f;* **chercher la ~** Kühlung suchen ❷ (*d'un accueil*) Kühle *f* ❸ (*d'une fleur, d'un teint*) Frische *f;* (*d'une couleur*) Leuchtkraft *f* ❹ (*d'un produit alimentaire*) Frische *f*

fraîchir [fʀeʃiʀ] <8> *v. intr.* (*air, temps*) sich abkühlen; (*vent*) auffrischen

frais [fʀɛ] **I.** *mpl* ❶ Kosten *Pl;* **~ de scolarité** Schulgeld *nt;* **faux ~** Nebenkosten; **tous ~ compris** einschließlich aller Unkosten ❷ COM, ECON **~ généraux** allgemeine Unkosten *Pl;* **~ de gestion** Verwaltungskosten **II.** *m* frische Luft; **mettre qc au ~** etw kalt stellen; **à conserver au ~** kühl lagern; **être au ~** (*personne*) im Kühlen sitzen; (*chose*) gut gekühlt sein

frais, fraîche [fʀɛ, fʀɛʃ] *adj.* ❶ (*légèrement froid*) kühl; **servir qc très ~** etw gut gekühlt servieren ❷ (*opp: avarié, sec, en conserve*) frisch ❸ (*peu cordial*) kühl ❹ (*teint, parfum*) frisch ❺ (*personne*) fit ❻ (*récent*) frisch; **des nouvelles fraîches** neueste Nachrichten

fraise [fʀɛz] *f* ❶ Erdbeere *f;* **confiture de ~[s]** Erdbeermarmelade *f;* **glace à la ~** Erdbeereis *nt* ❷ *fam* (*figure*) Fresse *f*

fraiser [fʀeze] <1> *v. tr.* TECH [aus]fräsen

fraiseuse [fʀɛzøz] *f* TECH Fräsmaschine *f*

fraisier [fʀezje] *m* Erdbeerpflanze *f*

framboise [fʀɑ̃bwaz] *f* ❶ (*fruit*) Himbeere *f* ❷ (*eau-de-vie*) Himbeergeist *m*

F

framboisier [fʀɑ̃bwazje] *m* Himbeerstrauch *m*

franc [fʀɑ̃] *m* ~ **français** französischer Franc; ~ **suisse/belge** Schweizer/belgischer Franken

franc, franche [fʀɑ̃, fʀɑ̃ʃ] *adj.* ❶ (*personne, regard*) aufrichtig; (*rire, gaieté*) ungezwungen; **pour être** ~ ehrlich gesagt; **être** ~ **avec qn** [ganz] offen mit jdm reden ❷ (*couleur*) rein; (*hostilité*) offen ❸ *antéposé* (*véritable*) rein; (*succès*) klar ❹ (*libre*) frei; **port** ~ Freihafen *m*

franc, franque [fʀɑ̃, fʀɑ̃k] *adj.* fränkisch; **la langue franque** das Fränkische

Franc, Franque [fʀɑ̃, fʀɑ̃k] *m, f* Franke *m*/Fränkin *f*

français [fʀɑ̃sɛ] *m* ❶ Französisch *nt;* **le** ~ **familier** das umgangssprachliche Französisch; **le** ~ **standard** das Standardfranzösisch; *voir a.* **allemand** ❷ THEAT **le Français** *verkürzter Name für das Théâtre Français (Comédie Française) in Paris*

français, e [fʀɑ̃sɛ, ɛz] *adj.* französisch; *voir a.* **allemand**

Français, e [fʀɑ̃sɛ, ɛz] *m, f* Franzose *m*/Französin *f*

française [fʀɑ̃sɛz] *f* **à la** ~ auf französische Art und Weise

France [fʀɑ̃s] *f* **la** ~ Frankreich *nt*

Francfort [fʀɑ̃kfɔʀ] *m* Frankfurt *nt*

franche [fʀɑ̃ʃ] *adj. voir* **franc**

franchement [fʀɑ̃ʃmɑ̃] *adv.* ❶ (*sincèrement*) offen ❷ (*sans hésiter*) **entrer** ~ **dans le sujet** gleich zur Sache kommen ❸ (*clairement*) klar ❹ (*vraiment*) wirklich ▸ ~**!** mal [ganz] ehrlich!; (*refus indigné*) also wirklich!

franchir [fʀɑ̃ʃiʀ] <8> *v. tr.* ❶ ~ **un obstacle** über ein Hindernis springen ❷ (*aller au-delà*) passieren; (*barrage*) durchbrechen; (*seuil*) überschreiten; ~ **la ligne d'arrivée** durchs Ziel laufen ❸ (*col*) überqueren

franchise [fʀɑ̃ʃiz] *f* ❶ (*sincérité*) Offenheit *f* ❷ (*des assurances*) Selbstbeteiligung *f* ❸ (*exonération*) [Gebühren]freiheit *f*

franchissable [fʀɑ̃ʃisabl] *adj.* (*obstacle*) überwindbar; **la limite est** ~ die Grenze kann überschritten werden; **la rivière est** ~ der Fluss kann überquert werden

franchissement [fʀɑ̃ʃismɑ̃] *m* (*de la barre*) Überspringen *nt;* (*d'une frontière*) Überschreiten *nt;* (*d'une rivière*) Überqueren *nt*

francilien, ne [fʀɑ̃siljɛ̃, jɛn] *adj.* [aus] der Ile-de-France

franciscain, e [fʀɑ̃siskɛ̃, ɛn] **I.** *adj.* franziskanisch **II.** *m, f* Franziskaner(in) *m(f)*

franciser [fʀɑ̃size] <1> *v. tr.* französieren, französisieren

franc-maçon [fʀɑ̃masɔ̃] <francs-maçons> *m* Freimaurer *m* **franc-maçonnerie** [fʀɑ̃masɔnʀi] <francs-maçonneries> *f* Freimaurerei *f*

franco [fʀɑ̃ko] *adv.* ❶ COM [fracht]frei ❷ *fam* (*carrément*) ohne Umschweife

franco-allemand, e [fʀɑ̃koalmɑ̃, ɑ̃d] <franco-allemands> *adj.* deutsch-französisch

francophile [fʀɑ̃kɔfil] **I.** *adj.* frankophil **II.** *mf* Frankophile(r) *f(m)*

francophobe [fʀɑ̃kɔfɔb] **I.** *adj.* frankreichfeindlich **II.** *mf* Franzosenhasser(in) *m(f)*

francophone [fʀɑ̃kɔfɔn] **I.** *adj.* französischsprachig **II.** *mf* Frankophone(r) *f(m)*

francophonie [fʀɑ̃kɔfɔni] *f* Frankophonie *f*, Französisch sprechende Welt

Als **francophonie** bezeichnet man alle Länder, in denen Französisch als Muttersprache oder Amtssprache gesprochen wird. Das sind neben Frankreich z. B. Belgien, die Schweiz und Luxemburg in Europa, die kanadische Provinz Quebec, Haiti in der Karibik, Marokko, Tunesien, Kamerun, Ghana, Mali und zahlreiche anderen ehemalige Kolonien in Afrika sowie Kambodscha oder Vietnam in Asien.
In der *Organisation internationale de la Francophonie* sind 56 Staaten organisiert, das heißt die Gesamtheit der französischsprachigen Länder. Diese Staaten befinden sich in Afrika, Amerika, Asien und Europa. Sie veranstalten regelmäßig Gipfeltreffen, um Fragen zu erörtern, die mit der Pflege und Verbreitung der französischen Sprache zu tun haben.

franc-parler [fʀɑ̃paʀle] <francs-parlers> *m* **avoir son ~** kein Blatt vor den Mund nehmen **franc-tireur** [fʀɑ̃tiʀœʀ] <francs-tireurs> *m* MIL Freischärler(in) *m(f)*

frange [fʀɑ̃ʒ] *f* ① *(bordure)* Rand *m* ② *(mèche)* Pony *m*

frangin, e [fʀɑ̃ʒɛ̃, ʒin] *m, f fam* Bruderherz *nt,* Schwesterherz *nt*

frangipane [fʀɑ̃ʒipan] *f* GASTR Mandelcreme *f*

franglais [fʀɑ̃glɛ] *m* Franglais *nt (mit Anglizismen durchsetztes Französisch)*

franque [fʀɑ̃k] *adj. voir* **franc**

Franque [fʀɑ̃k] *adj. voir* **Franc**

franquette [fʀɑ̃kɛt] ▸ **à la bonne ~** *fam* ganz einfach

franquisme [fʀɑ̃kism] *m* Franco-Regime *nt*

franquiste [fʀɑ̃kist]HIST **I.** *adj.* francofreundlich; **l'Espagne ~** Spanien unter Franco **II.** *mf* Anhänger(in) *m(f)* Francos

frappant, e [fʀapɑ̃, ɑ̃t] *adj.* *(contraste)* auffallend; *(ressemblance)* verblüffend

frappe [fʀap] *f* *(d'une monnaie)* Prägung *f*

frappé, e [fʀape] *adj.* ① **~ de stupeur** wie vor den Kopf geschlagen ② *(refroidi)* [eis]gekühlt; **café ~** Kaffee Frappee *m*

frapper [fʀape] <1> **I.** *v. tr.* ① *(cogner)* schlagen; **~ qn au visage** jdn ins Gesicht schlagen; **~ qn à la tête** *(pierre)* jdn am Kopf treffen; **la pluie frappe les vitres** der Regen klopft gegen die Scheiben ② *(saisir)* **~ qn d'horreur** jdn in Schrecken *(Akk)* versetzen; **~ qn de stupeur** jdn bestürzen ③ *(affliger)* **~ qn** *(maladie)* jdn befallen; *(mesure, impôt)* jdn betreffen; *(sanction, malheur)* jdn treffen ④ *(étonner)* **être frappé de qc** über etw *(Akk)* verblüfft sein ⑤ TECH *(médaille, monnaie)* prägen ⑥ *(champagne, café)* kühlen **II.** *v. intr.* ① *(donner des coups)* zuschlagen; **~ à la porte** an die Tür klopfen ② *(taper)* **~ dans ses mains** in die Hände klatschen

fraternel, le [fʀatɛʀnɛl] *adj.* ① *(amour)* *(de frère)* brüderlich; *(de sœur)* Schwester- ② *(affectueux)* freundschaftlich; *(amitié)* innig

fraternellement [fʀatɛʀnɛlmɑ̃] *adv.* *iron* brüderlich

fraternisation [fʀatɛʀnizasjɔ̃] *f* Verbrüderung *f*

fraterniser [fʀatɛʀnize] <1> *v. intr.* Freundschaft schließen

fraternité [fʀatɛʀnite] *f* Brüderlichkeit *f*

fratricide [fʀatʀisid] **I.** *adj.* brudermörderisch/schwestermörderisch; **guerre ~** Bruderkrieg *m* **II.** *m* *(meurtre d'un frère)* Brudermord *m;* *(meurtre d'une sœur)* Schwestermord

fraude [fʀod] *f* Betrug *m;* **~ fiscale** Steuerhinterziehung *f* ▸ **en ~** auf betrügerische Weise; **passer qc en ~** etw schmuggeln

frauder [fʀode] <1> *v. tr.* betrügen; **~ le fisc** Steuern hinterziehen

fraudeur, -euse [fʀodœʀ, -øz] *m, f* Betrüger(in) *m(f);* *(à la frontière)* Schmuggler(in) *m(f)*

frauduleusement [fʀodyløzmɑ̃] *adv.* auf betrügerische Weise

frauduleux, -euse [fʀodylø, -øz] *adj.* betrügerisch; *(concurrence, moyen)* unlauter; *(banquier)* unredlich; **trafic ~** Schmuggel *m*

frayer [fʀeje] <7> **I.** *v. tr.* **~ à qn un passage dans la foule** jdm einen Weg durch die Menge bahnen **II.** *v. pron.* **se ~ un chemin** sich *(Dat)* einen Weg bahnen

frayeur [fʀɛjœʀ] *f* Schreck[en] *m*

freak [fʀik] *m* Freak *m*

fredonner [fʀədɔne] <1> *v. tr.* summen

free-lance [fʀilɑ̃s] <free-lances> **I.** *mf* Freiberufler(in) *m(f)* **II.** *adj. inv.* *(journaliste, styliste)* freiberuflich **free-party** [fʀipaʀti] <free-parties> *f* Open-Air-Rave *m*

freezer [fʀizœʀ] *m* Gefrierfach *nt*

frégate [fʀegat] *f* Fregatte *f*

frein [fʀɛ̃] *m* ① *(dispositif)* Bremse *f* ② *(limite)* **être/mettre un ~ à qc** etw bremsen

freinage [fʀɛnaʒ] *m* Bremsen *nt*

freiner [fʀene] <1> **I.** *v. intr.* bremsen **II.** *v. tr.* ① *(ralentir, entraver)* behindern ② *(personne, ambitions)* bremsen; *(hausse des prix, production)* drosseln

frelater [fʀəlate] <1> *v. tr.* *(vin)* panschen

frêle [fʀɛl] *adj.* schwach; **silhouette ~** zierliche Gestalt

frelon [fʀəlɔ̃] *m* ZOOL Hornisse *f*

frémir [fʀemiʀ] <8> *v. intr.* ① *soutenu*

F

~ **d'horreur** [vor Entsetzen (*Dat*)] erschauern (*geh*); **faire ~ qn** (*récit*) jdn schaudern lassen (*geh*)(*criminel*) jdn in Angst und Schrecken versetzen (*geh*) ❷ (*eau*) sieden

frémissant, e [fʀemisɑ̃, ɑ̃t] *adj.* (*voix*) zitternd; (*eau*) siedend

frémissement [fʀemismɑ̃] *m* ❶ *soutenu* Zittern *nt* ❷ (*de l'eau*) leichte Bewegung

french cancan [fʀɛnʃkɑ̃kɑ̃] <french cancans> *m* Cancan *m*

frêne [fʀɛn] *m* BOT Esche *f*

frénésie [fʀenezi] *f* Leidenschaft *f*

frénétique [fʀenetik] *adj.* (*passion, agitation*) wild; (*applaudissements*) stürmisch; **enthousiasme ~** wahrer Begeisterungssturm

frénétiquement [fʀenetikmɑ̃] *adv.* stürmisch

fréquemment [fʀekamɑ̃] *adv.* oft

fréquence [fʀekɑ̃s] *f* ❶ (*nombre*) Häufigkeit *f* ❷ PHYS Frequenz *f*

fréquent, e [fʀekɑ̃, ɑ̃t] *adj.* häufig

fréquentable [fʀekɑ̃tabl] *adj.* (*lieu, personne*) akzeptabel; **un type peu ~** ein Typ, dem man [lieber] aus dem Wege gehen sollte

fréquentation [fʀekɑ̃tasjɔ̃] *f* ❶ (*action*) häufiger Besuch ❷ *gén. pl.* (*relation*) Umgang *m*

fréquenté, e [fʀekɑ̃te] *adj.* (*établissement, lieu*) viel besucht; (*promenade, rue*) belebt; **ce lieu est bien ~** (*qualitatif*) an diesem Ort verkehren anständige Leute; (*quantitatif*) dieser Ort ist gut besucht

fréquenter [fʀekɑ̃te] <1> **I.** *v. tr.* ❶ (*bars, théâtres*) häufig besuchen ❷ (*avoir des relations avec*) **~ qn** mit jdm verkehren **II.** *v. pron.* **se ~** (*par amitié*) sich häufig sehen; (*par amour*) miteinander gehen (*fam*)

frère [fʀɛʀ] *m* a. REL Bruder *m*

frérot [fʀeʀo] *m fam* Brüderchen *nt*

fresque [fʀɛsk] *f* Fresko *nt*

fret [fʀɛ(t)] *m* NAUT, AVIAT ❶ (*prix*) Frachtkosten *Pl* ❷ (*chargement*) Ladung *f*

frétillant, e [fʀetijɑ̃, jɑ̃t] *adj.* ❶ (*poisson*) zappelnd; (*queue*) wedelnd ❷ *fig* **être ~ d'impatience** vor Ungeduld (*Dat*) ganz zappelig sein (*fam*); **être ~ de joie** vor Freude in die Luft springen

frétiller [fʀetije] <1> *v. intr.* (*poisson*) zappeln; **~ de la queue** (*chien*) mit dem Schwanz wedeln

fretin [fʀətɛ̃] *m* junge Fische ▶ **menu ~** *péj* kleine Fische (*fam*)

freudien, ne [fʀødjɛ̃, jɛn] *adj.* freudianisch; **la doctrine ~ne** die Lehre Freuds

friable [fʀijabl] *adj.* (*pâte*) mürbe; (*roche, sol*) bröckelig

friand [fʀijɑ̃] *m* ❶ (*pâté*) *kleine Blätterteigpastete* ❷ (*dessert*) *kleiner Kuchen mit Mandelpaste*

friand, e [fʀijɑ̃, jɑ̃d] *adj.* **~ de chocolat** versessen auf Schokolade

friandise [fʀijɑ̃diz] *f* Süßigkeit *f*

Fribourg [fʀibuʀ] Freiburg *nt*

fric [fʀik] *m fam* Knete *f*

fricassée [fʀikase] *f* Frikassee *nt*

fric-frac [fʀikfʀak] *m inv, fam* Einbruch *m*

friche [fʀiʃ] *f* AGR Brachland *nt;* **être en ~** brachliegen

fricoter [fʀikɔte] <1> *v. intr. iron fam* **~ avec qn** etwas mit jdm haben

friction [fʀiksjɔ̃] *f* ❶ Abreiben *nt;* **~ de cheveux** Kopfhautmassage *f* ❷ *gén. pl.* (*désaccord*) Reibereien *Pl* (*fam*)

frictionner [fʀiksjɔne] <1> *v. tr., pron.* [**se**] **~** [sich] abreiben

Fridolin [fʀidɔlɛ̃] *mf péj fam* Boche *mf* (*abwertende Bezeichnung für Deutsche aus dem 2. Weltkrieg*)

frigidaire® [fʀiʒidɛʀ] *m* Kühlschrank *m*

frigide [fʀiʒid] *adj.* frigid[e]

frigidité [fʀiʒidite] *f* Frigidität *f*

frigo [fʀigo] *m fam abr. de* **frigidaire**

frigorifier [fʀigɔʀifje] <1> *v. tr. fam* **être frigorifié** völlig durchgefroren sein

frigorifique [fʀigɔʀifik] *adj.* Kühl-

frileusement [fʀiløzmɑ̃] *adv.* ❶ (*en raison du froid*) fröstelnd ❷ (*craintivement*) ängstlich

frileux, -euse [fʀilø, -øz] *adj.* kälteempfindlich; (*personne*) verfroren

frilosité [fʀilozite] *f* ❶ (*sensibilité au froid*) Kälteempfindlichkeit *f* ❷ (*manque d'audace*) Zurückhaltung *f*

frime [fʀim] *f fam* ❶ (*bluff*) Theater *nt* ❷ (*vantardise*) Angeberei *f;* **pour la ~** zum Schein

frimer [fʀime] <1> *v. intr. fam* ❶ (*fanfaronner*) eine Show abziehen ❷ (*se vanter*) angeben

frimeur, **-euse** [fʀimœʀ, -øz] *m, f fam* Angeber(in) *m(f)*
frimousse [fʀimus] *f fam* [Puppen]gesicht *nt*
fringale [fʀɛ̃gal] *f fam* Heißhunger *m*
fringant, **e** [fʀɛ̃gɑ̃, ɑ̃t] *adj.* (*personne*) munter; (*personne âgée*) rüstig; (*cheval*) feurig
fringué, **e** [fʀɛ̃ge] *adj. fam* ausstaffiert; **être bien** ~ sich in Schale geworfen haben
fringuer [fʀɛ̃ge] <1> **I.** *v. tr. fam* **être bien fringué** sich in Schale geworfen haben **II.** *v. pron. fam* **se** ~ sich anziehen
fringues [fʀɛ̃g] *fplfam* Klamotten *Pl*
fripe [fʀip] *f gén. pl.* Kleider *Pl* aus zweiter Hand
fripé, **e** [fʀipe] *adj.* zerknittert
friper [fʀipe] <1> *v. tr.* zerknittern
friperie [fʀipʀi] *f* Secondhandshop *m*
fripier, **-ière** [fʀipje, -jɛʀ] *m, f* Inhaber(in) *m(f)* eines Secondhandshops
fripon, **ne** [fʀipɔ̃, ɔn] **I.** *adj. fam* (*air, visage*) spitzbübisch **II.** *m, f fam* (*malin*) Schelm(in) *m(f)*
fripouille [fʀipuj] *f fam* Spitzbube *m*
frire [fʀiʀ] <irr> **I.** *v. tr.* [**faire**] ~ **qc** (*dans une poêle*) etw braten; (*dans une friteuse*) etw frittieren **II.** *v. intr.* [in schwimmendem Fett] braten
frisbee® [fʀizbi] *m* Frisbee® *nt*
frise [fʀiz] *f* ARCHIT Fries *m*
frisé, **e** [fʀize] *adj.* (*cheveux*) kraus; **personne ~e** Mensch *m* mit lockigem Haar
Frisé [fʀize] *mf péj fam* Boche *mf (abwertende Bezeichnung für Deutsche aus dem 2. Weltkrieg)*
frisée [fʀize] *f* Friseesalat *m*
friser [fʀize] <1> **I.** *v. tr.* ❶ (*cheveux*) in Locken legen ❷ (*frôler*) ~ **le ridicule** (*situation, remarque*) ans Lächerliche grenzen; ~ **la soixantaine** knapp sechzig sein **II.** *v. intr.* (*cheveux*) sich kräuseln; **qn frise** (*naturellement*) jd hat Naturlocken **III.** *v. pron.* **se faire** ~ sich (*Dat*) Locken machen lassen
frisette [fʀizɛt] *f* Löckchen *nt*
frisotter [fʀizɔte] <1> *v. intr.* (*cheveux*) kraus werden
frisquet, **te** [fʀiskɛ, ɛt] *adj. fam* frisch
frisson [fʀisɔ̃] *m* Beben *nt;* **avoir des ~s** Schüttelfrost *m* haben ▸ **le grand** ~ [Nerven]kitzel *m*
frissonner [fʀisɔne] <1> *v. intr.* ~ **de désir/plaisir** vor Verlangen/Lust (*Dat*) beben (*geh*); ~ **de froid/peur** vor Kälte/Angst (*Dat*) zittern
frit, **e** [fʀi, fʀit] *part. passé de* **frire**
friter [fʀite] <1> *v. pron. fam* **se** ~ sich prügeln
friterie [fʀitʀi] *f* Pommesbude *f* (*fam*)
frites [fʀit] *fpl* Pommes frites *Pl*
friteuse [fʀitøz] *f* Fritteuse *f*
friture [fʀityʀ] *f* ❶ (*aliments*) Frittierte(s) *nt* ❷ (*graisse*) heißes Frittierfett, Frittüre *f* ❸ RADIO, TELEC **il y a de la ~ sur la ligne** es rauscht in der Leitung
Fritz [fʀits] *mf inv. péj fam* Boche *mf (abwertende Bezeichnung für Deutsche aus dem 2. Weltkrieg)*
frivole [fʀivɔl] *adj.* (*personne*) leichtfertig; (*occupation*) nutzlos; (*lecture*) seicht
frivolité [fʀivɔlite] *f* (*d'une personne*) Leichtfertigkeit *f;* (*d'une occupation*) Nutzlosigkeit *f*
froc [fʀɔk] *m fam* Hose *f* ▸ **faire dans son** ~ *fam* sich (*Dat*) ins Hemd machen
froid [fʀwa] **I.** *m* ❶ Kälte *f;* **qn a** ~ jdm ist kalt; **il fait** ~ es ist kalt; **attraper** ~ sich erkälten ❷ (*brouille*) Verstimmung *f;* **être en ~ avec qn** ein unterkühltes Verhältnis zu jdm haben ▸ ~ **de canard** *fam* Saukälte *f* **qn en a ~ dans le dos** jdm läuft es kalt den Rücken herunter **II.** *adv.* **à** ~ TECH kalt; (*sans préparation*) unvorbereitet
froid, **e** [fʀwa, fʀwad] *adj.* ❶ (*opp: chaud*) kalt ❷ (*accueil, personne*) kühl
froidement [fʀwadmɑ̃] *adv.* ❶ (*sans chaleur*) kühl; (*accueillir, recevoir*) frostig ❷ (*raisonner*) nüchtern; (*réagir*) gelassen ❸ (*avec insensibilité*) kaltblütig
froideur [fʀwadœʀ] *f* (*d'un comportement*) Kälte *f;* (*d'un accueil*) Frostigkeit *f*
froissable [fʀwasabl] *adj.* **être** ~ leicht knittern
froissement [fʀwasmɑ̃] *m* Rascheln *nt*
froisser [fʀwase] <1> **I.** *v. tr.* ❶ (*tissu, papier*) zerknittern; (*tôles*) verbiegen ❷ (*personne*) kränken **II.** *v. pron.* ❶ (*se chiffonner*) **se** ~ knittern ❷ (*se claquer*) **se ~ un muscle** sich (*Dat*) eine Muskelzerrung zuziehen
frôlement [fʀolmɑ̃] *m* leichte Berührung

F

frôler [fʀole] <1> **I.** *v. tr.* ❶ (*effleurer*) streifen; (*passer très près*) fast berühren ❷ (*passer très près*) ~ **le ridicule** (*personne*) sich lächerlich machen; (*remarque, situation*) ans Lächerliche grenzen ❸ (*éviter de justesse*) ~ **la mort** dem Tod mit knapper Not entgehen **II.** *v. pron.* **se** ~ (*avec contact*) sich leicht berühren; (*sans contact*) haarscharf aneinander vorbeigehen

F

fromage [fʀɔmaʒ] *m* Käse *m;* ~ **blanc** Quark *m*

In Frankreich isst man **fromage** nicht als Brotbelag, sondern in kleinen Stücken, die man zusammen mit etwas Brot und meist einem Glas Wein als Abschluss eines Menüs genießt. Es gibt in Frankreich über 300 verschiedene Käsesorten. Neben den Sorten *Camembert, Brie* oder *Roquefort,* die auch bei uns bekannt und beliebt sind, schätzt man in Frankreich z. B. folgende Käsespezialitäten sehr: *Cantal, Chaumes, Livarot, Munster* oder *Reblochon,* die aus Kuhmilch gemacht sind, und *Banon, Crottin de Chavignol* und *Rocamadour,* die aus Ziegenmilch sind.

fromager, -ère [fʀɔmaʒe, -ɛʀ] **I.** *adj.* (*industrie, production*) Käse- **II.** *m, f* Käsehersteller(in) *m(f)*

fromagerie [fʀɔmaʒʀi] *f* ❶ (*industrie*) Käseindustrie *f* ❷ (*lieu de fabrication*) Käserei *f*

froment [fʀɔmɑ̃] *m* Weizen *m*

froncement [fʀɔ̃smɑ̃] *m* Hochziehen *nt*

froncer [fʀɔ̃se] <2> *v. tr.* ❶ COUT raffen ❷ (*sourcils*) hochziehen; (*nez*) rümpfen

fronces [fʀɔ̃s] *fpl* Falte *f*

fronde [fʀɔ̃d] *f* Schleuder *f*

frondeur, -euse [fʀɔ̃dœʀ, -øz] *adj.* widerspenstig; **avoir une mentalité frondeuse** oft und gerne widersprechen

front [fʀɔ̃] *m* ❶ ANAT Stirn *f* ❷ (*façade*) Front *f;* (*d'une montagne*) Vorderseite *f;* ~ **de mer** Strandpromenade *f* ❸ POL, MIL, METEO Front *f;* **Front populaire** Volksfront *f*

frontal, e [fʀɔ̃tal, o] <-aux> *adj.* Frontal-

frontalier, -ière [fʀɔ̃talje, -jɛʀ] **I.** *adj.* Grenz- **II.** *m, f* Grenzbewohner(in) *m(f)*

frontière [fʀɔ̃tjɛʀ] *f* Grenze *f*

fronton [fʀɔ̃tɔ̃] *m* [Front]giebel *m*

frottement [fʀɔtmɑ̃] *m* ❶ (*contact*) Reiben *nt* ❷ *pl* (*frictions*) Reibereien *Pl*

frotter [fʀɔte] <1> **I.** *v. intr.* ~ **contre qc** an etw reiben (*Dat*); (*porte*) über etw (*Akk*) scheuern **II.** *v. tr.* ❶ (*nettoyer*) sauber reiben; (*avec une brosse*) [aus]bürsten; (*partie du corps, plancher*) schrubben (*fam*); (*carreaux*) blank reiben; (*linge*) rubbeln ❷ (*frictionner: pour laver*) gründlich säubern; (*pour sécher*) trocken reiben; (*pour réchauffer*) warm reiben ❸ (*allumette*) anzünden; ~ **qc contre/sur qc** etw an etw (*Dat*) reiben **III.** *v. pron.* ❶ **se** ~ (*se laver*) sich gründlich waschen; (*se sécher*) sich abfrottieren ❷ (*se gratter*) **se** ~ **les yeux** sich (*Dat*) die Augen reiben ❸ (*entrer en conflit*) **se** ~ **à qn** sich mit jdm anlegen

frottis [fʀɔti] *m* Abstrich *m*

froufrou [fʀufʀu] *m pl* Rüschen *Pl*

froussard, e [fʀusaʀ, aʀd] **I.** *adj. fam* ängstlich **II.** *m, f fam* Angsthase *m*

frousse [fʀus] *f fam* Schiss *m*

fructifier [fʀyktifje] <1> *v. intr.* (*capital*) Gewinn bringen; **faire** ~ **qc** etw gewinnbringend anlegen

fructueux, -euse [fʀyktɥø, -øz] *adj.* (*collaboration*) fruchtbar; (*lecture*) lohnend; (*recherches, travaux*) erfolgreich; (*commerce*) gewinnbringend

frugal, e [fʀygal, o] <-aux> *adj.* karg

fruit [fʀɥi] *m* ❶ *pl* Obst *nt,* Obstsorte *f;* **jus de** ~[s] Fruchtsaft *m;* ~**s rouges/confits** rote/kandierte Früchte ❷ BIO Frucht *f* ❸ (*crustacés*) ~**s de mer** Meeresfrüchte *Pl* ❹ (*de l'expérience*) Ergebnis *nt;* (*d'un effort, du travail*) Früchte *Pl*; (*d'une union*) Frucht *f* ► ~ **défendu** verbotene Frucht

fruité, e [fʀɥite] *adj.* fruchtig

fruitier, -ière [fʀɥitje, -jɛʀ] **I.** *adj.* **arbre** ~ Obstbaum *m* **II.** *m, f* Obst- und Gemüsehändler(in) *m(f)*

frusques [fʀysk] *fplfam* Klamotten *Pl*

fruste [fʀyst] *adj.* (*personne*) ungebildet; (*manières*) ungehobelt

frustrant, e [fʀystʀɑ̃, ɑ̃t] *adj.* frustrierend

frustration [fʀystʀasjɔ̃] *f* Frustration *f*

frustré, e [fʀystʀe] *adj.* frustriert
frustrer [fʀystʀe] <1> *v. tr.* a. PSYCH frustrieren
FS [ɛfɛs] *m abr. de* **franc suisse** sFr
fuchsia [fyʃja] **I.** *m* ❶ BOT Fuchsie *f* ❷ (*couleur*) Fuchsienrot *nt* **II.** *adj. inv.* fuchsienrot
fuel [fjul] *m* [Heiz]öl *nt;* **se chauffer au ~** mit Öl heizen
fugace [fygas] *adj.* flüchtig
fugitif, -ive [fyʒitif, -iv] **I.** *adj.* ❶ (*en fuite*) entflohen ❷ (*éphémère*) flüchtig **II.** *m, f* Flüchtige(r) *f(m)*
fugue [fyg] *f* ❶ (*d'un mineur*) Ausreißen *nt;* (*d'un adulte*) Verschwinden *nt;* **faire une ~** weglaufen; (*adulte*) eine Zeit lang verschwinden ❷ MUS Fuge *f*
fuguer [fyge] <1> *v. intr. fam* ausreißen
fugueur, -euse [fygœʀ,-øz] **I.** *m, f* Ausreißer(in) *m(f)* **II.** *adj.* **enfant ~** Ausreißer(in) *m(f)*
fuir [fɥiʀ] <irr> **I.** *v. intr.* ❶ **~ d'un pays** aus einem Land fliehen ❷ (*détaler*) weglaufen; **~ devant qn/qc** vor jdm/etw fliehen; **faire ~ qn** jdn in die Flucht schlagen ❸ (*se dérober*) **~ devant qc** sich einer S. (*Dat*) entziehen ❹ (*récipient*) undicht sein; (*robinet d'eau*) tropfen ❺ (*liquide*) auslaufen; (*gaz*) ausströmen **II.** *v. tr.* (*danger*) flüchten vor (+ *Dat*)
fuite [fɥit] *f* ❶ Flucht *f;* **prendre la ~** die Flucht ergreifen; (*chauffeur accidenté*) Fahrerflucht begehen; **être en ~** (*accusé*) flüchtig sein ❷ (*trou*) undichte Stelle; **avoir une ~** undicht sein ❸ (*perte*) **il y a une ~ d'eau** Wasser tritt aus; **il y a une ~ de gaz** Gas strömt aus; **il y a une ~** da läuft etwas aus ❹ (*d'une information*) Durchsickern *nt*
fulgurant, e [fylgyʀɑ̃, ɑ̃t] *adj.* ❶ (*vitesse*) rasend; (*progrès*) rasend schnell ❷ (*douleur*) stechend
fulminer [fylmine] <1> *v. intr.* fuchsteufelswild sein (*fam*)
fumant, e [fymɑ̃, ɑ̃t] *adj.* ❶ (*qui dégage de la fumée*) qualmend ❷ (*qui dégage de la vapeur*) dampfend
fumé, e [fyme] *adj.* ❶ GASTR geräuchert; (*saumon*) Räucher- ❷ (*verre, plastique*) rauchfarben; (*verres de lunettes*) getönt
fume-cigarette [fymsigaʀɛt] <fume-cigarettes> *m* Zigarettenspitze *f*
fumée [fyme] *f* ❶ Rauch *m;* (*nuage épais*) Qualm *m;* **~s industrielles** Industrieabgase *Pl*; **la ~ ne vous gêne pas?** stört es Sie, wenn ich rauche? ❷ (*vapeur: légère*) Dunst *m;* (*épaisse*) Dampf *m*
fumer [fyme] <1> **I.** *v. intr.* ❶ rauchen ❷ (*dégager de la vapeur*) dampfen **II.** *v. tr.* ❶ rauchen ❷ GASTR räuchern
fumet [fymɛ] *m* Duft *m*
fumeur, -euse [fymœʀ, -øz] **I.** *m, f* Raucher(in) *m(f)* **II.** *app* AUT **compartiment ~s** Raucherabteil *nt;* **zone ~/non-~** Raucherbereich *m*/Nichtraucherbereich
fumeux, -euse [fymø, -øz] *adj.* (*théorie, explication, idées*) verworren
fumier [fymje] *m* ❶ [Stall]mist *m;* **~ de cheval** Pferdemist ❷ *fam* (*salaud*) Mistkerl *m*
fumigation [fymigasjɔ̃] *f* MED Inhalation *f*
fumigène [fymiʒɛn] *adj.* **appareil ~** Raucherzeuger *m*
fumiste [fymist] *mf péj fam* (*plaisantin*) Nichtsnutz *m*
fumisterie [fymistəʀi] *f fam* (*farce*) Schau *f*
fumoir [fymwaʀ] *m* Rauchsalon *m*
funambule [fynɑ̃byl] *mf* Seiltänzer(in) *m(f)*
funboard [fœnbɔʀd] *m* ❶ (*planche à voile*) Funboard *nt* ❷ (*sport*) Funboard-Surfen *nt*
funèbre [fynɛbʀ] *adj.* ❶ **marche ~** Trauermarsch *m;* **oraison ~** Grabrede *f* ❷ (*lugubre*) finster
funérailles [fyneʀaj] *fpl* Bestattung *f* (*geh*); **~s nationales** Staatsbegräbnis *nt*
funéraire [fyneʀɛʀ] *adj.* **monument ~** Grabmal *nt*
funeste [fynɛst] *adj.* (*jour*) unselig; (*suites, coup*) fatal; **être ~ à qn** jdm zum Verhängnis werden
funiculaire [fynikylɛʀ] *m* Seilbahn *f*
funk [fœnk] *adj. inv.* **musique ~** Funk *m*
fur [fyʀ] ▸ **au ~ et à mesure** nach und nach
furax [fyʀaks] *adj. fam* wutschnaubend
furet [fyʀɛ] *m* Frettchen *nt*
fureter [fyʀ(ə)te] <4> *v. intr.* [herum]schnüffeln (*fam*)

F

F

fureteur [fyʀ(ə)tœʀ] *m* CAN Browser *m*

fureur [fyʀœʀ] *f* Wut *f*, Zorn *m* ▸ **faire ~** (*chanson, mode*) Furore machen; (*danse, sport*) groß in Mode sein

furibond, e [fyʀibɔ̃, ɔ̃d] *adj.* (*regard, ton*) wütend; (*personne*) wutentbrannt

furie [fyʀi] *f* ❶ (*violence*) Heftigkeit *f*; **en ~** (*mer*) tosend ❷ *péj* (*femme déchaînée*) Furie *f*

furieusement [fyʀjøzmɑ̃] *adv.* (*avec violence*) wütend

furieux, -euse [fyʀjø, -jøz] *adj.* ❶ wütend ❷ *iron* (*envie*) unheimlich (*fam*)

furoncle [fyʀɔ̃kl] *m* Furunkel *m o nt*

furtif, -ive [fyʀtif, -iv] *adj.* flüchtig; (*regard*) verstohlen

furtivement [fyʀtivmɑ̃] *adv.* heimlich

fus [fy] *passé simple de* **être**

fusain [fyzɛ̃] *m* ❶ (*dessin*) Kohlezeichnung *f* ❷ (*crayon*) [Zeichen]kohle *f* ❸ BOT Pfaffenhütchen *nt*

fuseau [fyzo] <x> *m* ❶ (*instrument*) Spindel *f* ❷ (*pantalon*) Steghose *f* ❸ GEO **~ horaire** Zeitzone *f*

fusée [fyze] *f* Rakete *f*

fuselage [fyz(ə)laʒ] *m* [Flugzeug]rumpf *m*

fuselé, e [fyz(ə)le] *adj.* schlank

fuser [fyze] <1> *v. intr.* (*étincelles*) sprühen; **des questions fusent** es hagelt Fragen

fusible [fyzibl] *m* Sicherung *f*

fusil [fyzi] *m* Gewehr *nt*

fusillade [fyzijad] *f* Schießerei *f*

fusiller [fyzije] <1> *v. tr.* erschießen

fusil-mitrailleur [fyzimitʀɑjœʀ] <fusils-mitrailleurs> *m* Schnellfeuergewehr *nt*

fusion [fyzjɔ̃] *f* ❶ (*d'un métal*) Schmelzen *nt* ❷ ECON, POL (*de sociétés*) Fusion *f* ❸ INFORM (*de fichiers*) Vereinigen *nt*

fusionner [fyzjɔne] <1> **I.** *v. intr.* (*sociétés*) fusionieren; (*partis, organisations*) sich vereinigen **II.** *v. tr.* INFORM vereinigen

fût [fy] *m* Fass *nt*

futaie [fytɛ] *f* **haute ~** [alter] Hochwald

futal [fytal] *m fam* Hose *f*

futé, e [fyte] **I.** *adj.* clever **II.** *m, f* **petit ~** Schlaumeier *m*

futile [fytil] *adj.* ❶ (*choses*) belanglos; (*propos*) nichts sagend; (*conversation*) seicht; **pour une raison ~** wegen einer Lappalie ❷ (*personne*) oberflächlich

futilité [fytilite] *f* ❶ *sans pl.* (*d'une conversation*) Banalität *f* ❷ *pl* (*bagatelles*) Nichtigkeiten *Pl*

futur [fytyʀ] *m* ❶ (*avenir*) Zukunft *f* ❷ LING Futur *nt*, Zukunft *f*; **~ proche/simple** nahes/einfaches Futur

futur, e [fytyʀ] **I.** *adj.* ❶ [zu]künftige(r, s) ❷ *antéposé* (*collaborateur, époux*) [zu]künftige(r, s); **une ~e maman** eine werdende Mutter **II.** *m, f fam* (*fiancé*) Zukünftige(r) *f(m)*

futuriste [fytyʀist] *adj.* futuristisch

fuyais [fɥijɛ] *imparf de* **fuir**

fuyant [fɥijɑ̃] *part prés de* **fuir**

fuyant, e [fɥijɑ̃, ɑ̃t] *adj.* (*regard*) unstet; (*front*) fliehend

fuyard, e [fɥijaʀ, aʀd] *m, f* Flüchtige(r) *f(m)*

fuyez [fɥije], **fuyons** [fɥijɔ̃] *indic prés et impératif de* **fuir**

Gg

G, g [ʒe] *m inv.* G *nt,* g *nt*
gabardine [gabaʀdin] *f* Gabardine *m o f*
gabarit [gabaʀi] *m* Größe *f;* (*d'un véhicule*) Maße *Pl*; (*d'une personne*) *fam* Statur *f*
gabegie [gabʒi] *f* Misswirtschaft *f*
Gabon [gabɔ̃] *m* **le ~** Gabun *nt*
gabonais, e [gabɔnɛ, ɛz] *adj* gabunisch
Gabonais, e [gabɔnɛ, ɛz] *m, f* Gabuner(in) *m(f)*
gâcher [gɑʃe] <1> *v. tr.* (*plaisir, vacances*) verderben; (*vie*) verpfuschen; (*temps, argent*) vergeuden
gâchette [gɑʃɛt] *f* Abzug *m;* **appuyer sur la ~** abdrücken
gâchis [gɑʃi] *m* (*gaspillage*) Vergeudung *f*
gadget [gadʒɛt] *m* ❶ (*bidule*) Spielerei *f* ❷ (*innovation*) neumodische Ideen *Pl*
gadoue [gadu] *f* Matsch *m*
gaffe[1] [gaf] *f fam* Schnitzer *m;* **faire une ~** einen Bock schießen
gaffe[2] [gaf] *f fam* ▸ **faire ~** aufpassen
gaffer [gafe] <1> *v. intr. fam* sich (*Dat*) einen Schnitzer leisten; (*en parole*) ins Fettnäpfchen treten
gaffeur, -euse [gafœʀ, -øz] *fam* **I.** *adj.* ungeschickt **II.** *m, f* Tollpatsch *m*
gag [gag] *m* Gag *m*
gaga [gaga] *adj. fam* gaga
gage [gaʒ] *m* ❶ **~ de qc** (*garantie*) Garantie *f* für etw; (*témoignage*) Beweis *m* für etw ❷ (*dépôt*) Pfand *nt;* **mettre qc en ~** etw verpfänden; **sur ~** gegen Pfand ❸ JEUX Strafe *f* ❹ *pl* (*salaire*) Lohn *m;* (*d'un acteur*) Gage *f*
gageure [gaʒyʀ] *f* Ding *nt* der Unmöglichkeit
gagnant, e [gaɲɑ̃, ɑ̃t] **I.** *adj.* (*carte, coup*) spielentscheidend; **billet ~** Gewinnlos *nt* **II.** *m, f* Sieger(in) *m(f)*; (*d'un jeu*) Gewinner(in) *m(f)*
gagne-pain [gaɲpɛ̃] *m inv.* Broterwerb *m*
gagner [gaɲe] <1> **I.** *v. intr.* ❶ **~ à qc** bei etw gewinnen; **on a gagné!** [wir haben] gewonnen! ❷ (*trouver un avantage*) **est-ce que j'y gagne?** bringt mir das [et]was? **II.** *v. tr.* ❶ (*s'assurer: argent*) verdienen ❷ (*rapporter: argent, place, ami*) gewinnen; (*temps*) gutmachen ❸ (*lieu*) erreichen; **~ qc** (*incendie, épidémie*) auf etw (*Akk*) übergreifen ❹ (*fatigue, peur*) überkommen ▸ **c'est gagné!** *iron* Volltreffer!
gagneur, -euse [gaɲœʀ, -øz] *m, f* Gewinner(in) *m(f)*
gai, e [ge, gɛ] *adj.* fröhlich; (*événement*) lustig
gaiement, gaîment [gemɑ̃, gɛmɑ̃,] *adv.* fröhlich ▸ **allons-y ~!** *iron* na, dann wollen wir mal! (*fam*)
gaieté, gaîté [gete] *f* Fröhlichkeit *f,* Heiterkeit *f*
gaillard [gajaʀ] *m* Kerl *m* (*fam*)
gaillard, e [gajaʀ, aʀd] *adj.* rüstig
gain [gɛ̃] *m* ❶ (*profit*) Gewinn *m* ❷ (*économie*) Einsparung *f;* **~ de place** Platzgewinn *m;* **~ d'argent** Ersparnis *f*
gaine [gɛn] *f* ❶ (*ceinture*) Hüfthalter *m* ❷ (*étui*) Hülle *f*
gala [gala] *m* [Gala]empfang *m;* **~ de bienfaisance** Wohltätigkeitsveranstaltung *f*
galamment [galamɑ̃] *adv.* galant
galant, e [galɑ̃, ɑ̃t] *adj.* ❶ (*courtois*) zuvorkommend ❷ (*d'amour*) **rendez-vous ~** Rendezvous *nt*
galanterie [galɑ̃tʀi] *f* Höflichkeit *f*
galaxie [galaksi] *f* Galaxie *f,* Milchstraßensystem *nt;* **la Galaxie** die Galaxis
galbe [galb] *m* perfekte Rundung
galbé, e [galbe] *adj.* **des jambes bien ~es** wohlgeformte Beine *Pl*
gale [gal] *f* (*chez les hommes*) Krätze *f;* (*chez les animaux*) Räude *f* ▸ **ne pas avoir la ~** nicht beißen
galère [galɛʀ] *f* ❶ *fam* **c'est** [**la**] **~** [das ist] echt ätzend; **quelle ~!** so eine Plackerei! ❷ HIST Galeere *f*
galérer [galeʀe] <5> *v. intr. fam* (*chercher*) herumsuchen
galerie [galʀi] *f* ❶ (*souterrain*) Gang *m* ❷ COM **~ marchande** Einkaufspassage *f* ❸ ART Galerie *f* ❹ AUT Dachgepäckträger *m*
galérien [galeʀjɛ̃] *m* Galeerensklave *m*

G

galet [galɛ] *m* [Kiesel]stein
galette [galɛt] *f* ❶ (*crêpe salée*) [dünner] Pfannkuchen aus Buchweizenmehl ❷ (*objet en forme ronde et plate*) ~ **de pétrole** Ölplacken *m*

> **Les galettes** sind dünne Pfannkuchen aus Buchweizenmehl *(farine de sarrasin)*, die mit herzhaften Zutaten wie Schinken, Käse oder Lachs belegt werden.
> **La galette des Rois** ist ein Blätterteigkuchen mit Marzipanfüllung, der traditionell am Dreikönigsfest gegessen wird. In ihn ist eine Bohne oder eine kleine Figur – *la fève* – eingebacken. Wer zufällig das Kuchenstück hat, in dem sie sich befindet, ist an diesem Tag „König“ oder „Königin“.

galeux, -euse [galø, -øz] *adj.* räudig
galipette [galipɛt] *f fam* Purzelbaum *m*
gallicisme [ga(l)lisism] *m* Spracheigentümlichkeit *f* des Französischen
gallinacé [galinase] *m* Hühnervogel *m*
gallois [galwa] *m* Walisisch *nt; voir a.* **allemand**
gallois, e [galwa, waz] *adj.* walisisch; *voir a.* **allemand**
Gallois, e [galwa, waz] *m, f* Waliser(in) *m(f)*
gallo-romain, e [ga(l)lɔʀɔmɛ̃, ɛn] <gallo-romains> *adj.* galloromanisch
galoche [galɔʃ] *f* [Holz]pantine *f*
galon [galɔ̃] *m pl* MIL Tresse *f*
galop [galo] *m* **au** ~ im Galopp
galopant, e [galɔpɑ̃, ɑ̃t] *adj.* (*inflation*) galoppierend
galoper [galɔpe] <1> *v. intr.* galoppieren
galopin [galɔpɛ̃] *m fam* Lausbub *m*
galvaniser [galvanize] <1> *v. tr.* begeistern
galvaudé, e [galvode] *adj.* abgedroschen
gambader [gɑ̃bade] <1> *v. intr.* herumtollen; (*animal*) herumspringen
gambas [gɑ̃bas] *fpl* Gambas *Pl (große Garnelen)*
gamberger [gɑ̃bɛʀʒe] <2a> *v. intr. fam* grübeln
gambette [gɑ̃bɛt] *f fam* Beinchen *nt*
gamelle [gamɛl] *f* Blechgeschirr *nt;* (*d'un ouvrier*) Henkelmann *m* (*fam*); (*d'un chien*) Napf *m* ▸ **prendre une** ~ *fam* hinfliegen
gamepad [gɛmpad] *m* Gamepad *nt*
gamin, e [gamɛ̃, in] **I.** *adj.* kindisch **II.** *m, f fam* **un** ~ ein Kind *nt;* **une ~e** ein Mädchen *nt*
gaminerie [gaminʀi] *f* Kinderei *f*
gamme [gam] *f* ❶ MUS Tonleiter *f* ❷ (*série*) Palette *f*
Gand [gɑ̃] Gent *nt*
gang [gɑ̃g] *m* Gang *f*
ganglion [gɑ̃glijɔ̃] *m* Lymphknoten *m*
gangrène [gɑ̃gʀɛn] *f* [Wund]brand *m*
gangster [gɑ̃gstɛʀ] *m* Gangster *m*
gant [gɑ̃] *m* Handschuh *m;* ~ **de toilette** Waschlappen *nt* ▸ **aller à qn comme un** ~ (*vêtement*) jdm wie angegossen passen
garage [gaʀaʒ] *m* ❶ (*abri*) Garage *f* ❷ (*entreprise*) Reparaturwerkstatt *f*
garagiste [gaʀaʒist] *mf* Automechaniker(in) *m(f);* **chez le** ~ in der Werkstatt
garant, e [gaʀɑ̃, ɑ̃t] *m, f* Bürge *m*/Bürgin *f;* **se porter** ~ **de qc** für etw bürgen
garantie [gaʀɑ̃ti] *f* ❶ Garantie *f;* **qc est sous** ~ auf etw (*Akk*) ist Garantie ❷ (*gage, caution*) Sicherheit *f*
garantir [gaʀɑ̃tiʀ] <8> *v. tr.* ❶ (*répondre de*) garantieren ❷ (*par contrat*) ~ **qc à qn** jdm eine Garantie auf etw (*Akk*) geben ❸ (*assurer*) gewährleisten ❹ *iron* **je te garantis que …** du kannst sicher sein, dass …
garce [gaʀs] *f péj fam* Luder *nt*
garçon [gaʀsɔ̃] *m* ❶ (*enfant*) Junge *m* ❷ (*jeune homme*) **être beau** ~ ein hübscher Kerl sein ❸ (*fils*) Junge *m* (*fam*) ❹ (*serveur*) Kellner *m;* **~!** Herr Ober! ❺ (*employé subalterne*) ~ **boucher** Metzgergehilfe *m* ▸ **vieux** ~ alter Junggeselle
garde[1] [gaʀd] *f* ❶ *sans pl.* Bewachung *f;* **confier qn à la** ~ **de qn** jdn jdm anvertrauen ❷ JUR (*d'enfants*) Sorgerecht *f;* ~ **à vue** Polizeigewahrsam *m* ❸ (*permanence: le week-end*) Wochenenddienst *m;* (*de nuit*) Nachtdienst *m;* **être de** ~ (*médecin*) Notdienst haben; (*pharmacie*) Bereitschaftsdienst haben ❹ (*patrouille*) ~ **républicaine** *Gendarmeriekorps in Paris zur Bewachung der Regie-*

rungsgebäude und zum Ehrendienst ▸ **<u>être</u> sur ses ~s** auf der Hut sein; **<u>monter</u> la ~** Wache halten

garde² [gaʀd] *m* ① (*d'une propriété*) Wächter *m*, Hüter *m*; **~ des Sceaux** Justizminister *m*; **~ du corps** Leibwächter ② (*sentinelle*) Wache *f*

garde-à-vous [gaʀdavu] *m inv.* **~!** stillgestanden! **garde-barrière** [gaʀd(ə)baʀjɛʀ] <gardes-barrières> *mf* Bahnwärter(in) *m(f)* **garde-boue** [gaʀdəbu] *m inv.* Schutzblech *nt* **garde-chasse** [gaʀdəʃas] <gardes-chasse[s]> *mf* Jagdaufseher(in) *m(f)* **garde-côte** [gaʀdəkot] <garde-côtes> *m* Wasser[schutz]polizeiboot *nt* **garde-fou** [gaʀdəfu] <garde-fous> *m* Geländer *nt* **garde-malade** [gaʀd(ə)malad] <gardes-malades> *mf* Krankenpfleger(in) *m(f)* **garde-manger** [gaʀd(ə)mɑ̃ʒe] *m inv.* Vorratsschrank *m* **garde-meuble** [gaʀdəmœbl] <garde-meubles> *m* Möbellager *nt* **garde-pêche** [gaʀdəpɛʃ] <gardes-pêche> *mf* Fischereiaufseher(in) *m(f)*

garder [gaʀde] <1> **I.** *v. tr.* ① bewachen; (*banque, bagages*) aufpassen auf (+ *Akk*); (*maison, enfant, animal*) [be]hüten; (*personne âgée*) betreuen; **donner à ~** anvertrauen ② (*stocker*) aufbewahren; (*marchandises*) lagern ③ (*ne pas perdre*) behalten; (*espoir*) nicht aufgeben; (*séquelles*) zurückbehalten ④ (*réserver*) aufheben; (*place*) freihalten ⑤ (*distance*) wahren ⑥ (*manteau, montre*) anbehalten; (*chapeau, lunettes*) aufbehalten ⑦ (*secret*) für sich behalten ⑧ (*lit*) hüten **II.** *v. pron.* ① **se ~** (*aliment*) sich halten ② (*s'abstenir*) **se ~ de faire qc** sich hüten etw zu tun

garderie [gaʀdəʀi] *f* [Kinder]tagesstätte *f*

garde-robe [gaʀdəʀɔb] <garde-robes> *f* Garderobe *f*

gardien, ne [gaʀdjɛ̃, jɛn] *m, f* ① Wächter(in) *m(f)*; (*d'un immeuble*) Hausmeister(in) *m(f)*; (*d'un zoo*) Wärter(in) *m(f)*; **~ de musée/prison** Museums-/Gefängniswärter; **~ de nuit** Nachtwächter ② (*défenseur*) Hüter(in) *m(f)*; **~ de la paix** Polizist *m*

gardiennage [gaʀdjenaʒ] *m* Wachdienst *m*

gardienné, e [gaʀdjene] *adj.* bewacht; **parc ~** bewachter Park

gardon [gaʀdɔ̃] *m* ▸ **<u>frais</u> comme un ~** voll in Form

gare¹ [gaʀ] *f* Bahnhof *m*; **~ centrale** Hauptbahnhof; **~ routière** Busbahnhof

gare² [gaʀ] *interj.* ▸ **sans <u>crier</u> ~** ohne Vorwarnung

garer [gaʀe] <1> **I.** *v. tr.* parken; **il est garé à cent mètres** er parkt hundert Meter entfernt **II.** *v. pron.* **se ~** ① (*parquer*) parken ② (*se ranger*) ausweichen

gargantuesque [gaʀgɑ̃tɥɛsk] *adj.* unersättlich

gargariser [gaʀgaʀize] <1> *v. pron.* **se ~** gurgeln

gargarisme [gaʀgaʀizm] *m* Gurgeln *nt*

gargote [gaʀgɔt] *f péj* mieses Restaurant

gargouille [gaʀguj] *f* Wasserspeier *m*

gargouillement [gaʀgujmɑ̃] *m* Gluckern *nt*

gargouiller [gaʀguje] <1> *v. intr.* gluckern; (*estomac*) knurren

garnement [gaʀnəmɑ̃] *m* Bengel *m*

garni, e [gaʀni] *adj.* GASTR mit Beilage

garnir [gaʀniʀ] <8> *v. tr.* ① (*orner*) schmücken ② (*équiper*) **~ qc de qc** etw mit etw versehen ③ (*remplir*) **garnir de qc** mit etw füllen

garnison [gaʀnizɔ̃] *f* Garnison *f*

garniture [gaʀnityʀ] *f* ① GASTR Beilage *f* ② AUT Innenausstattung *f*

garrigue [gaʀig] *f* Garide *f*

garrot [gaʀo] *m* ① MED Druckverband *m* ② (*d'un cheval*) Widerrist *m*

gars [gɑ] *m fam* Kerl *m*; **salut les ~!** hallo, Jungs!

Gascogne [gaskɔɲ] *f* **la ~** die Gascogne

gascon [gaskɔ̃] *m* **le ~** Gascognisch *nt*, das Gascognische

Gascon, ne [gaskɔ̃, ɔn] *m, f* Gascogner(in) *m(f)*

gas-oil, gasoil [gazwal] *m* Diesel *m*

gaspillage [gaspijaʒ] *m* Verschwendung *f*

gaspiller [gaspije] <1> *v. tr.* verschwenden; (*temps*) vergeuden; (*fortune*) verschleudern

gastrique [gastʀik] *adj.* **troubles ~s** Magenbeschwerden *Pl*

gastrite [gastʀit] *f* Gastritis *f*

gastroentérite [gastʀoɑ̃teʀit] *f* Magen-Darm-Entzündung *f*

gastronome [gastʀɔnɔm] *mf* Feinschmecker(in) *m(f)*

gastronomie [gastʀɔnɔmi] *f* Kochkunst *f*

gastronomique [gastʀɔnɔmik] *adj.* (*restaurant*) Feinschmecker-; (*guide*) Gastronomie-

gâteau [gɑto] <x> *m* Kuchen *m;* (*individuel*) Gebäck *nt;* **~ sec** Keks *m;* **~ de riz** Reispudding *m;* **faire un ~ au chocolat/à la crème** einen Schokoladenkuchen/eine Cremetorte backen *f* ▸ **c'est pas du ~!** *fam* das ist kein Zuckerschlecken

gâter [gɑte] <1> **I.** *v. tr.* ❶ (*personne*) verwöhnen ❷ (*endommager*) **gâté** (*fruits, dent*) faul ▸ **être gâté** Glück haben **II.** *v. pron.* **se ~** (*viande*) schlecht werden; (*fruits*) faulen; (*temps*) umschlagen; (*situation, choses*) sich verschlechtern

gâterie [gɑtʀi] *f* Süßigkeiten *Pl*

gâteux, -euse [gɑtø, -øz] *adj.* ❶ *péj* (*sénile*) verkalkt ❷ (*fou de*) närrisch

gâtisme [gɑtism] *m* Verkalkung *f*

gauche [goʃ] **I.** *adj.* ❶ (*opp:droit*) linke(r, s) ❷ (*maladroit*) ungeschickt **II.** *f* ❶ Linke *f,* linke Seite; **à ~** links; **à la ~ de qn** zu jds Linken; **sur la ~ de qc** auf der linken Seite einer Sache (*Gen*); **de ~ à droite** von links nach rechts ❷ POL **la ~** die Linke; **idées de ~** linke Ansichten; **partis de ~** Linksparteien *Pl*

gauchement [goʃmɑ̃] *adv.* auf ungeschickte Weise

gaucher, -ère [goʃe, -ɛʀ] **I.** *adj.* linkshändig **II.** *m, f* Linkshänder(in) *m(f)*

gaucherie [goʃʀi] *f* Unbeholfenheit *f*

gauchisme [goʃism] *m* Linksextremismus *m*

gauchiste [goʃist] *mf* Linksextreme(r) *f(m)*

gaufre [gofʀ] *f* Waffel *f*

gaufrette [gofʀɛt] *f* [Eis]waffel *f*

gaufrier [gofʀije] *m* Waffeleisen *nt*

Gaule [gol] *f* **la ~** Gallien *nt*

gaullisme [golism] *m* Gaullismus *m*

gaulliste [golist] *mf* Gaullist(in) *m(f)*

gaulois, e [golwa, waz] *adj.* gallisch; (*humour*) derb

Gaulois, e [golwa, waz] *m, f* Gallier(in) *m(f)*

gauloiserie [golwazʀi] *f* derber Witz

gaver [gave] <1> **I.** *v. tr.* ❶ (*oie*) stopfen ❷ (*bourrer*) **~ qn de qc** jdn mit etw vollstopfen (*fam*) **II.** *v. pron.* **se ~ de qc** sich mit etw vollstopfen (*fam*)

gavroche [gavʀɔʃ] *m* [Pariser] Straßenjunge *m*

gay [gɛ] **I.** *adj. inv.* homosexuell **II.** *mpl* Schwule *Pl* (*fam*)

gaz [gɑz] *m* ❶ Gas *nt;* **~ toxique/naturel** Gift-/Erdgas; **~ lacrymogène** Tränengas; **~ d'échappement** Abgas ❷ *pl* **avoir des ~** Blähungen haben

gaze [gɑz] *f* ❶ (*tissu*) Gaze *f* ❷ (*pansement*) Mull *m*

gazelle [gazɛl] *f* Gazelle *f*

gazer [gɑze] <1> *v. tr.* (*exterminer*) vergasen

gazeux, -euse [gɑzø, -øz] *adj.* ❶ gasförmig ❷ (*qui contient du gaz*) **eau gazeuse** Mineralwasser *nt* mit Kohlensäure

gazinière [gɑzinjɛʀ] *f* Gasherd *m*

gazoduc [gɑzodyk] *m* Gasleitung *f*

gazole [gɑzɔl] *m* Diesel *m*

gazon [gɑzɔ̃] *m* Rasen *m*

gazouillement [gazujmɑ̃] *m* (*d'un oiseau*) Zwitschern *nt*

gazouiller [gazuje] <1> *v. intr.* (*bébé*) lallen; (*oiseau*) zwitschern

geai [ʒɛ] *m* Häher *m*

géant [ʒeɑ̃] *m* COM Gigant *m*

géant, e [ʒeɑ̃, -ɑ̃t] **I.** *adj.* riesig **II.** *m, f* Riese *m*/Riesin *f*

geignard, e [ʒɛɲaʀ, aʀd] *adj.* *péj fam* weinerlich; **enfant ~** Heulpeter *m*

geindre [ʒɛ̃dʀ] <irr> *v. intr.* stöhnen

gel [ʒɛl] *m* ❶ METEO Frost *m* ❷ (*blocage*) Einfrieren *nt* ❸ (*crème*) Gel *nt*

gélatine [ʒelatin] *f* Gelatine *f*

gélatineux, -euse [ʒelatinø, -øz] *adj.* gallertartig

gelé, e [ʒ(ə)le] *adj.* ❶ (*rivière*) zugefroren; (*terre*) [hart]gefroren ❷ (*endommagé par le froid*) erfroren

gelée [ʒ(ə)le] *f* ❶ METEO Frost *m;* **~ blanche** Reif *m* ❷ GASTR Aspik *m*

geler [ʒ(ə)le] <4> **I.** *v. tr.* ❶ METEO gefrieren lassen; (*bourgeons*) erfrieren lassen ❷ ECON einfrieren **II.** *v. intr.* ❶ METEO gefrieren; (*rivière*) zufrieren; (*fleurs*) erfrieren ❷ (*avoir froid*) frieren; **on gèle ici!** hier erfriert man ja!; **gelé** eiskalt; (*personne*) durchgefroren ❸ *impers.* **il gèle** es friert

gélule [ʒelyl] *f* Gelatinekapsel *f*
Gémeaux [ʒemo] *mpl* ASTRO Zwillinge *Pl voir a.* **Balance**
gémir [ʒemiʀ] <8> *v. intr.* stöhnen
gémissement [ʒemismɑ̃] *m* Stöhnen *nt*
gênant, e [ʒɛnɑ̃, ɑ̃t] *adj.* störend; (*question, situation*) unangenehm
gencive [ʒɑ̃siv] *f* Zahnfleisch *nt*
gendarme [ʒɑ̃daʀm] *mf* Polizist(in) *m(f)*, Gendarm *m*, [Militär]polizist *m* (*in ländlichen Gebieten und kleinen Ortschaften*)
gendarmer [ʒɑ̃daʀme] <1> *v. pron.* **se ~ contre qn/qc** sich gegen jdn/etw zur Wehr setzen
gendarmerie [ʒɑ̃daʀməʀi] *f* Gendarmerie *f*

> Die **gendarmerie** gehört zu den französischen Streitkräften, nimmt aber zum größten Teil polizeiliche Aufgaben wahr. Wenn man die Polizei braucht, wendet man sich in den größeren Städten an ein *commissariat de police*, in kleineren Orten oder auf dem Land dagegen an die **gendarmerie**. Sie ist fast in jedem Dorf vertreten.

gendre [ʒɑ̃dʀ] *m* Schwiegersohn *m*
gène [ʒɛn] *m* Gen *nt*
gêne [ʒɛn] *f* ❶ (*malaise*) Beschwerden *Pl* ❷ (*trouble*) Befangenheit *f* ▸ **être sans ~** keine Hemmungen kennen
gêné, e [ʒene] *adj.* (*personne, sourire*) verlegen; (*silence*) betreten
généalogie [ʒenealɔʒi] *f* Genealogie *f*
généalogique [ʒenealɔʒik] *adj.* genealogisch
gêner [ʒene] <1> **I.** *v. tr.* ❶ (*déranger*) stören ❷ (*entraver*) **~ les piétons** die Fußgänger behindern ❸ (*mettre mal à l'aise*) verlegen machen; **gêné** verlegen; (*silence*) betreten; **être gêné** sich genieren; **ça gêne qn de faire qc/que** + *subj.* es ist jdm peinlich, etw zu tun/dass **II.** *v. pron.* **ne pas se ~ pour dire qc** etw [ganz] offen sagen
général [ʒeneʀal, o] <-aux> *m* General *m*
général, e [ʒeneʀal, o] <-aux> *adj.* ❶ allgemein; **grève ~e** Generalstreik *m;* **le conseil ~** die Ratsversammlung des Departements; **en règle ~e** in der Regel ❷ (*directeur*) General-; (*quartier, assemblée*) Haupt- ▸ **en ~** im Allgemeinen; **d'une façon ~e** im Allgemeinen
générale [ʒeneʀal] *f* THEAT Generalprobe *f*
généralement [ʒeneʀalmɑ̃] *adv.* ❶ (*habituellement*) im Allgemeinen ❷ (*opp: en détail*) allgemein
généralisation [ʒeneʀalizasjɔ̃] *f* Verallgemeinerung *f;* (*d'un conflit*) Ausweitung *f*
généraliser [ʒeneʀalize] <1> **I.** *v. tr.* ❶ (*rendre général*) verallgemeinern ❷ (*méthode*) allgemein einführen; **un cancer généralisé** ein Krebs, der Metastasen gebildet hat **II.** *v. pron.* **se ~** (*procédé*) allgemein eingeführt werden
généraliste [ʒeneʀalist] *adj.* **médecin ~** Arzt *m*/Ärztin *f* für Allgemeinmedizin
généralité [ʒeneʀalite] *f gén. pl.* **la ~** das Allgemeine
générateur, -trice [ʒeneʀatœʀ, -tʀis] *m, f* Generator *m*
génération [ʒeneʀasjɔ̃] *f* Generation *f*
générer [ʒeneʀe] <5> *v. tr.* erzeugen; INFORM generieren
généreusement [ʒeneʀøzmɑ̃] *adv.* ❶ (*avec libéralité*) großzügig ❷ (*avec abondance*) reichlich
généreux, -euse [ʒeneʀø, -øz] *adj.* großzügig
générique [ʒeneʀik] **I.** *m* Vorspann *m;* (*à la fin*) Nachspann *m* **II.** *adj.* (*terme*) Ober-
générosité [ʒeneʀozite] *f* Großzügigkeit *f*, Großmut *m*
genèse [ʒənɛz] *f* Entstehung *f;* (*d'une idée*) Aufkommen *nt*
Genèse [ʒənɛz] *f* REL **la ~** die Schöpfungsgeschichte
genêt [ʒənɛ] *m* Ginster *m*
généticien, ne [ʒenetisjɛ̃, jɛn] *m, f* Genetiker(in) *m(f)*
génétique [ʒenetik] **I.** *adj.* genetisch; (*manipulation, recherche*) Gen-; **patrimoine ~** Erbgut *nt* **II.** *f* Genetik *f*
génétiquement [ʒenetikmɑ̃] *adv.* genetisch
gêneur, -euse [ʒɛnœʀ, -øz] *m, f* Störenfried *m*
Genève [ʒ(ə)nɛv] Genf *nt;* **de ~** Genfer

génial, e [ʒenjal, jo] < -aux> *adj.* ❶ genial ❷ *fam* (*formidable*) toll
génialement [ʒenjalmɑ̃] *adv.* auf geniale Weise
génie [ʒeni] *m* ❶ Genie *nt* ❷ HIST Geist *m*
genièvre [ʒənjɛvʀ] *m* Wacholder *m*
génique [ʒenik] *adj.* **thérapie ~** Gentherapie *f*
génisse [ʒenis] *f* Färse *f*
génital, e [ʒenital, o] <-aux> *adj.* Geschlechts-
géniteur [ʒenitœʀ] *m* ZOOL (*animal mâle*) männliches Zuchttier
génitif [ʒenitif] *m* LING Genitiv *m*
génocidaire [ʒenɔsidɛʀ] **I.** *adj.* Völkermord- **II.** *mf* Völkermörder(in) *m(f)*
génocide [ʒenɔsid] *m* Völkermord *m*
génoise [ʒenwaz] *f* Biskuit *nt o m*
génome [ʒenom] *m* Genom *nt*
génothèque [ʒenɔtɛk] *f* (*banque de génotypes*) Genbank *f*
genou [ʒ(ə)nu] <x> *m* Knie *nt;* **sur les ~x de qn** auf jds Schoß; **à ~x** auf Knien
genouillère [ʒənujɛʀ] *f* Knieschutz *m*
genre [ʒɑ̃ʀ] *m* ❶ (*sorte*) Art *f;* **elle n'est pas mon ~** sie ist nicht mein Typ (*fam*) ❷ ART Gattung *f* ❸ (*espèce*) **~ humain** Menschengeschlecht *nt* ❹ LING Genus *nt* ▸**ce n'est pas son ~** das ist doch gar nicht seine Art!
gens [ʒɑ̃] *mfpl* Leute *Pl*
gentiane [ʒɑ̃sjan] *f* Enzian *m*
gentil, le [ʒɑ̃ti, ij] *adj.* ❶ **~ avec qn** nett/freundlich zu jdm ❷ (*sage*) brav ▸**c'est [bien] ~, mais ...** *fam* schön und gut, aber ...
gentilhomme [ʒɑ̃tijɔm, ʒɑ̃tizɔm] <gentilshommes> *m* Edelmann *m*
gentillesse [ʒɑ̃tijɛs] *f* (*qualité*) Freundlichkeit *f;* **avoir la ~ de faire qc** so nett sein etw zu tun
gentiment [ʒɑ̃timɑ̃] *adv.* ❶ (*aimablement*) freundlich ❷ (*sagement*) ruhig
gentleman [dʒɛntləman] <s> *m* Gentleman *m*
géo [ʒeo] *f fam abr. de* **géographie**
géographe [ʒeɔgʀaf] *mf* Geograph(in) *m(f)*
géographie [ʒeɔgʀafi] *f* Geographie *f,* Erdkunde *f*
géographique [ʒeɔgʀafik] *adj.* geographisch; (*carte*) Land-
géologie [ʒeɔlɔʒi] *f* Geologie *f*
géologique [ʒeɔlɔʒik] *adj.* geologisch
géologue [ʒeɔlɔg] *mf* Geologe *m*/Geologin *f*
géomètre [ʒeɔmɛtʀ] *mf* Geometer *m*
géométrie [ʒeɔmetʀi] *f* Geometrie *f*
géométrique [ʒeɔmetʀik] *adj.* geometrisch
géophysicien, ne [ʒeofizisjɛ̃, jɛn] *m, f* Geophysiker(in) *m(f)*
géophysique [ʒeofizik] *f* Geophysik *f*
géopolitique [ʒeopɔlitik] *f* Geopolitik *f*
géothermique [ʒeotɛʀmik] *adj.* geothermisch
gérance [ʒeʀɑ̃s] *f* (*d'une entreprise*) Geschäftsführung *f;* (*d'une succursale*) Leitung *f;* (*d'un fonds de commerce*) Pacht *f;* **mettre/prendre en ~** verpachten/pachten
géranium [ʒeʀanjɔm] *m* Geranie *f*
gérant, e [ʒeʀɑ̃, ɑ̃t] *m, f* (*d'une entreprise*) Geschäftsführer(in) *m(f);* (*d'un capital, immeuble*) Verwalter(in) *m(f);* (*d'un fonds de commerce*) Betreiber(in) *m(f),* Inhaber(in) *m(f)*
gerbe [ʒɛʀb] *f* (*de blé*) Garbe *f;* (*de fleurs*) Strauß *m*
gercer [ʒɛʀse] <2> *v. intr.* aufspringen
gerçure [ʒɛʀsyʀ] *f* **avoir des ~s aux mains** rissige Hände haben
gérer [ʒeʀe] <5> *v. tr.* ❶ (*entreprise, succursale*) leiten; (*magasin*) führen; (*immeuble, capital*) verwalten ❷ INFORM verwalten ❸ (*crise*) in den Griff bekommen (*fam*); (*temps libre*) sinnvoll gestalten
gériatrie [ʒeʀjatʀi] *f* Altersheilkunde *f*
germain, e [ʒɛʀmɛ̃, ɛn] *adj.* (*relatif à la Germanie*) germanisch
Germain, e [ʒɛʀmɛ̃, ɛn] *m, f* Germane *m*/Germanin *f*
germanique [ʒɛʀmanik] *adj.* ❶ (*teuton*) germanisch ❷ (*allemand*) deutsch; (*pays*) deutschsprachig
germanisme [ʒɛʀmanism] *m* Germanismus *m*
germaniste [ʒɛʀmanist] *mf* Germanist(in) *m(f)*
germanophile [ʒɛʀmanɔfil] *adj.* deutschfreundlich
germanophobe [ʒɛʀmanɔfɔb] *adj.* deutschfeindlich
germanophone [ʒɛʀmanɔfɔn] **I.** *adj.* deutschsprachig; **être ~** Deutsch als

Muttersprache haben **II.** *mf* Deutschsprachige(r) *f(m)*

germe [ʒɛʀm] *m* ① (*semence*) Keim *m* ② MED Krankheitserreger *m*

germer [ʒɛʀme] <1> *v. intr.* keimen; (*idée*) aufkeimen

gérondif [ʒeʀɔ̃dif] *m* Gerundium *nt*

gérontologie [ʒeʀɔ̃tɔlɔʒi] *f* Altersforschung *f*

gésier [ʒezje] *m* [Muskel]magen *m*

gestation [ʒɛstasjɔ̃] *f* Trächtigkeit *f;* (*durée*) Tragezeit *f*

geste [ʒɛst] *m* ① Geste *f;* ~ **de la main** Handbewegung *f* ② (*action*) ~ **d'amour** Zeichen *nt* der Liebe

gesticuler [ʒɛstikyle] <1> *v. intr.* gestikulieren

gestion [ʒɛstjɔ̃] *f* ① Verwaltung *f;* (*d'une entreprise*) Geschäftsführung *f;* ~ **des entreprises** UNIV Betriebswirtschaftslehre *f*, Betriebswirtschaft *f* ② INFORM Verwaltung *f*

gestionnaire [ʒɛstjɔnɛʀ] **I.** *mf* Geschäftsführer(in) *m(f)* **II.** *m* ~ **de fichiers** Dateimanager *m*

gestuel, le [ʒɛstɥɛl] *adj.* (*langage*) Gebärden-

gestuelle [ʒɛstɥɛl] *f* Gestik *f*

geyser [ʒɛzɛʀ] *m* Geysir *m*

ghetto [geto] *m* Getto *nt*

gibet [ʒibɛ] *m* Galgen *m*

gibier [ʒibje] *m* Wild *nt*

giboulée [ʒibule] *f* Schauer *m*

giclée [ʒikle] *f* Spritzer *m*

gicler [ʒikle] <1> *v. intr.* spritzen

gicleur [ʒiklœʀ] *m* Vergaserdüse *f*

gifle [ʒifl] *f* Ohrfeige *f*

gifler [ʒifle] <1> *v. tr.* ohrfeigen

gigantesque [ʒigɑ̃tɛsk] *adj.* riesig

giga-octet [ʒigaɔktɛ] <giga-octets> *m* Gigabyte *nt*

GIGN [ʒeiʒeɛn] *m abr. de* **Groupe d'intervention de la gendarmerie nationale** *Spezialeinheit zur Bekämpfung des Terrorismus*

gigolo [ʒigɔlo] *m péj* Gigolo *m*

gigot [ʒigo] *m* Keule *f*, Schlögel *m* (A)

gigoter [ʒigɔte] <1> *v. intr. fam* herumzappeln; (*bébé*) strampeln

gilet [ʒilɛ] *m* Weste *f;* (*lainage*) Strickjacke *f;* ~ **de sauvetage** Schwimmweste

gin [dʒin] *m* Gin *m*

gingembre [ʒɛ̃ʒɑ̃bʀ] *m* Ingwer *m*

gingivite [ʒɛ̃ʒivit] *f* Zahnfleischentzündung *f*

girafe [ʒiʀaf] *f* Giraffe *f*

giratoire [ʒiʀatwaʀ] *adj.* **sens** ~ Kreisverkehr *m*

girlie [gœʀli] *adj. inv.* Girlie-

giroflée [ʒiʀɔfle] *f* Goldlack *m*

girolle [ʒiʀɔl] *f* Pfifferling *m*, Eierschwammerl *nt* (A)

girouette [ʒiʀwɛt] *f* ① Wetterhahn *m* ② *fam* (*personne*) unbeständiger Mensch

gisant [ʒizɑ̃] *m* ART liegende Figur

gisement [ʒizmɑ̃] *m* Vorkommen *nt*

gitan, e [ʒitɑ̃, an] *m, f* Zigeuner(in) *m(f)* (*pej*)

gîte [ʒit] *m* Unterkunft *f;* ~ **rural** Ferienwohnung *f* auf dem Land; ~ **d'étape** einfache Unterkunft für Wanderer

givrant, e [ʒivʀɑ̃, ɑ̃t] *adj.* raureifbildend

givre [ʒivʀ] *m* [Rau]reif *m*

givré, e [ʒivʀe] *adj.* ① bereift; (*fenêtre*) vereist ② *fam* (*fou*) **être** ~ einen Knall haben

glaçage [glasaʒ] *m* ① (*d'une photographie*) Glanztrocknen *nt* ② GASTR Glasur *f*

glace [glas] *f* ① a. GASTR Eis *nt;* ~ **au chocolat** Schokolade[n]eis ② (*miroir*) Spiegel *m* ③ (*vitre*) [Glas]scheibe *f*

glacé, e [glase] *adj.* ① (*très froid*) *a. fig* eiskalt; **servir** ~ eisgekühlt servieren ② (*fruit, marrons*) kandiert ③ (*papier*) Glanz-

glacer [glase] <2> *v. tr.* ① (*refroidir*) zu Eis erstarren lassen ② (*impressionner*) ~ **qn d'effroi** jdn vor Schreck (*Dat*) erstarren lassen

glaciaire [glasjɛʀ] *adj.* **période** ~ Eiszeit *f;* **érosion** ~ Gletschererosion *f*

glacial, e [glasjal] <s> *adj. a. fig* eiskalt

glaciation [glasjasjɔ̃] *f* Glazial[zeit *f*] *nt*

glacier [glasje] *m* ① GEO Gletscher *m* ② (*métier*) Eiskonditor *m*

glacière [glasjɛʀ] *f* Kühlbox *f*

glaçon [glasɔ̃] *m* Eiswürfel *m*

gladiateur [gladjatœʀ] *m* Gladiator *m*

glaïeul [glajœl] *m* Gladiole *f*

glaise [glɛz] *f* Lehm *m*

glaive [glɛv] *m* Schwert *nt*

glam [glam] *adj. inv. fam* glamourös

glamoureux, -euse [glamuʀø, -øz] *adj.* glamourös

gland [glɑ̃] *m* Eichel *f*

glande [glɑ̃d] *f* Drüse *f*

G

glander [glɑ̃de] <1> *v. intr. fam* herumgammeln
glandeur, -euse [glɑ̃dœʀ, -øz] *m, f fam* Nichtstuer(in) *m(f)*
glaner [glane] <1> *v. tr.* zusammentragen
glapir [glapiʀ] <8> *v. intr.* (*chiot*) kläffen
glapissement [glapismɑ̃] *m* (*du renard*) Bellen *nt*
glas [glɑ] *m* **sonner le ~** die Totenglocke läuten

G

glaucome [glokom] *m* MED grüner Star
glauque [glok] *adj.* ❶ (*verdâtre*) graugrün ❷ (*lugubre*) düster
glissade [glisad] *f* (*action de glisser par jeu*) Schlittern *nt*
glissant, e [glisɑ̃, ɑ̃t] *adj.* glatt
glisse [glis] *f* ❶ (*façon de glisser*) Gleiten *nt;* **les sports de ~** die Gleitsportarten *Pl* ❷ CH (*luge*) Schlitten *m*
glissement [glismɑ̃] *m* **~ de terrain** Erdrutsch *m*
glisser [glise] <1> **I.** *v. intr.* ❶ (*être glissant*) rutschig sein ❷ (*se déplacer*) **~ sur qc** über etw (*Akk*) gleiten ❸ (*déraper*) rutschen ❹ (*échapper de*) **ça m'a glissé des mains** es ist mir aus den Händen gerutscht **II.** *v. tr.* schieben; **~ qc à qn** jdm etw zuschieben; (*dire*) jdm etw zuflüstern **III.** *v. pron.* **se ~** schlüpfen; **se ~ dans la maison** sich ins Haus schleichen
glissière [glisjɛʀ] *f* **~ de sécurité** Leitplanke *f*
global, e [glɔbal, o] <-aux> *adj.* global; (*somme*) Gesamt-; **vue ~e** Überblick *m*
globalement [glɔbalmɑ̃] *adv.* alles in Allem
globalisation [glɔbalizasjɔ̃] *f* Pauschalisierung *f*
globalité [glɔbalite] *f* Gesamtheit *f*
globe [glɔb] *m* ELEC Kugelleuchte *f;* GEO Globus *m*
globe-trotter [glɔbtʀɔtœʀ, -tʀɔtɛʀ] <globe-trotters> *mf* Globetrotter *m*
globule [glɔbyl] *m* Blutkörperchen *nt*
globuleux, -euse [glɔbylø, -øz] *adj.* hervorstehend
gloire [glwaʀ] *f* Ruhm *m* ▸ **à la ~ de qn/qc** zu jds Ehre/um etw zu ehren
glorieux, -euse [glɔʀjø, -jøz] *adj.* ruhmreich
glorification [glɔʀifikasjɔ̃] *f* Glorifizierung *f*
glorifier [glɔʀifje] <1> *v. pron.* **se ~ de qc** sich einer S. (*Gen*) rühmen
gloriole [glɔʀjɔl] *f* Selbstgefälligkeit *f*
gloss [glɔs] *m* Lipgloss *nt*
glossaire [glɔsɛʀ] *m* Glossar *nt*
glotte [glɔt] *f* Stimmritze *f*
glouglou [gluglu] *m fam* **faire ~** gluckern
gloussement [glusmɑ̃] *m* Glucken *nt*
glousser [gluse] <1> *v. intr.* (*poule*) glucken*fam* (*personne*) glucksen
glouton, ne [glutɔ̃, ɔn] **I.** *adj.* gefräßig **II.** *m, f* Vielfraß *m* (*fam*)
gloutonnerie [glutɔnʀi] *f* Gefräßigkeit *f*
glu [gly] *f* ❶ (*colle*) Leim *m* ❷ *fam* (*personne*) Klette *f*
gluant, e [glyɑ̃, ɑ̃t] *adj.* klebrig
glucide [glysid] *m* Kohle[n]hydrat *nt*
glucose [glykoz] *m* Traubenzucker *m*
gluten [glytɛn] *m* Gluten *nt*
glycémie [glisemi] *f* Blutzucker *m*
glycérine [gliseʀin] *f* Glyzerin *nt*
glycine [glisin] *f* Glyzinie *f*
gnangnan [ɲɑ̃ɲɑ̃] *adj. inv. fam* **être ~** (*personne*) eine Tranfunzel sein
gnôle [ɲol] *f fam* Schnaps *m*
gnome [gnom] *m* Gnom *m*
gnon [ɲɔ̃] *m fam* Schlag *m*
go [go] ▸ **tout de ~** *fam* mir nichts, dir nichts
Go *abr. de* **giga-octet** GB *nt*
GO [ʒeo] *fpl abr. de* **grandes ondes** LW *f*
gobelet [gɔblɛ] *m* Becher *m*
gober [gɔbe] <1> *v. tr.* ❶ (*œuf*) ausschlürfen ❷ *fam* (*croire*) fressen
godasse [gɔdas] *f fam* Latschen *m*
godet [gɔdɛ] *m* Becher *m*
godille [gɔdij] *f* ❶ NAUT Wrickriemen *nt* ❷ SPORT (*petits virages*) Wedeln *nt*
godiller [gɔdije] <1> *v. intr.* ❶ NAUT wricken ❷ SPORT (*faire de petits virages*) wedeln
goéland [gɔelɑ̃] *m* große Möwe
goélette [gɔelɛt] *f* Schoner *m*
gogo [gogo] ▸ **à ~** *fam* in rauen Mengen
go-go dancer [gogodɛnsœʀ] *mf* Go-Go-Tänzer(in) *m(f)*
gogol, e [gogɔl] *adj. fam* bescheuert
goguenard, e [gɔg(ə)naʀ, aʀd] *adj.* spöttisch

goinfre [gwɛ̃fʀ] **I.** *adj.* verfressen (*fam*) **II.** *mf péj* Fresssack *m* (*fam*)
goinfrer [gwɛ̃fʀe] <1> *v. pron. péj fam* **se ~ de qc** sich (*Dat*) den Bauch mit etw vollschlagen
goinfrerie [gwɛ̃fʀəʀi] *f péj* Gefräßigkeit *f*
goitre [gwatʀ] *m* Kropf *m*
golden [gɔldɛn] *f* Golden Delicious *m*
golf [gɔlf] *m* Golf[spiel *nt*] *nt*
golfe [gɔlf] *m* Golf *m*
golfeur, -euse [gɔlfœʀ, -øz] *m, f* Golfer(in) *m(f)*
gominer [gɔmine] <1> *v. pron.* **se ~** sich (*Dat*) Pomade ins Haar schmieren
gommage [gɔmaʒ] *m* ❶ (*effacement*) Ausradieren *nt* ❷ (*nettoyage de la peau*) Peelen *nt*
gomme [gɔm] *f* Gummi *m o nt*
gommé, e [gɔme] *adj.* gummiert
gommer [gɔme] <1> *v. tr.* ausradieren
gond [gɔ̃] *m* [Tür]angel *f* ▸ **sortir de ses ~s** außer sich geraten
gondole [gɔ̃dɔl] *f* Gondel *f*
gondoler [gɔ̃dɔle] <1> *v. intr.* sich wellen; (*planche*) sich verziehen
gondolier, -ière [gɔ̃dɔlje, -jɛʀ] *m, f* Gondoliere *m*
gonflable [gɔ̃flabl] *adj.* aufblasbar
gonflé, e [gɔ̃fle] *adj.* ❶ (*rempli*) aufgeblasen; (*visage*) aufgedunsen; (*yeux*) verquollen ❷ *fam* (*culotté*) dreist
gonflement [gɔ̃fləmɑ̃] *m* (*d'un pneu*) Aufpumpen *nt;* (*d'un ballon*) Aufblasen *nt;* (*d'une plaie, d'un organe*) Schwellung *f*
gonfler [gɔ̃fle] <1> **I.** *v. tr.* (*pneus*) aufpumpen; (*ballon*) aufblasen **II.** *v. intr.* (*membre*) anschwellen; (*pâte*) aufgehen **III.** *v. pron.* **se ~** (*poitrine*) schwellen; (*ballon*) sich füllen
gonflette [gɔ̃flɛt] *f péj fam* Bodybuilding *nt*
gong [gɔ̃(g)] *m* Gong *m*
gonzesse [gɔ̃zɛs] *f péj fam* Tussi *f*
googler [gugle] <1> *v. tr.v. intr. fam* INET googeln
gore [gɔʀ] *adj. inv.* Horror-
goret [gɔʀɛ] *m* Ferkel *nt*
gorge [gɔʀʒ] *f* ❶ Hals *m*, Kehle *f* ❷ GEO Schlucht *f*
gorgé, e [gɔʀʒe] *adj.* **fruits ~s de soleil** von der Sonne verwöhnte Früchte
gorgée [gɔʀʒe] *f* Schluck *m*
gorille [gɔʀij] *m* Gorilla *m*
gosier [gozje] *m* Kehle *f;* (*d'un oiseau*) Schlund *m*
gosse [gɔs] *mf fam* Kleine(r) *f(m);* **un ~** ein Bengel *m;* **une ~** eine Göre; **sale ~** Rotzbengel
gothique [gɔtik] **I.** *adj.* gotisch **II.** *m* Gotik *f*
gouache [gwaʃ] *f* Temperafarbe *f*
gouailleur, -euse [gwɑjœʀ, -øz] *adj. fam* spöttisch
gouda [guda] *m* Gouda *m*
goudron [gudʀɔ̃] *m* Teer *m;* (*pour les routes*) Asphalt *m*
goudronné, e [gudʀɔne] *adj.* asphaltiert
gouffre [gufʀ] *m* Abgrund *m*
gouine [gwin] *f péj fam* Lesbe *f*
goujat [guʒa] *m* Rüpel *m*
goujaterie [guʒatʀi] *f* Rüpelhaftigkeit *f*
goujon [guʒɔ̃] *m* Gründling *m* ▸ **taquiner le ~** *fam* angeln
goulache [gulaʃ] *m o f* Gulasch *m o nt*
goulet [gulɛ] *m* **~ d'étranglement** Engpass *m*
goulot [gulo] *m* Hals *m;* **boire au ~** aus der Flasche trinken
goulu, e [guly] *adj.* gefräßig
goulûment [gulymɑ̃] *adv.* gierig
goupiller [gupije] <1> *v. tr. fam* aushecken; **bien ~ son coup** die Sache geschickt einfädeln
gourd, e [guʀ, guʀd] *adj.* steifgefroren
gourde [guʀd] *f* Trinkflasche *f*
gourer [guʀe] <1> *v. pron. fam* **se ~ de qc** sich in etw (*Dat*) vertun
gourmand, e [guʀmɑ̃, ɑ̃d] **I.** *adj.* **être ~** ein Schlemmer *m* sein; (*de sucreries*) eine Naschkatze sein (*fam*) **II.** *m, f* Schlemmer(in) *m(f);* (*de sucreries*) Naschkatze *f* (*fam*)
gourmandise [guʀmɑ̃diz] *f* Schwelgerei *f;* (*défaut*) Gier[igkeit *f*] *f;* **manger par/avec ~** aus purer Lust/gierig essen
gourmet [guʀmɛ] *m* Gourmet *m*
gourmette [guʀmɛt] *f* Gliederarmband *nt*
gousse [gus] *f* Schote *f;* (*d'ail*) Zehe *f*
goût [gu] *m* Geschmack *m;* **être sans ~** nach nichts schmecken; **avoir un ~ de qc** nach einer S. (*Dat*) schmecken; **prendre ~ à qc** Gefallen an etw (*Dat*) finden; **avec ~** geschmackvoll; **être de**

G

mauvais ~ geschmacklos sein; **trouver qn/qc à son ~** jdn/etw nach seinem Geschmack finden

goûter [gute] <1> **I.** *v. intr.* ❶ (*enfant*) [nachmittags] eine Kleinigkeit essen ❷ (*essayer*) **~ à qc** etw probieren **II.** *v. tr.* probieren **III.** *m: kleine, süße Zwischenmahlzeit – Gebäck, Kuchen, Kekse oder ein Marmeladenbrot – für Kinder und Jugendliche am Nachmittag*

goutte [gut] *f* Tropfen *m;* **~ à ~** tröpfchenweise

goutte-à-goutte [gutagut] *m inv.* Tropf *m*

goutter [gute] <1> *v. intr.* tropfen

gouttière [gutjɛʀ] *f* Dachrinne *f*

gouvernable [guvɛʀnabl] *adj.* regierbar

gouvernail [guvɛʀnaj] *m* Ruder *nt*

gouvernante [guvɛʀnɑ̃t] *f* ❶ (*bonne*) Haushälterin *f* ❷ (*préceptrice*) Gouvernante *f*

gouvernants [guvɛʀnɑ̃] *mpl* Entscheidungsträger *Pl*

gouverne [guvɛʀn] *f* **pour ta ~** zu deiner Orientierung

gouvernement [guvɛʀnəmɑ̃] *m* Regierung *f*

gouvernemental, e [guvɛʀnəmɑ̃tal, o] <-aux> *adj.* (*parti, politique*) Regierungs-

gouverner [guvɛʀne] <1> *v. intr., tr.* regieren

gouverneur [guvɛʀnœʀ] *m* Gouverneur *m*

goyave [gɔjav] *f* Gua[ja]ve *f*

GPL [ʒepeɛl] *m abr. de* **gaz de pétrole liquéfié** Autogas *nt*

G.R. [ʒeɛʀ] *m abr. de* **(sentier) de grande randonnée** *markierter Wanderweg*

grabuge [gʀabyʒ] *m fam* **faire du ~** Krach schlagen; **il y a du ~** es kracht

grâce [gʀɑs] *f* ❶ *sans pl.* (*charme*) Anmut *f;* **avec ~** anmutig ❷ JUR Begnadigung *f* ▶ **~ à lui/elle** dank ihm/ihr; **~ à qc** dank einer S. (*Dat o Gen*)

gracier [gʀasje] <1> *v. tr.* begnadigen

gracieusement [gʀasjøzmɑ̃] *adv.* (*gratuitement*) unentgeltlich

gracieux, -euse [gʀasjø, -jøz] *adj.* anmutig

gradation [gʀadasjɔ̃] *f* schrittweise Steigerung

grade [gʀad] *m* Dienstgrad *m;* UNIV Grad *m;* (*de capitaine*) Rang *m;* **monter en ~** befördert werden

gradé, e [gʀade] *m, f* unterer Dienstgrad

gradins [gʀadɛ̃] *mpl* Ränge *Pl*

graduation [gʀadɥasjɔ̃] *f* Gradeinteilung *f*

gradué, e [gʀadɥe] *adj.* abgestuft

graduel, le [gʀadɥɛl] *adj.* allmählich

graduellement [gʀadɥɛlmɑ̃] *adv.* ❶ (*par degrés*) Schritt für Schritt ❷ (*peu à peu*) allmählich

graduer [gʀadɥe] <1> *v. tr.* graduieren; **gradué** mit einer Skala

graffiti [gʀafiti] <[s]> *m* Graffiti *nt*

graillon [gʀɑjɔ̃] *m* Geruch *m* von Bratfett

grain [gʀɛ̃] *m* ❶ *sing o pl* Korn *nt;* **~ de beauté** Leberfleck *m* ❷ (*graine*) Körnchen *nt;* (*pour les poules*) Körner *Pl;* **~ de café** Kaffeebohne *f;* **~ de raisin** [Wein]traube *f;* **en ~s** (*café, poivre*) ungemahlen ❸ (*particule*) Korn *nt,* Körnchen *nt* ❹ *sans pl.* (*petite quantité*) Spur *f* ▶ **avoir un ~** *fam* eine Meise haben

graine [gʀɛn] *f* Samen *m;* AGR Saatgut *nt*

graissage [gʀɛsaʒ] *m* Schmieren *nt*

graisse [gʀɛs] *f* Fett *nt;* TECH Schmierfett *nt*

graisser [gʀese] <1> *v. tr.* TECH schmieren

graisseux, -euse [gʀɛsø, -øz] *adj.* fettig

grammaire [gʀa(m)mɛʀ] *f* Grammatik *f*

grammatical, e [gʀamatikal, o] <-aux> *adj.* grammatisch

grammaticalement [gʀamatikalmɑ̃] *adv.* grammati[kali]sch

gramme [gʀam] *m* Gramm *nt*

grand, e [gʀɑ̃, ɑ̃d] **I.** *adj.* ❶ groß; (*arbre*) hoch; (*jambe, avenue*) lang; (*format, entreprise*) Groß-; **~ magasin** Kaufhaus *nt* ❷ (*buveur, fumeur*) stark; (*collectionneur*) eifrig ❸ (*bruit, cri*) laut; (*coup*) gewaltig ❹ (*excellent: homme*) bedeutend; **un ~ vin** ein hervorragender Wein, ein Spitzenwein ❺ (*respectable*) nobel; **les ~es écoles** die Elitehochschulen ❻ (*exagéré*) **employer de ~s mots** große Worte machen; **prendre de ~s airs** vornehm tun **II.** *adv.* ~ **ouvert** ganz weit geöffnet; **voir** ~ großzügig planen **III.** *m, f* ① Große(r) *f(m)* ② (*personne importante*) **un ~ du football** ein bedeutender Fußballspieler

> Die **grandes écoles** sind Eliteuniversitäten unterschiedlicher Fachrichtungen. Das Studium dauert drei Jahre. Damit man sich um die Zulassung zu diesen renommierten Hochschulen bewerben darf, muss man aber bereits ein zweijähriges Universitätsstudium oder einen ebenso langen Vorbereitungskurs *(les classes préparatoires)* vorweisen können und an einem strengen Auswahlverfahren *(le concours)* teilnehmen.
> Die Absolventinnen und Absolventen dieser Elitehochschulen sind bei der Besetzung von Führungspositionen in Politik und Wirtschaft sehr gefragt. Die bekanntesten **grandes écoles** sind die *École nationale d'administration (ENA)* für Verwaltung, die *École des hautes études commerciales (HEC)* für Wirtschaft, die *École polytechnique (X)* für Technik und die *École normale supérieure (ENS)* für das Lehramt an höheren Schulen.

grand-angle [gʀɑ̃tɑ̃gl] <grands-angles> *m* Weitwinkel *m* **grand-chose** [gʀɑ̃ʃoz] **pas** ~ nicht viel **grand-duc** [gʀɑ̃dyk] <grands-ducs> *m* Großherzog *m* **grand-duché** [gʀɑ̃dyʃe] <grands-duchés> *m* Großherzogtum *nt*

Grande-Bretagne [gʀɑ̃dbʀətaɲ] *f* **la** ~ Großbritannien *nt*

grandement [gʀɑ̃dmɑ̃] *adv.* sehr; (*avoir raison*) völlig; **contribuer ~ à qc** einen großen Beitrag zu etw leisten

grandeur [gʀɑ̃dœʀ] *f* Größe *f*; **de quelle ~ est ...?** wie groß ist ...?; **de même** ~ gleich groß

grandiloquence [gʀɑ̃dilɔkɑ̃s] *f* hochtrabende Ausdrucksweise

grandiloquent, e [gʀɑ̃dilɔkɑ̃, ɑ̃t] *adj.* schwülstig; (*personne*) hochtrabend redend

grandiose [gʀɑ̃djoz] *adj.* großartig

grandir [gʀɑ̃diʀ] <8> **I.** *v. intr.* (auf)wachsen; ~ **de dix centimètres** zehn Zentimeter wachsen **II.** *v. tr.* (*personne*) größer machen; (*chose*) vergrößern **III.** *v. pron.* **se** ~ sich größer machen

grandissant, e [gʀɑ̃disɑ̃, ɑ̃t] *adj.* wachsend

grand-mère [gʀɑ̃mɛʀ] <grand[s]-mères> *f* Großmutter *f* **grand-messe** [gʀɑ̃mɛs] <grand[s]-messes> *f* Hochamt *nt* **grand-oncle** [gʀɑ̃tɔ̃kl] <grands-oncles> *m* Großonkel *m* **grand-peine** [gʀɑ̃pɛn] ▸**avoir** ~ **à faire qc** Mühe haben etw zu tun; **à** ~ mit Mühe und Not **grand-père** [gʀɑ̃pɛʀ] <grands-pères> *m* Großvater *m* **grand-rue** [gʀɑ̃ʀy] <grand-rues> *f* Hauptstraße *f*

grands-parents [gʀɑ̃paʀɑ̃] *mpl* Großeltern *Pl*

grand-tante [gʀɑ̃tɑ̃t] <grands-tantes> *f* Großtante *f* **grand-voile** [gʀɑ̃vwal] <grand[s]-voiles> *f* Großsegel *nt*

grange [gʀɑ̃ʒ] *f* Scheune *f*

granit[e] [gʀanit] *m* Granit *m*

granitique [gʀanitik] *adj.* Granit-

granulé [gʀanyle] *m* Granulat *nt*

granuleux, -euse [gʀanylø, -øz] *adj.* körnig

graphe [gʀaf] *m* Graph *m*

graphie [gʀafi] *f* Schreibweise *f*

graphique [gʀafik] **I.** *adj.* grafisch **II.** *m* Schaubild *nt*

graphisme [gʀafism] *m* ART Zeichenstil *m*

graphiste [gʀafist] *mf* Grafiker(in) *m(f)*

graphite [gʀafit] *m* Graphit *m*

graphologue [gʀafɔlɔg] *mf* Graphologe *m*/Graphologin *f*

grappe [gʀap] *f* Traube *f*; ~ **de raisin** Weintraube

grappiller [gʀapije] <1> *v. tr.* (*nouvelles*) aufschnappen (*fam*)

grappin [gʀapɛ̃] *m* ▸**mettre le ~ sur qn** *fam* jdn nicht aus den Klauen lassen

gras [gʀɑ] **I.** *m* a. GASTR Fett *nt* **II.** *adv.* fett

gras, se [gʀɑ, gʀɑs] *adj.* ① (*formé de graisse*) fett; **40 % de matières ~ses** 40 % Fett *nt* ② (*graisseux*) fettig; (*terre, boue*) lehmig ③ (*toux*) schleimig; **en [caractère]** ~ fett gedruckt ④ BOT (*plante*) Fett-

gras-double [gʀɑdubl] <gras-doubles> *m* Kutteln *Pl*

grassement [gʀasmɑ̃] *adv.* (*payer*) reichlich

grassouillet, te [gʀasujɛ, jɛt] *adj. fam* pummelig

gratifiant, e [gʀatifjɑ̃, jɑ̃t] *adj.* (*travail*) befriedigend

gratification [gʀatifikasjɔ̃] *f* Gratifikation *f*

gratifier [gʀatifje] <1> *v. tr.* **~ qn d'une récompense** jdm eine Belohnung zuteilwerden lassen

gratin [gʀatɛ̃] *m* ① GASTR Gratin *nt* ② *sans pl, fam* (*haute société*) Crème *f* de la crème (*iron*)

gratiné, e [gʀatine] *adj.* GASTR überbacken

gratinée [gʀatine] *f: mit Käse überbackene Zwiebelsuppe*

gratiner [gʀatine] <1> *v. tr.* [**faire**] **~ qc** etw überbacken

gratis [gʀatis] *adj. adv. fam* gratis

gratitude [gʀatityd] *f* Dankbarkeit *f*

gratte-ciel [gʀatsjɛl] *m inv.* Wolkenkratzer *m*

grattement [gʀatmɑ̃] *m* Kratzen *nt*

gratte-papier [gʀatpapje] <gratte-papier[s]> *mf péj* schlecht bezahlter Kopist

gratter [gʀate] <1> **I.** *v. intr.* ① (*racler*) kratzen ② (*récurer*) scheuern **II.** *v. tr.* ① (*mur, table*) abkratzen; **~ le dos à qn** jdn am Rücken kratzen ② (*démanger*) kratzen; **~ qn** (*cicatrice*) jdn jucken; **ça me gratte à la jambe** mein Bein juckt **III.** *v. pron.* **se ~ qc** sich an etw (*Dat*) kratzen; **se ~ jusqu'au sang** sich blutig kratzen

gratuit, e [gʀatɥi, ɥit] *adj.* ① (*entrée*) frei; (*consultation*) kostenlos; (*supplément*) Gratis-; **à titre ~** kostenlos ② (*accusation*) grundlos; (*acte*) unmotiviert

gratuité [gʀatɥite] *f* ① **~ de l'enseignement** Schulgeldfreiheit *f* ② (*d'un acte*) Unmotiviertheit *f*

gratuitement [gʀatɥitmɑ̃] *adv.* kostenlos; (*entrer, voyager*) ohne etwas zu bezahlen

gravats [gʀava] *mpl* [Bau]schutt *m*

grave [gʀav] *adj.* ① ernst; (*accident*) schwer; (*ennuis*) ernsthaft; (*faute*) schwer[wiegend]; (*nouvelles*) schlimm; **blessé ~** Schwerverletzter *m;* **ce n'est pas ~** das ist nicht schlimm ② (*son, note, voix*) tief ③ LING **accent ~** Accent *m* grave ④ *fam* (*troublé mentalement*) total durchgeknallt

gravement [gʀavmɑ̃] *adv.* (*fortement*) schwer

graver [gʀave] <1> *v. tr.* ① [ein]gravieren; **~ qc sur/dans qc** etw in etw (*Akk*) [ein]ritzen ② *fig* **~ qc dans sa mémoire** sich (*Dat*) etw gut einprägen ③ INFORM (*données*) [ein]brennen; (*cédérom*) brennen

graveur [gʀavœʀ] *m* Brenner *m;* **~ de DVD** DVD Brenner

graveur, -euse [gʀavœʀ, -øz] *m, f* ART Graveur(in) *m(f)*

gravier [gʀavje] *m* Kies *m*

gravillon [gʀavijɔ̃] *m* Splitt *m;* AUT Rollsplitt

gravir [gʀaviʀ] <8> *v. tr.* klettern auf (+ *Akk*)

gravitation [gʀavitasjɔ̃] *f* Gravitation *f*

gravité [gʀavite] *f* ① (*d'une situation*) Ernst *m;* (*d'une faute*) Schwere *f* ② PHYS Schwerkraft *f*

graviter [gʀavite] <1> *v. intr.* **~ autour de qc** um etw kreisen

gravure [gʀavyʀ] *f* ① *sans pl.* (*technique*) Gravieren *nt;* (*à l'eau-forte*) Radieren *nt* ② (*œuvre*) Gravur *f;* (*sur cuivre*) Kupferstich *m;* (*sur bois*) Holzschnitt *m;* (*à l'eau-forte*) Radierung *f* ③ (*reproduction*) Stich *m*

gré [gʀe] ▸ **de mon/son plein ~** aus freien Stücken; **au ~ de** je nach (+ *Dat*)

grec [gʀɛk] *m* **le ~ ancien/moderne** Alt-/Neugriechisch *nt; voir a.* **allemand**

grec, grecque [gʀɛk] *adj.* griechisch; *voir a.* **allemand**

Grec, Grecque [gʀɛk] *m, f* Grieche *m*/Griechin *f*

Grèce [gʀɛs] *f* **la ~** Griechenland *nt*

gréco-romain, e [gʀekoʀɔmɛ̃, ɛn] <gréco-romains> *adj.* griechisch-römisch

grecque [gʀɛk] *f* (*ornement*) Mäander *m*

greffe [gʀɛf] *f* MED Transplantation *f*

greffer [gʀefe] <1> *v. tr.* transplantieren

greffier, -ière [gʀefje, -jɛʀ] *m, f* Justizbeamte(r) *m*/Justizbeamtin *f*

greffon [gʀefɔ̃] *m* BOT Pfropfreis *nt*

grégaire [gʀegɛʀ] *adj.* **instinct ~** Herdentrieb *m*

grégorien, ne [gʀegɔʀjɛ̃, jɛn] *adj.* gregorianisch

grêle [gʀɛl] *f* Hagel *m*
grêlé, e [gʀele] *adj.* pockennarbig
grêler [gʀele] <1> *v. intr. impers.* **il grêle** es hagelt
grêlon [gʀɛlɔ̃] *m* Hagelkorn *nt*
grelot [gʀəlo] *m* Glöckchen *nt*
grelotter [gʀəlɔte] <1> *v. intr.* ~ **de qc** vor etw (*Dat*) zittern
grenade [gʀənad] *f* ❶ MIL Granate *f* ❷ BOT Granatapfel *m*
grenadine [gʀənadin] *f* Grenadine *f*
grenat [gʀəna] *adj. inv.* granatfarben
grenier [gʀənje] *m* [Dach]boden *m*
grenouille [gʀənuj] *f* Frosch *m*
grenouillère [gʀənujɛʀ] *f* Strampelhose *f*
grès [gʀɛ] *m* (*roche*) Sandstein *m*
grésil [gʀezil] *m* Graupeln *Pl*
grésillement [gʀezijmɑ̃] *m* Rauschen *nt*
grésiller [gʀezije] <1> *v. intr.* brutzeln
grève [gʀɛv] *f* Streik *m;* **appel à la ~** Streikaufruf *m;* **~ de la faim** Hungerstreik; **être en ~, faire ~** streiken; **se mettre en ~** in den Streik treten
grever [gʀəve] <4> *v. tr.* ~ **de qc** mit etw belasten
gréviste [gʀevist] *mf* Streikende(r) *f(m)*
gribouillage [gʀibujaʒ] *m* Gekritzel *nt*
gribouiller [gʀibuje] <1> *v. tr., intr.* kritzeln
grief [gʀijɛf] *m* Klage[punkt *m*] *f;* **nourrir des ~s contre qn** einen Groll gegen jdn hegen
grièvement [gʀijɛvmɑ̃] *adv.* schwer
griffe [gʀif] *f* ❶ Kralle *f* ❷ (*marque*) Markenzeichen *nt* ❸ (*signature*) Unterschrift *f*
griffé, e [gʀife] *adj.* **vêtements ~s** Markenkleidung *f*
griffer [gʀife] <1> *v. tr.* (*personne*) kratzen; (*visage, voiture*) zerkratzen
griffonner [gʀifɔne] <1> *v. tr., intr.* kritzeln
griffure [gʀifyʀ] *f* Kratzer *m*
grignoter [gʀiɲɔte] <1> **I.** *v. intr.* (*personne*) eine Kleinigkeit essen; (*animal*) knabbern **II.** *v. tr.* ❶ ~ **qc** (*personne*) etw knabbern; (*animal*) an etw (+ *Dat*) nagen ❷ (*capital*) aufzehren
grigou [gʀigu] *m fam* Geizkragen *m*
gril [gʀil] *m* Grill *m*
grillade [gʀijad] *f* **la ~** das Gegrillte; **faire des ~s** grillen
grillage [gʀijaʒ] *m* Gitter *nt;* (*clôture*) Drahtzaun *m*
grillager [gʀijaʒe] <2a> *v. tr.* (*fenêtre*) vergittern
grille [gʀij] *f* ❶ (*clôture*) Drahtzaun *m* ❷ (*porte*) Gittertür *f* ❸ (*treillis*) Gitter *nt;* (*d'un four*) Rost *m* ❹ (*tableau*) Tabelle *f;* ~ **d'horaires** Stundenplan *m*
grille-pain [gʀijpɛ̃] *m inv.* Toaster *m*
griller [gʀije] <1> *v. tr.* ❶ grillen; (*café, châtaignes*) rösten; (*pain*) toasten ❷ (*soleil, feu*) verbrennen ❸ ELEC **être grillé** durchgebrannt sein ❹ (*feu rouge*) überfahren
grillon [gʀijɔ̃] *m* Grille *f*
grimace [gʀimas] *f* Grimasse *f;* **faire la ~** das Gesicht verziehen; **faire des ~s** Grimassen schneiden
grimacer [gʀimase] <2> *v. intr.* Grimassen schneiden; ~ **de douleur** das Gesicht vor Schmerz (*Dat*) verziehen
grimoire [gʀimwaʀ] *m* Zauberbuch *nt*
grimpant, e [gʀɛ̃pɑ̃, ɑ̃t] *adj.* **rosier ~** Kletterrose *f*
grimper [gʀɛ̃pe] <1> **I.** *v. intr.* ❶ ~ **sur le toit/à l'arbre/à l'échelle** auf das Dach/den Baum/die Leiter klettern; ~ **le long de qc** (*plante*) sich an etw (*Dat*) emporranken ❷ (*monter*) ~ **dans la montagne** (*route*) bergauf führen ❸ (*augmenter*) klettern **II.** *v. tr.* (*escalier*) hinaufsteigen; (*côte*) hinaufklettern; (*à vélo, en voiture*) hinauffahren
grimpette [gʀɛ̃pɛt] *f fam* kurzer Aufstieg
grimpeur, -euse [gʀɛ̃pœʀ, -øz] *m, f* (*alpiniste*) Kletterer *m*/Kletterin *f*
grinçant, e [gʀɛ̃sɑ̃, ɑ̃t] *adj.* (*ton*) schrill; (*humour*) beißend
grincement [gʀɛ̃smɑ̃] *m* (*d'une roue, porte*) Quietschen *nt*
grincer [gʀɛ̃se] <2> *v. intr.* quietschen; (*parquet*) knarren; ~ **des dents** mit den Zähnen knirschen
grincheux, -euse [gʀɛ̃ʃø, -øz] **I.** *adj.* (*enfants*) quengelig (*fam*); (*personne*) griesgrämig **II.** *m, f* Griesgram *m*
gringalet [gʀɛ̃galɛ] *m péj* mickriges Kerlchen (*fam*)
griotte [gʀijɔt] *f* Weichselkirsche *f*
grippal, e [gʀipal, o] <-aux> *adj.* grippal
grippe [gʀip] *f* Grippe *f;* ~ **intestinale** Darmgrippe; ~ **aviaire** [*o* **du poulet**] Vogelgrippe, Hühnergrippe

grippé, e [gʀipe] *adj.* grippekrank
gripper [gʀipe] <1> *v. intr., pron.* [**se**] ~ klemmen; (*moteur*) sich festfressen
grippe-sou [gʀipsu] <grippe-sous> *m fam* Pfennigfuchser(in) *m(f)*
gris, e [gʀi, gʀiz] *adj.*a. METEO grau; (*temps*) trüb
grisaille [gʀizɑj] *f* ① Eintönigkeit *f* ② (*du paysage*) Grau *nt*
grisant, e [gʀizɑ̃, ɑ̃t] *adj.* berauschend
grisâtre [gʀizɑtʀ] *adj.* gräulich
gris-bleu [gʀiblø] *adj. inv.* blaugrau
grisé [gʀize] *m* Schraffur *f*
griser [gʀize] <1> *v. tr., intr.* berauschen; ~ [**qn**] (*vin*) [jdn] betrunken machen; (*flatteries, succès*) [jdm] zu Kopf steigen
griserie [gʀizʀi] *f* Rausch *m*
grisonnant, e [gʀizɔnɑ̃, ɑ̃t] *adj.* (*personne*) leicht ergraut; (*cheveux, tempes*) grau meliert
grisonner [gʀizɔne] <1> *v. intr.* ergrauen
Grisons [gʀizɔ̃] *mpl* **les** ~ Graubünden *nt*
grisou [gʀizu] *m* **coup de** ~ Schlagwetterexplosion *f*
gris-vert [gʀivɛʀ] *adj. inv.* graugrün
grive [gʀiv] *f* Drossel *f*
grivois, e [gʀivwa, waz] *adj.* schlüpfrig
grizzli, grizzly [gʀizli] *m* Grislibär *m*
grog [gʀɔg] *m* Grog *m*
groggy [gʀɔgi] *adj. inv, fam* groggy
grogne [gʀɔɲ] *f* Murren *nt*
grognement [gʀɔɲmɑ̃] *m* (*du chien*) Knurren *nt;* (*du cochon*) Grunzen *nt;* (*de l'ours*) Brummen *nt;* (*d'une personne*) Murren *nt*
grogner [gʀɔɲe] <1> *v. intr.* ① (*chien*) knurren; (*cochon*) grunzen; (*ours*) brummen ② (*ronchonner*) murren; (*enfant*) quengeln (*fam*); ~ **après qn** über jdn maulen (*fam*)
grognon, ne [gʀɔɲɔ̃, ɔn] *adj.* mürrisch; (*enfant*) quengelig
groin [gʀwɛ̃] *m* Schnauze *f*
grommeler [gʀɔmle] <3> *v. intr.* murren
grondement [gʀɔ̃dmɑ̃] *m* (*du tonnerre*) Grollen *nt;* (*d'un moteur*) Dröhnen *nt;* (*d'un chien*) Knurren *nt*
gronder [gʀɔ̃de] <1> **I.** *v. intr.* ① grollen; (*chien*) knurren ② (*révolte*) gären **II.** *v. tr.* schimpfen mit
groom [gʀum] *m* Page *m*
gros [gʀo] **I.** *m* ① COM **de/en** ~ Groß-; **prix de** ~ Großhandelspreis *m* ② (*plus grande partie*) **le** ~ **du travail** der Großteil der Arbeit; **le** ~ **de la troupe** das Gros der Truppe ▸**en** ~ COM en gros; (*à peu près*) ungefähr; (*dans l'ensemble*) im Großen und Ganzen; (*schématiquement*) in groben Zügen **II.** *adv.* ① (*beaucoup*) viel; (*jouer, parier*) mit hohem Einsatz ② (*écrire*) groß
gros, se [gʀo, gʀos] **I.** *adj.* ① (*manteau, couverture*) dick; (*poitrine, lèvres*) voll; ~ **comme le poing** faustgroß ② (*de taille supérieure*) groß; **en** ~ **caractères** in großen Buchstaben ③ (*corpulent*) dick ④ (*averse, fièvre*) stark; (*appétit*) groß; (*soupir*) schwer; (*voix*) laut; **~ses bises** viele Grüße/Küsse! ⑤ (*faute, dépenses*) groß; (*dégâts, travaux*) schwer; ~ **client** Großkunde *m* ⑥ (*buveur, mangeur*) stark; (*fainéant*) groß; ~ **malin** Schlaumeier *m* (*fam*) ⑦ (*peu raffiné*) grob; (*plaisanterie a.*) derb; ~ **rouge** billiger Rotwein ⑧ (*travaux*) schwer ⑨ (*mer*) bewegt **II.** *m, f* Dicke(r) *f(m)*
groseille [gʀozɛj] *f* Johannisbeere *f*
groseillier [gʀozeje] *m* Johannisbeerstrauch *m*
gros-porteur [gʀopɔʀtœʀ] <gros-porteurs> *adj.* **avion** ~ Großraumflugzeug *nt*
grossesse [gʀosɛs] *f* Schwangerschaft *f*
grosseur [gʀosœʀ] *f* Dicke *f;* (*d'un caillou*) Größe *f*
grossier, -ière [gʀosje, -jɛʀ] *adj.* ① (*imparfait*) grob; (*réparation*) notdürftig; (*imitation*) schlecht; (*manières*) ungehobelt; (*personne*) unkultiviert; (*plaisanterie*) plump ② (*personne*) flegelhaft; **quel** ~ **personnage!** was für ein Flegel! ③ *postposé* (*vulgaire*) derb
grossièrement [gʀosjɛʀmɑ̃] *adv.* ① grob; (*emballer, réparer*) notdürftig; (*exécuter*) oberflächlich; (*imiter*) schlecht ② (*de façon impolie*) flegelhaft; (*répondre*) grob; (*insulter*) wüst
grossièreté [gʀosjɛʀte] *f sans pl.* Grobheit *f*
grossir [gʀosiʀ] <8> **I.** *v. intr.* (*personne, nombre*) zunehmen; (*ganglions, nuage, foule*) größer werden; (*fruit, tumeur*) wachsen; (*bruit*) lauter werden; **faire** ~ (*sucre*) dick machen **II.** *v. tr.* ① (*rendre plus gros*) dick machen; ~ **qn/qc** (*loupe, microscope*) jdn/etw vergrößern ② (*foule, nombre de chô-*

meurs) anwachsen lassen; (*équipe*) verstärken ❸ (*événement, fait*) übertreiben

grossissant, e [gʀosisɑ̃, ɑ̃t] *adj.* (*flot*) ansteigend

grossissement [gʀosismɑ̃] *m* ❶ (*d'une personne*) Gewichtszunahme *f;* (*d'une tumeur*) Größerwerden *nt* ❷ OPT Vergrößerung *f*

grossiste [gʀosist] *mf* Großhändler(in) *m(f)*

grosso modo [gʀosomɔdo] im Großen und Ganzen; (*expliquer, décrire*) in groben Zügen; (*calculer, estimer*) ungefähr

grotesque [gʀɔtɛsk] *adj.* grotesk

grotte [gʀɔt] *f* Höhle *f;* (*artificielle, peu profonde*) Grotte *f*

grouillant, e [gʀujɑ̃, jɑ̃t] *adj.* (*foule, masse*) wimmelnd

grouiller [gʀuje] <1> **I.** *v. intr.* (*foule*) lebhaft durcheinanderlaufen **II.** *v. pron. fam* **se ~** schnell machen

groupe [gʀup] *m* ❶ Gruppe *f;* **par ~s de quatre** in Vierergruppen ❷ MUS Band *f;* **~ de rock** Rockgruppe *f* ❸ POL **~ parlementaire** ≈ Fraktion *f* ❹ ECON Konzern *m* ❺ MED **~ sanguin** Blutgruppe *f*

groupement [gʀupmɑ̃] *m* (*d'entreprises*) Zusammenschluss *m;* **~ syndical/professionnel** Gewerkschafts-/Berufsverband *m*

grouper [gʀupe] <1> **I.** *v. tr.* ❶ (*personnes*) in Gruppen einteilen ❷ (*classer*) ordnen **II.** *v. pron.* **se ~ autour de qn** sich um jdn gruppieren

groupie [gʀupi] *mf* Groupie *nt*

groupuscule [gʀupyskyl] *m péj* Splittergruppe *f*

gruau [gʀyo] <x> *m* Grütze *f*

grue [gʀy] *f* TECH Kran *m*

gruger [gʀyʒe] <2a> *v. tr.* betrügen

grumeau [gʀymo] <x> *m* Klümpchen *nt*

grumeleux, -euse [gʀym(ə)lø, -øz] *adj.* GASTR klumpig

grunge [gʀœnʒ] **I.** *adj.* grungig **II.** *mf* Grunger(in) *m(f)*

grungy *adj. inv. fam* **être ~** im Grunge-Look herumlaufen

grutier, -ière [gʀytje, -jɛʀ] *m, f* Kranführer(in) *m(f)*

gruyère [gʀyjɛʀ] *m* Greyerzer *m*

Guadeloupe [gwadlup] *f* **la ~** [die Insel] Guadeloupe

gué [ge] *m* Furt *f;* **traverser une rivière à ~** eine Furt durchqueren

guenilles [gənij] *fpl* Lumpen *Pl*

guenon [gənɔ̃] *f* Affenweibchen *nt; voir a.* **singe**

guépard [gepaʀ] *m* Gepard *m*

guêpe [gɛp] *f* Wespe *f*

guêpier [gepje] *m* Wespennest *nt* ▸ **se fourrer dans un ~** in Schwierigkeiten geraten

guère [gɛʀ] *adv.* ❶ (*pas beaucoup*) **ne ~ manger** kaum essen; **ne plus ~ lire** kaum noch lesen; **n'être ~ poli** nicht besonders höflich sein; **ne ~ se soucier de qc** sich nicht sehr um etw sorgen ❷ (*pas souvent*) **ne faire plus ~ qc** etw nur noch selten tun

guéridon [geʀidɔ̃] *m* rundes[, einbeiniges] Tischchen

guérilla [geʀija] *f* Guerillakrieg *m*

guérir [geʀiʀ] <8> **I.** *v. tr.* ❶ MED heilen; **~ qn d'une maladie** jdn von einer Krankheit heilen ❷ PSYCH **~ qn de sa timidité** jdn von seiner Schüchternheit befreien **II.** *v. intr.* wieder gesund werden; (*plaie, blessure*) heilen; (*rhume*) weggehen **III.** *v. pron.* MED **se ~** sich erfolgreich behandeln lassen; (*tout seul*) sich kurieren

guérison [geʀizɔ̃] *f* Genesung *f;* (*d'une blessure*) Heilung *f*

guérissable [geʀisabl] *adj.* (*maladie*) heilbar

guérisseur, -euse [geʀisœʀ, -øz] *m, f* Heilpraktiker(in) *m(f)*

guérite [geʀit] *f* MIL Schilderhäuschen *nt*

guerre [gɛʀ] *f* ❶ Krieg *m;* **~ civile** Bürgerkrieg; **la Première/Seconde Guerre mondiale** der Erste/Zweite Weltkrieg; **l'après-~** die Nachkriegszeit; **ministre de la ~** Kriegsminister *m;* **déclarer la ~** den Krieg erklären; **faire la ~ à qn/à un pays** gegen jdn/ein Land Krieg führen ❷ *fig* **faire la ~ à qc** etw bekämpfen ▸ **à la ~ comme à la ~** es gibt Schlimmeres

guerrier, -ière [gɛʀje, -jɛʀ] **I.** *adj.* kriegerisch **II.** *m, f* Krieger(in) *m(f)*

guet [gɛ] ▸ **faire le ~** aufpassen

guet-apens [gɛtapɑ̃] *m inv.* Hinterhalt *m*

guêtre [gɛtʀ] *f* Gamasche *f*

guetter [gete] <1> *v. tr.* ❶ **~ une proie** einer Beute (*Dat*) auflauern ❷ (*occasion,*

G

signal) abwarten; ~ **qn/qc** nach jdm/etw Ausschau halten

guetteur, -euse [getœʀ] *m, f* MIL Wach[t]posten *m*

gueulante [gœlɑ̃t] *f* ▶ **pousser une ~** *fam* eine Schimpfkanonade loslassen

gueule [gœl] *f* ❶ (*bouche d'un animal*) Maul *nt* ❷ *fam* (*figure*) Fresse *f* (*vulg*); **avoir une bonne/sale ~** nett/fies aussehen ❸ *fam* (*bouche humaine*) **avoir une grande ~** eine große Klappe haben; **être une grande ~** ein Großmaul sein; [**ferme**] **ta ~ !** halt die Klappe! ▶ **avoir la ~ de bois** *fam* einen Kater haben; **casser la ~ à qn** *fam* jdm eins in die Fresse hauen (*vulg*); **se casser la ~** *fam* (*personne*) hinfliegen; **faire la ~ à qn** *fam* auf jdn sauer sein; **se fendre la ~** *fam* sich kaputtlachen

gueule-de-loup [gœldəlu] <gueules-de-loup> *f* BOT Löwenmäulchen *nt*

gueuler [gœle] <1> *v. intr., tr. fam* (*crier*) brüllen

gueuleton [gœltɔ̃] *m fam* Fressgelage *nt*

gui [gi] *m* Mistel *f*

guichet [giʃɛ] *m* Schalter *m*

guichetier, -ière [giʃ(ə)tje, -jɛʀ] *m, f* Schalterbeamte(r) *m*/-beamtin *f*

guide [gid] **I.** *mf* Führer(in) *m(f)* **II.** *m* (*livre*) ~ **touristique** Reiseführer *m;* ~ **d'achat** Einkaufsführer

guider [gide] <1> *v. tr.* führen

guidon [gidɔ̃] *m* Lenker *m*

guigne [giɲ] *f fam* Pech *nt*

guigner [giɲe] <1> *v. tr.* ~ **qn/qc** einen verstohlenen Blick auf jdn/etw werfen

guignol [giɲɔl] *m* Kasper *m*

guili [gili] *m* **faire des ~s à qn** *fam* [bei] jdm killekille machen

guili-guili [giligili] *inv.* **faire ~ à qn** *fam* [bei] jdm killekille machen

guillemets [gijmɛ] *mpl* Anführungszeichen *Pl*; **entre ~** in Anführungszeichen

guilleret, te [gijʀɛ, ɛt] *adj.* (*gai*) munter

guillotine [gijɔtin] *f* Guillotine *f*, Fallbeil *nt*

guillotiner [gijɔtine] <1> *v. tr.* guillotinieren

guimauve [gimov] *f* ❶ [**pâte de**] ~ *den Marshmallows ähnelnde Süßigkeit aus Schaumzucker* ❷ BOT Eibisch *m*

guindé, e [gɛ̃de] *adj.* steif

Guinée [gine] *f* **la ~** Guinea *nt*

guingois [gɛ̃gwa] ▶ **de ~** schief

guinguette [gɛ̃gɛt] *f* Heurige *m* (A) *Gartenwirtschaft und Tanzlokal außerhalb der Stadt*

guirlande [giʀlɑ̃d] *f* Girlande *f*

guise [giz] ▶ **à ma/sa ~** wie es mir/ihm/ihr passt; **en ~ de** als

guitare [gitaʀ] *f* Gitarre *f*

guitariste [gitaʀist] *mf* Gitarrist(in) *m(f)*

gus [gys] *m fam* Kerl *m*

gustatif, -ive [gystatif, -iv] *adj.* Geschmacks-

guttural, e [gytyʀal, o] <-aux> *adj.* guttural

Guyane [gɥijan] *f* **la ~** Guyana *nt*

gym [ʒim] *f fam abr. de* **gymnastique**

gymnase [ʒimnɑz] *m* Turnhalle *f*

gymnaste [ʒimnast] *mf* Turner(in) *m(f)*

gymnastique [ʒimnastik] *f* (*sport*) Turnen *nt;* (*exercices*) Gymnastik *f;* (*discipline*) Kunstturnen *nt*

gynéco [ʒineko] *mf fam abr. de* **gynécologue**

gynécologie [ʒinekɔlɔʒi] *f* Frauenheilkunde *f*

gynécologique [ʒinekɔlɔʒik] *adj.* gynäkologisch

gynécologue [ʒinekɔlɔg] *mf* Frauenarzt *m*/Frauenärztin *f*

gypse [ʒips] *m* Gips *m*

gyrophare [ʒiʀofaʀ] *m* Blaulicht *nt*

H h

H, h [aʃ] *m inv.* H *nt,* h *nt;* **le ~ muet** das stumme h
h *abr. de* **heure**
ha [ɛktaʀ] *abr. de* **hectare** ha
habile [abil] *adj.* geschickt
habilement [abilmɑ̃] *adv.* geschickt
habileté [abilte] *f* Geschicklichkeit *f;* (*dextérité*) Fingerfertigkeit *f*
habilitation [abilitasjɔ̃] *f* JUR Ermächtigung *f*
habiliter [abilite] <1> *v. tr.* **~ qn à faire qc** jdn ermächtigen, etw zu tun
habillé, e [abije] *adj.* **bien/mal ~** gut/schlecht gekleidet
habillement [abijmɑ̃] *m* Kleidung *f*
habiller [abije] <1> **I.** *v. tr.* anziehen **II.** *v. pron.* ❶ **s'~** sich anziehen; **s'~ de qc** sich in etw kleiden ❷ (*se déguiser*) **s'~ en qc** sich als etw verkleiden
habilleur, -euse [abijœʀ, -jøz] *m, f* THEAT Garderobier *m*/Garderobiere *f*
habit [abi] *m* ❶ *pl* Kleider *Pl* ❷ (*costume de fête*) Frack *m*
habitable [abitabl] *adj.* bewohnbar
habitacle [abitakl] *m* ❶ AUT Fahrgastzelle *m* ❷ AVIAT Cockpit *nt*
habitant, e [abitɑ̃, ɑ̃t] *m, f* Einwohner(in) *m(f);* (*d'une maison, île*) Bewohner(in) *m(f)*
habitat [abita] *m* ❶ BOT Standort *m* ❷ ZOOL Lebensraum *m* ❸ GEO Siedlungsform *f*
habitation [abitasjɔ̃] *f* Wohnung *f;* **~ à loyer modéré** Sozialwohnung *f;* (*immeuble*) Wohnblock *m* mit Sozialwohnungen
habiter [abite] <1> **I.** *v. intr.* wohnen; **~ à la campagne/en ville/à Rennes** auf dem Land/in der Stadt/in Rennes wohnen; **~ dans un appartement/une maison** in einer Wohnung/einem Haus wohnen **II.** *v. tr.* **~ qc** in etw wohnen; **~ [le] 17, rue Leblanc** in der Rue Leblanc [Nummer] 17 wohnen
habitude [abityd] *f* ❶ (*pratique*) Gewohnheit *f;* (*manie*) Angewohnheit *f;* **avoir l'~ de qc** an etw (*Akk*) gewöhnt sein; **d'~** gewöhnlich ❷ (*coutume*) Brauch *m*
habitué, e [abitɥe] *m, f* (*d'un magasin*) Stammkunde *m*/Stammkundin *f;* (*d'un café*) Stammgast *m*
habituel, le [abitɥɛl] *adj.* üblich
habituellement [abitɥɛlmɑ̃] *adv.* gewöhnlich
habituer [abitɥe] <1> **I.** *v. tr.* ❶ **~ qn/un animal à qc** jdn/ein Tier an etw (*Akk*) gewöhnen ❷ (*avoir l'habitude*) **être habitué à qc** an etw (*Akk*) gewöhnt sein **II.** *v. pron.* **s'~ à qn/qc** sich an jdn/etw gewöhnen
hâbleur, -euse [ˊɑblœʀ, -øz] *m, f* Aufschneider(in) *m(f)*
hache [ˊaʃ] *f* Axt *f*
haché, e [ˊaʃe] *adj.* Hack-
hacher [ˊaʃe] <1> *v. tr.* (*fines herbes, légumes*) zerkleinern; (*viande*) durch den Wolf drehen
hachis [ˊaʃi] *m* Mett *nt*
hachisch [ˊaʃiʃ] *m voir* **haschich**
hachoir [ˊaʃwaʀ] *m* ❶ (*couteau*) Hackbeil *nt;* (*avec lame courbe*) Wiegemesser *nt* ❷ (*machine*) **~ à viande** Fleischwolf *m*
hachurer [ˊaʃyʀe] <1> *v. tr.* schraffieren
hachures [ˊaʃyʀ] *fpl* Schraffierung *f*
hacker [ˊakœʀ] *m* INFORM, INET Hacker *m*
haddock [ˊadɔk] *m* geräucherter Schellfisch
hagard, e [ˊagaʀ, aʀd] *adj.* verstört
haie [ˊɛ] *f* ❶ (*clôture*) Hecke *f* ❷ SPORT Hürde *f*
haillons [ˊɑjɔ̃] *mpl* Lumpen *Pl*
Hainaut [ˊɛno] *m* **le ~** der Hennegau
haine [ˊɛn] *f* Hass *m;* **la ~ de qc** der Hass auf etw (*Akk*)
haineusement [ˊɛnøzmɑ̃] *adv.* (*regarder*) hasserfüllt
haineux, -euse [ˊɛnø, -øz] *adj.* hasserfüllt
haï, e [ˊai] *part. passé de* **haïr**
haïr [ˊaiʀ] <irr> *v. tr.* hassen
haïssable [ˊaisabl] *adj.* (*personne*) hassenswert; (*comportement*) verabscheuungswürdig; (*temps*) scheußlich
hâle [ˊɑl] *m* [Sonnen]bräune *f*
hâlé, e [ˊɑle] *adj.* [sonnen]gebräunt
haleine [alɛn] *f* Atem *m;* **mauvaise ~** Mundgeruch *m*

H

hâler [ˊɑle] <1> *v. tr.* bräunen

haletant, e [ˊal(ə)tɑ̃, ɑ̃t] *adj.* (*personne, respiration*) keuchend; (*chien*) hechelnd

halètement [ˊalɛtmɑ̃] *m* (*d'une personne*) Keuchen *nt;* (*d'un chien*) Hecheln *nt*

haleter [ˊal(ə)te] <4> *v. intr.* (*coureur*) keuchen; (*chien*) hecheln

hall [ˊol] *m* Halle *f;* (*entrée*) Eingangshalle

halle [ˊal] *f* Markthalle *f*

hallucinant, e [a(l)lysinɑ̃, ɑ̃t] *adj.* (*ressemblance*) verblüffend; (*spectacle*) atemberaubend

hallucination [a(l)lysinasjɔ̃] *f* Sinnestäuschung *f;* MED Halluzination *f*

halluciné, e [a(l)lysine] *adj.* ❶ (*drogué, fou*) an Halluzinationen leidend ❷ (*air*) irr

halluciner [a(l)lysine] <1> *v. intr.* halluzinieren; **j'hallucine!** *fam* ich glaube, ich spinne!

halo [ˊalo] *m* ASTRO Hof *m*

halogène [alɔʒɛn] *m* Halogen *nt*

halte [ˊalt] **I.** *f* Halt *m;* (*repos*) Pause *f* **II.** *interj.* **~!** halt!

haltère [altɛʀ] *m* Hantel *f*

haltérophile [alteʀɔfil] *mf* Gewichtheber(in) *m(f)*

haltérophilie [alteʀɔfili] *f* Gewichtheben *nt*

hamac [ˊamak] *m* Hängematte *f*

Hambourg [ˊɑ̃buʀ] Hamburg *nt*

hambourgeois, e [ˊɑ̃buʀʒwa, waz] *adj.* hamburgisch

Hambourgeois, e [ˊɑ̃buʀʒwa, waz] *m, f* Hamburger(in) *m(f)*

hamburger [ˊɑ̃buʀgœʀ] *m* GASTR Hamburger *m*

hameau [ˊamo] <x> *m* Weiler *m*

hameçon [amsɔ̃] *m* Angelhaken *m*

hameçonnage [am(ə)sɔnaʒ] *m* INET Phishing *nt*

hamster [ˊamstɛʀ] *m* Hamster *m*

han [ˊɑ̃] *interj.* ah

hanche [ˊɑ̃ʃ] *f* Hüfte *f*

handball, hand-ball [ˊɑ̃dbal] *m* Handball *m*

handballeur, -euse [ˊɑ̃dbalœʀ, -øz] *m, f* Handballspieler(in) *m(f)*

handicap [(ˊ)ɑ̃dikap] *m* ❶ a. SPORT Handikap *nt* ❷ MED Behinderung *f*

handicapé, e [ˊɑ̃dikape] **I.** *adj.* behindert **II.** *m, f* Behinderte(r) *f(m);* **~ physique** Körperbehinderte(r) *f(m)*

handicaper [ˊɑ̃dikape] <1> *v. tr.* **~ qn/qc dans qc** für jdn/etw bei etw ein Handikap sein

hangar [ˊɑ̃gaʀ] *m* Schuppen; (*entrepôt*) Lagerhalle *f*

hanneton [ˊan(ə)tɔ̃] *m* Maikäfer *m*

Hanovre [ˊanɔvʀ] Hannover *nt*

hanséatique [ˊɑ̃seatik] *adj.* hanseatisch

hanter [ɑ̃te] <1> *v. tr.* **~ qc** (*fantôme*) in etw (*Dat*) spuken; **~ qn** jdm keine Ruhe lassen

hantise [ˊɑ̃tiz] *f* **~ de qc** [panische] Angst vor etw (*Dat*)

happer [ˊape] <1> *v. tr.* ❶ **~ qn/qc** (*train, voiture*) jdn/etw erfassen ❷ (*attraper*) **~ qc** (*animal*) etw schnappen

happy end [ˊapiɛnd] <happy ends> *m o f* Happyend *nt*

hara-kiri [ˊaʀakiʀi] *m sans pl.* Harakiri *nt*

harangue [ˊaʀɑ̃g] *f* (*discours solennel*) [feierliche] Rede

haranguer [ˊaʀɑ̃ge] <1> *v. tr.* **~ qn** eine [feierliche] Ansprache an jdn halten

haras [ˊaʀɑ] *m* Gestüt *nt*

harassant, e [aʀasɑ̃, ɑ̃t] *adj.* ermüdend; (*journée*) [sehr] anstrengend

harassé, e [ˊaʀase] *adj.* erschöpft

harasser [ˊaʀase] <1> *v. tr.* **être harassé(e) de travail** mit Arbeit überhäuft werden

harcèlement [ˊaʀsɛlmɑ̃] *m* Belästigung *f;* **~ moral** Mobbing *nt*

harceler [ˊaʀsəle] <4> *v. tr.* belästigen

harceleur, -euse [ˊaʀsəlœʀ, -øz] *m, f* Belästiger(in) *m(f)*

hardes [ˊaʀd] *fpl péj* Klamotten *Pl* (*fam*)

hardi, e [ˊaʀdi] *adj.* (*audacieux: personne, réponse*) mutig; (*entreprise*) kühn

hardiesse [ˊaʀdjɛs] *f* (*audace*) Unerschrockenheit *f*

hard rock [aʀdʀɔk] *m* **le ~** Hardrock *m*

hardware [ˊaʀdwɛʀ] *m* INFORM Hardware *f*

harem [ˊaʀɛm] *m* Harem *m*

hareng [ˊaʀɑ̃] *m* Hering *m*

hargne [ˊaʀɲ] *f* Gereiztheit *f*

hargneux, -euse [ˊaʀɲø, -øz] *adj.* gereizt; (*chien*) bissig

haricot [ˊaʀiko] *m* Bohne *f*

harmonica [aʀmɔnika] *m* [Mund]harmonika *f*

harmonie [aʀmɔni] *f* Harmonie *f;* **être en ~ avec qc** gut zu etw passen; (*idées, opinion*) mit etw in Einklang stehen

harmonieusement [aʀmɔnjøzmɑ̃] *adv.* harmonisch

harmonieux, -euse [aʀmɔnjø, -øz] *adj.* harmonisch; (*instrument, voix*) wohlklingend

harmonique [aʀmɔnik] *adj.* harmonisch

harmonisation [aʀmɔnizasjɔ̃] *f* ❶ (*des instruments*) Stimmen *nt* ❷ ÉCON Harmonisierung *f*

harmoniser [aʀmɔnize] <1> **I.** *v. tr.* ❶ (*intérêts, idées*) miteinander in Einklang bringen; (*couleurs*) aufeinander abstimmen ❷ MUS harmonisieren **II.** *v. pron.* **s'~** [miteinander] harmonieren

harmonium [aʀmɔnjɔm] *m* MUS Harmonium *nt*

harnachement [ˊaʀnaʃmɑ̃] *m* ❶ (*harnais*) Geschirr *nt* ❷ *fam* (*accoutrement*) [schwere] Montur

harnacher [ˊaʀnaʃe] <1> *v. tr. péj* **être harnaché de qc** mit etw ausstaffiert sein

harnais [ˊaʀnɛ] *m* (*d'un cheval*) Geschirr *nt*

harpe [ˊaʀp] *f* MUS Harfe *f*

harpie [ˊaʀpi] *f* ▸ **vieille** ~ *péj* alter Drachen (*fam*)

harpiste [ˊaʀpist] *mf* Harfenspieler(in) *m(f)*

harpon [ˊaʀpɔ̃] *m* Harpune *f*

harponner [ˊaʀpɔne] <1> *v. tr.* harpunieren

hasard [ˊazaʀ] *m* Zufall *m* ▸ **à tout ~** für alle Fälle; **essayer qc à tout ~** etw auf gut Glück versuchen; **au ~** aufs Geratewohl; **comme par ~** *iron* [ganz] zufällig; **par ~** zufällig

hasarder [ˊazaʀde] <1> **I.** *v. tr.* (*remarque, question*) wagen **II.** *v. pron.* ❶ **se ~ dans un quartier** sich in ein Viertel wagen ❷ (*se risquer à*) **se ~ à faire qc** es wagen, etw zu tun

hasardeux, -euse [ˊazaʀdø, -øz] *adj.* gewagt

hasch [ˊaʃ] *m fam abr. de* **haschich** Hasch *nt*

haschich, haschisch [ˊaʃiʃ] *m* Haschisch *nt o m*

hâte [ˊɑt] *f* Eile *f;* **avoir ~ de faire qc** es kaum erwarten können, etw zu tun

hâter [ˊɑte] <1> *v. pron.* **se ~** sich beeilen

hâtif, -ive [ˊɑtif, -iv] *adj.* (*réponse*) übereilt; (*conclusion*) voreilig

hauban [ˊobɑ̃] *m* (*d'un pont*) Schrägseil *nt*

hausse [ˊos] *f* ❶ (*des prix, salaires*) Anhebung *f* ❷ (*processus*) Anstieg *m;* **être en ~** steigen

haussement [ˊosmɑ̃] *m* **~ d'épaules** Achselzucken *nt*

hausser [ˊose] <1> *v. tr.* ❶ **~ le ton/la voix** den Ton/die Stimme heben ❷ (*sourcils*) heben

haut [ˊo] **I.** *m* ❶ Höhe *f;* **avoir un mètre de ~** einen Meter hoch sein; **être à un mètre de ~** sich in einem Meter Höhe befinden; **appeler du ~ de la tribune/du balcon** von der Tribüne/vom Balkon herunterrufen; **du ~ de ...** von ... herunter ❷ (*d'un pyjama*) Oberteil *nt;* **l'étagère du ~** das oberste Regalbrett; **les voisins du ~** die Nachbarn von oben ▸ **des ~s et des bas** Höhen und Tiefen **II.** *adv.* ❶ (*sauter, chanter*) hoch ❷ (*ci-dessus*) **voir plus ~** siehe oben ❸ (*dire, lire*) laut ❹ (*à un haut degré*) **fonctionnaire ~ placé** hoher Beamter ▸ **d'en ~** von oben; **en ~** (*sans mouvement*) oben; (*avec mouvement*) nach oben; **en ~ de** oben in/auf (+ *Dat*)

haut, e [ˊo, ˊot] *adj.* ❶ hoch; (*montagne, tension*) Hoch-; **le plus ~ étage** das oberste Stockwerk; **marée ~e** Flut *f;* **à voix ~e** laut ❷ (*supérieur*) obere(r, s); (*commandement*) Ober-; **~e société** Oberschicht *f* ❸ LING **le ~ allemand** Hochdeutsch *nt*, das Hochdeutsche

hautain, e [ˊotɛ̃, ɛn] *adj.* herablassend; (*personne*) hochmütig

hautbois [ˊobwɑ] *m* Oboe *f*

haut-de-forme [ˊod(ə)fɔʀm] *m inv.* Zylinder *m*

haute [ˊot] *f fam* Hautevolee *f*

haute-fidélité [ˊotfidelite] *f sans pl.* High Fidelity *f*

hautement [ˊotmɑ̃] *adv.* äußerst

haute-technologie *f* Hightech *f o nt*, Hochtechnologie *f*

hauteur [ˊotœʀ] *f* ❶ Höhe *f;* **quelle est la ~ de ce mur?** wie hoch ist diese Mauer?; **la ~ est de trois mètres** die

H

Höhe beträgt drei Meter ❷ SPORT **saut en** ~ Hochsprung *m* ❸ (*même niveau*) **à la ~ du carrefour** in Höhe der Kreuzung ❹ (*colline*) Anhöhe *f,* Hügel *m* ▸ **être à la ~ de qn/qc** jdm/einer S. gewachsen sein

haut-fond [´ofɔ̃] <hauts-fonds> *m* Untiefe *f* **haut-le-cœur** [´ol(ə)kœʀ] *m inv.* Übelkeit *f* **haut-le-corps** [´ol(ə)kɔʀ] *m inv.* **avoir un ~** hochfahren **haut-lieu** [´oljø] <hauts-lieux> *m* Hochburg *f* **haut-parleur** [´opaʀlœʀ] <haut-parleurs> *m* Lautsprecher *m*

havane [´avan] *m* Havanna *f*

Havane [´avan] *f* **la ~** Havanna *nt*

H

havre [´avʀ] *m* **~ de paix** Oase *f* des Friedens

hé [´e] *interj.* he, hey

hebdo [ɛbdo] *m fam*, **hebdomadaire** [ɛbdɔmadɛʀ] **I.** *adj.* wöchentlich; (*revue*) Wochen- **II.** *m* Wochenzeitschrift *f*

hébergement [ebɛʀʒəmɑ̃] *m* ❶ (*logement*) Unterkunft *f* ❷ INET Webhosting *nt*

héberger [ebɛʀʒe] <2a> *v. tr.* unterbringen

hébergeur [ebɛʀʒœʀ] *m* INET Webhoster *m*

hébété, e [ebete] *adj.* stumpfsinnig

hébétement [ebetmɑ̃] *m* Benommenheit *f*

hébraïque [ebʀaik] *adj.* hebräisch

hébreu [ebʀø] <x> **I.** *adj. féminin: israélite, juive* hebräisch; *voir a.* **allemand II.** *m* Hebräisch *nt; voir a.* **allemand**

Hébreux [ebʀø] *mpl* **les ~** die Hebräer

HEC [´aʃøse] *abr. de* **[École des] hautes études commerciales** *Elitehochschule für Betriebswirtschaft*

hécatombe [ekatɔ̃b] *f* ❶ Blutbad *nt* ❷ *fig* verheerende Niederlage

hectare [ɛktaʀ] *m* Hektar *m o nt*

hectolitre [ɛktɔlitʀ] *m* Hektoliter *m*

hégémonie [eʒemɔni] *f* Hegemonie *f*

hein [´ɛ̃] *interj. fam* ❶ (*comment*) hä? ❷ (*marque l'étonnement*) **~? qu'est-ce qui se passe?** nanu? was ist denn da los? ❸ (*renforcement de l'interrogation*) **tu veux bien, ~?** du willst doch, oder? (*fam*); **..., ~?** *fam* ..., nicht?/ja?/nicht wahr?

hélas [elɑs] *interj. soutenu* leider

héler [´ele] <5> *v. tr.* (*porteur*) [herbei]rufen; (*taxi*) herbeiwinken

hélice [elis] *f* TECH (*d'un avion*) Propeller *m;* (*d'un bateau*) Schraube *f*

hélicoptère [elikɔptɛʀ] *m* Hubschrauber *m*

héliomarin, e [eljomaʀɛ̃, in] *adj.* (*cure*) auf der Heilkraft von Sonne und Seeluft basierend

héliport [elipɔʀ] *m* Hubschrauberlandeplatz *m*

héliporté, e [elipɔʀte] *adj.* (*blessé, troupe*) per Hubschrauber befördert

hélium [eljɔm] *m* CHIM Helium *nt*

helvétique [ɛlvetik] *adj.* schweizerisch; **la Confédération ~** die Schweizer Eidgenossenschaft

helvétisme [ɛlvetism] *m* Helvetismus *m*

hem [hɛm, ´ɛm] *interj.* (*hé, holà*) he [da] (*fam*)

hématome [ematom] *m* MED Bluterguss *m*

hémicycle [emisikl] *m* (*d'un parlement*) Halbrund *nt;* (*de l'Assemblée nationale*) Plenarsaal *m*

hémiplégie [emipleʒi] *f* MED halbseitige Lähmung

hémiplégique [emipleʒik] **I.** *adj.* MED halbseitig gelähmt **II.** *mf* MED halbseitig Gelähmte(r) *f(m)*

hémisphère [emisfɛʀ] *m* ❶ GEO [Erd]halbkugel *f* ❷ ANAT Gehirnhälfte *f*

hémisphérique [emisfeʀik] *adj.* halbkugelförmig

hémoglobine [emɔglɔbin] *f* Hämoglobin *nt*

hémophile [emɔfil] *m* Bluter *m*

hémophilie [emɔfili] *f* Bluterkrankheit *f*

hémorragie [emɔʀaʒi] *f* Blutung *f*

hémorroïde [emɔʀɔid] *f gén. pl.* Hämorrhoide *f*

henné [´ene] *m* Henna *f o nt*

hennir [´eniʀ] <8> *v. intr.* wiehern

hennissement [´enismɑ̃] *m* Wiehern *nt*

hep [´ɛp] *interj.* hallo

hépatique [epatik] **I.** *adj.* Leber-; **colique ~** Gallenkolik *f* **II.** *mf* MED Leberkranke(r) *f(m)*

hépatite [epatit] *f* **~ virale** infektiöse Leberentzündung *f*

heptagone [ɛptagɔn, ɛptagon] *m* Siebeneck *nt*

héraldique [eʀaldik] *adj.* Wappen-
herbacé, e [ɛʀbase] *adj.* krautig
herbage [ɛʀbaʒ] *m* Weide *f*
herbe [ɛʀb] *f* ❶ BOT Gras *nt;* **mauvaise ~** Unkraut *nt* ❷ MED, GASTR Kraut *nt;* **les ~s de Provence** die Kräuter der Provence
herbeux, -euse [ɛʀbø, -øz] *adj.* grasbewachsen
herbicide [ɛʀbisid] *m* Unkrautbekämpfungsmittel *nt*
herbier [ɛʀbje] *m* Herbarium *nt*
herbivore [ɛʀbivɔʀ] **I.** *adj.* Pflanzen fressend **II.** *m* Pflanzenfresser *m*
herboriser [ɛʀbɔʀize] <1> *v. intr.* Pflanzen sammeln
herboriste [ɛʀbɔʀist] *mf* Kräuterhändler(in) *m(f)*
herboristerie [ɛʀbɔʀistəʀi] *f* [Heil]kräuterladen *m*
hercule [ɛʀkyl] *m* Kraftmensch *m*
Hercule [ɛʀkyl(ə)] *m* Herkules *m,* Herakles *m*
herculéen, ne [ɛʀkyleɛ̃, ɛn] *adj.* Herkules-
héréditaire [eʀeditɛʀ] *adj.* ❶ erblich; (*maladie*) Erb-; (*transmis*) ererbt ❷ (*biens*) Erb-; (*titre*) erblich
hérédité [eʀedite] *f* Vererbung *f;* (*patrimoine héréditaire*) Erbanlagen *Pl*
hérésie [eʀezi] *f* a. REL Ketzerei *f*
hérétique [eʀetik] **I.** *adj.* ketzerisch **II.** *mf* a. REL Ketzer(in) *m(f)*
hérissé, e [ˊeʀise] *adj.* gesträubt
hérisser [ˊeʀise] <1> **I.** *v. tr.* (*poils, plumes*) sträuben; (*piquants*) aufrichten **II.** *v. pron.* ❶ (*se dresser*) **ses poils se hérissent** ihm/ihr sträuben sich die Haare ❷ (*dresser ses poils, plumes*) **se ~** (*chat*) sein Fell sträuben; (*oiseau*) sich aufplustern
hérisson [ˊeʀisɔ̃] *m* Igel *m*
héritage [eʀitaʒ] *m a. fig* Erbe *nt;* **laisser qc en ~ à qn** jdm etw vererben
hériter [eʀite] <1> **I.** *v. intr.* erben; **~ de qc** etw erben **II.** *v. tr. soutenu* erben
héritier, -ière [eʀitje, -jɛʀ] *m, f* Erbe *m*/Erbin *f*
hermaphrodite [ɛʀmafʀɔdit] *m* Zwitter *m*
hermétique [ɛʀmetik] *adj.* hermetisch; (*à l'air*) luftdicht; (*à l'eau*) wasserdicht
hermétiquement [ɛʀmetikmɑ̃] *adv.* hermetisch
hermine [ɛʀmin] *f* Hermelin *nt*
hernie [ˊɛʀni] *f* [Eingeweide]bruch *m*
héroïne[1] [eʀɔin] *f* Heroin *nt*
héroïne[2] [eʀɔin] *f voir* **héros**
héroïnomane [eʀɔinɔman] *mf* Heroinsüchtige(r) *f(m)*
héroïque [eʀɔik] *adj.* heldenhaft
héroïsme [eʀɔism] *m* Heldenmut *m*
héron [ˊeʀɔ̃] *m* Reiher *m*
héros, héroïne [ˊeʀo, eʀɔin] *m, f* Held(in) *m(f);* (*d'un livre, film a.*) Hauptfigur *f*
herpès [ɛʀpɛs] *m* Herpes *m*
herse [ˊɛʀs] *f* Egge *f*
hertz [ɛʀts] *m* Hertz *nt*
hésitant, e [ezitɑ̃, ɑ̃t] *adj.* zögernd
hésitation [ezitasjɔ̃] *f* Zögern *nt kein Pl.*
hésiter [ezite] <1> *v. intr.* **~ à faire qc** zögern, etw zu tun; (*en parlant*) stocken
Hesse [ˊɛs] *f* **la ~** Hessen *nt*
hétéro [eteʀo] *fam abr. de* **hétérosexuel(le) I.** *adj.* hetero **II.** *mf* Hetero *mf*
hétéroclite [eteʀɔklit] *adj.* zusammengewürfelt; (*œuvre, bâtiment*) uneinheitlich
hétérogène [eteʀɔʒɛn] *adj.* heterogen
hétérosexuel, le [eteʀosɛksɥɛl] **I.** *adj.* heterosexuell **II.** *m, f* Heterosexuelle(r) *f(m)*
hêtre [ˊɛtʀ] *m* Buche *f*
heu [ˊø] *interj.* ❶ (*pour ponctuer à l'oral*) äh ❷ (*embarras*) hm
heure [œʀ] *f* ❶ Stunde *f;* **une ~ et demie** anderthalb [*o* eineinhalb] Stunden; **une ~ de cours** eine Stunde Unterricht; **une ~ de retard** eine Stunde Verspätung; **24 ~s sur 24** rund um die Uhr ❷ (*indication chiffrée*) **à dix ~s du matin/du soir** um zehn Uhr morgens/abends; **à trois ~s** um drei [Uhr]; **il est trois ~s** es ist drei [Uhr]; **il est trois ~s et demie** es ist halb vier; **à six ~s moins vingt** um zwanzig vor sechs ❸ (*point précis du jour*) **il est quelle ~?** *fam* wie spät ist es?/wie viel Uhr ist es?; **vous avez l'~, s'il vous plaît?** können Sie mir bitte sagen, wie spät/wie viel Uhr es ist?; **regarder l'~** auf die Uhr schauen; **à quelle ~?** um wie viel Uhr?; **à la même ~** zur selben Zeit ❹ (*distance*) **être à deux ~s de qc** zwei Stunden von etw entfernt sein

H

5 (*moment de la journée*) ~ **de fermeture** COM Ladenschluss *m;* ~ **d'affluence** AUT Hauptverkehrszeit *f;* **à ~ fixe** zu einer bestimmten Zeit; **à toute ~** jederzeit; **à cette ~-ci** zu dieser Zeit; **à l'~ où** gerade als/zu der Zeit als; **en première ~** in der ersten Stunde; **c'est l'~ de faire qc** es ist Zeit, etw zu tun; **avant l'~** vorzeitig 6 (*moment dans le cours des événements*) **des ~s mémorables** denkwürdige Stunden; **l'~ est grave** die Lage ist ernst ▶**l'~ H** die Stunde X; **de bonne ~** (*tôt*) früh [am Morgen]; (*précocement*) frühzeitig; **être à l'~** (*personne*) pünktlich sein; (*montre*) richtig gehen; **ne pas être à l'~** (*personne*) unpünktlich sein; (*montre*) falsch gehen; **tout à l'~** (*il y a peu de temps*) [so]eben; (*dans peu de temps*) gleich; **à tout à l'~!** bis gleich!

heureusement [øʀøzmɑ̃] *adv.* glücklicherweise

heureux, -euse [øʀø, -øz] **I.** *adj.* glücklich; **être ~ de qc** sich über etw (*Akk*) freuen; **être ~ au jeu** Glück im Spiel haben ▶**encore ~!** zum Glück! **II.** *m, f* **faire un ~** *fam* jemandem [eine] Freude machen

heurt [ˊœʀ] *m* Zusammenstoß *m*

heurté, e [ˊœʀte] *adj.* (*tons*) nicht harmonierend

heurter [ˊœʀte] <1> **I.** *v. tr.* **~ qn** (*personne*) mit jdm zusammenstoßen; (*en voiture*) jdn anfahren; (*voiture*) jdn streifen; **~ qc** (*personne*) gegen etw stoßen; (*en tombant*) auf etw (*Akk*) aufschlagen; (*objet*) auf etw (*Akk*) [auf]prallen; (*voiture*) gegen etw (*Akk*) fahren **II.** *v. pron.* (*buter contre*) **se ~ à qc** auf etw (*Akk*) stoßen

heurtoir [ˊœʀtwaʀ] *m* (*d'une porte*) Türklopfer *m*

hévéa [evea] *m* Kautschukbaum *m*

hexagonal, e [ɛgzagɔnal, o] <-aux> *adj.* sechseckig

hexagone [ɛgzagon] *m* Sechseck *nt*

Hexagone [ɛgzagon] *m* **l'~** Frankreich *nt*

hexamètre [ɛgzamɛtʀ] *m* Hexameter *m*

hiatus [ˊjatys] *m* Hiatus *m*

hibernation [ibɛʀnasjɔ̃] *f* Winterschlaf *m*

hiberner [ibɛʀne] <1> *v. intr.* Winterschlaf halten

hibou [ˊibu] <x> *m* Eule *f*

hic [ˊik] *m fam* Haken *m*

hideux, -euse [ˊidø, -øz] *adj.* (*visage*) hässlich; (*monstre, être*) abscheulich

hier [jɛʀ] *adv.* gestern

hiérarchie [ˊjeʀaʀʃi] *f* Hierarchie *f*

hiérarchique [ˊjeʀaʀʃik] *adj.* hierarchisch

hiéroglyphe [ˊjeʀɔglif] *m a. fig* Hieroglyphe *f*

hi-fi [ˊifi] **I.** *adj. inv.* Hi-Fi- **II.** *f sans pl.* Hi-Fi *f*

high tech [ˊajtɛk] *f sans pl.* Hightech *f o nt*

hilarant, e [ilaʀɑ̃, ɑ̃t] *adj.* sehr komisch

hilare [ilaʀ] *adj.* ausgelassen, fröhlich; (*visage*) strahlend

hilarité [ilaʀite] *f* Heiterkeit *f*

hindi [ˊindi] *m* Hindi *nt; voir a.* **allemand**

hindou, e [ɛ̃du] *adj.* hinduistisch

hindouisme [ɛ̃duism] *m* Hinduismus *m*

hip [ˊip] *interj.* **~ ~ ~! hourra!** hipp, hipp, hurra!

hippie [ˊipi] <s> *mf* Hippie *m*

hippique [ipik] *adj.* Pferde-; **concours ~** Reitturnier *nt*

hippisme [ipism] *m* Pferdesport *m*

hippocampe [ipɔkɑ̃p] *m* Seepferdchen *nt*

hippodrome [ipodʀom] *m* [Pferde]-rennbahn *f*

hippopotame [ipɔpɔtam] *m* Nilpferd *nt*

hirondelle [iʀɔ̃dɛl] *f* Schwalbe *f*

hirsute [iʀsyt] *adj.* zerzaust; (*barbe*) struppig

hispanique [ispanik] *adj.* spanisch

hispano-américain, e [ispanoameʀikɛ̃, ɛn] <hispano-américains> *adj.* hispanoamerikanisch

hispanophone [ispanɔfɔn] *adj.* spanischsprechend

hisser [ˊise] <1> **I.** *v. tr.* hissen **II.** *v. pron.* **se ~** sich hochziehen

histoire [istwaʀ] *f* 1 Geschichte *f;* (*conte*) Märchen *nt;* (*blague*) Witz *m;* (*propos mensonger*) Lügengeschichte *f* 2 *fam* (*complications*) Schwierigkeiten *Pl* ▶**~ de faire qc** *fam* einfach nur, um etw zu tun

historien, ne [istɔʀjɛ̃, jɛn] *m, f* Historiker(in) *m(f)*

historique [istɔʀik] **I.** *adj.* historisch **II.** *m* Geschichte *f*

historiquement [istɔʀikmɑ̃] *adv.* historisch
hitlérien, ne [itleʀjɛ̃, jɛn] *adj.* Hitler-
hit-parade [ˊitpaʀad] <hit-parades> *m* MEDIA Hitparade *f*
HIV [ˊaʃive] *m abr. de* **Human Immunodeficiency Virus** HIV *nt*
hiver [ivɛʀ] *m* Winter *m;* **station de sports d'~** Wintersportort *m; voir a.* **automne**
hivernal, e [ivɛʀnal, o] < -aux> *adj.* winterlich
HLM [ˊaʃɛlɛm] *m o f inv. abr. de* **habitation à loyer modéré**
ho [ˊo] *interj.* he [Sie/du]!
hobby [ˊɔbi] <hobbies> *m* Hobby *nt*
hochement [ˊɔʃmɑ̃] *m* **~ de tête** (*pour approuver*) Kopfnicken *nt;* (*pour désapprouver*) Kopfschütteln *nt*
hocher [ˊɔʃe] <1> *v. tr.* **~ la tête** (*pour approuver*) [mit dem Kopf] nicken; (*pour désapprouver*) den Kopf schütteln
hochet [ˊɔʃɛ] *m* Rassel *f*
hockey [ˊɔkɛ] *m* Hockey *nt*
holà [ˊɔla] *interj.* **~!** halt!
holding [ˊɔldiŋ] *m o f* Holding *f*
hold-up [ˊɔldœp] *m inv.* Raubüberfall
hollandais [ˊɔllɑ̃dɛ] *m* Holländisch *nt; voir a.* **allemand**
hollandais, e [ˊɔllɑ̃dɛ, -ɛz] *adj.* holländisch; *voir a.* **allemand**
Hollandais, e [ˊɔllɑ̃dɛ, -ɛz] *m, f* Holländer(in) *m(f)*
Hollande [ˊɔllɑ̃d] *f* **la ~** Holland *nt*
holocauste [olokost] *m* Holocaust *m*
hologramme [ɔlɔgʀam] *m* Hologramm *nt*
homard [ˊɔmaʀ] *m* Hummer *m*
home cinéma [ˊomsinema] *m* DVD-Heimkino *nt*
homéopathe [ɔmeɔpat] *mf* Homöopath(in) *m(f)*
homéopathie [ɔmeɔpati] *f* Homöopathie *f*
homéopathique [ɔmeɔpatik] *adj.* homöopathisch
home-trainer [ˊomtʀɛnœʀ] <home-trainers> *m* Heimtrainer *m*
homicide [ɔmisid] *m* **~ involontaire** fahrlässige Tötung; **~ volontaire** Totschlag *m*
hommage [ɔmaʒ] *m* Hommage *f*
homme [ɔm] *m* ❶ Mann *m;* **jeune ~** junger Mann; **vêtements pour ~s** Herren[be]kleidung *f;* **~ politique** Politiker *m;* **~ d'État** Staatsmann; **entre ~s** unter Männern ❷ (*être humain*) Mensch *m*
homme-grenouille [ɔmgʀənuj] <hommes-grenouilles> *m* Froschmann *m*
homme-orchestre [ɔmɔʀkɛstʀ] <hommes-orchestres> *m* Einmannorchester *nt* **homme-sandwich** [ɔmsɑ̃dwitʃ] <hommes-sandwichs> *m* Sandwichmann *m*
homo [omo]*fam abr. de* **homosexuel(le) I.** *adj.* homo **II.** *mf* Homo *m*/Lesbe *f*
homogène [ɔmɔʒɛn] *adj.* homogen
homogénéiser [ɔmɔʒeneize] <1> *v. tr.* homogenisieren
homogénéité [ɔmɔʒeneite] *f* Homogenität *f*
homologue [ɔmɔlɔg] *adj.* entsprechend
homologuer [ɔmɔlɔge] <1> *v. tr.* ❶ (*prix*) genehmigen; (*record*) anerkennen ❷ (*siège-auto*) zulassen
homonyme [ɔmɔnim] *m* LING Homonym *nt*
homoparentalité [ɔmɔpaʀɑ̃talite] *f* homosexuelle Elternschaft *f*
homosexualité [ɔmɔsɛksɥalite] *f* Homosexualität *f*
homosexuel, le [ɔmɔsɛksɥɛl] **I.** *adj.* homosexuell **II.** *m, f* Homosexuelle(r) *f(m)*
hongre [ˊɔ̃gʀ] *adj.* (*cheval*) kastriert; **poulain ~** Fohlenwallach *m*
Hongrie [ˊɔ̃gʀi] *f* **la ~** Ungarn *nt*
hongrois [ˊɔ̃gʀwa] *m* Ungarisch *nt; voir a.* **allemand**
hongrois, e [ˊɔ̃gʀwa, waz] *adj.* ungarisch; *voir a.* **allemand**
Hongrois, e [ˊɔ̃gʀwa, waz] *m, f* Ungar(in) *m(f)*
honnête [ɔnɛt] *adj.* ❶ (*personne*) ehrlich; (*commerçant, entreprise*) korrekt ❷ (*franc*) aufrichtig ❸ (*résultat*) recht ordentlich; (*prix*) angemessen
honnêtement [ɔnɛtmɑ̃] *adv.* (*gagner sa vie*) anständig; (*gérer une affaire*) auf ehrliche Weise
honnêteté [ɔnɛtte] *f* Ehrlichkeit *f*
honneur [ɔnœʀ] *m* Ehre *f;* **être tout à l'~ de qn** jdm ganz zur Ehre gereichen; **j'ai l'~ de solliciter un poste de ...** *form* [hiermit] bewerbe ich mich

H

um die Stelle als ...; **j'ai l'~ de vous informer que ...** *form* ich freue mich, Ihnen mitteilen zu können, dass ... ▸ **en quel ~?** *iron* wozu?

honorabilité [ɔnɔʀabilite] *f* Ehrenhaftigkeit *f;* (*d'une personne*) Ehrbarkeit *f*

honorable [ɔnɔʀabl] *adj.* ❶ ehrenhaft; (*personne*) ehrenwert; (*profession*) ehrbar ❷ (*résultat*) ganz gut; (*fortune*) ansehnlich

honorablement [ɔnɔʀabləmɑ̃] *adv.* auf ehrenhafte Weise

honoraire [ɔnɔʀɛʀ] **I.** *adj.* (*membre*) Ehren-; (*professeur*) emeritiert **II.** *mpl* Honorar *nt*

honorer [ɔnɔʀe] <1> *v. tr.* ehren; **~ qn** (*sentiments, conduite*) jdm Ehre machen

honorifique [ɔnɔʀifik] *adj.* ehrenamtlich

honte [ˊɔ̃t] *f* ❶ Schande *f;* [**c'est**] **la ~!** *fam* so eine Blamage! ❷ *sans pl.* (*sentiment d'humiliation*) Scham *f;* **avoir ~ de qn/qc** sich für jdn/einer S. (*Gen*) schämen ▸ **faire ~ à qn** jdm ein schlechtes Gewissen machen

honteusement [ˊɔ̃tøzmɑ̃] *adv.* (*se conduire*) schändlich

honteux, -euse [ˊɔ̃tø, -øz] *adj.* **être ~ de qc** sich für etw schämen

hop [ˊɔp] *interj.* **~** [**là**]**!** Hopp!

hôpital [ɔpital, o] <-aux> *m* Krankenhaus *nt*

hoquet [ˊɔkɛ] *m* Schluckauf *m kein Pl.*

hoqueter [ˊɔkte] <3> *v. intr.* den Schluckauf haben; (*sangloter*) schluchzen

horaire [ɔʀɛʀ] **I.** *adj.* Stunden- **II.** *m* ❶ Zeitplan *m;* **~ mobile** gleitende Arbeitszeit ❷ (*des trains, bus*) Fahrplan *m;* (*des vols*) Flugplan *m;* (*des cours*) Stundenplan *m*

horde [ˊɔʀd] *f* Horde *f*

horizon [ɔʀizɔ̃] *m* ❶ *sans pl.* Horizont *m* ❷ (*étendue*) Aussicht *f* ❸ (*perspectives*) Horizont *m*

horizontal, e [ɔʀizɔ̃tal, o] <-aux> *adj.* waag(e)recht

horizontale [ɔʀizɔ̃tal] *f* ❶ MATH Waag[e]rechte *f* ❷ (*position*) **être à l'~** waagerecht sein/liegen

horizontalement [ɔʀizɔ̃talmɑ̃] *adv.* waag[e]recht

horloge [ɔʀlɔʒ] *f* Uhr *f*

horloger, -ère [ɔʀlɔʒe, -ɛʀ] *m, f* Uhrmacher(in) *m(f)*

horlogerie [ɔʀlɔʒʀi] *f* ❶ Uhrenindustrie *f;* (*commerce*) Uhrenhandel *m* ❷ (*magasin*) **~ bijouterie** Uhren- und Schmuckgeschäft *nt*

hormonal, e [ɔʀmɔnal, o] <-aux> *adj.* hormonal

hormone [ɔʀmɔn] *f* Hormon *nt*

horodateur [ɔʀɔdatœʀ] *m* Parkscheinautomat *m*

horoscope [ɔʀɔskɔp] *m* Horoskop *nt*

horreur [ɔʀœʀ] *f* ❶ Entsetzen *nt,* Horror *m;* **film d'~** Horrorfilm *m* ❷ *pl* Abscheulichkeiten *Pl* ❸ (*aversion*) **avoir ~ de qn/qc** jdn/etw verabscheuen; (*détester*) jdn/etw nicht ausstehen können ❹ *fam* (*chose laide*) Scheußlichkeit *f;* **quelle ~!, l'~!** *fam* wie entsetzlich!; **c'est l'~!** es/das ist entsetzlich!

horrible [ɔʀibl] *adj.* ❶ (*acte*) abscheulich; (*spectacle*) grauenhaft; (*accident, cris*) schrecklich ❷ (*repas*) scheußlich

horriblement [ɔʀibləmɑ̃] *adv.* (*triste, cher, chaud*) furchtbar

horrifier [ɔʀifje] <1> *v. tr.* entsetzen

horripiler [ɔʀipile] <1> *v. tr. fam* fürchterlich nerven

hors [ˊɔʀ] *prép.* ❶ außerhalb; **~ du village** außerhalb des Dorfs; **habiter ~ de qc** außerhalb einer S. (*Gen*) wohnen; **~ de portée** außer Reichweite ❷ *fig* **~ de danger** außer Gefahr; **~ de prix** unerschwinglich ▸ **être ~ de soi** außer sich sein

hors-bord [ˊɔʀbɔʀ] *m inv.* Außenborder *m* **hors-d'œuvre** [ˊɔʀdœvʀ] *m inv.* Vorspeise *f* **hors-jeu** [ˊɔʀʒø] *m inv.* Abseits *nt* **hors-la-loi** [ˊɔʀlalwa] *m inv.* Bandit *m*

hortensia [ɔʀtɑ̃sja] *m* Hortensie *f*

horticole [ɔʀtikɔl] *adj.* Garten[bau]-

horticulteur, -trice [ɔʀtikyltœʀ, -tʀis] *m, f* Gärtner(in) *m(f)*

horticulture [ɔʀtikyltyʀ] *f* Gartenbau *m*

hospice [ɔspis] *m* Pflegeheim *nt*

hospitalier, -ière [ɔspitalje, -jɛʀ] *adj.* ❶ Krankenhaus-; (*personnel*) Pflege- ❷ (*accueillant*) gastfreundlich

hospitalisation [ɔspitalizasjɔ̃] *f* Einweisung *f* ins Krankenhaus; (*séjour*) Krankenhausaufenthalt *m*

hospitaliser [ɔspitalize] <1> *v. tr.* in ein Krankenhaus einweisen

hospitalité [ɔspitalite] *f* Gastfreundschaft *f*

hostie [ɔsti] *f* Hostie *f*

hostile [ɔstil] *adj.* feindlich; (*attitude*) feindselig

hostilité [ɔstilite] *f* ❶ Feindseligkeit *f* ❷ *pl* MIL **les ~s** die Kampfhandlungen *Pl*

hosto [ɔsto] *m fam* Krankenhaus *nt*

hôte [ot] **I.** *mf* Gast *m* **II.** *m* INFORM Host *m*

hôte, -esse [ot, ɛs] *m, f soutenu* Gastgeber(in) *m(f)*

hôtel [ɔtɛl, otɛl] *m* ❶ Hotel *nt* ❷ (*riche demeure*) herrschaftliches Stadthaus ▶ **~ Matignon** *Amtssitz des französischen Premierministers*; **~ de ville** Rathaus *nt*

Es gibt in Frankreich zahlreiche Unterkunftsmöglichkeiten für Touristen. Neben dem klassischen **hôtel** oder der *auberge,* dem Gasthof, kann man auch in einer *chambre d'hôte* übernachten, einem Gästezimmer mit Frühstück und manchmal auch Menü am Abend *(table d'hôte),* in einem *gîte rural,* einer Ferienwohnung auf dem Land, einem *gîte d'étape,* einer einfachen Unterkunft für Wanderer, oder einem *refuge,* einer Schutzhütte in den Bergen.

hôtelier, -ière [otəlje, ɔtəlje, -jɛʀ] **I.** *adj.* Hotel- **II.** *m, f* Hotelbesitzer(in) *m(f)*

hôtellerie [otɛlʀi, ɔtɛlʀi] *f* Hotelgewerbe *nt*

hôtesse [otɛs] *f* ❶ *voir* **hôte** ❷ (*profession*) **~ d'accueil** (*dans une exposition*) Hostess *f;* **~ de l'air** Stewardess *f*

hot-line [ˈɔtlajn] <hot-line[s]> *f* Hotline *f*

hotte [ˈɔt] *f* ❶ **~ aspirante** [Dunst]abzugshaube *f* ❷ (*panier*) Kiepe *f*

hou [ˈu] *interj.* ❶ (*pour faire honte*) pfui; (*pour conspuer*) buh ❷ (*pour faire peur*) hu ▶ **~, ~!** hallo!

houblon [ˈublɔ̃] *m* Hopfen *m*

houe [ˈu] *f* Hacke *f*

houille [ˈuj] *f* Steinkohle *f*

houiller, -ère [ˈuje, -ɛʀ] *adj.* Steinkohlen-

houle [ˈul] *f* Seegang *m*

houlette [ˈulɛt] ▶ **être sous la ~ de qn** unter jds Führung (*Dat*) stehen

houleux, -euse [ˈulø, -øz] *adj.* (*mer*) bewegt; (*séance*) turbulent

houppe [ˈup] *f* Büschel *nt*

houppette [ˈupɛt] *f* Puderquaste *f*

hourra [ˈuʀa] **I.** *interj.* hurra **II.** *m* Hurra *nt*

houspiller [ˈuspije] <1> *v. tr.* ausschimpfen

housse [ˈus] **I.** *f* Hülle *f;* **~ de couette** Bettbezug *m* **II.** *app* **robe ~** (*courte*) Hängerkleid *nt;* (*longue*) Sackkleid

houx [ˈu] *m* Stechpalme *f*

hovercraft [ˈɔvœʀkʀaft] *m* Luftkissenfahrzeug *nt*

HS [aʃɛs] *abr. de* **hors service** ▶ **être ~** *fam* groggy sein

hublot [ˈyblo] *m* (*d'un bateau*) Bullauge *nt;* (*d'un avion*) Fenster *nt*

huche [ˈyʃ] *f* Kasten *m*

hue [ˈy] *interj.* hü!

huées [ˈɥe] *fpl* Buhrufe *Pl*

huer [ˈɥe] <1> *v. tr.* ausbuhen

huguenot, e [ˈygno, ɔt] *m, f* Hugenotte *m*/Hugenottin *f*

huile [ɥil] *f* ❶ Öl *nt;* **~ d'olive/de tournesol** Oliven-/Sonnenblumenöl ❷ (*hydrocarbure*) Motoröl *nt*

huilé, e [ɥile] *adj.* **bien ~** gut laufend

huiler [ɥile] <1> *v. tr.* (*mécanisme*) ölen; (*moule*) einfetten

huileux, -euse [ɥilø, -øz] *adj. péj* (*plat, surface*) ölig

huis [ɥi] ▶ **à ~ clos** hinter verschlossenen Türen

huissier [ɥisje] *m* Gerichtsvollzieher(in) *m(f)*, Exekutor(in) *m(f)* (A)

huit [ˈɥit, *devant une consonne* ˈɥi] **I.** *num.* acht **II.** *m inv.* Acht *f* ▶ **le grand ~** die Achterbahn; *voir a.* **cinq**

huitaine [ˈɥitɛn] *f* ❶ **une ~ de personnes/pages** etwa acht Personen/Seiten ❷ (*semaine*) **dans une ~** in etwa acht Tagen

huitante [ˈɥitɑ̃t] *num.* CH (*quatre-vingts*) achtzig; *voir a.* **cinq, cinquante**

huitantième [ˈɥitɑ̃tjɛm] *num.* CH (*quatre-vingtième*) achtzigste(r, s); *voir a.* **cinquième**

huitième [ˈɥitjɛm] **I.** *adj. antéposé* achte(r, s) **II.** *mf* **le/la ~** der/die/das Achte **III.** *m* ❶ (*fraction*) Achtel *nt* ❷ SPORT

~ **de finale** Achtelfinale *nt; voir a.* **cinquième**
huitièmement [ˈɥitjɛmmɑ̃] *adv.* achtens
huître [ɥitʀ] *f* Auster *f*
hulotte [ˈylɔt] *f* Waldkauz *m*
hululement [ˈylylmɑ̃] *m* Schrei *m*
hululer [ˈylyle] <1> *v. intr.* (*oiseau de nuit*) schreien
hum [ˈœm] *interj.* hm
humain, e [ymɛ̃, ɛn] *adj.* menschlich; (*vie, dignité*) Menschen-; **les êtres ~s** die Menschen
humainement [ymɛnmɑ̃] *adv.* menschenwürdig
humaniser [ymanize] <1> *v. tr.* menschenwürdiger gestalten
humanisme [ymanism] *m* Humanismus *m*
humaniste [ymanist] *adj.* humanistisch
humanitaire [ymanitɛʀ] **I.** *adj.* humanitär **II.** *m* (*action*) humanitäre Tat [*o* Handlung] *f;* (*aide*) humanitäre Hilfe *f;* **travailler dans l'~** humanitär tätig sein
humanité [ymanite] *f* ❶ Menschheit *f* ❷ *sans pl.* (*bonté*) Menschlichkeit *f*
humanoïde [ymanɔid] **I.** *adj.* menschenähnlich **II.** *m* menschenähnliches Wesen
humble [œ̃bl] *adj.* ❶ *postposé* (*personne*) unscheinbar ❷ *antéposé* (*pauvre, sans prétention*) einfach
humblement [œ̃bləmɑ̃] *adv.* demütig
humecter [ymɛkte] <1> **I.** *v. tr.* anfeuchten **II.** *v. pron.* **s'~ les lèvres** sich (*Dat*) die Lippen befeuchten
humer [ˈyme] <1> *v. tr.* (*air frais, odeur*) [tief] einatmen; (*plat*) riechen an (+ *Dat*)
humérus [ymeʀys] *m* Oberarmknochen *m*
humeur [ymœʀ] *f* Laune *f;* **être de bonne/mauvaise ~** gut/schlecht gelaunt sein
humide [ymid] *adj.* ❶ feucht ❷ METEO (*climat*) feucht; (*temps*) nass
humidificateur [ymidifikatœʀ] *m* Luftbefeuchter *m*
humidifier [ymidifje] <1> *v. tr.* befeuchten
humidité [ymidite] *f* Feuchtigkeit *f*
humiliant, e [ymiljɑ̃, jɑ̃t] *adj.* demütigend; (*échec*) schimpflich
humiliation [ymiljasjɔ̃] *f* ❶ *sans pl.* (*état*) Demütigung *f* ❷ (*affront*) Kränkung *f*
humilier [ymilje] <1> **I.** *v. tr.* demütigen **II.** *v. pron.* **s'~ devant qn** sich vor jdm erniedrigen
humilité [ymilite] *f* Demut *f*
humoriste [ymɔʀist] *mf* Humorist(in) *m(f)*
humoristique [ymɔʀistik] *adj.* humoristisch
humour [ymuʀ] *m* Humor *m*
humus [ymys] *m* Humus *m*
huppe [ˈyp] *f* Haube *f*
huppé, e [ˈype] *adj. fam* (*de haut rang*) stinkvornehm; (*riche*) stinkreich
hurlant, e [ˈyʀlɑ̃, ɑ̃t] *adj.* schreiend
hurlement [ˈyʀləmɑ̃] *m* (*d'une personne*) Schrei *m;* (*de la foule*) Geschrei *nt;* (*des loups*) Heulen *nt*
hurler [ˈyʀle] <1> *v. intr.* (*animal, vent*) heulen; (*personne*) schreien
hurluberlu, e [yʀlybɛʀly] *m, f fam* Luftikus *m*
hurrah [ˈuʀa] *interj. voir* **hourra**
hussard [ˈysaʀ] *m* Husar *m*
hussarde [ˈysaʀd] ▶ **à la ~** ohne Rücksicht[nahme]
hutte [ˈyt] *f* Hütte *f*
hybride [ibʀid] *m* Hybride *m o f*
hydrant [idʀɑ̃] *m* CH (*borne d'incendie*) Überflurhydrant *m*
hydratant, e [idʀatɑ̃, ɑ̃t] *adj.* Feuchtigkeits-
hydratation [idʀatasjɔ̃] *f* Hydratation *f*
hydrate [idʀat] *m* CHIM Hydrat *nt;* ~ **de calcium** Löschkalk *m*
hydrater [idʀate] <1> *v. tr.* mit Feuchtigkeit versorgen
hydraulique [idʀolik] **I.** *adj.* (*frein, machine*) hydraulisch **II.** *f sans pl.* Hydraulik *f*
hydravion [idʀavjɔ̃] *m* Wasserflugzeug *nt*
hydrocarbure [idʀokaʀbyʀ] *m* Kohlenwasserstoff *m*
hydrocéphalie [idʀosefali] *f* MED Wasserkopf *m*
hydrocution [idʀɔkysjɔ̃] *f* Kaltwasserschock *m*
hydroélectrique, **hydro-électrique** [idʀoelɛktʀik] *adj.* hydroelektrisch; **centrale ~** Wasserkraftwerk *nt*
hydrogène [idʀɔʒɛn] *m* Wasserstoff *m*

hydroglisseur [idʀoglisœʀ] *m* Gleitboot *nt*
hydrophile [idʀɔfil] *adj.* saugfähig, Feuchtigkeit aufnehmend; **coton** ~ Watte *f,* Verbandwatte
hyène [jɛn] *f* Hyäne *f*
hygiène [iʒjɛn] *f sans pl.* Hygiene *f;* (*des cheveux, du bébé*) Pflege *f;* **les services d'**~ das Gesundheitsamt
hygiénique [iʒjenik] *adj.* hygienisch; (*papier*) Toiletten-
hymen [imɛn] *m* ANAT Jungfernhäutchen *nt*
hymne [imn] *m* Hymne *f*
hyper [ipɛʀ] *m abr. de* **hypermarché**
hyperactif, -ive [ipɛʀaktif, iv] *adj.* hyperaktiv; **un enfant** ~ ein hyperaktives Kind
hyperbole [ipɛʀbɔl] *f* MATH, LITTER Hyperbel *f*
hyperglycémie [ipɛʀglisemi] *f* MED erhöhter Blutzuckergehalt
hyperlien [ipɛʀljɛ̃] *m* INET Hyperlink *m*
hypermarché [ipɛʀmaʀʃe] *m* großer Supermarkt
hypermétrope [ipɛʀmetʀɔp] *adj.* weitsichtig
hypernerveux, -euse [ipɛʀnɛʀvø, -øz] *adj.* übernervös
hypersensible [ipɛʀsɑ̃sibl] *adj.* hypersensibel
hypertendu, e [ipɛʀtɑ̃dy] *adj. fam* **être** ~ (*personne*) überreizt sein; (*ambiance*) sehr angespannt sein
hypertension [ipɛʀtɑ̃sjɔ̃] *f* erhöhter Blutdruck
hypertexte [ipɛʀtɛkst] *m* INET Hypertext *m*
hyperthermie [ipɛʀtɛʀmi] *f* MED Wärmestauung *f (bei hoher Außentemperatur)*
hypertrophie [ipɛʀtʀɔfi] *f* übermäßige Vergrößerung
hypnose [ipnoz] *f* Hypnose *f*
hypnotique [ipnɔtik] *adj.* hypnotisch
hypnotiser [ipnɔtize] <1> *v. tr. a. fig* hypnotisieren
hypocalorique [ipokalɔʀik] *adj.* kalorienarm
hypocondriaque [ipɔkɔ̃dʀijak] *adj. péj* hypochondrisch
hypocrisie [ipɔkʀizi] *f* Heuchelei *f*
hypocrite [ipɔkʀit] **I.** *adj.* heuchlerisch **II.** *mf* Heuchler(in) *m(f)*
hypocritement [ipɔkʀitmɑ̃] *adv.* heuchlerisch
hypoglycémie [ipoglisemi] *f* MED verminderter Blutzuckergehalt *m*
hypophyse [ipɔfiz] *f* Hirnanhangdrüse *f*
hypotension [ipotɑ̃sjɔ̃] *f* MED [zu] niedriger Blutdruck
hypoténuse [ipɔtenyz] *f* MATH Hypotenuse *f*
hypothécaire [ipɔtekɛʀ] *adj.* hypothekarisch [gesichert]
hypothèque [ipɔtɛk] *f* Hypothek *f*
hypothéquer [ipɔteke] <5> *v. tr.* mit einer Hypothek belasten
hypothermie [ipotɛʀmi] *f* Unterkühlung *f*
hypothèse [ipɔtɛz] *f* Hypothese *f*
hypothétique [ipɔtetik] *adj.* hypothetisch
hystérie [isteʀi] *f* Hysterie *f*
hystérique [isteʀik] **I.** *adj.* hysterisch **II.** *mf* Hysteriker(in) *m(f)*

I i

I, i [i] *m inv.* I *nt,* i *nt*
ibérique [iberik] *adj.* iberisch
ibid. [ibid] *adv. abr. de* **ibidem** ibid.
ibidem [ibidɛm] *adv.* ibidem
iceberg [ajsbɛrg] *m* Eisberg *m*
ici [isi] *adv.* ❶ hier; **c'est ~ que...** hier ... ❷ (*de ce lieu*) **d'~** von hier; **les gens d'~** die Einheimischen; **par ~** hier [in der Gegend]; **d'~ au musée** von hier bis zum Museum; **d'~ à Paris** von hier [aus] bis nach Paris; **près d'~** [hier] in der Nähe; **loin d'~** weit von hier ❸ (*vers ce lieu*) hierher; **viens ~!** komm her!; **par ~** hier entlang ❹ (*temporel*) **jusqu'~** bis jetzt; **d'~ peu** bald; **d'~ là** bis dahin; **d'~ 2020/demain** bis 2020/morgen; **d'~ que** + *subj.* bis
icône [ikon] *f* INFORM Icon *nt*
id. [id] *abr. de* **idem** id.
idéal [ideal, o] <-aux> *m* ❶ Ideal *nt* ❷ *sans pl.* **l'~ serait que** + *subj.* das Beste wäre, wenn
idéal, e [ideal, o] <-aux> *adj.* ideal; (*beauté*) vollkommen; (*vacances*) Traum-
idéalement [idealmɑ̃] *adv.* ideal
idéaliser [idealize] <1> *v. tr.* idealisieren
idéalisme [idealism] *m* Idealismus *m*
idéaliste [idealist] *mf* Idealist(in) *m(f)*
idée [ide] *f* ❶ Idee *f* ❷ (*opinion*) Meinung *f;* **~s politiques** politische Ansichten *Pl* ❸ (*pensée*) **~s noires** trübsinnige Gedanken *Pl*; **l'~ de qc/que qn est mort/qn ait pu faire ça** der Gedanke an etw (*Akk*)/[daran], dass jd tot ist/jd dies hätte tun können; **à l'~ de qc** bei dem Gedanken an etw (*Akk*); **se faire à l'~ que ...** sich an den Gedanken gewöhnen, dass ... ❹ (*concept, notion*) Idee *f;* **~ reçue** überkommene Vorstellung; **se faire une ~ de qc** sich (*Dat*) eine Vorstellung von etw machen; **aucune ~!** keine Ahnung!; **tu n'as pas ~ de ce que ...** du kannst dir nicht vorstellen, was ... ❺ (*esprit*) **venir à l'~ de faire qc** in den Sinn kommen, etw zu tun
idem [idɛm] *adv.* (*de même*) dasselbe
identification [idɑ̃tifikasjɔ̃] *f* Identifizierung *f*
identifier [idɑ̃tifje] <1> **I.** *v. tr.* identifizieren **II.** *v. pron.* **s'~ à qn/qc** sich mit jdm/etw identifizieren
identique [idɑ̃tik] *adj.* identisch
identité [idɑ̃tite] *f* Identität *f;* **vérifier l'~ de qn** jds Personalien überprüfen
idéologie [ideɔlɔʒi] *f* Ideologie *f*
idéologique [ideɔlɔʒik] *adj.* ideologisch
idiomatique [idjɔmatik] *adj.* idiomatisch
idiome [idjom] *m* Idiom *nt*
idiot, e [idjo, idjɔt] **I.** *adj.* dumm; **être complètement ~** ein Vollidiot sein (*fam*) **II.** *m, f* Idiot(in) *m(f);* **tu me prends pour un ~?** hältst du mich für blöd? (*fam*) ▸ **faire l'~** Blödsinn machen
idiotie [idjɔsi] *f* Dummheit *f*
idole [idɔl] *f* Idol *nt*
idylle [idil] *f* Idylle *f*
idyllique [idilik] *adj.* idyllisch
if [if] *m* Eibe *f*
ignoble [iɲɔbl] *adj.* gemein
ignorance [iɲɔrɑ̃s] *f* Unkenntnis *f*
ignorant, e [iɲɔrɑ̃, ɑ̃t] **I.** *adj.* unwissend **II.** *m, f* Ignorant(in) *m(f)*
ignoré, e [iɲɔre] *adj.* unbekannt
ignorer [iɲɔre] <1> *v. tr.* ❶ (*opp: savoir*) nicht kennen; **ne pas ~ qc** etw sehr wohl kennen ❷ (*négliger*) ignorieren
iguane [igwan] *m* Leguan *m*
il [il] *pron. pers.* ❶ (*masculin*) er ❷ *interrog, non traduit* **le courrier est-~ arrivé?** ist die Post schon da? ❸ (*répétitif*) **~ est beau, ce costume** der Anzug ist schön ❹ *impers.* es; **~ est possible que** + *subj.* es ist möglich, dass; **~ pleut** es regnet; **~ faut que je parte** ich muss gehen; **~ y a deux ans** vor zwei Jahren; *voir a.* **avoir**
île [il] *f* Insel *f*
Île-de-France [ildəfrɑ̃s] *f* **l'~** die Ile-de-France
illégal, e [i(l)legal, o] <-aux> *adj.* illegal
illégalement [i(l)legalmɑ̃] *adv.* illegal
illégalité [i(l)legalite] *f* Illegalität *f*
illégitime [i(l)leʒitim] *adj.* unrechtmäßig; (*enfant*) unehelich

illettré, e [i(l)letʀe] *adj.* analphabetisch
illicite [i(l)lisit] *adj.* unerlaubt
illico [i(l)liko] *adv. fam* auf der Stelle
illimité, e [i(l)limite] *adj.* unbegrenzt; (*pouvoirs*) uneingeschränkt; (*congé*) unbefristet
illisible [i(l)lizibl] *adj.* (*écriture*) unleserlich
illogique [i(l)lɔʒik] *adj.* unlogisch
illumination [i(l)lyminasjɔ̃] *f* Beleuchtung *f*
illuminé, e [i(l)lymine] *adj.* festlich beleuchtet
illuminer [i(l)lymine] <1> **I.** *v. tr.* **~ qn/qc** (*personne*) jdn/etw beleuchten; (*lustre*) jdn/etw erleuchten; (*éclair*) jdn/etw erhellen **II.** *v. pron.* **à cette nouvelle, son visage s'est illuminé** bei der Nachricht strahlte er/sie übers ganze Gesicht
illusion [i(l)lyzjɔ̃] *f* Täuschung *f;* **donner l'~ de qc** die Illusion von etw vermitteln
illusionniste [i(l)lyzjɔnist] *mf* Zauberkünstler(in) *m(f)*
illusoire [i(l)lyzwaʀ] *adj.* illusorisch
illustrateur, -trice [i(l)lystʀatœʀ, -tʀis] *m, f* Illustrator(in) *m(f)*
illustration [i(l)lystʀasjɔ̃] *f* Illustration *f*
illustre [i(l)lystʀ] *adj.* berühmt
illustré [i(l)lystʀe] *m* Illustrierte *f*
illustrer [i(l)lystʀe] <1> *v. tr.* **~ qc de qc** etw mit etw illustrieren
îlot [ilo] *m* ❶ kleine Insel ❷ (*groupe isolé*) Insel *f*
ils [il] *pron. pers.* ❶ (*pl masculin ou mixte*) sie ❷ *interrog, non traduit* **les enfants sont-~ là?** sind die Kinder da? ❸ (*répétitif*) **regarde les paons comme ~ sont beaux** sieh mal, wie schön die Pfauen sind; *voir a.* **il**
image [imaʒ] *f* ❶ (*dessin*) Bild *nt;* **~ de marque** Image *nt* ❷ (*reflet*) Spiegelbild *nt* ❸ *fig* Vorstellung *f* ▸ **femme-~** Modellfrau *f;* **à l'~ de qn/qc** so wie jd/etw
imagé, e [imaʒe] *adj.* (*langage, style*) anschaulich
imaginable [imaʒinabl] *adj.* vorstellbar
imaginaire [imaʒinɛʀ] **I.** *adj.* unwirklich; (*crainte, maladie*) eingebildet; (*animal*) Fabel- **II.** *m* **l'~** das Imaginäre
imaginatif, -ive [imaʒinatif, -iv] *adj.* fantasievoll
imagination [imaʒinasjɔ̃] *f* ❶ Vorstellung *f* ❷ (*invention*) Fantasie *f*
imaginer [imaʒine] <1> **I.** *v. tr.* ❶ (*se représenter*) sich (*Dat*) vorstellen ❷ (*croire, supposer*) glauben; **~ que ...** vermuten, dass ... ❸ (*inventer*) sich (*Dat*) ausdenken; **~ qc** etw erfinden **II.** *v. pron.* ❶ **s'~ qn/qc autrement** sich (*Dat*) jdn/etw anders vorstellen ❷ (*se voir*) **s'~ dans vingt ans** sich [in Gedanken] in zwanzig Jahren sehen ❸ (*croire faussement*) **s'~ qc** sich (*Dat*) etw einbilden; **s'~ faire qc/que** sich (*Dat*) einbilden, etw zu tun/dass
imbattable [ɛ̃batabl] *adj.* unschlagbar; (*prix, record*) nicht zu unterbieten
imbécile [ɛ̃besil] **I.** *adj.* sehr dumm **II.** *mf* Idiot(in) *m(f)*
imbécillité [ɛ̃besilite] *f* Dummheit *f*
imbiber [ɛ̃bibe] <1> *v. tr.* [durch]tränken; **imbibé de sang** mit Blut getränkt
imbuvable [ɛ̃byvabl] *adj.* nicht trinkbar
IME [iɛmø] *m abr. de* **Institut monétaire européen** EWI *nt*
IMG [iɛmʒe] *f abr. de* **interruption médicale de grossesse** medizinisch indizierter Schwangerschaftsabbruch *m*
imitateur, -trice [imitatœʀ, -tʀis] *m, f* Nachahmer(in) *m(f);* (*comédien*) Imitator(in) *m(f)*
imitation [imitasjɔ̃] *f* Imitation *f;* (*d'une signature*) Fälschung *f;* [**en**] **~** Imitat *nt*
imiter [imite] <1> *v. tr.* ❶ nachahmen; (*signature*) fälschen ❷ (*prendre pour modèle*) **~ qn** jdm nacheifern
immaculé, e [imakyle] *adj.* makellos
immangeable [ɛ̃mɑ̃ʒabl] *adj.* ungenießbar
immanquablement [ɛ̃mɑ̃kabləmɑ̃] *adv.* unvermeidbar
immatriculation [imatʀikylasjɔ̃] *f* (*d'un étudiant*) Immatrikulation *f;* (*d'une voiture*) Zulassung *f;* (*d'un commerçant*) Eintragung *f*
immatriculer [imatʀikyle] <1> *v. tr.* eintragen; **faire ~ une voiture** ein Auto anmelden
immature [imatyʀ] *adj.* unreif
immédiat [imedja] *m* ▸ **dans l'~** im Augenblick
immédiat, e [imedja, jat] *adj.* unmittelbar; (*contact, voisin a.*) direkt; (*effet*) sofortig; (*mesures*) Sofort-
immédiatement [imedjatmɑ̃] *adv.* sofort

immense [i(m)mɑ̃s] *adj.* ❶ (*mer*) unermesslich weit; (*espace, monde*) unermesslich groß ❷ (*énorme*) immens; (*mérite*) unglaublich; (*fortune, foule*) riesig; (*chagrin, gloire*) ungeheuer
immensément [i(m)mɑ̃semɑ̃] *adv.* (*riche*) ungeheuer
immensité [i(m)mɑ̃site] *f* unermessliche Weite; (*de l'univers*) Unendlichkeit *f*
immergé, e [imɛʀʒe] *adj.* unter Wasser liegend
immerger [imɛʀʒe] <2a> *v. tr.* ~ **un trésor/corps dans qc** einen Schatz/einen Körper in etw (*Dat*) versenken
immersion [imɛʀsjɔ̃] *f* Eintauchen *nt*
immettable [ɛ̃metabl] *adj.* (*vêtement*) nicht tragbar
immeuble [imœbl] *m* [Wohn]haus *nt*, Gebäude *nt;* ~ **à usage locatif** Mietshaus
immigrant, e [imigʀɑ̃, ɑ̃t] *m, f* Einwanderer *m*/Einwanderin *f*
immigration [imigʀasjɔ̃] *f* Einwanderung *f*, Zuwanderung *f;* ~ **choisie** kontrollierte Einwanderung [*o* Zuwanderung]
immigré, e [imigʀe] **I.** *adj.* (*travailleur*) Gast- **II.** *m, f* Immigrant(in) *m(f)*
immigrer [imigʀe] <1> *v. intr.* einwandern
imminent, e [iminɑ̃, ɑ̃t] *adj.* **être** ~ unmittelbar bevorstehen; (*conflit, danger*) drohen
immobile [i(m)mɔbil] *adj.* unbeweglich; (*personne*) reg[ungs]los
immobilier [imɔbilje] *m* **l'**~ das Immobiliengeschäft
immobilier, -ière [imɔbilje, -jɛʀ] *adj.* Immobilien-; (*placement*) in Immobilien; (*crédit, saisie*) Immobiliar-; (*crise*) im Immobiliengeschäft; (*revenus*) aus Immobilien; **biens ~s** Immobilien *Pl*
immobilisation [imɔbilizasjɔ̃] *f* ❶ (*d'un véhicule*) Stehenbleiben *nt;* (*d'une machine*) Stillstehen *nt* ❷ MED Ruhigstellung *f*
immobiliser [imɔbilize] <1> **I.** *v. tr.* ❶ (*camions*) anhalten ❷ MED (*membre*) ruhig stellen; ~ **qn** (*fracture, grippe*) jdn lahmlegen **II.** *v. pron.* **s'**~ stehen bleiben; (*voiture*) liegen bleiben
immobilisme [imɔbilism] *m* Fortschrittsfeindlichkeit *f*
immobilité [imɔbilite] *f* Reg[ungs]losigkeit *f*
immodéré, e [imɔdeʀe] *adj.* (*désir, usage*) unmäßig
immonde [i(m)mɔ̃d] *adj.* widerwärtig; (*crime, personne*) gemein; (*propos*) schmutzig
immondices [i(m)mɔ̃dis] *fpl* Müll *m*
immoral, e [i(m)mɔʀal, o] <-aux> *adj.* unmoralisch; (*conduite*) unsittlich; (*personne*) sittenlos
immoralité [i(m)mɔʀalite] *f* Unsittlichkeit *f;* (*d'une personne*) unsittliches Verhalten; (*d'une politique, société*) Unmoral *f*
immortaliser [imɔʀtalize] <1> *v. tr.* unsterblich machen
immortalité [imɔʀtalite] *f* Unsterblichkeit *f*
immortel, le [imɔʀtɛl] *adj.* unsterblich
immortelle [imɔʀtɛl] *f* BOT Strohblume *f*
immunisation [imynizasjɔ̃] *f* Immunisierung *f*
immuniser [imynize] <1> *v. tr. a. fig* ~ **qn contre qc** jdn gegen etw immun machen
immunitaire [imynitɛʀ] *adj.* **système** ~ Immunsystem *nt*
immunité [imynite] *f* Immunität *f*
immunodéficience [imynodefisjɑ̃s] *f* Immunschwäche *f*
impact [ɛ̃pakt] *m* ❶ (*d'une balle*) Einschuss *m* ❷ (*influence*) Einfluss *m*
impair [ɛ̃pɛʀ] *m* (*gaffe*) Fauxpas *m*
impair, e [ɛ̃pɛʀ] *adj.* ungerade
imparable [ɛ̃paʀabl] *adj.* (*argument*) unwiderlegbar
impardonnable [ɛ̃paʀdɔnabl] *adj.* (*erreur, faute*) unverzeihlich
imparfait [ɛ̃paʀfɛ] *m* Imperfekt *nt*, Imparfait *nt;* **à l'**~ im Imperfekt
impartial, e [ɛ̃paʀsjal, jo] <-aux> *adj.* (*arbitre, juge*) unparteiisch
impartialité [ɛ̃paʀsjalite] *f* Unvoreingenommenheit *f*
impasse [ɛ̃pɑs] *f a. fig* Sackgasse *f;* **être dans l'**~ in einer Sackgasse stecken
impassible [ɛ̃pasibl] *adj.* (*personne*) gefasst; (*visage*) unbewegt; **rester** ~ die Fassung bewahren
impatiemment [ɛ̃pasjamɑ̃] *adv.* ungeduldig
impatience [ɛ̃pasjɑ̃s] *f* Ungeduld *f;* **avec** ~ ungeduldig

impatient, e [ɛ̃pasjɑ̃, jɑ̃t] *adj.* ungeduldig; **être ~ de faire qc** darauf brennen, etw zu tun
impatienter [ɛ̃pasjɑ̃te] <1> **I.** *v. tr.* **~ qn avec** [*o* **par**] **qc** jdn mit etw ungeduldig machen **II.** *v. pron.* **s'~ de qc** wegen etw ungeduldig werden
impayé [ɛ̃peje] *m* ausstehende Zahlung
impeccable [ɛ̃pekabl] *adj.* ❶ tadellos ❷ *fam* (*parfait*) **~!** Spitze!
impensable [ɛ̃pɑ̃sabl] *adj.* undenkbar
imper [ɛ̃pɛʀ] *m fam abr. de* **imperméable**
impératif [ɛ̃peʀatif] *m* LING Imperativ *m*
impérativement [ɛ̃peʀativmɑ̃] *adv.* unbedingt
impératrice [ɛ̃peʀatʀis] *f* Kaiserin *f*; *voir a.* **empereur**
imperceptible [ɛ̃pɛʀsɛptibl] *adj.* nicht wahrnehmbar; (*bruit*) nicht hörbar
imperceptiblement [ɛ̃pɛʀsɛptibləmɑ̃] *adv.* unmerklich
imperfection [ɛ̃pɛʀfɛksjɔ̃] *f sans pl.* Unvollkommenheit *f*
impérial, e [ɛ̃peʀjal, jo] <-aux> *adj.* kaiserlich
impérialisme [ɛ̃peʀjalism] *m* Imperialismus *m*
impérialiste [ɛ̃peʀjalist] *adj.* imperialistisch
impérieusement [ɛ̃peʀjøzmɑ̃] *adv.* dringend
impérieux, -euse [ɛ̃peʀjø, -jøz] *adj.* herrisch
imperméabiliser [ɛ̃pɛʀmeabilize] <1> *v. tr.* imprägnieren
imperméable [ɛ̃pɛʀmeabl] **I.** *adj.* (*sol*) wasserundurchlässig; (*tissu, toile*) wasserdicht **II.** *m* Regenmantel *m*
impersonnel, le [ɛ̃pɛʀsɔnɛl] *adj.* unpersönlich
impertinence [ɛ̃pɛʀtinɑ̃s] *f* Unverschämtheit *f*; **avec ~** unverschämt
impertinent, e [ɛ̃pɛʀtinɑ̃, ɑ̃t] *adj.* unverschämt
imperturbable [ɛ̃pɛʀtyʀbabl] *adj.* unerschütterlich
impétigo [ɛ̃petigo] *m* Eiterflechte *f*
impétueux, -euse [ɛ̃petɥø, -øz] *adj.* stürmisch
impitoyable [ɛ̃pitwajabl] *adj.* unerbittlich; (*personne, jugement*) unbarmherzig; (*critique*) schonungslos
impitoyablement [ɛ̃pitwajabləmɑ̃] *adv.* mitleid[s]los
implacable [ɛ̃plakabl] *adj.* (*ennemi, juge*) unerbittlich
implant [ɛ̃plɑ̃] *m* Implantat *nt*
implantation [ɛ̃plɑ̃tasjɔ̃] *f* Ansied[e]lung *f*
implanter [ɛ̃plɑ̃te] <1> **I.** *v. tr.* ❶ (*industrie*) ansiedeln ❷ MED implantieren **II.** *v. pron.* **s'~** (*industrie*) sich ansiedeln
implémenter [ɛ̃plemɑ̃te] <1> *v. tr.* INFORM implementieren
implication [ɛ̃plikasjɔ̃] *f* ❶ *gén. pl.* (*conséquence*) Folge *f* ❷ (*mise en cause*) **~ de qn dans qc** jds Verwicklung *f* in etw (*Akk*)
implicite [ɛ̃plisit] *adj.* implizit
implicitement [ɛ̃plisitmɑ̃] *adv.* implizit
impliquer [ɛ̃plike] <1> *v. tr.* ❶ (*signifier*) bedeuten ❷ (*mêler*) verwickeln ❸ (*avoir pour conséquence*) implizieren
implorer [ɛ̃plɔʀe] <1> *v. tr.* **~ qc** um etw flehen
imploser [ɛ̃ploze] <1> *v. intr.* implodieren
impoli, e [ɛ̃pɔli] *adj.* unhöflich
impolitesse [ɛ̃pɔlitɛs] *f* Unhöflichkeit *f*
impondérable [ɛ̃pɔ̃deʀabl] *adj.* (*événement*) unvorhersehbar
impopulaire [ɛ̃pɔpylɛʀ] *adj.* unpopulär; (*personne*) unbeliebt
impopularité [ɛ̃pɔpylaʀite] *f* Unbeliebtheit *f*
import [ɛ̃pɔʀ] *m abr. de* **importation** Import *m*
importance [ɛ̃pɔʀtɑ̃s] *f* Bedeutung *f*; (*d'une personne*) Einfluss *m*; **se donner de l'~** *péj* sich wichtigmachen; **sans ~** unwichtig
important [ɛ̃pɔʀtɑ̃] *m* **l'~** das Wichtige
important, e [ɛ̃pɔʀtɑ̃, ɑ̃t] *adj.* ❶ wichtig; (*personnage*) einflussreich; **quelque chose d'~** etwas Wichtiges ❷ (*gros*) beträchtlich; (*dégâts, retard*) erheblich; (*somme*) ansehnlich; **une quantité ~e** eine größere Menge
importateur, -trice [ɛ̃pɔʀtatœʀ, -tʀis] **I.** *adj.* **un pays ~ de blé** ein Getreide importierendes Land **II.** *m, f* Importeur *m*
importation [ɛ̃pɔʀtasjɔ̃] *f* Import *m*
importer[1] [ɛ̃pɔʀte] <1> *v. tr.* importieren; (*introduire*) einführen
importer[2] [ɛ̃pɔʀte] <1> *v. intr.* **ce qui [m']importe, c'est ...** was [für mich]

zählt, ist ...; **cela importe peu/beaucoup** das ist von geringer/großer Bedeutung; **peu importe** [**que** + *subj.*] es spielt keine Rolle[, ob] ▸ **n'importe comment** irgendwie; **n'importe lequel/laquelle** irgendeiner/irgendeine; **n'importe où** irgendwo[hin]; **suivre qn n'importe où** jdm überallhin folgen; **n'importe quand** irgendwann; **vous pouvez venir n'importe quand** Sie können kommen, wann Sie wollen; **n'importe qui** irgendwer; **n'importe qui pourrait ...** jeder x-beliebige könnte ...; **n'importe quoi** irgendwas; **dire n'importe quoi** (*des bêtises*) Unsinn reden

import-export [ɛ̃pɔʀɛkspɔʀ] <imports-exports> *m* Import-Export *m*

imposable [ɛ̃pozabl] *adj.* steuerpflichtig

imposant, e [ɛ̃pozɑ̃, ɑ̃t] *adj.* ❶ (*majestueux*) imposant; (*stature*) stattlich ❷ (*considérable*) beachtlich

imposé, e [ɛ̃poze] *adj.* vorgeschrieben

imposer [ɛ̃poze] <1> **I.** *v. tr.* ❶ (*décision*) erfordern; (*repos*) verlangen; ~ **qc à qn** etw von jdm erfordern ❷ (*faire accepter de force*) durchsetzen; (*date*) festsetzen; ~ **qc à qn** jdm etw auferlegen ❸ FIN (*personne*) steuerlich veranlagen; (*revenu, marchandise*) besteuern **II.** *v. pron.* ❶ **s'~ à qn** (*prudence, repos*) zwingend geboten sein; (*solution*) sich jdm aufdrängen; **ça s'impose** das ist ein Muss ❷ (*se faire reconnaître*) **s'~** sich durchsetzen

imposition [ɛ̃pozisjɔ̃] *f* Besteuerung *f*

impossibilité [ɛ̃pɔsibilite] *f* Unmöglichkeit *f*

impossible [ɛ̃pɔsibl] **I.** *adj. a. fig* unmöglich; **rendre la vie ~ à qn** jdm das Leben unerträglich machen **II.** *m* **tenter l'~** alles nur Mögliche versuchen; **faire l'~ pour qn/qc** das Menschenmögliche für jdn/etw tun

imposteur [ɛ̃pɔstœʀ] *m* Hochstapler(in) *m(f)*

impôt [ɛ̃po] *m* Steuer *f;* ~ **sur le revenu** Einkommensteuer; ~ **sur les salaires** Lohnsteuer; ~ **foncier** Grundsteuer; **~s locaux** Kommunalsteuern *Pl*

impotent, e [ɛ̃pɔtɑ̃, ɑ̃t] **I.** *adj.* bewegungsunfähig **II.** *m, f* [Körper]behinderte(r) *f(m)*

impraticable [ɛ̃pʀatikabl] *adj.* (*route, piste*) unbefahrbar

imprécis, e [ɛ̃pʀesi, iz] *adj.* ungenau; (*souvenir, contour*) undeutlich

imprécision [ɛ̃pʀesizjɔ̃] *f* Ungenauigkeit *f*

imprégner [ɛ̃pʀeɲe] <5> **I.** *v. tr.* (*bois, étoffe*) imprägnieren; ~ **un tampon de qc** einen Wattebausch mit etw tränken **II.** *v. pron.* **s'~ d'eau** sich mit Wasser vollsaugen

imprenable [ɛ̃pʀənabl] *adj.* (*forteresse, château*) uneinnehmbar

imprésario [ɛ̃pʀezaʀjo, ɛ̃pʀesaʀjo] <s> *m* [Theater-, Konzert]agent *m*

impression [ɛ̃pʀesjɔ̃] *f* Eindruck *m;* **avoir l'~ que .../de faire qc** den Eindruck haben, dass .../etw zu tun; **avoir l'~ de faire qc** den Eindruck haben etw zu tun ▸ **une ~ de déjà-vu** ein Déjà-vu-Erlebnis *nt*

impressionnable [ɛ̃pʀesjɔnabl] *adj.* empfindsam

impressionnant, e [ɛ̃pʀesjɔnɑ̃, ɑ̃t] *adj.* ❶ (*imposant*) beeindruckend ❷ (*considérable*) beachtlich

impressionner [ɛ̃pʀesjɔne] <1> *v. tr.* beeindrucken

impressionnisme [ɛ̃pʀesjɔnism] *m* Impressionismus *m*

impressionniste [ɛ̃pʀesjɔnist] **I.** *adj.* impressionistisch **II.** *mf* Impressionist(in) *m(f)*

imprévisible [ɛ̃pʀevizibl] *adj.* unvorhersehbar; (*personne*) unberechenbar

imprévu [ɛ̃pʀevy] *m* **l'~** das Unerwartete; **j'aime l'~** ich liebe Überraschungen *Pl*; **en cas d'~** falls etwas dazwischenkommt

imprévu, e [ɛ̃pʀevy] *adj.* unvorhergesehen

imprimante [ɛ̃pʀimɑ̃t] *f* Drucker *m;* ~ **tridimensionnelle** [*o* **3D**] Drei-D-Drucker, 3-D-Drucker

imprimé [ɛ̃pʀime] *m* Formular *nt*

imprimer [ɛ̃pʀime] <1> *v. tr.* drucken; (*tissu*) bedrucken

imprimerie [ɛ̃pʀimʀi] *f* ❶ (*technique*) Buchdruck *m* ❷ (*établissement*) Druckerei *f*

imprimeur, -euse [ɛ̃pʀimœʀ, -øz] *m, f* Drucker(in) *m(f)*

improbable [ɛ̃pʀɔbabl] *adj.* unwahrscheinlich

impromptu [ɛ̃pʀɔ̃pty] *m* MUS Impromptu *nt*
imprononçable [ɛ̃pʀɔnɔ̃sabl] *adj.* unaussprechlich
improvisation [ɛ̃pʀɔvizasjɔ̃] *f* Improvisation *f*
improvisé, e [ɛ̃pʀɔvize] *adj.* improvisiert; (*excursion*) spontan
improviser [ɛ̃pʀɔvize] <1> *v. tr., intr.* improvisieren; (*discours*) aus dem Stegreif halten
improviste [ɛ̃pʀɔvist] ▶ **à l'~** überraschend; **arriver à l'~** unangemeldet vorbeikommen
imprudence [ɛ̃pʀydɑ̃s] *f* Unvorsichtigkeit *f;* (*d'une personne, action a.*) Leichtsinn *m;* **par ~** fahrlässig
imprudent, e [ɛ̃pʀydɑ̃, ɑ̃t] *adj.* unvorsichtig
impudent, e [ɛ̃pydɑ̃, ɑ̃t] *adj.* unverschämt
impuissance [ɛ̃pɥisɑ̃s] *f* Machtlosigkeit *f;* (*sur le plan sexuel*) Impotenz *f*
impuissant [ɛ̃pɥisɑ̃] *m* Impotenter *m*
impuissant, e [ɛ̃pɥisɑ̃, ɑ̃t] *adj.* machtlos; (*sexuellement*) impotent
impulsif, -ive [ɛ̃pylsif, -iv] *adj.* impulsiv
impulsion [ɛ̃pylsjɔ̃] *f* a. TECH, ELEC Impuls *m*
impulsivement [ɛ̃pylsivmɑ̃] *adv.* impulsiv
impulsivité [ɛ̃pylsivite] *f* Impulsivität *f*
impunément [ɛ̃pynemɑ̃] *adv.* ungestraft
impuni, e [ɛ̃pyni] *adj.* ungestraft
impunité [ɛ̃pynite] *f* Straffreiheit *f*
impur, e [ɛ̃pyʀ] *adj.* unrein
impureté [ɛ̃pyʀte] *f* Verschmutzung *f*
in [in] *adj. inv, fam* in
inabordable [inabɔʀdabl] *adj.* unerschwinglich; (*loyer*) horrend
inacceptable [inaksɛptabl] *adj.* nicht akzeptabel; (*projet, proposition*) unannehmbar
inaccessible [inaksesibl] *adj.* ❶ (*hors d'atteinte*) unerreichbar; (*sommet*) nicht ersteigbar ❷ (*personne*) unnahbar ❸ (*trop cher*) unerschwinglich
inachevé, e [inaʃ(ə)ve] *adj.* unfertig
inactif, -ive [inaktif, -iv] **I.** *adj.* ❶ (*oisif*) untätig; (*au repos: personne*) nicht arbeitend ❷ (*inefficace*) unwirksam **II.** *m, f* Nichterwerbstätige(r) *f(m)*
inaction [inaksjɔ̃] *f* Untätigkeit *f*
inactivité [inaktivite] *f* Untätigkeit *f*
inadapté, e [inadapte] *adj.* (*médicament*) unwirksam; **~ à qc** ungeeignet für etw
inadmissible [inadmisibl] *adj.* untragbar; **il est ~ que** + *subj.* es ist skandalös, dass
inadvertance [inadvɛʀtɑ̃s] *f soutenu* **par ~** versehentlich
inaltérable [inalteʀabl] *adj.* unveränderlich
inanimé, e [inanime] *adj.* unbelebt
inaperçu, e [inapɛʀsy] *adj.* ▶ **passer ~** unbemerkt bleiben
inapplicable [inaplikabl] *adj.* **~ à qc** nicht anwendbar auf etw (*Akk*); **cette mesure est ~ à la réalité** diese Maßnahme ist in der Praxis nicht durchführbar
inapproprié, e [inapʀɔpʀije] *adj.* ungeeignet
inapte [inapt] *adj.* unfähig
inaptitude [inaptityd] *f* Unfähigkeit *f*
inattaquable [inatakabl] *adj.* (*personne, point de vue*) unangreifbar; (*argument*) unwiderlegbar; (*jugement, thèse*) unanfechtbar
inattendu [inatɑ̃dy] *m* **l'~** das Unerwartete
inattendu, e [inatɑ̃dy] *adj.* unerwartet
inattentif, -ive [inatɑ̃tif, -iv] *adj.* unaufmerksam
inattention [inatɑ̃sjɔ̃] *f* Unaufmerksamkeit *f;* **faute d'~** Flüchtigkeitsfehler *m*
inaudible [inodibl] *adj.* nicht hörbar
inaugural, e [inogyʀal, o] <-aux> *adj.* (*cérémonie, discours*) Eröffnungs-
inauguration [inogyʀasjɔ̃] *f* (*d'une exposition*) feierliche Eröffnung; (*d'une statue, d'un monument*) Enthüllung *f;* (*d'une route, de locaux*) Einweihung *f*
inaugurer [inogyʀe] <1> *v. tr.* (*exposition*) [feierlich] eröffnen; (*monument, plaque commémorative*) enthüllen; (*bâtiment, école, voiture*) einweihen; (*route*) [für den Verkehr] freigeben
inavouable [inavwabl] *adj.* (*secret, mœurs*) unaussprechbar; (*motifs*) unmoralisch
inavoué, e [inavwe] *adj.* (*sentiment, amour*) uneingestanden; (*acte, crime*) nicht gestanden
inca [ɛ̃ka] *adj.* **l'Empire ~** das Reich der Inkas

incalculable [ɛ̃kalkylabl] *adj.* beträchtlich; (*nombre*) unermesslich groß

incandescence [ɛ̃kɑ̃desɑ̃s] *f* [Weiß]glühen *nt*

incandescent, e [ɛ̃kɑ̃desɑ̃, ɑ̃t] *adj.* [weiß] glühend

incapable [ɛ̃kapabl] **I.** *adj.* unfähig; **être ~ de faire qc** nicht fähig sein, etw zu tun **II.** *mf* unfähiger Mensch

incapacité [ɛ̃kapasite] *f* ❶ (*inaptitude*) Unfähigkeit *f*; **être dans l'~ de faire qc** nicht in der Lage sein, etw zu tun ❷ (*convalescence*) **~ de travail** Arbeitsunfähigkeit *f*

incarcération [ɛ̃kaʀseʀasjɔ̃] *f* Inhaftierung *f*

incarcérer [ɛ̃kaʀseʀe] <5> *v. tr.* inhaftieren

incarnation [ɛ̃kaʀnasjɔ̃] *f* Inkarnation *f*

incarné, e [ɛ̃kaʀne] *adj.* fleischgeworden

incarner [ɛ̃kaʀne] <1> *v. tr.* verkörpern

Incas [ɛ̃ka] *mpl* **les ~** die Inkas

incassable [ɛ̃kɑsabl] *adj.* unzerbrechlich

incendiaire [ɛ̃sɑ̃djɛʀ] *adj.* ❶ **bombe ~** Brandbombe *f* ❷ (*article, discours*) aufwieglerisch

incendie [ɛ̃sɑ̃di] *m* Brand *m*, Feuer *nt*; **~ criminel** (*feu*) auf Brandstiftung zurückgehendes Feuer; (*crime*) Brandstiftung *f*, Brandanschlag *m*

incendier [ɛ̃sɑ̃dje] <1> *v. tr.* ❶ in Brand setzen ❷ *fam* (*engueuler*) anschnauzen

incertain, e [ɛ̃sɛʀtɛ̃, ɛn] *adj.* ❶ (*opp: assuré*) unsicher; (*indécis*) unschlüssig ❷ (*douteux*) ungewiss; (*temps*) unbeständig; (*origine*) unbestimmt

incertitude [ɛ̃sɛʀtityd] *f* Ungewissheit *f*; (*d'une personne*) Unsicherheit *f*

incessant, e [ɛ̃sesɑ̃, ɑ̃t] *adj. a. antéposé* unaufhörlich; (*réclamations, coups de fil*) ständig; (*bruit, pluie*) anhaltend; (*efforts*) stetig

inceste [ɛ̃sɛst] *m* Inzest *m*

incestueux, -euse [ɛ̃sɛstɥø, -øz] *adj.* inzestuös

incidemment [ɛ̃sidamɑ̃] *adv.* nebenbei

incident [ɛ̃sidɑ̃] *m* Zwischenfall *m*; **~ technique** Betriebsstörung *f*; **sans ~** reibungslos ▸ **l'~ est clos** der Fall ist erledigt

incinérateur [ɛ̃sineʀatœʀ] *m* Verbrennungsofen *m*

incinération [ɛ̃sineʀasjɔ̃] *f* Verbrennung *f*

incinérer [ɛ̃sineʀe] <5> *v. tr.* (*cadavre*) einäschern

inciser [ɛ̃size] <1> *v. tr.* (*abcès*) aufschneiden

incisif, -ive [ɛ̃sizif, -iv] *adj.* bissig

incision [ɛ̃sizjɔ̃] *f a.* MED Einschnitt *m*

incitation [ɛ̃sitasjɔ̃] *f* Ansporn *m*

inciter [ɛ̃site] <1> *v. tr.* **~ qn à qc** jdn zu etw ermuntern; **~ qn à l'achat** jdn zum Kaufen verführen

inclinable [ɛ̃klinabl] *adj.* verstellbar

inclinaison [ɛ̃klinɛzɔ̃] *f* (*d'une pente, route*) Gefälle *nt*; (*d'un toit, mur*) Schräge *f*

incliné, e [ɛ̃kline] *adj.* ❶ (*pente, terrain*) abschüssig; (*toit*) schräg ❷ (*penché*) schief; (*arbre, tête*) geneigt; **~ vers qc** gegen etw geneigt

incliner [ɛ̃kline] <1> **I.** *v. tr.* (*buste*) beugen; (*tête*) neigen; (*bouteille*) schräg halten **II.** *v. pron.* ❶ (*se courber*) **s'~** sich verneigen ❷ (*céder*) **s'~ devant qn/qc** sich jdm/einer S. beugen

inclure [ɛ̃klyʀ] <irr> *v. tr.* **~ qc dans qc** etw einer S. (*Dat*) beifügen

inclus, e [ɛ̃kly, ɛ̃klyz] *adj.* einschließlich (+ *Gen*); **jusqu'au dix mars ~** bis einschließlich zehnten März

inclusion [ɛ̃klyzjɔ̃] *f* **~ dans qc** Einbeziehung *f* in etw(*Akk*)

incognito [ɛ̃kɔɲito] **I.** *adv.* inkognito **II.** *m* **garder l'~** sein Inkognito *nt* wahren

incohérence [ɛ̃kɔeʀɑ̃s] *f* ❶ Zusammenhang[s]losigkeit *f* ❷ (*illogisme*) Ungereimtheit *f*; (*contradiction*) Widerspruch *m*

incohérent, e [ɛ̃kɔeʀɑ̃, ɑ̃t] *adj.* ungereimt; (*texte, histoire*) unzusammenhängend; (*gestes*) unmotiviert

incollable [ɛ̃kɔlabl] *adj. fam* (*imbattable*) unschlagbar

incolore [ɛ̃kɔlɔʀ] *adj.* farblos

incomber [ɛ̃kɔ̃be] <1> *v. intr.* **~ à qn** jdm zufallen

incommensurable [ɛ̃kɔmɑ̃syʀabl] *adj.* unermesslich

incomparable [ɛ̃kɔ̃paʀabl] *adj.* unvergleichlich

incompatibilité [ɛ̃kɔ̃patibilite] *f* ❶ (*contrariété*) Unvereinbarkeit *f* ❷ (*des groupes sanguins*) Unverträglichkeit *f*

incompatible [ɛ̃kɔ̃patibl] *adj.* unvereinbar; (*groupes sanguins*) unverträglich; ~ **avec qc** unvereinbar mit etw

incompétence [ɛ̃kɔ̃petɑ̃s] *f* Inkompetenz *f*

incompétent, **e** [ɛ̃kɔ̃petɑ̃, ɑ̃t] *adj.* inkompetent

incomplet, **-ète** [ɛ̃kɔ̃plɛ, -ɛt] *adj.* unvollständig; (*œuvre, travail*) unvollendet

incompréhensible [ɛ̃kɔ̃pʀeɑ̃sibl] *adj.* ❶ (*déconcertant*) unverständlich; (*personne*) undurchschaubar ❷ (*impénétrable*) unbegreiflich; (*mystère*) rätselhaft

incompréhensif, **-ive** [ɛ̃kɔ̃pʀeɑ̃sif, -iv] *adj.* verständnislos

incompréhension [ɛ̃kɔ̃pʀeɑ̃sjɔ̃] *f* Unverständnis *nt*

incompressible [ɛ̃kɔ̃pʀesibl] *adj.* FIN, JUR nicht einschränkbar

incompris, **e** [ɛ̃kɔ̃pʀi, iz] *adj.* nicht verstanden; (*œuvre d'art*) unverstanden; (*artiste, génie*) verkannt

inconcevable [ɛ̃kɔ̃svabl] *adj.* ❶ (*inimaginable*) unvorstellbar ❷ (*incompréhensible*) unbegreiflich ❸ (*incroyable*) unglaublich

inconditionnel, **le** [ɛ̃kɔ̃disjɔnɛl] *adj.* bedingungslos

inconditionnellement [ɛ̃kɔ̃disjɔnɛlmɑ̃] *adv.* bedingungslos

inconfortable [ɛ̃kɔ̃fɔʀtabl] *adj.* ❶ (*lit, siège*) unbequem ❷ (*situation*) misslich

inconnu [ɛ̃kɔny] *m* **l'~** das Unbekannte

inconnu, **e** [ɛ̃kɔny] **I.** *adj.* ❶ (*ignoré*) unbekannt; **il est ~ ici** er ist hier nicht bekannt ❷ (*nouveau*) unbekannt; (*odeur, parfum*) ungewöhnlich **II.** *m, f* Unbekannte(r) *f(m)*; **devant des ~s** vor Fremden

inconnue [ɛ̃kɔny] *f* MATH Unbekannte *f*

inconsciemment [ɛ̃kɔ̃sjamɑ̃] *adv.* unbewusst

inconscience [ɛ̃kɔ̃sjɑ̃s] *f* ❶ (*légèreté*) Leichtsinn *m* ❷ (*irresponsabilité*) Leichtfertigkeit *f*

inconscient [ɛ̃kɔ̃sjɑ̃] *m* PSYCH **l'~** das Unbewusste

inconscient, **e** [ɛ̃kɔ̃sjɑ̃, jɑ̃t] **I.** *adj.* ❶ (*évanoui*) bewusstlos ❷ (*qui ne se rend pas compte*) leichtsinnig ❸ (*machinal, irréfléchi*) unbewusst **II.** *m, f* Leichtsinnige(r) *f(m)*

inconséquence [ɛ̃kɔ̃sekɑ̃s] *f* Inkonsequenz *f*

inconséquent, **e** [ɛ̃kɔ̃sekɑ̃, ɑ̃t] *adj.* inkonsequent

inconsidéré, **e** [ɛ̃kɔ̃sideʀe] *adj.* unbesonnen

inconsistant, **e** [ɛ̃kɔ̃sistɑ̃, ɑ̃t] *adj.* (*argumentation*) nicht stichhaltig

inconsolable [ɛ̃kɔ̃sɔlabl] *adj.* ~ **de qc** untröstlich über etw (*Akk*)

inconstant, **e** [ɛ̃kɔ̃stɑ̃, ɑ̃t] *adj.* wankelmütig

incontestable [ɛ̃kɔ̃tɛstabl] *adj.* unbestreitbar; (*principe, droit*) unbestritten; (*fait, preuve*) nicht zu leugnen; **il est ~ que …** es ist nicht zu leugnen, dass …

incontestablement [ɛ̃kɔ̃tɛstabləmɑ̃] *adv.* zweifellos

incontesté, **e** [ɛ̃kɔ̃tɛste] *adj.* unbestritten; (*champion, leader*) unangefochten; (*personne*) allgemein anerkannt

incontinent, **e** [ɛ̃kɔ̃tinɑ̃, ɑ̃t] *adj.* an Inkontinenz leidend

incontournable [ɛ̃kɔ̃tuʀnabl] *adj.* unvermeidlich; (*fait, exigence*) unumgänglich; **qn/qc est ~** an jdm/etw kommt niemand vorbei

incontrôlable [ɛ̃kɔ̃tʀolabl] *adj.* ❶ (*invérifiable*) nicht nachprüfbar ❷ (*irrépressible*) unkontrollierbar; (*envie, passion*) unbezwingbar; (*attirance*) unwiderstehlich; (*mouvement*) unwillkürlich ❸ (*ingouvernable*) unkontrollierbar

inconvenant, **e** [ɛ̃kɔ̃v(ə)nɑ̃, ɑ̃t] *adj.* (*conduite, proposition*) unpassend

inconvénient [ɛ̃kɔ̃venjɑ̃] *m* ❶ (*opp: avantage*) Nachteil *m* ❷ *gén. pl.* (*conséquence fâcheuse*) unangenehme Folge ❸ (*obstacle*) **l'~, c'est que …** das Problem ist, dass …

incorporation [ɛ̃kɔʀpɔʀasjɔ̃] *f* (*annexion*) Eingliederung *f*

incorporé, **e** [ɛ̃kɔʀpɔʀe] *adj.* TECH eingebaut

incorporer [ɛ̃kɔʀpɔʀe] <1> *v. tr.* GASTR, TECH (*sucre*) beimengen; (*blancs battus en neige*) unterheben

incorrect, **e** [ɛ̃kɔʀɛkt] *adj.* ❶ (*expression, style*) nicht richtig; (*montage*) fehlerhaft ❷ (*inconvenant*) unpassend; (*langage, ton*) unangemessen ❸ (*impoli*) ungehörig

incorrigible [ɛ̃kɔʀiʒibl] *adj. a. antéposé* unverbesserlich

incorruptible [ɛ̃kɔʀyptibl] *adj.* unbestechlich

incrédule [ɛ̃kʀedyl] *adj.* ungläubig

increvable [ɛ̃kʀəvabl] *adj.* ❶ *fam* (*personne*) nicht kleinzukriegen; (*appareil, voiture*) unverwüstlich ❷ (*pneu*) pannensicher

incriminer [ɛ̃kʀimine] <1> *v. tr.* beschuldigen

incroyable [ɛ̃kʀwajabl] *adj. a. antéposé* unglaublich

incroyablement [ɛ̃kʀwajabləmɑ̃] *adv.* unglaublich

incrustation [ɛ̃kʀystasjɔ̃] *f* INFORM Pop-up-Menü *nt*

incruster [ɛ̃kʀyste] <1> **I.** *v. tr.* ART ~ **qc de diamants** etw mit Diamanten verzieren; **être incrusté de qc** mit etw eingelegt sein **II.** *v. pron.* ❶ *fam* (*s'installer à demeure*) **s'~** sich einnisten ❷ (*adhérer fortement*) **s'~** (*odeur*) sich festsetzen

incubation [ɛ̃kybasjɔ̃] *f* Bebrütung *f*

inculpation [ɛ̃kylpasjɔ̃] *f* JUR Anklagepunkt *m*

inculpé, e [ɛ̃kylpe] *m, f* JUR Angeklagte(r) *f(m)*

inculper [ɛ̃kylpe] <1> *v. tr.* ~ **qn de qc** gegen jdn Anklage wegen einer S. (*Gen*) erheben

inculquer [ɛ̃kylke] <1> *v. tr.* ~ **qc à qn** jdm etw einprägen

inculte [ɛ̃kylt] *adj.* brachliegend

incurable [ɛ̃kyʀabl] *adj.* unheilbar

incurvé, e [ɛ̃kyʀve] *adj.* gebogen

Inde [ɛ̃d] *f* **l'~** Indien *nt*

indécence [ɛ̃desɑ̃s] *f* Anstößigkeit *f*

indécent, e [ɛ̃desɑ̃, ɑ̃t] *adj.* anstößig; (*personne*) schamlos

indéchiffrable [ɛ̃deʃifʀabl] *adj.* nicht zu entziffern

indécis, e [ɛ̃desi, iz] *adj.* ❶ (*hésitant*) unentschlossen ❷ (*douteux*) unentschieden

indécision [ɛ̃desizjɔ̃] *f* Unentschlossenheit *f*

indéfendable [ɛ̃defɑ̃dabl] *adj.* nicht zu verteidigen

indéfini, e [ɛ̃defini] *adj.* ❶ (*indéterminé*) unbestimmt ❷ (*espace, nombre*) unbegrenzt

indéfiniment [ɛ̃definimɑ̃] *adv.* auf unbegrenzte Zeit

indéfinissable [ɛ̃definisabl] *adj.* undefinierbar; (*émotion, malaise*) unerklärlich

indéformable [ɛ̃defɔʀmabl] *adj.* formbeständig

indélébile [ɛ̃delebil] *adj.* ❶ (*ineffaçable*) nicht zu entfernen; (*couleur*) waschecht ❷ (*souvenir*) unauslöschlich

indemne [ɛ̃dɛmn] *adj.* unversehrt; **sortir ~ de l'accident** bei dem Unfall nicht verletzt werden

indemnisation [ɛ̃dɛmnizasjɔ̃] *f* Schaden[s]ersatz *m;* (*dédommagement versé par l'État*) Entschädigung *f*

indemniser [ɛ̃dɛmnize] <1> *v. tr.* ❶ (*rembourser*) **qn de qc** jdm etw erstatten ❷ (*compenser*) ~ **qn pour qc** jdm Schaden[s]ersatz für etw leisten; (*État*) jdn für etw entschädigen; (*assurances, assureur*) [jdm] den Schaden für etw zahlen

indemnité [ɛ̃dɛmnite] *f* ❶ (*réparation*) Schaden[s]ersatz *m;* (*payé par l'État*) Entschädigung *f;* (*forfait*) Abfindung *f* ❷ (*prime*) Zulage *f;* ~ **de chômage/logement** Arbeitslosen-/Wohnungsgeld *nt;* (*d'un maire, conseiller régional*) Bezüge *Pl;* (*journalière*) Krankengeld *nt;* (*en cas de maternité*) Mutterschaftshilfe *f*

indépendamment [ɛ̃depɑ̃damɑ̃] *adv.* ▶ ~ **de qc** (*outre*) zusätzlich zu etw; (*sans dépendre de*) unabhängig von etw

indépendance [ɛ̃depɑ̃dɑ̃s] *f* Unabhängigkeit *f*

indépendant, e [ɛ̃depɑ̃dɑ̃, ɑ̃t] *adj.* ❶ (*libre*) unabhängig; (*qui se débrouille tout seul*) selb[st]ständig; (*qui est son propre maître*) eigenständig ❷ (*à son compte*) selb[st]ständig; (*artiste, architecte*) freischaffend; (*collaborateur, journaliste*) frei

indépendantiste [ɛ̃depɑ̃dɑ̃tist] *adj.* POL separatistisch

indescriptible [ɛ̃dɛskʀiptibl] *adj. a. antéposé* unbeschreiblich

indésirable [ɛ̃deziʀabl] *adj.* unerwünscht

indestructible [ɛ̃dɛstʀyktibl] *adj.* unzerstörbar; (*liaison, amour*) dauerhaft

indétermination [ɛ̃detɛʀminasjɔ̃] *f* Unentschlossenheit *f*

indéterminé, e [ɛ̃detɛʀmine] *adj.* unbestimmt; (*date*) nicht festgelegt

indétrônable [ɛ̃detʀonablə] *adj.* (*champion*) unschlagbar, unangefochten

index [ɛ̃dɛks] *m* ❶ (*doigt*) Zeigefinger *m* ❷ (*table alphabétique*) Verzeichnis *nt*

indexation [ɛ̃dɛksasjɔ̃] *f* ECON, FIN Indexierung *f*
indexer [ɛ̃dɛkse] <1> *v. tr.* ECON, FIN **~ qc sur qc** etw an etw (*Akk*) koppeln
indicateur, -trice [ɛ̃dikatœʀ, -tʀis] *adj.* (*panneau*) Hinweis-
indicatif [ɛ̃dikatif] *m* ❶ TELEC Vorwahl *f*, Vorwahlnummer *f*; **l'~ de la France** die Vorwahl von Frankreich ❷ LING Indikativ *m*

> **L'indicatif** (Vorwahl) von Frankreich ist 0033.
> Die ersten beiden Ziffern einer französischen Telefonnummer stehen für die Region: 01 für *l'Île de France,* 02 für *le Nord-Ouest,* 03 für *le Nord-Est,* 04 für *le Sud-Est* und 05 für *le Sud-Ouest.* Sie sind keine Regionalvorwahlen, sondern fester Bestandteil der Telefonnummer.
> Französische Handynummern beginnen immer mit 06.

indicatif, -ive [ɛ̃dikatif, -iv] *adj.* ❶ annähernd; **à titre ~** zur Kenntnisnahme ❷ LING **mode ~** Indikativ *m*
indication [ɛ̃dikasjɔ̃] *f* ❶ (*information*) Hinweis *m* ❷ (*prescription*) Anweisung *f*
indice [ɛ̃dis] *m* ❶ (*signe*) Anzeichen *nt*; (*constatation*) Indiz *nt* ❷ (*trace*) Spur *f* ❸ (*preuve*) Beweis *m*; JUR Indiz *nt* ❹ ECON, FIN Indexzahl *f*; **~ des prix** Preisindex *m*
indien, ne [ɛ̃djɛ̃, jɛn] *adj.* ❶ (*d'Inde*) indisch ❷ (*d'Amérique*) indianisch
Indien, ne [ɛ̃djɛ̃, jɛn] *m, f* ❶ (*habitant de l'Inde*) Inder(in) *m(f)* ❷ (*indigène d'Amérique*) Indianer(in) *m(f)*; (*d'Amérique du Sud*) Indio *m*/Indiofrau *f*
indifféremment [ɛ̃difeʀamɑ̃] *adv.* in gleicher Weise
indifférence [ɛ̃difeʀɑ̃s] *f* ❶ (*insensibilité*) Gleichgültigkeit *f* ❷ (*apathie*) Desinteresse *nt* ❸ (*détachement*) Teilnahmslosigkeit *f*
indifférent, e [ɛ̃difeʀɑ̃, ɑ̃t] **I.** *adj.* ❶ (*attitude, personne*) gleichgültig; **être ~ à qc** einer S. (*Dat*) gleichgültig gegenüberstehen; **laisser qn ~** jdn unberührt lassen ❷ (*égal*) **être ~ à qn** jdm gleichgültig sein **II.** *m, f* Gleichgültige(r) *f(m)*
indigène [ɛ̃diʒɛn] *adj.* ❶ einheimisch ❷ (*opp: blanc*) eingeboren
indigeste [ɛ̃diʒɛst] *adj.* schwer verdaulich
indigestion [ɛ̃diʒɛstjɔ̃] *f* Magenverstimmung *f*; **avoir une ~ de qc** sich (*Dat*) mit etw den Magen verdorben haben (*fam*)
indignation [ɛ̃diɲasjɔ̃] *f* Empörung *f*
indigne [ɛ̃diɲ] *adj.* ❶ (*qui ne mérite pas*) **être ~ de qn/qc** jds/einer S. nicht würdig sein ❷ (*inconvenant*) **être ~ de qn** (*attitude, sentiment*) unter jds Würde (*Dat*) sein ❸ (*odieux*) unwürdig
indigné, e [ɛ̃diɲe] *adj.* **~ de qc** entrüstet über etw (*Akk*)
indigner [ɛ̃diɲe] <1> **I.** *v. tr.* empören **II.** *v. pron.* **s'~ contre qn/contre** [*o* **de**] **qc** sich über jdn/etw empören; **s'~ de faire qc/**[**de ce**] **que** + *subj.* sich darüber entrüsten, etw zu tun/dass
indigo [ɛ̃digo] *m* Indigo *m o nt*
indiqué, e [ɛ̃dike] *adj.* ❶ (*conseillé*) ratsam ❷ (*adéquat*) geeignet ❸ (*fixé*) angegeben; (*date*) festgelegt
indiquer [ɛ̃dike] <1> *v. tr.* ❶ (*désigner*) zeigen; **~ qc** (*horloge*) etw anzeigen; **~ qn/qc de la main** mit dem Finger auf jdn/etw deuten ❷ (*dire*) **~ à qn qc** jdm etw angeben ❸ (*révéler*) **~ qc/que** auf etw (*Akk*) hinweisen/darauf hinweisen, dass ❹ (*marquer*) kennzeichnen
indirect, e [ɛ̃diʀɛkt] *adj.* indirekt
indirectement [ɛ̃diʀɛktəmɑ̃] *adv.* indirekt
indiscipliné, e [ɛ̃disipline] *adj.* undiszipliniert
indiscret, -ète [ɛ̃diskʀɛ, -ɛt] **I.** *adj.* ❶ (*yeux, personne*) neugierig ❷ (*bavard*) indiskret **II.** *m, f* Neugierige(r) *f(m)*
indiscrétion [ɛ̃diskʀesjɔ̃] *f* Indiskretion *f*; **commettre beaucoup d'~s** sehr indiskret sein
indiscutable [ɛ̃diskytabl] *adj.* (*fait*) unumstößlich; (*succès, réalité*) unbestreitbar; (*témoignage*) hieb- und stichfest; **il est ~ que ...** es besteht kein Zweifel darüber, dass ...
indiscutablement [ɛ̃diskytabləmɑ̃] *adv.* zweifellos
indispensable [ɛ̃dispɑ̃sabl] **I.** *adj.* unbedingt notwendig; (*précautions*) unerlässlich; (*devoir*) unvermeidlich; (*objet, personne*) unentbehrlich; **être ~ à qn**

für jdn unentbehrlich sein; **être ~ à qc** für etw unerlässlich sein; **il est ~ de faire qc** man muss unbedingt etw tun; **il est ~ que qn fasse qc** es muss unbedingt etw getan werden **II.** *m* **l'~** das Nötigste

indisponibilité [ɛ̃dispɔnibilite] *f* (*d'une personne*) mangelnde Verfügbarkeit

indisponible [ɛ̃dispɔnibl] *adj.* nicht verfügbar

indisposé, e [ɛ̃dispoze] *adj.* unpässlich

indisposition [ɛ̃dispozisjɔ̃] *f* Unpässlichkeit *f*

indissociable [ɛ̃disɔsjabl] *adj.* untrennbar

indistinct, e [ɛ̃distɛ̃, ɛ̃kt] *adj.* (*murmure, vision*) undeutlich; (*objet, voix*) nicht deutlich wahrnehmbar

indistinctement [ɛ̃distɛ̃ktəmɑ̃] *adv.* (*prononcer, apercevoir*) undeutlich

individu [ɛ̃dividy] *m* Person *f,* Individuum *nt*

individualisation [ɛ̃dividɥalizasjɔ̃] *f* Individualisierung *f*

individualiser [ɛ̃dividɥalize] <1> *v. tr.* (*particulariser*) voneinander unterscheiden

individualisme [ɛ̃dividɥalism] *m* Individualismus *m*

individualiste [ɛ̃dividɥalist] *mf* ❶ Individualist(in) *m(f)* ❷ *péj* Egozentriker(in) *m(f)*

individualité [ɛ̃dividɥalite] *f* ❶ (*personnalité*) Persönlichkeit *f* ❷ (*caractère*) Individualität *f*

individuel, le [ɛ̃dividɥɛl] *adj.* persönlich; (*propriété*) Privat-; (*responsabilité, initiative*) eigen; (*épreuve, réclamation*) einzeln; (*cas*) Einzel-; **maison ~le** Einfamilienhaus *nt;* **sport ~** Einzelwettkampf *m*

individuellement [ɛ̃dividɥɛlmɑ̃] *adv.* einzeln

indivisible [ɛ̃divizibl] *adj.* unteilbar

Indochine [ɛ̃doʃin] *f* HIST **l'~** Indochina *nt*

indo-européen, ne [ɛ̃doœʀɔpeɛ̃, ɛn] *adj.* indogermanisch

indolence [ɛ̃dɔlɑ̃s] *f* Trägheit *f*

indolent, e [ɛ̃dɔlɑ̃, ɑ̃t] *adj.* träge; (*caractère*) phlegmatisch

indolore [ɛ̃dɔlɔʀ] *adj.* schmerzlos; **être ~** nicht wehtun

indomptable [ɛ̃dɔ̃tabl] *adj.* unzähmbar

Indonésie [ɛ̃donezi] *f* **l'~** Indonesien *nt*

indubitable [ɛ̃dybitabl] *adj.* unzweifelhaft

indubitablement [ɛ̃dybitabləmɑ̃] *adv.* ganz ohne Zweifel

induction [ɛ̃dyksjɔ̃] *f* Induktion *f*

induire [ɛ̃dɥiʀ] <irr> *v. tr.* **~ qn à faire qc** jdn dazu treiben, etw zu tun

indulgence [ɛ̃dylʒɑ̃s] *f* Nachsicht *f*

indulgent, e [ɛ̃dylʒɑ̃, ʒɑ̃t] *adj.* nachsichtig; **être ~ envers l'accusé** gegenüber dem Angeklagten Milde walten lassen

industrialisation [ɛ̃dystʀijalizasjɔ̃] *f* Industrialisierung *f*

industrialiser [ɛ̃dystʀijalize] <1> *v. tr.* industrialisieren

industrie [ɛ̃dystʀi] *f* ❶ ECON Industrie *f* ❷ (*secteur spécialisé*) -industrie *f;* **~ cinématographique** Filmgewerbe *nt*

industriel, le [ɛ̃dystʀijɛl] **I.** *adj.* industriell; (*activité, secteur*) Industrie-; **véhicule ~** Nutzfahrzeug *nt;* (*pain*) industriell hergestellt; **le design ~** das Industriedesign **II.** *m, f* Industrielle(r) *f(m)*

industriellement [ɛ̃dystʀijɛlmɑ̃] *adv.* (*fabriqué*) industriell

inébranlable [inebʀɑ̃labl] *adj.* unerschütterlich; (*résolution*) fest

inédit [inedi] *m* ❶ unveröffentlichtes Werk ❷ (*chose nouvelle*) Neuheit *f*

inédit, e [inedi, it] *adj.* ❶ (*non publié*) unveröffentlicht ❷ (*nouveau*) ganz neu

ineffaçable [inefasabl] *adj.* ❶ (*empreinte, trace, couleur*) nicht zu entfernen ❷ (*souvenir*) unvergesslich

inefficace [inefikas] *adj.* unwirksam; (*démarche*) erfolglos; (*employé*) unfähig; (*machine*) nicht leistungsfähig

inefficacité [inefikasite] *f* Wirkungslosigkeit *f;* (*d'une démarche, d'un secours*) Erfolglosigkeit *f*

inégal, e [inegal, o] < -aux> *adj.* ❶ (*différent*) ungleich ❷ (*changeant*) **être d'une humeur ~** unausgeglichen sein

inégalable [inegalabl] *adj.* (*qualité*) unerreichbar

inégalé, e [inegale] *adj.* unerreicht

inégalement [inegalmɑ̃] *adv.* ungleich

inégalitaire [inegalitɛʀ] *adj.* (*société*) [sozial] gespalten, von großen sozialen Unterschieden geprägt

inégalité [inegalite] *f* Ungleichheit *f*; (*des forces*) Missverhältnis *nt*
inéluctable [inelyktabl] *adj.* unausweichlich
inéluctablement [inelyktabləmɑ̃] *adv.* unausweichlich
ineptie [inɛpsi] *f* Dummheit *f*
inépuisable [inepɥizabl] *adj.* unerschöpflich; (*source*) nie versiegend; (*terre*) dauerhaft fruchtbar
inerte [inɛʀt] *adj.* (*corps*) leblos
inertie [inɛʀsi] *f* a. PHYS Trägheit *f*
inespéré, e [inɛspeʀe] *adj.* ❶ (*secours, succès*) unverhofft ❷ (*profit*) unerwartet hoch; (*résultat*) unerwartet gut
inestimable [inɛstimabl] *adj.* unschätzbar; (*objet*) von unschätzbarem Wert
inévitable [inevitabl] **I.** *adj.* ❶ (*certain, fatal*) unvermeidlich; (*accident*) unabwendbar ❷ (*nécessaire*) unvermeidbar; (*opération*) unumgänglich; **il est ~ que** + *subj.* es ist nicht zu vermeiden, dass ❸ *antéposé iron* (*habituel*) unvermeidlich **II.** *m* **l'~** das Unvermeidliche
inévitablement [inevitabləmɑ̃] *adv.* zwangsläufig
inexact, e [inɛgzakt] *adj.* ❶ (*calcul, résultat*) ungenau; (*théorie*) unrichtig ❷ (*traduction, récit*) ungenau; **non, c'est ~** nein, das stimmt nicht ❸ (*opp: ponctuel: personne*) unpünktlich
inexactitude [inɛgzaktityd] *f* ❶ (*caractère erroné*) Unrichtigkeit *f* ❷ (*manque de précision*) Ungenauigkeit *f*
inexcusable [inɛkskyzabl] *adj.* unverzeihlich; (*personne*) nicht zu entschuldigen
inexistant, e [inɛgzistɑ̃, ɑ̃t] *adj.* ❶ (*qui n'existe pas*) nicht vorhanden ❷ *péj* (*nul*) bedeutungslos; (*résultat*) gleich null; (*aide*) unnütz
inexorable [inɛgzɔʀabl] *adj.* unerbittlich
inexorablement [inɛgzɔʀabləmɑ̃] *adv.* unweigerlich
inexpérimenté, e [inɛkspeʀimɑ̃te] *adj.* unerfahren
inexplicable [inɛksplikabl] *adj.* unerklärlich
inexpliqué, e [inɛksplike] *adj.* nicht geklärt; (*catastrophe, disparition*) nicht aufgeklärt
inexploité, e [inɛksplwate] *adj.* (*gisement, richesses*) nicht ausgebeutet; (*talent*) ungenutzt
inexploré, e [inɛksplɔʀe] *adj.* unerforscht
inexpressif, -ive [inɛkspʀesif, -iv] *adj.* ausdruckslos
inexprimable [inɛkspʀimabl] *adj.* unaussprechlich; (*émotion*) unbeschreiblich
in extremis [inɛkstʀemis] **I.** *adv.* im letzten Augenblick **II.** *adj. inv.* (*sauvetage, succès*) in letzter Minute
inextricable [inɛkstʀikabl] *adj.* (*affaire*) verzwickt
infaillibilité [ɛ̃fajibilite] *f* Unfehlbarkeit *f*
infaillible [ɛ̃fajibl] *adj.* unfehlbar; (*instrument*) zuverlässig; (*signe*) untrüglich
infaisable [ɛ̃fəzabl] *adj.* nicht machbar
infalsifiable [ɛ̃falsifjabl] *adj.* fälschungssicher
infâme [ɛ̃fɑm] *adj.* a. *antéposé* (*acte, conduite*) schändlich
infamie [ɛ̃fami] *f* Schande *f*
infanterie [ɛ̃fɑ̃tʀi] *f* MIL Infanterie *f*
infantile [ɛ̃fɑ̃til] *adj.* kindisch
infantiliser [ɛ̃fɑ̃tilize] <1> *v. tr.* verdummen
infarctus [ɛ̃faʀktys] *m* Infarkt *m*
infatigable [ɛ̃fatigabl] *adj.* unermüdlich; (*amour, patience*) unendlich
infect, e [ɛ̃fɛkt] *adj.* ❶ widerlich; (*nourriture*) ekelhaft ❷ *fam* (*ignoble*) gemein
infecter [ɛ̃fɛkte] <1> *v. pron.* **s'~** sich entzünden
infectieux, -euse [ɛ̃fɛksjø, -jøz] *adj.* ansteckend
infection [ɛ̃fɛksjɔ̃] *f* Entzündung *f*
inférieur, e [ɛ̃feʀjœʀ] *adj.* ❶ (*dans l'espace*) untere(r, s); (*lèvre, mâchoire*) Unter- ❷ (*en qualité*) niedriger; **être ~ à qn** jdm unterlegen sein; **être ~ à qc** hinter etw (*Dat*) zurückbleiben; **se sentir ~** sich minderwertig fühlen ❸ (*en quantité*) geringer; **~ à qn/qc** geringer als jd/etw; **huit est ~ à dix** acht ist kleiner als zehn; **~ en qc** geringer an etw (*Dat*)
infériorité [ɛ̃feʀjɔʀite] *f* ❶ (*moindre force*) Unterlegenheit *f* ❷ (*moindre valeur*) Minderwertigkeit *f*
infernal, e [ɛ̃fɛʀnal, o] < -aux> *adj.* ❶ höllisch ❷ (*diabolique*) teuflisch
infester [ɛ̃fɛste] <1> *v. tr.* heimsuchen
infidèle [ɛ̃fidɛl] *adj.* ❶ (*perfide*) treulos;

être ~ à qn jdm untreu sein ❷ (*inexact*) unzuverlässig; (*mémoire*) schlecht; (*narrateur, traduction*) ungenau ❸ REL ungläubig

infidélité [ɛ̃fidelite] *f* ❶ *sans pl.* (*déloyauté*) Untreue *f;* (*d'un ami*) Treulosigkeit *f;* REL Unglaube *m* ❷ (*d'un conjoint*) Seitensprung *m*

infiltration [ɛ̃filtʀasjɔ̃] *f* (*d'un liquide*) Einsickern *nt*

infiltrer [ɛ̃filtʀe] <1> **I.** *v. tr.* unterwandern **II.** *v. pron.* **s'~** eindringen

infime [ɛ̃fim] *adj.* winzig [klein]

infini [ɛ̃fini] *m* (*immensité*) Unendlichkeit *f* ▶ **à l'~** endlos

infini, e [ɛ̃fini] *adj.* (*distance, nombre*) unendlich [groß]; (*étendue, durée, longueur*) endlos; (*reconnaissance*) grenzenlos; (*richesses*) unermesslich

infiniment [ɛ̃finimɑ̃] *adv.* ❶ (*sans borne*) unendlich; (*vaste*) grenzenlos; (*plus grand, plus petit*) [unendlich] viel ❷ (*extrêmement*) außerordentlich; (*regretter*) unendlich ❸ (*beaucoup de*) **~ de tendresse** unendlich viel Zärtlichkeit

infinité [ɛ̃finite] *f* ❶ Unendlichkeit *f* ❷ (*très grand nombre*) **une ~ de choses** eine Unmenge von Dingen

infinitésimal, e [ɛ̃finitezimal, o] <-aux> *adj.* (*dose, quantité*) unendlich klein

infinitif [ɛ̃finitif] *m* Infinitiv *m*

infinitif, -ive [ɛ̃finitif, -iv] *adj.* **proposition infinitive** Infinitivsatz *m;* **le mode ~** der Infinitiv

infirme [ɛ̃fiʀm] **I.** *adj.* behindert **II.** *mf* Behinderte(r) *f(m)*

infirmerie [ɛ̃fiʀməʀi] *f* Krankenstation *f;* (*d'une école*) Krankenzimmer *nt*

infirmier, -ière [ɛ̃fiʀmje, -jɛʀ] *m, f* Krankenpfleger *m*/Krankenschwester *f;* **école d'infirmières** Krankenpflegeschule *f*

infirmité [ɛ̃fiʀmite] *f* Behinderung *f*

inflammable [ɛ̃flamabl] *adj.* leicht entflammbar

inflammation [ɛ̃flamasjɔ̃] *f* MED Entzündung *f*

inflation [ɛ̃flasjɔ̃] *f* Inflation *f*

inflationniste [ɛ̃flasjɔnist] *adj.* inflationistisch

infliger [ɛ̃fliʒe] <2a> *v. tr.* ❶ **~ une amende à qn pour qc** gegen jdn wegen etw eine Geldbuße verhängen; **~ un châtiment à qn** jdn züchtigen ❷ (*faire subir*) zufügen; (*coups*) versetzen; (*politique*) auferlegen (*iron*)

influençable [ɛ̃flyɑ̃sabl] *adj.* beeinflussbar

influence [ɛ̃flyɑ̃s] *f* ❶ (*effet*) Einfluss *m;* (*des mesures*) [Aus]wirkung *f;* (*d'un médicament*) Wirkung; **sous l'~ de la colère** im Zorn ❷ (*autorité*) Einfluss *m;* **avoir de l'~** einflussreich sein

influencer [ɛ̃flyɑ̃se] <2> *v. tr.* **~ [qn]** [jdn] beeinflussen

influent, e [ɛ̃flyɑ̃, ɑ̃t] *adj.* einflussreich

info [ɛ̃fo] *f fam abr. de* **information** Meldung *f;* **les ~s** die Nachrichten

infographiste [ɛ̃fogʀafist] *mf* Computergrafiker(in) *m(f)*

infogroupe [ɛ̃fogʀup] *m* INET Newsgroup *f*

informateur, -trice [ɛ̃fɔʀmatœʀ, -tʀis] *m, f* Informant(in) *m(f)*

informaticien, ne [ɛ̃fɔʀmatisjɛ̃, jɛn] *m, f* Informatiker(in) *m(f)*

informatif, -ive [ɛ̃fɔʀmatif, -iv] *adj.* informativ

information [ɛ̃fɔʀmasjɔ̃] *f* ❶ (*renseignement*) Information *f,* Auskunft *f;* **prendre des ~s sur qn/qc** Auskünfte über jdn/etw einholen; **une réunion d'~** eine Informationsveranstaltung ❷ *souvent pl.* (*nouvelles*) Nachricht *f;* **les ~s routières** Hinweise für Autofahrer ❸ (*ensemble des médias*) Nachrichtenwesen *nt* ❹ *pl* INFORM, TECH Daten *Pl*

informatique [ɛ̃fɔʀmatik] **I.** *adj.* **industrie ~** Computerindustrie *f;* **saisie ~** Datenerfassung *f* **II.** *f* Informatik *f,* EDV *f*

informatisation [ɛ̃fɔʀmatizasjɔ̃] *f* (*de l'information*) Computerisierung *f;* (*d'une entreprise*) Umstellung *f* auf EDV

informatisé, e [ɛ̃fɔʀmatize] *adj.* **fichier ~** Datei *f;* **système ~** EDV-System; **communication ~e** Computerkommunikation *f*

informatiser [ɛ̃fɔʀmatize] <1> **I.** *v. tr.* (*information, secteur*) computerisieren; (*gestion, entreprise*) auf EDV umstellen **II.** *v. pron.* **s'~** auf EDV umgestellt werden

informe [ɛ̃fɔʀm] *adj.* formlos

informel, le [ɛ̃fɔʀmɛl] *adj.* informell

informer [ɛ̃fɔʀme] <1> **I.** *v. tr., intr.* informieren; ~ **qn que ...** jdm mitteilen, dass ... **II.** *v. pron.* **s'~ de qc** sich über etw (*Akk*) informieren; **s'~ sur qn** Erkundigungen über jdn einziehen; **s'~ si ...** fragen, ob ...
infos *fpl* **les ~** *fam* die Nachrichten
infraction [ɛ̃fʀaksjɔ̃] *f* Vergehen *nt;* **~ à la loi** Gesetzesverstoß *m*
infranchissable [ɛ̃fʀɑ̃ʃisabl] *adj.* unüberwindlich
infrarouge [ɛ̃fʀaʀuʒ] *adj.* infrarot
infrastructure [ɛ̃fʀastʀyktyʀ] *f* Infrastruktur *f*
infréquentable [ɛ̃fʀekɑ̃tabl] *adj. péj* (*personne*) geächtet
infroissable [ɛ̃fʀwasabl] *adj.* knitterfrei
infructueux, -euse [ɛ̃fʀyktɥø, -øz] *adj.* fruchtlos
infuser [ɛ̃fyze] <1> *v. tr.* (*Tee*) ziehen lassen
infusion [ɛ̃fyzjɔ̃] *f* Kräutertee *m*
ingénierie [ɛ̃ʒeniʀi] *f* Projektplanung *f*
ingénieur [ɛ̃ʒenjœʀ] *mf* Ingenieur(in) *m(f)*
ingénieux, -euse [ɛ̃ʒenjø, -jøz] *adj.* genial
ingéniosité [ɛ̃ʒenjozite] *f* Genialität *f*
ingénu [ɛ̃ʒeny] *m* Naivling *m*
ingérable [ɛ̃ʒeʀabl] *adj.* (*situation*) unkontrollierbar
ingérence [ɛ̃ʒeʀɑ̃s] *f* Einmischung *f*
ingérer [ɛ̃ʒeʀe] <5> *v. tr.* (*médicament*) einnehmen
ingouvernable [ɛ̃guvɛʀnabl] *adj.* (*pays, peuple*) unregierbar; (*parlement*) mehrheitsunfähig
ingrat, e [ɛ̃gʀa, at] **I.** *adj.* ❶ **~ envers qn** undankbar jdm gegenüber ❷ (*métier, sujet*) undankbar; (*vie*) mühevoll **II.** *m, f* undankbarer Mensch
ingratitude [ɛ̃gʀatityd] *f* Undank *m;* **faire preuve d'~** sich als undankbar erweisen
ingrédient [ɛ̃gʀedjɑ̃] *m* (*d'un mélange*) Bestandteil *m;* (*d'une recette*) Zutat *f*
inguérissable [ɛ̃geʀisabl] *adj.* unheilbar
ingurgiter [ɛ̃gyʀʒite] <1> *v. tr.* (*nourriture*) hinunterschlingen; (*boisson*) hinunterschütten
inhabitable [inabitabl] *adj.* unbewohnbar
inhabité, e [inabite] *adj.* unbewohnt
inhabituel, le [inabitɥɛl] *adj.* ungewöhnlich
inhalateur [inalatœʀ] *m* Inhalationsapparat *m*
inhalation [inalasjɔ̃] *f* Einatmen *nt*
inhaler [inale] <1> *v. tr.* einatmen
inhibition [inibisjɔ̃] *f* Hemmung *f*
inhospitalier, -ière [inɔspitalje, -jɛʀ] *adj.* ungastlich; (*lieu*) unwirtlich; (*peuple*) wenig gastfreundlich
inhumain, e [inymɛ̃, ɛn] *adj.* unmenschlich
inimaginable [inimaʒinabl] *adj.* unvorstellbar
inimitable [inimitabl] *adj.* unnachahmlich
inintéressant, e [inɛ̃teʀesɑ̃, ɑ̃t] *adj.* uninteressant
ininterrompu, e [inɛ̃teʀɔ̃py] *adj.* ununterbrochen; (*vacarme*) ständig; (*sommeil*) ungestört; (*spectacle*) ohne Unterbrechung
initial, e [inisjal, jo] <-aux> *adj.* anfänglich; (*cause, état*) ursprünglich; (*choc, feuillets*) erste(r, s); (*position*) Ausgangs-; (*lettre*) Anfangs-
initiale [inisjal] *f* Anfangsbuchstabe *m;* **les ~s** Initialen *Pl*
initialement [inisjalmɑ̃] *adv.* anfänglich
initialisation [inisjalizasjɔ̃] *f* INFORM Initialisierung *f*
initialiser [inisjalize] <1> *v. tr.* initialisieren
initiation [inisjasjɔ̃] *f* **~ à qc** Einführung *f* in etw
initiatique [inisjatik] *adj.* **être ~** der Einführung dienen
initiative [inisjativ] *f* ❶ (*idée première*) Einfall *m;* **de sa/leur propre ~** aus eigenem Antrieb; **prendre des ~s** die Initiative ergreifen ❷ (*trait de caractère*) Initiative *f;* **avoir de l'~** Unternehmungsgeist besitzen
initié, e [inisje] **I.** *adj.* eingeweiht **II.** *m, f* Eingeweihte(r) *f(m),* Insider(in) *m(f);* **délit d'~** FIN Insidergeschäft *nt,* Insiderhandel *m*
initier [inisje] <1a> *v. tr.* ❶ **~ qn à un art** jdn in eine Kunst einführen ❷ (*impulser*) in die Wege leiten
injecté, e [ɛ̃ʒɛkte] *adj.* ► **~ de sang** (*yeux*) blutunterlaufen
injecter [ɛ̃ʒɛkte] <1> *v. tr.* einspritzen
injection [ɛ̃ʒɛksjɔ̃] *f* (*d'un liquide*) Einspritzen *nt,* Injektion *f*

injure [ɛ̃ʒyʀ] *f* Beleidigung *f*

injurier [ɛ̃ʒyʀje] <1> **I.** *v. tr.* beleidigen **II.** *v. pron.* **s'~** sich beschimpfen

injurieux, -euse [ɛ̃ʒyʀjø, -jøz] *adj.* beleidigend

injuste [ɛ̃ʒyst] *adj.* ungerecht

injustement [ɛ̃ʒystəmɑ̃] *adv.* (*à tort*) zu Unrecht

injustice [ɛ̃ʒystis] *f* Ungerechtigkeit *f*

injustifié, e [ɛ̃ʒystifje] *adj.* ungerechtfertigt

inlassablement [ɛ̃lɑsabləmɑ̃] *adv.* unermüdlich

inné, e [i(n)ne] *adj.* angeboren

innocemment [inɔsamɑ̃] *adv.* in aller Unschuld; (*sans penser à mal*) unschuldig

innocence [inɔsɑ̃s] *f* Unschuld *f;* (*naïveté*) Arglosigkeit *f*

innocent, e [inɔsɑ̃, ɑ̃t] **I.** *adj.* ❶ (*opp: coupable*) unschuldig ❷ (*anodin*) harmlos; (*jeux, plaisanterie*) unschuldig ❸ (*naïf: personne*) naiv **II.** *m, f* Unschuldige(r) *f(m)*

innocenter [inɔsɑ̃te] <1> *v. tr.* **~ qn de vol** jdn vom Diebstahl entlasten

innombrable [i(n)nɔ̃bʀabl] *adj.* unzählig

innovateur, -trice [inɔvatœʀ, -tʀis] **I.** *adj.* (*méthode*) neu; (*politique*) der Erneuerung; **être ~** innovativ sein **II.** *m, f* Neuerer *m*/Neuerin *f*

innovation [inɔvasjɔ̃] *f* Innovation *f*

innover [inɔve] <1> **I.** *v. tr.* neu einführen **II.** *v. intr.* **~ en qc** Neuerungen in etw (*Dat*) einführen

inoccupé, e [inɔkype] *adj.* (*place*) frei; (*maison*) leer

inodore [inɔdɔʀ] *adj.* geruchlos

inoffensif, -ive [inɔfɑ̃sif, -iv] *adj.* harmlos; (*piqûre*) ungefährlich; (*remède*) unbedenklich

inondable [inɔ̃dabl] *adj.* überschwemmungsgefährdet

inondation [inɔ̃dasjɔ̃] *f* Überschwemmung *f;* (*d'un fleuve*) Hochwasser *nt*

inonder [inɔ̃de] <1> *v. tr.* ❶ (*couvrir d'eaux*) überschwemmen; **être inondé** (*personnes*) hochwassergeschädigt sein ❷ (*tremper*) **~ qn/qc de qc** jdn/etw mit etw überschütten

inopiné, e [inɔpine] *adj.* unerwartet

inopinément [inɔpinemɑ̃] *adv.* unerwartet

inopportun, e [inɔpɔʀtœ̃, yn] *adj.* (*demande*) ungelegen

inoubliable [inublijabl] *adj.* unvergesslich

inouï, e [inwi] *adj.* unerhört

inoxydable [inɔksidabl] *adj.* rostfrei

inqualifiable [ɛ̃kalifjabl] *adj.* unbeschreiblich

inquiet, -ète [ɛ̃kjɛ, -ɛt] *adj.* ❶ (*anxieux*) beunruhigt; (*caractère, personne*) ängstlich; **ne sois pas ~** mach dir keine Sorgen; **être ~ au sujet de qn/qc** wegen jdm/etw besorgt sein ❷ (*qui dénote l'appréhension*) ängstlich; (*regard, attente*) bang

inquiétant, e [ɛ̃kjetɑ̃, ɑ̃t] *adj.* beunruhigend

inquiéter [ɛ̃kjete] <5> **I.** *v. tr.* beunruhigen **II.** *v. pron.* ❶ (*s'alarmer*) **s'~** sich (*Dat*) Sorgen machen ❷ (*se soucier de*) **s'~ de savoir si/qui** sich (*Dat*) Gedanken darüber machen, ob/wer

inquiétude [ɛ̃kjetyd] *f* Beunruhigung *f kein Pl.*

inquisiteur [ɛ̃kizitœʀ] *m péj* a. HIST, REL Inquisitor *m*

inquisition [ɛ̃kizisjɔ̃] *f péj* a. HIST, REL **l'Inquisition** die Inquisition

insalubre [ɛ̃salybʀ] *adj.* (*climat*) ungesund; (*quartier*) heruntergekommen

insanité [ɛ̃sanite] *f* **dire des ~s** Unsinn von sich geben

insatiable [ɛ̃sasjabl] *adj.* unersättlich; (*soif*) unstillbar; (*curiosité*) nicht zu befriedigen

insatisfaction [ɛ̃satisfaksjɔ̃] *f* **~ devant qc** Unzufriedenheit *f* mit etw

insatisfait, e [ɛ̃satisfɛ, ɛt] **I.** *adj.* ❶ **~ de qn/qc** unzufrieden mit jdm/etw ❷ (*inassouvi*) unbefriedigt **II.** *m, f* **un(e) éternel(le) ~** ein ewig unzufriedener Mensch

inscription [ɛ̃skʀipsjɔ̃] *f* ❶ (*texte*) Inschrift *f;* (*d'un poteau indicateur*) Aufschrift *f* ❷ (*immatriculation*) Anmeldung *f;* **~ de qn à une école** jds Anmeldung an einer Schule; **~ de qn à un club** jds Eintritt *m* in einen Club

inscrire [ɛ̃skʀiʀ] <irr> **I.** *v. tr.* ❶ (*noter*) **~ qc dans un carnet** [sich (*Dat*)] etw in einem Heft aufschreiben; **~ qc sur une enveloppe** etw auf einen Briefumschlag schreiben; **être inscrit dans** [*o* **sur**] **qc** in etw (*Dat*) /auf etw (*Dat*) stehen ② (*immatriculer*) ~ **qn à une école/dans un club** jdn an einer Schule/in einem Verein anmelden; ~ **qn sur une liste** jdn in eine Liste eintragen; (*pour prendre rendez-vous*) jdn auf einer Liste vormerken; **être inscrit à la faculté** an der Universität eingeschrieben sein **II.** *v. pron.* ① (*s'immatriculer*) **s'~ à une école** sich an einer Schule anmelden; **s'~ à une faculté** sich an einer Universität einschreiben; **s'~ sur une liste** sich in eine Liste eintragen ② (*s'insérer dans*) **s'~ dans le cadre de qc** (*décision, projet*) im Rahmen von etw geschehen ③ (*apparaître*) **s'~ sur l'écran** auf dem Bildschirm erscheinen

inscrit, e [ɛ̃skʀi, it] **I.** *part. passé de* **inscrire II.** *adj.* (*candidat*) gemeldet; (*député*) zu einer Fraktion gehörig; (*électeur*) in die Wählerliste eingetragen **III.** *m, f* (*sur une liste électorale*) Wahlberechtigte(r) *f(m)*; (*à une faculté*) [immatrikulierter] Student/[immatrikulierte] Studentin

insecte [ɛ̃sɛkt] *m* Insekt *nt*

insecticide [ɛ̃sɛktisid] *m* Insekten[vertilgungs]mittel *nt*

insécurité [ɛ̃sekyʀite] *f* Unsicherheit *f*

insémination [ɛ̃seminasjɔ̃] *f* Befruchtung *f*

insensé, e [ɛ̃sɑ̃se] *adj.* absurd; (*acte*) unsinnig ▸ **c'est ~!** das ist Unsinn!

insensibilité [ɛ̃sɑ̃sibilite] *f* Unempfindlichkeit *f*

insensible [ɛ̃sɑ̃sibl] *adj.* ① (*physiquement*) **être ~** (*personne*) nichts spüren; (*lèvres, membre*) gefühllos sein ② (*moralement*) gefühllos

inséparable [ɛ̃sepaʀabl] *adj.* (*amis*) unzertrennlich

insérer [ɛ̃seʀe] <5> **I.** *v. tr.* einfügen **II.** *v. pron.* **s'~ dans qc** (*personne*) sich in etw (*Akk*) integrieren

insertion [ɛ̃sɛʀsjɔ̃] *f* Eingliederung *f*; **~ dans qc** Integration (*Akk*) in etw

insidieux, -euse [ɛ̃sidjø, -jøz] *adj.* (*maladie*) heimtückisch

insigne [ɛ̃siɲ] *m* Abzeichen *nt*

insignifiance [ɛ̃siɲifjɑ̃s] *f* Bedeutungslosigkeit *f*

insignifiant, e [ɛ̃siɲifjɑ̃, jɑ̃t] *adj.* unbedeutend

insinuation [ɛ̃sinɥasjɔ̃] *f* ① (*allusion*) Anspielung *f* ② (*accusation sournoise*) Unterstellung *f*

insinuer [ɛ̃sinɥe] <1> **I.** *v. tr.* (*laisser entendre*) andeuten; (*accuser*) unterstellen **II.** *v. pron.* ① (*pénétrer*) **s'~ dans qc** in etw (*Akk*) [ein]dringen ② (*se glisser*) **s'~ dans qc** (*personne*) sich durch etw schlängeln

insipide [ɛ̃sipid] *adj.* geschmacklos

insistance [ɛ̃sistɑ̃s] *f* Beharrlichkeit *f*; **avec ~** beharrlich

insistant, e [ɛ̃sistɑ̃, ɑ̃t] *adj.* dringend; (*ton*) drängend; (*regard*) eindringlich

insister [ɛ̃siste] <1> *v. intr.* ① (*s'obstiner*) nicht nachgeben; **n'insistez pas!** Hören Sie auf!; **~ pour faire qc** darauf bestehen, etw zu tun; **~ sur qc** auf etw bestehen ② (*persévérer*) durchhalten ③ (*mettre l'accent sur*) **~ sur qc** etw betonen ▸ **sans ~** ohne besonderen Nachdruck

insolation [ɛ̃sɔlasjɔ̃] *f* Sonnenstich *m*

insolence [ɛ̃sɔlɑ̃s] *f* ① (*impertinence*) Frechheit *f*; **avec ~** frech ② (*arrogance*) Unverschämtheit *f*

insolent, e [ɛ̃sɔlɑ̃, ɑ̃t] **I.** *adj.* ① (*impertinent*) frech ② (*provocant*) unverschämt **II.** *m, f* freche Person

insolite [ɛ̃sɔlit] *adj.* (*inhabituel*) ungewöhnlich

insoluble [ɛ̃sɔlybl] *adj.* ① (*produit*) unlöslich ② (*problème*) unlösbar

insolvable [ɛ̃sɔlvabl] *adj.* zahlungsunfähig

insomniaque [ɛ̃sɔmnjak] *adj.* **être ~** Schlafstörungen haben

insomnie [ɛ̃sɔmni] *f* Schlaflosigkeit *f*

insondable [ɛ̃sɔ̃dabl] *adj.* (*abîme*) bodenlos, unermesslich tief

insonore [ɛ̃sɔnɔʀ] *adj.* schalldämmend

insonorisé, e [ɛ̃sɔnɔʀize] *adj.* schalldicht

insonoriser [ɛ̃sɔnɔʀize] <1> *v. tr.* schalldicht machen

insouciance [ɛ̃susjɑ̃s] *f* Sorglosigkeit *f*

insouciant, e [ɛ̃susjɑ̃, jɑ̃t] *adj.* unbekümmert; (*vie*) sorglos

insoumis, e [ɛ̃sumi, iz] *adj.* widerspenstig

insoupçonné, e [ɛ̃supsɔne] *adj.* ungeahnt

insoutenable [ɛ̃sutnabl] *adj.* unerträglich

inspecter [ɛ̃spɛkte] <1> *v. tr.* ① (*fonctionnaire*) kontrollieren; **~ un pro-**

fesseur den Unterricht eines Lehrers begutachten ❷ (*lieu*) inspizieren

inspecteur, -trice [ɛ̃spɛktœʀ, -tʀis] *m, f* Inspektor(in) *m(f);* ~ **de police** Polizeiinspektor; ~ **du travail** Gewerbeaufsichtsbeamte(r) *m;* ~ **d'Académie** SCOL ≈ Schulamtsdirektor(in) *m(f)*

inspection [ɛ̃spɛksjɔ̃] *f* ❶ (*contrôle*) Kontrolle *f;* (*des lieux*) Inspizierung *f* ❷ (*visite d'un inspecteur*) Inspektion *f;* (*d'un professeur*) [Unterrichts]besuch *m* ❸ (*corps de fonctionnaires*) ~ **des Finances** Finanzaufsichtsbehörde; ~ **du Travail** Gewerbeaufsichtsamt *nt;* ~ **académique** ≈ Oberschulamt *nt;* ~ **générale** SCOL *oberste Schulaufsichtsbehörde*

inspiration [ɛ̃spiʀasjɔ̃] *f* ❶ (*intuition*) Eingebung *f* ❷ (*poétique*) Inspiration *f;* **avoir de l'~/manquer d'~** Ideen/keine Ideen haben ❸ (*opp: expiration*) Einatmen *nt;* **prendre une grande ~** tief einatmen ▶ **d'~ orientale** orientalisch beeinflusst

inspiré, e [ɛ̃spiʀe] *adj.* beeinflusst

inspirer [ɛ̃spiʀe] <1> **I.** *v. tr.* ❶ ANAT einatmen ❷ (*susciter*) ~ **de la confiance** (*personne*) Vertrauen einflößen ❸ (*suggérer*) ~ **une idée à qn** jdn auf eine Idee bringen ❹ (*être à l'origine de*) veranlassen; (*décision*) anregen; (*œuvre*) inspirieren; (*personnage de roman*) als Vorbild dienen für ❺ (*rendre créatif*) inspirieren **II.** *v. pron.* **s'~ de qn/qc** sich von jdm/etw inspirieren lassen **III.** *v. intr.* einatmen

instabilité [ɛ̃stabilite] *f* ❶ Unbeständigkeit *f;* PSYCH Labilität *f;* FIN Schwankungen *Pl* ❷ (*précarité*) Instabilität *f;* (*d'une situation*) Unsicherheit *f*

instable [ɛ̃stabl] *adj.* ❶ (*inconstant*) wechselhaft; (*temps*) unbeständig; (*personne*)(*dans son comportement*) unbeständig; (*dans son psychisme*) labil ❷ (*régime politique*) instabil; (*paix, situation*) unsicher; (*objet*) wackelig

installateur, -trice [ɛ̃stalatœʀ, -tʀis] *m, f* Installateur(in) *m(f)*

installation [ɛ̃stalasjɔ̃] *f* ❶ Installation *f;* (*d'une machine*) Montage *f;* (*d'un campement, meuble*) Aufstellen *nt* ❷ *gén. pl.* (*équipement*) Anlagen *Pl*

installé, e [ɛ̃stale] *adj.* ❶ **être bien ~** sich gemütlich eingerichtet haben ❷ (*qui jouit d'une situation confortable*) **c'est un homme ~** er ist ein gemachter Mann; **être ~** sich etabliert haben

installer [ɛ̃stale] <1> **I.** *v. tr.* ❶ (*câbles, tuyaux*) installieren; (*téléphone*) anschließen; (*meuble*) aufstellen ❷ (*caser, loger: chose*) hinstellen; (*personne*) [unter]bringen **II.** *v. pron.* ❶ (*s'asseoir*) **s'~** sich setzen; (*commodément*) es sich (*Dat*) bequem machen ❷ (*se loger*) **s'~** sich einrichten; **s'~ chez qn** sich bei jdm einquartieren ❸ (*s'établir*) **s'~** sich niederlassen; **s'~ à la campagne** aufs Land ziehen

instamment [ɛ̃stamɑ̃] *adv.* inständig

instant [ɛ̃stɑ̃] *m* Augenblick *m,* Moment *m;* **à tout ~** ständig; **à l'~ [même]** (*juste avant*) [gerade] eben; (*juste après*) sofort; **dans un ~** gleich; **dès l'~ où ...** (*puisque*) da ...; (*dès que*) sobald ...; **en un ~** im Nu; **pour l'~** im Moment; **un ~!** einen Augenblick!

instantané, e [ɛ̃stɑ̃tane] *adj.* ❶ (*immédiat*) unmittelbar; (*mort*) augenblicklich; (*réponse*) prompt; **être ~** (*réponse*) prompt kommen; (*mort*) sofort eintreten ❷ GASTR (*potage, soupe*) Instant-; (*café*) Pulver-

instantanément [ɛ̃stɑ̃tanemɑ̃] *adv.* augenblicklich

instauration [ɛ̃stɔʀasjɔ̃] *f* Einführung *f;* (*d'un gouvernement*) Bildung *f;* (*d'un processus*) Einleitung *f*

instaurer [ɛ̃stɔʀe] <1> **I.** *v. tr.* (*gouvernement*) bilden; (*mode*) kreieren; (*liens*) knüpfen; (*processus*) einleiten **II.** *v. pron.* **s'~** (*état d'esprit*) sich breit machen; (*doute*) sich einnisten

instigateur, -trice [ɛ̃stigatœʀ, -tʀis] *m, f* Initiator(in) *m(f);* (*d'un complot*) Anstifter(in) *m(f)*

instinct [ɛ̃stɛ̃] *m* Instinkt *m;* (*grégaire, sexuel*) -trieb *m;* ~ **maternel** Mutterinstinkt; **d'~** instinktiv

instinctif, -ive [ɛ̃stɛ̃ktif, -iv] *adj.* spontan

instinctivement [ɛ̃stɛ̃ktivmɑ̃] *adv.* instinktiv

instituer [ɛ̃stitɥe] <1> *v. tr.* (*organisation, ordre*) einführen

institut [ɛ̃stity] *m* Institut *nt;* **Institut de France** *die fünf französischen Akademien für Wissenschaft und Kunst;* ~

de beauté Kosmetiksalon *m*
instituteur, **-trice** [ɛ̃stitytœʀ, -tʀis] *m, f* Lehrer(in) *m(f)*; ~ **spécialisé** Sonderschullehrer
institution [ɛ̃stitysjɔ̃] *f* Einrichtung *f;* a. POL Institution *f*
institutionnaliser [ɛ̃stitysjɔnalize] <1> *v. tr.* institutionalisieren
Institut monétaire européen *m* Europäisches Währungsinstitut
instructeur, **-trice** [ɛ̃stʀyktœʀ, -tʀis] *m, f* a. MIL Ausbilder(in) *m(f)*
instructif, **-ive** [ɛ̃stʀyktif, -iv] *adj.* lehrreich
instruction [ɛ̃stʀyksjɔ̃] *f* ❶ ~ **civique** Gemeinschaftskunde *f* ❷ a. MIL (*prescription*) Instruktion *f;* ADMIN Verordnung *f;* (*interne*) Dienstanweisung *f* ❸ *gén. pl.* (*mode d'emploi*) Gebrauchsanweisung *f*
instruit, **e** [ɛ̃stʀɥi, it] *adj.* gebildet
instrument [ɛ̃stʀymɑ̃] *m* ❶ (*outil*) Werkzeug *nt* ❷ MUS ~ [**de musique**] [Musik]instrument *nt;* **jouer d'un** ~ ein [Musik]instrument spielen ❸ (*moyen*) Instrument *nt,* Mittel *nt*
insu [ɛ̃sy] ▶**à l'~ de qn** (*en cachette*) ohne jds Wissen
insubmersible [ɛ̃sybmɛʀsibl] *adj.* unsinkbar
insubordination [ɛ̃sybɔʀdinasjɔ̃] *f* Ungehorsam *m*
insuccès [ɛ̃syksɛ] *m* Misserfolg *m*
insuffisamment [ɛ̃syfizamɑ̃] *adv.* unzureichend
insuffisance [ɛ̃syfizɑ̃s] *f* ~ **de qc** Knappheit *f* an etw (*Dat*)
insuffisant, **e** [ɛ̃syfizɑ̃, ɑ̃t] *adj.* ❶ (*en quantité*) ungenügend; (*moyens, personnel*) zu wenig; **être** ~ nicht ausreichen ❷ (*en qualité*) unzureichend; (*candidat, élève*) zu schwach; (*travail*) ungenügend
insuffler [ɛ̃syfle] <1> *v. tr.* ~ **de la peur/du courage à qn** jdm Angst/Mut (*Akk*) einflößen
insulaire [ɛ̃sylɛʀ] *mf* Inselbewohner(in) *m(f)*
insuline [ɛ̃sylin] *f* Insulin *nt*
insultant, **e** [ɛ̃syltɑ̃, ɑ̃t] *adj.* (*paroles, soupçon*) beleidigend; (*ton*) unverschämt
insulte [ɛ̃sylt] *f* Beleidigung *f*
insulter [ɛ̃sylte] <1> *v. tr.* beleidigen
insupportable [ɛ̃sypɔʀtabl] *adj.* ❶ (*intolérable*) unerträglich ❷ (*caractère*) unausstehlich
insurgé, **e** [ɛ̃syʀʒe] *m, f* Aufständische(r) *f(m)*
insurger [ɛ̃syʀʒe] <2a> *v. pron.* **s'~ contre qn/qc** sich gegen jdn/etw auflehnen
insurmontable [ɛ̃syʀmɔ̃tabl] *adj.* unüberwindbar
insurrection [ɛ̃syʀɛksjɔ̃] *f* Aufstand *m*
insurrectionnel, **le** [ɛ̃syʀɛksjɔnɛl] *adj.* (*force*) aufständisch
intact, **e** [ɛ̃takt] *adj.* ❶ (*objet*) unversehrt; (*argent*) vollständig; (*produit*) einwandfrei; (*richesse*) unberührt ❷ (*honneur, réputation*) makellos
intarissable [ɛ̃taʀisabl] *adj.* unerschöpflich; (*eau, puits*) nie versiegend
intégral, **e** [ɛ̃tegʀal, o] <-aux> *adj.* vollständig
intégralement [ɛ̃tegʀalmɑ̃] *adv.* vollständig
intégralité [ɛ̃tegʀalite] *f* Vollständigkeit *f*
intégration [ɛ̃tegʀasjɔ̃] *f* Integration *f*
intègre [ɛ̃tɛgʀ] *adj.* (*vie*) ehrenhaft, unbescholten
intégrer [ɛ̃tegʀe] <5> *v. pron.* **s'~ à qc** (*personne, chose*) sich in etw (*Akk*) integrieren
intégrisme [ɛ̃tegʀism] *m* Fundamentalismus *m*
intégriste [ɛ̃tegʀist] *adj.* fundamentalistisch
intégrité [ɛ̃tegʀite] *f* (*d'une vie*) Ehrbarkeit *f*
intellect [ɛ̃telɛkt] *m* Intellekt *m*
intellectuel, **le** [ɛ̃telɛktɥɛl] **I.** *adj.* intellektuell; (*fatigue, travail*) geistig; (*vie*) Geistes- **II.** *m, f* Intellektuelle(r) *f(m)*
intellectuellement [ɛ̃telɛktɥɛlmɑ̃] *adv.* intellektuell
intelligemment [ɛ̃teliʒamɑ̃] *adv.* intelligent
intelligence [ɛ̃teliʒɑ̃s] *f* ❶ (*entendement*) Intelligenz *f* ❷ (*discernement*) Klugheit *f*
intelligent, **e** [ɛ̃teliʒɑ̃, ʒɑ̃t] *adj.* intelligent
intelligible [ɛ̃teliʒibl] *adj.* verständlich
intempéries [ɛ̃tɑ̃peʀi] *fpl* schlechtes Wetter
intempestif, **-ive** [ɛ̃tɑ̃pɛstif, -iv] *adj.* (*allusion, gaieté*) unpassend

I

intenable [ɛ̃t(ə)nabl] *adj.* ❶ (*intolérable*) unerträglich ❷ (*classe*) aufsässig; (*enfant*) widerspenstig

intendance [ɛ̃tɑ̃dɑ̃s] *f* Verwaltung *f*

intendant, e [ɛ̃tɑ̃dɑ̃] *m* ❶ Verwaltungsdirektor(in) *m(f)* ❷ (*régisseur*) Verwalter(in) *m(f)*

intense [ɛ̃tɑ̃s] *adj.* intensiv; (*joie, chaleur*) groß; (*douleur*) heftig; (*circulation*) dicht

intensément [ɛ̃tɑ̃semɑ̃] *adv.* intensiv

intensif, -ive [ɛ̃tɑ̃sif, -iv] *adj.* intensiv

intensification [ɛ̃tɑ̃sifikasjɔ̃] *f* Intensivierung *f;* (*d'une lutte*) Verstärkung *f;* (*de la production*) Steigerung *f*

intensifier [ɛ̃tɑ̃sifje] <1> **I.** *v. tr.* intensivieren; (*efforts, production*) steigern **II.** *v. pron.* **s'~** an Intensität zunehmen; **le froid s'intensifie** es wird immer kälter

intensité [ɛ̃tɑ̃site] *f* Intensität *f;* **de faible/d'une grande ~** schwach/stark; (*lumière*) schwach/hell; **~ du courant** Stromstärke *f*

intenter [ɛ̃tɑ̃te] <1> *v. tr.* JUR **~ un procès contre qn** einen Prozess gegen jdn anstrengen

intention [ɛ̃tɑ̃sjɔ̃] *f* Absicht *f,* Intention *f* (*geh*); **avoir l'~ de faire qc** vorhaben, etw zu tun ▸**à l'~ de qn** für jdn [gedacht]

intentionné, e [ɛ̃tɑ̃sjɔne] *adj.* ▸**être <u>bien</u>/<u>mal</u> ~ à l'égard de qn** jdm wohlgesinnt/übel gesinnt sein

intentionnel, le [ɛ̃tɑ̃sjɔnɛl] *adj.* absichtlich

intentionnellement [ɛ̃tɑ̃sjɔnɛlmɑ̃] *adv.* absichtlich

interactif, -ive [ɛ̃tɛʀaktif, -iv] *adj.* interaktiv

interaction [ɛ̃tɛʀaksjɔ̃] *f* Wechselwirkung *f;* INFORM Dialog *m*

interbancaire [ɛ̃tɛʀbɑ̃kɛʀ] *adj.* Interbanken-

intercepter [ɛ̃tɛʀsɛpte] <1> *v. tr.* (*objet, personne*) abfangen; (*message radio*) abhören; (*suspect*) stellen; (*véhicule*) anhalten

interchangeable [ɛ̃tɛʀʃɑ̃ʒabl] *adj.* austauschbar

interclasse [ɛ̃tɛʀklɑs] *m* SCOL kleine Pause

interconnexion [ɛ̃tɛʀkɔnɛksjɔ̃] *f* Zusammenschaltung *f*

intercontinental, e [ɛ̃tɛʀkɔ̃tinɑ̃tal, o] <-aux> *adj.* interkontinental

interdépendance [ɛ̃tɛʀdepɑ̃dɑ̃s] *f* (*des peuples, régions*) gegenseitige Abhängigkeit

interdiction [ɛ̃tɛʀdiksjɔ̃] *f* Verbot *nt;* **~ de stationner/de fumer** Parken *nt*/Rauchen *nt* verboten

interdire [ɛ̃tɛʀdiʀ] <irr> **I.** *v. tr.* **~ à qn de faire qc** jdm verbieten, etw zu tun **II.** *v. pron.* **s'~ qc/de faire qc** sich (*Dat*) etw verbieten/es sich (*Dat*) verbieten, etw zu tun

interdisciplinaire [ɛ̃tɛʀdisiplinɛʀ] *adj.* interdisziplinär

interdit [ɛ̃tɛʀdi] *m* Verbot *nt*

interdit, e [ɛ̃tɛʀdi, it] *adj.* verboten; **chantier ~** Betreten der Baustelle verboten; **~ à qn** für jdn verboten; **~ aux moins de 16 ans** frei ab 16; **~ au public** kein Zutritt; **il est ~ à qn de faire qc** es ist jdm verboten, etw zu tun

intéressant, e [ɛ̃teʀesɑ̃, ɑ̃t] **I.** *adj.* interessant; **il est ~ pour qn de faire qc** es lohnt sich für jdn, etw zu tun **II.** *m, f* **faire l'~** *péj* sich interessant machen

intéressé, e [ɛ̃teʀese] **I.** *adj.* ❶ (*captivé*) interessiert ❷ (*concerné*) betroffen ❸ (*égoïste*) eigennützig **II.** *m, f* (*personne concernée*) Betroffene(r) *f(m);* (*personne qui s'intéresse à qc*) Interessierte(r) *f(m)*

intéressement [ɛ̃teʀɛsmɑ̃] *m* Gewinnbeteiligung *f*

intéresser [ɛ̃teʀese] <1> **I.** *v. tr.* ❶ interessieren; **être intéressé à faire qc** daran interessiert sein, etw zu tun; **rien ne l'intéresse** er/sie interessiert sich für nichts ❷ (*concerner: loi, mesure*) betreffen **II.** *v. pron.* **s'~ à qn/qc** sich für jdn/etw interessieren

intérêt [ɛ̃teʀɛ] *m* ❶ Interesse *nt;* **avec/sans ~** interessiert/ohne besonderes Interesse ❷ (*importance*) Bedeutung *f* ❸ (*d'un film, livre*) Reiz *m;* **sans [aucun] ~** (*film, histoire*) [völlig] uninteressant; (*considérations, détail*) [völlig] belanglos ❹ *souvent pl.* (*cause*) Interesse *nt;* **dans l'~ général** im Sinne des Allgemeinwohls; **défendre les ~s de qn** jds Interessen vertreten ❺ (*avantage*) **par ~** eigennützig; **ne pas voir l'~ de faire qc** nicht einsehen, was es bringen soll, etw zu tun (*fam*); **elle a**

[**tout**] ~ **à refuser** sie sollte [wirklich] ablehnen ❻ *souvent pl.* (*rendement*) Zins *m;* **7 % d'~** 7 % Zinsen; **avec/sans** ~[**s**] verzinslich/zinslos ▸ [**il**] **y a ~!** *fam* (*et comment*) und ob!; (*ça vaut mieux*) das will ich hoffen!

interface [ɛ̃tɛʀfas] *f* INFORM Schnittstelle *f;* ~ **graphique** grafische Benutzeroberfläche; ~ **utilisateur** Benutzeroberfläche *f*

interférence [ɛ̃tɛʀfeʀɑ̃s] *f* a. PHYS Interferenz *f*

interférer [ɛ̃tɛʀfeʀe] <5> *v. intr.* sich gegenseitig schaden; (*domaines*) sich überschneiden

intérieur [ɛ̃teʀjœʀ] *m* ❶ (*opp: extérieur*) **l'~** das Innere; **à l'~** (*dedans*) innen; (*dans la maison*) drinnen; **à l'~ d'une noix** im Inneren einer Walnuss, in einer Walnuss ❷ (*d'une maison, d'un magasin*) Inneneinrichtung *f* ❸ (*logement*) Zuhause *nt;* **femme d'~** tüchtige Hausfrau *f* ❹ (*ministère*) **à l'Intérieur** im Innenministerium *nt*

intérieur, e [ɛ̃teʀjœʀ] *adj.* ❶ (*opp: extérieur*) Innen- ❷ (*affaires*) innere(r,s); (*politique*) Innen-; (*commerce, marché*) Binnen- ❸ (*sentiment, voix*) innere(r, s); (*monde, vie*) Innen-

intérieurement [ɛ̃teʀjœʀmɑ̃] *adv.* ❶ (*au-dedans*) innen ❷ (*dans l'esprit*) innerlich

intérim [ɛ̃teʀim] *m* ❶ (*fonction*) Vertretung *f* ❷ (*travail temporaire*) **agence d'~** Zeitarbeitsagentur *f*

intérimaire [ɛ̃teʀimɛʀ] **I.** *adj.* (*gouvernement*) Übergangs- **II.** *mf* Zeitarbeitnehmer(in) *m(f)*

interjection [ɛ̃tɛʀʒɛksjɔ̃] *f* Interjektion *f*

interligne [ɛ̃tɛʀliɲ] *m* Zeilenzwischenraum *m*

interlocuteur, -trice [ɛ̃tɛʀlɔkytœʀ, -tʀis] *m, f* Gesprächspartner(in) *m(f)*

interloqué, e [ɛ̃tɛʀlɔke] *adj.* fassungslos

interloquer [ɛ̃tɛʀlɔke] <1> *v. tr.* aus der Fassung bringen

intermède [ɛ̃tɛʀmɛd] *m* THEAT, MUS Einlage *f*

intermédiaire [ɛ̃tɛʀmedjɛʀ] **I.** *adj.* Zwischen-; (*époque, solution*) Übergangs- **II.** *mf* (*médiateur*) Vermittler(in) *m(f)* **III.** *m* **par l'~ de qn/qc** über jdn/etw

interminable [ɛ̃tɛʀminabl] *adj.* endlos

intermittence [ɛ̃tɛʀmitɑ̃s] *f* **par ~** ab und zu

intermittent, e [ɛ̃tɛʀmitɑ̃, ɑ̃t] *m, f* ~ [**du spectacle**] *nicht fest angestellter Beschäftigter beim Theater*

intermittent, e [ɛ̃tɛʀmitɑ̃, ɑ̃t] *adj.* zeitweilig aussetzend

internat [ɛ̃tɛʀna] *m* SCOL Internat *nt*

international, e [ɛ̃tɛʀnasjɔnal, o] <-aux> *adj.* international; (*langue, politique*) Welt-; (*communication*) Auslands-

internationalement [ɛ̃tɛʀnasjɔnalmɑ̃] *adv.* auf internationaler Ebene; (*connu*) international

internationalisation [ɛ̃tɛʀnasjɔnalizasjɔ̃] *f* Internationalisierung *f*

internaute [ɛ̃tɛʀnot] **I.** *adj.* Internet- **II.** *mf* Surfer(in) *m(f)*

interne [ɛ̃tɛʀn] **I.** *adj.* (*partie*) Innen-; (*structure, hémorragie*) innere(r, s); (*problème, promotion*) intern **II.** *mf* ❶ SCOL Internatsschüler(in) *m(f)* ❷ MED Assistenzarzt *m*/Assistenzärztin *f*

interné, e [ɛ̃tɛʀne] *adj.* interniert

internement [ɛ̃tɛʀnəmɑ̃] *m* POL Internierung *f*

Internet [ɛ̃tɛʀnɛt] *m* Internet *nt;* **accéder à ~** ins Internet kommen

interpellation [ɛ̃tɛʀpelasjɔ̃] *f* (*arrestation*) vorläufige Festnahme *(zur Überprüfung der Personalien)*

interpeller [ɛ̃tɛʀpəle] <1> *v. tr.* ❶ (*police*) zur Überprüfung der Personalien vorübergehend festnehmen ❷ (*apostropher*) ~ **qn** jdm etwas zurufen; (*avec brusquerie*) jdn anfahren

interphone® [ɛ̃tɛʀfɔn] *m* Sprechanlage *f*

interposer [ɛ̃tɛʀpoze] <1> *v. tr.* dazwischen stellen/setzen/legen

interprétariat [ɛ̃tɛʀpʀetaʀja] *m* Dolmetschen *nt*

interprétation [ɛ̃tɛʀpʀetasjɔ̃] *f* ❶ (*explication*) Interpretation *f;* ~ **des rêves** Traumdeutung *f* ❷ (*action de traduire*) Dolmetschen *nt*

interprète [ɛ̃tɛʀpʀɛt] *mf* ❶ MUS Interpret(in) *m(f)* ❷ CINE, THEAT Darsteller(in) *m(f)* ❸ (*traducteur*) Dolmetscher(in) *m(f);* **faire l'~** dolmetschen ❹ (*porte-parole*) Fürsprecher(in) *m(f)*

interpréter [ɛ̃tɛʀpʀete] <5> *v. tr.* ❶ MUS interpretieren; CINE, THEAT (*personnage*) darstellen; (*rôle*) spielen ❷ (*texte*) interpretieren; (*rêve*) deuten

interro *f* SCOL *fam* Test *m*

interrogateur, -trice [ɛ̃teʀɔgatœʀ, -tʀis] *adj.* fragend

interrogatif [ɛ̃teʀɔgatif] *m* Fragewort *nt*

interrogation [ɛ̃teʀɔgasjɔ̃] *f* ❶ (*question*) Frage *f* ❷ SCOL Klassenarbeit *f* ❸ (*action de questionner*) Befragung *f*, Leistungsüberprüfung *f*

interrogatoire [ɛ̃teʀɔgatwaʀ] *m* Vernehmung *f*

interrogeable [ɛ̃teʀɔʒabl] *adj.* **~ à distance** (*répondeur*) mit Fernabfrage

interroger [ɛ̃teʀɔʒe] <2a> **I.** *v. tr.* ❶ (*questionner*) **~ qn sur un sujet** jdm Fragen über ein Thema stellen; (*pour un sondage*) jdn über ein Thema befragen; (*police*) jdn wegen eines Vorwurfs vernehmen; SCOL jdn über einen Stoff abfragen; (*par écrit*) jdn eine Arbeit über einen Stoff schreiben lassen ❷ (*banque de données, répondeur*) abfragen **II.** *v. pron.* **s'~** sich fragen; **s'~ sur qn/qc** sich (*Dat*) Fragen über jdn/etw stellen

interrompre [ɛ̃teʀɔ̃pʀ] <irr> **I.** *v. tr.* unterbrechen; (*grossesse*) abbrechen; **~ qn dans un discours** jdn bei einer Rede unterbrechen; **être interrompu** (*trafic*) zum Erliegen gekommen sein **II.** *v. pron.* **s'~** (*personne*) innehalten

interrupteur [ɛ̃teʀyptœʀ] *m* Schalter *m*

interruption [ɛ̃teʀypsjɔ̃] *f* (*arrêt définitif*) Abbruch *m;* (*arrêt provisoire*) Unterbrechung *f;* **~ [volontaire] de grossesse** Schwangerschaftsabbruch; **~ médicale de grossesse** medizinisch indizierter Schwangerschaftsabbruch; **sans ~** ununterbrochen

intersection [ɛ̃tɛʀsɛksjɔ̃] *f* (*de routes*) Kreuzung *f*

interstice [ɛ̃tɛʀstis] *m* Spalt *m*

intervalle [ɛ̃tɛʀval] *m* ❶ (*écart*) Abstand *m;* (*espace de temps*) Zeit[spanne] *f;* **à huit jours d'~** innerhalb von acht Tagen ❷ MUS Intervall *nt*

intervenant, e [ɛ̃tɛʀvənɑ̃, ɑ̃t] *m, f* (*participant*) Beteiligte(r) *f(m)*

intervenir [ɛ̃tɛʀvəniʀ] <9> *v. intr.* ❶ (*entrer en action*) eingreifen; **~ dans une affaire** sich in eine Angelegenheit einmischen; **~ en faveur de qn auprès de qn** sich für jdn bei jdm einsetzen ❷ (*prendre la parole*) sich einschalten ❸ (*survenir: accord*) zustande kommen; (*fait*) eintreten

intervention [ɛ̃tɛʀvɑ̃sjɔ̃] *f* ❶ (*action*) Eingreifen; **~ armée** bewaffnete Intervention ❷ (*prise de parole*) Beitrag *m* ❸ MED Eingriff *m*

interview [ɛ̃tɛʀvju] *f* Interview *nt*

interviewer [ɛ̃tɛʀvjuve] <1> *v. tr.* interviewen

intestin [ɛ̃tɛstɛ̃] *m* Darm *m*

intestinal, e [ɛ̃tɛstinal, o] <-aux> *adj.* Darm-

intime [ɛ̃tim] *adj.* ❶ intim; (*hygiène, toilette*) Intim-; (*vie*) Privat-; **journal ~** Tagebuch *nt* ❷ (*atmosphère, lieu*) gemütlich ❸ (*ami*) eng; (*rapports, relations*) intim; (*relation, union*) innig; (*cérémonie*) im engen Kreis

intimement [ɛ̃timmɑ̃] *adv.* (*étroitement*) **des personnes ~ liées** sehr eng befreundete Menschen; **des idées ~ liées** sehr eng miteinander verknüpfte Gedanken

intimidation [ɛ̃timidasjɔ̃] *f* Einschüchterung *f*

intimider [ɛ̃timide] <1> *v. tr.* einschüchtern

intimité [ɛ̃timite] *f* ❶ (*vie privée*) Privatleben *nt;* **dans l'~** privat ❷ (*relation étroite*) Vertrautheit *f*

intitulé [ɛ̃tityle] *m* (*d'un livre*) Titel *m;* (*d'un texte*) Überschrift *f*

intituler [ɛ̃tityle] <1> **I.** *v. tr.* **~ un livre "Mémoires"** einem Buch den Titel „Memoiren" geben **II.** *v. pron.* **s'~ "Mémoires"** den Titel „Memoiren" tragen

intolérable [ɛ̃tɔleʀabl] *adj.* unerträglich

intolérance [ɛ̃tɔleʀɑ̃s] *f* Intoleranz *f*

intolérant, e [ɛ̃tɔleʀɑ̃, ɑ̃t] *adj.* intolerant

intonation [ɛ̃tɔnasjɔ̃] *f souvent pl.* Ton[-fall *m*] *m*

intouchable [ɛ̃tuʃabl] **I.** *adj. fig* unantastbar **II.** *mf* Unberührbare(r) *f(m)*

intox [ɛ̃tɔks] *f fam abr. de* **intoxication** Fake *m o nt;* (*fausse information*) [gezielte] Fehlinformation *f;* **faire de l'~** manipulieren

intoxication [ɛ̃tɔksikasjɔ̃] *f* Vergiftung *f*

intoxiqué, e [ɛ̃tɔksike] *adj.* **être ~ par un aliment** sich durch ein Nahrungsmittel vergiftet haben; **être ~ par la télé** fernsehsüchtig sein

intoxiquer [ɛ̃tɔksike] <1> *v. tr., pron.* [**s'**]~ [sich] vergiften
intraduisible [ɛ̃tʀadɥizibl] *adj.* unübersetzbar
intraitable [ɛ̃tʀɛtabl] *adj.* unnachgiebig
intra-muros [ɛ̃tʀamyʀos] *adv.* (*habiter, se dérouler*) im Stadtzentrum
intramusculaire [ɛ̃tʀamyskylɛʀ] *adj.* intramuskulär
intransigeant, e [ɛ̃tʀɑ̃ziʒɑ̃, ʒɑ̃t] *adj.* (*attitude, personne*) unnachgiebig; (*adversaire*) unerbittlich; (*morale*) starr
intransitif, -ive [ɛ̃tʀɑ̃zitif, -iv] *adj.* intransitiv
intransportable [ɛ̃tʀɑ̃spɔʀtabl] *adj.* (*chose*) nicht transportabel; (*personne*) nicht transportfähig
intraveineux, -euse [ɛ̃tʀavɛnø, -øz] *adj.* intravenös
intrépide [ɛ̃tʀepid] *adj.* waghalsig
intrigant, e [ɛ̃tʀigɑ̃, ɑ̃t] *m, f* Intrigant(in) *m(f)*
intrigue [ɛ̃tʀig] *f* ❶ CINE, LITTER, THEAT Handlung *f* ❷ (*manœuvre*) Intrige *f*
intriguer [ɛ̃tʀige] <1> **I.** *v. tr.* (*travailler qn*) beschäftigen; (*piquer la curiosité*) neugierig machen; **être intrigué** rätseln **II.** *v. intr.* intrigieren
introductif, -ive [ɛ̃tʀɔdyktif, -iv] *adj.* einleitend
introduction [ɛ̃tʀɔdyksjɔ̃] *f* ❶ Einleitung *f;* **en ~** einleitend ❷ (*d'un objet, de nourriture*) Einführen *nt* ❸ (*d'une réforme*) Einführung *f*
introduire [ɛ̃tʀɔdɥiʀ] <irr> **I.** *v. tr.* ❶ **~ qn dans une pièce** jdn in ein Zimmer führen; **~ qn chez une famille** jdn bei einer Familie einführen; **~ une clé dans qc** einen Schlüssel in etw (*Akk*) stecken; **~ une pièce de monnaie dans qc** ein Geldstück in etw (*Akk*) werfen ❷ (*mode*) aufbringen **II.** *v. pron.* ❶ (*se faire admettre*) **s'~ dans un milieu** sich in einem Umfeld einführen ❷ (*s'infiltrer*) **s'~ dans une maison** in ein Haus eindringen; **s'~ dans qc** (*eau, fumée*) in etw (*Akk*) dringen
intronisation [ɛ̃tʀɔnizasjɔ̃] *f* Inthronisation *f*
introniser [ɛ̃tʀɔnize] <1> *v. tr.* inthronisieren
introuvable [ɛ̃tʀuvabl] *adj.* unauffindbar
introverti, e [ɛ̃tʀɔvɛʀti] *adj.* introvertiert
intrus, e [ɛ̃tʀy, yz] *m, f* Eindringling *m* ▸ **cherchez l'~** wer/was gehört nicht dazu?
intrusion [ɛ̃tʀyzjɔ̃] *f* (*dans une maison*) Eindringen *nt*
intuitif, -ive [ɛ̃tɥitif, -iv] *adj.* intuitiv
intuition [ɛ̃tɥisjɔ̃] *f* Intuition *f*
intuitivement [ɛ̃tɥitivmɑ̃] *adv.* intuitiv
inusable [inyzabl] *adj.* unverwüstlich
inusité, e [inyzite] *adj.* ungebräuchlich
inutile [inytil] *adj.* nutzlos; (*parole, effort*) zwecklos; (*précaution, alarme*) überflüssig; (*personne*) unnütz; **être ~ à qn** jdm nicht von Nutzen sein; **se sentir ~** sich (*Dat*) überflüssig vorkommen; **il est ~ de faire qc** + *subj.* es ist unnötig, etw zu tun; **il n'est pas ~ de faire qc/que** + *subj.* es wäre angebracht, etw zu tun/dass; **~ de te/vous dire que ...** ich brauche dir/Ihnen wohl nicht zu sagen, dass ...
inutilement [inytilmɑ̃] *adv.* (*sans utilité*) unnötig; (*en vain*) vergeblich
inutilisable [inytilizabl] *adj.* unbrauchbar; (*dont on ne peut se servir*) nicht benutzbar
inutilisé, e [inytilize] *adj.* unbenutzt
inutilité [inytilite] *f* Nutzlosigkeit *f*
invaincu, e [ɛ̃vɛ̃ky] *adj.* (*sportif*) ungeschlagen; (*sommet*) unbezwungen
invalide [ɛ̃valid] **I.** *adj.* invalid[e]; **personne ~** Invalide *mf* **II.** *mf* Invalide *mf*
invalidité [ɛ̃validite] *f* (*d'une personne*) Erwerbsunfähigkeit *f*
invariable [ɛ̃vaʀjabl] *adj.* (*qui ne change pas*) unverändert; (*qu'on ne peut changer*) unveränderlich
invariablement [ɛ̃vaʀjabləmɑ̃] *adv.* unweigerlich
invasion [ɛ̃vɑzjɔ̃] *f a. fig* Invasion *f*
invendable [ɛ̃vɑ̃dabl] *adj.* unverkäuflich
invendu, e [ɛ̃vɑ̃dy] *adj.* nicht verkauft
inventaire [ɛ̃vɑ̃tɛʀ] *m* Inventar *nt;* COM Inventur *f*
inventer [ɛ̃vɑ̃te] <1> *v. tr.* erfinden
inventeur, -trice [ɛ̃vɑ̃tœʀ, -tʀis] *m, f* Erfinder(in) *m(f)*
inventif, -ive [ɛ̃vɑ̃tif, -iv] *adj.* erfinderisch
invention [ɛ̃vɑ̃sjɔ̃] *f* ❶ Erfindung *f;* (*d'une technique opératoire*) Entwick-

I

lung *f;* **de mon/son ~** von mir/ihm erfunden ❷ (*imagination*) Einfallsreichtum *m*

invérifiable [ɛ̃veʀifjabl] *adj.* nicht überprüfbar

inverse [ɛ̃vɛʀs] **I.** *adj.* entgegengesetzt; (*phénomène*) gegenläufig **II.** *m* Gegenteil *nt;* **c'est l'~ qui est vrai** in Wahrheit ist es genau umgekehrt; **à l'~** hingegen; **à l'~ de qn/qc** im Gegensatz zu jdm/etw

inversement [ɛ̃vɛʀsəmɑ̃] *adv.* hingegen; **et/ou ~** und/oder umgekehrt

inverser [ɛ̃vɛʀse] <1> **I.** *v. tr.* (*mots, phrases*) umstellen; (*rôles*) tauschen; (*évolution, mouvement*) umkehren **II.** *v. pron.* **s'~** (*mouvement, tendance*) sich umkehren

inversion [ɛ̃vɛʀsjɔ̃] *f* Umkehrung *f*

invertébré [ɛ̃vɛʀtebʀe] *m* wirbelloses Tier

investir [ɛ̃vɛstiʀ] <8> **I.** *v. tr., intr. a. fig* investieren **II.** *v. pron.* **s'~ dans qc** sich bei etw engagieren

investissement [ɛ̃vɛstismɑ̃] *m* Investition *f*

investisseur [ɛ̃vɛstisœʀ] *m* Investor(in) *m(f)*

invincible [ɛ̃vɛ̃sibl] *adj.* unbesiegbar

inviolable [ɛ̃vjɔlabl] *adj.* unantastbar

invisible [ɛ̃vizibl] *adj.* unsichtbar; (*phénomène*) nicht wahrnehmbar

invitation [ɛ̃vitasjɔ̃] *f* Einladung *f;* **~ à une manifestation/au restaurant/à déjeuner** Einladung zu einer Demonstration/ins Restaurant/zum Mittagessen

invite [ɛ̃vit] *m* INFORM Eingabeaufforderung *f*

invité, e [ɛ̃vite] *m, f* Gast *m*

inviter [ɛ̃vite] <1> *v. tr.* ❶ **~ qn à faire qc** jdn einladen etw zu tun; **~ qn à un anniversaire** jdn zu einem Geburtstag einladen; **~ qn à danser/à dîner** jdn zum Tanz auffordern/zum Abendessen einladen ❷ (*prier*) **~ qn à faire qc** jdn bitten, etw zu tun; (*avec insistance/autorité*) jdn auffordern, etw zu tun

in vitro [invitʀo] *adj. adv. inv.* im Reagenzglas [durchgeführt]

invivable [ɛ̃vivabl] *adj.* unerträglich

involontaire [ɛ̃vɔlɔ̃tɛʀ] *adj.* (*spectateur, témoin*) unfreiwillig; (*erreur*) unbeabsichtigt; (*mouvement*) unwillkürlich

involontairement [ɛ̃vɔlɔ̃tɛʀmɑ̃] *adv.* unabsichtlich

invraisemblable [ɛ̃vʀɛsɑ̃blabl] *adj.* unglaubwürdig; (*incroyable*) unglaublich

invulnérable [ɛ̃vylneʀabl] *adj.* unverwundbar

iode [jɔd] *m* Jod *nt*

iodé, e [jɔde] *adj.* (*eau, air*) jodhaltig

irai [iʀɛ] *fut de* **aller**

Irak [iʀak] *m* **l'~** der Irak

irakien, ne [iʀakjɛ̃, jɛn] *adj.* irakisch

Irakien, ne [iʀakjɛ̃, jɛn] *m, f* Iraker(in) *m(f)*

Iran [iʀɑ̃] *m* **l'~** der Iran

iranien, ne [iʀanjɛ̃, jɛn] *adj.* iranisch

Iranien, ne [iʀanjɛ̃, jɛn] *m, f* Iraner(in) *m(f)*

Iraq [iʀak] *m voir* **Irak**

irascible [iʀasibl] *adj.* jähzornig

iris [iʀis] *m* ANAT, BOT Iris *f*

irisé, e [iʀize] *adj.* schillernd

irlandais, e [iʀlɑ̃dɛ, ɛz] *adj.* irisch

Irlandais, e [iʀlɑ̃dɛ, ɛz] *m, f* Ire *m*/Irin *f*

Irlande [iʀlɑ̃d] *f* **l'~** Irland *nt;* **l'~ du Nord** Nordirland

ironie [iʀɔni] *f* Ironie *f*

ironique [iʀɔnik] *adj.* ironisch

ironiquement [iʀɔnikmɑ̃] *adv.* ironisch

ironiser [iʀɔnize] <1> *v. intr.* **~ sur qn/qc** über jdn/etw spötteln

irradiation [iʀadjasjɔ̃] *f* PHYS Bestrahlung *f*

irradier [iʀadje] <1a> *v. intr.* (*lumière*) strahlen; (*douleur*) ausstrahlen

irrationnel [iʀasjɔnɛl] *m* **l'~** das Irrationale

irrationnel, le [iʀasjɔnɛl] *adj.* irrational

irrattrapable [iʀatʀapabl] *adj.* nicht wiedergutzumachen

irréalisable [iʀealizabl] *adj.* nicht realisierbar

irréalisme [iʀealism] *m* mangelnde Wirklichkeitsnähe

irréaliste [iʀealist] *adj.* unrealistisch

irréconciliable [iʀekɔ̃siljabl] *adj.* unversöhnlich

irrécupérable [iʀekypeʀabl] *adj.* **être ~** nicht mehr zu reparieren sein

irrécusable [iʀekyzabl] *adj.* (*juge, témoin*) nicht ablehnbar; (*témoignage*) nicht anfechtbar; (*preuve*) unwiderlegbar

irréductible [iʀedyktibl] *adj.* (*ennemi, personne*) unbezwingbar

irréel, le [iʀeɛl] *adj.* irreal

irréfléchi, e [iʀefleʃi] *adj.* unüberlegt; (*personne*) unbesonnen

irréfutable [iʀefytabl] *adj.* unwiderlegbar

irrégularité [iʀegylaʀite] *f* ❶ (*inégalité*) Ungleichmäßigkeit *f;* (*des traits*) Unregelmäßigkeit *f; pl* (*d'une surface*) Unebenheit *f* ❷ (*d'un élève, d'une équipe*) schwankende Leistungen *Pl* ❸ *gén. pl.* (*illégalité*) Unregelmäßigkeit *f;* (*d'une situation*) Regelwidrigkeit *f*

irrégulier, -ère [iʀegylje, -ɛʀ] *adj.* ❶ unregelmäßig; (*écriture, vitesse*) ungleichmäßig; (*terrain*) uneben; (*effort, travail*) nicht regelmäßig; (*résultats*) schwankend ❷ (*illégal*) regelwidrig; (*procédure*) fehlerhaft; **des opérations irrégulières** Unregelmäßigkeiten *Pl*

irrémédiable [iʀemedjabl] *adj.* (*erreur, défaut*) nicht wiedergutzumachen; (*situation*) hoffnungslos

irremplaçable [iʀɑ̃plasabl] *adj.* unersetzbar

irréparable [iʀepaʀabl] **I.** *adj.* (*objet, machine*) nicht mehr zu reparieren; (*dommage, erreur*) nicht wiedergutzumachen; (*perte*) unersetzbar **II.** *m* **l'**~ das Schlimmste

irrépressible [iʀepʀesibl] *adj.* unbändig

irréprochable [iʀepʀɔʃabl] *adj.* einwandfrei; (*vie, mère*) mustergültig

irrésistible [iʀezistibl] *adj.* ❶ (*impérieux*) unwiderstehlich; (*désir*) unbändig; (*passion*) unbezähmbar ❷ (*qui fait rire*) sehr lustig; **être** ~ (*personne*) urkomisch sein

irrésolu, e [iʀezɔly] *adj.* (*personne*) unentschlossen; (*problème*) ungelöst

irrespectueux, -euse [iʀɛspɛktɥø, -øz] *adj.* respektlos; ~ **envers qn** respektlos jdm gegenüber

irrespirable [iʀɛspiʀabl] *adj.* unerträglich

irresponsable [iʀɛspɔ̃sabl] **I.** *adj.* (*comportement*) unverantwortlich; (*personne*) verantwortungslos **II.** *mf* verantwortungsloser Mensch

irréversible [iʀevɛʀsibl] *adj.* nicht rückgängig zu machende(r, s); **être** ~ nicht rückgängig zu machen sein

irrévocable [iʀevɔkabl] *adj.* (*jugement*) unwiderruflich; (*décision*) endgültig

irrigation [iʀigasjɔ̃] *f* Bewässerung *f*

irriguer [iʀige] <1> *v. tr.* AGR bewässern

irritabilité [iʀitabilite] *f* Reizbarkeit *f*

irritable [iʀitabl] *adj.* reizbar

irritant, e [iʀitɑ̃, ɑ̃t] *adj.* nervtötend

irritation [iʀitasjɔ̃] *f* ❶ (*énervement*) Gereiztheit *f* ❷ MED Reizung *f*

irrité, e [iʀite] *adj.* gereizt

irriter [iʀite] <1> *v. tr.* ❶ (*énerver*) ~ **qn** jdm auf die Nerven gehen ❷ MED reizen

irruption [iʀypsjɔ̃] *f* **l'**~ **de qn dans un lieu** jds plötzliches Auftauchen an einem Ort; **faire** ~ (*personne*) hereinstürmen; (*chose*) hereinbrechen

islam [islam] *m* Islam *m;* **l'Islam** die islamische Welt

islamique [islamik] *adj.* islamisch

islamité [islamite] *f* Zugehörigkeit *f* zur islamischen Glaubensgemeinschaft

islandais [islɑ̃dɛ] *m* Isländisch *nt; voir a.* **allemand**

islandais, e [islɑ̃dɛ, ɛz] *adj.* isländisch; *voir a.* **allemand**

Islandais, e [islɑ̃dɛ, ɛz] *m, f* Isländer(in) *m(f)*

Islande [islɑ̃d] *f* **l'**~ Island *nt*

isocèle [izɔsɛl] *adj.* gleichschenklig

isolant [izɔlɑ̃] *m* Isoliermaterial *nt*

isolation [izɔlasjɔ̃] *f* Isolierung *f*

isolé, e [izɔle] *adj.* ❶ (*endroit*) abgelegen; (*maison*) einsam gelegen ❷ (*personne*) isoliert; (*bâtiment*) frei stehend; **mère** ~**e** alleinerziehende Mutter ❸ (*unique*) einzeln; **cas** ~ Einzelfall *m*

isolement [izɔlmɑ̃] *m* (*d'une personne*) Einsamkeit *f;* (*d'un lieu, d'une maison*) Abgeschiedenheit *f;* (*d'un détenu, malade*) Isolation *f*

isoler [izɔle] <1> **I.** *v. tr.* ❶ isolieren; **être isolé du reste du monde** (*village*) von der restlichen Welt abgeschieden sein ❷ TECH, ELEC ~ **qc de l'humidité** etw gegen Feuchtigkeit isolieren **II.** *v. intr.* ~ **de qc** (*matériau*) gegen etw isolieren **III.** *v. pron.* **s'**~ sich absondern

isoloir [izɔlwaʀ] *m* Wahlkabine *f*

isotherme [izɔtɛʀm] *adj.* **bouteille** ~ Thermosflasche® *f;* **sac** ~ Kühltasche *f*

Israël [isʀaɛl] *m* **l'**~ Israel *nt*

israélien, ne [isʀaeljɛ̃, jɛn] *adj.* israelisch

Israélien, ne [isʀaeljɛ̃, jɛn] *m, f* Israeli *mf*

israélite [israelit] **I.** *adj.* israelitisch **II.** *mf* Israelit(in) *m(f)*
issu, e [isy] *adj.* ~ **de qc** aus etw stammend
issue [isy] *f* ❶ (*sortie, fin*) Ausgang *m;* ~ **de secours** Notausgang; **voie sans** ~ Sackgasse *f* ❷ (*solution*) Ausweg *m;* **sans** ~ (*situation*) ausweglos
Italie [itali] *f* **l'**~ Italien *nt*
italien [italjɛ̃] *m* Italienisch *nt; voir a.* **allemand**
italien, ne [italjɛ̃, jɛn] *adj.* italienisch; *voir a.* **allemand**
Italien, ne [italjɛ̃, jɛn] *m, f* Italiener(in) *m(f)*
italique [italik] *m* Kursivschrift *f;* **en** ~ kursiv
itinéraire [itinerɛr] *m* ❶ (*parcours*) Route *f* ❷ *fig* Werdegang *m*
itinérant, e [itinerɑ̃, ɑ̃t] *adj.* Wander-; **théâtre** ~ Wanderbühne *f*
IUFM [iyɛfɛm] *m abr. de* **institut universitaire de formation des maîtres** ≈ PH *f*
IUT [iyte] *m abr. de* **institut universitaire de technologie** ≈ TH *f*
ivoire [ivwar] *m* Elfenbein *nt*
ivoirien, ne [ivwarjɛ̃, jɛn] *adj.* der Elfenbeinküste (*Gen*), ivorisch
Ivoirien, ne [ivwarjɛ̃, jɛn] *m, f* Bewohner(in) *m(f)* der Elfenbeinküste, Ivorer(in) *m(f)*
ivre [ivr] *adj.* betrunken
ivresse [ivrɛs] *f* **en état d'**~ in betrunkenem Zustand
ivrogne [ivrɔɲ] *mf* Säufer(in) *m(f)* (*pej*)
ivrognerie [ivrɔɲri] *f* Trunksucht *f*

J

J j

J, j [ʒi] *m inv.* J *nt,* j *nt*
j' [ʒ] *pron. voir* **je**
jacasser [ʒakase] <1> *v. intr.* ❶ (*pie*) schreien ❷ *fam* (*parler*) schnattern
jachère [ʒaʃɛr] *f* **être en** ~ brachliegen; **terre en** ~ Brachland *nt*
jacinthe [ʒasɛ̃t] *f* Hyazinthe *f*
jacter [ʒakte] <1> *v. intr. fam* quasseln
jade [ʒad] *m* Jade *m o f*
jadis [ʒadis] *adv.* früher
jaguar [ʒagwar] *m* Jaguar *m*
jaillir [ʒajir] <8> *v. intr.* ❶ (*eau*) emporschießen; (*sang*) spritzen; (*flammes*) emporschlagen ❷ (*personne*) plötzlich auftauchen
jais [ʒɛ] *m* MINER Gagat *m* ▸ **de** ~ tiefschwarz
jalon [ʒalɔ̃] *m* (*piquet*) Pflock *m*
jalonner [ʒalɔne] <1> *v. tr.* ❶ (*terrain*) abstecken ❷ (*border*) ~ **qc** (*piquets*) etw markieren; (*arbustes*) etw säumen
jalousement [ʒaluzmɑ̃] *adv.* ❶ (*avec envie*) neidisch ❷ (*avec soin*) sorgsam
jalouser [ʒaluze] <1> *v. tr.* neidisch sein auf (+ *Akk*)
jalousie [ʒaluzi] *f* Eifersucht *f;* (*envie*) Neid *m*
jaloux, -ouse [ʒalu, -uz] **I.** *adj.* ❶ (*en amour, amitié*) ~ **de qn** eifersüchtig auf jdn ❷ (*envieux*) ~ **de qn/qc** neidisch auf jdn/etw **II.** *m, f* Eifersüchtige(r) *f(m);* (*envieux*) Neider(in) *m(f)*
jamaïcain, e, jamaïquain, e [ʒamaikɛ̃, ɛn] *adj.* jamaikanisch
Jamaïquain, e [ʒamaikɛ̃, ɛn] *m, f* Jamaikaner(in) *m(f)*
Jamaïque [ʒamaik] *f* **la** ~ Jamaika *nt*
jamais [ʒamɛ] *adv.* ❶ *avec construction négative* (*en aucun cas*) nie[mals]; **plus** ~ nie wieder ❷ (*seulement*) nur ❸ *avec construction positive ou interrogative* (*un jour*) je[mals] ❹ (*dans une comparaison*) **pire que** ~ schlimmer als je zuvor
jambe [ʒɑ̃b] *f* Bein *nt* ▸ **ça me fait une belle ~!** *iron fam* was nützt mir das schon?
jambière [ʒɑ̃bjɛr] *f* Beinschutz *m*
jambon [ʒɑ̃bɔ̃] *m* Schinken *m;* ~ **de Paris** gekochter Schinken; ~ **beurre** *Sandwich mit Butter und gekochtem Schinken*
jambonneau [ʒɑ̃bɔno] <x> *m* Eisbein *nt*

jante [ʒɑ̃t] *f* Felge *f*
janvier [ʒɑ̃vje] *m* Januar *m; voir a.* **août**
Japon [ʒapɔ̃] *m* **le** ~ Japan *nt*
japonais [ʒapɔnɛ] *m* Japanisch *nt; voir a.* **allemand**
japonais, e [ʒapɔnɛ, ɛz] *adj.* japanisch; *voir a.* **allemand**
Japonais, e [ʒapɔnɛ, ɛz] *m, f* Japaner(in) *m(f)*
jappement [ʒapmɑ̃] *m* Kläffen *nt kein Pl.*
japper [ʒape] <1> *v. intr.* kläffen
jaquette [ʒakɛt] *f* ❶ (*d'un livre*) Umschlag *m* ❷ COUT Cut *m*
jardin [ʒaʀdɛ̃] *m* Garten *m;* ~ **public** Park *m* ▶ **le** ~ **secret** das tiefste Innere
jardinage [ʒaʀdinaʒ] *m* Gartenarbeit *f*
jardiner [ʒaʀdine] <1> *v. intr.* im Garten arbeiten
jardinet [ʒaʀdinɛ] *m* Gärtchen *nt*
jardinier, -ière [ʒaʀdinje, -jɛʀ] **I.** *adj.* (*plante*) Garten- **II.** *m, f* Gärtner(in) *m(f)*
jardinière [ʒaʀdinjɛʀ] *f* Blumenkasten *m*
jargon [ʒaʀgɔ̃] *m péj* ❶ (*charabia*) Kauderwelsch *nt* ❷ (*langue technique*) Jargon *m*
jarre [ʒaʀ] *f* Tonkrug *m*
jarret [ʒaʀɛ] *m* Kniekehle *f*
jarretelle [ʒaʀtɛl] *f* Straps *m*
jarretière [ʒaʀtjɛʀ] *f* Strumpfband *nt*
jars [ʒaʀ] *m* Gänserich *m*
jaser [ʒaze] <1> *v. intr.* klatschen
jauge [ʒoʒ] *f* ~ **d'essence** Benzinuhr *f;* ~ [**de niveau**] **d'huile** Ölstandanzeiger *m*
jauger [ʒoʒe] <2a> *v. tr.* ❶ TECH messen ❷ (*apprécier*) einschätzen
jaunâtre [ʒonɑtʀ] *adj.* gelblich
jaune [ʒon] **I.** *adj.* gelb **II.** *m* ❶ (*couleur*) Gelb *nt;* ~ **pâle/foncé** Blass-/Dunkelgelb; ~ **paille** Strohgelb ❷ (*partie d'un œuf*) Eigelb *nt* **III.** *adv.* ▶ **rire** ~ gezwungen lachen
jaunir [ʒoniʀ] <8> **I.** *v. intr.* gelb werden; (*papier*) vergilben **II.** *v. tr.* ~ **qc** (*lumière*) etw vergilben; (*nicotine*) etw gelb färben
jaunisse [ʒonis] *f* Gelbsucht *f*
jaunissement [ʒonismɑ̃] *m* Gelbwerden *nt*
java [ʒava] *f für den „bal musette" typischer Tanz* ▶ **faire la** ~ *fam* einen draufmachen
javel [ʒavɛl] *f sans pl.* Chlorbleiche *f*
javelliser [ʒavelize] <1> *v. tr.* (*eau*) chloren
javelot [ʒavlo] *m* Speer *m*
jazz [dʒɑz] *m* Jazz *m*
jazzman [dʒɑzman] <s> *m* Jazzmusiker *m*
je [ʒə, ʒ] <j'> *pron. pers.* ich; **moi,** ~ **m'appelle Jean** ich heiße Jean
jean [dʒin] *m* ❶ (*tissu*) Jeansstoff *m* ❷ *sing o pl* (*pantalon*) Jeans *Pl*
je-m'en-foutisme [ʒ(ə)mɑ̃futism] *m sans pl. fam* Wurstigkeit *f* **je-m'en-foutiste** [ʒ(ə)mɑ̃futist] *inv.* **I.** *adj. fam* **elle est plutôt** ~ ihr ist alles Wurscht **II.** *mf fam: Mensch, dem alles egal ist*
je-ne-sais-quoi [ʒən(ə)sɛkwa] *m inv.* **un** ~ das gewisse Etwas
jérémiade [ʒeʀemjad] *f souvent pl, fam* Gejammer *nt kein Pl.*
jerrican[e], jerrycan [(d)ʒeʀikan] *m* Benzinkanister *m*
jersey [ʒɛʀzɛ] *m* Jersey *m*
Jersey [ʒɛʀzɛ] **l'île de** ~ die Insel Jersey
jésuite [ʒezɥit] *m* Jesuit *m*
jet [ʒɛ] *m* ❶ (*d'un tuyau*) Düse *f;* ~ **d'eau** Fontäne *f* ❷ (*action*) Werfen *nt;* (*d'un filet*) Auswerfen; **d'un seul** ~ aus einem Guss ❸ (*résultat*) Wurf *m;* (*d'une bombe*) Abwurf
jetable [ʒ(ə)tabl] *adj.* Wegwerf-
jeté [ʒ(ə)te] *m* ❶ (*action*) Werfen *nt* ❷ (*résultat*) Wurf *m*
jetée [ʒ(ə)te] *f* [Hafen]mole *f*
jeter [ʒ(ə)te] <3> **I.** *v. tr.* ❶ (*lancer*) werfen ❷ (*projeter*) schleudern; ~ **les dés** würfeln ❸ (*donner: à qn*) zuwerfen; (*à un animal*) vorwerfen ❹ (*sonde*) auswerfen; (*bouée*) auslegen ❺ (*se débarrasser de*) wegwerfen; (*liquide*) weggießen; (*lest*) abwerfen ❻ *fam* (*employé*) feuern ❼ (*répandre*) ~ **le discrédit sur qn** jdn in Verruf bringen ▶ ~ **un** [**coup d'**]**œil à qn** jdm einen Blick zuwerfen; (*pour surveiller*) ein Auge auf jdn haben **II.** *v. pron.* ❶ (*s'élancer*) **se** ~ sich stürzen; **se** ~ **en arrière** zurückspringen; **se** ~ **à genoux/à plat ventre** sich auf die Knie/flach hinwerfen; **se** ~ **au cou de qn** jdm um den Hals fallen; **se** ~ **à l'eau** sich ertränken ❷ (*déboucher*) **se** ~ **dans qc** in etw (*Akk*) münden

jeton [ʒ(ə)tɔ̃] *m* ❶ JEUX Jeton *m;* (*à la roulette*) Chip *m* ❷ TELEC Telefonmünze *f* ▶ **faux** ~ *fam* falscher Fuffziger; **avoir les ~s** *fam* Muffe haben

jeu [ʒø] <x> *m* ❶ Spiel *nt;* **terrain de ~x** Spielplatz *m;* SPORT Spielfeld *nt* ❷ (~ *d'argent*) ~ **de hasard** Glücksspiel *nt* ❸ (*série*) ~ **de clés** Satz *m* Schlüssel ❹ (*action facile*) **c'est un ~ d'enfant** das ist [doch] kinderleicht ▶ **les forces** [**mises**] **en** ~ die betroffenen Kräfte; **jouer franc** ~ mit offenen Karten spielen; **être vieux** ~ von gestern sein (*fam*); **mettre sa vie en** ~ sein Leben aufs Spiel setzen

jeu-concours [ʒøkɔ̃kuʀ] <jeux-concours> *m* Preisausschreiben *nt*

jeudi [ʒødi] *m* Donnerstag *m;* ~ **saint** Gründonnerstag; *voir a.* **dimanche**

jeun [ʒœ̃] ▶ **à** ~ nüchtern; **à prendre à** ~ auf nüchternen Magen einnehmen

jeune [ʒœn] **I.** *adj.* ❶ (*opp: vieux*) jung; (*enfant*) klein; **ma ~ sœur** meine kleine Schwester ❷ (*inexpérimenté*) unerfahren ❸ *postposé* (*comme un jeune*) jugendlich; **faire** ~ jung aussehen ❹ *postposé* (*vin*) jung **II.** *mf* ❶ junger Mann/junge Frau ❷ *pl* **les ~s** die Jugendlichen *Pl*, die jungen Leute

jeûne [ʒøn] *m* Fasten *nt*

> Der **Jeûne fédéral** ist ein religiöser Feiertag in der Schweiz, der immer am dritten Sonntag im September begangen wird. Traditionell wird an diesem Tag Zwetschgentorte gegessen.

jeûner [ʒøne] <1> *v. intr.* fasten

jeunesse [ʒœnɛs] *f* ❶ Jugend *f* ❷ (*d'un vin*) junges Alter

jeunot, te [ʒœno, ɔt] **I.** *adj.* reichlich jung **II.** *m, f fam* junges Bürschchen/junges Ding

JO [ʒio] *mpl abr. de* **Jeux olympiques** Olympische Spiele *Pl*

joaillerie [ʒɔajʀi] *f* ❶ (*bijouterie*) Juweliergeschäft *nt* ❷ (*art, métier*) Juwelierhandwerk *nt*

joaillier, -ière [ʒɔaje, -jɛʀ] *m, f* Juwelier(in) *m(f)*

job [dʒɔb] *m fam* Job *m*

jobard, e [ʒɔbaʀ, aʀd] **I.** *adj.* (*personne*) einfältig; (*air*) dämlich **II.** *m, f* Trottel *m*

jockey [ʒɔkɛ] *m* Jockei *m,* Jockey *m*

Joconde [ʒɔkɔ̃:d(ə)] *f* **la** ~ die Mona Lisa

jogger [(d)ʒɔge] <1> *v. intr.* SPORT joggen

joggeur [(d)ʒɔgœʀ] *m* Sportschuh *m* mit dicker Sohle

joggeur, -euse [(d)ʒɔgœʀ] *m, f* Jogger(in) *m(f)*

jogging [(d)ʒɔgiŋ] *m* ❶ (*footing*) Jogging *nt;* **faire du** ~ joggen ❷ (*survêtement*) Jogginganzug *m*

joie [ʒwa] *f* ❶ (*bonheur*) Freude *f;* **être fou de** ~ außer sich vor Freude sein; **pleurer de** ~ vor Freude weinen ❷ *pl* (*plaisirs*) Freuden *Pl* (*geh*) ▶ **c'est pas la ~!** *fam* da gibt's nichts zu lachen!

joindre [ʒwɛ̃dʀ] <irr> **I.** *v. tr.* ❶ (*faire se toucher*) zusammenfügen; (*mains*) falten; ~ **à qc** an etw (*Akk*) fügen ❷ (*relier*) miteinander verbinden ❸ (*ajouter*) ~ **qc à un dossier** einer Akte etw beifügen; ~ **le geste à la parole** seinen Worten Taten folgen lassen ❹ (*personne*) erreichen **II.** *v. pron.* **se ~ à qn/qc** sich jdm/einer S. anschließen; **se ~ à une conversation** sich an einer Unterhaltung beteiligen

joint [ʒwɛ̃] *m* ❶ (*espace*) Fuge *f* ❷ (*d'un couvercle, d'un robinet*) Dichtung *f*

joint, e [ʒwɛ̃, ɛ̃t] **I.** *part. passé de* **joindre** **II.** *adj.* ❶ (*mains*) gefaltet; (*pieds*) geschlossen ❷ (*efforts*) gemeinsam; (*compte*) Gemeinschafts- ❸ (*ajouté*) beigefügt; **pièce ~e** Anlage *f*

jointure [ʒwɛ̃tyʀ] *f* ❶ ANAT Gelenk *nt* ❷ TECH Fuge *f*

joint-venture [dʒɔjntvɛntʃœʀ] <joint-ventures> *f* Joint-Venture *nt*

jojo [ʒoʒo] **I.** *m* ▶ **un affreux** ~ ein ganz übler Bursche **II.** *adj. inv, fam* **ne pas être** ~ nicht gerade umwerfend sein

joli, e [ʒɔli] *adj.* ❶ (*agréable*) hübsch; (*vêtement, chanson*) nett; (*voix*) angenehm; (*objet*) schön ❷ (*considérable*) beachtlich ❸ *iron* **c'est du ~!** das ist ja reizend! (*fam*)

joliment [ʒɔlimɑ̃] *adv.* ❶ (*agréablement*) nett ❷ (*très*) ganz schön (*fam*)

jonc [ʒɔ̃] *m* Binse *f*

joncher [ʒɔ̃ʃe] <1> *v. tr.* bedecken; (*lit*) verstreut liegen auf (+ *Dat*)

jonction [ʒɔ̃ksjɔ̃] *f* (*de routes*) Einmündung *f;* (*de fleuves*) Zusammenfluss *m;* (*de voies ferrées*) Weiche *f*

jongler [ʒɔ̃gle] <1> *v. intr.* jonglieren

jonglerie [ʒɔ̃gləʀi] *f péj* (*manœuvre*) Hokuspokus *m*

jongleur, -euse [ʒɔ̃glœʀ, -øz] *m, f* Jongleur(in) *m(f)*

jonque [ʒɔ̃k] *f* Dschunke *f*

jonquille [ʒɔ̃kij] *f* Osterglocke *f*

Jordanie [ʒɔʀdani] *f* **la ~** Jordanien *nt*

jordanien, ne [ʒɔʀdanjɛ̃, jɛn] *adj.* jordanisch

Jordanien, ne [ʒɔʀdanjɛ̃, jɛn] *m, f* Jordanier(in) *m(f)*

jouable [ʒwabl] *adj.* (*faisable*) machbar

joual [ʒwal] *m* Frankokanadisch *nt; voir a.* **allemand**

joual, e [ʒwal] <s> *adj.* frankokanadisch; *voir a.* **allemand**

joue [ʒu] *f* Backe *f*

jouer [ʒwe] <1> **I.** *v. intr.* ❶ spielen; **~ au foot** Fußball spielen; **~ du piano** Klavier spielen; **à toi/vous de ~ !** du bist/ihr seid dran! ❷ FIN **~ à la Bourse** an der Börse spekulieren ❸ (*miser*) **~ sur qc** auf etw (*Akk*) setzen ❹ (*risquer*) **~ avec sa santé** mit seiner Gesundheit spielen ▶ **bien joué !** gut so!; **~ serré** höllisch aufpassen; **c'est pour ~** das sollte ein Scherz sein **II.** *v. tr.* ❶ JEUX (*carte*) [aus]spielen; (*pion*) ziehen [mit]; **je joue atout cœur** Herz ist Trumpf ❷ THEAT, CINE (*pièce, rôle*) spielen ❸ (*feindre*) **~ la comédie** Theater spielen ❹ *fig* (*revanche*) geben ❺ (*miser*) setzen auf (+ *Akk*) ❻ (*sa tête, sa réputation*) riskieren, aufs Spiel setzen ❼ MUS [vor]spielen ▶ **rien n'est encore joué** noch ist nichts entschieden **III.** *v. pron.* **se ~** (*avenir*) sich entscheiden ▶ **se la ~** *fam* sich dicketun

jouet [ʒwɛ] *m* Spielzeug *nt;* **des ~s** Spielsachen *Pl*

joueur, -euse [ʒwœʀ, -øz] **I.** *adj.* (*animal, enfant*) verspielt **II.** *m, f* JEUX, SPORT Spieler(in) *m(f);* **être mauvais ~** ein schlechter Verlierer sein

joufflu, e [ʒufly] *adj.* pausbäckig

joug [ʒu] *m* AGR Joch *nt*

jouir [ʒwiʀ] <8> *v. intr.* ❶ **~ de la vie** das Leben genießen ❷ (*disposer de*) **~ de privilèges** Privilegien genießen; **~ d'un bien** Inhaber *m* eines Gutes sein; **~ d'une fortune** vermögend sein ❸ (*sexuellement*) einen Orgasmus haben

jouissance [ʒwisɑ̃s] *f* ❶ (*plaisir*) Vergnügen *nt* ❷ (*usage*) Nutzung *f* ❸ (*orgasme*) Orgasmus *m*

joujou [ʒuʒu] <x> *m enfantin* Spielzeug *nt*

jour [ʒuʀ] *m* ❶ (*24 heures*) Tag *m;* **par ~** täglich; **tous les ~s** jeden Tag ❷ (*opp: nuit*) Tag *m;* **être de ~** Tagdienst haben ❸ (*opp: obscurité*) Tageslicht *nt;* **il fait ~** es ist hell ❹ (*jour précis*) Tag *m;* **le ~ J** der Tag X; **les ~s de marché** an Markttagen; **plat du ~** Tagesessen *nt;* **goût du ~** Zeitgeist *m* ❺ (*période vague*) **à ce ~** bis heute; **un de ces ~s** demnächst; **de nos ~s** heutzutage; **l'autre ~** *fam* neulich; **un ~ ou l'autre** früher oder später ❻ *pl, soutenu* (*vie*) **finir ses ~s à l'hospice** sein Leben im Altersheim beenden; **vieux ~s** Alter *nt* ❼ (*interstice*) Spalte *f* ▶ **au grand ~** in aller Öffentlichkeit; **mettre qc à ~** etw auf den neuesten Stand bringen; **voir le ~** geboren werden

journal [ʒuʀnal, o] <-aux> *m* ❶ (*quotidien, bureaux*) Zeitung *f* ❷ (*hebdomadaire*) Zeitschrift *f* ❸ (*mémoire*) **~ intime** Tagebuch *nt;* **~ de bord** NAUT Logbuch *nt* ❹ MEDIA **~ télévisé** [Fernseh]nachrichten *Pl*

journalier, -ière [ʒuʀnalje, -jɛʀ] *adj.* täglich; (*salaire, gain*) Tages-

journalisme [ʒuʀnalism] *m* Journalismus *m*

journaliste [ʒuʀnalist] *mf* Journalist(in) *m(f)*

journalistique [ʒuʀnalistik] *adj.* Zeitungs-, journalistisch

journée [ʒuʀne] *f* ❶ Tag *m;* **pendant la ~** tagsüber ❷ (*temps de travail*) Arbeitstag *m;* **~ de 8 heures** Achtstundentag *m*

journellement [ʒuʀnɛlmɑ̃] *adv.* täglich

joute [ʒut] *f* ❶ SPORT **~ nautique** Fischerstechen *nt* ❷ (*rivalité*) **~ oratoire** Wortgefecht *nt*

jouvence [ʒuvɑ̃s] *f* **cure/eau de ~** Verjüngungskur *f*/-elixier *nt*

jovial, e [ʒɔvjal] <s> *adj.* heiter

jovialement [ʒɔvjalmɑ̃] *adv.* heiter; (*saluer*) freundlich

jovialité [ʒɔvjalite] *f* Heiterkeit *f*

joyau [ʒwajo] <x> *m* ❶ Juwel *nt* ❷ *fig* Kleinod *nt*

joyeusement [ʒwajøzmɑ̃] *adv.* fröhlich

joyeux, -euse [ʒwajø, -jøz] *adj.* (*chant*) fröhlich; (*personne*) vergnügt; (*compagnie*) lustig; **joyeuse fête!** frohes Fest!; **~ anniversaire!** herzlichen Glückwunsch zum Geburtstag!

joystick [ʒɔjstik] *m* Joystick *m*

JT [ʒite] *m fam abr. de* **journal télévisé** [Fernseh]nachrichten *Pl*

jubilation [ʒybilasjɔ̃] *f* Jubel *m*

jubilé [ʒybile] *m* fünfzigjähriges [Dienst]jubiläum

jubiler [ʒybile] <1> *v. intr.* sich unheimlich freuen (*fam*)

jucher [ʒyʃe] <1> **I.** *v. tr.* **~ sur qc** [hoch] oben auf etw (*Akk*) stellen **II.** *v. pron.* **se ~ sur qc** sich [hoch] oben auf etw (*Akk*) setzen

judaïque [ʒydaik] *adj.* jüdisch; (*loi*) mosaisch

judaïsme [ʒydaism] *m* Judaismus *m*

judas [ʒyda] *m* ARCHIT Spion *m*

judiciaire [ʒydisjɛʀ] *adj.* ❶ (*autorité*) Justiz-; (*police*) Kriminal- ❷ (*erreur*) Justiz-; (*casier*) Straf-

judicieusement [ʒydisjøzmɑ̃] *adv.* sinnig; (*employer son temps*) sinnvoll; (*conseiller*) klug

judicieux, -euse [ʒydisjø, -jøz] *adj.* klug; (*raisonnement*) stichhaltig

judo [ʒydo] *m* Judo *nt*

judoka [ʒydoka] *mf* Judoka *m*

juge [ʒyʒ] *m* Richter(in) *m(f)*; **Madame le ~** Frau Richterin; **~ des enfants** Jugendrichter; **~ de commune** CH (*dans le canton de Valois*) Friedensrichter (CH); **~ de paix** CH (*dans les cantons de Fribourg, Genève et Vaud*) Friedensrichter (CH) ▸**je vous laisse ~** ich überlasse es Ihnen

jugé [ʒyʒe] *m* ▸**au ~** nach Augenmaß; (*environ*) ungefähr

juge-arbitre [ʒyʒaʀbitʀ] <juges-arbitres> *m* Schiedsrichter(in) *m(f)*

jugement [ʒyʒmɑ̃] *m* ❶ a. JUR Urteil *nt*; **faire passer qn en ~** jdn vor Gericht stellen ❷ (*discernement*) Urteilsvermögen *nt*

jugeote [ʒyʒɔt] *f fam* Grips *m*

juger [ʒyʒe] <2a> **I.** *v. tr.* ❶ JUR **~ qn pour vol** jdn wegen Diebstahls verurteilen; **~ qn coupable** jdn für schuldig befinden ❷ (*arbitrer*) entscheiden ❸ (*livre, situation*) beurteilen **II.** *v. intr.* ❶ JUR entscheiden ❷ (*estimer*) **à en ~ par qc** nach etw zu urteilen **III.** *v. pron.* **se ~ incapable** sich für unfähig halten

juif, -ive [ʒɥif, -iv] *adj.* jüdisch; (*quartier*) Juden-

Juif, -ive [ʒɥif, -iv] *m, f* Jude *m*/Jüdin *f*

juillet [ʒɥijɛ] *m* Juli *m*; *voir a.* **août**

juin [ʒɥɛ̃] *m* Juni *m*; *voir a.* **août**

jules [ʒyl] *m fam* (*amoureux*) Kerl *m*

julienne [ʒyljɛn] *f* Julienne[suppe *f*] *f*

jumeau, -elle [ʒymo, -ɛl] <x> **I.** *adj.* Zwillings-; **des lits ~x** zwei Einzelbetten **II.** *m, f* Zwilling *m*; (*frère*) Zwillingsbruder *m*; (*sœur*) Zwillingsschwester *f*

jumelage [ʒymlaʒ] *m* Partnerschaft *f*

jumeler [ʒymle] <3> *v. tr.* POL **être jumelées** Partnerstädte sein

jumelles [ʒymɛl] *fpl* OPT Fernglas *nt*

jument [ʒymɑ̃] *f* Stute *f*

jumping [dʒœmpiŋ] *m* Springreiten *nt*

jungle [ʒœ̃gl] *f* Dschungel *m*

junior [ʒynjɔʀ] **I.** *adj.* (*catégorie*) Junioren- **II.** *mf* Junior(in) *m(f)*

junkie [dʒœnki] *mf fam* Junkie *m*

junte [ʒœ̃t] *f* Junta *f*

jupe [ʒyp] *f* Rock *m*

jupe-culotte [ʒypkylɔt] <jupes-culottes> *f* Hosenrock *m* **jupe-portefeuille** [ʒyppɔʀtəfœj] *f* Wickelrock *m*

jupette [ʒypɛt] *f* Röckchen *nt*

Jupiter [ʒypitɛʀ] *m* ASTRO, HIST Jupiter *m*

jupon [ʒypɔ̃] *m* Unterrock *m*

Jura [ʒyʀa] *m* **le ~** der Jura

jurassien, ne [ʒyʀasjɛ̃, jɛn] *adj.* Jura-; **montagne ~ne** Jura *m*

jurassique [ʒyʀasik] *adj.* GEO **période ~** Jura *m*

juré, e [ʒyʀe] **I.** *adj.* (*ennemi*) erklärt **II.** *m, f* JUR Geschworene(r) *f(m)*

jurer [ʒyʀe] <1> **I.** *v. tr.* ❶ **~ à qn de faire qc/que** jdm schwören, etw zu tun/, dass ❷ (*se promettre*) **~ de se venger** Rache schwören ❸ (*croire*) **j'aurais juré que ...** ich hätte geschworen, dass ... ▸**je te** [*o* **vous**] **jure!** *fam* also ehrlich! **II.** *v. intr.* ❶ (*pester*) **~ contre qn/qc** über jdn/etw fluchen ❷ (*détonner*) **~ avec qc** nicht zu etw passen ❸ (*affirmer*) **~ de qc** etw beteuern **III.** *v. pron.* ❶ sich (*Dat*) schwören

❹ (*décider*) **se ~ de faire qc** sich (*Dat*) fest vornehmen, etw zu tun

juridique [ʒyʀidik] *adj.* ❶ (*judiciaire*) gerichtlich ❷ (*qui a rapport au droit*) juristisch; (*statut*) rechtlich

juridiquement [ʒyʀidikmɑ̃] *adv.* ❶ (*en justice*) gerichtlich ❷ (*légalement*) juristisch gesehen

jurisprudence [ʒyʀispʀydɑ̃s] *f* Rechtsprechung *f*

juriste [ʒyʀist] *mf* Jurist(in) *m(f)*

juron [ʒyʀɔ̃] *m* Fluch *m*

jury [ʒyʀi] *m* ❶ JUR Geschworene(n) *Pl* ❷ SPORT, ART Jury *f* ❸ SCOL, UNIV Prüfungskommission *f*

jus [ʒy] *m* ❶ Saft *m* ❷ *fam* (*café*) Kaffee *m*

jusqu'au-boutiste [ʒyskobutist] **I.** *adj.* **qn est ~** jd geht immer aufs Ganze (*fam*); **politique ~** Durchhaltepolitik *f* **II.** *mf* Hardliner *m*

jusque [ʒysk] <jusqu'> **I.** *prép.* ❶ (*limite de lieu*) bis; **jusqu'à 3000 m** bis auf 3000 m; **jusqu'aux genoux** bis zu den Knien; **jusqu'ici** bis hierher; **~-là** bis dorthin; **jusqu'où** bis wohin ❷ (*limite de temps*) bis; **jusqu'à maintenant** bis jetzt; **jusqu'à midi/au soir** bis Mittag/bis zum Abend; **jusqu'à quand?** bis wann?; **jusqu'alors** bis zu jenem Tag; **jusqu'au moment où** solange bis; **jusqu'en mai** bis Mai; **jusqu'ici** bis heute; **~-là** bis dahin ❸ (*y compris*) sogar; **tous jusqu'au dernier** alle ohne Ausnahme; **~ dans** sogar im/in der ❹ (*au plus*) **jusqu'à dix personnes** bis zu zehn Personen ❺ (*limite*) **jusqu'à quel point** wie sehr; **~-là** so weit; **jusqu'où** wie weit; **il va jusqu'à prétendre que …** er geht so weit zu behaupten, dass … **II.** *conj.* **jusqu'à ce que** + *subj.* bis

justaucorps [ʒystokɔʀ] *m* SPORT Body[suit] *m*

juste [ʒyst] **I.** *adj.* ❶ (*équitable*) gerecht; (*condition*) fair; **ce n'est pas ~** es ist ungerecht ❷ *antéposé* (*fondé*) berechtigt ❸ (*vêtement*) zu kurz; (*trop étroit*) zu eng ❹ (*à peine suffisant*) knapp ❺ (*exact*) richtig; (*heure*) genau; **c'est ~!** das stimmt! ❻ (*pertinent*) treffend **II.** *m* REL Gerechte(r) *f(m)* **III.** *adv.* ❶ (*avec exactitude*) richtig; (*viser, tirer*) genau; (*penser*) folgerichtig; (*raisonner*) treffend; **dire ~** Recht haben ❷ (*exactement*) [ganz] genau; **~ à côté** direkt daneben; **~ quand** gerade als ❸ (*seulement*) bloß ❹ (*mesurer*) knapp; **cela entre ~** das passt gerade noch hinein; **tout ~** gerade noch ▸ **au ~** eigentlich

justement [ʒystəmɑ̃] *adv.* ❶ (*à bon droit*) zu Recht ❷ (*exactement*) genau ❸ (*précisément*) gerade

justesse [ʒystɛs] *f* ❶ (*précision*) Genauigkeit *f;* (*d'une réponse, note*) Richtigkeit *f* ❷ (*pertinence*) Richtigkeit *f;* (*d'une expression*) Korrektheit *f;* (*d'une remarque*) Zutreffen *nt;* (*d'un raisonnement*) Stichhaltigkeit *f* ▸ **de ~** ganz knapp

justice [ʒystis] *f* ❶ (*principe*) Gerechtigkeit *f* ❷ (*loi*) Gesetz *nt;* **rendre la ~** Recht sprechen; **obtenir ~** zu seinem Recht kommen ❸ (*juridiction*) Justiz *f;* **en ~** vor Gericht ▸ **se faire ~** sich (*Dat*) selbst Recht verschaffen

justiciable [ʒystisjabl] *adj.* JUR justiziabel

justicier, -ière [ʒystisje, -jɛʀ] *m, f* Verfechter(in) *m(f)* der Gerechtigkeit

justifiable [ʒystifjabl] *adj.* vertretbar

justificatif [ʒystifikatif] *m* (*preuve*) Beweis[stück *nt*] *m;* **~ d'identité** Ausweis *m*

justification [ʒystifikasjɔ̃] *f* ❶ (*d'un acte, d'une conduite*) Rechtfertigung *f* ❷ (*preuve*) Beweis *m;* (*d'un paiement*) Beleg *m*

justifier [ʒystifje] <1> **I.** *v. tr.* ❶ rechtfertigen; (*point de vue*) bestätigen; (*affirmation*) beweisen ❷ TYP, INFORM **justifié à droite/à gauche** rechts-/linksbündig **II.** *v. pron.* ❶ (*se disculper*) **se ~ de qc auprès de qn** sich wegen etw vor jdm rechtfertigen ❷ (*s'expliquer*) **se ~ par qc** durch etw zu rechtfertigen sein

jute [ʒyt] *m* Jute *f*

juteux, -euse [ʒytø, -øz] *adj.* ❶ (*fruit*) saftig ❷ *fam* (*lucratif*) lukrativ

juvénile [ʒyvenil] *adj.* jugendlich

juxtaposé, e [ʒykstapoze] *adj.* nebeneinanderliegend; (*idées*) gegenübergestellt

juxtaposer [ʒykstapoze] <1> *v. tr.* (*mots, objets*) aneinanderreihen, nebeneinanderstellen; **~ qc à qc** etw an etw (*Akk*) reihen

juxtaposition [ʒykstapozisjɔ̃] *f* Aneinanderreihung *f*

Kk

K, k [kɑ] *m inv.* K *nt,* k *nt*
kaki [kaki] **I.** *adj. inv.* k[h]akifarben **II.** *m sans pl.* K[h]aki *nt*
kaléidoscope [kaleidɔskɔp] *m* Kaleidoskop *nt*
kangourou [kɑ̃guʀu] *m* Känguru *nt*
karaoké [kaʀaɔke] *m* Karaoke *nt*
karaté [kaʀate] *m* Karate *nt*
kart [kaʀt] *m* [Go-]Kart *m*
karting [kaʀtiŋ] *m* Gokartsport *m*
kascher [kaʃɛʀ] *adj.* koscher
kayak [kajak] *m* Kajak *m o nt*
kébab [kebab] *m* Döner *m*
keffieh [kefjɛ, kefje] *m,* **kéfié** [kefje] *m* Palästinensertuch *nt,* Kufija *f*
Kenya [kenja] *m* **le ~** Kenia *nt*
kényan, e [kenjɑ̃, an] *adj.* kenianisch
K **Kényan, e** [kenjɑ̃, an] *mf* Kenianer(in) *m(f)*
képi [kepi] *m* Käppi *nt*
kermesse [kɛʀmɛs] *f* ① Wohltätigkeitsbasar *m* ② BELG, NORD *(fête patronale)* Kirmes *f*
kérosène [keʀozɛn] *m* Kerosin *nt*
ketchup [kɛtʃœp] *m* Ketschup *m o nt*
khôl [kol] *m* Kajal[stift *m*] *nt*
kidnapper [kidnape] <1> *v. tr.* entführen
kidnappeur, -euse [kidnapœʀ, -øz] *m, f* Entführer(in) *m(f)*
kifer [kife], **kiffer** [kife] <1> *fam* **I.** *v. intr.* **ça me fait ~** darauf fahre ich voll ab **II.** *v. tr.* *(aimer bien)* **~ qn/qc** voll auf jdn/etw abfahren
kif-kif [kifkif] *m* ▸ **c'est ~ [bourricot]** *fam* das ist Jacke wie Hose
kiki [kiki] *m fam* **serrer le ~ à qn** jdm die Gurgel zudrücken
kilo [kilo] *m abr. de* **kilogramme** Kilo *nt;* **un ~ de fraises** ein Kilo Erdbeeren
kilogramme [kilɔgʀam] *m* Kilogramm *nt*
kilohertz [kiloɛʀts] *m* Kilohertz *nt*
kilométrage [kilɔmetʀaʒ] *m* Kilometerstand *m*
kilomètre [kilɔmɛtʀ] *m* Kilometer *m;* **~ carré** Quadratkilometer; **cent ~s à l'heure** [*o* **~s-heure**] hundert Stundenkilometer
kilomètre-heure [kilɔmɛtʀœʀ] <kilomètres-heure> *m* Stundenkilometer *m*
kilo-octet [kiloɔktɛ] <kilo-octets> *m* Kilobyte *nt*
kilotonne [kilotɔn] *f* Kilotonne *f*
kilowatt [kilowat] *m* Kilowatt *nt*
kilowattheure [kilowatœʀ] *m* Kilowattstunde *f*
kiné [kine] *mf fam,* **kinési** [kinezi] *mf fam abr. de* **kinésithérapeute** Krankengymnast(in) *m(f)* **kinésithérapeute** [kineziteʀapøt] *mf* Krankengymnast(in) *m(f)*
kiosque [kjɔsk] *m* Kiosk *m;* **~ à journaux** Zeitungsstand *m*
kir® [kiʀ] *m* Kir *m;* **~ royal** Kir royal

> Der **kir** ist ein beliebter Aperitif aus Weißwein und schwarzem Johannisbeerlikör *(cassis)*. Für die verfeinerte Variante **kir royal** mischt man statt Weißwein Champagner mit schwarzem Johannisbeerlikör.

kirsch [kiʀʃ] *m* Kirschwasser *nt*
kit [kit] *m* ① *(prêt-à-monter)* [Fertig]bausatz *m* ② *(pour un téléphone portable)* **~ piétons** Freisprechset *nt;* **~ auto** [*o* **mains libres**] Freisprechanlage *f*
kitchenette [kitʃənɛt] *f* Kochnische *f*
kit[s]ch [kitʃ] *adj. inv.* kitschig
kiwi [kiwi] *m* Kiwi *f*
klaxon® [klaksɔn] *m* Hupe *f*
klaxonner [klaksɔne] <1> *v. intr.* hupen
kleenex® [klinɛks] *m* Tempo® *nt*
kleptomane [klɛptɔman] *adj.* kleptomanisch
km *abr. de* **kilomètre** km
Ko [kɑo] *m abr. de* **kilo-octet** INFORM KB *nt*
K.-O. [kɑo] *adj. inv, fam abr. de* **knock-out** ① *(assommé)* benommen; **mettre qn ~** SPORT jdn k. o. schlagen ② *(épuisé)* k. o.; **mettre qn ~** jdn total fertigmachen *(fam)*
koala [kɔala] *m* Koala *m*
kouglof [kuglɔf] *m* Gugelhopf *m*
Koweït [kɔwɛt] *m* **le ~** Kuwait *nt*

koweïtien, ne [kɔwɛtjɛ̃, jɛn] *adj.* kuwaitisch

Koweïtien, ne [kɔwɛtjɛ̃, jɛn] *m, f* Kuwaiter(in) *m(f)*

krach [kʀak] *m* FIN Börsenkrach *m*

kurde [kyʀd] **I.** *adj.* kurdisch **II.** *m* Kurdisch *nt; voir a.* **allemand**

Kurde [kyʀd] *m, f* Kurde *m*/Kurdin *f*

Kurdistan [kyʀdistɑ̃] *m* **le ~** Kurdistan *nt*

Kuwait [kɔwɛt] *m voir* **Koweït**

kyrielle [kiʀjɛl] *f fam* **une ~ d'enfants** eine Schar Kinder

kyste [kist] *m* Zyste *f*

L

L, l [ɛl] *m inv.* L *nt,* l *nt*

l *abr. de* **litre** l

l' *art. pron. voir* **le, la**

la¹ [la] < *devant voyelle ou h muet* l'> **I.** *art. déf.* **la mouche/puce/poule** die Mücke/der Floh/das Huhn **II.** *pron. pers, féminin* ❶ (*personne*) **il ~ voit** er sieht sie; **il l'aide** er hilft ihr ❷ (*animal ou objet*) **où est ma montre/ceinture? Je ne ~ trouve pas!** wo ist meine Uhr/mein Gürtel? Ich finde sie/ihn nicht! ❸ *avec laisser* sie; **il ~ laisse conduire la voiture** er lässt sie das Auto fahren ❹ *avec un présentatif* sie; **~ voici!** hier ist sie!

la² [la] *m inv.* A *nt,* a *nt;* **donner le ~** den Kammerton angeben

là¹ [la] *adv.* ❶ (*avec déplacement à distance*) dorthin ❷ (*avec déplacement à proximité*) hierher; **passer par ~** da entlanggehen/entlangfahren; **de ~** von dort [aus] ❸ (*sans déplacement à distance*) dort ❹ (*sans déplacement à proximité*) hier; (*à la maison*) da; [**quelque part**] **par ~** hier irgendwo ❺ (*à ce moment-là*) da; **à partir de ~** von da an; **jusque-~** bis dahin; **à ce moment-~** in diesem Augenblick ❻ (*en ce moment*) da ❼ (*alors*) also da ❽ (*dont il est question*) **cette histoire-~** diese Geschichte [da] ▸**les choses en sont ~** so stehen die Dinge

là² [la] *interj.* na

là-bas [labɑ] *adv.* ❶ (*avec déplacement*) dorthin ❷ (*avec déplacement*) dort

label [labɛl] *m* Schutzmarke *f*

labo [labo], **laboratoire** [labɔʀatwaʀ] *m* (*salle*) Labor *nt;* **~ d'analyses** diagnostisches Labor

laborantin, e [labɔʀɑ̃tɛ̃, in] *m, f* Laborant(in) *m(f)*

laborieux, -euse [labɔʀjø, -jøz] *adj.* ❶ (*pénible*) mühsam; (*recherche*) langwierig ❷ (*classes, masses*) arbeitend

labour [labuʀ] *m* (*avec une charrue*) Pflügen *nt*

labourer [labuʀe] <1> *v. tr.* AGR [um]pflügen

labrador [labʀadɔʀ] *m* Labrador[hund] *m*

labyrinthe [labiʀɛ̃t] *m* Labyrinth *nt*

lac [lak] *m* See *m*

lacer [lase] <2> *v. tr.* [zu]binden

lacet [lasɛ] *m* ❶ Schnürsenkel *m* ❷ (*virage*) Serpentine *f;* (*d'une rivière*) Schleife *f*

lâche [lɑʃ] **I.** *adj.* ❶ (*poltron*) feige ❷ (*corde*) locker **II.** *mf* Feigling *m*

lâchement [lɑʃmɑ̃] *adv.* feige

lâcher [lɑʃe] <1> **I.** *v. tr.* ❶ (*laisser aller*) loslassen; (*ballon*) fliegen lassen; (*bêtise, mot*) von sich geben ❷ *fam* (*abandonner*) aufgeben, fallen lassen **II.** *v. intr.* versagen; (*corde*) nachgeben

lâcheté [lɑʃte] *f* Feigheit *f*

lacis [lasi] *m* Geflecht *nt*

laconique [lakɔnik] *adj.* kurz und bündig

lacrymogène [lakʀimɔʒɛn] *adj.* **gaz ~** Tränengas *nt*

lacté, e [lakte] *adj.* GASTR (*dessert, bouillie*) Milch-

lacune [lakyn] *f* Lücke *f*

là-dedans [lad(ə)dɑ̃] *adv.* ❶ (*lieu*) da drin; **je ne reste pas ~** ich bleibe nicht hier drin; **n'avoir rien à voir ~** nichts damit zu tun haben ❷ (*direction*) da hinein **là-dessous** [lad(ə)su] *adv.* darunter; *fig* dahinter **là-dessus** [lad(ə)sy] *adv.* ❶ (*direction, ici*) hier

L

hinauf/herauf ② (*direction, là-bas*) dort hin-/herauf ③ (*lieu*) darauf ④ (*à ce sujet*) darüber; **compte** ~ verlass dich d[a]rauf ⑤ (*sur ce*) daraufhin

ladite [ladit] *adj. antéposé voir* **ledit**

lagon [lagɔ̃] *m* Lagune *f*

lagune [lagyn] *f* Lagune *f*

là-haut [lao] *adv.* ① (*au-dessus: direction*) dort hinauf; (*lieu*) dort oben ② (*dans le ciel*) dort oben

La Haye [la´ɛ] Den Haag

laïcité [laisite] *f* Trennung *f* von Kirche und Staat; (*de l'enseignement*) religiöse Neutralität

> In Frankreich herrscht seit 1905 das Prinzip der **laïcité**, also der gesetzlichen Trennung von Kirche und Staat. Dies bedeutet zum Beispiel, dass in den staatlichen Schulen kein Religionsunterricht erteilt wird und dass es keine Kirchensteuer gibt.

laid, e [lɛ, lɛd] *adj.* hässlich

laideron [lɛdʀɔ̃] *m* hässliches Mädchen

laideur [lɛdœʀ] *f* Hässlichkeit *f*

laie [lɛ] *f* Wildsau *f*

lainage [lɛnaʒ] *m* ① (*étoffe*) Wollstoff *m* ② (*vêtement*) **un** ~ etwas Wollenes, etwas aus Wolle

laine [lɛn] *f* ① Wolle *f;* **gilet de** ~ Strickjacke *f* ② (*vêtement*) **une petite** ~ etwas Warmes ③ (~ *minérale*) ~ **de verre** Glaswolle *f*

laineux, -euse [lɛnø, -øz] *adj.* wollig

laïque [laik] *adj.* ① POL laizistisch ② REL Laien-

laisse [lɛs] *f* Leine *f*

laissé-pour-compte, laissée-pour-compte [lesepuʀkɔ̃t] <laissés-pour-compte> *m, f* Abgeschobene(r) *f(m)*

laisser [lese] <1> **I.** *v. tr.* ① (*faire rester*) lassen; ~ **qn perplexe** jdn perplex machen; ~ **qn tranquille** jdn in Ruhe lassen ② (*choix*) lassen; (*parole*) überlassen ③ (*ne pas prendre*) [stehen] lassen; ~ **qc** etw zurücklassen/nicht mitnehmen ④ (*réserver*) ~ **qc à qn** etw für jdn übrig lassen ⑤ (*quitter*) **je te/vous laisse!** ich gehe jetzt! ⑥ (*traces, auréoles*) hinterlassen ⑦ (*message*) hinterlassen; (*voiture*) lassen; (*maison*) [über]lassen ⑧ (*léguer*) hinterlassen **II.** *aux* ~ **faire** tun lassen; ~ **qn faire qc** jdm gestatten etw zu tun ▸ ~ **faire** die Dinge laufen lassen (*fam*); **se** ~ **faire** sich (*Dat*) alles gefallen lassen (*fam*)

laisser-aller [leseale] *m inv.* Nachlässigkeit *f* **laisser-faire** [lesefɛʀ] *m inv.* Laisser-faire *nt*

lait [lɛ] *m* Milch *f;* ~ **en poudre** Milchpulver *nt;* ~ **longue conservation** haltbare Milch

laitage [lɛtaʒ] *m* Milchprodukt *nt*

laiterie [lɛtʀi] *f* Molkerei *f*

laiteux, -euse [lɛtø, -øz] *adj.* milchig

laitier, -ière [letje, -jɛʀ] *m, f* Milchmann *m*/Milchfrau *f*

laiton [lɛtɔ̃] *m* Messing *nt*

laitue [lety] *f* Kopfsalat *m*

laïus [lajys] *m fam* Rede *f*

lama [lama] *m* Lama *nt*

lambeau [lɑ̃bo] <x> *m souvent pl.* Fetzen *m;* **en ~x** in Fetzen

lambiner [lɑ̃bine] <1> *v. intr.* [herum]trödeln

lambris [lɑ̃bʀi] *m* Täfelung *f*

lame [lam] *f* Klinge *f*

lamé [lame] *m* Lamé *m*

lamelle [lamɛl] *f* (*petite lame*) schmaler Streifen *m;* (*d'une jalousie*) Lamelle *f*

lamentable [lamɑ̃tabl] *adj.* (*état, mine*) jämmerlich; (*ton, voix*) kläglich; (*résultats, travail*) dürftig; (*salaire*) kümmerlich

lamentablement [lamɑ̃tabləmɑ̃] *adv.* jämmerlich

lamentation [lamɑ̃tasjɔ̃] *f gén. pl.* Jammern *nt kein Pl.*

lamenter [lamɑ̃te] <1> *v. pron.* **se** ~ **sur qc** über etw (*Akk*) jammern

laminer [lamine] <1> *v. tr.* TECH walzen

lampadaire [lɑ̃padɛʀ] *m* ① Stehlampe *f* ② (*réverbère*) Laterne *f;* (*sur l'autoroute*) Straßenbeleuchtung *f*

lampe [lɑ̃p] *f* Lampe *f;* ~ **de chevet** Nachttischlampe

lampion [lɑ̃pjɔ̃] *m* Lampion *m*

lance [lɑ̃s] *f* ① (*arme*) Lanze *f* ② (*tuyau*) Schlauch *m;* ~ **d'incendie** Feuerspritze *f*

lancée [lɑ̃se] *f* Elan *m*

lance-flammes [lɑ̃sflam] *m inv.* Flammenwerfer *m*

lancement [lɑ̃smɑ̃] *m* ① (*d'un satellite*) Start *m;* (*d'une fusée*) Abschuss *m* ② COM Herausbringen *nt* ③ INFORM [Programm]start *m*

lance-pierre [lɑ̃spjɛʀ] <lance-pierres> *m* Steinschleuder *f*
lancer [lɑ̃se] <2> **I.** *v. tr.* ① (*projeter*) werfen; (*fusée*) abschießen; **~ qc** (*avion*) etw abwerfen; (*volcan*) etw ausstoßen; **~ qc à qn** jdm etw zuwerfen ② (*faire connaître*) herausbringen; (*acteur, chanteur*) bekannt machen; (*mode*) aufbringen ③ (*donner de l'élan*) in Schwung bringen; (*moteur, voiture*) anlassen; (*marque, produit*) auf den Markt bringen; (*entreprise*) ins Leben rufen ④ (*programme*) einführen; (*campagne*) einleiten; (*projet*) anlaufen lassen ⑤ (*nouvelle*) in Umlauf setzen; (*ultimatum*) stellen ⑥ (*accusation, menace*) aussprechen; **~ un appel à qn** einen Appell an jdn richten ⑦ INFORM starten **II.** *v. pron.* **se ~** ① (*se précipiter*) sich werfen; **se ~ à la poursuite de qn** sich an jds Verfolgung (*Akk*) machen ② (*s'engager*) sich stürzen; **se ~ dans le cinéma** sein Glück im Filmgeschäft versuchen **III.** *m* SPORT Wurf *m;* (*du poids*) Stoß *m*
lanceur [lɑ̃sœʀ] *m* (*fusée*) Trägerrakete *f*
lancinant, e [lɑ̃sinɑ̃, ɑ̃t] *adj.* stechend
Land [lɑ̃d, lɛndœʀ] <Länder> *m* [Bundes]land *nt*
landau [lɑ̃do] <s> *m* Kinderwagen *m*
lande [lɑ̃d] *f* Heide *f*
Landes [lɑ̃d] *fpl* **les ~** die Landes *(Landschaft im Südwesten Frankreichs)*
langage [lɑ̃gaʒ] *m* Sprache *f;* **~ parlé** Umgangssprache; **~ des sourds-muets** Taubstummensprache; **~ de programmation** INFORM Programmiersprache
lange [lɑ̃ʒ] *m* Wickeltuch *nt*
langer [lɑ̃ʒe] <2a> *v. tr.* wickeln
langoureux, -euse [lɑ̃guʀø, -øz] *adj.* (*regard, air*) schmachtend
langouste [lɑ̃gust] *f* Languste *f*
langoustine [lɑ̃gustin] *f* Kaisergranathummer *m*, Kaisergranat *m*
langue [lɑ̃g] *f* ① ANAT Zunge *f;* **tirer la ~ à qn** jdm die Zunge herausstrecken ② (*langage*) Sprache *f;* **~ étrangère/maternelle** Fremd-/Muttersprache; **~ officielle/d'enseignement** Amts-/Unterrichtssprache ▸ **~ de __bois__** Phrasendrescherei *f* (*fam*); **être __mauvaise__ ~** ein Lästermaul sein (*fam*)
langue-de-chat [lɑ̃gdəʃa] <langues-de-chat> *f* Katzenzunge *f (Feingebäck)*
Languedoc [lɑ̃g(ə)dɔk] *m* **le ~** das Languedoc
languette [lɑ̃gɛt] *f* (*d'une chaussure*) Zunge *f;* (*d'une boîte*) Lasche *f*
languir [lɑ̃giʀ] <8> *v. intr.* ① (*conversation*) stocken ② (*patienter*) **faire ~ qn** jdn schmachten lassen
lanière [lanjɛʀ] *f* Riemen *m*
lanterne [lɑ̃tɛʀn] *f* Laterne *f*
lapalissade [lapalisad] *f* Binsenweisheit *f*
laper [lape] <1> *v. tr.* schlabbern (*fam*)
lapereau [lapʀo] <x> *m* junges Kaninchen
lapidaire [lapidɛʀ] *adj.* lapidar
lapider [lapide] <1> *v. tr.* steinigen
lapin [lapɛ̃] *m* ZOOL, GASTR Kaninchen *nt; voir a.* **lapine** ▸ **le __coup__ du ~** das Schleudertrauma; **__poser__ un ~ à qn** *fam* jdn versetzen
lapine [lapin] *f* weibliches Kaninchen; *voir a.* **lapin**
laps [laps] *m* **~ de temps** Zeit *f*
lapsus [lapsys] *m* Lapsus *m*
laquais [lakɛ] *m* Lakai *m*
laque [lak] *f* ① [Haar]spray *nt o m* ② (*peinture*) Lack[farbe *f*] *m*
laqué, e [lake] *adj.* ① (*peint*) lackiert ② GASTR **canard ~** Pekingente *f*
laquelle [lakɛl] *pron. voir* **lequel**
laquer [lake] <1> *v. tr.* lackieren
larbin [laʀbɛ̃] *m péj fam* Lakai *m*
lard [laʀ] *m* Speck *m;* **~ gras** Bauchspeck ▸ **__gros__ ~** Fettwanst *m* (*fam*)
lardon [laʀdɔ̃] *m* Speckwürfel *m*
large [laʀʒ] **I.** *adj.* ① (*opp: étroit*) breit; (*cercle, vêtement*) weit; **être ~ d'épaules** breitschultrig sein; **~ de dix mètres** zehn Meter breit ② (*important*) breit; (*champ d'action, diffusion*) weit; (*mesure, succès*) groß ③ (*acception, sens*) weit; (*idées*) großzügig; **~ d'esprit** offen **II.** *adv.* (*calculer, voir*) großzügig **III.** *m* ① (*haute mer*) offene See; **gagner le ~** aufs offene Meer [hinaus]fahren ② (*largeur*) **de ~** breit; **de 30 mètres de ~** von 30 Meter(n) Breite ▸ **__prendre__ le ~** *fam* sich aus dem Staub machen; **__au__ ~ de la côte** vor der Küste
largement [laʀʒəmɑ̃] *adv.* ① (*opp: étroitement*) weit ② (*amplement*) bei weitem; **avoir ~ le temps** reichlich Zeit haben; **~ assez** weitaus genug

largesse [laʀʒɛs] *f pl* (*dons*) Zuwendungen *Pl*
largeur [laʀʒœʀ] *f* Breite *f*
larguer [laʀge] <1> *v. tr.* ① NAUT losmachen ② AVIAT abwerfen; (*parachutistes, troupes*) absetzen ③ *fam* **~ un ami** mit einem Freund Schluss machen
larme [laʀm] *f* ① Träne *f;* **en ~s** in Tränen ② *fam* (*goutte*) Tropfen *m* ▸ **fondre en ~s** in Tränen ausbrechen
larmoyant, e [laʀmwajɑ̃, jɑ̃t] *adj.* (*ton, voix*) weinerlich
larmoyer [laʀmwaje] <6> *v. intr.* (*œil*) tränen
larve [laʀv] *f* ① ZOOL Larve *f* ② (*personne déchue*) menschliches Wrack
laryngite [laʀɛ̃ʒit] *f* Kehlkopfentzündung *f*
larynx [laʀɛ̃ks] *m* Kehlkopf *m*
las, se [lɑ, lɑs] *adj.* (*personne*) abgespannt
lasagne [lazaɲ] <[s]> *f* Lasagne *f*
lascif, -ive [lasif, -iv] *adj.* lasziv
laser [lazɛʀ] **I.** *m* Laser *m* **II.** *app* Laser-; **platine ~** Laserplatte *f*
lassant, e [lɑsɑ̃, ɑ̃t] *adj.* ermüdend
lasser [lɑse] <1> **I.** *v. tr.* ermüden **II.** *v. pron.* **se ~ de qc** einer S. (*Gen*) überdrüssig werden; **se ~ de faire qc** es müde werden etw zu tun
lassitude [lɑsityd] *f* ① (*fatigue physique*) Mattigkeit *f* ② (*fatigue morale*) Überdruss *m*
lasso [laso] *m* Lasso *m o nt*
lasure [lazyʀ] *f* Lasur *f*
latent, e [latɑ̃, ɑ̃t] *adj.* latent; (*conflit*) unterschwellig
latéral, e [lateʀal, o] <-aux> *adj.* Seiten-
latex [latɛks] *m* Latex *m*
latin [latɛ̃] *m* Latein *nt,* das Lateinische; *voir a.* **allemand**
latin, e [latɛ̃, in] *adj.* ① GEO, HIST, LING lateinisch; (*thème, version*) Latein-; (*civilisation, histoire*) römisch ② (*opp: anglo-saxon*) romanisch; (*tempérament*) südländisch ③ REL römisch-katholisch
latino-américain, e [latinoameʀikɛ̃, ɛn] <latino-américains> *adj.* lateinamerikanisch **Latino-américain, e** [latinoameʀikɛ̃, ɛn] <Latino-américains> *m, f* Lateinamerikaner(in) *m(f)*
latitude [latityd] *f* GEO Breite *f;* (*degré*) Breitengrad *m*
latrines [latʀin] *fpl* Latrine *f*
latte [lat] *f* Latte *f*
latter [late] <1> *v. tr. fam* **se faire ~** Dresche kriegen; **se faire ~ la tronche** eine aufs Maul kriegen
lauréat, e [lɔʀea, at] *m, f* Preisträger(in) *m(f)*
laurier [lɔʀje] *m* ① BOT, GASTR Lorbeer *m* ② *pl* (*gloire*) Lorbeeren *Pl*
laurier-rose [lɔʀjeʀoz] <lauriers-roses> *m* Oleander *m*
lavable [lavabl] *adj.* abwaschbar; **~ en machine** waschmaschinenfest
lavabo [lavabo] *m* ① Waschbecken *nt* ② *pl* (*toilettes*) Toilette *f*
lavage [lavaʒ] *m* Wäsche *f*
lavande [lavɑ̃d] *f* (*a. parfum*) Lavendel *m*
lave [lav] *f* Lava *f*
lave-glace [lavglas] <lave-glaces> *m* Scheibenwaschanlage *f* **lave-linge** [lavlɛ̃ʒ] *m inv.* Waschmaschine *f*
laver [lave] <1> **I.** *v. tr.* ① (*nettoyer*) waschen; (*vaisselle*) spülen; (*mur*) abwaschen ② (*disculper*) **~ qn d'un soupçon** jdn von einem Verdacht reinwaschen **II.** *v. pron.* ① (*se nettoyer*) **se ~** sich waschen; **se ~ les dents** sich (*Dat*) die Zähne putzen ② (*être lavable*) **se ~ à 90°** sich bis 90° waschen lassen
laverie [lavʀi] *f* **~ automatique** Waschsalon *m*
lavette [lavɛt] *f* ① (*chiffon*) Spültuch *nt* ② *fam* (*personne*) Waschlappen *m*
laveur, -euse [lavœʀ, -øz] *m, f* **~ de carreaux** Fensterputzer(in) *m(f);* **~ de voitures** Autowäscher(in) *m(f)*
laveuse [lavøz] *f* CAN (*lave-linge*) Waschmaschine *f;* **~ de vaisselle** (*lave-vaisselle*) Geschirrspülmaschine *f*
lave-vaisselle [lavvɛsɛl] *m inv.* Geschirrspülmaschine *f*
lavoir [lavwaʀ] *m* Waschhaus *nt*
laxatif [laksatif] *m* Abführmittel *nt*
laxatif, -ive [laksatif, -iv] *adj.* abführend
laxisme [laksism] *m* Laxheit *f*
laxiste [laksist] *adj.* lax
layette [lɛjɛt] *f* Babywäsche *f*
le [lə] < *devant voyelle ou h muet* l'> **I.** *art. déf.* **le chien/chat/cochon** der Hund/die Katze/das Schwein **II.** *pron. pers, masculin* ① (*personne*) **elle ~ voit** sie sieht ihn; **elle l'aide** sie hilft ihm ② (*animal ou objet*) **où est mon manteau/sac? Je ne ~ trouve pas!** wo ist

mein Mantel/meine Tasche? Ich finde ihn/sie nicht! ❸ *avec laisser* ihn; **il ~ laisse conduire la voiture** er lässt ihn das Auto fahren ❹ *(valeur neutre)* **je ~ comprends** das verstehe ich; **je l'espère!** ich hoffe es! ❺ *avec un présentatif* er; **~ voici!** hier ist er!

lé [le] *m (d'une étoffe, d'un papier peint)* Bahn *f*

leader [lidœʀ] *m* ❶ COM Marktführer *m* ❷ SPORT Spitzenreiter(in) *m(f)* ❸ *(chef)* Führer(in) *m(f)*

leasing [liziŋ] *m* Leasing *nt*

lèche [lɛʃ] *f fam* **faire de la ~ à qn** vor jdm kriechen

lèchefrite [lɛʃfʀit] *f* Fettpfanne *f*

lécher [leʃe] <5> **I.** *v. tr. (cuillère, visage)* ablecken; *(bol, plat)* auslecken; *(lait)* auflecken; *(glace)* [sch]lecken **II.** *v. pron.* **se ~ qc** sich *(Dat)* etw ablecken

lèche-vitrine[s] [lɛʃvitʀin] *m sans pl.* Schaufensterbummel *m*

leçon [l(ə)sɔ̃] *f* ❶ SCOL *(à apprendre)* Lektion *f* ❷ *(cours)* Stunde *f* ❸ *(morale)* Lehre *f*

lecteur [lɛktœʀ] *m* ❶ MEDIA Lesegerät *nt;* **~ de cassettes** Kassettenrecorder *m;* **~ de DVD** DVD-Player *m;* **~ MP3** MP3-Player ❷ INFORM Laufwerk *nt;* **~ optique** Scanner *m*

lecteur, -trice [lɛktœʀ, -tʀis] *m, f* ❶ *(liseur)* Leser(in) *m(f)* ❷ *(qui fait la lecture)* Vorleser(in) *m(f)* ❸ UNIV, SCOL Lektor(in) *m(f)*

lecture [lɛktyʀ] *f* ❶ *(action de lire)* Lesen *nt;* **aimer la ~** gern lesen ❷ *(action de lire à haute voix)* Vorlesen *nt* ❸ *(qc qui se lit)* Lektüre *f;* **mauvaises ~s** Schund[lektüre *f*] *m* ❹ MEDIA, INFORM Lesen *nt;* **~ optique** optische Zeichenerkennung

ledit, ladite [lədi, ladit, ledi, ledit] <lesdit(e)s> *adj. antéposé* der/die/das Genannte

légal, e [legal, o] <-aux> *adj.* gesetzlich

légalement [legalmɑ̃] *adv.* legal

légalisation [legalizasjɔ̃] *f* Legalisierung *f*

légaliser [legalize] <1> *v. tr.* legalisieren

légalité [legalite] *f* Legalität *f*

légation [legasjɔ̃] *f* Gesandtschaft *f*

légendaire [leʒɑ̃dɛʀ] *adj. (mythique: animal)* Fabel-; *(figure)* Sagen-; *(histoire)* legendär

légende [leʒɑ̃d] *f* ❶ *(mythe)* Sage *f;* **un personnage de ~** eine legendäre Gestalt ❷ *(d'un plan)* Legende *f; (d'une photo)* Unterschrift *f*

léger, -ère [leʒe, -ɛʀ] *adj.* ❶ *(opp: lourd)* leicht; *(vêtement)* dünn ❷ *(de faible intensité)* leicht; *(peine)* mild; *(doute, soupçon)* leise; *(bruit)* schwach; *(couche de neige)* dünn; **les blessés ~s** die Leichtverletzten

légèrement [leʒɛʀmɑ̃] *adv.* leicht; *(un peu)* etwas

légèreté [leʒɛʀte] *f* ❶ *(faible poids)* Leichtigkeit *f* ❷ *(insouciance)* Leichtfertigkeit *f* ❸ *(superficialité)* Oberflächlichkeit *f*

légiférer [leʒifeʀe] <5> *v. intr.* Gesetze erlassen

Légion [leʒjɔ̃] *f* ❶ MIL **la ~ étrangère** die Fremdenlegion ❷ *(décoration)* **~ d'honneur** Ehrenlegion *f*

Die **Légion étrangère** wurde von Frankreich 1831 im Zuge der Kolonialisierung Algeriens eingerichtet. Die Söldnertruppe, in der eiserne Disziplin herrscht, kann von der Regierung schnell und ohne Zustimmung des Parlaments eingesetzt werden. Sie besteht zur Hälfte aus Nicht-Franzosen. Der Großteil der Fremdenlegion ist in Frankreich stationiert, der Rest in den Überseegebieten.
Napoleon Bonaparte stiftete im Jahre 1802 den nationalen Orden, **Légion d'honneur**. Mit dieser höchsten Auszeichnung werden auch heute noch Zivilpersonen und Militärs für besondere Verdienste geehrt.

légionelle [leʒjɔnɛl] *f* BIO, MED Legionelle *f meist Pl.*

légionellose [leʒjɔneloz] *f* MED Legionärskrankheit *f*

légionnaire [leʒjɔnɛʀ] *mf (membre de la Légion d'Honneur)* Mitglied *nt* der Ehrenlegion

législateur, -trice [leʒislatœʀ, -tʀis] *m, f* Gesetzgeber(in) *m(f)*

législatif, -ive [leʒislatif, -iv] *adj.* gesetzgebend; **pouvoir ~** gesetzgebende Gewalt

législation [leʒislasjɔ̃] *f* Gesetzgebung *f;* **la ~ française** das französische Recht

législatives [leʒislativ] *fpl* Parlamentswahlen *Pl*

législatrice [leʒislatʀis] *f voir* **législateur**

législature [leʒislatyʀ] *f* Legislaturperiode *f,* Legislatur *f*

légiste [leʒist] *mf* Jurist(in) *m(f)*

légitime [leʒitim] *adj.* ❶ JUR rechtsgültig; (*enfant*) ehelich ❷ (*justifié*) berechtigt

légitimement [leʒitimmɑ̃] *adv.* legitimerweise; JUR rechtmäßig

légitimer [leʒitime] <1> *v. tr.* rechtfertigen; JUR legitimieren

légitimité [leʒitimite] *f* Rechtmäßigkeit *f*

legs [lɛ(g)] *m* JUR Vermächtnis *nt*

léguer [lege] <5> *v. tr.* vermachen

légume [legym] *m* Gemüse *nt kein Pl.*; **~s secs** Hülsenfrüchte *Pl*

légumier, -ière [legymje, -jɛʀ] *m, f* BELG (*marchand*) Gemüsehändler(in) *m(f)*

lendemain [lɑ̃dmɛ̃] *m* ❶ *sans pl.* **le ~** (*la journée qui suit*) der nächste [*o* folgende] Tag; (*indication temporelle*) am nächsten [*o* folgenden] Tag, tags darauf; **le ~ soir** am darauffolgenden Abend; **du jour au ~** von heute auf morgen ❷ (*temps qui suit*) **au ~ du mariage** kurz nach der Hochzeit

lent, e [lɑ̃, lɑ̃t] *adj.* langsam

lente [lɑ̃t] *f* Nisse *f*

lentement [lɑ̃tmɑ̃] *adv.* langsam ▸ **~, mais <u>sûrement</u>** langsam, aber sicher

lenteur [lɑ̃tœʀ] *f* ❶ (*opp: rapidité*) Langsamkeit *f* ❷ *pl* (*atermoiements*) **les ~s de l'administration** der schwerfällige Verwaltungsapparat

lentille [lɑ̃tij] *f* BOT, OPT, GASTR Linse *f*

léopard [leɔpaʀ] *m* ❶ ZOOL Leopard *m* ❷ (*fourrure*) Leopardenfell *nt*

lepénisme [løpenism] *m: Ideologie des rechtsextremen Front National und seines Gründers Le Pen*

lepéniste *mf* Anhänger(in) *m(f)* des rechtsextremen Front National

lèpre [lɛpʀ] *f* Lepra *f*

lépreux, -euse [lepʀø, -øz] *m, f* Leprakranke(r) *f(m)*

lequel, laquelle [ləkɛl, lakɛl, lekɛl] <lesquels, lesquelles> **I.** *pron. interrog* welcher/welche/welches; **regarde cette fille! – Laquelle?** sieh nur dieses Mädchen! – Welches?; **~/laquelle d'entre vous ...?** wer von euch ...? **II.** *pron. rel.* der/die/das; **la concierge, laquelle ...** die Hausmeisterin, die ...; **la personne à laquelle je pense** die Person, an die ich denke; **la situation dans laquelle il se trouve** die Situation, in der er sich befindet

les [le] **I.** *art. déf.* die **II.** *pron. pers, pl* ❶ **elle ~ voit/suit** sie sieht sie/folgt ihnen; **ces sacs? Je ~ ai trouvés** diese Taschen? Ich habe sie gefunden ❷ *avec laisser* sie; **il ~ laisse conduire la voiture** er lässt sie das Auto fahren ❸ *avec un présentatif* sie; **~ voici!** hier sind sie!

lesbien, ne [lɛzbjɛ̃, jɛn] *adj.* lesbisch

lesbienne [lɛzbjɛn] *f* Lesbierin *f*

léser [leze] <5> *v. tr.* benachteiligen

lésiner [lezine] <1> *v. intr.* **~ sur qc** mit etw geizen

lésion [lezjɔ̃] *f* Verletzung *f*

lessivable [lesivabl] *adj.* abwaschbar

lessive [lesiv] *f* ❶ Waschmittel *nt;* **~ en poudre** Waschpulver *nt* ❷ (*lavage*) Wäsche *f;* **faire la ~** waschen

lessiver [lesive] <1> *v. tr.* (*pièce, sol*) schrubben; (*murs*) abwaschen

lest [lɛst] *m* Ballast *m*

leste [lɛst] *adj.* ❶ (*vif*) behänd[e] (*geh*) ❷ (*grivois*) pikant

lester [lɛste] <1> *v. tr.* (*navire, aérostat*) beschweren, mit Ballast beladen

léthargie [letaʀʒi] *f* Lethargie *f*

léthargique [letaʀʒik] *adj.* lethargisch

letton [lɛtɔ̃] *m* Lettisch *nt; voir a.* **allemand**

letton, e [lɛtɔ̃, ɔn] *adj.* lettisch; *voir a.* **allemand**

Letton, e [lɛtɔ̃, ɔn] *m, f* Lette *m*/Lettin *f*

Lettonie [lɛtɔni] *f* **la ~** Lettland *nt*

lettre [lɛtʀ] *f* ❶ (*missive*) Brief *m;* **~ de candidature** Bewerbungsschreiben *nt;* **mettre une ~ à la poste** einen Brief aufgeben ❷ (*signe graphique*) Buchstabe *m;* **en ~s capitales** in Großbuchstaben ❸ *pl* UNIV (*opp: sciences*) Geisteswissenschaften *Pl*; **professeur de ~s** Professor/Lehrer für frz. Literatur ❹ *sans pl.* **à la ~** aufs Wort [genau] ▸ **en <u>toutes</u> ~s** ausgeschrieben; (*écrit noir sur blanc*) schwarz auf weiß

lettré, e [letʀe] *adj.* gebildet

leucémie [løsemi] *f* MED Leukämie *f*

leur[1] [lœʀ] *pron. pers, inv* ① **je ~ ai demandé s'ils/si elles venaient** ich habe sie gefragt, ob sie kommen; **tu ~ as donné à boire?** hast du ihnen [schon] zu trinken gegeben? ② *avec faire, laisser* sie; **il ~ laisse/fait conduire la voiture** er lässt sie das Auto fahren ③ *avec être, devenir, sembler, soutenu voir* **me** ④ *(avec un sens possessif)* **le cœur ~ battait fort** ihre Herzen schlugen heftig

leur[2] [lœʀ] <leurs> **I.** *dét. poss.* ihr/ihre *pl* ihre; **les enfants et ~ père/mère** die Kinder und ihr Vater/ihre Mutter; *voir a.* **ma, mon II.** *pron. poss* ① **le/la ~** ihrer/ihre/ihres; **les ~s** ihre; *voir a.* **mien** ② *pl (ceux de leur famille)* **les ~s** ihre Angehörigen; *(leurs partisans)* ihre Anhänger; *voir a.* **mien**

leurre [lœʀ] *m* PECHE künstlicher Köder

leurrer [lœʀe] <1> *v. tr.* täuschen

leurs [lœʀ] *voir* **leur**

levain [ləvɛ̃] *m (pour pain)* Sauerteig *m; (pour gâteau)* Vorteig *m*

levant [ləvɑ̃] *m (est)* Morgenland *nt*

levée [l(ə)ve] *f* Leerung *f*

lever [l(ə)ve] <4> **I.** *v. tr.* ① *(soulever)* heben; *(store, rideau de théâtre)* hochziehen; **~ le bras** den Arm in die Höhe strecken; **~ les yeux vers qn** zu jdm aufblicken ② *(enfant)* aus dem Bett holen ③ *(faire cesser)* **être levé** *(séance)* geschlossen sein **II.** *v. pron.* **se ~** ① *(se mettre debout)* sich erheben; **se ~ de table** vom Tisch aufstehen ② *(sortir du lit)* aufstehen ③ *(lune, soleil)* aufgehen; *(jour, aube)* anbrechen ④ *(rideau)* aufgehen ⑤ *(mer)* unruhig werden; *(vent)* aufkommen ⑥ *(temps)* aufklaren; *(brouillard)* sich lichten **III.** *v. intr.* ① *(pâte)* gehen ② *(pousser)* aufkeimen **IV.** *m* **au ~ du soleil** bei Sonnenaufgang; **~ du jour** Tagesanbruch *m*

lève-tard [lɛvtaʀ] *mf inv, fam* Langschläfer(in) *m(f)* **lève-tôt** [lɛvto] *mf inv, fam* Frühaufsteher(in) *m(f)*

levier [ləvje] *m* Hebel *m;* **~ de commande/de vitesse** Schalthebel

lèvre [lɛvʀ] *f* ① *(de la bouche)* Lippe *f* ② *pl (parties de la vulve)* Schamlippen *Pl*

lévrier [levʀije] *m* Windhund *m*

levure [l(ə)vyʀ] *f* a. CHIM Hefe *f,* Germ *f* (A); **~ chimique** Backpulver *nt*

lexical, e [lɛksikal] <-aux> *adj.* lexikalisch

lexicographie [lɛksikɔgʀafi] *f* Lexikographie *f*

lexique [lɛksik] *m* ① *(dictionnaire bilingue)* Wörterbuch *nt; (dictionnaire technique, spécialisé)* Lexikon *nt; (en fin d'ouvrage)* Glossar *nt* ② *(vocabulaire)* Wortschatz *m*

lézard [lezaʀ] *m* Eidechse *f*

lézarde [lezaʀd] *f* Riss *m*

lézarder[1] [lezaʀde] <1> *v. intr. fam* Sonne tanken

lézarder[2] [lezaʀde] <1> *v. tr.* **être lézardé** rissig sein

liaison [ljɛzɔ̃] *f* ① TELEC, MIL, AUT Verbindung *f;* **être en ~ avec qn** mit jdm verbunden sein; **mettre qn en ~ avec qn** jdn mit jdm in Verbindung setzen ② *(enchaînement)* Zusammenhang *m* ③ LING Liaison *f* ④ *(relation amoureuse)* Verhältnis *nt*

liane [ljan] *f* Liane *f*

liasse [ljas] *f (de documents)* Stoß *m; (de billets)* Bündel *nt*

Liban [libɑ̃] *m* **le ~** der Libanon

libanais [libanɛ] *m* Libanesisch *nt; voir a.* **allemand**

libanais, e [libanɛ, ɛz] *adj.* libanesisch; *voir a.* **allemand**

Libanais, e [libanɛ, ɛz] *m, f* Libanese *m*/Libanesin *f*

libellé [libele] *m* Wortlaut *m*

libeller [libele] <1> *v. tr.* aufsetzen; *(chèque)* ausstellen

libellule [libelyl] *f* Libelle *f*

libéral, e [libeʀal, o] <-aux> **I.** *adj.* ① ECON, POL liberal; **économie ~e** freie Marktwirtschaft ② *(activité)* freiberuflich; **professions ~es** selb[st]ständige Berufe ③ *(parent)* tolerant; *(éducation)* frei **II.** *m, f* POL Liberale(r) *f(m)*

libéralisation [libeʀalizasjɔ̃] *f* Liberalisierung *f*

libéraliser [libeʀalize] <1> *v. tr.* liberalisieren

libéralisme [libeʀalism] *m* ECON, POL Liberalismus *m*

libérateur, -trice [libeʀatœʀ, -tʀis] **I.** *adj.* befreiend **II.** *m, f* Befreier(in) *m(f)*

libération [libeʀasjɔ̃] *f* ① *(d'un détenu)* [Haft]entlassung *f; (d'un prisonnier politique)* Freilassung *f* ② *a. fig (délivrance)* Befreiung *f*

La Libération ist die Befreiung Frankreichs von deutscher Besatzung am Ende des Zweiten Weltkrieges. Der Befreiungskampf begann am 6. Juni 1944 mit der Landung der Alliierten in der Normandie.

libéré, e [libeʀe] *adj.* emanzipiert
libérer [libeʀe] <5> **I.** *v. tr.* ❶ (*relâcher*) freilassen; (*condamné*) entlassen ❷ (*délivrer, rendre disponible*) befreien; (*chambre*) räumen ❸ (*voie*) frei machen **II.** *v. pron.* **se ~** sich frei machen
liberté [libɛʀte] *f* ❶ *sans pl.* (*opp: oppression, emprisonnement*) Freiheit *f;* **en ~** (*opp: en captivité*) in Freiheit; (*opp: en prison*) auf freiem Fuß; **en ~ provisoire/surveillée** vorläufig/auf Bewährung entlassen ❷ *sans pl.* (*loisir*) freie Zeit ❸ (*droit, indépendance*) Freiheit *f;* **~s syndicales** gewerkschaftliche Rechte *Pl* ❹ *sans pl.* (*absence de contrainte*) Ungezwungenheit *f;* **parler en toute ~** ganz offen sprechen ▸ **Liberté, Égalité, Fraternité** Freiheit, Gleichheit, Brüderlichkeit
libertin, e [libɛʀtɛ̃, in] *adj.* ausschweifend
libertinage [libɛʀtinaʒ] *m* (*d'une personne*) ausschweifender Lebenswandel
libido [libido] *f* Libido *f*
libraire [libʀɛʀ] *mf* Buchhändler(in) *m(f)*
librairie [libʀeʀi] *f* Buchhandlung *f;* **en ~** im Buchhandel
librairie-papeterie [libʀɛʀipapɛtʀi] <librairies-papateries> *f* Buch- und Schreibwarenhandlung *f*
libre [libʀ] *adj.* frei; (*propos, mœurs*) locker; (*esprit, tête*) klar
libre-échange [libʀeʃɑ̃ʒ] <libres-échanges> *m* Freihandel *m*
librement [libʀəmɑ̃] *adv.* frei; **parler ~** offen reden
libre-service [libʀəsɛʀvis] <libres-services> *m* ❶ (*magasin, restaurant*) Selbstbedienungs- ❷ *sans pl.* (*système de vente*) Selbstbedienung *f*
Libye [libi] *f* **la ~** Libyen *nt*
licence [lisɑ̃s] *f* ❶ UNIV Licence *f,* Lizentiat *nt* (CH) ❷ COM, JUR, SPORT Lizenz *f*
licencié, e [lisɑ̃sje] *adj.* UNIV mit Licence; **être ~** die Licence haben
licenciement [lisɑ̃simɑ̃] *m* Entlassung *f;* **~ économique** konjunkturbedingte Entlassung
licencier [lisɑ̃sje] <1> *v. tr.* entlassen
lichen [likɛn] *m* BOT Flechte *f*
licite [lisit] *adj.* zulässig
licorne [likɔʀn] *f* Einhorn *nt*
licou [liku] *m* Halfter *m o nt*
lie [li] *f* (*dépôt*) [Boden]satz *m;* **~ de vin** Weinstein *m*
lié, e [lje] *adj.* (*proche*) **être ~ avec qn** jdm nahestehen
Liechtenstein [liʃtɛnʃtajn] *m* **le ~** Liechtenstein *nt*
liechtensteinois, e [liʃtɛnʃtajnwa, waz] *adj.* liechtensteinisch
Liechtensteinois, e [liʃtɛnʃtajnwa, waz] *m, f* Liechtensteiner(in) *m(f)*
lie-de-vin [lidvɛ̃] *adj. inv.* weinrot
liège [ljɛʒ] *m* Kork *m;* **bouchon de ~** Korken *m*
Liège [ljɛʒ] Lüttich *nt*
lien [ljɛ̃] *m* ❶ (*attache*) Band *nt;* (*chaîne*) Fessel *f* ❷ (*rapport*) Verbindung *f;* **~ entre deux choses** Zusammenhang zwischen zwei Dingen *m* ❸ (*ce qui unit*) **~ de parenté** Verwandtschaftsverhältnis *nt* ❹ INET Link *m*
lier [lje] <1> **I.** *v. tr.* ❶ (*choses*) zusammenbinden; **~ qn à qc** jdn an etw (*Akk*) fesseln ❷ (*mettre en relation*) **être lié à qc** mit etw zusammenhängen ❸ (*unir*) **~ qn/qc à qn/qc** jdn/etw mit jdm/etw verbinden **II.** *v. pron.* **se ~ avec qn** sich mit jdm anfreunden
lierre [ljɛʀ] *m* Efeu *m*
lieu[1] [ljø] <x> *m* ❶ (*endroit*) Ort *m;* **~ de séjour/de naissance** Aufenthalts-/Geburtsort ❷ *pl* (*locaux*) Räumlichkeiten *Pl;* (*endroit précis*) **sur les ~x de l'accident** am Unfallort ❸ (*endroit particulier*) **en haut ~** an höherer Stelle; **en ~ sûr** in Sicherheit ❹ (*dans une succession*) **en premier/second/dernier ~** zuerst/anschließend/schließlich ❺ (*place*) **avoir ~** stattfinden; (*événement, accident*) sich ereignen; **au ~ de qc** [an]statt einer S. (*Gen*); **au ~ de cela** stattdessen ❻ (*raison*) **il n'y a pas ~ de s'inquiéter** es besteht kein Anlass zur Beunruhigung
lieu[2] [ljø] <s> *m* **~ noir** Seelachs *m*
lieu commun [ljøkɔmœ̃] <lieux communs> *m* Gemeinplatz *m*
lieue [ljø] *f* Meile *f*

lieutenant [ljøt(ə)nɑ̃] *m* Oberleutnant *m*
lièvre [ljɛvʀ] *m* [Feld]hase *m*
lifting [liftiŋ] *m* Facelifting *nt*
ligament [ligamɑ̃] *m* Band *nt*
light [lajt] *adj. inv.* light
ligne [liɲ] *f* 1 a. MATH Linie *f* 2 (*suite de mots*) Zeile *f;* **de huit ~s** achtzeilig; **à la ~!** neue Zeile!; **~ de commande** INFORM Befehlszeile 3 *sans pl.* (*silhouette*) Figur *f;* **garder la ~** schlank bleiben 4 (*point*) **les grandes ~s de l'ouvrage** die Leitgedanken des Werkes 5 (*direction*) **~ droite** Gerade *f* 6 (*voie*) **~ de conduite** Grundsätze *Pl* 7 AUT Linie *f;* CHEMDFER Strecke *f;* **~ de métro** (Metro-)Linie; **~ maritime/aérienne** Schifffahrts-/Fluglinie 8 PECHE Angelschnur *f* 9 ELEC, TELEC Leitung *f;* **être en ~** gerade telefonieren; **gardez la ~!** CAN (*ne quittez pas*) legen Sie nicht auf! 10 (*rangée*) Reihe *f* ▸ **entrer en ~ de compte** eine Rolle spielen; **en ~** INET online; **hors ~** überragend; INET offline
lignée [liɲe] *f* Nachkommenschaft *f*
lignite [liɲit] *m* [junge] Braunkohle *f*
ligoter [ligɔte] <1> *v. tr.* fesseln
ligue [lig] *f* Liga *f*
liguer [lige] <1> *v. pron.* **se ~ contre qn** sich gegen jdn verschwören; POL sich gegen jdn verbünden
lilas [lilɑ] **I.** *adj. inv.* lila[farben] **II.** *m* Flieder *m*
lilliputien, ne [li(l)lipysjɛ̃, jɛn] *m, f* Liliputaner(in) *m(f)*
limace [limas] *f* Nacktschnecke *f*
limande [limɑ̃d] *f* Kliesche *f*
Limbourg [lɛ̃buːʀ] *m* **le ~** [die Provinz] Limburg
lime [lim] *f* Feile *f;* **~ à ongles** Nagelfeile *f*
limer [lime] <1> *v. tr.* feilen
limitation [limitasjɔ̃] *f* Einschränkung *f;* **~ de vitesse** Geschwindigkeitsbegrenzung *f*
limite [limit] **I.** *app* 1 **âge ~** Altersgrenze *f;* **cas ~** Grenzfall *m;* **vitesse ~** Höchstgeschwindigkeit *f* 2 (*presque impossible*) fast unmöglich 3 *fam* (*pas terrible*) **être ~** (*chose*) einen nicht vom Hocker hauen **II.** *f* 1 (*d'une étendue*) Grenze *f;* (*d'un terrain*) Begrenzung[slinie *f*] *f;* (*d'une forêt, prairie*) Rand *m* 2 (*dans le temps*) Frist *f* 3 (*borne*) Grenzen *Pl;* **sans ~s** (*ambition, vanité*) maßlos; (*pouvoir*) uneingeschränkt ▸ **à la ~** na ja; **à la ~, je peux ...** im äußersten Fall kann ich ...
limité, e [limite] *adj.* begrenzt; (*sens*) eng; **être un peu ~** *fam* (*personne*) minderbemittelt sein
limiter [limite] <1> **I.** *v. tr.* 1 (*délimiter*) begrenzen 2 (*restreindre*) einschränken; **~ les dégâts** den Schaden begrenzen **II.** *v. pron.* (*se borner*) **se ~ à qc** sich auf etw (*Akk*) beschränken
limitrophe [limitʀɔf] *adj.* angrenzend
limoger [limɔʒe] <2a> *v. tr. fam* kaltstellen
limon [limɔ̃] *m* (*terre*) Schlamm *m*
limonade [limɔnad] *f* Limonade *f,* Kracherl *nt* (SDEUTSCH, A)
limousine [limuzin] *f* Limousine *f*
limpide [lɛ̃pid] *adj.* klar; (*regard*) offen
limpidité [lɛ̃pidite] *f* Klarheit *f;* (*de l'air*) Reinheit *f*
lin [lɛ̃] *m* 1 BOT Flachs *m* 2 TEXTIL Leinen *nt*
linceul [lɛ̃sœl] *m* Leichentuch *nt*
linéaire [lineɛʀ] *adj.* linear
linge [lɛ̃ʒ] *m* 1 *sans pl.* (*vêtements*) Wäsche *f* 2 (*morceau de tissu*) Tuch *nt* ▸ **blanc comme un ~** kreidebleich
lingerie [lɛ̃ʒʀi] *f sans pl.* Damenwäsche *f*
lingot [lɛ̃go] *m* (*d'or*) [Gold]barren *m;* (*de métal*) Block *m*
linguiste [lɛ̃gɥist] *mf* Linguist(in) *m(f)*
linguistique [lɛ̃gɥistik] **I.** *adj.* Sprach- **II.** *f* Linguistik *f*
linoléum [linɔleɔm] *m* Linoleum *nt*
linteau [lɛ̃to] <x> *m* ARCHIT Sturz *m*
lion [ljɔ̃] *m* Löwe *m; voir a.* **lionne**
Lion [ljɔ̃] *m* ASTRO Löwe *m; voir a.* **Balance**
lionceau [ljɔ̃so] <x> *m* Löwenjunge(s) *nt*
lionne [ljɔn] *f* Löwin *f; voir a.* **lion**
lipide [lipid] *m* Lipid *nt*
liposuccion [liposysjɔ̃] *f* Fettabsaugung *f*
liquéfier [likefje] <1> **I.** *v. tr.* verflüssigen **II.** *v. pron.* **se ~** (*gaz*) flüssig werden; (*solide*) schmelzen
liqueur [likœʀ] *f* Likör *m*
liquidation [likidasjɔ̃] *f* 1 (*solde*) **~ totale** Räumungsverkauf 2 JUR Liquidation *f*
liquide [likid] **I.** *adj.* 1 (*fluide*) flüssig; **être trop ~** (*sauce*) zu dünn sein 2 (*disponible*) **argent ~** Bargeld *nt*

L

II. *m* ① (*fluide*) Flüssigkeit *f* ② *sans pl.* (*argent*) Bargeld *nt;* **en** ~ in bar

liquider [likide] <1> *v. tr.* ① COM (*marchandise*) ausverkaufen; (*stock*) räumen ② *fam* (*dossier*) sich (*Dat*) vom Hals schaffen ③ *fam* (*tuer*) liquidieren ④ JUR (*société, compte*) auflösen

liquidité [likidite] *f* Liquidität *f*

lire[1] [liʀ] <irr> **I.** *v. intr.* ① lesen; ~ **à haute voix** laut lesen ② (*deviner*) ~ **dans les pensées de qn** jds Gedanken lesen **II.** *v. tr.* ① (*livre, auteur*) lesen ② (*déchiffrer*) lesen [können] ③ (*donner lecture*) verlesen ④ (*faire la lecture*) ~ **qc à qn** jdm etw [vor]lesen ⑤ (*deviner*) ~ **la joie dans les yeux de qn** Freude in jds Augen (*Dat*) erkennen **III.** *v. pron.* ① **l'hébreu se lit de droite à gauche** das Hebräische wird von rechts nach links gelesen ② (*se deviner*) **la surprise se lisait sur son visage** man konnte ihm/ihr die Überraschung vom Gesicht ablesen

L

lire[2] [liʀ] *f* Lira *f*

lis[1] [lis] *m* Lilie *f*

lis[2] [li] *indic. prés. de* **lire**

lisais [lizɛ] *imparf de* **lire**

lisant [lizɑ̃] *part prés de* **lire**

Lisbonne [lisbɔn] Lissabon *nt*

liseron [lizʀɔ̃] *m* Winde *f*

liseuse [lizøz] *f* INFORM E-Book-Reader *m*, E-Reader *m*

lisez [lize] *indic prés et impératif de* **lire**

lisible [lizibl] *adj.* gut lesbar

lisiblement [liziblәmɑ̃] *adv.* **écrire** ~ deutlich schreiben

lisière [lizjɛʀ] *f* ① COUT Webkante *f* ② (*limite*) Rand *m;* (*d'un champ*) Rain *m*

lisons [lizɔ̃] *indic prés et impératif de* **lire**

lisse [lis] *adj.* glatt

lisser [lise] <1> *v. tr.* (*poils, plumes, moustache*) glatt streichen; (*papier*) glatt streichen, glätten

liste [list] *f* Liste *f;* ~ **électorale/de mariage** Wähler-/Wunschliste ▸ **être sur [la]** ~ **rouge** nicht im Telefonbuch stehen

lister [liste] <1> *v. tr.* INFORM ausdrucken

listing [listiŋ] *m* Liste *f;* (*document imprimé*) Ausdruck *m*

lit[1] [li] *m* ① Bett *nt;* ~ **pour deux personnes** Doppelbett; **aller au** ~ ins Bett gehen; **mettre qn au** ~ jdn ins Bett bringen; **au ~!** [ab] ins Bett! ② (*d'une rivière*) Bett *nt;* **sortir de son** ~ über die Ufer treten

lit[2] [li] *indic. prés. de* **lire**

litchi [litʃi] *m* Litschi *f*

literie [litʀi] *f* Bettrost *m* und Matratze *f*

litière [litjɛʀ] *f* Streu *f*

litige [litiʒ] *m* Streit *m*

litigieux, -euse [litiʒjø, -jøz] *adj.* umstritten

litote [litɔt] *f* Litotes *f*

litre [litʀ] *m* ① Liter *m;* **un ~ d'eau/de lait** ein Liter Wasser/Milch ② (*bouteille*) Literflasche *f*

littéraire [literɛʀ] **I.** *adj.* ① literarisch; **genre** ~ literarische Gattung ② (*opp: scientifique*) geisteswissenschaftlich; **avoir l'esprit** ~ Sinn für Literatur haben **II.** *mf* ① (*opp: scientifique*) schöngeistiger Mensch ② (*étudiant, professeur*) Geisteswissenschaftler(in) *m(f)*

littéral, e [literal, o] <-aux> *adj.* (*traduction*) wortgetreu; (*sens*) eigentlich

littéralement [literalmɑ̃] *adv.* [wort]wörtlich

littérature [literatyʀ] *f* Literatur *f*

littoral [litɔʀal, o] <-aux> *m* Küstengebiet *nt*

littoral, e [litɔʀal, o] <-aux> *adj.* Küsten-

Lituanie [litɥani] *f* **la** ~ Litauen *nt*

lituanien [litɥanjɛ̃] *m* Litauisch *nt; voir a.* **allemand**

lituanien, ne [litɥanjɛ̃, jɛn] *adj.* litauisch; *voir a.* **allemand**

Lituanien, ne [litɥanjɛ̃, jɛn] *m, f* Litauer(in) *m(f)*

livèche [livɛʃ] *f* BOT, GASTR Liebstöckel *nt o m*, Maggikraut *nt*

livide [livid] *adj.* bleich

living [liviŋ] *m*, **living-room** [liviŋʀum] <living-rooms> *m* Wohnzimmer *nt*

livrable [livʀabl] *adj.* lieferbar; ~ **à domicile** wird [ins Haus] geliefert

livraison [livʀɛzɔ̃] *f* Lieferung *f*

livre[1] [livʀ] *m* Buch *nt;* ~ **de poche/de cuisine** Taschen-/Kochbuch

livre[2] [livʀ] *f* ① (*demi-kilo*) Pfund *nt* ② (*monnaie*) **la** ~ **[sterling]** das Pfund [Sterling] ③ CAN (*0,453 kg*) Pfund *nt*

livrer [livʀe] <1> **I.** *v. tr.* ① (*commande*) liefern; (*client*) beliefern ② (*remettre*) ~ **qn à la police** jdn der Polizei ausliefern ③ (*dénoncer*) verraten **II.** *v. pron.*

① (*se rendre*) **se ~ à qn** sich jdm stellen ② (*se confier*) **se ~ à qn** sich jdm offenbaren ③ (*se consacrer*) **se ~ à un sport** sich einer Sportart widmen

livret [livʀɛ] *m* (*registre*) Heft *nt;* **~ d'épargne** Sparbuch *nt;* **~ de famille** Familienbuch; **~ scolaire** Zeugnis[heft] *nt*

livreur, **-euse** [livʀœʀ, -øz] *m, f* Lieferant(in) *m(f)*

lobe [lɔb] *m* Lappen *m;* **~ de l'oreille** Ohrläppchen *nt*

local [lɔkal, o] <-aux> *m* Raum *m;* **des locaux** (*salles*) Räumlichkeiten *Pl*; (*bureaux*) [Büro]räume *Pl*

local, **e** [lɔkal, o] <-aux> *adj.* örtlich; (*anesthésie*) lokal; (*journal, page*) Lokal-; (*industrie*) ortsansässig; **heure ~e** Ortszeit

localement [lɔkalmɑ̃] *adv.* (*par endroits*) stellenweise; (*à un endroit précis*) lokal

localisation [lɔkalizasjɔ̃] *f* Lokalisierung *f*

localiser [lɔkalize] <1> *v. tr.* lokalisieren; (*avion, navire*) orten

localité [lɔkalite] *f* Ort *m*

locataire [lɔkatɛʀ] *mf* Mieter(in) *m(f);* **être ~** zur Miete wohnen

locatif [lɔkatif] *m* GRAM Lokativ *m*

location [lɔkasjɔ̃] *f* ① (*d'une habitation*)(*par le locataire*) Mieten *nt;* (*par le propriétaire*) Vermieten; (*d'une voiture*) Verleih *m;* **voiture de ~** Leihwagen *m* ② (*maison à louer*) **prendre une ~ pour les vacances** eine Unterkunft für die Ferien mieten

location-vente [lɔkasjɔ̃vɑ̃t] <locations-ventes> *f* Leasing *nt*

lock-out [lɔkaut] *m inv.* Aussperrung *f*

locomotion [lɔkɔmosjɔ̃] *f* Fortbewegung *f*

locomotive [lɔkɔmɔtiv] *f* Lokomotive *f*

locuteur, **-trice** [lɔkytœʀ, -tʀis] *m, f* Sprecher(in) *m(f)*

locution [lɔkysjɔ̃] *f* [Rede]wendung *f*

logarithme [lɔgaʀitm] *m* Logarithmus *m*

loge [lɔʒ] *f* a. THEAT Loge *f;* (*d'un acteur*) Garderobe *f*

logement [lɔʒmɑ̃] *m* ① (*habitation*) Wohnung *f;* MIL Unterkunft *f* ② (*secteur*) **le ~** der Wohnungsmarkt

loger [lɔʒe] <2a> **I.** *v. intr.* wohnen **II.** *v. tr.* ① (*héberger*) unterbringen ② (*contenir*) **~ qn/qc** (*hôtel*) Platz für jdn/etw bieten **III.** *v. pron.* **se ~ chez un ami** bei einem Freund unterkommen

logeur, **-euse** [lɔʒœʀ, -ʒøz] *m, f* Vermieter(in) *m(f)*

loggia [lɔdʒja] *f* Loggia *f*

logiciel [lɔʒisjɛl] *m* Software *f;* **~ antivirus** Antivirenprogramm *nt;* **~ de courrier électronique** Mailprogramm; **~ de traitement de texte** Textverarbeitungsprogramm

logique [lɔʒik] **I.** *adj.* logisch **II.** *f* Logik *f*

logiquement [lɔʒikmɑ̃] *adv.* ① (*normalement*) logischerweise ② (*rationnellement*) logisch

logistique [lɔʒistik] *f* Logistik *f*

logo[type] [lɔgɔ(tip)] *m* (*d'une entreprise*) Logo *nt;* (*d'un produit*) Warenzeichen *nt*

loi [lwa] *f* a. PHYS, MATH Gesetz *nt;* **faire la ~** befehlen

loin [lwɛ̃] *adv.* ① (*distance*) **au ~** in der Ferne; **de ~** von weitem; **~ de** weit weg von; **c'est encore assez ~** das ist noch ziemlich weit; **plus ~** weiter ② *fig* weit; **il ira ~** er wird es weit bringen; **revenir de ~** gerade noch einmal davonkommen; **de ~** bei weitem; **~ de là** [ganz] im Gegenteil; **pas ~ de 10/de 1000** fast 10/1000 ③ (*dans le temps: passé*) lange her; (*futur*) weit weg; **il n'est pas ~ de minuit** es ist fast Mitternacht

lointain, **e** [lwɛ̃tɛ̃, ɛn] *adj.* ① (*pays, avenir*) fern; (*époque*) weit zurückliegend; (*souvenir*) alt ② (*indirect*) entfernt; (*rapport*) lose ③ (*regard*) abwesend

loir [lwaʀ] *m* Siebenschläfer *m*

Loire [lwaʀ] *f* **la ~** die Loire

loisir [lwaziʀ] *m* ① *sing o pl* (*temps libre*) Freizeit *f kein Pl.* ② (*passe-temps*) Freizeitbeschäftigung *f*

lombaire [lɔ̃bɛʀ] *f* Lendenwirbel *m*

londonien, **ne** [lɔ̃dɔnjɛ̃, jɛn] *adj.* Londoner

Londonien, **ne** [lɔ̃dɔnjɛ̃, jɛn] *m, f* Londoner(in) *m(f)*

Londres [lɔ̃dʀ] London *nt*

long [lɔ̃] **I.** *adv.* **qc en dit ~ sur qc** etw sagt viel über etw (*Akk*); **en savoir ~ sur qc** gut Bescheid wissen über etw

(*Akk*) **II.** *m* **en ~** in der Länge; **de ~ en large** auf und ab; **en ~ et en large** lang und breit; **tout au ~ de sa vie** sein ganzes Leben lang; **avoir 2 km de ~** 2 km lang sein

long, longue [lɔ̃, lɔ̃g] *adj.* ❶ *a. antéposé* (*dans l'espace*) lang; (*détour*) groß; **~ de 5 km** 5 km lang ❷ *antéposé* (*dans le temps*) lang; (*habitude*) alt; **ce sera ~** das wird lange dauern

long-courrier [lɔ̃kuʀje] <long-courriers> *m* Langstreckenflugzeug *nt*

longe [lɔ̃ʒ] *f* Leine *f*

longer [lɔ̃ʒe] <2a> *v. tr.* ❶ (*border*) **~ qc** (*mur*) an etw (*Dat*) entlanglaufen; (*sentier*) an etw (*Dat*) entlangführen; (*rivière*) an etw (*Dat*) entlangfließen ❷ (*se déplacer le long de*) **~ qc** (*bateau, véhicule*) an etw (*Dat*) entlangfahren; (*personne*)(*à pied*) an etw (*Dat*) entlanggehen; (*en voiture*) an etw (*Dat*) entlangfahren

longévité [lɔ̃ʒevite] *f* Langlebigkeit *f;* (*durée de vie*) Lebensdauer *f*

longitude [lɔ̃ʒityd] *f* Länge *f*

longitudinal, e [lɔ̃ʒitydinal, o] <-aux> *adj.* **axe ~** Längsachse *f*

longtemps [lɔ̃tɑ̃] *adv.* lange; **il y a ~** das ist schon lange her; **il y a très ~, ...** vor langer Zeit ...; **il y a ~ que j'ai fini** ich bin schon lange fertig; **en avoir pour ~** lange brauchen; **aussi ~** so lange; **~ avant/après qc** lange [Zeit] vor etw (*Dat*)/nach etw

longue [lɔ̃g] **I.** *adj. voir* **long II.** *f* ▸ **à la ~** auf [die] Dauer

longuement [lɔ̃gmɑ̃] *adv.* lange; (*expliquer*) lang und breit; (*s'étendre sur un sujet*) ausführlich; (*étudier*) eingehend

longueur [lɔ̃gœʀ] *f* ❶ (*opp: largeur*) Länge *f;* **avoir une ~ de 10 cm, avoir 10 cm de ~** eine Länge von 10 cm haben ❷ (*durée*) Länge *f;* **à ~ d'année** das ganze Jahr ❸ SPORT Länge *f;* **avoir une ~ d'avance sur qn** *fig* vor jdm in Führung liegen ❹ PHYS **~ d'onde** Wellenlänge *f*

longue-vue [lɔ̃gvy] <longues-vues> *f* Fernrohr *nt*

look [luk] *m* Look *m* ▸ **avoir un ~ d'enfer** *fam* irre toll aussehen

looping [lupiŋ] *m* Looping *m o nt*

lopin [lɔpɛ̃] *m* **~ de terre** Stück *nt* Land

loquace [lɔkas] *adj.* gesprächig

loque [lɔk] *f* ❶ (*vêtement*) Lumpen *m* ❷ *péj* (*personne*) Wrack *nt*

loquet [lɔkɛ] *m* Riegel *m*

lorgner [lɔʀɲe] <1> *v. tr.* ❶ (*reluquer*) anstarren ❷ (*convoiter*) schielen nach

lorgnette [lɔʀɲɛt] *f* Opernglas *nt*

lorrain, e [lɔʀɛ̃, ɛn] *adj.* lothringisch

Lorrain, e [lɔʀɛ̃, ɛn] *m, f* Lothringer(in) *m(f)*

Lorraine [lɔʀɛn] *f* **la ~** Lothringen *nt*

lors [lɔʀ] *adv.* **~ de** bei; **~ d'un congrès** auf einem Kongress; **dès ~** seitdem; **dès ~ que ...** sobald ...

lorsque [lɔʀsk(ə)] <lorsqu'> *conj.* **~ tu fais/feras qc** wenn du etw machst/machen wirst; **~ tu faisais/as fait** als du etw machtest/gemacht hast; **lorsqu'il fera beau, nous sortirons** wenn das Wetter schön ist, werden wir hinausgehen

losange [lɔzɑ̃ʒ] *m* Raute *f*

lot [lo] *m* ❶ Preis *m;* **gagner le gros ~** den Hauptgewinn bekommen ❷ (*assortiment*) Stapel *m* ❸ INFORM **traitement par ~s** Stapelverarbeitung *f* ▸ **tirer le gros ~** das große Los ziehen

loterie [lɔtʀi] *f* Lotterie *f;* (*hasard*) Lotteriespiel *nt*

loti, e [lɔti] *adj.* **être bien/mal ~** es gut/schlecht getroffen haben

lotion [losjɔ̃] *f* Lotion *f*

lotissement [lɔtismɑ̃] *m* Siedlung *f*

loto [lɔto] *m* ❶ (*jeu de société*) Lotto *nt* ❷ (*loterie*) **tirage du Loto** Ziehung der Lottozahlen; **jouer au Loto/Loto sportif** Lotto *nt*/Toto *nt* spielen

lotte [lɔt] *f* [Aal]quappe *f*

lotus [lɔtys] *m* Lotos *m*

louable[1] [lwabl] *adj.* (*digne de louange*) lobenswert

louable[2] [lwabl] *adj.* (*pièce, appartement*) zu vermieten

loubard, e [lubaʀ, aʀd] *m, f fam* Rowdy *m*

louche[1] [luʃ] *adj.* zwielichtig; (*passé*) zweifelhaft; (*affaire, histoire*) dubios

louche[2] [luʃ] *f* Schöpflöffel *m*

loucher [luʃe] <1> *v. intr.* ❶ MED schielen ❷ *fam* **~ sur qn** nach jdm schielen

louer[1] [lwe] <1> *v. tr.* **~ qn de qc** jdn für etw loben

louer[2] [lwe] <1> **I.** *v. tr.* ❶ (*donner en location*) vermieten ❷ (*prendre en location*) mieten ❸ (*emprunter*) ausleihen

II. *v. pron.* **se** ~ vermietet werden

loueur, **-euse** [lwœʀ, -øz] *m, f* Vermieter(in) *m(f)*; ~ **de chambres/de voitures** Zimmer-/Autovermieter

loufoque [lufɔk] *adj. fam* verrückt

loup [lu] *m* ① (*mammifère*) Wolf *m* ② (*poisson*) ~ [**de mer**] Barsch *m; voir a.* **louve** ③ (*masque*) *schwarze Halbmaske* ▸ **quand on parle du ~ on en voit la queue** wenn man vom Teufel spricht, dann kommt er

loupe [lup] *f* Lupe *f* ▸ **examiner qc à la ~** etw genau unter die Lupe nehmen

louper [lupe] <1> **I.** *v. tr. fam* ① (*examen*) verpatzen; **être loupé** (*soirée*) in die Hose gegangen sein; (*mayonnaise, gâteau*) nichts geworden sein ② (*manquer*) verpassen; (*cible*) verfehlen **II.** *v. intr. fam* (*projet, tentative*) danebengehen; **ça n'a pas loupé** das musste ja so kommen

loup-garou [lugaʀu] <loups-garous> *m* Werwolf *m*

lourd, **e** [luʀ, luʀd] **I.** *adj.* ① *a. antéposé* (*de grand poids*) schwer ② (*jambes, tête*) schwer ③ *a. antéposé* (*chaleur*) drückend; **il fait ~** es ist schwül ④ *a. antéposé* (*impôts, dettes*) hoch; (*perte, faute*) schwer ⑤ (*gauche*) schwerfällig; (*plaisanterie*) plump ⑥ (*parfum, vin*) schwer; (*nourriture*) schwer verdaulich **II.** *adv.* (*peser*) schwer

lourdaud, **e** [luʀdo, od] *m, f* Trampel *m o nt* (*fam*)

lourdement [luʀdəmɑ̃] *adv.* schwer; (*se tromper*) gewaltig (*fam*); (*insister*) hartnäckig

lourdeur [luʀdœʀ] *f* ① **~s d'estomac** Magendrücken *nt* ② (*caractère massif*) Plumpheit *f*

loutre [lutʀ] *f* Otter *m*

Louvain [luvɛ̃] Löwen *nt*

louve [luv] *f* Wölfin *f; voir a.* **loup**

louveteau [luvto] <x> *m* ① ZOOL junger Wolf ② (*jeune scout*) Wölfling *m*

louvoyer [luvwaje] <6> *v. intr.* (*tergiverser*) geschickt lavieren

lover [lɔve] <1> *v. pron.* **se** ~ sich einrollen

loyal, **e** [lwajal, jo] <-aux> *adj.* loyal; (*ami, services*) treu; (*adversaire, procédés*) fair

loyalement [lwajalmɑ̃] *adv.* (*reconnaître*) offen

loyauté [lwajote] *f* Loyalität *f*; (*d'un adversaire*) Fairness *f*

loyer [lwaje] *m* Miete *f*

lu, **e** [ly] *part. passé de* **lire**

lubie [lybi] *f* Marotte *f* (*fam*)

lubrifiant [lybʀifjɑ̃] *m* Schmiermittel *nt*; (*pour l'amour*) Gleitmittel *nt*

lubrification [lybʀifikasjɔ̃] *f* Schmieren *nt*

lubrifier [lybʀifje] <1a> *v. tr.* schmieren

lubrique [lybʀik] *adj.* (*propos, scène*) obszön

lucarne [lykaʀn] *f* Dachfenster *nt*

lucide [lysid] *adj.* ① (*jugement*) scharfsinnig ② (*conscient*) **être ~** bei Bewusstsein sein

lucidité [lysidite] *f* klares Bewusstsein

luciole [lysjɔl] *f* Glühwürmchen *nt*

lucratif, **-ive** [lykʀatif, -iv] *adj.* lukrativ

ludiciel [lydisjɛl] *m* INFORM Spiel[e]software *f*

ludique [lydik] *adj.* **activités ~s** Spielen *nt*

ludothèque [lydɔtɛk] *f* Spielothek *f*

luette [lɥɛt] *f* Zäpfchen *nt*

lueur [lɥœʀ] *f* ① (*faible clarté*) Schein *m kein Pl.* (*des braises*) Glühen *nt kein Pl.* ② (*de colère, joie*) Andeutung *f* ③ (*signe passager*) Funke[n] *m*; **une ~ d'espoir** ein Hoffnungsschimmer *m*

luge [lyʒ] *f* Schlitten *m*

lugubre [lygybʀ] *adj.* düster; (*paysage*) trist; (*pensées*) trübsinnig

lui [lɥi] **I.** *pron. pers.* ① (*masculin ou féminin*) **je ~ ai demandé s'il/si elle venait** ich habe ihn/sie gefragt, ob er/sie kommt; **tu ~ as donné à boire?** hast du ihm/ihr [schon] zu trinken gegeben? ② *avec faire, laisser* **il ~ laisse/fait conduire la voiture** er lässt ihn/sie das Auto fahren ③ *avec être, devenir, sembler, soutenu* **cela ~ semble bon** das erscheint ihm/ihr gut; *voir a.* **me** ④ (*avec un sens possessif*) **le cœur ~ battait fort** sein/ihr Herz schlug heftig **II.** *pron. pers, masculin* ① *fam* (*pour renforcer*) **~, il n'a pas bu** der hat nicht getrunken; **c'est ~ qui l'a dit** das hat der gesagt ② *avec une prép* **avec/sans ~** mit ihm/ohne ihn ③ *dans une comparaison* er; *voir a.* **moi** ④ (*soi*) sich; **il est fier de ~** er ist stolz auf sich

lui-même [lɥimɛm] *pron. pers.* ❶ (*lui en personne*) er selbst; **M. X? – Lui-même!** Herr X? – Höchstpersönlich!; *voir a.* **moi-même** ❷ (*en soi*) selbst
luire [lɥiʀ] <irr> *v. intr.* (*soleil*) scheinen; (*étoile, lune*) leuchten
luisant, e [lɥizɑ̃, ɑ̃t] *adj.* glänzend
lumbago [lœ̃bago] *m* Hexenschuss *m*
lumière [lymjɛʀ] *f* ❶ Licht *nt* ❷ *pl* (*connaissances*) Wissen *nt* ❸ (*personne intelligente*) **être/ne pas être une ~** ein heller Kopf/keine Leuchte sein (*fam*)
luminaire [lyminɛʀ] *m* Leuchte *f*
lumineux, -euse [lyminø, -øz] *adj.* ❶ leuchtend; (*enseigne*) Neon-; (*rayon*) Licht- ❷ (*pièce, appartement*) hell
luminosité [lyminozite] *f* ❶ (*du ciel, d'une couleur*) Leuchten *nt* ❷ (*d'une pièce*) Helligkeit *f*
lunaire [lynɛʀ] *adj.* Mond-
lunatique [lynatik] *adj.* launisch
lunch [lœntʃ] <[e]s> *m* Lunch *m*
L
lundi [lœ̃di] *m* Montag *m;* **~ de Pâques/Pentecôte** Oster-/Pfingstmontag; *voir a.* **dimanche**
lune [lyn] *f* Mond *m* ▸ **demander la ~** Unmögliches verlangen
luné, e [lyne] *adj. fam* **bien/mal ~** gut/schlecht gelaunt
lunette [lynɛt] *f* ❶ *pl* Brille *f*, Augengläser *Pl* (A); **mettre ses ~s** die Brille aufsetzen ❷ (*instrument*) Fernrohr *nt* ❸ AUT **~ arrière** Heckscheibe *f* ❹ (*des WC*) WC-Brille *f*
lurette [lyʀɛt] *f fam* **il y a belle ~ que ...** es ist schon ewig her, dass ...
lus [ly] *passé simple de* **lire**
lustre [lystʀ] *m* Kronleuchter *m*
lustré, e [lystʀe] *adj.* glänzend
lustrer [lystʀe] <1> *v. tr.* (*voiture*) polieren
luth [lyt] *m* Laute *f*
luthérien, ne [lyteʀjɛ̃, jɛn] *adj.* lutherisch
luthier [lytje] *m* Geigenbauer(in) *m(f)*
lutin [lytɛ̃] *m* Kobold *m*
lutte [lyt] *f* ❶ (*combat*) Kampf *m;* **~ antidrogue** Rauschgiftbekämpfung *f* ❷ SPORT Ringkampf *m;* **faire de la ~** ringen; **~ suisse** [*o* **à la culotte**] CH Hosenlupf *m*, Schwinget *m* (CH)
lutter [lyte] <1> *v. intr.* ❶ kämpfen; **~ contre le sommeil** gegen die Müdigkeit ankämpfen ❷ (*mener une action*) kämpfen; **~ contre qc** etw bekämpfen
lutteur, -euse [lytœʀ, -øz] *m, f* ❶ SPORT Ringkämpfer(in) *m(f)* ❷ (*battant*) Kämpfer(in) *m(f)*
luxation [lyksasjɔ̃] *f* MED Auskugelung *f*
luxe [lyks] *m* ❶ (*opp: nécessité*) Luxus *m;* **s'offrir le ~ de faire qc** es sich (*Dat*) leisten, etw zu tun ❷ (*coûteux*) Luxus-
Luxembourg [lyksɑ̃buʀ] *m* ❶ **le ~** Luxemburg *nt* ❷ (*ville*) Luxemburg *nt* ❸ (*à Paris*) **le [palais du] ~** *Sitz des französischen Senats*
luxembourgeois, e [lyksɑ̃buʀʒwa, waz] *adj.* luxemburgisch
Luxembourgeois, e [lyksɑ̃buʀʒwa, waz] *m, f* Luxemburger(in) *m(f)*
luxer [lykse] <1> *v. pron.* **se ~ l'épaule** sich (*Dat*) die Schulter verrenken
luxueux, -euse [lyksɥø, -øz] *adj. a. antéposé* luxuriös
luxuriant, e [lyksyʀjɑ̃, jɑ̃t] *adj.* (*végétation*) üppig
luzerne [lyzɛʀn] *f* Luzerne *f*
lycée [lise] *m* ≈ Gymnasium *nt*

> Nach dem *collège* kann man von der Schule abgehen oder noch drei Jahre das **lycée** besuchen, um dort das Abitur *(baccalauréat)* zu machen. Das **lycée** entspricht ungefähr der deutschen gymnasialen Oberstufe; es gibt drei Richtungen zur Auswahl: *lycée général* (allgemeinbildend), *lycée technologique* (mit Schwerpunkt auf technischen Fächern) und *lycée professionnel* (berufsorientiert).

lycéen, ne [liseɛ̃, ɛn] *m, f* Schüler(in) *m(f)* eines lycée
lymphatique [lɛ̃fatik] *adj.* **système ~** Lymphsystem *nt*
lyncher [lɛ̃ʃe] <1> *v. tr.* lynchen
lynx [lɛ̃ks] *m* Luchs *m*
lyophiliser [ljɔfilize] <1> *v. tr.* gefriertrocknen; **café lyophilisé** Pulverkaffee *m*
lyre [liʀ] *f* Lyra *f*
lyrique [liʀik] *adj.* LITTER lyrisch; (*roman, film*) stimmungsvoll
lyrisme [liʀism] *m* LITTER Lyrik *f*
lys [lis] *m voir* **lis**

Mm

M, m [ɛm] *m inv.* M *nt,* m *nt*

m [ɛm] *abr. de* **mètre** m

M. <MM.> *m abr. de* **Monsieur**

m' *pron. voir* **me**

ma [ma, me] <mes> *dét. poss.* mein(e); ~ **fleur/chaise/maison** meine Blume/mein Stuhl/Haus; ~ **Sœur** Schwester ▸ ~ **pauvre!** Sie/du Arme!

macabre [makɑbʀ] *adj.* makaber

macadam [makadam] *m* Makadam *m o nt*

macaron [makaʀɔ̃] *m* GASTR Makrone *f*

macération [maseʀasjɔ̃] *f* GASTR Einlegen *nt*

macérer [maseʀe] <5> **I.** *v. intr.* ~ **dans qc** in etw (*Dat*) eingelegt sein **II.** *v. tr.* **faire** ~ einlegen

mâcher [mɑʃe] <1> *v. tr.* kauen

machette [maʃɛt] *f* Machete *f*

machin [maʃɛ̃] *m fam* Dings *nt;* (*untel*) **c'est Machin!** das ist der Dings!

machinalement [maʃinalmɑ̃] *adv.* mechanisch

machination [maʃinasjɔ̃] *f* Intrige *f*

machine [maʃin] *f* Maschine *f;* ~ **à coudre/à laver/à écrire** Näh-/Wasch-/Schreibmaschine; ~ **à sous** Spielautomat *m*

Machine [maʃin] *f fam* Dings

machine-outil [maʃinuti] <machines-outils> *f* Werkzeugmaschine *f*

machinerie [maʃinʀi] *f* (*équipement*) Maschinen *Pl*

machiste [ma(t)ʃist] *adj.* chauvinistisch

macho [matʃo] *m fam* Macho *m*

mâchoire [mɑʃwaʀ] *f* Kiefer *m*

mâchouiller [mɑʃuje] <1> *v. tr. fam* herumkauen auf (+ *Dat*)

maçon, ne [masɔ̃, ɔn] *m, f* Maurer(in) *m(f)*

maçonner [masɔne] <1> *v. tr.* 1 (*mur*) mauern 2 (*portes, fenêtres*) zumauern

macramé [makʀame] *m* Makramee *nt*

Madagascar [madagaskaʀ] *f* Madagaskar *nt*

madame [madam, medam] <mesdames> *f* 1 **bonjour ~, comment allez-vous?** guten Tag, wie geht es Ihnen?; **bonjour Madame Larroque** guten Tag, Frau Larroque; **bonjour mesdames** guten Tag, meine Damen 2 (*profession*) **Madame le juge/la Présidente** Frau Richterin/Präsidentin 3 (*sur une enveloppe*) **Madame Dupont** An Frau Dupont 4 (*en-tête*) **Madame, ...** Sehr geehrte Frau + *Name, ...*; **Chère Madame, ...** Liebe Frau + *Name,* ...; (*dans une lettre officielle*) Sehr geehrte Frau + *Name,* ...

mademoiselle [mad(ə)mwazɛl, med(ə)mwazɛl] <mesdemoiselles> *f* 1 **bonjour ~, comment allez-vous?** guten Tag, wie geht es Ihnen?; **bonjour Mademoiselle Labiche** guten Tag, Frau Labiche; **bonjour mesdemoiselles** Guten Tag, meine Damen; **Mesdames, mesdemoiselles, messieurs!** Meine Damen und Herren! 2 (*sur une enveloppe*) **Mademoiselle Aporé** An Frau Aporé 3 (*en-tête*) **Mademoiselle, ...** Sehr geehrte Frau + *Name,* ...; **Chère Mademoiselle, ...** Liebe Frau + *Name,* ...; (*dans une lettre officielle*) Sehr geehrte Frau + *Name,* ...; **Madame, Mademoiselle, Monsieur, ...** Sehr geehrte Damen und Herren, ...

Madrid [madʀid] Madrid *nt*

madrilène [madʀilɛn] *adj.* **le climat ~** das Madrider Klima

mag [mag] *m fam abr. de* **magazine** Nachrichten *Pl,* Nachrichtensendung *f;* **le ~ de vingt heures** die Achtuhrnachrichten

magasin [magazɛ̃] *m* Geschäft *nt;* **grand ~** Kaufhaus *nt;* **tenir un ~** einen Laden haben

In Frankreich sind die Ladenöffnungszeiten nicht gesetzlich festgelegt und können daher stark variieren. Es haben sich aber folgende Zeiten eingebürgert: Einzelhandelsgeschäfte sind werktags in der Regel von ca. 9 bis 19 Uhr, manchmal auch bis spätabends geöffnet und mittags zwischen 13 und 16 Uhr oft geschlossen; montags sind sie meist ganz geschlossen. Supermärkte und Einkaufszentren haben abends oft bis 22 Uhr geöffnet. Sonntags sind **les** magasins – abgesehen von Bäckereien – normalerweise geschlossen. Allerdings gibt es auch hier Ausnahmen, sodass einige Geschäfte an sieben Tagen in der Woche fast rund um die Uhr geöffnet sind.

magazine [magazin] *m* ❶ PRESSE Zeitschrift *f* ❷ (*émission*) Magazin *nt*

Magdebourg [magdəbuːʀ] Magdeburg *nt*

mage [maʒ] **I.** *m* ASTRO Magier *m* **II.** *app* **les Rois ~s** die Heiligen Drei Könige

Maghreb [magʀɛb] *m* **le ~** der Maghreb

Mit **le Maghreb** werden die drei nordafrikanischen Länder Algerien, Marokko und Tunesien bezeichnet. Sie waren früher französische Kolonien und sind heute noch stark von der französischen Kultur geprägt. Aufgrund dieser Kolonialvergangenheit leben heute zahlreiche *Maghrébins* in Frankreich.

maghrébin, e [magʀebɛ̃, in] *adj.* nordafrikanisch

Maghrébin, e [magʀebɛ̃, in] *m, f* Nordafrikaner(in) *m(f)*

magicien, ne [maʒisjɛ̃, jɛn] *m, f* ❶ (*sorcier*) Zauberer *m*/Zauberin *f* ❷ (*illusionniste*) Zauberkünstler(in) *m(f)*

magie [maʒi] *f* Magie *f*

magique [maʒik] *adj.* ❶ (*surnaturel*) Zauber- ❷ (*merveilleux*) zauberhaft

magistralement [maʒistʀalmɑ̃] *adv.* meisterhaft; (*se tromper, se planter*) gründlich

magner [maɲe] <1> *v. pron. fam* **se ~** sich beeilen

magnétique [maɲetik] *adj.* magnetisch; (*bande*) Ton-

magnétisme [maɲetism] *m* PHYS Magnetismus *m*

magnéto [maɲeto] *m fam abr. de* **magnétophone** (*à cassettes*) Kassettenrecorder *m*

magnétophone [maɲetɔfɔn] *m* (*à cassettes*) Kassettenrecorder *m;* (*à bandes*) Tonbandgerät *nt*

magnétoscope [maɲetɔskɔp] *m* Videorecorder *m*

magnifique [maɲifik] *adj. a. antéposé* wunderschön; (*temps*) herrlich; (*spectacle*) großartig

magnolia [maɲɔlja] *m* Magnolie *f*

magnum [magnɔm] *m* Magnum[flasche] *f*

magot [mago] *m fam* Spargroschen *Pl*; **il a amassé un petit/joli ~** er hat ein kleines/hübsches Sümmchen gespart

magouiller [maguje] <1> *v. intr. fam* mauscheln

magrébin, e [magʀebɛ̃, in] *adj. voir* **maghrébin**

Magrébin, e [magʀebɛ̃, in] *m, f voir* **Maghrébin**

magret [magʀɛ] *m* **~ de canard** Entenbrust *f*

mai [mɛ] *m* Mai *m*

maigre [mɛgʀ] *adj.* ❶ (*opp: gros*) mager; (*jambe*) dünn; (*visage*) schmal ❷ GASTR mager; (*lard*) durchwachsen ❸ *antéposé* (*faible*) dürftig; (*chance*) gering; (*profit*) bescheiden ❹ *a. antéposé* (*récolte*) mager; (*repas*) karg

maigreur [mɛgʀœʀ] *f* Magerkeit *f*

maigrir [megʀiʀ] <8> *v. intr.* abnehmen; **~ de cinq kilos** fünf Kilo abnehmen

mailing [meliŋ] *m* Mailing *nt*

maille [mɑj] *f* Masche *f*

maillon [mɑjɔ̃] *m* Glied *nt*

maillot [majo] *m* ❶ **~ [de bain]** (*de femme*) Badeanzug *m;* (*d'homme*) Badehose *f;* **~ de bain une pièce/deux pièces** Einteiler *m*/Bikini *m* ❷ SPORT Trikot *nt* ❸ (*sous-vêtement*) Unterhemd *nt*

main [mɛ̃] *f* ❶ ANAT Hand *f;* **battre des ~s** in die Hände klatschen; **se donner la ~** Händchen halten; **prendre qn par la ~** jdn bei der Hand nehmen; **serrer la ~ à qn** jdm die Hand schütteln; **fait ~** handgearbeitet; **à deux ~s** mit beiden Händen; **sac à ~** Handtasche *f;* **frein à ~** Handbremse *f;* **haut les ~s!** Hände hoch! ❷ (*style: d'un artiste, maître*) meisterliche Kunst ❸ JEUX Blatt *nt;* **avoir la ~** ausspielen ❹ SPORT Hand *f*, Handspiel *nt* ▸ **donner un coup de ~ à qn** jdm behilflich sein; **~ de fer** eiserne Hand; **faire qc haut la ~** etw mit links machen (*fam*); **à ~s**

nues mit bloßen Händen; **de première/seconde ~** aus erster/zweiter Hand; **se faire la ~** üben; **passer la ~** die Verantwortung aus der Hand geben

main-d'œuvre [mɛ̃dœvʀ] <mains-d'œuvre> *f* Arbeitskräfte *Pl*

maintenance [mɛ̃tnɑ̃s] *f* Wartung *f*

maintenant [mɛ̃t(ə)nɑ̃] *adv.* ❶ (*en ce moment*) jetzt; **dès ~** ab sofort ❷ (*actuellement*) heute ❸ (*désormais*) von jetzt an

maintenir [mɛ̃t(ə)niʀ] <9> **I.** *v. tr.* ❶ (*ordre, offre*) aufrechterhalten; (*tradition*) beibehalten; (*politique*) fortsetzen ❷ (*soutenir*) stützen ❸ (*affirmer*) **~ qc** an etw (*Dat*) festhalten; **~ que ...** dabei bleiben, dass ... **II.** *v. pron.* **se ~** sich halten; (*santé, prix*) stabil bleiben

maintien [mɛ̃tjɛ̃] *m* ❶ (*conservation*) Aufrechterhaltung *f;* (*d'une décision*) Beibehaltung *f;* (*des libertés*) Wahrung *f;* (*des traditions*) Fortbestehen *nt* ❷ (*soutien*) Halt *m*

maire [mɛʀ] *m* Bürgermeister *m,* Ammann *m* (CH)

mairie [meʀi] *f* Rathaus *nt;* (*administration*) Stadtverwaltung *f*

mais [mɛ] **I.** *conj.* ❶ (*pour opposer deux séquences qui ne s'excluent pas*) aber ❷ (*pour opposer deux séquences qui s'excluent*) sondern **II.** *adv.* ❶ (*pourtant*) aber ❷ (*renforcement*) aber doch; **~ oui, bien sûr!** aber klar!; **~ si!** aber ja doch! ❸ (*impatience*) also; **~ encore** aber davon abgesehen ❹ *fam* **non ~, tu me prends pour ...** also hör mal, hältst du mich für ... **III.** *m* Aber *nt*

maison [mɛzɔ̃] **I.** *f* ❶ Haus *nt* ❷ (*entreprise*) Firma *f;* **~ mère** Stammhaus *nt;* **~ de couture** Modehaus *nt;* **~ de disques** Schallplattenfirma *f;* **~ d'édition** Verlag *m* ❸ (*bâtiment*) **~ d'arrêt** Gefängnis *nt;* **~ de repos** Sanatorium *nt;* **~ de retraite** Altersheim *nt* ▸ **~ close** Freudenhaus *nt;* **c'est gros comme une ~** das ist sonnenklar (*fam*) **II.** *app inv.* (*pâté*) hausgemacht

Maison-Blanche [mɛzɔ̃blɑ̃ʃ] *f sans pl.* **la ~** das Weiße Haus

maisonnette [mɛzɔnɛt] *f* Häuschen *nt*

maître [mɛtʀ] *m* Meister *m;* **coup de ~** Meisterleistung *f*

maître, -esse [mɛtʀ, -ɛs] **I.** *adj.* ❶ **œuvre maîtresse** Hauptwerk *nt* ❷ (*qui peut disposer de*) **être ~ de qc** über etw bestimmen **II.** *m, f* ❶ (*chef*) Herr(in) *m(f);* **~ d'hôtel** Oberkellner *m;* **régner en ~** autoritär regieren ❷ (*patron*) Chef(in) *m(f);* **~ nageur** Bademeister(in) *m(f)* ❸ SCOL Lehrer(in) *m(f)* ❹ UNIV **~ de conférences** Dozent(in) *m(f)* ❺ (*d'un chien*) Herrchen *nt* (*fam*)/Frauchen *nt* (*fam*)

maître-autel [mɛtʀotɛl] <maîtres-autels> *m* Hauptaltar *m*

maître chanteur, -euse [mɛtʀəʃɑ̃tœʀ, -øz] *m, f* Erpresser(in) *m(f)*

maîtresse [mɛtʀɛs] *f* (*liaison*) Geliebte *f*

maîtrise [metʀiz] *f* ❶ (*contrôle*) Beherrschung *f* ❷ (*habileté*) Können *nt* ❸ (*sang-froid*) **~ de soi** Selbstbeherrschung *f* ❹ UNIV Magisterprüfung *f* ❺ (*grade*) Magister *m*

maîtriser [metʀize] <1> **I.** *v. tr.* ❶ (*situation*) meistern; (*incendie*) unter Kontrolle bringen; (*langue, sujet*) beherrschen ❷ (*forcené*) überwältigen; (*animal*) bändigen ❸ (*émotion, passion*) zügeln **II.** *v. pron.* **se ~** sich beherrschen

Majesté [maʒɛste] *f* **Votre ~** Eure Majestät

majeur [maʒœʀ] *m* ❶ JUR Volljährige(r) *m* ❷ (*doigt*) Mittelfinger *m*

majeur, e [maʒœʀ] *adj.* ❶ (*difficulté, intérêt*) sehr groß; (*événement*) wichtig ❷ (*le plus important*) wichtigste(r, s); (*défaut*) Haupt- ❸ *antéposé* **la ~e partie du temps** die meiste Zeit ❹ JUR volljährig ❺ MUS **do/ré ~** C-/D-Dur *nt;* **mi/fa ~** E-/F-Dur ▸ **être ~ et vacciné** *fam* kein kleines Kind mehr sein

majeure [maʒœʀ] *f* JUR Volljährige *f*

majoritairement [maʒɔʀitɛʀmɑ̃] *adv.* mehrheitlich

majorité [maʒɔʀite] *f* ❶ (*des voix*) Mehrzahl *f;* (*des membres présents*) Mehrheit *f;* **en ~** überwiegend ❷ JUR Volljährigkeit *f*

majuscule [maʒyskyl] **I.** *adj.* groß; **lettre ~** Großbuchstabe *m* **II.** *f* Großbuchstabe *m;* **en ~s** in Blockschrift

mal[1] [mal] **I.** *adv.* ❶ (*opp: bien*) schlecht; (*respirer*) schwer; (*finir*) böse ❷ (*pas au bon moment*) ungünstig ❸ (*pas de la bonne façon*) **~ s'y prendre** sich ungeschickt anstellen ❹ (*répondre*) unverschämt ❺ (*comprendre,*

M

juger) falsch; (*s'exprimer*) unklar ❻ (*de manière défavorable*) **être ~ vu** nicht gern gesehen sein ❼ (*en se vexant*) **elle a ~ pris ma remarque** sie hat meine Bemerkung in den falschen Hals gekriegt (*fam*) ▸**je m'en fiche pas ~** das ist mir ganz egal (*fam*) **II.** *adj. inv.* ❶ schlecht; **faire quelque chose/ne rien faire de ~** etwas Böses/nichts Böses tun ❷ (*pas à l'aise*) **être ~** sich nicht wohl fühlen

mal[2] [mal, mo] <maux> *m* ❶ a. REL **le ~** das Böse*kein Pl.* ❷ *sans pl.* (*action, parole, pensée mauvaise*) **le ~** das Schlechte*kein Pl.*; **faire du ~ à qn** jdm schaden; **dire du ~ de qn** schlecht über jdn sprechen; **il n'y a pas de ~ à qc** an etw (*Dat*) ist doch nichts Schlimmes ❸ *sans pl.* (*maladie, malaise*) Übel *nt;* **~ de mer** Seekrankheit *f* ❹ (*souffrance physique*) Schmerzen *Pl*; **il a ~ à la main** ihm tut die Hand weh; **avoir ~ à la tête** Kopfschmerzen haben; **avoir ~ à la jambe** Schmerzen im Bein haben; **[se] faire ~** [sich (*Dat*)] wehtun ❺ (*souffrance morale*) **faire ~** wehtun; **~ du pays** Heimweh *nt;* **qn/qc me fait ~ au cœur** jd/etw tut mir leid ❻ *sans pl.* (*peine*) Mühe *f;* **il a du ~ à supporter qc** er kann etw nur schwer ertragen ❼ *sans pl.* (*dégât*) Schaden *m;* **le travail ne fait pas de ~ à qn** Arbeit kann jdm nichts schaden (*fam*) ▸**le ~ est fait** das Unglück ist geschehen

malabar [malabaʀ] *m fam* Muskelprotz *m*

malade [malad] **I.** *adj.* ❶ krank; **tomber ~** krank werden; **être ~ du sida/cœur** aids-/herzkrank sein ❷ (*bouleversé*) **~ de jalousie** krank vor Eifersucht ❸ *fam* (*cinglé*) **être ~** spinnen **II.** *mf* ❶ Kranke(r) *f(m);* **grand ~** Schwerkranker; **~ mental** Geisteskranker ❷ (*patient*) Patient(in) *m(f)*

maladie [maladi] *f* ❶ Krankheit *f;* **être en ~** krankgeschrieben sein ❷ (*manie*) Manie *f* ▸**faire une ~ de qc** *fam* ein Drama aus etw machen

maladif, -ive [maladif, -iv] *adj.* ❶ (*personne*) kränkelnd; (*air, pâleur*) kränklich ❷ (*besoin, peur*) krankhaft

maladresse [maladʀɛs] *f* ❶ (*gaucherie*) Ungeschicklichkeit *f;* (*d'un style*) Unbeholfenheit *f* ❷ (*bévue, gaffe*) Fauxpas *m*

maladroit, e [maladʀwa, wat] **I.** *adj.* ❶ (*geste, personne*) ungeschickt; (*style*) unbeholfen ❷ (*parole, remarque*) unpassend **II.** *m, f* ❶ (*personne malhabile*) Tollpatsch *m* (*fam*) ❷ (*gaffeur*) Tölpel *m*

maladroitement [maladʀwatmɑ̃] *adv.* (*gauchement*) ungeschickt; **s'exprimer ~** sich unbeholfen ausdrücken

malaise [malɛz] *m* ❶ MED Unwohlsein *nt;* **avoir un ~** ohnmächtig werden ❷ (*crise*) Unbehagen *nt;* **le ~ social** die sozialen Missstände *Pl*

malbouffe [malbuf] *f fam* ❶ (*aliments*) Junkfood *nt* ❷ (*manière de s'alimenter*) Junkfood-Esserei *f*

malchance [malʃɑ̃s] *f* Pech *nt*

malchanceux, -euse [malʃɑ̃sø, -øz] *adj.* vom Pech verfolgt

mâle [mɑl] **I.** *adj.* männlich **II.** *m* ❶ (*homme*) Mann *m* ❷ (*animal*) Männchen *nt*

malédiction [malediksjɔ̃] *f* ❶ (*fatalité*) Fluch *m* ❷ (*malheur*) Unheil *nt*

malencontreusement [malɑ̃kɔ̃tʀøzmɑ̃] *adv.* unpassenderweise

malentendant, e [malɑ̃tɑ̃dɑ̃, ɑ̃t] *m, f* Schwerhörige(r) *f(m)*

malentendu [malɑ̃tɑ̃dy] *m* Missverständnis *nt*

malfaiteur, -trice [malfɛtœʀ, -tʀis] *m, f* Übeltäter(in) *m(f)*

malformation [malfɔʀmasjɔ̃] *f* Missbildung *f;* **~ du cœur** Herzfehler *m*

malgache [malgaʃ] **I.** *adj.* madagassisch **II.** *m* Madagassisch *nt; voir a.* **allemand**

Malgache [malgaʃ] *mf* Madagasse *m/* Madagassin *f*

malgré [malgʀe] *prép.* ❶ (*en dépit de*) trotz (+ *Dat o Gen*); **~ tout** trotz allem ❷ (*contre le gré de*) **~ moi/elle/lui** gegen meinen/ihren/seinen Willen

malheur [malœʀ] *m* ❶ (*événement pénible*) Unglück *nt* ❷ *sans pl.* (*malchance*) Unglück *nt;* **par ~** unglücklicherweise ❸ (*tort*) **avoir le ~ de faire qc** dummerweise etw tun ▸**[ne] parle pas de ~!** *fam* mal den Teufel nicht an die Wand!; **oiseau de ~** Unglücksbote *m*

malheureusement [maløʀøzmɑ̃] *adv.* leider

malheureux, -euse [maløʀø, -øz] **I.** *adj.* ❶ (*personne, air*) unglücklich ❷ *a. antéposé* (*regrettable, fâcheux*) unglücklich; (*incident, suites*) bedauerlich; (*parole*) ungeschickt **II.** *m, f* ❶ (*indigent*) Notleidende(r) *f(m)* ❷ (*infortuné*) Unglückselige(r) *f(m)*

malhonnête [malɔnɛt] *adj.* unehrlich; *iron* unanständig

malhonnêteté [malɔnɛtte] *f* Unehrlichkeit *f*

Mali [mali] *m* **le** ~ Mali *nt*

malice [malis] *f* ❶ (*espièglerie*) Schalkhaftigkeit *f* ❷ (*méchanceté*) Böswilligkeit *f*

malicieux, -euse [malisjø, -jøz] *adj.* (*réponse*) schelmisch; (*regard, sourire*) verschmitzt; (*enfant, personne*) spitzbübisch

malin, maligne [malɛ̃, maliɲ] **I.** *adj.* ❶ (*personne*) schlau; (*sourire*) verschmitzt; (*air*) pfiffig ❷ (*tumeur*) bösartig **II.** *m, f* Schlaukopf *m* (*fam*); **faire le** ~ sich aufspielen

malle [mal] *f* Überseekoffer *m* ▸ **se faire la** ~ *fam* abhauen

malléable [maleabl] *adj.* (*argile*) knetbar; (*métal*) weich

mallette [malɛt] *f* Aktenkoffer *m*

mal-logement [mallɔʒmɑ̃] *m* (*conditions individuelles*) schlechte Wohnverhältnisse *Pl*; (*conditions globales dans une ville ou un pays*) Wohnungsmisere *f*

malmener [malməne] <4> *v. tr.* ❶ (*rudoyer*) schlecht behandeln ❷ (*bousculer*) hart bedrängen

malnutrition [malnytʀisjɔ̃] *f* Unterernährung *f*

malpoli, e [malpɔli] *adj. fam* unhöflich; (*enfant*) ungezogen

malsain, e [malsɛ̃, ɛn] *adj.* krankhaft

malt [malt] *m* Malz *nt*

maltais [maltɛ] *m* Maltesisch *nt; voir a.* **allemand**

Malte [malt] *f* **l'île de** ~ die Insel Malta

maltraiter [maltʀete] <1> *v. tr.* misshandeln

malus [malys] *m* Malus *m*

maman [mamɑ̃] *f* ❶ Mutter *f;* **future** ~ werdende Mutter ❷ (*appellation*) Mama *f*

mamie [mami] *f fam* Oma *f*

mammifère [mamifɛʀ] *mf* Säugetier *nt*

mammouth [mamut] *m* Mammut *nt*

mammy [mami] *f voir* **mamie**

mamours [mamuʀ] *mplfam* (*câlins*) **faire des** ~ **à qn** mit jdm schmusen

manager [mana(d)ʒe] <2a> *v. tr.* managen

manageur, -euse [manmadʒœʀ, -øz] *m, f* Manager(in) *m(f)*

manche[1] [mɑ̃ʃ] *f* ❶ (*d'un vêtement*) Ärmel *m* ❷ (*aux courses*) Runde *f;* (*au ski*) Durchlauf *m* ❸ JEUX Spiel *nt* ▸ **faire la** ~ betteln

manche[2] [mɑ̃ʃ] *m* (*d'un outil*) Griff *m;* (*d'un balai*) Stiel *m;* (*d'une guitare, d'un violon*) Hals *m*

Manche [mɑ̃ʃ] *f* **la** ~ der Ärmelkanal

manchette [mɑ̃ʃɛt] *f* Manschette *f*

manchot [mɑ̃ʃo] *m* Pinguin *m*

manchot, e [mɑ̃ʃo, ɔt] **I.** *adj.* einarmig **II.** *m, f* (*personne*) Einarmige(r) *f(m)*

mandarine [mɑ̃daʀin] *f* Mandarine *f*

mandat [mɑ̃da] *m* ❶ Auftrag *m;* JUR, POL Mandat *nt;* ~ **d'arrêt** Haftbefehl *m* ❷ COM, FIN Postanweisung *f*

mandat-carte [mɑ̃dakaʀt] <mandats-cartes> *m* Postanweisung *f* **mandat-lettre** [mɑ̃dalɛtʀ] <mandats-lettres> *m: Postanweisung, die in einem Brief geschickt wird und auf der Post einzulösen ist*

manège [manɛʒ] *m* Karussell *nt;* (*agissements*) Hin und Her *nt*

manette [manɛt] *f* INFORM ~ **de jeu** Joystick *m*

mangeable [mɑ̃ʒabl] *adj.* essbar

manger [mɑ̃ʒe] <2a> **I.** *v. tr.* ❶ ~ **qc** (*personne*) etw essen; (*animal*) etw fressen ❷ (*capital, héritage*) vergeuden ❸ *fam* (*mots*) verschlucken **II.** *v. intr.* (*personne*) essen; (*animal*) fressen; **donner à** ~ **à un bébé/aux vaches** ein Baby/die Kühe füttern **III.** *v. pron.* **se manger chaud** warm gegessen werden

mangeur, -euse [mɑ̃ʒœʀ, -ʒøz] *m, f* **gros** ~ starker Esser *m*

mangue [mɑ̃g] *f* Mango *f*

maniabilité [manjabilite] *f* (*d'une machine*) leichte Bedienung; (*d'une voiture*) Wendigkeit *f;* (*d'un appareil*) leichte Handhabung; (*d'un outil*) Handlichkeit *f*

maniaque [manjak] **I.** *adj.* pingelig (*fam*) pedantisch **II.** *mf* ❶ Pedant(in) *m(f);* **un** ~ **de l'ordre** ein Ordnungs-

M

fanatiker ❷ (*malade*) Irre(r) *f(m)*; ~ **sexuel** Triebtäter *m*

manie [mani] *f* Tick *m*; ~ **de la propreté** Sauberkeitsfimmel *m* (*fam*)

maniement [manimɑ̃] *m* Handhabung *f*; (*d'un appareil*) Bedienung *f*; (*d'une voiture*) Lenken *nt*

manier [manje] <1> *v. tr.* ❶ (*objet, outil*) handhaben; (*appareil*) bedienen ❷ (*manipuler, avoir entre les mains*) ~ **qn/qc** mit jdm/etw umgehen ❸ (*langue*) beherrschen

maniéré, e [manjeʀe] *adj.* gekünstelt; (*ton, personne*) affektiert

manière [manjɛʀ] *f* ❶ (*façon*) Art *f*; ~ **de faire qc** Art und Weise etw zu tun; ~ **d'agir/de s'exprimer** Handlungs-/Ausdrucksweise *f*; **à la ~ ...** nach ... Art; **à la ~ de qn/qc** wie jd/etw; **à ma/sa ~** auf meine/seine/ihre Weise; **de ~ brutale/rapide** auf brutale/schnelle Art und Weise; **d'une ~ générale** im Allgemeinen; **d'une ~ ou d'une autre** so oder so; **de toute ~** auf jeden Fall; **de ~ à faire qc** um etw zu tun; **de ~** [**à ce**] **que** + *subj.* so, dass; **de quelle ~?** wie denn? ❷ *pl* (*comportement*) Manieren *Pl*; **faire des ~s** sich zieren ❸ LING **adverbe/complément de ~** Adverbialbestimmung *f* der Art und Weise ▶**employer la ~ forte** hart durchgreifen

manifestant, e [manifɛstɑ̃, ɑ̃t] *m, f* Demonstrant(in) *m(f)*

manifestation [manifɛstasjɔ̃] *f* ❶ POL Demonstration *f* ❷ (*événement*) Veranstaltung *f* ❸ (*d'un sentiment*) Äußerung *f*; (*de joie, amitié*) Bekundung *f*

manifeste [manifɛst] **I.** *adj.* offensichtlich **II.** *m* Manifest *nt*

manifestement [manifɛstəmɑ̃] *adv.* ganz offensichtlich

manifester [manifɛste] <1> **I.** *v. tr.* zum Ausdruck bringen **II.** *v. intr.* demonstrieren **III.** *v. pron.* **se ~** ❶ (*se révéler*) sich äußern; (*crise*) auftreten ❷ (*se faire connaître*) sich melden; (*candidat*) sich vorstellen ❸ (*s'exprimer*) sich äußern

manigance [manigɑ̃s] *f gén. pl.* Machenschaften *Pl*

manigancer [manigɑ̃se] <2> *v. tr.* aushecken (*fam*)

manioc [manjɔk] *m* Maniok *m*

manipulation [manipylasjɔ̃] *f* ❶ (*d'une machine*) Bedienung *f*; (*d'un produit*) Umgehen *nt* mit (+ *Dat*) ❷ *pl* (*expériences*) Versuche *Pl*; **les ~s génétiques** die Genmanipulation ❸ *péj* (*de l'opinion*) Manipulation *f*

manipuler [manipyle] <1> *v. tr.* ❶ (*outil*) handhaben ❷ *péj* (*fausser*) manipulieren; (*résultats*) fälschen ❸ (*influencer*) manipulieren

manitou [manitu] *m* ❶ Manitu *m* ❷ *fig fam* **c'est lui, le grand ~ ici!** er ist hier der Häuptling! (*iron*)

manivelle [manivɛl] *f* Kurbel *f*

mannequin [mankɛ̃] *m* ❶ Mannequin *nt* ❷ (*pour le tailleur*) Schneiderpuppe *f*; (*pour la vitrine*) Schaufensterpuppe *f*

manœuvre [manœvʀ] **I.** *f* ❶ *a.* MIL Manöver *nt*; **fausse ~** Bedienungsfehler *m* ❷ *péj* Machenschaften *Pl* **II.** *m* Hilfsarbeiter(in) *m(f)*

manœuvrer [manœvʀe] <1> **I.** *v. tr.* ❶ (*machine*) bedienen; (*outil*) handhaben ❷ (*véhicule*) steuern **II.** *v. intr.* (*agir habilement*) geschickt vorgehen

manomètre [manɔmɛtʀ] *m* Manometer *m*

manouche [manuʃ] *mf fam* Zigeuner(in) *m(f)* (*pej*)

manquant, e [mɑ̃kɑ̃, ɑ̃t] *adj.* ❶ (*pièce, somme*) fehlend ❷ (*article*) nicht vorrätig

manque [mɑ̃k] *m* ❶ Mangel *m*; ~ **de sérieux** Mangel an Ernsthaftigkeit; ~ **d'imagination** Fantasielosigkeit *f* ❷ MED **être en ~** Entzugserscheinungen haben

manqué, e [mɑ̃ke] *adj.* (*occasion, rendez-vous*) verpasst; (*photo, roman*) misslungen

manquer [mɑ̃ke] <1> **I.** *v. tr.* ❶ (*cible, but*) verfehlen ❷ (*se venger*) **ne pas ~ qn** jdm kein Pardon geben ❸ (*film, réunion*) verpassen; (*école*) nicht gehen in (+ *Akk*) **II.** *v. intr.* ❶ (*être absent*) fehlen ❷ (*ne pas avoir assez de*) **qn/qc manque de qn/qc** jdm/einer S. fehlt jd/etw ❸ (*regretter de ne pas avoir*) **mes enfants me manquent** ich vermisse die Kinder ❹ (*attentat, tentative*) scheitern ❺ (*ne pas respecter*) **~ à sa parole** sein Wort nicht halten ❻ (*faillir*) ~ [**de**] **faire qc** etw beinahe tun; **ne pas ~ de faire qc** etw auf jeden

Fall tun ▶ **il ne manquait plus que ça** das hat gerade noch gefehlt **III.** *v. pron.* **se ~ de 5 minutes** sich um 5 Minuten verpassen

manteau [mɑ̃to] <x> *m* Mantel *m*

manucure [manykyʀ] *mf* Maniküre *f*

manuel [manɥɛl] *m* Lehrbuch *nt;* (*manuel d'utilisation*) Handbuch

manuel, le [manɥɛl] *adj.* (*métier, profession*) handwerklich; (*activité, travail*) manuell

manu militari [manymilitaʀi] *adv.* kurzerhand; (*par la force physique*) gewaltsam

manuscrit, e [manyskʀi, it] **I.** *adj.* handschriftlich **II.** *m* Manuskript *nt*

manutention [manytɑ̃sjɔ̃] *f* Warenumschlag *m*

manutentionnaire [manytɑ̃sjɔnɛʀ] *mf* Lagerist(in) *m(f)*

maquerelle [makʀɛl] *f fam* Puffmutter *f*

maquette [makɛt] *f* Modell *nt*

maquillage [makijaʒ] *m* ❶ (*action*) Schminken *nt;* (*résultat, produits*) Make-up *nt;* THEAT Maske *f* ❷ (*d'une voiture*) Frisieren *nt*

maquiller [makije] <1> **I.** *v. tr.* ❶ schminken ❷ (*falsifier*) fälschen; (*vérité*) verdrehen; (*faits*) entstellen; (*voiture*) frisieren **II.** *v. pron.* **se ~** sich schminken

maquilleur, -euse [makijœʀ, -jøz] *m, f* Maskenbildner(in) *m(f)*

marais [maʀɛ] *m* Sumpf *m*

marathon [maʀatɔ̃] *m* Marathon *m*

marathonien, ne [maʀatɔnjɛ̃, -jɛn] *m, f* Marathonläufer(in) *m(f)*

marbre [maʀbʀ] *m* Marmor *m*

marbrer [maʀbʀe] <1> *v. tr.* marmorieren; **gâteau marbré** Marmorkuchen *m*

marcel [maʀsɛl] *m* (*maillot de corps masculin*) Muscleshirt *nt*

marchand, e [maʀʃɑ̃, ɑ̃d] **I.** *adj.* (*marine, navire*) Handels- **II.** *m, f* Händler(in) *m(f)*

marchandage [maʀʃɑ̃daʒ] *m* Handeln *nt*

marchander [maʀʃɑ̃de] <1> *v. tr., intr.* **~ [le prix]** [um den Preis] handeln

marchandise [maʀʃɑ̃diz] *f* Ware *f*

marche¹ [maʀʃ] *f* ❶ a. SPORT (*action*) Gehen *nt;* **se mettre en ~** sich auf den Weg machen ❷ (*allure*) Gang *m* ❸ MIL, POL, MUS Marsch *m;* **faire ~ sur qc** auf etw (*Akk*) zumarschieren ❹ (*mouvement continu*) **en ~ arrière** rückwärts; **faire [une] ~ arrière** (*chauffeur*) rückwärtsfahren ❺ (*d'une entreprise*) Gang *m;* **moteur en ~** laufender Motor; **mettre qc en ~** etw einschalten ▶ **faire ~ arrière** einen Rückzieher machen, zurückrudern

marche² [maʀʃ] *f* (*d'un escalier*) Stufe *f;* (*d'un véhicule*) Trittbrett *nt*

marché [maʀʃe] *m* ❶ Markt *m;* **~ couvert** Markthalle[n *Pl*] *f;* **~ aux puces** Flohmarkt ❷ (*contrat*) Vertrag *m;* **~ conclu!** abgemacht!; **le ~ unique** der Europäische Binnenmarkt ▶ **bon ~** *inv.* billig

marcher [maʀʃe] <1> *v. intr.* ❶ gehen ❷ MIL **~ sur la ville/Paris** auf die Stadt/Paris zumarschieren ❸ (*poser le pied*) **~ sur/dans qc** auf/in etw (*Akk*) treten ❹ (*fonctionner*) laufen; (*montre*) gehen; (*télé, machine*) an sein; **~ à l'électricité** mit Strom betrieben werden ❺ (*affaire, film*) laufen; (*études*) vorangehen; (*procédé*) funktionieren ❻ *fam* **faire ~ qn** jdn auf den Arm nehmen ❼ *fam* **ça marche!** o.k.!

mardi [maʀdi] *m* Dienstag *m;* **~ gras** Karnevalsdienstag; *voir a.* **dimanche**

mare [maʀ] *f* Tümpel *m;* **~ de sang** Blutlache *f*

marécage [maʀekaʒ] *m* Sumpf *m*

maréchal-ferrant [maʀeʃalfeʀɑ̃] <maréchaux-ferrants> *m* Hufschmied *m*

maréchaussée [maʀeʃose] *f hum* Gesetzeshüter *m*

marée [maʀe] *f* ❶ Ebbe *f* und Flut *f;* **à ~ basse/haute** bei Ebbe/Flut ❷ *fig* **~ humaine** Menschenflut *f* ▶ **~ noire** Ölpest *f*

margarine [maʀgaʀin] *f* Margarine *f*

marge [maʀʒ] *f* ❶ (*d'une feuille*) Rand *m* ❷ (*délai*) Spielraum *m;* **~ d'erreur** zulässige Abweichung ❸ *fig* **vivre en ~ de la société** am Rande der Gesellschaft leben

marginal, e [maʀʒinal, o] < -aux> **I.** *adj.* ❶ (*accessoire*) marginal; (*occupation, rôle*) Neben- ❷ (*en marge de la société*) am Rande der Gesellschaft; (*groupe*) Rand- **II.** *m, f* Außenseiter(in) *m(f)*

marginalité [maʀʒinalite] *f* Außenseitertum *nt*

marguerite [maʀgəʀit] *f* Margerite *f*

M

mari [maʀi] *m* [Ehe]mann *m*

mariage [maʀjaʒ] *m* ❶ (*institution*) Ehe *f;* (*union*) Heirat *f;* ~ **blanc** Scheinehe; **demander qn en** ~ um jds Hand anhalten ❷ (*cérémonie*) Hochzeit *f;* ~ **civil/religieux** standesamtliche/kirchliche Trauung ❸ (*vie conjugale*) Ehe *f;* **fêter les 25/10 ans de** ~ silberne Hochzeit/den 10. Hochzeitstag feiern

marié, e [maʀje] **I.** *adj.* verheiratet **II.** *m, f* (*le jour du mariage*) Bräutigam *m*/Braut *f;* **les ~s** das Brautpaar

marier [maʀje] <1> **I.** *v. tr.* ❶ trauen; ~ **qn avec qn** jdn mit jdm verheiraten ❷ CAN, BELG, NORD (*épouser*) heiraten **II.** *v. pron.* **se** ~ **avec qn** jdn heiraten

marin [maʀɛ̃] *m* (*matelot*) Seemann *m;* (*navigateur*) Seefahrer *m*

marin, e [maʀɛ̃, in] *adj.* Meeres-; (*air, carte*) See-

marine [maʀin] **I.** *f* Marine *f* **II.** *adj. gén inv* marineblau

mariner [maʀine] <1> **I.** *v. tr.* marinieren **II.** *v. intr.* GASTR in [der] Marinade ziehen

marinière [maʀinjɛʀ] **I.** *f* Matrosenbluse *f* **II.** *app inv.* GASTR [**à la**] ~ nach Seemannsart *(mit Weißwein und Zwiebeln zubereitet)*

marionnette [maʀjɔnɛt] *f* Marionette *f*

maritime [maʀitim] *adj.* ❶ (*du bord de mer*) maritim; (*région, ville*) Küsten- ❷ (*relatif au commerce*) See-; (*transport*) zur See; **compagnie** ~ Schifffahrtsgesellschaft *f*

mark [maʀk] *m* Mark *f;* **le deutsche Mark** die deutsche Mark

marketing [maʀkɛtiŋ] *m* Marketing *nt*

marmelade [maʀməlad] *f* Marmelade *f*

marmonner [maʀmɔne] <1> **I.** *v. tr.* murmeln **II.** *v. intr.* vor sich (*Akk*) hin murmeln

marmotte [maʀmɔt] *f* Murmeltier *nt*

Maroc [maʀɔk] *m* **le** ~ Marokko *nt*

marocain, e [maʀɔkɛ̃, ɛn] *adj.* marokkanisch

Marocain, e [maʀɔkɛ̃, ɛn] *m, f* Marokkaner(in) *m(f)*

maroquinerie [maʀɔkinʀi] *f* Lederwarengeschäft *nt*

marquant, e [maʀkɑ̃, ɑ̃t] *adj.* (*fait, événement*) einschneidend; (*souvenir*) prägend

marque [maʀk] *f* ❶ (*trace*) Spur *f;* (*tache*) Fleck *m* ❷ (*repère*) Zeichen *nt;* SPORT Start *m;* **à vos ~s!** auf die Plätze! ❸ (*témoignage*) ~ **de confiance** Vertrauensbeweis *m;* ~ **de respect** Ehrenbezeugung *f* ❹ (*signe distinctif*) Kennzeichen *nt* ❺ COM Marke *f;* ~ **déposée** Warenzeichen ❻ LING Merkmal *nt*

marqué, e [maʀke] *adj.* ❶ (*traits du visage*) ausgeprägt; (*préférence, différence*) deutlich ❷ (*traumatisé*) vorbelastet

marquer [maʀke] <1> *v. tr.* ❶ (*indiquer*) markieren; (*heure, degré*) anzeigen ❷ (*distinguer par un signe*) kennzeichnen; ~ **d'un trait/d'une croix** anstreichen/ankreuzen ❸ (*laisser une trace sur*) Spuren hinterlassen auf (+ *Dat*) ❹ (*étape, progrès*) signalisieren ❺ (*inscrire, noter*) notieren ❻ SPORT erzielen

marqueur [maʀkœʀ] *m* ❶ (*crayon*) Textmarker *m* ❷ (*marqueur fluorescent*) Leuchtstift *m*

marquise [maʀkiz] *f* (*auvent*) Markise *f*

marraine [maʀɛn] *f* Patin *f*

marrant, e [maʀɑ̃, ɑ̃t] *adj. fam* witzig

marre [maʀ] *adv. fam* ► **en avoir** ~ **de qn/qc** jdn/etw satthaben

marrer [maʀe] <1> *v. pron.* **se** ~ *fam* sich totlachen

marron [maʀɔ̃] **I.** *m* Marone *f* **II.** *adj. inv.* [kastanien]braun

mars [maʀs] *m* ❶ März *m; voir a.* **août** ❷ ASTRO Mars *m*

marseillais, e [maʀsɛjɛ, jɛz] *adj.* Marseiller

Marseillaise [maʀsɛjɛz] *f* **la** ~ die Marseillaise

> Die **Marseillaise** ist seit 1795 die französische Nationalhymne. *C. J. Rouget de Lisle* hat sie 1792 als Kriegslied für die Rheinarmee komponiert. Weil sie während der Revolution von einem Freiwilligenbataillon aus Marseille gesungen wurde, das in Paris einmarschierte, um eine Volkserhebung zu unterstützen, erhielt sie diesen Namen.

marteau [maʀto] <x> *m* Hammer *m*

marteler [maʀtəle] <4> *v. tr.*

❶ (*frapper*) hämmern ❷ (*scander*) skandieren

Martien, ne [maʀsjɛ̃, jɛn] *m, f* Marsbewohner(in) *m(f)*

Martiniquais, e [maʀtinikɛ, ɛz] *m, f* Einwohner(in) *m(f)* von Martinique

Martinique [maʀtinik] *f* **la ~** die Insel Martinique

martin-pêcheur [maʀtɛ̃pɛʃœʀ] <martins-pêcheurs> *m* Eisvogel *m*

martre [maʀtʀ] *f* ZOOL Marder *m*

martyr, e [maʀtiʀ] **I.** *adj.* (*enfant*) misshandelt; (*peuple*) geschunden **II.** *m, f* Märtyrer(in) *m(f)*

martyre [maʀtiʀ] *m* REL Martyrium *nt*

martyriser [maʀtiʀize] <1> *v. tr.* quälen

mascara [maskaʀa] *m* Wimperntusche *f*

mascotte [maskɔt] *f* Maskottchen *nt*

masculin [maskylɛ̃] *m* LING Maskulinum *nt*

masculin, e [maskylɛ̃, in] *adj.* männlich

masculinité [maskylinite] *f* männliches Geschlecht

maso [mazo] *adj. inv, fam abr. de* **masochiste: être ~** Maso sein

masochiste [mazɔʃist] **I.** *adj.* masochistisch **II.** *mf* Masochist(in) *m(f)*

masque [mask] *m* Maske *f*

masqué, e [maske] *adj.* maskiert; (*bal, soirée*) Masken-

masquer [maske] <1> **I.** *v. tr.* verdecken; (*vérité*) verheimlichen **II.** *v. pron.* **se ~ le visage** sich (*Dat*) eine Maske aufsetzen

massacre [masakʀ] *m* Massaker *nt;* (*travail mal fait*) Stümperei *f*

massacrer [masakʀe] <1> **I.** *v. tr.* ❶ (*peuple*) niedermetzeln; (*animaux*) abschlachten ❷ *fig fam* (*personne*) fertigmachen ❸ *fam* (*détériorer*) verhunzen **II.** *v. pron.* **se faire ~** sich abschlachten lassen

massage [masaʒ] *m* Massage *f*

masse [mas] *f* ❶ Masse *f;* **les ~s populaires** die [Volks]masse[n] ❷ ECON **~ monétaire** Geldvolumen *nt;* **~ salariale** Lohn- und Gehaltsaufkommen *nt*

masser¹ [mase] <1> **I.** *v. tr.* (*grouper*) versammeln **II.** *v. pron.* **se ~** sich zusammenscharen

masser² [mase] <1> *v. tr.* massieren

masseur, -euse [masœʀ, -øz] *m, f* Masseur(in) *m(f)*

massif [masif] *m* ❶ BOT Beet *nt* ❷ GEO Bergmassiv *nt*

massif, -ive [masif, -iv] *adj.* ❶ (*carrure*) massig; (*bâtiment, meuble*) wuchtig ❷ (*argent, bois*) massiv ❸ (*important*) massiv; (*manifestation*) Massen-; (*dose*) hoch

massivement [masivmɑ̃] *adv.* massenweise; (*licencier*) in großer Zahl; **la population a ~ répondu oui au référendum** die Bevölkerung hat sich mit großer Mehrheit für das Referendum ausgesprochen

mass media [masmedja] *mpl* Massenmedien *Pl*

master [mastɛʀ] *m* UNIV Master *m,* Masterabschluss *m*

masturbation [mastyʀbasjɔ̃] *f* Selbstbefriedigung *f*

masturber [mastyʀbe] <1> **I.** *v. tr.* masturbieren **II.** *v. pron.* **se ~** onanieren

mat [mat] *adj. inv.* JEUX matt

mat, e [mat] *adj.* matt; (*peau, teint*) dunkel; (*bruit*) dumpf

mât [mɑ] *m* Mast *m*

match [matʃ] <[e]s> *m* Spiel *nt;* **~ de boxe** Boxkampf *m;* **~ nul** Unentschieden *nt*

matelas [matlɑ] *m* Matratze *f;* **~ pneumatique** Luftmatratze

matelot [matlo] *m* Matrose *m*

matelote [matlɔt] *f* GASTR *Fischragout in Weinsoße*

mater¹ [mate] <1> *v. tr.* ❶ (*faire s'assagir*) zur Vernunft bringen ❷ (*réprimer, vaincre*) bezwingen

mater² [mate] <1> *v. tr. fam* (*regarder*) anglotzen

matérialisation [mateʀjalizasjɔ̃] *f* Realisierung *f*

matérialiser [mateʀjalize] <1> **I.** *v. tr.* realisieren; (*idée*) in die Tat umsetzen **II.** *v. pron.* **se ~** Gestalt annehmen

matérialiste [mateʀjalist] **I.** *adj.* materialistisch **II.** *mf* Materialist(in) *m(f)*

matériau [mateʀjo] <x> *m* ❶ (*matière*) Material *nt* ❷ *sans pl. fig* Stoff *m*

matériel [mateʀjɛl] *m* ❶ (*équipement*) Material *nt;* **~ de camping/de pêche** Camping-/Angelausrüstung *f* ❷ (*assortiment proposé dans un magasin*) **~ de**

M

bureau/sport Bürobedarf *m*/Sportartikel *Pl* ❸ INFORM Hardware *f*

matériel, le [mateʀjɛl] *adj.* ❶ materiell; (*trace, preuve*) konkret; (*biens*) Sach- ❷ (*dégâts*) Sach-; (*problème*) technisch ❸ (*ennui, conditions*) finanziell

maternel, le [matɛʀnɛl] *adj.* ❶ (*de/pour la mère*) Mutter-; (*tendresse, instinct*) mütterlich ❷ (*du côté de la mère: grand-père*) mütterlicherseits; (*biens*) von mütterlicher Seite

maternelle [matɛʀnɛl] *f* ≈ Kindergarten *m*

> In Frankreich können Kinder bereits mit zwei Jahren eine **maternelle** besuchen: einen Ganztagskindergarten mit Vorschulcharakter, der zum staatlichen Schulsystem gehört, aber nicht obligatorisch ist. Sie essen dort zu Mittag und haben Betten zur Verfügung, um einen Mittagsschlaf zu halten. In Vorbereitung auf die Grundschule werden sie spielerisch und ganz allmählich in das Lesen, Schreiben und Rechnen eingeführt.

M

materner [matɛʀne] <1> *v. tr. péj* bemuttern

maternité [matɛʀnite] **I.** *f* ❶ (*bâtiment*) Entbindungsheim *nt* ❷ BIO Gebärfähigkeit *f* ❸ (*condition de mère*) Mutterschaft *f* **II.** *app* Mutterschafts-

mathématicien, ne [matematisjɛ̃, jɛn] *m, f* Mathematiker(in) *m(f)*

mathématique [matematik] **I.** *adj.* mathematisch **II.** *fpl* Mathematik *f*

math[s] [mat] *fpl fam abr. de* **mathématique** Mathe *f*

matière [matjɛʀ] *f* ❶ Material *nt;* ~ **synthétique/première** Kunst-/Rohstoff *m* ❷ PHILOS, PHYS Materie *f* ❸ (*sujet, thème*) Material *nt;* (*d'une discussion*) Gegenstand *m;* **en ~ de qc** bezüglich einer S. (*Gen*) ❹ SCOL Fach *nt*

matin [matɛ̃] **I.** *m* Morgen *m;* (*matinée*) Vormittag *m;* **le ~** morgens; **du ~ au soir** von morgens bis abends; **ce ~** heute Morgen; **tous les ~s** jeden Morgen; **6/11 heures du ~** 6 Uhr morgens/11 Uhr vormittags ▸**un de ces quatre ~s** eines Tages **II.** *adv.* **mardi ~** [am] Dienstagmorgen; **tous les lundis ~**[s] jeden Montagmorgen; **hier/demain ~** gestern/morgen früh; **~ et soir** morgens und abends

matinal, e [matinal, o] <-aux> *adj.* ❶ morgendlich; (*rosée, toilette*) Morgen- ❷ (*qui se lève tôt*) **être ~** ein Frühaufsteher sein

matinée [matine] *f* (*matin*) Vormittag *m* ▸**faire la grasse ~** ausschlafen

maton, ne [matɔ̃, ɔn] *m, f fam* [Gefängnis]wärter(in) *m(f)*

matraquage [matʀakaʒ] *m* ❶ (*coups de matraque*) **le ~ des manifestants par la police** der Schlagstockeinsatz der Polizei gegen die Demonstranten ❷ MEDIA Dauerberieselung *f*

matriarcal, e [matʀijaʀkal, o] <-aux> *adj.* matriarchalisch

mature [matyʀ] *adj.* (*psychiquement*) reif; (*sexuellement*) geschlechtsreif

mâture [mɑtyʀ] *f* Bemastung *f*

maturité [matyʀite] *f* ❶ BOT, BIO Reife *f* ❷ CH (*baccalauréat*) Abitur *nt,* Maturität *f* (CH)

maudit, e [modi, it] *adj.* ❶ *antéposé* (*fichu*) verdammt ❷ *postposé* (*poète, écrivain*) verfemt; (*funeste*) verflucht; (*lieu a.*) unheilvoll

maure [mɔʀ] *adj.* HIST maurisch

mauresque [mɔʀɛsk] *adj.* maurisch

Mauritanie [mɔʀitani] *f* **la ~** Mauretanien *nt*

maussade [mosad] *adj.* griesgrämig; (*ciel*) grau; (*humeur*) schlecht; (*temps, paysage*) trist

mauvais [movɛ] **I.** *adv.* **il fait ~** es ist schlechtes Wetter; **sentir ~** nicht gut riechen **II.** *m* **le ~** das Schlechte

mauvais, e [movɛ, ɛz] *adj.* ❶ *antéposé* schlecht; (*action*) bös; **être ~ en qc** in etw (*Dat*) schlecht sein; **être ~ pour la santé** ungesund sein; **faire un ~ rêve** schlecht träumen ❷ (*intention, regard*) böse ❸ (*mer*) stürmisch

mauve [mov] **I.** *adj.* blasslila **II.** *m* Blasslila *nt*

max [maks] *m fam abr. de* **maximum**

maxi [maksi] *adj. inv.* maximal

maximal, e [maksimal, o] <-aux> *adj.* maximal; (*vitesse, peine*) Höchst-

maximum [maksimɔm] <s> **I.** *adj.* maximal **II.** *m* Höchstmaß *nt;* JUR Höchststrafe *f;* **~ de qc** Maximum an etw (*Dat*); **faire le ~** sein Möglichstes tun

Mayence [majɑ̃s] Mainz *nt*
mayonnaise [majɔnɛz] *f* Mayonnaise *f*
mazot [mazo] *m* CH *kleines ländliches Gebäude*
mazout [mazut] *m* [Heiz]öl *nt*
mdr [ɛmdeɛʀ] *interj. fam abr. de* **mort de rire** INET lol, haha
me [mə] < *devant voyelle ou h muet* m'> *pron. pers.* ① **il ~ voit/m'aime** er sieht/liebt mich; **il ~ suit** er folgt mir ② *avec faire, laisser* mich; **il ~ laisse/fait conduire** [**la voiture**] er lässt mich [das Auto] fahren ③ *avec être, devenir, sembler, soutenu* **cela ~ semble bon** das erscheint mir gut; **le café m'est indispensable** ich kann nicht auf Kaffee verzichten ④ *avec les verbes pronominaux* **je ~ nettoie** ich mache mich sauber; **je ~ nettoie les ongles** ich mache mir die Nägel sauber; **je ~ fais couper les cheveux** ich lasse mir die Haare schneiden ⑤ (*avec un sens possessif*) **le cœur ~ battait fort** mein Herz schlug heftig ⑥ *avec un présentatif* ich; **~ voici!** hier bin ich!
mec [mɛk] *m fam* Kerl *m*
mécanicien, **ne** [mekanisjɛ̃, jɛn] *m, f* Mechaniker(in) *m(f)*
mécanique [mekanik] **I.** *adj.* mechanisch; (*jouet*) zum Aufziehen **II.** *f* Mechanik *f*
mécaniquement [mekanikmɑ̃] *adv.* mechanisch
mécanisation [mekanizasjɔ̃] *f* Mechanisierung *f*
mécaniser [mekanize] <1> *v. pron.* **se ~** auf mechanischen Betrieb umstellen
mécanisme [mekanism] *m* Mechanismus *m*
méchamment [meʃamɑ̃] *adv.* ① böse ② *fam* (*très*) unheimlich; (*amoché*) übel
méchanceté [meʃɑ̃ste] *f* ① *sans pl.* Boshaftigkeit *f;* **avec ~** böse ② (*acte, parole*) Bosheit *f*
méchant, **e** [meʃɑ̃, ɑ̃t] **I.** *adj.* ① (*opp: gentil*) böse; (*animal*) bösartig; **être ~ avec qn** gemein zu jdm sein ② *antéposé* (*sévère*) böse; (*soleil, mer*) gefährlich **II.** *m, f* Böse(r) *f(m)*
mèche [mɛʃ] *f* ① (*d'une bougie*) Docht *m* ② (*touffe*) **~ de cheveux** [Haar]strähne *f* ▶ **vendre la ~** ein Geheimnis verraten
méconnaissable [mekɔnɛsabl] *adj.* **être ~** nicht wiederzuerkennen sein
méconnaître [mekɔnɛtʀ] <irr> *v. tr. soutenu* ① (*mésestimer*) verkennen ② (*faits, vérité*) nicht kennen
méconnu, **e** [mekɔny] *adj.* verkannt
mécontent, **e** [mekɔ̃tɑ̃, ɑ̃t] **I.** *adj.* **~ de qn/qc** unzufrieden mit jdm/etw **II.** *m, f* Nörgler(in) *m(f)*
Mecque [mɛk] *f* **la ~** Mekka *nt*
médaille [medaj] *f* Medaille *f;* (*décoration*) Orden *m*
médaillé, **e** [medaje] **I.** *adj.* ausgezeichnet **II.** *m, f* Träger(in) *m(f)* einer Medaille/eines Ordens; SPORT Medaillengewinner(in) *m(f)*
médecin [medsɛ̃] *m* Arzt *m*/Ärztin *f*; **~ de famille** Hausarzt/Hausärztin
médecine [medsin] *f* ① (*science*) Medizin *f* ② (*profession*) Arztberuf *m*
média [medja] *m* Medium *nt;* **les ~s** die Medien
médiateur, **-trice** [medjatœʀ, -tʀis] **I.** *adj.* vermittelnd *m* **II.** *m, f* Vermittler(in) *m(f)*
médiathèque [medjatɛk] *f* Mediothek *f*
médiation [medjasjɔ̃] *f* Vermittlung *f*
médiatique [medjatik] *adj.* (*image*) durch die Medien bestimmt; (*sport, événement*) medienwirksam; (*personne*) telegen
médiatisation [medjatizasjɔ̃] *f* Vermarktung *f* durch die Medien
médiatiser [medjatize] <1> *v. tr.* in den Medien vermarkten; (*excessivement*) in den Medien aufbauschen
médiatrice [medjatʀis] *f* ① *voir* **médiateur** ② GEOM Mittelsenkrechte *f*
médical, **e** [medikal, o] <-aux> *adj.* ärztlich
médicalisation [medikalizasjɔ̃] *f* ① (*action*) medizinische Ausstattung ② (*fait d'être médicalisé*) medizinische Betreuung
médicament [medikamɑ̃] *m* Medikament *nt*
médiocre [medjɔkʀ] **I.** *adj.* ① (*salaire*) dürftig ② (*minable*) mittelmäßig; (*vers, film*) zweitklassig ③ (*élève*) schwach **II.** *mf* Durchschnittsmensch *m* **III.** *m* Mittelmäßigkeit *f*
médiocrité [medjɔkʀite] *f* (*insuffisance en qualité*) Mittelmäßigkeit *f;* (*d'une vie*) Bedeutungslosigkeit *f*
médiologie [medjɔlɔʒi] *f* Medien- und

Kommunikationswissenschaften *Pl*

méditation [meditasjɔ̃] *f* Nachsinnen *nt;* REL Meditation *f*

méditer [medite] <1> *v. intr.* nachsinnen; REL meditieren

Méditerranée [mediteʀane] *f* **la [mer] ~** das Mittelmeer

méditerranéen, ne [mediteʀaneɛ̃, ɛn] **I.** *adj.* (*climat*) mediterran; (*caractère*) südländisch; (*région, côte*) Mittelmeer- **II.** *m, f* Südländer(in) *m(f)*

médium [medjɔm] *m* Medium *nt*

méduse [medyz] *f* Qualle *f*

meeting [mitiŋ] *m* ❶ POL Versammlung *f;* (*en plein air*) Kundgebung *f* ❷ SPORT Veranstaltung *f*

méfait [mefɛ] *m* ❶ (*faute*) Missetat *f* ❷ *gén. pl.* (*de l'alcool*) verheerende Folgen *Pl*

méfiance [mefjɑ̃s] *f* Misstrauen *nt*

méfiant, e [mefjɑ̃, jɑ̃t] *adj.* misstrauisch

méfier [mefje] <1> *v. pron.* **se ~ de qn/qc** jdm/einer S. misstrauen; (*faire attention*) **se ~** sich in Acht nehmen

méga [mega] *m fam abr. de* **mégaoctet** INFORM Megabyte *nt*

mégalopole [megalɔpɔl] *f* Riesenstadt *f*

mégaoctet [megaɔktɛ] *m* INFORM Megabyte *nt*

mégaphone [megafɔn] *m* Megaphon *nt*

mégapole [megapɔl] *f voir* **mégalopole**

mégawatt [megawat] *m* Megawatt *nt*

meilleur [mɛjœʀ] **I.** *adv.* **sentir ~** besser riechen; **il fait ~** es ist wärmer **II.** *m* **le ~** das Beste ▶ **pour le ~ et pour le pire** auf Gedeih und Verderb

meilleur, e [mɛjœʀ] **I.** *adj.* ❶ *comp. de* **bon** besser ❷ *superl.* **le ~/la ~e élève** der beste Schüler/die beste Schülerin **II.** *m, f* **le ~/la ~e de la classe** der/die Beste in der Klasse

mélancolie [melɑ̃kɔli] *f* Melancholie *f*

mélancolique [melɑ̃kɔlik] *adj.* melancholisch

mélange [melɑ̃ʒ] *m* Mischung *f*

mélangé, e [melɑ̃ʒe] *adj.* gemischt

mélanger [melɑ̃ʒe] <2a> **I.** *v. tr.* ❶ (*mêler*) [ver]mischen ❷ (*mettre en désordre*) durcheinanderbringen ❸ (*confondre*) verwechseln **II.** *v. pron.* **se ~** sich [ver]mischen

mêlé, e [mele] *adj.* ❶ [miteinander] vermischt; (*couleurs, races*) Misch- ❷ (*impliqué*) **être ~ à une affaire** in einen Skandal verwickelt sein

mêlée [mele] *f* ❶ SPORT Gedränge *nt* ❷ (*conflit*) **se jeter dans la ~** sich in den Kampf stürzen

mêler [mele] <1> **I.** *v. tr.* ❶ (*mélanger*) [ver]mischen; (*voix*) vereinigen; (*ingrédients*) verrühren ❷ (*ajouter*) **~ des détails pittoresques à un récit** in einen Bericht malerische Einzelheiten einflechten ❸ (*impliquer*) **~ qn à qc** jdn in etw (*Akk*) verwickeln **II.** *v. pron.* ❶ **se ~ à la foule** sich unter die Menge mischen ❷ *péj* (*s'occuper*) **se ~ de qc** sich in etw (*Akk*) einmischen

mélisse [melis] *f* Melisse *f*

mélodie [melɔdi] *f* Melodie *f*

mélodieux, -euse [melɔdjø, -jøz] *adj.* melodisch

melon [m(ə)lɔ̃] *m* [Honig]melone *f* ▶ **attraper le ~** *fam* sich ganz schön aufblasen

melting-pot [mɛltiŋpɔt] <melting-pots> *m* Schmelztiegel *m*

membre [mɑ̃bʀ] **I.** *m* ❶ ANAT Glied *nt;* **les ~s** die Gliedmaßen ❷ (*d'une association*) Mitglied *nt* **II.** *app* **État ~** Mitgliedsstaat *m*

mémé [meme] *f fam* Oma *f*

même [mɛm] **I.** *adj.* ❶ **habiter le ~ quartier** in demselben Viertel wohnen; **il porte la ~ cravate qu'hier** er trägt dieselbe Krawatte wie gestern ❷ (*simultané*) **en ~ temps** zur gleichen Zeit ❸ (*semblable*) gleich; **la ~ chose** das Gleiche ❹ (*pour renforcer*) **c'est cela ~** genau so ist es ❺ *avec un pron pers* **toi-~** du selbst; **nous-~s** wir selbst **II.** *pron. indéf.* **le/la ~** (*une chose identique*) der-/die-/dasselbe; (*une chose semblable*) der/die/das Gleiche **III.** *adv.* ❶ (*de plus, jusqu'à*) [ja] sogar; **~ pas** nicht einmal; **~ si** selbst wenn ❷ (*précisément*) **ici ~** genau an dieser Stelle; **je le ferai aujourd'hui ~** ich werde das heute noch tun ▶ **à ~ le sol** direkt auf der Erde; **vous de ~!** *soutenu* [danke,] ebenso!; **de ~ que qn** [eben]so wie jd; **tout de ~** dennoch

mémère [memɛʀ] *f fam* Oma *f*

mémoire[1] [memwaʀ] *f* ❶ Gedächtnis *nt* ❷ (*souvenir*) **~ de qn/qc** Erinnerung *f* an jdn/etw; **faire qc à la ~ de**

qn etw zum Andenken an jdn tun ❸ INFORM Speicher *m;* ~ **vive** Arbeitsspeicher *m;* **mettre qc en** ~ etw [ab]speichern

mémoire² [memwaʀ] *m* ❶ *pl* (*journal*) Memoiren *Pl* ❷ (*dissertation*) [wissenschaftliche] Arbeit

mémorable [memɔʀabl] *adj.* denkwürdig

mémoriser [memɔʀize] <1> *v. tr.* INFORM [ab]speichern

menaçant, e [mənasɑ̃, ɑ̃t] *adj.* ❶ drohend; **geste** ~ Drohgebärde *f* ❷ (*ciel, nuage*) bedrohlich; (*nuages*) Gewitter-

menace [mənas] *f* ❶ (*parole, geste*) Drohung *f;* **sous la** ~ unter Zwang (*Dat*) ; **ils sont sous la** ~ **de l'expulsion** ihnen droht die Ausweisung ❷ (*danger*) Bedrohung *f*

menacé, e [mənase] *adj.* bedroht

menacer [mənase] <2> **I.** *v. tr.* ❶ ~ **qn d'une arme** jdm mit einer Waffe drohen ❷ (*faire des menaces de*) ~ **qn de mort/de faire qc** jdm mit dem Tod drohen/jdm androhen, etw zu tun ❸ (*constituer une menace pour*) bedrohen **II.** *v. intr.* (*orage, famine*) drohen

ménage [menaʒ] *m* ❶ Haushalt *m;* **faire le** ~ sauber machen*fam* (*réorganiser*) Ordnung schaffen ❷ (*vie commune*) **être/se mettre en** ~ **avec qn** mit jdm zusammenleben/-ziehen ❸ (*couple*) Ehepaar *nt* ❹ (*famille*) Haushalt *m*

ménager [menaʒe] <2a> **I.** *v. tr.* ❶ (*forces*) schonen; (*paroles*) mäßigen ❷ (*personne*)(*pour raisons de santé*) schonen; (*par respect ou intérêt*) rücksichtsvoll behandeln **II.** *v. pron.* **se** ~ sich schonen

ménager, -ère [menaʒe, -ɛʀ] *adj.* (*appareils*) Haushalts-; (*ordures*) Haus-

ménagère [menaʒɛʀ] *f* ❶ (*femme*) Hausfrau *f* ❷ (*service de couverts*) Besteck *nt;* (*service précieux*) Tafelbesteck

mendiant, e [mɑ̃djɑ̃, jɑ̃t] *m, f* Bettler(in) *m(f)*

mendier [mɑ̃dje] <1> **I.** *v. intr.* betteln **II.** *v. tr.* (*argent, pain*) betteln um

mener [məne] <4> **I.** *v. tr.* ❶ (*amener*) bringen; ~ **qn chez qn/à l'école** jdn zu jdm/zur Schule bringen ❷ (*diriger*) leiten; (*négociations, affaire*) führen **II.** *v. intr.* ❶ ~ **à qn/qc** zu jdm/etw führen ❷ SPORT führen; ~ [**par**] **deux à zéro** [mit] zwei zu null führen

méninge [menɛ̃ʒ] *f* Hirnhaut *f* ▶ **se creuser les ~s** *fam* sich (*Dat*) das Hirn zermartern

menottes [mənɔt] *fpl* (*pour attacher*) Handschellen *Pl*

mensonge [mɑ̃sɔ̃ʒ] *m* Lüge *f*

mensonger, -ère [mɑ̃sɔ̃ʒe, -ɛʀ] *adj.* unwahr, erlogen

menstruel, le [mɑ̃stʀyɛl] *adj.* (*cycle*) Menstruations-; **flux** ~ Monatsblutung *f*

mensuel [mɑ̃sɥɛl] *m* Monats[zeit]schrift *f*

mensuel, le [mɑ̃sɥɛl] *adj.* monatlich

mensuellement [mɑ̃sɥɛlmɑ̃] *adv.* monatlich

mensurations [mɑ̃syʀasjɔ̃] *fpl* (*dimensions du corps*) Maße *Pl*

mental [mɑ̃tal] *m sans pl.* geistige Verfassung

mental, e [mɑ̃tal, o] <-aux> *adj.* geistig; (*calcul*) Kopf-

mentalement [mɑ̃talmɑ̃] *adv.* im Kopf

mentalité [mɑ̃talite] *f* Mentalität *f*

menteur, -euse [mɑ̃tœʀ, -øz] *m, f* Lügner(in) *m(f)*

menthe [mɑ̃t] *f* Minze *f*

mention [mɑ̃sjɔ̃] *f* ❶ (*fait de signaler*) Erwähnung *f;* **faire** ~ **de qn/qc** jdn/etw erwähnen ❷ (*indication*) Vermerk *m* ❸ SCOL, UNIV Auszeichnung *f;* **avec** ~ **bien** mit „gut"

mentionner [mɑ̃sjɔne] <1> *v. tr.* erwähnen

mentir [mɑ̃tiʀ] <10> *v. intr.* lügen; ~ **à qn** jdn belügen ▶ **il ment comme il respire** er lügt wie gedruckt

menton [mɑ̃tɔ̃] *m* Kinn *nt;* **double** ~ Doppelkinn, Goder *m* (A)

menu [məny] *m* ❶ (*repas*) Menü *nt* ❷ (*carte: au restaurant*) Speisekarte *f;* (*à la cantine*) Speiseplan *m* ❸ INFORM Menü *nt;* ~ **déroulant** Pull-down-Menü

Ein französisches **menu** besteht aus mehreren Gängen *(plats)*, mindestens jedoch aus Vor-, Haupt- und Nachspeise. Die Vorspeise kann kalt sein *(hors d'œuvre)* oder warm *(entrée)*, zum Beispiel ein Rohkostteller oder eine Suppe. Darauf folgt der Hauptgang *(plat principal)*, der meist aus

M

Fisch oder Fleisch mit Beilagen besteht. Danach isst man ein wenig Käse und dann das *dessert*. Der Salat wird vor oder nach der Hauptspeise, manchmal auch zum Käse serviert. Zu jedem Gang außer dem Dessert gibt es Weißbrot *(pain)*. Zum Essen trinken Erwachsene meist Wein oder Wasser, zu bestimmten Gerichten auch Bier, und danach fast immer eine Art Espresso *(café)*. Abends nimmt man vor dem *dîner* gern einen Aperitif und nach dem Essen vielleicht einen Verdauungsschnaps *(digestif)*.
In Restaurants wird meistens eine Auswahl an Menüs aus mehreren Gängen mit verschiedenen Gerichten angeboten. Ein **menu** ist in der Regel preiswerter als einzelne *à la carte* bestellte Gerichte.

menu, e [məny] **I.** *adj. postposé* zierlich **II.** *adv.* **coupé ~** klein geschnitten; **haché ~** fein gehackt

menuiserie [mənɥizʀi] *f* ❶ *sans pl.* (*métier*) Tischlern *nt* ❷ (*atelier*) Tischlerei *f*

menuisier [mənɥizje] *m* Tischler(in) *m(f)*

mépris [mepʀi] *m* Verachtung *f*

méprise [mepʀiz] *f* Irrtum *m*

mépriser [mepʀize] <1> *v. tr.* ❶ (*opp: estimer*) verachten ❷ (*opp: prendre en compte*) missachten

mer [mɛʀ] *f* ❶ (*étendue d'eau*) Meer *nt;* **~ Égée** Ägäis *f;* **~ du Nord** Nordsee ❷ (*littoral*) **passer ses vacances à la ~** seine Ferien am Meer verbringen ❸ (*eau de ~*) Meer[wasser *nt*] *nt*

mercenaire [mɛʀsənɛʀ] *m, f* Söldner(in) *m(f)*

mercerie [mɛʀsəʀi] *f* ❶ (*magasin*) Kurzwarenhandlung *f* ❷ (*commerce*) Kurzwarenhandel *m* ❸ (*ensemble des marchandises*) Kurzwaren *Pl*

merci [mɛʀsi] **I.** *interj.* ❶ (*pour remercier*) danke; **~ bien** danke schön; (*négatif*) [nein,] vielen Dank; **~ à vous pour tout** ich danke Ihnen/euch für alles ❷ (*pour exprimer l'indignation, la déception*) na danke **II.** *m* Dank *m* **III.** *f* **être à la ~ de qn/qc** jdm/einer S. ausgeliefert sein

mercredi [mɛʀkʀədi] *m* Mittwoch *m;* **~ des Cendres** Aschermittwoch; *voir a.* **dimanche**

mercure [mɛʀkyʀ] *m* Quecksilber *nt*

Mercure [mɛʀkyʀ] ASTRO Merkur *m*

merde [mɛʀd] **I.** *f* ❶ *vulg* Scheiße *f* ❷ *fam* (*saleté, personne, chose sans valeur*) Dreck *m;* **c'est de la ~, ce stylo** dieser Stift ist doch Scheiße ▶ **foutre la ~** *fam* ein Chaos veranstalten; **temps/boulot de ~** *fam* Scheißwetter *nt*/Scheißarbeit *f* **II.** *interj. fam* ❶ (*pour exprimer la colère*) **~ alors!** [verdammte] Scheiße! ❷ (*pour exprimer la surprise*) verdammt

merder [mɛʀde] <1> *v. intr. fam* (*personne*) Mist machen; (*chose*) schieflaufen

merdique [mɛʀdik] *adj. fam* beschissen

mère [mɛʀ] **I.** *f* ❶ (*femme*) Mutter *f;* **~ adoptive** Adoptivmutter; **~ célibataire** allein erziehende Mutter ❷ (*animal*) Muttertier *nt* ❸ REL **~ supérieure** Mutter Oberin **II.** *app* **maison ~** ECON Muttergesellschaft *f*

merguez [mɛʀgɛz] *f: zu den Spezialitäten der maghrebinischen Küche gehörende kleine, scharf gewürzte Bratwurst aus Lammfleisch*

méridien [meʀidjɛ̃] *m* Meridian *m*

meringue [məʀɛ̃g] *f* Baiser *nt*

mérinos [meʀinos] *m* (*laine*) Merino[-wolle *f*] *m*

méritant, e [meʀitɑ̃, ɑ̃t] *adj.* verdienstvoll

mérite [meʀit] *m* ❶ Verdienst *nt;* **avoir bien du ~** Verdienste haben ❷ (*d'un appareil, d'une organisation*) Vorzug *m*

mériter [meʀite] <1> *v. tr.* ❶ (*avoir droit à qc*) verdienen; **~ mieux** Besseres verdienen ❷ (*valoir*) wert sein; **cela mérite réflexion** darüber sollte man nachdenken

merlu [mɛʀly] *m* Seehecht *m*

merveille [mɛʀvɛj] *f* Wunder *nt*

merveilleusement [mɛʀvɛjøzmɑ̃] *adv.* wunderbar

merveilleux [mɛʀvɛjø] *m* **le ~** das Wunderbare

merveilleux, -euse [mɛʀvɛjø, -jøz] *adj.* ❶ (*exceptionnel*) wunderbar; (*très beau*) wunderschön ❷ *postposé* (*monde, lampe*) Wunder-

mes [me] *dét. poss. voir* **ma, mon**

mésaventure [mezavɑ̃tyʀ] *f* Missgeschick *nt*

mesdames [medam] *fpl voir* **madame**

mesdemoiselles [medmwazɛl] *fpl voir* **mademoiselle**

mésestimer [mezɛstime] <1> *v. tr. soutenu* unterschätzen

message [mesaʒ] *m* ❶ (*nouvelle*) Nachricht *f;* ~ **publicitaire** Werbespot *m* ❷ (*note écrite*) Zettel *m* ❸ INFORM, TELEC Meldung *f;* ~ **électronique** E-Mail *f;* ~ **d'erreur** Fehlermeldung

messager, -ère [mesaʒe, -ɛʀ] *m, f* Bote *m*/Botin *f*

messagerie [mesaʒʀi] *f* Mailsystem *nt;* (*électronique*) Post *f*

messe [mɛs] *f* Messe *f;* ~ **de minuit** Christmette *f*

messie [mesi] *m* Messias *m*

messieurs [mesjø] *mpl voir* **monsieur**

mesure [m(ə)zyʀ] *f* ❶ Maß *nt;* (*de la température*) Messwert *m;* (*d'une personne*) Maße *Pl;* **prendre les ~s d'une pièce** einen Raum ausmessen; **prendre les ~s de qn** bei jdm Maß nehmen ❷ (*limite*) Maß *nt;* **outre ~** übermäßig ❸ (*disposition*) Maßnahme *f;* ~ **disciplinaire** Disziplinarstrafe *f;* **par ~ de sécurité** aus Sicherheitsgründen ❹ MUS Takt *m;* **battre la ~** den Takt angeben ▸ **à ~ que nous avancions, la forêt devenait plus épaisse** je weiter wir vordrangen, desto dichter wurde der Wald; **dans une certaine ~** in gewissem Maße; **qn est en ~ de faire qc** jd ist imstande, etw zu tun; **sur ~[s]** (*costume*) maßgeschneidert

mesuré, e [məzyʀe] *adj.* (*personne*) besonnen

mesurer [məzyʀe] <1> **I.** *v. intr.* messen; ~ **1 m 70 de haut** 1,70 m hoch sein; **combien mesures-tu?** wie groß bist du? **II.** *v. tr.* ❶ messen; (*pièce*) ausmessen ❷ (*évaluer*) ermessen; (*conséquences, risque*) abschätzen ❸ (*paroles, propos*) mäßigen **III.** *v. pron.* **se ~ à qn** sich mit jdm messen

métal [metal, o] <-aux> *m* Metall *nt;* ~ **précieux** Edelmetall

métallique [metalik] *adj.* ❶ (*en métal*) Metall-; **fil ~** Draht *m* ❷ (*qui rappelle le métal*) metallisch

métallisé, e [metalize] *adj.* **peinture ~e** Metalliclackierung *f*

métallo [metalo] *m fam abr. de* **métallurgiste** Metaller *m*

métallurgie [metalyʀʒi] *f sans pl.* Metallindustrie *f*

métamorphose [metamɔʀfoz] *f* Verwandlung *f*

métastase [metastɑz] *f* Metastase *f*

météo [meteo] *inv. abr. de* **météorologique, météorologie**

météorite [meteɔʀit] *m o f* Meteorit *m*

météorologie [meteɔʀɔlɔʒi] *f* ❶ SCI Meteorologie *f* ❷ (*organisme*) meteorologisches Institut

météorologique [meteɔʀɔlɔʒik] *adj.* Wetter-; (*instrument, observations*) meteorologisch

méthadone [metadɔn] *f* Methadon *nt*

méthode [metɔd] *f* ❶ (*technique*) Methode *f* ❷ (*manuel: de piano, guitare*) -schule *f;* ~ **de langue** Lehrbuch *nt*

méticuleusement [metikyløzmɑ̃] *adv.* sorgfältig

méticuleux, -euse [metikylø, -øz] *adj.* sorgfältig

métier [metje] *m* ❶ Beruf *m;* **apprendre/exercer un ~** einen Beruf erlernen/ausüben; **qu'est-ce que vous faites comme ~?** was machen Sie beruflich? ❷ TECH ~ **[à tisser]** Webstuhl *m*

métis, se [metis] **I.** *adj.* (*personne*) Mischlings-; (*population*) Misch- **II.** *m, f* Mischling *m* (*pej*)

métrage [metʀaʒ] *m* **court/long ~** Kurz-/Spielfilm *m*

mètre [mɛtʀ] *m* ❶ Meter *m o nt;* ~ **cube/carré** Kubik-/Quadratmeter ❷ (*instrument*) Metermaß *nt*

métro [metʀo] *m* U-Bahn *f;* (*en France*) Metro *f;* **en ~** mit der U-Bahn/der Metro ❷ (*station*) U-Bahn-Station *f;* (*en France*) Metrostation

Neben Paris haben auch Großstädte wie Lyon, Marseille oder Lille eine **métro**, aber diejenige in Paris ist eine der ältesten Untergrundbahnen Europas: Sie fährt seit 1900.
Die Fahrscheine *(tickets)* kauft man vor der Fahrt in der Metrostation oder in einem Tabakladen und entwertet sie an einem Schalter im Eingangsbereich. Die meisten der 16 Pariser Linien verkehren etwa von fünf Uhr morgens bis Mitternacht. (Vorsicht, im Berufsverkehr sind die Züge sehr voll und ein beliebtes Revier für Taschendiebe!)

M

metteur [metœʀ] *m* ~ **en scène** Regisseur(in) *m(f)*

mettre [mɛtʀ] <irr> **I.** *v. tr.* ❶ (*placer, poser*) tun; (*à plat, couché, horizontalement*) legen; (*debout, verticalement*) stellen; (*assis*) setzen ❷ (*déposer*) ~ **au garage** (*véhicule*) in die Garage bringen; ~ **à la fourrière** abschleppen; ~ **à l'abri** in Sicherheit bringen ❸ (*jeter*) ~ **à la poubelle** in den Mülleimer werfen ❹ (*beurre*) streichen; (*cirage*) auftragen ❺ (*introduire*) stecken ❻ (*conditionner*) ~ **en bouteilles** (*vin*) in Flaschen füllen ❼ (*écrire*) schreiben; (*sur une liste*) setzen; (*note*) geben ❽ (*nommer*) ~ **qn au service clients** jdn beim Kundendienst einsetzen ❾ (*inscrire*) ~ **à l'école privée** auf eine Privatschule schicken ❿ (*vêtement, chaussures*) anziehen; (*chapeau, lunettes*) aufsetzen; (*lentilles de contact*) einsetzen; (*maquillage*) auftragen; (*bijou*) anlegen; (*bague, broche*) anstecken ⓫ (*heures, journées*) brauchen; **tu as mis le temps!** du hast dir aber Zeit gelassen! ⓬ (*investir: argent*) stecken (*fam*) ⓭ (*placer dans une situation*) ~ **qn à l'aise** dafür sorgen, dass jd sich wohl fühlt; ~ **qn au régime** jdn auf Diät setzen ⓮ (*transformer*) ~ **au pluriel** in den Plural setzen ⓯ (*faire fonctionner*) einschalten ⓰ (*régler*) ~ **à l'heure** (*montre*) stellen ⓱ (*rideaux*) aufhängen; (*moquette, électricité*) verlegen ⓲ (*faire*) ~ **à cuire/à chauffer/à bouillir** aufsetzen ⓳ (*envoyer*) ~ **dans les buts** ins Tor schießen ⓴ (*admettre*) **mettons/mettez que** + *subj.* angenommen, dass ▸ ~ **à jour** *a.* INFORM aktualisieren **II.** *v. pron.* ❶ **se** ~ **debout** aufstehen; **se** ~ **assis(e)** sich [hin]setzen; **se** ~ **à genoux** sich hinknien ❷ (*placer sur soi*) **se** ~ **de la crème sur la figure** sich (*Dat*) das Gesicht eincremen; **se** ~ **les doigts dans le nez** in der Nase bohren ❸ (*porter*) **se** ~ **en pantalon** eine Hose anziehen; **se** ~ **du parfum** sich parfümieren ❹ (*commencer à*) **se** ~ **au travail** sich an die Arbeit machen ❺ (*pour exprimer le changement d'état*) **se** ~ **en colère** wütend werden; **se** ~ **en route** sich auf den Weg machen ❻ *fam* **se** ~ **avec qn** (*constituer une équipe*) sich mit jdm zusammentun; (*vivre avec*) mit jdm zusammenziehen

meuble [mœbl] *m* Möbel *nt;* (*de rangement*) Schrank *m*

meublé [mœble] *m* (*chambre*) möbliertes Zimmer; (*appartement*) möblierte Wohnung

meubler [mœble] <1> **I.** *v. tr.* ❶ (*garnir de meubles*) einrichten ❷ (*conversation*) in Gang halten **II.** *v. pron.* **se** ~ sich einrichten

meuf [mœf] *f fam* Tussi *f*

meuh [mø] *interj.* muh

meunière [mønjɛʀ] *f* Müllerin *f*

meure [mœʀ] *subj prés de* **mourir**

meurent [mœʀ], **meurs** [mœʀ], **meurt** [mœʀ] *indic. prés. de* **mourir**

meurtre [mœʀtʀ] *m* Mord *m*

meurtrier, -ière [mœʀtʀije, -ijɛʀ] **I.** *adj.* mörderisch; (*accident, coup*) tödlich; (*carrefour, route*) lebensgefährlich **II.** *m, f* Mörder(in) *m(f)*

meurtrir [mœʀtʀiʀ] <8> *v. tr.* ❶ (*contusionner*) zerquetschen; **il avait le dos meurtri par les coups** sein Rücken war von den Schlägen zerschunden ❷ (*fruits, légumes*) beschädigen ❸ (*blesser moralement*) tief verletzen

meurtrissure [mœʀtʀisyʀ] *f* ❶ (*marque*) Bluterguss *m* ❷ (*tache sur des fruits, légumes*) Fleck *m,* Druckstelle *f*

Meuse [møz] *f* **la** ~ die Maas

mexicain, e [mɛksikɛ̃, ɛn] *adj.* mexikanisch

Mexicain, e [mɛksikɛ̃, ɛn] *m, f* Mexikaner(in) *m(f)*

Mexique [mɛksik] *m* **le** ~ Mexiko *nt*

MF [ɛmɛf] *mpl abr. de* **millions de francs** Mio. F

mi [mi] *m inv.* MUS E *nt,* e *nt*

miam-miam [mjammjam] *interj. fam* lecker, lecker

mi-août [miut] *f sans pl.* **à la** ~ Mitte August

miauler [mjole] <1> *v. intr.* miauen

mi-avril [miavʀil] *f sans pl.* **à la** ~ Mitte April **mi-bas** [mibɑ] <mi-bas> *m* Kniestrumpf *m* **mi-chemin** [miʃmɛ̃] **à** ~ auf halbem Weg **mi-clos, e** [miklo, kloz] *adj.* halb geschlossen

micmac [mikmak] *m fam* ❶ (*manigance*) Machenschaften *Pl*; **cette affaire de pots-de-vin est un sacré** ~ diese Bestechungsgeldaffäre ist eine entsetzliche Mauschelei ❷ *sans pl.* (*af-*

M

faire embrouillée) Wirrwarr *nt*

micro [mikʀo] *abr. de* **microphone, micro-ordinateur, micro-informatique**

microbe [mikʀɔb] *m* Mikrobe *f*

microbien, ne [mikʀɔbjɛ̃, jɛn] *adj.* mikrobiell

microclimat [mikʀoklima] *m* Mikroklima *nt*

microfibre [mikʀofibʀ] *f* Mikrofaser *f*

micro-informatique [mikʀoɛ̃fɔʀmatik] *f sans pl.* Mikroinformatik *f* **micro-onde** [mikʀoɔ̃d] <micro-ondes> *f* **four à ~s** Mikrowellenherd *m* **micro-ondes** [mikʀoɔ̃d] *m inv.* (*four*) Mikrowelle *f* **micro-ordinateur** [mikʀoɔʀdinatœʀ] <micro-ordinateurs> *m* PC *m*

microphone [mikʀɔfɔn] *m* Mikrofon *nt*

microscope [mikʀɔskɔp] *m* Mikroskop *nt*

mi-décembre [midesɑ̃bʀ] *f sans pl.* **à la ~** Mitte Dezember

midi [midi] *m* ❶ *inv, sans art ni autre dét* (*heure*) zwölf [Uhr]; **à ~** um zwölf; (*entre ~ et deux*) über Mittag; **entre ~ et deux** in der Mittagszeit; **mardi/demain ~** Dienstagmittag/morgen Mittag ❷ (*moment du déjeuner*) Mittag *m* ❸ (*sud*) Süden *m*

Midi [midi] *m* **le ~** Südfrankreich *nt*

mie [mi] *f sans pl.* Brotkrume *f*

miel [mjɛl] *m* Honig *m*

mien, ne [mjɛ̃, mjɛn] *pron. poss* ❶ **le ~/la ~ne** meiner/meine/meins; **les ~s** meine; **ce n'est pas votre valise, c'est la ~ne** das ist nicht Ihr Koffer, es ist meiner; **cette maison est la ~ne** dies ist mein Haus ❷ *pl* (*ceux de ma famille*) **les ~s** meine Angehörigen; (*mes partisans*) meine Anhänger ►**j'y mets du ~** ich tue, was ich kann

miette [mjɛt] *f* ❶ (*de pain, gâteau*) Krümel *m* ❷ (*petit fragment*) **en ~s** (*verre, porcelaine*) in tausend Stücke

mieux [mjø] **I.** *adv. comp. de* **bien** besser; **qn va ~** jdm geht es besser; **on ferait ~ de réfléchir avant de parler** man sollte lieber erst denken, dann reden; **c'est ~ que rien** [das ist] besser als nichts; **elle le sait ~ que personne** sie weiß es selbst am besten; **aimer ~ faire qc** etw lieber tun; **de ~ en ~** immer besser; **tant ~ pour elle!** umso besser für sie! ►**il vaut ~ que +** *subj.* es ist besser, wenn **II.** *adv. superl de* **bien** ❶ + *verbe* **c'est lui qui travaille le ~** er arbeitet am besten ❷ + *adj* **il est le ~ disposé à nous écouter** er wird uns am ehesten anhören; **un exemple des ~ choisis** ein besonders gut gewähltes Beispiel ❸ *en loc verbale* **le ~ serait de ne rien dire** es wäre das Beste, nichts zu sagen ❹ *en loc adverbiale* **il travaille de son ~** er arbeitet so gut er kann ❺ *en loc prépositionnelle* **au ~ des vos intérêts** in Ihrem Interesse **III.** *adj. comp. de* **bien** ❶ (*en meilleure santé*) **il la trouve ~** er findet, sie sieht [wieder] besser aus ❷ (*plus agréable d'apparence*) **elle est ~ les cheveux courts** kurze Haare stehen ihr besser ❸ (*plus à l'aise*) **vous serez ~ dans le fauteuil** im Sessel sitzen Sie bequemer ❹ (*préférable*) **c'est ~ ainsi** es ist besser so **IV.** *adj. superl de* **bien: c'est avec les cheveux courts qu'elle est le ~** kurze Haare stehen ihr am besten **V.** *m* ❶ (*une chose meilleure*) **trouver ~** etwas Besseres finden ❷ (*amélioration*) **un léger ~** eine leichte Besserung

mi-février [mifevʀije] *f sans pl.* **à la ~** Mitte Februar

mignon, ne [miɲɔ̃, ɔn] *adj.* niedlich; (*gentil*) lieb

migraine [migʀɛn] *f* Migräne *f*

migrant, e [migʀɑ̃, ɑ̃t] **I.** *adj.* **travailleur ~** Immigrant *m;* **population ~e** wandernde Bevölkerung **II.** *m, f* Immigrant(in) *m(f)*

migrateur, -trice [migʀatœʀ, -tʀis] *adj.* (*oiseau*) Zug-

migration [migʀasjɔ̃] *f* Wanderung *f;* (*des oiseaux*) Migration *f*

mi-hauteur [miˊotœʀ] **à ~** auf halber Höhe **mi-janvier** [miʒɑ̃vje] *f sans pl.* **à la ~** Mitte Januar

mijaurée [miʒɔʀe] *f* eingebildete Pute (*fam*); **faire la ~** sich zieren

mijoter [miʒɔte] <1> **I.** *v. tr.* ❶ (*faire cuire lentement*) auf kleiner Flamme kochen ❷ *fam* (*manigancer*) ausbrüten (*fam*); **~ qc contre qn** etw gegen jdn im Schilde führen **II.** *v. intr.* (*cuire lentement*) köcheln

mi-juillet [miʒɥijɛ] *f sans pl.* **à la ~** Mitte Juli **mi-juin** [miʒɥɛ̃] *f sans pl.* **à la ~** Mitte Juni

M

mil [mil] *num.* tausend; **en** [**l'an**] ~ **neuf cent soixante-trois** neunzehnhundertdreiundsechzig

Milan [milɑ̃] Mailand *nt*

milice [milis] *f* Miliz *f*

milieu [miljø] <x> *m* ❶ *sans pl.* (*dans l'espace*) Mitte *f;* **le ~ de la rue/pièce** die Mitte der Straße/des Zimmers; **en plein ~ de la rue** mitten auf der Straße; **le bouton du ~** der mittlere Knopf ❷ *sans pl.* (*dans le temps*) Mitte *f;* **au ~ de la nuit/de l'après-midi/du film** mitten in der Nacht/am Nachmittag/im Film ❸ *sans pl.* (*moyen terme*) Mittelweg *m* ❹ (*environnement*) Umwelt *f* ❺ BIO, SOCIOL Milieu *nt* ❻ SPORT ~ **de terrain** Mittelfeldspieler(in) *m(f)*

militaire [militɛʀ] **I.** *adj.* Militär-; (*opération, discipline*) militärisch; **service ~** Wehrdienst *m* **II.** *mf* Soldat(in) *m(f); pl* Militär *nt;* ~ **de carrière** Berufssoldat

militant, e [militɑ̃, ɑ̃t] *m, f* aktives Mitglied

militariser [militaʀize] <1> *v. pron.* **se ~** ein Heer aufbauen

militer [milite] <1> *v. intr.* ❶ (*être militant*) aktiv sein ❷ (*lutter*) kämpfen

mille[1] [mil] **I.** *num.* ❶ [ein]tausend; **deux/trois ~** zwei-/dreitausend; **~ un** tausend[und]eins; **billet de ~ marks** HIST Tausendmarkschein *m* ❷ (*dans l'indication de l'ordre*) **page ~** Seite tausend ❸ *antéposé* (*nombreux*) tausend **II.** *m inv.* ❶ (*cardinal*) Tausend *f* ❷ (*cible*) Zentrum *nt* ▶**des ~ et des cents** *fam* ein Vermögen *nt; voir a.* **cinq, cinquante**

mille[2] [mil] *m* ~ [**marin**] Seemeile *f*

millénaire [milenɛʀ] **I.** *adj.* tausendjährig **II.** *m* ❶ Jahrtausend *nt* ❷ *sans pl.* (*cérémonie*) Tausendjahrfeier *f*

millénium [milenjɔm] *m* Millennium *nt*

millésimé, e [milezime] *adj.* (*vin*) Jahrgangs-; **une bouteille de Bordeaux ~e** eine Flasche Bordeaux Jahrgangswein

milliard [miljaʀ] *m* Milliarde *f;* **des ~s de personnes/choses** Milliarden *Pl* von Menschen/Dingen

milliardaire [miljaʀdɛʀ] *mf* Milliardär(in) *m(f)*

millième [miljɛm] **I.** *adj. antéposé* tausendste(r, s) **II.** *mf* **le/la ~** der/die/das Tausendste **III.** *m* Tausendstel *nt; voir a.* **cinquième**

millier [milje] *m* **un ~/deux ~s de personnes/choses** um die tausend/zweitausend Menschen/Dinge; **des ~s de** Tausende *Pl* von; **par ~s** zu Tausenden

millilitre [mililitʀ] *m* Milliliter *m*

millimétré, e [milimetʀe] *adj.* **papier ~** Millimeterpapier *nt*

millimètre [milimɛtʀ] *m* Millimeter *m o nt*

million [miljɔ̃] *m* **un/deux ~(s) de personnes/choses** eine/zwei Million(en) Menschen/Dinge; **des ~s de** Millionen *Pl* von; *voir a.* **cinq, cinquante**

millionième [miljɔnjɛm] **I.** *adj. antéposé* millionste(r, s) **II.** *mf* **le/la ~** der/die/das Millionste **III.** *m* (*fraction*) Millionstel *nt; voir a.* **cinquième**

millionnaire [miljɔnɛʀ] *mf* Millionär(in) *m(f)*

mi-long, mi-longue [milɔ̃, milɔ̃g] <mi-longs> *adj.* halblang **mi-mai** [mimɛ] *f sans pl.* **à la ~** Mitte Mai **mi-mars** [mimaʀs] *f sans pl.* **à la ~** Mitte März

mime [mim] **I.** *mf* Pantomime *m*/Pantomimin *f* **II.** *m sans pl.* (*activité*) Pantomime *f*

mimer [mime] <1> *v. tr.* mimen

mimosa [mimoza] *m* Mimose *f*

minable [minabl] **I.** *adj.* erbärmlich **II.** *mf* Niete *f* (*fam*)

mince [mɛ̃s] **I.** *adj.* ❶ (*fin*) dünn ❷ (*élancé*) schlank ❸ (*modeste*) gering; (*preuve, résultat*) dürftig **II.** *adv.* dünn **III.** *interj.* ~ [**alors**]**!** *fam* verflixt [noch mal]!

minceur [mɛ̃sœʀ] *f sans pl.* Dünnheit *f;* (*d'une personne*) Schlankheit *f*

mincir [mɛ̃siʀ] <8> *v. intr.* dünner werden

mine[1] [min] *f* ❶ *sans pl.* Miene *f;* **avoir bonne/mauvaise ~** gut/schlecht aussehen ❷ *sans pl.* (*allure*) Aussehen *nt* ▶**~ de rien** *fam* ganz unauffällig

mine[2] [min] *f* Mine *f;* (*de charbon a.*) Zeche *f*

mine[3] [min] *f* (*d'un crayon*) Mine *f*

mine[4] [min] *f* MIL Mine *f*

miner [mine] <1> *v. tr.* ❶ MIL verminen ❷ (*ronger*) aushöhlen ❸ (*affaiblir*) zermürben

minerai [minʀɛ] *m* Erz *nt*

minéral [mineʀal, o] <-aux> *m* Mineral *nt*

minéral, e [mineʀal, o] <-aux> *adj.* Mineral-

minerve [minɛʀv(ə)] *f* MED Zervikalstütze *f*

mineur[1] [minœʀ] *m* Bergmann *m*

mineur[2] [minœʀ] *m* JUR Minderjährige(r) *m*

mineur, e [minœʀ] *adj.* ❶ JUR minderjährig ❷ (*peu important*) unwichtig; (*œuvre, artiste*) unbedeutend ❸ MUS **do/ré ~** c-/d-Moll *nt;* **mi/fa ~** e-/f-Moll

mineure [minœʀ] *f* JUR Minderjährige *f*

mini [mini] *adj. inv, fam* Mini-

miniature [minjatyʀ] **I.** *f* Miniatur *f;* **en ~** im Kleinformat **II.** *app* **voiture ~** Modellauto *nt*

minichaîne [miniʃɛn] *f* Kompakt[stereo]anlage *f*

minigolf [minigɔlf] *m* Minigolf *nt;* (*terrain*) Minigolfanlage *f*

minijupe [miniʒyp] *f* Minirock *m*

minimal, e [minimal, o] <-aux> *adj.* minimal

minime [minim] *adj.* unbedeutend; (*dégâts, dépenses*) gering

mini-message [minimesaʒ] *m* SMS *f*

minimiser [minimize] <1> *v. tr.* herunterspielen

minimum [minimɔm] <s> **I.** *adj.* Mindest-; (*température*) Tiefst- **II.** *m sans pl.* Minimum *nt;* **un ~ de risques** ein minimales Risiko; **~ vital** Existenzminimum *nt*

ministère [ministɛʀ] *m* Ministerium *nt;* **~ du Travail** Arbeitsministerium; **~ de l'Intérieur/des Affaires étrangères** Innen-/Außenministerium

ministre [ministʀ] *mf* POL Minister(in) *m(f);* **Premier ~** Premierminister; **~ d'Etat** Staatsminister

Der französische **Premier ministre** ist Regierungschef und wird vom *Président de la République* ernannt. Seine Amtszeit dauert eine Legislaturperiode, also fünf Jahre. Er ist befugt, in Bereichen, die nicht gesetzlich geregelt sind, Verordnungen zu erlassen. Seine Mitwirkung an der Regierungsbildung besteht darin, dass er dem Präsidenten Minister zur Ernennung oder Absetzung vorschlagen kann.

minitel® [minitɛl] *m* Minitel *nt (eine Art Bildschirmtext-Terminal mit Zugang zu bestimmten Informationsdiensten [Fahrpläne, Kinoprogramme, Kartenvorverkauf u. v. a. m.])*

minorer [minɔʀe] <1> *v. tr.* ❶ (*bénéfices*) herabsetzen, mindern ❷ (*diminuer l'importance*) unterbewerten

minoritaire [minɔʀitɛʀ] *adj.* Minderheits-; **groupe ~** Minderheitengruppe *f;* **être ~s** in der Minderheit sein

minorité [minɔʀite] *f* ❶ Minderheit *f* ❷ *sans pl.* **nous sommes une ~ de filles** wir Mädchen sind in der Minderheit ❸ JUR Minderjährigkeit *f*

mi-novembre [minɔvɑ̃bʀ] *f sans pl.* **à la ~** Mitte November

minuit [minɥi] *m sans pl ni dét* Mitternacht *f;* **à ~ et demi** nachts um halb eins

minuscule [minyskyl] **I.** *adj.* ❶ (*très petit*) winzig [klein] ❷ (*en écriture*) klein; **lettres ~s** Kleinbuchstaben *Pl* **II.** *f* Kleinbuchstabe *m*

minute [minyt] *f* Minute *f;* **d'une ~ à l'autre** jeden Moment; **de dernière ~** (*information*) allerneuste(r,s); (*modification*) kurzfristig; **je vous demande une ~ d'attention** ich bitte Sie einen Augenblick um Ihre Aufmerksamkeit

minuter [minyte] <1> *v. tr.* (*organiser*) timen

minuteur [minytœʀ] *m* Schaltuhr *f*

minutie [minysi] *f sans pl.* (*précision*) Genauigkeit *f;* (*soin*) Sorgfalt *f*

minutieusement [minysjøzmɑ̃] *adv.* (*avec soin*) sorgfältig

minutieux, -euse [minysjø, -jøz] *adj.* genau; (*personne, examen a.*) gründlich

mi-octobre [miɔktɔbʀ] *f sans pl.* **à la ~** Mitte Oktober

miracle [miʀɑkl] **I.** *m* Wunder *nt;* **par ~** wie durch ein Wunder **II.** *app inv.* Wunder-

miraculé, e [miʀakyle] *m, f* **c'est un ~** (*d'une maladie*) er ist durch ein Wunder geheilt; (*d'un accident*) er hat wie durch ein Wunder überlebt

M

miraculeusement [miʀakyløzmɑ̃] *adv.* wie durch ein Wunder
miraculeux, **-euse** [miʀakylø, -øz] *adj.* wunderbar
mirage [miʀaʒ] *m* Fata Morgana *f*
miroir [miʀwaʀ] *m* Spiegel *m*
mis, **e** [mi, miz] *part. passé de* **mettre**
mise [miz] *f* ❶ JEUX Einsatz *m* ❷ (*fait de mettre*) ~ **à jour** Aktualisierung *f;* INFORM Update *nt;* ~ **en circulation** (*d'une monnaie*) Ausgabe *f;* ~ **en garde** Warnung *f;* ~ **en marche** Inbetriebnahme *f;* ~ **en page**[**s**] Layout *nt;* ~ **en scène** CINE Regie *f;* THEAT Inszenierung *f,* Regie; ~ **en attente** TELEC Wartefunktion *f*
mi-septembre [misɛptɑ̃bʀ] *f sans pl.* **à la** ~ Mitte September
miser [mize] <1> *v. tr., intr.* setzen
misérable [mizeʀabl] *adj.* ❶ (*personne, famille*) sehr arm; (*logement, aspect*) armselig ❷ (*pitoyable*) erbärmlich ❸ *antéposé* (*malheureux*) armselig
misérablement [mizeʀabləmɑ̃] *adv.* (*dans la pauvreté*) erbärmlich
misère [mizɛʀ] *f* ❶ (*détresse*) Elend *nt kein Pl.* Not *f* ❷ *gén. pl.* (*souffrances*) Leiden *nt kein Pl.*; **faire des ~s à qn** *fam* jdn ärgern ▸ **salaire de** ~ kümmerliches Gehalt
miséricordieux, **-euse** [mizeʀikɔʀdjø, -jøz] *adj.* REL barmherzig
misogynie [mizɔʒini] *f* Frauenfeindlichkeit *f*
missile [misil] *m* Rakete *f*
mission [misjɔ̃] *f* ❶ (*tâche*) Aufgabe *f;* (*culturelle, dangereuse*) Mission *f;* (*officielle*) Auftrag *m;* MIL, AVIAT Einsatz *m* ❷ (*délégation*) Delegation *f* ❸ (*vocation*) Mission *f*
missionnaire [misjɔnɛʀ] *mf* Missionar(in) *m(f)*
mit [mi] *passé simple de* **mettre**
mite [mit] *f* Motte *f*
mi-temps [mitɑ̃] **I.** *f inv.* SPORT Halbzeit *f* **II.** *m inv.* (*travail*) Halbtagsstelle *f;* **travailler à** ~ halbtags arbeiten
mîtes [mit] *passé simple de* **mettre**
miteux, **-euse** [mitø, -øz] *adj.* (*immeuble, lieu*) heruntergekommen; (*personne*) armselig; (*habit, meuble*) schäbig
mitigé, **e** [mitiʒe] *adj.* (*réaction*) zwiespältig; (*impression*) unterschiedlich; (*sentiments*) gemischt
mitrailler [mitʀɑje] <1> *v. tr.* (*tirer*) beschießen
mitraillette [mitʀɑjɛt] *f* Maschinenpistole *f*
mi-voix [mivwa] ▸ **à** ~ leise
mixage [miksaʒ] *m* Tonmischung *f*
mixer [mikse] <1> *v. tr.* ❶ GASTR mixen ❷ MEDIA mischen
mixeur [miksœʀ] *m* GASTR Mixer *m*
mixité [miksite] *f* Mischung *f* der Geschlechter; **la ~ de l'enseignement** die Koedukation
mixte [mikst] *adj.* ❶ (*chorale, classe*) gemischt ❷ (*mariage, végétation*) Misch-; (*commission, salade*) gemischt
mixture [mikstyʀ] *f* Mixtur *f péj* (*boisson*) Gebräu *nt*
MJC [ɛmʒise] *f abr. de* **maison des jeunes et de la culture** ≈ Jugend- und Kulturzentrum *nt*
Mlle [madmwazɛl] <s> *f abr. de* **Mademoiselle** Frl.
MM. [mesjø] *mpl abr. de* **Messieurs** die Herren
Mme [madam] <s> *f abr. de* **Madame** Fr.
Mo [ɛmo] *m abr. de* **mégaoctet** MB *nt*
mob [mɔb] *f fam abr. de* **mobylette**
mobile [mɔbil] **I.** *adj.* beweglich; (*forces de police*) mobil; (*population*) nicht sesshaft **II.** *m* ❶ **le ~ de qc** das Motiv für etw ❷ ART Mobile *nt*
mobilier [mɔbilje] *m* Einrichtung *f*
mobilisation [mɔbilizasjɔ̃] *f* Mobilisierung *f;* MIL Mobilmachung *f*
mobiliser [mɔbilize] <1> **I.** *v. tr.* mobilisieren; MIL (*réservistes*) einziehen **II.** *v. pron.* **se** ~ aktiv werden
mobilité [mɔbilite] *f* Beweglichkeit *f;* (*de la population*) Mobilität *f*
mobylette® [mɔbilɛt] *f* Mofa *nt*
moche [mɔʃ] *adj. fam* ❶ (*laid*) hässlich ❷ (*regrettable*) scheußlich
mocheté [mɔʃte] *f fam* ❶ (*laideur*) Hässlichkeit *f* ❷ (*personne laide*) Vogelscheuche *f*
modalité [mɔdalite] *fpl* (*procédure*) Modalitäten *Pl*
mode[1] [mɔd] *f* Mode *f;* **à la** ~ [in] Mode
mode[2] [mɔd] *m* ❶ ~ **d'emploi** Gebrauchsanweisung *f;* ~ **d'expression/de production** Ausdrucks-/Produktionsweise *f;* ~ **de paiement** Zahlungsart *f* ❷ LING Modus *m*

modèle [mɔdɛl] **I.** *m* ❶ (*référence*) Vorbild *nt;* **prendre ~ sur qn** sich an jdm ein Beispiel nehmen ❷ TYP Vorlage *f* ❸ COUT, ART Modell *nt* ❹ (*maquette*) Modell *nt;* **~ réduit** Miniaturmodell **II.** *adj.* (*exemplaire*) vorbildlich; (*usine*) Muster-

modeler [mɔd(ə)le] <4> *v. tr.* (*poterie*) modellieren; (*pâte*) formen

modélisme [mɔdelism] *m* Modellbau *m*

modération [mɔdeʀasjɔ̃] *f* Mäßigung *f;* **avec ~** in Maßen

modéré, e [mɔdeʀe] *adj.* (*vent, enthousiasme*) mäßig; (*opinion, prix*) gemäßigt; (*personne*) maßvoll

modérément [mɔdeʀemɑ̃] *adv.* maßvoll

modérer [mɔdeʀe] <5> *v. tr.* (*dépenses*) bremsen; (*colère*) dämpfen

moderne [mɔdɛʀn] *adj.* modern; (*pays*) fortschrittlich; (*idée*) neuartig

modernisation [mɔdɛʀnizasjɔ̃] *f* Modernisierung *f*

moderniser [mɔdɛʀnize] <1> **I.** *v. tr.* modernisieren **II.** *v. pron.* **se ~** modern umgestaltet werden

modernisme [mɔdɛʀnism] *m* Modernismus *m*

modernité [mɔdɛʀnite] *f* Modernität *f;* (*d'une pensée*) Neuartigkeit *f*

modeste [mɔdɛst] *adj.* bescheiden; (*maison*) einfach

modestement [mɔdɛstəmɑ̃] *adv.* in aller Bescheidenheit; (*vivre*) bescheiden

modestie [mɔdɛsti] *f* Bescheidenheit *f*

modeux, -euse [modø, -øz] *adj.* (*personne*) modebewusst; (*chaussures, modèle*) stylish

modifiable [mɔdifjabl] *adj.* veränderbar; (*conduite, personne*) beeinflussbar; **le texte reste ~** der Text kann noch verändert werden

modification [mɔdifikasjɔ̃] *f* Änderung *f*

modifier [mɔdifje] <1> *v. tr.* ändern

modique [mɔdik] *adj.* niedrig

modulation [mɔdylasjɔ̃] *f* Modulation *f*

modus vivendi [mɔdysvivɛ̃di] *m inv.* Modus vivendi *m* (*geh*)

moelle [mwal] *f* Mark *nt;* **~ épinière** Rückenmark

moelleux, -euse [mwɛlø, -øz] *adj.* weich; (*tapis*) flauschig; (*vin*) vollmundig

mœurs [mœʀ(s)] *fpl* ❶ (*coutumes*) Sitten und Bräuche *Pl* ❷ (*règles morales*) Moral *f;* (*austères, dissolues*) Sitten *Pl*

mohair [mɔɛʀ] **I.** *m* Mohair *m* **II.** *app inv.* Mohair-

moi [mwa] **I.** *pron. pers.* ❶ *fam* (*pour renforcer*) **~, je n'ai pas bu** ich habe nicht getrunken; **c'est ~ qui l'ai dit** ich habe das gesagt; **il veut m'aider, ~?** mir möchte er helfen? ❷ *avec un verbe à l'impératif* **regarde-~** sieh mich an; **donne-~ ça!** gib es mir! ❸ *avec une prép* **avec/sans ~** mit mir/ohne mich; **à ~ seul(e)** ich allein; **la maison est à ~** das Haus gehört mir; **c'est à ~ de décider** ich muss entscheiden ❹ *dans une comparaison* ich; **tu es comme ~** du bist wie ich; **plus fort que ~** stärker als ich ❺ (*emphatique*) **c'est ~!** (*me voilà*) hier bin ich!; (*je suis le responsable*) ich [bin es]!; **et ~[, alors]?** *fam* [ja,] und ich? ▸**à ~!** Hilfe! **II.** *m* PHILOS, PSYCH Ich *nt*

moignon [mwaɲɔ̃] *m* Stummel *m;* (*d'une jambe, dent*) Stumpf *m*

moi-même [mwamɛm] *pron. pers.* ❶ **~ n'en savais rien** ich [selbst] wusste nichts davon; **je suis venu de ~** ich bin von selbst gekommen ❷ (*moi aussi*) **j'étais ~ furieux** ich war ebenfalls sehr wütend

moindre [mwɛ̃dʀ] *adj. antéposé* (*bruit*) geringste(r, s); (*mal, inconvénient*) kleinere(r, s); **ce serait la ~ des choses** es wäre doch das Mindeste

moine [mwan] *m* Mönch *m*

moineau [mwano] <x> *m* ZOOL Sperling *m,* Spatz *m*

moins [mwɛ̃] **I.** *adv.* ❶ weniger; **rouler ~ vite** langsamer fahren; **~ beau [que]** nicht so schön [wie]; **~ cher** günstiger; **les enfants de ~ de 13 ans** Kinder unter 13 Jahren; **à ~ de 3,6%** unter 3,6%; **~ ... ~ ...** je weniger ..., desto weniger ...; **~ ..., plus ...** je weniger ..., desto mehr ... ❷ *superl.* **le ~** am wenigsten; **le ~ doué** der am wenigsten begabte ▸**en ~ de <u>deux</u>** *fam* in null Komma nichts; **<u>à</u> ~ que** + *subj.*/**de faire qc** es sei denn, jd tut etw; **<u>au</u> ~** (*au minimum*) mindestens*fam* (*je parie*) wetten, dass; (*j'espère*) hoffentlich;

[tout] au/du ~ wenigstens; de ~en ~ weniger; **il a un an de ~ que moi** er ist ein Jahr jünger als ich; **de ~ en ~** immer weniger; **~ que rien** weniger als nichts **II.** *prép.* ❶ (*soustraction*) minus ❷ (*heure*) vor; **midi ~ le quart** Viertel vor zwölf ❸ (*température*) minus; **il fait ~ 3** es hat 3 Grad minus **III.** *m* ❶ (*minimum*) **le ~** das Mindeste ❷ (*signe*) Minuszeichen *nt*

mois [mwa] *m* Monat *m;* **au ~** monatlich; **au ~ de janvier/d'août** im Januar/August; **être dans son deuxième ~** (*femme*) im zweiten Monat sein; **le cinq du/de ce ~** der Fünfte des/dieses Monats

moisi [mwazi] *m* Schimmel *m*

moisi, e [mwazi] *adj.* verschimmelt

moisir [mwaziʀ] <8> *v. intr.* ❶ schimmeln ❷ *fam* (*personne*) herumhängen

moisissure [mwazisyʀ] *f* Schimmel *m*

moisson [mwasɔ̃] *f* Ernte *f*

moissonneuse-batteuse [mwasɔnøzbatøz] <moissonneuses-batteuses> *f* Mähdrescher *m*

M

moite [mwat] *adj.* feucht

moiteur [mwatœʀ] *f* Feuchtigkeit *f*

moitié [mwatje] *f* Hälfte *f;* **la ~ du temps** die halbe Zeit, die Hälfte der Zeit; **la ~ de l'année** das halbe Jahr; **~ plus** um die Hälfte mehr; **~ moins** halb so viel; **à ~** halb; **à ~ prix** zum halben Preis; **de ~** um die Hälfte; **~ … ~ …** halb … halb …

mol [mɔl] *adj. voir* **mou**

molaire [mɔlɛʀ] *f* Backenzahn *m*

mole [mɔl] *f* CHIM Mol *nt*

molécule [mɔlekyl] *f* Molekül *nt*

mollard [mɔlaʀ] *m fam* Spucke *f*

mollasson, ne [mɔlasɔ̃, ɔn] *adj. fam* tranig

molle [mɔl] *adj. voir* **mou**

mollet [mɔlɛ] *m* Wade *f*

mollusque [mɔlysk] *m* Weichtier *nt*

môme [mom] *mf fam* Fratz *m*

moment [mɔmɑ̃] *m* ❶ Moment *m,* Augenblick *m;* **un** [**long**] **~** eine [ganze] Weile; **à ce ~-là** in dem Moment; **à quel ~?** wann?; **à tout ~** jederzeit; **au ~ de** als; **dans un ~** gleich; **à partir du ~ où** sobald; **du ~ que …** da ja …; **d'un ~ à l'autre** jeden Moment; **en ce ~, pour le ~** im Moment; **par ~s** ab und zu; **un ~!** [einen] Moment!; **au bon ~** zum richtigen Zeitpunkt; **le ~ présent** der Augenblick ❷ (*occasion*) Gelegenheit *f;* **le bon/mauvais ~** der richtige/ungünstige Zeitpunkt; **à un ~ donné** plötzlich; **c'est le ~ ou jamais** jetzt oder nie; **c'est le ~ de** es ist an der Zeit; **ce n'est pas le ~** es ist nicht der richtige Zeitpunkt

momentané, e [mɔmɑ̃tane] *adj.* (*arrêt*) von kurzer Dauer

momentanément [mɔmɑ̃tanemɑ̃] *adv.* zur Zeit

momie [mɔmi] *f* Mumie *f*

mon [mɔ̃, me] <mes> *dét. poss.* mein/meine; **~ classeur** mein Ordner; **~ vase** meine Vase; **~ tableau** mein Bild; **~ ami(e)** mein Freund/meine Freundin; **~ Dieu!** mein Gott!; **à ~ avis** meiner Meinung nach ▶**~ amour** Geliebte(r) *f(m)*~ **chéri** Liebling *m;* **~ œil!** Holzauge, sei wachsam!; **~ pauvre!** Sie/du Armer!

Monaco [mɔnako] Monaco *nt,* Monako *nt*

monarchie [mɔnaʀʃi] *f* Monarchie *f;* **~ constitutionnelle** konstitutionelle Monarchie

monarque [mɔnaʀk] *m* Monarch(in) *m(f);* **~ absolu** Alleinherrscher(in) *m(f)*

monastère [mɔnastɛʀ] *m* Kloster *nt*

mondain, e [mɔ̃dɛ̃, ɛn] *adj.* (*vie*) mondän; (*soirée, dîner*) Gesellschafts-; (*obligations, réunion*) gesellschaftlich

mondaine [mɔ̃dɛn] *f fam* (*police*) die Sitte[npolizei]

mondanité [mɔ̃danite] *fpl* Mondänität *f*

monde [mɔ̃d] *m* ❶ (*univers*) Welt *f* ❷ (*groupe social*) Kreise *Pl;* **~ rural** Landbevölkerung *f;* **~ du travail/des affaires** Arbeits-/Geschäftswelt ❸ (*foule*) Menschenmenge *f;* **beaucoup de ~** viele Leute; **un ~ fou** eine riesige Menge ❹ (*société*) **tout le ~ en parle** jeder spricht davon ▶**mettre qn au ~** jdn zur Welt bringen; **pour rien au ~** um nichts auf der Welt

mondial, e [mɔ̃djal, jo] <-aux> *adj.* weltweit; (*économie, politique*) Welt-

mondial [mɔ̃djal] *m* SPORT Weltmeisterschaft *f*

mondialement [mɔ̃djalmɑ̃] *adv.* weltweit

mondialisation [mɔ̃djalizasjɔ̃] *f* Globalisierung *f*

monégasque [mɔnegask] *adj.* monegassisch

Monégasque [mɔnegask] *mf* Monegasse *m*/Monegassin *f*

monétaire [mɔnetɛʀ] *adj.* (*marché, politique*) Geld-; (*union, unité*) Währungs-

mongol [mɔ̃gɔl] *m* Mongolisch *nt; voir a.* **allemand**

mongol, e [mɔ̃gɔl] *adj.* mongolisch; *voir a.* **allemand**

Mongol, e [mɔ̃gɔl] *m, f* Mongole *m*/Mongolin *f*

Mongolie [mɔ̃gɔli] *f* **la ~** die Mongolei

mongolien, ne [mɔ̃gɔljɛ̃, jɛn] **I.** *adj.* mongoloid **II.** *m, f* Mongoloide(r) *f(m)*

mongolisme [mɔ̃gɔlism] *m* MED Mongolismus *m*

moniteur [mɔnitœʀ] *m* Monitor *m*

moniteur, -trice [mɔnitœʀ, -tʀis] *m, f* **~(-trice) de colonies** Betreuer(in) *m(f)*; **~(-trice) d'auto-école** Fahrlehrer(in) *m(f)*

monitorat [mɔnitɔʀa] *m* ❶ (*formation*) Ausbildung *f* zum [Ferien]betreuer/zur [Ferien]betreuerin ❷ (*fonction*) [Ferien]betreuung *f*

monnaie [mɔnɛ] *f* ❶ ECON, FIN Geld *nt;* **~ électronique** FIN E-Cash *m* ❷ (*devise*) Währung *f;* **~ unique** einheitliche Währung ❸ (*petites pièces*) Kleingeld *nt;* **de la ~ de dix euros** zehn Euro [in] klein ❹ (*argent rendu*) Wechselgeld *nt* ❺ (*pièce*) Münze *f*

monnayable [mɔnɛjabl] *adj.* (*vendable*) in Geld umsetzbar; **ne pas être ~** (*ne pas être à vendre*) nicht zu verkaufen sein

mono [mɔnɔ] *mf fam abr. de* **moniteur, monitrice**

monogame [mɔnogam] *adj.* monogam

monologue [mɔnɔlɔg] *m* Monolog *m*

mononucléose [mɔnonykleoz] *f* MED Pfeiffersches Drüsenfieber

monoparental, e [monopaʀɑ̃tal, o] <-aux> *adj.* (*famille*) mit nur einem Elternteil

monoparentalité [monopaʀɑ̃talite] *f* Alleinerziehung *f*

monophasé [mɔnofɑze] *m* Einphasen-Wechselstrom *m*

monoplace [mɔnoplas] **I.** *adj.* einsitzig **II.** *m* AUT, AVIAT Einsitzer *m*

monopole [mɔnɔpɔl] *m* ❶ ECON Monopol *nt* ❷ (*exclusivité*) **le ~ de qc** das ausschließliche Recht auf etw (*Akk*)

monopoliser [mɔnɔpɔlize] <1> *v. tr.* ❶ ECON monopolisieren ❷ (*accaparer*) in Beschlag nehmen

monospace [mɔnɔspas] *m* Großraumlimousine *f*, Van *m*

monotone [mɔnɔtɔn] *adj.* monoton; (*style, vie*) eintönig

monotonie [mɔnɔtɔni] *f* Monotonie *f;* (*de la vie, du style*) Eintönigkeit *f*

Mons [mɔ̃:s] Bergen *nt*

monsieur [məsjø, mesjø] <messieurs> *m* ❶ **bonjour ~, comment allez-vous?** guten Tag, wie geht es Ihnen?; **bonjour Monsieur Dupond** guten Tag, Herr Dupond; **bonjour messieurs** guten Tag, meine Herren; **messieurs dames** meine Damen und Herren; **Monsieur le Professeur Dupont** [Herr] Professor Dupont ❷ (*sur une enveloppe*) **Monsieur Pujol** An Herrn Pujol ❸ (*en-tête*) **Monsieur, ...** Sehr geehrter Herr + *Name*, ...; **Cher Monsieur, ...** Lieber Herr + *Name*, ...; (*dans une lettre officielle*) Sehr geehrter Herr + *Name*, ... ❹ (*un homme*) **un ~** ein Herr *m*

monstre [mɔ̃stʀ] **I.** *m* ❶ (*animal fantastique*) Ungeheuer *nt* ❷ (*personne laide*) Monster *nt;* (*personne moralement abjecte*) Ekel *nt* ❸ BIO, ZOOL Missgeburt *f* **II.** *adj. fam* wahnsinnig; (*travail*) wahnsinnig viel

monstrueusement [mɔ̃stʀyøzmɑ̃] *adv.* ❶ *antéposé* (*prodigieusement*) unheimlich ❷ (*ignoblement*) widerwärtig

monstrueux, -euse [mɔ̃stʀyø, -øz] *adj.* ❶ (*difforme*) missgestaltet ❷ (*colossal*) riesig ❸ (*ignoble*) ungeheuer[lich]; (*crime*) abscheulich; (*méchanceté*) unerhört

monstruosité [mɔ̃stʀyozite] *f* (*d'un crime*) Abscheulichkeit *f;* (*d'un acte, de paroles*) Ungeheuerlichkeit *f;* (*d'une guerre*) Gräuel *Pl*

mont [mɔ̃] *m* Berg *m;* **le ~ Blanc** der Montblanc

montage [mɔ̃taʒ] *m* Montage *f;* (*d'un film*) Schnitt *m*

montagnard, e [mɔ̃taɲaʀ, aʀd] *m, f* Bergbewohner(in) *m(f)*

montagne [mɔ̃taɲ] *f* ❶ (*mont*) Berg *m;* (*région*) Gebirge *nt;* **habiter la ~** im Gebirge wohnen ❷ (*grande quantité*)

Berge *Pl* ▸ **gros comme une** ~ *fam* klar wie Kloßbrühe; **~s russes** Achterbahn *f*

montagneux, -euse [mɔ̃taɲø, -øz] *adj.* Berg-

montant [mɔ̃tɑ̃] *m* ❶ Betrag *m* ❷ (*d'un lit, d'une porte*) Pfosten *m*

montant, e [mɔ̃tɑ̃, ɑ̃t] *adj.* (*chemin*) ansteigend; **marée ~e** Flut *f*

monte [mɔ̃t] *f* (*manière de monter un cheval*) Reitweise *f*

monté, e [mɔ̃te] *adj.* (*à cheval*) beritten; **la police ~e** die berittene Polizei ▸ **être bien/mal ~ en qc** mit etw gut/schlecht versorgt sein; **être ~ contre qn** nicht gut auf jdn zu sprechen sein

montée [mɔ̃te] *f* ❶ (*des eaux*) Ansteigen *nt;* **la ~ des prix** der Preisanstieg ❷ (*côte, pente*) Steigung *f* ❸ (*action de monter*) Aufstieg *m;* (*d'un ascenseur*) Hinauffahren *nt;* (*d'un téléférique*) Bergfahrt *f*

monter [mɔ̃te] <1> **I.** *v. intr.* ❶ + *être* (*grimper*) hinaufsteigen; (*vu d'en haut*) heraufsteigen; ~ **sur une échelle** eine Leiter besteigen; ~ **dans sa chambre** in sein Zimmer gehen; ~ **par l'ascenseur** mit dem Aufzug nach oben fahren; ~ **jusqu'à qc** (*eau, robe*) bis [zu] etw reichen; ~ **à 200 km/h** es auf 200 km/h bringen; ~ **à 1000 m d'altitude** auf 1000 m aufsteigen ❷ (*chevaucher*) ~ **à cheval** reiten ❸ + *être* (*prendre place dans*) einsteigen in (+ *Akk*) ❹ + *être* (*avion, flammes*) aufsteigen; (*route, chemin*) ansteigen ❺ + *avoir o être* (*baromètre, mer*) steigen; (*lait*) überkochen; (*impatience, bruits*) wachsen ❻ + *avoir o être* (*actions, pression*) steigen ❼ + *être* (*ton, voix*) höher werden ❽ + *avoir o être* (*faire une ascension sociale*) aufsteigen **II.** *v. tr.* + *avoir* ❶ (*personne*) hinaufsteigen; (*vu d'en haut*) heraufsteigen; (*échelle*) steigen auf (+ *Akk*) (*appareil*) hinaufführen; (*vu d'en haut*) heraufführen ❷ (*vu d'en bas: courrier*) hinaufbringen; (*valise*) hochtragen; (*vu d'en haut: courrier*) heraufbringen; (*valise*) herauftragen ❸ GASTR schlagen ❹ (*prix*) anheben; ~ **le son** lauter drehen ❺ (*affaire*) in die Wege leiten; (*association*) gründen; (*spectacle*) inszenieren; (*complot*) schmieden ❻ (*échafaudage, tente*) aufstellen; (*mur*) hochziehen; (*pneu*) montieren **III.** *v. pron.* **se ~ à mille euros** sich auf tausend Euro (*Akk*) belaufen

monteur, -euse [mɔ̃tœʀ, -øz] *m, f* CINE Cutter(in) *m(f)*

montgolfière [mɔ̃gɔlfjɛʀ] *f* Heißluftballon *m*

montre [mɔ̃tʀ] *f* Uhr *f*

montréalais, e [mɔ̃ʀealɛ, ɛz] *adj.* aus Montreal

Montréalais, e [mɔ̃ʀealɛ, ɛz] *m, f* Einwohner(in) *m(f)* von Montreal

montre-bracelet [mɔ̃tʀəbʀaslɛ] <montres-bracelets> *f* Armbanduhr *f*

montrer [mɔ̃tʀe] <1> **I.** *v. tr.* ❶ (*présenter*) zeigen ❷ (*direction*) anzeigen; ~ **la sortie** auf den Ausgang zeigen **II.** *v. pron.* **se ~** sich zeigen

montreur, -euse [mɔ̃tʀœʀ, -øz] *m, f* ~ **de marionnettes** Puppenspieler; ~ **d'ours** Bärenführer

monture [mɔ̃tyʀ] *f* ❶ (*animal*) Reittier *nt* ❷ OPT Gestell *nt*

monument [mɔnymɑ̃] *m* ❶ (*mémorial*) Denkmal *nt* ❷ (*édifice*) Monument *nt;* **être classé ~ historique** unter Denkmalschutz stehen

monumental, e [mɔnymɑ̃tal, o] <-aux> *adj.* ❶ (*imposant*) gewaltig ❷ *fam* (*erreur*) gewaltig

moquer [mɔke] <1> *v. pron.* ❶ (*ridiculiser*) **se ~ de qn/qc** sich über jdn/etw lustig machen ❷ (*dédaigner*) **il se moque de faire qc** es macht ihm nichts aus etw zu tun; **je m'en moque [pas mal]** das ist mir [völlig] egal (*fam*) ❸ (*tromper*) **se ~ de qn** jdn zum Narren halten

moquerie [mɔkʀi] *f* Spott *m;* **les ~s** Gespött *nt*

moquette [mɔkɛt] *f* Teppichboden *m*

moqueur, -euse [mɔkœʀ, -øz] *adj.* (*air*) spöttisch

moral, e [mɔʀal, o] < -aux> *adj.* ❶ moralisch ❷ (*relatif à l'esprit*) seelisch; (*force*) innere(r, s)

moral [mɔʀal, o] <-aux> *m* ❶ (*état psychologique*) Stimmung *f,* Moral *f* ❷ (*vie psychique*) Geisteszustand *m* ▸ **avoir le ~** zuversichtlich sein; **ne pas avoir le ~** niedergeschlagen sein

morale [mɔʀal] *f* ❶ Moral *f* ❷ (*éthique*) Morallehre *f* ▸ **faire la ~ à qn** jdm eine Moralpredigt halten

moralisateur, **-trice** [mɔʀalizatœʀ, -tʀis] *adj.* (*enseignement, influence*) moralisch; (*histoire*) erbaulich; (*personne, ton*) moralisierend

moraliser [mɔʀalize] <1> *v. intr.* moralisieren

moraliste [mɔʀalist] *adj.* (*personne*) moralisierend; (*attitude*) moralistisch

moralité [mɔʀalite] *f* moralischer Wert; (*leçon*) Moral *f*

morbide [mɔʀbid] *adj.* (*goût, littérature*) morbid; (*imagination*) krankhaft

morceau [mɔʀso] <x> *m* ❶ Stück *nt*; **sucre en ~x** Würfelzucker *m* ❷ ART Stück *nt* ▸ **manger un ~** einen Happen essen

morceler [mɔʀsəle] <3> *v. tr.* zerstückeln; (*terrain, héritage*) aufteilen

mordant, **e** [mɔʀdɑ̃, ɑ̃t] *adj.* (*personne, trait d'esprit*) bissig; (*ton, voix*) schneidend

mordre [mɔʀdʀ] <14> **I.** *v. intr.* ❶ beißen ❷ (*se laisser prendre*) **~ à l'appât** (*poisson*) anbeißen; *fig* sich ködern lassen **II.** *v. tr.* beißen; **~ qn à la jambe** jdm/jdn ins Bein beißen **III.** *v. pron.* **se ~ la langue** sich (*Dat*) auf die Zunge beißen

mordu, **e** [mɔʀdy] **I.** *part. passé de* **mordre II.** *adj.* **être ~** über beide Ohren verliebt sein **III.** *m, f fam* **~ de musique** Musikfan *m*

morfondre [mɔʀfɔ̃dʀ] <14> *v. pron.* **se ~** vor Langeweile vergehen

morgue [mɔʀg] *f* ❶ (*institut médico-légal*) Leichenschauhaus *nt* ❷ (*salle d'hôpital*) Leichenkammer *f*

morne [mɔʀn] *adj.* trübselig

morose [mɔʀoz] *adj.* verdrießlich

morosité [mɔʀozite] *f* Verdrossenheit *f*

morphinomane [mɔʀfinɔman] **I.** *adj.* morphiumsüchtig **II.** *mf* Morphiumsüchtige(r) *f(m)*

morphologie [mɔʀfɔlɔʒi] *f* Morphologie *f*

morpion [mɔʀpjɔ̃] *m fam* Filzlaus *f*

morse[1] [mɔʀs] *m* Walross *nt*

morse[2] [mɔʀs] *adj.* **l'alphabet ~** das Morsealphabet

morsure [mɔʀsyʀ] *f* ❶ (*action*) Biss *m* ❷ (*plaie*) Bisswunde *f*

mort[1] [mɔʀ] *m* ❶ (*défunt*) Tote(r) *m* ❷ (*dépouille*) Leiche *f* ▸ **faire le ~** (*rester sans bouger*) sich tot stellen; (*ne pas donner de nouvelles*) abtauchen

mort[2] [mɔʀ] *f* ❶ Tod *m* ❷ (*destruction*) Untergang *m* ▸ **se donner la ~** sich umbringen; **frapper qn à ~** jdn totschlagen

mort, **e** [mɔʀ, mɔʀt] **I.** *part. passé de* **mourir II.** *adj.* ❶ (*personne, arbre*) tot; (*feuilles*) welk; (*feu*) erloschen ❷ *fam* (*épuisé*) **~ [de fatigue]** todmüde ❸ (*avec un fort sentiment de*) **être ~ de peur** vor Angst sterben ❹ (*langue*) tot ❺ (*hors d'usage: piles*) leer; **être ~** (*moteur*) ausgedient haben

mortalité [mɔʀtalite] *f* Sterblichkeit *f*

mort-aux-rats [mɔʀɔʀa] *f inv.* Rattengift *nt*

morte [mɔʀt] *f* ❶ (*défunt*) Tote *f* ❷ (*dépouille*) Leiche *f*

mortel, **le** [mɔʀtɛl] **I.** *adj.* ❶ (*sujet à la mort*) sterblich ❷ (*causant la mort*) tödlich ❸ (*froid, chaleur*) mörderisch; **ennemi ~** Todfeind *m* ❹ *fam* (*ennuyeux*) sterbenslangweilig ❺ *fam* (*excellent*) hammermäßig **II.** *m, f souvent pl.* Sterbliche(r) *f(m)*

mortellement [mɔʀtɛlmɑ̃] *adv. a. fig* tödlich

mort-né, **e** [mɔʀne] <mort-nés> *adj.* (*enfant*) tot geboren

morue [mɔʀy] *f* **~ fraîche** Kabeljau *m*

morve [mɔʀv] *f* Nasenschleim *m*

morveux, **-euse** [mɔʀvø, -øz] *m, f péj fam* Rotznase *f*

mosaïque [mɔzaik] *f* Mosaik *nt*

Moscou [mɔsku] Moskau

moscovite [mɔskɔvit] *adj.* Moskauer

Moscovite [mɔskɔvit] *mf* Moskauer(in) *m(f)*

Moselle [mozɛl] *f* **la ~** die Mosel

mosquée [mɔske] *f* Moschee *f*

mot [mo] *m* ❶ LING Wort *nt*; **~ étranger** Fremdwort; **~ composé** zusammengesetztes Wort ❷ (*message*) **un ~** ein paar Zeilen *Pl*; **laisser un ~ à qn** jdm eine Nachricht hinterlassen ❸ INFORM **~ de passe** Passwort *nt* ❹ JEUX **~s croisés/fléchés** *pl* Kreuzworträtsel *nt* ▸ **en deux ~s** mit wenigen Worten; **avoir son ~ à dire** ein Wörtchen mitzureden haben; **se donner le ~** sich absprechen; **~ à ~** wortwörtlich; **en un ~ [comme en cent]** mit einem Wort

motard, **e** [mɔtaʀ] *m, f fam* ❶ (*motocycliste*) Motorradfahrer(in) *m(f)*

M

❷ (*policier*) motorisierter Polizist/motorisierte Polizistin

mot-clé [mɔkle] <mots-clés> *m* Schlüsselwort *nt;* (*dans un dictionnaire*) Stichwort *nt*

moteur [mɔtœʀ] **I.** *m* ❶ TECH Motor *m* ❷ (*cause*) **être le ~ de qc** (*personne*) die treibende Kraft für etw sein **II.** *app* **frein ~** Motorbremse *f*

moteur, -trice [mɔtœʀ, -tʀis] *adj.* (*force, roue*) Antriebs-

motif [mɔtif] *m* ❶ (*raison*) [Beweg]grund *m* ❷ (*ornement*) Motiv *nt*

motivant, e [mɔtivɑ̃, ɑ̃t] *adj.* motivierend

motivation [mɔtivasjɔ̃] *f* Motivation *f;* **lettre de ~** Bewerbungsschreiben *nt*

motivé, e [mɔtive] *adj.* (*stimulé: personne*) motiviert

motiver [mɔtive] <1> *v. tr.* ❶ (*justifier*) begründen ❷ (*stimuler*) motivieren

moto [moto] *f abr. de* **motocyclette** Motorrad *nt*

motocross, moto-cross [motokʀɔs] *m inv.* Moto-Cross *nt*

motocyclette [motosiklɛt] *f* Motorrad *nt*

motocycliste [motosiklist] *mf* Motorradfahrer(in) *m(f)*

motoriser [motoʀize] <1> *v. tr.* motorisieren

motrice [mɔtʀis] **I.** *adj. voir* **moteur II.** *f* Triebwagen *m*

motus [mɔtys] ▸ **~ et bouche cousue!** Mund halten und nichts verraten!

mou [mu] *m fam* Weichling *m*

mou, mol, molle [mu, mɔl] *adj.* ❶ (*opp: dur*) weich ❷ (*flasque, faible*) schlaff

mouchard, e [muʃaʀ, aʀd] *m, f* ❶ Petzer *m*/Petze [*o* Petzerin] *f* (*fam*) ❷ *péj* (*indicateur de police*) Spitzel *m*

moucharder [muʃaʀde] <1> **I.** *v. intr. fam* petzen **II.** *v. tr. fam* verpetzen

mouche [muʃ] *f* Fliege *f*

moucher [muʃe] <1> *v. pron.* **se ~ [le nez]** sich (*Dat*) die Nase putzen

mouchoir [muʃwaʀ] *m* Taschentuch *nt*

moudre [mudʀ] <irr> *v. tr.* mahlen

moue [mu] *f* **faire la ~** den Mund verziehen; (*bouder*) schmollen

mouette [mwɛt] *f* Möwe *f*

mouillé, e [muje] *adj.* nass

mouiller [muje] <1> **I.** *v. tr.* ❶ (*humecter*) nass machen ❷ (*tremper*) durchnässen ❸ NAUT (*ancre*) auswerfen **II.** *v. pron.* ❶ (*passer sous l'eau*) **se ~** nass werden ❷ (*se tremper*) **se ~** sich nass machen ❸ *fam* (*se compromettre*) **se ~ dans qc** sich in etw (*Akk*) hineinziehen lassen

mouillette [mujɛt] *f: Brotschnittchen zum Eintunken*

moulage [mulaʒ] *m* ❶ (*action de mouler*) Gießen *nt* ❷ (*empreinte, objet*) Abguss *m*

moulant, e [mulɑ̃, ɑ̃t] *adj.* eng anliegend

moule¹ [mul] *m* Form *f*

moule² [mul] *f* Miesmuschel *f*

mouler [mule] <1> *v. tr.* ❶ (*fabriquer*) formen ❷ (*coller à*) **des vêtements qui moulent le corps** eng anliegende Kleidungsstücke

moulin [mulɛ̃] *m* Mühle *f* ▸ **être un ~ à paroles** *fam* reden wie ein Wasserfall

mouliner [muline] <1> *v. tr.* GASTR passieren

moulu, e [muly] **I.** *part. passé de* **moudre II.** *adj.* (*en poudre*) gemahlen

moulure [mulyʀ] *f* Zierleiste *f*

moumoute [mumut] *f fam* Haarteil *nt,* Toupet *nt*

mourant, e [muʀɑ̃, ɑ̃t] **I.** *adj.* **être ~** im Sterben liegen **II.** *m, f* Sterbende(r) *f(m)*

mourir [muʀiʀ] <irr> *v. intr. + être* ❶ (*cesser d'exister*) **~ de qc** (*personne, animal*) an etw (*Dat*) sterben; **~ de faim** verhungern; **~ de soif** verdursten; **~ de froid** erfrieren; **~ dans un accident de voiture** bei einem Autounfall ums Leben kommen ❷ (*venir de ~*) **être mort** tot sein ❸ (*tuer*) **faire ~** töten ❹ (*feu*) erlöschen ▸ **c'est à ~ de rire** das ist zum Totlachen; **s'ennuyer à ~** sich tödlich langweilen

mouroir [muʀwaʀ] *m péj* Sterbeheim *nt*

mousquetaire [muskətɛʀ] *m* Musketier *m*

moussant, e [musɑ̃, ɑ̃t] *adj.* Schaum-

mousse¹ [mus] *f* ❶ (*écume*) Schaum *m* ❷ BOT Moos *nt* ❸ GASTR Mousse *f* ❹ (*matière*) Schaumstoff *m*

mousse² [mus] *m* Schiffsjunge *m*

mousseline [muslin] **I.** *f* Musselin *m* **II.** *app inv.* **pommes ~** schaumiges Kartoffelpüree

mousser [muse] <1> *v. intr.* ❶ schäumen ❷ *fam* **se faire ~ auprès de qn** sich bei jdm in ein günstiges Licht setzen

mousseux [musø] *m* Schaumwein *m*

mousson [musɔ̃] *f* Monsun *m*

moustache [mustaʃ] *f* (*d'un homme*) Schnurrbart *m;* (*du chat*) Schnurrhaare *Pl*

moustachu, e [mustaʃy] *adj.* schnurrbärtig

moustachu [mustaʃy] *m* Mann *m* mit Schnurrbart

moustiquaire [mustikɛʀ] *f* Moskitonetz *nt*

moustique [mustik] *m* Stechmücke *f;* (*sous les tropiques*) Moskito *m*

moutarde [mutaʀd] *f* Senf *m*

mouton [mutɔ̃] *m* ❶ *a. fig* Schaf *nt* ❷ (*viande*) Hammel *m* ❸ (*poussière*) Staubflocke *f* ▸ **revenons à nos ~s** kommen wir wieder zur Sache

mouvance [muvɑ̃s] *f* ❶ Einflussbereich *m* ❷ (*mouvement idéologique*) Bewegung *f*

mouvement [muvmɑ̃] *m* ❶ (*action*) Bewegung *f* ❷ (*impulsion*) Regung *f;* **~ de colère** Wutausbruch *m* ❸ (*animation*) Treiben *nt* ❹ MUS Tempo *nt;* (*partie de l'œuvre*) Satz *m*

mouvementé, e [muvmɑ̃te] *adj.* stürmisch; (*vie*) bewegt

moyen [mwajɛ̃] *m* ❶ (*procédé*) Mittel *nt;* **par tous les ~s** mit allen Mitteln ❷ (*solution*) Weg *m;* **au ~ de qc** mit Hilfe einer S. (*Gen*) ❸ *pl* (*capacités*) Fähigkeiten ❹ *pl* (*ressources financières*) Mittel *Pl;* **avoir les ~s** *fam* es sich (*Dat*) leisten können ❺ *souvent pl.* (*instruments*) **~s publicitaires** Werbemittel *Pl;* **~ de transport/contrôle** Transport-/Kontrollmittel *nt* ▸ **pas ~!** nichts zu machen!

moyen, ne [mwajɛ̃, jɛn] *adj.* ❶ (*intermédiaire*) mittlere(r, s); (*classe, ondes*) Mittel-; **à ~ terme** mittelfristig; *voir a.* **moyenne** ❷ (*ni bon, ni mauvais*) mittelmäßig ❸ (*en proportion*) durchschnittlich ❹ (*du type courant*) Durchschnitts-

Moyen Âge, Moyen-Âge [mwajɛnɑʒ] *m* Mittelalter *nt*

moyenâgeux, -euse [mwajɛnɑʒø, -jøz] *adj. a. péj* mittelalterlich

moyen-courrier [mwajɛ̃kuʀje] <moyen-courriers> *m* Mittelstreckenflugzeug *nt*

moyennant [mwajɛnɑ̃] *prép.* **~ mille euros** für tausend Euro

moyenne [mwajɛn] *f* ❶ MATH Mittel *nt;* **~ d'âge** Durchschnittsalter *nt;* **en ~** durchschnittlich ❷ *a.* SCOL Durchschnitt *m;* **avoir la ~ en qc** in etw (*Dat*) eine durchschnittliche Note haben

Moyen-Orient [mwajɛnɔʀjɑ̃] *m* **le ~** der Mittlere Osten

mue [my] *f* ❶ ZOOL (*de l'oiseau*) Mauser *f;* (*du serpent*) Häutung *f;* (*d'un mammifère*) [Sich]haaren *nt* ❷ ANAT Stimmbruch *m*

muer [mɥe] <1> *v. intr.* ❶ ZOOL (*oiseau*) sich mausern; (*serpent*) sich häuten; (*mammifère*) [sich] haaren ❷ (*garçon*) im Stimmbruch sein

muesli [mysli] *m* Müsli *nt*

muet, te [mɥɛ, mɥɛt] **I.** *adj.* stumm; **~ de surprise** sprachlos vor Überraschung **II.** *m, f* Stumme(r) *f(m)*

muguet [mygɛ] *m* Maiglöckchen *nt*

> In Frankreich werden am 1. Mai überall in den Straßen Maiglöckchensträuße verkauft. Man verschenkt die **brins de muguet** als Zeichen der Zuneigung und als Glücksbringer.

mulâtre, mulâtresse [mylɑtʀ, mylɑtʀɛs] *m, f* Mulatte *m*/Mulattin *f*

mule[1] [myl] *f* Mauleselin *f* ▸ **être têtu comme une ~** störrisch wie ein Esel sein (*fam*)

mule[2] [myl] *f* (*pantoufle*) Pantoffel *m*

mulet [mylɛ] *m* Maulesel *m*

mulot [mylo] *m* Feldmaus *f*

multicolore [myltikɔlɔʀ] *adj.* bunt

multiconfessionnel, le [myltikɔ̃fesjɔnɛl] *adj.* (*État, pays*) multikonfessionell; (*cimetière*) gemischtkonfessionell

multiculturel, le [myltikyltyʀɛl] *adj.* multikulturell

multifonction [myltifɔ̃ksjɔ̃] *adj. inv.* multifunktionell

multilingue [myltilɛ̃g] *adj.* mehrsprachig

multimédia [myltimedja] *adj.* INFORM multimedial

multinationale [myltinasjɔnal] *f* multinationaler Konzern

M

multiple [myltipl] **I.** *adj.* ❶ (*nombreux*) vielfach; (*prise*) Mehrfach- ❷ (*aspects, raisons*) vielfältig; (*cas*) verschiedenartig **II.** *m* **être le ~ de qc** das Vielfache von etw sein
multiplexe [myltiplɛks] *m* Gebäudekomplex *m* mit mehreren Sälen
multiplication [myltiplikasjɔ̃] *f* Multiplikation *f*
multiplicité [myltiplisite] *f* Vielfalt *f*
multiplier [myltiplije] <1> **I.** *v. tr.* ❶ MATH **~ sept par trois** sieben mit drei multiplizieren ❷ (*augmenter le nombre de*) vervielfachen; (*efforts*) steigern; (*attaques*) wiederholen **II.** *v. pron.* **se ~** sich vermehren
multiprogrammation [myltipʀɔgʀamasjɔ̃] *f* INFORM Multitasking *nt*
multiracial, e [myltiʀasjal, jo] <-aux> *adj.* gemischtrassig
multitude [myltityd] *f* Vielzahl *f*
Munich [mynik] München
munichois, e [mynikwa, waz] *adj.* Münchner
Munichois, e [mynikwa, waz] *m, f* Münchner(in) *m(f)*
municipal, e [mynisipal, o] <-aux> *adj.* ❶ (*communal*) Gemeinde-; (*élections*) Kommunal-; **conseil ~** Stadtrat *m*, Gemeinderat *m* ❷ (*de la ville*) Stadt-
municipalité [mynisipalite] *f* ❶ (*administration*) Stadtverwaltung *f* ❷ (*commune*) Gemeinde *f*
munir [myniʀ] <8> *v. pron.* **se ~ de qc** etw mitnehmen
munitions [mynisjɔ̃] *fpl* Munition *f*
muqueuse [mykøz] *f* Schleimhaut *f*
mur [myʀ] *m* Mauer *f*; (*d'une pièce*) Wand *f* ▸ **franchir le ~ du son** die Schallmauer durchbrechen
mûr, e [myʀ] *adj.* reif; (*projet*) ausgereift
muraille [myʀɑj] *f* [dicke] Mauer
mural, e [myʀal, o] <-aux> *adj.* Wand-
mûre [myʀ] *f* Brombeere *f*
mûrement [myʀmɑ̃] *adv.* reiflich
murer [myʀe] <1> **I.** *v. tr.* zumauern; **être muré dans le silence** in Schweigen (*Akk*) gehüllt sein **II.** *v. pron.* **se ~ chez soi** sich von der Außenwelt abschließen
muret [myʀɛ] *m* Mäuerchen *nt*
mûrir [myʀiʀ] <8> *v. intr.* reif werden; (*projet*) heranreifen
murmure [myʀmyʀ] *m* Murmeln *nt*; (*de protestations*) Murren *nt*
murmurer [myʀmyʀe] <1> **I.** *v. intr.* ❶ (*chuchoter*) murmeln ❷ (*protester*) murren **II.** *v. tr.* murmeln; **~ qc à qn** jdm etw zuflüstern
muscle [myskl] *m* Muskel *m*
musclé, e [myskle] *adj.* ❶ (*athlétique*) muskulös ❷ *fig fam* (*gouvernement, discours*) stark; (*politique*) energisch
muscler [myskle] <1> *v. tr.* **~ qn** jds Muskeln stärken
musculaire [myskylɛʀ] *adj.* Muskel-
musculation [myskylasjɔ̃] *f* Bodybuilding *nt*
musculature [myskylatyʀ] *f* Muskulatur *f*
muse [myz] *f* Muse *f*
museau [myzo] <x> *m* Maul *nt*; (*du chien*) Schnauze *f*
musée [myze] *m* Museum *nt*

> Die Öffnungszeiten der französischen **musées** sind im Allgemeinen von 10 bis 18 Uhr. Viele Museen sind entweder montags oder dienstags geschlossen. Einige große Museen haben an einem Wochentag längere Öffnungszeiten.

museler [myzle] <3> *v. tr.* ❶ **~ un animal** einem Tier einen Maulkorb umbinden ❷ *fig* mundtot machen
muselière [myzəljɛʀ] *f* Maulkorb *m*
musical, e [myzikal, o] <-aux> *adj.* (*études, film*) Musik-; (*soirée*) musikalisch; **comédie ~e** Musical *nt*
music-hall [myzikol] <music-halls> *m* Varietee *nt*; (*établissement*) Varieteetheater *nt*
musicien, ne [myzisjɛ̃, jɛn] **I.** *adj.* musikalisch **II.** *m, f* Musiker(in) *m(f)*; (*amateur*) Musikant(in) *m(f)*
musique [myzik] *f* Musik *f* ▸ **connaître la ~** *fam* im Bilde sein
musqué, e [myske] *adj.* (*odeur, parfum*) Moschus-
must® [mœst] *m fam* Muss *nt*
musulman, e [myzylmɑ̃, an] *adj.* (*monde*) moslemisch; **être ~** Moslem sein
Musulman, e [myzylmɑ̃, an] *m, f* Moslem *m*/Moslime *f*, Mohammedaner(in) *m(f)*

mutant, e [mytɑ̃, ɑ̃t] **I.** *adj.* BIO mutierend **II.** *m, f* ❶ ZOOL, BOT Mutante *f* ❷ LITTER Mutant(in) *m(f)*

muter [myte] <1> *v. tr.* ADMIN versetzen

mutilation [mytilasjɔ̃] *f a. fig* Verstümmelung *f*

mutilé, e [mytile] *m, f* ~ **de guerre** Kriegsbeschädigter *m*

mutiler [mytile] <1> *v. tr. a. fig* verstümmeln

mutin, e [mytɛ̃, in] *m, f* Meuterer *m*/Meuterin *f*

mutinerie [mytinʀi] *f* Meuterei *f*

mutisme [mytism] *m* Schweigen *nt*

mutuel, le [mytɥɛl] *adj.* gegenseitig

mutuelle [mytɥɛl] *f* Versicherung[sverein *m*] *f* auf Gegenseitigkeit; ~ **des étudiants** studentische Krankenversicherung

mutuellement [mytɥɛlmɑ̃] *adv.* gegenseitig

mycose [mikoz] *f* Pilzkrankheit *f*

mygale [migal] *f* Vogelspinne *f*

myopathie [mjopati] *f* Muskelerkrankung *f*

myope [mjɔp] *adj.* kurzsichtig

myosotis [mjɔzɔtis] *m* Vergissmeinnicht *nt*

myrtille [miʀtij] *f* Heidelbeere *f*

mystère [mistɛʀ] *m* ❶ (*secret*) Geheimnis *nt* ❷ (*énigme*) Rätsel *nt*

mystérieusement [misteʀjøzmɑ̃] *adv.* unerklärlicherweise

mystérieux [misteʀjø] *m* **le** ~ das Geheimnisvolle

mystérieux, -euse [misteʀjø, -jøz] *adj.* geheimnisvoll

mystifier [mistifje] <1> *v. tr.* täuschen

mystique [mistik] *adj.* ❶ (*religieux*) mystisch ❷ (*exalté, fervent*) schwärmerisch

mythe [mit] *m* Mythos *m*

mythique [mitik] *adj.* mythisch; (*imaginaire*) erdichtet

mythologie [mitɔlɔʒi] *f* Mythologie *f*

mythomane [mitɔman] **I.** *adj.* krankhaft verlogen **II.** *mf* krankhafter Lügner/krankhafte Lügnerin

Nn

N, n [ɛn] **I.** *m inv.* N *nt,* n *nt* **II.** *f* **la N 7** ≈ die B 7 **III.** *adj.* x

n' *voir* **ne**

na [na] *interj. enfantin* ätsch

nabot, e [nabo, ɔt] *m, f* Zwerg(in) *m(f)*

NAC [nak] *mpl abr. de* **nouveaux animaux de compagnie** [neuartige] exotische Haustiere *Pl*

nacre [nakʀ] *f* Perlmutt *nt*

nacré, e [nakʀe] *adj.* perlmuttschimmernd

nage [naʒ] *f* Schwimmen *nt* ▸ **à la** ~ schwimmend; **en** ~ schweißgebadet

nageoire [naʒwaʀ] *f* Flosse *f*

nager [naʒe] <2a> **I.** *v. intr.* ❶ *a. fig* (*personne, aliment*) schwimmen ❷ *fam* ~ **dans un vêtement** in einem Kleidungsstück ertrinken **II.** *v. tr.* ~ **la brasse** Brust schwimmen; ~ **le crawl** kraulen

nageur, -euse [naʒœʀ, -ʒøz] *m, f* Schwimmer(in) *m(f)*

naguère [nagɛʀ] *adv. soutenu* einst

naïf, naïve [naif, naiv] *adj.* naiv

nain, e [nɛ̃, nɛn] *m, f* Zwerg(in) *m(f)*; ~ **de jardin** Gartenzwerg

naissance [nɛsɑ̃s] *f* ❶ Geburt *f;* **à la** ~ bei der Geburt ❷ (*apparition*) Entstehung *f* ▸ **Allemand de** ~ gebürtiger Deutscher

naître [nɛtʀ] <irr> *v. intr. + être* ❶ geboren werden ❷ (*crainte, désir, soupçon*) entstehen; (*idée*) geboren werden; (*difficulté*) auftreten

naïve [naiv] *adj. voir* **naïf**

naïvement [naivmɑ̃] *adv.* naiv

naïveté [naivte] *f* Naivität *f*

nana [nana] *f fam* Tussi *f*

nanotechnologie [nanotɛknɔlɔʒi] *f* Nanotechnologie *f*

nanti, e [nɑ̃ti] **I.** *adj.* vermögend **II.** *m, f* Reiche(r) *f(m)*

naphtaline [naftalin] *f* Naphthalin *nt*

napoléon [napɔleɔ̃] *m* Napoleondor *m*

nappage [napaʒ] *m* (*action*) Glasieren *nt;* (*résultat*) Glasur *f*

nappe [nap] *f* ❶ (*linge*) Tischtuch *nt* ❷ (*vaste étendue*) ~ **de pétrole** Ölteppich *m;* ~ **de brouillard** Nebelbank *f*

napper [nape] <1> *v. tr.* ~ **de chocolat** mit Schokolade glasieren

naquis [naki] *passé simple de* **naître**

narcisse [naʀsis] *m* Narzisse *f*

narcissique [naʀsisik] *adj.* narzisstisch

narcissisme [naʀsisism] *m* Narzissmus *m*

narcodollars [naʀkodɔlaʀ] *mpl* Drogendollars *Pl*

narcose [naʀkoz] *f* Narkose *f*

narguer [naʀge] <1> *v. tr.* verspotten; (*agacer*) ärgern

narine [naʀin] *f* Nasenloch *nt*

narquois, e [naʀkwa, waz] *adj.* spöttisch

narrateur, -trice [naʀatœʀ, -tʀis] *m, f* Erzähler(in) *m(f)*

narratif, -ive [naʀatif, -iv] *adj.* erzählend; **style/art** ~ Erzählstil *m*/-kunst *f*

narration [naʀasjɔ̃] *f* Erzählung *f*

nasal, e [nazal, o] <-aux> *adj.* nasal

nasale [nazal] *f* Nasal *m*

nase [nɑz] *adj. fam* kaputt

naseau [nazo] <x> *m* Nüster *f*

natal, e [natal] <s> *adj.* Geburts-; **pays** ~ Heimat *f*

natalité [natalite] *f* Geburtenziffer *f*

natation [natasjɔ̃] *f* Schwimmen *nt*

natel [natɛl] *m* CH ❶ (*téléphone portable*) Handy *nt,* Natel *nt* (CH) ❷ (*téléphonie portable*) Mobilfunknetz *nt,* Natel *nt* (CH)

natif, -ive [natif, -iv] **I.** *adj.* ~ **de Toulouse** gebürtiger Toulouser **II.** *m, f* Einheimische(r) *f(m);* **les ~s du cancer** die Krebsgeborenen

nation [nasjɔ̃] *f* Nation *f;* **les Nations unies** die Vereinten Nationen

national, e [nasjɔnal, o] <-aux> *adj.* ❶ (*de l'État*) national; **fête ~e** Nationalfeiertag *m* ❷ (*opp: local, régional*) national; (*entreprise*) staatlich; (*assemblée, route*) National-

Nationale [nasjɔnal] *f* (*route*) **la ~ 7/10** ≈ die Bundesstraße 7/10

nationalisation [nasjɔnalizasjɔ̃] *f* Verstaatlichung *f*

nationaliser [nasjɔnalize] <1> *v. tr.* verstaatlichen

nationalisme [nasjɔnalism] *m* Nationalismus *m*

nationaliste [nasjɔnalist] **I.** *adj.* nationalistisch **II.** *mf* Nationalist(in) *m(f)*

nationalité [nasjɔnalite] *f* Staatsangehörigkeit *f*

national-socialisme [nasjɔnalsɔsjalism] *m sans pl.* Nationalsozialismus *m* **national-socialiste** [nasjɔnalsɔsjalist] <nationaux-socialistes> **I.** *adj.* nationalsozialistisch **II.** *m, f* Nationalsozialist(in) *m(f)*

natte [nat] *f* Zopf *m*

naturalisation [natyʀalizasjɔ̃] *f* Einbürgerung *f*

naturalisé, e [natyʀalize] *adj.* eingebürgert

naturaliser [natyʀalize] <1> *v. tr.* ~ **qn** [**français**] jdn [als Franzose] einbürgern; **se faire** ~ sich einbürgern lassen

naturaliste [natyʀalist] *mf* Naturforscher(in) *m(f)*

nature [natyʀ] **I.** *f* ❶ (*environnement*) Natur *f* ❷ (*caractère*) Wesen *nt;* ~ **humaine** Natur *f* des Menschen ❸ ART ~ **morte** Stillleben *nt* ▶ **de** [*o* **par**] ~ von Natur [aus]; **en** ~ in Naturalien **II.** *adj. inv.* ❶ (*café, thé*) ohne alles; (*yaourt*) Natur- ❷ *fam* (*simple*) natürlich

naturel [natyʀɛl] *m* ❶ (*caractère*) Wesen *nt* ❷ (*spontanéité*) Natürlichkeit *f* ▶ **être d'un ~ timide** ein schüchternes Wesen haben

naturel, le [natyʀɛl] *adj.* natürlich; (*père*) leiblich; (*gaz*) Erd-; (*produit*) Natur-

naturellement [natyʀɛlmɑ̃] *adv.* ❶ (*bien entendu*) selbstverständlich ❷ (*opp: artificiellement*) auf natürliche Weise ❸ (*de façon innée*) von Natur aus ❹ (*aisément*) ganz einfach

naturisme [natyʀism] *m* Freikörperkultur *f*

naturiste [natyʀist] **I.** *adj.* (*plage*) FKK- **II.** *mf* FKKler(in) *m(f)* (*fam*)

naufrage [nofʀaʒ] *m* Untergang *m* ▶ **faire** ~ Schiffbruch erleiden

naufragé, e [nofʀaʒe] *m, f* Schiffbrüchige(r) *f(m)*

nausée [noze] *f* Übelkeit *f;* (*dégoût*) Ekel *m;* **j'ai la ~** [*o* **des ~s**] mir ist schlecht ▶ **qn/qc donne la ~ à qn** von jdm/etw wird jdm [ganz] schlecht

nautique [notik] *adj.* Wasser-

naval, e [naval] <s> *adj.* **forces ~es** Seestreitkräfte *Pl*; **chantier ~** [Schiffs]werft *f*

navet [navɛ] *m* ❶ BOT weiße Rübe ❷ *péj fam* Schund[film *m*] *m*

navette [navɛt] *f* ❶ AUT Pendelbus *m*/-schiff *nt* ❷ (*va-et-vient*) **faire la ~** pendeln ❸ AVIAT **~ spatiale** Raumfähre *f*

navetteur, -euse [navetœʀ, -øz] *m, f* BELG Pendler(in) *m(f)*

navigant, e [navigɑ̃, ɑ̃t] *adj.* AVIAT (*personnel*) Flug-; NAUT Schiffs-

navigateur [navigatœʀ] *m* INET **~ Web** Browser *m*

navigateur, -trice [navigatœʀ, -tʀis] *m, f* Seefahrer(in) *m(f)*

navigation [navigasjɔ̃] *f* NAUT Schifffahrt *f;* AVIAT Navigation *f*

naviguer [navige] <1> *v. intr.* ❶ AVIAT fliegen; NAUT fahren ❷ INET surfen

navire [naviʀ] *m* Schiff *nt;* **~ poubelle** Rostschüssel *f* (*fam*)

navrant, e [navʀɑ̃, ɑ̃t] *adj.* **c'est ~!** es ist zum Verzweifeln!

navré, e [navʀe] *adj.* **être ~ de qc** etw [zutiefst] bedauern

navrer [navʀe] <1> *v. tr.* bestürzen; (*contrarier*) zur Verzweiflung bringen; **ce malentendu me navre** ich bedauere dieses Missverständnis zutiefst

naze [nɑz] *adj. voir* **nase**

nazi, e [nazi] *abr. de* **national-socialiste I.** *adj.* Nazi- **II.** *m, f* Nazi *m*

nazisme [nazism] *m abr. de* **national-socialisme** Nazismus *m*

NB [ɛnbe] *abr. de* **nota bene** N.B.

NDLR [ɛndeɛlɛʀ] *abr. de* **note de la rédaction** Anm. d. Red.

ne [nə] < *devant voyelle ou h muet* n'> *adv.* ❶ (*avec autre mot négatif*) **il ~ mange pas le midi** er isst nicht zu Mittag; **elle n'a guère d'argent** sie hat kaum Geld; **je ~ fume plus** ich rauche nicht mehr; **je ~ me promène jamais** ich gehe nie spazieren; **je ~ vois personne** ich sehe niemand[en]; **personne ~ vient** niemand kommt; **je ~ vois rien** ich sehe nichts; **rien ~ va plus** nichts geht mehr; **il n'a ni frère ni sœur** er hat weder Bruder noch Schwester; **tu n'as aucune chance** du hast keine Chance ❷ *sans autre mot négatif, soutenu* nicht; **je n'ose le dire** ich wage nicht, es zu sagen ❸ (*seulement*) **je ~ vois que cette solution** ich sehe nur diese Lösung; **il n'y a pas que vous qui le dites** Sie sind nicht der Einzige, der das sagt

né, e [ne] **I.** *part. passé de* **naître II.** *adj. souvent écrit avec un trait d'union* (*de naissance*) geboren

néant [neɑ̃] **I.** *m* Nichts *nt* **II.** *pron.* **signes particuliers: ~** besondere Kennzeichen: keine

nécessaire [nesesɛʀ] **I.** *adj.* nötig; (*condition*) notwendig; **si ~** falls nötig **II.** *m* ❶ **le ~** das Nötige ❷ (*étui*) **~ à ongles** Nagelnecessaire *nt*

nécessairement [nesesɛʀmɑ̃] *adv.* unbedingt

nécessité [nesesite] *f* Notwendigkeit *f* ▸ **de première ~** unentbehrlich

nécessiter [nesesite] <1> *v. tr.* erfordern

nec plus ultra [nɛkplysyltʀa] *m inv.* Nonplusultra *nt*

nécrologie [nekʀɔlɔʒi] *f* ❶ (*rubrique*) Todesanzeigen *Pl* ❷ (*notice*) Nachruf *m*

nécrologique [nekʀɔlɔʒik] *adj.* Todes-

nécrose [nekʀoz] *f* Nekrose *f*Fachspr.

nectar [nɛktaʀ] *m* Nektar *m*

nectarine [nɛktaʀin] *f* Nektarine *f*

néerlandais [neɛʀlɑ̃dɛ] *m* Niederländisch *nt; voir a.* **allemand**

néerlandais, e [neɛʀlɑ̃dɛ, ɛz] *adj.* niederländisch; *voir a.* **allemand**

Néerlandais, e [neɛʀlɑ̃dɛ, ɛz] *m, f* Niederländer(in) *m(f)*

nef [nɛf] *f* [Kirchen]schiff *nt*

néfaste [nefast] *adj.* unheilvoll; **être ~** schaden

néflier [neflije] *m* Mispel[baum *m*] *f*

négatif [negatif] *m* Negativ *nt*

négatif, -ive [negatif, -iv] *adj.* negativ; (*phrase*) negiert

négation [negasjɔ̃] *f* Negation *f*

négative [negativ] *f* ▸ **répondre par la ~** verneinen; (*refuser*) ablehnen

négativement [negativmɑ̃] *adv.* negativ; **répondre ~** verneinen

négligé, e [negliʒe] *adj.* nachlässig; (*tenue*) ungepflegt

négligeable [negliʒabl] *adj.* unbedeutend; (*élément, facteur*) unwesentlich; (*détail*) belanglos

négligemment [negliʒamɑ̃] *adv.* ❶ (*nonchalamment*) lässig ❷ (*sans soin*) nachlässig

négligence [negliʒɑ̃s] *f sans pl.* Nachlässigkeit *f*

négligent, e [negliʒɑ̃, ʒɑ̃t] *adj.* nachlässig

négliger [negliʒe] <2a> **I.** *v. tr.* (*santé, tenue, ami*) vernachlässigen; (*détail, fait*) außer Acht lassen **II.** *v. pron.* **se ~** sich vernachlässigen

négoce [negɔs] *m soutenu* Handel *m;* **faire du ~ avec qn** mit jdm handeln

négociant, e [negɔsjɑ̃, jɑ̃t] *m, f* Händler(in) *m(f)*

négociation [negɔsjasjɔ̃] *f gén. pl.* Verhandlung *f*

négocier [negɔsje] <1> **I.** *v. intr.* verhandeln **II.** *v. tr.* ① (*discuter*) verhandeln über (+ *Akk*) ② (*obtenir après discussion*) aushandeln ③ AUT (*virage*) nehmen

nègre, négresse [nɛgʀ, negʀɛs] *m, f péj* Neger(in) *m(f)*

négro [negʀo] *m péj fam* Nigger *m*

neige [nɛʒ] *f* ① METEO Schnee *m* ② GASTR **battre les blancs en ~** das Eiweiß zu Schnee schlagen

neiger [neʒe] <2a> *v. intr. impers.* **il neige** es schneit

néné [nene] *m fam* Titte *f*

nénette [nenɛt] *f fam* Tussi *f* ▸ **se casser la ~** *fam* (*faire des efforts*) sich (*Dat*) einen abbrechen

nénuphar [nenyfaʀ] *m* Seerose *f*

néo-arriviste [neɔaʀivist] *mf* [typischer] Vertreter/[typische] Vertreterin der Start-up-Generation

néologisme [neɔlɔʒism] *m* Neologismus *m*

néon [neɔ̃] *m* ① CHIM Neon *nt* ② (*tube*) Neonröhre *f*

néonatal, e [neonatal] <s> *adj.* neonatal; **mortalité ~e** Neugeborenensterblichkeit *f*

néonazi, e [neonazi] **I.** *adj.* neonazistisch **II.** *m, f* Neonazi *mf*

néphrétique [nefʀetik] *adj.* **coliques ~s** Nierenkoliken *Pl*

Neptune [nɛptyn] *f* ASTRO Neptun *m*

nerf [nɛʀ] *m* ① ANAT, MED Nerv *m* ② *pl* PSYCH Nerven *Pl*; **être sur les ~s** *fam* unruhig sein ▸ **taper sur les ~s à qn** *fam* jdm auf die Nerven gehen

nerveusement [nɛʀvøzmɑ̃] *adv.* ① nervös ② (*avec vigueur*) **démarrer ~** spritzig anfahren

nerveux, -euse [nɛʀvø, -øz] **I.** *adj.* ① (*spasme, troubles*) nervös ② (*irritable*) nervös; (*animal, personne*) unruhig ③ (*émotif*) empfindlich ④ (*animal, personne*) dynamisch; (*style*) ausdrucksvoll; (*moteur, voiture*) spritzig **II.** *m, f* nervöser Mensch

nervosité [nɛʀvozite] *f* Nervosität *f*

n'est-ce pas [nɛspɑ] *adv.* ① (*invitation à acquiescer*) oder ② (*renforcement*) nicht [wahr]

Net [nɛt] *m* INET **le ~** das Netz

net, te [nɛt] **I.** *adj.* ① *postposé* (*propre*) sauber ② *postposé* (*précis*) klar ③ *a. antéposé* (*évident*) klar; (*amélioration, tendance*) spürbar ④ *postposé* (*distinct*) klar; (*contours, image*) scharf; (*souvenir*) deutlich ⑤ *fam* (*opp: cinglé*) klar [im Kopf] ⑥ *postposé* (*salaire*) Netto-; **~ d'impôt** steuerfrei **II.** *adv.* ① (*se casser*) glatt; (*s'arrêter*) abrupt ② (*dire, refuser*) klar und deutlich ③ COM netto

netiquette [netikɛt] *f* INET Netiquette *f*

nettement [nɛtmɑ̃] *adv.* ① (*sans ambiguïté*) unmissverständlich ② (*distinctement*) deutlich; (*se détacher*) scharf; (*se souvenir*) genau ③ (*largement*) eindeutig; **~ moins/plus** deutlich weniger/mehr

netteté [nɛtte] *f* Klarheit *f;* (*des contours, d'une image*) Schärfe *f*

nettoyage [netwajaʒ] *m* ① Reinigen *nt,* Reinigung *f;* (*d'une pièce*) Putzen *nt;* **~ à sec** chemische Reinigung ② MIL, POL Säuberung *f*

nettoyer [netwaje] <6> *v. tr.* putzen; (*plaie, tapis*) reinigen

nettoyeur [netwajœʀ] *m* (*appareil*) Reiniger *m,* Reinigungsmaschine *f;* **~ vapeur** Dampfreiniger; **~ à haute pression** Hochdruckreiniger

neuf, neuve [nœf, nœv] *adj.* neu ▸ **quelque chose/rien de ~** etwas/nichts Neues

neuf[1] [nœf] **I.** *num.* neun **II.** *m inv.* Neun *f; voir a.* **cinq**

neuf[2] [nœf] *m* **le ~** das Neue ▸ **il y a du ~** es gibt etwas Neues

neurasthénie [nøʀasteni] *f* Nervenschwäche *f;* **faire de la ~** Depressionen haben

neurasthénique [nøʀastenik] *adj.* depressiv

neurochirurgie [nøʀoʃiʀyʀʒi] *f* Neurochirurgie *f*

neurochirurgien, ne [nøʀoʃiʀyʀʒjɛ̃, jɛn] *m, f* Neurochirurg(in) *m(f)*
neuroleptique [nøʀɔlɛptik] *m* Neuroleptikum *nt*
neurologie [nøʀɔlɔʒi] *f* Nervenheilkunde *f*
neurologique [nøʀɔlɔʒik] *adj.* neurologisch
neurologue [nøʀɔlɔg] *mf* Neurologe *m*/Neurologin *f*
neurone [nøʀon] *m* a. INFORM Neuron *nt*
neuropsychiatre [nøʀopsikjatʀ] *mf* Neuropsychiater(in) *m(f)*
neutraliser [nøtʀalize] <1> *v. tr.* (*ennemi, gang*) unschädlich machen
neutraliste [nøtʀalist] **I.** *adj.* neutralistisch **II.** *mf* Verfechter(in) *m(f)* des Neutralismus
neutralité [nøtʀalite] *f* Neutralität *f*
neutre [nøtʀ] **I.** *adj.* ❶ a. POL, CHIM, ELEC neutral ❷ (*qui ne choque pas*) neutral; (*couleur, personne*) unauffällig; (*style*) farblos ❸ LING sächlich; **être du genre ~** ein Neutrum sein **II.** *m* LING Neutrum *nt*
neuvième [nœvjɛm] **I.** *adj. antéposé* neunte(r, s) **II.** *mf* **le/la ~** der/die/das Neunte **III.** *m* (*fraction*) Neuntel *nt*; *voir a.* **cinquième**
neveu [n(ə)vø] <x> *m* Neffe *m*
névralgie [nevʀalʒi] *f* Neuralgie *f*
névralgique [nevʀalʒik] *adj.* MED neuralgisch; **centre ~** Nervenzentrum *nt*
névrite [nevʀit] *f* Nervenentzündung *f*
névrose [nevʀoz] *f* Neurose *f*
névrosé, e [nevʀoze] *m, f* Neurotiker(in) *m(f)*
new-look [njuluk] **I.** *adj. inv.* (*politique, style*) neuartig **II.** *m inv.* New Look *m*
newton [njutɔn] *m* Newton *nt*
newtonien, ne [njutɔnjɛ̃, jɛn] *adj.* newtonsche(r, s)
nez [ne] *m* Nase *f*; **saigner du ~** Nasenbluten haben ▸ **fourrer son ~ dans qc** *fam* seine Nase in etw (*Akk*) stecken; **~ à ~** Auge in Auge; **raccrocher au ~ de qn** einfach auflegen (*fam*); **sous le ~ de qn** *fam* vor jds Nase (*Dat*)
NF [ɛnɛf] *f abr. de* **norme française** französische Norm
ni [ni] *conj.* ❶ *après une autre nég* **il ne sait pas dessiner ~ peindre** er kann weder zeichnen noch malen; **il n'a rien vu ~ personne** er hat nichts und niemanden gesehen; **rien de fin ~ de distingué** weder etwas Feines noch etwas Vornehmes ❷ (*alternative négative*) **~ l'un ~ l'autre** keiner von beiden; **~ plus ~ moins** nicht mehr und nicht weniger
niais, e [njɛ, njɛz] *adj.* albern
niaisement [njɛzmɑ̃] *adv.* dümmlich
niaiserie [njɛzʀi] *f* Unsinn *m kein Pl.*
Nice [nis] Nizza *nt*
niche [niʃ] *f* ❶ (*abri*) [Hunde]hütte *f* ❷ (*alcôve*) Nische *f*
nicher [niʃe] <1> **I.** *v. intr.* nisten **II.** *v. pron.* **se ~** sich einnisten
nichon [niʃɔ̃] *m fam* Titte *f*
nickel [nikɛl] **I.** *m* Nickel *nt* **II.** *adj. inv, fam* blitzblank
nicotine [nikɔtin] *f* Nikotin *nt*
nid [ni] *m* Nest *nt*
nid-d'abeilles [nidabɛj] <nids-d'abeilles> *m* COUT Waffelmuster *nt*
nid-de-poule [nidpul] <nids-de-poule> *m* Schlagloch *nt*
nièce [njɛs] *f* Nichte *f*
nième [ɛnjɛm] *adj. voir* **énième**
nier [nje] <1> *v. tr.* leugnen; (*refuser l'idée de*) verleugnen
Niger [niʒɛʀ] *m* **le ~** Niger *nt*
Nigeria [niʒeʀja] *m* **le ~** Nigeria *nt*
nigérian, e [niʒeʀjɑ̃, jan] *adj.* nigerianisch
Nigérian, e [niʒeʀjɑ̃, jan] *m, f* Nigerianer(in) *m(f)*
nigérien, ne [niʒeʀjɛ̃, jɛn] *adj.* nigrisch
Nigérien, ne [niʒeʀjɛ̃, jɛn] *m, f* Nigrer(in) *m(f)*
night-club [najtklœb] <night-clubs> *m* Nachtklub *m*
Nil [nil] *m* **le ~** der Nil
n'importe [nɛ̃pɔʀt] *voir* **importer**
niôle [ɲol] *f voir* **gnôle**
nippes [nip] *fpl fam* Klamotten *Pl*
nippon, -on[n]e [nipɔ̃, -ɔn] *adj.* japanisch
Nippon, -on[n]e [nipɔ̃, -ɔn] *m, f* Japaner(in) *m(f)*
niquer [nike] <1> *v. tr. vulg* ficken
nirvana [niʀvana] *m* Nirwana *nt*
nitouche [nituʃ] *f* ▸ **sainte ~** Unschuldsengel *m*
nitrate [nitʀat] *m* Nitrat *nt*
niveau [nivo] <x> *m* ❶ (*hauteur*) Höhe

f; (*d'essence, huile*) -stand *m;* (*des devises, de la production*) Stand *m* ❷ (*degré*) Niveau *nt;* ~ **de vie** Lebensstandard *m* ▸ **au plus haut** ~ auf höchster Ebene

niveler [nivle] <3> *v. tr.* nivellieren

noble [nɔbl] **I.** *adj.* adlig **II.** *mf* Adlige(r) *f(m)*

noblement [nɔbləmɑ̃] *adv.* (*dignement*) stolz

noblesse [nɔblɛs] *f* Adel *m;* (*dignité*) Würde *f*

noce [nɔs] *f a. pl* Hochzeit *f*

noceur, -euse [nɔsœʀ, -øz] *m, f* Genussmensch *m*

nocif, -ive [nɔsif, -iv] *adj.* schädlich

nocturne [nɔktyʀn] **I.** *adj.* nächtlich; **vente** ~ CH Abendverkauf *m* (CH) **II.** *f* **en** ~ am Abend

nodule [nɔdyl] *m* MED Knötchen *nt*

Noël [nɔɛl] *m* Weihnachten *nt;* **joyeux** ~**!** fröhliche Weihnachten!

> Für die Franzosen ist **Noël** ein fröhliches Familienfest. Am Abend des 24. Dezember gibt es vor der mitternächtlichen Christmette *(la messe de minuit)* ein festliches Essen *(le réveillon)* mit vielen Gängen. Der Hauptgang ist oft ein Truthahn *(une dinde)* und das traditionelle Dessert die *bûche de Noël,* eine große Biskuitrolle mit Schokoladencreme. Am Morgen des 25. Dezembers bekommen die Kinder die Geschenke, die der Weihnachtsmann *(le Père Noël)* in der Nacht gebracht hat.
> Der zweite Weihnachtstag (26. Dezember) wird nur im Elsass und in Lothringen gefeiert.

nœud [nø] *m* Knoten *m;* ~ **papillon** Fliege *f;* (*ornement*) Schleife *f*

noie [nwa] *indic. et subj. prés. de* **noyer**

noierai [nwaʀe] *fut de* **noyer**

noir [nwaʀ] *m* ❶ (*couleur*) Schwarz *nt;* ~ **et blanc** schwarzweiß ❷ (*obscurité*) **dans le** ~ im Dunkeln ▸ ~ **sur blanc** schwarz auf weiß; **broyer du** ~ Trübsal blasen (*fam*); **au** ~ schwarz

noir, e [nwaʀ] *adj.* ❶ (*opp: blanc*) schwarz ❷ (*propre aux personnes noires*) der Schwarzen (*Gen*); **l'Afrique** ~**e** Schwarzafrika *nt* ❸ (*obscur*) finster ❹ (*idées*) düster; (*humour, film*) schwarz ❺ (*clandestin, illégal*) **marché** ~ Schwarzmarkt *m*

Noir, e [nwaʀ] *m, f* Schwarze(r) *f(m)*

noirceur [nwaʀsœʀ] *f* ❶ (*perfidie*) Niedertracht *f;* (*de l'âme*) Schwärze *f;* (*d'un crime, forfait*) Ruchlosigkeit *f* ❷ (*caractère sinistre*) schwarze Natur

noircir [nwaʀsiʀ] <8> **I.** *v. tr.* ❶ (*salir*) schwarz machen ❷ (*cahier, feuille*) vollschreiben **II.** *v. pron.* **se** ~ (*façade*) schwarz werden; (*ciel*) sich verdunkeln

noire [nwaʀ] **I.** *adj. voir* **noir II.** *f* MUS Viertelnote *f*

noise [nwaz] *f* ▸ **chercher des** ~**s à qn** Streit mit jdm suchen

noisetier [nwaztje] *m* Haselstrauch *m*

noisette [nwazɛt] **I.** *f* ❶ (*fruit*) Haselnuss *f* ❷ GASTR Flocke *f* **II.** *adj. inv.* haselnussbraun

noix [nwa] *f a.* GASTR Nuss *f;* **une** ~ **de beurre** ein walnussgroßes Stück Butter ▸ **à la** ~ *fam* wertlos

nom [nɔ̃] *m* ❶ (*dénomination*) Name *m;* ~ **patronymique** Familienname; ~ **commun/propre** Gattungs-/Eigenname; **quel est le** ~ **de ...?** wie heißt ...? ❷ LING Substantiv *nt* ▸ ~ **de Dieu** [**de** ~ **de Dieu**]**!** (*de surprise*) ach du lieber Gott!; (*de colère*) verdammt noch mal!

nomade [nɔmad] **I.** *adj.* Nomaden- **II.** *mf* Nomade *m*/Nomadin *f*

no man's land [nɔmanslɑ̃d] *m inv.* Niemandsland *nt*

nombre [nɔ̃bʀ] *m* ❶ a. MATH Zahl *f;* **en grand** ~ zahlreich ❷ LING Numerus *m*

nombreux, -euse [nɔ̃bʀø, -øz] *adj.* zahlreich; (*foule, famille*) groß

nombril [nɔ̃bʀil] *m* Nabel *m*

nombrilisme [nɔ̃bʀilism] *m fam* Nabelschau *f*

nomenclature [nɔmɑ̃klatyʀ] *f* Stichwortliste *f*

nominal, e [nɔminal, o] <-aux> *adj.* Nominal-; (*emploi*) substantivisch

nominatif [nɔminatif] *m* LING Nominativ *m*

nomination [nɔminasjɔ̃] *f* Ernennung *f*

nominé, e [nɔmine] **I.** *adj.* nominiert **II.** *m, f* Preisanwärter(in) *m(f),* Nominierte(r) *f(m)*

nommer [nɔme] <1> *v. tr.* ❶ (*personne*)

nennen; (*chose*) benennen ❷ (*citer*) nennen ❸ (*désigner*) ernennen; ~ **qn à un poste** jdn auf einen Posten berufen

non [nɔ̃] **I.** *adv.* ❶ (*réponse*) nein; **je pense que ~** ich glaube nicht; **moi ~, mais** ich nicht, aber; **ah ~!** oh nein!; **ça ~!** das kommt nicht in Frage! ❷ (*opposition*) nicht; **moi ~ plus** ich auch nicht; **il n'en est pas question ~ plus** das kommt eben sowenig in Frage; **~ seulement ..., mais [encore]** nicht nur ..., sondern [auch] ❸ *fam* (*sens interrogatif*) **vous venez, ~?** Sie kommen doch, oder?; **~, pas possible!** ehrlich? (*fam*) ❹ (*sens exclamatif*) **~, mais dis donc!** *fam* was fällt dir denn ein! ❺ (*qui n'est pas*) **~ négligeable** beträchtlich; **~ polluant** umweltfreundlich **II.** *m inv.* Nein *nt;* **48% de ~** 48% Neinstimmen

non-agression [nɔnagʀesjɔ̃] <non-agressions> *f* **pacte de ~** Nichtangriffspakt *m*

nonante [nɔnɑ̃t] *num.* BELG, CH (*quatre-vingt-dix*) neunzig; *voir a.* **cinq, cinquante**

nonantième [nɔnɑ̃tjɛm] *num.* BELG, CH (*quatre-vingt-dixième*) neunzigste(r, s); *voir a.* **cinquième**

non-assistance [nɔnasistɑ̃s] <non-assistances> *f* ▸**~ à personne en danger** unterlassene Hilfeleistung **non-croyant, e** [nɔ̃kʀwajɑ̃, jɑ̃t] <non-croyants> **I.** *adj.* nichtgläubig **II.** *m, f* Nichtgläubige(r) *f(m)* **non-dit** [nɔ̃di] <non-dits> *m* Unausgesprochene *nt* **non-événement** [nɔnevɛnmɑ̃] <non-événements> *m* Nicht-Ereignis *nt* **non-fumeur, -euse** [nɔ̃fymœʀ, -øz] <non-fumeurs> *m, f* Nichtraucher(in) *m(f)* **non-inscrit, e** [nɔnɛ̃skʀi, it] <non-inscrits> *adj.* **être ~** fraktionslos sein **non-lieu** [nɔ̃ljø] <non-lieux> *m* Einstellung *f* des Verfahrens

nonne [nɔn] *f* Nonne *f*

non-paiement [nɔ̃pɛmɑ̃] <non-paiements> *m* Nichtbegleichung *f* **non-respect** [nɔ̃ʀɛspɛ] <non-respects> *m* Nichtbeachtung *f;* **~ de la loi** Übertretung *f* des Gesetzes **non-sens** [nɔ̃sɑ̃s] *m inv.* Unsinn *m* **non-stop** [nɔnstɔp] *adj. inv.* Nonstop- **non-violence** [nɔ̃vjɔlɑ̃s] *f* Gewaltlosigkeit *f* **non-violent, e** [nɔ̃vjɔlɑ̃, ɑ̃t] <non-violents> **I.** *adj.* gewaltfrei **II.** *m, f* Gegner(in) *m(f)* der Gewalt **non-voyant, e** [nɔ̃vwajɑ̃, jɑ̃t] <non-voyants> *m, f* Blinde(r) *f(m)*

nord [nɔʀ] **I.** *m sans pl.* **le ~** der Norden; *voir a.* **est** ▸**perdre le ~** den Kopf verlieren **II.** *adj. inv.* Nord-; (*partie, banlieue*) nördlich

Nord [nɔʀ] **I.** *m sans pl.* **le ~** der Norden; *voir a.* **Est II.** *adj. inv.* (*hémisphère*) nördlich; (*pôle*) Nord-

nord-africain, e [nɔʀafʀikɛ̃, ɛn] <nord-africains> *adj.* nordafrikanisch **Nord-Africain, e** [nɔʀafʀikɛ̃, ɛn] <Nord-Africains> *m, f* Nordafrikaner(in) *m(f)* **nord-coréen, ne** [nɔʀkɔʀeɛ̃, ɛn] <nord-coréens> *adj.* nordkoreanisch **Nord-Coréen, ne** [nɔʀkɔʀeɛ̃, ɛn] <Nord-Coréens> *m, f* Nordkoreaner(in) *m(f)* **nord-est** [nɔʀɛst] *m inv.* Nordosten *m* **Nord-Est** [nɔʀɛst] *m inv.* Nordosten *m*

nordique [nɔʀdik] *adj.* nordisch

Nordique [nɔʀdik] *mf* Nordländer(in) *m(f)*

nord-ouest [nɔʀwɛst] *m inv.* Nordwesten *m* **Nord-Ouest** [nɔʀwɛst] *m inv.* Nordwesten *m* **Nord-Sud** [nɔʀsyd] *adj. inv.* Nord-Süd-

normal, e [nɔʀmal, o] <-aux> *adj.* normal

normale [nɔʀmal] *f* Normalfall *m;* **au-dessus de la ~** überdurchschnittlich

normalement [nɔʀmalmɑ̃] *adv.* ❶ (*habituellement, selon toute prévision*) normalerweise ❷ (*d'une manière normale: se passer*) normal; **tout marche ~** alles läuft normal, es ist alles im grünen Bereich

normaliser [nɔʀmalize] <1> *v. pron.* **se ~** sich normalisieren

normalité [nɔʀmalite] *f* Normalität *f*

normand, e [nɔʀmɑ̃, ɑ̃d] *adj.* der Normandie

Normand, e [nɔʀmɑ̃, ɑ̃d] *m, f* GEO Bewohner(in) *m(f)* der Normandie

Normandie [nɔʀmɑ̃di] *f* **la ~** die Normandie

Normands [nɔʀmɑ̃] *mpl*HIST **les ~** die Normannen

normatif, -ive [nɔʀmatif, -iv] *adj.* normativ

norme [nɔʀm] *f* Norm *f*

N

Norvège [nɔʀvɛʒ] *f* **la ~** Norwegen *nt*
norvégien [nɔʀveʒjɛ̃] *m* Norwegisch *nt; voir a.* **allemand**
norvégien, ne [nɔʀveʒjɛ̃, jɛn] *adj.* norwegisch; *voir a.* **allemand**
Norvégien, ne [nɔʀveʒjɛ̃, jɛn] *m, f* Norweger(in) *m(f)*
nos [no] *dét. poss. voir* **notre**
nostalgie [nɔstalʒi] *f* **avoir la ~ de qc** sich nach etw sehnen
nostalgique [nɔstalʒik] *adj.* nostalgisch
nota [bene] [nɔta(bene)] *m inv.* Anmerkung *f*
notable [nɔtabl] *mf* angesehene Persönlichkeit
notablement [nɔtabləmɑ̃] *adv.* erheblich
notaire [nɔtɛʀ] *m* Notar(in) *m(f)*
notamment [nɔtamɑ̃] *adv.* vor allem
note [nɔt] *f* ❶ SCOL, MUS Note *f* ❷ (*communication*) Notiz *f* ❸ (*facture*) Rechnung *f* ❹ (*annotation*) Anmerkung *f;* (*en bas de page*) Fußnote *f* ❺ *pl* (*compte rendu, support écrit*) Notizen *Pl*

> In Frankreich und Belgien gibt es für die Benotung schulischer Leistungen ein Punktesystem von 1 bis 20. Die beste **note** sind 20 Punkte, bestanden hat man mit 10 Punkten *(la moyenne)*.
> In der Schweiz gibt es wie in Deutschland die Noten von 1 bis 6, aber in umgekehrter Reihenfolge, sodass 6 die beste und 1 die schlechteste Note ist.

N

noter [nɔte] <1> *v. tr.* ❶ (*inscrire*) [sich (*Dat*)] aufschreiben ❷ (*remarquer*) feststellen ❸ ADMIN, SCOL benoten
notice [nɔtis] *f* Gebrauchsanweisung *f*
notion [nosjɔ̃] *f* ❶ (*idée*) Begriff *m* ❷ (*conscience*) **la ~ du temps** das Zeitgefühl ❸ *pl* (*connaissances*) **avoir des ~s de qc** Ahnung *f* von etw haben
notoirement [nɔtwaʀmɑ̃] *adv.* (*manifestement*) offenkundig; (*incontestablement*) notorisch; (*connu, reconnu*) allgemein
notoriété [nɔtɔʀjete] *f* ❶ (*renommée*) Bekanntheitsgrad *m* ❷ (*caractère connu*) Bekanntheit *f*
notre [nɔtʀ, no] <nos> *dét. poss.* unser/uns[e]re; **comment va ~ petit malade?** *iron fam* wie geht es denn uns[e]rem kleinen Patienten?; *voir a.* **ma, mon**
nôtre [notʀ] *pron. poss* ❶ **le/la ~** unserer/unsere/unseres, unsrer/unsre/unsres; *voir a.* **mien** ❷ *pl* (*ceux de notre famille*) **les ~s** uns[e]re Angehörigen; (*nos partisans*) uns[e]re Anhänger; **il est des ~s** er gehört zu uns; *voir a.* **mien** ▸ **à la [bonne] ~!** *fam* auf unser Wohl!
Notre-Dame [nɔtʀədam] *f inv.* Notre-Dame *f*
nouba [nuba] *f fam* Sause *f;* **faire la ~ toute la nuit** die ganze Nacht durchfeiern
nouer [nwe] <1> **I.** *v. tr.* ❶ (*faire un nœud avec*) binden ❷ (*alliance, amitié*) schließen; (*contact, relation*) knüpfen **II.** *v. pron.* LITTER, THEAT **se ~** (*intrigue*) sich schürzen (*fig*)(*geh*)
nougat [nuga] *m* türkischer Honig
nougatine [nugatin] *f* Krokant *m*
nouille [nuj] *f* ❶ GASTR Nudel *f* ❷ *fam* (*empoté*) Tranfunzel *f*
nounou [nunu] *f enfantin* Tagesmutter *f*
nounours [nunuʀs] *m enfantin* Teddy[bär *m*] *m*
nourrice [nuʀis] *f* Tagesmutter *f*
nourrir [nuʀiʀ] <8> **I.** *v. tr.* ❶ (*personne*) ernähren; (*animal*) füttern; **~ au biberon** mit der Flasche füttern; **~ au sein** stillen; **bien/mal nourri** gut/schlecht genährt ❷ (*faire vivre*) ernähren ▸ **être nourri et logé** freie Kost und Logis haben **II.** *v. intr.* nahrhaft sein **III.** *v. pron.* **se ~** sich ernähren
nourrisson [nuʀisɔ̃] *m* Säugling *m*
nourriture [nuʀityʀ] *f* Nahrung *f;* (*pour animaux*) Futter *nt*
nous [nu] **I.** *pron. pers.* ❶ *sujet* wir; **~ autres** wir ❷ *compl d'objet direct et indirect* uns; **il ~ aime** er liebt uns; **il ~ demande le chemin** er fragt uns nach dem Weg; **il ~ laisse/fait conduire [la voiture]** er lässt uns [das Auto] fahren ❸ *avec être, devenir, sembler, soutenu* uns ❹ *avec un présentatif* wir; **~ voici!** hier sind wir! ❺ *avec les verbes pronominaux* **nous ~ nettoyons [les ongles]** wir machen uns [die Nägel] sauber ❻ *fam* (*pour renforcer*) **~, ~ n'avons pas** [*o* **on n'a pas** *fam*] **bu** wir haben nicht getrunken; **c'est ~ qui l'avons dit** wir haben das gesagt;

il veut ~ aider, ~? uns möchte er helfen?; *voir a.* **me** ⑦ *avec une prép* **avec/sans ~** mit/ohne uns; **à ~ deux** wir beide ⑧ *dans une comparaison* wir; *voir a.* **moi** ⑨ (*je*) **~, Roi de France** Wir, König von Frankreich ⑩ *fam* (*signe d'intérêt*) **comment allons-~?** wie geht's uns denn? **II.** *m* Wir *nt*

nous-mêmes [numɛm] *pron. pers.* ① (*nous en personne*) **~ n'en savions rien** wir [selbst] wussten nichts davon; **nous sommes venu(e)s de ~** wir sind von uns aus gekommen ② (*nous aussi*) ebenfalls; *voir a.* **moi-même**

nouveau [nuvo] <x> *m* **du ~** etwas Neues ▸ **à** [*o* **de**] **~** erneut

nouveau, nouvel, nouvelle [nuvo, nuvɛl, nuvɛl] <x> **I.** *adj.* ① (*récent*) neu; **rien de ~** nichts Neues ② *antéposé* (*répété*) neu; **une nouvelle fois** erneut ③ *antéposé* **les ~x venus** die Neuankömmlinge **II.** *m, f* Neue(r) *f(m)*

nouveau-né, e [nuvone] <nouveau-nés> *m, f* Neugeborene(s) *nt*

nouveauté [nuvote] *f* Neuheit *f; pl* MEDIA Neuerscheinungen *Pl*; **une ~** etwas Neues

nouvel, le [nuvɛl] *adj. voir* **nouveau**

nouvelle [nuvɛl] *f* ① (*événement*) Neuigkeit *f;* (*information*) Nachricht *f* ② *pl* **donner de ses ~s** etwas von sich hören lassen ③ *pl* MEDIA Nachrichten *Pl* ▸ **tu m'en diras des ~s** du wirst begeistert sein; **il aura de mes ~s!** er bekommt es mit mir zu tun! (*fam*) *voir a.* **nouveau**

Nouvelle-Calédonie [nuvɛlkaledɔni] *f* **la ~** Neukaledonien *nt* **Nouvelle-Zélande** [nuvɛlzelɑ̃d] *f* **la ~** Neuseeland *nt*

novembre [nɔvɑ̃bʀ] *m* November *m; voir a.* **août**

novice [nɔvis] **I.** *adj.* unerfahren **II.** *mf* Anfänger(in) *m(f)*

noyau [nwajo] <x> *m* Kern *m*

noyer[1] [nwaje] *m* Nussbaum *m*

noyer[2] [nwaje] <6> **I.** *v. tr.* ① (*tuer*) ertränken ② (*inonder*) überschwemmen ③ AUT absaufen lassen (*fam*) **II.** *v. pron.* **se ~** ertrinken

nu [ny] *m* ART Akt *m*

nu, e [ny] *adj.* nackt; **pieds ~s** barfuß

nuage [nɥaʒ] *m* Wolke *f;* **~ de fumée** Rauchwolke *f;* **un ~ de lait** ein paar Tropfen Milch ▸ **être dans les ~s** über den Wolken schweben

nuageux, -euse [nɥaʒø, -ʒøz] *adj.* (*ciel*) bewölkt

nuance [nɥɑ̃s] *f* ① (*couleur: gamme*) [Farb]schattierung *f;* (*gradation*) Farbabstufung *f;* (*détail*) Feinheit *f* ② (*légère différence*) kleiner Unterschied

nuancé, e [nɥɑ̃se] *adj.* differenziert; (*chant, style*) nuanciert

nuancier [nɥɑ̃sje] *m* Farbmusterpalette *f*

nucléaire [nykleɛʀ] **I.** *adj.* Atom- **II.** *m* Atomenergie *f*

nudisme [nydism] *m* Freikörperkultur *f,* FKK*kein Art.*

nudiste [nydist] *mf* FKKler(in) *m(f)* (*fam*) Nudist(in) *m(f)*

nue [ny] *f* ▸ **tomber des ~s** aus allen Wolken fallen

nuée [nɥe] *f* Schwarm *m*

nui [nɥi] *part. passé de* **nuire**

nuire [nɥiʀ] <irr> *v. intr.* schaden

nuisance [nɥizɑ̃s] *f* Umweltbeeinträchtigung *f*

nuisant, e [nɥizɑ̃, ɑ̃t] *adj.* (*bruit, odeur*) gesundheitsschädlich, gesundheitsschädigend

nuisible [nɥizibl] *adj.* schädlich; **animaux/insectes ~s** Schädlinge *Pl*; **être ~ à qc** einer S. (*Dat*) schaden

nuit [nɥi] *f* ① Nacht *f;* **~ et jour** Tag und Nacht; **bonne ~!** gute Nacht!; [**dans**] **la ~** nachts; **la ~ tombe** die Nacht bricht herein; **il fait/commence à faire ~** es ist/wird dunkel ② (*nuitée*) Übernachtung *f* ③ (*temps d'activité*) **équipe de ~** Nachtschicht *f;* **être de ~** Nachtdienst haben ▸ **~ blanche** schlaflose Nacht

nul, le [nyl] **I.** *adj.* ① (*discours, film*) miserabel; **être ~ en qc** in etw (*Dat*) eine Niete sein ② *fam* **c'est ~ d'avoir fait qc** es war idiotisch, dies zu tun ③ SPORT **match ~** Unentschieden *nt* ④ (*risque, différence*) minimal **II.** *pron. indéf.* **~ ne** *soutenu* (*personne*) niemand; (*aucun*) keiner **III.** *m, f* Niete *f*

nullement [nylmɑ̃] *adv.* keinesfalls

nullissime [nylisim] *adj.* (*très nul*) äußerst miserabel

nullité [nylite] *f* ① a. JUR Nichtigkeit *f* ② (*incompétence*) Unfähigkeit *f*

nullos [nyloz] *m fam* Niete *f,* Null *f*

numérique [nymeʀik] *adj.* ① zahlenmäßig ② INFORM digital; **en données ~s** digital

N

numériquement [nymeʀikmɑ̃] *adv.* zahlenmäßig
numérisé [nymeʀize] *adj.* INFORM digitalisiert
numériser [nymeʀize] <1> *v. tr.* INFORM digitalisieren
numéro [nymeʀo] *m* 1 Nummer *f*; **~ de la rue/de téléphone** Haus-/Telefonnummer; **~ d'urgence** Notrufnummer; **~ gagnant** Gewinnzahl *f*; **~ de la page** Seitenzahl; **faire un ~** eine Nummer wählen 2 PRESSE Nummer *f*, Ausgabe *f*

> Die **numéros d'urgence** in Frankreich sind *15* für den Krankenwagen *(le SAMU)*, *17* für die Polizei *(la police)* und *18* für die Feuerwehr *(les pompiers)*.

numérotation [nymeʀɔtasjɔ̃] *f* **~ à dix chiffres** zehnstelliges Nummernsystem
numéroter [nymeʀɔte] <1> *v. tr.* nummerieren
numerus clausus [nymeʀysklozys] *m inv.* Numerus clausus *m*
nu-pieds [nypje] *adj. inv.* barfuß
nuque [nyk] *f* Nacken *m*
Nuremberg [nyʀɑ̃bɛʀ] Nürnberg *nt*
nurse [nœʀs] *f* Kindermädchen *nt*
nu-tête [nytɛt] *adj. inv.* ohne Kopfbedeckung
nutritif, -ive [nytʀitif, -iv] *adj.* nahrhaft; **besoins ~s** Nahrungsbedarf *m*
nutrition [nytʀisjɔ̃] *f* Ernährung *f*
nutritionniste [nytʀisjɔnist] *mf* Ernährungswissenschaftler(in) *m(f)*
nylon® [nilɔ̃] *m* Nylon® *nt*
nymphéa [nɛ̃fea] *m* weiße Seerose
nymphette [nɛ̃fɛt] *f* flotte Biene *(fam)*
nymphomane [nɛ̃fɔman] **I.** *adj.* nymphoman **II.** *f* Nymphomanin *f*
nymphomanie [nɛ̃fɔmani] *f* Nymphomanie *f*

Oo

O

O, o [o] *m inv.* O *nt*, o *nt*
ô [o] *interj.* oh
oasis [ɔazis] *f* Oase *f*
obéir [ɔbeiʀ] <8> *v. intr.* gehorchen; **~ à un ordre** einen Befehl befolgen
obéissance [ɔbeisɑ̃s] *f* **~ à qn/qc** Gehorsam *m* jdm/einer S. gegenüber
obèse [ɔbɛz] **I.** *adj.* fettleibig **II.** *mf* Fettleibige(r) *f(m)*
obésité [ɔbezite] *f* Fettleibigkeit *f*
objecter [ɔbʒɛkte] <1> *v. tr.* **~ qc à qn** jdm etw entgegenhalten
objecteur [ɔbʒɛktœʀ] *m* MIL, POL **~ de conscience** Wehrdienstverweigerer *m*
objectif [ɔbʒɛktif] *m* 1 *(but)* Ziel *nt* 2 OPT, PHYS, PHOT Objektiv *nt*
objectif, -ive [ɔbʒɛktif, -iv] *adj.* objektiv
objection [ɔbʒɛksjɔ̃] *f* Einwand *m*
objectivement [ɔbʒɛktivmɑ̃] *adv.* objektiv
objectivité [ɔbʒɛktivite] *f* Objektivität *f*
objet [ɔbʒɛ] *m* 1 *(chose)* Gegenstand *m*; **~ d'art** Kunstobjekt *nt*, Kunstgegenstand; **~s trouvés** Fundsachen *Pl*, Fundgegenstände *Pl*; **bureau des ~s trouvés** Fundbüro *nt* 2 *(but)* Zweck *m* 3 LING Objekt *nt*
obligation [ɔbligasjɔ̃] *f* 1 *(nécessité)* Verpflichtung *f*; **être dans l'~ de faire qc** gezwungen sein, etw zu tun 2 *pl* *(devoirs)* Verpflichtungen *Pl*; *(devoirs civiques, scolaires)* Pflichten *Pl* 3 FIN Obligation *f*
obligatoire [ɔbligatwaʀ] *adj.* obligatorisch; **présence ~** Anwesenheitspflicht *f*
obligatoirement [ɔbligatwaʀmɑ̃] *adv.* unbedingt
obligé, e [ɔbliʒe] *adj.* *(nécessaire)* zwangsläufig; *(inévitable)* unvermeidlich
obligeamment [ɔbliʒamɑ̃] *adv.* liebenswürdigerweise; *(avec obligeance)* liebenswürdig
obligeance [ɔbliʒɑ̃s] *f* **avoir l'~ de faire qc** so freundlich sein, etw zu tun
obliger [ɔbliʒe] <2a> *v. tr.* 1 **~ qn à**

faire qc jdn zwingen, etw zu tun ❷ (*contraindre moralement*) verpflichten

oblique [ɔblik] *adj.* schräg

obliquer [ɔblike] <1> *v. intr.* abbiegen

oblitérer [ɔbliteʀe] <5> *v. tr.* POST [ab]stempeln

oblong, **oblongue** [ɔblɔ̃, -ɔ̃g] *adj.* länglich

obnubiler [ɔbnybile] <1> *v. tr.* verfolgen; **être obnubilé par qc** von etw besessen sein

obole [ɔbɔl] *f* Obolus *m*

obscène [ɔpsɛn] *adj.* obszön

obscénité [ɔpsenite] *f* Obszönität *f*

obscur, **e** [ɔpskyʀ] *adj.* ❶ (*sombre*) dunkel ❷ (*raison, affaire*) undurchsichtig

obscurcir [ɔpskyʀsiʀ] <8> **I.** *v. tr.* verdunkeln **II.** *v. pron.* **s'~** (*ciel*) sich verdunkeln

obscurcissement [ɔpskyʀsismɑ̃] *m* (*du ciel*) Verdunkelung *f;* (*de la vue*) Trübung *f*

obscurément [ɔpskyʀemɑ̃] *adv.* undeutlich; (*deviner, sentir*) dunkel

obscurité [ɔpskyʀite] *f* Dunkel[heit *f*] *nt*

obsédant, **e** [ɔpsedɑ̃, ɑ̃t] *adj.* einen verfolgend; **idée ~e** Zwangsvorstellung *f;* **musique ~e** Ohrwurm *m*

obsédé, **e** [ɔpsede] *m, f* Sexbesessene(r) *f(m)*

obséder [ɔpsede] <5> *v. tr.* verfolgen; **~ qn** (*souci, remords*) jdm keine Ruhe lassen; **être obsédé par qc** von etw besessen sein

obsèques [ɔpsɛk] *fpl* Bestattung *f,* Abdankung *f* (CH)

obséquieux, **-euse** [ɔpsekjø, -jøz] *adj.* unterwürfig

observable [ɔpsɛʀvabl] *adj.* **être ~** zu beobachten sein

observateur, **-trice** [ɔpsɛʀvatœʀ, -tʀis] **I.** *adj.* aufmerksam **II.** *m, f* Beobachter(in) *m(f)*

observation [ɔpsɛʀvasjɔ̃] *f* ❶ (*examen, surveillance*) Beobachtung *f* ❷ (*remarque*) Bemerkung *f*

observatoire [ɔpsɛʀvatwaʀ] *m* Observatorium *nt*

observer [ɔpsɛʀve] <1> **I.** *v. tr.* ❶ beobachten; **~ qn faire qc** beobachten, wie jd etw tut ❷ (*remarquer*) bemerken; **faire ~ qc à qn** jdn auf etw (*Akk*) hinweisen ❸ (*respecter*) **~ une règle** sich an eine Regel halten **II.** *v. pron.* **s'~** ❶ (*se surveiller*) sich zusammennehmen ❷ (*s'épier*) sich beobachten

obsession [ɔpsesjɔ̃] *f* Besessenheit *f*

obsessionnel, **le** [ɔpsesjɔnɛl] *adj.* zwanghaft; (*idée*) Zwangs-

obstacle [ɔpstakl] *m* a. SPORT Hindernis *nt;* **faire ~ à qn/qc** sich jdm/einer S. in den Weg stellen

obstétricien, **ne** [ɔpstetʀisjɛ̃, jɛn] *m, f* Geburtshelfer(in) *m(f)*

obstination [ɔpstinasjɔ̃] *f* Eigensinn *m*

obstiné, **e** [ɔpstine] *adj.* eigensinnig

obstinément [ɔpstinemɑ̃] *adv.* (*avec entêtement*) stur

obstiner [ɔpstine] <1> *v. pron.* **s'~** stur bleiben; **s'~ dans qc** auf etw (*Dat*) beharren

obtenir [ɔptəniʀ] <9> *v. tr.* ❶ (*recevoir*) erhalten; (*avantage*) erzielen; **~ de qn que** + *subj.* bei jdm erreichen, dass ❷ (*parvenir à*) erzielen; (*majorité, total*) erhalten

obtention [ɔptɑ̃sjɔ̃] *f* Erhalten *nt*

obtus, **e** [ɔpty, yz] *adj.* ❶ (*borné*) beschränkt ❷ (*angle*) stumpf

obus [ɔby] *m* Granate *f*

occasion [ɔkazjɔ̃] *f* ❶ Gelegenheit *f;* **c'est l'~ ou jamais** jetzt oder nie; **être l'~ de qc** die Gelegenheit zu etw sein ❷ COM günstige Gelegenheit; **voiture d'~** Gebrauchtwagen *m* ▸ **à l'~** bei Gelegenheit; **à l'~ de qc** anlässlich einer S. (*Gen*)

occasionnel, **le** [ɔkazjɔnɛl] *adj.* gelegentlich; (*travail*) Gelegenheits-

occasionner [ɔkazjɔne] <1> *v. tr.* verursachen

occident [ɔksidɑ̃] *m* ❶ POL **l'Occident** der Westen ❷ (*opp: orient*) Abendland *nt*

occidental, **e** [ɔksidɑ̃tal, o] <-aux> *adj.* ❶ GEO, POL westlich; (*côte, puissances*) West- ❷ (*opp: oriental*) abendländisch

Occidental, **e** [ɔksidɑ̃tal, o] <-aux> *m, f* ❶ (*opp: Oriental*) Abendländer(in) *m(f)* ❷ POL Westeuropäer(in) *m(f)*

occidentaliser [ɔksidɑ̃talize] <1> **I.** *v. tr.* **~ qn/qc** jdn in die westliche Kultur eingliedern/etw der westlichen Kultur anpassen **II.** *v. pron.* **s'~** sich der westlichen Kultur anpassen

occire [ɔksiʀ] <irr> *v. tr. hum* **~ qn** jdm den Garaus machen

occitan [ɔksitɑ̃] *m* Okzitanisch *nt; voir a.* **allemand**

occulte [ɔkylt] *adj.* okkult; (*secret*) verborgen

occupant, e [ɔkypɑ̃, ɑ̃t] *m, f* ❶ MIL **l'~** die Besatzung[smacht] ❷ (*d'une chambre*) Bewohner(in) *m(f); (d'une voiture)* Insasse *m*/Insassin *f*

occupation [ɔkypasjɔ̃] *f* ❶ Beschäftigung *f* ❷ MIL, HIST Besetzung *f;* **l'Occupation** die Besatzung[szeit] *(Frankreichs durch die Deutschen)*

occupé, e [ɔkype] *adj.* ❶ (*personne*) beschäftigt; (*place, toilettes*) besetzt; **être ~ à qc** mit etw beschäftigt sein ❷ MIL, POL besetzt

occuper [ɔkype] <1> **I.** *v. tr.* ❶ (*place*) einnehmen; (*temps, loisirs*) in Anspruch nehmen ❷ (*appartement*) wohnen in (+ *Dat*) ❸ (*employer*) **~ qn à qc** jdn mit etw beschäftigen ❹ MIL, POL besetzen **II.** *v. pron.* ❶ **s'~ de politique** sich mit Politik beschäftigen ❷ (*prendre en charge*) **s'~ de qn** sich um jdn kümmern

océan [ɔseɑ̃] *m* Ozean *m,* Weltmeer *nt;* **l'~ Atlantique** der Atlantische Ozean

océanique [ɔseanik] *adj.* ozeanisch

océanologie [ɔseanɔlɔʒi] *f* Meeresforschung *f*

océanologue [ɔseanɔlɔg] *mf* Meeresforscher(in) *m(f)*

ocre [ɔkʀ] **I.** *f* Ocker *m o nt* **II.** *adj. inv.* ocker

octane [ɔktan] *m* Oktan *nt*

octante [ɔktɑ̃t] *num.* BELG, CH (*quatre-vingts*) achtzig; *voir a.* **cinq, cinquante**

octet [ɔktɛ] *m* Byte *nt*

octobre [ɔktɔbʀ] *m* Oktober *m; voir a.* **août**

octogénaire [ɔktɔʒenɛʀ] *adj.* achtzigjährig

octroi [ɔktʀwa] *m* **l'~ de qc** die Bewilligung einer S. (*Gen*)

octroyer [ɔktʀwaje] <6> **I.** *v. tr.* bewilligen **II.** *v. pron.* **s'~ qc** sich etw (*Akk*) gönnen

oculaire [ɔkylɛʀ] *adj.* ❶ ANAT Seh- ❷ (*témoin*) Augen-

oculiste [ɔkylist] *mf* Augenarzt *m*/Augenärztin *f*

odeur [ɔdœʀ] *f* Geruch *m;* **il y a une ~ de brûlé** hier riecht es verbrannt

odieusement [ɔdjøzmɑ̃] *adv.* schändlich

odieux, -euse [ɔdjø, -jøz] *adj.* schändlich; (*caractère*) widerlich; (*personne*) unausstehlich

odorat [ɔdɔʀa] *m* Geruch[ssinn *m*] *m*

œil [œj, jø] <yeux> *m* ❶ ANAT Auge *nt;* **lever/baisser les yeux** den Blick heben/senken ❷ (*regard*) Blick *m* ❸ (*regard rapide*) **jeter un coup d'~ au journal/à l'heure** einen kurzen Blick in die Zeitung/auf die Uhr werfen ❹ (*jugement*) **d'un ~ critique** mit kritischem Blick ❺ (*judas*) Spion *m* ▸ **avoir un ~ au beurre noir** ein blaues Auge haben; **coûter les yeux de la tête** ein Vermögen kosten; **à l'~ nu** mit bloßem Auge; **ouvrir l'~** aufpassen; **cela saute aux yeux** das sieht man auf den ersten Blick; **tourner de l'~** *fam* umkippen; **à l'~** *fam* umsonst; **aux yeux de qn** in jds Augen (*Dat*) **mon ~!** *fam* wer's glaubt, wird selig!

œillade [œjad] *f* **jeter des ~s à qn** jdm schöne Augen machen

œillère [œjɛʀ] *f* Scheuklappe *f*

œillet[1] [œjɛ] *m* BOT Nelke *f*

œillet[2] [œjɛ] *m* COUT Öse *f*

œnologue [enɔlɔg] *mf* Weinbauspezialist(in) *m(f)*

œsophage [ezɔfaʒ] *m* Speiseröhre *f*

œuf [œf] *m* Ei *nt;* **~s de poisson** Rogen *m;* **~ sur le** [*o* **au**] **plat** Spiegelei *nt;* **~ de Pâques** Osterei ▸ **va te faire cuire un ~!** *fam* rutsch mir doch den Buckel runter!

œuvre [œvʀ] **I.** *f* ❶ ART, LITTER, TECH Werk *nt;* **les ~s complètes d'un auteur** das Gesamtwerk eines Autors ❷ (*organisation caritative*) **~ de bienfaisance** Wohltätigkeitsverein *m* ▸ **mettre en ~** in Bewegung setzen **II.** *m* **le gros ~** Rohbau *m*

off [ɔf] *adj. inv.* ❶ CINE, TV (*personne, voix*) im Off ❷ (*festival*) alternativ

offense [ɔfɑ̃s] *f* (*affront*) Beleidigung *f*

offenser [ɔfɑ̃se] <1> *v. tr.* beleidigen

offenseur [ɔfɑ̃sœʀ] *m* Beleidiger *m*

offensif, -ive [ɔfɑ̃sif, -iv] *adj.* offensiv; (*armes, guerre*) Offensiv-

offensive [ɔfɑ̃siv] *f* Offensive *f;* **passer**

à l'~ zum Angriff übergehen

office [ɔfis] *m* ❶ Amt *nt;* ~ **du tourisme** Fremdenverkehrsamt; **Office franco-allemand pour la jeunesse** Deutsch-Französisches Jugendwerk; **Office de la prévoyance** CH Fürsorgeamt (CH) ❷ REL Gottesdienst *m* ▶ **d'~** (*par voie d'autorité*) von Amts wegen; (*sans demander*) einfach so

officiant [ɔfisjɑ̃] **I.** *m* Zelebrant *m* **II.** *adj.* zelebrierend

officiel, le [ɔfisjɛl] **I.** *adj.* offiziell; (*langue, sceau*) Amts-; (*cachet, voiture*) Dienst-; (*visite*) Staats- **II.** *m, f* Person *f* des öffentlichen Lebens

officiellement [ɔfisjɛlmɑ̃] *adv.* offiziell

officier [ɔfisje] *m* MIL Offizier(in) *m(f)*

officieusement [ɔfisjøzmɑ̃] *adv.* halbamtlich

officieux, -euse [ɔfisjø, -jøz] *adj.* halbamtlich

offrande [ɔfʀɑ̃d] *f* REL Opfer *nt*

offrant [ɔfʀɑ̃] *m* **le plus ~** der/die Meistbietende

offre [ɔfʀ] *f* Angebot *nt;* ~ **d'emplois** Stellenangebot

offrir [ɔfʀiʀ] <11> **I.** *v. tr.* ❶ (*faire un cadeau*) schenken ❷ (*proposer*) ~ **à qn de faire qc** jdm anbieten etw zu tun; **je vous offre 20 euros pour le vase** ich biete Ihnen 20 Euro für die Vase ❸ (*avantages*) bieten **II.** *v. pron.* **s'~ des vacances** sich (*Dat*) Ferien gönnen

offshore [ɔfʃɔʀ] **I.** *adj. inv.* Offshore- **II.** *m* Offshorebohrung *f*

offusquer [ɔfyske] <1> **I.** *v. tr.* ärgern **II.** *v. pron.* **s'~ de qc** an etw (*Dat*) Anstoß nehmen

ogive [ɔʒiv] *f* ❶ MIL Sprengkopf *m* ❷ ARCHIT Spitzbogen *m*

ogre, -esse [ɔgʀ, -ɛs] *m, f* Menschen fressendes Ungeheuer

oh [o] *interj.* oh

ohé [oe] *interj.* he[da] (*fam*)

oie [wa] *f* ZOOL Gans *f*

oignon [ɔɲɔ̃] *m* Zwiebel *f* ▶ **occupe-toi de tes ~s!** *fam* kümmer dich um deinen eigenen Kram!

oindre [wɛ̃dʀ] <irr> *v. tr.* REL salben

oiseau [wazo] <x> *m* ❶ ZOOL Vogel *m* ❷ *péj* komischer Kauz ▶ **200 kilomètres à vol d'~** 200 km Luftlinie

oiseux, -euse [wazø, -øz] *adj.* müßig

oisif, -ive [wazif, -iv] **I.** *adj.* müßig **II.** *m, f* Müßiggänger(in) *m(f)*

oisillon [wazijɔ̃] *m* Jungvogel *m*

oisiveté [wazivte] *f* Müßiggang *m*

olé [ɔle] *interj.* olé

olive [ɔliv] **I.** *f* (*noire, verte*) Olive *f;* (*huile*) Oliven- **II.** *adj. inv.* oliv[grün]

olivier [ɔlivje] *m* ❶ (*arbre*) Ölbaum *m* ❷ (*bois*) Olivenholz *nt*

OLP [oɛlpe] *f abr. de* **Organisation de libération de la Palestine** PLO *f*

olympiade [ɔlɛ̃pjad] *f* Olympiade *f*

olympien, ne [ɔlɛ̃pjɛ̃, jɛn] *adj.* (*air, regard, calme*) majestätisch (*geh*); (*dieu*) olympisch

olympique [ɔlɛ̃pik] *adj.* olympisch; (*stade*) Olympia-

ombilical, e [ɔ̃bilikal, o] <-aux> *adj.* (*cordon*) Nabel-

ombrage [ɔ̃bʀaʒ] *m* Schatten *m*

ombragé, e [ɔ̃bʀaʒe] *adj.* schattig

ombrager [ɔ̃bʀaʒe] <2a> *v. tr.* Schatten spenden

ombrageux, -euse [ɔ̃bʀaʒø, -ʒøz] *adj.* (*susceptible: caractère*) schwierig; (*personne*) empfindlich

ombre [ɔ̃bʀ] *f* ❶ Schatten *m;* **à l'~** im Schatten ❷ (*soupçon*) **il n'y a pas l'~ d'un doute** es gibt nicht den leisesten Zweifel ❸ (*maquillage*) ~ **à paupières** Lidschatten *m* ▶ **faire de l'~ à qn** jdm Schatten spenden; *fig* jdn in den Schatten stellen

ombrelle [ɔ̃bʀɛl] *f* Sonnenschirm *m*

omelette [ɔmlɛt] *f* Omelett *nt*

omission [ɔmisjɔ̃] *f* ❶ (*fait d'omettre qc: d'un mot, détail*) Auslassen *nt;* (*fait d'omettre de faire qc*) Unterlassen *nt* ❷ (*chose omise*) Auslassung *f*

omnibus [ɔmnibys] **I.** *m* CHEMDFER Nahverkehrszug *m* **II.** *app* (*train*) Nahverkehrs-

omnipotent, e [ɔmnipɔtɑ̃, ɑ̃t] *adj.* allmächtig

omniprésent, e [ɔmnipʀezɑ̃, ɑ̃t] *adj.* allgegenwärtig

omniscient, e [ɔmnisjɑ̃, jɑ̃t] *adj.* allwissend

omnisports [ɔmnispɔʀ] *adj. inv.* (*club, salle*) Sport-

omnivore [ɔmnivɔʀ] *adj.* allesfressend

omoplate [ɔmɔplat] *f* Schulterblatt *nt*

on [ɔ̃] *pron. pers.* ❶ (*tout le monde*) man ❷ (*quelqu'un*) man; ~ **vous demande au téléphone** Sie werden am Telefon verlangt; **j'attends qu'~** [*o* **que l'~**] **apporte le dessert** ich warte auf das Dessert ❸ *fam* (*nous*) wir; ~ **s'en va!** wir gehen!

onagre[1] [ɔnagʀ] *m* ZOOL, HIST Onager *m*

onagre[2] [ɔnagʀ] *f* BOT Nachtkerze *f*

onanisme [ɔnanism] *m* Onanie *f*

oncle [ɔ̃kl] *m* Onkel *m*

onctueux, **-euse** [ɔ̃ktɥø, -øz] *adj.* sämig

onctuosité [ɔ̃ktɥozite] *f* (*d'un potage, d'une sauce*) sämige Konsistenz; (*d'une crème*) sahnige Konsistenz

onde [ɔ̃d] *f* Welle *f;* **passer sur les ~s** im Radio kommen *nt*

ondée [ɔ̃de] *f* Schauer *m*

on-dit [ɔ̃di] *m inv.* Gerücht *nt*

ondulant, **e** [ɔ̃dylɑ̃, ɑ̃t] *adj.* (*démarche*) wiegend; (*surface*) wogend

ondulation [ɔ̃dylasjɔ̃] *f* ❶ (*du blé, des vagues*) Wogen *nt* ❷ (*ligne sinueuse*) **les ~s du terrain** die hügelige Beschaffenheit des Geländes ❸ (*des cheveux*) Wellen *Pl*

ondulé, **e** [ɔ̃dyle] *adj.* (*cheveux, surface*) gewellt; (*route*) uneben; (*carton, tôle*) Well-

onduler [ɔ̃dyle] <1> *v. intr.* ❶ (*blé, vague*) wogen ❷ (*route*) sich schlängeln; (*cheveux*) sich wellen

one man show [wanmanʃo] *m inv.* One-Man-Show *f*, Einmannshow *f*

onéreux, **-euse** [ɔneʀø, -øz] *adj.* kostspielig; (*loyer, marchandise*) teuer

ongle [ɔ̃gl] *m* Nagel *m*

onglée [ɔ̃gle] *f* **avoir l'~** klamme Finger haben

onglet [ɔ̃glɛ] *m* ❶ (*encoche, échancrure*) [Daumen]registerstanzung *f;* **les ~s d'un répertoire** das Daumenregister eines Verzeichnisses ❷ (*entaille: d'un canif, d'une règle*) Einkerbung *f*, Kerbe *f* ❸ INET Tab *m o nt*, Registerkarte *f*

ont [ɔ̃] *indic. prés. de* **avoir**

ONU [ony] *f abr. de* **Organisation des Nations unies** UNO *f*

onyx [ɔniks] *m* Onyx *m*

onze [ɔ̃z] **I.** *num.* elf **II.** *m inv.* Elf *f; voir a.* **cinq**

onzième [ɔ̃zjɛm] **I.** *adj. antéposé* elfte(r, s) **II.** *mf* **le/la** ~ der/die/das Elfte **III.** *m* Elftel *nt; voir a.* **cinquième**

opale [ɔpal] *f* Opal *m*

opaline [ɔpalin] *f* Opalglas *nt*

opaque [ɔpak] *adj.* undurchsichtig; (*verre*) Milch-

opéra [ɔpeʀa] *m* Oper *f*

opérable [ɔpeʀabl] *adj.* operabel

opéra-comique [ɔpeʀakɔmik] <opéras-comiques> *m* komische Oper

opérant, **e** [ɔpeʀɑ̃, ɑ̃t] *adj.* wirksam

opérateur [ɔpeʀatœʀ] *m* INFORM, MATH Operator *m*

opérateur, **-trice** [ɔpeʀatœʀ, -tʀis] *m, f* ❶ TECH, TELEC Techniker(in) *m(f);* ~ **de téléphonie numérique mobile** Mobilfunkanbieter *m* ❷ (*standardiste*) Telefonist(in) *m(f)* ❸ CINE, TV Kameramann *m*/Kamerafrau *f*

opération [ɔpeʀasjɔ̃] *f* ❶ a. MED, MATH, MIL Operation *f* ❷ (*action organisée*) Aktion *f* ❸ (*transaction*) Geschäft *nt*

opérationnel, **le** [ɔpeʀasjɔnɛl] *adj.* (*personne, avion*) einsatzfähig; (*entreprise, machine*) betriebsbereit

opératoire [ɔpeʀatwaʀ] *adj.* MED (*bloc*) Operations-; (*choc*) postoperativ

opéré, **e** [ɔpeʀe] *m, f* Operierte(r) *f(m)*

opérer [ɔpeʀe] <5> **I.** *v. tr.* ❶ MED ~ **qn de qc** jdn an etw (*Dat*) operieren ❷ (*changement, redressement*) bewirken **II.** *v. intr.* ❶ (*charme, médicament*) wirken; (*méthode, procédé*) greifen ❷ (*procéder*) vorgehen

opérette [ɔpeʀɛt] *f* MUS Operette *f*

ophtalmo [ɔftalmɔ] *mf fam*, **ophtalmologiste** [ɔftalmɔlɔʒist] *mf*, **ophtalmologue** [ɔftalmɔlɔg] *mf* Augenarzt *m*/Augenärztin *f*

opiner [ɔpine] <1> *v. intr.* ~ **de la tête** mit dem Kopf zustimmend nicken

opiniâtre [ɔpinjɑtʀ] *adj.* (*travail, efforts*) unermüdlich; (*personne, caractère*) eigensinnig

opiniâtreté [ɔpinjɑtʀəte] *f* Hartnäckigkeit *f*

opinion [ɔpinjɔ̃] *f* ❶ (*avis*) Meinung *f;* **avoir une ~ sur un sujet** zu einem Thema eine Meinung haben; **se faire une ~** sich eine Meinung bilden ❷ (*jugement collectif*) **l'~** [**publique**] die öffentliche Meinung

opium [ɔpjɔm] *m* Opium *nt*

opportun, **e** [ɔpɔʀtœ̃, yn] *adj.* angebracht; **au moment ~** im geeigneten Augenblick

opportunément [ɔpɔʀtynemɑ̃] *adv.* im richtigen Augenblick

opportuniste [ɔpɔʀtynist] *mf* Opportunist(in) *m(f)*

opportunité [ɔpɔʀtynite] *f* ❶ (*bien-fondé*) Zweckmäßigkeit *f* ❷ (*occasion*) günstige Gelegenheit

opposant, e [ɔpozɑ̃, ɑ̃t] *m, f* Gegner(in) *m(f)*

opposé [ɔpoze] *m* Gegenteil *nt* ▶ **à l'~** in der anderen/in die andere Richtung; **à l'~ de qn/qc** im Gegensatz zu jdm/etw

opposé, e [ɔpoze] *adj.* ❶ (*côté*) gegenüberliegend; (*sens, direction*) entgegengesetzt (*Dat*) ❷ (*parti*) Gegen-; (*avis, intérêt*) entgegengesetzt; (*caractère, goût*) grundverschieden ❸ (*hostile*) **être ~ à qc** gegen etw sein

opposer [ɔpoze] <1> **I.** *v. tr.* ❶ (*comparer*) **~ qn/qc à qn/qc** jdn/etw mit jdm/etw vergleichen ❷ SPORT **ce match oppose l'équipe X à** [*o* **et**] **l'équipe Y** in diesem Spiel trifft die Mannschaft X auf die Mannschaft Y ❸ (*répondre par*) **~ un refus à qn** jdm eine Absage erteilen **II.** *v. pron.* ❶ (*faire obstacle*) **s'~ à qn/qc** gegen jdn/etw sein ❷ (*faire contraste*) **s'~** gänzlich verschieden sein

opposition [ɔpozisjɔ̃] *f* ❶ (*résistance*) **~ à qc** Widerstand *m* gegen etw ❷ (*des opinions, caractères*) Gegensätzlichkeit *f* ❸ POL Opposition *f* ▶ **en ~** im Widerspruch

oppressant, e [ɔpʀesɑ̃, ɑ̃t] *adj.* (*angoissant*) beklemmend

oppresser [ɔpʀese] <1> *v. tr.* (*chaleur, temps*) die Luft zum Atmen nehmen

oppresseur, -euse [ɔpʀesœʀ] *m, f* Unterdrücker(in) *m(f)*

oppression [ɔpʀesjɔ̃] *f* ❶ (*tyrannie*) Unterdrückung *f* ❷ (*angoisse*) Beklemmung *f* ❸ (*suffocation*) Atembeklemmung *f*

opprimé, e [ɔpʀime] *m, f* Unterdrückte(r) *f(m)*

opprimer [ɔpʀime] <1> *v. tr.* unterdrücken

opter [ɔpte] <1> *v. intr.* **~ pour qc** sich für etw entscheiden

opticien, ne [ɔptisjɛ̃, jɛn] *m, f* Optiker(in) *m(f)*

optimal, e [ɔptimal, o] <-aux> *adj.* optimal

optimiste [ɔptimist] **I.** *adj.* optimistisch **II.** *mf* Optimist(in) *m(f)*

option [ɔpsjɔ̃] *f* ❶ (*choix*) Wahl *f*; SCOL Wahlfach *nt* ❷ AUT Sonderausstattung *f*

optique [ɔptik] **I.** *adj.* (*nerf*) Seh-; (*verre*) optisch **II.** *f* ❶ (*science*) Optik *f* ❷ (*point de vue*) **vu sous cette ~** so gesehen

opulence [ɔpylɑ̃s] *f* Überfluss *m*

opulent, e [ɔpylɑ̃, ɑ̃t] *adj.* ❶ (*personne, pays*) sehr reich ❷ (*poitrine*) üppig

or[1] [ɔʀ] **I.** *m* Gold *nt*; **d'~/en ~** golden/aus Gold ▶ **affaire en ~** *fam* glänzendes Geschäft **II.** *app inv.* ❶ (*couleur*) golden ❷ FIN (*étalon, valeur*) Gold-

or[2] [ɔʀ] *conj.* nun

orage [ɔʀaʒ] *m* Gewitter *nt* ▶ **il y a de l'~ dans l'air** *fam* es herrscht dicke Luft

orageux, -euse [ɔʀaʒø, -øz] *adj.* ❶ METEO gewittrig; (*nuage*) Gewitter- ❷ (*discussion*) hitzig

oraison [ɔʀɛzɔ̃] *f* REL ❶ (*lecture*) Kirchengebet *nt*; **~ funèbre** Grabrede *f* ❷ (*méditation*) stilles Gebet

oral [ɔʀal, o] <-aux> *m* **l'~** die mündliche Prüfung, das Mündliche

oral, e [ɔʀal, o] <-aux> *adj.* ❶ (*opp: écrit*) mündlich ❷ (*buccal*) **prendre un médicament par voie ~e** ein Medikament einnehmen

oralement [ɔʀalmɑ̃] *adv.* mündlich

orange [ɔʀɑ̃ʒ] **I.** *f* Orange *f*, Apfelsine *f*; **~ sanguine** Blutorange **II.** *m* (*couleur*) Orange *nt* **III.** *adj. inv.* orange[farben]

orangé, e [ɔʀɑ̃ʒe] *adj.* orange*inv*

orangeade [ɔʀɑ̃ʒad] *f* Orangenlimonade *f*

oranger [ɔʀɑ̃ʒe] *m* Orangenbaum *m*

orangerie [ɔʀɑ̃ʒʀi] *f* Orangerie *f*

orang-outan[g] [ɔʀɑ̃utɑ̃] <orangs-outan[g]s> *m* Orang-Utan *m*

orateur, -trice [ɔʀatœʀ, -tʀis] *m, f* Redner(in) *m(f)*

orbite [ɔʀbit] *f* ❶ ANAT Augenhöhle *f* ❷ ASTRO Umlaufbahn *f*

orchestral, e [ɔʀkɛstʀal, o] <-aux> *adj.* Orchester-

orchestre [ɔʀkɛstʀ] *m* ❶ MUS Orchester *nt* ❷ THEAT, CINE Platz *m* im Parkett

orchestrer [ɔʀkɛstʀe] <1> *v. tr.* ❶ MUS orchestrieren ❷ (*campagne de presse, de publicité*) inszenieren; (*manifestation*) organisieren

O

orchidée [ɔʀkide] *f* Orchidee *f*

ordinaire [ɔʀdinɛʀ] **I.** *adj.* ❶ (*fait*) alltäglich; (*réaction, geste*) üblich ❷ (*produit, vin*) einfach ❸ *péj* (*médiocre*) gewöhnlich **II.** *m* Alltägliche *nt;* **ça change de l'~** das ist mal etwas anderes; **d'~** normalerweise

ordinairement [ɔʀdinɛʀmɑ̃] *adv.* gewöhnlich

ordinal, e [ɔʀdinal, o] <-aux> *adj.* Ordnungs-

ordinateur [ɔʀdinatœʀ] *m* Computer *m;* **~ personnel** PC *m,* **~ portable** Laptop *m;* **assisté par ~** computerunterstützt; **travailler sur ~** am Computer arbeiten

ordinogramme [ɔʀdinɔgʀam] *m* Flussdiagramm *nt*

ordonnance [ɔʀdɔnɑ̃s] *f* ❶ MED Rezept *nt* ❷ JUR Anordnung *f*

ordonné, e [ɔʀdɔne] *adj.* ordentlich

ordonner [ɔʀdɔne] <1> *v. tr.* ❶ a. MATH ordnen ❷ (*commander*) befehlen; MED verordnen; **~ que** + *subj.* anordnen, dass

ordre[1] [ɔʀdʀ] *m* ❶ (*d'une pièce, personne*) Ordnung *f;* **avoir de l'~** Ordnung haben; **mettre en ~** aufräumen ❷ (*classement*) Reihenfolge *f;* **par ~ alphabétique** in alphabetischer Reihenfolge ❸ (*genre*) **d'~ politique** politischer Art ❹ (*stabilité*) **faire régner l'~** für Ordnung sorgen ❺ (*des architectes*) Verband *m;* (*des avocats, des médecins*) Kammer *f* ❻ (*congrégation*) Orden *m* ▶ **de l'~ de** in der Größenordnung von; **en ~** in Ordnung

ordre[2] [ɔʀdʀ] *m* Befehl *m;* **donner l'~ à qn de faire qc** jdm den Befehl erteilen etw zu tun; **être sous les ~s de qn** jdm unterstellt sein ▶ **~ du jour** Tagesordnung *f,* Agenda *f* (CH); **être à l'~ du jour** auf der Tagesordnung stehen

ordure [ɔʀdyʀ] *f* ❶ *pl* (*détritus*) Müll *m* ❷ *fam* (*personne*) Mistvieh *nt*

ordurier, -ière [ɔʀdyʀje, -jɛʀ] *adj.* vulgär; (*propos, chanson*) derb

oreille [ɔʀɛj] *f* ❶ ANAT Ohr *nt* ❷ (*ouïe*) **avoir l'~ fine** (*entendre bien*) gute Ohren haben; (*percevoir les nuances*) ein feines Gehör haben ▶ **dur d'~** schwerhörig; **prêter l'~** gut zuhören; **se faire tirer l'~** sich lange bitten lassen

oreiller [ɔʀeje] *m* [Kopf]kissen *nt*

oreillette [ɔʀɛjɛt] *f* ANAT Vorhof *m*

oreillons [ɔʀɛjɔ̃] *mpl* Mumps *m o f*

orfèvre [ɔʀfɛvʀ] *mf* Goldschmied(in) *m(f)*

orfèvrerie [ɔʀfɛvʀəʀi] *f* ❶ (*travail*) Goldschmiedehandwerk *nt* ❷ (*art*) Goldschmiedekunst *f* ❸ (*objet*) Goldschmiedearbeit *f*

organe [ɔʀgan] *m* a. ANAT Organ *nt*

organigramme [ɔʀganigʀam] *m* ❶ ADMIN Organigramm *nt* ❷ INFORM Flussdiagramm *nt*

organique [ɔʀganik] *adj.* organisch

organisateur [ɔʀganizatœʀ] *m* INFORM Organizer *m*

organisateur, -trice [ɔʀganizatœʀ, -tʀis] *m, f* Organisator(in) *m(f);* (*d'une manifestation*) Veranstalter(in) *m(f)*

organisation [ɔʀganizasjɔ̃] *f* Organisation *f;* (*du temps*) Einteilung *f*

organisé, e [ɔʀganize] *adj.* organisiert; (*méthodique*) methodisch

organiser [ɔʀganize] <1> **I.** *v. tr.* organisieren; (*voyage, fête*) veranstalten; (*temps, travail*) einteilen; (*loisirs, vie*) planen **II.** *v. pron.* **s'~** sich (*Dat*) seine Zeit/Arbeit einteilen

organisme [ɔʀganism] *m* ❶ BIO Organismus *m;* (*corps*) Körper *m* ❷ ADMIN Einrichtung *f*

organiste [ɔʀganist] *mf* Organist(in) *m(f)*

orgasme [ɔʀgasm] *m* Orgasmus *m*

orge [ɔʀʒ] *f* Gerste *f*

orgeat [ɔʀʒa] *m* [**sirop d'**]**~** *mit Mandelmilch zubereiteter Sirup*

orgie [ɔʀʒi] *f* Orgie *f*

orgue [ɔʀg] *m* Orgel *f;* **~ électronique** Keyboard *nt*

orgueil [ɔʀgœj] *m* ❶ (*fierté*) Stolz *m* ❷ (*prétention*) Hochmut *m*

orgueilleux, -euse [ɔʀgøjø, -jøz] *adj.* ❶ (*fier*) stolz ❷ (*prétentieux*) hochmütig

Orient [ɔʀjɑ̃] *m* **l'~** der Orient

orientable [ɔʀjɑ̃tabl] *adj.* verstellbar; (*antenne, bras*) beweglich

oriental, e [ɔʀjɑ̃tal, o] <-aux> *adj.* ❶ (*situé à l'est*) östlich; (*côte, frontière*) Ost- ❷ (*relatif à l'Orient*) orientalisch

Oriental, e [ɔʀjɑ̃tal, o] <-aux> *m, f* Orientale *m*/Orientalin *f*

orientation [ɔʀjɑ̃tasjɔ̃] *f* ❶ (*d'une maison*) Ausrichtung *f;* (*du soleil*) Stand *m*

② *(d'un parti politique)* Kurs *m kein Pl.*

orienté, e [ɔʀjɑ̃te] *adj.* tendenziös

orienter [ɔʀjɑ̃te] <1> **I.** *v. tr.* ① **être orienté au nord** *(maison)* nach Norden ausgerichtet sein ② *(guider)* ~ **vers qc** *(activité, conversation)* auf etw *(Akk)* lenken ③ PSYCH, SCOL beraten **II.** *v. pron. (a. fig)* **s'~** sich orientieren

orienteur, -euse [ɔʀjɑ̃tœʀ, -øz] *m, f* Schul- und Berufsberater(in) *m(f)*

orifice [ɔʀifis] *m* Öffnung *f; (d'une canalisation)* Mündung *f*

origan [ɔʀigɑ̃] *m* Oregano *m*

originaire [ɔʀiʒinɛʀ] *adj.* **être ~ de ...** aus ... kommen

originairement [ɔʀiʒinɛʀmɑ̃] *adv.* ursprünglich

original [ɔʀiʒinal, o] <-aux> *m* Original *nt*

original, e [ɔʀiʒinal, o] <-aux> **I.** *adj.* ① *(premier, authentique)* Original- ② *(inédit)* originell; *(personnel)* eigenständig; *(idée)* eigen **II.** *m, f* Original *nt*

originalité [ɔʀiʒinalite] *f* origineller Zug; *(d'une personne, œuvre)* Besonderheit *f*

origine [ɔʀiʒin] *f* ① Ursprung *m;* **à l'~** ursprünglich ② *(cause)* Ursache *f;* **quelle est l'~ de ...?** woher kommt ...? ③ *(ascendance)* Herkunft *f kein Pl.* ④ *(provenance)* Herkunft *f; (d'un produit)* Ursprung *m* ▸**être à l'~ de qc** *(personne)* etw in die Wege geleitet haben; **d'~** im Originalzustand; **elle est d'~ française** sie ist gebürtige Französin

originel, le [ɔʀiʒinɛl] *adj.* ursprünglich

originellement [ɔʀiʒinɛlmɑ̃] *adv.* ursprünglich

ORL [oɛʀɛl] *mf abr. de* **oto-rhino-laryngologiste** HNO-Arzt *m*/HNO-Ärztin *f*

orme [ɔʀm] *m* Ulme *f*

ornement [ɔʀnəmɑ̃] *m* ① *(chose décorative)* Schmuck *m* ② *(décoration)* Verzierung *f*

ornemental, e [ɔʀnəmɑ̃tal, o] <-aux> *adj.* *(style)* dekorativ; *(plante, motif)* Zier-

ornementation [ɔʀnəmɑ̃tasjɔ̃] *f* Verzierung *f*

ornementer [ɔʀnəmɑ̃te] <1> *v. tr.* schmücken

orner [ɔʀne] <1> *v. tr.* schmücken

ornière [ɔʀnjɛʀ] *f* Spurrille *f*

orpailleur, -euse [ɔʀpajœʀ, -jøz] *m, f* Goldwäscher(in) *m(f)*

orphelin, e [ɔʀfəlɛ̃, in] **I.** *adj.* Waisen-; ~ **de père/mère** vaterlos/mutterlos **II.** *m, f* Waise *f*

orphelinat [ɔʀfəlina] *m* Waisenhaus *nt*

orteil [ɔʀtɛj] *m* Zehe *f*

orthodontiste [ɔʀtodɔ̃tist] *mf* Kieferorthopäde *m*/Kieferorthopädin *f*

orthographe [ɔʀtɔgʀaf] *f* ① Rechtschreibung *f; (d'un mot)* Schreibweise *f;* **réforme de l'~** Rechtschreibreform *f* ② *(maîtrise de la graphie)* Rechtschreibkenntnisse *Pl;* **les fautes d'~** Rechtschreibfehler

orthographier [ɔʀtɔgʀafje] <1> *v. tr.* [richtig] schreiben

orthographique [ɔʀtɔgʀafik] *adj.* Rechtschreib-

orthopédique [ɔʀtɔpedik] *adj.* orthopädisch

orthopédiste [ɔʀtɔpedist] *mf* Orthopäde *m*/Orthopädin *f*

orthophoniste [ɔʀtɔfɔnist] *mf* Logopäde *m*/Logopädin *f*

ortie [ɔʀti] *f* Brennnessel *f*

orvet [ɔʀvɛ] *m* Blindschleiche *f*

os [ɔs, o] <os> *m* Knochen *m;* **en ~** beinern ▸**il y a un ~** *fam* die Sache hat einen Haken

OS [oɛs] *mf abr. de* **ouvrier spécialisé**

oscar® [ɔskaʀ] *m* Oscar *m;* ~ **du scénario** Oscar für das [beste] Drehbuch; **cérémonie des ~s** Oscarverleihung *f*

oscarisé, e [ɔskaʀize] *adj.* *(acteur, réalisateur)* oscarprämiert; **être ~** den/einen Oscar bekommen

oscariser [ɔskaʀize] <1> *v. tr.* mit dem/mit einem Oscar auszeichnen

oscillation [ɔsilasjɔ̃] *f* Schwankung *f*

osciller [ɔsile] <1> *v. intr.* ① *(balancer)* schwingen; *(personne)* schwanken ② *(hésiter)* schwanken

osé, e [oze] *adj.* ① *(téméraire)* kühn; *(démarche, expédition)* waghalsig ② *(choquant)* gewagt

oseille [ozɛj] *f* ① BOT Sauerampfer *m* ② *fam (argent)* Knete *f*

oser [oze] <1> **I.** *v. tr.* wagen **II.** *v. intr.* es wagen

osier [ozje] *m* Weidenrute *f;* **panier en ~** Weidenkorb *m;* **meubles en ~** Korbmöbel *Pl*

Oslo [ɔslo] Oslo *nt*
osselet [ɔslɛ] *m pl* JEUX *Geschicklichkeitsspiel mit [Plastik]knöchelchen*
ossements [ɔsmɑ̃] *mpl* Gebeine *Pl*
osseux, -euse [ɔsø, -øz] *adj.* ❶ (*relatif aux os*) Knochen- ❷ (*corps, main*) knochig
ossuaire [ɔsɥɛʀ] *m* Beinhaus *nt*
ostensible [ɔstɑ̃sibl] *adj.* offensichtlich
ostensiblement [ɔstɑ̃sibləmɑ̃] *adv.* deutlich sichtbar; (*manifester*) offensichtlich
ostentation [ɔstɑ̃tasjɔ̃] *f* Zurschaustellung *f*
ostentatoire [ɔstɑ̃tatwaʀ] *adj.* betont auffällig
ostéopathe [ɔsteɔpat] *mf* Chiropraktiker(in) *m(f)*
ostréiculteur, -trice [ɔstʀeikyltœʀ, -tʀis] *m, f* Austernzüchter(in) *m(f)*
otage [ɔtaʒ] *m* Geisel *f*
otarie [ɔtaʀi] *f* Ohrenrobbe *f*
ôter [ote] <1> **I.** *v. tr.* ❶ (*retirer*) entfernen; (*vêtement, gants*) ausziehen; (*chapeau, pansement*) abnehmen ❷ (*prendre: objet*) wegnehmen; (*envie, illusion*) nehmen **II.** *v. pron.* **s'~** weggehen
otite [ɔtit] *f* Ohr[en]entzündung *f*
oto-rhino [ɔtɔʀino] <oto-rhinos> *mf fam abr. de* **oto-rhino-laryngologiste** HNO-Arzt *m*/HNO-Ärztin *f*, Ohrenarzt/Ohrenärztin
oto-rhino-laryngologiste [ɔtɔʀinolaʀɛ̃gɔlɔʒist] <oto-rhino-laryngologistes> *mf* Hals-Nasen-Ohren-Arzt *m*/Hals-Nasen-Ohren-Ärztin *f*
ou [u] *conj.* ❶ (*alternative*) oder; **~ ... ~ ...** entweder ... oder ...; **c'est l'un ~ l'autre** entweder, oder ❷ (*sinon*) **~ [alors]** oder ❸ (*en d'autres termes*) oder [auch]
où [u] **I.** *pron.* ❶ (*spatial sans déplacement*) wo; (*dans lequel*) in dem/der; (*sur lequel*) auf dem/der; **là ~** da, wo ❷ (*spatial avec déplacement*) wohin; (*dans lequel*) in den/die/das; (*sur lequel*) auf den/die/das; **d'~** woher; (*duquel*) aus dem/der; **d'~ il était, il ne voyait rien** von seinem Platz aus konnte er nichts sehen; **jusqu'~** bis wohin; (*jusqu'auquel*) bis zu dem/der; **par ~** durch den/die/das; **le chemin par ~ nous sommes passés** der Weg, den wir genommen haben ❸ (*temporel*) als (*fam*); (*jour, matin, soir*) an dem; (*moment, année, siècle*) in dem ❹ (*abstrait*) **dans l'état ~ tu es** in deinem Zustand; **dans l'obligation ~ j'étais de partir** da ich [derart] gezwungen war zu gehen **II.** *adv. interrog* ❶ (*spatial sans déplacement*) wo; **~ s'arrêter?** wo muss man aufhören? ❷ (*spatial avec déplacement*) wohin; **~ aller?** wohin soll ich/sie gehen?; **d'~ êtes-vous?** woher sind Sie?; **jusqu'~** bis wo[hin]; *a. fig* wie weit; **par ~** wie ❸ (*abstrait*) **~ en étais-je?** wo war ich [stehen geblieben]?; **~ voulez-vous en venir?** worauf wollen Sie hinaus? **III.** *adv. indéf.* ❶ (*là où*) wo; (*aller*) wohin; **par ~ que vous passiez** auf welchem Weg Sie es auch [immer] versuchen ❷ (*de là*) **d'~ que** + *subj.* woher auch immer; **d'~ l'on peut conclure que ...** woraus man schließen kann, dass ...
ouah [wa] *interj.* ❶ (*cri du chien*) wau ❷ (*exprime l'admiration ou la joie*) **~!** o ja!
ouais [ˈwɛ] *adv. fam* ❶ (*oui*) mhm ❷ (*sceptique*) soso ❸ (*hourra!*) **~!** juhu!
ouate [wat] *f* Watte *f*
ouaté, e [wate] *adj.* (*bruit, pas*) gedämpft; (*atmosphère*) behaglich
ouater [wate] <1> *v. tr.* wattieren
oubli [ubli] *m* Vergessen *nt;* (*étourderie*) Versäumnis *nt*
oublier [ublije] <1> **I.** *v. tr.* vergessen; (*mot, virgule*) auslassen ▶ **se faire ~** sich zurückhalten **II.** *v. intr.* vergessen **III.** *v. pron.* **qn/qc s'oublie** man vergisst jdn/etw
oubliette [ublijɛt] *f* (*cachot*) Verlies *nt*
ouèbe [wɛb] *m fam* Internet *nt*
ouest [wɛst] **I.** *m sans pl.* **l'~** der Westen; *voir a.* **est II.** *adj. inv.* West-; (*banlieue, longitude*) westlich
Ouest [wɛst] *m sans pl.* **l'~** der Westen; *voir a.* **Est**
ouest-allemand, e [wɛstalmɑ̃, ɑ̃d] <ouest-allemands> *adj.* westdeutsch
ouest-nord-ouest [wɛstnɔʀwɛst] *m sans pl.* Westnordwesten *m* **ouest-sud-ouest** [wɛstsydwɛst] *m sans pl.* Westsüdwesten *m*
ouf [ˈuf] *interj.* uff
oui [ˈwi] **I.** *adv.* ❶ (*opp: non*) ja; **~ ou**

non? ja oder nein?; **répondre par ~ ou par non** mit einem klaren Ja oder Nein antworten ❷ (*intensif*) ja [,wirklich]; **ah ~, [alors]!** oh ja [, das kann man wohl sagen]!; **hé ~!** leider ja!; **~ ou merde?** *fam* oder was ist?; **alors, tu arrives, ~?** *fam* kommst du jetzt endlich?; **que ~!** *fam* na klar! ❸ (*substitut d'une proposition*) **croire/penser que ~** schon glauben/denken; **craindre/dire que ~** es befürchten/sagen; **je dirais que ~** ich würde [schon] ja sagen **II.** *m inv.* ❶ (*approbation*) Ja *nt;* **~ à qn/qc** Ja zu jdm/etw ❷ (*suffrage*) Jastimme *f* ▸ **pour un ~ [ou] pour un non** wegen nichts und wieder nichts

ouï-dire [ˈwidiʀ] *m inv.* Gerücht *nt*

ouïe [wi] *f* ❶ (*audition*) Gehör *nt* ❷ ZOOL Kieme *f*

ouille [ˈuj] *interj.* au[a]

ouistiti [ˈwistiti] *m* ZOOL Pinseläffchen *nt*

ouragan [uʀagɑ̃] *m* Orkan *m*

ourler [uʀle] <1> *v. tr.* [ein]säumen

ourlet [uʀlɛ] *m* Saum *m*

ours [uʀs] *m* ❶ ZOOL Bär *m;* **~ polaire** Eisbär; *voir a.* **ourse** ❷ (*jouet d'enfant*) **un ~ en peluche** ein Plüschbär ❸ *fam* (*misanthrope*) Brummbär *m*

ourse [uʀs] *f* Bärin *f; voir a.* **ours** ▸ **la Grande/Petite Ourse** der Große/Kleine Bär

oursin [uʀsɛ̃] *m* Seeigel *m*

ourson [uʀsɔ̃] *m* Bärenjunge(s) *nt*

oust[e] [ˈust] *interj. fam* (*pour chasser qn*) weg mit dir/mit euch!; (*pour presser qn*) hopp[, hopp]

outil [uti] *m* ❶ Werkzeug *nt;* (*de navigation*) Instrument *nt;* **l'~ de travail** das Werkzeug ❷ INFORM Tool *nt;* **~ de recherche** Suchmaschine *f*

outiller [utije] <1> *v. tr.* (*atelier*) ausstatten

outing [autiŋ] *m* Outing *nt,* Outen *nt*

outrage [utʀaʒ] *m* Beleidigung *f;* **~ à magistrat** JUR Missachtung *f* [der Würde] des Gerichts

outrager [utʀaʒe] <2a> *v. tr.* beleidigen

outrance [utʀɑ̃s] *f* Übertreibung *f*

outrancier, -ière [utʀɑ̃sje, -jɛʀ] *adj.* übertrieben

outre¹ [utʀ] *f* Schlauch *m*

outre² [utʀ] **I.** *prép.* (*en plus de*) außer **II.** *adv.* **en ~** außerdem

outré, e [utʀe] *adj.* (*personne*) empört

outre-Atlantique [utʀatlɑ̃tik] *adv.* auf der anderen/die andere Seite des Atlantiks **outre-Manche** [utʀəmɑ̃ʃ] *adv.* auf der anderen/die andere Seite des [Ärmel]kanals

outremer [utʀəmɛʀ] **I.** *m* (*bleu*) Ultramarin[blau] *nt* **II.** *adj. inv.* ultramarin[blau]

outre-mer [utʀəmɛʀ] *adv.* in Übersee

outrepasser [utʀəpɑse] <1> *v. tr.* überschreiten

outre-Rhin [utʀəʀɛ̃] *adv.* in/nach Deutschland **outre-tombe** [utʀətɔ̃b] *adv.* im Jenseits; **d'~** aus dem Jenseits

ouvert, e [uvɛʀ, ɛʀt] **I.** *part. passé de* **ouvrir II.** *adj.* ❶ offen; (*fenêtre, robinet, valise, magasin*) geöffnet; **être ~** (*porte*) auf sein; (*magasin, boulanger*) geöffnet haben; (*centre commercial*) offen sein ❷ (*commencé*) **être ~** (*foire, enquête, pêche*) eröffnet sein; (*chasse*) offen sein ❸ (*éveillé*) aufgeschlossen; **être ~ à qn/qc** offen für jdn/etw sein

ouvertement [uvɛʀtəmɑ̃] *adv.* offen [und ehrlich]; (*publiquement*) öffentlich

ouverture [uvɛʀtyʀ] *f* ❶ (*d'une porte*) Öffnen *nt* ❷ (*d'une frontière, d'un magasin*) Öffnung *f;* **jours/heures d'~** Öffnungstage/-zeiten; (*d'une banque*) Geschäftszeiten ❸ (*commencement, inauguration*) Eröffnung *f;* (*d'une route*) Freigabe *f* ❹ *pl* (*de négociations, paix*) -angebot *nt* ❺ MUS Ouvertüre *f* ❻ INFORM **~ d'une session** Login *nt*

ouvrable [uvʀabl] *adj.* (*jour*) Werk-

ouvrage [uvʀaʒ] *m* ❶ (*travail*) Arbeit *f;* COUT [Hand]arbeit ❷ (*livre*) **~ d'histoire** Werk *nt* über Geschichte

ouvragé, e [uvʀaʒe] *adj.* kunstvoll gearbeitet

ouvré, e [uvʀe] *adj.* (*jour*) Arbeits-

ouvre-boîte [uvʀəbwat] <ouvre-boîtes> *m* Dosenöffner *m* **ouvre-bouteille** [uvʀ(ə)butɛj] <ouvre-bouteilles> *m* Flaschenöffner *m*

ouvreur, -euse [uvʀœʀ, øz] *m, f* CINE, THEAT Platzanweiser(in) *m(f)*

ouvrier, -ière [uvʀije, -ijɛʀ] **I.** *adj.* (*classe, mouvement, syndicat*) Arbeiter-; (*conflit, législation*) Arbeits-; (*condition*) der Arbeiter; (*militant*) der Arbeiterbewegung **II.** *m, f* Arbeiter(in) *m(f);* **~ d'usine** Fabrikarbeiter; **~ qualifié** Facharbeiter

ouvrière [uvʀijɛʀ] *f* (*abeille, termite, fourmi*) Arbeiterin *f*

ouvrir [uvʀiʀ] <11> **I.** *v. tr.* ① (*opp: fermer*) öffnen; (*à clé*) aufschließen; (*livre, yeux*) aufschlagen; ~ **grand ses oreilles** die Ohren weit aufsperren ② *fam* (*robinet, gaz*) öffnen ③ (*écarter, déployer*) öffnen; (*bras*) ausbreiten; (*parapluie*) aufspannen; (*rideaux*) aufziehen ④ (*frayer*) ~ **un passage à qn/qc** jdm/einer S. eine Passage freimachen ⑤ (*rendre accessible*) ~ **une frontière à qn** eine Grenze für jdn öffnen; ~ **à qn les portes de qc** jdm zu etw Zutritt verschaffen; ~ **des perspectives à qn** jdm [neue] Perspektiven eröffnen ⑥ (*fonder, créer*) eröffnen ⑦ (*commencer*) eröffnen; (*dialogue*) in Gang bringen ⑧ SPORT (*piste, slalom*) eröffnen; ~ **la marque** den ersten Treffer erzielen ⑨ (*marche, procession*) eröffnen ⑩ (*abcès, ventre*) öffnen; (*brèche*) schlagen; (*route*) bauen ⑪ (*jambe, ventre*) aufreißen; (*crâne*) ein Loch schlagen in (+ *Akk*) ⑫ FIN ~ **un compte à qn** ein Konto für jdn eröffnen ⑬ JUR (*enquête, information*) eröffnen ▸**l'**~ *fam* die Klappe aufmachen **II.** *v. intr.* ① (*donner sur*) ~ **sur qc** auf etw (*Akk*) gehen; (*porte*) auf etw (*Akk*) führen ② (*être accessible au public*) ~ **le lundi** montags geöffnet sein; (*cinéma, théâtre*) montags Vorstellung haben; ~ **à 15 h** (*magasin*) um 15 Uhr öffnen; (*cinéma, théâtre*) um 15 Uhr Einlass haben **III.** *v. pron.* ① (*opp: se fermer*) **s'**~ sich öffnen; (*parapluie, vêtement*) aufgehen; **mal s'**~ schwer aufgehen ② (*devenir accessible à*) **s'**~ **à l'extérieur** sich [nach außen] öffnen; **s'**~ **au monde** beginnen die Welt wahrzunehmen ③ (*se blesser*) **s'**~ **les veines** sich (*Dat*) die Adern aufschneiden; **s'**~ **le crâne** sich (*Dat*) den Kopf aufschlagen

ovale [ɔval] **I.** *adj.* oval **II.** *m* Oval *nt*

ovation [ɔvasjɔ̃] *f* stürmischer Beifall *kein Pl.*

ovationner [ɔvasjɔne] <1> *v. tr.* ~ **qn** jdm zujubeln

overdose [ɔvœʀdoz] *f* Überdosis *f kein Pl.*

ovin, e [ɔvɛ̃, in] *adj.* **une espèce ~e** eine Gattung von Schafen

OVNI [ɔvni] *m abr. de* **objet volant non identifié** UFO *nt*

ovuler [ɔvyle] <1> *v. intr.* einen Eisprung haben

oxyde [ɔksid] *m* Oxid *nt*

oxyder [ɔkside] <1> *v. tr., pron.* [**s'**]~ oxidieren

oxygéné, e [ɔksiʒene] *adj.* **eau ~e** Wasserstoffperoxid *nt*

oxygène [ɔksiʒɛn] *m* ① CHIM Sauerstoff *m* ② (*air pur*) frische Luft

oxygéner [ɔksiʒene] <5> *v. pron.* **s'**~ frische Luft tanken

ozone [ozon, ɔzɔn] *f* Ozon *nt*

Pp

P, p [pe] *m inv.* P *nt,* p *nt*

pacemaker [pɛsmɛkœʀ] *m* [Herz]schrittmacher *m*

pacifique [pasifik] *adj.* friedlich

Pacifique [pasifik] *m* **le** ~ der Pazifik

pacifiquement [pasifikmɑ̃] *adv.* friedlich

pacifiste [pasifist] **I.** *adj.* pazifistisch; (*manifestation, marche*) Friedens- **II.** *m/f* Pazifist(in) *m(f)*

pack [pak] *m* Großpackung *f*

packaging [paka(d)ʒiŋ] *m* [Verkaufs]verpackung *f*

pacotille [pakɔtij] *f* Ramsch *m;* **de** ~ unecht

PACS [paks] *m abr. de* **Pacte Civil de Solidarité** *[zivilrechtlich geregelte] eheähnliche Lebensgemeinschaft*

pacser [pakse] <1> *v. intr.* einen PACS abschließen

pacte [pakt] *m* Pakt *m;* ~ **d'alliance** Bündnisabkommen *nt;* **le** ~ **de Varsovie** der Warschauer Pakt

pactole [paktɔl] *m* Sümmchen *nt* (*fam*); ~ **du loto** Hauptgewinn *m* im Lotto

pagaie [pagɛ] *f* Paddel *nt*

pagaïe, pagaille [pagaj] *f fam* Durcheinander *nt* ▸ **mettre la ~ dans qc** in etw (*Dat*) ein Chaos anrichten; **en** ~ unaufgeräumt

page [paʒ] *f* ❶ (*feuillet*) Seite *f;* (*deux côtés*) Blatt *nt;* [**en**] ~ **20** [auf] Seite 20; ~ **de publicité** TV, RADIO Werbespot *m;* PRESSE Reklameseite ❷ INFORM, INET ~ **personnelle/d'accueil** Homepage *f;* ~ **de codes** Codepage *f;* ~ **Web** Webseite; **accéder à une** ~ auf eine Seite zugreifen; **visiter une** ~ eine Seite laden; **bas/haut de** ~ Seitenende *nt/*-anfang *m;* **pied de** ~ Fußzeile *f* ▸ **première** ~ Titelseite **tourner la** ~ (*pour finir*) einen Schlussstrich ziehen; (*pour recommencer*) ein neues Kapitel aufschlagen

paie[1] [pɛ] *f* Lohn *m;* (*d'un employé*) Gehalt *nt*

paie[2] [pɛ] *indic. et subj. prés. de* **payer**

paiement [pɛmɑ̃] *m* Bezahlung *f;* (*d'une amende, des impôts*) Zahlung *f;* (*d'une dette*) Rückzahlung *f*

paierai [pɛʀɛ] *fut de* **payer**

paillasson [pajasɔ̃] *m* Fußmatte *f*

paille [pɑj] *f* ❶ (*chaume*) Stroh *nt* ❷ (*tiges tressées*) Geflecht *nt* ❸ (*pour boire*) Strohhalm *m* ▸ **tirer à la courte** ~ [mit Streichhölzern] knobeln

pain [pɛ̃] *m* ❶ Brot *nt;* ~ **blanc** Weißbrot; **machine à** ~ Brotschneidemaschine *f* ❷ (*pâtisserie*) **petit** ~ Brötchen *nt,* Gebäck *nt* (A); ~ **au chocolat** Schokocroissant *nt* ▸ **avoir du ~ sur la planche** *fam* viel um die Ohren haben; **gagner son ~ à la sueur de son front** *soutenu* sein Brot im Schweiße seines Angesichts verdienen

pair [pɛʀ] *m* ▸ **aller de ~ avec qc** mit etw einhergehen; **jeune fille/jeune homme au** ~ Aupairmädchen *nt/*-junge *m;* **hors** ~ unvergleichlich

pair, e [pɛʀ] *adj.* (*nombre, côté*) gerade

paire [pɛʀ] *f* Paar *nt;* (*de claques, gifles*) ein paar; **une ~ de ciseaux/lunettes** eine Schere/Brille ▸ **c'est une autre ~ de manches** *fam* das sind zwei Paar Stiefel; **les deux font la** ~ *fam* die zwei haben sich gesucht und gefunden

paisible [pezibl] *adj.* ruhig

paisiblement [peziblǝmɑ̃] *adv.* in aller Ruhe

paix [pɛ] *f* ❶ (*opp: guerre*) Frieden *m;* (*traité*) Friedensvertrag *m;* **des manifestations en faveur de la** ~ Friedensdemonstrationen *Pl* ❷ (*tranquillité*) Ruhe *f* ▸ **faire la ~ avec qn** mit jdm Frieden schließen; (*avec un ami*) sich mit jdm versöhnen

Pakistan [pakistɑ̃] *m* **le** ~ Pakistan *nt*

pakistanais [pakistanɛ] *m* Pakistanisch *nt; voir a.* **allemand**

pakistanais, e [pakistanɛ, ɛz] *adj.* pakistanisch; *voir a.* **allemand**

Pakistanais, e [pakistanɛ, ɛz] *m, f* Pakistaner(in) *m(f),* Pakistani *mf*

palais[1] [palɛ] *m* Palast *m;* ~ **des Papes** Papstpalast; ~ **des sports** Sporthalle *f;* **Palais fédéral** CH Bundeshaus *nt* (CH); ~ **de l'Elysée** *Amtssitz des französischen Staatspräsidenten*

palais[2] [palɛ] *m* ANAT Gaumen *m*

Palatinat [palatina] *m* **le** ~ die Pfalz

P

pâle [pɑl] *adj.* blass
Palestine [palɛstin] *f* **la** ~ Palästina *nt*
palestinien, ne [palɛstinjɛ̃, jɛn] *adj.* palästinensisch
Palestinien, ne [palɛstinjɛ̃, jɛn] *m, f* Palästinenser(in) *m(f)*
palette [palɛt] *f* ❶ Palette *f* ❷ CAN (*raquette*) ~ **de ping-pong** Tischtennisschläger *m*
palier [palje] *m* Treppenabsatz *m;* **habiter sur le même** ~ auf derselben Etage wohnen
pâlir [pɑliʀ] <8> *v. intr.* blass werden; ~ **d'envie** vor Neid (*Dat*) erblassen
palissade [palisad] *f* Bretterzaun *m*
palmarès [palmaʀɛs] *m* ❶ (*liste des lauréats*) Liste *f* der Preisträger ❷ (*ensemble des succès: d'un sportif*) Liste *f* der Siege; (*d'un romancier, cinéaste, acteur*) Liste der Erfolge
palpitant, e [palpitɑ̃, ɑ̃t] *adj.* spannend
pampa [pɑ̃pa] *f* Pampa *f*
pamplemousse [pɑ̃pləmus] *m* Grapefruit *f*
pan [pɑ̃] *m* ❶ (*d'un vêtement*) Zipfel *m* ❷ (*partie: de mur*) Stück *nt*
panaché, e [panaʃe] *m* Radler *m* (SDEUTSCH), Alsterwasser *nt* (NDEUTSCH)
pancarte [pɑ̃kaʀt] *f* Schild *nt;* (*publicitaire*) Plakat *nt*
panda [pɑ̃da] *m* Panda *m*
panel [panɛl] *m* ❶ SOCIOL Panel *nt* ❷ (*commission*) Gremium *nt*
panier [panje] *m* a. SPORT Korb *m;* ~ **à provisions** Einkaufskorb; ~ **à salade** Salatschleuder *f;* ~ **de cerises** Korb [voller] Kirschen *m* ▸ **lui, c'est un vrai** ~ **percé!** er ist ein echter Verschwender!
panière [panjɛʀ] *f* großer Korb (*mit zwei Henkeln*)
panier-repas [panjeʀəpɑ] <paniers-repas> *m* Lunchpaket *nt*
panique [panik] *f* Panik *f;* **être pris de** ~ in Panik geraten; **pas de ~!** nur keine Panik!
paniquer [panike] <1> **I.** *v. tr. fam* in Panik versetzen **II.** *v. intr. fam* in Panik geraten
panne [pan] *f* Panne *f;* (*de courant*) -ausfall *m;* (*de moteur*) -schaden *m;* **être** [**tombé**] **en** ~ (*automobiliste, voiture*) eine Panne haben; (*moteur, machine*) defekt sein
panneau [pano] <x> *m* Schild *nt;* ~ **de signalisation** Verkehrsschild ▸ **tomber dans le** ~ sich hereinlegen lassen (*fam*)
panorama [panɔʀama] *m* Panorama *nt*
panoramique [panɔʀamik] *adj.* (*restaurant*) Panorama-; **écran** ~ Breitwand *f*
panosse [panɔs] *f* CH (*serpillière*) Scheuertuch *nt*
pansement [pɑ̃smɑ̃] *m* Verband *m;* ~ **adhésif** Heftpflaster *nt;* **faire un** ~ **à qn** jdm einen Verband anlegen
pantacourt [pɑ̃takuʀ] *m* Caprihose *f*
pantalon [pɑ̃talɔ̃] *m* Hose *f*
panthéisme [pɑ̃teism] *m* Pantheismus *m*
panthéon [pɑ̃teɔ̃] *m* ❶ HIST **le Panthéon** das Pantheon ❷ (*monument*) Pantheon *nt*
panthère [pɑ̃tɛʀ] *f* Panther *m*
pantin [pɑ̃tɛ̃] *m* Hampelmann *m*
pantomime [pɑ̃tɔmim] *f* Pantomime *f*
pantouflard, e [pɑ̃tuflaʀ, aʀd] *m, f fam* Stubenhocker(in) *m(f)*
pantoufle [pɑ̃tufl] *f* Pantoffel *m*
paon [pɑ̃] *m* Pfau *m* ▸ **fier comme un** ~ eitel wie ein Pfau
papa [papa] *m* Papa *m*
papauté [papote] *f* Papstwürde *f*
pape [pap] *m* Papst *m*
papelard [paplaʀ] *m fam* (*feuille*) Wisch *m*
paperasse [papʀas] *f péj* Papierkram *m*
paperasserie [papʀasʀi] *f péj* Berge *Pl* von Papier
papeterie [papɛtʀi] *f* ❶ (*magasin*) Schreibwarengeschäft *nt* ❷ (*usine*) Papierfabrik *f*
papi [papi] *m fam voir* **papy**
papier [papje] *m* ❶ *sans pl.* (*matière*) Papier *nt;* **feuille/bout** [*o* **morceau**] **de** ~ Blatt *nt*/Stück *nt* Papier; ~ **peint** Tapete *f* ❷ *sans pl.* (*feuille de métal*) ~ [**d'**]**aluminium** Aluminiumfolie ❸ *pl* (*document*) Unterlagen *Pl;* (*~s d'identité*) Papiere *Pl* ▸ **être dans les petits ~s de qn** bei jdm gut angeschrieben sein
papier-filtre [papjefiltʀ] <papiers-filtres> *m* Filterpapier *nt*
papillon [papijɔ̃] *m* ❶ Schmetterling *m;* ~ **de nuit** Nachtfalter *m* ❷ SPORT [**nage**] ~ Delphinschwimmen *nt,* Delfinschwimmen *nt*
papillonner [papijɔne] <1> *v. intr.* herumflattern (*fam*)

P

papillote [papijɔt] *f* GASTR **en ~** (*dans un papier [huilé]*) in [gefettetem] Papier gebacken; (*dans une feuille d'aluminium*) in [Alu]folie gebraten

papilloter [papijɔte] <1> *v. intr.* blinzeln

papoter [papɔte] <1> *v. intr.* schwatzen

paprika [papʀika] *m* Paprika *m*

papy [papi] *m fam* Opa *m*

papy-boom <papy-booms> , **papy-boum** [papibum] <papy-boums> *m fam* (*forte augmentation du nombre des personnes âgées*) Rentnerschwemme *f* (*pej*)

paquebot [pakbo] *m* Passagierschiff *nt*

pâquerette [pɑkʀɛt] *f* Gänseblümchen *nt*

Pâques [pɑk] **I.** *m* Ostern *nt o Pl;* **lundi de ~** Ostermontag *m;* **vacances de ~** Osterferien *Pl* ▸ **à ~ ou à la Trinité** *iron* am Sankt-Nimmerleins-Tag **II.** *fpl* Ostern *Pl*; **joyeuses ~!** frohe Ostern!

> In der Vorstellung der französischen Kinder fliegen die Kirchenglocken am Gründonnerstag nach Rom und kehren von dort an **Pâques** (am Ostersonntag) zurück, beladen mit Eiern und Süßigkeiten, die sie auf die Erde fallen lassen. Einen Osterhasen, der Ostereier versteckt, kennen sie nicht.

paquet [pakɛ] *m* ❶ a. INFORM Paket *nt;* (*de café*) Päckchen *nt;* (*de cigarettes*) Schachtel *f* ❷ *fam* (*de billets, de linge*) Bündel *nt* ▸ **mettre le ~** *fam* (*déployer tous ses efforts*) alles d[a]ransetzen

paquet-cadeau [pakɛkado] <paquets-cadeaux> *m* Geschenkverpackung *f;* **faire un ~** als Geschenk einpacken

par [paʀ] *prép.* ❶ (*grâce à l'action de*) von; **tout faire ~ soi-même** alles selbst machen ❷ (*au moyen de*) durch; **~ tous les moyens** mit allen Mitteln; **~ chèque/carte [bancaire]** mit Scheck/[Kredit]karte ❸ *gén sans art* (*cause, motif*) aus ❹ (*à travers, via*) **regarder ~ la fenêtre** aus dem Fenster schauen; **passer ~ ici** hier vorbeikommen ❺ (*localisation*) **habiter ~ ici/là** hier/dort in der Gegend wohnen ❻ (*distribution, mesure*) pro; **un ~ un** einzeln; **~ moments** zeitweise; **~ milliers** zu tausenden ❼ (*durant, pendant*) **~ temps de pluie** bei Regen[wetter]; **~ les temps qui courent** in der heutigen Zeit ▸ **~ contre** dagegen

parabole [paʀabɔl] *f* ❶ REL Gleichnis *nt* ❷ MATH Parabel *f* ❸ (*antenne*) Parabolantenne *f,* Satellitenschüssel *f*

parabolique [paʀabɔlik] *adj.* (*antenne*) Parabol-

parachute [paʀaʃyt] *m* Fallschirm *m;* **sauter en ~** mit dem Fallschirm [ab]springen ▸ **~ doré** goldener Händedruck, [äußerst] üppige Abfindung

parachutisme [paʀaʃytism] *m* Fallschirmspringen *nt*

parachutiste [paʀaʃytist] *mf* ❶ MIL Fallschirmjäger(in) *m(f)* ❷ SPORT Fallschirmspringer(in) *m(f)*

parade [paʀad] *f* Parade *f*

paradis [paʀadi] *m* Paradies *nt* ▸ **tu ne l'emporteras pas au ~** das wirst du mir [noch] büßen

paradisiaque [paʀadizjak] *adj.* paradiesisch

paradoxal, e [paʀadɔksal, o] <-aux> *adj.* paradox

paradoxalement [paʀadɔksalmɑ̃] *adv.* paradoxerweise

paradoxe [paʀadɔks] *m* Paradox *nt*

parages [paʀaʒ] *mpl* **dans les ~** in der Nähe

P

paragraphe [paʀagʀaf] *m* Absatz *m*

paraître [paʀɛtʀ] <irr> **I.** *v. intr.* ❶ (*sembler*) **cela me paraît être une erreur** das scheint mir ein Irrtum zu sein; **~ faire qc** anscheinend etw tun ❷ (*apparaître: personne*) sich zeigen; (*journal, livre*) erscheinen; **faire ~** veröffentlichen **II.** *v. intr. impers.* **il paraît que ...** (*le bruit court*) wie man hört ...; (*soi-disant*) angeblich ...; **il paraît que oui!** anscheinend ja!

parallèle [paʀalɛl] **I.** *adj.* parallel; (*activité*) Neben- **II.** *f* MATH Parallele *f* **III.** *m* ❶ GEO Breitenkreis *m;* **le 38ᵉ ~** der 38. Breitengrad ❷ (*comparaison*) **faire un ~ avec qc/entre deux choses** eine Parallele zu etw/zwischen zwei Dingen ziehen

parallèlement [paʀalɛlmɑ̃] *adv.* gleichzeitig

paralysant, e [paʀalizɑ̃, ɑ̃t] *adj.* lähmend; (*attitude*) hemmend

paralysé, e [paʀalize] **I.** *adj.* gelähmt; **être ~ des jambes** an den Beinen gelähmt sein **II.** *m, f* Gelähmte(r) *f(m)*

paralyser [paʀalize] <1> *v. tr.* ❶ (*empêcher d'agir*) lähmen ❷ (*entraver: trafic, activité, économie*) lahmlegen ❸ MED paralysieren

paralysie [paʀalizi] *f* ❶ MED Lähmung *f* ❷ (*arrêt complet*) Erliegen *nt*

paramètre [paʀamɛtʀ] *m* ❶ MATH Parameter *m* ❷ (*élément important*) Element *nt* ❸ *pl* INFORM Einstellungen *Pl*

parano, paranoïaque [paʀanɔjak] **I.** *adj.* paranoisch **II.** *mf* Geistesgestörte(r) *f(m)*

paranoïa [paʀanɔja] *f* PSYCH Verfolgungswahn *m,* Paranoia *f;* **être atteint(e) de ~** an Verfolgungswahn (*Dat*) leiden

paranormal [paʀanɔʀmal] *m* **le ~** das Übersinnliche

parapente [paʀapɑ̃t] *m* ❶ (*parachute*) Gleitschirm *m* ❷ (*sport*) Gleitschirmfliegen *nt*

parapet [paʀapɛ] *m* Brüstung *f*

parapluie [paʀaplɥi] *m* Regenschirm *m*

parascolaire [paʀaskɔlɛʀ] *adj.* außerschulisch

parasite [paʀazit] **I.** *adj.* schmarotzend **II.** *m a. fig* Schmarotzer *m* ❷ *pl* RADIO, TV Störgeräusche *Pl*

parasiter [paʀazite] <1> *v. tr.* ❶ BIO **~ qn/qc** (*champignon, insecte, ver*) als Parasit auf [*o* in] jdm/etw leben ❷ *fig* **~ qn/qc** auf jds Kosten (*Akk*)/auf Kosten einer S. (*Gen*) leben ❸ RADIO, TV stören

parasol [paʀasɔl] *m* Sonnenschirm *m*

paratonnerre [paʀatɔnɛʀ] *m* Blitzableiter *m*

paravent [paʀavɑ̃] *m* Wandschirm *m*

parc [paʀk] *m* ❶ Park *m;* **~ d'attractions** Vergnügungspark; **~ naturel** Naturschutzgebiet *nt;* **~ national** Nationalpark *m;* **~ des expositions** Messegelände *nt* ❷ (*pour bébé*) Laufstall *m* ❸ (*parking*) **~ relais** Park-and-Ride *nt*

parcelle [paʀsɛl] *f* (*terrain*) Parzelle *f*

parce que [paʀskə] *conj.* + *indic.* ❶ (*car*) weil; **~!** darum! ❷ *fam* (*sinon*) sonst

par-ci [paʀsi] **~, par-là** hier und da

parcmètre [paʀkmɛtʀ] *m* Parkuhr *f*

parcourir [paʀkuʀiʀ] <irr> *v. tr.* ❶ (*trajet, distance*) zurücklegen ❷ (*région, pays*) bereisen; **~ la ville** durch die Stadt laufen ❸ (*journal, lettre*) überfliegen

parcours [paʀkuʀ] *m* a. SPORT Strecke *f;* (*équitation*) Parcours *m;* **~ du combattant** *fig* Hindernislauf *m*

par-delà [paʀdəla] *prép.* (*de l'autre côté*) jenseits (+ *Gen*), hinter (+ *Dat*); **~ les problèmes** über die Probleme hinaus **par-derrière** [paʀdɛʀjɛʀ] *adv.* ❶ (*attaquer, emboutir*) von hinten ❷ (*dans le dos de qn*) hinten; *fig* (*raconter, critiquer*) hintenherum (*fam*) **par-dessous** [paʀdəsu] **I.** *prép.* (*avec mouvement*) unter (+ *Akk*); (*sans mouvement*) unter (+ *Dat*) **II.** *adv.* darunter **par-dessus** [paʀdəsy] **I.** *prép.* (*avec mouvement*) über (+ *Akk*); (*sans mouvement*) über (+ *Dat*) **II.** *adv.* darüber

pardessus [paʀdəsy] *m* Überzieher *m*

pardon [paʀdɔ̃] *m* Verzeihen *nt;* REL Vergebung *f;* **demander ~ à qn** jdn um Verzeihung bitten ▸ **mille ~[s]!** ich bitte tausendmal um Verzeihung!; **~?** wie bitte?

pardonnable [paʀdɔnabl] *adj.* verzeihlich

pardonner [paʀdɔne] <1> **I.** *v. tr.* verzeihen ▸ **pardonne-moi/pardonnez-moi** verzeih mir/verzeihen Sie mir/verzeiht mir **II.** *v. intr.* ❶ (*être fatal*) **ne pas ~** verhängnisvoll sein ❷ (*absoudre*) **~ à qn** jdm verzeihen

paré, e [paʀe] *adj.* gewappnet

pare-brise [paʀbʀiz] *m inv.* Windschutzscheibe *f* **pare-chocs** [paʀʃɔk] *m inv.* **~ arrière/avant** hintere/vordere Stoßstange *f*

pareil, le [paʀɛj] **I.** *adj.* ❶ (*identique*) gleich; **~ que** [genau]so wie ❷ (*tel*) solche(r, s) **II.** *m, f* ▸ **c'est du ~ au même** *fam* das ist Jacke wie Hose; **rendre la ~le à qn** es jdm mit gleicher Münze heimzahlen; **sans ~** ohnegleichen **III.** *adv. fam* gleich

pareillement [paʀɛjmɑ̃] *adv.* ❶ (*également*) ebenso ❷ (*de la même façon*) gleich

parent [paʀɑ̃] *m* ❶ a. BIO (*le père ou la mère*) Elternteil *m;* **les ~s** (*le père et la mère*) die Eltern *Pl*; **~s adoptifs** Adoptiveltern; **un des deux ~s** ein Elternteil ❷ (*personne de la famille*) Verwandte(r) *m* ▸ **traiter qn en ~ pauvre** jdn stiefmütterlich behandeln; **être le ~ pauvre de qc** im Vergleich zu einer S. stiefmütterlich behandelt werden

parente [paʀɑ̃t] *f* Verwandte *f*
parenté [paʀɑ̃te] *f* Verwandtschaft *f* (*Dat*)
parenthèse [paʀɑ̃tɛz] *f* ① TYP Klammer *f* ② (*digression*) Exkurs *m;* **soit dit entre ~s** nebenbei bemerkt ▸ **mettre** **qc entre ~s** TYP etw in Klammern setzen
parer [paʀe] <1> *v. tr.* (*attaque, coup*) abwehren
pare-soleil [paʀsɔlɛj] *m inv.* Sonnenblende *f*
paresse [paʀɛs] *f* Faulheit *f*
paresser [paʀese] <1> *v. intr.* faulenzen
paresseusement [paʀesøzmɑ̃] *adv.* ① (*avec paresse*) faul ② (*avec lenteur: avancer*) schwerfällig
paresseux, -euse [paʀesø, -øz] **I.** *adj.* (*personne*) faul **II.** *m, f* Faulenzer(in) *m(f)*
parfait [paʀfɛ] *m* ① LING Perfekt *nt* ② GASTR Parfait *nt;* **~ au café** Mokkaparfait
parfait, e [paʀfɛ, ɛt] *adj.* ① perfekt; (*condition, exemple*) ideal; (*discrétion, harmonie*) vollkommen; (*amour, beauté*) vollendet; (*accord*) völlig ② *antéposé* (*gentleman*) vollendet; (*idiot, crapule*) ausgemacht
parfaitement [paʀfɛtmɑ̃] *adv.* ① (*parler une langue*) perfekt; (*savoir, comprendre*) [ganz] genau ② (*tout à fait*) völlig ③ (*oui, bien sûr*) [aber] natürlich
parfois [paʀfwa] *adv.* manchmal
parfum [paʀfœ̃] *m* ① (*substance*) Parfum *nt,* Parfüm *nt* ② (*odeur*) Duft *m* ③ GASTR Geschmack *m;* **je voudrais une glace! – Quel ~?** ich hätte gerne ein Eis! – Welche Sorte? ▸ **être au ~** *fam* im Bilde sein; **mettre qn au ~** *fam* jdn aufklären
parfumer [paʀfyme] <1> **I.** *v. tr.* ① (*embaumer*) **qc parfume la cuisine** die Küche duftet nach etw ② (*imprégner de parfum*) parfümieren **II.** *v. pron.* **se ~** sich parfümieren
parfumerie [paʀfymʀi] *f* Parfümerie *f*
parfumeur, -euse [paʀfymœʀ, -øz] *m, f* ① (*fabricant*) Parfümeur *m* ② (*propriétaire d'une parfumerie*) Parfümerieinhaber(in) *m(f)*
pari [paʀi] *m* Wette *f;* **faire un ~** wetten
parier [paʀje] <1> **I.** *v. tr.* **~ qc à qn** mit jdm um etw wetten; **~ qc sur qn/un animal/qc** etw auf jdn/ein Tier/etw setzen; **tu paries que j'y arrive!** wetten, dass ich es schaffe! **II.** *v. intr.* wetten; **~ sur qn/un animal/qc** auf jdn/ein Tier/etw setzen; **~ aux courses** Rennwetten abschließen
Paris [paʀi] *m* Paris *nt*
paris-brest [paʀibʀɛst] <paris-brest[s]> *m:* *Cremegebäck*
parisianisme [paʀizjanism] *m* ① (*façon de parler*) [typischer] Pariser Ausdruck ② (*habitude*) [typische] pariserische [An]gewohnheit
parisien, ne [paʀizjɛ̃, jɛn] *adj.* Pariser; **la vie ~ne** das Pariser Leben, das Leben in Paris
Parisien, ne [paʀizjɛ̃, jɛn] *m, f* Pariser(in) *m(f)*
parka [paʀka] *m o f* Parka *m*
parking [paʀkiŋ] *m* Parkplatz *m;* **~ souterrain** Tiefgarage *f*
parlant, e [paʀlɑ̃, ɑ̃t] *adj.* (*cinéma*) Ton-; **horloge ~e** Zeitansage *f*
Parlement [paʀləmɑ̃] *m* Parlament *nt*
parlementaire [paʀləmɑ̃tɛʀ] **I.** *adj.* parlamentarisch; (*débat, commission*) Parlaments-; **indemnité(s) ~(s)** Diäten *Pl* **II.** *mf* (*député*) Parlamentarier(in) *m(f);* **~ européen** Abgeordneter des Europäischen Parlaments
parlementer [paʀləmɑ̃te] <1> *v. intr.* verhandeln
parler [paʀle] <1> **I.** *v. intr.* ① sprechen; **~ haut/du nez** laut/durch die Nase sprechen; **~ avec les mains** mit den Händen reden; **~ par gestes** sich mit Gesten verständigen ② (*discuter*) **~ de qn/qc avec qn** mit jdm über jdn/etw sprechen; (*longuement*) sich mit jdm über jdn/etw unterhalten; **~ de la pluie et du beau temps/de choses et d'autres** über Gott und die Welt (*fam*)/über dies und das reden ③ (*entretenir*) **~ de qn/qc à qn** (*dans un but précis*) mit jdm über jdn/etw sprechen; (*raconter*) jdm von jdm/etw erzählen ④ (*adresser la parole*) **~ à qn** jdn ansprechen ⑤ (*avoir pour sujet*) **~ de qn/qc** (*film, livre*) von jdm/etw handeln; (*article, journal*) über jdn/etw berichten; (*brièvement*) jdn/etw erwähnen ▸ **faire ~ de soi** von sich reden

machen; **sans ~ de qn/qc** ganz zu schweigen von jdm/etw; **humainement parlant** vom menschlichen Standpunkt aus [betrachtet] **II.** *v. tr.* ❶ (*langue*) sprechen ❷ (*aborder un sujet*) ~ **politique** über Politik (*Akk*) reden **III.** *v. pron.* **se** ~ ❶ (*être employé: langue*) gesprochen werden ❷ (*s'entretenir*) miteinander sprechen; **se ~ à soi-même** Selbstgespräche führen **IV.** *m* ❶ (*manière*) Sprache *f* ❷ (*langue régionale*) Mundart *f*

parlophone® [paʀlɔfɔn] *m* BELG Sprechanlage *f*

parmi [paʀmi] *prép.* ❶ (*entre*) unter (+ *Dat*), von; **compter qn ~ ses amis** jdn zu seinen Freunden zählen ❷ (*dans: sans mouvement*) [mitten] unter (+ *Dat*); (*avec mouvement*) [mitten] durch

parodie [paʀɔdi] *f* **être une ~ de qc** eine Parodie auf etw (*Akk*) sein

paroisse [paʀwas] *f* Pfarrgemeinde *f*

paroissien, ne [paʀwasjɛ̃, jɛn] *m, f* Gemeinde[mit]glied *nt*

parole [paʀɔl] *f* ❶ *souvent pl.* (*mot*) Wort *nt* ❷ (*promesse*) ~ **d'honneur** Ehrenwort *nt;* **de** ~ (*femme, homme*) zuverlässig; **croire qn sur** ~ jdm aufs Wort glauben ❸ *sans pl.* (*faculté de parler*) Sprache *f* ❹ *sans pl.* (*fait de parler*) **prendre la** ~ das Wort ergreifen; **couper la ~ à qn** jdn unterbrechen; **donner la ~ à qn** jdm das Wort erteilen; **ne plus adresser la ~ à qn** mit jdm nicht mehr reden ❺ *pl* MUS Text *m* ▸ **ma ~!** (*je le jure!*) ich schwörs!; (*exprimant l'étonnement*) das gibt's doch nicht!

parpaing [paʀpɛ̃] *m* ARCHIT Leichtbaustein *m*

parquet [paʀkɛ] *m* Parkett[boden *m*] *nt*

parrain [paʀɛ̃] *m* ❶ REL Patenonkel *m,* Göd *m* (A) ❷ *fig* Pate *m*

parrainage [paʀɛnaʒ] *m* (*soutien*) Schirmherrschaft *f;* (*financier*) Förderung *f*

parrainer [paʀene] <1> *v. tr.* ❶ (*apporter son soutien*) ~ **qc** für etw die Schirmherrschaft übernehmen ❷ (*introduire*) ~ **qn** für jdn bürgen

parsemer [paʀsəme] <4> *v. tr.* **parsemé de qc** mit etw übersät

part [paʀ] *f* ❶ Teil *m;* ~ **de gâteau** Stück *nt* Kuchen ❷ (*participation*) ~ **dans qc** Anteil *m* an etw (*Dat*); **prendre ~ à qc** sich an etw (+ *Dat*) beteiligen ▸ **faire la ~ des choses** allen Faktoren Rechnung tragen; **autre** ~ *fam* anderswo; **d'une ~..., d'autre ~ ...** einerseits ..., andererseits ...; **d'autre** ~ außerdem; **de ~ et d'autre de qn/qc** auf beiden Seiten einer Person/einer S. (*Gen*) **citoyen à ~ entière** Vollbürger *m;* **un Français à ~ entière** ein Franzose mit allen Rechten und Pflichten; **nulle** ~ nirgendwo; **faire ~ de qc à qn** jdm etw mitteilen; **prendre qn à** ~ jdn beiseite nehmen; **ranger à** ~ getrennt einsortieren; **mettre qc à** ~ etw beiseitelegen; **à ~ ça** *fam* abgesehen davon; **à ~ que** *fam* abgesehen davon, dass; **de ma/sa ~/de la ~ de qn** in meinem/seinem/ihrem Auftrag/in jds Auftrag (*Dat*); **donner à qn le bonjour de la ~ de qn** jdn von jdm grüßen; **pour ma/sa** ~ was mich/ihn/sie betrifft

partage [paʀtaʒ] *m* Aufteilung *f*

partager [paʀtaʒe] <2a> **I.** *v. tr.* ❶ teilen; ~ **qc en qc** (*gâteau*) etw in etw (*Akk*) teilen; (*pièce, terrain*) etw in etw aufteilen; ~ **qc entre des personnes/qc et qc** etw unter Menschen/zwischen etw und etw (*Dat*) aufteilen ❷ (*hésiter*) **être partagé entre qc et qc** zwischen etw und etw (*Dat*) hin- und hergerissen sein **II.** *v. pron.* (*se répartir*) **se ~ qc** etw unter sich (*Dat*) aufteilen

partagiciel [paʀtaʒisjɛl] *m* CAN Shareware *f*

partance [paʀtɑ̃s] **en** ~ (*avion*) abflugbereit; (*train, bateau*) abfahrbereit; **le train en ~ pour Paris** der Zug nach Paris

partant, e [paʀtɑ̃, ɑ̃t] **I.** *adj. fam* **être ~ pour qc** bei etw mitmachen; **je suis ~!** ich bin dabei! **II.** *m, f* SPORT Teilnehmer(in) *m(f);* **non ~(e)** Nichtstarter(in) *m(f)*

partenaire [paʀtənɛʀ] *mf* Partner(in) *m(f)*

partenariat [paʀtənaʀja] *m* **en** ~ in Zusammenarbeit (*Dat*)

parti [paʀti] *m* ❶ POL Partei *f;* **voter pour un** ~ eine Partei wählen ❷ (*camp*) **prendre le ~ de qn** sich jds Meinung (*Dat*) anschließen ▸ ~ **pris** Voreingenommenheit *f*; **prendre ~ pour/contre qn** für/

P

gegen jdn Partei ergreifen; **prendre le ~ de faire qc** sich entschließen etw zu tun; **tirer ~ de qc** Nutzen aus etw ziehen

> Die wichtigsten **partis** in Frankreich sind die sozialistische *PS (le Parti Socialiste)*, die konservative *UMP (l'Union pour un mouvement populaire)*, die kommunistische *PCF (le Parti Communiste Français)*, der rechtsextreme *FN (le Front National)* und die Grünen *(les Verts)*.

parti, e [paʀti] *part. passé de* **partir**

partial, e [paʀsjal, jo] <-aux> *adj.* parteiisch; (*juge*) befangen

participant, e [paʀtisipɑ̃, ɑ̃t] *m, f* Teilnehmer(in) *m(f)*

participatif, -ive [paʀtisipatif, -iv] *adj.* ECON (*prêt, titre*) Partizipations-

participation [paʀtisipasjɔ̃] *f* Beteiligung *f*

participe [paʀtisip] *m* Partizip *nt*

participer [paʀtisipe] <1> *v. intr.* **~ à qc** an etw (+ *Dat*) teilnehmen; ECON sich an etw (+ *Dat*) beteiligen

particularité [paʀtikylaʀite] *f* Besonderheit *f;* **qn/qc a la ~ de** das Besondere an jdm/etw ist, dass

particulier [paʀtikylje] *m* Privatperson *f;* **vente aux ~s** Verkauf *m* [auch] an privat

particulier, -ière [paʀtikylje, -jɛʀ] *adj.* ① (*aspect, exemple*) bestimmt; (*trait*) typisch; **"signes ~s [néant]"** „[keine] besondere[n] Kennzeichen" ② (*spécial*) besondere(r, s); (*cas*) Sonder- ③ (*privé*) Privat-; **cours ~s** Nachhilfestunden *Pl* ▸ **en ~** (*en privé*) unter vier Augen; (*notamment*) besonders

particulièrement [paʀtikyljɛʀmɑ̃] *adv.* besonders

partie [paʀti] *f* ① (*part*) Teil *m;* **la majeure ~ du temps** die meiste Zeit; **en ~** teilweise; **en grande ~** zum größten Teil; **faire ~ de qc** zu etw gehören ② *pl, fam* (*~s sexuelles masculines*) Weichteile *Pl* ③ JEUX, SPORT Spiel *nt;* **~ de tennis** Partie *f* Tennis ▸ **faire ~ des meubles** [schon] zum Inventar gehören; **être de la ~** (*participer*) mit von der Partie sein; (*s'y connaître*) vom Fach sein

partir [paʀtiʀ] <10> *v. intr. + être* ① (*s'en aller*) [weg]gehen; (*automobiliste, voiture, train*) abfahren; (*avion*) abfliegen; (*lettre*) hinausgehen; **~ en courant** losrennen; **~ en ville/pour** [*o* **à**] **Paris** in die Stadt/nach Paris fahren; **~ à la campagne/dans le Midi** aufs Land/in den Süden fahren; **~ en vacances** in die Ferien reisen; **~ en voyage** verreisen; **~ à la recherche de qn/qc** sich auf die Suche nach jdm/etw machen ② (*après un séjour*) abreisen ③ (*s'en aller pour s'y installer*) **~ pour** [*o* **à**] **Paris** nach Paris ziehen ④ (*démarrer: coureur, fusée*) starten; (*moteur*) anspringen; (*coup de feu*) losgehen; **c'est parti!** *fam* es geht los! ⑤ (*disparaître*) weggehen; (*odeur, tache*) herausgehen ⑥ (*commencer*) **~ d'un principe** von einem Prinzip ausgehen; **~ de Berlin** von Berlin abfahren ▸ **à ~ de** (*dans l'espace*) von … an; (*dans le temps*) ab; (*sur la base de*) aus

partisan, e [paʀtizɑ̃, an] **I.** *adj.* (*favorable à*) **être ~ de qc** etw befürworten **II.** *m, f* Befürworter(in) *m(f);* (*d'une personne*) Anhänger(in) *m(f)*

partitif, -ive [paʀtitif, -iv] *adj.* (*article*) Teilungs-

partition [paʀtisjɔ̃] *f* ① MUS Partitur *f* ② INFORM Partition *f*

partout [paʀtu] *adv.* ① überall; **un peu ~** da und dort ② SPORT **[être à] trois ~** drei zu drei [stehen]

paru, e [paʀy] *part. passé de* **paraître**

parure [paʀyʀ] *f* (*bijoux*) Schmuck *m*

parution [paʀysjɔ̃] *f* Erscheinen *nt*

parvenir [paʀvəniʀ] <9> *v. intr. + être* ① (*atteindre*) gelangen; **~ à une maison/au sommet** zu einem Haus/auf den Gipfel gelangen ② (*arriver*) **~ à qn** (*colis, lettre*) jdn erreichen; **faire ~ une lettre à qn** jdm ein Schreiben zukommen lassen ③ (*réussir à obtenir*) **~ à la gloire** zu Ruhm gelangen; **~ à convaincre qn** jdn überzeugen können

pas[1] [pɑ] *m* ① (*enjambée*) Schritt *m;* **au ~ de course** im Laufschritt ② *pl* (*trace*) Fußstapfen *Pl*; **revenir sur ses ~** umkehren ③ (*allure: d'un cheval*) Schritt *m;* (*d'une personne*) Gang *m;* **marcher au ~** im Gleichschritt marschieren ④ GEO **le ~ de Calais** die Straße von

Dover ❺ (*entrée*) ~ **de la porte** Türschwelle *f;* **sur le ~ de la porte** in der Tür ▸**faire les cent ~** auf und ab gehen; **à deux ~** ganz in der Nähe; **faux ~** *a. fig* Fehltritt *m;* **se sortir d'un mauvais ~** den Kopf aus der Schlinge ziehen; **~ à ~** Schritt für Schritt

pas² [pɑ] *adv.* ❶ (*négation*) **ne ~ croire** nicht glauben; [**ne**] **~ de ...** kein(e) ...; **il ne fait ~ son âge** er sieht jünger aus, als er ist; **j'ai ~ le temps** *fam* ich habe keine Zeit; [**ne**] **~ assez/beaucoup ...** nicht genug/viel ... ❷ *sans verbe* **~ bête!** gar nicht [so] dumm!; **~ encore** noch nicht; **~ du tout** überhaupt nicht; **~ que je sache** nicht, dass ich wüsste; **~ toi?** du nicht? ❸ *avec un adj* nicht; **~ ordinaire** ungewöhnliche

pascal [paskal] <s> *m* INFORM PASCAL *nt*

pas-de-porte [padpɔʀt] *m inv.* COM *Abstandszahlung an den Vormieter eines Geschäftslokals*

passable [pɑsabl] *adj.* SCOL ausreichend

passage [pɑsaʒ] *m* ❶ (*venue*) Vorbeikommen *nt;* **~ interdit** Durchfahrt verboten; **personne de ~** Durchreisende(r) *f(m)* ❷ (*court séjour*) [kurzer] Aufenthalt ❸ (*avancement*) **~ d'un élève en sixième** Versetzung *f* eines Schülers in die 6. Klasse; **~ au grade de capitaine** Beförderung *f* zum Hauptmann ❹ (*transformation*) Übergang *m* ❺ (*voie: pour piétons*) Weg *m;* (*pour véhicules*) Durchfahrt *f;* **~ clouté** Zebrastreifen *m;* **~ à niveau** Bahnübergang *m* ❻ (*petite rue couverte*) Passage *f* ❼ (*fragment*) Passage *f;* **~ de la Bible** Bibelstelle *f* ▸**céder le ~ à qn/qc** jdm/einer S. die Vorfahrt lassen; **au ~** (*en chemin*) im Vorbeigehen; (*soit dit en passant*) nebenbei

passager, -ère [pɑsaʒe, -ɛʀ] **I.** *adj.* vorübergehend; (*bonheur*) vergänglich; (*pluies*) gelegentlich **II.** *m, f* (*d'un navire*) Passagier *m;* (*d'un avion*) Fluggast *m;* (*d'un train*) Fahrgast *m;* (*d'une voiture*) Insasse *m*/Insassin *f;* **~(-ère) avant** Beifahrer(in) *m(f)*

passant [pɑsɑ̃] *m* (*d'une ceinture*) Schlaufe *f*

passant, e [pɑsɑ̃, ɑ̃t] *m, f* Passant(in) *m(f)*

passe [pɑs] *f* Pass *m* ▸**être dans une mauvaise ~** eine schwere Zeit durchleben

passé, e [pɑse] *adj.* ❶ (*siècle*) letzte(r, s) ❷ (*révolu*) vergangen; (*angoisse*) früher ❸ (*plus de*) **il est midi ~** es ist schon Mittag vorbei ❹ (*couleur*) verblasst

passé [pɑse] **I.** *m* Vergangenheit *f;* **~ simple** Passé simple *nt;* **~ composé** Perfekt *nt;* **tout ça c'est du ~** *fam* all das ist Schnee von gestern **II.** *prép.* **~ minuit** nach Mitternacht

passementerie [pɑsmɑ̃tʀi] *f* Posamenterie *f*

passe-plat [pɑspla] <passe-plats> *m* Durchreiche *f*

passeport [pɑspɔʀ] *m* [Reise]pass *m*

passer [pɑse] <1> **I.** *v. intr.* + *avoir o être* ❶ (*se déplacer*) vorbeigehen; (*véhicule, automobiliste*) vorbeifahren; **laisser ~** vorbeilassen; **~ chez qn** bei jdm vorbeikommen ❷ AUT fahren; **le bus va bientôt ~** der Bus wird gleich kommen ❸ (*avoir un certain trajet*) **~ au bord de qc** (*train*) an etw (*Dat*) vorbeifahren; (*route*) an etw (*Dat*) vorbeiführen; **~ dans une ville** (*automobiliste, voiture*) durch eine Stadt fahren; (*rivière*) durch eine Stadt fließen; **~ devant qn/qc** an jdm/etw vorbeigehen; **~ entre deux maisons** (*personne*) zwischen zwei Häusern durchgehen; (*route*) zwischen zwei Häusern verlaufen; **~ par Francfort** (*automobiliste*) über Frankfurt fahren; (*route*) über Frankfurt führen; (*avion*) über Frankfurt fliegen; **~ par la porte** durch die Tür gehen; **~ sous/sur qc** unter etw (*Dat*)/über etw (*Akk*) gehen/fahren ❹ (*réussir à franchir: personne, animal, véhicule*) durchkommen; (*objet, meuble*) durchpassen ❺ (*filtrer, s'infiltrer par: café*) durchlaufen; (*eau, lumière*) durchdringen ❻ (*se trouver*) **où est passée ta sœur?** wo ist deine Schwester [ab]geblieben?; **où est passée la clé?** wo ist der Schlüssel hingekommen? ❼ (*changer*) **~ d'une pièce à l'autre** von einem Zimmer in den anderen [hinüber]gehen; **~ en seconde** AUT in den zweiten Gang schalten; **passer au rouge** auf Rot schalten ❽ (*moments difficiles*) durchmachen ❾ (*utiliser comme intermédiaire*) **~ par qn** sich an jdn wenden ⑩ (*avoir son tour, être présenté*) drankommen; **faire ~ qn avant/après les autres** jdn vor/nach den anderen drannehmen (*fam*); **~ à la radio/télé** im Radio/Fernsehen kommen; **le film passe au Rex** der Film läuft im Rex ⑪ (*être accepté*) **~ en sixième** in die 6. Klasse versetzt werden; **bien/mal ~** (*plaisanterie*) gut/schlecht ankommen ⑫ (*ne pas tenir compte de, oublier*) **~ sur les détails** über die Einzelheiten hinwegsehen; **passons!** sei(')s drum! ⑬ JEUX passen ⑭ (*s'écouler: temps*) vergehen; **on ne voyait pas le temps ~** die Zeit verging im Nu ⑮ (*disparaître*) vergehen; (*colère*) verfliegen; (*mode, chagrin*) vorübergehen; (*pluie, orage*) nachlassen; (*couleur*) verblassen; **ça te passera** das wird dir schon vergehen ⑯ (*devenir*) **~ capitaine/directeur** zum Hauptmann befördert/zum Direktor ernannt werden ⑰ **~ pour qc** (*être pris pour*) für etw gehalten werden; (*avoir la réputation de*) als etw gelten; **faire ~ qn pour qc** jdn als etw ausgeben ▶ **~ outre à qc** sich über etw (*Akk*) hinwegsetzen; **ça passe ou ça casse!** *fam* alles oder nichts! **II.** *v. tr. + avoir* ① (*donner*) geben ② (*prêter*) leihen ③ SPORT **~ la balle à qn** an jdn abspielen ④ (*au téléphone*) **~ qn à qn** jdn mit jdm verbinden ⑤ (*examen*) machen; **~ son bac** das Abitur machen ⑥ (*vivre, occuper*) **~ ses vacances à Rome** seine Ferien in Rom verbringen ⑦ (*film, diapositives*) zeigen; (*disque*) spielen; (*cassette*) abspielen ⑧ (*rivière, montagne*) überqueren; (*seuil*) überschreiten; (*obstacle*) überwinden; (*en sautant*) überspringen; (*tunnel, écluse*) durchfahren; (*mur du son*) durchbrechen; (*frontière*) passieren ⑨ (*faire mouvoir*) **~ le chiffon sur l'étagère** auf dem Regal etwas Staub wischen ⑩ (*étaler*) **~ sur qc** (*couche de peinture*) auf etw (*Akk*) auftragen ⑪ (*rincer*) **~ sous le robinet** kurz abspülen ⑫ GASTR (*sauce, soupe*) [durch]passieren; (*thé*) durch ein Sieb gießen ⑬ (*calmer*) **~ sa colère sur qn/qc** seine Wut an jdm/etw auslassen ⑭ (*oublier*) auslassen ⑮ (*permettre*) **~ tous ses caprices à qn** jdm alle Launen durchgehen lassen ⑯ (*vêtement*) überziehen ⑰ AUT (*vitesse*) einlegen ⑱ (*marché, contrat*) abschließen; (*accord*) treffen **III.** *v. pron.* ① (*avoir lieu*) **se ~** geschehen; **que s'est-il passé?** was ist passiert?; **que se passe-t-il?** was ist denn los? ② (*se dérouler*) **se ~** (*journée*) vergehen; (*action, histoire*) sich abspielen; (*fête, manifestation*) stattfinden; (*accident*) sich ereignen; **si tout se passe bien** wenn alles gut geht ③ (*se débrouiller sans*) **se ~ de qn/qc** ohne jdn/etw auskommen; **se ~ de faire qc** darauf verzichten etw zu tun ④ (*se mettre*) **se ~ de la crème sur le visage** sich (*Dat*) das Gesicht eincremen; **se ~ la main sur le front** sich (*Dat*) mit der Hand über die Stirn streichen ▶ **ça ne se passera pas comme ça!** *fam* so geht das ja nun nicht!

passerelle [pɑsʀɛl] *f* ① (*pont*) Steg *m* ② AVIAT, NAUT Gangway *f;* (*pont supérieur*) Brücke *f*

passe-temps [pɑstɑ̃] *m inv.* Zeitvertreib *m*

passif [pasif] *m* LING Passiv *nt*

passif, -ive [pasif, -iv] *adj.* ① (*apathique*) passiv ② (*qui n'agit pas*) untätig ③ LING (*forme*) Passiv-

passion [pasjɔ̃] *f* Leidenschaft *f;* **~ du sport** Sportbegeisterung *f*

passionnant, e [pasjɔnɑ̃, ɑ̃t] *adj.* faszinierend

passionné, e [pasjɔne] **I.** *adj.* leidenschaftlich; **être ~ de qc** ein großer Liebhaber einer S. (*Gen*) sein **II.** *m, f* **~ de cinéma** großer Kinofan

passionnément [pasjɔnemɑ̃] *adv.* leidenschaftlich

passionner [pasjɔne] <1> **I.** *v. tr.* **~ qn** (*personne*) jdn faszinieren; (*lecture, spectacle*) jdn fesseln **II.** *v. pron.* **se ~ pour qc** sich für etw begeistern

passivement [pasivmɑ̃] *adv.* passiv; (*assister*) tatenlos

passivité [pasivite] *f* Passivität *f*

passoire [pɑswaʀ] *f* Sieb *nt*

pastel [pastɛl] **I.** *m* ① (*crayon*) Pastellstift *m* ② ART Pastell[bild] *nt* **II.** *app inv.* (*couleur*) Pastell-

pastèque [pastɛk] *f* Wassermelone *f*

pasteur [pastœʀ] *mf* [evangelischer] Pfarrer

pastille [pastij] *f* ① (*bonbon*) Bonbon *m o nt* ② AUT **~ verte** ≈ Umweltplakette *f,* ≈ Feinstaubplakette ③ INFORM Auswahlknopf *m*

P

pastis [pastis] *m* Pastis *m*
patate [patat] *f* ❶ *fam* Kartoffel *f;* ~ **douce** Süßkartoffel *f;* **~s frites** CAN Pommes frites *Pl* ❷ *fam* (*imbécile*) Pflaume *f*
pataud, e [pato, od] **I.** *adj.* (*air, démarche*) plump; (*personne*) ungeschickt **II.** *m, f* Tollpatsch *m*
pataugeoire [patoʒwaʀ] *f* Planschbecken *nt*
patauger [patoʒe] <2a> *v. intr.* ❶ (*marcher*) waten ❷ (*ne pas suivre: élève*) nicht [mehr] mitkommen (*fam*) ❸ (*s'empêtrer*) sich [vergeblich] abstrampeln (*fam*)
patchwork [patʃwœʀk] *m* ❶ COUT Patchwork *nt* ❷ *fig* [buntes] Durcheinander
pâte [pɑt] *f* ❶ GASTR Teig *m;* **fromage à ~ molle/dure** Weich-/Hartkäse *m;* **les ~s** die Nudeln *Pl* ❷ (*substance molle*) Paste *f;* ~ **à modeler** Knetmasse *f*
pâté [pɑte] *m* ❶ GASTR Pastete *f* ❷ (*tache d'encre*) Tintenklecks *m* ❸ (*ensemble*) ~ **de maisons** Häuserblock *m*
pâtée [pɑte] *f* (*du chien, chat*) Futter *nt*
paternaliste [patɛʀnalist] *adj.* paternalistisch
paternel, le [patɛʀnɛl] *adj.* väterlich; **grands-parents ~s** Großeltern väterlicherseits
paternité [patɛʀnite] *f* Vaterschaft *f*
pâteux, -euse [pɑtø, -øz] *adj.* zähflüssig; (*sauce*) dickflüssig
patiemment [pasjamɑ̃] *adv.* geduldig
patience [pasjɑ̃s] *f* Geduld *f*
patient, e [pasjɑ̃, jɑ̃t] **I.** *adj.* geduldig; **être ~** Geduld haben **II.** *m, f* MED Patient(in) *m(f)*
patienter [pasjɑ̃te] <1> *v. intr.* warten
patin [patɛ̃] *m* ~ **à roulettes** Rollschuh *m;* ~ **à glace** Schlittschuh *m;* **~s en ligne** Inlineskates *Pl*; **faire du ~ à roulettes** Rollschuh laufen; **faire du ~ à glace** Schlittschuh laufen, eislaufen ▸ **rouler un ~ à qn** *fam* jdm einen Zungenkuss geben
patinage [patinaʒ] *m* ~ **artistique** Eiskunstlauf *m*
patineur, -euse [patinœʀ, -øz] *m, f* Schlittschuhläufer(in) *m(f);* ~ **à roulettes** Rollschuhläufer; **~/patineuse en ligne** Inlineskater(in) *m(f)*
patinoire [patinwaʀ] *f* ❶ (*piste de patinage*) Eisbahn *f* ❷ (*endroit glissant*) Rutschbahn *f* (*fam*)
patio [patjo, pasjo] *m* Patio *m*
pâtisserie [pɑtisʀi] *f* ❶ (*magasin*) Konditorei *f* ❷ (*métier*) Konditorhandwerk *nt* ❸ (*gâteaux*) Gebäck *nt kein Pl.* ❹ (*préparation de gâteaux*) Backen *nt*
pâtissier, -ière [pɑtisje, -jɛʀ] *m, f* Konditor(in) *m(f)*
patois [patwa] *m* [lokale] Mundart
patrie [patʀi] *f* Heimat *f;* **mourir pour la ~** für das Vaterland sterben
patrimoine [patʀimwan] *m* ❶ (*biens de famille*) Vermögen *nt* ❷ (*bien commun*) Erbe *nt* ❸ BIO ~ **génétique** Erbgut *nt*
patriote [patʀijɔt] **I.** *adj.* patriotisch; **être ~** ein Patriot sein **II.** *mf* Patriot(in) *m(f)*
patriotique [patʀijɔtik] *adj.* patriotisch
patriotisme [patʀijɔtism] *m* Patriotismus *m*
patron, -onne [patʀɔ̃, ɔn] *m, f* ❶ Chef(in) *m(f); fam* Boss *m;* (*d'un restaurant, café, hôtel*) Wirt(in) *m(f)* ❷ (*le patronat*) **les ~s** die Arbeitgeber ❸ REL Schutzpatron(in) *m(f)*
patronage [patʀɔnaʒ] *m* Schirmherrschaft *f*
patronat [patʀɔna] *m* Arbeitgeberschaft *f*
patrouille [patʀuj] *f* Patrouille *f;* ~ **[de police]** [Polizei]streife *f*
patrouiller [patʀuje] <1> *v. intr.* patrouillieren; (*policier*) Streife fahren
patte [pat] *f* ❶ (*d'un animal*) Bein *nt* ❷ (*extrémité: d'un chien, chat*) Pfote *f;* (*d'un lion*) Pranke *f;* (*d'un ours*) Tatze *f* ❸ *fam* Bein *nt;* (*main*) Pfote *f* ❹ CH (*chiffon*) Lappen *m* ▸ **pantalon à ~s d'éléphant** Hose *f* mit Schlag; **bas les ~s!** *fam* Pfoten weg!; **à quatre ~s** *fam* auf allen vieren
pattemouille [patmuj] *f* Bügeltuch *nt*
pâturage [pɑtyʀaʒ] *m* Weide *f*
paume [pom] *f* ❶ ~ **[de la main]** Handteller *m* ❷ SPORT **jeu de ~** Paumespiel *nt*
paumé, e [pome] **I.** *adj. fam* (*lieu, village*) gottverlassen; **être ~** (*personne*) nicht mehr wissen, wo man ist; *fig* völlig neben der Kappe sein **II.** *m, f fam* **c'est un ~** er ist total von der Rolle
paumer [pome] <1> **I.** *v. tr. fam* ver-

bummeln **II.** *v. pron. fam* **se ~** (*à pied*) sich verlaufen; (*en voiture*) sich verfahren

paupière [popjɛʀ] *f* [Augen]lid *nt*

paupiette [popjɛt] *f* **~ de veau** Kalbsroulade *f*

pause [poz] *f* Pause *f;* MUS ganze Pause

pause-café [pozkafe] <pauses-café> *f fam* Kaffeepause *f*

pauvre [povʀ] **I.** *adj.* ❶ arm; (*mobilier, vêtement*) ärmlich; (*végétation*) spärlich; **~ en graisse** (*nourriture*) fettarm ❷ *antéposé* (*argument, sourire*) schwach; (*excuse*) fadenscheinig; (*salaire*) kümmerlich **II.** *mf* Arme(r) *f(m)*

pauvreté [povʀəte] *f* Armut *f;* (*du sol*) Kargheit *f;* (*du style*) Farblosigkeit *f;* (*d'une habitation, du mobilier*) Armseligkeit *f*

pavé [pave] *m* ❶ (*bloc, dalle*) Pflasterstein *m* ❷ (*revêtement*) [Straßen]pflaster *nt* ❸ *péj fam* (*livre*) [dicker] Wälzer ❹ (*morceau de viande*) **~ de bœuf** *großes Rinder[filet]steak* ❺ INFORM **~ numérique** Ziffernblock *m*

pavillon [pavijɔ̃] *m* ❶ (*maison particulière*) [kleineres] Einfamilienhaus; (*dans un jardin*) Pavillon *m* ❷ NAUT Flagge *f*

pavoiser [pavwaze] <1> *v. intr. fam* sich mit stolzgeschwellter Brust zeigen

payable [pɛjabl] *adj.* zahlbar; **~ en espèces** [in] bar zu zahlen

payant, e [pɛjɑ̃, ɑ̃t] *adj.* ❶ (*parking, stationnement*) gebührenpflichtig; **l'entrée est ~e** es muss Eintritt bezahlt werden; **c'est ~** das kostet Eintritt ❷ (*entreprise*) rentabel; (*coup*) Gewinn bringend

paye [pɛj] *f voir* **paie**

payer [peje] <7> **I.** *v. tr.* ❶ bezahlen; (*intérêt, loyer*) zahlen ❷ (*service, maison*) bezahlen für; **faire ~ qc à qn trente euros** jdm dreißig Euro für etw berechnen ❸ (*récompenser*) belohnen; **qn est bien/mal payé de qc** etw wird jdm gut/schlecht gelohnt ❹ (*offrir*) **~ un livre à qn** jdm ein Buch kaufen; **~ un coup à qn** *fam* jdm einen ausgeben ❺ (*expier*) **~ qc de qc** etw mit etw bezahlen müssen; **tu me le paieras!** das sollst du mir büßen! **II.** *v. intr.* ❶ zahlen ❷ (*être rentable*) sich lohnen; (*politique, tactique*) sich bezahlt machen ❸ (*expier*) **~ pour qn/qc** für jdn/etw büßen müssen **III.** *v. pron.* **se ~** ❶ *fam* (*s'offrir*) **se ~ qc** sich (*Dat*) etw leisten ❷ *fam* (*se prendre*) **se ~ un arbre** gegen einen Baum knallen ▶ **se ~ la <u>tête</u> de qn** *fam* jdn veräppeln

pays [pei] *m* ❶ Land *nt;* **~ natal** Heimatland; **~ membres de l'UE** EU-Länder; **~ de Galles** Wales; **~ en voie de développement** Entwicklungsland ❷ *sans pl.* (*région natale*) Heimat *f;* **les gens du ~** die Einheimischen *Pl*; **être du ~** aus der Gegend sein; **saucisson de ~** Bauernwurst *f* ❸ *sans pl.* (*patrie*) Vaterland *nt* ❹ *sans pl.* (*terre d'élection*) **le ~ du vin** das Land des Weins ❺ GEO **plat ~** Flachland *nt;* **voir du ~** etwas von der Welt sehen ❻ (*village*) Ort *m*

paysage [peizaʒ] *m* ❶ Landschaft *f* ❷ *fig* **~ audiovisuel** Fernsehlandschaft

paysagiste [peizaʒist] **I.** *mf* ❶ HORT Landschaftsgärtner(in) *m(f)* ❷ ART Landschaftsmaler(in) *m(f)* **II.** *app* **architecte ~** Gartenarchitekt(in) *m(f)*

paysan, ne [peizɑ̃, an] **I.** *adj.* (*vie*) ländlich; (*problème, revendications*) der Bauern; **le monde ~** die Bauernschaft **II.** *m, f* ❶ Bauer *m*/Bäuerin [*o* Bauersfrau] *f* ❷ *péj* **quel ~!** was für ein ungehobelter Kerl!

Pays-Bas [peiba] *mpl* **les ~** die Niederlande

PC [pese] *m abr. de* **personal computer** PC *m;* **~ de poche** Taschencomputer *m*

PCF [peseɛf] *m abr. de* **Parti communiste français** PCF *f (Kommunistische Partei Frankreichs)*

PDG [pedeʒe] *m fam abr. de* **président-directeur général**

péage [peaʒ] *m* ❶ (*lieu*) Gebührenzahlstelle *f;* (*sur autoroutes*) Mautstelle *f* ❷ (*taxe*) Benutzungsgebühr *f;* (*sur autoroutes*) Autobahngebühr; **à ~** gebührenpflichtig

In Frankreich ist die Benutzung der meisten Autobahnen gebührenpflichtig. Die Autobahnen sind in Teilstrecken untergliedert und mit **péages** (Mautstellen) versehen. An ihnen bekommt man ein *ticket*, wenn man auf die Autobahn fährt, und man bezahlt, wenn man sie wieder verlässt.

peau [po] <x> *f* ① Haut *f* ② *pl* **~x mortes** Hornhaut ③ (*cuir*) Leder *nt* ④ (*d'une pomme, orange*) Schale *f* ► **coûter la ~ des fesses** *fam* ein Heidengeld kosten; **n'avoir que la ~ sur les os** nur noch Haut und Knochen sein; **avoir la ~ dure** *fam* ein dickes Fell haben; **vieille ~** *péj fam* alte Schachtel; **j'aurai ta ~!** *fam* dir dreh ich den Hals um!; **défendre sa ~** um sein Leben kämpfen; **faire la ~ à qn** *fam* jdn kaltmachen; **risquer sa ~ [pour qn/qc]** *fam* Kopf und Kragen [für jdn/etw] riskieren; **y laisser sa ~** *fam* dran glauben müssen; **tenir à sa ~** *fam* am [*o* an seinem] Leben hängen

péché [peʃe] *m* Sünde *f*

pêche¹ [pɛʃ] *f* Pfirsich *m* ► **avoir la ~** *fam* topfit sein

pêche² [pɛʃ] *f sans pl.* ① (*profession*) Fischerei *f;* **~ au thon** Thunfischfang *m* ② (*loisir*) Fischen *nt;* (*à la ligne*) Angeln *nt;* **aller à la ~** angeln gehen ③ (*période*) Fangzeit *f;* **la ~ est ouverte** die Angelsaison ist eröffnet; (*en mer*) die Fangzeit hat begonnen ④ (*prises*) Fang *m*

pêcher¹ [peʃe] <1> **I.** *v. intr.* fischen; (*avec une canne*) angeln **II.** *v. tr.* ① (*être pêcheur de*) fischen ② (*poissons, crustacés*) fangen ③ *fam* (*idée, histoire*) ausgraben; (*costume, vieux meuble*) aufstöbern

pêcher² [peʃe] *m* Pfirsichbaum *m*

pécheur, -eresse [peʃœʀ, -ʀɛs] *m, f* Sünder(in) *m(f)*

pêcheur, -euse [pɛʃœʀ, -øz] *m, f* (*professionnel*) Fischer(in) *m(f);* (*amateur*) Angler(in) *m(f)*

pectine [pɛktin] *f* Pektin *nt*

pédagogie [pedagɔʒi] *f* ① (*science*) Pädagogik *f* ② (*méthode d'enseignement*) Lehrmethode *f* ③ *sans pl.* (*qualité*) pädagogisches Geschick

pédagogique [pedagɔʒik] *adj.* pädagogisch; (*méthode*) Erziehungs-

pédagogue [pedagɔg] **I.** *mf* Pädagoge *m*/Pädagogin *f* **II.** *adj.* pädagogisch

pédale [pedal] *f* ① a. MUS Pedal *nt;* (*d'une poubelle*) Fußhebel *m* ② *péj fam* (*homosexuel*) Schwuchtel *f* ► **perdre les ~s** *fam* ins Schleudern kommen

pédalier [pedalje] *m* ① (*d'une bicyclette*) Kettenantrieb *m (Kettenblatt und Tretlager)* ② MUS Pedalklaviatur *f*

pédalo® [pedalo] *m* Tretboot *nt*

pédant, e [pedɑ̃, ɑ̃t] **I.** *adj. péj* besserwisserisch **II.** *m, f péj* Besserwisser(in) *m(f)*

pédé [pede] *m péj fam abr. de* **pédéraste** Homo *m*

pédéraste [pedeʀast] *m* Homosexuelle(r) *m*

pédestre [pedɛstʀ] *adj.* **randonnée ~** Wanderung *f*

peeling [piliŋ] *m* Peeling *nt*

peigne [pɛɲ] *m* Kamm *m;* **se donner un coup de ~** sich mal schnell durchkämmen (*fam*) ► **passer qc au ~ fin** etw genau unter die Lupe nehmen (*fam*)

peigner [peɲe] <1> **I.** *v. tr.* kämmen **II.** *v. pron.* **se ~** sich kämmen

peignoir [pɛɲwaʀ] *m* Bademantel *m*

peinard, e [pɛnaʀ, aʀd] *adj. fam* ruhig; (*boulot, vie*) bequem

peindre [pɛ̃dʀ] <irr> **I.** *v. intr.* **~ au pinceau** mit dem Pinsel malen **II.** *v. tr.* ① [an]streichen; (*carrosserie*) spritzen ② ART malen

peine [pɛn] **I.** *f* ① (*chagrin, douleur*) Kummer *m;* **avoir de la ~** traurig sein; **faire de la ~ à qn** jdn verletzen ② JUR Strafe *f;* **~ de mort** Todesstrafe ③ (*effort, difficulté*) Mühe *f;* **avoir de la ~ à faire qc** [große] Mühe haben etw zu tun; **croire sans ~ qc** etw ohne weiteres glauben; **ne vous donnez pas cette ~** machen Sie sich (*Dat*) keine Umstände; **avec ~** mühsam; **sans ~** mühelos ► **c'est bien la ~ de faire qc** *iron* es lohnt sich vielleicht, etw zu tun (*fam*); **sous ~ de ...** um zu vermeiden, dass ... **II.** *adv.* **à ~** kaum; (*tout au plus*) noch nicht einmal; (*finir, partir*) gerade erst

peiner [pene] <1> **I.** *v. intr.* **~ à/pour faire qc** Mühe haben etw zu tun; **~ sur un problème** sich mit einem Problem [herum]plagen **II.** *v. tr.* ① (*nouvelle, refus*) traurig machen ② (*décevoir*) enttäuschen

peint, e [pɛ̃, pɛ̃t] *part. passé de* **peindre**

peintre [pɛ̃tʀ] *mf* Maler(in) *m(f);* **~ en bâtiment** Anstreicher(in) *m(f)*

peinture [pɛ̃tyʀ] *f* ① (*couleur*) Farbe *f* ② (*couche*) Anstrich *m;* **~ fraîche!** frisch gestrichen! ③ ART (*technique, genre*) Malerei *f;* (*toile*) Gemälde *nt*

péjoratif, **-ive** [peʒɔʀatif, -iv] *adj.* pejorativ

péjorativement [peʒɔʀativmɑ̃] *adv.* pejorativ

pelage [pəlaʒ] *m* Fell *nt*

pelé, **e** [pəle] *adj.* kahl

pêle-mêle [pɛlmɛl] *adv.* [kunterbunt] durcheinander

peler [pəle] <4> **I.** *v. intr.* ❶ (*peau, nez*) sich schälen ❷ *fam* (*avoir froid*) sich (*Dat*) einen abfrieren **II.** *v. tr.* (*éplucher*) schälen

pèlerin [pɛlʀɛ̃] *m* REL Pilger(in) *m(f)*

pèlerinage [pɛlʀinaʒ] *m* REL Wallfahrt *f*; **lieu de ~** Wallfahrtsort *m*

pélican [pelikɑ̃] *m* Pelikan *m*

pelle [pɛl] *f* Schaufel *f*; **~ à tarte** Tortenheber *m* ▶**à la ~** *fam* haufenweise; **rouler une ~ à qn** *fam* mit jdm knutschen

pelletée [pɛlte] *f* **une ~ de sable** eine Schaufel [voll] Sand

pelleteuse [pɛltøz] *f* [Löffel]bagger *m*

pellicule [pelikyl] *f* ❶ PHOT, CINE Film *m* ❷ (*mince couche*) **une ~ de poussière** eine Staubschicht ❸ *pl* (*peau morte*) Schuppen *Pl*

pelote [p(ə)lɔt] *f* ❶ COUT Knäuel *nt* ❷ SPORT **~ [basque]** Pelota[spiel *nt*] *f*

pelouse [p(ə)luz] *f* Rasen *m*

peluche [p(ə)lyʃ] *f* ❶ (*jouet*) Plüschtier *nt*; **ours en ~** Teddybär *m* ❷ (*poil*) Fussel *f o m*

pelucher [p(ə)lyʃe] <1> *v. intr.* fusseln

pénal, **e** [penal, o] <-aux> *adj.* Straf-; (*responsabilité*) strafrechtlich

pénaliser [penalize] <1> *v. tr.* ❶ a. SPORT bestrafen ❷ (*désavantager: origine, religion*) benachteiligen

pénalité [penalite] *f* ❶ (*peine*) Strafgebühr *f* ❷ SPORT **coup de pied de ~** Strafstoß *m*

penaud, **e** [pəno, od] *adj.* (*honteux*) beschämt; (*déçu*) enttäuscht

penchant [pɑ̃ʃɑ̃] *m* **avoir un ~ à qc** zu etw neigen

pencher [pɑ̃ʃe] <1> **I.** *v. intr.* ❶ (*perdre l'équilibre: moto, pile de livres*) sich [zur Seite] neigen; (*arbre*) sich biegen; (*bateau*) Schlagseite haben ❷ (*ne pas être droit*) **être penché** (*mur, tour*) schief sein; (*tableau*) schief hängen ❸ (*se courber vers*) **être penché sur qn/qc** sich über jdn/etw beugen ❹ (*se prononcer pour*) **~ pour qc** einer S. (*Dat*) zuneigen **II.** *v. tr.* (*bouteille, carafe*) schräg halten; (*table, chaise*) kippen; (*tête: en avant, sur qc*) beugen; (*sur le côté*) [zur Seite] neigen; (*en arrière*) zurücklegen **III.** *v. pron.* ❶ (*baisser*) **se ~** sich bücken; **se ~ par la fenêtre** sich zum Fenster hinauslehnen ❷ (*examiner*) **se ~ sur un problème** sich mit einem Problem befassen

pendant [pɑ̃dɑ̃] **I.** *prép.* während (+ *Gen*); **~ ce temps** währenddessen; **~ longtemps** lange Zeit hindurch; **~ la journée** tagsüber; **~ trois jours** drei Tage [lang]; **~ le mois de janvier** im Laufe des Januar[s] **II.** *conj.* **~ que ...** (*tandis que*) während ...; (*aussi longtemps que*) solange ... ▶**~ que tu y es** *iron* wenn du schon mal dabei bist; **~ que j'y pense ...** da fällt mir gerade ein ...

pendentif [pɑ̃dɑ̃tif] *m* [Schmuck]anhänger *m*

penderie [pɑ̃dʀi] *f* (*placard*) Wandschrank *m*; (*armoire*) Kleiderschrank *m*

pendouiller [pɑ̃duje] <1> *v. intr. fam* [herum]baumeln

pendre [pɑ̃dʀ] <14> **I.** *v. intr.* + *être* **~ à qc** an etw (*Dat*) hängen; **~ de qc** von etw herunterhängen **II.** *v. tr.* ❶ (*accrocher*) aufhängen ❷ (*mettre à mort*) hängen; **~ qn à qc** jdn an etw (*Dat*) aufhängen **III.** *v. pron.* ❶ (*s'accrocher*) **se ~ à qc** sich an etw (*Akk*) hängen ❷ (*se suicider*) **se ~** sich erhängen

pendu, **e** [pɑ̃dy] **I.** *part. passé de* **pendre** **II.** *adj. fam* (*agrippé*) **être ~ aux lèvres de qn** an jds Lippen (*Dat*) hängen; **être ~ au téléphone** an der Strippe hängen **III.** *m, f* ❶ Gehängte(r) *f(m)* ❷ JEUX **jouer au ~** Galgenraten *nt* spielen

pendule [pɑ̃dyl] **I.** *f* Uhr *f*; (*pour la cuisine*) Küchenuhr; (*murale*) Wanduhr ▶**remettre les ~s à l'heure** die/eine Sache richtigstellen **II.** *m* (*d'un sourcier, radiesthésiste*) [siderisches] Pendel

pénétrant, **e** [penetʀɑ̃, ɑ̃t] *adj.* ❶ durchdringend ❷ (*odeur*) penetrant (*pej*)

pénétrer [penetʀe] <5> **I.** *v. intr.* (*personne*) hineingehen; (*vent, odeur, cambrioleur*) eindringen; (*soleil*) hereinscheinen; (*liquide, crème*) einziehen **II.** *v. tr.* durchdringen

P

pénible [penibl] *adj.* ① (*travail, voyage*) anstrengend; (*tâche*) schwierig ② (*circonstance, événement*) traurig; (*heure*) schwer ③ *fam* (*personne*) unerträglich; **elle est ~** sie kann einen nerven

péniblement [penibləmɑ̃] *adv.* ① (*difficilement*) mühsam ② (*tout juste*) [nur] knapp

pénis [penis] *m* Penis *m*

pense-bête [pɑ̃sbɛt] <pense-bêtes> *m* Gedächtnisstütze *f;* (*petite feuille*) [Notiz]zettel *m;* (*signe*) Merkzeichen *nt*

pensée [pɑ̃se] *f* ① (*idée*) Gedanke *m* ② *sans pl.* (*opinion*) Meinung *f* ③ *sans pl.* PHILOS Denken *nt;* (*façon de pensée*) Denkweise *f* ④ (*esprit*) Geist *m*

penser [pɑ̃se] <1> **I.** *v. intr.* ① **~ à qn/qc** an jdn/etw denken; **faire ~ à qn/qc** an jdn/etw erinnern ② (*réfléchir*) **~ à qc** über etw (*Akk*) nachdenken ▸**je pense bien!** *fam* und ob!; **laisser à ~ que** darauf schließen lassen, dass; **mais j'y pense ...** da fällt mir ein ...; **tu n'y penses pas!** *fam* das ist doch wohl nicht dein Ernst!; **tu penses!** *fam* und ob! **II.** *v. tr.* ① (*avoir comme opinion*) denken; **~ qc de qn/qc** etw von jdm/etw halten; **c'est bien ce que je pensais** das habe ich mir [doch] gedacht ② (*croire*) glauben; **je pense que oui/que non** ich denke ja/ich glaube nicht; **vous pensez bien que ...** *fam* Sie können sich (*Dat*) wohl denken, dass ... ③ (*avoir l'intention de*) **~ faire qc** vorhaben etw zu tun

penseur, -euse [pɑ̃sœʀ, -øz] *m, f* Denker(in) *m(f)*

pensif, -ive [pɑ̃sif, -iv] *adj.* nachdenklich

pension [pɑ̃sjɔ̃] *f* ① (*allocation*) Rente *f;* **~ alimentaire** (*en cas de divorce*) Unterhaltszahlung *f;* (*à un enfant naturel*) Alimente *Pl* ② (*internat*) Internat *nt* ③ (*hôtel, hébergement*) Pension *f;* **~ complète** Vollpension *f*

pensionnaire [pɑ̃sjɔnɛʀ] *mf* ① SCOL Internatsschüler(in) *m(f)* ② (*dans un hôtel, une famille*) Pensionsgast *m*

pensivement [pɑ̃sivmɑ̃] *adv.* nachdenklich

pente [pɑ̃t] *f* (*d'une route, d'un terrain*) Gefälle *nt;* (*d'un toit*) Schräge *f;* (*d'une montagne*) [Ab]hang *m;* **monter la ~** (*à pied/en voiture*) den Hang hinaufklettern/hinauffahren; **être en ~** (*descendre/monter*) abfallen/ansteigen ▸**qn/qc est sur une mauvaise ~** mit jdm/etw geht es bergab

Pentecôte [pɑ̃tkot] *f* Pfingsten *nt*

pénurie [penyʀi] *f* Knappheit *f;* **~ de logements** Wohnungsnot *f*

people [pipœl] *inv.* **I.** *adj. inv.* (*journaliste*) Klatsch-; **presse ~** Boulevardpresse *f;* **magazine ~** Boulevardblatt *nt* **II.** *mpl* **les ~[s]** die Promis *Pl*, die VIPs *Pl*, die Berühmtheiten *Pl*

pépé [pepe] *m fam* Opa *m*

pépin [pepɛ̃] *m* ① (*d'un fruit*) Kern *m* ② *fam* (*ennui*) Schererei *f meist Pl.*

pépiniériste [pepinjeʀist] *mf* Baumschulgärtner(in) *m(f)*

perçant, e [pɛʀsɑ̃, ɑ̃t] *adj.* (*regard*) stechend; (*cri*) gellend; (*voix*) schrill

perce-oreille [pɛʀsɔʀɛj] <perce-oreilles> *m* ZOOL Ohrwurm *m*

perceptible [pɛʀsɛptibl] *adj.* wahrnehmbar

perception [pɛʀsɛpsjɔ̃] *f* Wahrnehmung *f;* **~ des couleurs** Farbensinn *m*

percer [pɛʀse] <2> **I.** *v. intr.* ① (*dent*) durchkommen ② (*devenir célèbre*) den Durchbruch schaffen **II.** *v. tr.* ① (*trou*) bohren; **être percé** (*vêtement, sac*) ein Loch/Löcher haben ② (*tonneau*) anzapfen; (*mur, rocher, tôle*) durchbohren; (*abcès, ampoule*) aufstechen; (*oreille, tympan*) durchstechen

perceuse [pɛʀsøz] *f* Bohrmaschine *f*

percevoir [pɛʀsəvwaʀ] <12> *v. tr.* (*entendre, apercevoir*) wahrnehmen

perche[1] [pɛʀʃ] *f* ZOOL Barsch *m*

perche[2] [pɛʀʃ] *f* ① Stange *f;* (*pour saut à la ~*) Stab *m* ② SPORT **[le saut à] la ~** der Stabhochsprung

percher [pɛʀʃe] <1> **I.** *v. intr.* **être perché sur qc** (*animal*) auf etw (*Dat*) sitzen; (*personne*) auf etw (*Dat*) hocken **II.** *v. tr. fam* (*mettre*) **~ qc sur qc** etw ganz weit oben auf etw (*Akk*) stellen/legen **III.** *v. pron.* **se ~ sur qc** sich auf etw (*Akk*) setzen

percheron [pɛʀʃəʀɔ̃] *m* Kaltblut[pferd *nt*] *nt (aus dem Perche)*

percuter [pɛʀkyte] <1> *v. tr.* **~ qc** auf etw (*Akk*) prallen; **~ qn** jdn anfahren

perdant, e [pɛʀdɑ̃, ɑ̃t] **I.** *adj.* **numéro ~** Niete *f;* **cheval ~** Verlierer *m;* **être ~** schlecht wegkommen **II.** *m, f* Verlierer(in) *m(f)*

perdre [pɛʀdʀ] <14> **I.** *v. intr.* verlieren **II.** *v. tr.* ❶ verlieren; (*page, enfant*) nicht mehr finden; ~ **son chemin** sich verlaufen ❷ (*réputation, estime*) einbüßen; ([*mauvaise*] *habitude*) ablegen; **n'avoir rien à ~ dans qc** bei etw nichts zu verlieren haben ❸ (*se voir privé d'une partie de soi*) ~ **la vue/l'ouïe** blind/taub werden ❹ (*gaspiller*) **faire ~ du temps à qn** jdn Zeit kosten ▸ **tu ne perds rien pour attendre!** so leicht kommst du mir nicht davon! **III.** *v. pron.* ❶ (*s'égarer*) **se ~** (*à pied/en voiture*) sich verirren/verfahren; **se ~ en route** (*colis, lettre*) unterwegs verloren gehen ❷ (*s'attarder à*) **se ~ dans des explications** sich in Erklärungen (*Dat*) ergehen ❸ (*disparaître*) **se ~** (*tradition*) in Vergessenheit geraten; (*métier*) aussterben

perdrix [pɛʀdʀi] *f* Feldhuhn *nt*

perdu, e [pɛʀdy] **I.** *part. passé de* **perdre II.** *adj.* ❶ verloren ❷ (*objet*) verloren gegangen; (*chien*) streunend ❸ (*gaspillé*) **de ~** (*temps*) vergeudet; (*place*) ungenutzt ❹ (*de loisir*) **à mes heures ~es** in meiner freien Zeit ❺ (*pays, endroit*) entlegen

père [pɛʀ] *m* ❶ Vater *m;* **Durand ~** Durand senior; **de ~ en fils** von Generation zu Generation ❷ *fam* (*monsieur*) **le ~ Dupont** Vater Dupont ❸ REL Pater *m;* **Notre Père** Vaterunser *nt* ▸ **~ Noël** Weihnachtsmann *m*

perfection [pɛʀfɛksjɔ̃] *f sans pl.* Perfektion *f;* **à la ~** vollendet

perfectionné, e [pɛʀfɛksjɔne] *adj.* **très ~** hochentwickelt

perfectionnement [pɛʀfɛksjɔnmɑ̃] *m* Verbesserung *f;* **stage de ~** Fortbildungslehrgang *m*

perfectionner [pɛʀfɛksjɔne] <1> **I.** *v. tr.* verbessern; (*style, langue*) vervollkommnen **II.** *v. pron.* **se ~** sich verbessern; **se ~ dans/en qc** (*personne*) sich in etw (*Dat*) weiterbilden

perfectionniste [pɛʀfɛksjɔnist] **I.** *mf* Perfektionist(in) *m(f)* **II.** *adj.* perfektionistisch

perforatrice [pɛʀfɔʀatʀis] *f* INFORM Lochkartenstanzer *m*

perforer [pɛʀfɔʀe] <1> *v. tr.* lochen; (*percer de plusieurs trous*) durchlöchern

perforeuse [pɛʀfɔʀøz] *f* Locher *m*

performance [pɛʀfɔʀmɑ̃s] *f* a. SPORT Leistung *f;* **~s** (*d'une machine, voiture*) Leistung[sfähigkeit *f*] *f*

performant, e [pɛʀfɔʀmɑ̃, ɑ̃t] *adj.* leistungsfähig; (*compétitif*) wettbewerbsfähig

péridurale [peʀidyʀal] *f* Periduralanästhesie *f*

périgourdin, e [peʀiguʀdɛ̃, in] *adj.* aus dem Périgord

périmé, e [peʀime] *adj.* (*carte, passeport*) abgelaufen; (*billet*) verfallen

périmer [peʀime] <1> *v. pron.* **se ~** (*carte, passeport, visa*) ablaufen; (*billet*) verfallen

périnée [peʀine] *m* ANAT Damm *m*

période [peʀjɔd] *f* ❶ (*époque*) Zeit *f* ❷ (*espace de temps*) Zeit[raum *m*] *f;* **~ électorale** Wahlkampf *m;* **~ de double circulation/de transition** (*concernant une nouvelle monnaie*) Doppelwährungs-/Übergangsphase *f*

périodique [peʀjɔdik] **I.** *adj.* **être ~** regelmäßig wiederkehren; PRESSE periodisch erscheinend **II.** *m* PRESSE Zeitschrift *f*

périodiquement [peʀjɔdikmɑ̃] *adv.* in regelmäßigen Abständen

péripatéticienne [peʀipatetisjɛn] *f hum* Prostituierte *f*

péripétie [peʀipesi] *f* unvorhergesehenes Ereignis

périphérie [peʀifeʀi] *f* (*banlieue*) Stadtrand *m*

périphérique [peʀifeʀik] **I.** *adj.* (*quartier*) am Stadtrand **II.** *m* ❶ (*intérieur, extérieur*) Ring *m;* **le ~ de Paris** die Ringautobahn um Paris ❷ INFORM Peripheriegerät *nt;* **~ son** Soundkarte *f*

périssable [peʀisabl] *adj.* leicht verderblich

péritoine [peʀitwan] *m* Bauchfell *nt*

perle [pɛʀl] *f* Perle *f*

permanence [pɛʀmanɑ̃s] *f* ❶ ADMIN, MED Bereitschaftsdienst *m;* **assurer la ~/être de ~** Bereitschaftsdienst haben ❷ (*d'un parti, syndicat*) Geschäftsstelle *f;* (*d'un commissariat*) Dienststelle *f* ▸ **en ~** ständig; (*siéger*) ununterbrochen; (*surveiller*) rund um die Uhr

permanent, e [pɛʀmanɑ̃, ɑ̃t] *adj.* ständig; (*caractère, phénomène*) beständig; (*tension, troubles*) anhaltend; (*emploi*) fest; (*exposition*) Dauer-

P

permanente [pɛʀmanɑ̃t] *f* Dauerwelle *f*

permettre [pɛʀmɛtʀ] <irr> **I.** *v. tr. impers.* (*être autorisé*) **il est permis à qn de faire qc** es ist jdm gestattet etw zu tun **II.** *v. tr.* ~ **à qn de faire qc** (*autoriser*) jdm erlauben etw zu tun; (*donner droit à*) jdn dazu berechtigen, etw zu tun; ~ **que** + *subj.* erlauben, dass; **si le temps le permet** wenn es das Wetter zulässt ▸**vous permettez?** gestatten Sie?; **vous permettez que ...?** + *subj.* hätten Sie etwas dagegen, wenn ...?; **permettez!/tu permets!** [na] erlauben Sie mal!/[na] erlaube mal! (*fam*) **III.** *v. pron.* ① (*s'accorder*) **se ~ une fantaisie** sich (*Dat*) etwas Besonderes gönnen ② (*oser*) **se ~** sich (*Dat*) erlauben

permis [pɛʀmi] *m* ① (~ *de conduire*) Führerschein *m* ② (*licence*) ~ **de pêche** Angelschein *m;* ~ **de construire** Baugenehmigung *f* ③ (*autorisation*) ~ **de séjour** Aufenthaltserlaubnis *f;* ~ **d'établissement** CH Niederlassungsbewilligung *f* (CH)

permis, e [pɛʀmi, iz] *part. passé de* **permettre**

permission [pɛʀmisjɔ̃] *f* ① *sans pl.* ~ **de faire qc** Erlaubnis *f* etw zu tun ② MIL Urlaub *m*

Pérou [peʀu] *m* **le** ~ Peru *nt*

peroxydé, e [pɛʀɔkside] *adj.* (*cheveux*) wasserstoffblond; **une blonde ~e** eine wasserstoffblonde Frau

perpendiculaire [pɛʀpɑ̃dikylɛʀ] *adj.* **être ~ à qc** rechtwinklig zu etw stehen; MATH senkrecht zu etw stehen; **la rue ~ à cette rue** die Querstraße zu dieser Straße

perpendiculairement [pɛʀpɑ̃dikylɛʀmɑ̃] *adv.* ~ **à qc** im rechten Winkel [*o* senkrecht] zu etw

perpétuel, le [pɛʀpetɥɛl] *adj.* dauernd; (*murmure, lamentations*) fortwährend

perpétuellement [pɛʀpetɥɛlmɑ̃] *adv.* ① (*constamment*) ständig, dauernd ② (*éternellement*) unaufhörlich

perpétuer [pɛʀpetɥe] <1> **I.** *v. tr.* (*tradition*) aufrechterhalten; (*nom*) weitergeben; (*souvenir*) wachhalten **II.** *v. pron.* **se ~** (*abus, injustices*) sich fortsetzen; (*tradition*) lebendig bleiben; (*espèce*) sich erhalten

perpétuité [pɛʀpetɥite] *f* **à ~** lebenslang; (*condamnation*) lebenslänglich

perplexe [pɛʀplɛks] *adj.* ratlos

perroquet [pɛʀɔkɛ] *m* Papagei *m*

perruche [pɛʀyʃ] *f* ZOOL Sittich *m*

perruque [pɛʀyk] *f* Perücke *f*

persan [pɛʀsɑ̃] *m* Persisch *nt; voir a.* **allemand**

persan, e [pɛʀsɑ̃, an] *adj.* persisch; (*tapis, chat*) Perser-; *voir a.* **allemand**

Persan, e [pɛʀsɑ̃, an] *m, f* Perser(in) *m(f)*

perse [pɛʀs] **I.** *adj.* HIST persisch; *voir a.* **allemand II.** *m* HIST Persisch *nt; voir a.* **allemand**

Perse [pɛʀs] **I.** *m, f* HIST Perser(in) *m(f)* **II.** *f* **la ~** Persien *nt*

persécuter [pɛʀsekyte] <1> *v. tr.* verfolgen

persécution [pɛʀsekysjɔ̃] *f* Verfolgung *f*

persévérance [pɛʀseveʀɑ̃s] *f* Beharrlichkeit *f*

persévérant, e [pɛʀseveʀɑ̃, ɑ̃t] *adj.* beharrlich

persévérer [pɛʀseveʀe] <5> *v. intr.* nicht aufgeben; ~ **dans ses efforts** in seinen Bemühungen nicht nachlassen

persienne [pɛʀsjɛn] *f* Fensterladen *m*

persifleur, -euse [pɛʀsiflœʀ, -øz] *m, f* Spötter(in) *m(f)*

persil [pɛʀsi] *m* Petersilie *f*

persillé, e [pɛʀsije] *adj.* mit Petersilie; (*fromage*) mit Blauschimmel; (*viande*) durchwachsen

persister [pɛʀsiste] <1> *v. intr.* ~ **dans qc** auf etw (*Dat*) bestehen; ~ **à faire qc** etw weiterhin tun ▸**qn persiste et signe** jd bleibt dabei

perso [pɛʀso] *adj. inv. fam* persönlich

personnage [pɛʀsɔnaʒ] *m* ① ART, LITTER Figur *f,* Person *f;* CINE *a.* Rolle *f* ② (*personnalité*) Persönlichkeit *f* ③ (*individu*) **un grossier ~** ein ungehobelter Kerl

personnalisation [pɛʀsɔnalizasjɔ̃] *f* Personalisierung *f*

personnalisé, e [pɛʀsɔnalize] *adj.* personalisiert; (*accessoire, vêtement*) individuell entworfen; (*service*) individuell

personnaliser [pɛʀsɔnalize] <1> *v. tr.* (*adapter*) individuell gestalten

personnalité [pɛʀsɔnalite] *f* Persönlichkeit *f;* **avoir de la ~** eine ausgeprägte Persönlichkeit sein

personne[1] [pɛʀsɔn] *f* ❶ a. LING Person *f;* **dix ~s** 10 Leute; **les ~s âgées** die Senioren; **la ~ qui/les ~s qui** derjenige, der/diejenigen, die ❷ (*être humain*) Mensch *m* ▶ **~ à charge** Unterhaltsberechtigte(r) *f(m);* **grande ~** Erwachsene(r) *f(m);* **en ~** [höchst]persönlich

personne[2] [pɛʀsɔn] *pron. indéf.* ❶ (*opp: quelqu'un*) niemand; **il n'y a ~** es ist niemand da ❷ (*quelqu'un*) jemand

personnel, le [pɛʀsɔnɛl] **I.** *adj.* ❶ (*individuel*) persönlich; (*objets*) des persönlichen Gebrauchs; (*biens, fortune*) Privat-; (*style, idées*) eigenwillig; **à titre ~** persönlich ❷ LING persönlich; (*forme*) bestimmt; (*pronom*) Personal-; **mode ~** *Bezeichnung für Indikativ, Konditional, Konjunktiv und Imperativ* **II.** *m* Personal *nt;* (*d'une entreprise*) Belegschaft *f;* **~ enseignant** Lehrkörper *m*

personnellement [pɛʀsɔnɛlmɑ̃] *adv.* persönlich

perspective [pɛʀspɛktiv] *f* ❶ MATH, ART Perspektive *f* ❷ (*éventualité, horizon*) **~ de qc** Aussicht *f* auf etw (*Akk*) ❸ (*panorama*) Ausblick *m* ▶ **en ~** (*en vue*) in Aussicht; MATH, ART perspektivisch

perspicace [pɛʀspikas] *adj.* (*sagace*) scharfsinnig

perspicacité [pɛʀspikasite] *f* Scharfsinnigkeit *f*

persuader [pɛʀsɥade] <1> **I.** *v. tr.* **~ qn de qc** jdn von etw überzeugen; **~ qn de faire qc** (*intellectuellement/sentimentalement*) jdn [davon] überzeugen/jdn überreden etw zu tun; **~ qn que ...** jdn davon überzeugen, dass ... **II.** *v. pron.* **se ~ de qc** von etw überzeugt sein; **se ~ que ...** sich (*Dat*) einreden, dass ...

persuasif, -ive [pɛʀsɥazif, -iv] *adj.* überzeugend

perte [pɛʀt] *f* ❶ Verlust *m;* (*de facultés physiques*) Nachlassen *nt;* **~ de temps/d'argent** Zeit-/Geldverschwendung *f* ❷ *pl* (*morts*) Verluste *Pl* ▶ **à ~ de vue** (*très loin*) so weit das Auge reicht; (*interminablement*) endlos; **à ~** mit Verlust

pertinence [pɛʀtinɑ̃s] *f* Zutreffen *nt;* (*d'un argument, raisonnement*) Stichhaltigkeit *f*

pertinent, e [pɛʀtinɑ̃, ɑ̃t] *adj.* treffend

perturbant, e [pɛʀtyʀbɑ̃, ɑ̃t] *adj.* (*bouleversant: situation*) [sehr] verwirrend

perturbation [pɛʀtyʀbasjɔ̃] *f* Störung *f*

perturbé, e [pɛʀtyʀbe] *adj.* (*personne*) verstört; (*service*) durcheinandergebracht; **un trafic ~** eine Verkehrsbehinderung

perturber [pɛʀtyʀbe] <1> *v. tr.* durcheinanderbringen

pervers, e [pɛʀvɛʀ, ɛʀs] **I.** *adj.* pervers **II.** *m, f* perverser Mensch

pesant, e [pəzɑ̃, ɑ̃t] *adj.* schwer; (*atmosphère, silence*) bedrückend

pèse-bébé [pɛzbebe] <pèse-bébé[s]> *m* Säuglingswaage *f*

peser [pəze] <4> **I.** *v. tr.* ❶ (*mesurer le poids*) wiegen; (*marchandises, ingrédients*) abwiegen ❷ (*estimer*) abwägen **II.** *v. intr.* ❶ schwer sein; **ne rien ~** nicht viel wiegen; **~ lourd/100 Kilo** viel/100 Kilo wiegen ❷ (*exercer une pression*) **~ sur qc** auf etw (*Akk*) drücken ❸ (*accabler*) **~ sur qn** auf jdm lasten **III.** *v. pron.* **se ~** sich wiegen

peseta [pezeta] *f* HIST (*monnaie*) Peseta *f*

pessimiste [pesimist] **I.** *adj.* pessimistisch **II.** *m, f* Pessimist(in) *m(f)*

peste [pɛst] *f* ❶ MED Pest *f* ❷ *fig* Plage *f*

pester [pɛste] <1> *v. intr.* schimpfen; **~ contre qn/qc** auf jdn/etw schimpfen

pétanque [petɑ̃k] *f* Boulespiel *nt; voir a.* **boule**

P

pétant, e [petɑ̃, ɑ̃t] *adj. fam* **huit heures ~es** Punkt acht [Uhr]

pétard [petaʀ] *m* ❶ (*explosif*) Knallkörper *m* ❷ *fam* (*cigarette de haschich*) Joint *m* ❸ *fam* (*postérieur*) Hinterteil *nt*

pet-de-nonne [pɛdnɔn] <pets-de-nonne> *m: kleiner, in Schmalz gebackener Krapfen*

péter [pete] <5> **I.** *v. intr. fam* ❶ (*faire un pet*) furzen ❷ (*éclater*) platzen; (*verre, assiette*) [zer]springen **II.** *v. tr. fam* **j'ai pété la couture de mon pantalon** mir ist die Hosennaht geplatzt

pète-sec [pɛtsɛk] *adj. inv, fam* schroff; (*air*) autoritär

pétillant, e [petijɑ̃, jɑ̃t] *adj.* ❶ (*vin*) perlend; **eau ~e** Sprudel *m* ❷ (*brillant*) glitzernd

pétiller [petije] <1> *v. intr.* (*faire des bulles*) sprudeln; (*champagne*) perlen; **boisson qui pétille** Getränk *nt* mit Kohlensäure

petiot, e [pətjo, jɔt] **I.** *adj. fam* [ganz] klein **II.** *m, f fam* Kleine(r) *f(m)*
petit, e [p(ə)ti, it] **I.** *adj.* ❶ klein; **au ~ jour** bei Tagesanbruch ❷ (*minute*) kurz; (*heure, kilo, mètre*) knapp ❸ (*jeune*) **~ chat** Kätzchen *nt* ❹ (*terme affectueux*) **~ copain** [*o* **ami**] Freund *m* ❺ (*miniature*) **~es voitures** Spielzeugautos *Pl* ❻ (*vin, année, cru*) einfach; (*santé*) schwach ▶ **se faire tout ~** sich ganz klein machen **II.** *m, f* ❶ (*enfant*) Kleine(r) *f(m)* ❷ ZOOL Junge(s) *nt* ▶ **mon ~** (*gentiment*) mein Kleiner; (*méchamment*) mein Guter **III.** *adv.* **voir ~** [zu] knapp rechnen ▶ **~ à ~** allmählich; **en ~** im Kleinen
petit-bourgeois, petite-bourgeoise [p(ə)tibuʀʒwa, p(ə)titbuʀʒwaz] <petits-bourgeois> **I.** *adj. péj* spießig **II.** *m, f péj* Spießer(in) *m(f)* **petit-déj** [p(ə)tideʒ] *m fam,* **petit-déjeuner** [p(ə)tideʒœne] <petits-déjeuners> *m* Frühstück *nt*

> Das typische französische **petit-déjeuner** fällt sparsamer aus als das deutsche Frühstück und besteht meist aus mit Butter oder Marmelade bestrichenem *baguette* oder einem süßen Gebäckstück wie *croissant, brioche* oder *pain au chocolat.* Dazu gibt es für die Erwachsenen üblicherweise [Milch]kaffee und für die Kinder Kakao. Hierfür werden Trinkschalen *(bols)* benutzt, und es ist nicht ungewöhnlich, dass das Brot oder das Gebäck „getunkt" wird.

petite-fille [p(ə)titfij] <petites-filles> *f* Enkelin *f* **petite-nièce** [p(ə)titnjɛs] <petites-nièces> *f* Großnichte *f* **petit-fils** [p(ə)tifis] <petits-fils> *m* Enkel *m* **petit-four** [p(ə)tifuʀ] <petits-fours> *m: exquisites Kleingebäck*
pétition [petisjɔ̃] *f* Petition *f*
petit-neveu [p(ə)tin(ə)vø] <petits-neveux> *m* Großneffe *m* **petits-enfants** [p(ə)tizɑ̃fɑ̃] *mpl* Enkel[kinder] *Pl* **petit-suisse** [p(ə)tisɥis] <petits-suisses> *m: kleiner, runder, sahniger Frischkäse*
pétrifié, e [petʀifje] *adj.* (*médusé*) wie versteinert
pétrin [petʀɛ̃] *m fam* **être dans le ~** in der Patsche sitzen
pétrir [petʀiʀ] <8> *v. tr.* kneten
pétrochimique [petʀoʃimik] *adj.* petrochemisch
pétrole [petʀɔl] *m* [Erd]öl *nt*
pétrolier [petʀɔlje] *m* [Öl]tanker *m*
pétrolier, -ière [petʀɔlje, -jɛʀ] *adj.* [Erd]öl-
peu [pø] **I.** *adv.* (*opp: beaucoup, très*) wenig *avec un adj ou un adv* nicht sehr; **~ avant/après** kurz davor/darauf; **sous ~** in Kürze; **depuis ~** seit kurzem; **~ de temps** wenig Zeit; **~ de jours** ein paar Tage; **en ~ de temps** in kurzer Zeit ▶ **~ à ~** nach und nach; **à ~ près** ungefähr; **de ~** [nur] knapp **II.** *pron. indéf.* ❶ (*peu de personnes*) wenige ❷ (*peu de choses*) wenig; **~ importe** das ist nicht so wichtig **III.** *m* **le ~ de personnes/choses** die paar Menschen/Dinge; **le ~ que ...** das bisschen, das ...; **un ~ de beurre/bonne volonté** ein wenig Butter/guten Willen; **un ~ de monde** ein paar Leute ▶ **un ~ partout** fast überall; **pour un ~** beinahe; **pour si ~** wegen so einer Kleinigkeit; **pour ~ que qn fasse qc** wenn jd auch nur etw tut; **attends un ~ que je t'attrape** *fam* warte nur, bis ich dich kriege; **un ~ que j'ai raison!** und ob ich Recht habe!
peuchère [pøʃɛʀ] *interj.* MIDI du liebe Zeit
peuple [pœpl] *m* Volk *nt;* **le ~ palestinien** die Palästinenser ▶ **se moquer du ~** *fam* die Leute für dumm verkaufen wollen
peuplé, e [pœple] *adj.* [dicht] bevölkert
peuplier [pøplije] *m* Pappel *f*
peur [pœʀ] *f* **~ de qn/qc** Angst *f* vor jdm/etw; **avoir ~ de faire qc** Angst davor haben etw zu tun; **avoir ~ pour qn** Angst um jdn haben; **avoir ~ que** + *subj.* Angst haben, dass; **faire ~ à qn** jdm Angst machen ▶ **j'ai bien ~ que** ich befürchte sehr, dass; **à faire ~** furchtbar; **prendre ~** Angst bekommen; **de ~** vor Angst; **de** [*o* **par**] **~ des critiques** aus Angst vor Kritik; **de ~ de faire qc/que** + *subj.* aus Angst davor[,] etw zu tun/dass
peureux, -euse [pœʀø, -øz] **I.** *adj.* ängstlich **II.** *m, f* Angsthase *m* (*fam*)
peut [pø] *indic. prés. de* **pouvoir**
peut-être [pøtɛtʀ] *adv.* ❶ (*éventuellement*) vielleicht; **~ que ...** es kann

P

sein, dass ...; ~ **bien** kann gut sein ❷ (*environ*) ungefähr ❸ (*marque de doute*) mag ja sein

peuvent [pøv], **peux** [pø] *indic. prés. de* **pouvoir**

pfennig [pfenig] *m* Pfennig *m*

pH [peaʃ] *m abr. de* **potentiel d'Hydrogène** *inv.* pH-Wert *m*

phacochère [fakɔʃɛʀ] *m* ZOOL Warzenschwein *nt*

phallique [falik] *adj.* Phallus-, phallisch

phare [faʀ] *m* ❶ (*projecteur*) Scheinwerfer *m;* **se mettre en ~s** das Fernlicht einschalten ❷ (*tour*) Leuchtturm *m*

pharmacie [faʀmasi] *f* ❶ (*boutique*) Apotheke *f;* **~ de garde** Notdienstapotheke ❷ (*science*) Pharmazie *f*

pharmacien, ne [faʀmasjɛ̃, jɛn] *m, f* Apotheker(in) *m(f)*

phase [fɑz] *f* Phase *f;* (*d'une maladie*) Stadium *nt*

phénicien, ne [fenisjɛ̃, jɛn] *adj.* phönizisch

phénicien [fenisjɛ̃] *m* Phönizisch *nt; voir a.* **allemand**

phénomène [fenɔmɛn] *m* ❶ Phänomen *nt* ❷ *fam* (*individu*) komischer Kauz

philatélie [filateli] *f* ❶ (*science*) Philatelie *f* ❷ (*hobby*) Briefmarkensammeln *nt*

philatéliste [filatelist] *mf* Briefmarkensammler(in) *m(f)*

Philippines [filipin] *fpl* **les ~** die Philippinen

philo [filo] *f fam abr. de* **philosophie**

philosophe [filɔzɔf] **I.** *mf* Philosoph(in) *m(f)* **II.** *adj.* weise

philosopher [filɔzɔfe] <1> *v. intr.* philosophieren

philosophie [filɔzɔfi] *f* ❶ Philosophie *f* ❷ (*sagesse*) Weisheit *f*

philosophique [filɔzɔfik] *adj.* philosophisch

philtre [filtʀ] *m* Liebestrank *m*

phocéen, ne [fɔseɛ̃, ɛn] *adj.* **cité ~ne** Marseille *nt;* **l'équipe ~ne** die Marseiller Mannschaft

phonétique [fɔnetik] **I.** *f* ❶ Phonetik *f* ❷ (*transcription*) Lautschrift *f* **II.** *adj.* phonetisch; (*écriture*) Laut-

phonétiquement [fɔnetikmɑ̃] *adv.* phonetisch

phonographe [fɔnɔgʀaf] *m* Phonograph *m*

phoque [fɔk] *m* Seehund *m*

phosphorer [fɔsfɔʀe] <1> *v. intr. fam* arbeiten, bis jdm der Kopf raucht; **~ sur une question** über einer Frage brüten

photo [fɔto] *f abr. de* **photographie** ❶ (*cliché*) Foto *nt;* **prendre qn/qc en ~** ein Foto von jdm/etw machen; **~ d'identité** Passfoto; **faire une ~ de famille** ein Familienfoto machen ❷ (*art*) Fotografie *f;* **faire de la ~** fotografieren ▸ **il n'y a <u>pas</u> ~ !, y a <u>pas</u> ~ !** *fam* da gibt's gar nichts!, das ist so klar wie sonst was!; **tu <u>veux</u> ma ~ ?** *fam* was glotzt du mich so an?

photocopie [fɔtɔkɔpi] *f* Fotokopie *f*

photocopier [fɔtɔkɔpje] <1> *v. tr.* [foto]kopieren

photocopieur [fɔtɔkɔpjœʀ] *m,* **photocopieuse** [fɔtɔkɔpjøz] *f* [Foto]kopierer *m*

photographe [fɔtɔgʀaf] *mf* Fotograf(in) *m(f)*

photographie [fɔtɔgʀafi] *f* Fotografie *f,* Photographie *f*

photographier [fɔtɔgʀafje] <1> *v. tr.* fotografieren

phrase [fʀɑz] *f* Satz *m;* **~ affirmative/négative** bejahter/verneinter Satz ▸ **~ toute <u>faite</u>** Redewendung *f*

physicien, ne [fizisjɛ̃, jɛn] *m, f* Physiker(in) *m(f)*

physiologiquement [fizjɔlɔʒikmɑ̃] *adv.* physiologisch [gesehen]

physionomiste [fizjɔnɔmist] **I.** *adj.* **être ~** ein gutes Personengedächtnis haben **II.** *mf* Mensch *m,* der ein gutes Personengedächtnis hat

physique [fizik] **I.** *adj.* ❶ physisch; (*effort, fatigue*) körperlich; (*culture*) Körper-; **éducation ~** Turnen *nt* ❷ PHYS physikalisch; **sciences ~s** [die] Physik und [die] Chemie **II.** *m* (*aspect extérieur*) **le ~** das Äußere; **avoir un beau ~** gut aussehen ▸ **il a le ~ de l'<u>emploi</u>** man sieht ihm seinen Beruf an **III.** *f* Physik *f*

physiquement [fizikmɑ̃] *adv.* körperlich; **être très bien ~** gut aussehen

piaillement [pjajmɑ̃] *m* (*d'un oiseau*) Gepiep[s]e *nt;* (*d'un enfant*) Geplärr[e] *nt*

piailler [pjaje] <1> *v. intr.* kreischen

pianiste [pjanist] *mf* Pianist(in) *m(f)*
piano [pjano] **I.** *m* Klavier *nt;* **jouer du ~** Klavier spielen **II.** *adv.* leise
pianoter [pjanɔte] <1> *v. intr.* **~ sur l'ordinateur** am Rechner herumtippen
piaule [pjol] *f fam* Bude *f*
PIB [peibe] *m abr. de* **produit intérieur brut** BIP *nt*
pic [pik] *m* Bergspitze *f* ▶ **tomber à ~** wie gerufen kommen; **à ~** steil
pickpocket [pikpɔkɛt] *m* Taschendieb *m*
picoler [pikɔle] <1> *v. intr. fam* bechern
picorer [pikɔʀe] <1> *v. tr., intr.* **~ [qc]** (*animal*) [etw] picken; (*personne*) [etw] knabbern
picoter [pikɔte] <1> *v. tr.* (*yeux*) brennen in (+ *Dat*); **les herbes picotent les mollets** die Gräser kitzeln an den Waden
picotin [pikɔtɛ̃] *m* **un ~ d'avoine** eine Haferration
pie [pi] *f* ❶ ZOOL Elster *f* ❷ *fam* (*femme*) Quasselstrippe *f*
pièce [pjɛs] *f* ❶ Stück *nt;* (*d'un puzzle, appareil*) Teil *nt;* **~ de théâtre** Theaterstück ❷ (*document*) **~ d'identité** [Personal]ausweis *m* ❸ (*salle*) Zimmer *nt;* **un deux-~s** eine Zweizimmerwohnung ❹ (*monnaie*) **~ [de monnaie]** Geldstück *nt;* **~ de deux euros** Zweieurostück; **~s [en] euro** Euro-Münzen *Pl* ❺ COUT Flicken *m* ▶ **à la ~** stückweise; **~ de rechange** Ersatzteil *nt;* **~ détachée** Einzelteil *nt;* **être inventé de toutes ~s** von Anfang bis Ende erfunden sein
piécette [pjesɛt] *f* kleines Geldstück
pied [pje] *m* ❶ Fuß *m;* **à ~** zu Fuß; **au ~!** bei Fuß! ❷ (*support*) Bein *nt* ❸ (*d'un lit*) Fußende *nt;* **au ~ de qc** unter etw; **au ~ d'une colline** am Fuß eines Hügels ❹ (*plant*) **~ de salade** Salatpflanze *f* ▶ **avoir les ~s sur terre** mit beiden Beinen [fest] auf der Erde stehen; **des ~s à la tête** von Kopf bis Fuß; **se lever du ~ gauche** mit dem linken Fuß zuerst aufstehen; **~s nus** barfuß; **avoir ~** Boden unter den Füßen haben; **casser les ~s à qn** *fam* jdm auf die Nerven gehen; **être sur ~** wieder auf den Beinen sein; **se jeter aux ~s de qn** sich jdm zu Füßen werfen
pied-de-biche [pjedbiʃ] <pieds-de-biche> *m* ❶ (*outil*) Nagelzieher *m* ❷ COUT Nähfuß *m*
pied-noir [pjenwaʀ] <pieds-noirs> **I.** *mf fam* Algerienfranzose *m*/Algerienfranzösin *f* **II.** *adj.* der Algerienfranzosen
piégé, e [pjeʒe] *adj.* (*colis*) Sprengstoff-; **voiture ~e** Autobombe *f*
piège [pjɛʒ] *m* Falle *f;* **prendre qn au ~** jdn in eine Falle locken; **tendre un ~ à qn** jdm eine Falle stellen; **tomber dans le ~** in die Falle gehen ▶ **qc/c'est un ~ à cons** *fam* bei etw/dabei kann man ganz schön reinfallen
piéger [pjeʒe] <2a, 5> *v. tr.* ❶ (*animal*) mit der Falle fangen ❷ (*personne*) in die Falle locken; **se faire ~ par qn** jdm in die Falle gehen
pierre [pjɛʀ] *f* Stein *m* ▶ **faire d'une ~ deux coups** zwei Fliegen mit einer Klappe schlagen (*fam*)
Pierre [pjɛːʀ(ə)] *m* Peter *m*
piétiner [pjetine] <1> **I.** *v. intr.* (*avancer péniblement*) kaum von der Stelle kommen; (*négociations, travail*) keine Fortschritte machen; **~ d'impatience/sur place** ungeduldig von einem Bein aufs andere/auf der Stelle treten **II.** *v. tr.* (*fleurs*) zertrampeln; **~ qc de rage** auf etw (*Dat*) herumtrampeln
piéton, ne[1] [pjetɔ̃, ɔn] *m, f* Fußgänger(in) *m(f)*
piéton, ne[2] [pjetɔ̃, ɔn] *adj.*, **piétonnier, -ière** [pjetɔnje, -jɛʀ] *adj.* **zone/rue piétonnière** Fußgängerzone *f*
pieusement [pjøzmɑ̃] *adv.* ❶ (*avec respect*) ehrfürchtig ❷ REL fromm
pigeon [piʒɔ̃] *m* ❶ Taube *f;* **~ voyageur** Brieftaube ❷ *fam* (*dupe*) **être le ~ dans l'affaire** der/die Gelackmeierte sein
pigeonnant, e [piʒɔnɑ̃, ɑ̃t] *adj.* (*poitrine*) üppig; **soutien-gorge ~** *tief ausgeschnittener Form-BH*
pigeonner [piʒɔne] <1> *v. tr. fam* rupfen; **se faire ~ par qn** sich von jdm anschmieren lassen
piger [piʒe] <2a> *v. tr., intr. fam* kapieren
pigiste [piʒist] *mf* freier Journalist *m*/freie Journalistin *f*
pilaf [pilaf] *app* **riz ~** Pilaw *m*
pile[1] [pil] *f* ❶ (*tas*) Stapel *m* ❷ ELEC Batterie *f;* **fonctionner à ~s** mit [einer] Batterie laufen

pile² [pil] *adv.* (*avec précision: arriver, [s']arrêter*) ganz pünktlich; (*brusquement: [s']arrêter*) jäh; (*au bon moment: arriver*) gerade richtig; **ça tombe ~!** das trifft sich gut!; **à 10 heures ~** Punkt 10 Uhr ▸ **~ poil** *fam* exakt

pile³ [pil] *f* **le côté ~** die [Münz]-vorderseite; **~ ou face?** Kopf oder Zahl?

piler [pile] <1> **I.** *v. tr.* zerstoßen **II.** *v. intr. fam* voll auf die Bremse latschen; (*voiture*) mit quietschenden Bremsen halten

pilier [pilje] *m* ARCHIT Pfeiler *m*

piller [pije] <1> *v. tr.* (*mettre à sac*) [aus]plündern

pilleur, -euse [pijœʀ, -jøz] *m, f* Plünderer *m*/Plünderin *f*

pilote [pilɔt] **I.** *mf* ❶ AVIAT Pilot(in) *m(f)*; **~ de ligne** Pilot einer Verkehrsmaschine ❷ AUT [Renn]fahrer(in) *m(f)* ❸ NAUT Lotse *m*/Lotsin *f* **II.** *m* ❶ (*dispositif*) **~ automatique** Autopilot *m* ❷ INFORM Treiber *m*

piloter [pilɔte] <1> *v. tr.* ❶ (*avion*) steuern; (*navire*) lotsen; (*voiture*) lenken ❷ INFORM steuern

pilule [pilyl] *f* Pille *f*; **la ~** die [Antibaby]-pille (*fam*)

piment [pimɑ̃] *m* GASTR Peperoni *f*

pimenter [pimɑ̃te] <1> *v. tr.* GASTR scharf würzen

pinailler [pinɑje] <1> *v. intr. fam* auf Kleinigkeiten herumreiten

pince [pɛ̃s] *f* ❶ TECH Zange *f* ❷ ZOOL Schere *f* ❸ COUT Abnäher *m*; **pantalon à ~s** Bundfaltenhose *f* ❹ (*épingle*) **~ à linge** Wäscheklammer *f* ❺ (*instrument d'épilation*) **~ à épiler** Pinzette *f*

pincé, e [pɛ̃se] *adj.* (*hautain*) selbstgefällig; (*sourire*) gezwungen

pinceau [pɛ̃so] <x> *m* Pinsel *m* ▸ **se mélanger les ~x** *fam* alles durcheinanderbringen

pincée [pɛ̃se] *f* Prise *f*

pincer [pɛ̃se] <2> **I.** *v. tr.* ❶ (*faire mal*) **~ qn** (*personne*) jdn kneifen; (*crabe, écrevisse*) jdn zwicken; **~ la joue à qn** jdn in die Backe kneifen ❷ (*lèvres*) aufeinanderpressen ❸ *fam* (*arrêter*) schnappen **II.** *v. pron.* ❶ (*se serrer la peau*) **se ~** sich zwicken; **se ~ le doigt** (*se blesser*) sich (*Dat*) den Finger quetschen ❷ (*boucher*) **se ~ le nez** sich die Nase zuhalten **III.** *v. intr.* ▸ **pince-moi, je rêve!** zwick' mich, ich glaub', ich träum'!

pincette [pɛ̃sɛt] *f* Pinzette *f* ▸ **ne pas être à prendre avec des ~s** *fam* mit Vorsicht zu genießen sein

ping-pong [piŋpɔ̃g] *m inv.* Tischtennis *nt*

pinotte [pinɔt] *f* CAN *fam* (*cacahuète*) Erdnuss *f*

pin's [pins] *m inv.* Anstecker *m*, Pin *m*

pinson [pɛ̃sɔ̃] *m* Buchfink *m*

pin up [pinœp] *f inv.* Pin-up-girl *nt*

pion [pjɔ̃] *m* JEUX Stein *m*

pion, ne [pjɔ̃, pjɔn] *m, f fam* SCOL Aufpasser(in) *m(f)*

pionnier, -ière [pjɔnje, -jɛʀ] *m, f* Pionier(in) *m(f)*

pipe [pip] *f* Pfeife *f*

pipelette [piplɛt] *f fam* Tratsche *f* (*pej*)

pipette [pipɛt] *f* Pipette *f*

pipi [pipi] *m enfantin fam* Pipi *nt*

piquant [pikɑ̃] *m* (*épine*) Stachel *m*; (*d'un rosier*) Dorn *m*

piquant, e [pikɑ̃, ɑ̃t] *adj.* ❶ (*goût, sauce*) pikant ❷ (*bise, froid*) schneidend

pique [pik] *m* JEUX Pik *nt*

pique-nique [piknik] <pique-niques> *m* Picknick *nt* **pique-niquer** [piknike] <1> *v. intr.* [ein] Picknick machen **pique-niqueur, -euse** [piknikœʀ, -øz] <pique-niqueurs> *m, f* jemand, der ein Picknick macht

piquer [pike] <1> **I.** *v. tr.* ❶ (*faire une piqûre*) **~ qn** (*personne, guêpe*) jdn stechen; (*serpent, puce*) jdn beißen ❷ (*animal*) einschläfern ❸ (*olive, insecte de collection*) aufspießen ❹ (*enfoncer par le bout*) **~ une aiguille dans qc** eine Nadel in etw (*Akk*) stechen ❺ (*picoter*) pik[s]en (*fam*); **~ la langue/les yeux** auf der Zunge/in den Augen brennen ❻ *fam* (*colère, crise*) kriegen; **~ un cent mètres** einen Spurt einlegen; **~ une tête** einen Kopfsprung machen ❼ *fam* (*voler*) klauen **II.** *v. intr.* ❶ (*faire une piqûre: moustique, aiguille*) stechen; (*serpent, puce*) beißen ❷ (*descendre*) **~ sur qc** auf etw (*Akk*) niederstürzen ❸ (*irriter un sens: ortie*) brennen; (*moutarde, radis*) scharf sein; (*barbe, pull*) kratzen **III.** *v. pron.* ❶ (*se blesser*) **se ~ avec une aiguille/à un rosier** sich mit einer Na-

P

del/an einem Rosenstock stechen; **se ~ avec des orties** sich [an Brennnesseln (*Dat*)] verbrennen ❷ (*se faire une injection*) **se ~** sich spritzen; (*drogué*) spritzen (*fam*); **se ~ à qc** sich (*Dat*) etw spritzen; (*drogué*) etw spritzen (*fam*)

piquet [pikɛ] *m* (*pieu*) Pflock *m;* (*de tente*) Hering *m* ▶ **~ de grève** Streikposten *m*

piqûre [pikyʀ] *f* ❶ (*blessure*) Stich *m* ❷ MED Spritze *f;* **faire une ~ à qn** jdm eine Spritze geben

piranha [piʀana] *m* Piranha *m*

pirate [piʀat] **I.** *adj.* (*bateau, radio*) Piraten-; **enregistrement ~** Raubkopie *f* **II.** *m* ❶ NAUT Seeräuber *m* ❷ AVIAT **~ de l'air** Luftpirat(in) *m(f)*

pirater [piʀate] <1> *v. tr.* **~ qc** eine Raubkopie von etw machen

pire [piʀ] **I.** *adj. comp. et superl. de* **mauvais** ❶ *comp.* (*plus mauvais*) schlimmer; **rien de ~ que ...** nichts Schlimmeres als ...; **~ que ça** noch schlimmer; **de ~ en ~** immer schlimmer ❷ *superl.* (*le plus mauvais*) **le ~ élève** der schlechteste Schüler **II.** *m* **le ~** das Schlimmste; **le ~ de tout, c'est que ...** das Allerschlimmste [daran] ist, dass ...; **au ~** schlimmstenfalls

pirouette [piʀwɛt] *f* (*culbute*) Pirouette *f*

P

pis¹ [pi] *m* Euter *nt*

pis² [pi] *adv.* **tant ~!** [na,] dann sollte es wohl nicht sein!; **tant ~ pour lui/elle** Pech für ihn/sie

piscine [pisin] *f* Schwimmbad *nt;* (*privée*) Swimmingpool *m;* **~ couverte/en plein air** Hallen-/Freibad

pissenlit [pisɑ̃li] *m* Löwenzahn *m*

pisser [pise] <1> *v. intr. fam* pinkeln

pisseux, -euse [pisø, -øz] *adj. fam* verpinkelt

pissotière [pisɔtjɛʀ] *f fam* Pinkelbude *f*

pistache [pistaʃ] **I.** *f* Pistazie *f* **II.** *adj. inv.* lindgrün

piste [pist] *f* ❶ a. MEDIA Spur *f;* (*d'un animal*) Fährte *f;* **brouiller les ~s** die Spuren verwischen; **être sur la ~ de qn/d'un animal** jdm/einem Tier auf der Spur sein ❷ (*indice*) Hinweis *m* ❸ (*voie*) **~ d'atterrissage/de décollage** Lande-/Startbahn; **~ cyclable/cavalière** Rad-/Reitweg ❹ SPORT [Renn]bahn *f;* (*pour la danse*) Tanzfläche *f;* (*au cirque*) Manege *f* ❺ (*chemin: à la montagne*) Pfad *m;* (*dans le désert, au ski*) Piste *f;* **~ de ski de fond** [Langlauf]loipe *f* ▶ **entrer en ~** in Aktion treten

pisteur, -euse [pistœʀ, -øz] *m, f* Pistenwart *m*

pistolet [pistɔlɛ] *m* ❶ (*arme*) Pistole *f* ❷ (*pulvérisateur*) Spritzpistole *f* ❸ BELG (*petit pain*) *längliches Milchbrötchen*

piston [pistɔ̃] *m fam* (*favoritisme*) Vitamin *nt* B

pistonner [pistɔne] <1> *v. tr. fam* **~ qn** für jdn seine Beziehungen spielen lassen; **se faire ~ par qn** von jds Beziehungen profitieren

pistou [pistu] *m* **soupe au ~** *Gemüsesuppe mit Basilikum und Knoblauch*

piteux, -euse [pitø, -øz] *adj.* erbärmlich; (*résultat*) kläglich

pithiviers [pitivje] *m: mit Marzipan gefüllter Blätterteigkuchen*

pitié [pitje] *f* (*compassion*) Mitleid *nt;* **par ~** aus Mitleid; **sans ~** erbarmungslos; **être sans ~** kein Mitleid haben; **avoir ~ de qn** mit jdm Mitleid haben; **faire ~ à qn** jds Mitleid erwecken; *péj* jdm direkt leidtun

piton [pitɔ̃] *m* ❶ (*crochet*) Haken *m* ❷ GEO Bergspitze *f* ❸ CAN (*bouton*) [Dreh]knopf *m* ❹ CAN (*touche: d'un ordinateur, téléphone*) Taste *f*

pitonnage [pitɔnaʒ] *m* CAN *fam* (*zapping*) Zappen *nt*

pitoyable [pitwajabl] *adj.* ❶ (*aspect, état*) Mitleid erregend; (*personne*) bemitleidenswert ❷ (*piteux*) erbärmlich

pitre [pitʀ] *m* Hanswurst *m* (*iron*)

pitrerie [pitʀəʀi] *f souvent pl.* Albernheiten *Pl*

pittoresque [pitɔʀɛsk] *adj.* (*paysage, quartier*) malerisch

pivoter [pivɔte] <1> *v. intr.* **~ sur qc** sich um etw drehen; **faire ~ qc** etw kreisen lassen

pixel [piksɛl] *m* Pixel *nt*

pizza [pidza] *f* Pizza *f*

pizzeria [pidzeʀja] *f* Pizzeria *f*

placard [plakaʀ] *m* Einbauschrank *m;* **~ à balais** Besenkammer *f*

placarder [plakaʀde] <1> *v. tr.* anschlagen

place [plas] *f* ❶ Platz *m;* **à la ~ de qc** an Stelle einer S. (*Gen*); **~ assise/**

debout Sitz-/Stehplatz; **~ de stationnement** [einzelner] Parkplatz; **sur ~** vor Ort; **être à sa ~** an seinem Platz sein; **se mettre à la ~ de qn** sich in jds Lage (*Akk*) versetzen; **y a-t-il encore une ~ [de] libre?** ist noch ein Platz frei? ❷ (*endroit quelconque*) Stelle *f;* **ne pas tenir en ~** nicht stillsitzen können; **tenir/prendre de la ~** [viel] Platz einnehmen ❸ (*billet*) Karte *f* ❹ (*emploi*) Stelle *f* ▶ **être cloué sur ~** wie angewurzelt dastehen; **rester cloué sur ~** wie angewurzelt stehen bleiben; **faire ~ à qn/qc** jdm/einer S. weichen; **remettre qn à sa ~** jdn in seine Schranken weisen

placé, e [plase] *adj.* ❶ (*situé*) **être bien/mal ~** (*objet*) einen günstigen/ungünstigen Standort haben; (*terrain*) eine gute/schlechte Lage haben; (*spectateurs*) einen guten/schlechten Platz haben; **c'est de la fierté mal ~e!** Stolz ist hier [wirklich] fehl am Platz!; **tu es mal ~ pour me faire des reproches!** du hast kein Recht mir Vorwürfe zu machen! ❷ SPORT platziert ❸ (*dans une situation*) **être haut ~** in hoher Stellung sein

placer [plase] <2> **I.** *v. tr.* ❶ (*mettre*) **~ qc sur qc** (*verticalement/à plat*) etw auf etw (*Akk*) stellen/legen ❷ (*sentinelle*) aufstellen; **~ les spectateurs/les invités** den Zuschauern die Plätze anweisen/den Gästen ihren Platz zuweisen; **~ un enfant dans une famille d'accueil** ein Kind bei einer Pflegefamilie unterbringen ❸ (*anecdote, remarque*) anbringen; **ne pas pouvoir ~ un mot** nicht zu Wort kommen ❹ (*argent, capitaux*) anlegen **II.** *v. pron.* **se ~** (*s'installer*) irgendwo Platz nehmen; (*debout*) sich irgendwohin stellen

plafond [plafɔ̃] *m* ❶ Decke *f* ❷ FIN Höchstbetrag *m* ▶ **sauter au ~** *fam* [bis] an die Decke springen

plage [plaʒ] *f* ❶ Strand *m;* **sur la ~** am Strand; **aller à la ~** an den Strand gehen ❷ AUT **~ arrière** Heckablage *f*

plagiste [plaʒist] *mf* Strandpächter(in) *m(f)*

plaie [plɛ] *f* ❶ (*blessure*) Wunde *f* ❷ *fam* (*personne*) Plagegeist *m*

plaindre [plɛ̃dʀ] <irr> **I.** *v. tr.* (*personne*) bedauern; **je te plains** du tust mir leid; **être/ne pas être à ~** zu bedauern sein/sich nicht beklagen können **II.** *v. pron.* ❶ (*se lamenter*) **se ~ de qc** über etw (*Akk*) klagen; **se ~ tout le temps** immer am Jammern sein ❷ (*protester*) **se ~ à qn** sich bei jdm beklagen

plaine [plɛn] *f* Ebene *f*

plain-pied [plɛ̃pje] *m sans pl.* (*au même niveau*) **être de ~** ebenerdig liegen

plainte [plɛ̃t] *f* ❶ a. JUR Klage *f;* **les ~s** das Wehgeschrei; **porter ~ contre qn auprès du tribunal pour qc** wegen etw (*Gen*) bei Gericht gegen jdn Klage erheben ❷ (*récrimination*) Beschwerde *f*

plaire [plɛʀ] <irr> **I.** *v. intr.* ❶ **~ à qn** jdm gefallen; (*idée, projet*) jdm zusagen ❷ (*être bien accueilli: chose*) Anklang finden **II.** *v. intr. impers.* **il plaît à qn de faire qc** es gefällt jdm etw zu tun; **comme il te plaira** wie du möchtest ▶ **s'il te/vous plaît** bitte **III.** *v. pron.* ❶ (*se sentir à l'aise*) **se ~ avec qn** gern mit jdm zusammen sein; **se plaire au Canada** sich in Kanada wohl fühlen ❷ (*s'apprécier*) **se ~** (*personnes*) sich mögen

plaisanter [plɛzɑ̃te] <1> *v. intr.* scherzen; **je ne plaisante pas!** ich meine es ernst!; **~ sur qc** Witze über etw (*Akk*) machen; **ne pas ~ sur la discipline** keinen Spaß verstehen, was Disziplin anbelangt; **tu plaisantes!** das soll wohl ein Witz sein!

plaisanterie [plɛzɑ̃tʀi] *f* ❶ (*blague*) Scherz *m;* **mauvaise ~** übler Scherz; **aimer la ~** gerne Witze machen ❷ (*farce*) Streich *m* ▶ **les ~s les plus courtes sont les meilleures** man soll das Spiel nicht übertreiben

plaisir [pleziʀ] *m* ❶ Vergnügen *nt;* **~ de faire qc** Freude etw zu tun; **pour le ~** aus Vergnügen; **qn prend un malin ~ à faire qc** es macht jdm einen Heidenspaß etw zu tun (*fam*); **faire ~ à qn** jdm Freude machen; **maintenant fais-moi le ~ de te taire!** jetzt tu mir einen Gefallen und sei still! ❷ *pl* (*sentiment agréable*) Lustgefühl *nt;* **les ~s de la table** die Tafelfreuden ▶ **faire durer le ~** kein Ende finden; **au ~!** *fam* [ich hoffe,] bis bald!; **avec [grand] ~** mit [größtem] Vergnügen

P

plan [plɑ̃] *m* ❶ (*projet, représentation graphique*) Plan *m;* **j'ai un ~ d'enfer!** *fam* ich hab' was ganz Tolles vor! ❷ (*canevas: d'une dissertation*) Gliederung *f;* (*d'un livre*) Entwurf *m* ❸ MEDIA Aufnahme *f;* (*cadrage*) Einstellung *f;* **au premier ~** im Vordergrund ❹ (*niveau*) **sur le ~ national** auf nationaler Ebene; **passer au second ~** in den Hintergrund rücken; **sur le ~ moral** moralisch gesehen; **sur le ~ de qc** in Bezug auf etw (*Akk*); **placer qn/qc sur le même ~** jdn/etw auf die gleiche Stufe stellen ❺ (*surface*) **~ d'eau** Wasserfläche *f* ▶ **c'est un bon ~** das ist eine gute Idee; **c'est pas un bon ~** das ist keine [so] gute Idee; **laisser qn en ~** *fam* jdn hängen lassen

planche [plɑ̃ʃ] *f* Brett *nt;* **~ à repasser** Bügelbrett; **les ~s** THEAT die Bühnenbretter *Pl*; **~ à roulettes** Skateboard *nt;* **~ à voile** (*objet*) Surfbrett; (*sport*) Windsurfing *nt*

plancher [plɑ̃ʃe] *m* Fußboden *m* ▶ **débarrasser le ~** *fam* 'ne Fliege machen

plancton [plɑ̃ktɔ̃] *m* Plankton *nt*

planer [plane] <1> *v. intr.* ❶ (*voler: oiseau*) schweben; (*avion*) gleiten ❷ (*peser*) **~ sur qn/qc** (*danger*) jdm/einer S. drohen; (*soupçons*) auf jdm/etw lasten ❸ *fam* (*rêver*) in höheren Regionen schweben; (*être sous effet euphorisant*) total weg [*o* weggetreten] sein; (*sous l'effet d'une drogue*) high sein

planétarium [planetaʀjɔm] *m* Planetarium *nt*

planète [planɛt] *f* Planet *m;* **la ~ Terre** die Erde

planification [planifikasjɔ̃] *f* Planung *f*

planifier [planifje] <1> *v. tr.* einen Plan aufstellen für

planisphère [planisfɛʀ] *m* Weltkarte *f*

planning [planiŋ] *m* ❶ (*calendrier*) Terminkalender *m* ❷ (*planification*) Terminplanung *f*

planque [plɑ̃k] *f fam* ❶ (*cachette*) Versteck *nt* ❷ (*travail tranquille*) ruhiger Job

planqué, **e** [plɑ̃ke] *m, f péj fam* Drückeberger(in) *m(f)*

planquer [plɑ̃ke] <1> *v. tr., pron. fam* [**se**] **~** [sich] in Sicherheit bringen

plantaire [plɑ̃tɛʀ] *adj.* an der Fußsohle; **voûte ~** Fußwölbung *f*

P

plantation [plɑ̃tasjɔ̃] *f* ❶ (*exploitation agricole*) Plantage *f* ❷ (*action*) [An]pflanzen *nt*

plante [plɑ̃t] *f* Pflanze *f*

planté, **e** [plɑ̃te] *adj.* (*debout et immobile*) **être ~ là** wie angewurzelt dastehen; **rester ~ là** wie angewurzelt stehen bleiben

planter [plɑ̃te] <1> **I.** *v. tr.* ❶ (*arbre, fleurs*) pflanzen; (*salade, tomates*) setzen ❷ (*enfoncer*) einschlagen; **~ un clou dans le mur** einen Nagel in die Wand schlagen ❸ (*tente*) aufschlagen ❹ *fam* (*abandonner*) **~ qn là** jdn sitzen lassen **II.** *v. pron.* **se ~** *fam* ❶ (*avoir un accident*) einen Unfall bauen ❷ INFORM (*ordinateur*) abstürzen ❸ (*se poster*) **se ~ devant qn** sich vor jdm aufpflanzen ❹ (*se tromper*) **se ~ dans qc** sich bei etw vertun; **se ~ à un examen** bei einer Prüfung danebenhauen

plaque [plak] *f* ❶ Platte *f;* (*d'une porte, rue*) Schild *nt;* (*d'un policier*) Dienstmarke *f;* **~ minéralogique** Nummernschild, [amtliches] Kennzeichen; **~ électrique/de cuisson** Elektro-/Kochplatte ❷ (*couche*) **~ de verglas** vereiste Stelle ❸ MED (*tache*) Fleck *m* ❹ GEO Scholle *f*

plaqué [plake] *m* (*bois*) Furnier *nt;* (*métal*) Dublee *nt;* **en ~ or/argent** vergoldet/versilbert

plaquer [plake] <1> *v. tr.* ❶ *fam* (*conjoint*) sitzen lassen; **tout ~** alles hinschmeißen ❷ (*cheveux*) glatt streichen ❸ (*serrer contre*) **~ qn contre le mur** jdn gegen die Mauer drücken ❹ SPORT fassen

plastique [plastik] **I.** *m* Kunststoff *m,* Plastik *nt;* **sous ~** in Plastik verpackt **II.** *adj. inv.* **bouteille/emballage ~** Plastikflasche/-verpackung

plat [pla] *m* ❶ (*récipient creux*) Schüssel *f;* (*récipient plat*) Schale *f* ❷ (*contenu*) **un ~ de lentilles** eine Schüssel [voll] Linsen (*Gen*) ❸ (*mets*) Gericht *nt;* (*élément d'un repas*) Gang *m;* **~ principal/de résistance** Hauptgericht, Hauptspeise *f* (A); **de bons petits ~s** leckere kleine Gerichte *Pl* ▶ **faire tout un ~ de qc** *fam* viel Wind um etw machen

plat, **e** [pla, plat] *adj.* flach; (*surface, terrain*) eben; (*mer*) glatt; **mettre/poser qc à ~** etw flach hinlegen; **faire**

de ~es excuses unterwürfig um Verzeihung bitten ▸ **être à ~** (*pneu*) platt sein; (*batterie*) leer sein; (*personne*) *fam* völlig ausgepumpt sein

platane [platan] *m* Platane *f*

plateau [plato] <x> *m* ❶ (*support*) Tablett *nt* ❷ GASTR **~ de fruits de mer/de fromages** Platte *f* mit Meeresfrüchten/mit Käse ❸ (*partie plate*) **~ d'une balance** Waagschale *f* ❹ GEO [Hoch]plateau *nt* ❺ MEDIA Drehplatz *m;* (*invités*) [Star]aufgebot *nt*

plateau-repas [platoʀ(ə)pa] <plateaux-repas> *m: auf einem Tablett serviertes, vollständiges Menü*

platement [platmɑ̃] *adv.* (*écrire, s'exprimer*) farblos; (*s'excuser*) unterwürfig

platiné, e [platine] *adj.* platinblond; **une blonde ~e** eine Platinblonde

plâtre [plɑtʀ] *m* Gips *m;* **avoir un bras dans le ~** einen Arm in Gips haben

plâtrer [plɑtʀe] <1> *v. tr.* vergipsen; (*trou, fissure*) zugipsen; (*bras*) eingipsen; **être plâtré** (*personne*) in Gips liegen

plâtrier, -ière [plɑtʀije, -jɛʀ] *m, f* Gipser(in) *m(f)*

plausible [plozibl] *adj.* plausibel

play-back [plɛbak] *m inv.* Playback *nt*

play-boy [plɛbɔj] <play-boys> *m* Playboy *m*

plein [plɛ̃] **I.** *adv.* ❶ *fam* (*beaucoup*) **~ d'argent** unheimlich viel Geld ❷ (*exactement*) **en ~ devant/sur/dans qc** genau vor/auf/in etw (*Akk*) ▸ **mignon/gentil tout ~** *fam* unheimlich niedlich/nett **II.** *prép.* **de l'argent ~ les poches** die Taschen voller Geld **III.** *m* Tankfüllung *f;* **faire le ~** volltanken; **le ~, s'il vous plaît!** bitte volltanken!

plein, e [plɛ̃, plɛn] *adj.* ❶ voll; (*journée*) ausgefüllt; **un panier ~ de champignons** ein Korb voller Pilze; **être ~ de bonne volonté** voll des guten Willens sein; **~ de vie** lebenslustig; **~ de risques/d'idées/d'esprit** risiko-/ideen-/geistreich; **~ à craquer** brechend voll (*fam*) ❷ (*sans réserve*) **à ~e gorge** aus vollem Hals; **à ~es mains** mit vollen Händen ❸ (*au maximum de*) **à ~ régime** auf Hochtouren ❹ (*au plus fort de, au milieu de*) mitten in (*Dat*); **en ~e nuit** mitten in der Nacht; **en ~ jour** am helllichten Tag; **en ~ soleil** in der prallen Sonne; **en ~e obscurité** in völliger Dunkelheit; **en ~e lumière** im [vollen] Licht; **en ~e rue** auf offener Straße; **en ~ vol** in vollem Flug; **être en ~ boum** einen ungeheuren Boom erleben ❺ (*trait*) durchgezogen; (*bois, porte*) massiv ❻ (*femelle*) trächtig ❼ *antéposé* (*succès, confiance*) voll; **avoir ~e conscience de qc** sich (*Dat*) über etw (*Akk*) voll und ganz im Klaren sein

pleinement [plɛnmɑ̃] *adv.* voll [und ganz]

pleurer [plœʀe] <1> **I.** *v. intr.* ❶ (*personne*) weinen; (*œil*) tränen; **faire ~ qn** jdn zum Weinen bringen; **~ de rage** vor Wut (*Dat*) weinen; **~ de rire** Tränen lachen ❷ (*se lamenter*) **~ sur qn/qc** jdn bedauern/etw beklagen ❸ (*réclamer*) herumjammern (*fam*); **~ après qc** *fam* nach etw jammern **II.** *v. tr.* (*personne*) trauern um

pleurnicheur, -euse [plœʀniʃœʀ, -øz] *m, f fam* ❶ (*qui pleure*) Heulpeter *m*/Heulsuse *f* ❷ (*qui se lamente*) Nörgelfritze *m*

pleuvoir [pløvwaʀ] <irr> **I.** *v. intr. impers.* **il pleut de grosses gouttes** es regnet heftig **II.** *v. intr.* (*s'abattre*) **les coups/mauvaises nouvelles pleuvent** es hagelt Schläge/schlechte Nachrichten

pli [pli] *m* Falte *f;* (*du papier*) Kniff *m;* [**faux**] **~** Knitter[falte *f*] *m;* **faire le ~ d'un pantalon** eine Bügelfalte in eine Hose bügeln; **faire des ~s** (*vêtement*) Falten werfen ▸ **ça ne fait pas un ~** *fam* das ist [tod]sicher

pliant, e [plijɑ̃, jɑ̃t] *adj.* (*lit, table*) Klapp-; **mètre ~** Zollstock *m*

plier [plije] <1> **I.** *v. tr.* ❶ (*papier, tissu*) [zusammen]falten; (*linge, tente*) zusammenlegen; **un papier plié en quatre** ein zweimal gefaltetes Papier ❷ (*refermer*) zusammenklappen; (*journal, carte routière*) zusammenfalten; (*éventail*) schließen ❸ (*bras, jambe*) beugen ❹ (*courber*) biegen; **être plié de douleur** sich vor Schmerzen (*Dat*) krümmen **II.** *v. intr.* ❶ (*se courber*) **~ sous qc** sich unter etw (*Dat*) biegen ❷ (*céder*) nachgeben; **~ devant l'autorité du chef** sich der Autorität des Chefs beugen **III.** *v. pron.* ❶ (*être *pliant*) **se ~** zusammenklappbar sein ❷ (*se soumettre*) **se ~ à la volonté de qn** sich jds Willen beugen; **se ~ à la discipline** sich der Disziplin unterwerfen

plisser [plise] <1> *v. tr.* ❶ (*couvrir de faux plis*) zerknittern ❷ (*front*) runzeln; (*yeux*) zusammenkneifen

pliure [plijyʀ] *f* (*du bras, genou*) Beuge *f;* (*d'un ourlet*) Kante *f;* (*d'un papier*) Kniff *m*

plomb [plɔ̃] *m* ❶ (*métal*) Blei *nt;* **lourd comme du ~** bleischwer ❷ (*fusible*) Sicherung *f* ❸ CHASSE Schrotkugel *f* ❹ PECHE Bleikugel *f* ► **avoir du ~ dans la tête** vernünftig sein; **un soleil de ~** drückende Hitze

plombier [plɔ̃bje] *m* Installateur(in) *m(f)*

plongé, e [plɔ̃ʒe] **I.** *part. passé de* **plonger II.** *adj.* ❶ (*absorbé*) **être ~ dans qc** in etw (*Akk*) versunken sein; **être ~ dans un livre/ses pensées** in ein Buch/seine Gedanken vertieft sein ❷ (*entouré*) **être ~ dans l'obscurité** in Dunkelheit (*Akk*) gehüllt sein

plongeant, e [plɔ̃ʒɑ̃, ʒɑ̃t] *adj.* (*décolleté*) tief; **une vue ~e sur qc** ein weiter Ausblick auf etw (*Akk*)

plongée [plɔ̃ʒe] *f* ❶ (*action*) Tauchgang *m* ❷ SPORT **~ sous-marine** Sporttauchen *nt;* **faire de la ~** Sporttaucher *m* sein

P

plongeoir [plɔ̃ʒwaʀ] *m* Sprungbrett *nt*

plongeon [plɔ̃ʒɔ̃] *m* Kopfsprung *m;* SPORT Hechtsprung *m*

plonger [plɔ̃ʒe] <2a> **I.** *v. intr.* ❶ (*s'immerger*) tauchen ❷ (*faire un plongeon: personne*) einen Kopfsprung machen; (*oiseau*) tauchen; (*voiture*) stürzen **II.** *v. pron.* **se ~ dans un projet** sich in ein Projekt stürzen

plongeur, -euse [plɔ̃ʒœʀ, -ʒøz] *m, f* ❶ (*personne qui plonge*) Taucher(in) *m(f)* ❷ (*athlète*) Springer(in) *m(f)* ❸ (*laveur de vaisselle*) Tellerwäscher(in) *m(f)*

plouc [pluk] *péj fam* **I.** *mf* Stoffel *m* **II.** *adj.* doof

plu¹ [ply] *part. passé de* **plaire**

plu² [ply] *part. passé de* **pleuvoir**

pluie [plɥi] *f* ❶ METEO Regen *m;* **des ~s** Niederschläge *Pl*; **saison des ~s** Regenzeit *f;* **sous la ~** im Regen ❷ *sans pl.* **~ d'étincelles** Funkenregen *m;* **~ de pierres/bombes** Stein-/Bombenhagel *m* ► **ne pas être né de la dernière ~** nicht von gestern sein (*fam*)

plume [plym] *f* Feder *f*

plumer [plyme] <1> *v. tr.* (*animal*) rupfen; (*personne*) ausnehmen (*fam*)

plupart [plypaʀ] *f sans pl.* **la ~ [des élèves]** die meisten [Schüler]; **la ~ d'entre eux/elles** die meisten von ihnen; **la ~ du temps** meistens ► **pour la ~** größtenteils

pluriel [plyʀjɛl] *m* Plural *m;* **mettre au ~** (*mot*) in den Plural setzen

plus¹ [ply] *adv.* ❶ (*opp: encore*) **il n'est ~ très jeune** er ist nicht mehr ganz jung; **il ne l'a ~ jamais vu** er hat ihn niemals mehr gesehen; **il ne pleut ~ du tout** es regnet überhaupt nicht mehr; **il ne neige presque ~** es schneit kaum noch; **il n'y a ~ personne** es ist niemand mehr da; **nous n'avons ~ rien à manger** wir haben nichts mehr zu essen; **il ne dit ~ un mot** er sagt kein [einziges] Wort mehr; **ils n'ont ~ d'argent** sie haben kein Geld mehr ❷ (*seulement encore*) **on n'attend ~ que toi** wir warten nur noch auf dich; **il ne manquait ~ que ça** das hat gerade noch gefehlt ❸ (*pas plus que*) **moi non ~** ich auch nicht

plus² [ply(s)] **I.** *adv.* ❶ (*davantage*) **être ~ vieux que lui** älter als er sein; **deux fois ~ âgé qu'elle** doppelt so alt wie sie; **~ près** näher; **~ tôt** früher; **~ tard/~ lentement qu'hier** später/langsamer als gestern ❷ (*dans une comparaison*) **je lis ~ que toi** ich lese mehr als du; **ce tissu me plaît ~ que l'autre** dieser Stoff gefällt mir besser als der andere ❸ (*très*) **il est ~ qu'intelligent** er ist mehr als intelligent; **elle est ~ que contente** sie ist überglücklich ► **~ que jamais** mehr denn je; **~ ou moins** mehr oder weniger; **ni ~ ni moins** nicht mehr und nicht weniger; **on ne peut ~** äußerst **II.** *adv. emploi superl* **le ~ rapide/important** der schnellste/wichtigste; **le ~ intelligent des élèves** der Intelligenteste unter den Schülern; **le ~ vite/souvent** am schnellsten/häufigsten; **le ~ tard possible** so spät wie möglich; **c'est François qui lit le ~**

François liest am meisten; **le ~ d'argent/de pages** das meiste Geld/die meisten Seiten; **le ~ possible de choses/personnes** so viel/so viele Dinge/Personen wie möglich ▸**au ~ tôt/vite** möglichst früh/schnell; [**tout**] **au ~** [aller]höchstens

plus³ [plys, ply] *adv.* mehr; **pas ~** mehr nicht; **~ d'une heure/de 40 ans** über eine Stunde/40 Jahre; **les enfants de ~ de 12 ans** Kinder über 12 Jahre; **il est ~ de minuit** es ist schon nach Mitternacht; **~ qu'il n'en faut** mehr als nötig; **~ de la moitié** mehr als die Hälfte; **~..., ~...** je mehr ..., desto mehr ...; **~...,** [**et**] **moins...** je mehr ..., desto weniger ... ▸[**et**] **de ~** [und] außerdem; **une assiette de ~** ein zusätzlicher Teller; **une fois de ~** ein weiteres Mal; **boire de ~ en ~** immer mehr trinken; **de ~ en ~ beau/vite** immer schöner/schneller; **en ~** dazu; **en ~ de qc** zusätzlich zu etw; **sans ~** mehr nicht

plus⁴ [plys] **I.** *conj.* ❶ (*et*) plus; **2 ~ 2 font 4** 2 plus 2 gibt 4 ❷ (*quantité positive*) **~ quatre degrés** 4 Grad plus **II.** *m* ❶ MATH Plus *nt* ❷ (*avantage*) Vorteil *m*

plus⁵ [ply] *passé simple de* **plaire**

plusieurs [plyzjœʀ] **I.** *adj. antéposé, pl* **à ~ reprises** mehrmals; **~ fois** mehrere Male **II.** *pron. pl* einige ▸**à ~** zu mehreren

plus-que-parfait [plyskəpaʀfɛ] <plus-que-parfaits> *m* Plusquamperfekt *nt*

plut [ply] *passé simple de* **pleuvoir**

plutonium [plytɔnjɔm] *m* Plutonium *nt*

plutôt [plyto] *adv.* ❶ (*de préférence*) **prendre ~ l'avion que le bateau** eher das Flugzeug als das Schiff nehmen ❷ (*au lieu de*) **~ que de parler, il vaudrait mieux que vous écoutiez** anstatt zu reden, solltet ihr besser zuhören ❸ (*mieux*) **~ mourir que** [**de**] **fuir** lieber sterben als fliehen ❹ (*et pas vraiment*) **être paresseux ~ que sot** eher faul als dumm sein ❺ (*assez*) **être ~ gentil** eigentlich nett sein; **~ mal/lentement** eher schlecht/langsam ❻ *fam* (*très*) unheimlich ❼ (*plus exactement*) **ou ~** oder besser gesagt

PMU [peɛmy] *m abr. de* **Pari mutuel urbain** Pferdewettbüro *nt*

PNB [peɛnbe] *m abr. de* **produit national brut**

pneu [pnø] *m* Reifen *m;* **avoir un ~ crevé** eine Reifenpanne haben

pneumatique [pnømatik] *adj.* (*matelas*) Luft-; **canot ~** Schlauchboot *nt*

p.o. *abr. de* **pour ordre** i.A.

poche¹ [pɔʃ] *f* ❶ (*cavité, sac*) Tasche *f;* **lampe de ~** Taschenlampe *f;* **livre de ~** Taschenbuch *nt* ❷ ANAT Tränensack *m;* **avoir des ~s sous les yeux** [ausgeprägte] Tränensäcke haben ❸ CAN (*sachet*) **~ de thé** Teebeutel *m* ▸**connaître qn comme sa ~** jdn in und auswendig kennen; **connaître qc comme sa ~** etw wie seine Westentasche kennen; **se remplir les ~s** sich bereichern

poche² [pɔʃ] *m fam* Taschenbuch *nt*

pochette [pɔʃɛt] *f* ❶ (*de disque*) Hülle *f* ❷ (*mouchoir de veste*) Einstecktuch *nt*

pochette-surprise [pɔʃɛtsyʀpʀiz] <pochettes-surprises> *f* Wundertüte *f*

podcast [pɔdkast] *m* INET Podcast *m*

podcaster [pɔdkaste] <1> *v. tr.* INET podcasten

podologue [pɔdɔlɔg] *mf* Fußspezialist(in) *m(f)*

poêle¹ [pwal] *f* GASTR [Brat]pfanne *f*

poêle² [pwal] *m* Ofen *m*

poème [pɔɛm] *m* Gedicht *nt*

poésie [pɔezi] *f* Gedicht *nt*

poète [pɔɛt] *m* Dichter(in) *m(f)*

poétique [pɔetik] *adj.* poetisch; (*image, paysage*) stimmungsvoll; (*vision des choses*) verklärt

poétiquement [pɔetikmɑ̃] *adv.* poetisch

poids [pwɑ] *m* ❶ Gewicht *nt;* **quel ~ faites-vous?** wie viel wiegen Sie?; **acheter au ~** nach Gewicht kaufen; **perdre/prendre du ~** ab-/zunehmen ❷ (*charge pénible*) Last *f* ❸ *sans pl.* (*influence*) Einfluss *m;* **peser de tout son ~** seinen ganzen Einfluss geltend machen ❹ AUT **~ lourd** Lastwagen *m* ▸**faire le ~** das nötige Format haben; **faire le ~ devant qn/qc** jdm/etw gewachsen sein

poignard [pwaɲaʀ] *m* Dolch *m*

poignarder [pwaɲaʀde] <1> *v. tr.* erdolchen

poigne [pwaɲ] *f* Kraft *f* [in den Händen] ▸**homme à ~** energischer Mann

P

poignée [pwaɲe] *f* ❶ (*manche*) Griff *m* ❷ (*dans le bus, la baignoire*) Haltegriff *m* ❸ (*geste*) **~ de main** Händedruck *m* ❹ (*quantité*) **une ~ de riz** eine Hand voll Reis ❺ INFORM Joystick *m*

poignet [pwaɲɛ] *m* Handgelenk *nt*

poil [pwal] *m* ❶ ANAT [Körper]haar *nt;* **les ~s de la barbe** das Barthaar; **il n'a pas de ~s** er ist nicht behaart ❷ ZOOL Fell *nt;* **à ~ ras/long** kurz-/langhaarig; **perdre ses ~s** haaren ❸ *fam* (*un petit peu*) **un ~ de gentillesse** ein Funken Höflichkeit ▸**être de bon/mauvais ~** *fam* gut/schlecht gelaunt sein; **à ~** *fam* (*nu*) nackt; **se mettre à ~** sich [nackt] ausziehen; **au ~!** *fam* super!

poil-de-carotte [pwaldəkaʀɔt] *adj. inv. fam* leuchtend rot; **un enfant ~** ein Rotschopf *m*

poilu, e [pwaly] *adj.* behaart

poing [pwɛ̃] *m* Faust *f* ▸**mettre son ~ dans la figure à qn** *fam* jdm eine vor den Latz knallen; **dormir à ~s fermés** tief [und fest] schlafen

point [pwɛ̃] *m* ❶ Punkt *m;* **~s de suspension** Auslassungspunkte *Pl;* **~ d'exclamation/d'interrogation** Ausrufe-/Fragezeichen *nt* ❷ (*lieu*) **~ de départ** Ausgangspunkt; **~ de repère/d'intersection** Orientierungs-/Schnittpunkt; **~ de vente** Verkaufsstelle *f* ❸ GEO **les quatre ~s cardinaux** die vier Himmelsrichtungen ▸**~ de vue** Aussicht[spunkt *m*] *f;* (*opinion*) Ansicht *f;* **d'un certain ~ de vue** in gewisser Weise; **de ce ~ de vue** so gesehen; **du ~ de vue de qc** was etw anbelangt; **au ~ de vue scientifique** aus wissenschaftlicher Sicht; **c'est un bon/mauvais ~ pour qn/qc** das spricht für/gegen jdn/etw; **~ commun** Gemeinsamkeit *f;* **~ faible/fort** Schwachpunkt *m*/Stärke *f;* **mal en ~** (*personne*) schlecht beieinander; (*voiture, objet*) in einem schlechten Zustand; **être toujours au même ~** unverändert sein; **~ noir** (*comédon*) Mitesser *m;* **à [un] tel ~ que** derart, dass; **un ~, c'est tout** Schluss, aus; **être au ~** (*procédé, voiture*) ausgereift sein; **être sur le ~ de faire qc** im Begriff sein etw zu tun; **faire le ~ [de la situation]** Bilanz ziehen; **mettre au ~** (*régler*) einstellen; (*préparer dans les détails*) ausarbeiten; **à ~** (*viande*) medium; **comment a-t-il pu en arriver à ce ~[-là]?** wie konnte es mit ihm [nur] so weit kommen?

pointe [pwɛ̃t] *f* ❶ Spitze *f* ❷ (*clou*) Drahtstift *m* ❸ (*de danse*) **faire des ~s** (*ballerine*) auf der Spitze tanzen ❹ (*petite quantité de*) **une ~ de cannelle** eine Messerspitze Zimt; **une ~ d'ironie** ein Hauch *m* von Ironie; **une ~ d'accent** ein leichter Akzent ❺ CAN (*part*) Stück *nt* ▸**faire des ~s [de vitesse] de [o à] 200 km/heure** 200 km/h Spitze fahren (*fam*); **[être] à la ~ de qc** an der Spitze einer S. (*Gen*) [stehen]; **vitesse de ~** Spitzengeschwindigkeit *f;* **heures de ~** Hauptverkehrszeit *f;* **de [o en] ~** führend; **technologie de ~** Spitzentechnologie *f;* **marcher sur la ~ des pieds** auf Zehenspitzen gehen; (*prudemment*) behutsam vorgehen; **se mettre sur la ~ des pieds** sich auf die Zehenspitzen stellen

pointer [pwɛ̃te] <1> **I.** *v. intr.* ❶ IND **[aller] ~** (*ouvrier, employé*) die Stechuhr betätigen; (*chômeur*) stempeln gehen (*fam*) ❷ (*au jeu de boules*) die Setzkugel anspielen ❸ INFORM **~ sur une icône** mit der Maus auf ein Icon zeigen **II.** *v. tr.* (*diriger vers*) **~ qc sur/vers qn/qc** etw auf/gegen jdn/etw richten; **~ son/le doigt sur qn** mit dem Finger auf jdn zeigen **III.** *v. pron. fam* **se ~** aufkreuzen

pointeur [pwɛ̃tœʀ] *m* INFORM **~ de la souris** Mauszeiger *m*

pointillé [pwɛ̃tije] *m* punktierte Linie; **en ~[s]** gestrichelt [dargestellt]

pointilleux, -euse [pwɛ̃tijø, -jøz] *adj.* übergenau; **être ~ sur qc** es mit etw sehr genau nehmen

pointu, e [pwɛ̃ty] *adj.* ❶ (*acéré*) spitz ❷ (*grêle et aigu*) schrill ❸ (*analyse*) tiefschürfend

pointure [pwɛ̃tyʀ] *f* Größe *f;* **quelle est votre ~?** welche Größe haben Sie?

point-virgule [pwɛ̃viʀgyl] <points-virgules> *m* Strichpunkt *m*

poire [pwaʀ] *f* Birne *f*

poireau [pwaʀo] <x> *m* Lauch *m*

poirier [pwaʀje] *m* Birnbaum *m*

pois [pwɑ] *m* Erbse *f;* **petits ~** grüne

P

Erbsen; ~ **chiche** Kichererbse ▸ **avoir un ~ chiche dans la tête** *fam* rein gar nichts im Kopf haben; **à** ~ getüpfelt
poison [pwazɔ̃] *m* Gift *nt*
poisse [pwas] *f* Pech *nt;* **porter la ~ à qn** *fam* jdm Unglück bringen
poisseux, -euse [pwasø, -øz] *adj.* klebrig
poisson [pwasɔ̃] *m* Fisch *m* ▸ **se sentir comme un ~ dans l'eau** in seinem Element sein; **engueuler qn comme du ~ pourri** *fam* jdn zur Schnecke machen; ~ **d'avril** Aprilscherz *m;* ~ **d'avril!** April, April!; **faire à qn un ~ d'avril** jdn in den April schicken
poisson-chat [pwasɔ̃ʃa] <poissons-chats> *m* Wels *m*
poissonnerie [pwasɔnʀi] *f* Fischgeschäft *nt*
poissonnier, -ière [pwasɔnje, -jɛʀ] *m, f* Fischhändler(in) *m(f)*
Poissons [pwasɔn] *m* ASTRO Fisch *m; voir a.* **Balance**
Poitou [pwatu] *m* **le** ~ das Poitou
poitrine [pwatʀin] *f* ❶ Brust *f* ❷ (*seins*) Busen *m*
poivre [pwavʀ] *m sans pl.* Pfeffer *m*
poivré, e [pwavʀe] *adj.* ❶ (*épicé*) gepfeffert ❷ (*parfum, menthe*) herb
poivrer [pwavʀe] <1> *v. tr., intr.* pfeffern
poivrier [pwavʀije] *m* (*récipient*) Pfefferstreuer *m*
poivrière [pwavʀijɛʀ] *f* Pfefferstreuer *m*
poivron [pwavʀɔ̃] *m* Paprikaschote *f,* Paprika *m*
pokémonomaniaque [pɔkemɔnɔmanjak] *mf* Pokemon-Freak *m*
poker [pɔkɛʀ] *m* Poker[spiel *nt*] *nt*
polaire [pɔlɛʀ] *adj.* Polar-; **cercle** ~ Polarkreis *m;* **ours** ~ Eisbär *m*
polder [pɔldɛʀ] *m* Polder *m*
pôle [pol] *m* ❶ GEOG Pol *m;* ~ **Nord/Sud** Nord-/Südpol ❷ (*centre*) ~ **emploi** Agentur *f* für Arbeit, Arbeitsamt *nt* (*veraltet*)
polenta [pɔlɛnta] *f* Polenta *f*
pole position [polpozisjɔ̃] *f inv.* SPORT Poleposition *f inv*
poli, e [pɔli] *adj.* höflich
police[1] [pɔlis] *f sans pl.* Polizei *f kein Pl.*; ~ **judiciaire/nationale** Kriminal-/Staatspolizei; ~ **secours** Notruf *m* ▸ **faire la** ~ für Ordnung sorgen
police[2] [pɔlis] *f* ❶ ~ **d'assurance** Versicherungspolice *f* ❷ INFORM ~ **de caractères** Font *m*
policier, -ière [pɔlisje, -jɛʀ] **I.** *adj.* (*chien, état*) Polizei-; (*roman, film*) Kriminal-; **femme** ~ Polizistin *f* **II.** *m, f* Polizist(in) *m(f)*
poliment [pɔlimɑ̃] *adv.* höflich
politesse [pɔlitɛs] *f sans pl.* Höflichkeit *f;* (*règles*) Anstandsregeln *Pl*
politicien, ne [pɔlitisjɛ̃, jɛn] *m, f* Politiker(in) *m(f)*
politique [pɔlitik] **I.** *adj.* politisch; (*droits*) staatsbürgerlich *f* **II.** *f* Politik *f;* ~ **économique/extérieure/intérieure** Wirtschafts-/Außen-/Innenpolitik; ~ **de droite/gauche** rechts-/linksorientierte Politik; **faire de la** ~ (*être militant*) politisch engagiert sein; (*être intéressé*) sich für Politik interessieren **III.** *mf* (*gouvernant*) Politiker(in) *m(f)*
politiquement [pɔlitikmɑ̃] *adv.* politisch
polka [pɔlka] *f* Polka *f*
polluant, e [pɔlɥɑ̃, ɑ̃t] *adj.* umweltverschmutzend; (*produit chimique*) umweltschädlich; **non** ~ umweltfreundlich
polluer [pɔlɥe] <1> **I.** *v. tr.* verschmutzen **II.** *v. intr.* die Umwelt verschmutzen
pollution [pɔlysjɔ̃] *f* Umweltverschmutzung *f*
polo [pɔlo] *m* ❶ (*chemise*) Polohemd *nt* ❷ SPORT Polo *nt*
Pologne [pɔlɔɲ] *f* **la** ~ Polen *nt*
polonais [pɔlɔnɛ] *m* Polnisch *nt; voir a.* **allemand**
polonais, e [pɔlɔnɛ, ɛz] *adj.* polnisch; *voir a.* **allemand**
Polonais, e [pɔlɔnɛ, ɛz] *m, f* Pole *m*/Polin *f*
polonaise [pɔlɔnɛz] *f* MUS Polonaise *f*
polyamide [pɔliamid] *m* Polyamid *nt*
polyclinique [pɔliklinik] *f* Poliklinik *f*
Polynésie française [pɔlinezifʀɑ̃sɛz] *f* **la** ~ Französisch-Polynesien *nt*
polyphonique [pɔlifɔnik] *adj.* polyphon
P.O.M. [pɔm] *mpl abr. de* **pays d'outre-mer** französische Übersee-Provinzen *Pl*
pommade [pɔmad] *f* Salbe *f*
pomme [pɔm] *f* ❶ (*fruit*) Apfel *m* ❷ (*pomme de terre*) **~s dauphines** Kroketten *Pl* ❸ BOT ~ **de pin** Tannen-

P

zapfen *m* ④ ANAT ~ **d'Adam** Adamsapfel *m* ▸ **tomber dans les ~s** umkippen; **pour ma/ta ~** *fam* für mich/dich

pomme de terre [pɔmdətɛʀ] <pommes de terre> *f* Kartoffel *f*

pommier [pɔmje] *m* Apfelbaum *m*

pompe [pɔ̃p] *f* ① (*machine*) Pumpe *f;* ~ **à essence** Zapfsäule *f* ② *fam* (*chaussure*) Treter *m* ③ SPORT *fam* Liegestütz *m* ▸ **coup de ~** *fam* Durchhänger *m;* **être à côté de ses ~s** *fam* völlig daneben sein

pomper [pɔ̃pe] <1> *v. intr.* ① (*puiser*) pumpen ② *fam* (*copier: auteur, livre*) kopieren; (*idée*) klauen; ~ **qc sur son voisin** etw von seinem Banknachbarn abschreiben [*o* abkupfern]

pompeusement [pɔ̃pøzmɑ̃] *adv.* hochtrabend

pompier [pɔ̃pje] *m* Feuerwehrmann *m* ▸ **fumer comme un ~** wie ein Schlot rauchen (*fam*)

pompiste [pɔ̃pist] *mf* Tankwart *m*

poncer [pɔ̃se] <2> *v. tr.* [ab]schleifen

ponceuse [pɔ̃søz] *f* Schleifmaschine *f*

poncho [pɔ̃(t)ʃo] *m* Poncho *m*

poncif [pɔ̃sif] *m* Gemeinplatz *m*

ponctualité [pɔ̃ktɥalite] *f* Pünktlichkeit *f*

ponctuation [pɔ̃ktɥasjɔ̃] *f* Zeichensetzung *f;* **signes de ~** Satzzeichen *Pl*

P

ponctuel, le [pɔ̃ktɥɛl] *adj.* ① (*exact*) pünktlich ② (*momentané*) punktuell

ponctuellement [pɔ̃ktɥɛlmɑ̃] *adv.* ① (*à l'heure*) pünktlich ② (*momentanément*) punktuell

pondre [pɔ̃dʀ] <14> *v. tr., intr.* legen

poney [pɔnɛ] *m* Pony *nt*

pont [pɔ̃] *m* ① ARCHIT Brücke *f* ② (*vacances*) verlängertes Wochenende ③ NAUT Deck *nt* ▸ **couper les ~s avec qn/qc** den Kontakt zu jdm/etw abbrechen

pontifier [pɔ̃tifje] <1a> *v. intr.* dozieren (*pej*)(*fam*)

pop [pɔp] *adj. inv.* (*groupe, musique*) Pop-

pop-corn [pɔpkɔʀn] *m inv.* Popcorn *nt*

populaire [pɔpylɛʀ] *adj.* ① (*république*) Volks-; (*roman*) volkstümlich; **bal ~** öffentliche Tanzveranstaltung ② (*quartier*) Arbeiter-; **classes ~s** untere Volksschichten ③ (*qui plaît*) populär

popularité [pɔpylaʀite] *f* Popularität *f*

population [pɔpylasjɔ̃] *f* Bevölkerung *f;* (*d'une ville*) Einwohner *Pl*

porc [pɔʀ] *m* ① *a. péj* Schwein *nt* ② (*viande*) Schweinefleisch *nt*

porcelaine [pɔʀsəlɛn] *f* ① (*matière*) Porzellan *nt* ② (*vaisselle*) Porzellangeschirr *nt*

porcelet [pɔʀsəlɛ] *m* Ferkel *nt*

porche [pɔʀʃ] *m* [Portal]vorbau *m*

porcherie [pɔʀʃəʀi] *f* ① (*bâtiment*) Schweinestall *m* ② (*lieu très sale*) Saustall *m* (*fam*)

porno [pɔʀno] *fam* **I.** *adj. abr. de* **pornographique** Porno-; **film ~** Pornofilm *m* **II.** *m abr. de* **pornographie** Pornografie *f*

pornographie [pɔʀnɔgʀafi] *f* Pornografie *f*

pornographique [pɔʀnɔgʀafik] *adj.* pornografisch; **revue ~** Pornoheft *nt*

port[1] [pɔʀ] *m* ① Hafen *m;* ~ **de pêche** Fischereihafen ② INFORM Port *m*

port[2] [pɔʀ] *m* ① (*d'un vêtement, casque, objet*) Tragen *nt;* ~ **obligatoire de la ceinture de sécurité** Anschnallpflicht *f* ② COM Transportkosten *Pl*; (*d'une lettre*) Porto *nt;* ~ **dû/payé** unfrankiert/frankiert

portable [pɔʀtabl] **I.** *adj.* tragbar **II.** *m* ① TELEC Handy *m* ② INFORM Laptop *m*

portail [pɔʀtaj] <s> *m a.* INFORM Portal *nt*

portant, e [pɔʀtɑ̃, ɑ̃t] *adj.* ▸ **bien ~** gesund

portatif, -ive [pɔʀtatif, -iv] *adj.* tragbar

porte [pɔʀt] *f* ① (*ouverture, panneau mobile*) Tür *f;* (*plus grand*) Tor *nt;* ~ **battante** Flügeltür; ~ **de devant/derrière** Vorder-/Hintertür; **à deux ~s** (*voiture*) zweitürig; ~ **de secours** Notausgang *m;* ~ **de service** Lieferanteneingang; ~ **d'embarquement** Flugsteig *m;* **à la ~** vor der Tür; **il y a qn à la ~** es ist jd an der Tür; **de ~ en ~** von Haus zu Haus; **forcer la ~** die Tür aufbrechen ② (*d'un château, d'une ville*) Tor *nt;* ~ **de Clignancourt** Porte *f* de Clignancourt ▸ **être aimable comme une ~ de prison** sehr unfreundlich sein; [**journée**] **~s ouvertes** Tag *m* der offenen Tür; **écouter aux ~s** an der Tür lauschen; **fermer/ouvrir sa ~ à qn** jdm sein Haus verbieten/öffnen; **frapper à la ~ de qn** bei jdm anklopfen (*fam*); **foutre qn à la** ~ *fam* jdn rausschmeißen; **prendre la** ~ [weg]gehen; **à la** ~**!** hinaus!; **ce n'est pas la** ~ **à côté!** das ist ganz schön weit! (*fam*)

porte-à-faux [pɔʀtafo] ▸ **en** ~ (*mur, roche*) überhängend; *fig* (*personne*) in einer heiklen Lage **porte-à-porte** [pɔʀtapɔʀt] *m inv.* Hausieren *nt;* **faire du** ~ (*quêteur*) von Haus zu Haus gehen; (*marchand ambulant*) hausieren **porte-bagages** [pɔʀtbagaʒ] *m inv.* Gepäckträger *m* **porte-bonheur** [pɔʀtbɔnœʀ] *m inv.* Glücksbringer *m* **porte-clés** [pɔʀtəkle] *m inv.* (*anneau*) Schlüsselring *m;* (*anneau avec breloque*) Schlüsselanhänger *m;* (*étui*) Schlüsseletui *nt* **porte-documents** [pɔʀtdɔkymɑ̃] *m inv.* Aktentasche *f*

portée [pɔʀte] *f* ❶ (*distance*) Reichweite *f;* **à** ~ **de la main** griffbereit; **à la** ~ **de qn** in jds Reichweite ❷ (*effet: d'un acte, d'un événement*) Tragweite *f;* (*d'un argument*) Schlagkraft *f;* (*de paroles*) Wirkung *f* ❸ MUS Notensystem *nt* ❹ ZOOL Wurf *m* ❺ (*niveau, accessibilité*) **être à la** ~ **de qn** (*livre, discours*) für jdn verständlich sein; (*voyage, achat*) für jdn erschwinglich sein

porte-fenêtre [pɔʀtfənɛtʀ] <portes-fenêtres> *f* Fenstertür *f*

portefeuille [pɔʀtəfœj] *m* Brieftasche *f*

portemanteau [pɔʀtmɑ̃to] <x> *m* Garderobe *f;* (*mobile*) Garderobenständer *m;* (*crochets au mur*) Kleiderhaken *m*

porte-monnaie [pɔʀtmɔnɛ] *m inv.* Geldbeutel *m* **porte-parapluies** [pɔʀtpaʀaplɥi] *m inv.* Schirmständer *m* **porte-parole** [pɔʀtpaʀɔl] *m inv.* (*personne*) Sprecher(in) *m(f)*

porter [pɔʀte] <1> **I.** *v. tr.* ❶ tragen ❷ *a. fig* (*apporter*) bringen; (*lettre, colis*) austragen; (*attention*) schenken; **la nuit porte conseil** guter Rat kommt über Nacht ❸ (*diriger*) ~ **sur qn/qc** (*regard*) auf jdn/etw richten; **qn porte son choix sur qc** jds Wahl fällt auf etw (*Akk*) ❹ (*nom, titre*) führen ❺ (*inscrire*) **être porté disparu** als vermisst gemeldet sein **II.** *v. intr.* ❶ (*avoir pour objet*) ~ **sur qc** (*action, effort*) sich auf etw (*Akk*) konzentrieren; (*discours*) sich um etw drehen; (*revendications, divergences*) etw betreffen; (*question, critique*) sich auf etw (*Akk*) beziehen ❷ (*faire effet: conseil, critique*) wirken; (*coup*) sitzen (*fam*) ❸ (*avoir une certaine portée: voix*) gut tragen ❹ (*reposer sur*) ~ **sur qc** (*accent*) auf etw (*Dat*) liegen **III.** *v. pron.* ❶ (*aller*) **qn se porte bien/mal/comme un charme** jdm geht es gut/schlecht/blendend ❷ (*être porté*) **se** ~ (*vêtements*) getragen werden

porteur, -euse [pɔʀtœʀ, -øz] *m, f* Gepäckträger(in) *m(f)*

portier, -ière [pɔʀtje, -jɛʀ] *m, f* Portier *m*/Portiersfrau *f*

portière [pɔʀtjɛʀ] *f* CHEMDFER, AUT Tür *f*

portion [pɔʀsjɔ̃] *f* GASTR Portion *f*

portoricain, ne [pɔʀtɔʀikɛ̃, -ɛn] *adj.* puertoricanisch

Portoricain, ne [pɔʀtɔʀikɛ̃, -ɛn] *m, f* Puerto-Ricaner(in) *m(f)*

portrait [pɔʀtʀɛ] *m* Porträt *nt;* ~ **fidèle** lebensnahes Abbild; **faire le** ~ **de qn** (*peindre*) jdn porträtieren; (*faire une photo*) eine Porträtaufnahme von jdm machen ▸ **être tout le** ~ **de qn** jdm wie aus dem Gesicht geschnitten sein

portrait-robot [pɔʀtʀɛʀɔbo] <portraits-robots> *m* Phantombild *nt*

portugais [pɔʀtygɛ] *m* Portugiesisch *nt; voir a.* **allemand**

portugais, e [pɔʀtygɛ, ɛz] *adj.* portugiesisch; *voir a.* **allemand**

Portugais, e [pɔʀtygɛ, ɛz] *m, f* Portugiese *m*/Portugiesin *f*

portugaise [pɔʀtygɛz] *f* portugiesische Auster

Portugal [pɔʀtygal] *m* **le** ~ Portugal *nt*

pose [poz] *f* (*attitude*) [Körper]haltung *f;* ART, PHOT Pose *f*

posément [pozemɑ̃] *adv.* (*agir*) [wohl]überlegt; (*parler*) ruhig

poser [poze] <1> **I.** *v. tr.* ❶ (*livre, main*) [hin]legen; (*échelle, bagages*) [hin]stellen; (*pieds*) [hin]setzen; ~ **par terre** auf den Boden stellen ❷ (*équation, principe*) aufstellen; (*opération*) [hin]schreiben ❸ (*devinette*) aufgeben; (*question, condition*) stellen ❹ (*moquette*) verlegen; (*rideau, serrure*) anbringen; (*tapisserie*) ankleben **II.** *v. intr.* ~ **pour qn/qc** jdm/für etw Modell sitzen **III.** *v. pron.* ❶ (*exister*) **se** ~ (*question*) sich stellen; (*difficulté, problème*)

P

auftauchen ❷ (*cesser de voler*) **se ~ sur qc** (*insecte, oiseau*) sich auf etw (*Akk*) setzen; (*avion*) auf etw (*Dat*) landen ❸ (*se fixer*) **se ~ sur qc** (*regard, yeux*) sich auf etw (*Akk*) richten

positif, -ive [pozitif, -iv] *adj.* positiv

position [pozisjɔ̃] *f* ❶ Lage *f;* (*d'un objet*) Platz *m;* (*d'une personne*) Position *f;* **être en première/dernière ~** in erster/letzter Position liegen; (*dans une course*) auf dem ersten/letzten Platz liegen; **arriver en première/dernière ~** (*coureur*) als Erster/Letzter durchs Ziel gehen; (*candidat*) an erster/letzter Stelle liegen ❷ (*posture: d'une personne*) Stellung *f;* (*en danse*) Position *f;* (*du corps*) Haltung *f*

positionnement [pozisjɔnmɑ̃] *m* Positionierung *f*

positionner [pozisjɔne] <1> **I.** *v. tr.* ❶ COM, TECH positionieren ❷ (*situer*) lokalisieren **II.** *v. pron.* **se ~** (*personne*) sich plazieren; (*produit*) sich positionieren

positivement [pozitivmɑ̃] *adv.* positiv

positiver [pozitive] <1> *v. intr.* (*montrer sa confiance*) positiv denken

posologie [pozɔlɔʒi] *f* Dosierung *f*

possédant, e [pɔsedɑ̃, ɑ̃t] **I.** *adj.* (*classe*) besitzend **II.** *m, f gén. pl.* Besitzende(r) *f(m)*

posséder [pɔsede] <5> *v. tr.* ❶ (*avoir*) besitzen ❷ (*expérience, talent*) verfügen über (+ *Akk*); (*mémoire, réflexes*) haben ❸ *fam* (*rouler*) hereinlegen

possessif [pɔsesif] *m* Possessiv[pronomen *nt*] *nt*

possessif, -ive [pɔsesif, -iv] *adj.* ❶ (*dominateur*) besitzergreifend ❷ LING possessiv

possession [pɔsesjɔ̃] *f* Besitz *m;* **avoir qc en sa ~** etw besitzen; **être en ~ de qc** im Besitz einer S. (*Gen*) sein (*form*)

possibilité [pɔsibilite] *f* Möglichkeit *f*

possible [pɔsibl] **I.** *adj.* möglich; (*projet*) durchführbar; **il est ~ que** + *subj.* es ist möglich, dass; **le moins/plus ~** so wenig/so viel wie möglich; **le plus gros ~** der/das größtmögliche; **autant que ~** soweit das möglich ist; **autant d'argent que ~** möglichst viel Geld **II.** *m* **le ~** das Mögliche; **faire [tout] son ~ pour que** + *subj.* sein Möglichstes tun damit

postal, e [pɔstal, o] <-aux> *adj.* (*carte, code*) Post-

postcommunisme [pɔstkɔmynism] *m* Postkommunismus *m*

poste¹ [pɔst] *f* Post *f;* **mettre à la ~** zur Post bringen

poste² [pɔst] *m* ❶ (*emploi*) Stelle *f;* (*dans une hiérarchie*) Stellung *f;* **~ de directeur** Direktorposten; **être en ~ à Berlin/au ministère** in Berlin/im Ministerium arbeiten ❷ (*lieu de travail*) [Arbeits]stelle *f* ❸ (*appareil*) Gerät *nt,* Apparat *m;* **~ de radio** Radiogerät, Radioapparat; **~ de télévision** Fernsehgerät, Fernsehapparat ❹ (*lieu*) **~ de douane/de contrôle** Zoll-/Kontrollstelle *f;* **~ d'incendie** Feuerlöschanlage *f;* **~ de police** [Polizei]wache *f;* **~ de secours** Erste-Hilfe-Posten; (*en montagne*) Bergwacht *f* ❺ MIL Posten *m* ❻ TELEC Apparat *m;* **~ téléphonique** Telefonanschluss *m* ❼ INFORM **~ de travail** Workstation *f*

poster¹ [pɔste] <1> *v. tr.* ❶ (*lettre, carte*) einwerfen ❷ INET posten

poster² [pɔstɛʀ] *m* Poster *nt*

postérieurement [pɔsteʀjœʀmɑ̃] *adv.* später; **~ à qc** nach etw

postillon [pɔstijɔ̃] *m* Spucke *f* (*fam*)

postmoderne [pɔstmɔdɛʀn] *adj.* postmodern

post mortem [pɔstmɔʀtɛm] *adj. inv.* (*mariage*) nach dem Tod eines der Partner erfolgend

postnatal, e [pɔstnatal] <s> *adj.* postnatal, nach der Geburt [erfolgend]

postsynchronisation [pɔstsɛ̃kʀɔnizasjɔ̃] *f* Nachsynchronisierung *f*

pot [po] *m* ❶ (*en terre*) Topf *m;* (*en verre*) Glas *nt;* (*en métal*) Dose *f;* (*en plastique*) Becher *m;* **~ de peinture/colle** Topf Farbe/Leim; **~ de crème** Dose Creme; **petit ~ [pour bébé]** Gläschen *nt* [Babynahrung]; **mettre en ~** (*plantes*) eintopfen ❷ *fam* (*chance*) **c'est pas de ~!** Pech [gehabt]!; **avoir du ~/ne pas avoir de ~** *fam* Schwein/Pech haben ❸ *fam* (*consommation*) Drink *m;* (*réception*) Umtrunk *m;* (*d'adieu*) Ausstand *m;* **payer un ~ à qn** jdm einen ausgeben; **prendre un ~** zusammen einen trinken ▶ **~ de colle** *fam* Klette *f;* **~ catalytique** Auspuff *m* mit eingebautem Kat[alysator];

~ **d'échappement** Auspuff *m;* **sourd comme un** ~ stocktaub (*fam*)

potable [pɔtabl] *adj.* trinkbar; (*eau*) Trink-; **eau non ~!** kein Trinkwasser!

potage [pɔtaʒ] *m* Suppe *f*

potager [pɔtaʒe] *m* Gemüsegarten *m*

potager, -ère [pɔtaʒe, -ɛʀ] *adj.* Gemüse-

pote [pɔt] *m fam* Kumpel *m*

poteau [pɔto] <x> *m* a. SPORT Pfosten *m;* ~ **électrique** Leitungsmast *m*

potelé, e [pɔtle] *adj.* mollig; (*bras*) fleischig

potentiel [pɔtɑ̃sjɛl] *m* Potenzial *nt*

potentiel, le [pɔtɑ̃sjɛl] *adj.* potenziell

potentiellement [pɔtɑ̃sjɛlmɑ̃] *adv.* potenziell; (*dangereux*) möglicherweise

poterie [pɔtʀi] *f* 1 (*objet*) Töpferware *f* 2 (*activité*) Töpferei *f*

potiche [pɔtiʃ] *f* 1 große Porzellanvase *f* 2 *péj* Galionsfigur *f*

potier, -ière [pɔtje, -jɛʀ] *m, f* Töpfer(in) *m(f)*

potimarron [potimaʀɔ̃] *m* BOT, GASTR Hokkaido *m*

potion [posjɔ̃] *f* ~ **magique** Zaubertrank *m*

potiron [pɔtiʀɔ̃] *m* Kürbis *m*

pou [pu] <x> *m* Laus *f* ▸ **chercher des ~x à qn** Streit mit jdm suchen; **laid comme un** ~ *fam* hässlich wie die Nacht

pouah [pwa] *interj.* igitt

poubelle [pubɛl] *f* (*dans la cuisine*) Mülleimer *m,* Mistkübel *m* (A); (*devant la porte*) Mülltonne *f*

pouce [pus] *m* 1 (*doigt*) Daumen *m* 2 (*mesure*) Zoll *m* ▸ **donner un coup de ~ à qc** bei etw ein bisschen nachhelfen; **se tourner les ~s** *fam* Däumchen drehen

poudre [pudʀ] *f* 1 (*fines particules*) Pulver *nt* 2 (*produit cosmétique*) [Gesichts]puder *m* ▸ **ne pas avoir inventé la** ~ *fam* das Pulver [auch] nicht [gerade] erfunden haben

poudrerie [pudʀəʀi] *f* CAN (*tourbillons de neige*) Schneegestöber *nt*

poudrier [pudʀije] *m* Puderdose *f*

pouffer [pufe] <1> *v. intr.* **pouffer** [**de rire**] in Lachen ausbrechen

poulailler [pulaje] *m* Hühnerstall *m*

poulain [pulɛ̃] *m* Fohlen *nt*

poule [pul] *f* 1 (*femelle du coq*) Henne *f* 2 (*poulet*) Huhn *nt* ▸ ~ **mouillée** Angsthase *m* (*fam*)

poulet [pulɛ] *m* 1 ZOOL Huhn *nt* 2 GASTR Hähnchen *nt;* ~ **rôti** Brathähnchen

pouliche [puliʃ] *f* Stut[en]fohlen *nt*

poumon [pumɔ̃] *m* Lunge *f;* **les ~s** die Lunge; **à pleins ~s** aus voller Lunge; (*respirer*) ganz tief

poupée [pupe] *f* Puppe *f*

pour [puʀ] **I.** *prép.* 1 für 2 (*envers*) ~ **qn** (*amour*) zu jdm; (*respect*) vor jdm 3 (*contre*) ~ **la toux/le rhume** gegen Husten/Schnupfen 4 (*jusqu'à, pendant*) ~ **le moment** im Augenblick; **j'en ai ~ une heure!** ich brauche eine Stunde! 5 (*à l'occasion de*) zu; ~ **Noël** zu Weihnachten 6 (*à cause de*) wegen; ~ **le plaisir de qn** zu jds Freude; **c'est ~ ton bien** das geschieht zu deinem Besten; **remercier qn ~ avoir fait qc** jdm danken, weil er etw getan hat 7 (*comme*) als; **prendre ~ femme** zur Frau nehmen; **j'ai ~ principe de faire** es ist mein Prinzip etw zu tun; **avoir ~ effet** zur Folge haben 8 (*pour ce qui est de*) ~ **autant que je sache** soviel ich weiß 9 (*dans le but de*) ~ **faire qc** um etw zu tun; ~ **que** + *subj.* damit **II.** *m* **le ~ et le contre** das Für und [das] Wider; **il y a du ~ et du contre** es gibt Argumente dafür und dagegen

P

pourboire [puʀbwaʀ] *m* Trinkgeld *nt*

Obwohl in den französischen Restaurants der Service bereits in der Rechnung enthalten ist *("service compris"),* gibt man in der Regel etwas **pourboire**. Es liegt aber unter den neun bis zehn Prozent, die in Deutschland als angebracht gelten.
Die Begleichung der Rechnung ist – im Gegensatz zu den Gepflogenheiten in Deutschland – vom Zahlen des Trinkgelds getrennt. Man rechnet zunächst genau ab und lässt beim Gehen das Trinkgeld auf dem Tisch liegen.

pourcentage [puʀsɑ̃ʒ] *m* 1 *a.* COM ~ **sur qc** [prozentualer] Anteil an etw (*Dat*); ~ **de bénéfices** Gewinnanteil;

le ~ des naissances die Geburtenrate; **travailler au ~** auf Provisionsbasis arbeiten ❷ (*proportion pour cent*) Prozentsatz *m*

pourchasser [puʀʃase] <1> *v. tr.* verfolgen

pourpre [puʀpʀ] **I.** *adj.* purpurrot **II.** *m* (*couleur*) Purpur *m*

pourquoi [puʀkwa] **I.** *conj.* warum ▸**c'est** ~ deshalb; **c'est ~?** *fam* was kann ich für Sie tun? **II.** *adv.* warum; **voilà** ~ deshalb; **~ pas?** warum nicht? **III.** *m inv.* **le ~ de qc** der Grund einer S. (*Gen*); **le ~ et le comment** das Warum und Weshalb

pourri [puʀi] *m péj* (*homme corrompu*) Dreckskerl *m*

pourri, e [puʀi] *adj.* ❶ (*fruit, œuf*) faul; (*poisson, viande*) verdorben; (*cadavre*) verwest; (*arbre, planche*) morsch; (*feuilles*) verfault ❷ (*infect*) mies (*fam*); (*saison, temps*) verregnet; **quel temps ~!** was für ein Mistwetter! (*fam*) ❸ (*personne, société*) korrupt

pourriel [puʀjɛl] *m* CAN INET Spam *m o f o nt*

pourrir [puʀiʀ] <8> **I.** *v. intr.* ❶ (*se putréfier: œuf*) faul werden; (*fruit*) verfaulen; (*viande, poisson*) schlecht werden; (*cadavre*) verwesen; (*arbre, planche*) [ver]modern ❷ *fam* **~ en prison** im Gefängnis verkümmern **II.** *v. tr.* (*aliment*) verderben; (*bois, végétaux*) verfaulen lassen; (*fruit*) faulen lassen

poursuivant, e [puʀsɥivɑ̃, ɑ̃t] *m, f* ❶ Verfolger(in) *m(f)* ❷ JUR Kläger(in) *m(f)*

poursuivre [puʀsɥivʀ] <irr> **I.** *v. tr.* ❶ (*personne, but*) verfolgen ❷ (*harceler*) **~ qn** (*personne*) jdn bedrängen; (*remords*) jdn quälen ❸ (*idéal*) streben nach ❹ (*continuer*) fortsetzen; (*combat, enquête*) weiterführen; **~ son récit** in seinem Bericht fortfahren **II.** *v. intr.* ❶ (*continuer*) fortfahren ❷ (*persévérer*) weitermachen **III.** *v. pron.* **se ~** andauern; (*enquête, grève*) weitergeführt werden

pourtant [puʀtɑ̃] *adv.* ❶ (*marque l'opposition, le regret*) dennoch; **cette fois ~, ...** diesmal jedoch ... ❷ (*marque l'étonnement*) [aber] doch

pourvoyeur [puʀvwajœʀ] *m* MIL Munitionskanonier *m*

pourvu [puʀvy] *conj.* ❶ (*souhait*) wenn ... nur; **~ que** + *subj.* wenn ❷ (*condition*) **pourvu que** + *subj.* vorausgesetzt, dass

poussé, e [puse] *adj.* (*étude, enquête*) ausführlich

pousser [puse] <1> **I.** *v. tr.* ❶ (*déplacer*) schieben; (*voiture*) [an]schieben; (*meuble*) rücken ❷ (*pour ouvrir/fermer: porte, fenêtre*) auf-/zumachen; (*en claquant*) aufstoßen/zuschlagen ❸ (*bousculer*) stoßen; **~ du coude** mit dem Ellbogen anstoßen ❹ (*entraîner: courant, vent*) treiben ❺ (*candidat, élève, cheval*) antreiben; (*moteur, machine*) hoch drehen ❻ (*inciter à*) **~ qn à faire qc** jdn dazu bringen, etw zu tun; (*envie, intérêt, ambition*) jdn dazu treiben etw zu tun ❼ (*diriger*) **~ qn vers qc/qn** jdn zu etw drängen/zu jdm hindrängen ❽ (*cri, soupir*) ausstoßen; **~ des cris de joie** in Freudengeschrei ausbrechen; **~ des gémissements** stöhnen ❾ (*exagérer*) **~ qc à l'extrême** etw [bis] zum Äußersten treiben ❿ (*approfondir*) **~ plus loin** (*études*) weiter vertiefen ⓫ (*cultiver*) **faire ~** (*salade*) [an]pflanzen; (*fleurs*) ziehen ⓬ (*grandir*) **se laisser ~** (*cheveux*) sich (*Dat*) wachsen lassen **II.** *v. intr.* ❶ (*croître*) wachsen ❷ (*faire un effort pour accoucher*) pressen ❸ (*exercer une poussée*) drängen ❹ *fam* (*exagérer*) übertreiben **III.** *v. pron.* **se ~** ❶ (*s'écarter*) Platz machen; **pousse-toi [un peu]!** rutsch mal [ein Stück] [zur Seite]! ❷ (*se bousculer*) sich drängen

poussette [pusɛt] *f* (*voiture d'enfant*) [Kinder]sportwagen *m*

poussière [pusjɛʀ] *f* Staub *m;* **faire la ~** Staub wischen; **avoir une ~ dans l'œil** ein Staubkorn im Auge haben ▸**réduire qn/qc en ~** aus jdm/etw Kleinholz machen (*fam*); **500 euros et des ~s** *fam* 500 Euro und ein paar Zerquetschte

poussiéreux, -euse [pusjeʀø, -øz] *adj.* staubig; (*chambre, livres*) verstaubt

poussin [pusɛ̃] *m* ZOOL Küken *nt*

poussoir [puswaʀ] *m* (*d'une montre, sonnette*) Knopf *m*

poutre [putʀ] *f* ❶ (*de bois*) Balken *m* ❷ SPORT Schwebebalken *m*

pouvoir[1] [puvwaʀ] <irr> **I.** *aux* ❶ (*être autorisé*) dürfen ❷ (*être capable de*) können; **ne pas ~ s'empêcher de tousser** ständig husten müssen ③ (*éventualité*) **quel âge peut-il bien avoir?** wie alt er wohl sein mag? ④ (*suggestion*) **tu aurais pu nous le dire plus tôt!** das hättest du uns früher sagen können! **II.** *aux impers.* **cela peut arriver** das kann vorkommen **III.** *v. tr.* **ne rien ~ [faire] pour qn** nichts für jdn tun können ▸ **n'en plus ~ de qc** nicht mehr können vor etw (*Dat*) **qn n'y peut rien** (*ne peut y porter remède*) jd kann nichts dagegen tun; (*n'est pas responsable*) jd kann nichts dafür; **qu'est-ce que cela peut te faire?** was geht dich das an?; **ne rien ~ [y] faire** nichts [daran] ändern können **IV.** *v. pron. impers.* **cela se peut/pourrait** das kann/könnte sein; **il se pourrait que** + *subj.* es könnte sein, dass

pouvoir² [puvwaʀ] *m* ① POL [regierende] Macht; **le parti au ~** die regierende Partei; **être au ~** an der Macht sein ② (*autorité*) **~ sur qn** Macht *f* über jdn ③ (*influence*) Einfluss *m* [auf jdn] ④ POL, JUR (*organes de décision*) [Staats]gewalt *f;* **~ exécutif** Exekutive *f;* **~ législatif** Legislative *f;* **~ judiciaire** richterliche Gewalt; **~s publics** Staatsorgane *Pl* ⑤ ECON **~ d'achat** Kaufkraft *f*

Prague [pʀag] Prag *nt*

prairie [pʀeʀi] *f* Wiese *f*

praline [pʀaline] *f* **~ grillée** gebrannte Mandel

pratique [pʀatik] **I.** *adj.* praktisch **II.** *f* ① (*opp: théorie*) Praxis *f;* **mettre en ~** in die Praxis umsetzen ② (*expérience*) [praktische] Erfahrung ③ (*procédé*) Praktik *f* ④ (*coutume*) Gepflogenheit *f*

pratiquement [pʀatikmɑ̃] *adv.* (*presque*) praktisch (*fam*)

pratiquer [pʀatike] <1> **I.** *v. tr.* ① (*métier*) ausüben; (*religion, méthode*) praktizieren; (*politique, sport*) betreiben ② (*prix*) verlangen **II.** *v. intr.* ① MED praktizieren ② REL in die Kirche gehen

pré [pʀe] *m* Wiese *f*

préado [pʀeado] *m, f fam abr. de* **préadolescent**

préadolescence [pʀeadɔlesɑ̃s] *f* Vorpubertät *f*

préadolescent, e [pʀeadɔlesɑ̃, ɑ̃t] *m, f* Teeny *m*

préalable [pʀealabl] *adj.* (*entretien*) vorhergehend; (*avis, accord*) vorherig; **question ~** Vorfrage *f;* **je voudrais votre accord/avis ~** ich hätte gerne vorher Ihre Zustimmung/Meinung

préau [pʀeo] <x> *m* (*d'une école*) überdachter Pausenhof

précaution [pʀekosjɔ̃] *f* ① (*disposition*) Vorsichtsmaßnahme *f* ② (*prudence*) Vorsicht *f;* **avec/sans ~** vorsichtig/unvorsichtig; **par ~** vorsichtshalber

précédent, e [pʀesedɑ̃, ɑ̃t] *adj.* vorhergehend; (*année*) vorige(r, s); **le jour ~** am Vortag *m*

précéder [pʀesede] <5> *v. tr.* ① **~ qc** (*dans le temps*) einer S. (*Dat*) vorangehen; (*dans l'espace*) sich vor einer S. (*Dat*) befinden; **l'article précède le nom** der Artikel steht vor dem Nomen ② (*devancer*) **~ qn** jdm vorangehen; (*en voiture*) vor jdm [her]fahren

préchauffer [pʀeʃofe] <1> *v. tr.* (*four*) vorheizen

prêcher [pʀeʃe] <1> *v. intr.* ① REL predigen ② *iron* Moralpredigten halten

précieusement [pʀesjøzmɑ̃] *adv.* sorgsam

précieux, -euse [pʀesjø, -jøz] *adj.* wertvoll; (*temps*) kostbar; (*métal, pierre*) Edel-; **objet ~** Wertgegenstand *m*

précipice [pʀesipis] *m* Abgrund *m*

précipitamment [pʀesipitamɑ̃] *adv.* (*partir, s'enfuir*) überstürzt

précipitation [pʀesipitasjɔ̃] *f* ① (*hâte*) Hast *f;* (*d'un départ*) Überstürztheit *f* ② *pl* METEO Niederschläge *Pl*

précipité, e [pʀesipite] *adj.* (*fuite, départ*) überstürzt; (*décision*) übereilt; (*personne*) voreilig

précipiter [pʀesipite] <1> **I.** *v. tr.* ① (*jeter*) **~ qn dans l'escalier** jdn die Treppe hinunterstoßen ② (*pas*) beschleunigen **II.** *v. pron.* **se ~** (*s'accélérer*) sich beschleunigen

précis, e [pʀesi, iz] *adj.* genau; (*diagnostic*) exakt; (*demande, ordre, idée*) klar; (*geste, style*) präzise; (*bruit, contours*) deutlich; **à dix heures ~es** um Punkt zehn Uhr

précisément [pʀesizemɑ̃] *adv.* ① (*au moment même*) gerade ② (*exactement*) genau; **plus ~** genauer gesagt

préciser [pʀesize] <1> **I.** *v. tr.* (*point, fait*) genau[er] erklären; (*intention, idée*)

P

klar[er] ausdrücken; (*date, lieu*) genau angeben; ~ **que** klarstellen, dass **II.** *v. pron.* **se** ~ sich klarer abzeichnen; (*menace*) deutlicher werden; (*idée, situation*) klarer werden

précision [pʀesizjɔ̃] *f* ❶ (*justesse*) Genauigkeit *f;* (*d'un geste, instrument*) Präzision *f;* **avec** ~ genau ❷ (*des contours, d'un trait*) Deutlichkeit *f* ❸ *souvent pl.* (*détail*) [genauere] Angabe

précité, e [pʀesite] *adj.* oben erwähnt

précuit, e [pʀekɥi, kɥit] *adj.* vorgekocht

prédécesseur [pʀedesesœʀ] *mf* Vorgänger(in) *m(f)*

prédécoupé, e [pʀedekupe] *adj.* (*planche*) [schon] zugeschnitten; (*viande*) [schon] vorgeschnitten

prédestiné, e [pʀedɛstine] *adj.* vor[her]bestimmt; ~ **à qc** für etw prädestiniert

prédéterminer [pʀedetɛʀmine] <1> *v. tr.* [vorher]bestimmen

prédication [pʀedikasjɔ̃] *f* ❶ REL Predigen *nt;* **la ~ de l'Évangile** die Verkündigung des Evangeliums ❷ REL Predigt *f*

prédiction [pʀediksjɔ̃] *f* Voraussage *f*

prédire [pʀediʀ] <irr> *v. tr.* vorhersagen

préface [pʀefas] *f* Vorwort *nt*

préfecture [pʀefɛktyʀ] *f* Präfektur *f*

préféré, e [pʀefeʀe] **I.** *adj.* (*ami*) beste(r, s); (*chanteur*) Lieblings- **II.** *m, f* Liebling *m*

préférence [pʀefeʀɑ̃s] *f* Vorliebe *f* ▸ **de ~** vorzugsweise

préférer [pʀefeʀe] <5> *v. tr.* (*aimer mieux*) ~ **qn à qn** jdn lieber mögen als jdn; ~ **qc à qc** etw einer S. (*Dat*) vorziehen; ~ **le champagne** Champagner bevorzugen; ~ **la ville à la campagne** lieber in der Stadt als auf dem Land leben; **je préfère que** + *subj.* mir ist es lieber, wenn; **je te préfère avec les cheveux courts** mir gefällst du mit kurzen Haaren besser; **si tu préfères ...** wenn es dir lieber ist ...

préfet [pʀefɛ] *m* ❶ (*fonctionnaire*) Präfekt *m* ❷ BELG Schulleiter *m*

> Ein **préfet** ist der oberste Verwaltungsbeamte eines Departements und repräsentiert in ihm die Regierung und somit alle staatlichen Behörden. Ihm unterstehen Polizei und Gendarmerie, und er ist für die Amtshandlungen der Bürgermeister und die Beschlüsse der Gemeinden gegenüber der Regierung verantwortlich. Die Präfekten wurden ursprünglich von Napoleon eingeführt.

préfète [pʀefɛt] *f* ❶ (*femme du préfet*) **Madame la ~** die Präfektin ❷ BELG Schulleiterin *f*

préfixe [pʀefiks] *m* Präfix *nt,* Vorsilbe *f*

préhistoire [pʀeistwaʀ] *f* Vorgeschichte *f*

préhistorique [pʀeistɔʀik] *adj.* HIST vorgeschichtlich

préjugé [pʀeʒyʒe] *m* Vorurteil *nt*

préjuger [pʀeʒyʒe] <2a> *v. tr., intr.* ~ **[d'] une réaction/[d'] une conduite** eine Reaktion/ein Verhalten vorhersehen; **ne rien laisser ~ de la décision prise** keinen Hinweis auf die Entscheidung geben

prélavage [pʀelavaʒ] *m* Vorwäsche *f*

prélever [pʀel(ə)ve] <4> *v. tr.* (*somme, pourcentage*) einbehalten; (*taxe*) abziehen; (*organe, tissu*) entnehmen; (*sang*) abnehmen; ~ **sur le compte** (*argent*) vom Konto abheben

prématurément [pʀematyʀemɑ̃] *adv.* vorzeitig; (*décider*) verfrüht

premier [pʀəmje] *m* ❶ (*aîné*) Erste(r) *m,* erstes Kind ❷ (*jour*) Erste(r) *m;* **le ~ du mois** am Monatsersten; **le ~ de l'an** am Neujahrstag ▸ **en ~** (*avant les autres*) als Erste(r, s); (*pour commencer*) zunächst; *voir a.* **cinquième**

premier, -ière [pʀəmje, -jɛʀ] *adj.* ❶ *antéposé* (*opp: dernier*) erste(r, s); **première page** Titelseite *f;* ~ **venu** erste(r, s); **en ~ lieu** zuerst; **dans les ~s temps** anfangs ❷ (*besoins, rudiments*) Grund-; (*vocation*) eigentlich; (*qualité, objectif*) wichtigste(r, s); ~ **rôle** Hauptrolle *f; voir a.* **cinquième**

première [pʀəmjɛʀ] *f* ❶ **la ~** der/die/das Erste ❷ (*vitesse*) erster Gang ❸ SCOL ≈ elfte Klasse ❹ (*manifestation sans précédent*) erstmaliges Ereignis; ~ **mondiale** Weltereignis ❺ THEAT, CINE Premiere *f* ❻ TRANSP erste Klasse; *voir a.* **cinquième**

premièrement [pʀəmjɛʀmɑ̃] *adv.* erstens

prémisse [pʀemis] *f* Voraussetzung *f*
prémix [pʀemiks] *m* (*boisson*) Alcopop *m o nt*
prenant, e [pʀənɑ̃, ɑ̃t] *adj.* (*film, livre*) fesselnd; (*travail, activité*) zeitraubend
prendre [pʀɑ̃dʀ] <13> **I.** *v. tr. + avoir* ① nehmen ② (*saisir*) ~ **qn par le bras** jdn am Arm fassen; ~ **qn par la main** jdn bei der Hand nehmen ③ (*absorber*) [zu sich] nehmen; (*boisson, café*) trinken; (*sandwich*) essen; (*médicament*) einnehmen ④ (*aller chercher*) abholen ⑤ (*manteau, parapluie*) [mit]nehmen ⑥ (*relais*) übernehmen; ~ **la place/le ballon à qn** jdm den Platz/den Ball wegnehmen ⑦ (*gibier*) erlegen; (*poisson, mouches*) fangen; (*forteresse, ville*) einnehmen; **se faire** ~ gefasst werden; **être pris dans qc** in etw (*Dat*) gefangen sein ⑧ (*surprendre*) ~ **qn sur le fait** jdn auf frischer Tat ertappen; **on ne m'y prendra plus!** das passiert mir nicht noch einmal! ⑨ (*commande, gouvernail*) übernehmen; (*direction*) einschlagen; ~ **l'autoroute** [über die] Autobahn fahren ⑩ (*acheter*) kaufen; ~ **de l'essence** tanken ⑪ (*embaucher*) ~ **comme cuisinier** als Koch einstellen ⑫ PHOT ~ **qn en photo** ein Foto von jdm machen ⑬ (*notes*) machen; ~ **des nouvelles de qn** sich nach jdm erkundigen ⑭ (*décision, précautions*) treffen; (*air innocent*) aufsetzen; (*mesure, pouvoir*) ergreifen; (*ton menaçant*) anschlagen; ~ **la forme de qc** die Form einer S. (*Gen*) annehmen ⑮ (*amant, maîtresse*) sich (*Dat*) nehmen ⑯ (*couleur, goût de rance*) annehmen; ~ **du ventre** einen Bauch bekommen ⑰ MED ~ **froid** sich erkälten; **être pris d'un malaise** sich [plötzlich] unwohl fühlen ⑱ (*durer*) dauern ⑲ (*prélever: commission*) verlangen ⑳ *fam* (*averse, coup*) abkriegen; ~ **la balle en pleine figure** den Ball voll ins Gesicht kriegen ㉑ (*réagir à*) ~ **bien/mal la chose** die Sache gut aufnehmen/übel nehmen ㉒ (*considérer comme*) ~ **pour qc** für etw halten; ~ **qn pour qn** jdn mit jdm verwechseln ㉓ (*assaillir: colère, envie*) packen ㉔ LING (*s'écrire*) **ce mot prend deux s** dieses Wort schreibt man mit zwei s ▸**c'est à ~ ou à laisser** entweder ... oder; ~ **qc sur soi** etw auf sich nehmen; **qu'est-ce qui te prend?** was ist denn mit dir los? **II.** *v. intr.* ① (*réussir*) **avec moi, ça ne prend pas!** *fam* das zieht bei mir nicht! ② + *avoir* (*s'enflammer: feu*) angehen ③ + *avoir o être* (*durcir: ciment, mayonnaise*) fest werden ④ + *avoir* (*se diriger*) ~ **à gauche** (*personne*) [nach] links abbiegen; (*chemin*) nach links führen ⑤ + *avoir* (*faire payer*) ~ **beaucoup** viel verlangen **III.** *v. pron.* ① (*s'accrocher*) **se ~ dans qc** sich in etw (*Dat*) verfangen ② (*procéder*) **s'y ~ bien/mal avec qn** gut/schlecht mit jdm umgehen; **s'y ~ bien/mal avec qc** sich bei etw geschickt/ungeschickt anstellen; **s'y ~ à trois reprises** drei Anläufe unternehmen ③ (*en vouloir*) **s'en ~ à qn/qc** jdn/etw dafür verantwortlich machen ④ (*s'attaquer*) **s'en ~ à qn/qc** jdn/etw angreifen ⑤ (*être pris*) **se ~** (*médicament*) [ein]genommen werden ⑥ (*se tenir*) **se ~ par le bras** sich unterhaken
prénom [pʀenɔ̃] *m* Vorname *m*
préoccupation [pʀeɔkypasjɔ̃] *f* (*souci*) Sorge *f*
préoccupé, e [pʀeɔkype] *adj.* besorgt; ~ [**par qc**] [um etw] besorgt
préoccuper [pʀeɔkype] <1> **I.** *v. tr.* ~ **qn** jdm Sorge bereiten; (*avenir, situation*) jdn beunruhigen **II.** *v. pron.* **se ~ de qn/qc** sich um jdn/etw sorgen
préparatifs [pʀepaʀatif] *mpl* Vorbereitungen *Pl*
préparation [pʀepaʀasjɔ̃] *f* ① Vorbereitung *f;* (*d'un discours, plan*) Ausarbeitung *f;* (*d'un repas, poisson*) Zubereitung *f;* (*d'un médicament*) Herstellung *f* ② CHIM, MED Präparat *nt*
préparatoire [pʀepaʀatwaʀ] *adj.* **cours ~** ≈ 1. Klasse Grundschule; **classe ~** Vorbereitungsklasse *f* [auf eine der „grandes écoles"]
préparer [pʀepaʀe] <1> **I.** *v. tr.* ① vorbereiten ② (*thé, café*) zubereiten; (*médicament, pommade*) herstellen; **plat préparé** Fertiggericht *nt* ③ (*affaires, valise*) [zusammen]packen; (*chambre, voiture*) herrichten; (*gibier, poisson*) zurechtmachen ④ (*roman, thèse*) arbeiten an (+ *Dat*); (*bac, concours*) sich vorbereiten auf (+ *Akk*) ⑤ (*rhume, grippe*) ausbrüten (*fam*); **que nous prépare-t-il?** was führt er im Schilde?

II. *v. pron.* ❶ (*pour sortir*) **se ~** sich fertig machen ❷ (*apprendre, s'entraîner*) **se ~ à qc** sich auf etw (*Akk*) vorbereiten ❸ (*être sur le point de*) **se ~ à faire qc** sich anschicken etw zu tun (*geh*) ❹ (*approcher*) **se ~** (*événement*) in der Luft liegen; (*orage*) im Anzug sein; (*grandes choses, tragédie*) sich abzeichnen ❺ (*devoir être préparé*) **se ~** (*examen, plan, voyage*) vorbereitet werden

préposition [pʀepozisjɔ̃] *f* Präposition *f*

près [pʀɛ] **I.** *adv.* ❶ (*à une petite distance*) nah[e] ❷ (*dans peu de temps*) nahe; **être ~** (*événement, départ*) bevorstehen ▸ **qn n'en est pas/plus à qc ~** jdm kommt es auf etw (*Akk*) nicht/nicht mehr an; **à qc ~ à la minute ~** auf die Minute genau; **au centime ~** bis auf den letzten Cent; **à une exception ~** bis auf eine Ausnahme; **à peu [de choses] ~** beinahe; (*ressembler*) ziemlich; **à peu ~ vide** fast [ganz] leer; **à peu ~ calme** einigermaßen ruhig; **à cela ~ que** abgesehen davon, dass; **de ~** (*voir, regarder*) aus der Nähe; (*frôler, approcher*) nahe; (*suivre*) dicht; (*examiner, surveiller, y garder*) genau; (*se suivre*) kurz hintereinander **II.** *prép.* ❶ (*à côté de*) **~ de qn/d'un lieu** in jds Nähe (*Dat*)/in der Nähe eines Ortes; **~ de Paris/Cologne** bei Paris/Köln; **habiter ~ de chez qn** nicht weit von jdm wohnen ❷ (*à peu de temps de*) **être ~ du but** nahe am Ziel sein; **être ~ de la retraite** kurz vor der Pensionierung stehen ❸ (*presque*) **~ de** fast ▸ **ne pas être ~ de faire qc** etw bestimmt nicht mehr tun

présence [pʀezɑ̃s] *f* ❶ (*d'une personne*) Anwesenheit *f;* (*d'une chose*) Vorhandensein *nt;* **en ~ de qn** in jds Anwesenheit (*Dat*) ❷ (*personnalité*) Ausstrahlungskraft *f*

présent [pʀezɑ̃] *m* ❶ (*opp: passé*) Gegenwart *f* ❷ LING Präsens *nt* ▸ **à ~** jetzt; **à ~ que** jetzt, wo; **dès à ~** ab sofort; **jusqu'à ~** bis jetzt

présent, e [pʀezɑ̃, ɑ̃t] **I.** *adj.* ❶ (*opp: absent: personne*) anwesend; **les personnes ~es** die Anwesenden ❷ (*qui existe*) **avoir qc ~ à l'esprit** etw im Kopf haben ❸ (*actuel: circonstances, état*) gegenwärtig; (*temps*) heutig **II.** *m, f* (*personne*) Anwesende(r) *f(m)*

présentable [pʀezɑ̃tabl] *adj.* **être ~** (*tenue, coiffure*) sich sehen lassen können; (*personne*) vorzeigbar sein (*fam*)

présentateur, -trice [pʀezɑ̃tatœʀ, -tʀis] *m, f* (*du journal télévisé*) [Nachrichten]sprecher(in) *m(f);* (*d'un programme*) Ansager(in) *m(f);* (*d'une émission*) Moderator(in) *m(f)*

présentation [pʀezɑ̃tasjɔ̃] *f* ❶ (*action de faire connaître: d'une collection, de tableaux*) Vorführung *f;* (*d'un film, invité*) Vorstellung *f;* (*d'un bilan, du budget*) Vorlage *f;* (*d'un problème, d'une idée*) Präsentation *f* ❷ RADIO, TV (*d'une émission*) Moderation *f;* (*d'un programme*) Ansage *f* ❸ (*action de montrer: d'une pièce d'identité*) Vorzeigen *nt* ❹ (*aspect extérieur: d'une personne*) [äußere] Erscheinung; (*d'un devoir, texte*) [äußere] Form; (*d'un produit*) Aufmachung *f* ❺ (*fait d'introduire qn*) **les ~s** das Vorstellen

présenter [pʀezɑ̃te] <1> **I.** *v. tr.* ❶ vorstellen ❷ (*émission*) moderieren; (*programme*) ansagen ❸ (*décrire*) **~ qn/qc comme qn/qc** jdn/etw als jdn/etw darstellen ❹ (*billet, carte d'identité*) vorzeigen; (*document*) vorlegen ❺ (*condoléances, félicitations*) aussprechen; **~ ses excuses à qn** jdn um Entschuldigung bitten ❻ (*donner une apparence*) präsentieren; **c'est bien présenté** das ist gut dargeboten ❼ (*offrir*) bieten; (*plat, rafraîchissement*) reichen; (*fauteuil*) anbieten ❽ (*devis, dossier*) vorlegen; (*addition, facture*) präsentieren **II.** *v. pron.* ❶ (*décliner son identité*) **se ~ à qn** sich jdm vorstellen ❷ (*se rendre*) **se ~ chez qn** bei jdm erscheinen ❸ (*être candidat*) **se ~ à un examen** an einer Prüfung teilnehmen; **se ~ pour un emploi** sich um eine Stelle bewerben ❹ (*surgir: occasion, spectacle*) sich bieten ❺ (*avoir un certain aspect*) **se ~ sous forme de cachets** es als Tabletten geben

présentoir [pʀezɑ̃twaʀ] *m* Verkaufsständer *m*

préservatif [pʀezɛʀvatif] *m* (*condom*) Kondom *nt*

présidence [pʀezidɑ̃s] *f* Präsidentschaft *f*

président, e [pʀezidɑ̃, ɑ̃t] *m, f* ❶ (*d'une assemblée, d'un tribunal*) Präsident(in) *m(f);* (*d'une association, d'un*

P

comité) Vorsitzende(r) *f(m)* ❷ (*chef de l'État*) **le Président de la République française** der französische Staatspräsident ❸ CH (*maire dans les cantons de Valais et de Neuchâtel*) Ammann *m* (CH)

Der **Président de la République** ist das Staatsoberhaupt Frankreichs. Er wird vom Volk per Direktwahl und nach dem Mehrheitswahlrecht für eine Amtszeit von fünf Jahren *(le quinquennat)* bestimmt. Präsident und Regierung müssen nicht aus dem gleichen politischen Lager stammen. Die Befugnisse des französischen Staatspräsidenten sind mit denen des Bundeskanzlers vergleichbar.

président-directeur général [pʀezidɑ̃diʀɛktœʀʒeneʀal, o] <présidents-directeurs généraux> *m* Generaldirektor(in) *m(f)*

présidentiable [pʀezidɑ̃sjabl] **I.** *adj.* **être ~** ein aussichtsreicher Präsidentschaftskandidat/eine aussichtsreiche Präsidentschaftskandidatin sein **II.** *mf* aussichtsreiche(r) Präsidentschaftskandidat(in) *m(f)*

présidentiel, le [pʀezidɑ̃sjɛl] *adj.* (*élections*) Präsidentschafts-

présidentielle [pʀezidɑ̃sjɛl] *f gén. pl.* Präsidentschaftswahl[en *Pl*] *f*

presque [pʀɛsk] *adv.* fast; **c'est ~ sûr** das ist so gut wie sicher; **n'entendre ~ pas** kaum hören

presqu'île [pʀɛskil] *f* Halbinsel *f*

press-book [pʀɛsbuk] <press-books> *m* (*documents reliés*) Präsentationsmappe *f*

presse [pʀɛs] *f* Presse *f;* **~ écrite** Printmedien *Pl*; **~ sportive** Sportzeitschriften *Pl*

pressé, e[1] [pʀese] *adj.* (*pas*) eilig; **être ~ d'arriver** es eilig haben anzukommen

pressé, e[2] [pʀese] *adj.* (*citron*) [frisch] gepresst

pressentiment [pʀesɑ̃timɑ̃] *m* Vorahnung *f;* **avoir le ~ que...** das Gefühl haben, dass ...

presse-papiers [pʀɛspapje] *m inv.* INFORM Zwischenablage *f* **presse-purée** [pʀɛspyʀe] *m inv.* Kartoffelpresse *f*

presser[1] [pʀese] <1> **I.** *v. tr.* (*pas*) beschleunigen **II.** *v. intr.* (*temps*) drängen; (*affaire*) eilen ▸ **ça presse!** *fam* das/es ist dringend! **III.** *v. pron.* **se ~ de faire qc** sich beeilen etw zu tun

presser[2] [pʀese] <1> **I.** *v. tr.* ❶ (*fruit*) auspressen; (*pis d'une vache, raisin*) pressen ❷ (*serrer*) drücken **II.** *v. pron.* (*se bousculer*) **se ~ vers la sortie** zum Ausgang drängen

pression [pʀɛsjɔ̃] *f* ❶ Druck *m* ❷ (*bouton*) Druckknopf *m* ❸ (*bière*) vom Fass ▸ **être sous ~** unter Druck stehen; **mettre la ~ sur qn** (*exiger de qn des performances immédiates*) jdn unter [Leistungs]druck setzen

pressurisation [pʀesyʀizasjɔ̃] *f* Druckausgleich *m*

prestidigitation [pʀɛstidiʒitasjɔ̃] *f* Zauberei *f;* **tour de ~** Zauberkunststück *nt,* Zaubertrick *m*

prestige [pʀɛstiʒ] *m* Ansehen *nt*

prestigieux, -euse [pʀɛstiʒjø, -jøz] *adj.* (*lieu, événement*) glanzvoll; (*carrière*) glänzend; (*métier, école*) [hoch]angesehen; (*artiste, scientifique*) renommiert

présumé, e [pʀezyme] *adj.* (*auteur*) mutmaßlich; **être ~ coupable/innocent** für schuldig/unschuldig gehalten werden

présupposé [pʀesypoze] *m* (*d'un article, d'une doctrine*) Voraussetzung *f*

présure [pʀezyʀ] *f* Lab *nt*

prêt [pʀɛ] *m* (*crédit*) Darlehen *nt;* (*prêt public*) Anleihe *f*

prêt, e [pʀɛ, pʀɛt] *adj.* ❶ (*préparé*) fertig; **tout est ~** alles ist vorbereitet ❷ (*disposé*) **~ à faire qc** bereit etw zu tun

prêt-à-porter [pʀɛtapɔʀte] *m sans pl.* Konfektionskleidung *f*

prétendre [pʀetɑ̃dʀ] <14> *v. tr.* behaupten

prétendument [pʀetɑ̃dymɑ̃] *adv.* angeblich

prétentieusement [pʀetɑ̃sjøzmɑ̃] *adv.* auf überhebliche Weise

prétentieux, -euse [pʀetɑ̃sjø, -jøz] **I.** *adj.* (*personne, ton*) überheblich **II.** *m, f* eingebildeter Mensch; (*femme*) eingebildete Person

prétention [pʀetɑ̃sjɔ̃] *f* ❶ *sans pl.* (*vanité*) Überheblichkeit *f;* **sans ~** ein-

P

fach; **avoir la ~ de faire qc** sich (*Dat*) einbilden etw tun zu können ❷ *gén. pl.* (*ce à quoi on prétend*) Anspruch *m*

prêter [pʀete] <1> **I.** *v. tr.* ❶ (*livre, voiture*) ausleihen; (*argent*) leihen ❷ (*attribuer*) **~ une intention à qn** jdm eine Absicht unterstellen **II.** *v. intr.* ❶ (*donner matière à*) **~ à équivoque** missverständlich sein; **~ à rire** lachhaft sein ❷ (*consentir un prêt*) **~ à 8%** zu 8% Zinsen [ver]leihen **III.** *v. pron.* ❶ (*consentir*) **se ~ à un jeu** bei einem Spiel mitmachen ❷ (*être adapté à*) **se ~ à qc** sich für etw eignen

prétexte [pʀetɛkst] *m* Vorwand *m;* (*excuse*) Ausrede *f;* **prendre qc comme ~** etw zum Vorwand nehmen; **sous aucun ~** unter keinen Umständen

prétexter [pʀetɛkste] <1> *v. tr.* zum Vorwand nehmen

prêtre [pʀɛtʀ] *m* REL Priester *m*

prêtre-ouvrier [pʀɛtʀuvʀije] <prêtres-ouvriers> *m* Arbeiterpriester *m*

preuve [pʀœv] *f* ❶ Beweis *m;* **fournir la ~ de qc** den Beweis für etw erbringen ❷ MATH **~ par neuf** Neunerprobe *f* ▸ **faire ~ de bonne volonté/courage** guten Willen/Mut zeigen

prévenir [pʀev(ə)niʀ] <9> **I.** *v. tr.* ❶ (*aviser*) benachrichtigen ❷ (*avertir*) warnen **II.** *v. intr.* Bescheid sagen

préventif, -ive [pʀevɑ̃tif, -iv] *adj.* vorbeugend; (*médecine*) Präventiv-

prévention [pʀevɑ̃sjɔ̃] *f* (*médicale*) Vorsorge *f;* **~ de la délinquance** Vorbeugung *f* gegen die Kriminalität; **la Prévention routière** die Straßenverkehrswacht

prévenu, e [pʀev(ə)ny] *m, f* JUR Beschuldigte(r) *f(m)*

prévisible [pʀevizibl] *adj.* vorhersehbar

prévision [pʀevizjɔ̃] *f* ❶ (*d'un événement, phénomène*) Vorhersehen *nt;* **~s météorologiques** Wettervorhersage *f* ❷ *pl* ECON, FIN Prognosen *Pl;* **~s budgétaires** Haushaltsvoranschlag *m*

prévisionnel, le [pʀevizjɔnɛl] *adj.* (*mesures*) vorausschauend; (*coûts*) veranschlagt; (*étude, analyse*) prognostisch

prévoir [pʀevwaʀ] <irr> *v. tr.* ❶ (*anticiper l'avenir*) vorhersehen; **moins cher que prévu** billiger als erwartet ❷ (*envisager*) vorsehen; (*casse-croûte, couvertures*) [vor]sorgen für; **tout ~** an alles denken

prier [pʀije] <1> **I.** *v. tr.* ❶ REL **~ Dieu/les saints** zu Gott/den Heiligen beten ❷ (*inviter, solliciter*) **~ qn de faire qc** jdn bitten etw zu tun ▸ **je vous prie d'agréer mes sincères salutations/sentiments les meilleurs** mit freundlichen Grüßen; **je t'en/vous en prie** (*fais/faites donc*) bitte sehr; (*s'il te/vous plaît*) bitte; (*il n'y a pas de quoi*) keine Ursache! **II.** *v. intr.* REL beten

prière [pʀijɛʀ] *f* ❶ REL Gebet *nt;* **faire sa ~** beten ❷ (*demande*) Bitte *f*

primaire [pʀimɛʀ] **I.** *adj.* (*école*) Grund- **II.** *m* SCOL Grundschule *f*

primauté [pʀimote] *f* (*supériorité*) **~ de qc sur qc** Vorrang *m* einer S. (*Gen*) vor etw (*Dat*)

prime[1] [pʀim] *f* ❶ (*allocation*) Prämie *f;* (*en complément du salaire*) Zulage *f;* (*subvention payée par l'État*) Beihilfe *f;* **~ de fin d'année** Weihnachtsgeld *nt* ❷ (*somme à payer*) **~ d'assurance** Versicherungsprämie *f* ▸ **en ~** als Zugabe; (*par-dessus le marché*) noch dazu

prime[2] [pʀajm] *m fam* TV (*heure de grande écoute*) Primetime *f;* (*émission pricipale*) Primetime-Sendung *f*

primer [pʀime] <1> *v. tr.* prämi[i]eren; **primé** (*film*) preisgekrönt

primevère [pʀimvɛʀ] *f* Primel *f*

primo-infection [pʀimoɛ̃fɛksjɔ̃] <primo-infections> *f* Erstinfektion *f*

prince, -esse [pʀɛ̃s, -ɛs] *m, f* Fürst(in) *m(f);* (*fils/fille ou femme de roi*) Prinz *m*/Prinzessin *f*; **~ charmant** Märchenprinz ▸ **être bon ~** großmütig sein

principal [pʀɛ̃sipal] *m* (*l'important*) **le ~** das Wichtigste; **le ~, c'est que** + *subj.* Hauptsache ist, dass

principal, e [pʀɛ̃sipal, o] <-aux> **I.** *adj.* wichtigste(r, s); (*raison, rôle, proposition*) Haupt- **II.** *m, f* SCOL Schuldirektor(in) *m(f)*

principale [pʀɛ̃sipal] *f* LING Hauptsatz *m*

principalement [pʀɛ̃sipalmɑ̃] *adv.* hauptsächlich

principauté [pʀɛ̃sipote] *f* Fürstentum *nt*

principe [pʀɛ̃sip] *m* Prinzip *nt;* (*règle de conduite a.*) Grundsatz *m* ▸ **en ~** im Prinzip; **par ~** aus Prinzip; **pour le ~** um des Prinzips willen

printanier, -ière [pʀɛ̃tanje, -jɛʀ] *adj.* (*soleil*) Frühlings-

printemps [pʀɛ̃tɑ̃] *m* Frühling *m; voir a.* **automne**

prioritaire [pʀijɔʀitɛʀ] **I.** *adj.* vorrangig; **être ~** Priorität haben; (*véhicule, route*) Vorfahrt haben **II.** *mf* (*personne*) Bevorrechtigte(r) *f(m)*

priorité [pʀijɔʀite] *f* ❶ Priorität *f;* **en ~** als Erstes ❷ AUT Vorfahrt *f;* **avoir la ~** Vorfahrt haben; **il y a ~ à droite** hier gilt rechts vor links

pris [pʀi] *passé simple de* **prendre**

pris, e [pʀi, pʀiz] **I.** *part. passé de* **prendre II.** *adj.* (*occupé*) **être ~** (*place*) besetzt sein; (*emploi du temps complet*) [völlig] verplant sein; (*personne*) beschäftigt sein; **avoir les mains ~es** keine Hand frei haben

prise [pʀiz] *f* ❶ (*action de prendre avec les mains*) Griff *m* ❷ (*poignée, objet que l'on peut empoigner*) Halt *m;* **lâcher ~** loslassen; *fig* nachgeben ❸ PECHE Fang *m;* CHASSE Beute *f* ❹ ELEC **~ de courant** Steckdose *f* ❺ CINE Aufnahme *f* ❻ (*de tabac*) Prise *f* ❼ MED **~ de sang** Blutabnahme *f* ❽ (*action d'assumer*) **~ en charge** Übernahme *f*

prison [pʀizɔ̃] *f* Gefängnis *nt*

prisonnier, -ière [pʀizɔnje, -jɛʀ] **I.** *adj.* **être ~** eingesperrt sein; (*soldat*) in Gefangenschaft sein **II.** *m, f* Gefangene(r) *f(m);* **faire ~** gefangen nehmen

privatif, -ive [pʀivatif, -iv] *adj.* JUR ausschließend; **jardin ~** Garten *m* [nur] zur Privatnutzung

privé [pʀive] *m* ❶ (*vie privée*) Privatleben *nt;* **dans le/en ~** privat ❷ IND (*secteur privé*) Privatwirtschaft *f*

privé, e [pʀive] *adj.* (*opp: public*) privat; (*école, secteur*) Privat-

priver [pʀive] <1> **I.** *v. tr.* ❶ (*refuser à*) entziehen; **~ qn de ses droits civiques** jdm seine Staatsbürgerrechte aberkennen; **~ qn de liberté** jdn seiner Freiheit (*Gen*) berauben ❷ (*faire perdre à*) **~ qn de tous ses moyens** jdn handlungsunfähig machen; **qn/qc est privé de qc** jdm/einer S. fehlt etw ❸ (*frustrer*) **~ qn de qc** jdn um etw bringen **II.** *v. pron.* ❶ (*se restreindre*) **se ~ pour qn** sich für jdn einschränken ❷ (*renoncer*) **se ~ de qc** auf etw (*Akk*) verzichten ▶**ne <u>pas</u> se ~ de faire qc** es sich (*Dat*) nicht nehmen lassen etw zu tun

privilège [pʀivilɛʒ] *m* Privileg *nt*

privilégié, e [pʀivileʒje] **I.** *adj.* (*personne, lieu*) privilegiert; (*situation*) [besonders] günstig; (*relations*) besonders gut **II.** *m, f* Privilegierte(r) *f(m)*

privilégier [pʀivileʒje] <1> *v. tr.* (*personne*) privilegieren; **~ qc** einer S. (*Dat*) den Vorzug geben

prix [pʀi] *m* ❶ Preis *m;* **~ du pain** Brotpreis; **~ d'ami** Freundschaftspreis; **à bas ~** billig; **à moitié ~** zum halben Preis; **hors de ~** unerschwinglich; **à aucun/tout ~** um keinen/jeden Preis; **ne pas avoir de ~** von unschätzbarem Wert sein ❷ (*distinction*) Auszeichnung *f;* **~ Nobel** Nobelpreisträger ▶**y <u>mettre</u> le ~** weder Kosten noch Mühen scheuen

pro [pʀo] *mf fam abr. de* **professionnel** Profi *m*

probabilité [pʀɔbabilite] *f* Wahrscheinlichkeit *f;* **selon toute ~** höchstwahrscheinlich

probable [pʀɔbabl] *adj.* **il est ~ qu'il gagnera** wahrscheinlich wird er gewinnen

probablement [pʀɔbabləmɑ̃] *adv.* wahrscheinlich

problématique [pʀɔblematik] **I.** *adj.* problematisch **II.** *f* Problemstellung *f*

problème [pʀɔblɛm] *m* ❶ Problem *nt;* (*moral, philosophique*) Frage *f;* **enfant à ~s** *fam* Problemkind *nt;* **poser un ~ à qn** für jdn ein Problem darstellen; **les ~s de circulation/stationnement** die Verkehrs-/Parkprobleme ❷ SCOL Aufgabe *f*

procédé [pʀɔsede] *m* (*méthode*) Verfahren *nt*

procéder [pʀɔsede] <5> *v. intr.* (*agir*) verfahren; **~ par ordre** der Reihe nach vorgehen

procédurier, -ière [pʀɔsedyʀje, -jɛʀ] *adj.* (*personne*) pedantisch; (*formalités*) haarspalterisch

procès [pʀɔsɛ] *m* Prozess *m;* **être en ~ avec qn** gegen jdn prozessieren

prochain [pʀɔʃɛ̃] *m* Nächste(r) *m*

prochain, e [pʀɔʃɛ̃, ɛn] *adj.* ❶ nächste(r, s); **la ~e fois** nächstes Mal ❷ *postposé* (*arrivée, départ*) baldig; (*avenir*) nahe

prochaine [pʀɔʃɛn] *f fam* ❶ (*station*) die nächste Haltestelle ❷ (*fois*) **à la ~!**

bis zum nächsten Mal!

prochainement [pʀɔʃɛnmɑ̃] *adv.* demnächst; **très** ~ in Kürze

proche [pʀɔʃ] **I.** *adj.* ❶ nah[e]; (*départ*) nah[e] bevorstehend; **la ville la plus** ~ die nächste Stadt; **être** ~ **de qc** nah[e] an etw (*Dat*) sein ❷ (*sens*) verwandt; **être** ~ **de qc** (*langue, attitude*) einer S. (*Dat*) ähnlich sein **II.** *mf* ❶ (*ami intime*) Vertraute(r) *f(m)* ❷ *mpl* (*parents*) **les** ~**s de qn** jds Angehörige *Pl*

Proche-Orient [pʀɔʃɔʀjɑ̃] *m* **le** ~ der Nahe Osten

proclamer [pʀɔklame] <1> **I.** *v. tr.* ❶ (*vérité*) verkünden; (*innocence*) beteuern ❷ (*république*) ausrufen; ~ **qn empereur** jdn zum Kaiser ausrufen **II.** *v. pron.* (*se déclarer*) **se** ~ **indépendant** sich für unabhängig erklären

procurer [pʀɔkyʀe] <1> **I.** *v. tr.* ~ **qc à qn** jdm zu etw verhelfen **II.** *v. pron.* (*obtenir*) **se** ~ **qc** sich (*Dat*) etw verschaffen

prodige [pʀɔdiʒ] *m* ❶ Wunder *nt* ❷ (*génie*) Genie *nt;* **enfant** ~ Wunderkind *nt*

prodigieusement [pʀɔdiʒjøzmɑ̃] *adv.* (*beau, difficile*) ungemein; (*doué, intéressant*) sehr; (*agacer, s'ennuyer*) über alle Maßen

prodigue [pʀɔdig] *adj.* (*dépensier*) verschwenderisch

producteur, -trice [pʀɔdyktœʀ, -tʀis] **I.** *adj.* COM erzeugend; ~ **de blé** Getreide anbauend; ~ **de pétrole** Erdöl produzierend **II.** *m, f* ❶ a. CINE, RADIO, TV Produzent(in) *m(f)* ❷ AGR Erzeuger(in) *m(f)*

productif, -ive [pʀɔdyktif, -iv] *adj.* produktiv; FIN gewinnbringend

production [pʀɔdyksjɔ̃] *f* ❶ Produktion *f* ❷ (*fabrication*) Herstellung *f;* ~ **d'énergie** Energieerzeugung ❸ AGR Anbau *m* ❹ (*quantité produite*) Produktionsmenge *f;* (*d'énergie*) erzeugte Menge; (*de pétrole*) Fördermenge *f;* AGR Erzeugnisse *Pl*

productivité [pʀɔdyktivite] *f* Produktivität *f*

produire [pʀɔdɥiʀ] <irr> **I.** *v. tr.* ❶ (*matières premières*) produzieren; (*voitures*) herstellen; (*électricité*) erzeugen ❷ AGR, GEO ~ **qc** (*cultivateur*) etw erzeugen; (*pays, région*) etw hervorbringen; (*arbre*) etw tragen **II.** *v. intr.* FIN Gewinn abwerfen **III.** *v. pron.* **se** ~ ❶ (*survenir*) sich ereignen; (*changement, silence*) eintreten ❷ (*se montrer sur scène*) auftreten

produit [pʀɔdɥi] *m* ❶ Produkt *nt* ❷ CHIM, BIO Mittel *nt;* ~ **de beauté** Schönheitsmittel ❸ ECON ~ **brut** Bruttoertrag; ~ **net** Nettoerlös; ~ **intérieur brut** Bruttoinlandsprodukt *nt;* ~ **national brut** Bruttosozialprodukt *nt*

pro-européen, ne [pʀoøʀɔpeɛ̃, ɛn] *m, f* Europabefürworter(in) *m(f)*

prof [pʀɔf] *mf fam abr. de* **professeur**

professeur [pʀɔfesœʀ] *mf* ❶ SCOL Lehrer(in) *m(f);* ~ **d'allemand** Deutschlehrer; ~ **des écoles** Grundschullehrer ❷ UNIV (*avec chaire*) Professor(in) *m(f);* (*sans chaire*) Dozent(in) *m(f)*

profession [pʀɔfesjɔ̃] *f* Beruf *m;* **exercer la** ~ **de qc** von Beruf etw sein

professionnalisme [pʀɔfesjɔnalism] *m* ❶ (*opp: amateurisme*) Professionalismus *m* ❷ (*compétence*) Professionalität *f*

professionnel, le [pʀɔfesjɔnɛl] **I.** *adj.* ❶ beruflich; (*vie, secret*) Berufs-; **lycée** ~ ≈ Fachoberschule *f* ❷ (*écrivain, journaliste*) berufsmäßig; (*menteur*) ausgemacht ❸ (*compétent*) fachkundig **II.** *m, f* ❶ (*homme/femme de métier*) Fachmann *m*/Fachfrau *f* ❷ (*personne compétente*) Sachkundige(r) *f(m)*

professionnelle [pʀɔfesjɔnɛl] *f fam* (*prostituée*) Prostituierte *f*

professionnellement [pʀɔfesjɔnɛlmɑ̃] *adv.* beruflich

profil [pʀɔfil] *m* ❶ Profil *nt;* **de** ~ im Profil; (*d'une personne*) Silhouette *f* ❷ INFORM ~ **utilisateur** Benutzerprofil *nt*

profilage [pʀɔfilaʒ] *m* (*technique policière*) Täterprofilerstellung *f*

profit [pʀɔfi] *m* ❶ COM, FIN Profit *m* ❷ (*avantage*) Gewinn *m;* **au** ~ **de qn/qc** zugunsten einer Person/S. (*Gen*)

profiter [pʀɔfite] <1> *v. intr.* ~ **d'une situation** von einer Situation profitieren; ~ **d'une occasion** eine Gelegenheit ausnützen

profiterole [pʀɔfitʀɔl] *f: kleiner, mit Eis oder Vanillecreme gefüllter Windbeutel*

profiteur, -euse [pʀɔfitœʀ, -øz] *m, f péj* Profitmacher(in) *m(f)*

profond, e [pʀɔfɔ̃, ɔ̃d] **I.** *adj.* ❶ tief ❷ (*intérêt*) stark; (*regard*) intensiv ❸ *postposé* (*cause*) tiefere(r, s); (*signification*) tiefer liegend; (*tendance*) unterschwellig; **la France ~e** *das traditionelle Frankreich* **II.** *adv.* tief

profondément [pʀɔfɔ̃demɑ̃] *adv.* ❶ tief ❷ (*influencer, ressentir*) stark; (*réfléchir, se tromper*) gründlich; (*aimer*) innig; (*souhaiter*) sehnlichst ❸ *antéposé* (*vexé*) schwer; (*convaincu*) felsenfest

profondeur [pʀɔfɔ̃dœʀ] *f* ❶ Tiefe *f;* **50 m de ~** 50 Meter tief ❷ (*d'un regard*) Intensität *f* ▶ **en ~** gründlich; (*réforme*) tief greifend

programmable [pʀɔgʀamabl] *adj.* ❶ INFORM programmierbar ❷ TECH vorprogrammierbar

programmation [pʀɔgʀamasjɔ̃] *f* ❶ CINE, RADIO, TV Programmgestaltung *f* ❷ TECH, INFORM Programmierung *f*

programme [pʀɔgʀam] *m* ❶ Programm *nt* ❷ SCOL Lehrstoff *m;* UNIV Studienplan *m* ▶ **tout un ~** ein weites Feld

programmer [pʀɔgʀame] <1> *v. tr.* ❶ MEDIA, CINE ins Programm nehmen; THEAT auf den Spielplan setzen; **être programmé** (*émission*) auf dem Programm stehen; **être programmé à dix heures** auf zehn Uhr angesetzt sein ❷ (*journée, vacances*) vorausplanen ❸ (*calculatrice*) [vor]programmieren; (*machine*) einstellen

progrès [pʀɔgʀɛ] *m* Fortschritt *m; pl* SCOL Fortschritte *Pl* ▶ **on n'arrête pas le ~** *fam* nobel geht die Welt zugrunde

progresser [pʀɔgʀese] <1> *v. intr.* ❶ (*s'améliorer*) Fortschritte machen ❷ (*augmenter*) steigen ❸ (*s'étendre*) sich verbreiten ❹ (*avancer*) vorankommen; (*armée*) vorrücken

progressif, -ive [pʀɔgʀesif, -iv] *adj.* (*évolution*) allmählich; (*développement*) schrittweise

progression [pʀɔgʀɛsjɔ̃] *f* ❶ (*d'une épidémie, d'un incendie*) Sichausbreiten *nt;* (*d'une maladie*) Fortschreiten *nt* ❷ (*d'un explorateur, véhicule*) Vorankommen *nt;* (*d'une armée*) Vordringen *nt* ❸ MATH Reihe *f*

progressivement [pʀɔgʀesivmɑ̃] *adv.* nach und nach; (*procéder*) schrittweise

progressivité [pʀɔgʀesivite] *f* ❶ (*d'un changement, d'une évolution*) langsames Fortschreiten ❷ FIN Progression *f*

prohibé, e [pʀɔibe] *adj.* [gesetzlich] verboten

proie [pʀwa] *f* ❶ (*opp: prédateur*) Beute *f;* **oiseau de ~** Raubvogel *m* ❷ (*victime*) Opfer *nt*

projet [pʀɔʒɛ] *m* ❶ (*intention*) Plan *m;* **~ de film** Filmprojekt *nt* ❷ (*ébauche*) Entwurf *m*

projeter [pʀɔʒ(ə)te] <3> *v. tr.* ❶ (*faire un projet*) planen ❷ (*éjecter*) herausschleudern

prolétaire [pʀɔletɛʀ] **I.** *adj.* proletarisch **II.** *mf* Proletarier(in) *m(f)*

prolétariat [pʀɔletaʀja] *m* Proletariat *nt*

prolongation [pʀɔlɔ̃gasjɔ̃] *f* Verlängerung *f*

prolongé, e [pʀɔlɔ̃ʒe] *adj.* (*arrêt, week-end*) verlängert; (*effort*) anhaltend

prolonger [pʀɔlɔ̃ʒe] <2a> **I.** *v. tr.* verlängern **II.** *v. pron.* **se ~** (*durer: effet, séance*) andauern; (*débat*) sich in die Länge ziehen

promenade [pʀɔm(ə)nad] *f* ❶ (*balade: à pied*) Spaziergang *m;* (*en bateau/voiture*) Boots-/Spazierfahrt *f;* (*à cheval*) Ausritt *m;* **~ à/en vélo** Fahrradtour *f* ❷ (*lieu où l'on se promène*) Promenade *f*

promener [pʀɔm(ə)ne] <4> **I.** *v. tr.* (*accompagner*) **~ qn/un animal** mit jdm/einem Tier spazieren gehen **II.** *v. pron.* (*faire une promenade*) [**aller**] **se ~** (*animal*) herumlaufen; (*personne*) (*à pied*) spazieren gehen; (*à cheval*) ausreiten; (*en bateau*) eine Bootsfahrt machen; **se ~ en voiture** [mit dem Auto] spazieren fahren; **se ~ à vélo** eine [kleine] Fahrradtour machen

promeneur, -euse [pʀɔm(ə)nœʀ, -øz] *m, f* Spaziergänger(in) *m(f)*

promesse [pʀɔmɛs] *f* Versprechen *nt* ▶ **~ en l'air** leere Versprechungen *Pl*

prometteur, -euse [pʀɔmɛtœʀ, -øz] *adj.* (*acteur, débuts*) viel versprechend

promettre [pʀɔmɛtʀ] <irr> **I.** *v. tr.* ❶ (*s'engager à*) versprechen; **~ le secret à qn** jdm versprechen nichts zu verraten ❷ (*assurer*) versichern; **ça je te le promets!** das schwöre ich dir! ▶ **c'est promis juré** *fam* das ist hoch und heilig versprochen **II.** *v. intr.*

P

❶ (*faire une promesse*) sein Versprechen geben ❷ (*être prometteur*) zu Hoffnungen Anlass geben ▶**ça promet!** *iron* das fängt ja gut an! **III.** *v. pron.* (*prendre la résolution de*) **se ~ de faire qc** sich (*Dat*) fest vornehmen, etw zu tun

promis, e [pʀɔmi, iz] *adj.* **être ~ à qn/qc** für jdn/etw bestimmt sein

promotion [pʀɔmosjɔ̃] *f* ❶ (*avancement*) Beförderung *f* ❷ SCOL *Jahrgang einer Hochschule* ❸ (*produit en réclame*) Sonderangebot *nt*

pronom [pʀɔnɔ̃] *m* Pronomen *nt*

pronominal, e [pʀɔnɔminal, o] <-aux> *adj.* pronominal; (*verbe*) reflexiv

prononcer [pʀɔnɔ̃se] <2> **I.** *v. tr.* ❶ aussprechen ❷ (*parole*) äußern **II.** *v. pron.* **se ~** ❶ (*être articulé: mot, nom*) ausgesprochen werden ❷ (*prendre position*) sich aussprechen ❸ (*formuler son point de vue*) **se ~ sur qc** zu etw Stellung nehmen

pronostic [pʀɔnɔstik] *m* Prognose *f*

propagande [pʀɔpagɑ̃d] *f* Propaganda *f*

propagation [pʀɔpagasjɔ̃] *f* ❶ (*extension*) Ausbreitung *f* ❷ (*d'une idée, nouvelle*) Verbreitung *f*

propager [pʀɔpaʒe] <2a> **I.** *v. tr.* (*idée, nouvelle*) verbreiten **II.** *v. pron.* **se ~** ❶ (*épidémie, incendie*) sich ausbreiten ❷ (*idée, nouvelle*) sich verbreiten

propice [pʀɔpis] *adj.* günstig

proportion [pʀɔpɔʀsjɔ̃] *f* ❶ (*rapport*) [Größen]verhältnis *nt;* **être hors de ~ avec qc** in keinem Verhältnis zu etw stehen ❷ *pl* Proportionen *Pl*; (*d'une recette*) Mengenangaben *Pl*; (*importance*) Ausmaße *Pl*

proportionnel, le [pʀɔpɔʀsjɔnɛl] *adj.* proportional

proportionnelle [pʀɔpɔʀsjɔnɛl] *f* POL **la ~** das Verhältniswahlrecht

proportionnellement [pʀɔpɔʀsjɔnɛlmɑ̃] *adv.* verhältnismäßig

propos [pʀɔpo] *m gén. pl.* Worte *Pl* ▶**à ce ~** dazu; **à quel ~?** weswegen?; **à ~** übrigens; **à ~ de qc** etw betreffend

proposer [pʀɔpoze] <1> **I.** *v. tr.* ❶ (*soumettre*) vorschlagen; (*décret, loi*) beantragen ❷ (*marchandise, récompense*) anbieten; (*prix, spectacle*) bieten **II.** *v. pron.* (*offrir ses services*) **se ~ à qn comme chauffeur** sich jdm als Chauffeur anbieten

proposition [pʀɔpozisjɔ̃] *f* ❶ (*offre*) Vorschlag *m;* **~ de loi** Gesetzesvorlage *f* ❷ *pl* (*avances*) Annäherungsversuche *Pl* ❸ LING Satz *m*

propre¹ [pʀɔpʀ] **I.** *adj.* ❶ sauber ❷ (*non polluant*) umweltfreundlich **II.** *m* ▶**c'est du ~!** *fam* sauber!; **mettre qc au ~** etw ins Reine schreiben

propre² [pʀɔpʀ] **I.** *adj.* ❶ *antéposé* (*à soi*)a. FIN eigen ❷ *postposé* (*mot, terme*) treffend; (*sens*) eigentlich; **le sens ~ d'un mot** der wörtliche Sinn eines Wortes **II.** *m* (*particularité*) charakteristisches Kennzeichen; (*de l'homme*) Wesensmerkmal *nt*

proprement [pʀɔpʀəmɑ̃] *adv.* (*avec soin*) sauber; (*manger*) anständig

propret, te [pʀɔpʀɛ, ɛt] *adj.* (*maison, chambre*) schmuck; (*personne*) adrett

propreté [pʀɔpʀəte] *f* ❶ Sauberkeit *f* ❷ ECOL Umweltfreundlichkeit *f*

propriétaire [pʀɔpʀijetɛʀ] *mf* ❶ (*possesseur*) Eigentümer(in) *m(f),* Besitzer(in) *m(f);* (*d'un animal, d'une voiture*) Halter(in) *m(f)* ❷ (*opp: locataire*) Hauswirt(in) *m(f);* (*bailleur*) Vermieter(in) *m(f)*

propriété [pʀɔpʀijete] *f* ❶ (*domaine, immeuble*) [privates] Anwesen; **~ [foncière]** Grundbesitz *m* ❷ (*chose possédée*) Eigentum *nt* ❸ (*qualité propre*) Eigenschaft *f*

prospecteur, -trice [pʀɔspɛktœʀ, -tʀis] *m, f* COM Kundenwerber(in) *m(f)*

prospectif, -ive [pʀɔspɛktif, -iv] *adj.* ❶ (*prévisionnel*) vorausschauend; **une étude prospective du marché** eine Trendanalyse ❷ (*orienté vers l'avenir*) zukunftsorientiert

prospectus [pʀɔspɛktys] *m* Prospekt *m*

prostitué, e [pʀɔstitɥe] *m, f* Prostituierte(r) *f(m)*

prostitution [pʀɔstitysjɔ̃] *f* Prostitution *f*

protecteur, -trice [pʀɔtɛktœʀ, -tʀis] **I.** *adj.* (*attitude, personne*) [be]schützend **II.** *m, f* (*défenseur*) Beschützer(in) *m(f)*

protection [pʀɔtɛksjɔ̃] *f* ❶ (*défense*) Schutz *m* ❷ (*élément protecteur*) Schutzvorrichtung *f* ▶**~ sociale** sozia-

P

les Netz; **mesures de** ~ Schutzmaßnahmen *Pl*

protégé, e [pʀɔteʒe] **I.** *adj.* (*site, territoire*) geschützt; (*passage*) vorfahrtsberechtigt **II.** *m, f* (*favori*) Günstling *m* (*pej*)

protège-cahier [pʀɔtɛʒkaje] <protège-cahiers> *m* [Schutz]umschlag *m*

protéger [pʀɔteʒe] <2a, 5> **I.** *v. tr.* (*défendre*) schützen **II.** *v. pron.* **se ~ contre qn/qc** sich vor jdm/etw schützen

protège-slip [pʀɔtɛʒslip] <protège-slips> *m* Slipeinlage *f*

protéine [pʀɔtein] *f* Eiweiß *nt,* Protein *nt*

protéiné, e [pʀɔteine] *adj.* (*régime*) eiweißreich; (*boisson*) eiweißreich, mit Eiweiß angereichert

protestant, e [pʀɔtɛstɑ̃, ɑ̃t] **I.** *adj.* protestantisch; (*en Allemagne*) evangelisch **II.** *m, f* Protestant(in) *m(f); (en Allemagne)* Evangelische(r) *f(m)*

protestation [pʀɔtɛstasjɔ̃] *f* (*plainte*) Protest *m*

protester [pʀɔtɛste] <1> *v. intr.* protestieren

protide [pʀɔtid] *m* Proteid *nt*

protocole [pʀɔtɔkɔl] *m* Protokoll *nt;* **faire un ~** ein Protokoll erstellen

prototype [pʀɔtɔtip] *m* Prototyp *m*

prout [pʀut] *m fam* Pup[s] *m;* **faire [un] ~** pupsen

prouver [pʀuve] <1> *v. tr.* beweisen; (*reconnaissance*) erweisen; **il est prouvé que ...** es ist erwiesen, dass ...; **il n'est pas prouvé que** + *subj.* es gibt keinen Beweis dafür, dass

provenance [pʀɔv(ə)nɑ̃s] *f* Herkunft *f* ▸ **être en ~ de ...** aus ... kommen

provençal [pʀɔvɑ̃sal, o] < -aux> *m* Provenzalisch *nt; voir a.* **allemand**

provençal, e [pʀɔvɑ̃sal, o] <-aux> *adj.* provenzalisch; *voir a.* **allemand**

Provençal, e [pʀɔvɑ̃sal, o] <-aux> *m, f* Provenzale *m*/Provenzalin *f*

provençale [pʀɔvɑ̃sal] *f* GASTR ▸ **à la ~** auf provenzalische Art

Provence [pʀɔvɑ̃s] *f* **la ~** die Provence

proverbe [pʀɔvɛʀb] *m* Sprichwort *nt;* **comme dit le ~** wie es im Sprichwort [so schön] heißt

province [pʀɔvɛ̃s] *f* Provinz *f* ▸ **la Belle Province** *Bezeichnung für die Provinz Quebec*

In Belgien gibt es zehn **provinces.** Sie sind mit den französischen Departements vergleichbar. Obwohl sie autonom sind, unterliegen sie dem Föderalstaat, den Gemeinschaften und den Regionen.

provincial, e [pʀɔvɛ̃sjal, jo] < -aux> **I.** *adj.* ❶ (*opp: parisien: air, manières*) provinziell; (*rythme*) der Provinz; (*vie*) in der Provinz ❷ CAN (*opp: fédéral: mesures, décision*) auf [der] Provinzebene **II.** *m, f* Provinzbewohner(in) *m(f)*

proviseur [pʀɔvizœʀ] *mf* Schulleiter(in) *m(f) (in Gymnasien)*

provision [pʀɔvizjɔ̃] *f* ❶ *pl* (*vivres*) [Essens]vorräte *Pl;* (*pour une excursion*) Proviant *m* ❷ (*réserve*) **~ d'eau** Wasservorrat *m*

provisionnel, le [pʀɔvizjɔnɛl] *adj.* **tiers ~** *Steuervorauszahlung*

provisoire [pʀɔvizwaʀ] *adj.* provisorisch; (*solution, mesure*) vorläufig; (*bonheur, liaison*) vorübergehend

provisoirement [pʀɔvizwaʀmɑ̃] *adv.* vorübergehend

provoc [pʀɔvɔk] *f fam abr. de* **provocation**

provocant, e [pʀɔvɔkɑ̃, ɑ̃t] *adj.* provozierend

provocateur, -trice [pʀɔvɔkatœʀ, -tʀis] **I.** *adj.* provokatorisch **II.** *m, f* Aufwiegler(in) *m(f)*

provocation [pʀɔvɔkasjɔ̃] *f* (*défi*) Herausforderung *f;* **être de la ~** provozieren

provoquer [pʀɔvɔke] <1> *v. tr.* ❶ (*causer*) verursachen; (*changement*) bewirken; (*colère, gaieté*) erregen; (*mort, accident*) herbeiführen ❷ (*énerver*) reizen; (*défier*) herausfordern ❸ (*aguicher*) aufreizen

prudemment [pʀydamɑ̃] *adv.* vorsichtig

prudence [pʀydɑ̃s] *f* Vorsicht *f*

prudent, e [pʀydɑ̃, ɑ̃t] *adj.* vorsichtig

prune [pʀyn] *f* Pflaume *f* ▸ **pour des ~s** *fam* für nichts [und wieder nichts]

pruneau [pʀyno] <x> *m* Backpflaume *f*

prunier [pʀynje] *m* Pflaumenbaum *m*

Prusse [pʀys] *f* HIST **la ~** Preußen *nt;* **la ~ Orientale** Ostpreußen

prussien, ne [pʀysjɛ̃, jɛn] *adj.* preußisch

P

Prussien, **ne** [pʀysjɛ̃, jɛn] *m, f* HIST Preuße *m*/Preußin *f*

prussienne [pʀysjɛn] *f* ▶**à la ~** preußisch

PS [peɛs] *m* ❶ *abr. de* **Parti socialiste** PS *f* *(sozialdemokratisch-sozialistische Partei Frankreichs)* ❷ *abr. de* **post-scriptum** PS *nt*

pschitt [pʃit] *interj.* zisch; **faire ~** zischen

pseudonyme [psødɔnim] *m* Pseudonym *nt*

psy [psi] *mf fam abr. de* **psychanalyste, psychiatre, psychologue** *Bezeichnung für Berufe, die sich mit Psychologie beschäftigen*

psychiatre [psikjatʀ] *mf* Psychiater(in) *m(f)*

psychiatrique [psikjatʀik] *adj.* (*hôpital*) psychiatrisch; (*troubles*) psychisch

psychique [psiʃik] *adj.* seelisch

psychologie [psikɔlɔʒi] *f* Psychologie *f*

psychologique [psikɔlɔʒik] *adj.* psychologisch; (*problème, état*) psychisch

psychologiquement [psikɔlɔʒikmɑ̃] *adv.* psychologisch [gesehen]

psychologue [psikɔlɔg] **I.** *adj.* psychologisch begabt **II.** *mf* Psychologe *m*/Psychologin *f*

psychophonie [psikofɔni] *f* Gesangstherapie *f*

P

psychoter [psikɔte] <1> *v. intr. fam* Paranoia schieben

PTT [petete] *mpl abr. de* **Postes, Télégraphes, Téléphones** Post- und Fernmeldewesen *nt*

pu [py] *part. passé de* **pouvoir**

pub[1] [pyb] *f fam abr. de* **publicité**

pub[2] [pœb] *m* (*bar*) Pub *m o nt*

pubard, **e** [pybaʀ, aʀd] *m, f fam* Werbefuzzi *m*/Werbetussi *f*

puberté [pybɛʀte] *f* Pubertät *f*

public [pyblik] *m* ❶ (*assistance*) Publikum *nt* ❷ (*tous*) Allgemeinheit *f*; **en ~** (*en présence de personnes*) in der Öffentlichkeit; (*devant un auditoire*) öffentlich; (*devant tout le monde*) in aller Öffentlichkeit

public, **-ique** [pyblik] *adj.* ❶ öffentlich; **sur la voie publique** in der Öffentlichkeit ❷ (*de l'État*) staatlich

publication [pyblikasjɔ̃] *f* Veröffentlichung *f*

publiciste [pyblisist] *mf* Werbefachmann *m*/Werbefachfrau *f*

publicitaire [pyblisitɛʀ] *adj.* Werbe-

publicité [pyblisite] *f* ❶ MEDIA (*dans la presse*) Anzeige *f*; (*à la radio, télé*) Werbespot *m* ❷ *sans pl.* (*réclame, métier*) Werbung *f kein Pl.*

publier [pyblije] <1> *v. tr.* ❶ **~ qc** etw veröffentlichen; (*éditeur*) etw herausgeben ❷ (*nouvelle*) bekannt geben; (*communiqué*) herausgeben

publiquement [pyblikmɑ̃] *adv.* öffentlich

puce [pys] *f* ❶ ZOOL Floh *m*; **le marché aux ~s** der Flohmarkt ❷ INFORM Chip *m* ▶**secouer les ~s à qn** *fam* (*réprimander*) jdm den Kopf waschen

pucelage [pys(ə)laʒ] *m fam* Unschuld *f*

puceron [pys(ə)ʀɔ̃] *m* Blattlaus *f*

pudding [pudiŋ] *m* Plumpudding *m*

pudeur [pydœʀ] *f* (*décence*) Scham[haftigkeit] *f*

pudique [pydik] *adj.* (*décent*) schamhaft; (*geste*) züchtig

pudiquement [pydikmɑ̃] *adv.* ❶ (*par euphémisme*) verhüllend ❷ (*chastement*) schamhaft

puer [pɥe] <1> **I.** *v. intr. péj* stinken; **il pue des pieds** *fam* seine Füße stinken **II.** *v. tr.* ❶ *péj* (*empester*) **~ le renfermé** muffig riechen ❷ *péj fam* (*porter l'empreinte de*) **~ le fric** nach Geld stinken

puéricultrice [pɥeʀikyltʀis] *f* ❶ (*s'occupant des nouveau-nés*) Säuglingsschwester *f* ❷ (*s'occupant des tout-petits*) Kinderkrankenschwester *f*

puis[1] [pɥi] *adv.* dann; **et ~ après** [*o* **quoi**]**?** *fam* na und?; **et ~ quoi encore!?** *fam* ja, was denn noch [alles]!?; **et ~** (*en outre*) und dann [noch]; (*en fin de compte*) und überhaupt

puis[2] [pɥi] *indic. prés. de* **pouvoir**

puisque [pɥisk(ə)] <puisqu'> *conj.* da [ja]; **puisqu'il le faut!** wenn's denn sein muss!

puissance [pɥisɑ̃s] *f* ❶ *sans pl.* (*force*) Kraft *f*; (*du vent*) Stärke *f*; (*d'un moteur*) Leistung[sfähigkeit] *f* ❷ *sans pl.* (*État, pouvoir*) Macht *f* ❸ *pl* (*forces*) Kräfte *Pl* ❹ MATH **dix ~ deux** zehn hoch zwei

puissant, **e** [pɥisɑ̃, ɑ̃t] *adj.* ❶ stark ❷ POL, ECON mächtig; (*armée*) schlagkräftig ❸ (*très efficace*) wirksam; (*moteur*) leistungsfähig

puisse [pɥis] *subj prés de* **pouvoir**

puits [pɥi] *m* ① (*pour l'eau*) Brunnen *m* ② (*d'une mine*) Schacht *m;* ~ **de pétrole** [Erd]ölbohrloch *nt*

pull [pyl] *m fam abr. de* **pull-over** Pulli *m*

pull-over [pylɔvɛʀ] <pull-overs> *m* Pullover *m*

pulpeux, -euse [pylpø, -øz] *adj.* (*lèvres*) voll

punaise [pynɛz] *f* ① ZOOL Wanze *f* ② (*petit clou*) Reißzwecke *f*

punch [pœnʃ] *m inv.* (*dynamisme*) Elan *m;* **avoir du** ~ *fam* Schwung haben

punir [pyniʀ] <8> *v. tr.* bestrafen

punition [pynisjɔ̃] *f* ① (*peine*) Strafe *f* ② SCOL Strafarbeit *f* ③ (*action de punir*) Bestrafung *f*

punk [pœ̃k] **I.** *adj. inv.* Punk-; (*lunettes, bijoux*) punkig **II.** *mf* (*personne*) Punk[er] *m*/Punkerin *f*

pupitre [pypitʀ] *m* ① INFORM Steuerpult *nt* ② MUS (*d'un musicien, choriste*) Notenständer *m;* (*d'un chef d'orchestre*) [Dirigenten]pult; (*d'un piano*) Notenablage *f* ③ (*meuble à plan incliné*) Pult *nt*

pur, e [pyʀ] *adj.* rein; (*air, eau, regard, profil*) klar; (*jeune fille*) unschuldig; (*intentions*) lauter (*geh*)

purée [pyʀe] *f* Püree *nt*

purement [pyʀmɑ̃] *adv.* rein; ~ **et simplement** [schlicht und] einfach

pureté [pyʀte] *f* Reinheit *f;* (*du regard, de l'air, eau*) Klarheit *f;* (*d'un visage*) Makellosigkeit *f;* (*de l'enfance*) Unschuld *f;* ~ **de la race** Reinrassigkeit *f*

purger [pyʀʒe] <2a> *v. tr.* ① (*radiateur*) entlüften; (*huile*) ablassen ② JUR (*peine*) verbüßen

purificateur [pyʀifikatœʀ] *m* Reinigungsgerät *nt;* ~ **d'air** Luftreiniger *m*

purifier [pyʀifje] <1> *v. tr.* (*air, atmosphère*) reinigen; (*eau*) klären

purin [pyʀɛ̃] *m* Jauche *f*

pur-sang [pyʀsɑ̃] <pur[s]-sang[s]> *m* Vollblut[pferd] *nt*

pus[1] [py] *m* Eiter *m*

pus[2] [py] *passé simple de* **pouvoir**

pute [pyt] *f péj vulg* Nutte *f*

putois [pytwa] *m* Iltis *m*

putsch [putʃ] *m* Putsch *m*

puzzle [pœzl] *m* Puzzle *nt*

P.V.C. [pevese] *m inv. abr. de* **Polyvinylchloride** PVC *nt*

pyjama [piʒama] *m* Schlafanzug *m,* Pyjama *m*

pyramide [piʀamid] *f* Pyramide *f*

Pyrénées [piʀene] *fpl* **les** ~ die Pyrenäen *Pl*

Qq

Q, q [ky] *m inv.* Q *nt,* q *nt*
QCM [kyseɛm] *m abr. de* **questionnaire à choix multiple**
QI [kyi] *m abr. de* **quotient intellectuel** IQ *m*
qu' [k] *voir* **que**
quadrangulaire [k(w)adʀɑ̃gylɛʀ] *adj.* viereckig
quadriller [kadʀije] <1> *v. tr.* ❶ (*procéder à une opération militaire, policière*) ~ **qc** in etw (*Dat*) ein flächendeckendes Netz von Kontrollpunkten errichten ❷ (*tracer des lignes*) ~ **qc** etw in Quadrate einteilen
quadruplés, -ées [k(w)adʀyple] *mpl, fpl* Vierlinge *Pl*
quai [ke] *m* ❶ (*d'une gare*) Bahnsteig *m* ❷ (*pour accoster*) Kai *m* ❸ (*voie publique*) Uferstraße *f*
qualificatif [kalifikatif] *m* Bezeichnung *f*
qualificatif, -ive [kalifikatif, -iv] *adj.* **adjectif** ~ Adjektiv *nt*
qualification [kalifikasjɔ̃] *f* Qualifikation *f*
qualifié, e [kalifje] *adj.* qualifiziert
qualifier [kalifje] <1> *v. pron.* **se** ~ sich qualifizieren
qualitatif, -ive [kalitatif, -iv] *adj.* qualitativ
Q **qualitativement** [kalitativmɑ̃] *adv.* qualitativ, in Bezug auf die Qualität
qualité [kalite] *f* Qualität *f;* (*d'une personne*) gute Eigenschaft *f;* **de première** ~ erstklassig
quand [kɑ̃] **I.** *adv.* wann **II.** *conj.* ❶ (*temporel: événement unique du passé ou du présent*) als; (*événement répétitif, événement unique du futur*) wenn ❷ *fam* (*le moment où, le fait que*) wenn ❸ (*exclamatif*) ~ **je pense que ...!** wenn ich daran denke, dass ...! ▸ ~ **même** (*malgré cela*) trotzdem*fam* (*tout de même*) doch
quant [kɑ̃t] *prép.* ~ **à qn/qc** was jdn/etw betrifft; ~ **à moi** ich für mein[en] Teil
quantifier [kɑ̃tifje] <1a> *v. tr.* ❶ (*chiffrer*) in Zahlen (*Akk*) fassen ❷ PHYS quanteln
quantitatif, -ive [kɑ̃titatif, -iv] *adj.* quantitativ
quantitativement [kɑ̃titativmɑ̃] *adv.* quantitativ
quantité [kɑ̃tite] *f* Menge *f;* [**une**] ~ **de personnes/choses** eine Menge Menschen/Dinge; **en** ~ unzählig
quarantaine [kaʀɑ̃tɛn] *f* ❶ **une** ~ **de personnes/pages** etwa vierzig Personen/Seiten ❷ (*âge approximatif*) **avoir la** ~ etwa vierzig [Jahre alt] sein ❸ MED Quarantäne *f* ▸ **être en** ~ unter Quarantäne stehen; *voir a.* **cinquantaine**
quarante [kaʀɑ̃t] **I.** *num.* vierzig; ~ **et un** einundvierzig **II.** *m inv.* ❶ (*cardinal*) Vierzig *f* ❷ (*taille de confection*) **faire du** ~ ≈ Größe 38 tragen ▸ **les Quarante** die [vierzig Mitglieder der] Académie française; *voir a.* **cinq, cinquante**
quarantième [kaʀɑ̃tjɛm] **I.** *adj. antéposé* vierzigste(r, s) **II.** *mf* **le/la** ~ der/die/das Vierzigste **III.** *m* (*fraction*) Vierzigstel *nt; voir a.* **cinquième**
quart [kaʀ] *m* ❶ Viertel *nt;* **trois ~s** drei Viertel; ~ **d'heure/de finale** Viertelstunde *f*/-finale *nt;* **3 heures et/un** ~ Viertel nach drei; **4 heures moins le** ~ Viertel vor vier ❷ (*partie appréciable*) Großteil *m;* **les trois ~s de qc** der Großteil einer S.; **les trois ~s du temps** die meiste Zeit ▸ **au** ~ **de tour** sofort
quarté [k(w)aʀte] *m* Rennquartett *nt* (*bei Pferdewetten*)
quartier [kaʀtje] *m* ❶ Viertel *nt;* **le Quartier latin** das Quartier Latin; **les gens du** ~ die Leute aus der Nachbarschaft ❷ CH (*banlieue*) ~ **périphérique** Vorstadtviertel *nt,* Außenquartier *nt* (CH) ▸ **avoir** ~ **libre** ausgehen dürfen
quart-monde [kaʀmɔ̃d] <quarts-mondes> *m* ❶ (*pauvreté*) **le** ~ die neue Armut ❷ (*pays les plus pauvres*) die Vierte Welt
quasi [kazi] *adv.* fast; ~ **mort** halb tot
quatorze [katɔʀz] **I.** *num.* vierzehn **II.** *m inv.* Vierzehn *f; voir a.* **cinq**
quatorzième [katɔʀzjɛm] **I.** *adj. antéposé* vierzehnte(r, s) **II.** *mf* **le/la** ~ der/die/das Vierzehnte **III.** *m* (*frac-*

tion) Vierzehntel *nt; voir a.* **cinquième**

quatre [katʀ(ə)] **I.** *num.* vier ▸**manger comme ~** für zwei essen; **un de ces ~ [matins]** *fam* demnächst **II.** *m inv.* Vier *f; voir a.* **cinq**

quatre-heures [katʀœʀ] *m inv, fam süße Nachmittagsmahlzeit für Kinder* **quatre-quarts** [kat(ʀə)kaʀ] *m inv: Butterkuchen in rechteckiger Form* **quatre-quatre** [katkatʀə] *m o f inv.* AUT Auto *nt* mit Vierradantrieb **quatre-vingt** [katʀəvɛ̃] <quatre-vingts> **I.** *num.* **~s** achtzig; **~ mille** achtzigtausend **II.** *m* **~s** Achtzig *f; voir a.* **cinq, cinquante** **quatre-vingt-dix** [katʀəvɛ̃dis] **I.** *num.* neunzig **II.** *m inv.* Neunzig *f; voir a.* **cinq, cinquante** **quatre-vingt-dixième** [katʀəvɛ̃dizjɛm] <quatre-vingt-dixièmes> **I.** *adj. antéposé* neunzigste(r, s) **II.** *mf* **le/la ~** der/die/das Neunzigste **III.** *m* (*fraction*) Neunzigstel *nt; voir a.* **cinquième** **quatre-vingtième** [katʀəvɛ̃tjɛm] <quatre-vingtièmes> **I.** *adj. antéposé* achtzigste(r, s) **II.** *mf* **le/la ~** der/die/das Achtzigste **III.** *m* (*fraction*) Achtzigstel *nt; voir a.* **cinquième** **quatre-vingt-onze** [katʀəvɛ̃ɔ̃z] **I.** *num.* einundneunzig **II.** *m inv.* Einundneunzig *f; voir a.* **cinq, cinquante** **quatre-vingt-un, -une** [katʀəvɛ̃œ̃, -yn] **I.** *num.* einundachtzig **II.** *m inv.* Einundachtzig *f; voir a.* **cinq, cinquante** **quatre-vingt-unième** [katʀəvɛ̃ynjɛm] **I.** *adj. antéposé* einundachtzigste(r, s) **II.** *mf* **le/la ~** der/die/das Einundachtzigste **III.** *m* (*fraction*) Einundachtzigstel *nt; voir a.* **cinquième**

quatrième [katʀijɛm] **I.** *adj. antéposé* vierte(r, s) **II.** *mf* **le/la ~** der/die/das Vierte **III.** *f* SCOL ≈ achte Klasse; *voir a.* **cinquième**

quatrièmement [katʀijɛmmɑ̃] *adv.* viertens

que [kə] <qu'> **I.** *conj.* ❶ (*introduit une complétive*) dass; **je ne crois pas que** + *subj.* ich glaube nicht, dass ❷ (*dans des formules de présentation*) **peut-être ~** vielleicht ❸ (*dans des questions*) **qu'est-ce ~ c'est?** was ist das?; **qu'est-ce que c'est ~ ça?** *fam* was ist denn das?; **quand/où est-ce ~ tu pars?** wann/wohin gehst du? ❹ (*reprend une conjonction de subordination*) **si tu as le temps et qu'il fait beau** wenn du Zeit hast und es schön ist ❺ (*introduit une proposition de temps*) **ça fait trois jours qu'il est là** er ist seit drei Tagen da ❻ (*introduit une proposition de but*) damit ❼ (*pour comparer*) **plus/moins/autre ... ~** mehr/weniger/anders ... als; **[tout] aussi ... ~** [genau]so ... wie; **autant de ... ~** genauso viel(e) ... wie; **tel ~** [genau] so, wie ❽ (*seulement*) nur; **ne... ~** nur; **n'arriver que demain** erst morgen ankommen; **la vérité, rien ~ la vérité** die Wahrheit, nichts als die Wahrheit **II.** *adv.* (*comme*) wie; **[qu'est-ce] ~ c'est beau!** wie schön das ist! **III.** *pron. rel.* ❶ (*compl direct: se rapportant à un subst au sing*) den/die/das; (*se rapportant à un substantif au pluriel*) die; **ce ~** (*en fonction de sujet*) [das,] was; (*en fonction d'objet direct*) was; **chose ~** was; **quoi ~ tu dises** was du auch sagst ❷ (*après une indication de temps*) **un jour qu'il faisait beau** eines Tages, als das Wetter schön war; **toutes les fois ~ ...** jedes Mal wenn ...; **le temps ~ la police arrive, ...** bis die Polizei [endlich] kommt, ... **IV.** *pron. interrog* was ...?; **qu'est-ce ~ ...?** was ...?; **ce ~** was ▸**qu'est-ce qui vous prend?** was ist denn in Sie/in euch gefahren?

Québec [kebɛk] *m* ❶ (*ville*) Quebec *nt* ❷ (*province*) **le ~** Quebec *nt*

Die Provinz **Québec** mit ihrer gleichnamigen Hauptstadt ist die größte und östlichste Provinz Kanadas. Montréal, im Süden der Provinz gelegen, ist Kanadas zweitgrößte Metropole. Während im übrigen Kanada Englisch gesprochen wird, ist die Amtssprache in **Québec** Französisch.

quel, le [kɛl] **I.** *adj.* ❶ (*dans une question*) welche(r, s); **~ temps fait-il?** wie ist das Wetter?; **~le heure est-il?** wie viel Uhr ist es?; **~ que soit son choix** ganz gleich, was er/sie wählt; **~les que soient les conséquences, ...** was für Folgen das auch immer haben wird, ... ❷ (*exclamation*) was für ein(e); **~ dommage!** wie schade! **II.** *pron.* welche(r, s); **de nous deux, ~ est le plus grand?** wer ist der größere von uns beiden?

quelconque [kɛlkɔ̃k] *adj.* ❶ (*n'importe*

quel) **un ...** ~ irgendein ... ❷ (*ordinaire*) mittelmäßig

quelque [kɛlk] **I.** *adj. indéf, antéposé* ❶ *pl* (*plusieurs*) einige ❷ *pl* (*petit nombre*) **les ~s fois où ...** die wenigen Male, die ... **II.** *adv.* ▸ **~ peu** ein wenig; **et ~[s]** *fam* **10 kg et ~s** etwas mehr als 10 kg

quelque chose [kɛlkəʃoz] *pron.* etwas; **~ de beau** etwas Schönes; **c'est déjà ~!** das ist doch immerhin etwas ▸ **apporter un petit ~ à qn** *fam* jdm eine Kleinigkeit mitbringen; **c'est ~ [tout de même]!** *fam* das ist [doch] allerhand!; **~ comme** etwa

quelquefois [kɛlkəfwa] *adv.* manchmal

quelque part [kɛlkpaʀ] *adv.* **voir/lire ~** irgendwo sehen/lesen; **aller/jeter ~** irgendwohin gehen/werfen

quelques-uns, -unes [kɛlkəzœ̃, -yn] *pron. indéf.* einige; (*seulement une minorité*) einige wenige

quelqu'un [kɛlkœ̃] *pron. indéf.* jemand; **~ d'autre** jemand anders

qu'en-dira-t-on [kɑ̃diʀatɔ̃] *m inv.* **se moquer du ~** auf das Gerede der Leute pfeifen

qu'est-ce que [kɛskə] *pron. interrog* was

qu'est-ce qui [kɛski] *pron. interrog* was

question [kɛstjɔ̃] *f* Frage *f;* **poser une ~ à qn** jdm eine Frage stellen; **[re]mettre qc en ~** etw infrage stellen; (*ouvrir un débat*) etw zur Diskussion stellen; **ce n'est pas la ~** darum geht es [hier/jetzt] nicht ▸ **il est ~ de qn/qc** (*il s'agit de*) es geht um jdn/etw; (*on parle de*) es ist die Rede von jdm/etw; **hors de ~** das kommt überhaupt nicht infrage; **pas ~!** *fam* [das] kommt nicht in die Tüte!; **~ argent, ...** *fam* in puncto Geld, ...

Q

questionnaire [kɛstjɔnɛʀ] *m* Fragebogen *m;* **~ à choix multiple** Multiple-Choice-Fragebogen

questionner [kɛstjɔne] <1> *v. tr.* **~ qn sur qc** (*jury*) jdm zu etw Fragen stellen; (*police*) jdn zu etw befragen

question-piège [kɛstjɔ̃pjɛʒ] <questions-pièges> *f* ❶ (*apparemment facile*) Fußangel *f* ❷ (*pour nuire*) Fangfrage *f*

quête [kɛt] *f* [Geld]sammlung *f*

quetsche [kwɛtʃ] *f* Zwetsche *f,* Zwetschge *f* (CH)

queue [kø] *f* ❶ *a. fam* Schwanz *m* ❷ (*d'une casserole, poêle*)*a.* BOT Stiel *m;* (*d'un train*) Zugende *nt;* **~ de billard** Queue *f* ❸ (*file de personnes*) **faire la ~** Schlange stehen ▸ **n'avoir ni ~ ni tête** weder Hand noch Fuß haben

queue-de-pie [kød(ə)pi] <queues-de-pie> *f* Frack *m*

qui [ki] **I.** *pron. rel.* ❶ (*comme sujet: se rapportant à un substantif au singulier*) der/die/das; (*se rapportant à un substantif au pluriel*) die; **toi ~ sais tout** du weißt doch alles; **le voilà ~ arrive** da kommt er ja; **j'en connais ~ ...** ich kenne Leute, die ...; **c'est lui/elle qui a fait cette bêtise** er/sie hat diesen Blödsinn gemacht; **ce ~ ...** (*servant de sujet*) [das,] was ...; (*se rapportant à une phrase principale*) ..., was ... ❷ (*comme compl: remplace une personne*) **la dame à côté de ~ tu es assis/tu t'assois** die Dame, neben der du sitzt/neben die du dich setzt; **l'ami dans la maison de ~ ...** der Freund, in dessen Haus ...; **la dame à ~ c'est arrivé** die Dame, der das passiert ist ❸ (*celui qui*) wer ▸ **c'est à ~ criera le plus fort** jeder will am lautesten schreien; **~ que tu sois** ganz gleich, wer du bist **II.** *pron. interrog* ❶ (*qu'est-ce que*) **~ ...?** wer ...?; **~ ça?** wer? ❷ (*question portant sur la personne compl direct*) **~ ...?** wen/wem ...?; **~ as-tu vu?** wen hast du gesehen?; **~ croyez-vous?** wem glauben Sie? ❸ (*question portant sur la personne compl indirect*) **à/avec/pour/chez ~ ...?** wem/mit wem/für wen/bei wem ...? ❹ (*marque du sujet, personne ou chose*) **qui est-ce ~ ...?** wer ...?; **qu'est-ce ~ ...?** was ...?

quiche [kiʃ] *f* **~ [lorraine]** Quiche Lorraine *f*

quiconque [kikɔ̃k] **I.** *pron. rel.* jeder, der ... **II.** *pron. indéf.* **je le sais mieux que ~** ich weiß es selbst am besten

qui est-ce que [kiɛskə] *pron. interrog* (*question portant sur une personne en position compl*) **~ ...?** wen/wem ...?; **avec/par/pour ~ ...?** mit wem/durch wen/für wen ...?

qui est-ce qui [kiɛski] *pron. interrog* (*question portant sur une personne en position sujet*) **~ ...?** wer ...?

quille [kij] *f* Kegel *m;* **jouer aux ~s** kegeln

quincaillerie [kɛ̃kɑjʀi] *f* ❶ (*magasin d'articles de ménage*) Haushaltswarengeschäft *nt* ❷ (*magasin de petit outillage*) Eisenwarenhandlung *f*

quinquennal, **e** [kɛ̃kenal, o] <-aux> *adj.* fünfjährlich

quinquennat [kɛ̃kena] *m* fünfjährige Regierungszeit

quinte [kɛ̃t] *f* **~ de toux** Hustenanfall *m*

quinté [kɛ̃te] *m* Rennquintett *nt*

quinzaine [kɛ̃zɛn] *f* ❶ (*environ quinze*) **une ~ de personnes/pages** etwa fünfzehn Personen/Seiten ❷ (*deux semaines*) **revenir dans une ~ [de jours]** in zwei Wochen wiederkommen; **la première ~ de janvier** die erste Januarhälfte

quinze [kɛ̃z] **I.** *num.* fünfzehn; **tous les ~ jours** alle vierzehn Tage **II.** *m inv.* Fünfzehn *f; voir a.* **cinq**

quinzième [kɛ̃zjɛm] **I.** *adj. antéposé* fünfzehnte(r, s) **II.** *mf* **le/la ~** der/die/das Fünfzehnte **III.** *m* (*fraction*) Fünfzehntel *nt; voir a.* **cinquième**

quinzomadaire [kɛ̃zɔmadɛʀ] *m* 14-täglich erscheinende Zeitschrift *f*

quitte [kit] *adj.* ❶ (*sans dettes*) **être ~** quitt [miteinander] sein (*fam*) ❷ (*au risque de*) **~ à faire qc** auch auf die Gefahr hin, dass man/jd etw tut

quitter [kite] <1> *v. tr.* ❶ verlassen; **~ Paris** aus Paris wegziehen; **~ la route** (*véhicule*) von der Straße abkommen ❷ TELEC **ne quittez pas!** bleiben Sie am Apparat! ❸ INFORM (*programme*) beenden

quiz [kwiz] *m* Quiz[sendung *f*] *nt*

quoi [kwa] **I.** *pron. rel.* ❶ (*annexe d'une phrase principale complète*) **..., ce à ~ il ne s'attendait pas** ..., womit er nicht rechnete; **..., ce en ~ elle se trompait** ..., worin sie sich täuschte ❷ (*dans une question indirecte*) **elle ne comprend pas ce à ~ on fait allusion** sie versteht nicht, worauf angespielt wird; **ce sur ~ je veux que nous discutions** das, worüber ich mit Ihnen/euch sprechen möchte ❸ (*comme pronom relatif*) **à/de ~ ...** woran/worüber ...; **voilà de ~ je voulais te parler** [gerade] darüber wollte ich mit dir sprechen; **voilà à ~ je pensais** [gerade] daran dachte ich ❹ (*cela*) **..., après ~ ...** ..., [und] danach ... ❺ (*ce qui est nécessaire pour*) **de ~ faire qc** etwas um etw zu tun; **elle n'a pas de ~ vivre** sie hat nicht genug zum Leben; **il est très fâché. – Il y a de ~!** er ist sehr böse. – Dazu hat er allen Grund!; **il n'y a pas de ~ rire** da gibt es nichts zu lachen ▸ **il n'y a pas de ~!** keine Ursache!; **~ que ce soit** irgendetwas; **~ qu'il en soit** wie dem auch sei; **~ que** ganz gleich, was **II.** *pron. interrog* ❶ + *prép* **à ~ penses-tu?** woran denkst du?; **dites-nous à ~ cela sert** sagt uns, wozu das gut ist; **cette chaise est en ~?** *fam* woraus ist dieser Stuhl?; **par ~ commençons-nous?** womit fangen wir an? ❷ *fam* (*qu'est-ce que*) was; **c'est ~, ce truc?** was ist denn das da [für ein Ding]?; **tu sais ~?** weißt du was?; **~ encore?** was ist denn jetzt schon wieder?; **tu es idiot, ou ~?** *fam* bist du dumm oder was? ❸ (*qu'est-ce qu'il y a de ...?*) **~ de neuf?** was gibt's Neues?; **~ de plus facile/beau que ...?** was gibt es Einfacheres/Schöneres als ...? ❹ *fam* (*comment?*) was? **III.** *interj.* ❶ (*marque la surprise: comment!*) **~!** was! ❷ *fam* (*en somme*) **..., ~!** eben ...!

quoique [kwak(ə)] *conj.* obwohl

quota [k(w)ɔta] *m* Quote *f*

quotidien [kɔtidjɛ̃] *m* ❶ (*journal*) Tageszeitung *f* ❷ (*vie quotidienne*) Alltag *m*

quotidien, **ne** [kɔtidjɛ̃, jɛn] *adj.* ❶ (*journalier*) täglich ❷ (*banal: tâches*) banal

quotidiennement [kɔtidjɛnmɑ̃] *adv.* täglich

quotient [kɔsjɑ̃] *m* Quotient *m*

Rr

R, r [ɛʀ] *m inv.* R *nt,* r *nt;* **rouler les r** das R rollen

rab [ʀab] *m fam* **il y a du ~** es ist noch etwas übrig

rabâcher [ʀabɑʃe] <1> *v. tr.* **~ qc à qn** jdm ständig etw sagen

rabaisser [ʀabese] <1> *v. tr.* herabsetzen

rabane [ʀaban] *f* [Raphia]bastgeflecht *nt*

rabat-joie [ʀabaʒwa] *mf inv.* Spielverderber(in) *m(f)*

rabbin [ʀabɛ̃] *m* Rabbiner *m*

rabot [ʀabo] *m* Hobel *m*

raboter [ʀabɔte] <1> *v. tr.* (*planche*) abhobeln

rabougri, e [ʀabugʀi] *adj.* (*personne*) alt und gebückt

rabrouer [ʀabʀue] <1> *v. tr.* anfahren

racaille [ʀakɑj] *f* Abschaum *m kein Pl.* (*pej*)

raccard [ʀakaʀ] *m* CH (*grange à blé*) Weizenscheune *f*

raccommoder [ʀakɔmɔde] <1> **I.** *v. tr.* (*chaussettes*) flicken **II.** *v. pron. fam* **se ~** sich versöhnen

raccompagner [ʀakɔ̃paɲe] <1> *v. tr.* begleiten

raccourci [ʀakuʀsi] *m* ❶ (*chemin*) Abkürzung *f* ❷ INFORM **~ clavier** Shortcut *m*

raccourcir [ʀakuʀsiʀ] <8> **I.** *v. tr.* kürzen **II.** *v. intr.* kürzer werden

R

raccrocher [ʀakʀɔʃe] <1> **I.** *v. intr.* ❶ TELEC auflegen ❷ SPORT *fam* aufhören **II.** *v. pron.* **se ~ à qn/qc** sich an jdn/etw klammern

race [ʀas] *f* ❶ Rasse *f* ❷ (*sorte*) Spezies *f*

racheter [ʀaʃte] <4> **I.** *v. tr.* ❶ (*acheter en plus*) nachkaufen ❷ (*acheter d'autrui*) abkaufen **II.** *v. pron.* **se ~** es wiedergutmachen

rachitique [ʀaʃitik] *adj.* ❶ MED rachitisch ❷ (*chétif*) schwächlich

rachitisme [ʀaʃitism] *m* Rachitis *f*

racine [ʀasin] *f* ❶ BOT Wurzel *f* ❷ (*cause*) Ursache *f* ▸ **prendre ~** Wurzeln schlagen

racisme [ʀasism] *m* Rassismus *m*

raciste [ʀasist] **I.** *adj.* rassistisch **II.** *mf* Rassist(in) *m(f)*

racket [ʀakɛt] *m* Schutzgelderpressung *f*

racketter [ʀakete] <1> *v. tr.* **~ qn** Schutzgelder von jdm erpressen

racketteur, -euse [ʀakɛtœʀ, -øz] *m, f* Erpresser(in) *m(f)*

raclée [ʀɑkle] *f fam* ❶ (*volée de coups*) Tracht *f* Prügel ❷ (*défaite*) Schlappe *f*

racler [ʀɑkle] <1> **I.** *v. tr.* (*casserole*) scheuern; (*boue, croûte*) abkratzen **II.** *v. pron.* **se ~ la gorge** sich räuspern

raclette [ʀɑklɛt] *f* Raclette *f o nt;* (*fromage*) Raclettekäse *m*

racoler [ʀakɔle] <1> *v. tr.* **~ qn** jdn werben; (*prostituée*) jdn ansprechen

racontar [ʀakɔ̃taʀ] *m gén pl, fam* Tratsch *m kein Pl.*

raconter [ʀakɔ̃te] <1> *v. tr.* erzählen

radar [ʀadaʀ] *m* Radar[gerät *nt*] *m o nt*

radiateur [ʀadjatœʀ] *m* ❶ (*de chauffage central*) Heizkörper *m* ❷ AUT Kühler *m*

radical [ʀadikal, o] <-aux> *m* LING Stamm *m*

radical, e [ʀadikal, o] <-aux> *adj.* radikal; (*refus*) grundsätzlich

radicalement [ʀadikalmɑ̃] *adv.* ❶ (*entièrement*) radikal ❷ (*absolument*) vollkommen

radicaliser [ʀadikalize] <1> *v. tr.* (*position*) verhärten; (*opinion, théorie*) radikalisieren

radier [ʀadje] <1> *v. tr.* streichen; **~ qn de l'ordre des médecins** jdn aus der Ärztekammer ausschließen

radieux, -euse [ʀadjø, -jøz] *adj.* strahlend

radin, e [ʀadɛ̃, in] **I.** *adj. fam* knauserig **II.** *m, f fam* Geizkragen *m*

radiner [ʀadine] <1> *v. pron. fam* **se ~** auftauchen; **allez, radine-toi!** komm endlich!

radinerie [ʀadinʀi] *f fam* Knauserigkeit *f*

radio [ʀadjo] *f* ❶ Radio *nt;* **allumer/éteindre la ~** das Radio einschalten/ausschalten ❷ (*radiodiffusion*) Rundfunk *m;* **passer à la ~** im Radio kommen ❸ (*station*) Sender *m* ❹ MED Röntgenaufnahme *f*

radioactif, -ive [ʀadjoaktif, -iv] *adj.* radioaktiv
radioactivité [ʀadjoaktivite] *f* Radioaktivität *f*
radioamateur, -trice [ʀadjoamatœʀ, -tʀis] *m, f* Funkamateur(in) *m(f)*
radiographie [ʀadjɔgʀafi] *f* MED Röntgenaufnahme *f*
radiologue [ʀadjɔlɔg] *mf* Radiologe *m*/Radiologin *f*
radiophonique [ʀadjɔfɔnik] *adj.* **pièce ~** Hörspiel *nt*
radio-réveil [ʀadjoʀevɛj] <radios-réveils> *m* Radiowecker *m* **radio-taxi** [ʀadjotaksi] <radio-taxis> *m* Funktaxi *nt*
radiotélévisé, e [ʀadjotelevize] *adj.* **message ~ du chef de l'État** Rundfunk- und Fernsehansprache des Staatschefs
radis [ʀadi] *m* Radieschen *nt;* (*grand ~*) Rettich *m*
radius [ʀadjys] *m* ANAT Speiche *f*
radoter [ʀadɔte] <1> *v. intr.* sich wiederholen
radoucir [ʀadusiʀ] <8> *v. pron.* **se ~** ❶ (*personne*) sich besänftigen ❷ (*temps*) sich bessern
rafale [ʀafal] *f* **~ de vent** Windstoß *m*
raffermir [ʀafɛʀmiʀ] <8> *v. pron.* **se ~** (*voix*) fester werden; (*peau, tissu*) straffer werden; (*muscles*) kräftiger werden
raffinage [ʀafinaʒ] *m* Raffinieren *nt*
raffiné, e [ʀafine] *adj.* ❶ (*délicat*) edel ❷ (*personne*) subtil; (*coup*) raffiniert
raffiner [ʀafine] <1> *v. tr.* ❶ (*pétrole, sucre*) raffinieren ❷ (*goût*) verfeinern
raffinerie [ʀafinʀi] *f* Raffinerie *f*
raffoler [ʀafɔle] <1> *v. intr.* **~ de qc** in etw vernarrt sein
raffut [ʀafy] *m fam* Radau *m*
rafistolage [ʀafistɔlaʒ] *m fam* ❶ (*bricolage*) Zusammenflicken *nt* ❷ *fig* Notbehelf *m*
rafistoler [ʀafistɔle] <1> *v. tr. fam* zusammenflicken
rafle [ʀafl] *f* Razzia *f*
rafler [ʀafle] <1> *v. tr. fam* mitgehen lassen
rafraîchir [ʀafʀeʃiʀ] <8> *v. pron.* **se ~** ❶ METEO (*air, temps*) abkühlen ❷ (*boire*) sich erfrischen ❸ (*se laver*) sich abkühlen ❹ (*arranger sa toilette*) sich frisch machen
rafraîchissement [ʀafʀeʃismɑ̃] *m* ❶ (*boisson*) Erfrischung *f* ❷ INFORM **cycle de ~ de la mémoire** Refreshzyklus *m*
raft [ʀaft] *m* Schlauchboot *nt (für Wildwasserfahrten)*
rafting [ʀaftiŋ] *m* Rafting *nt*
ragaillardir [ʀagajaʀdiʀ] <8> *v. tr.* (*boisson*) stärken
rage [ʀaʒ] *f* ❶ (*colère*) Wut *f* ❷ MED Tollwut *f*
rageant, e [ʀaʒɑ̃, ɑ̃t] *adj.* **c'est ~** *fam* das ist ärgerlich
rageusement [ʀaʒøzmɑ̃] *adv.* wutentbrannt
ragondin [ʀagɔ̃dɛ̃] *m* ❶ (*animal*) Biberratte *f* ❷ (*fourrure*) Nutria *m*
ragot [ʀago] *m fam* Klatsch *m kein Pl.*
ragoût [ʀagu] *m* Ragout *nt*
raï [ʀaj] *m: algerische Popmusik, die in Frankreich sehr beliebt ist*
raid [ʀɛd] *m* MIL Überfall *m;* **~ aérien** Luftangriff
raide [ʀɛd] **I.** *adj.* ❶ (*corps, membre*) steif; (*cheveux*) glatt ❷ (*escalier, pente*) steil ❸ *fam* (*ivre*) **être ~** breit sein, zu sein **II.** *adv.* (*en pente*) steil ▸ **tomber ~ mort** plötzlich tot umfallen
raie[1] [ʀɛ] *f* (*ligne*) Streifen *m*
raie[2] [ʀɛ] *indic. et subj. prés. de* **rayer**
raierai [ʀɛʀɛ] *fut de* **rayer**
raifort [ʀɛfɔʀ] *m* Meerrettich *m*
rail [ʀɑj] *m* Schiene *f*
raisin [ʀɛzɛ̃] *m* Traube *f;* **~s secs** Rosinen *Pl*
raison [ʀɛzɔ̃] *f* ❶ (*motif*) Grund *m;* **avoir ses ~s** seine Gründe haben ❷ (*sagesse*) Vernunft *f;* **~ qn à la raison** jdn zur Vernunft bringen ❸ (*facultés intellectuelles*) Verstand *m;* **avoir toute sa ~** bei [klarem] Verstand sein ▸ **à tort ou à ~** zu Recht oder zu Unrecht; **avoir ~** Recht haben; **donner ~ à qn** jdm Recht geben; **entendre ~** Vernunft annehmen; **se faire une ~** sich damit abfinden; **pour quelle ~** weshalb
raisonnable [ʀɛzɔnabl] *adj.* vernünftig
raisonnement [ʀɛzɔnmɑ̃] *m* (*argumentation*) Schlussfolgerung *f*
raisonner [ʀɛzɔne] <1> *v. intr.* (*ramener à la raison*) zur Vernunft bringen
rajeunir [ʀaʒœniʀ] <8> **I.** *v. tr.* verjüngen **II.** *v. intr.* ❶ (*se sentir plus jeune*)

sich jünger fühlen ❷ (*sembler plus jeune*) jünger scheinen

rajout [ʀaʒu] *m* Ergänzung *f*

rajouter [ʀaʒute] <1> *v. tr.* ❶ **~ qc à qc** etw zu etw hinzufügen ❷ (*sel, sucre*) hinzugeben ▶**en** ~ *fam* übertreiben

rajuster [ʀaʒyste] <1> *v. tr.* (*vêtement, lunettes*) zurechtrücken

râlant [ʀɑlɑ̃] *adj.* **c'est ~** *fam* das ist ärgerlich

ralenti [ʀalɑ̃ti] *m* ❶ CINE, TV Zeitlupe *f*; **au ~** in Zeitlupe ❷ AUT Leerlauf *m*

ralentir [ʀalɑ̃tiʀ] <8> **I.** *v. tr.* verlangsamen; (*zèle, activité*) bremsen **II.** *v. intr.* (*marcheur, véhicule*) abbremsen; (*croissance, production*) zurückgehen **III.** *v. pron.* **se ~** sich verlangsamen

ralentissement [ʀalɑ̃tismɑ̃] *m* Verlangsamung *f*

râler [ʀɑle] <1> *v. intr.* (*grogner*) motzen; **faire ~ qn** jdn ärgern

râleur, **-euse** [ʀɑlœʀ, -øz] **I.** *adj. fam* motzig **II.** *m, f fam* Meckerer *m*/Meckerziege *f*, Motzer(in) *m(f)*

rallonge [ʀalɔ̃ʒ] *f* ❶ (*d'une table*) Ausziehplatte *f* ❷ ELEC Verlängerungskabel *nt*

rallonger [ʀalɔ̃ʒe] <2a> *v. tr.* verlängern

rallumer [ʀalyme] <1> *v. tr.* (*cigarette, feu*) wieder anzünden; (*lampe, lumière*) wieder anmachen

rallye [ʀali] *m* Rallye *f*

RAM [ʀam] *f abr. de* **Random Access Memory** RAM *m*

ramadan [ʀamadɑ̃] *m* Ramadan *m*

ramasser [ʀamɑse] <1> **I.** *v. tr.* ❶ (*champignons, coquillages*) sammeln; (*ordures, copies*) einsammeln; (*argent*) zusammentragen ❷ (*chose tombée par terre*) aufheben ❸ *fam* (*embarquer*) festnehmen **II.** *v. pron.* **se ~** *fam* (*tomber*) hinpurzeln

ramener [ʀamne] <4> **I.** *v. tr.* ❶ zurückbringen ❷ (*amener avec soi*) mitbringen ▶**la** ~ *fam* angeben **II.** *v. pron. fam* (*arriver*) **se ~** aufkreuzen

rameur [ʀamœʀ] *m* Rudergerät *nt*

rameuter [ʀamøte] <1> *v. tr.* (*rassembler*) **~ les militants** die aktiven Mitglieder wieder zusammenholen

rami [ʀami] *m* Rommee *nt*

rancard [ʀɑ̃kaʀ] *m fam* Treff *m*

rance [ʀɑ̃s] *adj.* ranzig

ranch [ʀɑ̃tʃ] <[e]s> *m* Ranch *f*

rançon [ʀɑ̃sɔ̃] *f* ❶ (*rachat*) Lösegeld *nt* ❷ (*prix*) **la ~ de la gloire** der Preis des Ruhms

rancune [ʀɑ̃kyn] *f* **garder ~ à qn de qc** jdm etw nachtragen ▶**sans ~!** nichts für ungut!

rancunier, **-ière** [ʀɑ̃kynje, -jɛʀ] *adj.* nachtragend

randonnée [ʀɑ̃dɔne] *f* **~ à pied/skis/bicyclette** Wanderung *f*/Ski-/Radtour *f*

rang [ʀɑ̃] *m* ❶ Reihe *f*; **en ~ par deux** in Zweierreihen; **mettez-vous en ~** stellt euch in einer Reihe auf ❷ (*dans un classement*) Platz *m* ❸ (*condition*) Rang *m*

rangée [ʀɑ̃ʒe] *f* Reihe *f*

ranger [ʀɑ̃ʒe] <2a> **I.** *v. tr.* aufräumen; (*dossiers, fiches*) ordnen **II.** *v. pron.* **se ~** ❶ (*s'écarter: piéton*) beiseitegehen; (*véhicule*) den Platz freimachen ❷ (*se mettre en rang*) sich aufstellen ❸ (*devenir plus sérieux: personnes*) solide werden

ranimer [ʀanime] <1> *v. tr.* (*personne évanouie*) wiederbeleben

rap [ʀap] *m* Rap *m*

rapace [ʀapas] **I.** *adj.* (*cupide*) habgierig **II.** *m* ZOOL Raubvogel *m*

rapatrié, **e** [ʀapatʀije] *m, f* Repatriierte(r) *f(m)*

rapatrier [ʀapatʀije] <1> *v. tr.* (*personne*) [zurück]bringen

râpé, **e** [ʀɑpe] *adj.* GASTR gerieben ▶**c'est ~** *fam* das ist geplatzt

râper [ʀɑpe] <1> *v. tr.* reiben

rapiat, **e** [ʀapja, jat] **I.** *adj. fam* knauserig **II.** *m, f fam* Knauser(in) *m(f)*

rapide [ʀapid] **I.** *adj.* schnell; (*progrès, réponse*) rasch; (*geste, personne*) flink; (*examen*) flüchtig **II.** *m* (*train*) Schnellzug *m*

rapidement [ʀapidmɑ̃] *adv.* schnell; (*lire*) flüchtig

rapidité [ʀapidite] *f* Schnelligkeit *f*

rapiécer [ʀapjese] <2, 5> *v. tr.* flicken

rappel [ʀapɛl] *m* ❶ (*souvenir*) **~ de qc** Erinnerung *f* an etw (*Akk*) ❷ (*avertissement: d'un paiement*) Mahnung *f*; **~ à l'ordre** Verweis *m* ❸ (*panneau de signalisation*) Wiederholungsschild *nt* ❹ THEAT *Herausrufen vor den Vorhang*;

avoir trois ~s drei Vorhänge bekommen

rappeler [ʀap(ə)le] <3> **I.** *v. tr.* ❶ (*remémorer: souvenir*) wachrufen; **~ qn/qc à qn** jdn an jdn/etw erinnern; **~ à qn que ...** jdn daran erinnern, dass ... ❷ *a.* TELEC zurückrufen; (*acteurs, comédiens*) vor den Vorhang rufen **II.** *v. pron.* **se ~ qn/qc** sich an jdn/etw erinnern

rapper [ʀape] <1> *v. tr., intr.* MUS rappen

rappeur, **-euse** [ʀapœʀ, øz] *m, f* Rapper(in) *m(f)*

rappliquer [ʀaplike] <1> *v. intr. fam* auftauchen

rapport [ʀapɔʀ] *m* ❶ (*lien*) Zusammenhang *m;* **~ de cause à effet** Kausalzusammenhang *m;* **~ qualité-prix** Preis-Leistungs-Verhältnis *nt* ❷ (*relations*) Beziehungen *Pl*; **les ~s franco-allemands** die deutsch-französischen Beziehungen ❸ *pl* (*relations sexuelles*) Geschlechtsverkehr *m* ❹ (*compte rendu*) Bericht *m;* **faire un ~** Bericht erstatten ▸ **sous tous les ~s** in jeder Hinsicht; **par ~ à qn/qc** (*par comparaison*) im Vergleich zu jdm/etw; (*proportionnellement*) im Verhältnis zu jdm/etw

rapporté, **e** [ʀapɔʀte] *adj.* **une pièce ~e** *fig fam* ein(e) Angeheiratete(r) *f(m)*

rapporter [ʀapɔʀte] <1> **I.** *v. tr.* ❶ (*rendre*) zurückbringen; (*ramener*) mitbringen ❷ (*être profitable: métier, travail*) jdm etw einbringen ❸ *péj* (*répéter*) petzen **II.** *v. pron.* **se ~ à qc** sich auf etw (*Akk*) beziehen

rapprocher [ʀapʀɔʃe] <1> **I.** *v. tr.* ❶ (*objets*) [näher] zusammenrücken; **~ qc de qc/qn** etw an etw (*Akk*)/zu jdm näher rücken ❷ (*idées, thèses*) annähern **II.** *v. pron.* ❶ (*approcher*) **se ~ de qn/qc** sich jdm/einer S. nähern; **rapproche-toi de moi!** komm näher [zu mir]! ❷ (*sympathiser*) **se ~** sich näher kommen

raquer [ʀake] <1> *v. intr. fam* blechen

raquette [ʀakɛt] *f* ❶ SPORT Schläger *m* ❷ (*semelle pour la neige*) Schneeschuh *m*

rare [ʀɑʀ] *adj.* ❶ selten ❷ (*exceptionnel*) außergewöhnlich ▸ **se faire ~** sich nur selten sehen lassen

rarement [ʀɑʀmɑ̃] *adv.* selten

rascasse [ʀaskas] *f* Drachenkopf *m*

raser [ʀɑze] <1> **I.** *v. tr.* ❶ (*tondre*) rasieren; (*cheveux, tête*) kahl scheren; **rasé de près** glatt rasiert ❷ (*passer très près*) **~ qc** (*mur*) dicht an etw (*Dat*) entlanggehen; (*sol*) dicht über etw (*Dat*) fliegen ❸ (*bâtiment*) dem Erdboden gleichmachen ❹ *fam* (*ennuyer*) anöden **II.** *v. pron.* **se ~** sich rasieren; **se ~ qc** sich (*Dat*) etw rasieren

ras-le-bol [ʀɑl(ə)bɔl] *m inv. fam* **en avoir ~** die Nase voll haben; **~!** mir reicht's!

rasoir [ʀɑzwaʀ] *m* Rasierapparat *m* ▸ **comme un ~** wie ein Rasiermesser *nt*

rassembler [ʀasɑ̃ble] <1> **I.** *v. tr.* (*documents, objets épars*) zusammentragen; (*forces, idées*) sammeln; **~ des personnes** (*personne*) um sich versammeln **II.** *v. pron.* **se ~** (*badauds, foule*) zusammenströmen; (*participants*) sich versammeln

rassembleur, **-euse** [ʀasɑ̃blœʀ, -øz] **I.** *adj.* einigend **II.** *m, f* Einiger(in) *m(f)*

rasseoir [ʀaswaʀ] <irr> *v. pron.* **se ~** sich wieder setzen

rassir [ʀasiʀ] <8> **I.** *v. intr.* (*pain, pâtisserie*) trocken werden **II.** *v. pron.* **se ~** trocken werden

rassis, **rassie** [ʀasi] *adj.* alt

rassurant, **e** [ʀasyʀɑ̃, ɑ̃t] *adj.* zuversichtlich; (*nouvelle*) beruhigend; **c'est ~!** das ist ja ermutigend!

rassurer [ʀasyʀe] <1> **I.** *v. tr.* beruhigen; **ne pas être rassuré** beunruhigt sein **II.** *v. pron.* **se ~** sich beruhigen; **rassurez-vous!** seien Sie unbesorgt!

rasta [ʀasta] **I.** *adj. fam* Rasta- **II.** *m fam* Rasta *mf*

rat [ʀa] *m* Ratte *f*

ratatiné, **e** [ʀatatine] *adj.* verschrumpelt (*fam*)

ratatiner [ʀatatine] <1> *v. tr.* (*rabougrir: fruit, personne*) [zusammen]schrumpfen lassen; **être ratatiné(e)** verschrumpelt sein (*fam*)

rate [ʀat] *f* ANAT Milz *f*

raté, **e** [ʀate] *m, f* Versager(in) *m(f)*

rater [ʀate] <1> **I.** *v. tr.* ❶ (*cible*) verfehlen; (*occasion, train*) verpassen ❷ (*examen*) nicht schaffen; (*travail, vie*) verpfuschen (*fam*); **être raté** missglückt sein; (*photos*) nichts geworden sein ▸ **ne pas ~ qn** sich (*Dat*) jdn vorknöpfen **II.** *v. intr.* (*affaire, projet*) miss-

R

lingen **III.** *v. pron.* ❶ *fam* (*mal se suicider*) **qn se rate** jds Selbstmordversuch missglückt ❷ (*ne pas se voir*) **se ~** sich verpassen

ratifier [ʀatifje] <1> *v. tr.* ratifizieren

ration [ʀasjɔ̃] *f* Ration *f*

rationaliser [ʀasjɔnalize] <1> *v. tr.* rationalisieren

rationalité [ʀasjɔnalite] *f* Rationalität *f*

rationnellement [ʀasjɔnɛlmɑ̃] *adv.* rational

rationner [ʀasjɔne] <1> *v. tr.* rationieren

raton [ʀatɔ̃] *m* ZOOL **~ laveur** Waschbär *m*

ratonnade [ʀatɔnad] *f* Ausschreitungen *Pl (gegen Minderheiten)*

RATP [ɛʀɑtepe] *f abr. de* **Régie autonome des transports parisiens** *öffentlicher Pariser Verkehrsbetrieb*

rattacher [ʀataʃe] <1> *v. tr.* ❶ (*renouer*) wieder anbinden; (*lacet*) wieder [zu]binden; (*ceinture, jupe*) wieder zumachen ❷ (*annexer*) **~ qc à qc** (*territoire*) ewt an etw (*Akk*) angliedern

rattraper [ʀatʀape] <1> **I.** *v. tr.* ❶ (*rejoindre*) einholen ❷ (*temps perdu, retard*) wettmachen; (*sommeil*) nachholen; (*heures d'absence*) nacharbeiten ❸ (*retenir*) auffangen; **~ qn par le bras** jdn am Arm festhalten **II.** *v. pron.* ❶ (*se raccrocher*) **se ~ à qc** sich an etw (*Dat*) festhalten ❷ (*compenser*) **se ~** das Versäumte nachholen

rature [ʀatyʀ] *f* Streichung *f*

raturer [ʀatyʀe] <1> *v. tr.* [durch]streichen

rauque [ʀok] *adj.* (*voix*) rau

ravage [ʀavaʒ] *m* ❶ (*dégâts*) Schäden *Pl* ❷ *pl* (*de l'alcool, de la drogue*) schädliche Auswirkungen *Pl* ▸ **faire des ~s** verheerende Schäden anrichten

ravagé, e [ʀavaʒe] *adj. fam* übergeschnappt

ravager [ʀavaʒe] <2a> *v. tr.* verwüsten

ravaler [ʀavale] <1> *v. tr.* (*larmes, colère*) unterdrücken

rave[1] [ʀav] *f* Rübe *f*

rave[2] [ʀɛv] *f* MUS Rave *m*

raveur, -euse [ʀɛvœʀ, -øz] *m, f* Raver(in) *m(f)*

ravi, e [ʀavi] *adj.* **avoir l'air ~** strahlen; **être ~ de faire qc** erfreut sein etw zu tun

ravigoter [ʀavigɔte] <1> *v. tr. fam* [wieder] auf die Beine bringen

ravin [ʀavɛ̃] *m* [Fels]schlucht *f*

ravir [ʀaviʀ] <8> *v. tr.* begeistern; **ta visite me ravit** ich freue mich sehr über deinen Besuch

raviser [ʀavize] <1> *v. pron.* **se ~** seine Meinung ändern

ravissant, e [ʀavisɑ̃, ɑ̃t] *adj.* bezaubernd

ravisseur, -euse [ʀavisœʀ, -øz] *m, f* Entführer(in) *m(f)*

ravitaillement [ʀavitajmɑ̃] *m* ❶ (*approvisionnement*) Versorgen *nt* mit Lebensmitteln; **~ en qc** Versorgung *f* mit etw ❷ (*provisions*) Verpflegung *f*

ravitailler [ʀavitaje] <1> **I.** *v. tr.* **~ en qc** mit etw versorgen **II.** *v. pron.* **se ~ en qc** sich mit etw eindecken

ravoir [ʀavwaʀ] <irr, défec> *v. tr. toujours à l'infin* ❶ (*récupérer*) zurückbekommen, zurückhaben ❷ *fam* (*casserole, vêtement*) wieder sauber kriegen

rayé, e [ʀeje] *adj.* ❶ gestreift ❷ (*disque, vitre*) zerkratzt

rayer [ʀeje] <7> *v. tr.* ❶ (*disque, vitre*) zerkratzen ❷ (*mot, nom*) durchstreichen; **~ de la liste** von der Liste streichen

rayon [ʀɛjɔ̃] *m* ❶ (*faisceau*) Strahl *m* ❷ *pl* (*radiations*) Strahlen *Pl* ❸ (*d'une armoire*) Fach *nt* ❹ COM Abteilung *f* ❺ (*distance*) Umkreis *m* ❻ (*d'une roue*) Speiche *f* ▸ **~ de soleil** Sonnenschein *m*; **c'est mon ~** ich kenne mich da aus

rayonner [ʀɛjɔne] <1> *v. intr.* **~ de joie** vor Freude strahlen

raz-de-marée [ʀɑdəmaʀe] *m inv.* Flutwelle *f*

razzia [ʀa(d)zja] *f* Razzia *f*

RDA [ɛʀdeɑ] *f abr. de* **République démocratique allemande** HIST DDR *f*

ré [ʀe] *m inv.* D *nt*, d *nt*

réabonnement [ʀeabɔnmɑ̃] *m* Abonnement[s]verlängerung *f*

réac [ʀeak] *fam abr. de* **réactionnaire** **I.** *adj.* verstaubt (*pej*) POL reaktionär **II.** *mf* POL Reaktionär(in) *m(f)*

réacteur [ʀeaktœʀ] *m* PHYS Reaktor *m*

réaction [ʀeaksjɔ̃] *f* **~ à qc** Reaktion *f* auf etw (*Akk*)

réactiver [ʀeaktive] <1> *v. tr.* (*feu*) wieder anfachen; MED (*maladie, sérum*) reaktivieren

réactualiser [ʀeaktɥalize] <1> *v. tr.* aktualisieren; (*conflit*) wieder aufleben lassen

réadaptation [ʀeadaptasjɔ̃] *f* Wiedereingliederung *f;* (*d'un handicapé*) Rehabilitation *f*

réadapter [ʀeadapte] <1> *v. pron.* (*se réaccoutumer*) **se ~ à qc** sich wieder in etw (*Akk*) eingliedern; **~ à l'école** sich wieder an die Schule gewöhnen

réafficher [ʀeafiʃe] <1> *v. tr.* INFORM wieder einblenden

réaffirmer [ʀeafiʀme] <1> *v. tr.* (*intention, volonté*) bekräftigen

réagir [ʀeaʒiʀ] <8> *v. intr.* ❶ (*répondre spontanément*) **~ à qc** auf etw (*Akk*) reagieren ❷ (*s'opposer à*) **~ contre qc** sich gegen etw (*Akk*) wehren

réajustement [ʀeaʒystəmɑ̃] *m* (*des salaires, prix*) Angleichung *f*

réajuster [ʀeaʒyste] <1> *v. tr. voir* **rajuster**

réalisable [ʀealizabl] *adj.* realisierbar

réalisateur, -trice [ʀealizatœʀ, -tʀis] *m, f* CINE, TV Regisseur(in) *m(f)*

réalisation [ʀealizasjɔ̃] *f* ❶ (*exécution*) Verwirklichung *f* ❷ CINE, RADIO, TV Regie *f*

réaliser [ʀealize] <1> **I.** *v. tr.* ❶ (*projet, rêve*) verwirklichen; (*exploit*) vollbringen; (*désir*) erfüllen ❷ (*travail*) ausführen; (*plan, maquette*) ausarbeiten ❸ (*se rendre compte de*)(*Akk*) sich (*Dat*)über etw (*Akk*) bewusst werden **II.** *v. pron.* **se ~** (*ambition, projet*) Wirklichkeit werden; (*rêve*) wahr werden; (*vœu*) in Erfüllung gehen

réalisme [ʀealism] *m* Realismus *m*

réaliste [ʀealist] *adj.* realistisch

réalité [ʀealite] *f* ❶ (*réel*) Wirklichkeit *f* ❷ (*chose réelle*) Tatsache *f* ▸ **en ~** in Wirklichkeit *f*

réaménagement [ʀeamenaʒmɑ̃] *m* (*d'un site*) Neugestaltung *f*

réaménager [ʀeamenaʒe] <2a> *v. tr.* (*site*) neu gestalten; **~ le centre de la ville en zone piétonne** die Innenstadt zu einer Fußgängerzone umgestalten

réanimation [ʀeanimasjɔ̃] *f* Wiederbelebung *f;* **service de ~** Intensivstation *f*

réanimer [ʀeanime] <1> *v. tr.* (*personne évanouie*) wiederbeleben; (*région*) wieder [*o* neu] beleben, zu neuem Leben erwecken

réapparaître [ʀeapaʀɛtʀ] <irr> *v. intr.* + *avoir o être* wieder auftauchen

réapprendre [ʀeapʀɑ̃dʀ] <13> *v. tr.* (*leçon, poésie*) noch einmal lernen; **~ à marcher** wieder gehen lernen

réapprovisionner [ʀeapʀɔvizjɔne] <1> *v. pron.* **se ~ en qc** sich wieder mit etw eindecken; **se ~ en fuel** sich (*Dat*) wieder Öl liefern lassen

réassortir [ʀeasɔʀtiʀ] <8> *v. tr.* [wieder] ergänzen

réassurance [ʀeasyʀɑ̃s] *f* Rückversicherung *f*

rebaptiser [ʀ(ə)batize] <1> *v. tr.* umbenennen

rébarbatif, -ive [ʀebaʀbatif, -iv] *adj.* (*air*) abweisend; (*tâche*) undankbar

rebelote [ʀəbəlɔt] *interj. fam* wie könnt's auch anders sein!

rebiffer [ʀ(ə)bife] <1> *v. pron. fam* **se ~** aufmucken

rebiquer [ʀ(ə)bike] <1> *v. intr. fam* in die Höhe stehen

reblochon [ʀəblɔʃɔ̃] *m: milder Weichkäse aus Savoyen*

rebond [ʀ(ə)bɔ̃] *m* Aufprall *m;* **faux ~** Abspringen *nt* [des Balls]

rebondir [ʀ(ə)bɔ̃diʀ] <8> *v. intr.* **~ contre qc** (*balle, ballon*) von etw (*Dat*) abprallen

rebondissement [ʀ(ə)bɔ̃dismɑ̃] *m* Wiederaufleben *nt;* **nouveau ~ dans l'affaire X!** Neues *nt* im Fall X!

rebooster [ʀəbuste] <1> *v. tr. fam* (*croissance, économie*) wieder kräftig ankurbeln; (*retraites, pensions*) wieder kräftig anheben; (*carrière*) wieder in Schwung bringen; (*cheveux, look, couple*) wieder aufpeppen

reboucher [ʀ(ə)buʃe] <1> *v. tr.* (*récipient*) wieder zumachen

rebours [ʀ(ə)buʀ] **à ~** rückwärts; **compte à ~** Count-down *m*

reboutonner [ʀ(ə)butɔne] <1> **I.** *v. tr.* wieder zuknöpfen **II.** *v. pron.* **se ~** sich wieder zuknöpfen

rébus [ʀebys] *m* Bilderrätsel *nt*

recaler [ʀ(ə)kale] <1> *v. tr.* SCOL *fam* **se faire ~ au bac** durchs Abi rasseln

récapitulatif [ʀekapitylatif] *m* Auszug *m*

récapituler [ʀekapityle] <1> *v. tr.* noch einmal kurz zusammenfassen

recel [ʀəsɛl] *m* Hehlerei *f*

R

récemment [ʀesamɑ̃] *adv.* vor kurzem

recensement [ʀ(ə)sɑ̃smɑ̃] *m* Volkszählung *f*

récent, e [ʀesɑ̃, ɑ̃t] *adj.* (*événement, passé*) jüngste(r, s); **être ~** neu sein

recentrer [ʀ(ə)sɑ̃tʀe] <1> *v. tr.* ❶ POL neu ausrichten ❷ TECH neu zentrieren

récepteur [ʀesɛptœʀ] *m* ❶ RADIO Empfänger *m* ❷ TELEC **~ [téléphonique]** [Telefon]hörer *m* ❸ (*transformateur*) Energieumwandler *m*

récepteur, -trice [ʀesɛptœʀ, -tʀis] *adj.* **antenne réceptrice** Empfangsantenne *f;* **appareil ~** Energieumwandler *m;* **poste ~** Empfänger *m*

réception [ʀesɛpsjɔ̃] *f* Empfang *m;* (*d'une entreprise*) Empfangsbüro *nt;* (*hall d'accueil*) [Empfangs]halle *f*

réceptionner [ʀesɛpsjɔne] <1> *v. tr.* in Empfang (*Akk*) nehmen

réceptionniste [ʀesɛpsjɔnist] *mf* Herr *m*/Dame *f* am Empfang

réceptrice [ʀesɛptʀis] *adj. voir* **récepteur**

récession [ʀesesjɔ̃] *f* Rezession *f*

recette [ʀ(ə)sɛt] *f* ❶ GASTR Rezept *nt* ❷ (*secret, truc*) Patentrezept *nt* ❸ COM Einnahmen *Pl*

receveur, -euse [ʀəs(ə)vœʀ, -øz] *m, f* MED Empfänger(in) *m(f)*

recevoir [ʀəs(ə)vwaʀ] <12> **I.** *v. tr.* ❶ erhalten ❷ (*obtenir, percevoir*) bekommen; (*compliment*) ernten ❸ (*éducation*) genießen; **être reçu à un examen** eine Prüfung bestehen ❹ a. RADIO, TV empfangen; **~ qn à dîner** jdn zum Abendessen zu Gast haben ❺ (*coup, projectile*) abbekommen; **elle a reçu le ballon sur la tête** der Ball hat sie am Kopf getroffen, sie hat den Ball an den Kopf bekommen ❻ (*avis, conseil*) annehmen; **être bien/mal reçu** gut/schlecht aufgenommen werden; **recevez, cher Monsieur/chère Madame, l'expression de mes sentiments distingués/mes sincères salutations** *form* mit vorzüglicher Hochachtung/mit freundlichen Grüßen ❼ (*contenir*) **pouvoir ~ des personnes** (*salle*) Menschen aufnehmen können; (*hôtel*) Menschen unterbringen können **II.** *v. intr.* SPORT (*jouer sur son terrain*) Gastgeber sein

rechange [ʀ(ə)ʃɑ̃ʒ] *m* ▸ **pièce de ~** Ersatzteil *nt;* **pantalon/chaussures de ~** Hose *f*/Schuhe *Pl* zum Wechseln

recharge [ʀ(ə)ʃaʀʒ] *f* Nachfüllpatrone *f;* (*d'un produit d'entretien*) Nachfüllpackung *f;* (*d'un stylo à bille*) Ersatzmine *f*

rechargeable [ʀ(ə)ʃaʀʒabl] *adj.* (*briquet*) nachfüllbar; **stylo ~** Patronenfüllhalter *m;* **briquet/rasoir non ~** Einwegfeuerzeug *nt*/-rasierer *m,* Wegwerffeuerzeug/-rasierer

recharger [ʀ(ə)ʃaʀʒe] <2a> *v. tr.* (*arme*) nachladen; (*briquet*) nachfüllen; (*accumulateurs, batterie*) wieder [auf]laden

réchaud [ʀeʃo] *m* Kocher *m*

réchauffé [ʀeʃofe] *m* **le ~** das Aufgewärmte; **ça doit être du ~** das ist sicher [nur] aufgewärmt

réchauffé, e [ʀeʃofe] *adj. péj* aufgewärmt (*fam*)

réchauffement [ʀeʃofmɑ̃] *m* Erwärmung *f;* **~ global** Erderwärmung

réchauffer [ʀeʃofe] <1> **I.** *v. tr.* ❶ GASTR aufwärmen ❷ (*corps, membres*) wärmen **II.** *v. pron.* **se ~** (*personne*) sich wärmen; (*eau, planète*) sich erwärmen; (*temps, température*) wärmer werden

recherche [ʀ(ə)ʃɛʀʃ] *f* ❶ Suche *f;* **être à la ~ de qn/qc** auf der Suche nach jdm/etw sein ❷ *gén. pl.* (*enquête*) Nachforschung *f;* **faire des ~s sur qc** Nachforschungen über etw (*Akk*) anstellen ❸ *sans pl.* MED, UNIV Forschung *f*

recherché, e [ʀ(ə)ʃɛʀʃe] *adj.* ❶ begehrt; (*produit*) gefragt ❷ (*expression, style*) gewählt; (*plaisir*) erlesen

rechercher [ʀ(ə)ʃɛʀʃe] <1> *v. tr.* **~ qn/qc** nach jdm/etw suchen

rechigner [ʀ(ə)ʃiɲe] <1> *v. intr.* **~ à faire un travail** sich gegen eine Aufgabe sträuben; **en rechignant** widerwillig

rechute [ʀ(ə)ʃyt] *f* MED Rückfall *m*

rechuter [ʀ(ə)ʃyte] <1> *v. intr.* ❶ (*récidiver*) rückfällig werden ❷ MED einen Rückfall haben

récidive [ʀesidiv] *f* JUR Rückfall *m*

récidiver [ʀesidive] <1> *v. intr.* JUR rückfällig werden

récidiviste [ʀesidivist] *mf* JUR Wiederholungstäter(in) *m(f)*

récipient [ʀesipjɑ̃] *m* Gefäß *nt;* (*pour cuisiner*) Schüssel *f*

réciproque [ʀesipʀɔk] **I.** *adj.* wechselseitig **II.** *f* **la ~** das Gleiche

réciproquement [ʀesipʀɔkmɑ̃] *adv.* gegenseitig; **et ~** und umgekehrt

récit [ʀesi] *m* Bericht *m;* (*narration*) Erzählung *f;* **~ d'aventures** Abenteuergeschichte *f*

récital [ʀesital] <s> *m* Konzert *nt*

récitation [ʀesitasjɔ̃] *f* SCOL Aufsagen *nt* von Gedichten; (*poème*) Gedicht *nt*

réciter [ʀesite] <1> *v. tr.* (*leçon, poème*) aufsagen

réclamation [ʀeklamasjɔ̃] *f* ❶ (*plainte*) Beschwerde *f;* COM Reklamation *f* ❷ (*service*) **les ~s** für Reklamationen zuständige Stelle; TELEC Störungsstelle *f*

réclame [ʀeklam] *f* Reklame *f* ▸ **en ~** im [Sonder]angebot *nt*

réclamer [ʀeklame] <1> **I.** *v. tr.* ❶ (*aide, argent*) erbitten; (*silence, parole*) bitten um ❷ (*exiger, revendiquer*) **~ qc à qn** von jdm etw fordern; **~ qn** nach jdm verlangen ❸ (*soin, temps*) erfordern **II.** *v. intr.* sich beschweren

reclasser [ʀ(ə)klɑse] <1> *v. tr.* (*remettre en ordre*) neu ordnen

réclusion [ʀeklyzjɔ̃] *f* JUR Freiheitsstrafe *f*

recoiffer [ʀ(ə)kwafe] <1> *v. pron.* **se ~** sich noch einmal kämmen

recoin [ʀəkwɛ̃] *m* Winkel *m*

recoller [ʀ(ə)kɔle] <1> *v. tr.* ❶ (*coller à nouveau: enveloppe*) wieder zukleben; (*étiquette, timbre*) wieder aufkleben ❷ (*raccommoder: morceaux, vase cassé*) wieder zusammenkleben

récoltant, e [ʀekɔltɑ̃, ɑ̃t] *m, f* Winzer(in) *m(f)*

récolte [ʀekɔlt] *f* Ernte *f*

récolter [ʀekɔlte] <1> *v. tr. a. fig* ernten; (*argent*) sammeln; (*contraventions, ennuis*) bekommen

recommandable [ʀ(ə)kɔmɑ̃dabl] *adj.* empfehlenswert

recommandation [ʀ(ə)kɔmɑ̃dasjɔ̃] *f* ❶ (*appui*) Empfehlung *f* ❷ (*conseil*) Rat *m*

recommandé [ʀ(ə)kɔmɑ̃de] *m* POST Einschreiben *nt*

recommander [ʀ(ə)kɔmɑ̃de] <1> *v. tr.* ❶ (*conseiller*) empfehlen; **~ à qn de faire qc** jdm raten etw zu tun; **il est recommandé de faire qc** es ist ratsam, etw zu tun ❷ (*lettre, paquet*) per Einschreiben schicken

recommencer [ʀ(ə)kɔmɑ̃se] <2> **I.** *v. tr.* ❶ (*reprendre*) wieder anfangen; **~ un récit depuis le début** noch einmal von vorn erzählen ❷ (*travail*) noch einmal neu beginnen; (*erreur, expérience*) noch einmal machen; **ne recommence jamais ça!** mach das [ja] nie wieder! **II.** *v. intr.* ❶ (*reprendre*) wieder anfangen ❷ (*essayer de nouveau*) es noch einmal versuchen; (*refaire un travail, un devoir*) noch einmal anfangen ❸ (*se remettre à*) **~ à marcher** wieder gehen

récompense [ʀekɔ̃pɑ̃s] *f* **~ de qc** Dank *m* für etw; (*matérielle*) Belohnung *f* für etw; SCOL, SPORT Preis *m* für etw

récompenser [ʀekɔ̃pɑ̃se] <1> *v. tr.* (*personne*) belohnen

recomposer [ʀ(ə)kɔ̃poze] <1> *v. tr.* (*numéro de téléphone*) noch einmal wählen

recomposition [ʀ(ə)kɔ̃pozisjɔ̃] *f* ❶ (*reconstitution*) [Wieder]zusammensetzen *nt* ❷ POL Umstrukturierung *f;* (*d'une majorité*) neue Zusammensetzung

recompter [ʀ(ə)kɔ̃te] <1> *v. tr., intr.* (*monnaie*) [noch einmal] nachzählen; (*opération*) [noch einmal] nachrechnen

réconcilier [ʀekɔ̃silje] <1> **I.** *v. tr.* (*personnes*) [miteinander] versöhnen **II.** *v. pron.* **se ~** (*personnes*) sich [miteinander] versöhnen; **se ~ avec qn/qc** sich mit jdm/etw aussöhnen

reconductible [ʀ(ə)kɔ̃dyktibl] *adj.* (*contrat*) verlängerbar, erneuerbar

reconduire [ʀ(ə)kɔ̃dɥiʀ] <irr> *v. tr.* (*raccompagner*) zurückbringen; (*chez soi*) heimbringen; ADMIN (*à la frontière*) zurückführen

réconfort [ʀekɔ̃fɔʀ] *m* ❶ (*soutien*) Halt *m kein Pl.* (*fig*) ❷ (*consolation*) Trost *m*

réconfortant, e [ʀekɔ̃fɔʀtɑ̃, ɑ̃t] *adj.* (*rassurant*) aufmunternd; (*événement*) ermutigend; (*consolant*) tröstlich; (*stimulant*) ermunternd

réconforter [ʀekɔ̃fɔʀte] <1> *v. tr.* **~ qn par qc** (*consoler*) jdn mit etw trösten; (*rassurer*) jdn durch etw ermutigen; (*stimuler*) jdn mit etw aufmuntern

reconnaissance [ʀ(ə)kɔnɛsɑ̃s] *f* ❶ (*gratitude*) Dankbarkeit *f* ❷ (*d'un* *pays, terrain*) Erkundung *f* ❸ INFORM ~ **optique de caractères** automatische Schriftenerkennung; ~ **vocale** Spracherkennung

reconnaissant, e [ʀ(ə)kɔnɛsɑ̃, ɑ̃t] *adj.* dankbar

reconnaître [ʀ(ə)kɔnɛtʀ] <irr> **I.** *v. tr.* ❶ (*identifier*) erkennen; ~ **qn à son style** (*se rappeler*) jdn an seinem Stil wiedererkennen ❷ (*innocence, qualité, droit*) anerkennen; (*erreur, faute*) eingestehen ❸ (*bienfait*) zu schätzen wissen **II.** *v. pron.* ❶ (*se retrouver*) **se ~ dans qn/qc** sich in jdm/etw wiedererkennen ❷ (*être reconnaissable*) **se ~ à qc** an etw (*Dat*) zu erkennen sein

reconnu, e [ʀəkɔny] **I.** *part. passé de* **reconnaître II.** *adj.* (*chef, fait*) anerkannt

reconsidérer [ʀ(ə)kɔ̃sideʀe] <5> *v. tr.* noch einmal überdenken

reconstituer [ʀ(ə)kɔ̃stitɥe] <1> *v. tr.* rekonstruieren; (*scène, bataille*) nachstellen; (*généalogie*) erstellen

reconstitution [ʀ(ə)kɔ̃stitysjɔ̃] *f* Rekonstruktion *f*

reconstruction [ʀ(ə)kɔ̃stʀyksjɔ̃] *f* Wiederaufbau *m*

reconstruire [ʀ(ə)kɔ̃stʀɥiʀ] <irr> *v. tr.* wiederaufbauen

reconversion [ʀ(ə)kɔ̃vɛʀsjɔ̃] *f* **suivre un stage de ~ en informatique** an einer Umschulungsmaßnahme in Informatik teilnehmen

reconvertir [ʀ(ə)kɔ̃vɛʀtiʀ] <8> **I.** *v. tr.* (*adapter*) ~ **qc en qc** etw zu etw umrüsten; **être reconverti en qc** in etw (*Akk*) umgewandelt werden **II.** *v. pron.* **se ~ dans/en qc** auf etw (*Akk*) umschulen

recopier [ʀ(ə)kɔpje] <1> *v. tr.* ❶ (*transcrire*) abschreiben ❷ (*mettre au propre*) ins Reine schreiben ❸ INFORM kopieren

record [ʀ(ə)kɔʀ] **I.** *m* Rekord *m* **II.** *app inv.* **en un temps ~** in Rekordzeit

recordman [ʀ(ə)kɔʀdman] <s> *m* Rekordhalter *m*

recordwoman [ʀ(ə)kɔʀdwuman] <s> *f* Rekordhalterin *f*

recoucher [ʀ(ə)kuʃe] <1> **I.** *v. tr.* wieder ins Bett bringen **II.** *v. pron.* **se ~** sich wieder hinlegen

recoudre [ʀ(ə)kudʀ] <irr> *v. tr.* ❶ COUT wieder annähen ❷ MED nähen; (*opéré*) wieder zunähen

recouper [ʀ(ə)kupe] <1> **I.** *v. tr.* ~ **un morceau** noch ein Stück abschneiden **II.** *v. pron.* **se ~** (*coïncider*) [miteinander] übereinstimmen

recourbé, e [ʀ(ə)kuʀbe] *adj.* (*bec*) krumm; **nez ~** Hakennase *f*

recours [ʀ(ə)kuʀ] *m* ❶ (*utilisation*) ~ **à qc** Zurückgreifen *nt* auf etw (*Akk*); **avoir ~ à qn** sich an jdn wenden; **avoir ~ à la violence** Gewalt anwenden ❷ (*ressource*) Ausweg *m;* (*personne*) Rettung *f;* **en dernier ~** als letzter Ausweg

recouvrir [ʀ(ə)kuvʀiʀ] <11> *v. tr.* ❶ (*fauteuil*) beziehen; ~ **qc** (*neige, givre*) etw bedecken; **recouvert de buée/crépi** beschlagen/verputzt ❷ (*couvrir à nouveau*) ~ **un enfant de qc** (*personne*) ein Kind mit etw wieder zudecken

recracher [ʀ(ə)kʀaʃe] <1> *v. tr.* (*expulser*) [wieder] ausspucken

récré [ʀekʀe] *f fam abr. de* **récréation**

récréation [ʀekʀeasjɔ̃] *f* SCOL Pause *f*

recréer [ʀ(ə)kʀee] <1> *v. tr.* neu erschaffen; (*reconstruire*) rekonstruieren, wieder entstehen lassen

récrire [ʀekʀiʀ] <irr> *v. tr.* neu schreiben; ~ **une lettre à qn** jdm einen Brief zurückschreiben

recroqueviller [ʀ(ə)kʀɔk(ə)vije] <1> *v. pron.* **se ~** (*fleur*) welken; (*personne*) sich zusammenkauern

recrudescence [ʀ(ə)kʀydesɑ̃s] *f* Zunahme *f*

recruter [ʀ(ə)kʀyte] <1> *v. tr.* ❶ MIL einziehen ❷ (*employés, travailleurs*) anwerben

recta [ʀɛkta] *adv.* prompt

rectal, e [ʀɛktal, o] <-aux> *adj.* rektal

rectangle [ʀɛktɑ̃gl] **I.** *m* Rechteck *nt* **II.** *adj.* (*triangle*) rechtwinklig

rectangulaire [ʀɛktɑ̃gylɛʀ] *adj.* rechteckig

rectificatif [ʀɛktifikatif] *m* Richtigstellung *f*

rectificatif, -ive [ʀɛktifikatif, -iv] *adj.* **note rectificative** Berichtigung *f*

rectification [ʀɛktifikasjɔ̃] *f* (*d'un texte, d'une erreur*) Korrektur *f;* (*d'une déclaration*) Richtigstellung *f*

rectifier [ʀɛktifje] <1> *v. tr.* ❶ (*corriger*) berichtigen ❷ (*position*) korrigieren

rectiligne [ʀɛktiliɲ] *adj.* gerade

recto [ʀɛkto] *m* [Blatt]vorderseite *f;* **au ~** auf der [Blatt]vorderseite; **~ verso** beidseitig

rectorat [ʀɛktɔʀa] *m* ❶ *(fonction)* ≈ Leitung *f* eines Oberschulamts *(Leitung eines Schulaufsichtsbezirks)* ❷ *(bureaux)* Behörde *f* der Schulverwaltung

reçu [ʀ(ə)sy] *m* Quittung *f*

reçu, e [ʀ(ə)sy] **I.** *part. passé de* **recevoir II.** *adj.* ❶ *(couramment admis)* [allgemein] üblich; **idée ~e** Vorurteil *nt* ❷ *(candidat, élève)* erfolgreich

recueil [ʀəkœj] *m* *(ensemble)* Sammlung *f;* *(livre)* Sammelband *m*

recueillement [ʀ(ə)kœjmɑ̃] *m* Besinnung *f;* *(religieux)* Andacht *f*

recueillir [ʀ(ə)kœjiʀ] <irr> **I.** *v. tr.* ❶ *(documents, signatures)* sammeln; *(suffrages)* erhalten ❷ *(accueillir)* aufnehmen ❸ *(témoignage, déposition)* aufnehmen **II.** *v. pron.* **se ~ sur la tombe d'un ami** eines Freundes an dessen Grab gedenken

recuire [ʀ(ə)kɥiʀ] <irr> *v. tr.* noch kochen lassen; *(dans une casserole)* noch einmal aufkochen; *(dans une poêle)* [noch] länger braten; *(au four)* noch einmal in den Ofen stellen; *(gâteau)* [noch] länger backen

recul [ʀ(ə)kyl] *m* *(dans le temps)* Abstand *m;* *(dans l'espace)* Entfernung *f;* **avec le ~** im Nachhinein

reculer [ʀ(ə)kyle] <1> **I.** *v. intr.* ❶ *(opp: avancer: véhicule)* rückwärtsfahren; *(involontairement)* zurückrollen; **~ devant qn/qc** vor jdm/etw zurückweichen; **~ de deux pas** zwei Schritte zurücktreten ❷ *(renoncer)* klein beigeben; **ne plus pouvoir ~** nicht mehr zurück können; **faire ~ qn** jdn abschrecken ❸ *(diminuer: chômage, influence)* zurückgehen ▸ **~ pour mieux sauter** aufgeschoben ist nicht aufgehoben **II.** *v. tr.* *(meuble)* zurückschieben; *(mur)* versetzen; *(frontière)* [nach hinten] verschieben; *(véhicule)* zurückfahren; *(rendez-vous)* verschieben; *(décision, échéance)* aufschieben **III.** *v. pron.* **se ~** zurücktreten; **recule-toi!** geh aus dem Weg!

reculons [ʀ(ə)kylɔ̃] ▸ **à ~** rückwärts

récupérable [ʀekypeʀabl] *adj.* *(réutilisable: objets)* wiederverwertbar; *(heure, congé : à rattraper)* nachzuholen[d]; *(à compenser)* auszugleichen[d]; **ces heures supplémentaires sont ~s sous forme de congé** diese Überstunden können durch Urlaub ausgeglichen werden

récupération [ʀekypeʀasjɔ̃] *f* ❶ *(des biens)* Wiedererlangung *f;* *(des forces)* Wiederherstellung *f* ❷ *(de la chaleur)* Rückgewinnung *f;* *(des chiffons, du verre)* Wiederverwertung *f;* *(collecte)* Sammeln *nt;* **~ des vieux papiers** Altpapiersammlung *f* ❸ *(recouvrement)* Nachholen *nt;* *(des heures supplémentaires)(sous forme de congés)* Ausgleichen *nt*

récupérer [ʀekypeʀe] <5> **I.** *v. intr.* sich erholen **II.** *v. tr.* ❶ *(reprendre: argent, biens)* wiederbekommen ❷ *fam* *(personne)* abholen; *(stylo prêté)* wiederhaben ❸ *(journée de travail)* nachholen; *(sous forme de congés)* ausgleichen *(fam)*

recyclable [ʀ(ə)siklabl] *adj.* ECOL wiederverwertbar

recyclage [ʀ(ə)siklaʒ] *m* ECOL Wiederverwertung *f;* *(de l'eau)* Wiederaufbereitung *f*

recycler [ʀ(ə)sikle] <1> **I.** *v. tr.* ECOL *(déchets, verre)* recyceln; *(eau)* wiederaufbereiten; **papier recyclé** Umweltschutzpapier *nt* **II.** *v. pron.* *(se reconvertir)* **se ~ dans qc** auf etw *(Akk)* umschulen; *(par une formation permanente)* sich in etw *(Dat)* weiterbilden; *(entreprise)* auf etw *(Akk)* umstellen

rédacteur, -trice [ʀedaktœʀ, -tʀis] *m, f* Redakteur(in) *m(f)*

rédaction [ʀedaksjɔ̃] *f* ❶ a. PRESSE Redaktion *f* ❷ SCOL Aufsatz *m*

redécouvrir [ʀ(ə)dekuvʀiʀ] <11> *v. tr.* wiederentdecken

redéfinir [ʀ(ə)definiʀ] <8> *v. tr.* neu definieren

redémarrer [ʀ(ə)demaʀe] <1> *v. intr.* ❶ *(repartir)* wieder losfahren ❷ *fig* *(entreprise)* wieder in Schwung kommen; *(production, machines)* wieder anlaufen

redéploiement [ʀ(ə)deplwamɑ̃] *m* *(d'une économie, politique)* Umstrukturierung *f;* *(des personnes, postes)* Umschichtung *f;* *(des troupes)* [Um]verlegung *f*

redéployer [ʀ(ə)deplwaje] <6> **I.** *v. tr.*

R

(*industrie, économie*) umstrukturieren **II.** *v. pron.* **se ~** (*secteur économique*) umstrukturiert werden

redescendre [R(ə)desɑ̃dR] <14> **I.** *v. tr. + avoir* ❶ (*vu d'en haut*) wieder hinuntergehen; (*escalier, échelle*) wieder hinuntersteigen; (*en courant: escalier*) [wieder] hinunterrennen; (*en escaladant: échelle*) [wieder] hinunterklettern; (*vu d'en bas*) wieder herunterkommen; (*escalier, échelle*) [wieder] heruntersteigen; (*en courant: escalier*) wieder herunterrennen; (*en escaladant: échelle*) [wieder] herunterklettern ❷ (*porter vers le bas*) [wieder] herunterholen **II.** *v. intr. + être* (*baromètre, fièvre*) wieder fallen; (*marée*) zurückgehen; **~ de l'échelle** wieder von der Leiter [herunter]steigen

redevenir [R(ə)dəv(ə)niR] <9> *v. intr.* **~ enfant** wieder Kind [*o* zum Kind] werden

rédhibitoire [Redibitwar] *adj.* grundlegend

rediffuser [R(ə)difyze] <1> *v. tr.* noch einmal senden

rediffusion [R(ə)difyzjɔ̃] *f* Wiederholung *f*

redire [R(ə)diR] <irr> *v. tr.* (*histoire*) noch einmal erzählen; (*rapporter*) weitererzählen

redistribuer [R(ə)distRibɥe] <1> *v. tr.* **~ qc à qn** etw an jdn verteilen

redite [R(ə)dit] *f* [unnötige] Wiederholung

redonner [R(ə)dɔne] <1> *v. tr.* ❶ (*restituer*) wiedergeben, zurückgeben ❷ (*rendre: nom*) noch einmal sagen; (*appétit, courage*) wieder machen; **~ des forces** kräftigen ❸ (*resservir*) noch einmal servieren; **~ à boire à qn** jdm noch [etwas] zu trinken geben

redormir [R(ə)dɔRmiR] <irr> *v. intr.* noch einmal [ein]schlafen

redoubler [R(ə)duble] <1> **I.** *v. tr.* ❶ SCOL wiederholen ❷ (*effort*) verdoppeln **II.** *v. intr.* sitzen bleiben (*fam*)

redresser [R(ə)dRese] <1> **I.** *v. tr.* ❶ (*buste, corps*) strecken; (*tête*) heben ❷ (*économie*) [wieder] ankurbeln; (*finances*) sanieren ❸ (*voiture*) geradeaus lenken **II.** *v. pron.* **se ~** ❶ (*se tenir très droit*) sich aufrichten; (*de nouveau*) sich wieder aufrichten; **redresse-toi!** halt dich gerade! ❷ (*se relever: finances, situation*) sich wieder erholen; (*économie*) wieder anlaufen

réduction [Redyksjɔ̃] *f* ❶ Verringerung *f;* (*de la durée*) Verkürzung *f;* (*du personnel*) Abbau *m;* (*d'impôts*) Ermäßigung *f* ❷ (*rabais*) **~ de 5% sur qc** Nachlass (*Akk*) von 5% auf etw *m;* **~s jeunes** Ermäßigungen *Pl* für Jugendliche

réduire [RedɥiR] <irr> **I.** *v. tr.* ❶ (*diminuer*) reduzieren; (*salaire, texte*) kürzen; (*temps de travail, peine*) verkürzen; (*personnel*) abbauen; (*activité, responsabilités*) einschränken ❷ (*transformer*) **~ qc en bouillie** aus etw Brei machen ❸ GASTR einkochen **II.** *v. pron.* **se ~ à qc** sich auf etw (*Akk*) beschränken; (*montant*) sich auf etw (*Akk*) belaufen

réduit, e [Redɥi, it] *adj.* ❶ (*échelle, modèle*) verkleinert ❷ (*tarif*) ermäßigt

rééchelonnement [Reeʃ(ə)lɔnmɑ̃] *m* **~ [de la dette]** Umschuldung *f*

réécrire [ReekRiR] <irr> *v. tr. voir* **récrire**

rééditer [Reedite] <1> *v. tr.* ❶ neu herausgeben ❷ *fig fam* (*scène*) wieder machen

réédition [Reedisjɔ̃] *f a. fig* Neuauflage *f;* **~ revue et corrigée** überarbeitete und korrigierte Auflage

réel [Reɛl] *m* Realität *f*

réel, le [Reɛl] *adj.* (*véritable*) real; (*besoin*) tatsächlich; (*cause*) wahr

réellement [Reɛlmɑ̃] *adv.* wirklich

réembaucher [Reɑ̃boʃe] <1> *v. tr.* wieder einstellen

réemploi [Reɑ̃plwa] *m* (*d'un ouvrier*) Wiedereinstellung *f;* (*d'un produit*) Wiederverwendung *f;* (*d'une somme*) Reinvestition *f*

réemployer [Reɑ̃plwaje] <6> *v. tr.* (*ouvrier, employé*) wieder einstellen; (*produit*) wieder verwenden; (*argent*) reinvestieren

réengager [Reɑ̃gaʒe] <2a> *v. tr.* wieder einstellen

réessayer [Reeseje] <7> *v. tr.* noch einmal versuchen; (*vêtement*) noch einmal anprobieren

refaire [R(ə)fɛR] <irr> *v. tr.* ❶ (*plat, fautes*) wieder machen; (*lit*) machen; (*nœud*) noch einmal binden ❷ (*sport*) wieder treiben; (*parcours*) noch einmal abgehen; **si c'était à ~** wenn ich noch einmal von vorn anfangen könnte ③ (*toit*) neu decken; (*chambre*) renovieren; **~ la peinture de qc** etw neu streichen; **se faire ~ le nez** sich (*Dat*) die Nase richten lassen

réfectoire [ʀefɛktwaʀ] *m* (*d'une école, d'un hôpital*) Speisesaal *m*

référence [ʀefeʀɑ̃s] *f* ① (*renvoi*) Bezug *m;* (*d'un texte*) Verweis *m;* (*d'une citation*) Quellenangabe *f;* ADMIN, COM [Akten]zeichen *nt;* **faire ~ à qn/qc** sich auf jdn/etw beziehen ② *iron* **ne pas être une ~** nicht gerade eine Empfehlung sein (*fam*)

référendum [ʀefeʀɑ̃dɔm] *m* Volksabstimmung *f*

refermer [ʀ(ə)fɛʀme] <1> **I.** *v. tr.* [wieder] schließen; (*porte*) [wieder] zumachen **II.** *v. pron.* **se ~** sich [wieder] schließen

refiler [ʀ(ə)file] <1> *v. tr. fam* (*objet sans valeur*) andrehen; **~ la grippe à qn** jdn mit seiner Grippe anstecken

réfléchi, e [ʀefleʃi] *adj.* ① (*action*) durchdacht ② (*verbe*) reflexiv

réfléchir [ʀefleʃiʀ] <8> *v. intr.* ① (*penser*) nachdenken; **donner à ~** (*chose*) zu denken geben ② (*cogiter*) **~ à qc** über etw (*Dat*) brüten ▶**tout bien réfléchi** bei genauerer Überlegung

réflecteur [ʀeflɛktœʀ] *m* Reflektor *m*

reflet [ʀ(ə)flɛ] *m* (*d'une personne, d'une époque*) Spiegelbild *nt*

refléter <5> [ʀ(ə)flete] **I.** *v. tr.* widerspiegeln **II.** *v. pron.* (*se réfléchir*) **se ~ dans l'eau** sich im Wasser spiegeln

reflex [ʀeflɛks] **I.** *adj.* **appareil ~** Spiegelreflexkamera *f* **II.** *m* Spiegelreflexkamera *f*

réflexe [ʀeflɛks] *m* Reflex *m;* **avoir eu un bon ~** gut reagiert haben; **manquer de ~s** kein gutes Reaktionsvermögen haben; **avoir le ~ de faire qc** etw reflexartig tun

réflexion [ʀeflɛksjɔ̃] *f* ① (*analyse*) Betrachtung *f;* **après mûre ~** nach reiflicher Überlegung ② (*remarque désobligeante*) [spitze] Bemerkung ▶**~ faite** (*tout bien considéré*) eigentlich

réforme [ʀefɔʀm] *f* ① Reform *f* ② HIST **la Réforme** die Kirchenreform

réformé, e [ʀefɔʀme] *adj.* MIL [wehrdienst]untauglich

reformer [ʀ(ə)fɔʀme] <1> **I.** *v. tr.* wiederherstellen; (*armée*) formieren; (*équipe*) wieder aufstellen **II.** *v. pron.* **se ~** (*nuages*) sich wieder bilden; (*alliance, groupe*) wieder zustande kommen

réformer [ʀefɔʀme] <1> *v. tr.* (*modifier*) reformieren

réformisme [ʀefɔʀmism] *m* Reformismus *m*

réformiste [ʀefɔʀmist] **I.** *adj.* reformistisch **II.** *mf* Reformist(in) *m(f)*

refoulé, e [ʀ(ə)fule] **I.** *adj.* (*pulsion*) verdrängt; (*personne*) verklemmt **II.** *m, f fam* Verklemmte(r) *f(m)*

refouler [ʀ(ə)fule] <1> *v. tr.* ① (*envahisseur*) zurückschlagen ② (*réprimer*) unterdrücken; (*souvenir*) verdrängen; (*larmes*) zurückhalten

refrain [ʀ(ə)fʀɛ̃] *m* ① MUS Refrain *m* ② (*rengaine*) Lied *nt*

réfrigérateur [ʀefʀiʒeʀatœʀ] *m* Kühlschrank *m,* Eiskasten *m* (A)

refroidir [ʀ(ə)fʀwadiʀ] <8> **I.** *v. tr.* ① (*rafraîchir*) **qc refroidit le jus** der Saft wird durch etw kalt ② (*décourager*) **~ qn** jdm einen Dämpfer versetzen **II.** *v. intr.* (*devenir plus froid: moteur, aliment*) [sich] abkühlen; (*devenir trop froid*) kalt werden

refuge [ʀ(ə)fyʒ] *m* ① Zuflucht *f;* **trouver ~ chez qn** bei jdm Zuflucht finden; **chercher ~ dans la drogue** zu Drogen Zuflucht nehmen ② SPORT Schutzhütte *f*

réfugié, e [ʀefyʒje] *m, f* Flüchtling *m*

réfugier [ʀefyʒje] <1> *v. pron.* **se ~ chez qn** sich zu jdm flüchten

refus [ʀ(ə)fy] *m* (*résistance*) Weigerung *f;* **~ par qn de l'ésotérisme** jds Ablehnung der Esoterik (*Gen*); **~ de priorité** Missachtung *f* der Vorfahrt; **ce n'est pas de ~** *fam* da sage ich nicht nein

refuser [ʀ(ə)fyze] <1> **I.** *v. tr.* ① ablehnen ② (*objet, permission*) nicht geben; (*entrée, accès*) verwehren; (*priorité*) nehmen **II.** *v. intr.* ablehnen **III.** *v. pron.* ① (*se priver de*) **ne rien se ~** *iron* sich (*Dat*) was gönnen ② (*être décliné*) **ça ne se refuse pas** dazu kann man doch nicht nein sagen

réfuter [ʀefyte] <1> *v. tr.* widerlegen

régal [ʀegal] *m* Genuss *m*

régaler [ʀegale] <1> *v. pron.* ① (*savou-*

R

rer) **qn se régale de qc** etw schmeckt jdm ❷ (*éprouver un grand plaisir*) **se ~ en faisant qc** es genießen, etw zu tun

regard [R(ə)gaR] *m* Blick *m;* **fusiller qn du ~** jdn mit Blicken töten

regarder [R(ə)gaRde] <1> **I.** *v. tr.* ❶ ansehen; **~ la mer pendant des heures** stundenlang aufs Meer schauen; **il la regarde faire** er sieht ihr zu ❷ (*observer*) beobachten; (*mécanisme, film*) sich (*Dat*) ansehen ❸ (*consulter rapidement*) überfliegen; (*numéro, mot*) nachsehen; **~ sa montre** auf die Uhr sehen ❹ (*considérer: situation*) betrachten; **~ qc en face** einer S. (*Dat*) ins Auge sehen ❺ (*concerner*) **ça ne te regarde pas** das geht dich nichts an ▸ **regardez-moi ça!** *fam* hat man so etwas schon gesehen! **II.** *v. intr.* (*s'appliquer à voir*) zusehen; **bien ~** gut hinsehen; **~ dans un livre** in einem Buch nachsehen **III.** *v. pron.* ❶ (*se contempler*) **se ~ dans qc** sich in etw (*Dat*) betrachten ❷ (*se mesurer du regard*) **se ~** (*personnes*) sich ansehen ▸ **tu [ne] t'es [pas] regardé!** *fam* sieh dich doch erst mal selbst an!

régénérer [Reʒenere] <5> **I.** *v. tr.* ❶ (*chairs, tissu*) neu bilden; **~ ses forces** wieder zu Kräften kommen ❷ TECH (*catalyseur, matériau*) regenerieren **II.** *v. pron.* **se ~** sich regenerieren

reggae [Rege] *m* Reggae *m*

régie [Reʒi] *f* ❶ CINE, THEAT, TV Aufnahmeleitung *f* ❷ TV, RADIO (*local*) Regieraum *m*

régime [Reʒim] *m* ❶ POL System *nt;* **~ constitutionnel** Verfassung[sordnung *f*] *f* ❷ MED Diät *f;* **se mettre/être au ~** eine Diät machen; **mettre qn au ~** jdn auf Diät setzen

régiment [Reʒimɑ̃] *m* ❶ MIL Regiment *nt* ❷ (*quantité*) Unmenge *f*

région [Reʒjɔ̃] *f* ❶ (*contrée*) Gegend *f;* **~ agricole** landwirtschaftliche Region; **~ parisienne** Einzugsgebiet von Paris ❷ ADMIN Region *f*

régional, e [Reʒjɔnal, o] <-aux> *adj.* regional

régionaliste [Reʒjɔnalist] **I.** *adj.* regionalistisch **II.** *mf* Regionalist(in) *m(f)*

régisseur, -euse [ReʒisœR, -øz] *m, f* ❶ CINE, TV Aufnahmeleiter(in) *m(f)* ❷ THEAT Inspizient(in) *m(f)*

registre [Rəʒistʀ] *m* ❶ (*livre*) Schreibheft *nt;* **~ d'état civil** Personenstandsregister *nt;* **~ d'hôtel** Gästebuch *nt* ❷ INFORM, MUS Register *nt;* **changer de ~** einen anderen Ton anschlagen

règle [Rɛgl] *f* ❶ a. JEUX Regel *f;* **être en ~** in Ordnung sein; **en ~ générale** in der Regel ❷ (*instrument*) Lineal *nt* ❸ *pl* ANAT Regel *f*

règlement [Rɛgləmɑ̃] *m* ❶ (*discipline*) Vorschriften *Pl;* **~ intérieur** (*d'une entreprise/organisation/école*) Betriebs-/Geschäfts-/Schulordnung *f* ❷ (*différend*) **~ de compte[s]** Abrechnung *f;* (*acte de vengeance*) Vergeltungsakt *m* ❸ (*paiement*) Zahlung *f*

réglementer [Rɛgləmɑ̃te] <1> *v. tr.* gesetzlich regeln

régler [Regle] <5> **I.** *v. tr.* ❶ (*résoudre*) regeln; (*problème, question*) klären; (*conflit, différend*) beilegen; **c'est une affaire réglée** die Sache ist erledigt ❷ (*payer*) bezahlen ❸ (*réguler*) einstellen; (*circulation*) regeln; (*montre*) stellen ❹ (*fixer: modalités, programme*) festlegen **II.** *v. intr.* zahlen **III.** *v. pron.* ❶ (*se résoudre*) **se ~** (*affaire, question*) sich regeln lassen ❷ (*être mis au point*) **se ~** sich einstellen lassen

règles [Rɛgl] *fpl* Periode *f*

réglisse [Reglis] **I.** *f* (*plante*) Süßholz *nt* **II.** *m o f* (*bonbon*) Lakritzebonbon *nt;* (*bâton*) Lakritze *f*

réglo [Reglo] *adj. inv. fam* korrekt; **c'est un type ~!** der Typ ist o.k.

régner [Reɲe] <5> *v. intr.* **~ sur qc** über etw (*Akk*) regieren

regonfler [R(ə)gɔ̃fle] <1> *v. tr.* ❶ (*ballon, chambre à air*) wieder aufpumpen; (*avec la bouche*) wieder aufblasen; **~ un pneu** im Reifen Luft nachfüllen ❷ *fam* **être regonflé [à bloc]** (*personne*) wieder in besserer Stimmung sein

régresser [RegRese] <1> *v. intr.* zurückgehen

regret [R(ə)gRɛ] *m* ❶ (*nostalgie*) **le[s] ~[s] de qc** die Sehnsucht nach etw; **~s éternels** in tiefer Trauer ❷ (*contrariété*) Bedauern *nt;* **avoir le ~ de faire qc** [es] bedauern etw zu tun; **ne pas avoir de ~s** nichts bereuen; **qn est au ~ de faire qc** jd bedauert etw tun zu müssen; **tous mes ~s** es tut mir wirklich leid ▸ **à ~**

(*partir*) ungern; (*accepter*) widerstrebend; **allez, sans ~!** nichts für ungut!

regrettable [ʀ(ə)gʀetabl] *adj.* bedauerlich

regretter [ʀ(ə)gʀete] <1> **I.** *v. tr.* 1 (*se repentir de*) bereuen 2 (*attitude, décision*) bedauern; **~ sa jeunesse** seiner Jugend (*Dat*) nachtrauern **II.** *v. intr.* **je regrette** ich bedaure

regrouper [ʀ(ə)gʀupe] <1> **I.** *v. tr.* (*mettre ensemble*) zusammenlegen; (*personnes*) vereinen **II.** *v. pron.* **se ~ autour de qn** sich um jdn herum aufstellen; (*dans un but commun*) sich jdm anschließen

régulariser [ʀegylaʀize] <1> *v. tr.* (*acte administratif*) regeln; (*situation [de couple]*) legalisieren

réguler [ʀegyle] <1> *v. tr.* regulieren

régulier, -ière [ʀegylje, -jɛʀ] *adj.* 1 a. LING regelmäßig; (*vie, habitudes*) geregelt 2 (*effort*) kontinuierlich; (*résultats, vitesse*) gleich bleibend 3 (*avion, train, ligne*) [fahr]planmäßig; **vol ~** Linienflug *m* 4 (*légal*) vorschriftsmäßig

régulièrement [ʀegyljɛʀmɑ̃] *adv.* (*périodiquement*) regelmäßig

réhabilitation [ʀeabilitasjɔ̃] *f* 1 (*remise en honneur*) Rehabilitierung *f* 2 (*réinsertion*) Wiedereingliederung *f* in die Gesellschaft

réhabiliter [ʀeabilite] <1> *v. tr.* a. JUR rehabilitieren

réhabituer [ʀeabitɥe] <1> **I.** *v. tr.* **~ qn à qn/qc** (*personne*) jdn wieder an jdn/etw gewöhnen; **~ un élève à faire qc** einen Schüler wieder daran gewöhnen, etw zu tun **II.** *v. pron.* **se ~ à qn/qc** sich wieder an jdn/etw gewöhnen

réimposer [ʀeɛ̃poze] <1> *v. tr.* neu veranlagen

rein [ʀɛ̃] *m* 1 Niere *f* 2 *pl* (*bas du dos*) Kreuz *nt*

réincarnation [ʀeɛ̃kaʀnasjɔ̃] *f* Wiedergeburt *f*

réincarner [ʀeɛ̃kaʀne] <1> *v. pron.* REL **se ~ dans qc** (*âme*) in etw (*Dat*) wiedergeboren werden

reine [ʀɛn] *f* 1 Königin *f* 2 JEUX Dame *f* ▶ **se saper comme une ~** *fam* sich aufbrezeln

reinette [ʀɛnɛt] *f* Renette *f*

réinitialiser [ʀeinisjalize] <1> *v. tr.* INFORM neu starten

réinscription [ʀeɛ̃skʀipsjɔ̃] *f* Wiedereinschreibung *f;* (*chaque semestre*) Rückmeldung *f*

réinscrire [ʀeɛ̃skʀiʀ] <irr> **I.** *v. tr.* (*mettre à nouveau sur une liste*) [**faire**] **~ qn/qc sur une liste** jdn/etw wieder auf eine Liste setzen; [**faire**] **~ qn dans une nouvelle école** jdn in einer neuen Schule anmelden **II.** *v. pron.* **se** [**faire**] **~ sur une liste** sich wieder auf eine Liste setzen lassen; **se** [**faire**] **~ à l'université** sich wieder an der Universität einschreiben; (*chaque semestre*) sich [an der Universität] zurückmelden

réinsertion [ʀeɛ̃sɛʀsjɔ̃] *f* (*d'un délinquant*) Wiedereingliederung *f*

réintégrer [ʀeɛ̃tegʀe] <5> *v. tr.* 1 (*revenir dans*) **~ une place/sa cellule** an einen Platz/in seine Zelle zurückkehren 2 (*rétablir*) **~ qn dans la société** jdn wieder in die Gesellschaft eingliedern

réinventer [ʀeɛ̃vɑ̃te] <1> *v. tr.* (*monde*) wieder neu erfinden; (*solidarité, relations*) wieder neu entdecken

réinvestir [ʀeɛ̃vɛstiʀ] <8> *v. tr.* FIN **~ de l'argent dans qc** wieder Geld in etw (*Akk*) investieren

réitérer [ʀeiteʀe] <5> *v. tr.* wiederholen

rejeter [ʀəʒ(ə)te] <3> *v. tr.* 1 zurückweisen; (*personne*) verstoßen; (*exclure d'un groupe*) ausschließen 2 (*nourriture*) wieder ausspucken; (*épaves*) spülen 3 (*se décharger de*) **~ sur qn** (*responsabilité*) auf jdn abwälzen; (*faute*) jdm zuschieben 4 (*tête*) zurückwerfen

rejoindre [ʀ(ə)ʒwɛ̃dʀ] <irr> **I.** *v. tr.* (*personne*)(*rencontrer*) treffen; (*rattraper*) einholen; **vas-y, je te rejoins** geh schon [voraus], ich komme nach **II.** *v. pron.* **se ~** 1 (*se recouper: idées, points de vue*) übereinstimmen 2 (*se réunir: personnes*) sich treffen; (*choses*) zusammenlaufen

réjouir [ʀeʒwiʀ] <8> *v. pron.* **se ~ de faire qc** sich [darüber] freuen etw zu tun; (*à l'avance*) sich darauf freuen etw zu tun; **se ~ à l'idée de...** sich bei dem Gedanken freuen, dass ...

relâche [ʀəlɑʃ] *f* **sans ~** unermüdlich; (*travailler, harceler*) pausenlos

R

relâcher [R(ə)lɑʃe] <1> *v. tr.* ❶ (*desserrer*) lockern; (*muscles*) entspannen ❷ (*libérer*) freilassen ❸ (*objet, proie*) loslassen

relais [R(ə)lɛ] *m* Staffel *f* ▸ **prendre le ~ de qn/qc** jdn/etw ablösen

relancer [R(ə)lɑ̃se] <2> *v. tr.* ❶ (*donner un nouvel essor à*) wieder aufnehmen; (*idée, mouvement*) wieder aufleben lassen; (*économie, production*) wieder ankurbeln ❷ *fam* (*harceler*) bedrängen; (*client, débiteur*) mahnen

relatif [R(ə)latif] *m* LING Relativpronomen *nt*

relatif, -ive [R(ə)latif, -iv] *adj.* ❶ (*opp: absolu*) relativ ❷ (*en liaison avec*) **être ~ à qn/qc** sich auf jdn/etw beziehen ❸ *postposé* LING Relativ-

relation [R(ə)lasjɔ̃] *f* ❶ (*rapport*) Beziehung *f,* Verhältnis *nt* ❷ *pl* (*rapport entre personnes*) Beziehungen *Pl* ❸ (*lien logique*) Zusammenhang *m* ❹ (*personne de connaissance*) Bekannte(r) *f(m)* ▸ **~s publiques** Public Relations *Pl*; **en ~** in Verbindung

relationnel, le [R(ə)lasjɔnɛl] *adj.* PSYCH relational; **problèmes ~s** Kontaktschwierigkeiten *Pl*

relative [R(ə)lativ] *f* LING Relativsatz *m*

relativement [R(ə)lativmɑ̃] *adv.* relativ

relativiser [R(ə)lativize] <1> *v. tr.* relativieren

relativité [R(ə)lativite] *f* Relativität *f*

relaxant, e [R(ə)laksɑ̃, ɑ̃t] *adj.* entspannend

relaxer [R(ə)lakse] <1> *v. pron.* **se ~** sich entspannen

relayer [R(ə)leje] <7> **I.** *v. tr.* (*remplacer*) ablösen; **se faire ~ par qn/qc** (*personne*) sich von jdm/etw ablösen lassen **II.** *v. pron.* **se ~ pour faire qc** sich abwechseln um etw zu tun

relayeur, -euse [R(ə)lɛjœR, -jøz] *m, f* Staffelläufer(in) *m(f)*

relecture [R(ə)lɛktyR] *f* nochmaliges Lesen; TYP Korrekturlesen *nt*

relent [R(ə)lɑ̃] *m* übler Geruch *m*

relevé [Rəl(ə)ve] *m* (*de compte*) Auszug *m;* **~ d'identité bancaire** *Bescheinigung mit der Bankverbindung*

relevé, e [Rəl(ə)ve] *adj.* GASTR gut gewürzt

relève [R(ə)lɛv] *f* Ablösung *f;* **prendre la ~** (*assurer la succession*) die Nachfolge antreten

relever [Rəl(ə)ve] <4> **I.** *v. tr.* ❶ (*blessé, objet tombé*) aufheben; (*chaise*) wieder aufstellen; **~ qn** jdm hochhelfen ❷ (*siège*) höher stellen; (*strapontin*) hochklappen; (*store*) hochziehen; (*cheveux*) hochstecken ❸ (*adresse, renseignement*) notieren; (*compteur*) ablesen **II.** *v. intr.* (*dépendre de*) **~ de la compétence de qn** in jds Zuständigkeit (*Akk*) fallen; **~ du miracle** das reinste Wunder sein **III.** *v. pron.* **se ~** (*se remettre debout*) [wieder] aufstehen

relief [Rəljɛf] *m* Relief *nt;* **en ~** (*carte*) Relief-; (*caractères*) in Relief [gedruckt] ▸ **mettre qc en ~** etw hervorheben

relier [Rəlje] <1> *v. tr.* ❶ (*personnes, choses*) [miteinander] verbinden; **~ qc à qc** (*appareil*) etw an etw (*Akk*) anschließen ❷ LING (*préposition*) zueinander in Beziehung setzen ❸ (*livre*) binden

religieuse [R(ə)liʒjøz] *f* ❶ REL Ordensschwester *f* ❷ GASTR *Windbeutel, der mit Schokoladenguss überzogen ist oder in der Schweiz ist es die braune Kruste, die der Fonduekäse am Boden des Caquelons bildet*

religieux [R(ə)liʒjø] *m* Ordensgeistliche(r) *m*

religieux, -euse [R(ə)liʒjø, -jøz] *adj.* religiös; (*cérémonie, mariage*) kirchlich; (*musique, chant*) Kirchen-; (*ordre*) geistlich

religion [R(ə)liʒjɔ̃] *f* ❶ (*ensemble de croyances*) Religion *f* ❷ (*culte*) Glaube *m*

relire [R(ə)liR] <irr> *v. tr.* noch einmal lesen; (*pour corriger ou bien comprendre*) noch einmal durchlesen

reloger [R(ə)lɔʒe] <2a> *v. tr.* **~ qn** jdm eine neue Unterkunft besorgen

relooker [R(ə)luke] <1> *v. tr. fam* neu stylen

remâcher [R(ə)mɑʃe] <1> *v. tr.* ❶ (*ressasser*) [immer wieder] nachgrübeln über (+ *Akk*) ❷ ZOOL wiederkäuen

remake [Rimɛk] *m* Neuverfilmung *f*

remaquiller [R(ə)makije] <1> *v. tr., pron.* [**se**] **~** [sich] [neu] schminken

remarcher [R(ə)maRʃe] <1> *v. intr.* wieder gehen

remarier [R(ə)maRje] <1> *v. pron.* **se ~** wieder heiraten; **elle s'est remariée**

R

avec un collègue sie hat wieder geheiratet, und zwar einen Kollegen

remarquable [ʀ(ə)maʀkabl] *adj.* bemerkenswert

remarquablement [ʀ(ə)maʀkabləmɑ̃] *adv.* (*beau, intelligent*) außerordentlich; (*jouer, se porter, réussir*) hervorragend

remarque [ʀ(ə)maʀk] *f* Bemerkung *f;* (*commentaire*) Anmerkung *f*

remarquer [ʀ(ə)maʀke] <1> **I.** *v. tr.* bemerken; **faire ~ qc à qn** jdn auf etw (*Akk*) hinweisen; **se faire ~** *péj* auffallen; **sans se faire ~** unauffällig; **remarque, il a essayé** er hat es immerhin versucht **II.** *v. pron.* **se ~** auffallen

remastériser [ʀəmasteʀize] <1> *v. tr.* (*disque*) digital neu aufnehmen

remballer [ʀɑ̃bale] <1> *v. tr.* ❶ (*opp: déballer*) wieder einpacken ❷ *fam* (*garder pour soi*) für sich behalten

rembarrer [ʀɑ̃baʀe] <1> *v. tr. fam* **~ qn** jdm eine Abfuhr erteilen

rembobiner [ʀɑ̃bɔbine] <1> **I.** *v. tr.* (*bande magnétique, film*) zurückspulen; (*fil*) wieder aufwickeln **II.** *v. intr.* zurückspulen

rembourrer [ʀɑ̃buʀe] <1> *v. tr.* [aus]polstern

remboursement [ʀɑ̃buʀsəmɑ̃] *m* Rückzahlung *f;* (*des frais*) [Rück]erstattung *f;* **contre ~** gegen Nachnahme

rembourser [ʀɑ̃buʀse] <1> *v. tr.* [zurück]erstatten; **~ une dette à qn** jdm seine Schulden zurückzahlen; **ce médicament n'est pas remboursé** die Kosten für dieses Medikament werden nicht [zurück]erstattet; **je te rembourserai demain!** ich gebe dir das Geld morgen zurück!

remède [ʀ(ə)mɛd] *m* [Heil]mittel *nt;* (*d'un problème*) Lösung *f*

remédier [ʀ(ə)medje] <1> *v. intr.* **~ à qc** einer Sache (*Dat*) Abhilfe schaffen

remerciement [ʀ(ə)mɛʀsimɑ̃] *m* Dank *m;* **des remerciements** Dankesbezeigungen *Pl*; **avec tous mes/nos remerciements** mit bestem Dank (*form*)

remercier [ʀ(ə)mɛʀsje] <1> *v. tr.* (*dire merci à*) **~ qn de qc** jdm für etw danken; **~ qn de faire qc** jdm [dafür] danken, dass er/sie etw tut

remettre [ʀ(ə)mɛtʀ] <irr> **I.** *v. tr.* ❶ (*replacer*) [wieder] zurückstellen; **~ debout** wieder hinstellen ❷ (*rétablir*) **~ à l'heure** (*montre*) [richtig] stellen; **~ qn en liberté** jdn freilassen ❸ (*donner*) [über]geben; (*récompense, prix*) überreichen; (*démission*) einreichen ❹ (*ingrédient*) noch dazugeben; **~ de l'huile dans le moteur** Öl in den Motor nachfüllen; **~ du sel dans les légumes** das Gemüse nachsalzen ❺ (*ajourner*) **~ à la semaine prochaine** (*décision*) auf die nächste Woche verschieben ❻ (*vêtement*) wieder anziehen; (*chapeau*) wieder aufsetzen ▶**~ ça** *fam* wieder damit anfangen **II.** *v. pron.* ❶ (*recouvrer la santé*) **se ~** sich erholen ❷ (*recommencer*) **se ~ au travail** sich wieder an die Arbeit machen; **se ~ à faire qc** wieder anfangen, etw zu tun; **il se remet à pleuvoir** es fängt wieder an zu regnen ❸ (*se replacer*) **se ~ debout** wieder aufstehen ❹ (*se réconcilier*) **ils se sont remis ensemble** sie sind wieder zusammen

remise [ʀ(ə)miz] *f* ❶ Übergabe *f;* (*d'une lettre, d'un paquet*) Zustellung *f;* (*en mains propre*) Aushändigung *f* ❷ (*grâce*) **~ de peine** Straferlass *m* ❸ (*rabais*) Nachlass *m* ❹ (*local*) Schuppen *m* ▶**~ en <u>état</u>** [Wieder]instandsetzung *f;* **~ en <u>forme</u>** Fitnesstraining *nt;* **~ en <u>marche</u>** erneutes Ingangsetzen *nt*

remix [ʀəmiks] *m* Remix *m*

remmener [ʀɑ̃m(ə)ne] <4> *v. tr.* zurückbringen

remonte-pente [ʀ(ə)mɔ̃tpɑ̃t] <remonte-pentes> *m* Schlepplift *m*

remonter [ʀ(ə)mɔ̃te] <1> **I.** *v. intr.* ❶ + *être* (*monter à nouveau*) **~ dans sa chambre** wieder auf sein Zimmer gehen; **~ de la cuisine** wieder von der Küche heraufkommen; **~ à Paris** wieder nach Paris zurückfahren (*fam*); **~ sur l'échelle** wieder auf die Leiter [hinauf]steigen; **~ sur scène** [wieder] auf die Bühne zurückkehren; **~ en bateau/à la nage** stromaufwärts fahren/schwimmen ❷ + *être* (*reprendre place*) **~ à bicyclette** wieder Fahrrad fahren; **~ en voiture** wieder ins Auto steigen; **~ à bord** [wieder] an Bord gehen ❸ + *avoir* (*s'élever de nouveau*) [wieder] ansteigen ❹ + *avoir* (*s'améliorer*) **~ dans l'estime de qn** in jds Ansehen steigen

❺ + *être* (*glisser vers le haut: jupe, vêtement*) hochrutschen; (*col*) hochstehen ❻ + *avoir* (*dater de*) ~ **au mois dernier/à l'année dernière** (*événement, fait*) auf letzten Monat/letztes Jahr zurückgehen; **cet incident remonte à quelques jours** dieser Zwischenfall liegt einige Tage zurück **II.** *v. tr.* + *avoir* ❶ (*parcourir: à pieds*) wieder hinaufgehen; (*dans un véhicule*) hinauffahren; (*à la nage: fleuve, rivière*) hinaufschwimmen ❷ (*col*) hochschlagen; (*chaussettes, pantalon*) hochziehen; (*bas du pantalon, manches*) hochkrempeln; (*mur*) höher ziehen; SCOL (*note*) anheben ❸ (*rapporter du bas*) ~ **une bouteille de la cave** aus dem Keller eine Flasche heraufbringen ❹ (*mécanisme, montre*) aufziehen; **être remonté contre qn** (*fâché*) wütend auf jdn sein; ~ **le moral de qn** jdm wieder Mut machen ❺ (*robinet*) wieder anbringen; (*roue*) wieder aufmontieren

remords [ʀ(ə)mɔʀ] *m* Schuldgefühl *nt;* **avoir des** ~ ein schlechtes Gewissen haben

remorque [ʀ(ə)mɔʀk] *f* (*d'un véhicule*) Anhänger *m*

remorquer [ʀ(ə)mɔʀke] <1> *v. tr.* (*voiture*) abschleppen

rempart [ʀɑ̃paʀ] *m* MIL [Schutz]wall *m;* (*d'une ville*) Stadtmauer *f*

rempiler [ʀɑ̃pile] <1> **I.** *v. tr.* wieder aufstapeln **II.** *v. intr. fam* sich weiter verpflichten; ~ **pour trois ans** um drei Jahre verlängern

remplaçant, e [ʀɑ̃plasɑ̃, ɑ̃t] *m, f* ❶ MED, SCOL Vertretung *f* ❷ SPORT Ersatzspieler(in) *m(f)*

remplacement [ʀɑ̃plasmɑ̃] *m* (*intérim*) Vertretung *f*

remplacer [ʀɑ̃plase] <2> *v. tr.* ❶ ersetzen ❷ (*personne*)(*relayer*) ablösen; (*temporairement*) vertreten

rempli, e [ʀɑ̃pli] *adj.* voll; ~ **de personnes** voller Menschen; **tasse ~e de thé** Tasse *f* voll Tee

remplir [ʀɑ̃pliʀ] <8> **I.** *v. tr.* ❶ (*rendre plein*) ~ **de qc** mit etw füllen; (*valise*) mit etw vollpacken ❷ (*journée, formulaire, chèque*) ausfüllen ❸ (*page*) vollschreiben ❹ (*mission, contrat*) erfüllen **II.** *v. pron.* **se** ~ sich füllen; **se ~ de liquide** sich mit Flüssigkeit füllen

remplumer [ʀɑ̃plyme] <1> *v. pron. fam* **se** ~ (*grossir*) wieder zunehmen

remporter [ʀɑ̃pɔʀte] <1> *v. tr.* ❶ (*reprendre*) wieder mitnehmen ❷ (*gagner*) davontragen (*geh*); (*championnat, prix*) gewinnen

rempoter [ʀɑ̃pɔte] <1> *v. tr.* umtopfen

remuer [ʀəmɥe] <1> **I.** *v. intr.* sich bewegen **II.** *v. tr.* ❶ bewegen; ~ **la queue** mit dem Schwanz wedeln ❷ (*sauce, mayonnaise*) rühren; (*café*) umrühren; (*salade*) mischen ❸ (*émouvoir*) ergreifen **III.** *v. pron.* **se** ~ (*faire des efforts*) sich bemühen

renaissance [ʀ(ə)nɛsɑ̃s] *f* ❶ Wiedergeburt *f* ❷ HIST, ART **la Renaissance** die Renaissance

renard [ʀ(ə)naʀ] *m* Fuchs *m*

rencontre [ʀɑ̃kɔ̃tʀ] *f* ❶ (*fait de se rencontrer*) Begegnung *f;* ~ **secrète** geheimes Treffen ❷ (*entrevue*) Zusammenkunft *f;* (*réunion*) Treffen *nt* ❸ SPORT Spiel *nt* ▸ **aller/venir à la ~ de qn** jdm entgegengehen/-kommen; **faire la ~ de qn** jdn kennen lernen

rencontrer [ʀɑ̃kɔ̃tʀe] <1> **I.** *v. tr.* ❶ (*croiser*) ~ **qn** jdm begegnen ❷ (*avoir une entrevue*) ~ **qn** sich mit jdm treffen ❸ (*faire la connaissance de*) kennen lernen ❹ SPORT ~ **qn** auf jdn treffen ❺ (*être confronté à*) ~ **qc** auf etw (*Akk*) stoßen **II.** *v. pron.* **se** ~ ❶ (*se croiser*) sich begegnen ❷ (*avoir une entrevue*) sich treffen ❸ (*faire connaissance*) sich kennen lernen

rendez-vous [ʀɑ̃devu] *m inv.* ❶ (*rencontre officielle*) **avoir** ~ einen Termin haben; **donner ~ à qn/prendre ~ avec qn** mit jdm einen Termin ausmachen; **prendre** ~ sich einen Termin geben lassen; **sur** ~ nach Vereinbarung ❷ (*rencontre avec un ami*) Verabredung *f;* **avoir** ~ verabredet sein; **donner ~ à qn** sich mit jdm verabreden; ~ **à 8 heures/à la gare** wir treffen uns um 8 Uhr/am Bahnhof ❸ (*rencontre entre amoureux*) Rendezvous *nt* ❹ (*lieu de rencontre*) Treffpunkt *m*

rendre [ʀɑ̃dʀ] <14> **I.** *v. tr.* ❶ zurückgeben ❷ (*devoir*) abgeben; (*invitation, salut*) erwidern; ~ **la monnaie sur 20 euros** auf 20 Euro herausgeben ❸ (*liberté*) wiederschenken; (*jugement, *verdict*) fällen ④ (*faire devenir*) ~ **plus facile** leichter machen; ~ **triste/joyeux** traurig/fröhlich stimmen; ~ **public** veröffentlichen ⑤ (*vomir*) erbrechen **II.** *v. intr.* (*vomir*) sich übergeben **III.** *v. pron.* ① (*capituler*) **se ~** sich ergeben ② (*aller*) **se ~ chez qn/à son travail** zu jdm/zur Arbeit gehen

rendu, e [ʀɑ̃dy] *part. passé de* **rendre**

rêne [ʀɛn] *f souvent pl.* Zügel *m*

renfermé [ʀɑ̃fɛʀme] *m* **sentir le ~** muffig riechen

renfermé, e [ʀɑ̃fɛʀme] *adj.* verschlossen

renfermer [ʀɑ̃fɛʀme] <1> **I.** *v. tr.* enthalten **II.** *v. pron.* **se ~ sur soi-même** sich in sich (*Akk*) zurückziehen

renforcement [ʀɑ̃fɔʀsəmɑ̃] *m* Verstärkung *f;* (*de la paix*) Festigung *f*

renforcer [ʀɑ̃fɔʀse] <2> **I.** *v. tr.* ① (*consolider, intensifier*) verstärken ② (*affermir: paix, position*) festigen **II.** *v. pron.* **se ~** (*s'affermir*) sich festigen; (*popularité*) wachsen

renfort [ʀɑ̃fɔʀ] *m* ① *souvent pl.* (*personnes*) Verstärkung *f* ② AUT ~ **latéral** [**de sécurité**] Seitenaufprallschutz *m*

renier [ʀənje] <1> *v. tr.* verleugnen; (*idée, passé*) leugnen

renifler [ʀ(ə)nifle] <1> **I.** *v. intr.* schnüffeln **II.** *v. tr.* (*sentir*) ~ **qc** etw riechen; (*animal*) etw wittern

renne [ʀɛn] *m* Ren[tier *nt*] *nt*

renommée [ʀ(ə)nɔme] *f* ① *sans pl.* (*célébrité*) Renommee *nt* ② (*réputation*) Ruf *m*

renoncer [ʀ(ə)nɔ̃se] <2> *v. intr.* ~ **à qc** auf etw (*Akk*) verzichten

renouer [ʀənwe] <1> *v. intr.* ~ **avec qn** mit jdm wieder Verbindung aufnehmen

renouveler [ʀ(ə)nuv(ə)le] <3> **I.** *v. tr.* ① (*remplacer*) erneuern; (*parlement*) neu wählen ② (*répéter*) ~ **une offre à qn** jdm gegenüber ein Angebot wiederholen; ~ **sa candidature** sich noch einmal bewerben ③ (*bail, passeport*) verlängern **II.** *v. pron.* **se ~** ① (*être remplacé*) ausgewechselt werden; (*peau, cellule*) sich erneuern ② (*se reproduire*) sich wiederholen ③ (*innover*) sich weiterentwickeln

rénovateur, -trice [ʀenɔvatœʀ, -tʀis] **I.** *adj.* reformerisch **II.** *m, f* Reformer(in) *m(f)*

rénover [ʀenɔve] <1> *v. tr.* ① renovieren; (*quartier*) sanieren ② (*moderniser*) modernisieren

renseignement [ʀɑ̃sɛɲmɑ̃] *m* ① Auskunft *f;* **les ~s** TELEC die Auskunft ② MIL Geheimdienst *m;* **les ~s généraux** *französischer Geheimdienst*

renseigner [ʀɑ̃seɲe] <1> **I.** *v. tr.* informieren **II.** *v. pron.* **se ~ sur qn/qc** sich über jdn/etw informieren

rentabilité [ʀɑ̃tabilite] *f* Rentabilität *f*

rentrée [ʀɑ̃tʀe] *f* ① SCOL Schuljahresbeginn *m;* **le jour de la ~** der erste/am ersten Schultag; **aujourd'hui, c'est la ~** [**des classes**] heute fängt die Schule wieder an ② UNIV Beginn *m* des [neuen] Studienjahrs ③ (*après les vacances d'été*) **à la ~** nach der Sommerpause ④ (*come-back*) Comeback *nt* ⑤ (*somme d'argent*) Eingang *m;* **~s d'argent** Geldeingänge *Pl*

Während der zweimonatigen Schulferien im Juli und August kommt in Frankreich das öffentliche Leben stärker zum Erliegen, als es etwa in Deutschland während der Sommerpause der Fall ist. **La rentrée** im September bezeichnet den Wiederbeginn nicht nur der Schule und des Universitätsbetriebs, sondern allgemein des öffentlichen und kulturellen Lebens.

rentrer [ʀɑ̃tʀe] <1> **I.** *v. intr. + être* ① (*retourner chez soi*) nach Hause gehen; **comment rentres-tu?** wie kommst du nach Hause?; ~ **au pays natal** in seine Heimat zurückkehren ② (*revenir chez soi*) nach Hause kommen; ~ **de l'école** von der Schule nach Hause kommen; **elle est déjà rentrée?** ist sie schon zu Hause? ③ (*entrer à nouveau*) zurückgehen ④ (*entrer: voleur, eau*) eindringen; **faire ~ qn** jdn eintreten lassen; ~ **dans un café** in ein Café gehen ⑤ (*s'insérer*) ~ **dans une valise** in einen Koffer hineinpassen; ~ **les uns dans les autres** (*tubes*) sich ineinander stecken lassen ⑥ (*devenir membre*) ~ **dans la police** zur Polizei gehen; ~ **dans une entreprise** bei einer Firma anfangen; **faire ~ qn dans une entreprise** jdm zu einer Stelle in einem Unternehmen verhelfen ❼ (*commencer à étudier*) ~ **en fac** an der Uni anfangen ❽ (*percuter*) ~ **dans qc** gegen etw prallen; (*conducteur*) gegen etw fahren ❾ (*recouvrer*) ~ **dans ses frais** seine Unkosten decken **II.** *v. tr. + avoir* ❶ (*ramener à l'intérieur*) hineinbringen; (*foin*) einbringen; (*tête, ventre*) einziehen; ~ **sa chemise dans le pantalon** sein Hemd in die Hose stecken; ~ **la voiture au garage** den Wagen in die Garage fahren ❷ (*enfoncer*) ~ **la clé dans la serrure** den Schlüssel in das Schloss stecken **III.** *v. pron.* **se** ~ **dedans** zusammenstoßen

renversant, e [ʀɑ̃vɛʀsɑ̃, ɑ̃t] *adj. fam* umwerfend

renverse [ʀɑ̃vɛʀs] *f* **tomber à la** ~ hintenüber fallen

renversé, e [ʀɑ̃vɛʀse] *adj.* ❶ (*stupéfait*) verblüfft ❷ (*à l'envers*) umgekehrt; **être** ~ auf dem Kopf stehen

renversement [ʀɑ̃vɛʀsəmɑ̃] *m* ❶ (*changement complet*) Verkehrung *f* ins Gegenteil; (*de tendance*) Umschwung *m* ❷ POL Sturz *m;* (*par un coup d'État*) Umsturz *m*

renverser [ʀɑ̃vɛʀse] <1> *v. tr.* ❶ (*faire tomber*) ~ **qn/qc** jdn/etw umstoßen; (*voiture, vélo*) jdn/etw umfahren ❷ (*répandre*) verschütten ❸ POL stürzen; (*ordre établi*) umstürzen ❹ (*corps, tête*) nach hinten beugen ❺ (*retourner*) umdrehen; (*situation*) ins Gegenteil verkehren ❻ *fam* (*étonner*) umhauen

renvoi [ʀɑ̃vwa] *m* ❶ (*licenciement*) Entlassung *f* ❷ SCOL, UNIV Verweisung *f* ❸ (*indication*) ~ **à qc** Verweis *m* auf etw (*Akk*) ❹ (*rot*) Aufstoßen *nt;* **avoir des ~s** aufstoßen müssen

renvoyer [ʀɑ̃vwaje] <6> *v. tr.* ❶ (*envoyer à nouveau*) noch einmal schicken ❷ SPORT zurückspielen ❸ (*ascenseur*) zurückschicken ❹ (*licencier*) entlassen ❺ SCOL, UNIV verweisen ❻ (*ajourner*) ~ **à plus tard** auf später vertagen

réoccuper [ʀeɔkype] <1> *v. tr.* erneut besetzen

réorganisation [ʀeɔʀganizasjɔ̃] *f* Reorganisation *f*

réorganiser [ʀeɔʀganize] <1> **I.** *v. tr.* umorganisieren **II.** *v. pron.* **se** ~ sich neu organisieren

réorientation [ʀeɔʀjɑ̃tasjɔ̃] *f* Neuorientierung *f*

réorienter [ʀeɔʀjɑ̃te] <1> **I.** *v. tr.* ❶ (*changer d'orientation*) neu ausrichten ❷ SCOL ~ **les élèves vers la littérature** die Schüler verstärkt in Literatur unterrichten **II.** *v. pron.* **se** ~ **vers une branche** die Branche wechseln

réouverture [ʀeuvɛʀtyʀ] *f* Wiedereröffnung *f*

repaire [ʀ(ə)pɛʀ] *m* ❶ (*d'un renard*) Bau *m,* (*d'un ours*) Höhle *f* ❷ (*refuge*) Schlupfwinkel *m*

répandre [ʀepɑ̃dʀ] <14> **I.** *v. tr.* ❶ (*liquide*) schütten; ~ **qc par terre/sur la table** etw auf den Boden/Tisch streuen ❷ (*odeur, nouvelle*) verbreiten **II.** *v. pron.* **se** ~ ❶ (*s'écouler*) sich ergießen ❷ (*se disperser*) sich verteilen ❸ (*se dégager, se propager*) sich verbreiten; (*doctrine, mode*) sich durchsetzen; (*information*) verbreitet werden; (*épidémie*) sich ausbreiten

répandu, e [ʀepɑ̃dy] **I.** *part. passé de* **répandre II.** *adj.* ❶ (*épars*) ~ **sur qc** auf etw (*Dat*) verstreut ❷ (*courant*) [weit]verbreitet

réparable [ʀepaʀabl] *adj.* (*panne, objet*) reparabel; (*faute, perte*) wiedergutzumachen; **être** ~ (*réveil*) repariert werden können; (*erreur*) wiedergutzumachen sein

reparaître [ʀ(ə)paʀɛtʀ] <irr> *v. intr.* ❶ *+ avoir* (*se montrer de nouveau*) wieder auftauchen; (*soleil, lune*) wieder hervorkommen ❷ *+ avoir o être* PRESSE (*journal, livre*) wieder erscheinen

réparateur, -trice [ʀepaʀatœʀ, -tʀis] **I.** *adj.* erquickend (*geh*) **II.** *m, f* Techniker(in) *m(f)*

réparation [ʀepaʀasjɔ̃] *f* ❶ *sans pl.* (*remise en état*) Reparatur *f;* (*d'une maison*) Instandsetzung *f;* (*d'une route*) Ausbesserung *f;* (*d'une fuite*) Abdichten *nt* ❷ (*dédommagement*) Entschädigung *f*

réparer [ʀepaʀe] <1> *v. tr.* ❶ (*remettre en état*) reparieren; (*maison*) instandsetzen; (*route*) ausbessern; (*dégât*) beheben; (*fuite*) abdichten ❷ (*rattraper*) wiedergutmachen

reparler [ʀ(ə)paʀle] <1> **I.** *v. intr.* ~ **de qn/qc** auf jdn/etw zurückkommen; ~

à qn wieder mit jdm sprechen ▸ **on en reparlera** *fam* darüber unterhalten wir uns später noch einmal **II.** *v. pron.* **se ~** wieder miteinander sprechen

repartie, **répartie** [ʀepaʀti] *f* **avoir de la ~** schlagfertig sein

repartir [ʀ(ə)paʀtiʀ] <10> *v. intr. + être* ① (*se remettre à avancer: voyageur*) wieder aufbrechen; (*véhicule*) weiterfahren ② (*s'en retourner*) wieder zurückkehren; **vous voulez déjà ~?** Sie wollen schon wieder gehen? ③ (*fonctionner à nouveau: moteur*) wieder anspringen; (*chauffage, machine*) wieder gehen; (*discussion, dispute*) wieder anfangen; (*affaire*) wieder in Gang kommen

répartir [ʀepaʀtiʀ] <10> **I.** *v. tr.* (*bénéfice*) aufteilen; **~ en groupes** in Gruppen (*Akk*) einteilen; **~ qc sur qc** etw auf etw (*Akk*) verteilen **II.** *v. pron.* ① (*se partager*) **se ~ des personnes/qc** Menschen/etw unter sich aufteilen ② (*être partagé*) **se ~** verteilt werden; **le travail se répartit comme suit** die Arbeit wird folgendermaßen aufgeteilt ③ (*se diviser*) **se ~ en groupes** sich in Gruppen [auf]teilen

répartition [ʀepaʀtisjɔ̃] *f* ① (*partage*) Verteilung *f* ② (*division*) **~ en groupes** Einteilung in Gruppen (*Akk*) ③ (*disposition: des troupes*) Aufstellung *f* ④ (*étalement: d'une crème, lotion*) Auftragen *nt* ⑤ (*localisation: de pièces, salles*) Anordnung *f*

repas [ʀ(ə)pɑ] *m* ① Essen *nt;* **faire un bon ~** gut essen ② (*fait de manger*) Mahlzeit *f;* **~ d'enterrement** CH Leichenmahl *nt,* Traueressen *nt* (CH)

> Die wichtigsten **repas** (Mahlzeiten) sind in Frankreich *le petit-déjeuner,* das Frühstück, *le déjeuner,* das warme Mittagessen, *le goûter,* eine süße Kleinigkeit am Nachmittag für die Kinder, und *le dîner,* die warme Hauptmahlzeit am Abend, die aus mehreren Gängen besteht.

repasser¹ [ʀ(ə)pɑse] <1> *v. tr.* bügeln

repasser² [ʀ(ə)pɑse] <1> **I.** *v. intr. + être* ① (*revenir*) noch einmal vorbeikommen ② (*passer à nouveau: film*) noch einmal laufen ③ (*revoir le travail de*) **~ derrière qn** jds Arbeit überprüfen **II.** *v. tr. + avoir* ① (*franchir de nouveau*) von Neuem überqueren ② (*examen*) wiederholen ③ (*plat, outil*) noch einmal reichen; **je te repasse maman** ich gebe dir Mutti wieder; **~ une couche de peinture sur qc** etw noch einmal streichen

repasseuse [ʀ(ə)pɑsøz] *f* ① (*femme*) Büglerin *f* ② (*machine*) Mangel *f*

repêchage [ʀ(ə)pɛʃaʒ] *m* SCOL, UNIV Durchkommenlassen *nt;* (*examen*) Nachprüfung *f*

repêcher [ʀ(ə)peʃe] <1> *v. tr.* ① (*retirer de l'eau*) bergen ② SCOL, UNIV *fam* durchkommen lassen; (*par examen complémentaire*) nachprüfen

repenser [ʀ(ə)pɑ̃se] <1> *v. intr.* **~ à qc** etw überdenken; **je vais y ~** ich werde es mir noch überlegen

repenti, **e** [ʀ(ə)pɑ̃ti] *adj.* (*buveur, fumeur*) ehemalig; (*malfaiteur, terroriste*) reuig

repentir [ʀ(ə)pɑ̃tiʀ] **I.** *m* Reue *f* **II.** <10> *v. pron.* **se ~ de qc/d'avoir fait qc** etw bereuen/bereuen etw getan zu haben

repérage [ʀ(ə)peʀaʒ] *m* ① (*localisation*) Orten *nt* ② CINE Location *f;* **faire des ~s** auf Drehortsuche sein

répercussion [ʀepɛʀkysjɔ̃] *f* (*effet*) Auswirkung *f;* ECON, FIN Abwälzung *f*

répercuter [ʀepɛʀkyte] <1> **I.** *v. tr.* (*réfléchir*) zurückwerfen **II.** *v. pron.* ① (*être réfléchi*) **se ~** widerhallen ② (*se transmettre à*) **se ~ sur qc** sich auf etw (*Dat*) niederschlagen

repère [ʀ(ə)pɛʀ] *m* (*signe*) Orientierungspunkt *m;* (*trait*) Markierungsstrich *m;* **tracer des ~s sur qc** etw markieren

repérer [ʀ(ə)peʀe] <5> **I.** *v. tr. fam* (*découvrir*) ausfindig machen; **se faire ~** sich verraten **II.** *v. pron. fam* **se ~ dans qc** sich in etw (*Dat*) zurechtfinden

répertoire [ʀepɛʀtwaʀ] *m* ① a. INFORM Verzeichnis *nt* ② (*carnet*) Register *nt* ③ *a. fam* THEAT Repertoire *nt*

répertorier [ʀepɛʀtɔʀje] <1> *v. tr.* ① (*inscrire dans un répertoire*) in ein Verzeichnis aufnehmen ② (*classer*) **~ des personnes/choses** ein Verzeichnis von Personen/Dingen aufstellen

répéter [ʀepete] <5> **I.** *v. tr.* ❶ wiederholen; **répète après moi: ...** sprich mir nach: ...; **~ à qn de faire qc** jdm noch einmal sagen, dass er etw tun soll ❷ (*rapporter*) weitererzählen ❸ (*mémoriser*) lernen ❹ THEAT, MUS proben **II.** *v. intr.* ❶ (*redire*) wiederholen; **répète un peu!** sag das noch mal! (*fam*) ❷ THEAT proben **III.** *v. pron.* ❶ **se ~** sich wiederholen ❷ (*se redire la même chose*) **se ~ qc** sich (*Dat*) etw vorsagen; **se ~ que** sich (*Dat*) immer wieder sagen, dass

répétitif, **-ive** [ʀepetitif, -iv] *adj.* sich ständig wiederholend; (*travail*) monoton

répétition [ʀepetisjɔ̃] *f* ❶ Wiederholung *f* ❷ THEAT, MUS Probe *f* ▸**faire des angines à ~** *fam* eine Angina nach der anderen haben

repeupler [ʀ(ə)pœple] <1> *v. tr.* ❶ (*peupler à nouveau*) neu besiedeln ❷ (*regarnir: forêt*) aufforsten; **~ qc d'animaux** etw wieder mit Tieren besetzen

repiquage [ʀ(ə)pikaʒ] *m* ❶ BOT Pikieren *nt* ❷ MEDIA Überspielen *nt*

repiquer [ʀ(ə)pike] <1> *v. tr.* ❶ BOT pikieren ❷ MEDIA überspielen

répit [ʀepi] *m* Pause *f;* **sans ~** pausenlos

replacement [ʀ(ə)plasmɑ̃] *m* Vermittlung *f* einer neuen Stelle

replacer [ʀ(ə)plase] <2> *v. tr.* (*remettre à sa place*) zurückstellen/-legen

R

replanter [ʀ(ə)plɑ̃te] <1> *v. tr.* ❶ (*repiquer*) umsetzen ❷ (*repeupler de végétaux*) neu bepflanzen

replat [ʀəpla] *m* Abflachung *f*

replâtrage [ʀ(ə)plɑtʀaʒ] *m* TECH Erneuerung *f* des Gipsverputzes

replâtrer [ʀ(ə)plɑtʀe] <1> *v. tr.* **~ qc** den Gipsverputz einer S. (*Gen*) erneuern

replet, **-ète** [ʀəplɛ, -ɛt] *adj.* wohlgenährt; (*visage*) voll

repli [ʀəpli] *m* ❶ *pl* (*ondulations: d'un drapeau*) Falten *Pl* ❷ (*retraite*) Rückzug *m* ❸ (*isolement*) **~ sur soi-même** Abkapselung *f*

repliable [ʀ(ə)plijabl] *adj.* ausklappbar

replier [ʀ(ə)plije] <1> **I.** *v. tr.* ❶ (*journal, carte*) wieder zusammenfalten; (*nappe, étoffe*) wieder zusammenlegen; (*mètre rigide*) zusammenklappen; (*lame*) wieder einklappen ❷ (*jambes, pattes*) anwinkeln; (*ailes*) wieder anlegen ❸ MIL zurückziehen **II.** *v. pron.* ❶ (*faire retraite*) **se ~** sich zurückziehen ❷ (*se renfermer*) **se ~ sur soi-même** sich abkapseln

réplique [ʀeplik] *f* ❶ a. THEAT Antwort *f* ❷ (*objection*) **~ à qc** Einwand *m* gegen etw ❸ ART Nachbildung *f*

répliquer [ʀeplike] <1> *v. intr.* ❶ (*répondre*) erwidern ❷ (*protester*) protestieren

replonger [ʀ(ə)plɔ̃ʒe] <2a> **I.** *v. intr.* (*faire un plongeon*) noch einmal springen **II.** *v. tr.* (*précipiter à nouveau*) **~ les gens/la région dans la misère** die Menschen/die Region erneut ins Elend (*Akk*) stürzen **III.** *v. pron.* **se ~ dans qc** sich wieder in etw (*Akk*) vertiefen

répondant [ʀepɔ̃dɑ̃] *m* **avoir du ~** (*de la répartie*) schlagfertig sein

répondant, **e** [ʀepɔ̃dɑ̃, ɑ̃t] *m, f* (*garant*) Bürge *m*/Bürgin *f*

répondeur [ʀepɔ̃dœʀ] *m* Anrufbeantworter *m*

répondeur-enregistreur [ʀepɔ̃dœʀɑ̃ʀəʒistʀœʀ] <répondeurs-enregistreurs> *m: Anrufbeantworter mit Aufzeichnungsteil*

répondre [ʀepɔ̃dʀ] <14> **I.** *v. intr.* ❶ (*donner une réponse*) **~ à une question [par qc]** auf eine Frage [mit etw] antworten; **~ à une lettre** einen Brief beantworten; **ne pas ~ au téléphone** nicht abnehmen ❷ (*être impertinent*) **~ à qn** jdm freche Antworten geben **II.** *v. tr.* antworten; **~ oui** ja sagen

réponse [ʀepɔ̃s] *f* **~ à qc** Antwort *f* auf etw (*Akk*)

reportage [ʀ(ə)pɔʀtaʒ] *m* Reportage *f*

reporter[1] [ʀ(ə)pɔʀtɛʀ] *mf* Reporter(in) *m(f)*

reporter[2] [ʀ(ə)pɔʀte] <1> **I.** *v. tr.* (*date*) verschieben **II.** *v. pron.* **se ~ à qc** sich auf etw (*Akk*) beziehen

repos [ʀ(ə)po] *m* ❶ (*détente*) Ruhe *f;* **prendre un peu de ~** sich (*Dat*) ein wenig Ruhe gönnen ❷ (*congé*) **prendre un jour de ~** einen Tag frei nehmen ▸**pas de tout ~** anstrengend

reposer[1] [ʀ(ə)poze] <1> **I.** *v. tr.* ❶ (*poser à nouveau*) zurückstellen ❷ (*question*) noch einmal stellen **II.** *v.*

intr. (*être fondé sur*) ~ **sur qc** sich auf etw (*Akk*) stützen

reposer[2] [R(ə)poze] <1> **I.** *v. tr.* (*délasser*) entspannen **II.** *v. pron.* (*se délasser*) **se** ~ sich ausruhen

repositionner [R(ə)pɔzisjɔne] <1> **I.** *v. tr.* (*satellite*) wieder in die Umlaufbahn bringen; (*produit*) wieder platzieren **II.** *v. pron.* **se** ~ sich wieder platzieren

repousse [R(ə)pus] *f* Nachwachsen *nt*

repousser[1] [R(ə)puse] <1> *v. tr.* ❶ (*attaque, agresseur*) abwehren; (*ennemi, foule*) zurückdrängen ❷ (*aide, arguments*) zurückweisen; (*demande*) abschlagen ❸ (*remettre à sa place: meuble*) wieder zurückschieben ❹ (*différer*) verschieben

repousser[2] [R(ə)puse]*v. intr.* (*croître de nouveau*) nachwachsen; **laisser ~ sa barbe** seinen Bart wieder wachsen lassen

reprendre [R(ə)pRɑ̃dR] <13> **I.** *v. tr.* ❶ (*employé*) wieder einstellen; (*objet prêté*) zurücknehmen; (*place*) wieder einnehmen; (*objet déposé*) wieder abholen; (*territoire, ville*) zurückerobern ❷ (*contact, habitudes, travail*) wieder aufnehmen; (*courage*) wieder schöpfen; (*nom de jeune fille*) wieder annehmen; ~ **confiance** wieder zuversichtlicher sein; ~ **conscience** wieder zu sich kommen ❸ (*fonds de commerce, entreprise*) übernehmen ❹ (*promenade*) fortsetzen; (*fonction*) wieder ausüben; ~ **la route** weiterfahren ❺ (*recommencer*) ~ **la lecture/le récit de qc** etw noch einmal lesen/berichten; **tout ~ à zéro** alles noch einmal von vorn anfangen ❻ (*corriger: élève, travail*) verbessern; (*article, chapitre*) überarbeiten ❼ COUT ändern ❽ (*viande, gâteau*) noch nehmen ❾ (*idée, suggestion*) aufgreifen ▸ **on ne m'y reprendra plus** das passiert mir nicht noch einmal **II.** *v. intr.* ❶ (*se revivifier: affaires*) wieder besser gehen; (*vie*) wieder seinen Gang gehen ❷ (*recommencer: douleurs, pluie*) wieder einsetzen; (*bruit, guerre*) von Neuem beginnen; (*classe, cours*) wieder beginnen; (*conversation*) wieder aufgenommen werden ❸ (*enchaîner*) fortfahren ❹ (*répéter*) **je reprends: ...** ich wiederhole: ... **III.** *v. pron.* (*se ressaisir*) **se** ~ sich wieder fangen

représentant, e [R(ə)pRezɑ̃tɑ̃, ɑ̃t] *m, f* Vertreter(in) *m(f)*; ~**(e) en aspirateurs** COM Vertreter(in) für Staubsauger, Staubsaugervertreter(in)

représentation [R(ə)pRezɑ̃tasjɔ̃] *f* ❶ (*description*) Darstellung *f* ❷ THEAT Aufführung *f*

représenter [R(ə)pRezɑ̃te] <1> **I.** *v. tr.* ❶ (*décrire*) darstellen ❷ (*progrès, travail*) sein; (*menace, danger*) darstellen; (*autorité*) verkörpern ❸ JUR, POL, COM vertreten **II.** *v. pron.* ❶ (*s'imaginer*) **se** ~ sich (*Dat*) vorstellen ❷ (*survenir à nouveau*) **se ~ à qn** (*occasion, possibilité*) sich jdm noch einmal bieten

répressif, -ive [RepResif, -iv] *adj.* einschränkend, beschränkend; (*loi, mesure*) Straf-

répression [RepResjɔ̃] *f* ❶ JUR strafrechtliche Verfolgung ❷ (*d'une insurrection, révolte*) Niederschlagung *f*

réprimander [RepRimɑ̃de] <1> *v. tr.* zurechtweisen

réprimer [RepRime] <1> *v. tr.* ❶ (*retenir*) unterdrücken; (*larmes*) zurückhalten ❷ POL (*révolte*) niederschlagen

reprisage [R(ə)pRizaʒ] *m* Stopfen *nt*

repris de justice [R(ə)pRid(ə)ʒystis] *m inv.* Vorbestrafte(r) *f(m)*

reproche [R(ə)pRɔʃ] *m* Vorwurf *m*

reprocher [R(ə)pRɔʃe] <1> **I.** *v. tr.* (*faire grief de*) vorwerfen **II.** *v. pron.* **se ~ qc** sich (*Dat*) Vorwürfe wegen etw machen

reproduction [R(ə)pRɔdyksjɔ̃] *f* (*copie*) Reproduktion *f*

reproduire [R(ə)pRɔdɥiR] <irr> *v. pron.* **se** ~ (*se répéter*) sich wiederholen

reprographie [R(ə)pRɔgRafi] *f* Reprographie *f*

républicain, e [Repyblikɛ̃, ɛn] *adj.* republikanisch

république [Repyblik] *f* Republik *f*; **République démocratique allemande** HIST Deutsche Demokratische Republik; **République fédérale d'Allemagne** Bundesrepublik Deutschland; **République française** Französische Republik ▸ **on est en** ~ wir leben in einem freien Land

Die Erste Französische Republik wurde im Zuge der Französischen Revolution am 21. September 1792 gegründet.

R

Seit 1958 besteht mittlerweile die Fünfte Französische Republik. Die Revolutionsfigur *Marianne*, eine Frauenbüste mit phrygischer Kopfbedeckung, gilt als Symbol für die **République française** und die Freiheit.

répudiation [ʀepydjasjɔ̃] *f* (*d'une chose*) Ausschlagung *f;* (*d'une personne*) Verstoßen *nt*

répugnant, e [ʀepyɲɑ̃, ɑ̃t] *adj.* widerlich

réputation [ʀepytasjɔ̃] *f* Ruf *m*

réputé, e [ʀepyte] *adj.* (*connu*) bekannt

requérir [ʀəkeʀiʀ] <irr> *v. tr.* ❶ (*nécessiter*) erfordern ❷ (*solliciter*) **~ l'aide de qn** jds Hilfe erbitten

requête [ʀəkɛt] *f* INFORM Abfrage *f*

requin [ʀəkɛ̃] *m* ZOOL Hai[fisch *m*] *m*

requinquer [ʀ(ə)kɛ̃ke] <1> **I.** *v. tr. fam* aufmöbeln; **être requinqué** wieder in Form sein **II.** *v. pron. fam* **se ~** sich erholen

réquisitionner [ʀekizisjɔne] <1> *v. tr.* (*biens*) beschlagnahmen; (*hommes*) dienstverpflichten

RER [ɛʀøɛʀ] *m abr. de* **réseau express régional** *S-Bahn-Netz in Paris und Umgebung*

rescapé, e [ʀɛskape] *m, f* Überlebende(r) *f(m)*

réseau [ʀezo] <x> *m* a. INFORM Netz *nt;* **le ~ Internet** das Internet

réservation [ʀezɛʀvasjɔ̃] *f* Reservierung *f*

réserve [ʀezɛʀv] *f* ❶ (*provision*) Vorrat *m* ❷ (*lieu protégé*) **~ botanique/naturelle/ornithologique** Pflanzen-/Natur-/Vogelschutzgebiet *nt;* **~ indienne** Indianerreservat *nt*

réservé, e [ʀezɛʀve] *adj.* ❶ (*discret*) zurückhaltend ❷ (*limité à certains*) **~ aux handicapés/autobus** nur für Behinderte/Busse

réserver [ʀezɛʀve] <1> **I.** *v. tr.* ❶ (*place*) freihalten ❷ (*retenir*) reservieren; (*voyage*) buchen **II.** *v. pron.* (*se ménager*) **se ~ pour le dessert** sich (*Dat*) seinen Appetit für den Nachtisch aufheben

résidant, e [ʀezidɑ̃, ɑ̃t] *m, f* (*d'un immeuble*) Bewohner(in) *m(f);* (*d'une ville, d'un pays*) Einwohner(in) *m(f)*

résidence [ʀezidɑ̃s] *f* ❶ (*domicile*) Wohnsitz *m* ❷ (*pour les vacances: appartement*) Ferienwohnung *f;* (*maison*) Ferienhaus *nt* ❸ (*immeuble*) Wohnanlage *f;* **~ universitaire** Studentenwohnheim *nt*

résident, e [ʀezidɑ̃, ɑ̃t] *m, f* (*étranger*) *in einem Gastland ansässiger Ausländer/ansässige Ausländerin;* **les ~s allemands en France** die in Frankreich ansässigen Deutschen

résider [ʀezide] <1> *v. intr.* (*habiter*) wohnen; **les étrangers qui résident en France** die in Frankreich ansässigen Ausländer

résigner [ʀeziɲe] <1> *v. pron.* **se ~** resignieren; **se ~ à faire qc** sich damit abfinden etw zu tun

résilier [ʀezilje] <1> *v. tr.* kündigen

résiné [ʀezine] *m* (*vin*) geharzter Wein

résineux [ʀezinø] *m* Nadelbaum *m;* **forêt de ~** Nadelwald *m*

résistance [ʀezistɑ̃s] *f* (*opposition*) Widerstand *m;* **la Résistance** HIST die Résistance

résistant, e [ʀezistɑ̃, ɑ̃t] **I.** *adj.* (*robuste: couleur, matériau*) haltbar; (*personne, plante*) robust; **l'acier est plus ~ que le fer** Stahl ist härter als Eisen **II.** *m, f* HIST Widerstandskämpfer(in) *m(f)*

résister [ʀeziste] <1> *v. intr.* ❶ (*s'opposer*) **~ à qn** sich gegen jdn wehren; **~ à un désir/une passion/tentation** einem Verlangen/einer Leidenschaft/Versuchung widerstehen ❷ (*supporter*) **qc résiste à qc** etw hält einer S. (*Dat*) stand

résolu, e [ʀezɔly] **I.** *part. passé de* **résoudre II.** *adj.* (*air, personne*) entschlossen; (*ton*) bestimmt

résolution [ʀezɔlysjɔ̃] *f* ❶ (*décision*) Beschluss *m;* **prendre de bonnes ~s** gute Vorsätze fassen ❷ INFORM Auflösung *f*

résonance [ʀezɔnɑ̃s] *f* ❶ (*répercussion*) Resonanz *f* ❷ (*connotation*) Anklang *m*

résonner [ʀezɔne] <1> *v. intr.* hallen

résoudre [ʀezudʀ] <irr> **I.** *v. tr.* (*conflit, problème*) lösen **II.** *v. pron.* (*se décider*) **se ~ à qc** sich zu etw entschließen

respect [ʀɛspɛ] *m* **~ de qn/qc** Respekt *m* vor jdm/etw; **manquer de ~ à qn**

sich jdm gegenüber respektlos benehmen; **par ~ pour qn/qc** aus Achtung vor jdm/etw

respectabilité [ʀɛspɛktabilite] *f* Ehrenhaftigkeit *f*

respecter [ʀɛspɛkte] <1> *v. tr.* ❶ (*avoir des égards pour*) achten; **se faire ~** sich (*Dat*) Respekt verschaffen ❷ (*forme, tradition*) wahren; (*loi, normes*) einhalten; (*ordre, priorité*) beachten

respectivement [ʀɛspɛktivmɑ̃] *adv.* jeweils

respectueusement [ʀɛspɛktɥøzmɑ] *adv.* mit Respekt

respiration [ʀɛspiʀasjɔ̃] *f* Atmung *f;* **couper la ~ à qn** jdm den Atem verschlagen; **retenir sa ~** den Atem anhalten

respirer [ʀɛspiʀe] <1> *v. intr.* ❶ (*inspirer*) atmen; **respirez fort!** tief einatmen! ❷ (*se détendre*) Luft holen ❸ (*être rassuré*) aufatmen

responsabiliser [ʀɛspɔ̃sabilize] <1> *v. tr.* **~ qn** jds Verantwortungsbewusstsein wecken

responsabilité [ʀɛspɔ̃sabilite] *f* ❶ (*culpabilité*) Verantwortung *f* ❷ JUR Haftung *f;* **~ civile** Haftpflicht *f;* (*assurance*) Haftpflichtversicherung *f* ❸ (*charge de responsable*) **avoir/prendre des ~s** Verantwortung tragen/übernehmen; **avoir la ~ de qn/qc** die Verantwortung für jdn/etw haben

responsable [ʀɛspɔ̃sabl] **I.** *adj.* ❶ (*coupable, chargé de*) **être ~ de qc** für etw verantwortlich sein ❷ (*civilement, pénalement*) haftbar ❸ (*personne*) verantwortungsbewusst **II.** *mf* ❶ (*auteur*) Verantwortliche(r) *f(m)* ❷ (*personne compétente*) Verantwortliche(r) *f(m);* (*d'une organisation, entreprise*) Führungskraft *f;* **~ technique** technischer Leiter/technische Leiterin

ressaisir [ʀ(ə)seziʀ] <8> *v. pron.* **se ~** sich wieder fangen

ressasser [ʀ(ə)sase] <1> *v. tr.* bis zum Überdruss wiederholen

ressemblance [ʀ(ə)sɑ̃blɑ̃s] *f* Ähnlichkeit *f;* **avoir une ~ avec qc** einer S. (*Dat*) sehr ähnlich sein

ressembler [ʀ(ə)sɑ̃ble] <1> **I.** *v. intr. a. fam* **~ à qn** jdm ähnlich sehen; **~ à qc** einer S. (*Dat*) gleichen; **ça te ressemble de faire qc** das sieht dir ähnlich etw zu tun ▸ **à quoi il ressemble, ton nouveau copain?** und wie ist dein neuer Freund? **II.** *v. pron.* (*être semblables physiquement*) sich ähnlich sehen

ressentir [ʀ(ə)sɑ̃tiʀ] <10> *v. tr.* empfinden; (*coup*) spüren

resserrer [ʀ(ə)seʀe] <1> **I.** *v. tr.* (*boulon, vis*) nachziehen; (*nœud*) festziehen; (*ceinture*) enger schnallen **II.** *v. pron.* **se ~** enger werden; (*personnes, groupe*) zusammenrücken; (*cercle d'amis*) schrumpfen

resservir [ʀ(ə)sɛʀviʀ] <irr> **I.** *v. tr.* ❶ (*offrir à nouveau au restaurant*) noch servieren ❷ (*offrir à nouveau chez soi, des amis*) noch geben ❸ *péj* (*radoter*) noch einmal auftischen **II.** *v. intr.* (*revenir en usage*) noch einmal Verwendung finden; **ces emballages me resserviront** ich werde diese Verpackungen weiterverwenden **III.** *v. pron.* ❶ (*reprendre*) **se ~ en/de qc** noch etw nehmen ❷ (*réutiliser*) **se ~ de qc** etw wieder benutzen [*o* benützen]

ressortir [ʀ(ə)sɔʀtiʀ] <10> **I.** *v. intr. + être* ❶ (*sortir à nouveau: personne*) noch einmal weggehen ❷ (*contraster*) **~ sur qc** (*couleur, qualité*) sich von etw abheben; (*détail*) von etw hervortreten; **faire ~ qc** (*mettre en relief: personne*) hervorheben; (*chose*) zur Geltung bringen ❸ *fam* (*renouer*) **~ avec qn** wieder mit jdm gehen (*fam*) **II.** *v. tr. + avoir* ❶ (*remettre d'actualité: projet*) wieder hervorholen; (*modèle*) wieder herausbringen ❷ (*remettre dehors: meubles de jardin*) wieder rausstellen; **peux-tu ~ l'agenda?** kannst du den Terminkalender noch einmal herausholen?

ressortissant, e [ʀ(ə)sɔʀtisɑ̃, ɑ̃t] *m, f* Staatsangehörige(r) *f(m)*

ressouder [ʀ(ə)sude] <1> **I.** *v. tr.* ❶ TECH nachschweißen; (*choses*) zusammenschweißen ❷ (*braser*) nachlöten; (*choses*) neu verlöten ❸ (*amitié, amour*) wieder festigen **II.** *v. pron.* **se ~** ❶ MED wieder zusammenwachsen ❷ *fig* sich wieder festigen

ressource [ʀ(ə)suʀs] *f pl* (*moyens*) Mittel *Pl*; (*de l'État*) Einnahmequellen *Pl*; **~s naturelles** Bodenschätze *Pl*; **~s personnelles** Eigenkapital *nt;* **sans ~s** mittellos

ressourcer [ʀ(ə)suʀse] <2> *v. pron.*

R

se ~ ❶ (*revenir aux sources*) sich besinnen ❷ (*puiser de nouvelles forces*) neue Kraft schöpfen

ressuscité, e [ʀesysite] *m, f* ❶ REL **le Ressuscité** der Auferstandene ❷ *fig* **vous êtes un vrai ~!** Sie sind ja wieder auferstanden!

ressusciter [ʀesysite] <1> **I.** *v. intr. + être* REL **être ressuscité** auferstanden sein **II.** *v. tr. + avoir* REL zum Leben erwecken

restant [ʀɛstɑ̃, ɑ̃t] *m* Rest *m*

restau [ʀɛsto] *m fam abr. de* **restaurant** *voir a.* **resto**

restaurant [ʀɛstɔʀɑ̃] *m* Restaurant *nt;* **aller au ~** essen gehen; **~ universitaire** Mensa *f;* **~ du cœur** *Suppenküche für Obdachlose [in den Wintermonaten]*

Die **restaurants** in Frankreich sind zwischen den Essenszeiten geschlossen und öffnen in der Regel mittags zwischen 12 und 14 Uhr und abends zwischen 19 und 23 Uhr. Außerhalb dieser Zeiten kann man in einer *brasserie*, einem *café-restaurant* oder einer Pizzeria oder Crêperie essen, die durchgehend geöffnet haben. Anders als dort wird in einem Restaurant erwartet, dass man nicht nur eine Kleinigkeit, sondern mehrere Gänge oder ein Menu bestellt. Brot und eine Karaffe mit frischem Leitungswasser werden gratis zu jedem Essen angeboten. Wenn man ein Restaurant betritt, wartet man am Eingang und lässt sich vom Ober zu einem freien Tisch führen.

restauration [ʀɛstɔʀasjɔ̃] *f* ❶ ARCHIT, ART Restaurierung *f* ❷ (*hôtellerie*) Gastronomie *f;* **~ rapide** Fastfood-Gastronomie *f* ❸ INFORM Wiederherstellung *f*

restaurer [ʀɛstɔʀe] <1> *v. tr.* ❶ (*remettre en état*) restaurieren ❷ (*rétablir*) wiederherstellen

reste [ʀɛst] *m* Rest *m;* **tout le ~** alles Übrige ▸ **du ~** im Übrigen; **pour le ~** im Übrigen

rester [ʀɛste] <1> **I.** *v. intr. + être* ❶ bleiben; **~ sans parler/manger** nicht sprechen/nicht essen; **~ debout/assis toute la journée** den ganzen Tag stehen/sitzen; **~ immobile** stillhalten ❷ (*ne pas se libérer de*) **~ sur un échec** sich von einem Misserfolg lähmen lassen ▸ **en ~ là** es dabei [bewenden] lassen; **y ~** umkommen **II.** *v. intr. impers. + être* ❶ (*être toujours là*) **il reste du vin** es ist noch Wein übrig; **il n'est rien resté** es ist nichts übrig [geblieben]; **il ne me reste [plus] que toi** ich habe nur noch dich ❷ (*ne pas être encore fait*) **je sais ce qu'il me reste à faire** ich weiß, was ich zu tun habe; **reste à savoir si ...** [es] bleibt abzuwarten, ob ...

resto [ʀɛsto] *m fam abr. de* **restaurant**

restreint, e [ʀɛstʀɛ̃, ɛ̃t] *adj.* (*vocabulaire*) beschränkt; (*moyens, nombre*) gering; (*autorité, choix*) eingeschränkt

restriction [ʀɛstʀiksjɔ̃] *f* Einschränkung *f;* (*des dépenses*) Beschränkung *f;* **faire des ~s** Vorbehalte haben; **sans ~** ohne Vorbehalte

restructuration [ʀəstʀyktyʀasjɔ̃] *f* (*de l'économie, d'une entreprise*) Umstrukturierung *f;* (*d'un parti*) Neuordnung *f*

restructurer [ʀəstʀyktyʀe] <1> *v. tr.* (*entreprise, économie*) umstrukturieren; (*parti*) neu ordnen

résultat [ʀezylta] *m* Ergebnis *nt;* SCOL Leistung *f;* **n'obtenir aucun ~** nichts erreichen ▸ **sans ~** ohne Erfolg

résumé [ʀezyme] *m* Zusammenfassung *f,* Resümee *nt* (*geh*) ▸ **en ~** (*en bref*) zusammenfassend; (*somme toute*) alles in allem

résumer [ʀezyme] <1> *v. tr.* **~ qc [en une page]** etw [auf einer Seite] zusammenfassen

résurrection [ʀezyʀɛksjɔ̃] *f* Auferstehung *f;* **la Résurrection** die Auferstehung

rétablir [ʀetabliʀ] <8> **I.** *v. tr.*a. MED wiederherstellen; (*contact, liaison*) wieder aufnehmen; **~ la vérité** der Wahrheit zu ihrem Recht verhelfen **II.** *v. pron.* **se ~** ❶ (*guérir*) sich erholen ❷ (*revenir: calme, silence*) wieder einkehren

rétablissement [ʀetablismɑ̃] *m* Wiederherstellung *f;* **bon ~!** gute Besserung!

retaper [ʀ(ə)tape] <1> **I.** *v. tr.* ❶ (*maison*) renovieren; (*voiture*) über-

R

holen; (*lit*) zurechtziehen ❷ *fam* (*malade*) wieder auf die Beine bringen **II.** *v. pron. fam* **se ~** sich erholen

retard [ʀ(ə)taʀ] *m* ❶ (*arrivée tardive*) Verspätung *f;* **arriver en ~** zu spät kommen; **avoir du ~/deux minutes de ~** (*personne*) zu spät/zwei Minuten zu spät kommen; (*moyen de transport*) Verspätung/zwei Minuten Verspätung haben; **être en ~ de dix minutes** (*personne*) zehn Minuten zu spät kommen; (*moyen de transport*) zehn Minuten Verspätung haben ❷ (*réalisation tardive*) **avoir du ~ dans un travail/paiement** mit einer Arbeit im Rückstand/einer Zahlung im Verzug sein; **être en ~ d'un mois pour [payer] le loyer** mit [der Zahlung] der Miete einen Monat im Verzug sein ❸ (*développement plus lent*) Rückständigkeit *f;* SCOL Rückstand *m;* **présenter un ~ de langage** in seiner Sprachentwicklung zurück sein

retardé, e [ʀ(ə)taʀde] *fam* **I.** *adj.* (*enfant*) zurückgeblieben; (*élève*) schwach **II.** *m, f* **~(e) mental(e)** Zurückgebliebene(r) *f(m)*

retarder [ʀ(ə)taʀde] <1> **I.** *v. tr.* aufhalten; **~ l'arrivée de qn** jds Ankunft hinauszögern; **qc retarde le départ du train** durch etw verzögert sich die Abfahrt des Zuges; **~ qn dans son travail** jdn von seiner Arbeit abhalten **II.** *v. intr.* (*être en retard*) **~ d'une heure** (*montre, horloge*) eine Stunde nachgehen

retendre [ʀ(ə)tɑ̃dʀ] <14> *v. tr.* ❶ (*raidir à nouveau*) wieder anziehen; (*câble, chaîne*) wieder spannen; (*lien*) festziehen ❷ MUS (*corde*) nachspannen ❸ (*filet de pêche*) wieder auswerfen ❹ (*présenter à nouveau*) **~ la main à qn** jdm wieder die Hand reichen

retenir [ʀ(ə)təniʀ] <9> **I.** *v. tr.* ❶ [fest]halten; (*foule, personne*) zurückhalten; **je ne sais pas ce qui me retient de le gifler** ich weiß nicht, was mich davon abhält, ihn zu ohrfeigen ❷ (*garder*) **je ne te retiens pas plus longtemps** ich will dich nicht länger aufhalten; **~ qn prisonnier** jdn gefangen halten; **~ qn en otage** jdn als Geisel festhalten ❸ (*requérir*) **~ l'attention** Aufmerksamkeit erfordern ❹ (*réserver*) reservieren ❺ (*se souvenir de*) [im Gedächtnis] behalten ❻ (*réprimer*) unterdrücken; (*souffle*) anhalten ❼ (*candidature*) annehmen ❽ (*prélever*) **~ sur le salaire** (*montant*) vom Lohn abziehen; (*impôts*) vom Lohn einbehalten ▶ **je te/la retiens!** *fam* das vergesse ich dir/ihr nicht so schnell! **II.** *v. pron.* **se ~** sich beherrschen

retentissant, e [ʀ(ə)tɑ̃tisɑ̃, ɑ̃t] *adj.* ❶ durchdringend; (*claque*) schallend ❷ (*fracassant*) Aufsehen erregend; (*scandale, succès*) Riesen-; (*déclaration, discours*) spektakulär

retentissement [ʀ(ə)tɑ̃tismɑ̃] *m* Wirkung *f;* **avoir un grand ~** großes Aufsehen erregen

réticence [ʀetisɑ̃s] *f* Vorbehalt *m;* **avec ~** widerstrebend; (*accepter*) unter Vorbehalt[en]

réticent, e [ʀetisɑ̃, ɑ̃t] *adj.* **être ~** Vorbehalte haben

retiré, e [ʀ(ə)tiʀe] *adj.* (*lieu*) entlegen

retirer [ʀ(ə)tiʀe] <1> **I.** *v. tr.* ❶ (*vêtement, montre*) ablegen; (*housses*) abziehen; (*lunettes*) absetzen; **~ qc du commerce** etw aus dem Handel nehmen; **~ le jouet à l'enfant** dem Kind das Spielzeug wegnehmen; **~ le permis à qn** jdm den Führerschein abnehmen ❷ (*faire sortir*) herausnehmen; **~ la clé de la serrure** den Schlüssel abziehen; **~ qn de l'école** jdn von der Schule nehmen; **~ qn des décombres** jdn aus den Trümmern bergen ❸ (*argent*) holen; **~ de l'argent à la banque** Geld von der Bank abheben ❹ (*main, troupes, accusation, candidature*) zurückziehen ❺ (*obtenir*) **~ de qc** (*bénéfice, avantages*) aus etw ziehen ❻ (*tirer de nouveau*) **~ un coup de feu** noch einen Schuss abgeben ❼ (*faire un second tirage*) **faire ~ une photo** neue Abzüge von einem Foto machen lassen **II.** *v. intr.* noch einmal schießen **III.** *v. pron.* (*partir*) **se ~** sich zurückziehen; (*mer*) zurückgehen

retombée [ʀ(ə)tɔ̃be] *f pl* (*répercussions*) Auswirkungen *Pl;* **les ~s médiatiques de qc** das Medienecho einer S. (*Gen*)

retomber [ʀ(ə)tɔ̃be] <1> *v. intr.* + *être* ❶ (*tomber à nouveau*) wieder hinfallen; **~ dans l'oubli** wieder in Vergessenheit geraten ❷ (*tomber après s'être*

R

élevé: chat) aufkommen; (*capot*) wieder zufallen; (*fusée*) abstürzen ③ (*baisser: curiosité, enthousiasme*) nachlassen; (*fièvre, cote de popularité*) fallen; ~ **au niveau d'il y a trois ans** (*consommation*) auf den Stand von vor drei Jahren zurückgehen ④ (*redevenir*) ~ **amoureux** sich wieder verlieben; ~ **malade/enceinte** wieder krank/schwanger werden ⑤ METEO (*brouillard*) wieder aufkommen; **la pluie/la neige retombe** es regnet/schneit wieder ⑥ (*échoir à*) ~ **sur qn** auf jdn zurückfallen; **faire ~ la faute sur qn** die Schuld auf jdn schieben ⑦ (*revenir, rencontrer*) ~ **au même endroit** [zufällig] wieder an denselben Ort geraten; ~ **sur qn** jdn [zufällig] wieder treffen

retouche [ʀ(ə)tuʃ] *f* (*d'un vêtement*) Änderung *f*

retoucher [ʀ(ə)tuʃe] <1> **I.** *v. tr.* ① (*vêtement*) [ab]ändern ② (*être remboursé*) ~ **mille euros** tausend Euro zurückbekommen **II.** *v. intr.* ① (*toucher de nouveau*) ~ **à qc** etw noch einmal anfassen ② (*regoûter à*) ~ **à l'alcool** wieder [Alkohol] trinken

retour [ʀ(ə)tuʀ] **I.** *m* ① (*opp: départ*) Rückkehr *f;* (*à la maison*) Heimkehr *f;* (*chemin*) Rückweg *m;* (*à la maison*) Heimweg *m;* (*voyage*) Rückreise *f;* (*à la maison*) Heimreise *f;* **au ~** auf dem Rückweg; (*en voiture*) auf der Rückfahrt; (*en avion*) auf dem Rückflug; (*à l'arrivée*) bei der Rückkehr; **au ~ du service militaire** nach Beendigung des Militärdienstes; **de ~ à la maison** wieder zurück zu Hause; **être de ~** [wieder] zurück sein ② (*à un état antérieur*) ~ **à la nature** Rückkehr *f* zur Natur; (*slogan*) zurück zur Natur; ~ **au calme** Beruhigung *f* [der Lage]; ~ **en arrière** Rückblende *f* ③ (*réapparition*) ~ **du froid** erneuter Kälteeinbruch; ~ **en force** Comeback *nt* ④ AUT einfache Fahrkarte für die Rückfahrt; (*avion*) Flugschein *m* für den Rückflug; **un aller et ~ pour Paris** eine Rückfahrkarte/ein Hin- und Rückflug *m* nach Paris ▸ **par ~ du courrier** postwendend; ~ **à l'expéditeur!** zurück an Absender! **II.** *app* **match ~** Rückspiel *nt*

retourner [ʀ(ə)tuʀne] <1> **I.** *v. tr.* + *avoir* ① (*mettre dans l'autre sens*) umdrehen; (*vêtement*) [auf] links drehen; (*matelas, viande*) wenden; (*caisse, tableau*) auf den Kopf stellen; JEUX aufdecken ② (*situation*) umkehren ③ (*lettre*) zurückschicken; (*marchandise*) zurückgehen lassen; ~ **un compliment à qn** jdm ein Kompliment zurückgeben ④ *fam* (*maison, pièce*) auf den Kopf stellen; (*personne*) erschüttern; **le film m'a retourné** der Film hat mich aufgewühlt **II.** *v. intr.* + *être* ① (*revenir*) zurückkehren; (*en bus, voiture, train*) zurückfahren; (*en avion*) zurückfliegen; ~ **sur ses pas** kehrtmachen; ~ **chez soi** nach Hause gehen ② (*aller de nouveau*) ~ **à la montagne/chez qn** wieder ins Gebirge/zu jdm gehen; (*en bus, voiture, train*) wieder ins Gebirge/zu jdm fahren; (*en avion*) wieder ins Gebirge/zu jdm fliegen ③ (*se remettre à*) ~ **à son travail** wieder an die Arbeit gehen; (*après une maladie, des vacances*) die Arbeit wieder aufnehmen **III.** *v. pron.* + *être* ① (*se tourner dans un autre sens*) **se ~** (*personne*) sich umdrehen; (*voiture*) sich überschlagen; (*barque*) kentern ② (*tourner la tête*) **se ~** sich umschauen; **se ~ sur qn** sich nach jdm umdrehen; **se ~ vers qn/qc** sich zu jdm/etw drehen ③ (*prendre parti, un nouveau cours*) **se ~ en faveur de/contre qn** (*personne*) sich hinter/gegen jdn stellen; (*situation*) sich zu jds Gunsten/Ungunsten kehren; (*acte, action*) sich zu jds Gunsten/Ungunsten auswirken

retrait [ʀ(ə)tʀɛ] *m* ① (*d'argent*) Abheben *nt;* (*des bagages, d'un billet*) Abholen *nt;* (*d'une candidature*) Zurückziehen *nt* ② (*d'une autorisation*) Aufhebung *f;* ~ **du permis [de conduire]** Führerscheinentzug *m*

retraite [ʀ(ə)tʀɛt] *f* ① (*cessation du travail*) [Eintritt in den] Ruhestand *m;* (*des fonctionnaires, militaires*) Pensionierung *f;* **être à la ~** im Ruhestand sein; (*ouvrier, employé*) in Rente sein; (*fonctionnaire, militaire*) pensioniert sein; **partir à la ~, prendre sa ~** in den Ruhestand gehen; (*ouvrier, employé*) in Rente gehen; (*fonctionnaire, militaire*) in Pension gehen; (*artisans, professions libérales*) sich zur Ruhe setzen ② (*pension*) Altersruhegeld *nt* (*form*); (*des ouvriers, employés*) [Alters]rente *f;* (*des fonctionnaires, militaires*) Pension *f;* ~ **complémentaire** (*assurance*) Zusatzrentenver-

sicherung *f;* (*pension*) Zusatzrente *f*
retraité, e [ʀ(ə)tʀete] **I.** *adj.* im Ruhestand; (*ouvrier, employé*) in Rente; (*fonctionnaire, militaire*) pensioniert **II.** *m, f* Ruheständler(in) *m(f);* (*ouvrier, employé*) Rentner(in) *m(f);* (*fonctionnaire, militaire*) Pensionär(in) *m(f)*
retraitement [ʀ(ə)tʀɛtmɑ̃] *m* (*des combustibles nucléaires*) Wiederaufbereitung *f;* (*des déchets*) Wiederverwertung *f;* **centre/usine de ~ [des déchets nucléaires]** Wiederaufbereitungsanlage *f;* **~ des vieux papiers** Altpapierrecycling *nt*
retransmettre [ʀ(ə)tʀɑ̃smɛtʀ] <irr> *v. tr.* übertragen
retransmission [ʀ(ə)tʀɑ̃smisjɔ̃] *f* Übertragung *f*
retravailler [ʀ(ə)tʀavaje] <1> **I.** *v. intr.* (*reprendre le travail*) wieder arbeiten **II.** *v. tr.* überarbeiten; (*discours, texte*) umarbeiten; (*matière, minerai*) neu bearbeiten; (*question*) [noch einmal] überdenken
rétrécir [ʀetʀesiʀ] <8> **I.** *v. tr.* (*rendre plus étroit*) verengen; (*bague, vêtement*) enger machen **II.** *v. intr., pron.* **le pull a rétréci au lavage** der Pulli ist beim Waschen eingegangen
rétro [ʀetʀo] *abr. de* **rétrograde I.** *adj. inv.* (*démodé*) nostalgisch; (*mode*) Retro- *(kann den Stil der 20er bis 70er Jahre bezeichnen)* **II.** *adv.* nostalgisch *(kann im Stil der 20er bis 70er Jahre sein)*
rétroactivement [ʀetʀoaktivmɑ̃] *adv.* rückwirkend
rétrocession [ʀetʀosesjɔ̃] *f* Rückgabe *f;* (*de biens patrimoniaux*) Rückübertragung *f*
rétroéclairage [ʀetʀoeklɛʀaʒ] *m* INFORM Hintergrundbeleuchtung *f*
rétrograder [ʀetʀogʀade] <1> *v. intr.* AUT **~ en seconde** in den Zweiten zurückschalten
rétrolien [ʀetʀoljɛ̃] *m* INET Trackback *m*
rétroprojecteur [ʀetʀopʀɔʒɛktœʀ] *m* Overheadprojektor *m*
rétrospectif, -ive [ʀetʀɔspɛktif, -iv] *adj.* rückblickend
rétrospective [ʀetʀɔspɛktiv] *f* Retrospektive *f*
retrousser [ʀ(ə)tʀuse] <1> *v. tr.* (*manche, bas de pantalon*) umkrempeln
retrouvailles [ʀ(ə)tʀuvɑj] *fpl* Wiedersehen *nt*
retrouver [ʀ(ə)tʀuve] <1> **I.** *v. tr.* ❶ wiederfinden ❷ (*fonction*) wiedererhalten; (*place*) wiederbekommen; (*travail*) finden ❸ (*rejoindre*) **~ qn** jdn treffen; **je vous retrouve dans un quart d'heure** ich komme in einer Viertelstunde nach ❹ (*recouvrer*) **~ la santé** wieder zu Kräften kommen; **avoir retrouvé le sommeil** wieder schlafen können **II.** *v. pron.* ❶ (*se réunir*) **se ~** (*personnes*) sich [wieder] treffen; **se ~ au bistro** sich in der Kneipe treffen ❷ (*se présenter de nouveau*) **se ~** (*occasion*) sich wieder bieten ❸ (*être de nouveau*) **se ~ dans la même situation** sich wieder in der gleichen Situation befinden; **se ~ seul** wieder allein dastehen ❹ (*voir clair*) **s'y ~** sich zurechtfinden; **je n'arrive pas à m'y ~** ich komme damit nicht zurecht ▸ **comme on se retrouve!** so sieht man sich wieder!
rétroviseur [ʀetʀɔvizœʀ] *m* Rückspiegel *m*
réunification [ʀeynifikasjɔ̃] *f* POL Wiedervereinigung *f*
réunifier [ʀeynifje] <1> *v. tr.* wieder zusammenführen; (*nations, États*) wiedervereinigen; **l'Allemagne réunifiée** das wiedervereinigte Deutschland
réunion [ʀeynjɔ̃] *f* (*séance*) Zusammenkunft *f;* (*d'un comité, d'une commission*) Sitzung *f;* (*conférence*) Besprechung *f;* SCOL Konferenz; (*rassemblement politique/public*) Versammlung *f;* **~ de famille** Familientreffen; **~ de parents d'élèves** Elternabend *m;* **~ d'information** Informationsveranstaltung; **être en ~** in einer Besprechung sein
Réunion [ʀeynjɔ̃] *f* **[l'île de] la ~** die Insel Réunion
réunir [ʀeyniʀ] <8> **I.** *v. tr.* ❶ (*mettre ensemble*) sammeln; (*personnes*) versammeln ❷ (*cumuler*) **~ toutes les conditions exigées** alle erforderlichen Bedingungen erfüllen **II.** *v. pron.* **se ~** (*personnes*) sich treffen
réussi, e [ʀeysi] *adj.* gelungen; (*examen*) bestanden ▸ **c'est ~!** *iron* [das war ein] Volltreffer!
réussir [ʀeysiʀ] <8> **I.** *v. intr.* ❶ (*aboutir à un résultat: chose*) gelingen; **~ bien/mal** Erfolg/keinen Erfolg haben ❷ (*parvenir au succès*) **~ dans**

R

la vie/dans les affaires im Leben/im Geschäftsleben erfolgreich sein; ~ **à l'examen** die Prüfung bestehen; **tout lui réussit** ihm/ihr gelingt alles 3 (*être capable de*) **il réussit à faire qc** es gelingt ihm etw zu tun; *iron* er bringt es fertig, etw zu tun **II.** *v. tr.* 1 (*bien exécuter*) **il réussit qc** ihm gelingt etw 2 (*épreuve, examen*) bestehen

réussite [ʀeysit] *f* Erfolg *m;* (~ *sociale*) Aufstieg *m;* ~ **d'une tentative** Gelingen *nt* eines Versuchs

réutiliser [ʀeytilize] <1> *v. tr.* wieder benutzen; (*à d'autres fins*) [weiter] benutzen

revaloir [ʀ(ə)valwaʀ] <irr> *v. tr.* **je te revaudrai ça** (*en bien*) dafür werde ich mich [bei dir] erkenntlich zeigen; (*en mal*) das zahle ich dir heim

revaloriser [ʀ(ə)valɔʀize] <1> *v. tr.* aufwerten

revanchard, e [ʀ(ə)vɑ̃ʃaʀ, aʀd] *m, f* rachsüchtiger Mensch

revanche [ʀ(ə)vɑ̃ʃ] *f* Revanche *f;* **prendre sa** ~ sich [dafür] rächen; SPORT Revanche nehmen ▸ **en** ~ (*par contre*) dagegen; (*en contrepartie*) dafür

rêve [ʀɛv] *m* Traum *m;* **mauvais** ~ Alptraum; **faire un** ~ einen Traum haben; **fais de beaux ~s!** träum was Schönes!; **de** ~ Traum-; **la femme de mes ~s** meine Traumfrau ▸ **c'est le** ~ *fam* das ist traumhaft

rêvé, e [ʀeve] *adj.* ideal; (*solution*) Ideal-

réveil [ʀevɛj] *m* 1 Wecker *m;* **mettre le** ~ **à six heures** den Wecker auf sechs Uhr stellen 2 (*retour à la réalité*) Erwachen *nt*

réveiller [ʀeveje] <1> **I.** *v. tr.* 1 (*sortir du sommeil*) [auf]wecken; **être [bien] réveillé** [ganz] wach sein 2 (*ramener à la réalité*) wachrütteln **II.** *v. pron.* **se** ~ 1 (*sortir du sommeil*) aufwachen 2 (*se raviver*) wiederkommen; (*douleur*) wieder auftreten; (*appétit*) sich einstellen; (*souvenir*) wach werden; (*volcan*) wieder aktiv werden

réveillon [ʀevɛjɔ̃] *m* 1 (*nuit de Noël*) Heiligabend *m;* (*nuit du nouvel an*) Silvester *nt o m,* Silvesternacht *f* 2 (*fête de Noël*) Weihnachtsfeier *f;* (*fête du nouvel an*) Silvesterparty *f* 3 (*repas de Noël*) Weihnachtsessen *nt;* (*repas du nouvel an*) Silvesteressen

réveillonner [ʀevɛjɔne] <1> *v. intr.* (*fêter Noël/le nouvel an*) Weihnachten/Silvester feiern

révéler [ʀevele] <5> *v. tr.* (*divulguer*) aufdecken; (*faits*) aufzeigen; ~ **qc** (*enquête, journal*) etw ans Licht bringen

revendiquer [ʀ(ə)vɑ̃dike] <1> *v. tr.* 1 (*droit, augmentation de salaire*) fordern 2 (*assumer*) **l'attentat a été revendiqué par la Maffia** die Mafia hat sich zu dem Anschlag bekannt; **l'attentat n'a pas été revendiqué** niemand hat sich zu dem Anschlag bekannt

revendre [ʀ(ə)vɑ̃dʀ] <14> *v. tr.* verkaufen

revenir [ʀ(ə)vəniʀ] <9> *v. intr.* + *être* 1 zurückkommen; ~ **à pied** zurückgehen, zurücklaufen; ~ **en voiture** zurückfahren; ~ **en avion** zurückfliegen; ~ **dans un instant** gleich wieder da sein 2 (*venir de nouveau: personne, printemps*) wiederkommen 3 (*reprendre*) ~ **à/sur qc** auf etw (*Akk*) zurückkommen; ~ **sur une affaire** eine Affäre wieder aufgreifen; ~ **sur une décision** eine Entscheidung rückgängig machen 4 (*se présenter à nouveau à l'esprit*) ~ **à qn** jdm wieder einfallen 5 (*équivaloir à*) ~ **à 100 euros à qn** jdn 100 Euro kosten; ~ **cher** teuer kommen; **cela revient au même** das läuft aufs Gleiche hinaus; **cela revient à dire que ...** das heißt so viel wie ... 6 GASTR **faire** ~ (*lard*) anbraten; (*oignons, légumes*) andünsten ▸ **ne pas en** ~ **de qc** *fam* etw gar nicht fassen können; ~ **de loin** noch einmal davongekommen sein

revente [ʀ(ə)vɑ̃t] *f* Weiterverkauf *m*

revenu [ʀ(ə)vəny] *m* Einkommen *nt;* ~ **minimum d'insertion** *Übergangsgeld zur Eingliederung in das Berufsleben, entspricht etwa dem Sozialhilfesatz*

rêver [ʀeve] <1> *v. intr.* 1 ~ **de qn/qc** von jdm/etw träumen 2 (*divaguer*) **te prêter de l'argent ? Tu rêves !** dir Geld leihen? Du träumst wohl!

révérencieux, -euse [ʀeveʀɑ̃sjø, -jøz] *adj. soutenu* ehrfürchtig; **être** ~ **envers qn** jdm gegenüber Respekt zeigen

réversion [ʀevɛʀsjɔ̃] *f* Übertragung *f*; **pension de ~** Hinterbliebenenrente *f*

revigorer [ʀ(ə)vigɔʀe] <1> **I.** *v. tr.* ❶ (*ragaillardir: air frais, boisson*) wieder munter machen; (*discours, promesse*) wieder aufheitern; (*repas*) stärken ❷ (*ranimer: entreprise, structures*) wieder Leben bringen in (+ *Akk*); (*idée, doctrine*) wieder neu beleben **II.** *v. intr.* wieder munter machen

réviser [ʀevize] <1> **I.** *v. tr.* SCOL wiederholen **II.** *v. intr.* SCOL den Stoff wiederholen

révision [ʀevizjɔ̃] *f* ❶ (*d'un jugement*) Revision *f* ❷ *pl* SCOL Wiederholung *f*

révisionnisme [ʀevizjɔnism] *m* Revisionismus *m*

révisionniste **I.** [ʀevizjɔnist] *adj.* (*thèse, doctrine*) revisionistisch **II.** *mf* Revisionist(in) *m(f)*

revitalisant, e [ʀ(ə)vitalizɑ̃, ɑ̃t] *adj.* **crème ~e** Aufbaucreme *f*; **shampooing ~** Revitalisierungsshampoo *nt*

revitaliser [ʀ(ə)vitalize] <1> *v. tr.* (*organisme*) wieder kräftigen; (*alliance, union*) wieder beleben; (*région*) wirtschaftlich wieder beleben; (*cheveux*) revitalisieren

revivre [ʀ(ə)vivʀ] <irr> **I.** *v. intr.* (*être revigoré*) wieder aufleben **II.** *v. tr.* (*vivre à nouveau*) noch einmal erleben (*fig*)

révocation [ʀevɔkasjɔ̃] *f* (*annulation*) Widerrufung *f*

revoilà [ʀ(ə)vwala] *prép. fam* **me ~** da bin ich wieder; **~ Nadine!** da ist Nadine schon wieder!

revoir [ʀ(ə)vwaʀ] <irr> **I.** *v. tr.* ❶ (*voir à nouveau*) wiedersehen; **au ~!** auf Wiedersehen! ❷ (*regarder de nouveau*) sich (*Dat*) noch einmal ansehen ❸ (*se souvenir*) vor sich (*Dat*) sehen **II.** *v. pron.* **se ~** ❶ (*se retrouver*) sich wiedersehen ❷ (*se souvenir de soi*) sich noch sehen

révolte [ʀevɔlt] *f* Revolte *f*

révolter [ʀevɔlte] <1> **I.** *v. tr.* **~ qn** (*individu*) jdn aufbringen; (*crime, injustice*) jdn empören **II.** *v. pron.* **se ~ contre qn/qc** ❶ (*s'insurger*) sich gegen jdn/etw auflehnen ❷ (*s'indigner*) sich über jdn/etw empören

révolution [ʀevɔlysjɔ̃] *f* (*changement*) Revolution *f*

Révolution [ʀevɔlysjɔ̃] *f* HIST **la ~** die Französische Revolution

révolutionnaire [ʀevɔlysjɔnɛʀ] **I.** *adj.* revolutionär **II.** *mf* Revolutionär(in) *m(f)*

revolver [ʀevɔlvɛʀ] *m* Revolver *m*

revouloir [ʀ(ə)vulwaʀ] <irr> *v. tr. fam* noch wollen

revue [ʀ(ə)vy] *f* (*magazine*) Zeitschrift *f*

révulser [ʀevylse] <1> **I.** *v. tr.* zutiefst erschüttern **II.** *v. pron.* (*visage*) sich verzerren; **ses yeux se révulsent** er/sie verdreht die Augen

rez-de-chaussée [ʀed(ə)ʃose] *m inv.* Erdgeschoss *nt*

RFA [ɛʀɛfa] *f abr. de* **République fédérale d'Allemagne** BRD *f*

rhabiller [ʀabije] <1> *v. pron.* **se ~** sich wieder anziehen

Rhénanie [ʀenani] *f* **la ~** das Rheinland

Rhénanie-du-Nord-Westphalie [ʀenanidynɔʀvɛstfali] *f* **la ~** Nordrhein-Westfalen *nt* **Rhénanie-Palatinat** [ʀenanipalatina] *f* **la ~** Rheinland-Pfalz *nt*

rhésus [ʀezys] *m* MED Rhesusfaktor *m*

rhéto [ʀeto] BELG *fam* **I.** *f* (*classe terminale*) ≈ Abiturklasse *f*, Abschlussklasse **II.** *mf* (*élève*) ≈ Abiturient(in) *m(f)*

rhétorique [ʀetoʀik] *f* ❶ Rhetorik *f* ❷ BELG (*classe terminale*) ≈ Abiturklasse *f*, Abschlussklasse

Rhin [ʀɛ̃] *m* **le ~** der Rhein

rhinocéros [ʀinɔseʀɔs] *m* Nashorn *nt*

rhinopharyngite [ʀinofaʀɛ̃ʒit] *f* Entzündung *f* der Nasen- und Rachenschleimhaut

Rhône [ʀon] *m* **le ~** die Rhone

rhubarbe [ʀybaʀb] *f* Rhabarber *m*

rhum [ʀɔm] *m* Rum *m*

rhumatologue [ʀymatɔlɔg] *mf* Rheumatologe *m*/Rheumatologin *f*

rhume [ʀym] *m* ❶ (*coup de froid*) Erkältung *f*; **attraper un ~** sich erkälten ❷ (*rhinite*) Schnupfen *m*; **~ des foins** Heuschnupfen *m*

ri [ʀi] *part. passé de* **rire**

riais [ʀ(i)jɛ] *imparf de* **rire**

riant, e [ʀ(i)jɑ̃, jɑ̃t] *part prés de* **rire**

ricaner [ʀikane] <1> *v. intr.* ❶ (*avec mépris*) hämisch lachen ❷ (*bêtement*) albern kichern

riche [ʀiʃ] **I.** *adj.* reich; **~ en calories** kalorienreich **II.** *mf* Reiche(r) *f(m)*

richesse [ʀiʃɛs] *f* ❶ (*fortune*) Reichtum *m* ❷ *pl* (*ressources*) Reichtümer *Pl*; (*d'un musée*) Schätze *Pl*

ricocher [ʀikɔʃe] <1> *v. intr.* **~ sur qc** (*caillou, pierre*) springen auf etw (*Dat*)

ride [ʀid] *f* (*pli*) Falte *f*

ridé, e [ʀide] *adj.* (*personne*) voller Falten; (*visage*) faltig

rideau [ʀido] <x> *m* ❶ Vorhang *m* ❷ HIST **le ~ de fer** der Eiserne Vorhang

ridicule [ʀidikyl] **I.** *adj.* lächerlich **II.** *m* Lächerlichkeit *f;* **le ~ de cette situation** das Lächerliche an dieser Situation; **couvrir qn/se couvrir de ~** jdn/sich lächerlich machen

ridiculiser [ʀidikylize] <1> *v. tr., pron.* [**se**] **~** [sich] lächerlich machen

ridule [ʀidyl] *f* Fältchen *nt*

rie [ʀi] *subj prés de* **rire**

rien [ʀjɛ̃] **I.** *pron. indéf.* ❶ (*aucune chose*) nichts; **c'est ça ou ~** entweder das oder nichts; **ça ne vaut ~** das ist nichts wert; **~ d'autre** nichts weiter; **~ de nouveau/mieux** nichts Neues/Besseres; **il n'y a plus ~** es ist nichts mehr da ❷ (*seulement*) **~ que la chambre coûte 300 euros** das Zimmer allein kostet schon 300 Euro ❸ (*quelque chose*) etwas; **rester sans ~ faire** untätig bleiben ▸ **ce n'est ~** es ist nicht schlimm; **comme si de ~ n'était** als ob nichts gewesen wäre; **n'être pour ~ dans qc** mit etw nichts zu tun zu haben; **de ~!** keine Ursache!; **~ du tout** überhaupt nichts **II.** *m* ❶ (*très peu de chose*) Kleinigkeit *f* ❷ (*un petit peu*) ein wenig; **un ~ de cognac** ein Schuss *m* Cognac ▸ **en un ~ de temps** im Nu

rient [ʀi] *indic. prés. de* **rire**

riez [ʀ(i)je] *indic prés et impératif de* **rire**

rifle [ʀifl] *m: Gewehr mit gezogenem Lauf*

rigolade [ʀigɔlad] *f fam* Spaß *m* ▸ **c'est de la ~** (*c'est facile*) das ist ein Kinderspiel; **prendre à la ~** als Spaß auffassen

rigolard, e [ʀigɔlaʀ, aʀd] *m, f fam* Spaßvogel *m*

rigoler [ʀigɔle] <1> *v. intr. fam* ❶ (*rire*) lachen; **faire ~ qn** jdn zum Lachen bringen ❷ (*s'amuser*) Spaß haben; **pour ~** zum Spaß; **je** [**ne**] **rigole pas!** ich mache keine Witze! ▸ **tu me fais ~!** *iron* du machst mir vielleicht Spaß!

rigolo, te [ʀigɔlo, ɔt] **I.** *adj. fam* lustig **II.** *m, f fam* (*homme amusant*) lustiger Kerl

rigoureusement [ʀiguʀøzmɑ̃] *adv.* streng; (*appliquer*) strikt

rigoureux, -euse [ʀiguʀø, -øz] *adj.* ❶ streng ❷ (*exact, précis*) peinlich genau; (*analyse*) gründlich; (*raisonnement*) stichhaltig; (*style*) streng und einfach

rigueur [ʀigœʀ] *f* ❶ Strenge *f;* **avec ~** strikt ❷ (*précision*) peinliche Genauigkeit; (*d'une analyse*) Gründlichkeit *f;* (*d'un raisonnement*) Stichhaltigkeit *f;* (*d'un style*) Strenge *f* und Einfachheit *f* ▸ **à la ~** (*tout au plus*) allenfalls; (*si besoin est*) notfalls

rime [ʀim] *f* Reim *m*

rimer [ʀime] <1> *v. intr.* **~ avec qc** sich mit etw reimen ▸ **ne ~ à rien** keinen Sinn machen

rince-doigts [ʀɛ̃sdwa] *m inv.* Fingerschale *f*

rincer [ʀɛ̃se] <2> **I.** *v. tr.* abspülen **II.** *v. pron.* **se ~ la bouche** sich (*Dat*) den Mund ausspülen

ringard, e [ʀɛ̃gaʀ, aʀd] *fam* **I.** *adj.* altmodisch **II.** *m, f* Opa *m*

rions [ʀ(i)jɔ̃] *indic prés et impératif de* **rire**

ripou [ʀipu] <s> *fam* **I.** *adj.* korrupt **II.** *m* korrupter Beamter

rire [ʀiʀ] <irr> **I.** *v. intr.* ❶ (*opp: pleurer*) lachen; **faire ~ qn** jdn zum Lachen bringen; **laisse(z)-moi ~!** *iron* dass ich nicht lache! ❷ (*se moquer*) **~ de qn/qc** über jdn/etw lachen ❸ (*s'amuser*) Spaß haben ❹ (*plaisanter*) Spaß machen; **tu veux ~!** das ist doch nicht dein Ernst! ▸ **sans ~?** echt? (*fam*) **II.** *m* ❶ (*action de rire*) Lachen *nt* ❷ (*hilarité*) Gelächter *nt;* **fou ~** Lachkrampf *m*

ris [ʀi] *indic prés et passé simple de* **rire**

risée [ʀize] *f* **être la ~ du quartier** das Gespött des ganzen Viertels sein

risque [ʀisk] *m* Risiko *nt;* **au ~ de déplaire** auf die Gefahr hin, Missfallen zu erregen; **courir un ~** ein Risiko eingehen; **les ~s du métier** *fam* Berufsrisiko *nt* ▸ **à mes/ses ~s et périls** auf eigenes Risiko

risqué, e [ʀiske] *adj.* (*hasardeux*) riskant

risquer [ʀiske] <1> *v. tr.* ❶ (*mettre en danger*) aufs Spiel setzen ❷ (*s'exposer à*) **~ la prison** Gefahr laufen, ins Gefängnis zu kommen; **qn ne risque**

rien jdm kann nichts passieren ❸ (*tenter, hasarder*) riskieren ▶ **ça ne risque pas de m'arriver** das kann mir nicht passieren

rissoler [ʀisɔle] <1> *v. tr.* (*beignets*) goldbraun backen; (*pommes de terre*) goldbraun braten; **pommes rissolées** Bratkartoffeln *Pl*

ristourne [ʀistuʀn] *f* Rabatt *m*

rit [ʀi] *indic. prés. de* **rire**

rital, e [ʀital] <s> *m péj fam* Spaghettifresser *m*

rituel [ʀitɥɛl] *m* Ritual *nt*

rituel, le [ʀitɥɛl] *adj.* (*coutumier*) gewohnheitsmäßig; REL, SOCIOL rituell

rituellement [ʀitɥɛlmɑ̃] *adv.* ❶ (*invariablement*) wie gewohnt ❷ REL nach dem Ritus

rivage [ʀivaʒ] *m* Küste *f*

rival, e [ʀival, o] < -aux> *m, f* ❶ (*concurrent*) Rivale *m*/Rivalin *f* ❷ (*autre prétendant*) Nebenbuhler(in) *m(f)*

rivaliser [ʀivalize] <1> *v. intr.* (*soutenir la comparaison*) ~ **avec qn** sich mit jdm messen; ~ **avec qc** sich mit etw messen können

rive [ʀiv] *f* Ufer *nt*

Riviera [ʀivjɛʀa] *f* **la** ~ die Riviera

rivière [ʀivjɛʀ] *f* Fluss *m*

riz [ʀi] *m* Reis *m*

RMI [ɛʀɛmi] *m abr. de* **revenu minimum d'insertion**

RMIste, RMiste [ɛʀɛmist] *mf voir* **érémiste**

RN [ɛʀɛn] *f abr. de* **route nationale**

RNIS [ɛʀɛniɛs] *m abr. de* **réseau de numérique à intégration de service** ≈ ISDN *nt*

roast-beef [ʀoːstbiːf] *m voir* **rosbif**

robe [ʀɔb] *f* (*vêtement*) Kleid *nt*

robe de chambre [ʀɔb də ʃɑ̃bʀ] *f* Morgenrock *m*

robinet [ʀɔbinɛ] *m* Hahn *m*

robot [ʀɔbo] *m* ❶ Roboter *m* ❷ (*appareil ménager*) Küchenmaschine *f*

robotique [ʀɔbɔtik] *f* Robotertechnik *f*

robotiser [ʀɔbɔtize] <1> *v. tr.* automatisieren

robuste [ʀɔbyst] *adj.* robust; (*appétit*) gesund

roc [ʀɔk] *m* ❶ (*pierre*) Fels *m* ❷ (*personne*) Fels *m* in der Brandung ▶ **solide comme un** ~ kerngesund

rocade [ʀɔkad] *f* Umgehungsstraße *f*

roche [ʀɔʃ] *f* Gestein *nt*

rocher [ʀɔʃe] *m* Felsen *m*

Rocheuses [ʀɔʃøz] *f pl* **les** ~ die Rocky Mountains

rock [ʀɔk] *adj.* **concert de** ~ Rockkonzert *nt*

rock[-and-roll] [ʀɔk[ɛnʀɔl]] *m inv.* Rock [and Roll] *m*

rocker, -euse [ʀɔkœʀ, øz] *m, f* ❶ (*musicien*) Rockmusiker(in) *m(f)* ❷ *fam* (*jeune*) Rocker *m*/Rockerin [*o* Rockerbraut] *f*

rococo [ʀɔkɔko] **I.** *adj.* Rokoko- **II.** *m* Rokoko *nt*

rodéo [ʀɔdeo] *m* Rodeo *m o nt*

roder [ʀɔde] <1> *v. tr.* ❶ (*moteur*) einfahren ❷ (*méthode*) ausarbeiten

rôder [ʀode] <1> *v. intr.* (*errer de façon suspecte*) ~ **dans les parages** sich in der Gegend herumtreiben

rogatoire [ʀɔgatwaʀ] *adj.* **commission** ~ Rechtshilfeersuchen *nt*

rogner [ʀɔɲe] <1> **I.** *v. tr.* (*page, pièce, plaque*) beschneiden **II.** *v. intr.* ~ **sur qc** an etw (*Dat*) sparen

rognon [ʀɔɲɔ̃] *m* GASTR Niere *f*

roi [ʀwa] *m* König *m;* ~ **du pétrole** Erdölmagnat *m;* **le** ~ **des imbéciles** ein absoluter Dummkopf (*fam*) ▶ **heureux comme un** ~ überglücklich; **les** ~**s mages** die Heiligen Drei Könige; **être plus royaliste que le** ~ päpstlicher als der Papst sein; **se saper comme un** ~ sich mächtig in Schale werfen

Roi-Soleil [sɔlɛj] *m inv.* **le** ~ der Sonnenkönig

rôle [ʀol] *m* Rolle *f;* **le premier** ~ die Hauptrolle ▶ **avoir le beau** ~ gut dastehen

roller [ʀɔlœʀ] *m* ❶ [**une paire de**] ~**s** [ein Paar] Inlineskates *Pl* ❷ (*sport*) Inlineskaten *nt;* **faire du** ~ inlineskaten

roller, -euse [ʀɔlœʀ, øz] *m, f* (*patineur*) Inlineskater(in) *m(f)*

roller [skates] [ʀɔlœʀskɛt] *mpl* Rollerskates *Pl*

rollmops [ʀɔlmɔps] *m* Rollmops *m*

ROM [ʀɔm] *f inv. abr. de* **Read Only Memory** ROM *m*

romain, e [ʀɔmɛ̃, ɛn] *adj.* a. TYP römisch

Romain, e [ʀɔmɛ̃, ɛn] *m, f* Römer(in) *m(f)*

roman [ʀɔmɑ̃] *m* ❶ LITTER Roman *m;* ~

R

épistolaire/policier Brief-/Kriminalroman ② ARCHIT, ART Romanik *f*

roman, e [ʀɔmɑ̃, an] *adj.* ARCHIT, ART romanisch

romanche [ʀɔmɑ̃ʃ] **I.** *adj.* **langue ~** Romantsch *nt; voir a.* **allemand II.** *m* Romantsch *nt; voir a.* **allemand**

romancier, -ière [ʀɔmɑ̃sje, -jɛʀ] *m, f* Romanschriftsteller(in) *m(f)*

romand, e [ʀɔmɑ̃, ɑ̃d] *adj.* **la Suisse ~e** die französische Schweiz

Romand, e [ʀɔmɑ̃, ɑ̃d] *m, f* Bewohner(in) *m(f)* der französischen Schweiz, Welschschweizer(in) *m(f)* (CH)

romanesque [ʀɔmanɛsk] *m* **le ~** das Romantische

romantique [ʀɔmɑ̃tik] **I.** *adj.* romantisch **II.** *mf* Romantiker(in) *m(f)*

romarin [ʀɔmaʀɛ̃] *m* Rosmarin *m*

Rome [ʀɔm] Rom *nt*

rompre [ʀɔ̃pʀ] <irr> **I.** *v. tr.* (*fiançailles*) lösen; (*pourparlers, relations*) abbrechen **II.** *v. intr.* (*se séparer*) Schluss machen (*fam*)

rompu, e [ʀɔ̃py] *part. passé de* **rompre**

ronce [ʀɔ̃s] *f* Dornenranken *Pl*

ronchon, ne [ʀɔ̃ʃɔ̃, ɔn] **I.** *adj. fam* miesepet[e]rig **II.** *m, f fam* (*homme*) Meckerfritze *m;* (*femme*) Meckerliese *f*

rond [ʀɔ̃] **I.** *m* ① (*cercle*) Kreis *m* ② (*trace ronde*) Ring *m* ③ *fam* (*argent*) **ne pas avoir un ~** keine Knete haben **II.** *adv. fam* **ne pas tourner ~** (*personne*) spinnen

rond, e [ʀɔ̃, ʀɔ̃d] *adj.* ① rund ② (*personne*) rundlich ③ *fam* (*ivre*) blau

rondelet, te [ʀɔ̃dlɛ, ɛt] *adj.* ① (*personne*) mollig ② (*somme*) ansehnlich

rondelle [ʀɔ̃dɛl] *f* GASTR Scheibe *f;* **en ~s** in Scheiben

rondouillard, e [ʀɔ̃dujaʀ, aʀd] *adj. fam* (*grassouillet*) pummelig

rond-point [ʀɔ̃pwɛ̃] <ronds-points> *m* Kreisverkehr *m*

ronfler [ʀɔ̃fle] <1> *v. intr.* (*personne*) schnarchen

ronger [ʀɔ̃ʒe] <2a> **I.** *v. tr.* (*grignoter*) nagen an (+ *Dat*) **II.** *v. pron.* **se ~ les ongles** an den Nägeln kauen

ronron [ʀɔ̃ʀɔ̃] *m* (*du chat*) Schnurren *nt;* (*d'un moteur*) *fam* Surren *nt*

ronronner [ʀɔ̃ʀɔne] <1> *v. intr.* (*chat*) schnurren

roquefort [ʀɔkfɔʀ] *m* Roquefort *m*

rosâtre [ʀozɑtʀ] *adj.* schmutzigrosa

rosbif [ʀɔzbif] *m* GASTR Roastbeef *nt,* Beiried *f* (A)

rose[1] [ʀoz] *f* Rose *f* ▶ **envoyer qn sur les ~s** *fam* jdn abblitzen lassen

rose[2] [ʀoz] **I.** *adj.* ① rosa; (*joue, teint*) rosig ② (*messagerie*) Erotik-; **téléphone ~** Telefonsex *m* **II.** *m* Rosa *nt;* **~ bonbon** Babyrosa ▶ **voir la vie en ~** das Leben durch die rosarote Brille sehen

rosé [ʀoze] *m* (*vin*) Rosé[wein *m*] *m*

rosé, e [ʀoze] *adj.* rosé

roseau [ʀozo] <x> *m* Schilf[rohr *nt*] *nt*

rosée [ʀoze] *f* Tau *m*

rossignol [ʀɔsiɲɔl] *m* ZOOL Nachtigall *f*

rotation [ʀɔtasjɔ̃] *f* ① (*mouvement*) Drehung *f* ② (*série périodique d'opérations*) **~ du personnel** Personalwechsel *m*

roter [ʀɔte] <1> *v. intr. fam* rülpsen

rôti [ʀoti] *m* Braten *m*

rôtir [ʀotiʀ] <8> **I.** *v. tr.* GASTR braten **II.** *v. intr.* GASTR garen; **faire ~ qc** etw braten

rotor [ʀɔtɔʀ] *m* Rotor *m*

rotule [ʀɔtyl] *f* Kniescheibe *f* ▶ **être sur les ~s** *fam* fix und fertig sein

roturier, -ière [ʀɔtyʀje, -jɛʀ] **I.** *adj.* HIST bürgerlich **II.** *m, f* HIST Bürgerliche(r) *f(m)*

rouble [ʀubl] *m* Rubel *m*

roucoulades [ʀukulad] *fpl* (*du pigeon, de la tourterelle*) Gurren *nt*

roucouler [ʀukule] <1> *v. intr.* ① ZOOL gurren ② *iron* (*amoureux*) turteln

roue [ʀu] *f* ① Rad *nt;* **~ de secours** AUT Reserverad *nt* ② (*supplice*) Rädern *nt* ▶ **la cinquième ~ du carrosse** das fünfte Rad am Wagen

rouelle [ʀwɛl] *f* Beinscheibe *f*

rouge [ʀuʒ] **I.** *adj.* ① rot; (*poisson*) Gold-; (*vin*) Rot- ② (*incandescent*) rot glühend ③ (*délicat*) **journée classée ~ pour le trafic routier** Tag *m* mit hohem Verkehrsaufkommen **II.** *m* ① (*couleur*) Rot *nt;* **le feu est au ~** die Ampel ist rot ② *fam* (*vin*) Rote(r) *m;* **un verre de ~** ein Glas Rotwein ③ (*fard*) Rouge *nt;* **~ à lèvres** Lippenstift *m* **III.** *adv.* ▶ **voir ~** rot sehen

rougeaud, e [ʀuʒo, od] *m, f* **un gros ~** ein rotgesichtiger Dicker (*fam*)

rougeoiement [ʀuʒwamɑ̃] *m* (*d'un incendie*) roter Schein; **le ~ du ciel au**

R

couchant das Abendrot
rougeole [ʀuʒɔl] *f* Masern *Pl*
rougir [ʀuʒiʀ] <8> *v. intr.* ❶ rot werden ❷ (*avoir honte*) ~ **de qn** sich für jdn schämen; **faire ~ qn** jdm die Röte in die Wangen treiben
rouille [ʀuj] **I.** *f* (*corrosion*) Rost *m* **II.** *adj. inv.* rostbraun
rouillé, e [ʀuje] *adj.* ❶ rostig ❷ (*personne*) steif
rouiller [ʀuje] <1> *v. intr.* [ver]rosten
roulant, e [ʀulɑ̃, ɑ̃t] *adj.* (*personnel*) fahrend; **fauteuil ~** Rollstuhl *m;* **escalier ~** Rolltreppe *f;* **tapis ~** Förderband *nt*
roulé, e [ʀule] *adj.* **col ~** Rollkragen *m* ▸ **bien ~** *fam* gut gebaut
rouler [ʀule] <1> **I.** *v. tr.* ❶ (*faire avancer*) rollen; (*brouette, poussette*) fahren ❷ (*enrouler*) aufrollen; (*parapluie, crêpe*) zusammenrollen; (*cigarette*) drehen; ~ **qc dans la farine** etw in Mehl wälzen ❸ *fam* (*tromper*) übers Ohr hauen; **se faire ~ par qn** von jdm übers Ohr gehauen werden ❹ (*faire tourner une partie du corps: épaules*) kreisen mit; (*hanches*) sich wiegen in (*Dat*) **II.** *v. intr.* ❶ (*se déplacer sur roues: véhicule, objet*) fahren ❷ (*tourner sur soi*) rollen; ~ **sous la table** (*personne*) unterm Tisch landen ▸ **ça roule** *fam* alles paletti **III.** *v. pron.* (*se vautrer*) **se ~** sich rollen
roulette [ʀulɛt] *f* ❶ (*petite roue*) Rolle *f;* **patins à ~s** Rollschuhe *Pl* ❷ (*jeu*) Roulett(e) *nt* ▸ **marcher comme sur des ~s** *fam* wie geschmiert laufen
roumain [ʀumɛ̃] *m* Rumänisch *nt; voir a.* **allemand**
roumain, e [ʀumɛ̃, ɛn] *adj.* rumänisch; *voir a.* **allemand**
Roumain, e [ʀumɛ̃, ɛn] *m, f* (*jeune*) Rumäne *m*/Rumänin *f*
Roumanie [ʀumani] *f* **la ~** Rumänien *nt*
roupiller [ʀupije] <1> *v. intr. fam* pennen
roupillon [ʀupijɔ̃] *m fam* Nickerchen *nt*
rouquin, e [ʀukɛ̃, in] **I.** *adj.* rothaarig **II.** *m, f* Rothaarige(r) *f(m)*
rousse [ʀus] **I.** *adj. voir* **roux II.** *f* Rothaarige *f*
roussi [ʀusi] *m* ▸ **sentir le ~** (*sentir le brûlé*) angebrannt riechen; (*être suspect*) nicht [ganz] koscher sein (*fam*)
routard, e [ʀutaʀ, aʀd] *m, f* Rucksacktourist(in) *m(f)*
route [ʀut] *f* ❶ (*voie*) Straße *f;* ~ **nationale/départementale** ≈ Bundes-/Landstraße ❷ (*voyage*) Fahrt *f;* **trois heures de ~** drei Stunden Fahrzeit; **être en ~ pour Paris** nach Paris unterwegs sein ❸ (*itinéraire, chemin*) Weg *m;* NAUT, AVIAT Route *f;* **feuille de ~** MIL, POL (*marche à suivre*) Marschplan *m;* **être sur la bonne ~** auf dem richtigen Weg sein ▸ **faire de la ~** viel herumreisen; **mettre qc en ~** etw in Gang setzen; **en ~!** auf geht's! (*fam*)
routeur [ʀutœʀ] *m* INFORM Router *m*
routier, -ière [ʀutje, -jɛʀ] **I.** *adj.* (*relatif à la route*) Straßen-; **prévention routière** Verkehrserziehung *f* **II.** *m, f* (*camionneur*) Fernfahrer(in) *m(f)*
routine [ʀutin] *f* ❶ Routine *f* ❷ INFORM Routineprogramm *nt*
rouvrir [ʀuvʀiʀ] <11> **I.** *v. tr., intr.* wieder aufmachen **II.** *v. pron.* **se ~** (*porte*) wieder aufgehen; (*blessure, plaie*) wieder aufplatzen; (*débat*) wieder in Gang kommen
roux [ʀu] *m* ❶ (*couleur*) Rot *nt* ❷ (*personne aux cheveux roux*) Rothaarige(r) *m* ❸ GASTR Mehlschwitze *f,* Einbrenn *f* (A)
roux, rousse [ʀu, ʀus] *adj.* rot; (*personne*) rothaarig; (*pelage*) rotbraun
royalement [ʀwajalmɑ̃] *adv.* ❶ fürstlich ❷ *fam* **je m'en moque ~** das ist mir völlig wurst
royalties [ʀwajalti] *fpl* ❶ (*pour un brevet, une licence*) Lizenzgebühr *f* ❷ (*pour une chanson, une adaptation*) Tantiemen *Pl*
royaume [ʀwajom] *m* Königreich *nt*
Royaume-Uni [ʀwajomyni] *m* **le ~** das Vereinigte Königreich
RTT [ɛʀtete] *f abr. de* **réduction du temps de travail** ❶ (*réduction*) Arbeitszeitverkürzung *f* ❷ (*congé*) Überstundenausgleich *m;* **être en ~** Überstunden abbauen
ruban [ʀybɑ̃] *m* Band *nt;* ~ **magnétique** INFORM Magnetband
rubis [ʀybi] *m* (*pierre précieuse*) Rubin *m*
rubrique [ʀybʀik] *f* Rubrik *f;* ~ **littéraire/sportive** Literatur-/Sportteil *m*
ruche [ʀyʃ] *f* Bienenstock *m*
rude [ʀyd] *adj.* ❶ (*pénible*) hart; (*montée*) steil ❷ (*peau, surface, personne, cli-*

R

mat) rau; (*étoffe, manières*) derb ❸ *antéposé* (*gaillard*) handfest

rudement [ʀydmɑ̃] *adv. fam* verdammt

rudimentaire [ʀydimɑ̃tɛʀ] *adj.* rudimentär; (*installation*) einfach

rue [ʀy] *f* Straße *f;* ~ **à sens unique** Einbahnstraße; **dans la** ~ auf der Straße; **traîner dans les ~s** sich auf der Straße herumtreiben

ruelle [ʀɥɛl] *f* Gässchen *nt*

rugby [ʀygbi] *m* Rugby *nt*

rugbyman [ʀygbiman] <s> *m* Rugbyspieler *m*

rugueux, -euse [ʀygø, -øz] *adj.* rau

Ruhr [ʀuʀ] *f* ❶ (*région*) **la** ~ das Ruhrgebiet ❷ (*rivière*) **la** ~ die Ruhr

ruine [ʀɥin] *f* ❶ *pl* (*décombres*) Trümmer *Pl* ❷ (*édifice délabré*) Ruine *f;* **en** ~ in Trümmern; **tomber en** ~ zerfallen ❸ (*personne*) hinfälliger Mensch ❹ (*perte de biens*) wirtschaftlicher Ruin

ruiner [ʀɥine] <1> **I.** *v. tr.* ruinieren; **ça** [**ne**] **va pas te** ~ *fam* das wird dich [schon] nicht umbringen **II.** *v. pron.* **se** ~ **pour qn** sich wegen jdm in den Ruin stürzen

ruisseau [ʀɥiso] <x> *m* Bach *m*

rumeur [ʀymœʀ] *f* (*bruit qui court*) Gerücht *nt;* **faire courir une** ~ ein Gerücht in Umlauf bringen

ruminer [ʀymine] <1> **I.** *v. tr.* ❶ (*ressasser*) brüten über (+ *Dat*) ❷ ZOOL wiederkäuen **II.** *v. intr.* wiederkäuen

rupin, e [ʀypɛ̃, in] **I.** *adj. fam* (*personne*) betucht; (*appartement*) nobel; (*quartier*) Nobel- **II.** *m, f fam* Steinreiche(r) *f(m)*

rupture [ʀyptyʀ] *f* ❶ (*cassure*) Bruch *m* ❷ (*déchirure: d'une corde*) Reißen *nt;* (*d'un tendon, d'une veine*) Riss *m* ❸ (*séparation*) Trennung *f*

ruse [ʀyz] *f* (*subterfuge*) List *f*

rusé, e [ʀyze] **I.** *adj.* listig **II.** *m, f* raffinierte Person

ruser [ʀyze] <1> *v. intr.* List anwenden

russe [ʀys] **I.** *adj.* russisch; *voir a.* **allemand** **II.** *m* Russisch *nt; voir a.* **allemand**

Russe [ʀys] *mf* Russe *m*/Russin *f*

Russie [ʀysi] *f* **la** ~ Russland *nt*

rustique [ʀystik] *adj.* (*meuble*) rustikal

rustre [ʀystʀ] *adj.* ungehobelt

rythme [ʀitm] *m* ❶ Rhythmus *m* ❷ (*allure, cadence*) Tempo *nt*

rythmé [ʀitme] *adj.* rhythmisch

Ss

S, s [ɛs] *m inv.* S *nt,* s *nt*
s *f inv. abr. de* **seconde** Sek.
s' *voir* **se, si**
sa [sa, se] <ses> *dét. poss.* ① sein(e)/ihr(e); *voir a.* **ma** ② *avec un titre, form* **Sa Majesté** Seine/Ihre Majestät
sabayon [sabajɔ̃] *m* Zaba[gl]ione *f*
sabbat [saba] *m* REL Sabbat *m*
sabbatique [sabatik] *adj.* (*année, semestre*) Forschungs-; **congé ~** Beurlaubung *f*
sablage [sɑblaʒ] *m* Sandstreuen *nt*
sable [sɑbl] **I.** *m* Sand *m;* **~s mouvants** Treibsand *m* **II.** *adj. inv.* sandfarben
sablé [sɑble] *m* GASTR Sandgebäck *nt*
sablé, e [sɑble] *adj.* GASTR (*pâte*) Mürbe-
sabler [sɑble] <1> *v. tr.* ① (*couvrir de sable*) mit Sand bestreuen ② *fig* **~ le champagne** die Champagnerkorken knallen lassen
sableuse [sɑbløz] *f* (*appareil pour couvrir de sable*) Sandstreuwagen *m*
sabot [sabo] *m* ① (*chaussure*) Holzschuh *m;* (*de ville*) Clog *m* ② ZOOL Huf *m* ③ (*pour les véhicules*) Parkkralle *f*
sabotage [sabɔtaʒ] *m* Sabotage *f*
saboter [sabɔte] <1> *v. tr.* ① sabotieren; (*machine*) zerstören ② (*bâcler*) schludern bei
saboteur, -euse [sabɔtœʀ, -øz] *m, f* Saboteur(in) *m(f)*
sabrer [sɑbʀe] <1> *v. tr.* ① (*biffer*) streichen ② (*raccourcir*) kürzen ③ (*ouvrir*) **~ le champagne** einer/der Champagnerflasche den Hals brechen
sac¹ [sak] *m* ① (*contenant*) Sack *m;* (*en plastique, papier*) Tüte *f;* **~ congélation** Gefrierbeutel *m* ② (*bagage*) Tasche *f;* **~ à main/d'écolier** Hand-/Schultasche; **~ à dos/de couchage** Ruck-/Schlafsack *m* ③ (*contenu*) **un ~ de pommes de terre** ein Sack *m* Kartoffeln; **~ à malice[s]** Zauberkiste *f* ▸ **mettre dans le même ~** in einen Topf werfen; **vider son ~** *fam* auspacken
sac² [sak] *m* **mettre à ~** plündern
saccade [sakad] *f* Ruck *m;* **par ~s** stoßweise
saccadé, e [sakade] *adj.* (*respiration, rire*) stoßweise
saccager [sakaʒe] <2a> *v. tr.* (*dévaster*) verwüsten; (*récolte*) vernichten
sacerdoce [sasɛʀdɔs] *m* ① REL Priesteramt *nt* ② (*vocation*) heiliges Amt
sachant [saʃɑ̃] *part prés de* **savoir**
sache [saʃ] *subj prés de* **savoir**
sachet [saʃɛ] *m* Tüte *f*
sacoche [sakɔʃ] *f* Umhängetasche *f;* **~ de cycliste** [Fahrrad]satteltasche *f*
sac-poubelle [sakpubɛl] <sacs-poubelles> *m* Müllbeutel *m*
sacquer [sake] <1> *v. tr. fam* ① (*renvoyer*) feuern ② (*noter sévèrement*) schlecht benoten ③ (*détester*) **ne pas pouvoir ~ qn** jdn nicht riechen können
sacraliser [sakʀalize] <1> *v. tr.* ① (*rendre sacral*) als heilig verehren ② (*accorder de la valeur à*) **~ qc** einer S. (*Dat*) einen hohen Wert beimessen
sacre [sakʀ] *m* ① (*d'un souverain, évêque*) Inthronisation *f* ② (*du printemps*) Krönung *f*
sacré, e [sakʀe] *adj.* heilig; (*art, édifice*) sakral; (*musique*) geistlich; (*droits*) unantastbar ② *antéposé, fam* (*satané*) verdammt; (*farceur, gaillard*) irrsinnig; **avoir un ~ talent** ein Wahnsinnstalent haben
sacrebleu [sakʀəblø] *interj.* Donnerwetter
Sacré-Cœur [sakʀekœʀ] *m sans pl.* Sacré-Cœur *f*
sacrement [sakʀəmɑ̃] *m* Sakrament *nt;* **derniers ~s** Sterbesakramente *Pl*
sacrément [sakʀemɑ̃] *adv. fam* wahnsinnig
sacrer [sakʀe] <1> *v. tr.* inthronisieren
sacrifice [sakʀifis] *m* ① (*privation*) Opfer *nt;* **faire un ~** ein Opfer bringen ② *sans pl.* (*renoncement*) Aufgabe *f;* **sens du ~** Opfergeist *m;* **faire le ~ de qc pour qc** etw für etw opfern ③ REL (*immolation*) Opferung *f*
sacrifié, e [sakʀifje] *m, f* Opfer *nt*
sacrifier [sakʀifje] <1> **I.** *v. tr.* opfern **II.** *v. pron.* **se ~ pour qn** sich für jdn aufopfern
sacro-saint, e [sakʀosɛ̃, sɛ̃t] <sacro-saints> *adj. iron* sakrosankt

sadique [sadik] **I.** *adj.* sadistisch **II.** *mf* Sadist(in) *m(f)*
sado [sado]*fam* **I.** *adj.* Sado- **II.** *m, f* Sadist(in) *m(f)*
sadomaso [sadomazo] *adj. inv, fam* Sadomaso-; **être ~** sadomasochistisch sein
sadomasochiste [sadomazɔʃist] **I.** *adj.* sadomasochistisch **II.** *mf* Sadomasochist(in) *m(f)*
safari [safaʀi] *m* Safari *f*
safari-photo [safaʀifɔto] <safaris-photos> *m* Fotosafari *f*
safran [safʀɑ̃] **I.** *m* ① Safran *m* ② (*couleur*) Safrangelb *nt* **II.** *adj. inv.* safrangelb
saga [saga] *f* ① (*histoire familiale*) Familiensaga *f* ② (*légende*) Saga *f*
sagacité [sagasite] *f* Scharfsinn *m*
sagaie [sagɛ] *f* Lanze *f*
sage [saʒ] **I.** *adj.* ① (*conseil, personne*) weise; (*décision*) klug ② (*écolier, enfant*) brav ③ (*jeune fille*) sittsam (*geh*) **II.** *m* Weise(r) *f(m)*
sage-femme [saʒfam] <sages-femmes> *f* Hebamme *f*
sagement [saʒmɑ̃] *adv.* ① (*raisonnablement*) klug ② (*docilement*) artig
sagesse [saʒɛs] *f* Weisheit *f;* **agir avec ~** klug handeln
Sagittaire [saʒitɛʀ] *m* ASTRO Schütze *m; voir a.* **Balance**
sagouin, e [sagwɛ̃, in] *m, f fam* (*personne malpropre*) Schwein *nt*
Sahara [saaʀa] *m* **le ~** die Sahara
saharien, ne [saaʀjɛ̃, jɛn] *adj.* aus der Sahara; (*oasis*) in der Sahara; (*température*) tropisch
saharienne [saaʀjɛn] *f* Safari-Jacke *f*
Sahel [saɛl] *m* **le ~** die Sahelzone
saignant, e [sɛɲɑ̃, ɑ̃t] *adj.* GASTR englisch
saignement [sɛɲmɑ̃] *m* Blutung *f;* **~s de nez** Nasenbluten *nt*
saigner [seɲe] <1> **I.** *v. intr.* bluten; **~ du nez** aus der Nase bluten **II.** *v. tr.* (*animal*) abstechen; **~ qn** jdm die Gurgel durchschneiden **III.** *v. pron.* **se ~ pour qn** für jdn bluten müssen (*fig*)
saillant [sajɑ̃] *m* (*d'un bastion*) Vorsprung *m;* (*d'une frontière*) Ausbuchtung *f*
sain, e [sɛ̃, sɛn] *adj.* ① gesund ② (*fruit, viande*) einwandfrei ③ (*affaire, gestion*) seriös ④ (*lectures, idées*) vernünftig ▶ **~ et sauf** gesund und wohlbehalten
saindoux [sɛ̃du] *m* Schweineschmalz *nt*
saint, e [sɛ̃, sɛ̃t] **I.** *adj.* heilig; **la Sainte Vierge** die Heilige Jungfrau **II.** *m, f* Heilige(r) *f(m);* **le ~ des saints** das Allerheiligste
Saint-Barthélemy [sɛ̃baʀtelemi] *f sans pl.* **la ~** die Bartholomäusnacht
saint-bernard [sɛ̃bɛʀnaʀ] <saint-bernard[s]> *m* ① (*chien*) Bernhardiner *m* ② (*âme secourable*) Samariter *m*
saint-cyrien, ne [sɛ̃siʀjɛ̃, jɛn] <saint-cyriens> *m, f* Schüler der Elite-Militärschule Saint-Cyr **Sainte-Catherine** [sɛ̃tkatʀin] *f sans pl.* ▶ **elle coiffe ~** sie ist fünfundzwanzig Jahre alt und ledig
Saint-Esprit [sɛ̃tɛspʀi] *m sans pl.* **le ~** der Heilige Geist **saint-frusquin** [sɛ̃fʀyskɛ̃] *m inv, fam* Krempel *m* **saint-glinglin** [sɛ̃glɛ̃glɛ̃] *f fam sans pl.* ▶ **à la ~** am Sankt-Nimmerleins-Tag **saint-honoré** [sɛ̃tɔnɔʀe] *m inv: mit Sahne oder Pudding gefüllter Brandteigkuchen* **Saint-Jean** [sɛ̃ʒɑ̃] *f sans pl.* **la ~** das Johannisfest **Saint-Jean-Baptiste** [sɛ̃ʒɑ̃batist] *f sans pl.* **la ~** *Nationalfeiertag der Frankokanadier*

La Saint-Jean-Baptiste wird am 24. Juni gefeiert und ist ein ausgelassenes Fest mit Musik, Gesang und Tanz. Es werden große Freudenfeuer entzündet, um die die Menschen tanzen. Dieser Feiertag ist für die Identität der Frankokanadier wichtiger als der kanadische Nationalfeiertag *Confederation Day*, der am 1. Juli begangen wird.

Saint-Nicolas [sɛ̃nikɔla] *f sans pl.* **la ~** der Nikolaustag **Saint-Père** [sɛ̃pɛʀ] <Saints-Pères> *m* Heiliger Vater **Saint-Pierre** [sɛ̃pjɛʀ] *m sans pl.* Sankt Petrus *m* **Saint-Siège** [sɛ̃sjɛʒ] *m sans pl.* Heiliger Stuhl **Saint-Sylvestre** [sɛ̃silvɛstʀ] *f sans pl.* Silvester *m o nt*

In Frankreich feiert man **la Saint-Sylvestre** im Freundeskreis mit einem guten Essen, dem *réveillon,* und einem Glas Champagner um Mitternacht, mit dem man anstößt und sich *“Bonne année!”* wünscht.

sais [sɛ] *indic. prés. de* **savoir**

saisie [sezi] *f* ❶ JUR Pfändung *f,* Exekution *f* (A) ❷ INFORM Erfassen *nt;* ~ **de l'écran** Screenshot *m*

saisir [seziʀ] <8> **I.** *v. tr.* ❶ (*prendre*) packen ❷ (*chance*) wahrnehmen; (*occasion*) ergreifen; (*prétexte*) zum Anlass nehmen ❸ (*comprendre*) begreifen ❹ (*impressionner*) ~ **qn** (*beauté*) jdn bezaubern; (*ressemblance, changement*) jdn verblüffen ❺ (*viande*) anbraten ❻ JUR beschlagnahmen; ~ **un tribunal d'une affaire** mit einer Sache vor Gericht gehen ❼ INFORM erfassen **II.** *v. intr. fam* durchblicken **III.** *v. pron.* **se** ~ **de qc** zu etw greifen

saisissant, e [sezisɑ̃, ɑ̃t] *adj.* (*différence*) erstaunlich

saison [sɛzɔ̃] *f* ❶ (*division de l'année*) Jahreszeit *f;* **fruits de** ~ Früchte der Saison; ~ **des amours** Paarungszeit *f* ❷ SPORT, TOUR Saison *f;* **faire la** ~ während der Saison arbeiten

saisonnier, -ière [sɛzɔnje, -jɛʀ] **I.** *adj.* ❶ (*propre à la saison*) jahreszeitlich ❷ (*limité à la saison*) saisonal **II.** *m, f* Saisonarbeiter(in) *m(f)*

sait [sɛ] *indic. prés. de* **savoir**

salade [salad] *f* ❶ Salat *m;* ~ **de tomates/fruits** Tomaten-/Obstsalat ❷ *pl, fam* (*mensonges*) Geschichten *Pl*

saladier [saladje] *m* Salatschüssel *f*

salage [salaʒ] *m* (*contre le verglas*) **le** ~ **des routes** das Salzstreuen [auf den Straßen]

salaire [salɛʀ] *m* Gehalt *nt;* (*d'un ouvrier*) Lohn *m;* ~ **minimum interprofessionnel de croissance** tariflich festgelegter Mindestlohn; ~ **de misère** Hungerlohn

salami [salami] *m* Salami *f*

salarial, e [salaʀjal, jo] <-aux> *adj.* (*politique*) Lohn-

salarié, e [salaʀje] *m, f* Arbeitnehmer(in) *m(f)*

salaud [salo] **I.** *adj. fam* hundsgemein **II.** *m fam* Dreckskerl *m*

sale [sal] **I.** *adj.* ❶ (*opp: propre*) schmutzig ❷ *antéposé, fam* (*vilain, louche*) übel; (*type, temps*) mies; (*coup*) hart; **avoir une** ~ **gueule** fies aussehen **II.** *m fam* **être au** ~ in der Schmutzwäsche sein

salé [sale] **I.** *m* **petit** ~ gepökeltes Schweinefleisch **II.** *adv.* salzig

salé, e [sale] *adj.* ❶ (*beurre, cacahuètes*) gesalzen; (*eau*) Salz-; **trop** ~ (*plat*) versalzen ❷ *fam* (*addition*) gesalzen

salement [salmɑ̃] *adv.* ❶ (*manger*) unmanierlich; (*travailler*) schludrig (*fam*); (*gagner*) auf unsaubere Weise ❷ *fam* (*très*) ganz schön

saler [sale] <1> **I.** *v. intr.* ❶ GASTR salzen ❷ TECH Salz streuen **II.** *v. tr.* ❶ GASTR salzen ❷ TECH (*route*) streuen

saleté [salte] *f* ❶ Dreck *m* ❷ *fam* (*crapule: homme*) Dreckskerl *m;* (*femme*) Miststück *nt kein Pl.* ❸ (*obscénité*) Unanständigkeit *f* ▸ ~ **d'ordinateur/de Maurice!** *fam* dieser verdammte Computer/Maurice!

salir [saliʀ] <8> **I.** *v. tr.* schmutzig machen; (*complètement*) verschmutzen **II.** *v. pron.* **se** ~ ❶ (*se souiller*) sich schmutzig machen; **se** ~ **les mains** sich (*Dat*) die Hände schmutzig machen ❷ (*devenir sale*) schmutzig werden

salive [saliv] *f* Speichel *m* ▸ **ravaler sa** ~ schlucken

saliver [salive] <1> *v. intr.* (*baver*) Speichel produzieren

salle [sal] *f* ❶ (*pièce*) Saal *m;* ~ **à manger/de bains/de classe** Ess-/Bade-/Klassenzimmer *nt;* ~ **de séjour** Wohnzimmer *nt;* ~ **polyvalente/des fêtes** Mehrzweck-/Festhalle *f;* ~ **d'étude** Hausaufgabenraum *m;* **sport en** ~ Hallensport ❷ (*cinéma*) Kino *nt;* ~**s obscures** Kinos *Pl* ❸ (*spectateurs*) Publikum *nt;* **toute la** ~ der ganze Saal ▸ **faire** ~ **comble** die Säle füllen

salmonelle [salmɔnɛl] *f* Salmonelle *f*

salmonellose [salmɔneloz] *f* Salmonellose *f*

salon [salɔ̃] *m* ❶ (*salle de séjour*) Wohnzimmer *nt* ❷ (*mobilier*) ~ **de jardin** Gartenmöbel *Pl* ❸ (*exposition*) Messe *f* ❹ (*commerce*) ~ **de coiffure** Friseursalon *m;* ~ **de thé** Café *nt*

salopard [salɔpaʀ] *m fam* Dreckskerl *m*

salope [salɔp] *f vulg* (*débauchée*) Nutte *f;* (*garce*) Miststück *nt*

saloper [salɔpe] <1> *v. tr. fam* ❶ (*bâcler*) hinschludern ❷ (*salir*) versauen

saloperie [salɔpʀi] *f fam* ❶ (*objet sans valeur*) Ramsch *m kein Pl.* ❷ (*saletés*) *gén. pl.* Sauerei *f* ❸ (*mauvaise nourri-*

S

ture) Fraß *m kein Pl.* ④ (*méchanceté*) Gemeinheit *f* ▸ **c'est de la ~** das taugt nichts; **~ de bagnole** Scheißkiste *f*

salopette [salɔpɛt] *f* Latzhose *f*

salsa [salsa] *f* Salsa *m*

salsifis [salsifi] *m* GASTR Schwarzwurzel *f*

salubre [salybʀ] *adj.* gesund

salubrité [salybʀite] *f* ① (*du climat*) gesundheitsfördernde Wirkung; (*de l'air*) Reinheit *f*; (*d'un logement*) gesundheitliche Zuträglichkeit ② (*hygiène*) Hygiene *f*; **~ publique** öffentliches Gesundheitswesen

saluer [salɥe] <1> **I.** *v. tr.* ① (*dire bonjour*) grüßen; **~ qn de la main** jdm zuwinken ② (*dire au revoir*) **~ qn** sich von jdm verabschieden ③ (*rendre hommage*) würdigen ④ (*accueillir*) begrüßen ⑤ MIL **~ un supérieur** vor einem Vorgesetzten salutieren **II.** *v. intr.* ① THEAT sich verbeugen ② MIL salutieren

salut[1] [saly] **I.** *m* ① (*salutation*) Gruß *m*; **faire un ~ de la main** winken ② MIL **~ aux supérieurs** Salutieren *nt* vor den Vorgesetzten **II.** *interj.* ① *fam* (*bonjour*) **~!** hallo! ② *fam* (*au revoir*) **~!** tschüs!

salut[2] [saly] *m* ① (*sauvegarde*) Rettung *f* ② REL Heil *nt*

salutaire [salytɛʀ] *adj.* heilsam; (*décision*) richtig

salutations [salytasjɔ̃] *fpl form* Grüße *Pl*; **nous vous prions d'agréer, Madame/Monsieur, nos ~s distinguées** mit freundlichen Grüßen

Salzbourg [saltsbuʀ] Salzburg *nt*

samba [sɑ̃mba] *f* Samba *f*

samedi [samdi] *m* Samstag *m*; *voir a.* **dimanche**

samouraï [samuʀaj] *m* Samurai *m*

SAMU [samy] *m abr. de* **Service d'aide médicale d'urgence** ärztlicher Bereitschaftsdienst; (*médecin*) Notarzt *m*/Notärztin *f*

sanction [sɑ̃ksjɔ̃] *f* Strafe *f*; SCOL Strafarbeit *f*; POL Sanktion *f*

sanctionnable [sɑ̃ksjɔnabl] *adj.* (*action*) strafbar

sanctionner [sɑ̃ksjɔne] <1> *v. tr.* (*punir*) bestrafen

sandwich [sɑ̃dwitʃ] <[e]s> *m* Sandwich *nt*; **~ au jambon** Schinkensandwich

sandwicherie [sɑ̃dwi(t)ʃʀi] *f* Sandwichbude *f*

sang [sɑ̃] *m* Blut *nt*; **donner son ~** Blut spenden; **être en ~** bluten ▸ **avoir le ~ chaud** hitziges Blut haben; **se faire du mauvais ~** sich (*Dat*) Sorgen machen; **avoir qc dans le ~** etw im Blut haben

sang-froid [sɑ̃fʀwa] *m sans pl.* (*maîtrise de soi*) Beherrschung *f*; **garder son ~** einen kühlen Kopf bewahren

sanglant, e [sɑ̃glɑ̃, ɑ̃t] *adj.* ① (*saignant*) blutig ② (*violent*) hart; (*rencontre, match*) hitzig

sanglier [sɑ̃glije] *m* Wildschwein *nt*

sangloter [sɑ̃glɔte] <1> *v. intr.* schluchzen

sangria [sɑ̃gʀija] *f* Sangria *f*

sangsue [sɑ̃sy] *f* ZOOL Blutegel *m*

sanguin, e [sɑ̃gɛ̃, in] *adj.* ANAT **plasma ~** Blutplasma *nt*

sanguine [sɑ̃gin] *f* (*orange*) Blutorange *f*

sanitaire [sanitɛʀ] **I.** *adj.* sanitär; (*mesure*) gesundheitspolizeilich; **les services ~s** der Wirtschaftskontrolldienst **II.** *m gén. pl.* Sanitäranlagen *Pl*

sans [sɑ̃] **I.** *prép.* ohne; **~ scrupules/manches** skrupel-/ärmellos; **~ arrêt** ununterbrochen; **partir ~ faire qc/~ que** + *subj.* gehen ohne etw zu tun/ohne dass ▸ **~ plus** das ist aber auch alles; **~ quoi** sonst **II.** *adv. fam* ohne

sans-abri [sɑ̃zabʀi] *m inv.* Obdachlose(r) *f(m)*

sanscrit [sɑ̃skʀi] *m* Sanskrit *nt*; *voir a.* **allemand**

sans-culotte [sɑ̃kylɔt] <sans-culottes> *m* Sansculotte *m* **sans-emploi** [sɑ̃zɑ̃plwa] *m inv.* Arbeitslose(r) *f(m)* **sans-faute** [sɑ̃fot] *m inv.* hervorragende Leistung; SPORT fehlerfreier Durchgang **sans-fil** [sɑ̃fil] *m inv.* Funktelefon *nt* **sans-gêne** [sɑ̃ʒɛn] **I.** *adj. inv.* ungeniert **II.** *m sans pl.* (*désinvolture*) Ungeniertheit *f* **III.** *mf inv.* (*personne désinvolte*) unverfrorene Person

sanskrit [sɑ̃skʀi] *voir* **sanscrit**

sans-le-sou [sɑ̃lsu] *mf inv, fam* armer Schlucker **sans-logis** [sɑ̃lɔʒi] *mf inv, soutenu* Obdachlose(r) *f(m)* **sans-papiers** [sɑ̃papje] *mf inv:* Ausländer, der/Ausländerin, die sich illegal in Frankreich aufhält

santé [sɑ̃te] *f* ① (*opp: maladie*) Gesundheit *f;* **être bon pour la ~** gesund sein; **qn est en bonne/mauvaise ~** jdm geht es gesundheitlich gut/schlecht ② ADMIN **le ministre de la Santé** der Gesundheitsminister; **les services de ~** das Gesundheitsamt; (*armée*) der Sanitätsdienst ► **~ de fer** eiserne Gesundheit; **y laisser sa ~** *fam* dabei seine Gesundheit ruinieren; **se refaire une ~** *fam* mal wieder ausspannen; **à la ~ de qn** auf jds Wohl (*Akk*); **à ta ~!** auf dein Wohl!

santiag [sɑ̃tjag] *f fam* Cowboystiefel *m*

santon [sɑ̃tɔ̃] *m* Krippenfigur *f*

saoudien, ne [saudjɛ̃, jɛn] *adj.* saudiarabisch; *voir a.* **allemand**

Saoudien, ne [saudjɛ̃, jɛn] *m, f* Saudi-Araber(in) *m(f)*

saoul, e [su, sul] *adj. voir* **soûl**

saouler [sule] <1> *v. tr. voir* **soûler**

saper [sape] <1> *v. pron. fam* **se ~** sich in Schale werfen; **être bien sapé** rausgeputzt sein

sapeur-pompier [sapœʀpɔ̃pje] <sapeurs-pompiers> *m* Feuerwehrmann *m;* **femme ~** Feuerwehrfrau *f;* **les ~s** die Feuerwehr, die Brandwache (CH)

saphir [safiʀ] *adj. inv.* saphirblau

sapin [sapɛ̃] **I.** *m* Tanne *f;* **~ de Noël** Weihnachtsbaum *m* **II.** *app inv.* dunkelgrün

saquer [sake] <1> *v. tr. voir* **sacquer**

sarbacane [saʀbakan] *f* Blasrohr *nt*

sarcasme [saʀkasm] *m* Sarkasmus *m;* (*remarque*) sarkastische Bemerkung

sarcastique [saʀkastik] *adj.* sarkastisch

Sardaigne [saʀdɛɲə] *f* **la ~** Sardinien *nt*

sardine [saʀdin] *f* Sardine *f*

sardinerie [saʀdinʀi] *f* Sardinenkonservenfabrik *f*

SARL [ɛsaɛʀɛl] *f abr. de* **société à responsabilité limitée** GmbH *f*

sarment [saʀmɑ̃] *m* Weinrebe *f*

sarrasin [saʀazɛ̃] *m* Buchweizen *m*

Sarre [saʀ] *f* ① (*région*) **la ~** Saarland *nt* ② (*rivière*) Saar *f*

Sarrebruck [saʀbʀyk] Saarbrücken *nt*

sas [sɑs] *m* (*pièce intermédiaire*) Schleuse *f*

satané, e [satane] *adj. antéposé* ① (*maudit*) verflucht (*fam*) ② (*sacré*) **~ farceur!** du Teufelskerl! *m* (*fam*)

satanique [satanik] *adj.* a. REL satanisch; (*ruse*) teuflisch

sataniste [satanist] **I.** *adj.* satanistisch **II.** *mf* Satanist(in) *m(f)*

satellite [satelit] *m* ① AVIAT Satellit *m* ② ASTRO Trabant *m* ③ POL Satellitenstaat *m*

satin [satɛ̃] *m* Satin *m*

satiné, e [satine] *adj.* seidig glänzend; (*peinture*) seidenmatt

satire [satiʀ] *f* Satire *f;* **faire la ~ de qn/qc** (*pièce, texte*) eine Satire auf jdn/etw sein; (*auteur*) über jdn/etw spotten

satisfaction [satisfaksjɔ̃] *f* ① (*raison d'être satisfait*) Befriedigung *f* ② *sans pl.* (*joie*) Zufriedenheit *f* ► **qn/qc donne [toute] ~ à une personne** ein Mensch ist mit jdm/etw [sehr] zufrieden; **donner ~ à qn** jdn zufriedenstellen

satisfaire [satisfɛʀ] <irr> **I.** *v. tr.* (*faim, soif*) stillen; **~ qn** jdn befriedigen; (*personne*) jdn zufriedenstellen **II.** *v. intr.* **~ à une obligation** einer Verpflichtung nachkommen

satisfait, e [satisfɛ, ɛt] *adj.* **~ de qn/qc** mit jdm/etw zufrieden

saturer [satyʀe] <1> *v. tr.* ① (*soûler*) **mes élèves me saturent avec leurs questions** ich habe die Fragen meiner Schüler satt (*fam*) ② (*plus que rassasier*) **être saturé de publicité** mit Werbung übersättigt sein ③ (*surcharger*) verstopfen; **être saturé** (*standard*) besetzt sein; (*marché*) gesättigt sein

Saturne [satyʀn] *f* Saturn *m*

sauce [sos] *f* Soße *f;* **~ vinaigrette** Vinaigrette *f* ► **mettre qc à toutes les ~s** *fam* etw in allen Variationen servieren

saucée [sose] *f fam* Guss *m*

saucer [sose] <2> *v. tr.* ① (*essuyer*) austunken ② *fam* (*tremper*) **se faire ~** klatschnass werden

sauciflard [sosiflaʀ] *m fam voir* **saucisson**

saucisse [sosis] *f* GASTR Würstchen *nt*

saucisson [sosisɔ̃] *m:* *luftgetrocknete Salami;* **~ sec** Hartwurst *f*

sauf [sof] *prép.* ① (*à l'exception de*) bis auf (+ *Akk*); **~ quand/si** außer wenn; **~ que ...** abgesehen davon, dass ... ② (*à moins de*) abgesehen von; **~ erreur de ma part** wenn ich mich nicht irre

saugrenu, e [sogʀəny] *adj.* albern; (*idée*) hirnrissig (*fam*)

saumon [somɔ̃] **I.** *m* Lachs *m* **II.** *adj. inv.* lachsfarben

saumoné, e [somɔne] *adj.* **truite ~e** Lachsforelle *f*

saumure [somyʀ] *f* Salzlake *f*

sauna [sona] *m* Sauna *f*

saupoudrer [sopudʀe] <1> *v. tr.* GASTR **~ de sucre** mit Zucker bestreuen; **~ de farine** mit Mehl bestäuben

saurai [sɔʀɛ] *fut de* **savoir**

saut [so] *m* a. INFORM Sprung *m;* **~ périlleux** Salto *m;* **~ à la perche/en longueur** Stabhoch-/Weitsprung *m;* **~ en parachute** Fallschirm[ab]sprung ▶ **faire le ~** den Schritt wagen; **faire un ~ chez qn** *fam* auf einen Sprung bei jdm vorbeischauen

saute [sot] *f* **~ d'humeur/de température** plötzlicher Stimmungs-/Temperaturumschwung

sauté [sote] *m* **~ de veau** Kalbsragout *nt*

saute-mouton [sotmutɔ̃] *m inv.* Bockspringen *nt*

sauter [sote] <1> **I.** *v. intr.* ❶ springen; (*sautiller*) [herum]hüpfen; (*~ vers le haut*) hochspringen; **~ à la corde/du lit** Seil/aus dem Bett springen; **~ en parachute** mit dem Fallschirm abspringen ❷ (*se précipiter*) **~ sur l'occasion** die Gelegenheit beim Schopf packen ❸ (*jaillir: bouchon*) knallen; (*bouton, chaîne*) abspringen ❹ (*exploser*) in die Luft fliegen (*fam*)(*bombe*) hochgehen (*fam*); **faire ~ qn/qc** jdn/etw in die Luft sprengen ❺ ELEC (*fusibles, plombs*) durchbrennen ❻ *fam* (*ne pas avoir lieu: classe, cours*) ausfallen ❼ GASTR **faire ~ qc** etw braten; **des pommes de terre sautées** Bratkartoffeln *Pl* ❽ (*clignoter: image*) flackern **II.** *v. tr.* ❶ (*franchir*) **~ qc** über etw springen (*Akk*) ❷ (*omettre*) überspringen ❸ *fam* (*avoir des relations sexuelles*) bumsen

sauterelle [sotʀɛl] *f* Heuschrecke *f*

sauteur, -euse [sotœʀ, -øz] *m, f* SPORT Springer(in) *m(f)*

sauteuse [sotøz] *f* GASTR Bratpfanne *f*

sautiller [sotije] <1> *v. intr.* hüpfen

sauvage [sovaʒ] **I.** *adj.* ❶ wild ❷ (*plante*) wild wachsend; (*lieu, pays*) unberührt **II.** *mf* ❶ (*indigène*) Wilde(r) *f(m)* ❷ (*brute*) Rohling *m*

sauvagement [sovaʒmɑ̃] *adv.* auf bestialische Weise

sauvageon, ne [sovaʒɔ̃, ɔn] *m, f* jugendlicher Randalierer/jugendliche Randaliererin

sauvegarde [sovgaʀd] *f* ❶ (*protection*) Schutz *m;* **~ de l'emploi** Sicherung *f* der Arbeitsplätze ❷ INFORM Sicherheitskopie *f;* **faire la ~ d'un fichier** eine Sicherungskopie einer Datei erstellen

sauvegarder [sovgaʀde] <1> *v. tr.* ❶ (*indépendance, liberté*) sich (*Dat*) bewahren; (*droits*) wahren; (*biens, patrimoine*) schützen ❷ INFORM sichern

sauve-qui-peut [sovkipø] *m inv.* Panik *f*

sauver [sove] <1> **I.** *v. tr.* ❶ (*porter secours*) **~ qn/qc de qc** jdn/etw vor etw (*Dat*) retten; **~ la vie à qn** jdm das Leben retten ❷ (*sauvegarder*) **~ de la faillite** (*entreprise*) vor dem Konkurs bewahren ❸ INFORM (*fichiers*) sichern **II.** *v. intr.* retten ▶ **sauve qui peut!** rette sich wer kann! **III.** *v. pron.* **se ~** ❶ (*s'enfuir*) flüchten ❷ *fam* (*s'en aller*) sich auf die Socken machen ❸ (*déborder*) überkochen

sauvetage [sov(ə)taʒ] *m* Rettung *f;* (*de naufragés*) Bergung *f*

sauveteur, -euse [sov(ə)tœʀ, -øz] *m, f* Retter(in) *m(f)*

sauvette [sovɛt] *f* **à la ~** *fam* auf die Schnelle

sauveur, sauveuse [sovœʀ, -øz] *m, f* Retter(in) *m(f)*

savant, e [savɑ̃, ɑ̃t] **I.** *adj.* ❶ (*érudit*) gelehrt ❷ *péj* kompliziert ❸ (*habile*) geschickt ❹ (*dressé*) dressiert **II.** *m, f* ❶ (*lettré*) Gelehrte(r) *f(m)* ❷ (*scientifique*) Wissenschaftler(in) *m(f)*

savate [savat] *f* Hauslatschen *m* (*fam*); (*chaussure*) Treter *m* (*fam*); **en ~s** *fam* in Pantoffeln

saveur [savœʀ] *f* Geschmack *m*

Savoie [savwa] *f* **la ~** Savoyen *nt*

savoir [savwaʀ] <irr> **I.** *v. tr.* ❶ wissen; **faire ~ à qn que ...** jdm Bescheid sagen, dass ... ❷ (*leçon, rôle*) können; (*détails*) kennen ❸ (*être capable de*) **~ attendre/dire non** warten/nein sagen können ❹ BELG (*pouvoir*) **ne pas ~ venir à l'heure** nicht pünktlich sein können ▶ **~ y faire** *fam* wissen, wie man's macht; **qn ne sait**

plus où se mettre *fam* jd würde sich am liebsten in ein Mauseloch verkriechen; **ne rien vouloir** ~ davon nichts wissen wollen; **à** ~ nämlich; **en** ~ **quelque chose** ein Lied davon singen können (*fam*); **n'en rien** ~ keine Ahnung haben **II.** *v. intr.* wissen ▸ **pas que je sache** nicht dass ich wüsste **III.** *v. pron.* ① (*être connu*) **se** ~ bekannt sein ② (*avoir conscience*) **se** ~ **malade** wissen, dass man krank ist ▸ **tout se sait** nichts bleibt verborgen **IV.** *m* Wissen *nt*

savoir-faire [savwaʀfɛʀ] *m inv.* Know-how *nt* **savoir-vivre** [savwaʀvivʀ] *m inv.* Benehmen *nt*

savon [savɔ̃] *m* Seife *f;* ~ **de Marseille** ≈ Kernseife ▸ **passer un** ~ **à qn** *fam* jdm einen Rüffel erteilen [*o* geben]

savonner [savɔne] <1> **I.** *v. tr.* einseifen **II.** *v. pron.* **se** ~ sich einseifen

savonnette [savɔnɛt] *f* Toilettenseife *f*

savourer [savuʀe] <1> **I.** *v. tr.* (*mets, boisson*) genießen; (*triomphe, vengeance*) auskosten **II.** *v. intr.* genießen

savoureux, -euse [savuʀø, -øz] *adj.* köstlich

saxe [saks] *m* Meiß[e]ner Porzellan *nt*

Saxe [saks] *f* **la** ~ Sachsen *nt*

Saxe-Anhalt [saksanalt] *f* Sachsen-Anhalt *nt*

saxo [sakso] **I.** *m* Saxophon *nt* **II.** *mf* Saxophonist(in) *m(f)*

saxon [saksɔ̃] *m* Sächsisch *nt; voir a.* **allemand**

saxon, ne [saksɔ̃, ɔn] *adj.* sächsisch; *voir a.* **allemand**

Saxon, ne [saksɔ̃, ɔn] *m, f* Sachse *m*/Sächsin *f*

saxophone [saksɔfɔn] *m* Saxophon *nt*

saxophoniste [saksɔfɔnist] *mf* Saxophonist(in) *m(f)*

saynète [sɛnɛt] *f* Sketch *m*

scabreux, -euse [skabʀø, -øz] *adj.* (*histoire*) schlüpfrig; (*allusion*) anzüglich

scalp [skalp] *m* Skalp *m*

scampi [skɑ̃pi] *mpl* Scampi *Pl*

scandale [skɑ̃dal] *m* ① (*éclat*) Skandal *m* ② (*indignation*) Empörung *f* ③ (*tapage*) Lärm *m* ▸ **faire** ~ Staub aufwirbeln

scandaleusement [skɑ̃daløzmɑ̃] *adv.* ① (*honteusement*) skandalös ② (*outrageusement*) unerhört; (*exagéré, sous-estimé*) maßlos

scandaleux, -euse [skɑ̃dalø, -øz] *adj.* (*honteux*) skandalös; (*prix, propos*) unverschämt; (*vie*) skandalumwittert

scandaliser [skɑ̃dalize] <1> *v. tr.* schockieren; **être scandalisé que** + *subj.* empört darüber sein, dass

scander [skɑ̃de] <1> *v. tr.* (*slogans*) im Sprechchor rufen

scandinave [skɑ̃dinav] *adj.* skandinavisch

Scandinave [skɑ̃dinav] *mf* Skandinavier(in) *m(f)*

Scandinavie [skɑ̃dinavi] *f* **la** ~ Skandinavien *nt*

scanner [skane] <1> *v. tr.* scannen

scanner [skanɛʀ] *m,* **scanneur** [skanœʀ] *m* Scanner *m*

scarification [skaʀifikasjɔ̃] *f* ① AGR (*d'une écorce*) Einritzen *nt;* (*du gazon*) Vertikutieren *nt* ② MED Hautritzung *f*

scarole [skaʀɔl] *f* Endivie *f*

scatologique [skatɔlɔʒik] *adj.* skatologisch

sceau [so] <x> *m* Siegel *nt*

sceller [sele] <1> *v. tr.* ① TECH (*crochet, couronne dentaire*) einzementieren; (*pierre*) einmauern; (*barreaux*) einlassen; (*dalle*) kleben ② (*authentifier par un sceau*) siegeln ③ (*fermer hermétiquement*) versiegeln

scellés [sele] *mpl* Amtssiegel *Pl*; **sous** ~ unter Verschluss

scénario [senaʀjo] <s> *m* CINE Drehbuch *nt*

scénariste [senaʀist] *mf* Drehbuchautor(in) *m(f)*

scène [sɛn] *f* ① a. THEAT Szene *f;* ~ **d'amour** Liebesszene; ~ **de ménage** Ehekrach *m* ② THEAT (*estrade*) Bühne *f;* (*décor*) Bühnenbild *nt;* **entrer en** ~ auftreten; **mettre en** ~ inszenieren ③ (*d'un crime, drame*) Schauplatz *m*

scénique [senik] *adj.* **indications ~s** Bühnenanweisungen *Pl*

sceptique [sɛptik] **I.** *adj.* skeptisch **II.** *mf* Skeptiker(in) *m(f)*

schah [ʃa] *m* Schah *m*

schéma [ʃema] *m* Schema *nt;* ~ **de montage** Montageplan *m*

schématique [ʃematik] *adj. a. péj* schematisch

schématiquement [ʃematikmɑ̃] *adv.* in groben Zügen

schématisation [ʃematizasjɔ̃] *f* Schematismus *m*
schématiser [ʃematize] <1> *v. tr.* schematisch darstellen
schilling [ʃiliŋ] *m* Schilling *m*
schizophrène [skizɔfʀɛn] **I.** *adj.* schizophren **II.** *mf* Schizophrene(r) *f(m)*
schizophrénie [skizɔfʀeni] *f* Schizophrenie *f*
Schleswig-Holstein [ʃlɛsvigɔlʃtajn] *m* **le** ~ Schleswig-Holstein *nt*
Schleu, e [ʃlø] *voir* **Chleuh**
schlinguer [ʃlɛ̃ge] <1> *v. intr. fam* müffeln
schmolitz [ʃmɔlits] *m* CH **faire** ~ Brüderschaft trinken
schnaps [ʃnaps] *m* Schnaps *m*
schuss [ʃus] *m* **descendre tout** ~ *fam* Schuss fahren
scie [si] *f* Säge *f*
sciemment [sjamɑ̃] *adv.* absichtlich
science [sjɑ̃s] *f* ❶ Wissenschaft *f* ❷ SCOL **les ~s** die Naturwissenschaften *Pl* ❸ (*érudition*) Wissen *nt*
science-fiction [sjɑ̃sfiksjɔ̃] *f inv.* Science-Fiction *f*
scientifique [sjɑ̃tifik] **I.** *adj.* wissenschaftlich **II.** *mf* ❶ (*savant*) Wissenschaftler(in) *m(f)* ❷ (*élève*) Naturwissenschaftler(in) *m(f)*
scientifiquement [sjɑ̃tifikmɑ̃] *adv.* wissenschaftlich
scientologie [sjɑ̃tɔlɔʒi] *f* Scientology® *f*; **Église de** ~ Scientology-Kirche *f*
scier [sje] <1> *v. tr.* ❶ (*couper*) sägen; (*arbres*) absägen ❷ *fam* (*estomaquer*) umhauen
scinder [sɛ̃de] <1> **I.** *v. tr.* (*parti*) spalten **II.** *v. pron.* **se** ~ **en qc** (*parti*) sich in etw (*Akk*) spalten
scintiller [sɛ̃tije] <1> *v. intr.* funkeln
scission [sisjɔ̃] *f* Spaltung *f*
sclérose [skleʀoz] *f* ❶ MED Sklerose *f* ❷ *fig* (*des institutions*) Verknöcherung *f*; (*d'une personne*) Verkalkung *f*
scléroser [skleʀoze] <1> *v. pron.* **se** ~ ❶ MED sich verhärten ❷ (*se figer*) unbeweglich werden
scolaire [skɔlɛʀ] *adj.* Schul-; (*résultats*) schulisch; **année** ~ Schuljahr *nt*
scolariser [skɔlaʀize] <1> *v. tr.* ❶ (*admettre dans une école*) einschulen ❷ (*doter d'écoles*) ~ **un pays** in einem Land Schulen einrichten

S

scolarité [skɔlaʀite] *f* Schulbesuch *m*; ~ **obligatoire** Schulpflicht *f*
scoliose [skɔljoz] *f* Skoliose *f*
scoop [skup] *m* Knüller *m* (*fam*)
scooter [skutœʀ] *m* Motorroller *m*; ~ **des mers** Jetski *m*; ~ **des neiges** Motorschlitten *m*
score [skɔʀ] *m* SPORT Spielergebnis *nt*; (*en cours de partie*) Spielstand *m*; POL Ergebnis
scorpion [skɔʀpjɔ̃] *m* ZOOL Skorpion *m*
Scorpion [skɔʀpjɔ̃] *m* ASTRO Skorpion *m*; *voir a.* **Balance**
scotch® [skɔtʃ] *m sans pl.* (*adhésif*) Tesafilm® *m*
scotcher [skɔtʃe] <1> *v. tr.* ❶ (*coller*) [mit Tesafilm] kleben ❷ *fig fam* **être scotché devant la télé** vor dem Fernseher hängen; **rester scotché devant la télé** nicht vom Fernseher wegkommen
scout, e [skut] **I.** *adj.* Pfadfinder-; (*fraternité*) der Pfadfinder **II.** *m, f* Pfadfinder(in) *m(f)*
scratcher [skʀatʃe] <1> *v. intr. fam* scratchen
script [skʀipt] *m* ❶ CINE Drehbuch *nt*; THEAT Regiebuch *nt* ❷ (*écriture*) Druckschrift *f* ❸ (*retranscription*) Skript *nt*
scrupule [skʀypyl] *m souvent pl.* (*hésitation*) Skrupel *m*; **avoir des ~s à faire qc** Hemmungen haben etw zu tun
scrupuleusement [skʀypyløzmɑ̃] *adv.* peinlich genau
scruter [skʀyte] <1> *v. tr.* (*horizon*) mit den Augen absuchen
scrutin [skʀytɛ̃] *m* Wahl *f*; ~ **majoritaire** Mehrheitswahl
sculpter [skylte] <1> **I.** *v. tr.* formen; (*bois*) schnitzen; (*meuble, objet en bois*) mit Schnitzereien verzieren; (*marbre, pierre*) behauen; ~ **qc dans du marbre** etw in Marmor hauen **II.** *v. intr.* sich als Bildhauer betätigen
sculpteur, -euse [skyltœʀ, -øz] *m, f* Bildhauer(in) *m(f)*; ~ **sur bois** Holzschnitzer(in) *m(f)*
sculpture [skyltyʀ] *f* ❶ (*statue*) Skulptur *f* ❷ (*art*) Bildhauerei *f*; ~ **sur pierre** Meißeln *nt*; ~ **sur bois** Holzschnitzerei *f*
SDF [ɛsdeɛf] *m, f abr. de* **sans domicile fixe** Obdachlose(r) *f(m)*

SDN [ɛsdeɛn] *f abr. de* **Société des Nations** Völkerbund *m*

se [sə] < *devant voyelle ou h muet* **s'**> *pron. pers.* ❶ sich; **il/elle ~ voit dans le miroir** er/sie sieht sich im Spiegel; **il/elle ~ demande s'il/si elle a raison** er/sie fragt sich, ob er/sie Recht hat ❷ (*l'un l'autre*) sich; **ils/elles ~ suivent/font confiance** sie folgen/vertrauen einander ❸ *avec les verbes pronominaux* sich; *voir a.* **me**

séance [seɑ̃s] *f* ❶ CINE Vorstellung *f* ❷ (*période, réunion*) Sitzung *f;* **~ de tir** Schießübung *f;* **~ de spiritisme** Séance *f*

seau [so] <x> *m* Eimer *m;* **un ~ d'eau** ein Eimer Wasser; **~ à glace** Eiskübel *m*

SEBC [ɛsøbese] *m abr. de* **Système européen de banques centrales** ESZB *nt*

sec [sɛk] **I.** *adv.* (*démarrer*) ruckartig; (*frapper, boire*) kräftig ▸ **aussi** ~ *fam* sofort; (*répondre*) wie aus der Pistole geschossen **II.** *m* **être à ~** ausgetrocknet sein; (*sans argent*) blank sein (*fam*); **mettre au ~** ins Trockene bringen

sec, sèche [sɛk, sɛʃ] *adj.* ❶ trocken ❷ (*figue*) getrocknet; **légumes ~s** Hülsenfrüchte *Pl*; **fruits ~s** Dörrobst *nt;* **raisins ~s** Rosinen *Pl* ❸ (*bras*) dürr; (*cheveu*) spröde ❹ (*bruit, rire*) kurz und heftig; (*coup*) rasch ❺ (*ton, refus*) schroff; (*réponse, merci*) knapp ❻ (*whisky, gin*) pur

sèche-cheveux [sɛʃʃəvø] *m inv.* Föhn *m* **sèche-linge** [sɛʃlɛ̃ʒ] *m inv.* Wäschetrockner *m* **sèche-mains** [sɛʃmɛ̃] *m inv.* Händetrockner *m*

sèchement [sɛʃmɑ̃] *adv.* (*refuser, répondre*) schroff

sécher [seʃe] <5> **I.** *v. tr.* ❶ (*rendre sec*) trocknen; (*en essuyant: personne, mains*) abtrocknen ❷ *fam* (*ne pas assister à*) schwänzen **II.** *v. intr.* ❶ trocknen ❷ (*bois*) trocken werden; (*plante, terre*) austrocknen; (*fleur, fruits*) vertrocknen ❸ *fam* (*ne pas savoir*) passen müssen **III.** *v. pron.* **se ~** sich abtrocknen; (*au soleil*) sich trocknen; **se ~ les mains** sich (*Dat*) die Hände abtrocknen; **se ~ les cheveux** [**avec un séchoir**] sich (*Dat*) die Haare föhnen

sécheresse [sɛʃʀɛs] *f* Trockenheit *f*

sèche-serviette [sɛʃsɛʀvjɛt] <sèche-serviettes> *m* Handtuchtrockner *m*

sécheuse [seʃøz] *f* CAN (*sèche-linge*) Wäschetrockner *m*

séchoir [seʃwaʀ] *m* ❶ Wäscheständer *m* ❷ (*sèche-cheveux*) Föhn *m*

second [s(ə)gɔ̃] *m* ❶ **le ~** der/die/das Zweite ❷ (*dans une charade*) zweite Silbe; *voir a.* **cinquième**

second, e [s(ə)gɔ̃, ɔ̃d] *adj. antéposé* zweite(r, s)

secondaire [s(ə)gɔ̃dɛʀ] **I.** *adj.* ❶ (*action, rôle, effets*) Neben-; (*secteur*) sekundär ❷ SCOL **l'enseignement ~** der Unterricht an weiterführenden Schulen **II.** *m* SCOL **le ~** die weiterführende Schule; (*au lycée*) die Gymnasialstufe

seconde [s(ə)gɔ̃d] *f* ❶ **la ~** der/die/das Zweite ❷ a. MATH, MUS Sekunde *f* ❸ (*temps très court*) Augenblick *m;* **une ~, j'arrive!** Sekunde, ich komme! ❹ SCOL ≈ zehnte Klasse ❺ TRANSP zweite Klasse

seconder [s(ə)gɔ̃de] <1> *v. tr.* **~ qn dans qc** jdm bei einer S. zur Hand gehen

secouer [s(ə)kwe] <1> **I.** *v. tr.* ❶ schütteln; (*nappe, tapis*) ausschütteln ❷ (*réveiller: personne*) wachrütteln ❸ (*ballotter: explosion, bombardement*) erschüttern; (*autobus, avion*)(*personne*) durchrütteln; (*arbre, embarcation*) hin und her schütteln ❹ (*traumatiser*) erschüttern **II.** *v. pron. fam* **se ~** (*réagir*) sich aufraffen

secourable [s(ə)kuʀabl] *adj.* hilfreich; **tendre une main ~ à qn** jdm seine Hilfe anbieten

secourir [s(ə)kuʀiʀ] <irr> *v. tr.* **~ qn** jdm Hilfe leisten

secourisme [s(ə)kuʀism] *m* erste Hilfe; **faire du ~** beim Rettungsdienst arbeiten

secouriste [s(ə)kuʀist] *mf* Sanitäter(in) *m(f)*

secours [s(ə)kuʀ] *m* ❶ (*sauvetage*) erste Hilfe; (*organisme*) Rettungsdienst *m;* (*en montagne*) Bergwacht *f;* **les ~** die Rettungsmannschaft ❷ (*aide*) Hilfe *f;* **porter ~ à qn** jdm Hilfe leisten; **au ~!** [zu] Hilfe!; **sortie de ~** Notausgang *m* ❸ (*subvention*) Unterstützung *f*

secousse [s(ə)kus] *f* (*choc*) Stoß *m*

secret [səkʀɛ] *m* ❶ Geheimnis *nt*

S

❷ *sans pl.* (*confidentialité*) Verschwiegenheit *f;* ~ **médical** ärztliche Schweigepflicht; **garder le ~ sur qc** etw geheim halten ▸**l'astrologie n'a plus de ~ pour elle** sie weiß alles über die Astrologie; **en** ~ im Geheimen

secret, -ète [səkʀɛ, -ɛt] *adj.* (*agent, service, code*) Geheim-; **garder qc ~** etw geheim halten

secrétaire [s(ə)kʀetɛʀ] **I.** *mf* Sekretär(in) *m(f);* ~ **médical** Sprechstundenhilfe *f;* ~ **de direction** Chefsekretär; ~ **général des Nations Unies** UNO-Generalsekretär **II.** *m* Sekretär *m*

secrétariat [s(ə)kʀetaʀja] *m* ❶ Sekretariat *nt* ❷ (*fonction officielle*) Amt *nt* des Sekretärs

secrètement [səkʀɛtmɑ̃] *adv.* (*agir, informer*) heimlich; (*espérer*) insgeheim

secte [sɛkt] *f* Sekte *f*

secteur [sɛktœʀ] *m* ❶ (*domaine*) Bereich *m;* (*primaire, secondaire, tertiaire*) Sektor *m* ❷ (*quartier*) Bezirk *m;* (*coin*) Gegend *f* ❸ ELEC Netz *nt*

section [sɛksjɔ̃] *f* ❶ ADMIN, POL Abschnitt *m;* AUT Zone *f* ❷ (*branche*) JUR Abteilung *f;* SCOL Fachrichtung *f* ❸ (*groupe*) Gruppe *f;* MIL Zug *m* ❹ MED Durchtrennung *f*

sectionnement [sɛksjɔnmɑ̃] *m* Durchtrennung *f*

sectionner [sɛksjɔne] <1> *v. tr.* (*artère, fil*) durchtrennen; **il a eu trois doigts sectionnés** ihm wurden drei Finger abgetrennt

sectoriel, le [sɛktɔʀjɛl] *adj.* nach Sektoren

sectorisation [sɛktɔʀizasjɔ̃] *f* Aufteilung *f* [in Bezirke]; (*d'un projet, de revendications*) Aufspaltung *f*

sécu [seky] *f abr. de* **Sécurité sociale**

séculaire [sekylɛʀ] *adj.* jahrhundertealt

sécularisation [sekylaʀizasjɔ̃] *f* Säkularisierung *f*

secundo [səgɔ̃do] *adv.* zweitens

sécuriser [sekyʀize] <1> *v. tr.* ~ **qn** jdm ein Gefühl der Sicherheit geben; **ne pas se sentir très sécurisé** sich nicht sehr sicher fühlen

sécurité [sekyʀite] *f* ❶ Sicherheit *f;* **conseils de ~** Sicherheitshinweise *Pl;* **en ~** (*se sentir*) sicher ❷ POL, ECON ~ **de l'emploi** sicherer Arbeitsplatz; ~ **civile** Zivilschutz *m;* ~ **routière** Sicherheit *f* auf den Straßen; **Sécurité sociale** *staatliche Sozial- und Krankenversicherung*

sédatif [sedatif] *m* Beruhigungsmittel *nt;* (*qui calme la douleur*) schmerzstillendes Mittel

sédentaire [sedɑ̃tɛʀ] *adj.* sesshaft; (*profession, travail*) ortsgebunden

sédentarité [sedɑ̃taʀite] *f* Sesshaftigkeit *f*

séducteur, -trice [sedyktœʀ, -tʀis] *m, f* Verführer(in) *m(f)*

séduction [sedyksjɔ̃] *f* (*pouvoir de séduire*) verführerischer Charme

séduire [sedɥiʀ] <irr> *v. tr.* ❶ (*tenter*) verführen ❷ (*plaire à*) ~ **qn** jdn überzeugen; (*pièce*) jdn begeistern

séduisant, e [sedɥizɑ̃, ɑ̃t] *adj.* verführerisch; (*personne*) anziehend; (*projet, proposition*) verlockend

segmenter [sɛgmɑ̃te] <1> *v. tr.* aufteilen

ségrégation [segʀegasjɔ̃] *f* Trennung *f*

ségrégationniste [segʀegasjɔnist] **I.** *adj.* segregationistisch (*geh*); (*politique, problème*) der Rassentrennung; (*idée, article, journal*) rassistisch **II.** *mf* Befürworter(in) *m(f)* der Rassentrennung

seigle [sɛgl] *m* Roggen *m*

sein [sɛ̃] *m* ANAT Brust *f*

Seine [sɛn] *f* **la** ~ die Seine

seize [sɛz] **I.** *num.* sechzehn **II.** *m inv.* Sechzehn *f; voir a.* **cinq**

seizième [sɛzjɛm] **I.** *adj. antéposé* sechzehnte(r, s) **II.** *mf* **le/la** ~ der/die/das Sechzehnte **III.** *m* ❶ (*fraction*) Sechzehntel *nt* ❷ SPORT ~ **de finale** Ausscheidungsrunde *f* zum Achtelfinale; *voir a.* **cinquième**

séjour [seʒuʀ] *m* ❶ Aufenthalt *m* ❷ (*salon*) Esszimmer *nt*

séjourner [seʒuʀne] <1> *v. intr.* sich aufhalten

sel [sɛl] *m* ❶ Salz *nt;* **gros** ~ grobes Salz ❷ (*piquant: d'une histoire*) Witz *m*

sélectif, -ive [selɛktif, -iv] *adj.* selektiv

sélection [selɛksjɔ̃] *f* ❶ (*fait de choisir*) Auswahl *f* ❷ (*choix avec règles et critères*) Auswahlverfahren *nt;* **critères de ~** Auswahlkriterien *Pl* ❸ ZOOL, BIO Selektion *f*

sélectionné, e [selɛksjɔne] *m, f* SPORT Auswahlspieler(in) *m(f)*

sélectionner [selɛksjɔne] <1> *v. tr.* ❶ auswählen; (*joueur*) aufstellen ❷ INFORM anklicken

sélectionneur, -euse [selɛksjɔnœʀ, -øz] *m, f* Eignungsprüfer(in) *m(f);* SPORT ≈ Bundestrainer(in) *m(f) (der/die die Mannschaftsaufstellung vornimmt)*
sélénium [selenjɔm] *m* CHIM Selen *nt*
self [sɛlf] *m fam* Selbstbedienungsrestaurant *nt*
self-control [sɛlfkɔ̃tʀol] <self-controls> *m* Selbstbeherrschung *f* **self-service** [sɛlfsɛʀvis] <self-services> *m* Selbstbedienung *f;* (*magasin*) Selbstbedienungsladen *m;* (*restaurant*) Selbstbedienungsrestaurant *nt*
selle [sɛl] *f* ❶ (*siège*) Sattel *m* ❷ GASTR Rücken *m* ❸ (*matières fécales*) **~s** Stuhl[gang *m*] *m*
sellerie [sɛlʀi] *f* ❶ (*profession*) Sattlerei *f* ❷ (*selles, harnais*) Sattelzeug *nt* ❸ (*lieu*) Sattelraum *m*
sellette [sɛlɛt] *f* **mettre qn sur la ~** jdn auf die Anklagebank bringen
selon [s(ə)lɔ̃] *prép.* ❶ (*conformément à*) gemäß (*Dat*) ❷ (*en fonction de*) je nach; **~ leur âge** nach Alter ❸ (*d'après*) **~ qc** etw (*Dat*) zufolge; **~ moi** meines Erachtens
semaine [s(ə)mɛn] *f* ❶ Woche *f;* **la ~ de trente-cinq heures** die Fünfunddreißigstundenwoche; **en ~** unter der Woche ❷ REL **~ sainte** Karwoche *f*
sémantique [semɑ̃tik] **I.** *adj.* semantisch; **champ ~** Wortfeld *nt* **II.** *f* Semantik *f*
semblable [sɑ̃blabl] **I.** *adj.* ❶ (*pareil*) solche(r, s); (*objets, personnes*) gleich; **rien de ~** nichts Derartiges ❷ (*ressemblant*) ähnlich **II.** *mf* ❶ (*prochain*) Mitmensch *m* ❷ (*congénère*) **mon/ton/son ~** meines-/deines-/seines-/ihresgleichen
semblant [sɑ̃blɑ̃] *m* **un ~ de vérité** ein Hauch von Wahrheit ▸ **faire ~ de dormir** so tun, als würde man schlafen; **faire juste ~** nur so tun [als ob]
sembler [sɑ̃ble] <1> **I.** *v. intr.* **~ préoccupé** besorgt zu sein scheinen **II.** *v. intr. impers.* ❶ (*paraître*) **il semble que** + *indic. o subj.* es sieht ganz so aus, als; **il semblerait que** + *subj.* allem Anschein nach ❷ (*avoir l'impression de*) **il me semble bien vous avoir déjà rencontré** ich habe das Gefühl, Ihnen schon einmal begegnet zu sein ❸ (*paraître*) **il me semble, à ce qu'il me semble** [wie] mir scheint
semelle [s(ə)mɛl] *f* Sohle *f;* (*intérieure*) Einlage *f* ▸ **être de la [vraie] ~** (*bifteck, escalope*) zäh wie Leder sein; **ne pas lâcher qn d'une ~** jdm auf Schritt und Tritt folgen
semer [s(ə)me] <4> **I.** *v. intr.* säen **II.** *v. tr.* ❶ (*graines*) [aus]säen ❷ (*discorde, zizanie*) säen; (*terreur, panique*) verbreiten ❸ (*truffer*) **être semé de difficultés** voller Schwierigkeiten sein ❹ (*se débarrasser de*) abhängen (*fam*)
semestre [s(ə)mɛstʀ] *m* Halbjahr *nt;* UNIV Semester *nt*
semestriel, le [s(ə)mɛstʀijɛl] *adj.* (*assemblée*) halbjährlich; (*bulletin*) Halbjahres-; (*revue*) halbjährlich erscheinend
séminaire [seminɛʀ] *m* Seminar *nt*
sémite [semit] *adj.* semitisch
semoule [s(ə)mul] **I.** *f* Grieß *m* **II.** *app* (*sucre*) Streu-
sempiternel, le [sɑ̃pitɛʀnɛl] *adj. antéposé* ewig
sénat [sena] *m* Senat *m;* **le Sénat** der Senat

> Der **Sénat** bildet zusammen mit der *Assemblée nationale* das französische Parlament. Sein Sitz ist das *Palais du Luxembourg* in Paris. Er setzt sich aus 341 Senatoren zusammen, die für sechs Jahre in indirekter Wahl bestimmt werden. Ein neues Gesetz kann nur mit Zustimmung von **Sénat** und *Assemblée nationale* verabschiedet werden. Der **Sénat** vertritt die Interessen der Gebietskörperschaften und wacht über die Verfassung.

sénateur [senatœʀ] *m* Senator(in) *m(f)*
sénatoriales [senatɔʀjal] *fpl* Senatswahlen *Pl*
Sénégal [senegal] *m* **le ~** der Senegal
sénégalais, e [senegalɛ, ɛz] *adj.* senegalesisch; *voir a.* **allemand**
Sénégalais, e [senegalɛ, ɛz] *m, f* Senegalese *m*/Senegalesin *f*
sénile [senil] *adj.* altersschwach
senior [senjɔʀ] **I.** *adj.* (*équipe*) Senioren- **II.** *mf* ❶ (*sportif plus âgé*) Senior(in) *m(f)* ❷ (*vieillard*) **les ~s** die älteren Herrschaften

S

sens[1] [sɑ̃s] *m* (*signification*) Sinn *m;* **au ~ large/figuré** im weiteren/übertragenen Sinn

sens[2] [sɑ̃s] *m* ❶ (*direction*) Richtung *f;* **dans le ~ contraire** andersherum; **dans le ~ de la longueur** der Länge nach; **dans le ~ des aiguilles d'une montre** im Uhrzeigersinn; **en ~ inverse** umgekehrt; **en ~ inverse** (*rouler*) in die entgegengesetzte Richtung ❷ (*idée*) Sinn *m;* **aller dans le même ~** dasselbe Ziel verfolgen; **aller dans le bon ~** (*personne*) auf dem richtigen Weg sein ❸ AUT **~ giratoire** Kreisverkehr *m;* **~ interdit** Einbahnstraße *f;* (*panneau*) Durchfahrtsverbot *nt* ▸**en ce ~ que ...** insofern als ...; **en un [certain] ~** in gewissem Sinn

sens[3] [sɑ̃s] *m* ❶ ANAT Sinn *m* ❷ (*aptitude*) **~ pratique/de l'humour** Sinn für das Praktische/für Humor ❸ (*sagesse, raison*) **bon ~, ~ commun** gesunder Menschenverstand ▸**à mon ~** meines Erachtens

sensas[s] [sɑ̃sas] *adj. inv, fam abr. de* **sensationnel**

sensation [sɑ̃sasjɔ̃] *f* Empfindung *f;* (*impression*) Gefühl *nt* ▸**~s fortes** Nervenkitzel *m*

sensationnel, le [sɑ̃sasjɔnɛl] *adj.* ❶ (*extraordinaire*) sensationell ❷ *fam* (*super*) sagenhaft

sensé, e [sɑ̃se] *adj.* vernünftig

sensibilisation [sɑ̃sibilizasjɔ̃] *f* **~ à qc** Sensibilisierung *f* für etw

sensibiliser [sɑ̃sibilize] <1> *v. tr.* **~ qn à qc** jdn für etw sensibilisieren; **être sensibilisé à qc** für etw empfänglich sein

sensibilité [sɑ̃sibilite] *f* Sensibilität *f;* **être d'une extrême ~** äußerst empfindlich sein

sensible [sɑ̃sibl] *adj.* ❶ (*émotif*) sensibel; **~ aux attentions** empfänglich für Aufmerksamkeiten ❷ (*fragile*) empfindlich ❸ (*perceptible*) spürbar; (*goût, odeur*) deutlich ❹ (*odorat, ouïe*) fein ❺ (*délicat*) heikel; **point ~** wunder Punkt

sensiblement [sɑ̃sibləmɑ̃] *adv.* deutlich

sensoriel, le [sɑ̃sɔʀjɛl] *adj.* (*organe, nerf*) Sinnes-

sensualité [sɑ̃sɥalite] *f* Sinnlichkeit *f*

sensuel, le [sɑ̃sɥɛl] *adj.* sinnlich

sentence [sɑ̃tɑ̃s] *f* JUR Urteil *nt*

sentencieux, -euse [sɑ̃tɑ̃sjø, -jøz] *adj.* (*langage, style, ton*) sentenziös (*geh*); (*personne*) schulmeisterlich

senti, e [sɑ̃ti] *adj.* **un discours bien ~** treffende Worte; **vérité bien ~e** bittere Wahrheit

sentier [sɑ̃tje] *m* [Fuß]weg *m*

sentiment [sɑ̃timɑ̃] *m* ❶ Gefühl *nt* ❷ *pl* (*formule de politesse*) **veuillez agréer l'assurance de mes ~s distingués** mit freundlichen Grüßen ▸**prendre qn par les ~s** jdn von der Gefühlsseite her anpacken

sentimental, e [sɑ̃timɑ̃tal, o] <-aux> **I.** *adj.* ❶ (*nature, personne*) gefühlsbetont ❷ (*problème, vie*) Liebes- ❸ (*réaction, valeur*) gefühlsmäßig ❹ *péj* sentimental; (*film*) schnulzig **II.** *m, f* Gefühlsmensch *m*

sentimentalisme [sɑ̃timɑ̃talism] *m* Gefühlsduselei *f*

sentir [sɑ̃tiʀ] <10> **I.** *v. tr.* ❶ (*humer*) riechen ❷ (*avoir une odeur*) **~ la fumée** nach Rauch riechen; **ça sent le brûlé** es riecht verbrannt ❸ (*ressentir, pressentir*) spüren; **ça sent la neige** es sieht nach Schnee aus ❹ (*rendre sensible*) **faire ~ à qn que ...** jdn merken lassen, dass ... ▸**ne pas pouvoir ~ qn** jdn nicht ausstehen können **II.** *v. intr.* ❶ (*avoir une odeur*) riechen; **~ bon** gut riechen ❷ (*puer*) stinken; **il sent des pieds** er hat Schweißfüße **III.** *v. pron.* ❶ (*se trouver*) **se ~ fatigué** sich müde fühlen ❷ (*être perceptible*) **se ~** (*amélioration, changement*) zu spüren sein; **se faire ~** (*conséquences*) seine Wirkung zeigen; (*effet*) spürbar sein ▸**se ~ mal** (*s'évanouir*) ohnmächtig werden; (*fam: déménager*) eine Meise haben; **ne pas pouvoir se ~** sich nicht ausstehen können

séparation [sepaʀasjɔ̃] *f* ❶ Trennung *f;* (*de convives, manifestants*) Auseinandergehen *nt* ❷ (*cloison*) **[mur de] ~** Trennwand *f*

séparé, e [sepaʀe] *adj.* getrennt; (*étude*) gesondert; (*pièce*) separat

séparément [sepaʀemɑ̃] *adv.* (*examiner*) einzeln; (*vivre*) getrennt

séparer [sepaʀe] <1> **I.** *v. tr.* ❶ trennen ❷ (*problèmes*) auseinanderhalten **II.** *v. pron.* **se ~** ❶ sich trennen

❷ (*branche*) sich gabeln; (*route*) abzweigen

sept [sɛt] **I.** *num.* sieben **II.** *m inv.* Sieben *f; voir a.* **cinq**

septante [sɛptɑ̃t] *num.* BELG, CH (*soixante-dix*) siebzig; *voir a.* **cinq, cinquante**

septantième [sɛ̃ptɑ̃tjɛm] *adj.* BELG, CH (*soixante-dixième*) siebzigste(r, s); *voir a.* **cinquième**

septembre [sɛptɑ̃bʀ] *m* September *m; voir a.* **août**

septième [sɛtjɛm] **I.** *adj. antéposé* sieb[en]te(r, s) **II.** *mf* **le/la** ~ der/die/das Sieb[en]te **III.** *m* (*fraction*) Sieb[en]tel *nt; voir a.* **cinquième**

septièmement [sɛtjɛmmɑ̃] *adv.* sieb[en]tens

septuagénaire [sɛptɥaʒenɛʀ] **I.** *adj.* siebzigjährig **II.** *mf* Siebzigjährige(r) *f(m)*

séquelle [sekɛl] *f* Folge[erscheinung *f*] *f*

séquence [sekɑ̃s] *f* CINE, TV, LING Sequenz *f;* INFORM Folge *f*

séquentiel, le [sekɑ̃sjɛl] *adj.* INFORM fortlaufend

séquestration [sekɛstʀasjɔ̃] *f* (*de biens*) Beschlagnahmung *f;* ~ **de personne** Freiheitsberaubung *f;* ~ **d'enfant** Kindesraub *m*

séquestrer [sekɛstʀe] <1> *v. tr.* (*personne*) einsperren; (*otage*) gefangen halten

sera [səʀa], **serai** [səʀɛ], **seras** [səʀa] *fut de* **être**

serbe [sɛʀb] **I.** *adj.* serbisch; *voir a.* **allemand II.** *m* Serbisch *nt; voir a.* **allemand**

Serbe [sɛʀb] *mf* Serbe *m*/Serbin *f*

Serbie [sɛʀbi] *f* **la** ~ Serbien *nt*

serbo-croate [sɛʀbokʀɔat] <serbo-croates> **I.** *adj.* serbokroatisch; *voir a.* **allemand II.** *m* Serbokroatisch *nt; voir a.* **allemand**

serein, e [səʀɛ̃, ɛn] *adj.* heiter

sereinement [səʀɛnmɑ̃] *adv.* mit Ruhe

sérénité [seʀenite] *f* Heiterkeit *f;* **en toute** ~ mit aller Ruhe

serez [səʀe] *fut de* **être**

sergent-chef [sɛʀʒɑ̃ʃɛf] <sergents-chefs> *m* Stabsunteroffizier *m*

série [seʀi] *f* a. CINE, TV Serie; (*de casseroles*) Satz *m;* (*de volumes, questions*) Reihe *f* ▶ **en** ~ serienweise; **tueur en** ~ Serienmörder *m*

sérieusement [seʀjøzmɑ̃] *adv.* ❶ (*croire, penser*) im Ernst ❷ (*agir, travailler*) ernsthaft ❸ (*gravement*) ernstlich; (*touché, blessé*) schwer

sérieux [seʀjø] *m* ❶ Ernst *m;* **garder son** ~ ernst bleiben ❷ (*conscience: d'une personne*) Gewissenhaftigkeit *f;* (*d'un employé*) Zuverlässigkeit *f* ▶ **prendre au** ~ ernst nehmen; **se prendre au** ~ sich wichtig nehmen

sérieux, -euse [seʀjø, -jøz] *adj.* ❶ ernst ❷ (*digne de confiance*) seriös; (*employé*) zuverlässig; (*promesse*) ernst gemeint ❸ (*élève, apprenti, travail*) ernsthaft ❹ (*problème*) ernst zu nehmend ❺ *a. antéposé* (*fort: différence, somme*) gewaltig; (*raison*) gewichtig ❻ (*sage*) anständig

seriner [s(ə)ʀine] <1> *v. tr. fam* (*rabâcher*) ~ **qc à un enfant** einem Kind etw wieder und wieder sagen

seringue [s(ə)ʀɛ̃g] *f* Spritze *f*

serment [sɛʀmɑ̃] *m* Schwur *m;* ~ **d'Hippocrate** hippokratischer Eid; **prêter** ~ einen Eid ablegen

séropo [seʀopo] *mf fam abr. de* **séropositif**

séropositif, -ive [seʀopozitif, -iv] **I.** *adj.* seropositiv; (*en parlant du sida*) HIV-positiv **II.** *m, f* Seropositive(r) *f(m);* (*atteint du sida*) HIV-Positive(r) *f(m)*

serpent [sɛʀpɑ̃] *m* Schlange *f*

serpentin [sɛʀpɑ̃tɛ̃] *m* Luftschlange *f*

serpillière [sɛʀpijɛʀ] *f* Scheuertuch *nt;* **passer la** ~ feucht [auf]wischen

serpolet [sɛʀpɔlɛ] *m* Feldthymian *m*

serre [sɛʀ] *f* AGR Gewächshaus *nt;* (*chauffée*) Treibhaus *nt*

serré [seʀe] *adv.* ❶ **jouer** ~ vorsichtig spielen; *fig* taktieren ❷ (*écrire*) eng

serré, e [seʀe] *adj.* ❶ (*café, alcool*) stark ❷ (*forêt, foule*) dicht; **en rangs ~s** in dichten Reihen ❸ (*débat, discussion*) heiß; (*combat*) hart; (*course*) Kopf-an-Kopf-

serre-joint [sɛʀʒwɛ̃] <serre-joints> *m* [Schraub]zwinge *f*

serrer [seʀe] <1> **I.** *v. tr.* ❶ (*tenir en exerçant une pression*) umklammern; ~ **la main de qn** jdm die Hand schütteln; ~ **qn/qc dans ses bras/contre soi** jdn/etw an sich (*Akk*) drücken ❷ (*dents, mâchoires*) zusammenbeißen; (*lèvres*) zusammenpressen; (*poings*) ballen ❸ (*ceinture*) enger schnallen;

(*nœud*) festziehen ❹ (*se tenir près de*) ~ **qn/qc** sich dicht an jdn/etw halten; ~ **qn/qc contre un mur** jdn/etw gegen eine Mauer drängen ❺ (*invités*) zusammenrücken lassen; **être serrés** (*personnes*) eng nebeneinandersitzen/nebeneinanderstehen/...; (*objets*) dicht gedrängt stehen/liegen/... ❻ (*budget*) kürzen; (*dépenses*) einschränken **II.** *v. intr.* ~ **à droite/à gauche** sich rechts/links halten **III.** *v. pron.* **se** ~ ❶ (*se rapprocher: personnes*) enger zusammenrücken; **se** ~ **contre qn** sich [eng] an jdn schmiegen ❷ (*se contracter*) **sa gorge se serre** seine/ihre Kehle ist wie zugeschnürt

serrure [seʀyʀ] *f* Schloss *nt*

serrurier, -ière [seʀyʀje, -jɛʀ] *m, f* Schlosser(in) *m(f)*

serveur [sɛʀvœʀ] *m* Server *m;* ~ **de courrier** Mail Server

serveur, -euse [sɛʀvœʀ, -øz] *m, f* (*employé*) Bedienung *f,* Kellner(in) *m(f)*

servi, e [sɛʀvi] *part. passé de* **servir**

serviable [sɛʀvjabl] *adj.* hilfsbereit

service [sɛʀvis] *m* ❶ (*au restaurant, bar*) Bedienung *f;* (*à l'hôtel, dans un magasin*) Service *m* ❷ (*organisme officiel*) ~ **administratif** (*d'État*) Behörde *f;* (*d'une commune*) Dienststelle *f;* ~ **du feu** CH Feuerwehr *f,* Brandwache *f* (CH); ~ **d'ordre** Ordnungsdienst *m;* **le** ~ **public** der öffentliche Dienst; **les** ~**s sociaux** die sozialen Einrichtungen; ~**s secrets** Geheimdienst *m* ❸ (*département*)a. MED Abteilung *f;* ~ **après-vente/[de] dépannage** Kunden-/Reparaturdienst *m;* ~ **de cardiologie** Kardiologie *f* ❹ (*militaire, civil*) -dienst *m* ❺ (*activité professionnelle*) Dienst *m;* **être de** ~ Dienst haben ❻ ECON (*prestations*) Dienstleistung *f* ❼ (*action de servir*) Dienst *m* ❽ (*faveur*) Gefallen *m;* **rendre** ~ **à qn** jdm behilflich sein ❾ (*assortiment pour la table*) Service *nt;* ~ **à fondue/raclette** Fondue-/Racletteset *nt* ❿ SPORT (*au tennis*) Aufschlag *m;* (*au volley-ball*) Aufgabe *f;* (*jeu où on sert au tennis*) Aufschlagspiel *nt* ⓫ REL ~ **[religieux]** Gottesdienst *m* ▶ **à ton/votre** ~**!** gern geschehen!; **en** ~ in Betrieb; **hors** ~ außer Betrieb

serviette [sɛʀvjɛt] *f* ❶ (*pour la toilette*) Handtuch *nt;* ~ **de bain** Badetuch; ~ **hygiénique** [Damen]binde *f* ❷ (~ *de table*) Serviette *f* ❸ (*attaché-case*) Aktentasche *f*

servir [sɛʀviʀ] <irr> **I.** *v. tr.* ❶ (*boisson, repas*) servieren ❷ (*client*) bedienen; **on vous sert, Madame/Monsieur?** werden Sie schon bedient?; **qu'est-ce que je vous sers?** was darf es sein? **II.** *v. intr.* ❶ (*être utile: voiture, outil*) von Nutzen sein; (*conseil, explication*) nützlich sein; ~ **à qn à la réparation/à faire la cuisine** jdm zur Reparatur dienen/dazu dienen zu kochen; **rien ne sert de t'énerver** es bringt nichts, wenn du dich aufregst (*fam*) ❷ (*tenir lieu de*) ~ **de guide à qn** für jdn den Fremdenführer machen; **ça te servira de leçon!** das wird dir eine Lehre sein! ❸ SPORT (*au tennis*) aufschlagen; (*au volley-ball*) aufgeben **III.** *v. pron.* ❶ (*utiliser*) **se** ~ **de qn** jdn benutzen; **se** ~ **de ses relations** seine Beziehungen spielen lassen ❷ (*prendre soi-même qc*) **se** ~ sich bedienen ❸ (*être servi*) **ce vin se sert frais** dieser Wein wird kühl serviert

serviteur [sɛʀvitœʀ] *m* (*domestique*) Diener *m*

ses [se] *dét. poss. voir* **sa, son**

sésame [sezam] *m* ❶ BOT Sesam *m* ❷ (*passe-partout*) Zauberformel *f* ▶ **Sésame, ouvre-toi** Sesam, öffne dich

session [sesjɔ̃] *f* ❶ Sitzung *f;* ~ **d'examens** Prüfungsphase *f* ❷ INFORM Sitzung *f;* **ouvrir/clore une** ~ sich ein-/ausloggen

set [sɛt] *m* ❶ SPORT Satz *m* ❷ (*service de table, nécessaire*) Set *nt*

seuil [sœj] *m* ❶ (*pas de la porte*) [Tür]schwelle *f* ❷ (*limite*) Grenze *f*

seul, e [sœl] **I.** *adj.* ❶ (*sans compagnie*) allein; ~ **à** ~ unter vier Augen; **parler tout** ~ Selbstgespräche führen ❷ *antéposé* (*unique*) einzig ❸ (*uniquement*) nur; **lui** ~ **est** [*o* **il est** ~] **capable de le faire** er allein ist dazu fähig; ~ **le résultat importe** nur das Ergebnis zählt **II.** *m, f* **le** ~**/la** ~**e** der/die Einzige

seulement [sœlmɑ̃] *adv.* ❶ (*pas davantage*) nur ❷ (*opp: déjà*) erst ▶ **non** ~ **..., mais [encore]** ... nicht nur ..., sondern auch [noch]; **si** ~ wenn nur

sève [sɛv] *f* BOT Saft *m*

sévère [sevɛʀ] *adj.* ❶ (*rigoureux*) streng;

S

(*critique, jugement*) hart; (*concurrence*) scharf; (*lutte*) unerbittlich ❷ (*pertes*) schwer; (*échec*) schlimm

sévèrement [sevɛʀmɑ̃] *adv.* (*éduquer, punir*) streng; (*critiquer*) scharf

sévérité [seveʀite] *f* Strenge *f;* (*d'une critique*) Härte *f*

sévices [sevis] *mpl* Misshandlung *f;* **exercer des ~ sur qn** jdn misshandeln

sèvres [sɛvʀ] *m* Sèvresporzellan *nt*

sexagénaire [sɛksaʒenɛʀ] **I.** *adj.* (*personne*) in den Sechzigern; **être ~** über sechzig Jahre alt sein **II.** *mf* Sechzigjährige(r) *f(m)*

sex-appeal [sɛksapil] <sex-appeals> *m* Sexappeal *m*

sexe [sɛks] *m* ❶ (*catégorie*) Geschlecht *nt* ❷ *fam* (*sexualité*) Sex *m* ❸ (*organe*) Geschlechtsorgan *nt*

sex-shop [sɛksʃɔp] <sex-shops> *m* Sexshop *m* **sex-symbol** [sɛkssɛ̃bɔl] <sex-symbols> *m* Sexsymbol *nt*

sexualité [sɛksɥalite] *f* a. BIO Sexualität *f*

sexué, e [sɛksɥe] *adj.* (*être, reproduction*) geschlechtlich

sexuel, le [sɛksɥɛl] *adj.* ❶ (*relatif à la sexualité*) sexuell; (*éducation*) Sexual-; (*tourisme*) Sex- (*fam*) ❷ (*relatif au sexe*) Geschlechts-

sexuellement [sɛksɥɛlmɑ̃] *adv.* sexuell

sexy [sɛksi] *adj. inv, fam* sexy

shah [ʃa] *m* Schah *m*

shaker [ʃɛkœʀ] *m* Shaker *m*

shampo[o]ing [ʃɑ̃pwɛ̃] *m* Shampoo *nt;* **faire un ~ à qn** jdm die Haare waschen

shérif [ʃeʀif] *m* Sheriff *m*

sherry [ʃeʀi] *m* Sherry *m*

shetland [ʃɛtlɑ̃d] *m* Shetland *m*

shooter [ʃute] <1> **I.** *v. intr.* SPORT schießen **II.** *v. pron. fam* **se ~ à qc** (*se droguer*) etw fixen

short [ʃɔʀt] *m* Shorts *Pl*

shorty [ʃɔʀti] *m* Boxershorts *Pl (für Frauen)*

si¹ [si] < *devant voyelle ou h muet* **s'**> **I.** *conj.* ❶ (*condition, hypothèse*) wenn; **si j'étais riche, ...** wenn ich reich wäre ...; **si j'avais su!** wenn ich das gewusst hätte! ❷ (*opposition*) auch wenn ..., so ... [doch]; **si toi tu es mécontent, moi, je ne le suis pas!** auch wenn du unzufrieden bist, ich bin es nicht! ❸ (*désir, regret*) wenn ... nur; **ah si je les tenais!** wenn ich sie nur zu fassen bekäme! ▸ **si ce n'est ...** wenn nicht [sogar] ...; **si ce n'est qn/qc** außer jdm/etw; **si c'est ça** *fam* ja dann **II.** *m inv.* (*hypothèse*) Wenn *nt;* **avec des si, on mettrait Paris en bouteille** wenn das Wörtchen „wenn" nicht wär', wär' mein Vater Millionär

si² [si] *adv.* ❶ (*dénégation*) doch; **mais si!** [aber ja] doch! ❷ (*tellement*) so ❸ (*aussi*) **si ... que** so ... wie; **il n'est pas si intelligent qu'il le paraît** er ist nicht so klug, wie er aussieht ▸ **si bien que** so ..., dass; **[oh] que si!** [o] doch!

si³ [si] *adv.* (*interrogation indirecte*) ob

si⁴ [si] *m inv.* MUS H *nt,* h *nt*

siamois [sjamwa] *m* (*chat*) Siamkatze *f*

siamois, es [sjamwa, waz] *mpl, fpl* (*jumeaux*) **des ~s** siamesische Zwillinge *Pl*

Sibérie [sibeʀi] *f* **la ~** Sibirien *nt*

sibérien, ne [sibeʀjɛ̃, jɛn] *adj.* sibirisch

Sibérien, ne [sibeʀjɛ̃, jɛn] *m, f* Sibirer(in) *m(f),* Sibirier(in)

sibyllin, e [sibilɛ̃, in] *adj.* (*comportement*) rätselhaft; (*ouvrage*) unverständlich

sic [sik] *adv.* sic

SICAV [sikav] *f abr. de* **Société d'Investissement à Capital Variable** (*titre*) Investmentfondsanteil *m*

Sicile [sisil] *f* **la ~** Sizilien *nt*

sicilien [sisiljɛ̃] *m* Sizilianisch *nt; voir a.* **allemand**

sicilien, ne [sisiljɛ̃, jɛn] *adj.* sizilianisch

Sicilien, ne [sisiljɛ̃, jɛn] *m, f* Sizilianer(in) *m(f)*

sida [sida] *m* **le ~** Aids *nt*

side-car [sidkaʀ] <side-cars> *m* (*motocyclette plus side-car*) Motorrad *nt* mit Beiwagen

sidérant, e [sideʀɑ̃, ɑ̃t] *adj.* verblüffend

sidérer [sideʀe] <5> *v. tr. fam* verblüffen

sidérurgie [sideʀyʀʒi] *f* Eisen- und Stahlindustrie *f*

sidérurgique [sideʀyʀʒik] *adj.* Eisen- und Stahl-; **usine ~** Stahlwerk *nt*

sidérurgiste [sideʀyʀʒist] *mf* Hüttenarbeiter(in) *m(f)*

sidologie [sidɔlɔʒi] *f* MED ❶ (*recherche, science*) Aidsforschung *f* ❷ (*soins*) Aidstherapie *f*

S

sidologue [sidɔlɔg] *mf* Aidsspezialist(in) *m(f)*

siècle [sjɛkl] *m* ① (*période de cent ans*) Jahrhundert *nt;* **au III**[e] **~ avant J.C.** im 3. Jahrhundert v. Chr. ② (*période remarquable*) **le Siècle des Lumières** das Zeitalter der Aufklärung ③ (*période très longue*) Ewigkeit *f* (*fam*) ▶**du** ~ *fam* Jahrhundert-

siège [sjɛʒ] *m* ① a. POL Sitz *m;* **~ pour enfant** AUT Kindersitz ② (*action d'assiéger*) Belagerung *f*

siéger [sjeʒe] <2a, 5> *v. intr.* ① (*députés, procureur*) sitzen ② (*tenir séance*) tagen

sien, ne [sjɛ̃, sjɛn] *pron. poss* ① (*appartenant à un homme, à un garçon ou à un animal de sexe mâle*) **le ~/la ~ne** sein/seine/seins; **les ~s** seine ② (*appartenant à une femme, à une fille ou à un animal de sexe féminin*) **le ~/la ~ne** ihrer/ihre/ihres; **les ~s** ihre ③ *pl* (*ceux de la famille d'un homme, d'un garçon*) **les ~s** seine Angehörigen; (*ses partisans*) seine/ihre Anhänger ④ *pl* (*ceux de la famille d'une femme, d'une fille*) **les ~s** ihre Angehörigen; (*ses partisans*) ihre Anhänger ▶**faire des ~nes** *fam* (*personne*) Unfug machen; **y mettre du ~** tun, was man kann

sierra [sjeʀa] *f* Sierra *f*

sieste [sjɛst] *f* Mittagsschlaf *m*

siester [sjɛste] <1> *v. intr. fam* Siesta machen

sifflement [sifləmɑ̃] *m* Pfeifen *nt;* (*du serpent, de la vapeur*) Zischen *nt*

siffler [sifle] <1> **I.** *v. intr.* pfeifen; (*gaz, serpent*) zischen; **~ aux oreilles de qn** an jds Ohr (*Dat*) vorbeipfeifen **II.** *v. tr.* ① pfeifen; **~ la fin du match** das Spiel abpfeifen ② (*copain, chien*) pfeifen nach (*Dat*); **~ une fille** hinter einer jungen Frau herpfeifen ③ (*huer*) auspfeifen ④ *fam* (*verre*) hinunterstürzen

sifflet [siflɛ] *m* ① (*instrument*) Pfeife *f;* **coup de ~** Pfiff *m* ② *pl* (*huées*) Pfiffe *Pl*

siffloter [siflɔte] <1> *v. tr., intr.* [vor sich hin] pfeifen

sigle [sigl] *m* Abkürzung *f*

signal [siɲal, o] <-aux> *m* ① Signal *nt;* (*signe convenu*) Zeichen *nt;* **~ d'alarme** Alarmsignal; CHEMDFER Notbremse *f;* **~ de détresse** Notsignal *nt* ② INFORM Signal *nt;* **~ de sollicitation** Eingabeaufforderung *f*

signalement [siɲalmɑ̃] *m* Beschreibung *f*

signaler [siɲale] <1> *v. tr.* ① (*fait nouveau, perte, vol*) melden; **~ une erreur à qn** jdn auf einen Fehler hinweisen ② (*marquer par un signal: direction*) weisen ▶**rien à ~** keine besonderen Vorkommnisse; MED ohne Befund

signalisation [siɲalizasjɔ̃] *f* (*d'un aéroport, port: par lumière*) Befeuerung *f;* (*au sol*) Pistenmarkierung *f;* (*d'une route: par panneaux*) Beschilderung *f;* (*au sol*) Fahrbahnmarkierung *f;* (*par feu*) Ampelanlage[n *Pl*] *f;* **feu de ~** Ampel *f*

signataire [siɲatɛʀ] **I.** *adj.* (*État, pays*) Signatar- **II.** *mf* Unterzeichner(in) *m(f)*

signature [siɲatyʀ] *f* ① (*d'une personne*) Unterschrift *f* ② (*action*) Unterzeichnung *f*

signe [siɲ] *m* ① (*geste, symbole*) Zeichen *nt;* **~ de la main** [Hand]zeichen *nt;* **~ de la tête** Kopfbewegung *f;* **~ de tête affirmatif/négatif** Nicken *nt*/Kopfschütteln *nt;* **~ de bienvenue** Willkommensgeste *f;* **faire ~ à qn** (*pour signaler qc*) jdm zuwinken; (*pour contacter qn*) sich bei jdm melden; **faire ~ de la tête à qn** jdm zunicken; **faire ~ que oui/non** (*de la tête*) zustimmend nicken/den Kopf schütteln; (*d'un geste*) ein Zeichen der Zustimmung/Ablehnung machen; **faire le ~ de la croix** sich bekreuzigen ② (*indice*) Anzeichen *nt;* MED Symptom *nt* ③ (*trait distinctif*) Merkmal *nt* ④ ASTRO Sternzeichen *nt* ▶**c'est bon/mauvais ~** das ist ein gutes/schlechtes Zeichen

signer [siɲe] <1> *v. tr.* ① unterschreiben; (*pétition, traité*) unterzeichnen; (*tableau*) signieren ② (*œuvre, pièce*) verfassen; **être signé de qn** von jdm stammen ▶**être signé** *fam* jds Stempel tragen

signet [siɲɛ] *m* INET Bookmark *f o nt o m*

significatif, -ive [siɲifikatif, -iv] *adj.* (*date, décision, fait*) bedeutsam; (*geste, silence, sourire*) vielsagend; **être ~ de qc** etw erkennen lassen

signification [siɲifikasjɔ̃] *f* (*sens*) Bedeutung *f*

signifier [siɲifje] <1> *v. tr.* (*avoir pour

sens) bedeuten ▸**qu'est-ce que ça signifie?** was soll denn das?

silence [silɑ̃s] *m* ❶ *sans pl.* (*absence de bruit*) Stille *f;* (*calme*) Ruhe *f;* ~ **de mort** Totenstille; **travailler en** ~ arbeiten, ohne Lärm zu machen ❷ (*absence de paroles, d'information*) Schweigen *nt;* **garder le** ~ **sur qc** über etw (*Akk*) Stillschweigen bewahren; **réduire qn au** ~ jdn zum Schweigen bringen

silencieusement [silɑ̃sjøzmɑ̃] *adv.* (*sans bruit*) lautlos

silencieux [silɑ̃sjø] *m* Schalldämpfer *m*

silencieux, -euse [silɑ̃sjø, -jøz] *adj.* ❶ still ❷ (*opp: bruyant*) leise; **majorité silencieuse** schweigende Mehrheit; **rester** ~ schweigen

silhouette [silwɛt] *f* ❶ (*d'une personne*) Silhouette *f* ❷ (*figure indistincte*) Umriss *m*

silice [silis] *f* Kieselerde *f*

siliceux, -euse [silisø, -øz] *adj.* Kiesel-; (*terrain*) kieselsäurehaltig

silicium [silisjɔm] *m* Silizium *nt*

silicone [silikon] *m* Silikon *nt*

silicose [silikoz] *f* [Quarz]staublunge *f*

sillonner [sijɔne] <1> *v. tr.* (*traverser*) ~ **une ville** (*personnes, touristes*) kreuz und quer durch eine Stadt gehen/fahren; (*canaux, routes*) eine Stadt durchziehen; ~ **le ciel** (*avions*) am Himmel ihre Bahnen ziehen; (*éclairs*) den Himmel durchzucken

similaire [similɛʀ] *adj.* vergleichbar; (*goûts*) sehr ähnlich

simili [simili] *m* Imitation *f;* **en** ~ unecht

similicuir [similikɥiʀ] *m* Kunstleder *nt*

similitude [similityd] *f* (*analogie*) Ähnlichkeit *f*

simple [sɛ̃pl] **I.** *adj.* ❶ einfach; **rien de plus** ~ **à réaliser!** nichts leichter als das!; **le plus** ~**, c'est ...** am einfachsten ist es, ... ❷ (*personne, revenus*) bescheiden; (*cérémonie*) schlicht ❸ (*rien d'autre que*) ~ **formalité** reine Formalität; **un** ~ **coup de téléphone aurait suffi** ein [kurzer] Anruf hätte genügt ❹ (*naïf*) einfältig ❺ LING einfach, ohne Hilfsverb [gebildet]; **futur** ~ einfaches Futur ▸**c'est [bien]** ~ *fam* das ist ganz einfach; **écoute, c'est** ~**, si tu ...** jetzt hör' mir mal gut zu: wenn du ...; **c'est bien** ~**, il ne m'écoute jamais!** er hört mir einfach nie zu! **II.** *m* ❶ SPORT Einzel *nt;* **un** ~ **dames/messieurs** ein Damen-/Herreneinzel ❷ (*personne naïve*) ~ **d'esprit** geistig Behinderte(r) *f(m)*

simplement [sɛ̃pləmɑ̃] *adv.* ❶ (*s'exprimer*) einfach; (*se vêtir*) schlicht; (*recevoir*) ungezwungen ❷ (*seulement*) [einfach] nur

simplicité [sɛ̃plisite] *f* ❶ (*opp: complexité*) Einfachheit *f* ❷ (*naturel*) Schlichtheit *f;* **parler avec** ~ sich einfach [und verständlich] ausdrücken; **recevoir qn en toute** ~ jdn empfangen, ohne große Umstände zu machen

simplificateur, -trice [sɛ̃plifikatœʀ, -tʀis] *adj.* [zu] stark vereinfachend

simplification [sɛ̃plifikasjɔ̃] *f* Vereinfachung *f*

simplifier [sɛ̃plifje] <1> **I.** *v. tr.* vereinfachen; (*tâche, travail*) leichter machen **II.** *v. pron.* **se** ~ **la vie** sich (*Dat*) das Leben erleichtern

simplisme [sɛ̃plism] *m* übermäßige Vereinfachung; **faire preuve de** ~ die Dinge simplifizieren (*geh*)

simplissime [sɛ̃plisim] *adj.* (*très simple*) kinderleicht

simpliste [sɛ̃plist] *adj.* einseitig

simulation [simylasjɔ̃] *f* ❶ TECH Simulation *f* ❷ (*action de simuler un sentiment*) Heuchelei *f;* (*une maladie*) Simulieren *nt*

simuler [simyle] <1> *v. tr.* ❶ (*feindre*) vortäuschen; (*sentiment*) heucheln ❷ TECH simulieren

simultané, e [simyltane] *adj.* gleichzeitig

simultanéité [simyltaneite] *f* Gleichzeitigkeit *f*

simultanément [simyltanemɑ̃] *adv.* gleichzeitig

sincère [sɛ̃sɛʀ] *adj.* aufrichtig; (*aveu*) offen; (*ami, repentir*) echt; (*explication, réponse*) ehrlich; **veuillez agréer mes plus** ~**s salutations** mit [den] besten Grüßen

sincèrement [sɛ̃sɛʀmɑ̃] *adv.* (*avouer*) offen; (*regretter*) aufrichtig

sincérité [sɛ̃seʀite] *f* (*d'une personne, d'un sentiment*) Aufrichtigkeit *f;* (*d'une explication, réponse*) Ehrlichkeit *f;* **en toute** ~ ehrlich gesagt

Singapour [sɛ̃gapuʀ] Singapur *nt*

singe [sɛ̃ʒ] *m* ❶ ZOOL Affe *m; voir a.*

S

guenon ❷ *fam* (*personne qui imite*) Kasper *m;* **faire le ~** herumkaspern

singerie [sɛ̃ʒʀi] *f pl, fam* (*grimaces*) Grimassen *Pl;* (*pitreries*) Albereien *Pl*

singulariser [sɛ̃gylaʀize] <1> *v. pron.* **se ~ par qc** durch etw auffallen

singularité [sɛ̃gylaʀite] *f sans pl.* (*originalité*) Originalität *f*

singulier [sɛ̃gylje] *m* Singular *m*

singulier, -ière [sɛ̃gylje, -jɛʀ] *adj.* (*bizarre*) sonderbar; (*étonnant*) erstaunlich

singulièrement [sɛ̃gyljɛʀmɑ̃] *adv.* ❶ (*étrangement*) eigenartig ❷ (*fortement*) außerordentlich

sinistre [sinistʀ] **I.** *adj.* ❶ (*lugubre*) trostlos ❷ (*inquiétant*) unheilvoll ❸ (*nouvelle, spectacle*) schrecklich **II.** *m* (*catastrophe*) Katastrophe *f*

sinistré, e [sinistʀe] **I.** *adj.* (*bâtiment*) zerstört; **personnes ~es à la suite des inondations** Opfer *Pl* der Überschwemmungskatastrophe; **zone/région ~e** Katastrophengebiet *nt* **II.** *m, f* [Katastrophen]opfer *nt*

sinistrose [sinistʀoz] *f* Pessimismus *m*

sinologue [sinɔlɔg] *mf* Sinologe *m*/Sinologin *f*

sinon [sinɔ̃] *conj.* ❶ (*dans le cas contraire*) sonst ❷ (*si ce n'est*) **que faire ~ attendre?** was können wir anderes tun als warten?

sinus [sinys] *m* ANAT [Nasen]nebenhöhle *f*

sinusite [sinyzit] *f* Nebenhöhlenentzündung *f*

siphonné, e [sifɔne] *adj. fam* **être ~** spinnen

siphonner [sifɔne] <1> *v. tr.* (*transvaser le contenu*) absaugen; (*vider un contenant*) leeren

sirène [siʀɛn] *f* ❶ (*signal*) Sirene *f* ❷ (*femme poisson*) Meerjungfrau *f*

sirop [siʀo] *m* ❶ (*solution sucrée concentrée*) Sirup *m* ❷ (*boisson diluée*) Saft *m (mit Wasser verdünnter Sirup)* ❸ MED Sirup *m;* **~ contre la toux** Hustensaft

siroter [siʀɔte] <1> *v. tr. fam* [langsam und mit Genuss] trinken

sismique [sismik] *adj.* **secousse ~** Erdstoß *m*

site [sit] *m* ❶ (*paysage*) Landschaft *f;* (*région*) Gegend *f;* **~ naturel** Naturschönheit *f;* **~ touristique** Sehenswürdigkeit *f* ❷ (*lieu d'activité*) Standort *m;* **~ archéologique/de production** Ausgrabungs-/Produktionsstätte *f* ❸ INET **~ Web** Website *f;* **s'offrir un ~ sur Internet** [sich] eine Website einrichten

sitôt [sito] **I.** *adv.* ▶ **pas de ~** so bald nicht **II.** *conj.* **~ entré, ...** sobald er eingetreten war, ... ▶ **~ dit, ~ fait** gesagt, getan

situation [sitɥasjɔ̃] *f* ❶ Lage *f;* **~ de famille** Familienstand *m;* **la ~ sociale de qn** jds soziale Verhältnisse ❷ (*emploi*) [An]stellung *f;* **avoir une belle ~** eine gute Stellung haben

situé, e [sitɥe] *adj.* gelegen; **être ~ au sud** (*quartier, région/ maison*) im Süden liegen/stehen; **bien/mal ~** günstig/ ungünstig gelegen

situer [sitɥe] <1> **I.** *v. tr.* ❶ (*dans l'espace par la pensée*) **~ son film à Paris** seinen Film in Paris spielen lassen; (*dans le temps*) **~ qc en l'an ...** etw um ... ansiedeln ❷ *fam* (*personne*) einordnen **II.** *v. pron.* ❶ (*dans l'espace, à un certain niveau*) liegen; **l'action de ce roman se situe à Paris** dieser Roman spielt in Paris ❷ (*dans le temps*) **se ~ en l'an ...** im Jahr ... stattfinden

six [sis, *devant une voyelle* siz, *devant une consonne* si] **I.** *num.* sechs **II.** *m inv.* Sechs *f; voir a.* **cinq**

sixième [sizjɛm] **I.** *adj. antéposé* sechste(r, s) **II.** *mf* **le/la ~** der/die/das Sechste **III.** *m* (*fraction*) Sechstel *nt* **IV.** *f* SCOL ≈ sechste Klasse; *voir a.* **cinquième**

skate [skɛt] *m fam abr. de* **skate-board** Skateboard *nt;* **faire du ~** skaten

skate-board [skɛtbɔʀd] <skate-boards> *m* Skateboard *nt;* **faire du ~** Skateboard fahren

sketch [skɛtʃ] <[e]s> *m* Sketch *m*

ski [ski] *m* ❶ (*objet*) Ski *m* ❷ (*sport*) Skilauf[en *nt*] *m,* Skifahren *nt;* **~ de fond** [Ski]langlauf; **~ de piste** Abfahrt[slauf *m*] *f;* **~ hors piste** Tourenskilauf[en]; **faire du ~** Ski fahren; **chaussures de ~** Skistiefel *Pl;* **station de ~** Wintersportort *m*

skiable [skjabl] *adj.* (*domaine, piste*) Ski-

skier [skje] <1> *v. intr.* Ski fahren

skieur, -euse [skjœʀ, -jøz] *m, f* Skifahrer(in) *m(f)*

skin[head] [skin(ɛd)] *m* Skinhead *m*

slalom [slalɔm] *m* Slalom *m;* **faire du ~** (*en marchant*) im Zickzack gehen; (*en conduisant*) Slalom fahren; **en ~** im Slalom

slalomer [slalɔme] <1> *v. intr.* (*en marchant*) im Zickzack gehen; (*en conduisant, en roulant, en skis*) Slalom fahren

slalomeur, -euse [slalɔmœʀ, -øz] *m, f* Slalomfahrer(in) *m(f)*

slash [slaʃ] *m* TYP Slash *m*

slave [slav] *adj.* slawisch

Slave [slav] *mf* Slawe *m*/Slawin *f*

slip [slip] *m* Slip *m;* **~ [de bain]** Badehose *f*

slogan [slɔgɑ̃] *m* Slogan *m;* (*politique*) Schlagwort *nt*

slovaque [slɔvak] **I.** *adj.* slowakisch; *voir a.* **allemand II.** *m* Slowakisch *nt; voir a.* **allemand**

Slovaque [slɔvak] *mf* Slowake *m*/Slowakin *f*

Slovaquie [slɔvaki] *f* **la ~** die Slowakei

slovène [slɔvɛn] **I.** *adj.* slowenisch; *voir a.* **allemand II.** *m* Slowenisch *nt; voir a.* **allemand**

Slovène [slɔvɛn] *mf* Slowene *m*/Slowenin *f*

Slovénie [slɔveni] *f* **la ~** Slowenien *nt*

slow [slo] *m* Slowfox *m*

smala [smala] *f hum fam* Sippe *f;* **avec toute sa ~** mit Kind und Kegel

smasher [sma(t)ʃe] <1> *v. tr., intr.* schmettern

SME [ɛsɛmø] *m abr. de* **Système monétaire européen** EWS *nt*

S.M.I.C. [smik] *m abr. de* **salaire minimum interprofessionnel de croissance** tariflich festgelegter Mindestlohn

> Der seit 1970 bestehende **S.M.I.C.** wurde mit dem Ziel geschaffen, die Kaufkraft benachteiligter Arbeitnehmer aufrechtzuerhalten. Es handelt sich um einen festgelegten, aber dynamischen Bruttostundenlohn, den kein Arbeitgeber bei der Entlohnung volljähriger Arbeitnehmer unterschreiten darf. Dieser Mindestlohn wird jährlich erhöht, und zwar um einen Betrag, der mindestens 50 % der durchschnittlichen Lohn- und Gehaltserhöhungen im Land betragen muss.

smicard, e [smikaʀ, aʀd] *m, f fam* Mindestlohnempfänger(in) *m(f)*

SMS [ɛsɛmɛs] *m abr. de* **Short Message Service** SMS *f;* **envoyer un ~ à qn** jdm eine SMS schicken, jdm simsen

smurf [smœʀf] *m* Breakdance *m*

snack [snak] *m,* **snack-bar** [snakbaʀ] <snack-bars> *m* Schnellimbiss *m*

SNCF [ɛsɛnseɛf] *f abr. de* **Société nationale des chemins de fer français** *französische Eisenbahngesellschaft*

snob [snɔb] **I.** *adj.* versnobt (*pej*) **II.** *mf* Snob *m* (*pej*)

snober [snɔbe] <1> *v. tr.* (*personne*) von oben herab behandeln; (*invitation*) sich (*Dat*) zu gut sein für; (*repas*) verschmähen

snowboard [snobɔʀd] *m* Snowboard *m*

soap [sop] *m fam,* **soap-opéra** [sopɔpeʀa] <soap-opéras> *m* Soap *f*

sobrement [sɔbʀəmɑ̃] *adv.* ❶ (*boire, manger*) mäßig ❷ (*s'habiller*) schlicht

sociable [sɔsjabl] *adj.* (*aimable*) gesellig

social [sɔsjal] *m* ❶ (*questions sociales*) sozialer Bereich ❷ (*politique*) Sozialpolitik *f*

social, e [sɔsjal, jo] <-aux> *adj.* sozial; (*aide, logement, partenaires*) Sozial-; (*vie, convention*) gesellschaftlich; (*insecte*) staatenbildend

social-démocrate, sociale-démocrate [sɔsjaldemɔkʀat, sɔsjodemɔkʀat] <sociaux-démocrates> **I.** *adj.* sozialdemokratisch **II.** *m, f* Sozialdemokrat(in) *m(f)*

social-démocratie [sɔsjaldemɔkʀasi] <social-démocraties> *f* Sozialdemokratie *f*

socialement [sɔsjalmɑ̃] *adv.* sozial

socialisation [sɔsjalizasjɔ̃] *f* ❶ POL Sozialisierung *f* ❷ PSYCH Sozialisation *f*

socialiser [sɔsjalize] <1> *v. tr.* POL, PSYCH sozialisieren

socialisme [sɔsjalism] *m* Sozialismus *m*

socialiste [sɔsjalist] **I.** *adj.* sozialistisch **II.** *mf* Sozialist(in) *m(f)*

socialo [sɔsjalo] *mf fam abr. de* **socialiste** Sozi *mf*

socialo-communiste [sɔsjalokɔmynist] <socialo-communistes> *adj.* sozialistisch-kommunistisch

sociétaire [sɔsjetɛʀ] *mf* Mitglied *nt;* (*membre d'une société*) Gesellschafter(in) *m(f)*

sociétal, e [sɔsjetal] *adj.* gesellschaftlich

société [sɔsjete] *f* ❶ a. ECON (*communauté*) Gesellschaft *f;* ~ **à responsabilité limitée** Gesellschaft mit beschränkter Haftung; ~ **anonyme** Aktiengesellschaft; **vivre en** ~ (*fourmis*) in Staaten leben ❷ (*ensemble de personnes*) Gruppe *f;* **la haute** ~ die Highsociety ❸ POL **Société des Nations** Völkerbund *m*

socioculturel, le [sɔsjokyltyʀɛl] *adj.* soziokulturell

socioéconomique [sɔsjoekɔnɔmik] *adj.* sozioökonomisch **socioéducatif, -ive** [sɔsjoedykatif, -iv] *adj.* sozialpädagogisch

sociolinguistique [sɔsjolɛ̃gɥistik] **I.** *f* Soziolinguistik *f* **II.** *adj.* soziolinguistisch

sociologie [sɔsjɔlɔʒi] *f* Soziologie *f*

sociologique [sɔsjɔlɔʒik] *adj.* soziologisch

sociologiquement [sɔsjɔlɔʒikmɑ̃] *adv.* soziologisch

sociologue [sɔsjɔlɔg] *mf* Soziologe *m*/Soziologin *f*

sociopolitique [sɔsjopɔlitik] *adj.* sozialpolitisch

socioprofessionnel, le [sɔsjopʀɔfesjɔnɛl] **I.** *adj.* (*activité*) beruflich und gesellschaftlich; (*enquête*) das berufliche und soziale Umfeld betreffend; **catégorie ~le** Berufsgruppe *f* **II.** *m, f* (*responsable*) Vertreter(in) *m(f)* beruflicher und sozialer Gruppen

socquette [sɔkɛt] *f* Socke *f;* (*pour femmes, enfants*) Söckchen *nt*

S

soda [sɔda] *m* (*boisson aromatisée*) Limonade *f,* Kracherl *nt* (A)(*fam*)

sodomie [sɔdɔmi] *f* Analverkehr *m*

sodomiser [sɔdɔmize] <1> *v. tr.* ~ **qn** mit jdm anal koitieren

sœur [sœʀ] *f* ❶ (*opp: frère*) Schwester *f* ❷ (*objet semblable*) Gegenstück *nt* ❸ REL [Ordens]schwester *f;* **bonne** ~ *fam* fromme Schwester ▸ **et <u>ta</u>** ~[, **elle bat le beurre**]? *fam* kümmere dich um deinen eigenen Mist!

sœurette [sœʀɛt] *f* Schwesterchen *nt*

sofa [sɔfa] *m* Sofa *nt*

SOFRES [sɔfʀɛs] *f abr. de* **Société française d'enquêtes par sondages** *kommerzielles Meinungsforschungsinstitut in Frankreich*

software [sɔftwɛʀ] *m* Software *f*

soi [swa] **I.** *pron. pers. avec une prép* sich (*Dat o Akk*); **chez** ~ [bei sich (*Dat*)] zu Hause; **malgré** ~ (*à contrecœur*) gegen seinen Willen; (*par hasard*) unabsichtlich ▸ **<u>avoir</u> qc sur** ~ etw bei sich haben; **<u>en</u>** ~ an sich; **un genre en** ~ eine Gattung für sich **II.** *m* Selbst *nt;* **la conscience du** ~ das Ich-Bewusstsein

soi-disant [swadizɑ̃] **I.** *adj. inv, antéposé* sogenannt **II.** *adv.* angeblich; ~ **qu'il serait en vacances** *fam* anscheinend ist er im Urlaub

soie [swa] *f* ❶ (*tissu*) Seide *f* ❷ (*poils*) Borste *f*

soif [swaf] *f* ❶ (*besoin de boire*) Durst *m;* **avoir** ~ Durst haben; **donner** ~ **à qn** jdn durstig machen ❷ (*désir*) ~ **de vengeance** Rachsucht *f* ▸ **<u>mourir</u> de** ~ verdursten

soignant, e [swaɲɑ̃, ɑ̃t] *adj.* (*personnel*) Pflege-

soigner [swaɲe] <1> **I.** *v. tr.* ❶ (*traiter: rhume*) auskurieren; ~ **qn** (*médecin*) jdn behandeln; (*infirmier*) jdn pflegen; **se faire** ~ sich behandeln lassen ❷ (*personne*) sich kümmern um; (*animal*) versorgen; (*mains, chevelure, plante*) pflegen; (*style, tenue*) achten auf (+ *Akk*); **être soigné** (*travail*) sorgfältig gemacht sein ▸ **va te <u>faire</u>** ~! *fam* du hast sie wohl nicht alle! **II.** *v. pron.* ❶ (*essayer de se guérir*) **se** ~ sich pflegen; **se** ~ **tout seul** sich selbst kurieren ❷ *iron* (*avoir soin de soi*) **se** ~ es sich (*Dat*) gut gehen lassen ❸ (*pouvoir être soigné*) **se** ~ (*maladie*) behandelt werden können ▸ **<u>ça</u> se soigne!** *fam* du hast/der hat sie wohl nicht alle!

soigneusement [swaɲøzmɑ̃] *adv.* (*travailler*) gewissenhaft; (*installer*) sorgfältig; (*ranger*) ordentlich; (*éviter*) peinlich

soigneux, -euse [swaɲø, -øz] *adj.* (*appliqué*) sorgfältig; (*ordonné*) ordentlich; **être** ~ **dans son travail** gewissenhaft arbeiten

soi-même [swamɛm] *pron. pers.* selbst; **le respect de** ~ die Selbstachtung

soin [swɛ̃] *m* ❶ *sans pl.* (*application*) Sorgfalt *f;* **avec** ~ sorgfältig ❷ *pl* MED Behandlung *f;* **donner des ~s à qn**

jdn pflegen ❸ *pl* (*hygiène*) **~s du visage/corps** Gesichts-/Körperpflege *f* ❹ *sans pl.* (*responsabilité*) **laisser à qn le ~ de faire qc** es jdm überlassen etw zu tun ❺ *pl* (*attention*) Zuwendung *f*

soir [swaʀ] **I.** *m* Abend *m;* **le ~ tombe** es wird Abend; **pour le repas de ce ~** heute zum Abendessen; **8 heures du ~** 8 Uhr abends; **le ~** abends; **un [beau] ~** eines [schönen] Abends; **l'autre ~** neulich Abend ▸**du ~ au matin** die ganze Nacht [über] **II.** *adv.* abends; **hier ~** gestern Abend; **mardi ~** [am] Dienstagabend

soirée [swaʀe] *f* ❶ (*fin du jour*) Abend *m;* **en ~** abends; **demain en ~** morgen Abend; **en fin de ~** am späten Abend; **dans la ~** im Laufe des Abends ❷ (*fête*) [Abend]gesellschaft *f;* **~ dansante** Tanzabend *m;* **~ costumée** Kostümfest *nt;* **tenue de ~** Abendkleidung *f* ❸ THEAT, CINE Abendvorstellung *f*

sois, soit [swa] *subj prés de* **être**

soit I. [swat] *adv.* (*d'accord*) einverstanden; **eh bien ~!** also gut! **II.** [swa] *conj.* ❶ (*alternative*) **~ ..., ~ ...** [entweder] ... oder ... ❷ (*c'est-à-dire*) das heißt

soixantaine [swasɑ̃tɛn] *f* ❶ (*environ soixante*) **une ~ de personnes/pages** etwa sechzig Personen/Seiten ❷ (*âge approximatif*) **avoir la ~** [*o* **une ~ d'années**] ungefähr sechzig [Jahre alt] sein; **approcher de la ~** auf die Sechzig zugehen; **avoir [largement] dépassé la ~** [weit] über sechzig sein

soixante [swasɑ̃t] **I.** *num.* sechzig; **~ et un** einundsechzig; **~ et onze** einundsiebzig **II.** *m inv.* Sechzig *f; voir a.* **cinq, cinquante**

soixante-dix [swasɑ̃tdis] **I.** *num.* siebzig **II.** *m inv.* Siebzig *f; voir a.* **cinq, cinquante**

soixante-dixième [swasɑ̃tdizjɛm] <soixante-dixièmes> **I.** *adj. antéposé* siebzigste(r, s) **II.** *mf* **le/la ~** der/die/das Siebzigste **III.** *m* (*fraction*) Siebzigstel *nt; voir a.* **cinquième**

soixante-huitard, e [swasɑ̃tɥitaʀ, -aʀd] <soixante-huitards> *m, f* Achtundsechziger(in) *m(f)*

soixantième [swasɑ̃tjɛm] **I.** *adj. antéposé* sechzigste(r, s) **II.** *mf* **le/la ~** der/die/das Sechzigste **III.** *m* (*fraction*) Sechzigstel *nt; voir a.* **cinquième**

soja [sɔʒa] *m* Soja[bohne *f*] *f*

sol[1] [sɔl] *m* Boden *m;* (*plancher*) [Fuß]boden; GEO [Erd]boden; **être allongé sur le ~** auf dem Boden liegen; **personnel au ~** AVIAT Bodenpersonal *nt*

sol[2] [sɔl] *m inv.* MUS G *nt,* g *nt*

solaire [sɔlɛʀ] *adj.* (*système, huile*) Sonnen-; **centrale ~** Solarkraftwerk *nt*

soldat [sɔlda] *m* MIL Soldat *m;* **se faire ~ [de métier]** Berufssoldat werden

soldate [sɔldat] *f fam* Soldatin *f*

solde[1] [sɔld] *m* ❶ *pl* (*marchandises*) Sonderangebot[e *Pl*] *nt;* (*braderie*) Ausverkauf *m;* **~s d'été/d'hiver** Sommer-/Winterschlussverkauf; **en ~** im Sonderangebot ❷ FIN (*reliquat*) Restbetrag *m;* **~ débiteur/créditeur** Passiv-/Aktivsaldo

solde[2] [sɔld] *f* (*d'un soldat*) Sold *m;* (*d'un matelot*) Heuer *f*

solder [sɔlde] <1> **I.** *v. tr.* ❶ COM herabsetzen; **~ qc à un client** einem Kunden etw billiger verkaufen; **~ tout son stock** einen Räumungsverkauf machen ❷ FIN (*dette*) begleichen; (*compte*) abschließen **II.** *v. pron.* **se ~ par un échec/succès** mit einem Misserfolg/Erfolg enden

soldeur, -euse [sɔldœʀ, -øz] *m, f* Discounter(in) *m(f)*

soleil [sɔlɛj] *m* Sonne *f;* **le Soleil** die Sonne; **~ couchant/levant** Sonnenuntergang/-aufgang *m;* **se mettre au ~** sich in die Sonne legen; **déteindre au ~** in der Sonne bleichen; **il fait ~** die Sonne scheint; **prendre le ~** Sonne abbekommen

solennel, le [sɔlanɛl] *adj.* ❶ (*cérémonie, obsèques, promesse*) feierlich ❷ *péj* (*affecté*) gekünstelt

solennellement [sɔlanɛlmɑ̃] *adv.* ❶ (*avec éclat*) in feierlichem Rahmen ❷ (*avec gravité: jurer*) feierlich; (*promettre*) hoch und heilig; (*s'exprimer*) gewählt

solennité [sɔlanite] *f* ❶ (*d'un événement, d'une cérémonie*) Feierlichkeit *f;* (*d'un lieu*) Würde ❷ *péj* übertriebene Förmlichkeit

solidaire [sɔlidɛʀ] *adj.* (*lié*) solidarisch; **être ~ de qn** hinter jdm stehen

solidariser [sɔlidaʀize] <1> *v. pron.* **se ~** sich zusammenschließen; **se ~ avec qn** sich mit jdm solidarisch erklären

solidarité [sɔlidaʀite] *f* Solidarität *f;* **la**

S

~ **entre les collègues** die Solidarität unter den Kollegen

solide [sɔlid] **I.** *adj.* ❶ (*opp: liquide*) fest; (*corps*) Fest- ❷ (*construction, outil*) stabil; (*matériau*) haltbar; (*personne, santé*) robust ❸ (*connaissances*) fundiert; (*amitié*) unerschütterlich; (*position*) gesichert ❹ (*robuste*) kräftig ❺ *antéposé, fam* (*fortune, coup de poing*) ordentlich; (*appétit*) gesund **II.** *m* ❶ MATH, PHYS [geometrischer] Körper ❷ *fam* (*chose sûre, résistante*) **c'est du ~!** das ist was Solides!

solidement [sɔlidmɑ̃] *adv.* ❶ (*fixer*) gut; (*construire*) solide ❷ (*s'établir, s'installer*) fest; (*structurer*) schlüssig

solidité [sɔlidite] *f* ❶ (*d'une machine*) Robustheit *f;* (*d'un meuble*) Stabilität *f;* (*d'un tissu, vêtement*) Strapazierfähigkeit *f;* (*d'un nœud*) Festigkeit *f* ❷ (*d'une position*) Sicherheit *f;* (*d'un argument*) Stichhaltigkeit *f*

solitaire [sɔlitɛʀ] **I.** *adj.* einsam; (*vie*) zurückgezogen; (*caractère*) einzelgängerisch **II.** *mf* Einzelgänger(in) *m(f);* (*ermite*) Einsiedler(in) *m(f)* ▶ **en** ~ allein[e] **III.** *m* ❶ (*diamant*) Solitär *m* ❷ (*jeu*) Solitär[spiel *nt*] *m*

solitude [sɔlityd] *f* ❶ (*isolement*) Einsamkeit *f* ❷ (*tranquillité*) Alleinsein *nt* ❸ (*lieu solitaire*) Abgeschiedenheit *f*

solliciter [sɔlisite] <1> *v. tr. form* (*demander*) ~ **une autorisation de qn** jdn um eine Genehmigung ersuchen; ~ **de qn une audience** von jdm eine Audienz erbitten; ~ **un emploi** sich auf eine Stelle bewerben

solstice [sɔlstis] *m* Sonnenwende *f;* ~ **d'été/d'hiver** Sommer-/Wintersonnenwende

solubilité [sɔlybilite] *f* Löslichkeit *f;* **la ~ d'une substance dans l'eau** die Wasserlöslichkeit einer Substanz (*Gen*)

soluble [sɔlybl] *adj.* (*substance, café*) löslich; ~ **dans l'eau** wasserlöslich

solution [sɔlysjɔ̃] *f* a. CHIM, MED Lösung *f;* ~ **à un problème** Lösung für ein Problem; ~ **miracle** Patentrezept *nt;* ~ **médicamenteuse** flüssiges Medikament ▶ ~ **finale** HIST, POL Endlösung *f*

solvable [sɔlvabl] *adj.* (*client, pays*) zahlungsfähig; (*débiteur*) kreditwürdig; **non** ~ (*client, pays*) zahlungsunfähig; (*débiteur*) nicht kreditwürdig

somatiser [sɔmatize] <1> PSYCH **I.** *v. intr.* somatisieren **II.** *v. tr.* (*angoisse*) somatisieren, als körperliche Symptome erleiden

sombre [sɔ̃bʀ] *adj.* ❶ dunkel ❷ (*avenir, tableau, roman*) düster; (*pensée*) trübe; (*visage*) bedrückt; (*caractère, personne*) trübsinnig ❸ *antéposé fam* (*histoire*) finster; (*bizarre*) konfus

sombrer [sɔ̃bʀe] <1> *v. intr.* ❶ (*faire naufrage*) untergehen ❷ (*se perdre: personne*) den Boden unter den Füßen verlieren; ~ **dans la folie/l'alcool** dem Wahnsinn/dem Alkohol verfallen

sommaire [sɔmɛʀ] **I.** *adj.* ❶ (*analyse, réponse*) kurz[gefasst]; (*examen*) flüchtig ❷ (*exécution*) standrechtlich **II.** *m* (*table des matières*) Inhaltsverzeichnis *nt*

sommairement [sɔmɛʀmɑ̃] *adv.* (*brièvement*) kurz

somme[1] [sɔm] *f* Summe *f;* **faire la ~ de qc** etw zusammenrechnen ▶ **en** ~, ~ **toute** alles in allem

somme[2] [sɔm] *m* (*sieste*) Schläfchen *nt;* **piquer un** ~ *fam* ein Nickerchen machen

sommeil [sɔmɛj] *m* Schlaf *m;* **avoir** ~ müde sein; **tomber de** ~ zum Umfallen müde sein; **être réveillé en plein** ~ mitten aus dem Schlaf gerissen werden

sommeiller [sɔmeje] <1> *v. intr.* im Halbschlaf liegen

sommes [sɔm] *indic. prés. de* **être**

sommet [sɔmɛ] *m* ❶ (*d'une montagne*) Gipfel *m;* (*d'une tour, hiérarchie*) Spitze *f;* (*d'une pente, vague*) Kamm *m;* (*d'un arbre*) Wipfel *m;* ~ **d'un toit** Dachfirst *m;* **sur les ~s** in den Bergen ❷ (*apogée*) Höhepunkt *m;* **être au ~ de la gloire** am Gipfel des Ruhms angelangt sein ❸ POL Gipfel[treffen *nt*] *m*

somnambule [sɔmnɑ̃byl] **I.** *adj.* mondsüchtig **II.** *mf* Schlafwandler(in) *m(f)*

somnifère [sɔmnifɛʀ] *m* Schlafmittel *nt;* (*cachet, pilule*) Schlaftablette *f*

somnoler [sɔmnɔle] <1> *v. intr.* (*dormir à moitié*) halb schlafen

somptueusement [sɔ̃ptɥøzmɑ̃] *adv.* verschwenderisch

somptueux, -euse [sɔ̃ptɥø, -øz] *adj.* (*vêtement*) luxuriös; (*résidence*) prunkvoll; (*repas*) feudal; (*cadeau*) großzügig

son[1] [sɔ̃] **I.** *m* Ton *m;* (*d'une voix, d'un instrument, appareil*) Klang *m;* (*bruit*)

Lautstärke *f;* (*ondes*) Schall *m;* LING Laut *m* **II.** *app* [**spectacle**] ~ **et lumière** Licht-Ton-Inszenierung *f (an historischen Bauwerken)*

son[2] [sɔ̃, se] <ses> *dét. poss.* ❶ sein(e)/ihr(e); ~ **vase** seine/ihre Vase; *voir a.* **mon** ❷ *après un indéfini* sein; **à chacun ~ dû** jedem das Seine; **c'est chacun ~ tour** immer der Reihe nach ❸ *avec un titre, form* **Son Altesse Royale** Seine/Ihre Königliche Hoheit

sondage [sɔ̃daʒ] *m* (*enquête*) ~ [**d'opinion**] [Meinungs]umfrage *f*

sonde [sɔ̃d] *f* MED Sonde *f;* (*cathéter*) Katheter *m*

sondé, e [sɔ̃de] *m, f* Befragte(r) *f(m)*

sonder [sɔ̃de] <1> *v. tr.* (*personnes*) befragen; (*insidieusement*) ausfragen; (*intentions, sentiments*) erforschen; ~ **l'opinion** Meinungsumfragen machen

sondeur [sɔ̃dœʀ] *m* ❶ NAUT Peilgerät *nt* ❷ TECH Sondiergerät *nt;* ~ **à ultrasons** Ultraschallecholot *nt*

songer [sɔ̃ʒe] <2a> *v. intr.* (*penser*) ~ **à qn/qc** an jdn/etw denken; (*réfléchir*) über jdn/etw nachdenken

songeur, -euse [sɔ̃ʒœʀ, -ʒøz] *adj.* nachdenklich

sonnant, e [sɔnɑ̃, ɑ̃t] *adj.* **à minuit ~/à trois heures ~es** Punkt Mitternacht/drei Uhr

sonné, e [sɔne] *adj.* ❶ *fam* (*cinglé*) bescheuert ❷ *fam* (*groggy*) groggy ❸ (*annoncé par la cloche*) **il est quatre heures ~es** es schlägt vier Uhr

sonner [sɔne] <1> **I.** *v. tr.* ❶ (*cloche*) läuten; (*clairon*) blasen; ~ **trois coups** dreimal klingeln[*o* läuten (A)] ❷ (*appeler*) ~ **qn** [nach] jdm klingeln [*o* läuten (A)] ❸ *fam* (*étourdir, secouer*) ~ **qn** jdn fertigmachen; (*coup, nouvelle*) jdn umhauen; **être sonné** groggy sein ▸ **on [ne] t'a pas sonné** *fam* du hast hier gar nichts zu melden **II.** *v. intr.* ❶ (*produire un son: cloche*) läuten; (*réveil, téléphone*) klingeln, läuten (A)(*angélus, trompette*) ertönen ❷ (*produire un effet*) ~ **bien** (*proposition*) gut klingen; ~ **faux** (*aveux*) unaufrichtig klingen ❸ (*être annoncé: fin*) gekommen sein; **midi/minuit sonne** es schlägt Mittag/Mitternacht; **la récréation sonne** es klingelt [*o* läutet (A)] zur Pause ❹ (*s'annoncer*) klingeln, läuten (A) ❺ (*tinter: monnaie, clé*) klimpern; (*marteau*) klingen

sonnerie [sɔnʀi] *f* ❶ (*action de sonner*) Läuten *nt;* (*d'un téléphone, portable*) Klingeln *nt,* Läuten (A) ❷ (*signal sonore spécifique*) Klingelton *m* ❸ (*mécanisme*) Klingel *f;* (*d'un réveil*) Läutwerk *nt;* ~ **électrique** elektrische Klingel

sonnette [sɔnɛt] *f* (*d'une porte d'entrée*) Klingel *f* ▸ **tirer la ~ d'alarme** Alarm schlagen

sono [sɔno] *f fam abr. de* **sonorisation** ❶ (*équipement*) Verstärkeranlage *f* ❷ (*équipe*) Tontechniker *Pl*

sonore [sɔnɔʀ] *adj.* ❶ (*voix*) klangvoll; (*gifle, rire*) schallend; (*baiser*) schmatzend; (*signal*) akustisch ❷ (*relatif au son*) Ton-; **film ~** Tonfilm *m;* **bande ~** Tonspur *f;* **onde ~** Schallwelle *f;* **fond ~** Geräuschkulisse *f* ❸ (*lieu, voûte*) hallend ❹ LING (*consonne*) stimmhaft

sont [sɔ̃] *indic. prés. de* **être**

sophistiqué, e [sɔfistike] *adj.* ❶ (*perfectionné*) hochentwickelt; (*fonctionnel*) durchdacht ❷ (*complexe*) kompliziert ❸ (*beauté*) künstlich; (*manières*) gekünstelt; (*tenue*) aufwändig

sophistiquer [sɔfistike] <1> *v. tr.* (*perfectionner*) perfektionieren

soprano [sɔpʀano] <s> *m* (*voix*) Sopran[stimme *f*] *m*

sorbet [sɔʀbɛ] *m* Sorbet[t] *m o nt*

sorcier, -ière [sɔʀsje, -jɛʀ] *m, f* Hexe *f;* (*homme*) Hexer *m*

sordide [sɔʀdid] *adj.* ❶ (*quartier*) heruntergekommen ❷ (*avarice*) schnöde

sort [sɔʀ] *m* ❶ (*destinée*) Schicksal *nt* ❷ (*hasard*) Zufall *m;* **tirer au ~** auslosen

sortable [sɔʀtabl] *adj. fam* vorzeigbar; **il n'est pas ~** er kann sich nirgends sehen lassen

sortant, e [sɔʀtɑ̃, ɑ̃t] *adj.* ❶ (*député, ministre*) scheidend*attr* ❷ (*tiré au sort*) durch das Los bestimmt; **les numéros ~s** die Gewinnzahlen

sorte [sɔʀt] *f* Art *f,* Sorte *f;* **toutes ~s de personnes/choses** alle möglichen Menschen/Dinge; **des disques de toutes ~s** Schallplatten aller Art ▸ **en quelque ~** in gewisser Weise; **faire en ~ que** + *subj.* es so einrichten, dass; **de la ~** auf diese Art und Weise

sortie [sɔʀti] *f* ❶ (*action de sortir: d'une personne*) Herauskommen *nt;* (*action*

S

de quitter: d'une personne) Hinausgehen *nt;* ~ **de prison** Entlassung *f* aus dem Gefängnis; **la ~ de piste** AUT das Abkommen von der Fahrbahn ❷ (*promenade*) Spaziergang *m;* (*en voiture, à bicyclette*) Spazierfahrt *f;* (*excursion*) Ausflug *m;* SCOL Exkursion *f;* **être de ~** (*personne*) ausgehen ❸ (*lieu par où l'on sort: d'un bâtiment*) Ausgang *m;* (*d'une autoroute, d'un garage*) Ausfahrt *f;* (*d'une localité*) Ortsausgang *m;* (*grande route*) Ausfallstraße *f* ❹ (*panneau*) ~ **de camions** (*devant une usine*) Werksausfahrt *f;* (*devant un chantier*) Baustellenausfahrt; ~ **d'école** [Vorsicht] Schulkinder!; ~ **de garage** Ausfahrt freihalten! ❺ (*fin: d'un spectacle, d'une saison*) Ende *nt;* ~ **de l'école/des bureaux** Schul-/Büroschluss *m;* **à la ~ [du magasin/du bureau]** nach der Arbeit ❻ (*parution: d'une publication, d'un disque*) Erscheinen *nt;* (*d'un film*) Anlaufen *nt;* (*d'un nouveau modèle, véhicule*) Markteinführung *f* ❼ SPORT (*d'un ballon*) Aus *nt;* (*d'un gardien*) Herauslaufen *nt;* ~ **[de but]** Torlinie *f* ❽ (*exportation: de capitaux, devises*) Abfluss *m* ❾ INFORM (*output*) Ausgabe *f;* (*édition*) ~ **[sur imprimante]** Ausdruck *m*

sortir [sɔʀtiʀ] <10> **I.** *v. intr.* + *être* ❶ (*partir*) hinausgehen; (*venir*) herauskommen; **faire ~** (*personne*) hinausschicken; (*animal*) hinausjagen; **laisser ~ qn** jdn [weg]gehen lassen ❷ (*quitter*) ~ **du magasin** aus dem Geschäft gehen; (*venir*) aus dem Geschäft kommen; **elle vient justement de ~ d'ici** sie ist gerade weggegangen; **à quelle heure sors-tu du bureau?** um wie viel Uhr verlässt du das Büro?; ~ **de prison** aus dem Gefängnis kommen; **en sortant du théâtre** beim Verlassen des Theaters; ~ **du garage** (*voiture*) aus der Garage fahren; ~ **de la piste/route** von der Fahrbahn/Straße abkommen ❸ (*quitter son domicile*) weggehen; ~ **de chez soi** aus dem Haus gehen; **laisser ~** (*enfant, animal*) hinauslassen ❹ (*se divertir*) ausgehen; ~ **en boîte/en ville** in die Disko/in die Stadt gehen ❺ *fam* (*avoir une relation amoureuse avec*) ~ **avec qn** mit jdm gehen ❻ (*en terminer avec*) ~ **d'une période difficile** eine schwierige Zeit hinter sich (*Dat*) haben; **ne pas être encore sorti d'embarras** noch nicht aus dem Schneider sein (*fam*) ❼ (*être tel après un événement*) ~ **indemne d'un accident** einen Unfall unverletzt überstehen; ~ **vainqueur/vaincu d'un concours** als Sieger/Verlierer aus einem Wettbewerb hervorgehen ❽ (*faire saillie*) ~ **de qc** aus etw (*Dat*) vorstehen; (*en haut*) aus etw (*Dat*) herausragen; (*en bas*) unter etw (*Dat*) hervorschauen ❾ COM (*capitaux, devises*) abfließen ❿ (*s'écarter*) ~ **du sujet/de la question** vom Thema/von der Frage abkommen ⓫ SPORT ins Aus gehen; ~ **en touche** ins Seitenaus gehen; **être sorti** im Aus sein ⓬ (*être issu de*) ~ **de qc** aus etw (*Dat*) kommen; ~ **de l'école de musique** die Musikschule besucht haben ⓭ (*apparaître: bourgeons, plante*) sprießen; (*dent*) durchkommen ⓮ (*paraître: livre, disque*) erscheinen; (*film*) anlaufen; (*nouveau modèle, voiture*) auf den Markt kommen ⓯ JEUX (*numéro*) fallen; (*couleur*) ausgespielt werden ▶ **[mais] d'où tu sors?** *fam* wo lebst du denn? **II.** *v. tr.* + *avoir* ❶ (*mener dehors*) ausführen; (*porter dehors*) hinausbringen; **ça vous sortira** so kommen Sie auch mal raus (*fam*) ❷ (*expulser*) hinauswerfen ❸ (*libérer*) ~ **qn d'une situation difficile** jdn aus einer schwierigen Lage befreien ❹ (*retirer d'un lieu*) herausholen; (*d'un sac/d'une valise*) herausnehmen; **ne pas arriver à ~ qc** etw nicht herausbekommen; ~ **du garage** (*voiture*) aus der Garage fahren ❺ COM (*marchandises*) ausführen; (*en fraude*) schmuggeln ❻ (*nouveau modèle, véhicule, livre*) herausbringen ❼ *fam* (*âneries, sottises*) von sich geben; ~ **des âneries à qn** jdm dummes Zeug auftischen ❽ *fam* (*éliminer*) aus dem Rennen werfen; **se faire ~ par qn** gegen jdn ausscheiden **III.** *v. pron.* + *être* ❶ (*se tirer*) **se ~ d'une situation** aus einer Situation herauskommen ❷ (*réussir*) **s'en ~** klarkommen (*fam*); (*échapper à un danger, un ennui*) noch einmal davonkommen (*fam*); (*survivre*) durchkommen (*fam*)

S.O.S. [ɛsoɛs] *m* ❶ (*appel*) SOS *nt* ❷ (*organisation*) ~ **médecins** medizinischer Not[fall]dienst; ~ **dépannage** Pannenhilfe *f;* ~ **Racisme** *franz. Organisation gegen Rassismus* ▸ **lancer un** ~ SOS funken; *fig fam* einen Hilferuf loslassen

sottement [sɔtmɑ̃] *adv.* dummerweise

sou [su] *m pl, fam* Kröten *Pl*; **ça en fait des ~s!** *fam* das ist ein ganzer Haufen Geld! ▸ **ne pas avoir un ~ en poche** *fam* keinen Pfennig [Geld] in der Tasche haben

souci [susi] *m* ❶ *souvent pl.* (*inquiétude*) Sorge *f;* **se faire du ~ pour qn/qc** sich (*Dat*) Sorgen um jdn/wegen etw machen ❷ (*préoccupation*) Anliegen *nt*

soucier [susje] <1> *v. pron.* **se ~ de qn/qc** sich um jdn/etw kümmern

soucieux, **-euse** [susjø, -jøz] *adj.* (*personne, air, ton*) besorgt; **être ~ de qn/de l'avenir** sich um jdn/um die Zukunft sorgen

soucoupe [sukup] *f* Untertasse *f*

soudain, **e** [sudɛ̃, ɛn] **I.** *adj.* (*événement, geste*) unerwartet; (*sentiment*) jäh **II.** *adv.* plötzlich

soudainement [sudɛnmɑ̃] *adv.* plötzlich

souffle [sufl] *m* ❶ (*expiration*) Atemzug *m;* (*respiration*) Atmen *nt;* (*capacité pulmonaire*) Atmung *f;* ~ **au cœur** Herzgeräusche *Pl*; **manquer de** ~ atemlos sein ❷ (*déplacement d'air: d'une explosion*) Druckwelle *f;* (*d'un ventilateur*) Luftzug *m;* ~ **du vent** Wind[hauch *m*] *m;* **il n'y a pas un ~ [d'air]** es regt sich kein Lüftchen ❸ (*inspiration: d'un artiste*) Schöpferkraft *f;* (*d'une œuvre*) Inspiration *f* ▸ **avoir du** ~ Kondition haben; **couper le ~ à qn** jdm die Sprache verschlagen; **reprendre son** ~ (*respirer*) Luft holen; (*se calmer*) tief durchatmen

soufflé [sufle] *m* GASTR Auflauf *m*

souffler [sufle] <1> **I.** *v. intr.* ❶ METEO (*vent*) wehen; **ça souffle** es ist windig ❷ (*insuffler de l'air*) ~ **sur/dans qc** auf/in etw (*Akk*) blasen ❸ (*haleter*) keuchen ❹ (*se reposer*) verschnaufen ❺ (*prendre du recul*) **laisser ~ qn** jdm [noch] etwas Zeit lassen **II.** *v. tr.* ❶ (*éteindre*) ausblasen ❷ (*déplacer en soufflant*) ~ **qc** etw [weg]pusten; (*vent*) etw wegwehen ❸ (*détruire*) zerstören ❹ (*dire discrètement*) ~ **qc à l'oreille de qn** jdm etw ins Ohr flüstern; THEAT jdm etw soufflieren; SCOL jdm etw vorsagen ❺ *fam* (*stupéfier*) umhauen ❻ TECH ~ **le verre** Glas *nt* blasen

souffrance [sufʀɑ̃s] *f* ❶ (*douleur*) Schmerz *m* ❷ (*fait de souffrir*) Leiden *nt*

souffre-douleur [sufʀədulœʀ] *m inv.* Prügelknabe *m*

souffrir [sufʀiʀ] <11> *v. intr.* ❶ leiden; **faire ~ qn** jdm wehtun; (*rendre malheureux: personne*) jdn unglücklich machen; (*échec, séparation*) jdn schmerzen ❷ (*avoir mal quelque part*) ~ **de l'estomac/des reins** Magen-/Nierenschmerzen haben ❸ (*avoir mal à cause de*) ~ **du froid/de la chaleur** unter der Kälte/Hitze leiden; ~ **de la faim/de la soif** Hunger/Durst leiden ❹ *fam* (*avoir des difficultés*) **il a souffert pour avoir l'examen** es war nicht einfach für ihn, die Prüfung zu bestehen

soufre [sufʀ] *m* Schwefel *m*

souhait [swɛ] *m* ❶ (*désir*) Wunsch *m;* **exprimer le ~ de faire qc** den Wunsch äußern etw zu tun ❷ (*très, très bien*) **joli à** ~ bildhübsch ▸ **à tes/vos ~s!** Gesundheit!

souhaiter [swete] <1> *v. tr.* ❶ (*désirer*) ~ **qc** sich (*Dat*) etw wünschen; ~ **que** + *subj.* hoffen, dass; **nous souhaitons manger** wir möchten essen; **je souhaiterais t'aider davantage** ich würde dir gern[e] noch mehr helfen ❷ (*espérer pour quelqu'un*) ~ **bonne nuit/beaucoup de bonheur** jdm gute Nacht/viel Glück wünschen; ~ **bien des choses pour la nouvelle année à qn** jdm alles Gute für das neue Jahr wünschen; ~ **un joyeux anniversaire à qn** jdm alles Gute zum Geburtstag wünschen

soul [sul] *f* **la musique** ~ Soulmusik *f*

soûl, **e** [su, sul] *adj. fam* (*ivre*) blau

soulagement [sulaʒmɑ̃] *m* Erleichterung *f*

soulager [sulaʒe] <2a> **I.** *v. tr.* ~ **qn** ❶ *a. fig* jdn entlasten; (*nouvelle, aveu*) jdn erleichtern ❷ (*calmer la douleur*) jds Schmerzen lindern **II.** *v. pron.* ❶ (*se défouler*) **se ~ en faisant qc** sich (*Dat*) Erleichterung verschaffen, indem man etw tut ❷ *fam* (*satisfaire un besoin naturel*) **se** ~ sich erleichtern

S

soûler [sule] <1> **I.** *v. tr.* ❶ (*enivrer*) **~ qn au whisky** jdn mit Whiskey betrunken machen; **ça soûle!** das macht blau! (*fam*) ❷ (*tourner la tête*) [ganz] benommen machen (*fam*) **II.** *v. pron.* **se ~** sich betrinken

soulever [sul(ə)ve] <4> *v. tr.* ❶ (*poids*) [hoch]heben ❷ (*relever légèrement*) anheben ❸ (*problème, question*) aufwerfen

souligner [suliɲe] <1> *v. tr.* ❶ (*phrase, importance*) unterstreichen ❷ (*accentuer*) betonen

soumettre [sumɛtʀ] <irr> **I.** *v. tr.* ❶ (*faire subir*) **~ qn à des tests** jdn [einer Reihe von] Untersuchungen unterwerfen; **~ qn à une épreuve** jdm eine Prüfung auferlegen ❷ (*présenter*) **~ une idée à qn** jdm einen Vorschlag unterbreiten **II.** *v. pron.* ❶ (*obéir*) **se ~** sich unterwerfen; **se ~ à la loi** sich einem Gesetz fügen ❷ (*se plier à, suivre*) **se ~ à un entraînement spécial** sich einem speziellen Training unterziehen

soumis, e [sumi, iz] *part. passé de* **soumettre**

soupçon [supsɔ̃] *m* ❶ (*suspicion*) Verdacht *m kein Pl.*; **de graves ~s** ein schwerer [*o* schwerwiegender] Verdacht ❷ (*très petite quantité*) **un ~ de sel/poivre** eine Spur Salz/Pfeffer; **un ~ d'ironie** ein Hauch von Ironie

soupçonner [supsɔne] <1> *v. tr.* **~ qn de vol** jdn des Diebstahls verdächtigen

soupe [sup] *f* ❶ (*potage*) Suppe *f;* **assiette/cuillère à ~** Suppenteller *m*/-löffel *m* ❷ (*neige fondue*) Schneematsch *m* ▸ **être trempé comme une ~** *fam* klatschnass sein

soupir [supiʀ] *m* Seufzer *m;* **pousser un ~ de soulagement** [erleichtert] aufatmen

soupirant [supiʀɑ̃] *m hum* Verehrer *m*

soupirer [supiʀe] <1> *v. intr.* seufzen

souple [supl] *adj.* ❶ (*opp: rigide*) biegsam; (*lentilles de contact*) weich; (*cuir*) geschmeidig ❷ (*personne*) gelenkig ❸ (*adaptable*) flexibel

souplesse [suplɛs] *f* (*adaptabilité*) Flexibilität *f;* (*d'une personne*) Anpassungsfähigkeit *f*

source [suʀs] **I.** *f* ❶ a. PHYS Quelle *f;* **eau de ~** Quellwasser *nt* ❷ (*naissance d'un cours d'eau*) Quelle *f,* Ursprung *m;* **prendre sa ~ en Suisse** in der Schweiz entspringen ❸ *pl* (*origine de l'information*) **de ~ sûre** aus sicherer Quelle **II.** *app* INFORM **langage/programme ~** Programmiersprache *f*

sourd, e [suʀ, suʀd] **I.** *adj.* ❶ (*qui n'entend pas*) taub; (*qui n'entend pas bien*) schwerhörig ❷ (*bruit*) dumpf **II.** *m, f* (*personne qui n'entend pas*) Gehörlose(r) *f(m);* (*qui n'entend pas bien*) Schwerhörige(r) *f(m)*

sourd-muet, sourde-muette [suʀmɥɛ, suʀd(ə)mɥɛt] <sourds-muets> *m, f* Taubstumme(r) *f(m)*

souriant, e [suʀjɑ̃, jɑ̃t] *adj.* freundlich

sourire [suʀiʀ] **I.** *m* Lächeln *nt;* **faire un ~ à qn** jdn anlächeln; **avoir le ~** *fam* gut gelaunt sein; **garder le ~** freundlich bleiben **II.** <irr> *v. intr.* lächeln; **~ à qn** jdn anlächeln

souris [suʀi] *f* a. INFORM Maus *f*

sournoisement [suʀnwazmɑ̃] *adv.* ❶ (*observer*) lauernd ❷ (*insidieusement*) heimtückisch

sous [su] *prép.* ❶ (*spatial: avec direction*) unter (+ *Akk*); (*sans direction*) unter (+ *Dat*) ❷ (*temporel*) **~ huitaine** innerhalb einer Woche (*Gen*); **~ peu** binnen kurzem ❸ (*manière, cause*) unter (+ *Dat*) ❹ (*dépendance*) unter (+ *Dat*); **~ les ordres de qn** unter jdm ❺ METEO in (+ *Dat*); **~ la pluie** im Regen ❻ MED **être ~ perfusion** am Tropf hängen; **être ~ antibiotiques** mit Antibiotika behandelt werden

sous-développé, e [sudev(ə)lɔpe] <sous-développés> *adj.* unterentwickelt; **pays ~** Entwicklungsland *nt*

sous-développement [sudev(ə)lɔpmɑ̃] <sous-développements> *m* Unterentwicklung *f* **sous-directeur, -trice** [sudiʀɛktœʀ, -tʀis] <sous-directeurs> *m, f* stellvertretender Direktor/stellvertretende Direktorin **sous-entendre** [suzɑ̃tɑ̃dʀ] <14> *v. tr.* (*dire implicitement*) zu verstehen geben

sous-entendu, e [suzɑ̃tɑ̃dy] <sous-entendus> *m* Anspielung *f* **sous-estimer** [suzɛstime] <1> *v. tr.* unterschätzen **sous-évaluer** [suzevalɥe] <1> *v. tr.* **~ qc** den Wert einer S. zu tief ansetzen **sous-marin** [sumaʀɛ̃] <sous-marins> *m* U-Boot *nt* **sous-**

préfecture [supʀefɛktyʀ] <sous-préfectures> *f* (*chef-lieu d'arrondissement*) Sitz *m* einer Unterpräfektur, ≈ Kreisstadt *f* **sous-préfet** [supʀefɛ] <sous-préfets> *m* Unterpräfekt(in) *m(f)*, ≈ Landrat *m*/≈ Landrätin *f* **sous-pull** [supyl] <sous-pulls> *m* Unterziehpullover *m* **sous-sol** [susɔl] <sous-sols> *m* (*dans un immeuble*) Untergeschoss *nt* **sous-tasse** [sutɑs] <sous-tasses> *f* Untertasse *f* **sous-titrer** [sutitʀe] <1> *v. tr.* untertiteln

soustraire [sustʀɛʀ] <irr> **I.** *v. intr.* subtrahieren **II.** *v. pron.* **se ~ à une obligation** sich (*Akk*) einer Verpflichtung entziehen

sous-traiter [sutʀete] <1> *v. tr.* ① (*donner en sous-traitance*) an Subunternehmer *Pl* vergeben ② (*agir comme sous-traitant*) als Subunternehmer ausführen

soutenance [sut(ə)nɑ̃s] *f* Disputation *f*

soutenir [sut(ə)niʀ] <9> *v. tr.* ① (*porter*) halten; **~ qc** (*colonne, poutre*) etw tragen ② (*étayer, maintenir droit*) abstützen ③ (*maintenir debout, en bonne position*) stützen ④ (*aider financièrement, moralement*) unterstützen; **~ qn dans le malheur** jdm im Unglück eine Hilfe sein ⑤ (*empêcher de faiblir*) stärken; (*monnaie*) stützen; (*intérêt*) wachhalten ⑥ (*prendre parti pour*) verteidigen; (*cause*) sich einsetzen für; **~ qn** zu jdm halten; **~ un gouvernement** zu einer Regierung stehen ⑦ (*affirmer*) **~ que …** behaupten, dass …

soutenu, **e** [sut(ə)ny] **I.** *part. passé de* **soutenir II.** *adj.* ① (*attention, effort*) beständig ② (*style, langue*) gehoben

souterrain [suteʀɛ̃] *m* unterirdischer Gang

souterrain, **e** [suteʀɛ̃, ɛn] *adj.* unterirdisch; **passage ~** Unterführung *f*

soutien [sutjɛ̃] *m* ① (*aide*) Unterstützung *f*; **apporter son ~ à qn** jdn unterstützen ② SCOL Nachhilfe *f*

soutien-gorge [sutjɛ̃gɔʀʒ] <soutiens-gorge[s]> *m* Büstenhalter *m*

soutirer [sutiʀe] <1> *v. tr.* **~ de l'argent à qn** jdm Geld abluchsen (*fam*)

souvenir[1] [suv(ə)niʀ] <9> *v. pron.* **se ~ de qn/qc** sich an jdn/etw erinnern

souvenir[2] [suv(ə)niʀ] *m* ① **le ~ de qn/qc** die Erinnerung an jdn/etw; **garder un bon ~ de qn/qc** jdn/etw in guter Erinnerung behalten; **garder un mauvais ~ de qn/qc** jdn/etw in schlechter Erinnerung behalten; **en ~ de qn/qc** zum Andenken an jdn/etw ② (*objet touristique*) Andenken *nt*

souvent [suvɑ̃] *adv.* oft; **le plus ~** meistens

souverainement [suv(ə)ʀɛnmɑ̃] *adv.* souverän

souveraineté [suv(ə)ʀɛnte] *f* Souveränität *f*

souverainisme [suv(ə)ʀenism] *m* POL ① CAN *politische Überzeugung von der Souveränität der Provinz Quebec* ② (*en France*) *politische Überzeugung von der Souveränität Frankreichs; Ablehnung der Globalisierung und der europäischen Integration*

soviétique [sɔvjetik] *adj.* sowjetisch; **l'Union ~** die Sowjetunion

Soviétique [sɔvjetik] *mf* HIST Sowjetrusse *m*/Sowjetrussin *f*; **les ~s** die Sowjets

soyeux, **-euse** [swajø, -jøz] *adj.* ① (*doux*) seidenweich ② (*brillant*) seidig

spa [spa] *m* Wellnesshotel *nt*, Spa *nt*

SPA [ɛspea] *f abr. de* **Société protectrice des animaux** *französischer Tierschutzverein*

spacieux, **-euse** [spasjø, -jøz] *adj.* geräumig

spaghettis [spageti] *mpl* Spaghetti *Pl*

sparadrap [spaʀadʀa] *m* [Heft]pflaster *nt*

spasmophilie [spasmɔfili] *f* MED Spasmophilie *f*

spatial, **e** [spasjal, jo] < -aux> *adj.* räumlich; **voyage ~** [Welt]raumfahrt *f*

spatiotemporel, **le** [spasjotɑ̃pɔʀɛl] *adj.* raumzeitlich

spatule [spatyl] *f* ① (*ustensile*) Spachtel *m*; (*en cuisine*) Pfannenwender *m*; (*d'un médecin*) Spatel *m* ② (*d'un ski*) Spitze *f*

spécial, **e** [spesjal, jo] < -aux> *adj.* ① (*opp: général*) spezielle(r, s); **équipement ~** Spezialausrüstung *f*; **autorisation ~e** Sondergenehmigung *f*; **rien de ~** nichts Besonderes ② (*bizarre*) eigenartig

spécialement [spesjalmɑ̃] *adv.* ① (*en particulier*) [ganz] besonders ② (*tout ex-*

près) extra ▸**pas** ~ *fam* nicht besonders

spécialisation [spesjalizasjɔ̃] *f* Spezialisierung *f*

spécialisé, e [spesjalize] *adj.* spezialisiert; **être** ~ **dans qc** auf etw (*Akk*) spezialisiert sein

spécialiser [spesjalize] <1> *v. pron.* **se** ~ **dans** [*o* **en**] **qc** sich auf etw (*Akk*) spezialisieren

spécialiste [spesjalist] *mf* ❶ (*expert*) Spezialist(in) *m(f)* ❷ (*technicien*) Fachmann *m*/Fachfrau *f* ❸ MED Facharzt *m*/Fachärztin *f*

spécialité [spesjalite] *f* ❶ SCI, TECH Spezialgebiet *f* ❷ (*produit caractéristique*) Spezialität *f*

spécification [spesifikasjɔ̃] *f* Spezifizierung *f*

spécificité [spesifisite] *f* spezifische Besonderheit

spécifier [spesifje] <1> *v. tr.* ~ **qc** etw genau angeben; (*loi*) etw genau festlegen

spécifique [spesifik] *adj.* spezifisch

spécifiquement [spesifikmɑ̃] *adv.* spezifisch

spécimen [spesimɛn] *m* (*exemplaire*) Exemplar *nt;* (*publicitaire*) Probeexemplar

spectacle [spɛktakl] *m* ❶ (*ce qui s'offre au regard*) Anblick *m;* ~ **de la nature** Naturschauspiel *nt* ❷ THEAT, MEDIA Vorstellung *f;* ~ **dramatique/chorégraphique** Bühnenstück *nt*/Ballett *nt* ❸ (*show-business*) **le monde du** ~ das Showgeschäft

spectaculaire [spɛktakylɛʀ] *adj.* spektakulär

spectateur, -trice [spɛktatœʀ, -tʀis] *m, f* ❶ THEAT, SPORT Zuschauer(in) *m(f)* ❷ (*observateur*) Beobachter(in) *m(f)*

spéculatif, -ive [spekylatif, -iv] *adj.* spekulativ; (*gain*) Spekulations-

spéculation [spekylasjɔ̃] *f* Spekulation *f*

spéculer [spekyle] <1> *v. intr.* FIN, COM ~ **sur qc** mit etw spekulieren

speech [spitʃ] *m* Rede *f*

speedé, e [spide] *adj. fam* (*hyperactif*) **être** ~ voll auf Touren sein

spéléologie [speleɔlɔʒi] *f* ❶ (*science*) Höhlenkunde *f* ❷ (*loisirs*) Erkundung *f* von Höhlen

spermatozoïde [spɛʀmatɔzɔid] *m* Spermium *nt*

sperme [spɛʀm] *m* Sperma *nt*

spermicide [spɛʀmisid] *adj.* samenabtötend

sphère [sfɛʀ] *f* ❶ SCI Kugel *f* ❷ (*domaine*) Bereich *m*

spirale [spiʀal] *f a. fig* Spirale *f*

spiritualité [spiʀitɥalite] *f* ❶ REL Spiritualität *f* (*geh*) ❷ PHILOS Geistigkeit *f*

spirituel, le [spiʀitɥɛl] *adj.* ❶ (*plein d'esprit*) geistreich ❷ REL geistlich ❸ (*qui se rapporte à l'esprit*) geistig

spirituellement [spiʀitɥɛlmɑ̃] *adv.* (*avec esprit*) geistreich

spleen [splin] *m* Schwermut *m*

splendeur [splɑ̃dœʀ] *f a. iron* Pracht *f kein Pl.*

splendide [splɑ̃did] *adj.* prächtig

sponsor [spɔ̃sɔʀ] *m* Sponsor(in) *m(f)*

sponsoriser [spɔ̃sɔʀize] <1> *v. tr.* sponsern

spontané, e [spɔ̃tane] *adj.* spontan

spontanéité [spɔ̃taneite] *f* Spontaneität *f*

spontanément [spɔ̃tanemɑ̃] *adv.* ❶ (*sans réfléchir*) spontan ❷ (*librement*) freiwillig

sport [spɔʀ] **I.** *adj. inv.* (*coupe*) sportlich **II.** *m* ❶ (*activité sportive*) Sport *m;* ~ **de compétition** Leistungssport; **faire du** ~ Sport treiben ❷ (*forme d'activité sportive*) Sportart *f;* ~**s d'hiver** Wintersportarten *Pl*; (*séjour*) Winterurlaub *m*

sportif, -ive [spɔʀtif, -iv] **I.** *adj.* ❶ (*allure, démarche, personne*) sportlich ❷ (*de compétition*) **pratiquer la danse sportive** das Tanzen als Sport betreiben ❸ (*de sport*) **pages sportives** (*d'un journal*) Sportteil *m* **II.** *m, f* Sportler(in) *m(f)*

spot [spɔt] *m* ❶ (*lampe*) Spot *m;* (*projecteur*) Scheinwerfer *m* ❷ (*publicitaire*) -spot

spray [spʀɛ] *m* ❶ (*pulvérisation*) Spray *m o nt* ❷ (*atomiseur*) Spraydose *f*

sprint [spʀint] *m* Sprint *m;* ~ **final** Endspurt *m*

sprinteur, -euse [spʀintœʀ, -øz] *m, f* Sprinter(in) *m(f);* (*en athlétisme*) Kurzstreckenläufer(in) *m(f)*

squale [skwal] *m* Hai[fisch *m*] *m*

square [skwaʀ] *m* [kleine] Grünanlage (*inmitten eines Platzes*)

squash [skwaʃ] *m* Squash *nt*

squatter [skwate] <1> *v. tr.* besetzen

squelette [skəlɛt] *m* ❶ ANAT, ARCHIT

Skelett *nt* ② *fam* (*personne très maigre*) Klappergestell *nt*

squelettique [skəletik] *adj.* (*très maigre*) spindeldürr

Sri Lanka [sʀilɑ̃ka] *m* **le ~** Sri Lanka *nt*

SS [ɛsɛs] *m abr. de* **Schutzstaffel** SS *f*

stabiliser [stabilize] <1> **I.** *v. tr.* ① stabilisieren ② (*accotement, terrain*) befestigen **II.** *v. pron.* **se ~** (*monnaie, maladie*) sich stabilisieren

stabilité [stabilite] *f* ECON, POL Stabilität *f*

stable [stabl] *adj.* ① stabil; (*terrain*) befestigt ② (*durable*) dauerhaft ③ (*temps*) beständig

stade [stad] *m* ① SPORT Stadion *nt* ② (*phase*) Stadium *nt*

stage [staʒ] *m* ① (*en entreprise*) Praktikum *nt;* (*en rédaction*) Volontariat *nt* ② (*séminaire*) Kurs *m* ③ (*période avant la titularisation*) ≈ Referendariat *nt*

stagiaire [staʒjɛʀ] *mf* (*en entreprise*) Praktikant(in) *m(f);* (*en rédaction*) Volontär(in) *m(f)*

stagner [stagne] <1> *v. intr.* ① (*eau*) stehen ② ECON stagnieren

stalactite [stalaktit] *f* [hängender] Tropfstein *m*

stalagmite [stalagmit] *f* [stehender] Tropfstein *m*

stalinisme [stalinism] *m* Stalinismus *m*

stand [stɑ̃d] *m* ① (*dans une exposition*) [Messe]stand *m* ② (*dans une fête*) Bude *f*

standard[1] [stɑ̃daʀ] *m* TELEC [Telefon]-zentrale *f*

standard[2] [stɑ̃daʀ] *adj. inv.* ① (*normalisé*) genormt; (*modèle, pièce*) Serien- ② (*dépourvu d'originalité*) [allgemein] üblich; IND standardisiert; (*voiture*) mit Standardausrüstung ③ LING **langue ~** Hochsprache *f*

standardiser [stɑ̃daʀdize] <1> *v. tr.* standardisieren

standardiste [stɑ̃daʀdist] *mf* Telefonist(in) *m(f)*

staphylocoque [stafilɔkɔk] *m* MED Staphylokokkus *m*

star [staʀ] *f* Star *m*

starting-block [staʀtiŋblɔk] <starting-blocks> *m* Startblock *m*

station [stasjɔ̃] *f* ① AUT Station *f,* Haltestelle *f;* **~ de taxis** Taxistand *m* ② MEDIA (*émetteur*) Sender *m* ③ TECH Station *f;* **~ d'épuration** Kläranlage *f;* **~ [d']essence** Tankstelle *f* ④ TOUR **~ balnéaire/de sports d'hiver** Bade-/Wintersportort *m;* **~ thermale** Thermalkurort *m*

stationnaire [stasjɔnɛʀ] *adj.* unverändert

stationnement [stasjɔnmɑ̃] *m* Parken *nt;* **ticket/disque de ~** Parkschein *m*/-scheibe *f;* **panneau de ~ interdit** Halteverbotsschild *nt*

stationner [stasjɔne] <1> *v. intr.* (*être garé*) parken; **interdiction de ~** Parkverbot *nt*

station-service [stasjɔ̃sɛʀvis] <stations-service[s]> *f* Tankstelle *f*

statisticien, ne [statistisjɛ̃, jɛn] *m, f* Statistiker(in) *m(f)*

statistique [statistik] **I.** *adj.* statistisch **II.** *f* Statistik *f;* **les ~s** die Statistik

statistiquement [statistikmɑ̃] *adv.* statistisch

statue [staty] *f* Statue *f*

statu quo [statykwo] *m inv.* Status quo *m*

statut [staty] *m* ① a. ADMIN Status *m* ② *pl* JUR (*d'une association, société*) Satzung *f*

steak [stɛk] *m* Steak *nt*

> Die verschiedenen Garzeiten *(la cuisson)* für ein **steak** sind *bleu* (fast roh), *saignant* (blutig), *à point* (medium) und *bien cuit* (durchgebraten).

stèle [stɛl] *f* Stele *f*

sténo [steno] **I.** *mf abr. de* **sténographe** Stenograf(in) *m(f),* Stenograph(in) **II.** *mf abr. de* **sténodactylo** Stenotypist(in) *m(f)* **III.** *f abr. de* **sténographie** Steno *f* (*fam*)

sténodactylo [stenodaktilo] *mf* Stenotypist(in) *m(f)*

sténodactylographie [stenodaktilɔgʀafi] *f* Stenotypieren *nt*

sténographie [stenɔgʀafi] *f* Stenografie *f*

stéréophonie [steʀeɔfɔni] *f* Stereofonie *f*

stéréotype [steʀeɔtip] *m* Stereotyp *nt*

stérile [steʀil] *adj.* ① BIO, AGR unfruchtbar ② (*sans microbes*) steril ③ (*efforts*) vergeblich

stérilet [steʀilɛ] *m* Spirale *f* (*fam*)

stérilisateur [steʀilizatœʀ] *m* Sterilisator *m*
stériliser [steʀilize] <1> *v. tr.* sterilisieren
stérilité [steʀilite] *f* ❶ BIO, AGR *a. fig* Unfruchtbarkeit *f* ❷ (*absence de microbes*) Keimfreiheit *f*
steward [stiwaʀt] *m* Steward *m*
stick [stik] *m* Stift *m*
stimulant [stimylɑ̃] *m* ❶ (*médicament*) anregendes Mittel ❷ (*incitation*) Ansporn *m*
stimulant, e [stimylɑ̃, ɑ̃t] *adj.* ❶ (*fortifiant*) anregend ❷ (*qui ouvre l'esprit*) anregend ❸ (*encourageant*) aufmunternd
stimulateur [stimylatœʀ] *m* ~ **cardiaque** Herzschrittmacher *m*
stimuler [stimyle] <1> *v. tr.* ❶ (*activer, augmenter*) anregen ❷ (*encourager*) anspornen
stock [stɔk] *m* ❶ COM Lager *nt;* **en** ~ auf Lager ❷ (*réserve*) Vorrat *m* ❸ (*grande quantité*) **garde ce stylo, j'en ai tout un** ~ *fam* behalte den Stift, ich habe jede Menge davon
stocker [stɔke] <1> *v. tr.* ❶ (*mettre en réserve*) [ein]lagern ❷ INFORM (*données*) [ab]speichern; ~ **qc sur une clé USB** etw auf einem USB-Stick [ab]speichern
Stockholm [stɔkˈɔlm] Stockholm *nt*
stoïquement [stɔikmɑ̃] *adv.* unerschütterlich
stomatologie [stɔmatɔlɔʒi] *f* Stomatologie *f*
stop [stɔp] **I.** *interj.* ❶ (*halte*) stopp ❷ (*dans un télégramme*) stop **II.** *m* ❶ (*panneau*) Stoppschild *nt;* (*feu*) Haltesignal *nt* ❷ AUT (*feu arrière*) Bremslicht *nt* ❸ (*auto-stop*) **faire du** ~ *fam* trampen
stopper [stɔpe] <1> **I.** *v. intr.* stehen bleiben **II.** *v. tr.* stoppen
store [stɔʀ] *m* (*rideau à enrouler*) Rollo *nt;* (*de magasin*) Rollladen *m*
Strasbourg [stʀasbuʀ] Straßburg *nt*
strass [stʀas] *m* Strass *m*
stratagème [stʀataʒɛm] *m* List *f*
stratégie [stʀateʒi] *f* Strategie *f*
stratégique [stʀateʒik] *adj.* strategisch; (*position*) strategisch wichtig
stratifié [stʀatifje] *m* Schicht[press]stoff *m;* (*pour les sols*) Laminat *nt*
streaming [stʀimiŋ] *m* INET Streaming *nt,* Livestream *m;* **regarder un film en** ~ sich (*Dat*) einen Film per Livestream ansehen
stress [stʀɛs] *m* Stress *m kein Pl.*
stressant, e [stʀesɑ̃, ɑ̃t] *adj.* stressig (*fam*)
stresser [stʀese] <1> *fam* **I.** *v. tr.* stressen; **être stressé** [voll] im Stress sein **II.** *v. intr.* (*personne*) sich [ab]stressen; (*angoisser, avoir grand-peur*) Horror haben **III.** *v. pron.* **se** ~ sich (*Dat*) Stress machen
stretching [stʀɛtʃiŋ] *m* Stretching *nt*
strict, e [stʀikt] *adj.* ❶ streng; **au sens** ~ im engeren Sinne; **être très** ~ **sur le règlement** es sehr genau mit den Bestimmungen nehmen ❷ *antéposé* (*minimum*) absolut; **le** ~ **nécessaire** das Allernötigste; **la** ~**e vérité** die reine Wahrheit ❸ (*vêtement, tenue*) streng geschnitten
strictement [stʀiktəmɑ̃] *adv.* strikt; ~ **interdit** streng verboten; ~ **parlant** genau genommen
string [stʀiŋ] *m* String-Tanga *m*
strip-tease [stʀiptiz] <strip-teases> *m* (*spectacle*) Striptease *m;* **faire un** ~ strippen **strip-teaseur, -euse** [stʀiptizœʀ, -øz] <strip-teaseurs> *m, f* Stripteasetänzer(in) *m(f)*
strophe [stʀɔf] *f* Strophe *f*
structure [stʀyktyʀ] *f* ❶ (*organisation*) Struktur *f* ❷ (*lieu, service social*) ~ **d'accueil** soziale Einrichtung
structurer [stʀyktyʀe] <1> **I.** *v. tr.* strukturieren; (*exposé, ouvrage*) gliedern **II.** *v. pron.* **se** ~ sich organisieren
studio [stydjo] *m* Studio *nt*
stupéfaction [stypefaksjɔ̃] *f* Verblüffung *f*
stupéfait, e [stypefɛ, ɛt] *adj.* verblüfft
stupéfiant, e [stypefjɑ̃, jɑ̃t] **I.** *adj.* verblüffend **II.** *m* Betäubungsmittel *nt*
stupéfié, e [stypefje] *adj.* (*très étonné*) verblüfft
stupéfier [stypefje] <1> *v. tr.* verblüffen
stupeur [stypœʀ] *f* Verblüffung *f*
stupide [stypid] *adj.* dumm; (*vie, travail*) stumpfsinnig
stupidement [stypidmɑ̃] *adv.* ❶ (*se conduire*) dumm; (*rire*) dummerweise; **répondre** ~ eine dumme Antwort geben ❷ (*absurdement*) sinnlos
stupidité [stypidite] *f* Dummheit *f*
style [stil] *m* ❶ Stil *m* ❷ LING (*discours*) Rede *f* ❸ (*genre*) Art *f;* **arriver en re-**

S

tard, c'est bien dans son ~! zu spät zu kommen ist typisch für ihn!

stylisme [stilism] *m* Design *nt*

styliste [stilist] *mf* Stilist(in) *m(f);* IND Designer(in) *m(f)*

stylistique [stilistik] **I.** *adj.* stilistisch **II.** *f* Stilistik *f*

stylo [stilo] *m* Füller *m;* ~ **[à] plume** Füllfederhalter *m;* ~ **[à] bille** Kugelschreiber *m*

stylo-feutre [stiloføtʀ] <stylos-feutres> *m* Filzstift *m*

su [sy] *part. passé de* **savoir**

suavité [sɥavite] *f* (*d'une odeur, musique*) Lieblichkeit *f;* (*des manières, de la voix*) Sanftheit *f*

subconscient [sybkɔ̃sjɑ̃] *m* Unterbewusstsein *nt*

subdiviser [sybdivize] <1> *v. tr.* (*diviser encore*) ~ **une échelle en qc** eine Skala [weiter] in etw (*Akk*) unterteilen

subdivision [sybdivizjɔ̃] *f* erneute Unterteilung

subir [sybiʀ] <8> *v. tr.* ❶ (*être victime de*) erleiden ❷ (*endurer*) erdulden; (*événements*) über sich ergehen lassen; (*conséquences*) auf sich nehmen ❸ (*être soumis à*) ~ **une opération/un interrogatoire** operiert/vernommen werden ❹ (*modification*) erfahren

subitement [sybitmɑ̃] *adv.* [ganz] plötzlich

subjectif, -ive [sybʒɛktif, -iv] *adj.* subjektiv

subjectivité [sybʒɛktivite] *f* Subjektivität *f*

subjonctif [sybʒɔ̃ktif] *m* LING Subjunktiv *m* (*Verbform zum Ausdruck von Aufforderungen, Wünschen, Gefühlsregungen, Zweifeln und Möglichkeiten; sie steht meistens in einem Nebensatz, der mit "que" eingeleitet wird*)

subjuguer [sybʒyge] <1> *v. tr.* in seinen Bann ziehen

sublime [syblim] *adj.* (*admirable*) überwältigend

submerger [sybmɛʀʒe] <2a> *v. tr.* ❶ (*digue, rives*) unter Wasser (*Akk*) setzen; (*plaine, terres*) überschwemmen; **être submergé** unter Wasser stehen ❷ (*envahir*) **être submergé de travail** mit Arbeit überhäuft sein

submersible [sybmɛʀsibl] *adj.* (*navire, sous-marin*) tauchfähig; **terre** ~ Überschwemmungsland *nt*

subordonné, e [sybɔʀdɔne] **I.** *m, f* Untergebene(r) *f(m)* **II.** *adj.* (*proposition*) untergeordnet

subordonnée [sybɔʀdɔne] *f* Nebensatz *m*

subornation [sybɔʀnasjɔ̃] *f* Bestechung *f*

subsidiaire [sybzidjɛʀ] *adj.* zusätzlich

subsister [sybziste] <1> *v. intr.* ❶ (*survivre*) [über]leben ❷ (*doute, erreur*) weiter bestehen

substance [sypstɑ̃s] *f* ❶ (*matière*) Substanz *f* ❷ (*d'un article, livre*) wesentlicher Inhalt

substantif [sypstɑ̃tif] *m* Substantiv *nt*

substituer [sypstitɥe] <1> **I.** *v. tr.* ~ **qc à qc** (*volontairement*) etw durch etw ersetzen; (*involontairement*) etw mit etw vertauschen **II.** *v. pron.* **se** ~ **à qn** sich an jds Stelle *f* (*Akk*) setzen

substitut [sypstity] *m* ❶ (*remplacement*) Ersatz *m;* **être le** ~ **de qn/qc** jdn/etw ersetzen ❷ JUR ~ **du procureur** Staatsanwalt *m*/Staatsanwältin *f*

substitution [sypstitysjɔ̃] *f* (*volontaire*) Austauschen *nt;* (*involontaire*) Vertauschen *nt*

subterfuge [syptɛʀfyʒ] *m* Ausflucht *f*

subtil, e [syptil] *adj.* (*personne*) scharfsinnig; (*raisonnement*) feinsinnig; (*nuance, parfum*) fein

subtilement [syptilmɑ̃] *adv.* (*raisonner*) feinsinnig; (*exprimer*) nuanciert

subtiliser [syptilize] <1> *v. tr.* stehlen

subtilité [syptilite] *f soutenu* (*finesse*) Subtilität *f;* (*d'une analyse*) Nuanciertheit *f;* (*d'une langue*) Feinheit *f*

subtropical, e [sybtʀɔpikal, o] <-aux> *adj.* subtropisch

subvenir [sybvəniʀ] <9> *v. intr.* ~ **à qc** für etw aufkommen

subvention [sybvɑ̃sjɔ̃] *f* Subvention *f*

subventionner [sybvɑ̃sjɔne] <1> *v. tr.* subventionieren

succéder [syksede] <5> **I.** *v. intr.* ~ **à qc** auf etw (*Akk*) folgen; ~ **à qn** jds Nachfolge *f* antreten **II.** *v. pron.* **se** ~ einander folgen

succès [syksɛ] *m* ❶ Erfolg *m;* **avoir du ~ auprès de qn** bei jdm Erfolg haben; **à** ~ Erfolgs- ❷ SPORT, MIL Sieg *m*

successeur [syksesœʀ] *mf* Nachfolger(in) *m(f)*

S

successif, **-ive** [syksesif, -iv] *adj.* (*époques, générations*) aufeinanderfolgend
succession [syksesjɔ̃] *f* ❶ (*transmission du pouvoir*) Nachfolge *f*; **prendre la ~ de qn/qc** die Nachfolge einer Person/S. (*Gen*) antreten ❷ (*héritage*) Erbschaft *f*, Verlassenschaft *f* (A)
successivement [syksesivmɑ̃] *adv.* nacheinander
succinctement [syksɛ̃tmɑ̃] *adv.* kurz [und bündig]
succion [sy(k)sjɔ̃] *f* Saugen *nt*; (*d'une plaie, blessure*) Aussaugen *nt*
succomber [sykɔ̃be] <1> *v. intr.* sterben; **~ à qc** *a. fig* einer S. (*Dat*) erliegen
succulent, **e** [sykylɑ̃, ɑ̃t] *adj.* köstlich
succursale [sykyʀsal] *f* Filiale *f*
sucer [syse] <2> *v. tr.* ❶ (*sang, citron*) aussaugen ❷ (*lécher: bonbon*) lutschen; (*crayon, pouce*) lutschen an (+ *Dat*) ❸ *vulg* (*faire une fellation*) **~ qn** jdm einen blasen
sucette [sysɛt] *f* Lutscher *m*
sucre [sykʀ] *m* Zucker *m*; (*morceau*) Stück *nt* Zucker; **~ en morceaux/poudre** Würfel-/Puderzucker
sucré, **e** [sykʀe] *adj.* süß; (*par addition de sucre*) gesüßt
sucrer [sykʀe] <1> **I.** *v. tr.* ❶ (*mettre du sucre*) zuckern ❷ *fam* (*supprimer*) streichen **II.** *v. intr.* (*rendre sucré*) süßen
sucrerie [sykʀəʀi] *f* Süßigkeit *f*
sucrette® [sykʀɛt] *f* Süßstofftablette *f*
sud [syd] **I.** *m sans pl.* **le ~** der Süden; *voir a.* **est II.** *adj. inv.* Süd-; (*partie, banlieue*) südlich
Sud [syd] **I.** *m sans pl.* **le ~** der Süden; *voir a.* **Est II.** *adj. inv.* (*hémisphère*) südlich; (*pôle*) Süd-
sud-africain, **e** [sydafʀikɛ̃, ɛn] <sud-africains> *adj.* südafrikanisch **Sud-Africain**, **e** [sydafʀikɛ̃, ɛn] <Sud-Africains> *m, f* Südafrikaner(in) *m(f)* **sud-américain**, **e** [sydameʀikɛ̃, ɛn] <sud-américains> *adj.* südamerikanisch **Sud-Américain**, **e** [sydameʀikɛ̃, ɛn] <Sud-Américains> *m, f* Südamerikaner(in) *m(f)* **sud-coréen**, **ne** [sydkɔʀeɛ̃, ɛn] <sud-coréens> *adj.* südkoreanisch **Sud-Coréen**, **ne** [sydkɔʀeɛ̃, ɛn] <Sud-Coréens> *m, f* Südkoreaner(in) *m(f)* **sud-est** [sydɛst] **I.** *m inv.* Südosten *m* **II.** *adj. inv.* südöstlich; (*vent*) Südost- **sud-ouest** [sydwɛst] **I.** *m inv.* Südwesten *m*; (*vent*) Südwest- **II.** *adj. inv.* südwestlich **sud-vietnamien**, **ne** [sydvjɛtnamjɛ̃, jɛn] <sud-vietnamiens> *adj.* HIST südvietnamesisch **Sud-Vietnamien**, **ne** [sydvjɛtnamjɛ̃, jɛn] <Sud-Vietnamiens> *m, f* HIST Südvietnamese *m*/Südvietnamesin *f*
Suède [sɥɛd] *f* **la ~** Schweden *nt*
suédois [sɥedwa] *m* Schwedisch *nt*; *voir a.* **allemand**
suédois, **e** [sɥedwa, waz] *adj.* schwedisch; *voir a.* **allemand**
Suédois, **e** [sɥedwa, waz] *m, f* Schwede *m*/Schwedin *f*
suée [sɥe] *f fam* Schweißausbruch *m*
suer [sɥe] <1> *v. intr.* schwitzen
sueur [sɥœʀ] *f* Schweiß *m*; **des ~s** Schweißausbrüche *Pl*; **en ~** schweißnass ▸**qn a des ~s froides** jdm bricht der kalte Schweiß aus
suffi [syfi] *part. passé de* **suffire**
suffire [syfiʀ] <irr> **I.** *v. intr.* genügen; **~ aux besoins** für die Bedürfnisse aufkommen **II.** *v. intr. impers.* (*être suffisant*) **il suffit d'une fois** einmal reicht; **il suffit que vous soyez là pour qu'il se calme** um ihn zu beruhigen genügt es, wenn Sie da sind; **ça suffit [comme ça]!** *fam* jetzt reicht's!
suffisamment [syfizamɑ̃] *adv.* **~ grand** groß genug; **~ de temps/livres** genügend Zeit/Bücher
suffisant, **e** [syfizɑ̃, ɑ̃t] *adj.* (*nombre, techniques*) ausreichend; (*place*) genügend *inv*
suffixe [syfiks] *m* Nachsilbe *f*, Suffix *nt*
suffoquer [syfɔke] <1> *v. intr.* (*perdre le souffle*) ersticken
suffrage [syfʀaʒ] *m* ❶ (*voix*) [Wahl]stimme *f*; **~ universel** allgemeines Wahlrecht ❷ *pl* (*approbation*) Zustimmung *f*
suggérer [sygʒeʀe] <5> *v. tr.* ❶ (*proposer*) vorschlagen ❷ (*inspirer*) **~ une solution à qn** jdn auf eine Lösung bringen
suggestion [sygʒɛstjɔ̃] *f* Vorschlag *m*
suicidaire [sɥisidɛʀ] *adj.* selbstmörderisch
suicide [sɥisid] *m* Selbstmord *m*
suicider [sɥiside] <1> *v. pron.* **se ~** Selbstmord begehen
suis [sɥi] *indic. prés. de* **être**

suisse [sɥis] **I.** *adj.* Schweizer*attr* (*peuple*) schweizerisch; ~ **romand** welsch[schweizerisch] **II.** *m* ❶ (*garde*) Schweizer Gardist *m* ❷ (*bedeau*) Küster *m*

Suisse [sɥis] **I.** *f* **la** ~ die Schweiz **II.** *mf* Schweizer(in) *m(f)*; **c'est un ~ allemand/romand** er ist Deutsch-/Französischschweizer [*o* Welschschweizer (CH)]

Suissesse [sɥisɛs] *f* Schweizerin *f*; ~ **romande** Welschschweizerin *f*

suite [sɥit] *f* ❶ (*ce qui vient après: d'une lettre, d'un roman*) Rest *m*; (*d'une affaire*) Nachspiel *nt* ❷ (*succession: d'événements, de nombres*) [Ab]folge *f*; (*d'objets, de personnes*) Reihe *f* ❸ (*conséquence*) Folge *f* ❹ (*nouvel épisode*) Fortsetzung *f*, Folge *f* ❺ (*cohérence*) Zusammenhang *m* ❻ (*appartement*) Suite *f* ❼ INFORM ~ **bureautique** Office-Paket *nt* ▶ **tout de** ~ sofort; **tout de ~ après** gleich danach; **donner ~ à qc** auf etw (*Akk*) reagieren; **faire ~ à qc** auf etw (*Akk*) folgen; **prendre la ~ de qn/qc** jdn/etw ablösen; ~ **à qc** Bezug *m* nehmend auf etw (*Akk*) **à la ~ [l'un de l'autre]** nacheinander; **à la ~ de qc** nach etw; **et ainsi de** ~ und so weiter; **par la** ~ später

suivant [sɥivɑ̃] *prép.* ❶ (*conformément à*) gemäß (+ *Dat*); (*en fonction de*) je nach (+ *Dat*) ❷ (*le long de*) entlang (+ *Dat*)

suivant, e [sɥivɑ̃, ɑ̃t] **I.** *adj.* ❶ (*qui vient ensuite*) nächste(r, s) ❷ (*ci-après*) folgende(r, s) **II.** *m, f* Nächste(r) *f(m)*; **au ~!** der Nächste!

suiveur, -euse [sɥivœʀ, -øz] *m, f* SPORT Begleiter(in) *m(f)*

suivi [sɥivi] *m* (*d'une affaire*) Weiterverfolgung *f*; (*médical*) Betreuung *f*

suivi, e [sɥivi] **I.** *part. passé de* **suivre** **II.** *adj.* (*continu*) regelmäßig; (*effort*) kontinuierlich

suivre [sɥivʀ] <irr> **I.** *v. tr.* ❶ ~ **qn/qc** jdm/etw folgen; (*mode*) gehen mit; **faire ~ qn** jdn beschatten lassen ❷ (*venir ensuite*) **l'hiver suit l'automne** auf den Herbst folgt der Winter ❸ (*classe, cours*) besuchen ❹ (*élève, malade*) beobachten; (*actualité, compétition*) verfolgen ▶ **à** ~ Fortsetzung *f* folgt **II.** *v. intr.* ❶ (*venir après*) folgen ❷ (*réexpédier*) **faire ~ qc** etw nachsenden lassen ❸ (*être attentif*) aufpassen; (*assimiler*) mitkommen **III.** *v. intr. impers.* **comme suit** wie folgt **IV.** *v. pron.* **se** ~ ❶ (*se succéder*) aufeinanderfolgen ❷ (*être cohérent*) einen Zusammenhang haben

sujet [syʒɛ] *m* ❶ (*thème*) Thema *nt* ❷ (*cause*) Grund *m* ❸ (*individu*) Mensch *m* ❹ LING, PHILOS Subjekt *nt* ▶ **c'est à quel ~?** *fam* worum geht's?; **à ce** ~ diesbezüglich; **au ~ de qn/qc** bezüglich einer Person/S. (*Gen*) was jdn/etw betrifft

sujet, te [syʒɛ, ɛt] *adj.* **être ~ à qc** für etw anfällig sein

sulfurisé, e [sylfyʀize] *adj.* mit Schwefelsäure *f* behandelt; **papier** ~ Pergamentpapier *nt*

sultan [syltɑ̃] *m* Sultan *m*

sultanat [syltana] *m* Sultanat *nt*

summum [sɔ(m)mɔm] *m* ❶ (*apogée*) Höhepunkt *m* ❷ *iron* (*comble*) Gipfel *m*

super[1] [sypɛʀ] *m abr. de* **supercarburant** Super *nt*; ~ **sans plomb** Super bleifrei

super[2] [sypɛʀ] *adj. inv, fam* super

superbe [sypɛʀb] *adj.* (*corps, paysage*) wunderschön; (*temps*) herrlich; **elle a une mine** ~ sie sieht blendend aus

superbement [sypɛʀbəmɑ̃] *adv.* großartig

superchampion, ne [sypɛʀʃɑ̃pjɔ̃, jɔn] *m, f* Spitzensportler(in) *m(f)*

superficie [sypɛʀfisi] *f* Fläche *f*

superficiel, le [sypɛʀfisjɛl] *adj.* oberflächlich

superficiellement [sypɛʀfisjɛlmɑ̃] *adv.* oberflächlich

superflu [sypɛʀfly] *m* **le** ~ das Überflüssige

superflu, e [sypɛʀfly] *adj.* überflüssig

superforme [sypɛʀfɔʀm] *f fam* Höchstform *f*

supérieur [sypeʀjœʀ] *m* Hochschulwesen *nt*

supérieur, e [sypeʀjœʀ] **I.** *adj.* ❶ (*plus haut dans l'espace*) obere(r, s); (*lèvre, mâchoire*) Ober- ❷ (*plus élevé dans la hiérarchie*) höhere(r, s); (*animal, plante*) höher entwickelt; (*cadre*) leitend; **enseignement** ~ Hochschulwesen *nt* ❸ (*de grande qualité*) hervorragend; (*produit*) erstklassig ❹ (*qui dépasse*) **être ~ à qn par qc** jdm in Bezug auf etw (*Akk*) überlegen sein; ~ **en**

S

nombre zahlenmäßig größer; ~ **par la qualité** qualitativ besser; **être ~ à la moyenne** über dem Durchschnitt liegen **II.** *m, f* Vorgesetzte(r) *f(m)*; REL Superior(in) *m(f)*

supériorité [sypeʀjɔʀite] *f* ~ **sur qn/qc** Überlegenheit *f* jdm/etw gegenüber

superlatif [sypɛʀlatif] *m* Superlativ *m*

supermarché [sypɛʀmaʀʃe] *m* Supermarkt *m*

superposé, e [sypɛʀpoze] *adj.* **lits ~s** Etagenbett *nt*

superposer [sypɛʀpoze] <1> *v. tr.* ❶ (*faire chevaucher*) übereinanderlegen ❷ (*empiler*) auftürmen

superproduction [sypɛʀpʀɔdyksjɔ̃] *f* Monumentalfilm *m*

supersonique [sypɛʀsɔnik] *m* Überschallflugzeug *nt*

superstitieux, -euse [sypɛʀstisjø, -jøz] *adj.* abergläubisch

superstition [sypɛʀstisjɔ̃] *f* Aberglaube[n] *m*

superviser [sypɛʀvize] <1> *v. tr.* überprüfen; (*travail*) beaufsichtigen

superviseur [sypɛʀvizœʀ] *m* INFORM Kontrollprogramm *nt*

supervision [sypɛʀvizjɔ̃] *f* Überprüfung *f*; (*d'un travail*) Beaufsichtigung *f*

supplément [syplemɑ̃] *m* ❶ (*surplus*) zusätzliche Menge; **en ~** zusätzlich ❷ PRESSE Beilage *f* ❸ (*somme d'argent à payer*) Aufpreis *m*; CHEMDFER Zuschlag *m*

supplémentaire [syplemɑ̃tɛʀ] *adj.* zusätzlich; (*édition, train*) Sonder-; **heure ~** Überstunde *f*

supplice [syplis] *m* Qual *f*

supplicié, e [syplisje] *m, f* [zu Tode] Gefolterte(r) *f(m)*

supplier [syplije] <1> *v. tr.* ~ **qn de faire qc** jdn inständig bitten etw zu tun

support [sypɔʀ] *m* ❶ (*soutien*) Stütze *f*; (*d'un meuble, d'une statue*) Sockel *m* ❷ INFORM ~ **numérique** Datenträger *m*

supportable [sypɔʀtabl] *adj.* erträglich

supporter [sypɔʀte] <1> **I.** *v. tr.* ❶ (*psychiquement*) ertragen; (*malheur*) hinnehmen; (*mauvais traitement*) sich (*Dat*) gefallen lassen; **ne pas ~ que** + *subj.* es nicht ausstehen können, wenn; **je ne peux pas le ~** ich kann ihn nicht ausstehen ❷ (*alcool, chaleur*) vertragen; (*douleur*) aushalten ❸ SPORT (*encourager*) anfeuern **II.** *v. pron.* **se ~** miteinander auskommen

supposé, e [sypoze] *adj.* mutmaßlich

supposer [sypoze] <1> *v. tr.* ❶ (*imaginer*) annehmen; **supposons qu'il revienne** nehmen wir [einmal] an, er käme zurück ❷ (*impliquer*) voraussetzen

supposition [sypozisjɔ̃] *f* Vermutung *f*

supprimer [sypʀime] <1> **I.** *v. tr.* ❶ (*avantage*) streichen; (*permis*) entziehen; (*libertés, peine de mort*) abschaffen; ~ **le sucre** auf Zucker (*Akk*) verzichten ❷ (*tuer*) beseitigen **II.** *v. pron.* **se ~** sich umbringen

supraconducteur [sypʀakɔ̃dyktœʀ] *m* Supraleiter *m*

suprématie [sypʀemasi] *f* Überlegenheit *f*

suprême [sypʀɛm] *adj.* (*bonheur, degré*) höchste(r, s); (*cour, instance*) oberste(r, s); (*pouvoir*) größte(r, s)

suprêmement [sypʀɛmmɑ̃] *adv.* äußerst

sur [syʀ] *prép.* ❶ (*spatial*) ~ **qn/qc** (*vers*) auf jdn/etw; (*au-dessus de*) über jdn/etw; (*non directionnel*) auf jdm/etw; (*au-dessus de*) über jdm/etw ❷ (*temporel*) ~ **le coup** (*immédiatement*) auf der Stelle; (*au début*) im ersten Augenblick ❸ (*successif*) **coup ~ coup** Schlag auf Schlag (*Akk*) ❹ (*causal*) ~ **sa recommandation** auf seine/ihre Empfehlung hin; ~ **présentation d'une pièce d'identité** gegen Vorlage eines Ausweises ❺ (*modal*) **ne me parle pas ~ ce ton!** sprich nicht in diesem Ton mit mir!; ~ **mesure** nach Maß ❻ (*au sujet de*) ~ **qn/qc** über jdn/etw ❼ (*proportionnalité, notation, dimension*) **neuf fois ~ dix** neun von zehn Mal; **un enfant ~ deux** jedes zweite Kind; **faire deux mètres ~ quatre** zwei mal vier Meter groß sein

sûr, e [syʀ] *adj.* ❶ sicher; ~ **de qn/qc** jds/einer S. sicher; **j'en suis ~** ich bin [mir] dessen sicher; **être ~ de faire qc/que** sicher sein etw zu tun/, dass ❷ (*digne de confiance*) zuverlässig; (*temps*) beständig ▶ **bien ~** sicherlich; **bien ~ que oui/non** *fam* aber sicher/sicherlich nicht; **être ~ et certain** absolut sicher sein; **c'est ~** *fam* na klar

suractivité [syʀaktivite] *f* Überaktivität *f*

suralimentation [syʀalimɑ̃tasjɔ̃] *f* Überernährung *f*
surbooking [syʀbukiŋ] *m* Überbuchung *f*
surcharge [syʀʃaʀʒ] *f* ❶ (*excès de charge*) Überladung *f* ❷ (*surcroît*) ~ **des programmes scolaires** Überlastung *f* der Lehrpläne
surcharger [syʀʃaʀʒe] <2a> *v. tr.* ❶ (*charger à l'excès*) überladen ❷ (*submerger*) **être surchargé de travail** in Arbeit (*Dat*) ersticken
surchauffer [syʀʃofe] <1> *v. tr.* überheizen
surclasser [syʀklɑse] <1> *v. tr.* (*dominer*) ~ **qn** jdm [weit] überlegen sein
surconsommation [syʀkɔ̃sɔmasjɔ̃] *f* übermäßiger Konsum
surdimensionné, e [syʀdimɑ̃sjɔne] *adj.* überdimensional
surdité [syʀdite] *f* (*totale*) Taubheit *f;* (*partielle*) Schwerhörigkeit *f*
surdoué, e [syʀdwe] **I.** *adj.* hoch begabt **II.** *m, f* Hochbegabte(r) *f(m)*
sureffectif [syʀefɛktif] *m* Überbesetzung *f;* **classe en** ~ Klasse mit zu vielen Schülern
sûrement [syʀmɑ̃] *adv.* sicher[lich]
surenchérir [syʀɑ̃ʃeʀiʀ] <8> *v. intr.* mehr bieten; (*en rajouter*) auftrumpfen; ~ **sur qn/qc** jdn/etw überbieten
surendetté, e [syʀɑ̃dete] *adj.* überschuldet
surendettement [syʀɑ̃dɛtmɑ̃] *m* Überschuldung *f*
sûreté [syʀte] *f* Sicherheit *f;* **en** ~ in Sicherheit
surévaluer [syʀevalɥe] <1> *v. tr.* (*personne*) überschätzen; (*immeuble, nombre*) zu hoch schätzen
surf [sœʀf] *m* ❶ a. INFORM Surfen *nt;* (*sur la neige*) Snowboard fahren *nt;* **faire du** ~ surfen; (*sur la neige*) Snowboard fahren ❷ (*planche: pour l'eau*) Surfbrett *nt;* (*pour la neige*) Snowboard *nt*
surface [syʀfas] *f* ❶ (*aire*) Fläche *f;* (*d'un appartement*) [Wohn]fläche; MATH Flächeninhalt *m* ❷ (*couche superficielle, apparence*) Oberfläche *f;* **à la** ~ auf der/die Oberfläche ▸**grande** ~ Supermarkt *m*
surfer [sœʀfe] <1> *v. intr.* a. INFORM surfen; ~ **sur le Web** im Web surfen
surfeur, -euse [sœʀfœʀ, -øz] *m, f* ❶ a. INFORM Surfer(in) *m(f)* ❷ (*sur la neige*) Snowboardfahrer(in) *m(f)*
surfiler [syʀfile] <1> *v. tr.* versäubern
surfin, e [syʀfɛ̃, in] *adj.* extrafein
surfing [sœʀfiŋ] *m* INET Surfen *nt;* **faire du** ~ **sur le Net** im Internet surfen
surgelé, e [syʀʒəle] *adj.* tiefgekühlt
surgelés [syʀʒəle] *mpl* Tiefkühlkost *f*
surgénérateur [syʀʒeneʀatœʀ] *m* schneller Brüter
surgir [syʀʒiʀ] <8> *v. intr.* auftauchen
surhomme [syʀɔm] *m* Übermensch *m*
surhumain, e [syʀymɛ̃, ɛn] *adj.* übermenschlich
sur-le-champ [syʀləʃɑ̃] *adv.* auf der Stelle
surligner [syʀliɲe] <1> *v. tr.* INFORM markieren
surligneur [syʀliɲœʀ] *m* Textmarker *m*
surmédiatisation [syʀmedjatizasjɔ̃] *f* übermäßige Medienvermarktung *f*
surmener [syʀməne] <4> **I.** *v. tr.* überbeanspruchen **II.** *v. pron.* **se** ~ sich übernehmen
surmonter [syʀmɔ̃te] <1> *v. tr.* überwinden
surnaturel, le [syʀnatyʀɛl] *adj.* übernatürlich; REL überirdisch
surnom [syʀnɔ̃] *m* Spitzname *m*
surnombre [syʀnɔ̃bʀ] *m* Überzahl *f*
surnommer [syʀnɔme] <1> *v. tr.* ~ **qn Junior** jdm den Spitznamen Junior geben
suroffre [syʀɔfʀ] *f* COM höheres Angebot
surpasser [syʀpɑse] <1> *v. pron.* **se** ~ sich selbst übertreffen
surpayer [syʀpeje] <1> *v. tr.* (*personne*) überbezahlen
surpeuplé, e [syʀpœple] *adj.* (*pays*) über[be]völkert
surplace [syʀplas] *m* **faire du** ~ auf der Stelle treten
surplomber [syʀplɔ̃be] <1> *v. tr.* ~ **qc** (*étage*) in etw (*Akk*) hineinragen
surplus [syʀply] *m* (*d'une somme*) Rest *m;* (*d'une récolte*) Überschuss *m*
surpopulation [syʀpɔpylasjɔ̃] *f* Über[be]völkerung *f*
surprenant, e [syʀpʀənɑ̃, ɑ̃t] *adj.* überraschend; (*progrès*) erstaunlich
surprendre [syʀpʀɑ̃dʀ] <13> **I.** *v. tr.* ❶ (*étonner*) überraschen ❷ (*prendre sur le fait*) ~ **qn à faire qc** jdn dabei

überraschen, wie er etw tut ❸ (*conversation*) mitanhören; (*sourire*) herauslesen ❹ (*prendre au dépourvu*) ~ **qn dans son bureau** jdn in seinem Büro überfallen ❺ (*prendre à l'improviste*) **la pluie nous a surpris** wir wurden vom Regen überrascht **II.** *v. pron.* **se ~ à faire qc** sich dabei ertappen, wie man etw tut

surpris, e [syʀpʀi, iz] *part. passé de* **surprendre**

surprise [syʀpʀiz] *f* Überraschung *f;* **faire la ~ à qn** jdn überraschen; **avec/par ~** überrascht/überraschend

surproduction [syʀpʀɔdyksjɔ̃] *f* Überproduktion *f*

surréaliste [syʀʀealist] **I.** *adj.* ❶ ART, LITTER surrealistisch ❷ *fam* (*extravagant*) irre **II.** *mf* Surrealist(in) *m(f)*

sursaut [syʀso] *m* ❶ (*haut-le-corps*) Zusammenzucken *nt;* **se réveiller en ~** aus dem Schlaf hochfahren ❷ (*de colère*) Ausbruch *m;* (*d'énergie*) Schub *m*

sursauter [syʀsote] <1> *v. intr.* zusammenzucken; (*de peur*) aufschrecken; **faire ~ qn** (*personne*) jdn aufschrecken

sursis [syʀsi] *m* ❶ (*délai*) Fristverlängerung *f;* (*pour payer*) Aufschub *m* ❷ JUR Bewährung *f*

surtaxe [syʀtaks] *f* (*pour une lettre mal affranchie*) Nachporto *nt;* (*pour un envoi exprès*) Zuschlag[sporto *nt*] *m*

surtout [syʀtu] *adv.* ❶ (*avant tout*) vor allem ❷ *fam* (*d'autant plus*) **j'ai peur de lui, ~ qu'il est fort** ich habe Angst vor ihm, besonders, wo er doch so stark ist ▸ ~ **pas** auf keinen Fall

surveillance [syʀvɛjɑ̃s] *f* (*contrôle*) Aufsicht *f;* (*des travaux, de la police*) Überwachung *f*

surveillant, e [syʀvɛjɑ̃, jɑ̃t] *m, f* Aufsicht[sperson *f*] *f;* (*de prison*) Wärter(in) *m(f);* (*de magasin*) Detektiv(in) *m(f)*

surveillé, e [syʀveje] *adj.* ❶ SCOL (*étude*) unter Aufsicht ❷ JUR (*liberté*) mit Bewährungsaufsicht

surveiller [syʀveje] <1> *v. tr.* ❶ (*enfant, élève*) beaufsichtigen; ~ **un malade** bei einem Kranken wachen; ~ **un examen** bei einer Prüfung die Aufsicht führen ❷ (*suivre l'évolution*) überwachen; (*éducation des enfants*) wachen über (+ *Akk*); (*comportement*) beobachten ❸ (*garder*) aufpassen auf (+ *Akk*) ❹ (*assurer la protection de*) bewachen

survêt [syʀvɛt] *m fam,* **survêtement** [syʀvɛtmɑ̃] *m* SPORT Trainingsanzug *m*

survie [syʀvi] *f* Überleben *nt;* REL Leben *nt* nach dem Tod[e]

survivant, e [syʀvivɑ̃, ɑ̃t] **I.** *adj.* überlebend **II.** *m, f* Überlebende(r) *f(m)*

survivre [syʀvivʀ] <irr> *v. intr.* ~ **à qn/qc** jdn/etw überleben

survoler [syʀvɔle] <1> *v. tr. a. fig* überfliegen; (*question*) flüchtig streifen

susceptibilité [sysɛptibilite] *f* Empfindlichkeit *f*

susceptible [sysɛptibl] *adj.* ❶ (*ombrageux*) empfindlich ❷ (*en mesure de*) **être ~ de faire qc** imstande sein etw zu tun

susciter [sysite] <1> *v. tr.* hervorrufen; (*querelle*) verursachen; (*jalousie*) erregen; (*troubles*) stiften

susnommé, e [sysnɔme] *adj. form* oben genannt

suspect, e [syspɛ, ɛkt] **I.** *adj.* verdächtig **II.** *m, f* Verdächtige(r) *f(m)*

suspecter [syspɛkte] <1> *v. tr.* ~ **qn de qc** jdn einer S. (*Gen*) verdächtigen

suspendre [syspɑ̃dʀ] <14> *v. tr.* ❶ (*accrocher*) aufhängen; ~ **à qc** an etw (*Akk*) hängen ❷ (*séance, réunion*) aussetzen; (*paiement*) vorübergehend einstellen ❸ (*fonctionnaire*) suspendieren; (*joueur*) sperren

suspens [syspɑ̃] ▸ **projet en ~** Projekt in der Schwebe; **dossier en ~** nicht geschlossene Akte

suspense [syspɛns] *m* Spannung *f;* **à ~** spannend

suspicieux, -euse [syspisjø, -jøz] *adj.* misstrauisch

suspicion [syspisjɔ̃] *f* Verdacht *m*

svelte [svɛlt] *adj.* schlank

SVP [ɛsvepe] *abr. de* **s'il vous plaît**

sweat-shirt [switʃœʀt] <sweat-shirts> *m* Sweatshirt *nt*

swing [swiŋ] *m* ❶ MUS Swing *m* ❷ SPORT Schwinger *m*

syllabe [sil(l)ab] *f* Silbe *f*

symbiose [sɛ̃bjoz] *f* Symbiose *f*

symbole [sɛ̃bɔl] *m* Symbol *nt*

symbolique [sɛ̃bɔlik] **I.** *adj.* symbolisch **II.** *f* Symbolik *f*

symboliquement [sɛ̃bɔlikmɑ̃] *adv.* symbolisch

symboliser [sɛ̃bɔlize] <1> *v. tr.* ① (*matérialiser par un symbole*) versinnbildlichen ② (*être le symbole de*) symbolisieren
symétrie [simetʀi] *f* Symmetrie *f*
symétrique [simetʀik] *adj.* ~ **de qc** symmetrisch zu etw
symétriquement [simetʀikmɑ̃] *adv.* symmetrisch
sympa [sɛ̃pa] *adj. fam abr. de* **sympathique**
sympathie [sɛ̃pati] *f* ① (*inclination*) Sympathie *f* ② (*affinité*) Zuneigung *f*
sympathique [sɛ̃patik] *adj.* ① (*personne*) sympathisch ② *fam* (*charmant*) freundlich; (*ambiance*) angenehm; (*plat*) lecker
sympathiser [sɛ̃patize] <1> *v. intr.* sympathisieren
symphonie [sɛ̃fɔni] *f* Sinfonie *f*
symphonique [sɛ̃fɔnik] *adj.* (*orchestre*) Sinfonie-
symptôme [sɛ̃ptom] *m* Symptom *nt*
synagogue [sinagɔg] *f* Synagoge *f*
synchronisation [sɛ̃kʀɔnizasjɔ̃] *f* Synchronisation *f*
synchroniser [sɛ̃kʀɔnize] <1> *v. tr.* synchronisieren
syncope [sɛ̃kɔp] *f* Ohnmacht *f;* **avoir une** ~ ohnmächtig werden
syndical, e [sɛ̃dikal, o] <-aux> *adj.* Gewerkschafts-; (*action*) gewerkschaftlich
syndicat [sɛ̃dika] *m* ① (~ *de salariés*) Gewerkschaft *f* ② (*pour les touristes*) ~ **d'initiative** Fremdenverkehrsamt *nt*
synergie [sinɛʀʒi] *f* Synergie *f*
synonyme [sinɔnim] **I.** *adj.* synonym; **être** ~ **de qc** ein Synonym *nt* für etw sein **II.** *m* Synonym *nt*
syntaxe [sɛ̃taks] *f* Syntax *f*
syntaxique [sɛ̃taksik] *adj.* syntaktisch
synthèse [sɛ̃tɛz] *f* Synthese *f;* **faire la** ~ **de qc** einen Gesamtüberblick über etw (*Akk*) geben ▶ **produit de** ~ Syntheseprodukt *nt*
synthétique [sɛ̃tetik] *adj.* (*matériau*) synthetisch; (*fibres, caoutchouc*) Kunst
synthétiseur [sɛ̃tetizœʀ] *m* Synthesizer *m*
systématique [sistematik] *adj.* systematisch
systématiquement [sistematikmɑ̃] *adv.* systematisch
système [sistɛm] *m* ① System *nt;* **Système européen de banques centrales** Europäisches System der Zentralbanken; **Système monétaire européen** Europäisches Währungssystem ② (*de fermeture*) Vorrichtung *f* ③ *fam* (*combine*) Taktik *f* ④ INFORM ~ **informatique/d'exploitation** Betriebssystem *nt;* ~ **de gestion de base de données** Datenbankverwaltungssystem *nt;* ~ **expert** Expertensystem *nt* ⑤ AUT ~ **de guidage** Navigationssystem *nt*

Tt

T

T, t [te] *m inv.* T *nt,* t *nt;* **en t** T-förmig

t *f abr. de* **tonne** t

t' *pron. voir* **te, tu**

ta [ta, te] <tes> *dét. poss.* dein(e); *voir a.* **ma**

tabac [taba] *m* ❶ Tabak *m* ❷ *fam* (*magasin*) Laden *m* für Tabakwaren ▸ **faire un ~** *fam* einen Bombenerfolg haben

tabagisme [tabaʒism] *m* übermäßiger Tabakkonsum

tabasser [tabase] <1> *fam* **I.** *v. tr.* zusammenschlagen, verdreschen; **se faire ~** verprügelt werden **II.** *v. pron.* **se ~** sich prügeln

tabernacle [tabɛʀnakl] *interj.* CAN *fam* verdammt [noch mal]

tablar[d] [tablaʀ] *m* CH (*étagère*) Regal *nt*

table [tabl] *f* ❶ (*meuble*) Tisch *m;* **mettre la ~** den Tisch decken; **être à ~** bei Tisch sitzen; **à ~!** zu Tisch! ❷ (*tablée*) Tafel *f* ❸ (*nourriture*) Essen *nt* ❹ (*tableau*) **~ des matières** Inhaltsverzeichnis *nt* ▸ **~ ronde** (*conférence*) Gespräch *nt* am runden Tisch; **se mettre à ~** (*aller manger*) sich zu Tisch setzen; *fam* (*avouer sa faute*) auspacken

tableau [tablo] <x> *m* ❶ Bild *nt;* (*peinture*) Gemälde *nt* ❷ SCOL [Schul]tafel *f;* **~ noir** [Wand]tafel *f* ❸ (*panneau*) schwarzes Brett; **~ de bord** (*d'une voiture*) Armaturenbrett *nt* ❹ (*présentation graphique*) *a.* INFORM Tabelle *f*

tabler [table] <1> *v. intr.* **~ sur qc** mit etw rechnen

tablette [tablɛt] *f* ❶ (*plaquette*) Lutschtablette *f;* **~ de chocolat** Tafel *f* Schokolade ❷ (*planchette: d'un lavabo*) Ablage *f,* Ablageplatte *f* ❸ INFORM Tablet-PC *m* ❹ CAN (*bloc de papier à lettres*) Schreibblock *m*

tableur [tablœʀ] *m* INFORM Tabellenkalkulationsprogramm *nt*

tablier [tablije] *m* Schürze *f;* (*d'un écolier*) Kittel *m*

tabou [tabu] *m* Tabu *nt*

tabou, e [tabu] *adj.* Tabu-; (*lieu*) mit einem Tabu belegt; **sujet ~** Tabuthema *nt*

taboulé [tabule] *m: Salat aus Weizengrieß und Gemüse*

tabouret [tabuʀɛ] *m* Hocker *m,* Stockerl *nt* (A)

tac [tak] *m* ▸ **répondre du ~ au ~** wie aus der Pistole geschossen kontern (*fam*)

tache [taʃ] *f* Fleck *m;* (*de couleur, peinture*) Klecks *m;* **~ de rousseur** Sommersprosse *f* ▸ **pauvre ~** Dumpfbacke *f*

tâche [tɑʃ] *f* ❶ (*besogne*) Arbeit *f* ❷ (*mission*) Aufgabe *f*

tacher [taʃe] <1> **I.** *v. intr.* Flecken *Pl* machen **II.** *v. tr.* beflecken **III.** *v. pron.* **se ~** (*tissu*) Flecken *Pl* bekommen; (*personne*) sich schmutzig machen

tâcher [tɑʃe] <1> *v. intr.* (*s'efforcer*) **~ de faire qc** versuchen etw zu tun

tacheter [taʃte] <3> *v. tr.* sprenkeln

tachycardie [takikaʀdi] *f* Herzjagen *nt*

tachymètre [takimɛtʀ] *m* Tachometer *m o nt*

tacite [tasit] *adj.* stillschweigend

tacitement [tasitmɑ̃] *adv.* stillschweigend

taciturne [tasityʀn] *adj.* ❶ (*silencieux*) schweigsam ❷ (*morose*) wortkarg

tacon [takɔ̃] *m* CH Flicken *m*

tacot [tako] *m fam* AUT alte Kiste

tact [takt] *m* Takt *m*

tacticien, ne [taktisjɛ̃, jɛn] *m, f* Taktiker(in) *m(f)*

tactile [taktil] *adj.* Tast-; (*écran*) zum Berühren

tactique [taktik] *f* Taktik *f*

taffe [taf] *f fam* Zug *m;* **tu me donnes une ~?** lässt du mich mal ziehen?

taffetas [tafta] *m* Taft *m*

tag [tag] *m* ❶ INFORM Tag *nt* ❷ (*graffiti*) Graffiti *Pl*

tagliatelles [taljatɛl] *fpl* Tagliatelle *Pl*

tagueur, -euse [tagœʀ, -øz] *m, f* Sprüher(in) *m(f)*

taie [tɛ] *f* (*d'un oreiller*) Bezug *m*

taïga [taiga] *f* Taiga *f*

taïkonaute [tajkɔnot] *m* ASTRO Taikonaut *m*

taille[1] [tɑj] *f* ❶ Größe *f;* **quelle ~ faites-vous?** welche Größe haben Sie? ❷ (*partie du corps, d'un vêtement*) Taille *f* ▸ **ne pas être à sa ~** (*vêtement*) nicht seine/ihre Größe sein

taille[2] [taj] *f* ❶ (*sculpture: d'un diamant*) Schleifen *nt;* (*d'une pierre*) Behauen *nt* ❷ BOT [Be]schneiden *nt*

taillé, e [taje] *adj.* (*bâti*) ~ **en qc** geformt wie etw

taille-crayon [tajkʀɛjɔ̃] <taille-crayon[s]> *m* Blei[stift]anspitzer *m*

tailler [taje] <1> **I.** *v. tr.* ❶ (*arbre*) zurückschneiden; (*crayon*) [an]spitzen; (*ongles*) [sich (*Dat*)] schneiden; (*pierre*) [be]hauen; (*diamant*) schleifen ❷ (*robe*) [zu]schneiden **II.** *v. pron.* (*se couper*) **se ~ la barbe** sich (*Dat*) den Bart stutzen

tailleur [tajœʀ] *m* ❶ (*couturier*) Schneider *m* ❷ (*tenue*) Kostüm *nt* ▸**être assis en ~** im Schneidersitz sitzen

tailleur, -euse [tajœʀ, -jøz] *m, f* (*de diamants*) Schleifer *m;* ~ **de pierre** Steinmetz *m*

tailleur-pantalon [tajœʀpɑ̃talɔ̃] <tailleurs-pantalons> *m* Hosenanzug *m*

tain [tɛ̃] *m* **glace sans ~** Spionspiegel *m*

taire [tɛʀ] <irr> **I.** *v. pron.* **se ~** schweigen **II.** *v. tr.* verschweigen; (*raison*) nicht nennen **III.** *v. intr.* **faire ~ qn** dafür sorgen, dass jd ruhig ist

Taiwan [tajwan] *m* Taiwan *nt*

talent [talɑ̃] *m* Talent *nt,* Begabung *f;* **avoir du ~** begabt sein

talentueux, -euse [talɑ̃tɥø, -øz] *adj.* talentiert

talkie-walkie [tokiwolki] <talkies-walkies> *m* Walkie-Talkie *nt*

talon [talɔ̃] *m* ❶ (*partie du pied, d'un bas, d'une chaussette*) Ferse *f* ❷ (*partie d'une chaussure*) Absatz *m;* ~ **aiguille** Pfennigabsatz ❸ (*bout d'un jambon*) Endstück *nt,* letztes Stück ❹ (*partie non détachable d'une feuille carnet*) Kontrollabschnitt *m* ❺ JEUX [Karten]stock *m,* Talon *m*

talonner [talɔne] <1> *v. tr.* ~ **qn** jdm auf den Fersen sein

talquer [talke] <1> *v. tr.* mit Talk einreiben

talus [taly] *m* Böschung *f*

TAM [teɑɛm] *f abr. de* **toile d'araignée mondiale** WWW *nt*

tambour [tɑ̃buʀ] *m* Trommel *f*

tambourin [tɑ̃buʀɛ̃] *m* Tamburin *nt*

tambouriner [tɑ̃buʀine] <1> *v. intr.* ~ **à/sur qc** an etw (*Akk*) trommeln

tambour-major [tɑ̃buʀmaʒɔʀ] <tambours-majors> *m* Tambourmajor *m*

tamis [tami] *m* ❶ (*crible*) Sieb *nt* ❷ SPORT Bespannung *f*

Tamise [tamiz] *f* **la ~** die Themse

tamiser [tamize] <1> *v. tr.* ❶ (*passer au tamis*) [durch]sieben ❷ (*lumière*) dämpfen

tampon [tɑ̃pɔ̃] **I.** *m* ❶ (*en coton*) Bausch *m* ❷ (*périodique*) Tampon *m* ❸ (*à récurer*) Topfkratzer *m* ❹ (*pansement*) Tupfer *m* ❺ (*cachet*) Stempel *m* **II.** *app inv.* Puffer-

tamponner [tɑ̃pɔne] <1> **I.** *v. tr.* ❶ (*essuyer*) abtupfen; (*plaie*) säubern ❷ (*timbrer*) [ab]stempeln **II.** *v. pron.* (*se heurter*) **se ~** zusammenstoßen

tamponneur, -euse [tɑ̃pɔnœʀ, -øz] *adj.* **auto tamponneuse** Autoskooter *m*

tam-tam [tamtam] <tam-tams> *m* MUS afrikanische Trommel

tandem [tɑ̃dɛm] *m* ❶ (*cycle*) Tandem *nt* ❷ (*duo*) Gespann *nt*

tandis que [tɑ̃dikə] *conj. + indic.* während [hingegen]

tanga [tɑ̃ga] *m* Tanga *m*

tangent, e [tɑ̃ʒɑ̃, ʒɑ̃t] *adj.* ❶ (*très juste*) knapp; **élève ~** Schüler, der die Versetzung nur knapp schafft/geschafft hat, Schüler, der um ein Haar sitzen geblieben wäre ❷ GEOM tangential

tangente [tɑ̃ʒɑ̃t] *f* MATH Tangente *f*

tangible [tɑ̃ʒibl] *adj.* greifbar; (*preuve*) handfest

tanguer [tɑ̃ge] <1> *v. intr.* NAUT stampfen

tanière [tanjɛʀ] *f* (*d'un animal*) Unterschlupf *m*

tanin [tanɛ̃] *m* Tannin *nt*

tank [tɑ̃k] *m* (*réservoir*) Tank *m*

tanner [tane] <1> *v. tr.* ❶ (*préparer des peaux*) gerben ❷ *fam* (*personne*) nerven

tannerie [tanʀi] *f* ❶ (*opérations*) [Loh]gerbung *f* ❷ (*établissement*) [Loh]gerberei *f*

tanneur, -euse [tanœʀ, -øz] *m, f* [Loh]gerber(in) *m(f)*

tannin [tanɛ̃] *m voir* **tanin**

tant [tɑ̃] *adv.* ❶ (*tellement: aimer, vouloir*) so sehr; (*manger, travailler*) so viel ❷ (*une telle quantité*) ~ **de choses** so viele Dinge; ~ **de fois** so oft ❸ (*autant*) ~ **qu'il peut** so viel er kann; **ne pas en demander ~** gar nicht umso viel bitten ❹ (*aussi longtemps que*) ~ **que** solange; ~ **que j'y**

suis wenn ich schon [mal] dabei bin ▸**vous m'en** **__direz__** **~!** *fam* nein, so was!; **~ qu'à** **__faire__** *fam* wenn es schon sein muss; **__en__** **~ que** [in der Eigenschaft] als

tante [tɑ̃t] *f* ❶ (*parente*) Tante *f* ❷ *vulg* (*homosexuel*) Tunte *f*

tantième [tɑ̃tjɛm] **I.** *adj.* soundsovielte(r, s) **II.** *m* Tantieme *f*

tantôt [tɑ̃to] *adv.* ❶ (*en alternance*) **~... ~...** mal ..., mal ... ❷ BELG (*tout à l'heure*) später

taoïsme [taɔism] *m* Taoismus *m*

taon [tɑ̃] *m* ZOOL Bremse *f*

tapage [tapaʒ] *m* ❶ (*vacarme*) Krach *m* ❷ (*publicité*) Wirbel *m*

tapageur, -euse [tapaʒœʀ, -ʒøz] *adj.* (*liaison, vie*) skandalös; (*publicité*) marktschreierisch

tape [tap] *f* Klaps *m*

tape-à-l'œil [tapalœj] **I.** *adj. inv.* (*toilette*) auffällig **II.** *m inv.* Kitsch *m*

taper [tape] <1> **I.** *v. intr.* ❶ (*donner des coups*) klopfen; **~ qn sur l'épaule** jdm auf die Schulter klopfen; **~ sur qn** jdn schlagen; **~ dans le ballon** gegen den Ball treten ❷ *fam* (*soleil*) knallen **II.** *v. tr.* ❶ (*tapis*) klopfen ❷ (*cogner*) **~ qn/un animal** jdn/ein Tier schlagen; (*amicalement*) jdm/einem Tier einen Klaps geben; **~ le pied contre qc** den Fuß gegen etw schlagen ❸ (*frapper*) **~ trois coups à la porte** dreimal an die Tür klopfen; **~ la table du poing** mit der Faust auf den Tisch hauen ❹ (*dactylographier*) tippen ❺ INFORM (*texte, code*) eingeben **III.** *v. pron.* ❶ *fam* (*se payer*) **se ~ un film** sich (*Dat*) einen Film reinziehen ❷ **c'est à se ~ la tête contre les murs!** das ist ja zum Verrücktwerden!

tapette [tapɛt] *f* ❶ (*ustensile: pour les tapis*) Teppichklopfer *m;* (*pour les mouches*) Fliegenklatsche *f* ❷ (*piège*) Falle *f*

tapir [tapiʀ] <8> *v. pron.* **se ~ sous qc** sich unter etw (*Dat*) verkriechen

tapis [tapi] *m* ❶ Teppich *m* ❷ (*textile protecteur*) Matte *f* ❸ JEUX Tuch *nt* ❹ INFORM **~ de souris** Mauspad *nt* ▸**~** **__roulant__** Laufband *nt;* NAUT Rollsteg *m;* (*pour bagages*) Gepäckband *nt*

tapisser [tapise] <1> *v. tr.* ❶ (*mur, pièce*) tapezieren; (*fauteuil*) beziehen ❷ (*recouvrir: lierre, mousse*) bedecken

tapisserie [tapisʀi] *f* ❶ (*revêtement*) Tapete *f* ❷ (*pose du papier peint*) Tapezieren *nt* ❸ ART (*activité*) Teppichweben *nt;* (*tapis*) Wandteppich *m*

tapotement [tapɔtmɑ̃] *m* (*des doigts*) Trommeln *nt*

tapoter [tapɔte] <1> *v. tr.* (*joues*) tätscheln

taquin, e [takɛ̃, in] *adj.* schelmisch

taquiner [takine] <1> *v. tr.* necken

taquinerie [takinʀi] *f* Neckerei *f*

tarabiscoté, e [taʀabiskɔte] *adj.* überladen

tarabuster [taʀabyste] <1> *v. tr.* ❶ (*importuner*) drängen ❷ (*causer de l'inquiétude*) **~ qn** (*choses*) jdm keine Ruhe lassen

tarama [taʀama] *m* Taramas *m*

tard [taʀ] **I.** *adv.* spät; **au plus ~** spätestens; **pas plus ~ que ...** erst ... **II.** *m* **sur le ~** spät

tarder [taʀde] <1> *v. intr.* ❶ (*traîner*) **~ à faire qc** zögern, etw zu tun; **sans ~** umgehend ❷ (*se faire attendre*) auf sich warten lassen; **tu ne vas pas ~ à t'endormir** du wirst gleich einschlafen

tardif, -ive [taʀdif, -iv] *adj.* spät

tardivement [taʀdivmɑ̃] *adv.* spät

tare [taʀ] *f* Makel *m*

taré, e [taʀe] *m, f* ❶ *fam* (*idiot*) Verrückte(r) *f(m)* ❷ MED geistig Behinderte(r) *f(m)*

tari, e [taʀi] *adj.* (*rivière*) ausgetrocknet; (*source, imagination*) versiegt; (*ressources*) erschöpft

tarif [taʀif] *m* (*barème*) Tarif *m;* (*d'une réparation*) Preis *m*

tarifer [taʀife] <1> *v. tr.* **~ la marchandise** den Preis der Ware festlegen

tarification [taʀifikasjɔ̃] *f* COM Preis-/Gebührenfestsetzung *f*

tarir [taʀiʀ] <8> **I.** *v. intr.* (*cesser de couler*) versiegen (*geh*) **II.** *v. tr.* (*mare, fleuve*) austrocknen; (*puits, source*) versiegen lassen (*geh*) **III.** *v. pron.* **se ~** (*s'assécher*) versiegen

tartare [taʀtaʀ] *adj.* ❶ HIST **les populations ~s** die Tartarenvölker ❷ GASTR **steak ~** Tartarsteak *nt*

tarte [taʀt] **I.** *f* ❶ GASTR Kuchen *m;* **~ aux cerises/prunes** Kirschkuchen/Pflaumenkuchen ❷ *fam* (*gifle*) Schelle *f* **II.** *adj. fam* doof

tartine [taʀtin] *f* ❶ GASTR ~ **[beurrée]** [Butter]brot *nt;* ~ **grillée** Toast *m* ❷ *péj fam (long développement)* **écrire des ~s** einen ganzen Roman schreiben

tartiner [taʀtine] <1> *v. tr.* GASTR bestreichen

tartre [taʀtʀ] *m* Kesselstein *m; (des dents)* Zahnstein *m*

tartuf[f]e [taʀtyf] **I.** *m* Heuchler(in) *m(f)* **II.** *adj.* scheinheilig

tas [tɑ] *m* Haufen *m;* **un ~ de choses/personnes** *fam* eine Menge Dinge/Menschen

tasse [tɑs] *f* Tasse *f;* ~ **de café** Tasse Kaffee ▸ **ce n'est pas ma ~ de thé** *fam* das ist nichts für mich

tassé, e [tɑse] *adj.* **bien ~** *(café, pastis)* stark

tassement [tɑsmɑ̃] *m* ❶ *(des sédiments, neiges)* Sichsetzen *nt; (de terrain)* Absacken *nt* ❷ *(des vertèbres)* Zusammensacken *nt*

tasser [tɑse] <1> **I.** *v. tr. (comprimer)* zusammendrücken; *(paille, foin)* zusammenpressen; *(terre)* feststampfen; *(en tapant: neige, sable)* festklopfen **II.** *v. pron.* **se ~** ❶ *(s'affaisser)* in sich *(Akk)* zusammensinken; *(terrain, neige)* sich setzen ❷ *fam (s'arranger)* **ça va se ~!** das gibt sich wieder!

tâter [tɑte] <1> **I.** *v. tr.* ❶ *(palper)* befühlen; *(pouls)* fühlen ❷ *(terrain)* sondieren *(geh)* **II.** *v. intr. (faire l'expérience)* ~ **de qc** die Erfahrung einer S. *(Gen)* machen **III.** *v. pron.* **se ~** *fam (hésiter)* noch überlegen

tatillon, ne [tatijɔ̃, jɔn] *adj.* pedantisch *(pej)*

tâtonnement [tɑtɔnmɑ̃] *m (essai hésitant)* Versuch *m*

tâtonner [tɑtɔne] <1> *v. intr.* ❶ *(chercher en hésitant)* ausprobieren ❷ *(se déplacer sans voir)* sich vorantasten

tâtons [tɑtɔ̃] *mpl* **à ~** tastend

tatouage [tatwaʒ] *m* ❶ *(action)* Tätowieren *nt* ❷ *(dessin)* Tätowierung *f,* Tattoo *nt o m;* ~ **[au] bas du dos** Tätowierung [*o* Tattoo] am unteren Rücken, Arschgeweih *nt (fam)*

tatouer [tatwe] <1> *v. tr.* tätowieren

tatoueur, -euse [tatwœʀ, -øz] *m, f* Tätowierer(in) *m(f)*

taudis [todi] *m* Elendsbehausung *f*

taupe [top] *f* ZOOL Maulwurf *m*

taupinière [topinjɛʀ] *f* Maulwurfshügel *m*

taureau [tɔʀo] <x> *m* Stier *m*

Taureau [tɔʀo] <x> *m* ASTRO Stier *m; voir a.* **Balance**

tauromachie [tɔʀɔmaʃi] *f* Stierkampf *m*

taux [to] *m* ❶ *(pourcentage administrativement fixé)* Satz *m* ❷ *(mesure statistique)* Quote *f;* ~ **de change** Wechselkurs *m;* ~ **de mortalité** Sterblichkeitsziffer *f;* ~ **de natalité** Geburtenrate *f* ❸ MED ~ **de cholestérol** Cholesterinspiegel *m*

taverne [tavɛʀn] *f* ❶ *(gargote)* Wirtshaus *nt* ❷ HIST Herberge *f*

tavernier, -ière [tavɛʀnje, -jɛʀ] *m, f* Wirt(in) *m(f)*

taxable [taksabl] *adj.* ❶ *(imposable)* abgabenpflichtig ❷ *(à la douane)* zollpflichtig

taxation [taksasjɔ̃] *f (des marchandises)* Besteuerung *f*

taxe [taks] *f (impôt)* Steuer *f;* ~ **professionnelle** Gewerbesteuer; ~ **à la valeur ajoutée** Mehrwertsteuer *f;* **toutes ~s comprises** Steuer und Abgaben inbegriffen; **hors ~s** Steuer nicht inbegriffen; *(sans T.V.A.)* ohne Mehrwertsteuer

taxer [takse] <1> *v. tr.* ❶ *(imposer)* besteuern ❷ *(marchandise, produit)* den Preis festsetzen für

taxi [taksi] *m* Taxi *nt*

taxidermiste [taksidɛʀmist] *mf* Tierpräparator(in) *m(f)*

tchador [tʃadɔʀ] *m* Schador *m*

tchao [tʃao] *interj. fam* tschau

tchatche [tʃatʃ] *f* **avoir de la ~** *fam* eine Quasselstrippe sein

tchatcher [tʃatʃe] <1> *v. intr. fam* quatschen

tchécoslovaque [tʃekɔslɔvak] *adj.* HIST tschechoslowakisch

Tchécoslovaque [tʃekɔslɔvak] *mf* HIST Tschechoslowake *m*/Tschechoslowakin *f*

Tchécoslovaquie [tʃekɔslɔvaki] *f* HIST Tschechoslowakei *f*

tchèque [tʃɛk] **I.** *adj.* tschechisch; *voir a.* **allemand II.** *m* Tschechisch *nt; voir a.* **allemand**

Tchèque [tʃɛk] *mf* Tscheche *m*/Tschechin *f*

tchétchène [tʃetʃɛn] **I.** *adj.* tschetschenisch **II.** *m* Tschetschenisch *nt; voir a.* **allemand**

Tchétchène [tʃetʃɛn] *mf* Tschetschene *m*/Tschetschenin *f*

te [tə] < *devant voyelle ou h muet* t'> *pron. pers.* dich/dir; *voir a.* **me**

té [te] *m* (*règle*) Reißschiene *f*

technicien, ne [tɛknisjɛ̃, jɛn] *m, f* ❶ (*professionnel qualifié*) Techniker(in) *m(f)* ❷ (*expert*) Fachmann *m*/Fachfrau *f*

technicité [tɛknisite] *f* hohe Spezialisiertheit

technico-commercial, e [tɛkniko-kɔmɛʀsjal, jo] <technico-commerciaux> **I.** *adj.* kaufmännisch-technisch **II.** *m, f* COM kaufmännisch-technische(r) Angestellte(r) *f(m)*

technique [tɛknik] **I.** *adj.* technisch; (*ouvrage, terme*) Fach-; **lycée ~** Fachoberschule *f* **II.** *m* SCOL Fachschulwesen *nt* **III.** *f* Technik *f*

techniquement [tɛknikmɑ̃] *adv.* technisch

techno [tɛknɔ] **I.** *adj.* (*musique*) Techno- **II.** *f* Techno *m o nt*

technologie [tɛknɔlɔʒi] *f* Technologie *f*

technologique [tɛknɔlɔʒik] *adj.* technologisch

technopôle [tɛknɔpol] *m: Stadtteil, in dem ausschließlich Forschungs- und Hochschultechnologieunternehmen sitzen*

teenager [tinɛdʒœʀ] *mf* Teenager *m*

tee-shirt [tiʃœʀt] <tee-shirts> *m* T-Shirt *nt*

téflon® [teflɔ̃] *m* Teflon® *nt*

teigneux, -euse [tɛɲø, -øz] **I.** *adj. fam* verbissen **II.** *m, f fam* Fiesling *m*

teindre [tɛ̃dʀ] <irr> **I.** *v. tr.* färben **II.** *v. pron.* (*~ les cheveux*) **se ~** sich (*Dat*) die Haare färben

T

teint [tɛ̃] *m* Teint *m*

teint, e [tɛ̃, tɛ̃t] *part. passé de* **teindre**

teinte [tɛ̃t] *f* (*couleur*) Farbe *f*

teinter [tɛ̃te] <1> **I.** *v. tr.* (*colorer*) tönen **II.** *v. pron.* (*se colorer*) **se ~ de rose** sich rosa färben

teinture [tɛ̃tyʀ] *f* ❶ (*colorant*) Färbemittel *nt* ❷ MED **~ d'iode** Jodtinktur *f* ❸ (*fait de teindre*) Färben *nt*

teinturerie [tɛ̃tyʀəʀi] *f* [chemische] Reinigung

teinturier, -ière [tɛ̃tyʀje, -jɛʀ] *m, f* ❶ (*commerçant*) **porter qc chez le ~** etw zur Reinigung bringen ❷ (*artisan*) Färber(in) *m(f)*

tel, le [tɛl] **I.** *adj. indéf.* ❶ (*semblable, si fort/grand*) **un ~/une ~le ...** solch ein(e) ...; **de ~(s) ...** solche ... ❷ (*ainsi*) **~le n'est pas mon intention** das ist nicht meine Absicht; **~ père, ~ fils** wie der Vater, so der Sohn ❸ (*comme*) **~ que qn/qc** wie jd/etw; **un homme ~ que lui** ein Mann wie er ❹ (*un certain*) **~ jour et à ~le heure** an dem und dem Tag und um die und die Zeit ▸**il n'y a rien de ~** es gibt nichts Besseres **II.** *pron. indéf.* **si ~ ou ~ te dit ...** wenn dir dieser oder jener sagt, ...

télé [tele] *f fam abr. de* **télévision: la ~ poubelle** TV-Schrott *m*, Trash-TV *nt*

téléachat [teleaʃa] *m* Teleshopping *nt*

téléboutique [telebutik] *f* Call-Shop *m*

Télécarte® [telekaʀt] *f* Telefonkarte *f*

télécharger [teleʃaʀʒe]*v. tr.* (*vers l'aval*) herunterladen, downloaden; (*vers l'amont*) hinaufladen, uploaden

télécommande [telekɔmɑ̃d] *f* (*boîtier*) Fernsteuerung *f*; (*d'une télé, d'un magnétoscope*) Fernbedienung *f*

télécommander [telekɔmɑ̃de] <1> *v. tr.* ❶ TECH mit Fernbedienung steuern ❷ (*organiser à distance*) [aus der Ferne] lenken

télécommunication [telekɔmynikasjɔ̃] *f gén. pl.* (*secteur*) Fernmeldewesen *nt*; (*technique*) Fernmeldetechnik *f*

télécoms [telekɔm] *fpl fam abr. de* **télécommunications**

téléconférence [telekɔ̃feʀɑ̃s] *f* Videokonferenz *f*, Konferenzschaltung *f*

télécopie [telekɔpi] *f* Fax *nt*

télécopieur [telekɔpjœʀ] *m* Faxgerät *nt*

téléenquêteur, -trice [teleɑ̃kɛtœʀ, -tʀis] *m, f* Telefonbefrager(in) *m(f)*

téléenseignement [teleɑ̃sɛɲəmɑ̃] *m* Fernunterricht *m*; (*enseignement en ligne*) E-Learning *nt*

téléfax [telefaks] *m* Telefax *nt*

téléfilm [telefilm] *m* Fernsehfilm *m*

télégramme [telegʀam] *m* Telegramm *nt*

télégraphe [telegʀaf] *m* Telegraf *m*

télégraphie [telegʀafi] *f* Telegrafie *f*

télégraphier [telegʀafje] <1> *v. tr.* telegrafieren; NAUT funken

télégraphique [telegʀafik] *adj.* telegrafisch; (*style*) Telegramm-

téléguider [telegide] <1> *v. tr.* (*diriger à distance*) durch Fernlenkung steuern

téléinformatique [teleɛ̃fɔʀmatik] *f* Datenfernverarbeitung *f*

télématique [telematik] *f* Datenfernübertragung *f*

téléobjectif [teleɔbʒɛktif] *m* Teleobjektiv *nt*

télépaiement [telepɛmɑ̃] *m* elektronische Zahlungsweise

télépendulaire [telepɑ̃dylɛʀ] *m* Telearbeit *f*

téléphérique [telefeʀik] *m* Seilbahn *f*

téléphone [telefɔn] *m* Telefon *nt;* ~ **arabe** *iron* Buschtrommel *f;* ~ **visuel** Bildtelefon; **avoir qn au** ~ mit jdm telefonieren; **être au** ~ telefonieren

téléphoner [telefɔne] <1> **I.** *v. intr.* telefonieren; ~ **à qn** jdn anrufen **II.** *v. pron.* **se** ~ sich anrufen

téléphonie [telefɔni] *f* (*secteur*) Fernmeldewesen *nt;* ~ **mobile** Mobilfunk *m;* ~ [**numérique**] **mobile** [digitaler] Mobilfunk

téléphonique [telefɔnik] *adj.* telefonisch

télé-réalité [teleʀealite] *f* Reality-TV *nt*

téléreportage [teleʀ(ə)pɔʀtaʒ] *m* Fernsehreportage *f*

télescopage [teleskɔpaʒ] *m* Kollision *f*

télescope [teleskɔp] *m* Teleskop *nt*

télescoper [telɛskɔpe] <1> *v. pron.* **se** ~ (*se percuter*) aufeinanderprallen

télescopique [telɛskɔpik] *adj.* ❶ ASTRO teleskopisch ❷ TECH ausziehbar

télésiège [telesjɛʒ] *m* Sessellift *m*

téléski [teleski] *m* Schlepplift *m*

téléspectateur, **-trice** [telespɛktatœʀ, -tʀis] *m, f* Fernsehzuschauer(in) *m(f)*

télésurveillance [telesyʀvɛjɑ̃s] *f* Fernüberwachung *f*

Télétel® [teletɛl] *m* Bildschirmtext® *m*

télétexte [teletɛkst] *m* Videotext *m*

téléthon [teletɔ̃] *m* ≈ Spendenmarathon *m (interaktive TV-Sendung, die Spenden sammelt)*

télétransmission [teletʀɑ̃smisjɔ̃] *f* Fernübertragung *f*

télétravail [teletʀavaj] *m* Telearbeit *f*

télévérité [televeʀite] *f* TV Reality-TV *nt*

téléviser [televize] <1> *v. tr.* im Fernsehen übertragen

téléviseur [televizœʀ] *m* Fernseher *m*

télévision [televizjɔ̃] *f* ❶ Fernsehen *nt;* ~ **à péage** Pay-TV *nt;* **regarder la** ~ fernsehen ❷ (*récepteur*) Fernseher *m*

télévisuel, **le** [televizɥɛl] *adj.* Fernseh-

télex [telɛks] *m* ❶ (*appareil*) Fernschreiber *m* ❷ (*message*) Telex *nt*

tellement [tɛlmɑ̃] *adv.* ❶ (*si*) so; **ce serait** ~ **mieux** das wäre weitaus besser ❷ (*tant*) [so] sehr ❸ (*beaucoup*) **pas/plus** ~ *fam* (*venir*) nicht oft/nicht mehr oft; (*boire, manger, travailler*) nicht so viel/nicht mehr so viel; (*aimer*) nicht sehr/nicht mehr sehr ❹ *fam* (*tant de*) **avoir** ~ **d'amis/de courage** so viele Freunde/so viel Mut haben ❺ (*parce que*) so; **on le comprend à peine** ~ **il parle vite** man versteht ihn kaum, so schnell spricht er

téméraire [temeʀɛʀ] *adj.* gewagt

témérité [temeʀite] *f* Kühnheit *f*

témoignage [temwaɲaʒ] *m* ❶ JUR [Zeugen]aussage *f* ❷ (*manifestation*) Beweis *m*

témoigner [temwaɲe] <1> *v. intr.* ❶ JUR berichten; (*déposer*) aussagen ❷ (*attester, jurer*) ~ **de qc** etw bezeugen; (*démontrer*) etw beweisen ❸ (*manifester: choses*) von etw zeugen

témoin [temwɛ̃] **I.** *m* ❶ Zeuge *m*/Zeugin *f* ❷ (*à un mariage*) Trauzeuge *m*/Trauzeugin *f* ❸ (*voyant lumineux*) Kontrollleuchte *f* **II.** *app* **lampe** ~ Kontrolllampe *f*

tempe [tɑ̃p] *f* Schläfe *f*

tempérament [tɑ̃peʀamɑ̃] *m* ❶ (*caractère*) Natur *f* ❷ (*forte personnalité*) Temperament *nt*

température [tɑ̃peʀatyʀ] *f* ❶ Temperatur *f* ❷ (*fièvre*) Fieber *nt;* **prendre sa** ~ Fieber messen

tempéré, **e** [tɑ̃peʀe] *adj.* gemäßigt

tempérer [tɑ̃peʀe] <5> *v. tr.* ❶ METEO mildern ❷ (*modérer*) bremsen; (*ardeur, enthousiasme*) zügeln

tempête [tɑ̃pɛt] *f* METEO Unwetter *nt,* Sturm *m;* ~ **de neige** Schneesturm

tempêter [tɑ̃pete] <1> *v. intr.* ~ **contre qn/qc** gegen jdn/etw wettern

temple [tɑ̃pl] *m* ❶ ART, HIST Tempel *m* ❷ REL (*protestant*) Kirche *f*

tempo [tɛmpo] <s> *m a.* MUS Tempo *nt*

temporaire [tɑ̃pɔʀɛʀ] *adj.* ❶ (*intérimaire*) befristet; (*travail*) Zeit-; **à titre** ~ vorübergehend ❷ (*passager*) momentan

temporairement [tɑ̃pɔʀɛʀmɑ̃] *adv.* vorübergehend

temporel [tɑ̃pɔʀɛl] *m* Zeitliche *nt*

temporel, **le** [tɑ̃pɔʀɛl] *adj.* ❶ LING temporal ❷ (*opp: spatial*) zeitlich ❸ (*opp: éternel*) vergänglich

T

temporiser [tɑ̃pɔʀize] <1> *v. intr.* abwarten

temps[1] [tɑ̃] *m* ❶ Zeit *f;* **passer tout son ~ à faire qc** seine ganze Zeit damit verbringen, etw zu tun; **avoir/ne pas avoir le ~ de faire qc** Zeit haben/keine Zeit haben etw zu tun; **avoir tout son ~** viel Zeit haben; **~ libre** Freizeit ❷ (*moment*) Zeitpunkt *m* ❸ *pl* (*époque*) Zeiten *Pl* ❹ (*période*) Zeitalter *nt* ❺ TECH, MUS Takt *m;* **moteur à deux ~** Zweitaktmotor *m* ▶ **ces derniers ~** in letzter Zeit; **~ mort** Leerlauf *m;* SPORT Auszeit *f* **dans un premier ~** zunächst; **tout le ~** ständig; **il y a un ~ pour tout** alles zu seiner Zeit; **il était ~!** es war allerhöchste Zeit!; **mettre du ~ à faire qc** lange brauchen um etw zu tun; **passer le ~** die Zeit totschlagen; **à ~** rechtzeitig; **dans le ~** früher; **de ~ en ~** von Zeit zu Zeit; **depuis le ~** seither; **depuis le ~ que ...** es ist schon ewig her, dass ...; **depuis ce ~-là** seitdem; **en même ~** gleichzeitig; **en ~ de crise/guerre/paix** in Krisen/-Kriegs-/Friedenszeiten *Pl*; **en ~ normal** normalerweise; **en peu de ~** in kurzer Zeit; **au ~ pour moi!** *fam* ich habe mich geirrt!; **ces ~-ci** in letzter Zeit

temps[2] [tɑ̃] *m* Wetter *nt;* **il fait beau/mauvais ~** das Wetter ist schön/schlecht; **quel ~ fait-il?** wie ist das Wetter? ▶ **par tous les ~** bei Wind und Wetter

tenable [t(ə)nabl] *adj.* **ne pas être ~** unerträglich sein

tenace [tənas] *adj.* hartnäckig; (*haine*) erbittert

ténacité [tenasite] *f* Hartnäckigkeit *f*

tenailler [tənɑje] <1> *v. tr.* (*faim*) quälen

tenailles [t(ə)nɑj] *fpl* [Beiß]zange *f*

tenant, e [tənɑ̃, ɑ̃t] *m, f* **la ~e du titre** die Titelverteidigerin

tendance [tɑ̃dɑ̃s] **I.** *f* ❶ PSYCH Neigung *f* ❷ (*propension*) **~ à la rêverie** Hang *m* zum Träumen ❸ (*orientation*) Trend *m* **II.** *app inv.* trendig, Trend-; **couleurs ~** Trendfarben *Pl*

tendancieusement [tɑ̃dɑ̃sjøzmɑ̃] *adv.* voreingenommen

tendeur [tɑ̃dœʀ] *m* [Gummi]spanner *m*

tendinite [tɑ̃dinit] *f* Sehnenentzündung *f*

tendon [tɑ̃dɔ̃] *m* Sehne *f*

tendre[1] [tɑ̃dʀ] <14> **I.** *v. tr.* ❶ (*raidir*) spannen ❷ (*bras*) ausstrecken; (*cou*) recken; (*joue*) hinhalten; (*main*) entgegenstrecken ▶ **~ la main à qn** jdm die Hand reichen **II.** *v. pron.* **se ~** (*se raidir*) sich spannen; (*relations*) angespannt werden **III.** *v. intr.* ❶ (*aboutir à*) **~ à faire qc** letztlich etw tun ❷ (*viser à*) **~ à qc** auf etw (*Akk*) abzielen

tendre[2] [tɑ̃dʀ] *adj.* ❶ zart ❷ (*opp: dur*) weich ❸ (*affectueux*) zärtlich

tendrement [tɑ̃dʀəmɑ̃] *adv.* liebevoll; (*aimer*) innig[lich]

tendresse [tɑ̃dʀɛs] *f sans pl.* (*affection*) [zärtliche] Liebe

tendreté [tɑ̃dʀəte] *f* Zartheit *f*

ténèbres [tenɛbʀ] *fpl* REL Finsternis *f*

ténébreux [tenebʀø] *m iron* **beau ~** *schöner dunkler Jüngling, der an einen spanischen Helden erinnert*

ténébreux, -euse [tenebʀø, -øz] *adj. soutenu* dunkel

teneur [tənœʀ] *f* ❶ (*contenu exact*) Wortlaut *m* ❷ (*proportion*) Gehalt *m*

tenir [t(ə)niʀ] <9> **I.** *v. tr.* ❶ halten ❷ (*article, magasin, maison*) führen ❸ (*rôle*) spielen ❹ (*avoir reçu*) **~ de qn** (*information*) von jdm haben ❺ (*largeur, place*) einnehmen ❻ (*être contraint*) **être tenu à qc/de faire qc** an etw (*Akk*) gebunden sein/etw tun müssen ▶ **~ lieu de qc** die Stelle von etw einnehmen **II.** *v. intr.* ❶ (*être attaché*) **~ à qn** an jdm hängen ❷ (*vouloir absolument*) **~ à faire qc/à ce que** + *subj.* Wert darauf legen, etw zu tun/, dass ❸ (*être fixé*) halten ❹ (*être cohérent: raisonnement, théorie*) haltbar sein; (*argument*) stichhaltig sein ❺ (*être contenu dans*) **~ dans une voiture** in einem Auto Platz haben ❻ (*se résumer*) **~ en un mot** sich in einem Wort zusammenfassen lassen ❼ (*durer*) [sich] halten ❽ (*ressembler à*) **~ de qn/qc** jdm/einer S. ähneln ▶ **~ bon** durchhalten; **tiens/tenez!** hier!; **tiens, il pleut!** schau [mal], es regnet! **III.** *v. pron.* ❶ (*se prendre*) **se ~ par la main** Hand in Hand gehen ❷ (*s'accrocher*) **se ~ à qc** sich an etw (*Dat*) festhalten ❸ (*rester, demeurer*) **se ~ debout** stehen; **se ~ assis(e)** sitzen; **se ~ couché(e)** liegen ❹ (*se comporter*) **se ~** sich benehmen ❺ (*avoir lieu*) **se ~** (*réunion, conférence*) stattfinden ❻ (*être *cohérent*) **se ~** (*événements, faits*) stimmig sein ❷ (*se limiter à*) **s'en ~ à qc** es bei etw bewenden lassen ❸ (*respecter*) **se ~ à qc** sich an etw (*Akk*) halten **IV.** *v. intr. impers.* (*dépendre de*) **ça tient à qn/qc** das hängt von jdm/etw ab

tennis [tenis] **I.** *m* SPORT Tennis *nt;* **jouer au ~** Tennis spielen; **~ de table** Tischtennis *nt* **II.** *mpl* (*chaussures*) Turnschuhe *Pl*

tennis-elbow [tenisɛlbo] <tennis-elbows> *m* Tennisarm *m*

tennisman [tenisman] <s> *m* Tennisspieler *m*

ténor [tenɔʀ] *m* (*soliste*) Tenor *m*

tension [tɑ̃sjɔ̃] *f* ❶ Spannung *f* ❷ MED Blutdruck *m*

tentacule [tɑ̃takyl] *m* ZOOL Tentakel *m o nt*

tentation [tɑ̃tasjɔ̃] *f* Versuchung *f*

tentative [tɑ̃tativ] *f* Versuch *m;* **~ de meurtre** versuchter Mord

tente [tɑ̃t] *f* Zelt *nt*

tenter [tɑ̃te] <1> *v. tr.* ❶ (*allécher*) reizen ❷ (*essayer*) versuchen

tenu, e [t(ə)ny] *part. passé de* **tenir**

ténu, e [teny] *adj.* fein

tenue [t(ə)ny] *f* ❶ (*comportement*) Verhalten *nt;* (*d'un élève*) Betragen *nt* ❷ (*vêtements*) Kleidung *f* ❸ MIL Uniform *f* ❹ (*gestion: d'un compte*) Führung *f* ❺ AUT **~ de route** Straßenlage *f*

tequila [tekila] *f* Tequila *m*

ter [tɛʀ] *adv.* **habiter au 12 ~** in [Nummer] 12/3 wohnen

tergiversations [tɛʀʒivɛʀsasjɔ̃] *fpl* ❶ (*hésitation*) Zaudern *nt* ❷ (*faux-fuyants*) Ausflüchte *Pl*

tergiverser [tɛʀʒivɛʀse] <1> *v. intr.* ❶ (*user de faux-fuyants*) Ausflüchte machen ❷ (*hésiter*) zaudern

terme[1] [tɛʀm] *m* ❶ (*fin: d'un stage, voyage*) Ende *nt;* (*d'un travail*) Abschluss *m* ❷ (*date limite*) Frist *f;* **à court/moyen/long ~** kurz-/mittel-/langfristig ❸ (*date de l'accouchement*) Geburtstermin *m* ❹ (*échéance*) Zahlungstermin *m*

terme[2] [tɛʀm] *m* ❶ (*mot*) Ausdruck *m* ❷ TECH Fachausdruck ❸ LING Terminus *m;* **en d'autres ~s** mit anderen Worten ❹ LING, MATH Element *nt;* (*d'une phrase, équation*) Term *m* ❺ *pl* (*formule: d'un contrat, d'une loi*) Wortlaut *m* ▸ **être en bons/mauvais ~s avec qn** ein gutes/gespanntes Verhältnis zu jdm haben

terminaison [tɛʀminɛzɔ̃] *f* Endung *f*

terminal [tɛʀminal, o] <-aux> *m* Terminal *nt*

terminal, e [tɛʀminal, o] <-aux> *adj.* (*formule*) Schluss-; (*phase*) End-

terminale [tɛʀminal] *f* ≈ Abiturklasse *f,* Abschlussklasse

terminer [tɛʀmine] <1> **I.** *v. tr.* beenden; (*devoirs, travail*) erledigen; (*œuvre*) fertig stellen; (*démonstration, explication*) zu Ende führen; (*études*) abschließen; (*plat, salade*) aufessen; (*assiette*) leer essen; (*boisson, verre, bouteille*) austrinken **II.** *v. intr.* **~ de lire qc** etw zu Ende lesen; **en ~ avec qc** etw beenden; **pour ~, ...** zum Abschluss ... **III.** *v. pron.* **se ~** (*année, vacances*) zu Ende gehen; **se ~ bien/mal** (*histoire*) gut/schlecht ausgehen

terminologie [tɛʀminɔlɔʒi] *f* Terminologie *f*

terminus [tɛʀminys] *m* Endstation *f*

terne [tɛʀn] *adj.* ❶ (*cheveux*) stumpf; (*œil, regard*) trüb; (*couleur*) matt ❷ (*conversation*) eintönig; (*personne*) unscheinbar

terni, e [tɛʀni] *adj.* (*couleur*) verblichen; (*coloris*) blass; (*métal, chandelier*) angelaufen

ternir [tɛʀniʀ] <8> *v. tr.* ❶ (*couleur*) verblassen lassen ❷ (*honneur*) beflecken

terrain [teʀɛ̃] *m* ❶ (*parcelle*) Grundstück *nt;* **~ de camping/jeu** Campingplatz *m*/Spielfeld *nt* ❷ (*sol*) **~ plat/accidenté/vague** ebenes/unebenes/unbebautes Gelände ❸ (*domaine*) Gebiet *nt;* **~ d'entente** Verständigungsbasis *f* ❹ MIL Gelände *nt* ▸ **connaître le ~** sich auskennen

T

terrarium [teʀaʀjɔm] *m* Terrarium *nt*

terrasse [teʀas] *f* Terrasse *f*

terrasser [teʀase] <1> *v. tr.* ❶ (*vaincre*) vernichtend schlagen ❷ (*accabler: mauvaise nouvelle*) [völlig] niederschmettern ❸ (*tuer*) **être terrassé par un infarctus** einem Infarkt erliegen

terre [tɛʀ] *f* ❶ *sans pl.* (*planète*) **la Terre** die Erde ❷ *sans pl. a.* GEO Erde *f* ❸ (*sol*) Boden *m;* **par ~** (*avec mouvement*) auf den Boden; (*sans mouvement*) auf dem Boden; **cultiver la ~**

das Land bewirtschaften ❹ *gén. pl.* (*propriété*) Grundbesitz *m kein Pl.* ❺ (*continent, contrée, pays*) Land *nt;* ~ **ferme** Festland ❻ *sans pl.* (*argile*) Ton *m;* ~ **cuite** Terrakotta *f* ▸**revenir sur** ~ *fam* auf den Boden der Tatsachen zurückkehren; **être par** ~ (*projet, plan*) gescheitert sein; (*entreprise*) bankrott sein

terre à terre [tɛʀatɛʀ] *adj. inv.* (*personne*) nüchtern; (*préoccupations*) alltäglich

terrer [teʀe] <1> *v. pron.* **se** ~ ❶ (*se cacher: animal*) sich verkriechen; (*soldat*) in Deckung gehen ❷ (*vivre reclus*) sich zurückziehen

terrestre [teʀɛstʀ] *adj.* ❶ (*croûte, surface*) Erd- ❷ (*espèce*) auf der Erde lebend; (*vie*) auf der Erde ❸ (*moyens de transport*) zu Lande ❹ (*plaisirs*) irdisch

terreur [teʀœʀ] *f* ❶ (*peur violente*) Entsetzen *nt* ❷ (*terrorisme*) Terror *m;* **la Terreur** die Schreckensherrschaft

terreux, -euse [teʀø, -øz] *adj.* (*chaussures, salade*) voller Erde

terrible [teʀibl] **I.** *adj.* ❶ schrecklich; (*crime*) entsetzlich; (*catastrophe, chef, enfant*) furchtbar ❷ *fam* (*super*) toll **II.** *adv. fam* echt stark

terriblement [teʀibləmɑ̃] *adv.* schrecklich

terrien, ne [teʀjɛ̃, jɛn] **I.** *adj.* (*propriétaire*) Grund- **II.** *m, f* (*habitant de la Terre*) Erdbewohner(in) *m(f)*

terrifiant, e [teʀifjɑ̃, jɑ̃t] *adj.* Furcht erregend; (*nouvelle*) erschreckend

terrifier [teʀifje] <1> *v. tr.* in Angst und Schrecken versetzen

territoire [teʀitwaʀ] *m* (*d'un animal*) Revier *nt;* (*d'un pays, d'une nation*) Territorium *nt;* (*d'une ville*) Gebiet *nt;* ~ **d'outre-mer** überseeisches Gebiet

T

territorial, e [teʀitɔʀjal, jo] < -aux> *adj.* territorial

terroir [teʀwaʀ] *m* Gegend *f;* **vin/accent du** ~ Landwein *m*/regionaler Akzent

terroriser [teʀɔʀize] <1> *v. tr.* ❶ (*faire très peur*) ~ **qn** jdm große Angst machen ❷ (*opprimer*) terrorisieren

terrorisme [teʀɔʀism] *m* Terrorismus *m*

terroriste [teʀɔʀist] **I.** *adj.* terroristisch; **acte/attentat** ~ Terroranschlag *m* **II.** *mf* Terrorist(in) *m(f)*

tertiaire [tɛʀsjɛʀ] **I.** *adj.* (*emploi*) im Dienstleistungsgewerbe; (*activité*) des Dienstleistungsbereichs **II.** *m* **le** ~ der Dienstleistungssektor

tertio [tɛʀsjo] *adv.* drittens

tes [te] *dét. poss. voir* **ta, ton**

test [tɛst] *m* Test *m;* ~ **de dépistage du sida** [*o* **de séropositivité**] Aidstest *m*

testament [tɛstamɑ̃] *m a.* REL Testament *nt*

testamentaire [tɛstamɑ̃tɛʀ] *adj.* (*héritier*) testamentarisch

tester [tɛste] <1> *v. tr.* testen; (*élève, candidat*) prüfen

testeur [tɛstœʀ] *m* (*appareil*) Testgerät *nt*

testeur, -euse [tɛstœʀ, -øz] *m, f* Tester(in) *m(f)*

tétaniser [tetanize] <1> *v. pron.* (*muscle, membre*) verkrampfen

tétanos [tetanos] *m* MED Tetanus *m*

tête [tɛt] *f* ❶ Kopf *m* ❷ (*mine, figure*) **avoir une bonne** ~ *fam* nett aussehen; **avoir une sale** ~ *fam* (*avoir mauvaise mine*) mies aussehen; (*être antipathique*) unsympathisch wirken ❸ (*personne*) ~ **en l'air** *fam* Schussel *m;* ~ **de mule** [*o* **cochon**] *fam* Dickschädel *m;* ~ **de Turc** Prügelknabe *m* ❹ (*première place*) Spitze *f;* (*les premiers*) Spitzengruppe *f;* **wagon de** ~ vorderster Wagen; **à la** ~ **de qc** an der Spitze einer S. (*Gen*) ❺ (*d'un chapitre, d'une liste*) Anfang *m* ❻ (*d'un lit*) Kopfende *nt* ❼ TECH ~ **de lecture** Tonkopf *m* ❽ INFORM ~ **de lecture-écriture** Schreib-Lesekopf *m* ❾ SPORT Kopfball *m* ▸**avoir la** ~ **dure** eigensinnig sein; **avoir la grosse** ~ *fam* die Nase hoch tragen; **faire qc à** ~ **reposée** etw in aller Ruhe tun; **en avoir par-dessus la** ~ *fam* die Nase voll haben; **se casser la** ~ sich (*Dat*) den Kopf zerbrechen; **faire la** ~ **à qn** *fam* mit jdm schmollen; **se mettre dans la** ~ **que …** (*imaginer*) sich einreden, dass …; **se payer la** ~ **de qn** *fam* jdn auf den Arm nehmen; **avoir quelque chose derrière la** ~ etwas im Schilde führen

tête-à-queue [tɛtakø] *m inv.* **faire un** ~ (*voiture*) sich um die eigene Achse drehen **tête-à-tête** [tɛtatɛt] *m inv.* (*entretien*) Gespräch *nt* unter vier Augen **tête-de-nègre** [tɛtdənɛgʀ] **I.** *adj. inv.* dunkelbraun **II.** *f* Schokokuss *m*

tétée [tete] *f* Saugen *nt*
téter [tete] <5> *v. tr.* saugen [an (+ *Dat*)]
tétine [tetin] *f* ❶ (*biberon*) Sauger *m* ❷ (*sucette pour calmer*) Schnuller *m*
téton [tetɔ̃] *m fam* (*sein*) Brust *f*
tétraplégie [tetʀapleʒi] *f* Lähmung *f* aller vier Gliedmaßen
tétraplégique [tetʀapleʒik] **I.** *adj.* an Armen und Beinen gelähmt **II.** *mf* an Armen und Beinen Gelähmte(r) *f(m)*
têtu, e [tety] *adj.* starrköpfig
teuf [tœf] *f fam* Party *f,* Fete *f*
teufeur, -euse [tœfœʀ, øz] *m, f fam* Partygänger(in) *m(f),* Partymacher(in) *m(f)*
teuf-teuf [tœftœf] <teufs-teufs> *m enfantin fam* Töfftöff *nt*
teuton, ne [tøtɔ̃, ɔn] *adj.* teutonisch
texte [tɛkst] *m* Text *m*
textile [tɛkstil] **I.** *adj.* (*matière*) Faser-; (*industrie*) Textil- **II.** *m* ❶ (*matière*) Faserstoff *m* ❷ (*industrie*) Textilindustrie *f*
texto [tɛksto] *m* SMS *f;* **envoyer un ~ à qn** jdm eine SMS schicken, jdm simsen
textuel, le [tɛkstɥɛl] *adj.* wörtlich
textuellement [tɛkstɥɛlmɑ̃] *adv.* wörtlich; (*répéter*) Wort für Wort
texture [tɛkstyʀ] *f* (*du sol*) Beschaffenheit *f;* (*d'une crème, huile*) Konsistenz *f*
TF1 [teɛfœ̃] *f abr. de* **Télévision Française 1re chaîne** *erstes Programm des französischen Fernsehens*
TGV [teʒeve] *m abr. de* **train à grande vitesse** *französischer Hochgeschwindigkeitszug*
thaï [taj] *m* ❶ (*groupe de langues*) Thaisprachen *Pl* ❷ (*langue officielle de Thaïlande*) Thai *nt; voir a.* **allemand**
thaï, e [taj] *adj.* (*langues*) Thai-; *voir a.* **allemand**
Thaï, e [taj] *m, f* Thai *mf*
thaïlandais, e [tajlɑ̃dɛ, ɛz] *adj.* thailändisch
Thaïlandais, e [tajlɑ̃dɛ, ɛz] *m, f* Thailänder(in) *m(f)*
Thaïlande [tajlɑ̃d] *f* **la ~** Thailand *nt*
thé [te] *m* Tee
théâtral, e [teɑtʀal, o] <-aux> *adj.* theatralisch
théâtralement [teɑtʀalmɑ̃] *adv. fig* theatralisch
théâtre [teɑtʀ] *m* ❶ Theater *nt;* **école de ~** Schauspielschule *f* ❷ (*œuvres*) Dramen *Pl* ❸ (*lieu: des combats*) Schauplatz *m*
théière [tejɛʀ] *f* Teekanne *f*
théine [tein] *f* Thein *nt*
thématique [tematik] **I.** *adj.* thematisch **II.** *f* Thematik *f*
thème [tɛm] *m* ❶ *a.* MUS Thema *nt* ❷ SCOL Übersetzung *f* in die Fremdsprache ❸ ASTRO **~ astral** [Geburts]horoskop *nt*
théorème [teɔʀɛm] *m* Lehrsatz *m*
théoricien, ne [teɔʀisjɛ̃, jɛn] *m, f* Theoretiker(in) *m(f)*
théorie [teɔʀi] *f* Theorie *f;* **en ~** in der Theorie
théorique [teɔʀik] *adj.* theoretisch
théoriquement [teɔʀikmɑ̃] *adv.* theoretisch
théoriser [teɔʀize] <1> **I.** *v. tr.* eine Theorie aufstellen zu **II.** *v. intr.* **~ sur qn/qc** über jdn/etw Theorien aufstellen
thérapeute [teʀapøt] *mf* Therapeut(in) *m(f)*
thérapeutique [teʀapøtik] *adj.* therapeutisch
thérapie [teʀapi] *f* (*traitement*) Therapie *f*
thermes [tɛʀm] *mpl* ❶ (*dans une station thermale*) Thermalbad *nt* ❷ HIST Thermen *Pl*
thermique [tɛʀmik] *adj.* (*énergie*) thermisch
thermoactif, -ive [tɛʀmoaktif, -iv] *adj.* atmungsaktiv **thermodynamique** [tɛʀmodinamik] **I.** *adj.* thermodynamisch **II.** *f* Thermodynamik *f*
thermoélectrique [tɛʀmoelɛktʀik] *adj.* thermoelektrisch
thermomètre [tɛʀmɔmɛtʀ] *m* Thermometer *nt*
thermonucléaire [tɛʀmonykleɛʀ] *adj.* thermonuklear
thermos® [tɛʀmos] *m o f* Thermosflasche® *f*
thermostat [tɛʀmɔsta] *m* Thermostat *m*
thésard, e [tezaʀ, aʀd] *m, f fam* Doktorand(in) *m(f)*
thésaurus [tezɔʀys] *m* Thesaurus *m*
thèse [tɛz] *f* ❶ These *f* ❷ UNIV **~ de troisième cycle** Doktorarbeit *f;* (*thèse de doctorat d'État*) Habilitationsschrift *f*
thon [tɔ̃] *m* Thunfisch *m*
thonier [tɔnje] *m* Schiff *nt* für den Thunfischfang
thoracique [tɔʀasik] *adj.* **cage ~** Brustkorb *m*

T

thorax [tɔʀaks] *m* (*d'un homme*) Brustkorb *m;* (*d'un insecte*) Thorax

thriller [sʀilœʀ] *m* Thriller *m*

thrombose [tʀɔ̃boz] *f* Thrombose *f*

Thurgovie [tyʀgovi] *f* **la ~** der Thurgau

Thuringe [tyʀɛ̃ʒ] *f* **la ~** Thüringen *nt*

thuya [tyja] *m* Thuja *f*

thym [tɛ̃] *m* Thymian *m*

thyroïde [tiʀɔid] *f* Schilddrüse *f*

thyroïdien, ne [tiʀɔidjɛ̃, jɛn] *adj.* (*hormone, hyperfonctionnement*) Schilddrüsen-

tibia [tibja] *m* Schienbein *nt*

tic [tik] *m* Tick *m*

ticket [tikɛ] *m* (*de bus, métro*) Fahrkarte *f;* (*de match, manège*) [Eintritts]karte; (*numéro d'attente*) Nummer *f;* **~ de caisse** Kassenzettel *m* ▸ **avoir le ~ avec qn** *fam* bei jdm gut ankommen; **j'ai un ~** *fam* ich kann bei ihm/bei ihr landen; **elle a un ~ avec lui** *fam* sie kommt voll bei ihm an, er fährt voll auf sie ab

ticket-restaurant [tikɛ-ʀɛstɔʀɑ̃] *m* Essensmarke *f*

tic-tac [tiktak] *m inv.* Ticken *nt*

tiède [tjɛd] *adj.* ❶ lauwarm; (*lit, gâteau*) [noch] warm ❷ (*soutien*) lau

tiédeur [tjedœʀ] *f* (*de l'air*) Milde *f;* (*de l'eau*) Wärme *f*

tiédir [tjediʀ] <8> *v. intr.* (*refroidir*) abkühlen

tien, ne [tjɛ̃, tjɛn] *pron. poss* ❶ **le ~/la ~ne** deiner/deine/deins; **les ~s** deine; *voir a.* **mien** ❷ *pl* (*ceux de ta famille*) **les ~s** deine Angehörigen; (*tes partisans*) deine Anhänger ▸ **à la ~ne[, Étienne]!** *fam* prost!, zum Wohl!; **tu pourrais y mettre du ~!** auch du könntest mithelfen!

tiendrai [tjɛ̃dʀɛ] *fut de* **tenir**

tienne [tjɛn] *subj prés de* **tenir**

tiennent [tjɛn] *indic prés et subj prés de* **tenir**

tiens, tient [tjɛ̃] *indic. prés. de* **tenir**

tierce [tjɛʀs] **I.** *adj. voir* **tiers II.** *f* JEUX Folge *f* von drei Karten einer Farbe

tiercé [tjɛʀse] *m* ❶ SPORT Dreierwette *f* [im Pferdetoto] ❷ (*série de trois éléments arrivant en tête*) **le ~ gagnant de qc** die drei Bestplatzierten einer Sache (*Gen*)

tiers [tjɛʀ] *m* ❶ (*fraction*) Drittel *nt* ❷ (*tierce personne*) Dritte(r) *m*

tiers, tierce [tjɛʀ, tjɛʀs] *adj.* dritte(r, s)

tiers-monde [tjɛʀmɔ̃d] *m sans pl.* **le ~** die Dritte Welt **tiers-mondiste** [tjɛʀmɔ̃dist] <tiers-mondistes> **I.** *adj.* (*actions*) zur Unterstützung der Dritten Welt **II.** *mf* Unterstützer(in) *m(f)* der Interessen der Dritten Welt

tige [tiʒ] *f* ❶ (*d'une fleur, feuille*) Stiel *m,* Stängel *m;* (*d'une céréale, graminée*) Halm *m* ❷ (*de métal*) Stange *f*

tignasse [tiɲas] *f fam* Wuschelkopf *m*

tigre [tigʀ] *m* Tiger *m; fig* Bestie *f*

tigré, e [tigʀe] *adj.* getigert

tigresse [tigʀɛs] *f* Tigerin *f; fig* Furie

tilleul [tijœl] *m* ❶ BOT Linde *f* ❷ (*infusion*) Lindenblütentee *m*

tilt [tilt] *m* ▸ **ça a fait ~ dans ma tête** der Groschen ist bei mir gefallen (*fam*)

timbale [tɛ̃bal] *f* ❶ (*gobelet*) Trinkbecher *m* [aus Metall] ❷ MUS [Kessel]pauke *f*

timbre¹ [tɛ̃bʀ] *m* ❶ POST Briefmarke *f* ❷ (*cachet, instrument*) Stempel *m* ❸ (*fiscal*) -marke *f* ❹ MED Pflaster *nt*

timbre² [tɛ̃bʀ] *m* (*qualité du son*) Klang *m*

timbré, e¹ [tɛ̃bʀe] *adj.* POST frankiert

timbré, e² [tɛ̃bʀe] *adj. fam* (*un peu fou*) übergeschnappt

timbre-amende [tɛ̃bʀamɑ̃d] <timbres-amendes> *m* Strafgebührenmarke *f* **timbre-poste** [tɛ̃bʀəpɔst] <timbres-poste> *m* Briefmarke *f*

timbrer [tɛ̃bʀe] <1> *v. tr.* (*affranchir*) frankieren

timide [timid] *adj.* schüchtern; (*réponse, critique*) zaghaft

timidement [timidmɑ̃] *adv.* schüchtern

timidité [timidite] *f* (*d'une personne*) Schüchternheit *f;* (*d'une démarche*) Zaghaftigkeit *f*

timing [tajmiŋ] *m* Timing *nt*

timonier [timɔnje] *m* NAUT Steuermann *m*

timoré, e [timɔʀe] *adj. péj* [über]ängstlich

tins [tɛ̃] *passé simple de* **tenir**

tintamarre [tɛ̃tamaʀ] *m* Getöse *nt*

tinter [tɛ̃te] <1> *v. intr.* (*cloche*) läuten; (*grelot, clochette*) klingeln

tintouin [tɛ̃twɛ̃] *m fam* ❶ (*vacarme*) Radau *m* ❷ (*souci, tracas*) Sorge *f*

tique [tik] *f* Zecke *f*

tiquer [tike] <1> *v. intr. fam* das Gesicht verziehen

tir [tiʀ] *m* ❶ MIL Schießen *nt;* (*série de projectiles*) Feuer *nt* ❷ (*projectile tiré*) *a.* SPORT Schuss *m;* ~ **au but** Torschuss *m;* (*penalty*) Elfmeter *m*
tirade [tiʀad] *f* ❶ THEAT Monolog *m* ❷ *péj* Wortschwall *m kein Pl.*
tirage [tiʀaʒ] *m* ❶ (*de la loterie, du loto*) Ziehung *f* ❷ (*d'un livre, ouvrage*) Druck *m;* (*ensemble des exemplaires*) Auflage *f* ❸ PHOT Abziehen *nt* ❹ (*arrivée d'air*) Zug *m*
tiraillement [tiʀajmɑ̃] *m gén. pl.* (*sensation douloureuse*) ziehende Schmerzen *Pl*
tirailler [tiʀaje] <1> *v. tr.* **être tiraillé entre deux choses** zwischen zwei Sachen hin- und hergerissen sein
tirailleur [tiʀajœʀ] *m* Einzelschütze *m*
tirant [tiʀɑ̃] *m* NAUT ~ **d'eau** Tiefgang *m*
tiré, e [tiʀe] *adj.* (*traits*) abgespannt
tire-au-flanc [tiʀoflɑ̃] *m inv.* Drückeberger *m* (*fam*) **tire-bouchon** [tiʀbuʃɔ̃] <tire-bouchons> *m* Korkenzieher *m,* Stoppelzieher *m* (A) **tire-bouchonner** [tiʀbuʃɔne] <1> *v. intr.* (*chaussettes, pantalon*) Falten werfen **tire-d'aile** [tiʀdɛl] **à** ~ flügelschlagend **tire-fesses** [tiʀfɛs] *m inv, fam* Schlepplift *m* **tire-lait** [tiʀlɛ] *m inv.* Milchpumpe *f* **tire-larigot** [tiʀlaʀigo] **à** ~ *fam* reichlich
tirelire [tiʀliʀ] *f* Sparbüchse *f*
tirer [tiʀe] <1> **I.** *v. tr.* ❶ ziehen ❷ (*jupe, collant*)(*vers le bas/haut*) herunter/hoch ziehen; (*pour lisser*) glatt ziehen; (*corde, toile*) spannen ❸ (*éloigner*) wegziehen ❹ (*porte*) zuziehen; (*tiroir, rideau*) aufziehen ❺ (*balle*) abfeuern; (*coup de fusil, revolver*) abgeben ❻ (*perdrix, lièvre*) [ab]schießen ❼ (*faire sortir*) ~ **qn du lit** jdn aus dem Bett holen; ~ **d'un roman** (*passage*) [aus] einem Roman entnehmen ❽ (*film, négatif, photo*) abziehen ❾ ART, TYP (*ouvrage, lithographie*) drucken ❿ (*vin*) [auf Flaschen] abziehen ▸**on ne peut <u>rien</u> ~ de qn** aus jdm ist nichts herauszubekommen **II.** *v. intr.* ❶ (*exercer une traction*) ~ **sur les rênes de son cheval** seinem Pferd die Zügel anziehen ❷ (*aspirer*) ~ **sur sa cigarette** an seiner Zigarette ziehen ❸ (*gêner: peau, cicatrice*) spannen ❹ CHASSE, MIL (*personne*) schießen ❺ SPORT (*au football*) schießen; (*au basket*) werfen ❻ (*avoir une certaine ressemblance avec*) ~ **sur qc** (*couleur*) in etw (*Akk*) spielen; ~ **sur qn** BELG, NORD nach jdm schlagen ❼ TYP ~ **à 2000 exemplaires** eine Auflage von 2000 Exemplaren haben ❽ (*avoir du tirage*) ~ **bien/mal** (*cheminée, poêle*) gut/schlecht ziehen **III.** *v. pron.* ❶ *fam* (*s'en aller*) **se** ~ sich verdrücken ❷ (*se sortir*) **se** ~ **d'affaire** sich aus der Affäre ziehen ❸ (*se blesser*) **se** ~ **une balle dans la tête** sich (*Dat*) eine Kugel in den Kopf schießen
tiret [tiʀɛ] *m* Gedankenstrich *m;* (*division*) Trennungsstrich
tireur, -euse [tiʀœʀ, -øz] *m, f a.* MIL Schütze *m*/Schützin *f*
tireuse [tiʀøz] *f* PHOT Kopiergerät *nt*
tiroir [tiʀwaʀ] *m* Schublade *f*
tiroir-caisse [tiʀwaʀkɛs] <tiroirs-caisses> *m* Geldschublade *f* der Registrierkasse
tisane [tizan] *f* [Kräuter]tee *m*
tisanière [tizanjɛʀ] *f* Aufgussgefäß *nt*
tison [tizɔ̃] *m* glimmendes Stück Holz
tisser [tise] <1> *v. tr.* ❶ (*tapis*) weben; (*laine*) verweben ❷ (*araignée*) spinnen
tisserand, e [tisʀɑ̃, ɑ̃d] *m, f* Weber(in) *m(f)*
tissu [tisy] *m* ❶ TEXTIL Stoff *m;* ~ **éponge** Frottee *m o nt* ❷ (*enchevêtrement: d'intrigues*) Netz *nt* ❸ BIO [Zell]gewebe *nt*
titanesque [titanɛsk] *adj.* (*travail*) gewaltig; (*œuvre*) gigantisch
titiller [titije] <1> *v. tr.* ❶ (*chatouiller*) kitzeln ❷ *fam* (*asticoter*) **l'envie de tout raconter la titille** es juckt sie alles zu erzählen
titre [titʀ] *m* ❶ Titel *m* ❷ (*d'un chapitre, article de journal*) Überschrift *f* ❸ (*justificatif*) Bescheinigung *f;* ~ **de transport** Fahrausweis *m* ❹ FIN Wertpapier *nt* ▸**à <u>juste</u>** ~ mit [vollem] Recht; **<u>à</u> ce** ~ in dieser Eigenschaft
titre-phare [titʀfaʀ] <titres-phares> *m* (*d'un album*) Erfolgstitel *m*
titrer [titʀe] <1> *v. tr.* ~ **qc sur qc** (*journal*) mit einer Schlagzeile über etw (*Akk*) aufmachen
titubant, e [titybɑ̃, ɑ̃t] *adj.* (*démarche*) schwankend; (*ivrogne*) torkelnd
tituber [titybe] <1> *v. intr.* ~ **d'ivresse** vor Trunkenheit (*Dat*) torkeln
titulaire [titylɛʀ] **I.** *adj.* ❶ (*professeur,*

T

instituteur) verbeamtet ② (*détenteur*) ~ **d'un poste** ein Amt bekleidend; ~ **d'un permis** eine Erlaubnis besitzend **II.** *mf* ① ADMIN Beamte(r) *m*/Beamtin *f* ② (*détenteur: d'un permis*) Besitzer(in) *m(f)*; (*d'un poste*) Inhaber(in) *m(f)*

titulariser [titylaʀize] <1> *v. tr.* (*fonctionnaire*) verbeamten; (*professeur d'université*) ernennen zu

TNT [teɛnte] *m abr. de* **trinitrotoluène** TNT *nt*

toast [tost] *m* ① (*pain grillé*) Toast *m* ② (*allocution*) Trinkspruch *m*

toaster [toste] <1> *v. tr.* toasten

toboggan [tɔbɔgɑ̃] *m* Rutschbahn *f*

toc [tɔk] *m fam* (*imitation*) **du** ~ Ramsch *m*; **en** ~ unecht

Togo [tɔgo] *m* **le** ~ Togo *nt*

tohu-bohu [tɔybɔy] *m inv, fam* Tohuwabohu *nt*

toi [twa] *pron. pers.* ① *fam* (*pour renforcer*) du; **il veut t'aider, ~?** dir möchte er helfen? ② *avec un verbe à l'impératif* **regarde-~** sieh dich an; **imagine-toi ...** stell dir vor ...; **lave-~ les mains** wasch dir die Hände ③ *avec une prép* **avec/sans** ~ mit dir/ohne dich ④ *dans une comparaison* du ⑤ (*emphatique*) **c'est ~?** bist du's?; **si j'étais** ~ wenn ich du wäre; *voir a.* **moi**

toile [twal] *f* ① (*tissu*) Stoff *m*; ~ **cirée** Wachstuch *nt* ② ART Gemälde *nt* ③ INET ~ [**d'araignée mondiale**] [World Wide] Web *nt* ▸ ~ **d'araignée** Spinnennetz *nt*; (*poussière*) Spinnwebe *f*

Toile [twal] *f* **la** ~ das Web

toilettage [twaletaʒ] *m* Pflege *f*; **salon de** ~ Hunde- und Katzensalon *m*

toilette [twalɛt] *f* ① (*soins corporels*) Waschen *nt*; **faire sa** ~ (*personne*) sich waschen; (*animal*) sich putzen ② (*vêtements*) Kleidung *f* ③ *pl* (*W.-C.*) Toilette *f*; **aller aux ~s** auf die Toilette gehen

toiletter [twalete] <1> *v. tr.* (*chat*) pflegen; (*chien*) trimmen

toi-même [twamɛm] *pron. pers.* du selbst; *voir a.* **moi-même**

toiser [twaze] <1> *v. tr.* verächtlich anschauen

toison [twazɔ̃] *f* (*pelage*) Schaffell *nt*

toit [twa] *m* ① Dach *nt* ② (*maison*) Bleibe *f*

toiture [twatyʀ] *f* Bedachung *f*

tôle [tol] *f* Blech *nt*

tolérable [tɔleʀabl] *adj.* zumutbar; (*douleur*) erträglich

tolérance [tɔleʀɑ̃s] *f* Toleranz *f* ▸ ~ **zéro** Null-Toleranz-Politik *f*, Null-Toleranz-Strategie *f*

tolérant, e [tɔleʀɑ̃, ɑ̃t] *adj.* tolerant

tolérer [tɔleʀe] <5> *v. tr.* ertragen; (*douleur*) aushalten; (*infraction, retard, comportement*) dulden

tollé [tɔle] *m* Aufschrei *m* der Empörung

T.O.M. [tɔm] *m abr. de* **territoire d'outre-mer** überseeisches Territorium; *voir a.* **C.O.M.**

tomate [tɔmat] *f* Tomate *f*, Paradeiser *m* (A)

tombal, e [tɔ̃bal] <s> *adj.* Grab-

tombant, e [tɔ̃bɑ̃, ɑ̃t] *adj.* (*épaules*) hängend

tombe [tɔ̃b] *f* Grab *nt*

tombeau [tɔ̃bo] <x> *m* Grabmal *nt*

tombée [tɔ̃be] *f* ~ **de la nuit** [*o* **du jour**] Einbruch *m* der Dunkelheit

tomber [tɔ̃be] <1> *v. intr. + être* ① fallen ② (*chuter: personne*) [hin]fallen; (*animal*) stürzen; ~ [**par terre**] (*chaise*) umfallen; (*arbre, pile d'objets*) umstürzen; (*échafaudage*) einstürzen; (*branches, casseroles*) herunterfallen ③ (*être affaibli*) ~ **de fatigue** vor Erschöpfung (*Dat*) umfallen ④ (*se détacher: cheveux, dent*) ausfallen ⑤ (*arriver: nouvelle*) eintreffen; ~ **sur qn** jdn treffen; **qc tombe un lundi** etw fällt auf [einen] Montag (*Akk*) ⑥ (*descendre: nuit, soir*) hereinbrechen; (*foudre*) einschlagen ⑦ (*être vaincu: dictateur, gouvernement*) gestürzt werden; (*record*) gebrochen werden ⑧ (*baisser: vent*) sich legen; (*colère, enthousiasme*) nachlassen ⑨ (*disparaître, échouer: obstacle*) beseitigt sein/werden; (*plan, projet*) fallen gelassen werden; ~ **dans l'oubli** in Vergessenheit (*Akk*) geraten ⑩ *fam* (*se retrouver*) ~ **enceinte** schwanger werden; ~ **d'accord** sich einig werden ⑪ (*rencontrer par hasard*) ~ **sur qc** auf etw (*Akk*) stoßen; ~ **sur qn** jdn [zufällig] treffen ⑫ (*abandonner*) **laisser ~ un projet** ein Projekt fallen lassen; **laisser ~ une activité** eine Tätigkeit sein lassen ▸ **bien/mal** ~ gelegen/ungelegen kommen; **ça tombe bien/mal** das trifft sich gut/schlecht

tome [tɔm] *m* Band *m*

tomme [tɔm] *f*: *Käsesorte aus Savoyen*

ton[1] [tɔ̃] *m* ① *a.* MUS Ton *m*; **d'un** [*o*

sur un] ~ **convaincu** in einem überzeugten Ton ❸ (*couleur*) Farbton *m*

ton² [tɔ̃, te] <tes> *dét. poss.* dein(e); *voir a.* **mon**

tonalité [tɔnalite] *f* ❶ TELEC Wählton *m* ❷ *a.* LING (*d'une voix*) Klang *m*

tondeuse [tɔ̃døz] *f* ❶ (*pour les cheveux, la barbe*) Haar-/Bartschneider *m* ❷ (*pour le jardin*) ~ [**à gazon**] Rasenmäher *m*

tondre [tɔ̃dʀ] <14> *v. tr.* scheren; (*gazon*) mähen

tondu, e [tɔ̃dy] *part. passé de* **tondre**

tong [tɔ̃g] *f* Sandale *f* mit Zehenriemchen, Flipflop *m*

tonifiant [tɔnifjɑ̃] *m* Tonikum *nt*

tonifier [tɔnifje] <1> *v. tr.* (*cheveux, peau*) kräftigen; (*organisme, personne*) stärken

tonique [tɔnik] **I.** *adj.* ❶ (*froid*) belebend; (*boisson*) tonisch ❷ (*syllabe, voyelle*) betont **II.** *m* MED Tonikum *nt*

tonitruant, e [tɔnitʀyɑ̃, ɑ̃t] *adj.* lautstark; (*voix*) durchdringend

tonne [tɔn] *f* Tonne *f*

tonneau [tɔno] <x> *m* ❶ (*récipient*) Fass *nt* ❷ (*accident de voiture*) Überschlag *m*

tonnelier, -ière [tɔnəlje, -jɛʀ] *m, f* Böttcher(in) *m(f)*

tonnelle [tɔnɛl] *f* [Garten]laube *f*

tonner [tɔne] <1> *v. intr. impers.* **il tonne** es donnert

tonnerre [tɔnɛʀ] *m* ❶ METEO Donner *m* ❷ (*manifestation bruyante*) ~ **de protestations** Proteststurm *m* ▸ **du** ~ *fam* super

tonsure [tɔ̃syʀ] *f* REL Tonsur *f*

tonte [tɔ̃t] *f* (*action*) Scheren *nt*

tonus [tɔnys] *m* (*dynamisme*) Tatkraft *f*

top [tɔp] **I.** *adj. inv, antéposé* ~ **model** Topmodel *nt* **II.** *m fam* (*niveau maximum*) **le** ~ das Beste

topo [tɔpo] *m fam* ❶ (*exposé oral*) Kurzvortrag *m* ❷ (*exposé écrit*) kurze Darstellung ❸ *péj* (*répétition ennuyeuse*) Sermon *m*

topologie [tɔpɔlɔʒi] *f* Topologie *f*

topométrie [tɔpɔmetʀi] *f* [Erd]vermessung *f*

toponyme [tɔpɔnim] *m* Ortsname *m*

toponymie [tɔpɔnimi] *f* Ortsnamenkunde *f*

toque [tɔk] *f* (*d'un juge*) Toque *f*; (*d'un cuisinier*) Mütze *f*

toqué, e [tɔke] **I.** *adj. fam* (*cinglé*) bekloppt **II.** *m, f fam* Bekloppte(r) *f(m)*

torche [tɔʀʃ] *f* ❶ (*flambeau*) Fackel *f* ❷ (*lampe électrique*) Taschenlampe *f*

torchis [tɔʀʃi] *m* Strohlehm *m*

torchon [tɔʀʃɔ̃] *m* ❶ (*tissu*) Tuch *nt* ❷ *fam* (*journal*) Käseblatt *nt*

tordant, e [tɔʀdɑ̃, ɑ̃t] *adj. fam* (*drôle*) zum Brüllen

tord-boyaux [tɔʀbwajo] *m inv, fam* Fusel *m*

tordre [tɔʀdʀ] <14> **I.** *v. tr.* ❶ (*linge*) [aus]wringen ❷ (*plier*) verbiegen; **être tordu** (*jambe, nez*) krumm sein **II.** *v. pron.* ❶ (*faire des contorsions*) **se** ~ **de douleur** sich vor Schmerzen (*Dat*) krümmen; **se** ~ **de rire** sich vor Lachen biegen (*fam*) ❷ (*se luxer*) **se** ~ **un membre** sich (*Dat*) ein Glied verrenken

tordu, e [tɔʀdy] **I.** *part. passé de* **tordre** **II.** *adj. fam* (*esprit*) verschroben; (*raisonnement*) seltsam

toréador [tɔʀeadɔʀ] *m* Stierkämpfer *m*

tornade [tɔʀnad] *f* Tornado *m*

torpeur [tɔʀpœʀ] *f* Erstarrung *f*

torpille [tɔʀpij] *f* MIL Torpedo *m*

torpiller [tɔʀpije] <1> *v. tr.* MIL torpedieren

torpilleur [tɔʀpijœʀ] *m* Torpedoboot *nt*

torréfier [tɔʀefje] <1> *v. tr.* rösten

torrent [tɔʀɑ̃] *m* ❶ (*cours d'eau*) Gebirgsbach *m* ❷ (*de larmes*) Strom *m*; ~ **de boue** Schlammmasse *f*

torrentiel, le [tɔʀɑ̃sjɛl] *adj.* (*pluies*) Sturz-

torride [tɔʀid] *adj.* heiß; (*chaleur*) brütend

torsade [tɔʀsad] *f* (*motif*) Zopfmuster *nt*

torsader [tɔʀsade] <1> *v. tr.* (*brins, cheveux*) flechten

torse [tɔʀs] *m* ❶ (*poitrine*) Oberkörper *m* ❷ ART Torso *m*

torsion [tɔʀsjɔ̃] *f* (*déformation: de la bouche, des traits*) Verzerren *nt*

tort [tɔʀ] *m* ❶ (*erreur*) Fehler *m* ❷ (*préjudice*) Nachteil *m*; (*moral*) Unrecht *nt*; **avoir** ~ **de faire qc** etw zu Unrecht tun ▸ **à** ~ **et à travers** unüberlegt

torticolis [tɔʀtikɔli] *m* steifer Hals

tortillard [tɔʀtijaʀ] *m fam* Bummelzug *m*

tortillement [tɔʀtijmɑ̃] *m* Verrenkung

f; (*des fesses, hanches*) Wackeln *nt*

tortiller [tɔʀtije] <1> **I.** *v. tr.* (*cheveux*) zwirbeln **II.** *v. intr.* ~ **des hanches** mit den Hüften wackeln **III.** *v. pron.* **se** ~ (*se tourner sur soi-même: personne*) herumzappeln; (*animal*) sich winden

tortionnaire [tɔʀsjɔnɛʀ] *mf* Folterknecht *m*

tortue [tɔʀty] *f* Schildkröte *f*

tortueux, -euse [tɔʀtɥø, -øz] *adj.* (*chemin*) verschlungen; (*ruelle*) verwinkelt

torture [tɔʀtyʀ] *f* ❶ (*supplice*) Folter *f* ❷ (*souffrance*) Qual *f*

torturer [tɔʀtyʀe] <1> **I.** *v. tr.* ❶ (*personne*) foltern; (*animal*) quälen ❷ (*remords*) plagen **II.** *v. pron.* **se** ~ grübeln

tôt [to] *adv.* früh; **le plus** ~ **possible** so bald wie möglich ▸ ~ **ou tard** früher oder später

total [tɔtal, o] <-aux> *m* Gesamtbetrag *m* ▸ **faire le** ~ **de qc** die Bilanz aus etw ziehen; **au** ~ (*en tout*) insgesamt; (*somme toute*) alles in Allem

total, e [tɔtal, o] <-aux> *adj.* total; (*désespoir, ruine*) völlig; (*somme*) Gesamt-

totalement [tɔtalmɑ̃] *adv.* völlig

totaliser [tɔtalize] <1> *v. tr.* (*points, voix*) kommen auf (+ *Akk*); (*habitants*) zählen

totalitaire [tɔtalitɛʀ] *adj.* totalitär

totalité [tɔtalite] *f* Gesamtheit *f*

totem [tɔtɛm] *m* ❶ (*symbole*) Totem *nt* ❷ (*statue*) Totempfahl *m*

toucan [tukɑ̃] *m* Tukan *m*

touchant, e [tuʃɑ̃, ɑ̃t] *adj.* rührend; (*histoire*) bewegend

touche [tuʃ] *f* ❶ INFORM, MUS Taste *f* ❷ PECHE Anbiss *m;* **qn a une** ~ bei jdm beißt ein Fisch an ❸ (*en escrime*) Treffer *m* ❹ (*au football, rugby*) Seitenlinie *f;* (*sortie du ballon*) Aus *nt* ▸ **faire une** ~ *fam* eine Eroberung machen; **sur la** ~ *fam* (*à l'écart*) im/ins Abseits

touche-à-tout [tuʃatu] *mf inv, fam* ❶ (*enfant*) *Kind, das alles anfasst* ❷ (*personne aux activités multiples*) Hansdampf in allen Gassen *m*

toucher [tuʃe] <1> **I.** *v. tr.* ❶ berühren ❷ (*frapper, atteindre*) treffen; (*plafond*) reichen bis an (+ *Akk*); ~ **qc** an etw (*Akk*) grenzen ❸ (*concerner*) ~ **qn** jdn betreffen; (*histoire, affaire*) jdn angehen ❹ (*émouvoir*) ~ **qn** (*drame, scène*) jdn berühren ❺ (*argent*) bekommen; (*pension*) beziehen ❻ (*port, côte*) erreichen **II.** *v. intr.* ❶ (*porter la main sur*) ~ **à qn/qc** jdn/etw anfassen, jdn/etw berühren; ~ **à ses économies** an sein Erspartes gehen ❷ (*modifier*) ~ **au règlement** die Regeln antasten ❸ (*être proche de*) ~ **à sa fin** dem Ende zugehen **III.** *v. pron.* **se** ~ (*personnes*) sich berühren; (*immeubles, localités*) aneinandergrenzen **IV.** *m* ❶ (*sens*) Tastsinn *m* ❷ (*impression*) Griff *m;* **être doux au** ~ sich weich anfühlen ❸ MUS Anschlag *m* ▸ **au** ~ beim Berühren

touffe [tuf] *f* Büschel *nt*

touffu, e [tufy] *adj.* dicht; (*sourcils*) buschig

toujours [tuʒuʀ] *adv.* ❶ immer ❷ (*encore*) immer noch ❸ (*malgré tout*) dennoch ▸ **qn peut** ~ **faire qc** jd kann etw tun, so viel er will; **depuis** ~ seit eh und je

toupet [tupɛ] *m fam* (*culot*) Frechheit *f*

tour[1] [tuʀ] *f* ❶ Turm *m;* ~ **de contrôle** Tower *m* ❷ (*immeuble*) Hochhaus *nt*

tour[2] [tuʀ] *m* ❶ (*circonférence*) Umfang *m;* (*des yeux*) Ränder *Pl*; ~ **de hanches** Hüftweite *f;* ~ **de poitrine** Brustumfang ❷ (*brève excursion*) Tour *f;* **faire un** ~ eine Runde machen; ~ **de France** SPORT Tour *f* de France ❸ (*succession alternée*) **c'est au** ~ **de qn de faire qc** jd ist an der Reihe etw zu tun ❹ (*rotation*) Umdrehung *f* ❺ (*duperie*) Streich *m* ❻ (*exercice habile*) Kunststück *nt;* ~ **de magie** Zaubertrick *m* ❼ POL Wahlgang *m* ▸ **à** ~ **de rôle** abwechselnd

tourbière [tuʀbjɛʀ] *f* [Torf]moor *nt*

tourbillon [tuʀbijɔ̃] *m* ❶ (*vent*) Wirbelsturm *m* ❷ (*masse d'eau*) Strudel *m*

tourbillonnant, e [tuʀbijɔnɑ̃, ɑ̃t] *adj.* (*vent*) Wirbel-; (*eau*) strudelnd; (*feuilles, fumée*) wirbelnd

tourbillonnement [tuʀbijɔnmɑ̃] *m* Wirbel *m*

tourbillonner [tuʀbijɔne] <1> *v. intr.* (*feuilles*) [herum]wirbeln; (*eaux*) strudeln; (*fumée, poussière*) aufwirbeln

tourisme [tuʀism] *m* Tourismus *m;* **office de** ~ Fremdenverkehrsamt *nt*

touriste [tuʀist] *mf* Tourist(in) *m(f)*

touristique [tuʀistik] *adj.* touristisch; (*attrait*) für Touristen; (*billet, menu, ren-*

seignement) Touristen-; (*région*) Ferien-
tourmente [tuʀmɑ̃t] *f soutenu* (*tempête*) Unwetter *nt*
tourmenté, e [tuʀmɑ̃te] *adj.* gequält; (*vie*) bewegt
tourmenter [tuʀmɑ̃te] <1> **I.** *v. tr.* ~ **qn** jdn quälen; (*remords, scrupules*) jdn plagen **II.** *v. pron.* **se** ~ sich (*Dat*) Sorgen machen
tournage [tuʀnaʒ] *m* CINE ~ **d'un film** Dreharbeiten *Pl* für einen Film
tournant [tuʀnɑ̃] *m* ❶ (*virage*) Kurve *f* ❷ (*d'une carrière, vie*) Wendepunkt *m*
tournant, e [tuʀnɑ̃, ɑ̃t] *adj.* Dreh-; **plaque ~e** Drehscheibe *f*
tourné, e [tuʀne] *adj.* (*aigri*) schlecht geworden; (*sauce, vin*) umgekippt; (*lait*) sauer geworden
tourne-disque [tuʀnədisk] <tourne-disques> *m* Plattenspieler *m*
tournée [tuʀne] *f* ❶ (*circuit*) Tour *f;* (*d'un artiste*) Tournee *f* ❷ *fam* (*au café*) Runde *f*
tourner [tuʀne] <1> **I.** *v. tr.* ❶ drehen ❷ (*clé*) herumdrehen; (*page*) umblättern; (*feuille*) umdrehen ❸ (*remuer*) umrühren ❹ (*tête*) wegdrehen; (*dos*) zuwenden ❺ (*formuler*) formulieren; ~ **en ridicule** lächerlich machen **II.** *v. intr.* ❶ sich drehen; ~ **en rond** im Kreis herumlaufen; ~ **autour de qc** sich um etw (*Akk*) drehen; (*prix, nombre*) [ungefähr] bei etw liegen ❷ (*fonctionner*) laufen ❸ (*bifurquer*) abbiegen ❹ (*s'inverser*) umschlagen; (*vent*) drehen; **la chance a tourné** das Blatt hat sich gewendet ❺ (*évoluer*) ~ **à/en qc** sich zu etw entwickeln; (*événement*) als etw enden ❻ (*devenir aigre: crème, lait*) sauer werden; (*vin, sauce*) umkippen ❼ CINE [Filme] drehen ▸ ~ **bien/mal** (*personne*) sich positiv entwickeln/auf die schiefe Bahn geraten; (*chose*) gut/schlecht ausgehen **III.** *v. pron.* **se** ~ **vers qn/qc** sich jdm/etw zuwenden; (*changer de position*) sich zu jdm/etw drehen
tournesol [tuʀnəsɔl] *m* Sonnenblume *f*
tourneur, -euse [tuʀnœʀ, -øz] *m, f* Dreher(in) *m(f);* (*sur bois*) Drechsler(in) *m(f)*
tournevis [tuʀnəvis] *m* Schraubenzieher *m*
tourniquet [tuʀnikɛ] *m* (*barrière*) Drehkreuz *nt*
tournis [tuʀni] *m fam* Drehwurm *m*
tournoi [tuʀnwa] *m* Turnier *nt*
tournoiement [tuʀnwamɑ̃] *m* Kreisen *nt;* (*des feuilles*) Herumwirbeln *nt*
tournoyer [tuʀnwaje] <6> *v. intr.* sich [im Kreis] drehen; (*feuilles*) herumwirbeln
tournure [tuʀnyʀ] *f a.* LING Wendung *f;* (*idiomatique*) Redewendung
tour-opérateur [tuʀɔpeʀatœʀ] <tour-opérateurs> *m* Reiseveranstalter *m*
tourtereaux [tuʀtəʀo] *mpl iron* (*amoureux*) Turteltäubchen *Pl*
tourterelle [tuʀtəʀɛl] *f* Turteltaube *f*
tourtière [tuʀtjɛʀ] *f* (*moule à tarte*) runde Pastetenform
tous [tu, tus] *voir* **tout**
Toussaint [tusɛ̃] *f* **la** ~ Allerheiligen *nt*

Der 1. November ist in Frankreich ein Feiertag. An **la Toussaint** gedenkt man der Verstorbenen, indem man die Friedhöfe besucht und die Gräber der toten Angehörigen oder Freunde schmückt.

tousser [tuse] <1> *v. intr.* husten; (*pour avertir*) hüsteln
toussotement [tusɔtmɑ̃] *m* [leichter] Husten; (*pour avertir, de gêne*) Hüsteln *nt*
toussoter [tusɔte] <1> *v. intr.* leicht husten; (*pour avertir*) hüsteln
tout, e [tu, tut, tus/tu, tut] <tous, toutes> *adj. indéf.* ❶ *sans pl.* (*entier*) ~ **le temps/l'argent** die ganze Zeit/das ganze Geld; ~ **le monde** jeder[mann]; **il a plu ~e la journée** es hat den ganzen Tag geregnet; **de ~ son poids** mit seinem ganzen Gewicht; ~ **ce bruit** dieser ganze Lärm; **nous avons ~ notre temps** wir können uns Zeit lassen ❷ *sans pl.* (*complet*) ~ **Londres** ganz London; **à ~ prix** um jeden Preis; **à ~e vitesse** in aller Eile; **c'est ~ l'effet que ça te fait** mehr fällt dir dazu nicht ein? ❸ *sans pl.* (*quel qu'il soit*) ~ **homme** jeder [Mensch]; **de ~e manière** auf jeden Fall ❹ *pl* (*l'ensemble des*) **~es les places** alle Plätze; **tous les jours** jeden Tag; **dans tous les cas** in jedem Fall ❺ *pl* (*chaque*) **tous les deux jours** jeden zweiten Tag ❻ *pl* (*ensemble*) **de ~es**

T

sortes aller Art; **nous avons fait tous les cinq ce voyage** wir fünf haben diese Reise gemacht

tout [tu] **I.** *adv.* ❶ ganz; ~ **près de** ganz nahe bei; **le** ~ **premier/dernier** der Allererste/-letzte ❷ *inv.* (*en même temps*) ~ **en faisant qc** während jd etw tut; (*quoique*) obwohl jd etw tut ▸ ~ **à/d'un coup** plötzlich; ~ **à fait** ganz; **c'est** ~ **à fait possible** das ist sehr gut möglich; ~ **de suite** sofort; ~ **de même** trotz alledem **II.** *m* ❶ (*totalité*) Gesamtheit *f* ❷ (*ensemble*) **le** ~ das Ganze ▸ **[pas] du** ~**!** [ganz und] gar nicht!; **pas du** ~ **de pain** überhaupt kein Brot

tout, e [tu, tut, tus/tu, tut] <tous, toutes> *pron. indéf.* ❶ *sans pl.* (*opp: rien*) alles ❷ *pl* (*opp: personne/aucun*) alle; **pour tous** für jedermann ❸ *sans pl.* (*l'ensemble des choses*) ~ **ce qui bouge** alles, was sich bewegt ▸ **et c[e n]'est pas** ~**!** und das ist [noch] nicht alles!; ~ **est bien qui finit bien** *prov* Ende gut, alles gut (*prov*) ~ **ou rien** alles oder nichts; **en** ~ (*au total*) im Ganzen; (*dans toute chose*) in allem; **en** ~ **et pour** ~ alles in allem

tout-à-l'égout [tutalegu] *m sans pl.* Abwasseranschluss *m*

toutefois [tutfwa] *adv.* jedoch

tout-petit [tup(ə)ti] <tout-petits> *m* Kleinkind *nt* **tout-puissant, toute-puissante** [tupɥisɑ̃, tutpɥisɑ̃t] <tout-puissants> *adj.* allmächtig **tout-sécuritaire** [tusekyʀitɛʀ] *m sans pl.* **politique du** ~ Politik *f* der öffentlichen Sicherheit **tout-terrain** [tuteʀɛ̃] <tout-terrains> **I.** *adj.* Gelände-; **vélo** ~ Mountainbike *nt* **II.** *m* (*véhicule*) Geländewagen *m* **tout-venant** [tuv(ə)nɑ̃] *m inv.* **le** ~ (*gens banals*) jeder x-Beliebige; (*choses courantes*) nichts Besonderes

toux [tu] *f* Husten *m*

toxicité [tɔksisite] *f* Giftigkeit *f*

toxico [tɔksikɔ] *mf abr. de* **toxicomane**

toxicologique [tɔksikɔlɔʒik] *adj.* toxikologisch

toxicologue [tɔksikɔlɔg] *mf* Toxikologe *m*/Toxikologin *f*

toxicomane [tɔksikɔman] *mf* [Drogen]-süchtige(r) *f(m)*

toxicomanie [tɔksikɔmani] *f* Drogensucht *f*

toxique [tɔksik] *adj.* giftig; (*gaz*) Gift-

trac [tʀak] *m fam* **avoir le** ~ Lampenfieber *nt* haben

tracas [tʀaka] *m* Sorgen *Pl*

tracasser [tʀakase] <1> **I.** *v. tr.* ~ **qn** jdm Sorgen bereiten; (*administration*) jdn schikanieren **II.** *v. pron.* **se** ~ **pour qn/qc** sich (*Dat*) um jdn/etw Sorgen machen

tracasserie [tʀakasʀi] *f gén. pl.* Scherereien *Pl* (*fam*)

trace [tʀas] *f* ❶ Spur *f*; (*d'un animal*) Fährte *f* ❷ (*cicatrice*) Narbe *f* ▸ **suivre qn à la** ~ jdm auf den Fersen sein

tracé [tʀase] *m* (*du réseau routier/ferroviaire*) Streckenführung *f*

tracer [tʀase] <2> *v. tr.* ❶ (*dessiner*) zeichnen; (*ligne*) ziehen ❷ (*piste*) bahnen; (*route*) anlegen

traceur [tʀasœʀ] *m* INFORM Plotter *m*

trachée-artère [tʀaʃeaʀtɛʀ] <trachées-artères> *f* Luftröhre *f*

trachéite [tʀakeit] *f* Luftröhrenentzündung *f*

trachéotomie [tʀakeɔtɔmi] *f* Luftröhrenschnitt *m*

tract [tʀakt] *m* Flugblatt *nt*

tracter [tʀakte] <1> *v. tr.* ziehen

tracteur [tʀaktœʀ] *m* Traktor *m*

traction [tʀaksjɔ̃] *f* TECH Antrieb *m*

tradition [tʀadisjɔ̃] *f* (*coutume*) Tradition *f* ▸ **de** ~ traditionell

traditionnel, le [tʀadisjɔnɛl] *adj.* traditionell

traditionnellement [tʀadisjɔnɛlmɑ̃] *adv.* traditionsgemäß

traducteur [tʀadyktœʀ] *m* INFORM ~ **de poche** Sprachcomputer *m*

traducteur, -trice [tʀadyktœʀ, -tʀis] *m, f* Übersetzer(in) *m(f)*

traduction [tʀadyksjɔ̃] *f* Übersetzung *f*; ~ **simultanée** Simultandolmetschen *nt*

traduire [tʀadɥiʀ] <irr> **I.** *v. tr.* ❶ (*dans une autre langue*) ~ **Goethe de l'allemand en français** Goethe vom Deutschen ins Französische übersetzen ❷ (*exprimer*) ~ **un sentiment** (*chose*) der Ausdruck eines Gefühls sein ❸ JUR ~ **en justice** dem Gericht überstellen **II.** *v. pron.* (*s'exprimer*) **se** ~ **par qc** (*chose*) sich in etw (*Dat*) ausdrücken

traduisible [tʀadɥizibl] *adj.* übersetzbar

traduit, e [tʀadɥi, ɥit] *part. passé de* **traduire**

trafic [tʀafik] *m* ❶ (*circulation*) Verkehr *m* ❷ *péj* (*commerce*) Schwarzhandel *m;* ~ **de drogue** Drogenhandel *m* ❸ *fam* (*activité suspecte*) Machenschaften *Pl*

traficoter [tʀafikɔte] <1> *v. tr. voir* **trafiquer**

trafiquant, **e** [tʀafikɑ̃, ɑ̃t] *m, f* Schieber(in) *m(f);* **~(e) de drogue** Dealer(in) *m(f)*

trafiquer [tʀafike] <1> *v. tr. fam* ❶ (*comptes, moteur*) frisieren; (*produit*) verfälschen ❷ (*bricoler*) herumbasteln an (*Dat*) ❸ (*manigancer*) aushecken

tragédie [tʀaʒedi] *f* Tragödie *f*

tragédien, **ne** [tʀaʒedjɛ̃, jɛn] *m, f* Tragödiendarsteller(in) *m(f),* Tragöde *m/* Tragödin *f*

tragique [tʀaʒik] **I.** *adj.* tragisch; (*auteur*) Tragödien- **II.** *m sans pl.* (*gravité*) Tragik *f*

tragiquement [tʀaʒikmɑ̃] *adv.* tragisch; (*mourir*) auf tragische [Art und] Weise

trahir [tʀaiʀ] <8> **I.** *v. tr.* ❶ verraten ❷ (*confiance*) missbrauchen ❸ (*lâcher: sens*) täuschen **II.** *v. pron.* **se ~ par qc** sich durch etw (*Akk*) verraten

trahison [tʀaizɔ̃] *f* (*traîtrise*) Verrat *m kein Pl.*

train [tʀɛ̃] *m* ❶ CHEMDFER Zug *m;* **le ~ en direction/venant de Lyon** der Zug nach/aus Lyon; **prendre le ~** mit dem Zug fahren ❷ (*allure*) Tempo *nt;* **~ de vie** Lebensstandard *m* ❸ AVIAT **~ d'atterrissage** Fahrwerk *nt* ❹ AUT Achse *f* ▶ **un ~ peut en cacher un autre** der erste Eindruck kann täuschen; **être en ~ de faire qc** gerade etw tun

traînant, **e** [tʀɛnɑ̃, ɑ̃t] *adj.* (*lent*) schleppend; (*démarche*) schlurfend

traînard, **e** [tʀɛnaʀ, aʀd] *m, f fam* Trödelfritze *m*/Trödelliese *f*

traîne [tʀɛn] *f* Schleppe *f* ▶ **à la ~** zu spät

traîneau [tʀɛno] <x> *m* Schlitten *m*

traînée [tʀene] *f* Spur *f;* (*d'une étoile filante*) Schweif *m*

traîner [tʀene] <1> **I.** *v. tr.* ❶ schleppen ❷ (*jambe*) nachziehen ❸ (*être encombré de*) mitschleppen (*fam*); **~ avec soi** mit sich herumschleppen (*fam*) **II.** *v. intr.* ❶ (*lambiner*) trödeln; (*maladie, procès*) sich [hin]ziehen ❷ (*vadrouiller*) herumhängen ❸ (*être en désordre*) herumliegen ❹ (*pendre à terre*) schleifen **III.** *v. pron.* (*se déplacer difficilement*) **se ~** sich dahinschleppen

training [tʀeniŋ] *m* (*entraînement*) [Fitness]training *nt*

train-train [tʀɛ̃tʀɛ̃] *m sans pl, fam* [Alltags]trott *m*

traire [tʀɛʀ] <irr, défec> *v. tr.* melken

trait [tʀɛ] *m* ❶ (*ligne*) Strich *m* ❷ (*caractéristique*) Grundzug *m;* (*dominant*) Merkmal *nt* ❸ *gén. pl.* (*lignes du visage*) Züge *Pl* ❹ LING **~ d'union** Bindestrich *m* ▶ **tirer un ~ sur qc** (*renoncer*) etw aufgeben; (*mettre un terme*) einen Schlussstrich unter etw (*Akk*) ziehen; **d'un ~** in einem Zug

trait, **e** [tʀɛ, tʀɛt] *part. passé de* **traire**

traitant, **e** [tʀɛtɑ̃, ɑ̃t] *adj.* (*shampoing*) Pflege-; (*médecin*) behandelnd

traite [tʀɛt] *f* ❶ (*achat à crédit*) **~ de qc** Rate *f* für etw ❷ AGR (*des vaches*) Melken *nt* ❸ (*trafic*) Handel *m*

traité [tʀete] *m* ❶ POL Vertrag *m;* **~ de Maastricht** Maastrichtabkommen *nt;* **~ de Versailles** Versailler Vertrag *m* ❷ (*ouvrage*) Abhandlung *f*

traitement [tʀɛtmɑ̃] *m* ❶ *a.* MED Behandlung *f;* (*du chômage, d'un problème*) Handhabung *f* ❷ TECH Behandeln *nt;* (*de l'eau, de déchets radioactifs*) [Wieder]aufbereitung *f* ❸ INFORM **~ multitâche** Multitasking *nt;* **~ de l'information** [*o* **des données**] Datenverarbeitung *f;* **~ de texte** Textverarbeitung *f*

traiter [tʀete] <1> **I.** *v. tr.* ❶ *a.* MED behandeln ❷ (*affaire, question*) erledigen; (*dossier*) bearbeiten ❸ (*déchets, eaux*) [wieder]aufbereiten; **non traité** (*orange*) ungespritzt ❹ (*qualifier*) **~ qn de fou** jdn einen Spinner nennen ❺ INFORM (*données, texte*) verarbeiten **II.** *v. intr.* ❶ (*avoir pour sujet*) **~ de qc** sich mit etw befassen ❷ (*négocier*) verhandeln

traiteur [tʀɛtœʀ] *m* ❶ (*commerçant*) Delikatessenhändler *m* (*Hersteller, Händler und Lieferant von fertigen Gerichten*) ❷ (*magasin*) Delikatessgeschäft *nt* (*mit einer breiten Auswahl an selbst hergestellten, fertigen Gerichten*)

traître, **-esse** [tʀɛtʀ, -ɛs] **I.** *adj.* ❶ (*qui trahit*) verräterisch ❷ (*sournois*) tückisch; (*escalier, virage*) gefährlich **II.** *m, f* Verräter(in) *m(f)* ▶ **en ~** hinterrücks

traîtrise [tʀetʀiz] *f* Verrat *m*

trajectoire [tʀaʒɛktwaʀ] *f* (*d'un véhicule*) Kurs *m;* (*d'un projectile*) Flugbahn *f;* (*d'une planète*) Umlaufbahn *f*

trajet [tʀaʒɛ] *m* Strecke *f*

tram [tʀam] *m fam abr. de* **tramway**

trame [tʀam] *f* ❶ TEXTIL Schuss[faden *m*] *m* ❷ (*d'une histoire*) Gerüst *nt*

tramer [tʀame] <1> **I.** *v. tr.* (*complot*) schmieden **II.** *v. pron.* **se ~** im Gange sein

tramontane [tʀamɔ̃tan] *f* METEO Tramontana *f*

trampoline [tʀɑ̃pɔlin] *m* Trampolin *nt*

tramway [tʀamwɛ] *m* Straßenbahn *f*

tranchant [tʀɑ̃ʃɑ̃] *m* (*côté coupant*) Schneide *f*

tranchant, e [tʀɑ̃ʃɑ̃, ɑ̃t] *adj.* scharf

tranche [tʀɑ̃ʃ] *f* ❶ (*portion*) Scheibe *f* ❷ (*subdivision*) **~ d'âge** Altersstufe *f;* **~ de vie** Lebensabschnitt *m*

tranché, e [tʀɑ̃ʃe] *adj.* klar

tranchée [tʀɑ̃ʃe] *f* Graben *m*

trancher [tʀɑ̃ʃe] <1> **I.** *v. tr.* (*couper*) durchschneiden **II.** *v. intr.* (*décider*) eine Entscheidung treffen

tranquille [tʀɑ̃kil] *adj.* ❶ ruhig; (*eau*) still; (*endroit*) friedlich; **être ~** seine/ihre Ruhe haben; **laisser ~** in Ruhe lassen ❷ (*rassuré*) beruhigt ❸ *iron fam* (*certain*) **là, je suis ~** da kann man Gift drauf nehmen ▸**se tenir ~** stillhalten

tranquillement [tʀɑ̃kilmɑ̃] *adv.* in [aller] Ruhe

tranquillisant [tʀɑ̃kilizɑ̃] *m* Beruhigungsmittel *nt*

tranquilliser [tʀɑ̃kilize] <1> **I.** *v. tr.* beruhigen **II.** *v. pron.* **se ~** sich beruhigen

tranquillité [tʀɑ̃kilite] *f* Ruhe *f* ▸**en toute ~** ungestört

transaction [tʀɑ̃zaksjɔ̃] *f* Geschäft *nt;* (*boursière*) Transaktion *f*

transactionnel, le [tʀɑ̃zaksjɔnɛl] *adj.* JUR Vergleichs-

transalpin, e [tʀɑ̃zalpɛ̃, in] *adj.* ❶ (*italien*) italienisch ❷ HIST, GEO transalpin[isch]

transat, transatlantique [tʀɑ̃zatlɑ̃tik] **I.** *m* ❶ (*paquebot*) Ozeandampfer *m* ❷ (*chaise*) Liegestuhl *m* **II.** *f* [Trans]atlantikregatta *f*

transbordement [tʀɑ̃sbɔʀdəmɑ̃] *m* (*d'une cargaison*) Umschlagen *nt;* (*de passagers*) Umsteigen *nt;* NAUT Umschiffen *nt*

transborder [tʀɑ̃sbɔʀde] <1> *v. tr.* (*marchandises*) umschlagen; (*personnes*) umschiffen

transbordeur [tʀɑ̃sbɔʀdœʀ] **I.** *adj.* **navire ~** Fähre *f* **II.** *m* (*car-ferry*) Autofähre *f*

transcendance [tʀɑ̃sɑ̃dɑ̃s] *f* Transzendenz *f*

transcendantal, e [tʀɑ̃sɑ̃dɑ̃tal, o] <-aux> *adj.* transzendental

transcender [tʀɑ̃sɑ̃de] <1> **I.** *v. tr.* (*dépasser*) **~ qc** die Grenzen einer S. (*Gen*) überschreiten **II.** *v. pron.* **se ~** über sich selbst hinauswachsen

transcription [tʀɑ̃skʀipsjɔ̃] *f* **~ phonétique** Lautschrift *f*

transcrire [tʀɑ̃skʀiʀ] <irr> *v. tr.* LING transkribieren

transe [tʀɑ̃s] *f* ❶ *pl* (*affres*) Ängste *Pl* ❷ (*état second*) Trance *f*

transept [tʀɑ̃sɛpt] *m* Querschiff *nt*

transférable [tʀɑ̃sfeʀabl] *adj.* ❶ (*transportable*) transportfähig ❷ FIN transferabel; (*propriété, valeur*) übertragbar

transférer [tʀɑ̃sfeʀe] <5> *v. tr.* verlegen; (*dépouille, cendres*) überführen; (*fonctionnaire*) versetzen

transfert [tʀɑ̃sfɛʀ] *m* ❶ (*déplacement*) Verlegung *f;* (*de fonctionnaire*) Versetzung *f;* (*de cendres*) Überführung *f;* **~ d'appel** [automatische] Rufumleitung ❷ SPORT Transfer *m* ❸ PSYCH, INFORM Übertragung *f*

transfiguration [tʀɑ̃sfigyʀasjɔ̃] *f* Verwandlung *f*

transfigurer [tʀɑ̃sfigyʀe] <1> *v. tr.* völlig verwandeln; (*visage, réalité*) verklären

transfo [tʀɑ̃sfo] *m fam abr. de* **transformateur** Trafo *m*

transformable [tʀɑ̃sfɔʀmabl] *adj.* **être ~ en qc** sich in etw (*Akk*) verwandeln lassen

transformateur [tʀɑ̃sfɔʀmatœʀ] *m* ELEC Transformator *m*

transformation [tʀɑ̃sfɔʀmasjɔ̃] *f* Veränderung *f;* (*d'une maison*) Umbau *m kein Pl.* (*de matières premières*) Verarbeitung *f kein Pl.*; **~ en qc** Verwandlung *f* in etw (*Akk*)

transformer [tʀɑ̃sfɔʀme] <1> **I.** *v. tr.* ❶ (*modifier*) verwandeln; (*entreprise*) umstrukturieren; (*matière première*) verarbeiten; **~ en qc** (*pièce*) in etw

(*Akk*) umgestalten ❷ MATH umformen **II.** *v. pron.* **se ~** sich verändern; **se ~ en glace** zu Eis werden

transfuge [tʀɑ̃sfyʒ] *mf* Überläufer(in) *m(f)*

transfusé, e [tʀɑ̃sfyze] *m, f* Empfänger(in) *m(f)* einer [Blut]transfusion

transfuser [tʀɑ̃sfyze] <1> *v. tr.* (*sang*) übertragen; **~ qn** jdm Blut übertragen

transfusion [tʀɑ̃sfyzjɔ̃] *f* [Blut]transfusion *f*

transgresser [tʀɑ̃sgʀese] <1> *v. tr.* (*loi*) übertreten

transgression [tʀɑ̃sgʀesjɔ̃] *f* **~ d'une interdiction** Verstoß *m* gegen ein Verbot

transhumer [tʀɑ̃zyme] <1> *v. intr.* (*animal*) das Weidegebiet wechseln

transiger [tʀɑ̃ziʒe] <2a> *v. intr.* einen Kompromiss schließen; **~ sur qc** in etw (*Dat*) nachgeben

transistor [tʀɑ̃zistɔʀ] *m* ❶ RADIO Transistorradio *nt* ❷ ELEC Transistor *m*

transit [tʀɑ̃zit] *m* ❶ COM Transit *m* ❷ ANAT Verdauung *f* ▸ **en ~** Transit-

transitaire [tʀɑ̃zitɛʀ] *adj.* Transit-

transiter [tʀɑ̃zite] <1> *v. intr.* **~ par qc** durch etw reisen; (*en avion*) über etw (*Akk*) fliegen

transitif, -ive [tʀɑ̃zitif, -iv] *adj.* transitiv

transition [tʀɑ̃zisjɔ̃] *f* **~ de qc à qc** Übergang *m* von etw zu etw ▸ **de ~** Übergangs-

transitivité [tʀɑ̃zitivite] *f* Transitivität *f*

transitoire [tʀɑ̃zitwaʀ] *adj.* vorübergehend

translation [tʀɑ̃slasjɔ̃] *f* GEOM Parallelverschiebung *f*

translucide [tʀɑ̃slysid] *adj.* durchscheinend

transmanche [tʀɑ̃smɑ̃ʃ] *adj.* **trafic ~** Verkehr *m* über den Ärmelkanal

transmetteur [tʀɑ̃smetœʀ] *m* Sender *m*

transmettre [tʀɑ̃smɛtʀ] <irr> **I.** *v. tr.* ❶ (*léguer*) weitergeben ❷ (*message*) übermitteln; (*ordre*) weiterleiten ❸ BIO, MED **~ qc à qn** (*maladie*) jdn mit etw anstecken ❹ SCI, RADIO, TELEC, TV **~ qc** etw übertragen; (*corps conducteur*) etw leiten **II.** *v. pron.* **se ~** (*maladie*) übertragen werden

transmissible [tʀɑ̃smisibl] *adj.* MED übertragbar

transmission [tʀɑ̃smisjɔ̃] *f* ❶ Übertragung *f;* (*d'une information*) Weiterleitung *f* ❷ (*passation*) Weitergabe *f*

transmutation [tʀɑ̃smytasjɔ̃] *f* PHYS, CHIM Umwandlung *f*

transparaître [tʀɑ̃spaʀɛtʀ] <irr> *v. intr.* durchscheinen

transparence [tʀɑ̃spaʀɑ̃s] *f* Transparenz *f;* (*de l'eau*) Klarheit *f*

transparent [tʀɑ̃spaʀɑ̃] *m* [Transparent]folie *f*

transparent, e [tʀɑ̃spaʀɑ̃, ɑ̃t] *adj.* ❶ (*opp: opaque*) durchsichtig; (*air, eau*) klar; **papier ~** Pauspapier *nt* ❷ (*évident*) offensichtlich; (*allusion*) deutlich

transpercer [tʀɑ̃spɛʀse] <2> *v. tr.* **~ qc** etw durchbohren; (*balle*) etw durchschlagen; **~ qn** (*froid*) jdn durchdringen

transpiration [tʀɑ̃spiʀasjɔ̃] *f* ❶ (*processus*) Schwitzen *nt* ❷ (*sueur*) Schweiß *m*

transpirer [tʀɑ̃spiʀe] <1> *v. intr.* schwitzen

transplant [tʀɑ̃splɑ̃] *m* Transplantat *nt*

transplantation [tʀɑ̃splɑ̃tasjɔ̃] *f* ❶ BIO, MED Transplantation *f* ❷ AGR Umpflanzen *nt* ❸ (*déplacement*) Verpflanzung *f*

transplanté, e [tʀɑ̃splɑ̃te] *m, f* Organempfänger(in) *m(f)*

transplanter [tʀɑ̃splɑ̃te] <1> *v. tr.* ❶ BIO, MED transplantieren ❷ AGR umpflanzen

transport [tʀɑ̃spɔʀ] *m* ❶ (*acheminement*) Transport *m;* (*de bagages, voyageurs*) Beförderung *f* ❷ *pl* AUT **les ~s** das Verkehrswesen ▸ **entreprise de ~** Spedition *f;* **moyens de ~** Verkehrsmittel *Pl*; **~s en commun** öffentliche Verkehrsmittel *Pl*

transportable [tʀɑ̃spɔʀtabl] *adj.* (*blessé*) transportfähig

transporter [tʀɑ̃spɔʀte] <1> *v. tr.* transportieren; (*voyageur*) befördern

transporteur [tʀɑ̃spɔʀtœʀ] *m* (*entreprise*) Transportunternehmen *nt*

transposable [tʀɑ̃spozabl] *adj.* übertragbar

transposer [tʀɑ̃spoze] <1> *v. tr.* übertragen

transposition [tʀɑ̃spozisjɔ̃] *f* Übertragung *f*

transsexuel, le [tʀɑ̃(s)sɛksɥɛl] **I.** *adj.*

T

transsexuell **II.** *m, f* Transsexuelle(r) *f(m)*

transvaser [tʀɑ̃svɑze] <1> *v. tr.* umfüllen

transversal, e [tʀɑ̃svɛʀsal, o] <-aux> *adj.* quer verlaufend; **rue ~** Querstraße *f*

transversale [tʀɑ̃svɛʀsal] *f* ❶ (*itinéraire*) Querverbindung *f* ❷ (*route*) Querstraße *f*

transversalement [tʀɑ̃svɛʀsalmɑ̃] *adv.* quer

trapèze [tʀapɛz] *m* Trapez *nt*

trapéziste [tʀapezist] *mf* Trapezkünstler(in) *m(f)*

trapézoïdal, e [tʀapezɔidal, o] <-aux> *adj.* trapezförmig

trappe [tʀap] *f* ❶ (*ouverture*) Klappe *f;* (*dans le plancher*) Falltür *f* ❷ (*piège*) Falle *f*

trappeur [tʀapœʀ] *m* Trapper *m*

trapu, e [tʀapy] *adj.* gedrungen

traque [tʀak] *f* (*d'un fugitif*) Verfolgung *f*

traquenard [tʀaknaʀ] *m* (*a. fig*) Falle *f*

traquer [tʀake] <1> *v. tr.* verfolgen

trash [tʀaʃ] *adj. inv. fam* trashing

traumatique [tʀomatik] *adj.* traumatisch

traumatisant, e [tʀomatizɑ̃, ɑ̃t] *adj.* schockierend; **une expérience ~e** ein traumatisches Erlebnis

traumatiser [tʀomatize] <1> *v. tr.* ❶ (*choquer*) **~ qn** jdm einen Schock versetzen; (*échec, culpabilité*) für jdn zu einem Trauma werden; **être traumatisé par qc** durch etw einen Schock erleiden ❷ MED **~ qn** bei jdm ein Trauma hinterlassen

traumatisme [tʀomatism] *m* Trauma *nt*

traumatologie [tʀomatɔlɔʒi] *f* ❶ (*science*) Unfallmedizin *f* ❷ (*service*) Unfallstation *f*

traumatologiste [tʀomatɔlɔʒist] *mf* Unfallarzt *m*/Unfallärztin *f;* (*chirurgien*) Unfallchirurg(in) *m(f)*

travail [tʀavaj, o] <-aux> *m* ❶ Arbeit *f;* **se mettre au ~** sich an die Arbeit machen; **~ à la chaîne** Fließbandarbeit *f;* **~ à temps partiel** Teilzeitarbeit *f;* **~ d'utilité collective** (*emploi*) ABM-Stelle *f* ❷ *pl* (*ensemble de tâches*) **travaux ménagers** Hausarbeit; **travaux d'urbanisme** städtebauliche Maßnahmen *Pl;* **travaux publics** Bauarbeiten *Pl* der öffentlichen Hand; **travaux!** Bauarbeiten! ❸ (*résultat*) Werk *nt* ❹ (*façonnage*) Bearbeitung *f* ▸ **se tuer au ~** sich totarbeiten (*fam*)

travailler [tʀavaje] <1> **I.** *v. intr.* ❶ arbeiten; **~ à son compte** selbstständig sein; **~ à qc** an etw (*Dat*) arbeiten ❷ (*s'exercer: sportif*) trainieren ❸ (*cidre, vin*) gären **II.** *v. tr.* ❶ bearbeiten; (*pâte*) [durch]kneten; (*style*) feilen an (+ *Dat*); **travaillé à la main** handgearbeitet ❷ (*s'entraîner à*) üben ❸ (*tourmenter*) **~ qn** jdm zu schaffen machen

travailleur, -euse [tʀavajœʀ, -jøz] **I.** *adj.* fleißig **II.** *m, f* ❶ (*salarié*) Arbeiter(in) *m(f);* **~ immigré** ausländischer Arbeitnehmer ❷ (*personne laborieuse*) fleißiger Mensch

travailliste [tʀavajist] **I.** *adj.* POL **parti ~** Labour Party *f* **II.** *mf* Mitglied *nt* der Labour Party

travelling [tʀavliŋ] *m* CINE Kamerafahrt *f*

travelo [tʀavlo] *m fam* Tunte *f* (*pej*)

travers [tʀavɛʀ] *m* Schwäche *f* ▸ **prendre qc de ~** etw in den falschen Hals bekommen (*fam*); **à ~ qc, au ~ de qc** (*en traversant*) durch etw hindurch; (*par l'intermédiaire de*) durch etw; **à ~ les siècles** über Jahrhunderte [hinweg]; **à ~ le monde** überall in der Welt; **de ~** (*en biais*) schief; (*mal*) verkehrt; **en ~** quer

traversée [tʀavɛʀse] *f* **la ~ de l'Atlantique** die Überquerung des Atlantiks

traverser [tʀavɛʀse] <1> *v. tr.* ❶ (*franchir*) überqueren; (*à pied*) gehen über (+ *Akk*); (*en voiture, à vélo*) fahren über (+ *Akk*); (*à la nage*) durchschwimmen; **faire ~ qn** jdn über die Straße führen ❷ (*se situer en travers de*) **~ qc** (*route*) etw durchqueren; (*fleuve*) durch etw fließen ❸ (*transpercer*) **~ qc** durch etw dringen; (*clou*) sich in etw (*Akk*) bohren ❹ (*subir*) durchmachen ❺ (*se manifester dans*) **~ l'esprit** durch den Kopf schießen

traversier [tʀavɛʀsje] *m* CAN (*bac*) Fähre *f*

traversin [tʀavɛʀsɛ̃] *m: lange, mit Federn gefüllte Kopfkissenrolle*

travesti [tʀavɛsti] *m* (*homosexuel*) Transvestit *m*

travesti, e [tʀavɛsti] *adj.* verkleidet

travestir [tʀavɛstiʀ] <8> *v. tr.* ❶ (*falsifier*) verfälschen ❷ (*déguiser*) **~ qn en fée** jdn als Fee verkleiden

travestissement [tʀavɛstismɑ̃] *m* (*déguisement*) Verkleidung *f*

trayeuse [tʀɛjøz] *f* (*machine*) Melkmaschine *f*

trébuchant, e [tʀebyʃɑ̃, ɑ̃t] *adj.* ❶ (*chancelant*) schwankend; (*ivrogne*) torkelnd ❷ (*voix*) stockend; (*diction*) holprig

trébucher [tʀebyʃe] <1> *v. intr.* ~ **sur qc** über etw (*Akk*) stolpern; **faire ~ qn** jdm ein Bein stellen

trèfle [tʀɛfl] *m* ❶ BOT Klee *m* ❷ JEUX Kreuz *nt*

treille [tʀɛj] *f* (*tonnelle*) Weinlaube *f*

treize [tʀɛz] **I.** *num.* dreizehn **II.** *m inv.* Dreizehn *f; voir a.* **cinq**

treizième [tʀɛzjɛm] **I.** *adj. antéposé* dreizehnte(r, s) **II.** *mf* **le/la ~** der/die/das Dreizehnte **III.** *m* (*fraction*) Dreizehntel *nt; voir a.* **cinquième**

trekking [tʀekiŋ] *m* SPORT Trekking *nt*

tréma [tʀema] **I.** *m* Trema *nt* **II.** *app* **e/i/u ~** e/i/u [mit] Trema; **a/o/u ~** (*en allemand*) ä/ö/ü

tremblant, e [tʀɑ̃blɑ̃, ɑ̃t] *adj.* zitternd, bebend

tremblement [tʀɑ̃bləmɑ̃] *m* Zittern *nt;* **~ de terre** Erdbeben *nt;* **des ~s** Erschütterungen *Pl*

trembler [tʀɑ̃ble] <1> *v. intr.* ❶ zittern; (*terre*) beben; (*flamme*) flackern; **~ de colère** vor Wut beben ❷ (*avoir peur*) erschauern; **faire ~ qn** jdm Angst [und Bange] machen

trembloter [tʀɑ̃blɔte] <1> *v. intr.* [leicht] zittern

trémousser [tʀemuse] <1> *v. pron.* **se ~** (*danseur*) sich verrenken; (*enfant*) zappeln

trempe [tʀɑ̃p] *f fam* (*correction*) Dresche *f*

trempé, e [tʀɑ̃pe] *adj.* ❶ (*mouillé*) durchnässt ❷ TECH (*acier*) gehärtet; **en verre ~** aus Sicherheitsglas

tremper [tʀɑ̃pe] <1> **I.** *v. tr.* ❶ (*mouiller*) durchnässen; (*sol*) durchtränken ❷ (*plonger*) **~ dans qc** (*croissant*) in etw tunken (*Akk*) ❸ (*acier*) härten **II.** *v. intr.* ❶ (*rester immergé*) **laisser ~ des légumes secs** Hülsenfrüchte quellen lassen ❷ (*participer à*) **~ dans qc** in etw (*Akk*) verwickelt sein

tremplin [tʀɑ̃plɛ̃] *m* Sprungbrett *nt*

trench-coat [tʀɛnʃkot] <trench-coats> *m* Trenchcoat *m*

trentaine [tʀɑ̃tɛn] *f* ❶ (*environ trente*) **une ~ de personnes/pages** etwa dreißig Personen/Seiten ❷ (*âge approximatif*) **avoir la ~** ungefähr dreißig [Jahre alt] sein; **approcher de la ~** auf die dreißig zugehen

trente [tʀɑ̃t] **I.** *num.* dreißig **II.** *m inv.* Dreißig *f; voir a.* **cinq, cinquante**

trentenaire [tʀɑ̃tnɛʀ] *adj.* dreißigjährig

trente-six [tʀɑ̃tsis] **I.** *num.* ❶ (*chiffre*) sechsunddreißig; *voir a.* **cinq** ❷ *fam* (*une grande quantité*) x **II.** *m inv.* Sechsunddreißig *f* ▶ **tous les ~ du mois** *fam* alle Jubeljahre [mal]; *voir a.* **cinq**

trentième [tʀɑ̃tjɛm] **I.** *adj. antéposé* dreißigste(r, s) **II.** *mf* **le/la ~** der/die/das Dreißigste **III.** *m* (*fraction*) Dreißigstel *nt; voir a.* **cinquième**

trépidant, e [tʀepidɑ̃, ɑ̃t] *adj.* pulsierend

trépider [tʀepide] <1> *v. intr.* vibrieren; (*machine*) dröhnen

trépied [tʀepje] *m* (*support*) Dreibein *nt;* (*d'un appareil photo*) Stativ *nt*

trépignement [tʀepiɲmɑ̃] *m* Trampeln *nt;* (*de colère*) Aufstampfen *nt*

trépigner [tʀepiɲe] <1> *v. intr.* von einem Fuß auf den anderen treten

très [tʀɛ] *adv.* sehr; **avoir ~ faim/peur** großen Hunger/große Angst haben; **faire ~ attention** gut aufpassen

trésor [tʀezɔʀ] *m* ❶ (*richesse enfouie*) Schatz *m* ❷ *pl* (*richesses*) Schätze *Pl* ❸ ADMIN, FIN **Trésor** [**public**] (*moyens financiers*) Staatskasse *f;* (*l'État*) öffentliche Hand; (*administration*) Finanzverwaltung *f;* (*bureau*) Finanzamt *nt*

trésorerie [tʀezɔʀʀi] *f* ❶ (*budget*) Finanzen *Pl* ❷ (*gestion*) Haushaltsführung *f;* (*d'une entreprise*) [betriebliches] Rechnungswesen

trésorier, -ière [tʀezɔʀje, -jɛʀ] *m, f* Kassenführer(in) *m(f);* (*d'une association, d'un club*) Kassenwart *m;* (*d'un parti, syndicat*) Schatzmeister(in) *m(f)*

tressaillir [tʀesajiʀ] <irr> *v. intr.* zusammenzucken

tressauter [tʀesote] <1> *v. intr.* ❶ (*être secoué: personne*) hin- und hergeworfen werden; (*dans un véhicule*) durchgerüttelt werden ❷ (*sursauter*) zusammenzucken; (*dans son sommeil, dans ses pensées*) hochschrecken

tresse [tʀɛs] *f* Zopf *m*

tresser [tʀese] <1> *v. tr.* flechten

tréteau [tʀeto] <x> *m* (*support*) Bock *m*

treuil [tʀœj] *m* Winde *f*

trêve [tʀɛv] *f* ❶ (*répit*) Ruhepause *f* ❷ (*arrêt des hostilités*) Waffenruhe *f* ▸ ~ **de plaisanteries!** Spaß beiseite!

Trèves [tʀɛv] Trier *nt*

tri [tʀi] *m* ❶ (*choix*) [Aus]sortieren *nt;* ~ **des déchets** Mülltrennung *f* ❷ POST Sortieren *nt* ❸ INFORM **effectuer un ~ croissant/décroissant** aufsteigend/absteigend sortieren

trial [tʀijal] *m* ❶ (*moto*) Moto-Cross-Rad *nt* ❷ (*course*) Moto-Cross[-Rennen *nt*] *nt*

triangle [tʀijɑ̃gl] *m* ❶ MATH Dreieck *nt* ❷ AUT ~ **de présignalisation** Warndreieck *nt* ❸ MUS Triangel *m*

triangulaire [tʀijɑ̃gylɛʀ] *adj.* dreieckig; (*prisme, pyramide*) dreiseitig

triathlon [tʀi(j)atlɔ̃] *m* Triathlon *m*

triathlonien, ne [tʀi(j)atlɔnjɛ̃, jɛn] *m, f* Triathlet(in) *m(f)*

tribal, e [tʀibal, o] <-aux> *adj.* Stammes-

tribord [tʀibɔʀ] *m* Steuerbord *nt kein Pl.*

tribu [tʀiby] *f* ❶ SOCIOL Stamm *m* ❷ *iron* (*grande famille*) Sippe *f*

tribunal [tʀibynal, o] <-aux> *m* Gericht *nt;* ~ **fédéral** CH (*cour suprême de la Suisse*) Bundesgericht

tribune [tʀibyn] *f* ❶ Tribüne *f* ❷ (*dans un journal*) Kolumne *f*

tribut [tʀiby] *m* Tribut *m*

tributaire [tʀibytɛʀ] *adj.* ~ **de qn/qc** abhängig von jdm/etw

tricentenaire [tʀisɑ̃tnɛʀ] **I.** *adj.* dreihundertjährig **II.** *m* ❶ (*d'une personne*) dreihundertster Geburtstag; (*d'un événement*) dreihundertster Jahrestag ❷ (*cérémonie*) Dreihundertjahrfeier *f*

tricher [tʀiʃe] <1> *v. intr.* (*frauder*) betrügen; ~ **aux cartes/à l'examen** beim Kartenspiel/in der Prüfung mogeln (*fam*)

tricherie [tʀiʃʀi] *f* Betrügerei *f;* (*au jeu, à l'examen*) Schummeln *nt* (*fam*)

tricheur, -euse [tʀiʃœʀ, -øz] *m, f* Betrüger(in) *m(f);* (*au jeu, à l'examen*) Schummler(in) *m(f);* (*aux cartes*) Falschspieler(in) *m(f)*

tricolore [tʀikɔlɔʀ] **I.** *adj.* ❶ (*bleu, blanc, rouge*) blauweißrot ❷ (*de trois couleurs*) dreifarbig **II.** *mpl* SPORT **les ~s** die französische Nationalmannschaft

tricot [tʀiko] *m* ❶ (*gilet tricoté*) Strickweste *f* ❷ (*action*) Stricken *nt*

tricoter [tʀikɔte] <1> *v. tr., intr.* stricken; **aiguille à ~** Stricknadel *f*

tricycle [tʀisikl] *m* Dreirad *nt*

trident [tʀidɑ̃] *m* ❶ PECHE dreizackiger Fischspeer ❷ HIST Dreizack *m*

tridimensionnel, le [tʀidimɑ̃sjɔnɛl] *adj.* dreidimensional

triennal, e [tʀijenal, o] <-aux> *adj.* ❶ (*qui dure trois ans*) dreijährig ❷ (*qui a lieu tous les trois ans*) alle drei Jahre stattfindend

trier [tʀije] <1> *v. tr.* ❶ (*sélectionner*) auswählen; (*fruits, habits*) aussortieren ❷ (*classer*) sortieren

trieur [tʀijœʀ] *m* (*machine*) MINER Sortiermaschine *f;* AGR Trieur *m*

trieur, -euse [tʀijœʀ, jøz] *m, f* (*personne*) Sortierer(in) *m(f)*

trigonométrique [tʀigɔnɔmetʀik] *adj.* trigonometrisch

trilatéral, e [tʀilateʀal, o] <-aux> *adj.* ECON, POL trilateral

trilingue [tʀilɛ̃g] *adj.* dreisprachig

trimbal[l]er [tʀɛ̃bale] <1> *v. tr. fam* herumschleppen; (*en voiture*) herumkutschieren; (*bagages*) schleppen

trimer [tʀime] <1> *v. intr. fam* schuften

trimestre [tʀimɛstʀ] *m* (*période de trois mois*) Quartal *nt;* SCOL Trimester *nt*

trimestriel, le [tʀimɛstʀijɛl] *adj.* (*paiement*) vierteljährlich; (*publication*) vierteljährlich erscheinend

trimestriellement [tʀimɛstʀijɛlmɑ̃] *adv.* vierteljährlich

tringle [tʀɛ̃gl] *f* Stange *f*

Trinité [tʀinite] *f* **la** [**Sainte**] ~ die Dreifaltigkeit

trinquer [tʀɛ̃ke] <1> *v. intr.* ~ **à la santé de qn** auf jdn anstoßen

trio [tʀijo] *m a.* MUS Trio *nt*

triomphal, e [tʀijɔ̃fal, o] <-aux> *adj.* triumphal

triomphalement [tʀijɔ̃falmɑ̃] *adv.* triumphierend; (*accueillir*) jubelnd

triomphateur, -trice [tʀijɔ̃fatœʀ, -tʀis] **I.** *adj.* (*air*) triumphierend; (*nation, parti*) siegreich **II.** *m, f* Sieger(in) *m(f)*

triomphe [tʀijɔ̃f] *m* Triumph *m*

triompher [tʀijɔ̃fe] <1> *v. intr.* ❶ triumphieren; (*personne*) siegen; (*vérité*) ans Licht kommen ❷ (*faire un triomphe*) einen [großen] Triumph feiern

trip [tʀip] *m fam* ❶ (*hallucinations*) Trip *m*, Drogentrip ❷ *fig* **qu'est-ce qu'il nous fait comme ~ ?** was reitet den denn?

tripartite [tʀipaʀtit] *adj.* dreiseitige(r, s); **gouvernement ~** Dreiparteienregierung *f*

tripes [tʀip] *fpl* ❶ GASTR Kaldaunen *Pl* ❷ *fam* (*boyau de l'homme*) Eingeweide *Pl*; (*ventre*) Bauch *m*

triphasé, e [tʀifɑze] *adj.* **courant ~** Drehstrom *m*

triple [tʀipl] **I.** *adj.* dreifach **II.** *m* **le ~** das Dreifache

triplé [tʀiple] *m* SPORT dreifacher Sieg; (*trois victoires de suite*) Hattrick *m*

triplés, -ées [tʀiple] *mpl, fpl* Drillinge *Pl*

triplement [tʀipləmɑ̃] **I.** *adv.* ❶ (*trois fois*) dreifach ❷ (*tout à fait*) hundertprozentig; (*vrai*) absolut **II.** *m* (*multiplication*) Verdreifachung *f*

tripler [tʀiple] <1> **I.** *v. tr.* verdreifachen **II.** *v. intr.* sich verdreifachen

triplés, -ées [tʀiple] *mpl, fpl* Drillinge *Pl*

triporteur [tʀipɔʀtœʀ] *m* Lieferdreirad *nt*

tripoter [tʀipɔte] <1> **I.** *v. tr.* ❶ (*objets*) herumspielen mit (*fam*); (*fruits*) begrapschen (*fam*); (*bouton*) herumfummeln an (+ *Dat*) (*fam*) ❷ (*peloter*) betatschen (*fam*) **II.** *v. pron.* (*triturer*) **se ~ la barbe** an seinem Bart herumzwirbeln

trique [tʀik] *f* Knüppel *m*

trisomie [tʀizɔmi] *f* Trisomie *f*

triste [tʀist] *adj.* ❶ traurig ❷ *a. antéposé* (*pensée*) trübselig; (*paysage, couleur*) trist ❸ *antéposé* (*événements, destin*) tragisch; (*affaire*) unerfreulich; (*mine, résultats*) kläglich

tristement [tʀistəmɑ̃] *adv.* traurig; (*parler, raconter*) betrübt

tristesse [tʀistɛs] *f* Traurigkeit *f*

tristounet, te [tʀistunɛ, ɛt] *adj. fam* traurig; (*temps*) trist

trithérapie [tʀiteʀapi] *f* MED (*contre le sida*) Kombitherapie *f*

triton [tʀitɔ̃] *m* ZOOL [Wasser]molch *m*

triturer [tʀityʀe] <1> *v. tr.* ❶ (*broyer*) zerkleinern; (*aliments*) zerkauen ❷ (*veste*) knautschen (*fam*); (*mouchoir*) knüllen (*fam*); (*crayon*) herumkauen auf (+ *Dat*) (*fam*)

trivial, e [tʀivjal, jo] <-aux> *adj.* (*vulgaire*) ordinär

trivialement [tʀivjalmɑ̃] *adv.* ordinär

trivialité [tʀivjalite] *f* (*vulgarité*) Primitivität *f*

troc [tʀɔk] *m* Tauschhandel *m*

troglodyte [tʀɔglɔdit] *m* ❶ (*personne*) Höhlenmensch *m* ❷ ZOOL Zaunkönig *m*

troglodytique [tʀɔglɔditik] *adj.* **habitations ~s** Höhlenwohnungen *Pl*

trognon [tʀɔɲɔ̃] *m* Kerngehäuse *nt;* (*de chou*) Strunk *m*

trois [tʀwɑ] **I.** *num.* drei ▸ **en ~ mots** mit zwei, drei Worten **II.** *m inv.* Drei *f; voir a.* **cinq**

trois-étoiles [tʀwɑzetwal] **I.** *adj. inv.* Dreisterne- **II.** *m inv.* (*hôtel*) Dreisternehotel *nt* **trois-huit** [tʀwɑɥit] *mpl inv.* **faire les ~** in drei Schichten arbeiten

troisième [tʀwɑzjɛm] **I.** *adj. antéposé* dritte(r, s); **le ~ âge** (*personnes âgées*) die Senioren **II.** *mf* **le/la ~** der/die/das Dritte **III.** *f* SCOL ≈ neunte Klasse; *voir a.* **cinquième**

troisièmement [tʀwɑzjɛmmɑ̃] *adv.* drittens

trois-mâts [tʀwɑmɑ] *m inv.* Dreimaster *m* **trois-pièces** [tʀwɑpjɛs] *m inv.* ❶ ARCHIT Dreizimmerwohnung *f* ❷ COUT **costume ~** dreiteiliger Anzug

trolleybus [tʀɔlɛbys] *m* Trolleybus *m*

trombe [tʀɔ̃b] *f* (*forte averse*) Wolkenbruch *m* ▸ **en ~** *fam* wie ein Wirbelwind *m*

trombone [tʀɔ̃bɔn] **I.** *m* ❶ MUS Posaune *f* ❷ (*attache*) Büroklammer *f* **II.** *mf* Posaunist(in) *m(f)*

trompe [tʀɔ̃p] *f* ❶ MUS Horn *nt* ❷ ZOOL Rüssel *m;* (*d'un insecte*) Saugrüssel ❸ ANAT *souvent pl.* Eileiter *m*

trompe-l'œil [tʀɔ̃plœj] *m inv.* ART Trompe-l'œil *m*

tromper [tʀɔ̃pe] <1> **I.** *v. tr.* ❶ (*duper*) täuschen; **~ qn sur qc** jdn mit etw betrügen ❷ (*être infidèle à*) **~ qn avec qn** jdn mit jdm betrügen ❸ (*faim, soif*) lindern **II.** *v. intr.* täuschen **III.** *v. pron.* **se ~** sich irren; **se ~ dans son calcul** sich verrechnen; **se ~ de direction** die falsche Richtung nehmen; (*en voiture*) sich verfahren; **se ~ de numéro [de téléphone]** sich verwählen

tromperie [tʀɔ̃pʀi] *f* Betrug *m kein Pl.*

trompette [tʀɔ̃pɛt] **I.** *f* Trompete *f* ▸**nez en ~** Stupsnase *f* **II.** *m* MUS Trompeter(in) *m(f)*

trompettiste [tʀɔ̃petist] *mf* Trompeter(in) *m(f)*

trompeur, -euse [tʀɔ̃pœʀ, -øz] *adj.* trügerisch; (*résultats*) irreführend; (*ressemblance*) täuschend; (*discours*) lügnerisch

tronc [tʀɔ̃] *m* ❶ BOT Stamm *m* ❷ ANAT Rumpf *m* ❸ ARCHIT (*d'une colonne*) Schaft *m* ❹ SCOL **~ commun** (*cycle commun*) *Unter- und Mittelstufe einer Gesamtschule* (*partie de programme commune*) Pflichtfächer *Pl*; UNIV Pflichtkurse *Pl*

tronçon [tʀɔ̃sɔ̃] *m* ❶ (*partie*) Teil *m;* (*d'une voie ferrée, route*) Teilstrecke *f* ❷ (*morceau coupé*) Stück *nt;* (*d'une colonne*) Trommel *f*

tronçonner [tʀɔ̃sɔne] <1> *v. tr.* zerteilen; (*scier*) zersägen

tronçonneuse [tʀɔ̃sɔnøz] *f* Motorsäge *f*

trône [tʀon] *m* Thron *m*

trôner [tʀone] <1> *v. intr.* thronen; (*photo*) prangen

tronquer [tʀɔ̃ke] <1> *v. tr.* (*détail*) auslassen; (*texte, citation*) verstümmeln

trop [tʀo] *adv.* ❶ (*de façon excessive: grand, cher*) zu; (*manger, faire*) zu viel; (*insister, négliger*) zu sehr ❷ (*en quantité excessive*) **~ de travail** zu viel Arbeit; **~ de temps** zu viel Zeit ❸ (*pas tellement*) **ne pas ~ aimer** nicht besonders mögen; **ne pas ~ savoir** nicht genau wissen; **je n'ai pas ~ envie** ich habe keine große Lust ❹ *fam* (*beaucoup, extrêmement*) voll; **c'est ~ bien** das ist voll gut ▸**c'est ~ !** (*il ne fallait pas*) das wäre doch nicht nötig gewesen!; (*c'est la meilleure*) das gibt's doch nicht!

T

trophée [tʀɔfe] *m* Trophäe *f*

tropical, e [tʀɔpikal, o] <-aux> *adj.* tropisch

tropique [tʀɔpik] *m* ❶ GEO Wendekreis *m* ❷ (*région tropicale*) **les ~s** die Tropen

trop-perçu [tʀopɛʀsy] <trop-perçus> *m* ❶ ADMIN zu viel erhobener Betrag ❷ COM Überschuss *m* **trop-plein** [tʀoplɛ̃] <trop-pleins> *m* ❶ TECH (*tuyau d'évacuation*) Überlauf[rohr *nt*] *m* ❷ (*surplus*) Überfülle *f* ❸ (*excès*) **~ d'amour/d'énergie** Übermaß *nt* an Liebe/Energie

troquer [tʀɔke] <1> *v. tr.* tauschen

troquet [tʀɔkɛ] *m fam* Kneipe *f*

trot [tʀo] *m* (*allure*) Trab *m*

trotte [tʀɔt] *f fam* Stück *nt* [Weg]

trotter [tʀɔte] <1> *v. intr.* (*cheval*) traben; (*personne*) *fam* trotten

trotteur, -euse [tʀɔtœʀ, -øz] *m, f* (*cheval*) Traber *m*

trotteuse [tʀɔtøz] *f* Sekundenzeiger *m*

trottiner [tʀɔtine] <1> *v. intr.* trappeln; (*enfant*) trippeln

trottinette [tʀɔtinɛt] *f* Roller *m*

trottoir [tʀɔtwaʀ] *m* Bürgersteig *m*

trou [tʀu] *m* ❶ Loch *nt;* (*d'une aiguille*) Öhr *nt;* **~ de la serrure** Schlüsselloch ❷ (*moment de libre*) freier Augenblick ❸ (*vide*) **~ de mémoire** Black-out *m o nt* ▸**rester dans son ~** *fam* zu Hause herumhocken

troublant, e [tʀublɑ̃, ɑ̃t] *adj.* ❶ (*déconcertant*) irritierend ❷ (*inquiétant*) beunruhigend ❸ (*étrange*) merkwürdig ❹ (*excitant*) aufregend

trouble[1] [tʀubl] **I.** *adj.* ❶ (*image, vue*) verschwommen; (*liquide*) trüb ❷ (*période*) zwiespältig **II.** *adv.* (*voir*) unscharf

trouble[2] [tʀubl] *m* ❶ *pl* MED Beschwerden *Pl* (*psychiques*) Störungen *Pl* ❷ *pl* (*politiques, sociaux*) Unruhen *Pl* ❸ (*désarroi*) Aufregung *f* ❹ (*agitation*) Durcheinander *nt*

trouble-fête [tʀubləfɛt] <trouble-fêtes> *mf* Spielverderber(in) *m(f)*

troubler [tʀuble] <1> **I.** *v. tr.* ❶ stören ❷ (*perturber*) beunruhigen ❸ (*émouvoir*) verwirren ❹ (*digestion, facultés mentales*) beeinträchtigen ❺ (*atmosphère, ciel*) verdüstern; (*eau*) trüben **II.** *v. pron.* **se ~** (*devenir trouble*) sich trüben; (*mémoire*) nachlassen

troué, e [tʀue] *adj.* durchlöchert

trouée [tʀue] *f* Loch *nt;* (*d'une forêt*) Schneise *f*

trouer [tʀue] <1> *v. tr.* ❶ (*faire un trou*) ein Loch machen ❷ (*faire plusieurs trous*) **~ qc** etw zerlöchern; (*balles*) etw durchlöchern

trouille [tʀuj] *f fam* Bammel *m;* **avoir la ~** Bammel haben

troupe [tʀup] *f* Truppe *f*

troupeau [tʀupo] <x> *m* Herde *f*

trousse [tʀus] *f* Beutel *m;* **~ d'écolier** [Feder]mäppchen *nt;* **~ de toilette** Kulturbeutel *m* ▸ **être aux ~s de qn** jdm auf den Fersen sein

trousseau [tʀuso] <x> *m* ① (*clés*) Schlüsselbund *m o nt* ② (*vêtements*) Kleidung *f kein Pl.* (*d'une mariée*) Aussteuer *f*

trouvaille [tʀuvaj] *f* [glücklicher] Fund

trouver [tʀuve] <1> **I.** *v. tr.* ① (*découvrir*) finden; (*information*) bekommen; (*capitaux*) aufbringen ② (*avoir le sentiment*) ~ **étrange que** + *subj.* es merkwürdig finden, dass ③ (*voir*) **aller ~ qn** jdn besuchen gehen **II.** *v. pron.* ① (*être situé*) **se ~** sich befinden ② (*être*) **se ~ bloqué** blockiert sein **III.** *v. pron. impers.* (*par hasard*) **il se trouve que je suis libre** zufällig habe ich gerade Zeit ▸ **si ça se trouve, il va pleuvoir** *fam* es kann gut sein, dass es regnen wird

truand [tʀyɑ̃] *m* Gauner(in) *m(f)*

truander [tʀyɑ̃de] <1> *v. tr. fam* reinlegen

truc [tʀyk] *m* ① *fam* (*chose*) Ding *nt* ② *fam* (*personne*) Dings *mf* ③ *fam* (*combine*) Trick *m* ▸ **c'est mon ~** *fam* das ist meine Sache; **c'est pas mon ~** *fam* das ist nicht mein Fall

trucage [tʀykaʒ] *m* ① (*falsification*) Verfälschung *f;* (*des élections*) Fälschung *f* ② CINE, PHOT Trickaufnahme *f*

trucider [tʀyside] <1> *v. tr. fam* umbringen

truculence [tʀykylɑ̃s] *f* Urwüchsigkeit *f*

truculent, e [tʀykylɑ̃, ɑ̃t] *adj.* urwüchsig

truelle [tʀyɛl] *f* Kelle *f*

truffe [tʀyf] *f* ① BOT, GASTR Trüffel *f* ② (*museau*) Schnauze *f*

truffer [tʀyfe] <1> *v. tr.* ① GASTR trüffeln ② *fig* **~ de qc** mit etw spicken

truie [tʀɥi] *f* Sau *f*

truite [tʀɥit] *f* Forelle *f*

truquage [tʀykaʒ] *m voir* **trucage**

truquer [tʀyke] <1> *v. tr.* fälschen

trust [tʀœst] *m* ECON Trust *m*

tsar [tsaʀ] *m* Zar *m*

tsarine [tsaʀin] *f* Zarin *f*

tsariste [tsaʀist] *adj.* zaristisch

t-shirt [tiʃœʀt] *m abr. de* **tee-shirt** T-Shirt *nt*

tsigane [tsigan] **I.** *adj.* Zigeuner- (*pej*) **II.** *mf* Zigeuner(in) *m(f)* (*pej*)

tsvp *abr. de* **tournez s'il vous plaît** b.w.

TTC [tetese] *abr. de* **toutes taxes comprises** inkl. MwSt.

tu [ty] < *fam, devant voyelle et h muet* t'> **I.** *pron. pers.* **~ es grand(e)** du bist groß **II.** *m* **dire ~ à qn** zu jdm du sagen

tu, e [ty] *part. passé de* **taire**

tuba [tyba] *m* ① MUS Tuba *f* ② SPORT Schnorchel *m*

tube[1] [tyb] *m* ① (*tuyau*) Rohr *nt;* (*petit*) Röhrchen *nt* ② ELEC Röhre *f* ③ (*emballage à presser*) Tube *f* ④ ANAT **~ digestif** Verdauungstrakt *m*

tube[2] [tyb] *m fam* (*chanson*) Hit *m*

tubercule [tybɛʀkyl] *m* BOT [Wurzel]knolle *f*

tuberculeux, -euse [tybɛʀkylø, -øz] **I.** *adj.* (*personne*) tuberkulosekrank **II.** *m, f* MED Tuberkulosekranke(r) *f(m)*

tuberculose [tybɛʀkyloz] *f* Tuberkulose *f*

TUC [tyk] *m abr. de* **travail d'utilité collective**

tué, e [tɥe] *m, f* Todesopfer *nt*

tuer [tɥe] <1> **I.** *v. tr.* ① töten; (*gibier*) erlegen; **se faire ~** umkommen ② (*environnement*) zerstören; (*insectes*) vernichten **II.** *v. intr.* (*animal, personne*) töten; (*poison, arme*) tödlich sein **III.** *v. pron.* ① **se ~** umkommen; (*se donner la mort*) sich umbringen ② (*se fatiguer*) **se ~ à qc** sich mit etw abmühen

tuerie [tyʀi] *f* Gemetzel *nt*

tue-tête [tytɛt] **à ~** lauthals

tueur, -euse [tɥœʀ, -øz] *m, f* Mörder(in) *m(f);* **~ en série** Serienmörder

tuile [tɥil] *f* ① (*d'un toit*) [Dach]ziegel *m* ② *fam* (*événement fâcheux*) unangenehme Überraschung ③ GASTR Teegebäck *nt*

tuilerie [tɥilʀi] *f* Ziegelei *f*

tulipe [tylip] *f* Tulpe *f*

tuméfié, e [tymefje] *adj.* geschwollen

tumeur [tymœʀ] *f* Tumor *m*

tumulte [tymylt] *m* ① (*d'une foule*) Tumult *m* ② (*agitation de la rue*) hektisches Treiben; (*bruit*) Lärm *m*

tumultueux, -euse [tymyltɥø, -øz] *adj.* ① (*agité*) stürmisch; (*discussion*) hitzig ② (*bruyant*) lärmend

tuner [tynœʀ] *m* Tuner *m*

tunique [tynik] *f* (*vêtement ample*) Tunika *f*

Tunisie [tynizi] *f* **la ~** Tunesien *nt*

tunisien, ne [tynizjɛ̃, jɛn] *adj.* tunesisch

Tunisien, ne [tynizjɛ̃, jɛn] *m, f* Tunesier(in) *m(f)*
tunnel [tynɛl] *m* Tunnel *m;* **le ~ sous la Manche** der Kanaltunnel
turbine [tyʀbin] *f* Turbine *f*
turbo[1] [tyʀbo] *adj. inv.* mit Turbomotor
turbo[2], **turbocompresseur** [tyʀbokɔ̃pʀesœʀ] *m* Turbokompressor *m (als Verdichter arbeitende Turbomaschine in einem Abgasturbolader)*
turbulence [tyʀbylɑ̃s] *f* Turbulenz *f*
turbulent, e [tyʀbylɑ̃, ɑ̃t] *adj.* (*agité*) wild
turc [tyʀk] *m* Türkisch *nt; voir a.* **allemand**
turc, turque [tyʀk] *adj.* türkisch; *voir a.* **allemand**
Turc, Turque [tyʀk] *m, f* Türke *m*/Türkin *f*
turf [tœʀf] *m* Pferderennsport *m*
turfiste [tœʀfist] *mf* jd, der/die bei Pferderennen wettet
turque [tyʀk] *voir* **turc** ▸ **W.-C. à la ~** Stehklo[sett] *nt*
Turquie [tyʀki] *f* **la ~** die Türkei
turquoise [tyʀkwaz] **I.** *f* (*pierre*) Türkis *m* **II.** *adj. inv.* türkis[farben]
tus [ty] *passé simple de* **taire**
tutélaire [tytelɛʀ] *adj.* JUR schützend; (*service*) Aufsicht führend
tutelle [tytɛl] *f* ❶ (*d'un mineur*) Vormundschaft *f;* **sous ~** unter Aufsicht ❷ *péj* Bevormundung *f*
tuteur [tytœʀ] *m* (*support*) Stütze *f*
tuteur, -trice [tytœʀ, -tʀis] *m, f* ❶ (*d'un mineur*) Vormund *m* ❷ SCOL, UNIV Tutor(in) *m(f)*
tutoiement [tytwamɑ̃] *m* Duzen *nt*
tutorat [tytɔʀa] *m* Tutorium *nt*
tutoyer [tytwaje] <6> *v. tr., pron.* [**se**] ~ [sich] duzen
tutu [tyty] *m* Tutu *nt*
tuyau [tɥijo] <x> *m* ❶ (*tube rigide*) Rohr *nt;* (*tube souple*) Schlauch *m;* (*d'une cheminée*) Schacht *m* ❷ *fam* (*conseil*) Tipp *m*
tuyauterie [tɥijotʀi] *f* Leitungsnetz *nt*
TV [teve] *f abr. de* **télévision**
TVA [tevea] *f abr. de* **taxe à la valeur ajoutée** MwSt. *f*
tweed [twid] *m* Tweed *m*
tweeter [twite] <1> *v. intr.* INET twittern
tympan [tɛ̃pɑ̃] *m* ANAT Trommelfell *nt*
type [tip] **I.** *m* ❶ *a. fam* Typ *m* ❷ (*genre*) Art *f;* (*asiatique, humain*) Typus *m* **II.** *app inv.* typisch
typé, e [tipe] *adj.* typisch
typhoïde [tifɔid] **I.** *adj.* **fièvre ~** Typhusfieber *nt* **II.** *f* Typhus *m*
typhon [tifɔ̃] *m* Taifun *m*
typhus [tifys] *m* Typhus *m*
typique [tipik] *adj.* **~ de qn/qc** typisch für jdn/etw
typiquement [tipikmɑ̃] *adv.* typisch
typographe [tipɔgʀaf] *mf* [Schrift]setzer(in) *m(f)*
typographie [tipɔgʀafi] *f* Typografie *f*
typographique [tipɔgʀafik] *adj.* typografisch
typologie [tipɔlɔʒi] *f* Typologie *f*
tyran [tiʀɑ̃] *m* Tyrann *m*
tyrannie [tiʀani] *f* Tyrannei *f;* (*d'un régime*) Gewaltherrschaft *f*
tyrannique [tiʀanik] *adj.* (*pouvoir*) tyrannisch
tyranniser [tiʀanize] <1> *v. tr.* tyrannisieren
tyrolien, ne [tiʀɔljɛ̃, jɛn] *adj.* tirol[er]isch; (*chant, population*) Tiroler*inv;* **danse ~ne** Schuhplattler *m*
Tyrolien, ne [tiʀɔljɛ̃, jɛn] *m, f* Tiroler(in) *m(f)*
tyrolienne [tiʀɔljɛn] *f* MUS Jodler *m*
tzar [tsaʀ] *m voir* **tsar**
tzarine [tsaʀin] *f voir* **tsarine**
tzigane [tsigan] *adj. voir* **tsigane**

T

Uu

U, u [y] *m inv.* U *nt,* u *nt;* **en u** in U-Form

UCT [ysete] *f abr. de* **Unité Centrale de Traitement** CPU *f*

UDF [ydeɛf] *f abr. de* **Union pour la démocratie française** *liberal-konservative Parteienkonföderation Frankreichs*

UEFA [yefa] *f abr. de* **Union of European Football Associations** UEFA *f*

UEM [yøɛm] *f abr. de* **Union économique et monétaire** WWU *f*

UIT [yite] *f abr. de* **Union internationale des télécommunications** IFU *f*

Ukraine [ykʀɛn] *f* **l'~** die Ukraine

ukrainien [ykʀɛnjɛ̃] *m* Ukrainisch *nt; voir a.* **allemand**

ukrainien, ne [ykʀɛnjɛ̃, jɛn] *adj.* ukrainisch; *voir a.* **allemand**

Ukrainien, ne [ykʀɛnjɛ̃, jɛn] *m, f* Ukrainer(in) *m(f)*

ulcère [ylsɛʀ] *m* Geschwür *nt*

ulcérer [ylseʀe] <5> *v. tr.* tief kränken

ULM [yɛlɛm] *m abr. de* **ultra-léger motorisé** Ultraleichtflugzeug *nt*

ultérieur, e [ylteʀjœʀ] *adj.* spätere(r, s)

ultérieurement [ylteʀjœʀmɑ̃] *adv.* später

ultime [yltim] *adj. a. antéposé* [aller]-letzte(r, s)

ultra [yltʀa] *mf* (*extrémiste de droite*) Ultrarechte(r) *f(m);* (*extrémiste de gauche*) Ultralinke(r) *f(m)*

ultraconfidentiel, le [yltʀakɔ̃fidɑ̃sjɛl] *adj. fam* streng vertraulich

ultraconservateur, -trice [yltʀakɔ̃sɛʀvatœʀ, -tʀis] *adj. fam* extrem konservativ

ultraléger, -ère [yltʀaleʒe, -ɛʀ] *adj.* extraleicht

ultramoderne [yltʀamɔdɛʀn] *adj.* hochmodern

ultra-portable [yltʀapɔʀtabl] *m* INFORM Ultrabook *nt*

ultrarapide [yltʀaʀapid] *adj. fam* superschnell

ultrasensible [yltʀasɑ̃sibl] *adj. fam* hoch empfindlich

ultrason [yltʀasɔ̃] *m* Ultraschall *m*

ultraviolet [yltʀavjɔlɛ] *m* **les ~s** ultraviolette Strahlen

ultraviolet, te [yltʀavjɔlɛ, ɛt] *adj.* ultraviolett

UME [yɛmø] *f abr. de* **Union monétaire européenne** EWU *f*

UMP [yɛmpe] *m abr. de* **Union pour un mouvement populaire** UMP *f* *(konservative, neogaullistische französische Partei)*

un [œ̃] **I.** *m inv.* Eins *f* **II.** *adv.* erstens; **~, ..., deux, ...** erstens ..., und zweitens ...; *voir a.* **cinq**

un, une [œ̃, yn] **I.** *art. indéf.* ❶ (*un certain*) ein(e); **avec ~ grand courage** mit großer Tapferkeit; **ce n'est pas ~ Picasso!** das ist kein Picasso! ❷ (*intensif*) **il y a ~ [de ces] bruit** ein derartiger Lärm; **ce type est d'~ culot!** der Kerl ist vielleicht frech! **II.** *pron.* ❶ (*chose/personne parmi d'autres*) ein(e); **en connaître ~ qui ...** jemanden kennen, der ...; **~ de ces jours, ...** eines schönen Tages ... ❷ (*chose/personne opposée à une autre*) **les ~s et les autres** die einen und die anderen; **ils sont assis en face l'~ de l'autre** sie sitzen einander gegenüber; **ils sont aussi menteurs l'~ que l'autre** sie lügen alle beide; **s'injurier l'~ l'autre** sich gegenseitig beschimpfen ▸**l'~ dans l'autre** alles in allem; **l'~[e] ou l'autre** [entweder] der/die/das eine oder der/die/das andere; **~[e] par ~[e]** einer/eine/eines nach dem/der/dem anderen **III.** *num.* ❶ ein(e) ❷ (*non divisible*) einzig; **Dieu est ~** es gibt nur einen Gott ▸**ne faire qu'~** ein Herz und eine Seele sein; **ne faire ni ~e ni deux** nicht lange überlegen; **c'était moins ~e!** *fam* das war haarscharf!; *voir a.* **cinq**

unanime [ynanim] *adj.* (*consentement*) einhellig; (*avis*) übereinstimmend; (*vote*) einstimmig

unanimement [ynanimmɑ̃] *adv.* (*approuver*) einhellig; (*décider*) einstimmig

unanimité [ynanimite] *f* Übereinstimmung *f;* (*des suffrages*) Einstimmigkeit *f* ▸**à l'~** einstimmig

une [yn] **I.** *voir* **un II.** *f* PRESSE **la ~** die Titelseite

uni, e [yni] *adj.* ❶ (*unicolore*) einfarbig ❷ (*en union*) vereint; **les Etats Unis d'Amérique** die Vereinigten Staaten von Amerika

unicolore [ynikɔlɔʀ] *adj.* einfarbig

unième [ynjɛm] *adj.* **vingt et ~** einundzwanzigste(r, s)

unificateur, -trice [ynifikatœʀ, -tʀis] *adj.* (*principe*) einigend; (*mouvement*) Sammel-

unification [ynifikasjɔ̃] *f* Vereinigung *f*

unifier [ynifje] <1> *v. tr.* ❶ (*unir*) vereinen; (*partis*) zusammenschließen ❷ (*programmes*) vereinheitlichen

uniforme [ynifɔʀm] **I.** *adj.* ❶ (*pareil*) gleich[artig]; (*mouvement*) gleichförmig ❷ (*standardisé*) vereinheitlicht **II.** *m* Uniform *f*

uniformisation [ynifɔʀmizasjɔ̃] *f* (*du mode de vie*) Angleichung *f;* (*des tarifs*) Vereinheitlichung *f*

uniformiser [ynifɔʀmize] <1> *v. tr.* (*programmes*) vereinheitlichen

uniformité [ynifɔʀmite] *f* (*monotonie*) Eintönigkeit *f*

unijambiste [ynizɑ̃bist] **I.** *adj.* einbeinig **II.** *mf* Einbeinige(r) *f(m)*

unilatéral, e [ynilateʀal, o] <-aux> *adj.* einseitig

unilatéralement [ynilateʀalmɑ̃] *adv.* im Alleingang, einseitig

unilingue [ynilɛ̃g] *adj.* einsprachig

union [ynjɔ̃] *f* ❶ (*alliance*) Vereinigung *f;* (*de partis*) Zusammenschluss *m* ❷ (*vie commune*) Lebensgemeinschaft *f* ❸ (*association*) Verband *m;* (*syndicale*) Bund *m*

Union économique [ynjɔ̃ ekɔnɔmik] *f* Wirtschaftsunion *f*

Union européenne [ynjɔ̃ øʀɔpeɛn] *f* Europäische Union

Union monétaire [ynjɔ̃ mɔnetɛʀ] *f* Währungsunion *f*

U

Union Soviétique [ynjɔ̃ sɔvjetik] *f* HIST Sowjetunion *f*

unique [ynik] *adj.* ❶ (*seul*) einzig; (*monnaie*) einheitlich; (*prix*) Einheits-; (*enfant*) Einzel-; **sens ~** Einbahnstraße *f* ❷ (*exceptionnel*) einzigartig

uniquement [ynikmɑ̃] *adv.* nur

unir [yniʀ] <8> **I.** *v. tr.* ❶ (*associer*) verein[ig]en ❷ (*combiner*) verbinden mit **II.** *v. pron.* (*s'associer*) **s'~** sich vereinigen

unisexe [ynisɛks] *adj.* Unisex-, für Mann und Frau

unisson [ynisɔ̃] *m* **à l'~** einstimmig

unitaire [ynitɛʀ] *adj.* ❶ (*revendications*) einheitlich; (*mouvement*) geschlossen ❷ (*production*) auf ein Produkt beschränkt

unité [ynite] *f* ❶ Einheit *f;* **à l'~** (*prix*) Einzel- ❷ INFORM, TECH **~ de stockage** Speicher[einheit *f*] *m;* **~ de bande magnétique/disque** Band-/Diskettenlaufwerk *nt;* **~ de sortie** Ausgabegerät *nt*

univers [ynivɛʀ] *m* ❶ ASTRO Universum *nt* ❷ (*milieu*) Welt *f*

universaliser [ynivɛʀsalize] <1> **I.** *v. tr.* verallgemeinern **II.** *v. pron.* **s'~** sich verbreiten

universalité [ynivɛʀsalite] *f* Universalität *f;* (*d'une idée*) Allgemeingültigkeit *f*

universel, le [ynivɛʀsɛl] *adj.* ❶ (*mondial*) weltweit; (*exposition*) Welt- ❷ (*opp: particulier*) allgemein; (*proposition*) allgemein verbindlich ❸ (*remède*) universell

universellement [ynivɛʀsɛlmɑ̃] *adv.* ❶ allgemein ❷ (*mondialement*) weltweit

universitaire [ynivɛʀsitɛʀ] **I.** *adj.* universitär; (*titre*) akademisch; (*diplôme*) Hochschul-; **restaurant ~** Mensa *f* **II.** *mf* Hochschullehrer(in) *m(f)*

université [ynivɛʀsite] *f* Universität *f;* **~ d'été** Sommerkurs *m;* **~ populaire** Volkshochschule *f*

uploader [œplode] <1> *v. tr.* INET hochladen

uranium [yʀanjɔm] *m* Uran *nt*

Uranus [yʀanys] *f* Uranus *m*

urbain, e [yʀbɛ̃, ɛn] *adj.* Stadt-

urbanisation [yʀbanizasjɔ̃] *f* ❶ (*d'une région, d'un pays*) Urbanisierung *f* ❷ (*d'une zone*) städtische Bebauung

urbanisme [yʀbanism] *m* Städtebau *m*

urbaniste [yʀbanist] *mf* Stadtplaner(in) *m(f)*

urée [yʀe] *f* Harnstoff *m*

urgence [yʀʒɑ̃s] *f* ❶ (*caractère urgent*) Dringlichkeit *f;* **il y a ~** es eilt; **d'~** unverzüglich ❷ (*cas urgent*) dringende Angelegenheit; MED Notfall *m;* **les ~s** Notfallaufnahme *f*

urgent, e [yʀʒɑ̃, ʒɑ̃t] *adj.* (*cas*) dringend; (*affaire*) dringlich; **~!** eilt!

urinaire [yʀinɛʀ] *adj.* (*maladie*) der Harnwege

urine [yʀin] *f* Urin *m*
uriner [yʀine] <1> *v. intr.* urinieren
urne [yʀn] *f* ❶ POL (*boîte*) [Wahl]urne *f* ❷ (*vase funéraire*) [Grab]urne *f*
URSS [yɛʀɛsɛs] *f* HIST *abr. de* **Union des républiques socialistes soviétiques** UdSSR *f*
urticaire [yʀtikɛʀ] *f* [allergischer] Hautausschlag
us [ys] *mpl* ~ **et coutumes** Sitten und Bräuche *Pl*
US [yɛs] *f abr. de* **Union sportive** SV *m*
usage [yzaʒ] *m* ❶ (*utilisation*) Gebrauch *m;* (*d'un appareil*) Benutzen *nt;* **à l'~ de qn/qc** für jdn/etw; **hors d'~** außer Betrieb ❷ JUR ~ **de faux** Verwendung *f* gefälschter Urkunden *m* ❸ (*consommation*) Verbrauch *m* ❹ (*faculté*) **l'~ de la parole** die Sprache ❺ (*coutume*) Brauch *m*
usagé, e [yzaʒe] *adj.* abgenutzt
usager, -ère [yzaʒe, -ɛʀ] *m, f* Benutzer(in) *m(f);* (*du gaz*) Verbraucher(in) *m(f);* **~(-ère) de la route** Verkehrsteilnehmer(in) *m(f)*
usant, e [yzɑ̃, ɑ̃t] *adj.* anstrengend
usé, e [yze] *adj.* (*détérioré*) abgenutzt; (*semelles*) abgelaufen
user [yze] <1> **I.** *v. tr.* ❶ (*détériorer*) abnutzen ❷ (*santé*) ruinieren; ~ **qn** jdm zusetzen ❸ (*consommer*) verbrauchen **II.** *v. pron.* **s'~** sich abnutzen
usine [yzin] *f* Fabrik *f;* ~ **d'automobiles** Automobilwerk *nt*
ustensile [ystɑ̃sil] *m* Gerät *nt*
usuel, le [yzɥɛl] *adj.* gebräuchlich; (*emploi*) allgemein üblich; (*mot*) gängig; (*objet*) weitverbreitet
usure [yzyʀ] *f* (*détérioration*) Abnutzung *f* ▸ **avoir qn à l'~** *fam* jdn herumkriegen
usurier, -ière [yzyʀje, -jɛʀ] *m, f* Wucherer *m*/Wucherin *f*
usurper [yzyʀpe] <1> *v. tr.* widerrechtlich an sich (*Akk*) reißen
ut [yt] *m inv.* MUS C *nt,* c *nt*
utérus [yteʀys] *m* Gebärmutter *f*
utile [ytil] **I.** *adj.* nützlich; (*action*) sinnvoll **II.** *m* **l'~** das Nützliche
utilement [ytilmɑ̃] *adv.* nützlich; (*employer*) nutzbringend
utilisable [ytilizabl] *adj.* brauchbar; **ce n'est plus** ~ das ist nicht mehr zu gebrauchen
utilisation [ytilizasjɔ̃] *f* (*d'un produit*) Verwendung *f*
utiliser [ytilize] <1> *v. tr.* ❶ benutzen; (*huile*) verwenden; (*moyen*) anwenden; (*mot*) gebrauchen ❷ (*exploiter: personne*) ausnutzen; (*restes*) verwerten
utilitaire [ytilitɛʀ] *m* ❶ INFORM Utility *nt* ❷ AUT Nutzfahrzeug *nt*
utilité [ytilite] *f* (*caractère utile*) Nützlichkeit *f*
UV [yve] **I.** *mpl abr. de* **ultraviolets** UV-Strahlen *Pl* **II.** *f abr. de* **unité de valeur** UNIV Schein *m*

V v

V, v [ve] *m inv.* V *nt,* v *nt* ❷ (*forme*) **décolleté en V** V-Ausschnitt *m*

va [va] *indic. prés. de* **aller**

vacances [vakɑ̃s] *fpl* ❶ SCOL, UNIV Ferien *Pl;* ~ **scolaires** Schulferien; **les grandes** ~ die großen Ferien, die Sommerferien; **être en** ~ Ferien haben; **bonnes** ~! schöne Ferien! ❷ (*congé*) Urlaub *m kein Pl.*

> Die **grandes vacances** im Sommer dauern in Frankreich zwei Monate und fallen in den Juli und August. Im September beginnt mit der *rentrée* das neue Schuljahr. Die übrigen Schulferien – von je zwei Wochen Dauer – sind *les vacances de la Toussaint* im Oktober/November, *les vacances de Noël* im Dezember/Januar, *les vacances d'hiver* im Februar/März und *les vacances de printemps* im April/Mai. Die Ferien beginnen nicht überall in Frankreich zur selben Zeit, sondern in drei Zonen A, B und C jeweils um eine Woche versetzt.

vacancier, -ière [vakɑ̃sje, -jɛʀ] *m, f* Urlauber(in) *m(f)*

vacant, e [vakɑ̃, ɑ̃t] *adj.* unbesetzt

vacarme [vakaʀm] *m* Lärm *m*

vacation [vakasjɔ̃] *f* ❶ (*rémunération*) Honorar *nt* ❷ (*remplacement*) Vertretung *f*

vaccin [vaksɛ̃] *m* Impfstoff *m*

vaccination [vaksinasjɔ̃] *f* Impfung *f*

vacciner [vaksine] <1> *v. tr.* MED impfen

vache [vaʃ] **I.** *f* ZOOL Kuh *f* ▸ **la** ~! *fam* Donnerwetter! **II.** *adj. fam* (*méchant*) gemein

vachement [vaʃmɑ̃] *adv. fam* echt

vacher, -ère [vaʃe, -ɛʀ] *m, f* Kuhhirt(in) *m(f)*

vacherie [vaʃʀi] *f fam* Gemeinheit *f*

vacherin [vaʃʀɛ̃] *m* ❶ (*fromage*) *Weichkäse aus dem französischen Jura* ❷ (*dessert*) *eisgekühltes Baisergebäck mit Crème fraîche*

vachette [vaʃɛt] *f* ❶ ZOOL kleine Kuh ❷ (*cuir*) Vachetteleder *nt*

vacillant, e [vasijɑ̃, jɑ̃t] *adj.* schwankend; (*lumière*) flackernd

vaciller [vasije] <1> *v. intr.* (*personne*) taumeln; (*poteau*) wackeln; (*lumière*) flackern

vadrouille [vadʀuj] *f* **être en** ~ *fam* auf Achse sein

va-et-vient [vaevjɛ̃] *m inv.* ❶ Hin und Her *nt* ❷ ELEC Wechselschalter *m*

vagabond, e [vagabɔ̃, ɔ̃d] **I.** *adj.* (*vie*) Vagabunden- **II.** *m, f* Landstreicher(in) *m(f)*

vagabonder [vagabɔ̃de] <1> *v. intr.* (*errer*) umherziehen

vagin [vaʒɛ̃] *m* Scheide *f*

vaginal, e [vaʒinal, o] <-aux> *adj.* vaginal

vague[1] [vag] **I.** *adj.* ❶ *a. antéposé* (*indistinct*) undeutlich ❷ *antéposé* (*lointain*) entfernt **II.** *m* (*imprécision*) Unklarheit *f;* **dans le** ~ im Unklaren

vague[2] [vag] *f* ❶ Welle *f* ❷ (*afflux*) Zustrom *m*

vaguement [vagmɑ̃] *adv.* (*opp: précisément*) ungefähr

vaillance [vajɑ̃s] *f* Beherztheit *f*

vaillant, e [vajɑ̃, ʒɑ̃t] *adj.* beherzt

vaille [vaj] *subj prés de* **valoir**

vain, e [vɛ̃, vɛn] *adj.* vergeblich ▸ **en** ~ vergeblich

vaincre [vɛ̃kʀ] <irr> **I.** *v. intr. soutenu* siegen **II.** *v. tr. soutenu* MIL besiegen

vaincu, e [vɛ̃ky] **I.** *part. passé de* **vaincre** **II.** *adj.* besiegt; **s'avouer** ~ sich geschlagen geben **III.** *m, f* Verlierer(in) *m(f)*

vainement [vɛnmɑ̃] *adv.* vergeblich

vainqueur [vɛ̃kœʀ] **I.** *adj.* siegreich **II.** *mf* Sieger(in) *m(f)*

vairon [vɛʀɔ̃] *adj.* **yeux ~s** verschieden[farbig]e Augen

vais [vɛ] *indic. prés. de* **aller**

vaisseau[1] [vɛso] <x> *m* ANAT Gefäß *nt*

vaisseau[2] [vɛso] <x> *m* AVIAT ~ **spatial** Raumschiff *nt*

vaisselier [vɛsəlje] *m* Geschirrschrank *m*

vaisselle [vɛsɛl] *f* Geschirr *nt;* **faire la** ~ das Geschirr spülen

val [val, vo] <vaux> *m dans les noms de lieux* Tal *nt*

valable [valabl] *adj.* gültig
valablement [valabləmɑ̃] *adv.* ❶ (*légitimement*) rechtmäßig ❷ (*convenablement*) zufriedenstellend
Valais [valɛ] *m* **le** ~ das Wallis
valdinguer [valdɛ̃ge] <1> *v. intr. fam* ~ **contre qc** gegen etw knallen
valence [valɑ̃s] *f* CHIM Wertigkeit *f*
valériane [valeʀjan] *f* Baldrian *m*
valet [valɛ] *m* ❶ (*domestique*) [Haus]-diener *m* ❷ JEUX Bube *m*
valeur [valœʀ] *f* ❶ Wert *m;* **de** ~ wertvoll ❷ (*importance*) Bedeutung *f;* **mettre en** ~ zur Geltung bringen
validation [validasjɔ̃] *f* INFORM Bestätigung *f*
valide [valid] *adj.* ❶ (*personne*) gesund ❷ (*valable*) gültig
valider [valide] <1> *v. tr.* ❶ AUT entwerten ❷ INFORM bestätigen
validité [validite] *f* Gültigkeit *f*
valise [valiz] *f* [Reise]koffer *m*
vallée [vale] *f* Tal *nt*
vallon [valɔ̃] *m* kleines Tal
vallonné, e [valɔne] *adj.* hügelig
valoir [valwaʀ] <irr> **I.** *v. intr.* ❶ wert sein; (*coûter*) kosten; ~ **cher** teuer sein ❷ (*mettre en avant*) **faire** ~ **un argument** ein Argument geltend machen **II.** *v. tr.* ❶ (*avoir de la valeur*) taugen; **ne pas** ~ **grand-chose** nicht viel wert sein ❷ JEUX zählen ❸ (*mériter*) lohnen ❹ (*avoir pour conséquence*) ~ **qc à qn** jdm etw einbringen; **qu'est-ce qui me vaut l'honneur?** was verschafft mir die Ehre? **III.** *v. pron.* **se** ~ ❶ COM gleich viel kosten ❷ (*être comparable: personnes, choses*) [ver]-gleich[bar] sein
valorisant, e [valɔʀizɑ̃, ɑ̃t] *adj.* dem Ansehen förderlich
valorisation [valɔʀizasjɔ̃] *f* (*d'une région*) Aufwertung *f;* (*des déchets*) [Wieder]verwertung *f*
valoriser [valɔʀize] <1> *v. tr.* ECON aufwerten
valse [vals] *f* Walzer *m*
valser [valse] <1> *v. intr.* einen Walzer tanzen
valve [valv] *f* ❶ TECH Ventil *nt* ❷ ZOOL [Muschel]schale *f*
valvule [valvyl] *f* Klappe *f*
vamp [vɑ̃p] *f* Vamp *m*
vamper [vɑ̃pe] <1> *v. tr.* (*fam*) anmachen
vampire [vɑ̃piʀ] *m* Vampir *m*
vampiriser [vɑ̃piʀize] *v. tr. fam* ~ **qn** jdn hörig machen
van [vɑ̃] *m* Pferdetransporter *m*
vandale [vɑ̃dal] *mf* Vandale *m*/Vandalin *f*
vanille [vanij] *f* Vanille *f*
vanillé, e [vanije] *adj.* (*crème, sucre*) Vanille-
vanité [vanite] *f* Eitelkeit *f*
vaniteux, -euse [vanitø, -øz] *adj.* eingebildet
vanne [van] *f* ❶ (*d'une écluse*) Schleusentor *nt* ❷ *fam* (*plaisanterie*) **lancer des ~s à qn** über jdn witzeln
vanné, e [vane] *adj. fam* (*personne*) kaputt
vannerie [vanʀi] *f* ❶ (*fabrication*) Korbmacherei *f* ❷ (*objets*) Korbware *f*
vannier [vanje] *m* Korbmacher(in) *m(f)*
vantard, e [vɑ̃taʀ, aʀd] **I.** *adj.* prahlerisch **II.** *m, f* Prahler(in) *m(f)*
vantardise [vɑ̃taʀdiz] *f* Prahlerei *f*
vanter [vɑ̃te] <1> **I.** *v. tr.* [in den höchsten Tönen] loben **II.** *v. pron.* **se** ~ prahlen; **se** ~ **de qc** sich einer S. (*Gen*) rühmen
va-nu-pieds [vanypje] *mf inv.* Landstreicher(in) *m(f)*
vapes [vap] *fpl* ▸ **être dans les** ~ *fam* benebelt sein
vapeur [vapœʀ] *f* ❶ ~ **d'eau** Wasserdampf *m;* **machine à** ~ Dampfmaschine *f* ❷ *pl* (*émanation*) Dämpfe *Pl*
vaporeux, -euse [vapɔʀø, -øz] *adj.* duftig
vaporisateur [vapɔʀizatœʀ] *m* Zerstäuber *m*
vaporisation [vapɔʀizasjɔ̃] *f* (*d'un parfum*) Zerstäuben *nt;* (*d'une plante*) Besprühen *nt*
vaporiser [vapɔʀize] <1> *v. tr.* (*parfum*) zerstäuben; (*plante*) besprühen
vaquer [vake] <1> *v. intr.* ~ **à ses occupations** seiner Beschäftigung nachgehen
varappe [vaʀap] *f* **faire de la** ~ klettern
varech [vaʀɛk] *m* [See]tang *m*
vareuse [vaʀøz] *f* (*blouse*) Matrosenjacke
variable [vaʀjabl] *adj.* ❶ variabel ❷ METEO veränderlich
variante [vaʀjɑ̃t] *f* Variante *f*
variateur [vaʀjatœʀ] *m* ~ **de lumière** Dimmer *m*

V

variation [vaʀjasjɔ̃] *f* ① Veränderung *f* ② MUS Variation *f*
varice [vaʀis] *f souvent pl.* Krampfader *f*
varicelle [vaʀisɛl] *f* Windpocken *Pl*
varié, e [vaʀje] *adj.* ① abwechslungsreich ② (*arguments*) unterschiedlich
varier [vaʀje] <1> **I.** *v. intr.* ① (*évoluer*) sich [ver]ändern ② (*être différent*) unterschiedlich sein **II.** *v. tr.* (*changer*) wechseln
variété [vaʀjete] *f* ① (*diversité*) Vielfalt *f* ② (*changement*) Abwechslung *f* ③ ZOOL, BOT [Ab]art *f* ④ THEAT *pl* Varietee[theater *nt*] *nt* ⑤ MEDIA *pl* [bunte] Unterhaltungssendung
variole [vaʀjɔl] *f* Pocken *Pl*
variolique [vaʀjɔlik] *adj.* Pocken-
Varsovie [vaʀsɔvi] Warschau *nt*
vas [va] *indic. prés. de* **aller**
vasculaire [vaskylɛʀ] *adj.* ANAT, MED Gefäß-; **troubles ~s** Durchblutungsstörungen *Pl*
vase[1] [vɑz] *m* (*récipient*) Vase *f*
vase[2] [vɑz] *f* Schlamm *m*
vaseline [vazlin] *f* Vaseline *f*
vaseux, -euse [vɑzø, -øz] *adj.* ① (*boueux*) schlammig ② *fam* (*confus*) verworren; **être ~** (*personne*) daneben sein
vasistas [vazistɑs] *m* ARCHIT Oberlicht *nt*
vasque [vask] *f* niedriges Wasserbecken
vassal [vasal, o] <-aux> *m* HIST Vasall *m*
vaste [vast] *adj. antéposé* ① (*immense*) weit; (*appartement*) geräumig ② (*organisation*) mächtig
Vatican [vatikɑ̃] *m* **le ~** der Vatikan
vaudeville [vodvil] *m* Vaudeville *nt*
vaudevillesque [vodvilɛsk] *adj.* (*situation*) grotesk
vaudou [vodu] *m inv.* Wodu[kult *m*] *m*
vaudrai [vodʀɛ] *fut de* **valoir**
vau-l'eau [volo] *adv.* ▸ **aller à ~** Schiffbruch erleiden
vaurien, ne [voʀjɛ̃, jɛn] *m, f* Taugenichts *m* (*pej*)
vaut [vo] *indic. prés. de* **valoir**
vautour [votuʀ] *m* ZOOL Geier *m*
vautrer [votʀe] <1> *v. pron.* **se ~ dans un fauteuil** sich in einen Sessel lümmeln (*fam*)
vaux [vo] *indic. prés. de* **valoir**
va-vite [vavit] *adv. fam* ▸ **à la ~** auf die Schnelle
veau [vo] <x> *m* ① ZOOL Kalb *nt* ② GASTR Kalbfleisch *nt*
vecteur [vɛktœʀ] *m* MATH Vektor *m*
vectoriel, le [vɛktɔʀjɛl] *adj.* vektoriell
vécu [veky] *m* **le ~** das Erlebte
vécu, e [veky] *part. passé de* **vivre**
vécus [veky] *passé simple de* **vivre**
vedette [vədɛt] *f* ① (*rôle principal*) Hauptdarsteller(in) *m(f)* ② (*personnage connu*) Star *m*
végétal, e [veʒetal, o] <-aux> *adj.* pflanzlich
végétarien, ne [veʒetaʀjɛ̃, jɛn] **I.** *adj.* vegetarisch **II.** *m, f* Vegetarier(in) *m(f)*
végétatif, -ive [veʒetatif, -iv] *adj.* vegetativ
végétation [veʒetasjɔ̃] *f* ① BOT Vegetation *f* ② *pl* MED Polypen *Pl*
végéter [veʒete] <5> *v. intr.* (*plante*) kümmern; (*personne*) dahinvegetieren
véhémence [veemɑ̃s] *f* Heftigkeit *f*
véhément, e [veemɑ̃, ɑ̃t] *adj.* heftig
véhiculaire [veikylɛʀ] *adj.* **langue ~** Verkehrssprache *f*
véhicule [veikyl] *m* AUT Fahrzeug *nt*
véhiculer [veikyle] <1> *v. tr.* ① AUT transportieren ② (*maladie*) übertragen; (*savoir*) vermitteln
veille [vɛj] *f* ① (*jour précédent*) Vortag *m;* **la ~ au soir** am Vorabend ② (*fait de ne pas dormir*) Wachsein *nt,* Wachen *nt* ③ ELEC, INFORM Stand-by-Betrieb *m;* **être en ~** im Stand-by-Modus sein
veillée [veje] *f* ① (*soirée*) abendliche Zusammenkunft ② (*action de veiller*) Wache *f*
veiller [veje] <1> **I.** *v. intr.* ① (*faire attention à*) **~ à qc** auf etw (*Akk*) achten ② (*surveiller*) Wache halten; **~ sur qn/qc** auf jdn/etw aufpassen ③ (*ne pas dormir*) wach sein **II.** *v. tr.* **~ qn** bei jdm wachen
veilleur [vɛjœʀ] *m* **~ de nuit** Nachtwächter *m*
veilleuse [vɛjøz] *f* ① (*petite lampe*) Nachtlicht *nt* ② *pl* (*feu de position*) Standlicht *nt* ③ (*flamme*) Zündflamme *f*
veinard, e [vɛnaʀ, aʀd] *m, f fam* Glückspilz *m*
veine [vɛn] *f* ① ANAT Vene *f* ② *fam* (*chance*) Dusel *nt* ③ (*veinure*) Maserung *f*
veiné, e [vene] *adj.* (*peau, marbre*) geädert; (*bois*) gemasert

veineux, -euse [vɛnø, -øz] *adj.* venös

velcro® [vɛlkʀo] *m* Klettverschluss *m*

véliplanchiste [veliplɑ̃ʃist] *mf* [Wind]-surfer(in) *m(f)*

velléitaire [veleitɛʀ] *adj.* willensschwach

velléité [veleite] *f soutenu* Anwandlung *f*

vélo [velo] *m* ① (*bicyclette*) [Fahr]rad *nt;* **à ~, en ~** *fam* mit dem [Fahr]rad; **~ électrique** [*o* **à assistance électrique**] E-Bike *nt* ② (*activité*) Radfahren *nt;* **faire du ~** Rad fahren

vélocité [velɔsite] *f* Geschwindigkeit *f*

vélodrome [velodʀom] *m* Radrennbahn *f*

vélomoteur [velomɔtœʀ] *m* Moped *nt*

véloski [veloski] *m* Skibob *m*

velours [v(ə)luʀ] *m* Samt *m*

velouté [vəlute] *m* (*d'une peau*) samtige Beschaffenheit; (*d'un vin*) Milde *f;* (*d'un potage*) Sämigkeit *f*

velouté, e [vəlute] *adj.* ① (*peau*) samtweich; (*teint*) samtig ② GASTR sämig

velu, e [vəly] *adj.* behaart

venaison [vənɛzɔ̃] *f* Wild[bret *nt*] *nt*

vénal, e [venal, o] <-aux> *adj. péj* bestechlich

venant [vənɑ̃] ▸**à tout ~** dem ersten Besten

vendable [vɑ̃dabl] *adj.* verkäuflich

vendange [vɑ̃dɑ̃ʒ] *f souvent pl.* Weinlese *f*

vendanger [vɑ̃dɑ̃ʒe] <2a> **I.** *v. intr.* Trauben lesen **II.** *v. tr.* (*vigne*) abernten

vendangeur, -euse [vɑ̃dɑ̃ʒœʀ, -ʒøz] *m, f* Weinleser(in) *m(f)*

Vendée [vɑ̃de] *f* **la ~** die Vendée

vendetta [vɑ̃deta, vɑ̃dɛtta] *f* Blutrache *f*

vendeur, -euse [vɑ̃dœʀ, -øz] *m, f* Verkäufer(in) *m(f)*

vendre [vɑ̃dʀ] <14> **I.** *v. intr.* COM verkaufen; **faire ~** den Absatz fördern **II.** *v. tr.* ① *a. péj* verkaufen; **~ aux enchères** versteigern ② *fam* (*trahir*) verpfeifen **III.** *v. pron.* **se ~ bien/mal** sich gut/schlecht verkaufen

vendredi [vɑ̃dʀədi] *m* Freitag *m;* (*saint*) Kar-; *voir a.* **dimanche**

vendu, e [vɑ̃dy] **I.** *part. passé de* **vendre II.** *adj.* (*corrompu*) gekauft

vénéneux, -euse [venenø, -øz] *adj.* giftig

vénérable [veneʀabl] *adj.* ehrwürdig

vénération [veneʀasjɔ̃] *f* Verehrung *f*

vénérer [veneʀe] <5> *v. tr.* verehren

vénérien, ne [veneʀjɛ̃, jɛn] *adj.* **maladie ~ne** Geschlechtskrankheit *f*

Venezuela [venezɥɛla] *m* **le ~** Venezuela *nt*

vengeance [vɑ̃ʒɑ̃s] *f* Rache *f*

venger [vɑ̃ʒe] <2a> **I.** *v. tr.* rächen **II.** *v. pron.* **se ~ de qn/qc** sich an jdm/für etw rächen

vengeur, -geresse [vɑ̃ʒœʀ, -ʒ(ə)ʀɛs] *adj.* rachsüchtig (*geh*)

venimeux, -euse [vənimø, -øz] *adj.* giftig

venin [vənɛ̃] *m* Gift *nt*

venir [v(ə)niʀ] <9> **I.** *v. intr.* + *être* ① kommen; **faire ~ qn** jdn rufen; **laisser ~** [erst mal] abwarten; **alors, ça vient?** *fam* na wird's bald?; **l'idée m'est venue de faire qc** mir kam die Idee etw zu machen ② (*parvenir*) **~ jusqu'à qn/qc** bis zu jdm/etw dringen ③ (*se situer dans un ordre*) **à ~** folgend; (*temps*) zukünftig ④ (*s'étendre*) **~ jusqu'à qc** bis an etw (*Akk*) reichen ⑤ (*provenir*) **~ de qc** von etw kommen; **~ d'Angleterre** aus England stammen; **~ de qn** (*mobilier*) von jdm sein ⑥ (*aboutir à*) **où veut-il en ~?** worauf will er hinaus? **II.** *aux* + *être* ① (*se déplacer*) kommen ② (*avoir juste fini*) **je viens [juste/à peine] d'avoir fini** ich habe gerade aufgehört ③ (*être conduit à*) **s'il venait à passer par là** wenn er hier vorbeikommen sollte **III.** *v. intr. impers.* + *être* **il viendra un temps où** es wird eine Zeit kommen, wo

Venise [vəniz] Venedig

vénitien [venisjɛ̃] *m* LING Venetisch *nt;* *voir a.* **allemand**

vénitien, ne [venisjɛ̃, jɛn] *adj.* venezianisch; *voir a.* **allemand**

Vénitien, ne [venisjɛ̃, jɛn] *m, f* Venezianer(in) *m(f)*

vent [vɑ̃] *m* Wind *m;* **il y a du ~** es ist windig ▸**quel bon ~ vous amène?** *iron* was führt Sie hierher?

vente [vɑ̃t] *f* ① Verkauf *m;* **~ au détail** Einzelhandel *m;* **~ aux enchères** Versteigerung *f;* **~ par correspondance** Versandhandel; **mettre en ~** auf den Markt bringen ② (*service*) Vertrieb *m*

venté, e [vɑ̃te] *adj.* windig

venter [vɑ̃te] <1> *v. intr. impers.* **il vente** es ist windig
venteux, -euse [vɑ̃tø, -øz] *adj.* windig
ventilateur [vɑ̃tilatœʀ] *m* Ventilator *m*
ventilation [vɑ̃tilasjɔ̃] *f* [Be]lüftung *f*
ventiler [vɑ̃tile] <1> *v. tr.* (*pièce*) [be]lüften
ventouse [vɑ̃tuz] *f* ❶ (*dispositif*) Saugfuß *m* ❷ ZOOL Saugnapf *m*
ventral, e [vɑ̃tʀal, o] < -aux> *adj.* Bauch-
ventre [vɑ̃tʀ] *m* Bauch *m;* **avoir mal au ~** Bauchschmerzen *Pl* haben
ventrée [vɑ̃tʀe] *f fam* **s'en mettre une ~** ordentlich zulangen
ventricule [vɑ̃tʀikyl] *m* Kammer *f*
ventriloque [vɑ̃tʀilɔk] *mf* Bauchredner(in) *m(f)*
ventru, e [vɑ̃tʀy] *adj.* (*personne*) dickbäuchig
venu, e [v(ə)ny] **I.** *part. passé de* **venir II.** *adj.* **bien ~** angebracht; **mal ~** unangebracht **III.** *m, f* **nouveau ~** Neuankömmling *m*
venue [v(ə)ny] *f* Kommen *nt*
vêpres [vɛpʀ] *fpl* REL Vesper *f*
ver [vɛʀ] *m* Wurm *m;* **~ solitaire/de terre** Band-/Regenwurm; **~ luisant** Leuchtkäfer *m;* **~ à soie** Seidenraupe *f*
véracité [veʀasite] *f* Wahrhaftigkeit *f*
verbal, e [vɛʀbal, o] <-aux> *adj.* mündlich
verbalement [vɛʀbalmɑ̃] *adv.* mündlich
verbaliser [vɛʀbalize] <1> *v. tr.* **~ qn** jdm einen Strafzettel verpassen
verbe [vɛʀb] *m* LING Verb *nt*
verdâtre [vɛʀdɑtʀ] *adj.* grünlich
verdeur [vɛʀdœʀ] *f* (*acidité*) Säure *f;* (*d'un vin*) Herbheit *f*
verdict [vɛʀdikt] *m* Urteil *nt*
verdir [vɛʀdiʀ] <8> *v. intr.* (*nature*) grünen
verdure [vɛʀdyʀ] *f* (*végétation*) Grün *nt*
véreux, -euse [veʀø, -øz] *adj.* ❶ (*fruit*) wurmig ❷ (*personne*) zwielichtig
verge [vɛʀʒ] *f* ❶ ANAT [männliches] Glied ❷ (*baguette*) Stock *m*
verger [vɛʀʒe] *m* Obstgarten *m*
vergeture [vɛʀʒətyʀ] *f* Schwangerschaftsstreifen *m*
verglacé, e [vɛʀglase] *adj.* vereist
verglas [vɛʀglɑ] *m* Glatteis *nt*
vergogne [vɛʀgɔɲ] *f* **sans ~** schamlos
véridique [veʀidik] *adj.* (*histoire*) wahr
vérifiable [veʀifjabl] *adj.* nachprüfbar
vérificateur [veʀifikatœʀ] *m* INFORM **~ orthographique** Rechtschreibkontrolle *f*
vérification [veʀifikasjɔ̃] *f* Überprüfung *f*
vérifier [veʀifje] <1> **I.** *v. tr.* überprüfen **II.** *v. pron.* **se ~** (*soupçon*) sich bestätigen
vérin [veʀɛ̃] *m* TECH Winde *f*
véritable [veʀitabl] *adj.* ❶ (*réel*) wirklich *attr* ❷ *antéposé* (*vrai*) richtig*attr* ❸ *postposé* (*cuir, perles*) echt
véritablement [veʀitabləmɑ̃] *adv.* wirklich
vérité [veʀite] *f* ❶ Wahrheit *f* ❷ *sans pl.* (*réalisme*) Wirklichkeitstreue *f* ▸**en ~** eigentlich
verlan [vɛʀlɑ̃] *m: Art Geheimsprache, in der die Silben gewisser Wörter in umgekehrter Reihenfolge – à l'envers – gesprochen werden*
vermeil [vɛʀmɛj] *m* vergoldetes Silber
vermeil, le [vɛʀmɛj] *adj.* [leuchtend] rot
vermicelle [vɛʀmisɛl] *m* Fadennudel *f*
vermifuge [vɛʀmifyʒ] *adj.* **remède ~** Wurmmittel *nt*
vermillon [vɛʀmijɔ̃] **I.** *adj. inv.* zinnoberrot **II.** *m* Zinnoberrot *nt*
vermine [vɛʀmin] *f* ❶ *sans pl.* (*parasites*) Ungeziefer *nt* ❷ *sans pl.* (*racaille*) Gesindel *nt* (*pej*)
vermisseau [vɛʀmiso] <x> *m* Würmchen *nt*
vermoulu, e [vɛʀmuly] *adj.* wurmstichig
vermout[h] [vɛʀmut] *m* Wermut *m*
vernir [vɛʀniʀ] <8> **I.** *v. tr.* (*bois*) lackieren; (*peinture*) firnissen **II.** *v. pron.* **se ~ les ongles** sich (*Dat*) die Nägel lackieren
vernis [vɛʀni] *m* ❶ (*laque*) Firnis *m;* **~ à ongles** Nagellack *m* ❷ (*façade*) Fassade *f* (*fig*)
vernissage [vɛʀnisaʒ] *m* ❶ (*action*) Lackieren *nt* ❷ (*inauguration*) Vernissage *f* (*geh*)
vérole [veʀɔl] *f fam* Syphilis *f*
vérolé, e [veʀɔle] *adj.* INFORM fehlerhaft
véronique [veʀɔnik] *f* Ehrenpreis *m*
verrai [vɛʀɛ] *fut de* **voir**
verrat [vɛʀa] *m* Zuchteber *m*
verre [vɛʀ] *m* Glas *nt;* **deux ~s de vin** zwei Glas Wein; **prendre un ~** ein Gläschen trinken (*fam*); **~ de contact** Kontaktlinse *f*

V

verrée [veʀe] *f* CH (*vin d'honneur*) Empfang *m*
verrerie [vɛʀʀi] *f* (*fabrique*) Glashütte *f*
verrier [vɛʀje] *m* Glasbläser *m*
verrière [vɛʀjɛʀ] *f* (*toit*) Glasdach *nt*
verrou [veʀu] *m* (*loquet*) Riegel *m*
verrouiller [veʀuje] <1> *v. tr.* ❶ (*fermer*) verriegeln ❷ (*disquette*) durch Kode sperren
verrue [veʀy] *f* MED Warze *f*
vers¹ [vɛʀ] *prép.* ❶ (*en direction de*) ~ **qn/qc** auf jdn/etw zu; ~ **le sud/haut/la gauche** nach Süden/oben/links ❷ (*aux environs de: lieu*) bei; (*temps*) gegen
vers² [vɛʀ] *m* Vers *m;* **en** ~ in Versform
versant [vɛʀsɑ̃] *m* (*pente*) Hang *m;* (*d'un toit*) Schräge *f;* ~ **nord** (*d'une montagne*) Nordwand *f*
versatile [vɛʀsatil] *adj.* (*personne*) unbeständig
verse [vɛʀs] *f* **il pleut à** ~ es gießt in Strömen
Verseau [vɛʀso] <x> *m* ASTRO Wassermann *m; voir a.* **Balance**
versement [vɛʀsəmɑ̃] *m* Zahlung *f*
verser [vɛʀse] <1> *v. tr.* ❶ (*faire couler*) ~ **de l'eau à qn** jdm Wasser eingießen ❷ (*payer*) ~ **à qn/sur un compte** (*somme*) jdm zahlen/auf ein Konto einzahlen ❸ (*ajouter*) ~ **qc au dossier** etw zu den Akten legen
verset [vɛʀsɛ] *m* (*de la Bible, du Coran*) Vers *m*
verseur, -euse [vɛʀsœʀ, -øz] *adj.* **bec** ~ Tülle *f*
versificateur, -trice [vɛʀsifikatœʀ, -tʀis] *m, f* ❶ (*poète*) Dichter(in) *m(f)* ❷ *péj* Versemacher(in) *m(f)* (*pej*)
versifier [vɛʀsifje] <1> *v. tr.* in Verse setzen
version [vɛʀsjɔ̃] *f* ❶ Version *f;* MUS, THEAT, CINE *a.* Fassung *f;* **en** ~ **originale sous-titrée** in Originalfassung mit Untertiteln ❷ SCOL Übersetzung *f* aus der Fremdsprache
verso [vɛʀso] *m* Rückseite *f*
versus [vɛʀsys] *prép.* versus
vert [vɛʀ] *m* Grün *nt*
vert, e [vɛʀ, vɛʀt] **I.** *adj.* ❶ grün ❷ (*légumes*) frisch; (*vin*) sauer ❸ (*blême*) ~ **de peur/jalousie** blass vor Angst/Neid (*Dat*) **II.** *m, f* (*écologiste*) Grüne(r) *f(m);* **les Verts** (*parti*) die Grünen
vertébral, e [vɛʀtebʀal, o] <-aux> *adj.* **colonne ~e** Wirbelsäule *f*
vertébré [vɛʀtebʀe] *m* Wirbeltier *nt*
vertèbre [vɛʀtɛbʀ] *f* Wirbel *m*
vertement [vɛʀtəmɑ̃] *adv.* (*répliquer*) schroff; (*réprimander*) scharf
vertical, e [vɛʀtikal, o] <-aux> *adj.* senkrecht
verticale [vɛʀtikal] *f* Senkrechte *f*
verticalement [vɛʀtikalmɑ̃] *adv.* senkrecht, vertikal
vertige [vɛʀtiʒ] *m* ❶ *sans pl.* (*peur du vide*) Schwindel[gefühl *nt*] *m* ❷ (*malaise*) Schwindelanfall *m;* **il a le** ~ ihm wird schwind[e]lig; **donner le ~ à qn** jdn schwind[e]lig machen; (*hauteur*) Schwindel erregend sein
vertigineux, -euse [vɛʀtiʒinø, -øz] *adj.* Schwindel erregend
vertu [vɛʀty] *f* ❶ (*qualité*) Tugend *f* ❷ (*effet bénéfique*) [positive] Wirkung ▸ **en ~ de** kraft (+ *Gen*)
vertueusement [vɛʀtɥøzmɑ̃] *adv.* tugendhaft
vertueux, -euse [vɛʀtɥø, -øz] *adj.* tugendhaft
verve [vɛʀv] *f* Witz *m*
verveine [vɛʀvɛn] *f* Eisenkraut *nt*
vésicule [vezikyl] *f* ~ [**biliaire**] Gallenblase *f*
vessie [vesi] *f* [Harn]blase *f*
veste [vɛst] *f* ❶ Jacke *f* ❷ (*gilet*) Strickjacke *f*
vestiaire [vɛstjɛʀ] *m* Garderobe *f*
vestibule [vɛstibyl] *m* Flur *m*
vestige [vɛstiʒ] *m souvent pl.* [Über]rest *m*
vestimentaire [vɛstimɑ̃tɛʀ] *adj.* (*dépenses*) für Kleidung
veston [vɛstɔ̃] *m* Sakko *m o nt*
vêtement [vɛtmɑ̃] *m* Kleidungsstück *nt;* **des ~s** Kleidung *f*
vétéran, e [veteʀɑ̃, an] *m, f* ❶ MIL Veteran *m* ❷ (*personne expérimentée*) [alter] Routinier
vétérinaire [veteʀinɛʀ] *mf* Tierarzt *m*/Tierärztin *f*
vétille [vetij] *f* Lappalie *f*
vêtir [vetiʀ] <irr> *v. pron. soutenu* **se** ~ sich ankleiden; **se ~ de qc** sich in etw (*Akk*) kleiden
veto [veto] *m inv.* Veto *nt*
vêtu, e [vety] **I.** *part. passé de* **vêtir** **II.** *adj.* bekleidet [mit]

veuf, **veuve** [vœf, vœv] **I.** *adj.* verwitwet **II.** *m, f* Witwer *m*/Witwe *f*

veuille [vœj] *subj prés de* **vouloir**

veulent [vœl] *indic. prés. de* **vouloir**

veut [vœ] *indic. prés. de* **vouloir**

veuve [vœv] *voir* **veuf**

veux [vœ] *indic. prés. de* **vouloir**

vexation [vɛksasjɔ̃] *f* Demütigung *f*

vexer [vɛkse] <1> **I.** *v. tr.* kränken **II.** *v. pron.* **se ~** gekränkt sein

via [vja] *prép.* über (+ *Akk*)

viabiliser [vjabilize] <1> *v. tr.* (*terrain*) erschließen

viabilité [vjabilite] *f* (*aptitude à vivre*) Lebensfähigkeit *f*

viable [vjabl] *adj.* lebensfähig

viaduc [vjadyk] *m* Viadukt *m o nt*

viager [vjaʒe] *m* Leibrente *f*

viager, **-ère** [vjaʒe, -ɛʀ] *adj.* auf Lebenszeit

viande [vjɑ̃d] *f* Fleisch *nt*

viander [vjɑ̃de] <1> *v. pron. fam* **se ~** einen Unfall bauen

viatique [vjatik] *m* ① (*équipement de voyage*) [Marsch]gepäck *nt* ② REL letzte Kommunion

vibrant, **e** [vibʀɑ̃, ɑ̃t] *adj.* leidenschaftlich

vibration [vibʀasjɔ̃] *f* (*d'un moteur*) Vibrieren *nt*

vibrato [vibʀato] *m* Vibrato *nt*

vibratoire [vibʀatwaʀ] *adj.* **mouvement ~** Schwingung *f*

vibrer [vibʀe] <1> *v. intr.* (*moteur*) vibrieren

vibromasseur [vibʀomasœʀ] *m* (*objet érotique*) Vibrator *m*

vicaire [vikɛʀ] *m* Kaplan *m*

vice [vis] *m* (*anomalie*) Mangel *m*

vice-consul [viskɔ̃syl] <vice-consuls> *m* Vizekonsul *m*

vicelard, **e** [vislaʀ, aʀd] *fam adj.* (*vicieux*) lüstern

vice-présidence [vispʀezidɑ̃s] <vice-présidences> *f* Vizepräsidentschaft *f*

vice-président, **e** [vispʀezidɑ̃, ɑ̃t] <vice-présidents> *m, f* Vizepräsident(in) *m(f)* **vice-roi**, **vice-reine** [visʀwa, visʀɛn] <vice-rois> *m* Vizekönig(in) *m(f)*

vice versa [vis(e)vɛʀsa] *adv.* **et ~** und umgekehrt

vichy [viʃi] **I.** *m* (*tissu*) Vichy[stoff *m*] *m* **II.** *f* Mineralwasser *nt*

vicieux, **-euse** [visjø, -jøz] **I.** *adj.* ① (*obsédé sexuel*) lüstern (*geh*) ② *fam* (*vache, tordu*) gemein ③ (*cheval*) heimtückisch **II.** *m, f* ① (*cochon*) Perverse(r) *f(m)* ② *fam* (*tordu: homme*) Fiesling *m;* (*femme*) fiese Person

vicinal [visinal, o] <-aux> *adj.* **chemin ~** Gemeindeweg *m*

vicomte, **-esse** [vikɔ̃t, -ɛs] *m, f* Vicomte *m*/Vicomtesse *f*

victime [viktim] *f* Opfer *nt;* (*mort*) [Todes]opfer *nt;* **être [la] ~ de qc** [das] Opfer einer S. sein

victimiser [viktimize] <1> *v. tr.* **~ qn** jdn zum Opfer machen

victoire [viktwaʀ] *f* Sieg *m*

victorieux, **-euse** [viktɔʀjø, -jøz] *adj.* (*vainqueur*) siegreich

victuailles [viktɥaj] *fpl* Lebensmittel *Pl*

vidange [vidɑ̃ʒ] *f* TECH [Ent]leerung *f;* AUT Ölwechsel *m*

vidanger [vidɑ̃ʒe] <2a> *v. tr.* AUT **faire ~ une voiture** bei einem Auto einen Ölwechsel machen lassen

vidangeur [vidɑ̃ʒœʀ] *m* Fäkaliengrubenentleerer(in) *m(f)*

vide [vid] **I.** *adj.* ① (*opp: plein*) leer ② (*discussion*) sinnlos; **~ de qc** ohne etw **II.** *m* ① *sans pl.* (*abîme*) Abgrund *m* ② PHYS luftleerer Raum; **emballé sous ~** vakuumverpackt ③ (*espace vide*) Lücke *f* ④ (*néant*) Leere *f*

vidéo [video] **I.** *f* (*film*) Video *nt* **II.** *adj. inv.* (*caméra, cassette, film, jeu*) Video-

vidéoclip [videoklip] *m* Videoclip *m*

vidéoconférence [videokɔ̃feʀɑ̃s] *f* Videokonferenz *f*

vidéophone [videofɔn] *m* Bildtelefon *nt*

vide-ordures [vidɔʀdyʀ] *m inv.* Müllschlucker *m*

vidéotex® [videotɛks] *m* Videotext *m;* (*interactif*) Bildschirmtext *m*

vidéothèque [videotɛk] *f* Videothek *f*

vidéotransmission [videotʀɑ̃smisjɔ̃] *f* Übertragung *f* auf [eine] Videowand

vider [vide] <1> **I.** *v. tr.* ① leeren ② (*substance liquide*) ausgießen; (*substance solide*) ausschütten ③ (*appartement*) ausräumen (*fam*) ④ *fam* (*expulser*) rausschmeißen ⑤ *fam* (*fatiguer*) **être vidé** total geschafft sein ⑥ GASTR ausnehmen **II.** *v. pron.* **se ~** (*bouteille*) auslaufen; (*ville*) sich leeren

V

videur, -euse [vidœʀ, -øz] *m, f* Rausschmeißer(in) *m(f)* (*fam*)
vie [vi] *f* ❶ (*existence*) Leben *nt* ❷ (*façon de vivre*) Lebensweise *f;* ~ **active** Berufsleben; **c'est la ~!** so ist das Leben! ❸ (*biographie*) Lebensgeschichte *f* ▸ **gagner sa ~** seinen Lebensunterhalt verdienen; **refaire sa ~** ein neues Leben anfangen; **à ~** auf Lebenszeit
vieil [vjɛj] *adj. voir* **vieux**
vieillard [vjɛjaʀ] *m* Greis *m*
vieille [vjɛj] *voir* **vieux**
vieillerie [vjɛjʀi] *f* **~s** alter Trödel (*fam*); (*vêtements*) alte Klamotten *Pl* (*fam*)
vieillesse [vjɛjɛs] *f* ❶ (*opp: jeunesse*) Alter *nt* ❷ *sans pl.* (*personnes âgées*) **la ~** die Alten *Pl*
vieillir [vjɛjiʀ] <8> **I.** *v. intr.* ❶ (*prendre de l'âge: personne*) alt werden; (*chose*) altern; (*fromage, vin*) reifen ❷ (*se démoder*) an Aktualität verlieren **II.** *v. tr.* (*faire paraître plus vieux*) älter machen
vieillissement [vjɛjismɑ̃] *m* (*d'une personne*) Älterwerden *nt;* (*d'une population*) Überalterung *f*
vieillot, te [vjɛjo, jɔt] *adj.* altmodisch
vielle [vjɛl] *f* [Dreh]leier *f*
viendrai [vjɛ̃dʀɛ] *fut de* **venir**
vienne [vjɛn] *subj prés de* **venir**
Vienne [vjɛn] Wien *nt*
viennent [vjɛn] *indic. prés. de* **venir**
viennois, e [vjɛnwa, waz] *adj.* Wiener- *inv*
Viennois, e [vjɛnwa, waz] *m, f* Wiener(in) *m(f)*
viennoiserie [vjɛnwazʀi] *f* Feingebäck *nt*
viens, vient [vjɛ̃] *indic. prés. de* **venir**
vierge [vjɛʀʒ] *adj.* ❶ (*non défloré*) unschuldig; (*fille*) unberührt ❷ (*disquette, page*) leer; (*film*) unbelichtet ❸ (*inexploré*) unberührt; **la forêt ~** der Urwald ❹ (*pur: laine*) rein
Vierge [vjɛʀʒ] *f* ❶ REL **la ~ Marie** die Jungfrau Maria ❷ ASTRO Jungfrau *f; voir a.* **Balance**
Viêt-nam, Vietnam [vjɛtnam] *m* **le ~** Vietnam *nt*
vietnamien [vjɛtnamjɛ̃] *m* Vietnamesisch *nt; voir a.* **allemand**
vietnamien, ne [vjɛtnamjɛ̃, jɛn] *adj.* vietnamesisch; *voir a.* **allemand**
Vietnamien, ne [vjɛtnamjɛ̃, jɛn] *m, f* Vietnamese *m*/Vietnamesin *f*
vieux [vjø] *adv.* alt
vieux, vieil, vieille [vjø, vjɛj] **I.** *adj. antéposé* ❶ alt; **être ~ d'un mois** einen Monat sein ❷ *péj fam* (*con, schnock*) fies ▸ **vivre ~** ein hohes Alter erreichen **II.** *m, f* ❶ (*vieille personne*) Alte(r) *f(m)* ❷ *fam* (*mère/père*) Alte(r) *f(m);* **mes ~** meine Alten ▸ **mon [petit] ~!/ma [petite] vieille!** *fam* mein Lieber!/meine Liebe!
vif [vif] *m* ▸ **le ~ du sujet** der Kern der Sache
vif, vive [vif, viv] *adj.* ❶ (*personne*) lebhaft ❷ (*rapide*) schnell; **avoir l'esprit ~** aufgeweckt sein ❸ (*douleur*) heftig; (*froid*) schneidend; (*couleur*) kräftig; (*lumière*) hell ❹ (*vivant*) lebend
vigie [viʒi] *f* NAUT Ausguck[posten *m*] *m*
vigilance [viʒilɑ̃s] *f* Wachsamkeit *f*
vigile [viʒil] *mf* Wächter(in) *m(f)*
vigne [viɲ] *f* ❶ BOT Wein *m;* **pied de ~** Rebstock *m* ❷ (*vignoble*) Weinberg *m* ❸ *sans pl.* (*viticulture*) Weinbau *m*
vigneron, ne [viɲ(ə)ʀɔ̃, ɔn] *m, f* Winzer(in) *m(f)*, Weinhauer(in) *m(f)* (A)
vignette [viɲɛt] *f* Kontrollmarke *f;* (*d'une automobile*) Kfz-Steuermarke *f*
vignoble [viɲɔbl] *m* ❶ (*terrain*) Weinberg *m* ❷ *sans pl.* (*ensemble de ~s*) Weinbaugebiet *nt*
vigogne [vigɔɲ] *f* Vikunja *nt*
vigoureusement [viguʀøzmɑ̃] *adv.* (*avec force*) kräftig; (*avec détermination*) energisch
vigoureux, -euse [viguʀø, -øz] *adj.* ❶ (*fort*) kräftig ❷ (*ferme*) kraftvoll ❸ (*énergique*) energisch
vigueur [vigœʀ] *f* (*d'une personne*) Vitalität *f* ▸ **en ~** in Kraft
Viking [vikiŋ] *m* Wikinger *m*
vilain [vilɛ̃] *m* (*grabuge*) **il va y avoir du ~** das wird Ärger geben
vilain, e [vilɛ̃, ɛn] *adj. souvent antéposé* ❶ (*laid*) hässlich ❷ (*mot*) unanständig; (*coup*) gemein; **jouer un ~ tour à qn** jdm übel mitspielen ❸ (*inquiétant*) schlimm ❹ (*temps*) schlecht
vilebrequin [vilbʀəkɛ̃] *m* AUT Kurbelwelle *f*
villa [villa] *f* Villa *f*
village [vilaʒ] *m* Dorf *nt*
villageois, e [vilaʒwa, waz] *m, f* Dorfbewohner(in) *m(f)*
village-vacances [vilaʒvakɑ̃s] <villages-vacances> *m* Feriendorf *nt*

V

ville [vil] *f* ① Stadt *f;* ~ **jumelée** Partnerstadt *f;* **vieille** ~ Altstadt *f* ② (*municipalité*) Stadt[verwaltung *f*] *f* ▶ **en** ~ in der/die Stadt

villégiature [vi(l)leʒjatyʀ] *f* Ferien *Pl*

ville-satellite [vilsatelit] <villes-satellites> *f* Satellitenstadt *f*

vin [vɛ̃] *m* Wein *m;* ~ **de pays** Landwein ▶ **cuver son** ~ *fam* seinen Rausch ausschlafen

> Frankreich ist berühmt für seine **vins**, die sehr oft nach dem Anbaugebiet benannt sind. Die bekanntesten Rotweine sind *le bordeaux, le bourgogne* (Burgunder), *le beaujolais* aus dem Südosten oder *le Châteauneuf-du-Pape* aus der Provence. Unter den Weißweinen haben es vor allem *le chablis* aus Burgund, *l'entre-deux-mers* aus dem Südwesten, *le muscadet* aus der Gegend von Nantes oder *le sancerre* von der Loire zu großer Berühmtheit gebracht. In Frankreich ist es üblich, zum *déjeuner* und zum *dîner* ein Glas Wein zu trinken.

vinaigre [vinɛɡʀ] *m* Essig *m*

vinaigrer [vineɡʀe] <1> *v. tr.* mit Essig abschmecken

vinaigrette [vinɛɡʀɛt] *f* Vinaigrette *f*

vinasse [vinas] *f fam* billiger Wein

vindicatif, -ive [vɛ̃dikatif, -iv] *adj.* rachsüchtig

vingt [vɛ̃] **I.** *num.* ① (*cardinal*) zwanzig ② (*dans l'indication des époques*) **les années** ~ die zwanziger Jahre **II.** *m inv.* Zwanzig *f; voir a.* **cinq**

vingtaine [vɛ̃tɛn] *f* ① (*environ vingt*) **une** ~ **de personnes/pages** etwa zwanzig Personen/Seiten ② (*âge approximatif*) **avoir la** ~ [*o* **une** ~ **d'années**] ungefähr zwanzig [Jahre alt] sein

vingt-et-un [vɛ̃teœ̃] **I.** *num.* einundzwanzig **II.** *m inv.* Einundzwanzig *f; voir a.* **cinq**

vingtième [vɛ̃tjɛm] **I.** *adj. antéposé* zwanzigste(r, s) **II.** *mf* **le/la** ~ der/die/das Zwanzigste **III.** *m* ① (*fraction*) Zwanzigstel *nt* ② (*siècle*) zwanzigstes Jahrhundert; *voir a.* **cinquième**

vinicole [vinikɔl] *adj.* (*région*) Weinbau-

vinifier [vinifje] <1> *v. tr., intr.* keltern

vînmes [vɛ̃m], **vinrent** [vɛ̃ʀ], **vins** [vɛ̃], **vint** [vɛ̃], **vîntes** [vɛ̃t] *passé simple de* **venir**

vinyle [vinil] *m* Vinyl *nt*

viol [vjɔl] *m* Vergewaltigung *f*

violateur, -trice [vjɔlatœʀ, -tʀis] *m, f* (*d'un secret*) Verräter(in) *m(f);* (*d'un lieu sacré*) Schänder(in) *m(f)*

violation [vjɔlasjɔ̃] *f* ① JUR ~ **de domicile** Hausfriedensbruch *m* ② (*profanation*) Schändung *f*

viole [vjɔl] *f* Viola *f*

violemment [vjɔlamɑ̃] *adv.* heftig

violence [vjɔlɑ̃s] *f* ① (*brutalité*) Gewalt *f* ② (*acte*) Gewalttätigkeit *f* ③ (*virulence*) Heftigkeit *f*

violent, e [vjɔlɑ̃, ɑ̃t] *adj.* ① (*personne*) gewalttätig; (*mort*) gewaltsam; (*acte*) Gewalt- ② (*intense*) heftig ③ (*désir*) stark

violenter [vjɔlɑ̃te] <1> *v. tr.* ~ **qn** jdm Gewalt antun

violer [vjɔle] <1> *v. tr.* ① (*personne*) vergewaltigen ② (*loi, frontière*) verletzen; (*secret*) verraten; (*lieu sacré*) schänden

violet, te [vjɔlɛ, ɛt] *adj.* violett

violette [vjɔlɛt] *f* BOT Veilchen *nt*

violeur, -euse [vjɔlœʀ, -øz] *m, f* Vergewaltiger(in) *m(f)*

violon [vjɔlɔ̃] *m* Violine *f,* Geige *f*

violoncelle [vjɔlɔ̃sɛl] *m* [Violon]cello *nt*

violoncelliste [vjɔlɔ̃selist] *mf* Cellist(in) *m(f)*

violoneux [vjɔlɔnø] *m* HIST Dorffiedler(in) *m(f)*

violoniste [vjɔlɔnist] *mf* Geiger(in) *m(f)*

VIP [veipe] *m inv. fam abr. de* **Very Important Person** VIP *m*

vipère [vipɛʀ] *f* ① ZOOL Viper *f* ② (*personne*) [Gift]schlange *f*

virage [viʀaʒ] *m* (*tournant*) Kurve *f*

viral, e [viʀal, o] <-aux> *adj.* Virus-

virée [viʀe] *f fam* Spritztour *f*

virement [viʀmɑ̃] *m* FIN Überweisung *f*

virer [viʀe] <1> **I.** *v. intr.* (*véhicule*) abbiegen; (*temps*) umschlagen **II.** *v. tr.* ① FIN (*somme*) überweisen ② *fam* (*renvoyer*) feuern; (*se débarrasser de*) rausschmeißen

virevolter [viʀvɔlte] <1> *v. intr.* eine plötzliche Drehung vollführen

virginal, e [viʀʒinal, o] <-aux> *adj. soutenu* jungfräulich

virginité [viʀʒinite] *f* Jungfräulichkeit *f*

virgule [viʀgyl] *f* Komma *nt*

viril, e [viʀil] *adj.* (*mâle*) männlich

viriliser [viʀilize] <1> *v. tr.* ① (*opp: féminiser*) männlicher machen ② MED ~ **qn** jds Potenz steigern

virilité [viʀilite] *f* ① ANAT Potenz *f* ② (*caractère viril*) Männlichkeit *f*

virtuel, le [viʀtɥɛl] *adj. a.* INFORM virtuell

virtuellement [viʀtɥɛlmɑ̃] *adv.* (*pratiquement*) so gut wie

virtuose [viʀtɥoz] *mf* Virtuose *m*/Virtuosin *f*

virtuosité [viʀtɥozite] *f* (*d'un musicien*) Virtuosität *f*

virulence [viʀylɑ̃s] *f* (*véhémence*) Heftigkeit

virulent, e [viʀylɑ̃, ɑ̃t] *adj.* ① (*véhément*) heftig ② (*microbe*) virulent; (*poison*) stark

virus [viʀys] *m* Virus *m o nt*

vis[1] [vis] *f* Schraube *f*

vis[2] [vi] *indic. prés. de* **vivre**

vis[3] [vi] *passé simple de* **voir**

visa [viza] *m* Visum *nt;* ~ **d'entrée/de sortie** Einreise-/Ausreisevisum

visage [vizaʒ] *m* (*figure*) Gesicht *nt* ② (*mine*) Aussehen *nt* ▸ **faire <u>bon</u>** ~ sich (*Dat*) nichts anmerken lassen, gute Miene zum bösen Spiel machen

visagiste® [vizaʒist] *mf* Visagist(in) *m(f)*

vis-à-vis [vizavi] **I.** *prép.* ① (*en face de*) ~ **de l'église** gegenüber der Kirche ② (*envers*) ~ **de qn/qc** jdm/einer S. gegenüber ③ (*comparé à*) ~ **de qn/qc** im Vergleich zu jdm/etw **II.** *adv.* **être/se trouver** ~ einander gegenüberstehen **III.** *m inv.* (*personne, immeuble*) Gegenüber *nt*

viscéral, e [viseʀal, o] <-aux> *adj.* (*peur*) tiefsitzend

viscère [visɛʀ] *m* ① (*organe humain ou animal*) inneres Organ ② *pl* (*organes animaux comestibles*) **les ~s** die Innereien *Pl*

viscosité [viskozite] *f* ① (*de la peau*) Klebrigkeit *f* ② PHYS (*d'un liquide*) Zähflüssigkeit *f*

visée [vize] *f pl* **~s sur qc** Streben *nt* nach etw

viser[1] [vize] <1> **I.** *v. intr.* ① (*avec une arme*) zielen ② (*avoir pour but*) ~ **haut** hoch hinaus wollen **II.** *v. tr.* ① (*cible*) zielen auf (+ *Akk*) ② (*ambitionner*) anstreben ③ (*concerner*) ~ **qn/qc** (*remarque*) jdm/etw gelten; (*mesure*) jdn/etw betreffen

viser[2] [vize] <1> *v. tr.* (*document*) beglaubigen; (*passeport*) mit einem Sichtvermerk versehen

viseur [vizœʀ] *m* Visier *nt*

visibilité [vizibilite] *f* AUT Sichtverhältnisse *Pl*

visible [vizibl] *adj.* ① (*qui peut être vu*) sichtbar ② (*évident*) merklich

visiblement [viziblәmɑ̃] *adv.* [offen]sichtlich

visière [vizjɛʀ] *f* Mützenschirm *m;* (*d'une casquette*) Schild *m*

visioconférence [vizjokɔ̃feʀɑ̃s] *f* Videokonferenz *f*

vision [vizjɔ̃] *f* ① (*faculté*) Sehvermögen *nt* ② (*perception avec appareil*) Sicht *f* ③ (*action de voir qc*) Anblick *m* ④ (*conception*) [An]sicht *f;* ~ **du monde** Weltanschauung *f* ⑤ (*apparition*) Vision *f*

visionnaire [vizjɔnɛʀ] *mf a.* REL Visionär(in) *m(f)*

visionner [vizjɔne] <1> *v. tr.* sich (*Dat*) ansehen

visionneuse [vizjɔnøz] *f* ① (*appareil*) Bildbetrachter *m* ② INFORM Viewer *m*

visite [vizit] *f* ① (*action de visiter*) Besuch *m;* (*d'un musée*) Besichtigung *f;* ~ **guidée** Führung *f;* **rendre ~ à qn** jdn besuchen; **en** ~ zu Besuch ② (*d'un médecin*) Hausbesuch *m;* ~ **médicale** ärztliche Untersuchung

visiter [vizite] <1> *v. tr.* ① (*explorer: château, musée, ville*) besichtigen ② (*aller voir*) ~ **qn** (*représentant [de commerce]*) jdn besuchen; (*médecin, curé*) bei jdm einen Hausbesuch machen ③ INFORM (*site, page*) besuchen

visiteur, -euse [vizitœʀ, -øz] *m, f* Besucher(in) *m(f)*

vison [vizɔ̃] *m* Nerz[mantel *m*] *m*

visqueux, -euse [viskø, -øz] *adj.* (*liquide*) zähflüssig; (*peau*) klebrig

visser [vise] <1> **I.** *v. tr.* (*couvercle*) zuschrauben **II.** *v. intr.* schrauben

visualisation [vizɥalizasjɔ̃] *f* INFORM Anzeige *f;* ~ **de la page** Seitenansicht *f*

visualiser [vizɥalize] <1> *v. tr.* ~ **qc** etw bildlich darstellen; (*écran*) etw anzeigen

visuel [vizɥɛl] *m* INFORM Display *nt*

visuel, le [vizɥɛl] *adj.* (*mémoire*) visuell; (*panneau*) anschaulich

visuellement [vizɥɛlmɑ̃] *adv.* ❶ (*quant à la vue*) optisch ❷ (*de visu*) mit eigenen Augen
vit[1] [vi] *indic. prés. de* **vivre**
vit[2] [vi], **vîtes** [vit] *passé simple de* **voir**
vital, e [vital, o] <-aux> *adj.* (*fonction*) lebenswichtig; (*besoin*) vital
vitalité [vitalite] *f* (*énergie*) Vitalität *f*
vitamine [vitamin] *f* Vitamin *nt*
vitaminé, e [vitamine] *adj.* vitaminhaltig
vite [vit] *adv.* schnell; **au plus ~** so schnell wie möglich
vitesse [vitɛs] *f* ❶ (*rapidité*) Geschwindigkeit *f* ❷ (*promptitude*) Schnelligkeit *f* ❸ AUT Gang *m;* **changer de ~** schalten ▶ **à toute ~** (*à vive allure*) mit hoher Geschwindigkeit; (*rapidement*) in aller Eile; **prendre qn de ~** jdn überrunden; **en [quatrième] ~** *fam* in aller Eile

Auf Frankreichs Autobahnen beträgt die **vitesse maximale** 130 km/h, auf Stadtautobahnen 110 km/h, auf der Landstraße 90 km/h und in Ortschaften 50 km/h.

viticole [vitikɔl] *adj.* (*production*) Wein-
viticulteur, -trice [vitikyltœʀ, -tʀis] *m, f* Winzer(in) *m(f)*
viticulture [vitikyltyʀ] *f* Weinbau *m*
vitrage [vitʀaʒ] *m* Verglasung *f*
vitrail [vitʀaj, o] < -aux> *m* buntes [Kirchen]fenster *nt*
vitre [vitʀ] *f* (*carreau*) [Fenster]scheibe *f*
vitré, e [vitʀe] *adj.* verglast
vitrer [vitʀe] <1> *v. tr.* verglasen
vitrerie [vitʀəʀi] *f* ❶ (*activité*) Glaserei *f* ❷ (*marchandise*) Glaserartikel *m*
vitreux, -euse [vitʀø, -øz] *adj.* (*yeux*) glasig
vitrier [vitʀije] *m* Glaser(in) *m(f)*
vitrification [vitʀifikasjɔ̃] *f* (*d'un émail, d'une substance*) Verschmelzung *f* zu Glas; (*d'un parquet*) Versiegelung *f*
vitrifier [vitʀifje] <1> *v. tr.* (*parquet*) versiegeln
vitrine [vitʀin] *f* ❶ (*étalage*) Schaufenster *nt* ❷ (*armoire vitrée*) Vitrine *f*
vitriol [vitʀijɔl] *m fig* **critique au ~** ätzende Kritik
vitrioler [vitʀijɔle] <1> *v. tr.* **~ qn** jdm Säure ins Gesicht schütten
vitrocéramique [vitʀoseʀamik] *f* Glaskeramik *f*
vitupérer [vitypeʀe] <5> *v. intr.* **~ contre qn** auf jdn schimpfen
vivable [vivabl] *adj.* (*personne*) angenehm; (*monde*) lebenswert
vivace [vivas] *adj.* ❶ (*plante*) mehrjährig ❷ (*haine*) tief sitzend
vivacité [vivasite] *f* ❶ (*promptitude*) Lebhaftigkeit *f;* **~ d'esprit** schnelle Auffassungsgabe *f* ❷ (*d'un langage*) Heftigkeit *f* ❸ (*d'une couleur*) Leuchtkraft *f*
vivant [vivɑ̃] *m* (*personne en vie*) Lebende(r) *f(m);* **bon ~** Genießer(in) *m(f)* ▶ **du ~ de qn** zu jds Lebzeiten *Pl*
vivant, e [vivɑ̃, ɑ̃t] *adj.* ❶ (*en vie*) lebend; **être ~** Lebewesen *nt;* **être encore ~** noch am Leben sein ❷ (*expressif*) lebendig ❸ (*en usage*) gebräuchlich
vivarium [vivaʀjɔm] *m* Vivarium *nt*
vivat [viva] *m gén. pl.* Hochruf *m*
vive [viv] **I.** *interj.* **~ la mariée/la liberté!** es lebe die Braut/die Freiheit! **II.** *adj. voir* **vif**
vivement [vivmɑ̃] **I.** *adv.* ❶ (*regretter*) zutiefst ❷ (*parler*) barsch **II.** *interj.* **~ les vacances!** wenn nur schon Ferien wären!
vivier [vivje] *m* (*bac*) Fischbecken *nt*
vivifier [vivifje] <1> *v. tr.* (*stimuler*) beleben; (*personne, plante*) kräftigen
vivipare [vivipaʀ] *adj.* lebend gebärend
vivisection [vivisɛksjɔ̃] *f* Vivisektion *f*
vivoter [vivɔte] <1> *v. intr. fam* (*personne, famille*) mit Ach und Krach über die Runden kommen; (*entreprise*) sich gerade eben über Wasser halten
vivre [vivʀ] <irr> **I.** *v. intr.* leben; **~ bien** ein gutes Leben führen; **~ de son salaire/ses rentes** von seinem Gehalt/seiner Rente leben **II.** *v. tr.* (*moment, événement*) erleben; (*vie*) leben **III.** *mpl* Verpflegung *f* ▶ **couper les ~s à qn** jdm den Unterhalt streichen
vivres [vivʀ] *mpl* Verpflegung *f* ▶ **couper les ~ à qn** jdm den Unterhalt streichen
vizir [viziʀ] *m* Wesir *m*
vlan [vlɑ̃] *interj. fam* peng
VO [veo] *f abr. de* **version originale**
vocabulaire [vɔkabylɛʀ] *m* ❶ (*terminologie*) Vokabular *nt* ❷ (*d'une langue*) Wortschatz *m*

vocal, e [vɔkal, o] <-aux> *adj.* (*corde, technique*) Stimm-; (*musique*) Vokal-
vocalique [vɔkalik] *adj.* vokalisch
vocalisation [vɔkalizasjɔ̃] *f* Vokalisation *f*
vocalise [vɔkaliz] *f* Stimmübung *f*
vocaliser [vɔkalize] <1> *v. intr., tr.* vokalisieren
vocatif [vɔkatif] *m* Vokativ *m*
vocation [vɔkasjɔ̃] *f* Berufung *f;* **avoir la ~** berufen sein
vocifération [vɔsifeʀasjɔ̃] *f souvent pl.* Geschrei *nt kein Pl.*
vociférer [vɔsifeʀe] <5> **I.** *v. intr.* schreien **II.** *v. tr.* (*ordre*) brüllen
vocodeur [vɔkɔdœʀ] *m* INFORM Spracherkennungs-PC *m*
vodka [vɔdka] *f* Wodka *m*
vœu [vø] <x> *m* ① (*désir*) Wunsch *m;* **faire un ~** sich (*Dat*) etwas wünschen ② *pl* (*souhaits*) [Glück]wunsch *m* ③ REL Gelübde *nt*
vogue [vɔg] *f* Beliebtheit *f;* **en ~** in Mode
voici [vwasi] **I.** *adv.* hier; **~ mon père et voilà ma mère** hier mein Vater und da meine Mutter **II.** *interj. soutenu* ① (*réponse*) hier! ② (*présentation*) bitte [sehr]!
voie [vwa] *f* ① Weg *m* ② (*d'une route*) [Fahr]spur *f;* **~ d'accès** Zufahrtsstraße *f,* Zufahrt *f;* (*accès à l'autoroute*) Zubringer *m;* **~ sans issue** Sackgasse *f* ③ (*fuite*) **~ d'eau** NAUT Leck *nt* ④ CHEMDFER **~ [ferrée]** [Bahn]gleis *nt* ⑤ ANAT **~s respiratoires** Atemwege *Pl* ⑥ ASTRO **~ lactée** Milchstraße *f*
voilà [vwala] **I.** *adv.* ① (*opp: voici*) da; **voici ma maison, et ~ le jardin** hier mein Haus und da der Garten ② (*pour désigner*) **~ mes amis** das sind meine Freunde; **~ pourquoi...** deshalb also ...; **~ où...** dort[hin] also ...; **et ~ tout** und das ist alles; **en ~ une histoire!** das ist vielleicht eine Geschichte!; **me ~/te ~** hier bin ich/da bist du ③ *explétif* **~ que la pluie se met à tomber** jetzt fängt es an zu regnen; **et le ~ qui recommence** jetzt fängt er schon wieder an (*fam*); **en ~ assez!** jetzt aber genug! ▸ **~ ce que c'<u>est</u> de faire une bêtise** *fam* das hat man davon, wenn man eine Dummheit macht; **en <u>veux-tu</u>, en ~** *fam* mehr als genug; **<u>nous</u> y ~** das ist es also **II.** *interj.* ① (*réponse*) hier! ② (*présentation*) bitte [sehr]! ③ (*naturellement*) **et ~!** natürlich!
voilage [vwalaʒ] *m* Store *m*
voile¹ [vwal] *m* ① *a.* PHOT Schleier *m* ② (*tissu fin, pour cacher*) Tuch *nt* ③ MED Schatten *m*
voile² [vwal] *f* ① NAUT Segel *nt* ② SPORT **la ~** [das] Segeln; **faire de la ~** segeln
voilé, e¹ [vwale] *adj.* (*femme*) verschleiert
voilé, e² [vwale] *adj.* (*déformé*) verzogen; **être ~** (*roue*) eine Acht haben
voiler¹ [vwale] <1> **I.** *v. pron.* **se ~** ① (*se dissimuler*) sich verschleiern ② (*perdre sa clarté: ciel*) sich bedecken **II.** *v. tr.* (*cacher*) verhüllen
voiler² [vwale] <1> *v. pron.* **se ~** (*roue*) sich verbiegen
voilette [vwalɛt] *f* [Hut]schleier *m*
voilier [vwalje] *m* Segelboot *nt,* Segeljacht *f*
voilure [vwalyʀ] *f* ① NAUT Segelfläche *f* ② AVIAT Tragfläche *f*
voir [vwaʀ] <irr> **I.** *v. tr.* ① sehen ② (*montrer*) **fais-moi donc ~!** lass mich doch mal sehen! ③ (*personne*) zusammenkommen mit; **aller/venir ~ qn** jdn besuchen; **~ page 6** siehe Seite 6 ④ (*connaître: drame, guerre*) erleben ⑤ (*problème*) sehen; **faire ~ à qn qu'il se trompe** (*personne*) jdm klarmachen, dass er sich irrt; (*expérience*) jdm zeigen, dass er sich irrt ⑥ (*se représenter*) **~ qc/qn sous un autre jour** etw/jdn ganz anders sehen; **~ ça [d'ici]!** *fam* sich (*Dat*) etw lebhaft vorstellen können ▸ **je voudrais <u>bien</u> t'y/vous y ~** *fam* du hast/Sie haben gut reden; **on aura <u>tout</u> vu!** *fam* das ist nicht zu fassen!; **<u>avoir</u> quelque chose/n'<u>avoir</u> rien à ~ dans cette histoire** etwas/nichts mit dieser Geschichte zu tun haben; **~ <u>venir</u>** abwarten **II.** *v. intr.* ① sehen ② (*prévoir*) **~ grand/petit** großzügig/knapp kalkulieren ③ (*veiller*) **il faut ~ à ce que** + *subj.* man sollte darauf achten, dass ④ *fam* (*donc*) **essaie/regarde ~!** probier/sieh mal! ▸ **<u>à</u> toi de ~** du musst es wissen; **<u>pour</u> ~** zum Ausprobieren; **vois-<u>tu</u>** weißt du **III.** *v. pron.* ① (*être visible*) **se ~ bien** deutlich zu sehen sein

V

❷ (*se rencontrer*) **se ~** sich sehen ❸ (*se produire*) **se ~** (*phénomène*) sich ereignen; **ça ne s'est jamais vu** das hat es [ja] noch nie gegeben ❹ (*se trouver*) **se ~ contraint de faire qc** sich gezwungen sehen etw zu tun ❺ (*constater*) **se ~ mourir** spüren, dass man stirbt ❻ (*s'imaginer*) **se ~ faire qc** sich (*Dat*) vorstellen können etw zu tun

voire [vwaʀ] *adv.* **~ [même]** ja sogar

voirie [vwaʀi] *f* ❶ (*service administratif*) Straßenbauamt *nt* ❷ (*enlèvement des ordures*) Müllabfuhr *f*

voisin, e [vwazɛ̃, in] **I.** *adj.* ❶ (*maison*) Nachbar-; (*rue*) benachbart; (*pièce*) Neben-; **être ~ de qc** an etw (*Akk*) angrenzen ❷ (*sens*) ähnlich; (*espèce animale*) verwandt **II.** *m, f* Nachbar(in) *m(f)*; **passe à ton ~!** weitergeben!

voisinage [vwazinaʒ] *m* ❶ (*voisins*) Nachbarschaft *f* ❷ (*environs*) Umgebung *f*

voisiner [vwazine] <1> *v. intr.* **~ avec qn/qc** sich neben jdm/etw befinden

voiture [vwatyʀ] *f* Auto *nt*; *a.* CHEMDFER Wagen *m*; **~ de course/d'occasion** Renn-/Gebrauchtwagen

voiture-balai [vwatyʀbalɛ] <voitures-balais> *f* SPORT Begleitfahrzeug *nt* **voiture-bar** [vwatyʀbaʀ] <voitures-bars> *f* CHEMDFER Büfettwagen *m* **voiture-lit** [vwatyʀli] <voitures-lits> *f* Schlafwagen *m* **voiture-restaurant** [vwatyʀʀɛstɔʀɑ̃] <voitures-restaurants> *f* Speisewagen *m*

voix [vwɑ] *f* ❶ *a.* MUS Stimme *f*; **à une/deux ~** ein-/zweistimmig ❷ (*suffrage*) [Wähler]stimme *f* ❸ LING Form *f*; **~ passive** Passiv *nt* ▸**de vive ~** mündlich

vol¹ [vɔl] *m a.* ZOOL Flug *m*; **~ libre** SPORT Drachenfliegen *nt* ▸**à ~ d'oiseau** in der Luftlinie; **en ~ plané** im Gleitflug

vol² [vɔl] *m* (*larcin*) Diebstahl *m*; **~ à main armée** bewaffneter Raubüberfall; **~ avec effraction** Einbruchsdiebstahl

volaille [vɔlɑj] *f* Geflügel[fleisch *nt*] *nt*

volailler, -ère [vɔlɑje, -ɛʀ] *m, f* Geflügelhändler(in) *m(f)*

volant [vɔlɑ̃] *m* ❶ AUT Lenkrad *nt*; **être au ~** am Steuer sitzen; **prendre le ~** sich ans Steuer setzen ❷ (*d'un rideau*) Volant *m* ❸ SPORT Federball *m*

volant, e [vɔlɑ̃, ɑ̃t] *adj.* ❶ (*soucoupe*) fliegend ❷ (*feuille*) lose; (*personnel*) mobil; **douane ~e** Zollstreife *f*

volatil, e [vɔlatil] *adj.* ❶ CHIM flüchtig ❷ INFORM **mémoire ~e** Arbeitsspeicher *m*

volatile [vɔlatil] *m* Geflügel *nt*

volatilisation [vɔlatilizasjɔ̃] *f* ❶ CHIM Verdunstung *f* ❷ (*disparition*) spurloses Verschwinden

volatiliser [vɔlatilize] <1> *v. pron.* **se ~** ❶ CHIM verdunsten ❷ (*disparaître*) spurlos verschwinden

volatilité [vɔlatilite] *f* Flüchtigkeit *f*

vol-au-vent [vɔlovɑ̃] *m inv.* Blätterteigpastete *f*

volcan [vɔlkɑ̃] *m* Vulkan *m*

volcanique [vɔlkanik] *adj.* vulkanisch

volcanologue [vɔlkanɔlɔg] *mf* Vulkanologe *m*/Vulkanologin *f*

volée [vɔle] *f* ❶ (*groupe*) **une ~ de moineaux** ein Schwarm *m* Spatzen ❷ (*décharge*) **une ~ de projectiles** ein Kugelhagel *m* ❸ (*raclée*) Schläge *Pl*

voler¹ [vɔle] <1> *v. intr.* ❶ (*se mouvoir dans l'air*) fliegen ❷ (*courir*) eilen

voler² [vɔle] <1> **I.** *v. tr.* ❶ (*dérober*) stehlen ❷ (*tromper*) **~ qn sur qc** jdn in Bezug auf etw (*Akk*) betrügen ▸**tu ne l'as pas volé** *fam* das geschieht dir recht **II.** *v. intr.* stehlen

volet [vɔlɛ] *m* ❶ (*persienne*) [Fenster]laden *m* ❷ (*feuillet: d'une pièce administrative*) [Falt]blatt *nt*; (*panneau: d'un triptyque*) Flügel *m* ❸ (*partie: d'un plan*) Teil *m*

voleter [vɔlte] <4> *v. intr.* (*voltiger*) flattern

voleur, -euse [vɔlœʀ, -øz] **I.** *adj.* (*qui dérobe*) diebisch **II.** *m, f* Dieb(in) *m(f)* ▸**au ~!** haltet den Dieb!; **partir comme un ~** sich [wie ein Dieb] davonschleichen

volière [vɔljɛʀ] *f* Voliere *f*

volley[-ball] [vɔlɛ(bal)] *m sans pl.* Volleyball *m*

volleyer [vɔleje] <1> *v. intr.* Volleyball spielen

volleyeur, -euse [vɔlɛjœʀ, -jøz] *m, f* (*joueur de volley*) Volleyballspieler(in) *m(f)*

volontaire [vɔlɔ̃tɛʀ] **I.** *adj.* ❶ (*voulu*) beabsichtigt; **incendie ~** Brandstiftung *f* ❷ (*non contraint*) freiwillig ❸ (*décidé*) energisch **II.** *mf a.* MIL Freiwillige(r) *f(m)*

volontairement [vɔlɔ̃tɛʀmɑ̃] *adv.* 1 (*exprès*) absichtlich 2 (*de son plein gré*) freiwillig

volontariat [vɔlɔ̃taʀja] *m* 1 (*bénévolat*) Freiwilligkeit *f* 2 MIL freiwilliger Dienst

volontariste [vɔlɔ̃taʀist] **I.** *adj.* voluntaristisch **II.** *mf* PHILOS Voluntarist(in) *m(f)*

volonté [vɔlɔ̃te] *f* 1 (*détermination*) Wille *m* 2 (*désir*) Wunsch *m* 3 (*énergie*) Willensstärke *f* ▸ ~ **de fer** eiserne Gesundheit; **à** ~ nach Belieben

volontiers [vɔlɔ̃tje] *adv.* 1 (*avec plaisir*) gern[e] 2 (*souvent*) gern

volt [vɔlt] *m* Volt *nt*

voltage [vɔltaʒ] *m* ELEC Spannung *f*

volte-face [vɔltəfas] *f inv.* Kehrtwendung *f*

voltige [vɔltiʒ] *f* 1 (*au cirque*) **numéro de haute** ~ Trapeznummer *f* 2 AVIAT Kunstfliegen *nt*

voltiger [vɔltiʒe] <2a> *v. intr.* (*voler çà et là*) hin- und herfliegen

voltigeur, -euse [vɔltiʒœʀ, -øz] *m, f* 1 (*acrobate au trapèze*) Trapezkünstler(in) *m(f)* 2 (*acrobate sur un cheval*) Voltigierer(in) *m(f)*

voltmètre [vɔltmɛtʀ] *m* Spannungsmesser *m*

volubile [vɔlybil] *adj.* redselig

volubilité [vɔlybilite] *f* Redseligkeit *f*

volume [vɔlym] *m* 1 *a.* SCI Volumen *nt* 2 COM [Gesamt]menge *f;* (*des investissements*) Umfang *m* 3 (*tome*) Band *m* 4 (*objet*) Körper *m*

volumétrique [vɔlymetʀik] *adj.* volumetrisch; **analyse** ~ Maßanalyse *f;* **compteur** ~ Volumenzähler *m*

volumineux, -euse [vɔlyminø, -øz] *adj.* (*dossier*) umfangreich; (*paquet*) voluminös

volumique [vɔlymik] *adj.* **masse** ~ Dichte *f*

volupté [vɔlypte] *f* 1 (*plaisir sensuel*) Genuss *m* 2 (*plaisir sexuel*) Wollust *f* (*geh*) 3 (*plaisir intellectuel*) Wonne *f*

voluptueusement [vɔlyptɥøzmɑ̃] *adv.* genüsslich

voluptueux, -euse [vɔlyptɥø, -øz] *adj.* sinnlich

volute [vɔlyt] *f* (*spirale*) Windung *f*

vomi [vɔmi] *m fam* Erbrochene *nt*

vomir [vɔmiʀ] <8> **I.** *v. tr.* (*régurgiter*) [er]brechen, speiben (A) **II.** *v. intr.* sich übergeben

vomissement [vɔmismɑ̃] *m* (*action*) Erbrechen *nt*

vomissure [vɔmisyʀ] *f souvent pl.* Erbrochene *nt*

vomitif [vɔmitif] *m* MED Brechmittel *nt*

vont [vɔ̃] *indic. prés. de* **aller**

vorace [vɔʀas] *adj.* (*animal, personne*) gefräßig

voracement [vɔʀasmɑ̃] *adv.* gierig

voracité [vɔʀasite] *f* Gier *f*

vos [vo] *dét. poss. voir* **votre**

Vosges [voʒ] *fpl* **les** ~ die Vogesen *Pl*

votant, e [vɔtɑ̃, ɑ̃t] *m, f* 1 (*participant au vote*) Wähler(in) *m(f)* 2 (*électeur*) Stimmberechtigte(r) *f(m)*

votation [vɔtasjɔ̃] *f* CH ~ **populaire** Volksabstimmung *f*

vote [vɔt] *m* (*suffrage*) Abstimmung *f;* POL Wahl *f;* ~ **de confiance** Vertrauensvotum *nt*

voter [vɔte] <1> **I.** *v. intr.* wählen; ~ **contre/pour qn/qc** gegen/für jdn/etw stimmen; ~ **à main levée** durch Handzeichen abstimmen **II.** *v. tr.* (*crédits*) bewilligen; (*loi*) verabschieden

vote-sanction [vɔtsɑ̃ksjɔ̃] <votes-sanctions> *m* Denkzettelwahl *f*

votre [vɔtʀ] <vos> *dét. poss.* 1 (*à une personne vouvoyée, à plusieurs personnes vouvoyées*) Ihr/Ihre; ~ **chaise/voiture** Ihr Stuhl/Auto; ~ **mère** Ihre Mutter 2 (*à plusieurs personnes tutoyées*) euer/eu[e]re; ~ **maison** euer Haus; **à** ~ **avis** eu[e]rer Meinung nach; *voir a.* **ma, mon** 3 *avec un titre, form* **Votre Majesté** Eu[e]re Majestät

vôtre [votʀ] *pron. poss* 1 (*à une personne vouvoyée, à plusieurs personnes vouvoyées*) **le/la** ~ Ihrer/Ihre/Ihres 2 (*à plusieurs personnes tutoyées*) **le/la** ~ eu[e]rer/eu[e]re/eu[e]res; *voir a.* **mien** 3 *pl* (*ceux de votre famille*) **les ~s** Ihre/eure Angehörigen; (*vos partisans*) Ihre/eu[e]re Anhänger; **il est des ~s?** gehört er zu Ihnen/euch?; *voir a.* **mien** ▸ **à la** [**bonne**] **~!** *fam* auf Ihr/euer Wohl!

vouer [vwe] <1> **I.** *v. tr.* 1 (*condamner*) verdammen; **être voué à l'échec** zum Scheitern verurteilt sein 2 (*temps*) widmen 3 (*ressentir*) ~ **de la haine à qn** Hass gegen jdn hegen **II.** *v. pron.* **se** ~ **à qn/qc** sich jdm/einer Sache widmen

V

vouloir [vulwaʀ] <irr> **I.** *v. tr.* ❶ (*exiger*) wollen; ~ **qc de qn** etw von jdm verlangen ❷ (*souhaiter*) **il veut/voudrait ce gâteau** er will/möchte diesen Kuchen; **il voudrait être médecin** er wäre gerne Arzt ❸ (*consentir à*) **veux-tu prendre place ?** (*poli*) würdest du bitte Platz nehmen?; (*impératif*) nimm bitte Platz!; **voulez-vous** [*o* **voudriez-vous**] [*o* **veuillez**] **prendre place** (*poli*) Sie dürfen gerne Platz nehmen; (*impératif*) nehmen Sie bitte Platz ❹ (*attendre; décision, réponse*) erwarten ❺ (*faire en sorte*) **le hasard a voulu que** + *subj.* der Zufall wollte es, dass ▸**bien** ~ **que** + *subj.* einverstanden sein, dass; **il l'a voulu!** er hat es [ja] so gewollt! **II.** *v. intr.* ❶ wollen ❷ (*avoir des griefs envers*) **en** ~ **à qn de qc** jdm wegen etw böse sein; **j'en veux à mon frère de son égoïsme** ich nehme meinem Bruder seinen Egoismus [wirklich] übel ❸ (*avoir des visées sur*) **en** ~ **à qc/qn** es auf etw/jdn abgesehen haben ▸[**moi,**] **je veux bien** (*volontiers*) [oh ja,] gerne; (*concession douteuse*) [na ja,] von mir aus; **en** ~ *fam* ehrgeizig sein **III.** *v. pron.* **s'en** ~ **de qc** sich Vorwürfe wegen etw machen

voulu, e [vuly] **I.** *part. passé de* **vouloir** **II.** *adj.* ❶ (*effet*) gewünscht; (*moment*) richtig; **en temps** ~ rechtzeitig ❷ (*délibéré*) absichtlich; **c'est** ~ *fam* das ist gewollt

vous [vu] **I.** *pron. pers, 2. pers. pl* ❶ *sujet* ihr; ~ **autres** ihr ❷ *compl d'objet direct et indirect* euch ❸ *avec être, devenir, sembler, soutenu* euch ❹ (*avec un sens possessif*) **le cœur** ~ **battait fort** eure Herzen schlugen heftig ❺ *avec un présentatif* ihr; ~ **voici!** hier seid ihr!; *voir a.* **me** ❻ *avec les verbes pronominaux* **vous** ~ **nettoyez** [**les ongles**] ihr macht euch [die Nägel] sauber ❼ *fam* (*pour renforcer*) **il veut** ~ **aider, ~?** euch möchte er helfen? ❽ *avec une prép* **avec/sans** ~ mit/ohne euch; **à** ~ **deux** ihr beide ❾ *dans une comparaison* ihr; *voir a.* **moi II.** *pron. pers, forme de politesse* ❶ Sie ❷ *compl d'objet direct et indirect* **je** ~ **aime** ich liebe Sie; **il** ~ **explique le chemin** er erklärt Ihnen den Weg; **il** ~ **laisse/fait conduire** [**la voiture**] er lässt Sie [das] Auto fahren ❸ *avec être, devenir, sembler, soutenu* Ihnen ❹ (*avec un sens possessif*) **le cœur** ~ **battait fort** Ihr Herz schlug heftig ❺ *avec un présentatif* Sie; ~ **voici!** hier sind Sie!; *voir a.* **me** ❻ *avec les verbes pronominaux* **vous** ~ **nettoyez** [**les ongles**] Sie machen sich [die Nägel] sauber ❼ *fam* (*pour renforcer*) **il veut** ~ **aider, ~?** Ihnen möchte er helfen? ❽ *avec une prép* **avec/sans** ~ mit Ihnen/ohne Sie; **à** ~ **deux** Sie beide; **de** ~ **à moi** unter uns ❾ *dans une comparaison* Sie; *voir a.* **nous III.** *pron.* ❶ (*on*) man; ~ **ne pouvez même pas dormir** man kann nicht einmal schlafen ❷ (*[à] quelqu'un*) **des choses qui** ~ **gâchent la vie** Dinge, die einem das Leben schwer machen **IV.** *m* **dire** ~ **à qn** Sie zu jdm sagen

vous-même [vumɛm] <vous-mêmes> **I.** *pron. pers, 2. pers. pl* ❶ (*toi et toi en personne*) **~s n'en saviez rien** ihr selbst wusstet nichts davon ❷ (*toi et toi aussi*) ebenfalls; *voir a.* **nous-mêmes** **II.** *pron. pers, forme de politesse* ❶ (*toi de politesse en personne*) **vous êtes venu(e) de** ~ Sie sind von sich aus gekommen ❷ (*toi de politesse aussi*) ebenfalls; *voir a.* **moi-même**

voussure [vusyʀ] *f* Wölbung *f;* ~ **de la fenêtre** Fensterbogen *m*

voûte [vut] *f* ARCHIT Gewölbe *nt*

voûter [vute] <1> **I.** *v. tr.* ARCHIT **être voûté** gewölbt sein **II.** *v. pron.* **se** ~ sich krümmen

vouvoiement [vuvwamɑ̃] *m* Siezen *nt*

vouvoyer [vuvwaje] <6> *v. tr., pron.* [**se**] ~ [sich] siezen

voyage [vwajaʒ] *m* ❶ (*le fait de voyager*) Reise *f* ❷ (*trajet*) Fahrt *f*

voyager [vwajaʒe] <2a> *v. intr.* (*aller en voyage*) reisen

voyageur, -euse [vwajaʒœʀ, -ʒøz] *m, f* ❶ (*personne qui voyage*) Reisende(r) *f(m)* ❷ (*dans un avion/sur un bateau*) Fluggast *m*/Passagier *m* ❸ COM ~ **de commerce**, ~ **représentant placier** Handelsreisende(r) *f(m)*

voyagiste [vwajaʒist] *m* Reiseveranstalter *m*

voyais [vwajɛ] *imparf de* **voir**

voyance [vwajɑ̃s] *f* (*occultisme*) Hellsehen *nt*

voyant [vwajɑ̃] *m* Kontrolllampe *f*

voyant, e [vwajɑ̃, jɑ̃t] **I.** *part prés de* **voir II.** *adj.* (*qui se remarque*) auffallend **III.** *m, f* ❶ (*devin*) Hellseher(in) *m(f)* ❷ (*opp: aveugle*) Sehende(r) *f(m)*

voyelle [vwajɛl] *f* Vokal *m*

voyeur, -euse [vwajœʀ, -jøz] *m, f* Voyeur *m*

voyeurisme [vwajœʀism] *m* (*perversion*) Voyeurismus *m*

voyez [vwaje], **voyons** [vwajɔ̃] *indic prés et impératif de* **voir**

voyou [vwaju] *m* ❶ (*délinquant*) Gauner *m* ❷ (*garnement*) Schlingel *m*

vrac [vʀak] *m* **en ~** lose

vrai [vʀɛ] **I.** *m* **le ~** das Wahre; **être dans le ~** Recht haben; **il y a du ~** da ist etwas Wahres daran ▸ **à ~ dire** offen gestanden; **pour de ~** *fam* im Ernst **II.** *adv.* **dire ~** die Wahrheit sagen; **faire ~** echt aussehen

vrai, e [vʀɛ] *adj.* ❶ (*véridique*) wahr; (*événement*) tatsächlich ❷ *antéposé* (*authentique, digne de ce nom*) echt; (*cause, délice*) wahr; (*nom*) richtig ▸ **pas ~?** *fam* oder?; **~!/?** wirklich!/?

vrai-faux, vraie-fausse [vʀɛfo, vʀɛfos] <vrais-faux> *adj. iron* nachgemacht; **il s'est acheté de vraies-fausses lunettes Christian Dior** er hat sich ein Imitat einer Christian-Dior-Brille gekauft

vraiment [vʀɛmɑ̃] *adv.* wirklich

vraisemblable [vʀɛsɑ̃blabl] *adj.* ❶ (*plausible*) einleuchtend ❷ (*probable*) wahrscheinlich

vraisemblablement [vʀɛsɑ̃blabləmɑ̃] *adv.* wahrscheinlich

vraisemblance [vʀɛsɑ̃blɑ̃s] *f* ❶ (*crédibilité*) Glaubwürdigkeit *f* ❷ (*probabilité*) Wahrscheinlichkeit *f*

vrille [vʀij] *f* ❶ TECH Nagelbohrer *m* ❷ AVIAT Schraube *f*

vrillé, e [vʀije] *adj.* ❶ BOT mit Ranken ❷ (*tordu*) verdreht

vriller [vʀije] <1> **I.** *v. intr.* (*avion*) trudeln; (*cordon, fil*) sich verdrehen **II.** *v. tr. a. fig* (*percer*) [durch]bohren

vrombir [vʀɔ̃biʀ] <8> *v. intr.* brummen

VRP [veɛʀpe] *mf abr. de* **voyageur représentant placier**

vs *prép. abr. de* **versus** vs.

VTT [vetete] *m abr. de* **vélo tout-terrain** ❶ (*vélo*) M.T.B. *nt* ❷ (*sport*) Mountainbike-Fahren *nt*

vu [vy] **I.** *prép.* in Anbetracht (+ *Gen*) **II.** *conj.* **~ que ...** da ... **III.** *m* **c'est du déjà ~** das ist nichts Neues; **c'est du jamais ~** das ist völlig neu **IV.** *adv.* **ni ~ ni connu** ohne dass jd etw bemerkt **V.** *adj.* (*compris*) alles klar

vu, e [vy] **I.** *part. passé de* **voir II.** *adj.* ❶ (*d'accord*) in Ordnung ❷ (*observé*) **la remarque est bien/mal ~e** die Bemerkung ist [zu]treffend/unzutreffend ❸ (*apprécié*) **être bien/mal ~ de qn** von jdm gern/nicht gern gesehen sein ▸ **c'est tout ~!** *fam* Schluss jetzt!

vue [vy] *f* ❶ (*sens*) Sehvermögen *nt;* **bonne ~** gute Augen *Pl* ❷ (*regard*) Blick *m;* **perdre qn/qc de ~** jdn/etw aus den Augen verlieren ❸ (*panorama*) Aussicht *f* ❹ (*spectacle: d'une personne, du sang*) Anblick *m* ❺ (*photo, peinture*) Ansicht *f;* **~ d'ensemble** *fig* Überblick *m* ❻ (*conception*) **les ~s de qn** jds Ansichten *Pl* ❼ (*visées*) **avoir qn/qc en ~** jdn/etw im Auge haben ▸ **à ~ de nez** *fam* über den Daumen gepeilt; **à ~ d'œil** merklich; **garder à ~** unter Aufsicht stellen; **à la ~ de qn** (*en voyant qn*) bei jds Anblick; (*sous le regard de qn*) vor jds Augen; **en ~** (*visible*) im Blickfeld; (*tout proche*) in Sicht; (*envié*) begehrt; (*célèbre*) sehr bekannt; **en ~ de [faire] qc** im Hinblick auf etw

vulgaire [vylgɛʀ] *adj.* ❶ (*grossier*) vulgär ❷ *antéposé* (*quelconque*) gewöhnlich ❸ *postposé* (*populaire*) volkstümlich

vulgairement [vylgɛʀmɑ̃] *adv.* ❶ (*grossièrement*) vulgär ❷ (*couramment: dire*) für gewöhnlich

vulgarisation [vylgaʀizasjɔ̃] *f* allgemeine Verbreitung; (*de la science*) Popularisierung *f* (*geh*)

vulgariser [vylgaʀize] <1> *v. tr.* allgemein zugänglich machen

vulgarité [vylgaʀite] *f* ❶ (*d'un langage*) vulgärer Stil; (*d'une personne*) vulgäre Art ❷ (*parole vulgaire*) vulgärer Ausdruck

vulnérabilité [vylneʀabilite] *f* Verletzbarkeit *f*

vulnérable [vylneʀabl] *adj.* verletzbar

vulve [vylv] *f* **la ~** die äußeren Geschlechtsorgane *Pl* [der Frau]

Ww

W, w [dubləve] *m inv.* W *nt,* w *nt*

wagon [vagɔ̃] *m* CHEMDFER Wagen *m,* Waggon *m*

wagon-citerne [vagɔ̃sitɛʀn] <wagons-citernes> *m* Tankwagen *m* **wagon-lit** [vagɔ̃li] <wagons-lits> *m* Schlafwagen *m* **wagon-restaurant** [vagɔ̃ʀɛstɔʀɑ̃] <wagons-restaurants> *m* Speisewagen *m*

Wallis-et-Futuna [walisefytyna] *französisches Territorium auf den Fidschiinseln*

wallon [walɔ̃] *m* Wallonisch *nt; voir a.* **allemand**

wallon, ne [walɔ̃, ɔn] *adj.* wallonisch; *voir a.* **allemand**

Wallon, ne [walɔ̃, ɔn] *m, f* Wallone *m*/Wallonin *f*

Wallonie [walɔni] *f* **la** ~ Wallonien *nt*

waouh [wau] *interj.* (*ouah*) wau

warning [waʀniŋ] *m* Warnblinkanlage *f*

Waterloo [watɛʀlo] *m* (*ville belge*) Waterloo *nt*

water-polo [watɛʀpɔlo] <water-polos> *m* Wasserball *m*

waterproof [watɛʀpʀuf] *adj. inv.* wasserfest

wattheure [watœʀ] *m* Wattstunde *f*

W.-C. [vese] *mpl abr. de* **water-closet(s)** WC *nt*

Web, WEB [vɛb] *m* INET **le** ~ das Web

webcam [wɛbkam] *f* INET Webcam *f*

Webmane [vɛbman] *mf* Internetfreak *mf*

webmaster [wɛbmastɛʀ], **webmestre** [wɛbmɛstʀ] *m* Webmaster *m*

webnaute [vɛbnot] *mf* [Internet]-surfer(in) *m(f)*

webzine [wɛbzin] *m* Onlinemagazin *nt,* Webmagazin

week-end [wikɛnd] <week-ends> *m* Wochenende *nt*

welsch, e [vɛlʃ] *adj.* CH *iron* welsch-[schweizerisch]

Welsch, e [vɛlʃ] *m, f* CH *iron* Welsch-schweizer(in) *m(f)*

western [wɛstɛʀn] *m* Western *m*

Westphalie [vɛsfali] *f* **la** ~ Westfalen *nt*

white-spirit [wajtspiʀit] *m inv.* Terpentinersatz *m*

wisigoth, e [vizigo, ɔt] *adj.* HIST westgotisch; **le peuple** ~ die Westgoten

Wisigoth, e [vizigo, ɔt] *m, f* HIST Westgote *m*/Westgotin *f*

World Wide Web *m* World Wide Web *nt*

Wurtemberg [vyʀtɛ̃bɛʀ] *m* **le** ~ Württemberg *nt*

Wurtzbourg [vyʀtsbuʀ] Würzburg *nt*

WWW *voir* **World Wide Web**

X x

X, x [iks] **I.** *m inv.* ❶ (*lettre*) X *nt,* x *nt* ❷ *fam* (*plusieurs*) **x fois** x-mal ❸ (*Untel*) [Herr/Frau] Soundso; **X ou Y** irgendeine(r); **contre X** gegen unbekannt ❹ CINE (*secteur*) Pornofilmindustrie *f* **II.** *app* CINE pornografisch, Porno-; **un film [classé] X** ein nicht jugendfreier Film, ein Pornofilm

xénophobe [gzenɔfɔb] **I.** *adj.* ausländerfeindlich **II.** *mf* ausländerfeindliche Person

xylophone [ksilɔfɔn] *m* Xylophon *nt*

Y y

Y, y [igʀɛk] *m inv.* Y *nt,* y *nt*

y [i] **I.** *adv.* dort **II.** *pron. pers.* (*à/sur cela*) **s'y entendre** sich damit auskennen; **ne pas y tenir** keinen Wert darauf legen

yacht [jɔt] *m* Jacht *f*

yacht-club [jɔtklœb] <yacht-clubs> *m* Jachtklub *m*

yachting [jɔtiŋ] *m* Segelsport *m*

yaourt [jauʀt] *m* Joghurt *m o nt*

Yémen [jemɛn] *m* **le ~** Jemen *m*

yeux [jø] *mpl voir* **œil**

yiddish [jidiʃ] **I.** *adj. inv.* jiddisch; *voir a.* **allemand II.** *m* Jiddisch *nt; voir a.* **allemand**

yog[h]ourt [jɔgurt] *m voir* **yaourt**

yougoslave [jugɔslav] *adj.* jugoslawisch

Yougoslave [jugɔslav] *mf* Jugoslawe *m*/ Jugoslawin *f*

Yougoslavie [jugɔslavi] *f* **République fédérale de ~** Bundesrepublik *f* Jugoslawien

youpi, youppie [jupi] *interj.* hurra

yuppie [jupi] *mf* Yuppie *mf*

Zz

Z, **z** [zɛd] *m inv.* Z *nt*, z *nt*
Zaïre [zaiʀ] *m* HIST **le** ~ Zaire *nt*
Zambie [zɑ̃bi] *f* **la** ~ Sambia *nt*
zapette, **zappette** [zapɛt] *f fam* Fernbedienung *nt*
zapper [zape] <1> *v. intr.* zappen
zapping [zapiŋ] *m* Zappen *nt*
zèbre [zɛbʀ] *m* ZOOL Zebra *nt*
zébrure [zebʀyʀ] *f* ❶ (*rayure*) Streifen *Pl* ❷ (*marques sur la peau*) Striemen *Pl*
zélé, **e** [zele] *adj.* eifrig
zèle [zɛl] *m* Eifer *m*; **faire du** ~ *péj* übereifrig sein
zen [zɛn] **I.** *adj. inv.* **le bouddhisme** ~ der Zenbuddhismus; **être** ~ *fam* [total] relaxed sein **II.** *m* Zen *nt*
zénith [zenit] *m* Zenit *m*
ZEP [zɛp] *f abr. de* **zone d'éducation prioritaire** *sozial problematisches Gebiet, das gezielte [Schul]bildungsmaßnahmen erfordert*
zéro [zeʀo] **I.** *num.* ❶ *antéposé* (*aucun*) null ❷ *fam* (*nul*) **qn/qc est** ~ jd/etw ist eine Null **II.** *m* ❶ *inv.* (*nombre*) Null *f* ❷ METEO, PHYS *a. fig* Nullpunkt *m* ❸ (*rien*) Nichts *nt*; **compter pour** ~ *fam* nicht[s] zählen ❹ (*personne incapable*) Null *f* (*fig*)
zeste [zɛst] *m* (*écorce*) ~ **de citron râpé** geriebene Zitronenschale
zézayer [zezeje] <7> *v. intr.* lispeln, zuzeln (A)
zieuter [zjøte] <1> *v. tr. fam* anglotzen
zigoto [zigɔto] *m fam* Typ[e *f*] *m*
zigouiller [ziguje] <1> *v. tr. fam* abmurksen
zigzag [zigzag] *m* Zickzack[linie *f*] *m*
zigzaguer [zigzage] <1> *v. intr.* (*piéton*) im Zickzack gehen; (*conducteur, voiture*) im Zickzack fahren; (*route*) im Zickzack verlaufen
Zimbabwe [zimbabwe] *m* **le** ~ Simbabwe *nt*
zinc [zɛ̃g] *m* ❶ (*métal*) Zink *nt* ❷ *fam* (*comptoir*) Theke *f*
zinzin [zɛ̃zɛ̃] **I.** *adj. fam* plemplem **II.** *m fam* Ding *nt*
zip®¹ [zip] *m* Reißverschluss *m*
zip² [zip] *m* INFORM Zip-Programm *nt*
zipper [zipe] <1> *v. tr.* INFORM (*fichier*) zippen, komprimieren
zizi [zizi] *m enfantin fam* Schniedel *m*
zodiacal, **e** [zɔdjakal, o] <-aux> *adj.* **signe** ~ Sternzeichen *nt*
zodiaque [zɔdjak] *m* Tierkreis *m*
zonard, **e** [zonaʀ, aʀd] *m, f péj fam* (*marginal*) Asoziale(r) *f(m)*
zone [zon] *f* ❶ Zone *f* ❷ METEO ~ **de dépression** Tiefdruckgebiet *nt* ❸ FIN ~ **monétaire** Geldwirtschaftszone *f* ❹ ECON ~ **euro** Euro-Währungsgebiet *nt* ❺ INFORM ~ **de dialogue** Dialogbox *f* ❻ POL **la** ~ **libre** die freie Zone
zoner [zone] <1> *v. intr. fam in den sozial problematischen Randbezirken leben*
zoo [z(o)o] *m* Zoo *m*
zoologique [zɔɔlɔʒik] *adj.* zoologisch; **parc** ~ Tierpark *m*
zoophile [zɔɔfil] **I.** *adj.* ❶ (*qui aime les animaux*) [übertrieben] tierlieb ❷ (*qui pratique la zoophilie*) sodomitisch **II.** *mf* ❶ (*qui aime les animaux*) Tierliebhaber(in) *m(f)* ❷ (*qui pratique la zoophilie*) Sodomit(in) *m(f)*
zou [zu] *interj. fam* hopp [hopp]
zozoter [zɔzɔte] <1> *v. intr. fam* lispeln
ZUP [zyp] *f abr. de* **zone à urbaniser en priorité** *Gebiet, das in der städtebaulichen Entwicklung Vorrang hat*
Zurich [zyʀik] Zürich
zut [zyt] *interj. fam* verdammt

Auf Französisch kommunizieren

Inhalt

Schriftverkehr auf Französisch – Schritt für Schritt erklärt

Sibylle André
56, rue Pasteur
94186 Toulon
Tél. 04 50 31 22 83

> Die Adresse des Absenders steht sowohl in geschäftlichen als auch in privaten Briefen links oben.

Monsieur Jean Leclerc
Directeur du personnel
Société Durand Dupont
189, allée des Capucines
75000 Paris

> Darunter steht, am rechten Rand, die Adresse des Empfängers. Dies gilt ebenfalls für geschäftliche und private Briefe.

Toulon, le 15 mai 2015

Objet : candidature au poste de secrétaire

> Die Betreffzeile steht zwischen dem Datum und der Anrede. Ihr Text fängt mit „Objet:“ an.

Monsieur,
C'est avec grand intérêt que j'ai pris connaissance de votre annonce parue …

Folgende **Anredeformen** können verwendet werden:	Die passenden **Schreibanlässe** sind folgende:
Madame, Monsieur, Messieurs, Mesdames, Messieurs,	In Geschäftsbriefen, wenn Sie den Namen des Empfängers nicht kennen oder wenn Sie **nur** seinen Namen kennen (wie im obigen Beispiel).
Madame, Monsieur, Chère Madame, Cher Monsieur,	In eher förmlichen geschäftlichen Briefen, wenn Sie einer Person schreiben, die Sie persönlich kennen oder mit der Sie gelegentlich zu tun haben.
Cher collègue, Chère collègue, Chers collègues, Chers amis, Chère Chantal,	In freundschaftlich gefärbten Geschäfts- oder Privatbriefen, wenn Sie einer Person (oder mehreren Personen) schreiben, die Sie gut bis sehr gut kennen und mit der (oder mit denen) Sie oft zu tun haben.
Mon cher Louis, Ma chère Caroline, Bien chers tous,	In der privaten Korrespondenz mit Freunden und guten Bekannten.

Nach der Anrede steht ein Komma, und der Text geht dann mit einem Großbuchstaben weiter.

Cher Christophe,

Je suis vraiment désolée pour toi que tu sois à l'hôpital.
J'espère que tu vas vite te rétablir.
Prends bien soin de toi.
Meilleure santé.

Bises
Mélanie

Am Briefende können folgende **Grußfloskeln** verwendet werden:	Die passenden **Schreibanlässe** sind folgende:
Nous vous prions de croire, Madame/Monsieur, à l'assurance de nos sentiments distingués.	In förmlichen geschäftlichen Schreiben, die mit der Anrede « Madame, Monsieur ,», « Messieurs, » oder « Mesdames, Messieurs,» beginnen.
Nous vous prions d'agréer, Madame/Monsieur, l'expression de nos sentiments distingués. *(Anmerkung: Eine Frau sollte vermeiden, einem Mann « sentiments » zu schreiben.)*	
Nous vous prions d'agréer [*oder* de recevoir], Madame/Monsieur, nos salutations distinguées.	
Veuillez agréer, Madame/Monsieur, nos salutations distinguées.	
Sincères salutations. Veuillez agréer nos meilleurs sentiments. Salutations distinguées.	In Briefen oder E-Mails an Geschäftspartner, die Sie persönlich kennen und mit denen Sie gelegentlich zu tun haben.
Amicalement vôtre Bien cordialement Cordialement Bien [*oder* Très] sincèrement Bien à vous/à toi	In freundschaftlich gefärbten Geschäfts- oder Privatbriefen, wenn Sie einer Person (oder mehreren Personen) schreiben, die Sie gut bis sehr gut kennen und mit der (oder mit denen) Sie oft zu tun haben.
Affectueuses pensées Bons baisers Grosses bises Bisous Je t'embrasse bien fort [*oder* de tout cœur]. Je t'embrasse affectueusement.	In privaten Briefen, Karten oder E-Mails an Freunde und gute Bekannte.

Weihnachtsgrüße
Vœux de fin d'année

Nous vous souhaitons un joyeux Noël et vous envoyons tous nos meilleurs vœux pour la nouvelle année.

Michel et Sandrine

Ein frohes Weihnachtsfest und ein glückliches neues Jahr wünschen euch
Michel und Sandrine

Geburtstagsgrüße
Souhaiter un bon anniversaire

An Verwandte, Jugendliche oder gute Freunde

Bon anniversaire !

Profite bien de ta journée et fais-toi un petit plaisir avec l'argent que nous t'offrons.

Bises

Léa, Frédéric, Sophie et Julie

Alles Gute zum Geburtstag!

Mach dir einen schönen Tag und gönn dir etwas Besonderes mit dem beiliegenden Geld.

Liebe Grüße

Léa, Frédéric, Sophie und Julie

An Bekannte

Bon anniversaire de la part de Sophie et sa famille.

Herzlichen Glückwunsch zum Geburtstag!

Sophie und Familie

Genesungswünsche
Souhaiter un bon rétablissement

An Verwandte, Jugendliche oder gute Freunde

Cher Christophe,
Je suis vraiment désolée pour toi que tu sois à l'hôpital.
J'espère que tu vas vite te rétablir.
Prends bien soin de toi.
Meilleure santé.

Bises
Mélanie

Lieber Christophe,

es tut mir sehr leid, dass du im Krankenhaus bist. Ich hoffe, dass du bald wieder auf die Beine kommst.

Pass auf dich auf und werde schnell wieder gesund!

Alles Liebe

Mélanie

An Bekannte

Chère Madame Durand,

Nous avons été désolés d'apprendre à quel point vous étiez malade ces dernières semaines. Nous espérons que vous irez déjà mieux quand vous lirez ces lignes.

Si nous pouvons faire quoi que ce soit pour vous, n'hésitez pas à nous le faire savoir.

Meilleure santé.

Amitiés

Paul et Marie Sourcier

Liebe Mme Durand,

wir haben mit Bedauern gehört, wie krank Sie in den letzten Wochen waren, und hoffen, dass es Ihnen, wenn Sie diese Zeilen lesen, schon wieder etwas besser geht. Falls wir etwas für Sie tun können, geben Sie uns doch einfach Bescheid.

Gute Besserung!

Herzliche Grüße

Paul und Marie Sourcier

Kondolenzkarte
Carte de condoléances

An eine gute Freundin

> *Chère Nicole,*
>
> *Nous sommes profondément touchés par ce qui est arrivé et nous n'arrivons pas encore à y croire. Si nous pouvons faire quoi que ce soit pour toi, n'hésite pas à nous le faire savoir.*
>
> *Nous pensons à toi et t'embrassons bien fort.*
>
> *Marc et Paul*

Liebe Nicole,

wir sind tief betroffen von dem, was passiert ist, und können es immer noch nicht fassen.

Wenn wir irgendetwas für dich tun können, lass es uns bitte wissen.

Wir denken an dich.

Ganz liebe Grüße

Marc und Paul

An einen Bekannten

> *Cher Monsieur Dupont,*
>
> *C'est avec émotion que mon mari et moi avons appris la perte cruelle qui vous frappe.*
>
> *Recevez nos très sincères condoléances et l'expression de notre profonde sympathie.*
>
> *Anne et Daniel Voilet*

Lieber Monsieur Dupont,

mein Mann und ich haben mit großer Bestürzung von Ihrem schmerzlichen Verlust gehört.

Wir möchten Ihnen unser tiefstes Beileid und unsere aufrichtige Anteilnahme aussprechen.

Anne und Daniel Voilet

Traditionelle Einladung zu einer Hochzeitsfeier
Invitation de mariage traditionnelle

Monsieur et Madame Lempereur Monsieur et Madame Lesur

ont le plaisir de vous faire part du mariage de leurs enfants

Isabelle et Antoine

qui sera célébré
le samedi 27 juin 2015 à 15 heures
en l'église Sainte-Catherine à Lille.

A l'issue de la cérémonie, un vin d'honneur sera servi
au Manoir Le Vent, Lille.

M. et Mme Lempereur	M. et Mme Lesur
2, rue de Paris	78, rue des Tours
59 000 Lille	59 000 Lille
Tél. 0318475215	Tél. 03452356

Réponse souhaitée avant le 15 mai.

Monsieur und Madame Lempereur Monsieur und Madame Lesur

freuen sich, Ihnen die Hochzeit ihrer Kinder mitzuteilen.

Isabelle und Antoine

werden am Samstag, den 27. Juni 2015, um 15 Uhr
in der Kirche Sainte-Catherine in Lille heiraten.

Im Anschluss an die kirchliche Trauung
wird ein Sektempfang im Manoir Le Vent, Lille stattfinden.

M. und Mme Lempereur	M. und Mme Lesur
2, rue de Paris	78, rue des Tours
59 000 Lille	59 000 Lille
Tel. 0318475215	Tel. 03452356

Um Antwort bis zum 15. Mai wird gebeten.

Eine traditionelle Einladung wird von den Eltern der Brautleute versandt, da sie für die Ausrichtung der Hochzeitsfeier verantwortlich sind und auch die Kosten hierfür tragen.

Obwohl heutzutage oft das Brautpaar selbst die Kosten für die Hochzeit übernimmt, ist diese Form der Einladung noch sehr verbreitet.

Moderne Einladung zu einer Hochzeitsfeier
Invitation de mariage informelle

Isabelle et Antoine

seraient heureux de vous compter parmi les invités de leur mariage qui sera célébré le samedi 27 juin 2015 à 15 heures en l'église Sainte-Catherine à Lille.

A l'issue de la cérémonie, un vin d'honneur sera servi au Manoir Le Vent à Lille.

Isabelle Lempereur et Antoine Lesur
34, rue de Tourcoing
59 000 Lille
Tél. 0345675869

Réponse souhaitée avant le 15 mai 2015.

Isabelle und Antoine

möchten gern ihre Hochzeit mit Ihnen feiern.

Die Trauung findet am Samstag, den 27. Juni 2015, um 15 Uhr in der Kirche Sainte-Catherine in Lille statt.

Anschließend wird ein Sektempfang im Manoir Le Vent in Lille stattfinden.

Isabelle Lempereur und Antoine Lesur
34, rue de Tourcoing
59 000 Lille
Tél. 0345675869

Um Antwort bis zum 15. Mai wird gebeten.

Die Einladung zu einer Hochzeitsfeier annehmen
Accepter une invitation de mariage

Chère Christine, cher Christian,

Nous avons été très touchés de votre gentille invitation au mariage d'Isabelle et d'Antoine. C'est avec le plus grand plaisir que nous y assisterons.

Nous vous remercions d'avoir pensé à nous et nous nous réjouissons de vous revoir ainsi que toute la famille.

Peut-être pourriez-vous nous suggérer un cadeau de mariage qui serait susceptible de plaire à Isabelle et Antoine ? Merci d'avance.

Amicalement à vous.

Marie-Claire et Jean

Liebe Christine, lieber Christian,

vielen Dank für die Einladung zu Isabelles und Antoines Hochzeit, die wir sehr gern annehmen.

Es ehrt uns sehr, dass ihr an uns gedacht habt, und wir freuen uns darauf, euch und die übrige Familie wiederzusehen.

Hättet ihr vielleicht eine Idee für ein Geschenk, mit dem wir Isabelle und Antoine eine Freude machen könnten? Im Voraus vielen Dank für eure Mühe.

Viele Grüße

Marie-Claire und Jean

Die Einladung zu einer Hochzeit ablehnen
Décliner une invitation de mariage

Chère Christine, cher Christian,

Nous avons été très heureux d'apprendre qu'Isabelle et Antoine allaient se marier et nous sommes très touchés de votre invitation.

Malheureusement, nous ne pourrons pas assister à leur mariage car nous organisons, ce week-end-là, une grande fête de famille à l'occasion des 90 ans de la grand-mère d'Anne.

Nous penserons bien à vous tous ce jour-là et nous porterons un toast en l'honneur des mariés. Transmettez-leur notre bon souvenir.

Nous vous souhaitons un beau mariage.

Toutes nos amitiés ainsi qu'au reste de la famille.

Anne et Bernard

Liebe Christine, lieber Christian,

wir waren begeistert, als wir erfuhren, dass Isabelle und Antoine heiraten werden, und freuen uns sehr, dass ihr uns eingeladen habt. Aber leider können wir nicht kommen. Annes Großmutter wird am gleichen Wochenende 90, und wir haben bereits zugesagt, bei der Organisation des großen Familienfests mitzuhelfen.

Wir werden an dem großen Tag ganz sicher an euch alle denken und aus der Ferne auf das Wohl des Brautpaars anstoßen! Grüßt sie beide recht herzlich von uns. Wir wünschen euch eine wunderbare Feier.

Mit besten Grüßen, auch an den Rest der Familie,

Anne und Bernard

Sich für ein Hochzeitsgeschenk bedanken
Remerciements pour un cadeau de mariage

Chère Marie-Claire, cher Jean,

Nous vous remercions pour le cadeau que vous avez eu la gentillesse de nous faire à l'occasion de notre mariage. Nous avons été très touchés par votre geste. Le vase occupe une place bien particulière dans notre salon et tous ceux qui nous rendent visite, s'émerveillent devant sa beauté.

Nous avons été très heureux de vous revoir. Mais, dommage que nous n'ayons pas pu nous parler plus longuement. Pour nous ce fut une magnifique journée et nous espérons qu'elle vous a plu également.

Nous vous envoyons quelques photos en souvenir de ce grand jour.

Merci encore et croyez en notre sincère amitié.

Isabelle et Antoine

Liebe Marie-Claire, lieber Jean,

wir möchten uns für euer schönes Hochzeitsgeschenk bedanken. Wir haben uns sehr darüber gefreut. Die Vase hat jetzt einen ganz besonderen Platz im Wohnzimmer bekommen, und jeder, der uns besucht, sagt, wie gut sie ihm gefällt.

Es war schön, euch bei der Feier wiederzusehen, obwohl es schade war, dass wir uns nicht länger unterhalten konnten. Für uns war es ein wundervoller Tag und wir hoffen, dass auch ihr ihn genossen habt. Wir legen ein paar Fotos bei als kleine Erinnerung an unseren großen Tag.

Nochmals besten Dank und viele Grüße

Isabelle und Antoine

Einladung zu einem Fest
Invitation à une fête

Einweihungsfest

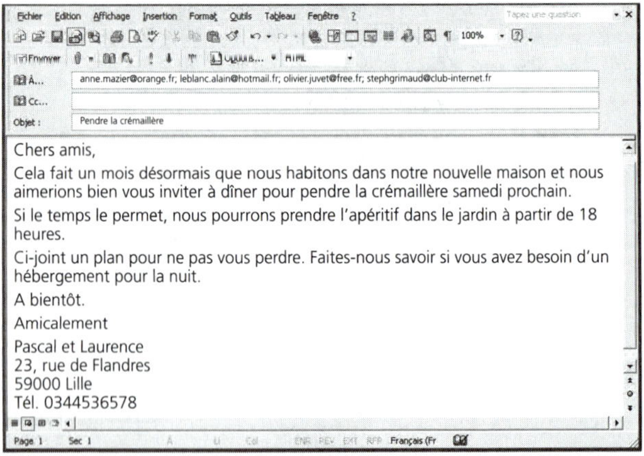

À... anne.mazier@orange.fr; leblanc.alain@hotmail.fr; olivier.juvet@free.fr; stephgrimaud@club-internet.fr

Cc...

Objet : Pendre la crémaillère

Chers amis,

Cela fait un mois désormais que nous habitons dans notre nouvelle maison et nous aimerions bien vous inviter à dîner pour pendre la crémaillère samedi prochain.

Si le temps le permet, nous pourrons prendre l'apéritif dans le jardin à partir de 18 heures.

Ci-joint un plan pour ne pas vous perdre. Faites-nous savoir si vous avez besoin d'un hébergement pour la nuit.

A bientôt.

Amicalement

Pascal et Laurence
23, rue de Flandres
59000 Lille
Tél. 0344536578

Liebe Freunde,

wir wohnen jetzt seit einem Monat in unserem neuen Heim und möchten euch alle aus diesem Anlass zu einem kleinen Einweihungsfest am nächsten Samstag einladen.

Wir würden uns sehr freuen, wenn ihr gegen 18 Uhr kommen könntet. Es gibt einen Aperitif im Garten (falls das Wetter mitspielt) und anschließend ein Abendessen.

Schaut euch die Wegbeschreibung im Anhang an und lasst uns wissen, ob ihr eine Übernachtungsmöglichkeit braucht!

Wir freuen uns, euch bald zu sehen!

Pascal und Laurence
23, rue de Flandres
59000 Lille
Tél. 0344536578

Einweihungsfest in einer Studenten-WG
Pendre la crémaillère dans une colocation d'étudiants

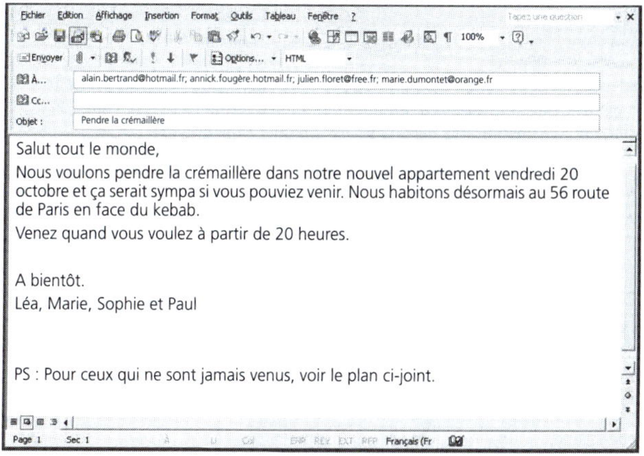

À... alain.bertrand@hotmail.fr; annick.fougère.hotmail.fr; julien.floret@free.fr; marie.dumontet@orange.fr

Cc...

Objet : Pendre la crémaillère

Salut tout le monde,

Nous voulons pendre la crémaillère dans notre nouvel appartement vendredi 20 octobre et ça serait sympa si vous pouviez venir. Nous habitons désormais au 56 route de Paris en face du kebab.

Venez quand vous voulez à partir de 20 heures.

A bientôt.

Léa, Marie, Sophie et Paul

PS : Pour ceux qui ne sont jamais venus, voir le plan ci-joint.

Hallo, liebe Freunde,

am Freitag, den 20. Oktober, geben wir eine Party zur Einweihung unserer neuen Wohnung und fänden es toll, wenn ihr kommen könntet. Wir wohnen jetzt in der Route de Paris Nr. 56, gegenüber von der Dönerbude.

Kommt irgendwann nach 20 Uhr und bringt was zu trinken mit!

Bis dann!

Léa, Marie, Sophie und Paul

PS: Für die, die den Weg noch nicht kennen, liegt ein Plan bei.

Sich für ein Geburtstagsgeschenk bedanken
Remerciements pour un cadeau d'anniversaire

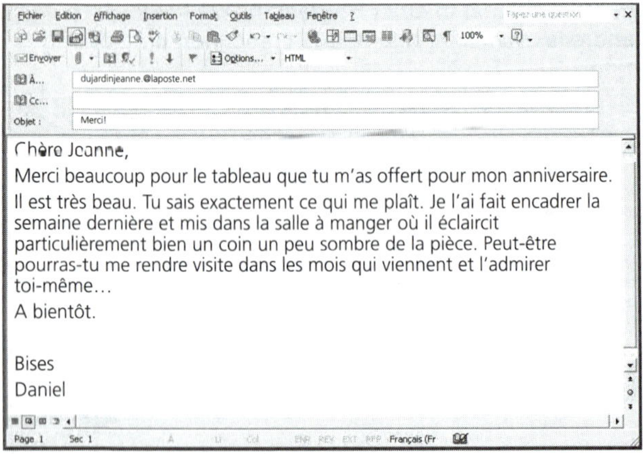

Chère Jeanne,

Merci beaucoup pour le tableau que tu m'as offert pour mon anniversaire.

Il est très beau. Tu sais exactement ce qui me plaît. Je l'ai fait encadrer la semaine dernière et mis dans la salle à manger où il éclaircit particulièrement bien un coin un peu sombre de la pièce. Peut-être pourras-tu me rendre visite dans les mois qui viennent et l'admirer toi-même…

A bientôt.

Bises

Daniel

Liebe Jeanne,

danke für das Bild, das du mir zum Geburtstag geschickt hast. Es ist sehr schön – du weißt genau, was mir gefällt! Ich habe es letzte Woche rahmen lassen und ins Esszimmer gehängt, wo es sehr wirkungsvoll eine dunkle Ecke aufhellt. Vielleicht kannst du in den nächsten Monaten zu Besuch kommen und es dir selbst anschauen …

Bis bald!

Liebe Grüße

Daniel

Verfügbarkeit einer Unterkunft erfragen
Demande d'informations sur les possibilités d'hébergements

Von einem Hotel Informationen anfordern

À... contact@hotel-clairière.fr
Cc...
Objet : Demande de renseignements

Madame, Monsieur,

J'aimerais partir en vacances dans votre région la dernière semaine de juin, et je vous serais reconnaissant de bien vouloir m'envoyer des informations sur les hébergements ainsi que la liste des tarifs actuels. Nous aurions besoin d'une chambre familiale pour deux adultes et un enfant. Auriez-vous une chambre à trois lits ?

Pourriez-vous nous envoyer les informations par e-mail ou bien par courrier postal à l'adresse ci-dessous ?

Je vous remercie d'avance.

Sincères salutations.

Henri Barot
2, rue Jules Verne
44000 Nantes
Tél.: 0240657890

Sehr geehrte Damen und Herren,

in der letzten Juniwoche würde ich gerne in Ihrer Gegend Urlaub machen und wäre Ihnen dankbar, wenn Sie mir Informationen zu den Übernachtungsmöglichkeiten in Ihrem Hotel mit aktueller Preisliste schicken könnten. Wir benötigen ein Familienzimmer für zwei Erwachsene und ein Kind. Haben Sie Dreibettzimmer?

Bitte schicken Sie mir die Informationen per E-Mail oder per Post an die unten stehende Adresse.

Im Voraus vielen Dank!

Freundliche Grüße

Henri Barot
2, rue Jules Verne
44000 Nantes
Tél. 0240657890

Auskünfte über eine Jugendherberge einholen
Se renseigner

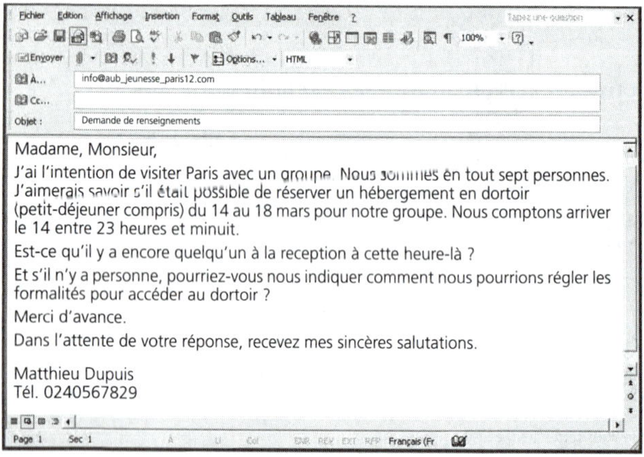

Madame, Monsieur,

J'ai l'intention de visiter Paris avec un groupe. Nous sommes en tout sept personnes. J'aimerais savoir s'il était possible de réserver un hébergement en dortoir (petit-déjeuner compris) du 14 au 18 mars pour notre groupe. Nous comptons arriver le 14 entre 23 heures et minuit.

Est-ce qu'il y a encore quelqu'un à la reception à cette heure-là ?

Et s'il n'y a personne, pourriez-vous nous indiquer comment nous pourrions régler les formalités pour accéder au dortoir ?

Merci d'avance.

Dans l'attente de votre réponse, recevez mes sincères salutations.

Matthieu Dupuis
Tél. 0240567829

Madame, Monsieur,

Ich habe vor, mit einer Gruppe nach Paris zu reisen. Wir sind insgesamt sieben Personen. Ich möchte mich erkundigen, ob Sie vom 14. bis 18. März Unterkunft im Schlafsaal (inkl. Frühstück) für die Gruppe haben. Wir werden am 14. voraussichtlich zwischen 23 und 24 Uhr ankommen. Ist der Empfang so spät abends noch besetzt? Falls nicht, teilen Sie uns doch bitte mit, wie wir einchecken können.

Im Voraus vielen Dank!

Mit freundlichen Grüßen

Matthieu Dupuis
Tel. 0240567829

Ein Hotelzimmer reservieren
Réservation d'une chambre d'hôtel

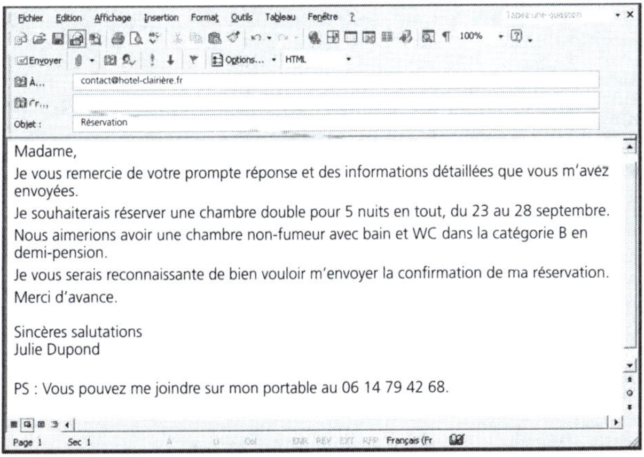
À... contact@hotel-clairière.fr

Objet : Réservation

Madame,

Je vous remercie de votre prompte réponse et des informations détaillées que vous m'avez envoyées.

Je souhaiterais réserver une chambre double pour 5 nuits en tout, du 23 au 28 septembre.

Nous aimerions avoir une chambre non-fumeur avec bain et WC dans la catégorie B en demi-pension.

Je vous serais reconnaissante de bien vouloir m'envoyer la confirmation de ma réservation.

Merci d'avance.

Sincères salutations
Julie Dupond

PS : Vous pouvez me joindre sur mon portable au 06 14 79 42 68.

Sehr geehrte Frau Mazier,

vielen Dank für Ihre rasche Antwort und die ausführlichen Informationen.

Ich möchte ein Doppelzimmer für insgesamt fünf Nächte reservieren, Ankunft am 23. September, Abreise am 28. Wir möchten ein Nichtraucherzimmer mit Bad und WC in der Preisklasse B, Halbpension.

Ich wäre Ihnen dankbar, wenn Sie meine Reservierung bestätigen würden.

Vielen Dank im Voraus.

Mit freundlichen Grüßen

Julie Dupond

PS: Sie können mich auf dem Handy unter 06 14 79 42 68 erreichen.

Einen Flug umbuchen
Modifier une réservation de vol

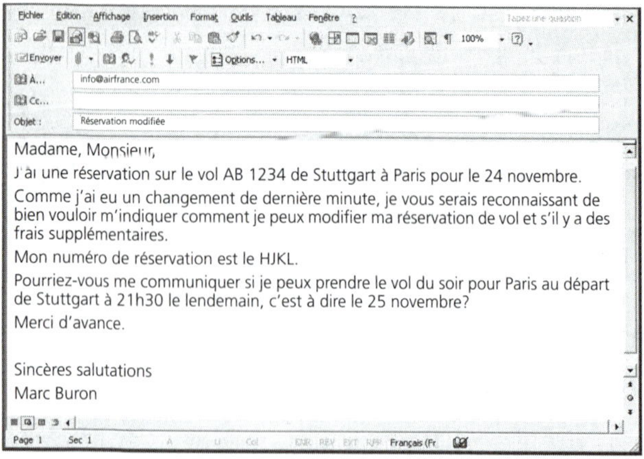
À... info@airfrance.com
Cc...
Objet : Réservation modifiée

Madame, Monsieur,

J'ai une réservation sur le vol AB 1234 de Stuttgart à Paris pour le 24 novembre.

Comme j'ai eu un changement de dernière minute, je vous serais reconnaissant de bien vouloir m'indiquer comment je peux modifier ma réservation de vol et s'il y a des frais supplémentaires.

Mon numéro de réservation est le HJKL.

Pourriez-vous me communiquer si je peux prendre le vol du soir pour Paris au départ de Stuttgart à 21h30 le lendemain, c'est à dire le 25 novembre?

Merci d'avance.

Sincères salutations

Marc Buron

Sehr geehrte Damen und Herren,

ich habe eine Buchung für Flug A 1234 von Stuttgart nach Paris am 24. November. Da ich kurzfristig umdisponieren musste, wäre ich Ihnen dankbar, wenn Sie mich über die Bestimmungen bezüglich Umbuchungen sowie über eventuelle zusätzliche Kosten informieren könnten.

Meine Buchungsnummer ist HIJKLM.

Bitte teilen Sie mir mit, ob ich den Abendflug nach Paris am nächsten Tag, dem 25. November, Abflug Stuttgart um 21.30 Uhr, nehmen kann.

Danke im Voraus und freundliche Grüße

Marc Buron

Einer Schüleraustauschpartnerin zum ersten Mal mailen
Envoyer un mail à sa correspondante pour la première fois

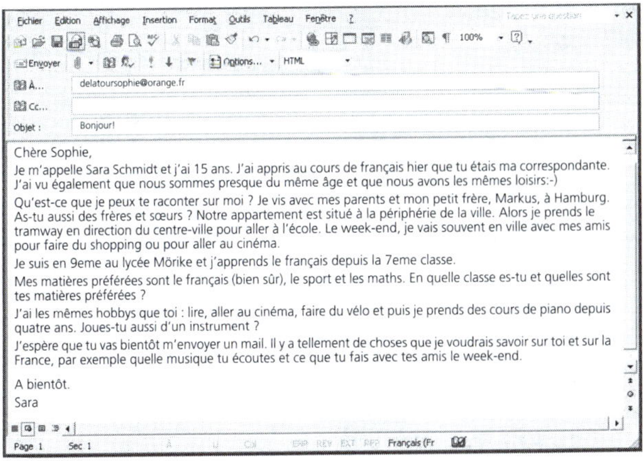

À... delatoursophie@orange.fr

Cc...

Objet : Bonjour!

Chère Sophie,

Je m'appelle Sara Schmidt et j'ai 15 ans. J'ai appris au cours de français hier que tu étais ma correspondante. J'ai vu également que nous sommes presque du même âge et que nous avons les mêmes loisirs:-)

Qu'est-ce que je peux te raconter sur moi ? Je vis avec mes parents et mon petit frère, Markus, à Hamburg. As-tu aussi des frères et sœurs ? Notre appartement est situé à la périphérie de la ville. Alors je prends le tramway en direction du centre-ville pour aller à l'école. Le week-end, je vais souvent en ville avec mes amis pour faire du shopping ou pour aller au cinéma.

Je suis en 9eme au lycée Mörike et j'apprends le français depuis la 7eme classe.

Mes matières préférées sont le français (bien sûr), le sport et les maths. En quelle classe es-tu et quelles sont tes matières préférées ?

J'ai les mêmes hobbys que toi : lire, aller au cinéma, faire du vélo et puis je prends des cours de piano depuis quatre ans. Joues-tu aussi d'un instrument ?

J'espère que tu vas bientôt m'envoyer un mail. Il y a tellement de choses que je voudrais savoir sur toi et sur la France, par exemple quelle musique tu écoutes et ce que tu fais avec tes amis le week-end.

A bientôt.

Sara

Hallo Sophie,

ich heiße Sara Schmidt und bin 15 Jahre alt. Gestern habe ich im Französischunterricht erfahren, dass du meine Austauschpartnerin bist! Und ich habe auch gesehen, dass wir fast genau gleich alt sind und die gleichen Hobbys haben:-)

Tja, was soll ich dir von mir erzählen? Ich lebe mit meinen Eltern und meinem kleinen Bruder Markus in Hamburg. Hast du auch Geschwister? Unsere Wohnung liegt am Stadtrand, und ich nehme die Straßenbahn ins Stadtzentrum, um zur Schule zu gehen. Am Wochenende fahre ich mit meinen Freunden oft in die Stadt zum Shoppen oder ins Kino.

Ich bin in der 9. Klasse des Mörike-Gymnasiums und lerne seit der 7. Klasse Französisch. Meine Lieblingsfächer sind Französisch (klar doch!), Sport und Mathe. In welche Klasse gehst du und welche Fächer magst du am liebsten?

Meine Hobbys sind die gleichen wie deine: Lesen, Kino und Radfahren. Außerdem lerne ich seit vier Jahren Klavier spielen. Spielst du auch ein Instrument?

Ich hoffe, du mailst mir bald. Es gibt sooooo viel, das ich über dich und über Frankreich wissen möchte, zum Beispiel welche Musik du hörst und was du mit deinen Freunden am Wochenende so unternimmst …

Liebe Grüße

Sara

Sich für die Gastfreundschaft bedanken
Remerciements après un séjour

Lindenstr. 18
01234 Dresden
Allemagne

Le 30 octobre 2015

Chère Mme Surel, cher M. Surel et cher Guillaume,

Je voulais encore vous remercier pour l'excellent séjour que j'ai passé chez vous.

Vous m'avez accueilli si chaleureusement et je suis un peu triste que le temps soit passé si vite.

Je n'oublierai jamais le week-end que nous avons passé au camping où nous nous sommes tant amusés. Je joins quelques photos que j'ai faites là-bas.

Mon prof de français a dit que j'ai amélioré mon français et j'ai eu une bonne note à l'interro que nous avons faite la semaine dernière. J'espère que je vais bien pouvoir me souvenir de toutes les nouvelles expressions que vous m'avez apprises.

Je suis très content que Guillaume vienne en avril. Mes parents et moi, nous avons déjà pensé à beaucoup de choses super que nous pourrons faire ensemble. Et j'espère que cela lui plaira aussi bien que cela m'a plu chez vous.

Bonjour à Marie et Benjamin.

J'espère que nous nous reverrons bientôt.

Amitiés

Tim

Liebe Mme Surel, lieber M. Surel und lieber Guillaume,

ich möchte mich nochmals für die wunderschöne Zeit bedanken, die ich mit Ihnen verbracht habe. Sie haben mich so freundlich aufgenommen, und ich bin ein bisschen traurig, dass die Zeit so schnell vorübergegangen ist.

Ich werde nie das Wochenende vergessen, das wir auf dem Campingpatz verbracht haben und das solchen Spaß gemacht hat! Ich lege einige der Fotos bei, die ich dort gemacht habe.

Mein Französischlehrer hat gesagt, dass mein Französisch viel besser geworden sei, und ich habe in der Klassenarbeit, die wir letzte Woche geschrieben haben, eine Eins bekommen! Ich hoffe, ich kann all die neuen Ausdrücke, die Sie mir beigebracht haben, gut im Gedächtnis behalten.

Ich freue mich sehr auf Guillaumes Besuch bei uns im nächsten April. Meine Eltern und ich haben schon viele Ideen für tolle Unternehmungen, und ich hoffe, es wird ihm hier genauso gut gefallen, wie es mir bei Ihnen gefallen hat.

Bitte grüßen Sie auch Marie und Benjamin von mir. Ich hoffe, dass wir uns bald wiedersehen.

Viele Grüße von

Tim

Eine Postkarte schreiben
Écrire une carte postale

Salut Lise,

Nous passons un excellent séjour à Paris. Jusqu'à maintenant, nous avons eu beau temps. Nous nous sommes beaucoup promenées à pied pour voir toutes les curiosités touristiques et nous avons bien apprécié de nous reposer à la terrasse de charmants petits cafés. Hier, nous avons fait une visite guidée de Notre-Dame. C'était vraiment impressionnant. Et cette après-midi, nous allons voir la tour Eiffel. Ici, les petits magasins et boutiques te plairaient beaucoup. Ils sont tellement raffinés et d'une grande originalité. Si ça te fait plaisir, nous te ramènerons un petit quelque chose d'ici …

A bientôt

Bisous

Catherine et Emma

Mlle Lise Simon

27, allée de Russie

44000 Nantes

Hallo, Lise,

wir verbringen herrliche Tage in Paris! Bis jetzt hatten wir gutes Wetter. Wir waren viel auf den Beinen, um uns all die Sehenswürdigkeiten anzusehen, und haben uns in netten kleinen Straßencafés die Füße ausgeruht. Gestern haben wir eine Führung in Notre Dame mitgemacht. Das war wirklich beeindruckend. Heute Nachmittag geht's zum Eiffelturm. Die kleinen Geschäfte und Boutiquen hier würden dir sehr gefallen – sie sind alle so elegant und originell. Wenn du magst, bringen wir dir eine hübsche Kleinigkeit von hier mit …

Mach's gut und bis bald.

Ganz liebe Grüße

Catherine und Emma

Verabredung mit Freunden
Se donner rendez-vous entre amis

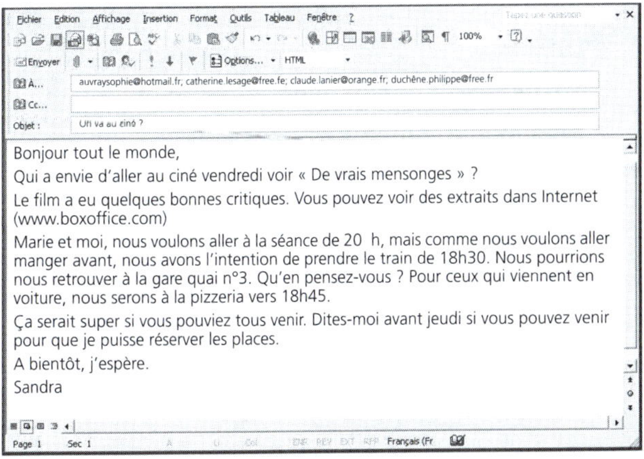

Bonjour tout le monde,

Qui a envie d'aller au ciné vendredi voir « De vrais mensonges » ?

Le film a eu quelques bonnes critiques. Vous pouvez voir des extraits dans Internet (www.boxoffice.com)

Marie et moi, nous voulons aller à la séance de 20 h, mais comme nous voulons aller manger avant, nous avons l'intention de prendre le train de 18h30. Nous pourrions nous retrouver à la gare quai n°3. Qu'en pensez-vous ? Pour ceux qui viennent en voiture, nous serons à la pizzeria vers 18h45.

Ça serait super si vous pouviez tous venir. Dites-moi avant jeudi si vous pouvez venir pour que je puisse réserver les places.

A bientôt, j'espère.

Sandra

Hallo Leute,

Wer hat Lust, am Freitag mit ins Kino zu gehen, um « De vrais mensonges » zu sehen?

Der Film hat ein paar gute Kritiken bekommen. Schaut euch die Vorschau unter www.boxoffice.com an.

Marie und ich wollen in die Vorstellung um 20 Uhr, aber weil wir vorher essen gehen möchten, haben wir vor, den Zug um 18.30 Uhr zu nehmen. Wie wär's, wenn wir uns um 18.25 Uhr auf Bahnsteig 3 treffen? Wer mit dem Auto kommt, kann uns dann so um 18.45 Uhr in der Pizzeria antreffen.

Wäre toll, wenn ihr alle kommen könntet! Gebt mir bis Donnerstag Bescheid, damit ich die Karten reservieren kann.

Dann – hoffentlich – bis Freitag!

Sandra

Eine Bewerbung um ein Praktikum
Candidature à un poste de stagiaire

Michael Müller
Lindenstr. 5
38444 Wolfsburg
Allemagne
Tél. 0049 05361123456
michael-müller@xyz.de

Madame Dumeux
Centre de loisirs
« L'océan »
2, rue des mouettes
56000 Vannes

le 10 décembre 2015

Objet : Candidature à un poste de stagiaire dans le centre de loisirs « L'océan »

Madame,

J'ai lu dans votre site Internet que vous cherchiez des bénévoles qui seraient prêts à travailler dans le centre de loisirs « L'océan », l'été prochain. Je souhaiterais poser ma candidature à un poste d'animateur stagiaire.

J'ai 16 ans et je fais du français depuis 4 ans à l'école. J'aimerais bien passer une partie de l'été en France pour améliorer mon français. J'ai l'intention de commencer une formation d'éducateur de jardin d'enfants en septembre prochain. A l'avenir, j'aimerais bien travailler dans un jardin d'enfants international.

J'ai déjà une certaine expérience des enfants car j'ai deux jeunes frères et une sœur dont je m'occupe souvent l'après-midi. J'aide également dans mon club de foot où j'enseigne le foot aux garçons de 7 à 11 ans. J'aime travailler avec les enfants et m'engager dans mon travail. Je suis dynamique et je prends volontiers des responsabilités.

Je pourrais travailler dans votre centre de loisirs du 20 juillet au 30 août. Pour l'herbergement, ça ne poserai aucune difficulté car je pourrais loger chez mon cousin à Vannes.

Je vous remercie de bien vouloir prendre le temps de lire ma lettre de candidature.

Dans l'espoir d'une réponse positive de votre part, je vous envoie mes meilleurs salutations.

Michael Müller

Liebe Frau Dumeux,

auf Ihrer Website habe ich gelesen, dass Sie Freiwillige suchen, die im nächsten Sommer im Ferienzentrum „L'océan" mitarbeiten wollen. Ich möchte mich gerne um die Stelle eines Spielbetreuers bewerben.

Ich bin 16 Jahre alt und lerne seit vier Jahren Französisch in der Schule. Ich würde gern einen Teil des Sommers in Frankreich verbringen, um meine Französischkenntnisse zu verbessern. Ich habe vor, nächsten September eine Ausbildung zum Erzieher zu beginnen. Zukünftig würde ich gerne in einem internationalen Kindergarten arbeiten.

Ich habe viel Erfahrung im Umgang mit Kindern, da ich zwei jüngere Brüder und eine Schwester habe, auf die ich nachmittags oft aufpasse. Ich engagiere mich auch in meinem Sportverein, wo ich den Sieben- bis Elfjährigen das Fußballspielen beibringe. Ich arbeite gern mit Kindern und bin gern aktiv. Außerdem bin ich verantwortungsbewusst und fleißig.

Ich könnte in der Zeit vom 20. Juli bis 30. August in Ihrem Ferienzentrum mitarbeiten. Die Unterkunft wäre kein Problem, da ich in der Nähe bei meinem Cousin in Vannes wohnen könnte.

Danke, dass Sie sich die Zeit nehmen, meine Bewerbung zu lesen. Ich freue mich auf eine Antwort von Ihnen.

Mit freundlichen Grüßen

Michael Müller

Lebenslauf
Curriculum vitæ

Curriculum vitæ

Michael Müller
Lindenstr. 5
38444 Wolfsburg
Allemagne
tél. (00 49) 05 36/1 12 34 56
e-mail : michael-müller@xyz.de

Né le 28/10/1999 à Wolfsburg

Formation scolaire

2006–2010	École primaire : Anne-Frank-Grundschule, Wolfsburg
2010–	Établissement secondaire : Brunnen-Realschule, Wolfsburg Brevet des collèges prévu au mois de mai 2016

Expériences

depuis 2013	entraineur de foot pour les jeunes le week-end et l'après-midi au club de sport Becker à Wolfsburg
avril 2014	séjour de deux semaines dans le cadre d'un échange à Rennes
nov. 2013 –nov. 2015	petit job d'après-midi distribution de prospectus de publicité dans les environs (à peu près 3 heures par semaine)
depuis 2012	membre du club de foot de l'école
depuis 2008	membre du club de sport Becker

Langues

Allemand	langue maternelle
Français	bonnes connaissances à l'écrit comme à l'oral
Anglais	connaissances de base

Loisirs et intérêts	voyages foot-ball volley-ball

Lebenslauf

Michael Müller
Lindenstr. 5
38444 Wolfsburg
Deutschland
Tel.: +49 05361 123456
E-Mail: michael.müller@xyz.de

geboren am 28.10.1999 in Wolfsburg, Deutschland

Schule

2006–2010	Grundschule: Anne-Frank-Grundschule, Wolfsburg
2010–	Weiterführende Schule: Brunnen-Realschule, Wolfsburg Abschlussprüfung voraussichtlich im Mai 2016

Praktische Erfahrung

Seit 2013	Fußballtrainer für Jungen (an Wochenenden und nachmittags) im Becker-Sportverein, Wolfsburg
April 2014	Zweiwöchiger Aufenthalt in Rennes als Austauschschüler
November 2013–November 2015	Nachmittagsjob als Austräger von Werbeprospekten und Zeitungen in der Umgebung (circa 3 Stunden pro Woche)
seit 2012	Mitglied des Schulfußballvereins
seit 2008	Mitglied des Becker-Sportvereins

Sprachen

Deutsch	Muttersprache
Französisch	gute Kenntnisse in Wort und Schrift
Englisch	Grundkenntnisse

Kenntnisse und Hobbys Reisen, Fußball, Volleyball

Französische SMS-Abkürzungen

Einige Abkürzungen, die in französischen SMS verwendet werden, sind dadurch gekennzeichnet, dass sie mit den französischen Ausspracheregeln spielen. Sie tun das auf sehr ökonomische Weise, indem sie das eigentliche Wort – also den Begriff, für den sie stehen – in der Schreibung stark verkürzen, seine Aussprache jedoch kaum oder gar nicht verändern. Die Buchstabenfolge *ct* beispielsweise wird genau wie *c'était* oder *c'étaient* ausgesprochen, ist aber viel einfacher und schneller zu schreiben.

Andere Abkürzungen stellen das reine Konsonantenskelett des eigentlichen Worts dar, etwa *bcp* (für *beaucoup*) oder *jms* (für *jamais*). Die richtige Deutung und Aussprache ist hier nicht leicht. Schließlich gibt es noch zahlreiche abgehackte Wörter, von denen nur der vordere Teil erhalten bleibt, zum Beispiel *celib* (für *célibataire*) oder *cop* (für *copine*). Diese Art der Wortschöpfung ist im Französischen schon seit Langem beliebt, wie etwa *manif* (für *manifestation*) und *prof* (für *professeur*) zeigen. In Zeiten von SMS und Twitter ist sie natürlich besonders populär.

Im Gegensatz zu den englischen SMS-Abkürzungen – von denen viele ja auch in deutschen SMS gebräuchlich sind –, enthalten die französischen kaum Ziffern. Aus Buchstaben und Ziffern zusammengesetzte Kürzel wie *b4* für *before (bevor, vorher)* oder *2nite* für *tonight (heute Abend)* kommen in französischen SMS fast gar nicht vor.

auj	aujourd'hui	heute
avt	avant	vorher, vor
bb	bébé	Baby
bcp	beaucoup	viel; sehr
bi1to	bientôt	bald
bis **biz** **bsx**	bise, bises bisou, bisous	liebe Grüße, alles Liebe
c	c'est ces	das ist diese
ct	c'était c'étaient	das war das waren
celib	célibataire	Single
coms	ommentaires	Kommentare
convers	conversations	Gespräche
cop	copine	Freundin
dc	donc	also, folglich
dsl	désolé	tut mir leid
ens	ensemble	zusammen
ét	était étaient	war waren
g	j'ai	ich habe
gspèr	j'espère	hoffentlich, ich hoffe
gde	grande	groß
gt	j'étais	ich war
jms	jamais	nie, niemals

jtdr	je t'adore	ich liebe dich
k **en tt k**	cas en tout cas	Fall jedenfalls; auf jeden Fall
kan	quand	wann
ki	qui	wer; wen
kkchose	quelque chose	etwas
koi	quoi	was
kon	qu'on	was man; dass man; damit man; was wir; dass wir; damit wir
lgtps	longtemps	lang
mdr **mdrrr**	mort de rire	lol (*laughing out loud,* ich lach mich tot)
mm	même	sogar
mmt	moment	Moment; Zeit
mnt	maintenant	jetzt
nvl	nouvelles	Neuigkeiten, Neues
pcq	parce que	weil
pk	pourquoi	warum
pr	pour	für; wegen
ptdrr	pêté de rire	lol (*laughing out loud,* ich lach mich tot)
qd	quand	wann
qqn	quelqu'un	jemand; jemanden
mfR	me faire	aufreißen
rdv	rendez-vous	Verabredung; Date
sa	ça	das
sayai	ça y est	so; schon gut; *(ironisch)* na prima
slt	salut	hi
svt	souvent	oft
t	t'es	du bist
ta ka	tu n'as qu'à	du brauchst nur, du musst nur
tjr **tjs**	toujours	immer
tkt pas	t'inquiète pas	mach dir keine Sorgen, mach dir keinen Kopf
tps	temps	Zeit; Wetter
tt **tte**	tout toute	alles; alle; ganz
tt	t'étais	du warst
tsé koi	tu sais quoi	weißt du was
v	vais	(ich) werde
vac **vacs**	vacances	Ferien
x	xcuse	Entschuldigung

A a

A, a [aː] <-, -> *nt* A *m*/a *m* ▸ **das A und [das] O einer S.** (*Gen*) l'essentiel *m* de qc; **von A bis Z** *fam* de A à Z

à [a] *Präp.* + *Nom.* **à ein Liter/drei Euro** à un litre/trois euros

Ä, ä [ɛː] <-, -> *nt* A *m*/a *m* tréma

Aachen ['aːxən] <-s> *nt* Aix-la-Chapelle

Aal [aːl] <-[e]s, -e> *m* anguille *f*

aalen *refl. V. fam* **sich in der Sonne ~** se prélasser au soleil

aalglatt *Adj.* glissant(e) comme une anguille

Aargau ['aːɐgau] <-s> *m* **der ~** l'Argovie *f*

Aas [aːs] <-es, -e> *nt* ❶ charogne *f* ❷ <Äser> *fam* (*Schimpfwort*) salaud *m*/salope *f*

Aasgeier <-s, -> *m* vautour *m*

ab [ap] **I.** *Präp.* + *Dat.* ❶ (*räumlich*) **~ hier** à partir d'ici; **der Zug fährt ~ Hamburg** le train part de Hambourg ❷ (*zeitlich*) **~ nächster Woche** à partir de la semaine prochaine; **~ sofort** dès maintenant ❸ COM **der Preis ~ Werk** le prix au départ usine **II.** *Adv.* ❶ **Berlin ~ 14.15 Uhr** départ de Berlin [à] 14 h 15 ❷ *fam* (*abgelöst*) **ein Knopf ist ~** j'ai perdu un bouton ▸ **~ und zu** de temps en temps

ab|ändern *tr. V.* (*Text*) remanier; (*Gesetzentwurf*) amender

Abänderung *f* (*eines Textes*) modification *f;* (*eines Urteils*) réformation *f*

abartig **I.** *Adj. fam* déviant(e) **II.** *Adv.* de manière anormale

Abbau <-s> *m* ❶ (*eines Gerüsts*) démontage *m* ❷ MIN exploitation *f* ❸ CHEM filtrage *m* ❹ (*von Arbeitskräften*) réduction *f;* (*von Leistungen*) suppression *f*

abbaubar *Adj.* CHEM, ÖKOL décomposable; **biologisch ~** biodégradable

ab|bauen **I.** *tr. V.* ❶ (*Gerüst*) démonter ❷ MIN **Kohle ~** exploiter du charbon ❸ (*Arbeitsstellen*) supprimer ❹ CHEM **etw ~** filtrer qc **II.** *intr. V. fam* connaître une baisse de régime

ab|beißen *unreg* **I.** *tr. V.* (*durchbeißen*) **etw ~** couper qc avec les dents **II.** *intr. V.* mordre

ab|beizen *tr. V.* (*Tür*) décaper

ab|bekommen* *tr. V. unreg fam* ❶ recevoir; **jeder bekommt etwas ab** tout le monde en aura ❷ (*Kratzer*) récolter; **etwas ~** (*Auto*) être esquinté ❸ (*loslösen können*) enlever

ab|bestellen* *tr. V.* (*Ware*) décommander; (*Hotelzimmer*) annuler la réservation de

ab|bezahlen* *tr. V.* (*Schulden*) rembourser [à tempérament], payer; **hast du dein Auto schon abbezahlt?** tu as déjà fini de payer ta voiture ?

ab|biegen *intr. V. unreg* + *sein* **nach links/rechts ~** tourner à gauche/à droite

Abbild *nt* ❶ *a. fig* (*Bild*) image *f* ❷ (*Plastik*) représentation *f*

ab|bilden *tr. V.* représenter

Abbildung <-, -en> *f* ❶ illustration *f;* (*einer Person*) représentation *f* ❷ MATH projection *f*

ab|binden *unreg* **I.** *tr. V.* ❶ (*Krawatte*) dénouer ❷ (*Arm*) mettre un garrot à; (*Arterie*) ligaturer **II.** *intr. V.* (*Beton*) prendre

ab|blasen *tr. V. unreg fam* annuler

ab|blättern *intr. V.* + *sein* **von etw ~** (*Farbe*) s'écailler de qc

ab|blenden **I.** *intr. V.* CINE couper **II.** *tr. V.* **die Scheinwerfer ~** se mettre en code[s]

Abblendlicht *nt* codes *mpl*

ab|blitzen *intr. V.* + *sein fam* **jdn ~ lassen** envoyer balader qn

ab|blocken *fam* **I.** *tr. V.* **jdn/etw ~** faire barrage à qn/qc **II.** *intr. V.* refuser la discussion

ab|brechen *unreg* **I.** *tr. V.* + *haben* ❶ (*Ast*) casser; (*Blüte*) cueillir; **ein Stück von etw ~** couper un morceau de qc ❷ (*Lager*) lever; (*Zelt*) démonter ❸ (*Beziehungen*) rompre ❹ INFORM annuler **II.** *intr. V.* ❶ + *sein* (*kaputtgehen*) se casser ❷ (*Verhandlungen*) s'interrompre

ab|bremsen **I.** *tr. V.* (*Fahrzeug*) réduire la vitesse de **II.** *intr. V.* (*Person*) ralentir sa vitesse

ab|brennen *unreg* **I.** *tr. V.* + *haben* (*Sträucher*) brûler; (*Feuerwerk*) tirer;

A

(*Dorf*) incendier **II.** *intr. V. + sein* (*Kerze*) se consumer; (*Dorf*) être détruit par un incendie ▸ **abgebrannt sein** *fam* être à sec

ab|bringen *tr. V. unreg* **jdn vom Weg/vom Thema ~** détourner qn du chemin/du sujet; **jdn davon ~, etw zu tun** dissuader qn de faire qc; **sich von einer Meinung nicht ~ lassen** ne pas vouloir se défaire d'une opinion

ab|bröckeln *intr. V. + sein* **von etw ~** s'effriter de qc

Abbruch *m* ❶ (*Abriss*) démolition *f* ❷ (*von Beziehungen*) rupture *f;* (*einer Reise*) arrêt *m* ❸ MED interruption *f*

abbruchreif *Adj.* ❶ (*baufällig*) bon(ne) pour la démolition ❷ CH (*schrottreif*) bon(ne) pour la casse

ab|buchen *tr. V.* prélever

Abbuchung *f* prélèvement *m*

ab|bürsten **I.** *tr. V.* (*reinigen*) brosser **II.** *refl. V.* **sich ~** brosser ses vêtements

ab|büßen *tr. V.* (*Strafe*) purger; (*Schuld*) expier

Abc [a(:)be(:)'tse:] <-, -> *nt* alphabet *m*

ABC-Waffen *Pl*MIL armes *fpl* ABC

ab|danken *intr. V.* (*Minister*) démissionner; (*Herrscher*) abdiquer

Abdankung <-, -en> *f* (*eines Ministers*) démission *f;* (*eines Herrschers*) abdication *f*

ab|decken *tr. V.* ❶ (*Tisch*) débarrasser; **das Dach ~** (*Person*) démonter la toiture; (*Sturm*) arracher les tuiles du toit ❷ (*bedecken*) recouvrir ❸ FIN **etw mit etw ~** couvrir qc par qc

ab|dichten *tr. V.* (*Ritzen*) colmater; (*Rohr*) étancher; **~ gegen** isoler contre

ab|drehen **I.** *tr. V. + haben* ❶ (*Gas*) fermer; (*Licht*) éteindre ❷ CINE tourner **II.** *intr. V. + haben o sein* (*Schiff, Flugzeug*) changer de cap

ab|driften *intr. V. + sein* dériver

Abdruck[1] <-drücke> *m* empreinte *f*

Abdruck[2] <-drucke> *m* ❶ (*Veröffentlichung*) parution *f* ❷ *kein Pl.* (*das Nachdrucken*) reproduction *f*

ab|drucken *tr. V.* faire paraître; **abgedruckt werden** (*Artikel*) paraître

ab|drücken **I.** *tr. V.* MED comprimer **II.** *intr. V.* tirer

ab|ebben *intr. V. + sein* (*Wut*) passer; (*Lärm*) diminuer

abend[ALT] *Adv. s.* **Abend**

Abend ['a:bənt] <-s, -e> *m* (*Tageszeit*) soir *m;* **jeden ~** tous les soirs; **am ~** (*heute Abend*) ce soir; (*jeden Abend*) le soir; **heute/gestern/morgen ~** ce/hier/demain soir; **am frühen/späten ~** tôt/tard dans la soirée; **am ~ des 13.** le 13 au soir; **~ für ~** soir après soir; **eines schönen ~s** un beau soir; **gegen ~** vers le soir; **es wird ~** le soir tombe; **es ist ~** il fait nuit; **zu ~ essen** *geh* dîner; **guten ~!** bonsoir !

Abendbrot *nt:* repas froid du soir, **~ essen** dîner [froid] **Abenddämmerung** *f* crépuscule *m* **Abendessen** *nt* dîner *m*

abendfüllend *Adj.* qui occupe toute la soirée

Abendkasse *f* caisse *f* **Abendkleid** *nt* robe *f* du soir **Abendland** *nt kein Pl. geh* **das ~** l'Occident *m*

abendländisch ['a:bəntlɛndɪʃ] *Adj.* occidental(e)

Abendmahl *nt kein Pl.* REL **das ~** la sainte Cène **Abendrot** *nt* coucher *m* de soleil

abends ['a:bənts] *Adv.* (*heute Abend*) ce soir; (*jeden Abend*) le soir

Abendschule *f* cours *mpl* du soir **Abendvorstellung** *f* séance *f* du soir

Abenteuer ['a:bəntɔyɐ] <-s, -> *nt a. fig* aventure *f*

abenteuerlich *Adj.* ❶ (*Reise*) riche en aventures; (*Leben*) aventureux(-euse); **ein ~es Erlebnis** une aventure ❷ (*Geschichte*) rocambolesque

Abenteuerlust *f* attrait *m* de l'aventure

Abenteurer(in) ['a:bəntɔyrɐ] <-s, -> *m(f)* aventurier(-ière) *m(f)*

aber ['a:bɐ] *Konj.* ❶ (*jedoch*) mais; **~ dennoch, ...** et pourtant ... ❷ (*wirklich*) **das ist ~ nett von Ihnen** ça, c'est sympa [de votre part]; **~ selbstverständlich!** mais bien sûr !; **oder ~** ou bien [alors] ❸ (*oh*) voyons; **~, ~!** [voyons,] voyons !

Aberglaube[n] *m* superstition *f*

abergläubisch ['a:bɐglɔybɪʃ] *Adj.* superstitieux(-euse)

ab|erkennen* *tr. V. unreg* **jdm einen Titel ~** retirer un titre à qn; **jdm ein Recht ~** priver qn d'un droit

Aberkennung <-, -en> *f* (*eines Titels*) dépossession *f;* (*eines Rechts*) privation *f*

abermals ['a:bɐma:ls] *Adv.* une nouvelle fois

ab|ernten *tr. V.* récolter; **die Obstbäume** ~ récolter les fruits des arbres

abertausend *Num. geh* des milliers [et des milliers]

abfahrbereit *s.* **abfahrtbereit**

ab|fahren *unreg* **I.** *intr. V. + sein* ❶ partir ❷ SPORT descendre [à skis] ❸ *fam* (*beeindruckt sein*) **auf jdn/etw** ~ craquer pour qn/qc **II.** *tr. V. + haben o sein* (*Strecke*) inspecter; **ein Land** ~ parcourir un pays [de long en large] **III.** *refl. V. + haben* **sich** ~ (*Reifen*) s'user

Abfahrt *f* ❶ (*eines Zugs*) départ *m* ❷ (*Autobahnabfahrt*) sortie *f* ❸ SPORT descente *f*

abfahrtbereit *Adj.* prêt(e) à partir

Abfahrtslauf *m* descente *f* **Abfahrtszeit** *f* heure *f* de départ

Abfall <-[e]s, Abfälle> *m* ❶ déchets *mpl*; (*Müll*) ordures *fpl* ❷ *kein Pl.* POL sécession *f* ❸ REL apostasie *f*

Abfallbeseitigung *f* collecte *f* et traitement des déchets **Abfalleimer** *m* poubelle *f*

ab|fallen *intr. V. unreg + sein* ❶ (*herunterfallen*) **von etw** ~ tomber de qc ❷ (*abtrünnig sein: Gläubiger*) apostasier; (*Gruppierung*) faire sécession ❸ (*schwinden*) **von jdm** ~ (*Scheu*) disparaître de qn ❹ (*sich neigen*) **gegen etw** ~ (*Gelände, Hang*) descendre vers qc; **~d** en pente

Abfallhaufen *m* tas *m* d'ordures

abfällig **I.** *Adj.* dédaigneux(-euse) **II.** *Adv.* avec dédain

Abfallprodukt *nt* ❶ CHEM résidu *m* ❷ (*Nebenprodukt*) sous-produit *m* **Abfallverwertung** *f* recyclage *m* [des déchets]

ab|fangen *tr. V. unreg* ❶ (*aufhalten*) intercepter ❷ (*abwehren*) amortir

ab|färben *intr. V. a. fig* déteindre

ab|fassen *tr. V.* rédiger

ab|federn **I.** *tr. V. + haben* ❶ (*Sprung, Stoß*) amortir; (*Wagen*) améliorer la suspension de ❷ (*Verlust*) freiner **II.** *intr. V. + haben o sein*SPORT (*hochfedern*) prendre de l'élan; (*zurückfedern*) se recevoir [au sol]

ab|fertigen *tr. V.* ❶ (*versandfertig machen*) enregistrer ❷ (*be- und entladen*) s'occuper du fret de ❸ (*Passagier*) servir; **jdn am Zoll** ~ contrôler qn à la douane ❹ (*behandeln*) **jdn barsch/kurz** ~ expédier qn durement/rapidement

Abfertigung *f* ❶ (*eines Kunden*) service *m;* (*von Reisenden*) contrôle *m;* (*von Paketen*) expédition *f* ❷ (*Abfertigungsstelle*) enregistrement *m* ❸ A (*Abfindung*) dédommagement *m*

Abfertigungsschalter *m* guichet *m* d'enregistrement

ab|feuern *tr. V.* (*Schuss*) tirer

ab|finden *unreg* **I.** *tr. V.* **jdn großzügig** ~ dédommager qn généreusement **II.** *refl. V.* **sich mit jdm/etw** ~ s'accommoder de qn/qc

Abfindung <-, -en> *f* dédommagement *m*

ab|flachen **I.** *intr. V. + sein* (*Niveau*) baisser; (*Diskussion*) s'effriter **II.** *tr. V. + haben* (*Wall*) niveler

ab|flauen ['apflauən] *intr. V. + sein* ❶ (*Wind*) faiblir; **~d** faible ❷ (*Interesse*) retomber

ab|fliegen *intr. V. unreg + sein* (*Passagier*) partir; (*Flugzeug*) décoller; **nach München** ~ s'envoler pour Munich; **von Hamburg** ~ décoller de Hambourg

ab|fließen *intr. V. unreg + sein* ❶ s'écouler ❷ (*sich entleeren*) se vider ❸ FIN **ins Ausland** ~ fuir à l'étranger

Abflug *m* (*eines Passagiers*) départ *m* [en avion]; (*eines Flugzeugs*) décollage *m*

abflugbereit *Adj.* ~ **sein** (*Passagier*) être prêt à s'envoler; (*Flugzeug*) être prêt au décollage

Abflughalle *f* salle *f* d'embarquement

Abfluss[RR] *m* ❶ *kein Pl.* (*das Abfließen*) écoulement *m; fig* (*von Kapital*) fuite *f* ❷ (*Abflussrohr*) [conduit *m* d']écoulement *m*

Abflussreiniger[RR] *m* déboucheur *m* **Abflussrohr**[RR] *nt* collecteur *m*

Abfrage *f* INFORM requête *f*

ab|fragen *tr. V.* ❶ **jdn etw** ~ interroger qn sur qc ❷ INFORM consulter

Abfuhr ['apfuːɐ] <-, -en> *f* ❶ *kein Pl. form* (*Abtransport*) ramassage *m* ❷ (*Zurückweisung*) **jdm eine ~ erteilen** opposer une fin de non-recevoir à qn

ab|führen **I.** *tr. V.* ❶ (*Person*) emmener; **~!** emmenez-le/emmenez-la ! ❷ (*bezahlen*) **etw an jdn/etw** ~ verser qc à qn/qc **II.** *intr. V.* MED être laxatif

Abführmittel *nt* laxatif *m*

A

ab|füllen *tr. V.* ① (*abziehen*) tirer; **etw in Flaschen ~** mettre qc en bouteilles ② *fam* (*betrunken machen*) soûler la gueule à

Abgabe *f* ① *meist Pl.* taxe *f*; **jährliche ~n** impôts *mpl* ② *kein Pl.* (*des Balls*) passe *f* ③ *kein Pl.* (*Verkauf*) vente *f* ④ *kein Pl.* (*Abstrahlung*) rayonnement *m* ⑤ *kein Pl.* (*das Abliefern*) dépôt *m* ⑥ *kein Pl.* (*eines Urteils*) délivrance *f*

abgabenfrei *Adj.* exonéré(e) d'impôts **abgabenpflichtig** *Adj.* assujetti(e) à l'impôt

Abgabetermin *m* date *f* limite de remise

Abgang <-gänge> *m* ① **sich für einen vorzeitigen ~ von der Schule entscheiden** se décider à quitter l'école prématurément ② *kein Pl.* (*Ausscheiden aus einem Amt*) départ *m* ③ *kein Pl.* THEAT sortie *f* ④ *kein Pl.* (*Absendung*) expédition *f* ⑤ A (*Fehlbetrag*) débit *m*

Abgänger(in) <-s, -> *m(f)* *form* élève *mf* qui quitte l'école

Abgangszeugnis *nt* certificat *m* de fin de scolarité

Abgas *nt meist Pl.* gaz *mpl* d'échappement

abgasarm *Adj.* (*Auto*) propre; **~ sein** polluer peu **abgasfrei** **I.** *Adj.* non polluant(e); **~ sein** ne pas produire de gaz d'échappement **II.** *Adv.* sans polluer **Abgasuntersuchung** *f* contrôle *m* antipollution

ab|geben *unreg* **I.** *tr. V.* ① **etw an jdn ~** (*verschenken*) donner qc à qn; (*verkaufen*) céder qc à qn ② (*hinterlegen*) **etw bei jdm ~** déposer qc chez qn ③ (*Meinung*) donner; **eine Stellungnahme zu etw ~** émettre une opinion à propos de qc ④ POL donner; **die abgegebenen Stimmen** les suffrages *mpl* [exprimés] ⑤ (*einreichen*) rendre ⑥ (*Auftrag*) laisser ⑦ (*abfeuern*) **einen Schuss auf jdn/etw ~** tirer sur qn/qc ⑧ (*Wärme*) émettre ⑨ (*Ball*) passer; **Punkte/den Platz an jdn ~** céder des points/la place à qn **II.** *refl. V.* ① **sich nicht mit Kleinigkeiten ~** ne pas perdre son temps avec des babioles ② *pej* (*sich einlassen*) **sich mit jdm ~** fréquenter qn

abgedroschen *Adj. pej fam* rebattu(e)

abgegriffen *Adj.* (*abgenutzt*) abîmé(e)

abgehackt **I.** *Adj.* (*Sprechweise*) haché(e) **II.** *Adv.* **~ sprechen** avoir un débit haché

abgehärtet *Adj.* **gegen Schnupfen ~ sein** être résistant aux rhumes

ab|gehen *unreg* **I.** *intr. V.* + *sein* ① **von etw ~** (*Farbe*) partir de qc; (*Knopf*) se détacher de qc ② (*abgezogen werden*) **davon gehen fünf Prozent ab** il faut en déduire cinq pour cent ③ (*abzweigen*) **von etw ~** (*Straße, Weg*) quitter qc ④ (*Abstand nehmen*) **von einer Forderung ~** renoncer à une revendication ⑤ (*Zug*) partir; (*Schiff*) appareiller ⑥ *fam* (*fehlen*) **jdm geht etw ab** qn manque de qc ⑦ (*fortgehen*) **von der Schule ~** quitter l'école ⑧ MED être expulsé ⑨ (*verlaufen*) **ohne Komplikationen ~** se passer sans complications ⑩ *fam* (*passieren*) se passer **II.** *tr. V.* + *sein* ① (*absuchen*) **die Straße ~** repasser dans la rue ② (*in Augenschein nehmen*) **eine Strecke ~** parcourir un itinéraire

abgehetzt *Adj.* stressé(e)

abgehoben *Adj.* ① (*Sprache*) abstrait(e); (*Vorstellung*) irréaliste ② (*weltfremd*) coupé(e) du réel

abgekartet ['apgəkartət] *Adj. fam* goupillé(e) à l'avance

abgelegen *Adj.* isolé(e)

ab|gelten *tr. V. unreg* (*Ansprüche*) acquitter

abgeneigt *Adj.* **jdm nicht ~ sein** ne pas être mal disposé envers qn; **nicht ~ sein etw zu tun** avoir bien envie de faire qc

Abgeordnete(r) *f(m) dekl wie Adj* député(e) *m(f)*

Abgesandte(r) *f(m) dekl wie Adj geh* émissaire *m;* POL ambassadeur(-drice) *m(f)*

abgeschieden ['apgəʃiːdən] *geh Adj., Adv.* loin de tout

Abgeschiedenheit <-> *f* isolement *m*

abgeschlossen *Adj. attr* (*Wohnung*) indépendant(e); (*Grundstück*) clos(e)

abgeschmackt ['apgəʃmakt] *Adj.* de mauvais goût

abgesehen *Adv.* **~ von ihm/dieser Frage** [mis] à part lui/cette question; **~ davon, dass ...** mis à part [le fait] que ...

ạbgespannt *Adj.* fatigué(e)

ạbgestanden ['apgəʃtandən] *Adj.* (*Bier*) éventé(e); (*Wasser*) pas frais(fraîche); (*Luft*) vicié(e)

ạbgestumpft *Adj.* (*Person*) endurci(e); (*Gewissen*) émoussé(e)

ạb|gewinnen* *tr. V. unreg* (*mögen*) **einer S.** (*Dat*) **etwas/nichts ~** apprécier qc/ne trouver aucun plaisir à qc

ạb|gewöhnen* *tr. V.* **jdm etw ~** faire perdre qc à qn; **sich** (*Dat*) **etw ~** arrêter de faire qc

ạb|gleiten *intr. V. unreg + sein geh* (*abrutschen*) glisser

Ạbgott *m*, **-göttin** *f* idole *f*

ạbgöttisch ['apgœtɪʃ] **I.** *Adj.* idolâtre (*soutenu*) **II.** *Adv.* jusqu'à l'idolâtrie; **jdn ~ lieben** idolâtrer qn

ạb|grenzen **I.** *tr. V.* délimiter **II.** *refl. V.* **sich gegen jdn/etw ~** se démarquer de qn/qc

Ạbgrenzung <-, -en> *f* ❶ *kein Pl.* délimitation *f;* (*eines Grundstücks*) clôture *f* ❷ (*von Begriffen*) définition *f* ❸ (*das Abgrenzen*) démarcation *f*

Ạbgrund *m a. fig* abîme *m*

ạbgrundtief *Adj.* très profond(e)

ạb|gucken *fam* **I.** *tr. V.* **die Lösung von jdm ~** pomper la solution sur qn **II.** *intr. V.* **bei jdm ~** (*Schüler*) copier sur qn

Ạbguss[RR] *m* KUNST moulage *m*

ạb|hacken *tr. V.* **einen Baum/Ast ~** abattre un arbre/couper une branche [à la hache]; **sich** (*Dat*) **etw ~** se trancher qc

ạb|haken *tr. V.* ❶ cocher ❷ (*Affäre*) tirer un trait sur; (*Sache*) classer

ạb|halten *tr. V. unreg* ❶ (*Wahlen*) organiser ❷ (*Kälte*) protéger de ❸ (*hindern*) **jdn davon ~ etw zu tun** empêcher qn de faire qc; **sich von etw ~ lassen** se laisser dissuader par qc

ạb|handeln *tr. V.* (*Thema*) traiter

abhạnden|kommen [ap'handən-] *intr. V. unreg* disparaître

Ạbhandlung *f* étude *f*

Ạbhang *m* versant *m*

ạb|hängen[1] *intr. V. unreg* ❶ *+ haben* **von jdm/etw ~** dépendre de qn/qc ❷ *+ sein* (*Fleisch*) rassir

ạb|hängen[2] *tr. V. + haben* ❶ (*abkuppeln*) **etw von etw ~** décrocher qc de qc ❷ *fam* (*hinter sich lassen*) **jdn/etw ~** semer qn/qc

ạbhängig *Adj.* ❶ **von etw ~ sein** dépendre de qc ❷ *euph* (*süchtig*) dépendant(e)

Ạbhängige(r) *f(m) dekl wie Adj* personne *f* dépendante; (*Süchtiger*) toxicomane *mf*

Ạbhängigkeit <-, -en> *f* ❶ *kein Pl.* **in ~ von einer S. erfolgen** avoir lieu en relation étroite avec qc ❷ (*Angewiesensein*) **~ von jdm** dépendance *f* à l'égard de qn; **ihre gegenseitige ~** leur interdépendance ❸ *euph* (*Sucht*) dépendance *f*

ạb|härten **I.** *tr., intr. V.* **[jdn] gegen etw ~** endurcir [qn] à qc **II.** *refl. V.* **sich gegen Kälte ~** s'endurcir au froid

ạb|hauen[1] <hieb ab, abgehauen> *tr. V.* **einen Baum ~** abattre un arbre [à la hache]

ạb|hauen[2] <haute ab, abgehauen> *intr. V. + sein fam* (*fortgehen*) se casser

ạb|heben *unreg* **I.** *intr. V.* ❶ **von etw ~** (*Flugzeug*) décoller de qc ❷ (*den Hörer abnehmen*) décrocher ❸ SPIEL couper ❹ *fam* (*spinnen*) déconner **II.** *tr. V. unreg* ❶ **Geld vom Konto ~** retirer de l'argent de son compte ❷ (*Karte*) tirer ❸ (*Masche*) rabattre **III.** *refl. V.* ❶ **sich von jdm/etw ~** se distinguer de qn/qc ❷ (*sich abzeichnen*) **sich vom Himmel ~** (*Silhouette*) se détacher du ciel

ạb|heften *tr. V.* (*Papiere*) archiver

ạb|heilen *intr. V.* (*Wunde*) guérir

ạb|helfen *intr. V. unreg* **einem Missstand ~** remédier à un inconvénient

Ạbhilfe *f* remède *m;* **~ schaffen** trouver le remède qui s'impose

ạb|hobeln *tr. V.* raboter

ạb|holen *tr. V.* ❶ (*hingehen und mitnehmen*) aller chercher; (*kommen und mitnehmen*) venir chercher; **jdn/etw ~ lassen** faire chercher qn/qc ❷ *euph* (*verhaften*) emmener

Ạbholmarkt *m* libre-service *m* **Ạbholpreis** *m* prix *m* à emporter

ạb|holzen *tr. V.* (*Bäume*) abattre; (*Gebiet*) déboiser

Ạbhöranlage *f* table *f* d'écoute

ạb|horchen *tr. V.* MED ausculter

ạb|hören *tr. V.* ❶ (*Gespräch*) écouter; **von jdm abgehört werden** être mis sur écoute par qn ❷ (*Schüler*) interroger ❸ MED ausculter

abhörsicher *Adj.* antiécoute *inv.*

Abi ['abi] <-s, -s> *nt fam Abk. von* **Abitur** ≈ bac *m*

Abitur [abi'tu:ɐ̯] <-s, -e> *nt* ≈ baccalauréat *m*

> **Das Abitur** est l'examen obtenu à la fin de la dernière année du *Gymnasium* (lycée) et il permet l'accès à une université. C'est l'équivalent du baccalauréat en France et il sanctionne 12 ou 13 ans de scolarité, selon les *Länder.*
> En Autriche et en Suisse, l'**Abitur** s'appelle *Matura* ou *Maturität.*

Abiturient(in) [abituri̯'ɛnt] <-en, -en> *m(f)* bachelier(-ière) *m(f)*

Abiturzeugnis *nt* [diplôme *m* du] baccalauréat *m*

ab|kapseln *refl. V.* **sich ~** ❶ (*sich isolieren*) s'isoler du monde; **sich von jdm/etw ~** s'isoler de qn/qc ❷ MED s'enkyster

ab|kassieren* **I.** *tr. V.* ❶ **jdn/etw ~** (*Bedienung*) encaisser qn/qc ❷ *fam* (*einnehmen*) empocher **II.** *intr. V.* ❶ (*abrechnen*) **bei jdm ~** (*Bedienung*) encaisser l'addition de qn ❷ *fam* (*finanziell profitieren*) palper

ab|kaufen *tr. V.* ❶ **jdm etw ~** acheter qc à qn ❷ *fam* (*glauben*) **ich kaufe dir das nicht ab!** tu me feras pas gober ça !

ab|kehren*geh* **I.** *tr. V.* (*Blick*) détourner **II.** *refl. V.* **sich von etw ~** se détourner de qc

ab|klappern *tr. V. fam* ratisser; **alle Läden nach etw ~** faire tous les magasins pour trouver qc

Abklatsch <-[e]s, -e> *m pej* pâle imitation *f*

ab|klingen *intr. V. unreg + sein* ❶ **etw klingt ab** [l'intensité de] qc diminue ❷ (*Wut*) [re]tomber; (*Erkältung*) guérir; (*Fieber*) baisser

ab|knallen *tr. V. pej fam* descendre

ab|knicken **I.** *tr. V. + haben* (*Blume*) [plier et] casser; (*Papier*) plier **II.** *intr. V. + sein* ❶ (*Blume*) [plier et] casser ❷ (*abzweigen*) bifurquer; **von etw ~** (*Straße*) quitter qc

ab|knöpfen *tr. V.* ❶ **etw von etw ~** déboutonner qc de qc ❷ *fam* (*abverlangen*) **jdm etw ~** taxer qc à qn

ab|knutschen *tr. V. pej fam* (*küssen*) **jdn ~** rouler une pelle à qn; **sich ~** se rouler des pelles

ab|kochen *tr. V.* (*Wasser*) faire bouillir

ab|kommandieren* *tr. V.* **jdn ins Gebirge ~** détacher qn à la montagne

ab|kommen *intr. V. unreg + sein* ❶ (*abweichen*) **vom Weg ~** dévier du chemin ❷ (*aufgeben*) **von einer Gewohnheit ~** perdre une habitude ❸ (*abschweifen*) perdre le fil; **vom Thema ~** s'écarter d'un sujet

Abkommen <-s, -> *nt* accord *m*

abkömmlich ['apkœmlɪç] *Adj.* **~ sein** être disponible

Abkömmling ['apkœmlɪŋ] <-s, -e> *m geh* descendant *m*

ab|können *tr. V. unreg fam* (*leiden können*) **jdn nicht ~** ne pas pouvoir blairer qn; **etw nicht ~** ne pas supporter qc

ab|kratzen **I.** *tr. V. + haben* (*Tapete*) gratter **II.** *intr. V. + sein vulg* (*sterben*) crever

ab|kriegen *s.* **abbekommen**

ab|kühlen **I.** *intr. V. + sein* ❶ refroidir ❷ (*an Intensität verlieren*) se refroidir **II.** *tr. V. + haben* (*kalt stellen*) **etw ~** mettre qc au frais **III.** *refl. V. + haben* **es kühlt [sich] ab** ça se rafraîchit; **sich ~** (*Beziehungen*) se refroidir

Abkühlung *f* ❶ METEO rafraîchissement *m* ❷ (*Erfrischung*) **sich** (*Dat*) **eine leichte ~ verschaffen** se rafraîchir un peu

ab|kürzen **I.** *tr. V.* ❶ **ein Wort ~** écrire un mot en abrégé ❷ (*verkürzen*) **etw um etw ~** écourter qc de qc **II.** *intr. V.* (*einen kürzeren Weg nehmen*) prendre un raccourci

Abkürzung *f* (*eines Worts*) abréviation *f;* (*eines Wegs*) raccourci *m*

ab|laden *tr. V. unreg* ❶ (*Passagiere, Schutt*) déposer; (*Anhänger*) décharger ❷ *fam* (*Schuld*) décharger

Ablage *f* ❶ (*Archiv*) archives *fpl* ❷ *kein Pl.* (*das Ablegen*) archivage *m;* **die ~ machen** archiver ❸ (*Ablagekorb*) corbeille *f* à courrier

ab|lagern **I.** *tr. V. + haben* ❶ GEO déposer ❷ (*Müll*) entreposer **II.** *refl. V. + haben* **sich auf/in etw** (*Dat*) **~** (*Kalk*) se déposer sur/dans qc

Ạblagerung *f* ❶ *kein Pl.* (*von Holz*) séchage *m* ❷ (*Sedimentbildung*) sédiment *m*

Ạblass[RR] ['aplas, *Pl:* 'aplɛsə] <-es, -lässe>, **Ạblaß**[ALT] <-sses, -lässe> *m* REL indulgence *f*

ạb|lassen *unreg* **I.** *tr. V.* (*Teich*) vidanger; **Wasser/Luft aus etw ~** vider l'eau/enlever l'air de qc **II.** *intr. V.* ❶ *geh* (*abgehen*) **von etw ~** renoncer à qc ❷ (*in Ruhe lassen*) **von jdm ~** laisser qn tranquille

Ạblauf *m* ❶ déroulement *m* ❷ (*einer Frist*) expiration *f*; **nach ~ von drei Tagen** passé le délai de trois jours ❸ LITER action *f*

ạb|laufen **I.** *intr. V. unreg + sein* ❶ (*abfließen*) **aus etw ~** s'écouler de qc ❷ (*Ausweis*) expirer; **abgelaufen** périmé(e) ❸ (*Frist*) expirer; (*Zeit*) s'achever; (*Vertrag*) arriver à échéance ❹ (*vonstattengehen*) **gut/friedlich ~** (*Demonstration*) se dérouler bien/sans heurts **II.** *tr. V. unreg* ❶ *+ haben* [**sich** (*Dat*)] **die Absätze/Sohlen ~** user ses talons/semelles ❷ *+ haben o sein* (*abgehen*) **eine Strecke ~** parcourir un trajet [à pied]

ạb|lecken *tr. V.* lécher

ạb|legen **I.** *tr. V.* ❶ déposer; (*Akten*) ranger; (*Hut, Mantel*) retirer; (*Scheu*) se départir de; (*Gewohnheit*) se défaire de; (*Prüfung*) passer; (*Geständnis*) faire; (*Eid*) prêter; **die Beichte ~** se confesser ❷ SPIEL écarter ❸ (*Eier*) pondre; (*Laich*) déposer **II.** *intr. V.* ❶ (*Schiff*) lever l'ancre; **vom Hafen ~** quitter le port ❷ *geh* (*den Mantel ausziehen*) se débarrasser

Ạbleger <-s, -> *m* BOT bouture *f*

ạb|lehnen **I.** *tr. V.* ❶ (*Bewerber*) refuser; (*Angebot*) rejeter; (*Benehmen*) désapprouver ❷ (*sich weigern*) **es ~ etw zu tun** refuser de faire qc **II.** *intr. V.* refuser

ạblehnend **I.** *Adj.* (*Antwort, Haltung*) négatif(-ive); (*Einstellung*) de refus **II.** *Adv.* (*sich äußern*) négativement

Ạblehnung <-, -en> *f* ❶ *kein Pl.* (*eines Bewerbers*) refus *m*; (*eines Angebots*) rejet *m* ❷ (*Schreiben*) refus *m* ❸ (*Missbilligung*) réprobation *f*

ạb|leisten *tr. V. form* effectuer

ạb|leiten **I.** *tr. V.* ❶ (*Bach*) détourner; (*Gase*) évacuer; (*Anspruch*) déduire ❷ (*Formel*) déduire; (*Funktion*) dériver ❸ LING dériver **II.** *refl. V.* **sich aus/von etw ~** (*Anspruch*) découler de qc; (*Vorrecht*) provenir de qc; LING dériver de qc

ạb|lenken **I.** *tr. V.* (*zerstreuen*) distraire **II.** *intr. V.* ❶ (*ausweichen*) dévier; **vom Thema ~** détourner la conversation ❷ (*der Zerstreuung dienen*) changer les idées **III.** *refl. V.* **sich mit Sport ~** se changer les idées en faisant du sport

Ablenkung *f* ❶ (*Zerstreuung*) distraction *f* ❷ (*Störung*) diversion *f* ❸ PHYS diffraction *f*

Ạblenkungsmanöver *nt* manœuvre *f* de diversion

ạb|lesen *unreg* **I.** *tr. V.* ❶ (*Zählerstand*) relever; (*Messgerät*) consulter ❷ (*vorlesen*) **etw vom Blatt ~** lire qc sur le papier ❸ (*erkennen*) **etw an bestimmten Vorkommnissen ~** déduire qc de certains incidents **II.** *intr. V.* (*vorlesen*) lire son texte; **vom Blatt ~** lire sa feuille

ạb|liefern *tr. V.* (*Ware*) livrer; (*Schlüssel*) remettre; (*Diplomarbeit*) rendre

ạb|lösen **I.** *tr. V.* (*Kollegen*) relayer; (*Wachposten*) relever; (*Politiker*) remplacer; (*Etikett*) décoller; (*Lack*) enlever; (*Hypothek*) purger **II.** *refl. V.* ❶ **sich beim Fahren ~** se relayer pour conduire ❷ (*abgehen*) **sich ~** (*Etikett*) s'enlever; (*Lack*) s'écailler; (*Netzhaut*) se décoller

Ạblösung *f* ❶ (*Auswechslung: eines Mitarbeiters*) relève *f* ❷ (*Ersatzmann*) remplaçant(e) *m(f)*

ABM [a:beːˈʔɛm] <-> *f Abk. von* **Arbeitsbeschaffungsmaßnahme** mesure *f* d'aide à l'emploi

ạb|machen *tr. V.* ❶ **etw mit jdm ~** convenir de qc avec qn; **abgemacht!** d'accord ! ❷ *fam* (*entfernen*) **etw von etw ~** enlever qc de qc

Ạbmachung <-, -en> *f* accord *m*

ạb|magern *intr. V. + sein* maigrir

Ạbmarsch *m* départ *m*

ạb|melden **I.** *tr. V.* (*Schüler*) retirer; (*Telefon*) demander la résiliation de **II.** *refl. V.* ❶ (*seinen Umzug anzeigen*) **sich ~** faire une déclaration de changement de domicile ❷ (*sein Fortgehen melden*) **sich bei jdm ~** demander une autori-

A

sation de sortie à qn; MIL prendre congé de qn

Abmeldung *f* ① (*eines Telefons*) résiliation *f;* (*eines Autos*) déclaration *f* de non-utilisation ② (*Anzeige des Umzugs*) déclaration *f* de changement de domicile

ab|messen *tr. V. unreg* mesurer

ab|nabeln **I.** *tr. V.* (*Neugeborenes*) couper le cordon ombilical de **II.** *refl. V. fig* **sich** ~ couper le cordon [ombilical]

ab|nagen *tr. V.* ronger

Abnäher <-s, -> *m* pince *f*

Abnahme ['apna:mə] <-, -n> *f* ① (*des Umsatzes*) baisse *f;* (*des Gewichts*) perte *f;* ~ **des Interesses** baisse d'intérêt ② (*Kauf*) achat *m* ③ (*eines Neubaus*) réception *f;* (*eines Fahrzeugs*) contrôle *m* technique ④ (*das Herunternehmen*) décrochage *m*

ab|nehmen *unreg* **I.** *intr. V.* ① perdre du poids; **an den Hüften** ~ maigrir des hanches ② (*Anzahl*) baisser; (*Interesse*) décliner ③ TELEC décrocher **II.** *tr. V.* ① (*Wäsche, Bild, Hörer*) décrocher; (*Ware*) prendre livraison de ② (*wegnehmen*) **jdm etw** ~ retirer qc à qn ③ (*tragen helfen*) **jdm die Tasche** ~ débarrasser qn de son sac ④ (*übernehmen*) **jdm Arbeit/Sorgen** ~ soulager qn du travail/des soucis ⑤ *fam* (*rauben*) **jdm viel Geld** ~ piquer beaucoup d'argent à qn ⑥ SPIEL piocher ⑦ *fam* (*glauben*) gober ⑧ (*begutachten*) réceptionner; **sein Auto vom TÜV** ~ **lassen** soumettre sa voiture au contrôle technique

Abnehmer(in) <-s, -> *m(f)* acheteur(-euse) *m(f);* ~ **finden** trouver preneur

Abneigung *f* aversion *f*

abnorm [ap'nɔrm] **I.** *Adj.* anormal(e) **II.** *Adv.* ① MED de façon anormale ② (*überdurchschnittlich*) anormalement

abnormal ['apnɔrmal] A, CH *s.* **abnorm**

ab|nutzen **I.** *tr. V.* user **II.** *refl. V.* **sich** ~ (*Reifen*) s'user; (*Möbel*) s'abîmer; (*Worte*) finir par être usé; (*Drohung*) finir par tomber à plat

Abnutzung *f* usure *f*

Abo ['abo] <-s, -s> *nt fam,* **Abonnement** [abɔnə'mã:] <-s, -s> *nt* abonnement *m*

Abonnent(in) [abɔ'nɛnt] <-en, -en> *m(f)* abonné(e) *m(f)*

abonnieren* [abɔ'ni:rən] *tr. V.* (*Zeitung*) s'abonner à; (*Konzerte*) prendre un abonnement à

Abordnung *f* délégation *f*

Abort [a'bɔrt] <-s, -e> *m* (*Fehlgeburt*) fausse couche *f;* (*Schwangerschaftsabbruch*) avortement *m*

Abpfiff *m* coup *m* de sifflet final

ab|prallen *intr. V.* + *sein* **von etw/an etw** (*Dat*) ~ (*Ball*) rebondir sur qc; (*Geschoss*) ricocher sur qc; **an jdm** ~ (*Beleidigung*) glisser sur qn

ab|pumpen *tr. V.* **Wasser aus etw** ~ pomper de l'eau de qc

ab|putzen *tr. V.* nettoyer

ab|quälen *refl. V.* **sich mit einer Arbeit** ~ s'acharner sur un travail; **sich** (*Dat*) **ein Lächeln** ~ se forcer pour/à sourire

ab|rackern *refl. V. fam* **sich** ~ se crever

ab|raten *intr. V. unreg* **jdm von etw** ~ déconseiller qc à qn

ab|räumen *tr. V.* (*Tisch*) débarrasser

ab|reagieren* **I.** *tr. V.* (*Aggressionen*) défouler; **seine Wut an jdm** ~ passer sa rage sur qn **II.** *refl. V. fam* **sich** ~ se défouler

ab|rechnen *intr. V.* ① (*das Gehalt berechnen*) faire les comptes ② (*die Zeche berechnen*) encaisser; **beim Abrechnen** en faisant la caisse ③ (*zur Rechenschaft ziehen*) **mit jdm** ~ régler ses comptes avec qn

Abrechnung *f* ① (*Schlussrechnung*) comptes *mpl* ② (*Aufstellung*) facture *f* détaillée ③ (*von Steuern*) déduction *f* ④ (*Rache*) règlement *m* de comptes

Abrede *f* ▸ **etw in** ~ **stellen** *form* contester qc

Abreise *f* départ *m*

ab|reisen *intr. V.* + *sein* partir en voyage; **ich reise ab** je m'en vais; (*Hotelgast*) je quitte la chambre

ab|reißen *unreg* **I.** *tr. V.* + *haben* ① **etw von der Wand** ~ arracher qc du mur ② (*Gebäude*) raser **II.** *intr. V.* + *sein* (*Seil*) se casser; (*Kontakt*) s'interrompre

ab|richten *tr. V.* dresser

ab|riegeln *tr. V.* (*Straße*) boucler

Abriss[RR] *m* ① (*eines Gebäudes*) démolition *f* ② (*Übersicht*) abrégé *m*

Abruf *m* ① FIN (*einer Summe*) retrait *m*

A

2 INFORM (*von Daten*) consultation *f* ▸ **auf ~ bereitstehen** être à disposition

ab|rufen *tr. V. unreg* (*Waren*) prendre livraison de; (*Kredit*) retirer; (*Daten*) consulter

ab|runden *tr. V.* (*Kanten*) arrondir; (*Geschmack*) parfaire; **eine Zahl nach unten ~** arrondir un chiffre au chiffre inférieur

abrupt [ap'rʊpt] *Adj.* brusque

ab|rüsten *intr. V.* réduire les armements

Abrüstung *f kein Pl.* désarmement *m*

ABS [a:be:'ʔɛs] < > *nt Abk. von* **Antiblockiersystem** A.B.S. *m*

Absage ['apza:gə] *f* réponse *f* négative

ab|sagen I. *tr. V.* (*Teilnahme*) décommander; (*Spiel*) annuler **II.** *intr. V.* **jdm ~** se décommander auprès de qn

ab|sägen *tr. V.* (*Ast*) scier ▸ **jdn ~** *fam* faire sauter qn

ab|sahnen *fam* **I.** *tr. V.* **etw ~** se mettre qc dans les poches **II.** *intr. V.* **bei jdm ~** s'en ficher plein les poches sur le dos de qn

Absatz *m* 1 (*Schuhabsatz*) talon *m* 2 (*Abschnitt*) paragraphe *m* 3 (*Treppenabsatz*) palier *m* [de repos] 4 (*Verkauf*) ventes *fpl*; **reißenden ~ finden** se vendre comme des petits pains ▸ **auf dem ~ kehrtmachen** tourner les talons

Absatzflaute *f* marasme *m* des ventes

Absatzgebiet *nt* secteur *m* commercial

Absatzmarkt *m* débouché *m*

ab|saugen *tr. V.* 1 aspirer 2 (*Staub saugen: Teppich*) passer l'aspirateur sur

ab|schaffen *tr. V.* (*Zoll, Strafe*) supprimer; (*Gesetz*) abroger; (*Privileg*) abolir

ab|schalten I. *tr. V.* (*Fernseher*) éteindre; (*Strom*) couper; (*Motor*) arrêter **II.** *intr. V. fam* (*Person*) décrocher **III.** *refl. V.* **sich ~** (*Maschine, Strom*) se couper

ab|schätzen *tr. V.* (*Kosten*) évaluer; (*Reaktion*) prévoir

abschätzig *Adj.* (*Bemerkung*) désobligeant(e); (*Blick*) méprisant(e)

ab|schauen *tr. V.* A *fam* **etw von jdm ~** copier qc sur qn

Abschaum *m kein Pl. pej* rebut *m*

Abscheu <-[e]s> *m* dégoût *m*

abscheuerregend *Adj.* répugnant(e); **eine äußerst ~e Tat** une action extrêmement répugnante

abscheulich [ap'ʃɔylɪç] *Adj.* 1 (*entsetzlich*) abominable 2 *fam* (*Schmerzen*) atroce; (*Kälte*) épouvantable

ab|schicken *tr. V.* (*Brief*) expédier; (*Kurier*) envoyer

Abschiebehaft *f* maintien *m* administratif

ab|schieben *tr. V. unreg + haben* 1 (*ausweisen*) expulser 2 (*abwälzen*) **die Schuld auf jdn ~** faire endosser la culpabilité à qn

Abschiebung *f* reconduite *f* à la frontière

Abschied ['apʃi:t] <-[e]s, -e> *m* adieu *m souvent pl.*; **von jdm ~ nehmen** faire ses adieux à qn

Abschiedsbrief *m* lettre *f* d'adieu[x]

ab|schießen *tr. V. unreg* 1 MIL, JAGD abattre 2 (*Pfeil*) tirer; (*Rakete*) lancer 3 *fam* (*erschießen*) descendre

ab|schirmen *tr. V.* 1 (*schützen*) **jdn von jdm/etw ~** isoler qn de qn/qc 2 (*Lampe*) tamiser [la lumière de]

ab|schlachten I. *tr. V.* massacrer **II.** *refl. V.* **sich [gegenseitig] ~** se massacrer

Abschlag *m* 1 (*Preisnachlass*) réduction *f*, rabais *m* 2 (*Vorschuss*) **ein ~ auf etw** (*Akk*) un acompte sur qc 3 SPORT remise *f* en jeu

ab|schlagen *tr. V. unreg* 1 (*Henkel*) casser; (*Ecke*) ébrécher; (*Baum*) abattre 2 (*Einladung*) décliner; **jdm eine Bitte ~** repousser une demande à qn 3 SPORT **den Ball ~** remettre le ballon en jeu

abschlägig ['apʃlɛ:gɪç] *Adj.* négatif(-ive); **jdn/etw ~ bescheiden** *form* donner une réponse négative à qn/rejeter qc

Abschlag[s]zahlung *f* acompte *m*

ab|schleifen *unreg tr. V.* 1 (*entfernen*) **etw ~** éliminer qc par ponçage 2 (*Oberfläche*) poncer

Abschleppdienst *m* service *m* de dépannage

ab|schleppen *tr. V.* 1 (*Fahrzeug*) remorquer 2 *fam* (*mitnehmen*) **jdn/etw ~** embarquer qn/qc

Abschleppseil *nt* câble *m* de remorquage

ab|schließen *unreg* **I.** *tr. V.* 1 (*zuschließen*) **etw ~** fermer qc à clé 2 (*Schule*) achever 3 (*Geschäft*) conclure; (*Vertrag*) passer; (*Versicherung*) souscrire 4 (*Rede*) conclure;

A

(*Konferenz*) clôturer; (*Geschäftsjahr*) clore **II.** *intr. V.* ① (*zuschließen*) fermer à clé ② (*Vertrag schließen*) **mit jdm ~** (*Kunde*) faire affaire avec qn ③ FIN, COM **mit Gewinn/Verlust ~** se solder par des gains/pertes ④ *fig* **mit der Vergangenheit ~** tirer un trait sur le passé

abschließend I. *Adj.* (*Bemerkung*) final(e) **II.** *Adv.* (*bemerken*) en conclusion

AbschlussRR *m* ① *kein Pl.* (*Ende*) conclusion *f;* (*eines Geschäftsjahrs*) clôture *f;* **etw zum ~ bringen** conclure qc ② (*Abschlussprüfung*) diplôme *m* [de fin d'études]; (*Hauptschulabschluss*) certificat *m* de fin d'études ③ (*eines Geschäfts*) conclusion *f;* (*eines Vertrags*) souscription *f* ④ (*Geschäft*) marché *m* ⑤ FIN bilan *m* ▶ **der krönende ~** le clou

AbschlussklasseRR *f* (*Abiturklasse*) [classe *f* de] terminale *f* **Abschlussprüfung**RR *f* examen *m* de fin d'études **Abschlusszeugnis**RR *nt* diplôme *m* de fin d'études

ab|schmecken *tr. V.* (*Gericht*) vérifier l'assaisonnement de; **etw mit Gewürzen ~** assaisonner qc avec des épices

ab|schminken I. *refl. V.* **sich ~** se démaquiller **II.** *tr. V.* (*Gesicht*) démaquiller ▶ **sich** (*Dat*) **etw ~ können** *fam* pouvoir faire une croix sur qc

ab|schnallen I. *intr. V. fam* (*fassungslos sein*) être scié **II.** *tr. V.* [**sich** (*Dat*)] **den Rucksack/die Skier ~** décrocher son sac à dos/enlever ses skis

ab|schneiden *unreg* **I.** *tr. V.* couper; **jdm das Wort ~** couper la parole à qn **II.** *intr. V. fam* **bei etw gut/schlecht ~** s'en tirer bien/mal avec qc

Abschnitt *m* ① (*eines Textes*) paragraphe *m;* (*eines Formulars*) partie *f* ② (*einer Bestellkarte*) coupon *m;* (*einer Eintrittskarte*) partie *f* détachable ③ (*Zeitabschnitt*) période *f* ④ (*eines Gebäudes*) partie *f;* (*einer Autobahn*) tronçon *m;* (*einer Strecke*) étape *f*

ab|schotten ['apʃɔtən] **I.** *refl. V.* **sich ~** s'isoler; **abgeschottet leben** mener une vie recluse **II.** *tr. V.* NAUT cloisonner

ab|schrauben *tr. V.* dévisser

ab|schrecken I. *tr. V.* ① faire peur à; **jdn von etw ~** dissuader qn de qc; **sich nicht ~ lassen** ne pas se laisser intimider ② (*Eier*) refroidir **II.** *intr. V.* (*Waffen*) être dissuasif

abschreckend I. *Adj.* (*Beispiel*) dissuasif(-ive); (*Eindruck*) défavorable **II.** *Adv.* **~ wirken** (*Strafe*) avoir un effet dissuasif

Abschreckung <-, -en> *f* ① MIL dissuasion *f* ② (*das Fernhalten*) **der ~ dienen** servir d'intimidation

ab|schreiben *unreg* **I.** *tr. V.* ① recopier ② (*plagiieren*) **etw bei jdm/aus etw ~** copier qc sur qn/dans qc ③ (*Betrag*) déduire ▶ **ich hatte ihn schon abgeschrieben** j'en avais [déjà] fait mon deuil; **bei jdm abgeschrieben sein** *fam* être mort et enterré pour qn **II.** *intr. V.* (*plagiieren*) **von jdm/etw ~** copier sur qn/qc

Abschreibung *f* FIN déduction *f*

Abschrift *f* duplicata *m*

ab|schürfen *refl. V.* **sich** (*Dat*) **die Haut ~** s'écorcher la peau

AbschussRR *m* ① (*eines Geschützes*) tir *m;* (*einer Rakete*) lancement *m* ② (*eines Flugkörpers*) destruction *f* ▶ **zum ~ freigeben** JAGD autoriser le tir de; *fig fam* lâcher la meute sur

abschüssig ['apʃʏsɪç] *Adj.* (*Straße*) escarpé(e); (*Hang*) abrupt(e)

ab|schütteln *tr. V.* (*Verfolger*) semer; (*Ärger*) évacuer; **die Krümel von etw ~** secouer les miettes de qc

ab|schwächen I. *tr. V.* (*Wirkung*) atténuer; (*Formulierung*) édulcorer; (*Aufprall*) amortir **II.** *refl. V.* **sich ~** (*Lärm*) s'atténuer

ab|schweifen *intr. V.* + *sein* faire une digression; **vom Thema ~** s'écarter du sujet

ab|schwellen *intr. V. unreg* + *sein* (*Entzündung*) désenfler; (*Lärm*) faiblir

ab|segnen *tr. V. fam* donner sa bénédiction à

absehbar *Adj.* prévisible; **es ist ~, dass** on peut s'attendre à ce que + *subj*

ab|sehen *unreg* **I.** *tr. V.* **etw ~ können** pouvoir prévoir qc ▶ **es auf jdn abgesehen haben** (*jdn schikanieren wollen*) avoir qn dans le collimateur; (*an jdm interessiert sein*) avoir jeté son dévolu sur qn; **es auf etw** (*Akk*) **abgesehen haben** en vouloir à qc **II.** *intr. V.* **von einer Strafe ~** renoncer à une peine

ab|seilen *refl. V.* **sich ~** ❶ (*sich hinunterlassen*) descendre avec une corde; (*Bergsteiger*) descendre en rappel ❷ *fam* (*verschwinden*) reprendre ses billes

ab|sein[ALT] *s.* **ab II.2**

abseits ['apzaits] **I.** *Adv.* ❶ à l'écart; **~ bleiben** rester à l'écart ❷ SPORT **der Spieler war ~** le joueur était hors-jeu **II.** *Präp.* + *Gen.* **~ des Dorfs** à l'écart du village

Abseits <-, -> *nt* SPORT hors-jeu *m*

abseits|halten[RR] *refl. V. unreg* **sich ~** se tenir à l'écart

abseits|stehen[RR] *intr. V. unreg* ❶ SPORT être hors-jeu ❷ (*sich fernhalten*) se tenir à l'écart

ab|senden *tr. V. unreg o reg* expédier

Absender(in) <-s, -> *m(f)* expéditeur(-trice) *m(f)*

ab|setzen I. *tr. V.* ❶ (*Mitfahrer*) déposer; (*Trinkgefäß*) poser; (*Hut*) enlever ❷ (*des Amtes entheben*) destituer ❸ COM écouler ❹ FIN **etw von der Steuer ~** déduire qc des impôts ❺ (*Veranstaltung*) annuler ❻ (*Medikament*) arrêter ❼ (*Flöte*) lever **II.** *refl. V.* ❶ a. CHEM, GEO **sich ~** se déposer ❷ *fam* (*verschwinden*) **sich ~** se tirer ❸ (*sich unterscheiden*) **sich von jdm/etw ~** trancher sur qn/qc

Absetzung <-, -en> *f* (*einer Fernsehsendung*) déprogrammation *f*

ab|sichern I. *refl. V.* **sich ~** prendre des précautions; **sich gegen etw ~** se prémunir contre qc **II.** *tr. V.* ❶ (*garantieren*) garantir ❷ (*sicher machen*) **einen Raum durch etw ~** protéger une pièce au moyen de qc

Absicht <-, -en> *f* ❶ intention *f* ❷ (*Mutwillen*) **etw mit ~ tun** faire qc exprès; **das war keine ~** ce n'était pas intentionnel

absichtlich *Adj.* intentionnel(le)

ab|sinken *intr. V. unreg* + *sein* ❶ (*Leistung*) baisser; (*Boden*) s'affaisser ❷ (*Schiff*) sombrer [au fond de la mer]

ab|sitzen *unreg* **I.** *tr. V.* + *haben* (*Zeit*) laisser passer; (*Haftstrafe*) purger **II.** *intr. V.* + *sein* (*Reiter*) mettre pied à terre

absolut [apzo'lu:t] **I.** *Adj.* ❶ (*Verbot, Ruhe*) absolu(e); (*Ablehnung*) catégorique ❷ *fam* (*völlig*) total(e) **II.** *Adv. fam* (*unverständlich*) absolument

Absolution [apzolu'tsi̯o:n] <-, -en> *f* REL **jdm die ~ erteilen** donner l'absolution à qn

Absolutismus [apzolu'tɪsmʊs] <-> *m* absolutisme *m*

Absolvent(in) [apzɔl'vɛnt] <-en, -en> *m(f)* (*Universitätsabsolvent*) diplômé(e) *m(f)*

absolvieren* [apzɔl'vi:rən] *tr. V.* (*Ausbildung*) effectuer; (*Prüfung*) passer; (*Wehrdienst*) accomplir

absonderlich *Adj.*, *Adv.* bizarre

ab|sondern I. *tr. V.* ❶ (*isolieren*) isoler ❷ (*ausscheiden*) sécréter **II.** *refl. V.* **sich von jdm ~** s'isoler de qn

absorbieren* [apzɔr'bi:rən] *tr. V. a. fig* absorber

Abspann <-[e]s, -e> *m* CINE, TV générique *m*

ab|speichern *tr. V.* INFORM **etw auf der Festplatte ~** sauvegarder qc sur le disque dur

ab|speisen *tr. V.* éconduire gentiment

abspenstig ['apʃpɛnstɪç] *Adj.* **jdm jdn/etw ~ machen** détourner qn/qc de qn

ab|sperren *tr. V.* ❶ (*versperren*) barrer ❷ (*Gas*) couper

Absperrung *f* ❶ *kein Pl.* (*das Absperren*) barrage *m* ❷ (*Sperre*) barrage *m*; (*Absperrgitter*) barrière *f*

ab|spielen I. *refl. V.* **sich ~** (*Szene*) se dérouler **II.** *tr. V.* (*CD, Ball*) passer

Absprache *f* accord *m*; **nach ~** après accord

ab|sprechen *unreg* **I.** *tr. V.* ❶ (*Plan*) convenir de; (*Aussagen*) s'entendre sur; **wir haben abgesprochen, dass ...** nous avons convenu que ... ❷ (*Recht*) dénier **II.** *refl. V.* **sich ~** (*eine Vereinbarung treffen*) se concerter

ab|springen *intr. V. unreg* + *sein* ❶ SPORT sauter ❷ (*sich lösen*) **von etw ~** (*Farbe*) s'écailler de qc

Absprung *m* ❶ (*Absprungstelle*) saut *m* ❷ (*Abgang vom Gerät*) sortie *f* ❸ *fam* (*Ausstieg*) **den ~ schaffen** sauter le pas

ab|stammen *intr. V. kein PP* **von jdm ~** descendre de qn

Abstammung <-, -en> *f* origine *f*

Abstand *m* ❶ écart *m*; **~ halten** (*im Straßenverkehr*) garder les distances ❷ (*zeitliche Distanz*) intervalle *m*

③ (*innere Distanz*) recul *m* ▸**von etw ~ nehmen** *form* renoncer à qc; **mit ~** de loin

ab|stauben **I.** *tr. V.* ① (*Möbel*) dépoussiérer ② *fam* (*sich aneignen*) **etw von/bei jdm ~** resquiller qc à qn **II.** *intr. V.* faire la poussière

ab|stechen *intr. V. unreg* **von jdm/etw ~** se distinguer de qn/qc

Abstecher <-s, -> *m* (*Ausflug*) virée *f* (*fam*); (*Umweg*) crochet *m*

ab|stecken *tr. V.* ① (*Grundstück*) jalonner ② (*Saum*) épingler

ab|stehen *intr. V. unreg* (*Haare*) être hérissé; (*Ohren*) être décollé

ab|steigen *intr. V. unreg + sein* ① (*Bergsteiger*) descendre; **vom Fahrrad/Pferd ~** descendre de vélo/de cheval ② *fam* (*sich einquartieren*) **in einer kleinen Pension ~** descendre dans une petite pension ③ (*sich verschlechtern*) **in die zweite Liga ~** descendre en deuxième division; **sozial ~** régresser socialement

ab|stellen *tr. V.* ① (*hinstellen*) **etw bei jdm ~** déposer qc chez qn ② (*Wagen*) garer ③ (*Computer*) débrancher; (*Motor*) arrêter; (*Gas*) couper

Abstellgleis *nt* voie *f* de garage **Abstellraum** *m* débarras *m*

ab|stempeln *tr. V.* ① (*Brief*) tamponner ② *pej* (*abwerten*) **jdn als Wichtigtuer ~** cataloguer qn comme frimeur

ab|sterben *intr. V. unreg + sein* ① mourir ② (*gefühllos werden: Arm*) s'engourdir

Abstieg ['apʃti:k] <-[e]s, -e> *m* ① descente *f* ② (*Verlust der sozialen Stellung*) déchéance *f* ③ SPORT descente *f*

ab|stimmen **I.** *intr. V.* voter; **über etw** (*Akk*) **~ lassen** soumettre qc au vote **II.** *tr. V.* (*Termine*) coordonner **III.** *refl. V.* **sich mit jdm ~** se mettre d'accord avec qn

Abstimmung *f* (*Stimmabgabe*) vote *m*, scrutin *m*; **in geheimer ~** à bulletin secret

abstinent [apsti'nɛnt] *Adj.* abstinent(e)

Abstinenz [apsti'nɛnts] <-> *f* abstinence *f*

Abstinenzler(in) <-s, -> *m(f)* *pej* non-buveur(-euse) *m(f)*

ab|stoßen *unreg* **I.** *tr. V.* ① (*Transplantat*) rejeter ② (*anwidern*) dégoûter ③ (*Ecke*) écorner ④ (*Wertpapiere*) vendre ⑤ (*Wasser*) être impermeáble à ⑥ (*wegstoßen*) **das Boot vom Ufer ~** éloigner le bateau de la rive **II.** *refl. V.* (*sich wegbewegen*) **sich ~** s'élancer

abstoßend *Adj.* répugnant(e)

abstrahieren* [apstra'hi:rən] *intr. V.* abstraire

abstrakt [ap'strakt] *Adj.* abstrait(e)

ab|streifen *tr. V.* (*Ring*) retirer; (*Handschuhe*) ôter

ab|streiten *tr. V. unreg* ① (*Tat*) nier; (*Beteiligung*) dénier ② (*absprechen*) contester; **das kann man nicht ~** il faut bien le reconnaître

Abstrich *m* ① *meist Pl.* réduction *f*; **erhebliche ~e an etw** (*Dat*) des coupes *fpl* sombres dans qc ② *Pl* (*Einschränkung*) **~e machen [müssen]** (*ideell*) [devoir] en rabattre; (*finanziell*) [devoir] se restreindre ③ MED frottis *m*

ab|stufen *tr. V.* ① (*Gehälter*) échelonner; (*Mitarbeiter*) rétrograder; (*Tarif*) réduire; (*Farbtöne*) dégrader ② (*terrassieren*) étager

Abstufung <-, -en> *f* ① *kein Pl.* (*eines Mitarbeiters*) rétrogradation *f*; (*eines Tarifs*) réduction *f* ② (*Staffelung*) barème *m* ③ (*Nuance*) dégradé *m*

ab|stumpfen **I.** *tr. V. + haben* (*Person*) abrutir; (*Gewissen*) émousser **II.** *intr. V.* ① *+ sein* (*Person*) s'abrutir; (*Gewissen*) s'émousser ② *+ haben* (*abstumpfende Wirkung haben*) être abrutissant

Absturz *m* ① (*eines Flugzeugs*) écrasement *m*; (*eines Bergsteigers*) chute *f* ② (*Computers*) plantage *m* (*fam*)

ab|stürzen *intr. V. + sein* ① (*Flugzeug*) s'écraser; (*Bergsteiger*) dévisser ② (*Computer*) se bloquer

ab|stützen **I.** *tr. V.* (*Decke*) étayer **II.** *refl. V.* **sich mit etw/an etw** (*Dat*) **~** s'appuyer sur qc/à qc

ab|suchen *tr. V.* (*Gegend*) ratisser

absurd [ap'zʊrt] *Adj.* absurde

Absurdität [apzʊrdi'tɛ:t] <-, -en> *f* absurdité *f*

Abszess^RR [aps'tsɛs] <-es, -e>, **Abszeß**^ALT <-sses, -sse> *m* abcès *m*

Abt [apt, *Pl:* ɛptə] <-[e]s, Äbte> *m* abbé *m*

ab|tasten *tr. V.* ① *a.* MED palper ② (*durchsuchen*) fouiller ③ INFORM **etw ~** (*Scanner*) lire qc par balayage

A

ab|tauen **I.** *tr. V. + haben* (*Kühlschrank*) dégivrer **II.** *intr. V. + sein* (*Eis*) fondre

Abtei [ap'tai] <-, -en> *f* abbaye *f*

Abteil [ap'tail] *nt* compartiment *m*

ab|teilen *tr. V.* (*Raum*) délimiter

Abteilung [ap'tailʊŋ] *f* ❶ (*einer Firma, Klinik*) service *m;* (*eines Geschäfts*) rayon *m* ❷ MIL détachement *m*

Abteilungsleiter(in) *m(f)* (*einer Firma*) chef *mf* de service; (*eines Geschäfts*) chef de rayon

ab|tippen *tr. V. fam* taper

Äbtissin [ɛp'tɪsɪn] <-, -nen> *f* abbesse *f*

ab|tragen *tr. V. unreg* ❶ (*Kleidung*) user ❷ *geh* (*Schulden*) s'acquitter de ❸ *geh* (*Geschirr*) enlever ❹ (*Gelände*) niveler; (*Boden*) déblayer; (*Mauer*) démolir ❺ GEO éroder

abträglich ['aptrɛːklɪç] *Adj.* (*Bemerkung*) préjudiciable

ab|transportieren* *tr. V.* ❶ (*Bauschutt*) transporter; (*Müll*) enlever ❷ (*Gefangene*) transférer

ab|treiben *unreg* **I.** *tr. V. + haben* ❶ MED **ein Kind ~ lassen** se faire avorter d'un enfant ❷ (*Ballon*) déporter; (*Schwimmer*) entraîner ❸ (*Vieh*) faire redescendre **II.** *intr. V.* ❶ *+ haben* MED ~ **[lassen]** [se faire] avorter ❷ *+ sein* (*Boot, Ballon*) dériver

Abtreibung <-, -en> *f* avortement *m*

Abtreibungspille *f fam* pilule *f* abortive

ab|trennen *tr. V.* ❶ (*abreißen*) **etw von etw ~** détacher qc de qc ❷ (*abmachen*) **die Ärmel von etw ~** découdre les manches de qc ❸ (*Raum*) délimiter ❹ (*abschneiden*) couper

ab|treten *unreg* **I.** *tr. V. + haben* ❶ JUR céder ❷ *fam* (*überlassen*) refiler ❸ (*Schnee*) secouer; (*Schmutz*) gratter **II.** *intr. V. + sein* ❶ (*abgehen*) **von der Bühne ~** sortir de scène ❷ *fam* (*sterben*) claquer ❸ MIL rompre les rangs

ab|trocknen **I.** *tr. V.* essuyer **II.** *intr. V.* essuyer [la vaisselle] **III.** *refl. V.* **sich ~** s'essuyer

ab|tropfen *intr. V. + sein* [s']égoutter

abtrünnig ['aptrʏnɪç] *Adj.* (*Ketzer*) renégat(e); (*Provinz*) dissident(e)

ab|tupfen *tr. V.* ❶ (*Blut*) éponger; (*Tränen*) essuyer ❷ (*Gesicht*) essuyer; (*Wunde*) nettoyer

ab|verlangen* *tr. V.* **jdm etw ~** exiger qc de qn

ab|wägen ['apvɛːgən] *tr. V. unreg* (*Vorteile*) peser; (*Angebot*) examiner avec soin

ab|wählen *tr. V.* (*Person*) blackbouler; (*Schulfach*) abandonner

ab|wälzen *tr. V.* (*Verantwortung*) se décharger de; (*Kosten*) répercuter; **die Schuld/Arbeit auf jdn ~** rejeter la faute/se décharger de la corvée sur qn

ab|wandeln *tr. V.* (*Melodie*) modifier

ab|wandern *intr. V. + sein* ❶ (*wegziehen*) déménager ❷ *fig fam* (*Kapital*) fuir

Abwart(in) ['apvart] <-s, -e> *m(f)* CH gardien(ne) *m(f)* d'un/de l'immeuble

ab|warten *tr., intr. V.* (*Ergebnis*) attendre; **~, bis ...** attendre que ... + *subj;* **jetzt wart erst mal ab!** attends un peu !

abwärts ['apvɛrts] *Adv.* ❶ (*nach unten*) en bas; **weiter ~** plus bas ❷ (*ab*) **von hundert Euro [an] ~** cent euros ou moins

abwärts|gehen *unreg* **I.** *intr. V.* (*Wanderer, Weg*) descendre **II.** *intr. V. unpers.* ▸ **mit jdm geht es abwärts** (*jdm geht es gesundheitlich schlechter*) la santé de qn décline; (*jd entwickelt sich unerfreulich*) qn est sur la mauvaise pente

Abwärtstrend *m* tendance *f* à la baisse

Abwasch ['apvaʃ] <-[e]s> *m fam* **den ~ machen** faire la vaisselle

abwaschbar *Adj.* lavable

ab|waschen *unreg* **I.** *tr. V.* ❶ (*säubern*) laver ❷ (*entfernen*) enlever **II.** *intr. V.* faire la vaisselle

Abwasser <-wässer> *nt* eaux *fpl* usées

Abwasseraufbereitung *f* traitement *m* des eaux usées **Abwasserreinigung** *f* épuration *f* des eaux usées

ab|wechseln *refl. V.* (*im Wechsel handeln*) **sich mit jdm ~** alterner avec qn; **sich beim Kochen ~** se relayer pour faire la cuisine

abwechselnd *Adv.* (*einer nach dem anderen*) à tour de rôle; (*eins nach dem anderen*) tour à tour

Abwechslung <-, -en> *f* (*Zerstreuung*) distraction *f;* (*Veränderung*) changement *m;* **zur ~** pour changer

abwechslungsreich *Adj.* varié(e)

Abweg *m meist Pl.* **auf ~e geraten** sortir du droit chemin

A

abwegig ['apve:gɪç] *Adj.* aberrant(e)

Abwehr ['apve:ɐ̯] *f* 1 SPORT défense *f* 2 MIL riposte *f* 3 (*Spionageabwehr*) contre-espionnage *m* 4 MED (*das Abwehren*) défense *f;* (*Abwehrsystem*) défenses *fpl* 5 (*Ablehnung*) résistance *f*

ab|wehren **I.** *tr. V.* 1 a. MIL repousser 2 (*Strafstoß*) repousser; (*Angriff*) stopper 3 (*Schlag*) parer 4 (*Gefahr*) écarter; (*Auswirkungen*) enrayer **II.** *intr. V.* (*ablehnen*) refuser

Abwehrkräfte *Pl* MED défenses *fpl* [immunitaires]

ab|weichen *intr. V. unreg + sein* 1 **von etw ~** s'écarter de qc; **voneinander ~** diverger; **~d** (*Meinung*) différent(e) 2 (*abkommen*) **vom Kurs ~** dévier de sa route

Abweichung <-, -en> *f* 1 (*Unterschiedlichkeit*) divergence *f* 2 (*Kursabweichung*) déviation *f* 3 TECH écart *m*

ab|weisen *tr. V. unreg* 1 (*wegschicken*) renvoyer 2 (*Bitte*) rejeter; (*Bewerber*) refuser

abweisend *Adj.* rebutant(e)

ab|wenden *unreg o reg* **I.** *refl. V. geh* **sich ~** se détourner; **sich von jdm ~** tourner le dos à qn **II.** *tr. V.* 1 (*Folgen*) éviter; (*Unheil*) détourner; (*Gefahr*) écarter 2 *geh* (*Blick*) détourner

ab|werben *tr. V. unreg* (*Mitarbeiter*) débaucher; (*Kunden*) racoler

ab|werfen *tr. V. unreg* 1 (*Ballast*) lâcher; (*Hilfsgüter*) parachuter; (*Flugblätter*) lancer; (*Bomben*) larguer; **jdn ~** (*Reittier*) désarçonner qn 2 (*Gewinn*) rapporter 3 *geh* (*Joch*) secouer; (*Fesseln*) briser

ab|werten *tr. V.* FIN dévaluer

Abwertung *f* (*einer Währung*) dévaluation *f*

abwesend ['apve:zənt] *Adj.* absent(e)

Abwesenheit <-, -en> *f* (*opp: Anwesenheit*) absence *f*

ab|wickeln *tr. V.* 1 (*Verband*) défaire; **etw von einer Rolle ~** dérouler qc d'un rouleau 2 (*Auftrag*) exécuter; (*Geschäft*) réaliser

ab|wiegen *tr. V. unreg* peser

ab|wimmeln *tr. V. fam* (*Vertreter*) envoyer balader

ab|winken *intr. V.* faire un geste de dénégation ▶ **bis zum Abwinken** *fam* à faire crier grâce

ab|wischen *tr. V.* essuyer

Abwurf *m* 1 (*von Ballast*) lâchage *m;* (*von Bomben*) largage *m* 2 SPORT dégagement *m* [à la main]

ab|würgen *tr. V. fam* (*Motor*) caler; (*Diskussion*) couper court à; (*Forderung*) étouffer

ab|zahlen *tr. V.* 1 (*Kredit*) rembourser 2 (*in Raten bezahlen*) **etw ~** payer qc à tempérament

ab|zählen *tr., intr. V.* compter

Abzahlung *f* (*eines Kredits*) remboursement *m*

Abzeichen *nt* insigne *m*

ab|zeichnen **I.** *tr. V.* 1 (*abmalen*) reproduire 2 (*signieren*) signer **II.** *refl. V.* **sich ~** (*erkennbar werden*) se profiler; (*durchscheinen*) se dessiner

ab|ziehen *unreg* **I.** *intr. V.* 1 *+ sein* MIL se retirer 2 *+ sein fam* (*weggehen*) décamper 3 *+ sein* (*Rauch*) se dissiper; (*Gewitter*) s'éloigner **II.** *tr. V. + haben* 1 (*Steuern*) retenir; (*Betrag*) déduire 2 (*subtrahieren*) retrancher 3 (*entnehmen*) retirer 4 (*entfernen*) **das Bett ~** retirer les draps [du lit]; **einem Tier das Fell ~** dépouiller un animal 5 (*Wein*) tirer; **Wein auf Flaschen ~** mettre du vin en bouteilles 6 (*Text*) tirer

ab|zocken *tr. V. fam* arnaquer

Abzug *m* 1 (*von Sozialabgaben*) retenue *f;* (*eines Rabatts*) déduction *f* 2 (*Vervielfältigung*) copie *f* 3 (*Bilderabzug*) épreuve *f* 4 *kein Pl.* MIL retrait *m* 5 (*von Kapital*) retrait *m* 6 (*eines Kamins*) tirage *m;* (*Abzugsöffnung*) conduit *m* de fumée 7 (*einer Schusswaffe*) détente *f*

abzüglich ['aptsy:klɪç] *Präp. + Gen.* déduction faite de

ab|zweigen **I.** *intr. V. + sein* **von etw ~** (*Weg, Gleis*) bifurquer de qc; **an etw** (*Dat*)/**von etw ~** (*Kabel*) partir de qc **II.** *tr. V. + haben fam* **hundert Euro von etw ~** prélever cent euros sur qc

Abzweigung <-, -en> *f* (*eines Wegs*) embranchement *m;* (*eines Kabels*) branchement *m*

ach [ax] *Interj.* 1 (*Ausruf der Verärgerung*) ah; **~ was!** allons donc ! 2 (*Ausruf der Überraschung*) ah; **~ nein!** *fam* allons bon !; **~ so!** (*nun gut*) bon, bon !; (*aha*) ah bon !

A

Ach <-s, -[s]> *nt* ▸**mit ~ und Krach** *fam* de justesse

Achse ['aksə] <-, -n> *f* ❶ (*eines Fahrzeugs*) essieu *m* ❷ PHYS, MATH axe *m* ▸**auf ~ sein** *fam* être [toujours] sur les chemins

Achsel ['aksl] <-, -n> *f* ❶ (*Achselhöhle*) aisselle *f* ❷ (*Schulter*) épaule *f*; **mit den ~n zucken** hausser les épaules

Achselhöhle *f* aisselle *f*

Achsenbruch *m* rupture *f* d'essieu

acht[1] [axt] *Num.* huit; **~ [Jahre alt] sein** avoir huit ans; **mit ~ [Jahren]** à huit ans; **es ist ~ [Uhr]** il est huit heures; **um/gegen ~ [Uhr]** à/vers huit heures; **kurz vor ~** peu avant huit heures; **es ist schon kurz nach ~** il est déjà huit heures passées; **alle ~ Stunden** toutes les huit heures; **heute/[am] Montag in ~ Tagen** dans huit jours/lundi en huit; **es steht ~ zu drei** le score est de huit à trois

acht[2] *Adv.* **zu ~ sein** être huit; **etw zu ~ tun** faire qc à huit

Acht[1] [axt] <-, -en> *f* ❶ (*Zahl, Spielkarte*) huit *m* ❷ *kein Pl.* (*U-Bahn-, Buslinie*) huit *m*

Acht[2] <-> *f* **~ geben** faire attention; **außer ~ lassen** ne pas tenir compte de; **nicht außer ~ lassen** ne pas négliger; **sich in ~ nehmen** se tenir sur ses gardes; **sich vor jdm/etw in ~ nehmen** se méfier de qn/qc

achte(r, s) *Adj.* ❶ huitième; **jeder ~ Franzose** un Français sur huit ❷ (*bei Datumsangaben*) **der ~ März** le huit mars; **am ~n März** le huit mars; **am Freitag, den ~n März** le vendredi huit mars; **Bonn, den ~n März** Bonn, le huit mars

Achte(r) *f(m) dekl wie Adj* ❶ **als ~r/~** en huitième position; **jeder ~** une personne sur huit ❷ (*bei Datumsangaben*) **der ~/am ~n** le huit ❸ (*als Namenszusatz*) **Karl der ~** Charles VIII

Achteck *nt* octogone *m*

achteckig *Adj.* octogonal(e)

achteinhalb *Num.* **~ Meter** huit mètres et demi

achtel *Adj.* **ein ~ Gramm** un huitième de gramme

Achtel <-s, -> *nt* ❶ a. MATH huitième *m* ❷ (*Achtelliter*) ballon *m* ❸ (*achtel Pfund*) **ein ~ Butter** une demi-plaquette de beurre

Achtelfinale *nt* huitième *m* de finale

Achtelnote *f* croche *f*

achten I. *tr. V.* ❶ (*wertschätzen*) estimer ❷ (*Gesetze*) respecter **II.** *intr. V.* ❶ (*aufpassen*) **auf jdn/etw ~** surveiller qn/qc ❷ (*beachten*) **auf jdn/etw ~** faire attention à qn/qc ❸ (*sehen auf*) **darauf ~ etw zu tun** veiller à faire qc

achtens *Adv.* huitièmement

achtenswert *Adj.* (*Person*) respectable; (*Leistung*) méritoire

Achterbahn *f* grand huit *m*

achterlei *Adj. unv.* **~ Sorten Brot** huit sortes de pain; **in ~ Größen** en huit tailles

achtfach I. *Adj.* octuple; **eine ~e Vergrößerung** un agrandissement huit fois plus grand; **die ~e Menge nehmen** prendre huit fois cette quantité; **in ~er Ausfertigung** en huit exemplaires **II.** *Adv.* (*falten*) huit fois; (*ausfertigen*) en huit exemplaires

Achtfache(s) *nt dekl wie Adj* octuple *m*; **das ~ verdienen** gagner huit fois plus; **um das ~** de huit fois; **um das ~ höher** huit fois plus élevé

achthundert ['axt'hʊndɐt] *Num.* huit cents

achtlos I. *Adj.* inattentif(-ive); **~ sein** ne pas faire attention **II.** *Adv.* sans faire attention

Achtlosigkeit <-> *f* inattention *f*

achtmal *Adv.* huit fois; **~ so viel** huit fois plus; **~ so viele ...** huit fois plus de ...

achtsam I. *Adj. geh* précautionneux(-euse) **II.** *Adv. geh* soigneusement

Achtstundentag [axt'ʃtʊndəntaːk] *m* journée *f* de huit heures **achtstündig** *Adj. attr* de huit heures **achttausend** *Num.* huit mille **Achtundsechziger(in)** <-s, -> *m(f)* soixante-huitard(e) *m(f)*

Achtung ['axtʊŋ] <-> *f* ❶ (*Wertschätzung*) respect *m*; **sich** (*Dat*) **~ bei jdm verschaffen** imposer le respect à qn ❷ (*Vorsicht*) **~!** attention !; **~, fertig, los!** attention ! prêts ? partez ! ▸**alle ~!** chapeau bas !

achtzehn *Num.* dix-huit; *s.a.* **acht**[1]

achtzehnte(r, s) *Adj.* dix-huitième; *s.a.* **achte(r, s)** **achtzeilig** *Adj.* (*Gedicht*) de huit vers; (*Text*) de huit lignes

A

achtzig ['axtsɪç] *Num.* quatre-vingts, huitante (CH), octante (BELG); **~ [Jahre alt] sein** avoir quatre-vingts ans; **mit ~ [Jahren]** à quatre-vingts ans; **mit ~ Stundenkilometern** à quatre-vingts kilomètres à l'heure ▸ **jdn mit etw auf ~ bringen** *fam* mettre qn en pétard avec qc; **auf ~ sein** *fam* être en pétard

achtziger *Adj. unv.* **die ~ Jahre** les années *fpl* quatre-vingts; **der ~ Jahrgang** (*Wein*) la cuvée quatre-vingts; *fig* (*Menschen*) la promotion quatre-vingts

achtzigste(r, s) *Adj.* quatre-vingtième; **jdn zum ~n Geburtstag gratulieren** féliciter qn pour son quatre-vingtième anniversaire

ächzen ['ɛçtsən] *intr. V.* ❶ **vor Schmerzen/Anstrengung ~** gémir de douleur/sous l'effort ❷ (*knarren*) grincer

Acker ['akɐ, *Pl:* 'ɛkɐ] <-s, Äcker> *m* champ *m*

Ackerbau *m kein Pl.* agriculture *f*

Ackerland *nt kein Pl.* terre *f* arable

ackern *intr. V. fam* bosser

Acryl [a'kry:l] <-s> *nt* CHEM acrylique *m*

Action ['ækʃən] <-> *f fam* (*Handlung*) action *f;* (*Stimmung*) animation *f*

Actionfilm *m* film *m* d'action

ADAC [a:de:ʔa:'tse:] <-> *m Abk. von* **Allgemeiner Deutscher Automobil-Club** *club automobile allemand*

Adamsapfel *m fam* pomme *f* d'Adam

Adapter [a'daptɐ] <-s, -> *m* TECH adaptateur *m*

adäquat [adɛ'kva:t] *Adj.* (*Honorar*) convenable; (*Übersetzung*) juste; (*Verhalten*) adéquat(e)

addieren* [a'di:rən] *tr. V.* (*Zahlen*) additionner

Addition [adi'tsi̯o:n] <-, -en> *f* addition *f*

ade [a'de:] *Interj.* au revoir

Adel ['a:dəl] <-s> *m* noblesse *f;* **von ~ sein** être noble

adelig *Adj. s.* **adlig**

adeln *tr. V.* anoblir

Ader ['a:dɐ] <-, -n> *f* ❶ ANAT veine *f* ❷ MIN filon *m* ❸ ELEC fil *m* ❹ BOT nervure *f* ▸ **eine künstlerische ~ haben** avoir un don pour l'art

Adjektiv ['atjɛkti:f] <-s, -e> *nt* adjectif *m*

adjektivisch ['atjɛkti:vɪʃ] *Adj.* adjectival(e)

Adler ['a:dlɐ] <-s, -> *m* aigle *m*

Adlerauge *nt* œil *m* d'aigle ▸ **~n haben** avoir un regard d'aigle

adlig *Adj.* noble **Adlige(r)** *f(m) dekl wie Adj* noble *mf*

administrativ [atminɪstra'ti:f] *Adj.* administratif(-ive)

Admiral(in) [atmi'ra:l] <-s, -e> *m(f)* MIL amiral *m*

adoptieren* [adɔp'ti:rən] *tr. V.* adopter

Adoption [adɔp'tsi̯o:n] <-, -en> *f* adoption *f*

Adoptiveltern *Pl* parents *mpl* adoptifs **Adoptivkind** *nt* [enfant *m*] adopté *m*

Adrenalin [adrena'li:n] <-s> *nt* adrénaline *f*

Adressat(in) [adrɛ'sa:t] <-en, -en> *m(f) geh* destinataire *mf*

Adressbuch[RR] *nt* ❶ (*amtliches Verzeichnis*) annuaire *m* ❷ (*Notizbuch*) carnet *m* d'adresses

Adresse [a'drɛsə] <-, -n> *f* ❶ *a.* INFORM adresse *f* ❷ (*Firma*) **die ersten ~n** les meilleures maisons *fpl* ▸ **bei jdm mit etw an der falschen ~ sein** se tromper d'adresse pour qc en s'adressant à qn

adressieren* [adrɛ'si:rən] *tr. V.* mettre l'adresse sur; **etw an jdn/etw ~** adresser qc à qn/qc

Advent [at'vɛnt] <-s, -e> *m* avent *m*

Adventskalender *m* calendrier *m* de l'avent **Adventskranz** *m* couronne *f* de l'avent

Adverb [at'vɛrp] <-s, -ien> *nt* adverbe *m*

adverbial [atvɛr'bi̯a:l] *Adj.* adverbial(e)

Advokat(in) [atvo'ka:t] <-en, -en> *m(f)* A, CH avocat(e) *m(f)*

Aerobic [ɛ'ro:bɪk] <-s> *nt* aérobic *f*

Aerodynamik [aerody'na:mɪk] *f* ❶ PHYS aérodynamique *f* ❷ AUT aérodynamisme *m*

Affäre [a'fɛ:rə] <-, -n> *f* ❶ (*Angelegenheit*) affaire *f* ❷ (*Liebesabenteuer*) aventure *f* ▸ **sich mit etw aus der ~ ziehen** *fam* se dépatouiller en faisant qc

Affe ['afə] <-n, -n> *m* ❶ singe *m* ❷ *fam* (*unangenehmer Mensch*) conard *m*

Affekt [a'fɛkt] <-[e]s, -e> *m* JUR [im]pulsion *f;* **etw im ~ tun** faire qc sous le coup d'une émotion

affektiert [afɛk'ti:ɐt] *pej* **I.** *Adj.* (*Person*) maniéré(e); (*Benehmen, Stil*) affecté(e) **II.** *Adv.* avec affectation

affenartig *Adj.* simiesque

Affenhitze *f fam* chaleur *f* à crever

Affiche ['afiʃ] <-, -n> *f* CH affiche *f*

affig *pej fam* **I.** *Adj.* (*Benehmen*) chichiteux(-euse) **II.** *Adv.* **sich ~ anstellen** faire des simagrées

Afghane [af'ga:nə] <-n, -n> *m*, **Afghanin** *f* Afghan(e) *m(f)*

afghanisch [af'ga:nɪʃ] **I.** *Adj.* afghan(e) **II.** *Adv.* **~ miteinander sprechen** discuter en afghan

Afghanisch [af'ga:nɪʃ] <-[s]> *nt kein Art.* afghan *m; s.a.* **Deutsch**

Afghanistan [af'ga:nɪsta:n] <-s> *nt* l'Afghanistan *m*

Afrika ['a:frika] <-s> *nt* l'Afrique *f*

Afrikaner(in) [afri'ka:nɐ] <-s, -> *m(f)* Africain(e) *m(f)*

afrikanisch *Adj.* africain(e)

After ['aftɐ] <-s, -> *m* anus *m*

Aftershave[RR] [a:ftɐ'ʃeɪv] <-[s], -s>, **After-shave**[ALT] *nt* après-rasage *m*

AG [a:'ge:] <-, -s> *f Abk. von* **Aktiengesellschaft** S.A. *f*

Ägäis [ɛ'gɛ:ɪs] <-> *f* **die ~** la mer Égée

Agent(in) [a'gɛnt] <-en, -en> *m(f)* agent *m*

Agentur [agɛn'tu:ɐ̯] <-, -en> *f* COM, MEDIA agence *f*

Aggregat [agre'ga:t] <-[e]s, -e> *nt* TECH organe *m;* (*Stromaggregat*) groupe *m* électrogène

Aggression [agrɛ'si̯o:n] <-, -en> *f* ❶ PSYCH agressivité *f pas de pl.* ❷ MIL agression *f*

aggressiv [agrɛ'si:f] *Adj.* ❶ agressif(-ive) ❷ CHEM corrosif(-ive)

Aggressivität [agrɛsivi'tɛ:t] <-, -en> *f* agressivité *f*

Agitator [agi'ta:to:ɐ̯] <-s, -toren> *m*, **Agitatorin** *f* agitateur(-trice) *m(f)*

Agrarerzeugnis *nt* produit *m* agricole **Agrarreform** *f* réforme *f* agraire **Agrarwissenschaft** *f* agronomie *f*

Ägypten [ɛ'gʏptən] <-s> *nt* l'Égypte *f*

Ägypter(in) <-s, -> *m(f)* Égyptien(ne) *m(f)*

ägyptisch *Adj.* égyptien(ne)

Ägyptisch *nt* l'égyptien *m*

ah [a:] *Interj.* ah

äh [ɛ:] *Interj.* (*Pausenfüller*) euh

aha [a'ha(:)] *Interj.* ❶ (*ach so*) ha [ha] ❷ (*sieh da*) tiens [tiens]

Aha-Erlebnis *nt* déclic *m*

Ahn [a:n] <-[e]s, -en> *m geh* ancêtre *m;* **unsere ~en** nos aïeux *mpl*

ahnden ['a:ndən] *tr. V. form* (*Verstoß*) sanctionner; (*Verbrechen*) punir

ähneln ['ɛ:nəln] **I.** *intr. V.* ressembler; **jdm/einer S. ~** ressembler à qn/qc **II.** *refl. V.* **sich** (*Dat*) **~** *geh* se ressembler

ahnen ['a:nən] *tr. V.* (*Ereignis*) se douter de; (*Gefahr*) pressentir; **nichts ~d** pris au dépourvu; (*handeln*) sans se douter de rien; **das konnte ich doch nicht ~!** je ne pouvais pas le deviner !

ähnlich ['ɛ:nlɪç] **I.** *Adj.* semblable; **jdm ~ sehen** (*ähneln*) ressembler à qn **II.** *Adv.* de la même façon **III.** *Präp. + Dat.* comme

Ähnlichkeit <-, -en> *f* (*Aussehen*) ressemblance *f*

ähnlich|sehen *intr. V. unreg* **jdm ~**>(*typisch sein*) ressembler à qn; **>das sieht ihm/ihr ähnlich!**> c'est bien lui/elle !

Ahnung <-, -en> *f* ❶ (*Vorgefühl*) pressentiment *m* ❷ (*Vermutung*) présomption *f;* **er hatte keine ~, dass** il ne s'est pas douté que + *subj;* **keine ~!** *fam* aucune idée ! ❸ *fam* (*Wissen*) **~/keine ~ von EDV haben** s'y connaître/ne rien y connaître en informatique

ahnungslos **I.** *Adj.* ❶ (*arglos*) inconscient(e) [du danger]; **~ sein** ne se douter de rien ❷ (*unwissend*) **~ sein** être ignorant **II.** *Adv.* (*arglos*) sans se douter de rien

ahoi [a'hɔy] *Interj.* ohé

Ahorn ['a:hɔrn] <-s, -e> *m* érable *m*

Ähre ['ɛ:rə] <-, -n> *f* (*Blütenstand*) épi *m*

Aids [əɪds] <-> *nt* sida *m*

Aidshilfe *f* association *f* antisida **aidsinfiziert** *Adj.* séropositif(-ive) **aidskrank** *Adj.* malade du sida **Aidskranke(r)** *f(m) dekl wie Adj* sidéen(ne) *m(f)* **Aidstest** *m* test *m* de dépistage du sida **Aidsvirus** *nt* virus *m* du sida

Airbag ['ɛ:ɐbɛk] <-s, -s> *m* airbag® *m*

Airbus ['ɛ:ɐ̯bʊs] *m* airbus® *m*

Akademie [akade'mi:] <-, -en> *f* ≈ institut *m* universitaire de technologie; (*Kunstakademie*) école *f* des beaux-arts

Akademiker(in) [aka'de:mikɐ] <-s, -> *m(f)* diplômé(e) *m(f)* de l'enseignement supérieur

akademisch *Adj.* universitaire

akklimatisieren* [aklimati'zi:rən] *refl. V.* **sich ~** s'acclimater

A

Akkord [a'kɔrt] <-[e]s, -e> *m* ❶ MUS accord *m* ❷ IND **im ~ arbeiten** travailler aux pièces

Akkordarbeit *f* travail *m* à la tâche

Akkordeon [a'kɔrdeɔn] <-s, -s> *nt* accordéon *m*

Akku ['aku] <-s, -s> *m fam* accu *m*

Akkusativ ['akuzati:f] <-s, -e> *m* accusatif *m*

Akkusativobjekt *nt* complément *m* à l'accusatif

Akne ['a:knə] <-, -n> *f* acné *f*

akribisch [a'kri:bɪʃ] *Adj. geh* méticuleux(-euse)

Akrobat(in) [akro'ba:t] <-en, -en> *m(f)* acrobate *mf*

akrobatisch *Adj.* acrobatique

Akt¹ [akt] <-[e]s, -e> *m* ❶ KUNST nu *m* ❷ (*Handlung*) a. THEAT acte *m* ❸ *form* (*Geschlechtsakt*) acte *m* sexuel

Akt² <-[e]s, -en> *m* A *s.* **Akte**

Akte ['aktə] <-, -n> *f* dossier *m* ▶**etw zu den ~n legen** (*ablegen*) classer qc; (*als erledigt betrachten*) classer qc [définitivement]

Aktenkoffer *m* mallette *f* **aktenkundig** *Adj.* **~ sein** (*Vorfall*) être consigné **Aktenordner** *m* classeur *m* **Aktenschrank** *m* classeur *m* **Aktentasche** *f* serviette *f*

Aktie ['aktsi̯ə] <-, -n> *f* action *f*

Aktiengesellschaft *f* société anonyme *f*

Aktienkurs *m* cours *m*

Aktion [ak'tsio:n] <-, -en> *f* ❶ *a.* MIL action *f*; **in ~ treten** (*Person*) passer à l'action; (*Plan, Vorschrift*) entrer en vigueur ❷ (*Verkaufsmaßnahme*) promotion *f*

Aktionär(in) [aktsi̯o'nɛ:ɐ̯] <-s, -e> *m(f)* actionnaire *mf*

aktiv [ak'ti:f] *Adj.* ❶ (*rührig*) actif(-ive) ❷ (*berufstätig*) en activité

aktivieren* [akti'vi:rən] *tr. V.* ❶ (*mobilisieren*) stimuler ❷ MED activer ❸ (*auslösen*) déclencher

Aktivität [aktivi'tɛ:t] <-, -en> *f* activité *f*

Aktmalerei *f* peinture *f* de nus

aktualisieren* *tr. V.* ❶ [ré]actualiser ❷ INFORM mettre à jour

Aktualität [aktu̯ali'tɛ:t] <-, -en> *f* actualité *f*

Aktuar(in) [aktu̯'a:ɐ̯] <-s, -e> *m(f)* CH secrétaire *mf*

aktuell [ak'tu̯ɛl] *Adj.* actuel(le); (*Buch*) d'actualité

Akupunktur [akupʊŋk'tu:ɐ̯] <-, -en> *f* acupuncture *f*

Akustik [a'kʊstɪk] <-> *f* acoustique *f*

akustisch **I.** *Adj.* acoustique; (*Frage*) d'acoustique **II.** *Adv.* (*schlecht*) du point de vue de l'acoustique

akut [a'ku:t] *Adj.* ❶ MED aigu(ë) ❷ (*Problem*) urgent(e); (*Konflikt, Mangel*) aigu(ë)

AKW [a:ka:'ve:] <-s, -s> *nt Abk. von* **Atomkraftwerk** centrale *f* nucléaire

Akzent [ak'tsɛnt] <-[e]s, -e> *m* accent *m*

akzentfrei *Adj., Adv.* sans accent

akzeptabel [aktsɛp'ta:bəl] *Adj.* acceptable

Akzeptanz [aktsɛp'tants] <-> *f* **~ einer S.** (*Gen*) admission *f* de qc; **die ~ dieses Produkts** l'acceptation de ce produit

akzeptieren* [aktsɛp'ti:rən] *tr., intr. V.* accepter

Alarm [a'larm] <-[e]s, -e> *m* ❶ (*Warnsignal*) alarme *f* ❷ MIL alerte *f* ▶**~ schlagen** donner l'alarme; (*warnen*) tirer la sonnette d'alarme

Alarmanlage *f* système *m* d'alarme

alarmieren* [alar'mi:rən] *tr. V.* ❶ (*Feuerwehr*) alerter ❷ (*beunruhigen*) **jdn ~** alarmer qn

alarmierend *Adj.* alarmant(e)

Alarmsignal *nt* signal *m* d'alarme

Alaska [a'laska] <-s> *nt* l'Alaska *m*

Alb <-> *f* **die Schwäbische ~** le Jura souabe

Albaner(in) [al'ba:nɐ] <-s, -> *m(f)* Albanais(e) *m(f)*

Albanien [al'ba:niən] <-s> *nt* l'Albanie *f*

albanisch **I.** *Adj.* albanais(e) **II.** *Adv.* **~ miteinander sprechen** discuter en albanais

Albanisch <-[s]> *nt kein Art.* albanais *m*; *s.a.* **Deutsch**

Alben *Pl. von* **Album**

albern¹ ['albɐn] **I.** *Adj.* un peu niais(e) **II.** *Adv.* (*sich benehmen*) de façon puérile

albern² *intr. V.* bêtifier

Albino [al'bi:no] <-s, -s> *m* albinos *mf*

Albtraum[RR] ['alptraum, *Pl:* 'alptrɔymə] *m* cauchemar *m*

Album ['albʊm, *Pl:* 'albən] <-s, Alben> *nt* album *m*

A

Alchimie [alçi'mi:] <-> *f* alchimie *f*
Alge ['algə] <-, -n> *f* algue *f*
Algebra ['algebra] <-> *f* algèbre *f*
Algerien [al'ge:riən] <-s> *nt* l'Algérie *f*
Algerier(in) <-s, -> *m(f)* Algérien(ne) *m(f)*
algerisch *Adj.* algérien(ne)
Alibi ['a:libi] <-s, -s> *nt* alibi *m*
Alimente [ali'mɛntə] *Pl* pension *f* alimentaire
Alkohol ['alkoho:l] <-s, -e> *m* alcool *m* **alkoholabhängig** *Adj.* alcoolique **Alkoholeinfluss**[RR] *m form* effet *m* de l'alcool **alkoholfrei** *Adj.* sans alcool **Alkoholgehalt** *m* (*eines Getränks*) teneur *f* en alcool; (*des Bluts*) alcoolémie *f* **alkoholhaltig** *Adj.* alcoolisé(e)
Alkoholiker(in) [alko'ho:likɐ] <-s, -> *m(f)* alcoolique *mf*
alkoholisch *Adj.* ❶ (*Getränk*) alcoolisé(e) ❷ CHEM à base d'alcool
Alkoholmissbrauch[RR] *m* abus *m* d'alcool **Alkoholtest** *m* alcootest® *m* **Alkoholvergiftung** *f* intoxication *f* par l'alcool
all [al] *unbest. Pron.* ~ **die Arbeit** tout le travail
All [al] <-s> *nt* cosmos *m*
alle ['alə] *Adj. fam* **die Seife ist ~** il n'y a plus de savon
alle(r, s) ['alə, -lɐ, -ləs] *unbest. Pron.* ❶ *attr* (*der/die/das gesamte ...*) **ich wünsche dir ~s Gute** je te souhaite bien des choses; **das ~s** tout ça ❷ (*die gesamten ...*) ~ **beide** tous/toutes les deux ❸ (*alle Leute*) **bitte ~s aussteigen!** tout le monde descend ! ❹ *fam* (*im Einzelnen und insgesamt*) **wer war ~s da?** qui donc était là ? ❺ (*regelmäßig jeder/jede ...*) ~ **zwei Stunden** toutes les deux heures ▸ **hast du sie noch ~?** *fam* tu es sonné ?; **~s in ~m** (*zusammengerechnet*) en tout; (*insgesamt betrachtet*) tout compte fait
Allee [a'le:] <-, -n> *f* allée *f*
allein I. *Adj.* ❶ ~ **sein** être seul; **etw ~ entscheiden** décider qc en son nom propre ❷ (*isoliert, ohne Hilfe*) [tout(e)] seul(e) II. *Adv.* ❶ (*bereits*) rien que ❷ (*ausschließlich*) uniquement ❸ (*selbstständig*) **etw von ~ tun** faire qc de soi-même; **das läuft von ~** ça roule tout seul
alleine *s.* **allein**
Alleinerbe *m,* **-erbin** *f* unique héritier(-ière) *m(f)* **alleinerziehend** *Adj.* (*mère, père*) isolé(e); ~ **sein** être parent unique **Alleinerziehende(r)** *f(m) dekl wie Adj* parent *m* unique **Alleingang** <-gänge> *m* initiative *f* individuelle; SPORT action *f* isolée; **etw im ~ tun** faire qc en solitaire **Alleinherrschaft** *f* (*einer Person*) autocratie *f*
alleinige(r, s) *Adj.* **der ~e Erbe** l'unique héritier; **die ~e Vertretung einer S.** (*Gen*) **haben** être le représentant exclusif/la représentante exclusive de qc
Alleinsein *nt* solitude *f* **alleinstehend** *Adj.* (*ledig, solo*) célibataire **Alleinunterhalter(in)** *m(f) a. fig* artiste *mf*
allemal *Adv. fam* ❶ (*ohne Schwierigkeit*) à tous les coups; **~!** sans problème ! ❷ (*in jedem Falle*) de toute façon
allenfalls *Adv.* ❶ (*höchstens*) tout au plus ❷ (*bestenfalls*) au mieux
allerbeste(r, s) *Adj.* **der/die/das ~ ...** le meilleur/la meilleure ...
allerdings *Adv.* (*jedoch*) toutefois; (*in der Tat*) en effet; (*gewiss*) **~!** et comment !
allerfrühestens *Adv.* au plus tôt
Allergie [alɛr'gi:] <-, -n> *f* allergie *f*; **eine ~ gegen etw haben** avoir une allergie à qc
Allergietest *m* test *m* d'allergie
Allergiker(in) <-s, -> *m(f)* personne *f* allergique
allergisch *Adj.* allergique; **gegen jdn/etw ~ sein** être allergique à qn/qc
allerhand *Adj. unv. fam* (*erzählen*) pas mal de choses; (*transportieren*) un paquet; ~ **Süßigkeiten** un tas de sucreries ▸ **das ist [ja] ~!** (*das ist unverschämt*) c'est un peu fort !; (*das ist erstaunlich*) eh ben dis donc !
Allerheiligen <-> *nt* la Toussaint
allerlei *Adj. unv.* ~ **Spielzeug** toutes sortes de jouets; ~ **erzählen** raconter toutes sortes de choses
allerletzte(r, s) *Adj.* ❶ (*letzte, neueste*) **der/die/das ~ ...** le tout dernier/la toute dernière ... ❷ *fam* (*geschmacklos*) **das/er ist das Allerletzte!** c'est/il est pire que tout ! **allerneu[e]ste(r, s)** *Adj.* **auf dem ~n Stand sein** être absolument à jour
Allerseelen ['alɐze:lən] <-> *nt* **[an]** ~ [le] jour des Morts

A

allerseits ['alɐ'zaits] *Adv.* **guten Morgen ~!** bonjour tout le monde !
allesamt ['alə'zamt] *Adv. fam* tous/toutes

Allesfresser ['alləsfrɛsɐ] <-s, -> *m* omnivore *m* **Alleskleber** *m* colle *f* universelle

allgegenwärtig ['alge:gənvɛrtɪç] *Adj. geh* omniprésent(e)

allgemein ['algə'main] **I.** *Adj.* ❶ général(e); **im Allgemeinen** en général ❷ (*Wahlrecht*) universel(le); (*Wehrpflicht*) obligatoire **II.** *Adv.* ❶ (*formulieren*) de façon générale; **~ bildend** (*Schule*) d'enseignement général ❷ (*gültig*) généralement; (*verbreitet*) communément; **~ gültige Aussage** déclaration *f* universelle; **es ist ~ bekannt, dass ...** tout le monde sait que ... ❸ (*für alle*) **~ zugänglich** (*Informationen*) accessible au public; **~ verständlich** accessible à tous; (*darstellen, sich ausdrücken*) de manière intelligible **allgemeinbildend** *s.* **allgemein II.1** **Allgemeinbildung** *f kein Pl.* culture *f* générale **allgemeingültig** *s.* **allgemein II.2**

Allgemeinheit <-> *f kein Pl.* (*Öffentlichkeit*) collectivité *f;* **der ~** (*Dat*) **zugänglich** (*Einrichtung*) ouvert au public; (*Daten*) accessible au public

Allgemeinmedizin *f* médecine *f* générale **allgemeinverständlich** *s.* **allgemein II.3** **Allgemeinwohl** *nt* intérêt *m* général

Allheilmittel [al'hailmɪtəl] *nt* panacée *f*

Alligator [ali'ga:to:ɐ̯] <-s, -toren> *m* alligator *m*

alliiert *Adj.* allié(e)

Alliierte(r) *f(m) dekl wie Adj* **die ~n** HIST les Alliés *mpl*

alljährlich ['al'jɛ:ɐ̯lɪç] **I.** *Adj. attr* annuel(le) **II.** *Adv.* tous les ans

Allmacht *f kein Pl.* toute-puissance *f*

allmächtig [al'mɛçtɪç] *Adj.* tout(e)-puissant(e)

allmählich [al'mɛ:lɪç] **I.** *Adj. attr* progressif(-ive) **II.** *Adv.* **es wird ~ Zeit, dass** il sera bientôt temps que + *subj*

Allradantrieb ['alra:tʔantri:p] *m* quatre roues *fpl* motrices

allseits *Adv.* partout; (*bekannt*) de tous; (*informiert*) sur tout

Alltag ['alta:k] *m* quotidien *m*

alltäglich [al'tɛ:klɪç] *Adj.* ❶ *attr* quotidien(ne) ❷ (*gewöhnlich*) ordinaire; **~ sein** (*Situation*) être habituel

Alltagskleidung *f* tenue *f* de tous les jours

allzu ['altsu:] *Adv.* bien trop; **~ früh/lang[e]** bien trop tôt/long(longue); **~ sehr** que trop; **~ viel** trop (*fam*); **etw ~ gern tun** adorer faire qc; **etw nicht ~ gern mögen** ne pas raffoler de qc

allzufrüh[ALT] *s.* **allzu** **allzugern**[ALT] *s.* **allzu** **allzulang[e]**[ALT] *s.* **allzu** **allzusehr**[ALT] *s.* **allzu** **allzuviel**[ALT] *s.* **allzu**

Alm [alm] <-, -en> *f* alpage *m*

Almosen ['almo:zən] <-s, -> *nt* ❶ aumône *f* ❷ (*sehr geringer Betrag*) misère *f*

Alpen ['alpən] *Pl* **die ~** les Alpes *fpl*

Alpenveilchen *nt* cyclamen *m* **Alpenvorland** *nt* **das ~** les Préalpes *fpl*

Alphabet [alfa'be:t] <-[e]s, -e> *nt* alphabet *m*

alphabetisch **I.** *Adj.* alphabétique **II.** *Adv.* par ordre alphabétique

alphabetisieren* *tr. V.* (*unterrichten*) alphabétiser

alphanumerisch [alfanu'me:rɪʃ] *Adj.* alphanumérique

alpin [al'pi:n] *Adj.* alpin(e)

Alpinist(in) [alpi'nɪst] <-en, -en> *m(f)* alpiniste *mf*

Alptraum[ALT] *s.* **Albtraum**

als [als] *Konj.* ❶ (*zeitlich*) quand; (*zu der Zeit, da*) alors que; **damals, ~ ...** à l'époque où ...; **gerade, ~ ...** au moment précis où ... ❷ (*vergleichend*) **größer ~ ...** plus grand(e) que ... ❸ (*gleichsam*) **er sah aus, ~ ob er schliefe** il avait l'air de dormir; **es sieht aus, ~ würde es bald schneien** on dirait qu'il va bientôt neiger ❹ (*ausschließend*) **es ist zu spät, ~ dass** il est trop tard pour que + *subj* ❺ (*zur Bezeichnung einer Eigenschaft*) **~ Lehrer** en tant que professeur; **schon ~ Kind hatte er ...** déjà enfant, il avait ...; **noch ~ alte Frau ...** devenue une vieille femme, ...; **~ Beweis** comme preuve

also ['alzo] **I.** *Adv.* ❶ (*tatsächlich*) donc; **das ist ~ dein letztes Wort?** bon alors, c'est ton dernier mot ? ❷ (*nun ja*) eh bien; **~ wie ich schon sagte** bon, comme je l'ai déjà dit **II.** *Interj.*

[ainsi] donc; ~ **so was!** non mais ça alors !; **na ~!** ah quand même !; ~ **gut** bon d'accord

Alsterwasser ['alstɐvasɐ] *nt* panaché *m*

alt [alt] <älter, älteste> *Adj.* ❶ **zwanzig Jahre ~ sein** avoir vingt ans; **wie ~ bist du?** quel âge as-tu ?; **mein älterer Bruder** mon frère aîné ❷ (*betagt*) vieux(vieille); **ein ~er Mann** un vieil homme; ~ **werden** vieillir ❸ (*Gegenstand*) vieux(vieille) *antéposé*; **~es Brot** du pain rassis ❹ *attr* (*ehemalig*) **mein ~er Kollege** mon ancien collègue ❺ *attr* (*unverändert*) **der/die Alte sein** être le/la même; **alles bleibt beim Alten** les choses ne changent pas ▶ **Alt und Jung** jeunes et vieux; ~ **aussehen** *fam* avoir bonne mine; **hier werde ich nicht ~** *fam* je ne vais pas m'encroûter ici

Alt [alt] <-s, -e> *m* MUS [contr]alto *m*

Altar [al'taːɐ, *Pl:* al'tɛːrə] <-s, Altäre> *m* autel *m*

altbacken ['altbakən] *Adj.* ❶ (*Brot*) rassis(rassie) ❷ (*Person*) vieux jeu *inv.*; (*Ansichten*) dépassé(e) **Altbau** <-bauten> *m* (*Gebäude*) construction *f* ancienne **Altbauwohnung** *f* logement *m* ancien **altbewährt** *Adj.* (*Verbindung*) de longue date; (*Tradition*) bien établi(e); (*Mittel*) qui a fait ses preuves **Altbier** *nt: bière maltée à haute fermentation* **altdeutsch** *Adj.* rustique

Alte(r) *f(m) dekl wie Adj* ❶ *fam* vieux *m*/vieille *f* ❷ *pej fam* (*Ehemann/-frau*) bonhomme *m*/bonne femme *f*; (*Vater/Mutter*) vieux *m*/vieille *f*

Altenheim *s.* **Altersheim** **Altenpflege** *f* assistance *f* aux personnes âgées **Altenpfleger(in)** *m(f)* infirmier(-ière) *m(f)* en gériatrie

Alter ['altɐ] <-s, -> *nt* ❶ (*Lebensalter*) âge *m*; **im ~ von fünfzig Jahren** à l'âge de cinquante ans; **ein Mann mittleren ~s** un homme entre deux âges; **sie ist in meinem ~** elle a mon âge ❷ (*Bejahrtheit*) vieillesse *f*; **im ~** devenu(e) vieux(vieille)

älter *Adj.* ❶ *Komp. von* **alt** ❷ (*Person*) âgé(e)

altern *intr. V. + sein* vieillir

alternativ [altɛrna'tiːf] **I.** *Adj.* alternatif(-ive) **II.** *Adv.* (*leben*) de façon alternative

Alternative [altɛrna'tiːvə] <-, -n> *f* alternative *f*

Alternative(r) *f(m) dekl wie Adj* (*Umweltschützer*) écolo *mf* (*fam*); POL alternatif(-ive) *m(f)*

altersbedingt *Adj.* dû(due) à l'âge; ~ **sein** être lié à l'âge **Alterserscheinung** *f* signe *m* de vieillesse **Altersgrenze** *f* ❶ âge *m* limite ❷ (*für die Rente*) âge *m* de la retraite **Altersgruppe** *f* tranche *f* d'âge **Altersheim** *nt* maison *f* de retraite **Altersruhegeld** *nt form* [pension *f* de] retraite *f* **altersschwach** *Adj.* ❶ (*Person, Tier*) diminué(e) [par l'âge] ❷ *fam* (*Auto, Gerät*) foutu(e); (*Möbel*) bien malade **Altersschwäche** *f kein Pl.* décrépitude *f* **Altersstufe** *f* (*Altersgruppe*) tranche *f* d'âge **Altersunterschied** *m* différence *f* d'âge **Altersversicherung** *f* assurance *f* vieillesse **Altersversorgung** *f* (*Rente*) prestations *fpl* vieillesse; (*Vorsorge*) retraite *f* complémentaire

Altertum ['altɐtuːm] <-s> *nt* Antiquité *f*

altertümlich ['altɐtyːmlɪç] *Adj.* passé(e) de mode; (*Brauchtum*) [très] ancien(ne); (*Begriff*) archaïque

älteste(r, s) *Superl. von* **alt**

Älteste(r) *f(m) dekl wie Adj* plus âgé(e) *m(f)*; (*bei Geschwistern*) aîné(e) *m(f)*; (*in einer Gruppe*) doyen(ne) *m(f)* [d'âge]

Altglas *nt* verre *m* usagé **Altglascontainer** *m* container *m* à verre **altgriechisch** *Adj.* (*Literatur, Text*) en grec ancien; (*Grammatik*) du grec ancien **althochdeutsch** ['althoːxdɔytʃ] *Adj.* (*Literatur, Text*) en ancien haut allemand **Altkleidersammlung** *f* collecte *f* de vieux vêtements **altklug** *Adj.* (*Kind*) précoce; (*Bemerkung*) d'une maturité précoce **Altlast** *f meist Pl.* ÖKOL déchet *m* toxique **Altmetall** *nt* vieux métaux *mpl* **altmodisch** *Adj.* (*Kleidung*) démodé(e); (*Einrichtung*) vieillot(te); (*Ansicht*) dépassé(e) **Altöl** *nt* huile *f* usagée **Altpapier** *nt* vieux papiers *mpl*

Altpapiercontainer *m* container *m* pour les vieux papiers **Altpapiersammlung** *f* collecte *f* de vieux papiers

Altstadt *f* vieille ville *f*

Altstimme *f* voix *f* d'alto

Alt-Taste *f* INFORM touche *f* Option

Altweibersommer [alt'vaibɐzɔmɐ] *m* (*Nachsommer*) été *m* indien

A

Alufolie *f fam* papier *m* [d']alu
Aluminium [alu'mi:ni̯ʊm] <-s> *nt* aluminium *m*
Aluminiumfolie *f* feuille *f* d'aluminium; (*Haushaltsfolie*) papier *m* d'aluminium
Alzheimer ['altshaimɐ] <-s> *m* MED *fam* maladie *f* d'Alzheimer
am = **an dem** ❶ (*zur Bildung des Superlativs*) ~ **schnellsten rennen** courir le plus vite; **das ist ~ besten** c'est ce qu'il y a de mieux ❷ *fam* (*beim*) ~ **Arbeiten sein** être en train de travailler; *s.a.* **an**
Amalgam [amal'ga:m] <-s, -e> *nt* amalgame *m*
Amateur(in) [ama'tø:ɐ] <-s, -e> *m(f)* amateur(-trice) *m(f)*
ambivalent [ambiva'lɛnt] *Adj. geh* ambivalent(e); (*Gefühle, Beziehung*) ambigu(ë)
AmbossRR ['ambɔs] <-es, -e>, **Amboß**ALT <-sses, -sse> *m* enclume *f*
ambulant [ambu'lant] **I.** *Adj.* ambulatoire; (*Patient*) en consultation externe; (*Kosten*) sans hospitalisation **II.** *Adv.* (*behandeln*) en ambulatoire
Ameise ['a:maizə] <-, -n> *f* fourmi *f*
Ameisenbär *m* fourmilier *m* **Ameisenhaufen** *m* fourmilière *f*
amen ['a:mɛn] *Interj.* amen
Amerika [a'me:rika] <-s> *nt* l'Amérique *f*
Amerikaner [ameri'ka:nɐ] <-s, -> *m* ❶ (*Einwohner Amerikas*) Américain *m* ❷ (*Gebäck*) ≈ palet *m* glacé
Amerikanerin <-, -nen> *f* Américaine *f*
amerikanisch *Adj.* américain(e)
Amethyst [ame'tʏst] <-s, -e> *m* améthyste *f*
Aminosäure [a'mi:nozɔyrə] *f* CHEM acide *m* aminé
Ammann ['aman] <-männer> *m* CH ❶ (*Landammann*) président *m* du canton; (*Gemeindeammann*) maire *m* ❷ JUR (*Vollstreckungsbeamter*) huissier *m*
Amme ['amə] <-, -n> *f* nourrice *f*
Ammoniak [amo'ni̯ak] <-s> *nt* CHEM ammoniac *m*
Amnestie [amnɛs'ti:] <-, -n> *f* amnistie *f*
amnestieren* [amnɛs'ti:rən] *tr. V.* amnistier
Amöbe [a'mø:bə] <-, -n> *f* BIO amibe *f*
Amok ['a:mɔk] <-s> *m* ~ **laufen** être pris de folie furieuse
amoralisch ['amora:lɪʃ] *Adj.* amoral(e)
amortisieren* [amɔrti'zi:rən] **I.** *tr. V.* amortir **II.** *refl. V.* **sich** ~ être amorti
Ampel ['ampəl] <-, -n> *f* feu *m*
Ampere [am'pe:ɐ] <-[s], -> *nt* PHYS ampère *m*
Amphibie [am'fi:biə] <-, -n> *f* ZOOL amphibien *m*
Amphitheater *nt* amphithéâtre *m*
Ampulle [am'pʊlə] <-, -n> *f* ampoule *f*
Amputation [amputa'tsi̯o:n] <-, -en> *f* amputation *f*
amputieren* [ampu'ti:rən] **I.** *tr. V.* **jdm ein Bein** ~ amputer qn de la jambe **II.** *intr. V.* amputer
Amsel ['amzəl] <-, -n> *f* merle *m*
Amt [amt, *Pl:* 'ɛmtɐ] <-[e]s, Ämter> *nt* ❶ (*Behörde*) administration *f;* **das Auswärtige** ~ *le ministère des Affaires étrangères allemand* ❷ (*Abteilung einer Behörde*) service *m* [administratif] ❸ (*Stellung*) fonction *f;* [**noch**] **im ~ sein** être [encore] en fonction; **kraft meines ~es** en vertu des pouvoirs qui me sont conférés; **von ~s wegen** à titre officiel ❹ (*offizielle Aufgabe*) charge *f* ▸ **seines ~es walten** *geh* remplir son office
amtieren* [am'ti:rən] *intr. V.* être en fonction; **~d** en fonction
amtlich *Adj.* (*Dokument*) officiel(le)
Amtsantritt *m* entrée *f* en fonctions **Amtseid** *m* serment *m* professionnel **Amtsenthebung** *f,* **Amtsentsetzung** <-, -en> *f* A, CH destitution *f* **Amtsgeheimnis** *nt* ❶ *kein Pl.* (*Schweigepflicht*) devoir *m* de réserve ❷ (*vertrauliche Mitteilung*) secret *m* professionnel **Amtsgericht** *nt* tribunal *m* d'instance **Amtsmissbrauch**RR *m* abus *m* de pouvoir **Amtsrichter(in)** *m(f)* juge *m* d'instance **Amtsweg** *m* voie *f* hiérarchique **Amtszeit** *f* mandat *m*
amüsant [amy'zant] **I.** *Adj.* (*lustig*) amusant(e); (*unterhaltsam*) divertissant(e) **II.** *Adv.* de façon divertissante
amüsieren* [amy'zi:rən] **I.** *refl. V.* **sich mit jdm** ~ s'amuser avec qn; **sich über jdn/etw** ~ trouver qn/qc amusant(e) **II.** *tr. V.* amuser
Amüsierviertel *nt* quartier *m* chaud
an [an] **I.** *Präp.* + *Dat.* ❶ (*direkt bei*) ~

der Tür près de la porte; ~ **der Wand** contre le mur; **am Fluss** sur le fleuve; **Frankfurt am Main** Francfort-sur-le-Main; ~ **dieser Stelle** à cet endroit; **Tür ~ Tür** porte à porte; **Haus ~ Haus wohnen** habiter l'un à côté de l'autre; **am Tisch sitzen** être [assis] à la table; **am Computer arbeiten** travailler sur ordinateur ❷ (*in Berührung mit*) ~ **der Wand stehen** (*Person*) être adossé au mur; (*Gegenstand*) être contre le mur; **jdn ~ der Hand nehmen** prendre qn par la main ❸ (*auf, in*) ~ **der Universität** à l'université ❹ (*zur Zeit von*) **am Morgen** le matin; ~ **Weihnachten** à Noël ❺ (*verbunden mit*) **das Schöne ~ jdm/etw** ce qu'il y a de beau chez qn/dans qc **II.** *Präp. + Akk.* **~s Telefon gehen** répondre au téléphone; **bis ~ mein Lebensende** jusqu'à la fin de ma vie ▸ ~ **[und für] sich** en soi **III.** *Adv.* ❶ (*ungefähr*) ~ **die zwanzig Personen** dans les vingt personnes ❷ (*Ankunftszeit*) **Köln ~ 16 Uhr 15** arrivée à Cologne 16 h 15 ❸ *fam* (*eingeschaltet*) ~ **sein** (*Elektrogerät*) être allumé; (*Strom*) être ouvert; **Licht ~!** allume/allumez ! ❹ (*ab*) **von jetzt** ~ à partir de maintenant

Anabolikum <-s, -ka> *nt* anabolisant *m*

anal [a'na:l] **I.** *Adj.* anal(e) **II.** *Adv.* (*messen, einführen*) par voie rectale

analog [ana'lo:k] **I.** *Adj.* ❶ ~ **zu etw** analogue à qc ❷ INFORM analogique **II.** *Adv.* ❶ ~ **zu etw** par analogie avec qc ❷ INFORM analogiquement

Analogie [analo'gi:] <-, -n> *f* analogie *f*

Analphabet(in) ['an?alfabe:t] <-en, -en> *m(f) a. pej* analphabète *mf*

Analyse [ana'ly:zə] <-, -n> *f* analyse *f*

analysieren* [analy'zi:rən] *tr. V.* analyser

analytisch [ana'ly:tɪʃ] **I.** *Adj.* (*Denken*) analytique; (*Fähigkeit*) d'analyse **II.** *Adv.* de façon analytique

Ananas ['ananas] <-, -> *f* ananas *m*

Anarchie [anar'çi:] <-, -n> *f* anarchie *f*

Anarchist(in) [anar'çɪst] <-en, -en> *m(f)* anarchiste *mf*

anarchistisch *Adj.* (*Person, Partei*) anarchiste

Anatomie [anato'mi:] <-> *f kein Pl.* anatomie *f*

an|baggern ['anbagən] *tr. V. fam* draguer

an|bahnen I. *tr. V.* (*Gespräche*) amorcer **II.** *refl. V.* **sich** ~ (*Freundschaft*) s'amorcer; (*Unheil*) se préparer

Anbau <-bauten> *m* ❶ bâtiment *m* annexe; (*freistehend*) annexe *f* ❷ *kein Pl.* (*das Anpflanzen*) culture *f*

an|bauen I. *tr. V.* ❶ (*anpflanzen*) cultiver ❷ (*bauen*) ajouter **II.** *intr. V.* [s']agrandir

Anbaufläche *f* terre *f* cultivable

an|behalten* *tr. V. unreg* **etw** ~ garder qc [sur soi]

anbei [an'bai] *Adv. form* ci-joint(e)

an|beißen *intr. V. unreg* ❶ (*Fisch*) mordre ❷ *fam* (*Interesse haben*) mordre à l'hameçon ▸ **zum Anbeißen** *fam* à croquer

an|belangen* ['anbəlaŋən] *tr. V. geh* concerner

an|beten *tr. V.* adorer

Anbetracht ['anbətraxt] ▸ **in ~ dessen, dass ...** compte tenu du fait que ...

an|biedern ['anbi:dɐn] *refl. V. pej* **sich bei jdm** ~ fayoter auprès de qn (*fam*)

an|bieten *unreg* **I.** *tr. V.* ❶ (*verkaufen*) proposer ❷ (*zur Auswahl vorschlagen*) **jdm etw** ~ offrir qc à qn **II.** *refl. V.* **sich ~ etw zu tun** (*Person*) [se] proposer de faire qc; **sich [geradezu]** ~ (*Lösung*) s'imposer [de toute évidence]; (*Ort*) faire [parfaitement] l'affaire

Anbieter(in) *m(f)* (*einer Ware*) fournisseur(-euse) *m(f)*; (*einer Dienstleistung*) prestataire *mf*

an|binden *tr. V. unreg* (*festbinden*) **jdn/etw an etw** (*Akk o Dat*) ~ attacher qn/qc à qc

Anblick *m* ❶ (*Bild*) spectacle *m* ❷ *kein Pl.* (*das Erblicken*) vue *f*

an|braten *tr. V. unreg* faire revenir

an|brechen *unreg* **I.** *intr. V. + sein* (*Tag*) se lever; (*Nacht*) tomber; (*Jahreszeit*) commencer **II.** *tr. V. + haben* (*Packung*) entamer; **angebrochen werden/sein** (*Knochen, Stuhlbein*) se fêler/être fêlé

an|brennen *intr. V. unreg + sein* brûler; (*anhängen*) attacher; **angebrannt riechen/schmecken** sentir le brûlé/avoir un goût de brûlé

an|bringen *tr. V. unreg* ❶ (*Regal*) poser;

A

(*Telefon*) installer; **etw an etw** (*Dat*) ~ fixer qc à qc ❷ (*Bemerkung*) émettre; **etw als Argument** ~ présenter qc comme argument

Anbruch *m kein Pl. geh* (*einer Epoche*) commencement *m;* **bei ~ des Tags** au lever du jour; **bei ~ der Nacht** à la tombée de la nuit

an|brüllen *tr. V.* **jdn** ~ (*Person*) gueuler après qn (*fam*)

Andacht ['andaxt] <-, -en> *f* ❶ REL prière *f* ❷ (*Kontemplation*) **in ~ versunken sein** être plongé dans la méditation

andächtig ['andɛçtɪç] **I.** *Adj.* (*Stille*) recueilli(e); (*Blick*) admiratif(-ive) **II.** *Adv.* (*beten*) avec recueillement

an|dauern *intr. V.* persister; (*Gespräche*) se poursuivre

andauernd *Adj.* ❶ qui persiste; (*Gespräche, Schießereien*) qui se poursuit ❷ (*ständig*) continuel(le)

Andenken <-s, -> *nt* ❶ (*Gegenstand*) ~ **an jdn/etw** souvenir *m* de qn/qc ❷ *kein Pl.* (*Erinnerung*) **im ~ an jdn/etw** en souvenir de qn/qc

andere(r, s) ['andərə, -rɐ, -rəs] *Pron. indef* ❶ **ein ~r** un autre; **etwas/nichts ~s** quelque chose/rien d'autre ❷ (*zusätzlich*) **ich habe [noch] ~** j'en ai [encore] d'autres ▶**alles ~ als zufrieden sein** être tout sauf content; **unter ~m/~n** entre autres; **und ~s** et cætera

andererseits *Adv.* d'un autre côté

andermal *Adv.* ▶**ein** ~ une autre fois

ändern ['ɛndɐn] **I.** *tr. V.* (*Umstände*) changer; (*Namen, Richtung*) changer de; (*Daten*) modifier; (*Kleidungsstück*) retoucher **II.** *refl. V.* **sich** ~ changer

andernfalls *Adv.* sinon

anders ['andɐs] *Adj., Adv.* ❶ (*verschieden*) différemment; ~ **denkend** (*Bürger*) dissident(e); (*Kritiker*) non-conformiste; ~ **schmecken** avoir un autre goût; **[ganz]** ~ **aussehen** avoir une [tout] autre allure; **es sich ~ überlegen** changer d'avis; **es geht nicht ~** il n'y pas moyen de faire autrement ❷ (*sonst*) sinon; **jemand ~** quelqu'un d'autre ▶**nicht ~ können** *fam* ne pas pouvoir faire autrement; **jdm wird ganz ~** qn se sent mal

andersartig *Adj.* différent(e)

andersdenkend *s.* **anders 1** **andersgläubig** *Adj.* de confession différente **andersherum** *Adv.* ❶ (*in die andere Richtung*) dans l'autre sens ❷ (*hereinfahren*) en sens inverse **anderswo** *Adv.* ailleurs

anderthalb ['andɐt'halp] *Num.* un(e) et demi(e)

Änderung <-, -en> *f* ❶ (*eines Entwurfs*) modification *f;* (*eines Gesetzes*) amendement *m* ❷ (*Schneiderarbeit*) retouche *f*

Änderungsschneider(in) *m(f)* retoucheur(-euse) *m(f)* **Änderungsvorschlag** *m* proposition *f* de modification; (*für ein Gesetz*) proposition *f* d'amendement

anderweitig ['andɐvaitɪç] **I.** *Adj. attr* autre **II.** *Adv.* (*beschäftigt*) par ailleurs; (*informiert*) ailleurs

an|deuten *tr. V.* ❶ (*Angelegenheit*) évoquer; (*Thema*) esquisser ❷ (*zu verstehen geben*) **jdm ~, dass ...** laisser entendre à qn que ...

Andeutung *f* ❶ (*Hinweis*) allusion *f;* **eine ~ über jdn/etw machen** faire une insinuation à propos de qn/qc ❷ (*Spur*) soupçon *m* ❸ (*eines Lächelns*) ébauche *f*

andeutungsweise *Adv.* ❶ (*indirekt*) à mots couverts ❷ (*rudimentär*) très vaguement

Andorra [an'dɔra] <-s> *nt* l'Andorre *f*

Andorraner(in) <-s, -> *m(f)* Andorran(e) *m(f)*

andorranisch *Adj.* andorran(e)

Andrang *m kein Pl.* affluence *f;* (*von Wassermassen*) afflux *m*

an|drehen *tr. V.* ❶ (*Gas*) ouvrir; (*Licht, Heizung*) allumer; (*Schraube*) serrer ❷ *fam* (*verkaufen*) **jdm etw** ~ refiler qc à qn

an|drohen *tr. V.* **jdm etw** ~ menacer qn de qc

an|eignen *refl. V.* **sich** (*Dat*) **etw** ~ s'approprier qc; **sich** (*Dat*) **Kenntnisse** ~ acquérir des connaissances

aneinander [anʔai'nandɐ] *Adv.* ❶ ~ **vorbeigehen** (*zwei Personen*) passer l'un(e) à côté de l'autre; (*mehrere Personen*) passer les un(e)s à côté des autres ❷ **[sehr] ~ hängen** (*zwei Personen*) être [très] attaché(e) l'un(e) à l'autre; (*mehrere Personen*) être [très] attaché(e)s les un(e)s aux autres; **sich**

~ **gewöhnen** (*zwei Personen*) s'habituer l'un(e) à l'autre; (*mehrere Personen*) s'habituer les un(e)s aux autres

aneinander|geraten* *intr. V. unreg* **mit jdm** ~ (*in Streit geraten*) se quereller avec qn; (*handgreiflich werden*) s'empoigner avec qn **aneinander|hängen** **I.** *tr. V. + haben* (*aneinander befestigen: zwei Girlanden, Waggons*) attacher l'un(e) à l'autre; (*mehrere Girlanden, Waggons*) attacher les un(e)s aux autres **II.** *intr. V. unreg + haben* (*aneinander befestigt sein: zwei Girlanden, Waggons*) être attaché(e) l'un(e) à l'autre; (*zwei Girlanden, Waggons*) être attaché(e)s les un(e)s aux autres **aneinander|reihen** **I.** *tr. V.* **Perlen auf einer Schnur** ~ enfiler des perles sur un fil **II.** *refl. V.* **sich** ~ (*Bäume, Häuser*) s'aligner; (*Ereignisse, Tage, Momente*) se succéder

Anekdote [anɛk'do:tə] <-, -n> *f* anecdote *f*

an|ekeln *tr. V.* dégoûter

anerkannt ['anʔɛɐkant] *Adj.* (*Tatsache*) reconnu(e); (*Experte*) agréé(e); (*Diplom*) reconnu(e); (*Prüfung*) validé(e); (*Schule*) habilité(e); **staatlich** ~ reconnu(e) par l'État

an|erkennen* *tr. V. unreg* ❶ (*würdigen*) reconnaître ❷ (*Meinung*) accepter; **~, dass ...** reconnaître que ...

anerkennend **I.** *Adj.* approbateur(-trice) **II.** *Adv.* en signe d'approbation

Anerkennung *f* ❶ (*Würdigung*) reconnaissance *f* ❷ (*lobende Zustimmung*) approbation *f*; **jds ~ finden** (*Leistung*) recevoir les faveurs de qn

an|fachen ['anfaxən] *tr. V. a. fig geh* attiser

an|fahren *unreg* **I.** *intr. V. + sein* (*losfahren*) démarrer **II.** *tr. V. + haben* ❶ (*Person, Auto*) accrocher ❷ (*Ware*) livrer ❸ (*Hafen*) mettre le cap sur ❹ (*schelten*) houspiller

Anfahrt *f* (*Strecke, Zeit*) trajet *m*

Anfall *m* ❶ (*Herz-, Asthmaanfall*) crise *f*; (*Schwächeanfall*) malaise *m*; (*Ohnmachtsanfall*) syncope *f* ❷ (*Wutanfall*) accès *m*

an|fallen *unreg* **I.** *tr. V. + haben* (*angreifen*) attaquer **II.** *intr. V. + sein* (*Kosten*) être dû; (*Müll*) être produit; **die ~de Arbeit** le travail à effectuer

anfällig ['anfɛlɪç] *Adj.* (*Person*) de santé fragile; **für etw ~ sein/werden** être/devenir réceptif à qc

Anfang ['anfaŋ, *Pl:* 'anfɛŋə] <-[e]s, Anfänge> *m* ❶ (*Beginn*) début *m*, commencement *m*; **den ~ machen** prendre l'initiative; **einen neuen ~ machen** prendre un nouveau départ; **am ~** au début; **von ~ an** dès le départ; **~ September** début septembre; **~ des Jahres** au début de l'année; **~ vierzig sein** avoir la quarantaine; **von ~ bis Ende** du début [jusqu']à la fin ❷ (*des Lebens*) commencement *m*

an|fangen *unreg* **I.** *tr. V.* ❶ (*Arbeit*) commencer; **~ mit** commencer par ❷ *fam* (*Packung*) entamer ❸ (*angehen*) **etw richtig/anders ~** s'y prendre bien/autrement avec qc **II.** *intr. V.* (*Veranstaltung*) commencer; **mit seinem Vortrag ~** commencer sa conférence

Anfänger(in) ['anfɛŋɐ] <-s, -> *m(f)* débutant(e) *m(f)*

anfänglich ['anfɛŋlɪç] *Adj. attr* (*Übelkeit*) initial(e)

anfangs ['anfaŋs] **I.** *Adv.* au début **II.** *Präp. + Gen.* CH **~ des Monats** en début de mois; **~ des Jahres** au début de l'année

Anfangsbuchstabe *m* [lettre *f*] initiale *f*

Anfangszeit *f* premiers temps *mpl*

an|fassen **I.** *tr. V.* ❶ (*berühren*) toucher; **jdn grob ~** empoigner qn sans ménagement ❷ (*ergreifen*) **die Flasche am Hals ~** prendre la bouteille par le goulot ❸ (*Problem*) aborder ❹ (*behandeln*) traiter ▸ **zum Anfassen** *fam* (*verständlich*) accessible [à tous]; (*volksnah*) proche des gens **II.** *intr. V.* ❶ (*berühren*) toucher ❷ (*helfen*) [**mit**] **~** filer un coup de main (*fam*) **III.** *refl. V.* (*sich bei der Hand nehmen*) **sich ~** se donner la main

anfechtbar ['anfɛçtba:ɐ] *Adj.* contestable; JUR attaquable

an|fechten *tr. V. unreg* ❶ (*Aussage, These*) contester ❷ (*Vertrag*) contester la validité de; (*Urteil*) faire appel de

an|fertigen *tr. V.* (*Kleidungsstück*) confectionner; (*Möbelstück*) fabriquer; (*Protokoll*) dresser

an|feuchten *tr. V.* humecter

an|feuern *tr. V.* ❶ (*anspornen*) encourager ❷ (*Ofen*) allumer

A

an|flehen *tr. V.* supplier

an|fliegen *unreg* **I.** *tr. V.* + *haben* **eine Stadt** ~ (*sich nähern*) approcher d'une ville; (*eine Flugverbindung unterhalten*) desservir une ville **II.** *intr. V.* + *sein* **angeflogen kommen** (*Vogel*) arriver; (*Geschoss*) fuser

Anflug *m* ❶ AVIAT approche *f;* **beim** ~ **auf Rom** à la descente sur Rome ❷ (*Spur*) **der** ~ **eines Lächelns** l'ébauche *f* d'un sourire

an|fordern *tr. V.* demander

Anforderung *f* ❶ *kein Pl.* (*das Anfordern*) demande *f* ❷ *meist Pl.* (*Anspruch*) exigences *fpl;* [**große**] **~en an jdn stellen** être [très] exigeant avec qn

Anfrage *f* ❶ demande *f* [de renseignement]; **auf** ~ sur demande ❷ INFORM demande *f*

an|fragen *intr. V.* demander; (*Auskunft erfragen*) se renseigner

an|freunden *refl. V.* ❶ **sich mit jdm** ~ se lier d'amitié avec qn ❷ (*sich gewöhnen an*) **sich mit jdm/etw** ~ se faire à qn/qc

an|fühlen **I.** *tr. V.* toucher **II.** *refl. V.* **sich weich/rau** ~ être doux/rêche [au toucher]

an|führen *tr. V.* ❶ (*Truppe*) commander ❷ (*Grund*) donner; (*Beweise*) fournir; (*Zitat*) mentionner

Anführer(in) *m(f)* ❶ (*einer Truppe*) commandant *m;* (*einer Bande*) chef *mf* ❷ *pej* (*Rädelsführer*) meneur(-euse) *m(f)*

Anführungszeichen *nt meist Pl.* guillemets *mpl*

Angabe <-, -n> *f* ❶ *meist Pl.* (*Aussage*) déclaration *f;* **~n über etw** (*Akk*)/**zu etw machen** donner des indications à propos de qc/sur qc; **~n zur Person** renseignements *mpl* sur l'identité ❷ SPORT service *m* ❸ *kein Pl. fam* (*Prahlerei*) frime *f*

an|geben *unreg* **I.** *tr. V.* (*Grund, Namen*) donner; (*Preis*) indiquer **II.** *intr. V.* ❶ (*prahlen*) frimer (*fam*) ❷ SPORT servir

Angeber(in) <-s, -> *m(f)* frimeur(-euse) *m(f)* (*fam*)

Angeberei [ange:bəˈrai] <-> *f fam kein Pl.* (*das Prahlen*) frime *f*

angeblich [ˈange:plɪç] **I.** *Adj.* prétendu(e) **II.** *Adv.* soi-disant

angeboren *Adj.* ❶ (*Behinderung*) congénital(e) ❷ *fam* (*chronisch*) inné(e)

Angebot <-[e]s, -e> *nt* ❶ offre *f;* (*Warenangebot*) choix *m;* ~ **und Nachfrage** l'offre et la demande ❷ (*Sonderangebot*) promotion *f*

angebracht [ˈangəbraxt] *Adj.* ❶ (*sinnvoll*) opportun(e) ❷ (*angemessen*) **für jdn/etw** ~ **sein** être approprié pour qn/qc

an|gehen *unreg* **I.** *intr. V.* + *sein* ❶ (*Licht*) s'allumer; (*Elektrogerät*) se mettre en route; (*Feuer*) prendre ❷ (*vorgehen*) **gegen jdn** ~ agir contre qn; **gegen den Drogenhandel** ~ s'attaquer au trafic de drogue ❸ (*vertretbar sein*) être possible; **es geht nicht an, dass ...** il est inacceptable que ... **II.** *tr. V.* ❶ + *haben o sein* (*Problem*) s'attaquer à; (*Verhandlungen*) entamer ❷ + *sein* (*Hindernis*) aborder ❸ + *haben* (*attackieren*) attaquer ❹ + *haben* (*betreffen*) concerner; **das geht dich nichts an!** ça ne te regarde pas !; **was mich angeht, ...** pour ma part, ...

angehend *Adj.* futur(e)

an|gehören* *intr. V.* **einer Partei** (*Dat*) ~ être membre d'un parti; **einer Gruppe** (*Dat*) ~ faire partie d'un groupe; **der Vergangenheit** (*Dat*) ~ appartenir au passé

Angehörige(r) *f(m) dekl wie Adj* ❶ (*Familienangehöriger*) [proche] parent(e) *m(f);* **alle meine ~n** toute ma famille ❷ (*Mitglied*) membre *m*

Angeklagte(r) *f(m) dekl wie Adj* accusé(e) *m(f)*

Angel [ˈaŋəl] <-, -n> *f* canne *f* à pêche; (*Tür-, Fensterangel*) gond *m*

Angelegenheit *f* affaire *f;* **das ist seine/ihre** ~ cela lui incombe

angelernt *Adj.* ❶ (*Arbeiter*) spécialisé(e) ❷ (*Wissen*) approximatif(-ive)

Angelhaken *m* hameçon *m*

angeln [ˈaŋəln] **I.** *intr. V.* pêcher; ~ **gehen** aller à la pêche **II.** *tr. V.* ❶ pêcher ❷ *fam* (*ergattern*) **sich** (*Dat*) **einen Millionär** ~ mettre le grappin sur un millionnaire

Angelrute *f* canne *f* à pêche

angemessen **I.** *Adj.* (*Preis*) raisonnable; (*Honorar*) adapté(e); (*Kleidung*) approprié(e); (*Verhalten*) convenable **II.** *Adv.* (*würdigen*) à sa/leur juste valeur; (*bezahlen*) en conséquence; (*sich verhalten*) convenablement

angenehm ['angəne:m] **I.** *Adj.* agréable; [**sehr**] **~!** enchanté(e) ! **II.** *Adv.* **~ riechen** sentir bon; **~ überrascht sein** être agréablement surpris

angenommen ['angənɔmən] *PP von* **annehmen**

angepasstRR ['angəpast], **angepaßt**ALT **I.** *Adj.* conformiste **II.** *Adv.* (*sich verhalten*) selon la norme

angeregt ['angəre:kt] **I.** *Adj.* (*Atmosphäre, Diskussion*) animé(e) **II.** *Adv.* de façon animée

angeschlagen *Adj. fam* (*Person*) mal fichu(e); (*Gesundheit*) chancelant(e)

angesehen *Adj.* (*Person*) estimé(e); (*Firma*) de renom

Angesicht <-[e]s, -er> *nt geh* face *f* ▸ **im ~ des Todes** devant la mort

angesichts *Präp. + Gen.* face à; **~ der Tatsache, dass ...** du fait que ...

angespannt ['angəʃpant] **I.** *Adj.* tendu(e) **II.** *Adv.* [très] attentivement

Angestellte(r) *f(m) dekl wie Adj* employé(e) *m(f)*

angetrunken *Adj.* un peu gris(e)

angewandt ['angəvant] *Adj. attr* (*Wissenschaft*) appliqué(e)

angewiesen ['angəvi:zən] *Adj.* **auf jdn/etw ~ sein** dépendre de qn/qc; **sie sind auf jeden Euro ~** ils en sont à compter chaque euro

an|gewöhnen* **I.** *tr. V.* **jdm etw ~** habituer qn à qc **II.** *refl. V.* **sich** (*Dat*) **etw ~** prendre l'habitude de faire qc

Angewohnheit *f* habitude *f*

Angina [aŋ'gi:na] <-, Anginen> *f* angine *f*

Angler(in) ['aŋlɐ] <-s, -> *m(f)* pêcheur(-euse) *m(f)* à la ligne

an|gliedern *tr. V.* **etw einem Staat ~** annexer qc à un État; **etw einem Konzern ~** rattacher qc à un groupe

anglikanisch [aŋgli'ka:nɪʃ] *Adj.* anglican(e)

Anglistik [aŋ'glɪstɪk] <-> *f* lettres *fpl* et civilisation anglaises

an|glotzen *tr. V. fam* **jdn ~** regarder qn avec des yeux ronds

angreifbar *Adj.* (*Person*) critiquable; (*Theorie*) contestable

an|greifen *unreg* **I.** *tr. V.* ❶ **jdn/etw ~** attaquer qn/qc ❷ (*schädigen*) **etw ~** attaquer qc ❸ (*beeinträchtigen*) **jdn ~** (*Nachricht*) affecter qn; (*Stress*) altérer la santé de qn **II.** *intr. V.* attaquer

Angreifer(in) <-s, -> *m(f)* ❶ MIL assaillant(e) *m(f)* ❷ *meist Pl.* SPORT attaquant(e) *m(f)*

an|grenzen *intr. V.* **an etw** (*Akk*) **~** (*Land*) être limitrophe de qc; (*Fluss, See*) être en bordure de qc

Angriff *m* ❶ MIL, SPORT offensive *f* ❷ (*Kritik*) attaque *f* ▸ **etw in ~ nehmen** s'attaquer à qc

Angriffsfläche *f* cible *f* **angriffslustig** *Adj.* (*Journalist*) combatif(-ive); SPORT offensif(-ive)

angst ▸ **jdm wird ~** [**und bange**] qn prend peur

Angst [aŋst, *Pl:* 'ɛŋstə] <-, Ängste> *f* ❶ peur *f;* **vor jdm/etw ~ haben** avoir peur de qn/qc; **um jdn/etw ~ haben** avoir peur pour qn/qc; **~ bekommen** prendre peur; **keine ~!** *fam* pas de panique ! ❷ PSYCH angoisse *f*

Angsthase *m fam* trouillard(e) *m(f)*

ängstigen ['ɛŋstɪgən] **I.** *tr. V.* **jdn ~** (*in Furcht versetzen*) faire peur à qn; (*in Sorge versetzen*) inquiéter qn **II.** *refl. V.* ❶ (*sich fürchten*) **sich vor jdm/etw ~** avoir peur de qn/qc ❷ (*sich sorgen*) **sich um jdn/wegen etw ~** s'inquiéter pour qn/de qc

ängstlich ['ɛŋstlɪç] **I.** *Adj.* ❶ (*Person, Blick*) craintif(-ive) ❷ (*besorgt*) **~ werden/sein** s'inquiéter/être inquiet **II.** *Adv.* (*hüten, verbergen*) jalousement

Angstschweiß *m* sueur *f* d'angoisse

an|gucken *tr. V. fam* regarder

an|haben *tr. V. unreg* ❶ *fam* (*angezogen haben*) porter; **nichts ~** être tout nu ❷ *fam* (*angeschaltet haben*) **den Fernseher ~** avoir la télé allumée ❸ (*zuleide tun*) **jdm etwas ~ können** pouvoir faire du mal à qn; (*Konkurrent*) pouvoir nuire à qn

an|halten *unreg* **I.** *intr. V.* ❶ s'arrêter ❷ (*Wetter*) continuer; (*Beschwerden*) persister; (*Lärm*) durer ❸ (*werben*) **um die Hand der Tochter ~** demander la main de la fille **II.** *tr. V.* ❶ (*Person, Fahrzeug*) stopper; (*Luft*) retenir ❷ (*anleiten*) **jdn zu Ordnung ~** éduquer qn à être ordonné

anhaltend *Adj.* (*Hitze*) persistant(e); (*Lärm*) continuel(le)

Anhalter(in) *m(f)* auto-stoppeur(-euse) *m(f);* **per ~ fahren** faire de l'auto-stop

A

Anhaltspunkt *m* indice *m*
anhand [an'hant] *Präp. + Gen.* à l'aide de
Anhang <-[e]s, Anhänge> *m* appendice *m*
an|hängen *tr. V.* ❶ (*Schild*) accrocher ❷ (*Wohnwagen*) atteler ❸ (*Bemerkung*) ajouter ❹ *fam* (*anlasten*) **jdm einen Diebstahl ~** coller un vol sur le dos de qn
Anhänger <-s, -> *m* (*Wagen*) remorque *f;* (*Schmuckstück*) pendentif *m*
Anhänger(in) <-s, -> *m(f)* ❶ SPORT supporter *mf* ❷ (*Gefolgsmann*) partisan(e) *m(f)*
anhänglich ['anhɛŋlɪç] *Adj.* (*Kind*) très attaché(e); (*Haustier*) attaché(e)
Anhänglichkeit <-> *f* (*eines Kindes*) attachement *m;* (*eines Haustiers*) fidélité *f*
an|häufen I. *tr. V.* (*Geld*) amasser; (*Müll*) entasser **II.** *refl. V.* **sich ~** s'accumuler
an|heben *tr. V. unreg* ❶ (*Möbelstück*) soulever; (*Glas*) lever ❷ (*Abgaben*) augmenter; (*Freigrenze*) élargir
anheim|fallen *intr. V. unreg geh* ❶ (*zuteilwerden*) **dem Staat ~** (*Vermögen, Erbschaft*) tomber en déshérence ❷ (*zum Opfer fallen*) **der Vergessenheit** (*Dat*) **~** tomber dans l'oubli **anheim|stellen** *tr. V. geh* **es jdm ~, etw zu tun** laisser qn libre de faire qc
Anhieb ['anhi:p] ▸**auf ~** *fam* d'emblée
an|himmeln ['anhɪməln] *tr. V. fam* **jdn ~** (*verehren*) adorer qn; (*schwärmerisch ansehen*) dévorer qn des yeux
Anhöhe *f* hauteur *f*
an|hören I. *tr. V.* ❶ (*bewusst hören*) écouter ❷ (*mithören*) entendre **II.** *refl. V.* **sich heiser ~** (*Person*) avoir la voix enrouée; **sich gut ~** (*Anlage*) avoir un bon son
Anhörung <-, -en> *f* audition *f*
animalisch [ani'ma:lɪʃ] *Adj. pej* animal(e)
Animateur(in) [anima'tø:ɐ] <-s, -e> *m(f)* animateur(-trice) *m(f)*
animieren* [ani'mi:rən] **I.** *tr. V.* **jdn zu etw ~** inciter qn à [faire] qc **II.** *intr. V.* stimuler
Anis [a'ni:s] <-[es], -e> *m* ❶ (*Pflanze, Gewürz*) anis *m* ❷ (*Schnaps*) anisette *f*
Ankauf *m* achat *m;* (*eines Grundstücks*) acquisition *f;* **An- und Verkauf** vente *f* et achat
an|kaufen *tr. V.* acheter
Anker ['aŋkɐ] <-s, -> *m* ancre *f;* **den ~ werfen/lichten** jeter/lever l'ancre
ankern *intr. V.* ❶ (*den Anker werfen*) jeter l'ancre ❷ (*vor Anker liegen*) mouiller
Ankerplatz *m* mouillage *m*
an|ketten *tr. V.* ❶ (*Fahrrad*) attacher ❷ (*Sträfling*) enchaîner
Anklage *f* ❶ JUR (*Tatvorwurf*) inculpation *f;* (*Anklagevertreter*) accusation *f;* **gegen jdn ~ wegen etw erheben** engager des poursuites contre qn pour qc; **wegen etw unter ~ stehen** faire l'objet de poursuites pour qc ❷ (*Vorwurf, Klage*) accusation *f*
Anklagebank <-bänke> *f* banc *m* des accusés
an|klagen I. *tr. V.* ❶ JUR inculper ❷ (*Missstände*) dénoncer ❸ (*beschuldigen*) accuser **II.** *intr. V.* (*Person*) accuser; (*Rede*) être une accusation
anklagend I. *Adj.* accusateur(-trice) **II.** *Adv.* (*ansehen*) d'un air accusateur
Ankläger(in) *m(f)* accusateur(-trice) *m(f)*
Anklang *m kein Pl.* (*Zustimmung*) accueil *m* favorable, écho *m* [favorable]; **bei jdm ~ finden** (*Person*) avoir du succès auprès de qn; (*Plan*) être bien accueilli par qn
an|kleben *tr. V. + haben* coller
Ankleidekabine *f* (*eines Geschäfts*) cabine *f* d'essayage
an|kleiden I. *tr. V. geh* vêtir **II.** *refl. V. geh* **sich ~** s'habiller
Ankleideraum *m* vestiaire *m*
an|klicken *tr. V.* INFORM cliquer sur
an|klopfen *intr. V.* frapper
an|knipsen *tr. V. fam* allumer
an|knüpfen I. *tr. V.* (*Schnur*) attacher; (*Beziehung*) nouer **II.** *intr. V.* **an alte Zeiten ~** renouer avec le passé
an|kommen *unreg* **I.** *intr. V. + sein* ❶ arriver ❷ *fam* (*Anklang finden*) **bei jdm ~** (*Idee*) être bien accueilli par qn; (*Mode*) avoir du succès auprès de qn ❸ (*sich behaupten*) **gegen jdn ~ [können]** [arriver à] s'imposer face à qn **II.** *intr. V. unpers. + sein* **es kommt darauf an, dass** il importe que + *subj* ▸**es darauf ~ lassen** *fam* risquer le coup; **es auf etw** (*Akk*) **~ lassen** *fam* se laisser embarquer dans qc
an|kotzen *tr. V. fam* (*anwidern*) faire gerber

an|kreiden *tr. V.* **jdm etw ~** reprocher qc à qn

an|kreuzen *tr. V.* cocher

an|kündigen *tr., refl. V.* **sich ~** [s']annoncer

Ankündigung *f* ❶ *kein Pl.* annonce *f* ❷ (*einer Katastrophe*) signe *m* avant-coureur

Ankunft ['ankʊnft] <-, Ankünfte> *f* arrivée *f*; **bei ~ des Zuges** lors de l'entrée [du train] en gare

an|kurbeln *tr. V.* (*Wirtschaft*) relancer; **den Motor ~** mettre le moteur en marche

an|lächeln *tr. V.* sourire à

an|lachen *tr. V.* regarder en riant; **jdn ~** regarder qn en riant

Anlage <-, -n> *f* ❶ (*Produktionsgebäude*) complexe *m* ❷ *kein Pl.* (*eines Stausees*) construction *f*; (*eines Parks*) aménagement *m* ❸ (*Einrichtung*) **sanitäre ~n** installations sanitaires ❹ (*Briefbeilage*) annexe *f*; **etw als ~ beifügen** joindre qc en annexe ❺ *meist Pl.* (*Veranlagung*) [pré]dispositions *fpl*

Anlass[RR] ['anlas, *Pl:* 'anlɛsə] <-es, Anlässe>, **Anlaß**[ALT] <-sses, Anlässe> *m* ❶ (*Grund*) raison *f* ❷ (*Gelegenheit*) occasion *f*; **beim geringsten ~** pour un oui ou pour un non; **aus gegebenem ~** puisque l'occasion en est/était/... donnée; **ein festlicher ~ sein** être l'occasion de festivités

an|lassen *tr. V. unreg* ❶ (*Auto*) [faire] démarrer ❷ *fam* (*Schuhe*) garder ❸ *fam* (*Motor*) laisser tourner; (*Kerze*) laisser brûler

Anlasser <-s, -> *m* démarreur *m*

anlässlich[RR] ['anlɛslɪç], **anläßlich**[ALT] *Präp. + Gen.* à l'occasion de

Anlauf *m* ❶ SPORT élan *m* ❷ (*Versuch*) essai *m*

an|laufen *unreg* **I.** *intr. V. + sein* ❶ (*Verhandlungen*) commencer; (*Film*) sortir ❷ (*Anlauf nehmen*) prendre de l'élan ❸ (*Brille*) s'embuer ❹ (*Metall*) s'oxyder **II.** *tr. V. + haben* (*Hafen*) faire escale dans

Anlaufstelle *f* lieu *m* d'accueil

an|legen I. *tr. V.* ❶ (*Garten*) aménager; (*Vorratslager*) constituer ❷ (*Akte*) constituer; (*Liste*) établir ❸ FIN placer ❹ (*ausgeben*) mettre ❺ (*beabsichtigen*) **es auf einen Streit ~** chercher une dispute ❻ (*Leiter*) mettre ❼ (*Lineal*) appliquer ❽ *geh* (*Schmuck*) mettre **II.** *intr. V.* **im Hafen ~** faire escale dans le port **III.** *refl. V.* **sich mit jdm ~** entrer en conflit avec qn

Anlegeplatz *m* embarcadère *m*, débarcadère *m*

an|lehnen I. *tr. V.* **etw an etw** (*Akk*) **~** poser qc contre qc; **das Fenster ~** laisser la fenêtre entrouverte **II.** *refl. V.* **sich an jdn/etw ~** s'appuyer contre qn/qc; (*sich orientieren*) s'inspirer de qn/qc

Anlehnung <-, -en> *f* (*Orientierung*) **in ~ an jdn/etw** en référence à qn/qc

Anleihe <-, -n> *f* emprunt *m*

an|leiten *tr. V.* (*unterweisen*) instruire

Anleitung *f* directives *fpl*

an|lernen *tr. V.* (*einarbeiten*) former

an|liefern *tr. V.* **etw ~** livrer qc à domicile

Anlieferung *f* livraison *f* [à domicile]

Anliegen <-s, -> *nt* (*Bitte*) demande *f*

anliegend *Adj.* (*Schreiben*) ci-joint(e); (*Grundstück*) attenant(e); **ein eng ~es Kleid** une robe moulante

Anlieger(in) <-s, -> *m(f)* riverain(e) *m(f)*; **~ frei!** accès réservé aux riverains !

an|locken *tr. V.* (*Käufer*) attirer; (*Tier*) appâter

an|lügen *tr. V. unreg* mentir à

Anm. *Abk. von* **Anmerkung**

an|machen *tr. V.* ❶ (*anstellen*) allumer ❷ (*Salat*) assaisonner ❸ *fam* (*befestigen*) fixer ❹ *fam* (*flirten*) **jdn ~** draguer qn ❺ *fam* (*rüde ansprechen*) **jdn ~** prendre qn à partie

an|malen I. *tr. V.* (*bemalen*) peindre **II.** *refl. V. pej fam* **sich ~** se peinturlurer

an|maßen ['anma:sən] *refl. V.* **sich** (*Dat*) **etw ~** se permettre qc

anmaßend *Adj.* prétentieux(-euse)

Anmeldeformular *nt* formulaire *m* d'inscription **Anmeldegebühr** *f* frais *mpl* d'inscription

an|melden I. *tr. V.* ❶ (*Gast*) annoncer ❷ (*vormerken lassen*) inscrire ❸ (*Wohnsitz*) déclarer ❹ (*Radio*) déclarer; (*Patent*) déposer ❺ (*Anspruch*) faire valoir; (*Bedenken*) exprimer **II.** *refl. V.* ❶ (*ankündigen*) **sich ~** annoncer sa venue ❷ (*sich eintragen lassen*) **sich zu einem Kurs ~** s'inscrire à un cours

A

❸ (*einen Termin vereinbaren*) **sich ~** prendre rendez-vous ❹ (*sich polizeilich melden*) **sich in Stuttgart ~** déclarer son domicile à Stuttgart

Anmeldung *f* ❶ *kein Pl.* (*eines Besuchs*) annonce *f* ❷ (*Terminvereinbarung*) rendez-vous *m* ❸ (*Einschreibung*) inscription *f* ❹ (*eines Einwohners*) enregistrement *m;* (*eines Radiogeräts*) déclaration *f;* (*eines Patents*) dépôt *m*

an|merken *tr. V.* ❶ (*ansehen*) **sich** (*Dat*) **den Ärger ~ lassen** laisser transparaître sa colère ❷ (*äußern*) **etwas ~** faire une remarque

Anmerkung <-, -en> *f* commentaire *m*

Anmut ['anmu:t] <-> *f geh* grâce *f*

anmutig *Adj. geh* (*Person*) gracieux (-euse); (*Gemälde*) charmant(e)

an|nähen *tr. V.* **eine Tasche an etw** (*Akk o Dat*) **~** coudre une poche à qc; **einen Knopf wieder ~** recoudre un bouton

an|nähern **I.** *refl. V.* **sich [einander] ~** se rapprocher **II.** *tr. V.* rapprocher

annähernd *Adj.* approximatif(-ive)

Annäherung <-, -en> *f* rapprochement *m*

Annäherungsversuch *m* tentative *f* de rapprochement; **~e machen** faire des avances

Annahme ['anna:mə] <-, -n> *f* ❶ (*Vermutung*) supposition *f;* **in der ~, dass** en supposant que; **der ~** (*Gen*) **sein, dass ...** supposer que ... ❷ *kein Pl.* (*eines Angebots*) acceptation *f* ❸ *kein Pl.* (*eines Gesetzes*) adoption *f*

annehmbar *Adj.* ❶ (*akzeptabel*) acceptable ❷ (*Preis*) convenable; (*Geschmack*) correct(e)

an|nehmen *unreg* **I.** *tr. V.* ❶ (*Angebot*) accepter; (*Herausforderung*) relever; (*Gesetz, Staatsangehörigkeit*) adopter; (*Angewohnheit*) prendre ❷ (*meinen*) supposer; **~, dass ...** supposer que ...; **du nimmst doch nicht etwa an, dass ...** tu n'imagines quand même pas que ... ❸ (*Anmeldung*) accepter ❹ (*Aussehen*) prendre **II.** *refl. V.* **sich einer Angelegenheit** (*Gen*) **~** se charger d'une affaire

Annehmlichkeit <-, -en> *f* ❶ (*Bequemlichkeit*) commodité *f* ❷ (*Vorteil*) avantage *m*

annektieren* [anɛk'ti:rən] *tr. V.* annexer

Annonce [a'nõ:sə] <-, -n> *f* [petite] annonce *f*

annoncieren* [anõ'si:rən] *tr., intr. V.* **[etw] ~** mettre une annonce/des annonces [pour qc]

annullieren* [anʊ'li:rən] *tr. V.* annuler

an|öden ['anʔø:dən] *tr. V. fam* barber

anomal ['anoma:l] *Adj.* anormal(e)

Anomalie [anoma'li:] <-, -n> *f* anomalie *f*

anonym [ano'ny:m] *Adj.* anonyme

Anonymität [anonymi'tɛ:t] <-> *f* anonymat *m*

Anorak ['anorak] <-s, -s> *m* anorak *m*

an|ordnen *tr. V.* ❶ (*Maßnahme*) décréter; (*Überstunden*) imposer ❷ (*ordnen*) classer

Anordnung <-, -en> *f* (*einer Behörde*) disposition *f;* (*eines Vorgesetzten*) ordre *m*

anorganisch ['anɔrga:nɪʃ] *Adj.* inorganique

anormal ['anɔrma:l] *s.* **anomal**

an|packen **I.** *tr. V. fam* ❶ (*anfassen*) empoigner ❷ (*Aufgabe*) se mettre à **II.** *intr. V. fam* **[mit] ~** filer un coup de main

an|passen **I.** *tr. V.* ❶ (*passend machen*) **etw einer S.** (*Dat*) **~** adapter qc à qc; (*Handwerker*) ajuster qc à qc ❷ (*anmessen, anprobieren*) **jdm etw ~** essayer qc à qn **II.** *refl. V.* **sich jdm ~** s'adapter à qn; **sich einer S.** (*Dat*) **~** (*Preise*) évoluer en fonction de qc

Anpassung <-, -en> *f* (*Abstimmung*) adaptation *f;* (*Neufestsetzung*) réajustement *m*

anpassungsfähig *Adj.* capable de s'adapter **Anpassungsfähigkeit** *f* adaptabilité *f*

Anpfiff *m* ❶ SPORT **der ~** le coup d'envoi ❷ *fam* (*Zurechtweisung*) engueulade *f*

an|pflanzen *tr. V.* (*Blumen*) planter; (*Nutzpflanzen*) cultiver

an|pirschen *refl. V.* **sich ~** ❶ (*Jäger*) s'approcher [sans bruit] ❷ *fam* (*sich nähern*) s'approcher en douce

an|prangern ['anpraŋɐn] *tr. V.* vilipender

an|preisen *tr. V. unreg* vanter

Anprobe *f* essayage *m*

an|probieren* *tr., intr. V.* essayer

an|pumpen *tr. V. fam* **jdn um zehn Euro ~** taper dix euros à qn

an|quatschen *tr. V. fam* tenir la jambe à; **von jdm angequatscht werden** se faire tenir la jambe par qn

an|rechnen *tr. V.* ❶ (*Anzahlung*) déduire; (*Gebrauchtwagen*) faire la reprise de ❷ (*berechnen*) **jdm etw ~** facturer qc à qn ❸ (*würdigen*) **jdm/sich etw als Verdienst ~** mettre qc à l'actif de qn/s'attribuer le mérite de qc

Anrecht *nt* **~ auf etw** (*Akk*) droit *m* à qc

Anrede *f* titre *m*

an|reden *tr. V.* s'adresser à; **jdn mit einem Titel ~** appeler qn par un titre; **jdn mit „du" ~** dire "tu" à qn

an|regen *tr. V.* ❶ (*ermuntern*) stimuler; **jdn zu etw ~** inciter qn à qc ❷ *geh* (*vorschlagen*) **~ etw zu tun** suggérer de faire qc ❸ (*Appetit*) ouvrir

anregend *Adj.* stimulant(e); (*sexuell stimulierend*) excitant(e)

Anregung *f* ❶ (*Vorschlag*) suggestion *f* ❷ (*Impuls*) impulsion *f* ❸ *kein Pl.* BIO stimulation *f*

Anreise *f* ❶ (*Anfahrt*) voyage *m* ❷ (*Ankunft*) arrivée *f*

an|reisen *intr. V. + sein* voyager; (*eintreffen*) arriver

Anreiz *m* invite *f;* **~e bieten etw zu tun** donner des motifs *mpl* pour faire qc

an|rempeln ['anrɛmpəln] *tr. V.* bousculer

Anrichte ['anrɪçtə] <-, -n> *f* buffet *m*

an|richten *tr. V.* ❶ (*Essen*) présenter ❷ (*Schaden*) causer

anrüchig ['anrʏçɪç] *Adj.* ❶ (*Lokal*) mal famé(e); (*Geschäft*) louche ❷ (*Abbildung*) indécent(e)

Anruf *m* ❶ coup *m* de téléphone ❷ MIL sommation *f*

Anrufbeantworter <-s, -> *m* répondeur *m* [téléphonique]

an|rufen *unreg* **I.** *tr. V.* ❶ TELEC **jdn ~** téléphoner à qn ❷ JUR **eine höhere Instanz ~** en appeler à une plus haute instance **II.** *intr. V.* **bei jdm/für jdn ~** appeler chez/pour qn

Anrufer(in) <-s, -> *m(f)* correspondant(e) *m(f)*

an|rühren *tr. V.* ❶ (*berühren*) **jdn/etw ~** toucher qn/à qc ❷ *geh* (*innerlich bewegen*) toucher ❸ (*Teig*) préparer

ans [ans] = **an das** *s.* **an**

Ansage ['anza:gə] *f* (*der Nachrichten*) présentation *f;* (*des Programms*) annonce *f*

an|sagen I. *tr. V.* (*Nachrichten*) présenter; (*Programm*) annoncer **II.** *refl. V.* (*sich ankündigen*) **sich ~** s'annoncer **III.** *intr. V.* RADIO, TV présenter

Ansager(in) <-s, -> *m(f)* (*Conférencier*) animateur(-trice) *m(f)*

an|sammeln I. *tr. V.* (*Dinge*) amasser; (*Vermögen*) accumuler **II.** *refl. V.* **sich ~** (*Personen*) se rassembler; (*Gegenstände*) s'entasser

Ansammlung *f* ❶ (*von Gegenständen*) amoncellement *m;* (*von Hass, Wut*) accumulation *f* ❷ (*Menschenmenge*) foule *f*

ansässig ['anzɛsɪç] *Adj. form* domicilié(e)

Ansatz *m* ❶ (*der Haare*) base *f* ❷ (*Anzeichen*) signe *m* ❸ (*Beginn*) **im ~ richtig/falsch sein** être juste dans les grandes lignes/faux dès le départ ❹ (*von Kalk*) dépôt *m;* (*von Rost*) couche *f*

Ansatzpunkt *m* point *m* de départ *pas de pl.* **ansatzweise** *Adv.* dans les grandes lignes

an|schaffen I. *tr. V.* (*kaufen*) [**sich** (*Dat*)] **etw ~** [s']acheter qc **II.** *intr. V. fam* **für jdn ~ gehen** faire le tapin pour qn

Anschaffung <-, -en> *f* achat *m*

an|schalten *tr. V.* (*Anlage*) mettre en marche; (*Strom*) allumer

an|schauen *tr. V.* regarder

anschaulich *Adj.* (*Vortrag*) clair(e); (*Beispiel*) parlant(e)

Anschaulichkeit <-> *f* (*einer Beschreibung*) clarté *f;* (*eines Beispiels*) caractère *f* explicite

Anschein *m* apparence *f;* **es hat den ~, als ob ...** on dirait que ▸ **allem ~ nach** selon toute apparence

anscheinend *Adv.* apparemment

Anschlag *m* ❶ (*Attentat*) attentat *m* ❷ (*Bekanntmachung*) avis *m;* (*Plakat*) affiche *f* ❸ (*geschriebenes Zeichen*) **250 Anschläge in der Minute schreiben** taper 250 signes à la minute ❹ (*eines Pianisten*) toucher *m* ❺ (*eines Pedals*) seuil *m* de résistance; **bis zum ~** à fond ❻ (*schussbereite Stellung*) **das Gewehr im ~ haben** tenir braqué(e) le fusil

an|schlagen *unreg* **I.** *tr. V. + haben* ❶ (*Plakat*) apposer; (*Brett*) fixer

❷ (*Akkord*) jouer; (*Taste*) frapper ❸ (*Teller*) ébrécher ❹ (*Ton*) prendre **II.** *intr. V. + haben* (*wirken*) **bei jdm ~** (*Therapie*) agir chez qn

an|schleichen *refl. V. unreg* **sich an jdn/etw ~** s'approcher tout doucement de qn/qc

an|schließen *unreg* **I.** *tr. V.* ❶ (*Elektrogerät*) brancher; **etw ~** raccorder qc ❷ (*befestigen*) **das Fahrrad am Geländer ~** attacher le vélo à la rampe **II.** *refl. V.* ❶ (*mitgehen*) **sich jdm ~** se joindre à qn; **sich einer Partei** (*Dat*) **~** s'engager dans un parti ❷ (*beipflichten*) **sich jdm/einer Theorie ~** se rallier à qn/une théorie ❸ (*folgen*) **sich an die Preisverleihung ~** succéder à la remise des prix **III.** *intr. V.* **an etw** (*Akk*) **~** succéder à qc

anschließend I. *Adj.* qui suit/suivait/... [immédiatement] **II.** *Adv.* ensuite

Anschluss[RR] *m* ❶ (*Telefonanschluss*) branchement *m* [téléphonique] ❷ (*Telefonverbindung*) **kein ~ unter dieser Nummer!** le numéro que vous avez demandé n'est plus en service actuellement! ❸ *kein Pl.* (*eines Computers*) connexion *f* ❹ (*Anschlusszug*) **~ an einen Zug/nach Marseille haben** avoir une correspondance avec un train/pour Marseille ❺ *kein Pl.* (*Kontakt*) contacts *mpl*; **~ finden** nouer des contacts

an|schmiegen ['anʃmiːgən] *refl. V.* (*sich anlehnen*) **sich an jdn/etw ~** se blottir contre qn/qc

anschmiegsam *Adj.* (*Person*) câlin(e); (*Material*) souple

an|schnallen *tr. V.* attacher; **sich ~** attacher sa ceinture [de sécurité]

an|schnauzen *tr. V. fam* engueuler

an|schneiden *tr. V. unreg* (*Brot*) entamer

an|schreien *tr. V. unreg* **jdn wegen etw ~** crier contre [*o* après *fam*] qn à cause de qc

Anschrift *f* adresse *f*

Anschuldigung <-, -en> *f* accusation *f*

an|schwärzen *tr. V. fam* ❶ (*schlechtmachen*) **jdn bei jdm ~** débiner qn auprès de qn ❷ (*denunzieren*) **jdn wegen etw ~** balancer qn à cause de qc

an|schwellen *intr. V. unreg + sein* (*Arm*) enfler

an|sehen *tr. V. unreg* ❶ regarder; **jdn böse ~** regarder qn d'un air méchant; **sich** (*Dat*) **etw ~** (*Zuschauer sein*) voir qc; (*Fernsehzuschauer sein*) regarder qc; (*besichtigen*) visiter qc ❷ (*halten für*) **jdn als seinen Freund ~** considérer qn comme son ami ❸ (*anmerken*) **jdm die Erleichterung ~** pouvoir lire le soulagement sur le visage de qn

Ansehen <-s> *nt* (*Reputation*) réputation *f*; **bei jdm großes ~ genießen** jouir d'une grande estime auprès de qn

ansehnlich *Adj.* ❶ (*Erbschaft*) important(e); (*Leistung*) beau(belle) ❷ (*Person, Gebäude*) beau(belle) *antéposé*

an|sein[ALT] *s.* **an III.3**

an|setzen I. *tr. V.* ❶ (*anfügen*) **ein Verlängerungsstück an etw** (*Akk o Dat*) **~** ajouter un raccord à qc ❷ (*Werkzeug*) placer; **das Glas [zum Trinken] ~** porter le verre à sa bouche ❸ (*veranschlagen*) estimer; **die Kosten zu niedrig ~** sous-estimer les coûts ❹ (*Termin*) fixer ❺ (*bilden*) **Grünspan/Rost ~** se couvrir de vert-de-gris/de rouille ❻ (*Bowle*) préparer **II.** *intr. V.* ❶ (*beginnen*) **zum Sprechen/Trinken ~** s'apprêter à parler/boire ❷ (*dick machen*) **bei jdm ~** (*Essen*) faire grossir qn

Ansicht <-, -en> *f* ❶ (*Meinung*) avis *m;* **der ~ sein, dass ...** être d'avis que ...; **nach ~ ihrer Eltern** selon ses parents; **meiner/seiner ~ nach** à mon/son avis ❷ (*Abbildung*) vue *f* ❸ *kein Pl.* (*das Prüfen*) examen *m;* **zur ~** pour examen

Ansichtskarte *f* carte *f* postale **Ansichtssache** *f* **[reine] ~ sein** être une question de point de vue

an|siedeln ['anziːdəln] **I.** *tr. V.* (*Volk*) installer; (*Tierart*) introduire; (*Industrie*) implanter **II.** *refl. V.* **sich ~** (*Personen*) se fixer; (*Industrie*) s'implanter

Ansiedlung *f* colonie *f*

ansonsten *Adv. fam* (*im Übrigen*) pour le reste; (*sonst*) à part ça; (*andernfalls*) sinon

an|spannen *tr. V.* ❶ (*Muskel*) bander; (*Nerven*) crisper ❷ (*Pferd*) atteler

Anspannung *f* tension *f*

an|spielen I. *intr. V.* ❶ **mit einer Bemerkung auf jdn/etw ~** faire allusion par une remarque à qn/qc ❷ SPORT donner le coup d'envoi **II.** *tr. V.* (*Spieler*) passer le ballon à

Anspielung <-, -en> *f* allusion *f*
an|spitzen *tr. V.* (*Bleistift*) tailler
Ansporn <-[e]s> *m* motivation *f*
an|spornen *tr. V.* ❶ (*ermuntern*) motiver ❷ (*Pferd*) éperonner
Ansprache *f* allocution *f*
ansprechbar *Adj.* (*nicht beschäftigt*) disponible; (*Kranker*) lucide
an|sprechen *unreg* **I.** *tr. V.* ❶ adresser la parole à; **wie soll ich Sie ~?** comment dois-je vous appeler?; **jdn auf etw** (*Akk*) **~** parler à qn de qc ❷ (*Thema*) aborder ❸ (*beeindrucken*) **jdn ~** (*Person*) impressionner qn; (*Kunstwerk*) interpeller qn; (*gefallen*) plaire à qn **II.** *intr. V.* ❶ **auf etw** (*Akk*) **~** (*Patient*) réagir à qc ❷ (*Bremse*) répondre
Ansprechpartner(in) *m(f)* interlocuteur(-trice) *m(f)*
an|springen *intr. V. unreg + sein* [**schwer**] **~** (*Fahrzeug*) démarrer [difficilement]
Anspruch *m* ❶ (*Anrecht*) droit *m;* **~ auf etw** (*Akk*) **haben** avoir droit à qc; **~ auf etw** (*Akk*) **erheben** (*Person*) revendiquer qc ❷ (*Gebrauch*) **ein Angebot in ~ nehmen** profiter d'une offre; **ein Recht in ~ nehmen** faire valoir un droit ❸ *Pl* (*Anforderung*) exigences *fpl* ▸ **jdn in ~ nehmen** accaparer qn
anspruchslos *Adj.* ❶ (*Person, Pflanze*) peu exigeant(e) ❷ (*trivial*) sans prétention
anspruchsvoll *Adj.* ❶ (*Person*) exigeant(e) ❷ (*niveauvoll*) ambitieux(-euse)
an|stacheln ['anʃtaxəln] *tr. V.* aiguillonner; **jdn** [**dazu**] **~ etw zu tun** inciter qn à faire qc
Anstalt ['anʃtalt] <-, -en> *f* ❶ (*Heilanstalt*) établissement *m* spécialisé (*euph*) ❷ *geh* (*Einrichtung*) établissement *m;* (*Privateinrichtung*) institution *f*
Anstalten *Pl* préparatifs *mpl*; **keine ~ machen aufzubrechen** ne pas sembler disposé(e) à partir
Anstand *m* courtoisie *f;* **keinen ~ haben** n'avoir aucun sens des convenances
anständig ['anʃtɛndɪç] **I.** *Adj.* ❶ (*Person*) décent(e); (*Verhalten*) honorable ❷ *fam* (*akzeptabel*) bon(ne) *antéposé* **II.** *Adv. fam* (*bezahlen, essen*) correctement
an|starren *tr. V.* regarder fixement
anstatt [an'ʃtat] **I.** *Präp. + Gen.* **~ der Eltern** à la place des parents; **~ eines Briefs** au lieu d'une lettre **II.** *Konj.* **~ zu antworten** au lieu de répondre
an|stauen *refl. V.* **sich ~** (*Wasser, Hass*) s'accumuler
an|stecken **I.** *tr. V.* ❶ (*Orden*) épingler ❷ (*Papier*) faire brûler; (*Gebäude*) incendier; **sich** (*Dat*) **eine Zigarette ~** s'allumer une cigarette ❸ (*infizieren*) contaminer; **jdn mit etw ~** passer qc à qn ❹ *fig* **jdn mit seiner Begeisterung ~** communiquer son enthousiasme à qn **II.** *refl. V.* **sich bei jdm ~** être contaminé par qn
ansteckend *Adj.* contagieux(-euse)
Ansteckung <-, -en> *f* contamination *f*
Ansteckungsgefahr *f* risque *m* de contagion
an|stehen *intr. V. unreg + haben o sein* **nach etw ~** faire la queue pour qc
an|steigen *intr. V. unreg + sein* ❶ (*sich erhöhen*) grimper ❷ (*Weg*) monter
anstelle [an'ʃtɛlə] *Präp. + Gen.* **~ eines Menschen** à la place d'un homme
an|stellen **I.** *tr. V.* ❶ (*Licht*) allumer; (*Wasser*) mettre; (*Gas*) ouvrir; (*Klingel*) brancher; **eine Maschine ~** mettre une machine en route ❷ (*beschäftigen*) **jdn als Drucker ~** embaucher qn comme imprimeur ❸ *form* (*durchführen*) **Nachforschungen ~** procéder à des recherches ❹ *fam* (*anrichten*) **Blödsinn/Unfug ~** faire des conneries/bêtises; **was hast du da wieder angestellt?** qu'est-ce que t'as encore fabriqué ? **II.** *refl. V.* ❶ **sich ~** faire la queue ❷ *fam* (*sich verhalten*) **sich geschickt ~** s'y prendre bien
Anstellung *f* emploi *m*
an|steuern *tr. V.* ❶ **etw ~** (*Schiff*) mettre le cap sur qc ❷ (*Fortschritt*) viser; (*Zweck*) poursuivre
Anstieg ['anʃti:k] <-[e]s, -e> *m* ❶ *kein Pl.* (*der Kosten*) hausse *f;* (*einer Straße*) pente *f* ❷ (*Aufstieg*) **der ~ zum Gipfel** l'ascension *f* du sommet
an|stiften *tr. V.* (*Komplott*) fomenter; **jdn** [**dazu**] **~ Unfug zu machen** inciter qn à faire des bêtises
Anstifter(in) *m(f)* instigateur(-trice) *m(f)*
Anstiftung *f* incitation *f;* **~ zu einer Straftat** incitation à un délit

A

an|stimmen *tr. V.* (*Lied*) entonner

Anstoß *m* ❶ (*Ansporn*) impulsion *f* ❷ *geh* (*Ärgernis*) **bei jdm ~ erregen** scandaliser qn; **an etw** (*Dat*) **~ nehmen** être choqué par qc ❸ SPORT coup *m* d'envoi

an|stoßen *unreg* **I.** *intr. V.* ❶ + *sein* se cogner ❷ + *haben* (*prosten*) **auf jdn/etw ~** trinquer à la santé de qn/à qc **II.** *tr. V.* + *haben* ❶ (*berühren*) **jdn mit dem Fuß ~** pousser qn du pied ❷ (*Kugel*) frapper ❸ (*in Gang setzen*) déclencher

anstößig ['anʃtøːsɪç] *Adj.* choquant(e)

an|strahlen *tr. V.* (*anleuchten*) illuminer

an|streben *tr. V.* aspirer à; (*Stelle*) ambitionner

an|streichen *tr. V. unreg* ❶ **etw rot ~** peindre qc en rouge ❷ (*markieren*) marquer

Anstreicher(in) <-s, -> *m(f)* peintre *mf*

an|strengen ['anʃtrɛŋən] **I.** *refl. V.* **sich ~** se fatiguer; **sich in der Schule ~** se donner de peine à l'école **II.** *tr. V.* ❶ (*strapazieren*) fatiguer ❷ (*Kräfte*) concentrer ❸ (*Prozess*) intenter

anstrengend *Adj.* fatigant(e)

Anstrengung <-, -en> *f* ❶ (*Kraftaufwand*) dépense *f* physique ❷ (*Bemühung*) effort *m*

Anstrich *m* ❶ *kein Pl.* (*eines Gebäudes*) peinture *f* ❷ (*Farbüberzug*) couche *f* [de peinture] ❸ *kein Pl.* (*Note*) **ein künstlerischer ~** une touche artistique

Ansturm *m* **~ auf die Geschäfte** ruée *f* sur les magasins

Antarktis [ant'ʔarktɪs] <-> *f* **die ~** l'Antarctique *m*

antarktisch *Adj.* antarctique

an|tasten *tr. V.* (*Würde*) porter atteinte à

Anteil *m* ❶ (*Teil*) **~ an etw** (*Dat*) part *f* de qc ❷ (*Kapitalbeteiligung*) **~ an etw** (*Dat*) participation *f* dans qc ❸ (*Anteilnahme*) **an etw** (*Dat*) **~ nehmen** prendre part à qc

anteilig *Adj.* proportionnel(le)

Anteilnahme ['antailnaːmə] <-> *f* (*Beileid*) condoléances *fpl*; (*Interesse*) intérêt *m*

Antenne [an'tɛnə] <-, -n> *f* antenne *f*

Anthologie [antolo'giː] <-, -n> *f* anthologie *f* **Anti-Aging-Creme** [anti'eɪdʒɪŋkreːm] *f* crème *f* anti-âge

Antialkoholiker(in) [antiʔalko'hoːlikɐ] *m(f)* antialcoolique *mf* **antiautoritär** *Adj.* antiautoritaire **Antibabypille** [anti'beːbipɪlə] *f fam* pilule *f* **Antibiotikum** [antibi'oːtikʊm] <-s, -biotika> *nt* antibiotique *m* **Antifaschismus** [antifa'ʃɪsmʊs] *m* antifascisme *m*

antik [an'tiːk] *Adj.* antique; (*als Antiquität anzusehen*) ancien(ne)

Antike <-> *f* Antiquité *f*

antiklerikal [antikleri'kaːl] *Adj.* anticlérical(e) **Antikörper** ['antikœrpɐ] *m* anticorps *m*

Antilope [anti'loːpə] <-, -n> *f* antilope *f*

Antipathie [antipa'tiː] <-, -n> *f* **~ gegen jdn** antipathie *f* envers qn

Antiquariat [antikvari'aːt] <-[e]s, -e> *nt* librairie *f* d'occasion

antiquarisch [anti'kvaːrɪʃ] *Adj.*, *Adv.* d'occasion

Antiquität [antikvi'tɛːt] <-, -en> *f* antiquité *f*

Antisemit(in) *m(f)* antisémite *mf* **antisemitisch** *Adj.* antisémite **Antisemitismus** <-> *m* antisémitisme *m* **antiseptisch** *Adj.* antiseptique **Antivirenprogramm** *nt* INFORM antivirus *m*

an|törnen ['antœrnən] *tr. V. fam* **jdn ~** (*Musik*) faire vibrer qn; (*Droge*) speeder qn

Antrag ['antraːk, *Pl:* 'antrɛːgə] <-[e]s, Anträge> *m* ❶ demande *f*; **einen ~ auf etw** (*Akk*) **stellen** faire une demande de qc ❷ (*Antragsformular*) [formulaire *m* de] demande *f* ❸ JUR requête *f* ❹ POL motion *f*

Antragsteller(in) ['antraːkʃtɛlɐ] <-s, -> *m(f) form* demandeur(-euse) *m(f)*; JUR requérant(e) *m(f)*

an|treffen *tr. V. unreg* **jdn zu Hause ~** rencontrer qn à la maison; **jdn beim Essen ~** trouver qn en train de manger

an|treiben *tr. V. unreg* + *haben* ❶ (*Person, Tier*) faire avancer; (*Mitarbeiter*) pousser; **jdn zur Eile ~** presser qn ❷ **etw ans Ufer ~** rejeter qc sur le rivage ❸ (*veranlassen*) **jdn ~ etw zu tun** (*Sehnsucht*) pousser qn à faire qc

an|treten *unreg* **I.** *tr. V.* + *haben* ❶ **eine Reise ~** partir en voyage; **eine Strafe ~** commencer à purger une peine ❷ (*Stellung*) prendre; (*Erbe*) entrer en possession de; **sein Amt ~** prendre ses fonctions **II.** *intr. V.* + *sein* ❶ (*Soldaten*) se rassembler ② (*erscheinen*) **gegen jdn ~** (*Sportler*) affronter qn

Antrieb [an'tri:p] *m* ① (*Antriebskraft*) **elektrischer ~** propulsion *f* électrique ② (*Impuls*) motivation *f*; **etw aus eigenem ~ tun** faire qc de sa propre initiative

Antriebskraft *f* force *f* motrice

Antritt *m kein Pl.* ① (*Beginn*) début *m* ② (*eines Amtes*) prise *f* en charge; (*einer Erbschaft*) entrée *f* en possession

an|tun *tr. V. unreg* **jdm ein Leid ~** faire du mal à qn; **sich** (*Dat*) **etwas ~** *euph* attenter à ses jours ▸ **das hat es ihm/ihr angetan** cela l'a séduit(e)

Antwort ['antvɔrt] <-, -en> *f* **~ auf etw** (*Akk*) réponse *f* à qc; **um ~ wird gebeten!** répondez s'il vous plaît! ▸ **nie um eine ~ verlegen sein** ne jamais être à court de réponses

antworten **I.** *intr. V.* **jdm ~** répondre à qn; **jdm auf seinen Brief ~** répondre à la lettre de qn; **mit einem Lächeln ~** répondre par un sourire **II.** *tr. V.* **~, dass ...** répondre que ...

Antwortschreiben *nt form* [lettre-]réponse *f*

an|vertrauen* **I.** *tr. V.* confier **II.** *refl. V.* **sich jdm ~** se confier à qn

an|wachsen *intr. V. unreg + sein* ① (*Wurzeln schlagen*) prendre racine ② (*Bevölkerung*) augmenter; (*Lärm*) s'intensifier

Anwalt ['anvalt, *Pl:* 'anvɛltə] <-[e]s, Anwälte> *m*, **Anwältin** *f* avocat(e) *m(f)*

Anwaltschaft <-, -en> *f* (*Gesamtheit der Anwälte*) ordre *m* des avocats

Anwaltskanzlei *f* ① (*Anwaltssozietät*) cabinet *m* d'avocats ② (*Büro*) étude *f*

Anwandlung *f* lubie *f*; **eine ~ von etw** un [soudain] accès de qc

Anwärter(in) *m(f)* ① (*Kandidat*) candidat(e) *m(f)* ② SPORT favori(te) *m(f)*

an|weisen *tr. V. unreg* **jdn ~ etw zu tun** donner des instructions à qn pour qu'il fasse qc

Anweisung *f* instruction *f*; **auf ~ der Geschäftsleitung** sur ordre de la direction

anwendbar *Adj.* applicable

an|wenden *tr. V. reg o unreg* (*Technologie*) employer; (*Programm*) se servir de; (*Regel*) appliquer

Anwender(in) <-s, -> *m(f)* INFORM utilisateur(-trice) *m(f)*

Anwendung *f* ① *kein Pl.* (*der Gebrauch*) utilisation *f*; (*einer Regel*) application *f*; **~ von Gewalt** recours *m* à la force ② INFORM application *f*

an|werben *tr. V. unreg* a. MIL recruter

anwesend ['anve:zənt] *Adj.* présent(e)

Anwesende(r) *f(m) dekl wie Adj* personne *f* présente

Anwesenheit <-> *f* **in seiner/ihrer ~** en sa présence

Anwesenheitsliste *f* feuille *f* de présence

an|widern ['anvi:dɐn] *tr. V.* dégoûter

Anwohner(in) <-s, -> *m(f)* riverain(e) *m(f)*

Anzahl *f kein Pl.* nombre *m*

an|zahlen *tr. V.* (*Auto*) verser un acompte sur le prix de

Anzahlung *f* acompte *m*

an|zapfen *tr. V.* **ein Fass ~** mettre un tonneau en perce

Anzeichen *nt* ① (*Indiz*) signe *m* ② MED symptôme *m*

Anzeige <-, -n> *f* ① JUR plainte *f*; **~ erstatten** porter plainte; **~ gegen unbekannt** plainte *f* contre X ② (*Inserat*) annonce *f* ③ (*einer Heirat*) faire-part *m* ④ *kein Pl.* (*eines Messwerts*) indication *f*; (*des Spielstands*) affichage *m*

an|zeigen *tr. V.* ① JUR (*Straftat*) signaler; **jdn wegen etw ~** porter plainte contre qn pour qc ② (*Messwert*) indiquer; (*Richtung*) signaler

Anzeigetafel *f* panneau *m* d'affichage; SPORT tableau *m* d'affichage

an|zetteln *tr. V.* (*Verschwörung*) fomenter; (*Streit*) déclencher

an|ziehen *unreg* **I.** *tr. V.* ① (*Kleid*) mettre; **sich/jdm etw ~** mettre qc/mettre qc à qn ② (*Schlinge*) tirer ③ (*Handbremse*) serrer ④ (*Bein*) ramener ⑤ (*Besucher*) attirer **II.** *refl. V.* ① **sich ~** s'habiller ② (*sich attraktiv finden*) **sich [gegenseitig] ~** se sentir attiré(e)s l'un vers l'autre

anziehend *Adj.* (*Äußeres*) attirant(e); (*Werbung*) attrayant(e)

Anziehungskraft *f* ① (*Attraktivität*) attrait *m* ② PHYS attraction *f*

Anzug *m* ① costume *m* ② (*Hosenanzug*) tailleur-pantalon *m* ▸ **im ~ sein** (*Gewitter*) se préparer; (*Gefahr*) être imminent

A

anzüglich ['antsy:klɪç] *Adj.* ① (*Bemerkung*) désobligeant(e) ② (*Witz*) scabreux(-euse); (*Geste*) obscène

an|zünden *tr. V.* ① allumer ② (*Gebäude*) incendier

Anzünder *m* (*für Gasherde*) allume-gaz *m;* (*für Kohle*) allume-feu *m*

an|zweifeln *tr. V.* **etw ~** douter de qc

apart [a'part] *Adj.* (*Kleid, Einrichtung*) qui a du cachet; **~ aussehen** avoir de la classe

Apartheid [a'pa:ɐ̯thait] <-> *f* apartheid *m*

Apartment [a'partmənt] <-s, -s> *nt* studio *m*

apathisch [a'pa:tɪʃ] *Adj.* apathique

Aperitif [aperi'ti:f] <-s, -s> *m* apéritif *m*

Apfel ['apfəl, *Pl:* 'ɛpfəl] <-s, Äpfel> *m* pomme *f*

Apfelbaum *m* pommier *m* **Apfelkuchen** *m* tarte *f* aux pommes **Apfelmus** *nt* compote *f* de pommes **Apfelsaft** *m* jus *m* de pommes **Apfelsaftschorle** *f o nt: mélange de jus de pomme et d'eau minérale gazeuse*

Apfelsine [apfəl'zi:nə] <-, -n> *f* orange *f*

Apfelstrudel *m: sorte de chausson aux pommes avec des morceaux de pommes à l'intérieur, servi avec une crème à la vanille* **Apfelwein** *m* ≈ cidre *m*

Apostel [a'pɔstəl] <-s, -> *m* REL *a. fig geh* apôtre *m*

Apostroph [apo'stro:f] <-s, -e> *m* apostrophe *f*

Apotheke [apo'te:kə] <-, -n> *f* pharmacie *f*

apothekenpflichtig *Adj.* vendu(e) uniquement en pharmacie

Apotheker(in) <-s, -> *m(f)* pharmacien(ne) *m(f)*

Apparat [apa'ra:t] <-[e]s, -e> *m* appareil *m;* (*Fernsehapparat*) poste *m;* (*Telefon*) appareil *m;* **bleiben Sie am ~!** ne quittez pas !

Apparatur [apara'tu:ɐ̯] <-, -en> *f* appareillage *m*

Appartement [apartə'mɑ̃:] <-s, -s *o* CH -e> *nt* ① s. **Apartment** ② (*Hotelsuite*) suite *f*

Appell [a'pɛl] <-s, -e> *m* ① (*Aufruf*) **~ an die Vernunft** appel *m* à la raison ② MIL appel *m*

appellieren* [apɛ'li:rən] *intr. V.* **an jdn ~ etw zu tun** exhorter qn à faire qc; **an etw** (*Akk*) **~** en appeler à qc

Appetit [ape'ti:t] <-[e]s> *m* appétit *m;* **~ auf etw** (*Akk*) **haben** avoir envie de qc; **jdm den ~ verderben** couper l'appétit à qn; **guten ~!** bon appétit !

appetitanregend *Adj.* (*Speise*) appétissant(e)

appetitlich *Adj.* (*Speise, Aussehen*) appétissant(e)

Appetitlosigkeit <-> *f* manque *m* d'appétit **Appetitzügler** <-s, -> *m* coupe-faim *m*

applaudieren* [aplau'di:rən] *intr. V.* **jdm ~** applaudir qn

Applaus [a'plaus] <-es> *m* applaudissements *mpl*

Aprikose [apri'ko:zə] <-, -n> *f* abricot *m*

April [a'prɪl] <-[s], -e> *m* avril *m;* **im ~** en avril; **ab** [**dem**] **ersten ~** à partir du premier avril; **sie ist am 10. ~ 1993 geboren** elle est née le 10 avril 1993; **es ist ~** c'est le mois d'avril; **Berlin, den 9. ~ 2013** Berlin, le 9 avril 2013; **Freitag, den 6. ~ 2013** vendredi 6 avril 2013 ▶ **jdn in den ~ schicken** faire un poisson d'avril à qn

Aprilscherz *m* poisson *m* d'avril **Aprilwetter** *nt* giboulées *fpl* de mars

apropos [apro'po:] *Adv. geh* au fait

Aquaplaning [akva'pla:nɪŋ] <-s> *nt* aquaplaning *m*

Aquarell [akva'rɛl] <-s, -e> *nt* aquarelle *f*

Aquarium [a'kva:ri̯ʊm] <-s, -rien> *nt* aquarium *m*

Äquator [ɛ'kva:to:ɐ] <-s, -toren> *m* équateur *m*

äquivalent [ɛkviva'lɛnt] *Adj. geh* équivalent(e)

Ar [a:ɐ] <-s, -e> *nt o m* are *m*

Ära ['ɛ:ra] <-, Ären> *f geh* ère *f*

Araber(in) ['arabɐ] <-s, -> *m(f)* Arabe *mf*

arabisch I. *Adj.* arabe; (*Klima, Wüste*) d'Arabie **II.** *Adv.* **~ miteinander sprechen** discuter en arabe

Arabisch <-[s]> *nt kein Art.* arabe *m;* *s.a.* **Deutsch**

Arbeit ['arbait] <-, -en> *f* ① (*Tätigkeit*) travail *m;* **sich an die ~ machen** se mettre au travail ② (*Arbeitsplatz*) travail *m;* **~ haben** avoir du travail; **ohne ~ sein** être sans travail; **~ suchend** à la recherche d'un emploi ③ (*Werk*) travail *m,* ouvrage *m* ④ (*Klassenarbeit*) contrôle *m;* (*Hausarbeit*) devoir *m*

⑤ *kein Pl.* (*Mühe*) travail *m;* **jdm ~/viel ~ machen** donner du travail/ beaucoup de travail à qn

arbeiten **I.** *intr. V.* (*(berufs)tätig sein*) travailler; **an etw** (*Dat*) **~** travailler à qc **II.** *refl. V.* (*sich vorwärts bewegen*) **sich durch das Gestein ~** se frayer un chemin dans la roche; **sich durch die Akten ~** venir à bout des dossiers

Arbeiter(in) <-s, -> *m(f)* (*Industriearbeiter*) ouvrier(-ière) *m(f);* **ungelernter ~** manœuvre *m*

Arbeiterbewegung *f* mouvement *m* ouvrier **Arbeiterviertel** *nt* quartier *m* ouvrier **Arbeiterwohlfahrt** *f: association comparable à une mutualité ouvrière*

Arbeitgeber(in) <-s, -> *m(f)* employeur (-euse) *m(f)*

Arbeitnehmer(in) *m(f)* salarié(e) *m(f)*

Arbeitsamt *nt* agence *f* pour l'emploi **Arbeitsaufwand** *m* somme *f* de travail; **der ~ für die Reparatur** le temps de travail nécessaire à la réparation **Arbeitsbedingungen** *Pl* conditions *fpl* de travail **Arbeitsbeschaffungsmaßnahme** *f* mesure *f* d'aide à l'emploi **Arbeitserlaubnis** *f* ① (*Recht*) autorisation *f* de travail ② (*Bescheinigung*) permis *m* de travail **arbeitsfähig** *Adj.* (*Person*) apte au travail **Arbeitsgemeinschaft** *f* groupe *m* d'études **Arbeitsgericht** *nt* ≈ conseil *m* des prud'hommes *(constitué par des juges professionnels en Allemagne)* **arbeitsintensiv** *Adj.* qui exige un travail intensif **Arbeitsklima** *nt* ambiance *f* de travail **Arbeitskollege** *m,* **-kollegin** *f* collègue *mf* de travail **Arbeitskraft** *f* ① *kein Pl.* (*Leistungskraft*) puissance *f* de travail ② (*Mitarbeiter*) travailleur(-euse) *m(f)* **Arbeitslager** *nt* camp *m* de travail **Arbeitsleben** *nt kein Pl.* vie *f* professionnelle

arbeitslos *Adj.* au chômage; **~ werden/ sein** se retrouver/être au chômage

Arbeitslose(r) *f(m) dekl wie Adj* chômeur(-euse) *m(f)*

Arbeitslosengeld *nt* allocation *f* [de] chômage *(accordée pendant les 18 premiers mois de chômage)* **Arbeitslosenhilfe** *f: allocation [de] chômage accordée aux chômeurs de longue durée dans le besoin* **Arbeitslosenquote** *f* taux *m* de chômage **Arbeitslosenversicherung** *f* assurance *f* chômage **Arbeitslosenzahl** *f* nombre *m* des chômeurs

Arbeitslosigkeit <-> *f* chômage *m*

Arbeitsmarkt *m* marché *m* de l'emploi **Arbeitsmoral** *f* conscience *f* professionnelle **Arbeitsplatz** *m* ① (*Platz*) poste *m* de travail ② (*Stelle*) emploi *m* **Arbeitsrecht** *nt* droit *m* du travail **arbeitsscheu** *Adj. pej* réfractaire au travail **Arbeitsspeicher** *m* INFORM mémoire *f* vive **Arbeitsstelle** *f* (*Anstellung*) emploi *m;* (*Arbeitsort*) lieu *m* de travail **Arbeitssuche** *f* recherche *f* d'un emploi **Arbeitstag** *m* ① journée *f* de travail ② (*Werktag*) jour *m* ouvrable **Arbeitsteilung** *f* répartition *f* du travail **arbeitsuchend**[ALT] *Adj. s.* **Arbeit 2** **arbeitsunfähig** *Adj.* en incapacité de travail **Arbeitsunfähigkeit** *f* incapacité *f* de travail **Arbeitsunfall** *m* accident *m* du travail **Arbeitsverhältnis** *nt* contrat *m* de travail **Arbeitsvermittlung** *f* ① (*das Vermitteln*) recrutement *m* ② (*Abteilung im Arbeitsamt*) agence *f* pour l'emploi ③ (*private Agentur*) bureau *m* de placement **Arbeitsvertrag** *m* contrat *m* de travail **Arbeitsweise** *f* ① (*Vorgehensweise*) méthode *f* de travail ② (*eines Geräts*) mode *m* de fonctionnement **Arbeitszeit** *f* temps *m* de travail; **gleitende ~** horaire *m* flexible **Arbeitszeitverkürzung** *f* réduction *f* du temps de travail **Arbeitszeugnis** *nt* certificat *m* de travail **Arbeitszimmer** *nt* bureau *m*

archaisch [arˈçaːɪʃ] *Adj.* archaïque

Archäologe [arçɛoˈloːgə] <-n, -n> *m,* **Archäologin** *f* archéologue *mf*

Archäologie [arçɛoloˈgiː] <-> *f* archéologie *f*

archäologisch [arçɛoˈloːgɪʃ] *Adj.* archéologique

Arche [ˈarçə] <-, -n> *f* arche *f;* **die ~ Noah** l'Arche de Noé

Architekt(in) [arçiˈtɛkt] <-en, -en> *m(f)* architecte *mf*

Architektur [arçitɛkˈtuːɐ̯] <-, -en> *f* architecture *f*

Archiv [arˈçiːf] <-s, -e> *nt* archives *fpl*

archivieren* *tr. V.* archiver

ARD [aːʔɛɐˈdeː] <-> *f Abk. von* **Arbeitsgemeinschaft der Rundfunkanstalten Deutschlands** *première chaîne publique de radio et de télévision allemande*

Ären *Pl. von* **Ära**

Arena [a'reːna] <-, Arenen> *f* ❶ (*eines Stadions*) terrain *m* ❷ (*Stierkampfarena*) arène *f* ❸ (*Zirkusarena*) piste *f*

arg [ark] <ärger, ärgste> *Adj.* ❶ grave; (*Schicksal*) cruel(le); (*Enttäuschung*) grand(e) *antéposé*; **unser ärgster Feind** notre pire ennemi ❷ *attr fam* (*Freude*) grand(e) *antéposé* ▶**im Argen liegen** *geh* être en mauvaise posture

Argentinien [argɛn'tiːniən] <-s> *nt* l'Argentine *f*

Ärger ['ɛrgɐ] <-s> *m* ❶ (*Unmut*) colère *f* ❷ (*Unannehmlichkeiten*) ennuis *mpl*; **mit jdm ~ haben** avoir des ennuis avec qn

ärgerlich *Adj.* (*Blick*) irrité(e); (*Angelegenheit*) ennuyeux(-euse)

ärgern ['ɛrgɐn] **I.** *tr. V.* ❶ **jdn ~** énerver qn; **es ärgert mich, dass** cela m'énerve que + *subj* ❷ (*mutwillig reizen, necken*) agacer **II.** *refl. V.* **sich über jdn/etw ~** se mettre en colère contre qn/à cause de qc

Ärgernis <-ses, -se> *nt* [objet *m* de] scandale

Argument [argu'mɛnt] <-[e]s, -e> *nt* argument *m*

argumentieren* [argumɛn'tiːrən] *intr. V.* **mit etw ~** argumenter de qc

Argwohn ['arkvoːn] <-s> *m geh* suspicion *f*

argwöhnisch*geh* *Adj.* soupçonneux (-euse)

Arie ['aːriə] <-, -n> *f* aria *f*; (*Opernarie*) air *m* d'opéra

Aristokrat(in) [arɪsto'kraːt] <-en, -en> *m(f)* aristocrate *mf*

Aristokratie [arɪstokra'tiː] <-, -n> *f* aristocratie *f*

aristokratisch *Adj.* aristocratique

Arithmetik [arɪt'meːtɪk] <-> *f* arithmétique *f*

Arkade [ar'kaːdə] <-, -n> *f* arcade *f*

Arktis ['arktɪs] <-> *f* **die ~** l'Arctique *m*

arktisch *Adj.* ❶ GEO arctique ❷ *fig* (*Temperaturen*) polaire

arm [arm] <ärmer, ärmste> *Adj.* ❶ pauvre; **jdn ~ machen** ruiner qn ❷ (*Person*) pauvre *antéposé* ▶**Arm und Reich** pauvres *mpl* et riches *mpl*

Arm [arm] <-[e]s, -e> *m* ❶ bras *m*; **~ in ~** bras dessus, bras dessous; **ein Kind im ~ halten** tenir un enfant dans ses bras; **jdn in den ~ nehmen** prendre qn dans ses bras ❷ *kein Pl.* (*Machtinstrument*) bras *m*; **der ~ des Gesetzes** *geh* le bras de la justice ❸ (*Flussarm*) bras *m* ❹ (*eines Krans*) bras *m*; (*eines Leuchters*) branche *f*

Armatur [arma'tuːɐ̯] <-, -en> *f meist Pl.* ❶ (*im Auto*) commande *f*; (*im Flugzeug*) instrument *m* de bord ❷ (*Badarmatur*) **die ~en** la robinetterie

Armaturenbrett *nt* tableau *m* de bord

Armband <-bänder> *nt* bracelet *m* **Armbanduhr** *f* montre-bracelet *f* **Armbinde** *f* ❶ (*eines Blinden*) brassard *m* ❷ (*Armschlinge*) écharpe *f*

Arme(r) *f(m) dekl wie Adj* ❶ (*mittelloser Mensch*) pauvre(-esse) *m(f)* ❷ (*bedauernswerter Mensch*) **du ~r!** mon pauvre [petit] !

Armee [ar'meː] <-, -n> *f* MIL armée *f*

Ärmel ['ɛrməl] <-s, -> *m* manche *f*

Ärmelkanal *m* **der ~** la Manche

ärmellos *Adj.* sans manches

Armenien [ar'meːniən] <-s> *nt* l'Arménie *f*

armenisch **I.** *Adj.* arménien(ne) **II.** *Adv.* **~ miteinander sprechen** discuter en arménien

Armenisch <-[s]> *nt kein Art.* arménien *m*; *s.a.* **Deutsch**

Armenviertel *nt* quartier *m* pauvre

Armlehne *f* accoudoir *m* **Armleuchter** *m* ❶ (*Leuchter*) candélabre *m* ❷ *pej fam* (*Dummkopf*) andouille *f*

ärmlich ['ɛrmlɪç] *Adj.* (*Verhältnisse*) misérable; (*Essen*) maigre *antéposé*

Armreif *m* bracelet *m*

armselig ['armseːlɪç] *Adj.* ❶ (*sehr arm*) miteux(-euse) ❷ (*dürftig*) maigre *antéposé* ❸ (*Ausrede*) minable; (*Summe*) misérable

Armut ['armuːt] <-> *f* (*Bedürftigkeit*) pauvreté *f*; **geistige ~** pauvreté *f* intellectuelle

Armutsgrenze *f* seuil *m* de pauvreté

Aroma [a'roːma] <-s, Aromen> *nt* arôme *m*

aromatisch [aro'maːtɪʃ] *Adj.* ❶ (*Duft*) aromatique ❷ (*wohlschmeckend*) savoureux(-euse)

aromatisieren* *tr. V.* aromatiser

arrangieren* [arã'ʒiːrən] **I.** *tr. V.* organiser; (*gestalten*) arranger **II.** *refl. V.* **sich mit jdm ~** s'arranger avec qn

A

Arrest [a'rɛst] <-[e]s, -e> *m* ❶ (*Freiheitsentzug*) détention *f* ❷ (*Schularrest*) consigne *f* ❸ MIL arrêts *mpl*
arrogant [aro'gant] *Adj.* arrogant(e)
Arroganz <-> *f* arrogance *f*
Arsch [arʃ, *Pl:* 'ɛrʃə] <-[e]s, Ärsche> *m vulg* ❶ (*Gesäß*) cul *m* (*fam*) ❷ (*blöder Mensch*) conard *m* ▶**leck mich** [**doch**] **am ~!** va te faire foutre !
Arschloch *nt vulg* trou *m* du cul
Arsen [ar'ze:n] <-s> *nt* CHEM arsenic *m*
Arsenal [arze'na:l] <-s, -e> *nt* (*Waffenlager*) arsenal *m*
Art. *Abk. von* **Artikel** art.
Art [a:ɐt] <-, -en> *f* ❶ (*Spezies*) espèce *f;* (*Sorte*) genre *m;* **jede ~ von Gewalt ablehnen** refuser toute forme de violence ❷ (*Weise*) façon *f;* **auf diese ~ und Weise** de cette façon ❸ *kein Pl.* (*Wesensart*) nature *f* ❹ *kein Pl.* (*Benehmen*) manières *fpl*
Artenschutz *m* protection *f* des espèces **Artenvielfalt** *f* variété *f* des espèces
Arterie [ar'te:riə] <-, -n> *f* ANAT artère *f*
Arterienverkalkung *f* MED artériosclérose *f* **artgerecht** *Adj.* (*Tierhaltung*) qui respecte les besoins des animaux
Arthrose <-, -n> *f* arthrose *f*
artig ['artɪç] *Adj.* (*Kind*) sage
Artikel [ar'ti:kəl] <-s, -> *m* article *m*
artikulieren* [artiku'li:rən] **I.** *tr. V.* articuler **II.** *refl. V. geh* **sich in etw** (*Dat*) **~** s'exprimer dans qc
Artillerie [artɪlə'ri:] <-> *f* artillerie *f*
Artischocke [arti'ʃɔkə] <-, -n> *f* artichaut *m*
Artist(in) [ar'tɪst] <-en, -en> *m(f)* ❶ (*Zirkusartist*) artiste *mf* de cirque; (*Zirkusakrobat*) acrobate *mf* ❷ (*Könner*) artiste *mf*
Arznei [a:ɐts'nai] <-, -en> *f,* **Arzneimittel** *nt* médicament *m*
Arzt [a:ɐtst, *Pl:* 'ɛ:ɐtstə] <-es, Ärzte> *m,* **Ärztin** *f* médecin *mf,* docteur *mf;* **zum ~ gehen** aller chez le médecin
Arztbesuch *m* visite *f* du médecin
Ärztekammer *f* conseil *m* de l'ordre des médecins
Ärzteschaft <-> *f* corps *m* médical
Arzthelfer(in) *m(f)* auxiliaire *mf* médical(e)
ärztlich ['ɛ:ɐtstlɪç] **I.** *Adj.* (*Attest*) médical(e) **II.** *Adv.* **sich ~ behandeln lassen** suivre un traitement médical
Arztpraxis *f* cabinet *m* médical
As[ALT] <-ses, -se> *s.* **Ass**
Asbest [as'bɛst] <-[e]s, -e> *m* amiante *m*
aschblond *Adj.* blond cendré *inv.*
Asche ['aʃə] <-, -n> *f* cendre *f souvent pl.*
Aschenbecher *m* cendrier *m* **Aschenputtel** <-s> *nt* Cendrillon *f*
Aschermittwoch [aʃɐ'mɪtvɔx] *m* mercredi *m* des Cendres
ASCII-Code ['askiko:t] *m* INFORM code *m* ASCII
Asiat(in) [a'zia:t] <-en, -en> *m(f)* Asiatique *mf*
asiatisch *Adj.* asiatique
Asien ['a:ziən] <-s> *nt* l'Asie *f*
Askese [as'ke:zə] <-> *f* ascèse *f*
asketisch *Adj.* ascétique
asozial ['azotsia:l] *Adj.* asocial(e)
Aspekt [as'pɛkt] <-[e]s, -e> *m* aspect *m*
Asphalt [as'falt] <-[e]s, -e> *m* asphalte *m,* bitume *m*
asphaltieren* [asfal'ti:rən] *tr. V.* asphalter
Aspik <-s, -e> *m o* A *nt* aspic *m*
aß [a:s] *Imp. von* **essen**
Ass[RR] [as] <-es, -e> *nt* (*Spielkarte, fähiger Mensch*) as *m*
Assimilation [asimila'tsi̯o:n] <-, -en> *f* assimilation *f*
assimilieren* [asimi'li:rən] *tr. V. a.* BIO assimiler
Assistent(in) [asɪs'tɛnt] <-en, -en> *m(f)* assistant(e) *m(f)*
Assistenz <-> *f geh* (*Mithilfe*) concours *m*
Assistenzarzt *m,* **-ärztin** *f* ≈ interne *mf* des hôpitaux
assistieren* [asɪs'ti:rən] *intr. V.* **jdm bei etw ~** assister qn dans qc
Assoziation [asotsia'tsi̯o:n] <-, -en> *f geh* association *f*
Ast [ast, *Pl:* 'ɛstə] <-[e]s, Äste> *m* branche *f*
Aster ['astɐ] <-, -n> *f* aster *m*
Ästhetik [ɛs'te:tɪk] <-, -en> *f* ❶ (*Wissenschaft*) esthétique *f* ❷ *kein Pl.* (*Schönheit*) caractère *m* esthétique
ästhetisch *Adj.* esthétique
Asthma ['astma] <-s> *nt* asthme *m*
Asthmatiker(in) [ast'ma:tikɐ] <-s, -> *m(f)* asthmatique *mf*
asthmatisch *Adj.* (*Beschwerden*) asthmatique; (*Anfall*) d'asthme
Astloch *nt* trou *m* laissé par un nœud

A

Astrologe [astro'loːgə] <-n, -n> *m*, **Astrologin** *f* astrologue *mf*

Astrologie [astrolo'giː] <-> *f* astrologie *f*

astrologisch [astro'loːgɪʃ] *Adj.* (*Zeitschrift*) d'astrologie; (*Gutachten*) astrologique

Astronaut(in) [astro'naut] <-en, -en> *m(f)* astronaute *mf*

Astronom(in) [astro'noːm] <-en, -en> *m(f)* astronome *mf*

Astronomie [astrono'mi] <-> *f* astronomie *f*

astronomisch *Adj.* (*Instrument*) astronomique; (*Werk*) d'astronomie; (*Kenntnisse*) en astronomie

Asyl [a'zyːl] <-s, -e> *nt* ❶ *Pl selten* asile *m;* **jdm ~ gewähren** (*Staat*) accorder le droit d'asile à qn; (*Privatperson*) offrir un asile à qn ❷ (*Obdachlosenheim*) asile *m* de nuit [pour les sans-abri]

Asylant(in) *m(f)* demandeur(-euse) *m(f)* d'asile

Asylantenwohnheim *nt* foyer *m* pour les demandeurs d'asile

Asylantrag *m* demande *f* d'asile **Asylbewerber(in)** *m(f)* demandeur(-euse) *m(f)* d'asile **Asylrecht** *nt* (*Recht auf Asyl*) droit *m* d'asile

asymmetrisch ['azʏmeːtrɪʃ] *Adj.* asymétrique

at [ɛt] <-s, -s> *nt*, **at-Zeichen** ['ɛt-] *nt* INET ar[r]obase *f*

Atelier [ate'lieː] <-s, -s> *nt* ❶ (*Künstlerwerkstatt*) atelier *m* ❷ (*Filmatelier*) studio *m* [de production]

Atem ['aːtəm] <-s> *m* ❶ (*Atemluft*) souffle *m;* **außer ~ sein** être hors d'haleine ❷ (*Atemgeruch*) haleine *f* ❸ (*das Atmen*) respiration *f* ▸ **den ~ anhalten** retenir sa respiration; (*sehr gespannt sein*) retenir son souffle; **jdn in ~ halten** (*jdn auf Trab halten*) tenir qn en mouvement; **das verschlägt einem [glatt] den ~!** c'est à en avoir le souffle coupé !

atemberaubend *Adj.* (*Schönheit*) vertigineux(-euse)

atemlos *Adj.* ❶ (*außer Atem*) essoufflé(e) ❷ (*Stille*) absolu(e)

Atemnot *f* crise *f* d'étouffements **Atempause** *f* pause *f* pour respirer **Atemwege** *Pl* voies *fpl* respiratoires **Atemzug** *m* inspiration *f* ▸ **im selben ~** en même temps

Atheismus [ate'ɪsmʊs] <-> *m* athéisme *m*

Atheist(in) [ate'ɪst] <-en, -en> *m(f)* athée *mf*

atheistisch [ate'ɪstɪʃ] *Adj.* athée

Athen [a'teːn] <-s> *nt* Athènes

Äther ['ɛːtɐ] <-s> *m* CHEM éther *m*

ätherisch [ɛ'teːrɪʃ] *Adj.* CHEM (*Öl*) essentiel(le)

Äthiopien [ɛti'opiən] <-s> *nt* l'Éthiopie *f*

äthiopisch *Adj.* éthiopien(ne)

Athlet(in) [at'leːt] <-en, -en> *m(f)* athlète *mf*

athletisch *Adj.* (*Körperbau*) athlétique

Atlanten *Pl. von* **Atlas**

Atlantik [at'lantɪk] <-s> *m* **der ~** l'Atlantique *m*

atlantisch *Adj.* atlantique

Atlas ['atlas, *Pl:* 'at'lantən] <-, Atlanten> *m* atlas *m*

atmen ['aːtmən] *tr., intr. V.* respirer

Atmosphäre [atmo'sfɛːrə] <-, -n> *f* atmosphère *f*

atmosphärisch *Adj.* atmosphérique

Atmung <-> *f* respiration *f*

Atoll [a'tɔl] <-s, -e> *nt* atoll *m*

Atom [a'toːm] <-s, -e> *nt* atome *m*

Atomangriff *m* attaque *f* nucléaire

atomar [ato'maːɐ] *Adj.* ❶ PHYS atomique ❷ MIL nucléaire

Atombombe *f* bombe *f* atomique **Atomenergie** *f* énergie *f* nucléaire **Atomexplosion** *f* explosion *f* nucléaire **Atomkern** *m* noyau *m* [de l'atome] **Atomkraft** *f kein Pl.* énergie *f* nucléaire **Atomkraftwerk** *nt* centrale *f* nucléaire **Atommüll** *m* déchets *mpl* nucléaires **Atomphysik** *f* physique *f* nucléaire **Atomreaktor** *m* réacteur *m* nucléaire **Atomtest** *m* essai *m* nucléaire **Atomwaffe** *f* arme *f* nucléaire **atomwaffenfrei** *Adj.* (*Zone*) dénucléarisé(e) **Atomzeitalter** *nt kein Pl.* **das ~** l'ère *f* atomique

ätsch [ɛːtʃ] *Interj. fam* bien fait

Attacke [a'takə] <-, -n> *f* ❶ *a. fig* attaque *f* ❷ MIL charge *f* de cavalerie

Attentat ['atəntaːt] <-[e]s, -e> *nt* attentat *m*

Attentäter(in) [atəntɛːtɐ] *m(f)* auteur *m* de l'attentat

Attest [a'tɛst] <-[e]s, -e> *nt* certificat *m*

Attraktion [atrak'tsioːn] <-, -en> *f* ❶ *kein Pl.* (*Anziehungskraft*) attrait *m* ❷ (*Glanznummer*) attraction *f*

attraktiv [atrak'ti:f] *Adj.* ① (*Person*) séduisant(e) ② (*Stadt*) attrayant(e); (*Angebot*) intéressant(e)

Attraktivität [atraktivi'tɛ:t] <-> *f* ① (*einer Person*) pouvoir *m* de séduction ② (*einer Stadt*) caractère *m* attrayant; (*eines Angebots*) caractère intéressant

Attrappe [a'trapə] <-, -n> *f* ① objet *m* factice ② (*gemalte optische Täuschung*) trompe-l'œil *m*

Attribut [atri'bu:t] <-[e]s, -e> *nt* LING épithète *f*

ätzen ['ɛtsən] *intr. V.* corroder

ätzend *Adj.* ① CHEM corrosif(-ive) ② (*Geruch*) délétère

au [au] *Interj.* ① (*Ausruf des Schmerzes*) aïe ② (*Ausruf der Freude*) ~ **ja/klasse!** *fam* ouah super !

Aubergine [obɛr'ʒi:nə] <-, -n> *f* aubergine *f*

auch [aux] *Adv.* ① (*ebenfalls*) aussi ② (*sogar*) même; ~ **wenn** même si ③ (*verstärkend*) effectivement; **wozu** [**denn**] **~?** de toute façon, à quoi bon ? ④ (*immer*) **wie dem ~ sei** quoi qu'il en soit

Audienz [au'di̯ɛnts] <-, -en> *f* audience *f*

audiovisuell [audi̯ovi'zu̯ɛl] *Adj.* audiovisuel(le)

auf [auf] **I.** *Präp.* + *Dat.* ① sur; ~ **dem Boden** par terre; ~ **der Straße** dans la rue; ~ **dem Land** à la campagne; **auf Korsika** en Corse ② (*in, bei*) à; ~ **der Post** à la poste; ~ **einem Sparkonto** sur un compte [d']épargne ③ (*während*) pendant; ~ **dem Weg** en chemin; ~ **der Feier** à la fête ④ (*für*) ~ **einen Tee bleiben** rester le temps de boire un thé **II.** *Präp.* + *Akk.* ① sur; ~ **den Boden** par terre; ~ **die Straße gehen** sortir dans la rue; **~s Land fahren** aller à la campagne ② (*zu*) à; ~ **die Post** à la poste ③ (*bei Zeitangaben*) ~ **einen Dienstag fallen** tomber un mardi; **etw ~ die nächste Woche verschieben** repousser qc à la semaine prochaine ④ (*bei Maß- und Mengenangaben*) à; ~ **die Sekunde genau** à la seconde près ⑤ (*pro*) pour; **fünf Liter ~ hundert Kilometer verbrauchen** consommer cinq litres aux cent [kilomètres] ⑥ (*aufgrund, infolge*) sur; ~ **Wunsch** sur la demande ⑦ (*mittels*) ~ **diese Art** de cette manière ⑧ (*in Trinksprüchen*) ~ **dein Wohl!** à la tienne ! ⑨ (*mit Superlativen*) **jdn ~ das herzlichste begrüßen** saluer qn de la manière la plus cordiale **III.** *Adv.* ① (*los*) ~ **geht's!** on y va !; ~ **nach Kalifornien!** en route pour la Californie ! ② *fam* (*aufgesetzt*) **Helm ~!** mets ton casque/mettez vos casques ! ③ *fam* (*offen, aufgemacht*) ~ **sein** être ouvert; **Mund ~!** ouvre/ouvrez la bouche ! ④ *fam* (*aufgestanden*) ~ **sein** être debout ⑤ (*nach oben*) ~ **und ab fahren** monter et descendre ▸ ~ **und davon sein** avoir filé **IV.** *Konj. geh* ~ **dass** souhaitons que + *subj*

auf|arbeiten *tr. V.* ① (*Akten*) traiter ② (*Literatur*) exploiter ③ (*Vergangenheit*) assumer

auf|atmen *intr. V.* ① respirer profondément ② (*erleichtert sein*) respirer

auf|bahren *tr. V.* (*Sarg*) exposer

Aufbau <-> *m kein Pl.* ① (*eines Regals*) montage *m;* (*einer Stereoanlage*) installation *f* ② (*Wiederaufbau*) ~ **Ost** reconstruction *f* de l'Est ③ (*eines Unternehmens*) mise *f* sur pied ④ (*von Kontakten*) établissement *m* ⑤ (*eines Unternehmens*) organisation *f;* (*eines Geräts*) agencement *m;* (*eines Romans*) composition *f;* (*eines Atoms*) structure *f*

auf|bauen **I.** *tr. V.* ① (*Regal*) monter; (*Stereoanlage*) installer ② (*Unternehmen*) mettre sur pied; **sich** (*Dat*) **eine Existenz ~** organiser sa vie ③ (*Kontakt*) établir ④ (*basieren*) **etw auf der Vermutung ~, dass ...** fonder qc en supposant que ... ⑤ (*Spannung*) établir ⑥ PHYS, CHEM **symmetrisch aufgebaut sein** avoir une structure symétrique **II.** *intr. V.* **auf etw** (*Dat*) ~ se fonder sur qc **III.** *refl. V.* ① *fam* (*sich postieren*) se planter ② INFORM **sich ~** (*Homepage*) s'afficher

auf|bäumen *refl. V.* **sich ~** se cabrer

auf|begehren* *intr. V. geh* se soulever

auf|behalten* *tr. V. unreg* (*Hut*) garder

auf|bereiten* *tr. V.* ÖKOL traiter

Aufbereitung <-, -en> *f* ① (*von Wasser*) traitement *m* ② (*von Brennelementen*) retraitement *m*

auf|bessern *tr. V.* (*Gehalt*) augmenter; (*Taschengeld*) arrondir

auf|bewahren* *tr. V.* garder

Aufbewahrung <-, -en> *f* ① dépôt;

A

jdm etw zur ~ geben confier la garde de qc à qn ❷ (*Gepäckaufbewahrung*) consigne *f*

auf|bieten *tr. V. unreg* mobiliser

auf|binden *tr. V. unreg* (*Krawatte*) défaire; (*Schuh*) délacer

auf|blähen **I.** *tr. V.* (*Darm*) ballonner **II.** *refl. V.* **sich ~** (*Ballon*) [se] gonfler; (*Darm*) ballonner

aufblasbar *Adj.* gonflable

auf|blasen *unreg* **I.** *tr. V.* gonfler **II.** *refl. V.* ❶ **sich ~** se gonfler ❷ *pej fam* (*sich wichtigmachen*) **sich ~** se rengorger

auf|bleiben *intr. V. unreg + sein fam* ❶ (*geöffnet bleiben*) rester ouvert(e) ❷ (*nicht zu Bett gehen*) rester debout

auf|blühen *intr. V. + sein* ❶ s'épanouir ❷ (*Kultur*) fleurir

auf|brauchen *tr. V.* (*Vorräte*) épuiser; (*Packung*) finir

auf|brausen *intr. V. + sein* ❶ (*Beifall*) éclater ❷ (*Person*) monter comme une soupe au lait

aufbrausend *Adj.* (*Person*) soupe au lait *inv.*

auf|brechen *unreg* **I.** *tr. V. + haben* forcer **II.** *intr. V. + sein* ❶ s'ouvrir ❷ (*sich auf den Weg machen*) partir

auf|bringen *tr. V. unreg* ❶ (*Summe*) réunir; (*Miete*) régler ❷ (*Geduld*) trouver ❸ (*erzürnen*) **jdn ~** monter [la tête à] qn

Aufbruch *m kein Pl.* départ *m*

auf|bürden *tr. V. geh* **jdm eine Arbeit ~** accabler qn d'un travail

auf|decken *tr. V.* découvrir

auf|drängen **I.** *tr. V.* **jdm etw ~** forcer qn à prendre qc **II.** *refl. V.* **sich jdm ~** (*Person*) imposer sa présence à qn; (*Verdacht*) s'imposer à [l'esprit de] qn

auf|drehen **I.** *tr. V.* ❶ (*Hahn*) ouvrir ❷ *fam* (*lauter stellen*) **das Radio voll ~** mettre la radio à plein[s] tube[s] **II.** *intr. V. fam* (*Person*) s'éclater

aufdringlich *Adj.* ❶ (*Person*) envahissant(e) ❷ (*Parfüm*) pénétrant(e)

Aufdringlichkeit <-, -en> *f* (*einer Person*) caractère *m* importun

aufeinander [aufʔaiˈnandɐ] *Adv.* ❶ **Farben ~ abstimmen** assortir des couleurs ❷ (*gegenseitig*) **~ angewiesen sein** (*zwei Personen*) être tributaires l'un(e) de l'autre; (*mehrere Personen*) être tributaires les un(e)s des autres

aufeinander|folgen *intr. V.* (*Ereignisse, Tage*) se succéder

aufeinanderfolgend *Adj.* (*Ereignisse*) successif(-ive); **an drei ~en Tagen** [pendant] trois jours de suite **aufeinander|legen** *tr. V.* mettre l'un(e) sur l'autre; **die Brotscheiben ~** mettre les tartines l'une sur l'autre **aufeinander|stapeln** *tr. V.* (*Teller, Kisten*) empiler **aufeinander|stoßen** *intr. V. unreg* (*Truppen*) s'affronter

Aufenthalt [ˈaufʔɛnthalt] <-[e]s, -e> *m* ❶ séjour *m* ❷ EISENBAHN arrêt *m*

Aufenthaltserlaubnis *f* permis *m* de séjour **Aufenthaltsort** *m* lieu *m* de résidence **Aufenthaltsraum** *m* salle *f* de détente

auf|erlegen* *tr. V. geh* **jdm eine Prüfung/Strafe ~** imposer un examen/infliger une punition à qn

auf|erstehen* *intr. V. unreg + sein* ressusciter

Auferstehung <-, -en> *f* résurrection *f*

auf|essen *unreg* **I.** *tr. V.* terminer **II.** *intr. V.* finir son assiette

auf|fädeln *tr. V.* enfiler

auf|fahren *unreg* **I.** *intr. V. + sein* ❶ **auf eine Rampe ~** monter sur une rampe ❷ (*kollidieren mit*) emboutir ❸ (*näher heranfahren*) talonner ❹ (*hochschrecken*) sursauter **II.** *tr. V. + haben* ❶ **Geschütze ~** mettre des pièces d'artillerie en batterie ❷ *fam* (*Speisen*) sortir

Auffahrt *f* ❶ *kein Pl.* (*das Hinauffahren*) montée *f* ❷ (*Zufahrt*) accès *m*

Auffahrunfall *m* carambolage *m*

auf|fallen *intr. V. unreg + sein* ❶ (*Person*) ne pas passer inaperçu(e); (*Sache*) se remarquer; **jdm ~** (*Person*) attirer l'attention de qn; (*Sache*) frapper qn ❷ (*auf angenehme/unangenehme Weise bemerkt werden: Person*) se distinguer/se faire remarquer; **angenehm/unangenehm ~** produire une impression agréable/désagréable

auffallend **I.** *Adj.* (*Kleidungsstück*) voyant(e); (*Ähnlichkeit*) frappant(e); (*Intelligenz*) remarquable **II.** *Adv.* (*ruhig*) étonnamment

auffällig **I.** *Adj.* (*Farbe*) voyant(e) **II.** *Adv.* (*nervös*) visiblement; (*sich verhalten*) étrangement

auf|fangen *tr. V. unreg* ❶ (*Ball*) attraper

❷ *(Regenwasser)* recueillir ❸ *(Gesprächsfetzen)* saisir [au vol] ❹ *(Verluste)* compenser ❺ *(Aufprall)* amortir

auf|fassen *tr. V.* concevoir; **etw anders ~** comprendre qc autrement

Auffassung *f (Vorstellung)* conception *f*; *(Meinung)* avis *m*

Auffassungsgabe *f kein Pl.* intelligence *f*

auf|fordern *tr. V.* ❶ prier ❷ *(zum Tanz bitten)* **jdn ~** inviter qn [à danser]

Aufforderung *f* ❶ *(Bitte)* demande *f* pressante; *(Bitte um einen Tanz)* invitation *f* ❷ *(der Polizei)* ordre *m*

auf|forsten ['auffɔrstən] *tr. V.* boiser

auf|frischen I. *tr. V. + haben* ❶ *(Kenntnisse)* rafraîchir ❷ *(Anstrich)* ravaler ❸ *(Impfung)* faire le rappel de ❹ *(Vorrat)* renouveler **II.** *intr. V. unpers. + sein* **es frischt auf** ça se rafraîchit

auf|führen I. *tr. V.* ❶ *(Theaterstück)* représenter; *(Oper)* jouer ❷ *(Zeugen)* produire; *(Fakten)* énumérer **II.** *refl. V.* **sich gut/schlecht ~** bien/mal se comporter

Aufführung *f* représentation *f*

auf|füllen *tr. V.* ❶ *(Tank)* remplir ❷ *(nachfüllen)* **Öl ~** remettre de l'huile

Aufgabe <-, -n> *f* ❶ tâche *f* ❷ *(Pflicht)* devoir *m* ❸ *(Auftrag)* mission *f* ❹ SCHULE exercice *m* ❺ *(eines Gerätes)* fonction *f* ❻ *kein Pl. (von Gepäck)* dépôt *m*; *(eines Pakets)* expédition *f* ❼ *kein Pl. (Verzicht)* renoncement *m* ❽ *kein Pl.* a. SPORT abandon *m* ❾ *kein Pl. (Kapitulation)* reddition *f*

auf|gabeln *tr. V. fam (Person)* dégoter

Aufgabenheft *nt* cahier *m* d'exercices

Aufgang <-gänge> *m* ❶ *(der Sonne)* lever *m* ❷ *(Treppe)* escalier *m*; *(Treppenhaus)* cage *f* d'escalier

auf|geben *unreg* **I.** *tr. V.* ❶ *(Studium)* abandonner; *(Freunde, Wohnort)* quitter; **gib's auf!** *fam* laisse tomber! ❷ *(auftragen)* **jdm Hausaufgaben ~** donner des devoirs à qn ❸ *(zu lösen geben)* **jdm ein Rätsel ~** poser une énigme à qn ❹ *(Gepäck)* faire enregistrer; *(Paket)* poster; *(Annonce)* [faire] passer **II.** *intr. V.* abandonner

Aufgebot *nt* ❶ *(große Menge)* multitude *f* ❷ *(Heiratsankündigung)* publication *f* des bans

aufgebracht I. *Adj.* en colère **II.** *Adv.* sous l'emprise de la colère

aufgedunsen *Adj.* bouffi(e)

auf|gehen *intr. V. unreg + sein* ❶ *(Sonne)* se lever ❷ *(Tür)* s'ouvrir ❸ *(Knoten)* se défaire ❹ *(Rechnung)* tomber juste; *(Planung)* se réaliser ❺ *(klar werden)* commencer à comprendre ❻ *(Erfüllung finden)* **in etw** *(Dat)* **~** s'investir dans qc ❼ *(Saat)* lever

aufgehoben *Adj.* **bei jdm gut/schlecht ~ sein** être en de bonnes/mauvaises mains chez qn

aufgekratzt *Adj. fam* excité(e)

aufgelegt *Adj.* **gut/schlecht ~ sein** être de bonne/mauvaise humeur

aufgeregt *Adj. (Person)* excité(e); *(nervös)* énervé(e)

aufgeschlossen *Adj. (Person)* ouvert(e)

aufgesetzt I. *Adj. (Lächeln, Fröhlichkeit)* forcé(e) **II.** *Adv.* **~ wirken** faire l'effet d'être forcé

aufgeweckt *Adj.* vif(vive); *(Kind)* éveillé(e)

auf|gießen *tr. V. unreg (aufbrühen)* **[den] Kaffee/Tee ~** verser de l'eau sur le café/thé

auf|gliedern *refl. V.* **sich in etw** *(Akk)* **~** se décomposer en qc

auf|greifen *tr. V. unreg* ❶ *(Vorschlag)* saisir; *(Fall)* s'emparer de; **eine Idee wieder ~** reprendre une idée ❷ *(Täter)* arrêter

aufgrund [aufˈgrʊnt] *Präp. + Gen.* en raison de; **~ zahlreicher Beschwerden** suite à de nombreuses plaintes

auf|haben *unreg fam* **I.** *tr. V.* ❶ *(Geschäft)* ouvrir ❷ *(Hut)* avoir [mis] ❸ *(Hausaufgaben)* avoir **II.** *intr. V. (Geschäft)* être ouvert

auf|halsen *fam* **I.** *tr. V.* coller; **jdm eine Arbeit ~** coller un travail à qn **II.** *refl. V.* **sich** *(Dat)* **etw ~** se coltiner qc

auf|halten *unreg* **I.** *tr. V.* ❶ *a. fig (Person)* retenir; *(Fahrzeug)* arrêter ❷ *fam (Hand)* tendre **II.** *refl. V.* ❶ séjourner; **sich im Garten ~** se trouver dans le jardin ❷ *(verweilen)* **sich bei einem Punkt ~** s'attarder sur un point ❸ *fam (sich weiterhin befassen)* **sich mit jdm ~** passer du temps avec qn

auf|hängen I. *tr. V.* ❶ *(Bild, Mantel)* [sus]pendre; *(Wäsche)* pendre ❷ *(erhängen)* pendre **II.** *refl. V.* **sich ~** se pendre

Aufhänger <-s, -> *m* ❶ COUT bride *f* ❷ *fam* point *m* de départ

auf|heben *tr. V. unreg* ① ramasser ② (*aufbewahren*) garder ③ (*Gesetz*) abroger

Aufheben ▸ **viel/nicht viel ~[s] machen** *geh* faire/ne pas faire toute une histoire

Aufhebung <-, -en> *f* ① (*eines Gesetzes*) abrogation *f*; (*eines Urteils*) invalidation *f* ② (*Beendigung*) levée *f*

auf|heitern **I.** *tr. V.* (*Person*) dérider; (*Stimmung*) détendre **II.** *refl. V.* **sich ~** ① (*Gesicht*) s'éclairer ② METEO se dégager

auf|heizen **I.** *tr. V.* (*Stimmung*) [é]chauffer; (*Atmosphäre*) réchauffer **II.** *refl. V.* **sich ~** s'enfiévrer

auf|hellen **I.** *tr. V.* (*Haare*) éclaircir **II.** *refl. V.* **sich ~** (*Gesicht*) s'éclairer; (*Wetter*) s'éclaircir

auf|hetzen *tr. V.* exciter

auf|heulen *intr. V.* ① (*Person, Tier*) pousser un hurlement ② (*laut tönen: Sirene*) se mettre à mugir; (*Motor*) s'emballer

auf|holen **I.** *tr. V.* rattraper **II.** *intr. V.* rattraper son retard

auf|horchen *intr. V.* dresser l'oreille

auf|hören *intr. V.* arrêter

auf|kaufen *tr. V.* (*Sammlung*) accaparer; (*Immobilien*) acheter en grande quantité

auf|klappen *tr. V. + haben* (*Deckel*) soulever; (*Buch*) ouvrir; (*Liegestuhl*) déplier

auf|klaren ['aufkla:rən] *intr. V.* se dégager

auf|klären **I.** *tr. V.* ① **ein Verbrechen ~** tirer un crime au clair ② (*Missverständnis*) expliquer ③ (*informieren*) **jdn ~** mettre qn au courant ④ (*über Sexuelles unterrichten*) **jdn ~** faire l'éducation sexuelle de qn; **aufgeklärt sein** avoir reçu une éducation sexuelle ⑤ MIL reconnaître **II.** *refl. V.* **sich ~** (*Rätsel, Himmel*) s'éclaircir; (*Missverständnis*) s'expliquer

Aufklärung *f* ① (*Aufdeckung*) élucidation *f* ② (*Klärung*) explication *f* ③ (*Information*) éclaircissements *mpl* ④ (*sexuelle Aufklärung*) éducation *f* sexuelle ⑤ MIL reconnaissance *f* ⑥ *kein Pl.* PHILOS **die ~** les lumières *fpl*

auf|kleben *tr. V.* coller

Aufkleber *m* autocollant *m*

auf|knöpfen *tr. V.* (*Bluse*) déboutonner; (*Knopf*) défaire

auf|knoten *tr. V.* (*Schnürsenkel, Tuch*) dénouer; (*Knoten*) défaire

auf|kochen *tr. V. + haben* **die Milch ~** porter le lait à ébullition

auf|kommen *intr. V. unreg + sein* ① (*finanzieren*) **für jdn ~** subvenir aux besoins de qn; **für die Kosten ~** prendre les coûts en charge ② (*Zweifel*) se faire jour; (*Gerücht*) commencer à circuler ③ (*Wind*) se lever ④ (*landen*) **hart/weich auf dem Boden ~** (*Person*) se recevoir rudement/en douceur au sol

Aufkommen <-s, -> *nt* ① (*Gesamtmenge*) **~ an Steuern** produit *m* des impôts ② *kein Pl.* (*das Entstehen*) apparition *f*

auf|kreuzen *intr. V. + sein fam* (*erscheinen*) se pointer

auf|laden *unreg* **I.** *tr. V.* ① **etw auf etw** (*Akk*) **~** charger qc sur qc ② *fam* (*aufbürden*) **jdm die ganze Arbeit ~** mettre tout le travail sur le dos de qn ③ (*Batterie*) [re]charger **II.** *refl. V.* **sich ~** (*Batterie*) se charger d'électricité

Auflage <-, -n> *f* ① (*Ausgabe*) édition *f* ② (*Auflagenhöhe*) tirage *m* ③ (*Verpflichtung*) condition *f*; **jdm eine ~/~n machen** imposer un cahier des charges à qn

auf|lassen *tr. V. unreg* ① *fam* laisser ouvert(e) ② *fam* (*Hut*) garder

auf|lauern *intr. V.* guetter

Auflauf *m* ① (*Speise*) soufflé *m* ② (*Menschenauflauf*) attroupement *m*

auf|leben *intr. V. + sein* ① s'animer ② (*Erinnerungen*) se ranimer

auf|lecken *tr. V.* lécher

auf|legen **I.** *tr. V.* ① (*Schallplatte*) mettre; (*Hörer*) reposer ② (*Buch*) éditer **II.** *intr. V.* (*Person*) raccrocher

auf|lehnen *refl. V.* **sich ~** se rebeller

auf|lesen *tr. V. unreg* ① ramasser ② *pej fam* (*Person*) dégoter

auf|leuchten *intr. V. + haben o sein* (*Augen, Sterne*) se mettre à briller; (*Licht*) s'allumer

auf|listen *tr. V.* faire la liste de

auf|lockern **I.** *tr. V.* ① (*Muskulatur*) détendre ② (*Stimmung*) détendre **II.** *refl. V.* **sich ~** ① SPORT se détendre ② METEO se dissiper

Auflockerung *f* ① (*der Muskeln*) assouplissement *m* ② (*ansprechendere Gestaltung*) **zur ~ des Unterrichts** pour rendre le cours plus attrayant

auf|lösen **I.** *tr. V.* ① dissoudre ② (*Versammlung*) disperser; (*Konto*) fermer

❸ MATH, MUS résoudre **II.** *refl. V.* **sich ~** se décomposer; (*Pulver, Tablette*) se dissoudre; (*Nebel*) se dissiper

Auflösung *f* ❶ *kein Pl.* dissolution *f* ❷ (*Bildauflösung*) définition *f;* INFORM résolution *f*

auf|machen I. *tr. V.* ❶ *fam* ouvrir; (*Mantel, Schnürsenkel*) défaire ❷ (*Firma*) monter **II.** *intr. V.* ouvrir **III.** *refl. V.* (*aufbrechen*) **sich ~** partir

Aufmachung <-, -en> *f* (*einer Person*) tenue *f;* (*einer Titelseite*) présentation *f*

auf|marschieren* *intr. V.* + *sein* MIL se déployer

aufmerksam *Adj.* ❶ attentif(-ive); **~ machen** faire remarquer ❷ (*zuvorkommend*) attentionné(e)

Aufmerksamkeit <-, -en> *f* attention *f*

auf|möbeln *tr. V. fam* ❶ **etw [wieder] ~** retaper qc ❷ (*Person*) requinquer

auf|mucken *intr. V. fam* râler

auf|muntern *tr. V.* ❶ **jdn ~** (*Person*) remonter qn; (*Kaffee*) ragaillardir qn ❷ (*ermutigen*) encourager

aufmunternd I. *Adj.* (*Lächeln, Zurufe*) d'encouragement **II.** *Adv.* **jdm ~ zulächeln** sourire à qn pour l'encourager

aufmüpfig *Adj. fam* (*Schüler*) récalcitrant(e)

Aufnahme <-, -n> *f* ❶ *kein Pl.* (*Empfang*) accueil *m;* (*von Gästen*) réception *f* ❷ *kein Pl.* (*das Aufnehmen*) admission *f* ❸ *kein Pl.* (*einer Tätigkeit*) début *m* ❹ *kein Pl.* (*von Nahrung*) prise *f* ❺ PHOT photo[graphie] *f* ❻ (*Videoaufnahme*) enregistrement *m*

aufnahmefähig *Adj.* réceptif(-ive) **Aufnahmegebühr** *f* droits *mpl* d'admission **Aufnahmeprüfung** *f* concours *m* d'entrée

auf|nehmen *tr. V. unreg* ❶ accueillir ❷ (*beherbergen*) héberger ❸ (*Nachricht, Nahrung*) prendre ❹ (*zulassen*) **jdn ~** (*Internat*) admettre qn ❺ (*Tätigkeit*) entamer ❻ (*fotografieren*) **jdn/etw ~** prendre qn/qc en photo; (*filmen*) filmer qn/qc ❼ (*auf Video festhalten*) enregistrer ❽ (*geistig verarbeiten*) enregistrer

auf|opfern *refl. V.* **sich ~** se sacrifier; **sich für jdn/etw ~** se sacrifier pour qn/qc

auf|passen *intr. V.* ❶ faire attention ❷ (*beaufsichtigen*) surveiller; **auf einen Hund ~** garder un chien

Aufpasser(in) <-s, -> *m(f) pej* surveillant(e) *m(f);* SCHULE pion(ne) *m(f)* (*fam*)

auf|picken *tr. V.* (*Futter*) picorer

auf|platzen *intr. V.* + *sein* (*Frucht*) éclater; (*Naht*) craquer; (*Wunde*) s'ouvrir

Aufprall <-[e]s, -e> *m* choc *m*

auf|prallen *intr. V.* + *sein* s'écraser

Aufpreis *m* supplément *m*

auf|pumpen *tr. V.* gonfler

auf|putschen *tr. V.* doper

Aufputschmittel *nt* dopant *m*

auf|raffen *refl. V.* ❶ se soulever ❷ (*sich entschließen*) [parvenir à] se décider

auf|rappeln *refl. V. fam* ❶ (*sich aufraffen*) **sich [wieder] ~** se ramasser; (*zu Kräften kommen*) se retaper ❷ (*sich entschließen*) **sich endlich ~ etw zu tun** se décider enfin à faire qc

auf|räumen *tr., intr. V.* ranger

aufrecht ['aufrɛçt] *Adj.* (*Gang*) en position verticale; (*Körperhaltung*) le dos droit

aufrecht|erhalten* *tr. V. unreg* (*Kontakt*) maintenir; (*Behauptung*) persister dans **Aufrechterhaltung** *f* (*des Kontakts*) maintien *m*

auf|regen *tr., refl. V.* **[sich] ~** [s']énerver

aufregend *Adj.* passionnant(e); **wie ~!** *fam* comme c'est palpitant !

Aufregung *f* ❶ excitation *f* ❷ (*Durcheinander*) agitation *f*

auf|reißen *unreg* **I.** *tr. V.* + *haben* ❶ ouvrir; (*Umschlag*) déchirer ❷ (*Kleid*) déchirer; (*Haut*) égratigner ❸ *fam* (*kennen lernen*) lever **II.** *intr. V.* + *sein* (*Wolkendecke*) se déchirer

aufreizend *Adj.* excitant(e)

auf|richten I. *tr. V.* ❶ relever ❷ (*Zelt*) monter **II.** *refl. V.* **sich ~** se redresser

aufrichtig *Adj.* sincère

Aufrichtigkeit <-> *f* sincérité *f*

auf|rollen I. *tr. V.* ❶ (*Teppich*) rouler; (*Kabel*) enrouler ❷ (*Poster*) dérouler ❸ (*erneut aufgreifen*) **wieder ~** (*Fall*) rouvrir **II.** *refl. V.* **sich ~** se rembobiner

auf|rücken *intr. V.* + *sein* ❶ (*weiterrücken*) se pousser ❷ (*aufsteigen*) monter en grade

Aufruf *m* a. INFORM appel *m*

auf|rufen *unreg* **I.** *tr. V.* ❶ **jdn ~ etw zu tun** appeler qn à faire qc ❷ (*Teilnehmer*) faire l'appel de ❸ (*Passagier*) appeler; (*Schüler*) désigner ❹ (*Flug*) annoncer

A

❸ INFORM appeler **II.** *intr. V.* **zum Streik ~** appeler à la grève

Aufruhr ['aufru:ɐ̯] <-[e]s, -e> *m* émeute *f*

aufrührerisch *Adj. attr* ❶ (*Bevölkerung*) rebelle; (*Stimmung*) insurrectionnel(le) ❷ (*Flugblatt*) séditieux(-euse)

auf|runden *tr. V.* arrondir

auf|rüsten **I.** *intr. V.* s'armer **II.** *tr. V.* ❶ (*Land*) armer ❷ INFORM augmenter la capacité de

Aufrüstung *f* ❶ armement *m* ❷ (*eines Rechners*) augmentation *f* de la capacité

auf|rütteln *tr. V.* ❶ **jdn aus dem Schlaf ~** tirer qn du sommeil ❷ (*Gewissen*) réveiller; **jdn ~** provoquer un choc chez qn

aufs [aufs] = **auf das** ❶ *fam s.* **auf** ❷ *als Superl* **~ Äußerste** à l'extrême

auf|sagen *tr. V.* réciter

auf|sammeln *tr. V.* ramasser

aufsässig ['aufzɛsɪç] *Adj.* récalcitrant(e)

Aufsatz *m* ❶ (*Schulaufsatz*) rédaction *f*; (*in der Oberstufe*) dissertation *f* ❷ (*Essay*) essai *m*

auf|saugen *tr. V. reg o unreg* (*Flüssigkeit*) éponger; (*Tintenklecks*) absorber; (*Staub*) aspirer

auf|scheuchen *tr. V.* (*Reh, Vogel*) effaroucher

auf|schieben *tr. V. unreg* ❶ ouvrir ❷ (*Riegel*) tirer ❸ (*verschieben*) **etw auf den nächsten Tag ~** remettre qc au lendemain

Aufschlag *m* ❶ (*Aufprall*) impact *m* ❷ SPORT service *m* ❸ (*Aufpreis*) majoration *f*

auf|schlagen *unreg* **I.** *intr. V.* ❶ + *sein* (*auftreffen*) s'écraser ❷ + *haben*SPORT servir **II.** *tr. V.* + *haben* ❶ (*Buch, Augen*) ouvrir ❷ (*Zelt*) monter ❸ (*Lager*) installer ❹ (*zusätzlich berechnen*) majorer le prix

auf|schließen *tr., intr. V. unreg* ouvrir

auf|schlitzen *tr. V.* ❶ (*beschädigen*) taillader ❷ (*verletzen*) éventrer

AufschlussRR *m* donner des éclaircissements

auf|schlüsseln *tr. V.* ❶ (*Kosten*) établir un calcul détaillé de ❷ (*analysieren*) analyser

aufschlussreichRR *Adj.* instructif(-ive); (*Information*) révélateur(-trice)

auf|schnappen *tr. V. fam* (*mitbekommen*) saisir au vol

auf|schneiden *unreg* **I.** *tr. V.* ❶ (*Kuchen*) découper ❷ (*Knoten*) couper ❸ (*Geschwür*) inciser **II.** *intr. V. fam* (*prahlen*) frimer

Aufschneider(in) *m(f) fam* frimeur(-euse) *m(f)*

Aufschnitt *m kein Pl.* (*Wurstaufschnitt*) charcuterie *f* en tranches

auf|schnüren *tr. V.* (*Paket, Schnürsenkel*) défaire; (*Schuh*) délacer

auf|schrauben *tr. V.* (*Marmeladenglas*) ouvrir; (*Deckel*) dévisser

auf|schrecken <schreckte auf, aufgeschreckt> *intr. V.* + *sein* sursauter; (*aus dem Schlaf*) se réveiller en sursaut

Aufschrei *m* cri *m* strident

auf|schreiben *tr. V. unreg* noter

auf|schreien *intr. V. unreg* pousser un cri

Aufschrift *f* inscription *f*

Aufschub *m* ❶ report *m* ❷ FIN délai *m*

auf|schütten *tr. V.* (*aufhäufen: Sand*) déverser

auf|schwatzen *tr. V. fam* fourguer; **jdm etw ~** fourguer qc à qn; **sich** (*Dat*) **etw von jdm ~ lassen** se faire refiler qc par qn

Aufschwung *m* ❶ élan *m* ❷ ÖKON essor *m* ❸ SPORT rétablissement *m*

auf|sehen *intr. V. unreg* lever les yeux; (*bewundern*) vénérer

Aufsehen *nt* remue-ménage *m*; **~ erregen** faire sensation

Aufseher(in) <-s, -> *m(f)* gardien(ne) *m(f)*

auf|seinALT *s.* **auf III.3, 4**

auf|setzen **I.** *tr. V.* ❶ (*Brille*) mettre ❷ (*Fuß*) poser ❸ (*Schreiben*) rédiger **II.** *refl. V.* **sich ~** se redresser **III.** *intr. V.* se poser

Aufsicht <-, -en> *f* ❶ *kein Pl.* (*Überwachung*) surveillance *f* ❷ (*Person*) personne *f* de surveillance

Aufsichtsrat *m* conseil *m* de surveillance

auf|sitzen *intr. V. unreg* + *sein* ❶ (*Reiter*) monter en selle ❷ *fam* (*hereinfallen*) **jdm ~** se faire avoir par qn

auf|spannen *tr. V.* ❶ (*Netz*) tendre ❷ (*Schirm, Trockenständer*) ouvrir

auf|sparen *tr. V.* (*Kräfte*) économiser; **etwas Käse ~** mettre un peu de fromage de côté

auf|spielen *refl. V. fam* **sich ~** faire de l'esbroufe

auf|spießen *tr. V.* piquer
auf|springen *intr. V. unreg + sein* ① (*hochspringen*) bondir ② (*auf etw springen*) sauter ③ (*sich öffnen*) s'ouvrir d'un seul coup
auf|spüren *tr. V.* **jdn/ein Tier ~** (*Person*) dépister qn/un animal; (*Tier*) flairer qn/un animal
auf|stacheln *tr. V.* **jdn zum Widerstand ~** exciter qn à la résistance; **jdn gegen jdn ~** monter qn contre qn
Aufstand *m* soulèvement *m*, insurrection *f*
auf|stehen *intr. V. unreg + sein* se lever
auf|steigen *intr. V. unreg + sein* ① s'élever; (*Rauch*) monter ② (*besteigen*) monter; **zum Gipfel ~** grimper jusqu'au sommet ③ (*befördert werden*) monter en grade ④ SPORT monter
auf|stellen I. *tr. V.* ① (*Gerät*) installer; (*Denkmal*) ériger; (*Falle*) poser ② (*Behauptung*) poser; (*Vermutung*) avancer ③ (*Theorie*) échafauder ④ (*Liste*) dresser; (*Rechnung*) établir ⑤ (*Wachposten*) poster ⑥ (*Kandidaten*) désigner; (*Spieler*) sélectionner ⑦ (*Rekord*) établir **II.** *refl. V.* **sich ~** se placer
Aufstellung *f kein Pl.* ① (*eines Geräts*) installation *f*; (*eines Denkmals*) érection *f* ② (*einer Behauptung*) formulation *f* ③ (*einer Theorie*) élaboration *f* ④ (*einer Liste*) établissement *m* ⑤ (*einer Wache*) mise *f* en place; (*einer Truppe*) levée *f* ⑥ (*eines Kandidaten*) désignation *f*; (*eines Spielers*) sélection *f*; (*einer Mannschaft*) composition *f* ⑦ (*eines Rekords*) établissement *m*
Aufstieg ['aufʃti:k] <-[e]s, -e> *m* ascension *f*; **der berufliche ~** la promotion professionnelle; **der ~ in die Bundesliga** ≈ la montée en première division
auf|stöbern *tr. V.* ① dénicher ② JAGD débusquer
auf|stocken *tr. V.* ① augmenter ② ARCHIT surélever
auf|stoßen *unreg* **I.** *intr. V.* ① *+ haben* (*rülpsen*) avoir un renvoi; (*Baby*) faire son rot ② *+ sein fam* (*auffallen*) **jdm ~** frapper qn **II.** *tr. V. + haben* (*öffnen*) ouvrir
auf|stützen I. *tr. V.* (*Arme*) s'appuyer sur **II.** *refl. V.* **sich auf etw** (*Akk*) **~** s'appuyer sur qc
auf|suchen *tr. V. geh* ① (*Arzt*) aller consulter ② (*sich begeben*) aller

Auftakt *m* ① ouverture *f*; **der ~ zu etw** le début de qc ② MUS anacrouse *f*
auf|tanken I. *tr. V.* (*Wagen*) faire le plein de **II.** *intr. V.* ① (*volltanken*) faire le plein ② *fam* (*sich erholen*) se requinquer
auf|tauchen *intr. V. + sein* ① (*U-Boot*) remonter à la surface ② (*Beweisstück*) apparaître
auf|tauen I. *intr. V. + sein* ① (*Tiefkühlkost*) décongeler; (*Erdreich*) dégeler ② *fig* (*Person*) se dégeler **II.** *tr. V. + haben* (*Tiefkühlkost*) décongeler; (*Autoschloss*) dégeler
auf|teilen *tr. V.* ① diviser ② (*verteilen*) répartir
Aufteilung *f* (*Einteilung*) division *f*
Auftrag ['auftra:k, *Pl:* 'auftrɛ:gə] <-[e]s, Aufträge> *m* ① (*Bestellung von Produkten*) commande *f*; (*Bestellung von Leistungen*) contrat *m* ② (*Anweisung*) ordre *m* ③ *kein Pl. geh* (*Mission*) mission *f*
auf|tragen *unreg* **I.** *tr. V.* ① appliquer ② *form* (*beauftragen*) charger **II.** *intr. V.* ▸ **dick ~** *pej fam* en rajouter
Auftraggeber(in) *m(f)* mandant(e) *m(f)*; (*eines Autors*) commanditaire *mf*
auf|treiben *tr. V. unreg + haben fam* dégoter
auf|trennen *tr. V.* (*Naht*) défaire; (*Saum*) découdre
auf|treten *unreg* **I.** *intr. V. + sein* ① (*den Fuß aufsetzen*) poser le pied; **leise ~** ne pas faire de bruit en marchant ② (*Schwierigkeiten*) apparaître; (*Verzögerungen*) survenir ③ (*erscheinen*) comparaître ④ THEAT se produire; (*auftauchen*) entrer en scène ⑤ (*sich benehmen*) **arrogant/bescheiden ~** se montrer arrogant(e)/modeste ⑥ (*handeln*) intervenir **II.** *tr. V. + haben* (*Tür*) enfoncer
Auftreten <-s> *nt* ① (*Benehmen*) comportement *m*, conduite *f* ② (*einer Krankheit*) apparition *f*
Auftrieb *m* ① *kein Pl.* PHYS poussée *f* verticale ② *kein Pl.* (*frischer Schwung*) impulsion *f*
Auftritt *m* ① apparition *f* ② THEAT entrée *f* en scène
auf|trumpfen *intr. V.* (*sich großtun*) parader
auf|türmen I. *tr. V.* empiler **II.** *refl. V. geh* **sich ~** (*Probleme*) s'accumuler

A

auf|wachen *intr. V. + sein* se réveiller
auf|wachsen *intr. V. unreg + sein* grandir
Aufwand ['aufvant] <-[e]s> *m kein Pl.* ❶ investissement *m;* (*finanziell*) dépense *f;* **der zeitliche ~** le temps investi ❷ (*Luxus*) faste *m*
aufwändigRR *Adj.* ❶ (*teuer*) coûteux (-euse) ❷ (*Verfahren*) de longue haleine
auf|wärmen I. *tr. V.* ❶ réchauffer ❷ *fam* (*zur Sprache bringen*) **etw [wieder] ~** remettre qc sur le tapis II. *refl. V.* **sich ~** se réchauffer; (*Sportler*) s'échauffer
aufwärts ['aufvɛrts] *Adv.* ❶ (*nach oben*) vers le haut; **weiter ~** plus haut ❷ (*ab*) à partir de ❸ (*ab*) **von zehn Euro [an] ~** à partir de dix euros
aufwärts|gehen *unreg* I. *intr. V.* (*Wanderer, Weg*) monter II. *intr. V. unpers.* ▸ **mit jdm geht es aufwärts** (*jdm geht es gesundheitlich besser*) la santé de qn va mieux; (*jd entwickelt sich erfreulich*) la situation de qn s'améliore
auf|wecken *tr. V.* réveiller
auf|weichen I. *tr. V. + haben* ❶ (*Boden*) détremper ❷ (*Brot*) ramollir II. *intr. V. + sein* (*Boden, Erde*) se ramollir
auf|weisen *tr. V. unreg* ❶ (*haben*) présenter; **Kenntnisse aufzuweisen haben** avoir des connaissances à son actif ❷ (*Fehler*) comporter
auf|wenden *tr. V. reg o unreg* (*Energie*) déployer; (*Zeit*) consacrer; (*Material*) engager
aufwendig *s.* **aufwändig**
auf|werfen *tr. V. unreg* soulever
auf|werten *tr. V.* ❶ ÖKON réévaluer ❷ *fig* (*Ansehen*) rehausser
Aufwertung *f* ❶ ÖKON réévaluation *f* ❷ *fig* (*des Ansehens*) renforcement *m;* (*einer Rolle*) revalorisation *f*
auf|wickeln *tr. V.* (*Garn*) enrouler
auf|wiegeln ['aufviːgəln] *tr. V.* exciter; **Menschen gegeneinander ~** monter les gens les uns contre les autres
Aufwind *m* ❶ *kein Pl.* reprise *f* ❷ METEO courant *m* ascendant
auf|wirbeln I. *intr. V. + sein* s'envoler en tourbillonnant II. *tr. V. + haben* (*Staub*) soulever des tourbillons de
auf|wischen I. *tr. V.* (*Wasser*) essuyer; (*Fußboden*) passer la serpillière sur II. *intr. V.* passer la serpillière
auf|zählen *tr. V.* énumérer
Aufzählung *f* énumération *f*
auf|zeichnen *tr. V.* ❶ (*Sendung*) enregistrer ❷ (*aufmalen*) **etw ~** dessiner qc; (*Skizze, Lageplan, Bauplan*) faire un croquis de qc
Aufzeichnung *f* ❶ (*einer Sendung*) enregistrement *m* ❷ *meist Pl.* (*Notizen*) notes *fpl*
auf|zeigen *tr. V.* démontrer
auf|ziehen *unreg* I. *tr. V. + haben* ❶ (*Vorhang*) ouvrir; (*Schleife*) défaire ❷ (*Schublade*) tirer ❸ (*Saite*) monter ❹ (*Uhr*) remonter ❺ (*Kind*) élever ❻ *fam* (*verspotten*) charrier ❼ (*Fest*) organiser II. *intr. V. + sein* (*Gewitter*) s'approcher
Aufzucht *f kein Pl.* élevage *m*
Aufzug *m* ❶ ascenseur *m* ❷ *kein Pl.* (*eines Gewitters*) arrivée *f*
auf|zwingen *tr., refl. V. unreg* **[sich] ~** [s']imposer
Augapfel *m* globe *m* oculaire
Auge ['augə] <-s, -n> *nt* ❶ *a.* BOT œil *m;* **grüne/braune ~n haben** avoir les yeux verts/marron ❷ (*Sehfähigkeit*) vue *f* ❸ (*Punkt beim Würfeln*) point *m* ▸ **mit einem blauen ~ davonkommen** *fam* s'en tirer à bon compte; **so weit das ~ reicht** à perte de vue; **ins ~ fassen** (*Projekt*) avoir en vue; (*Möglichkeit*) envisager; **~n zu und durch!** *fam* foncer tête baissée !
Augenarzt *m,* **-ärztin** *f* oculiste *mf* **Augenblick** *m* instant *m,* moment *m;* **im ~** pour le moment
augenblicklich *Adj.* ❶ (*sofortig*) instantané(e) ❷ (*derzeitig*) actuel(le) ❸ (*Besserung*) momentané(e); (*Modeerscheinung*) passager(-ère)
Augenbraue *f* sourcil *m* **Augenfarbe** *f* couleur *f* des yeux/d'yeux **Augengläser** *Pl* A *fam* lunettes *fpl* **Augenhöhe** *f* **in ~** au niveau des yeux **Augenhöhle** *f* orbite *f* **Augenlicht** *nt kein Pl. geh* vue *f* **Augenlid** *nt* paupière *f* **Augenringe** *Pl* cernes *mpl*
augenscheinlich I. *Adj.* évident(e) II. *Adv.* manifestement
Augentropfen *Pl* gouttes *fpl* pour les yeux **Augenweide** *f* régal *m* pour les yeux **Augenwinkel** *m* coin *m* de l'œil **Augenzeuge** *m,* **-zeugin** *f* témoin *m* oculaire **Augenzwinkern** <-s> *nt* clignement *m* d'œil
August [au'gʊst] <-[e]s, -e> *m* août *m;* *s.a.* **April**

Auktion [aukˈtsi̯oːn] <-, -en> *f* vente *f* aux enchères
Auktionator [auktsi̯oˈnaːtoːɐ̯] <-s, -toren> *m*, **Auktionatorin** *f* commissaire-priseur(-euse) *m(f)*
Aula [ˈaula] <-, Aulen> *f* salle *f* des fêtes
AupairmädchenRR, **Au-pair-Mädchen** [oˈpɛːrˈmɛːtçən] *nt* [jeune] fille *f* au pair
Aura [ˈaura] <-> *f geh* aura *f*
aus [aus] **I.** *Präp. + Dat.* 1 (*räumlich*) de; ~ **dem Fenster sehen** regarder par la fenêtre; **Zigaretten ~ dem Automaten ziehen** prendre des cigarettes au distributeur; ~ **der Flasche trinken** boire à la bouteille 2 (*zur Angabe der Ursache*) par 3 (*zur Angabe der Herkunft*) de 4 (*zur Angabe der Beschaffenheit*) en **II.** *Adv. fam* 1 (*beendet*) fini(e) 2 (*nicht an*) éteint(e); (*Motor*) arrêté(e) 3 SPORT hors jeu 4 (*ausgerichtet*) **auf etw** (*Akk*) ~ **sein** ne viser que qc 5 (*ausgegangen*) ~ **sein** être sorti
Aus <-> *nt* 1 SPORT sortie *f*; **ins ~ gehen** (*Ball*) sortir 2 (*Ende*) fin *f*
aus|arbeiten *tr. V.* élaborer
aus|arten *intr. V. + sein* **in einen Streit** ~ dégénérer en dispute
aus|atmen *tr., intr. V.* expirer
aus|baden *tr. V. fam* **das musst du alleine** ~ c'est à toi seul de payer les pots cassés
aus|baggern *tr. V.* (*Graben*) creuser
Ausbau *m kein Pl.* 1 ARCHIT aménagement *m* 2 (*eines Geräteteils*) démontage *m* 3 (*von Beziehungen*) renforcement *m*; (*einer Freundschaft*) consolidation *f*
aus|bauen *tr. V.* 1 (*baulich erweitern*) aménager 2 (*herausmontieren*) démonter 3 (*Kontakte*) renforcer; (*Markt*) consolider
ausbaufähig *Adj.* 1 *fam* (*Idee*) perfectible 2 (*Absatz, Markt*) qui peut être consolidé; (*Beziehung*) qui peut être renforcé
aus|bessern *tr. V.* (*Kleidungsstück*) raccommoder; (*Dach*) réparer
aus|beulen **I.** *tr. V.* (*Kleidungsstück*) déformer **II.** *refl. V.* **sich** ~ se déformer
Ausbeute *f* 1 MIN rendement *m* 2 (*Gewinn*) gain *m*
aus|beuten *tr. V.* a. MIN exploiter
Ausbeuter(in) <-s, -> *m(f) pej* exploiteur(-euse) *m(f)*
Ausbeutung <-, -en> *f* a. MIN exploitation *f*
aus|bezahlen* *tr. V.* (*Geld*) verser; (*Person*) payer
aus|bilden **I.** *tr. V.* 1 (*Azubi*) former; (*Nachwuchssportler*) entraîner 2 (*entwickeln*) développer **II.** *refl. V.* (*sich schulen*) **sich** ~ se former
Ausbilder(in) <-s, -> *m(f)* (*in einem Betrieb*) formateur(-trice) *m(f)*
Ausbildung *f* formation *f*
Ausbildungsplatz *m* place *f* d'apprenti
aus|blenden **I.** *tr. V.* 1 (*Szene*) couper 2 (*ausklingen lassen*) éteindre en fondu **II.** *refl. V.* **wir müssen uns leider** ~ nous sommes malheureusement obligés de rendre l'antenne
Ausblick *m* 1 (*Aussicht*) vue *f* 2 (*Zukunftsvision*) perspective *f*
aus|brechen *intr. V. unreg + sein* 1 **aus dem Gefängnis** ~ s'évader de prison; **aus dem Käfig** ~ s'échapper de la cage 2 *fig* **aus einer Beziehung** ~ rompre avec une relation 3 (*Vulkan*) entrer en éruption 4 (*Krieg*) éclater; (*Hass*) se déchaîner; (*Seuche*) se déclarer 5 (*verfallen in*) **in Jubel** ~ laisser éclater sa joie; **in Tränen** ~ fondre en larmes
aus|breiten **I.** *tr. V.* 1 (*hinlegen*) étaler 2 (*Flügel*) déployer; (*Arme*) ouvrir 3 (*darlegen*) exposer **II.** *refl. V.* **sich** ~ 1 s'étendre 2 (*Feuer*) se propager
Ausbreitung <-, -en> *f* (*eines Feuers, einer Seuche*) propagation *f*; (*eines Kriegs*) extension *f*
Ausbruch *m* 1 (*das Ausbrechen*) évasion *f* 2 MIL percée *f* 3 (*Beginn*) déclenchement *m* 4 (*Eruption*) éruption *f* 5 (*Entladung*) explosion *f*
aus|brüten *tr. V.* 1 (*Vogel*) couver 2 *fam* (*aushecken*) mijoter
aus|bürgern [ˈausbʏrgɐn] *tr. V.* **jdn** ~ déclarer qn déchu(e) de sa nationalité
Ausbürgerung <-, -en> *f* déchéance *f* de la nationalité
Ausdauer *f kein Pl.* persévérance *f*; (*körperlich*) endurance *f*
ausdauernd *Adj.* (*Mitarbeiter*) persévérant(e); (*Bemühungen*) constant(e); (*Sportler*) résistant(e)
aus|dehnen **I.** *refl. V.* 1 **sich** ~ (*Ballonhülle*) se gonfler; (*Gas*) se dilater; **ausgedehnt** (*Fläche*) étendu(e) 2 (*sich

A

ausbreiten) **sich** ~ (*Seuche*) s'étendre ❸ (*dauern*) **sich** ~ (*Wartezeit*) se prolonger; **ausgedehnt** (*Spaziergang*) prolongé(e) **II.** *tr. V.* ❶ (*verlängern*) prolonger ❷ (*erweitern*) étendre

Ausdehnung *f* ❶ (*eines Aufenthalts*) prolongation *f* ❷ (*eines Kriegs*) extension *f;* (*eines Brands*) propagation *f* ❸ (*Fläche*) étendue *f*

aus|denken *tr. V. unreg* **sich** (*Dat*) **eine Ausrede** ~ inventer une excuse; **sich** (*Dat*) **einen Plan** ~ imaginer un plan

Ausdruck[1] <-drücke> *m* ❶ expression *f* ❷ *kein Pl.* (*Bekundung*) **zum** ~ **kommen** s'exprimer; **als** ~ **meiner Dankbarkeit** en témoignage de ma gratitude

Ausdruck[2] <-drucke> *m* imprimé *m*

aus|drucken *tr. V.* (*Statistik*) lister; (*Text*) imprimer

aus|drücken I. *tr. V.* ❶ (*bekunden, formulieren*) exprimer ❷ (*Orange*) presser; (*Pickel*) percer ❸ (*Zigarette*) écraser **II.** *refl. V.* ❶ (*formulieren*) **sich** ~ s'exprimer ❷ (*sich widerspiegeln*) s'exprimer

ausdrücklich ['ausdrʏklɪç] **I.** *Adj. attr* exprès(-esse) **II.** *Adv.* expressément

ausdruckslos *Adj.* inexpressif(-ive)

ausdrucksvoll *Adj.* expressif(-ive)

Ausdrucksweise *f* façon *f* de s'exprimer

auseinander [ausʔaiˈnandɐ] *Adv.* ❶ (*räumlich entfernt*) [**weit**] ~ **sein** (*Personen, Zähne*) être [très] écarté(e)s ❷ (*zeitlich entfernt*) **drei Jahre** ~ **sein** (*Personen*) avoir trois ans de différence ❸ (*getrennt, geschieden*) ~ **sein** être séparé(e)s

auseinander|biegen *tr. V. unreg* (*Zweige, Finger*) écarter **auseinander|brechen** *unreg* **I.** *tr. V.* (*in Stücke brechen*) rompre **II.** *intr. V.* (*entzweigehen: Möbelstück, Familie*) se disloquer **auseinander|gehen** *intr. V. unreg* ❶ (*sich trennen: Gäste, Besucher*) se quitter; (*Demonstranten, Menge*) se disperser; (*Paar*) se séparer ❷ (*beendet werden: Beziehung*) se briser ❸ (*nicht übereinstimmen: Ansichten, Meinungen*) diverger **auseinander|halten** *tr. V. unreg* (*unterscheiden*) distinguer **auseinander|klaffen** *intr. V.* ❶ (*Wunde*) s'ouvrir ❷ (*Ansichten, Meinungen*) différer **auseinander|liegen**[RR] *intr. V. unreg* **weit** ~ (*zwei Ortschaften*) être loin l'un(e) de l'autre; (*mehrere Ortschaften*) être loin les un(e)s des autres; (*Ereignisse*) être éloigné(e)s [dans le temps] **auseinander|machen** *tr. V. fam* (*Landkarte, Zeitung*) déplier; (*Finger, Beine*) écarter; (*Seiten, Blätter*) détacher **auseinander|nehmen** *tr. V. unreg* (*Motor, Maschine*) démonter **auseinander|schreiben**[RR] *tr. V. unreg* (*Wort*) écrire séparément; (*Namen*) écrire en deux mots **auseinander|setzen I.** *tr. V.* (*erläutern*) **jdm etw** ~ expliquer qc à qn **II.** *refl. V.* (*sich befassen*) **sich mit jdm/etw** ~ se pencher sur qn/qc

Auseinandersetzung <-, -en> *f* ❶ (*Streit*) explication *f* ❷ (*Beschäftigung*) prise *f* en compte

auseinander|treiben *unreg* + *haben* **I.** *tr. V.* (*forttreiben: Menge, Herde*) disperser **II.** *intr. V.* + *sein* (*Wolken*) se disperser

auserlesen *Adj.* de choix

aus|fahren *unreg* **I.** *tr. V.* + *haben* ❶ (*Waren*) livrer ❷ (*Antenne*) sortir **II.** *intr. V.* + *sein* (*Antenne*) sortir

Ausfahrt *f* sortie *f;* ~ **freihalten!** sortie de voitures !

Ausfall *m* ❶ (*Fehlbetrag*) déficit *m;* (*Verlust*) perte *f* ❷ (*Versagen*) défaillance *f;* (*eines Organs*) arrêt *m* ❸ *kein Pl.* (*das Nichtstattfinden*) annulation *f* ❹ *kein Pl.* (*von Mitarbeitern*) absence *f*

aus|fallen *intr. V. unreg* + *sein* ❶ (*Haare*) tomber; **ihr fallen die Haare aus** elle perd ses cheveux ❷ (*nicht stattfinden*) être supprimé; ~ **lassen** (*Unterrichtsstunde*) faire sauter ❸ (*Apparat*) tomber en panne; (*Atmung*) s'arrêter ❹ (*Verdienst*) disparaître ❺ (*Person*) manquer; (*Maschine*) lâcher ❻ (*beschaffen sein*) **groß/klein/eng** ~ tailler grand/petit/étroit; **gut/schlecht** ~ être bon/mauvais

ausfallend *Adj.* offensant(e); ~ **werden** se faire insultant(e)

Ausfallstraße *f* voie *f* de dégagement

aus|feilen *tr. V. fig* (*Rede*) peaufiner (*fam*)

Ausfertigung *f form* ❶ *kein Pl.* (*eines Dokuments*) établissement *m* ❷ (*Abschrift*) exemplaire *m*

ausfindig *Adj.* ~ **machen** trouver

aus|fliegen *unregintr. V.* + *sein* s'envoler

aus|flippen ['ausflɪpən] *intr. V. + sein fam* ❶ (*wütend werden*) piquer sa crise ❷ (*sich freuen*) ne plus se sentir ❸ (*durchdrehen*) débloquer

Ausflucht ['ausflʊxt] <-flüchte> *f* faux-fuyant *m*

Ausflug *m* excursion *f;* (*Wanderung*) randonnée *f*

Ausfluss[RR] *m* ❶ écoulement *m* ❷ *kein Pl.* MED pertes *fpl* [blanches]

aus|fragen *tr. V.* **jdn ~** interroger qn en détail

aus|fransen *intr. V. + sein* s'effilocher

Ausfuhr <-> *f kein Pl.* exportation *f*

ausführbar *Adj.* réalisable

aus|führen *tr. V.* ❶ (*Befehl*) exécuter; (*Auftrag*) remplir; (*Plan*) réaliser; (*Operation*) faire ❷ (*exportieren*) exporter ❸ (*erläutern*) exposer ❹ (*spazieren führen*) sortir

ausführlich ['ausfy:ɐ̯lɪç] **I.** *Adj.* détaillé(e) **II.** *Adv.* en détail

Ausführlichkeit <-> *f* présentation *f* détaillée; **in aller ~** dans les moindres détails

Ausführung *f* ❶ *kein Pl.* exécution *f;* (*einer Anweisung*) application *f;* (*eines Entwurfs*) réalisation *f* ❷ (*Modell*) modèle *m;* **einfache ~** version *f* ordinaire ❸ *meist Pl.* (*Darlegung*) exposé *m*

aus|füllen *tr. V.* ❶ (*Antrag*) remplir ❷ (*befriedigen*) **jdn ~** (*Beschäftigung*) satisfaire qn

Ausgabe *f* ❶ *kein Pl.* distribution *f;* (*von Fahrkarten*) délivrance *f* ❷ *kein Pl.* FIN émission *f* ❸ INFORM édition *f* ❹ (*Essensausgabe*) comptoir *m* ❺ (*Edition*) édition *f;* (*Version*) version *f* ❻ *Pl* (*Kosten*) dépenses *fpl*

Ausgang <-gänge> *m* ❶ sortie *f* ❷ AVIAT porte *f* ❸ (*Ausgeherlaubnis*) **~ haben** pouvoir sortir ❹ *kein Pl.* (*Ende*) fin *f* ❺ *kein Pl.* (*Ergebnis*) issue *f*

Ausgangspunkt *m* point *m* de départ

aus|geben *unreg* **I.** *tr. V.* ❶ distribuer ❷ (*Ausweise*) délivrer; (*Karten*) donner ❸ INFORM **etw ~** (*Drucker*) sortir qc ❹ FIN émettre ❺ (*Geld*) dépenser ❻ *fam* (*spendieren*) **eine Runde ~** payer une tournée **II.** *refl. V.* **sich als Arzt ~** se faire passer pour un médecin

ausgebucht *Adj.* complet(-ète)

ausgefallen *Adj.* (*Person*) original(e); (*Hobby*) peu ordinaire

ausgeglichen *Adj.* pondéré(e)

Ausgeglichenheit <-> *f* pondération *f*

aus|gehen *intr. V. unreg + sein* ❶ (*aus dem Haus gehen*) sortir ❷ (*Haare*) tomber; **ihm gehen die Haare aus** il perd ses cheveux ❸ (*zugrunde legen*) **von einem geringen Umsatz ~** escompter un chiffre d'affaire modeste; **davon ~, dass ...** partir du principe que ... ❹ (*herrühren*) **von jdm ~** (*Vorschlag*) être de qn ❺ (*seinen Ursprung haben*) **von etw ~** (*Straße*) partir de qc; (*Strahlung*) se dégager de qc ❻ (*Feuer*) s'éteindre ❼ (*enden*) **gut/schlecht ~** bien/mal se terminer ❽ (*Vorräte*) s'épuiser

ausgehungert *Adj.* ❶ *fam* (*sehr hungrig*) affamé(e); **~ sein** avoir les crocs ❷ (*ausgezehrt*) famélique

ausgelassen **I.** *Adj.* (*Kind*) turbulent(e); (*Stimmung*) débridé(e) **II.** *Adv.* avec entrain

Ausgelassenheit <-> *f* exubérance *f;* (*von Kindern*) turbulence *f*

ausgemacht *Adj.* ❶ **es ist ~, dass ...** il est convenu que ... ❷ *attr fam* (*Witzbold*) sacré(e) *antéposé*; (*Lügner*) fieffé(e) *antéposé*

ausgemergelt *Adj.* décharné(e)

ausgenommen *Präp. + Akk.* à l'exception de

ausgepowert [-paʊɐt] *Adj. fam* (*Person*) vidé(e)

ausgeprägt *Adj.* ❶ prononcé(e); (*Stolz*) grand(e) ❷ (*Gesichtszüge*) accusé(e); (*Kinn*) proéminent(e)

ausgerechnet ['ausgə(')rɛçnət] *Adv.* **~ jetzt** juste maintenant; **~ mir muss das passieren!** c'est justement à moi que ça arrive !

ausgeschlafen **I.** *PP von* **ausschlafen** **II.** *Adj.* bien reposé(e)

ausgeschlossen **I.** *PP von* **ausschließen** **II.** *Adj.* **völlig ~!** c'est absolument hors de question !

ausgeschnitten *Adj.* décolleté(e)

ausgesprochen *Adj.* ❶ extrême; (*Ähnlichkeit*) grand(e) ❷ (*ausgeprägt*) prononcé(e); **du hast wirklich ~es Pech!** tu n'as vraiment pas de chance !

ausgestorben *Adj.* ❶ disparu(e) ❷ (*verlassen*) désert(e)

ausgesucht *Adj.* choisi(e); (*Wein*) fin(e)

ausgewachsen *Adj.* ❶ (*Tier*) adulte ❷ *fam* (*Blödsinn*) achevé(e); (*Skandal*) parfait(e)

ausgewählt *Adj.* ① choisi(e) ② (*erlesen*) sélectionné(e); (*Kreise*) d'élite; (*Weine*) fin(e)

ausgewogen *Adj.* équilibré(e); (*Programm*) bien réparti(e)

ausgezeichnet ['ausgə(')tsaiçnət] *Adj.* excellent(e)

ausgiebig ['ausgi:bɪç] **I.** *Adj.* (*Mahlzeit*) copieux(-euse); (*Mittagsschlaf*) réparateur(-trice); (*Bericht*) détaillé(e) **II.** *Adv.* (*schlafen*) bien; (*berichten*) par le menu; (*gebrauchen*) abondamment

aus|gießen *tr. V. unreg* ① (*Kaffee*) jeter ② (*Krug*) vider

Ausgleich <-[e]s, -e> *m* ① compensation *f* ② *kein Pl.* SPORT égalisation *f* ③ FIN remboursement *m*

aus|gleichen *unreg* **I.** *tr. V.* ① compenser ② (*Konto*) balancer; (*Schulden*) rembourser; (*Rechnung*) régler ③ (*Konflikte*) régler **II.** *intr. V.* SPORT égaliser **III.** *refl. V.* **sich** ~ être compensé

aus|graben *tr. V. unreg* (*Leiche*) exhumer; (*Pflanzen*) déterrer; (*Altertümer*) mettre à jour

Ausgrabung *f* ① exhumation *f* ② ARCHÄOL fouilles *fpl*

aus|grenzen *tr. V.* exclure

Ausguss[RR] *m* évier *m*

aus|halten *unreg* **I.** *tr. V.* ① supporter; **das ist ja nicht auszuhalten!** c'est insupportable ! ② *pej fam* (*unterhalten*) entretenir **II.** *intr. V.* tenir

aus|handeln *tr. V.* négocier

aus|händigen ['aushɛndɪgən] *tr. V.* remettre

Aushang *m* affiche *f*

aus|hängen **I.** *tr. V.* ① (*Nachricht*) afficher ② (*Tür*) décrocher; (*Haken*) faire sauter **II.** *intr. V. unreg* (*Ankündigung*) être affiché

Aushängeschild *nt* ① (*Reklametafel*) enseigne *f* ② (*Renommierstück*) figure *f* de proue

aus|harren *intr. V.* persévérer

aus|heben *tr. V. unreg* ① (*Erde*) déblayer; (*Grab*) creuser ② (*Bande*) débusquer; (*Schlupfwinkel*) neutraliser

aus|hecken *tr. V. fam* manigancer

aus|helfen *intr. V. unreg* donner un coup de main; **jdm mit etw** ~ dépanner qn en lui prêtant qc

aus|heulen *refl. V. fam* **sich bei jdm** ~ aller pleurer chez qn

Aushilfe *f* ① (*Hilfe*) intérim *m* ② (*Hilfskraft*) intérimaire *mf*

aus|höhlen *tr. V.* (*Kürbis*) évider; (*Ufer*) éroder

aus|holen *intr. V.* ① (*Boxer*) lever la main; (*Tennisspieler*) prendre son élan; **mit dem Hammer** ~ brandir le marteau ② (*ausschweifen*) **weit** ~ (*Redner*) se perdre dans les détails

aus|horchen *tr. V. fam* cuisiner

aus|kennen *refl. V. unreg* **sich** ~ s'y connaître; **sich in Paris** ~ bien connaître Paris; **sich mit Kindern** ~ savoir s'y prendre avec les enfants

aus|kippen *tr. V. fam* vider

aus|klammern *tr. V.* mettre entre parenthèses

Ausklang *m geh kein Pl.* fin *f*

aus|kleiden **I.** *tr. V.* (*beziehen*) recouvrir **II.** *refl. V. geh* **sich** ~ se dévêtir

aus|klingen *intr. V. unreg + sein geh* (*Tag*) décliner; **mit einem Lied** ~ **lassen** terminer en chantant

aus|klügeln *tr. V. fam* (*System*) goupiller; **ausgeklügelt** ingénieux

aus|kommen *intr. V. unreg + sein* ① (*zurechtkommen*) **mit dem Geld** ~ s'en sortir avec l'argent; **ohne Auto** ~ pouvoir se passer de voiture ② (*sich vertragen*) **mit jdm** ~ s'entendre

Auskommen <-s> *nt* ressources *fpl*

aus|kosten *tr. V.* savourer; (*Leben*) profiter de

aus|kundschaften *tr. V.* (*Weg*) reconnaître; (*Lage*) explorer

Auskunft ['auskʊnft] <-, -künfte> *f* ① (*Information*) renseignement *m* ② (*Auskunftsschalter*) information *f* ③ (*Telefonauskunft*) renseignements *mpl*

aus|kurieren* **I.** *tr. V. fam* **etw** ~ soigner qc jusqu'à complète guérison **II.** *refl. V. fam* **sich** ~ bien se soigner

aus|lachen *tr. V.* se moquer de

aus|laden *tr. V. unreg* ① décharger ② (*Gast*) décommander

Auslage *f* ① vitrine *f* ② (*ausgestellte Ware*) choix *m* ③ *meist Pl.* FIN frais *mpl*

aus|lagern *tr. V.* (*verlagern*) transférer; (*Produktion*) délocaliser

Ausland *nt kein Pl.* étranger *m*

Ausländer(in) ['auslɛndɐ] <-s, -> *m(f)* étranger(-ère) *m(f)*

ausländerfeindlich *Adj.* xénophobe

Ausländerfeindlichkeit *f* xénophobie *f*

ausländisch *Adj. attr* (*Erzeugnisse*) étranger(-ère); (*Pflanze*) exotique

Auslandsaufenthalt *m* séjour *m* à l'étranger **Auslandsreise** *f* voyage *m* à l'étranger

aus|lassen *unreg* **I.** *tr. V.* ❶ omettre; (*Satz*) oublier ❷ (*Gelegenheit*) laisser passer ❸ (*abreagieren*) **seine Wut an jdm ~** passer sa colère sur qn ❹ *fam* (*Radio*) ne pas allumer **II.** *refl. V.* **sich über jdn/etw ~** se prononcer sur qn/qc

Auslassung <-> *f kein Pl.* (*das Weglassen*) omission *f*

Auslassungspunkte *Pl* points *mpl* de suspension

Auslauf *m kein Pl.* espace *m* [pour se dépenser]

aus|laufen *intr. V. unreg + sein* ❶ (*Flüssigkeit*) [s'é]couler; (*Behälter*) fuir ❷ NAUT appareiller ❸ (*Modell*) être en fin de série ❹ (*Vertrag*) expirer

Ausläufer <-s, -> *m* ❶ METEO prolongement *m* ❷ *meist Pl.* GEO contreforts *mpl*

aus|leben **I.** *refl. V.* **sich ~** ❶ (*das Leben auskosten*) profiter de la vie ❷ (*Phantasie*) s'exprimer **II.** *tr. V. geh* (*Neigungen*) objectiver

aus|lecken *tr. V.* lécher

aus|legen *tr. V.* ❶ (*Waren*) étaler ❷ (*Köder*) placer ❸ (*bedecken*) **mit Stoff ~** revêtir de tissu ❹ (*deuten*) **richtig/falsch ~** interpréter bien/mal ❺ (*vorstrecken*) avancer

aus|leiern **I.** *intr. V. + sein* se détendre **II.** *refl. V. + haben* **sich ~** se détendre **III.** *tr. V. + haben* (*Gummizug*) détendre

Ausleihe <-, -n> *f* ❶ *kein Pl.* (*das Ausleihen*) prêt *m* ❷ (*Schalter*) guichet *m* de prêt

aus|leihen *tr. V. unreg* **jdm etw ~** prêter qc à qn; **sich** (*Dat*) **etw bei/von jdm ~** emprunter qc à qn

Auslese <-, -n> *f* ❶ élite *f* ❷ (*Wein*) grand cru *m* ❸ *kein Pl.* (*Auswahl*) sélection *f*

aus|liefern *tr. V.* ❶ (*Waren*) livrer ❷ (*überstellen*) **jdn an ein Land ~** extrader qn dans un pays ❸ (*preisgeben*) **jdm/einer S. ausgeliefert sein** être livré à qn/qc

Auslieferung *f* ❶ (*Lieferung*) livraison *f* ❷ (*Überstellung*) extradition *f*

aus|liegen *intr. V. unreg* être étalé; (*Prospekte*) être à disposition

aus|löffeln *tr. V.* **die Suppe ~** manger la soupe [à la cuillère] ▶ **etw ~ müssen** *fam* trinquer pour qc

aus|löschen *tr. V.* ❶ (*Feuer*) éteindre ❷ (*Erinnerung*) effacer

aus|losen *tr., intr. V.* **jdn/etw ~** tirer qn/qc au sort

aus|lösen *tr. V.* déclencher

Auslöser <-s, -> *m* ❶ PHOT déclencheur *m* ❷ (*Anlass*) motif *m*; PSYCH déclencheur *m*

Auslösung *f* déclenchement *m*

aus|machen *tr. V.* ❶ *fam* éteindre ❷ (*Gestalt*) apercevoir ❸ (*Termin*) fixer; **etw mit jdm ~** convenir de qc avec qn ❹ (*klären*) régler ❺ (*darstellen*) **den Zauber einer Landschaft ~** faire le charme d'un paysage ❻ *fam* (*Wirkung haben*) **etwas/viel/nichts ~** faire de l'effet/beaucoup d'effet/ne faire aucun effet ❼ (*stören*) **jdm etwas ~** déranger qn

aus|malen **I.** *refl. V.* **sich** (*Dat*) **etw ~** s'imaginer qc **II.** *tr. V.* (*kolorieren*) colorier

Ausmaß *nt* ❶ (*Ausdehnung*) étendue *f*; (*Größe*) dimensions *fpl* ❷ (*Umfang*) ampleur *f*

aus|messen *tr. V. unreg* mesurer

aus|misten *tr. V.* ❶ (*Stall*) nettoyer ❷ *fam* (*ausräumen: Schrank*) faire le tri dans

aus|mustern *tr. V.* ❶ (*Maschine*) éliminer ❷ MIL réformer

Ausnahme ['ausna:mə] <-, -n> *f* exception *f*

Ausnahmefall *m* cas *m* d'exception **Ausnahmezustand** *m* état *m* d'urgence

ausnahmslos *Adj., Adv.* sans exception

ausnahmsweise *Adv.* exceptionnellement

aus|nehmen *tr. V. unreg* ❶ (*Geflügel*) vider ❷ (*ausschließen*) excepter ❸ *fam* (*beim Glücksspiel*) plumer; (*bei einem Handel*) arnaquer

aus|nutzen *tr. V.* ❶ exploiter ❷ (*sich zunutze machen*) profiter de

aus|nützen *bes.* A *s.* **ausnutzen**

aus|packen **I.** *tr. V.* (*Koffer*) défaire; (*Geschenk*) ouvrir; (*Ware*) déballer **II.** *intr. V. fam* (*gestehen*) se mettre à table

aus|pfeifen *tr. V. unreg* siffler

aus|plaudern *tr. V.* rapporter

aus|plündern *tr. V.* (*Person*) dévaliser; (*Ortschaft, Laden*) piller

aus|posaunen* *tr. V. fam* **etw ~** crier qc sur les toits

aus|pressen *tr. V.* presser

aus|probieren* *tr. V.* essayer; **~, ob/wie ...** faire un essai pour voir si/comment ...

Auspuff <-[e]s, -e> *m* pot *m* d'échappement

aus|pusten *tr. V. fam* souffler

aus|quartieren* *tr. V.* déloger

aus|radieren* *tr. V.* gommer

aus|rangieren* *tr. V. fam* **etw ~** mettre qc au rancart

aus|rasten *intr. V. + sein fam* (*durchdrehen*) craquer

aus|rauben *tr. V.* dévaliser

aus|räumen *tr. V.* ① (*Schrank*) vider ② (*Missverständnis*) régler; (*Zweifel*) balayer

aus|rechnen *tr. V.* ① (*Gewicht*) calculer ② (*Mathematikaufgabe*) résoudre ③ (*vermuten*) **sich** (*Dat*) **Chancen ~** compter sur ses chances

Ausrede *f* prétexte *m;* **faule ~** *fam* faux prétexte

aus|reden I. *intr. V.* finir de parler; **jdn ~ lassen** laisser qn terminer **II.** *tr. V.* **jdm etw ~** dissuader qn de [faire] qc

aus|reichen *intr. V.* suffire

ausreichend *Adj.* ① suffisant(e) ② (*Schulnote*) ≈ passable; (*in Frankreich*) neuf/dix sur vingt

Ausreise *f* sortie *f* [du territoire]

Ausreisegenehmigung *f* autorisation *f* de sortie du territoire, visa *m*

aus|reisen *intr. V. + sein* quitter le territoire

aus|reißen *unreg* **I.** *tr. V. + haben* arracher **II.** *intr. V. + sein fam* (*davonlaufen*) se sauver

Ausreißer(in) <-s, -> *m(f)* ① (*Person, Tier*) fugueur(-euse) *m(f)* ② *fam* (*Ausnahme*) exception *f*

aus|reiten *unregintr. V. + sein* sortir à cheval

aus|renken *tr. V.* **sich** (*Dat*) **den Arm ~** se déboîter le bras

aus|richten I. *tr. V.* ① (*Gruß*) transmettre; **jdm ~, dass ...** dire à qn que ... ② (*bewirken*) obtenir ③ (*einstellen*) orienter ④ (*konzipieren*) adapter ⑤ (*veranstalten*) organiser **II.** *refl. V.* **sich an etw** (*Dat*) **~** se ranger à qc

Ausrichtung *f kein Pl.* ① (*Einstellung: einer Antenne*) orientation *f;* (*eines Teleskops*) mise *f* au point ② (*Veranstaltung: einer Hochzeit*) organisation *f*

Ausritt *m* sortie *f* à cheval

aus|rollen *tr. V. + haben* ① dérouler ② (*Teig*) étendre

aus|rotten *tr. V.* (*Volk*) exterminer; (*Schädlinge, Ideen*) éliminer

Ausrottung <-, -en> *f* extermination *f*

aus|rücken *intr. V. + sein* (*Truppen*) se mettre en marche; (*Feuerwehr*) sortir

Ausruf *m* exclamation *f*

aus|rufen *tr. V. unreg* ① (*laut rufen*) s'exclamer ② (*Haltestelle*) annoncer ③ (*über Lautsprecher suchen*) **jdn ~ [lassen]** [faire] appeler qn ④ (*Streik*) proclamer

Ausrufezeichen *nt* point *m* d'exclamation

aus|ruhen I. *intr., refl. V.* **[sich] ~** se reposer **II.** *tr. V.* (*Füße*) reposer

aus|rüsten *tr. V.* (*Armee, Schiff*) armer; (*Fahrzeug*) équiper

Ausrüstung *f* équipement *m;* (*einer Armee*) armement *m*

aus|rutschen *intr. V. + sein* glisser

Aussaat *f* ① *kein Pl.* (*das Säen*) semis *mpl;* (*des Getreides*) semailles *fpl* ② (*Saat*) semence *f*

Aussage *f* ① déclaration *f;* (*Zeugenaussage*) déposition *f* ② (*eines Romans*) message *m*

aus|sagen I. *tr. V.* ① JUR déclarer ② (*deutlich machen*) **viel/wenig ~** (*Foto*) en dire long/peu **II.** *intr. V.* JUR (*Angeklagter*) déposer; (*Zeuge*) témoigner

aussätzig ['auszɛtsɪç] *Adj.* lépreux (-euse)

aus|saugen *tr. V.* ① (*leer saugen*) sucer ② (*ausbeuten*) **jdn/etw ~** saigner qn/qc à blanc

aus|schalten *tr. V.* ① éteindre; (*Strom*) couper ② (*Gegner*) éliminer

Ausschank ['ausʃaŋk, *Pl:* 'ausʃɛŋkə] <-[e]s, -schänke> *m kein Pl.* service *m*

Ausschau <-> *f* **nach jdm/etw ~ halten** regarder pour trouver qn/qc

aus|scheiden *unreg* **I.** *intr. V. + sein* ① **aus seinem Amt ~** quitter ses fonctions; **aus einem Wettkampf ~** se retirer d'une compétition ❷ (*Plan*) ne pas être retenu; (*Kandidat*) être éliminé **II.** *tr. V. + haben* (*Giftstoffe*) éliminer

aus|schenken *tr. V.* (*verkaufen*) servir; **Wein an jdn ~** servir du vin à qn

aus|scheren *intr. V. + sein* (*abschwenken*) déboîter

aus|schimpfen *tr. V.* gronder

aus|schlafen *unreg* **I.** *intr., refl. V.* **[sich] ~** dormir tout son soûl **II.** *tr. V.* **seinen Rausch ~** cuver son vin/sa bière (*fam*)

Ausschlag *m* ❶ (*einer Kompassnadel*) déviation *f* ❷ MED éruption *f* [cutanée] ▶ **bei etw den ~ geben** être déterminant pour/dans qc

aus|schlagen *unreg* **I.** *tr. V. + haben* ❶ **jdm einen Zahn ~** casser une dent à qn ❷ (*Angebot*) décliner **II.** *intr. V.* ❶ *+ haben* (*Pferd*) ruer ❷ *+ haben o sein* (*Kompassnadel*) osciller; (*Wünschelrute*) vibrer

ausschlaggebend *Adj.* déterminant(e); (*Stimme*) prépondérant(e)

aus|schließen *tr. V. unreg* exclure

ausschließlich **I.** *Adj. attr* (*Vertretung*) exclusif(-ive) **II.** *Präp. + Gen.* sauf

Ausschluss[RR] *m* exclusion *f;* **unter ~ der Öffentlichkeit** à huis clos

aus|schmücken *tr. V.* enjoliver

aus|schneiden *tr. V. unreg* découper

Ausschnitt *m* ❶ (*Zeitungsausschnitt*) coupure *f* [de presse] ❷ MATH secteur *m* ❸ (*Dekolleté*) décolleté *m* ❹ (*kleiner Auszug*) détail *m*

aus|schöpfen *tr. V.* ❶ (*Flüssigkeit*) vider ❷ (*Befugnisse*) user de; (*Möglichkeiten*) exploiter à fond; (*Reserven*) épuiser

aus|schreiben *tr. V. unreg* ❶ (*Wort*) écrire en toutes lettres ❷ (*Rechnung*) établir; (*Scheck*) libeller; (*Rezept*) rédiger ❸ (*Wahlen*) annoncer; **eine Stelle ~** mettre un poste au concours

Ausschreibung <-, -en> *f* mise *f* en adjudication; (*einer Stelle*) mise au concours

Ausschreitung <-, -en> *f meist Pl.* acte *m* de violence

Ausschuss[RR] *m* ❶ comité *m*, commission *f* ❷ *kein Pl.* (*Fehlproduktion*) rebut *m*

aus|schütteln *tr. V.* secouer

aus|schütten *tr. V.* ❶ vider ❷ (*Hormon*) sécréter ❸ FIN verser

ausschweifend *Adj.* (*Fantasie*) débordant(e); (*Leben*) de débauche

Ausschweifung <-, -en> *f* excès *mpl*

aus|sehen *intr. V. unreg* ❶ **gut/schlecht ~** avoir bonne/mauvaise mine; **ein gut ~der Mann** un bel homme; **eine sehr gut ~de Frau** une très belle femme; **weißt du, wie ein Gürteltier aussieht?** tu sais à quoi ressemble un tatou ? ❷ (*den Anschein haben*) **sie sieht [ganz so] aus, als ...** on dirait qu'elle ...

Aussehen <-s, -> *nt* aspect *m;* **jdn nach dem ~ beurteilen** juger qn sur les apparences

aus|sein[ALT] *s.* **aus II.**

außen ['ausən] *Adv.* à l'extérieur; **von ~** de l'extérieur; **nach ~ aufgehen** (*Tür*) s'ouvrir sur l'extérieur

Außenbezirk *m* quartier *m* périphérique

aus|senden *tr. V. unreg geh* ❶ (*Boten*) envoyer ❷ (*Signal*) émettre

Außendienst *m* visites *fpl* à la clientèle **Außenhandel** *m* commerce *m* extérieur **Außenminister(in)** *m(f)* ministre *mf* des Affaires étrangères **Außenministerium** *nt* ministère *m* des Affaires étrangères **Außenpolitik** *f* politique *f* extérieure **außenpolitisch** **I.** *Adj.* (*Debatte*) concernant la politique extérieure; (*Kurs*) de la politique extérieure **II.** *Adv.* en politique extérieure **Außenseite** *f* (*eines Kleidungsstücks*) endroit *m;* (*eines Gebäudes*) façade *f* extérieure **Außenseiter(in)** <-s, -> *m(f)* marginal(e) *m(f);* SPORT outsider *m* **Außenspiegel** *m* rétroviseur *m* extérieur **Außenstehende(r)** *f(m) dekl wie Adj* personne *f* extérieure **Außenwelt** *f* monde *m* extérieur

außer ['ausɐ] **I.** *Präp. + Dat.* ❶ (*ausgenommen*) **alle ~ dir** tous sauf toi; **~ den Kindern habe ich niemanden gesehen** à part les enfants, je n'ai vu personne; **man hörte nichts ~ ihrem Atem** on n'entendait rien que sa respiration ❷ (*außerhalb*) **~ Sicht sein** être hors de vue ▶ **~ sich** (*Dat*) **sein** être hors de soi **II.** *Präp. + Akk.* **etw ~ [jeden] Zweifel stellen** mettre qc hors de doute ▶ **~ sich geraten** sortir de ses gonds **III.** *Konj.* **~ dass ...** si ce n'est que ...; **~ [wenn]** sauf si

außerdem ['ausɐde:m] *Adv.* en plus

äußere(r, s) *Adj.* ① externe; (*Planet*) supérieur(e) ② (*Anlass*) apparent(e)

Äußere(s) *nt dekl wie Adj* apparence *f*

außerehelich **I.** *Adj.* (*Geschlechtsverkehr*) extraconjugal(e); (*Kind*) illégitime **II.** *Adv.* hors mariage

außergewöhnlich ['ausɐgə'vøːnlɪç] **I.** *Adj.* exceptionnel(le) **II.** *Adv.* particulièrement

außerhalb ['ausɐhalp] **I.** *Adv.* à l'extérieur; ~ **wohnen** habiter en dehors **II.** *Präp. + Gen.* en dehors de; ~ **der Stadt** à la périphérie de la ville

außerirdisch *Adj.* extraterrestre

äußerlich ['ɔysɐlɪç] *Adj.* ① extérieur(e); (*Verletzung*) externe ② (*oberflächlich*) superficiel(le); [**rein**] ~ **betrachtet** au premier abord

Äußerlichkeit <-, -en> *f* ① (*äußere Form*) superficialité *f* ② (*Unwesentliches*) détails *mpl* superficiels

äußern ['ɔysɐn] **I.** *tr. V.* (*Meinung*) exprimer; (*Kritik*) émettre **II.** *refl. V.* ① **sich zu etw ~** se prononcer sur qc; (*seine Meinung sagen*) donner son avis sur qc ② (*in Erscheinung treten*) **sich ~** (*Krankheit*) se manifester

außerordentlich ['ausɐ'ʔɔrdəntlɪç] **I.** *Adj.* exceptionnel(le) **II.** *Adv.* extrêmement

außerorts *Adv.* A, CH hors agglomération

äußerst ['ɔysɐst] *Adv.* extrêmement

äußerste(r, s) *Adj.* ① **der ~ Punkt** le point le plus éloigné; **am ~n Ende des Tisches** à l'extrémité de la table ② (*Zugeständnis*) dernier(-ière); **mit ~r Kraft** de toutes ses/mes/... forces

Äußerste(s) *nt dekl wie Adj* **auf das ~ gefasst sein** s'attendre au pire; **bis zum ~n gehen** aller jusqu'au bout

Äußerung <-, -en> *f* (*Bemerkung*) observation *f*; (*Aussage*) propos *mpl*

aus|setzen **I.** *tr. V.* ① (*Haustier*) abandonner ② (*preisgeben*) **jdn/etw einer Gefahr** (*Dat*) exposer qn/qc à un danger; **heftigen Vorwürfen ausgesetzt sein** faire l'objet de reproches virulents ③ (*Belohnung*) offrir; (*Summe*) accorder ④ (*Verhandlung*) suspendre; (*Rückzahlung*) cesser ⑤ JUR surseoir ⑥ (*bemängeln*) **an jdm/etw etwas auszusetzen haben** avoir quelque chose à redire à qn/qc **II.** *refl. V.* **sich einer Gefahr** (*Dat*) ~ s'exposer à un danger **III.** *intr. V.* ① (*pausieren*) faire une pause; **eine Runde ~** passer son tour ② (*Atmung*) s'arrêter; (*Motor*) caler

Aussicht *f* ① (*Blick*) vue *f* ② (*Chance*) chance *f*

aussichtslos *Adj.* vain(e); ~ **sein** être impossible

Aussichtslosigkeit <-> *f* caractère *m* désespéré

Aussichtspunkt *m* point *m* de vue **aussichtsreich** *Adj.* prometteur(-euse) **Aussichtsturm** *m* belvédère *m*

aus|siedeln *tr. V.* expatrier

Aussiedler(in) <-s, -> *m(f)* émigrant(e) *m(f)*

aus|söhnen ['auszøːnən] *refl. V.* **sich ~** se réconcilier

Aussöhnung <-, -en> *f* réconciliation *f*

aus|sortieren* *tr. V.* trier

aus|spannen *intr. V.* se détendre

aus|sperren **I.** *tr. V.* ① **jdn ~** enfermer qn dehors ② (*von der Arbeit ausschließen*) lock-outer **II.** *refl. V.* **sich ~** s'enfermer dehors *(en laissant les clés à l'intérieur)*

Aussperrung <-, -en> *f* lock-out *m*

aus|spielen **I.** *tr. V.* ① (*Trumpf*) jouer ② (*manipulativ einsetzen*) **jdn gegen jdn ~** se servir de qn contre qn **II.** *intr. V.* (*eine Karte ablegen*) jouer une carte

aus|spionieren* *tr. V.* espionner

Aussprache *f* ① *kein Pl.* (*Artikulation*) prononciation *f* ② (*Unterredung*) explication *f*

aus|sprechen *unreg* **I.** *tr. V.* ① (*Laut*) *a.* JUR prononcer ② (*Satz*) dire; (*Meinung*) exprimer; (*Warnung*) donner ③ (*Bedauern*) exprimer **II.** *refl. V.* ① (*offen sprechen*) **sich mit jdm über etw** (*Akk*) ~ s'expliquer à propos de qc avec qn ② (*Stellung beziehen*) **sich für/gegen jdn/etw ~** se prononcer pour/contre qn/qc **III.** *intr. V.* finir

aus|spucken *tr., intr. V.* cracher

aus|spülen *tr. V.* **sich** (*Dat*) **den Mund ~** se rincer la bouche

Ausstand *m* ① (*Streik*) grève *f* ② A, CH (*Abschiedsfeier*) retrait *m*; **seinen ~ geben** fêter son départ

aus|statten ['ausʃtatən] *tr. V.* ① (*Raum*) installer ② (*ausrüsten*) équiper

Ausstattung <-, -en> *f* ① équipement *m* ② (*Einrichtung*) agencement *m*

aus|stechen *tr. V. unreg* ① (*Auge*) crever ② (*übertreffen*) supplanter

aus|stehen *unreg* **I.** *tr. V.* (*Qualen*) supporter ▸ **jdn/etw nicht ~ können** *fam* ne pas pouvoir supporter qn/qc **II.** *intr. V.* ❶ (*Stellungnahme*) être attendu ❷ COM, FIN être dû

aus|steigen *intr. V. unreg + sein* descendre

Aussteiger(in) <-s, -> *m(f)* (*sich von der Gesellschaft Abwendender*) marginal(e) *m(f)*

aus|stellen **I.** *tr. V.* ❶ (*Waren*) exposer ❷ (*Rechnung*) établir; (*Bescheinigung*) délivrer; (*Scheck*) émettre ❸ *fam* (*Radio*) éteindre; (*Kaffeemaschine*) arrêter **II.** *intr. V.* (*Künstler*) exposer

Aussteller(in) <-s, -> *m(f)* ❶ exposant(e) *m(f)* ❷ (*eines Schecks*) tireur(-euse) *m(f)* ❸ (*ausstellende Behörde*) bureau *m* de délivrance

Ausstellung <-, -en> *f* ❶ exposition *f* ❷ *kein Pl.* (*einer Rechnung*) établissement *m;* (*einer Urkunde*) délivrance *f;* (*eines Schecks*) émission *f*

Ausstellungskatalog *m* catalogue *m* [de l'exposition] **Ausstellungsstück** *nt* modèle *m* d'exposition

aus|sterben *intr. V. unreg + sein* (*Familie*) s'éteindre; (*Tierart, Pflanzenart*) disparaître

Aussteuer <-, -n> *f* trousseau *m*

Ausstieg <-[e]s, -e> *m* ❶ *kein Pl.* (*das Aussteigen*) descente *f* ❷ (*Ausgang*) sortie *f* ❸ *kein Pl.* (*das Aufgeben*) **der ~ aus der Atomenergie** la sortie du nucléaire

aus|stopfen *tr. V.* ❶ (*Tier*) empailler ❷ (*Kissen*) bourrer

aus|stoßen *tr. V. unreg* ❶ (*Laut*) pousser; (*Drohung*) proférer ❷ (*Staub*) rejeter ❸ (*aus einer Organisation*) exclure; (*aus einer Gemeinschaft*) rejeter

aus|strahlen **I.** *tr. V. + haben* ❶ (*senden*) diffuser ❷ (*Ruhe*) exprimer; (*Unruhe*) répandre **II.** *intr. V. + sein* ❶ (*Wärme*) se diffuser; (*Licht*) jaillir ❷ (*übergehen*) **auf jdn/etw ~** gagner qn/qc

Ausstrahlung *f* ❶ rayonnement *m* ❷ (*das Senden*) diffusion *f*

aus|strecken **I.** *tr. V.* (*Arm*) tendre; (*Fühler*) sortir **II.** *refl. V.* **sich ~** s'étirer

aus|streuen *tr. V.* répandre

aus|strömen **I.** *tr. V. + haben* ❶ (*Duft*) exhaler; (*Kälte*) dégager ❷ (*Ruhe*) répandre **II.** *intr. V. + sein* ❶ (*Wasser*) s'écouler; (*Gas*) s'échapper ❷ (*Duft*) émaner ❸ (*Hitze*) se dégager

aus|suchen *tr. V.* choisir

Austausch *m* échange *m*

austauschbar *Adj.* ❶ (*Teil*) remplaçable; (*Begriffe*) interchangeable ❷ (*nicht unverwechselbar*) **~ sein** (*Person*) être permutable

aus|tauschen **I.** *tr. V.* ❶ (*Spieler*) remplacer; (*Motor*) échanger ❷ (*Erfahrungen*) échanger **II.** *refl. V.* **sich über jdn/etw ~** parler de qn/qc

Austauschschüler(in) *m(f)* élève *mf* qui participe à un échange scolaire

aus|teilen *tr. V.* ❶ distribuer ❷ (*Schläge*) donner; (*Sakrament*) administrer

Auster ['austɐ] <-, -n> *f* huître *f*

aus|toben *refl. V.* **sich ~** (*Kind*) se défouler; (*Erwachsener*) mener une vie de bâton de chaise

aus|tragen *tr. V. unreg* ❶ (*Post*) distribuer ❷ (*Konflikt*) régler; (*Wettkampf*) disputer

Australien [aus'tra:li̯ən] <-s> *nt* l'Australie *f*

Australier(in) <-s, -> *m(f)* Australien(ne) *m(f)*

australisch *Adj.* australien(ne)

aus|treiben *tr. V. unreg* (*Launen*) faire passer

aus|treten *unreg* **I.** *intr. V. + sein* ❶ (*Flüssigkeit*) s'écouler; (*Gas*) s'échapper ❷ *nur Infin fam* (*zur Toilette gehen*) aller quelque part ❸ (*ausscheiden*) quitter; **aus der Kirche ~** se détourner de l'Église **II.** *tr. V. + haben* ❶ (*auslöschen*) **das Feuer ~** éteindre le feu avec les pieds ❷ (*Schuhe*) élargir

aus|trinken *unreg* **I.** *tr. V.* (*Getränk*) finir; (*Glas*) vider **II.** *intr. V.* vider son verre

Austritt *m* ❶ *kein Pl.* (*von Wasser*) fuite *f;* (*von Gas*) émission *f;* (*von Blut*) écoulement *m* ❷ (*das Ausscheiden*) démission *f*

aus|trocknen **I.** *tr. V. + haben* ❶ (*Sumpf*) assécher ❷ (*Haut*) dessécher **II.** *intr. V. + sein* (*Wasserlauf*) tarir; (*Haut*) se déshydrater; (*Brot*) se dessécher

aus|üben *tr. V.* exercer

Ausübung *f* exercice *m*

Ausverkauf *m* soldes *mpl*

ausverkauft *Adj.* (*Artikel*) épuisé(e); (*Konzert*) complet(-ète)

Auswahl *f* choix *m*

aus|wählen **I.** *tr. V.* choisir **II.** *intr. V.* choisir

Auswahlmenü *nt* INFORM barre *f* de sélection

Auswanderer *m,* **Auswanderin** *f* émigrant(e) *m(f)*

aus|wandern *intr. V. + sein* émigrer

Auswanderung *f* émigration *f*

auswärtig ['aʊsvɛrtɪç] *Adj. attr* ❶ étranger(-ère) ❷ (*Kunde*) [qui vient] de l'extérieur ❸ (*Angelegenheiten*) extérieur(e); (*Vertretung*) étranger(-ère)

auswärts ['aʊsvɛrts] *Adv.* à l'extérieur

Auswärtsspiel *nt* match *m* à l'extérieur

auswechselbar *Adj.* (*Begriff*) interchangeable; (*Element*) remplaçable

aus|wechseln *tr. V.* (*Spieler*) remplacer; (*Zündkerzen*) changer

Auswechs[e]lung <-, -en> *f* (*einer Person*) remplacement *m;* (*eines Teils*) changement *m*

Ausweg *m* issue *f*

ausweglos *Adj.* (*Lage*) sans issue; (*Situation*) désespéré(e)

Ausweglosigkeit <-> *f* désespoir *m*

aus|weichen *intr. V. unreg + sein* ❶ éviter ❷ *fig* **~de Antworten geben** répondre évasivement ❸ (*als Alternative wählen*) se rabattre

aus|weinen *refl. V.* **sich bei jdm ~** soulager son cœur auprès de qn

Ausweis ['aʊsvaɪs] <-es, -e> *m* carte *f;* (*Personalausweis*) carte *f* d'identité

aus|weisen *unreg* **I.** *tr. V.* (*des Landes verweisen*) expulser **II.** *refl. V.* **sich ~** justifier son identité

Ausweiskontrolle *f* contrôle *m* d'identité

Ausweisung *f* (*Abschiebung*) expulsion *f*

aus|weiten **I.** *tr. V.* ❶ (*weiter machen*) élargir ❷ (*Kontakte, Handel*) développer **II.** *refl. V.* (*sich ausdehnen*) **sich zu etw ~** (*Konflikt*) dégénérer en qc

Ausweitung <-, -en> *f* (*eines Konflikts*) extension *f*

auswendig *Adv.* **etw ~ lernen/können** apprendre/savoir qc par cœur

aus|werfen *tr. V. unreg* ❶ (*Anker, Netz*) jeter ❷ (*Lava, Asche*) cracher ❸ INFORM (*Informationen*) sortir ❹ (*Dividende*) allouer

aus|werten *tr. V.* (*Zeitungen*) éplucher; (*Statistiken*) dépouiller

Auswertung *f* (*von Zeitungen*) épluchage *m;* (*einer Statistik*) dépouillement *m*

aus|wirken *refl. V.* **sich negativ/positiv auf etw** (*Akk*) **~** avoir des répercussions négatives/positives sur qc

Auswirkung *f* répercussion *f souvent pl.*

aus|wringen ['aʊsvrɪŋən] *tr. V. unreg* tordre

Auswuchs <-es, Auswüchse> *m* ❶ MED excroissance *f* ❷ (*Missstand*) excès *m*

Auswurf *m* ❶ MED expectoration *f* ❷ *kein Pl.* (*das Auswerfen: von Lava*) projection *f*

aus|zahlen *tr. V.* ❶ (*Gehalt*) verser ❷ (*Gläubiger*) désintéresser; (*Kompagnon*) rembourser

Auszahlung *f* ❶ (*eines Gehalts*) versement *m;* (*eines Erbteils*) paiement *m;* **die ~ der Löhne** la paie ❷ (*einer Person*) remboursement *m*

aus|zeichnen **I.** *tr. V.* ❶ (*Ware*) étiqueter ❷ (*ehren*) décerner ❸ (*Person*) distinguer **II.** *refl. V.* **sich durch etw ~** se distinguer par qc

Auszeichnung *f* ❶ *kein Pl.* (*eines Artikels*) étiquetage *m* ❷ *kein Pl.* (*das Ehren*) distinction *f* honorifique ❸ (*Orden*) décoration *f* ❹ (*Preis*) prix *m*

ausziehbar *Adj.* (*Antenne*) télescopique; (*Tisch*) à rallonges

aus|ziehen *unreg* **I.** *tr. V. + haben* ❶ (*Person*) déshabiller ❷ (*Kleidungsstück*) enlever ❸ (*Tisch*) [r]allonger; (*Antenne*) [é]tirer **II.** *intr. V. + sein* (*Wohnung aufgeben*) déménager **III.** *refl. V. + haben* **sich ~** se déshabiller

Auszubildende(r) <-n, -n> *f(m) dekl wie Adj* apprenti(e) *m(f)*

Auszug <-[e]s, Auszüge> *m* ❶ (*Umzug*) déménagement *m* ❷ (*Auswanderung*) procession *f;* **der ~ aus Ägypten** l'Exode *m* [des Hébreux] ❸ (*eines Textes*) extrait *m* ❹ (*Kontoauszug*) relevé *m*

auszugsweise *Adv.* par extraits

autark [au'tark] *Adj.* (*Land*) qui vit en autarcie; (*Wirtschaft*) autosuffisant(e)

authentisch [au'tɛntɪʃ] *Adj.* authentique

Auto ['auto] <-s, -s> *nt* voiture *f;* **~ fahren** conduire; (*mitfahren*) aller en voiture; **mit dem ~ fahren** prendre la voiture

Autobahn *f* autoroute *f*

> Une **Autobahn** est une autoroute réservée aux véhicules roulant à plus de 60 km/h. Il n'existe pas de limite de vitesse sur une **Autobahn** en Allemagne mais elle est de 130 km/h en Autriche et de 120 km/h en Suisse. En Allemagne, seuls les camions doivent payer une *Maut* (ou *Autobahngebühr*).
>
> Les voitures de tourisme ne paient pas de péage en Allemagne mais en Suisse on colle sur son pare-brise une vignette valable un an et en Autriche la validité du *Pickerl* varie de dix jours à un an.

Autobahnausfahrt *f* sortie *f* d'autoroute **Autobahngebühr** *f* péage *m* **Autobahnkreuz** *nt* échangeur *m* **Autobahnraststätte** *f* restoroute® *m*

Autobiografie[RR] [autobiogra'fi:], **Autobiographie** *f* autobiographie *f*

Autobombe *f* voiture *f* piégée

Autodidakt(in) [autodi'dakt] <-en, -en> *m(f)* autodidacte *mf*

autodidaktisch *Adj.* autodidacte

Autofahrer(in) *m(f)* automobiliste *mf* **Autofahrt** *f* trajet *m* en voiture

autogen [auto'ge:n] *Adj.* autogène

Autogramm [auto'gram] <-s, -e> *nt* autographe *m*

Automat [auto'ma:t] <-en, -en> *m* distributeur *m* [automatique]; (*Musikautomat*) juke-box *m*; (*Spielautomat*) machine *f* à sous

Automatik [auto'ma:tɪk] <-, -en> *f* ❶ (*Steuerungsautomatik*) automatisme *m* ❷ (*Automatikgetriebe*) embrayage *m* automatique

automatisch [auto'ma:tɪʃ] *Adj.* automatique

automatisieren* [automati'zi:rən] *tr. V.* automatiser

Automechaniker(in) *m(f)* mécanicien(ne) *m(f)* [-auto]

autonom [auto'no:m] *Adj.* autonome

Autonome(r) *f(m) dekl wie Adj* autonomiste *mf*

Autonomie [autono'mi:] <-, -n> *f* autonomie *f*

Autonummer *f* numéro *m* d'immatriculation

Autopilot *m* TECH pilotage *m* automatique

Autopsie [autɔ'psi:] <-, -n> *f* autopsie *f*

Autor ['auto:ɐ̯] <-s, -toren> *m*, **Autorin** *f* auteur *m*

Autoradio *nt* autoradio *m* **Autoreifen** *m* pneu *m* [de voiture] **Autorennen** *nt* course *f* automobile

autoritär [autori'tɛ:ɐ̯] *Adj.* autoritaire

Autorität [autori'tɛ:t] <-, -en> *f* autorité *f*

Autoschlüssel *m* clé *f* de voiture **Autoskooter** ['autosku:tɐ] <-s, -> *m* auto *f* tamponneuse **Autotelefon** *nt* radiotéléphone *m* **Autotür** *f* portière *f* **Autounfall** *m* accident *m* de voiture **Autoverleih** *m* agence *f* de location de voitures **Autowerkstatt** *f* garage *m*

autsch [autʃ] *Interj. fam* aïe

auwei[a] *Interj.* oh là là

Avantgarde [avã'gardə] <-, -n> *f geh* avant-garde *f*

Avocado [avo'ka:do] <-, -s> *f* avocat *m*

Axt [akst, *Pl:* 'ɛkstə] <-, Äxte> *f* hache *f*

Azteke [ats'te:kə] <-n, -n> *m*, **Aztekin** *f* Aztèque *mf*

Azubi [a'tsu:bi] <-s, -s> *m*, <-, -s> *f fam Abk. von* **Auszubildende(r)** apprenti(e) *m(f)*

Bb

B

B, b [be:] <-, -> *nt* (*Buchstabe*) B *m*/b *m*

Baby ['be:bi] <-s, -s> *nt* bébé *m*

Babyjahr *nt fam* congé *m* parental d'éducation **babysitten** ['be:bizɪtən] *intr. V. nur Infin* faire du baby-sitting **Babysitter(in)** ['be:bizɪtɐ] <-s, -> *m(f)* baby-sitter *mf*

Bạch [bax, *Pl:* 'bɛçə] <-[e]s, Bäche> *m* ruisseau *m;* (*Gebirgsbach*) torrent *m*

Bachelor ['bɛtʃəlɐ] <-s, -s> *m* UNIV ❶ (*Studiengang*) études *fpl* de bachelor [o de Bachelor] ❷ (*Studienabschluss, akademischer Grad*) bachelor *m*, Bachelor *m*

> A l'heure actuelle, la plupart des universités allemandes proposent un diplôme de **Bachelor** correspondant à une licence en France. Non seulement il est considérablement plus court (trois ans) qu'un cursus de *Diplom* traditionnel ou de *Magister* (maîtrise), qui durent en moyenne cinq ou six ans, mais le *Bachelorstudiengang* (études en vue d'une licence) est modulaire et souvent orienté sur la profession.

Bạckblech *nt* plaque *f* de four

bạckbord[s] *Adv.* NAUT à bâbord

Bạcke ['bakə] <-, -n> *f* ❶ (*Wange*) joue *f* ❷ *fam* (*Pobacke*) fesse *f* ❸ TECH mâchoire *f*

bạcken ['bakən] <bạckt, bạckte, gebạcken> **I.** *tr. V.* (*Kuchen*) faire; **selbst gebacken** fait(e) maison **II.** *intr. V.* cuire

Bạckenknochen *m* pommette *f* **Bạckenzahn** *m* molaire *f*

Bạ̈cker ['bɛkɐ] <-s, -> *m* ❶ boulanger *m* ❷ (*Bäckerei*) **zum ~ gehen** aller à la boulangerie; **beim ~** chez le boulanger

Bäckerei [bɛkə'rai] <-, -en> *f* boulangerie *f*

Bạ̈ckerin <-, -nen> *f* boulangère *f*

Bạckform *f* moule *m* à gâteau **Bạckofen** *m* four *m* **Bạckpflaume** *f* pruneau *m* **Bạckpulver** *nt* levure *f* chimique

Backspace-Taste ['bækspeɪstastə] *f* INFORM touche *f* Retour arrière

Bạckstein *m* brique *f* **Bạckstube** *f* fournil *m*

Backup [bɛk'ʔap] *nt* INFORM copie *f* de sauvegarde

Bad [ba:t, *Pl:* 'bɛ:dɐ] <-[e]s, Bäder> *nt* ❶ a. CHEM bain *m* ❷ (*das Schwimmen*) baignade *f* ❸ (*Badezimmer*) salle *f* de bains ❹ (*Schwimmbad*) piscine *f* ❺ (*Kurort*) station *f* thermale

Badeanzug *m* maillot *m* de bain [une pièce] **Badehose** *f* maillot *m* de bain **Badekappe** *f* bonnet *m* de bain **Bademantel** *m* peignoir *m* **Bademeister(in)** *m(f)* maître-nageur *m*

baden ['ba:dən] **I.** *intr. V.* ❶ prendre un bain ❷ (*schwimmen*) se baigner **II.** *tr. V.* (*Kind*) donner un bain à

Baden-Wụrttemberg <-s> *nt* le Bade-Wurtemberg

Badewanne *f* baignoire *f* **Badezimmer** *nt* salle *f* de bains

Badminton ['bætmɪntən] <-> *nt* badminton *m*

bạff [baf] *Adj. fam* ▶ **~ sein** en être baba

BAföG ['ba:fø:k] <-s> *nt fam Abk. von* **Bundesausbildungsförderungsgesetz** (*Stipendium*) ≈ bourse *f* d'études *(en partie à titre de prêt)*

Bagatẹlle [baga'tɛlə] <-, -n> *f* bagatelle *f*

Bạgger ['bagɐ] <-s, -> *m* excavatrice *f*

bạggern *tr., intr. V.* creuser

Bạggersee *m* lac *m* artificiel

Bahn [ba:n] <-, -en> *f* ❶ (*Eisenbahn*) train *m;* **mit der ~** par le train; **per ~** par voie ferrée ❷ (*Verkehrsnetz, Verwaltung der Eisenbahn*) chemins *mpl* de fer ❸ (*Straßenbahn*) tram *m* ❹ SPORT piste *f;* (*eines Schwimmbeckens*) couloir *m* ❺ (*einer Rakete*) trajectoire *f;* (*eines Himmelskörpers*) orbite *f* ❻ (*Stoffbahn*) lé *m;* (*Tapetenbahn*) panneau *m* ❼ (*Fahrbahn*) voie *f* ▶ **~ frei!** cédez le passage !; **aus der ~!** barrez-vous ! (*fam*)

Bahnbeamte(r) *m dekl wie Adj*, **-beamtin** *f* employé(e) *m(f)* des chemins de fer

B

Bahndamm *m* remblai *m*

bahnen ['baːnən] *tr. V.* **sich** (*Dat*) **einen Weg ~** (*Person*) se frayer un chemin; (*Fluss*) se creuser un passage

Bahnfahrt *f* voyage *m* en train **Bahngleis** *nt* voie *f* ferrée **Bahnhof** *m* gare *f* **Bahnlinie** *f* ligne *f* de chemin de fer **Bahnschranke** *f*, **Bahnschranken** *m* A barrière *f* de passage à niveau **Bahnsteig** *m* quai *m* de gare **Bahnübergang** *m* **beschrankter/unbeschrankter ~** passage *m* à niveau muni de barrières/sans barrières **Bahnwärter(in)** *m(f)* garde-barrière *mf*

Bahre ['baːrə] <-, -n> *f* (*Krankenbahre*) civière *f*; (*Totenbahre*) catafalque *m*

Baiser [bɛ'zeː] <-s, -s> *nt* GASTR meringue *f*

Baisse ['bɛːsə] <-, -n> *f* FIN baisse *f*

Bakterie [bak'teːri̯ə] <-, -n> *f meist Pl.* bactérie *f*

bakteriell [bakte'ri̯ɛl] **I.** *Adj.* bactérien(ne) **II.** *Adv.* par des bactéries

bakteriologisch [bakteri̯o'loːgɪʃ] *Adj.* bactériologique

Balance [ba'lãːsə] <-, -n> *f* équilibre *m*

balancieren* [balã'siːrən] **I.** *tr. V. + haben* tenir en équilibre **II.** *intr. V. + sein* (*sich bewegen*) se tenir en équilibre

bald [balt] <eher, am ehesten> **I.** *Adv.* ❶ (*in Kürze*) bientôt; **so ~ wie möglich** le plus tôt possible; **nicht so ~** pas de si tôt; **bis ~!** à bientôt ! ❷ (*schnell*) vite; **~ darauf** peu après ❸ (*fast*) presque; **~ wäre ich hingefallen** j'ai failli tomber ❹ *fam* (*endlich*) enfin **II.** *Konj. geh* **~ regnet es** il va pleuvoir sous peu

baldig ['baldɪç] *Adj. attr* (*Antwort*) rapide; (*Besuch*) prochain(e); (*Genesung*) prompt(e)

baldmöglichst *Adj. form* dans les plus brefs délais

Baldrian ['baldriaːn] <-s, -e> *m* valériane *f*

Balg[1] [balk, *Pl:* 'bɛlgə] <-[e]s, Bälge> *m* ❶ soufflet *m* ❷ (*Tierhaut*) peau *f*

Balg[2] [balk, *Pl:* 'bɛlgɐ] <-[e]s, Bälger> *m o nt pej fam* (*Kind*) mioche *m*

balgen ['balgən] *refl. V.* **sich um etw ~** se chamailler pour qc

Balgerei [balgə'rai] <-, -en> *f* bagarre *f*

Balkan ['balkaːn] <-s> *m* **der ~** les Balkans *mpl*; (*das Gebirge*) le [mont] Balkan; **auf dem ~** dans les Balkans

Balken ['balkən] <-s, -> *m* ❶ (*Holzbalken*) poutre *f* ❷ (*Stützbalken*) pilier *m* ❸ (*Schwebebalken*) poutre *f* ❹ TYP barre *f*

Balkon [bal'kɔŋ] <-s, -s> *m* balcon *m*

Ball [bal, *Pl:* 'bɛlə] <-[e]s, Bälle> *m* ❶ balle *f*; (*in der Größe eines Fußballs*) ballon *m*; **~ spielen** jouer à la balle/au ballon ❷ (*runder Gegenstand*) boule *f* ❸ (*Tanzfest*) bal *m*

Ballade [ba'laːdə] <-, -n> *f* ballade *f*

Ballast [ba'last] <-[e]s, -e> *m* ❶ lest *m* ❷ (*Unnützes*) poids *m* mort ❸ (*lästiger Mensch*) charge *f*

Ballaststoffe *Pl* fibres *fpl* [alimentaires]

ballen ['balən] **I.** *tr. V.* **die Faust ~** serrer le poing **II.** *refl. V.* **sich ~** (*Verkehr*) se concentrer; (*Probleme*) s'accumuler

Ballen ['balən] <-s, -> *m* ❶ (*Packen*) balle *f*; (*klein*) ballot *m* ❷ ANAT éminence *f*; (*Teil der Pfote*) coussinet *m*

Ballerina [balə'riːna] <-, Ballerinen> *f* ballerine *f*

ballern ['balɐn] *fam* **I.** *intr. V.* (*Knallkörper zünden*) faire du boucan avec des pétards **II.** *tr. V.* ▸**jdm eine ~** en mettre une à qn

Ballett [ba'lɛt] <-[e]s, -e> *nt* ballet *m*

Balletttänzer[RR]**(in)** *m(f)* danseur(-euse) *m(f)*

Ballon [ba'lɔŋ] <-s, -s> *m* ballon *m*

Ballsaal *m* salle *f* de bal

Ballspiel *nt* jeu *m* de ballon

Ballung [ba'lʊŋ] <-, -en> *f* concentration *f*

Ballungsgebiet *nt* région *f* à forte concentration urbaine

Balsam ['balzaːm] <-s, Balsame> *m* baume *m*

Baltikum ['baltikʊm] <-s> *nt* **das ~** les pays *mpl* baltes

baltisch *Adj.* balte

Balz [balʦ] <-> *f* ❶ parade *f* nuptiale ❷ (*Balzzeit*) pariade *f*

balzen *intr. V.* ❶ (*Vogel*) effectuer une parade nuptiale ❷ *hum* (*Mann*) se pavaner

Bambus ['bambʊs] <-[ses], -se> *m* bambou *m*

banal [ba'naːl] *Adj.* banal(e)

banalisieren* *tr. V. geh* banaliser

Banalität [banali'tɛːt] <-, -en> *f* banalité *f*

Banane [ba'naːnə] <-, -n> *f* banane *f*

Banause [ba'nauzə] <-n, -n> *m pej* **du ~!** espèce d'ignare !

B

band [bant] *Imp. von* **binden**

Band[1] [bant, *Pl:* 'bɛndɐ] <-[e]s, Bänder> *nt* ❶ ruban *m* ❷ (*Tonband*) bande *f* [magnétique] ❸ (*Fließband*) chaîne *f;* (*Förderband*) tapis *m* ❹ *meist Pl.* ANAT ligament *m* ▶ **am laufenden ~** *fam* sans arrêt; (*produzieren*) en série

Band[2] [bant, *Pl:* 'bɛndə] <-[e]s, Bände> *m* LITER volume *m*

Band[3] [bænt] <-, -s> *f* MUS groupe *m*

Bandage [ban'da:ʒə] <-, -n> *f* bandage *m*

bandagieren* [banda'ʒi:rən] *tr. V.* bander

Bandbreite *f* (*von Gehältern*) échelle *f;* (*von Meinungen*) éventail *m;* (*von Wechselkursen*) marge *f* de fluctuation

Bande[1] ['bandə] <-, -n> *f* ❶ (*Verbrecherbande*) gang *m* ❷ *fam* (*Kinder*) bande *f*

Bande[2] <-, -n> *f* SPORT bande *f*

Bändel[RR] *m* lacet *m*

Bänderriss[RR] *m* MED déchirure *f* des ligaments **Bänderzerrung** *f* claquage *m*

bändigen ['bɛndɪgən] *tr. V.* ❶ dompter ❷ (*Kind*) en venir à bout avec

Bandit(in) [ban'di:t] <-en, -en> *m(f)* bandit *m*

Bandmaß *nt* mètre *m* souple; (*aus Metall*) mètre à ruban **Bandscheibe** *f* disque *m* [intervertébral] **Bandwurm** *m* ver *m* solitaire

Bange ['baŋə] *f* [**nur**] **keine ~!** *fam* pas de panique !

bangen ['baŋən] *intr. V. geh* trembler; **jdm bangt** [**es**] **vor etw** qn s'inquiète pour qc

Bank[1] [baŋk, *Pl:* 'bɛŋkə] <-, Bänke> *f* ❶ banc *m* ❷ (*Werkbank*) établi *m*

Bank[2] <-, -en> *f* (*Geldinstitut*) banque *f* ▶ **eine sichere ~ sein** (*Person, Projekt*) être bancable, être banquable

Bankautomat *m* distributeur *m* [automatique] de billets, automate *m* bancaire

Bankett [baŋ'kɛt] <-[e]s, -e> *nt* banquet *m*

Bankgeheimnis *nt* secret *m* bancaire **Bankguthaben** *nt* avoir *m* en banque

Bankier [baŋ'ki̯e:] <-s, -s> *m* banquier *m*

Bankkaufmann *m,* **-kauffrau** *f* employé(e) *m(f)* de banque diplômé(e) **Bankkonto** *nt* compte *m* en banque **Bankleitzahl** *f* code *m* banque **Banknote** *f* billet *m* [de banque]

Bankomat *m* automate *m* bancaire **Bankraub** *m* hold-up *m* **Bankräuber(in)** *m(f)* cambrioleur(-euse) *m(f)* de banque

bankrott [baŋ'krɔt] *Adj.* en faillite

Bankrott [bank'rɔt] <-[e]s, -e> *m* faillite *f;* **~ machen** faire faillite

bankrott|gehen[RR] *intr. V. unreg fam* faire faillite

Banküberfall *m* hold-up *m* **Bankverbindung** *f* coordonnées *fpl* bancaires

Bann [ban] <-[e]s> *m* ❶ *geh* (*Einfluss*) envoûtement *m* ❷ HIST bannissement *m;* REL anathème *m* ▶ **jdn in seinen ~ ziehen** fasciner qn

bannen ['banən] *tr. V.* ❶ *geh* (*Zuschauer*) fasciner ❷ (*Gefahr*) conjurer ❸ (*exkommunizieren*) anathématiser

Banner ['banɐ] <-s, -> *nt* étendard *m*

bar [ba:ɐ̯] **I.** *Adj.* ❶ en liquide; **in ~** en espèces ❷ (*Zufall*) pur(e) **II.** *Adv.* **~ zahlen** payer en espèces

Bar [ba:ɐ̯] <-, -s> *f* ❶ (*Nachtlokal*) boîte *f* de nuit ❷ (*Theke*) bar *m*

Bär [bɛ:ɐ] <-en, -en> *m* ours *m*

Baracke [ba'rakə] <-, -n> *f* baraque *f*

Barbar(in) <-en, -en> *m(f)* barbare *mf* ▶ **sich wie die ~en benehmen** se comporter comme des sauvages

Barbarei [barba'rai] <-, -en> *f* barbarie *f*

barbarisch **I.** *Adj.* a. HIST barbare **II.** *Adv.* sauvagement

Bärenhunger *m* faim *f* de loup

Barett [ba'rɛt] <-[e]s, -e> *nt* ❶ MIL béret *m* ❷ UNIV, JUR toque *f* ❸ REL barrette *f*

barfuß *Adj.* **~ gehen** marcher pieds nus

barg [bark] *Imp. von* **bergen**

Bargeld *nt* argent *m* liquide

bargeldlos *Adj.* **der ~e Zahlungsverkehr** la transaction par virement

Barhocker *m* tabouret *m* de bar

Bärin *f* ourse *f*

Bariton ['ba:ritɔn] <-s, -e> *m* baryton *m*

Barium ['ba:ri̯ʊm] <-s> *nt* CHEM baryum *m*

Barkeeper ['ba:ɐ̯ki:pɐ] <-s, -> *m* barman *m*

barmherzig [barm'hɛrtsɪç] *Adj.* charitable; (*Gott*) miséricordieux(-euse)

Barmherzigkeit <-> *f* charité *f;* (*Gottes*) miséricorde *f*

barock [ba'rɔk] *Adj.* baroque

Barock <-[s]> *nt o m* baroque *m*

Barometer [baro'meːtɐ] <-s, -> *nt a. fig* baromètre *m*
Baron(in) [ba'roːn] <-s, -e> *m(f)* baron(ne) *m(f)*
Baroness[RR] <-, -en> *f* baronne *f*
Barren ['barən] <-s, -> *m* ❶ barres *fpl* parallèles ❷ (*Goldbarren*) lingot *m*
Barriere [ba'ri̯eːrə] <-, -n> *f* ❶ barrière *f* ❷ PSYCH blocage *m*
Barrikade [bari'kaːdə] <-, -n> *f* barricade *f*
barsch [barʃ] **I.** *Adj.* brusque **II.** *Adv.* brutalement
Barsch [baːɐ̯ʃ] <-[e]s, -e> *m* perche *f*
barst [barst] *Imp. von* **bersten**
Bart [baːɐ̯t, *Pl:* 'bɛɐ̯tə] <-[e]s, Bärte> *m* ❶ (*Vollbart*) barbe *f;* (*Schnurrbart*) moustache *f;* (*Kinnbart*) bouc *m* ❷ (*Tasthaare*) moustaches *fpl* ❸ (*Teil eines Schlüssels*) panneton *m*
bärtig ['bɛːɐtɪç] *Adj.* barbu(e)
Bartwisch *m* A balayette *f*
Barzahlung *f* paiement *m* en espèces
Basar [ba'zaːɐ̯] <-s, -e> *m* ❶ (*Markt*) bazar *m* ❷ (*Wohltätigkeitsbasar*) vente *f* de charité
Base ['baːzə] <-, -n> *f* CHEM base *f*
Baseball ['beɪsboːl] <-s> *m* base-ball *m*
Basel ['baːzəl] <-s> *nt* Bâle
Basen *Pl. von* **Basis, Base**
basieren* [ba'ziːrən] *intr. V.* **auf einer S. ~** s'appuyer sur qc
Basilika [ba'ziːlika] <-, Basiliken> *f* basilique *f*
Basilikum [ba'ziːlikʊm] <-s> *nt* basilic *m*
Basis ['baːzɪs] <-, Basen> *f* base *f*
basisch ['baːzɪʃ] CHEM *Adj.* basique
Basisdemokratie *f* démocratie *f* directe
Baske ['baskə] <-n, -n> *m,* **Baskin** *f* Basque *mf*
Baskenland *nt* **das ~** le Pays basque **Baskenmütze** *f* béret *m* basque
Basketball *m* basket[-ball] *m*
baskisch ['baskɪʃ] *Adj.* basque
Bass[RR] [bas, *Pl:* 'bɛsə] <-es, Bässe>, **Baß**[ALT] <-sses, Bässe> *m* ❶ MUS basse *f* ❷ RADIO, TV basses *fpl*
Bassin [ba'sɛ̃ː] <-s, -s> *nt* ❶ (*Schwimmbecken*) bassin *m* ❷ (*Behälter*) citerne *f*
Bassist(in) <-en, -en> *m(f)* ❶ (*Sänger*) basse *f* ❷ (*Streicher*) [contre]bassiste *mf*
Bassschlüssel[RR] *m* clé *f* de fa **Bassstimme**[RR] *f* [voix *f* de] basse *f*
Bast [bast] <-[e]s, -e> *m* raphia *m*
basta ['basta] *Interj. fam* basta
Bastard ['bastart] <-[e]s, -e> *m* ❶ *pej fam* (*Schimpfwort*) fils *m* de pute ❷ HIST bâtard(e) *m(f)* ❸ BOT hybride *m*
basteln ['bastəln] *tr., intr. V.* bricoler
Bastion [bas'ti̯oːn] <-, -en> *f* bastion *m*
Bastler(in) ['bastlɐ] <-s, -> *m(f)* bricoleur(-euse) *m(f)*
bat [baːt] *Imp. von* **bitten**
Bataillon [batal'joːn] <-s, -e> *nt* bataillon *m*
Batik ['baːtɪk] <-, -en> *f* batik *m*
Batterie [batə'riː] <-, -n> *f* ❶ pile *f;* (*Autobatterie*) batterie *f* ❷ (*Mischbatterie*) mélangeur *m*
Bau[1] [bau] <-[e]s, -ten> *m* ❶ *kein Pl.* (*das Bauen*) construction *f* ❷ (*Gebäude*) bâtiment *m* ❸ (*Bauwerk*) édifice *m* ❹ *kein Pl. fam* (*Baustelle*) chantier *m* ❺ *kein Pl. fam* (*Arrestzelle*) trou *m*
Bau[2] <-[e]s, -e> *m* (*Fuchsbau*) terrier *m*
Bauarbeiten *Pl* travaux *mpl* **Bauarbeiter(in)** *m(f)* ouvrier(-ière) *m(f)* du bâtiment
Bauch [baux, *Pl:* 'bɔyçə] <-[e]s, Bäuche> *m* ❶ ventre *m* ❷ *fig* (*eines Schiffs*) coque *f;* (*eines Flugzeugs*) soute *f* ▸ **aus dem ~ [heraus]** instinctivement
Bauchfell *nt* ANAT péritoine *m* **Bauchhöhle** *f* cavité *f* abdominale
bauchig ['bauxɪç] *Adj.* bombé(e)
Bauchnabel *m* nombril *m* **Bauchredner(in)** *m(f)* ventriloque *mf* **Bauchschmerzen** *Pl* mal *m* au ventre **Bauchspeicheldrüse** *f* ANAT pancréas *m* **Bauchweh** *s.* **Bauchschmerzen**
bauen ['bauən] **I.** *tr. V.* ❶ (*Gebäude*) construire; (*Nest*) faire ❷ (*Möbel*) fabriquer; (*Maschine*) construire ❸ *fam* (*Unfall*) provoquer **II.** *intr. V.* ❶ (*ein Haus bauen*) [faire] construire ❷ (*vertrauen*) **auf jdn/etw ~** compter sur qn/qc
Bauer[1] ['bauɐ] <-n, -n> *m* ❶ paysan *m;* (*Landwirt*) agriculteur *m* ❷ *pej fam* plouc *m* ❸ SPIEL pion *m*
Bauer[2] <-s, -> *nt o m* (*Vogelkäfig*) cage *f*
Bäuerchen <-s, -> *nt Kinderspr.* **[ein] ~ machen** faire son rot (*fam*)
Bäuerin ['bɔyərɪn] *f* paysanne *f;* (*Landwirtin*) agricultrice *f*
bäuerlich ['bɔyɐlɪç] *Adj.* (*ländlich*) agricole

B

Bauernhaus *nt* ferme *f* **Bauernhof** *m* ferme *f*

baufällig *Adj.* délabré(e)

Baufirma *f* entreprise *f* de construction **Baugenehmigung** *f* permis *m* de construire **Baugerüst** *nt* échafaudage *m* **Baugewerbe** *nt* [industrie *f* du] bâtiment *m* **Bauherr(in)** *m(f)* maître *m* d'ouvrage **Baujahr** *nt* (*eines Gebäudes*) année *f* de construction; (*eines Autos*) année *f* de fabrication **Baukasten** *m* jeu *m* de construction **Bauklotz** *m* pièce *f* de jeu de construction **Bauland** *nt* terrain *m* constructible **Baulärm** *m kein Pl* bruit *m* de[s] travaux [de construction] **Bauleiter(in)** *m(f)* chef *m* de chantier

baulich *Adj.* **~e Veränderungen vornehmen** faire des transformations

Baum [baum, *Pl:* 'bɔymə] <-[e]s, Bäume> *m* ❶ arbre *m* ❷ *fam* (*Weihnachtsbaum*) sapin *m*

Baumeister(in) *m(f)* ❶ HIST maître *m* d'œuvre ❷ *geh* (*Architekt*) architecte *mf*

baumeln ['bauməln] *intr. V. fam* pendouiller

Baumkrone *f* cime *f* de l'arbre **Baumnuss**^RR *f* CH noix *f* **Baumschule** *f* pépinière *f* **Baumstamm** *m* tronc *m* d'arbre **Baumsterben** *nt* dépérissement *m* des arbres **Baumstruktur** *f* structure *f* arborescente **Baumwolle** *f* coton *m*

Bausatz *m* kit *m*

Bausch [bauʃ] <-es, -e> *m* tampon *m*

bauschig *Adj.* bouffant(e)

Bauschutt *m* gravats *mpl* **Bausparkasse** *f* caisse *f* d'épargne-logement **Bausparvertrag** *m* plan *m* d'épargne-logement **Baustein** *m* ❶ (*Stein*) pierre *f* de construction ❷ INFORM **elektronischer ~** composant *m* électronique ❸ (*Bestandteil*) élément *m* constitutif **Baustelle** *f* chantier *m*

Bauten *Pl. von* **Bau**[1]

Bauunternehmen *nt* entreprise *f* de bâtiment **Bauvorhaben** *nt* projet *m* de construction **Bauwerk** *nt* construction *f*

Bayer(in) ['baiɐ] <-n, -n> *m(f)* Bavarois(e) *m(f)*

bayerisch ['baiərɪʃ] *Adj.* bavarois(e)

Bayern ['baiɐn] <-s> *nt* la Bavière

bayrisch ['bairɪʃ] *s.* **bayerisch**

Bazillus [ba'tsɪlʊs] <-, Bazillen> *m* bacille *m*

Bd., Bde. *Abk. von* **Band, Bände**

beabsichtigen* [bə'ʔapzɪçtɪgən] *tr. V.* ❶ envisager; **wie beabsichtigt** comme prévu ❷ (*bezwecken*) **das war beabsichtigt** c'était voulu

beachten* *tr. V.* ❶ (*Ratschlag*) suivre; (*Vorfahrt*) respecter ❷ (*berücksichtigen*) tenir compte de ❸ (*mit Aufmerksamkeit bedenken*) faire attention à

beachtenswert *Adj.* remarquable

beachtlich *Adj.* ❶ considérable, (*Leistung*) remarquable ❷ (*Stellung*) important(e)

Beachtung <-> *f* ❶ (*einer Anleitung*) observation *f*; (*einer Vorschrift*) respect *m* ❷ (*Aufmerksamkeit*) **~ schenken** prêter attention

Beamte(r) [bə'ʔamtə] *m dekl wie Adj*, **Beamtin** *f* fonctionnaire *mf*; (*in öffentlichen Ämtern*) employé(e) *m(f)*

beamtet *Adj.* fonctionnarisé(e); (*Lehrer*) titulaire

beängstigend *Adj.* inquiétant(e)

beanspruchen* [bə'ʔanʃprʊxən] *tr. V.* ❶ (*Schadenersatz*) demander ❷ (*Zeit*) prendre ❸ (*Kraft*) accaparer

Beanspruchung <-, -en> *f* ❶ (*eines Territoriums*) revendication *f*; (*eines Schadenersatzes*) réclamation *f* ❷ (*Inanspruchnahme*) sollicitation *f*

beanstanden* *tr. V.* critiquer

Beanstandung <-, -en> *f* critique *f*; (*von Waren*) réclamation *f*

beantragen* *tr. V.* ❶ demander ❷ JUR requérir ❸ POL proposer

beantworten* [bə'ʔantvɔrtən] *tr. V.* répondre à

bearbeiten* *tr. V.* ❶ (*Antrag*) s'occuper de ❷ (*Material*) travailler ❸ (*behandeln*) traiter ❹ (*Manuskript*) remanier; (*Musikstück*) arranger; (*Buch*) adapter

Bearbeitung <-, -en> *f* ❶ (*eines Werkstoffs*) travail *m* ❷ (*eines Antrags*) traitement *m* ❸ (*die Überarbeitung*) remaniement *m*; MUS arrangement *m*; CINE, THEAT adaptation *f* ❹ (*eines Buchs*) nouvelle édition *f*

beatmen* *tr. V.* (*Mund zu Mund*) faire du bouche-à-bouche; (*künstlich*) pratiquer la respiration artificielle

beaufsichtigen* [bə'ʔaufzɪçtɪgən] *tr. V.* surveiller

beauftragen* *tr. V.* charger

bebauen* *tr. V.* ❶ construire ❷ (*Acker*) cultiver

Bebauung <-, -en> *f* ❶ (*das Bebauen*) aménagement *m* ❷ (*Bauten*) construction *f* ❸ (*das Anbauen*) culture *f*

beben [ˈbeːbən] *intr. V.* trembler

Beben [ˈbeːbən] <-s, -> *nt* tremblement *m*

Becher [ˈbɛçɐ] <-s, -> *m* gobelet *m;* (*Plastik-, Pappbecher*) verre *m*

bechern [ˈbɛçɐn] *intr. V. hum fam* picoler

Becken [ˈbɛkən] <-s, -> *nt* ❶ bassin *m* ❷ (*Spülbecken*) bac *m* [à évier]; (*Waschbecken*) lavabo *m* ❸ *meist Pl.* MUS cymbales *fpl*

bedacht [bəˈdaxt] **I.** *Adj.* ❶ (*überlegt*) réfléchi(e) ❷ (*besorgt*) soucieux(-euse); **darauf ~ sein, dass** accorder une grande importance à ce que + *subj* **II.** *Adv.* avec circonspection

Bedacht ▸ **mit ~** *geh* (*vorsichtig*) avec circonspection; (*absichtlich*) volontairement

bedächtig [bəˈdɛçtɪç] **I.** *Adj.* ❶ (*gemessen*) posé(e) ❷ (*besonnen*) réfléchi(e) **II.** *Adv.* ❶ (*gemessen*) posément ❷ (*vorsichtig*) avec circonspection

bedanken* *refl. V.* **sich ~** dire merci; **sich bei jdm für etw ~** remercier qn de qc

Bedarf [bəˈdarf] <-[e]s> *m* besoins *mpl*

bedauerlich [bəˈdauɐlɪç] *Adj.* regrettable

bedauerlicherweise [bəˈdauɐlɪçəˈvaizə] *Adv.* malheureusement

bedauern* [bəˈdauɐn] *tr. V.* ❶ regretter ❷ (*bemitleiden*) plaindre

Bedauern <-s> *nt* ❶ regret *m* ❷ (*Mitgefühl*) sympathie *f*

bedauernswert *Adj.*, **bedauernswürdig** *Adj. geh* malheureux(-euse) *antéposé*; **~ sein** être à plaindre

bedecken* **I.** *tr. V.* ❶ (*zudecken*) recouvrir ❷ (*überhäufen*) couvrir **II.** *refl. V.* **sich mit etw ~** se couvrir de qc

bedeckt *Adj.* couvert(e)

bedenken* *tr. V. unreg* ❶ penser à ❷ (*Maßnahmen*) réfléchir à; **jdm zu ~ geben, dass ...** faire remarquer à qn que ...

Bedenken <-s, -> *nt* ❶ *Pl* doutes *fpl*; **~ haben** émettre des réserves ❷ *kein Pl.* (*das Überlegen*) réflexion *f*

bedenklich *Adj.* ❶ (*Methoden*) douteux(-euse) ❷ (*Gesundheitszustand*) critique ❸ (*Miene*) préoccupé(e)

Bedenkzeit *f* délai *m* de réflexion

bedeuten* *tr. V.* ❶ (*ausdrücken*) signifier; (*meinen*) vouloir dire; (*versinnbildlichen*) symboliser ❷ (*ankündigen*) présager ❸ (*gelten*) **Geld bedeutet mir viel** j'attache beaucoup d'importance à l'argent

bedeutend **I.** *Adj.* important(e); (*Leistung*) remarquable; (*Erfolg*) considérable **II.** *Adv* (*beträchtlich*) nettement

bedeutsam *Adj.* ❶ important(e); (*Fortschritt*) considérable ❷ (*viel sagend*) significatif(-ive)

Bedeutung <-, -en> *f* ❶ (*Sinn*) sens *m* ❷ (*Wichtigkeit*) importance *f;* (*Geltung*) valeur *f*

bedeutungslos *Adj.* insignifiant(e)

Bedeutungslosigkeit <-> *f* insignifiance *f*

bedienen* **I.** *tr. V.* ❶ servir; **werden Sie schon bedient?** on s'occupe de vous ? ❷ (*umsorgen*) **sich von jdm ~ lassen** se faire servir par qn ❸ (*Telefon*) se servir de; (*Computer*) faire fonctionner; (*Maschine*) faire marcher ❹ SPIEL fournir à **II.** *intr. V.* ❶ servir ❷ SPIEL fournir **III.** *refl. V.* **sich ~** se servir; **~ Sie sich!** servez-vous !

Bedienung <-, -en> *f* ❶ *kein Pl.* utilisation *f;* (*einer Schaltzentrale*) fonctionnement *m* ❷ *kein Pl.* (*eines Kunden*) service *m* ❸ (*Kellner*) garçon *m;* (*Kellnerin*) serveuse *f;* **~!** garçon/Mademoiselle !

Bedienungsanleitung *f* mode *m* d'emploi **Bedienungsfehler** *m* erreur *f* de manipulation

bedingen* [bəˈdɪŋən] *tr. V.* ❶ (*verursachen*) provoquer; **durch etw bedingt sein** être dû à qc ❷ (*verlangen*) nécessiter

bedingt **I.** *Adv.* (*eingeschränkt*) partiellement **II.** *Adj.* conditionnel(le)

Bedingung <-, -en> *f* condition *f*

bedingungslos **I.** *Adj.* sans condition **II.** *Adv.* inconditionnellement

bedrängen* *tr. V.* ❶ harceler; **jdn ~ etw zu tun** presser qn de faire qc ❷ SPORT pousser ❸ (*belasten*) tourmenter

Bedrängnis <-, -se> *f geh* détresse *f*

bedrohen* *tr. V.* menacer

bedrohlich **I.** *Adj.* menaçant(e) **II.** *Adv.* de façon menaçante
Bedrohung *f* menace *f*
bedrucken* *tr. V.* imprimer
bedrücken* *tr. V.* tourmenter
bedrückend *Adj.* (*Nachricht*) déprimant(e); (*Schweigen*) oppressant(e)
bedrückt **I.** *Adj.* (*Person*) abattu(e); (*Schweigen*) pesant(e) **II.** *Adv.* (*schweigen*) lugubrement
bedürfen <bedarf, bedurfte, bedurft> *intr. V. geh* avoir besoin de
Bedürfnis <-ses, -se> *nt* besoin *m*
bedürftig *Adj.* (*Person*) dans le besoin
Beefsteak ['bi:fste:k] *nt* ❶ (*Steak*) bifteck *m* ❷ (*Frikadelle*) steak *m* haché
beeiden* *tr. V.* affirmer sous serment
beeilen* *refl. V.* **sich** ~ se dépêcher
beeindrucken* *tr. V.* impressionner
beeindruckend *Adj.* impressionnant(e)
beeinflussbar[RR], **beeinflußbar**[ALT] *Adj.* influençable
beeinflussen* [bə'ʔainflʊsən] *tr. V.* influencer
beeinträchtigen* [bə'ʔaintrɛçtɪgən] *tr. V.* nuire à; (*Freiheit*) restreindre
Beeinträchtigung <-, -en> *f* (*einer Beziehung*) dégradation *f;* (*der Qualität*) détérioration *f;* (*der Arbeit*) perturbation *f;* (*der Bewegungsfreiheit*) restriction *f*
beenden* *tr. V.* (*Gespräch*) mettre fin à; (*Studium*) terminer; (*Krieg*) cesser; (*Programm*) quitter
Beendigung <-> *f* fin *f*
beengen* [bə'ɛŋən] *tr. V.* **jdn** ~ oppresser qn; (*Kleidungsstück*) serrer qn
beengt **I.** *Adj.* étroit(e) **II.** *Adv.* (*wohnen*) à l'étroit
beerben* *tr. V.* hériter
beerdigen* [bə'ʔe:ɐ̯dɪgən] *tr. V.* enterrer
Beerdigung <-, -en> *f* enterrement *m*
Beerdigungsinstitut *nt* [entreprise *f* de] pompes *fpl* funèbres
Beere ['be:rə] <-, -n> *f* baie *f;* (*Weinbeere*) grain *m*
Beet [be:t] <-[e]s, -e> *nt* plate-bande *f*
befähigen* [bə'fɛ:ɪgən] *tr. V.* **jdn zu etw** ~ rendre qn capable de qc
Befähigung <-> *f* (*Können*) compétence *f;* (*naturgegebene Eignung*) aptitude *f;* (*Qualifikation*) qualification *f*
befahl [bə'fa:l] *Imp. von* **befehlen**
befahrbar *Adj.* (*Straße*) praticable; (*Wasserweg*) navigable
befahren* *tr. V. unreg* (*Straße*) emprunter; (*Seeweg*) naviguer sur
befallen*[1] *tr. V. unreg* ❶ contaminer; **eine Pflanze** ~ (*Schädlinge*) infester une plante ❷ (*Fieber*) être pris de
befallen[2] *Adj.* (*Organ*) contaminé(e); (*Pflanze*) infesté(e)
befangen *Adj.* ❶ inhibé(e) ❷ (*parteiisch*) partial(e)
Befangenheit <-> *f* ❶ (*Gehemmtheit*) inhibitions *fpl* ❷ (*Parteilichkeit*) partialité *f*
befassen* *refl. V.* **sich mit jdm/etw** s'occuper de qn/qc
Befehl [bə'fe:l] <-[e]s, -e> *m* ❶ ordre *m* ❷ (*Befehlsgewalt*) commandement *m* ❸ INFORM instruction *f* ▶ **auf** ~ MIL selon les ordres
befehlen <befiehlt, befahl, befohlen> *tr. V.* ~, **dass** ordonner que + *subj*
Befehlshaber(in) [bə'fe:lsha:bɐ] <-s, -> *m(f)* commandant(e) *m(f)* **Befehlszeile** *f* INFORM ligne *f* de commande
befestigen* [bə'fɛstɪgən] *tr. V.* ❶ fixer ❷ (*Fahrbahn*) stabiliser; (*Deich*) consolider ❸ MIL fortifier
Befestigung <-, -en> *f* ❶ fixation *f* ❷ MIL fortification *f* ❸ (*einer Fahrbahn*) stabilisation *f*
Befestigungsanlage *f* fortifications *fpl*
befeuchten* *tr. V.* humidifier
befiehlt [bə'fi:lt] *3. Pers. Sg. Präs. von* **befehlen**
befinden* *unreg* **I.** *refl. V.* (*sich aufhalten*) être **II.** *tr. V. form* **etw für angemessen** ~ considérer qc comme convenable **III.** *intr. V. geh* **über jdn/etw** ~ se prononcer sur qn/qc
Befinden <-s> *nt* ❶ état *m* ❷ *geh* (*Meinung*) position *f*
beflecken* *tr. V.* ❶ tacher ❷ *geh* (*Ehre*) salir
beflissen [bə'flɪsən] **I.** *Adj.* (*Schüler*) appliqué(e); (*Mitarbeiter*) zélé(e); (*Diener*) empressé(e) **II.** *Adv.* avec empressement
befohlen [bə'fo:lən] *PP von* **befehlen**
befolgen* *tr. V.* suivre; (*Vorschrift*) respecter; (*Befehl*) exécuter
befördern* *tr. V.* ❶ transporter; (*Briefe*) acheminer; **etw ~ lassen** expédier qc ❷ (*aufrücken lassen*) **jdn** ~ promouvoir qn; **befördert werden** avoir de l'avancement

Beförderung *f* ① transport *m;* (*von Postsendungen*) acheminement *m* ② (*eines Mitarbeiters*) promotion *f;* (*eines Beamten*) avancement *m*
befragen* *tr. V.* ① interroger; (*Zeugen*) entendre; **jdn nach seiner Meinung ~** demander son avis à qn ② (*um Rat fragen*) consulter
Befragung <-, -en> *f* ① interrogation *f* ② (*Umfrage*) sondage *m*
befreien* **I.** *tr. V.* ① libérer ② (*freistellen*) dispenser ③ (*entlasten*) soulager ④ (*reinigen*) débarrasser **II.** *refl. V.* **sich ~** ① (*entkommen*) s'évader ② (*Volk*) se libérer
befreiend **I.** *Adj.* (*Lachen*) libérateur (-trice) **II.** *Adv.* **~ wirken** soulager
Befreier(in) <-s, -> *m(f)* libérateur (-trice) *m(f)*
befreit **I.** *Adj.* (*Person*) soulagé(e); (*Lächeln*) de soulagement **II.** *Adv.* de soulagement
Befreiung <-, -en> *f* ① libération *f* ② (*Freistellung*) dispense *f* ③ (*Erlösung*) soulagement *m*
befremden* [bəˈfrɛmdən] **I.** *tr. V.* déconcerter **II.** *intr. V.* paraître insolite
befremdlich *Adj. geh* déconcertant(e)
befreunden* [bəˈfrɔyndən] *refl. V.* **sich mit jdm ~** se lier d'amitié avec qn
befreundet *Adj.* (*Person*) ami(e); (*Staat*) allié(e)
befriedigen* [bəˈfriːdɪgən] **I.** *tr. V.* satisfaire **II.** *intr. V.* (*Lösung*) être satisfaisant **III.** *refl. V.* **sich [selbst] ~** se masturber
befriedigend *Adj.* a. SCHULE satisfaisant(e)
befriedigt **I.** *Adj.* satisfait(e); (*sexuell erfüllt*) comblé(e) sur le plan sexuel **II.** *Adv.* avec satisfaction
Befriedigung <-> *f* satisfaction *f*
befristen* *tr. V.* (*Projekt*) fixer un délai pour; **etw auf ein Jahr ~** limiter qc à un an
befristet **I.** *Adj.* temporaire **II.** *Adv.* **~ gelten** avoir une durée de validité déterminée
befruchten* *tr. V.* féconder; **jdn künstlich ~** inséminer qn artificiellement
Befruchtung <-, -en> *f* fécondation *f;* **künstliche ~** insémination *f* artificielle
Befugnis [bəˈfuːknɪs] <-, -se> *f form* habilitation *f*
befugt [bəˈfuːkt] *Adj. form* **~ sein etw zu tun** avoir autorité pour faire qc
befühlen* *tr. V.* tâter
Befund <-[e]s, -e> *m* **ärztlicher ~** résultat *m* de l'analyse médicale
befürchten* *tr. V.* craindre
Befürchtung <-, -en> *f* craintes *fpl*
befürworten* [bəˈfyːɐvɔrtən] *tr. V.* appuyer; **~, dass** préconiser que + *subj*
Befürworter(in) <-s, -> *m(f)* (*einer Haltung, eines Vorgehens*) partisan(e) *m(f);* (*einer Idee*) avocat(e) *m(f)*
begabt [bəˈgaːpt] *Adj.* doué(e); **hoch ~** surdoué(e)
Begabung [bəˈgaːbʊŋ] <-, -en> *f* ① (*Talent*) don *m* ② (*Mensch*) talent *m*
begann [bəˈgan] *Imp. von* **beginnen**
begeben* *refl. V. unreg geh* ① (*gehen, fahren*) se rendre; **sich ins Haus ~** entrer dans la maison ② *fig* **sich in eine schwierige Lage ~** se mettre dans une situation difficile; **sich in Gefahr ~** s'exposer au danger; **sich in Behandlung ~** aller se faire soigner
Begebenheit <-, -en> *f geh* événement *m*
begegnen* [bəˈgeːgnən] **I.** *intr. V.* + *sein* ① rencontrer ② *geh* (*entgegentreten*) accueillir ③ (*widerfahren*) arriver **II.** *refl. V.* **sich** (*Dat*) **~** se rencontrer
Begegnung <-, -en> *f* ① a. SPORT rencontre *f* ② (*das Kennenlernen*) contact *m*
begehbar *Adj.* praticable à pied
begehen* *tr. V. unreg* ① (*Tat*) commettre; (*Dummheit*) faire ② *geh* (*feiern*) célébrer ③ (*Weg*) passer sur
begehren* [bəˈgeːrən] *tr. V. geh* désirer
Begehren <-s, -> *nt geh* désir *m*
begehrenswert *Adj.* (*Person*) désirable; (*Gegenstand*) tentant(e)
begehrt *Adj.* (*Person*) courtisé(e); (*Stellung*) convoité(e)
begeistern* [bəˈgaistɐn] **I.** *tr. V.* enthousiasmer; **jdn für seine Ziele ~** rallier qn à ses visées **II.** *refl. V.* **sich ~** s'enthousiasmer
begeistert **I.** *Adj.* ① enthousiaste; **~ sein** être enthousiasmé ② (*leidenschaftlich*) passionné(e) **II.** *Adv.* avec enthousiasme
Begeisterung <-> *f* enthousiasme *m*
Begierde [bəˈgiːɐ̯də] <-, -n> *f geh* ① **~ nach Macht** soif *f* de pouvoir ② (*sexuelles Verlangen*) concupiscence *f*

B

begierig *Adj.* ❶ avide ❷ (*voll sexuellem Verlangen*) concupiscent(e) (*iron*)

begießen* *tr. V. unreg* arroser

Beginn [bəˈgɪn] <-[e]s> *m* (*zeitlich*) commencement *m;* (*räumlich*) début

beginnen <begann, begonnen> **I.** *intr. V.* commencer; (*erneut beginnen*) recommencer **II.** *tr. V.* (*anfangen*) commencer

beglaubigen* [bəˈglaubɪgən] *tr. V.* (*Unterschrift*) légaliser; (*Testament*) authentifier; **eine Kopie ~ lassen** faire certifier une copie conforme

Beglaubigung <-, -en> *f* (*einer Kopie*) attestation *f* de conformité; (*einer Unterschrift*) légalisation *f;* (*eines Testaments*) authentification *f*

begleichen* *tr. V. unreg* régler

begleiten* *tr. V.* a. MUS accompagner

Begleiter(in) <-s, -> *m(f)* accompagnateur(-trice) *m(f)*

Begleitumstände *Pl* circonstances *fpl* concomitantes

Begleitung <-, -en> *f* ❶ *kein Pl.* (*das Begleiten*) compagnie *f* ❷ *kein Pl.* (*Gesellschaft*) **in ~** accompagné(e) ❸ *kein Pl.* (*Begleiter*) accompagnateur(-trice) *m(f)* ❹ MUS accompagnement *m* [musical]

beglückwünschen* *tr. V.* féliciter

begnadigen* [bəˈgnaːdɪgən] *tr. V.* gracier

Begnadigung <-, -en> *f* grâce *f*

begnügen* [bəˈgnyːgən] *refl. V.* **sich mit etw ~** se contenter de qc

Begonie [-niə] <-, -n> *f* bégonia *m*

begonnen [bəˈgɔnən] *PP von* **beginnen**

begraben* *tr. V. unreg* ❶ enterrer ❷ (*verschütten*) ensevelir

Begräbnis [bəˈgrɛːpnɪs] <-ses, -se> *nt* enterrement *m*

begradigen* [bəˈgraːdɪgən] *tr. V.* rectifier

begreifen* *unreg* **I.** *tr., intr. V.* (*verstehen*) comprendre **II.** *refl. V.* **sich als Künstler ~** se considérer comme artiste

begreiflich *Adj.* compréhensible

begrenzen* *tr. V.* ❶ (*die Grenze bilden*) [dé]limiter ❷ (*beschränken*) limiter

begrenzt **I.** *Adj.* limité(e); (*Rahmen*) étroit(e) **II.** *Adv.* de façon limitée

Begrenzung <-, -en> *f* ❶ *kein Pl.* (*das Begrenzen*) délimitation *f;* (*Geschwindigkeit*) limitation *f* ❷ (*Grenze*) limite *f*

Begriff <-[e]s, -e> *m* ❶ (*Wort*) terme *m;* (*Inhalt*) notion *f* ❷ (*Vorstellung*) conception *f;* **sich** (*Dat*) **einen ~ von etw machen** se faire une idée de qc ❸ (*Inbegriff*) symbole *m*

begriffen *Adj. form* **im Gehen ~ sein** être sur le point de partir

begriffsstutzig *Adj.* borné(e); **~ sein** avoir du mal à comprendre

begründen* *tr. V.* ❶ justifier ❷ (*Geschäft*) fonder; (*Ruhm*) créer

begründet *Adj.* fondé(e) ▸**in etw** (*Dat*) **~ sein** s'expliquer par qc

Begründung *f* ❶ justification *f* ❷ (*Urteilsbegründung*) exposé *m* des motifs

begrüßen* *tr. V.* saluer

begrüßenswert *Adj.* (*Vorschlag*) qui mérite d'être salué; **es ist ~, dass** je me félicite/nous nous félicitons de ce que + *subj*

Begrüßung <-, -en> *f* souhaits *mpl* de bienvenue

begünstigen* [bəˈgʏnstɪgən] *tr. V.* favoriser; JUR prêter assistance à

begutachten* *tr. V.* ❶ (*Schaden*) expertiser ❷ *fam* (*ansehen*) examiner

behaart [bəˈhaːɐ̯t] *Adj.* poilu(e)

behäbig [bəˈhɛːbɪç] *Adj.* (*Person*) flegmatique; (*Bewegung*) posé(e)

behagen* [bəˈhaːgən] *intr. V.* **jdm ~** plaire à qn

Behagen <-s> *nt* plaisir *m*

behaglich [bəˈhaːklɪç] *Adj.* agréable

Behaglichkeit <-> *f* confort *m*

behalten* *tr. V. unreg* ❶ garder ❷ (*nicht vergessen*) retenir

Behälter [bəˈhɛltɐ] <-s, -> *m* récipient *m;* (*groß*) réservoir *m*

behandeln* *tr. V.* ❶ *a. fig* traiter; **jdn/etw schlecht ~** maltraiter qn/qc ❷ (*pflegen*) **etw mit Wachs ~** entretenir qc avec de la cire

Behandlung <-, -en> *f* ❶ traitement *m* ❷ (*einer Verletzung*) soins *mpl* [médicaux] ❸ (*Pflege*) entretien *m* ❹ (*Abhandlung*) **bei der ~ dieser Frage** en traitant cette question

beharren* [bəˈharən] *intr. V.* **auf seiner Meinung ~** ne pas démordre de son opinion

beharrlich **I.** *Adj.* (*Person*) persévérant(e); (*Schweigen*) obstiné(e) **II.** *Adv.* avec ténacité; (*schweigen*) obstinément

behaupten* [bəˈhauptən] **I.** *tr. V.* ❶ prétendre ❷ (*Vorsprung*) maintenir **II.** *refl. V.* **sich gegen jdn/etw ~** s'imposer face à qn/qc

Behauptung <-, -en> *f* ❶ (*Äußerung*) affirmation *f* ❷ (*Verteidigung*) maintien *m*

Behausung <-, -en> *f hum geh* logis *m*

beheben* *tr. V. unreg* ❶ (*Fehler*) réparer; (*Störung*) remédier à ❷ A (*Geldbetrag*) retirer

beheizen* *tr. V.* chauffer

behelfen* *refl. V. unreg* ❶ **sich mit etw ~** se contenter provisoirement de qc ❷ (*auskommen*) **sich ~** se débrouiller

behelfsmäßig *Adj.* provisoire; (*improvisiert*) de fortune

behelligen* [bəˈhɛlɪgən] *tr. V.* importuner (*soutenu*)

beherbergen* [bəˈhɛrbɛrgən] *tr. V.* héberger

beherrschen* **I.** *tr. V.* ❶ (*können*) maîtriser ❷ (*herrschen über*) dominer **II.** *refl. V.* **sich ~** se dominer

beherrscht *Adj.* contrôlé(e)

Beherrschung <-> *f* ❶ (*einer Sprache*) maîtrise *f*; (*eines Handwerks*) connaissance *f* ❷ (*Kontrolle*) maîtrise *f* de soi ❸ (*das Herrschen*) domination *f*

beherzigen* [bəˈhɛrtsɪgən] *tr. V.* (*Rat*) suivre

beherzt [bəˈhɛrtst] **I.** *Adj.* courageux(-euse) **II.** *Adv.* résolument

behilflich [bəˈhɪlflɪç] *Adj.* **jdm ~ sein** aider qn

behindern* *tr. V.* **jdn ~** (*Person, Kleid*) gêner qn; (*Verletzung*) handicaper qn; **schwer behindert** lourdement handicapé(e)

Behinderte(r) *f(m) dekl wie Adj* **geistig/körperlich ~** handicapé(e) *m(f)* mental(e)/physique

behindertengerecht *Adj.* adapté(e) aux handicapés

Behinderung <-, -en> *f* ❶ **geistige/körperliche ~** handicap *m* mental/physique ❷ *kein Pl.* gêne *f*; **~ des Straßenverkehrs** entrave *f* à la circulation

Behörde [bəˈhøːɐdə] <-, -n> *f* ❶ service *m* [administratif] ❷ (*Gebäude*) bâtiment *m* public

behördlich [bəˈhøːɐtlɪç] *Adj.* officiel(le)

behüten* *tr. V.* veiller sur

behütet **I.** *Adj.* protégé(e) **II.** *Adv.* à l'abri du monde

behutsam [bəˈhuːtzaːm] **I.** *Adj.* précautionneux(-euse) **II.** *Adv.* avec précaution

Behutsamkeit <-> *f* précaution *f*

bei [bai] *Präp. + Dat.* ❶ (*räumlich*) **~ jdm** chez qn; (*in der Nähe von jdm*) auprès de qn; **~m Bäcker** chez le boulanger ❷ (*mit*) **etw ~ sich haben** avoir qc sur soi ❸ (*zur Angabe eines Tätigkeitsbereichs*) **~ der Post arbeiten** travailler à la poste ❹ (*an*) **jdn ~ der Hand fassen** prendre qn par la main ❺ (*während*) **~ der Vorführung** pendant la présentation; **~ seiner Ankunft** à son arrivée ❻ (*zur Angabe der Umstände*) **~ Kerzenlicht** aux chandelles; **~ einer Flasche Wein** en buvant une bouteille de vin; **~ vierzig Grad** par quarante degrés ❼ (*im Fall von*) **~ Gefahr** en cas de danger ❽ (*zur Angabe der Herkunft, Urheberschaft*) **der Fehler lag ~ ihr** l'erreur venait d'elle ❾ (*zur Angabe annähernder Größen*) **der Preis liegt ~ hundert Euro** le prix est d'environ cent euros ❿ (*trotz*) **~ all seinen Bemühungen** malgré tous ses efforts ⓫ (*in Schwurformeln*) **~ meiner Ehre** sur mon honneur; **ich schwöre ~ Gott** je jure devant Dieu

bei|behalten* *tr. V. unreg* garder

bei|bringen *tr. V. unreg* ❶ (*lehren*) apprendre; (*zu verstehen geben*) faire comprendre ❷ (*Wunde*) faire

Beichte [ˈbaiçtə] <-, -n> *f* confession *f*

beichten **I.** *tr. V. a. fig, iron fam* (*gestehen*) confesser **II.** *intr. V.* se confesser

Beichtgeheimnis *nt* secret *m* de la confession **Beichtstuhl** *m* confessionnal *m* **Beichtvater** *m* confesseur *m*

beide [ˈbaidə] *Pron., Adj.* ❶ **die ~n Frauen** les deux femmes; **euch ~n** vous deux ❷ (*zwei Dinge*) **~s** les deux [choses]; **eins von ~n!** c'est l'un ou [c'est] l'autre ! ❸ SPORT **fünfzehn ~** quinze partout

beiderlei [ˈbaidɐˈlaɪ] *Adj. inv, attr* **Kinder ~ Geschlechts** des enfants des deux sexes

beiderseitig [ˈbaidɐzaɪtɪç] *Adj.* réciproque

beiderseits [ˈbaidɐzaɪts] **I.** *Adv.* ❶ (*auf beiden Seiten*) des deux côtés ❷ (*gegenseitig*) chacun(e) de son côté

B

II. *Präp. + Gen.* ~ **des Rheins** des deux côtés du Rhin

beidseitig ['baitzaɪtɪç] **I.** *Adj.* (*Beschichtung*) des deux côtés; (*Lähmung*) bilatéral(e) **II.** *Adv.* des deux côtés; ~ **gelähmt sein** avoir une paralysie bilatérale

beidseits CH *s.* **beiderseits II.**

beieinander [baiʔaɪ'nandɐ] *Adv.* (*vereint*) ~ **sein** être réuni(e)s ▶**gut** ~ **sein** SDEUTSCH (*beleibt sein*) être bien en chair; (*körperlich fit sein*) avoir la pêche; (*geistig fit sein*) avoir toute sa tête

beieinander|stehenRR *intr. V. unreg* être réuni(e)s; **dicht** ~ (*zwei Personen*) être là, l'un(e) près de l'autre; (*mehrere Personen*) être là, les un(e)s des autres

Beifahrer(in) *m(f)* passager(-ère) *m(f)* avant

Beifahrersitz *m* siège *m* du passager avant

Beifall <-[e]s> *m* ❶ applaudissements *mpl* ❷ (*Zustimmung*) approbation *f*

beifällig ['baifɛlɪç] **I.** *Adj.* approbateur (-trice) **II.** *Adv.* (*nicken*) d'un air approbateur

bei|fügen *tr. V.* ❶ joindre ❷ (*Bemerkung*) ajouter

beige [be:ʃ] *Adj. unv.* beige

bei|geben *tr. V. unreg* ajouter

Beigeschmack *m* ❶ petit goût *m* ❷ *fig* connotation *f*

Beihilfe *f* ❶ (*finanzielle Unterstützung*) aide *f* financière ❷ JUR complicité *f*

Beil [bail] <-[e]s, -e> *nt* hache *f*

Beilage *f* ❶ GASTR garniture *f* ❷ (*Publikation*) supplément *m* ❸ A, CH (*Anlage*) annexe *f*

beiläufig ['bailɔyfɪç] **I.** *Adj.* incident(e) **II.** *Adv.* ❶ (*nebenbei*) incidemment ❷ A (*ungefähr*) à peu près

bei|legen *tr. V.* ❶ joindre ❷ (*schlichten*) régler

Beileid *nt kein Pl.* condoléances *fpl* ▶[**mein**] **herzliches ~!** [mes] sincères condoléances !

bei|liegen *intr. V. unreg* **einer S.** (*Dat*) ~ être joint à qc

beiliegend **I.** *Adj.* joint(e) **II.** *Adv.* ~ **übersenden wir Ihnen ...** veuillez trouver ci-joint ...

beim [baim] = **bei dem** *s.* **bei**

bei|messen *tr. V. unreg* **einer S.** (*Dat*) **Bedeutung** ~ accorder de l'importance à qc

Bein [bain] <-[e]s, -e> *nt* ❶ (*einer Person*) jambe *f;* (*eines Tiers*) patte *f* ❷ (*Tisch-, Stuhlbein*) pied *m* ❸ (*Hosenbein*) jambe *f* ▶**auf eigenen ~en stehen** voler de ses propres ailes; **jdm ein ~ stellen** faire un croche-pied à qn; (*hereinlegen*) mettre des bâtons dans les roues à qn (*fam*)

beinah[e] *Adv.* presque; ~ **hätte es einen Unfall gegeben** il a failli y avoir un accident

Beinbruch *m* fracture *f* de la jambe

beinhalten* [bə'ʔɪnhaltən] *tr. V.* ❶ comporter ❷ (*bedeuten*) signifier

bei|pflichten *intr. V.* **jdm/einer S.** ~ approuver qn/qc

Beirat ['baira:t, *Pl:* 'baɪrɛ:tə] *m* conseil *m* consultatif

beirren* [bə'ʔɪrən] *tr. V.* **sich nicht ~ lassen** ne pas se laisser troubler

beisammen [bai'zamən] *Adv.* ~ **sein** être réuni(e)s ▶**gut** ~ **sein** SDEUTSCH (*beleibt sein*) être bien en chair; (*körperlich fit sein*) avoir la pêche; (*geistig fit sein*) avoir toute sa tête

beisammen|haben *tr. V. unreg fam* avoir [réuni] ▶[**sie**] **nicht alle** ~ *fam* débloquer **beisammen|sein**ALT *s.* **beisammen** **Beisammensein** *nt* réunion *f*

Beischlaf *m form* coït *m*

Beisein ▶**im** ~ en présence; **ohne sein** ~ en son absence

beiseite|gehenRR [bai'zaɪtə-] *intr. V. unreg* s'écarter; **geh bitte etwas beiseite!** écarte-toi un peu, s'il te plaît ! **beiseite|lassen**RR *tr. V. unreg* laisser de côté; **ein Problem** ~ laisser un problème de côté **beiseite|schieben**RR *tr. V. unreg* pousser de côté; **den Einkaufswagen** ~ pousser le caddie de côté

bei|setzen *tr. V. geh* inhumer

Beisetzung <-, -en> *f geh* inhumation *f*

Beispiel *nt* exemple *m*

beispielhaft **I.** *Adj.* ❶ (*vorbildlich*) modèle ❷ (*veranschaulichend*) exemplaire **II.** *Adv.* de manière exemplaire

beispiellos *Adj.* ❶ (*einzigartig gut*) unique ❷ (*einzigartig schlecht*) sans précédent

beispielsweise *Adv.* par exemple

beißen ['baisən] <biss, gebissen> **I.** *tr. V.* mordre **II.** *intr. V.* ❶ mordre ❷ (*brennen*) brûler; **in den Augen ~**

irriter les yeux **III.** *refl. V.* ❶ **sich** (*Akk o Dat*) **auf die Zunge ~** se mordre la langue ❷ (*nicht harmonieren*) **diese Farben ~ sich** ces couleurs jurent entre elles

beißend *Adj.* ❶ (*Geruch*) âcre ❷ *fig* (*Ironie*) caustique

Beistand *m kein Pl.* soutien *m;* (*eines Priesters*) assistance *f*

bei|stehen *intr. V. unreg* assister

bei|steuern *tr. V.* (*Summe*) verser; (*Teil*) apporter

Beistrich *m bes.* A virgule *f*

Beitrag ['baitra:k, *Pl:* 'baɪtrɛ:gə] <-[e]s, Beiträge> *m* ❶ (*Mitgliedsbeitrag*) cotisation *f;* (*Versicherungsbeitrag*) prime *f* ❷ (*Artikel*) article *m* ❸ (*Radiobeitrag*) sujet *m* ❹ (*Mitwirkung*) **einen ~ zu etw leisten** apporter sa contribution à qc

bei|tragen *intr., refl. V. unreg* contribuer

bei|treten *intr. V. unreg + sein* adhérer

Beitritt *m* adhésion *f;* **seinen ~ erklären** s'inscrire

bei|wohnen *intr. V. form* assister

Beize ['baitsə] <-, -n> *f* ❶ teinture *f* ❷ GASTR marinade *f*

beizeiten [bai'tsaɪtən] *Adv.* (*rechtzeitig*) à temps; (*früh*) assez tôt

beizen ['baitsən] *tr. V.* ❶ teinter ❷ GASTR [faire] mariner

bejahen* [bə'ja:ən] *tr. V.* ❶ (*Frage*) répondre par l'affirmative à ❷ (*gutheißen*) approuver

bekämpfen* **I.** *tr. V.* ❶ combattre ❷ (*Krankheit*) lutter contre **II.** *refl. V.* **sich [gegenseitig] ~** se combattre [mutuellement]

Bekämpfung <-, -en> *f* lutte *f*

bekannt [bə'kant] *Adj.* ❶ (*berühmt*) **~ werden** accéder à la notoriété; **~ für etw sein** être connu pour qc ❷ (*nicht unbekannt*) connu(e); **das ist doch allgemein ~** tout le monde sait cela ❸ (*nicht fremd*) **jdm ~ sein** être connu à qn; **jdn mit jdm ~ machen** présenter qn à qn; **mit jdm ~ sein** connaître qn ❹ (*öffentlich*) **~ geben** (*Wahlergebnis*) proclamer; **~ machen** (*Aufruf*) publier; (*Information*) révéler

Bekannte(r) *f(m) dekl wie Adj* connaissance *f;* (*Freund*) ami(e) *m(f)*

Bekanntenkreis *m* relations *fpl*

bekannt|geben *s.* **bekannt 4**

Bekanntheit <-> *f* notoriété *f*

Bekanntheitsgrad *m* degré *m* de notoriété

bekanntlich *Adv.* comme chacun sait

bekannt|machen *s.* **bekannt 4**

Bekanntmachung <-, -en> *f* ❶ publication *f* ❷ (*Anschlag*) avis *m*

Bekanntschaft <-, -en> *f* connaissance *f;* **jds ~ machen** faire la connaissance de qn

bekehren* *tr. V.* **jdn/sich zu etw ~** convertir qn/se convertir à qc

Bekehrung <-, -en> *f* conversion *f*

bekennen* *unreg* **I.** *tr. V.* ❶ reconnaître ❷ REL confesser **II.** *refl. V.* ❶ **sich zu jdm ~** se prononcer pour qn; **sich schuldig ~** s'avouer coupable ❷ (*sich zeigen als*) **~der Christ sein** être chrétien déclaré

Bekenntnis [bə'kɛntnɪs] *nt* ❶ (*Eingeständnis*) aveu *m* ❷ (*das Eintreten*) **~ zu etw** profession *f* de foi en faveur de qc ❸ REL confession *f*

beklagen* **I.** *tr. V.* déplorer **II.** *refl. V.* **sich ~** se plaindre

beklagenswert *Adj.* regrettable

bekleiden*geh* **I.** *tr. V.* (*Posten*) occuper; (*Amt*) exercer **II.** *refl. V.* **sich ~** se vêtir

bekleidet *Adj.* vêtu(e); **mit etw ~ sein** être vêtu de qc

Bekleidung *f* ❶ vêtements *mpl* ❷ *kein Pl. form* (*eines Amtes*) exercice *m*

beklemmend **I.** *Adj.* ❶ (*Enge*) oppressant(e) ❷ (*Schweigen*) angoissant(e) **II.** *Adv.* **~ wirken** (*Zimmer*) avoir quelque chose d'oppressant

Beklemmung <-, -en> *f* oppression *f;* **~en bekommen** être pris d'angoisses

Beklommenheit <-> *f* angoisse *f*

bekloppt [bə'klɔpt] *s.* **bescheuert**

bekommen* *unreg* **I.** *tr. V. + haben* ❶ recevoir; (*Anschluss*) obtenir; **soeben ~ wir die Nachricht, dass ...** nous venons d'apprendre que ...; **was ~ Sie für die Fahrt?** combien vous dois-je pour la course ? ❷ *fig* **etw zu tun ~** aller avoir de quoi faire; **sie hat ihren Wunsch erfüllt ~** elle a eu ce qu'elle a souhaité ❸ (*Ärger*) avoir ❹ (*Krankheit*) attraper; (*Schlaganfall*) avoir ❺ (*Angst*) avoir; **Risse ~** se fissurer; **Flecken ~** se tacher ❻ (*zur Welt bringen*) **sie hat gestern ein Mädchen ~** elle a eu une fille hier

B

B

❼ (*erwarten*) **sie ~ Nachwuchs** ils attendent une naissance ❽ (*Zug*) avoir (*fam*) ❾ (*behandelt werden mit*) devoir prendre ❿ (*wünschen*) **was ~ Sie bitte?** qu'est-ce que vous désirez ?; **ich bekomme ein Brötchen** pour moi, ce sera un petit pain ⓫ (*bewegen können*) **etw nach oben/unten ~** arriver à monter/descendre qc **II.** *intr. V. + sein* **das Essen ist ihr gut/nicht ~** elle a bien/n'a pas supporté le repas

bekömmlich [bə'kœmlɪç] *Adj.* digeste

bekräftigen* *tr. V.* confirmer

Bekräftigung <-, -en> *f* confirmation *f*

bekreuzigen* *refl. V.* **sich ~** se signer

bekümmert *Adj.* préoccupé(e); (*traurig*) affligé(e)

bekunden* [bə'kʊndən] *tr. V.* **sein Interesse/seine Abneigung ~** manifester son intérêt/sa réprobation

belächeln* *tr. V.* sourire de

beladen* *unreg* **I.** *tr. V.* (*Wagen*) charger **II.** *refl. V.* **sich mit etw ~** transporter qc; *fig* prendre qc sur soi

Belag [bə'la:k, *Pl:* bə'lɛ:gə] <-[e]s, Beläge> *m* ❶ garniture *f* ❷ (*Zahnbelag*) plaque *f* dentaire ❸ (*Schicht*) dépôt *m*

belagern* [bə'la:gɐn] *tr. V. a. fig fam* assiéger

Belagerung <-, -en> *f* MIL siège *m*

Belang [bə'laŋ] <-[e]s, -e> *m* ❶ *Pl* affaires *fpl* ❷ (*Bedeutung*) **ohne/von ~ sein** être sans importance/avoir de l'importance

belangen* *tr. V.* JUR **jdn wegen etw ~** poursuivre qn [en justice] pour qc

belanglos *Adj.* insignifiant(e)

belassen* *tr. V. unreg* laisser; **es bei etw ~** s'en tenir à qc

belastbar *Adj.* ❶ **eine bis zu zwanzig Tonnen ~e Brücke** un pont pouvant porter une charge allant jusqu'à vingt tonnes ❷ (*beanspruchbar*) **~ sein** être performant

Belastbarkeit <-, -en> *f* ❶ (*einer Brücke*) charge *f* admissible; (*eines Aufzugs*) poids *m* autorisé ❷ *fig* possibilités *fpl* ❸ ÖKOL **die ~ der Atmosphäre ist überschritten** les limites de la pollution atmosphérique sont dépassées ❹ FIN capacité *f* fiscale

belasten* **I.** *tr. V.* ❶ (*beschweren*) charger ❷ (*Person*) exiger trop de; **jdn mit Arbeit ~** accabler qn de travail ❸ (*bedrücken*) encombrer; **etw belastet ihn** qc pèse sur lui ❹ ÖKOL polluer; **stark belastet sein** être très pollué ❺ MED solliciter ❻ JUR charger ❼ FIN débiter **II.** *refl. V.* ❶ (*sich aufbürden*) **sich mit etw ~** s'encombrer de qc ❷ JUR **sich [selbst] ~** se charger soi-même

belästigen* [bə'lɛstɪgən] *tr. V.* **jdn ~** (*Person*) incommoder qn; (*Lärm*) gêner qn; **jdn sexuell ~** harceler qn sexuellement

Belästigung <-, -en> *f* harcèlement *m*

Belastung [bə'lastʊŋ] <-, -en> *f* ❶ (*schweres Gewicht*) charge *f* ❷ (*einer Person*) charges *fpl*; (*Last*) corvée *f* ❸ (*Bürde*) poids *m* ❹ ÖKOL pollution *f*; **eine ~ der Umwelt darstellen** représenter une nuisance pour l'environnement ❺ (*Beanspruchung*) **eine ~ für die Nerven sein** mettre les nerfs à l'épreuve ❻ JUR charges *fpl* ❼ (*eines Steuerzahlers*) charge *f*; (*eines Kontos*) débit *m* ❽ *Pl* (*Ausgaben*) dépenses *fpl*

belauern* *tr. V.* épier

belaufen* *refl. V. unreg* **sich auf hundert Euro** (*Akk*) **~** se monter à cent euros

beleben* **I.** *tr. V.* ❶ (*Person*) ragaillardir; (*Kreislauf*) activer ❷ (*Unterhaltung*) animer; **etw neu ~** ranimer qc ❸ (*Konjunktur*) stimuler; **etw neu ~** relancer qc **II.** *refl. V.* ❶ **sich wieder** [*o* **neu**] **~** (*Konjunktur*) connaître une reprise ❷ (*sich bevölkern*) **sich ~** (*Straßen*) s'animer **III.** *intr. V.* (*anregend wirken*) stimuler

belebend *Adj.* (*anregend*) stimulant(e)

belebt *Adj.* ❶ (*bevölkert*) animé(e) ❷ (*lebendig*) vivant(e)

Beleg [bə'le:k] <-[e]s, -e> *m* ❶ (*Kassenbon*) ticket *m* de caisse; (*Quittung*) quittance *f* ❷ (*Nachweis*) justificatif *m*; (*Unterlage*) document *m* ❸ (*Quellennachweis*) référence *f*

belegen* *tr. V.* ❶ GASTR **mit etw ~** garnir de qc ❷ (*Abstammung*) prouver; (*Behauptung*) justifier ❸ (*bestrafen*) **jdn mit einem Bußgeld ~** frapper qn d'une amende ❹ (*Kurs*) suivre ❺ (*innehaben*) occuper

Belegschaft <-, -en> *f* effectif *m*

belegt *Adj.* (*Zunge*) chargé(e); (*Mandeln*) blanc(blanche); (*Stimme*) enroué(e)

belehren* *tr. V.* ❶ *pej* faire la leçon à ❷ (*informieren*) informer; JUR renseigner ❸ **sich ~ lassen** accepter d'entendre raison
Belehrung <-, -en> *f* ❶ *pej* conseil *m* ❷ (*eines Angeklagten*) information *f*
beleibt [bəˈlaipt] *Adj. geh* corpulent(e)
beleidigen* [bəˈlaidɪgən] *tr. V.* offenser; **~d** offensant(e)
beleidigt *Adj.* offensé(e); **~ sein** être vexé
Beleidigung <-, -en> *f* injure *f*
belesen *Adj.* cultivé(e)
beleuchten* *tr. V.* ❶ (*erhellen*) éclairer ❷ (*festlich*) illuminer ❸ *geh* (*Problem*) examiner
Beleuchtung <-, -en> *f* ❶ éclairage *m* ❷ (*Festbeleuchtung*) illumination *f*
Belgien [ˈbɛlgi̯ən] <-s> *nt* la Belgique
Belgier(in) [ˈbɛlgi̯ɐ] <-s, -> *m(f)* Belge *mf*
belgisch *Adj.* belge
Belgrad [ˈbɛlgraːt] <-s> *nt* Belgrade
belichten* *tr. V.* exposer
Belichtung <-, -en> *f* exposition *f*
Belichtungsmesser <-s, -> *m* posemètre *m*
Belieben <-s> *nt* **ganz nach ~** tout à sa/ma/... guise
beliebig **I.** *Adj.* quelconque **II.** *Adv.* à volonté; **~ viele Versuche machen** faire autant d'essais que l'on veut; **~ lange/oft** aussi longtemps/souvent que l'on veut
beliebt *Adj.* apprécié(e); **sich ~ machen** se faire bien voir
Beliebtheit <-> *f* popularité *f*; (*eines Films*) audience *f*; (*eines Orts*) renommée *f*
beliefern *tr. V.* fournir
bellen [ˈbɛlən] *intr. V.* aboyer
belohnen* *tr. V.* récompenser
Belohnung <-, -en> *f* récompense *f*
Belüftung *f* ❶ *kein Pl.* (*das Belüften*) aération *f* ❷ (*Anlage*) ventilation *f*
belügen* *unreg* **I.** *tr. V.* mentir à **II.** *refl. V.* **sich** [**selbst**] **~** se faire des illusions
belustigen* [bəˈlʊstɪgən] **I.** *tr. V.* amuser **II.** *refl. V. geh* **sich über jdn/etw ~** s'amuser de qn/qc
bemächtigen* [bəˈmɛçtɪgən] *refl. V. geh* **sich jds/einer S.** (*Gen*) **~** s'emparer de qn/qc
bemalen* *tr. V.* peindre
bemängeln* [bəˈmɛŋəln] *tr. V.* **~, dass** se plaindre [de ce] que + *subj*
bemannt [bəˈmant] *Adj.* habité(e)
bemerkbar *Adj.* perceptible; **sich ~ machen** se manifester
bemerken* *tr. V.* ❶ (*wahrnehmen*) remarquer ❷ (*äußern*) faire une remarque
bemerkenswert *Adj.* remarquable
Bemerkung <-, -en> *f* remarque *f*
bemitleiden* [bəˈmɪtlaidən] **I.** *tr. V.* prendre en pitié **II.** *refl. V.* **sich** [**selbst**] **~** se lamenter sur son [propre] sort
bemitleidenswert *Adj.* pitoyable
bemühen* [bəˈmyːən] *refl. V.* ❶ (*sich Mühe geben*) **sich ~** faire des efforts; **bitte ~ Sie sich nicht!** je vous en prie, ne vous dérangez pas ! ❷ (*sich kümmern*) **sich um jdn ~** être aux petits soins avec qn; **sich um eine Stelle ~** s'efforcer d'obtenir un poste
bemüht *Adj.* (*Mitarbeiter*) sérieux(-euse); (*Schüler*) appliqué(e); **um Gerechtigkeit ~ sein** s'efforcer d'être juste
Bemühung <-, -en> *f* ❶ effort *m* ❷ *Pl* (*eines Arztes*) soins *mpl*; (*eines Anwalts*) services *mpl*
bemuttern* [bəˈmʊtɐn] *tr. V.* materner
benachbart [bəˈnaxbaːɐ̯t] *Adj.* voisin(e)
benachrichtigen* [bəˈnaːxrɪçtɪgən] *tr. V.* informer
Benachrichtigung <-, -en> *f* notification *f*
benachteiligen* [bəˈnaːxtailɪgən] *tr. V.* ❶ désavantager ❷ (*behindern*) handicaper
Benachteiligung <-, -en> *f* ❶ *kein Pl.* (*das Benachteiligen*) **die ständige ~ von Minderheiten** le fait que les minorités sont constamment défavorisées ❷ (*Nachteil*) handicap *m*
BendelALT *s.* **Bändel**
benehmen* *refl. V. unreg* se tenir
Benehmen <-s> *nt* comportement *m*
beneiden* [bəˈnaidən] *tr. V.* **jdn um etw ~** envier qc à qn
beneidenswert *Adj.* enviable
Beneluxländer [beneˈlʊkslɛndɐ] *Pl* **die ~** le Benelux
benennen* *tr. V. unreg* ❶ nommer ❷ (*nennen*) désigner
Bengel [ˈbɛŋəl] <-s, -[s]> *m* ❶ (*frecher Junge*) garnement *m* ❷ *fam* (*netter Junge*) gamin *m*

B

benommen [bəˈnɔmən] *Adj.* (*vom Schlaf, durch Drogen*) abruti(e); (*durch einen Schlag*) sonné(e); (*durch einen Schock*) étourdi(e)

benoten* *tr. V.* noter

benötigen* [bəˈnøːtɪgən] *tr. V.* avoir besoin de

Benotung <-, -en> *f* (*Note*) note *f*

benutzbar *Adj.* (*Gegenstand*) utilisable

benutzen* *tr. V.* ❶ utiliser; (*Literatur*) consulter; **nach dem Benutzen** après usage ❷ (*Bus*) prendre ❸ (*Person*) se servir de

Benutzer(in) <-s, -> *m(f)* (*einer Software*) utilisateur(-trice) *m(f)*; (*eines Verkehrsmittels*) usager(-ère) *m(f)*

benutzerfreundlich *Adj.* (*Gerät*) pratique; (*Computer*) convivial(e) **Benutzeroberfläche** *f* INFORM interface *f* utilisateur

Benutzung *f kein Pl.* usage *m*; (*eines Zimmers*) utilisation *f*; (*eines Nachschlagewerks*) consultation *f*

Benutzungsgebühr *f* taxe *f* d'utilisation

Benzin [bɛnˈtsiːn] <-s, -e> *nt* essence *f*

Benzinkanister *m* bidon *m* d'essence **Benzinverbrauch** *m* consommation *f* d'essence

Benzol [bɛnˈtsoːl] <-s, -e> *nt* CHEM benzène *m*

beobachten* [bəˈʔoːbaxtən] *tr. V.* ❶ observer ❷ (*observieren*) surveiller

Beobachter(in) <-s, -> *m(f)* observateur(-trice) *m(f)*

Beobachtung <-, -en> *f* ❶ observation *f* ❷ (*Kontrolle*) surveillance *f*

bepacken* **I.** *tr. V.* charger **II.** *refl. V.* **sich mit etw ~** se charger de qc

bepflanzen* *tr. V.* (*Beet*) planter

Bepflanzung *f* (*die Pflanzen*) plantations *fpl*

bequem [bəˈkveːm] *Adj.* ❶ confortable; **es sich** (*Dat*) **~ machen** se mettre à l'aise ❷ (*mühelos*) commode ❸ (*leicht zu bedienen*) pratique ❹ *pej* (*Person*) paresseux(-euse)

Bequemlichkeit <-> *f* ❶ confort *m* ❷ (*Trägheit*) paresse *f*

beraten* *unreg* **I.** *tr. V.* ❶ (*informieren*) conseiller ❷ (*besprechen*) délibérer sur **II.** *refl. V.* **sich über jdn/etw ~** débattre de qn/qc; **sich mit jdm über jdn/etw ~** se concerter avec qn au sujet de qn/qc

Berater(in) <-s, -> *m(f)* conseiller(-ère) *m(f)*; COM, FIN, JUR conseil *m*

Beratung <-, -en> *f* ❶ *kein Pl.* (*Besprechung*) délibération *f* ❷ (*eines Patienten*) consultation *f*

berauben* *tr. V.* dévaliser; **jdn einer S.** (*Gen*) **~** dépouiller qn de qc

berauschen* *geh* **I.** *tr. V.* enivrer **II.** *refl. V.* ❶ (*sich betrinken*) s'enivrer ❷ (*in Ekstase geraten*) se délecter

berauschend **I.** *Adj.* (*Droge*) euphorisant(e); (*Getränk, Wirkung*) grisant(e) **II.** *Adv.* **~ wirken** avoir un effet euphorisant

Berber <-s, -> *m* ❶ Berbère *m* ❷ *fam* (*Obdachloser*) clodo *m* ❸ (*Teppich*) tapis *m* berbère

berechenbar [bəˈrɛçənbaːɐ̯] *Adj.* ❶ (*Kosten, Projekt*) évaluable ❷ (*Person*) dont on peut prévoir les réactions; (*Politik*) prévisible

berechnen* *tr. V.* ❶ calculer ❷ (*in Rechnung stellen*) facturer ❸ (*veranschlagen*) prévoir

berechnend *Adj. pej* calculateur(-trice)

Berechnung *f a. pej* calcul *m*

berechtigen* [bəˈrɛçtɪgən] *tr. V.* **berechtigt sein etw zu tun** avoir le droit de faire qc; **sich zu etw berechtigt fühlen** se sentir autorisé(e) à faire qc

berechtigt *Adj.* légitime

Berechtigung <-, -en> *f* ❶ autorisation *f* ❷ (*einer Forderung*) légitimité *f*

bereden* **I.** *tr. V.* ❶ discuter ❷ (*überreden*) convaincre **II.** *refl. V.* **sich ~** se concerter; **sich mit jdm ~** discuter avec qn

Beredsamkeit <-> *f geh* éloquence *f*

beredt [bəˈreːt] *Adj. geh* ❶ expressif(-ive) ❷ (*redegewandt*) éloquent(e)

Bereich [bəˈraiç] <-[e]s, -e> *m* ❶ (*Gebiet*) zone *f* ❷ (*Verantwortungsbereich*) domaine *m*

bereichern* [bəˈraiçɐn] *tr., refl. V.* [**sich**] **~** [s']enrichir

Bereicherung <-, -en> *f* enrichissement *m*

bereinigen* *tr. V.* régler

bereisen* *tr. V.* parcourir

bereit [bəˈrait] *Adj.* ❶ prêt(e) ❷ (*willens*) disposé(e)

bereiten* *tr. V.* ❶ (*Freude*) causer; (*Kopfschmerzen*) donner ❷ (*Überraschung*) réserver ❸ *geh* (*zubereiten*) préparer

bereit|halten **I.** *tr. V. unreg* ❶ (*Ausweis*) préparer; (*Gerät*) tenir prêt(e) ❷ (*Überraschung*) réserver **II.** *refl. V.* **sich ~** se tenir prêt(e)

bereit|legen *tr. V.* préparer

bereit|liegen *intr. V. unreg* être prêt; **für jdn ~** être à la disposition de qn

bereit|machen *refl. V.* **sich ~** se préparer

bereits [bəˈraits] *Adv.* déjà

Bereitschaft <-, -en> *f* ❶ *kein Pl.* bonne volonté *f* ❷ *kein Pl.* (*Bereitschaftsdienst*) service *m* de garde; **~ haben** être de [service de] garde ❸ (*Alarmbereitschaft*) **in ~ sein** être en alerte ❹ (*Einheit der Polizei*) unité *f* de gardes mobiles

Bereitschaftsarzt *m*, **-ärztin** *f* médecin *mf* de garde **Bereitschaftsdienst** *m* service *m* de garde

bereit|stehen *intr. V. unreg* être prêt

bereit|stellen *tr. V.* préparer; **etw für jdn ~** mettre qc à la disposition de qn

bereitwillig **I.** *Adj.* empressé(e) **II.** *Adv.* avec empressement

bereuen* [bəˈrɔyən] *tr. V.* se repentir de

Berg [bɛrk] <-[e]s, -e> *m* ❶ montagne *f*; (*Hügel*) colline *f* ❷ *Pl* (*Gebirge*) montagne *f*; **in die ~e fahren** aller à la montagne ❸ (*große Menge*) **~e von Zeitschriften** des monceaux de revues

bergab [bɛrkˈʔap] *Adv.* en descente; **~ gehen** descendre **bergan** *s.* **bergauf**

Bergarbeiter(in) *m(f)* mineur *m*

bergauf [bɛrkˈʔauf] *Adv.* en montant; **~ gehen** grimper

Bergbau *m kein Pl.* industrie *f* minière; **im ~ arbeiten** travailler à la mine **Bergbewohner(in)** *m(f)* montagnard(e) *m(f)*

bergen [ˈbɛrgən] <birgt, barg, geborgen> *tr. V.* ❶ sauver; (*Ertrunkenen*) remonter; (*Schiffswrack*) renflouer ❷ (*Unfallopfer*) dégager ❸ (*mit sich bringen*) **Vorteile [in sich] ~** présenter des avantages

Berggipfel *m* sommet *m* **Berghütte** *f* refuge *m*

bergig *Adj.* montagneux(-euse)

Bergkette *f* chaîne *f* de montagnes **Bergland** *nt* région *f* montagneuse **Bergmann** <-leute> *m* mineur *m* **Bergpredigt** *f* Sermon *m* sur la Montagne **Bergspitze** *f* pic *m* **bergsteigen** *intr. V. unreg., nur Infin. und PP + haben o sein* faire de l'alpinisme; **das Bergsteigen** l'alpinisme *m* **Bergsteiger(in)** <-s, -> *m(f)* alpiniste *mf*

Bergung [ˈbɛrgʊŋ] <-, -en> *f* sauvetage *m*; (*eines Schiffswracks*) renflouement *m*; (*einer Ladung*) récupération *f*

Bergwacht [ˈbɛrkvaxt] *f* secours *m* en montagne **Bergwand** *f* paroi *f* rocheuse **Bergwanderung** *f* randonnée *f* en montagne **Bergwerk** *nt* mine *f*

B

Bericht [bəˈrɪçt] <-[e]s, -e> *m* ❶ **ein ausführlicher ~** un compte rendu détaillé ❷ (*Report*) **schriftlicher ~** rapport *m* écrit

berichten* **I.** *intr. V.* ❶ **[aus aller Welt] ~** (*Journalist*) envoyer des reportages [du monde entier]; **das Fernsehen berichtet über das Tagesgeschehen** la télévision nous informe sur les faits du jour; **wie uns soeben berichtet wird** comme on nous le communique à l'instant ❷ (*mitteilen*) informer **II.** *tr. V.* raconter

Berichterstatter(in) [bəˈrɪçtʔɛɐʃtatɐ] <-s, -> *m(f)* correspondant(e) *m(f)* **Berichterstattung** *f* ❶ (*Nachrichteninformation*) reportage *m* ❷ POL consultation *f*

berichtigen* [bəˈrɪçtɪgən] *tr. V.* a. JUR corriger

Berichtigung <-, -en> *f* ❶ correction *f* ❷ JUR rectification *f*

berieseln* *tr. V.* (*bewässern*) arroser

beritten [bəˈrɪtən] *Adj.* à cheval

Berlin [bɛrˈliːn] <-s> *nt* Berlin

Die Berliner Filmfestspiele, le festival cinématographique de Berlin, également appelé *die Berlinale*, existe depuis 1951. Ingmar Bergman, Jean-Luc Godard, Claude Chabrol, Patrice Chéreau, entre autres, ont été applaudis à Berlin pour leurs œuvres. Les films sont présentés avec une catégorie spéciale dans laquelle entrent les films pour enfants et un forum international consacré aux jeunes producteurs. Les récompenses sont des ours (symbole de Berlin) en or et en argent, ainsi que, depuis 1986, la Caméra de la Berlinale.

B

Berliner[1] *Adj. attr* berlinois(e), de Berlin
Berliner[2] <-s, -> *m* ❶ (*Einwohner Berlins*) Berlinois *m* ❷ (*Gebäck*) beignet *m*
Berlinerin <-, -nen> *f* Berlinoise *f*
Bermudas [bɛr'mu:das] *Pl* ❶ GEO **die ~** les Bermudes *fpl* ❷ (*Hosen*) bermuda *m*
Bern [bɛrn] <-s> *nt* Berne
Berner(in) <-s, -> *m(f)* Bernois(e) *m(f)*
Bernstein *m kein Pl.* ambre *m* jaune
bersten ['bɛrstən] <birst, barst, geborsten> *intr. V. + sein geh* ❶ (*Vase*) se fendre; (*Erde*) exploser; (*Reifen*) crever ❷ *fig* crever de
berüchtigt [bə'rʏçtɪçt] *Adj.* (*Person*) tristement célèbre; (*Gegend*) mal famé(e)
berücksichtigen* [bə'rʏkzɪçtɪgən] *tr. V.* ❶ tenir compte de ❷ (*wohlwollend prüfen*) prendre en considération
Berücksichtigung <-> *f* prise *f* en considération; **unter ~ seines Alters** compte tenu de son âge
Beruf [bə'ru:f] <-[e]s, -e> *m* profession *f*; (*Handwerksberuf*) métier *m*
berufen[1] *Adj.* ❶ (*kompetent*) compétent(e) ❷ (*auserwählt*) **sich für etw ~ fühlen** se sentir une vocation pour qc
berufen*[2] *unreg* **I.** *tr. V.* **jdn in ein Amt ~** nommer qn à une fonction **II.** *refl. V.* **sich auf jdn/etw ~** se référer à qn/qc
beruflich *Adj.* professionnel(le)
Berufsausbildung *f* formation *f* professionnelle **Berufsaussichten** *Pl* débouchés *mpl* **Berufsberater(in)** *m(f)* conseiller(-ère) *m(f)* d'orientation **Berufsberatung** *f* orientation *f* professionnelle **Berufserfahrung** *f* expérience *f* professionnelle **Berufskrankheit** *f* maladie *f* professionnelle **Berufsleben** *nt* vie *f* professionnelle; **im ~ stehen** exercer une activité professionnelle
berufsmäßig **I.** *Adj.* professionnel(le) **II.** *Adv.* professionnellement
Berufsrisiko *nt* risques *mpl* du métier **Berufsschule** *f* centre *m* de formation [professionnelle]
Berufssoldat(in) *m(f)* soldat(e) *m(f)* de métier **berufstätig** *Adj.* actif(-ive); **~ sein** travailler **Berufstätige(r)** *f(m) dekl wie Adj* personne *f* active **Berufsverkehr** *m* circulation *f* aux heures de pointe
Berufung [bə'ru:fʊŋ] <-, -en> *f* ❶ JUR appel *m*; (*in Frankreich*) cassation *f* ❷ (*Angebot für ein Amt*) nomination *f* ❸ (*innere Bestimmung*) vocation *f* ❹ (*Bezugnahme*) **unter ~ auf jdn/etw** en se référant à qn/qc
beruhen* *intr. V.* **auf etw** (*Dat*) **~** (*Angelegenheit*) reposer sur qc; (*Brauch*) remonter à qc ▶ **etw auf sich** (*Dat*) **~ lassen** ne pas donner suite à qc
beruhigen* [bə'ru:ɪgən] **I.** *tr. V.* ❶ **jdn ~** (*Medikament*) calmer qn; (*Nachricht*) rassurer qn ❷ (*Bedenken zerstreuen*) rassurer; (*trösten*) calmer ❸ (*Verkehr*) réduire **II.** *refl. V.* **sich ~** se calmer
beruhigend **I.** *Adj.* ❶ (*Gewissheit, Nachricht*) rassurant(e); (*Musik*) apaisant(e) ❷ MED (*Medikament*) calmant(e) **II.** *Adv.* de façon rassurante; **~ wirken** (*Medikament*) avoir un effet calmant
Beruhigung <-> *f* ❶ (*das Beruhigen*) **zur ~ der Nerven** pour calmer les nerfs ❷ (*das Beruhigtsein*) apaisement *m* ❸ (*Versicherung*) **zu deiner ~ ...** pour te rassurer, ...
Beruhigungsmittel *nt* calmant *m*
berühmt [bə'ry:mt] *Adj.* célèbre
Berühmtheit <-, -en> *f* célébrité *f*
berühren* **I.** *tr. V.* ❶ toucher ❷ (*kurz erwähnen*) évoquer **II.** *refl. V.* **sich ~** se toucher
Berührung <-, -en> *f* ❶ contact *m*; (*leicht*) effleurement *m* ❷ (*eines Themas*) évocation *f*
Berührungsangst *f meist Pl.* peur des contacts **Berührungspunkt** *m* point *m* commun; MATH point *m* de contact
besagen* *tr. V.* **~, dass ...** vouloir dire que ...; **was besagt das schon?** qu'est-ce que ça prouve ?
besänftigen* [bə'zɛnftɪgən] *tr. V.* calmer
Besatzung <-, -en> *f* (*eines Panzers*) équipage *m*; (*einer Festung*) garnison *f*
Besatzungsmacht *f* occupant *m* **Besatzungszone** *f* zone *f* d'occupation
besaufen* *refl. V. unreg fam* **sich ~** se soûler la gueule
Besäufnis [bə'zɔyfnɪs] <-ses, -se> *nt fam* beuverie *f*
beschädigen* *tr. V.* abîmer; (*Fahrzeug*) endommager
Beschädigung <-, -en> *f* ❶ *kein Pl.* (*das Beschädigen*) endommagement *m* ❷ (*beschädigte Stelle*) dégâts *mpl*
beschaffen*[1] *tr. V.* procurer

beschaffen[2] *Adj. form* **so ~ sein, dass** être tel que

Beschaffenheit <-> *f* texture *f*

beschäftigen* [bəˈʃɛftɪgən] **I.** *refl. V.* **sich mit jdm ~** s'occuper de qn; **sich mit etw ~** s'intéresser à qc **II.** *tr. V.* ❶ **jdn mit etw ~** occuper qn à qc ❷ (*interessieren*) **jdn ~** (*Frage*) préoccuper qn ❸ (*an-, einstellen*) employer

beschäftigt *Adj.* ❶ **mit jdm/etw ~ sein** être occupé avec qn/à qc; **viel ~** très occupé(e) ❷ (*angestellt*) **als Sekretärin/bei einer Bank ~ sein** travailler comme secrétaire/dans une banque

Beschäftigung <-, -en> *f* ❶ occupation *f* ❷ *kein Pl.* (*geistige Tätigkeit*) **~ mit etw** étude *f* de qc ❸ *kein Pl.* (*Beschäftigungsverhältnis*) emploi *m*

beschämen* *tr. V.* faire honte à

beschämend **I.** *Adj.* ❶ humiliant(e) ❷ (*schändlich*) honteux(-euse) **II.** *Adv.* de honte

beschämt *Adj.* (*Person*) honteux(-euse)

beschatten* *tr. V.* **jdn ~** prendre qn en filature; **jdn ~ lassen** faire suivre qn

Beschattung <-, -en> *f* (*Überwachung*) filature *f*

Bescheid [bəˈʃait] <-[e]s, -e> *m* ❶ ADMIN réponse *f;* **positiver ~** confirmation *f;* **negativer ~** réponse *f* négative ❷ (*Nachricht*) information *f;* **jdm ~ geben** informer qn

bescheiden[1] [bəˈʃaidən] **I.** *Adj.* modeste **II.** *Adv.* ❶ modestement ❷ *euph fam* (*miserabel*) **ihm geht es ~** il est mal foutu

bescheiden*[2] *tr. V. unreg form* (*Antrag*) statuer sur; **etw positiv/abschlägig ~** accepter/rejeter qc

Bescheidenheit <-> *f* ❶ (*einer Person*) modestie *f* ❷ (*eines Lebensstils*) simplicité *f* ❸ (*eines Gehalts*) modicité *f;* (*einer Leistung*) médiocrité *f*

bescheinigen* [bəˈʃainɪgən] *tr. V.* **den Empfang einer S.** (*Gen*) **~** accuser réception de qc; **jdm etw ~** faire un certificat de qc à qn

Bescheinigung <-, -en> *f* ❶ *kein Pl.* attestation *f* ❷ (*Dokument*) certificat *m*

bescheißen* *unreg fam* **I.** *tr. V.* **jdn ~** entuber qn **II.** *intr. V.* **bei etw ~** tricher à qc

beschenken* *tr. V.* faire un cadeau/des cadeaux

bescheren* [bəˈʃeːrən] *tr. V.* ❶ **jdm etw ~** offrir qc à qn pour Noël; **jdn mit etw ~** faire cadeau de qc à qn pour Noël ❷ (*zuteilwerden lassen*) **jdm etw ~** accorder qc à qn

Bescherung <-, -en> *f* distribution *f* des cadeaux de Noël

> La veille de Noël (le 24 décembre), les cadeaux destinés aux enfants sont placés sous le sapin de Noël, afin de leur être remis selon la tradition appelée **die Bescherung**. Dans de nombreuses familles, les enfants sont autorisés à déballer leurs cadeaux à la fin du souper de Noël, après la visite du *Christkind* (l'Enfant Jésus).

bescheuert [bəˈʃɔyɐt] *fam* **I.** *Adj.* ❶ (*blöd*) débile ❷ (*Gefühl, Situation*) emmerdant(e); (*Wetter*) dégueulasse **II.** *Adv.* **sich ~ anstellen** faire le con; **~ aussehen** avoir l'air débile

beschießen* *tr. V. unreg* ❶ **jdn/etw ~** (*Geschütze*) mitrailler qn/qc; (*Flugzeug*) bombarder qn/qc ❷ PHYS bombarder

Beschilderung <-, -en> *f* signalisation *f*

beschimpfen* *tr. V.* insulter

Beschimpfung <-, -en> *f* ❶ *kein Pl.* (*das Beschimpfen*) injure *f* ❷ (*Schimpfworte*) insultes *fpl*

beschissen [bəˈʃɪsən] *fam* **I.** *Adj.* (*Situation, Gefühl*) emmerdant(e); (*Wetter, Bezahlung*) dégueulasse **II.** *Adv.* **sich ~ fühlen** être mal foutu; **ihm geht es ~** il est dans la merde (*vulg*)

Beschlag <-[e]s, Beschläge> *m* ferrure *f* ▸ **jdn/etw in ~ nehmen** monopoliser qn/qc

beschlagen*[1] *unreg* **I.** *tr. V. + haben* (*Pferd*) ferrer **II.** *intr. V. + sein* (*anlaufen*) se couvrir de buée

beschlagen[2] *Adj.* **in etw** (*Dat*) **~ sein** être ferré en qc (*fig*)

beschlagnahmen* *tr. V.* ❶ JUR saisir ❷ *iron* (*in Anspruch nehmen*) **jdn ~** accaparer qn

beschleunigen* [bəˈʃlɔynɪgən] **I.** *tr., intr. V.* accélérer; **seine Schritte ~** presser le pas **II.** *refl. V.* **sich ~** s'accélérer

Beschleunigung <-, -en> *f* accélération *f*

B

beschließen* *tr. V. unreg* ① décider ② (*Gesetz*) adopter ③ *geh* (*beenden*) terminer

BeschlussRR <-es, Beschlüsse>, **Beschluß**ALT <-sses, Beschlüsse> *m* ① décision *f*; **einen ~ fassen** prendre une décision ② JUR (*eines Gerichts*) arrêt *m*; **auf ~ des Gerichts** par décret du tribunal

beschmieren* **I.** *tr. V.* ① barbouiller ② (*bestreichen*) tartiner **II.** *refl. V.* **sich ~** se tacher

beschmutzen* *tr. V. a. fig* salir

beschneiden* *tr. V. unreg* ① (*Baum*) tailler; (*Flügel*) rogner ② (*Jungen*) circoncire; (*Mädchen*) exciser ③ (*beschränken*) réduire; (*Rechte*) amputer

Beschneidung <-, -en> *f* ① (*von Bäumen*) taille *f*; (*der Flügel*) rognage *m* ② (*eines Jungen*) circoncision *f*; (*eines Mädchens*) excision *f* ③ (*Beschränkung*) réduction *f*; (*von Rechten*) amputation *f*

beschnüffeln* *tr., refl. V.* [**sich**] ~ [se] renifler

beschönigen* [bəˈʃøːnɪgən] *tr. V.* (*Vorfall*) embellir; **~d** (*Darstellung*) édulcoré(e)

beschränken* [bəˈʃrɛŋkən] **I.** *tr. V.* limiter **II.** *refl. V.* **sich auf etw** (*Akk*) **~** se limiter à qc; **sich darauf ~ etw zu tun** se contenter de faire qc

beschränkt *Adj.* ① (*eingeschränkt*) limité(e); **räumlich ~ sein** être à l'étroit ② *pej* (*geistig*) limité(e) (*fam*); (*engstirnig*) borné(e)

Beschränkung <-, -en> *f* limitation *f*

beschreiben* *tr. V. unreg* ① décrire ② (*Heft*) remplir ③ (*Kreis*) décrire

Beschreibung *f* ① description *f*; (*eines Täters*) signalement *m* ② *fam* (*Gebrauchsanweisung*) notice *f*

beschriften* [bəˈʃrɪftən] *tr. V.* (*Umschlag*) mettre une adresse sur; (*Marmeladenglas*) étiqueter

Beschriftung <-, -en> *f* inscription *f*

beschuldigen* [bəˈʃʊldɪgən] *tr. V.* accuser; JUR inculper

Beschuldigte(r) *f(m) dekl wie Adj* accusé(e) *m(f)*

Beschuldigung <-, -en> *f* accusation *f*

BeschussRR, **Beschuß**ALT *m* ① tir *m*; (*mit automatischen Waffen*) mitraillage *m* ② PHYS (*Neutronenbeschuss*) bombardement *m*

beschützen* *tr. V.* protéger

Beschützer(in) <-s, -> *m(f)* protecteur(-trice) *m(f)*

beschwatzen* *tr. V. fam* (*überreden*) baratiner

Beschwerde [bəˈʃveːɐ̯də] <-, -n> *f* ① plainte *f* ② JUR recours *m* ③ *Pl* MED douleurs *fpl*

beschweren* [bəˈʃveːrən] **I.** *refl. V.* **sich über jdn/etw ~** se plaindre de qn/qc **II.** *tr. V.* **die Briefe mit etw ~** poser qc sur les lettres

beschwerlich *Adj.* pénible

beschwichtigen* [bəˈʃvɪçtɪgən] *tr. V.* calmer; (*Gewissen*) soulager

beschwingt [bəˈʃvɪŋt] *Adj.* (*Person*) plein(e) d'entrain; (*Musik*) entraînant(e); (*Gang*) léger(-ère)

beschwipst *Adj. fam* éméché(e)

beschwören* *tr. V. unreg* ① (*beeiden*) **~, dass …** jurer que … ② (*anflehen*) **jdn ~ etw zu tun** supplier qn de faire qc ③ (*Dämon*) conjurer

beseitigen* [bəˈzaitɪgən] *tr. V.* ① (*Spuren*) faire disparaître; (*Schmutz*) enlever; (*Zweifel*) dissiper ② *euph* (*umbringen*) supprimer

Beseitigung <-> *f* ① (*von Spuren*) élimination *f*; (*eines Zweifels*) dissipation *f* ② *euph* (*Tötung*) suppression *f*

Besen [ˈbeːzən] <-s, -> *m* balai *m*

besessen [bəˈzɛsən] *Adj.* ① obsédé(e) ② REL possédé(e)

Besessenheit <-> *f* ① obsession *f* ② REL possession *f*

besetzen* *tr. V.* ① (*Platz*) réserver ② (*widerrechtlich beziehen*) occuper; (*Haus*) squatter ③ (*Amt*) pourvoir; (*Rolle*) distribuer ④ (*verzieren*) garnir

besetzt *Adj.* ① occupé(e) ② (*Saal*) comble; (*Theater*) plein(e) à craquer ③ (*bezogen*) occupé(e); **ein ~es Haus** un squat

Besetzung <-, -en> *f* ① (*eines Postens*) attribution *f* ② (*einer Rolle*) distribution *f* ③ (*Mannschaftskonstellation*) formation *f* ④ *a.* MIL occupation *f*; (*eines Hauses*) squat *m*

besichtigen* [bəˈzɪçtɪgən] *tr. V.* visiter

Besichtigung <-, -en> *f* visite *f*

besiedeln* [bəˈziːdəln] *tr. V.* ① (*Volk, Pflanzenart*) peupler ② (*kolonisieren*) coloniser

besiegeln* *tr. V.* ① (*bestärken*) sceller;

(*Versprechen*) confirmer ❷ (*Schicksal*) sceller; (*Scheitern*) sanctionner

besiegen* *tr. V.* vaincre; (*Mannschaft*) battre

Besiegte(r) *f(m) dekl wie Adj* vaincu(e) *m(f)*

besinnen* *refl. V. unreg* ❶ (*überlegen*) **sich ~** réfléchir ❷ (*sich erinnern*) **sich ~** se souvenir

Besinnung <-> *f* ❶ connaissance *f;* **bei/ohne ~ sein** être conscient/sans connaissance ❷ (*Reflexion*) recueillement *m*

besinnungslos *Adj.* sans connaissance

Besitz <-es> *m* ❶ (*Eigentum*) biens *mpl*; (*Grundbesitz*) propriété *f;* (*landwirtschaftlicher Besitz*) terres *fpl* ❷ (*das Besitzen*) possession *f*

besitzen* *tr. V. unreg* posséder

Besitzer(in) <-s, -> *m(f)* propriétaire *mf*

besoffen [bə'zɔfən] *Adj. fam* bourré(e)

besohlen* [bə'zo:lən] *tr. V.* mettre une semelle à

Besoldung <-, -en> *f* ❶ rétribution *f* ❷ (*Gehalt*) traitement *m*

besondere(r, s) [bə'zɔndərə, -rɐ, -rəs] *Adj.* ❶ particulier(-ière); (*Umstand*) spécial(e); (*Freude*) tout(e) particulier (-ière); (*Schönheit*) exceptionnel(le) ❷ (*Raum*) à part; (*Weinkarte*) séparé(e)

Besondere(s) *nt dekl wie Adj* **etwas/nichts ~s** quelque chose/rien de spécial ▸**im ~n** en particulier

Besonderheit <-, -en> *f* particularité *f*

besonders [bə'zɔndɐs] *Adv.* ❶ particulièrement; **nicht ~ warm/teuer** pas tellement chaud(e)/cher(chère); **nicht ~ viel** pas vraiment beaucoup ❷ (*vor allem*) surtout; **~ du müsstest das wissen** toi le premier/la première tu devrais savoir ça

besonnen [bə'zɔnən] **I.** *Adj.* réfléchi(e); (*Art*) posé(e) **II.** *Adv.* avec circonspection; **sich ~ verhalten** garder son sang-froid

Besonnenheit <-> *f* circonspection *f*

besorgen* *tr. V.* ❶ procurer ❷ (*kaufen*) acheter ❸ (*Arbeit*) effectuer; (*Auftrag*) se charger de

Besorgnis [bə'zɔrknɪs] <-, -se> *f* inquiétude *f*

besorgniserregend *Adj.* inquiétant(e)

besorgt [bə'zɔrkt] *Adj.* inquiet(-ète); **um etw ~ sein** être très soucieux de qc

Besorgung <-, -en> *f* ❶ course *f* ❷ *kein Pl.* (*das Kaufen*) achat *m*

bespitzeln* *tr. V.* espionner

besprechen* *unreg* **I.** *tr. V.* ❶ discuter; **wie besprochen** comme convenu ❷ (*rezensieren*) faire la critique de ❸ MEDIA enregistrer **II.** *refl. V.* **sich ~** se concerter; **sich mit jdm ~** s'entretenir avec qn

Besprechung <-, -en> *f* ❶ (*Konferenz*) réunion *f;* (*Unterredung*) entretien *m* ❷ (*Rezension*) critique *f* ❸ *kein Pl.* (*das Besprechen*) discussion *f*

bespritzen* **I.** *tr. V.* ❶ (*befeuchten*) asperger ❷ (*beschmutzen*) éclabousser **II.** *refl. V.* **sich ~** ❶ s'asperger ❷ (*sich beschmutzen*) s'éclabousser

besprühen* *tr. V.* ❶ vaporiser ❷ (*Wand*) bomber

besser ['bɛsɐ] **I.** *Adj. Komp. von* **gut** ❶ (*von höherer Qualität*) meilleur(e); **das Wetter wird ~** le temps s'améliore ❷ (*von höherer Qualifikation*) **~ sein** (*höher befähigt*) être meilleur; (*besser geeignet*) être mieux ❸ (*vernünftiger*) **es ist ~, wenn** il vaut mieux que + *subj;* **es ist ~, zuerst das hier zu machen** c'est mieux de commencer par faire ceci ❹ (*Kreise*) supérieur(e) **II.** *Adv. Komp. von* **gut, wohl** (*schwimmen*) mieux; **dieser Käse schmeckt ~ als der andere** ce fromage est meilleur que l'autre; **ich kann das ~!** je sais mieux le faire ! ▸**jdm/einer S. geht es ~** qn/qc va mieux; **immer alles ~ wissen** [**wollen**] se croire plus malin(-igne) que tout le monde; **umso ~!** *fam* tant mieux !

besser|gehen *s.* **besser II.**

bessern **I.** *refl. V.* **sich ~** s'améliorer **II.** *tr. V.* (*Person*) corriger

besser|stellen *tr. V.* (*finanziell stärken: Mitarbeiter, Familien*) améliorer la situation de

Besserung <-> *f* ❶ amélioration *f* ❷ (*Gesundung*) **gute ~!** bon rétablissement !

Besserwisser(in) <-s, -> *m(f) pej* pédant(e) *m(f)*

Bestand [bə'ʃtant, *Pl:* bə'ʃtɛndə] <-[e]s, Bestände> *m* ❶ *kein Pl.* persistance *f;* (*einer Regierung*) stabilité *f;* **~ haben** être durable ❷ (*Menge*) stock *m;* **~ an Bäumen** peuplement *m* [forestier]; **den ~ aufnehmen** faire l'inventaire ❸ *kein Pl.* A (*das Bestehen*) existence *f*

B

beständig *Adj.* ① (*Verhalten*) constant(e); (*Wetter*) stable ② (*Freundschaft*) durable ③ (*widerstandsfähig*) résistant(e) ④ *attr* (*ständig*) continuel(le); (*Regen*) ininterrompu(e)

Beständigkeit <-> *f* ① (*des Wetters*) stabilité *f* ② (*Dauerhaftigkeit*) constance *f* ③ (*Widerstandsfähigkeit*) résistance *f*

Bestandsaufnahme *f* ① inventaire *m* ② *fig* bilan *m*

Bestandteil *m* composant *m;* (*Einzelteil*) élément *m*

bestärken* *tr. V.* appuyer; **jdn in seinem Entschluss ~** conforter qn dans sa décision

bestätigen* [bəˈʃtɛːtɪgən] *tr. V.* ① (*Person*) renforcer la certitude de; (*Theorie*) confirmer ② (*Anwesenheit*) attester; (*Bestellung*) confirmer; (*Eingabe*) valider; **hiermit wird bestätigt, dass** par la présente, nous certifions que

Bestätigung <-, -en> *f* ① a. JUR confirmation *f* ② *kein Pl.* (*der Anwesenheit*) attestation *f;* (*eines Auftrags*) confirmation *f;* (*einer Eingabe*) validation *f* ③ (*der Teilnahme*) attestation *f;* (*eines Auftrags*) confirmation *f*

bestatten* [bəˈʃtatən] *tr. V. geh* inhumer

Bestattung <-, -en> *f geh* inhumation *f,* obsèques *fpl*

bestäuben* [bəˈʃtɔybən] *tr. V.* ① féconder ② GASTR saupoudrer

Bestäubung <-, -en> *f* pollinisation *f*

bestaunen* *tr. V.* admirer

beste(r, s) [ˈbɛstə, -tɐ, -təs] **I.** *Adj. Superl. von* **gut** ① *attr* meilleur(e) ② (*am ~n qualifiziert*) **der/die Beste** le meilleur/la meilleure ▸ **der/die/das erste Beste** le premier venu/la première venue; **zu seinem/ihrem Besten** pour son bien **II.** *Adv.* **er/sie singt am ~n** c'est lui/elle qui chante le mieux; **es wäre [wohl] am ~n, wenn** le mieux serait que + *subj*

bestechen* *unreg* **I.** *tr. V.* ① soudoyer ② (*für sich einnehmen*) séduire **II.** *intr. V.* (*Person*) fasciner; (*Gemälde*) séduire

bestechlich *Adj.* vénal(e)

Bestechung <-, -en> *f* corruption *f;* (*eines Zeugen*) subornation *f*

Besteck <-[e]s, -e> *nt* ① couverts *mpl* ② MED instruments *mpl*

bestehen* *unreg* **I.** *tr. V.* ① (*Prüfung*) réussir ② (*durchstehen*) surmonter **II.** *intr. V.* ① (*gegeben sein*) **es besteht die Möglichkeit, dass** il se peut que + *subj* ② (*Brauch*) exister; **~ bleiben** demeurer ③ (*sich zusammensetzen*) se composer ④ (*zum Inhalt haben*) consister ⑤ (*standhalten*) **vor jdm/etw ~ können** pouvoir affronter qn/qc ⑥ (*insistieren*) **auf etw** (*Dat*) ~ tenir à qc

Bestehen <-s> *nt* ① (*Vorhandensein*) existence *f* ② (*Beharren*) insistance *f* ③ (*erfolgreiches Absolvieren*) **~ einer Prüfung** réussite *f* à un examen

bestehen|bleibenALT *s.* **bestehen II.2**

bestehlen* *tr. V. unreg* voler

besteigen* *tr. V. unreg* ① monter à; (*Berg*) escalader ② (*Pferd*) monter sur ③ (*Bus, Auto*) monter dans; (*Fahrrad*) monter sur

bestellen* *tr. V.* ① (*kaufen wollen*) commander ② (*Hotelzimmer*) réserver ③ (*ausrichten*) transmettre ④ (*Mitarbeiter*) faire venir; (*Taxi*) appeler

Bestellschein *m* bon *m* de commande

Bestellung <-, -en> *f* ① commande *f* ② (*Reservierung*) réservation *f* ③ (*eines Ackers*) culture *f* ④ (*eines Gutachters*) désignation *f*

bestens *Adv.* ① très bien; (*sich bewähren*) parfaitement ② (*danken*) cordialement

besteuern* *tr. V.* (*Person, Firma*) imposer; (*Tabak*) taxer

Besteuerung <-, -en> *f* (*von Einkünften*) imposition *f;* (*von Gütern*) taxation *f*

bestialisch [bɛsˈti̯aːlɪʃ] **I.** *Adj.* ① sauvage ② *fam* (*Gestank*) infect(e) **II.** *Adv. fam* (*wehtun*) vachement

besticken* *tr. V.* broder

Bestie [ˈbɛsti̯ə] <-, -n> *f* ① (*Tier*) bête *f* féroce ② *pej* (*Mensch*) monstre *m*

bestimmen* **I.** *tr. V.* ① (*Preis, Ort*) fixer; (*Grenze*) déterminer ② (*entscheiden*) décider ③ (*Landschaft*) caractériser ④ (*Konjunktur*) déterminer ⑤ (*Tier, Pflanze*) identifier; (*Alter*) déterminer ⑥ (*Nachfolger*) désigner; (*Erbteil*) destiner **II.** *intr. V.* ① (*befehlen*) décider ② (*verfügen*) **über jdn/etw ~** disposer de qn/qc

bestimmt **I.** *Adj.* ① (*Buch*) précis(e) ② (*Summe*) fixé(e); **am ~en Tag/Ort** au jour/lieu dit; **zur ~en Stunde** à l'heure dite ③ LING défini(e) ④ (*Person*) décidé(e); *(Ton)* ferme ❺ *(Kreise)* certain(e) **II.** *Adv.* ❶ *(sicher)* certainement; **~ wissen, dass** être sûr que ❷ *(entschieden)* catégoriquement

Bestimmtheit <-> *f* détermination *f;* *(eines Tons)* fermeté *f*

Bestimmung <-, -en> *f* ❶ *(Vorschrift)* règlement *m;* *(vertraglich)* clause *f* ❷ *kein Pl.* *(Zweck)* destination *f* ❸ *(Schicksal)* destinée *f* ❹ *(Festlegung)* fixation *f* ❺ *(eines Fundes)* identification *f;* *(des Alters)* détermination *f* ❻ *(Definition)* définition *f*

Bestimmungsort *m* [lieu *m* de] destination *f*

bestrafen* *tr. V.* ❶ punir; *(Sportler)* pénaliser ❷ JUR condamner

Bestrafung <-, -en> *f* punition *f;* *(eines Sportlers)* pénalisation *f*

bestrahlen* *tr. V.* MED **jdn ~** traiter qn aux rayons X

Bestrahlung *f* MED radiothérapie *f*

Bestreben *nt* **im ~ etw zu tun** soucieux(-euse) de faire qc

bestrebt *Adj.* **~ sein etw zu tun** s'efforcer de faire qc

bestreichen* *tr. V. unreg* enduire; *(mit Butter)* beurrer; *(mit Marmelade)* tartiner

bestreiken* *tr. V.* *(Firma)* faire grève dans; **der Betrieb wird bestreikt** l'entreprise est en grève; **bestreikt** en grève

bestreiten* *tr. V. unreg* ❶ contester; **~ etw zu tun** nier faire qc ❷ *(Kosten)* payer; *(Studium)* financer ❸ *(Veranstaltung)* assurer

bestreuen* *tr. V.* saupoudrer

Bestseller ['bɛstzɛlɐ] <-s, -> *m* bestseller *m*

bestürzt [bə'ʃtʏrtst] **I.** *Adj.* bouleversé(e); *(Miene)* consterné(e) **II.** *Adv.* avec consternation

Bestürzung <-> *f* consternation *f*

Besuch [bə'zu:x] <-[e]s, -e> *m* ❶ visite *f;* **einen ~ bei jdm machen** aller voir qn ❷ *(Frequentieren)* fréquentation *f* ❸ *(Besucher)* visiteur *m;* *(Gast)* invité(e) *m(f)*

besuchen* *tr. V.* ❶ aller voir ❷ *(Patienten)* visiter ❸ *(Theater)* aller à; *(Museum)* visiter; *(Kurs)* suivre

Besucher(in) <-s, -> *m(f)* ❶ visiteur(-euse) *m(f);* *(Gast)* invité(e) *m(f)* ❷ *(einer Veranstaltung)* visiteur(-euse) *m(f)* ❸ *(Zuschauer)* spectateur(-trice) *m(f);* *(Zuhörer)* auditeur(-trice) *m(f)* ❹ *(Teilnehmer)* participant(e) *m(f)*

Besuchszeit *f* heures *fpl* de visite

betagt [bə'ta:kt] *Adj. geh* âgé(e)

betasten* *tr. V.* palper; *(Frucht)* tâter

betätigen* [bə'tɛ:tɪgən] **I.** *tr. V.* actionner; *(Pedal)* appuyer sur; *(Knopf)* tourner; *(Wasserspülung)* tirer **II.** *refl. V.* *(aktiv sein)* **sich politisch ~** faire de la politique

Betätigung <-, -en> *f* *(Tätigkeit)* activité *f*

Betätigungsfeld *nt* domaine *m*

betäuben* [bə'tɔybən] *tr. V.* ❶ MED endormir ❷ *(unterdrücken)* **seinen Kummer mit Alkohol ~** noyer son chagrin dans l'alcool ▶ **[wie] betäubt sein** *(Person)* être [comme] assommé

betäubend *Adj.* *(Lärm)* assourdissant(e); *(Duft)* entêtant(e)

Betäubung <-, -en> *f* ❶ MED anesthésie *f* ❷ *(Benommenheit)* étourdissement *m*

Betäubungsmittel *nt* anesthésique *m*

Bete ['be:tə] <-, -n> *f* **Rote ~** betterave *f* rouge

beteiligen* [bə'tailɪgən] **I.** *tr. V.* **jdn am Gewinn ~** attribuer une part du bénéfice à qn; **jdn an einer Firma ~** faire participer qn aux bénéfices d'une entreprise **II.** *refl. V.* **sich ~** *(Dat)* participer

beteiligt *Adj.* ❶ **an etw** *(Dat)* **~ sein** *(teilnehmen, mitwirken)* être associé à qc; *(verwickelt sein)* être impliqué dans qc ❷ FIN, COM **an einer Firma ~ sein** avoir une part dans une entreprise

Beteiligte(r) *f(m) dekl wie Adj* participant(e) *m(f);* *(Betroffener)* personne *f* concernée

Beteiligung <-, -en> *f* ❶ *kein Pl.* *(Teilnahme)* **~ an etw** *(Dat)* participation *f* à qc ❷ FIN, COM **~ an etw** *(Dat)* participation *f* dans qc

beten ['be:tən] **I.** *intr. V.* **zu Gott ~** prier Dieu; **für jdn ~** prier pour qn **II.** *tr. V.* *(Vaterunser)* dire

beteuern* [bə'tɔyɐn] *tr. V.* assurer

Beton [be'tɔŋ] <-s> *m* béton *m*

betonen* [bə'to:nən] *tr. V.* ❶ LING accentuer ❷ *(zur Geltung bringen)* souligner ❸ *(nachdrücklich erwähnen)* insister sur

B

betonieren* [beto'niːrən] *tr. V.* bétonner

betont [bə'toːnt] **I.** *Adj.* (*Höflichkeit*) marqué(e); (*Eleganz*) prononcé(e); (*Gleichgültigkeit*) ostensible **II.** *Adv.* ostensiblement

Betonung <-, -en> *f* ❶ LING accentuation *f* ❷ *kein Pl.* (*das Hervorheben*) mise *f* en valeur ❸ *kein Pl.* (*nachdrückliche Erwähnung*) **die ~ einer S.** (*Gen*) l'accent *m* mis sur qc ❹ *kein Pl.* (*Nachdruck*) insistance *f*

betr. *Abk. von* **betreffend, betreffs**

Betr. *Abk. von* **Betreff**

Betracht [bə'traxt] <-[e]s> *m* ▸**in ~/nicht in ~ kommen** entrer/ne pas entrer en ligne de compte; **etw außer ~ lassen** ne pas prendre qc en considération; **in ~ ziehen, dass** envisager que + *subj*

betrachten* **I.** *tr. V.* ❶ contempler; (*Foto*) regarder; (*Gegenstand*) examiner ❷ (*untersuchen*) **genau betrachtet** tout bien considéré ❸ (*halten für*) **jdn als Freund ~** considérer qn comme un ami **II.** *refl. V.* ❶ (*sich anschauen*) **sich ~** se contempler ❷ (*sich halten für*) **sich als jds Freund ~** se considérer comme l'ami de qn

Betrachter(in) <-s, -> *m(f)* contemplateur(-trice) *m(f)*; (*eines Geschehens*) observateur(-trice) *m(f)*

beträchtlich [bə'trɛçtlɪç] **I.** *Adj.* considérable **II.** *Adv.* considérablement; (*höher, niedriger*) nettement

Betrachtung <-, -en> *f* ❶ *kein Pl.* contemplation *f*; (*eines Gegenstands*) observation *f* ❷ (*Analyse*) étude *f*

Betrag [bə'traːk, *Pl:* bə'trɛːgə] <-[e]s, Beträge> *m* (*Rechnungsbetrag*) montant *m*; (*Geldbetrag*) somme *f*; **~ dankend erhalten** pour acquit

betragen* *unreg* **I.** *intr. V.* (*Euro, Prozent*) s'élever à; (*Meter, Tonnen*) représenter **II.** *refl. V.* **sich ~** se conduire

Betragen <-s> *nt* conduite *f*

Betreff [bə'trɛf] <-[e]s, -e> *m form* objet *m*

betreffen* *tr. V. unreg* concerner; **was mich/dich betrifft** quant à moi/toi

betreffend *Adj. attr* ❶ (*besagt*) **die ~e Zeitung** le journal en question ❷ (*zuständig*) **die ~e Kollegin** la collègue compétente ❸ (*bezüglich*) **den Vertrag ~** concernant le contrat

betreffs *Präp. + Gen. form* **~ Ihres Angebots** concernant votre offre

betreiben* *tr. V. unreg* ❶ (*Gewerbe*) exercer; (*Forschung*) effectuer; (*Politik*) pratiquer ❷ (*Firma*) tenir; (*Kraftwerk*) exploiter ❸ (*Stilllegung*) travailler à; (*Untersuchung*) mener ❹ TECH **mit Batterien betrieben werden** fonctionner à pile

Betreiber(in) <-s, -> *m(f)* exploitant(e) *m(f)*; (*eines Geschäfts*) gérant(e) *m(f)*

betreten*1 *tr. V. unreg* ❶ (*Gebäude*) entrer dans; (*Podium*) monter sur; (*Bühne*) entrer en ❷ (*Teppich*) marcher sur ❸ *fig* **gefährliches Terrain ~** aborder un sujet dangereux

betreten[2] *Adj.* (*Person*) gêné(e); (*Schweigen*) embarrassé(e)

betreuen* [bə'trɔyən] *tr. V.* (*Kind, Patienten*) prendre en charge; (*Kunden, Tier*) s'occuper de; (*Abteilung*) être responsable de

Betreuer(in) <-s, -> *m(f)* (*einer Reisegruppe*) responsable *mf*; (*einer Mannschaft*) dirigeant(e) *m(f)*; **medizinischer ~** soigneur *m*

Betreuung <-> *f* ❶ (*das Betreuen*) prise *f* en charge ❷ (*Betreuer: von Pflegebedürftigen*) aide-soignant(e) *m(f)*; (*einer Mannschaft*) encadrement *m*

Betrieb [bə'triːp] <-[e]s, -e> *m* ❶ (*Industriebetrieb*) entreprise *f* ❷ (*Belegschaft*) personnel *m* ❸ *kein Pl.* (*Betriebsamkeit*) activité *f* ❹ (*Ablauf*) activité *f*; (*einer Maschine*) fonctionnement *m*; **etw in ~ setzen** mettre qc en marche; **in/außer ~ sein** être en/hors service

betrieblich *Adj. attr* ❶ (*zur Firma gehörend*) de l'entreprise; (*Leistungen*) d'entreprise ❷ (*firmenintern*) interne à l'entreprise

Betriebsausflug *m* sortie *f* d'entreprise **betriebsbereit** *Adj.* prêt(e) à fonctionner **Betriebsferien** *Pl* fermeture *f* annuelle **Betriebskosten** *Pl* frais *mpl* d'exploitation; (*eines Kraftfahrzeugs*) frais fixes **Betriebsrat** *m*, **-rätin** *f* délégué(e) *m(f)* du personnel **Betriebsstörung** *f* panne *f* **Betriebssystem** *nt* système *m* d'exploitation **Betriebsunfall** *m* accident *m* du travail **Betriebswirt(in)** *m(f)* diplômé(e) *m(f)* en gestion d'entreprise

betrinken* *refl. V. unreg* **sich mit etw ~** se soûler à qc

betroffen [bə'trɔfən] **I.** *Adj.* ❶ (*beteiligt*) **von etw ~ sein** être concerné par qc ❷ (*bestürzt*) consterné(e) **II.** *Adv.* avec consternation

Betroffene(r) *f(m) dekl wie Adj* personne *f* concernée

Betroffenheit <-> *f* consternation *f*

betrüben* *tr. V.* **jdn ~** (*Person*) faire de la peine à qn; (*Verhalten*) désoler qn

betrübt *Adj.* désolé(e)

Betrug [bə'tru:k, *Pl:* bə'try:gə] <-[e]s> *m* ❶ (*Straftat*) escroquerie *f* ❷ (*Schwindel*) duperie *f*

betrügen* [bə'try:gən] *unreg* **I.** *tr. V.* ❶ (*finanziell hintergehen*) frauder ❷ (*beschwindeln*) duper ❸ (*untreu sein*) **jdn mit jdm ~** tromper qn avec qn **II.** *refl. V.* **sich [selbst] ~** s'abuser

Betrüger(in) <-s, -> *m(f)* fraudeur(-euse) *m(f)*; (*beim Spielen*) tricheur(-euse) *m(f)*

Betrügerei <-, -en> *f pej* ❶ (*finanzieller Betrug*) escroquerie *f* ❷ (*Schwindel*) duperie *f* ❸ *meist Pl.* (*Seitensprung*) infidélités *fpl*

betrügerisch *Adj. pej* frauduleux(-euse)

betrunken [bə'trʊŋkən] *Adj.* ivre

Bett [bɛt] <-[e]s, -en> *nt* ❶ lit *m*; **französisches ~** grand lit; **ins ~ gehen** aller se coucher ❷ (*Bettdecke*) couverture *f*; (*Daunenbett*) couette *f* ❸ (*Flussbett*) lit *m* ▸ **mit jdm ins ~ gehen** *euph* coucher avec qn

Bettbezug *m* housse *f* de couette **Bettdecke** *f* couverture *f*; (*Daunendecke*) couette *f*

Bettelei [bɛtə'lai] <-, -en> *f pej* mendicité *f*

betteln *intr. V.* mendier

betten *tr. V.* coucher

Bettgestell *nt* bois *m* de lit

bettlägerig ['bɛtlɛ:gərɪç] *Adj.* (*momentan*) alité(e); (*dauernd*) grabataire

Bettlaken *nt* drap *m* **Bettlektüre** *f* livre *m* de chevet

Bettler(in) ['bɛtlɐ] <-s, -> *m(f)* mendiant(e) *m(f)*

Bettnässer(in) <-s, -> *m(f)* incontinent(e) *m(f)* **Bettruhe** *f* repos *m* **Betttuch**[RR] <-tücher> *nt* drap *m* **Bettwäsche** *f* parure *f* de lit

betucht [bə'tu:xt] *Adj. fam* rupin(e); **~/nicht ~ sein** rouler/ne pas rouler sur l'or

beugen ['bɔygən] **I.** *tr. V.* ❶ pencher; (*Knie*) fléchir ❷ (*Verb*) conjuguer; (*Adjektiv, Substantiv*) décliner **II.** *refl. V.* **sich ~** ❶ (*sich neigen*) se pencher ❷ (*sich unterwerfen*) s'incliner

Beule ['bɔylə] <-, -n> *f* bosse *f*

beunruhigen* [bə'ʔʊnru:ɪgən] *tr., refl. V.* **[sich] ~** [s']inquiéter

beunruhigt *Adj.* inquiet(-ète)

beurkunden* *tr. V.* authentifier

beurlauben* *tr. V.* ❶ donner un congé à; MIL donner une permission à ❷ (*vom Dienst suspendieren*) **beurlaubt sein** être suspendu ❸ UNIV **sich ~ lassen** se mettre en disponibilité

beurteilen* *tr. V.* (*Person*) juger; (*Wertgegenstand*) estimer

Beurteilung <-, -en> *f* ❶ *kein Pl.* jugement *m* ❷ (*einer Aufführung*) critique *f*; (*eines Wertgegenstands*) estimation *f* ❸ (*schriftliches Urteil*) appréciation *f*

Beute ['bɔytə] <-> *f* ❶ (*eines Jägers*) prise *f*; (*eines Tiers*) proie *f* ❷ (*Diebesbeute*) butin *m*

Beutel ['bɔytəl] <-s, -> *m* ❶ sac *m* ❷ ZOOL poche *f*

Beuteltier *nt* marsupial *m*

bevölkern* [bə'fœlkɐn] *tr. V.* ❶ (*Gebiet*) peupler ❷ (*beleben*) remplir

bevölkert *Adj.* ❶ (*besiedelt*) peuplé(e) ❷ (*belebt*) fréquenté(e)

Bevölkerung <-, -en> *f* population *f*

Bevölkerungsdichte *f* densité *f* de population **Bevölkerungsexplosion** *f* explosion *f* démographique

bevollmächtigen* [bə'fɔlmɛçtɪgən] *tr. V.* **jdn ~ etw zu tun** donner pouvoir à qn de faire qc

Bevollmächtigte(r) *f(m) dekl wie Adj* fondé(e) *m(f)* de pouvoir; POL mandataire *mf*

bevor [bə'fo:ɐ̯] *Konj.* ❶ (*ehe*) avant que + *subj*; **~ ich abreise, möchte ich gerne ...** avant de partir en voyage, je voudrais ... ❷ (*solange*) **~ du nicht aufräumst, darfst du nicht gehen** tu ne partiras pas tant que tu n'auras pas rangé

bevormunden* [bə'fo:ɐ̯mʊndən] *tr. V.* **jdn ~** tenir qn en tutelle

Bevormundung <-, -en> *f* tutelle *f*

bevor|stehen *intr. V. unreg* ❶ (*zu erwarten haben*) **jdm ~** attendre qn ❷ (*in Kürze eintreten*) **etw steht bevor** on est à la veille de qc

bevorstehend *Adj.* imminent(e)

bevorzugen* [bəˈfoːɐ̯tsuːgən] *tr. V.* ① (*begünstigen*) favoriser ② (*lieber mögen*) préférer

bevorzugt I. *Adj.* ① privilégié(e) ② (*beliebt*) préféré(e) II. *Adv.* (*bedienen, behandeln*) avec des égards particuliers; (*zustellen*) en priorité

Bevorzugung <-, -en> *f* préférence *f*

bewachen* *tr. V.* ① (*beaufsichtigen*) surveiller ② (*Spieler*) marquer; (*Tor*) garder

bewachsen* [bəˈvaksən] I. *tr. V. unreg* recouvrir II. *Adj.* **mit Moos** ~ recouvert de mousse

Bewachung <-, -en> *f* ① *kein Pl.* surveillance *f* ② (*Wachmannschaft*) garde *f*

bewaffnen* [bəˈvafnən] *tr. V.* **jdn/sich mit etw** ~ armer qn/s'armer de qc

Bewaffnung <-, -en> *f* armement *m*

bewahren* [bəˈvaːrən] *tr. V.* ① (*schützen*) préserver ② (*Ehre*) préserver; (*Geheimnis*) garder

bewähren* [bəˈvɛːrən] *refl. V.* **sich** ~ faire ses preuves

bewahrheiten* [bəˈvaːɐ̯haitən] *refl. V.* **sich** ~ se vérifier

Bewährung <-, -en> *f* JUR sursis *m*

bewältigen* [bəˈvɛltɪgən] *tr. V.* ① venir à bout de ② (*Vergangenheit*) assumer

bewandert [bəˈvandɐt] *Adj.* ~ **sein** être expert

bewässern* [bəˈvɛsɐn] *tr. V.* arroser; (*Feld*) irriguer

Bewässerung <-, -en> *f* arrosage *m;* (*eines Feldes*) irrigation *f*

bewegen*[1] [bəˈveːgən] I. *tr. V.* ① déplacer ② (*beschäftigen*) **jdn** ~ (*Vorstellung*) occuper l'esprit de qn; (*Erlebnis*) remuer qn ③ (*bewirken*) **viel/wenig** ~ faire bouger beaucoup/peu de choses II. *refl. V.* ① **sich** ~ bouger ② (*verkehren*) **sich frei/um die Sonne** ~ se déplacer librement/autour du soleil

bewegen[2] <bewog, bewogen> *tr. V.* **jdn** ~ amener qn; **sich** ~ **lassen etw zu tun** se laisser convaincre de faire qc

beweglich [bəˈveːklɪç] *Adj.* ① mobile ② (*geistig rege*) ~ **sein** être vif

bewegt [bəˈveːkt] *Adj.* ① (*Oberfläche*) agité(e) ② (*erlebnisreich*) mouvementé(e) ③ (*innerlich gerührt*) **von etw** ~ **sein** être touché par qc

Bewegung <-, -en> *f* ① a. POL, KUNST mouvement *m;* (*Geste*) geste *m;* (*Fortbewegung*) déplacement *m* ② (*körperliche Betätigung*) exercice *m* ③ (*Ergriffenheit*) émotion *f* ④ (*Änderung*) changement *m*

Bewegungsablauf *m* enchaînement *m* des mouvements **bewegungslos** *Adj., Adv.* immobile

beweinen* *tr. V.* (*Verstorbenen*) pleurer; (*Tod*) déplorer

Beweis [bəˈvais] <-es, -e> *m* preuve *f* ▸ **etw unter** ~ **stellen** prouver qc

beweisen* *unreg* I. *tr. V.* prouver II. *refl. V.* **sich** ~ faire ses preuves

Beweisführung *f* exposé *m* des preuves **beweiskräftig** *Adj.* probant(e) **Beweismaterial** *nt* pièces *fpl* à conviction

bewenden *tr. V.* **es bei etw** ~ **lassen** s'en tenir à qc; **es dabei** ~ **lassen etw zu tun** se contenter de faire qc

bewerben* *unreg* I. *refl. V.* **sich** ~ (*Akk*) poser sa candidature II. *tr. V.* (*Produkt*) promouvoir

Bewerber(in) <-s, -> *m(f)* candidat(e) *m(f)*

Bewerbung <-, -en> *f* ① ~ **um eine Stelle** candidature *f* à un emploi ② (*Werbemaßnahmen*) promotion *f*

Bewerbungsgespräch *nt* entretien *m* [d'embauche] **Bewerbungsschreiben** *nt* lettre *f* de candidature **Bewerbungsunterlagen** *Pl* dossier *m* de candidature

bewerfen* *unregtr. V.* bombarder

bewerkstelligen* [bəˈvɛrkʃtɛlɪgən] *tr. V.* réussir

bewerten* *tr. V.* ① (*benoten*) évaluer ② (*schätzen*) estimer

Bewertung *f* ① (*Benotung*) évaluation *f* ② (*Schätzung*) estimation *f*

bewilligen* [bəˈvɪlɪgən] *tr. V.* (*Geldmittel*) approuver; (*Antrag*) accorder

Bewilligung <-, -en> *f* ① *kein Pl.* (*einer Stelle*) approbation *f;* (*von Geldmitteln*) octroi *m;* (*von Krediten*) accord *m* ② (*schriftliche Genehmigung*) autorisation *f*

bewirken* *tr. V.* ① (*verursachen*) provoquer ② (*erreichen*) obtenir

bewirten* [bəˈvɪrtən] *tr. V.* régaler; (*im Restaurant*) restaurer

bewirtschaften* *tr. V.* exploiter

Bewirtung <-, -en> *f* ❶ (*Bedienung*) service *m* ❷ (*Speisen und Getränke*) boire *m* et manger

bewog [bə'vo:k] *Imp. von* **bewegen²**

bewogen [bə'vo:gən] *PP von* **bewegen²**

bewohnbar *Adj.* habitable

bewohnen* *tr. V.* habiter

Bewohner(in) <-s, -> *m(f)* habitant(e) *m(f)*

bewölken* [bə'vœlkən] *refl. V.* **sich ~** (*Himmel*) se couvrir

bewölkt *Adj.* nuageux(-euse)

Bewölkung <-, -en> *f* nuages *mpl*

Bewunderer <-s, -> *m*, **Bewunderin** *f* admirateur(-trice) *m(f)*

bewundern* *tr. V.* admirer

bewundernswert *Adj. geh* admirable

Bewunderung <-, -en> *f* admiration *f*

bewusstᴿᴿ [bə'vʊst], **bewußt**ᴬᴸᵀ **I.** *Adj.* ❶ *attr* (*vorsätzlich*) délibéré(e) ❷ *attr* (*Handlung*) réfléchi(e) ❸ *attr* (*Nichtraucher*) convaincu(e) ❹ PSYCH conscient(e) ❺ *attr* (*besagt*) fameux(-euse) *antéposé* **II.** *Adv.* ❶ (*leben*) de façon équilibrée ❷ (*vorsätzlich*) délibérément ❸ (*klar*) **sich** (*Dat*) **etw ~ machen** prendre conscience de qc

bewusstlosᴿᴿ, **bewußtlos**ᴬᴸᵀ *Adj.* (*Person*) inconscient(e); (*Zustand*) d'inconscience; **~ werden** perdre connaissance

Bewusstlosigkeitᴿᴿ, **Bewußtlosigkeit**ᴬᴸᵀ <-, -en> *f* inconscience *f;* (*kurzfristig*) évanouissement *m*

bewusst|machen *s.* **bewusst II.3**

Bewusstseinᴿᴿ, **Bewußtsein**ᴬᴸᵀ <-s> *nt* ❶ conscience *f* ❷ PHILOS, PSYCH conscient *m*

bezahlen* *tr., intr. V.* payer

bezahlt *Adj.* payé(e) ▸ **sich für jdn ~ machen** être payant pour qn

Bezahlung *f* ❶ *kein Pl.* paiement *m* ❷ (*Entlohnung*) rémunération *f;* (*Lohn, Gehalt*) paie *f*

bezaubern* **I.** *tr. V.* (*Person*) charmer **II.** *intr. V.* avoir du charme

bezaubernd *Adj.* ❶ (*Person, Klang*) charmant(e); (*Gegenstand, Schönheit*) ravissant(e) ❷ *iron* (*wenig erfreulich*) charmant(e) *antéposé*

bezeichnen* **I.** *tr. V.* ❶ (*bedeuten*) désigner ❷ (*kennzeichnen*) indiquer ❸ (*benennen*) qualifier **II.** *refl. V.* **sich als liberal ~** se qualifier de libéral(e)

bezeichnend *Adj.* typique

Bezeichnung *f* ❶ (*Beschreibung*) désignation *f* ❷ (*Kennzeichnung*) indication *f*

B

bezeugen* [bə'tsɔygən] *tr. V.* **~, dass ...** (*Person*) certifier que ...; (*Verhalten*) attester que ...; **etw unter Eid ~** témoigner qc sous serment

beziehen* *unreg* **I.** *tr. V.* ❶ (*Polster*) recouvrir; **die Betten frisch ~** changer les draps ❷ (*Wohnung*) emménager dans; (*Standpunkt*) prendre ❸ COM recevoir ❹ FIN percevoir; CH (*Steuern*) percevoir ❺ *fam* (*Ohrfeige*) [se] prendre ❻ (*in Beziehung setzen*) **etw auf jdn/etw ~** rapporter qc à qn/qc **II.** *refl. V.* ❶ **sich ~** (*Himmel*) se couvrir ❷ (*betreffen*) **sich auf jdn/etw ~** (*Bemerkung*) se rapporter à qn/qc ❸ (*sich berufen*) **sich auf jdn/etw ~** se référer à qn/qc

Bezieher(in) <-s, -> *m(f)* ❶ FIN bénéficiaire *mf;* (*von Sozialleistungen*) prestataire *mf* ❷ (*Abonnent*) abonné(e) *m(f)* ❸ COM (*einer Ware*) acheteur(-euse) *m(f)*

Beziehung <-, -en> *f* ❶ (*Verbindung*) rapport *m* ❷ *meist Pl.* (*nützliche Bekanntschaften*) relation *f souvent pl.* ❸ (*Verhältnis*) relation *f* ❹ (*Hinsicht*) **in mancher/jeder ~ Recht haben** avoir raison à bien des égards/à tous [les] égards

beziehungsweise *Konj.* (*oder auch*) ou bien; (*oder vielmehr*) ou plutôt; (*respektive*) respectivement

beziffern* [bə'tsɪfɐn] **I.** *tr. V.* (*Schaden, Verlust*) chiffrer; (*Anzahl*) estimer **II.** *refl. V.* **sich auf tausend Euro ~** (*Schaden, Verlust*) se chiffrer à mille euros

Bezirk [bə'tsɪrk] <-[e]s, -e> *m* ❶ (*Gebiet*) région *f* ❷ COM secteur *m* ❸ (*Verwaltungsbezirk*) district *m* administratif; A, CH district ❹ (*Stadtbezirk*) ≈ arrondissement *m*

bezug *s.* **Bezug**

Bezug [bə'tsu:k, *Pl:* bə'tsy:gə] <-[e]s, Bezüge> *m* ❶ (*Bettbezug*) housse *f;* (*Kissenbezug*) taie *f* ❷ (*Bezugsstoff*) revêtement *m* ❸ COM achat *m;* (*von Zeitschriften*) abonnement *m* ❹ (*von Einkommen*) perception *f* ❺ *Pl* (*eines Verwaltungsangestellten*) émoluments *mpl;* (*eines Abgeordneten*) indemnités *fpl*

B

6 (*Beziehung*) ~ **zu etw** rapport *m* à qc 7 CH (*eines Hauses*) emménagement *m* ▶ **auf etw** (*Akk*) ~ **nehmen** faire référence à qc; ~ **nehmend auf etw** (*Akk*) en référence à qc; **in ~ auf etw** concernant qc

bezüglich [bəˈtsyːklɪç] **I.** *Präp.* + *Gen.* ~ **Ihres Angebots** *form* concernant votre offre **II.** *Adj.* relatif(-ive)

bezugsfertig *Adj.* habitable

bezwecken* [bəˈtsvɛkən] *tr. V.* 1 servir à 2 (*beabsichtigen*) rechercher; **etw** ~ (*Maßnahme*) viser qc

bezweifeln* *tr. V.* **etw** ~ mettre qc en doute; ~, **dass** douter que + *subj*

bezwingen* *unreg* **I.** *tr. V.* 1 vaincre 2 (*Festung*) prendre 3 (*Wut*) maîtriser **II.** *refl. V.* **sich** ~ se maîtriser

BH [beˈhaː] <-[s], -[s]> *m fam Abk. von* **Büstenhalter** soutif *m*

Biathlon [ˈbiːatlɔn] <-s, -s> *nt* biathlon *m*

Bibel [ˈbiːbəl] <-, -n> *f* bible *f*

Biber [ˈbiːbɐ] <-s, -> *m* castor *m*

Bibliografie[RR], **Bibliographie** [biblioɡraˈfiː] <-, -n> *f* bibliographie *f*

Bibliothek [biblioˈteːk] <-, -en> *f* bibliothèque *f*

Bibliothekar(in) [biblioteˈkaːɐ̯] <-s, -e> *m(f)* bibliothécaire *mf*

biblisch [ˈbiːblɪʃ] *Adj.* biblique

Bidet [biˈdeː] <-s, -s> *nt* bidet *m*

bieder [ˈbiːdɐ] *Adj.* 1 (*brav*) bien sage 2 *pej* (*einfältig*) simplet(te)

biegen [ˈbiːɡən] <bog, gebogen> **I.** *tr. V.* + *haben* 1 tordre; (*Zweig*) plier 2 A (*Adjektiv, Substantiv*) décliner; (*Verb*) conjuguer ▶ **auf Biegen und Brechen** *fam* envers et contre tout **II.** *intr. V.* + *sein* **nach rechts/links** ~ tourner à droite/gauche **III.** *refl. V.* + *haben* 1 **sich nach vorne/rechts** ~ se pencher en avant/à droite 2 (*sich verziehen*) **sich** ~ se tordre; (*Regalbrett*) ployer

biegsam *Adj.* souple

Biegsamkeit <-> *f* souplesse *f*

Biegung <-, -en> *f* 1 (*einer Straße*) tournant *m;* (*eines Flusses*) courbe *f* 2 (*einer Wirbelsäule*) courbure *f* 3 LING A flexion *f*

Biene [ˈbiːnə] <-, -n> *f* abeille *f*

Bienenhonig *m* miel *m* d'abeilles **Bienenkönigin** *f* reine *f* des abeilles **Bienenschwarm** *m* essaim *m* [d'abeilles] **Bienenstich** *m* 1 (*Stich*) piqûre *f* d'abeille 2 GASTR amandine *f (gâteau aux amandes)* **Bienenstock** *m* ruche *f* [en bois] **Bienenwachs** *nt* cire *f* d'abeille

Bier [biːɐ̯] <-[e]s, -e> *nt* bière *f*

> **Das Bier,** la bière allemande est réputée dans le monde entier grâce à sa longue tradition, à ses diversités régionales et à la stricte observance du *Reinheitsgebot* (loi garantissant la pureté de fabrication de la bière). C'est une des plus anciennes lois sur les denrées alimentaires en Allemagne. Depuis 1514, elle stipule que seuls le malt d'orge, le houblon, l'eau et, depuis peu, la levure sont autorisés pour produire de la bière.
> Actuellement, les grandes brasseries sont de plus en plus concurrencées par un nombre croissant de petites brasseries locales *(Haus-* ou *Privatbrauereien)* qui ont souvent dans leurs locaux leurs propres cafés-restaurants.

Bierbauch *m fam* abdo[minaux] *mpl* Kronenbourg® **Bierbrauerei** *f* brasserie *f* **Bierdeckel** *m* sous-bock *m* **Biergarten** *m* brasserie *f* en plein air

Bierglas *nt* verre *m* à bière **Bierzelt** *nt* chapiteau *m (grande tente où est installée une brasserie)*

Biest [biːst] <-[e]s, -er> *nt pej fam* 1 (*Insekt*) bestiole *f* 2 (*Mensch*) teigne *f*

bieten [ˈbiːtən] <bot, geboten> **I.** *tr. V.* offrir **II.** *intr. V.* 1 SPIEL annoncer 2 (*ein Angebot machen*) enchérir **III.** *refl. V.* 1 **sich** ~ (*Chance*) se présenter 2 (*sich darbieten*) **sich jdm** ~ (*Anblick*) s'offrir à qn

Bigamie [biɡaˈmiː] <-, -n> *f* bigamie *f*

bigott *Adj.* bigot(e)

Bikini [biˈkiːni] <-s, -s> *m* deux-pièces *m*

Bilanz [biˈlants] <-, -en> *f* bilan *m* ▶ ~ **ziehen** faire le bilan

bilateral [ˈbi(ː)lateraːl] *Adj.* bilatéral(e)

Bild [bɪlt] <-[e]s, -er> *nt* 1 (*Gemälde*) tableau *m;* (*Zeichnung*) dessin *m* 2 (*Foto*) photo *f* 3 TV, CINE image *f* 4 (*Spiegelbild*) image *f* 5 (*Anblick*) spectacle *m;* (*Aussehen*) aspect *m* 6 (*Vorstellung*) image *f*

▶**jetzt bin ich im ~e** maintenant je suis au courant

Bildband <-bände> *m* livre *m* illustré

bilden ['bɪldən] **I.** *tr. V.* ① former ② (*Höhepunkt*) constituer ③ KUNST modeler **II.** *refl. V.* **sich ~** ① (*entstehen*) se former ② (*sich Bildung verschaffen*) se cultiver **III.** *intr. V.* former

Bilderbuch *nt* livre *m* d'images **Bilderrahmen** *m* cadre *m*

Bildfläche *f* écran *m*

bildhaft *Adj.* imagé(e)

Bildhauer(in) <-s, -> *m(f)* sculpteur(-euse) *m(f)* **Bildhauerei** <-> *f* sculpture *f* **bildhübsch** *Adj.* ravissant(e)

Bildnis ['bɪltnɪs] <-ses, -se> *nt geh* (*auf Münzen*) effigie *f*

Bildschirm *m* écran *m* **Bildschirmarbeit** *f* travail *m* sur écran **Bildschirmschoner** *m* INFORM économiseur *m* d'écran **Bildschirmtext** *m* ≈ minitel® *m*

bildschön *s.* **bildhübsch**

Bildstörung *f* perturbation *f* de l'image; (*Bildausfall*) panne *f* d'image **Bildtelefon** *nt* visiophone *m*

Bildung ['bɪldʊŋ] <-> *f kein Pl.* ① culture *f*; (*Erziehung*) formation *f* ② *a.* BOT (*das Hervorbringen*) formation *f* ③ (*von Vermögen*) constitution *f*; (*einer Theorie*) formation *f*

Bildungslücke *f* lacune *f* **Bildungspolitik** *f* politique *f* éducative **Bildungsreise** *f* voyage *m* éducatif **Bildungsurlaub** *m* congé-formation *m* **Bildungsweg** *m* formation *f*; **auf dem zweiten ~** en formation parallèle

Billard ['bɪljart] <-s, -e *o* A -s> *nt* billard *m*

Billett [bɪl'jɛt] <-[e]s, -e> *nt* ① A (*Brief*) lettre *f* ② CH (*Fahrkarte*) billet *m*

Milliarde [bɪ'li̯ardə] <-, -n> *f* mille billions *mpl*

billig ['bɪlɪç] *Adj.* bon marché; **~ einkaufen** acheter à bon prix; **jdm etw ~/~er verkaufen** vendre qc à qn à prix réduit/moins cher; **diese Äpfel sind ~er** ces pommes sont meilleur marché

billigen ['bɪlɪgən] *tr. V.* approuver

Billigung <-, -en> *f* approbation *f*

Billion [bɪ'ljo:n] <-, -en> *f* billion *m*

bimmeln *intr. V. fam* carillonner

Bimsstein ['bɪmsʃtain] *m* ① pierre *f* ponce ② (*Baustein*) béton *m* ponce

bin [bɪn] *1. Pers. Präs. von* **sein**[1]

binär [bi'nɛ:ɐ̯] *Adj.* binaire

Binärcode *m* code *m* binaire **Binärdatei** *f* binaire *m* **Binärdaten** *Pl* données *fpl* binaires

Binde ['bɪndə] <-, -n> *f* ① MED bande *f*; (*Schlinge*) écharpe *f* ② (*Monatsbinde*) serviette *f* hygiénique ③ (*Armbinde*) brassard *m* ④ (*Augenbinde*) bandeau *m*

Bindegewebe *nt* tissu *m* conjonctif **Bindeglied** *nt* lien *m* **Bindehaut** *f* conjonctive *f* **Bindemittel** *nt* agglutinant *m*; TECH liant *m*

binden <band, gebunden> **I.** *tr. V.* ① (*zusammenbinden durch Bündeln*) lier; (*durch Knoten*) nouer ② (*Strauß*) fabriquer ③ (*verpflichten*) **jdn ~** lier qn ④ CHEM fixer ⑤ GASTR, TECH épaissir ⑥ FIN **Kapital ~** immobiliser des capitaux ⑦ (*Buch*) relier **II.** *intr. V.* (*eine Gefühlsbindung schaffen*) lier **III.** *refl. V.* ① (*eine Beziehung eingehen*) **sich an jdn ~** se lier avec qn ② (*sich verpflichten*) **sich ~** s'engager

bindend *Adj.* **für jdn ~ sein** engager qn

Bindestrich *m* trait *m* d'union **Bindewort** <-wörter> *nt* conjonction *f*

Bindfaden *m* ficelle *f*

Bindung <-, -en> *f* ① (*Verbundenheit*) attachement *m* ② (*Verpflichtung*) engagement *m* ③ (*Beziehung*) liaison *f* ④ SPORT fixation *f* ⑤ TEXTIL armure *f* ⑥ CHEM liaison *f* ⑦ PHYS combinaison *f*

binnen ['bɪnən] *Präp. + Dat. o Gen.* **~ einem Jahr** dans un délai d'un an

Binnengewässer *nt* eaux *fpl* continentales **Binnenhafen** *m* port *m* fluvial **Binnenmarkt** *m* marché *m* intérieur **Binnenmeer** *nt* mer *f* intérieure **Binnenschifffahrt**[RR] *f* navigation *f* fluviale

Binse ['bɪnzə] <-, -n> *f* jonc *m*

Binsenweisheit *f* truisme *m*

Biochemie [bioçe'mi:] *f* biochimie *f*

biodynamisch [biody'na:mɪʃ] *Adj.* biologique

Biograf[RR]**(in)** [bio'gra:f] <-en, -en> *m(f)* biographe *mf*

Biografie[RR] [biografi:] <-, -n> *f* ① (*Buch*) biographie *f* ② (*Lebenslauf*) curriculum *m* [vitae]

biografisch[RR] [bio'gra:fɪʃ] *Adj.* biographique

Biographie *s.* **Biografie**

B

Bioladen *m fam* magasin *m* bio

> En Allemagne, pour répondre à la demande grandissante de **Biolebensmittel** (produits alimentaires bio), les fermiers sont de plus en plus nombreux à se convertir au *biologischer Anbau* (agriculture biologique). Presque toutes les villes ont au moins un *Bioladen* (petit magasin bio) ou même un *Biosupermarkt* à grande échelle. Parmi les plus importantes associations soutenant l'agriculture biologique citons *Bioland®* et *Naturland®* en Allemagne, *Bio-Suisse®* en Suisse, et *Bio Austria®* en Autriche. *Demeter®* est la plus ancienne association pour l'agriculture biodynamique. Ses méthodes agricoles strictes comportent la rotation des cultures ainsi que l'usage de composts spéciaux et de plantes favorisant le rétablissement des sols.

Biologe [bio'lo:gə] <-n, -n> *m,* **Biologin** *f* biologiste *mf*

Biologie [biolo'gi:] <-> *f* biologie *f*

biologisch [bio'lo:gɪʃ] **I.** *Adj.* biologique **II.** *Adv.* biologiquement; ~ **abbaubar** biodégradable

Biometrie [biome'tri] *f* biométrie *f*

biometrisch *Adj.* biométrique

Biopsie [-'psi:ən] <-, -n> *f* biopsie *f*

Biorhythmus ['bi:orʏtmʊs] *m* biorythme *m*

Biosphäre [bio'sfɛ:rə] *f* biosphère *f*

Biosprit ['bi:oʃprɪt] *m* biocombustible *m*

Biotechnik *f* biotechnique *f*

Biotop [bio'to:p] <-s, -e> *nt* biotope *m*

Birke ['bɪrkə] <-, -n> *f* bouleau *m*

Birnbaum *m* poirier *m*

Birne ['bɪrnə] <-, -n> *f* ❶ (*Frucht*) poire *f* ❷ (*Glühbirne*) ampoule *f* ❸ *fam* (*Kopf*) caboche *f*

bis [bɪs] **I.** *Präp. + Akk.* ❶ (*zeitlich*) jusqu'à; (*nicht später als*) d'ici; **vom ersten ~ dritten März** du premier au trois mars ❷ (*räumlich*) **~ Frankfurt fahren** aller jusqu'à Francfort **II.** *Präp. mit Adv. o Pron.* ❶ (*zeitlich*) **~ jetzt** jusqu'à maintenant; **~ dahin** d'ici là; **er hat ~ jetzt noch nicht angerufen** il n'a pas encore appelé; **~ bald!** à bientôt !; **~ dann!** à tout à l'heure !, à plus ! (*fam*) ❷ (*räumlich*) **~ hierhin** jusqu'ici; **von oben ~ unten** de haut en bas ❸ (*einschließlich*) **alles ~ auf den letzten Krümel aufessen** manger tout jusqu'à la dernière miette ❹ (*mit Ausnahme von*) **alle ~ auf Robert** tous sauf Robert **III.** *Adv.* **~ zum Herbst muss es fertig sein** ça doit être fini d'ici l'automne; **ich bin ~ gegen acht Uhr noch da** je serai encore là jusque vers huit heures; **~ zum 17. Lebensjahr** jusqu'à l'âge de 17 ans **IV.** *Konj.* ❶ (*ungefähr*) **zwei ~ drei Stunden** entre deux et trois heures ❷ (*so lange, bis*) jusqu'à ce que *+ subj*

Bisam ['bi:zam] <-s, -e *o* -s> *m* (*Pelz*) rat *m* musqué

Bischof ['bɪʃɔf] <-s, Bischöfe> *m,* **Bischöfin** *f* évêque *m*

bischöflich ['bɪʃœflɪç] *Adj.* épiscopal(e)

Bischofssitz *m* évêché *m* **Bischofsstab** *m* crosse *f*

bisexuell [bizɛ'ksu̯ɛl] *Adj.* bisexuel(le)

bisher [bɪs'he:ɐ̯] *Adv.* jusqu'à présent

bisherig *Adj. attr* **die ~e Personalchefin** (*gegenwärtig/ehemalig*) la chef du personnel actuelle/en poste jusqu'ici; **sein ~es Verhalten** le comportement qu'il a eu jusqu'à présent

Biskuit [bɪs'kvi:t] <-[e]s, -s> *nt o m* génoise *f*

bislang [bɪs'laŋ] *s.* **bisher**

Bison ['bi:zɔn] <-s, -s> *m* bison *m*

biss[RR] [bɪs], **biß**[ALT] *Imp. von* **beißen**

Biss[RR] [bɪs] <-es, -e>, **Biß**[ALT] <-sses, -sse> *m* ❶ (*das Beißen*) **mit einem ~** d'un coup de dent ❷ (*Bisswunde*) morsure *f*

bisschen[RR], **bißchen**[ALT] ['bɪsçən] **I.** *Pron. indef, inv* **ein ~ Milch** un peu de lait; **kein ~ Geduld haben** ne pas avoir du tout de patience; **ein ~ wenig** pas assez; **kein ~ schlechter** pas pire **II.** *nt kleingeschrieben* **das ~, das** le peu qui/que

Bissen ['bɪsən] <-s, -> *m* ❶ (*Happen*) morceau *m* ❷ (*Mundvoll*) bouchée *f*

bissig **I.** *Adj.* ❶ **~er Hund!** chien méchant ! ❷ (*sarkastisch*) virulent(e); (*Ton*) mordant(e) **II.** *Adv.* (*antworten*) d'une manière mordante; (*reagieren*) avec virulence

BisswundeRR *f* morsure *f*
Bistum ['bɪstuːm, *Pl:* 'bɪstyːmɐ] <-s, -tümer> *nt* évêché *m*
bisweilen [bɪs'vailən] *Adv. geh* de temps à autre
Bit [bɪt] <-[s], -[s]> *nt* bit *m*
bitte ['bɪtə] *Adv.* ① s'il vous plaît; (*wenn man den Gesprächspartner duzt*) s'il te plaît ② (*Höflichkeitsformel in Antworten*) ~ [**schön**]**!** je vous en prie!/je t'en prie ! ③ (*in ironischen Antworten*) **na ~!** ah, vous voyez [bien]!/ah, tu vois [bien] ! ④ (*Höflichkeitsformel in Nachfragen*) [**wie**] **~?** pardon ?
Bitte <-, -n> *f* demande *f;* **ich habe eine ~ an Sie** je veux vous demander une faveur
bitten <bat, gebeten> **I.** *tr. V.* ① **jdn um etw ~** demander qc à qn; **jdn ~ etw zu tun** prier qn de faire qc; **darf ich Sie um das Brot ~?** pourriez-vous me passer le pain, s'il vous plaît? ② (*einladen*) **jdn zum Abendessen ~** inviter qn à dîner ③ (*bestellen*) **jdn zu sich ~** demander à voir qn **II.** *intr. V.* ① **darf ich ~?** (*beim Tanzen*) puis-je me permettre ?; **es wird gebeten nicht zu rauchen** *form* (*als Schildinschrift*) prière de ne pas fumer ② (*flehen*) supplier ③ (*hereinbitten*) **ich lasse ~!** faites entrer ! ▶ **wenn ich ~ darf!** (*auffordernd*) si possible !; (*befehlend*) je vous prie !
Bitten <-s> *nt* supplications *fpl*
bitter **I.** *Adj.* amer(-ère) **II.** *Adv.* ① **~ schmecken** avoir un goût amer ② (*lachen*) avec amertume ③ (*bereuen*) amèrement
bitterböse ['bɪtɐ'bøːzə] **I.** *Adj.* (*Person*) très fâché(e); (*Brief*) très méchant(e); (*Blick*) mauvais(e) **II.** *Adv.* (*antworten*) sur un ton méchant
bitterernst ['bɪtɐ'ʔɛrnst] **I.** *Adj.* (*Person*) très sérieux(-euse); (*Lage*) très grave **II.** *Adv.* **es ~ meinen** être tout ce qu'il y a de plus sérieux
Bitterkeit <-> *f a. fig* amertume *f*
Biwak ['biːvak] <-s, -s> *nt* bivouac *m*
bizarr [bi'tsar] *Adj.* bizarre
Bizeps <-es, -e> *m* biceps *m*
Blackout, Black-outRR ['blɛkʔaut] <-s, -s> *m* (*Bewusstseinstrübung*) perte *f* de conscience momentanée; (*in einer Prüfung*) trou *m* [noir]
blähen ['blɛːən] **I.** *tr. V.* gonfler **II.** *refl. V.* **sich ~** se gonfler **III.** *intr. V.* (*Hülsenfrüchte*) ballonner
Blähung <-, -en> *f meist Pl.* ballonnement *m*
blamabel [bla'maːbəl] *Adj. geh* honteux(-euse)
Blamage [bla'maːʒə] <-, -n> *f geh* honte *f*
blamieren* [bla'miːrən] **I.** *tr. V.* ridiculiser **II.** *refl. V.* **sich ~** se couvrir de ridicule
blank [blaŋk] *Adj.* ① (*glänzend*) brillant(e); (*sauber*) étincelant(e) [de propreté]; (*abgescheuert*) lustré(e) ② (*rein*) pur(e) ③ (*bloß*) nu(e)
Blank [blæŋk] *nt* TYP, INFORM blanc *m*
Blankoscheck *m* chèque *m* en blanc
Blase ['blaːzə] <-, -n> *f* ① ANAT vessie *f* ② MED ampoule *f;* (*Brandblase*) cloque *f* ③ (*Luft-, Sprechblase*) bulle *f*
Blasebalg <-[e]s, -bälge> *m* soufflet *m*
blasen ['blaːzən] <bläst, blies, geblasen> **I.** *intr. V.* souffler **II.** *tr. V.* ① **den Staub vom Buch ~** souffler sur la poussière du livre ② (*Melodie*) jouer; (*Trompete*) jouer de ③ *vulg* (*fellationieren*) **jdm einen ~** tailler une pipe à qn
Blasenentzündung *f* MED cystite *f*
Bläser(**in**) ['blɛːzɐ] <-s, -> *m(f)* joueur (-euse) *m(f)* d'instrument à vent; **die ~ und die Streicher** les cuivres *mpl* et les cordes
blasiert [bla'ziːɐ̯t] **I.** *Adj. pej geh* hautain(e) **II.** *Adv.* (*sich benehmen*) de manière snob
Blasinstrument *nt* instrument *m* à vent **Blaskapelle** *f* fanfare *f* **Blasmusik** *f* musique *f* de fanfare
Blasphemie [-'miːən] <-, -n> *f geh* blasphème *m*
blassRR [blas], **blaß**ALT *Adj.* ① pâle ② (*Erinnerung*) vague ③ (*Ausdruck*) fade
Blässe ['blɛsə] <-, -n> *f* ① pâleur *f* ② (*nichtssagende Art*) fadeur *f*
Blatt [blat, *Pl:* 'blɛtɐ] <-[e]s, Blätter> *nt* ① (*einer Pflanze*) feuille *f* ② (*Blatt Papier*) feuille *f* ③ (*Seite*) page *f* ④ (*Grafik*) feuillet *m* ⑤ (*Zeitung*) journal *m* ⑥ (*eines Ruders*) pale *f* ⑦ SPIEL jeu *m* ⑧ (*Schulter*) épaule *f*
blättern ['blɛtɐn] **I.** *intr. V.* ① **in etw** (*Dat*) **~** feuilleter qc; (*suchend*) chercher dans qc ② INFORM dérouler; **nach**

B

oben/unten ~ faire défiler vers le haut/le bas **II.** *tr. V.* **etw auf den Tisch** ~ aligner qc sur la table

B

Blätterteig *m* pâte *f* feuilletée

Blattgold *nt* feuille *f* d'or **Blattlaus** *f* puceron *m* **Blattpflanze** *f* plante *f* verte

blau [blau] *Adj.* ❶ bleu(e) ❷ *fam* (*betrunken*) ~ **sein** être soûl

Blau <-s, - *o fam* -s> *nt* bleu *m*

blauäugig *Adj.* ❶ (*mit blauen Augen*) aux yeux bleus ❷ (*naiv*) naïf(-ïve)

Blaubeere *f* myrtille *f*

blaugrau *Adj.* gris bleu *inv.*

Blauhelm *m* casque *m* bleu **Blaukraut** *nt* A chou *m* rouge

bläulich ['blɔylɪç] *Adj.* bleuté(e)

Blaulicht *nt* gyrophare *m* **Blaumeise** *f* mésange *f* bleue **Blausäure** *f* CHEM acide *m* prussique **Blauwal** *m* [grande] baleine *f* bleue

Blazer ['ble:zɐ] <-s, -> *m* blazer *m*

Blech [blɛç] <-[e]s, -e> *nt* ❶ *kein Pl.* tôle *f;* (*Weißblech*) fer-blanc *m* ❷ (*Stück Blech*) [morceau *m* de] tôle *f* ❸ *kein Pl. fam* (*Unsinn*) bêtises *fpl*

Blechblasinstrument *nt* cuivre *m*

Blechdose *f* boîte *f* en fer-blanc

blechen *fam* **I.** *tr. V.* raquer **II.** *intr. V.* casquer

blechern *Adj.* ❶ *attr* en tôle; (*aus Weißblech*) en fer-blanc ❷ (*Geräusch*) creux(-euse); (*Klang*) métallique

Blechinstrument *s.* **Blechblasinstrument**

Blechschaden *m* dégâts *mpl* matériels [de tôle]

Blei [blai] <-[e]s, -e> *nt* ❶ *kein Pl.* (*Metall*) plomb *m* ❷ (*Lot*) fil *m* à plomb ❸ (*Kugeln*) plomb *m*

Bleibe ['blaibə] <-, -n> *f* demeure *f;* (*vorübergehend*) abri *m;* **eine/keine ~ haben** avoir un logement/être sans logis

bleiben ['blaibən] <blieb, geblieben> **I.** *intr. V. + sein* ❶ (*verweilen*) rester; **wo bleibst du so lange?** mais qu'est-ce que tu fais [encore] ? ❷ (*weiterhin sein*) **gleich** ~ rester stable; **es soll regnerisch** ~ les pluies doivent persister ❸ (*zurückbleiben*) **liegen** ~ (*Gegenstände*) rester là ❹ (*übrig bleiben*) **drei Fehler sind stehen geblieben** on a oublié trois fautes ❺ (*festsitzen*) **hängen** ~ rester accroché(e) ❻ (*nicht vorankommen*) **liegen** ~ (*Fahrzeug*) rester immobilisé(e); **stehen** ~ (*Person*) s'arrêter; (*Uhr*) être arrêté(e); (*Fahrzeug*) s'immobiliser ❼ (*hingeraten*) **wo ist meine Brille geblieben?** où sont passées mes lunettes ? ❽ *fam* (*unterkommen*) **wo sollen die Leute alle ~?** où vont-ils tous crécher ? ❾ (*verharren*) **es bleibt bei meiner Entscheidung** je maintiens ma décision ❿ (*übrig bleiben*) rester; **mir bleibt keine andere Wahl** je n'ai pas le choix ▸**das bleibt unter uns** cela reste entre nous **II.** *intr. V. unpers.* **es bleibt zu hoffen, dass ...** il ne reste qu'à espérer que ...

bleibend *Adj.* ❶ (*beständig*) permanent(e) ❷ (*unveränderlich*) **gleich** ~ constant

bleich [blaiç] *Adj.* blême; (*Haut*) pâle

bleichen <bleichte, gebleicht> **I.** *tr. V. + haben* blanchir; (*Haare*) éclaircir **II.** *intr. V. + sein* **diese Tapeten ~ schnell** ces papiers [peints] perdent vite leurs couleurs

bleiern *Adj.* ❶ *attr* (*aus Blei*) en plomb ❷ (*bleifarben*) plombé(e) ❸ (*schwer lastend*) accablant(e)

bleifrei *Adj.* sans plomb **bleihaltig** *Adj.* plombifère; (*Benzin*) contenant du plomb **bleischwer** ['blai'ʃve:ɐ̯] *Adj.* de plomb **Bleistift** *m* crayon *m* [à papier] **Bleistiftspitzer** *m* taille-crayon *m*

Blende ['blɛndə] <-, -n> *f* ❶ PHOT diaphragme *m* ❷ (*Lichtschutz*) écran *m* ❸ (*blinder Bogen*) arcade *f* aveugle; (*blinde Tür*) fausse porte *f* ❹ (*Stoffblende*) garniture *f*

blenden ['blɛndən] **I.** *tr. V.* ❶ éblouir ❷ (*täuschen*) abuser ❸ (*blind machen*) aveugler **II.** *intr. V.* ❶ (*Sonne*) éblouir ❷ (*hinters Licht führen*) chercher à impressionner

blendend *Adj.* excellent(e)

Blick [blɪk] <-[e]s, -e> *m* ❶ (*das Schauen*) regard *m;* (*flüchtig*) coup *m* d'œil ❷ (*Augen*) **den ~ heben/senken** lever/baisser les yeux ❸ *kein Pl.* (*Augenausdruck*) regard *m* ❹ *kein Pl.* (*Ausblick*) vue *f* ❺ *kein Pl.* (*Urteilskraft*) coup *m* d'œil ❻ (*Hinsicht*) **mit ~ auf die kommenden Wahlen** eu égard aux prochaines élections ▸**auf den**

ersten ~ (*sofort*) du premier coup d'œil; (*beim ersten flüchtigen Hinsehen*) à première vue; **auf den zweiten** ~ en [y] regardant de plus près; **auf einen ~, mit einem** ~ d'un [seul] coup d'œil

blicken I. *intr. V.* regarder **II.** *tr. V.* **sich ~ lassen** se montrer

Blickfeld *nt* champ *m* de vision **Blickwinkel** *m* angle *m;* **aus diesem** ~ sous cet angle

blieb [bliːp] *Imp. von* **bleiben**

blies [bliːs] *Imp. von* **blasen**

blind [blɪnt] **I.** *Adj.* ❶ aveugle ❷ (*Fenster*) mat(e) ❸ (*ohne Ausgang*) en cul-de-sac ❹ (*ohne Sicht*) sans visibilité **II.** *Adv.* ❶ (*wahllos*) au hasard ❷ (*unkritisch*) aveuglément

Blinddarm *m* ANAT appendice *m* **Blinddarmentzündung** *f* appendicite *f*

Blinde(r) *f(m) dekl wie Adj* aveugle *mf*

Blindekuh *kein Art.* ~ [**spielen**] [jouer à] colin-maillard *m*

Blindenhund *m* chien *m* d'aveugle **Blindenschrift** *f* [écriture *f*] braille *m*

Blindheit <-> *f kein Pl.* cécité *f*

blindlings ['blɪntlɪŋs] *Adv.* aveuglément

Blindschleiche ['blɪntʃlaiçə] <-, -n> *f* orvet *m*

blinken ['blɪŋkən] **I.** *intr. V.* ❶ (*Edelstein*) scintiller ❷ (*blitzen*) **vor Sauberkeit** ~ étinceler ❸ (*Zeichen geben*) clignoter **II.** *tr. V.* **SOS** ~ émettre des signaux de S.O.S.

Blinker <-s, -> *m* ❶ AUT clignotant *m* ❷ (*Angelköder*) cuillère *f*

Blinklicht *nt* ❶ (*Signal*) feu *m* clignotant ❷ *fam* (*Blinkleuchte*) clignotant *m*

blinzeln ['blɪntsəln] *intr. V.* cligner des yeux; (*zwinkern*) faire un clin d'œil

Blitz [blɪts] <-es, -e> *m* ❶ éclair *m;* (*Blitzschlag*) foudre *f* ❷ (*das Aufblitzen*) éclair *m* ❸ PHOT flash *m*

Blitzableiter <-s, -> *m* paratonnerre *m* **blitzartig I.** *Adj.* d'une rapidité foudroyante **II.** *Adv.* en un éclair

blitzblank *Adj. fam* nickel *inv.*

blitzen I. *intr. V. unpers.* **es blitzt** il y a des éclairs **II.** *intr. V.* (*strahlen*) étinceler **III.** *tr. V. fam* **geblitzt werden** (*Autofahrer*) se faire prendre par un radar

Blitzlicht *nt* flash *m* **blitzschnell** *s.* **blitzartig**

Block[1] [blɔk, *Pl:* 'blœkə] <-[e]s, Blöcke> *m* bloc *m;* (*aus Schokolade*) plaque *f*

Block[2] <-[e]s, Blöcke> *m* ❶ (*Häuserblock*) pâté *m* de maisons; (*großes Mietshaus*) bloc *m* ❷ (*Schreibblock*) bloc *m;* (*Notizblock*) bloc-notes *m;* (*Fahrkartenblock*) carnet *m* ❸ POL bloc *m* ❹ (*Kernreaktorblock*) réacteur *m*

Blockade [blɔ'kaːdə] <-, -n> *f* blocus *m*

Blockflöte *f* flûte *f* à bec **Blockhaus** *nt* cabane *f* en rondins

blockieren* [blɔ'kiːrən] **I.** *tr. V.* bloquer; (*Stromzufuhr*) couper **II.** *intr. V.* (*Bremsen*) [se] bloquer

Blocksatz *m* composition *f* en carré **Blockschrift** *f* caractères *mpl* d'imprimerie

blöd[e] *fam* **I.** *Adj.* ❶ (*dumm*) idiot(e) ❷ (*Situation*) embêtant(e); **zu ~!** c'est con ! **II.** *Adv.* comme un idiot/une idiote; (*gucken*) bêtement; (*sich verhalten*) comme un manche

Blödheit <-, -en> *f fam* connerie *f*

Blödmann <-männer> *m fam* imbécile *m* **Blödsinn** *m kein Pl. pej fam* bêtise *f* **blödsinnig** *Adj. pej fam* (*Idee*) stupide

Blog ['blɔg] <-s, -s> *nt o m* INET blog *m,* blogue *m;* **an einem ~ mitschreiben** contribuer à un blog [o blogue]

bloggen ['blɔgən] *intr. V.* INET bloguer

Blogger(in) ['blɔgɐ] <-s, -> *m(f)* INET blogueur(-euse) *m(f)*

Blogosphäre [blogo'sfɛːrə] <-> *f kein Pl.* INET blogosphère *f*

blöken ['bløːkən] *intr. V.* bêler

blond [blɔnt] *Adj.* blond(e)

blondieren* [blɔn'diːrən] *tr. V.* **die Haare** ~ teindre les cheveux en blond

Blondine [blɔn'diːnə] <-, -n> *f* blonde *f*

bloß [bloːs] **I.** *Adj.* ❶ nu(e) ❷ *attr* (*alleinig*) pur(e) **II.** *Adv. fam* ❶ (*nur*) seulement ❷ (*eine Frage/Aufforderung verstärkend*) **was hat sie ~?** qu'est-ce qui lui prend ?; **hör ~ auf damit!** arrête donc !

Blöße ['bløːsə] <-, -n> *f geh* nudité *f*

bloß|stellen I. *tr. V.* **jdn** ~ ridiculiser qn **II.** *refl. V.* **sich** ~ se couvrir de ridicule

Blouson [blu'zõː] <-[s], -s> *m o nt* blouson *m*

blubbern *intr. V. fam* gargouiller

Bluejeans ['bluːdʒiːns] *Pl* blue-jean *m*

Blues [bluːs] <-, -> *m* (*Musik*) blues *m;* (*Tanz*) slow *m*

B

bluffen ['blœfən] *tr., intr. V. fam* bluffer

blühen ['bly:ən] *intr. V.* ❶ (*Pflanze*) fleurir; (*Garten*) être en fleurs ❷ (*florieren*) être florissant

blühend *Adj.* ❶ en fleur[s] ❷ (*Gesundheit*) florissant(e) ❸ (*florierend*) florissant(e)

Blume ['blu:mə] <-, -n> *f* ❶ fleur *f* ❷ (*des Weins*) bouquet *m* ❸ (*Bierschaum*) mousse *f*

Blumenbeet *nt* parterre *m* [de fleurs] **Blumenhändler(in)** *m(f)* fleuriste *mf* **Blumenkasten** *m* jardinière *f* [de fleurs] **Blumenkohl** *m* chou-fleur *m* **Blumenstrauß** <-sträuße> *m* bouquet *m* [de fleurs] **Blumentopf** *m* (*Topf*) pot *m* de fleurs **Blumenvase** *f* vase *m*

Bluse ['blu:zə] <-, -n> *f* (*mit Kragen*) chemisier *m;* (*Hemdbluse*) chemise *f*

Blut [blu:t] <-[e]s> *nt* sang *m*

blutarm *Adj.* anémié(e) **Blutbad** *nt* bain *m* de sang; **ein ~ anrichten** faire un carnage **Blutbahn** *f* circuit *m* sanguin **Blutbild** *nt* formule *f* sanguine **Blutdruck** *m* tension *f* [artérielle]; **zu hohen/niedrigen ~ haben** faire de l'hypertension/l'hypotension

Blüte ['bly:tə] <-, -n> *f* ❶ fleur *f* ❷ *kein Pl.* (*das Blühen*) floraison *f* ❸ *fam* (*falsche Banknote*) faux billet *m* ❹ *kein Pl. geh* (*Höhepunkt*) apogée *m*

Blutegel ['blu:tʔe:gəl] *m* sangsue *f*

bluten *intr. V.* saigner

Bluter <-s, -> *m* hémophile *m*

Bluterguss[RR] ['blu:tʔɛɐgʊs] *m* hématome *m*

Bluterkrankheit *f* hémophilie *f*

Blütezeit *f* ❶ floraison *f* ❷ (*einer Kultur*) prospérité *f*

Blutfleck *m* tache *f* de sang **Blutgefäß** *nt* vaisseau *m* sanguin **Blutgerinnung** *f* coagulation *f* **Blutgruppe** *f* groupe *m* sanguin **Bluthochdruck** *m* hypertension *f*

blutig *Adj.* ❶ (*Nase*) en sang ❷ (*Wäschestück*) taché(e) de sang ❸ GASTR saignant(e) ❹ (*Schlacht*) sanglant(e)

Blutkonserve *f* poche *f* de sang *(destinée à la transfusion)* **Blutkörperchen** *nt* globule *m* **Blutkreislauf** *m* circulation *f* sanguine **Blutplasma** *nt* plasma *m* sanguin **Blutprobe** *f* prise *f* de sang **Blutrache** *f* vendetta *f* **blutrünstig** *Adj.* sanguinaire **Blutspende** *f* don *m* du sang **Blutspender(in)** *m(f)* donneur(-euse) *m(f)* de sang

blutsverwandt *Adj.* consanguin(e)

Bluttransfusion *f* transfusion *f* sanguine

Blutung <-, -en> *f* ❶ saignement *m* ❷ (*Monatsblutung*) règles *fpl*

Bluturtersuchung *f* analyse *f* de sang **Blutvergießen** <-s> *nt geh* effusion *f* de sang *souvent pl.* **Blutvergiftung** *f* empoisonnement *m* du sang **Blutwurst** *f* boudin *m* [noir] **Blutzuckerwert** *m* MED glycémie *f*

BLZ *Abk. von* **Bankleitzahl** code *m* banque

Bö [bø:] <-, -en> *f* rafale *f*

Boa ['bo:a] <-, -s> *f* ZOOL, COUT boa *m*

Bob [bɔp] <-s, -s> *m* bob[sleigh] *m*

Bock [bɔk, *Pl:* 'bœkə] <-[e]s, Böcke> *m* ❶ (*Schafbock*) bélier *m;* (*Ziegenbock*) bouc *m;* (*Rehbock*) chevreuil *m;* (*Rammler*) bouquin *m* ❷ (*Untergestell*) tréteau *m* ❸ (*Sportgerät*) cheval *m* d'arçons ❹ *fam* (*Lust*) **~/keinen ~ haben etw zu tun** avoir/ne pas avoir envie de faire qc ❺ *fam* (*Schimpfwort*) **so ein sturer ~!** quelle tête de mule! ❻ (*Kutschbock*) siège *m* du cocher

bocken *intr. V. fam* (*Person*) faire la tête; (*Tier*) refuser d'avancer

bockig *Adj.* (*Kind*) entêté(e); (*Erwachsener*) récalcitrant(e); (*Tier*) rétif(-ive)

Bockshorn ▸ **sich von jdm ins ~ jagen lassen** *fam* se laisser intimider par qn

Bockspringen *nt* saut *m* au cheval d'arçons **Bockwurst** *f* saucisse *f* *(réchauffée à l'eau bouillante)*

Boden ['bo:dən, *Pl:* 'bø:dən] <-s, Böden> *m* ❶ (*Erde*) sol *m;* **zu ~ fallen/sinken** (*Person*) s'effondrer ❷ (*Acker*) sol *m;* (*Erdreich*) terre *f* ❸ *kein Pl.* (*Grund und Boden*) terrain *m* ❹ (*Territorium*) sol *m* ❺ (*Fußboden*) sol *m* ❻ (*Teppichboden*) moquette *f* ❼ (*Dachboden*) grenier *m* ❽ (*eines Behälters*) fond *m;* (*einer Flasche*) cul *m* ❾ (*Tortenboden*) fond *m* de tarte ❿ (*Grundlage*) base *f* ▸ **an ~ gewinnen/verlieren** gagner/perdre du terrain

Bodenfrost *m* gelée *f* au sol

bodenlos *Adj.* ❶ *fam* inouï(e) ❷ (*Abgrund*) sans fond

B

Bodenpersonal *nt* AVIAT personnel *m* au sol **Bodenschätze** *Pl* richesses *fpl* minières

Bodensee *m* **der** ~ le lac de Constance

Bodenturnen *nt* gymnastique *f* au sol

Body ['bɔdi] <-s, -s> *m* body *m*

Bodybuilding ['bɔdibɪldɪŋ] <-s> *nt* body-building *m*

bog [bo:k] *Imp. von* **biegen**

Bogen ['bo:gən, *Pl:* 'bø:gən] <-s, -> *m* 1 a. MATH (*Bogenlinie*) arc *m;* **einen ~ machen** (*Straße, Fluss*) faire un coude 2 (*Papierbogen*) feuille *f* 3 (*Schusswaffe*) arc *m* 4 MUS archet *m;* (*Haltebogen*) [signe *m* de] liaison *f* 5 ARCHIT arc *m* 6 (*Brückenbogen*) arche *f*

Bogengang <-gänge> *m* arcades *fpl* **Bogenschießen** *nt* tir *m* à l'arc **Bogenschütze** *m,* **-schützin** *f* archer *m*/archère *f;* SPORT tireur *m*/tireuse *f* à l'arc

Böhmen ['bø:mən] <-s> *nt* la Bohême

böhmisch *Adj.* bohémien(ne)

Bohne ['bo:nə] <-, -n> *f* 1 haricot *m* 2 (*Kaffeebohne*) grain *m* [de café]

Bohnenkaffee *m* café *m;* (*ungemahlen*) café *m* en grains **Bohnenstange** *f* 1 rame *f* 2 *hum fam* (*großer Mensch*) grande perche *f*

bohnern **I.** *tr. V.* cirer **II.** *intr. V.* passer la cireuse

Bohnerwachs *nt* encaustique *f*

bohren ['bo:rən] **I.** *tr. V.* 1 creuser 2 TECH percer 3 (*hineinstoßen*) enfoncer **II.** *intr. V.* 1 (*stochern*) **in der Nase ~** se mettre les doigts dans le nez 2 (*Zahnarzt*) passer la roulette 3 MIN creuser 4 *fam* (*fragen*) revenir à la charge 5 (*quälend nagen*) **in jdm ~** (*Zweifel*) ronger qn **III.** *refl. V.* **sich in die Erde ~** (*Speer*) se planter dans le sol

Bohrer <-s, -> *m* 1 (*Bohrmaschine*) perceuse *f;* (*Bohreinsatz*) mèche *f* 2 (*Handbohrer*) chignole *f* 3 (*Zahnarztbohrer*) fraise *f*

Bohrinsel *f* plate-forme *f* de forage **Bohrmaschine** *f* perceuse *f* [électrique] **Bohrturm** *m* derrick *m*

Bohrung <-, -en> *f* 1 *kein Pl.* (*das Bohren*) **eine ~ nach Erdöl** un forage pour trouver du pétrole 2 (*Bohrloch*) forage *m*

böig ['bø:ɪç] *Adj.* (*Wetter*) venteux (-euse); **~er Wind** vent *m* en rafales

Boiler ['bɔylɐ] <-s, -> *m* chauffe-eau *m*

Boje ['bo:jə] <-, -n> *f* balise *f*

Bolivien [bo'li:vi̯ən] <-s> *nt* la Bolivie

Bollwerk ['bɔlvɛrk] *nt geh* bastion *m*

Bolzen ['bɔltsən] <-s, -> *m* 1 TECH boulon *m* 2 (*Geschoss*) flèche *f*

bombardieren* [bɔmbar'di:rən] *tr. V.* 1 bombarder; (*mit Granaten*) pilonner 2 (*überschütten*) **jdn mit Fragen ~** assaillir qn de questions

bombastisch [bɔm'bastɪʃ] *Adj. pej* 1 (*schwülstig*) ronflant(e); (*Sprache*) ampoulé(e) 2 (*pompös*) pompeux(-euse)

Bombe ['bɔmbə] <-, -n> *f* 1 MIL bombe *f* 2 (*Geldbombe*) sacoche *f* ▶ **wie eine ~ einschlagen** faire l'effet d'une bombe

Bombenangriff *m* bombardement *m* **Bombenanschlag** *m* attentat *m* à la bombe **Bombendrohung** *f* alerte *f* à la bombe **Bombenerfolg** *m fam* succès *m* fou **bombensicher** *Adj.* 1 (*Bunker*) anti-bombe 2 *fam* (*Tipp*) absolument sûr(e)

Bomber <-s, -> *m fam* bombardier *m*

Bon [bɔŋ] <-s, -s> *m* 1 ticket *m* de caisse 2 (*Gutschein*) bon *m*

Bonbon [bɔŋ'bɔŋ] <-s, -s> *nt o m* bonbon *m*

Bonus ['bo:nʊs] <-, -> *m* 1 bonus *m* 2 (*Punktgutschrift*) bonification *f* 3 (*Vorteil*) bonus *m*

Boom [bu:m] <-s, -s> *m* boom *m*

boomen ['bu:mən] *intr. V.* connaître un boom

Boot [bo:t] <-[e]s, -e> *nt* bateau *m;* (*Ruderboot*) barque *f;* (*Segelboot*) voilier *m;* **~ fahren** faire du bateau ▶ **wir sitzen alle in einem ~** nous sommes tous logés/toutes logées à la même enseigne

Bootsfahrt *f* promenade *f* en bateau **Bootshaus** *nt* hangar *m* à bateaux **Bootsverleih** *m* location *f* de bateaux

Bord[1] [bɔrt] <-[e]s> *m* **an ~ gehen/kommen** monter à bord; **über ~ gehen** passer par-dessus bord ▶ **etw über ~ werfen** jeter qc par-dessus bord; *fig* mettre qc au panier

Bord[2] <-[e]s, -e> *nt* (*Wandbrett*) tablette *f*

Bordell [bɔr'dɛl] <-s, -e> *nt* maison *f* close

Bordkarte *f* carte *f* d'embarquement **Bordstein** *m* bordure *f* de trottoir

borgen ['bɔrgən] **I.** *refl. V.* **sich** (*Dat*) **etw von jdm ~** emprunter qc à qn **II.** *tr. V.* **jdm etw ~** prêter qc à qn

Borke ['bɔrkə] <-, -n> *f* BOT écorce *f*

borniert [bɔr'niːɐ̯t] *Adj. pej* borné(e)

Börse ['bœrzə] <-, -n> *f* Bourse *f*

Börsenbericht *m* bulletin *m* de la Bourse **Börsenkrach** *m* krach *m* boursier **Börsenkurs** *m* cours *m* de la Bourse **Börsenspekulation** *f* spéculation *f* boursière

Borste ['bɔrstə] <-, -n> *f* ❶ poil *m;* (*fein*) soie *f* ❷ (*Schweineborste*) soie *f*

Borte ['bɔrtə] <-, -n> *f* galon *m*

bösartig ['bøːsʔaːɐ̯tɪç] *Adj.* ❶ méchant(e) ❷ MED malin(-igne)

Böschung ['bœʃʊŋ] <-, -en> *f* (*einer Straße*) talus *m;* (*eines Flusses*) berge *f*

böse ['bøːzə] **I.** *Adj.* ❶ (*Person*) méchant(e); (*Absicht*) mauvais(e) *antéposé* ❷ *fam* (*unartig*) vilain(e) ❸ *attr* (*Sache*) sale *antéposé*; (*Folgen*) fâcheux(-euse) ❹ (*Gesicht*) fâché(e); **sei [mir] nicht ~, aber ...** ne m'en veux pas, mais ... ❺ *fam* (*schlimm*) méchant(e) *antéposé* **II.** *Adv.* ❶ (*übelwollend*) méchamment; **ich habe es nicht ~ gemeint!** je n'ai pas pensé à mal ! ❷ (*schlimm*) **das/es sieht ~ für ihn aus** ça se présente mal pour lui

Bösewicht <-[e]s, -e *o* -er> *m hum fam* **na, du kleiner ~!** espèce de petit galopin !

boshaft ['boːshaft] *Adj.* méchant(e)

Bosheit ['boːshait] <-, -en> *f* méchanceté *f*

Bosnien ['bɔsniən] <-s> *nt* la Bosnie

Bosnien-Herzegowina ['bɔsniənhɛrtse'goːvina] <-s> *nt* la Bosnie-Herzégovine

Bosnier(in) ['bɔsniɐ] <-s, -> *m(f)* Bosniaque *mf*

bosnisch *Adj.* bosniaque

BossRR [bɔs] <-es, -e>, **Boß**ALT <-sses, -sse> *m fam* boss *m*

böswillig **I.** *Adj.* ❶ (*Bemerkung*) méchant(e); (*Plan*) malveillant(e) ❷ JUR délictueux(-euse) **II.** *Adv.* avec malveillance; **~ handeln** agir dans une mauvaise intention

Böswilligkeit <-> *f* malveillance *f*

bot [boːt] *Imp. von* **bieten**

Botanik [bo'taːnɪk] <-> *f* botanique *f*

botanisch **I.** *Adj.* botanique **II.** *Adv.* (*betrachten*) du point de vue botanique

Bote ['boːtə] <-n, -n> *m,* **Botin** *f* ❶ messager(-ère) *m(f)* ❷ (*Laufbursche*) coursier(-ière) *m(f);* (*einer Firma*) commissionnaire *mf*

Botengang <-gänge> *m* course *f*

Botschaft ['boːtʃaft] <-, -en> *f* ❶ (*Gesandtschaft*) ambassade *f* ❷ (*Aussage*) message *m*

Botschafter(in) <-s, -> *m(f)* ambassadeur(-drice) *m(f)*

Bottich ['bɔtɪç] <-[e]s, -e> *m* baquet *m*

Bouillon [bʊl'jɔŋ] <-, -s> *f* bouillon *m* gras

Boulevard [bulə'vaːɐ̯] <-s, -s> *m* boulevard *m*

Boulevardpresse *f pej* presse *f* à sensation

Bowle ['boːlə] <-, -n> *f: boisson alcoolisée à base de vin ou de champagne à laquelle on ajoute du sucre et des fruits*

Bowling ['boːlɪŋ] <-s, -s> *nt* bowling *m*

Box [bɔks] <-, -en> *f* ❶ (*Pferdebox*) box *m* ❷ (*Montageplatz für Rennwagen*) stand *m* ❸ (*Behälter*) mallette *f* ❹ (*Lautsprecherbox*) enceinte *f*

boxen ['bɔksən] **I.** *intr. V.* boxer **II.** *tr. V.* ❶ (*schlagen*) donner des coups de poing à ❷ SPORT *fam* boxer

Boxen <-s> *nt* boxe *f*

Boxer(in) <-s, -> *m(f)* boxeur(-euse) *m(f)*

Boxershorts *Pl* boxer-short *m*

Boxhandschuh *m* gant *m* de boxe **Boxkampf** *m* ❶ match *m* de boxe ❷ *kein Pl.* (*Boxsport*) boxe *f*

Boykott [bɔy'kɔt] <-[e]s, -e> *m* boycott[age] *m*

boykottieren* [bɔykɔ'tiːrən] *tr. V.* boycotter

brach1 [braːx] *Imp. von* **brechen**

brach2 [braːx] *Adj.* (*vorübergehend nicht bestellt*) en jachère; (*dauerhaft nicht bestellt*) en friche

Brachland *nt* friche *f* **brach|liegen** *intr. V. unreg a. fig* (*vorübergehend*) être en jachère; (*generell*) être en friche

brachte ['braxtə] *Imp. von* **bringen**

Branche ['brãːʃə] <-, -n> *f* branche *f*

Branchenbuch *nt,* **Branchenverzeichnis** *nt* annuaire *m* professionnel

Brand [brant, *Pl:* 'brɛndə] <-[e]s, Brände> *m* ❶ incendie *m;* **etw in ~ stecken** mettre le feu à qc; **in ~ geraten** prendre feu ❷ *fam* (*Durst*) pépie *f*
Brandanschlag *m* incendie *m* criminel
branden ['brandən] *intr. V.* déferler
Brandenburg ['brandənbʊrk] <-s> *nt* le Brandebourg
brandmarken *tr. V.* dénoncer
brandneu ['brant'nɔy] *Adj. fam* (*Computer, Auto*) flambant neuf(neuve); **~ sein** (*CD, Buch, Film*) venir de sortir
Brandschaden *m* dégâts *mpl* causés par le feu **Brandstifter(in)** *m(f)* incendiaire *mf* **Brandstiftung** *f* incendie *m* criminel
Brandung <-, -en> *f* déferlement *m* des vagues
Brandwunde *f* brûlure *f*
brannte ['brantə] *Imp. von* **brennen**
Branntwein ['brantvain] *m* eau-de-vie *f*
Brasilien [bra'zi:li̯ən] <-s> *nt* le Brésil
Bratapfel *m* pomme *f* [cuite] au four
braten ['bra:tən] <brät, briet, gebraten> **I.** *tr. V.* faire cuire **II.** *intr. V.* (*gar werden*) cuire
Braten <-s, -> *m* rôti *m*
Brathähnchen *nt,* **Brathendl** ['bra:thɛndl] <-s, -[n]> *nt* A poulet *m* rôti **Brathering** *m* hareng *m* frit puis mariné **Bratkartoffeln** *Pl* pommes *fpl* de terre sautées **Bratpfanne** *f* poêle *f* [à frire]
Bratsche ['bra:tʃə] <-, -n> *f* alto *m*
Bratwurst *f* ❶ (*gebratene Wurst*) saucisse *f* grillée ❷ (*Wurst zum Braten*) saucisse *f* à griller
Brauch [braux, *Pl:* 'brɔyçə] <-[e]s, Bräuche> *m* coutume *f*
brauchbar *Adj.* ❶ (*geeignet*) adéquat(e) ❷ (*verwendbar*) utilisable ❸ (*gut*) valable
brauchen ['brauxən] **I.** *tr. V.* ❶ (*nötig haben*) **jdn/etw ~** avoir besoin de qn/qc ❷ (*aufwenden müssen*) **eine Stunde ~, um etw zu tun** mettre une heure pour faire qc; **wie lange ~ Sie noch?** il vous faut encore combien de temps? **II.** *Hilfsverb, modal* **du brauchst nur anzurufen** tu dois juste téléphoner; **Sie ~ es gar nicht erst zu versuchen** ce n'est pas la peine d'essayer
Braue ['brauə] *f* sourcil *m*
brauen ['brauən] *tr. V.* ❶ (*Bier*) brasser ❷ *fam* (*zubereiten*) concocter
Brauerei [brauə'rai] <-, -en> *f* ❶ (*Betrieb*) brasserie *f* ❷ *kein Pl.* (*das Brauen*) brassage *m*
braun [braun] *Adj.* ❶ (*Haar*) brun(e); (*Augen, Pullover*) marron *inv.* ❷ (*Hautfarbe*) mat(te) ❸ (*sonnengebräunt*) ~ [**gebrannt**] bronzé(e)
Braunbär *m* ours *m* brun
Bräune ['brɔynə] <-> *f* couleur *f* brune; (*Sonnenbräune*) bronzage *m*
bräunen I. *tr. V.* ❶ **jdn/die Haut ~** faire bronzer qn/brunir la peau ❷ GASTR faire revenir **II.** *intr. V.* ❶ bronzer ❷ GASTR dorer **III.** *refl. V.* **sich ~** (*Person*) se [faire] bronzer; (*Haut*) brunir
Braunkohle *f* lignite *m*
bräunlich *Adj.* brunâtre
brausen ['brauzən] *intr. V.* ❶ + *haben* mugir ❷ + *sein fam* (*rasen*) foncer
Braut [braut, *Pl:* 'brɔytə] <-, Bräute> *f* mariée *f*
Bräutigam ['brɔytɪgam] <-s, -e> *m* marié *m*
Brautjungfer *f* demoiselle *f* d'honneur **Brautkleid** *nt* robe *f* de mariée **Brautpaar** *nt* [jeunes] mariés *mpl*
brav [bra:f] *Adj.* sage; (*Haustier*) brave *antéposé*
bravo ['bra:vo] *Interj.* bravo
Bravour [bra'vu:ɐ̯] <-> *f geh* **etw mit ~ tun** (*meisterhaft*) faire qc avec brio
BRD [be:ʔɛr'de:] <-> *f Abk. von* **Bundesrepublik Deutschland: die ~** la R.F.A.
brechen ['brɛçən] <bricht, brach, gebrochen> **I.** *tr. V.* + *haben* ❶ (*Knochen*) casser ❷ (*Eis*) briser ❸ (*herausbrechen*) arracher ❹ (*abbauen*) extraire ❺ (*Schwur*) rompre ❻ (*Rekord*) battre ❼ (*Widerstand*) briser; (*Willen*) détruire ❽ *geh* (*Blume*) cueillir ❾ (*Licht*) réfracter; (*Wellen*) briser ❿ (*erbrechen*) vomir **II.** *intr. V.* ❶ + *sein* (*Achse, Ast*) [se] casser ❷ + *sein* (*brüchig sein: Leder*) se fendre; (*Teppich*) se couper ❸ + *sein* **durch die Wolken ~** (*Sonne*) faire une percée à travers les nuages ❹ + *haben* (*den Kontakt, die Gewohnheit beenden*) **mit jdm/etw ~** rompre avec qn/qc ❺ + *haben* (*sich erbrechen*) vomir **III.** *refl. V.* + *haben* **sich an etw ~** (*Wellen*) se briser contre qc; (*Licht*) se réfracter sur qc; (*Schall*) se répercuter sur qc

Brechmittel *nt* MED vomitif *m* **Brechreiz** *m* nausée *f*

Brechung <-, -en> *f* (*des Lichts*) réfraction *f*; (*des Schalls*) répercussion *f*

Brei [brai] <-[e]s, -e> *m* ① (*Speise*) bouillie *f*; (*Püree*) purée *f* ② (*dickflüssige Masse*) pâte *f*

breiig *Adj.* visqueux(-euse)

breit [brait] **I.** *Adj.* ① (*opp: schmal*) large; (*Schrift*) étendu(e); (*Nase*) plat; **drei Meter ~ sein** avoir trois mètres de large; **etw ~er machen** élargir qc ② (*breitschultrig*) large [d'épaules] ③ (*Publikum*) vaste; (*Zustimmung*) large *antéposé* **II.** *Adv.* ① **etw ~ drücken** aplatir qc ② (*kräftig*) **~ gebaut sein** être carré d'épaules ③ (*ungeniert*) **~ grinsen** arborer un large sourire ④ (*breitbeinig*) **sich ~ hinsetzen** s'étendre

breitbeinig *Adj., Adv.* les jambes écartées

Breite <-, -n> *f* ① largeur *f* ② (*Ausgedehntheit*) étendue *f* ③ GEO latitude *f*

Breitengrad *m* GEO degré *m* de latitude

breit|machen *refl. V. fam* **sich ~** (*viel Raum beanspruchen: Person*) prendre beaucoup de place; (*sich ausbreiten: Stimmung*) monter; (*Ideologie*) se répandre

breit|schlagen *tr. V. unreg fam* **sich von jdm ~ lassen** se laisser baratiner par qn

breitschult[e]rig *Adj.* large d'épaules

breit|treten *unreg fam* (*Thema*) s'appesantir sur; (*Details*) étaler

Bremen ['bre:mən] <-s> *nt* Brême

Bremse ['brɛmzə] <-, -n> *f* ① AUT frein *m* ② ZOOL taon *m*

bremsen ['brɛmzən] *intr. V.* freiner

Bremslicht *nt* [feu *m* de] stop *m* **Bremspedal** *nt* pédale *f* de frein **Bremsspur** *f* trace *f* de freins **Bremsweg** *m* distance *f* de freinage

brennbar *Adj.* combustible

Brennelement *nt* PHYS élément *m* combustible

brennen ['brɛnən] <brannte, gebrannt> **I.** *intr. V.* ① (*in Flammen stehen*) brûler ② (*angezündet sein*) brûler; (*Zigarette*) être allumé ③ (*sich entzünden*) **nicht ~** ne pas s'allumer; (*Streichholz, Kohle*) ne pas s'enflammer ④ (*angeschaltet sein*) être allumé ⑤ (*schmerzen*) brûler; **auf der Haut ~** piquer la peau ⑥ (*inständig sinnen*) **auf Rache** (*Akk*) **~** avoir soif de vengeance ⑦ (*ungeduldig sein*) **darauf ~, etw zu tun** brûler de faire qc **II.** *intr. V. unpers.* **es brennt!** au feu ! **III.** *tr. V.* ① (*Mandeln*) griller; (*Kaffee*) torréfier ② (*Schnaps*) distiller ③ (*Ton*) cuire **IV.** *refl. V.* **sich an etw** (*Dat*) **~** se brûler à qc

brennend **I.** *Adj.* ① (*Hitze*) torride; (*Durst*) ardent(e) ② (*Frage*) brûlant(e); (*Interesse*) vif(vive) *antéposé* **II.** *Adv. fam* (*interessiert*) vivement

Brenner ['brɛnɐ] <-s, -> *m* TECH brûleur *m*

Brennerei [brɛnə'rai] <-, -en> *f* distillerie *f*

Brennessel[ALT] *s.* **Brennnessel**

Brennholz *nt* bois *m* de chauffage **Brennnessel**[RR] *f* ortie *f* **Brennpunkt** *m* ① OPT foyer *m* ② MATH focale *f* ③ (*der Ereignisse*) centre *m* **Brennstoff** *m* combustible *m* **Brennweite** *f* OPT distance *f* focale

brenzlig ['brɛntslɪç] *Adj. fam* (*Situation*) critique; **das ist/wird mir zu ~** ça sent le roussi

Bretagne [bre'tanjə] <-> *f* **die ~** la Bretagne

Bretone [bre'to:nə] <-n, -n> *m*, **Bretonin** *f* Breton(ne) *m(f)*

bretonisch [bre'to:nɪʃ] *Adj.* breton(ne)

Brett [brɛt] <-[e]s, -er> *nt* ① (*Planke*) planche *f* ② (*Regalbrett*) étagère *f* ③ (*Holzplatte*) planche *f*; (*klein*) planchette *f* ④ (*Sprungbrett*) plongeoir *m* ⑤ (*Spielbrett*) plateau *m* [de jeu]; (*Schachbrett*) échiquier *m*; (*Damebrett*) damier *m* ▸ **das schwarze ~** le tableau d'affichage

Bretterzaun *m* palissade *f*

Brettspiel *nt* jeu *m* de table

Brezel ['bre:tsəl] <-, -n> *f* bretzel *m*

Les **Brezeln** sont une spécialité du sud de l'Allemagne dont la pâte claire prend une teinte brune après avoir été plongée dans de la saumure avant la cuisson. On les saupoudre ensuite de gros sel pour les vendre dans les boulangeries ou des stands dans la rue. Une fois tartinés de beurre, on les appelle *Butterbrezeln*.

Bridge [brɪdʒ] <-> *nt* bridge *m*

Brief [briːf] <-[e]s, -e> *m* ① lettre *f* ② (*Versendungsart*) **etw als ~ schicken** envoyer qc comme lettre ③ REL épître *f*

Briefbeschwerer <-s, -> *m* presse-papiers *m* **Briefbogen** *m* feuille *f* de papier à lettres **Briefbombe** *f* lettre *f* piégée **Brieffreund(in)** *m(f)* correspondant(e) *m(f)* **Briefgeheimnis** *nt* secret *m* postal **Briefkasten** *m* boîte *f* aux lettres **Briefkopf** *m* en-tête *m* [de lettre]

brieflich *Adj.*, *Adv.* par écrit

Briefmarke *f* timbre[-poste] *m* **Briefmarkensammlung** *f* collection *f* de timbres **Brieföffner** *m* coupe-papier *m* **Briefpapier** *nt* papier *m* à lettres **Brieftasche** *f* portefeuille *m* **Brieftaube** *f* pigeon *m* voyageur **Briefträger(in)** *m(f)* facteur(-trice) *m(f)* **Briefumschlag** *m* enveloppe *f* **Briefwaage** *f* pèse-lettres *m* **Briefwahl** *f* vote *m* par correspondance **Briefwechsel** *m* correspondance *f*

briet [briːt] *Imp. von* **braten**

Brigade [bri'gaːdə] <-, -n> *f* brigade *f*

Brikett [bri'kɛt] <-s, -s> *nt* briquette *f*

brillant [brɪl'jant] *Adj.* brillant(e)

Brillant [brɪl'jant] <-en, -en> *m* brillant *m*

Brille ['brɪlə] <-, -n> *f* lunettes *fpl*

Brillenetui [-ɛtviː] *nt* étui *m* à lunettes

bringen ['brɪŋən] <brachte, gebracht> *tr. V.* ① apporter ② (*servieren*) servir ③ (*wegbringen*) [ap]porter ④ (*Nachricht*) apporter ⑤ (*befördern*) amener; (*Fahrer*) conduire ⑥ (*begleiten*) **jdn nach Hause ~** ramener qn à la maison; **jdn zur Tür ~** [r]accompagner qn à la porte ⑦ (*darbieten*) **etw ~** (*Theater*) présenter qc; (*Kino*) passer qc; (*Schauspieler*) jouer qc; (*Fernsehen*) diffuser qc ⑧ (*veröffentlichen*) publier ⑨ (*Regen*) apporter; (*Ernte*) donner ⑩ (*versetzen*) **jdn vor Gericht ~** mener qn devant le tribunal ⑪ (*rauben*) **du wirst mich noch um den Verstand ~** tu me feras perdre la tête ⑫ (*Gespräch*) amener ⑬ (*Geld*) rapporter ⑭ (*bewegen*) **jdn dazu ~, etw zu tun** amener qn à faire qc ⑮ (*Erfolg haben*) **es zu etwas ~** arriver à quelque chose ⑯ (*sich aneignen*) **etw an sich** (*Akk*) **~** s'approprier qc ⑰ (*bewältigen*) **etw hinter sich** (*Akk*) **~** en finir avec qc ⑱ (*zur Folge haben*) **etw mit sich ~** avoir qc pour conséquence ⑲ (*zuwege bringen*) **es nicht über sich** (*Akk*) **~, etw zu tun** ne pas pouvoir se résoudre à faire qc ▸**das bringt nichts** *fam* c'est pas la peine

brisant [bri'zant] *Adj.* ① *geh* (*heikel*) brûlant(e) ② (*Sprengstoff*) explosif(-ive)

Brise ['briːzə] <-, -n> *f* brise *f*

Brite ['brɪtə] <-n, -n> *m*, **Britin** *f* Britannique *mf*

britisch *Adj* britannique

bröckelig *Adj.* friable; **~ werden** s'effriter

Brocken ['brɔkən] <-s, -> *m* ① (*Erdbrocken*) motte *f* ② (*Steinbrocken*) bloc *m* [de pierre] ③ *Pl fig* **ein paar ~ Französisch** quelques bribes *fpl* de français

brodeln ['broːdəln] *intr. V.* bouillonner

Brokat [bro'kaːt] <-[e]s, -e> *m* brocart *m*

Brokkoli ['brɔkoli] *Pl* brocoli *m*

Brom [broːm] <-s> *nt* CHEM brome *m*

Brombeere ['brɔmbeːrə] *f* ① (*Frucht*) mûre *f* ② (*Strauch*) ronce *f*

Bronchie ['brɔnçi̯ə] <-, -n> *f meist Pl.* bronche *f*

Bronchitis [brɔn'çiːtɪs] <-, -tiden> *f* bronchite *f*

Bronze ['brõːsə] <-, -n> *f* bronze *m*

Bronzemedaille ['brõːsəmedaljə] *f* médaille *f* de bronze

Bronzezeit *f* âge *m* du bronze

Brosche ['brɔʃə] <-, -n> *f* broche *f*

Broschüre [brɔ'ʃyːrə] <-, -n> *f* brochure *f*

Brot [broːt] <-[e]s, -e> *nt* pain *m*; **belegtes ~** sandwich *m*

Brötchen ['brøːtçən] <-s, -> *nt* petit pain *m*

Brotkorb *m* corbeille *f* à pain

brotlos *Adj.* sans emploi

Browsen [braʊzən] <-s> *nt* INET exploration *f*

Browser ['braʊzɐ] *m* INET navigateur *m* Web

Bruch [brʊx, *Pl:* 'brʏçə] <-[e]s, Brüche> *m* ① rupture *f* ② (*Knochenbruch*) fracture *f* ③ *fig* (*einer Entwicklung*) cassure *f* ④ MATH fraction *f* ⑤ *kein Pl.* (*zerbrochene Ware*) débris *mpl*

brüchig ['brʏçɪç] *Adj.* ① (*Gestein*) friable; (*Leder*) cassant(e) ② (*Stimme*) cassé(e) ③ (*hinfällig*) fragile

Bruchlandung *f* atterrissage *m* forcé **Bruchrechnen** *nt*, **Bruchrechnung** *f* calcul *m* de fractions **Bruchstück** *nt* ❶ morceau *m* ❷ (*eines Lieds*) fragment *m;* (*einer Rede*) bribes *fpl* **Bruchteil** *m* fraction *f* **Bruchzahl** *f* nombre *m* fractionnaire

Brücke ['brʏkə] <-, -n> *f* ❶ *a. fig* pont *m* ❷ NAUT passerelle *f* ❸ (*Zahnersatz*) bridge *m* ❹ (*Teppich*) carpette *f* ❺ SPORT pont *m*

Bruder ['bru:dɐ, *Pl:* 'bry:dɐ] <-s, Brüder> *m* frère *m*

brüderlich *Adj.* fraternel(le)

Brüderschaft <-, -en> *f* **mit jdm ~ trinken** trinquer avec qn *(pour marquer le début du tutoiement)*

Brühe ['bry:ə] <-, -n> *f* ❶ bouillon *m;* **eine kräftige ~** un consommé ❷ *pej fam* (*Schmutzwasser*) eau *f* cradingue

brüllen ['brʏlən] *intr. V.* ❶ (*Person*) crier ❷ (*Affe*) hurler; (*Raubtier*) rugir; (*Vieh*) mugir

brummen ['brʊmən] **I.** *intr. V.* ❶ (*Insekt*) bourdonner; (*Bär*) grogner; (*Motor*) ronfler; (*Triebwerk*) vrombir ❷ (*singen*) chanter d'une voix caverneuse **II.** *tr. V.* (*Antwort*) grommeler

brünett [bry'nɛt] *Adj.* brun(e)

Brunnen ['brʊnən] <-s, -> *m* ❶ (*Ziehbrunnen*) puits *m* ❷ (*Zierbrunnen*) fontaine *f*

brünstig ['brʏnstɪç] *Adj.* (*Tier*) en rut

brüsk [brʏsk] **I.** *Adj.* brutal(e) **II.** *Adv.* (*sich abwenden*) brusquement; (*sagen*) brutalement

brüskieren* [brʏs'ki:rən] *tr. V.* brusquer

Brüssel ['brʏsəl] <-s> *nt* Bruxelles

Brust [brʊst, *Pl:* 'brʏstə] <-, Brüste> *f* ❶ (*Brustkasten*) thorax *m* ❷ (*weibliche Brust*) sein *m;* (*Büste*) poitrine *f* ❸ GASTR poitrine *f;* (*von Geflügel*) blanc *m*

Brustbein *nt* ANAT sternum *m*

brüsten ['brʏstən] *refl. V.* **sich ~** se vanter

Brustfell *nt* ANAT plèvre *f*

Brustkorb *m* cage *f* thoracique **Brustkrebs** *m* cancer *m* du sein **Brustschwimmen** *nt* brasse *f*

Brüstung ['brʏstʊŋ] <-, -en> *f* balustrade *f*

Brustwarze *f* mamelon *m*

Brut [bru:t] <-, -en> *f* ❶ *kein Pl.* (*das Brüten*) couvaison *f* ❷ (*von Vögeln*) couvée *f*

brutal [bru'ta:l] *Adj.* brutal(e)

Brutalität [brutali'tɛ:t] <-, -en> *f* brutalité *f*

brüten ['bry:tən] *intr. V.* couver

Brutkasten *m* MED couveuse *f* **Brutstätte** *f* nid *m*

brutto ['brʊto] *Adv.* brut

Bruttoeinkommen *nt* revenu *m* brut **Bruttogehalt** *nt* salaire *m* brut **Bruttoinlandsprodukt** *nt* produit *m* intérieur brut **Bruttolohn** *m* salaire *m* brut **Bruttosozialprodukt** *nt* produit *m* national brut

brutzeln ['brʊtsəln] **I.** *intr. V.* cuire **II.** *tr. V. fam* **sich** (*Dat*) **etw ~** [se] faire cuire qc

BSE [be:ʔɛs'e:] <-> *f Abk. von* **bovine spongiforme Enzephalopathie** encéphalopathie *f* spongiforme bovine

Bub [bu:p] <-en, -en> *m* A, CH gamin *m*

Bube <-n, -n> *m* SPIEL valet *m*

Buch [bu:x, *Pl:* 'by:çɐ] <-[e]s, Bücher> *nt* livre *m*

Buchbinder(in) <-s, -> *m(f)* relieur (-euse) *m(f)* **Buchdruck** *m kein Pl.* typographie *f*

Buche ['bu:xə] <-, -n> *f* hêtre *m*

buchen ['bu:xən] *tr. V.* (*vorbestellen*) réserver; (*Reise*) s'inscrire à

Bücherbrett *nt* tablette *f*

Bücherei [by:çə'rai] <-, -en> *f* bibliothèque *f*

Bücherregal *nt* étagères *fpl*

Buchfink *m* pinson *m* **Buchführung** *f* comptabilité *f* **Buchhalter(in)** *m(f)* comptable *mf* **Buchhaltung** *f* comptabilité *f* **Buchhandel** *m* (*Handel*) commerce *m* du livre; **im ~ erhältlich** disponible en librairie **Buchhändler(in)** *m(f)* libraire *mf* **Buchhandlung** *f* librairie *f* **Buchmesse** *f* salon *m* du livre **Buchprüfer(in)** *m(f)* expert-comptable *m*

Buchse ['bʊksə] <-, -n> *f* ❶ ELEC douille *f* ❷ TECH manchon *m*

Büchse ['bʏksə] <-, -n> *f* ❶ boîte *f* ❷ (*Sammelbüchse*) tronc *m*

Büchsenöffner *m* ouvre-boîte *m*

Buchstabe ['bu:xʃta:bə] <-n[s], -n> *m* lettre *f;* (*Druckbuchstabe*) caractère *m* [d'imprimerie]

buchstabieren* [buːxʃtaˈbiːrən] *tr. V.* épeler
buchstäblich [ˈbuːxʃtɛːplɪç] *Adv.* littéralement
Buchstütze *f* serre-livres *m*
Bucht [bʊxt] <-, -en> *f* baie *f*
Buchung <-, -en> *f* ❶ réservation *f* ❷ (*Verbuchung*) écriture *f*
Buchweizen *m* sarrasin *m*
Buckel [ˈbʊkəl] <-s, -> *m* bosse *f*
buckelig *s.* **bucklig**
bücken [ˈbʏkən] *refl. V.* **sich** ~ se pencher
bucklig *Adj. fam* ❶ bossu(e) ❷ (*uneben*) bosselé(e)
Budapest <-s> *nt* Budapest
buddeln [ˈbʊdəln] *fam* **I.** *intr. V.* faire un trou/des trous **II.** *tr. V.* (*Loch*) creuser
Buddhismus [bʊˈdɪsmʊs] <-> *m* bouddhisme *m*
Buddhist(in) [bʊˈdɪst] <-en, -en> *m(f)* bouddhiste *mf*
buddhistisch [bʊˈdɪstɪʃ] **I.** *Adj.* bouddhiste **II.** *Adv.* selon le rite bouddhiste
Bude [ˈbuːdə] <-, -n> *f* ❶ cabane *f* ❷ (*Kiosk*) stand *m*
Budget [bʏˈdʒeː] <-s, -s> *nt* budget *m*
Büfett [byˈfeː] <-[e]s, -e> *nt* buffet *m*
Büffel [ˈbʏfəl] <-s, -> *m* buffle *m*
büffeln *tr., intr. V. fam* bûcher
Buffet [bʏˈfeː] <-s, -s> *nt,* **Büffet** [bʏˈfeː] <-s, -s> *nt* CH (*Bahnhofsgaststätte*) buffet *m*
Bug [buːk] <-[e]s, -e> *m* ❶ NAUT proue *f;* AVIAT nez *m* ❷ <Büge> GASTR épaule *f*
Bügel [ˈbyːgəl] <-s, -> *m* ❶ cintre *m* ❷ (*Brillenbügel*) branche *f* ❸ (*Steigbügel*) étrier *m*
Bügelbrett *nt* table *f* à repasser **Bügeleisen** *nt* fer *m* à repasser **Bügelfalte** *f* pli *m* [de pantalon] **bügelfrei** *Adj.* infroissable
bügeln [ˈbyːgəln] *tr., intr. V.* repasser
buh [buː] *Interj.* [h]ou
buhen *intr. V. fam* pousser des huées de mécontentement
buhlen [ˈbuːlən] *intr. V. pej geh* **um etw** ~ chercher à s'attirer qc
Bühne [ˈbyːnə] <-, -n> *f* ❶ scène *f* ❷ (*Tribüne*) estrade *f* ❸ (*Hebebühne*) pont *m* élévateur
Bühnenbild *nt* décors *mpl* **Bühnenbildner(in)** [ˈbyːnənbɪltnɐ] <-s, -> *m(f)* scénographe *mf* **bühnenreif** *Adj.* ❶ (*Stück*) prêt [à être représenté] ❷ *iron* (*Auftritt, Szene*) théâtral(e)
Bukarest [ˈbuːkarɛst] <-s> *nt* Bucarest
Bukett <-s, -s *o* -e> *nt* (*Strauß, Duft*) bouquet *m*
Bulgare <-n, -n> *m,* **Bulgarin** *f* Bulgare *mf*
Bulgarien [bʊlˈgaːri̯ən] <-s> *nt* la Bulgarie
bulgarisch [bʊlˈgaːrɪʃ] **I.** *Adj.* bulgare **II.** *Adv.* ~ **miteinander sprechen** discuter en bulgare
Bullauge *nt* hublot *m*
Bulldozer [ˈbʊldoːzɐ] <-s, -> *m* bulldozer *m*
Bulle [ˈbʊlə] <-n, -n> *m* ❶ (*Rind*) taureau *m* ❷ (*männliches Tier*) mâle *m* ❸ *pej* (*Polizist*) flic *m* (*fam*)
Bulletin [bʏlˈtɛ̃ː] <-s, -s> *nt* communiqué *m*
Bumerang [ˈbuːməraŋ] <-s, -s> *m* boomerang *m*
Bummel <-s, -> *m* balade *f*
bummeln *intr. V.* ❶ + *sein* se balader ❷ + *haben fam* (*trödeln*) traînasser
Bummelzug *m fam* tortillard *m*
bumsen [ˈbʊmzən] **I.** *intr. V. unpers.* + *haben fam* **es bumst** ça fait boum **II.** *intr. V.* ❶ + *haben fam* (*schlagen*) tambouriner ❷ + *sein* (*prallen*) **auf/gegen etw** ~ rentrer dans qc ❸ + *haben vulg* (*koitieren*) baiser (*fam*) **III.** *tr. V.* + *haben vulg* **jdn** ~ baiser qn (*fam*)
Bund[1] [bʊnt, *Pl:* ˈbʏndə] <-[e]s, Bünde> *m* ❶ association *f* ❷ (*Konföderation*) fédération *f* ❸ (*Bündnis*) alliance *f* ❹ POL [**der**] ~ **und** [**die**] **Länder** le Bund et les Länder ❺ *fam* (*Bundeswehr*) **der** ~ l'armée [allemande] ❻ (*Rockbund*) ceinture *f* ❼ MUS touche *f* ▶ **mit jdm im ~e sein** être le/la complice de qn
Bund[2] <-[e]s, -e> *nt* botte *f*
Bündel [ˈbʏndəl] <-s, -> *nt* ❶ (*Wäsche*) paquet *m;* (*Banknoten*) liasse *f;* (*Stroh*) botte *f* ❷ (*große Menge*) tas *m*
bündeln *tr. V.* ❶ (*Altpapier*) faire un paquet; (*Banknoten*) faire une liasse avec; (*Stroh*) faire une botte avec ❷ OPT focaliser
Bundesbahn *f* **die Deutsche** ~ HIST les chemins *mpl* de fer allemands; **die**

B

B

Österreichischen/Schweizerischen ~en les chemins de fer autrichiens/suisses **Bundesbank** *f* **die [Deutsche] ~** la banque fédérale [allemande] **Bundesbürger(in)** *m(f)* citoyen(ne) *m(f)* de la République fédérale d'Allemagne **Bundesgebiet** *nt* territoire *m* fédéral **Bundesgericht** *nt* CH Tribunal *m* fédéral [suprême] **Bundeshauptstadt** *f* capitale *f* fédérale **Bundeskanzler(in)** *m(f)* chancelier *m* fédéral; CH chancelier *m* de la Confédération

En Allemagne, le **Bundeskanzler** est élu par le *Bundestag* (parlement fédéral) et ensuite installé par le président de la République fédérale. En Autriche, le parti ayant le plus de représentants au *Nationalrat* (Conseil national) propose pour la fonction de chancelier un candidat que le président de la République fédérale nomme par la suite. Le **Bundeskanzler** est le chef du gouvernement et préside le *Bundeskanzleramt* (chancellerie fédérale) qu'on appelle en Suisse *Bundeskanzlei.* Bien sûr, si le chancelier est une chancelière, on l'appelle la **Bundeskanzlerin**.

Bundesland *nt* (*der Bundesrepublik Deutschland*) Land *m;* (*der Republik Österreich*) État *m* [fédéral]

Depuis la réunification, la République fédérale d'Allemagne est constituée de seize **Bundesländer**. L'Autriche est divisée en neuf États fédéraux. Chaque Land et chaque État fédéral a sa capitale où se trouve le siège de son gouvernement.

Bundesliga *f* SPORT ≈ première division *f* **Bundesminister(in)** *m(f)* ministre *mf* fédéral **Bundespost** *f* **die Deutsche ~** HIST la poste fédérale allemande; **die Österreichische ~** la poste fédérale autrichienne

Bundespräsident(in) *m(f)* (*en Allemagne et en Autriche*) président(e) *m(f)* de la République fédérale; (*en Suisse*) président(e) *m(f)* de la Confédération

En Allemagne et en Autriche, le **Bundespräsident** ou la **Bundespräsidentin** est le chef de l'État et exerce principalement des fonctions représentatives. En Suisse, en revanche, il/elle fait partie du gouvernement, étant l'une des sept personnes qui composent le *Bundesrat* (Conseil fédéral). Celui-ci élit tous les ans le **Bundespräsident** parmi ses membres, quoiqu'en tant que *Primus inter Pares,* premier parmi ses pairs.

Bundesrat *m a.* A, CH Conseil *m* fédéral

En Allemagne, **der Bundesrat** (Conseil fédéral) se compose des membres de chacun des gouvernements des *Länder.* Le nombre de députés dépend de la taille du Land. Le **Bundesrat** joue un rôle au niveau législatif.
En Autriche, le **Bundesrat** est une partie du parlement où les *Länder* (États fédéraux) sont représentés proportionnellement à leur population. Le nombre exact de députés des États est fixé par le président fédéral après chaque recensement national.
En Suisse, en revanche, le **Bundesrat** est en fait le gouvernement. Il est constitué de sept membres élus pour quatre ans et il est présidé par le président de la Confédération.

Bundesregierung *f* gouvernement *m* fédéral **Bundesrepublik** *f* **die ~ [Deutschland]** la République fédérale [d'Allemagne] **Bundesstaat** *m* ❶ (*Staatenbund*) État *m* fédéral ❷ (*Gliedstaat*) État *m* fédéré **Bundesstraße** *f* ≈ route *f* nationale

Bundestag *m* Bundestag *m*

Les membres de la représentation nationale de la République fédérale d'Allemagne sont élus pour quatre ans lors d'élections libres à bulletins secrets. **Der Bundestag** (Parlement fédéral) élit le *Bundeskanzler* (chancelier fédéral), discute et adopte les projets de lois.

Bundestagswahl *f* élections *fpl* au Bundestag **Bundesverfassungsgericht** *nt* tribunal *m* constitutionnel suprême **Bundeswehr** ['bʊndəsveːɐ̯] *f* armée *f* fédérale **bundesweit** *Adj., Adv.* dans l'ensemble du territoire fédéral

bündig ['bʏndɪç] **I.** *Adj.* ① concis(e) ② (*auf gleicher Ebene*) plan(e) **II.** *Adv.* de manière concise

Bündnis ['bʏntnɪs] <-ses, -se> *nt* alliance *f*

Bungalow ['bʊŋgalo] <-s, -s> *m* bungalow *m*

Bunker ['bʊnkɐ] <-s, -> *m* bunker *m*

bunt [bʊnt] **I.** *Adj.* ① de toutes les couleurs; **sehr ~ sein** être très coloré ② (*ungeordnet*) disparate ③ (*Auswahl*) varié(e) **II.** *Adv.* ① de toutes les couleurs ② (*abwechslungsreich*) varié(e) ▸**jdm wird es zu ~** *fam* qn en a marre

Buntspecht *m* pic *m* épeiche **Buntstift** *m* crayon *m* de couleur **Buntwäsche** *f* linge *m* de couleur

Bürde ['bʏrdə] <-, -n> *f geh* fardeau *m*

Burenwurst ['buːrenvʊrst] *f* A saucisse *f* (*réchauffée à l'eau bouillante*)

Burg [bʊrk] <-, -en> *f* château *m* fort

Bürge ['bʏrgə] <-n, -n> *m*, **Bürgin** *f* JUR garant(e) *m(f)*, caution *f*

bürgen *intr. V.* ① JUR se porter garant ② (*Qualität verbürgen*) garantir

Bürger(in) ['bʏrgɐ] <-s, -> *m(f)* citoyen(ne) *m(f)*

Bürgerinitiative *f* comité *m* de défense **Bürgerkrieg** *m* guerre *f* civile

bürgerlich *Adj.* ① *attr* (*Recht*) civil(e) ② (*dem Bürgertum entsprechend*) bourgeois(e)

Bürgermeister(in) *m(f)* maire *m* **Bürgerrecht** *nt meist Pl.* droit *m* civique **Bürgerrechtler(in)** ['bʏrgɐrɛçtlɐ] <-s, -> *m(f)* défenseur *m* des droits du citoyen **Bürgersteig** <-[e]s, -e> *m* trottoir *m*

Bürgertum <-[e]s> *nt* bourgeoisie *f*

Bürgschaft ['bʏrkʃaft] <-, -en> *f* caution *f*; **~ leisten** se porter garant

Burgund [bʊr'gʊnt] <-[s]> *nt* la Bourgogne

Burgunder <-s, -> *m* (*Wein*) bourgogne *m*

burlesk [bʊr'lɛsk] *Adj.* burlesque

Büro [by'roː] <-s, -s> *nt* bureau *m*

Büroangestellte(r) *f(m) dekl wie Adj* employé(e) *m(f)* de bureau **Büroarbeit** *f* travail *m* de bureau **Bürobedarf** *m* fournitures *fpl* de bureau **Büroklammer** *f* trombone *m*

Bürokrat(in) [byro'kraːt] <-en, -en> *m(f) pej* bureaucrate *mf* **Bürokratie** <-, -n> *f* bureaucratie *f* **bürokratisch** **I.** *Adj.* bureaucratique **II.** *Adv.* de façon bureaucratique

Bursche ['bʊrʃə] <-n, -n> *m* ① (*Halbwüchsiger*) jeune *m* ② *fam* (*Kerl*) **ein [ganz] übler ~** un sale type ③ *fam* (*Exemplar*) engin *m*

burschikos [bʊrʃi'koːs] *Adj.* sans façons; (*Benehmen*) décontracté(e) (*fam*)

Bürste ['bʏrstə] <-, -n> *f* brosse *f*

bürsten *tr. V.* brosser

Bus [bʊs] <-ses, -se> *m* ① bus *m*; (*Reisebus*) car *m* ② INFORM bus *m*

Busbahnhof *m* gare *f* routière

Busch [bʊʃ, *Pl:* 'bʏʃə] <-[e]s, Büsche> *m* ① buisson *m* ② (*Buschwald*) brousse *f*

Büschel ['bʏʃəl] <-s, -> *nt* touffe *f*

buschig **I.** *Adj.* touffu(e); (*Augenbrauen*) en broussaille **II.** *Adv.* (*wachsen*) en buisson

Busen ['buːzən] <-s, -> *m* poitrine *f*

Busfahrer(in) *m(f)* conducteur *m*/conductrice *f* de bus **Bushaltestelle** *f* arrêt *m* de bus **Buslinie** *f* ligne *f* de bus

Bussard ['bʊsart] <-s, -e> *m* buse *f*

Buße ['buːsə] <-, -n> *f* ① *kein Pl.* REL pénitence *f* ② (*Schadenersatz*) amende *f*

büßen ['byːsən] **I.** *tr. V.* ① payer; **er hat seinen Leichtsinn mit dem Leben gebüßt** son inconscience lui a coûté la vie ② CH (*mit einer Geldbuße belegen*) frapper **II.** *intr. V.* payer; **für etw ~** subir les conséquences de qc

Bußgeld *nt* amende *f*

Büste ['bʏstə] <-, -n> *f a.* KUNST buste

Büstenhalter *m* soutien-gorge *m*

Butt [bʊt] <-[e]s, -e> *m* turbot *m*

Butter ['bʊtɐ] <-> *f* beurre *m*

Butterbrot *nt* tartine *f* [de beurre] **Butterdose** *f* beurrier *m* **Buttermilch** *f* petit-lait *m*

Button ['bat(ə)n] <-s, -s> *m* badge *m*

b.w. *Abk. von* **bitte wenden** T.S.V.P.

BWL [beːveː'ʔɛl] *Abk. von* **Betriebswirtschaftslehre** gestion *f* [d'entreprise]

Byte [bait] <-s, -s> *nt* octet *m*

byzantinisch *Adj.* byzantin(e)

bzw. *Abk. von* **beziehungsweise**

Cc

C

C, c [tseː] <-, -> *nt* ❶ (*Buchstabe*) C *m*/c *m* ❷ MUS do *m*

ca. *Abk. von* **circa** env.

CAD [tseːʔaːˈdeː] <-> *nt Abk. von* **computer-aided design** C.A.O. *f*

Café [kaˈfeː] <-s, -s> *nt* ≈ salon *m* de thé

Cafeteria [kafetəˈriːa] <-, -s> *f* cafétéria *f*

Callboy [ˈkɔːlbɔy] <-s, -s> *m* call boy *m*

Callgirl <-s, -s> *nt* call-girl *f*

CAM [tseːʔaːˈɛm] <-> *nt Abk. von* **computer-aided manufacturing** fabrication *f* assistée par ordinateur

Camcorder [ˈkɛmkɔrdɐ] <-s, -> *m* caméscope *m*

Camembert [ˈkaməmbɛːɐ] <-s, -s> *m* camembert *m*

campen [ˈkɛmpən] *intr. V.* faire du camping

Camping [ˈkɛmpɪŋ] <-s> *nt* camping *m*

Campingplatz *m* terrain *m* de camping

Campus [ˈkampʊs] <-, -> *m* campus *m*

Cannabis [ˈkanabɪs] <-> *m* cannabis *m*

CapsLock-Taste [ˈkæpslɔktˈastə] *f* touche *f* verrouillage majuscule

Caravan [ˈkaravan] <-s, -s> *m* (*Wohnwagen*) caravane *f*

Cartoon [kaɐˈtuːn] <-s, -s> *m o nt* dessin *m* [humoristique]

CB-Funk [tseːˈbeːfʊŋk] *m* C.B. *f*

CD [tseːˈdeː] <-, -s> *f Abk. von* **Compact Disc** C.D. *m*, compact *m*

CD-Brenner [tseːˈdeːbrɛnɐ] <-s, -> *m* graveur *m* de CD **CD-Player** <-s, -> *m* lecteur *m* laser **CD-ROM** <-, -s> *f* CD-ROM *m* **CD-ROM-Laufwerk** *nt* lecteur *m* de CD-ROM **CD-Spieler** *m s.* **CD-Player**

CDU [tseːdeːˈʔuː] <-> *f Abk. von* **Christlich-Demokratische Union** *parti chrétien-démocrate d'Allemagne*

Cellist(in) [tʃɛˈlɪst] <-en, -en> *m(f)* violoncelliste *mf*

Cello [ˈtʃɛlo] <-s, -s> *nt* violoncelle *m*

Celsius [ˈtsɛlziʊs] *kein Art, unv* Celsius

Cembalo [ˈtʃɛmbalo] <-s, -s> *nt* clavecin *m*

Cent [ˈsɛnt] *m* cent *m*

Chamäleon [kaˈmɛːleɔn] <-s, -s> *nt* caméléon *m*

Champagner [ʃamˈpanjɐ] <-s, -> *m* champagne *m*

Champignon [ˈʃampɪnjɔŋ] <-s, -s> *m* champignon *m* de Paris

Champion [ˈtʃɛmpi̯ən] <-s, -s> *m* champion(ne) *m(f)*

Chance [ˈʃãːs(ə)] <-, -n> *f* ❶ chance *f* ❷ (*Torchance*) occasion *f*

Chancengleichheit *f kein Pl.* égalité *f* des chances **chancenlos** *Adj.* malchanceux(-euse); ~ **sein** n'avoir aucune chance

Chaos [ˈkaːɔs] <-> *nt* chaos *m*

chaotisch **I.** *Adj.* (*Person*) bordélique (*fam*); (*Durcheinander*) chaotique (*fam*) **II.** *Adv.* **bei den Nachbarn geht es ~ zu** c'est le bordel chez les voisins (*fam*)

Charakter [kaˈraktɐ] <-s, -tere> *m* ❶ (*Wesen*) caractère *m* ❷ (*Mensch*) personnalité *f* ❸ *Pl* (*Gestalt*) caractère *m*

charakterisieren* *tr. V.* ❶ (*schildern*) décrire ❷ (*kennzeichnen*) caractériser

Charakteristik <-, -en> *f* ❶ (*Schilderung*) portrait *m* ❷ TECH caractéristique *f*

charakteristisch *Adj.* caractéristique

charakterlos *Adj.* sans caractère; (*Verhalten*) méprisable

charmant [ʃarˈmant] *Adj.* charmant(e)

Charme [ʃarm] <-s> *m* charme *m*

Charmeur [ʃarˈmøːɐ̯] <-s, -e> *m* charmeur *m*

Charta [ˈkarta] <-, -s> *f* charte *f*

Charterflug [ˈtʃartɐfluːk] *m* [vol *m*] charter *m* **Chartermaschine** *f* [avion *m*] charter *m*

chartern *tr. V.* affréter

Charts [tʃaːts] *Pl* hit-parade *m*

Chassis [ʃaˈsiː, ˈʃasiː] <-, -> *nt* châssis *m*

chatten [ˈtʃætən] *intr. V. fam* INET chatter

Chauffeur(in) [ʃɔˈføːɐ̯] <-s, -e> *m(f)* chauffeur *m*

Chauvi [ˈʃoːvi] <-s, -s> *m fam* macho *m*

Chauvinismus <-> *m pej* ❶ POL chauvinisme *m* ❷ (*männlicher Chauvinismus*) machisme *m*

Chauvinist <-en, -en> *m pej* ❶ POL chauvin(e) *m(f)* ❷ (*Sexist*) machiste *m*

chauvinistisch [ʃoviˈnɪstɪʃ] *Adj. pej* (*sexistisch*) machiste

checken ['tʃɛkən] *tr. V.* ① vérifier ② *fam* (*begreifen*) piger ③ (*Mitspieler*) contrer

Check-in ['tʃɛk'in] <-s, -s> *m* enregistrement *m*

Checkliste *f* ① liste *f* ② (*Passagierliste*) liste *f* des passagers ③ AVIAT liste *f* de vérification

Chef ['ʃɛf] <-s, -s> *m* patron *m*

Chefarzt *m*, **-ärztin** *f* médecin-chef *mf*

Chefin <-, -nen> *f* patronne *f*

Chefredakteur(in) ['ʃɛfredaktøːɐ] *m(f)* rédacteur(-trice) *m(f)* en chef **Chefsekretär(in)** *m(f)* secrétaire *mf* de direction

Chemie [çe'miː] <-> *f* chimie *f*

Chemiefaser *f* fibre *f* synthétique

Chemikalie [çemi'kaːli̯ə] <-, -n> *f meist Pl.* produit *m* chimique

Chemiker(in) ['çeːmikɐ] <-s, -> *m(f)* chimiste *mf*

chemisch ['çeːmɪʃ] **I.** *Adj.* chimique; (*Labor*) de chimie **II.** *Adv.* ~ **behandelt sein** avoir subi un traitement chimique

Chemotherapie *f* chimiothérapie *f*

Chicorée [ʃiko'reː] <-> *f*, <-s> *m* endive *f*

Chiffre ['ʃɪfrə] <-, -n> *f* ① (*einer Annonce*) numéro *m* [d'identification] ② (*Zeichen*) code *m* secret

Chile ['tʃiːle] <-s> *nt* le Chili

Chili ['tʃiːli] <-s> *m* ① (*Schote*) piment *m* fort ② (*Soße*) chili *m*

China ['çiːna] <-s> *nt* la Chine

Chinese [çi'neːzə] <-n, -n> *m*, **Chinesin** *f* Chinois(e) *m(f)*

chinesisch [çi'neːzɪʃ] **I.** *Adj.* chinois(e) **II.** *Adv.* ~ **miteinander sprechen** discuter en chinois

Chinesisch <-[s]> *nt kein Art.* chinois *m*; *s.a.* **Deutsch**

Chinin [çi'niːn] <-s> *nt* quinine *f*

Chip [tʃɪp] <-s, -s> *m* ① INFORM puce *f* ② *meist Pl.* (*Kartoffelchip*) chips *f* ③ (*runde Spielmarke*) jeton *m*; (*rechteckige Spielmarke*) plaque *f*

Chirurg(in) [çi'rʊrk] <-en, -en> *m(f)* chirurgien(ne) *m(f)*

Chirurgie <-, -n> *f* chirurgie *f*

chirurgisch [çi'rʊrgɪʃ] *Adj.* chirurgical(e)

Chlor [kloːɐ] <-s> *nt* chlore *m*

chlorig ['kloːrɪç] *Adj.* chloré(e)

Chloroform [kloɐo-] <-s> *nt* chloroforme *m*

Chlorophyll <-s> *nt* chlorophylle *f*

Choke [tʃoːk] <-s, -s> *m* starter *m*

Cholera ['koːlera] <-> *f* choléra *m*

cholerisch [ko'leːrɪʃ] *Adj.* colérique

Cholesterin [çolɛste'riːn] <-s> *nt* cholestérol *m*

Chor [koːɐ̯, *Pl:* 'køːrə] <-[e]s, Chöre> *m* chorale *f*; (*in der Kirche*) chœur *m*; (*Opernchor*) chœurs *mpl*

Choral [ko'raːl, *Pl:* ko'rɛːlə] <-s, Choräle> *m* choral *m*

Choreograf^RR(in) [koreo'graːf] <-en, -en> *m(f)* chorégraphe *mf*

Choreografie^RR, **Choreographie** [koreogra'fiː, -'fiːən] <-, -n> *f* chorégraphie *f*

Chr. J.C. *Abk. von* **Christus, Christi**

Christ(in) ['krɪst] <-en, -en> *m(f)* chrétien(ne) *m(f)*

Christdemokrat(in) *m(f)* chrétien(ne)-démocrate *m(f)*

Christentum ['krɪstntuːm] <-[e]s> *nt* christianisme *m*

Christi *Gen. von* **Christus**

Christin *s.* **Christ**

Christkind *nt* enfant *m* Jésus

christlich **I.** *Adj.* chrétien(ne) **II.** *Adv.* dans la foi chrétienne

Christmette ['krɪst-] *f* messe *f* de minuit

Christus ['krɪstʊs] <Christi> *m* REL le Christ; KUNST christ *m*

Chrom [kroːm] <-s> *nt* CHEM chrome *m*

Chromosom [kromo'zoːm] <-s, -en> *nt* chromosome *m*

Chronik ['kroːnɪk] <-, -en> *f* chronique *f*

chronisch ['kroːnɪʃ] *Adj.*, *Adv.* chronique

Chronist(in) [kro'nɪst] <-en, -en> *m(f)* chroniqueur(-euse) *m(f)*

Chronologie [kronolo'giː] <-, -n> *f* chronologie *f*

chronologisch [krono'loːgɪʃ] *Adj.*, *Adv.* chronologique

Chrysantheme [kryzan'teːmə] <-, -n> *f* chrysanthème *m*

circa ['tsɪrka] *Adv.* environ

City ['sɪti] <-, -s> *f* centre-ville *m*

clean [kliːn] *Adj. fam* ~ **sein** (*Person*) être clean

Clementine [klemɛn'tiːnə] *f* clémentine *f*

clever ['klɛvɐ] *Adj. fam* futé(e)

Clinch [klɪntʃ] <-[e]s> *m* ① SPORT corps à corps *m* ② *fam* (*Auseinandersetzung*) partie *f* de bras de fer

Clip <-s, -s> *m* ① (*Videoclip*) clip *m* [vidéo] ② (*Ohrclip*) clip *m*

C

C

Clique ['klɪkə] <-, -n> *f* ❶ (*Freundeskreis*) bande *f* ❷ *pej* clique *f*
Clou [kluː] <-s, -s> *m* (*Glanzpunkt*) clou *m*
Clown(in) [klaʊn] <-s, -s> *m(f)* clown *m*
Club [klʊp] <-s, -s> *m* club *m*
cm *Abk. von* **Zentimeter** cm
Co. *Abk. von* **Kompagnon, Kompanie** Co
Coach [kɔʊtʃ] <-[s], -s> *m* entraîneur *m*
Cockpit ['kɔkpɪt] <-s, -s> *nt* cockpit *m*
Cocktail ['kɔkteɪl] <-s, -s> *m* cocktail *m*
Code [koːt] *m* code *m*
Cognac® ['kɔnjak] <-s, -s> *m* cognac *m*
Comeback, Come-backRR [kam'bɛk] <-[s], -s> *nt* come-back *m*
Comicheft ['kɔmɪk'hɛft] *nt* bande *f* dessinée
CompactdiscRR, **Compact Disc** [kɔm'pakt'disk] <- -, - -s> *f* disque *m* compact; *s.a.* **CD**
Compiler [kɔm'pailɐ] <-s, -> *m* compilateur *m*
Computer [kɔm'pjuːtɐ] <-s, -> *m* ordinateur *m*
Computerarbeitsplatz *m* poste *m* de travail informatisé **Computerfreak** [kɔm'pjuːtɐfriːk] *m fam* mordu(e) *m(f)* d'ordinateur **computergestützt** *Adj., Adv.* assisté(e) par ordinateur **Computergrafik**RR *f* graphique *m* sur ordinateur
computerisieren* [kɔmpjutəri'ziːrən] *tr. V.* informatiser
computerlesbar *Adj.* lisible informatiquement **Computerspiel** *nt* ❶ jeu *m* vidéo ❷ *meist Pl.* (*Spielesoftware*) ludiciel *m* **Computertomographie** *f* scanographie *f*
Container [kɔn'teːnɐ] <-s, -> *m* ❶ conteneur *m* ❷ (*Müllcontainer*) benne *f* [à ordures]
Controlling [kɔn'troːlɪŋ] <-s> *nt* contrôle *m* de gestion
cool [kuːl] *Adj. fam* cool
Copilot(in) ['koːpiloːt] *m(f)* copilote *mf*
Copyright ['kɔpirait] <-s, -s> *nt* copyright *m*
Cord [kɔrt] <-s> *m* velours *m* [côtelé]
CornflakesRR ['kɔːnfleɪks] *Pl* corn-flakes *mpl*
Cortison [kɔrti'zoːn] <-s, -e> *nt* MED cortisone *f*
Couch [kautʃ] <-, -es> *f o* CH *m* canapé *m*
Count-downRR ['kaunt'daun] <-s, -s> *m o nt* compte *m* à rebours
Coup [kuː] <-s, -s> *m* coup *m*
Coupon [ku'põː] <-s, -s> *m* ❶ (*Antwortschein*) coupon-réponse *m* ❷ FIN coupon *m* [d'action]
Cousin [ku'zɛ̃ː] <-s, -s> *m* cousin *m*
Cousine [ku'ziːnə] <-, -n> *f* cousine *f*
Cowboy ['kaubɔy] <-s, -s> *m* cow-boy *m*
CO_2-Ausstoß [tseːʔoː'tsvai-] <-es> *m kein Pl.* ÖKOL émissions *fpl* de dioxyde de carbone **CO_2-Fußabdruck** *m* ÖKOL empreinte *f* carbone
Creme [kreːm] <-, -s> *f* crème *f*
cremig ['kreːmɪç] **I.** *Adj.* crémeux (-euse) **II.** *Adv.* (*rühren*) jusqu'à consistance crémeuse
Crew [kruː] <-, -s> *f* ❶ équipage *m* ❷ (*Arbeitsgruppe*) équipe *f*
Croissant [kroa'sõː] <-[s], -s> *nt* croissant *m*
Croupier [kru'pi̯eː] <-s, -s> *m* croupier *m*
CSU [tseːʔɛs'ʔuː] <-> *f Abk. von* **Christlich-Soziale Union** *aile bavaroise du parti chrétien-démocrate*
Curry ['kœri] <-s, -s> *m o nt* curry *m*
Currywurst *f: saucisse grillée au curry*
Cursor ['kœːzɐ] <-s, -> *m* curseur *m*
Cutter(in) ['katɐ] <-s, -> *m(f)* monteur (-euse) *m(f)*
C-Waffe ['tseː'vafə] *f* arme *f* chimique
Cyberspace ['saibɐspɛɪs] *m* cyberespace *m*

Dd

D, d [deː] <-, -> *nt* ① D *m*/d *m* ② MUS ré *m*

da [daː] **I.** *Adv.* ① (*dort*) là; ~ **ist ein Bach** voilà un ruisseau; ~ **drüben** là-bas; **dieses Haus** ~ cette maison-là ② (*hier*) ~! tiens/tenez !; ~ **hast du dein Buch!** voilà ton livre !; **wo ist denn bloß meine Brille? – Da!** où sont passées mes lunettes ? – Les voilà ! ③ *fam* (*anwesend*) ~ **sein** être là ④ (*gekommen*) **war der Postbote schon ~?** le facteur est passé ? ⑤ (*verfügbar*) **für jdn ~ sein** être là pour qn ⑥ *fam* (*geistig anwesend*) **nur halb ~ sein** avoir la tête ailleurs ⑦ (*in diesem Augenblick*) [juste] à ce moment ⑧ (*daraufhin*) alors ⑨ *fam* (*in diesem Fall*) **was gibt's denn ~ zu lachen?** il n'y a pas de quoi rire !; **und ~ wunderst du dich noch?** et ça t'étonne ? ▸ ~ **und dort** ici et là **II.** *Konj.* ① (*weil*) comme ② *geh* (*als, wenn*) où

da|behalten* *tr. V. unreg* ① (*behalten: Tier, Gegenstand*) garder ② (*festsetzen: Beschuldigten*) garder sur place

dabei [da'bai] *Adv.* ① (*daneben*) avec; (*in der Nähe*) à côté ② (*währenddessen*) en même temps; (*bei dieser Gelegenheit*) à cette occasion ③ (*im Begriff*) [**gerade**] ~ **sein, etw zu tun** être en train de faire qc ④ (*in diesem Zusammenhang*) **ein wenig Angst war schon** [**mit**] ~ ce n'était pas sans une certaine crainte; **ich habe ~ nicht viel gelernt** je n'y ai pas appris grand-chose; **es kommt nichts ~ heraus** il n'en sortira rien ⑤ (*bei einer Unternehmung*) ~ **sein** participer; **ich war ~** j'y étais; **ich bin** [**mit**] ~ je suis partant(e) ⑥ (*obgleich*) et pourtant ⑦ (*wie es vereinbart ist*) **wir sollten es ~ belassen** nous devrions en rester là; **es bleibt ~, dass ihr morgen alle mitkommt** c'est toujours d'accord, vous venez tous demain; **..., und ~ bleibt es!** ..., un point, c'est tout ! ▸ **nichts ~ finden** ne pas voir ce qu'il y a de mal; **was ist schon ~?** qu'est-ce que ça peut faire ?

dabei|bleiben *intr. V. unreg + sein* rester **dabei|haben** *tr. V. unreg* ① (*sich begleiten lassen von*) **jdn ~** avoir qn avec soi; **jdn nicht ~ wollen** ne pas vouloir de qn ② (*mit sich führen*) **etw ~** avoir qc sur soi

dabei|seinALT *s.* **dabei 3, 4, 5,** ▸

da|bleiben *intr. V. unreg + sein* (*hierbleiben*) rester [ici]; (*dortbleiben*) rester là [*o* là-bas]

Dach [dax, *Pl:* 'dɛçɐ] <-[e]s, Dächer> *nt* toit *m* ▸ **kein ~ über dem Kopf haben** *fam* être sans abri **Dachboden** *m* grenier *m* **Dachdecker(in)** <-s, -> *m(f)* couvreur *m* **Dachfenster** *nt* fenêtre *f* mansardée **Dachgepäckträger** *m* galerie *f* **Dachgeschoss**RR *nt* étage *m* mansardé **Dachkammer** *f* mansarde *f* **Dachrinne** *f* gouttière *f*

Dachs [daks] <-es, -e> *m* blaireau *m*

dachte ['daxtə] *Imp. von* **denken**

Dackel ['dakəl] <-s, -> *m* teckel *m*

dadurch [da'dʊrç] *Adv.* ① (*da hindurch*) par-là ② (*aus diesem Grund*) de ce fait; (*auf diese Weise*) de cette façon; **~, dass ...** du fait que ...

dafür [da'fyːɐ̯] *Adv.* ① (*für das*) pour cela; **was wohl der Grund ~ sein mag?** quelle peut bien en être la raison ? ② (*deswegen*) pour ça; **ich bezahle Sie nicht ~, dass** je ne vous paie pas pour que + *subj* ③ (*als Gegenleistung*) en échange ④ (*andererseits*) en revanche ⑤ (*im Hinblick darauf*) **~, dass du angeblich nichts weißt** pour quelqu'un qui prétend ne rien savoir ⑥ (*für das*) **ich kann nichts ~, dass ...** je n'y peux rien, moi, si ... ⑦ (*befürwortend*) ~ **sein** être pour; **ich bin ~, dass** je suis d'avis que + *subj*

dafür|könnenALT *s.* **dafür 6**

dagegen [da'geːgən] **I.** *Adv.* ① (*örtlich*) là contre ② (*gegen das, gegen dieses*) contre cela; ~ **sein, dass** être contre le fait que + *subj;* **haben Sie etwas ~, wenn ich rauche?** ça vous dérange si je fume ?; **sollen wir ausgehen? – Ich hätte nichts ~!** on sort ? – Je veux bien !; **ich kann nichts ~ machen** je n'y peux rien ③ (*im Vergleich dazu*) en comparaison **II.** *Konj.* en revanche

dagegen|halten *tr. V. unreg* ❶ (*einwenden*) **etwas** ~ [y] opposer quelque chose; **~, dass ...** [y] objecter que ... ❷ (*vergleichend hinhalten*) **etw** ~ mettre qc à côté

daheim [da'haim] *Adv.* A, CH ❶ (*in Bezug auf die Wohnung*) chez moi/soi/... ❷ (*in Bezug auf den Wohnort*) **wie jetzt wohl das Wetter ~ sein mag?** quel temps peut-il bien faire chez nous? ❸ (*in Bezug auf die Heimat*) **von ~ fortgehen** quitter son pays natal; **in Augsburg ~ sein** être d'Augsbourg

daheim|bleiben[RR] *intr. V. unreg* rester à la maison, rester chez soi

daher [da'heːɐ̯] *Adv.* ❶ (*von dort*) de là; **ich komme gerade ~** j'en viens ❷ (*aus diesem Grund*) c'est pourquoi; **... ~ war sie verärgert ...** de là son énervement

daher|reden **I.** *intr. V.* parler sans réfléchir **II.** *tr. V.* **etw** ~ dire qc sans réfléchir

dahin [da'hɪn] **I.** *Adv.* ❶ (*an diesen Ort*) y; **ich will nicht ~** je ne veux pas y aller ❷ (*in dem Sinne*) **~ gehend** en ce sens; **sie haben sich ~ gehend geeinigt, dass** ils se sont mis d'accord pour que + *subj;* **all unsere Bestrebungen gehen ~, dass** tous nos efforts tendent à ce que + *subj* ▶**es kommt noch ~, dass** on va en arriver à ce que + *subj;* **bis ~** (*so lange*) d'ici là; (*inzwischen*) entre-temps **II.** *Adj.* **~ sein** être irréparable; **all meine Hoffnungen sind ~** tous mes espoirs se sont évanouis

dahinein *Adv.* là, par là

dahin|gehen *intr. V. unreg + sein geh* ❶ passer ❷ *euph* (*sterben*) disparaître

dahingestellt *Adj.* ▶**das bleibt ~** la question reste posée

dahinten [da'hɪntən] *Adv.* là-bas

dahinter [da'hɪntɐ] *Adv.* ❶ (*räumlich*) [là] derrière ❷ (*zeitlich*) après

dahinter|klemmen *refl. V. fam*, **dahinter|knien** *refl. V. fam* **sich** ~ mettre le turbo **dahinter|kommen** *intr. V. unreg fam* ❶ (*verstehen können*) arriver à piger; **~, warum/wie/ ...** arriver à piger pourquoi/comment/... ❷ (*aufdecken, enthüllen*) découvrir le pot aux roses **dahinter|stecken** *intr. V. fam* ❶ (*der Urheber sein*) être derrière tout ça; **da steckt doch dein Bruder ~!** derrière tout ça, il y a ton frère! ❷ (*sich verbergen*) **da steckt doch was dahinter!** ça cache quelque chose!; **da steckt doch überhaupt nichts dahinter!** (*das sind leere Versprechungen*) mais c'est du vent ! **dahinter|stehen** *intr. V. unreg fam* (*sich einsetzen*) y apporter son soutien; **voll ~** y apporter pleinement [o à fond] son soutien

Dahlie ['daːliə] <-, -n> *f* dahlia *m*

da|lassen *tr. V. unreg* ❶ **jdn ~** laisser qn; **etw ~** laisser qc là ❷ (*überlassen*) **jdm etw ~** laisser qc à qn

da|liegen *intr. V. unreg* (*liegen: Person*) être étendu là; (*Gegenstand*) être là; **bewegungslos ~** gésir inanimé

damalig ['daːmaːlɪç] *Adj. attr* d'alors

damals ['daːmaːls] *Adv.* à l'époque; **seit ~** depuis lors; **von ~** de l'époque

Dame ['daːmə] <-, -n> *f* ❶ (*Frau*) dame *f;* **die ~ des Hauses** la maîtresse de maison; **meine sehr verehrten ~n und Herren!** *form* Mesdames et Messieurs ! ❷ *Pl* SPORT dames *fpl* ❸ *kein Pl.* (*Spiel*) jeu *m* de dames ❹ (*Schach, Karten*) dame *f*

Damebrett *nt* damier *m*

Damenbinde *f* serviette *f* périodique

Damenwahl *f* quart *m* d'heure américain

Damhirsch ['damhɪrʃ] *m* daim *m*

damisch ['daːmɪʃ] *fam* **I.** *Adj.* A ❶ (*dämlich*) idiot(e) ❷ (*schwindlig*) **jdn ~ machen** donner le tournis à qn **II.** *Adv.* A (*sehr*) drôlement

damit [da'mɪt] **I.** *Adv.* ❶ (*mit diesem Gegenstand*) avec; **was soll ich ~?** que veux-tu/voulez-vous que j'en fasse? ❷ (*mit dieser Angelegenheit*) **nichts ~ zu tun haben** n'avoir rien à voir là-dedans; **~ fing alles an** c'est ainsi que tout a commencé; **~ ist noch bis Oktober Zeit** ça peut attendre octobre; **musst du denn immer wieder ~ anfangen?** est-il vraiment nécessaire de revenir sans arrêt là-dessus ? ❸ (*mit diesem Verhalten*) **~ hatte ich nicht gerechnet** je ne m'y attendais pas; **was willst du ~ sagen?** qu'entends-tu par là ?; **sind Sie ~ einverstanden?** vous êtes d'accord ? ❹ (*in Befehlen*) **weg ~!** enlève-moi ça !; **Schluss ~!** ça suffit! ❺ (*somit*) ainsi **II.** *Konj.* pour que + *subj;* **halt dich fest, ~ du nicht fällst!** tiens-toi bien pour ne pas tomber !

dämlich ['dɛːmlɪç] *pej fam* **I.** *Adj.* ① stupide; **dieser ~e Kerl** cet imbécile ② (*ungeschickt*) **zu ~!** c'est trop bête ! **II.** *Adv.* **sich ~ anstellen** s'y prendre comme un manche (*fam*)

Damm [dam, *Pl:* 'dɛmə] <-[e]s, Dämme> *m* ① (*Staudamm*) barrage *m;* (*Deich*) digue *f* ② (*Schutzwall*) digue *f*

dämmen *tr. V.* (*Schall*) amortir; (*Rohr, Wand*) isoler

dämmerig ['dɛmərɪç] *Adj.* ① **es ist ~** il commence à faire nuit ② (*Licht*) faible *antéposé*

Dämmerlicht *nt* ① (*Halbdunkel*) pénombre *f* ② (*nach Sonnenuntergang*) crépuscule *m*

dämmern ['dɛmen] **I.** *intr. V.* ① *geh* (*Tag*) se lever; (*Abend*) tomber ② *fam* (*klar werden*) **so langsam dämmert es mir, was er meinte** je commence à piger ce qu'il a voulu dire **II.** *intr. V. unpers.* **es dämmert** (*morgens*) il commence à faire jour; (*abends*) la nuit tombe

Dämmerung ['dɛmərʊŋ] <-, -en> *f* ① (*Abenddämmerung*) crépuscule *m* ② (*Morgendämmerung*) aube *f*

Dämon ['dɛːmɔn] <-s, Dämonen> *m* démon *m*

dämonisch [dɛ'moːnɪʃ] *Adj.* démoniaque

Dampf [dampf] <-[e]s, Dämpfe> *m* ① (*Wasserdampf*) vapeur *f* ② *Pl* CHEM émanation *f*

Dampfbügeleisen *nt* fer *m* [à] vapeur

dampfen ['dampfən] *intr. V.* + *haben* (*Schüssel*) fumer; (*Badezimmer*) être plein de vapeur

dämpfen ['dɛmpfən] *tr. V.* ① (*Geräusch*) étouffer; (*Stimme*) baisser; **gedämpft** (*Licht*) tamisé(e) ② (*Stoß*) amortir ③ (*Begeisterung*) tempérer ④ (*mit Dampf glätten*) repasser à la vapeur ⑤ GASTR **etw ~** cuire qc à l'étuvée

Dampfer ['dampfɐ] <-s, -> *m* bateau *m* à vapeur

Dampfmaschine *f* machine à vapeur *f*

Dampfreiniger *m,* **Dampfsauger** *m* nettoyeur *m* vapeur *m*

Dämpfung <-, -en> *f* (*der Inflation*) ralentissement *m*

Dampfwalze *f* rouleau *m* compresseur

danach [da'naːx] *Adv.* ① (*zeitlich, örtlich*) après ② (*zielgerichtet*) **das Kind sah den Ball und wollte ~ greifen** l'enfant a aperçu le ballon et a voulu l'attraper ③ (*demnach*) **es liegen Zeugenaussagen vor; ~ war er in der fraglichen Zeit dort** il y a des témoignages, selon lesquels il était à cet endroit pendant le laps de temps en question ④ (*hiernach*) **ich sehne mich so ~** j'en aurais tellement envie; **bitte richten Sie sich ~!** veuillez vous y conformer ! ⑤ *fam* (*zumute*) **ein Spaziergang? Irgendwie ist mir ~!** une promenade? J'en ai bien envie !; *s.a.* **nach**

Däne ['dɛːnə] <-n, -n> *m,* **Dänin** *f* Danois(e) *m(f)*

daneben [da'neːbən] *Adv.* ① (*legen, stellen*) à côté; **rechts ~** à sa/leur/... droite; **links ~** à sa/leur/... gauche ② (*verglichen damit*) à côté ③ (*außerdem*) et en plus

daneben|benehmen* *refl. V. unreg fam* **sich ~** se comporter mal

daneben|gehen *intr. V. unreg* + *sein* ① (*Schuss*) manquer son but ② *fig fam* foirer

Dänemark ['dɛːnəmark] <-s> *nt* le Danemark

dänisch **I.** *Adj.* danois(e) **II.** *Adv.* **~ miteinander sprechen** discuter en danois

Dänisch <-[s]> *nt kein Art.* danois *m; s.a.* **Deutsch**

dank [daŋk] *Präp.* + *gen o dat* grâce à

Dank <-[e]s> *m* ① remerciement *m;* **vielen ~** merci beaucoup ② *iron* (*Undank*) **das ist der ~ dafür** voilà le remerciement ③ (*Dankbarkeit*) gratitude *f*

dankbar **I.** *Adj.* ① reconnaissant(e) ② (*Aufgabe*) gratifiant(e) ③ (*Zuhörer*) facile **II.** *Adv.* avec gratitude; **jdn ~ anlächeln** adresser un sourire reconnaissant à qn

Dankbarkeit <-> *f* gratitude *f*

danke *Adv.* merci; **~ schön** merci bien; **jdm für etw ~ sagen** dire merci à qn pour qc

danken **I.** *intr. V.* **jdm für seine Hilfe/sein Geschenk ~** remercier qn de son aide/pour son cadeau; **nichts zu ~!** de rien ! **II.** *tr. V.* **jdm etw ~** dire merci à qn pour qc

dann [dan] *Adv.* ① (*danach*) ensuite; **noch drei Tage, ~ habe ich Geburtstag** encore trois jours et c'est mon anniversaire ② (*irgendwann später*) un peu plus tard ③ (*zu dem Zeitpunkt*) **~, wenn** au moment où ④ (*unter diesen Umständen*) alors; **ich fahre nur ~, wenn du mitkommst** je ne partirai qu'à condition que tu m'accompagnes ⑤ (*sonst*) **wenn nicht du, wer ~?** si ce n'est pas toi, qui est-ce? ⑥ (*außerdem*) **erst zu spät kommen und ~ auch noch stören** non seulement il arrive en retard, mais en plus il dérange tout le monde ▶ **~ und wann** de temps en temps

daran *Adv.* ① (*örtlich: befestigen*) y; (*vorbeigehen*) à côté ② (*zeitlich*) ensuite ③ (*an dieser Sache*) **erinnerst du dich noch ~?** tu t'en souviens ?; **~ denken** y penser; **bist du ~ interessiert?** ça t'intéresse ?; *s.a.* **an**

daran|machen *refl. V. fam* **sich ~** s'y mettre; **sich ~ etw zu tun** se mettre à faire qc **daran|setzen** **I.** *tr. V.* **alles ~ etw zu tun** mettre tout en œuvre pour faire qc **II.** *refl. V.* **sich ~** s'y mettre

darauf *Adv.* ① (*örtlich*) dessus ② (*danach*) puis; **bald ~** peu après; **~ folgend** suivant(e); **am ~ folgenden Tag** le lendemain; **einen Monat ~** un mois après ③ (*auf einen Bezugspunkt zurückführend*) **~ basieren** se fonder là dessus; **sich ~ beziehen** s'y référer; **sich ~ stützen, dass ...** s'appuyer sur le fait que ... ④ (*als Reaktion*) là-dessus ⑤ (*auf eine Sache*) y; **sich ~ vorbereiten** s'y préparer; **sich ~ verlassen** compter dessus; *s.a.* **auf**

darauffolgend[ALT] *s.* **darauf 2**

daraufhin [da:rauf'hɪn] *Adv.* ① (*infolgedessen*) dans la suite ② (*im Hinblick darauf*) **etw ~ untersuchen, ob ...** inspecter qc pour voir si ...

daraus *Adv.* ① (*aus diesem Material*) en ② (*aus diesem Gefäß*) **~ kann man essen** on peut manger dedans ③ (*aus dieser Sache*) **~ ergibt sich ...** il en résulte ...

dar|bieten ['da:ɐ̯bi:tən] *unreg* **I.** *tr. V. geh* ① (*Schauspiel*) présenter; (*Gedicht*) dire ② (*Speisen*) offrir; (*Hand*) tendre **II.** *refl. V.* **sich jdm ~** (*Anblick, Gelegenheit*) se présenter à qn

Darbietung <-, -en> *f* représentation *f*

darin *Adv.* ① (*in dem/der*) à l'intérieur ② (*in dieser Hinsicht*) **sie stimmen ~ überein, dass ...** ils/elles sont d'accord sur le fait que ...

dar|legen ['da:ɐ̯le:gən] *tr. V.* exposer

Darlegung <-, -en> *f* exposé *m*

Darlehen ['da:ɐ̯le:ən] <-s, -> *nt* **ein ~ gewähren** consentir un prêt; **ein ~ von ... aufnehmen** faire un emprunt de ...

Darm [darm, *Pl:* 'dɛrmə] <-[e]s, Därme> *m* ANAT intestin *m*

Darmgrippe *f* grippe *f* intestinale **Darminfektion** *f* entérite *f*

dar|stellen ['da:ɐ̯ʃtɛlən] **I.** *tr. V.* ① représenter ② (*verkörpern*) interpréter ③ (*Fortschritt*) constituer **II.** *refl. V.* ① **sich als schwierig ~** s'avérer difficile ② (*sich ausgeben als*) **er stellt sich immer als großzügig dar** il raconte toujours qu'il est généreux

Darsteller(in) <-s, -> *m(f)* interprète *mf*

Darstellung <-> *f kein Pl.* ① représentation *f* ② (*einer Rolle*) interprétation *f*

darüber *Adv.* ① (*gehen, fahren, klettern*) dessus ② (*höher, weiter oben*) au-dessus ③ (*über ... hinweg*) par-dessus ④ (*mehr*) **die Teilnehmer waren 50 Jahre alt und ~** les participants avaient 50 ans et plus ⑤ (*währenddessen*) pendant ce temps; **sie hatte gelesen und war ~ eingeschlafen** elle s'était endormie en lisant ⑥ (*über diese/dieser Angelegenheit*) à ce sujet; **~ reden** en parler; **~ nachdenken** y réfléchir ▶ **~ hinweg sein** (*über den Ärger*) avoir dépassé ce stade; (*über einen Verlust*) en avoir fait son deuil; **~ hinaus** au delà; *s.a.* **über**

darüber|fahren *intr. V. unreg fam* (*darüberstreichen*) passer la main dessus; **fahr mal mit der Hand darüber!** passe ta main dessus ! **darüber|liegen** *intr. V. unreg* ① (*besser sein*) se situer au-dessus ② (*mehr bieten*) proposer davantage; (*mehr fordern*) exiger davantage **darüber|stehen** *intr. V. unreg* (*unbeeindruckt sein*) être au-dessus de ça

darum *Adv.* ① (*deshalb*) c'est pourquoi; **warum? – Darum!** pourquoi ? – Parce que ! ② (*örtlich*) **~ [herum]** tout autour; *s.a.* **um** ③ (*um diese Angelegenheit*) **jdn ~ bitten, etw zu tun** demander à qn de faire qc

darunter *Adv.* ① (*unter diesem/diesen Gegenstand*) en dessous; **~ hervor-**

sehen *(Person)* apparaître; *(Gegenstand)* dépasser 2 *(unter dieser Etage)* en dessous 3 *(mitten unter diesen)* parmi eux/elles; **einige Länder der EU, ~ Dänemark, Frankreich, ...** quelques pays de l'Union européenne, dont le Danemark, la France, ... 4 *(unter dieser Angelegenheit)* ~ **leiden** en souffrir; **was verstehst du denn ~?** qu'est-ce que tu entends par là ?

darunter|fallen *intr. V. unreg (dazugehören)* entrer dans cette catégorie, en faire partie; *(betroffen sein)* être concerné(e) **darunter|gehen** *intr. V. unreg (eine Grenze unterschreiten: Temperatur)* descendre plus bas; *(Verkäufer)* descendre en dessous **darunter|legen** *tr. V.* mettre dessous **darunter|liegen** *intr. V. unreg* 1 *(schlechter sein: Leistung, Ergebnis)* être inférieur(e); *(Werte)* être plus bas(se) 2 *(weniger bieten)* proposer moins; *(weniger fordern)* exiger moins **darunter|mischen** *tr. V. (Zutat)* y mélanger; **noch etwas Mehl ~** [r]ajouter un peu de farine **darunter|setzen** *tr. V. (Unterschrift)* y apposer

das[1] [das] *best. Art., Neutrum, Nom. und Akk. Sg.* le/la; ~ **kleine Mädchen** la petite fille; ~ **Arbeiten** le travail; ~ **Schöne** le beau

das[2] **I.** *Demonstrativpron., Neutrum, Nom. und Akk. Sg.* ~ **Kind da** cet enfant-là; **was ist denn ~ da?** qu'est-ce que c'est que ça ? **II.** *Relativpron., Neutrum, Nom. Sg.* qui **III.** *Relativpron., Neutrum, Akk. Sg.* que

da|sein[ALT] *s.* **da I.3, 4, 5, 6**

Dasein <-s> *nt* 1 a. PHILOS existence *f* 2 *(Anwesenheit)* présence *f*

da|sitzen *intr. V. unreg* être là; **untätig ~** rester assis sans rien faire

dasjenige *Demonstrativpron.* ~ **Baby, das ...** ce bébé qui ...

dass[RR], **daß**[ALT] [das] *Konj.* 1 que + *indic o subj*; **schade, ~ du schon gehen musst** dommage que tu sois obligé(e) de partir; **ich bin dagegen, ~** je ne suis pas d'accord que + *subj* 2 *(zur Angabe der Folge)* que; **er hupte so laut, ~ alle wach wurden** il a klaxonné si fort que tous se sont réveillés 3 *(als Einleitung einer Aufforderung)* **und ~ du pünktlich zurückkommst!** et tâche de rentrer à l'heure !

dasselbe *Demonstrativpron., Nom. und Akk. Sg.* le/la même

da|stehen *intr. V. unreg* 1 être là; **ratlos ~** rester là perplexe 2 *(erscheinen)* **allein ~** se retrouver seul(e); **als Lügner ~** faire figure de menteur

Datei [da'tai] <-, -n> *f* fichier *m*

Dateiname *m* nom *m* de fichier

Daten[1] ['da:tən] *Pl. von* **Datum**

Daten[2] *Pl* 1 *(Angaben)* données *fpl* 2 TECH informations *fpl*

Datenaustausch *m* échange *m* de données **Datenautobahn** *f* autoroute *f* de l'information **Datenbank** <-banken> *f* banque *f* de données **Datenbestand** *m* stock *m* de données **Datenerfassung** *f* saisie *f* de données **Datenfernübertragung** *f* télétransmission *f* **Datenfernverarbeitung** *f* télétraitement *m* **Datenmissbrauch**[RR] *m* utilisation *f* abusive de données **Datenschutz** *m* protection *f* des données **Datenschützer(in)** <-s, -> *m(f) fam* contrôleur(-euse) *m(f)* de l'utilisation des données informatiques **Datensicherung** *f* sauvegarde *f* des données **Datenträger** *m* support *m* de données **Datentypist(in)** ['da:təntypɪst] <-en, -en> *m(f)* opérateur(-trice) *m(f)* de saisie **Datenverarbeitung** *f* traitement *m* des données

datieren* [da'ti:rən] **I.** *tr. V.* dater; **etw auf den 5. Mai ~** dater qc du 5 mai **II.** *intr. V.* 1 *(stammen)* **aus der Steinzeit ~** dater de l'âge de pierre 2 *(mit Datum versehen sein)* **vom 30. April ~** être daté du 30 avril 3 *(bestehen)* **seit letzten Sommer ~** *(Freundschaft)* dater de l'été dernier

Dativ ['da:ti:f] <-s, -e> *m* datif *m*

Dativobjekt *nt* complément *m* au datif

Dattel ['datəl] <-, -n> *f* datte *f*

Datum ['da:tʊm] <-s, Daten> *nt* date *f*; **was für ein ~ haben wir heute?** quel jour sommes-nous aujourd'hui ?

Dauer ['dauɐ] <-> *f* durée *f* ▸ **von ~ sein** durer; **auf die ~** à la longue; **auf ~** pour une durée illimitée

Dauerauftrag *m* FIN virement *m* permanent; **per ~** par virement permanent

dauerhaft *Adj.* 1 *(Material)* résistant(e) 2 *(Bündnis)* durable; *(Einrichtung)* permanent(e)

Dauerkarte *f* carte *f* d'abonnement **Dauerlauf** *m* jogging *m*

D

dauern ['dauɐn] *intr. V.* ❶ (*andauern*) durer ❷ (*Zeit benötigen*) **es dauerte lange, bis er den Weg gefunden hatte** il a mis longtemps à trouver le chemin

dauernd I. *Adj.* (*Ausstellung*) permanent(e); (*Wohnsitz*) fixe; (*Ärger*) continuel(le) **II.** *Adv.* ❶ (*für immer*) définitivement ❷ (*immer wieder*) sans arrêt

Dauerwelle *f* permanente *f* **Dauerzustand** *m* **ein ~ werden** devenir la règle

Daumen ['daumən] <-s, -> *m* pouce *m* ▸**jdm die ~n drücken** croiser les doigts pour porter chance à qn

Daune ['daunə] <-, -n> *f* plumule *f*; **~n** du duvet

Daunendecke *f* couette *f* en duvet

davon [da'fɔn] *Adv.* ❶ **nicht weit ~** un peu plus loin ❷ (*von diesem*) **~ essen** en manger; **das ist nicht alles, sondern nur ein Teil ~** ce n'est pas tout mais seulement une partie ❸ (*von dieser Sache*) **sich kaum ~ unterscheiden** ne s'en distinguer que par un petit détail ❹ (*dadurch*) **~ wird man dick** ça fait grossir; **~ stirbst du nicht!** tu n'en mourras pas ! ❺ (*mittels dieser Sache*) **ich lebe doch ~!** j'en vis! ❻ (*hinsichtlich dieser Sache*) **was halten Sie ~?** qu'en pensez-vous ?; **wissen Sie etwas ~?** vous êtes au courant ? ▸**ich habe nichts ~!** je n'en ai que faire !; **was hast du denn ~?** qu'est-ce que tu y gagnes?; **das kommt ~!** voilà ce qui arrive !

davon|jagen I. *tr. V. + haben* chasser **II.** *intr. V. + sein* (*Person*) s'enfuir; (*Auto*) s'éloigner à toute allure **davon|kommen** *intr. V. unreg + sein* **mit einer Geldstrafe ~** s'en sortir avec une amende **davon|laufen** *intr. V. unreg + sein* ❶ se sauver; (*von zu Hause fortlaufen*) fuguer ❷ (*hinter sich lassen*) **jdm ~** distancer qn **davon|machen** *refl. V.* **sich ~** *fam* se casser **davon|tragen** *tr. V. unreg* ❶ emporter ❷ (*Sieg*) remporter ❸ (*Schaden*) subir

davor¹ [da'foːɐ̯] *Adv.* ❶ (*räumlich*) devant ❷ (*zeitlich*) avant ❸ (*in Bezug auf eine Sache*) **jdn ~ warnen, etw zu tun** avertir qn de ne pas faire qc; *s.a.* **vor**

davor² *Adv.* ❶ (*räumlich*) **dort ist das Rathaus, und ~ befindet sich ...** la mairie est là-bas, et juste devant se trouve ... ❷ (*zeitlich*) **ich muss zur Post gehen und ~ noch zum Bäcker** il faut que j'aille à la poste et avant chez le boulanger ❸ (*genau vor dieser Person, Sache*) **~ fürchtet er sich** c'est ça qu'il craint

davor|legen I. *tr. V.* (*Fußmatte*) mettre devant **II.** *refl. V.* **sich ~** se mettre devant

davor|liegen *intr. V. unreg* **ein Baumstamm liegt davor** il y a un tronc d'arbre devant

davor|stehen *intr. V. unreg* **ein Wärter/ein Baum steht davor** il y a un gardien/un arbre devant

davor|stellen I. *tr. V.* mettre devant **II.** *tr. V.* **sich ~** se mettre devant

dazu¹ [da'tsuː] *Adv.* ❶ (*gleichzeitig*) **sie singt, und ~ spielt sie Harfe** elle chante tout en jouant de la harpe ❷ (*außerdem*) par-dessus le marché ❸ (*zu dem Gegenstand*) **dies ist die Tischdecke, und dies sind die Servietten ~** voici la nappe, et voici les serviettes qui vont avec ❹ (*zu der Konsequenz*) **das führte ~, dass ...** ça a eu pour résultat que ... ❺ (*zu der Sache*) **ich würde gern etwas ~ sagen** je voudrais dire quelques mots à ce propos; **was meinst du ~?** qu'en penses-tu ?

dazu² *Adv.* ❶ (*zu dieser Sache*) **wozu gehört dieses Teil? – Dazu!** avec quoi va cette pièce? – Avec ça! ❷ (*zu dieser Konsequenz*) **wie konnte es nur ~ kommen?** comment a-t-on pu en arriver là ? ❸ (*dafür*) **~ ist er zu unerfahren** pour ça, il n'a pas assez d'expérience

dazu|gehören* *intr. V.* ❶ (*Freund*) être à sa place; (*Zubehör*) aller avec ❷ (*erforderlich sein*) **es gehört schon einiges dazu, das zu tun** il faut une certaine dose de courage pour oser faire ça

dazu|kommen *intr. V. unreg + sein* ❶ arriver en plus ❷ (*hinzugefügt werden*) venir s'ajouter; **kommt noch etwas dazu?** et avec ceci ?

dazu|lernen *tr. V.* apprendre

dazwischen [da'tsvɪʃən] *Adv.* ❶ (*zwischen zwei Dingen*) entre les deux; (*zwischen mehreren Dingen*) y ❷ (*in der Zwischenzeit*) entre-temps

dazwischen|kommen *intr. V. unreg + sein* ① (*räumlich*) **mit dem Finger ~** s'y coincer le doigt ② (*zeitlich*) **wenn nichts dazwischenkommt, ...** sauf imprévu, ... **dazwischen|reden** *intr. V.* couper la parole; **jdm ~** couper la parole à qn

DB [de:'be:] <-> *f Abk. von* **Deutsche Bahn** *société des chemins de fer allemands*

DDR [de:de:'ʔɛr] <-> *f Abk. von* **Deutsche Demokratische Republik** HIST **die ~** la R.D.A.; **die ehemalige ~** l'ex-R.D.A.

Deal ['di:l] <-s, -s> *m fam* deal *m*

dealen ['di:lən] *intr. V. fam* **mit etw ~** dealer qc

Dealer(in) ['di:lɐ] <-s, -> *m(f) fam* dealeur(-euse) *m(f)*

Debatte [de'batə] <-, -n> *f* débat *m*

Debüt [de'by:] <-s, -s> *nt* débuts *mpl*

Deck [dɛk] <-[e]s, -s> *nt* (*Schiffsdeck*) pont *m*

Decke ['dɛkə] <-, -n> *f* ① (*Zimmerdecke*) plafond *m* ② (*Wolldecke*) couverture *f* ③ (*Bettdecke*) couette *f* ▸**an die ~ gehen** *fam* exploser

Deckel ['dɛkəl] <-s, -> *m* couvercle *m*

decken ['dɛkən] **I.** *tr. V.* ① couvrir; (*Tisch*) mettre ② SPORT marquer **II.** *refl. V.* **sich ~** ① (*Aussagen*) se recouper ② MATH coïncider

Deckmantel *m* prétexte *m* **Deckname** *m* pseudonyme *m*

Deckung ['dɛkʊŋ] <-, -en> *f* ① (*Verteidigung*) défense *f* ② MIL abri *m* ③ (*eines Schecks*) provision *f*; **zur ~ der Schulden** pour couvrir les dettes

Decoder [di'kɔʊdɐ] <-s, -> *m* décodeur *m*

decodieren* *tr. V.* décoder

defekt [de'fɛkt] *Adj.* défectueux(-euse)

Defekt <-[e]s, -e> *m* TECH panne *f*; **einen ~ haben** avoir un problème

defensiv [defɛn'zi:f] *Adj.* défensif(-ive)

Defensive [defɛn'zi:və] <-, -n> *f* MIL défensive *f*; SPORT défense *f*

definieren* [defi'ni:rən] *tr. V.* définir

Definition [defini'tsi̯o:n] <-, -en> *f* définition *f*

definitiv [defini'ti:f] **I.** *Adj.* précis(e) **II.** *Adv.* définitivement

Defizit ['de:fitsɪt] <-s, -e> *nt* FIN, COM déficit *m*

deftig ['dɛftɪç] *Adj.* ① (*Mahlzeit*) consistant(e) ② (*Witz*) cru(e)

Degen ['de:gən] <-s, -> *m* épée *f*

degeneriert *Adj.* dégénéré(e)

degradieren* [degra'di:rən] *tr. V.* **jdn ~** dégrader qn

dehnbar ['de:nba:ɐ̯] *Adj. a. fig* élastique

dehnen ['de:nən] *tr. V.* (*Gummizug*) détendre; (*Glieder*) étirer; (*Wörter*) allonger

Dehnung <-, -en> *f* (*das Ausdehnen*) tension *f*

Deich [daiç] <-[e]s, -e> *m* digue *f*

Deichsel ['daiksəl] <-, -n> *f* timon *m*

dein [dain] *Possessivpron.* ① **~ Bruder** ton frère; **~e Freundin** ta copine; **~e Eltern** tes parents; **dieses Buch ist ~[e]s** ce livre est à toi ② *substantivisch* **der/die/das Deine** le tien/la tienne; **du hast das Deine bekommen** tu as eu ta part

deinerseits ['dainɐ'zaits] *Adv.* ① (*du wiederum*) de ton côté ② (*was dich betrifft*) pour ta part

deinesgleichen ['dainəs'glaiçən] *Pron. unv.* ① *pej* (*Menschen deines Schlags*) **du und ~** toi et tes semblables *mpl* ② (*Menschen wie du*) **du verkehrst nur mit ~** tu ne fréquentes que les gens de ta sorte

deinetwegen ['dainət've:gən] *Adv.* ① (*wegen dir*) à cause de toi ② (*dir zuliebe*) pour toi ③ (*wenn es nach dir ginge*) s'il ne tient qu'à toi

dekadent [deka'dɛnt] *Adj.* décadent(e)

Dekadenz [deka'dɛnts] <-> *f* décadence *f*

Dekan(in) [de'ka:n] <-s, -e> *m(f)* doyen(ne) *m(f)*

deklarieren* [dekla'ri:rən] *tr. V.* déclarer

Deklination [deklina'tsi̯o:n] <-, -en> *f* LING déclinaison *f*

deklinieren* [dekli'ni:rən] *tr. V.* LING décliner

dekodieren* *s.* **decodieren**

DekolleteeRR [dekɔl'te:] <-s, -s> *nt* décolleté *m*

dekomprimieren* *tr. V.* INFORM (*Datei, Daten*) dézipper

Dekor [de'ko:ɐ] <-s, -s *o* -e> *m o nt* (*Muster*) motif *m*

Dekorateur(in) [dekora'tø:ɐ̯] <-s, -e> *m(f)* décorateur(-trice) *m(f)*

D

Dekoration [dekora'tsi̯o:n] <-, -en> *f* ① *kein Pl.* décoration *f* ② THEAT décors *mpl*
dekorativ [dekora'ti:f] *Adj.* décoratif(-ive)
dekorieren* [deko'ri:rən] *tr. V.* décorer
Dekret [de'kre:t] <-[e]s, -e> *nt* décret *m*
Delegation [delega'tsi̯o:n] <-, -en> *f* délégation *f*
delegieren* [dele'gi:rən] *tr. V.* déléguer; **etw an jdn ~** déléguer qc à qn
Delegierte(r) *f(m) dekl wie Adj* délégué(e) *m(f)*
Delfin[RR] [dɛl'fi:n] *s.* **Delphin**
delikat [deli'ka:t] *Adj.* ① délicieux(-euse) ② (*heikel*) délicat(e) ③ *geh* (*empfindlich*) sensible
Delikatesse [delika'tɛsə] <-, -n> *f* mets *m* de choix
Delikt [de'lɪkt] <-[e]s, -e> *nt* délit *m*
Delirium [de'li:riʊm] <-s, -rien> *nt* délire *m*
Delphin [dɛl'fi:n] <-s, -e> *m* dauphin *m*
Delta ['dɛlta] <-s, -s> *nt* delta *m*
dem[1] [de:m] **I.** *best. Art., maskulin, Dat. Sg. von* **der**[1], **I.** ① **von ~ Nachbarn sprechen** parler du voisin; **sie folgte ~ Mann** elle suivit l'homme; **er gab ~ Großvater den Brief** il donna la lettre à son grand-père ② *fam* (*in Verbindung mit Eigennamen*) **ich werde es ~ Frank sagen** je le dirai à Frank **II.** *best. Art., Neutrum, Dat. Sg. von* **das**[1]: **von ~ Kind sprechen** parler de l'enfant; **an ~ Fenster klopfen** frapper à la fenêtre; **die Frau auf ~ Foto** la femme sur la photo
dem[2] **I.** *Demonstrativpron., maskulin, Dat. Sg. von* **der**[2], **I.** ce/cette **II.** *Demonstrativpron., Neutrum, Dat. Sg. von* **das**[2] ce/cette **III.** *Relativpron., maskulin, Dat. Sg. von* **der**[2], **I.** à qui **IV.** *Relativpron., Neutrum, Dat. Sg. von* **das**[2], **II.** à qui
Demagoge [dema'go:gə] <-n, -n> *m*, **Demagogin** *f pej* démagogue *mf*
demagogisch [dema'go:gɪʃ] *pej* **I.** *Adj.* démagogique **II.** *Adv.* avec démagogie
Dementi [de'mɛnti] <-s, -s> *nt* démenti *m*
dementieren* [demɛn'ti:rən] **I.** *tr. V.* démentir **II.** *intr. V.* donner un démenti
dementsprechend ['de:m?ɛnt'ʃprɛçənt] *Adj.* (*Anordnung*) en conséquence; (*Bemerkung*) dans ce sens
demgegenüber ['de:mge:gən'?y:bɐ] *Adv.* en revanche
demnach ['de(:)mna:x] *Adv.* ① (*danach*) il ressort que ... ② (*folglich*) en conséquence
demnächst ['de:m'nɛ:çst] *Adv.* prochainement
Demo ['de:mo] <-, -s> *f fam Abk. von* **Demonstration** manif *f*
Demokrat(in) [demo'kra:t] <-en, -en> *m(f)* démocrate *mf*
Demokratie [demokra'ti:] <-, -n> *f* démocratie *f*
demokratisch *Adj.* démocratique
demokratisieren* *tr. V.* démocratiser
demolieren* [demo'li:rən] *tr. V.* démolir
Demonstrant(in) [demɔn'strant] <-en, -en> *m(f)* manifestant(e) *m(f)*
Demonstration [demɔnstra'tsi̯o:n] <-, -en> *f* ① manifestation *f* ② (*Veranschaulichung*) démonstration *f*
demonstrativ [demɔnstra'ti:f] *Adj.* ostensible
Demonstrativpronomen *nt* (*adjektivisches/substantivisches Pronomen*) adjectif *m*/pronom *m* démonstratif
demonstrieren* [demɔn'stri:rən] **I.** *intr. V.* manifester **II.** *tr. V.* ① (*bekunden*) manifester ② (*veranschaulichen*) démontrer
demontieren* [demɔn'ti:rən] *tr. V.* (*Fabrik*) démanteler
demoralisieren* [demorali'zi:rən] *tr. V.* ① démoraliser ② (*Bevölkerung*) avilir
demselben *Demonstrativpron., Dat. Sg. von* **derselbe**/**dasselbe** au même; **~ Mann helfen** aider le même homme
Demut ['de:mu:t] <-> *f* humilité *f*; **in ~** humblement
demütig ['de:my:tɪç] *Adj.* humble
demütigen *tr. V.* humilier
Demütigung <-, -en> *f* humiliation *f*
demzufolge ['de(:)mtsu'fɔlgə] *Adv.* ① il en ressort que ... ② (*folglich*) donc
den[1] [de:n] **I.** *best. Art., maskulin, Akk. Sg. von* **der**[1] le/la; **sie begrüßt ~ Nachbarn** elle salue le voisin; **~ Salat essen** manger la salade **II.** *best. Art., Dat. Pl. von* **der**[1], **die**[1], **das**[1] aux; **mit ~ Freundinnen sprechen** parler avec les copines; **von ~ Kollegen sprechen** parler des collègues; **sie folgte ~ Leuten** elle suivit les gens
den[2] **I.** *Demonstrativpron., maskulin, Akk. Sg. von* **der**[2], **I.** ce/cette **II.** *Relativpron., Akk. Sg. von* **der**[2], **II.** que

denen [deːnən] **I.** *Demonstrativpron., Dat. Pl. von* **der^2, I., die^2, I., das^2, I.** à ceux **II.** *Relativpron., Dat. Pl. von* **die^2** à qui

Denkanstoß *m* piste *f* de réflexion

denkbar *Adj.* concevable; **es ist durchaus ~, dass** il n'est pas impensable que + *subj*

denken ['dɛnkən] <dachte, gedacht> **I.** *intr. V.* ❶ penser ❷ *(meinen)* penser que ... ❸ *(urteilen)* **inzwischen denke ich anders** j'ai changé d'avis ❹ *(sich vorstellen)* **denk nur, Eva heiratet!** imagine, Eva se marie! ▸ **ich denke nicht daran!** je n'en ai pas la moindre intention !; **jdm zu ~ geben** donner à réfléchir à qn; **wo denkst du hin!** qu'est-ce que tu crois ! **II.** *tr. V.* ❶ **nur das Schlechteste von jdm ~** penser tout mal possible de qn ❷ *(ahnen)* **das habe ich mir fast gedacht** j'en étais à peu près sûr(e) ❸ *(sich vorstellen)* **sich** *(Dat)* **etw ~** s'imaginer qc; **ich habe mir das so gedacht: ...** je vois les choses comme ça: ... ❹ *(beabsichtigen)* **sich** *(Dat)* **nichts Böses ~** ne pas penser à mal

Denken <-s> *nt* pensée *f*

Denker(in) <-s, -> *m(f)* penseur(-euse) *m(f)*

Denkfehler *m* erreur *f* de raisonnement

Denkmal <-s, Denkmäler> *nt* monument *m*

Denkmalschutz *m* protection *f* des monuments historiques

Denkzettel *m* **jdm einen ~ verpassen** *fam* flanquer une bonne leçon à qn

denn [dɛn] **I.** *Konj.* ❶ car ❷ *(vorausgesetzt)* **es sei ~,** à moins que + *subj* **II.** *Adv.* donc; **he, was soll das ~?** holà, qu'est-ce qui se passe?; **wo ~ sonst?** où d'autre ?

dennoch ['dɛnɔx] *Adv.* malgré tout; **und ~** et pourtant

denselben **I.** *Demonstrativpron., Akk. von* **derselbe** le/la même; **für ~ Sänger schwärmen** raffoler du même chanteur **II.** *Demonstrativpron., Dat. von* **dieselben** aux mêmes

Denunziant(in) [denʊn'tsi̯ant] <-en, -en> *m(f) pej* délateur(-trice) *m(f)*

denunzieren* [denʊn'tsiːrən] *tr. V. pej* **jdn bei jdm ~** dénoncer qn à qn

Deo ['deːo], **Deodorant** ['deːodo'rant] <-s, -s> *nt* déodorant *m*

Deoroller *m* déodorant *m* à bille **Deospray** *nt o m* déodorant *m*

Departement [departə'mãː] <-s, -s> *nt* département *m*

deplatziertRR [depla'tsiːɐ̯t] incongru(e)

Deponie [depo'niː] <-, -n> *f* décharge *f*

deponieren* [depo'niːrən] *tr. V.* **etw bei der Bank ~** mettre qc en dépôt à la banque

deportieren* *tr. V.* déporter

Depot [de'poː] <-s, -s> *nt* ❶ entrepôt *m* ❷ FIN coffre-fort *m* ❸ AUT dépôt *m* ❹ CH *(Flaschenpfand)* consigne *f*

Depp [dɛp] <-en *o* -s, -en> *m bes.* A, CH *fam* andouille *f*

Depression [deprɛ'si̯oːn] <-, -en> *f* dépression *f*

depressiv *Adj.* dépressif(-ive)

deprimieren* [depri'miːrən] *tr. V.* déprimer

der^1 [deːɐ̯] **I.** *best. Art., maskulin, Nom. Sg.* le/la; **~ Nachbar** le voisin; **~ Salat** la salade **II.** *best. Art., feminin, Gen. Sg. von* **die^1, I.** de la/du **III.** *best. Art., feminin, Dat. Sg. von* **die^1, I.** à la/au; **mit ~ Nachbarin sprechen** parler avec la voisine; **sie folgte ~ Frau/Menge** elle suivit la femme/foule **IV.** *best. Art., Gen. Pl. von* **die^1, II.** des; **das Ende ~ Ferien** la fin des vacances

der^2 **I.** *Demonstrativpron., maskulin, Nom. Sg.* ce/cette; **~ Mann da** cet homme-là; **beißt ~?** est-ce qu'il mord? **II.** *Relativpron. maskulin, Nom. Sg.* qui **III.** *Demonstrativpron., feminin, Gen. Sg. von* **die^2, I.** de cette/de ce **IV.** *Demonstrativpron., feminin, Dat. Sg. von* **die^2, I.** à cette/à ce; **glaub ~ bloß nicht!** ne la crois surtout pas, celle-là! **V.** *Demonstrativpron., Gen. Pl. von* **die^1, II.** de ces **VI.** *Relativpron. feminin, Dat. Sg. von* **die^2, III.** à qui; **die Kälte, unter ~ sie leiden** le froid dont ils souffrent

derart ['deːɐ̯'ʔaːɐ̯t] *Adv.* **~ reizen, dass ...** provoquer à tel point que ...; **es ist ~ heiß, dass ...** il fait tellement chaud que ...

derb [dɛrp] **I.** *Adj.* ❶ *(Manieren)* grossier(-ère) ❷ *(Stoff)* solide **II.** *Adv.* ❶ *(anfahren)* brutalement ❷ *(sich ausdrücken)* grossièrement

deren ['deːrən] **I.** *Demonstrativpron., Gen. Sg. von* **die^2, II.: seine Mutter, seine Schwester und ~ Hund** sa mère, sa sœur et le chien de cette dernière **II.** *Demonstrativpron., Gen. Pl. von* **die², III.**: **ein Ehepaar mit seinen Freunden und ~ Kindern** un couple avec ses amis et les enfants de ces derniers **III.** *Relativpron. Gen. Sg. von* **die², III.** dont; **die Frau, ~ Namen ich vergessen habe** la femme dont j'ai oublié le nom; **die Freundin, mit ~ Hilfe ich eine Wohnung gefunden habe** l'amie avec l'aide de qui j'ai trouvé un logement **IV.** *Relativpron. Gen. Pl. von* **die², V.** dont

D

derer ['de:rɐ] *Demonstrativpron., Gen. Pl. von* **die², II.** de ceux

dergleichen ['de:ɐ̯'glaiçən] *Demonstrativpron., inv* ce genre de choses; **und ~ mehr** et cetera

derjenige *Demonstrativpron., maskulin, Nom. Sg.* ce/cette; **~, der das gesagt hat** celui qui a dit cela ▸ **das ist ~, welcher!** *fam* c'est lui notre homme !

dermaßen ['de:ɐ̯'ma:sən] *s.* **derart**

derselbe *Demonstrativpron., Nom. Sg.* le/la même

derzeitig *Adj. attr* actuel(le)

des [dɛs] **I.** *best. Art., maskulin o Neutrum, Gen. Sg. von* **der¹, I., das I.** du/de la **II.** *Demonstrativpron., maskulin o Neutrum, Gen. Sg. von* **der², I., das II.** de ce/de cette

Desaster [de'zastɐ] <-s, -> *nt* désastre *m*

Deserteur(in) [dezɛr'tø:ɐ̯] <-s, -e> *m(f)* déserteur *m*

desertieren* [dezɛr'ti:rən] *intr. V. + sein* déserter

desgleichen ['dɛs'glaiçən] *Adv.* également

deshalb ['dɛs'halp] *Adv.* **~ ist das nicht möglich** c'est la raison pour laquelle cela n'est pas possible

Design [di'zain] <-s, -s> *nt* design *m*

Designer(in) [di'zainɐ] <-s, -> *m(f)* designer *mf;* (*Modeschöpfer*) styliste *mf*

Designerbaby [di'zainɐbe:bi] *nt* bébé-médicament *m*

Desinfektion [dezɪnfɛk'tsi̯o:n] <-, -en> *f* désinfection *f*

Desinfektionsmittel *nt* désinfectant *m*

desinfizieren* [dezɪnfi'tsi:rən] *tr. V.* désinfecter

Desinteresse ['dɛsʔɪntərɛsə] *nt* **~ an etw** manque *m* d'intérêt pour qc

Desktop ['dɛsktɔp] <-s, -s> *m* ordinateur *m* de table

Desktop-Publishing^RR ['dɛsktɔppablɪʃɪŋ] <-> *nt* publication *f* assistée par ordinateur

desorientiert ['dɛsʔoriɛnti:ɐ̯t] *Adj.* désorienté(e)

desselben *Demonstrativpron.* du même/de la même

dessen ['dɛsən] **I.** *Demonstrativpron.* **mein Onkel und ~ Haus** mon oncle et la maison de ce dernier **II.** *Relativpron.* dont; **der Freund, mit ~ Hilfe ich das Auto repariert habe** l'ami avec l'aide de qui j'ai réparé la voiture

Dessert [dɛ'sɛ:ɐ̯] <-s, -s> *nt* dessert *m*

Dessous [dɛ'su:] <-, -> *nt meist Pl.* dessous *mpl*

destillieren* [dɛstɪ'li:rən] *tr. V.* distiller

desto ['dɛsto] *Konj.* **je eher du dich daranmachst, ~ schneller bist du fertig** plus vite tu t'y mettras, plus vite tu auras terminé

destruktiv [destrʊk'ti:f] *Adj.* négatif(-ive)

deswegen ['dɛs've:gən] *s.* **deshalb**

Detail [de'tai] <-s, -s> *nt* détail *m*

detailliert [deta'ji:ɐ̯t] **I.** *Adj.* détaillé(e) **II.** *Adv.* en détail

Detektiv(in) [detɛk'ti:f] <-s, -e> *m(f)* détective *m*

Detonation [detona'tsi̯o:n] <-, -en> *f* détonation *f*

detonieren* [deto'ni:rən] *intr. V. + sein* exploser

deuten ['dɔytən] **I.** *tr. V.* (*Traum, Text*) interpréter **II.** *intr. V.* (*hinweisen*) **auf etw ~** faire penser à qc

deutlich ['dɔytlɪç] **I.** *Adj.* ❶ (*Konturen*) net(te); (*Aussprache*) distinct(e); (*Skizze*) clair(e); (*Schrift*) lisible ❷ (*eindeutig*) clair(e) **II.** *Adv.* ❶ distinctement; (*schreiben*) lisiblement ❷ (*sagen*) clairement; (*merken*) sans le moindre doute

Deutlichkeit <-, -en> *f* clarté

deutsch [dɔytʃ] **I.** *Adj.* allemand(e) **II.** *Adv.* **~ miteinander sprechen** discuter en allemand

Deutsch <-[s]> *nt kein Art.* allemand *m;* **~ lernen/verstehen** apprendre/comprendre l'allemand; **~ können** savoir parler l'allemand; **~ sprechen** parler allemand; **sich auf ~ unterhalten** discuter en allemand; **gut in ~ sein** être bon en allemand ▸ **auf gut ~** *fam* en bon français

Deutsche(r) *f(m) dekl wie Adj* Allemand(e) *m(f)*
deutsch-französisch *Adj.* **ein ~es Wörterbuch** un dictionnaire allemand-français; **die ~e Freundschaft** l'amitié franco-allemande
Deutschland *nt* l'Allemagne *f;* **in ~** en Allemagne **deutschsprachig** *Adj.* (*Bevölkerung, Gebiet*) germanophone; (*Literatur*) en langue allemande
Deutung <-, -en> *f* interprétation *f*
Devise [de'vi:zə] <-, -n> *f* devise *f*
Devisen [de'vi:zən] *Pl* devises *fpl*
Devisenhandel *m* marché *m* des changes
Dezember [de'tsɛmbɐ] <-s, -> *m* décembre *m; s.a.* **April**
dezent [de'tsɛnt] **I.** *Adj.* discret(-ète) **II.** *Adv.* discrètement; (*gekleidet*) avec discrétion
Dezibel ['de:tsibɛl] <-s, -> *nt* décibel *m*
dezimal [detsi'ma:l] *Adj.* décimal(e)
Dezimalsystem *nt* système *m* décimal
d.h. *Abk. von* **das heißt** c.-à-d.
Dia ['di:a] <-s, -s> *nt* diapo *f* (*fam*)
Diabetes [dia'be:tɛs] <-> *m* diabète *m*
Diabetiker(in) [dia'be:tikɐ] <-s, -> *m(f)* diabétique *mf*
Diagnose [dia'gno:zə] <-, -n> *f* diagnostic *m*
diagnostizieren* [diagnɔsti'tsi:rən] *tr. V.* diagnostiquer
diagonal [diago'na:l] *Adj.* diagonal(e)
Diagonale <-, -n> *f* diagonale *f*
Diagramm [dia'gram] <-s, -e> *nt* diagramme *m*
Diakonie <-> *f* diaconat *m*
Dialekt [dia'lɛkt] <-[e]s, -e> *m* dialecte *m*
Dialog [dia'lo:k] <-[e]s, -e> *m* dialogue *m*
Diamant [dia'mant] <-en, -en> *m* diamant *m*
Diapositiv [diapozi'ti:f] *nt* diapositive *f* **Diaprojektor** *m* projecteur *m* de diapositives
Diät [di'ɛ:t] <-, -en> *f* régime *m* alimentaire
Diäten *Pl* indemnité *f* parlementaire
dich [dɪç] **I.** *Personalpron., Akk. von* **du: ich habe ~ gesehen** je t'ai vu(e); **ohne ~** sans toi **II.** *Reflexivpron.* **du hast ~ verändert** tu as changé; **du darfst ~ nicht wundern, wenn ...** ne t'étonne pas si ...
dicht [dɪçt] **I.** *Adj.* ❶ épais(se); (*Verkehr*) dense ❷ (*Nebel*) épais(se) ❸ (*Fenster*) hermétique; (*Vorhänge*) épais(se) ❹ (*Gewebe*) serré(e) ▶ **nicht ganz ~ sein** *fam* déconner **II.** *Adv.* ❶ **~ hinter jdm stehen** être juste derrière qn ❷ (*unmittelbar*) **~ bevorstehen** être imminent ❸ (*stark*) **~ bewölkt sein** être très nuageux ❹ (*schließen*) hermétiquement; (*weben*) serré
Dichte <-, -n> *f* a. PHYS densité *f;* (*eines Waldes*) épaisseur *f*
dichten ['dɪçtən] **I.** *tr. V.* composer **II.** *intr. V.* faire de la poésie
Dichter(in) <-s, -> *m(f)* poète *m*/poétesse *f*
dichterisch *Adj.* poétique
Dichtung <-, -en> *f* ❶ (*Dichtkunst*) poésie *f* ❷ TECH joint *m*
dick [dɪk] **I.** *Adj.* ❶ gros(se) *antéposé* ❷ (*stark*) **ein zwei Zentimeter ~es Brett** une planche de deux centimètres d'épaisseur ❸ (*Nebel*) épais(se); (*Milch*) caillé(e) ❹ *fam* (*Freundschaft*) grand(e) *antéposé* ▶ **mit jdm durch ~ und dünn gehen** suivre qn jusqu'en enfer **II.** *Adv.* ❶ **sich ~ anziehen** bien se couvrir ❷ (*unterstreichen*) en gros ❸ (*reichlich*) **etw ~ auftragen** étaler une grosse couche de qc ❹ *fam* (*sehr gut*) **~ befreundet sein** être comme cul et chemise ▶ **~ auftragen** *pej fam* en rajouter
Dickdarm *m* gros intestin *m*
Dicke <-, -n> *f* grosseur *f;* (*einer Schicht*) épaisseur *f*
dickflüssig *Adj.* visqueux(-euse); (*Sauce*) épais(se)
Dickicht ['dɪkɪçt] <-[e]s, -e> *nt* fourré *m*
Dickkopf *m fam* ❶ entêtement *m* ❷ (*Mensch*) tête *f* de mule
dickköpfig ['dɪkkœpfɪç] *Adj. fam* têtu(e)
Didaktik [di'daktɪk] <-, -en> *f* didactique *f*
didaktisch *Adj.* didactique
die[1] [di:] **I.** *best. Art., feminin, Nom. und Akk. Sg.* le/la; **~ Großmutter anrufen** téléphoner à la grand-mère **II.** *best. Art., Nom. und Akk. Pl. von* **der**[1], **die**[1] **I., das**[1] les
die[2] **I.** *Demonstrativpron., feminin, Nom. und Akk. Sg.* ce/cette; **~ weiß das doch nicht!** celle-là, elle ne le sait pas! **II.** *Demonstrativpron., Nom. und*

D

Akk. Pl. von **der[2],I., die[2], I., das[2], I.** ces; ~ **wissen das doch nicht!** ils ne la savent pas, eux ! **III.** *Relativpron., feminin, Nom. Sg.* qui **IV.** *Relativpron., feminin, Akk. Sg.* que **V.** *Relativpron., Nom. Pl.* qui **VI.** *Relativpron., Akk. Pl.* que **VII.** *Demonstrativ- und Relativpron., feminin, Nom. Sg.* celle qui

D

Dieb(in) [di:p] <-[e]s, -e> *m(f)* voleur (-euse) *m(f)*; **haltet den ~!** au voleur !

diebisch *Adj.* (*Freude*) furtif(-ive)

Diebstahl <-s, Diebstähle> *m* vol *m*

diejenige *Demonstrativpron., feminin, Nom. und Akk. Sg.* cette

diejenigen *Demonstrativpron., Nom. und Akk. Pl. von* **derjenige, diejenige, dasjenige**: ~ **Schüler, die teilnehmen wollen** ceux parmi les élèves qui souhaitent participer; **eine Überraschung für ~n unter Ihnen, die ...** une surprise pour ceux d'entre vous qui ...; **für meine Schuhe und ~ meiner Kinder** pour mes chaussures à moi et celles de mes enfants

Diele ['di:lə] <-, -n> *f* vestibule *m*

dienen ['di:nən] *intr. V.* ❶ servir; **wozu soll das alles ~?** ça sert à quoi, tout ça ? ❷ (*helfen*) **womit kann ich ~?** en quoi puis-je être utile ? ❸ (*verwendet werden*) **jdm als Brieföffner ~** servir de coupe-papier à qn

Diener(in) <-, -> *m(f)* serviteur *m*/servante *f*

Dienst [di:nst] <-[e]s, -e> *m* ❶ service *m*; **jdn vom ~ befreien** donner un congé à qn; **außer ~** (*in der Freizeit*) en congé; (*im Ruhestand*) en retraite; **öffentlicher ~** fonction *f* publique ❷ *meist Pl.* (*Unterstützung, Gefallen*) services *mpl*; **jdm einen ~ erweisen** rendre service à qn

Dienstag ['di:nsta:k] *m* mardi *m*; **am ~** (*dienstags*) le mardi; (*kommenden Dienstag*) mardi prochain; (*letzten Dienstag*) mardi dernier; ~ **vormittags/abends/nachts** le mardi matin/soir/dans la nuit; **jeden ~** tous les mardis; **[am] letzten ~** mardi dernier; **am nächsten ~** mardi prochain; **an einem ~** un mardi; **hast du diesen ~ Zeit?** tu as le temps mardi ?; **heute ist ~, der 31. Mai** aujourd'hui nous sommes le mardi 31 mai

Dienstagabend *m* mardi *m* soir **Dienstagmorgen** *m* mardi *m* matin

dienstags *Adv.* le mardi

Dienstanweisung *f* instructions *fpl* [de service] **Dienstgeheimnis** *nt* secret *m* professionnel **Dienstgrad** *m* (*Rangstufe*) grade *m* **Dienstleistung** *f Pl* COM prestations *fpl* de service **Dienstleistungsgewerbe** *m* secteur *m* tertiaire

dienstlich I. *Adj.* (*Schreiben*) officiel(le) **II.** *Adv.* (*verreisen*) à titre professionnel

Dienstmädchen *nt* bonne *f* **Dienstplan** *m* tableau *m* de service **Dienstreise** *f* déplacement *m* professionnel **Dienstschluss[RR]** *m* fermeture *f* **Dienststelle** *f* bureau *m* **Dienstvorschrift** *f* règlement *m* [intérieur]; MIL consigne *f* **Dienstwagen** *m* voiture *f* de fonction

dies [di:s] *Demonstrativpron., inv* ❶ (*das hier*) ~ **ist meine Tante** voici ma tante; ~ **ist der Freund, der bei uns wohnt** c'est l'ami qui habite chez nous; ~ **alles gehört mir** tout ça est à moi ❷ (*dieses*) ce/cette ▸ **über ~ und das sprechen** parler de choses et d'autres

diesbezüglich *Adj., Adv. form* à ce sujet (*soutenu*)

diese(r, s) ['di:zə, -zɐ, -zəs] *Demonstrativpron.* ce/cette; **in ~n Jahren** ces années-là ▸ **~s und jenes** différentes choses *fpl*

Diesel ['di:zəl] <-s> *nt fam* gasoil *m*

dieselbe *Demonstrativpron., Nom. und Akk. Sg. von* **derselbe** le/la même

dieselben *Demonstrativpron., Nom. und Akk. Pl. von* **derselbe, dieselbe, dasselbe** les mêmes

Dieselmotor *m* [moteur *m*] diesel *m*

diesig ['di:zɪç] *Adj.* brumeux(-euse)

diesjährig *Adj. attr* de cette année

diesmal *Adv.* cette fois-ci

diesseits ['di:szaits] *Präp. + Gen.* ~ **des Flusses** de ce côté-ci du fleuve

Dietrich ['di:trɪç] <-s, -e> *m* rossignol *m*

Differential[ALT] [dɪfərɛn'tsi̯a:l] *s.* **Differenzial**

Differenz [dɪfə'rɛnts] <-, -en> *f* ❶ différence *f* ❷ *meist Pl.* (*Meinungsverschiedenheit*) différend *m*

Differenzial[RR] [dɪfərɛn'tsi̯a:l] <-s, -e> *nt* MATH différentielle *f*

differenzieren* [dɪfərɛn'tsi:rən] *geh* **I.** *intr. V.* différencier; **zwischen zwei Phänomenen ~** faire la distinction entre deux phénomènes **II.** *tr. V.* (*Behauptung*) nuancer

digital [digi'ta:l] **I.** *Adj.* (*Anzeige*) numérique; (*Technik*) digital(e); (*Kassette*) audionumérique **II.** *Adv.* **~ erfolgen** s'effectuer par numérisation

digitalisieren* *tr. V.* ❶ (*Daten, Anzeige*) numériser ❷ (*digital darstellen*) digitaliser

Digitalkamera *f* appareil *m* photo numérique

Diktat [dɪk'ta:t] <-[e]s, -e> *nt* ❶ dictée *f* ❷ (*Zwang*) diktat *m*

Diktator [dɪk'ta:to:ɐ̯] <-s, -toren> *m*, **Diktatorin** *f pej* dictateur(-trice) *m(f)*

diktatorisch [dɪkta'to:rɪʃ] *pej* **I.** *Adj.* dictatorial(e) **II.** *Adv.* en dictateur

Diktatur [dɪkta'tu:ɐ̯] <-, -en> *f pej* dictature *f*

diktieren* [dɪk'ti:rən] *tr. V.* dicter

Diktiergerät *nt* dictaphone *m*

Dilemma [di'lɛma] <-s, -s> *nt geh* dilemme *m*

Dilettant(in) [dilɛ'tant] <-en, -en> *m(f)* dilettante *mf*

Dill [dɪl] <-[e]s, -e> *m* aneth *m*

Dimension [dimɛn'zi̯o:n] <-, -en> *f* dimension *f*

Ding [dɪŋ] <-[e]s, -e> *nt* ❶ (*Sache*) machin *m*; **persönliche ~e** des affaires *fpl* personnelles ❷ *Pl* (*Angelegenheit*) **so, wie die ~e liegen** au point où en sont les choses ▶ **das ist ein ~ der Unmöglichkeit** cela relève de l'impossible; **über den ~en stehen** être au-dessus de ça

dingfest *Adj.* **jdn ~ machen** arrêter qn

Dingsbums [dɪŋsbʊms] <-> *nt fam* truc *m*

Dinosaurier [dino'zauriɐ] *m* dinosaure *m*

Diode [di'o:də] <-, -n> *f* diode *f*

Diphtherie [dɪfte'ri:] <-, -n> *f* MED diphtérie *f*

Diplom [di'plo:m] <-s, -e> *nt* diplôme *m*

Diplomarbeit *f* mémoire *m*

Diplomat(in) [diplo'ma:t] <-en, -en> *m(f)* diplomate *mf*

Diplomatie [diploma'ti:] <-> *f* diplomatie *f*

diplomatisch *Adj.* diplomatique

Diplomingenieur(in) *m(f)* ingénieur *mf* diplômé(e)

dir [di:ɐ̯] **I.** *Personalpron., Dat. von* **du**: **das wird ~ gut tun** ça te fera du bien; **gehört das Fahrrad ~?** c'est à toi, ce vélo?; **geht es ~ heute besser?** tu vas mieux aujourd'hui? **II.** *Reflexivpron.* **stell ~ vor, es klappt!** figure-toi, ça marche!; **was hast du ~ dabei gedacht?** qu'est-ce que tu avais en tête?

direkt [di'rɛkt] **I.** *Adj.* direct(e) **II.** *Adv.* directement; (*fragen*) sans détour

Direktbank *f* banque *f* directe

Direktion [dirɛk'ts̯io:n] <-, -en> *f* ❶ direction *f* ❷ CH (*Ressort*) ministère *m* cantonal

Direktor [di'rɛkto:ɐ̯] <-s, -toren> *m*, **Direktorin** *f* directeur(-trice) *m(f)*

Direktübertragung *f* retransmission *f* en direct **Direktverbindung** *f* liaison *f* directe **Direktzugriff** *m* accès *m* direct

Dirigent(in) [diri'gɛnt] <-en, -en> *m(f)* chef *mf* d'orchestre

dirigieren* [diri'gi:rən] *tr. V.* (*Orchester*) diriger

> Le **Dirndl**, le costume national traditionnel des Bavaroises et des Autrichiennes, jouit d'une popularité croissante auprès de la jeune génération durant la saison de l'*Oktoberfest*, et même au-delà des frontières de la Bavière. Porter un **Dirndl** est devenu un signe extérieur de modernité, même lors des nombreuses *Volksfeste* locales, telles que le *Cannstatter Wasen* à Stuttgart, où le **Dirndl** n'était pas du tout traditionnel.

Dirne ['dɪrnə] <-, -n> *f* prostituée *f*

Disco ['dɪsko] <-, -s> *f fam Abk. von* **Diskothek** boîte *f*

Diskette [dɪs'kɛtə] <-, -n> *f* disquette *f*

Diskettenlaufwerk *nt* lecteur *m* de disquettes

Disko ['dɪsko] <-, -s> *f fam* boîte *f*

Diskont [dɪs'kɔnt] <-s, -e> *m* ❶ escompte *m* ❷ s. **Diskontsatz**

Diskontsatz *m* taux *m* d'escompte

Diskothek [dɪsko'te:k] <-, -en> *f* discothèque *f*

Diskrepanz [dɪskre'pants] <-, -en> *f* décalage *m*

diskret [dɪs'kre:t] *geh* **I.** *Adj.* (*Person*) discret(-ète) **II.** *Adv.* avec discrétion

Diskretion [dɪskre'ts̯io:n] <-> *f* discrétion *f*

diskriminieren* [dɪskrimi'ni:rən] *tr. V.* *geh* discriminer

diskriminierend *Adj. geh* discriminatoire
Diskriminierung <-, -en> *f geh* discrimination *f*
Diskus ['dɪskʊs] <-, Disken> *m* disque *m*
Diskussion [dɪskʊ'si̯oːn] <-, -en> *f* débat *m;* **zur ~ stehen** être à l'ordre du jour; **das steht nicht zur ~** là n'est pas la question
diskutieren* [dɪsku'tiːrən] *intr. V.* **über etw** (*Akk*) **~** discuter de qc
Display [dɪs'plɛɪ] <-s, -s> *nt* écran *m* de visualisation
disponieren* [dɪspo'niːrən] *intr. V. geh* disposer
Disposition [dɪspozi'tsi̯oːn] <-, -en> *f geh* disposition
Disqualifikation [dɪskvalifika'tsi̯oːn] <-, -en> *f* disqualification *f*
disqualifizieren* [dɪskvalifi'tsiːrən] *tr. V.* disqualifier
Dissertation [dɪsɛrta'tsi̯oːn] <-, -en> *f* thèse *f* [de troisième cycle]
Dissident(in) [dɪsi'dɛnt] <-en, -en> *m(f)* dissident(e) *m(f)*
Distanz [dɪs'tants] <-, -en> *f a. fig* distance *f*
distanzieren* [dɪstan'tsiːrən] *refl. V.* **sich von jdm ~** prendre ses distances par rapport à qn
distanziert*geh* **I.** *Adj.* distant(e) **II.** *Adv.* (*sich verhalten*) de façon distante
Distel ['dɪstəl] <-, -n> *f* chardon *m*
Disziplin [dɪstsi'pliːn] <-, -en> *f* discipline *f*
disziplinarisch [dɪstsipli'naːrɪʃ] *Adj.* disciplinaire
diszipliniert [dɪstsipli'niːɐ̯t] *geh Adj.* discipliné(e)
disziplinlos *Adj.* indiscipliné(e)
divers [di'vɛrs] *Adj. attr geh* **~e Fragen** diverses questions; **Diverses besprechen** discuter de diverses choses
Dividende [divi'dɛndə] <-, -n> *f* dividende *m*
dividieren* [divi'diːrən] *tr., intr. V.* diviser; **eine Zahl durch drei ~** diviser un nombre par trois
Division [divi'zi̯oːn] <-, -en> *f* MATH, MIL division *f*
DM *Abk. von* **Deutsche Mark** HIST DM
D-Netz ['deːnɛts] *nt* réseau *m* de radiotéléphone à couverture européenne
DNS [deːʔɛn'ʔɛs] <-> *f Abk. von* **Desoxyribonukleinsäure** A.D.N. *m*

doch [dɔx] **I.** *Konj.* mais **II.** *Adv.* ❶ (*dennoch*) quand même; **kommen Sie ~ morgen wieder** revenez donc demain ❷ (*wirklich*) tout de même ❸ (*Widerspruch ausdrückend*) si ❹ (*hoffentlich*) **du hast dich ~ bei ihr bedankt?** j'espère bien que tu l'as remerciée ? ❺ (*zweifellos*) **du weißt ~, wie das ist** tu sais bien comment c'est; **Sie kennen sich hier ~ aus** vous connaissez certainement l'endroit
Docht [dɔxt] <-[e]s, -e> *m* mèche *f*
Dock [dɔk] <-s, -s> *nt* dock *m*

> La **Documenta** est l'une des plus célèbres expositions d'art contemporain. Elle est organisée tous les cinq ans à Kassel, en Allemagne, la dernière (Documenta 13) ayant eu lieu de juillet à septembre 2012. Les pièces exposées sont présentées dans différents sites de la ville, parmi lesquels les musées *Fridericianum* et l'*Orangerie* et l'immense parc citadin connu sous le nom de *Karlsaue.*

Dogma ['dɔgma] <-s, Dogmen> *nt* dogme *m*
dogmatisch [dɔg'maːtɪʃ] *Adj. pej* dogmatique
Doktor ['dɔktoːɐ̯] <-s, -toren> *m,* **Doktorin** *f* ❶ (*Arzt*) docteur *mf;* **guten Tag, Frau/Herr ~!** bonjour, docteur ! ❷ (*akademischer Grad*) **~ der Philosophie** docteur ès lettres
Doktorand(in) [dɔkto'rant] <-en, -en> *m(f)* doctorant(e) *m(f)*
Doktorarbeit *f* thèse *f* [de troisième cycle]
Doktrin [dɔk'triːn] <-, -en> *f* ❶ (*Programm*) principe *m* ❷ *geh* (*Lehre*) doctrine *f*
Dokument [doku'mɛnt] <-[e]s, -e> *nt* ❶ (*Schriftstück*) document *m* ❷ (*Zeugnis*) témoignage *m*
Dokumentarfilm [dokumɛn'taːɐ̯fɪlm] *m* [film *m*] documentaire *m*
dokumentarisch [dokumɛn'taːrɪʃ] **I.** *Adj.* documentaire **II.** *Adv.* (*beweisen*) par des documents; **etw ~ belegen** documenter qc
Dokumentation [dokumɛnta'tsi̯oːn] <-, -en> *f* (*Nachweissammlung*) dossier *m*

dokumentieren* [dokumɛn'ti:rən] *tr. V.* **etw ~** (*Person*) manifester qc; (*Schriftstück*) témoigner de qc
Dolch [dɔlç] <-[e]s, -e> *m* poignard *m*
doll *fam Adj.* ❶ (*schlimm*) méchant(e) *antéposé* ❷ (*großartig*) super ❸ (*unerhört*) dingue
Dollar ['dɔlar] <-[s], -s> *m* dollar *m*
dolmetschen ['dɔlmɛtʃən] **I.** *intr. V.* **für jdn ~** servir d'interprète à qn **II.** *tr. V.* (*Gespräch*) traduire
Dolmetscher(in) <-s, -> *m(f)* interprète *mf*
Dom [do:m] <-[e]s, -e> *m* cathédrale *f*
Domäne [do'mɛ:nə] <-, -n> *f* domaine *m*
dominant [domi'nant] *Adj.* ❶ dominateur(-trice) ❷ BIO dominant(e)
dominieren* **I.** *intr. V.* (*überwiegen*) prédominer **II.** *tr. V.* dominer
Domino ['do:mino] <-s, -s> *nt* SPIEL dominos *mpl*
Dompfaff ['do:mpfaf] <-en, -en> *m* bouvreuil *m*
Dompteur(in) [dɔmp'tø:ɐ̯] <-s, -e> *m(f)* dompteur(-euse) *m(f)*
Donau ['do:nau] <-> *f* **die ~** le Danube
Döner <-s, -s> *m* kebab *m*
Donner ['dɔnɐ] <-s, -> *m* tonnerre *m*
donnern **I.** *intr. V. unpers. + haben* **es donnert** il tonne **II.** *intr. V. + sein fam* ❶ **auf das Dach ~** s'abattre à grand fracas sur le toit ❷ (*sich bewegen*) **durch den Bahnhof ~** traverser la gare dans un bruit fracassant **III.** *tr. V. + haben fam* **etw gegen die Wand ~** claquer qc contre le mur
Donnerschlag *m* coup *m* de tonnerre
Donnerstag *m* jeudi *m*; *s.a.* **Dienstag**
Donnerstagabend *m* jeudi *m* soir **Donnerstagmorgen** *m* jeudi *m* matin
donnerstags *Adv.* le jeudi
Donnerwetter *nt fam* tempête *f* ▶ **~!** *fam* chapeau !
doof [do:f] <döfer, döfste> *Adj. fam* ❶ (*unsinnig*) débile; (*geistig beschränkt*) **~ sein** être un crétin/une crétine ❷ (*ärgerlich*) **eine ~e Sache** une affaire à la con
Doping ['dɔpɪŋ] <-s, -s> *nt* dopage *m*
Dopingkontrolle ['do:piŋkɔn'trɔlə] *f* contrôle *m* antidopage
Doppel ['dɔpəl] <-s, -> *nt* a. SPORT double *m*
Doppelbett *nt* lit *m* à deux places
Doppelgänger(in) ['dɔpəlgɛŋɐ] <-s, -> *m(f)* sosie *m* **Doppelkinn** *nt* double menton *m* **doppelklicken** <*PP* doppelgeklickt, *Infin* doppelzuklicken> *intr. V.* cliquer deux fois **Doppelmoral** ['dɔpəlmora:l] *f* double morale *f* **Doppelname** *m* (*Nachname*) nom *m* [de famille] composé; (*Vorname*) prénom *m* composé **Doppelpunkt** *m* deux-points *mpl*
doppelt **I.** *Adj.* **das ~e Gehalt** le double salaire; **die ~e Menge** deux fois la quantité **II.** *Adv.* ❶ **~ so groß wie ...** deux fois plus grand que ... ❷ (*zählen*) doublement ▶ **~ und dreifach** plutôt deux fois qu'une
Doppelzimmer *nt* chambre *f* double
Dorf [dɔrf, *Pl:* 'dœrfɐ] <-[e]s, Dörfer> *nt* village *m*; **er ist vom ~** il est de la campagne
Dorfbewohner(in) *m(f)* villageois(e) *m(f)*
Dorfschaft <-, -en> *f* CH petite commune *f*
Dorn [dɔrn] <-[e]s, -en> *m* ❶ (*Stachel*) épine *f* ❷ <Dorne> (*einer Gürtelschnalle*) ardillon *m* ▶ **jdm ein ~ im Auge sein** (*Person*) hérisser qn; (*Sache*) être une insulte permanente pour qn
dornig *Adj.* épineux(-euse)
Dornröschen [dɔrn'rø:sçən] *nt* la Belle au bois dormant
dörren ['dœrən] **I.** *tr. V. + haben* **etw ~** (*Person*) sécher qc; (*Sonne*) dessécher qc **II.** *intr. V. + sein* (*Obst, Fisch*) sécher
Dörrobst *nt* fruits *mpl* secs
Dorsch [dɔrʃ] <-[e]s, -e> *m* morue *f*
dort [dɔrt] *Adv.* là-bas; **~ oben** là-haut; **~ unten** là en bas; **von ~** de là; **ich komme gerade von ~** j'en reviens juste
dort\|behalten* *tr. V. unreg* ❶ (*behalten: Tier, Gegenstand*) garder ❷ (*festsetzen: Beschuldigten*) garder sur place **dort\|bleiben*** *intr. V. unreg* rester là, rester là-bas **dorther** ['dɔrt'he:ɐ̯] *Adv.* **ich komme doch gerade ~!** mais je viens juste d'en revenir ! **dorthin** *Adv.* **~ gehen** aller là-bas; **bis ~** jusque là-bas; **wie komme ich ~?** comment je peux y aller ? **dorthinein** *Adv.* là, par là
dortig *Adj. attr* (*Einrichtungen*) sur place; (*Gepflogenheiten*) de là-bas
Dose ['do:zə] <-, -n> *f* boîte *f*

D

D

dösen ['døːzən] *intr. V. fam* somnoler
Dosenmilch *f* lait *m* en boîte **Dosenöffner** *m* ouvre-boîte *m*
dosieren* [do'ziːrən] *tr. V.* **etw [sparsam]** ~ doser qc [avec parcimonie]
Dosierkapsel *f* dosette *f*
Dosierung <-, -en> *f* ❶ (*Dosis*) dose *f* ❷ *kein Pl.* (*das Dosieren*) dosage *m*
Dosis ['doːzɪs] <-, Dosen> *f* dose *f*
Dotter ['dɔtɐ] <-s, -> *m o nt* jaune *m* d'œuf
Double ['duːbl] <-s, -s> *nt* doublure *f*
down [daʊn] *Adj. fam* ~ **sein** être à plat
downloaden ['daʊnlɔʊdən] <downloadest, downloadete, downgeloaded> *tr. V.* INET (*Datei*) télécharger
Dozent(in) [do'tsɛnt] <-en, -en> *m(f)* maître *m* de conférences; ~ **für Linguistik sein** être chargé de cours de linguistique
Dr. *Abk. von* **Doktor** Dr
Drache ['draxə] <-n, -n> *m* HIST dragon *m*
Drachen ['draxən] <-s, -> *m* ❶ (*Spielzeug*) cerf-volant *m* ❷ (*Flugdrachen*) deltaplane® *m* ❸ *pej fam* (*zänkische Frau*) dragon *m*
Drachenfliegen *nt* deltaplane® *m*
Dragee, Dragée [dra'ʒeː] <-s, -s> *nt* dragée *f*
Draht [draːt, *Pl:* 'drɛːtə] <-[e]s, Drähte> *m* fil *m* métallique ▶ **der heiße** ~ le téléphone rouge
Drahtbürste *f* brosse *f* métallique **Drahtseil** *nt* câble *m* métallique **Drahtseilbahn** *f* (*Schwebebahn*) téléphérique *m;* (*Schienenbahn*) funiculaire *m* **Drahtzieher(in)** <-s, -> *m(f)* instigateur(-trice) *m(f);* **er soll der ~ sein** on dit qu'il tire les ficelles
drall [dral] *Adj.* (*Busen*) plantureux (-euse); (*Arme, Beine*) bien en chair
Drama ['draːma] <-s, Dramen> *nt* drame *m*
Dramatik <-> *f* intensité *f* dramatique; (*Dichtkunst*) dramaturgie *f*
dramatisch *Adj.* dramatique
dramatisieren* [dramati'ziːrən] *tr., intr. V.* dramatiser
dran [dran] *Adv. fam* ▶ **früh/spät ~ sein** être en avance/en retard; **gut ~ sein** *fam* être bien loti; **er ist** ~ c'est à lui; *s.a.* **daran**
dran|bleiben ['dranblaibən] *intr. V. unreg + sein fam* (*Anrufer*) ne pas quitter
Drang [draŋ, *Pl:* 'drɛŋə] <-[e]s, Dränge> *m* **sein/ihr ~ nach Anerkennung** son besoin d'approbation; **der ~ nach Osten** la poussée vers l'Est
drängeln ['drɛŋəln] **I.** *intr. V.* (*Wartende*) pousser **II.** *tr. V.* **jdn** ~ harceler qn; **das Drängeln** le harcèlement **III.** *refl. V.* **sich an der Kasse** ~ jouer des coudes à la caisse
drängen ['drɛŋən] **I.** *intr. V.* ❶ **zum Ausgang** ~ pousser vers la sortie; **in den Bus** ~ se bousculer pour entrer dans le bus ❷ (*fordern*) **zum Aufbruch** ~ vouloir hâter le départ; **auf eine Antwort** ~ insister pour obtenir une réponse ❸ (*eilig sein*) **die Zeit drängt** le temps presse **II.** *tr. V.* ❶ **jdn zur Seite** ~ pousser qn sur le côté ❷ (*auffordern*) **jdn ~ etw zu tun** presser qn de faire qc **III.** *refl. V.* **sich zum Eingang** ~ se bousculer vers l'entrée; **sich durch die Menge** ~ se frayer un chemin dans la foule
dran|kommen *intr. V. unreg + sein fam* ❶ (*erreichen*) **an etw** (*Akk*) ~ arriver à attraper qc ❷ (*an die Reihe kommen*) **du kommst dran** c'est ton tour ❸ (*aufgerufen werden*) se faire interroger ❹ (*durchgenommen werden*) être traité
drastisch ['drastɪʃ] **I.** *Adj.* ❶ draconien(ne) ❷ (*überdeutlich*) radical(e) **II.** *Adv.* ❶ de façon draconienne ❷ (*überdeutlich*) **um es ~ auszudrücken** pour le dire tout à fait clairement
drauf [drauf] *Adv. fam* dessus ▶ **gut ~ sein** *fam* avoir la pêche
Draufgänger(in) ['draufgɛŋɐ] <-s, -> *m(f)* fonceur(-euse) *m(f)* (*fam*) **drauf|haben** *tr. V. unreg fam* ❶ (*kennen*) **etwas** ~ être calé; **nichts** ~ être un nullard/une nullarde; **seinen Text** ~ connaître son texte sur le bout du doigt ❷ (*fahren*) **ein hohes Tempo** ~ tracer
drauflos|reden *intr. V. fam* se mettre à causer à tort et à travers
draußen ['drausən] *Adv.* ❶ dehors; **nach** ~ dehors; **von** ~ de dehors ❷ (*nicht im Hafen*) en mer
drechseln ['drɛksəln] **I.** *tr. V.* **etw** ~ façonner qc au tour **II.** *intr. V.* travailler au tour

Dreck [drɛk] <-[e]s> *m* ❶ *fam* (*Schlamm*) gadoue *f;* (*Schmutz*) saloperie *f;* ~ **machen** faire des cochonneries ❷ *pej fam* (*Schund*) merde *f* ▸ ~ **am Stecken haben** *fam* traîner une casserole

dreckig **I.** *Adj.* ❶ sale; **sich ~ machen** se salir ❷ *fam* (*gemein*) sale *antéposé* **II.** *Adv. fam* ❶ ~ **lachen** avoir un sale rire ❷ (*miserabel*) **es geht ihr ~** elle est mal foutue

Dreh [dre:] <-s, -s *o* -e> *m fam* truc *m* ▸ [**so**] **um den ~** *fam* à quelque chose près

Drehbuch *nt* scénario *m* **Drehbuchautor(in)** *m(f)* scénariste *mf*

drehen ['dre:ən] **I.** *tr. V.* ❶ (*Hand*) bouger; (*Schlüssel*) tourner ❷ (*Zigarette*) rouler; (*Pillen*) faire ❸ CINE tourner ❹ (*stellen*) **die Musik leiser ~** baisser le son; **die Heizung höher ~** monter le chauffage ❺ *fam* (*hinkriegen*) goupiller **II.** *intr. V.* ❶ **an einem Knopf ~** tourner un bouton ❷ (*umdrehen: Fahrer*) faire demi-tour; (*Wind*) tourner ❸ (*Filmaufnahmen machen*) tourner **III.** *refl. V.* ❶ (*rotieren*) **sich ~** tourner ❷ (*sich umdrehen*) **sich nach rechts/links ~** se tourner à droite/gauche ▸ **mir dreht sich alles** j'ai la tête qui tourne

Drehkreuz *nt* tourniquet *m* **Drehorgel** *f* orgue *m* de Barbarie **Drehtür** *f* porte *f* à tambour

Drehung <-, -en> *f* rotation *f;* (*Kreis*) tour *m*

Drehwurm ▸ **einen ~ kriegen** *fam* attraper le tournis

drei [drai] *Num.* trois; *s.a.* **acht**[1]

Drei <-, -en> *f* ❶ trois *m* ❷ (*Schulnote*) *note située entre onze et treize sur vingt s.a.* **Acht**[1]

3-D [drai'de:] <-[s]> *nt kein Pl.* INFORM (*3-D-Format*) format *m* 3D; **eine Computeranimation in ~** une animation en 3D

3-D-Drucker [drai'de:-] *m* INFORM imprimante *f* 3D

dreidimensional ['draidimɛnzi̯ona:l] **I.** *Adj.* tridimensionnel(le); (*Raum*) à trois dimensions **II.** *Adv.* (*darstellen*) en trois dimensions **Dreieck** *nt* triangle *m* **dreieckig** *Adj.* triangulaire

dreierlei *Adj. unv.* ~ **Sorten Brot** trois sortes de pain; *s.a.* **achterlei**

dreifach **I.** *Adj.* triple; **die ~e Menge nehmen** en prendre trois fois plus **II.** *Adv.* (*falten*) trois fois; *s.a.* **achtfach** **Dreifaltigkeit** <-> *f* REL Trinité *f* **dreifarbig** *Adj.* tricolore **dreihundert** *Num.* trois cents **dreimal** *Adv.* trois fois ▸ ~ **darfst du raten!** *fam* je te le donne en mille !; *s.a.* **achtmal** **Dreirad** *nt* ❶ (*Spielzeug*) tricycle *m* ❷ (*Lieferfahrzeug*) triporteur *m* **Dreisatz** *m kein Pl.* règle *f* de trois

dreißig ['draisɪç] *Num.* trente; *s.a.* **achtzig**

Dreißig <-, -en> *f* trente *m*

dreißigjährig *Adj. attr* de trente ans; *s.a.* **achtzigjährig**

dreist [draist] *Adj.* impudent(e); **immer ~er werden** avoir de plus en plus d'aplomb

dreistellig *Adj.* (*Betrag*) à trois chiffres; (*Zahl*) de trois chiffres

Dreistigkeit <-, -en> *f* (*einer Person, eines Verhaltens*) impudence *f*

dreitausend ['drai'tauzənt] *Num.* trois mille **dreiviertel**[ALT] ['drai'fɪrtl] *s.* **viertel** **Dreiviertelstunde** *f* trois quarts *mpl* d'heure **Dreivierteltakt** [-'fɪrtl] *m* mesure *f* à trois temps **Dreizack** ['draitsak] <-s, -e> *m* trident *m* **dreizehn** *Num.* treize; *s.a.* **acht**[1] ▸ **jetzt schlägt's ~** *fam* alors là, c'est le bouquet !

dreschen ['drɛʃən] <drischt, drosch, gedroschen> *tr. V.* ❶ (*Getreide*) battre ❷ *fam* (*prügeln*) **jdn windelweich ~** flanquer une bonne dérouillée à qn

Dresden ['dre:sdən] <-s> *nt* Dresde

dressieren* [drɛ'si:rən] *tr. V.* dresser

Dressur [drɛ'su:ɐ̯] <-, -en> *f* dressage *m*

Drill [drɪl] <-[e]s> *m* MIL mise *f* au pas

drillen *tr. V.* MIL **jdn ~** mettre qn au pas

Drilling ['drɪlɪŋ] <-s, -e> *m* triplé *m;* **~e bekommen** avoir des triplés *mpl*

drin [drɪn] *Adv. fam* ❶ **in der Vase ist noch Wasser ~** il y a encore de l'eau dans le vase; *s.a.* **darin** ❷ (*möglich*) ~ **sein** pouvoir se faire

dringen ['drɪŋən] <drang, gedrungen> *intr. V.* ❶ + *sein* **durch etw ~** (*Person, Tier*) pénétrer dans qc; (*Speer, Regen*) traverser qc; (*Licht*) percer qc; **in etw** (*Akk*) ~ (*Geschoss*) traverser qc ❷ + *sein* (*vordringen*) **an die Öffentlichkeit ~** (*Nachricht*) être connu du grand public

D

❸ + *sein geh* (*einwirken*) **in jdn ~ etw zu tun** presser qn de faire qc ❹ + *haben* (*fordern*) **auf etw** (*Akk*) ~ exiger qc; **darauf ~, dass** insister que + *subj*

dringend I. *Adj.* (*Anruf*) urgent(e); (*Operation*) d'urgence; (*Warnung*) pressant(e) **II.** *Adv.* (*benötigen*) de toute urgence; (*operieren*) d'urgence; (*warnen, bitten*) avec insistance; (*erforderlich*) absolument

dringlich *s.* **dringend**

Dringlichkeit <-> *f* urgence *f*

Drink [drɪnk] <-s, -s> *m* (*mit Alkohol*) drink *m*

drinnen ['drɪnən] *Adv.* à l'intérieur

dritte(r, s) *Adj.* ❶ troisième ❷ (*bei Datumsangaben*) **der ~ März** le trois mars; *s.a.* **achte(r, s)**

drittel *Adj.* troisième; *s.a.* **achtel**

drittens *Adv.* troisièmement

Dritte-Welt-Laden ['drɪtə'vɛltla:dən] *m* magasin *m* de produits du tiers-monde

DRK [de:ʔɛr'ka:] <-> *nt Abk. von* **Deutsches Rotes Kreuz** Croix-Rouge *f* allemande

droben ['dro:bən] *Adv. geh* là-haut

Droge ['dro:gə] <-, -n> *f* drogue *f*

drogenabhängig *Adj.* toxicomane **Drogenberatungsstelle** *f* association *f* d'aide pour les drogués **Drogenhandel** *m* trafic *m* de drogue **drogensüchtig** *s.* **drogenabhängig** **Drogenszene** *f* milieu *m* de la drogue **Drogentote(r)** *f(m) dekl wie Adj* mort(e) *m(f)* par overdose

Drogerie [drogə'ri:] <-, -n> *f* droguerie-herboristerie *f*

drohen ['dro:ən] *intr. V.* ❶ menacer ❷ (*im Begriff sein*) **einzustürzen ~** menacer de s'écrouler

drohend *Adj.* (*Blick*) menaçant(e); (*Gefahr*) imminent(e)

Drohne <-, -n> *f* ZOOL faux bourdon *m*

dröhnen ['drø:nən] **I.** *intr. V.* ❶ (*Stimme*) résonner; (*Donner*) gronder ❷ (*Wand*) résonner **II.** *refl. V.* **sich voll ~** *fam* (*sich betrinken*) se bourrer; (*Drogen nehmen*) se défoncer

Drohung ['dro:ʊŋ] <-, -en> *f* menace *f*

drollig ['drɔlɪç] *Adj.* ❶ drôle ❷ (*niedlich*) mignon(ne)

Dromedar ['dro:meda:ɐ̯] <-s, -e> *nt* dromadaire *m*

Drossel ['drɔsəl] <-, -n> *f* grive *f*

drosseln ['drɔsəln] *tr. V.* (*Heizung, Tempo*) réduire

drüben ['dry:bən] *Adv.* en face

drüber ['dry:bɐ] *Adv. s.* **darüber**

Druck[1] [drʊk, *Pl:* 'drʏkə] <-[e]s, Drücke> *m* ❶ pression *f* ❷ (*in der Brust*) oppression *f;* (*im Magen*) lourdeur *f* ❸ *kein Pl.* (*das Drücken*) **mit einem ~ auf diese Taste** par simple pression sur cette touche ❹ *kein Pl.* (*Zwang*) contrainte *f;* **unter ~ stehen** être sous pression; (*in Zeitnot sein*) être pressé par le temps

Druck[2] <-[e]s, -e> *m* ❶ *kein Pl.* impression *f;* **etw in ~ geben** faire imprimer qc ❷ (*gedrucktes Werk*) imprimé *m*

Druckbuchstabe *m* caractère *m* d'imprimerie

Drückeberger(in) ['drʏkəbɛrgɐ] <-s, -> *m(f) pej fam* (*Faulenzer*) tire-au-cul *m*

drucken ['drʊkən] *tr., intr. V.* imprimer

drücken ['drʏkən] **I.** *tr. V.* ❶ (*Knopf*) appuyer sur ❷ (*pressen*) **jdn an sich** (*Akk*) ~ étreindre qn ❸ (*schieben*) **etw nach vorne ~** pousser qc en avant; **den Hut in die Stirn ~** enfoncer le chapeau jusqu'aux oreilles ❹ (*schmerzen*) **jdn ~** (*Schuhe*) serrer qn; (*Rucksack*) peser sur qn ❺ (*Leistung*) faire baisser ❻ (*bedrücken*) **jdn ~** (*Schulden*) oppresser qn **II.** *intr. V.* ❶ (*Brille*) serrer; **im Magen ~** peser sur l'estomac ❷ (*pressen*) **auf einen Knopf ~** appuyer sur un bouton; **[bitte] ~!** Poussez [S.V.P.] ! ❸ (*Verantwortung*) être oppressant ❹ *fam* (*Rauschgift spritzen*) se shooter **III.** *refl. V.* ❶ **sich an die Wand ~** se plaquer contre le mur; **sich in eine Ecke ~** se blottir dans un coin ❷ *fam* (*sich entziehen*) **sich ~** se défiler

drückend *Adj.* ❶ (*Last*) lourd(e); (*Verantwortung*) accablant(e) ❷ (*schwül*) lourd(e)

Drucker <-s, -> *m* TECH imprimante *f*

Drucker(in) <-s, -> *m(f)* imprimeur(-euse) *m(f)*

Druckerei [drʊkə'rai] <-, -en> *f* imprimerie *f*

Druckerschwärze *f* encre *f* d'imprimerie **Druckertreiber** *m* driver *m*

Druckfehler *m* faute *f* d'impression

Druckknopf *m* bouton-pression *m* **Druckluft** *f kein Pl.* air *m* comprimé **Druckmesser** <-s, -> *m* manomètre *m* **Druckmittel** *nt* moyen *m* de pression

druckreif *Adj.* prêt(e) à imprimer **Drucksache** *f* imprimé *m* **Druckschrift** *f* ❶ [écriture *f* en] lettres *fpl* d'imprimerie ❷ MEDIA imprimé *m*
Druckwelle ['drʊkvɛlə] *f* onde *f* de choc
drum [drʊm] *Adv. fam* ❶ *(um den, die, das)* ~ **herum** tout autour ❷ *(deswegen)* ~ **sagt er nichts** c'est pour ça qu'il ne dit rien ▸ **sei's** ~! soit !; *s.a.* **darum**
Drüse ['dry:zə] <-, -n> *f* glande *f*
Dschungel ['dʒʊŋəl] <-s, -> *m* jungle *f*
dt. *Adj., Adv. Abk. von* **deutsch** all., alld.
DTP [de:te:'pe:] <-> *nt Abk. von* **Desktop publishing** P.A.O. *f*
Dtzd. *Abk. von* **Dutzend**
du [du:] *Personalpron., 2. Pers. Sg.* ❶ tu; **wenn ich ~ wäre** si j'étais toi ❷ *(als Anrede)* toi; **zu jdm ~ sagen** dire tu à qn ▸ **mit jdm per ~ sein** tutoyer qn
Du <-[s]> *nt* **sie hat ihm das ~ angeboten** elle lui a proposé de la tutoyer ▸ **mit jdm auf ~ und ~ stehen** être à tu et toi avec qn *(fam)*
Dübel ['dy:bəl] <-s, -> *m* cheville *f*
ducken ['dʊkən] *refl. V.* ❶ **sich vor etw** *(Dat)* ~ se baisser pour éviter qc ❷ *pej* *(unterwürfig sein)* **sich ~** plier l'échine
Dudelsack ['du:dəlzak] *m* cornemuse *f*
Duell [du'ɛl] <-s, -e> *nt* duel *m*
Duett [du'ɛt] <-[e]s, -e> *nt* duo *m*
Duft [dʊft, *Pl:* 'dʏftə] <-[e]s, Düfte> *m* *(von Blumen)* parfum *m; (eines Essens, Parfüms)* arôme *m; (eines Bratens)* fumet *m*
duften **I.** *intr. V.* sentir bon; **nach Harz ~** sentir la résine **II.** *intr. V. unpers.* **es duftet** ça sent bon; **es duftet nach Veilchen** ça sent la violette
duftend *Adj. attr* odorant(e)
dulden ['dʊldən] *tr. V.* tolérer
duldsam [dʊltza:m] *Adj.* **einer S. gegenüber ~ sein** être tolérant face à qc
dumm [dʊm] <dümmer, dümmste> **I.** *Adj.* ❶ bête ❷ *(albern)* stupide; **~es Zeug reden** dire des bêtises ❸ *fam* *(Geschichte)* sale *antéposé* **II.** *Adv.* **sich ~ anstellen** faire l'idiot(e) ▸ **jdn für ~ verkaufen** *fam* prendre qn pour une andouille
dummerweise ['dʊmɐvaizə] *Adv.* *(unklugerweise)* bêtement
Dummheit <-, -en> *f* bêtise *f*
Dummkopf *m pej fam* andouille *f;* **sei kein ~!** ne fais pas le con !
dumpf [dʊmpf] **I.** *Adj.* ❶ sourd(e); *(Ton)* grave ❷ *(Luft)* moite; *(Geruch)* de renfermé ❸ *(Ahnung)* vague; *(Schmerz)* diffus(e) **II.** *Adv.* ❶ *(klingen)* sourdement; *(aufprallen)* avec un son sourd ❷ *(starren)* d'un air stupide
Dumpfbacke *f fam* pauvre tache *f*
Düne ['dy:nə] <-, -n> *f* dune *f*
Dung [dʊŋ] <-[e]s> *m* fumier *m*
Düngemittel *nt* engrais *m*
düngen ['dʏŋən] **I.** *tr. V.* *(Acker)* mettre de l'engrais dans **II.** *intr. V.* ❶ mettre de l'engrais ❷ *(düngende Wirkung haben)* **schlecht ~** être un mauvais engrais
Dünger <-s, -> *m* engrais *m*
dunkel ['dʊŋkəl] *Adj.* ❶ sombre; **im Dunkeln** dans l'obscurité ❷ *(Kleidung)* sombre; *(Haare)* foncé(e) ❸ *(Klang)* grave ❹ *(Erinnerung)* confus(e); *(Verdacht)* vague *antéposé* ❺ *pej* *(Vergangenheit)* obscur(e); *(Geschäfte)* louche ▸ **jdn im Dunkeln lassen** laisser qn dans le vague
dunkelhaarig ['dʊŋkəlha:rɪç] *Adj.* brun(e)
Dunkelheit <-> *f* obscurité *f*
Dunkelkammer *f* chambre *f* noire
dünn [dʏn] **I.** *Adj.* ❶ mince; *(mager)* maigre; **~er werden** maigrir ❷ *(Brei)* liquide; *(Kaffee)* léger(-ère); *(Suppe)* clair(e) ❸ *(Stoff)* fin(e) ❹ *(Haarwuchs)* clairsemé(e) **II.** *Adv.* **~ besiedelt sein** être peu peuplé ▸ **~ gesät sein** ne pas courir les rues
Dünndarm *m* ANAT intestin *m* grêle
Dunst [dʊnst, *Pl:* 'dʏnstə] <-[e]s, Dünste> *m* ❶ brume *f* ❷ *(Dampf)* vapeur *f* ▸ **keinen blassen ~ von etw haben** *fam* y connaître que dalle à qc
dünsten ['dʏnstən] *tr. V.* **etw ~** faire cuire qc à la vapeur
dunstig ['dʊnstɪç] *Adj.* ❶ brumeux(-euse) ❷ *(Kneipe)* enfumé(e)
Duplikat [dupli'ka:t] <-[e]s, -e> *nt* double *m;* ADMIN duplicata *m*
Dur [du:ɐ̯] <-> *nt* MUS mode *m* majeur
durch [dʊrç] **I.** *Präp.* + *Akk.* ❶ *(hindurch)* **~ das Fenster** par la fenêtre; **~ die Stadt bummeln** faire un tour en ville; **~ einen Fluss waten** passer une rivière à gué; **quer ~ das Tal gehen** traverser la vallée; **~ sein** *(Zug)* être passé ❷ *(mit Hilfe)* **etw ~ einen Boten bekannt geben** faire savoir qc

D

D

par un messager ❸ (*aufgrund*) ~ **Zufall** par hasard; ~ **Fragen** à force de demander ❹ (*dank*) ~ **jdn** grâce à qn ❺ (*während*) **das ganze Jahr ~ arbeiten** travailler pendant toute l'année ❻ MATH **vier geteilt ~ zwei** quatre divisé par deux **II.** *Adv.* ❶ *fam* (*vorbei*) **es ist Mittag ~** il est midi passé(e) ❷ *fam* (*fertig*) **mit etw ~ sein** (*Buch*) avoir fini [de lire] qc ❸ *fam* (*kaputt*) **~ sein** (*Sohlen*) être nase ❹ *fam* (*genehmigt*) **~ sein** (*Gesetz*) être passé; (*Antrag*) être accordé ❺ *fam* (*gar*) **~ sein** être bien cuit ❻ *fam* (*reif*) **~ sein** (*Käse*) être bien fait ▸ **~ und ~ ehrlich sein** être on ne peut plus intègre

durch|arbeiten I. *tr. V.* **ein Buch ~** étudier un livre à fond **II.** *intr. V.* travailler sans interruption **III.** *refl. V.* ❶ **sich durch die Post ~** venir à bout du courrier ❷ (*sich durchkämpfen*) **sich durch ein Dickicht ~** se frayer un passage à travers le fourré

durch|atmen *intr. V.* respirer profondément

durchaus [dʊrç'ʔaus] *Adv.* ❶ absolument ❷ (*völlig*) tout à fait ❸ (*überhaupt*) **~ nicht schlecht sein** être loin d'être mauvais

durch|blättern *tr. V.*, **durchblättern*** *tr. V.* feuilleter

Durchblick *m* ❶ (*Ausblick*) vue *f* ❷ *fam* (*Überblick*) **keinen ~ haben** n'y piger rien

durch|blicken *intr. V.* ❶ **durch etw ~** regarder à travers qc ❷ *fam* (*den Überblick haben*) **ich blicke da nicht mehr durch** j'y pige plus rien ❸ (*erkennbar werden*) **etw ~ lassen** laisser paraître qc; **~ lassen, dass ...** laisser entendre que ...

Durchblutung [dʊrç'bluːtʊŋ] *f* circulation *f* sanguine

durchbohren* ['dʊrçboːrən] *tr. V.* ❶ transpercer ❷ *fig* **jdn mit Blicken ~** fusiller qn du regard

durch|brechen[1] ['dʊrçbrɛçən] *unreg* **I.** *tr. V.* + *haben* **etw ~** casser qc en deux **II.** *intr. V.* + *sein* ❶ (*Brett*) se casser ❷ (*Zahn*) percer

durchbrechen*[2] *tr. V. unreg* ❶ enfoncer ❷ (*Schallmauer*) franchir; (*Blockade*) forcer

durch|brennen *intr. V. unreg* + *sein* ❶ (*Glühbirne*) griller; (*Sicherung*) sauter; (*Lampe*) brûler ❷ *fam* (*davonlaufen*) **jdm ~** (*Kind*) fuguer [de chez qn]; **mit jdm ~** (*Ehepartner*) se barrer avec qn

durch|bringen *tr. V. unreg* ❶ (*Gesetz*) réussir à faire passer ❷ (*mit Unterhalt versorgen*) **jdn ~** subvenir aux besoins de qn ❸ (*Vermögen*) dilapider

Durchbruch *m* ❶ a. MIL percée *f* ❷ *kein Pl.* (*eines Zahnes*) percée *f*; **zum ~ kommen** (*Eifersucht*) se faire jour

durchdacht *Adj.* **wohl ~** mûrement réfléchi(e)

durch|drehen I. *intr. V.* ❶ + *haben* (*Räder*) tourner dans le vide ❷ + *haben o sein fam* (*die Nerven verlieren*) disjoncter **II.** *tr. V.* + *haben* (*Gemüse*) mouliner; (*Fleisch*) hacher

durch|dringen[1] ['dʊrçdrɪŋən] *intr. V. unreg* + *sein* passer à travers

durchdringen*[2] [dʊrç'drɪŋən] *tr. V. unreg* (*Material*) passer à travers; (*Dunkelheit*) percer

durchdringend ['dʊrçdrɪŋənt] *Adj.* (*Kälte*) mordant(e); (*Schmerz*) aigu(ë); (*Schrei, Blick*) perçant(e); (*Geruch*) pénétrant(e)

durcheinander [dʊrçʔai'nandɐ] *Adj. fam* ❶ (*unordentlich*) **~ sein** (*Wohnung*) être en pagaille; (*Karteikarten*) être tout mélangé(e) ❷ (*verwirrt*) **~ sein** être tourneboulé(e)

Durcheinander <-s> *nt* ❶ désordre *m* ❷ (*Wirrwarr*) confusion *f*

durcheinander|bringen *tr. V. unreg* ❶ (*in Unordnung bringen*) déranger ❷ (*verwechseln*) confondre ❸ (*verwirren*) perturber **durcheinander|essen**[RR] *tr. V. unreg* **viel ~** manger beaucoup et n'importe comment; **alles ~** manger de tout et n'importe comment **durcheinander|geraten*** *intr. V. unreg* ❶ (*Briefe, Unterlagen*) se mélanger ❷ (*Begriffe, Zahlen, Fakten*) être confondu(e) **durcheinander|reden** *intr. V.* **ihr sollt nicht alle ~!** ne parlez pas tous à la fois [*o* en même temps] ! **durcheinander|trinken**[RR] *tr. V. unreg* **viel ~** boire beaucoup et n'importe comment; **alles ~** boire de tout et n'importe comment **durcheinander|wirbeln** *tr. V.* **der Wind hat die Unterlagen durcheinandergewirbelt** le vent a fait virevolter les documents

dụrch|fahren *intr. V. unreg + sein* ① **durch etw ~** passer par qc ② (*nicht anhalten*) **bei Rot ~** passer au [feu] rouge; **bis Frankfurt ~** (*Zug*) ne pas s'arrêter avant Francfort

Dụrchfahrt *f* ① passage *m;* **~ bitte freihalten!** ne pas stationner !; **~ verboten!** passage interdit ! ② *kein Pl.* (*Transit*) **auf der ~ sein** être en transit

Dụrchfall *m* diarrhée *f*

dụrch|fallen *intr. V. unreg + sein* ① **durch ein Loch ~** passer à travers un trou ② *fam* (*nicht bestehen*) **bei etw ~** se faire étendre à qc

dụrch|feiern ['dʊrçfaiɐn] *tr., intr. V. fam* faire la java

dụrch|fragen *refl. V.* **sich ~** finir par trouver [à force de poser des questions]

dụrchführbar *Adj.* réalisable

dụrch|führen **I.** *tr. V.* ① (*Messung*) faire; **einen Plan ~** mettre un plan à exécution ② (*hindurchführen*) **jdn durch etw ~** (*Führer*) guider qn à travers qc ③ (*durchleiten*) faire passer **II.** *intr. V.* (*verlaufen*) **durch etw ~** traverser qc

Dụrchführung *f* (*eines Projekts*) mise *f* en œuvre

Dụrchgang *m* ① passage *m;* **kein ~!** passage interdit ! ② (*Phase*) tour *m*

dụrchgängig **I.** *Adj.* général(e) **II.** *Adv.* (*ablehnen*) à l'unanimité

Dụrchgangsstraße *f* grand axe *m*

dụrch|geben *tr. V. unreg* communiquer

dụrchgefroren *Adj.* [complètement] gelé(e)

dụrch|gehen *unreg* **I.** *intr. V. + sein* ① (*Person*) avancer; **durch den Zoll ~** passer la douane ② *fam* (*durchpassen*) **unter der Tür ~** passer sous la porte ③ (*Flug*) être direct ④ *fam* (*ohne Unterbrechung andauern*) être non-stop ⑤ (*durchdringen*) **durch etw ~** (*Strahlung*) traverser qc ⑥ (*Antrag*) être adopté ⑦ (*Pferd*) s'emballer [et s'enfuir]; **seine Nerven gingen ihm durch** ses nerfs le lâchèrent **II.** *tr. V. + sein* (*Text*) revoir

dụrchgehend **I.** *Adj.* ① (*Öffnungszeiten*) sans interruption ② (*Zug*) direct(e) **II.** *Adv.* (*ständig*) en permanence

dụrch|greifen *intr. V. unreg* ① (*eingreifen*) prendre des mesures énergiques; **hart ~** sévir ② (*hindurchfassen*) **durch etw ~** passer la main à travers qc

dụrch|halten *unreg* **I.** *tr. V.* ① (*ertragen*) supporter ② (*Streik*) poursuivre ③ (*Tempo*) tenir; (*Strecke*) aller jusqu'au bout de ④ (*Beanspruchung*) résister à **II.** *intr. V.* (*standhalten*) tenir bon

Dụrchhaltevermögen ['dʊrçhaltəfɛɐmø:gən] *nt* endurance *f*

dụrch|hängen *intr. V. unreg + haben o sein* ① (*Seil*) être lâche ② *fam* (*abgespannt sein*) être à plat; (*deprimiert sein*) avoir le blues

dụrch|kämmen[1] ['dʊrçkɛmən] *tr. V.* peigner

durchkạ̈mmen*[2] [dʊrç'kɛmən] *tr. V.* (*durchsuchen*) **etw ~** passer qc au peigne fin

dụrch|kommen *intr. V. unreg + sein* ① (*durchfahren*) passer; **durch ein Dorf ~** traverser un village ② (*passieren*) pouvoir passer ③ (*Erfolg haben*) **bei jdm mit etw ~** avoir du succès avec qc auprès de qn ④ (*Prüfung bestehen*) réussir ⑤ *fam* (*überleben*) s'en tirer

durchkreuzen*[1] ['dʊrçkrɔytsən] *tr. V. geh* (*Pläne*) contrarier

dụrch|kreuzen[2] [dʊrç'krɔytsən] *tr. V.* (*durchstreichen*) barrer

Dụrchlauf *m* INFORM exécution *f*

dụrch|laufen[1] ['dʊrçlaufən] *unreg* **I.** *intr. V. + sein* passer **II.** *tr. V. + haben* (*Sohlen*) user

durchlaufen*[2] [dʊrç'laufən] *tr. V. unreg* ① (*Gebiet*) traverser ② SPORT (*Strecke*) parcourir ③ (*Ausbildung*) faire; (*Phase*) traverser; **die Schule ~** effectuer sa scolarité

durchleben* *tr. V.* ① (*Zeit*) vivre ② (*Angst*) passer par

dụrch|lesen *tr. V. unreg* **etw ~** (*Dat*) lire qc; (*bis zum Ende*) lire qc en entier; **das Durchlesen** la lecture

durchleuchten* ['dʊrçlɔyçtən] *tr. V.* MED radiographier

dụrch|machen **I.** *tr. V.* ① (*Krankheit*) avoir; (*schwere Zeiten*) traverser; (*Unangenehmes*) vivre ② (*Phase*) passer par **II.** *intr. V. fam* ① (*durchfeiern*) faire la bringue jusqu'au petit matin ② (*durcharbeiten*) travailler en non-stop

Dụrchmesser <-s, -> *m* diamètre *m*

durchnạ̈ssen* *tr. V.* tremper

dụrch|nehmen *tr. V. unreg* faire

dụrch|nummerieren*[RR] *tr. V.* numéroter

durchqueren* [dʊrç'kveːrən] *tr. V.* traverser

Dụrchreise *f* ❶ (*das Durchreisen*) la traversée ❷ (*Durchfahrt*) **auf der ~ sein** être de passage

dụrch|ringen *refl. V. unreg* **sich dazu ~ etw zu tun** se résoudre à faire qc

dụrch|rosten *intr. V. + sein* rouiller [complètement]

dụrchs [dʊrçs] = **durch das** *s.* **durch**

Dụrchsage ['dʊrçzaːgə] *f* communiqué *m;* (*Verkehrsdurchsage*) point *m* sur la circulation routière

dụrch|sagen *tr. V.* ❶ communiquer ❷ (*Parole*) transmettre; **nach hinten ~!** faites passer derrière !

durchschauen*¹ [dʊrç'ʃaʊən] *tr. V.* (*Intrige*) voir clair dans; (*Absichten*) deviner

dụrch|schauen² *s.* **durchsehen**

Dụrchschlag ['dʊrçʃlaːk] *m* (*Kopie*) copie *f*

dụrchschlagend *Adj.* (*Erfolg*) éclatant(e); (*Argument*) décisif(-ive)

dụrch|schneiden ['dʊrçʃnaidən] *tr. V. unreg* couper

Dụrchschnitt ['dʊrçʃnɪt] *m* (*Mittelwert*) moyenne *f;* **unter dem ~** en dessous de la moyenne

dụrchschnittlich **I.** *Adj.* moyen(ne) **II.** *Adv.* ❶ (*im Durchschnitt*) en moyenne ❷ (*mäßig*) moyennement

Dụrchschnittsalter *nt* âge *m* moyen

Dụrchschrift *f* double *m*

dụrch|schütteln *tr. V.* secouer

dụrch|schwitzen *tr. V.* tremper de sueur; **etw ~** tremper qc de sueur

dụrch|sehen *unreg* **I.** *tr. V.* ❶ vérifier; **etw auf Fehler** (*Akk*) **~** relire qc pour corriger ❷ (*durchblättern*) feuilleter **II.** *intr. V.* (*hindurchsehen*) **durch etw ~** regarder à travers qc

dụrch|setzen ['dʊrçzɛtsən] **I.** *tr. V.* ❶ (*erzwingen*) imposer ❷ (*Plan*) imposer; (*Forderung*) faire aboutir ❸ (*bewilligt bekommen*) **etw bei jdm ~** faire accepter qc par qn; **bei jdm ~, dass** obtenir de qn que + *subj* **II.** *refl. V.* ❶ (*sich Geltung verschaffen*) **sich gegen jdn ~** s'imposer face à qn ❷ (*sich verbreiten*) **sich ~** (*Idee*) s'imposer

dụrch|setzen¹ ['dʊrçzɛtsən] **I.** *tr. V.* ❶ imposer; (*Forderung*) faire aboutir ❷ (*bewilligt bekommen*) **etw bei jdm ~** faire accepter qc par qn; **bei jdm ~, dass** obtenir de qn que + *subj* **II.** *refl. V.* ❶ (*sich Geltung verschaffen*) **sich gegen jdn ~** s'imposer face à qn ❷ (*sich verbreiten*) **sich ~** (*Idee*) s'imposer

durchsẹtzen*² [dʊrç'zɛtsən] *tr. V.* (*infiltrieren*) **eine Organisation mit etw ~** noyauter une organisation avec qc

Dụrchsetzungsvermögen ['dʊrçzɛtsʊŋsfɛɐmøːgən] *nt* capacité *f* de s'imposer

Dụrchsicht *f* examen *m;* **bei ~ der Rechnungen** en vérifiant les factures

dụrchsichtig *Adj.* ❶ transparent(e) ❷ (*offensichtlich*) évident(e)

dụrch|sickern *intr. V. + sein* ❶ (*bekannt werden*) **zu jdm ~** filtrer jusqu'à qn; **es ist durchgesickert, dass ...** on a divulgué que ... ❷ (*durchdringen*) **durch etw ~** (*Flüssigkeit*) s'infiltrer à travers qc

durchstöbern* [dʊrç'ʃtøːbɐn] *tr. V. fam* **einen Schrank ~** farfouiller dans une armoire

dụrch|streichen *tr. V. unreg* rayer

durchstreifen* [dʊrç'ʃtraifən] *tr. V. geh* (*Gegend*) parcourir

durchsuchen* ['dʊrçzuːxən] *tr. V.* (*Person, Wohnung*) fouiller; (*Gegend*) explorer

Durchsuchung [dʊrç'zuːxʊŋ] <-, -en> *f* ❶ fouille *f* ❷ (*durch die Polizei: einer Wohnung*) perquisition *f;* (*einer Gegend*) exploration *f*

dụrch|trennen *tr. V.*, **durchtrẹnnen*** *tr. V.* sectionner

durchtrieben [dʊrç'triːbən] *Adj. pej* rusé(e)

durchwạchsen [dʊrç'vaksən] *Adj.* ❶ (*Speck*) maigre ❷ *hum fam* (*mittelmäßig*) **~ sein** être couci-couça

Dụrchwahl ['dʊrçvaːl] *f* ❶ ligne *f* directe ❷ *fam* (*Durchwahlnummer*) numéro *m* de poste

dụrch|wühlen¹ [dʊrç'vyːlən] **I.** *tr. V.* fouiller **II.** *refl. V.* ❶ **sich durch etw ~** venir à bout de qc ❷ (*durch Wühlen gelangen*) **sich ~** (*Maulwurf*) se creuser un passage

durchwühlen*² ['dʊrçvyːlən] *tr. V.* ❶ (*Schrank, Zimmer*) retourner ❷ (*aufwühlen*) **die Erde ~** fouiller la terre

dụrch|zählen *tr., intr. V.* compter

Durchzug *m* ① *kein Pl.* courant *m* d'air ② (*das Durchziehen*) passage *m*

dürfen¹ ['dʏrfən] <darf, durfte, dürfen> *Hilfsverb modal* ① **etw tun ~** pouvoir faire qc; (*Erlaubnis haben*) avoir le droit de faire qc ② (*Anlass haben, können*) **ich darf annehmen, dass ...** je peux supposer que ...; **wir ~ uns nicht beklagen** on n'a pas à se plaindre ③ (*sollen, müssen*) **wir ~ den Bus nicht verpassen** il ne faut pas que nous rations notre bus; **das hätte er nicht tun ~** il n'aurait pas dû faire ça; **es darf nicht sein, dass** il est inadmissible que + *subj* ④ (*in Höflichkeitsformeln*) **darf ich noch ein Stück Kuchen haben?** puis-je avoir encore un morceau de tarte ?; **was darf es denn sein?** vous désirez ? ⑤ (*zum Ausdruck der Wahrscheinlichkeit*) **es dürfte genügen, wenn ...** cela devrait suffire si ...; **es dürfte wohl das Beste sein, wenn** le mieux serait de + infin

dürfen² <darf, durfte, gedurft> **I.** *intr. V.* pouvoir; (*Erlaubnis haben*) avoir la permission; **darf ich? – Ja, du darfst** je peux? – Oui, tu peux **II.** *tr. V.* **er darf alles** il peut faire tout ce qu'il veut; **darf sie das wirklich?** elle a vraiment la permission ?

dürftig ['dʏrftɪç] **I.** *Adj.* ① (*Essen*) frugal(e); (*Unterkunft*) rudimentaire ② (*Ergebnis*) piètre *antéposé* ③ (*Vegetation*) clairsemé(e) **II.** *Adv.* (*beleuchtet*) faiblement; (*bekleidet*) misérablement

dürr [dʏr] *Adj.* ① (*Ast*) mort(e); (*Boden*) sec(sèche) ② *pej* (*dünn*) maigre

Dürre ['dʏrə] <-, -n> *f* sécheresse *f*

Durst [dʊrst] <-[e]s> *m* soif *f*; **~ auf etw** (*Akk*) **haben** avoir envie de boire qc

durstig *Adj.* (*Person*) assoiffé(e); **jdn ~ machen** donner soif à qn

durststillend *Adj.* désaltérant(e) **Durststrecke** *f* période *f* difficile

Dusche ['dʊʃə] <-, -n> *f* douche *f*

duschen **I.** *intr., refl. V.* [**sich**] **~** se doucher **II.** *tr. V.* doucher

Duschgel *nt* gel *m* douche

Düse ['dy:zə] <-, -n> *f a.* AVIAT tuyère *f*

Dusel ['du:zəl] <-s> *m fam* (*Glück*) **~ haben** avoir du pot [o du cul]

düsen ['dy:zən] *intr. V. + sein fam* (*fliegen, fahren*) filer; (*schnell gehen*) foncer

Düsenflugzeug *nt* avion *m* à réaction

Dussel ['dʊsəl] <-s, -> *m fam* andouille *f*

düster ['dy:stɐ] *Adj.* ① (*finster*) sombre ② (*bedrückend*) sombre *antéposé*; (*Gestalten*) sinistre

Dutzend ['dʊtsənt] <-s, -e> *nt* ① douzaine *f* ② *Pl fam* (*jede Menge*) douzaines *fpl*

dutzendmal *Adv. fam* des dizaines de fois

duzen ['du:tsən] *tr., refl. V.* [**sich**] **~** [se] tutoyer

DV [de:'fau] <-> *f Abk. von* **Datenverarbeitung** informatique *f*

DVD [de:fau'de:] *f Abk. von* **digital versatile disc** DVD *m*

DVD-Player [-pleɪɐ] <-s, -> *m* lecteur *m* DVD

Dynamik [dy'na:mɪk] <-> *f* ① dynamique *f* ② (*einer Person*) dynamisme *m*

dynamisch **I.** *Adj.* ① (*Entwicklung*) dynamique ② (*Rente*) indexé(e) **II.** *Adv.* avec dynamisme

Dynamit [dyna'mi:t] <-s> *nt a. fig* dynamite *f*

Dynamo [dy'na:mo] <-s, -s> *m* dynamo *f*

Dynastie [dynas'ti:] <-, -n> *f* dynastie *f*

D-Zug ['de:tsu:k] *m* express *m*

D

Ee

E, e [eː] <-, -> *nt* ① E *m*/e *m* ② MUS mi *m*

Ebbe ['ɛbə] <-, -n> *f* marée *f* basse; **~ und Flut** le flux et le reflux

eben¹ ['eːbən] **I.** *Adj.* plat(e) **II.** *Adv.* (*verlaufen*) sur le plat

eben² *Adv.* ① (*gerade*) **was hast du ~ gesagt?** qu'est-ce que tu viens de dire ?; **dein Bruder war ~ noch hier/da** ton frère était encore ici/là à l'instant ② (*nämlich*) justement; **[na] ~!** [alors,] tu vois/vous voyez ! ③ (*nun einmal*) tout simplement; **es ist ~ so** c'est comme ça ④ (*gerade noch: mengenmäßig*) [tout] juste; (*zeitlich*) de justesse

Ebenbild *nt* **[ganz] sein/dein ~** [tout] son/ton portrait

ebenbürtig *Adj.* (*Gegner, Partner*) de même valeur

ebenda ['eːbən'daː] *Adv.* (*genau dort*) là-même; (*in Verweisen*) ibidem

Ebene ['eːbənə] <-, -n> *f* ① plaine *f* ② MATH, PHYS plan *m* ③ (*Stufe*) échelon *m*, niveau *m*

ebenerdig *Adj.* de plain-pied

ebenfalls *Adv.* aussi; **ich ~** moi aussi; **ich war ~ nicht eingeladen** moi non plus, je n'étais pas invité(e); **danke, ~!** merci, pareillement !

ebenso ['eːbənzoː] *Adv.* ① **~ gern/gut** tout aussi bien; **~ sehr/viel** tout autant ② (*desgleichen*) également

ebensogut^ALT *s.* **ebenso 1** **ebensosehr**^ALT *s.* **ebenso 1** **ebensoviel**^ALT *s.* **ebenso 1**

Eber ['eːbɐ] <-s, -> *m* verrat *m;* (*Wildschwein*) sanglier *m*

E-Bike ['iːbaik] <-s, -s> *nt Abk. von* **electric bike** vélo *m* électrique, vélo à assistance électrique

E-Book ['iːbʊk] <-s, -s> *nt* INFORM e-book *m*

E-Book-Reader ['iːbʊkriːdɐ] <-s, -> *m* INFORM liseuse *f*

E-Business ['iː'bɪznɪs] <-> *nt kein Pl.* e-commerce *m*

EC [eː'tseː] <-s, -s> *m* ① *Abk. von* **Eurocity[-Zug]** Eurocity *m* ② *Abk. von* **Euroscheck** eurochèque *m*

Echo ['ɛço] <-s, -s> *nt* écho *m*

Echolot *nt* sonde *f* acoustique

Echse ['ɛksə] <-, -n> *f* saurien *m*

echt [ɛçt] **I.** *Adj.* ① véritable; (*Haar*) naturel(le); (*Unterschrift*) authentique ② (*Schmerz*) vrai(e) **II.** *Adv.* ① typique ② (*rein*) **~ Gold/Silber** de l'or/l'argent véritable ③ *fam* (*wirklich*) vraiment

Echtheit <-> *f* (*echte Beschaffenheit*) authenticité *f;* (*Aufrichtigkeit*) sincérité *f*

Echtzeit <-> *f* INFORM temps *m* réel; **in ~** en temps réel

Eck [ɛk] <-[e]s, -e> *nt* ① A (*Ecke*) coin *m* ② (*Ecke des Tores*) coin *m*

Eckball *m* corner *m*

Ecke ['ɛkə] <-, -n> *f* ① coin *m;* MATH angle *m* ② (*Straßenecke*) coin *m;* **gleich um die ~** juste au coin ③ SPORT corner *m*

eckig *Adj.* ① (*Tisch*) carré(e); (*Skulptur*) anguleux(-euse) ② (*ungelenk*) raide

Eckzahn *m* canine *f*

ECOFIN ['ekofiːn] *m Abk. von* **Rat der Wirtschafts- und Finanzminister** ECOFIN *m*

Ecu [e'kyː] <-[s], -[s]> *m,* <-, -> *f Abk. von* **European currency unit** écu *m*

edel ['eːdəl] **I.** *Adj.* ① *geh* noble ② (*Hölzer*) précieux(-euse); (*Wein*) noble ③ (*Pferd*) de race **II.** *Adv.* (*handeln*) noblement; (*verarbeitet*) élégamment

Edelgas *nt* gaz *m* rare **Edelmann** <-leute> *m* gentilhomme *m* **Edelmetall** *nt* métal *m* précieux **Edelmut** *m kein Pl. geh* noblesse *f* d'âme **Edelstahl** *m* acier *m* affiné **Edelstein** *m* pierre *f* précieuse **Edeltanne** *f* sapin *m* argenté **Edelweiß** <-[es], -e> *nt* edelweiss *m*

Edikt [e'dɪkt] <-[e]s, -e> *nt* édit *m*

Edition [edi'tsi̯oːn] <-, -en> *f* ① (*Ausgabe*) édition *f* ② (*Verlag*) maison *f* d'édition

Editor ['eːditoːɐ̯] <-s, -toren> *m* INFORM éditeur *m* [de textes]

EDV [eːdeː'fau] <-> *f kein Pl. Abk. von* **elektronische Datenverarbeitung** informatique *f*

EDV-Anlage *f* installation *f* informatique

Efeu ['eːfɔy] <-s> *m* lierre *m*

Effekt [ɛ'fɛkt] <-[e]s, -e> *m* effet *m*
effektiv [ɛfɛk'tiːf] *Adj.* ❶ *(Maßnahme)* efficace ❷ *(Verbesserung)* effectif(-ive); *(Zinsen)* réel(le)
effektvoll [ɛ'fɛktfɔl] *Adj.* qui fait de l'effet
effizient [ɛfi'tsi̯ɛnt] **I.** *Adj. geh* performant(e) **II.** *Adv. geh* avec efficience
Efta ['ɛfta] <-> *f Abk. von* **European Free Trade Association** A.E.L.E. *f*
EG [eː'geː] <-> *f* ❶ *Abk. von* **Europäische Gemeinschaft** C.E. *f* ❷ *Abk. von* **Eingetragene Genossenschaft** coopérative *f* inscrite au registre
egal [e'gaːl] **I.** *Adj. fam* **jdm ~ sein** ne pas avoir d'importance pour qn; **~, was** quoi que + *subj;* **~, wie/wo/warum ...** peu importe comment/où/pourquoi ...; **das ist mir ~** ça m'est égal **II.** *Adv. fam* *(gleich)* pareillement
Egge <-, -n> *f* herse *f*
Egoismus [ego'ɪsmʊs] <-, -ismen> *m* égoïsme *m*
Egoist(in) <-en, -en> *m(f)* égoïste *mf*
egoistisch *Adj.* égoïste
ehe ['eːə] *Konj.* *(bevor)* avant que [ne] + *subj;* **sie verabschiedet sich, ~ sie fährt** elle dit au revoir avant de partir
Ehe ['eːə] <-, -n> *f* mariage *m;* **~ ohne Trauschein** union *f* libre
eheähnlich *Adj.* **in einer ~en Gemeinschaft leben** vivre maritalement **Ehebett** *nt* lit *m* conjugal **Ehebruch** *m* adultère *m* **Ehefrau** *f* femme *f* **Ehekrach** *m fam* scène *f* de ménage **Eheleute** *Pl form* conjoints *mpl*
ehelich **I.** *Adj.* conjugal(e); *(Kind)* légitime; *(Rechte)* matrimonial(e) **II.** *Adv.* **ein ~ geborenes Kind** un enfant légitime
ehelos *Adv.* *(bleiben)* célibataire; *(leben)* dans le célibat
ehemalig ['eːəmaːlɪç] *Adj. attr* ancien(ne) *antéposé*
ehemals *Adv. form* jadis *(soutenu)*
Ehemann <-männer> *m* mari *m* **Ehepaar** *nt* couple *m* **Ehepartner(in)** *m(f)* conjoint(e) *m(f)*
eher ['eːɐ] *Adv.* ❶ *(kommen)* plus tôt; **je ~, desto besser** plus tôt ce sera, mieux ce sera ❷ *(wahrscheinlicher)* plutôt; **das ist ~ möglich** c'est plus probable
Ehering *m* alliance *f* **Ehescheidung** *f* divorce *m* **Eheschließung** *f* mariage *m*
ehrbar ['eːɐ̯baːɐ] *Adj.* respectable
Ehre ['eːrə] <-, -n> *f* honneur *m;* **zu ~n kommen** être à l'honneur; **jdm zu ~n** en l'honneur de qn; **in ~n halten** *(Andenken)* respecter; **wir geben uns** *(Dat)* **die ~, ...** *form* nous avons l'honneur de ...; **jdm die letzte ~ erweisen** *geh* rendre les derniers honneurs à qn ▸ **mit wem habe ich die ~?** *iron form* à qui ai-je l'honneur ?
ehren *tr. V.* ❶ **jdn durch/mit etw ~** honorer qn de qc; **hoch geehrt** très honoré(e) *antéposé* ❷ *(Ehre machen)* honorer
Ehrenamt *nt* fonction *f* honorifique **ehrenamtlich** *Adj.* *(Tätigkeit)* bénévole **Ehrenbürger(in)** *m(f)* citoyen(ne) *m(f)* d'honneur **Ehrendoktor** *m* docteur *m* honoris causa **Ehrengast** *m* invité(e) *m(f)* d'honneur
ehrenhaft *Adj.* honorable
Ehrenrettung *f* réhabilitation *f;* **zu seiner/ihrer ~** pour sa réhabilitation **Ehrensache** *f* affaire *f* d'honneur **Ehrenurkunde** *f* diplôme *m* d'honneur **ehrenvoll** *Adj.* *(Aufgabe)* honorable **ehrenwert** *s.* **ehrbar** **Ehrenwort** <-worte> *nt* parole *f* d'honneur; **sein ~ brechen** manquer à sa parole; **sein ~ halten** tenir parole
Ehrfurcht *f* respect *m*
ehrfürchtig **I.** *Adj.* respectueux(-euse) **II.** *Adv.* avec respect
ehrfurchtsvoll **I.** *Adj.* respectueux (-euse) **II.** *Adv.* avec respect
Ehrgeiz *m* ambition *f*
ehrgeizig *Adj.* ambitieux(-euse)
ehrlich **I.** *Adj.* ❶ sincère; *(Absicht)* honnête ❷ *(Mitarbeiter)* honnête **II.** *Adv.* ❶ honnêtement ❷ *(aufrichtig)* **~ gesagt, ...** franchement ... ❸ *fam* *(wirklich)* **ich kann nichts dafür, ~!** je n'y peux rien, vraiment !
Ehrlichkeit <-> *f* ❶ sincérité *f* ❷ *(Verlässlichkeit)* honnêteté *f*
Ehrung ['eːrʊŋ] <-, -en> *f* distinction *f*
ehrwürdig *Adj.* ❶ vénérable ❷ REL révérend(e)
Ei [ai] <-[e]s, -er> *nt* œuf *m*
Eiche ['aiçə] <-, -n> *f* chêne *m*
Eichel ['aiçəl] <-, -n> *f* BOT, ANAT gland *m*
Eichhörnchen *nt* écureuil *m*
Eid [ait] <-[e]s, -e> *m* JUR serment *m;* **einen ~ auf jdn/etw leisten** prêter serment sur qn/qc; **unter ~ stehen** être assermenté

E

Eidechse ['aidɛksə] *f* lézard *m*

eidesstattlich *Adj.* (*Erklärung*) sur l'honneur

Eidgenosse *m,* **-genossin** *f* citoyen(ne) *m(f)* helvétique **Eidgenossenschaft** *f* **die Schweizerische ~** la Confédération helvétique **eidgenössisch** *Adj.* helvétique; (*im Gegensatz zu kantonal*) confédéral(e)

Eidotter ['aidɔtɐ] *m o nt* jaune *m* d'œuf

Eierbecher *m* coquetier *m* **Eierkuchen** *m* ≈ crêpe *f*

eiern *intr. V. fam* (*Rad*) être voilé; (*Schallplatte*) être gondolé

Eierschale *f* coquille *f* d'œuf **Eierstock** *m* ANAT ovaire *m*

Eifer ['aifɐ] <-s> *m* zèle *m;* **mit ~ bei der Sache sein** se donner à fond

Eifersucht *f kein Pl.* jalousie *f* **eifersüchtig** *Adj.* jaloux(-ouse)

Eiffelturm ['aifəltʊrm] *m* tour *f* Eiffel

eifrig ['aifrɪç] **I.** *Adj.* (*Schüler*) studieux (-euse); (*Bemühen*) empressé(e); (*Suche*) intensif(-ive) **II.** *Adv.* (*lernen*) avec assiduité; **~ bemüht sein, etw zu tun** s'efforcer avec zèle de faire qc

Eigelb <-s> *nt* jaune *m* d'œuf

eigen ['aigən] *Adj.* ❶ propre *antéposé* ❷ (*Meinung*) personnel(le) ❸ (*Eingang*) particulier(-ière)

Eigenart *f* (*einer Person*) particularité *f;* (*einer Landschaft*) caractère *m* particulier **eigenartig** **I.** *Adj.* particulier(-ière) **II.** *Adv.* (*sich benehmen*) bizarrement **Eigenbedarf** *m* besoins *mpl* personnels **Eigenbrötler(in)** <-s, -> *m(f)* original(e) *m(f)* **Eigendynamik** *f* dynamique *f* interne **eigenhändig** **I.** *Adj.* **Ihre ~e Unterschrift** votre propre signature **II.** *Adv.* moi-même/lui-même/... **Eigenheim** *nt* maison *f* individuelle **Eigeninitiative** *f* initiative *f* individuelle; **in ~** de sa/leur/... propre initiative **Eigenkapital** *nt* (*einer Person*) apport *m* personnel; (*einer Firma*) capital *m* propre **Eigenname** *m* nom *m* propre **Eigennutz** <-es> *m* intérêt *m* personnel **eigennützig** **I.** *Adj.* intéressé(e) **II.** *Adv.* par intérêt [personnel]

eigens *Adv.* spécialement

Eigenschaft <-, -en> *f* (*Charaktereigenschaft*) trait *m* de caractère; **gute und schlechte ~en** des qualités et des défauts

eigensinnig *Adj.* obstiné(e) **eigenständig** ['aigənʃtɛndɪç] **I.** *Adj.* autonome **II.** *Adv.* de façon autonome

eigentlich ['aigəntlɪç] **I.** *Adj.* ❶ véritable; (*Wert*) réel(le) ❷ (*ursprünglich*) d'origine **II.** *Adv.* ❶ en principe ❷ (*überhaupt*) au juste ❸ (*wirklich*) en fait

Eigentor *nt* but *m* contre son camp

Eigentum <-s> *nt* propriété *f;* (*Besitzgüter*) biens *mpl*

Eigentümer(in) ['aigənty:mɐ] <-s, -> *m(f)* propriétaire *mf*

eigentümlich ['aigənty:mlɪç] **I.** *Adj.* ❶ particulier(-ière); (*Verhalten*) singulier(-ière) ❷ (*übel*) drôle **II.** *Adv.* (*sich verhalten*) bizarrement

Eigentumswohnung *f* appartement *m* en copropriété

eigenwillig *Adj.* ❶ obstiné(e) ❷ (*unkonventionell*) original(e)

eignen ['aignən] *refl. V.* **sich für eine bestimmte Arbeit ~** être apte à faire un certain travail; **sich als Illustration ~** pouvoir servir d'illustration

Eignung <-> *f* aptitude *f*

Eignungstest *m* examen *m* d'aptitude

Eilbrief *m* lettre *f* [par] exprès; **als ~** en exprès

Eile ['ailə] <-> *f* hâte *f;* **in ~ sein** être pressé; **jdn zur ~ antreiben** inciter qn à se dépêcher [davantage]; **nur keine ~!** doucement !

Eileiter *m* (*bei Menschen*) trompe *f* de Fallope

eilen ['ailən] **I.** *intr. V.* ❶ + *sein* **nach Hause ~** se dépêcher de rentrer; **durch die Straßen ~** courir dans les rues ❷ + *sein fig* **von Erfolg zu Erfolg ~** accumuler les succès ❸ + *haben* (*Angelegenheit*) être urgent; **Eilt!** urgent ! **II.** *intr. V. unpers.* + *haben* **es eilt** c'est urgent

eilig **I.** *Adj.* urgent(e); **es mit etw ~ haben** être pressé de faire qc **II.** *Adv.* rapidement

Eilzustellung *f* distribution *f* exprès

Eimer ['aimɐ] <-s, -> *m* seau *m*

ein [ain] *Adv.* **auf „~" drücken** appuyer sur "marche" ▸ **weder ~ noch aus wissen, weder aus noch ~ wissen** ne plus savoir quoi faire

ein, eine, ein **I.** *Num.* un/une; **es ist ~ Uhr** il est une heure; **~e Stunde/~en Tag dauern** durer une heure/une journée; ~ **Pfund/Kilo wiegen** peser une livre/un kilo; *s.a.* **eins** ▸**mein Ein und Alles** tout ce que j'ai de plus cher; **das ist doch ~ und dasselbe** c'est du pareil au même (*fam*); ~ **und derselbe/dieselbe** une seule et même personne **II.** *unbest. Art.* ❶ un/une; ~ **Buch/Tisch** un livre/une table; **~e Tür** une porte; **so ~e Frechheit!** quelle insolence !; *s.a.* **eine(r, s)** ❷ (*jeder*) ~ **Wal ist ein Säugetier** les baleines sont des mammifères

Einakter <-s, -> *m* pièce *f* en un acte

einander [ai'nandɐ] *Pron. geh* se/nous/vous; **wir respektieren ~** nous nous respectons mutuellement

ein|arbeiten I. *refl. V.* **sich ~** (*am Arbeitsplatz*) s'adapter **II.** *tr. V.* former; **jdn in etw** (*Akk*) ~ initier qn à qc

einarmig I. *Adj.* (*Person*) manchot(e) **II.** *Adv.* avec un [seul] bras

ein|äschern ['ainʔɛʃɐn] *tr. V.* incinérer

ein|atmen I. *tr. V.* respirer; (*Gas*) inhaler **II.** *intr. V.* inspirer

einäugig ['ainʔɔygɪç] *Adj.* borgne

Einbahnstraße *f* [rue *f* à] sens *m* unique

ein|balsamieren* ['ainbalzamiːrən] **I.** *tr. V.* embaumer **II.** *refl. V. hum fam* **sich mit etw ~** s'enduire le corps de qc

Einband <-bände> *m* reliure *f*

einbändig ['ainbɛndɪç] *Adj.* en un volume

Einbau <-bauten> *m meist Pl.* équipement *m*

ein|bauen *tr. V.* ❶ (*Möbel*) installer; (*Motor*) poser ❷ (*Hinweis*) insérer; (*Theorie*) intégrer

Einbauküche *f* cuisine *f* intégrée **Einbauschrank** *m* placard *m*

ein|behalten* *tr. V. unreg* retenir

ein|berufen* *tr. V. unreg* ❶ convoquer ❷ MIL incorporer

Einberufung *f* ❶ *kein Pl.* convocation *f*; MIL incorporation *f* ❷ (*Einberufungsbescheid*) avis *m* d'incorporation

Einbettzimmer *nt* chambre *f* à un lit

ein|beziehen* *tr. V. unreg* ❶ impliquer; (*mitwirken lassen*) associer ❷ (*berücksichtigen*) prendre en compte

ein|biegen *intr. V. unreg + sein* **in eine Straße ~** tourner dans une rue

ein|bilden *refl. V.* ❶ (*phantasieren*) s'imaginer ❷ (*stolz sein*) être fier; **was bildest du dir eigentlich ein?** *fam* pour qui tu te prends ?

Einbildung *f kein Pl.* ❶ (*Phantasie*) imagination *f* ❷ (*Arroganz*) prétention *f*

ein|blenden I. *tr. V.* TV, CINE insérer; RADIO intercaler **II.** *refl. V.* TV, RADIO **sich in etw** (*Akk*) ~ passer l'antenne à qc

Einblick *m* aperçu *m*; ~ **in etw** (*Akk*) **gewinnen** pouvoir se faire une idée de qc

ein|brechen *unreg* **I.** *intr. V.* ❶ *+ haben o sein* cambrioler ❷ *+ sein* (*einsinken*) **auf dem Eis ~** passer au travers de la glace **II.** *tr. V. + haben* (*Tür*) enfoncer

Einbrecher(in) *m(f)* cambrioleur(-euse) *m(f)*

ein|bringen *unreg* **I.** *tr. V.* ❶ rapporter ❷ (*Kapital*) apporter ❸ (*Ernte*) rentrer **II.** *refl. V.* **sich bei etw/in etw** (*Akk*) ~ s'investir dans qc

ein|brocken *tr. V. fam* **jdm etwas [Schönes]** ~ mettre qn dans le pétrin

Einbruch *m* ❶ cambriolage *m* ❷ *kein Pl.* (*des Kurses*) chute *f* ❸ (*Verluste*) échec *m* ❹ (*des Winters*) irruption *f*

einbruchsicher *Adj.* (*Tür, Fenster*) anti-effraction

ein|bürgern I. *tr. V.* ❶ ADMIN naturaliser ❷ (*Fremdwort*) importer **II.** *refl. V.* ❶ **sich ~** (*Fremdwort*) s'implanter ❷ (*üblich werden*) **das hat sich so eingebürgert** c'est devenu une habitude

Einbuße *f* perte *f*

ein|büßen I. *tr. V.* **sein Leben ~** perdre la vie **II.** *intr. V.* **an Ansehen ~** perdre de son crédit

ein|checken ['aintʃɛkən] **I.** *intr. V.* ❶ (*Fluggast*) se faire enregistrer; **nach dem Einchecken** après l'enregistrement ❷ (*absteigen*) **im Hotel ~** descendre dans l'hôtel; (*sich anmelden*) se présenter à l'hôtel **II.** *tr. V.* (*Fluggast*) enregistrer; (*Geschäft*) faire enregistrer

ein|cremen I. *tr. V.* **er cremt ihr den Rücken ein** il lui met de la crème sur le dos **II.** *refl. V.* **sich** (*Dat*) **das Gesicht ~** se mettre de la crème sur le visage

ein|dämmen ['aindɛmən] *tr. V. a. fig* endiguer; (*Seuche*) enrayer; (*Brand*) circonscrire

ein|decken *refl. V.* **sich ~** s'approvisionner

eindeutig ['aindɔytɪç] **I.** *Adj.* ❶ clair(e) ❷ (*Beweis*) indiscutable **II.** *Adv.* manifestement; **ganz ~** de toute évidence

E

Eindeutigkeit <-> *f* (*Unzweifelhaftigkeit*) netteté *f,* évidence *f;* (*eines Beweises*) caractère *m* indiscutable

ein|dicken *tr. V. + haben* (*Soße*) épaissir

ein|dringen *intr. V. unreg + sein* ❶ (*Einbrecher*) s'introduire; (*Wasser*) pénétrer ❷ (*sich einarbeiten*) **in die Materie ~** étudier plus à fond le sujet

eindringlich **I.** *Adj.* pressant(e); (*Rede*) suppliant(e) **II.** *Adv.* avec insistance

Eindringling <-s, -e> *m* intrus(e) *m(f)*

Eindruck <-drücke> *m* ❶ impression *f* ❷ (*Wirkung*) **unter dem ~ einer S.** (*Gen*) **stehen** être sous le coup de qc ❸ (*Abdruck*) empreinte *f*

ein|drücken **I.** *tr. V.* (*beschädigen*) **etw ~** (*Person, Wassermassen*) enfoncer qc; (*Sturm, Explosion*) défoncer qc **II.** *refl. V.* **sich in etw** (*Akk*) **~** (*Tischbeine, Reifen*) laisser des marques sur qc

eindrücklich *Adj., Adv.* CH *s.* **eindrucksvoll**

eindrucksvoll **I.** *Adj.* impressionnant(e) **II.** *Adv.* de façon saisissante

eine(r, s) *unbest. Pron.* ❶ (*jemand*) quelqu'un; **~s der Kinder** un des enfants; *s.a.* **ein** ❷ *fam* (*man*) **und das soll ~r glauben?** laisse-moi rire ! ❸ (*eine Sache*) **~s** [*o* **eins**] **gefällt mir nicht an ihm** il y a une chose qui me déplaît en lui; *s.a.* **eins**

ein|ebnen *tr. V.* aplanir

eineiig ['ainʔaiɪç] *Adj.* **~e Zwillinge** de vrais jumeaux

eineinhalb *Num.* un(e) ... et demi(e); *s.a.* **achteinhalb**

eineinhalbmal *Adv.* une fois et demie; *s.a.* **achtmal**

einem *unbest. Pron., Dat. von* **man: solch ein Entschluss fällt ~ schwer** on a du mal à prendre une telle décision

einen ['ainən] *unbest. Pron., Akk. von* **man: das freut ~** on s'en réjouit; **er grüßt ~ nie** il ne vous dit jamais bonjour

ein|engen *tr. V.* ❶ (*beschränken*) **jdn in etw** (*Dat*) **~** restreindre qn dans qc ❷ (*beengen*) serrer

einer *Pron. s.* **eine(r, s)**

Einer <-s, -> *m* ❶ MATH unité *f* ❷ SPORT skif[f] *m*

einerlei ['ainɐ'lai] *Adj. unv.* **~ sein** être égal

einerseits ['ainɐ'zaits] *Adv.* **~ ... andererseits ...** d'un côté ..., de l'autre [côté] ...

eines *Pron. s.* **eine**

einfach ['ainfax] **I.** *Adj.* ❶ facile; **es sich** (*Dat*) **mit etw zu ~ machen** s'en tirer un peu vite avec qc ❷ (*Faden*) simple; (*Ausfertigung*) en un exemplaire ❸ (*nicht hin und zurück*) **eine ~e Fahrkarte** un aller simple **II.** *Adv.* ❶ (*erklären*) simplement ❷ (*geradezu*) vraiment ❸ (*weggehen*) tout bonnement ❹ (*verstärkend*) **es will ~ nichts werden** ça ne veut pas marcher

Einfachheit <-> *f* simplicité *f*

ein|fädeln ['ainfɛːdəln] **I.** *tr. V.* ❶ enfiler; **einen Faden ~** faire passer un fil ❷ *fam* (*Intrige*) manigancer **II.** *refl. V.* **sich ~** (*Autofahrer*) s'insérer

ein|fahren *unreg* **I.** *intr. V. + sein* ❶ (*Rennfahrer*) faire son entrée; **in den Bahnhof/Hafen ~** entrer en gare/dans le port ❷ MIN descendre **II.** *tr. V. + haben* ❶ (*Mauer*) défoncer ❷ (*Antenne*) rentrer ❸ (*Auto*) roder

Einfahrt *f* ❶ *kein Pl.* (*des Zuges*) entrée *f* en gare; (*des Schiffes*) arrivée *f* au port; **~ haben** (*Zug*) entrer en gare ❷ (*Zufahrt*) voie *f* d'accès; **~ freihalten!** sortie de véhicules !

Einfall *m* ❶ idée *f* ❷ MIL invasion *f* ❸ *kein Pl.* (*des Lichtes*) pénétration *f*

ein|fallen *intr. V. unreg + sein* ❶ **jdm ~** venir à l'esprit de qn; **sich** (*Dat*) **etwas ~ lassen** trouver quelque chose ❷ (*in Erinnerung kommen*) retrouver ❸ (*einstürzen*) s'écrouler ❹ (*eindringen*) **in etw** (*Akk*) **~** envahir qc ❺ (*Licht*) rentrer

einfallslos *Adj., Adv.* sans imagination

einfallsreich **I.** *Adj.* qui fait preuve d'imagination **II.** *Adv.* de façon ingénieuse; (*originell*) de manière originale

einfältig ['ainfɛltɪç] *Adj.* (*Person*) naïf (-ïve); (*Gemüt*) candide

Einfamilienhaus *nt* maison *f* individuelle

einfarbig **I.** *Adj.* d'une seule couleur; (*Stoff*) uni(e) **II.** *Adv.* d'une seule couleur

ein|fetten *tr. V.* graisser

ein|finden *refl. V. unreg form* **sich ~** (*Gäste*) arriver

ein|flößen *tr. V.* ❶ **jdm Arznei ~** faire prendre des médicaments à qn

2 (*erwecken*) **jdm Ehrfurcht ~** inspirer du respect à qn

Einfluss[RR] *m* 1 (*einer Person*) influence *f;* (*der Witterung*) action *f;* **auf etw** (*Akk*) **~ nehmen** peser sur qc 2 (*Beziehungen*) **seinen ~ geltend machen** faire jouer son crédit

einflussreich[RR] *Adj.* influent(e)

einförmig ['ainfœrmɪç] *Adj.* uniforme

ein|frieden ['ainfri:dən] *tr. V. geh* enclore

ein|frieren *unreg* **I.** *intr. V. + sein* (*Wasserleitung*) geler; **im See ~** être pris dans les glaces du lac **II.** *tr. V. + haben* 1 (*Lebensmittel*) congeler 2 (*Projekt*) geler

ein|fügen I. *tr. V.* rajouter **II.** *refl. V.* 1 **sich in eine Gemeinschaft ~** s'adapter à une communauté 2 (*hineinpassen*) **sich [gut] in die Landschaft ~** (*Bauwerk*) [bien] s'intégrer dans l'environnement

Einfügetaste *f* INFORM touche *f* Insertion

ein|fühlen *refl. V.* **sich in jdn ~** se mettre à la place de qn

einfühlsam ['ainfy:lza:m] **I.** *Adj.* compréhensif(-ive) **II.** *Adv.* (*sich verhalten*) avec tact

Einfühlungsvermögen *nt* (*gegenüber Menschen*) faculté *f* d'identification

Einfuhr ['ainfu:ɐ] <-, -en> *f* importation *f*

ein|führen I. *tr. V.* 1 importer 2 (*bekannt machen*) introduire; (*Sitte*) établir; (*Artikel*) lancer 3 (*einweisen*) **jdn in seine Arbeit ~** initier qn à son travail 4 (*hineinschieben*) introduire **II.** *refl. V.* **sich gut ~** (*Person*) faire bonne impression **III.** *intr. V.* **in etw** (*Akk*) **~** (*Vortrag*) initier à qc; **~de Worte** paroles d'introduction

Einführung *f* 1 (*Einweisung*) initiation *f;* **die ~ in ein Amt** l'installation *f* dans une fonction 2 (*Einleitung*) introduction *f*

Einfuhrzoll *m* taxe *f* à l'importation

Eingabe *f* 1 ADMIN pétition *f* 2 INFORM entrée *f*

Eingabegerät *nt* INFORM périphérique *m* d'entrée-sortie **Eingabetaste** *f* INFORM touche *f* Entrée

Eingang <-gänge> *m* 1 entrée *f;* **kein ~!** entrée interdite ! 2 *Pl* (*Eingangspost im Büro*) courrier *m* 3 *kein Pl.* (*Erhalt*) réception *f*

ein|geben *tr. V. unreg* 1 (*verabreichen*) administrer 2 INFORM **etw in den Computer ~** entrer qc dans l'ordinateur

eingebildet *Adj.* 1 *pej* (*hochmütig*) prétentieux(-euse) 2 (*imaginär*) imaginaire

eingeboren *Adj.* autochtone

Eingebung <-, -en> *f* inspiration *f*

eingefallen *Adj.* (*Gesicht*) émacié(e); (*Wangen*) creux(-euse)

eingefleischt ['aingəflaiʃt] *Adj. attr* (*Demokrat*) convaincu(e)

ein|gehen *unreg* **I.** *intr. V. + sein* 1 (*ankommen*) **im Sekretariat ~** (*Post*) arriver au secrétariat 2 FIN (*Geld*) être viré 3 (*sterben*) mourir 4 (*sich auseinandersetzen*) **auf jdn/etw ~** s'occuper de qn/aborder qc 5 (*zustimmen*) accepter 6 (*Aufnahme finden*) **in die Geschichte ~** entrer dans l'histoire **II.** *tr. V. + sein* (*Kompromiss*) accepter; (*Risiko*) courir; (*Wette*) faire; (*Bündnis*) conclure

eingehend I. *Adj.* détaillé(e) **II.** *Adv.* à fond

Eingemachte(s) *nt dekl wie Adj* conserves *fpl*

eingeschränkt ['aingəʃrɛnkt] *Adj.* (*Möglichkeiten*) limité(e)

eingeschrieben I. *Adj.* (*Mitglied*) inscrit(e); (*Brief*) recommandé(e) **II.** *Adv.* en recommandé

eingespielt *Adj.* bien rodé(e); **gut aufeinander ~ sein** former une bonne équipe

Eingeständnis *nt* aveu *m*

ein|gestehen* *unreg* **I.** *tr. V.* (*Irrtum*) admettre **II.** *refl. V.* **sich** (*Dat*) **~, dass ...** s'avouer que ...

eingetragen *Adj.* (*Verein*) déclaré(e); (*Warenzeichen*) déposé(e)

Eingeweide <-s, -> *nt meist Pl.* viscères *mpl*

Eingeweihte(r) *f(m) dekl wie Adj* (*Experte*) initié(e) *m(f)*

eingleisig *Adj.* (*Strecke*) à voie unique

ein|gliedern I. *tr. V.* 1 réinsérer 2 ADMIN, POL incorporer **II.** *refl. V.* **sich ~** s'intégrer

ein|gravieren* *tr. V.* graver

ein|greifen *intr. V. unreg* intervenir

ein|grenzen *tr. V.* 1 (*Grundstück, Gebiet*) délimiter 2 *fig* limiter

Eingriff *m* 1 MED intervention *f* 2 (*Übergriff*) **ein ~ in etw** (*Akk*) une atteinte à qc

E

ein|haken **I.** *tr. V.* accrocher **II.** *intr. V. fam* **an einem Punkt** ~ réagir aussitôt sur un point **III.** *refl. V.* **sich bei jdm** ~ prendre le bras à qn

Einhalt *m geh* ~ **gebieten** arrêter

ein|halten *unreg* **I.** *tr. V.* ❶ (*Abmachung*) respecter; (*Diät*) suivre ❷ (*Geschwindigkeit*) maintenir **II.** *intr. V. geh* s'interrompre

einhändig ['ainhɛndɪç] **I.** *Adj.* manchot(e) **II.** *Adv.* d'une [seule] main

ein|hängen **I.** *tr. V.* ❶ (*Tür*) accrocher ❷ (*Hörer*) raccrocher **II.** *intr. V.* raccrocher **III.** *refl. V.* **sich bei jdm** ~ prendre le bras à qn

ein|heben *tr. V. unreg* A encaisser

ein|heften *tr. V.* classer

einheimisch ['ainhaimɪʃ] *Adj.* ❶ local(e); (*in der Gegend ansässig*) indigène ❷ (*opp: ausländisch*) national(e); (*Mannschaft*) local(e)

Einheimische(r) *f(m) dekl wie Adj* habitant(e) *m(f)*; (*Inländer*) personne *f* du pays; **die ~n** les gens *mpl* du coin; (*Inländer*) les gens *mpl* du pays

Einheit <-, -en> *f* ❶ a. MIL unité *f* ❷ (*Einigkeit*) union *f*

einheitlich *Adj.* ❶ uniforme ❷ (*Werk*) homogène

Einheitspreis *m* prix *m* unique

einhellig *Adj.* unanime

ein|holen *tr. V.* ❶ (*Netz*) [r]amener; (*Fahne*) amener ❷ (*Gutachten*) demander ❸ (*erreichen*) rattraper

Einhorn *nt* licorne *f*

ein|hüllen **I.** *tr. V. geh* envelopper **II.** *refl. V. geh* **sich** ~ s'envelopper

einhundert *Num.* cent

einig ['ainɪç] *Adj.* ❶ (*geeint*) uni(e) ❷ (*einer Meinung*) **sich** (*Dat*) **über etw** (*Akk*) ~ **sein/werden** être/se mettre d'accord sur qc; **sich** (*Dat*) [**darüber**] ~ **sein, dass** être d'accord pour que + *subj*

einige(r, s) ['ainɪgə, -ge, -gəs] *unbest. Pron.* ❶ (*ziemlich viel/groß*) **~s Geld** pas mal d'argent; **in ~r Entfernung** à une certaine distance; **das kostet aber ~s!** ça n'est pas donné ! ❷ (*mehrere*) plusieurs; **in/vor ~n Tagen** dans/il y a quelques jours; ~ **Mal** plusieurs fois; ~ **von euch** quelques-uns d'entre vous

einigemal[ALT] *s.* **einige(r, s) 2**

einigen **I.** *refl. V.* **sich auf/über etw** (*Akk*) ~ se mettre d'accord sur qc **II.** *tr. V.* **ein Volk** ~ unifier un peuple

einiger *Pron. s.* **einige(r, s)**

einigermaßen **I.** *Adv.* ❶ (*ziemlich*) relativement ❷ (*leidlich*) moyennement **II.** *Adj. fam* **der Film war** ~ le film n'était pas trop mal

einiges *s.* **einige(r, s)**

Einigkeit <-> *f* ❶ (*Eintracht*) union *f* ❷ (*Übereinstimmung*) entente *f*

Einigung <-, -en> *f* ❶ *kein Pl.* (*von Staaten*) unification *f*; **die ~ Europas** l'union *f* de l'Europe ❷ (*Übereinstimmung*) accord *m*

ein|jagen *tr. V.* **jdm Angst** ~ faire peur à qn

einjährig ['ainjɛːrɪç] *Adj.* ❶ (*Kind*) [âgé(e)] d'un an ❷ BOT annuel(le) ❸ (*ein Jahr dauernd*) d'un an

ein|kalkulieren* *tr. V.* (*mit einrechnen*) inclure

ein|kassieren* *tr. V.* ❶ (*kassieren*) encaisser ❷ *fam* (*wegnehmen*) embarquer

Einkauf *m* achat *m*

ein|kaufen **I.** *tr. V.* acheter **II.** *intr. V.* ~ **gehen** aller faire des/les courses **III.** *refl. V.* (*einen Anteil erwerben*) **sich in etw** (*Akk*) ~ acheter des parts dans qc

Einkaufsbummel *m* lèche-vitrines *m* **Einkaufspreis** *m* prix *m* coûtant; **zum** ~ à prix coûtant **Einkaufswagen** *m* chariot *m* **Einkaufszentrum** *nt* centre *m* commercial

ein|kehren *intr. V.* + *sein geh* [**bei jdm**] ~ (*Ruhe*) s'installer

ein|klagen *tr. V.* (*Anspruch, Zusage*) opposer juridiquement; (*Schulden*) poursuivre le recouvrement de

ein|klammern *tr. V.* **etw** ~ (*mit runden/eckigen Klammern*) mettre qc entre parenthèses/crochets

Einklang *m geh* harmonie *f*

ein|kleben *tr. V.* coller

ein|kleiden **I.** *tr. V.* (*Rekruten*) habiller **II.** *refl. V.* **sich neu** ~ renouveler sa garde-robe

ein|klemmen *tr. V.* coincer

ein|kochen **I.** *tr. V.* + *haben* mettre en conserve **II.** *intr. V.* + *sein* réduire

Einkommen <-s, -> *nt* revenu *m*

Einkommensgrenze *f* (*obere Grenze*) plafond *m* de ressources; (*untere Grenze*) seuil *m* de revenus **einkommensschwach** *Adj.* à faibles revenus

Einkommen[s]steuer *f* impôt *m* sur le revenu

ein|kreisen *tr. V.* ❶ (*kennzeichnen*) entourer ❷ (*umschließen*) encercler ❸ (*eingrenzen*) cerner

Einkünfte ['ainkʏnftə] *Pl* revenus *mpl*

ein|laden[1] *tr. V. unreg* ❶ inviter ❷ CH (*auffordern*) **jdn ~ etw zu tun** inviter qn à faire qc

ein|laden[2] *tr. V. unreg* charger

einladend **I.** *Adj.* ❶ (*Geste*) engageant(e); (*Blick, Lächeln*) enjôleur (-euse) ❷ (*Essen*) appétissant(e); (*Lokal*) attrayant(e) **II.** *Adv.* (*dekorieren, Tisch decken*) de façon charmante

Einladung *f* invitation *f*

Einlage <-, -n> *f* ❶ (*Schuheinlage*) semelle *f* [intérieure] ❷ THEAT intermède *m* ❸ FIN dépôt *m*

ein|lagern *tr. V.* (*Vorräte*) faire [sa] provision de; (*Brennstäbe*) entreposer; **eingelagert** stocké(e)

ein|langen ['ainlaŋən] *intr. V.* A arriver

Einlass[RR] <-es, Einlässe>, **Einlaß**[ALT] ['ainlas] <-sses, Einlässe> *m* ❶ *kein Pl.* **~ ab 19 Uhr** ouverture *f* des portes à partir de 19 heures; **~ finden** être admis ❷ TECH admission *f*

ein|lassen *unreg* **I.** *tr. V.* ❶ faire entrer ❷ (*einlaufen lassen*) **[sich** (*Dat*)**] ein Bad ~** [se] faire couler un bain ❸ A (*Boden*) cirer **II.** *refl. V.* ❶ (*eingehen auf*) **sich auf eine Diskussion ~** s'embarquer dans une discussion ❷ *pej* (*Kontakt aufnehmen*) **sich mit jdm ~** s'acoquiner avec qn ❸ JUR **sich zu etw ~** déposer des conclusions concernant qc

ein|laufen *unreg* **I.** *intr. V.* + *sein* ❶ (*Pullover*) rétrécir ❷ (*Badewasser*) couler ❸ (*hineinlaufen*) **ins Stadion ~** faire son entrée dans le stade ❹ (*einfahren*) **in den Hafen ~** entrer dans le port **II.** *tr. V.* + *haben* **Schuhe ~** faire des chaussures [à son pied] **III.** *refl. V.* **sich ~** (*Sprinter*) [courir pour] s'échauffer; (*Maschine*) se roder

ein|leben *refl. V.* **sich bei jdm/in etw** (*Akk o Dat*) **~** s'intégrer chez qn/s'acclimater à qc

ein|legen *tr. V.* ❶ (*Kassette*) introduire; (*Sohlen*) mettre ❷ GASTR faire mariner ❸ (*Pause*) faire ❹ (*Protest*) émettre ❺ (*Gelder*) déposer

ein|leiten *tr. V.* ❶ (*Untersuchung*) ouvrir; (*Verfahren*) engager; **Schritte ~** entamer une action ❷ (*Geburt*) provoquer ❸ (*Buch*) introduire ❹ (*hineinleiten*) **Abwässer ~** déverser des eaux usées

einleitend **I.** *Adj.* préliminaire **II.** *Adv.* en [guise d']introduction

Einleitung *f* ❶ (*Beginn*) préface *f* ❷ *kein Pl.* (*eines Verfahrens*) introduction *f* ❸ *kein Pl.* (*von Abwasser*) déversement *m*

ein|lenken *intr. V.* lâcher du lest

ein|lesen ['ainle:zən] *unreg* **I.** *tr. V.* **etw in den Rechner ~** entrer qc dans l'ordinateur par lecture directe **II.** *refl. V.* **sich in ein Sachgebiet ~** se familiariser avec un domaine

ein|leuchten *intr. V.* (*Argument*) être clair

einleuchtend **I.** *Adj.* (*Erklärung*) clair(e); (*Argument*) convaincant(e) **II.** *Adv.* (*erklären*) clairement

ein|liefern *tr. V.* **jdn ins Krankenhaus/Gefängnis ~** hospitaliser/incarcérer qn

Einlieferung *f* (*eines Patienten*) hospitalisation *f*; (*eines Häftlings*) incarcération *f*; (*von Briefen, Paketen*) dépôt *m*

ein|loggen ['ainlɔgən] *refl. V.* **sich ins Netz/ins Internet ~** se connecter au réseau/sur Internet

ein|lösen *tr. V.* ❶ (*Scheck*) honorer ❷ (*Pfand*) retirer ❸ (*Versprechen*) honorer

ein|machen *tr. V.* mettre en bocaux

Einmachglas *nt* (*für Obst, Gemüse*) bocal *m*

einmal *Adv.* ❶ (*ein einziges Mal*) une fois; **wieder ~** encore une fois; **~ mehr** une fois de plus; **~ vier ist vier** une fois quatre quatre ❷ (*mal*) un jour; **~ sagt er dies, ~ das** il dit tantôt blanc, tantôt noir; **nicht ~** [ne] ... même pas ❸ (*irgendwann in der Vergangenheit*) autrefois; **es war ~** il était une fois ❹ (*irgendwann in der Zukunft*) un jour ▶**auf ~** (*plötzlich*) tout d'un coup; (*an einem Stück*) d'un seul coup

Einmaleins ['ainma:l'ʔains] <-> *nt* table *f* de multiplication

einmalig **I.** *Adj.* unique **II.** *Adv.* extraordinairement

Einmarsch *m* ❶ MIL invasion *f* ❷ (*Einzug*) entrée *f*

ein|marschieren* *intr. V.* + *sein a.* MIL **in ein Gebiet/Land ~** envahir un territoire/pays

E

E

ein|mischen *refl. V.* **misch dich da nicht ein!** ne te mêle pas de ça !

Einmischung *f* ~ **in fremde Angelegenheiten** ingérence *f* dans les affaires des autres

ein|münden *intr. V. + sein* **in etw** (*Akk*) ~ (*Straße*) déboucher sur qc; (*Fluss*) se jeter dans qc

Einmündung ['ainmʏndʊŋ] *f* **an der ~ dieser Straße** au débouché de cette rue

einmütig ['ainmyːtɪç] **I.** *Adj.* unanime **II.** *Adv.* (*befürworten*) d'une seule voix

Einnahme ['ainnaːmə] <-, -n> *f* ❶ (*eingenommenes Geld*) rentrée *f* [d'argent] ❷ *Pl* (*Einkünfte*) revenus *mpl* ❸ *kein Pl.* (*eines Medikaments*) prise *f* ❹ *kein Pl.* (*einer Stadt*) prise *f*

Einnahmequelle *f* source *f* de revenus

ein|nehmen *tr. V. unreg* ❶ (*Geld*) encaisser ❷ (*Steuern*) percevoir ❸ (*Medikament*) prendre ❹ (*Position*) occuper ❺ (*Standpunkt*) adopter ❻ MIL prendre

einnehmend *Adj.* plein(e) de séduction

ein|nicken *intr. V. + sein fam* piquer du nez

ein|nisten *refl. V. pej* **sich bei jdm ~** (*Person*) s'incruster chez qn (*fam*) (*Ungeziefer*) s'installer chez qn

Einöde *f* étendue *f* déserte

ein|ordnen **I.** *tr. V.* ❶ (*Karteikarten*) classer ❷ (*klassifizieren*) déterminer **II.** *refl. V.* (*Fahrspur wählen*) **sich** [**richtig**] ~ se mettre dans la bonne file

ein|packen **I.** *tr. V.* ❶ (*verpacken*) emballer ❷ (*einstecken*) prendre **II.** *intr. V.* faire sa valise ▶ ~ **können** *fam* pouvoir remballer ses gaules **III.** *refl. V. fam* **sich in etw** (*Akk*) ~ s'emmitoufler dans qc

ein|parken ['ainparkən] *tr., intr. V.* [se] garer

ein|pendeln ['ainpɛndəln] *refl. V.* **sich ~** se stabiliser

ein|pflanzen ['ainplantsən] *tr. V.* ❶ planter ❷ MED **jdm etw ~** implanter qc à qn

ein|prägen **I.** *refl. V.* **sich leicht ~** être facile à retenir **II.** *tr. V.* ❶ (*einschärfen*) **sich** (*Dat*) **einen Namen ~** retenir un nom ❷ (*prägen*) **etw in Metall ~** graver qc dans du métal

einprägsam *Adj.* facile à retenir

ein|programmieren* *tr. V.* INFORM installer

ein|quartieren* **I.** *tr. V.* loger; MIL cantonner **II.** *refl. V.* **sich bei jdm ~** (*Gast*) s'installer chez qn

ein|rahmen *tr. V. a. fig* encadrer

ein|rasten *intr. V. + sein* s'enclencher

ein|räumen *tr. V.* ❶ ranger ❷ (*zugeben*) admettre ❸ (*Frist*) accorder ❹ (*Rechte*) reconnaître

ein|reden **I.** *tr. V.* faire croire; **sich** (*Dat*) **~, dass ...** se persuader que ... **II.** *intr. V.* **auf jdn ~** harceler qn

ein|reiben *unreg* **I.** *tr. V.* frictionner **II.** *refl. V.* **sich ~** se frictionner

ein|reichen *tr. V.* ❶ (*Unterlagen*) déposer ❷ (*Entlassung*) remettre

ein|reihen **I.** *tr. V.* classer **II.** *refl. V.* **sich in eine Schlange ~** prendre place dans une file d'attente

Einreise *f* entrée *f*

ein|reisen *intr. V. + sein form* **in die USA/nach Großbritannien ~** entrer aux États-Unis/en Grande-Bretagne

Einreisevisum *nt* visa *m* d'entrée

ein|reißen *unreg* **I.** *intr. V. + sein* ❶ (*Stoff, Papier*) se déchirer ❷ *fam* (*zur Gewohnheit werden*) devenir une [mauvaise] habitude **II.** *tr. V. + haben* ❶ (*Mauer*) abattre ❷ (*Papier*) déchirer

ein|renken ['ainrɛŋkən] *tr. V.* MED remboîter

ein|richten **I.** *tr. V.* ❶ (*Wohnung*) aménager ❷ (*Praxis*) installer ❸ (*Konto*) ouvrir ❹ (*Bruch*) réduire **II.** *refl. V.* ❶ **sich neu ~** se meubler de neuf ❷ (*sich der Lage anpassen*) **sich ~** s'adapter

Einrichtung <-, -en> *f* ❶ (*Wohnungseinrichtung*) mobilier *m* ❷ (*Ausstattung*) aménagement *m* [intérieur] ❸ (*das Ausstatten*) équipement *m* ❹ *kein Pl.* (*einer Behörde*) installation *f* ❺ *Pl* (*Anlage*) **sanitäre ~en** installations *fpl* sanitaires

ein|rollen **I.** *tr. V.* rouler **II.** *refl. V. + haben* **sich ~** (*Igel, Katze*) se rouler en boule **III.** *intr. V. + sein* (*Zug*) entrer en gare

ein|rücken **I.** *intr. V. + sein* ❶ (*eindringen*) **in ein Land ~** pénétrer dans un pays ❷ (*Soldat*) être incorporé ❸ (*Feuerwehr*) [**wieder**] ~ réintégrer ses quartiers **II.** *tr. V. + haben* TYP **etw ~** mettre qc en retrait

eins [ains] **I.** *Num.* un; **es ist ~** il est une heure; *s.a.* **acht**[1] **II.** *Adj.* ❶ (*eine Einheit*) **~ sein** être une seule et même chose; **das ist alles ~** *fam* c'est du pareil au même ② *fam* (*egal*) **das ist mir ~** je m'en balance ③ (*einig*) **mit jdm/etw ~ sein** être en harmonie avec qn/qc

Eins <-, -en> *f* ① un *m* ② (*Schulnote*) *excellente note entre dix-huit et vingt*

einsam ['ainza:m] **I.** *Adj.* ① (*Person*) seul(e); (*Leben*) solitaire ② (*Strand*) isolé(e) ③ (*Entschluss*) unilatéral(e) **II.** *Adv.* à l'écart

Einsamkeit <-, -en> *f* solitude *f*

ein|sammeln *tr. V.* (*Schulhefte*) ramasser; (*Spenden*) collecter

Einsatz <-es, Einsätze> *m* ① engagement *m* ② SPIEL mise *f* ③ FIN mise *f* de fonds ④ *kein Pl.* (*von Truppen*) engagement *m* ⑤ (*der Polizei*) intervention *f*; **im ~ sein** (*Feuerwehr*) être en action; (*Soldaten*) être en opération

einsatzbereit *Adj.* (*Truppen*) opérationnel(le); (*Feuerwehr*) prêt(e) à intervenir

Einsatzbereitschaft *f* **in ~ sein** être à pied d'œuvre

ein|scannen ['ainskɛnən] *tr. V.* scanner

ein|schalten **I.** *tr. V.* ① allumer ② (*hinzuziehen*) **jdn in die Ermittlungen ~** avoir recours à qn pour l'enquête **II.** *refl. V.* **sich ~** intervenir

Einschaltquote *f* audimat *m*, audience *f*

ein|schärfen *tr. V.* recommander

ein|schätzen *tr. V.* **jdn/etw falsch ~** se tromper sur qn/qc

Einschätzung ['ainʃɛtsʊŋ] *f* jugement *m* porté

ein|schenken *tr. V.* verser

ein|schicken *tr. V.* envoyer

ein|schieben *tr. V. unreg* ① introduire ② (*Sonderzug*) ajouter ③ *fam* (*zwischendurch drannehmen*) **einen Patienten ~** prendre un patient en plus

ein|schiffen **I.** *tr. V.* embarquer **II.** *refl. V.* **sich ~** [s']embarquer

ein|schlafen *intr. V. unreg + sein* ① s'endormir ② (*gefühllos werden*) s'engourdir

ein|schläfern ['ainʃlɛ:fɐn] *tr. V. euph* (*töten*) piquer

einschläfernd *Adj.* a. MED soporifique

Einschlag *m* ① **der ~ des Blitzes** la foudre ② (*Schussloch*) [point *m* d']impact *m*

ein|schlagen *unreg* **I.** *tr. V. + haben* ① (*Nagel*) planter ② (*Tür*) défoncer; (*Fenster*) fracasser ③ (*einwickeln*) emballer ④ (*Richtung*) prendre **II.** *intr. V.* ① *+ haben o sein* (*Blitz*) tomber ② *+ haben o sein fam* (*Nachricht*) faire grand bruit ③ *+ haben* (*einprügeln*) **auf jdn/etw ~** taper comme un sourd sur qn/qc ④ *+ haben* (*seinen Handschlag geben*) **schlag ein!** tope là !

einschlägig ['ainʃlɛgɪç] **I.** *Adj.* s'y rapportant **II.** *Adv.* JUR à ce titre

ein|schleichen *refl. V. unreg* ① se glisser ② *fig* **sich ~** (*Verdacht*) s'insinuer

ein|schließen *tr. V. unreg* ① enfermer ② (*inbegriffen sein*) **im Preis eingeschlossen sein** être compris dans le prix

einschließlich **I.** *Präp. + Gen.* **~ aller Ausgaben** y compris toutes les dépenses **II.** *Adv.* inclus(e)

ein|schmeicheln *refl. V.* **sich bei jdm ~** s'insinuer dans les bonnes grâces de qn

einschmeichelnd *Adj.* (*Stimme*) enjôleur(-euse); (*Musik*) langoureux(-euse)

ein|schnappen *intr. V. + sein* ① (*Tür, Türschloss*) se [re]fermer ② *fam* (*beleidigt sein*) **eingeschnappt sein** faire la gueule

ein|schneiden *unreg* **I.** *tr. V.* ① (*Papier, Stoff*) entailler ② (*hineinschneiden*) **einen Namen/ein Zeichen in etw** (*Akk*) **~** graver un nom/un signe dans qc **II.** *intr. V.* **[in die Haut] ~** rentrer dans la peau

einschneidend *Adj.* (*Bedeutung*) décisif (-ive); (*Wirkung*) radical(e)

Einschnitt *m* ① GEO entaille *f* ② (*Schnitt*) coupure *f* [accidentelle] ③ MED incision *f*

ein|schränken ['ainʃrɛŋkən] **I.** *tr. V.* restreindre **II.** *refl. V.* **sich ~** se restreindre

Einschränkung <-, -en> *f* ① restriction *f* ② *kein Pl.* (*das Reduzieren*) réduction *f*

ein|schreiben *unreg* **I.** *tr. V.* **eingeschrieben** (*Brief*) recommandé(e) **II.** *refl. V.* **sich ~** s'inscrire

Einschreiben *nt* [envoi *m*] recommandé *m*; **~ mit Rückschein** [envoi] recommandé avec accusé de réception

Einschreibung *f* inscription *f*

ein|schreiten *intr. V. unreg + sein* **gegen jdn ~** intervenir contre qn

Einschub *m* rajout *m*

E

ein|schüchtern *tr. V.* intimider
ein|schulen *tr. V.* **eingeschult werden** être scolarisé
Einschulung *f* scolarisation *f*
Einschuss[RR] *m* (*in einem Gebäude*) impact *m;* (*im Körper*) blessure *f* par balle
einsehbar *Adj. unv.* (*Gelände, Raum*) visible
ein|sehen *tr. V. unreg* ❶ reconnaître; **das sehe ich nicht ein!** je ne suis pas d'accord ! ❷ (*prüfen*) examiner; (*flüchtig*) prendre connaissance de
ein|seifen *tr. V.* savonner
einseitig **I.** *Adj.* ❶ (*Absicht*) unilatéral(e) ❷ MED localisé(e) d'un côté ❸ (*Ausbildung*) trop spécialisé(e); (*Ernährung*) peu varié(e) ❹ (*voreingenommen*) partial(e) **II.** *Adv.* ❶ (*auf einer Seite*) d'un [seul] côté ❷ (*unausgewogen*) **sich ~ ernähren** avoir une alimentation peu variée ❸ (*parteiisch*) avec partialité
Einseitigkeit <-, -en> *f* ❶ (*Voreingenommenheit*) partialité *f* ❷ (*der Ausbildung*) manque *m* de diversité; (*der Ernährung*) déséquilibre *m*
ein|senden *tr. V. unreg* envoyer
Einsendeschluss[RR] *m* date *f* limite d'envoi
ein|setzen **I.** *tr. V.* ❶ (*Ersatzteil*) poser ❷ (*Flicken*) mettre ❸ (*Komitee*) instituer ❹ (*Waffen*) avoir recours à; (*Sonderzug*) mettre en service ❺ (*Mittel*) mettre en œuvre; (*Leben*) mettre en jeu **II.** *intr. V.* commencer; (*Sturm*) se mettre à souffler; (*Regen*) se mettre à tomber **III.** *refl. V.* ❶ **sich ~** s'investir ❷ (*sich verwenden für*) **sich für jdn/etw ~** intervenir en faveur de qn/œuvrer pour qc
Einsicht *f* ❶ (*Vernunft*) raison *f* ❷ (*Erkenntnis*) révélation *f* ❸ (*Durchsicht*) **jdm etw zur ~ vorlegen** présenter qc à qn pour examen
einsichtig *Adj.* (*vernünftig*) sensé(e); **~ sein** se montrer raisonnable
Einsiedler(in) *m(f) a. fig* ermite *m*
einsilbig ['ainzɪlbɪç] *Adj.* ❶ monosyllabique ❷ (*Antwort*) laconique
ein|sinken *intr. V. unreg + sein* [s']enfoncer; **in etw** (*Akk o Dat*) **~** [s']enfoncer dans qc
ein|spannen *tr. V.* ❶ (*Ochsen*) atteler ❷ (*Briefbogen*) placer
ein|sparen *tr. V.* ❶ ÖKOL économiser ❷ FIN économiser sur
Einsparung <-, -en> *f* ÖKOL (*von Energie, Strom, Wasser*) économie *f*
ein|speichern *tr. V.* **Daten in den Rechner ~** entrer des données dans l'ordinateur
ein|speisen *tr. V.* ❶ **Strom in das Netz ~** alimenter le réseau en courant [électrique] ❷ INFORM entrer
ein|sperren *tr. V.* enfermer
ein|spielen **I.** *refl. V.* ❶ **sich ~** (*Zusammenarbeit*) se roder ❷ (*sich aneinander gewöhnen*) **sich aufeinander ~** (*Kollegen*) apprendre à travailler ensemble ❸ SPORT **sich ~** (*Spieler*) s'échauffer **II.** *tr. V.* (*Kosten*) couvrir
Einsprache CH *s.* **Einspruch**
einsprachig ['ainʃpra:xɪç] *Adj.* (*Wörterbuch*) monolingue
ein|springen *intr. V. unreg + sein* ❶ (*vertreten*) venir à la rescousse; **für jdn ~** remplacer qn au pied levé ❷ (*finanziell aushelfen*) mettre la main au porte-monnaie
Einspruch *m* ❶ (*Einwand*) objection *f* ❷ (*Rechtsmittel*) recours *m*
einspurig ['ainʃpu:rɪç] **I.** *Adj.* à une voie **II.** *Adv.* sur une [seule] voie
einst [ainst] *Adv.* ❶ (*früher*) autrefois ❷ *geh* (*in Zukunft*) un jour
Einstand *m* ❶ (*Arbeitsanfang*) entrée *f* en fonction ❷ *kein Pl.* SPORT égalité *f*
ein|stecken *tr. V.* ❶ **etw ~** mettre qc dans sa poche ❷ *fam* (*einwerfen*) **einen Brief ~** mettre une lettre à la boîte ❸ *fam* (*hinnehmen*) encaisser ❹ (*Stecker*) brancher
ein|stehen *intr. V. unreg + sein* répondre; **mit seinem Wort dafür ~, dass ...** donner sa parole que ...
ein|steigen *intr. V. unreg + sein* ❶ (*besteigen*) monter ❷ *fam* (*sich beteiligen*) **in ein Geschäft ~** entrer dans une affaire
ein|stellen **I.** *tr. V.* ❶ embaucher ❷ (*beenden*) cesser ❸ (*regulieren*) régler ❹ (*Rekord*) égaler **II.** *refl. V.* ❶ **sich ~** (*Zweifel*) se manifester; (*Beschwerden*) survenir; (*Schmerzen*) se faire sentir ❷ (*sich einfinden*) **sich ~** (*Person*) paraître **III.** *intr. V.* (*Firma*) embaucher
einstellig *Adj.* à un chiffre; **~ sein** avoir un seul chiffre

Einstellung *f* ❶ (*von Mitarbeitern*) embauche *f* ❷ (*Beendigung*) interruption *f* ❸ (*Justierung*) réglage *m* ❹ *meist Pl.* INFORM paramètre *m* ❺ (*Meinung*) **die richtige ~ mitbringen** faire preuve du bon état d'esprit; **das ist die falsche ~** c'est la mauvaise attitude

Einstich *m* piqûre *f*

Einstieg ['ainʃti:k] <-[e]s, -e> *m* ❶ *kein Pl.* (*das Einsteigen*) **der ~ ist hinten** la montée se fait à l'arrière ❷ (*Zugang*) **der ~ in die Materie** l'initiation *f* à cette matière ❸ *kein Pl.* (*Übernahme, Anwendung*) **~ in die Marktwirtschaft** entrée *f* dans l'économie de marché

ein|stimmen **I.** *intr. V.* ❶ (*mitsingen*) se mettre également à chanter ❷ (*sich anschließen*) **in etw** (*Akk*) **~** s'associer à qc **II.** *tr. V.* **sich auf ein Fest ~** se mettre dans l'ambiance de la fête

einstimmig **I.** *Adj.* ❶ (*Lied*) à une [seule] voix ❷ (*Beschluss*) unanime **II.** *Adv.* ❶ (*singen*) à l'unisson ❷ (*beschließen*) à l'unanimité

einstöckig ['ainʃtœkɪç] *Adj.* à un étage

ein|streuen *tr. V.* (*Bemerkung*) glisser

ein|studieren* *tr. V.* (*Rolle*) répéter; **einstudiert** (*Antwort*) tout(e) prêt(e)

ein|stufen *tr. V.* (*Person*) [re]classer; (*Produkt*) classer

einstündig ['ainʃtʏndɪç] *Adj. attr* d'une heure

Einsturz *m* (*eines Gebäudes*) écroulement *m;* (*einer Decke*) effondrement *m;* (*einer Mauer*) éboulement *m*

ein|stürzen *intr. V. + sein* ❶ (*Gebäude*) s'écrouler; (*Decke*) s'effondrer; (*Mauer*) s'ébouler ❷ (*eindringen*) **auf jdn ~** (*Ereignisse*) s'abattre sur qn

Einsturzgefahr *f* risque *m* d'écroulement

eintägig ['aintɛ:gɪç] *Adj. attr* d'une [seule] journée

Eintagsfliege *f* ❶ ZOOL éphémère *m o f* ❷ *fig* chose *f* éphémère

ein|tauchen **I.** *tr. V. + haben* tremper **II.** *intr. V. + sein* plonger

ein|tauschen *tr. V.* ❶ échanger ❷ (*Devisen*) changer

ein|tausend *Num. form* mille

ein|teilen *tr. V.* ❶ (*Vorräte, Urlaub*) répartir ❷ (*verpflichten*) **jdn zu etw ~** affecter qn à qc ❸ (*Skala*) subdiviser

einteilig ['aintailɪç] *Adj.* une pièce

Einteilung *f* (*der Vorräte, Zeit, des Geldes*) répartition *f*

eintönig ['aintø:nɪç] *Adj.* monotone; (*Stimme*) monocorde

Eintopf *m* potée *f*

einträchtig **I.** *Adj.* (*Stimmung*) cordial(e) **II.** *Adv.* dans la concorde (*soutenu*)

Eintrag ['aintra:k, *Pl:* 'aintrɛ:gə] <-[e]s, Einträge> *m* ❶ note *f* ❷ JUR inscription *f* ❸ SCHULE avertissement *m*

ein|tragen *tr. V. unreg* inscrire

einträglich ['aintrɛ:klɪç] *Adj.* lucratif (-ive)

Eintragung *s.* **Eintrag 1, 2, 3**

ein|treffen *intr. V. unreg + sein* ❶ (*ankommen*) **am Ziel ~** arriver au but ❷ (*Prophezeiung*) s'accomplir; (*Katastrophe*) se produire

ein|treiben *tr. V. unreg* ❶ (*Vieh*) rentrer ❷ (*Geld*) recouvrer

ein|treten *unreg* **I.** *intr. V.* ❶ *+ sein* entrer ❷ *+ sein* (*sich ereignen*) se produire ❸ *+ sein* (*Stille*) se faire ❹ *+ sein* (*gelangen*) **in die Umlaufbahn ~** se mettre sur orbite ❺ *+ sein* (*sich einsetzen*) **für jdn/etw ~** prendre fait et cause pour qn/défendre qc **II.** *tr. V. + haben* ❶ (*zerstören*) défoncer [à coups de pied] ❷ (*sich eindrücken*) **sich** (*Dat*) **einen Dorn ~** s'enfoncer une épine dans le pied

ein|trichtern *tr. V. fam* seriner

Eintritt *m* (*das Betreten, ~sgeld*) entrée *f;* **~ frei** entrée libre

Eintrittsgeld *nt* prix *m* d'entrée **Eintrittskarte** *f* ticket *m* d'entrée

ein|trudeln ['aintru:dəln] *intr. V. + sein fam* se pointer

ein|üben *tr. V.* répéter

Einvernehmen <-s> *nt* accord *m;* **in gutem ~** en bonne intelligence

einverstanden *Adj.* **mit jdm/etw ~ sein** être d'accord avec qn/sur qc; **~!** d'accord !

Einverständnis <-ses, -se> *nt* accord *m*

Einwand ['ainvant, *Pl:* 'ainvɛndə] <-[e]s, Einwände> *m* objection *f*

Einwanderer *m,* **Einwanderin** *f* immigrant(e) *m(f)*

ein|wandern *intr. V. + sein* immigrer

Einwanderung ['ainvandərʊŋ] *f* immigration *f*

E

Einwanderungspolitik *f kein pl* politique *f* de l'immigration
einwandfrei **I.** *Adj.* ❶ impeccable ❷ (*Tatsache*) incontestable **II.** *Adv.* (*zeigen*) formellement; (*beweisen*) de façon irréfutable
Einwegflasche *f* bouteille *f* non consignée **Einwegverpackung** *f* emballage *m* perdu
ein|weichen *tr. V.* (*Wäsche*) faire tremper
ein|weihen *tr. V.* ❶ inaugurer ❷ (*vertraut machen*) **jdn in etw** (*Akk*) ~ mettre qn au courant de qc
Einweihung <-, -en> *f* inauguration *f*
ein|weisen *tr. V. unreg* ❶ MED [**in ein Krankenhaus**] ~ hospitaliser ❷ (*unterweisen*) mettre au courant
ein|wenden *tr. V. unreg* **etw gegen jdn** ~ reprocher qc à qn
ein|werfen *unreg* **I.** *tr. V.* ❶ poster; **etw in den Postkasten** ~ mettre qc à la boîte aux lettres ❷ (*Fensterscheibe*) [fra]casser **II.** *intr. V.* (*Spieler*) faire la remise en jeu
ein|wickeln **I.** *tr. V.* envelopper **II.** *refl. V.* **sich** ~ s'enrouler
ein|willigen *intr. V.* **in etw** (*Akk*) ~ donner son accord pour qc
Einwilligung <-, -en> *f* accord *m*
ein|wirken *intr. V.* (*beeinflussen*) exercer une influence
Einwirkung *f* ❶ influence *f* ❷ (*eines Mittels*) action *f*
Einwohner(in) <-s, -> *m(f)* habitant(e) *m(f)*
Einwohnermeldeamt *nt: administration locale où chaque changement de domicile doit être déclaré*
Einwurf *m* ❶ *kein Pl.* (*eines Briefs*) postage *m* ❷ (*eines Briefkastens*) fente *f* ❸ SPORT [re]mise *f* en jeu ❹ (*Bemerkung*) remarque *f*
Einzahl *f kein Pl.* LING singulier *m*
ein|zahlen *tr. V.* **Geld auf ein Konto** ~ verser de l'argent sur un compte
Einzahlung *f* versement *m*
ein|zäunen ['aintsɔynən] *tr. V.* clôturer
Einzel ['aintsəl] <-s, -> *nt* SPORT simple *m*
Einzelblatteinzug *m* alimentation *f* feuille à feuille **Einzelfahrschein** *m* ticket *m* à l'unité **Einzelfall** *m* cas *m* isolé **Einzelgänger(in)** ['aintsəlgɛŋɐ] <-s, -> *m(f)* solitaire *mf* **Einzelhaft** *f* isolement *m* cellulaire **Einzelhandel** *m* commerce *m* de détail **Einzelhändler(in)** *m(f)* détaillant(e) *m(f)* **Einzelheit** <-, -en> *f* détail *m* **Einzelkind** *nt* enfant *m* unique
einzeln **I.** *Adj.* ❶ seul(e) ❷ (*abgesondert*) isolé(e) ❸ *substantivisch* (*Mensch*) **der Einzelne** l'individu *m* ▸ **im Einzelnen** en détail **II.** *Adv.* séparément; **bitte ~ eintreten!** une seule personne à la fois, s.v.p. !
Einzelperson *f* personne *f* seule **Einzelstück** *nt* pièce *f* unique **Einzelteil** *nt* pièce *f* **Einzelzimmer** *nt* chambre *f* individuelle
ein|ziehen *unreg* **I.** *tr. V.* + *haben* ❶ rentrer ❷ (*Geldschein*) accepter ❸ (*Steuern*) prélever ❹ (*beschlagnahmen*) confisquer ❺ (*aus dem Umlauf nehmen*) retirer de la circulation ❻ (*einberufen*) incorporer **II.** *intr. V.* + *sein* ❶ (*in eine Wohnung ziehen*) emménager ❷ (*aufgesogen werden*) pénétrer ❸ (*einmarschieren*) entrer
einzig **I.** *Adj.* ❶ (*alleinig*) seul(e); **etw als Einziger/Einzige tun** être le seul/la seule à faire qc; **kein** [*o* **nicht ein**] **~er Schüler** pas le moindre/la moindre élève ❷ *substantivisch* (*einziges Kind*) **unser Einziger/unsere Einzige** notre fils/fille unique ❸ (*völlig*) **eine ~e Qual** une vraie torture **II.** *Adv.* **die ~ mögliche Lösung** la seule et unique solution possible; **das ~ Richtige** la seule chose de correcte
einzigartig **I.** *Adj.* unique en son genre **II.** *Adv.* extraordinairement; **~ schön sein** être d'une beauté sans nom
Einzug *m* ❶ emménagement *m* ❷ (*Einmarsch*) entrée *f*
Eis [ais] <-es> *nt* ❶ glace *f* ❷ (*Speiseeis*) glace *f*; **~ am Stiel** esquimau® *m*
Eisbahn *f* patinoire *f* **Eisbär** *m* ours *m* blanc **Eisbecher** *m* coupe *f* de glace **Eisberg** *m* iceberg *m* **Eisbrecher** *m* brise-glace *m* **Eiscafé** *nt s.* **Eisdiele**
Eischnee *m* (*von einem Ei/mehreren Eiern*) blanc *m* [battu]/blancs [battus] en neige
Eiscreme *f* crème *f* glacée **Eisdiele** *f* glacier *m*
Eisen ['aizən] <-s, -> *nt* ❶ *kein Pl. a.* MED fer *m* ❷ (*Eisenbeschlag*) ferrure *f*

Eisenbahn *f* train *m* **Eisenbahner(in)** <-s, -> *m(f) fam* cheminot(e) *m(f)* **Eisenbahnnetz** *nt* réseau *m* ferroviaire **Eisenbahnwagen** *m* wagon *m*

eisenhaltig *Adj.* (*Erz*) ferreux(-euse); (*Nahrungsmittel*) riche en fer **Eisenmangel** *m* carence *f* en fer **Eisen- und Stahlindustrie** *f* sidérurgie *f* **Eisenwaren** *Pl* articles *mpl* de quincaillerie **Eisenwarenhandlung** *f* quincaillerie *f*

eisern **I.** *Adj. a. fig* de fer **II.** *Adv.* ① (*schweigen*) obstinément; (*einhalten*) résolument ② (*durchgreifen*) d'une façon implacable

eisgekühlt *Adj.* glacé(e) **Eishockey** *nt* hockey *m* sur glace

eisig ['aizɪç] *Adj. a. fig* glacial(e)

Eiskaffee *m: café froid avec une boule de glace à la vanille et de la chantilly* **eiskalt** **I.** *Adj.* glacé(e); (*Wohnung*) glacial(e) **II.** *Adv.* (*handeln*) de sang froid **Eiskunstlauf** *m* patinage *m* artistique **eislaufen** *intr. V. unreg* faire du patin à glace

Eisprung *m* ovulation *f*

Eisschnelllauf *m* patinage *m* de vitesse **Eisschrank** *m* réfrigérateur *m;* **Eiswürfel** *m* glaçon *m* **Eiszapfen** *m* stalactite *f* de glace **Eiszeit** *f* période *f* glaciaire

eitel ['aitəl]*pej Adj.* vaniteux(-euse)

Eitelkeit <-> *f pej* (*Selbstgefälligkeit*) vanité *f;* (*in Bezug auf das Äußere*) coquetterie *f*

Eiter ['aitɐ] <-s> *m* pus *m*

eiterig *s.* **eitrig**

eitern *intr. V.* suppurer

eitrig *Adj.* (*Wunde*) purulent(e)

Eiweiß *nt* ① protéine *f* ② GASTR blanc *m* d'œuf **Eizelle** *f* ovule *m*

Ejakulation <-, -en> *f* éjaculation *f*

Ekel[1] ['e:kəl] <-s> *m* (*Abscheu*) dégoût *m;* ~ **erregend** répugnant(e)

Ekel[2] <-s, -> *nt pej fam* (*Mensch*) salaud *m*/salope *f*

ekelerregend *Adj.* répugnant(e)

ekelhaft **I.** *Adj.* ① répugnant(e) ② *fam* (*Schmerzen*) affreux(-euse) **II.** *Adv.* (*stinken*) de façon dégoûtante (*fam*)

ekeln **I.** *tr. V.* dégoûter **II.** *tr. V. unpers.* **mich ekelt es vor jdm/etw** je suis dégoûté(e) par qn/qc **III.** *refl. V.* **sich vor jdm/etw ~** éprouver de la répulsion pour qn/qc

EKG [e:ka:'ge:] <-s, -s> *nt Abk. von* **Elektrokardiogramm** électrocardiogramme *m*

eklig ['e:klɪç] *s.* **ekelhaft**

Ekstase [ɛk'sta:zə] <-, -n> *f* extase *f*

Ekzem [ɛk'tse:m] <-s, -e> *nt* eczéma *m*

Elan <-s> *m geh* entrain *m*

elastisch [e'lastɪʃ] *Adj.* élastique; (*Gelenk*) mobile

Elastizität [elastitsi'tɛ:t] <-, -en> *f a. fig* élasticité *f*

Elbe ['ɛlbə] <-> *f* **die ~** l'Elbe *f*

Elch [ɛlç] <-[e]s, -e> *m* élan *m*

Electronic Banking [elɛk'trɔnɪk'bɛŋkɪŋ] <- -s> *nt* règlement *m* électronique des opérations bancaires

Elefant [ele'fant] <-en, -en> *m* éléphant *m*

elegant [ele'gant] **I.** *Adj.* élégant(e) **II.** *Adv.* avec élégance

Eleganz [ele'gants] <-> *f* élégance *f*

elektrifizieren* [elɛktrifi'tsi:rən] *tr. V.* électrifier

Elektrik [e'lɛktrɪk] <-, -en> *f* installation *f* électrique

Elektriker(in) [e'lɛktrikɐ] <-s, -> *m(f)* électricien(ne) *m(f)*

elektrisch [e'lɛktrɪʃ] **I.** *Adj.* électrique **II.** *Adv.* (*funktionieren*) à l'électricité

elektrisieren* [elɛktri'si:rən] *tr. V.* électriser

Elektrizität [elɛktritsi'tɛ:t] <-> *f* électricité *f*

Elektrizitätswerk *nt* centrale *f* électrique

Elektroauto *nt* voiture *f* électrique

Elektrode [elɛk'tro:də] <-, -n> *f* électrode *f*

Elektrogerät *nt* appareil *m* électrique **Elektroherd** *m* cuisinière *f* électrique **Elektroingenieur(in)** *m(f)* ingénieur *mf* électricien **Elektromagnet** *m* électroaimant *m* **Elektromotor** *m* moteur *m* électrique

Elektron ['e:lɛktrɔn] <-s, -tronen> *nt* électron *m*

Elektronenmikroskop *nt* microscope *m* électronique

Elektronik <-> *f* électronique *f*

elektronisch [elɛk'tro:nɪʃ] *Adj.* électronique

Elektroschock *m* électrochoc *m* **Elektrosmog** *m* ÖKOL pollution *f* électromagnétique **Elektrotechnik** *f kein Pl.* électrotechnique *f* **Elektrotechniker(in)** *m(f)* électrotechnicien(ne) *m(f)*

Element [ele'mɛnt] <-[e]s, -e> *nt* élément *m*
elementar [elemɛn'taːɐ̯] *Adj.* élémentaire
elend ['eːlɛnt] *Adj.* ❶ misérable ❷ (*Aussehen*) pitoyable ❸ *pej fam* (*gemein*) misérable
Elend <-[e]s> *nt* misère *f*
Elendsviertel *nt* quartier *m* miséreux
elf [ɛlf] *Num.* onze; *s.a.* **acht** [1]
Elf <-, -en> *f* (*Zahl, Fußballmannschaft*) onze *m*
Elfe <-, -n> *f* sylphide *f*
Elfenbein ['ɛlfənbain] *nt* ivoire *m* **Elfenbeinküste** *f* **die [Republik]** ~ la [République de] Côte-d'Ivoire
Elfmeter [ɛlf'meːtɐ] *m* penalty *m* **Elfmeterschießen** <-s> *nt* tir *m* au but
elfte(r, s) *Adj.* ❶ onzième ❷ (*bei Datumsangaben*) **der ~ März** le onze mars; *s.a.* **achte(r, s)**
eliminieren* [elimi'niːrən] *tr. V.* (*Gegner*) éliminer; (*Fehler*) supprimer
elitär [eli'tɛːɐ̯] *Adj.* (*Einstellung*) élitiste; (*Gruppe*) élitaire
Elite [e'liːtə] <-, -n> *f* élite *f*
Eliteschule *f* école *f* prestigieuse
Ellbogen <-, ->, **Ellenbogen** *m* coude *m*
Ellbogengesellschaft *f* société *f* d'arrivistes
Ellipse [ɛ'lɪpsə] <-, -n> *f* ellipse *f*
elliptisch [ɛ'lɪptɪʃ] *Adj.* elliptique
Elsass[RR] <- *o* -es>, **Elsaß**[ALT] ['ɛlzas] <- *o* -sses> *nt* **das** ~ l'Alsace *f*
Elsässer(in) ['ɛlzɛsɐ] <-s, -> *m(f)* Alsacien(ne) *m(f)*
elsässisch ['ɛlzɛsɪʃ] *Adj.* alsacien(ne)
Elsässisch <-[s]> *nt* l'alsacien *m*; *s.a.* **Deutsch**
Elsass-Lothringen[RR] ['ɛlzas 'loːtrɪŋən] *nt* HIST l'Alsace-Lorraine *f*
Elster ['ɛlstɐ] <-, -n> *f* pie *f*
elterlich ['ɛltɐlɪç] *Adj.* **~e Sorge** autorité *f* parentale
Eltern ['ɛltɐn] *Pl* parents *mpl*
Elternabend *m* réunion *f* parents-professeurs

Les mères salariées d'Allemagne qui ne reprennent par leur travail après les huit semaines réglementaires du *Mutterschutz* (congé de maternité), perçoivent l'**Elterngeld** (salaire parental) pour une durée de onze mois. Celui-ci comporte un douzième mois si le père prend un mois de congé supplémentaire pour s'occuper de l'enfant. Actuellement, de nombreux parents prennent le congé parental à tour de rôle. En Allemagne, les employés ont généralement droit à trois ans de congé parental par enfant.

Elternhaus *nt* ❶ (*Gebäude*) maison *f* familiale ❷ (*familiäres Umfeld*) milieu *m* familial
Email [e'mai] <-s, -s> *nt* émail *m*
E-Mail ['iːmeɪl] <-, -s> *f* courrier *m* électronique
E-Mail-Adresse ['iːmeɪla'drɛsə] *f* adresse *f* électronique
Emaille [e'maljə] <-, -n> *s.* **Email**
Emanze [e'mantsə] <-, -n> *f pej fam* féministe *f*
Emanzipation <-, -en> *f* émancipation *f*
emanzipieren* [emantsi'piːrən] *refl. V.* **sich von etw ~** s'émanciper de qc
Embargo [ɛm'bargo] <-s, -s> *nt* embargo *m*
Embryo ['ɛmbryo] <-s, -s> *m o* A *nt* MED embryon *m*
Emigrant(in) [emi'grant] <-en, -en> *m(f)* émigré(e) *m(f)*
Emigration [emigra'tsi̯oːn] <-, -en> *f* émigration *f*
emigrieren* [emi'griːrən] *intr. V. + sein* **nach Frankreich/in die USA ~** émigrer en France/aux Etats-Unis
Emission [emɪ'si̯oːn] <-, -en> *f* ÖKOL, FIN émission *f*
Emotion [emo'tsi̯oːn] <-, -en> *f* émotion *f*
emotional *Adj.* émotif(-ive)
Empfang [ɛm'pfaŋ, *Pl:* ɛm'pfɛŋə] <-[e]s, Empfänge> *m* ❶ réception *f* ❷ *kein Pl.* (*Begrüßung*) accueil *m*
empfangen <empfängt, empfing, empfangen> *tr. V.* ❶ *geh* (*erhalten*) recevoir ❷ *geh* (*begrüßen*) accueillir ❸ TV, RADIO capter
Empfänger(in) [1] [ɛm'pfɛŋɐ] <-s, -> *m(f)* (*eines Briefs*) destinataire *mf*; (*einer Zahlung*) bénéficiaire *mf*
Empfänger[2] <-s, -> *m* (*Empfangsgerät*) récepteur *m*
empfänglich [ɛm'pfɛŋlɪç] *Adj.* ❶ (*anfällig*) sensible ❷ (*aufgeschlossen*) réceptif(-ive)

empfängnisverhütend *Adj.* (*Mittel*) contraceptif(-ive) **Empfängnisverhütung** *f* contraception *f*
Empfangschef(in) *m(f)* chef *mf* de la réception
empfehlen [ɛm'pfe:lən] <empfiehlt, empfahl, empfohlen> **I.** *tr. V.* recommander **II.** *refl. V. unpers.* **es empfiehlt sich etw zu tun** il est recommandé de faire qc **III.** *refl. V.* ❶ **sich jdm als Sachverständiger ~** se présenter à qn comme expert ❷ *iron geh* (*sich verabschieden*) **sich ~** tirer sa révérence
empfehlenswert *Adj.* ❶ préférable ❷ (*Hotel*) recommandable
Empfehlung <-, -en> *f* recommandation *f*
Empfehlungsschreiben *nt* lettre *f* de recommandation
empfinden [ɛm'pfɪndən] <empfand, empfunden> *tr. V.* ❶ (*Gefühl*) éprouver ❷ (*auffassen*) ressentir
Empfinden <-s> *nt* impression *f;* **für mein ~** à mon sens
empfindlich **I.** *Adj.* ❶ (*leicht reizbar*) susceptible ❷ (*leicht zu beschädigen*) fragile; **hoch ~** (*Material*) très fragile ❸ (*spürbar*) sévère; (*Kälte*) vif(vive) ❹ (*Messgerät*) sensible **II.** *Adv.* **~ reagieren** réagir vivement
Empfindlichkeit <-, -en> *f* ❶ (*Reizbarkeit*) susceptibilité *f* ❷ *kein Pl.* (*Beschaffenheit: eines Materials*) fragilité *f;* TECH, PHOT sensibilité *f*
empfindsam *Adj.* sensible
Empfindung <-, -en> *f* ❶ sentiment *m* ❷ (*sinnliche Wahrnehmung*) sensation *f*
Empore <-, -n> *f* galerie *f;* (*Orgelempore*) tribune *f*
empören* [ɛm'pø:rən] **I.** *tr. V.* indigner **II.** *refl. V.* **sich ~** s'indigner
empörend *Adj.* révoltant(e)
Emporkömmling [ɛm'po:ɐ̯kœmlɪŋ] <-s, -e> *m pej* parvenu(e) *m(f)*
empor|ragen [ɛm'po:ɐ̯ra:gən] *intr. V. geh* **über etw** (*Akk*) **~** se dresser au dessus de qc
empört [ɛm'pø:ɐ̯t] **I.** *Adj.* indigné(e) **II.** *Adv.* avec indignation
Empörung <-, -en> *f* ❶ *kein Pl.* indignation *f* ❷ (*Rebellion*) révolte *f*
emsig ['ɛmzɪç] **I.** *Adj.* (*Person*) travailleur(-euse); (*Ameise*) laborieux(-euse) **II.** *Adv.* (*lernen*) avec assiduité; (*sammeln*) infatigablement
Ende ['ɛndə] <-s, -n> *nt* ❶ *kein Pl.* fin *f;* **etw zu ~ bringen** mener qc à son terme ❷ *kein Pl.* (*bei Zeit-, Altersangaben*) **~ Januar** fin janvier; **~ 1950** à la fin de l'année 1950; **er ist ~ zwanzig** il approche de la trentaine ❸ (*räumlicher Abschluss*) bout *m* ❹ *kein Pl. geh* (*Tod*) fin *f* ▸ **letzten ~s** au bout du compte; (*schließlich*) en fin de compte; **am ~ sein** *fam* (*erschöpft sein*) être vidé; (*ruiniert*) être raide
Endeffekt *m* résultat *m;* **im ~** en fin de compte
enden *intr. V.* ❶ (*Urlaub*) se terminer ❷ (*Weg*) s'arrêter
Endergebnis *nt* résultat *m* définitif; **im ~** en fin de compte **endgültig** *Adj.* définitif(-ive) **Endhaltestelle** *f* terminus *m*
Endivie [ɛn'di:viə] <-, -n> *f* chicorée *f*
endlich **I.** *Adv.* enfin; **na ~!** *fam* c'est pas trop tôt ! **II.** *Adj.* MATH, PHILOS fini(e)
endlos **I.** *Adj.* ❶ (*Ärger*) sans fin ❷ (*sehr lang*) interminable; (*Weite*) infini(e) **II.** *Adv.* indéfiniment
Endphase *f* phase *f* finale **Endspiel** *nt* SPORT finale *f* **Endspurt** *m* SPORT sprint *m* **Endstadium** *nt* (*einer Krankheit*) stade *m* terminal **Endstation** *f* AUTA. *fig* terminus *m*
Endung <-, -en> *f* terminaison *f*
Energie [enɛr'gi:] <-, -n> *f* énergie *f;* **viel/wenig ~ haben** être très/peu dynamique
Energiebedarf *m* besoins *mpl* énergétiques **Energiequelle** *f* source *f* d'énergie **Energiesparen** *nt* économies *fpl* d'énergie **Energiesparlampe** *f* lampe *f* à basse consommation **Energieverbrauch** *m* consommation *f* d'énergie **Energieversorgung** *f* approvisionnement *m* en énergie **Energiewende** *f* tournant *m* dans le domaine de l'énergie
energisch [e'nɛrgɪʃ] *Adj.* énergique
eng [ɛŋ] **I.** *Adj.* ❶ étroit(e) ❷ (*Raum*) exigu(ë) ❸ (*Kleidung*) étroit(e) ❹ (*Horizont*) limité(e); (*Rahmen*) strict(e) ❺ (*eingeschränkt*) **im ~eren Sinne** dans un sens plus strict ❻ (*Verwandtschaft*) proche ❼ *fam* (*schwierig*) **das wird ~** *fam* ça va être dur **II.** *Adv.* ❶ **einen Rock ~er machen** ajuster une jupe ❷ (*dicht*) **~ nebeneinandersitzen/nebeneinanderstehen** (*zwei Personen*) être serré(e)s l'un(e) contre l'autre; (*mehrere*

E

Personen) être serré(e)s les un(e)s contre les autres ❸ (*liiert*) étroitement ❹ *fam* (*kleinlich*) **etw** [**zu**] ~ **sehen** être trop à cheval sur qc

Engagement [ãgaʒəˈmãː] <-s, -s> *nt* ❶ *geh* engagement *m* ❷ (*Verpflichtung: eines Künstlers*) engagement *m*

engagieren* [ãgaˈʒiːrən] **I.** *tr. V.* engager **II.** *refl. V.* **sich für jdn/etw** ~ s'engager pour qn/qc

engagiert [ãgaˈʒiːɐt] *Adj. geh* (*Person, Kunstwerk*) engagé(e)

Enge [ˈɛŋə] <-> *f* (*einer Kurve*) étroitesse *f*; (*eines Raums*) exiguïté *f*

Engel [ˈɛŋəl] <-s, -> *m* ange *m*

England [ˈɛŋlant] *nt* l'Angleterre *f*

Engländer(in) <-s, -> *m(f)* Anglais(e) *m(f)*

englisch [ˈɛŋlɪʃ] **I.** *Adj.* anglais(e) **II.** *Adv.* ~ **miteinander sprechen** discuter en anglais

Englisch <-[s]> *nt kein Art.* anglais *m*; *s.a.* **Deutsch**

EngpassRR *m* ❶ GEO défilé *m* ❷ (*Fahrbahnverengung*) rétrécissement *m* ❸ ÖKON goulot *m* d'étranglement

engstirnig *pej* **I.** *Adj.* (*Person*) borné(e); (*Denken*) étroit(e) **II.** *Adv.* (*handeln*) à courte vue

Enkel(in) [ˈɛŋkəl] <-s, -> *m(f)* petit-fils *m*/petite-fille *f*; **die** ~ les petits-enfants *mpl*

Enkelkind *s.* **Enkel(in)**

enorm [eˈnɔrm] **I.** *Adj.* ❶ (*Belastung*) énorme; (*Hitze*) terrible ❷ *fam* (*beeindruckend*) **das ist ja ~!** ça, c'est vraiment super ! **II.** *Adv. fam* vachement

Ensemble [ãˈsãːbəl] <-s, -s> *nt* ❶ THEAT troupe *f* ❷ MUS, COUT ensemble *m*

entarten* [ɛntˈʔartən] *intr. V. + sein* dégénérer

entbehren* [ɛntˈbeːrən] *tr. V.* **etw ~ können** pouvoir se passer de qc

entbehrlich [ɛntˈbeːɐ̯lɪç] *Adj.* superflu(e)

Entbehrung <-, -en> *f* privation *f*

entbinden* *unreg* **I.** *tr. V.* **von seinem Versprechen** ~ délier de sa promesse **II.** *intr. V.* MED accoucher

Entbindung *f* MED accouchement *m*

entblößen* [ɛntˈbløːsən] *geh* **I.** *tr. V.* dénuder **II.** *refl. V.* **sich** ~ se découvrir; (*Exhibitionist*) s'exhiber

entdecken* *tr. V.* ❶ (*Person*) dénicher; (*Fehler*) trouver ❷ (*herausfinden: Virus, Phänomen*) découvrir

Entdecker(in) <-s, -> *m(f)* explorateur(-trice) *m(f)*

Entdeckung *f* découverte *f*; (*talentierter Mensch*) révélation *f*

Entdeckungsreise *f* voyage *m* d'exploration

Ente [ˈɛntə] <-, -n> *f* ❶ canard *m*; (*weibliches Tier*) cane *f* ❷ *fam* (*Auto*) deuche *f*

entehren* [ɛntˈʔeːrən] *tr. V.* déshonorer

enteignen* [ɛntˈʔaignən] *tr. V.* exproprier

enterben* *tr. V.* déshériter

Enterich [ˈɛntərɪç] <-s, -e> *m* canard *m* [mâle]

Entertainer(in) [ˈɛntɐteːnɐ] <-s, -> *m(f)* animateur(-trice) *m(f)*

Enter-Taste *f* INFORM touche *f* Entrée

entfachen* [ɛntˈfaxən] *tr. V. geh* ❶ (*Feuer*) déclencher ❷ (*Leidenschaft*) attiser

entfallen* *intr. V. unreg + sein* ❶ sortir de l'esprit ❷ (*Punkt*) être laissé de côté; (*Veranstaltung*) être annulé ❸ (*Anteil*) revenir

entfalten* **I.** *tr. V.* ❶ déplier ❷ (*Fähigkeiten*) épanouir ❸ (*Pracht*) déployer **II.** *refl. V.* **sich** ~ ❶ (*Fallschirm*) s'ouvrir ❷ (*Talent*) s'épanouir

Entfaltung <-, -en> *f* ❶ (*eines Fallschirms*) ouverture *f* ❷ (*der Persönlichkeit*) épanouissement *m* ❸ (*von Pracht*) déploiement *m*

entfärben* *tr., refl. V.* [**sich**] ~ [se] décolorer

entfernen* [ɛntˈfɛrnən] **I.** *tr. V.* ❶ enlever ❷ (*fortbringen*) exclure **II.** *refl. V.* **sich von/aus etw** ~ s'éloigner de qc

Entfernen-Taste *f* INFORM touche *f* Effacement

entfernt **I.** *Adj.* ❶ reculé(e); **von etw ~ sein** être loin de qc; **fünf Kilometer ~ sein** être à cinq kilomètres ❷ (*Verwandtschaft*) éloigné(e) **II.** *Adv.* ❶ de loin; (*erinnern*) vaguement ❷ (*weitläufig*) ~ **verwandt sein mit ...** être parent éloigné de ...

Entfernung <-, -en> *f* ❶ distance *f*; **aus der** ~ de loin ❷ *kein Pl.* (*eines Flecks*) élimination *f*

entfesseln* *tr. V.* déclencher

entflammen* *geh intr. V. + sein* (*Streit*) éclater; (*Liebe*) s'enflammer

entfliehen* *intr. V. unreg + sein* s'enfuir; **aus der Haft** ~ s'évader de prison

entfremden* I. *tr. V.* ❶ **zwei Menschen einander** ~ rendre deux personnes étrangères l'une à l'autre ❷ (*zweckentfremden*) **etw seinem Zweck** ~ détourner qc de son usage II. *refl. V.* **sich jdm** ~ se détacher de qn

Entfremdung <-, -en> *f* détachement *m*

entführen* *tr. V.* ❶ (*Geisel*) enlever; (*Flugzeug*) détourner ❷ *iron fam* (*wegnehmen*) emprunter

Entführer(in) *m(f)* ravisseur(-euse) *m(f)*; (*Luftpirat*) pirate *mf* de l'air

Entführung *f* (*einer Geisel*) enlèvement *m*; (*eines Flugzeugs*) détournement *m*

entgegen [ɛnt'ge:gən] I. *Adv.* **dem Ziel** ~ au devant du but; **dem Sommer** ~ vers l'été II. *Präp. + Dat.* ❶ (*zuwider*) ~ **unserer Abmachung** contrairement à notre accord ❷ (*im Gegensatz zu*) ~ **allen Erwartungen** contre toute attente

entgegen|bringen *tr. V. unreg* **jdm Achtung** ~ faire preuve de respect à l'égard de qn; **einer S.** (*Dat*) **Interesse** ~ manifester de l'intérêt pour qc **entgegen|gehen** *intr. V. unreg + sein* **jdm** ~ aller à la rencontre de qn **entgegengesetzt** I. *Adj.* opposé(e) II. *Adv.* ~ **handeln** faire le contraire **entgegen|halten** *tr. V. unreg* ❶ (*hinhalten*) tendre ❷ (*Einwand*) présenter **entgegen|kommen** *intr. V. unreg + sein* ❶ venir à la rencontre de qn; (*fahrend*) arriver en sens inverse de qn ❷ (*Zugeständnisse machen*) faire une concession ❸ (*entsprechen*) **jds Interessen** (*Dat*) ~ aller dans le sens des intérêts de qc

Entgegenkommen <-s> *nt* ❶ (*gefällige Haltung*) compréhension *f* ❷ (*Zugeständnis*) concession *f*

entgegenkommend *Adj.* bienveillant(e) **entgegen|nehmen** *tr. V. unreg* accepter; (*Geldbetrag*) encaisser

entgegnen* [ɛnt'ge:gnən] *tr. V.* rétorquer

entgehen* *intr. V. unreg + sein* échapper

entgeistert [ɛnt'gaistɐt] I. *Adj.* hébété(e) II. *Adv.* (*anstarren*) l'air hébété

Entgelt [ɛnt'gɛlt] <-[e]s, -e> *nt form* rétribution *f*; **gegen** ~ moyennant finances

entgiften* *tr. V.* épurer

entgleisen* [ɛnt'glaizən] *intr. V. + sein* dérailler

entgleiten* *intr. V. unreg + sein* **jds Händen** ~ glisser des mains de qn

enthaaren* [ɛnt'ha:rən] *tr. V.* épiler

enthalten* *unreg* I. *tr. V.* ❶ contenir ❷ (*einschließen*) **im Preis** ~ **sein** être compris dans le prix II. *refl. V.* (*nicht abstimmen*) **sich** ~ s'abstenir

enthaltsam [ɛnt'haltza:m] I. *Adj.* (*Person*) modéré(e); (*Leben*) d'abstinence II. *Adv.* ~ **leben** vivre dans l'abstinence

Enthaltsamkeit <-> *f* abstinence *f*; (*sexuelle Abstinenz*) chasteté *f*

Enthaltung [ɛnt'haltʊŋ] *f* (*Stimmenthaltung*) abstention *f*

enthaupten* [ɛnt'hauptən] *tr. V.* décapiter

entheben* *tr. V. unreg geh* ❶ **jdn seines Amtes** ~ relever qn de ses fonctions (*form*) ❷ (*entbinden*) **aller Verpflichtungen** ~ dégager de toute obligation

enthüllen* I. *tr. V.* dévoiler II. *refl. V.* **sich jdm** ~ se révéler à qn

Enthüllung <-, -en> *f* ❶ (*eines Denkmals*) dévoilement *m* ❷ (*Aufdeckung*) révélation *f*

enthusiastisch [ɛntuzi'astɪʃ] I. *Adj.* enthousiaste II. *Adv.* avec enthousiasme

entjungfern* *tr. V.* dépuceler

entkalken* *tr. V.* (*Kaffeemaschine*) détartrer; (*Wasser*) adoucir

entkommen* *intr. V. unreg + sein* s'échapper; **jdm** ~ échapper à qn

entkorken* *tr. V.* déboucher

entkräften* [ent'krɛftən] *tr. V.* ❶ épuiser ❷ (*Verdacht*) réfuter

entladen* *unreg* I. *tr. V.* décharger II. *refl. V.* **sich** ~ ❶ (*Gewitter*) éclater ❷ ELEC se décharger ❸ (*ausbrechen: Emotionen*) éclater

entlang [ɛnt'laŋ] I. *Präp. + Dat. o Gen.* le long de II. *Präp. + Akk.* le long de III. *Adv.* **hier** ~ par ici

entlang|gehen *intr. V. unreg + sein* **eine Straße** ~ longer une route

entlarven* [ɛnt'larfən] I. *tr. V.* ❶ démasquer ❷ (*aufdecken*) découvrir II. *refl. V.* **sich selbst** ~ se démasquer soi-même

entlassen* *tr. V. unreg* ❶ (*Mitarbeiter*) licencier ❷ (*Patienten*) laisser sortir; (*Häftling*) libérer

Entlassung <-, -en> *f* licenciement *m*
entlasten* *tr. V.* ❶ JUR décharger ❷ (*Person*) soulager; (*Verkehr*) délester
Entlastung <-, -en> *f* ❶ JUR décharge *f* ❷ (*Hilfe*) soulagement *m;* **zu deiner ~** pour te soulager
entlaufen* *intr. V. unreg + sein* ❶ (*fliehen: Häftling, Sklave*) s'évader; (*Heimkind*) faire une fugue ❷ (*fortlaufen*) **Hund/Katze ~!** perdu chien/chat !
entledigen* [ɛnt'le:dɪgən] *refl. V. geh* ❶ se débarrasser ❷ (*erfüllen*) **sich eines Auftrags ~** s'acquitter d'une mission
entleeren* *tr. V.* (*Behälter, Darm*) vider; (*Grube, Becken*) vidanger
entlegen [ɛnt'le:gən] *Adj.* ❶ isolé(e) ❷ (*Gedanke*) saugrenu(e)
entlocken* *tr. V.* soutirer; **Töne ~** tirer des sons
entlohnen* *tr. V.* CH rétribuer
entmachten* [ɛnt'maxtən] *tr. V.* renverser
entmilitarisieren* [ɛntmilitari'zi:rən] *tr. V.* démilitariser
entmündigen* [ɛnt'mʏndɪgən] *tr. V.* mettre sous tutelle
entmutigen* [ɛnt'mu:tɪgən] *tr. V.* décourager
Entmutigung <-, -en> *f* découragement *m*
Entnahme [ɛnt'na:mə] <-, -n> *f* prélèvement *m*
entnehmen* *tr. V. unreg* ❶ (*herausnehmen*) **etw [aus] der Schublade ~** retirer qc du tiroir ❷ (*schlussfolgern*) **einem Artikel ~, dass ...** déduire d'un article que ...
entpuppen* [ɛnt'pʊpən] *refl. V.* **sich ~** se révéler
entreißen* *tr. V. unreg* arracher
entrinnen* *intr. V. unreg + sein geh* échapper
entrümpeln* [ɛnt'rʏmpəln] *tr. V.* débarrasser
entrüsten* [ɛnt'rʏstən] *refl. V.* **sich über jdn ~** être scandalisé par qn; **sich über etw ~** s'indigner de qc
entrüstet I. *Adj.* indigné(e) **II.** *Adv.* d'un air outré; (*rufen, sagen*) d'un ton outré
Entrüstung *f* indignation *f*
entschädigen* *tr. V.* a. JUR dédommager
Entschädigung *f* indemnité *f*
entschärfen* *tr. V.* ❶ (*Bombe*) désamorcer ❷ (*Konflikt*) décrisper
Entscheid [ɛnt'ʃait] *m s.* **Entscheidung**
entscheiden* *unreg* **I.** *tr. V.* ❶ décider ❷ (*Fall*) trancher ❸ (*gewinnen*) **das Spiel ist entschieden** le match est joué **II.** *intr. V.* décider **III.** *refl. V.* (*beschließen*) **sich ~** se décider
entscheidend *Adj.* décisif(-ive); (*Fehler*) grave
Entscheidung *f* ❶ décision *f* ❷ JUR verdict *m* ❸ SPORT résultat *m*
entschieden [ɛnt'ʃi:dən] **I.** *PP von* **entscheiden II.** *Adj.* ❶ (*Befürworter*) résolu(e) ❷ (*Ablehnung*) catégorique **III.** *Adv.* ❶ (*ablehnen*) catégoriquement ❷ (*eindeutig*) incontestablement
Entschiedenheit <-> *f* détermination *f;* **mit [aller] ~** catégoriquement
entschließen* *refl. V. unreg* **sich ~** se décider; **sich für/zu etw ~** opter pour qc
entschlossen [ɛnt'ʃlɔsən] **I.** *PP von* **entschließen II.** *Adj.* décidé(e); **fest ~** déterminé(e) **III.** *Adv.* avec détermination
Entschlossenheit <-> *f* détermination *f*
EntschlussRR *m* décision *f;* **einen ~ fassen** prendre une décision
entschlüsseln* *tr. V.* décoder
entschuldigen* [ɛnt'ʃʊldɪgən] **I.** *intr. V.* **~ Sie, können Sie mir sagen, ...** s'il vous plaît, pouvez-vous me dire ...; **Sie müssen [schon] ~, ...** excusez-moi, ... **II.** *refl. V.* ❶ **sich bei jdm ~** s'excuser auprès de qn ❷ (*sich abwesend melden*) **sich ~** (*Schüler*) s'excuser **III.** *tr. V.* ❶ excuser ❷ (*als abwesend melden*) **jdn/etw bei jdm ~** excuser qn/qc auprès de qn
Entschuldigung <-, -en> *f* ❶ excuses *fpl*; **~!** pardon !; **~, wie spät ist es bitte?** excusez-moi, vous avez l'heure s'il vous plaît ? ❷ (*Rechtfertigung*) excuse *f;* **als ~ für etw** pour excuser qc; **zu meiner/deiner ~** à ma/ta décharge ❸ (*Entschuldigungsschreiben*) mot *m* d'excuse
entsenden* *tr. V. unreg o reg geh* (*offiziell*) déléguer
entsetzen* I. *tr. V.* effarer **II.** *refl. V.* **sich über etw ~** être horrifié par qc; (*fassungslos sein*) être effaré par qc

Entsetzen <-s> *nt* horreur *f*
entsetzlich *Adj.* horrible
entsichern* *tr. V.* (*Pistole*) enlever le cran de sûreté de
entsinnen* *refl. V. unreg geh* se souvenir; **wenn ich mich recht entsinne** si mes souvenirs sont exacts
entsorgen* *tr. V.* ❶ évacuer ❷ (*Stadt*) éliminer les déchets de
Entsorgung <-, -en> *f* évacuation *f*
entspannen* **I.** *refl. V.* **sich** ~ se détendre **II.** *tr. V.* détendre
Entspannung *f* détente *f;* **zur** ~ pour se détendre
entspiegelt *Adj.* (*Brillenglas*) antireflet
entsprechen* *intr. V. unreg* ❶ correspondre ❷ (*genügen*) **den Anforderungen** ~ satisfaire aux exigences
entsprechend **I.** *Adj.* ❶ (*Gehalt*) correspondant(e) ❷ (*Kleidung*) approprié(e) **II.** *Adv.* en conséquence **III.** *Präp.* + *Dat.* ~ **Ihrem Vorschlag** conformément à votre proposition
Entsprechung <-, -en> *f* ❶ pendant *m* ❷ (*Übereinstimmung*) point *m* commun
entspringen* *intr. V. unreg* + *sein* **in den Bergen** ~ (*Fluss*) prendre sa source dans les montagnes
entstehen* *intr. V. unreg* + *sein* ❶ (*zu existieren beginnen*) se constituer; (*Stadtteil*) naître ❷ (*Unruhe*) se déclencher ❸ CHEM se former
Entstehung <-, -en> *f* ❶ (*des Lebens*) origine *f;* (*eines Kunstwerkes*) création *f;* (*eines Gebäudes*) construction *f* ❷ CHEM formation *f*
entstellen* *tr. V.* ❶ (*Gesicht*) défigurer ❷ (*verzerren*) déformer
enttäuschen* **I.** *tr. V.* décevoir **II.** *intr. V.* (*Sportler*) être décevant; (*Auto*) se révéler décevant(e)
enttäuscht [ɛnt'tɔyʃt] **I.** *Adj.* déçu(e) **II.** *Adv.* (*dreinschauen*) d'un air déçu
Enttäuschung *f* déception *f;* **jdm eine** ~ **bereiten** décevoir [les espérances de] qn
entthronen* *tr. V. geh* détrôner
entwaffnen* [ɛnt'vafnən] *tr. V. a. fig* désarmer
entwässern* [ɛnt'vɛsɐn] *tr. V.* drainer
entweder ['ɛntveːdɐ] *Konj.* ~ **…, oder …** ou [bien] …, ou [bien] … ▸ ~ **oder!** [c'est] l'un ou l'autre !
entweichen* *intr. V. unreg* + *sein* ❶ (*Gas*) fuir [de qc] ❷ *geh* (*fliehen*) s'échapper
entweihen* *tr. V.* profaner
entwenden* *tr. V. geh* dérober
entwerfen* *tr. V. unreg* ❶ concevoir; (*Gebäude*) faire les plans de ❷ (*ausarbeiten*) élaborer
entwerten* *tr. V.* ❶ (*Fahrschein*) valider; (*Briefmarke*) oblitérer ❷ (*Banknoten*) dévaluer
Entwertung *f* ❶ validation *f;* (*von Briefmarken*) oblitération *f* ❷ (*von Banknoten*) dévaluation *f*
entwickeln* **I.** *tr. V.* ❶ développer ❷ (*am Bildschirm entwerfen*) concevoir ❸ (*Energie*) déployer ❹ (*Gas*) dégager **II.** *refl. V.* **sich** ~ ❶ se développer ❷ (*Verhandlungen*) évoluer ❸ (*Gase*) se former
Entwicklung <-, -en> *f* ❶ développement *m;* (*das Entwickeln*) mise *f* au point ❷ (*das Entwerfen*) élaboration *f* ❸ (*von Kräften*) déploiement *m* ❹ (*das Vorankommen*) évolution *f*
Entwicklungshelfer(in) *m(f)* coopérant(e) *m(f)* **Entwicklungshilfe** *f* POL aide *f* au développement **Entwicklungsland** *nt* pays *m* en voie de développement
entwischen* [ɛnt'vɪʃən] *intr. V.* + *sein* **aus etw** ~ se sauver de qc; **jdm** ~ échapper à qn
entwürdigend [ɛnt'vʏrdɪgənt] *Adj.* dégradant(e)
Entwurf *m* ❶ projet *m;* (*eines Modemachers*) dessin *m* ❷ (*Konzept*) ébauche *f*
entwurzeln* *tr. V.* déraciner
entziehen* *unreg* **I.** *tr. V.* ❶ retirer ❷ (*entnehmen*) **einer S.** (*Dat*) **das Wasser** ~ extraire l'eau de qc **II.** *refl. V.* **sich jdm/einer S.** ~ se dérober à qn/qc
Entziehungskur *f* cure *f* de désintoxication
entziffern* [ɛnt'tsɪfɐn] *tr. V.* déchiffrer
entzippen* [ɛnt'tsɪpən] *tr. V.* INFORM (*Datei, Daten*) dézipper
entzücken* [ɛnt'tsʏkən] *tr. V.* ravir
Entzücken [ɛn'tsʏkən] <-s> *nt* ravissement *m*
entzückend *Adj.* ravissant(e)
Entzug <-[e]s> *m* ❶ ADMIN (*eines Führerscheins, einer Lizenz*) retrait *m* ❷ MED désaccoutumance *f* ❸ *fam* (*Entziehungskur*) cure *f* de désintoxication

E

Entzugserscheinung *f* syndrome *m* de manque

entzündbar [ɛnt'tsʏndba:ɐ̯] *Adj.* inflammable

entzünden* **I.** *tr. V. geh* allumer; (*Streichholz*) [faire] craquer **II.** *refl. V.* (*erkranken, in Brand geraten*) **sich ~** s'enflammer

Entzündung *f* inflammation *f*

entzwei [ɛnt'tsvai] *Adj.* **~ sein** être cassé

Enzyklopädie [ɛntsyklopɛ'di:] <-, -n> *f* encyclopédie *f*

enzyklopädisch [ɛntsyklo'pɛ:dɪʃ] *Adj.* encyclopédique

Enzym [ɛn'tsy:m] <-s, -e> *nt* MED, BIO enzyme *f*

Epidemie [epide'mi:] <-, -n> *f* MED épidémie *f*

Epilepsie [epilɛ'psi:] <-, -n> *f* MED épilepsie *f*

epileptisch MED **I.** *Adj.* épileptique **II.** *Adv.* **~ veranlagt sein** être prédisposé à l'épilepsie

episch ['e:pɪʃ] *Adj.* (*Gedicht*) épique

Episode [epi'zo:də] <-, -n> *f* épisode *m*

Epizentrum [epi'tsɛntrʊm] *nt* GEO épicentre *m*

Epoche [e'pɔxə] <-, -n> *f* époque *f*

Epos ['e:pɔs] <-, Epen> *nt* épopée *f*

er [e:ɐ̯] *Personalpron., 3. Pers. Sg., Nom.* ① (*auf eine Person, ein männliches Tier bezogen*) il; (*betont*) lui; **da kommt ~!** le voilà qui arrive !; **~ ist es [wirklich]!** c'est bien lui ! ② (*allgemein auf ein Tier, eine Sache bezogen*) **einem Storch zuschauen, wie ~ fliegt** regarder voler une cigogne

erachten* [ɛɐ̯'ʔaxtən] *tr. V. geh* considérer

Erachten <-s> *nt* **meines ~s** à mon avis

erahnen* *tr. V. geh* entrevoir

erarbeiten* *tr. V.* (*Wissen*) acquérir

Erbanlage ['ɛrpʔanla:gə] *f meist Pl.* caractère *m* héréditaire

erbarmen* [ɛɐ̯'barmən] **I.** *tr. V.* faire pitié à **II.** *refl. V.* **sich ~** avoir pitié

Erbarmen <-s> *nt* pitié *f*; **~ mit jdm haben** avoir de la pitié pour qn

erbärmlich [ɛɐ̯'bɛrmlɪç] **I.** *Adj.* ① (*gemein*) infâme ② (*jämmerlich*) lamentable **II.** *Adv. pej* ① (*wehtun*) terriblement ② (*schluchzen*) à fendre l'âme

erbarmungslos *Adj.* impitoyable

erbauen* **I.** *tr. V.* ① (*Gebäude*) bâtir ② *geh* (*seelisch bereichern*) enrichir spirituellement **II.** *refl. V. geh* **sich an etw** (*Dat*) **~** savourer spirituellement qc

erbaulich *Adj.* édifiant(e)

Erbauung <-, -en> *f* construction *f*

Erbe ['ɛrbə] <-s> *nt* JURA. *fig* héritage *m*

Erbe <-n, -n> *m*, **Erbin** *f* héritier(-ière) *m(f)*

erbeben* *intr. V. + sein geh* trembler

erben ['ɛrbən] *tr., intr. V.* hériter

erbeuten* [ɛɐ̯'bɔytən] *tr. V.* (*Tier*) capturer; (*Verbrecher*) s'emparer

Erbfaktor *m* MED facteur *m* héréditaire **Erbfolge** *f* [ordre *m* de] succession *f* **Erbgut** *nt kein Pl.* MED patrimoine *m* héréditaire

erbittert *Adj.* acharné(e)

Erbkrankheit *f* MED maladie *f* héréditaire

erblassen* [ɛɐ̯'blasən] *intr. V. + sein* blêmir

erblich ['ɛrplɪç] *Adj.* héréditaire

erblicken* *tr. V. geh* apercevoir

erblinden* *intr. V. + sein* perdre la vue

Erblindung <-, -en> *f* cécité *f*

erblühen* *intr. V. + sein geh* fleurir

erbrechen *tr., intr. V. unreg* vomir

Erbrecht *nt* droit *m* de succession

erbringen* [ɛɐ̯'brɪŋən] *tr. V. unreg* ① (*Summe*) régler; (*Leistung*) réaliser ② (*Gewinn*) rapporter ③ (*Ergebnisse*) aboutir à ④ (*Beweis*) apporter; (*Alibi*) produire

Erbschaft <-, -en> *f* héritage *m*

Erbse ['ɛrpsə] <-, -n> *f* pois *m*

Erbsünde *f* péché *m* originel

Erdachse ['e:ɐ̯tʔaksə] *f* axe *m* terrestre

Erdapfel *m* A pomme *f* de terre **Erdatmosphäre** *f* atmosphère *f* terrestre **Erdball** *s.* **Erdkugel** **Erdbeben** *nt* tremblement *m* de terre **Erdbeere** *f* fraise *f* **Erdboden** *m* sol *m*

Erde ['e:ɐ̯də] <-, -n> *f* ① *kein Pl.* terre *f*; **auf der ganzen ~** au monde ② (*Planet*) Terre *f* ③ (*Erdboden*) terre *f*; **auf der ~** par terre

erdenklich *Adj. attr* imaginable

Erdgas *nt* gaz *m* naturel **Erdgeschoss**[RR] *nt* rez-de-chaussée *m*

erdichten* *tr. V. geh* inventer

Erdkugel *f* globe *m* terrestre **Erdkunde** *f* géographie *f* **Erdnuss**[RR] *f* cacah[o]uète *f* **Erdoberfläche** *f* surface *f* terrestre **Erdöl** *nt* pétrole *m*

erdolchen* *tr. V. geh* poignarder

Erdreich *nt* terre *f*

erdrosseln* *tr. V.* étrangler

erdrücken* *tr. V.* ① écraser ② *fig* étouffer

Erdrutsch ['eːɐ̯trʊtʃ] *m* glissement *m* de terrain **Erdstoß** *m* secousse *f* sismique **Erdteil** *m* continent *m*

erdulden* *tr. V.* endurer

E-Reader ['iːriːdɐ] <-s, -> *m* INFORM liseuse *f*

ereignen* [ɛɐ̯'ʔaignən] *refl. V.* **sich ~** se produire

Ereignis <-ses, -se> *nt* événement *m*

ereignisreich *Adj.* mouvementé(e)

Erektion [erɛk'tsi̯oːn] <-, -en> *f* érection *f*

Eremit(in) [ere'miːt] <-en, -en> *m(f)* ermite *m*

erfahren[1] *unreg* **I.** *tr. V.* ① (*Neuigkeit*) apprendre ② (*Liebe*) faire l'expérience de **II.** *intr. V.* **von etw/über etw** (*Akk*) **~** être informé de qc

erfahren[2] *Adj.* expérimenté(e)

Erfahrung <-, -en> *f* expérience *f*

erfassen* *tr. V.* ① (*mitreißen*) happer ② (*befallen*) saisir ③ (*begreifen*) comprendre ④ INFORM saisir

Erfassung *f* ① ADMIN recensement *m* ② INFORM saisie *f*

erfinden* *tr. V. unreg* inventer

Erfinder(in) *m(f)* inventeur(-trice) *m(f)*

erfinderisch *Adj.* ingénieux(-euse)

Erfolg [ɛɐ̯'fɔlk] <-[e]s, -e> *m* succès *m;* **viel ~!** bonne chance !

erfolgen* *intr. V. + sein form* avoir lieu

erfolglos **I.** *Adj.* (*Person*) malchanceux(-euse); **~ bleiben** rester vain(e) **II.** *Adv.* sans succès

Erfolglosigkeit <-> *f* ① insuccès *m* ② (*Vergeblichkeit*) inutilité *f*

erfolgreich **I.** *Adj.* **~ sein** réussir **II.** *Adv.* avec succès

Erfolgserlebnis *nt* réussite *f*

erfolgversprechend *Adj.* prometteur (-euse)

erforderlich [ɛɐ̯'fɔrdɐlɪç] *Adj.* **es ist ~, dass** il est nécessaire que + *subj*

erfordern* *tr. V.* exiger; (*Zeit*) demander

Erfordernis <-ses, -se> *nt* exigence *f*

erforschen* *tr. V.* explorer; (*Verhalten*) étudier; (*Hintergründe*) rechercher

Erforschung *f* (*einer Gegend*) exploration *f;* (*eines Verhaltens*) étude *f;* (*der Wahrheit*) recherche *f*

erfreuen* **I.** *tr. V.* **jdn ~** faire plaisir à qn **II.** *refl. V. geh* (*genießen*) **sich großer Beliebtheit ~** jouir d'une grande popularité

erfreulich **I.** *Adj.* qui fait plaisir; **es wäre ~, wenn Sie mir ...** cela me ferait plaisir si vous ... + *subj* **II.** *Adv.* remarquablement

erfrieren* *intr. V. unreg + sein* ① geler ② (*absterben*) **ihm sind die Finger/Zehen erfroren** il a les doigts/orteils gelés ③ (*sterben*) mourir de froid

erfrischen* **I.** *tr. V.* ① rafraîchir ② (*beleben*) **jdn ~** faire du bien à qn **II.** *intr. V.* rafraîchir **III.** *refl. V.* **sich ~** se rafraîchir

erfrischend **I.** *Adj.* rafraîchissant(e) **II.** *Adv.* **~ kühl** rafraîchissant(e)

Erfrischung <-, -en> *f* ① (*Getränk*) rafraîchissement *m* ② (*Abkühlung*) **eine ~ brauchen** avoir besoin de se rafraîchir

erfüllen* **I.** *tr. V.* ① (*Forderung*) satisfaire; (*Aufgabe*) accomplir; **sich** (*Dat*) **einen Wunsch ~** se faire [un petit] plaisir ② (*Gefühl*) envahir **II.** *refl. V.* **sich ~** (*Wunsch*) se réaliser

Erfüllung *f* ① satisfaction *f;* (*einer Pflicht*) respect *m;* **in ~ gehen** se réaliser ② (*Befriedigung*) épanouissement *m*

ergänzen* [ɛɐ̯'gɛntsən] **I.** *tr. V.* compléter **II.** *refl. V.* **sich ~** *geh* se compléter

Ergänzung <-, -en> *f* ① [r]ajout *m* ② (*einer Sammlung*) enrichissement *m* ③ LING complément *m*

ergattern* [ɛɐ̯'gatɐn] *tr. V. fam* dégotter, dégoter

ergeben*[1] *unreg* **I.** *tr. V.* ① montrer ② (*reichen für*) correspondre à ③ MATH donner **II.** *refl. V.* ① MIL **sich jdm ~** se rendre à qn ② (*sich fügen*) **sich in sein Schicksal ~** se résigner à son sort ③ (*folgen*) **sich aus etw ~** résulter de qc

ergeben[2] *Adj.* ① (*Blick*) résigné(e) ② (*Person*) dévoué(e)

Ergebenheit <-> *f* ① (*Demut*) résignation *f* ② (*Treue*) dévouement *m*

Ergebnis [ɛɐ̯'geːpnɪs] <-ses, -se> *nt* résultat *m;* **zu dem ~ führen, dass ...** avoir pour conséquence que ...

ergebnislos *Adj., Adv.* sans résultat

E

ergehen* *unreg* **I.** *intr. V. + sein form* **an jdn ~** (*Bescheid*) être adressé à qn ▸**etw über sich** (*Akk*) **~ lassen** supporter qc **II.** *refl. V. + haben* (*sich auslassen*) **sich in Schmähungen gegen jdn/etw ~** se répandre en invectives contre qn/qc

ergiebig [ɛɐ'gi:bɪç] *Adj.* (*Waschmittel*) économique

ergreifen* *tr. V. unreg* ❶ saisir ❷ (*Maßnahmen*) prendre

ergreifend *Adj.* bouleversant(e)

ergriffen [ɛɐ'grɪfən] *Adj.* bouleversé(e)

ergründen* *tr. V.* (*Phänomen*) étudier; (*Sinn*) pénétrer

ErgussRR [ɛɐ'gʊs] *m* ❶ (*Bluterguss*) hématome *m* ❷ (*Samenerguss*) éjaculation *f*

erhaben [ɛɐ'ha:bən] *Adj.* sublime; (*Gedanke*) noble

Erhalt *m* ❶ *form* (*einer Lieferung, Zahlung*) réception *f*; **den ~ einer S.** (*Gen*) **bestätigen** accuser réception de qc ❷ (*das Bewahren*) **~ der Macht** maintien *m* au pouvoir

erhalten* *unreg* **I.** *tr. V.* ❶ recevoir ❷ (*Bauwerk*) sauvegarder; (*Leistungsfähigkeit*) maintenir; (*Gesundheit*) conserver **II.** *refl. V.* **sich ~** (*Brauch*) se maintenir

erhältlich [ɛɐ'hɛltlɪç] *Adj.* disponible; **kaum noch ~** pratiquement introuvable

Erhaltung *f* (*einer Fassade*) sauvegarde *f*; (*Gesundheit*) préservation *f*; (*des Friedens*) maintien *m*

erhängen* **I.** *tr. V.* pendre *f* **II.** *refl. V.* **sich ~** se pendre

erhärten* **I.** *tr. V.* (*Zeuge*) confirmer; (*Aussage, Beweis*) renforcer **II.** *refl. V.* **sich ~** (*Verdacht*) se confirmer

erheben* *unreg* **I.** *tr. V.* ❶ (*Glas*) lever ❷ (*Steuern*) percevoir **II.** *refl. V.* ❶ **sich ~** se lever ❷ (*sich auflehnen*) **sich ~** se révolter ❸ (*aufragen*) **sich über etw** (*Akk*) **~** s'élever au-dessus de qc

erheblich [ɛɐ'he:plɪç] **I.** *Adj.* considérable; (*Nachteil*) sérieux(-euse) **II.** *Adv.* ❶ (*stören*) considérablement; (*beeinträchtigen*) sérieusement ❷ (*deutlich*) nettement

Erhebung *f* ❶ (*von Steuern*) levée *f*; (*von Abgaben*) perception *f* ❷ (*von Daten*) relevé *m* ❸ GEO hauteur *f*

erheitern* [ɛɐ'haitɐn] *tr. V.* dérider

erhellen* **I.** *tr. V.* éclairer **II.** *refl. V.* **sich ~** (*Himmel*) s'éclaircir

erhitzen* [ɛɐ'hɪtsən] **I.** *tr. V.* ❶ faire chauffer ❷ (*zum Schwitzen bringen*) donner chaud **II.** *refl. V.* **sich an etw** (*Dat*) **~** s'échauffer à propos de qc

erhoffen* *refl. V.* **sich** (*Dat*) **etw ~** espérer qc

erhöhen* [ɛɐ'hø:ən] **I.** *tr. V.* ❶ rehausser ❷ (*Zahl*) accroître ❸ (*Wirkung*) intensifier; (*Spannung*) faire monter ❹ MUS hausser **II.** *refl. V.* ❶ FIN **sich um drei Prozent ~** augmenter de trois pour cent; **sich auf hundert Euro ~** s'élever à cent euros ❷ (*sich verstärken*) **sich ~** (*Blutdruck*) augmenter; (*Wirkung*) s'intensifier

erhöht [ɛɐ'hø:t] *Adj.* ❶ (*Blutdruck*) élevé(e); (*Wert*) en augmentation; (*Puls*) accéléré(e) ❷ (*Aufmerksamkeit*) accru(e)

Erhöhung <-, -en> *f* ❶ augmentation *f* ❷ (*Zunahme*) renforcement *m*; (*einer Wirkung*) intensification *f*

erholen* *refl. V.* ❶ **sich von einer Krankheit ~** se remettre d'une maladie ❷ (*ausspannen*) **sich ~** se reposer

erholsam [ɛɐ'ho:lza:m] *Adj.* reposant(e); (*Schlaf*) réparateur(-trice)

Erholung <-> *f* repos *m*

Erholungsort *m* lieu *m* de repos

erhören* *tr. V. geh* (*Bitte*) exaucer; (*Flehen*) accéder à

erinnern* [ɛɐ'ʔɪnɐn] **I.** *tr. V.* **jdn an etw** (*Akk*) **~** rappeler qc à qn **II.** *refl. V.* **sich an jdn/etw ~** se souvenir de qn/qc **III.** *intr. V.* ❶ **daran ~, dass ...** rappeler que ... ❷ (*denken lassen an*) **an jdn/etw ~** faire penser à qn/qc

Erinnerung <-, -en> *f* ❶ (*Gedächtnis*) mémoire *f* ❷ *meist Pl.* (*Eindruck*) souvenir *m*

erkälten* [ɛɐ'kɛltən] *refl. V.* **sich ~** prendre froid

erkältet [ɛr'kɛltət] *Adj.* enrhumé(e)

Erkältung <-, -en> *f* rhume *m*

erkennen* *unreg* **I.** *tr. V.* ❶ (*Details*) distinguer; (*Fehler*) s'apercevoir de ❷ (*identifizieren*) reconnaître **II.** *intr. V.* ❶ JUR **auf Freispruch ~** prononcer un non-lieu ❷ SPORT **auf Elfmeter** (*Akk*) **~** accorder un penalty

erkenntlich [ɛɐ'kɛntlɪç] *Adj.* **sich für etw ~ zeigen** témoigner sa reconnaissance pour qc

Erkenntnis *f* connaissance *f*; **zu der ~ kommen, dass ...** arriver à la conclusion que ...

Erkennungszeichen *nt* signe *m* de reconnaissance
erklärbar [ɛɐ'klɛːɐbaːɐ] *Adj.* explicable
erklären* **I.** *tr. V.* ❶ expliquer ❷ (*Bild*) interpréter ❸ (*Rücktritt*) annoncer; (*Einverständnis*) exprimer ❹ (*deklarieren*) déclarer **II.** *refl. V.* ❶ **sich** ~ (*Vorfall*) s'expliquer ❷ (*sich bezeichnen*) **sich solidarisch** ~ se déclarer solidaire
erklärt *Adj. attr* déclaré(e)
Erklärung *f* ❶ explication *f* ❷ (*öffentliche Stellungnahme*) déclaration *f*
erklingen* *intr. V. unreg + sein geh* retentir
erkranken* *intr. V. + sein* tomber malade; **an etw** (*Dat*) ~ attraper qc
Erkrankung <-, -en> *f* maladie *f*
erkunden* [ɛɐ'kʊndən] *tr. V.* ❶ MIL reconnaître ❷ (*sondieren*) sonder
erkundigen* [ɛɐ'kʊndɪgən] *refl. V.* (*fragen nach*) **sich bei jdm nach jdm/etw** ~ se renseigner auprès de qn sur qn/qc
Erkundung <-, -en> *f* MIL reconnaissance *f*
erlangen* [ɛɐ'laŋən] *tr. V. geh* obtenir
Erlass[RR] <-es, -e *o* A Erlässe>, **Erlaß**[ALT] [ɛɐ'las] <-sses, -sse *o* A Erlässe> *m* ❶ (*Verordnung*) arrêté *m* ❷ *kein Pl.* (*einer Strafe*) remise *f;* (*von Sünden*) rémission *f*
erlassen* *tr. V. unreg* ❶ **jdm seine Strafe** ~ gracier qn; **jdm die Schulden** ~ remettre les dettes à qn ❷ (*Befehl*) édicter
erlauben* [ɛɐ'laubən] **I.** *tr. V.* ❶ permettre; ~ **Sie/erlaubst du, dass** vous permettez/tu permets que + *subj* ❷ *form* **jdm etw** ~ (*Mittel*) permettre qc à qn **II.** *refl. V.* (*sich leisten*) **sich** (*Dat*) **etw** ~ s'offrir qc
Erlaubnis <-, -se> *f* ❶ permission *f* ❷ (*Schriftstück*) autorisation *f*
erläutern* [ɛɐ'lɔytɐn] *tr. V.* expliquer
Erläuterung <-, -en> *f* explication *f*
Erle ['ɛrlə] <-, -n> *f* aulne *m*
erleben* *tr. V.* ❶ (*Ereignis*) vivre; (*Urlaub*) passer ❷ (*Schlimmes*) endurer; (*Enttäuschung*) connaître ❸ (*Herrscher*) connaître
Erlebnis <-ses, -se> *nt* expérience *f* [vécue]
erledigen* [ɛɐ'leːdɪgən] **I.** *tr. V.* ❶ (*Aufgabe*) accomplir; (*Besorgung*) effectuer ❷ *fam* (*erschöpfen*) crever ❸ *fam* (*umbringen*) liquider **II.** *refl. V.* **sich von selbst** ~ s'arranger tout(e) seul(e)
Erledigung <-, -en> *f* ❶ (*Ausführung*) exécution *f;* **für die** ~ **der Korrespondenz zuständig sein** être responsable de la correspondance ❷ (*Besorgung*) **~en machen müssen** avoir des choses à faire
erlegen* [ɛɐ'leːgən] *tr. V.* ❶ (*Tier*) abattre ❷ A (*bezahlen*) acquitter
erleichtern* [ɛɐ'laiçtɐn] **I.** *tr. V.* ❶ (*einfacher machen*) faciliter ❷ (*leichter machen*) alléger ❸ *iron fam* (*bestehlen*) soulager **II.** *refl. V. euph geh* **sich** ~ se soulager
Erleichterung <-, -en> *f* soulagement *m*
erleiden* *tr. V. unreg* subir; (*Schmerzen*) endurer
erlernen* *tr. V.* apprendre
erlesen *Adj.* (*Geschmack*) raffiné(e); (*Kunstwerk*) de qualité
erleuchten* *tr. V.* éclairer
Erleuchtung <-, -en> *f* illumination *f*
erliegen* *intr. V. unreg + sein* **einem Irrtum** ~ être dans l'erreur; **der Krankheit** ~ succomber à la maladie
erlöschen <erlischt, erlosch, erloschen> *intr. V. + sein* s'éteindre
erlösen* *tr. V.* délivrer
Erlösung *f* ❶ soulagement *m* ❷ REL Rédemption *f*
ermächtigen* [ɛɐ'mɛçtɪgən] *tr. V.* habiliter
Ermächtigung <-, -en> *f* autorisation *f*
ermahnen* *tr. V.* rappeler
Ermahnung *f* rappel *m* à l'ordre
ermäßigen* [ɛɐ'mɛːsɪgən] *tr. V.* **etw um drei Prozent** ~ faire une réduction sur qc de trois pour cent
Ermäßigung <-, -en> *f* réduction *f*
ermessen* *tr. V. unreg* concevoir
Ermessen <-s> *nt* appréciation *f;* **nach freiem** ~ en toute liberté
ermitteln* [ɛɐ'mɪtəln] **I.** *tr. V.* ❶ (*Täter*) identifier; (*Versteck*) découvrir ❷ (*feststellen*) déterminer; (*Sieger*) désigner ❸ (*Wert*) calculer **II.** *intr. V.* JUR **gegen jdn wegen etw** ~ enquêter sur qn pour qc
Ermittlung <-, -en> *f* ❶ *kein Pl.* (*eines Siegers*) désignation *f* ❷ JUR **~en durchführen** mener une enquête
ermöglichen* [ɛɐ'møːklɪçən] *tr. V.* **jdm etw** ~ permettre qc à qn
ermorden* *tr. V.* assassiner

ermüden* [ɛɐ'my:dən] **I.** *tr. V. + haben* (*Person*) fatiguer **II.** *intr. V. + sein* ❶ (*müde werden*) se fatiguer ❷ TECH fatiguer

ermüdend *Adj.* fatigant(e)

Ermüdung <-, -en> *f* ❶ fatigue *f* ❷ TECH usure *f*

ermuntern* [ɛɐ'mʊntɐn] *tr. V.* (*ermutigen*) encourager

Ermunterung <-, -en> *f* encouragement *m*

ermutigen* [ɛɐ'mu:tɪgən] *tr. V.* encourager

ernähren* **I.** *tr. V.* ❶ (*Person*) nourrir; (*Tier*) donner à manger à ❷ (*unterhalten*) **jdn ~** (*Person*) entretenir qn **II.** *refl. V.* ❶ **sich von etw ~** se nourrir de qc ❷ (*seinen Unterhalt bestreiten*) **sich von etw ~** vivre de qc

Ernährer(in) <-s, -> *m(f)* **der ~/die ~in sein** être celui/celle qui entretient la famille

Ernährung <-> *f* ❶ (*Art des Ernährens*) alimentation *f* ❷ (*Nahrung*) nourriture *f*

Ernährungswissenschaft *f* diététique *f*

ernennen* *tr. V. unreg* nommer

Ernennung *f* nomination *f*

erneuern* [ɛɐ'nɔyɐn] *tr. V.* ❶ (*Reifen*) changer; (*Pass*) renouveler ❷ (*renovieren*) rénover

erneut [ɛɐ'nɔyt] **I.** *Adj. attr* nouveau (-velle) *antéposé* **II.** *Adv.* de nouveau

erniedrigen* [ɛɐ'ni:drɪgən] **I.** *tr. V.* ❶ humilier ❷ MUS [a]baisser **II.** *refl. V.* **sich ~** s'abaisser

Erniedrigung <-, -en> *f* humiliation *f*

ernst [ɛrnst] *Adj.* ❶ (*Lage*) grave; (*Zustand*) sérieux(-euse) ❷ (*Person*) sérieux(-euse); (*Miene*) austère ❸ (*Anlass*) grave; **jdn/etw ~ nehmen** prendre qn/qc au sérieux

Ernst [ɛrnst] <-[e]s> *m* ❶ (*eines Blicks*) gravité *f;* (*von Worten*) sérieux *m* ❷ (*Entschlossenheit*) détermination *f*

Ernstfall *m* situation *f* de crise; **im ~** en cas de coup dur

ernsthaft **I.** *Adj.* ❶ sérieux(-euse) ❷ (*Worte*) grave; (*Miene*) sévère ❸ MED grave **II.** *Adv.* ❶ sérieusement ❷ (*erkranken*) gravement

Ernsthaftigkeit <-> *f* sérieux *m*

ernstlich **I.** *Adj. attr* (*Absicht*) ferme *antéposé;* (*Bedenken*) sérieux(-euse) **II.** *Adv. s.* **ernsthaft II.2**

Ernte ['ɛrntə] <-, -n> *f* ❶ (*Ertrag*) récolte *f* ❷ *kein Pl.* (*Getreideernte*) moisson *f;* (*Obsternte*) cueillette *f*

ernten ['ɛrntən] *tr. V.* ❶ récolter; (*Getreide*) moissonner; (*Obst*) cueillir ❷ (*erlangen*) **etw ~** récolter qc

ernüchtern* [ɛɐ'nʏçtɐn] *tr. V.* **jdn ~** (*Alltag*) ramener qn à la réalité; **~d** (*Vorfall*) qui fait l'effet d'une douche froide

Ernüchterung <-, -en> *f* désillusion *f*

Eroberer [ɛɐ'ʔo:bərɐ] <-s, -> *m,* **Eroberin** *f* conquérant(e) *m(f)*

erobern* [ɛr'ʔo:bɐn] *tr. V.* MIL *a. fig* conquérir

Eroberung <-, -en> *f* conquête *f*

eröffnen* **I.** *tr. V.* ❶ (*Geschäft*) ouvrir; (*Ausstellung*) inaugurer ❷ JUR engager ❸ (*beginnen*) ouvrir ❹ (*mitteilen*) révéler **II.** *refl. V.* **sich jdm durch etw ~** (*Wege*) s'ouvrir à qn grâce à qc **III.** *intr. V.* FIN **ruhig/hektisch ~** débuter calmement/très vite

Eröffnung *f* ❶ (*eines Geschäfts*) ouverture *f;* (*einer Ausstellung*) inauguration *f* ❷ *a.* JUR, MIL (*Beginn*) ouverture *f*

erörtern* [ɛɐ'ʔœrtɐn] *tr. V.* discuter

Erörterung <-, -en> *f* ❶ (*Erörterungsaufsatz*) dissertation *f* ❷ *kein Pl.* (*das Erörtern*) discussion *f*

Erosion [ero'zi̯o:n] <-, -en> *f* érosion *f*

Erotik [e'ro:tɪk] <-> *f* érotisme *m*

erotisch *Adj.* érotique

erpressen* *tr. V.* ❶ (*nötigen*) faire chanter ❷ (*abpressen*) **Geld von jdm ~** extorquer de l'argent à qn

Erpresser(in) <-s, -> *m(f)* maître chanteur(-euse) *m(f)*

Erpressung <-, -en> *f* ❶ (*einer Person*) chantage *m* ❷ (*von Geld*) extorsion *f*

erproben* *tr. V.* tester

erprobt [ɛɐ'pro:bt] *Adj.* ❶ (*Person*) chevronné(e) ❷ (*Gerät*) fiable; (*Verfahren*) éprouvé(e)

erquicken* [ɛɐ'kvɪkən] *tr. V.* **jdn ~** (*Schlaf*) revigorer qn

erraten* [ɛɐ'ra:tən] *tr. V. unreg* deviner

errechnen* *tr. V.* calculer

erregbar [ɛɐ're:kba:ɐ̯] *Adj.* (*leicht aufzuregen*) susceptible

erregen* [ɛɐ're:gən] **I.** *tr. V.* ❶ (*aufregen*) **jdn ~** (*Streit*) irriter qn ❷ (*sexuell anregen*) exciter ❸ (*hervorrufen*) **Aufsehen/Anstoß ~** faire sensation/scandale **II.** *refl. V.* **sich über jdn/etw ~** être énervé par qn/qc

Erreger <-s, -> *m* agent *m* pathogène

Erregung *f* ❶ irritation *f* ❷ (*Aufgewühltsein*) énervement *m* ❸ (*sexuelle Erregung*) excitation *f* ❹ *kein Pl.* **~ öffentlichen Ärgernisses** outrage *m* à la pudeur publique

erreichbar *Adj.* ❶ **~ sein** (*Person*) être joignable; (*Ort*) être accessible ❷ (*nicht abgelegen*) **der Bahnhof ist zu Fuß ~** on peut rejoindre la gare à pied

erreichen* *tr. V.* ❶ (*reichen an*) **etw mit der Hand ~** attraper qc avec la main ❷ (*Alter*) atteindre ❸ (*antreffen*) **jdn ~** (*Person*) joindre qn; (*Nachricht*) parvenir à qn ❹ (*eintreffen*) **den Bahnhof ~** (*Zug*) atteindre la gare; **sein Ziel ~** arriver à destination ❺ (*hingelangen*) arriver à

errichten* *tr. V.* ❶ (*Haus*) construire ❷ (*aufstellen*) dresser ❸ (*Reich*) fonder

erringen* *tr. V. unreg* ❶ (*Sieg*) remporter ❷ (*Vertrauen*) gagner

erröten* [ɛɐ'røːtən] *intr. V. + sein* rougir

Errungenschaft [ɛɐ'rʊŋənʃaft] <-, -en> *f* ❶ (*Erfolg*) conquête *f* ❷ *iron* (*Anschaffung*) acquisition *f*

Ersatz [ɛɐ'zats] <-es> *m* ❶ (*Mensch*) remplaçant(e) *m(f)*; (*Gerät*) appareil *m* de remplacement ❷ (*Entschädigung*) dédommagement *m*

Ersatzdienst *m* service *m* civil **Ersatzmann** <-männer *o* -leute> *m* remplaçant(e) *m(f)* **Ersatzteil** *nt* pièce *f* de rechange **ersatzweise** *Adv.* en remplacement

erschaffen *tr. V. unreg a.* REL créer

Erschaffung *f a.* REL création *f*

erscheinen* *intr. V. unreg + sein* ❶ (*sichtbar werden*) apparaître ❷ (*veröffentlicht werden*) sortir ❸ (*scheinen*) paraître ❹ (*sich einfinden*) **zum Dienst ~** prendre son service

Erscheinen <-s> *nt* ❶ (*von Gästen*) arrivée *f* ❷ (*Veröffentlichung*) sortie *f* ❸ (*Vision*) apparition *f*

Erscheinung <-, -en> *f* ❶ (*Phänomen*) phénomène *m*; **in ~ treten** se manifester; **persönlich in ~ treten** apparaître en personne ❷ (*Persönlichkeit*) **eine elegante ~** une figure élégante

Erscheinungsbild *nt* (*einer Person*) apparence *f* [extérieure]; (*einer Stadt*) aspect *m* extérieur

erschießen* *unreg* **I.** *tr. V.* abattre **II.** *refl. V.* **sich ~** se tuer

Erschießung <-, -en> *f* exécution *f*

erschlaffen* [ɛɐ'ʃlafən] *intr. V. + sein* (*Muskeln*) se relâcher; **etw ~ lassen** relâcher qc

erschlagen*[1] *tr. V. unreg* ❶ (*töten*) tuer; **von einem Baum ~ werden** être écrasé par un arbre ❷ *fig* **von den Informationen ~ werden** être submergé d'informations

erschlagen[2] *Adj. fam* **~ sein** être crevé

erschließen* *tr. V. unreg* ❶ (*Baugebiet*) viabiliser ❷ (*Gebiet*) ouvrir; (*Einnahmequelle*) dégager

erschöpfen* **I.** *tr. V.* épuiser **II.** *refl. V.* **sich ~** s'épuiser

Erschöpfung <-, -en> *f* épuisement *m*

erschossen **I.** *PP von* **erschießen** **II.** *Adj. fam* [**völlig**] **~ sein** être [complètement] vidé

erschrecken[1] <erschreckte, erschreckt> *tr. V. + haben* (*in Schrecken versetzen*) faire peur à

erschrecken[2] <erschrickt, erschrak, erschrocken> *intr. V. + sein* **vor jdm/etw ~** avoir peur de qn/qc; **sie erschrak bei dem Gedanken, dass** elle a été effrayée à l'idée que + *subj*

erschrecken[3] <erschrickt, erschreckte, erschreckt> *refl. V. + haben fam* **sich über eine Nachricht ~** être effrayé par un message

erschreckend **I.** *Adj.* effrayant(e) **II.** *Adv.* ❶ (*schrecklich*) de façon épouvantable ❷ (*wenig*) vraiment

erschrocken **I.** *PP von* **erschrecken**[2] **II.** *Adj.* effrayé(e)

erschüttern* [ɛɐ'ʃʏtɐn] *tr. V.* ❶ (*zum Beben bringen*) **etw ~** (*Erdstoß, Explosion*) secouer qc ❷ (*tief bewegen*) **jdn ~** (*Nachricht*) bouleverser qn

erschütternd *Adj.* (*Nachricht, Szene*) bouleversant(e); (*Umstand*) dramatique

erschüttert *Adj.* (*Person*) bouleversé(e); **über etw** (*Akk*) **~ sein** être consterné par qc

Erschütterung <-, -en> *f* ❶ (*Bewegung*) secousse *f* ❷ (*Beeinträchtigung*) affaiblissement *m* ❸ (*Ergriffenheit*) consternation *f*

erschweren* [ɛɐ'ʃveːrən] *tr. V.* **jdm etw ~** compliquer qc à qn

E

erschwinglich [ɛɐ'ʃvɪŋlɪç] *Adj.* (*Preis*) abordable; (*Lebensstandard*) accessible

ersehen* *tr. V. unreg* **aus etw ~, dass ...** voir d'après qc que ...

ersetzen* *tr. V.* ① (*Unkosten*) rembourser ② (*austauschen*) **etw durch etw ~** remplacer qc par qc

ersichtlich [ɛɐ'zɪçtlɪç] *Adj.* (*Ursache*) apparent(e); **aus etw ist ~, dass ...** il ressort de qc que ...

ersparen* *tr. V.* ① **jdm etw ~** épargner qc à qn ② FIN **[sich** (*Dat*)**] ein Vermögen ~** mettre une fortune de côté

Ersparnis [ɛɐ'ʃpaːɐ̯nɪs] <-, -se> *f*, <-ses, -se> *nt* A ① *kein Pl.* (*Einsparung*) **eine ~ an Kosten** une économie de frais; **eine ~ von einer Stunde** un gain d'une heure ② *meist Pl.* FIN économies *fpl*

erst [eːɐ̯st] *Adv.* ① (*zuerst*) d'abord ② (*nicht früher, jünger als*) **~ jetzt** seulement maintenant; **~ als ich dich sah** ce n'est que lorsque je t'ai vu(e) ③ (*schon*) seulement ④ (*gerade, unlängst*) **gerade ~** à l'instant; **er hat eben ~ das Büro verlassen** il vient de quitter son travail; **~ vor kurzem** tout récemment ►**jetzt ~ recht** eh bien, raison de plus

erstarren* *intr. V.* + *sein* ① (*fest werden*) se solidifier; **bei 0 °C erstarrt Wasser zu Eis** l'eau gèle à 0° C ② (*steif werden*) **vor Kälte** (*Dat*) **~** (*Person*) être transi de froid; (*Finger, Hände*) s'engourdir de froid ③ *fig* se figer; **vor Schrecken** (*Dat*) **~** être paralysé par la peur

erstatten* [ɛɐ'ʃtatən] *tr. V.* ① (*Unkosten*) rembourser ② *form* (*mitteilen*) signaliser qc; **gegen jdn Anzeige ~** déposer plainte contre qn

Erstattung <-, -en> *f* (*Vergütung*) remboursement *m*

Erstaufführung *f* première *f*

erstaunen* **I.** *tr. V.* + *haben* **jdn ~** étonner qn **II.** *intr. V.* + *sein* **über etw** (*Akk*) **erstaunt sein** être étonné par qc

Erstaunen *nt* étonnement *m*

erstaunlich **I.** *Adj.* étonnant(e); **es ist ~, dass/wie** c'est étonnant que + *subj*/de voir comment **II.** *Adv.* (*gut, wenig*) étonnamment

erstbeste(r, s) ['eːɐ̯st'bɛstə, -tɐ, -təs] *Adj. attr* **der ~ Mann** le premier homme venu; **das ~ Auto** la première voiture venue

erste(r, s) ['eːɐ̯stə, -tɐ, -təs] *Adj.* ① premier(-ière) *antéposé*; **die ~n drei Häuser** les trois premières maisons; **das ~ Mal/beim ~n Mal** la première fois; **zum ~n Mal** pour la première fois ② (*bei Datumsangaben*) **am ~n September** le premier septembre ③ (*führend*) **das ~ Hotel am Ort** le premier hôtel de la ville ►**der/die/das ~ beste ...** le premier ... venu/la première ... venue; **fürs Erste, als Erstes** pour commencer; *s.a.* **achte(r, s)**

erstechen* *tr. V. unreg* **jdn mit etw ~** poignarder qn avec qc

Erste-Hilfe-Kurs *m* cours *m* de secourisme

ersteigern* *tr. V.* ÖKON acquérir aux enchères

erstellen* *tr. V.* ① **etw in Beton** (*Dat*) **~** construire qc en béton ② (*Gutachten, Liste*) dresser

erstens ['eːɐstəns] *Adv.* premièrement

ersticken* [ɛɐ'ʃtɪkən] **I.** *intr. V.* + *sein* ① **am Rauch/Gas ~** s'étouffer avec de la fumée/asphyxier par le gaz; **an einer Fischgräte ~** s'étrangler avec une arête ② (*Feuer*) s'éteindre ③ *fig* **im Geld ~** crouler sous l'or **II.** *tr. V.* + *haben* étouffer

Erstickung <-> *f* étouffement *m*

erstklassig ['eːɐ̯stklasɪç] **I.** *Adj.* ① excellent(e); (*Service*) de première qualité; (*Ware*) de premier choix ② (*sehr: Chirurg, Anwalt*) de premier plan **II.** *Adv.* à la perfection; (*sich kleiden*) impeccablement; **~ schmecken** être excellent

erstmalig **I.** *Adj.* premier(-ière) *antéposé* **II.** *Adv. form* pour la première fois

erstmals *Adv.* pour la première fois

erstrangig ['eːɐ̯straŋɪç] *Adj.* ① primordial(e) ② FIN de premier rang

erstreben* *tr. V. geh* aspirer à

erstrebenswert *Adj.* tentant(e)

erstrecken* **I.** *refl. V.* ① **sich in beide Richtungen ~** s'étendre des deux côtés ② (*beziehen*) **sich auf Details ~** s'étendre aux détails **II.** *tr. V.* CH **eine Frist/einen Abgabetermin um eine Woche ~** prolonger un délai/une date limite de remise d'une semaine

ertappen* I. *tr. V.* **jdn ~** prendre qn sur le fait II. *refl. V.* **sich bei dem Gedanken an jdn/etw ~** se surprendre à penser à qn/qc

erteilen* *tr. V. form* ① (*Auftrag*) donner; (*Genehmigung*) accorder ② SCHULE **jdm Unterricht ~** donner un cours à qn

ertönen* [ɛɐ'tøːnən] *intr. V. + sein* se faire entendre

Ertrag [ɛɐ'traːk] <-[e]s, Erträge> *m* AGR rendement *m;* FIN revenu *m*

ertragen* *tr. V. unreg* supporter

erträglich [ɛɐ'trɛːklɪç] *Adj.* supportable

ertränken* I. *tr. V.* noyer II. *refl. V.* **sich ~** se noyer

erträumen* *refl. V.* **sich** (*Dat*) **jdn/etw ~** rêver de qn/qc

ertrinken* *intr. V. unreg + sein* **in etw** (*Dat*) **~** se noyer dans qc

erübrigen* [ɛɐ'ʔyːbrɪgən] I. *refl. V.* **sich ~** être superflu II. *tr. V.* **etw ~ können** ne plus avoir besoin de qc

erwachen* *intr. V. + sein geh* ① se réveiller; **aus einem Traum ~** sortir d'un rêve; **vom Lärm ~** être réveillé par le bruit ② (*Gefühle*) s'éveiller ▶ **ein böses Erwachen** un réveil douloureux

erwachsen [ɛg'vaksn] *Adj.* (*Person*) adulte; **eine ~e Tochter haben** avoir une grande fille

Erwachsene(r) *f(m) dekl wie Adj* adulte *mf*

erwägen* [ɛɐ'vɛːgən] *tr. V. unreg* (*Möglichkeit*) envisager; (*Schritt*) réfléchir

Erwägung <-, -en> *f* réflexion *f;* **etw in ~ ziehen** envisager qc

erwähnen* [ɛɐ'vɛːnən] *tr. V.* ① (*Person*) citer; (*Angebot*) mentionner ② (*bemerken*) **jdm gegenüber ~, dass ...** évoquer devant qn le fait que ...

Erwähnung <-, -en> *f* mention *f*

erwärmen* I. *tr. V.* (*Essen*) faire chauffer; (*Luft*) réchauffer; **auf 30 °C erwärmt werden** être chauffé à 30° C II. *refl. V.* **sich ~** se réchauffer; **sich auf 30 °C ~** atteindre 30° C [en se réchauffant]

erwarten* *tr. V.* ① attendre ② (*voraussetzen*) **von jdm ~, dass** attendre [de qn] que + *subj*

Erwartung <-, -en> *f* ① *Pl* attentes *fpl;* **den ~en entsprechen** (*Person*) répondre aux espoirs; (*Leistung*) être conforme aux espérances ② *kein Pl.* (*Anspannung*) **voller ~** rendu(e) fébrile par l'attente

erwecken* *tr. V.* ① (*Eindruck*) donner ② *geh* (*aufwecken*) réveiller

erweisen* [ɛɐ'vaizən] *unreg* I. *tr. V.* ① **jdm einen Gefallen ~** rendre un service [à qn] ② (*Schuld*) établir; **es ist erwiesen, dass ...** il est prouvé que ... II. *refl. V.* ① **sich als richtig/falsch ~** se révéler [être] juste/faux ② (*sich zeigen*) **sich jdm gegenüber dankbar ~** se montrer reconnaissant(e) envers qn

erweitern* [ɛɐ'vaitɐn] I. *tr. V.* ① (*Öffnung*) élargir ② (*Flughafen*) agrandir ③ (*Angebot*) élargir; (*Kapazität*) augmenter II. *refl. V.* ① **sich auf etw** (*Akk*)**/um etw ~** (*Straße*) s'élargir à/de qc ② ANAT **sich ~** (*Gefäß*) se dilater

Erweiterung <-, -en> *f* ① (*einer Straße*) élargissement *m* ② (*eines Flughafens*) extension *f* ③ (*eines Angebots*) élargissement *m;* (*der Kapazität*) accroissement *m*

Erwerb [ɛɐ'vɛrp] <-[e]s, -e> *m form* ① *kein Pl.* acquisition *f* ② (*Erwerbstätigkeit*) gagne-pain *m*

erwerben* *tr. V. unreg* ① (*Besitz, Titel*) acquérir; (*Vertrauen*) gagner ② (*kaufen*) faire l'acquisition de

erwerbsfähig *Adj. form* apte à exercer un emploi **erwerbslos** *Adj. form* sans-emploi

erwidern* [ɛɐ'vɪːdɐn] *tr. V.* ① répliquer ② (*Gruß, Kuss*) rendre; (*Kompliment*) retourner

erwirtschaften* *tr. V.* (*Gewinn*) réaliser; (*Verlust*) enregistrer

erwischen* *tr. V. fam* ① **jdn beim Stehlen ~** pincer qn en train de voler ② (*Person, Tier*) choper ③ (*Bus, Bahn*) réussir à avoir

erworben [ɛɐ'vɔrbən] *Adj.* MED acquis(e)

erwünscht [ɛɐ'vʏnʃt] *Adj.* ① souhaité(e) ② (*Gelegenheit*) attendu(e); **Rauchen nicht ~!** prière de ne pas fumer !

erwürgen* [ɛɐ'vʏrgən] *tr. V.* étrangler

Erz [eːɐts] <-es, -e> *nt* minerai *m*

erzählen* *tr., intr. V.* raconter

Erzähler(in) *m(f)* ① conteur(-euse) *m(f)* ② (*im Roman*) narrateur(-trice) *m(f)*

Erzählung *f* ① (*Prosawerk*) conte *m* ② *kein Pl.* (*das Erzählen*) récit *m*

Ẹrzbischof ['ɛrtsbɪʃɔf] *m,* **-bischöfin** *f* archevêque *m* **Ẹrzengel** *m* archange *m*

erzeugen* *tr. V.* ❶ produire ❷ (*Ärger*) provoquer

Erzeuger(in) <-s, -> *m(f)* ❶ (*landwirtschaftlicher Produkte*) producteur(-trice) *m(f)* ❷ *iron fam* (*Vater*) géniteur *m*

Erzeugnis <-ses, -se> *nt* produit *m*

Ẹrzgebirge ['eːɐ̯tsgəbɪrgə] *nt* **das ~** les monts Métallifères

Ẹrzherzog(in) *m(f)* archiduc *m*/archiduchesse *f*

erziehen* *tr. V. unreg* ❶ (*Kind*) élever ❷ (*anleiten*) **jdn zur Ordnung/Selbständigkeit ~** apprendre l'ordre/l'indépendance à qn

Erzieher(in) <-s, -> *m(f)* éducateur (-trice) *m(f)*

erzieherisch *Adj.* éducatif(-ive)

Erziehung *f* éducation *f*

erzielen* *tr. V.* ❶ (*Einigung*) parvenir à; (*Ergebnis*) obtenir; (*Gewinn*) remporter; (*Treffer*) tirer ❷ (*Jahresbestzeit*) réaliser; (*Punkt*) marquer

erzürnen* [ɛɐ'tsʏrnən] *geh* **I.** *tr. V.* **jdn ~** mettre qn en colère **II.** *refl. V.* **sich über jdn/etw ~** se mettre en colère contre qn/à propos de qc

erzwịngen* *tr. V. unreg* (*Entscheidung*) forcer

ẹs [ɛs] **I.** *Personalpron., 3. Pers. Sg., Nom.* ❶ (*Person, Tier, Sache*) il/elle ❷ (*das*) **~ ist Onkel Paul** c'est l'oncle Paul; **ich bin ~** c'est moi; **hoffentlich macht ~ Ihnen nichts aus** j'espère que cela ne vous gêne pas ❸ (*einem Subjektsatz vorausgehend*) **~ gefällt ihr, dass** ça lui plaît que + *subj* ❹ (*in unpersönlichen Ausdrücken*) **~ regnet** il pleut; **~ geht ihnen gut** ils vont bien; **jetzt reicht ~!** cela suffit maintenant ! ❺ (*in reflexiven Ausdrücken*) **hier lebt ~ sich angenehm** ici, la vie est agréable ❻ (*als Einleitewort mit folgendem Subjekt*) **~ meldete sich niemand** personne ne se manifesta **II.** *Personalpron., 3. Pers. Sg., Akk.* ❶ (*Person, Tier, Sache*) le/la ❷ (*das*) le; **ich glaube ~ nicht** je ne le crois pas ❸ (*einem Objektsatz vorausgehend*) **~ nicht mögen, dass/wenn** ne pas aimer que + *subj*

ESA ['eːzaː] <-> *f Abk. von* **European Space Agency** ASE *f*

Escape-Taste [ɪ'skeɪp'tastə] *f* INFORM touche *f* Echappement

Ẹsche ['ɛʃə] <-, -n> *f* (*Baum, Holz*) frêne *m*

Esel ['ezəl] <-s, -> *m* ❶ âne *m* ❷ *fam* (*Dummkopf*) **ich ~!** ce que je suis bête !

Eselsbrücke *f fam* moyen *m* mnémotechnique **Eselsohr** *nt fam* corne *f*

eskalieren* [ɛska'liːrən] **I.** *intr. V.* **zu etw ~** dégénérer en qc **II.** *tr. V.* (*Spannungen*) accroître

Ẹskimo ['ɛskimo] <-s, -s> *m,* **-frau** *f* Esquimau(de) *m(f)*

Eskọrte [ɛs'kɔrtə] <-, -n> *f* escorte *f*

Esoterik [ezo'teːrɪk] <-> *f* ésotérisme *m*

esoterisch [ezo'teːrɪʃ] *Adj.* ésotérique

Esprẹsso [ɛs'prɛso] <-[s], -s> *m* [café *m*] express *m*

Esprẹssomaschine *f* machine *f* à expressos

Esprit [ɛs'priː] <-s> *m geh* esprit *m*

Essay ['ɛse] <-s, -s> *m o nt* essai *m*

ẹssbar[RR], **ẹßbar**[ALT] ['ɛsbaːɐ̯] *Adj.* (*Pilz*) comestible

ẹssen ['ɛsən] <ịsst, aß, gegẹssen> **I.** *tr. V.* manger **II.** *intr. V.* ❶ manger; **gut/warm ~** manger bien/chaud; [**chinesisch**] **~ gehen** aller manger [chinois]; **von einem Teller ~** manger dans une assiette ❷ (*probieren*) **von etw ~** prendre de qc

Ẹssen <-s, -> *nt* ❶ (*Mahlzeit*) repas *m;* **das ~ kochen** faire à manger ❷ (*Festessen*) banquet *m* ❸ (*Nahrung*) nourriture *f*

Ẹssen[s]marke *f* ticket *m* [de] repas **Ẹssenszeit** *f* heure *f* du repas

Essẹnz [ɛ'sɛnts] <-, -en> *f a. fig* essence *f*

Ẹssig ['ɛsɪç] <-s, -e> *m* vinaigre *m*

Ẹssiggurke *f* cornichon *m* à la russe

Ẹsskastanie[RR], **Ẹßkastanie**[ALT] *f* châtaigne *f* **Ẹsslöffel**[RR], **Ẹßlöffel**[ALT] *m* cuillère *f* à soupe **Ẹsszimmer**[RR], **Ẹßzimmer**[ALT] *nt* salle *f* à manger

Ẹste ['eːstə] <-n, -n> *m,* **Ẹstin** *f* Estonien(ne) *m(f)*

Estland ['eːstlant] *nt* l'Estonie *f*

estnisch ['ɛstnɪʃ] **I.** *Adj.* estonien **II.** *Adv.* **~ miteinander sprechen** discuter en estonien

Estnisch <-[s]> *nt kein Art.* estonien *m;* *s.a.* **Deutsch**

Ẹstragon ['ɛstragɔn] <-s> *m* estragon *m*

ESZB [eːʔɛstsɛtˈbeː] <-> *nt Abk. von* **Europäisches System der Zentralbanken** SEBC *m*

etablieren* [etaˈbliːrən] **I.** *tr. V.* établir **II.** *refl. V.* **sich als Arzt ~** s'établir comme médecin

etabliert *Adj. geh* établi(e)

Etage [eˈtaːʒə] <-, -n> *f* étage *m;* **in der obersten ~** au dernier étage

Etagenbett *nt* lits *mpl* superposés

Etappe [eˈtapə] <-, -n> *f* a. SPORT étape *f;* **in ~n** par étapes

Etat [eˈtaː] <-s, -s> *m a.* POL budget *m*

etc. [ɛtˈtseːtera] *Abk. von* **et cetera** etc.

Ethik [ˈeːtɪk] <-> *f* éthique *f*

ethisch *Adj.* éthique

ethnisch [ˈɛtnɪʃ] *Adj.* ethnique

Ethnologie [ɛtnoloˈgiː] <-, -n> *f* ethnologie *f*

Etikett [etiˈkɛt] <-[e]s, -e[n]> *nt* étiquette *f*

Etikette [etiˈkɛtə] <-> *f* étiquette *f*

etikettieren* [etikɛˈtiːrən] *tr. V.* étiqueter

etliche(r, s) [ˈɛtlɪçə, -çɐ, -çəs] *unbest. Pron.* ❶ *attr* pas mal de ❷ *(zahlreiche Personen)* **~ waren zum ersten Mal da** [un] bon nombre d'entre eux étaient là pour la première fois ❸ *(einiges)* **~s** pas mal de choses; **um ~s älter/größer sein** être bien plus âgé/grand

Etui [ɛtˈviː] <-s, -s> *nt* étui *m*

etwa [ˈɛtva] *Adv.* ❶ **[in] ~** à peu près ❷ *(zum Beispiel)* par exemple ❸ *(womöglich)* par hasard; **willst du ~ hierbleiben?** tu veux vraiment rester ici ?; **oder ~ nicht?** ou [bien] non ?

etwas [ˈɛtvas] *unbest. Pron.* ❶ quelque chose; **kannst du mir ~ davon abgeben?** peux-tu m'en donner ?; **hast du ~ von ihr gehört?** as-tu eu de ses nouvelles ? ❷ *attr* **~ Nettes** quelque chose de gentil; **~ anderes wäre es, wenn ...** ce serait [tout] autre chose si ...; **so ~ Dummes!** que c'est bête ! ❸ *(ein wenig)* un peu

Etymologie [etymoloˈgiː] <-, -n> *f* étymologie *f*

etymologisch [etymoˈloːgɪʃ] *Adj.* étymologique

EU [eːˈuː] <-> *f Abk. von* **Europäische Union** UE *f*

euch [ɔyç] **I.** *Personalpron., Dat. von* **ihr**[1] ❶ vous; **eine Bekannte von ~** une de vos connaissances ❷ *refl.* vous **II.** *Personalpron., Akk. von* **ihr**[1] ❶ vous ❷ *refl.* **beeilt ~!** dépêchez-vous !

euer [ˈɔyɐ] *Possessivpron.* ❶ votre; **eure Bücher** vos livres; **dieser Koffer ist eurer** cette valise est à vous; **alles Liebe, eure Petra** affectueusement, Petra ❷ *substantivisch geh* **der/die/das eure** le/la vôtre

EU-Kommission *f* Commission *f* européenne **EU-Länder** *Pl* pays *mpl* membres de l'UE

Eule [ˈɔylə] <-, -n> *f* chouette *f;* *(mit Ohrfedern)* hibou *m*

EU-Ministerrat *m* Conseil *m* européen **EU-Mitgliedstaaten** *Pl* Etats *mpl* membres de l'UE

Eunuch [ɔyˈnuːx] <-en, -en> *m* eunuque *m*

Euphorie [ɔyfoˈriː] <-, -n> *f* euphorie *f*

euphorisch [ɔyˈfoːrɪʃ] *Adj.* euphorique

EUR *Abk. von* **Euro** EUR

Euratom [ɔyraˈtoːm] <-> *f Abk. von* **Europäische Atomgemeinschaft** Euratom *m*

eurerseits [ˈɔyrɐˈzaits] *Adv.* ❶ de votre côté ❷ *(was euch betrifft)* pour votre part

eures [ˈɔyrəs] *s.* **euer**

euresgleichen [ˈɔyrəsˈglaiçən] *Pron. unv.* ❶ *pej (Menschen eures Schlags)* [**ihr und**] **~** [vous et] vos semblables *mpl* ❷ *(Menschen wie ihr)* **ihr verkehrt nur mit ~** vous ne fréquentez que les gens de votre sorte

euretwegen [ˈɔyrətˈveːgən] *Adv.* *(wegen euch)* à cause de vous; *(euch zuliebe)* pour vous

Euro [ˈɔyro] <-[s], -[s]> *m* euro *m;* **der Übergang zum ~** le passage à l'euro; **auf ~ lauten** être libellé(e) en euros

Eurobanknoten *Pl* billets *mpl* [en] euro **Eurocheque** *s.* **Euroscheck** **Eurocity** <-s, -s> *m* Eurocity *m* **Eurodollars** *Pl* eurodollars *mpl* **Eurokrise** *f* crise *f* de l'euro **Eurokurs** *m* cours *m* de l'euro; **steigender ~** cours de l'euro en hausse **Euromarkt** *m* marché *m* européen **Euromünzen** *Pl* pièces *fpl* [en] euro

Europa [ɔyˈroːpa] <-s> *nt* l'Europe *f*

Europäer(in) [ɔyroˈpɛːɐ] <-s, -> *m(f)* Européen(ne) *m(f)*

europäisch *Adj.* européen(ne)

Europameister(in) *m(f)* champion(ne) *m(f)* d'Europe **Europapokal** *m* coupe *f* d'Europe **Europarat** *m kein Pl.* Conseil *m* de l'Europe **Europawahl** *f* élections *fpl* européennes **Euroraum** *m* zone *f* euro

Euroscheck ['ɔyroʃɛk] *m* eurochèque *m*

euroskeptisch *Adj.* eurosceptique

Euroskeptiker(in) *m(f)* eurosceptique *mf* **Eurovision** *f* eurovision *f* **Eurowährung** *f* eurodevise *f* **Eurozone** *f* zone *f* euro

Euthanasie [ɔytana'ziː] <-> *f* euthanasie *f*

ev. *Abk. von* **evangelisch** protestant(e)

e.V., E.V. [eː'fau] *Abk. von* **eingetragener Verein** association *f* déclarée

evakuieren* [evaku'iːrən] *tr. V.* (*Bewohner*) évacuer

Evakuierung <-, -en> *f* évacuation *f*

evangelisch [evaŋ'geːlɪʃ] *Adj.* protestant(e)

Evangelium [evaŋ'geːliʊm] <-s, -lien> *nt* évangile *m*

Eventualität [evɛntuali'tɛːt] <-, -en> *f* éventualité *f*

eventuell [evɛn'tuɛl] *Adj.* éventuel(le)

Evolution [evolu'tsi̯oːn] <-, -en> *f* évolution *f*

evtl. *Adj., Adv. Abk. von* **eventuell**

E-Werk ['eːvɛrk] *nt Abk. von* **Elektrizitätswerk** centrale *f* électrique

EWG [eːveː'geː] <-> *f* HIST *Abk. von* **Europäische Wirtschaftsgemeinschaft** C.E.E. *f*

EWI [eːveːʔ'iː] <-> *nt Abk. von* **Europäisches Währungsinstitut** IME *m*

ewig ['eːvɪç] **I.** *Adj.* éternel(le) **II.** *Adv.* ❶ (*bestehen*) de toute éternité ❷ (*für immer*) **auf ~** pour toujours ❸ *fam* (*ständig*) toujours

Ewigkeit <-, -en> *f* éternité *f*

EWS [eːveː'ʔɛs] <-> *nt Abk. von* **Europäisches Währungssystem** S.M.E. *m*

EWU [eːveː'ʔuː] <-> *f Abk. von* **Europäische Währungsunion** U.M.E. *f*

ex *Adv. fam* ▸ **etw** [**auf**] **~ trinken** boire qc cul sec

Examen [ɛ'ksaːmən] <-s, -> *nt* examen *m*; **~ machen** passer ses examens

Exekution [ɛkseku'tsi̯oːn] <-, -en> *f* ❶ exécution *f* ❷ A (*Pfändung*) saisie *f*

Exekutive [ɛkseku'tiːvə] <-, -n> *f* exécutif *m*

Exemplar [ɛksɛm'plaːɐ̯] <-s, -e> *nt* exemplaire *m*

exemplarisch [ɛksɛm'plaːrɪʃ] *Adj.* exemplaire

exerzieren* [ɛksɛr'tsiːrən] *intr. V.* MIL faire l'exercice

Exhibitionismus [ɛkshibitsi̯o'nɪsmʊs] <-> *m* exhibitionnisme *m*

Exhibitionist(in) [ɛkshibitsi̯o'nɪst] <-en, -en> *m(f)* exhibitionniste *mf*

Exil [ɛ'ksiːl] <-s, -e> *nt* exil *m*

Existentialismus [ɛksɪstɛntsi̯a'lɪsmʊs] *s.* **Existenzialismus**

existentiell [ɛksɪstɛn'tsi̯ɛl] *s.* **existenziell**

Existenz [ɛksɪs'tɛnts] <-> *f kein Pl.* existence *f* **Existenzberechtigung** *f kein Pl.* (*einer Person*) droit *m* à l'existence; (*einer Sache*) raison *f* d'être

Existenzialismus[RR] [ɛksɪstɛntsi̯a'lɪsmʊs] <-> *m* existentialisme *m*

existenziell[RR] [ɛksɪstɛn'tsi̯ɛl] *Adj.* vital(e)

Existenzminimum *nt* minimum *m* vital

existieren* [ɛksɪs'tiːrən] *intr. V.* exister

exklusiv [ɛksklu'ziːf] *Adj.* raffiné(e)

exkommunizieren* [ɛkskɔmuni'tsiːrən] *tr. V.* excommunier

Exkrement <-[e]s, -e> *nt meist Pl. geh* excrément *m*

Exkursion <-, -en> *f* excursion *f*

exmatrikulieren* [ɛksmatriku'liːrən] *tr. V.* **sich ~** se faire radier de la liste des étudiants

Exot [ɛ'ksoːt] <-en, -en> *m* (*Pflanze*) plante *f* exotique; (*Tier*) animal *m* exotique

exotisch [ɛ'ksoːtɪʃ] *Adj.* ❶ (*Pflanze*) exotique ❷ *fam* (*Hobby*) insolite

expandieren* *intr. V.* (*Firma*) s'agrandir

Expansion [ɛkspan'zi̯oːn] <-, -en> *f* POL, COM expansion *f*

Expedition [ɛkspedi'tsi̯oːn] <-, -en> *f* expédition *f*

Experiment [ɛksperi'mɛnt] <-[e]s, -e> *nt* expérience *f*; (*wissenschaftlicher Versuch*) expérimentation *f*

experimentell [ɛksperimɛn'tɛl] **I.** *Adj.* expérimental(e) **II.** *Adv.* **~ vorgehen** expérimenter

experimentieren* [ɛksperimɛn'tiːrən] *intr. V.* **mit etw ~** faire des expériences avec qc

Experte [ɛks'pɛrtə] <-n, -n> *m,* **Expertin** *f* expert(e) *m(f)*

explizit [ɛkspli'tsi:t] *geh Adj.* explicite
explodieren* [ɛksplo'di:rən] *intr. V. + sein* exploser
Explosion [ɛksplo'zi̯o:n] <-, -en> *f* explosion *f*
explosionsartig **I.** *Adj.* (1) **ein ~es Geräusch** un bruit d'explosion (2) (*Zunahme*) explosif(-ive) **II.** *Adv.* à une vitesse fulgurante
explosiv [ɛksplo'zi:f] *Adj.* explosif(-ive)
Exponat [ɛkspo'na:t] <-[e]s, -e> *nt* pièce *f* d'exposition
Exponent [ɛkspo'nɛnt] <-en, -en> *m* MATH exposant *m*
Export [ɛks'pɔrt] <-[e]s, -e> *m* exportation *f*
Exporteur(in) [ɛkspɔr'tø:ɐ̯] <-s, -e> *m(f)* exportateur(-trice) *m(f)*
exportieren* [ɛkspɔr'ti:rən] *tr. V.* **etw nach Australien ~** exporter qc vers l'Australie
Express[RR] <-es>, **Expreß**[ALT] [ɛks'prɛs] <-sses> *m* **per ~** par exprès
exquisit [ɛkskvi'zi:t] **I.** *Adj.* (*Lokal*) excellent(e) **II.** *Adv.* **~ schmecken** être exquis
extern [ɛks'tɛrn] *Adj.* (*Kandidat*) venu(e) de l'extérieur
extra ['ɛkstra] *Adv.* (1) (*besonders*) extra[-] (2) (*zusätzlich*) en plus (3) (*gesondert*) à part
Extra <-s, -s> *nt* accessoire *m* [optionnel]
Extrablatt *nt* édition *f* spéciale
Extrakt [ɛks'trakt] <-[e]s, -e> *m* extrait *m*
extravagant [ɛkstrava'gant] *Adj.* extravagant(e)
Extrazug *m* CH train *m* spécial
extrem [ɛks'tre:m] **I.** *Adj.* extrême **II.** *Adv.* **~ links stehen** (*Politiker*) être d'extrême gauche
Extrem <-s, -e> *nt* extrême *m*
Extremist(in) [ɛkstre'mɪst] <-en, -en> *m(f)* extrémiste *mf*
Extremitäten [ɛkstremi'tɛ:tən] *Pl* extrémités *fpl*
exzellent [ɛkstsɛ'lɛnt] **I.** *Adj.* excellent(e) **II.** *Adv.* (*speisen*) extrêmement bien
Exzellenz [ɛkstse'lɛnts] <-, -en> *f* Excellence *f*
exzentrisch [ɛks'tsɛntrɪʃ] *Adj.* excentrique
Exzess[RR] <-es, -e>, **Exzeß**[ALT] [ɛks'tsɛs] <-sses, -sse> *m meist Pl.* excès *m*
exzessiv [ɛkstsɛ'si:f] *Adj.* excessif(-ive)
Eyeliner ['aɪlaɪnɐ] <-s, -> *m* eye-liner *m*
EZB [e:tsɛtʔ'be:] <-> *f Abk. von* **Europäische Zentralbank** BCE *f*

E

Ff

F, f [ɛf] <-, -> *nt* ❶ F *m*/f *m* ❷ MUS fa *m*

Fa. *Abk. von* **Firma** Sté

Fabel ['fa:bəl] <-, -n> *f* fable *f*

fabelhaft *Adj.* **das ist ja ~!** c'est vraiment sensationnel !

Fabelwesen *nt* être *m* fabuleux

Fabrik [fa'bri:k] <-, -en> *f* usine *f*

Fabrikant(in) [fabri'kant] <-en, -en> *m(f)* fabricant(e) *m(f)*

Fabrikarbeiter(in) *m(f)* ouvrier(-ière) *m(f)* d'usine

Fabrikat [fabri'ka:t] <-[e]s, -e> *nt* ❶ produit *m* ❷ (*Marke*) marque *f*

Fabrikation [fabrika'tsi̯o:n] <-, -en> *f* fabrication *f*

fabrizieren* [fabri'tsi:rən] *tr. V.* fabriquer

fabulieren* *intr. V.* raconter des histoires

Facette [fa'sɛtə] <-, -n> *f* facette *f*

Fach [fax, *Pl:* 'fɛçɐ] <-[e]s, Fächer> *nt* ❶ (*einer Tasche*) compartiment *m* ❷ (*Schubfach*) tiroir *m* ❸ (*Schulfach*) matière *f*

Facharbeiter(in) *m(f)* ouvrier(-ière) *m(f)* qualifié(e) **Facharzt** *m*, **-ärztin** *f* [médecin *mf*] spécialiste *mf* **Fachausdruck** <-ausdrücke> *m* terme *m* technique **Fachbereich** *m* (*einer Universität*) ≈ unité *f* de formation et de recherche **Fachbuch** *nt* ouvrage *m* spécialisé

fächeln ['fɛçəln] *intr. V.* **mit etw ~** agiter qc pour produire un courant d'air

Fächer ['fɛçɐ] <-s, -> *m* éventail *m*

Fachfrau *f* spécialiste *f* **Fachgebiet** *nt* spécialité *f* **fachgerecht** *Adj.* approprié(e); (*Ausbildung*) spécialisé(e)

Fachhochschule *f: école supérieure spécialisée où on peut faire des études techniques ou artistiques*

Une **Fachhochschule (FH)** est une université d'enseignement technique ou artistique qui correspond globalement aux I.U.T. (Instituts Universitaires Techniques) en France. Au bout de trois ans d'études, on obtient, par exemple, un diplôme d'ingénierie et le titre de *Diplom-Ingenieur* dont l'abréviation est *Dipl.-Ing. (FH)*.
En Autriche, on peut aussi y préparer une maîtrise.

Fachkenntnisse *Pl* connaissances *fpl* professionnelles **Fachkraft** *f* spécialiste *mf* **fachkundig** *Adj.* compétent(e)

fachlich **I.** *Adj.* (*Qualifikation*) professionnel(le) **II.** *Adv.* sur le plan professionnel

Fachliteratur *f* littérature *f* spécialisée **Fachmann** <-leute> *m* spécialiste *m* **fachmännisch** **I.** *Adj.* de spécialiste **II.** *Adv.* (*prüfen*) en connaisseur **Fachrichtung** *f* branche *f* **Fachschule** *f* école *f* professionnelle **fachsimpeln** *intr. V. fam* **mit jdm ~** parler boutique avec qn **Fachsprache** *f* jargon *m* **Fachwerk** *nt kein Pl.* colombage *m* **Fachwerkhaus** *nt* maison *f* à colombages **Fachwissen** *nt* savoir *m* technique **Fachwort** *nt* terme *m* technique

Fackel ['fakəl] <-, -n> *f* torche *f*

fad(e) [fa:t ('fa:də)] **I.** *Adj.* (*Geschmack*) fade **II.** *Adv.* **~ schmecken** être fade

Faden ['fa:dən, *Pl:* 'fɛ:dən] <-s, Fäden> *m* fil *m*

fadenscheinig *Adj. pej* cousu(e) de fil blanc

Fagott [fa'gɔt] <-[e]s, -e> *nt* basson *m*

fähig ['fɛ:ɪç] *Adj.* capable

Fähigkeit <-, -en> *f* ❶ *kein Pl.* faculté *f* ❷ (*Begabung*) aptitude *f*

fahl [fa:l] *Adj.* blafard(e)

Fähnchen <-s, -> *nt Dim. von* **Fahne** petit drapeau *m*

fahnden ['fa:ndən] *intr. V.* **nach jdm/etw ~** rechercher qn/qc

Fahndung <-, -en> *f* recherches *fpl*

Fahne ['fa:nə] <-, -n> *f* ❶ drapeau *m* ❷ *fam* (*Alkoholfahne*) **eine ~ haben** puer l'alcool

Fahnenflucht *f kein Pl.* désertion *f* **Fahnenmast** *m* mât *m*

Fahrausweis *m* ❶ titre *m* de transport ❷ CH (*Führerschein*) permis *m* de conduire **Fahrbahn** *f* (*Fahrspur*) voie *f* [de circulation]

Fähre ['fɛːrə] <-, -n> *f* bac *m*

fahren ['faːrən] <fährt, fuhr, gefahren> **I.** *intr. V.* ① *+ sein* **nach Frankreich** ~ aller en France ② *+ sein* (*Fahrzeug*) rouler; **nach oben/unten** ~ (*Fahrstuhl*) monter/descendre ③ *+ sein* (*ein Fahrzeug lenken*) conduire ④ *+ sein* (*losfahren*) partir ⑤ *+ sein* (*verkehren*) passer ⑥ *+ sein fam* (*zurechtkommen*) **mit jdm/etw gut** ~ être satisfait de qn/qc ▶ **einen** ~ **lassen** *fam* lâcher un pet **II.** *tr. V.* ① *+ haben* (*Auto*) conduire; (*Fahrrad*) rouler sur ② *+ haben* (*Personen*) conduire; (*Sachen*) transporter ③ *+ sein* (*als Geschwindigkeit haben*) **90 km/h** ~ rouler à 90 km/h ④ *+ haben o sein* (*Rennen*) effectuer

Fahrenheit Fahrenheit

Fahrer(in) ['faːrɐ] <-s, -> *m(f)* ① conducteur(-trice) *m(f)* ② (*Chauffeur*) chauffeur *m*

Fahrerflucht *f* délit *m* de fuite

Fahrerlaubnis *f form* permis *m* de conduire **Fahrgast** *m* passager(-ère) *m(f)*

fahrig ['faːrɪç] *Adj.* (*Person*) surexcité(e)

Fahrkarte *f* ticket *m;* (*für den Zug*) billet *m* **Fahrkartenautomat** *m* distributeur *m* [automatique] de tickets **Fahrkartenschalter** *m* guichet *m* [de vente] des billets

fahrlässig ['faːɐ̯lɛsɪç] *Adj.* imprudent(e)

Fahrlässigkeit <-, -en> *f* imprudence *f*

Fahrlehrer(in) *m(f)* moniteur(-trice) *m(f)* d'auto-école **Fahrplan** *m* [indicateur *m*] horaire *m* **fahrplanmäßig** *Adj.* prévu(e) [selon l'horaire] **Fahrpreis** *m* prix *m* du transport **Fahrprüfung** *f* examen *m* du permis de conduire

Fahrrad *nt* vélo *m* **Fahrradfahrer(in)** *m(f)* cycliste *mf* **Fahrradständer** *m* (*am Fahrrad*) béquille *f;* (*Gestell für Fahrräder*) support *m* pour vélos **Fahrradweg** *m* piste *f* cyclable

Fahrschein *s.* **Fahrkarte**

Fahrscheinautomat *m* distributeur *m* automatique [de tickets]

Fahrschule *f* auto-école *f* **Fahrschüler(in)** *m(f)* élève *mf* d'auto-école **Fahrspur** *f* voie *f* [de circulation] **Fahrstuhl** *m* ascenseur *m* **Fahrstunde** *f* leçon *f* de conduite

Fahrt [faːɐ̯t] <-, -en> *f* ① trajet *m;* **gute ~!** bonne route ! ② (*Reise*) voyage *m* ▶ **in ~ kommen** *fam* (*in Schwung kommen*) trouver la forme

fährt [fɛːɐ̯t] *3. Pers. Sg. Präs. von* **fahren**

Fährte ['fɛːɐ̯tə] <-, -n> *f* trace *f*

Fahrtenschreiber *m* tachygraphe *m*

Fahrtkosten *Pl* frais *mpl* de transport **Fahrtrichtung** *f* destination *f*

fahrtüchtig *Adj.* (*Kraftfahrzeug*) en [bon] état de marche

Fahrtwind *m* déplacement *m* d'air

Fahrverbot *nt* (*generelles Fahrverbot*) interdiction *f* de circuler **Fahrzeit** *f* durée *f* du trajet **Fahrzeug** <-, -e> *nt* véhicule *m*

Fahrzeugbrief *m: titre de propriété du véhicule* **Fahrzeughalter(in)** *m(f)* propriétaire *mf* du véhicule **Fahrzeugpapiere** *Pl* papiers *mpl* du véhicule **Fahrzeugschein** *m* ≈ carte *f* grise

Faible ['fɛːbl] <-s, -s> *nt* faible *m*

fair [fɛːɐ̯] **I.** *Adj.* (*Spiel*) correct(e) **II.** *Adv.* (*spielen*) avec fair-play

Fairness[RR], **Fairneß**[ALT] ['fɛːɐnɛs] <-> *f* fair-play *m*

Fäkalien [-liən] *Pl* matières *fpl* fécales

Fakir [faːˈkiːɐ] <-s, -e> *m* fakir *m*

Faksimile [fakˈziːmile] <-s, -s> *nt* fac-similé *m*

faktisch ['faktɪʃ] **I.** *Adj. attr* effectif(-ive) **II.** *Adv.* en fait

Faktor ['faktoːɐ̯] <-s, -toren> *m* facteur *m*

Faktum ['faktʊm] <-s, Fakten> *nt geh* fait *m*

Fakultät [fakʊlˈtɛːt] <-, -en> *f* faculté *f*

Falke ['falkə] <-n, -n> *m* faucon *m*

Fall [fal, *Pl:* 'fɛlə] <-[e]s, Fälle> *m* ① cas *m;* **gesetzt den** ~ à supposer que + *subj* ② *kein Pl. a. fig* (*das Fallen*) chute *f* ▶ **sein/mein/...** ~ **sein** *fam* (*Person*) être son/mon/... genre; (*Sache*) être son/mon/... truc

Fallbeil *nt* guillotine *f*

Falle ['falə] <-, -n> *f* piège *m*

fallen ['falən] <fällt, fiel, gefallen> *intr. V. + sein* ① **auf den Boden** ~ tomber par terre ② (*stolpern*) **über etw** (*Akk*) ~ buter sur qc ③ *fam* (*nicht bestehen*) **durch die Prüfung** ~ être recalé à l'examen ④ (*Preise*) baisser; **die Aktien sind gefallen** les actions ont connu une baisse ⑤ (*Soldat*) tomber à la guerre ⑥ (*treffen*) **auf jdn** ~ (*Verdacht*) se porter sur qn; **auf einen Dienstag** ~ tomber un mardi ⑦ (*Schuss*) être tiré ▶ ~ **lassen** (*Bemerkung*) laisser échapper

fällen ['fɛlən] *tr. V.* (1) (*Baum*) abattre (2) (*Entscheidung*) prendre; (*Urteil*) rendre

fallen|lassen* *s.* **fallen** ▸

fällig ['fɛlɪç] *Adj.* (1) (*Rechnung*) parvenu(e) à échéance (2) (*Entschuldigung*) dû(e)

Fälligkeit <-, -en> *f* échéance *f*

Fallobst *nt* fruits *mpl* tombés

falls [fals] *Konj.* au cas où + *cond*

Fallschirm *m* parachute *m*

Fallschirmjäger(in) *m(f)* MIL parachutiste *mf* **Fallschirmspringer(in)** *m(f)* parachutiste *mf*

fällt [fɛlt] *3. Pers. Sg. Präs. von* **fallen**

Falltür *f* trappe *f*

falsch [falʃ] **I.** *Adj.* faux(fausse); (*Schlüssel*) mauvais(e) **II.** *Adv.* mal; (*singen*) faux

Falschaussage *f* faux témoignage *m*

fälschen ['fɛlʃən] *tr. V.* (*Urkunde*) falsifier; (*Banknoten, Unterschrift*) contrefaire

Fälscher(in) <-s, -> *m(f)* faussaire *mf*

Falschfahrer(in) *m(f)* automobiliste *mf* circulant à contresens **Falschgeld** *nt* fausse monnaie *f*

fälschlich ['fɛlʃlɪç] *Adj.* (*Annahme*) erroné(e)

falsch|liegen *intr. V. unreg fam* se fourrer le doigt dans l'œil; **mit etw ~** se fourrer le doigt dans l'œil à propos de qc **Falschmeldung** *f* fausse nouvelle *f* **Falschmünzer(in)** ['falʃmʏntsɐ] <-s, -> *m(f)* faux-monnayeur *m*/faussemonnayeuse *f* **falsch|spielen** *intr. V.* tricher **Falschspieler(in)** *m(f)* tricheur (-euse) *m(f)*

Fälschung ['fɛlʃʊŋ] <-, -en> *f* (1) *kein Pl.* falsification *f* (2) (*das Gefälschte*) faux *m*

fälschungssicher *Adj.* infalsifiable

Faltblatt *nt* dépliant *m*

Falte ['faltə] <-, -n> *f* (1) (*eines Kleidungsstücks*) pli *m* (2) (*Hautfalte*) ride *f*

falten ['faltən] *tr. V.* (*Papier*) plier; (*Hände*) joindre

Faltenrock *m* jupe *f* plissée

Falter ['faltɐ] <-s, -> *m* papillon *m*

faltig *Adj.* (1) froissé(e) (2) (*Haut*) ridé(e)

Falz [falts] <-es, -e> *m* TECH rainure *f*

falzen ['faltsən] *tr. V.* plier

Fam. *Abk. von* **Familie** famille *f*

familiär [fami'li̯ɛːɐ̯] *Adj.* (1) familial(e) (2) (*Atmosphäre*) décontracté(e)

Familie [fa'miːli̯ə] <-, -n> *f* famille *f*

Familienangehörige(r) *f(m) dekl wie Adj* membre *m* de la famille **Familienfeier** *f* réunion *f* familiale **Familienleben** *nt* vie *f* de famille **Familienname** *m* nom *m* de famille **Familienstand** *m* situation *f* de famille **Familienvater** *m* père *m* de famille **Familienverhältnisse** *Pl* situation *f* familiale

Fan [fɛn] <-s, -s> *m* fan *mf*

Fanatiker(in) [fa'naːtɪkɐ] <-s, -> *m(f)* fanatique *mf*

fanatisch [fa'naːtɪʃ] *Adj.* (*Person*) fanatique

Fanatismus [fana'tɪsmʊs] <-> *m* fanatisme *m*

Fanclub ['fɛnklʊb] *m* fan-club *m*

fand [fant] *Imp. von* **finden**

Fang [faŋ, *Pl:* 'fɛŋə] <-[e]s, Fänge> *m* (*einer Person*) prise *f*; (*eines Tiers*) proie *f*

Fangarm *m* tentacule *m*

fangen [faŋən] <fängt, fing, gefangen> **I.** *tr. V.* (1) (*Ball*) attraper (2) (*Verbrecher*) arrêter (3) (*Fisch*) prendre **II.** *refl. V.* (1) (*nicht stürzen*) **sich ~** reprendre l'équilibre (2) (*sich seelisch beruhigen*) **sich wieder ~** se ressaisir

Fangen <-s> *nt* **~ spielen** jouer au chat

Fangfrage *f* question *f* piège

fängt [fɛŋt] *3. Pers. Sg. Präs. von* **fangen**

Fanklub *s.* **Fanclub**

Fantasie [fanta'ziː] <-, -n> *f* (1) *kein Pl.* imagination *f* (2) *meist Pl.* (*Träumerei*) fantasme *m*

fantasielosRR *Adj.* (*Person*) dépourvu(e) d'imagination; (*Sache*) banal(e)

fantasieren*RR [fanta'ziːrən] *intr. V.* MED délirer

fantasievollRR *Adj.* (*Person*) imaginatif (-ive); (*Darstellung*) plein(e) d'imagination

FantastRR**(in)** [fan'tast] <-en, -en> *m(f)* *pej* rêveur(-euse) *m(f)*

fantastischRR **I.** *Adj.* (1) *fam* formidable (2) *geh* (*Geschichte*) fantastique **II.** *Adv.* *fam* (*großartig*) merveilleusement [bien]

Farbband <-bänder> *nt* ruban *m* **Farbbild** *nt* photo *f* en couleurs **Farbdruck** *m* (*Erzeugnis*) imprimé *m* en couleurs **Farbdrucker** *m* imprimante *f* couleur

Farbe ['farbə] <-, -n> *f* (1) couleur *f* (2) (*Gesichtsfarbe*) teint *m* (3) (*Malfarbe*) peinture *f*

farbecht *Adj.* grand teint *inv.*

färben ['fɛrbən] **I.** *tr. V.* teindre **II.** *refl. V.* **sich ~** (*Laub*) se colorer

farbenblind *Adj.* daltonien(ne) **farbenfroh** *Adj.* très coloré(e)

Färber(in) ['fɛrbɐ] <-s, -> *m(f)* teinturier (-ière) *m(f)*

Färberei [fɛrbə'rai] <-, -en> *f* teinturerie *f*

Farbfernsehen *nt* télévision *f* en couleur **Farbfernseher** *m fam* télé *f* couleur **Farbfilm** *m* film *m* couleur **Farbfoto** *s.* **Farbbild**

farbig ['farbɪç] **I.** *Adj.* ❶ coloré(e) ❷ (*Foto*) en couleur **II.** *Adv.* en couleur

Farbige(r) *f(m) dekl wie Adj* homme *m*/ femme *f* de couleur

Farbkasten *m* boîte *f* de couleurs **Farbkopierer** *m* [photo]copieur *m* couleur

farblich *Adj.* de couleurs

farblos *Adj.* ❶ incolore ❷ (*unauffällig*) terne

Farbmonitor *m* moniteur *m* couleur **Farbscanner** *m* scanne[u]r *m* couleur **Farbstift** *m* crayon *m* de couleur **Farbstoff** *m* (*Färbemittel*) colorant *m* **Farbton** <-töne> *m* ❶ ton *m* ❷ (*Nuance*) teinte *f*

Färbung ['fɛrbʊŋ] <-, -en> *f* ❶ *kein Pl.* (*von Textilien*) teinture *f* ❷ (*Tönung*) couleur *f*

Farce [fars] <-, -n> *f* farce *f*

Farm [farm] <-, -en> *f* ranch *m*

Farmer(in) <-s, -> *m(f)* exploitant(e) *m(f)* agricole

Farn [farn] <-[e]s, -e> *m* fougère *f*

Fasan [fa'za:n] <-s, -e[n]> *m* faisan *m*

Fasching ['faʃɪŋ] <-s, -e> *m* carnaval *m*; *s.a.* **Fastnacht**

Faschismus [fa'ʃɪsmʊs] <-> *m* fascisme *m*

Faschist(in) [fa'ʃɪst] <-en, -en> *m(f)* fasciste *mf*

faschistisch *Adj.* fasciste

faseln ['fa:zəln]*pej fam* **I.** *intr. V.* débloquer **II.** *tr. V.* radoter

Faser ['fa:zɐ] <-, -n> *f* fibre *f*

faserig *Adj.* fibreux(-euse); (*Fleisch*) filandreux(-euse)

Fasnacht CH *s.* **Fastnacht**

Fass[RR] [fas] <-es, Fässer>, **Faß**[ALT] <-sses, Fässer> *nt* (*Holzfass*) tonneau *m* ▸ **ein ~ ohne Boden** un vrai gouffre

Fassade [fa'sa:də] <-, -n> *f* façade *f*

fassbar[RR], **faßbar**[ALT] *Adj.* concret(-ète)

Fassbier[RR] *nt* bière *f* [à la] pression

fassen ['fasən] **I.** *tr. V.* ❶ saisir; **jdn an der Hand ~** prendre qn par la main; **fass!** mords ! ❷ (*festnehmen*) arrêter ❸ (*Entschluss*) prendre **II.** *refl. V.* **sich wieder ~** se ressaisir

Fassung ['fasʊŋ] <-, -en> *f* ❶ (*einer Glühbirne*) douille *f*; (*einer Brille*) monture *f* ❷ (*Version*) version *f* ❸ *kein Pl.* (*Selbstbeherrschung*) maîtrise *f* de soi/ de lui-même/d'elle-même/...

fassungslos *Adj.* décontenancé(e)

Fassungslosigkeit <-> *f* stupeur *f*

Fassungsvermögen *nt* contenance *f*

fast [fast] *Adv.* presque; **er wäre ~ gestürzt** il a failli tomber

fasten ['fastən] *intr. V.* être à la diète; REL jeûner

Fastenzeit *f* carême *m*

Fastfood[RR], **Fast Food**[RR] ['fa:stfu:d] <-[s]> *nt* restauration *f* rapide

Fastnacht *f kein Pl.* carnaval *m*

Die Fastnacht est la version allemande du carnaval et marque le début de la période des réjouissances précédant le début du carême. Dans les régions méridionales de l'Allemagne, on l'appelle *Fasching* et en Rhénanie *Karneval.* Les festivités se concentrent généralement dans les régions catholiques et comportent des fêtes, des bals, des concerts spéciaux et des déguisements amusants. Les processions dans les rues du *Rosenmontag* (le lundi précédant le mardi gras) sont habituellement le point culminant de ces célébrations. On appelle aussi, pour rire, la période entre le 11 novembre, le début officiel de la saison du carnaval, et le *Aschermittwoch* (le mercredi des cendres, le début du carême), *die fünfte Jahreszeit* (la cinquième saison).

Faszination <-, -en> *f* fascination *f*

faszinieren* [fastsi'ni:rən] *tr. V.* fasciner

faszinierend *Adj.* fascinant(e)

fatal [fa'ta:l] *Adj. geh* fatal(e)

Fatalismus [fata'lɪsmʊs] <-> *m geh* fatalisme *m*

Fata Morgana <- -, - Morganen *o* -s> *f* mirage *m*
fauchen ['fauxən] *intr. V.* (*Tier*) feuler; (*Person*) grogner
faul [faul] *Adj.* ① paresseux(-euse) ② (*Lebensmittel*) avarié(e); (*Obst*) pourri(e); (*Zahn*) gâté(e)
faulen ['faulən] *intr. V.* + *haben o sein* pourrir
faulenzen ['faulɛntsən] *intr. V.* fainéanter
Faulenzer(in) <-s, -> *m(f)* *pej* fainéant(e) *m(f)*
Faulheit <-> *f* paresse *f*
faulig *s.* **faul 2**
Fäulnis ['fɔylnɪs] <-> *f* (*von Fleisch*) décomposition *f*
Faulpelz *m* *pej fam* feignant(e) *m(f)* **Faultier** *nt* ZOOL paresseux *m*
Fauna ['fauna] <-, Faunen> *f* faune *f*
Faust [faust, *Pl:* 'fɔystə] <-, Fäuste> *f* poing *m*
Fäustchen ['fɔystçən] <-s, -> *nt* ▸ **sich** (*Dat*) **ins ~ lachen** rire dans sa barbe (*fam*)
faustdick ['faust'dɪk] *Adj. fam* (*Lüge*) grossier(-ière) **faustgroß** *Adj.* gros(se) comme le poing **Fausthandschuh** *m* moufle *f* **Faustregel** *f* règle *f* générale **Faustschlag** *m* coup *m* de poing
Favorit(in) [favo'riːt] <-en, -en> *m(f)* favori(te) *m(f)*
Fax ['faks] <-, -e> *nt* fax *m*
faxen **I.** *intr. V.* envoyer un fax **II.** *tr. V.* faxer
Faxgerät *nt* [télé]fax *m*
Fazit ['faːtsɪt] <-s, -s> *nt* bilan *m;* (*Ergebnis*) résultat *m*
FCKW [ɛftseːkaː'veː] <-s, -s> *m Abk. von* **Fluorchlorkohlenwasserstoff** C.F.C. *m*
FCKW-frei *Adj.* sans C.F.C.
Februar ['feːbruaːɐ] <-[s] -e> *m* février *m; s.a.* **April**
fechten ['fɛçtən] <ficht, focht, gefochten> *intr. V.* faire de l'escrime
Fechter(in) <-s, -> *m(f)* escrimeur (-euse) *m(f)*
Feder ['feːdɐ] <-, -n> *f* ① plume *f* ② TECH ressort *m* ③ (*Schreibfeder*) plume *f*
Federball *m* ① volant *m* ② *kein Pl.* (*Spiel*) badminton *m* **Federbett** *nt* couette *f* **federleicht** *Adj.* ultra-léger(-ère)
federn ['feːdɐn] **I.** *intr. V.* faire ressort **II.** *tr. V.* **gut/schlecht gefedert sein** avoir une bonne/mauvaise suspension
Federung <-, -en> *f* suspension *f*
Federvieh *nt fam* volailles *fpl*
Fee [feː] <-, -n> *f* fée *f*
Feedback, Feed-back[RR] ['fiːdbɛk] <-s, -s> *nt* réactions *fpl*
Fegefeuer ['feːgəfɔyɐ] *nt* purgatoire *m*
fegen ['feːgən] **I.** *tr. V.* + *haben* ① (*Straße*) balayer ② CH (*feucht wischen*) laver **II.** *intr. V.* ① + *haben* (*ausfegen*) balayer ② + *haben* CH (*feucht wischen*) passer la serpillière ③ + *sein fam* (*jagen*) **über die Dächer ~** balayer les toits
Fehde ['feːdə] <-, -n> *f geh* querelle *f*
Fehlanzeige *f* **~!** *fam* le bide complet ! **Fehlbetrag** *m* déficit *m* **Fehldiagnose** *f* erreur *f* de diagnostic
fehlen ['feːlən] **I.** *intr. V.* ① manquer ② (*abwesend sein*) **im Unterricht ~** être absent du cours **II.** *intr. V. unpers.* **es fehlt etw** il manque qc
Fehler ['feːlɐ] <-s, -> *m* ① faute *f* ② (*Mangel*) défaut *m*
fehlerfrei *s.* **fehlerlos**
fehlerhaft **I.** *Adj.* (*Arbeit*) incorrect(e); (*Ware*) défectueux(-euse) **II.** *Adv.* mal
fehlerlos *Adj.* impeccable
Fehlgeburt *f* fausse couche *f* **Fehlgriff** *m* erreur *f* **Fehlschlag** *m* échec *m* **fehl|schlagen** *intr. V. unreg* + *sein* échouer **Fehlstart** *m* SPORT faux départ *m;* TECH lancement *m* raté **Fehltritt** *m* ① faux pas *m* ② *geh* (*Verstoß gegen die Moral*) écart *m* de conduite **Fehlzündung** *f* AUT raté *m* [d'allumage]
Feier ['faiɐ] <-, -n> *f* fête *f;* (*Festakt*) cérémonie *f* ▸ **zur ~ des Tages** en cet honneur
Feierabend *m* (*Arbeitsschluss*) fin *f* de la journée de travail; (*Geschäftsschluss*) heure *f* de fermeture
feierlich *Adj.* solennel(le)
Feierlichkeit <-, -en> *f* festivité *f; kein Pl.* (*eines Augenblicks*) solennité *f*
feiern ['faiɐn] **I.** *tr. V.* fêter **II.** *intr. V.* faire la fête
Feiertag *m* jour *m* férié
feig[e] *Adj.* lâche
Feige ['faigə] <-, -n> *f* figue *f*
Feigenbaum *m* figuier *m*
Feigheit <-> *f* lâcheté *f*
Feigling ['faiklɪŋ] <-s, -e> *m* lâche *mf*
Feile ['failə] <-, -n> *f* lime *f*
feilen ['failən] *tr. V.* limer

feilschen ['failʃən] *intr. V. pej* **um etw ~** marchander qc

fein [fain] *Adj.* ❶ fin(e) ❷ *fam* (*Charakter*) sympathique ❸ (*vornehm*) distingué(e) ❹ (*sehr gut*) **~!** super ! (*fam*)

Feind(in) [faint] <-[e]s, -e> *m(f)* ennemi(e) *m(f)*

Feindbild *nt* spectre *m*

feindlich *Adj.* ❶ ennemi(e) ❷ (*feindselig*) hostile

Feindschaft <-, -en> *f* (*Haltung*) hostilité *f;* (*Verhältnis*) haine *f*

feindselig *Adj.* hostile

Feindseligkeit <-, -en> *f* hostilité *f*

feinfühlig ['fainfy:lɪç] *Adj.* sensible; (*taktvoll*) qui a du tact

Feingefühl *nt kein Pl.* sensibilité *f*

feinglied[e]rig *Adj.* gracile (*soutenu*)

Feinheit <-, -en> *f* finesse *f*

feinkörnig *Adj.* fin(e) **Feinkost** *f* épicerie *f* fine **Feinkostgeschäft** *nt* épicerie *f* fine **Feinschmecker(in)** <-s, -> *m(f)* gourmet *m*

Feld [fɛlt] <-[e]s, -er> *nt* ❶ *kein Pl.* (*offenes Gelände*) campagne *f* ❷ (*Acker*) champ *m* ❸ (*eines Formulars*) cadre *m;* (*eines Spielbretts*) case *f* ❹ SPORT terrain *m* ❺ PHYS champ *m* ▸ **das ~ räumen** libérer le terrain

Feldherr *m* général *m* en chef **Feldmarschall(in)** *m(f)* feld-maréchal(e) *m(f)* **Feldmaus** *f* campagnol *m* **Feldsalat** *m* mâche *f* **Feldstecher** <-s, -> *m* jumelles *fpl* **Feldwebel(in)** ['fɛltve:bəl] <-s, -> *m(f)* feldwebel *m;* (*in der französischen Armee*) adjudant(e) *m(f)* **Feldweg** *m* chemin *m* de terre **Feldzug** *m* campagne *f*

Felge ['fɛlgə] <-, -n> *f* jante *f*

Fell [fɛl] <-[e]s, -e> *nt* pelage *m*

Fels [fɛls] <-ens, -en> *m* ❶ rocher *m* ❷ (*Felsgestein*) roche *f*

Felsblock <-blöcke> *m* bloc *m* de pierre

Felsen ['fɛlzən] <-s, -> *m* rocher *m*

felsenfest **I.** *Adj.* inébranlable **II.** *Adv.* (*überzeugt sein*) absolument

felsig ['fɛlzɪç] *Adj.* (*Küste*) rocheux(-euse)

Felsspalte *f* crevasse *f* **Felswand** *f* paroi *f* rocheuse

feminin [femi'ni:n] *Adj.* féminin(e)

Femininum <-s, Feminina> *nt* féminin *m*

Feminismus [femi'nɪsmʊs] <-> *m* féminisme *m*

Feminist(in) [femi'nɪst] <-en, -en> *m(f)* féministe *mf*

feministisch *Adj.* féministe

Fenchel ['fɛnçəl] <-s> *m* fenouil *m*

Fenster ['fɛnstɐ] <-s, -> *nt* fenêtre *f* ▸ **weg vom ~ sein** *fam* être hors circuit

Fensterbank <-bänke> *f* tablette *f* d'appui **Fensterladen** *m* volet *m*

fensterln ['fɛnstɐln] *intr. V.* A *passer par la fenêtre pour rejoindre sa bien-aimée*

Fensterplatz *m* place *f* côté fenêtre **Fensterputzer(in)** <-s, -> *m(f)* laveur (-euse) *m(f)* de carreaux **Fensterrahmen** *m* châssis *m* de fenêtre **Fensterscheibe** *f* vitre *f*

Ferien ['fe:riən] *Pl* vacances *fpl*

Ferienhaus *nt* maison *f* de vacances **Ferienkurs** *m* cours *m* de vacances **Ferientag** *m* jour *m* de vacances **Ferienwohnung** *f* appartement *m* de vacances **Ferienzeit** *f* [période *f* des] vacances *fpl*

Ferkel ['fɛrkəl] <-s, -> *nt* ❶ ZOOL porcelet *m* ❷ *pej fam* (*unsauberer Mensch*) cochon(ne) *m(f)*

Ferkelei <-, -en> *f pej fam* cochonnerie *f*

fern [fɛrn] **I.** *Adj.* ❶ (*räumlich*) lointain(e) ❷ (*zeitlich*) loin *attr.* **II.** *Adv.* (*räumlich*) loin

Fernbedienung *f* télécommande *f*

fern|bleiben *intr. V. unreg + sein geh* **dem Unterricht ~** ne pas venir au cours

Ferne <-> *f* lointain *m;* **in der ~** au loin

ferner *Adv.* ❶ (*weiterhin, zukünftig*) encore et toujours ❷ (*außerdem*) de plus

Fernfahrer(in) *m(f)* routier(-ière) *m(f)* **Fernflug** *m* vol *m* long-courrier **Ferngespräch** *nt* communication *f* à moyenne et grande distance **Fernglas** *nt* [paire *f* de] jumelles *fpl* **fern|halten** *refl. V. unreg* **sich von jdm/einer S. ~** (*sich nicht nähern*) ne pas s'approcher de qn/qc; (*keinen Kontakt suchen*) éviter de fréquenter qn/qc **Fernlenkung** *f* téléguidage *m;* **mit ~** téléguidé **Fernlicht** *nt* phares *mpl* **fern|liegen** *unreg* **I.** *intr. V.* **dieser Gedanke liegt mir fern** cette idée ne me viendrait pas à l'esprit **II.** *intr. V. unpers.* **es liegt ihm/ihr fern, uns zu benachteiligen** il n'est pas dans ses intentions de nous désavantager

F

Fernmeldeamt *nt* centre *m* télécoms (*fam*) **Fernmeldetechnik** *f kein Pl.* télécommunications *fpl*

Fernost *kein Art.* **in/nach ~** en Extrême-Orient **fernöstlich** *Adj.* d'Extrême-Orient **Fernrohr** *nt* télescope *m* **Fernschreiber** *m* téléscripteur *m*

Fernsehansager(in) *m(f)* speaker(ine) *m(f)* **Fernsehantenne** *f* antenne *f* de télévision **Fernsehapparat** *m form* poste *m* de télévision

fern|sehen *intr. V. unreg* regarder la télévision

Fernsehen <-s> *nt* télévision *f*

Fernseher <-s, -> *m fam* télé *f*

Fernsehgerät *nt form* téléviseur *m* **Fernsehprogramm** *nt* ❶ programme *m* de télévision ❷ (*Kanal*) chaîne *f* de télévision **Fernsehsender** *m* émetteur *m* de télévision **Fernsehsendung** *f* émission *f* de télévision **Fernsehturm** *m* tour *f* de télévision **Fernsehzuschauer(in)** *m(f)* téléspectateur (-trice) *m(f)*

Fernsicht *f* vue *f*

Fernsprecher <-s, -> *m form* téléphone *m*

Fernsprechteilnehmer(in) *m(f)* abonné(e) *m(f)* du téléphone

Fernsteuerung *f* télécommande *f*

Fernstraße *f* grande route *f* **Fernstudium** *nt* cours *m* universitaire à distance **Fernverkehr** *m* trafic *m* routier sur les grands axes; EISENBAHN trafic grandes lignes **Fernwärme** *f* chauffage *m* urbain

Ferse ['fɛrzə] <-, -n> *f* talon *m*

fertig ['fɛrtɪç] *Adj.* ❶ (*beendet, abgeschlossen: Arbeit*) terminé(e); **bist du mit der Gartenarbeit ~?** tu as fini le jardinage ? ❷ (*gar: Speise*) prêt(e) ❸ (*bereit*) **sich für etw ~ machen** se préparer pour qc ▶ **~ sein** *fam* (*erschöpft*) être crevé(e)

Fertigbau <-bauten> *m* ❶ *kein Pl.* (*Bauweise*) préfabriqué *m* ❷ (*Gebäude*) construction *f* préfabriquée **fertig|bekommen*** *tr. V. unreg* ❶ (*übers Herz bringen*) **es ~, etw zu tun** arriver à faire qc ❷ (*zuwege bringen*) **der bekommt es noch fertig und macht seine Drohung wahr!** il est capable, à force, de mettre sa menace à exécution ! **fertig|bringen** *tr. V. unreg* (*übers Herz bringen*) **es ~, etw zu tun** arriver à faire qc

fertigen ['fɛrtɪgən] *tr. V. form* fabriquer

Fertiggericht *nt* plat *m* cuisiné **Fertighaus** *nt* maison *f* préfabriquée

Fertigkeit <-, -en> *f* ❶ *kein Pl.* (*Geschicklichkeit*) adresse *f* ❷ *Pl* (*Fähigkeiten*) aptitudes *fpl*

fertig|machen *tr. V. fam* ❶ (*zermürben*) **jdn ~** (*Person*) mettre qn dans un état effroyable; (*Situation, Gedanke*) démolir qn ❷ (*schlagen, verletzen*) casser la gueule à (*pop*) **Fertigprodukt** *nt* produit *m* fini **fertig|stellen** *tr. V.* finir

Fertigung <-, -en> *f* fabrication *f*

fesch [fɛʃ] *Adj.* A *fam* ❶ joli(e) ❷ (*nett*) **sei ~!** sois sympa !

Fessel ['fɛsəl] <-, -n> *f* ❶ lien *m* ❷ (*eines Pferds*) paturon *m* (*soutenu*)

fesseln ['fɛsəln] *tr. V.* ❶ **jdn mit etw an etw ~** attacher qn avec qc à qc ❷ (*Buch*) captiver

fesselnd *Adj.* (*Bericht*) passionnant(e)

fest [fɛst] **I.** *Adj.* ❶ solide ❷ (*Händedruck*) ferme; (*Knoten*) serré(e) ❸ (*Anstellung*) définitif(-ive); (*Wohnsitz*) permanent(e); (*Einkommen*) fixe **II.** *Adv.* ❶ fort ❷ (*zudrehen*) à fond ❸ (*zusagen*) formellement; (*glauben*) fermement ❹ (*dauernd*) **~ angestellt** sous contrat à durée indéterminée ❺ (*schlafen*) profondément

Fest [fɛst] <-[e]s, -e> *nt* fête *f*

Festakt *m* cérémonie *f*

festangestellt *s.* **fest II.4**

fest|binden *tr. V. unreg* **etw an etw** (*Dat*) **~** attacher qc à qc

Festessen *nt* banquet *m*

fest|fahren *refl. V. unreg* **sich ~** s'enliser

Festgeld *nt* dépôt *m* à terme fixe

fest|halten *unreg* **I.** *tr. V.* ❶ retenir ❷ (*konstatieren*) mettre en exergue; (*schriftlich*) consigner par écrit **II.** *intr. V.* **an jdm/etw ~** être fidèle à qn/qc **III.** *refl. V.* **sich an jdm/etw ~** s'accrocher à qn/qc

festigen ['fɛstɪgən] *tr., refl. V.* [**sich**] **~** [se] consolider

Festiger <-s, -> *m* fixateur *m*

Festigkeit <-> *f* (*Stabilität*) résistance *f*

Festival ['fɛstivəl] <-s, -s> *nt* festival *m*

fest|kleben **I.** *tr. V.* + *haben* coller **II.** *intr. V.* + *sein* **an etw** (*Dat*) **~** coller à qc

Festland *nt* (*Landmasse*) continent *m*

fest|legen **I.** *tr. V.* fixer **II.** *refl. V.* **sich auf etw** (*Akk*) ~ s'engager à propos de qc

festlich ['fɛstlɪç] **I.** *Adj.* (*Stimmung*) de fête; (*Beleuchtung*) des grands jours **II.** *Adv.* ~ **begehen** *geh* célébrer

Festlichkeit <-, -en> *f* festivité *f*

fest|liegen *intr. V. unreg* ❶ être fixé ❷ (*nicht weiterkönnen*) être bloqué **fest|machen** **I.** *tr. V.* ❶ fixer ❷ (*Termin*) fixer **II.** *intr. V.* NAUT **an etw** (*Dat*) ~ accoster qc **fest|nageln** *tr. V.* ❶ clouer ❷ *fam* (*festlegen*) **jdn auf etw** (*Akk*) ~ coincer qn sur qc

Festnahme ['fɛstna:mə] <-, -n> *f* arrestation *f*

fest|nehmen *tr. V. unreg* arrêter

Festnetz *nt* réseau *m* fixe, fixe *m*; **jdn aus dem ~ anrufen** appeler qn depuis le fixe

Festnetzanschluss[RR] *m* téléphone *m* fixe **Festnetznummer** *f* numéro *m* de fixe

Festplatte *f* INFORM disque *m* dur

Festrede *f* discours *m* officiel **Festsaal** *m* salle *f* des fêtes

fest|schrauben *tr. V.* serrer

fest|setzen **I.** *tr. V.* (*Preis*) fixer; (*Wert*) déterminer **II.** *refl. V.* **sich** ~ (*Schmutz*) s'incruster

fest|sitzen *intr. V. unreg* ❶ ne plus bouger; (*halten*) tenir bien ❷ (*Fahrzeug*) être enlisé

Festspiele *Pl* festival *m* **Festspielhaus** *nt* palais *m* des festivals

fest|stehen *intr. V. unreg* ❶ être fixé ❷ (*Entschluss*) être irrévocable; **es steht fest, dass ...** il est clair que ...

feststehend *Adj. attr* (*Redewendung*) tout(e) fait(e); (*Reihenfolge*) déterminé(e)

fest|stellen *tr. V.* ❶ (*Sachverhalt*) établir ❷ (*Veränderung*) constater ❸ (*arretieren*) bloquer

Feststellung *f* ❶ (*Bemerkung*) remarque *f* ❷ (*eines Täters*) identification *f*; (*eines Sachverhalts*) établissement *m* ❸ (*Beobachtung*) observation *f*

Festtag *m* jour *m* de fête

Festung ['fɛstʊŋ] <-, -en> *f* forteresse *f*

Festzug *m* cortège *m*

Fete ['fe:tə, 'fɛ:tə] <-, -n> *f* fête *f*

Fetischist(in) <-en, -en> *m(f)* fétichiste *mf*

fett [fɛt] **I.** *Adj.* ❶ gras(se) ❷ *pej* (*Person*) gros(se) *antéposé* ❸ TYP gras(se) **II.** *Adv.* ❶ (*essen*) gras ❷ TYP ~ **gedruckt** [imprimé(e)] en caractères gras

Fett <-[e]s, -e> *nt* graisse *f*

fettarm **I.** *Adj.* allégé(e) **II.** *Adv.* (*kochen*) léger **Fettauge** *nt* rond *m* de graisse **Fettdruck** *m* [caractères *mpl*] gras *m*

fetten **I.** *tr. V.* graisser **II.** *intr. V.* (*Haut*) être gras

Fettfleck *m* tache *f* de graisse **fettgedruckt** *s.* **fett II.2** **Fettgehalt** *m* teneur *f* en matières grasses

fettig *Adj.* gras(se)

fettleibig *Adj. geh* obèse

fettlöslich *Adj.* liposoluble **Fettnäpfchen** <-s, -> *nt fam* ▸ **ins ~ treten** faire une gaffe **Fettsäure** *f* acide *m* gras **Fettschicht** *f* couche *f* de graisse **Fettwanst** *m pej* tas *m* de graisse (*fam*)

fetzen ['fɛtsən] **I.** *tr. V. fam* arracher **II.** *intr. V.* + *haben fam* (*mitreißen*) déménager

Fetzen ['fɛtsən] <-s, -> *m* (*von Papier, Stoff*) lambeau *m*; (*der Haut*) morceau *m*; (*eines Gesprächs*) bribe *f*

fetzig *Adj. fam* (*Musik*) qui déménage

feucht [fɔyçt] *Adj.* humide

Feuchtigkeit <-> *f* humidité *f*

Feuchtigkeitsgehalt *m* (*der Luft*) taux *m* d'humidité

feudal [fɔy'da:l] *Adj.* ❶ HIST féodal(e) ❷ *fam* (*Essen*) royal(e)

Feudalismus <-> *m* régime *m* féodal

Feuer ['fɔyɐ] <-s, -> *nt* ❶ feu *m* ❷ (*Brand*) incendie *m* ❸ *kein Pl.* MIL tir *m*

Feueralarm *m* alerte *f* au feu **Feuerbestattung** *f* incinération *f* **Feuereifer** *m* ardeur *f* **feuerfest** *Adj.* (*Glas*) résistant(e) aux températures élevées; (*Porzellan*) à feu **Feuergefahr** *f* danger *m* d'incendie **Feuerleiter** *f* (*eines Gebäudes*) échelle *f* de secours **Feuerlöscher** *m* extincteur *m* **Feuermelder** <-s, -> *m* avertisseur *m* d'incendie

feuern **I.** *intr. V.* (*schießen*) faire feu **II.** *tr. V. fam* (*entlassen*) virer

feuerrot *Adj.* rouge vif *inv.* **Feuerstelle** *f* foyer *m*

Feuerwehr <-, -en> *f* [sapeurs-]pompiers *mpl* **Feuerwehrauto** *nt* camion *m* de pompiers **Feuerwehrmann** <-leute *o* -männer> *m* [sapeur-]pompier *m*

Feuerwerk *nt* feu *m* d'artifice **Feuerzeug** <-[e]s, -e> *nt* briquet *m*
Feuilleton [fœjə'tõː] <-s, -s> *nt* pages *fpl* culturelles
feurig ['fɔyrɪç] *Adj.* (*Liebhaber*) ardent(e)
ff. *Abk. von* **folgende Seiten** sqq.
Fiaker ['fi̯akɐ] <-s, -> *m* A (*Kutsche*) fiacre *m*
Fiasko ['fi̯asko] <-s, -s> *nt* fiasco *m*
ficht [fɪçt] *3. Pers. Sg. Präs. von* **fechten**
Fichte ['fɪçtə] <-, -n> *f* épicéa *m;* (*Holz*) sapin *m*
ficken ['fɪkən] *tr., intr. V. vulg* baiser, tringlor
fidel [fi'deːl] *Adj. fam* joyeux(-euse)
Fieber ['fiːbɐ] <-s> *nt* fièvre *f*
fieberfrei *Adj.* ~ **sein** ne pas avoir de fièvre; **wieder ~ sein** ne plus avoir de fièvre
fieberhaft *Adj.* (*Eile*) fébrile
Fieberkurve *f* courbe *f* de température
fiebern *intr. V.* **nach etw ~** attendre fébrilement qc
Fieberthermometer *nt* thermomètre *m* médical
fiebrig ['fiːb(ə)rɪç] *Adj.* (*aufgeregt*) fébrile
Fiedel ['fiːdəl] <-, -n> *f hum fam* violon *m*
fiedeln *tr., intr. V. iron* violoner (*fam*)
fiel [fiːl] *Imp. von* **fallen**
fies [fiːs] *fam Adj.* (*Verhalten*) vache; **ein ~er Kerl** un type infect
Figur [fi'guːɐ̯] <-, -en> *f* ① silhouette *f;* **auf seine ~ achten** faire attention à sa ligne ② (*Schachfigur*) pièce *f* ③ LITER personnage *m*
Fiktion [fɪk'tsi̯oːn] <-, -en> *f geh* fiction *f*
fiktiv [fɪk'tiːf] *Adj. geh* fictif(-ive)
Filet [fi'leː] <-s, -s> *nt* filet *m*
Filiale [fi'li̯aːlə] <-, -n> *f* succursale *f;* (*einer Bank*) agence *f*
Filialleiter(in) *m(f)* gérant(e) *m(f)* de succursale; (*einer Bank*) responsable *mf* d'agence
Film [fɪlm] <-[e]s, -e> *m* ① film *m* ② PHOT pellicule *f*
Filmarchiv *nt* (*für Spielfilme*) cinémathèque *f* **Filmemacher(in)** *m(f)* cinéaste *mf*
filmen ['fɪlmən] **I.** *tr. V.* filmer **II.** *intr. V.* tourner
Filmfestspiele *Pl* festival *m* du film
filmisch *Adj.* cinématographique
Filmkamera *f* caméra *f* **Filmmusik** *f* musique *f* de film **Filmproduzent(in)** *m(f)* producteur(-trice) *m(f)* de cinéma **Filmprojektor** *m* projecteur *m* de film **Filmregisseur(in)** *m(f)* réalisateur(-trice) *m(f)* **Filmschauspieler(in)** *m(f)* acteur(-trice) *m(f)* de cinéma **Filmstar** *m* vedette *f* de cinéma
Filter ['fɪltɐ] <-s, -> *nt o m* filtre *m*
Filterkaffee *m* café-filtre *m*
filtern *tr. V.* filtrer
Filtertüte *f* filtre *m* **Filterzigarette** *f* cigarette *f* [à bout] filtre
filtrieren* *tr. V.* filtrer
Filz [fɪlts] <-es, -e> *m* ① (*Wollmaterial*) feutre *m* ② POL *pej* magouille *f* (*fam*)
filzen ['fɪltsən] **I.** *intr. V.* (*Wolle*) feutrer **II.** *tr. V. fam* (*Person*) fouiller
Filzhut *m* feutre *m* **Filzlaus** *f* ZOOL pou *m* du pubis **Filzstift** *m* [crayon]-feutre *m*
Fimmel ['fɪməl] <-s, -> *m pej fam* marotte *f*
Finale [fi'naːlə] <-s, -> *nt* finale *f*
Finalist(in) *m(f)* finaliste *mf*
Finanzamt *nt* fisc *m;* (*Gebäude*) perception *f* **Finanzbeamte(r)** *m,* **-beamtin** *f* fonctionnaire *mf* aux finances
Finanzen [fi'nantsən] *Pl* finances *fpl*
finanziell [finan'tsi̯ɛl] *Adj.* financier(-ière)
finanzierbar *Adj.* financièrement réalisable
finanzieren* [finan'tsiːrən] *tr. V.* financer
Finanzierung <-, -en> *f* financement *m*
Finanzkrise *f* crise *f* budgétaire **Finanzminister(in)** *m(f)* ministre *mf* des Finances
Findelkind ['fɪndəlkɪnt] *nt* enfant *mf* trouvé(e)
finden ['fɪndən] <fand, gefunden> **I.** *tr. V.* ① trouver ② (*einschätzen*) **etw gut ~** trouver qc bon(ne) **II.** *intr. V.* ① **nach Hause ~** trouver son chemin pour rentrer chez soi ② (*meinen*) **~, [dass] ...** trouver que ...
Finder <-s, -> *m* **der [ehrliche] ~** la personne qui le/la rapportera
Finderlohn *m* récompense *f*
findig *Adj.* futé(e)
Finesse [fi'nɛsə] <-, -n> *f geh Pl* (*Detail*) détails *mpl* sophistiqués
fing [fɪŋ] *Imp. von* **fangen**
Finger ['fɪŋɐ] <-s, -> *m* doigt *m* ▶ **die ~**

von etw lassen *fam* laisser tomber qc; **jdn um den kleinen ~ wickeln** *fam* mener qn par le bout du nez

Fingerabdruck <-abdrücke> *m* empreinte *f* digitale **Fingerbreit** <-, -> *m* ▸ **keinen ~ nachgeben** ne pas céder d'un pouce **Fingerfertigkeit** *f* dextérité *f* **Fingerhandschuh** *m* gant *m* **Fingerhut** *m* (*Nähutensil*) dé *m* [à coudre]

fingern *intr. V.* **an etw** (*Dat*) **~** tripoter qc (*fam*)

Fingernagel *m* ongle *m* **Fingerspitze** *f* bout *m* du doigt **Fingerspitzengefühl** *nt kein Pl.* doigté *m;* (*Takt*) tact *m*

fingieren* [fɪŋ'giːrən] *tr. V.* simuler

Fink [fɪŋk] <-en, -en> *m* pinson *m*

Finne ['fɪnə] <-n, -n> *m,* **Finnin** *f* Finlandais(e) *m(f)*

finnisch ['fɪnɪʃ] **I.** *Adj.* finlandais(e); (*Kultur, Literatur, Sprache*) finnois(e) **II.** *Adv.* **~ miteinander sprechen** discuter en finnois

Finnisch <-[s]> *nt kein Art.* finnois *m; s.a.* **Deutsch**

Finnland ['fɪnlant] *nt* la Finlande

finster ['fɪnstɐ] *Adj.* ❶ sombre; **im Finstern** dans le noir ❷ (*Gedanken*) sinistre; (*Gestalt*) lugubre

Finsternis <-, -se> *f* ❶ obscurité *f* ❷ ASTRO éclipse *f*

Finte ['fɪntə] <-, -n> *f* feinte *f*

Firlefanz <-es> *m fam* (*überflüssige Dinge*) gadgets *mpl*

Firma ['fɪrma] <-, Firmen> *f* entreprise *f*

Firmament [fɪrma'mɛnt] <-s> *nt* firmament *m*

Firmen *Pl. von* **Firma**

Firmenname *m* raison *f* sociale **Firmenwagen** *m* voiture *f* d'entreprise **Firmenzeichen** *nt* emblème *m* de l'entreprise

Firmling ['fɪrmlɪŋ] <-s, -e> *m* confirmand(e) *m(f)*

Firmung ['fɪrmʊŋ] <-, -en> *f* confirmation *f*

Firnis ['fɪrnɪs] <-ses, -se> *m* vernis *m*

Fisch [fɪʃ] <-[e]s, -e> *m* ❶ poisson *m* ❷ ASTRO **er ist ~** il est Poissons

fischen *tr., intr. V.* pêcher

Fischer(in) <-s, -> *m(f)* pêcheur(-euse) *m(f)*

Fischerei [fɪʃə'rai] <-> *f kein Pl.* pêche *f*

Fischereihafen *m* port *m* de pêche

Fischfabrik *f* conserverie *f* de poisson **Fischfang** *m kein Pl.* pêche *f* **Fischfilet** *nt* filet *m* de poisson **Fischkutter** *m* chalutier *m* **Fischmarkt** *m* marché *m* aux poissons **Fischsterben** *nt* hécatombe *f* de poissons **Fischzucht** *f kein Pl.* (*Tätigkeit*) pisciculture *f*

Fiskus ['fɪskʊs] <-, -se> *m* fisc *m*

fit [fɪt] *Adj.* en forme

Fitness[RR], **Fitneß**[ALT] ['fɪtnɛs] <-> *f* [bonne] condition *f* physique

Fitnesscenter[RR] ['fɪtnɛssɛntɐ] *nt* centre *m* de culturisme

fix [fɪks] *Adj.* ❶ (*feststehend*) fixe ❷ *fam* (*flink*) rapide ▸ **jdn ~ und fertig machen** *fam* (*demütigen*) passer un savon à qn; (*erschöpfen*) crever qn

fixen ['fɪksən] *intr. V. fam* se shooter

Fixer(in) <-s, -> *m(f) fam* camé(e) *m(f)*

fixieren* [fɪ'ksiːrən] *tr. V.* ❶ *geh* (*schriftlich festhalten*) fixer ❷ (*anstarren*) **jdn ~** fixer qn [du regard]

Fixierung <-, -en> *f a.* PSYCH fixation *f*

Fixstern *m* étoile *f* fixe

Fjord [fjɔrt] <-[e]s, -e> *m* fjord *m*

FKK [ɛfkak'aː] <-> *Abk. von* **Freikörperkultur** nudisme *m*

FKK-Strand *m* plage *f* de nudistes

flach [flax] **I.** *Adj.* ❶ (*Land*) plat(e); (*Dach*) en terrasse ❷ (*Absatz*) plat(e); (*Teller*) plat(e) ❸ (*Küste*) peu escarpé(e) ❹ (*Unterhaltung*) superficiel(le) **II.** *Adv.* (*liegen*) à plat; (*atmen*) faiblement

Flachbildschirm *m* écran *m* plat **Flachdach** *nt* toit *m* en terrasse

Fläche ['flɛçə] <-, -n> *f* ❶ (*Ebene*) surface *f* ❷ (*messbare Oberfläche*) superficie *f*

flächendeckend *Adj.* généralisé(e); (*Maßnahmen*) sur une grande échelle **Flächeninhalt** *m* MATH superficie *f*

Flachland *nt* pays *m* plat **flach|liegen** *intr. V. unreg fam* (*krank sein*) être sur le flanc

Flachs [flaks] <-es> *m* lin *m*

flackern ['flakɐn] *intr. V.* (*Feuer*) vaciller; (*Licht*) clignoter

Fladen ['flaːdən] <-s, -> *m* ❶ GASTR galette *f* ❷ (*Kuhfladen*) bouse *f*

Fladenbrot *nt: pain plat en forme de galette*

Flagge ['flagə] <-, -n> *f* drapeau *m;* NAUT pavillon *m*

flaggen *intr. V.* hisser le drapeau

Flaggschiff *nt* vaisseau *m* amiral
Flair [flɛːɐ̯] <-s> *nt o geh m* (*einer Person*) aura *f;* (*einer Stadt*) charme *m*
Flakon [fla'kõː] <-s, -s> *nt o m* flacon *m*
flambieren* [flam'biːrən] *tr. V.* flamber
Flame ['flaːmə] <-n, -n> *m,* **Flamin** *o* **Flämin** *f* Flamand(e) *m(f)*
Flamingo [fla'mɪŋgo] <-s, -s> *m* flamant *m* rose
flämisch ['flɛːmɪʃ] **I.** *Adj.* flamand(e) **II.** *Adv.* ~ **miteinander sprechen** discuter en flamand
Flämisch <-[s]> *nt kein Art.* flamand *m; s.a.* **Deutsch**
Flamme ['flamə] <-, -n> *f* flamme *f*
Flandern ['flandɐn] <-s> *nt* la Flandre
flandrisch *Adj.* flamand(e)
Flanell [fla'nɛl] <-s, -e> *m* flanelle *f*
flanieren* *intr. V. + haben o sein* flâner
Flanke ['flaŋkə] <-, -n> *f* ❶ flanc *m* ❷ SPORT tir *m* au centre
flapsig ['flapsɪç] *fam* **I.** *Adj.* désinvolte **II.** *Adv.* avec impertinence
Fläschchen <-s, -> *nt* (*eines Säuglings*) biberon *m*
Flasche ['flaʃə] <-, -n> *f* ❶ bouteille *f* ❷ (*Säuglingsflasche*) biberon *m* ❸ *fam* (*Versager*) minable *mf*
Flaschenhals *m* goulot *m* [de bouteille] **Flaschenöffner** *m* ouvre-bouteille[s] *m* **Flaschenpfand** *nt* consigne *f* [pour bouteilles] **Flaschenpost** *f* bouteille *f* à la mer **Flaschenzug** *m* palan *m*
Flaschner(in) ['flaʃnɐ] <-s, -> *m(f)* CH plombier *m*
flatterhaft *Adj. pej* inconstant(e)
flattern ['flatɐn] *intr. V.* ❶ *+ haben* (*Tier*) battre des ailes; (*Fahne*) flotter ❷ *+ sein* (*Schmetterling*) papillonner
flau [flau] *Adj.* ❶ **mir ist ~** je me sens mal ❷ (*Börse*) morose
Flaum [flaum] <-[e]s> *m* duvet *m*
flauschig *Adj.* moelleux(-euse)
Flausen ['flauzən] *Pl fam* (*Unsinn*) sottises *fpl*
Flaute ['flautə] <-, -n> *f* COM marasme *m;* (*nicht sehr betriebsame Zeit*) période *f* creuse
Flechte ['flɛçtə] <-, -n> *f* ❶ BOT lichen *m* ❷ MED dartre *m*
flechten ['flɛçtən] <flicht, flocht, geflochten> *tr. V.* tresser
Fleck [flɛk] <-[e]s, -e> *m* ❶ (*Schmutzfleck*) tache *f;* **blauer ~** bleu *m* ❷ (*Stelle*) endroit *m;* (*Stück Land*) bout *m* de terrain
Fleckenentferner, Fleckentferner <-s, -> *m* détachant *m*
fleckig ['flɛkɪç] *Adj.* (*Kleidungsstück*) taché(e); (*Haut*) tacheté(e)
Fledermaus ['fleːdɐmaus] *f* chauve-souris *f*
Flegel ['fleːgəl] <-s, -> *m pej* (*Kind*) garnement *m;* (*Mann*) mufle *m*
flegelhaft *Adj. pej* sans-gêne
flehen ['fleːən] *intr. V. geh* supplier
flehentlich ['fleːəntlɪç] *geh* **I.** *Adj.* (*Blick*) implorant(e) **II.** *Adv.* en suppliant; (*bitten*) instamment
Fleisch [flaiʃ] <-[e]s> *nt* ❶ viande *f;* **~ fressend** carnivore ❷ ANAT chair *f* ▶ **sich** (*Akk o Dat*) **ins eigene ~ schneiden** se nuire à soi-même [par qc]
Fleischbrühe *f* bouillon *m* de viande; (*Kraftbrühe*) consommé *m*
Fleischer(in) <-s, -> *m(f)* boucher(-ère) *m(f)*
Fleischerei [flaiʃə'rai] <-, -en> *f* boucherie *f*
Fleischhauer(in) *m(f)* A boucher(-ère) *m(f)*
fleischig *Adj.* (*Frucht*) charnu(e)
Fleischkloß *m* GASTR boulette *f* de viande
fleischlich *Adj. attr* (*Kost*) à base de viande
fleischlos *Adj.* (*Kost*) sans viande
Fleischtomate *f* tomate *f* charnue [à farcir] **Fleischvergiftung** *f* intoxication *f* alimentaire causée par de la viande avariée **Fleischwolf** *m* hache-viande *m* **Fleischwunde** *f* lésion *f* profonde
Fleiß [flais] <-[e]s> *m kein Pl.* application *f*
fleißig **I.** *Adj.* (*Mitarbeiter*) travailleur (-euse); (*Schüler*) appliqué(e) **II.** *Adv.* avec application
flennen ['flɛnən] *intr. V. pej fam* pleurnicher
fletschen ['flɛtʃən] *tr. V.* **die Zähne ~** montrer les dents
flexibel [flɛ'ksiːbəl] *Adj.* flexible
Flexibilität [flɛksibili'tɛːt] <-> *f* (*Anpassungsfähigkeit*) flexibilité *f*
Flexion [flɛ'ksioːn] <-, -en> *f* (*eines Substantivs, Adjektivs*) déclinaison *f;* (*eines Verbs*) conjugaison *f*

flicht [flɪçt] *3. Pers. Sg. Präs. von* **flechten**
flicken ['flɪkən] *tr. V.* (*Kleidung*) rapiécer; (*Fahrradschlauch*) réparer
Flicken <-s, -> *m* (*Stück Stoff*) pièce *f*
Flieder ['fli:dɐ] <-s, -> *m* lilas *m*
Fliege ['fli:gə] <-, -n> *f* ① ZOOL mouche *f* ② COUT nœud *m* papillon ▶ **die ~ machen** *fam* se casser
fliegen ['fli:gən] <flog, geflogen> **I.** *intr. V. + sein* ① voler ② *fam* (*hinausgeworfen werden*) se faire virer ③ *fam* (*durchfallen*) **durch eine Prüfung ~** se ramasser à un examen ④ *fam* (*angezogen werden*) **auf jdn/etw ~** craquer pour qn/qc **II.** *tr. V.* ① *+ haben o sein* (*Flugzeug*) piloter ② *+ haben* (*Passagiere*) transporter par avion ③ *+ haben o sein* (*Route*) faire
fliegend *Adj. attr* ① volant(e) ② (*Händler*) ambulant(e)
Fliegengewicht *nt* SPORT poids *m* mouche
Fliegengitter *nt* moustiquaire *f* **Fliegenklatsche** <-, -n> *f* tapette *f* **Fliegenpilz** *m* amanite *f* tue-mouche
Flieger ['fli:gɐ] <-s, -> *m* ① (*Pilot*) aviateur *m* ② *fam* (*Flugzeug*) avion *m*
Fliegeralarm *m* alerte *f* aérienne
Fliegerin <-, -nen> *f* aviatrice *f*
fliehen ['fli:ən] <floh, geflohen> *intr. V. + sein* s'enfuir
fliehend *Adj.* (*Kinn*) fuyant(e)
Fliehkraft *f* force *f* centrifuge
Fliese ['fli:zə] <-, -n> *f* carreau *m* [de céramique]
fliesen *tr. V.* carreler
Fliesenleger(in) <-s, -> *m(f)* carreleur (-euse) *m(f)*
Fließband <-bänder> *nt* chaîne *f* [de montage]
fließen ['fli:sən] <floss, geflossen> *intr. V. + sein* ① couler; **durch Paris ~** (*Fluss*) traverser Paris ② (*elektrischer Strom*) passer
fließend **I.** *Adj.* (*Übergang*) flou(e) **II.** *Adv.* (*sprechen*) couramment
flimmerfrei *Adj.* (*Bildschirm*) avec une stabilité parfaite de l'image **Flimmerkiste** *f pej fam* télé *f*
flimmern ['flɪmɐn] *intr. V.* (*Bild*) trembler; (*Luft*) vibrer
flink [flɪŋk] **I.** *Adj.* (*Person*) agile; (*Finger*) agile **II.** *Adv.* (*arbeiten*) avec adresse
Flinte ['flɪntə] <-, -n> *f* fusil *m* [de chasse] ▶ **die ~ ins Korn werfen** *fam* jeter le manche après la cognée
Flipper ['flɪpɐ] <-s, -> *m* flipper *m*
flippern *intr. V.* jouer au flipper
Flirt [flœrt] <-s, -s> *m* flirt *m*
flirten [flœrtən] *intr. V.* flirter
Flitterwochen *Pl* lune *f* de miel
flitzen ['flɪtsən] *intr. V. + sein fam* filer
flocht [flɔxt] *Imp. von* **flechten**
Flocke ['flɔkə] <-, -n> *f* (*Schneeflocke*) flocon *m*
flog [flo:k] *Imp. von* **fliegen**
floh [flo:] *Imp. von* **fliehen**
Floh [flo:, *Pl:* 'flø:ə] <-[e]s, Flöhe> *m* puce *f* ▶ **jdm einen ~ ins Ohr setzen** *fam* fourrer une idée dans le crâne de qn
Flohmarkt *m* marché *m* aux puces
Flop [flɔp] <-s, -s> *m fam* bide *m*
Flora ['flo:ra] <-, Floren> *f* flore *f*
Florenz [flo'rɛnts] <-> *nt* Florence
florieren* [flo'ri:rən] *intr. V.* (*Geschäft*) prospérer; (*Wirtschaft*) être florissant
Florist(in) [flo'rɪst] <-en, -en> *m(f)* fleuriste *mf*
Floskel ['flɔskəl] <-, -n> *f* figure *f* de rhétorique
floss[RR], **floß**[ALT] *Imp. von* **fließen**
Floß [flo:s, *Pl:* 'flø:sə] <-es, Flöße> *nt* radeau *m*
Flosse ['flɔsə] <-, -n> *f* ① ZOOL nageoire *f* ② *fam* (*Hand*) patte *f*
Flöte ['flø:tə] <-, -n> *f* flûte *f*
flöten **I.** *intr. V.* ① MUS jouer de la flûte ② (*zwitschern*) siffler ▶ **~ gehen** *fam* s'envoler en fumée **II.** *tr. V.* jouer à la flûte
flöten|gehen [ALT] *s.* **flöten I.** ▶ **Flötenspieler(in)** *m(f)* joueur(-euse) *m(f)* de flûte
Flötist(in) [flø'tɪst] <-en, -en> *m(f)* flûtiste *mf*
flott [flɔt] *fam* **I.** *Adj.* ① (*Bedienung*) dégourdi(e); (*Musik*) entraînant(e) ② (*Person*) smart(e); (*Auto*) fringant(e) **II.** *Adv.* ① (*zügig*) vite ② (*schick*) chic
Flotte ['flɔtə] <-, -n> *f* MIL flotte *f*
Fluch [flu:x, *Pl:* 'fly:çə] <-[e]s, Flüche> *m* ① (*Schimpfwort*) juron *m* ② *kein Pl.* (*Verwünschung*) malédiction *f*
fluchen ['flu:xən] *intr. V.* jurer
Flucht [flʊxt] <-, -en> *f* fuite *f*; (*aus dem Gefängnis*) évasion *f*

fluchtartig I. *Adj.* précipité(e) II. *Adv.* avec précipitation
flüchten ['flʏçtən] I. *intr. V. + sein* [s'en]fuir II. *refl. V. + haben* **sich in den Alkohol ~** se réfugier dans l'alcool
flüchtig ['flʏçtɪç] I. *Adj.* 1 (*Person*) fugitif(-ive) 2 (*Berührung*) fugitif(-ive); (*Bekanntschaft*) vague II. *Adv.* (*kennen*) superficiellement
Flüchtigkeitsfehler *m* faute *f* d'inattention

F

Flüchtling ['flʏçtlɪŋ] <-s, -e> *m* réfugié(e) *m(f)*
Flüchtlingslager *nt* camp *m* de réfugiés
Fluchtversuch *m* tentative *f* de fuite; (*Ausbruchsversuch*) tentative *f* d'évasion
Flug [flu:k, *Pl:* 'fly:gə] <-[e]s, Flüge> *m* vol *m* ▶ **wie im ~[e] vergehen** filer à toute allure
Flugangst *f* peur *f* de monter en avion **Flugbahn** *f* trajectoire *f* **Flugbegleiter(in)** *m(f)* AVIAT steward *m*/hôtesse *f* de l'air **Flugblatt** *nt* tract *m*
Flügel ['fly:gəl] <-s, -> *m* 1 aile *f* 2 MUS piano *m* à queue
Flügeltür *f* porte *f* à deux battants
Fluggast *m* passager(-ère) *m(f)*
flügge ['flʏgə] *Adj.* **~ sein** (*Vogel*) savoir voler; (*Kind*) voler de ses propres ailes
Fluggesellschaft *f* compagnie *f* aérienne **Flughafen** *m* aéroport *m* **Flughöhe** *f* altitude *f* [de vol] **Flugkapitän(in)** *m(f)* commandant(e) *m(f)* de bord **Fluglärm** *m* bruit *m* [du trafic] aérien **Fluglehrer(in)** *m(f)* moniteur(-trice) *m(f)* d'aviation **Fluglotse** *m*, **-lotsin** *f* contrôleur(-euse) *m(f)* de la navigation aérienne **Flugplan** *m* horaire *m* des vols **Flugplatz** *m* aérodrome *m* **Flugschein** *m* (*Pilotenschein*) brevet *m* de pilote **Flugschreiber** *m* boîte *f* noire **Flugticket** *nt* billet *m* d'avion **Flugverkehr** *m* trafic *m* aérien **Flugzeit** *f* durée *f* de vol
Flugzeug ['flu:ktsɔyk] <-[e]s, -e> *nt* avion *m*
Flugzeugabsturz *m* crash *m* **Flugzeugbau** *m kein Pl.* construction *f* aéronautique **Flugzeugbesatzung** *f* équipage *m* [de l'avion] **Flugzeugentführung** *f* détournement *m* d'avion **Flugzeugträger** *m* porte-avions *m* **Flugzeugunglück** *nt* accident *m* d'avion
Fluidum <-s, Fluida> *nt* fluide *m*
Fluktuation [flʊktua'tsi̯o:n] <-, -en> *f geh* fluctuations *fpl*
fluktuieren* [flʊktu'i:rən] *intr. V. geh* fluctuer
Flunder ['flʊndɐ] <-, -n> *f* flétan *m*
flunkern ['flʊŋkɐn] *intr. V. fam* raconter des bobards
Fluor ['flu:oɐ] <-s> *nt* CHEM fluor *m*
Fluorchlorkohlenwasserstoff ['flu:oɐklo:ɐ'vasɐʃtɔf] *m* CHEM chlorofluorocarbone *m*
Fluorid <-[e]s, -e> *nt* CHEM fluorure *m*
Flur [flu:ɐ̯] <-[e]s, -e> *m* (*Korridor*) couloir *m*; (*Diele*) vestibule *m*
Fluss[RR] [flʊs] <-es, Flüsse>, **Fluß**[ALT] <-sses, Flüsse> *m* fleuve *m*; (*Nebenfluss*) rivière *f*
flussabwärts[RR] [flʊs'ʔapvɛrts] *Adv.* en aval **Flussarm**[RR] *m* bras *m* [de rivière] **flussaufwärts**[RR] *Adv.* en amont **Flussbett**[RR] *nt* lit *m* du fleuve/de la rivière **Flussdiagramm**[RR] *nt* INFORM ordinogramme *m*
flüssig ['flʏsɪç] I. *Adj.* 1 liquide; (*Wachs*) fondu(e) 2 (*Verkehr, Stil*) fluide 3 (*Mittel*) disponible II. *Adv.* (*lesen*) aisément; (*schreiben*) avec aisance
Flüssigkeit <-, -en> *f* liquide *m*
Flusslauf[RR] *m* cours *m* du fleuve/de la rivière **Flussmündung**[RR] *f* embouchure *f* du fleuve **Flusspferd**[RR] *nt* hippopotame *m*
flüstern ['flʏstɐn] *intr., tr. V.* chuchoter
Flut [flu:t] <-, -en> *f* 1 *kein Pl.* (*opp: Ebbe*) marée *f* montante/haute 2 *meist Pl. geh* (*Wassermassen*) flots *mpl* 3 (*große Menge*) **eine ~ von Briefen** un déferlement de lettres
fluten I. *intr. V. + sein geh* (*Hochwasser*) couler à flots II. *tr. V. + haben* (*voll laufen lassen*) remplir d'eau; (*unter Wasser setzen*) submerger
Flutlicht *nt kein Pl.* projecteurs *mpl* **Flutwelle** *f* raz *m* de marée
focht [fɔxt] *Imp. von* **fechten**
Fock [fɔk] <-, -en> *f* NAUT [voile *f* de] misaine *f*
föderal *Adj.* fédéral(e)
Föderalismus [fødera'lɪsmʊs] <-> *m* fédéralisme *m*

föderalistisch [fødera'lɪstɪʃ] *Adj.* (*Verfassung*) fédéral(e)

Fohlen ['fo:lən] <-s, -> *nt* poulain *m*

Föhn [fø:n] <-[e]s, -e> *m* ❶ METEO fœhn *m* ❷ (*Haartrockner*) sèche-cheveux *m*

föhnenRR ['fø:nən] *tr. V.* **sich** (*Dat*) **die Haare ~** se sécher les cheveux au séchoir

Folge ['fɔlgə] <-, -n> *f* ❶ (*Auswirkung*) conséquence *f* ❷ (*von Eindrücken, Zahlen*) série *f;* INFORM (*von Befehlen*) séquence *f* ❸ RADIO, TV épisode *m*

folgen ['fɔlgən] *intr. V.* ❶ + *sein* **jdm/einer S. ~** suivre qn/qc ❷ + *sein* (*als Nächstes kommen*) venir ensuite ❸ + *haben* (*gehorchen*) **jdm ~** obéir à qn ❹ + *sein* (*resultieren*) **aus etw ~** résulter de qc ▶**... wie folgt** ...comme suit

folgend *Adj.* (*Seite*) suivant(e); **am ~en Tag** le lendemain; **im Folgenden** dans ce qui suit

folgendermaßen *Adv.* de la manière suivante

folgenlos *Adj.* **~ bleiben** ne pas tirer à conséquence

folgenschwer *Adj.* lourd(e) de conséquences

folgerichtig *Adj.* logique

folgern ['fɔlgɐn] **I.** *tr. V.* conclure **II.** *intr. V.* déduire

Folgerung <-, -en> *f* conclusion *f*

folglich ['fɔlklɪç] *Adv.* par conséquent

folgsam ['fɔlkza:m] **I.** *Adj.* docile **II.** *Adv.* bravement

Folie ['fo:li̯ə] <-, -n> *f* (*Plastikfolie*) film *m* plastique; (*Aluminiumfolie*) feuille *f* d'alu[minium]

Folklore [fɔlk'lo:rə] <-> *f* folklore *m*

folkloristisch [fɔlklo:'rɪstɪʃ] *Adj.* folklorique

Folter ['fɔltɐ] <-, -n> *f* torture *f* ▶**jdn auf die ~ spannen** faire languir qn

Folterkammer *f* chambre *f* de torture

foltern *tr. V.* torturer

Fonds [fõ:(s)] <-, -> *m* fonds *m*

Fondue [fõ'dy:] <-s, -s> *nt*, <-, -s> *f* fondue *f*

fönenALT *s.* **föhnen**

Fontäne [fɔn'tɛ:nə] <-, -n> *f* jet *m* [d'eau]

Fön® <-[e]s, -e> *m* sèche-cheveux *m*

forcieren* [fɔr'si:rən] *tr. V. geh* (*Anstrengungen*) redoubler

Förderband <-bänder> *nt* tapis *m* roulant; MIN convoyeur *m* **Fördermittel** *Pl* aide[s] *f* financière[s]

fordern ['fɔrdɐn] **I.** *tr. V.* ❶ (*Rechte*) revendiquer ❷ (*abverlangen*) exiger; **viel von jdm ~** (*Person*) exiger beaucoup de qn; (*Sache*) demander beaucoup de qn ❸ (*kosten*) **zehn Menschenleben ~** coûter la vie à dix personnes **II.** *intr. V.* **~, dass** exiger que + *subj*

fördern ['fœrdɐn] *tr. V.* ❶ (*Personen*) aider; (*Projekt, Talent*) encourager ❷ (*finanzieren*) financer ❸ MIN extraire

fordernd *Adj.* exigeant(e)

Forderung <-, -en> *f* ❶ (*von Rechten*) revendication *f* ❷ (*Erwartung*) exigence *f* ❸ FIN créance *f*

Förderung <-, -en> *f* ❶ encouragement *m;* (*von Künstlern, Sportlern*) aide *f* ❷ (*finanzielle Hilfe*) aide *f* financière ❸ MIN extraction *f*

Forelle [fo'rɛlə] <-, -n> *f* truite *f*

Foren *Pl. von* **Forum**

Form [fɔrm] <-, -en> *f* ❶ forme *f* ❷ *Pl* (*Umgangsform*) manières *fpl* ❸ *kein Pl.* (*Kondition*) forme *f* ❹ (*Backfolie*) moule *m*

formal [fɔr'ma:l] *Adj.* formel(le)

Formaldehyd <-s> *m* CHEM formaldéhyde *m*

Formalität [fɔrmali'tɛ:t] <-, -en> *f* formalité *f*

Format [fɔr'ma:t] <-[e]s, -e> *nt* ❶ (*Größe*) format *m* ❷ (*einer Person*) carrure *f*

formatieren* *tr. V.* INFORM formater

Formatierung <-, -en> *f* INFORM formatage *m*

Formation [fɔrma'tsi̯o:n] <-, -en> *f* formation *f*

Formel ['fɔrməl] <-, -n> *f* formule *f*

formell [fɔr'mɛl] *Adj.* ❶ (*offiziell*) officiel(le) ❷ (*förmlich*) formaliste

formen ['fɔrmən] *tr. V.* former

formieren* [fɔr'mi:rən] *tr., refl. V.* [**sich**] **~** [se] former

förmlich ['fœrmlɪç] **I.** *Adj.* ❶ (*Bitte*) dans les formes ❷ (*Person*) formaliste **II.** *Adv.* vraiment

Förmlichkeit <-, -en> *f* ❶ *kein Pl.* (*Steifheit*) formalisme *m* ❷ *meist Pl.* formes *fpl*

formlos *Adj.* ❶ (*gestaltlos*) informe ❷ (*zwanglos*) sans cérémonie ❸ ADMIN **ein ~er Antrag** une demande sur papier libre

Formsache *f* formalité *f;* **eine reine ~ sein** n'être qu'une simple formalité

Formular [fɔrmu'la:ɐ̯] <-s, -e> *nt* formulaire *m*

formulieren* [fɔrmu'li:rən] **I.** *tr. V.* formuler **II.** *intr. V.* s'exprimer

Formulierung <-, -en> *f* ❶ *kein Pl.* (*das Formulieren*) formulation *f* ❷ (*Ausdruck*) expression *f*

forsch [fɔrʃ] *Adj.* (*Auftreten*) fringant(e)

forschen ['fɔrʃən] *intr. V.* ❶ faire de la recherche ❷ (*suchen*) **nach etw ~** chercher qc

Forscher(in) <-s, -> *m(f)* chercheur (-euse) *m(f)*

Forschung <-, -en> *f* recherche *f* scientifique

Forschungsergebnis *nt* résultat *m* de la recherche scientifique **Forschungsreise** *f* voyage *m* d'exploration **Forschungszentrum** *nt* centre *m* de recherches

Forst [fɔrst] <-[e]s, -e[n]> *m* bois *m*

Förster(in) ['fœrstɐ] <-s, -> *m(f)* garde *m* forestier

Forsythie [fɔr'zy:tsiə] <-, -n> *f* forsythia *m*

fort [fɔrt] *Adv.* **~ sein** (*Schlüssel*) avoir disparu; (*Person*) être parti ▶ **und so ~** et ainsi de suite

Fort [fo:ɐ̯] <-s, -s> *nt* fort *m*

Fortbestand ['fɔrtbəʃtant] *m kein Pl.* (*einer Institution*) maintien *m;* (*einer Tierart*) subsistance *f*

fort|bestehen* *intr. V. unreg* (*Institution*) se maintenir; (*Tradition*) persister

fort|bewegen* *tr., refl. V.* [se] déplacer

Fortbewegung *f kein Pl.* locomotion *f*

fort|bilden **I.** *refl. V.* **sich ~** se perfectionner **II.** *tr. V.* donner des cours de formation [continue] à

Fortbildung *f kein Pl.* formation *f* continue

Fortdauer *f* persistance *f*

fort|dauern *intr. V.* persister

forte *Adv.* MUS forte

fort|fahren **I.** *intr. V.* ❶ + *sein* partir ❷ + *haben o sein* (*weitermachen*) poursuivre **II.** *tr. V.* + *haben* (*Person*) emmener; (*Gegenstand*) emporter

fort|führen *tr. V.* ❶ continuer ❷ (*wegführen*) emmener

Fortgang *m kein Pl.* (*weiterer Verlauf*) poursuite *f*

fort|gehen *intr. V.* + *sein* ❶ partir ❷ (*sich fortsetzen*) se poursuivre

fortgeschritten ['fɔrtgəʃrɪtən] *Adj.* avancé(e)

fortgesetzt ['fɔrtgəzɛtst] **I.** *Adj.* permanent(e) **II.** *Adv.* continuellement

fort|jagen *tr. V.* + *haben* chasser

fort|laufen *intr. V. unreg* + *sein* (*Person*) s'échapper; (*Tier*) se sauver

fortlaufend **I.** *Adj.* continu(e) **II.** *Adv.* (*nummerieren*) dans l'ordre

fort|pflanzen *refl. V.* **sich ~** se reproduire

Fortpflanzung *f kein Pl.* reproduction *f*

fort|schicken *tr. V.* renvoyer

fort|schreiten *intr. V. unreg* + *sein* progresser

Fortschritt *m* progrès *m*

fortschrittlich *Adj.* (*Einstellung*) progressiste; (*Methode*) avancé(e)

fort|setzen **I.** *tr. V.* poursuivre **II.** *refl. V.* **sich ~** se poursuivre

Fortsetzung <-, -en> *f* ❶ *kein Pl.* (*das Fortsetzen*) poursuite *f* ❷ (*folgender Teil*) suite *f;* **~ folgt** à suivre

Fortsetzungsroman *m* roman-feuilleton *m*

fortwährend *Adj. attr* perpétuel(le)

Forum ['fo:rʊm] <-s, Foren> *nt* ❶ (*Diskussionsforum*) forum *m* ❷ (*Personenkreis*) cercle *m*

fossil [fɔ'si:l] *Adj.* fossile

Fossil <-s, -ien> *nt* fossile *m*

Föten *Pl. von* **Fötus**

Foto ['fo:to] <-s, -s> *nt* photo[graphie] *f*

Fotoalbum *nt* album *m* de photos **Fotoapparat** *m* appareil *m* photo[graphique]

fotogen [foto'ge:n] *Adj.* photogénique

Fotograf(in) [foto'gra:f] <-en, -en> *m(f)* photographe *mf*

Fotografie [fotogra'fi:] <-, -n> *f* photo[graphie] *f*

fotografieren* [fotogra'fi:rən] **I.** *tr. V.* prendre une photo de **II.** *intr. V.* prendre des photos

Fotokopie [fotoko'pi:] *f* photocopie *f* **fotokopieren*** *tr. V.* photocopier **Fotokopiergerät** *nt* photocopieur *m* **Fotolabor** *nt* laboratoire *m* photo **Fotomodell** *nt* modèle *m* **Fotomontage** *f* montage-photos *m*

Fötus ['fø:tʊs] <-[ses], Föten> *m* MED fœtus *m*

Foul [faul] <-s, -s> *nt* SPORT faute *f*

foulen ['faulən] *tr., intr. V.* SPORT **[jdn] ~** commettre une faute [sur qn]

Foxtrott <-s, -e *o* -s> *m* fox-trot *m*
Foyer [foa'je:] <-s, -s> *nt* foyer *m*
Fr. *Abk. von* **Frau** Mme
Fracht [fraxt] <-, -en> *f* ❶ (*eines Schiffs*) cargaison *f;* (*eines Flugzeugs*) fret *m* aérien ❷ (*Gebühr*) fret *m*
Frachter <-s, -> *m* cargo *m*
Frachtgut *nt* marchandise *f* en petite vitesse **Frachtkosten** *Pl* frais *mpl* de transport **Frachtschiff** *nt* cargo *m* **Frachtverkehr** *m* trafic *m* de marchandises
Frack [frak, *Pl:* 'frɛkə] <-[e]s, Fräcke> *m* frac *m*
Frage ['fra:gə] <-, -n> *f* question *f* ▶ **in ~ kommen** entrer en ligne de compte
Fragebogen *m* questionnaire *m*
fragen ['fra:gən] **I.** *intr. V.* ❶ poser des questions/une question ❷ (*verlangen*) **nach jdm ~** demander [à parler à] qn; **nach etw ~** demander qc **II.** *refl. V.* **sich ~, ob ...** se demander si ... **III.** *tr. V.* **jdn etw ~** demander qc à qn
fragend **I.** *Adj.* interrogateur(-trice) **II.** *Adv.* d'une manière interrogative
Fragesatz *m* phrase *f* interrogative **Fragestellung** *f* ❶ (*Formulierung*) façon *f* de formuler une question ❷ (*Problem*) problème *m* **Fragewort** <-wörter> *nt* [pronom *m*] interrogatif *m* **Fragezeichen** *nt* point *m* d'interrogation
fraglich ['fra:klɪç] *Adj.* ❶ (*unsicher*) douteux(-euse) ❷ *attr* (*betreffend*) en question
fraglos *Adv.* incontestablement
Fragment [fra'gmɛnt] <-[e]s, -e> *nt* fragment *m*
fragmentarisch [fragmɛn'ta:rɪʃ] *Adj.* fragmentaire
fragwürdig *Adj.* (*zweifelhaft*) douteux (-euse); *pej* (*anrüchig*) louche
Fraktion [frak'tsio:n] <-, -en> *f* POL groupe *m* parlementaire
Fraktionsvorsitzende(r) *f(m) dekl wie Adj* président(e) *m(f)* du groupe parlementaire
Franc [frã:] <-, -s> *m* HIST franc *m*
Franke ['fraŋkə] <-n, -n> *m,* **Fränkin** *f* GEO Franconien(ne) *m(f)*
Franken[1] <-s> *nt* GEO Franconie *f*
Franken[2] <-s, -> *m* franc *m* suisse
Frankfurt ['fraŋkfʊrt] <-s> *nt* Francfort
frankieren* [fraŋ'ki:rən] *tr. V.* affranchir
Frankierung <-, -en> *f* affranchissement *m*
Frankokanadier(in) [fraŋkoka'na:diɐ] *m(f)* Canadien *m* français/Canadienne *f* française **frankokanadisch** *Adj.* québécois(e) **frankophon** *Adj. geh* francophone
Frankreich ['fraŋkraiç] <-s> *nt* la France
Franse ['franzə] <-, -n> *f* frange *f*
fransig *Adj.* effrangé(e)
Franziskaner(in) <-s, -> *m(f)* franciscain(e) *m(f)*
Franzose [fran'tso:zə] <-n, -n> *m,* **Französin** *f* Français(e) *m(f)*
französisch [fran'tsø:zɪʃ] **I.** *Adj.* français(e) **II.** *Adv.* **~ miteinander sprechen** discuter en français
Französisch <-[s]> *nt kein Art.* français *m; s.a.* **Deutsch**
französischsprachig *Adj.* francophone
fräsen ['frɛ:zən] *tr. V.* fraiser
fraß [fra:s] *Imp. von* **fressen**
Fraß [fra:s] <-es, -e> *m* ❶ *pej fam* tambouille *f* ❷ (*für Tiere*) pâture *f*
Fratz [frats] <-es, -e *o* A -en, -en> *m fam* petit chou *m*/petite choute *f*
Fratze ['fratsə] <-, -n> *f* ❶ *pej* (*Gesicht*) face *f* hideuse ❷ (*Grimasse*) grimace *f*
frau [frau] *Pron.* on *(formation féministe par opposition au "man" soi-disant masculin)*
Frau [frau] <-, -en> *f* ❶ femme *f* ❷ (*in der Anrede*) **~ Müller** madame Müller
Frauenarzt *m,* **-ärztin** *f* gynécologue *mf* **Frauenbeauftragte(r)** *f(m) dekl wie Adj* délégué(e) *m(f)* à la condition féminine **Frauenbewegung** *f kein Pl.* mouvement *m* féministe **frauenfeindlich** *Adj.* misogyne **Frauenhaus** *nt* foyer *m* pour femmes **Frauenheilkunde** *f* gynécologie *f* **Frauenheld** *m* tombeur *m* **Frauenquote** *f* quota *m* féminin **Frauenwahlrecht** *nt* [droit *m* de] vote *m* des femmes
Fräulein ['frɔylain] <-s, -> *nt* **~ Schmidt** mademoiselle Schmidt

Autrefois, on s'adressait à une femme non mariée en utilisant le terme de **Fräulein**. Mais à partir des années 1970, le mouvement féministe a lutté contre cette appellation, puisque le terme de *"Herrlein"* (littéralement "petit homme") n'existe pas. De nos jours, on ne fait plus de distinction entre les femmes mariées ou pas. On emploie normalement la forme *Frau X...* (Madame ou Mademoiselle).

fraulich *Adj.* féminin(e)
Freak [fri:k] <-s, -s> *m fam* mordu(e) *m(f)*
frech [frɛç] *Adj.* ① (*Person*) effronté(e); ~ **sein** (*in den Äußerungen*) être insolent; (*im Benehmen*) être impudent ② (*Kleidung*) osé(e)
Frechdachs *m fam* galopin(e) *m(f)*
Frechheit <-, -en> *f* effronterie *f*
Fregatte [fre'gatə] <-, -n> *f* NAUT frégate *f*
frei [frai] **I.** *Adj.* ① libre; (*Mitarbeiter*) indépendant(e); (*Tag*) de congé; **sich von etw ~ machen** s'affranchir de qc ② (*Wohnung*) [de] libre; (*Stelle*) vacant(e) ③ (*unverheiratet*) libre ④ (*Seite*) blanche; **eine Seite ~ lassen** laisser une page ⑤ (*Natur*) plein(e) ⑥ (*Rede*) sans notes; (*Übersetzung*) libre; *s.a.* **Freie(s) II.** *Adv.* ① librement; ~ **laufend** (*Huhn*) en liberté; ~ **stehend** (*Gebäude*) isolé(e) ② (*ungezwungen*) de manière décontractée ③ (*improvisiert*) librement
Freibad *nt* piscine *f* en plein air
frei|bekommen* *unreg intr. V. fam* (*Schüler*) avoir un jour de libre
Freiberufler(in) <-s, -> *m(f)* travailleur *m* indépendant/travailleuse *f* indépendante
freiberuflich **I.** *Adj.* indépendant(e) **II.** *Adv.* à son compte
Freibetrag *m* montant *m* exonéré
Freibier *nt* bière *f* gratuite
Freie(s) *nt dekl wie Adj* **im ~n** (*stattfinden*) en plein air; (*übernachten*) à la belle étoile
Freier ['fraiɐ] <-s, -> *m* client *m*
Freiexemplar *nt* exemplaire *m* gratuit
Freigabe *f* (*des Wechselkurses*) libération *f*
frei|geben *unreg* **I.** *tr. V.* (*Preise*) débloquer; (*Film*) autoriser la sortie de; (*Strecke*) ouvrir à la circulation **II.** *intr. V.* **jdm zwei Stunden ~** donner deux heures de libre à qn
freigebig *Adj.* généreux(-euse)
Freigebigkeit <-> *f* générosité *f*
frei|haben *intr. V. unreg fam* être en congé; (*Schüler*) ne pas avoir cours
Freihafen *m* port *m* franc
frei|halten *tr. V. unreg* ① (*Einfahrt*) ne pas stationner devant ② (*Platz*) garder
Freihandelszone *f* zone *f* de libre-échange
freihändig ['fraihɛndɪç] *Adj., Adv.* (*Rad fahren*) sans les mains
Freiheit ['fraihait] <-, -en> *f* liberté *f*
freiheitlich **I.** *Adj.* libéral(e) **II.** *Adv.* (*gesinnt*) de tendance libérale
Freiheitsberaubung *f* atteinte *f* à la liberté [individuelle] **Freiheitskampf** *m* lutte *f* pour la liberté **Freiheitsstatue** *f* statue *f* de la Liberté **Freiheitsstrafe** *f* peine *f* de prison
Freikarte *f* place *f* gratuite
frei|kommen *intr. V. unreg + sein* être remis en liberté
Freikörperkultur *f kein Pl.* nudisme *m*
Freiland *nt kein Pl.* AGR pleine terre *f*
frei|lassen *tr. V. unreg* (*Verhafteten*) relaxer; (*Geisel*) relâcher
Freilassung <-, -en> *f* (*einer Geisel*) libération *f*
Freilauf *m* roue *f* libre
freilaufend[ALT] *s.* **frei II.1**
frei|legen *tr. V.* mettre à jour
freilich ['frailɪç] *Adv.* ① (*allerdings*) toutefois ② (*natürlich*) bien sûr
Freilichtbühne *f* théâtre *m* de plein air
frei|machen **I.** *tr. V.* ① POST affranchir ② (*Brust*) dénuder; **den Oberkörper ~** enlever le haut **II.** *intr. V. fam* prendre un repos **III.** *refl. V.* **sich ~** se déshabiller
Freimaurer *m* franc-maçon *m*
freimütig ['fraimy:tɪç] *Adj.* franc(franche)
Freimütigkeit <-> *f* franchise *f*
Freiraum *m* liberté *f* d'action
freischaffend *Adj. attr* indépendant(e)
Freischaffende(r) *f(m) dekl wie Adj* free-lance *mf*
frei|setzen *tr. V.* libérer
frei|sprechen *tr. V. unreg* JUR **jdn ~** déclarer qn non coupable
Freispruch *m* JUR non-lieu *m*
Freistaat *m* État *m* libre
frei|stehen *unreg* **I.** *intr. V. unpers.* **es steht ihr frei das zu tun** elle est libre de faire cela **II.** *intr. V.* (*Gebäude*) être inoccupé

frei|stellen *tr. V.* ① **es jdm ~, ob ...** laisser à qn le choix de décider si ... ② (*Beamten*) suspendre
Freistoß *m* coup *m* franc
Freistunde *f* heure *f* de libre
Freitag ['fraita:k] *m* vendredi *m; s.a.* **Dienstag**
Freitagabend *m* vendredi *m* soir **Freitagmorgen** *m* vendredi *m* matin
freitags *Adv.* le vendredi
Freitod *m euph* suicide *m*
Freitreppe *f* perron *m*
Freiwild *nt* ① gibier *m* ② *fig* proie *f* facile
freiwillig **I.** *Adj.* (*Helfer*) bénévole; (*Versicherung*) facultatif(-ive) **II.** *Adv.* de son plein gré
Freiwillige(r) *f(m) dekl wie Adj* volontaire *mf*
Freiwilligkeit <-> *f* volontariat *m*
Freiwurf *m* coup *m* franc
Freizeichen *nt* tonalité *f*
Freizeit *f kein Pl.* loisirs *mpl*
Freizeitangebot *nt* liste *f* des loisirs **Freizeitbeschäftigung** *f* occupation *f* **Freizeitgestaltung** *f* organisation *f* des loisirs **Freizeitindustrie** *f* industrie *f* des loisirs **Freizeitkleidung** *f* tenue *f* décontractée **Freizeitpark** *m* parc *m* de loisirs
freizügig ['fraitsy:gɪç] *Adj.* (*Moral*) libéral(e); (*Kleidung*) audacieux(-euse)
fremd [frɛmt] *Adj.* ① étranger(-ère) ② (*opp: eigen*) de quelqu'un d'autre; (*Angelegenheiten*) autre; (*Eigentum*) d'autrui
fremdartig *Adj.* étrange; (*exotisch*) exotique
fremdbestimmt *Adj.* dépendant(e)
Fremde ['frɛmdə] <-> *f geh* **in die/der ~** à l'étranger *m*
Fremde(r) *f(m) dekl wie Adj* (*Unbekannter*) inconnu(e) *m(f)*; (*Ausländer*) étranger(-ère) *m(f)*
fremdenfeindlich *Adj.* xénophobe **Fremdenführer(in)** *m(f)* guide *mf* **Fremdenverkehrsverein** *m* syndicat *m* d'initiative **Fremdenzimmer** *nt* chambre *f* d'hôte
fremd|gehen *intr. V. unreg + sein fam* être infidèle
Fremdherrschaft *f kein Pl.* domination *f* étrangère **Fremdkörper** *m* MED corps *m* étranger **fremdländisch** *Adj.* exotique **Fremdsprache** *f* langue *f* étrangère **Fremdsprachenkorrespondent(in)** *m(f)* secrétaire *mf* bilingue/trilingue **fremdsprachig** *Adj.* en langue étrangère; (*Besucher*) parlant une langue étrangère **Fremdwort** <-wörter> *nt* mot *m* étranger
frequentieren* *tr. V. geh* fréquenter
Frequenz [fre'kvɛnts] <-, -en> *f* fréquence *f*
Fresko ['frɛsko] <-s, Fresken> *nt* KUNST fresque *f*
Fressalien [frɛ'sa:liən] *Pl fam* bouffe *f*
Fresse ['frɛsə] <-, -n> *f vulg* gueule *f* (*fam*)
fressen ['frɛsən] <frisst, fraß, gefressen> **I.** *tr., intr. V.* ① **aus etw ~** (*Tier*) manger dans qc ② *pej fam* (*essen*) bouffer **II.** *refl. V.* (*eindringen*) **sich in etw** (*Akk*) **~** (*Bohrer*) s'enfoncer dans qc; (*Säure*) ronger qc
Fressen <-s> *nt* ① (*Futter*) nourriture *f* ② *pej fam* (*Essen*) bouffe *f*
Fressnapf[RR], **Freßnapf**[ALT] *m* gamelle *f* **Fresssack**[RR], **Freßsack**[ALT] *m pej fam* goinfre *mf*
Frettchen ['frɛtçən] <-s, -> *nt* furet *m*
Freude ['frɔydə] <-> *f kein Pl.* joie *f*; **jdm eine ~ machen** faire plaisir à qn
Freudengeschrei *nt* cris *mpl* de joie **Freudenhaus** *nt* maison *f* close **Freudensprung** *m* saut *m* de joie **Freudentränen** *Pl* larmes *fpl* de joie
freudestrahlend *Adj.* rayonnant(e) [de joie]
freudig ['frɔydɪç] **I.** *Adj.* ① (*voller Freude*) joyeux(-euse) ② (*erfreulich*) heureux(-euse) **II.** *Adv.* joyeusement
freudlos ['frɔytlo:s] *Adj.* sans joie
freuen ['frɔyən] **I.** *refl. V.* **sich über jdn/etw ~** être content de qn/qc; **sich auf jdn/etw ~** se réjouir [d'avance] de qn/qc **II.** *tr. V.* **jdn ~** réjouir qn
Freund(in) [frɔynt] <-[e]s, -e> *m(f)* ① ami(e) *m(f)* ② (*Anhänger*) amateur *m*
Freundeskreis ['frɔyndəskrais] *m* cercle *m* d'amis
freundlich ['frɔyntlɪç] **I.** *Adj.* ① aimable ② (*Wetter*) agréable; (*Zimmer*) accueillant(e) **II.** *Adv.* de façon amicale
freundlicherweise ['frɔyntlɪçe'vaizə] *Adv.* aimablement
Freundlichkeit <-> *f kein Pl.* (*Liebenswürdigkeit*) amabilité *f*

F

Freundschaft <-, -en> *f* amitié *f*

freundschaftlich **I.** *Adj.* amical(e) **II.** *Adv.* amicalement

Freundschaftsdienst *m* service *m* d'ami **Freundschaftspreis** *m* prix *m* d'ami **Freundschaftsspiel** *nt* rencontre *f* amicale

Frevel ['fre:fəl] <-s, -> *m geh* ignominie *f*; REL sacrilège *m*

frevelhaft *Adj. geh* ignominieux(-euse)

Friede ['fri:də] <-ns, -n> *m* REL ~ **sei mit euch!** la paix soit avec vous !

Frieden <-s, -> *m* paix *f*

Friedensbewegung *f* mouvement *m* pacifiste **Friedenskonferenz** *f* conférence *f* de paix **Friedensnobelpreis** *m* prix *m* Nobel de la paix **Friedenspfeife** *f* calumet *m* de la paix **Friedenspolitik** *f* politique *f* de paix **Friedensrichter(in)** *m(f)* ① juge *m* de paix ② CH (*Laienrichter*) arbitre *m* **Friedenstaube** *f* colombe *f* de la paix **Friedenstruppe** *f* force *f* d'interposition **Friedensverhandlungen** *Pl* négociations *fpl* de paix **Friedensvertrag** *m* traité *m* de paix **Friedenszeit** *f* **in ~en** en temps de paix

friedfertig ['fri:tfɛrtɪç] *Adj.* pacifique

Friedfertigkeit *f* caractère *m* conciliant

Friedhof ['fri:tho:f] *m* cimetière *m*

friedlich **I.** *Adj.* pacifique **II.** *Adv.* (*sterben*) en paix

friedliebend ['fri:tli:bənt] *Adj.* pacifique

frieren ['fri:rən] <fror, gefroren> **I.** *intr. V.* ① + *haben* **an den Händen ~** avoir froid aux mains ② + *sein* (*gefrieren*) geler **II.** *intr. V. unpers.* + *haben* **es friert** il gèle **III.** *tr. V. unpers.* + *haben* **es friert mich** je suis gelé(e)

Fries [fri:s] <-es, -e> *m* ARCHIT frise *f*

Friese ['fri:zə] <-n, -n> *m*, **Friesin** *f* Frison(ne) *m(f)*

friesisch *Adj.* frison(ne)

frigid(e) *Adj.* frigide

Frikadelle [frika'dɛlə] <-, -n> *f* boulette *f* [de viande]

Frikassee [frika'se:] <-s, -s> *nt* fricassée *f*

frisch [frɪʃ] **I.** *Adj.* ① (*Lebensmittel, Luft*) frais(fraîche) ② (*sauber*) propre ③ (*kühl*) frais(fraîche) **II.** *Adv.* fraîchement

Frische ['frɪʃə] <-> *f* fraîcheur *f*

Frischfleisch *nt* viande *f* fraîche

frischgebacken *Adj.* (*Ehemann, Ehefrau*) [tout(e)] jeune; (*Lehrer, Arzt, Rechtsanwalt*) frais émoulu/fraîche émoulue **Frischkäse** *m* fromage *m* frais

Frischling ['frɪʃlɪŋ] <-s, -e> *m* marcassin *m*

Friseur(in) [fri'zø:ɐ̯] <-s, -e> *m(f)* coiffeur(-euse) *m(f)*; *s.a.* **Friseuse**

Friseursalon [fri'zø:ɐzalõ:, -zalɔŋ] *m* salon *m* de coiffure

Friseuse [fri'zø:zə] <-, -n> *f* coiffeuse *f*

frisieren* [fri'zi:rən] *tr. V.* ① coiffer ② *fam* (*Auto*) trafiquer

Frisör *s.* **Friseur**

Frisöse *s.* **Friseuse**

frisst[RR], **frißt**[ALT] [frɪst] *3. Pers. Sg. Präs. von* **fressen**

Frist [frɪst] <-, -en> *f* délai *m*

fristen ['frɪstən] *tr. V.* **sein Dasein ~** mener sa vie

fristgerecht *Adj., Adv.* dans les délais [impartis]

fristlos *Adj., Adv.* sans préavis

Frisur [fri'zu:ɐ̯] <-, -en> *f* coiffure *f*

fritieren [ALT] *s.* **frittieren**

Fritten *Pl fam* frites *fpl*

frittieren*[RR] *tr. V.* faire frire

frivol [fri'vo:l] *Adj.* déplacé(e)

Frl. *Abk. von* **Fräulein** Mlle

froh [fro:] *Adj.* ① (*glücklich*) joyeux(-euse) ② *fam* (*zufrieden*) **über etw** (*Akk*) **~ sein** être content de qc ③ (*Botschaft*) heureux(-euse)

fröhlich ['frø:lɪç] **I.** *Adj.* joyeux(-euse) **II.** *Adv.* allègrement

Fröhlichkeit <-> *f* gaieté *f*

fromm [frɔm] <frömmer, frömmste> *Adj.* pieux(-euse)

Frömmelei [frœmə'lai] <-, -en> *f pej* bigoterie *f*

Frömmigkeit ['frœmɪçkait] <-> *f* piété *f*

Fronarbeit *f* ① CH travail *m* d'intérêt général *(bénévole)* ② HIST corvée *f*

frönen ['frø:nən] *intr. V. geh* **einer S.** (*Dat*) ~ s'adonner à qc

Fronleichnam [fro:n'laiçna:m] *kein Pl, kein art* la Fête-Dieu

Front [frɔnt] <-, -en> *f* ① (*Vorderseite*) devant *m* ② MIL, POL, METEO front *m*

frontal [frɔn'ta:l] **I.** *Adj. attr* frontal(e) **II.** *Adv.* de front

Frontalzusammenstoß *m* collision *f* frontale

Frontantrieb *m* traction *f* avant

fror [froːɐ̯] *Imp. von* **frieren**
Frosch [frɔʃ, *Pl:* 'frœʃə] <-[e]s, Frösche> *m* grenouille *f*
Froschmann <-männer> *m* homme-grenouille *m*
Frost [frɔst, *Pl:* 'frœstə] <-[e]s, Fröste> *m* gel *m*
Frostbeule *f* engelure *f*
frösteln ['frœstəln] **I.** *intr. V.* grelotter **II.** *tr. V. unpers.* **es fröstelt ihn** il a des frissons
frostig **I.** *Adj.* glacial(e) **II.** *Adv.* avec froideur
Frostschutzmittel *nt* antigel *m*
Frottee [frɔ'teː] <-s, -s> *nt o m* tissu *m* éponge
Frotteehandtuch *nt* serviette *f* éponge
frottieren* [frɔ'tiːrən] *tr., refl. V.* [se] frictionner
frotzeln ['frɔtsəln] *intr. V. fam* se moquer
Frucht [frʊxt, *Pl:* 'frʏçtə] <-, Früchte> *f* fruit *m*
fruchtbar *Adj.* fécond(e); (*Erde*) fertile; (*Gespräch*) fructueux(-euse)
Fruchtbarkeit <-> *f* fécondité *f*
Fruchtblase *f* poche *f* des eaux
Früchtchen <-s, -> *nt fam* chenapan *m*
Fruchteis *nt* glace *f* aux fruits **Fruchtfleisch** *nt* pulpe *f*
fruchtig *Adj.* fruité(e)
fruchtlos *Adj.* (*Bemühungen*) infructueux(-euse)
Fruchtsaft *m* jus *m* de fruit **Fruchtwasser** *nt* liquide *m* amniotique
früh [fryː] **I.** *Adj.* ❶ **es ist [noch] ~** il est [encore] tôt ❷ (*Tod*) prématuré(e) **II.** *Adv.* (*aufbrechen*) de bonne heure; **heute ~** ce matin
Frühaufsteher(in) <-s,-> *m(f)* lève-tôt *mf* (*fam*) **Frühdienst** *m* service *m* du matin
Frühe ['fryːə] <-> *f* **in aller ~** de bon matin
früher ['fryːɐ̯] **I.** *Adj.* ❶ (*vergangen*) passé(e) ❷ (*ehemalig*) ancien(ne) **II.** *Adv.* autrefois
Früherkennung *f* dépistage *m* précoce
frühestens ['fryːəstəns] *Adv.* au plus tôt
frühestmöglich *Adj. attr* **zum ~en Zeitpunkt** le plus tôt possible
Frühgeburt *f* ❶ naissance *f* avant terme ❷ (*Kind*) prématuré(e) *m(f)*
Frühjahr *nt* printemps *m* **Frühjahrsmüdigkeit** *f*: fatigue intervenant au printemps
frühkindlich *Adj.* infantile
Frühling ['fryːlɪŋ] <-s, -e> *m* printemps *m*
Frühlingsanfang *m* début *m* du printemps
frühmorgens [fryː'mɔrgəns] *Adv.* de bon matin **frühreif** *Adj.* précoce **Frühschicht** *f* équipe *f* du matin **Frühsport** *m* gymnastique *f* matinale **Frühstadium** *nt* stade *m* précoce
Frühstück <-stücke> *nt* petit-déjeuner *m*
frühstücken *intr. V.* prendre son petit-déjeuner
Frühstückspause *f* pause *f* petit-déjeuner (*fam*)
Frühwerk *nt* œuvre *f* de jeunesse **frühzeitig** **I.** *Adj.* précoce; (*Tod*) prématuré(e) **II.** *Adv.* [suffisamment] tôt; (*vorzeitig*) prématurément
Frust [frʊst] <-[e]s> *m fam* frustration *f*
Frustration [frʊstra'tsi̯oːn] <-, -en> *f* frustration *f*
frustrieren* [frʊs'triːrən] *tr. V. fam* frustrer
Fuchs [fʊks, *Pl:* 'fʏksə] <-es, Füchse> *m* ❶ renard *m* ❷ *fam* (*Mensch*) **ein schlauer ~** un vieux renard
Fuchsbau <-baue> *m* renardière *f*
fuchsen [-ks-] *tr. V. fam* **jdn ~** foutre qn en rogne
Fuchsie ['fʊksiə] <-, -n> *f* fuchsia *m*
Füchsin ['fʏksɪn] <-, -nen> *f* renarde *f*
fuchsteufelswild *Adj. fam* furax
Fuchtel ['fʊxtəl] ▸ **unter jds ~** (*Dat*) *fam* sous la coupe de qn
fuchteln *intr. V. fam* gesticuler
Fuge ['fuːgə] <-, -n> *f* ▸ **aus den ~n geraten** *geh* s'en aller à vau-l'eau
fügen ['fyːgən] **I.** *refl. V.* **sich ~** (*sich unterordnen*) se soumettre; (*sich ergeben*) s'arranger **II.** *tr. V. geh* **etw an/auf etw ~** (*Akk*) ajouter qc à/sur qc
fügsam *Adj. geh* docile
Fügung <-, -en> *f* effet *m* de la Providence
fühlbar *Adj.* ❶ (*merklich*) sensible ❷ (*tastbar*) palpable
fühlen ['fyːlən] **I.** *tr. V.* ❶ sentir; (*Schmerz*) ressentir ❷ (*ertasten*) toucher **II.** *intr. V.* **nach etw ~** porter la main à qc **III.** *refl. V.* ❶ **wie ~ Sie sich?** comment vous sentez-vous ? ❷ (*sich einschätzen*) se considérer comme

Fühler <-s, -> *m* ❶ (*eines Insekts*) antenne *f* ❷ (*Temperaturfühler*) sonde *f*

fuhr [fuːɐ̯] *Imp. von* **fahren**

Fuhre ['fuːrə] <-, -n> *f* ❶ (*Ladung*) chargement *m* ❷ (*Fahrt*) course *f*

führen ['fyːrən] **I.** *tr. V.* ❶ guider; (*hinführen*) conduire; **jdn über die Straße ~** faire traverser la rue à qn ❷ (*bringen*) **was führt Sie zu mir?** *form* qu'est-ce qui vous amène ? ❸ (*Betrieb*) diriger ❹ *form* (*Namen*) porter; **mit sich ~** (*Papiere*) avoir avec soi ❺ (*Artikel*) vendre **II.** *intr. V.* ❶ (*in Führung liegen*) mener ❷ (*verlaufen*) **durch den Tunnel ~** traverser le tunnel ❸ (*als Ergebnis haben*) **zu etw ~** conduire à qc **III.** *refl. V. form* (*sich benehmen*) se conduire

führend *Adj.* de premier plan

Führer(in) ['fyːrɐ] <-s, -> *m(f)* ❶ (*Leiter*) dirigeant(e) *m(f)* ❷ (*Reiseführer*) guide *mf* ❸ CH (*Lenker*) conducteur(-trice) *m(f)*

Führerschein *m* permis *m* [de conduire] **Führerscheinentzug** *m* retrait *m* du permis [de conduire]

Fuhrpark *m* parc *m* automobile

Führung ['fyːrʊŋ] <-, -en> *f* ❶ (*Besichtigung*) visite *f* guidée ❷ *kein Pl.* (*Betragen*) conduite *f* ❸ *kein Pl.* (*leitende Gruppe*) direction *f* ❹ *kein Pl.* SPORT avance *f*

Führungsebene *f* **auf ~** au niveau de la direction **Führungskraft** *f* cadre *m* supérieur **Führungszeugnis** *nt* certificat *m* de bonne conduite

Fuhrunternehmen *nt* société *f* de transports **Fuhrwerk** *nt* charrette *f*

Fülle ['fʏlə] <-> *f* ❶ (*des Haares*) volume *m* ❷ (*Körperfülle*) embonpoint *m* ❸ (*Menge*) **eine ~ von etw** une foule de qc

füllen ['fʏlən] **I.** *tr. V.* ❶ (*Gefäß*) remplir ❷ GASTR farcir ❸ (*einfüllen*) **etw in einen Behälter ~** verser qc dans un récipient **II.** *refl. V.* **sich ~** se remplir

Füller ['fʏlɐ] <-s, -> *m* stylo *m*

Füllfederhalter *m* stylo-plume *m*

füllig *Adj.* (*Haar*) volumineux(-euse)

Füllung <-, -en> *f* ❶ (*eines Polsters*) rembourrage *m;* (*eines Zahns*) plombage *m* ❷ GASTR farce *f*

Fummel <-s, -> *m fam* fringues *fpl*

fummeln ['fʊməln] *intr. V. fam* ❶ (*hantieren*) **an etw** (*Dat*) **~** tripatouiller qc ❷ (*sexuell*) se peloter

Fund [fʊnt] <-[e]s, -e> *m* ❶ *kein Pl. form* (*das Entdecken*) découverte *f* ❷ (*etwas Gefundenes*) trouvaille *f*

Fundament [fʊnda'mɛnt] <-[e]s, -e> *nt* ❶ fondations *fpl* ❷ (*Grundlage*) base *f*

fundamental [fʊndamɛn'taːl] *Adj.* fondamental(e)

Fundamentalismus [fʊndamɛnta'lɪsmʊs] <-> *m* fondamentalisme *m;* REL intégrisme *m*

Fundamentalist(in) <-en, -en> *m(f)* intégriste *mf*

Fundbüro *nt* bureau *m* des objets trouvés **Fundgrube** *f* mine *f*

fundiert *Adj.* (*Untersuchung*) approfondi(e)

fündig ['fʏndɪç] *Adj.* **~ werden** trouver quelque chose

Fundsache *f* objet *m* trouvé

fünf [fʏnf] *Num.* cinq; *s.a.* **acht**[1]

Fünf <-, -en> *f* (*Schulnote*) ≈ huit *m* [sur vingt]

Fünfeck *nt* pentagone *m* **fünfeckig** *Adj.* pentagonal(e)

fünfeinhalb *Num.* **~ Meter** cinq mètres et demi; *s.a.* **achteinhalb**

fünferlei *Adj. unv.* **~ Sorten Brot** cinq sortes de pain; *s.a.* **achterlei**

Fünfeuroschein *m* billet *m* de cinq euros

fünffach **I.** *Adj.* **die ~e Menge nehmen** prendre cinq fois la dose **II.** *Adv.* (*falten*) cinq fois; *s.a.* **achtfach**

fünfhundert *Num.* cinq cents

Fünfjahresplan *m* plan *m* quinquennal

Fünfkampf *m* pentathlon *m*

fünfmal *Adv.* cinq fois; *s.a.* **achtmal**

Fünfprozentklausel *f* clause *f* des cinq pour cent

fünft *Adv.* **zu ~ sein** être cinq; *s.a.* **acht**[2]

Fünftagewoche [fʏnf'taːgəvɔxə] *f* semaine *f* de cinq jours

fünftausend *Num.* cinq mille

fünfte(r, s) *Adj.* ❶ cinquième ❷ (*bei Datumsangabe*) **der ~ März** le cinq mars; *s.a.* **achte(r, s)**

fünftel *Adj.* cinquième; *s.a.* **achtel**

Fünftel <-s, -> *nt* cinquième *m*

fünfzehn *Num.* quinze; *s.a.* **acht**[1]

fünfzig ['fʏnftsɪç] *Num.* cinquante; *s.a.* **achtzig**

Fünfzig <-, -en> *f* cinquante *m*

fünfziger *Adj. unv.* **die ~ Jahre** les années *fpl* cinquante; *s.a.* **achtziger**

Fünfzigeuroschein *m* billet *m* de cinquante euros

fünfzigjährig *Adj. attr* de cinquante ans; *s.a.* **achtzigjährig**

fünfzigste(r, s) *Adj.* cinquantième; *s.a.* **achtzigste(r, s)**

fungieren* [fʊŋ'giːrən] *intr. V.* **als etw ~** (*Person*) faire fonction de qc; (*Gegenstand*) faire office de qc

Funk [fʊŋk] <-s> *m* radio *f*

Funkamateur(in) [-amatøːɐ] *m(f)* radioamateur *m*

Funke ['fʊŋkə] <-ns, -n> *m* étincelle *f*

funkeln ['fʊŋkəln] *intr. V.* étinceler

funkelnagelneu ['fʊŋkəl'naːgəl'nɔy] *Adj. fam* flambant neuf(neuve)

funken ['fʊŋkən] **I.** *tr. V.* **eine Nachricht ~** transmettre une nouvelle par radio **II.** *intr. V.* (*Funken sprühen*) faire des étincelles **III.** *intr. V. unpers. fam* (*verstehen*) **es hat bei ihm gefunkt** il a pigé

Funker(in) <-s, -> *m(f)* [opérateur (-trice) *m(f)*] radio *m*

Funkgerät *nt* appareil *m* de radio **Funkhaus** *nt* studios *mpl* **Funksprechgerät** *nt* talkie-walkie *m* **Funkspruch** *m* message *m* radio **Funkstreife** *f* ronde *f* de police [en voiture radio] **Funktaxi** *nt* radio-taxi *m* **Funktelefon** *nt* radiotéléphone *m*

Funktion [fʊŋk'tsi̯oːn] <-, -en> *f* fonction *f*

funktional [fʊŋktsi̯o'naːl] *s.* **funktionell**

Funktionär(in) [fʊŋtsi̯o'nɛːɐ̯] <-s, -e> *m(f)* permanent(e) *m(f)*

funktionell *Adj.* fonctionnel(le)

funktionieren* [fʊŋtsi̯o'niːrən] *intr. V.* fonctionner

Funktionstaste *f* INFORM touche *f* [de] Fonction **funktionstüchtig** *Adj.* en état de marche

Funkturm *m* tour *f* hertzienne **Funkverbindung** *f* liaison *f* radio **Funkverkehr** *m* radiocommunication *f*

für [fyːɐ̯] *Präp. + Akk.* ❶ pour ❷ (*wiederholend*) **Tag ~ Tag** jour après jour ❸ *mit Fragepronomen* **was ~ ...** quels/quelles ...; **was ~ ein ...** quelle sorte de ...

Für <-> *nt* ▸ **das ~ und Wider** le pour et le contre

Fürbitte *f* prière *f* [d'intercession]

Furche ['fʊrçə] <-, -n> *f* sillon *m*

Furcht [fʊrçt] <-> *f* peur *f*; **~ erregend** effrayant(e)

furchtbar *Adj.* terrible

fürchten ['fʏrçtən] **I.** *tr. V.* ❶ redouter ❷ (*befürchten*) craindre **II.** *refl. V.* **sich vor jdm/etw ~** avoir peur de qn/qc **III.** *intr. V.* **um jdn/etw ~** craindre pour qn/qc

fürchterlich ['fʏrçtɐlɪç] *s.* **furchtbar**

furchterregendALT *s.* **Furcht**

furchtlos *Adj.* (*Person*) hardi(e)

furchtsam *Adj. geh* craintif(-ive)

füreinander [fyːɐ̯ʔai'nandɐ] *Adv.* l'un(e) pour l'autre/les un(e)s pour les autres

Furie ['fuːri̯ə] <-, -n> *f pej* (*Frau*) furie *f*

Furnier [fʊr'niːɐ̯] <-s, -e> *nt* placage *m*

Furore [fu'roːrə] <-> *f*, <-s> *nt* ▸ **~ machen** *fam* faire un malheur

Fürsorge ['fyːɐ̯zɔrgə] *f kein Pl.* ❶ soins *mpl* ❷ *fam* (*Sozialhilfe*) aide *f* sociale

Fürsorgepflicht *f* devoir *m* d'assistance [sociale]

fürsorglich **I.** *Adj.* attentionné(e) **II.** *Adv.* avec soin

Fürsprache *f* intervention *f*

Fürsprecher(in) *m(f)* avocat(e) *m(f)*

Fürst(in) ['fʏrst] <-en, -en> *m(f)* prince(-esse) *m(f)*

Fürstentum <-[e]s, -tümer> *nt* principauté *f*

fürstlich *Adj.* princier(-ière); (*Trinkgeld*) royal(e)

Furt [fʊrt] <-, -en> *f* gué *m*

Furunkel [fu'rʊŋkəl] <-s, -> *nt o m* furoncle *m*

Furz [fʊrts, *Pl:* 'fʏrtsə] <-es, Fürze> *m fam* pet *m*

furzen *intr. V. fam* péter

Fusel ['fuːzəl] <-s, -> *m pej fam* tord-boyaux *m*

Fusion [fu'zi̯oːn] <-, -en> *f* fusion *f*

fusionieren* [fuzi̯o'niːrən] *intr. V.* fusionner

Fuß [fuːs, *Pl:* 'fyːsə] <-es, Füsse> *m* (*a. Längenmaß*) pied *m*

Fußball *m* ❶ *kein Pl.* football *m* ❷ (*Ball*) ballon *m* [de football]

Fußballer(in) <-s, -> *m(f) fam* footballeur(-euse) *m(f)*

Fußballfan *m* fan *mf* de foot **Fußballmannschaft** *f* équipe *f* de football **Fußballplatz** *m* terrain *m* de football **Fußballspiel** *nt* match *m* de football **Fußballspieler(in)** *m(f)* joueur(-euse) *m(f)* de football **Fußballverein** *m* club *m* de football

F

Fußboden *m* sol *m* **Fußbreit** <-> *m* *kein Pl.* pied *m* **Fußbremse** *f* pédale *f* de frein
Fussel ['fʊsəl] <-, -n> *f*, <-s, -> *m* peluche *f*
fusselig *Adj.* qui peluche
fusseln *intr. V.* pelucher
fußen ['fu:sən] *intr. V.* **auf etw ~** (*Dat*) reposer sur qc
Fußende *nt* pied *m*
Fußgänger(in) ['fu:sgɛŋɐ] <-s, -> *m(f)* piéton(ne) *m(f)*
Fußgängerampel *f* feu *m* pour piétons **Fußgängerüberweg** *m* passage *m* pour piétons **Fußgängerzone** *f* zone *f* piétonne
Fußgelenk *nt* cheville *f*
fussligRR, **fußligALT** ['fʊslɪç] *s.* **fusselig**
Fußmarsch *m* marche *f* à pied **Fußmatte** *f* paillasson *m* **Fußnote** *f* note *f* [de bas de page] **Fußpilz** *m* mycose *f* [du pied] **Fußsohle** *f* plante *f* du pied **Fußspitze** *f* pointe *f* du pied **Fußspur** *f* trace *f* de pas **Fußstapfen** *m* ▸ **in jds ~ treten** (*Akk*) marcher sur les traces de qn **Fußtritt** *m* coup *m* de pied **Fußvolk** *nt pej fam* **das ~** le petit peuple **Fußweg** *m* (*Pfad*) sentier *m* **Fußzeile** *f* pied *m* de page
futsch [fʊtʃ] *Adj. fam* **~ sein** être fichu
Futter ['fʊtɐ] <-s, -> *nt* ❶ *kein Pl.* nourriture *f* ❷ (*eines Mantels*) doublure *f*
Futteral [fʊtə'ra:l] <-s, -e> *nt* étui *m*
futtern ['fʊtɐn] *tr., intr. V. fam* bouffer
füttern ['fʏtɐn] *tr. V.* ❶ (*Säugling, Tier*) nourrir ❷ COUT doubler
Futternapf *m* écuelle *f* **Futterpflanze** *f* plante *f* fourragère
Fütterung ['fʏtərʊŋ] <-, -en> *f* alimentation *f*
Futur [fu'tu:ɐ̯] <-s, -e> *nt* LING futur *m*
futuristisch [futu'rɪstɪʃ] *Adj.* futuriste

Gg

G, g [ge:] <-, -> *nt* ❶ G *m*/g *m* ❷ MUS sol *m*
g *Abk. von* **Gramm** g
gab [ga:p] *Imp. von* **geben**
Gabe ['ga:bə] <-, -n> *f* ❶ *geh* (*Geschenk*) présent *m* ❷ (*Spende*) **eine milde ~** une aumône ❸ (*Begabung*) don *m*
Gabel ['ga:bəl] <-, -n> *f* ❶ fourchette *f* ❷ (*Heugabel*) fourche *f*
gabeln ['ga:bəln] *refl. V.* **sich ~** (*Straße*) bifurquer
Gabelstapler ['ga:bəlʃta:plɐ] <-s, -> *m* chariot *m* élévateur [à fourche]
Gabelung <-, -en> *f* bifurcation *f*
Gabentisch *m: table où sont disposés les cadeaux à Noël ou pour un anniversaire*
gackern ['gakɐn] *intr. V.* glousser (*péj*)
gaffen ['gafən] *intr. V. pej* **nach jdm/etw ~** reluquer qn/qc (*fam*)
Gag [gɛk] <-s, -s> *m* gag *m*
Gage ['ga:ʒə] <-, -n> *f* cachet *m*
gähnen ['gɛ:nən] *intr. V.* bâiller
Gala ['ga(:)la] <-> *f* tenue *f* de gala
galaktisch [ga'laktɪʃ] *Adj.* galactique
galant [ga'lant] *Adj.* galant(e)
Galeere [ga'le:rə] <-, -n> *f* galère *f*
Galerie [galə'ri:] <-, -n> *f* ❶ (*Kunstgalerie*) galerie *f* [d'art] ❷ A, CH (*Tunnel*) tunnel *m*
Galgen ['galgən] <-s, -> *m* potence *f*
Galgenfrist *f fam* ultime délai *m* **Galgenhumor** *m* humour *m* noir
Galionsfigur *f a. fig* figure *f* de proue
Galle ['galə] <-, -n> *f* ❶ (*Organ*) vésicule *f* biliaire ❷ (*Sekret*) bile *f*
Gallenblase *f* vésicule *f* biliaire **Gallenstein** *m* calcul *m* biliaire
gallertartig [ga'lɛrt'a:ɐ̯tɪç] *Adj.* gélatineux(-euse)
Gallien ['galiən] <-s> *nt* Gaule *f*
Gallier(in) ['galiɐ] <-s, -> *m(f)* Gaulois(e) *m(f)*
gallisch ['galɪʃ] *Adj.* gaulois(e)
Galopp [ga'lɔp] <-s, -s> *m* galop *m*
galoppieren* [galɔ'pi:rən] *intr. V. + haben o sein* galoper
galt [galt] *Imp. von* **gelten**
galvanisieren* [galvani'zi:rən] *tr. V.* TECH galvaniser

Gamepad ['geɪ:mpɛd] <-s, -s> *nt* INFORM gamepad *m*
Gameshow ['geɪ:mʃoʊ] <-, -s> *f* jeu *m* télévisé
Gammastrahlen ['gamaʃtra:lən] *Pl*PHYS rayons *mpl* gamma
gammelig *Adj. fam* (*Obst*) pourri(e)
gammeln ['gaməln] *intr. V. pej fam* gland[ouill]er
GämseRR ['gɛmzə] <-, -n> *f* chamois *m*
gang [gaŋ] ▸ **~ und gäbe sein** être monnaie courante
Gang [gaŋ, *Pl:* 'gɛŋə] <-[e]s, Gänge> *m* ❶ *kein Pl.* (*Gangart*) démarche *f* ❷ (*Behördengang*) démarche *f* ❸ GASTR plat *m* ❹ TECH vitesse *f*; **im dritten ~** en troisième ❺ (*Korridor*) couloir *m*
gangbar *Adj.* **ein ~er Weg** un chemin praticable; *fig* une voie envisageable
gängeln ['gɛŋəln] *tr. V. pej* tenir en laisse
gängig ['gɛŋɪç] *Adj.* courant(e); (*Artikel*) demandé(e)
Gangschaltung *f* changement *m* de vitesse; (*beim Fahrrad*) dérailleur *m*
Gangster ['gɛŋstɐ] <-s, -> *m pej* gangster *m*
Gangway ['gæŋweɪ] <-, -s> *f* passerelle *f* [d'embarquement]
Ganove [ga'no:və] <-n, -n> *m pej fam* truand *m*
Gans [gans, *Pl:* 'gɛnzə] <-, Gänse> *f* ❶ oie *f* ❷ *pej fam* [**du**] **dumme ~!** espèce d'âne !
Gänseblümchen ['gɛnzəbly:mçən] *nt* pâquerette *f* **Gänsebraten** *m* oie *f* rôtie **Gänsefüßchen** *Plfam* guillemets *mpl* **Gänsehaut** *f* chair *f* de poule **Gänseleberpastete** *f* foie *m* gras [d'oie] **Gänsemarsch** *m* **im ~** à la queue leu leu
Gänserich ['gɛnzərɪç] <-s, -e> *m* jars *m*
Gänseschmalz *nt* graisse *f* d'oie
ganz [gants] **I.** *Adj.* ❶ complet(-ète); **die ~e Nachbarschaft** tous les voisins; **den ~en Tag** [**über**] toute la journée ❷ *fam* (*all der/die/das ...*) **dieses ~e Gerede** tous ces discours ❸ *fam* (*unbeschädigt*) intact(e) ❹ *fam* (*nur*) **~e zwei Euro spenden** donner tout juste deux euros ❺ *fam* (*ziemlich viel*) **eine ~e Menge Geld** une sacrée somme [d'argent] **II.** *Adv.* ❶ (*kalt*) très; (*allein*) tout; (*ruhig*) parfaitement; (*vorne*) tout [à fait]; (*überarbeiten*) complètement ❷ *fam* (*ziemlich*) assez ▸ **~ und gar** totalement
Ganze(s) *nt dekl wie Adj* ❶ (*Ganzheit*) ensemble *m* ❷ (*alle Sachen*) **das ~** le tout; (*die ganze Angelegenheit*) tout cela (*fam*)
ganzheitlich *Adj.* global(e) **ganzjährig** *Adj.*, *Adv.* [durant] toute l'année
gänzlich ['gɛntslɪç] **I.** *Adj.* (*Fehlen*) total(e) **II.** *Adv.* totalement
ganztägig ['gantstɛ:gɪç] **I.** *Adj.* (*Ausflug*) d'une journée **II.** *Adv.* toute la journée
Ganztagsschule *f: type d'école et de scolarité où les cours ont lieu toute la journée*
gar1 [ga:ɐ̯] *Adv.* ❶ **~ nichts** absolument rien; **~ nicht teuer** pas cher (chère) du tout ❷ (*geschweige*) **100 oder ~ 200 Euro sind einfach zu viel** 100 euros voire 200 euros sont bien trop
gar2 *Adj.* **~ sein** être bien cuit
Garage [ga'ra:ʒə] <-, -n> *f* garage *m*
Garant(in) [ga'rant] <-en, -en> *m(f)* garant(e) *m(f)*
Garantie [garan'ti:] <-, -n> *f* garantie *f*
garantieren* [garan'ti:rən] **I.** *tr. V.* garantir **II.** *intr. V.* **für etw ~** (*Person*) se porter garant(e) pour qc
garantiert *Adv. fam* **er hat das ~ vergessen!** à coup sûr, il l'a oublié !
Garantieschein *m* bon *m* de garantie
Garaus ▸ **jdm den ~ machen** *fam* achever qn
Garbe ['garbə] <-, -n> *f* (*Getreidegarbe*) gerbe *f*
Garde ['gardə] <-, -n> *f* garde *f*
Garderobe [gardə'ro:bə] <-, -n> *f* ❶ (*Ständer*) portemanteau *m*; (*Aufbewahrungsraum*) vestiaire *m* ❷ *geh* (*Kleidung*) garde-robe *f*
Garderobenständer *m* portemanteau *m*
Gardine [gar'di:nə] <-, -n> *f* rideau *m*
Gardinenstange *f* tringle *f* à rideau
garen ['ga:rən] *tr. V.* [faire] cuire
gären ['gɛ:rən] <gärte, gegärt> *intr. V.* + *haben o sein* fermenter
Garn [garn] <-[e]s, -e> *nt* fil *m*
Garnele [gar'ne:lə] <-, -n> *f* crevette *f* [rose]
garnieren* [gar'ni:rən] *tr. V.* (*Kuchen*) décorer

G

G

Garnison [garni'zo:n] <-, -en> *f* garnison *f*

Garnitur [garni'tu:ɐ̯] <-, -en> *f* **eine ~ Bettwäsche** une parure de draps

garstig ['garstɪç] *Adj. geh* ① (*ungezogen*) vilain(e) ② (*abscheulich*) répugnant(e)

Garten ['gartən, *Pl:* 'gɛrtən] <-s, Gärten> *m* jardin *m*

Gartenarbeit *f* jardinage *m* **Gartenarchitekt(in)** *m(f)* [architecte *mf*] paysagiste *mf* **Gartenbau** *m kein Pl.* horticulture *f* **Gartenfest** *nt* garden-party *f* **Gartenhaus** *nt* pavillon *m* **Gartenlaube** *f* gloriette *f* **Gartenschere** *f* sécateur *m* **Gartenzaun** *m* clôture *f* de jardin **Gartenzwerg** *m* nain *m* de jardin

Gärtner(in) ['gɛrtnɐ] <-s, -> *m(f)* jardinier(-ière) *m(f)*

Gärtnerei [gɛrtnə'rai] <-, -en> *f* établissement *m* horticole

gärtnern *intr. V.* jardiner

Gärung ['gɛ:rʊŋ] <-, -en> *f* fermentation *f*

Gas [ga:s] <-es, -e> *nt* ① gaz *m* ② *fam* (*Gaspedal*) accélérateur *m* ③ (*Treibstoff*) **~ geben** accélérer

Gasflasche *f* bouteille *f* de gaz **gasförmig** *Adj.* gazeux(-euse) **Gashahn** *m* robinet *m* du gaz **Gasherd** *m* cuisinière *f* à gaz **Gaskocher** *m* réchaud *m* à gaz **Gasleitung** *f* conduite *f* de gaz **Gasmaske** *f* masque *m* à gaz **Gaspedal** *nt* pédale *f* d'accélérateur

Gässchen[RR], **Gäßchen**[ALT] <-s, -> *nt Dim. von* **Gasse** [petite] ruelle *f*

Gasse ['gasə] <-, -n> *f* ① ruelle *f* ② A (*Straße*) rue *f*

Gassi ▶ **~ gehen** *fam* faire sortir le chien

Gast [gast, *Pl:* 'gɛstə] <-es, Gäste> *m* ① invité(e) *m(f)* ② (*Hotelgast*) pensionnaire *mf* ③ (*Besucher*) hôte *m*

Gastarbeiter(in) *m(f)* travailleur *m* immigré/travailleuse *f* immigrée

> **Gastarbeiter** est un terme familier et plutôt méprisant pour désigner des travailleurs étrangers vivant et travaillant en Allemagne à titre temporaire. Durant le boom économique des années 1950 et 1960, des travailleurs originaires des pays du sud de l'Europe et de Turquie ont été invités à venir travailler en R.F.A. Nombreux sont ceux qui, depuis lors, ont élu domicile en Allemagne.

Gästebuch *nt* livre *m* d'hôtes **Gästezimmer** *nt* chambre *f* d'amis

gastfreundlich *Adj.* hospitalier(-ière) **Gastfreundschaft** *f* hospitalité *f* **Gastgeber(in)** *m(f)* hôte(-esse) *m(f)* **Gasthof** *m* auberge *f* **Gasthörer(in)** *m(f)* auditeur(-trice) *m(f)* libre

gastieren* [gas'ti:rən] *intr. V.* se produire en tournée

Gastland *nt* pays *m* d'accueil

gastlich *Adj. geh* (*Bewirtung*) prévenant(e)

Gastronomie [gastrono'mi:] <-, -n> *f form* restauration *f*

gastronomisch [gastro'no:mɪʃ] *Adj.* gastronomique

Gastspiel *nt* ① **ein ~ geben** se produire en tournée ② SPORT match *m* [à l'] extérieur

Gaststätte *f* café-restaurant *m*

Gaststube *f* salle *f* de restaurant **Gastwirt(in)** *m(f)* cafetier-restaurateur *m*/cafetière-restauratrice *f* **Gastwirtschaft** *s.* **Gaststätte**

Gasuhr *s.* **Gaszähler** **Gasvergiftung** *f* intoxication *f* par le gaz **Gaszähler** *m* compteur *m* à gaz

Gatte ['gatə] <-n, -n> *m*, **Gattin** *f form* époux *m*/épouse *f* (*soutenu*)

Gatter ['gatɐ] <-s, -> *nt* barrière *f*

Gattung ['gatʊŋ] <-, -en> *f* ① BIO ordre *m* ② (*Kunstgattung*) genre *m*

GAU [gau] <-s, -s> *m Abk. von* **größter anzunehmender Unfall** accident *m* maximal hypothétique

Gaudi ['gaudi] <-> *f* A, SDEUTSCH *fam* **das war vielleicht eine ~!** ce qu'on a pu se marrer !

Gaukler(in) ['gauklɐ] <-s, -> *m(f)* HIST bateleur(-euse) *m(f)* [de foire]

Gaul [gaul, *Pl:* 'gɔylə] <-[e]s, Gäule> *m pej* canasson *m* (*fam*)

Gaumen ['gaumən] <-s, -> *m* palais *m*

Gauner(in) ['gaunɐ] <-s, -> *m(f) pej* ① (*Betrüger*) escroc *m* ② *fam* (*schlaue Person*) filou *m*

Gaze ['ga:zə] <-, -n> *f* gaze *f*

Gazelle [ga'tsɛlə] <-, -n> *f* gazelle *f*
G-Dur ['ge:du:ɐ] <-> *nt* sol *m* majeur
geädert *Adj.* (*Blatt*) nervuré(e)
geartet *Adj.* **ein anders ~er Fall** un cas d'[une] autre nature
Geäst [gə'ʔɛst] <-[e]s> *nt kein Pl.* branchage *m*
geb. *Abk. von* **geborene(r)** né(e)
Gebäck [gə'bɛk] <-[e]s> *nt* ① pâtisseries *fpl* ② A (*Brötchen*) [petit] pain *m*
Gebälk [gə'bɛlk] <-[e]s> *nt* charpente *f*
geballt [gə'balt] *Adj.* **mit ~er Kraft** de toutes mes/ses/... forces
gebannt [gə'bant] *Adj.* fasciné(e)
gebar [gə'ba:ɐ̯] *Imp. von* **gebären**
Gebärde [gə'bɛ:ɐ̯də] <-, -n> *f* geste *m*
Gebaren <-s> *nt* comportement *m*
gebären [gə'bɛ:rən] <gebiert, gebar, geboren> *tr. V.* (*Kind*) mettre au monde
Gebärmutter <-mütter> *f* utérus *m*
Gebäude [gə'bɔydə] <-s, -> *nt* bâtiment *m*
gebaut *Adj.* **gut ~ sein** être bien bâti
Gebeine [gə'bainə] *Plgeh* ossements *mpl*
Gebell [gə'bɛl] <-s> *nt pej* aboiements *mpl* [continuels]
geben ['ge:bən] <gibt, gab, gegeben> **I.** *tr. V.* ① donner; (*Rabatt*) faire; **jdm ein Zeichen ~** faire signe à qn; **gibst du mir mal das Salz?** tu peux me passer le sel ? ② (*produzieren*) **Milch ~** donner du lait ③ (*verbinden mit*) passer ④ (*äußern*) **von sich ~** (*Laute*) émettre **II.** *intr. V.* a. SPIEL donner **III.** *tr. V. unpers.* ① **es gibt ...** il y a ... ② (*sich ereignen*) **was gibt's?** qu'est-ce qu'il y a ? ▸ **da gibt's gar nichts!** *fam* (*das ist doch sonnenklar*) y a pas photo ! **IV.** *refl. V.* **sich ~** se calmer
Gebet [gə'be:t] <-[e]s, -e> *nt* prière *f*
Gebetbuch *nt* livre *m* de prières
gebeugt **I.** *Adj.* (*Haltung*) courbé(e) **II.** *Adv.* voûté(e)
gebiert [gə'bi:ɐ̯t] *3. Pers. Sg. Präs. von* **gebären**
Gebiet [gə'bi:t] <-[e]s, -e> *nt* ① (*Region*) région *f* ② (*Sachgebiet*) domaine *m*
gebieten* [gə'bi:tən] *unreg gehtr. V.* (*befehlen*) ordonner
gebieterisch*geh* **I.** *Adj.* impérieux(-euse) **II.** *Adv.* d'un air impérieux
gebietsweise *Adv.* par endroits
Gebilde [gə'bɪldə] <-s, -> *nt* chose *f;* (*Formation*) formation *f*
gebildet [gə'bɪldət] *Adj.* cultivé(e)
Gebirge [gə'bɪrgə] <-s, -> *nt* montagnes *fpl*
gebirgig *Adj.* montagneux(-euse)
Gebirgsbach *m* torrent *m*
Gebiss[RR] <-es, -e>, **Gebiß**[ALT] [gə'bɪs] <-sses, -sse> *nt* dentition *f;* (*Zahnprothese*) dentier *m*
Gebläse [gə'blɛ:zə] <-s, -> *nt* ventilateur *m*
geblümt *Adj.* (*Kleid*) à fleurs
gebogen [gə'bo:gən] *Adj.* (*Schnabel*) recourbé(e)
geboren [gə'bo:rən] *Adj.* ① **Anne Lauer, ~e Klein** Anne Lauer, née Klein ② (*perfekt*) **die ~e Schauspielerin sein** être la parfaite actrice
geborgen [gə'bɔrgən] *Adj.* à l'abri
Geborgenheit <-> *f* [sentiment *m* de] sécurité *f*
Gebot [gə'bo:t] <-[e]s, -e> *nt* ① règle *f* ② *geh* (*Erfordernis*) exigence *f* ③ (*bei Auktionen*) enchère *f* ④ REL commandement *m*
geboten [gə'bo:tən] *Adj. geh* **besondere Vorsicht ist ~** une prudence extrême s'impose
Gebräu [gə'brɔy] <-[e]s, -e> *nt pej* breuvage *m* infâme
Gebrauch [gə'braux, *Pl:* gə'brɔyçə] <-[e]s, Gebräuche> *m* ① *kein Pl.* usage *m;* (*eines Worts*) emploi *m* ② *meist Pl.* (*Brauch*) usage *m*
gebrauchen* *tr. V.* (*Werkzeug*) utiliser; (*Wort*) employer
gebräuchlich [gə'brɔyçlɪç] *Adj.* (*Wort*) usité(e)
Gebrauchsanweisung *f* mode *m* d'emploi **Gebrauchsgegenstand** *m* objet *m* d'usage courant
gebraucht [gə'brauxt] *Adj., Adv.* d'occasion
Gebrauchtwagen *m* voiture *f* d'occasion
Gebrechen [gə'brɛçən] <-s, -> *nt geh* déficience *f* [fonctionnelle]
gebrechlich [gə'brɛçlɪç] *Adj.* sénile
gebrochen [gə'brɔxən] **I.** *Adj.* ① (*Person*) brisé(e) ② (*fehlerhaft*) **in ~em Deutsch** en mauvais allemand **II.** *Adv.* **~ Französisch sprechen** parler un mauvais français

Gebrüder [gəˈbryːdɐ] *Pl* frères *mpl*
Gebrüll [gəˈbrʏl] <-[e]s> *nt* (*Geschrei*) hurlements *mpl*
gebückt **I.** *Adj.* voûté(e) **II.** *Adv.* le dos courbé
Gebühr [gəˈbyːɐ̯] <-, -en> *f* taxe *f*; (*Rundfunkgebühr*) redevance *f*
gebühren* [gəˈbyːrən] *gehintr. V.* **ihr gebührt Respekt** elle mérite le respect (*fam*)
gebührend **I.** *Adj.* ❶ (*Respekt*) dû(due) ❷ (*Abstand*) approprié(e) **II.** *Adv.* **sein Erfolg wurde ~ gefeiert** son succès fut dûment fêté
Gebühreneinheit *f* unité *f* **gebührenfrei** *Adj.* gratuit(e) **gebührenpflichtig** *Adj.* payant(e)
gebunden [gəˈbʊndən] *Adj.* **vertraglich ~ sein** être lié par contrat
Geburt [gəˈbuːɐ̯t] <-, -en> *f* ❶ *kein Pl.* naissance *f* ❷ (*Entbindung*) accouchement *m*
Geburtenkontrolle *f kein Pl.* contrôle *m* des naissances **Geburtenregelung** *f kein Pl.* régulation *f* des naissances **geburtenschwach** *Adj.* **~er Jahrgang** classe *f* d'âge creuse **geburtenstark** *Adj.* **~er Jahrgang** année *f* à forte natalité **Geburtenziffer** *f* taux *m* de natalité
gebürtig [gəˈbʏrtɪç] *Adj.* de naissance
Geburtsdatum *nt* date *f* de naissance **Geburtshaus** *nt* maison *f* natale **Geburtshilfe** *f kein Pl.* obstétrique *f* **Geburtsjahr** *nt* année *f* de naissance **Geburtsort** *m* lieu *m* de naissance **Geburtstag** *m* ❶ anniversaire *m* ❷ (*Geburtsdatum*) date *f* de naissance
Geburtstagsfeier *f* fête *f* d'anniversaire **Geburtstagskind** *nt iron* **das ~** ≈ celui/celle qui est à l'honneur du jour
Geburtsurkunde *f* acte *m* de naissance
Gebüsch [gəˈbʏʃ] <-[e]s, -e> *nt* buissons *mpl*
Gedächtnis [gəˈdɛçtnɪs] <-ses, -se> *nt* ❶ mémoire *f* ❷ (*Andenken*) souvenir *m*
Gedächtnislücke *f* trou *m* de mémoire **Gedächtnisschwund** *m* MED perte *f* de la mémoire
Gedanke [gəˈdaŋkə] <-ns, -n> *m* ❶ pensée *f* ❷ (*Vorstellung*) idée *f* ▸ **auf dumme ~n kommen** *fam* faire des bêtises
Gedankenaustausch *m* échange *m* de points de vue **Gedankenfreiheit** *f kein Pl.* liberté *f* de pensée **gedankenlos** **I.** *Adj.* inconsidéré(e) **II.** *Adv.* sans réfléchir **Gedankenstrich** *m* tiret *m* **Gedankenübertragung** *f* transmission *f* de pensée
gedanklich *Adj.* intellectuel(le)
Gedärm [gəˈdɛrm] <-[e]s, -e> *nt* intestins *mpl*
Gedeck [gəˈdɛk] <-[e]s, -e> *nt* couvert *m*
gedeckt *Adj.* ❶ (*Farben*) neutre ❷ (*Scheck*) approvisionné(e)
gedeihen [gəˈdaiən] <gedieh, gediehen> *intr. V. + sein* ❶ bien pousser ❷ (*Verhandlungen*) prendre une bonne tournure
gedenken* *intr. V. unreg* ❶ *geh* **jds/einer S. ~** commémorer qn/qc ❷ (*beabsichtigen*) **~ etw zu tun** avoir l'intention de faire qc
Gedenken <-s> *nt* souvenir *m*
Gedenkfeier *f* fête *f* commémorative **Gedenkminute** *f* minute *f* de silence **Gedenkstätte** *f* mémorial *m* **Gedenkstunde** *f* cérémonie *f* commémorative **Gedenktafel** *f* plaque *f* commémorative
Gedicht [gəˈdɪçt] <-[e]s, -e> *nt* poème *m*
gediegen [gəˈdiːgən] *Adj.* solide
gedieh [gəˈdiː] *Imp. von* **gedeihen**
Gedränge [gəˈdrɛŋə] <-s> *nt* cohue *f*
gedrungen [gəˈdrʊŋən] *Adj.* (*Gestalt*) trapu(e)
Geduld [gəˈdʊlt] <-> *f* patience *f*
gedulden* [gəˈdʊldən] *refl. V.* **sich ~** patienter
geduldig **I.** *Adj.* patient(e) **II.** *Adv.* patiemment
Geduldsfaden ▸ **jdm reißt der ~** *fam* qn est à bout de patience
gedunsen *Adj.* boursouflé(e)
geehrt [gəˈʔeːɐ̯t] *Adj.* (*bei schriftlicher Anrede*) **Sehr ~e Damen und Herren, ...** Madame, Monsieur, ...
geeignet [gəˈʔaignət] *Adj.* (*Bewerber*) qui convient; (*Moment*) approprié(e)
Gefahr [gəˈfaːɐ̯] <-, -en> *f* danger *m*
gefährden* [gəˈfɛːɐ̯dən] *tr. V.* ❶ mettre en danger [la vie de] ❷ (*in Frage stellen*) compromettre
Gefährdung <-, -en> *f* **~ der öffentlichen Sicherheit** atteinte *f* à la sécurité publique
Gefahrenzone *f* zone *f* dangereuse

gefährlich [gəˈfɛːɐ̯lɪç] **I.** *Adj.* dangereux(-euse) **II.** *Adv.* (*aussehen*) menaçant(e)
gefahrlos *Adj.*, *Adv.* sans danger
Gefährte [gəˈfɛːɐ̯tə] <-n, -n> *m*, **Gefährtin** *f geh* compagnon *m*/compagne *f*
Gefälle [gəˈfɛlə] <-s, -> *nt* ❶ pente *f* ❷ (*Unterschied*) écart *m*
gefallen [gəˈfalən] <gefällt, gefiel, gefallen> *intr. V.* **jdm ~** plaire à qn
Gefallen¹ <-s> *nt geh* plaisir *m*
Gefallen² <-s, -> *m* service *m*
Gefallene(r) *f(m) dekl wie Adj* soldat *m* mort à la guerre
gefällig [gəˈfɛlɪç] *Adj.* ❶ (*Person*) serviable ❷ (*ansprechend*) charmant(e)
Gefälligkeit <-, -en> *f* ❶ (*Gefallen*) service *m* ❷ *kein Pl.* (*das Entgegenkommen*) complaisance *f*
gefälligst *Adv. fam* **das soll er ~ selbst machen!** il n'a qu'à le faire lui-même !
gefangen [gəˈfaŋən] *Adj.* **jdn ~ nehmen** faire qn prisonnier(-ère)
Gefangene(r) *f(m) dekl wie Adj* ❶ détenu(e) *m(f)* ❷ (*Kriegsgefangener*) prisonnier(-ière) *m(f)*
Gefangennahme <-, -n> *f* (*eines Soldaten*) capture *f*
gefangen|nehmen *s.* **gefangen**
Gefangenschaft <-, -en> *f* captivité *f*
Gefängnis [gəˈfɛŋnɪs] <-ses, -se> *nt* prison *f*
Gefängnisstrafe *f* peine *f* de prison **Gefängniswärter(in)** *m(f)* gardien(ne) *m(f)* de [la] prison **Gefängniszelle** *f* cellule *f*
Gefäß [gəˈfɛːs] <-es, -e> *nt* ❶ récipient *m* ❷ ANAT vaisseau *m*
Gefäßkrankheit *f* maladie *f* vasculaire
gefasst[RR], **gefaßt**[ALT] [gəˈfast] **I.** *Adj.* ❶ (*Person*) calme ❷ (*eingestellt*) **sich auf etw** (*Akk*) **~ machen** s'attendre à qc **II.** *Adv.* avec calme
Gefecht [gəˈfɛçt] <-[e]s, -e> *nt* combat *m*
gefeiert *Adj.* très populaire
gefeit [gəˈfait] *Adj. geh* **gegen etw ~ sein** être à l'abri de qc
gefestigt *Adj.* solide
Gefieder [gəˈfiːdɐ] <-s, -> *nt* plumage *m*
gefiedert *Adj.* à plumes
gefiel *Imp. von* **gefallen**
Geflecht [gəˈflɛçt] <-[e]s, -e> *nt* ❶ lacis *m* ❷ (*Gewirr*) entrelacs *m*
gefleckt [gəˈflɛkt] *Adj.* tacheté(e)
geflissentlich *Adv. geh* à dessein
Geflügel [gəˈflyːgəl] <-s> *nt* volaille *f*
geflügelt [gəˈflyːgəlt] *Adj.* ailé(e)
Geflüster [gəˈflʏstɐ] <-s> *nt* chuchotements *mpl*
Gefolge [gəˈfɔlgə] <-s, -> *nt* cortège *m*
Gefolgschaft <-, -en> *f* ❶ partisans *mpl* ❷ (*Gehorsam*) **jdm die ~ verweigern** refuser de suivre qn
gefragt [gəˈfraːkt] *Adj.* en vogue; (*Produkt*) demandé(e)
gefräßig [gəˈfrɛːsɪç] *Adj. pej* vorace; (*Person*) glouton(ne)
Gefreite(r) *f(m) dekl wie Adj* (*in der Artillerie*) brigadier *m*
gefrieren* [gəˈfriːrən] *intr. V. unreg + sein* geler
Gefrierfach *nt* freezer *m* **gefriergetrocknet** *Adj.* lyophilisé(e) **Gefrierpunkt** *m* point *m* de congélation **Gefrierschrank** *m* congélateur *m* armoire **Gefriertruhe** *f* congélateur *m* [coffre]
Gefüge [gəˈfyːgə] <-s, -> *nt geh* structure *f*
gefügig *Adj.* docile
Gefühl [gəˈfyːl] <-[e]s, -e> *nt* ❶ sensation *f* ❷ (*seelische Empfindung*) sentiment *m* ❸ (*Gespür*) intuition *f* ❹ (*Ahnung*) pressentiment *m*
gefühllos *Adj.* insensible
Gefühlsausbruch *m* réaction *f* passionnée **gefühlskalt** *Adj.* ❶ de glace ❷ (*frigide*) frigide
gefühlsmäßig *Adv.* intuitivement
Gefühlsregung *f* émotion *f*
gefühlvoll **I.** *Adj.* sensible **II.** *Adv.* avec beaucoup de sensibilité
gefüllt *Adj.* farci(e); (*Gebäck*) fourré(e)
gegeben [gəˈgeːbən] *Adj.* ❶ présent(e); **aus ~em Anlass** puisque l'occasion en est donnée ❷ (*geeignet*) **zu ~er Zeit** en temps voulu
gegebenenfalls *Adv.* le cas échéant
Gegebenheit <-, -en> *f meist Pl.* réalité *f*
gegen [ˈgeːgən] *Präp. + Akk.* ❶ contre ❷ (*wider*) **das ist ~ unsere Abmachung** c'est contraire à notre accord ❸ (*an*) **~ einen Baum prallen** (*Auto*) heurter un arbre ❹ (*für*) **~ bar** [au] comptant ❺ (*ungefähr*) **~ acht Uhr** vers huit heures

G

Gegenangriff *m* contre-attaque *f* **Gegenanzeige** *f* contre-indication *f* **Gegenargument** *nt* objection *f* **Gegenbeispiel** *nt* contre-exemple *m* **Gegenbewegung** *f* réaction *f* **Gegenbeweis** *m* preuve *f* du contraire

Gegend ['ge:gənt] <-, -en> *f* ❶ région *f* ❷ (*nähere Umgebung*) **das muss in der ~ sein** ça ne doit pas être loin ❸ (*Wohngegend*) quartier *m*

Gegendarstellung *f* ❶ version *f* contradictoire ❷ (*Presseartikel*) réponse *f*

gegeneinander [ge:gən?ai'nandɐ] *Adv.* **~ spielen** (*Sportler, Mannschaften*) entrer en lice [l'un(e) contre l'autre] ▸ **sie haben was ~** *fam* ils/elles peuvent pas se blairer

gegeneinander|halten *tr. V. unreg* **zwei Fotos ~** mettre deux photos en regard **gegeneinander|stoßen** *unreg* **I.** *intr. V.* (*zusammenprallen: Personen, Gläser*) se heurter; (*Fahrzeuge*) se tamponner **II.** *tr. V.* (*zusammenprallen lassen: Gläser, Krüge*) entrechoquer

Gegenfahrbahn *f* voie *f* opposée **Gegengewicht** *nt* ❶ (*Gewicht*) contrepoids *m* ❷ *fig* **ein ~ zu etw schaffen** faire contrepoids à qc **Gegengift** *nt* contrepoison *m*

gegenläufig *Adj.* opposé(e); (*Tendenz*) contraire

Gegenleistung *f* contrepartie *f* **Gegenlicht** *nt* contre-jour *m* **Gegenliebe** *f* **auf wenig ~ stoßen** ne pas avoir beaucoup de succès **Gegenmaßnahme** *f* (*vorbeugende Maßnahme*) mesure *f* préventive; (*Maßnahme zur Bekämpfung*) mesure *f* énergique **Gegenmittel** *nt* antidote *m* **Gegenreformation** *f* contre-réforme *f* **Gegenrichtung** *f* direction *f* opposée **Gegensatz** *m* ❶ (*Gegenteil*) contraire *m* ❷ *Pl* (*Unterschiedlichkeit*) différences *fpl*

gegensätzlich ['ge:gənzɛtslɪç] *Adj.* opposé(e)

Gegenseite *f* ❶ autre côté *m* ❷ JUR partie *f* adverse

gegenseitig ['ge:gənzaitɪç] *Adj.* mutuel(le)

Gegenseitigkeit *f* **auf ~ beruhen** être [tout à fait] réciproque

Gegenspieler(in) *m(f)* adversaire *mf*

Gegenstand <-[e]s, Gegenstände> *m* ❶ objet *m* ❷ (*Thema*) sujet *m*

gegenständlich ['ge:gənʃtɛntlɪç] *Adj.* (*Malerei*) figuratif(-ive)

gegenstandslos *Adj.* sans objet

Gegenstimme *f* POL voix *f* contre **Gegenstück** *nt* pendant *m* **Gegenteil** *nt* contraire *m*

gegenteilig *Adj.* contraire

gegenüber [ge:gən'?y:bɐ] **I.** *Präp. + Dat.* ❶ **~ dem Bahnhof** en face de la gare ❷ (*zu*) **mir ~ hat er das nicht geäußert** il ne me l'a pas dit en face ❸ (*im Vergleich zu*) **jdm ~ im Vorteil sein** avoir un avantage par rapport à qn **II.** *Adv.* en face

Gegenüber <-s, -> *nt* vis-à-vis *m*

gegenüberliegend *Adj. attr* d'en face **gegenüber|sitzen** *intr. V. unreg* **sich** (*Dat*) **~** être assis l'un/l'une en face de l'autre **gegenüber|stehen** *intr. V. unreg* **jdm misstrauisch ~** être méfiant à l'égard de qn **gegenüber|stellen** *tr. V.* confronter **Gegenüberstellung** *f* confrontation *f*

Gegenverkehr *m* circulation *f* en sens inverse **Gegenvorschlag** *m* contre-proposition *f*

Gegenwart ['ge:gənvart] <-> *f* ❶ présent *m* ❷ (*heutige Zeit*) époque *f* actuelle ❸ (*Anwesenheit*) présence *f*

gegenwärtig ['ge:gənvɛrtɪç] **I.** *Adj.* ❶ *attr* actuel(le) ❷ *geh* (*erinnerlich*) **etw ist jdm ~** qn a qc présent à l'esprit **II.** *Adv.* à l'heure actuelle

Gegenwind *m* vent *m* contraire

gegen|zeichnen *tr. V.* contresigner

Gegner(in) ['ge:gnɐ] <-s, -> *m(f)* ❶ MIL ennemi(e) *m(f)* ❷ SPORT adversaire *mf* ❸ (*opp: Befürworter*) opposant(e) *m(f)*

gegnerisch *Adj. attr* ❶ MIL ennemi(e) ❷ SPORT, JUR adverse

Gegnerschaft <-, -en> *f* **~ gegen etw** opposition *f* à qc

Gehabe [gə'ha:bə] <-s> *nt pej fam* manières *fpl*

Gehackte(s) *nt dekl wie Adj* viande *f* hachée

Gehalt[1] [gə'halt, *Pl:* gə'hɛltɐ] <-[e]s, Gehälter> *nt o* A *m* salaire *m*

Gehalt[2] <-[e]s, -e> *m* **~ an Kalzium** teneur *f* en calcium

gehaltlos *Adj.* peu nutritif(-ive)

Gehaltsabrechnung *f* bulletin *m* de paye **Gehaltserhöhung** *f* augmentation *f* de salaire **Gehaltsvorstellung** *f meist Pl.* prétentions *fpl* salariales

gehaltvoll *Adj.* (*nahrhaft*) nutritif(-ive)

gehandikapt [gəˈhɛndikɛpt] *Adj. fam* handicapé(e)

gehässig [gəˈhɛsɪç] **I.** *Adj.* venimeux (-euse) **II.** *Adv.* avec malveillance

Gehässigkeit <-> *f kein Pl.* hargne *f*

gehäuft [gəˈhɔyft] **I.** *Adj.* ① (*Löffel*) bon(ne) ② (*Auftreten*) répété(e) **II.** *Adv.* fréquemment

Gehäuse [gəˈhɔyzə] <-s, -> *nt* ① (*eines Geräts*) boîtier *m* ② (*Kerngehäuse*) trognon *m*

gehbehindert [ˈgeːbəhɪndɐt] *Adj.* **~ sein** avoir du mal à se déplacer

Gehege [gəˈheːgə] <-s, -> *nt* enclos *m*

geheim [gəˈhaim] **I.** *Adj.* secret(-ète) **II.** *Adv.* (*abstimmen*) à bulletins secrets

Geheimdienst *m* services *mpl* secrets

Geheimnis [gəˈhaimnɪs] <-ses, -se> *nt* secret *m*

geheimnisvoll *Adj.* mystérieux(-euse)

Geheimnummer *f* ① (*Telefonnummer*) numéro *m* sur la liste rouge ② (*Geheimzahl*) numéro *m* secret **Geheimpolizei** *f* police *f* secrète **Geheimtipp**[RR] *m* tuyau *m* (*fam*) **Geheimtür** *f* porte *f* dérobée **Geheimzahl** *f* code *m* confidentiel

Geheiß [gəˈhais] <-es> *nt geh* **auf sein ~** sur son ordre

gehemmt *Adj.* inhibé(e)

gehen [ˈgeːən] <ging, gegangen> **I.** *intr. V. + sein* ① aller; **über die Straße ~** traverser la rue ② (*zu Fuß gehen*) marcher ③ (*besuchen*) **ins Kino ~** aller au cinéma ④ (*weggehen*) partir ⑤ (*eine Tätigkeit aufnehmen*) **in die Politik ~** entrer dans la politique ⑥ (*zeigen nach*) **auf den Garten ~** (*Fenster*) donner sur le jardin ⑦ (*Uhr, Geschäft*) marcher ⑧ *fam* (*verlaufen*) **gut ~** bien se passer ⑨ (*sich unterbringen lassen*) **durch die Tür ~** (*Schrank*) passer par la porte ⑩ (*dauern*) durer ⑪ (*reichen*) **das Wasser geht ihm bis zur Hüfte** l'eau lui monte jusqu'aux hanches ⑫ (*aufgehen: Teig*) lever ⑬ *fam* (*sich verkleiden*) **als Fee ~** se déguiser en fée ⑭ (*möglich sein*) **ja, das geht** oui, c'est possible ⑮ *fam* (*liiert sein*) **mit jdm ~** sortir avec qn ⑯ (*sich richten nach*) **nach dem Gefühl ~** se fier à son intuition ⑰ (*abhängen von*) **wenn es nach mir ginge** si ça ne tenait qu'à moi ⑱ (*geschehen*) **vor sich ~** se passer ▸ **es geht nichts über ...** il n'y a rien de tel que ... **II.** *intr. V. unpers. + sein* ① **ihm/ihr geht es gut** il/elle va bien ② (*ergehen*) **mir geht es genauso** pour moi, c'est la même chose ③ (*zu schaffen sein*) **geht es, oder soll ich dir tragen helfen?** ça va, ou faut-il que je t'aide à porter ? ④ (*sich drehen um*) **es geht um viel Geld** beaucoup d'argent est en jeu ⑤ (*sich begeben*) **jetzt geht es nach Hause!** c'est l'heure de rentrer ! **III.** *tr. V. + sein* (*Weg*) prendre

gehetzt *Adj.* ① (*verfolgt*) traqué(e) ② (*gestresst*) stressé(e)

geheuer [gəˈhɔyɐ] *Adj.* **das ist mir nicht ganz ~** ça ne me paraît pas très net

Gehilfe [gəˈhɪlfə] <-n, -n> *m*, **Gehilfin** *f* ① aide *mf* ② (*Komplize*) complice *mf*

Gehirn [gəˈhɪrn] <-[e]s, -e> *nt* cerveau *m*

Gehirnerschütterung *f* commotion *f* cérébrale **Gehirnschlag** *m* attaque *f* [d'apoplexie] **Gehirnwäsche** *f* lavage *m* de cerveau

gehoben [gəˈhoːbən] *Adj.* (*Stellung*) élevé(e); (*Stilebene*) soutenu(e)

Gehöft [gəˈhøːft] <-[e]s, -e> *nt* ferme *f*

Gehölz <-es, -e> *nt geh* bosquet *m*

Gehör [gəˈhøːɐ̯] <-[e]s, -e> *nt* ouïe *f*

gehorchen* *intr. V.* **jdm ~** obéir à qn

gehören* **I.** *intr. V.* ① **jdm ~** appartenir à qn; **jdm/einer S. ~** *fig* (*Sympathie*) aller à qn/qc ② (*dazugehören*) **zur Familie ~** faire partie de la famille ③ (*hingehören*) **du gehörst ins Bett** tu devrais être au lit ④ (*nötig sein*) **dazu gehört viel Mut** il faut beaucoup de courage pour faire ça **II.** *refl. V.* **das gehört sich nicht** ça ne se fait pas

Gehörgang <-gänge> *m* conduit *m* auditif

gehörig *Adj.* ① *attr* (*Benehmen*) convenable ② *geh* (*gehörend*) **zu etw ~** afférent(e) à qc ③ *attr fam* (*beträchtlich*) sacré(e) *antéposé*

gehörlos *Adj. form* sourd(e)

Gehörlose(r) *f(m) dekl wie Adj form* sourd(e) *m(f)*

gehorsam [gəˈhoːɐ̯zaːm] **I.** *Adj.* obéissant(e) **II.** *Adv.* docilement

Gehorsam <-s> *m* obéissance *f*

Gehsteig [ˈgeːʃtaik] *m*, **Gehweg** [ˈgeːveːk] *m* trottoir *m*

Geier ['gaiɐ] <-s, -> *m* vautour *m*
Geifer <-s> *m* bave *f*
geifern *intr. V. pej* (*sich gehässig äußern*) bavasser (*fam*)
Geige ['gaigə] <-, -n> *f* violon *m*
geigen *intr. V.* jouer du violon
Geigenbauer(in) <-s, -> *m(f)* luthier (-ière) *m(f)*
Geiger(in) <-s, -> *m(f)* violoniste *mf*
Geigerzähler ['gaigɐtsɛːlɐ] *m* compteur *m* Geiger
geil [gail] **I.** *Adj.* ❶ (*lüstern*) vicieux (-euse) ❷ *fam* (*sehr gut: Musik*) génial(e) **II.** *Adv.* ❶ (*mit Lüsternheit*) de façon lubrique ❷ *fam* (*auf sehr gute Art*) super bien
Geisel ['gaizəl] <-, -n> *f* otage *mf*
Geiselnahme ['gaizəlnaːmə] <-, -n> *f* prise *f* d'otage[s] **Geiselnehmer(in)** <-s, -> *m(f)* preneur(-euse) *m(f)* d'otage[s]
Geiß [gais] <-, -en> *f* A, CH, SDEUTSCH chèvre *f*
Geißbock *m* A, CH, SDEUTSCH bouc *m*
Geißel ['gaisəl] <-, -n> *f* ❶ fouet *m* ❷ *geh* (*Plage*) fléau *m*
geißeln *tr. V.* (*schlagen*) flageller
Geist [gaist] <-[e]s, -er> *m* ❶ *kein Pl.* intelligence *f* ❷ (*geistige Wesenheit*) esprit *m* ❸ (*Gespenst*) spectre *m* ►**jdm auf den ~ gehen** *fam* taper sur le système à qn
Geisterbahn *f* train *m* fantôme **Geisterfahrer(in)** *m(f) fam chauffard circulant à contresens sur l'autoroute*
geisterhaft *Adj., Adv.* fantomatique
Geisterhand ►**wie von ~** comme par magie **Geisterstunde** *f* douze coups *mpl* de minuit
geistesabwesend **I.** *Adj.* absent(e) **II.** *Adv.* l'air absent **Geistesblitz** *m fam* trait *m* de génie **Geistesgegenwart** *f* présence *f* d'esprit **geistesgegenwärtig** *Adj.* (*Tat*) qui témoigne de présence d'esprit **geistesgestört** *Adj.* souffrant de troubles mentaux **geisteskrank** *Adj.* malade mental(e) **Geisteskranke(r)** *f(m) dekl wie Adj* malade *mf* mental(e) **Geisteskrankheit** *f* maladie *f* mentale **Geisteswissenschaften** *Pl* sciences *fpl* humaines **Geisteswissenschaftler(in)** *m(f)* spécialiste *mf* des sciences humaines **geisteswissenschaftlich** *Adj.* de sciences humaines **Geisteszustand** *m* état *m* mental
geistig ['gaistɪç] **I.** *Adj.* ❶ intellectuel(le) ❷ (*spirituell*) spirituel(le) **II.** *Adv.* MED ~ **behindert** handicapé(e) mental(e)
geistlich ['gaistlɪç] *Adj.* religieux(-euse); (*Amt*) ecclésiastique
Geistliche(r) *f(m) dekl wie Adj* ecclésiastique *mf*
geistlos *Adj.* stupide
geistreich *Adj.* (*Person*) spirituel(le); (*Unterhaltung*) enrichissant(e)
Geiz [gaits] <-es> *m* avarice *f*
geizen *intr. V.* **mit etw ~** lésiner sur qc
Geizhals *m pej* grippe-sou *m*
geizig *Adj.* avare
Geizkragen *m pej* crevard(e) *m(f)*
Gejammer [gə'jamɐ] <-s> *nt pej fam* jérémiades *mpl*
Gekicher [gə'kɪçɐ] <-s> *nt pej fam* ricanements *mpl*
Geklapper <-s> *nt pej fam* tintamarre *m*
Geklimper <-s> *nt pej fam* (*Klaviergeklimper*) pianotage *m*
geknickt [gə'knɪkt] *Adj. fam* déprimé(e)
Geknister <-s> *nt* froissement *m*
gekonnt [gə'kɔnt] *Adj.* techniquement parfait(e)
Gekritzel [gə'krɪtsəl] <-s> *nt pej* pattes *fpl* de mouche
gekünstelt [gə'kʏnstəlt] *pej* **I.** *Adj.* affecté(e) **II.** *Adv.* avec affectation
Gel [geːl] <-s, -e> *nt* gel *m*
Gelächter [gə'lɛçtɐ] <-s, -> *nt* rires *mpl*
geladen [gə'laːdən] *Adj. fam* ~ **sein** être furax
Gelage [gə'laːgə] <-s, -> *nt* orgie *f*
gelähmt [gə'lɛːmt] *Adj.* paralysé(e)
Gelähmte(r) *f(m) dekl wie Adj* paralysé(e) *m(f)*
Gelände [gə'lɛndə] <-s, -> *nt* terrain *m*
Geländelauf *m* cross *m*
Geländer [gə'lɛndɐ] <-s, -> *nt* (*Treppengeländer*) rampe *f*
Geländewagen *m* véhicule *m* tout-terrain
gelang [gə'laŋ] *Imp. von* **gelingen**
gelangen* [gə'laŋən] *intr. V.* + *sein* **ans Ziel ~** arriver au but; **an die Öffentlichkeit ~** être rendu public
gelangweilt **I.** *Adj.* (*Person*) qui s'ennuie; (*Blick*) d'ennui **II.** *Adv.* l'air ennuyé
gelassen [gə'lasən] *Adj.* placide
Gelassenheit <-> *f* flegme *m*

Gelatine [ʒela'tiːnə] <-> *f* gélatine *f*
geläufig [gə'lɔyfɪç] *Adj.* courant(e)
gelaunt [gə'launt] *Adj.* **gut/schlecht ~** de bonne/de mauvaise humeur, bien/mal luné(e) (*fam*); **gut/schlecht ~ sein** être de bonne/de mauvaise humeur
gelb [gɛlp] *Adj.* jaune
Gelb <-s, -> *nt* ① jaune *m* ② (*gelbes Ampellicht*) [feu *m*] orange *m*
Gelbfieber *nt* fièvre *f* jaune
gelblich *Adj.* jaune pâle
Gelbsucht *f* MED jaunisse *f*
Geld [gɛlt] <-[e]s, -er> *nt* ① *kein Pl.* argent *m* ② *Pl* (*Mittel*) fonds *mpl* ▸ **ins ~ gehen** *fam* finir par chiffrer
Geldangelegenheit *f* question *f* d'argent **Geldanlage** *f* placement *m* financier **Geldautomat** *m* distributeur *m* de billets **Geldbeutel** *m* porte-monnaie *m* **Geldbuße** *f* amende *f* **Geldgeber(in)** *m(f)* bailleur(-esse) *m(f)* de fonds **Geldgeschäft** *nt* opération *f* financière **geldgierig** *Adj.* cupide **Geldinstitut** *nt* établissement *m* financier **Geldschein** *m* billet *m* de banque **Geldschrank** *m* coffre-fort *m* **Geldsorgen** *Pl* soucis *mpl* d'argent **Geldstrafe** *f* amende *f* **Geldstück** *nt* pièce *f* de monnaie **Geldtransporter** *m* convoyeur *m* de fonds **Geldwäsche** *f* blanchiment *m* d'argent **Geldwechsel** *m* change *m*
Gelee [ʒe'leː] <-s, -s> *m o nt* gelée *f*
Gelege <-s, -> *nt* couvée *f*
gelegen [gə'leːgən] *Adj.* ① (*Zeitpunkt*) opportun(e); **der Besuch kommt mir ~** la visite tombe à propos ② (*von Wichtigkeit*) **ihr ist daran ~, dass ...** il lui importe que ... ③ (*befindlich*) **einsam ~ sein** (*Haus*) être isolé
Gelegenheit <-, -en> *f* occasion *f*
Gelegenheitsarbeit *f* petit boulot *m* (*fam*)
gelegentlich [gə'leːgəntlɪç] **I.** *Adj.* (*Aufheiterungen*) passager(-ère) **II.** *Adv.* ① de temps en temps ② (*bei Gelegenheit*) à l'occasion
gelehrig *Adj.* éveillé(e); (*Tier*) intelligent(e)
gelehrt [gə'leːɐ̯t] *Adj.* érudit(e)
Gelehrte(r) *f(m)* *dekl wie Adj* érudit(e) *m(f)*
Geleise [gə'laizə] <-s, -> *nt* A, CH voie *f*; *s.* **Gleis**
Geleit [gə'lait] <-[e]s, -e> *nt* ① (*Eskorte*) escorte *f* ② *kein Pl.* JUR *geh* **freies ~** sauf-conduit *m*
geleiten* *tr. V. geh* accompagner
Geleitschutz *m* escorte *f*
Gelenk [gə'lɛŋk] <-[e]s, -e> *nt* ① articulation *f* ② TECH joint *m*
Gelenkentzündung *f* arthrite *f*
gelenkig *Adj.* souple
gelernt *Adj.* (*Bäcker*) qualifié(e)
geliebt [gə'liːpt] *Adj.* bien-aimé(e)
Geliebte(r) *f(m)* *dekl wie Adj* amant *m*/maîtresse *f*
geliefert [gə'liːfɐt] *Adj. fam* **~ sein** être fichu
gelind[e] *Adv.* **~ gesagt** c'est le moins que l'on puisse dire
gelingen [gə'lɪŋən] <gelang, gelungen> *intr. V.* + *sein* (*Werk*) réussir; **nicht gelungen sein** (*Essen*) être raté
Gelingen <-s> *nt* réussite *f*
gell[e] *Interj.* CH, SDEUTSCH *s.* **gelt**
gellen ['gɛlən] *intr. V.* retentir
gellend *Adj.* strident(e)
geloben* *tr. V. geh* **jdm etw ~** promettre solennellement qc à qn
Gelöbnis [gə'løːpnɪs] <-ses, -se> *nt* ① *geh* promesse *f* solennelle ② MIL serment *m*
gelockt *Adj.* (*Haare*) bouclé(e)
gelöst *Adj.* (*Person, Atmosphäre*) détendu(e)
gelt *Interj.* A, CH, SDEUTSCH hein
gelten ['gɛltən] <gilt, galt, gegolten> **I.** *intr. V.* ① être valable; (*Gesetz*) être en vigueur; **Einwände ~ lassen** admettre des objections ② (*bestimmt sein*) **jdm/einer S. ~** (*Attentat*) être dirigé contre qn/qc ③ (*sich beziehen*) **das gilt auch für dich** c'est aussi valable pour toi ④ (*angesehen werden*) **als zuverlässig ~** (*Person*) passer pour [être] fiable **II.** *tr. V.* **viel/wenig ~** (*Meinung*) avoir un certain poids/n'avoir aucune valeur
geltend *Adj. attr* en vigueur
Geltung <-, -en> *f* ① validité *f* ② (*Ansehen*) considération *f* ③ (*Wirkung*) **zur ~ kommen** être mis en valeur
Geltungsbedürfnis *nt kein Pl.* besoin *m* de se faire valoir
Gelübde [gə'lʏpdə] <-s, -> *nt* vœu *m*
gelungen [gə'lʊŋən] *Adj. attr* (*Abend*) [très] réussi(e)

GEMA ['ge:ma] <-> *f Abk. von* **Gesellschaft für musikalische Aufführungs- und mechanische Vervielfältigungsrechte** ≈ S.A.C.E.M. *f*

gemächlich [gə'mɛ:çlɪç] *Adj.* tranquille

Gemahl(in) [gə'ma:l] <-s, -e> *m(f) geh* époux *m*/épouse *f*

Gemälde [gə'mɛ:ldə] <-s, -> *nt* tableau *m*

Gemäldegalerie *f* galerie *f* de peinture[s]

gemasert *Adj.* veiné(e)

gemäß [gə'mɛ:s] **I.** *Präp.* + *Dat.* conformément à **II.** *Adj.* **jdm/einer S. ~ sein** être adapté à qn/qc

gemäßigt [gə'mɛ:sɪçt] *Adj.* ❶ (*Klima*) tempéré(e) ❷ (*moderat*) modéré(e)

Gemäuer [gə'mɔyɐ] <-s, -> *nt* murailles *fpl*

Gemecker [gə'mɛkɐ] <-s> *nt* ❶ (*einer Ziege*) bêlement *m gén. pl.* ❷ *pej fam* (*Nörgelei*) rouspétances *fpl*

gemein [gə'main] *Adj.* ❶ (*Person*) infâme ❷ *fam* (*unfair*) vache ❸ (*Lüge*) odieux(-euse) ❹ (*gemeinsam*) **etw mit jdm/etw ~ haben** avoir qc en commun avec qn/qc

Gemeinde [gə'maində] <-, -n> *f* ❶ commune *f* ❷ (*Pfarrgemeinde*) paroisse *f*

Gemeindemitglied *nt* paroissien(ne) *m(f)* **Gemeinderat** *m* conseil *m* municipal **Gemeindeversammlung** *f* CH assemblée *f* municipale **Gemeindezentrum** *nt* foyer *m* socioculturel

gemeingefährlich *Adj.* représentant un danger public **Gemeingut** *nt* bien *m* commun

Gemeinheit <-, -en> *f* méchanceté *f*

Gemeinnutz *m* intérêt *m* général

gemeinnützig *Adj.* (*Einrichtung*) d'utilité publique

Gemeinplatz *m* lieu *m* commun

gemeinsam **I.** *Adj.* ❶ commun(e) ❷ (*verbindend*) **sie haben vieles ~** ils/elles ont beaucoup de choses en commun **II.** *Adv.* ensemble

Gemeinsamkeit <-, -en> *f* point *m* commun

Gemeinschaft <-, -en> *f* communauté *f*; **die Europäische ~** la Communauté européenne

gemeinschaftlich **I.** *Adj.* (*Projekt*) en coopération; (*Nutzung*) [en] commun **II.** *Adv.* (*nutzen*) en commun

Gemeinschaftsarbeit *f* travail *m* collectif **Gemeinschaftskunde** *f kein Pl.* instruction *f* civique **Gemeinschaftspraxis** *f* cabinet *m* de groupe **Gemeinschaftsproduktion** *f* coproduction *f* **Gemeinschaftsraum** *m* salle *f* commune

Gemeinwohl *nt* intérêt *m* commun

Gemenge [gə'mɛŋə] <-s, -> *nt* ❶ mélange *m* ❷ (*Durcheinander*) fouillis *m*

gemessen [gə'mɛsən] *Adj.* (*Höflichkeit*) réservé(e)

Gemetzel [gə'mɛtsəl] <-s, -> *nt* carnage *m*

Gemisch [gə'mɪʃ] <-[e]s, -e> *nt* mélange *m*

gemischt [gə'mɪʃt] *Adj.* mélangé(e); (*Klasse*) mixte

Gemse[ALT] *s.* **Gämse**

Gemurmel [gə'mʊrməl] <-s> *nt* murmures *mpl*

Gemüse [gə'my:zə] <-s, -> *nt* légumes *mpl*

Gemüseanbau *m* culture *f* maraîchère **Gemüsegarten** *m* [jardin *m*] potager *m* **Gemüsehändler(in)** *m(f)* marchand(e) *m(f)* de légumes **Gemüsesuppe** *f* soupe *f* de légumes

gemustert [gə'mʊstɐt] *Adj.* imprimé(e)

Gemüt [gə'my:t] <-[e]s, -er> *nt* **ein zartes ~** un cœur tendre; **die ~er bewegen** émouvoir les esprits

gemütlich **I.** *Adj.* ❶ (*Wohnung*) douillet(te); **es sich ~ machen** se mettre à son aise ❷ (*Abend*) agréable; (*Beisammensein*) sympathique **II.** *Adv.* ❶ (*gemächlich*) tranquillement ❷ (*behaglich*) confortablement

Gemütlichkeit <-> *f* ❶ (*einer Wohnung*) confort *m* [douillet] ❷ (*Gemächlichkeit*) **etw in aller ~ tun** faire qc bien tranquillement

Gemütsbewegung *f* émotion *f* **Gemütsmensch** *m fam* bonne pâte *f* **Gemütsruhe** *f* quiétude *f* **Gemütsverfassung** *f* état *m* d'âme

Gen [ge:n] <-s, -e> *nt* BIO gène *m*

genas [gə'na:s] *Imp. von* **genesen**

genau [gə'nau] **I.** *Adj.* ❶ précis(e) ❷ (*gewissenhaft*) **in etw** (*Dat*) **~ sein** être rigoureux dans qc **II.** *Adv.* ❶ exactement; (*passen*) juste; **auf die Sekunde ~** à la seconde près ❷ (*gerade*) justement ▶ **~ genommen** strictement parlant

genaugenommenALT *s.* **genau II.**
Genauigkeit <-> *f* précision *f*
genauso [gə'nauzoː] *Adv.* de même
Genbank *f* BIO banque *f* d'informations génétiques
Gendarm [ʒan'darm] <-en, -en> *m* A gendarme *m*
Gendarmerie [ʒandarmə'riː] <-, -n> *f* A gendarmerie *f*
Genealogie [-'giːən] <-, -n> *f* généalogie *f*
genehm [gə'neːm] *Adj. geh* **jdm ~ sein** (*Person*) plaire à qn; (*Termin*) agréer à qn
genehmigen* [gə'neːmɪgən] **I.** *tr. V.* **einen Antrag ~** (*Behörde*) autoriser une demande **II.** *refl. V.* **sich** (*Dat*) **etw ~** *fam* s'offrir qc
Genehmigung <-, -en> *f* autorisation *f*; (*eines Antrags*) acceptation *f*
geneigt [gə'naikt] *Adj. geh* **~ sein etw zu tun** être disposé à faire qc
Genera *Pl. von* **Genus**
General [genə'raːl] <-[e]s, -e> *m* général *m*
Generaldirektor(in) *m(f)* directeur *m* général/directrice *f* générale
Generalin <-, -nen> *f* général *m*; (*Frau eines Generals*) générale *f*
Generalkonsul(in) *m(f)* consul *m* général **Generalkonsulat** *nt* consulat *m* général **Generalprobe** *f* [répétition *f*] générale *f* **Generalsekretär(in)** *m(f)* secrétaire *mf* général(e) **Generalstab** *m* état-major *m* **Generalstreik** *m* grève *f* générale **generalüberholen*** *tr. V. nur Infin und PP* **einen Wagen ~ lassen** faire faire une révision complète d'une voiture **Generalversammlung** *f* assemblée *f* générale
Generation [genəra'tsjoːn] <-, -en> *f* génération *f*
Generationenvertrag *m* pacte *m* de solidarité entre générations
Generationskonflikt *m* conflit *m* des générations **Generationswechsel** [-ks-] *m* (*bei Menschen*) renouvellement *m* des générations
Generator [genə'raːtoːɐ̯] <-s, -toren> *m* génératrice *f*
generell [genə'rɛl] *Adj.* général(e)
generieren* *tr. V.* INFORM produire
genesen [gə'neːzən] <genas, -> *intr. V. + sein geh* **von einer Operation ~** se remettre d'une opération
Genesung [gə'neːzʊŋ] <-, -en> *f* guérison *f*
Genetik [ge'neːtɪk] <-> *f* génétique *f*
genetisch [ge'neːtɪʃ] *Adj.* génétique
Genf [gɛnf] <-s> *nt* Genève
Genfer See <- -s> *m* **der ~** le lac Léman
Genforscher(in) *m(f)* généticien(ne) *m(f)* **Genforschung** *f* génétique *f*
genial [ge'njaːl] *Adj.* génial(e)
Genialität [genjali'tɛːt] <-> *f* (*einer Person*) génie *m*; (*eines Plans*) caractère *m* génial
Genick [gə'nɪk] <-[e]s, -e> *nt* nuque *f*
GenickschussRR *m* balle *f* dans la nuque
Genie [ʒe'niː] <-s, -s> *nt* génie *m*
genieren* [ʒe'niːrən] *refl. V.* **sich vor jdm ~** être gêné devant qn
genießbar *Adj.* consommable
genießen [gə'niːsən] <genoss, genossen> *tr. V.* ① (*Leben, Urlaub*) profiter de ② (*Speise*) savourer ③ *geh* (*Erziehung*) recevoir
Genießer(in) <-s, -> *m(f)* bon vivant *m*
genießerisch **I.** *Adj.* épicurien(ne) **II.** *Adv.* voluptueusement
Genitalbereich *m* zone *f* des parties génitales
Genitalien [geni'taːliən] *Pl* les parties génitales
Genitiv ['geːnitiːf] <-s, -e> *m* LING génitif *m*
Genius ['geːniʊs] <-, Genien> *m* génie *m*
Genmanipulation *f* manipulation *f* génétique
Genom [ge'noːm] <-s, -e> *nt* BIO génome *m*
genossRR, **genoß**ALT [gə'nɔs] *Imp. von* **genießen**
Genosse [gə'nɔsə] <-n, -n> *m*, **Genossin** *f* camarade *mf*
Genossenschaft <-, -en> *f* coopérative *f*
genossenschaftlich **I.** *Adj.* coopératif(-ive) **II.** *Adv.* en coopérative
Genre ['ʒãːrə] <-s, -s> *nt* KUNST genre *m*
Gentechnik *f* génétique *f* **gentechnisch** *Adj.* génétique **Gentechnologie** *f* génie *m* génétique
genug [gə'nuːk] *Adv.* assez
Genüge [gə'nyːgə] <-> *f* **zur ~** suffisamment; (*bis zum Überdruss*) à satiété

genügen* [gə'ny:gən] *intr. V.* ❶ **jdm ~** suffire à qn ❷ (*gerecht werden*) **den Ansprüchen ~** satisfaire aux exigences

genügend *Adv.* suffisamment

genügsam **I.** *Adj.* peu exigeant(e) **II.** *Adv.* frugalement

Genugtuung [gə'nu:ktu:ʊŋ] <-> *f* satisfaction *f*

Genus ['gɛnʊs] <-, Genera> *nt* LING genre *m*

Genuss[RR] <-es, Genüsse>, **Genuß**[ALT] [gə'nʊs, *Pl:* gə'nʏsə] <-sses, Genüsse> *m* ❶ régal *m* ❷ (*Freude*) **es ist ein ~!** c'est un [vrai] plaisir !

genüsslich[RR] [gə'nʏslɪç], **genüßlich**[ALT] **I.** *Adj.* de délectation **II.** *Adv.* avec délectation

Genussmittel[RR] *nt* stimulant *m*

Geograf[RR](**in**) *s.* **Geograph(in)**

Geografie[RR] *s.* **Geographie**

geografisch[RR] *s.* **geographisch**

Geograph(**in**) [geo'gra:f] <-en, -en> *m(f)* géographe *mf*

Geographie [geogra'fi:] <-> *f* géographie *f*

geographisch **I.** *Adj.* géographique **II.** *Adv.* géographiquement

Geologe [geo'lo:gə] <-n, -n> *m*, **Geologin** *f* géologue *mf*

Geologie [geolo'gi:] <-> *f* géologie *f*

geologisch [geo'lo:gɪʃ] *Adj.* géologique

Geometrie [geome'tri:] <-> *f* géométrie *f*

geometrisch [geo'me:trɪʃ] *Adj.* géométrique

Geophysik [geofy'zi:k] *f* géophysique *f*

Gepäck [gə'pɛk] <-[e]s> *nt* bagages *mpl*

Gepäckabfertigung *f*, **Gepäckannahme** *f* guichet *m* d'enregistrement des bagages **Gepäckablage** *f* porte-bagages *m* **Gepäckaufbewahrung** *f* consigne *f* **Gepäckausgabe** *f* guichet *m* de retrait des bagages **Gepäckkontrolle** *f* contrôle *m* des bagages **Gepäcknetz** *nt* filet *m* à bagages **Gepäckstück** *nt* bagage *m* **Gepäckträger** *m* ❶ (*Person*) porteur *m* ❷ (*Vorrichtung*) porte-bagages *m* **Gepäckwagen** *m* fourgon *m*

Gepard ['ge:part] <-s, -e> *m* guépard *m*

gepfeffert [gə'pfɛfɐt] *Adj. fam* (*sehr teuer*) salé(e)

gepflegt [gə'pfle:kt] *Adj.* (*Person*) soigné(e); (*Ausdrucksweise*) raffiné(e)

Gepflogenheit [gə'pflo:gənhait] <-, -en> *f geh* habitude *f*

Geplapper [gə'plapɐ] <-s> *nt pej fam* bavardages *mpl*; (*eines Kindes*) babillage *m*

Geplätscher [gə'plɛtʃɐ] <-s> *nt* clapotis *m*

Gepolter [gə'pɔltɐ] <-s> *nt* vacarme *m*

Gepräge [gə'prɛ:gə] <-s> *nt geh* cachet *m*

gepunktet *Adj.* ❶ (*Linie*) pointillé(e) ❷ (*Stoff*) **blau ~** à pois bleus

gequält [gə'kvɛ:lt] **I.** *Adj.* (*Lächeln*) forcé(e) **II.** *Adv.* (*lächeln*) d'un air contraint

gerade [gə'ra:də] **I.** *Adj.* ❶ droit(e) ❷ (*Zahl*) pair(e) ❸ (*aufrichtig*) franc (franche) **II.** *Adv.* ❶ **~ stehen** (*aufrecht stehen*) se tenir droit(e) ❷ (*im Augenblick*) justement; **~ arbeiten** (*Person*) être en train de travailler ❸ (*genau*) **~ deswegen habe ich das gesagt** c'est justement pour cette raison que j'ai dit ça ❹ (*ausgerechnet*) **nicht ~ hübsch** pas spécialement beau ▶ **~ so** (*knapp, mit Glück*) de justesse; **die Prüfung ~ so bestehen** réussir son examen de justesse

Gerade [gə'ra:də] <-n, -n> *f* ❶ MATH droite *f* ❷ SPORT ligne *f* droite

geradeaus [gəra:də'ʔaus] *Adv.* tout droit **geradeheraus** *fam* **I.** *Adj.* **~ sein** être franc **II.** *Adv.* franco **gerade|biegen** *tr. V. unreg fam* (*klären, in Ordnung bringen*) arranger **gerade|stehen** *intr. V. unreg* **für jdn/etw ~** répondre de qn/qc

geradewegs [gə'ra:dəve:ks] *Adv.* directement

geradezu [gə'ra:dətsu:] *Adv.* tout simplement

geradlinig [gə'ra:tli:nɪç] **I.** *Adj.* ❶ rectiligne ❷ (*aufrichtig*) droit(e) **II.** *Adv.* (*verlaufen*) en ligne droite

Geranie [ge'ra:niə] <-, -n> *f* géranium *m*

gerann *Imp. von* **gerinnen**

Gerät [gə'rɛ:t] <-[e]s, -e> *nt* ❶ (*Haushaltsgerät*) ustensile *m* ❷ (*Gartengerät*) outil *m* [de jardin] ❸ (*Elektrogerät*) appareil *m* ❹ (*Turngerät*) agrès *mpl* ❺ *kein Pl.* (*Ausrüstung*) outils *mpl*

geraten [gə'ra:tən] <gerät, geriet, -> *intr. V. + sein* ❶ **in einen Sturm ~** être surpris par la tempête; **unter einen Zug ~** passer sous un train

❷ (*einen Zustand erlangen*) **in Panik** ~ être pris de panique; **ins Stocken** ~ (*Verkehr*) se ralentir ❸ (*ähnlich werden*) **nach jdm** ~ ressembler à qn

Geräteschuppen *m* remise *f* à outils **Geräteturnen** *nt* exercices *mpl* aux agrès

Geratewohl [gəraːtə'voːl] *nt* ▸ **aufs** ~ *fam* au petit bonheur [la chance]

geräumig [gə'rɔymɪç] *Adj.* spacieux (-euse)

Geräusch [gə'rɔyʃ] <-[e]s, -e> *nt* bruit *m*

geräuscharm *Adj.* silencieux(-euse) **geräuschempfindlich** *Adj.* sensible au[x] bruit[s] **Geräuschkulisse** *f* bruit *m* de fond **geräuschlos** I. *Adj.* silencieux(-euse) II. *Adv.* sans bruit **geräuschvoll** I. *Adj.* bruyant(e) II. *Adv.* bruyamment

gerben ['gɛrbən] *tr. V.* tanner

Gerber(in) <-s, -> *m(f)* tanneur(-euse) *m(f)*

Gerberei [gɛrbə'rai] <-, -en> *f* tannerie *f*

gerecht [gə'rɛçt] I. *Adj.* juste; (*Zorn*) justifié(e) II. *Adv.* équitablement

gerechtfertigt *Adj.* justifié(e)

Gerechtigkeit <-> *f* justice *f*

Gerede [gə'reːdə] <-s> *nt* ❶ (*Klatsch*) racontars *mpl* ❷ (*leeres Gerede*) histoires *fpl*

geregelt *Adj.* (*regelmäßig*) régulier(-ière)

gereizt [gə'raitst] I. *Adj.* (*Person*) agacé(e) II. *Adv.* avec irritation

Gericht [gə'rɪçt] <-[e]s, -e> *nt* ❶ GASTR plat *m* ❷ (*Institution*) tribunal *m* ❸ (*Gebäude*) palais *m* de justice ❹ REL **das Jüngste** ~ le Jugement dernier

gerichtlich I. *Adj. attr* judiciaire II. *Adv.* en justice

Gerichtsakte *f* dossier *m* **Gerichtsbeschluss**[RR] *m* décision *f* de justice **Gerichtsgebäude** *nt* palais *m* de justice **Gerichtshof** *m* cour *f* de justice; **der Europäische** ~ la Cour de justice des Communautés européennes **Gerichtskosten** *Pl* frais *mpl* de justice **Gerichtsmedizin** *f* médecine *f* légale **Gerichtssaal** *m* salle *f* d'audience **Gerichtsstand** *m* juridiction *f* **Gerichtsverfahren** *nt* procédure *f* judiciaire **Gerichtsverhandlung** *f* audience *f* **Gerichtsvollzieher(in)** <-s, -> *m(f)* huissier *m*

gerieben [gə'riːbən] *Adj.* *fam* roublard(e)

geriet *Imp. von* **geraten**[1]

gering [gə'rɪŋ] *Adj.* faible; (*Menge*) petit(e); (*Temperatur*) bas(se); (*Kenntnisse*) médiocre ▸ **nicht im Geringsten** pas le moins du monde

geringelt *Adj.* (*Socken*) à rayures horizontales

geringfügig [gə'rɪŋfyːgɪç] I. *Adj.* insignifiant(e) II. *Adv.* légèrement

geringschätzig [gə'rɪŋʃɛtsɪç] I. *Adj.* méprisant(e) II. *Adv.* avec mépris

gerinnen [gə'rɪnən] <gerann, geronnen> *intr. V.* + *sein* (*Blut*) coaguler; (*Milch*) cailler

Gerinnsel [gə'rɪnzəl] <-s, -> *nt* MED caillot *m*

Gerinnung <-, -en> *f* coagulation *f*

Gerippe [gə'rɪpə] <-s, -> *nt* squelette *m*

gerissen [gə'rɪsən] *Adj.* *fam* (*Person*) roublard(e)

Germ [gɛrm] <-> *f* A levure *f*

Germane [gɛr'maːnə] <-n, -n> *m*, **Germanin** *f* Germain(e) *m(f)*

germanisch *Adj.* germanique

Germanist(in) <-en, -en> *m(f)* germaniste *mf*

Germanistik [gɛrma'nɪstɪk] <-> *f* langue *f* et littérature *f* allemandes

gern(e) ['gɛrn(ə)] <lieber, am liebsten> *Adv.* ❶ **etw ~ tun** aimer bien faire qc ❷ (*ohne weiteres*) sans problème ❸ (*oft*) volontiers

gern|haben[RR] *tr. V. unreg* aimer [bien] ▸ **der kann mich mal ~!** *fam* il peut aller se faire voir !

Geröll [gə'rœl] <-[e]s, -e> *nt* éboulis *m*

Gerste ['gɛrstə] <-, -n> *f* orge *f*

Gerstenkorn *nt* ❶ grain *m* d'orge ❷ MED orgelet *m*

Gerte ['gɛrtə] <-, -n> *f* verge *f*

Geruch [gə'rʊx, *Pl:* gə'rʏçə] <-[e]s, Gerüche> *m* odeur *f*

geruchlos *Adj.* inodore

Geruchssinn *m* odorat *m*

Gerücht [gə'rʏçt] <-[e]s, -e> *nt* rumeur *f*

geruhsam [gə'ruːzaːm] *Adj.* tranquille

Gerümpel [gə'rʏmpəl] <-s> *nt pej* bric-à-brac *m*

Gerundium [ge'rʊndiʊm] <-s, -dien> *nt* LING gérondif *m*

Gerüst [gə'rʏst] <-[e]s, -e> *nt* échafaudage *m*

Ges <-, -> *nt* MUS sol *m* bémol

gesalzen [gə'zaltsən] *Adj. fam* (*Preis*) exorbitant(e)

gesamt [gə'zamt] *Adj. attr* **die ~e Familie** toute la famille

Gesamtansicht *f* vue générale *f* **Gesamtauflage** *f* tirage *m* global **Gesamtausgabe** *f* [édition *f* des] œuvres *fpl* complètes **Gesamtbetrag** *m* montant *m* global **gesamtdeutsch** *Adj.* panallemand(e) **Gesamteindruck** *m* impression *f* d'ensemble **Gesamtergebnis** *nt* résultat *m* global **gesamteuropäisch** *Adj.* paneuropéen(ne)

Gesamtheit <-> *f* (*von Personen*) ensemble *m;* (*von Tieren, Pflanzen*) totalité *f*

Gesamtschule *f* collège *m* (*regroupant les trois filières du premier et second cycle en Allemagne*) **Gesamtumsatz** *m* chiffre d'affaires *m* total **Gesamtwert** *m* valeur *f* totale

Gesandte(r) *f(m) dekl wie Adj* POL ministre *mf* plénipotentiaire

Gesandtschaft <-, -en> *f* légation *f*

Gesang [gə'zaŋ, *Pl:* gə'zɛŋə] <-[e]s, Gesänge> *m* chant *m*

Gesangbuch *nt* livre *m* de cantiques **Gesangverein** *m* chorale *f*

Gesäß [gə'zɛːs] <-es, -e> *nt* derrière *m*

gesättigt **I.** *PP von* **sättigen** **II.** *Adj.* CHEM saturé(e)

Geschäft [gə'ʃɛft] <-[e]s, -e> *nt* ① magasin *m* ② (*Unternehmen*) affaire *f* ③ (*Handel*) commerce *m* ④ *Kinderspr. fam* **sein ~ verrichten** faire ses besoins

geschäftig **I.** *Adj.* affairé(e) **II.** *Adv.* de façon affairée

geschäftlich **I.** *Adj.* (*Verabredung*) d'affaires **II.** *Adv.* pour affaires

Geschäftsabschluss[RR] *m* conclusion d'une affaire *f* **Geschäftsbedingungen** *Pl* **die allgemeinen ~** les conditions *fpl* générales **Geschäftsbericht** *m* rapport *m* d'activité **Geschäftsbrief** *m* lettre *f* d'affaires **Geschäftsbuch** *nt* livre *m* de commerce **geschäftsfähig** *Adj.* JUR apte à accomplir un acte juridique **Geschäftsfrau** *f* femme *f* d'affaires **Geschäftsfreund(in)** *m(f)* relation *f* d'affaires **geschäftsführend** *Adj.* ① (*Direktor*) général(e) ② (*Regierung*) en place **Geschäftsführer(in)** *m(f)* (*einer Firma*) gérant(e) *m(f);* (*einer Partei*) secrétaire *mf* général(e) **Geschäftsführung** *f* direction *f* **Geschäftsjahr** *nt* exercice *m* **Geschäftskosten** *Pl* **auf ~** aux frais de la société **Geschäftsleitung** *s.* **Geschäftsführung** **Geschäftsleute** *Pl. von* **Geschäftsmann** **Geschäftsmann** <-leute> *m* homme *m* d'affaires **Geschäftsordnung** *f* règlement *m* intérieur

Geschäftspartner(in) *m(f)* ① partenaire *mf* commercial(e) ② (*Kompagnon*) associé(e) *m(f)* **Geschäftsreise** *f* voyage *m* d'affaires **geschäftsschädigend** *Adj.* préjudiciable à l'entreprise **Geschäftsschluss**[RR] *m* fermeture *f* des magasins **Geschäftsstelle** *f* (*Filiale*) agence *f* **geschäftstüchtig** *Adj.* doué(e) en affaires **Geschäftszeit** *f* heures *fpl* d'ouverture

geschah [gə'ʃaː] *Imp. von* **geschehen**

gescheckt *Adj.* (*Fell*) tacheté(e)

geschehen [gə'ʃeːən] <geschieht, geschah, -> *intr. V.* + *sein* ① se passer; (*Unfall*) arriver ② (*getan werden*) **es muss etwas ~!** il faut faire quelque chose ! ③ (*Verbrechen*) se produire ④ (*widerfahren*) **er weiß nicht, wie ihm geschieht** il ne sait pas ce qui lui arrive

Geschehen <-s, -> *nt geh* événements *mpl*

gescheit [gə'ʃait] *Adj.* ① (*klug*) intelligent(e) ② (*vernünftig*) raisonnable

Geschenk [gə'ʃɛŋk] <-[e]s, -e> *nt* cadeau *m*

Geschenkartikel *m* article-cadeau *m* **Geschenkpapier** *nt* papier cadeau *m*

Geschichte [gə'ʃɪçtə] <-, -n> *f* histoire *f*

geschichtlich *Adj.* historique

Geschichtsbuch *nt* livre *m* d'histoire **Geschichtsschreibung** *f* historiographie *f*

Geschick[1] [gə'ʃɪk] <-s> *nt* habileté *f*

Geschick[2] <-[e]s, -e> *nt geh* (*Schicksal*) destin *m*

Geschicklichkeit <-> *f* habileté *f*

geschickt *Adj.* adroit(e)

geschieden [gə'ʃiːdən] *Adj.* divorcé(e)

geschieht [gə'ʃiːt] *3. Pers. Sg. Präs. von* **geschehen**

Geschirr [gə'ʃɪr] <-[e]s, -e> *nt* ① vaisselle *f* ② (*von Zugtieren*) harnais *m*

Geschirrspülmaschine *f* lave-vaisselle *m* **Geschirrspülmittel** *nt* produit *m* [pour la] vaisselle **Geschirrtuch** <-tücher> *nt* torchon *m*

Geschlecht [gəˈʃlɛçt] <-[e]s, -er> *nt* ① *kein Pl.* sexe *m* ② LING genre *m* ③ (*Sippe*) famille *f*

geschlechtlich *Adj.* sexuel(le)

Geschlechtsakt *m* acte *m* sexuel **Geschlechtshormon** *nt* hormone *f* sexuelle **Geschlechtskrankheit** *f* maladie *f* vénérienne **Geschlechtsmerkmal** *nt* caractères *mpl* sexuels **Geschlechtsorgan** *nt* organe *m* génital **geschlechtsreif** *Adj.* formé(e); (*Mädchen*) nubile **Geschlechtsreife** *f* maturité *f* sexuelle **Geschlechtsverkehr** *m* rapports *mpl* sexuels

geschlossen [gəˈʃlɔsən] **I.** *Adj.* (*Front*) uni(e); (*Schneedecke*) homogène **II.** *Adv.* ~ **hinter jdm stehen** faire bloc derrière qn

Geschmack [gəˈʃmak, *Pl:* gəˈʃmɛkə] <-[e]s, Geschmäcke> *m* goût *m*

geschmacklos *Adj.* (*Bemerkung*) de mauvais goût

Geschmacklosigkeit <-> *f kein Pl.* (*Mangel an Takt*) mauvais goût *m*

Geschmacksfrage *f* question *f* de goût **Geschmackssache** *f* **das ist [reine]** ~ c'est [une] affaire de goût **Geschmackssinn** *m kein Pl.* sens *m* du goût

geschmackvoll I. *Adj.* de bon goût *mpl* **II.** *Adv.* avec goût

geschmeidig [gəˈʃmaidɪç] **I.** *Adj.* souple; (*Masse*) malléable **II.** *Adv.* avec souplesse

Geschöpf [gəˈʃœpf] <-[e]s, -e> *nt* créature *f*

Geschoss[RR] [gəˈʃɔs] <-es, -e>, **Geschoß**[ALT] <-sses, -sse> *nt* ① étage *m* ② MIL projectile *m*

geschraubt *pej* **I.** *Adj.* (*Stil*) tarabiscoté(e) **II.** *Adv.* (*reden*) de manière tarabiscotée

Geschrei <-s> *nt* cris *mpl*

Geschütz [gəˈʃʏts] <-es, -e> *nt* pièce *f* d'artillerie

geschützt *Adj.* (*Art*) protégé(e); (*Marke*) déposé(e)

Geschwätz [gəˈʃvɛts] <-es> *nt pej fam* ① (*dummes Gerede*) conneries *fpl* ② (*Klatsch*) ragots *mpl* [de bonnes femmes]

geschwätzig *Adj. pej* bavard(e)

geschweige [gəˈʃvaigə] *Konj.* ~ **[denn]** et encore [bien] moins

Geschwindigkeit [gəˈʃvɪndɪçkait] <-, -en> *f* vitesse *f*

Geschwindigkeitsbeschränkung *f* limitation *f* de vitesse **Geschwindigkeitsüberschreitung** *f* excès *m* de vitesse

Geschwister [gəˈʃvɪstɐ] *Pl* frères et sœurs *mpl*

geschwollen [gəˈʃvɔlən] *Adj. pej* (*Ausdrucksweise*) ronflant(e)

Geschworene(r) *f(m) dekl wie Adj* juré(e) *m(f)*

Geschwulst [gəˈʃvʊlst, *Pl:* gəˈʃvʏlstə] <-, Geschwülste> *f* tumeur *f*

geschwungen [gəˈʃvʊŋən] *Adj.* (*Linie*) courbe

Geschwür [gəˈʃvyːɐ̯] <-s, -e> *nt* abcès *m*

Geselle [gəˈzɛlə] <-n, -n> *m* ① (*Handwerksgeselle*) compagnon *m* ② (*Kerl*) gaillard *m*

gesellen* [gəˈzɛlən] *refl. V. geh* **sich zu jdm** ~ se joindre à qn

Gesellenbrief *m* brevet *m* d'apprentissage **Gesellenprüfung** *f* [examen *m* du] certificat *m* d'aptitude professionnelle

gesellig I. *Adj.* (*Person*) sociable; (*Runde*) entre amis **II.** *Adv.* entre amis

Geselligkeit <-> *f* convivialité *f*

Gesellin [gəˈzɛlɪn] <-, -nen> *f* compagnon *m*

Gesellschaft [gəˈzɛlʃaft] <-, -en> *f* ① SOZIOL, ÖKON société *f* ② (*Fest*) réception *f* ③ *kein Pl.* (*Begleitung*) compagnie *f*

Gesellschafter(in) <-s, -> *m(f)* (*Teilhaber*) associé(e) *m(f)*

gesellschaftlich *Adj.* social(e)

gesellschaftsfähig *Adj.* (*Person*) sortable; (*Benehmen*) convenable **Gesellschaftsordnung** *f* ordre *m* social **gesellschaftspolitisch** *Adj.* en matière de politique sociale **Gesellschaftsschicht** *f* couche *f* sociale **Gesellschaftsspiel** *nt* jeu *m* de société

Gesetz [gəˈzɛts] <-es, -e> *nt* loi *f*

Gesetzbuch *nt* code *m* **Gesetzentwurf** *m* projet *m* de loi **Gesetzesvorlage** *f* projet *m* de loi

gesetzgebend *Adj.* législatif(-ive)

Gesetzgeber(in) *m(f)* législateur(-trice) *m(f)*

Gesetzgebung <-, -en> *f* législatif *m*

gesetzlich **I.** *Adj.* légal(e) **II.** *Adv.* par la loi

gesetzlos *Adj.* anarchique

gesetzmäßig *Adj.* légal(e); (*rechtmäßig*) légitime

Gesetzmäßigkeit <-, -en> *f* légalité *f*

gesetzt [gə'zɛtst] *Adj.* posé(e)

gesetzwidrig *Adj.* illégal(e)

Gesicht [gə'zɪçt] <-[e]s, -er> *nt* ❶ visage *m* ❷ (*einer Stadt*) physionomie *f* ▸ **jdm etw ins ~ sagen** dire qc à qn en face

Gesichtsausdruck <-ausdrücke> *m* expression *f* [du visage] **Gesichtsfarbe** *f* teint *m* **Gesichtspunkt** *m* point *m* de vue **Gesichtswasser** *nt* lotion *f* pour le visage **Gesichtszüge** *Pl* traits *mpl* [du visage]

Gesindel [gə'zɪndəl] <-s> *nt pej* racaille *f*

gesinnt [gə'zɪnt] *Adj.* **gleich ~** sympathisant(e)

Gesinnung [gə'zɪnʊŋ] <-, -en> *f* opinions *fpl*

Gesinnungswandel *m* revirement *m* [d'opinion]

gesittet [gə'zɪtət] *Adj.* (*Person*) bien élevé(e)

gesondert [gə'zɔndɐt] *Adj.* séparé(e)

Gespann [gə'ʃpan] <-[e]s, -e> *nt* ❶ (*Zugtiere*) attelage *m* ❷ (*Wagen und Zugtiere*) équipage *m* ❸ (*Paar*) paire *f*

gespannt [gə'ʃpant] **I.** *Adj.* (*Zuschauer*) captivé(e); (*Erwartung*) curieux(-euse); (*Lage*) tendu(e) **II.** *Adv.* attentivement

Gespenst [gə'ʃpɛnst] <-[e]s, -er> *nt* fantôme *m*

gespenstisch **I.** *Adj.* fantomatique; (*Ruhe*) sinistre **II.** *Adv.* **~ aussehen** avoir un aspect sinistre

Gespött [gə'ʃpœt] <-[e]s> *nt* raillerie *f*

Gespräch [gə'ʃprɛːç] <-[e]s, -e> *nt* ❶ conversation *f* ❷ (*förmliche Unterredung*) entretien *m* ❸ *Pl* (*politische Verhandlung*) pourparlers *mpl* ❹ (*Telefongespräch*) communication *f* [téléphonique]

gesprächig *Adj.* loquace

gesprächsbereit *Adj.* ouvert(e) à la discussion **Gesprächspartner(in)** *m(f)* interlocuteur(-trice) *m(f)* **Gesprächsstoff** *m* sujet *m* de conversation

gesprenkelt [gə'ʃprɛŋkəlt] *Adj.* tacheté(e)

Gespür [gə'ʃpyːɐ̯] <-s> *nt* flair *m*

Gestalt [gə'ʃtalt] <-, -en> *f* ❶ (*Mensch*) créature *f* ❷ *pej* (*fragwürdiges Individuum*) individu *m* ❸ (*Wuchs*) silhouette *f* ❹ (*äußere Form*) forme *f*

gestalten* **I.** *tr. V.* ❶ (*Freizeit*) organiser; (*Unterricht*) présenter ❷ *a.* ARCHIT, KUNST concevoir; (*konstruieren*) agencer **II.** *refl. V.* **sich schwierig ~** s'avérer difficile

gestalterisch *Adj.* de design; (*Talent*) de créateur

Gestaltung <-, -en> *f* ❶ (*der Freizeit*) organisation *f*; (*des Unterrichts*) présentation *f* ❷ *a.* ARCHIT, KUNST conception *f*; (*Einrichtung*) aménagement *m*

gestand *Imp. von* **gestehen**

geständig [gə'ʃtɛndɪç] *Adj.* **~ sein** avouer

Geständnis [gə'ʃtɛntnɪs] <-ses, -se> *nt* JUR aveux *mpl*

Gestank [gə'ʃtaŋk] <-[e]s> *m* puanteur *f*

Gestapo <-> *f Abk. von* **Geheime Staatspolizei** NS Gestapo *f*

gestatten* [gə'ʃtatən] *tr. V. form* **jdm etw ~** permettre qc à qn

Geste ['gɛstə] <-, -n> *f* geste *m*

Gesteck [gə'ʃtɛk] <-[e]s, -e> *nt* composition *f* florale

gestehen <gestand, gestanden> *tr. V.* avouer

Gestein [gə'ʃtain] <-[e]s, -e> *nt* roche *f*

Gestell [gə'ʃtɛl] <-[e]s, -e> *nt* ❶ (*Regalgestell*) étagère *f* ❷ (*Brillengestell*) monture *f* ❸ TECH (*Unterbau*) châssis *m*; (*Stütze*) support *m*

gestern ['gɛstɐn] *Adv.* hier ▸ **er ist nicht von ~** *fam* il n'est pas né de la dernière pluie

gestiefelt ▸ **~ und gespornt** *hum fam* fin prêt(e)

Gestik ['gɛstɪk, 'geːstɪk] <-> *f* gestes *mpl*

gestikulieren* [gɛstiku'liːrən] *intr. V.* gesticuler

Gestirn [gə'ʃtɪrn] <-[e]s, -e> *nt geh* constellation *f*

gestört [gə'ʃtøːɐ̯t] *Adj.* ❶ (*nicht harmonisch*) en crise ❷ (*verwirrt*) caractériel(le)

Gestotter [gə'ʃtɔtɐ] <-s> *nt pej fam* bégaiements *mpl*

gestreift [gə'ʃtraift] *Adj.* rayé(e); **quer ~** à rayures horizontales

gestrichen [gə'ʃtrɪçən] *Adj.* **ein ~er Esslöffel Zucker** une cuillère rase de sucre
gestrig ['gɛstrɪç] *Adj.* (*Zeitung*) d'hier
Gestrüpp [gə'ʃtrʏp] <-[e]s, -e> *nt* broussailles *fpl*
Gestüt [gə'ʃty:t] <-[e]s, -e> *nt* haras *m*
Gesuch [gə'zu:x] <-[e]s, -e> *nt* requête *f*
gesucht [gə'zu:xt] *Adj.* (*begehrt*) recherché(e)
gesund [gə'zʊnt] <gesünder, gesündeste> **I.** *Adj.* ❶ (*Person*) en bonne santé; (*Wirtschaft, Lebensweise, Ernährung*) sain(e); (*Gesichtsfarbe*) frais(fraîche); (*Appetit*) bon(ne) *antéposé* ❷ (*Misstrauen*) de bon aloi **II.** *Adv.* sainement
gesunden* [gə'zʊndən] *intr. V. + sein geh* (*Person*) recouvrir la santé
Gesundheit <-> *f* santé *f*
gesundheitlich **I.** *Adj.* de santé **II.** *Adv.* **wie geht es Ihnen ~?** comment va la santé ?
Gesundheitsamt *nt* services *mpl* d'hygiène **gesundheitsschädlich** *Adj.* dangereux(-euse) pour la santé **Gesundheitswesen** *nt* santé *f* [publique] **Gesundheitszeugnis** *nt* certificat *m* médical **Gesundheitszustand** *m kein Pl.* état *m* de santé
getigert *Adj.* tigré(e)
Getöse [gə'tø:zə] <-s> *nt* fracas *m*
getragen [gə'tra:gən] *Adj.* (*Melodie*) assez lent(e)
Getrampel <-s> *nt pej fam* piétinement *m*
Getränk [gə'trɛŋk] <-[e]s, -e> *nt* boisson *f*
Getränkeautomat *m* distributeur *m* de boissons
getrauen* *refl. V.* **sich ~ etw zu tun** oser faire qc
Getreide [gə'traidə] <-s, -> *nt* céréales *fpl*
getrennt [gə'trɛnt] **I.** *Adj.* séparé(e) **II.** *Adv.* (*leben*) séparément; (*schreiben*) en deux mots
getreu [gə'trɔy] **I.** *Adj. geh* fidèle **II.** *Präp. + Dat.* **~ unserer Abmachung** conformément à notre convention
Getriebe [gə'tri:bə] <-s, -> *nt* TECH boîte *f* de vitesses
getrost [gə'tro:st] *Adv.* **sich ~ auf jdn verlassen können** pouvoir compter sur qn en toute tranquillité
Getto ['gɛto] <-s, -s> *nt* ghetto *m*
Getue [gə'tu:ə] <-s> *nt pej fam* chiqué *m*
Getümmel <-s> *nt* cohue *f*
getüpfelt [gə'tʏpfəlt] *Adj.*, **getupft** [gə'tupft] *Adj.* à pois
Getuschel <-s> *nt pej fam* messes *fpl* basses
geübt [gə'ʔy:pt] *Adj.* expert(e)
Gewächs [gə'vɛks] <-es, -e> *nt* ❶ plante *f* ❷ MED excroissance *f*
gewachsen [gə'vaksən] *Adj.* **einer S.** (*Dat*) **~ sein** être à la hauteur de qc
Gewächshaus *nt* serre *f*
gewagt [gə'va:kt] *Adj.* osé(e)
gewählt [gə'vɛ:lt] **I.** *Adj.* (*Ausdrucksweise*) choisi(e) **II.** *Adv.* en termes choisis
Gewähr [gə'vɛ:ɐ̯] <-> *f* garantie *f*; **ohne ~** sous réserve d'erreur
gewähren* [gə'vɛ:rən] **I.** *tr. V.* (*Kredit, Rabatt*) accorder **II.** *intr. V. geh* **jdn ~ lassen** laisser faire qn
gewährleisten* *tr. V.* **jdm etw ~** garantir qc à qn
Gewährleistung *f* garantie *f*
Gewahrsam [gə'va:ɐ̯za:m] <-s> *m* ❶ **etw in ~ nehmen** prendre qc en garde ❷ (*Haft*) garde *f*
Gewährung <-, -en> *f* octroi *m*
Gewalt [gə'valt] <-, -en> *f* ❶ pouvoir *m*; **jdn in seiner ~ haben** tenir qn à sa merci ❷ *kein Pl.* (*gewaltsames Vorgehen*) violence *f* ▶ [**das ist**] **höhere ~** [c'est un] cas de force majeure
Gewaltenteilung *f* séparation *f* des pouvoirs
gewaltfrei *Adj.* non-violent(e) **Gewaltherrschaft** *f kein Pl.* despotisme *m*
gewaltig **I.** *Adj.* ❶ (*heftig*) violent(e) ❷ (*Bauwerk*) énorme; (*Anblick*) impressionnant(e) **II.** *Adv. fam* drôlement
gewaltlos **I.** *Adj.* non-violent(e) **II.** *Adv.* sans violence
Gewaltlosigkeit <-> *f* non-violence *f*
gewaltsam **I.** *Adj.* (*Tod*) violent(e) **II.** *Adv.* par la force
Gewalttat *f* acte *m* de violence **Gewalttäter(in)** *m(f)* criminel(le) *m(f)* **gewalttätig** *Adj.* violent(e) **Gewalttätigkeit** *f* violence *f* **Gewaltverbrechen** *nt* crime *m*
Gewand [gə'vant, *Pl:* gə'vɛndɐ] <-[e]s, Gewänder> *nt geh* robe *f*
gewandt [gə'vant] **I.** *Adj.* (*Redner*) habile; (*Auftreten*) aisé(e) **II.** *Adv.* avec aisance

Gewandtheit <-> *f* (*von Bewegungen*) souplesse *f*

gewann [gəˈvan] *Imp. von* **gewinnen**

Gewässer [gəˈvɛsɐ] <-s, -> *nt* eaux *fpl*

Gewässerschutz *m* protection *f* des eaux

Gewebe [gəˈveːbə] <-s, -> *nt* tissu *m*

Gewehr [gəˈveːɐ̯] <-[e]s, -e> *nt* fusil *m*

Gewehrlauf *m* canon *m* de fusil

Geweih [gəˈvai] <-[e]s, -e> *nt* bois *mpl*

Gewerbe [gəˈvɛrbə] <-s, -> *nt* (*Handwerk*) activité *f* artisanale; (*Handel*) activité commerciale

Gewerbeaufsicht *f* inspection *f* du travail **Gewerbegebiet** *nt* zone *f* industrielle **Gewerbeordnung** *f* (*Vorschriften für Handwerk/Handel/Industrie*) réglementation *f* de l'artisanat/du commerce/de l'industrie **Gewerbeschein** *m* licence *f* **Gewerbesteuer** *f* taxe *f* professionnelle **Gewerbetreibende(r)** *f(m) dekl wie Adj* (*Handwerker*) artisan(e) *m(f)*; (*Kaufmann*) commerçant(e) *m(f)*

gewerblich [gəˈvɛrplɪç] *Adj., Adv.* à des fins professionnelles

Gewerkschaft [gəˈvɛrkʃaft] <-, -en> *f* syndicat *m*

Gewerkschaft[l]er(in) <-s, -> *m(f)* syndicaliste *mf*

gewerkschaftlich **I.** *Adj.* syndical(e) **II.** *Adv.* au niveau syndical

Gewerkschaftsbund *m* confédération *f* syndicale **Gewerkschaftsmitglied** *nt* syndiqué(e) *m(f)*

Gewicht [gəˈvɪçt] <-[e]s, -e> *nt* ❶ *kein Pl.* poids *m* ❷ (*Metallstück*) poids *m*; SPORT haltères *fpl* ▸ **ins ~ fallen** avoir de l'importance

gewichten* *tr. V.* évaluer

Gewichtheben <-s> *nt* SPORT haltérophilie *f* **Gewichtheber(in)** <-s, -> *m(f)* haltérophile *mf*

gewichtig *Adj.* (*Grund*) important(e)

Gewichtsverlust *m* perte *f* de poids **Gewichtszunahme** *f* prise *f* de poids

gewieft [gəˈviːft] *fam Adj.* roublard(e)

gewillt [gəˈvɪlt] *Adj.* **~ sein etw zu tun** être disposé à faire qc

Gewimmel [gəˈvɪməl] <-s> *nt* grouillement *m*

Gewinde [gəˈvɪndə] <-s, -> *nt* filetage *m*

Gewinn [gəˈvɪn] <-[e]s, -e> *m* ❶ bénéfice *m* ❷ (*Preis*) gain *m* ❸ *kein Pl.* (*Vorteil*) enrichissement *m*

Gewinnbeteiligung *f* participation *f* aux bénéfices **gewinnbringend** **I.** *Adj.* lucratif(-ive) **II.** *Adv.* lucrativement

gewinnen [gəˈvɪnən] <gewann, gewonnen> **I.** *tr. V.* ❶ gagner; (*Meisterschaft*) remporter ❷ (*überreden*) **jdn für eine Idee ~** gagner qn à une idée ❸ (*erzeugen*) **Kohle ~** extraire du charbon **II.** *intr. V.* ❶ gagner ❷ (*Los*) être gagnant

gewinnend *Adj.* engageant(e)

Gewinner(in) <-s, -> *m(f)* gagnant(e) *m(f)*; MIL vainqueur *m*

Gewinnzahl *f* numéro *m* gagnant

Gewinsel [gəˈvɪnzəl] <-s> *nt* (*eines Tieres*) gémissements *mpl*; (*einer Person*) geignements *mpl*

Gewirr [gəˈvɪr] <-[e]s> *nt* ❶ enchevêtrement *m* ❷ (*Stimmengewirr*) brouhaha *m*

gewiss[RR], **gewiß**[ALT] [gəˈvɪs] **I.** *Adj.* ❶ *attr* (*nicht näher benannt*) certain(e) *antéposé* ❷ (*sicher*) sûr(e) **II.** *Adv.* certainement

Gewissen [gəˈvɪsən] <-s> *nt* conscience *f*

gewissenhaft *Adj.* consciencieux(-euse)

gewissenlos **I.** *Adj.* sans scrupule **II.** *Adv.* sans aucun scrupule

Gewissensbisse *Pl* remords *mpl* **Gewissensfrage** *f* cas *m* de conscience **Gewissensfreiheit** *f* liberté *f* de conscience **Gewissenskonflikt** *m* débat *m* de conscience

gewissermaßen *Adv.* en quelque sorte

Gewissheit[RR], **Gewißheit**[ALT] *f* certitude *f*

Gewitter [gəˈvɪtɐ] <-s, -> *nt* orage *m*

gewitterig *s.* **gewittrig**

gewittern* *intr. V. unpers.* **es gewittert** il fait de l'orage

Gewitterregen *m* averse *f* orageuse **Gewitterwolke** *f* nuage *m* orageux

gewittrig *Adj.* orageux(-euse)

gewitzt [gəˈvɪtst] *Adj.* roué(e)

gewöhnen* [gəˈvøːnən] **I.** *tr. V.* **an jdn/etw gewöhnt sein** être habitué à qn/qc **II.** *refl. V.* **sich an jdn/etw ~** s'habituer à qn/qc

Gewohnheit [gəˈvoːnhait] <-, -en> *f* habitude *f*

gewohnheitsmäßig *Adv.* par habitude **Gewohnheitsrecht** *nt* (*Recht*) droit *m* d'usage

gewöhnlich [gəˈvøːnlɪç] **I.** *Adj.* ❶ habituel(le) ❷ (*Arbeitstag*) ordinaire

③ *pej* (*ordinär*) vulgaire **II.** *Adv.* **wie ~** comme d'habitude

gewohnt [gə'vo:nt] *Adj.* (*Zeit*) habituel(le); **etw ~ sein** être habitué à qc

Gewöhnung [gə'vø:nʊŋ] <-> *f* **~ an etw** (*Akk*) accoutumance *f* à qc

gewöhnungsbedürftig *Adj.* à quoi il faut s'habituer

Gewölbe [gə'vœlbə] <-s, -> *nt* ① (*Gewölbedecke*) voûte *f* ② (*Raum*) cave *f* voûtée

gewollt **I.** *Adj.* intentionnel(le) **II.** *Adv.* délibérément

Gewühl [gə'vy:l] <-[e]s> *nt* cohue *f*

gewunden [gə'vʊndən] *Adj.* sinueux (-euse)

Gewürz [gə'vʏrts] <-es, -e> *nt* épice *f*

Gewürzgurke *f* cornichon *m* à la russe

gez. *Adj.* *Abk. von* **gezeichnet** *s.* **zeichnen**

gezackt [gə'tsakt] *Adj.* (*Blatt*) crénelé(e); (*Hahnenkamm*) dentelé(e)

Gezeiten [gə'tsaitən] *Pl* marées *fpl*

Gezeitenwechsel *m* changement *m* de marée

Gezeter [gə'tse:tɐ] <-s> *nt fam* braillements *mpl*

gezielt [gə'tsi:lt] *Adj.* ciblé(e)

geziemen* [gə'tsi:mən] *refl. V. geh* **es geziemt sich für jdn** il sied à qn

geziert [gə'tsi:ɐt] *pej* **I.** *Adj.* affecté(e) **II.** *Adv.* avec affectation

Gezwitscher [gə'tsvɪtʃɐ] <-s> *nt* gazouillement *m*

gezwungen [gə'tsvʊŋən] *Adj.* contraint(e); (*Lachen*) forcé(e)

gezwungenermaßen *Adv.* contraint(e) et forcé(e)

ggf. *Adv.* *Abk. von* **gegebenenfalls**

Ghetto *s.* **Getto**

gibt [gi:pt] *3. Pers. Sg. Präs. von* **geben**

Gicht [gɪçt] <-> *f* goutte *f*

Giebel ['gi:bəl] <-s, -> *m* pignon *m*

Giebeldach *nt* toit *m* à pignon

Gier [gi:ɐ̯] <-> *f* ① avidité *f* ② (*Geldgier*) cupidité *f*

gieren ['gi:rən] *intr. V.* **nach etw ~** avoir une envie folle de qc

gierig **I.** *Adj.* avide **II.** *Adv.* avec avidité

gießen ['gi:sən] <goss, gegossen> **I.** *tr. V.* ① arroser ② (*schütten*) **Wasser auf/über etw** (*Akk*) **~** verser de l'eau dans/sur qc ③ (*formen*) **etw in Bronze ~** couler qc en bronze **II.** *intr. V. unpers. fam* **es gießt** il tombe des cordes

Gießerei [gi:sə'rai] <-, -en> *f* fonderie *f*

Gießkanne *f* arrosoir *m*

Gift [gɪft] <-[e]s, -e> *nt* poison *m*; (*einer Schlange*) venin *m*

Giftgas *nt* gaz *m* toxique **giftgrün** *Adj.* d'un vert criard

giftig *Adj.* (*Schlange, Person, Bemerkung*) venimeux(-euse); (*Pflanze*) vénéneux(-euse); (*Stoff*) toxique

Giftmischer(in) <-s, -> *m(f)* empoisonneur(-euse) *m(f)* **Giftmüll** *m* déchets *mpl* toxiques **Giftpilz** *m* champignon *m* vénéneux **Giftschlange** *f* serpent *m* venimeux **Giftstoff** *m* substance *f* toxique **Giftzwerg(in)** *m(f) pej fam* nabot(e) *m(f)* malfaisant(e)

Gigabyte ['gi:gabaɪt] *nt* INFORM gigaoctet *m*

Gigant(in) [gi'gant] <-en, -en> *m(f)* géant(e) *m(f)*

gigantisch *Adj.* gigantesque

Gigolo ['ʒi:golo, 'ʒɪgolo] <-s, -s> *m* gigolo *m* (*fam*)

Gilde ['gɪldə] <-, -n> *f* HIST guilde *f*

gilt [gɪlt] *3. Pers. Sg. Präs. von* **gelten**

Gin [dʒɪn] <-s, -s> *m* gin *m*

ging [gɪŋ] *Imp. von* **gehen**

Ginster ['gɪnstɐ] <-s, -> *m* genêt *m*

Gipfel ['gɪpfəl] <-s, -> *m* sommet *m*

Gipfelkonferenz *f* conférence *f* au sommet

gipfeln *intr. V.* **in etw** (*Dat*) **~** atteindre son apogée dans qc

Gipfeltreffen *nt* rencontre *f* au sommet

Gips [gɪps] <-es, -e> *m* plâtre *m*

Gipsabdruck <-abdrücke> *m* empreinte *f* **Gipsbein** *nt fam* jambe plâtrée *f*

gipsen *tr. V.* MED *fam* plâtrer

Gipser(in) <-s, -> *m(f)* plâtrier(-ière) *m(f)*

Giraffe [gi'rafə] <-, -n> *f* girafe *f*

Girlande [gɪr'landə] <-, -n> *f* guirlande *f*

Girlie ['gœrli] <-s, -s> *nt* girlie *f*

Giro ['ʒi:ro] <-s, -s *o* A Giri> *nt* virement *m*

Girokonto *nt* compte *m* courant

Gis [gɪs] <-, -> *nt* sol *m* dièse

Gischt [gɪʃt] <-[e]s, -e> *m*, <-, -en> *f* écume *f*

Gitarre [gi'tarə] <-, -n> *f* guitare *f*

Gitarrist(in) <-en, -en> *m(f)* guitariste *mf*

G

Gitter ['gɪtɐ] <-s, -> *nt* (*Metallgitter*) grille *f;* (*Holzgitter*) treillage *m*
Gitterrost *m* grille *f*
Glaceehandschuh[RR], **Glacéhandschuh** [gla'se:hantʃu:] *m* gant *m* en chevreau glacé
Gladiole <-, -n> *f* glaïeul *m*
Glamour ['glɛmɐ] *m o nt kein pl* glamour *m;* **einer Sache ~ verleihen** glamouriser qc
Glanz [glants] <-es> *m* ❶ (*von Haaren, Augen*) brillant *m;* (*einer Fläche*) éclat *m* ❷ (*Pracht*) magnificence *f*

G

glänzen ['glɛntsən] *intr. V.* ❶ briller; (*Möbel*) reluire; (*Fläche*) miroiter ❷ (*sich hervortun*) **durch Wissen ~** briller par son savoir
glänzend **I.** *Adj.* brillant(e); (*Fläche*) miroitant(e) **II.** *Adv.* (*spielen*) superbement
Glanzleistung *f* brillante performance *f* **glanzlos** *Adj.* (*Haare*) terne; (*Oberfläche*) mat(e) **glanzvoll** *Adj.* (*Auftritt*) brillant(e); (*Fest*) somptueux(-euse) **Glanzzeit** *f* **seine ~** l'époque *f* de sa splendeur
Glas [gla:s, *Pl:* 'glɛ:zɐ] <-es, Gläser> *nt* ❶ verre *m* ❷ (*Konservenglas*) bocal *m*
Glasbläser(in) *m(f)* souffleur(-euse) *m(f)* de verre
Gläschen ['glɛ:sçən] <-s, -> *nt Dim. von* **Glas** petit verre *m*
Glascontainer *m* container *m* à verre
Glaser(in) ['gla:zɐ] <-s, -> *m(f)* vitrier (-ière) *m(f)*
Glaserei [gla:zə'rai] <-, -en> *f* vitrerie *f*
gläsern ['glɛ:zɐn] *Adj.* (*aus Glas*) de verre
Glasfaser *f meist Pl.* fibre *f* de verre **Glasfaserkabel** *nt* TELEC câble *m* à fibres optiques **Glashütte** *f* verrerie *f*
glasieren* [gla'zi:rən] *tr. V.* ❶ (*Kacheln*) émailler ❷ (*Kuchen*) napper
glasig ['gla:zɪç] *Adj.* (*Blick*) vitreux(-euse)
glasklar **I.** *Adj.* limpide **II.** *Adv. fam* [très] clairement **Glasmalerei** *f* peinture *f* sur verre **Glasscheibe** *f* verre *m* **Glasscherbe** *f* morceau *m* de verre **Glastür** *f* porte *f* vitrée
Glasur [gla'zu:ɐ̯] <-, -en> *f* ❶ TECH glaçure *f* ❷ GASTR glaçage *m*
Glaswolle *f* laine *f* de verre
glatt [glat] <-er, -este> **I.** *Adj.* ❶ (*Fläche*) plan(e) ❷ (*Haut, Stoff*) lisse ❸ (*Haare*) raide ❹ (*Fußboden*) glissant(e) ❺ (*Landung*) en douceur ❻ *attr fam* (*Lüge*) pur(e) *antéposé;* **ein ~er Betrag** un compte tout rond **II.** *Adv.* ❶ (*problemlos*) sans accroc ❷ *fam* (*vergessen*) carrément
glatt|bügeln[ALT] *s.* **bügeln**
Glätte ['glɛtə] <-> *f* ❶ (*der Haut*) douceur *f;* (*der Haare*) raideur *f* ❷ (*Straßenglätte*) **aufgrund der ~ der Straße** en raison de la chaussée glissante
Glatteis *nt* verglas *m*
glätten ['glɛtən] **I.** *tr. V.* ❶ (*Haar*) lisser; (*Banknote*) défroisser ❷ (*besänftigen*) apaiser **II.** *refl. V.* **sich ~** (*Wogen*) s'apaiser
glattrasiert[ALT] *s.* **rasieren I.** **glatt|streichen**[ALT] *s.* **streichen I.3**
Glatze ['glatsə] <-, -n> *f* calvitie *f*
Glatzkopf *m fam* ❶ (*Kopf*) boule *f* de billard ❷ (*Mensch*) crâne *m* d'œuf
glatzköpfig ['glatskœpfɪç] *Adj.* chauve; (*kahl geschoren*) à la tête rasée
Glaube ['glaubə] <-ns> *m* ❶ REL croyance *f* ❷ (*Überzeugung*) foi *f*
glauben ['glaubən] **I.** *tr. V.* ❶ **jdm etw ~** croire qc de qn ❷ (*vermuten*) **jdn in New York ~** croire qn à New York **II.** *intr. V.* ❶ **jdm ~** croire qn ❷ *a.* REL **an jdn/etw ~** croire en qn/à qc
Glauben *s.* **Glaube**
Glaubensbekenntnis *nt* confession *f* **Glaubensfreiheit** *f* liberté *f* de religion **Glaubensgemeinschaft** *f* communauté *f* religieuse
glaubhaft **I.** *Adj.* digne de foi **II.** *Adv.* de façon convaincante
Glaubhaftigkeit <-> *f* crédibilité *f*
gläubig ['glɔybɪç] *Adj.* REL croyant(e)
Gläubige(r) *f(m) dekl wie Adj* croyant(e) *m(f)*
Gläubiger(in) <-s, -> *m(f)* créancier(-ière) *m(f)*
glaubwürdig *Adj.* crédible
gleich [glaiç] **I.** *Adj.* ❶ même *antéposé* ❷ MATH **zwei mal zwei ~ vier** deux fois deux [égalent] quatre ❸ (*gleichgültig*) **das ist ihm/ihr ~** cela lui est égal **II.** *Adv.* ❶ (*behandeln*) de la même façon; **~ groß sein** être de même taille ❷ (*unmittelbar*) **~ neben der Kirche** juste à côté de l'église ❸ (*in Kürze*) tout de suite; **es ist ~ sechs Uhr** il est bientôt six heures ❹ (*ohnehin*) **habe ich es nicht ~ gesagt!** c'est bien ce que j'avais dit !

gleichaltrig ['glaiçaltrɪç] *Adj.* du même âge
gleichartig *Adj.* de même nature
gleichbedeutend *Adj.* **mit etw ~ sein** équivaloir à qc
gleichberechtigt *Adj.* égal(e) en droits
Gleichberechtigung *f* égalité *f* des droits
gleich|bleibenALT *s.* **bleiben I.2**
gleichbleibendALT *s.* **bleibend 2**
gleichen ['glaiçən] <glịch, geglịchen> *intr. V.* **jdm/einer S. ~** ressembler à qn/qc
gleichermaßen *Adv.* de la même façon
gleichfalls *Adv.* également
gleichförmig ['glaiçfœrmɪç] **I.** *Adj.* (*Verlauf*) uniforme; (*Struktur*) homogène **II.** *Adv.* (*verlaufen*) uniformément; (*strukturiert*) de façon homogène
gleichgeschlechtlich *Adj.* ① (*homosexuell*) homosexuel(le) ② (*gleichgeschlechtig*) de même sexe
gleichgesinntALT *s.* **gesinnt**
Gleichgewicht *nt kein Pl.* équilibre *m*
Gleichgewichtsstörung *f* trouble *m* de l'équilibre
gleichgültig *Adj.* ① (*Person*) indifférent(e) ② (*belanglos*) sans intérêt ③ (*egal*) **jdm ~ sein** être indifférent à qn
Gleichgültigkeit *f* indifférence *f*
Gleichheit <-, -en> *f* ① similitude *f* ② (*gleiche Stellung*) **die ~ von Mann und Frau** l'égalité *f* de l'homme et de la femme
Gleichheitszeichen *nt* signe *m* d'égalité
gleich|kommen *intr. V. unreg + sein* ① **jdm/einer S. ~** égaler qn/qc ② (*gleichbedeutend sein*) **einer S.** (*Dat*) **~** revenir à qc
gleichlautendALT *s.* **lauten 1**
gleich|machen *tr. V.* niveler
gleichmäßig **I.** *Adj.* régulier(-ière) **II.** *Adv.* (*atmen*) régulièrement; (*auftragen*) uniformément
gleichmütig ['glaiçmy:tɪç] *Adj.* impassible
Gleichnis <-ses, -se> *nt* parabole *f*
gleichsam *Adv. geh* pour ainsi dire
Gleichschritt *m kein Pl.* pas *m* cadencé
gleichseitig *Adj.* équilatéral(e)
gleich|setzen *tr. V.* ① **Unsicherheit mit Unwissenheit ~** confondre manque d'assurance et ignorance ② (*als gleichwertig ansehen*) **die Jungen mit den Alten ~** mettre les jeunes et les vieux au même rang
Gleichstand *m kein Pl.* égalité *f* de score
gleich|stellen *tr. V.* **die Frauen den Männern ~** mettre les femmes et les hommes sur un pied d'égalité
Gleichstellung *f kein Pl.* **die ~ der Frauen** l'égalité *f* des femmes
Gleichstrom *m* courant *m* continu
gleich|tun *tr. V. irr, unpers* **es jdm in etw** (*Dat*) **~** égaler qn en qc
Gleichung <-, -en> *f* équation *f*
gleichwertig *Adj.* (*Ersatz*) équivalent(e); (*Gegner*) de force égale
gleichwohl [glaiç'vo:l] *Adv. geh* néanmoins
gleichzeitig **I.** *Adj.* (*Vorgänge*) simultané(e); (*Ereignisse*) contemporain(e) **II.** *Adv.* en même temps
Gleis [glais] <-es, -e> *nt* voie *f*
gleißend ['glaisnd] *Adj. geh* éblouissant(e)
gleiten ['glaitən] <glịtt, geglịtten> *intr. V. + sein* ① (*Vogel, Segelflugzeug*) planer ② (*rutschen*) **ins Wasser ~** glisser dans l'eau
Gleitmittel *nt* lubrifiant *m* **Gleitschirm** *m* parapente *m* **Gleitschirmfliegen** *nt* parapente *m* **Gleitzeit** *f* heures *fpl* mobiles
Gletscher ['glɛtʃɐ] <-s, -> *m* glacier *m*
Gletscherspalte *f* crevasse *f*
glich [glɪç] *Imp. von* **gleichen**
Glied [gli:t] <-[e]s, -er> *nt* ① *a. fig* membre *m* ② (*Kettenglied*) maillon *m* ③ (*Penis*) membre *m* [viril]
gliedern ['gli:dɐn] **I.** *tr. V.* **etw in verschiedene Abschnitte ~** diviser qc en plusieurs parties **II.** *refl. V.* **sich in etw** (*Akk*) **~** se diviser en qc
Gliederung <-, -en> *f* ① *kein Pl.* (*das Gliedern: eines Aufsatzes*) division *f* ② (*Aufbau: eines Aufsatzes*) plan *m*
Gliedmaßen ['gli:tma:sən] *Pl* membres *mpl*
glimmen ['glɪmən] <glọmm, geglọmmen> *intr. V.* rougeoyer
GlimmstängelRR *m hum fam* tige *f*
glimpflich ['glɪmpflɪç] *Adj.* (*Ausgang*) bénin(-igne)
glitschig ['glɪtʃɪç] *Adj. fam* glissant(e)
glitt [glɪt] *Imp. von* **gleiten**

G

G

glitzern [glɪtsɐn] *intr. V.* scintiller
global [glo'ba:l] **I.** *Adj.* (*weltweit*) général(e) **II.** *Adv.* (*weltweit*) universellement
Globalisierung <-> *f* mondialisation *f*
Globalisierunggegner(in) *m(f)* antimondialiste *mf*
Globen *Pl. von* **Globus**
Globus ['glo:bʊs] <-, Globen> *m* globe *m* [terrestre]
Glöckchen <-s, -> *nt Dim. von* **Glocke** clochette *f*
Glocke ['glɔkə] <-, -n> *f* ① (*Kirchenglocke*) cloche *f* ② (*Läutwerk*) sonnerie *f*; (*Ladenglocke*) sonnette *f*
Glockenblume *f* campanule *f* [des murailles] **glockenförmig** *Adj.* en forme de clochette **Glockengeläut[e]** *nt* carillon *m* **Glockenschlag** *m* ▶ **mit dem** ~ à l'heure sonnante **Glockenspiel** *nt* carillon *m* **Glockenturm** *m* clocher *m*
glomm [glɔm] *Imp. von* **glimmen**
Glorie ['glo:riə] <-> *f geh* gloire *f*
glorifizieren* [glorifi'tsi:rən] *tr. V.* **jdn als Helden** ~ célébrer qn comme un héros
glorreich ['glo:ɐ̯raiç] *Adj.* glorieux (-euse)
Glossar <-s, -e> *nt* glossaire *m*
Glosse ['glɔsə] <-, -n> *f* commentaire *m* [succinct]
glotzen ['glɔtsən] *intr. V. pej fam* reluquer
Glück [glʏk] <-[e]s> *nt* ① chance *f* ② (*Freude, Zufriedenheit*) bonheur *m*
Glucke ['glʊkə] <-, -n> *f* (*Henne mit Küken*) poule *f*; (*brütende Henne*) couveuse *f*
glücken ['glʏkən] *intr. V. + sein* réussir
gluckern ['glʊkɐn] *intr. V. + haben* glouglouter (*fam*)
glücklich **I.** *Adj.* ① heureux(-euse); (*Gesicht*) ravi(e) ② (*vom Glück begünstigt*) heureux(-euse) *antéposé* **II.** *Adv.* (*leben*) heureux(-euse)
glücklicherweise *Adv.* par chance
Glücksbringer <-s, -> *m* porte-bonheur *m*
glückselig *Adj.* (*Person*) pleinement heureux(-euse)
Glücksfall *m* coup *m* de chance **Glücksgriff** *m* coup *m* de maître **Glückspilz** *m fam* **du** ~! quel(le) veinard(e) ! **Glücksrad** *nt* roue *f* de la fortune **Glückssache** *f* ▶ **[reine]** ~ **sein** être une [pure] question de chance **Glücksspiel** *nt* jeu *m* de hasard **Glückssträhne** *f* **eine** ~ **haben** avoir la baraka (*fam*) **Glückstag** *m* jour *m* de chance **Glückszahl** *f* chiffre *m* porte-bonheur
Glückwunsch *m* félicitation *f*
Glückwunschkarte *f* carte *f* de félicitations
Glucose [glu'ko:zə] <-> *f* CHEM glucose *m*
Glühbirne *f* ampoule *f*
glühen ['gly:ən] *intr. V.* ① être incandescent; (*Docht, Zigarette*) rougeoyer ② (*sehr heiß sein*) être brûlant
glühend **I.** *Adj.* ① (*Metall*) incandescent(e); (*Kohle*) ardent(e) ② (*Wangen*) brûlant(e) ③ (*leidenschaftlich*) enflammé(e) **II.** *Adv.* terriblement
Glühlampe *f* ampoule *f* électrique
Glühwein *m* vin *m* chaud

> En hiver, particulièrement sur les marchés de Noël, on vend du **Glühwein**, vin rouge chaud aromatisé à la cannelle, aux graines d'anis et aux clous de girofle.

Glühwürmchen ['gly:vʏrmçən] *nt fam* ver *m* luisant
Glukose *s.* **Glucose**
Glut [glu:t] <-, -en> *f* braise *f*
Glyzerin [glytse'ri:n] <-s> *nt* glycérine *f*
GmbH [ge:ʔɛmbe:'ha:] <-, -s> *f Abk. von* **Gesellschaft mit beschränkter Haftung** S.A.R.L. *f*
g-Moll ['e:mɔl] <-> *nt* sol *m* mineur
Gnade ['gna:də] <-, -n> *f* ① (*Gunst*) faveurs *fpl* ② (*Milde*) grâce *f*
Gnadenfrist *f* délai *m* de grâce
gnadenlos *Adj.* impitoyable
Gnadenstoß *m* coup *m* de grâce
gnädig ['gnɛ:dɪç] **I.** *Adj.* ① (*herablassend*) condescendant(e) ② (*milde*) clément(e) **II.** *Adv.* ① (*herablassend*) d'un air condescendant ② (*milde*) avec clémence
Gnom [gno:m] <-en, -en> *m* ① gnome *m* ② *pej fam* (*kleiner Mensch*) nabot *m*
Goal [go:l] <-s, -s> *nt* A, CH but *m*
Gockel ['gɔkəl] <-s, -> *m bes.* SDEUTSCH coq *m*

Le **Goethe-Institut** est comparable à un Institut Français en Allemagne et promeut à l'étranger la langue allemande et la compréhension de la culture germanophone. Dans la plupart des grandes villes de France, il y a des **Goethe-Institute** qui proposent des cours de langue, des activités culturelles et des bibliothèques.

Gokart[RR] <-[s], -s> *m* kart *m*

Gold [gɔlt] <-[e]s> *nt* ❶ or *m* ❷ *fam* (*Goldmedaille*) médaille *f* d'or

Goldader *f* filon *m* d'or **Goldbarren** *m* lingot *m* d'or

golden ['gɔldən] **I.** *Adj. attr* en or **II.** *Adv.* d'un éclat doré

goldfarben *Adj.* doré(e) **Goldfisch** *m* poisson *m* rouge **goldgelb** *Adj.* jaune d'or **Goldgräber(in)** *m(f)* chercheur (-euse) *m(f)* d'or **Goldgrube** *f* mine *f* d'or **Goldhamster** *m* hamster *m* [doré]

goldig *Adj. fam* chou(te)

Goldmedaille *f* médaille *f* d'or **Goldmine** *f* mine *f* d'or **Goldregen** *m* BOT cytise *m* **goldrichtig** *fam Adj.* ~ **sein** (*Entscheidung*) être impeccable **Goldschmied(in)** *m(f)* orfèvre *mf* **Goldschmiedekunst** *f* orfèvrerie *f* **Goldstück** *nt* (*Goldmünze*) pièce *f* d'or **Goldwaage** *f* trébuchet *m*

Golf[1] [gɔlf] <-[e]s, -e> *m* GEO golfe *m*

Golf[2] <-s> *nt* golf *m*

Golfplatz *m* terrain *m* de golf **Golfschläger** *m* club *m* **Golfspieler(in)** *m(f)* joueur(-euse) *m(f)* de golf **Golfstrom** *m* GEO **der** ~ le Gulf Stream

Gondel ['gɔndəl] <-, -n> *f* gondole *f;* (*einer Seilbahn*) [télé]cabine *f*

Gong [gɔŋ] <-s, -s> *m* gong *m*

gönnen ['gœnən] *tr. V.* ❶ (*neidlos zugestehen*) **jdm etw** ~ se réjouir pour qn de qc ❷ (*gewähren*) **sich** (*Dat*) **etw** ~ s'offrir qc

Gönner(in) <-s, -> *m(f)* bienfaiteur (-trice) *m(f);* (*eines Künstlers*) mécène *m*

gönnerhaft *pej* **I.** *Adj.* condescendant(e) **II.** *Adv.* avec condescendance

googeln ['gu:gəln] *intr., tr. V.* INET chercher avec Google®

gor [go:ɐ̯] *Imp. von* **gären**

Gör [gø:ɐ̯] <-[e]s, -en> *nt,* **Göre** <-, -n> *f fam* (*Kind*) gosse *mf;* (*Mädchen*) gamine *f*

Gorilla [go'rɪla] <-s, -s> *m* gorille *m*

Gospel ['gɔspl] <-s, -s> *nt o m,* **Gospelsong** ['gɔsplzɔŋ] *m* gospel *m*

goss[RR] [gɔs], **goß**[ALT] *Imp. von* **gießen**

Gosse ['gɔsə] <-, -n> *f* ❶ caniveau *m* ❷ *pej fam* ruisseau *m*

Gotik ['go:tɪk] <-> *f* gothique *m*

gotisch *Adj.* got[h]ique

Gott [gɔt] <-es, Götter> *m,* **Göttin** *f* ❶ dieu *m/*déesse *f* ❷ (*Gott der Christen*) Dieu *m;* **grüß ~!** A, SDEUTSCH bonjour !

G

Götterspeise *f* GASTR dessert *m* gélifié

Gottesdienst *m* office *m* [religieux]; (*katholisch*) messe *f* **gottesfürchtig** *Adj.* pieux(-euse) **Gotteshaus** *nt* maison *f* du Seigneur; (*katholisch*) église *f;* (*evangelisch*) temple *m* **Gotteslästerung** <-, -en> *f* blasphème *m*

Gottheit <-, -en> *f* divinité *f*

Göttin ['gœtɪn] *s.* **Gott**

göttlich ['gœtlɪç] *Adj.* ❶ divin(e) ❷ (*Humor*) sublime

gottlob [gɔt'lo:p] *Adv. geh* Dieu merci

gottlos *Adj.* (*Person*) athée; (*Leben*) païen(ne); (*Gesinnung*) irréligieux (-euse)

Gottvater *m* Dieu *m* le père

gottverlassen ['gɔtfɛɐ'lasən] *Adj. fam* perdu(e)

Götze ['gœtsə] <-n, -n> *m,* **Götzenbild** *nt* idole *f*

Gouvernante [guvɛr'nantə] <-, -n> *f* gouvernante *f*

Gouverneur(in) [guvɛr'nø:ɐ] <-s, -e> *m(f)* gouverneur *m*

Grab [gra:p, *Pl:* 'grɛ:bɐ] <-[e]s, Gräber> *nt* tombe *f*

graben ['gra:bən] <gräbt, grub, gegraben> **I.** *tr., intr. V.* creuser **II.** *refl. V. fig* **sich jdm ins Gedächtnis** ~ se graver dans la mémoire de qn

Graben ['gra:bən, *Pl:* 'grɛ:bən] <-s, Gräben> *m* ❶ fossé *m* ❷ (*Schützengraben*) tranchée *f*

Grabinschrift *f* inscription *f* tombale **Grabkammer** *f* chambre *f* funéraire **Grabmal** <-s, -mäler *o geh* -e> *nt* tombeau *m* **Grabschändung** *f* violation *f* de sépulture **Grabstein** *m* pierre *f* tombale

gräbt [grɛ:pt] *3. Pers. Sg. Präs. von* **graben**

Grabung <-, -en> *f* fouilles *fpl*

Grad [gra:t] <-[e]s, -e> *m* ❶ degré *m;* **Verbrennung ersten ~es** brûlure *f* au premier degré ❷ (*Rang*) grade *m* ❸ (*Ausmaß*) **bis zu einem gewissen ~[e]** jusqu'à un certain point

Gradeinteilung *f* graduation *f* **Gradmesser** <-s, -> *m* ~ indicateur *m*

graduell *Adj.* (*Veränderung*) progressif (-ive)

Graf [gra:f] <-en, -en> *m,* **Gräfin** *f* comte *m*/comtesse *f*

Graffiti [gra'fi:ti] *Pl* graffitis *mpl*

Grafik ['gra:fɪk] <-, -en> *f* ❶ (*Kunstwerk*) œuvre *f* graphique ❷ *kein Pl.* (*Technik*) arts *mpl* graphiques ❸ (*Schaubild*) graphique *m*

Grafikchip *m* INFORM puce *f* graphique

Grafiker(in) ['gra:fikɐ] <-s, -> *m(f)* graphiste *mf;* (*Werbegrafiker*) dessinateur (-trice) *m(f)* publicitaire

Grafikkarte *f* INFORM carte *f* graphique **Grafikmodus** *m* INFORM mode *m* graphique **Grafikprogramm** *nt* INFORM grapheur *m*

Gräfin ['grɛ:fɪn] *s.* **Graf**

grafisch *Adj.* graphique

Grafit[RR] [gra'fi:t] *s.* **Graphit**

Grafologe[RR] *s.* **Graphologe**

Grafschaft <-, -en> *f* comté *m*

Gram [gra:m] <-[e]s> *m geh* affliction *f*

grämen ['grɛ:mən] *gehrefl. V.* **sich über jdn/etw ~** s'affliger à cause de qn/qc

Gramm [gram] <-s, -e> *nt* gramme *m*

Grammatik [gra'matɪk] <-, -en> *f* grammaire *f*

grammatikalisch [gramati'ka:lɪʃ], **grammatisch** *Adj.* grammatical(e)

Grammofon®RR, **Grammophon**® [gramo'fo:n] <-s, -e> *nt* gramophone *m*

Granat [gra'na:t] <-[e]s, -e *o* A -en> *m* MINER grenat *m*

Granatapfel *m* grenade *f*

Granate [gra'na:tə] <-, -n> *f* obus *m*

grandios [gran'di̯o:s] **I.** *Adj.* (*Idee*) génial(e); (*Erfolg*) triomphal(e) **II.** *Adv.* remarquablement bien

Granit [gra'ni:t] <-s, -e> *m* granit[e] *m*

grantig *fam Adj.* de mauvais poil

Granulat [granu'la:t] <-[e]s, -e> *nt* (*Streumaterial*) granulat *m*

Grapefruit ['gre:pfru:t] <-, -s> *f* pamplemousse *m*

Graphik *s.* **Grafik**

Graphit <-s, -e> *m* graphite *m*

Graphologe <-n, -n> *m,* **Graphologin** *f* graphologue *mf*

grapschen *fam tr., intr. V.* choper

Gras [gra:s] <-es> *nt kein Pl.* herbe *f* ▸**ins ~ beißen** *fam* manger les pissenlits par la racine

grasen ['gra:zən] *intr. V.* brouter

grasgrün ['gra:s'gry:n] *Adj.* vert pomme *inv.* **Grashalm** *m* brin *m* d'herbe **Grashüpfer** <-s, -> *m fam* sauterelle *f*

grassieren* [gra'si:rən] *intr. V.* sévir

grässlichRR, **gräßlich**ALT ['grɛslɪç] *Adj.* horrible

Grat [gra:t] <-[e]s, -e> *m* crête *f*

Gräte ['grɛ:tə] <-, -n> *f* arête *f*

Gratifikation <-, -en> *f* gratification *f*

gratinieren* [grati'ni:rən] *tr. V.* [faire] gratiner

gratis ['gra:tɪs] *Adj.* **~ sein** être gratuit

Gratisprobe *f* échantillon *m* gratuit

Grätsche ['grɛ:tʃə] <-, -n> *f* grand écart *m*

grätschen ['grɛ:tʃn] *intr. V.* + *sein* SPORT sauter

Gratulant(in) [gratu'lant] <-en, -en> *m(f)* personne *f* qui félicite

Gratulation [gratula'tsi̯o:n] <-, -en> *f* félicitations *fpl*

gratulieren* [gratu'li:rən] *intr. V.* féliciter

Gratwanderung *f* (*schwieriges Unterfangen*) exercice *m* sur la corde raide

grau [grau] *Adj.* ❶ gris(e) ❷ (*trostlos*) morne

Grau <-s, - *o fam* -s> *nt* gris *m*

grauäugig *Adj.* aux yeux gris

Graubünden [grau'bʏndən] <-s> *nt* [canton *m* des] Grisons *mpl*

GräuelRR ['grɔyəl] <-s, -> *m geh* atrocité *f*

GräueltatRR *f* atrocité *f*

grauen1 ['grauən] *intr. V. geh* (*Morgen*) poindre

grauen2 *intr. V. unpers.* **mir graut vor jdm/etw** qn/qc m'épouvante

Grauen <-s, -> *nt* ❶ *kein Pl.* (*Entsetzen*) épouvante *f;* **~ erregend** horrible ❷ (*Ereignis*) horreur *f*

grauenerregend *s.* **Grauen 1**

grauenhaft, grauenvoll *Adj.* horrible

grauhaarig *Adj.* aux cheveux gris

gräulich1 ['grɔylɪç] *Adj.* grisâtre

gräulichRR2 *Adj.* atroce

Graupel ['graupəl] <-, -n> *f meist Pl.* grésil *m*

Graupelschauer *m* giboulée *f*

Graus [graus] <-es> *m fam* **für jdn ein ~ sein** être un cauchemar pour qn

grausam ['grauza:m] *Adj.* cruel(le)

Grausamkeit <-, -en> *f* ① *kein Pl.* (*Verhalten*) cruauté *f* ② (*Tat*) atrocité *f*

grausen ['grauzən] *s.* **grauen**[2]

Grausen <-s> *nt* épouvante *f*

grausig *s.* **grauenhaft**

Grauzone *f* zone *f* d'ombre

Graveur(in) [gra'vø:ɐ] <-s, -e> *m(f)* graveur(-euse) *m(f)*

gravieren* [gra'vi:rən] *tr. V.* graver

gravierend *Adj.* (*Unterschied*) grand(e); (*Fehler*) grave

Gravierung <-, -en> *f* gravure *f*

Gravitation [gravita'tsi̯o:n] <-> *f* gravitation *f*

Gravur [gra'vu:ɐ̯] <-, -en> *f* gravure *f*

Grazie ['gra:tsi̯ə] <-> *f kein Pl.* (*Anmut*) grâce *f*

grazil [gra'tsi:l] *Adj.* gracile

graziös [gra'tsi̯ø:s] *Adj.* gracieux(-euse)

greifbar I. *Adj.* ① disponible ② (*Vorteil*) concret(-ète) **II.** *Adv.* **~ nahe** *fig* à portée de main

greifen ['graifən] <griff, gegriffen> **I.** *tr. V.* attraper **II.** *intr. V.* ① **nach etw ~** saisir qc ② (*benutzen*) **zu einem Buch ~** prendre un livre ③ (*Reifen*) adhérer ④ (*Wirkung haben*) faire effet

Greifvogel *m* rapace *m*

Greis(in) [grais] <-es, -e> *m(f)* vieillard *m*/vieille *f*

grell [grɛl] **I.** *Adj.* ① (*Licht, Farbe*) cru(e) ② (*Stimme*) perçant(e) **II.** *Adv.* ① **~ leuchten** (*Farben*) être cru ② (*schrill*) **~ klingen** émettre des sons perçants

Gremium ['gre:mium] <-s, Gremien> *nt* commission *f*

Grenzbereich *m kein Pl.* (*Umkreis der Landesgrenze*) secteur *m* frontalier

Grenze ['grɛntsə] <-, -n> *f* ① frontière *f* ② (*Abgrenzung*) limite *f*; **die ober[st]e/unter[st]e ~** le maximum/minimum

grenzen *intr. V.* ① **an ein Land ~** confiner à un pays ② *fig* **an ein Wunder ~** être à la limite du miracle

grenzenlos I. *Adj.* ① illimité(e) ② (*Vertrauen*) infini(e) **II.** *Adv.* infiniment

Grenzfall *m* cas *m* limite **Grenzgänger(in)** ['grɛntsgɛŋɐ] <-s, -> *m(f)* frontalier(-ière) *m(f)* **Grenzgebiet** *nt* zone *f* frontalière **Grenzkonflikt** *m* conflit *m* de frontière **Grenzkontrolle** *f* contrôle *m* douanier **Grenzlinie** *f* SPORT ligne *f* **Grenzposten** *m* poste *m* [-]frontière **Grenzschutz** *m fam* (*Truppe*) [unité *f* de] garde-frontière *f* **Grenzstein** *m* borne *f* **Grenzübergang** *m* poste *m* frontière **grenzüberschreitend** *Adj.* transfrontalier(-ière) **Grenzwert** *m* valeur *f* limite

Greuel[ALT] *s.* **Gräuel**

Greueltat[ALT] *s.* **Gräueltat**

greulich[ALT] *s.* **gräulich**[2]

Griebe ['gri:bə] <-, -n> *f meist Pl.* petits lardons *mpl* frits

Grieche ['gri:çə] <-n, -n> *m* Grec *m*

Griechenland *nt* la Grèce

Griechin ['gri:çɪn] <-, -nen> *f* Grecque *f*

griechisch ['gri:çɪʃ] **I.** *Adj.* grec (grecque) **II.** *Adv.* **~ miteinander sprechen** discuter en grec

Griechisch <-[s]> *nt kein Art.* grec *m*; *s.a.* **Deutsch**

Griesgram ['gri:sgra:m] <-[e]s, -e> *m pej* grincheux(-euse) *m(f)*

griesgrämig ['gri:sgrɛ:mɪç] *Adj.* grincheux(-euse)

Grieß [gri:s] <-es, -e> *m* semoule *f*

Grießbrei *m* [bouillie *f* de] semoule *f*

griff [grɪf] *Imp. von* **greifen**

Griff [grɪf] <-[e]s, -e> *m* ① poignée *f*; (*eines Schirms*) manche *m* ② (*Handgriff*) geste *m* ③ a. SPORT prise *f*

griffbereit *Adj.* **~ sein** être à portée de [la] main

Griffel ['grɪfəl] <-s, -> *m* crayon *m* d'ardoise

griffig *Adj.* (*Untergrund*) qui accroche

Grill [grɪl] <-s, -s> *m* barbecue *m*

Grille ['grɪlə] <-, -n> *f* grillon *m*

grillen ['grɪlən] **I.** *intr. V.* faire un barbecue **II.** *tr. V.* **etw ~** faire griller qc [au barbecue]

Grillparty *f* barbecue *m*

Grimasse [gri'masə] <-, -n> *f* grimace *f*

grimmig ['grɪmɪç] **I.** *Adj.* ① furibond(e) ② (*Kälte*) terrible **II.** *Adv.* furieusement

grinsen ['grɪnzən] *intr. V.* ricaner

Grinsen <-s> *nt* ricanement *m*

grippal [grɪ'pa:l] *Adj.* grippal(e)

Grippe ['grɪpə] <-, -n> *f* grippe *f*; *fam* (*fiebrige Erkältung*) rhume *m*

Grippewelle *f* épidémie *f* de grippe

Grips [grɪps] <-es, -e> *m fam* jugeote *f*
GrislibärRR, **Grizzlybär** ['grɪsli-] *m* grizzli *m*
grob [groːp] <gröber, gröbste> **I.** *Adj.* ❶ grossier(-ière); (*Sieb*) gros(se) ❷ (*ungefähr*) sommaire **II.** *Adv.* grossièrement
Grobheit <-, -en> *f* grossièreté *f*
Grobian ['groːbiaːn] <-[e]s, -e> *m pej* mufle *m*
grobkörnig *Adj.* ❶ (*Sand*) gros(se) ❷ PHOT à gros grains
Grog [grɔk] <-s, -s> *m* grog *m*
groggy ['grɔgi] *Adj. fam* groggy *inv.*
grölen ['grøːlən]*pej famtr., intr. V.* brailler
Groll [grɔl] <-[e]s> *m geh* ressentiment *m*
grollen *intr. V.* ❶ *geh* ruminer ❷ (*Donner*) gronder
Grönland ['grøːnlant] <-s> *nt* le Groenland
Grönländer(in) ['grøːnlɛndɐ] <-s, -> *m(f)* Groenlandais(e) *m(f)*
grönländisch *Adj.* groenlandais(e)
Gros [groː] <-, -> *nt* gros *m*
Groschen ['grɔʃən] <-s, -> *m* A groschen *m*
Groschenroman *m pej* roman *m* de quatre sous
groß [groːs] <größer, größte> **I.** *Adj.* ❶ grand(e) *antéposé*; (*Erfolg*) gros(se); (*Pause*) long(ue) *antéposé* ❷ (*älter*) **meine ~e Schwester** ma grande sœur ❸ (*Buchstabe*) majuscule ❹ (*als Namenszusatz*) **der Große** le Grand; **Karl der Große** Charlemagne ▸ **im Großen und Ganzen** dans l'ensemble **II.** *Adv.* (*feiern*) en grande pompe
großartig **I.** *Adj.* (*Person*) génial(e) (*fam*); (*Bauwerk*) grandiose **II.** *Adv.* magnifiquement
Großaufnahme *f* gros plan *m*
Großbritannien [groːsbri'tanjən] <-s> *nt* la Grande-Bretagne
Großbuchstabe *m* majuscule *f*
Größe ['grøːsə] <-, -n> *f* ❶ (*einer Fläche*) superficie *f* ❷ (*Körper-, Kleidergröße, Höhe, Länge*) taille *f*; (*Schuhgröße*) pointure *f* ❸ MATH, PHYS grandeur *f*; **unbekannte ~** inconnue *f* ❹ *kein Pl.* (*Bedeutsamkeit: einer Person*) grandeur *f*
Großeinkauf *m* grosses courses *fpl* (*fam*) **Großeinsatz** *m* (*der Polizei*) intervention *f* massive **Großeltern** *Pl* grands-parents *mpl* **Großenkel(in)** *m(f)* arrière-petit-fils *m*/arrière-petite-fille *f*
Größenordnung *f* ordre *m* de grandeur
großenteils ['groːsən'tails] *Adv.* en grande partie
Größenunterschied *m* différence *f* de taille **Größenverhältnis** *nt* (*Proportion*) proportions *fpl* **Größenwahn** *m pej* mégalomanie *f* **größenwahnsinnig** *Adj.* mégalomane
größer *Komp. von* **groß**
Großfamilie *f* grande famille *f* **Großgrundbesitzer(in)** *m(f)* grand propriétaire *m* [terrien] **Großhandel** *m* commerce de *m* gros **Großhändler(in)** *m(f)* grossiste *mf* **großherzig***geh* **I.** *Adj.* magnanime **II.** *Adv.* généreusement **Großherzog(in)** *m(f)* grand-duc *m*/grande-duchesse *f* **Großherzogtum** *nt* grand-duché *m* **Großhirn** *nt* cerveau *m* **Großhirnrinde** *f* cortex *m* [cérébral] **großkotzig** *pej fam* **I.** *Adj.* vantard(e) **II.** *Adv.* avec vantardise **Großküche** *f* cuisine *f* industrielle **Großmacht** *f* grande puissance *f* **Großmarkt** *m* marché *m* de gros **Großmaul** *nt pej fam* grande gueule *f* **Großmut** <-> *f geh* magnanimité *f* **großmütig** *s.* **großherzig** **Großmutter** *f* grand-mère *f* **Großneffe** *m* petit-neveu *m* **Großnichte** *f* petite-nièce *f* **Großonkel** *m* grand-oncle *m* **Großraum** *m* agglomération *f* **Großraumabteil** *nt* compartiment *m* à grande capacité **Großraumbüro** *nt* bureau *m* en espace ouvert **großräumig** *Adv.* (*absperren*) dans un large rayon; (*umfahren*) largement **Großraumwagen** *m* [wagon-]salle *m* **Großrechner** *m* macroordinateur *m* **groß|schreiben**RR *tr. V. unreg* ❶ (*mit großem Anfangsbuchstaben*) écrire avec une majuscule ❷ *fam* (*als wichtig ansehen*) **bei ihnen wird Höflichkeit großgeschrieben** ils accordent beaucoup d'importance à la politesse **Großschreibung** *f* écriture *f* majuscule **großspurig** *pej Adj.* vantard(e) **Großstadt** *f* grande ville *f* **Großstädter(in)** *m(f)* habitant(e) *m(f)* d'une grande ville **großstädtisch** *Adj.* de grande ville **Großtante** *f* grand-tante *f*
größte(r, s) *Superl. von* **groß**
Großteil *m* ❶ **der ~** la majeure partie ❷ (*erheblicher Teil*) grande partie *f*
größtenteils ['grøːstən'tails] *Adv.* pour la plupart

größtmöglich *Adj.* **der ~e ...** le plus grand/la plus grande ... possible

Großvater *m* grand-père *m* **Großveranstaltung** *f* grande manifestation *f* **groß|ziehen** *tr. V. unreg* élever **großzügig** **I.** *Adj.* 1 généreux(-euse) 2 (*Planung*) de grande envergure; (*Wohnung*) vaste **II.** *Adv.* 1 généreusement 2 (*weiträumig*) en grand **Großzügigkeit** <-> *f* générosité *f*

grotesk [gro'tɛsk] *Adj.* grotesque

Grotte ['grɔtə] <-, -n> *f* grotte *f*

grub [gru:p] *Imp. von* **graben**

Grübchen ['gry:pçən] <-s, -> *nt* fossette *f*

Grube ['gru:bə] <-, -n> *f* 1 fosse *f* 2 (*Baugrube*) tranchée *f* 3 (*Bergwerk*) mine *f*

Grübelei [gry:bə'lai] <-, -en> *f* ruminations *fpl*

grübeln ['gry:bəln] *intr. V.* ruminer

Grubenarbeiter *m* mineur *m* **Grubenunglück** *nt* accident *m* de mine

Grübler(in) <-s, -> *m(f)* méditatif(-ive) *m(f)*

grüezi ['gry:ɛtsi] *Interj.* CH bonjour

Gruft [grʊft, *Pl:* 'grʏftə] <-, Grüfte> *f* caveau *m*

grün [gry:n] *Adj.* vert(e); (*Politik*) écologiste

Grün <-s, -> *nt* 1 vert *m;* **im ~n** dans la nature 2 (*Grünfläche*) espace *m* vert 3 (*Grünpflanzen*) verdure *f*

grün-alternativ ['gry:naltɐna'ti:f] *Adj.* écologiste et alternatif(-ive)

Grünanlage *f* espace *m* vert

Grund [grʊnt, *Pl:* 'grʏndə] <-[e]s, Gründe> *m* 1 raison *f* 2 (*Ursache*) cause *f* 3 *kein Pl.* (*Erdboden*) sol *m* 4 A (*Grundbesitz*) **~ und Boden besitzen** posséder du terrain 5 *kein Pl.* (*eines Gewässers*) fond *m* ▸ **zu ~e gehen** (*Person*) se perdre

Grundausbildung *f* formation *f* de base **Grundausstattung** *f* équipement *m* de base **Grundbedingung** *f* condition *f* de base **Grundbegriff** *m* notion *f* élémentaire **Grundbesitz** *m* propriété *f* foncière *mpl* **Grundbesitzer(in)** *m(f)* propriétaire *mf* foncier(-ière) **Grundbuch** *nt* cadastre *m*

gründen ['grʏndən] **I.** *tr. V.* (*Firma, Verein*) fonder; **seine Hoffnungen auf etw** (*Akk*) **~** fonder ses espoirs sur qc **II.** *intr., refl. V.* [**sich**] **auf etw** (*Akk*) **~** [se] baser sur qc

Gründer(in) <-s, -> *m(f)* fondateur (-trice) *m(f)*

Grundfläche *f* superficie *f*

Grundform *f* 1 forme primitive *f* 2 LING forme *f* de base; (*eines Verbs*) infinitif *m* **Grundgebühr** *f* taxe *f* de base **Grundgedanke** *m* idée *f* fondamentale **Grundgesetz** *nt* **das ~** la constitution allemande

> Le **Grundgesetz** est la constitution de la République fédérale allemande. Elle présente dans ses grandes lignes le système législatif et politique de l'Allemagne, définissant entre autres choses les droits fondamentaux des personnes vivant en Allemagne et les relations entre les *Länder* (États fédéraux) et le gouvernement national.

Grundhaltung *f* position *f*

grundieren* [grʊn'di:rən] *tr. V.* appliquer une sous-couche sur

Grundierung <-, -en> *f* sous-couche *f*

Grundkapital *nt* FIN capital *m* engagé **Grundkurs** *m* SCHULE cours *m* de base; UNIV [cours d']initiation *f* **Grundlage** *f* base *f* **grundlegend** **I.** *Adj.* essentiel(le) **II.** *Adv.* fondamentalement

gründlich ['grʏntlɪç] **I.** *Adj.* rigoureux (-euse); (*Kenntnisse*) approfondi(e) **II.** *Adv.* 1 rigoureusement 2 *fam* (*sich irren*) lourdement

Gründlichkeit <-> *f* rigueur *f*

grundlos **I.** *Adj.* infondé(e) **II.** *Adv.* sans raison **Grundnahrungsmittel** *nt* denrée *f* alimentaire de base

Gründonnerstag [gry:n'dɔnɐsta:k] *m* jeudi *m* saint

Grundpfeiler *m* pilier *m* **Grundrechenart** *f* opération *f* [élémentaire] **Grundrecht** *nt* droit *m* fondamental **Grundriss**[RR] *m* 1 (*Zeichnung*) plan *m* 2 (*Kurzfassung*) abrégé *m* **Grundsatz** *m* principe *m*

grundsätzlich **I.** *Adj.* 1 (*Problem, Unterschied*) fondamental(e) 2 *attr* (*Bereitschaft*) de principe **II.** *Adv.* 1 (*völlig*) fondamentalement 2 (*prinzipiell*) au fond 3 (*ablehnen*) strictement

Grundschule *f* ≈ école *f* primaire **Grundschullehrer(in)** *m(f)* instituteur(-trice) *m(f)*, professeur *mf* des écoles **Grundstein** *m* ▸ **den ~ zu etw legen** poser la première pierre de qc **Grundsteuer** *f* impôt *m* foncier **Grundstock** *m* base *f* **Grundstoff** *m* ❶ (*Rohstoff*) matière *f* première ❷ CHEM corps *m* simple **Grundstück** *nt* propriété *f*

Gründung ['grʏndʊŋ] <-, -en> *f* fondation *f*

grundverschieden *Adj.* radicalement différent(e) **Grundwasser** *nt* nappe *f* phréatique **Grundwasserspiegel** *m* niveau *m* de la nappe phréatique **Grundwortschatz** *m* vocabulaire *m* de base

Grüne(r) *f(m) dekl wie Adj* POL écolo *mf* (*fam*); **die ~n** les verts

grünen *intr. V. geh* verdir

Grünfink *m* verdier *m* **Grünfläche** *f* espace *m* vert **Grünfutter** *nt* fourrage *m* vert **Grünkern** *m* grain *m* vert d'épeautre **Grünkohl** *m* chou *m* de Milan

grünlich *Adj.* verdâtre

Grünschnabel *m fam* blanc-bec *m* **Grünspan** *m* vert-de-gris *m* **Grünstreifen** *m* (*Mittelstreifen*) terre-plein *m* central; (*Seitenstreifen*) terre-plein [aménagé]

grunzen ['grʊntsən] *intr. V.* (*Schwein*) grogner

Grünzeug <-s> *nt* A (*Suppengrün*) herbes *fpl* potagères

Gruppe ['grʊpə] <-, -n> *f* groupe *m*

Gruppenarbeit *f kein Pl.* (*in der Schule*) travail *m* de groupe; (*in der Arbeitswelt*) travail en équipe **Gruppenbild** *nt* photo *f* de groupe **Gruppendynamik** *f* dynamique *f* de groupe **Gruppenleiter(in)** *m(f)* chef *mf* d'équipe **Gruppenreise** *f* voyage *m* organisé **Gruppensex** *m* rapports *mpl* sexuels en groupe **gruppenweise** *Adv.* par groupes

gruppieren* [grʊ'pi:rən] **I.** *tr. V.* **die Gäste um den Tisch ~** rassembler les invités autour de la table **II.** *refl. V.* **sich um jdn/etw ~** se rassembler autour de qn/qc

Gruppierung <-, -en> *f* ❶ POL groupuscule *m;* (*innerhalb einer Partei*) fraction *f* ❷ (*Anordnung*) disposition *f*

Gruselfilm *m* film *m* d'épouvante

gruselig ['gru:zəlɪç] *Adj.* épouvantable

gruseln ['gru:zəln] **I.** *tr., intr. V. unpers.* **ihn** [*o* **ihm**] **gruselt es** il a le frisson **II.** *refl. V.* **sich ~** avoir le frisson

gruslig *s.* **gruselig**

Gruß [gru:s, *Pl:* 'gry:sə] <-es, Grüße> *m* ❶ (*Begrüßung*) salut *m* ❷ (*übermittelter Gruß*) salutations *fpl*; **einen** [**schönen**] **~ an die Kinder** bien le bonjour aux enfants ❸ (*schriftliche Grußformel*) **mit freundlichen Grüßen** reçois/recevez mes sincères salutations

grüßen ['gry:sən] **I.** *tr. V.* ❶ (*begrüßen*) saluer ❷ (*Grüße übermitteln*) **jdn von jdm ~** saluer qn de la part de qn **II.** *refl. V.* **sich ~** se saluer

grußlos *Adv.* sans dire bonjour **Grußwort** <-worte> *nt* discours *m* de bienvenue

Grütze ['grʏtsə] <-, -n> *f* ▸ **rote ~** *compote refroidie de fruits rouges, épaissie avec de la fécule*

gucken ['gʊkən] *intr. V. fam* (*sehen*) regarder

Guckloch *nt* judas *m*

Guerilla [ge'rɪlja] <-, -s> *f* (*Guerillakrieg*) guérilla *f*

Gugelhupf ['gu:gəlhʊpf] <-s, -e> *m* A, SDEUTSCH kouglof *m*

Guillotine [gɪljo'ti:nə] <-, -n> *f* guillotine *f*

Gulasch ['gʊlaʃ] <-[e]s, -e> *nt o m* goulache *m o f*

Gulden ['gʊldən] <-s, -> *m* florin *m*

Gülle ['gʏlə] <-> *f* lisier *m*

Gully ['gʊli] <-s, -s> *m o nt* bouche *f* d'égout

gültig ['gʏltɪç] *Adj.* ❶ valable; (*Pass*) valide ❷ (*Gesetz*) en vigueur ❸ (*Zahlungsmittel*) légal(e)

Gültigkeit <-> *f* validité *f*

Gummi[1] ['gʊmi] <-s, -[s]> *m o nt* ❶ caoutchouc *m* ❷ <-s> *fam* (*Kondom*) capote *f* [anglaise]

Gummi[2] <-s, -s> *nt fam* (*Gummiband*) élastique *m*

Gummiband <-bänder> *nt* élastique *m* **Gummibärchen** *nt* ourson *m* [gélifié] **Gummibaum** *m* caoutchouc *m*

gummieren* *tr. V.* gommer

Gummihandschuh *m* gant *m* en caoutchouc **Gummiknüppel** *m fam* matraque *f* [en caoutchouc] **Gummistiefel** *m* botte *f* en caoutchouc **Gummizelle** *f* cellule *f* capitonnée

Gunst [gʊnst] <-> *f* 1 (*Wohlwollen*) bienveillance *f* 2 *fig* **die ~ der Stunde** l'opportunité du moment

günstig ['gʏnstɪç] **I.** *Adj.* 1 (*Zeit*) favorable; (*Zugverbindung*) commode 2 (*preisgünstig*) avantageux(-euse) **II.** *Adv.* 1 (*kaufen*) à un prix avantageux 2 (*gut*) **im ~sten Fall** dans le meilleur des cas

Günstling ['gʏnstlɪŋ] <-s, -e> *m pej* (*eines Herrschers*) favori(te) *m(f)*

Gurgel ['gʊrgəl] <-, -n> *f* gorge *f*

gurgeln *intr. V.* **mit etw ~** faire un gargarisme avec qc

Gurke ['gʊrkə] <-, -n> *f* (*Salatgurke*) concombre *m;* (*eingelegt*) cornichon *m*

Gurkensalat *m* salade *f* de concombre

gurren ['gʊrən] *intr. V.* roucouler

Gurt [gʊrt] <-[e]s, -e> *m* 1 sangle *f* 2 (*Sicherheitsgurt*) ceinture *f* de sécurité

Gürtel ['gʏrtəl] <-s, -> *m* ceinture *f*

Gürtellinie *f* ▸ **unter die ~ zielen** viser en dessous de la ceinture **Gürtelrose** *f* MED zona *m* **Gürtelschnalle** *f* boucle *f* de ceinture **Gürteltier** *nt* tatou *m*

Gurtpflicht *f* port *m* obligatoire de la ceinture de sécurité

Guru ['gu:ru] <-s, -s> *m* REL gourou *m*

GUS [gus, ge:ʔu:'ʔɛs] <-> *f Abk. von* **Gemeinschaft Unabhängiger Staaten: die ~** la C.E.I.

Guss[RR] <-es, Güsse>, **Guß**[ALT] [gʊs] <Gusses, Güsse> *m* 1 *kein Pl.* METAL fonte *f* 2 (*Zuckerguss*) couche *f* de sucre 3 *fam* (*Regenguss*) saucée *f*

Gusseisen[RR] *nt* fonte *f* **gusseisern**[RR] *Adj.* en fonte **Gussform**[RR] *f* moule *m*

gut [gu:t] **I.** <besser, beste> *Adj.* 1 bon(ne) *antéposé*; (*Mann, Frau*) bon(ne) *postposé*; **etw ~ finden** trouver bien qc 2 (*körperlich wohl*) **ihm ist nicht ~** il ne se sent pas bien 3 (*gelungen*) **~ werden** (*Foto*) être réussi 4 (*richtig*) **~ so!** c'est bien comme ça ! 5 (*Schulnote*) *bonne note située entre quatorze et seize sur vingt* 6 (*reichlich*) **eine ~e Stunde Zeit haben** avoir une bonne heure ▸ **alles wird [wieder] ~** tout va s'arranger **II.** <besser, am besten> *Adv.* 1 bien; **~ gelaunt sein** être de bonne humeur 2 (*reichlich, erfolgreich*) bien; **~ gestellt sein** vivre dans l'aisance 3 (*angenehm*) **~ riechen** sentir bon; **das schmeckt ~** c'est bon ▸ **mach's ~!** *fam* salut !; **so ~ wie ...** *fam* pratiquement ...

Gut <-[e]s, Güter> *nt* 1 (*Ware*) bien *m* 2 (*Landgut*) domaine *m* 3 JUR **unbewegliche Güter** biens *mpl* immobiliers

Gutachten ['gu:tʔaxtən] <-s, -> *nt* expertise *f*

Gutachter(in) <-s, -> *m(f)* expert(e) *m(f)*

gutartig *Adj.* MED bénin(-igne) **gutaussehend**[ALT] *s.* **aussehen I.1** **gutbezahlt**[ALT] *s.* **bezahlt**

Güte ['gy:tə] <-> *f* bonté *f*

Gute(s) *nt dekl wie Adj* 1 (*qualitativ Hochwertiges*) **etwas ~s** quelque chose de bon 2 (*Positives*) **das ~ daran ist, dass ...** l'avantage, c'est que ...; **alles ~!** bonne chance ! 3 (*gute Tat*) **~s tun** faire le bien

Güteklasse *f* catégorie *f*

Gutenachtgeschichte [gʊtə'naxtgəʃɪçtə] *f* histoire *f* pour dormir **Gutenachtkuss**[RR] *m* bisou *m* (*fam*)

Güterbahnhof *m* gare *f* de marchandises **Gütergemeinschaft** *f* communauté *f* de biens **Gütertrennung** *f* séparation *f* des biens **Güterverkehr** *m* transport *m* [de] marchandises **Güterwagen** *m* wagon *m* de marchandises **Güterzug** *m* train *m* de marchandises

Gütesiegel *nt* label *m* de qualité **Gütezeichen** *nt* marque *f* de qualité

gut|gehen[ALT] **I.** *intr. V. unpers. s.* **gehen II.1** **II.** *intr. V. s.* **gehen I.8** **gutgelaunt**[ALT] *s.* **gelaunt** **gutgemeint**[ALT] *s.* **meinen I.4** **gutgläubig** *Adj.* crédule

Guthaben <-s, -> *nt* avoir *m*

gut|heißen *tr. V. unreg* accepter **gutherzig** *Adj. geh* généreux(-euse)

gütig ['gy:tɪç] *Adj.* 1 bienveillant(e)

G

❷ (*freundlich*) **würden Sie so ~ sein ...** *geh* voudriez-vous avoir l'obligeance de ...

gütlich ['gy:tlɪç] *Adj., Adv.* à l'amiable

gut|machen *tr. V.* (*Fehler*) réparer

gutmütig ['gu:tmy:tɪç] *Adj.* d'un bon naturel

Gutmütigkeit <-> *f* complaisance *f*

Gutsbesitzer(in) *m(f)* propriétaire *mf* d'un domaine

Gutschein *m* bon *m* **gut|schreiben** *tr. V. unreg* **jdm etw ~** inscrire qc au crédit de qn **Gutschrift** *f* ❶ (*gebuchter Betrag*) crédit *m* ❷ (*Beleg*) avis *m* de crédit **Gutshof** *m* ferme *f* domaniale

G

gutsituiertALT *s.* **situiert**

Gutsverwalter(in) *m(f)* gérant(e) *m(f)* de propriété

gut|tun *intr. V. unreg* (*wohltun*) faire du bien; **jdm ~** faire du bien à qn

gutwillig **I.** *Adj.* plein(e) de bonne volonté **II.** *Adv.* de plein gré

Gymnasiallehrer(in) *m(f)* professeur *mf* de Gymnasium

Gymnasiast(in) [gymnazi'ast] <-en, -en> *m(f)* élève *mf* de Gymnasium

Gymnasium [gym'na:ziʊm] <-s, -ien> *nt* ≈ établissement *m* scolaire comprenant le premier et le deuxième cycle

En Allemagne, les élèves qui vont au **Gymnasium** après l'école primaire y sont formés de la classe 5 à la classe 12 ou 13, selon les *Länder,* pour atteindre le niveau standard de connaissances requis pour entrer à l'université. En Autriche, ce cursus est de huit années et en Suisse, les élèves doivent passer au moins huit ans (neuf dans certains cantons) à la *Maturitätsschule* (lycée).
Il existe traditionnellement plusieurs types de **Gymnasien** : certains sont spécialisés dans les langues classiques (latin et grec), d'autres privilégient les langues modernes (avec ou sans latin), d'autres sont axés sur les maths et les sciences ou sur l'économie, certains enfin mettent l'accent sur la musique et les arts.

Gymnastik [gym'nastɪk] <-> *f* gymnastique *f*

Gynäkologe [gynɛko'lo:gə] <-n, -n> *m,* **Gynäkologin** *f* gynécologue *mf*

Gynäkologie <-> *f* gynécologie *f*

gynäkologisch [gynɛko'lo:gɪʃ] *Adj.* gynécologique

Hh

H, h [haː] <-, -> *nt* ❶ H *m*/h *m* ❷ MUS si *m*

ha *Abk. von* **Hektar** ha

Haar [haːɐ̯] <-[e]s, -e> *nt* ❶ (*einzelnes Kopfhaar*) cheveu *m;* (*gesamtes Kopfhaar*) cheveux *mpl* ❷ (*Körper-, Tierhaar*) poil *m*

Haaransatz *m* naissance *f* des cheveux **Haarausfall** *m* chute *f* des cheveux **Haarbürste** *f* brosse *f* à cheveux

haaren *intr. V.* perdre ses poils

Haarfarbe *f* couleur *f* de[s] cheveux **Haarfestiger** *m* fixateur *m* [pour les cheveux] **Haarklammer** *f* pince *f* [à cheveux] **haarklein** *Adv.* par le menu **Haarnadel** *f* épingle *f* à cheveux **Haarpflege** *f* soins *mpl* capillaires **Haarreif** *m* serre-tête *m* **Haarschnitt** *m* coupe *f* de cheveux **Haarspalterei** <-, -en> *f pej* ergotage *m* **Haarspange** *f* grosse barrette *f* [à cheveux] **Haarspray** *nt o m* laque *f* **haarsträubend** *Adj.* scandaleux(-euse) **Haartrockner** *m* sèche-cheveux *m* **Haarwaschmittel** *nt* shampo[o]ing *m* **Haarwasser** *nt* lotion *f* capillaire **Haarwurzel** *f* racine *f* du cheveu

Hab ▸ **sein/ihr ganzes ~ und Gut** *geh* tous ses biens *mpl*

Habe ['haːbə] <-> *f geh* **seine ganze ~** tous ses biens *mpl*

haben ['haːbən] <hat, hatte, gehabt> **I.** *tr. V.* ❶ (*alle Bedeutungen*) avoir; **Angst ~** avoir peur; **eine Größe/Fläche von ... ~** avoir une grandeur/surface de ... ❷ MED **es am Herzen ~** *fam* être malade du cœur ❸ (*ausstehen*) **ich kann es nicht ~, wenn** je ne supporte pas que + *subj* **II.** *refl. V. fam* **er hat sich immer so** il est drôlement maniaque **III.** *refl. V. unpers.* ▸ **und damit hat es sich!** *fam* et après basta ! **IV.** *intr. V. modal* **du hast zu gehorchen** tu dois obéir **V.** *Hilfsverb* **er hat/hatte den Brief geschrieben** il a/avait écrit la lettre; **ihr habt euch getäuscht** vous vous êtes trompé(e)s

Haben <-s> *nt* FIN avoir *m*

Habgier *f* rapacité *f*

habgierig *Adj.* rapace

habhaft *Adj. geh* **eines Menschen/einer S. ~ werden** s'emparer d'une personne/de qc

Habicht ['haːbɪçt] <-s, -e> *m* autour *m*

habilitieren* *refl. V.* **sich ~** se qualifier pour l'enseignement supérieur

Habseligkeiten *Pl* affaires *fpl*

Hackbeil *nt* couperet *m* **Hackbraten** *m* rôti *m* de viande hachée

Hacke ['hakə] <-, -n> *f* ❶ (*Ferse, Absatz*) talon *m* ❷ (*Werkzeug*) houe *f* ❸ A hache *f*

hacken ['hakən] **I.** *tr. V.* ❶ hacher; **Holz ~** fendre du bois ❷ (*auflockern*) biner; (*von Unkraut befreien*) sarcler **II.** *intr. V.* ❶ **nach jdm/etw ~** (*Vogel*) donner des coups de bec à qn/dans qc ❷ (*den Boden bearbeiten*) sarcler ❸ INFORM *fam* pirater; **das Hacken** le piratage [informatique]

Hacker(in) ['hakɐ] <-s, -> *m(f) fam* (*Computerpirat*) pirate *mf* [informatique]

Hackfleisch *nt* viande *f* hachée **Hackordnung** *f* ordre *m* hiérarchique **Hacksteak** *nt* steak *m* haché

Hafen ['haːfən, *Pl:* 'hɛːfən] <-s, Häfen> *m* ❶ port *m* ❷ *geh* (*Zufluchtsort*) havre *m*

Hafenanlagen *Pl* installations *fpl* portuaires **Hafenarbeiter(in)** *m(f)* docker *m* **Hafenrundfahrt** *f* visite *f* du port en bateau **Hafenstadt** *f* ville *f* portuaire

Hafer ['haːfɐ] <-s, -> *m* avoine *f*

Haferbrei *m* bouillie *f* d'avoine **Haferflocken** *Pl* flocons *mpl* d'avoine

Häferl ['hɛːfɐl] <-s, -n> *nt* A *fam* tasse *f*

Haft [haft] <-> *f* détention *f*

haftbar *Adj.* **für etw ~ sein** être responsable de qc

Haftbefehl *m* mandat *m* d'arrêt

haften ['haftən] *intr. V.* ❶ **für jdn/etw ~** (*Person*) être responsable de qn/qc ❷ COM **mit seinem Vermögen ~** être responsable sur son capital ❸ (*festkleben*) **an/auf etw** (*Dat*) **~** adhérer sur qc ❹ (*sich festsetzen*) **auf/an etw** (*Dat*) **~ bleiben** (*Geruch*) rester imprégné(e) dans qc

haften|bleiben *s.* **haften 4**
Häftling ['hɛftlɪŋ] <-s, -e> *m* détenu(e) *m(f)*
Haftpflicht *f* ❶ *fam* (*Haftpflichtversicherung*) assurance *f* responsabilité civile ❷ (*Schadenersatzpflicht*) responsabilité *f* civile **haftpflichtig** *Adj.* civilement responsable **haftpflichtversichert** *Adj.* ~ **sein** être assuré en responsabilité civile **Haftpflichtversicherung** *f* assurance *f* responsabilité civile **Haftstrafe** *f* peine *f* de prison
Haftung <-, -en> *f* ❶ JUR responsabilité *f*; (*einer Versicherung*) garantie *f* ❷ *kein Pl.* TECH, PHYS adhérence *f*

H

Hagebutte ['ha:gəbʊtə] <-, -n> *f* cynor[r]hodon *m*
Hagebuttentee *m* tisane *f* de cynor[r]hodon
Hagel ['ha:gəl] <-s> *m* grêle *f*
Hagelkorn <-körner> *nt* grêlon *m*
hageln ['ha:gəln] **I.** *intr. V. unpers.* grêler **II.** *tr. V. unpers. fam* **es hagelt Geschosse** il tombe une grêle de balles
hager ['ha:gɐ] *Adj.* maigre
Hahn [ha:n, *Pl:* 'hɛ:nə] <-[e]s, Hähne> *m* ❶ coq *m* ❷ (*Wasserhahn*) robinet *m* ❸ (*Zapfhahn*) chantepleure *f*
Hähnchen ['hɛ:nçən] *nt* poulet *m*
Hai [hai] <-[e]s, -e> *m* requin *m*
häkeln ['hɛ:kəln] **I.** *intr. V.* faire du crochet **II.** *tr. V.* **etw** ~ faire qc au crochet
Häkelnadel *f* crochet *m*
Haken ['ha:kən] <-s, -> *m* ❶ [clou *m* à] crochet *m*; (*Kleiderhaken*) patère *f* ❷ (*Angelhaken*) hameçon *m* ❸ (*Zeichen*) coche *f* ❹ *fam* (*Schwierigkeit*) hic *m*
hakenförmig *Adj.* en forme de crochet **Hakenkreuz** *nt* croix *f* gammée **Hakennase** *f* nez *m* crochu
halb [halp] **I.** *Adj.* ❶ **ein ~er Meter** un demi mètre ❷ (*bei der Angabe der Uhrzeit*) ~ **sieben** six heures et demie ❸ *fam* (*ein Großteil von*) ~ **Frankreich** presque toute la France ❹ (*halbherzig*) **~e Reformen** des demi-réformes **II.** *Adv.* ❶ (*zur Hälfte*) à moitié; ~ **offen** entrouvert(e); ~ **so viel** moitié moins ❷ (*halbwegs*) à moitié *antéposé* ❸ (*teilweise*) **etw nur ~ verstehen** ne comprendre qc qu'à moitié
halbamtlich *Adj.* semi-officiel(le) **Halbbruder** *m* demi-frère *m* **Halbdunkel** *nt* pénombre *f* **Halbedelstein** *m* pierre *f* semi-précieuse
halber ['halbɐ] *Präp. + Gen.geh* **der Form** ~ pour la forme
halbfett **I.** *Adj.* ❶ TYP [de]mi-gras(se) ❷ GASTR allégé(e) **II.** *Adv.* TYP en demi-gras **Halbfinale** *nt* demi-finale *f*
halbherzig **I.** *Adj.* (*Reform*) timide **II.** *Adv.* sans conviction; (*zustimmen*) du bout des lèvres
halbieren* [hal'bi:rən] **I.** *tr. V.* ❶ **etw** ~ partager qc en deux; (*schneiden*) couper qc en deux ❷ (*vermindern*) réduire de moitié **II.** *refl. V.* **sich** ~ diminuer de moitié
Halbinsel *f* presqu'île *f*; (*groß*) péninsule *f* **Halbjahr** *nt* semestre *m* **halbjährlich** **I.** *Adj.* semestriel(le) **II.** *Adv.* tous les six mois **Halbkanton** *m* CH demi-canton *m* **Halbkreis** *m* demi-cercle *m* **Halbkugel** *f* hémisphère *m* **halblaut** *Adj.* [prononcé(e)] à mi-voix **Halbleiter** *m* TECH semi-conducteur *m* **halbmast** *Adv.* **auf** ~ en berne **Halbmond** *m* ❶ demi-lune *f* ❷ (*Symbol*) croissant *m* **halbmondförmig** *Adj.* en demi-lune **halboffen** *s.* **halb II.1** **Halbpension** *f* demi-pension *f* **Halbschatten** *m* clair-obscur *m* **Halbschlaf** *m* **im ~ sein** être à moitié endormi **Halbschuh** *m* chaussure *f* basse **Halbschwester** *f* demi-sœur *f* **halbstündig** *Adj. attr* d'une demi-heure **halbstündlich** *Adj.*, *Adv.* toutes les demi-heures **halbtags** *Adv.* à mi-temps **Halbtagsbeschäftigung** *f* emploi *m* à mi-temps **Halbwaise** *f* orphelin(e) *m(f)* [de père/mère]
halbwegs *Adv.* ❶ (*einigermaßen*) à peu près ❷ (*nahezu*) pratiquement
Halbwertszeit *f* PHYS période *f* **halbwüchsig** *Adj.* adolescent(e) **Halbzeit** *f* mi-temps *f*
Halde ['haldə] <-, -n> *f* ❶ (*Müllhalde*) montagne *f* d'ordures ❷ MIN (*Kohlenhalde*) dépôt *m* de charbon
half [half] *Imp. von* **helfen**
Hälfte ['hɛlftə] <-, -n> *f* moitié *f*
Halfter ['hakftɐ] <-s, -> *m o nt* licou *m*
Hall [hal] <-[e]s, -e> *m* ❶ *geh* (*Schall*) résonance *f* ❷ (*Widerhall*) écho *m*
Halle ['halə] <-, -n> *f* ❶ hall *m* ❷ (*großer Saal*) [grande] salle *f* ❸ (*Sporthalle*) salle *f* [de sport]
hallen ['halən] *intr. V.* résonner

Hallenbad *nt* piscine *f* couverte
Hallig <-, -en> *f: île plate du Schleswig-Holstein recouverte en partie ou en totalité par la mer lors des grosses marées*
hallo [ha'lo:] *Interj.* ❶ salut ❷ (*Gruß am Telefon*) allo ❸ (*Anrede*) ~[, **Sie**]! hé[, vous] !
Halluzination [halutsina'tsi̯o:n] *f* hallucination *f*
Halm [halm] <-[e]s, -e> *m* ❶ (*Grashalm*) brin *m;* (*Getreidehalm*) tige *f* ❷ (*Trinkhalm*) paille *f*
Halogen [halo'ge:n] <-s, -e> *nt* CHEM halogène *m*
Halogenlampe *f* [lampe *f* à] halogène *m*
Hals [hals, *Pl:* 'hɛlzə] <-es, Hälse> *m* ❶ cou *m* ❷ (*Rachen*) gorge *f* ❸ (*Flaschenhals*) col *m* ▶**jdn am ~ haben** *fam* avoir qn sur le dos
Halsband <-bänder> *nt* ❶ collier *m* ❷ (*Schmuckband aus Samt*) ruban *m* [de velours]
halsbrecherisch ['halsbrɛçərɪʃ] **I.** *Adj.* (*Tempo*) fou(folle) **II.** *Adv.* (*herumturnen*) au risque de se casser le cou
Halsentzündung *f* inflammation *f* de la gorge **Halskette** *f* chaîne *f* [de cou]; (*mit Steinen besetzt*) collier *m* **Hals-Nasen-Ohren-Arzt** ['hals'na:zən'ʔo:rənartst] *m,* **-Ärztin** *f* oto-rhino-laryngologiste *mf* **Halsschlagader** *f* [artère *f*] carotide *f* **Halsschmerzen** *Pl* mal *m* de gorge **Halstuch** *nt* foulard *m* **Halsweh** *s.* **Halsschmerzen** **Halswirbel** *m* vertèbre *f* cervicale
halt [halt] *Interj.* halte[-là]
Halt <-[e]s, -e> *m* ❶ (*Stütze*) appui *m* ❷ (*Greif-, Trittstelle beim Bergsteigen*) prise *f* ❸ (*Gleichgewicht*) **den ~ verlieren** perdre l'équilibre ❹ (*inneres Gleichgewicht*) équilibre *m* [moral/psychologique] ❺ (*Stopp*) arrêt *m;* ~ **machen** s'arrêter
hält [hɛlt] *3. Pers. Sg. Präs. von* **halten**
haltbar *Adj.* ❶ (*Lebensmittel*) [de] longue conservation ❷ (*strapazierfähig*) résistant(e) ❸ (*Vorwurf*) qui tient debout
Haltbarkeit <-, -en> *f* ❶ (*von Lebensmitteln*) durée *f* de conservation ❷ (*Widerstandsfähigkeit*) résistance *f*
Haltbarkeitsdatum *nt* date *f* limite [de consommation]
halten ['haltən] <hält, hielt, gehalten> **I.** *tr. V.* ❶ (*festhalten*) tenir ❷ (*zum Bleiben veranlassen*) retenir ❸ (*strecken*) **die Beine ins Wasser ~** garder les jambes dans l'eau ❹ (*tragen*) **etw ~** (*Haken*) maintenir qc ❺ (*Brücke*) soutenir ❻ (*zurückhalten*) **etw ~** (*Ventil*) contenir qc ❼ SPORT (*Ball*) arrêter ❽ (*haben*) [**sich** (*Dat*)] **ein Tier ~** avoir un animal ❾ (*Tabellenplatz*) conserver ❿ MIL (*Stadt*) défendre ⓫ (*Rede*) prononcer; (*Vortrag*) faire ⓬ (*Versprechen*) tenir ⓭ (*ansehen als*) **jdn für einen Journalisten ~** prendre qn pour un journaliste ▶**etwas von jdm/einer S. ~** faire cas de qn/qc; **nichts von jdm/einer S. ~** ne faire aucun cas de qn/qc **II.** *intr. V.* ❶ (*festhalten*) tenir ❷ (*Lebensmittel*) se conserver ❸ (*Fahrzeug*) s'arrêter ❹ SPORT arrêter ❺ (*stehen zu*) **zu jdm ~** prendre le parti de qn **III.** *refl. V.* ❶ (*sich festhalten*) **sich an etw** (*Dat*) **~** se tenir à qc ❷ (*nicht verderben*) **sich ~** se garder ❸ METEO **sich ~** se maintenir ❹ (*eine Richtung verfolgen*) **sich rechts ~** tenir sa droite ❺ (*sich richten nach*) **sich an die Regeln ~** respecter les règles ❻ (*sich orientieren an*) **sich an jdn ~** s'en tenir à qn ❼ (*haften*) **sich ~** (*Giftstoff*) se maintenir ❽ (*sich behaupten*) **sich ~** (*Regierung*) tenir ❾ (*eine bestimmte Haltung haben*) **sich aufrecht/im Gleichgewicht ~** se tenir droit/en équilibre ❿ (*einschätzen*) **sich für einen Künstler ~** se considérer comme artiste
Halter(in) <-s, -> *m(f)* ❶ (*eines Fahrzeugs*) utilisateur *m* habituel; (*Versicherter*) assuré *m* ❷ (*eines Haustiers*) propriétaire *m*
Halterung <-, -en> *f* support *m*
Haltestelle *f* station *f;* (*von Bussen*) arrêt *m* **Halteverbot** *nt kein Pl.* interdiction *f* de s'arrêter; **im ~ parken** se garer en zone d'arrêt interdit **Halteverbotsschild** *nt* panneau *m* d'arrêt interdit
haltlos *Adj.* (*Vorwurf*) inconsistant(e)
halt|machen *s.* **Halt 5**
Haltung <-, -en> *f* ❶ (*Körperhaltung*) attitude *f* ❷ SPORT style *m* ❸ (*Meinung*) position *f* ❹ *kein Pl.* (*Verhalten*) attitude *f* ❺ *kein Pl.* (*Beherrschtheit*) contenance *f*
Haltungsfehler *m* malformation *f* du squelette
Halunke [ha'lʊŋkə] <-n, -n> *m* ❶ *pej* (*Gauner*) fripouille *f* (*fam*) ❷ *iron* (*Schlingel*) fripon *m*

H

Hamburg ['hambʊrk] <-s> *nt* Hambourg
Hamburger(in) <-s, -> *m(f)* Hambourgeois(e) *m(f)*
Hamburger¹ ['hambʊrgɐ] <-s, -> *m* hamburger *m*
Hamburger² *Adj. attr* de Hambourg
hämisch ['hɛːmɪʃ] **I.** *Adj.* (*Bemerkung*) hargneux(-euse); (*Grinsen*) sardonique **II.** *Adv.* (*bemerken*) hargneusement; (*grinsen*) sardoniquement
Hammel ['haməl] <-s, -> *m* mouton *m*
Hammelfleisch *nt* [viande *f* de] mouton *m* **Hammelkeule** *f* gigot *m* de mouton
H
Hammer ['hamɐ, *Pl:* 'hɛmɐ] <-s, Hämmer> *m* 1 marteau *m* 2 *fam* (*Fehler*) connerie *f*; (*Unverschämtheit*) insolence *f*
hämmern ['hɛmɐn] *intr. V.* 1 donner des coups de marteau 2 (*klopfen*) **gegen die Tür ~** marteler la porte 3 (*Herz*) battre très fort
Hammerwerfen <-s> *nt* lancer *m* du marteau
Hämorrhoide, Hämorride[RR] [hɛmɔr'iːdən] *f* MED *meist Pl.* hémorroïde *f*
Hampelmann ['hampəlman] <-männer> *m* pantin *m*
hampeln *intr. V. fam* gigoter
Hamster ['hamstɐ] <-s, -> *m* hamster *m*
hamstern **I.** *intr. V.* se constituer des provisions **II.** *tr. V.* faire des provisions de
Hand [hant, *Pl:* 'hɛndə] <-, Hände> *f* 1 main *f*; **linker/rechter ~** à [main] gauche/droite 2 (*Obhut*) **bei jdm in guten Händen sein** être en de bonnes mains avec qn; **zu Händen [von]** à l'attention de 3 (*Gewalt*) **jdm in die Hände fallen** (*Person*) tomber aux mains de qn ▸ **~ und <u>Fuß</u> haben** se tenir; **eine ~ <u>voll</u>** une poignée; **<u>an</u> ~ einer S.** (*Gen*) à l'aide de qc; **<u>unter</u> der ~** (*anbieten, verkaufen*) sous le manteau
Handarbeit *f* 1 *kein Pl.* (*Arbeit mit den Händen*) travail *m* manuel 2 (*Gegenstand*) ouvrage *m* fait à la main 3 (*Näh-, Strickarbeit*) travaux *mpl* d'aiguille **Handball** *m* 1 *kein Pl.* (*Spiel*) handball *m* 2 (*Ball*) balle *f* **Handballspieler(in)** *m(f)* handballeur(-euse) *m(f)* **Handbesen** *s.* **Handfeger** **Handbewegung** *f* geste *m* de la main **handbreit** **I.** *Adj.* large comme la main **II.** *Adv.* **~ offen stehen** (*Fenster*) être ouvert d'une largeur de main **Handbremse** *f* frein *m* à main; (*eines Fahrrads*) frein **Handbuch** *nt* manuel *m* **Handcreme** *f* crème *f* pour les mains
Händedruck ['hɛndədrʊk] <-drücke> *m* poignée *f* de main ▸ **<u>goldener</u> ~** (*äußerst üppige Abfindung*) parachute *m* doré
Handel ['handəl] <-s> *m kein Pl.* 1 commerce *m* 2 (*Abmachung, Geschäft*) marché *m*
handeln ['handəln] **I.** *intr. V.* 1 **mit etw ~** faire le commerce de qc 2 (*feilschen*) **um den Preis ~** marchander le prix 3 (*tätig sein*) agir 4 (*vorgehen*) **richtig ~** agir de manière correcte 5 (*zum Thema haben*) **von jdm/etw ~** traiter de qn/qc **II.** *refl. V. unpers.* **es handelt sich um ...** il s'agit de ... **III.** *tr. V.* **an der Börse gehandelt werden** se négocier à la Bourse
Handeln <-s> *nt* 1 **das ~ mit Büchern** le commerce des livres 2 (*Feilschen*) marchandage *m* 3 (*Tätigwerden*) réaction *f* 4 (*Vorgehen*) attitude *f*
Handelsabkommen *nt* accord *m* commercial **Handelsakademie** *f* A ≈ école *f* supérieure de commerce **Handelsbilanz** *f* (*einer Firma*) bilan *m* commercial; (*eines Staates*) balance *f* commerciale **Handelsembargo** *nt* embargo *m* [commercial] **Handelsklasse** *f* [catégorie *f* de] qualité *f* **Handelsschule** *f* ≈ école *f* de commerce **handelsüblich** *Adj.* conforme aux usages commerciaux; (*Größe*) courant(e) **Handelsvertreter(in)** *m(f)* représentant(e) *m(f)* de commerce **Handelsware** *f* marchandise *f*
händeringend ['ɛndərɪŋənd] **I.** *Adj.* désespéré(e) **II.** *Adv.* 1 (*bitten*) en suppliant 2 *fam* (*benötigen*) absolument
Handfeger ['hantfeːgɐ] *m* balayette *f* **Handfertigkeit** *f* dextérité *f* **handfest** *Adj.* (*Beweis*) solide **Handfläche** *f* paume *f* de la main **Handgelenk** *nt* poignet *m* **handgemacht** *Adj.* fait(e) à la main **Handgemenge** *nt* bagarre *f* **Handgepäck** *nt* bagages *mpl* à main **handgeschrieben** *Adj.* manuscrit(e) **Handgranate** *f* grenade *f* [à main]
handgreiflich *Adj.* **gegen jdn ~ werden** en venir aux mains avec qn
Handgriff *m* 1 (*Aktion*) geste *m* 2 (*Griff*) poignée *f*

handhaben ['hantha:bən] *tr. V.* (*Gerät*) manier; (*Vorschrift*) appliquer

Handhabung <-> *f* ❶ (*eines Geräts*) utilisation *m* ❷ (*von Gesetzen*) application *f*

Handicap ['hɛndikɛp] <-s, -s> *nt* handicap *m*

händisch ['hɛndɪʃ] *Adj.* A *s.* **manuell**

HandkussRR *m* baisemain *m*

Handlanger(in) ['hantlaŋɐ] <-s, -> *m(f)* ❶ (*ungelernter Helfer*) manœuvre *m* ❷ *pej* (*Erfüllungsgehilfe*) larbin *m*

Händler(in) ['hɛndlɐ] <-s, -> *m(f)* ❶ commerçant(e) *m(f)*; (*Großhändler*) négociant(e) *m(f)* ❷ (*Vertragshändler*) concessionnaire *mf*

handlich ['hantlɪç] *Adj.* pratique

Handlung ['handlʊŋ] <-, -en> *f* ❶ acte *m* ❷ (*eines Buchs, Films*) action *f*

Handlungsbevollmächtigte(r) *f(m) dekl wie Adj* JUR fondé(e) *m(f)* de pouvoir **handlungsfähig** *Adj.* JUR ayant capacité **Handlungsfreiheit** *f kein Pl.* liberté *f* d'action **Handlungsspielraum** *m* marge *f* de manœuvre **Handlungsvollmacht** *f* procuration *f* commerciale **Handlungsweise** *f* (*Verhalten*) comportement *m*

Handpflege *f* manucure *f* **Handrücken** *m* dos *m* de la main **Handscanner** *m* INFORM scanne[u]r *m* à main **Handschelle** *f meist Pl.* menottes *fpl* **Handschlag** *m* poignée *f* de main **Handschrift** *f* ❶ (*Schrift*) écriture *f* ❷ (*Text*) manuscrit *m* **handschriftlich** **I.** *Adj.* manuscrit(e) **II.** *Adv.* (*einfügen*) à la main **Handschuh** *m* gant *m* **Handstand** *m* poirier *m* **Handtasche** *f* sac *m* à main **Handtuch** <-tücher> *nt* serviette *f* [de toilette]; (*Frotteehandtuch*) serviette éponge **Handumdrehen** ▸ **im** ~ en un tour de main **Handvoll** *s.* **Hand** ▸ **Handwäsche** *f* (*Waschvorgang*) lavage *m* à la main **Handwerk** *nt* ❶ (*Beruf*) métier *m* [manuel] ❷ *kein Pl.* (*Berufsstand*) artisanat *m* **Handwerker(in)** <-s, -> *m(f)* artisan(e) *m(f)* **handwerklich** *Adj.* artisanal(e) **Handwerksbetrieb** *m* entreprise *f* artisanale **Handwerkskammer** *f* chambre *f* des métiers **Handwerkszeug** *nt* outils *mpl*

Handy ['hɛndi] <-s, -s> *nt* portable *m*

Handzeichen *nt* signe *m* de la main **Handzettel** *m* tract *m*

Hanf [hanf] <-[e]s> *m* chanvre *m*

Hang [haŋ, *Pl:* 'hɛŋə] <-[e]s, Hänge> *m* ❶ versant *m*; (*eines Weinbergs*) coteau *m* ❷ *kein Pl.* (*Vorliebe*) penchant *m*

Hängebrücke *f* pont *m* suspendu **Hängelampe** *f* lustre *m*

hangeln *intr. V.* + *haben o sein* avancer à la force des bras

Hängematte *f* hamac *m*

hängen[1] ['hɛŋən] <hing, gehangen> *intr. V. unreg* ❶ (*Bild, Vorhang*) être accroché; **an etw** (*Dat*) ~ être accroché à qc; **im Schrank** ~ être pendu dans l'armoire ❷ (*herabhängen: Zweige*) pendre; **voller Kirschen** ~ être chargé de cerises; **die Arme** ~ **lassen** laisser pendre les bras ❸ (*sich neigen*) **nach rechts/links** ~ pencher vers la droite/vers la gauche ❹ (*Verbundenheit fühlen*) **an jdm/einer S.** ~ tenir à qn/qc ❺ (*festhängen*) **mit dem Ärmel an etw** (*Dat*) ~ être accroché à qc par sa manche ❻ (*haften*) **an etw** (*Dat*) ~ (*Schmutz*) adhérer à qc; **an etw** (*Dat*) ~ **bleiben** (*sich verhaken*) rester accroché(e) à qc; **an jdm** ~ **bleiben** (*Verdacht, Verleumdung*) peser sur qn; **von dem Film ist bei mir nicht viel** ~ **geblieben** il ne m'est pas resté grand-chose de ce film ❼ *fam* (*lange sitzen*) **vor dem Fernseher** ~ être collé devant la télé ❽ (*gehenkt werden*) être pendu ▸ **jdn** ~ **lassen** *fam* (*im Stich lassen*) laisser tomber qn; **sich** ~ **lassen** *fam* se laisser aller

hängen[2] <hängte, gehängt> *tr. V.* ❶ **etw an die Wand** ~ accrocher qc au mur; **etw in den Schrank** ~ mettre qc dans l'armoire ❷ (*anhängen*) **den Wohnwagen ans Auto** ~ atteler la caravane à la voiture ❸ (*erhängen*) pendre

Hängerkleid *nt* robe *f* housse

Hanglage *f* **ein Haus in** ~ une maison située sur un terrain en pente

Hannover [ha'no:fɐ] <-s> *nt* Hanovre

Hanse ['hanzə] <-> *f* Hanse *f*

La **Hanse** était à l'origine le regroupement de villes qui se trouvaient sur les grands axes routiers commerciaux. Le but des *Hansestädte* (villes hanséatiques) était de mieux réguler

H

le commerce des marchandises. La **Hanse** allemande détint pendant 200 ans environ le monopole de l'activité commerciale sur la Baltique. De nos jours, il y a encore sept villes du nord de l'Allemagne portant le nom de *Hansestädte* et qui sont toutes des villes portuaires : *Hambourg, Brême, Lübeck, Greifswald, Rostock, Stralsund* et *Wismar.*

Hanseat(in) <-en, -en> *m(f)* HIST hanséate *mf*

hänseln ['hɛnzəln] *tr. V.* **jdn wegen etw ~** se moquer de qn à cause de qc

Hansestadt *f* ville *f* hanséatique

Hanswurst <-e *o* -würste> ['hansvʊrst] *m* (*dummer Mensch*) guignol *m*

Hantel ['hantəl] <-, -n> *f* haltère *m*

hantieren* [han'ti:rən] *intr. V.* **in der Küche ~** s'affairer dans la cuisine

hapern *intr. V. unpers. fam* (*nicht gut klappen*) **in Mathe hapert es bei dir** tu cafouilles en maths

Häppchen <-s, -> *nt Dim. von* **Happen** (*Kleinigkeit*) bricole *f* (*fam*)

Happen ['hapən] <-s, -> *m fam* morceau *m*

happig ['hapɪç] *Adj. fam* salé(e)

happy ['hɛpi] *Adj. fam* tout(e) content(e)

HappyendRR <-s, -s>, **Happy End**RR ['hɛpi'ʔɛnt] <- -s, - -s> *nt* happy end *m*

Hardware ['hɑ:tvɛ:ɐ̯] <-, -s> *f* matériel *m*

Harem ['ha:rɛm] <-s, -s> *m* harem *m*

Harfe ['harfə] <-, -n> *f* harpe *f*

Harke ['harkə] <-, -n> *f bes.* NDEUTSCH râteau *m*

harmlos ['harmlo:s] *Adj.* ① (*Person, Tier*) inoffensif(-ive); (*Krankheit*) bénin(-igne) ② (*arglos*) anodin(e)

Harmonie [harmo'ni:] <-, -n> *f* harmonie *f*

harmonieren* [harmo'ni:rən] *intr. V.* ① MUS s'accorder ② (*zueinander passen*) **miteinander ~** aller bien ensemble; (*miteinander auskommen*) s'entendre bien

harmonisch [har'mo:nɪʃ] **I.** *Adj.* harmonieux(-euse) **II.** *Adv.* harmonieusement; (*verlaufen*) dans l'harmonie

harmonisieren* *tr. V.* harmoniser

Harmonium [-niən] <-s, -nien> *nt* harmonium *m*

Harn [harn] <-[e]s, -e> *m* urine *f*

Harnblase *f* vessie *f* **Harnleiter** *m* uretère *m* **Harnstoff** *m* urée *f*

Harpune [har'pu:nə] <-, -n> *f* harpon *m*

harren ['harən] *intr. V. geh* attendre

hart [hart] <härter, härteste> **I.** *Adj.* ① dur(e); (*Matratze*) ferme; (*Kontaktlinsen*) rigide ② (*heftig*) brutal(e) ③ (*Akzent*) rude ④ (*Pornografie*) hard ⑤ (*abgehärtet: Person*) endurci(e) ⑥ (*Währung*) fort(e) **II.** *Adv.* ① **~ durchgreifen** sévir ② (*streng*) durement ③ (*arbeiten*) dur ④ (*unmittelbar*) **~ an der Grenze des Erlaubten** à la limite de la légalité

Härte ['hɛrtə] <-, -n> *f* ① (*eines Metalls*) trempe *f* ② (*Kalkgehalt*) dureté *f* ③ *kein Pl.* (*Wucht*) force *f* ④ *kein Pl.* (*eines Gesetzes*) dureté *f*

Härtefall *m* cas *m* social extrême

härten *tr. V.* (*Metall*) tremper

Härtetest *m* test *m* [de résistance]

hartgekocht *s.* **kochen II.1** **Hartgeld** *nt* pièces *fpl* [de monnaie] **hartherzig** *Adj.* insensible **Hartkäse** *m* fromage *m* à pâte dure **hartnäckig** **I.** *Adj.* ① (*Person*) persévérant(e) ② (*Erkältung*) tenace **II.** *Adv.* avec persévérance **Hartnäckigkeit** <-> *f* ① persévérance *f* ② (*Langwierigkeit*) ténacité *f*

Hartwurst *f* saucisson *m*

La réorganisation complète du système allemand de couverture sociale en 2005 a abouti à ce qu'on appelle couramment **Hartz IV**, fusion de l'ancienne *Arbeitslosenhilfe* (allocation de chômage accordée aux chômeurs de longue durée dans le besoin) et de la *Sozialhilfe*, aide sociale correspondant au R.M.I. (revenu minimum d'insertion). La perception d'indemnités de chômage en fonction du salaire *(Arbeitslosengeld I* ou *ALG I)* est limitée à douze mois. Après cela, les demandeurs d'emploi peuvent recevoir l'*Arbeitslosengeld II* (ou *ALG II*), désigné sous le nom plus connu de **Hartz IV**. Toutefois les demandeurs doivent régulièrement prendre part à des mesures visant à les maintenir disponibles sur le marché du travail. Ces modifications du droit aux allocations de chômage et aux aides sociales restent un thème controversé.

Harz[1] [haːɐ̯ts] <-es, -e> *nt* résine *f*
Harz[2] <-es> *m* GEO **der ~** le Harz
harzig *Adj.* résineux(-euse)
Hasch [haʃ] <-[s]> *nt fam* hasch *m*
haschen *intr. V. fam* fumer le bédo
Haschisch ['haʃɪʃ] <-[s]> *nt o m* haschich *m*
Hase ['haːzə] <-n, -n> *m* lièvre *m*
Haselnuss[RR] *f* noisette *f*
Hasenfuß *m fam* poule *f* mouillée **Hasenscharte** *f* bec-de-lièvre *m*
Hass[RR] <-es>, **Haß**[ALT] [has] <-sses> *m* haine *f*
hassen ['hasən] *tr. V.* **jdn ~** haïr qn; **etw ~** détester qc
hasserfüllt[RR] *Adj.* haineux(-euse)
hässlich[RR], **häßlich**[ALT] ['hɛslɪç] **I.** *Adj.* laid(e); (*Wort*) méchant(e); (*Streit*) désagréable **II.** *Adv.* ❶ (*angezogen*) mal ❷ (*gemein*) mal
Hässlichkeit[RR], **Häßlichkeit**[ALT] <-> *f* laideur *f*
Hassliebe[RR] *f* mélange *m* d'amour et de haine
hast *2. Pers. Präs. von* **haben**
Hast [hast] <-> *f* hâte *f*
hasten ['hastən] *intr. V. + sein geh* se hâter
hastig **I.** *Adj.* (*Essen*) rapide **II.** *Adv.* précipitamment
hat [hat] *3. Pers. Sg. Präs. von* **haben**
hatschi *Interj.* atchoum
hatte ['hatə] *Imp. von* **haben**
Haube ['haubə] <-, -n> *f* ❶ coiffe *f* ❷ (*Trockenhaube*) casque *m* ❸ (*Motorhaube*) capot *m*
Hauch [haux] <-[e]s, -e> *m geh* ❶ souffle *m*; **ein ~ von Flieder** des effluves de lilas ❷ (*Anflug*) **ein ~ von Ironie** un soupçon d'ironie
hauchdünn ['haux'dʏn] **I.** *Adj.* (*Scheibe*) mince; (*Mehrheit*) [très] juste **II.** *Adv.* (*schneiden*) en tranche[s] très fine[s]
hauchen ['hauxən] *intr. V.* souffler; **gegen/in etw** (*Akk*) **~** souffler contre/dans qc
Haue ['hauə] <-, -n> *f* ❶ *kein Pl. fam* raclée *f* ❷ A, CH, SDEUTSCH (*Hacke*) houe *f*
hauen[1] ['hauən] <haute, gehauen> *tr., intr. V. + haben* cogner
hauen[2] <haute, gehauen> **I.** *tr. V. + haben* ❶ **einen Nagel in die Wand ~** enfoncer un clou dans le mur ❷ (*herstellen*) **eine Statue in Marmor ~** tailler une statue dans le marbre **II.** *intr. V. + sein fam* **mit dem Kopf gegen etw ~** se cogner la tête contre qc **III.** *refl. V. + haben fam* **sich ~** se tabasser
Haufen ['haufən] <-s, -> *m* ❶ tas *m* ❷ *fam* (*Gruppe*) bande *f*
häufen ['hɔyfən] **I.** *tr. V.* (*Vorräte*) entasser; (*Ämter*) cumuler **II.** *refl. V.* **sich ~** (*Müll*) s'entasser; (*Vorkommnisse*) se répéter
haufenweise *Adv.* ❶ en tas ❷ *fam* (*in großer Zahl*) en masse
häufig ['hɔyfɪç] **I.** *Adj.* fréquent(e) **II.** *Adv.* souvent
Häufigkeit <-, -en> *f* fréquence *f*
Häufung <-, -en> *f* (*von Ämtern*) cumul *m*
Haupt [haupt, *Pl:* 'hɔyptɐ] <-[e]s, Häupter> *nt geh* tête *f*
hauptamtlich *Adj.* (*Tätigkeit*) professionnel(le) **Hauptausgang** *m* sortie *f* principale **Hauptbahnhof** *m* gare *f* centrale **Hauptberuf** *m* activité *f* [professionnelle] principale **hauptberuflich** **I.** *Adj.* (*Tätigkeit*) principal(e) **II.** *Adv.* **was machen Sie ~?** que faites-vous comme métier ? **Hauptdarsteller(in)** *m(f)* premier rôle *m* **Haupteingang** *m* entrée *f* principale
Häuptel ['hɔyptəl] <-s, -[n]> *nt* A tête *f*
Häuptelsalat *m* A laitue *f*
Hauptfach *nt* matière *f* principale **Hauptfigur** *f* figure *m* de proue **Hauptgebäude** *nt* bâtiment *m* central **Hauptgericht** *nt* plat *m* de résistance **Hauptgeschäftszeit** *f* heures *fpl* d'affluence **Hauptgewinn** *m* gros lot *m* **Hauptlast** *f* charge *f* principale
Häuptling ['hɔyptlɪŋ] <-s, -e> *m* chef *m* de tribu
Hauptmahlzeit *f* repas *m* principal **Hauptmann** <-leute> *m* MIL capitaine *m* **Hauptmenü** *nt* INFORM menu *m* principal **Hauptperson** *f* ❶ THEAT personnage *m* principal ❷ (*wichtigste Person*) personnage *m* central **Hauptpost** *f* poste *f* centrale **Hauptquartier** *nt* quartier *m* général **Hauptrolle** *f* premier rôle *m* **Hauptsache** *f* **die ~** le principal **hauptsächlich** *Adv.* surtout **Hauptsaison** *f* haute saison *f* **Hauptsatz** *m* (*übergeordneter Satz*) proposition *f* principale **Hauptschalter** *m* ❶ guichet *m* principal ❷ ELEC commu-

tateur *m* central **Hauptschlagader** *f* aorte *f* **Hauptschulabschluss**RR *m: brevet sanctionnant la Hauptschule* **Hauptschuldige(r)** *f(m) dekl wie Adj* principal fautif *m*/principale fautive *f* **Hauptschule** *f* ≈ établissement *m* scolaire entre l'école primaire et la formation professionnelle

> En Allemagne, la **Hauptschule** (équivalant approximativement en France au Cours Complémentaire d'avant la réforme des collèges) accueille les élèves dont la moyenne des résultats à la fin de l'école primaire ne permet ni l'entrée à la *Realschule* ni au *Gymnasium.* Les jeunes n'ayant obtenu en fin de scolarité qu'un *Hauptschulabschluss* (certificat de **Hauptschule**) ont souvent du mal à trouver une place d'apprenti, nécessaire pour la plupart des emplois. En raison de sa mauvaise réputation, la **Hauptschule** a été abolie, ou est en train de l'être, dans plusieurs des *Bundesländer,* tels que le Bade-Wurtemberg, où on lui a substitué la *Werkrealschule.*
> En Autriche on peut, si ses résultats le permettent, passer à un *Gymnasium* après avoir effectué quatre années dans une **Hauptschule.**

Hauptschüler(in) *m(f): élève de Hauptschule* **Hauptschullehrer(in)** *m(f): professeur de Hauptschule* **Hauptstadt** *f* capitale *f* **Hauptstraße** *f* rue *f* principale **Hauptteil** *m* majeure partie *f* **Hauptverhandlung** *f* audience *f* principale **Hauptverkehrsstraße** *f* (*innerhalb/außerhalb einer Ortschaft*) rue *f*/route *f* à grande circulation **Hauptverkehrszeit** *f* heures *fpl* de pointe **Hauptwaschgang** *m* [cycle *m* de] lavage *m* **Hauptwohnsitz** *m* résidence *f* principale **Hauptwort** <-wörter> *nt* nom *m*

Haus [haus, *Pl:* 'hɔyzɐ] <-es, Häuser> *nt* ① maison *f;* (*mehrstöckiges Wohnhaus*) immeuble *m;* **nach ~e gehen/kommen** rentrer [à la maison]; **außer ~[e] sein** être à l'extérieur ② (*Familie*) **die Dame des ~es** la maîtresse de maison ③ (*Dynastie*) **das ~ Habsburg** la maison des Habsbourg ④ *geh* (*Firma*) maison *f* ⑤ (*Schneckenhaus*) coquille *f* ⑥ *fam* (*Freund*) **na, altes ~!** alors, vieille branche !

Hausangestellte(r) *f(m)* employé(e) *m(f)* de maison **Hausarbeit** *f* (*Arbeit im Haushalt*) travaux *mpl* ménagers **Hausarrest** *m* (*Strafe für ein Kind*) privation *f* de sortie **Hausarzt** *m,* **-ärztin** *f* médecin *mf* de famille **Hausaufgaben** *Pl* devoirs *mpl* **Hausbau** <-bauten> *m* construction *f* de la maison/de l'immeuble **Hausbesetzer(in)** *m(f)* squatte[u]r *m* **Hausbesetzung** *f* squat *m* **Hausbesitzer(in)** *m(f)* propriétaire *mf* [de la maison/de l'immeuble] **Hausbesorger(in)** [hausbəzɔrgɐ] A *s.* **Hausmeister(in)**

Häuschen ['hɔysçən] <-s, -> *nt Dim. von* **Haus** petite maison *f*

hausen ['hauzən] *intr. V. pej fam* (*wohnen*) crécher

Häuserblock ['hɔyzɐblɔk] *m* pâté *m* de maisons

Hausflur *m* vestibule *m* **Hausfrau** *f* ① femme *f* au foyer ② A, SDEUTSCH (*Zimmerwirtin*) logeuse *f* **Hausfriedensbruch** *m* violation *f* de domicile **hausgemacht** *Adj.* [fait(e)] maison **Haushalt** <-[e]s, -e> *m* ① foyer *m;* **jdm den ~ führen** tenir la maison de qn ② (*Etat*) budget *m* **Haushälter(in)** <-s, -> *m(f)* intendant(e) *m(f)*

Haushaltsartikel *m* article *m* ménager **Haushaltsdebatte** *f* débat *m* budgétaire **Haushaltsgeld** *nt* argent *m* du ménage **Haushaltsgerät** *nt* ustensile *m* ménager **Haushaltsjahr** *nt* année *f* budgétaire **Haushaltsplan** *m* état *m* prévisionnel **Haushaltswaren** *Pl* articles *mpl* ménagers

Hausherr(in) *m(f)* maître(-esse) *m(f)* de maison

haushoch ['haus'ho:x] **I.** *Adj.* ① (*Flammen*) immense ② (*Sieger*) grandissime (*fam*); (*Sieg*) écrasant(e) **II.** *Adv.* de façon écrasante; (*gewinnen*) haut la main

hausieren* *intr. V.* colporter

Hausierer(in) <-s, -> *m(f)* colporteur(-euse) *m(f)*

Hauslehrer(in) *m(f)* précepteur(-trice) *m(f)*

häuslich ['hɔyslɪç] *Adj.* (*Person*) casanier(-ière); (*Frieden*) familial(e)

Hausmann <-männer> *m* homme *m* au foyer **Hausmeister(in)** *m(f)* concierge *mf* **Hausmittel** *nt* remède *m* de grand-mère **Hausmüll** *m* ordures *fpl* ménagères **Hausmusik** *f* concert *m* en famille **Hausnummer** *f* numéro *m* **Hausordnung** *f* règlement *m* intérieur **Hausrat** <-[e]s> *m* biens *mpl* mobiliers **Hausratversicherung** *f* assurance *f* mobilière **Hausschuh** *m* chausson *m*

Hausse ['ho:sə] <-, -n> *f* FIN hausse *f*

Haustelefon *nt* interphone *m* **Haustier** *nt* animal *m* domestique **Haustür** *f* porte *f* d'entrée **Hausverwaltung** *f* (*Institution*) gérance *f* de l'immeuble **Hauswirt(in)** *m(f)* logeur(-euse) *m(f)* **Hauswirtschaft** *f* (*Hauswirtschaftslehre*) enseignement *m* ménager

Haut [haut, *Pl:* 'hɔytə] <-, Häute> *f* peau *f* ▸ **aus der ~ fahren** *fam* sortir de ses gonds

Hautabschürfung *f* éraflure *f* **Hautarzt** *m*, **-ärztin** *f* dermatologue *mf* **Hautcreme** *f* crème *f*

häuten ['hɔytən] **I.** *tr. V.* (*Fisch*) retirer la peau de; (*Hasen*) écorcher **II.** *refl. V.* **sich ~** muer

hauteng ['hautɛŋ] **I.** *Adj.* moulant(e) **II.** *Adv.* **~ anliegen** coller à la peau **Hautfarbe** *f* couleur *f* de peau **Hautkrankheit** *f* maladie *f* de peau **Hautkrebs** *m* cancer *m* de la peau **hautnah** **I.** *Adj.* (*Kontakt*) corps contre corps **II.** *Adv.* ❶ (*sehr nah*) collé(e)s l'un(e) à l'autre ❷ *fam* (*miterleben*) de tout près **Hautpflege** *f* soins *mpl* de peau

Haxe ['haksə] <-, -n> *f* SDEUTSCH (*eines Kalbs*) jarret *m*; (*eines Schweins*) jambonneau *m*

Hbf. *Abk. von* **Hauptbahnhof** gare *f* centrale

H-Bombe ['ha:'bɔmbə] *f* bombe *f* H

HD-Diskette [ha:'de:dɪs'kɛtə] *f* INFORM disquette *f* haute densité

Hebamme ['he:pʔamə] <-, -n> *f* sage-femme *f*

Hebebühne *f* pont *m* élévateur

Hebel ['he:bəl] <-s, -> *m* levier *m*

heben ['he:bən] <hob, gehoben> **I.** *tr. V.* ❶ (*Arm, Kopf*) lever ❷ (*hochheben*) soulever ❸ (*Niveau*) relever ❹ *fam* (*trinken*) **einen ~** boire un coup **II.** *refl. V.* **sich ~** (*Vorhang, Schranke*) se lever; (*Brust*) se soulever

Hebräer(in) [he'brɛ:ɐ] <-s, -> *m(f)* Hébreu *m*/Juive *f*

hebräisch [he'brɛ:ɪʃ] **I.** *Adj.* hébraïque **II.** *Adv.* **~ miteinander sprechen** discuter en hébreu

Hebräisch <-[s]> *nt kein Art.* hébreu *m*; *s.a.* **Deutsch**

hecheln ['hɛçəln] *intr. V.* haleter

Hecht [hɛçt] <-[e]s, -e> *m* brochet *m*

Hechtsprung *m* saut *m* en extension

Heck [hɛk] <-[e]s, -e> *nt* (*eines Schiffs*) poupe *f*; (*eines Flugzeugs*) queue *f*

Hecke ['hɛkə] <-, -n> *f* haie *f*

Heckenrose *f* (*Busch*) églantier *m*

Heckmotor *m* moteur *m* [à l']arrière **Heckscheibe** *f* vitre *f* arrière

Heer [he:ɐ] <-[e]s, -e> *nt* ❶ MIL armée *f*; (*Bodenstreitkräfte*) armée de terre ❷ (*große Anzahl*) **ein ~ von Touristen** une armée de touristes

Hefe ['he:fə] <-, -n> *f* levure *f*

Hefeteig *m* pâte *f* levée

Heft [hɛft] <-[e]s, -e> *nt* ❶ (*Schreibheft*) cahier *m* ❷ (*Zeitschrift*) revue *f*; (*einzelne Ausgabe*) numéro *m*

heften ['hɛftən] **I.** *tr. V.* ❶ **etw an die Wand ~** fixer qc au mur ❷ (*nähen*) faufiler; (*mit Nadeln feststecken*) épingler **II.** *refl. V.* **sich auf jdn/etw ~** (*Blick*) se fixer sur qn/qc

Hefter <-s, -> *m* (*Mappe*) classeur *m*

heftig ['hɛftɪç] **I.** *Adj.* (*Schmerz, Schlag*) violent(e); (*Schneefall*) fort(e) **II.** *Adv.* (*sich streiten*) violemment; (*schneien*) fortement

Heftigkeit <-> *f* (*Intensität*) violence *f*

Heftklammer *f* ❶ agrafe *f* ❷ (*Büroklammer*) trombone *m* **Heftpflaster** *nt* sparadrap *m* **Heftzwecke** <-, -n> *f* punaise *f*

Hegemonie [hegemo'ni:] <-, -n> *f* hégémonie *f*

hegen ['he:gən] *tr. V.* ❶ (*Garten*) prendre soin de ❷ *geh* (*Wunsch, Hoffnung*) avoir

Hehl [he:l] *nt o m* ▸ **kein[en] ~ aus etw machen** ne pas faire mystère de qc

Hehler(in) ['he:lɐ] <-s, -> *m(f)* receleur (-euse) *m(f)*

Heide ['haidə] <-, -n> *f* lande *f*

Heide <-n, -n> *m*, **Heidin** *f* païen(ne) *m(f)*

Heidekraut *nt* bruyère *f*

Heidelbeere ['haidəlbe:rə] *f* myrtille *f*

Heidenangst *f kein Pl. fam* peur *f* bleue

Heidengeld *nt kein Pl. fam* argent *m* fou **Heidenspaß** *m fam* **das war ein ~!** c'était le pied !
Heidentum <-s> *nt* paganisme *m*
heidnisch ['haidnɪʃ] **I.** *Adj.* païen(ne) **II.** *Adv.* en païen(ne)
heikel ['haikəl] *Adj.* délicat(e)
heil [hail] *Adj.* (*Gegenstand*) intact(e)
Heil <-s> *nt* (*Wohlergehen*) bien-être *m;* (*Glück*) bonheur *m;* (*seelisches Heil*) salut *m*
Heiland ['hailant] <-[e]s, -e> *m* **der/unser ~** le/notre Sauveur
Heilbad *nt* station *f* thermale
heilbar *Adj.* curable
heilen ['hailən] *intr., tr. V.* guérir
heilfroh *Adj. fam* **~ sein** être vachement content
heilig ['hailɪç] *Adj.* ❶ (*Stätte, Pflicht*) sacré(e); (*Sakrament*) saint(e) ❷ (*unantastbar*) **jdm ~ sein** être sacré pour qn
Heiligabend [hailɪç'ʔa:bənt] *m* (*Abend des 24. Dezembers*) soir *m* de Noël; (*Feier*) réveillon *m* de Noël
Heilige(r) *f(m) dekl wie Adj* saint(e) *m(f)*
heiligen ['hailɪgən] *tr. V.* ❶ consacrer; **geheiligt** sacré(e) ❷ (*Feiertag*) sanctifier
Heiligenbild *nt* portrait *m* de saint(e) **Heiligenschein** *m* auréole *f*
heilig|sprechen *tr. V. unreg* canoniser
Heiligtum <-s, -tümer> *nt* sanctuaire *m*
Heilkraft *f* vertus *fpl* curatives
heillos *Adj.* terrible
Heilmittel *nt* remède *m* **Heilpflanze** *f* plante *f* officinale **Heilpraktiker(in)** *m(f)* guérisseur(-euse) *m(f)* [reconnu(e) par l'État] **Heilquelle** *f* source *f* thermale
heilsam *Adj.* salutaire
Heilsarmee *f kein Pl.* Armée *f* du Salut
Heilung <-, -en> *f* (*eines Kranken, einer Krankheit*) guérison *f;* (*einer Wunde*) cicatrisation *f*
heim [haim] *Adv.* à la maison
Heim <-[e]s, -e> *nt* ❶ (*Zuhause*) domicile *m* ❷ (*Seniorenheim*) foyer *m* de personnes âgées ❸ (*Erziehungsheim*) foyer *m* [éducatif] ❹ (*Erholungsheim*) maison *f* de repos
Heimat ['haima:t] <-, -en> *f* ❶ pays *m* [natal] ❷ (*eines Tiers, einer Pflanze*) pays *m* d'origine
Heimatfilm *m* film *m* régionaliste *(sur les mœurs villageoises)* **Heimatland** *nt* pays *m* [natal]
heimatlich *Adj.* du pays
heimatlos *Adj.* apatride
Heimatmuseum *nt* musée *m* local **Heimatort** *m* lieu *m* d'origine
heim|bringen *tr. V. unreg* **jdn ~** ramener qn chez lui/elle
Heimcomputer *m* ordinateur *m* familial
heim|fahren *unreg* **I.** *intr. V. + sein* rentrer à la maison **II.** *tr. V. + haben* **jdn ~** reconduire qn à la maison **heim|gehen** *intr. V. unreg + sein* rentrer chez soi
heimisch *Adj.* ❶ local(e); (*Bevölkerung*) autochtone ❷ (*vertraut*) **sich ~ fühlen** se sentir chez soi
Heimkehr ['haimke:ɐ̯] <-> *f* ❶ retour *m* [à la maison] ❷ (*Rückkehr ins Heimatland*) retour *m* au pays
heim|kehren *intr. V. + sein* ❶ rentrer ❷ (*in das Heimatland zurückkehren*) retourner dans son pays
heimlich ['haimlɪç] **I.** *Adj.* ❶ secret(-ète) ❷ (*Blick*) furtif(-ive) ❸ (*inoffiziell*) occulte **II.** *Adv.* ❶ en cachette; (*zusagen*) en secret ❷ (*ansehen*) furtivement
Heimlichkeit <-, -en> *f* ❶ *kein Pl.* (*heimliche Art*) caractère *m* secret ❷ (*Geheimnis*) secret *m*
heimlich|tun *intr. V. unreg* (*geheimniskrämerisch sein*) faire des cachotteries
Heimreise *f* [trajet *m* du] retour *m* **Heimspiel** *nt* match *m* à domicile **heim|suchen** *tr. V.* s'abattre sur
heimtückisch *Adj.* perfide; (*Krankheit, Erreger*) insidieux(-euse)
Heimweg *m* [trajet *m* du] retour *m* **Heimweh** <-[e]s> *nt* mal *m* du pays **Heimwerker(in)** <-s, -> *m(f)* bricoleur(-euse) *m(f)*
heim|zahlen *tr. V.* **jdm etw ~** faire payer qc à qn
Heinzelmännchen *nt: lutin [qui fait le travail pendant la nuit]*
Heirat ['haira:t] <-, -en> *f* mariage *m*
heiraten ['haira:tən] **I.** *tr. V.* épouser **II.** *intr. V.* se marier
Heiratsantrag *m* demande *f* en mariage **Heiratsanzeige** *f* ❶ annonce *f* matrimoniale ❷ (*Bekanntmachung*) faire-part *m* de mariage **Heiratsurkunde** *f* acte *m* de mariage
heiser ['haizɐ] **I.** *Adj.* enroué(e) **II.** *Adv.* **sich ~ reden** parler à en perdre la voix

heiß [hais] **I.** *Adj.* ❶ (*sehr warm*) [très] chaud(e); (*zu warm*) brûlant(e); (*Flüssigkeit*) bouillant(e); (*Klima*) torride; **jdm etw ~ machen** (*aufwärmen*) chauffer qc à qn; **~ laufen** (*Motor*) chauffer; (*Telefon*) ne pas arrêter de sonner ❷ (*heftig, innig*) ardent(e) ❸ (*Thema*) brûlant(e) ❹ *attr fam* (*Tipp*) tout premier/toute première *antéposé*; (*Spur*) très sérieux(-euse) **II.** *Adv.* ❶ (*essen, duschen*) très chaud ❷ (*ersehnen, lieben*) ardemment

heißblütig ['haisbly:tɪç] *Adj.* ❶ (*impulsiv*) fougueux(-euse) ❷ (*leidenschaftlich*) passionné(e)

heißen ['haisən] <hieß, geheißen> **I.** *intr. V.* ❶ **ich heiße Karin** je m'appelle Karin ❷ (*bedeuten*) **das heißt, dass ...** cela veut dire que ... ❸ (*lauten*) **„ja" heißt auf Japanisch „hai"** "oui" se dit "hai" en japonais ▶ **das heißt** (*in anderen Worten*) c'est-à-dire; (*beziehungsweise*) ou plutôt **II.** *intr. V. unpers.* ❶ *geh* (*nötig sein*) **nun heißt es handeln!** maintenant, il faut agir ! ❷ (*behauptet werden*) **es heißt, dass ...** on dit que ...

Heißhunger *m* faim *f* dévorante; **~ auf etw** (*Akk*) **haben** avoir une fringale de qc (*fam*)

Heißluft *f* air *m* chaud

heiß|machenRR *tr. V. fam* ❶ (*begierig machen*) **jdn auf etw** (*Akk*) **~** donner à qn une grosse envie de qc ❷ (*erregen*) allumer

heiter ['haitɐ] *Adj.* ❶ gai(e) ❷ (*Wetter*) clair(e) ▶ **das kann ja ~ werden!** *iron* ça promet !

Heiterkeit <-> *f* ❶ (*Stimmung*) gaieté *f* ❷ (*Belustigung*) hilarité *f*

heizbar *Adj.* (*Haus*) chauffable

heizen ['haitsən] *intr., tr. V.* chauffer

Heizkessel *m* chaudière *f* **Heizkörper** *m* radiateur *m* **Heizkosten** *Pl* frais *mpl* de chauffage **Heizlüfter** <-s, -> *m* radiateur *m* soufflant **Heizofen** *m* radiateur *m* d'appoint **Heizöl** *nt* mazout *m*

Heizung <-, -en> *f* ❶ (*Zentralheizung*) chauffage *m* [central] ❷ *fam* (*Heizkörper*) radiateur *m*

Hektar ['hɛkta:ɐ̯] <-s, -e> *nt o m* hectare *m*

Hektik ['hɛktɪk] <-> *f* agitation *f* ▶ **bloß keine ~!** *fam* y a pas le feu au lac !

hektisch ['hɛktɪʃ] **I.** *Adj.* (*Person, Zeit*) agité(e) **II.** *Adv.* (*essen*) avec précipitation; (*reagieren*) nerveusement

Hektoliter [hɛkto'li:tɐ] *m o nt* hectolitre *m*

Held(in) ['hɛlt] <-en, -en> *m(f)* héros *m*/héroïne *f*

heldenhaft *Adj.* héroïque

Heldentat *f* exploit *m*

Heldentum <-s> *nt* héroïsme *m*

helfen ['hɛlfən] <hilft, half, geholfen> *intr. V.* ❶ **jdm ~** aider qn ❷ (*nützen*) **jdm ~** rendre service à qn; (*Medikament*) faire de l'effet à qn

Helfer(in) <-s, -> *m(f)* ❶ assistant(e) *m(f)* ❷ (*Komplize*) complice *mf*

Helgoland <-s> Helgoland

Helikopter <-s, -> *m* hélicoptère *m*

Helium ['he:liʊm] <-s> *nt* CHEM hélium *m*

hell [hɛl] *Adj.* ❶ clair(e); (*Licht*) vif (vive); **es wird ~** il commence à faire jour ❷ (*aufgeweckt*) futé(e) (*fam*)

hellblau *Adj.* bleu clair *inv.* **hellblond** *Adj.* (*Person*) aux cheveux blond clair; (*Haare*) blond clair *inv.* **hellbraun** *Adj.* marron clair *inv.*; (*Haare*) châtain clair *inv.*

Helle(s) *nt dekl wie Adj* [bière *f*] blonde *f*

hellhäutig ['hɛlhɔytɪç] *Adj.* clair(e) de peau

hellhörig *Adj.* sonore ▶ **~ werden** dresser l'oreille

Helligkeit <-, -en> *f* clarté *f*

hellsehen *intr. V. nur Infin* **~ können** avoir le don de double vue

Hellseher(in) *m(f)* voyant(e) *m(f)*

hellwach *Adj.* **~ sein** être bien réveillé

Helm [hɛlm] <-[e]s, -e> *m* casque *m*

Hemd [hɛmt] <-[e]s, -en> *nt* chemise *f*

Hemisphäre *f* hémisphère *m*

hemmen ['hɛmən] *tr. V.* ❶ (*ein Hemmnis sein*) entraver ❷ PSYCH **sehr gehemmt sein** être très complexé

Hemmnis <-ses, -se> *nt* obstacle *m*

Hemmschwelle *f* blocage *m*

Hemmung <-, -en> *f meist Pl.* inhibition *f*

hemmungslos *Adj.* ❶ (*zügellos*) dépourvu(e) de retenue ❷ (*skrupellos*) sans scrupules

Hendl ['hɛnd(ə)l] <-s, -[n]> *nt* A poulet *m* rôti

Hengst [hɛŋst] <-[e]s, -e> *m* étalon *m*

Henkel ['hɛŋkəl] <-s, -> *m* anse *f*

Henker ['hɛnkɐ] <-s, -> *m* bourreau *m*

Henna ['hɛna] <-> *f*, <-[s]> *nt* henné *m*

Henne ['hɛnə] <-, -n> *f* ❶ (*Haushuhn*)

[poule *f*] pondeuse *f* ② (*weiblicher Hühnervogel*) poule *f*

Hepatitis [hepa'tiːtɪs, *Pl:* hepati'tiːdən] <-, -titiden> *f* hépatite *f*

her [heːɐ̯] *Adv.* ① *fam* ~ **damit!** file-moi/filez-moi ça ! ② (*zeitlich*) **das ist schon lange** ~ ça fait déjà longtemps ③ (*räumlich*) **hinter jdm/etw** ~ **sein** être à la poursuite de qn/qc; *fig* courir après qn/chercher qc

herab [hɛ'rap] *Adv. geh* **von den Bergen** ~ du haut des montagnes

herab|blicken *s.* **herabsehen** **herab|lassen** *refl. V. unreg* (*gnädigerweise tun*) **sich** [**dazu**] ~ **etw zu tun** condescendre à faire qc

herablassend **I.** *Adj.* condescendant(e) **II.** *Adv.* avec condescendance

herab|sehen *intr. V. unreg* ① (*abschätzig betrachten*) **auf jdn/etw** ~ regarder qn/qc de haut ② *geh* (*heruntersehen*) **auf jdn/etw** ~ abaisser son regard sur qn/qc **herab|setzen** *tr. V.* ① (*Preis*) baisser; (*Kosten*) réduire ② (*herabmindern*) déprécier **herab|steigen** *intr. V. unreg + sein geh* descendre **herab|würdigen** **I.** *tr. V.* rabaisser **II.** *refl. V.* **sich** ~ s'abaisser

heran [hɛ'ran] *Adv.* **links ~!** serre/serrez à gauche !

heran|kommen *intr. V. unreg + sein* ① **an jdn/etw** ~ [s']approcher de qn/qc; **an jdn** ~ (*in Kontakt kommen*) pouvoir approcher qn; (*gleichwertig sein*) arriver au niveau de qn ② (*heranreichen*) **an etw** (*Akk*) ~ pouvoir atteindre qc; **an das Geld** ~ pouvoir disposer de l'argent

heran|machen *refl. V. fam* **sich an jdn** ~ accoster qn **heran|reifen** *intr. V. + sein geh* (*Person, Plan*) mûrir **heran|tasten** *refl. V.* (*sich nähern*) **sich an jdn/etw** ~ avancer à tâtons jusqu'à qn/qc

heran|wachsen [-ks-] *intr. V. unreg + sein geh* **zum Mann/zur Frau** ~ devenir un homme/une femme **Heranwachsende** [-ks-] *Pl* jeunes gens *mpl* (*entre 18 et 21 ans*) **heran|wagen** *refl. V.* ① **sich an jdn** ~ oser s'approcher de qn ② (*sich zu beschäftigen wagen*) **sich an etw** (*Akk*) ~ oser s'attaquer à qc **heran|ziehen** *tr. V. unreg + haben* ① **jdn zu sich** ~ attirer qn vers soi; **etw zu sich** ~ rapprocher qc de soi ② (*einsetzen*) **einen Sachverständigen zu etw** ~ faire appel à un expert pour qc ③ (*Paragraphen*) alléguer

herauf [hɛ'rauf] **I.** *Adv.* **von unten** ~ depuis le bas **II.** *Präp. + Akk.* **den Berg/die Treppe** ~ en gravissant la montagne/en montant les escaliers

herauf|beschwören* *tr. V. unreg* ① (*Erinnerung*) évoquer ② (*Unglück*) provoquer **herauf|laden** *tr. V. unreg* INET télécharger **herauf|setzen** *tr. V.* (*Gebühren, Preis, Mindestalter*) relever

heraus [hɛ'raus] **I.** *Adj.* ① ~ **sein** (*Blinddarm, Splitter*) être retiré(e) ② (*gesagt, entschieden*) ~ **sein** être dit(e); **ist eigentlich schon ~, wann ...?** sait-on déjà quand... ? ③ (*entwachsen*) **aus dem Alter ~ sein, in dem ...** avoir passé l'âge de...; **aus diesem Alter bin ich** ~ ce n'est plus de mon âge **II.** *Adv.* ① **~!** dehors ! ② (*aufgrund*) **aus Neugier** ~ par curiosité

heraus|arbeiten *tr. V.* (*Unterschiede*) faire ressortir **heraus|bekommen*** *tr. V. unreg* ① (*Fleck*) réussir à enlever ② (*herausfinden*) réussir à trouver ③ (*ausgezahlt bekommen*) **Sie bekommen noch drei Euro heraus** je dois vous rendre trois euros **heraus|bilden** *refl. V.* **sich** ~ prendre forme **heraus|bringen** *tr. V. unreg* ① **jdm etw** ~ apporter qc dehors à qn ② (*Buch, Ware*) sortir ③ *fam* (*Wort*) sortir; (*Ton*) émettre **heraus|finden** *unreg* **I.** *tr. V.* ① découvrir ② (*herauslesen*) **einen Gegenstand aus etw** ~ retrouver un objet parmi qc **II.** *intr. V.* **aus dem Museum** ~ trouver la sortie du musée

Herausforderer <-s, -> *m*, **Herausforderin** *f* adversaire *mf*

heraus|fordern **I.** *tr. V.* ① provoquer; (*Gefahr*) défier ② SPORT défier **II.** *intr. V.* **zu etw** ~ provoquer qc

Herausforderung *f* ① *kein Pl.* SPORT challenge *m* ② (*Provokation*) provocation *f* ③ (*Bewährungsprobe*) défi *m* **Herausgabe** *f* (*von Konfisziertem*) restitution *f*

heraus|geben *unreg* **I.** *tr. V.* ① (*Gefangenen*) libérer; (*Konfisziertes*) restituer; (*Wechselgeld*) rendre ② (*veröffentlichen*) publier; (*edieren*) éditer ③ (*Banknoten*) émettre **II.** *intr. V.* rendre la monnaie

Herausgeber(in) *m(f)* ① directeur(-trice) *m(f)* de [la] publication ② (*Verleger*) éditeur(-trice) *m(f)*

heraus|gehen *intr. V. unreg + sein* ① **aus dem Haus ~** sortir de la maison ② (*sich entfernen lassen*) **aus etw ~** (*Fleck*) partir de qc; (*Dorn*) s'enlever de qc ▸**aus sich ~** s'extérioriser **heraus|halten** *unreg* **I.** *tr. V.* **etw ~** passer qc dehors **II.** *refl. V.* **sich aus etw ~** se tenir en dehors de qc **heraus|holen** *tr. V.* ① **etw aus dem Schrank ~** sortir qc de l'armoire ② (*Erdbebenopfer*) extraire ③ *fam* (*erreichen*) **das Letzte aus sich ~** donner tout ce qu'on a dans le bide **heraus|kommen** *intr. V. unreg + sein* ① **aus etw ~** (*zum Vorschein kommen*) sortir de qc; (*verlassen können*) quitter qc; **aus dem Staunen nicht ~** ne pas cesser de s'étonner ② *fam* (*sich ergeben*) **das kommt aufs Gleiche heraus** c'est du pareil au même ③ (*Buch*) sortir [sur le marché] ④ (*Gesetz*) être publié ⑤ *fam* (*Schwindel*) être découvert ⑥ *fam* (*Publicity haben*) **mit etw groß ~** faire un malheur avec qc ⑦ (*aus der Übung kommen*) perdre la main **heraus|kriegen** *s.* **herausbekommen, rauskriegen** **heraus|nehmen** *tr. V. unreg* ① **etw aus dem Schrank ~** retirer qc de l'armoire ② *fam* (*operativ entfernen*) **jdm den Blinddarm ~** enlever l'appendice à qn ③ (*aussondern*) **jdn aus der Klasse ~** retirer qn de la classe ④ *fam* (*erlauben*) **sich** (*Dat*) **etw ~** se permettre qc **heraus|putzen** *refl. V.* **sich ~** s'endimancher **heraus|ragen** *intr. V.* ① (*Erker*) faire saillie; (*Felsen*) être en surplomb ② (*sich auszeichnen*) **durch etw ~** se distinguer par qc **heraus|reden** *refl. V.* **sich ~** chercher des excuses **heraus|reißen** *tr. V. unreg* ① arracher; **jdn aus seiner Arbeit ~** arracher qn à son travail ② *fam* (*wettmachen*) relever le niveau de **heraus|rücken** **I.** *tr. V. fam* filer **II.** *intr. V. + sein fam* **mit etw ~** accoucher de qc **heraus|rutschen** *intr. V. + sein* ① **jdm aus der Tasche ~** glisser de la poche de qn ② *fam* (*ungewollt aussprechen*) **jdm ~** (*Bemerkung*) échapper à qn **heraus|sein**ALT *s.* **heraus I.1-4**

heraußen [hɛ'rausən] *Adv.* A, SDEUTSCH dehors

heraus|springen *intr. V. unreg + sein* sauter dehors; (*Sicherung*) sauter; **was springt dabei heraus?** qu'est-ce qu'il y a à en tirer ? (*fam*) **heraus|stehen** *intr. V. unreg* **aus etw ~** dépasser de qc **heraus|stellen** **I.** *tr. V.* ① (*ins Freie stellen*) sortir ② (*hervorheben*) **etw ~** mettre qc en évidence **II.** *refl. V.* **sich ~** (*Wahrheit*) éclater; **es stellte sich heraus, dass ...** il s'avéra que ... **heraus|suchen** *tr. V.* ① (*auswählen*) **etw aus etw ~** choisir qc parmi qc ② (*Textstelle*) rechercher **heraus|ziehen** *tr. V. unreg* (*Schublade*) tirer

herb [hɛrp] **I.** *Adj.* ① (*Geschmack*) âpre ② (*Enttäuschung*) amer(-ère) ③ (*Kritik*) acerbe **II.** *Adv.* **~ riechen** avoir une odeur épicée

Herbarium [-riən] <-s, -ien> *nt* herbier *m*

herbei [hɛɐ'bai] *Adv. geh* par ici

herbei|bringen *tr. V. unreg* ① **jdn/etw ~** amener qn/apporter qc ② (*Zeugen, Unterlagen*) produire **herbei|eilen** *intr. V. + sein* arriver en toute hâte **herbei|führen** *tr. V.* ① (*Einigung, Entscheidung*) aboutir à ② (*Infektion, Tod*) provoquer **herbei|rufen** *tr. V. unreg* appeler

Herberge ['hɛrbɛrgə] <-, -n> *f* (*Jugendherberge*) auberge *f* de jeunesse

her|bringen *tr. V. unreg* **jdn ~ lassen** faire venir qn

Herbst [hɛrpst] <-[e]s, -e> *m* automne *m*

Herbstferien [-riən] *Pl* vacances *fpl* d'automne

herbstlich **I.** *Adj.* (*Witterung*) d'automne; (*Farben*) automnal(e) **II.** *Adv.* (*sich kleiden*) pour l'automne

Herbstwetter *nt* temps *m* automnal

Herd [heːɐ̯t] <-[e]s, -e> *m* (*Küchenherd*) cuisinière *f*; (*Backofen*) four *m*

Herde ['heːɐ̯də] <-, -n> *f* troupeau *m*

Herdentier *nt* ① bête *f* de troupeau ② *pej* (*unselbständiger Mensch*) mouton *m* de Panurge **Herdentrieb** *m pej* (*von Personen*) esprit *m* moutonnier

Herdplatte *f* plaque *f* [de cuisson]

herein [hɛ'rain] *Adv.* **hier ~** par ici; **[nur] ~!** entrez !

herein|brechen *intr. V. unreg + sein* ① (*Flut*) déferler ② (*Gewitter, Krieg*) éclater; (*Unheil*) survenir ③ (*Nacht*) tomber; (*Winter*) arriver **herein|fallen** *intr. V. unreg + sein* ① tomber à l'intérieur ② (*Licht*) entrer ③ *fam* (*betrogen werden*) **auf jdn/etw ~** se faire avoir par qn/avec qc **herein|kommen** *intr. V. unreg*

H

+ *sein* ① **in etw** (*Akk*) ~ entrer dans qc ② (*Ware, Geld*) rentrer **herein|lassen** *tr. V. unreg* (*Person*) laisser entrer **herein|legen** *tr. V.* ① *fam* (*betrügen*) **jdn mit etw ~** arnaquer qn avec qc ② (*hereinbringen*) **etw ~** déposer qc à l'intérieur **herein|rufen** *tr. V. unreg* dire d'entrer; **rufen Sie ihn bitte [zu mir] herein!** dites-lui d'entrer, s'il vous plaît ! **herein|spazieren*** *intr. V.* + *sein fam* entrer; **[immer nur] hereinspaziert!** entrez donc !

Herfahrt *f* trajet *m*

her|fallen *intr. V. unreg* + *sein* ① **über jdn ~** assaillir qn ② (*kritisieren*) **über die Politiker ~** prendre les hommes politiques pour cible ③ (*sich stürzen auf*) **über das Buffet ~** se jeter sur le buffet

her|geben *unreg* **I.** *tr. V.* (*weggeben*) donner **II.** *refl. V.* **sich für etw ~** se prêter à qc

her|gehen *unreg* **I.** *intr. V.* + *sein* ① **neben jdm ~** marcher à côté de qn; **hinter jdm ~** suivre qn ② A, SDEUTSCH *s.* **herkommen II.** *intr. V. unpers.* + *sein fam* **es geht heiß her** ça chauffe **her|hören** *intr. V. fam* écouter

Hering ['he:rɪŋ] <-s, -e> *m* ① hareng *m* ② (*Zeltpflock*) sardine *f*

Heringsbrötchen *nt* sandwich *m* au hareng

her|kommen *intr. V. unreg* + *sein* ① venir ② (*herstammen*) **wo kommst du her?** tu es d'où ?

herkömmlich ['he:ɐ̯kœmlɪç] *Adj.* traditionnel(le)

Herkunft ['he:ɐ̯kʊnft, *Pl:* 'he:ɐ̯kʏnftə] <-> *f* origine *f;* (*eines Gegenstands*) provenance *f*

Herkunftsland *nt* pays *m* d'origine

her|machen I. *refl. V. fam* ① **sich über das Essen ~** se jeter sur le repas ② (*an sich nehmen*) **sich über etw** (*Akk*) **~** rafler qc **II.** *tr. V.* **nichts ~** *fam* ne pas casser des briques

Hermelin <-s, -e> *nt* hermine *f*

hermetisch [hɛr'me:tɪʃ] *geh Adj.* hermétique

Heroin [hero'i:n] <-s> *nt* héroïne *f*

heroisch [he'ro:ɪʃ] *geh Adj.* héroïque

Herpes ['hɛrpɛs] <-> *m* herpès *m*

Herr [hɛr] <-n, -en> *m* ① monsieur *m* ② *form* (*als Anrede ohne Namen*) **mein ~/meine ~en** Monsieur/Messieurs; **sehr geehrte ~en, ...** (*briefliche Anrede*) Messieurs, ... ③ (*Tanzpartner*) cavalier *m* ④ (*Mann*) homme *m* ⑤ (*Dienstherr*) seigneur *m;* (*Hundehalter*) maître *m* ⑥ REL **Gott der ~** le Seigneur

Herrchen <-s, -> *nt fam* maître *m*

Herrenbegleitung *f geh* cavalier *m*

Herrenfriseur *m,* **-friseuse** *f* coiffeur (-euse) *m(f)* pour hommes

herrenlos *Adj.* abandonné(e)

Herrentoilette *f* toilettes *fpl* pour hommes

Herrgott *m* ~ **[noch mal]!** *fam* sacredieu !

her|richten *tr. V.* ① (*Bett*) faire ② (*ausbessern*) **etw ~** remettre qc en état

Herrin <-, -nen> *f* (*Gebieterin*) maîtresse *f*

herrisch *Adj.* autoritaire

herrlich I. *Adj.* ① (*prächtig*) magnifique ② (*Essen, Witz*) excellent(e) **II.** *Adv.* (*sich amüsieren*) drôlement [bien]

Herrlichkeit <-, -en> *f* (*Pracht*) splendeur *f*

Herrschaft <-, -en> *f* ① *kein Pl.* pouvoir *m;* **unter seiner ~** sous sa domination ② (*Kontrolle*) **die ~ über etw** le contrôle de qc ③ *Pl* (*Damen und Herren*) **die ~en** ces Messieurs [et ces] Dames

herrschaftlich *Adj.* (*Park*) majestueux (-euse)

herrschen ['hɛrʃən] **I.** *intr. V.* ① **über jdn/etw ~** régner sur qn/qc ② (*Not*) sévir **II.** *intr. V. unpers.* **es herrscht Ruhe** le calme règne

herrschend *Adj.* ① au pouvoir ② (*Meinungen*) régnant(e); (*Verhältnisse*) présent(e)

Herrscher(in) <-s, -> *m(f)* souverain(e) *m(f)*

Herrschsucht *f* despotisme *m*

herrschsüchtig *Adj.* despotique

her|rühren *intr. V. geh* **von etw ~** [pro]venir de qc

her|sehen *intr. V. unreg* regarder par ici

her|stellen *tr. V.* fabriquer; (*Beziehung, Kontakt*) établir

Hersteller(in) <-s, -> *m(f)* ① fabricant(e) *m(f)* ② (*Zeitschriften-, Buchhersteller*) responsable *mf* de la fabrication

Herstellung *f kein Pl.* ① IND fabrication *f* ② (*Produktionsabteilung*) fabrication *f*

Herstellungsland *nt* pays *m* producteur

Hertz [hɛrts] <-, -> *nt* hertz *m* **herüben** [hɛ'ry:bən] *Adv.* A, SDEUTSCH de ce côté-ci **herüber** [hɛ'ry:bɐ] *Adv.* de ce côté-ci **herum** [hɛ'rʊm] *Adv.* ❶ **um jdn/etw ~** autour de qn/qc ❷ (*ungefähr*) **um die hundert Leute ~** aux environs de cent personnes ❸ (*beendet*) **~ sein** (*Zeit*) être écoulé **herum|bummeln** *intr. V. fam* ❶ + *haben* (*trödeln*) glander ❷ + *sein* (*herumspazieren*) **in der Stadt ~** se balader en ville **herum|drehen I.** *tr. V.* ❶ (*Schlüssel*) tourner ❷ (*Decke*) retourner **II.** *refl. V.* **sich zu jdm ~** se retourner vers qn **herum|fahren** *intr. V. unreg* + *sein* ❶ *fam* **in der Stadt ~** faire un tour en ville ❷ (*umkreisen*) **um jdn/etw ~** tourner autour de qn/qc ❸ (*sich rasch umdrehen*) faire volte-face **herum|geben** *tr. V. unreg* faire passer **herum|gehen** *intr. V. unreg* + *sein* ❶ **um jdn/etw ~** faire le tour de qn/qc ❷ *fam* (*umhergehen*) **im Zimmer ~** faire les cent pas dans la pièce ❸ *fam* (*Liste, Buch*) circuler **herum|hängen** *intr. V. unreg* + *sein fam* ❶ traîner ❷ (*untätig sein*) glander **herum|kommandieren*** *fam* **I.** *tr. V.* mener à la baguette **II.** *intr. V.* **gern ~** aimer jouer au petit chef **herum|kommen** *intr. V. unreg* + *sein fam* ❶ (*umfahren können*) **um etw ~** pouvoir contourner qc ❷ (*daherkommen*) **um die Ecke ~** tourner au coin de la rue ❸ (*vermeiden können*) pouvoir éviter ❹ (*reisen*) **viel ~** voyager beaucoup **herum|laufen** *intr. V. unreg* + *sein* ❶ **um einen Baum ~** courir autour d'un arbre ❷ *fam* (*umherlaufen*) se trimbal[l]er **herum|liegen** *intr. V. unreg fam* (*Gegenstand*) traîner **herum|lungern** *intr. V. fam* glander **herum|reisen** *intr. V.* + *sein* voyager **herum|schnüffeln** *intr. V.* ❶ **an etw** (*Dat*) **~** renifler qc ❷ *pej fam* (*spionieren*) fouiner **herum|sein**^ALT *s.* **herum 1, 3** **herum|sitzen** *intr. V. unreg* + *sein* ❶ **um jdn/etw ~** être assis autour de qn/qc ❷ *fam* (*dasitzen*) rester là à ne rien faire **herum|sprechen** *refl. V. unreg* **sich ~** se répandre **herum|stehen** *intr. V. unreg* + *sein* ❶ **um jdn/etw ~** entourer qn/qc ❷ *fam* (*dastehen: Person*) rester planté(e); (*Gegenstand*) être là **herum|treiben** *refl. V. unreg pej fam* **sich mit jdm/in der Stadt ~** traînasser avec qn/en ville **herum|trödeln** *intr. V. fam* traînasser **herunten** [hɛ'rʊntən] *Adv.* A, SDEUTSCH [ici] en bas **herunter** [hɛ'rʊntɐ] **I.** *Adv.* ❶ **bis auf die Erde ~** jusqu'au sol ❷ *fam* (*nach unten geklettert*) **von etw ~ sein** être descendu de qc ❸ *fam* (*herabgelassen*) **~ sein** (*Rollladen*) être baissé **II.** *Präp.* + *Akk.* **den Berg ~ ...** pour descendre de la montagne, ... **herunter|fahren** *unreg* **I.** *intr. V.* + *sein* **zu jdm ~** descendre vers qn **II.** *tr. V.* + *haben* (*transportieren*) descendre **herunter|fallen** *intr. V. unreg* + *sein* **von etw ~** tomber de qc **herunter|gehen** *intr., tr. V. unreg* + *sein* ❶ **[die Straße] ~** descendre [la rue] ❷ (*sich wegbewegen*) **vom Teppich ~** se pousser du tapis ❸ (*sinken*) baisser; (*Währung*) tomber ❹ (*reduzieren*) **mit dem Preis ~** réduire le prix **heruntergekommen** *Adj. pej* (*Person*) négligé(e); (*Haus*) délabré(e) **herunter|handeln** *tr. V. fam* **den Preis ~** marchander le prix à la baisse **herunter|hängen** *intr. V. unreg* pendre **herunter|hauen** *tr. V. unreg fam* **jdm eine ~** en flanquer une à qn **herunter|klappen** *tr. V.* rabattre **herunter|kommen** *intr., tr. V. unreg* + *sein* **[die Treppe] ~** descendre [les escaliers] **herunter|laden** *tr. V. unreg* INET télécharger **herunter|lassen** *tr. V. unreg* (*Person, Korb*) faire descendre; (*Rolladen*) baisser **herunter|schlucken** *s.* **hinunterschlucken** **herunter|sein**^ALT *s.* **herunter I.2-I.3** **herunter|spielen** *tr. V.* (*Problem*) minimiser **hervor** *Interj.* **~ mit dir/euch!** *geh* montre-toi/montrez-vous ! **hervor|bringen** *tr. V. unreg* **jdn/etw ~** (*Land*) donner naissance à qn/qc; (*Epoche*) produire qn/qc **hervor|gehen** *intr. V. unreg* + *sein* ❶ *geh* **aus einer Ehe ~** être issu d'un mariage ❷ (*zu folgern sein*) **aus etw ~** ressortir de qc **hervor|heben** *tr. V. unreg* ❶ (*betonen*) souligner ❷ (*kennzeichnen*) faire ressortir **hervor|holen** *tr. V.* **etw aus etw ~** sortir qc de qc **hervor|kommen** *intr. V. unreg* + *sein* apparaître;

H

hinter etw (*Dat*) ~ sortir de derrière qc

hervor|ragen *intr. V.* (*Felsen*) être en surplomb

hervorragend **I.** *Adj.* excellent(e) **II.** *Adv.* à la perfection

hervor|rufen *tr. V. unreg* **bei jdm Bewunderung/Mitleid** ~ susciter de l'admiration/la compassion chez qn **hervor|treten** *intr. V. unreg + sein* ① (*nach vorne treten*) s'avancer ② (*Wangenknochen*) ressortir **hervor|tun** *refl. V. unreg fam* (*sich auszeichnen*) **sich** ~ se faire remarquer; **sich mit etw** ~ se faire remarquer par qc

Herz [hɛrts] <-ens, -en> *nt* ① cœur *m*; **ein gutes** ~ **haben** avoir bon cœur; **jemand mit** ~ **sein** être quelqu'un qui a du cœur ② (*Zuneigung*) **sein** ~ **an jdn/etw hängen** s'attacher à qn/se consacrer à qc ③ (*Leidenschaft*) **sein** ~ **für jdn/etw entdecken** se découvrir un penchant pour qn/qc ▸ **ein** ~ **und eine Seele sein** être unis comme les [deux] doigts de la main

Herzanfall *m* crise *f* cardiaque **Herzbeschwerden** *Pl* troubles *mpl* cardiaques

Herzensbrecher(in) *m(f)* bourreau *m* des cœurs/[grande] séductrice *f* **Herzenslust** *f* **nach** ~ à cœur joie **Herzenswunsch** *m* plus cher désir *m*

Herzfehler *m* déficience *f* cardiaque

herzhaft **I.** *Adj.* ① (*Frühstück*) copieux (-euse) ② (*Eintopf*) relevé(e) **II.** *Adv.* ① ~ **schmecken** avoir un goût épicé ② (*lachen*) de bon cœur

Herzinfarkt *m* MED infarctus *m* [du myocarde] **Herzkammer** *f* ANAT [**linke**] ~ ventricule *m* [gauche] **Herzklopfen** <-s> *nt* palpitations *fpl*; **mit** ~ le cœur battant **herzkrank** *Adj.* cardiaque

herzlich *Adj.* (*Begrüßung, Worte*) chaleureux(-euse)

Herzlichkeit <-> *f* cordialité *f*

herzlos *Adj.* sans cœur

Herzlosigkeit <-> *f* manque *m* de cœur

Herzog(in) ['hɛrtso:k] <-s, Herzöge> *m(f)* duc *m*/ duchesse *f*

Herzogtum <-s, -tümer> *nt* duché *m*

Herzschlag *m* ① (*Herztätigkeit*) pulsations *fpl* cardiaques ② (*Kontraktion des Herzmuskels*) systole *f* ③ (*Herzstillstand*) syncope *f* **Herzschrittmacher** *m* MED pacemaker *m* **Herzstillstand** *m* arrêt *m* cardiaque **Herzstück** *nt* pièce *f* maîtresse **herzzerreißend** *Adj.* déchirant(e)

Hesse ['hɛsə] <-n, -n> *m*, **Hessin** *f* Hessois(e) *m(f)*

Hessen ['hɛsən] <-s> *nt* la Hesse

hessisch *Adj.* hessois(e)

heterogen *Adj. geh* hétérogène

heterosexuell [heterozɛksu'ɛl] *Adj.* hétérosexuel(le)

Hetze ['hɛtsə] <-, -n> *f pej* (*Aufhetzung*) campagne *f* de dénigrement

hetzen ['hɛtsən] **I.** *intr. V.* ① + *haben* (*sich beeilen*) se démener ② + *sein* (*eilen*) **zum Bahnhof** ~ courir à la gare ③ + *haben pej* (*Hass schüren*) **gegen jdn/etw** ~ s'acharner sur qn/qc **II.** *tr. V.* + *haben* ① (*Hasen*) pourchasser; **jdn/einen Hund auf jdn** ~ mettre qn/lâcher un chien aux trousses de qn ② *fam* (*antreiben*) harceler

Heu [hɔy] <-[e]s> *nt* foin *m*

Heuboden *m* fenil *m*

Heuchelei [hɔyçə'lai] <-, -en> *f* hypocrisie *f*

heucheln ['hɔyçəln] **I.** *intr. V.* faire l'hypocrite **II.** *tr. V.* feindre

Heuchler(in) ['hɔyçlɐ] <-s, -> *m(f)* hypocrite *mf*

heuchlerisch *Adj.* hypocrite

heuer ['hɔyɐ] *Adv.* A, CH, SDEUTSCH cette année

Heuer <-, -n> *f* solde *f*

Heuernte *f* (*das Einbringen*) fenaison *f*

heulen ['hɔylən] *intr. V.* ① *fam* chialer ② (*Wolf*) hurler ③ (*Motor, Sirene*) rugir

Heulsuse <-, -n> *f pej fam* chialeuse *f*

Heuschnupfen *m* rhume *m* des foins **Heuschrecke** ['hɔyʃrɛkə] <-, -n> *f* sauterelle *f*

heute ['hɔytə] *Adv.* ① aujourd'hui; ~ **Abend** ce soir ② (*heutzutage*) de nos jours

heutig ['hɔytɪç] *Adj. attr* (*Zeitung*) d'aujourd'hui; (*Abend*) présent(e) *antéposé*

heutzutage ['hɔyttsuta:gə] *Adv.* de nos jours

Hexe ['hɛksə] <-, -n> *f* ① sorcière *f* ② *pej fam* (*bösartige Frau*) mégère *f*

hexen ['hɛksən] *intr. V.* pratiquer la magie

Hexenjagd *f* chasse *f* aux sorcières

Hexenschuss[RR] *m kein Pl.* tour *m* de reins
Hexerei [hɛksə'rai] <-, -en> *f* sorcellerie *f*
hieb [hi:p] *Imp. von* **hauen**
Hieb [hi:p] <-[e]s, -e> *m* ❶ coup *m* ❷ *Pl fam* (*Prügel*) raclée *f* ❸ (*Seitenhieb*) pique *f*
hieb- und stichfest *Adj.* (*Alibi*) en béton; (*Beweise*) irréfutable
hielt [hi:lt] *Imp. von* **halten**
hier [hi:ɐ̯] *Adv.* ❶ ici; ~ **drinnen/unten** dedans/en bas; **Martin Lang! – Hier!** Martin Lang ! – Présent ! ❷ (*da*) voilà; ~, **nimm das!** tiens, prends ça ! ❸ (*in diesem Moment*) ici ▸ ~ **und da** (*stellenweise*) ici ou là; (*ab und zu*) de temps à autre
hieran ['hi:'ran] *Adv.* ici; (*vorübergehen*) devant; **kannst du dich ~ erinnern?** t'en souviens-tu ?; ~ **erkennt man ...** à cela, on reconnaît ...
Hierarchie [hierar'çi:, -'çi:ən] <-, -n> *f* hiérarchie *f*
hierarchisch [hie'rarçɪʃ] *Adj.* hiérarchique
hierauf ['hi:'rauf] *Adv.* ❶ là-dessus ❷ (*daraufhin*) à la suite de quoi **hieraus** *Adv.* ❶ d'ici ❷ (*aus diesem Material*) **Beton besteht ~: ...** le béton se compose de la matière suivante: ... ❸ (*aus dem Genannten*) ~ **folgt, dass ...** il s'ensuit que ... **hier|behalten*** *tr. V. unreg* ❶ (*Tier, Gegenstand*) garder [ici] ❷ (*festsetzen: Beschuldigten*) garder sur place **hierbei** *Adv.* ❶ à cette occasion ❷ (*währenddessen*) pendant ce temps ❸ (*gleichzeitig*) en même temps ❹ (*dabei*) ici; ~ **handelt es sich um ...** il s'agit en l'occurrence de **hier|bleiben*** *tr. V. unreg* rester [ici]; **hiergeblieben!** reste/restez ici ! **hierdurch** *Adv.* ❶ par ici ❷ (*aus diesem Grund*) de cette façon **hierfür** *Adv.* ❶ (*im Austausch*) en échange ❷ (*für das hier*) **wenn er sich ~ interessiert** s'il s'intéresse à cela **hierher** *Adv.* [par] ici; ~ **holen** aller chercher **hierherauf** *Adv.* en haut
hierher|holen[ALT] *s.* **hierher**
hierherum *Adv.* ❶ de ce côté-ci ❷ *fam* (*etwa an dieser Stelle*) dans ce coin-là **hierhin** *Adv.* **jdn ~ bringen** amener qn ici **hierhinein** *Adv.* par ici **hierin** *Adv.* ❶ là-dedans ❷ (*in dieser Hinsicht*) sur ce point **hier|lassen*** *tr. V. unreg* laisser [ici] **hiermit** ['hi:ɐ̯'mɪt] *Adv.* ❶ *form* ~ **erkläre ich ...** (*in schriftlicher Form*) par la présente, je déclare que ... ❷ (*mit diesem Gegenstand*) avec cela ❸ (*mit dieser Angelegenheit*) ~ **bin ich einverstanden** je consens à cela **hiernach** *Adv.* ❶ (*danach*) après cela ❷ (*demgemäß*) d'après cela
Hieroglyphe [hiero'gly:fə] <-, -n> *f* hiéroglyphe *m*
hierüber ['hi:'ry:bɐ] *Adv.* ❶ par-dessus ❷ *geh* (*über diese Angelegenheit*) là-dessus **hierunter** *Adv.* ❶ **stell den Karton ~!** mets le carton là-dessous ! ❷ *fig* **... zehn Personen, ~ befanden sich drei Kinder ...** dix personnes, dont trois enfants **hiervon** *Adv.* ❶ **fünf Kilometer ~ entfernt** à cinq kilomètres d'ici ❷ (*von diesem, diesen*) ~ **kannst du etwas haben** tu peux en prendre ❸ (*hierüber*) ~ **weiß ich nichts** j'en sais rien **hierzu** *Adv.* ❶ ~ **gehören** en faire partie ❷ (*zu dieser Kategorie*) ~ **gehören auch Pferde** les chevaux entrent aussi dans cette catégorie ❸ (*zu diesem Punkt*) sur ce point; ~ **habe ich nichts mehr zu sagen** je n'ai rien à rajouter à cela
hierzulande *Adv.* (*in dieser Gegend*) dans cette région; (*in diesem Land*) dans ce pays
hiesig ['hi:zɪç] *Adj. attr* d'ici; (*Verhältnisse*) local(e)
hieß [hi:s] *Imp. von* **heißen**
Hi-Fi-Anlage ['haifi'anla:gə] *f* chaîne *f* hi-fi
high [hai] *Adj. fam* (*von Drogen berauscht*) ~ **sein** être défoncé
Highlife ['hailaif] <-s> *nt fam* **bei ihm ist ~** il fait la bringue
Highsociety[RR] ['haisə'saiəti] <-> *f* haute société *f*
Hightech[RR] ['hai'tɛk] <-[s]> *nt* high-tech *m*
Hilfe ['hɪlfə] <-, -n> *f* ❶ *kein Pl.* aide *f*; ~ **suchend** (*Person*) qui cherche de l'aide; (*Blick*) implorant(e); [**zu**] **~!** au secours ! ❷ *fig* **mit ~ eines Seils** à l'aide d'une corde ❸ (*Haushaltshilfe*) aide *mf* ❹ (*finanzielle Unterstützung*) aide *f* [financière] ▸ **erste ~** les premiers soins *mpl*
Hilfeleistung *f geh* aide *f* **Hilferuf** *m* appel *m* au secours **Hilfestellung** *f* SPORT parade *f*
hilflos **I.** *Adj.* (*Person*) sans défense; (*rat-*

H

los) désemparé(e) **II.** *Adv.* sans défense; (*ratlos*) avec embarras

Hilflosigkeit <-> *f* ❶ détresse *f;* (*eines Kranken*) dépendance *f* ❷ (*Ratlosigkeit*) impuissance *f*

hilfreich *Adj.* ❶ (*Person*) serviable ❷ (*Hinweis*) utile

Hilfsaktion *f* action *f* humanitaire **Hilfsarbeiter(in)** *m(f)* ouvrier(-ière) *m(f)* [non spécialisé(e)] **hilfsbedürftig** *Adj.* ❶ (*auf Hilfe angewiesen*) qui a besoin d'aide ❷ (*bedürftig*) dans le besoin **hilfsbereit** *Adj.* serviable **Hilfsbereitschaft** *f* serviabilité *f* **Hilfskraft** *f* aide *mf* **Hilfsmittel** *nt* ❶ (*Arbeitsmittel*) outil *m* de travail ❷ MED adjuvant *m* ❸ *Pl* (*finanzielle Mittel*) aides *fpl* financières **Hilfsorganisation** *f* organisation *f* humanitaire **Hilfsprogramm** *nt* programme *m* d'aide **Hilfsverb** *nt* LING [verbe *m*] auxiliaire *m*

hilft [hɪlft] *3. Pers. Sg. Präs. von* **helfen**

Himbeere ['hɪmbeːrə] *f* framboise *f*

Himmel ['hɪməl] <-s, *geh* -> *m* ciel *m;* **unter freiem ~ schlafen** coucher à la belle étoile ▶ **aus heiterem ~** *fam* tout d'un coup

Himmelbett *nt* lit *m* à baldaquin **himmelblau** *Adj.* bleu ciel *inv.* **Himmelfahrt** *f* l'Ascension *f* **Himmelreich** *nt kein Pl.* royaume *m* des cieux **himmelschreiend** *Adj.* (*Unrecht*) criant(e)

Himmelskörper *m* corps *m* céleste **Himmelsrichtung** *f* direction *f* [géographique]

himmelweit *fam Adj.* énorme

himmlisch ['hɪmlɪʃ] **I.** *Adj.* ❶ *attr* (*Vorsehung*) céleste ❷ (*Wetter, Essen*) divin(e) **II.** *Adv.* merveilleusement

hin [hɪn] **I.** *Adv.* ❶ **bis zum Garten ~** jusqu'au jardin; **zur Straße ~ liegen** donner sur la rue ❷ (*den Hinweg betreffend*) **~ und zurück** aller et retour ❸ (*zeitlich*) **das ist noch lange ~** c'est encore loin ❹ (*hinsichtlich*) **etw auf Spuren** (*Akk*) **~ untersuchen** examiner qc en vue de rechercher des traces ❺ (*infolge*) **auf sein Drängen ~** sur ses insistances ❻ (*trotz*) **auf die Gefahr ~ ...** au risque de ... ▶ **das Hin und Her** (*das Kommen und Gehen*) le va-et-vient; (*der Wechsel*) les fluctuations *fpl;* **~ und wieder** de temps en temps **II.** *Adj.* ❶ (*kaputt*) **~ sein** être fichu (*fam*) ❷ (*verloren*) **die Ruhe ist ~** c'en est fini du calme

hinab [hɪ'nap] *s.* **hinunter**

hinauf [hɪ'nauf] **I.** *Adv.* vers le haut; **immer weiter ~** toujours plus haut **II.** *Präp. + Akk.* **den Berg ~...** pour monter au sommet de la montagne...

hinauf|fahren *unreg* **I.** *intr. V. + sein* monter **II.** *tr. V. + haben o sein* **jdn mit dem Auto ~** emmener qn en voiture jusqu'en haut **hinauf|führen** **I.** *intr. V.* (*Treppe*) monter jusqu'en haut; (*Weg*) conduire jusqu'en haut **II.** *tr. V. geh* **jdn ~** conduire qn en haut **hinauf|gehen** *unreg* **I.** *intr. V. + sein* ❶ **auf den Dachboden ~** monter au grenier ❷ *fig* **mit dem Preis ~** augmenter le prix ❸ (*steigen*) augmenter; (*Preis, Fieber*) grimper **II.** *tr. V. + sein* (*Treppe*) monter **hinauf|klettern** *intr. V. + sein* grimper **hinauf|laufen** *unreg* **I.** *intr. V. + sein* **zu jdm ~** monter chez qn en courant **II.** *tr. V. + sein* (*Berg*) escalader **hinauf|schauen, hinauf|sehen** *intr. V. unreg* lever les yeux **hinauf|steigen** *unreg* **I.** *intr. V. + sein* monter **II.** *tr. V. + sein* (*Leiter*) monter en haut de

hinaus [hɪ'naus] *Adv.* ❶ **~ sein** être sorti; **~ [mit dir/euch]!** dehors ! ❷ (*später als*) **über eine Frist ~** au-delà d'un délai ❸ (*mehr als*) **über diesen Betrag ~** plus que cette somme ❹ (*weiter als*) **über dieses Alter bin ich ~** j'ai passé l'âge

hinaus|bringen *tr. V. unreg* ❶ (*Person*) reconduire ❷ (*Müll*) sortir **hinaus|fliegen** *intr. V. unreg + sein* ❶ (*Vogel*) s'envoler ❷ *fam* (*hinausgeworfen werden*) être viré **hinaus|gehen** *unreg* **I.** *intr. V. + sein* ❶ (*Person*) sortir ❷ (*abgeschickt werden*) **zu jdm ~** (*Brief, Lieferung*) être envoyé chez qn ❸ (*gerichtet sein*) **auf den Hof ~** (*Fenster, Zimmer*) donner sur la cour **II.** *intr. V. unpers. + sein* **wo geht es hinaus?** par où est la sortie ? **hinaus|jagen** *tr. V. + haben* **jdn ~** mettre qn dehors **hinaus|laufen** *intr. V. unreg + sein* ❶ sortir [en courant] ❷ (*gleichbedeutend sein*) **auf etw** (*Akk*) **~** équivaloir à qc; **das läuft auf dasselbe hinaus** ça revient au même **hinaus|lehnen** *refl. V.* **sich ~** se pencher [au-]dehors **hinaus|schicken** *tr. V.* (*Kinder*) envoyer dehors **hinaus|sein**ALT *s.* **hinaus 1, 4** **hinaus|werfen** *tr. V. unreg* ❶ **etw ~** jeter qc dehors ❷ *fam* **jdn ~** flanquer qn dehors **hinaus|zögern I.** *tr. V.* retarder **II.** *refl. V.* **sich ~** être retardé

hin|bekommen* *s.* **hinkriegen**

Hinblick *m* ▸**im** [*o* **in**] ~ auf etw (*Akk*)(*hinsichtlich*) compte tenu de qc; (*wegen*) par considération pour qc

hin|bringen *tr. V. unreg* ❶ **jdm etw ~** apporter qc à qn ❷ (*begleiten*) y emmener

hinderlich ['hɪndɐlɪç] *geh* **I.** *Adj.* gênant(e); **für jdn/etw ~ sein** (*Umstand, Vorfall*) être un handicap pour qn/qc **II.** *Adv.* **sich ~ auf etw** (*Akk*) **auswirken** constituer un handicap pour la suite de qc

hindern ['hɪndɐn] *tr. V.* ❶ **jdn** [**daran**] **~ etw zu tun** empêcher qn de faire qc ❷ (*stören*) **jdn beim Gehen ~** gêner qn pour marcher

Hindernis ['hɪndɐnɪs] <-ses, -se> *nt* obstacle *m*

Hindernislauf *m* course *f* d'obstacles

Hinderungsgrund *m* empêchement *m*

hin|deuten *intr. V.* ❶ **mit dem Finger auf etw** (*Akk*) ~ montrer qc du doigt ❷ (*vermuten lassen*) **darauf ~, dass** indiquer que

Hindi ['hɪndi] <-> *nt kein Art.* hindi *m; s.a.* **Deutsch**

Hindu ['hɪndu] <-[s], -[s]> *m* hindou(e) *m(f)*

Hinduismus [hɪndu'ɪsmʊs] <-> *m* hindouisme *m*

hinduistisch I. *Adj.* hindou(e) **II.** *Adv.* (*prägen*) par l'hindouisme

hindurch [hɪn'dʊrç] *Adv.* ❶ **hier ~** par ici; **durch die Wand ~** à travers le mur ❷ (*zeitlich*) **die ganze Nacht ~** toute la nuit

hindurch|drängen *refl. V.* **sich ~** se frayer un passage **hindurch|gehen** *intr. V. unreg + sein* ❶ **durch etw ~** passer par qc ❷ (*durchdringen*) **durch jdn/etw ~** (*Strahlen, Geschoss*) traverser qn/qc

hinein [hɪ'nain] *Adv.* (*ins Innere*) dedans ❷ **bis in die Nacht ~** jusque dans la nuit

hinein|denken *refl. V. unreg* **sich in jdn ~** se mettre à la place de qn **hinein|gehen** *intr. V. unreg + sein* **in etw** (*Akk*) ~ entrer dans qc **hinein|knien** [-kniːn, -kniːən] *refl. V. fam* **sich ~** se donner à fond; **sich in etw** (*Akk*) ~ se donner à fond dans qc **hinein|legen I.** *tr. V.* **etw ~** mettre qc dedans **II.** *refl. V.* **sich in etw** (*Akk*) ~ se coucher dans qc **hinein|steigern** *refl. V.* **sich in etw** (*Akk*) ~ se laisser emporter par qc **hinein|versetzen*** *refl. V.* **sich in jdn ~** se mettre à la place de qn **hinein|ziehen** *tr. V. + haben* **jdn in etw** (*Akk*) [**mit**] ~ entraîner qn dans qc

hin|fahren *unreg* **I.** *intr V. + sein* y aller **II.** *tr. V. + haben* **jdn ~** y conduire qn; **etw ~** y apporter qc [en voiture]

Hinfahrt *f* trajet *m* [pour y aller]

hin|fallen *intr. V. unreg + sein* tomber

hinfällig *Adj.* (*Rechnung*) caduc(-uque); (*Argument*) sans valeur

Hinflug *m* vol *m* [pour y aller]

hin|führen I. *tr. V.* **jdn ~** y conduire qn **II.** *intr. V.* **zu etw ~** conduire à qc

hing [hɪŋ] *Imp. von* **hängen**

Hingabe *f kein Pl.* ardeur *f*

hin|geben *refl. V. unreg* ❶ **sich dem Nichtstun ~** s'abandonner au farniente ❷ *euph geh* (*sich nicht verweigern*) **sich jdm ~** se donner à qn

Hingebung *s.* **Hingabe**

hingebungsvoll I. *Adj.* (*Blick*) passionné(e); (*Pflege*) plein(e) de dévouement **II.** *Adv.* (*sich widmen*) passionnément; (*pflegen*) avec dévouement

hingegen [hɪn'geːgən] *Konj. geh* en revanche

hin|gehen *intr. V. unreg + sein* (*dorthin gehen*) y aller

hingerissen ['hɪngərɪsən] **I.** *Adj.* ravi(e) **II.** *Adv.* avec ravissement

hin|halten *tr. V. unreg* ❶ **jdm etw ~** tendre qc à qn ❷ (*warten lassen*) abuser

hin|hören *intr. V.* écouter

hinken ['hɪŋkən] *intr. V. + haben* boiter

hin|knien *refl. V. + haben* **sich ~** s'agenouiller

hin|kommen *intr. V. unreg + sein* ❶ (*gelangen*) y arriver ❷ (*hingehören*) **die Gläser kommen hier hin** les verres se mettent ici

hin|kriegen *tr. V. fam* ❶ (*reparieren*) **etw** [**wieder**] ~ rafistoler qc ❷ (*fertig bringen*) arranger

hinlänglich *Adj.* suffisant(e)

H

hin|laufen *intr. V. unreg + sein* **zu jdm** ~ courir chez qn
hin|legen **I.** *tr. V.* ❶ (*Buch*) déposer ❷ (*Person*) allonger ❸ (*bereitlegen*) **wo soll ich dir die Handtücher ~?** où dois-je te mettre les serviettes ? ❹ *fam* (*bezahlen: Geld*) devoir allonger **II.** *refl. V.* **sich** ~ s'allonger
hin|nehmen *tr. V. unreg* accepter; (*Niederlage*) essuyer
Hinreise *f* trajet *m* [pour y] aller
hin|reißen *tr. V. unreg* ❶ **von jdm/etw hingerissen sein** être émerveillé par qn/qc ❷ (*verleiten*) **sich ~ lassen** s'emporter
hinreißend **I.** *Adj.* ravissant(e) **II.** *Adv.* merveilleusement [bien]; ~ **aussehen** être ravissant
hin|richten *tr. V.* exécuter
Hinrichtung *f* exécution *f*
hin|schauen *s.* **hinsehen**
hin|schmeißen *fam s.* **hinwerfen**
hin|sehen *intr. V. unreg* regarder
hin|seinALT *s.* **hin I.3, II.**
hin|setzen *refl. V.* **sich** ~ s'asseoir
Hinsicht *f kein Pl.* point *m* de vue; **in mancher** ~ à maints égards
hinsichtlich *Präp. + Gen.form* en ce qui concerne
hinsitzen *refl. V.* CH, SDEUTSCH **sich** ~ s'asseoir
Hinspiel *nt* match *m* aller
hin|stehen CH, SDEUTSCH *s.* **hinstellen II.**
hin|stellen **I.** *tr. V.* ❶ **etw da/dort** ~ mettre qc là ❷ (*Fahrrad*) déposer; (*Auto*) garer ❸ (*charakterisieren*) **jdn als Angeber** ~ faire passer qn pour un frimeur **II.** *refl. V.* **sich** ~ se mettre debout; (*sich aufrichten*) se mettre droit(e)
hinten ['hɪntən] *Adv.* derrière; ~ **bleiben** rester en arrière; ~ **im Bus** au fond du bus; [**ganz**] ~ **sitzen** être assis [tout] au fond; **von** ~ **anfangen** commencer par la fin
hintenherum *Adv.*, **hintenrum** *Adv. fam* ❶ (*gehen*) par derrière ❷ *fam* (*auf Umwegen*) par la bande
hinter ['hɪntɐ] **I.** *Präp. + Dat.* ❶ ~ **jdm/etw stehen** être derrière qn/qc; **zwei Kilometer ~ der Grenze** deux kilomètres après la frontière ❷ (*nach*) ~ **jdm/etw** après qn/qc; **die Tür ~ sich schließen** fermer la porte sur soi **II.** *Präp. + Akk.* **sich ~ jdn/etw stellen** se mettre derrière qn/qc
Hinterachse *f* essieu *m* arrière **Hinterausgang** *m* sortie *f* de derrière **Hinterbacke** *f meist Pl. fam* fesse *f* **Hinterbein** *nt* patte *f* de derrière
Hinterbliebene(r) *f(m) dekl wie Adj* parent(e) *m(f)* survivant(e); **die ~n** la famille
hintere(r, s) *Adj.* (*Haus, Tür*) de derrière; (*Reihen*) du fond
hintereinander *Adv.* ❶ l'un(e) derrière l'autre; ~ **hergehen** marcher en file indienne ❷ (*zeitlich*) **etw ~ tun** (*wiederholt*) faire qc de suite; (*an einem Stück*) faire qc d'affilée
hintereinander|fahren *intr. V. unreg* (*zwei Personen, zwei Fahrzeuge*) rouler l'un(e) derrière l'autre; (*mehrere Personen, mehrere Fahrzeuge*) rouler les un(e)s derrière les autres **hintereinander|gehen** *intr. V. unreg* (*zwei Personen, zwei Fahrzeuge*) marcher l'un(e) derrière l'autre; (*mehrere Personen, mehrere Fahrzeuge*) marcher les un(e)s derrière les autres **hintereinanderher** *Adv.* l'un(e) derrière l'autre **hintereinander|stehen** *intr. V. unreg* (*zwei Personen*) être là [*o* être debout] l'un(e) derrière l'autre; (*zwei Tiere, zwei Fahrzeuge*) être l'un(e) derrière l'autre; (*mehrere Personen*) être là [*o* être debout] les un(e)s derrière les autres; (*mehrere Tiere, mehrere Fahrzeuge*) être les un(e)s derrière les autres **hintereinander|stellen** *tr. V.* (*zwei Gegenstände*) mettre l'un(e) derrière l'autre; (*mehrere Gegenstände*) mettre les un(e)s derrière les autres
Hintereingang *m* entrée *f* de derrière
hinterfragen* [hɪntɐ'fra:gən] *tr. V. geh* **etw** ~ remettre qc en question
Hintergedanke *m* arrière-pensée *f*
hintergehen* [hɪntɐ'ge:ən] *tr. V. unreg* tromper
Hintergrund *m* ❶ (*einer Bühne, eines Gemäldes*) fond *m* ❷ (*Umstände*) toile *f* de fond; **vor dem ~ dieser Ereignisse** au vu de ces événements ❸ *Pl* (*verborgene Zusammenhänge*) dessous *mpl*
Hintergrunddatei *f* INFORM fichier *m* d'arrière-plan **Hintergrundspeicher** *m* INFORM mémoire *f* à arrière-plan **Hintergrundverarbeitung** *f* INFORM

traitement *m* de fond **Hintergrundwissen** *nt* connaissances *fpl* générales
Hinterhalt *m* cachette *f* [pour une embuscade]
hinterhältig ['hɪntɐhɛltɪç] *Adj.* sournois(e)
hinterher [hɪtɐ'heːɐ̯] *Adv.* ❶ après; (*im Nachhinein*) après coup ❷ (*räumlich*) derrière; **los, schnell ~!** vite, courons après !
hinterher|laufen *intr. V. unreg + sein* courir derrière; **jdm ~** courir après qn **hinterher|schicken** *tr. V.* **jdm jdn/etw ~** envoyer qn/qc à la suite de qn
Hinterhof *m* arrière-cour *f* **Hinterkopf** *m* arrière *m* de la tête **Hinterland** *nt kein Pl.* arrière-pays *m*
hinter|lassen* [hɪntɐ'lasən] *tr. V. unreg* ❶ (*zurücklassen*) laisser ❷ (*vermachen*) léguer
Hinterlassenschaft <-, -en> *f* héritage *m*
hinterlegen* [hɪntɐ'leːgən] *tr. V.* déposer
Hinterlist *f kein Pl.* ruse *f*
hinterlistig *Adj.* sournois(e)
hinterm ['hɪntɐm] = *fam* **hinter dem** *s.* **hinter**
Hintermann <-männer> *m* ❶ **dein ~** ton voisin de derrière; (*Auto, Autofahrer*) le conducteur [qui est] derrière toi ❷ *Pl pej fam* (*Drahtzieher*) instigateurs *mpl*
hintern ['hɪntɐn] = *fam* **hinter den** *s.* **hinter**
Hintern ['hɪntɐn] <-s, -> *m fam* postérieur *m;* **jdm den ~ versohlen** flanquer une fessée à qn
Hinterrad *nt* roue *f* arrière
hinterrücks ['hɪntɐrʏks] *Adv.* par derrière
hinters ['hɪntɐs] = *fam* **hinter das** *s.* **hinter**
Hinterseite *f* (*eines Gebäudes*) arrière *m*
hinterste(r, s) *Adj. Superl. von* **hintere(r, s)**: **in der ~n Reihe** au [tout] dernier rang
Hinterteil *nt fam* (*Gesäß*) arrière-train *m*
Hintertreffen *nt kein Pl.* ▸ **gegenüber jdm ins ~ geraten** perdre du terrain par rapport à qn
Hintertreppe *f* escalier *m* de service
Hintertür *f* ❶ porte *f* de derrière ❷ *fam* (*Ausweg*) porte *f* de sortie
hinterziehen* [hɪntɐ'tsiːən] *tr. V. unreg* frauder sur
Hinterzimmer *nt* chambre *f* donnant sur l'arrière; (*einer Gaststätte*) arrière-salle *f*
hin|tun *tr. V. unreg fam* **etw da/dort ~** mettre qc là
hinüber [hɪ'nyːbɐ] **I.** *Adv.* de l'autre côté **II.** *Adj. fam* ❶ (*verdorben, defekt*) **~ sein** (*Lebensmittel, Motor*) être fichu ❷ (*hinübergegangen*) **zu jdm/ins Büro ~ sein** être parti chez qn/au bureau
hinüber|blicken *intr. V.* regarder de l'autre côté **hinüber|führen** *tr., intr. V.* [**jdn**] **~** conduire [qn] de l'autre côté **hinüber|kommen** *intr. V. unreg + sein* ❶ **er ist über die Brücke hinübergekommen** il a traversé par le pont ❷ *fam* (*besuchen*) **ich komme zu dir/euch ... hinüber** je viens chez toi/vous ... **hinüber|schauen** *s.* **hinüberblicken** **hinüber|sein**[ALT] *s.* **hinüber II.**
Hin- und Rückfahrt *f* aller *m* [et] retour
hinunter [hɪ'nʊntɐ] *Adv.* **die Treppe ~ ...** descendre l'escalier ...
hinunter|fahren *unreg* **I.** *intr. V. + sein* **ins Tal ~** descendre dans la vallée **II.** *tr. V. + haben* **jdn ins Tal ~** descendre qn dans la vallée **hinunter|fallen** *intr. V. unreg + sein* tomber; **die Treppe ~** dégringoler dans l'escalier **hinunter|gehen** *unregintr. V. + sein* descendre **hinunter|schalten** *intr. V.* **in den zweiten Gang ~** rétrograder en seconde **hinunter|schlucken** *tr. V.* ❶ avaler ❷ *fam* (*Ärger*) ravaler **hinunter|schütten** *tr. V.* ❶ **etw ~** jeter qc en bas ❷ *fam* (*hastig trinken*) siffler **hinunter|spülen** *tr. V.* ❶ **etw den Ausguss ~** faire disparaître qc dans l'évier ❷ *fig fam* **etw ~** essayer d'oublier qc [en buvant] **hinunter|stürzen** **I.** *intr. V. + sein* (*hinunterfallen*) tomber **II.** *tr. V. + haben* **jdn ~** précipiter qn dans le vide **III.** *refl. V. + haben* **sich ~** se précipiter dans le vide **hinunter|werfen** *tr. V. unreg* **etw ~** lancer qc en bas **hinunter|würgen** *tr. V.* faire descendre
hinweg [hɪn'vɛk] *Adv. geh* ❶ **über jdn/etw ~** par-dessus qn/qc ❷ (*zeitlich*) **über drei Monate ~** pendant trois mois ❸ (*fort*) **~ mit dir/euch!** disparais/disparaissez !
Hinweg ['hɪnveːk] *m* trajet *m*
hinweg|gehen *intr. V. unreg + sein* **über etw** (*Akk*) **~** (*nicht beachten*) ne pas tenir compte de qc **hinweg|helfen**

H

intr. V. unreg **jdm über etw** (*Akk*) ~ aider qn à surmonter qc **hinweg|raffen** *tr. V. geh* **jdn** ~ (*Seuche*) emporter qn **hinweg|sehen** *intr. V. unreg* ❶ **über jdn/etw** ~ regarder par-dessus qn/qc ❷ (*nicht beachten*) **über etw** (*Akk*) ~ ne pas tenir compte de qc ❸ (*ignorieren*) **über jdn** ~ ignorer qn **hinweg|setzen** *refl. V.* **sich über etw** (*Akk*) ~ passer outre à qc

Hinweis ['hɪnvais] <-es, -e> *m* remarque *f*

hin|weisen *unreg* **I.** *tr. V.* **jdn auf etw** (*Akk*) attirer l'attention de qn sur qc **II.** *intr. V.* ❶ **darauf ~, dass ...** attirer l'attention sur le fait que ... ❷ (*schließen lassen*) **darauf ~, dass ...** (*Umstand*) laisser penser que ...

Hinweisschild <-schilder> *nt* panonceau *m* **Hinweistafel** *f* panneau *m* d'information

hin|wenden *unregrefl. V.* **sich zu jdm/etw** ~ se tourner vers qn/qc **hin|werfen** *unreg* **I.** *tr. V.* ❶ **jdm etw** ~ jeter qc à qn ❷ *fam* (*aufgeben*) envoyer promener **II.** *refl. V.* **sich vor jdn/etw** ~ se jeter aux pieds de qn/qc **hin|wollen** *intr. V. fam* vouloir y aller **hin|ziehen** *unreg* **I.** *tr. V. + haben* ❶ **jdn/etw zu sich** ~ attirer qn à soi/tirer qc vers soi ❷ (*anziehen*) **es zieht sie zu ihm hin** elle se sent attirée par lui **II.** *refl. V. + haben* **sich** ~ traîner; (*sich örtlich ausdehnen*) s'étendre

hinzu [hɪn'tsu:] *Adv.* en plus

hinzu|fügen *tr. V.* **einer S.** (*Dat*) **etw** ~ ajouter qc à qc **hinzu|kommen** *intr. V. unreg + sein* ❶ (*eintreffen*) arriver ❷ (*zu berücksichtigen sein*) **es kommt hinzu, dass ...** à cela, il faut ajouter que ...

hinzu|ziehen *tr. V. unreg* s'adjoindre les services de

Hiobsbotschaft ['hi:ɔpsbo:tʃaft] *f* mauvaise nouvelle *f*

Hip-Hop <-s> *m* MUS hip-hop *m*

Hippie ['hɪpi] <-s, -s> *m* hippie *m*

Hirn [hɪrn] <-[e]s, -e> *nt* ❶ cerveau *m* ❷ GASTR cervelle *f*

Hirngespinst ['hɪrngəʃpɪnst] *nt* chimère *f* **Hirnhautentzündung** *f* MED méningite *f* **hirnrissig, hirnverbrannt** *Adj. pej fam* débile

Hirsch [hɪrʃ] <-es, -e> *m* cerf *m*

Hirschkalb *nt* faon *m* [de cerf] **Hirschkuh** *f* biche *f*

Hirse ['hɪrzə] <-, -n> *f* mil[let] *m*

Hirte ['hɪrtə] <-n, -n> *m*, **Hirtin** *f* gardien(ne) *m(f)* [de troupeau]; (*Schafhirte*) berger(-ère) *m(f)*

Hirtenbrief *m* lettre *f* pastorale

his <-, -> *nt* MUS si *m* dièse

hissen ['hɪsən] *tr. V.* hisser

Historiker(in) [hɪs'to:rɪkɐ] <-s, -> *m(f)* historien(ne) *m(f)*

historisch [hɪs'to:rɪʃ] **I.** *Adj.* historique **II.** *Adv.* (*korrekt*) historiquement; (*betrachtet*) d'un point de vue historique

Hit [hɪt] <-s, -s> *m fam* ❶ tube *m* ❷ (*modisches Muss*) must *m*

Hitliste *f* hit-parade *m* **Hitparade** *f* hit-parade *m*

Hitze ['hɪtsə] <-, -n> *f* chaleur *f* ▸ **in der ~ des Gefechts** dans le feu de l'action

hitzebeständig *Adj.* résistant(e) à la chaleur **hitzefrei** *Adj.* ~ **haben** ne pas avoir classe en raison de la canicule

Hitzewallung *f meist Pl.* bouffée *f* de chaleur **Hitzewelle** *f* vague *f* de chaleur

hitzig ['hɪtsɪç] **I.** *Adj.* ❶ (*Person, Temperament*) irascible ❷ (*Debatte*) enflammé(e) **II.** *Adv.* (*debattieren*) dans un climat passionné

Hitzkopf *m fam* soupe *f* au lait **Hitzschlag** *m* insolation *f*

HIV [ha:ʔi:'fau] <-[s], -[s]> *nt Abk. von* **Human Immunodeficiency Virus** HIV *m*, V.I.H. *m*

HIV-infiziert *Adj.* infecté(e) par le virus V.I.H. **HIV-negativ** *Adj.* séronégatif(-ive) **HIV-positiv** *Adj.* séropositif(-ive) **HIV-Test** *m* test *m* de dépistage du sida

Hiwi ['hi:vi] <-s, -s> *m fam* (*wissenschaftliche Hilfskraft*) *étudiant(e) aidant un professeur d'université dans ses recherches*

hl *Abk. von* **Hektoliter** hl

hl. *Abk. von* **heilige(r)** St(e)

H-Milch ['ha:mɪlç] *f* lait *m* U.H.T.

h-Moll ['ha:'mɔl] *nt* si *m* mineur

HNO-Arzt [ha:ʔɛn'ʔo:artst] *m*, **-ärztin** *f* O.R.L. *mf*

hob [ho:p] *Imp. von* **heben**

Hobby ['hɔbi] <-s, -s> *nt* passe-temps *m*

Hobbykoch *m,* **-köchin** *f* cuisinier(-ière) *m(f)* amateur

Hobel ['ho:bəl] <-s, -> *m* ❶ (*Werkzeug*) rabot *m* ❷ (*Küchengerät*) râpe *f*

hobeln ['ho:bəln] *tr. V.* ❶ TECH [**glatt**] ~ raboter ❷ GASTR **etw** ~ émincer qc [avec une râpe]

hoch [ho:x] < *attr* hohe(r, s), höher, höchste> **I.** *Adj.* ❶ haut(e) *antéposé*; (*Schneedecke*) épais(se); **das Dach ist sieben Meter** ~ le toit a sept mètres de hauteur ❷ (*Stimme, Ton*) aigu(ë) ❸ MATH **zwei** ~ **drei ist acht** deux [à la] puissance trois égale huit ❹ (*Temperatur, Ansprüche*) élevé(e); (*Sachschaden*) gros(se) *antéposé*; (*Strafe*) sévère ❺ (*Besuch*) important(e); (*Offizier*) supérieur(e); (*Feiertag*) solennel(le) ▸**jdm zu** ~ **sein** *fam* dépasser qn **II.** <höher, am höchsten> *Adv.* ❶ **es geht sieben Treppen** ~ il faut monter sept étages; **wie** ~ **kannst du den Ball werfen?** à quelle hauteur peux-tu lancer le ballon ? ❷ (*fliegen*) haut; **das Wasser steht drei Zentimeter** ~ il y a trois centimètres d'eau ❸ (*nicht tief*) [**zu**] ~ **singen** chanter [trop] haut ❹ (*verehrt, verschuldet*) très ▸**wenn es** ~ **kommt** *fam* tout au plus

Hoch <-s, -s> *nt* ❶ (*Hochruf*) ovation *f* ❷ METEO anticyclone *m*

Hochachtung *f* considération *f*; **meine ~!** toutes mes félicitations !

hochachtungsvoll *Adv. form* ≈ avec l'expression de ma considération distinguée

hochaktuell *Adj.* d'une actualité brûlante

hoch|arbeiten *refl. V.* **sich** ~ s'élever dans la hiérarchie à la force du poignet; **sich bis zur Abteilungsleiterin** ~ s'élever dans la hiérarchie et devenir chef de service à la force du poignet

hochauflösend *Adj.* INFORM, TV [à] haute définition

Hochbahn *f* métro *m* aérien

Hochbau *m kein Pl.* bâtiment *m*

hochbegabtALT *s.* **begabt**

Hochbetrieb *m* activité *f* intense

Hochburg *f* (*einer Partei*) fief *m*

hochdeutsch *Adj.* (*nicht umgangssprachlich*) en allemand standard

Hochdeutsch <-[s]> *nt* ❶ (*Standardsprache, Standarddeutsch*) allemand *m* standard ❷ LING haut allemand *m*

Le terme de **Hochdeutsch** s'applique à l'allemand parlé sans dialecte ni accent régional. Bien que le **Hochdeutsch** soit parlé dans la plupart des institutions publiques, c'est la langue employée dans la région de Hanovre qui est le meilleur représentant de cet allemand standard.

Hochdruck *m kein Pl.* TECH, METEO haute pression *f*

Hochdruckgebiet *nt* anticyclone *m*

Hochdruckreiniger *m* nettoyeur *m* haute pression

Hochebene *f* haut plateau *m*

hocherfreut *Adj.* ~ **sein** [être] très heureux

hochexplosiv *Adj.* très explosif(-ive)

hoch|fahren *intr. V. unreg + sein* ❶ *fam* (*nach oben fahren*) monter ❷ (*sich plötzlich aufrichten*) **aus dem Schlaf** ~ se réveiller en sursaut

Hochform *f* **in** ~ **sein** être en pleine forme

Hochformat *nt* format *m* en hauteur; INFORM format portrait

Hochgebirge *nt* haute montagne *f*

Hochgefühl *nt* euphorie *f*, exaltation *f*

hoch|gehen *intr. V. unreg + sein* ❶ *fam* (*nach oben gehen*) monter ❷ *fam* (*in die Luft gehen*) exploser ❸ (*steigen*) grimper

hochgesteckt *Adj.* ❶ (*Haare*) relevé(e) ❷ (*ehrgeizig: Ziel*) ambitieux(-euse)

hochgestellt *Adj.* ❶ (*oben angebracht: Ziffer*) en exposant ❷ (*einflussreich: Persönlichkeit, Beamter*) haut placé(e)

Hochglanz *m* **etw auf** ~ **bringen** faire briller qc

Hochglanzpapier *nt* papier *m* glacé

hochgradig **I.** *Adj.* extrême **II.** *Adv.* extrêmement

hochhackig *Adj.* à hauts talons

hoch|halten *tr. V. unreg* (*Hand*) lever

Hochhaus *nt* tour *f*

hoch|heben *tr. V. unreg* (*Kind*) soulever; (*Hand*) lever

hochintelligent *Adj.* très intelligent(e)

hochinteressant *Adj.* d'un grand intérêt

hoch|klappen *tr. V. + haben* (*Klappe, Schrankbett*) relever

H

hoch|klettern *intr. V. + sein* grimper
Hochkonjunktur *f* haute conjoncture *f*
hoch|krempeln *tr. V.* retrousser
hoch|laden *tr. V.* INET télécharger
Hochland *nt* haut plateau *m*
hoch|leben *intr. V.* **jdn ~ lassen** porter un toast à qn; **hoch lebe die Königin!** vive la Reine !
Hochleistungssport *m* sport *m* de haut niveau
hochmodern I. *Adj.* **~ sein** être du dernier cri **II.** *Adv.* (*gekleidet*) à la dernière mode
Hochmoor *nt* tourbière *f* de montagne
Hochmut *m* arrogance *f*
hochmütig ['ho:xmy:tɪç] *Adj.* arrogant(e)
hochnäsig ['ho:xnɛ:zɪç] *pej Adj.* (*Art, Person*) hautain(e)
hoch|nehmen *tr. V. unreg* (*hochheben: Person*) porter; (*Gegenstand*) soulever
Hochofen *m* haut fourneau *m*
hochprozentig *Adj.* (*Schnaps*) fortement alcoolisé(e)
hoch|rechnen *tr. V.* faire une estimation de
Hochrechnung *f meist Pl.* estimation *f*
hochrot *Adj.* (*Gesicht, Wangen*) écarlate
Hochruf *m* vivat *m*
Hochsaison *f* TOUR haute saison *f*
hoch|schlagen *unreg* **I.** *tr. V. + haben* (*Kragen*) relever **II.** *intr. V. + sein* (*Brecher, Wellen*) déferler
hoch|schrauben *tr. V.* ❶ (*verstellen: Hocker*) monter ❷ (*steigern: Preise*) faire grimper; **seine Ansprüche ~** monter la barre
Hochschulabschluss[RR] *m* diplôme *m* de fin d'études universitaires
Hochschule *f* ❶ (*Universität*) université *f* ❷ (*Fachhochschule*) école *f* supérieure spécialisée
Hochschullehrer(in) *m(f)* professeur *mf* d'université **Hochschulreife** *f* baccalauréat *m* *permission d'accès aux études supérieures* **Hochschulstudium** *nt* études *fpl* universitaires
Hochsitz *m* affût *m* perché
Hochsommer *m* plein été *m*
hochsommerlich *Adj.* estival(e)
Hochspannung *f* ELEC haute tension *f*
Hochspannungsleitung *f* ligne *f* [à] haute tension **Hochspannungsmast** *m* pylône *m* [pour lignes] à haute tension
Hochsprache *f* langue *f* standard
hoch|springen *intr. V. unreg + sein* (*nach oben springen*) sauter
Hochsprung *m* saut *m* en hauteur
Hochstapler(in) ['ho:xʃta:plɐ] <-s, -> *m(f)* imposteur *m*
Höchstbetrag *m* traite *f* maximale
hoch|stecken *tr. V.* (*Haare*) relever
höchste(r, s) ['hø:kstə, -tɐ, -təs] *Adj. Superl. von* **hoch** ❶ (*Berg, Summe*) le plus haut(la plus haute); (*Schaden*) le plus important(la plus importante); (*Strafe*) le(la) plus sévère; **das Höchste, was** (*die äußerste Summe*) le maximum que + *subj* ❷ (*von größter Intensität: Nervosität*) extrême; **es ist ~e Zeit!** il est grand temps !
höchstens ['hø:kstəns] *Adv.* au maximum
Höchstgeschwindigkeit *f* vitesse *f* maximale **Höchstgrenze** *f* limite *f* **Höchstleistung** *f* performance *f* extrême **Höchstmaß** *nt* maximum *m* **höchstpersönlich** *Adv.* en personne **Höchststrafe** *f* JUR peine *f* maximale **höchstwahrscheinlich** *Adv.* selon toute vraisemblance
Hochtechnologie *f* technologie *f* de pointe
hochverehrt *Adj. attr* très honoré(e) *antéposé*
Hochverrat *m* haute trahison *f*
hochverschuldet *Adj. attr* surendetté(e)
Hochwasser *nt* ❶ **~ führen** être en crue *f* ❷ (*Überschwemmung*) inondation *f* ❸ (*Höchststand der Flut*) marée *f* haute
hoch|werfen *tr. V. unreg* **etw ~** lancer qc en l'air
hochwertig *Adj.* de grande qualité
Hochzahl *f* exposant *m*
Hochzeit[1] ['hɔxtsait] <-, -en> *f* mariage *m*; **~ feiern** célébrer des noces *fpl*; **die silberne/goldene ~** les noces d'argent/d'or
Hochzeit[2] <-, -en> *f* (*Blütezeit*) apogée *m*
Hochzeitskleid *nt* robe *f* de mariée **Hochzeitsnacht** *f* nuit *f* de noces **Hochzeitsreise** *f* voyage *m* de noces **Hochzeitstag** *m* ❶ (*Tag der Hochzeit*) jour *m* du mariage ❷ (*Jahrestag*) anniversaire *m* de mariage
hoch|ziehen *unreg* **I.** *tr. V.* (*Jalousie*) ouvrir; (*Socke*) remonter **II.** *refl. V.* (*sich nach oben ziehen*) **sich an etw** (*Dat*) **~** se relever en se tenant à qc

Hocke ['hɔkə] <-, -n> *f* ❶ (*Körperhaltung*) position *f* accroupie ❷ SPORT saut *m* fléchi groupé

hocken ['hɔkən] *intr. V. + haben* (*kauern*) être accroupi

Hocker ['hɔkɐ] <-s, -> *m* tabouret *m*

Höcker ['hœkɐ] <-s, -> *m* bosse *f*

Hockey ['hɔki] <-s> *nt* hockey *m* [sur gazon]

Hockeyschläger *m* crosse *f* de hockey

Hoden <-s, -> *m* ANAT testicule *m*

Hodensack *m* ANAT bourses *fpl*

Hof [ho:f, *Pl:* 'hø:fə] <-[e]s, Höfe> *m* ❶ cour *f*; **auf den/dem ~** dans la cour ❷ (*Bauernhof*) ferme *f* ▶**jdm den ~ machen** faire la cour à qn

hoffen ['hɔfən] **I.** *intr. V.* ❶ espérer ❷ (*bauen auf*) **auf etw/jdn ~** compter sur qc/qn **II.** *tr. V.* **ich hoffe, [dass] er kommt** j'espère qu'il viendra; **das wollen wir ~!** nous espérons bien !

hoffentlich ['hɔfəntlɪç] *Adv.* espérons que ...; **~ haben wir bald Frühling!** j'espère que c'est bientôt le printemps ! (*fam*); **~!** j'espère/nous espérons bien !

Hoffnung ['hɔfnʊŋ] <-, -en> *f* espoir *m*; **~ auf etw** (*Akk*) espérance *f* de qc; **jdm ~ auf etw** (*Akk*) **machen** laisser espérer qc à qn; **sich** (*Dat*) **~en/keine ~en machen** nourrir certains espoirs/ne pas se faire d'illusions; **die ~ aufgeben** abandonner tout espoir

hoffnungslos *Adj.* désespéré(e)

Hoffnungslosigkeit <-> *f* désespoir *m* **Hoffnungsschimmer** *m* lueur *f* d'espoir **hoffnungsvoll** **I.** *Adj.* (*viel versprechend*) prometteur(-euse) **II.** *Adv.* (*ansehen*) plein(e) d'espoir

höfisch ['hø:fɪʃ] *Adj.* (*Manieren*) en usage à la cour; (*Leben*) à la cour; (*Dichtung*) courtois(e)

höflich ['hø:flɪç] *Adj.* poli(e)

Höflichkeit <-, -en> *f* politesse *f*

Höfling ['hø:flɪŋ] <-s, -e> *m* courtisan *m*

Hofnarr *m* fou *m* [du roi]

Hofrat *m*, **-rätin** *f* A conseiller(-ère) *m(f)* de la cour

Höhe ['hø:ə] <-, -n> *f* ❶ (*eines Baums, Gebäudes*) hauteur *f*; (*eines Bergs*) altitude *f* ❷ (*Entfernung über dem Boden*) **aus der ~** d'en haut; **in der ~** dans les airs; **auf halber ~** à mi-hauteur ❸ (*Flughöhe*) altitude *f* ❹ (*eines Gehalts*) montant *m*; (*von Kosten*) niveau *m*; (*von Schäden*) ampleur *f*; **in ~ von hundert Euro** d'un montant de cent euros; **in die ~ gehen** (*Kosten*) augmenter ❺ (*geographische Breite*) **auf gleicher ~ liegen** être à la même latitude *f* ▶**das ist doch die ~!** *fam* c'est le bouquet !

hohe(r, s) ['ho:ə, -ɐ, -əs] *s.* **hoch**

Hoheit <-, -en> *f* ❶ altesse *f*; **Seine/Ihre Königliche ~** Son/Votre Altesse Royale ❷ *kein Pl.* POL souveraineté *f*

Hoheitsgebiet *nt* territoire *m* national **Hoheitsgewässer** *Pl* eaux *fpl* territoriales

Höhenangst *f* acrophobie *f* **Höhenflug** *m fig* grandes envolées *fpl* **Höhensonne®** *f* lampe *f* à ultraviolets **Höhenunterschied** *m* GEO dénivellation *f*

Höhepunkt *m* ❶ (*wichtigstes Ereignis*) grand moment *m* ❷ (*Gipfel: einer Krise*) paroxysme *m*; (*der Macht*) apogée *m*

höher **I.** *Adj. Komp. von* **hoch** plus haut(e), monter **II.** *Adv. Komp. von* **hoch** plus haut; **den Klavierhocker ~ schrauben** monter le tabouret de piano; **etw ~ bewerten** apprécier mieux qc

höher|schrauben *tr. V.* (*steigern: Preise*) faire grimper; **seine Ansprüche ~** monter la barre

höher|stufen *tr. V.* (*besser entlohnen*) promouvoir

hohl [ho:l] *Adj.* ❶ creux(-euse) ❷ *pej* (*nichts sagend*) **~e Worte** de belles paroles

Höhle ['hø:lə] <-, -n> *f* ❶ (*im Felsen*) grotte *f*; (*im Baum*) creux *m* ❷ (*Bärenhöhle*) tanière *f*

Höhlenmalerei *f* peinture *f* rupestre **Höhlenmensch** *m* troglodyte *m*

Hohlkreuz *nt* MED forte cambrure *f* des reins **Hohlmaß** *nt* (*Maßeinheit*) mesure *f* de capacité **Hohlraum** *m* cavité *f*

Höhlung <-, -en> *f* cavité *f*, creux *m*

Hohn [ho:n] <-[e]s> *m* sarcasmes *mpl*; **das ist der reine ~!** c'est une plaisanterie !

höhnen ['hø:nən] *intr. V.* ricaner

höhnisch ['hø:nɪʃ] *Adj.* sarcastique

Hokkaido [ho:kʊs'po:kʊs] <-s, -s> *m*bot, gastr potimarron *m*

Hokuspokus [ho:kʊs'po:kʊs] <-> *m* **~!** abracadabra !

Holder ['hɔldɐ] CH, SDEUTSCH *s.* **Holunder**

H

Holding ['hɔʊldɪŋ] <-, -s> *f* holding *m*
holen ['hoːlən] **I.** *tr. V.* aller chercher ▶**bei jdm ist nichts zu ~** *fam* on ne peut rien tirer de qn **II.** *refl. V. fam* ❶ (*sich nehmen*) prendre ❷ (*sich ungewollt zuziehen*) attraper
Holland ['hɔlant] *nt* la Hollande
Holländer(in) ['hɔlɛndɐ] <-s, -> *m(f)* Hollandais(e) *m(f)*
holländisch ['hɔlɛndiʃ] *Adj.* hollandais(e)
Holländisch <-[s]> *nt kein Art. fam* hollandais *m; s.a.* **Deutsch**
Hölle ['hœlə] <-, -n> *f* REL enfer *m;* HIST enfers *mpl;* **in der ~** en enfer ▶**es ist die ~ los** *fam* c'est l'horreur; **fahr zur ~!** tu peux aller au diable !
Höllenlärm ['hœlən'lɛrm] *m fam* bruit *m* infernal **Höllenqual** *f meist Pl. fam* supplice *m* infernal
höllisch *Adj.* ❶ *attr* REL, HIST de l'enfer ❷ *fam* (*furchtbar*) infernal(e)
Holocaust ['hoːlokaust] <-s> *m* holocauste *m*
Hologramm [holo'gram] <-gramme> *nt* hologramme *m*
Holographie [hologra'fiː] <-, -n> *f* holographie *f*
holperig *s.* **holprig**
holpern ['hɔlpɐn] *intr. V.* (*Wagen*) cahoter
holprig *Adj.* ❶ (*Weg*) cahoteux(-euse); (*Pflaster*) irrégulier(-ière) ❷ (*Versmaß*) hésitant(e)
Holunder [ho'lʊndɐ] <-s, -> *m* sureau *m*
Holz [hɔlts] <-es> *nt kein Pl.* bois *m*
Holzblasinstrument *nt* instrument *m* à vent en bois
hölzern ['hœltsɐn] *Adj.* (*aus Holz*) en bois
Holzfäller(in) ['hɔltsfɛlɐ] <-s, -> *m(f)* bûcheron(ne) *m(f)* **Holzhacker(in)** A *s.* **Holzfäller**
holzig ['hɔltsɪç] *Adj.* (*Spargel, Kohlrabi*) filandreux(-euse)
Holzkohle *f* charbon *m* de bois **Holzschnitt** *m* gravure *f* sur bois **Holzschuh** *m* sabot *m* **Holzschutzmittel** *nt* produit *m* de traitement du bois **Holzweg** *m* ▶**auf dem ~ sein** *fam* se fourrer le doigt dans l'œil **Holzwolle** *f* copeaux *mpl* **Holzwurm** *m* ver *m* du bois
Homepage [hɔʊmpəɪdʒ] *f* INET page *f* d'accueil
Homo *s.* **Homosexuelle(r)**
homogen [homo'geːn] *Adj. geh* homogène
homogenisieren* [homogeni'ziːrən] *tr. V.* homogénéiser
Homöopath(in) [homøo'paːt] <-en, -en> *m(f)* homéopathe *mf*
Homöopathie [homøopa'tiː] <-> *f* homéopathie *f*
homöopathisch [homøo'paːtɪʃ] *Adj.* (*Mittel*) homéopathique
Homosexualität [homozɛksualɪ'tɛt] *f* homosexualité *f*
homosexuell *Adj.* homosexuel(le)
Homosexuelle(r) *f(m) dekl wie Adj* homosexuel(le) *m(f)*
Honig ['hoːnɪç] <-s, -e> *m* miel *m* ▶**jdm ~ um den Bart schmieren** *fam* passer de la pommade à qn
Honigmelone *f* melon *m*
Honorar [hono'raːɐ̯] <-s, -e> *nt* honoraires *mpl*
honorieren* [hono'riːrən] *tr. V.* ❶ (*würdigen*) **jdn ~** apprécier qn à sa juste valeur ❷ (*bezahlen: Arbeit*) rétribuer; **jdn mit etw ~** donner qc à qn comme rétribution
Hooligan ['huːligən] <-s, -s> *m* houligan *m*
Hopfen ['hɔpfən] <-s, -> *m* houblon *m*
hopp [hɔp] *Interj. fam* (*los*) allez, hop
hoppeln ['hɔpəln] *intr. V.* + *sein* faire des bonds
hoppla ['hɔpla] *Interj.* ❶ (*Vorsicht*) ouh, là [là] ❷ (*Moment mal*) attends/attendez voir !
hopsen ['hɔpsən] *intr. V.* + *sein fam* sauter
hörbar ['høːɐ̯baːɐ̯] *Adj.* audible
horchen ['hɔrçən] *intr. V.* (*lauschen*) écouter
Horde ['hɔrdə] <-, -n> *f* horde *f*
hören ['høːrən] **I.** *tr. V.* ❶ (*wahrnehmen, vernehmen*) entendre; **jdn lachen/reden ~** entendre qn rire/parler ❷ (*anhören: Sendung, Konzert*) écouter; **hast du diesen Pianisten schon mal gehört?** tu as déjà entendu ce pianiste ? ❸ (*feststellen*) **am Tonfall ~, dass ...** percevoir à l'intonation que ... ❹ (*erfahren*) **etw über jdn/etw ~** entendre dire qc de qn/qc; **~, dass ...** entendre dire que ...; **von wem hast du das denn gehört?** tu l'as appris

par qui?; **etwas von sich ~ lassen** donner de ses nouvelles; **nichts** [**da-von**] **~ wollen** ne pas vouloir le savoir; **wie man hört/wie ich höre, ...** à ce qu'on dit ... **II.** *intr. V.* ❶ (*zuhören*) écouter; **hör mal/~ Sie mal!** *fam* écoute/écoutez ! ❷ (*vernehmen*) **gut/schlecht ~** entendre bien/mal ❸ (*erfahren*) **von jdm/etw gehört haben** avoir entendu parler de qn/qc ❹ *fam* (*sich richten nach*) **auf jdn/etw ~** écouter qn/qc ▸ **ihm vergeht Hören und Sehen** il ne sait plus où il en est; **man höre und staune!** tiens-toi/tenez-vous bien !

Hörensagen ['hø:rənza:gən] *nt* ▸ **vom ~** par ouï-dire

Hörer <-s, -> *m* ❶ (*Zuhörer*) auditeur *m* ❷ (*Telefonhörer*) combiné *m*

Hörerin <-, -nen> *f* auditrice *f*

Hörfunk *m form* radio *f* **Hörgerät** *nt* appareil *m* auditif

hörig *Adj.* **jdm ~ sein** être [entièrement] soumis à qn

Horizont [hori'tsɔnt] <-[e]s, -e> *m* horizon *m* ▸ **das geht über seinen ~** cela le dépasse

horizontal [horitsɔn'ta:l] *Adj.* horizontal(e)

Horizontale *f dekl wie Adj* droite *f* horizontale

Hormon [hɔr'mo:n] <-s, -e> *nt* hormone *f*

hormonal [hɔrmo'na:l] *Adj.* hormonal(e)

Horn [hɔrn, *Pl:* 'hœrnɐ] <-[e]s, Hörner> *nt* ❶ (*eines Tiers*) corne *f* ❷ MUS cor *m*

Hornbrille *f* lunettes *fpl* de corne

Hörnchen ['hœrnçən] <-s, -> *nt* (*Croissant*) croissant *m*

Hornhaut *f* ❶ (*des Auges*) cornée *f* ❷ (*Hautschicht*) corne *f*

Hornisse [hɔr'nɪsə] <-, -n> *f* frelon *m*

Hornochs[e] *m fam* bourrique *f*

Horoskop [horo'sko:p] <-s, -e> *nt* horoscope *m*

horrend *Adj.* exorbitant(e)

Horror ['hɔro:ɐ̯] <-s> *m* horreur *f*

Horrorfilm *m* film *m* d'horreur

Hörsaal *m* amphithéâtre *m* **Hörspiel** *nt* pièce *f* radiophonique **Hörsturz** *m* MED surdité *f* brusque

Hort [hɔrt] <-[e]s, -e> *m* (*Kinderhort*) ≈ garderie *f*

horten ['hɔrtən] *tr. V.* (*Waren*) stocker; (*Geld*) entasser

Hortensie [hɔr'tɛnzi̯ə] <-, -n> *f* hortensia *m* **Hörweite** *f* **in/außer ~ sein** être à/hors de portée de voix

Hose ['ho:zə] <-, -n> *f* **ein Paar ~n** un pantalon; **eine kurze ~** un short ▸ **da ist tote ~** *fam* c'est mort ici; **in die ~ gehen** *fam* foirer; **sich** (*Dat*) [**vor Angst**] **in die ~ machen** *fam* chier dans son froc de peur

Hosenanzug *m* tailleur-pantalon *m* **Hosenbein** *nt* jambe *f* de pantalon **Hosenboden** *m* fond *m* de culotte ▸ **sich auf den ~ setzen** *fam* en mettre un coup **Hosenbund** *m* taille *f* du pantalon **Hosenrock** *m* jupe-culotte *f* **Hosenschlitz** *m* braguette *f* **Hosenträger** *Pl* bretelles *fpl*

Hospital [hɔspi'ta:l, *Pl:* hɔspi'tɛ:lɐ] <-s, -e> *nt* hôpital *m*

Host [hɔʊst] <-s, -s> *m* hôte *m*

Hostess[RR], **Hosteß**[ALT] [hɔs'tɛs] <-, Hostessen> *f* hôtesse *f*

Hostie ['hɔsti̯ə] <-, -n> *f* hostie *f*

Hotdog[RR] ['hɔt'dɔk] <-s, -s> *nt o m* hot-dog *m*

Hotel [ho'tɛl] <-s, -s> *nt* hôtel *m*

Hotelführer *m* guide *m* des hôtels **Hotelgewerbe** *nt* hôtellerie *f* **Hotelzimmer** *nt* chambre *f* d'hôtel

Hotline ['hɔtlain] <-, -s> *f* hotline *f;* INFORM service *m* en ligne

Hr. *Abk. von* **Herr** M.

Hrn. *Abk. von* **Herrn** M.

hrsg. *Abk. von* **herausgegeben** éd.

hu *Interj.* (*Ausdruck des Frierens*) brrr

Hubraum ['hu:praum] *m* cylindrée *f*

hübsch [hʏpʃ] **I.** *Adj.* ❶ joli(e) *antéposé*; **sich ~ machen** se faire beau (belle) ❷ *fam* (*Sümmchen*) coquet(te) **II.** *Adv.* ❶ (*sich kleiden*) bien ❷ *fam* (*annehmbar*) **ganz ~ singen** ne pas chanter si mal que ça

Hubschrauber ['hu:pʃraubɐ] <-s, -> *m* hélicoptère *m*

Hubschrauberlandeplatz *m* héliport *m*

huch [hʊx] *Interj.* oh

huckepack ['hʊkəpak] *Adv.* **jdn ~ tragen** *fam* porter qn sur son dos

hudeln ['hu:dəln] *intr. V.* bes. A, SDEUTSCH *fam* ❶ (*nachlässig arbeiten*) bâcler le boulot ❷ (*hektisch sein*) **nur nicht ~!** pas d'affolement !

H

Huf [hu:f] <-[e]s, -e> *m* sabot *m*
Hufeisen *nt* fer *m* à cheval
Hüferl <-s, -n> *nt* A rumsteck *m*
Hufschmied(in) *m(f)* maréchal-ferrant *m*
Hüfte ['hʏftə] <-, -n> *f* hanche *f*
Hüftgelenk *nt* [articulation *f* de la] hanche *f* **Hüfthalter** *m* gaine *f*
Huftier *nt* ongulé *m*
Hügel ['hy:gəl] <-s, -> *m* colline *f*
hügelig *Adj.* vallonné(e)
Huhn [hu:n, *Pl:* 'hy:nɐ] <-[e]s, Hühner> *nt* ① poule *f* ② GASTR poulet *m;* (*Suppenhuhn*) poule *f* ▶ **da lachen ja die Hühner!** *fam* laisse-moi rigoler !
Hühnchen ['hy:nçən] <-s, -> *nt Dim. von* **Huhn** poulet *m* ▶ **mit jdm ein ~ zu rupfen haben** *fam* avoir un compte à régler avec qn
Hühnerauge *nt* cor *m* [au pied] **Hühnerbrühe** *f* bouillon *m* de poule **Hühnerbrust** *f* GASTR blanc *m* de poulet **Hühnerei** *nt* œuf *m* de poule **Hühnerfarm** *f* ferme *f* avicole **Hühnerfleisch** *nt* viande *f* de poulet **Hühnerfrikassee** *nt* fricassée *f* de poule **Hühnerhof** *m* basse-cour *f* **Hühnerstall** *m* poulailler *m*
Hülle ['hʏlə] <-, -n> *f* ① (*Schutzhülle*) housse *f* ② (*Buchhülle*) couverture *f* ③ (*Plattenhülle*) pochette *f* ④ (*Ausweishülle*) étui *m* ▶ **in ~ und Fülle** *geh* à profusion
hüllen ['hʏlən] *gehtr. V.* **jdn/sich in eine Decke ~** envelopper qn/s'envelopper dans une couverture
Hülse ['hʏlzə] <-, -n> *f* (*Patronenhülse*) douille *f*
Hülsenfrucht ['hʏlzənfrʊxt] *f meist Pl.* légume *m* sec
human [hu'ma:n] *Adj.* humain(e)
Humanismus [huma'nɪsmʊs] <-> *m* humanisme *m*
Humanist(in) [huma'nɪst] <-en, -en> *m(f)* humaniste *mf*
humanistisch *Adj.* ① humaniste ② (*altsprachlich: Bildung, Gymnasium*) classique
humanitär [humani'tɛ:ɐ̯] *Adj.* humanitaire
Humanität [humani'tɛ:t] <-> *f* humanité *f*
Humanmedizin *f kein Pl.* médecine *f* [humaine]
Humbug ['hʊmbu:k] <-s> *m pej fam* (*Schwindel*) fumisterie *f*
Hummel ['hʊməl] <-, -n> *f* bourdon *m*
Hummer ['hʊmɐ] <-s, -> *m* homard *m*
Humor [hu'mo:ɐ̯] <-s> *m* humour *m*
Humorist(in) <-en, -en> *m(f)* comique *mf;* (*Schriftsteller*) humoriste *mf*
humoristisch [humo'rɪstɪʃ] *Adj.* humoristique
humorlos *Adj.* dépourvu(e) d'humour
Humorlosigkeit <-> *f* manque *m* d'humour
humorvoll *Adj.* plein(e) d'humour
humpeln ['hʊmpəln] *intr. V.* boitiller
Humpen ['hʊmpən] <-s, -> *m* chope *f* [munie d'un couvercle]
Humus ['hu:mʊs] <-> *m* humus *m*
Hund [hʊnt] <-[e]s, -e> *m* ① chien *m;* **Vorsicht, bissiger ~!** [attention,] chien méchant ! ② *fam* (*Mensch*) **ein armer ~** un pauvre bougre ③ *pej fam* (*Schuft*) salaud *m* ▶ **bekannt sein wie ein bunter ~** *fam* être connu comme le loup blanc; **vor die ~e gehen** *fam* se retrouver dans le pétrin
Hundefutter *nt* nourriture *f* pour chiens **Hundegebell** *nt* aboiements *mpl* **Hundehütte** *f* niche *f* **Hundeleben** *nt pej fam* vie *f* de chien **Hundeleine** *f* laisse *f* **Hundemarke** *f* plaque *f* de chien *(attestant le paiement de la taxe sur les chiens)* **hundemüde** *Adj. fam* **~ sein** être [complètement] crevé **Hunderasse** *f* race *f* de chiens
hundert ['hʊndɐt] *Num.* ① cent; **einige ~ Menschen** quelques centaines de personnes; *s.a.* **achtzig** ② *fam* (*viele*) **~ Einzelheiten** trente-six détails
Hundert[1] ['hʊndɐt] <-, -en> *f* cent *m*
Hundert[2] <-s, -e> *nt* centaine *f;* **~e von Fliegen** des centaines de mouches
hunderteins *Num.* cent un
Hunderter <-s, -> *m fam* (*Banknote*) billet *m* de cent
hundertfach *Adj.* cent fois; *s.a.* **achtfach** **Hundertjahrfeier** *f* centenaire *m* **hundertjährig** *Adj.* ① (*Person, Baum*) centenaire ② (*Entwicklung*) de cent années **hundertmal** *Adv.* cent fois; *s.a.* **achtmal** **Hundertmeterlauf** *m* cent mètres *m* [plat] **hundertprozentig** *Adj. fam* (*total*) cent pour cent
hundertste(r, s) ['hʊndɐstə, -tɐ, -təs] *Adj.* centième; **jeder Hundertste** une personne sur cent; *s.a.* **achte(r, s)** ▶ **vom Hundertsten ins Tausendste kommen** *fam* passer du coq à l'âne

hundertstel *Num.* **auf ein ~ Millimeter genau** au centième de millimètre près

Hundertstel <-s, -> *nt* centième *m*

hunderttausend ['hʊndɐt'tauzənt] *Num.* ❶ cent mille ❷ *fam* (*unzählige*) des milliers de

Hundesteuer *f* taxe *f* sur les chiens **Hundewetter** *nt fam kein Pl.* temps *m* de chien

Hündin ['hʏndɪn] *f* chienne *f*

hundsgemein *fam Adj.* (*Kerl, Lüge*) sale *antéposé* **Hundstage** *Pl* canicule *f*

Hüne ['hy:nə] <-n, -n> *m* géant *m*

Hunger ['hʊŋɐ] <-s> *m* ❶ faim *f*; **~ haben/bekommen** avoir/commencer à avoir faim; **~ auf etw** (*Akk*) **haben** avoir faim de qc; **vor ~ [fast] umkommen** *fam* crever de faim ❷ *geh* (*Verlangen*) soif *f*

Hungerlohn *m pej* salaire *m* de famine

hungern ['hʊŋɐn] *intr. V.* ❶ souffrir de la faim ❷ (*zum Abnehmen*) faire un régime

Hungersnot *f* famine *f*

Hungerstreik *m* grève *f* de la faim **Hungertuch** ▸ **am ~ nagen** *iron fam* manger de la vache enragée

hungrig ['hʊŋrɪç] *Adj.* affamé(e)

Hupe ['hu:pə] <-, -n> *f* klaxon® *m*

hupen ['hu:pən] *intr. V.* klaxonner

hüpfen ['hʏpfən] *intr. V. + sein* (*Person*) sauter; (*Vogel*) sautiller

Hürde ['hʏrdə] <-, -n> *f* (*beim Hürdenlauf*) haie *f*; (*im Reitsport*) obstacle *m*

Hure ['hu:rə] <-, -n> *f pej* putain *f* (*vulg*)

hurra [hʊ'ra:] *Interj.* hourra

Hurra <-s, -s> *nt* hourra *m*

Hurrikan ['hʊrikan] <-s, -e> *m* ouragan *m*

husch *Interj. fam* (*schnell*) **~!** et hop !

huschen ['hʊʃən] *intr. V. + sein* **über jds Gesicht ~** (*Lächeln*) glisser furtivement sur le visage de qn; **aus der Tür ~** (*schnell/verstohlen*) sortir vivement/furtivement

hüsteln ['hy:stəln] *intr. V.* toussoter

husten ['hu:stən] *intr. V.* tousser

Husten <-s> *m* toux *f*; **~ haben** tousser

Hustenanfall *m* quinte *f* de toux **Hustenbonbon** *m o nt* bonbon *m* contre la toux **Hustensaft** *m* sirop *m* contre la toux

Hut[1] [hu:t, *Pl:* 'hy:tə] <-[e]s, Hüte> *m* chapeau *m* ▸ **~ ab vor jdm/etw!** *fam* chapeau à qn/qc !

Hut[2] [hu:t] *f geh* ▸ **auf der ~ sein** se tenir sur ses gardes

hüten ['hy:tən] **I.** *tr. V.* (*Geheimnis, Bett*) garder **II.** *refl. V.* **sich vor jdm/etw ~** se méfier de qn/se garder de qc; **sich ~ etw zu tun** se garder de faire qc

Hüter ▸ **die ~ des Gesetzes** *hum* les représentants de l'ordre

Hutmacher(in) *m(f)* chapelier(-ière) *m(f)*; (*für Frauenhüte*) modiste *mf*

Hutsche <-, -n> A balançoire *f*

hutschen *intr. V.* A faire de la balançoire

Hütte ['hʏtə] <-, -n> *f* ❶ cabane *f* ❷ (*Stahlhütte*) aciérie *f*

Hüttenkäse *m* cottage® *m* (*fromage blanc à gros caillots*)

Hyäne ['hyɛ:nə] <-, -n> *f* hyène *f*

Hyazinthe [hya'tsɪntə] <-, -n> *f* jacinthe *f*

Hybridantrieb [hy'bri:t-] <-en, -en> *m* motorisation *f* hybride **Hybridfahrzeug** *nt* véhicule *m* hybride

Hydrant [hy'drant] <-en, -en> *m* bouche *f* d'incendie

Hydraulik [hy'draulɪk] <-> *f* hydraulique *f*

hydraulisch *Adj.* hydraulique

Hydrokultur [hydrokʊl'tu:ɐ̯] *f* culture *f* hydroponique

Hygiene [hy'gi̯e:nə] <-> *f* hygiène *f*

hygienisch *Adj.* hygiénique

Hymne ['hʏmnə] <-, -n> *f* hymne *m*

Hyperlink ['haɪpɐlɪŋk] *m* INET hyperlien *m*

Hypertext ['haɪpɐtɛkst] *m* INET hypertexte *m*

Hypnose [hʏp'no:zə] <-, -n> *f* hypnose *f*; **jdn in ~** (*Akk*) **versetzen** hypnotiser qn

hypnotisch [hʏp'no:tɪʃ] *Adj.* hypnotique

hypnotisieren* [hʏpnoti'zi:rən] *tr. V.* hypnotiser

Hypochonder [hypo'xɔndɐ] <-s, -> *m* PSYCH hypocondriaque *mf*

Hypotenuse [hypote'nu:zə] <-, -n> *f* MATH hypoténuse *f*

Hypothek [hypo'te:k] <-, -en> *f* hypothèque *f*

Hypothese [hypo'te:zə] <-, -n> *f* hypothèse *f*; **eine ~ aufstellen** émettre une hypothèse

hypothetisch [hypo'te:tɪʃ] *Adj.* hypothétique

Hysterie [hʏste'ri:] <-, -n> *f* hystérie *f*

hysterisch [hʏs'te:rɪʃ] *Adj.* hystérique

Hz *Abk. von* **Hertz** Hz

I i

I, i [iː] <-, -> *nt* I *m*/i *m*
i *Interj. fam* be[u]rk ▸ **~ wo!** penses-tu/pensez-vous !
i. A. *Abk. von* **im Auftrag** p.o.
iberisch [iˈbeːrɪʃ] *Adj.* ibérique
IC [iːˈtseː] <-s, -s> *m Abk. von* **Intercity** IC *m*
ICE [iːtseːʔˈeː] <-s, -s> *m* train *m* à grande vitesse

> **ICE** est l'abréviation de *Intercityexpress[zug]*. C'est un train à grande vitesse de la *Deutsche Bahn* qui peut atteindre jusqu'à 300 km/h. Cousin du TGV français, il relie entre elles les grandes villes allemandes depuis 1991.

ich [ɪç] *Personalpron.* je; (*betont, allein stehend*) moi; **hier bin ~!** me voici !
Ich <-[s], -s> *nt a.* PSYCH moi *m;* **mein zweites ~** mon autre moi
Ich-Erzählung *f* récit *m* à la première personne **Ichform** *f* première personne *f*
Icon [ˈaɪkən] <-s, -s> *nt* INFORM icône *f*
IC-Zuschlag [iːˈtseːˈtsuːʃlaːk] *m* supplément *m* IC
ideal [ideˈaːl] *Adj.* idéal(e)
Ideal <-s, -e> *nt* idéal *m*
Idealfall *m* cas *m* idéal **Idealgewicht** [ideˈaːlgəvɪçt] *nt* poids *m* idéal
idealisieren* [idealiˈziːrən] *tr. V.* idéaliser
Idealismus [ideaˈlɪsmʊs] <-> *m* idéalisme *m*
Idealist(in) [ideaˈlɪst] <-en, -en> *m(f)* idéaliste *mf*
idealistisch *Adj.* idéaliste
Idee [iˈdeː] <-, -n> *f* ❶ idée *f;* **eine ~ haben** avoir une idée; **jdn auf eine ~ bringen** donner une idée à qn; **wie kommst du denn auf die ~?** où vas-tu chercher une idée pareille ? ❷ *fam* (*Kleinigkeit*) **eine ~ zu kalt** un soupçon trop froid
ideell [ideˈɛl] *Adj.* (*Werte*) spirituel(le); (*Gesichtspunkte*) intellectuel(le)
ideenreich [iˈdeːənraiç] *Adj.* inventif(-ive)
Identifikation [idɛntifikaˈtsi̯oːn] <-, -en> *f* identification *f*
Identifikationsfigur *f* modèle *m* identificatoire
identifizieren* [idɛntifiˈtsiːrən] **I.** *tr. V.* identifier **II.** *refl. V.* **sich mit jdm/etw ~** s'identifier à qn/qc
Identifizierung <-, -en> *f* identification *f*
identisch [iˈdɛntɪʃ] *Adj.* identique
Identität [idɛntiˈtɛːt] <-> *f* identité *f*
Identitätskarte *f bes* A, CH carte *f* d'identité
Ideologe [ideoˈloːgə] <-n, -n> *m,* **Ideologin** *f* idéologue *mf*
Ideologie [ideoloˈgiː] <-, -n> *f* idéologie *f*
ideologisch [ideoˈloːgɪʃ] *Adj.* idéologique
idiomatisch [idi̯oˈmaːtɪʃ] *Adj.* idiomatique
Idiot(in) [iˈdi̯oːt] <-en, -en> *m(f) pej fam* idiot(e) *m(f)*
idiotensicher *iron fam Adj.* simple comme bonjour
Idiotie [idi̯oˈtiː] <-, -n> *f pej fam* connerie *f*
idiotisch *Adj. pej fam* débile
Idol [iˈdoːl] <-s, -e> *nt* idole *f*
Idylle [iˈdʏlə] <-, -n> *f* idylle *f*
idyllisch *Adj.* idyllique
Igel [ˈiːgəl] <-s, -> *m* hérisson *m*
igitt[igitt] *Interj. fam* be[u]rk
Iglu <-s, -s> *m o nt* igloo *m*
ignorant *Adj. pej geh* inculte
Ignorant(in) [ɪgnoˈrant] <-en, -en> *m(f) pej geh* inculte *mf*
Ignoranz [ɪgnoˈrants] <-> *f pej geh* ignorance *f*
ignorieren* [ɪgnoˈriːrən] *tr. V.* (*Person*) ignorer; (*Sache*) ne pas prendre en considération
ihm[1] [iːm] *Personalpron., Dat. von* **er** lui; **sie glaubt ~** elle le croit; **es geht ~ gut** il va bien
ihm[2] *Personalpron., Dat. von* **es: er hilft ~** il l'aide; **das gefällt ~** cela lui plaît; **~ ist langweilig** il s'ennuie; **um das Kalb zu fotografieren, näherte sie sich ~** pour photographier le veau, elle s'en approcha
ihn [iːn] *Personalpron., Akk. von* **er: ohne ~** sans lui; **ich kenne ~** je le connais; **er fragt ~** il lui demande; **wo ist mein Schlüssel, siehst du ~?** où est ma clé, est-ce que tu la vois ?

ihnen ['i:nən] *Personalpron., Dat. von* **sie**[2]: **bei ~** chez eux/elles; **das gefällt ~** cela leur plaît; **sie glaubt ~** elle les croit; **es geht ~ gut** ils/elles vont bien

Ihnen *Personalpron., Dat. von* **Sie**[1] vous; **wie geht es ~?** comment allez-vous ?

ihr[1] [i:ɐ̯] *Personalpron.* vous; **~ seid an der Reihe!** c'est votre tour !

ihr[2] *Personalpron., Dat. von* **sie**[1]: **bei ~** chez elle; **das gefällt ~** cela lui plaît; **sie hilft ~** elle l'aide; **es geht ~ gut** elle va bien; **um die Katze zu fotografieren, näherte er sich ~** pour photographier le chat, il s'en approcha

ihr[3] *Possessivpron. zu* **sie**[1] ❶ **~ Bruder** son frère; **~e Schwester** sa sœur; **~e Eltern** ses parents; **dieses Feuerzeug ist ~[e]s** ce briquet est à elle ❷ *substantivisch* **der/die/das ~e** le sien/la sienne; **die Ihren** les siens

ihr[4] *Possessivpron. zu* **sie**[2] ❶ **~ Bruder** leur frère; **~e Brüder** leurs frères ❷ *substantivisch* **der/die/das ~e** le/la leur; **die Ihren** les leurs

Ihr *Possessivpron. zu* **Sie**[1] ❶ votre; **~e Kinder** vos enfants; **herzlichst ~ Peter Braun** cordialement, Peter Braun ❷ *substantivisch* **der/die/das ~e** le/la vôtre; **die ~en** les vôtres

ihrer[1] *Personalpron., Gen. von* **sie**[1] *geh* **er erbarmt sich ~** il a pitié d'elle

ihrer[2] *Personalpron., Gen. von* **sie**[2] *geh* **es waren ~ sechs** ils/elles étaient six; **wir werden ~ gedenken** nous nous souviendrons d'eux/d'elles

ihrerseits ['i:rɐzaits] *Adv.* ❶ (*auf eine Person bezogen*) de son côté ❷ (*auf mehrere Personen bezogen*) de leur côté

Ihrerseits *Adv.* de votre côté

ihresgleichen ['i:rəs'glaiçən] *Pron. unv.* **sie verkehrt nur mit ~** elle ne fréquente que les gens de sa sorte; **sie verkehren nur mit ~** ils ne fréquentent que les gens de leur sorte; **unter ~** entre eux/elles

Ihresgleichen *Pron. unv.* des gens *mpl* comme vous

ihretwegen ['i:rət've:gən] *Adv.* ❶ (*ihr zuliebe*) pour elle; (*von ihr aus*) si cela ne tenait/n'avait tenu qu'à elle ❷ (*ihnen zuliebe*) pour eux/pour elles; (*von ihnen aus*) si cela ne tenait/n'avait tenu qu'à eux/elles

Ihretwegen *Adv.* (*Ihnen zuliebe*) pour vous; (*von Ihnen aus*) si cela ne tenait/n'avait tenu qu'à vous

Ikone [i'ko:nə] <-, -n> *f* icône *f*

illegal ['ɪlega:l] *Adj.* illégal(e)

Illegalität [ɪlegali'tɛ:t] <-> *f* illégalité *f*

illegitim ['ɪlegiti:m] *Adj.* illégitime

Illusion [ɪlu'zi̯o:n] <-, -en> *f* illusion *f*; **sich** (*Dat*) **über jdn/etw ~en machen** se faire des illusions sur qn/qc

illusorisch [ɪlu'zo:rɪʃ] *Adj.* illusoire

Illustration [ɪlʊstra'tsi̯o:n] <-, -en> *f* illustration *f*

illustrieren* [ɪlʊs'tri:rən] *tr. V.* illustrer

Illustrierte <-n, -n> *f* illustré *m*

Iltis ['ɪltɪs] <-ses, -se> *m* putois *m*

im [ɪm] = **in dem** *s.* **in**

Image ['ɪmɪtʃ] <-[s], -s> *nt* image *f* de marque

imaginär [imagi'nɛ:ɐ̯] *Adj. geh* imaginaire

Imbiss[RR] ['ɪmbɪs] <-es, -e>, **Imbiß**[ALT] <-sses, -sse> *m* ❶ (*Häppchen*) collation *f* ❷ (*Imbissstand*) friterie *f*

Imbissstube[RR] *f* snack[-bar] *m*

Imitation [imita'tsi̯o:n] <-, -en> *f* imitation *f*

Imitator [imi'ta:to:ɐ̯] <-s, -toren> *m*, **Imitatorin** *f* imitateur(-trice) *m(f)*

imitieren* [imi'ti:rən] *tr. V.* imiter

Imker(in) ['ɪmkɐ] <-s, -> *m(f)* apiculteur(-trice) *m(f)*

Immatrikulation [ɪmatrikula'tsi̯o:n] <-, -en> *f* UNIV inscription *f*

immatrikulieren* [ɪmatriku'li:rən] *refl. V.* UNIV **sich ~** s'inscrire

immens [ɪ'mɛns] *geh* **I.** *Adj.* énorme **II.** *Adv.* énormément

immer ['ɪmɐ] *Adv.* ❶ toujours; **~ wieder** sans cesse; **~ noch** toujours [et encore]; **~ mal [wieder]** *fam* comme ça, à l'occasion ❷ (*zunehmend*) **~ mehr** de plus en plus; **~ größer** de plus en plus grand(e) ❸ (*jedes Mal*) **~, wenn ich lese** chaque fois que je lis ❹ (*auch*) **wann ~ das sein wird** peu importe quand ce sera; **wo ~ er sein mag** où qu'il soit

immerhin ['ɪmɐ'hɪn] *Adv.* tout de même **immerzu** *Adv.* continuellement

Immigrant(in) [ɪmi'grant] <-en, -en> *m(f)* immigrant(e) *m(f)*

Immigration [ɪmigra'tsi̯o:n] <-, -en> *f* immigration *f*

immigrieren* [ɪmiˈgriːrən] *intr. V. + sein* immigrer
Immission <-, -en> *f* ÖKOL nuisance *f*
Immobilie [ɪmoˈbiːli̯ə] <-, -n> *f* propriété *f* immobilière; **~n** des biens *mpl* immobiliers
immun [ɪˈmuːn] *Adj.* MED **gegen eine Krankheit ~ werden/sein** s'immuniser/être immunisé contre une maladie
Immunität [ɪmuniˈtɛːt] <-, -en> *f* MED, JUR immunité *f*
Immunschwäche *f* MED immunodéficience *f* **Immunsystem** *nt* MED système *m* immunitaire
Imperativ [ˈɪmperatiːf] <-s, -e> *m* LING impératif *m*
Imperfekt [ˈɪmpɛrfɛkt] <-s, -e> *nt* LING imparfait *m*
Imperialismus [ɪmperiaˈlɪsmʊs] <-, -lismen> *m* impérialisme *m*
imperialistisch [ɪmperiaˈlɪstɪʃ] *Adj. pej* impérialiste
Imperium [ɪmˈpeːriʊm, *Pl:* ɪmˈpeːri̯ən] <-s, -rien> *nt* empire *m*
impfen [ˈɪmpfən] *tr. V.* MED vacciner
Impfpass[RR] [ˈɪmpfpas] *m* carnet *m* de vaccination **Impfstoff** *m* vaccin *m*
Impfung <-, -en> *f* vaccination *f*
Implantat [ɪmplanˈtaːt] <-[e]s, -e> *nt* implant *m*
implantieren *tr. V.* **jdm etw ~** implanter qc à qn
implizieren* *tr. V. geh* impliquer
imponieren* [ɪmpoˈniːrən] *intr. V.* **jdm ~** (*Person, Leistung*) en imposer à qn
imponierend *Adj.* imposant(e)
Imponiergehabe *nt* (*eines Tiers*) parade *f; pej* (*einer Person*) simagrées *fpl*
Import [ɪmˈpɔrt] <-[e]s, -e> *m* ❶ (*Einfuhr*) importation *f* ❷ (*Importartikel*) article *m* d'importation
Importeur(in) [ɪmpɔrˈtøːɐ] <-s, -e> *m(f)* importateur(-trice) *m(f)*
importieren* [ɪmpɔrˈtiːrən] *tr. V.* importer
imposant *Adj.* impressionnant(e)
impotent [ˈɪmpotɛnt] *Adj.* impuissant(e)
Impotenz [ˈɪmpotɛnts] <-> *f* impuissance *f*
imprägnieren* [ɪmprɛˈgniːrən] *tr. V.* imperméabiliser
Impressionismus [ɪmprɛsi̯oˈnɪsmʊs] <-> *m* impressionnisme *m*
Impressionist(in) [ɪmprɛsi̯oˈnɪst] <-en, -en> *m(f)* impressionniste *mf*
impressionistisch [ɪmprɛsi̯oˈnɪstɪʃ] *Adj.* impressionniste
Impressum [ɪmˈprɛsʊm] <-s, Impressen> *nt* adresse *f* bibliographique; (*einer Zeitung*) mentions *fpl* obligatoires
Improvisation [ɪmprovizaˈtsi̯oːn] <-, -en> *f* improvisation *f*
improvisieren* [ɪmproviˈziːrən] *tr., intr. V.* improviser
Impuls [ɪmˈpʊls] <-es, -e> *m* impulsion *f*
impulsiv [ɪmpʊlˈziːf] *Adj.* impulsif(-ive)
imstande [ɪmˈʃtandə] *Adj.* **~ sein etw zu tun** être capable de faire qc
in[1] [ɪn] **I.** *Präp. + Dat.* ❶ (*bei Ortsangaben*) **~ der Tasche** dans le sac; **im Bett/Büro** au lit/bureau; **im Keller/ersten Stock** à la cave/au premier étage; **~ der Stadt** en ville; **~ Frankreich/Portugal** en France/au Portugal; **im Gebirge/~ den Alpen leben** vivre en montagne/dans les Alpes; **im Norden Deutschlands wohnen** habiter dans le nord de l'Allemagne ❷ (*bei Zeitangaben*) **~ fünf Minuten** (*innerhalb von*) en cinq minutes; (*nach Ablauf von*) dans cinq minutes; **~ diesem Jahr** cette année; **im Mai** en mai; **im Frühling/Sommer** au printemps/en été; **im letzten Augenblick** au dernier moment; **im Krieg** pendant la guerre ❸ (*bei Umstandsangaben*) **~ der Sonne/Kälte** au soleil/dans le froid; **im Regen** sous la pluie; **im Badeanzug** en maillot de bain ❹ (*in Bezug auf*) **~ Physik** en physique; **~ dieser Sprache** dans cette langue **II.** *Präp. + Akk.*; (*bei Richtungsangaben*) **~ den Garten/die Stadt gehen** aller au jardin/en ville; **~ die Schweiz/den Libanon fahren** aller en Suisse/au Liban; **~s Gebirge/~ die Alpen fahren** aller à la montagne/dans les Alpes; **~ den Süden fahren** aller dans le sud; **~ die Schule gehen** aller à l'école
in[2] *Adj. fam* **~ sein** être in
inakzeptabel [ɪnʔaktsɛpˈtaːbəl] *Adj. geh* inacceptable
Inbegriff [ˈɪnbəgrɪf] *m* incarnation *f*
inbegriffen [ˈɪnbəgrɪfən] *Adj.* inclus(e)
Inbetriebnahme [ɪnbəˈtriːpnaːmə] <-, -n> *f form* (*einer Anlage*) mise *f* en service; (*einer Maschine*) mise en marche

Inbrunst ['ɪnbrʊnst] <-> *f geh* ferveur *f*
inbrünstig ['ɪnbrʏnstɪç] *geh Adj.* (*Gebet*) fervent(e); (*Bitte*) ardent(e)
indem [ɪn'deːm] *Konj.* ❶ (*dadurch, dass*) **etw bewirken, ~ man etw tut** obtenir qc en faisant qc ❷ (*während: bei identischen Subjekten*) [tout] en; (*bei unterschiedlichen Subjekten*) tandis que
Inder(in) ['ɪndɐ] <-s, -> *m(f)* Indien(ne) *m(f) (de l'Inde)*
indes [ɪn'dɛs], **indessen** [ɪn'dɛsən] *Adv. geh* ❶ (*inzwischen*) pendant ce temps[-là] ❷ (*jedoch*) cependant
Index ['ɪndɛks] <-[es], -e> *m* ❶ (*Register*) index *m* ❷ (*Kennziffer*) indice *m*
Indianer(in) [ɪndi'aːnɐ] <-s, -> *m(f)* Indien(ne) *m(f) (d'Amérique)*
indianisch *Adj.* indien(ne)
Indien ['ɪndiən] <-s> *nt* l'Inde *f*
Indikativ ['ɪndikatiːf] <-s, -e> *m* LING indicatif *m*
Indikator <-s, -toren> *m* CHEM indicateur *m* [coloré]
Indio ['ɪndio] <-s, -s> *m*, **-frau** *f* Indien(ne) *m(f) (d'Amérique latine)*
indirekt ['ɪndirɛkt] *Adj.* indirect(e)
indisch ['ɪndɪʃ] *Adj.* indien(ne)
indiskret ['ɪndɪskreːt] *Adj.* indiscret (-ète)
Indiskretion <-, -en> *f* indiscrétion *f*
Individualismus <-> *m geh* individualisme *m*
Individualist(in) [ɪndividua'lɪst] <-en, -en> *m(f) geh* individualiste *mf*
individualistisch *Adj. geh* non-conformiste
individuell [ɪndivi'duɛl] *Adj.* personnel(le)
Individuum [ɪndi'viːduʊm] <-s, Individuen> *nt geh* individu *m*
Indiz [ɪn'diːts] <-es, -ien> *nt* indice *m*
Indizes *Pl. von* **Index**
Indochina [ɪndo'çiːna] *nt* l'Indochine *f*
indoeuropäisch *Adj.* indo-européen(ne) **indogermanisch** *Adj.* indo-européen(ne)
indoktrinieren* *tr. V. pej* endoctriner
Indonesien [ɪndo'neːziən] <-s> *nt* l'Indonésie *f*
Induktion [ɪndʊk'tsioːn] <-, -en> *f* ELEC induction *f*
industrialisieren* [ɪndʊstriali'ziːrən] *tr. V.* industrialiser
Industrialisierung <-, -en> *f* industrialisation *f*
Industrie [ɪndʊs'triː] <-, -n> *f* industrie *f*
Industriebetrieb *m* entreprise *f* industrielle **Industriegebiet** *nt* zone *f* industrielle **Industriegesellschaft** *f* société *f* industrielle **Industriegewerkschaft** *f* syndicat *m* ouvrier **Industriekaufmann** *m*, **-kauffrau** *f* agent *m* technico-commercial
industriell [ɪndʊstri'ɛl] *Adj.* industriel(le)
Industrielle(r) *f(m) dekl wie Adj* industriel(le) *m(f)*
Industriestaat *m* pays *m* industriel **Industrie- und Handelskammer** *f* chambre *f* de commerce et d'industrie **Industriezweig** *m* secteur *m* industriel
ineinander [ɪnʔai'nandɐ] *Adv.* **~ übergehen** se confondre [l'un(e) avec l'autre]; **sich ~ verlieben** tomber amoureux l'un(e) de l'autre
ineinander|fließen *intr. V. unreg* (*Flüsse*) confluer; (*Farben, Substanzen*) se fondre [entre eux/elles] **ineinander|greifen** *intr. V. unreg* (*Zahnräder*) s'engrener; (*Maßnahmen, Aktivitäten*) se recouper **ineinander|passen** *intr. V.* (*Rohrstücke, Konstruktionsteile*) s'emboîter **ineinander|stecken** *tr. V.* (*Rohrstücke, Konstruktionsteile*) emboîter
infam [ɪn'faːm] *Adj.* ignoble
Infanterie ['ɪnfant(ə)riː] <-, -n> *f* infanterie *f*
infantil [ɪnfan'tiːl] *Adj.* puéril(e)
Infarkt [ɪn'farkt] <-[e]s, -e> *m* MED infarctus *m*
Infekt <-[e]s, -e> *m* infection *f*
Infektion [ɪnfɛk'tsi̯oːn] <-, -en> *f* infection *f*
Infektionsgefahr *f* danger *m* d'infection **Infektionskrankheit** *f* maladie *f* infectieuse
Inferno [ɪn'fɛrno] <-s> *nt geh* enfer *m*
Infinitiv ['ɪnfɪnitiːf] <-s, -e> *m* LING infinitif *m*
infizieren* [ɪnfi'tsiːrən] **I.** *tr. V.* (*Person, Tier*) contaminer **II.** *refl. V.* (*Wunde*) s'infecter; **sich bei jdm ~** être contaminé par qn
in flagranti [ɪn fla'granti] *Adv. geh* en flagrant délit
Inflation [ɪnfla'tsi̯oːn] <-, -en> *f* inflation *f*
Inflationsrate *f* taux *m* d'inflation

Info ['ɪnfo] <-, -s> *f fam Abk. von* **Information** info *f*

infolge [ɪn'fɔlgə] *Präp. + Gen.* ~ **dieses Unfalls** à la suite de cet accident

infolgedessen [ɪnfɔlgə'dɛsən] *Adv.* en conséquence

Informatik [ɪnfɔr'ma:tɪk] <-> *f* informatique *f*

Informatiker(in) <-s, -> *m(f)* informaticien(ne) *m(f)*

Information [ɪnfɔrma'tsi̯o:n] <-, -en> *f* information *f*

Informationsfluss[RR] *m* circulation *f* de l'information **Informationszeitalter** *nt* époque *f* de l'information

informativ [ɪnfɔrma'ti:f] *Adj. geh* informatif(-ive)

informell ['ɪnfɔrmɛl] *geh Adj.* informel(le)

informieren* [ɪnfɔr'mi:rən] **I.** *tr. V.* **jdn über etw** (*Akk*) ~ informer qn sur qc **II.** *refl. V.* **sich über etw** (*Akk*) ~ s'informer sur qc

infrarot ['ɪnfraro:t] *Adj.* infrarouge

Infrarotlampe *f* lampe *f* à infrarouge[s]

Infrastruktur ['ɪnfraʃtrʊktu:ɐ̯] *f* infrastructure *f gén. pl.*

Infusion [ɪnfu'zio:n] <-, -en> *f* perfusion *f*

Ing. *Abk. von* **Ingenieur** ing.

Ingenieur(in) [ɪnʒe'ni̯ø:ɐ̯] <-s, -e> *m(f)* ingénieur *mf*

Ingwer ['ɪŋvɐ] <-s> *m* gingembre *m*

Inh. *Abk. von* **Inhaber, Inhalt**

Inhaber(in) ['ɪnha:bɐ] <-s, -> *m(f)* (*eines Geschäfts*) propriétaire *mf;* (*von Wertpapieren*) détenteur(-trice) *m(f)*

inhaftieren* [ɪnhaf'ti:rən] *tr. V.* emprisonner

inhalieren* [ɪnha'li:rən] *tr. V.* inhaler

Inhalt ['ɪnhalt] <-[e]s, -e> *m* ❶ (*einer Tasche*) contenu *m* ❷ (*eines Romans*) fond *m*

inhaltlich *Adj.* (*Frage*) de contenu

Inhaltsangabe *f* résumé *m* **inhaltslos** *Adj.* creux(-euse) **Inhaltsverzeichnis** *nt* table *f* des matières

inhuman *Adj.* inhumain(e)

Initiative [initsi̯a'ti:və] <-, -n> *f* (*Anstoß*) initiative *f*

Initiator [ini'tsia:tɔ:r] <-s, -toren> *m,* **Initiatorin** *f* (*einer Aktion*) initiateur(-trice) *m(f)*

Injektion [ɪnjɛk'tsi̯o:n] <-, -en> *f* injection *f*

injizieren* [ɪnji'tsi:rən] *tr. V.* **jdm etw** ~ injecter qc à qn

Inka ['iŋka] <-[s], -[s]> *m* Inca *m*

Inkasso [ɪn'kaso] <-s, -s *o* A Inkassi> *nt* FIN recouvrement *m*

inkl. *Abk. von* **inklusive**

inklusive [ɪnklu'zi:və] *Präp. + Gen.* inclus(e) *postposé*

inkognito [ɪn'kɔgnito] *Adv.* incognito

inkompetent ['ɪnkɔmpetɛnt] *Adj.* incompétent(e)

Inkompetenz ['ɪnkɔmpetɛnts] *f* incompétence *f*

inkonsequent *Adj.* inconséquent(e)

Inkonsequenz *f* inconséquence *f*

inkorrekt ['ɪnkɔrɛkt] *Adj.* incorrect(e)

In-Kraft-Treten[RR] <-s> *nt form* (*eines Gesetzes*) entrée *f* en vigueur

Inkubationszeit *f* MED période *f* d'incubation

Inland ['ɪnlant] *nt kein Pl.* intérieur *m* du pays

inländisch ['ɪnlɛndɪʃ] *Adj.* national(e)

Inlineskater[RR] ['inlaɪnskəɪtɐ] <-s, -> *m* patineur(-euse) *m(f)* en ligne

Inlineskates[RR] ['inlaɪnskəɪts] <-> *Pl* rollers *mpl*

inmitten [ɪn'mɪtən] *Präp. + Gen.* ~ **der Leute/des Raumes** au milieu des gens/de la pièce

inne|haben ['ɪnəha:bən] *tr. V. unreg form* occuper **inne|halten** *intr. V. unreg geh* s'interrompre

innen ['ɪnən] *Adv.* à l'intérieur; **von** ~ de l'intérieur

Innenarchitekt(in) *m(f)* architecte *mf* d'intérieur **Inneneinrichtung** *f* aménagement *m* intérieur **Innenhof** *m* cour *f* intérieure **Innenleben** *nt kein Pl.* ❶ (*Seelenleben*) vie *f* intérieure ❷ *fam* (*das Innere: eines Geräts*) ventre *m* **Innenminister(in)** *m(f)* ministre *mf* de l'Intérieur **Innenministerium** *nt* ministère *m* de l'Intérieur **Innenpolitik** *f* politique *f* intérieure **innenpolitisch** *Adj.* concernant la politique intérieure **Innenraum** *m* ❶ (*eines Gebäudes*) intérieur *m* ❷ (*das Innere: eines Wagens*) habitacle *m* **Innenseite** *f* côté *m* intérieur **Innenstadt** *f* centre[-ville] *m*

innerbetrieblich ['ɪnɐbətri:plɪç] *Adj.* interne à l'entreprise

innere(r, s) ['ɪnərə, -rɐ, -rəs] *Adj.* ❶ intérieur(e) ❷ (*Verletzung, Aufbau, Ordnung*) interne ❸ (*Anteilnahme*) profond(e)

Innere(s) *nt dekl wie Adj* ❶ (*innerer Teil*) intérieur *m* ❷ (*Innenleben*) moi *m* profond

Innereien *Pl* entrailles *fpl*; (*von Geflügel*) abats *mpl*

innerhalb ['ɪnɐhalp] **I.** *Adv.* à l'intérieur **II.** *Präp. + Gen.* ❶ ~ **Berlins/Deutschlands** dans Berlin/en Allemagne ❷ (*binnen*) ~ **einer Stunde** en [l'espace d']une heure; ~ **dieser Woche** dans le courant de cette semaine

innerlich *Adj.* (*Körperteil*) interne; (*Erregung*) profond(e); (*Anspannung*) intérieur(e)

innerorts *Adv.* A, CH en agglomération

innerste(r, s) ['ɪnɐstə, -tɐ, -təs] *Adj.* ❶ (*Teil*) central(e) ❷ (*Überzeugung*) intime

inne|wohnen ['ɪnəvoːnən] *intr. V. geh* **jdm/einer S.** ~ être inhérent à qn/qc

innig ['ɪnɪç] *Adj.* ❶ (*tief gehend*) sincère ❷ (*sehr eng*) étroit(e)

Innovation [ɪnova'tsi̯oːn] <-, -en> *f* innovation *f*

innovativ [ɪnova'tiːf] *Adj.* innovateur (-trice)

Innung ['ɪnʊŋ] <-, -en> *f* corporation *f*

inoffiziell ['ɪnʔɔfitsi̯ɛl] *Adj.* (*Treffen*) non officiel(le); (*Information*) officieux(-euse)

Input <-s, -s> *m* INFORM input *m*

Inquisition <-> *f* HIST Inquisition *f*

ins [ɪns] = **in das** *s.* **in**

Insasse ['ɪnzasə] <-n, -n> *m*, **Insassin** *f* (*eines Fahrzeugs*) passager(-ère) *m(f)*; (*einer Anstalt*) patient(e) *m(f)*; (*eines Gefängnisses*) détenu(e) *m(f)*

insbesondere [ɪnsbə'zɔndərə] *Adv.* en particulier

Inschrift ['ɪnʃrɪft] *f* inscription *f*

Insekt [ɪn'zɛkt] <-[e]s, -en> *nt* insecte *m*

Insektenstich *m* piqûre *f* d'insecte

Insektizid [ɪnzɛkti'tsiːt] <-s, -e> *nt* insecticide *m*

Insel ['ɪnzəl] <-, -n> *f* île *f*

Inselgruppe *f* chapelet *m* d'îles

Inserat [ɪnze'raːt] <-[e]s, -e> *nt* [petite] annonce *f*

inserieren* [ɪnze'riːrən] *intr. V.* **in etw** (*Dat*) ~ passer une annonce dans qc

insgeheim [ɪnsgə'haim] *Adv.* secrètement

insgesamt [ɪnsgə'zamt] *Adv.* ❶ (*alles zusammen*) en tout ❷ (*im Großen und Ganzen*) dans l'ensemble

Insider(in) ['ɪnsaidɐ] <-s, -> *m(f)* personne *f* bien informée

insofern[1] *Adv.* sur ce point; **dies ist ~ wichtig, als ...** c'est important dans la mesure où ...

insofern[2] *Konj.* si

insoweit *s.* **insofern**[1]

Inspektion [ɪnspɛk'tsi̯oːn] <-, -en> *f* inspection *f*; (*eines Fahrzeugs*) révision *f*

Inspektor [ɪn'spɛktoːɐ̯] <-s, -toren> *m*, **Inspektorin** *f* ADMIN inspecteur (-trice) *m(f)*

Inspiration [ɪnspira'tsi̯oːn] <-, -en> *f* inspiration *f*

inspirieren* [ɪnspi'riːrən] *tr. V.* **sich von jdm/etw ~ lassen** s'inspirer de qn/qc

Inspizient(in) <-en, -en> *m(f)* chef *mf* de plateau

inspizieren* *tr. V.* inspecter

instabil ['ɪnʃtabiːl] *Adj.* instable

Installateur(in) [ɪnstala'tøːɐ̯] <-s, -e> *m(f)* ❶ (*Klempner*) plombier *m* ❷ (*Elektroinstallateur*) électricien(ne) *m(f)*

Installation [ɪnstala'tsi̯oːn] <-, -en> *f* (*Leitungen*) installation *f* électrique; (*Rohre, Gasleitungen*) plomberie *f*

Installationsdiskette *f* INFORM disquette *f* d'installation

installieren* [ɪnsta'liːrən] *tr. V.* ❶ (*einbauen*) installer ❷ INFORM **etw auf einem Rechner ~** installer qc sur un ordinateur

instand [ɪn'ʃtant] *Adj.* ~ **setzen/halten** réparer/entretenir

Instandhaltung *f form* entretien *m* **Instandsetzung** <-, -en> *f* réparation *f*

Instanz [ɪn'stants] <-, -en> *f* ADMIN, JUR instance *f*

Instinkt [ɪn'stɪŋkt] <-[e]s, -e> *m* instinct *m*

instinktiv *Adj.* instinctif(-ive)

Institut [ɪnsti'tuːt] <-[e]s, -e> *nt* ADMIN, UNIV institut *m*

Institution [ɪnstitu'tsi̯oːn] <-, -en> *f* institution *f*

Instruktion [ɪnstrʊk'tsi̯oːn] <-, -en> *f* ❶ (*Anweisung*) instruction *f* ❷ (*Anleitung*) instructions *fpl*

Instrument [ɪnstru'mɛnt] <-[e]s, -e> *nt* ❶ (*Musikinstrument*) instrument *m* ❷ (*Messinstrument*) appareil *m*

instrumental [ɪnstrumɛnt'taːl] *Adj.* instrumental(e)

Insulin [ɪnzu'li:n] <-s> *nt* MED insuline *f*
inszenieren* [ɪnstse'ni:rən] *tr. V.* mettre en scène
Inszenierung <-, -en> *f a. fig* mise *f* en scène
intakt [ɪn'takt] *Adj.* (*unversehrt*) intact(e)
Integralrechnung *f kein Pl.* MATH calcul *m* intégral
Integration [ɪntegra'tsi̯o:n] <-, -en> *f* intégration *f*
integrieren* [ɪnte'gri:rən] *tr., refl. V.* intégrer; **sich in etw** (*Akk*) ~ s'intégrer dans qc
Intellekt [ɪntɛ'lɛkt] <-[e]s> *m* intellect *m*
intellektuell [ɪntɛlɛk'tuɛl] *Adj.* intellectuel(le)
Intellektuelle(r) *f(m) dekl wie Adj* intellectuel(le) *m(f)*
intelligent [ɪntɛli'gɛnt] *Adj.* intelligent(e)
Intelligenz [ɪntɛli'gɛnts] <-> *f* intelligence *f*
Intelligenzquotient *m* quotient *m* intellectuel
Intendant(in) [ɪntɛn'dant] <-en, -en> *m(f)* (*eines Senders*) directeur(-trice) *m(f)*; (*eines Theaters*) administrateur(-trice) *m(f)*
Intensität [ɪntɛnzi'tɛ:t] <-, -en> *f* intensité *f*
intensiv [ɪntɛn'zi:f] **I.** *Adj.* ❶ (*Duft, Gefühl*) intense ❷ (*angestrengt*) intensif(-ive) **II.** *Adv.* ❶ ~ **duften** sentir fort ❷ (*arbeiten*) intensément
intensivieren* [ɪntɛnzi'vi:rən] *tr. V.* intensifier
Intensivkurs *m* cours *m* intensif **Intensivstation** *f* service *m* de réanimation
Intention [ɪntɛn'tsio:n] <-, -en> *f geh* intention *f*
interaktiv [ɪntɐʔak'ti:f] *Adj.* INFORM interactif(-ive)
Intercity [ɪntɐ'sɪti] <-s, -s> *m* ≈ train *m* Intercité; ~ **Express** ≈ T.G.V. *m*
interdisziplinär *Adj.* pluridisciplinaire
interessant [ɪntərɛ'sant] *Adj.* intéressant(e)
interessanterweise [ɪnt(ə)rɛ'santɐ'vaizə] *Adv.* curieusement
Interesse [ɪntə'rɛsə] <-s, -n> *nt* ❶ *kein Pl.* (*Aufmerksamkeit*) intérêt *m*; ~ **an jdm/etw haben** être intéressé par qn/qc; **sie hat ~ daran mitzuarbeiten** cela l'intéresse de collaborer ❷ *Pl* (*Neigungen*) centres *mpl* d'intérêts ❸ (*Nutzen*) **im ~ unserer Zusammenarbeit** dans l'intérêt de notre collaboration
Interessenkonflikt *m* conflit *m* d'intérêts
Interessent(in) [ɪnt(ə)rɛ'sɛnt] <-en, -en> *m(f)* personne *f* intéressée
interessieren* [ɪnt(ə)rɛ'si:rən] **I.** *tr. V.* intéresser **II.** *refl. V.* **sich für jdn/etw ~** s'intéresser à qn/qc
interessiert [ɪnt(ə)rɛ'si:ɐt] **I.** *Adj.* ❶ intéressé(e); **kulturell ~ sein** s'intéresser à la culture ❷ (*erpicht*) **an jdm/etw ~ sein** s'intéresser à qn/être intéressé par qc **II.** *Adv.* (*zuhören*) avec [grand] intérêt
Interface ['ɪntɐfeɪs] <-, -s> *nt* INFORM interface *f*
Interferenz ['ɪntɐfe'rɛnts] <-, -en> *f* interférence *f*
Interjektion [ɪntɐjɛk'tsi̯o:n] <-, -en> *f* LING interjection *f*
Intermezzo [ɪntɐ'mɛtso] <-s, -s> *nt a.* MUS intermède *m*
intern [ɪn'tɛrn] *Adj.* (*Angelegenheit*) interne; (*Schwierigkeiten*) intérieur(e)
Internat [ɪntɐ'na:t] <-[e]s, -e> *nt* internat *m*
international [ɪntɐnatsi̯o'na:l] *Adj.* international(e)
Internet ['ɪntɐnɛt] <-s> *nt* INET Internet *m*; **im ~ surfen** naviguer sur Internet
Internetadresse *f* INET adresse *f* Internet **Internetanschluss**[RR] *m* INET branchement *m* internet **Internetcafé** *nt* INET cybercafé *m* **Internetjargon** [-ʒar'gõ:, -ʒar'gɔŋ] *m* INET jargon *m* internetais **Internetkriminalität** *f* INET cybercriminalité *f* **Internetprovider** *m* INET fournisseur *m* d'accès Internet **Internetsurfer(in)** *m(f)* INET internaute *mf* **Internetzugang** *m* INET accès *m* à l'internet
internieren* *tr. V.* interner
Internierungslager *nt* camp *m* d'internement
Internist(in) [ɪntɐ'nɪst] <-en, -en> *m(f)* spécialiste *mf* des maladies organiques
Interpol ['ɪntɐpo:l] <-> *f* Interpol *m*
Interpret(in) [ɪntɐ'pre:t] <-en, -en> *m(f)* interprète *mf*
Interpretation [ɪntɐpreta'tsi̯o:n] <-, -en> *f* interprétation *f*
interpretieren* [ɪntɐpre'ti:rən] *tr. V.* interpréter

Interpunktion [ɪntɐpʊŋkˈtsi̯oːn] <-, -en> *f* ponctuation *f*
Intervall [ɪntɐˈval] <-s, -e> *nt a.* MUS intervalle *m*
intervenieren* [ɪntɐveˈniːrən] *intr. V.* POL, MIL intervenir
Intervention [ɪntɐvɛnˈtsi̯oːn] <-, -en> *f* intervention *f*
Interview [ˈɪntɐvju] <-s, -s> *nt* interview *f*
interviewen* [ɪntɐˈvjuːən] *tr. V.* interviewer
intim [ɪnˈtiːm] *Adj.* intime
Intimbereich *m* parties *fpl* intimes
Intimität [ɪntimiˈtɛːt] <-> *f geh kein Pl.* (*Vertrautheit*) intimité *f*
Intimsphäre *f* intimité *f*
intolerant [ˈɪntolerant] *Adj.* intolérant(e)
Intoleranz [ˈɪntolerants] *f* intolérance *f*
Intonation [ɪntonaˈtsi̯oːn] <-, -en> *f* intonation *f*
intransitiv [ˈɪntranzitiːf]LING *Adj.* intransitif(-ive)
intrigant [ɪntriˈgant] *Adj.* (*Person*) intrigant(e)
Intrigant(in) <-en, -en> *m(f)* intrigant(e) *m(f)*
Intrige [ɪnˈtriːgə] <-, -n> *f* intrigue *f*
intrigieren* [ɪntriˈgiːrən] *intr. V.* **gegen jdn ~** comploter contre qn
introvertiert [ɪntrovɛrˈtiːɐ̯t] *Adj. geh* introverti(e)
Intuition [ɪntuiˈtsi̯oːn] <-, -en> *f* intuition *f*
intuitiv [ɪntuiˈtiːf] *Adj.* intuitif(-ive)
Invalide [ɪnvaˈliːdə] <-n, -n> *m*, **Invalidin** *f* invalide *mf*
Invasion [ɪnvaˈzi̯oːn] <-, -en> *f a. fig* invasion *f*
Inventar [ɪnvɛnˈtaːɐ̯] <-s, -e> *nt* inventaire *m*
Inventur [ɪnvɛnˈtuːɐ̯] <-, -en> *f* inventaire *m*
investieren* [ɪnvɛsˈtiːrən] *tr. V. a. fig* investir
Investition [ɪvɛstiˈtsi̯oːn] <-, -en> *f* investissement *m*
Investmentfonds *m* FIN fonds *m* d'investissements
In-vitro-Fertilisation [-ˈviː-] <-, -en> *f* MED fécondation *f* in vitro
inwiefern *Adv.* dans quelle mesure
inwieweit *Adv.* jusqu'à quel point
Inzahlungnahme <-, -n> *f* COM reprise *f*
Inzest [ɪnˈtsɛst] <-[e]s, -e> *m* inceste *m*
Inzucht [ˈɪntsʊxt] *f* union *f* consanguine
inzwischen [ɪnˈtsvɪʃən] *Adv.* entre-temps
Ion [ioːn] <-s, -en> *nt* CHEM, PHYS ion *m*
i-PunktRR [ˈiːpʊŋkt] *m* point *m* sur le i
IQ [iːˈkuː] <-[s], -[s]> *m Abk. von* **Intelligenzquotient** Q.I. *m*
Irak [iˈraːk] <-s> *m* [**der**] ~ l'Irak *m*
Iran [iˈraːn] <-s> *m* [**der**] ~ l'Iran *m*
irdisch [ˈɪrdɪʃ] *Adj.* terrestre
Ire [ˈiːrə] <-n, -n> *m*, **Irin** *f* Irlandais(e) *m(f)*
irgend [ˈɪrgənt] *Adv.* ① (*verstärkend*) **so vorsichtig wie ~ möglich** avec le plus de précautions possibles ② (*unbestimmt*) **~ so ein Spinner** encore un de ces con[n]ards
irgendein *unbest. Pron.* ① quelconque; **da ist wieder ~ Vertreter** c'est encore un de ces représentants; **~ anderer** quelqu'un d'autre ② (*beliebig*) **sich** (*Dat*) **~ Buch aussuchen** choisir un livre au hasard; **das ist nicht ~ Film** ce n'est pas n'importe quel film **irgendetwas**RR *unbest. Pron.* quelque chose; **das ist nicht ~** ce n'est pas n'importe quoi **irgendjemand**RR *unbest. Pron.* quelqu'un; **sie ist nicht ~** elle n'est pas n'importe qui **irgendwann** *Adv.* un jour [ou l'autre] **irgendwas** *unbest. Pron. fam s.* **irgendetwas** **irgendwelche(r, s)** *unbest. Pron.* ① **~ Kerle** des types [quelconques] ② (*beliebig*) n'importe quel(le) **irgendwer** *unbest. Pron. fam s.* **irgendjemand**
irgendwie *Adv.* ① d'une certaine manière ② (*egal wie*) n'importe comment ③ (*wie auch immer*) d'une façon ou d'une autre **irgendwo** *Adv.* ① quelque part (*fam*) ② (*beliebig*) n'importe où **irgendwoher** *Adv.* ① **von ~** de quelque part ② (*egal woher*) n'importe où **irgendwohin** *Adv.* ① quelque part ② (*egal wohin*) n'importe où
Iris1 [ˈiːrɪs] <-, -> *f* iris *m*
Iris2 <-, -> *f* ANAT iris *m*
irisch [ˈiːrɪʃ] **I.** *Adj.* irlandais(e) **II.** *Adv.* **~ miteinander sprechen** discuter en irlandais
Irisch <-[s]> *nt kein Art.* irlandais *m*; *s.a.* **Deutsch**
Irland [ˈɪrlant] *nt* l'Irlande *f*
Ironie [iroˈniː] <-, -n> *f* ironie *f*
ironisch [iˈroːnɪʃ] *Adj.* ironique
irr **I.** *Adj.* ① MED dément(e); (*Blick*) égaré(e) ② *fig* fou(folle) **II.** *Adv. fam* (*äußerst*) **~e teuer** super cher(chère)

irrational ['ɪratsi̯ona:l] *Adj. geh* irrationnel(le)
irre *s.* **irr**
Irre ['ɪrə] <-> *f* **jdn in die ~ führen** induire qn en erreur
Irre(r) *f(m) dekl wie Adj* fou *m*/folle *f*
irreal ['ɪrea:l] *Adj.* irréel(le)
irre|führen ['ɪrəfy:rən] *tr. V.* **jdn ~** induire qn en erreur **irreführend** *Adj.* trompeur(-euse) **Irreführung** *f* mystification *f*
irrelevant ['ɪrelevant] *Adj.* insignifiant(e)
irre|machen *tr. V.* embrouiller
irren ['ɪrən] **I.** *intr. V. + sein* (*sich fortbewegen*) errer **II.** *refl. V.* **sich ~** se tromper
Irrenhaus *nt* ▸ **das ist ja hier wie im ~!** *fam* on se croirait chez les fous ici !
irreparabel ['ɪrepara:bəl] *Adj. geh* (*nicht wiedergutzumachen*) irréversible
Irrfahrt ['ɪrfa:ɐ̯t] *f* odyssée *f* **Irrgarten** *m* labyrinthe *m* **Irrglaube[n]** *m* ❶ (*irrige Ansicht*) opinion *f* erronée ❷ REL hérésie *f*
irritieren* [ɪri'ti:rən] *tr. V.* ❶ (*verwirren*) déconcerter ❷ (*verärgern*) irriter
Irrsinn *m kein Pl. fam* dinguerie *f* **irrsinnig I.** *Adj.* ❶ *fam* (*völlig wirr*) complètement dingue ❷ *fam* (*Kopfschmerzen*) terrible **II.** *Adv. fam* vachement
Irrtum <-[e]s, Irrtümer> *m* erreur *f*
irrtümlich ['ɪrty:mlɪç] **I.** *Adj. attr* erroné(e) **II.** *Adv.* à tort
Irrweg *m geh* (*falsches Vorgehen*) fausse piste *f*
ISBN [i:ʔɛsbe:'ʔɛn] <-, -s> *f Abk. von* **International Standard Book Number** ISBN *m*
Ischias ['ɪʃias] <-> *m o nt* sciatique *f*
ISDN [i:ʔɛsde:'ʔɛn] <-s> *nt Abk. von* **Integrated Services Digital Network** ≈ Numéris *m*
ISDN-Anschluss[RR] *m* ≈ prise *f* Numéris
Islam [ɪs'la:m] <-s> *m* islam *m*
islamisch *Adj.* islamique
Islamist(in) <-en, -en> *m(f)* islamiste *mf*
islamistisch *Adj.* islamiste
Island ['i:slant] *nt* l'Islande *f*
Isländer(in) ['i:slɛndɐ] <-s, -> *m(f)* Islandais(e) *m(f)*
isländisch I. *Adj.* islandais(e) **II.** *Adv.* **~ miteinander sprechen** discuter en islandais
Isländisch <-[s]> *nt kein Art.* islandais *m; s.a.* **Deutsch**
Isolation [izola'tsi̯o:n] <-, -en> *f* ❶ TECH isolation *f* ❷ (*einer Person*) isolement *m*
Isolierband <-bänder> *nt* chatterton *m*
isolieren* [izo'li:rən] **I.** *tr. V.* isoler; **isoliert leben** vivre reclus(e) **II.** *refl. V.* **sich von jdm/etw ~** s'isoler de qn/qc
Isolierschicht *f* revêtement *m* isolant
Isolierung *s.* **Isolation**
Isomatte *f* tapis *m* de sol [double enduction]
Isotop <-s, -e> *nt* isotope *m*
Israel ['ɪsrae:l] <-s> *nt* Israël *m*
Israeli [isra'e:li] <-[s], -[s]> *m*, <-, -s> *f* Israélien(ne) *m(f)*
israelisch [isra'e:lɪʃ] *Adj.* israélien(ne)
Italien [i'ta:liən] <-s> *nt* l'Italie *f*
Italiener(in) [ita'li̯e:nɐ] <-s, -> *m(f)* Italien(ne) *m(f)*
italienisch I. *Adj.* italien(ne) **II.** *Adv.* **~ miteinander sprechen** discuter en italien
Italienisch <-[s]> *nt kein Art.* italien *m; s.a.* **Deutsch**
IT-Branche[RR] [ai'ti:brã:ʃə] *f* informatique *m* **IT-Unternehmen**[RR] [ai'ti:-] *nt* entreprise *f* de l'informatique **IT-Spezialist**[RR]**(in)** *m(f)* spécialiste *mf* de l'informatique
i-Tüpfelchen[RR] ['i:typfelçən] <-s, -> *nt* fin *m* du fin; **bis aufs ~** à la virgule près
IWF [i:ve:'ʔɛf] <-> *m Abk. von* **Internationaler Währungsfonds** F.M.I. *m*

Jj

J *nt,* **j** [jɔt] <-, -> *nt* J *m*/j *m*

ja [jaː] *Adv.* ❶ oui; **aber** ~ mais bien sûr; **~, bitte?** oui, qu'y a-t-il ?; **~, ~[, schon gut]!** allez, allez ! ❷ (*bloß*) bien; **geh ~ nicht dahin!** ne va surtout pas là-bas ! ❸ (*schließlich, doch*) après tout; **du kannst es ~ mal versuchen** tu peux toujours essayer; **da ist er ~!** ah, le voilà ! ❹ (*und zwar*) et même ❺ (*na*) eh bien; **~, wenn das so ist** ben, si c'est comme ça

Ja <-s, -[s]> *nt* oui *m*

Jacht [jaxt] <-, -en> *f* yacht *m*

Jacke ['jakə] <-, -n> *f* veste *f*

Jackett [ʒa'kɛt] <-s, -s> *nt* veste *f*

Jade <-> *m o f* jade *m*

Jagd [jaːkt] <-, -en> *f* chasse *f*

Jagdflugzeug *nt* avion *m* de chasse **Jagdgründe** *Pl* ▸ **in die ewigen ~ eingehen** *euph geh* rejoindre le pays de ses ancêtres **Jagdhund** *m* chien *m* de chasse

jagen ['jaːgən] **I.** *tr. V. + haben* ❶ (*Hasen*) chasser ❷ (*verfolgen*) pourchasser ❸ *fam* (*scheuchen*) **jdn aus dem Bett ~** tirer qn du lit **II.** *intr. V. + haben* chasser

Jäger(in) ['jɛːgɐ] <-s, -> *m(f)* chasseur (-euse) *m(f)*

Jaguar ['jaːguaːɐ] <-s, -e> *m* jaguar *m*

jäh [jɛː] *geh Adj.* (*abrupt*) soudain(e)

Jahr [jaːɐ̯] <-[e]s, -e> *nt* ❶ an *m;* (*in seinem Verlauf gesehen*) année *f;* **in diesem ~** cette année; **im ~[e] 2013** en 2013; **vor [vielen] ~en** il y a [bien] longtemps; **nach [vielen] ~en** [bien] des années après; **alle fünf ~e** tous les cinq ans; **~ für ~** tous les ans; **das neue ~** la nouvelle année ❷ (*Lebensjahr*) an *m;* **zwölf ~e alt sein** avoir douze ans; **mit zwanzig ~en** à vingt ans ▸ **in den besten ~en [sein]** [être] dans la fleur de l'âge

Jahrbuch *nt* annales *fpl*

jahrelang ['jaːrəlaŋ] **I.** *Adj. attr* de longue haleine **II.** *Adv.* pendant des années

Jahresanfang *m* début *m* de l'année **Jahreseinkommen** *nt* revenu *m* annuel **Jahresende** *nt* fin *f* de l'année **Jahrestag** *m* anniversaire *m* **Jahreswechsel** *m* nouvel an *m* **Jahreszeit** *f* saison *f*

Jahrgang <-gänge> *m* ❶ MIL, SCHULE classe *f;* UNIV promotion *f* ❷ (*eines Weins, einer Zeitschrift*) année *f*

Jahrhundert [jaːɐ̯'hʊndɐt] <-s, -e> *nt* siècle *m* **Jahrhundertwende** *f* changement *m* de siècle

jährlich ['jɛːɐ̯lɪç] **I.** *Adj.* annuel(le) **II.** *Adv.* tous les ans; **einmal/zweimal/... ~** une fois/deux fois/... par an

Jahrmarkt *m* foire *f* **Jahrtausend** <-s, -e> *nt* millénaire *m* **Jahrtausendwende** *f* changement *m* de millénaire **Jahrzehnt** <-[e]s, -e> *nt* décennie *f*

Jähzorn ['jɛːtsɔrn] *m* tempérament *m* irascible **jähzornig** *Adj.* irascible

Jalousie [ʒalu'ziː] <-, -n> *f* jalousie *f*

Jammer ['jamɐ] <-s> *m* détresse *f*

jämmerlich ['jɛmɐlɪç] **I.** *Adj. attr* (*Zustand*) pitoyable; (*Klagen*) déchirant(e); (*Leistung*) lamentable **II.** *Adv.* (*umkommen*) bêtement

jammern ['jamɐn] *intr. V.* **über etw** (*Akk*) **~** se lamenter sur qc

Jänner ['jɛnɐ] <-s, -> *m* A janvier *m; s.a.* **April**

Januar ['januaːɐ̯] <-[s], -e> *m* janvier *m; s.a.* **April**

Japan ['jaːpan] <-s> *nt* le Japon

Japaner(in) [ja'paːnɐ] <-s, -> *m(f)* Japonais(e) *m(f)*

japanisch **I.** *Adj.* japonais(e) **II.** *Adv.* **~ miteinander sprechen** discuter en japonais

Japanisch <-[s]> *nt kein Art.* japonais *m; s.a.* **Deutsch**

Jargon [ʒar'gõː, ʒar'gɔŋ] <-s, -s> *m* jargon *m*

jassen *intr. V.* CH jouer au jass

Jastimme ['jaːʃtɪmə] *f* voix *f* pour

jäten ['jɛːtən] *tr. V.* (*Unkraut*) arracher

Jauche ['jauxə] <-, -n> *f* purin *m*

jauchzen *intr. V. geh* exulter

jaulen ['jaulən] *intr. V.* (*Hund*) hurler à la mort

Jause ['jauzə] <-, -n> *f* A casse-croûte *m*

jawohl [ja'voːl] *Interj.* oui[, bien sûr]

Jawort [ˈjaːvɔrt] *nt* ▸ **jdm das ~ geben** donner son consentement à qn

Jazz [dʒæz] <-> *m* jazz *m*

je [jeː] **I.** *Adv.* ① (*jemals*) jamais ② (*jeweils*) chacun(e) **II.** *Konj.* ① **~ ..., desto ...** plus ..., mieux ... ② (*entsprechend*) **~ nach Belieben** selon la volonté; **~ nachdem** ça dépend

Jeans [dʒiːnz] <-, -> *f meist Pl.* jean *m*

jede(r, s) [ˈjeːdə, -dɐ, -dəs] *unbest. Pron.* ① chaque; **~ Minute** d'une minute à l'autre; **zu ~r Zeit/Stunde** à n'importe quel moment; **~r zweite Franzose** un Français sur deux ② (*jegliche*) **ihm ist ~s Mittel recht** pour lui, tous les moyens sont bons ③ *substantivisch* **~r, der sich dafür interessiert** quiconque s'y intéresse; **~r von uns** chacun d'entre nous; **~r gegen ~n** tous contre tous

jedenfalls *Adv.* en tout cas

jedermann *unbest. Pron.* tout le monde

jederzeit *Adv.* ① (*zu jeder Zeit*) à tout moment ② (*jeden Augenblick*) d'un moment à l'autre

jedesmal [ˈjeːdəsˈmaːl] *Adv.* **~ [wenn ...]** chaque fois [que ...]

jedoch [jeˈdɔx] *Konj., Adv.* pourtant

Jeep® [dʒiːp] <-s, -s> *m* jeep® *f*

jegliche(r, s) [ˈjeːklɪçə, -çɐ, -çəs] *Pron. indef* tout(e)

jemals [ˈjeːmaːls] *Adv.* jamais

jemand [ˈjeːmant] *unbest. Pron.* quelqu'un; **~ anders** *fam* quelqu'un d'autre

jene(r, s) [ˈjeːnə, -nɐ, -nəs] *Demonstrativpron. geh* (*dieser*) **~r Mann/~ Frau dort** cet homme-là/cette femme-là

jenseits [ˈjeːnzaits] **I.** *Präp.* + *Gen.* **~ des Flusses** de l'autre côté de la rivière **II.** *Adv.* **~ von Raum und Zeit** au-delà de l'univers spatiotemporel

Jenseits <-> *nt* au-delà *m*

Jesuit [jezuˈiːt] <-en, -en> *m* jésuite *m*

Jesus <Jesu[s]> *m* Jésus *m*; **~ Christus** Jésus Christ

Jetlag [ˈdʒɛtlɛg] <-s, -s> *m* troubles *mpl* dus au décalage horaire

Jeton [ʒəˈtõ] <-s, -s> *m* jeton *m*

jetzig *Adj. attr* (*Situation*) actuel(le)

jetzt [jɛtst] *Adv.* maintenant; **bis ~** jusqu'à présent; **~ gleich** tout de suite

jeweilig [ˈjeːˈvailɪç] *Adj. attr* (*Währung*) correspondant(e)

jeweils [ˈjeːˈvails] *Adv.* ① (*jedes Mal*) chaque fois ② (*im Einzelnen*) **die ~ Betroffenen** les personnes concernées ③ (*je*) **~ drei Kinder gehen zusammen** les enfants vont par groupes de trois

Jh. *Abk. von* **Jahrhundert** s.

JH *Abk. von* **Jugendherberge** AJ *f*

jiddisch *Adj.* yiddish *inv.*

Jiddisch <-[s]> *nt* le yiddish

Job [dʒɔp] <-s, -s> *m fam* ① (*Anstellung*) job *m* ② (*Beschäftigung*) boulot *m*

jobben [ˈdʒɔbən] *intr. V. fam* faire des petits boulots

JobsharingRR [ˈdʒɔpʃɛːrɪŋ] <-s> *nt* partage *m* du travail

Joch [jɔx] <-[e]s, -e> *nt* AGR joug *m*

Jockei [ˈdʒɔke] <-s, -s> *m*, **Jockey** <-s, -s> *m* jockey *m*

Jod [joːt] <-s> *nt* CHEM iode *m*

jodeln [ˈjoːdəln] *intr. V.* iodler

Jodler(in) [ˈjoːdlɐ] <-s, -> *m(f)* chanteur(-euse) *m(f)* de tyrolienne

Joga [ˈjoːga] <-[s]> *m o nt* yoga *m*

joggen [ˈdʒɔgən] *intr. V.* + *haben* faire du jogging, jogger

Jogger(in) [ˈdʒɔgɐ] <-s, -> *m(f)* joggeur(-euse) *m(f)*

Jogging [ˈdʒɔgɪŋ] <-s> *nt* jogging *m*

Jogginganzug [ˈdʒɔgɪŋantsuːk] *m* jogging *m*

Joghurt [ˈjoːgʊrt], **Jogurt**RR <-[s], -[s]> *m o nt* yaourt *m*

Johannisbeere [joˈhanɪsbeːrə] *f* (*Frucht*) [**rote**] **~** groseille *f* [rouge]; **schwarze ~** cassis *m*

Joint [dʒɔɪnt] <-s, -s> *m fam* joint *m*

JointventureRR [dʒɔɪntˈvɛntʃə] <-s, -s> *nt* COM joint[-]venture *f*

Jo-Jo <-s, -s> *nt* yoyo® *m*

Jongleur(in) [ʒõˈgløːɐ̯] <-s, -e> *m(f)* jongleur(-euse) *m(f)*

jonglieren* [ʒõˈgliːrən] *intr. V. a. fig* jongler

Jordanien [jɔrˈdaːniən] <-s> *nt* la Jordanie

Joule [ʒuːl] <-[s], -> *nt* PHYS joule *m*

Journal [ʒʊrˈnaːl] <-s, -e> *nt* ① COM journal *m* ② *geh* (*Zeitschrift*) revue *f*

Journalismus [ʒʊrnaˈlɪsmʊs] <-> *m* journalisme *m*

Journalist(in) [ʒʊrnaˈlɪst] <-en, -en> *m(f)* journaliste *mf*

journalistisch [ʒʊrnaˈlɪstɪʃ] **I.** *Adj.* (*Ausbildung*) de journaliste **II.** *Adv.* (*arbeiten*) comme journaliste

Joystick ['dʒɔɪstɪk] <-s, -s> *m* INFORM manette *f* de jeu

jr. *Abk. von* **junior** junior

Jubel ['juːbəl] <-s> *m* cris *mpl* de joie

jubeln ['juːbəln] *intr. V.* **über etw** (*Akk*) **~** jubiler à cause de qc

Jubiläum [jubi'lɛːʊm] <-s, Jubiläen> *nt* [fête *f*] anniversaire *m;* **sein 50-jähriges ~** son jubilé

jucken ['jʊkən] **I.** *tr., intr. V.* (*Hand*) démanger; (*Pullover*) piquer **II.** *tr. V. unpers.* **es juckt mich am Kopf** ça me démange à la tête

Juckreiz *m* démangeaison *f*

Jude ['juːdə] <-n, -n> *m,* **Jüdin** *f* juif *m*/juive *f*

Judenstern *m* étoile *f* jaune

Judentum <-s> *nt* judaïsme *m*

Judenverfolgung *f* persécution *f* des juifs

jüdisch ['jyːdɪʃ] *Adj.* ❶ juif(juive) ❷ (*das Judentum betreffend*) judaïque

Judo ['juːdo] <-s> *nt* judo *m*

Jugend ['juːgənt] <-> *f* jeunesse *f;* **von ~ an** depuis l'enfance; **die ~ von heute** les jeunes *mpl* d'aujourd'hui **Jugendbuch** *nt* livre *m* pour la jeunesse **jugendfrei** *Adj.* pour tout public; **nicht ~ sein** (*Film*) être interdit aux moins de 18 ans **jugendgefährdend** *Adj.* dangereux(-euse) pour la jeunesse **Jugendgruppe** *f* groupe *m* de jeunes

Jugendherberge *f* auberge *f* de jeunesse **Jugendkriminalität** *f* délinquance *f* juvénile

jugendlich *Adj.* (*Person, Erscheinung*) jeune; (*Leichtsinn*) juvénile

Jugendliche(r) *f(m) dekl wie Adj* jeune *mf*

Jugendliebe *f* amour *m* de jeunesse **Jugendschutz** *m* protection *f* des mineurs **Jugendstil** *m* Art *m* nouveau **Jugendtraum** *m* rêve *m* de jeunesse

Jugoslawe [jugo'slaːvə] <-n, -n> *m,* **Jugoslawin** *f* HIST Yougoslave *mf*

Jugoslawien [jugo'slaːviən] <-s> *nt* HIST la Yougoslavie

jugoslawisch *Adj.* HIST yougoslave

Juli ['juːli] <-[s], -s> *m* juillet *m; s.a.* **April**

jun. *Adj. Abk. von* **junior**

jung [jʊŋ] <jünger, jüngste> **I.** *Adj.* ❶ jeune; (*Sportart*) nouveau(-velle) ❷ (*später geboren*) **der jüngere Bruder** le frère cadet; **der/die Jüngste** le/la benjamin(e) **II.** *Adv.* (*heiraten, sterben*) jeune

Junge <-n, -n> *m* ❶ (*junger Mann*) garçon *m* ❷ *fam* (*Bursche*) **hallo, Jungs!** salut, les gars ! *mpl* ▸ **~, ~!** *fam* eh ben, dis donc !

Junge(s) *nt dekl wie Adj* (*Jungtier*) petit *m*

jünger ['jʏŋɐ] *Adj. Komp. von* **jung** plus jeune; (*Mitarbeiter*) plutôt jeune; (*Datum*) récent(e)

Jünger(in) <-s, -> *m(f)* disciple *mf*

Jungfernfahrt *f* première traversée *f* **Jungfrau** *f* ❶ [fille *f*] vierge *f* ❷ ASTRO Vierge *f*

jungfräulich *Adj. a. fig geh* vierge

Jungfräulichkeit ['jʊŋfrɔylɪçkait] <-> *f* virginité *f*

Junggeselle *m,* **-gesellin** *f* célibataire *mf*

jüngste(r, s) ['jʏŋstə, -tɐ, -təs] *Adj.* ❶ *Superl. von* **jung** ❷ (*nicht lange zurückliegend*) **in ~r Zeit** dernièrement; **aus ~r Vergangenheit** d'un passé très récent ❸ (*neueste*) tout(e) dernier(-ière)

Jungtier *nt* jeune *m*

Juni ['juːni] <-[s], -s> *m* juin *m; s.a.* **April**

junior ['juːni̯oːɐ̯] *Adj.* **Hans Müller ~** Hans Müller junior

Junior ['juːni̯oːɐ̯] <-s, -en> *m Pl* (*Sportler*) juniors *mpl*

Junkie ['dʒaŋki] <-s, -s> *m fam* junkie *mf*

Junta ['xʊnta, 'jʊnta] <-, Junten> *f* junte *f*

Jupiter ['juːpitɐ] <-s> *m* [la planète] Jupiter *f*

Jura[1] ['juːra] <-s> *m* ❶ GEO jurassique *m* ❷ (*Gebirge*) Jura *m* ❸ (*Kanton*) canton *m* du Jura

Jura[2] *kein Art.* (*Rechtswissenschaft*) droit *m*

Jurist(in) [ju'rɪst] <-en, -en> *m(f)* juriste *mf*

juristisch [ju'rɪstɪʃ] *Adj.* (*Ausbildung*) en droit; (*Problem*) juridique

Jury [ʒy'riː] <-, -s> *f* jury *m*

Jus[1] [juːs] *nt* A droit *m*

Jus[2] [ʒyː] <-> *f o m o nt* CH jus *m* de fruit

Justiz [jʊs'tiːts] <-> *f* justice *f*

Justizirrtum *m* erreur *f* judiciaire **Justizminister(in)** *m(f)* ministre *mf* de la Justice; (*in Frankreich*) garde *m* des Sceaux **Justizministerium** *nt* ministère *m* de la Justice **Justizvollzugsanstalt** *f form* établissement *m* pénitentiaire

Jute ['ju:tə] <-> *f* jute *m*

Juwel [ju've:l] <-s, -en> *m o nt* joyau *m*

Juwelier(in) [juve'li:ɐ] <-s, -e> *m(f)* bijoutier(-ière) *m(f)*

Juweliergeschäft *nt* bijouterie *f*

Jux [jʊks] <-es, -e> *m fam* blague *f* ▸ **aus [lauter] ~ und Tollerei** *fam* pour rigoler

K k

K, k [ka:] <-, -> *nt* K *m*/k *m*

Kabarett [kaba'rɛt] <-s> *nt kein Pl.* (*Kleinkunst*) spectacle *m* satirique

Kabarettist(in) [kabarɛ'tɪst] <-en, -en> *m(f)* chansonnier(-ière) *m(f)*

Kabel ['ka:bəl] <-s, -> *nt* câble *m*

Kabelanschluss[RR] *m* accès *m* au réseau câblé **Kabelfernsehen** *nt* télévision *f* par câbles

Kabeljau <-s, -e *o* -s> *m* cabillaud *m*

Kabelkanal *m* chaîne *f* câblée

Kabine [ka'bi:nə] <-, -n> *f* cabine *f*

Kabinett [kabi'nɛt] <-s, -e> *nt* POL gouvernement *m*

Kabrio ['ka:brio] <-[s], -s> *nt* cabriolet *m*

Kachel ['kaxəl] <-, -n> *f* carreau *m* [de faïence]

kacheln *tr. V.* carreler

Kachelofen *m* poêle *m* en faïence

Kadaver [ka'da:vɐ] <-s, -> *m* cadavre *m* d'animal

Kadmium ['katmiʊm] <-s> *nt* CHEM cadmium *m*

Käfer ['kɛ:fɐ] <-s, -> *m* coléoptère *m*

Kaff [kaf] <-s, -s> *nt pej fam* trou *m*

Kaffee ['kafe] <-s, -s> *m* café *m*

> En Allemagne, en Autriche et en Suisse germanophone, il est courant non seulement de boire le café l'après-midi mais de manger également des gâteaux. Comme on invite les amis à l'apéritif en France, on les invite en Allemagne **zum Kaffee**, c'est-à-dire pour le goûter.

Kaffeeautomat *m* distributeur *m* [automatique] de café **Kaffeebohne** *f* grain *m* de café **Kaffeefilter** *m* filtre *m* à café **Kaffeehaus** *nt* A ≈ salon *m* de thé **Kaffeekanne** *f* cafetière *f* **Kaffeemaschine** *f* cafetière *f* [électrique] **Kaffeemühle** *f* moulin *m* à café **Kaffeepad** [-pɛt] *nt* dosette *f* [de café] **Kaffeepause** *f* pause *f* café **Kaffeetasse** *f* tasse *f* à café

Käfig ['kɛ:fɪç] <-s, -e> *m* cage *f*

kahl [ka:l] *Adj.* chauve; ~ **geschoren** rasé(e)

Kahn [ka:n, *Pl:* 'kɛ:nə] <-[e]s, Kähne> *m* barque *f*; (*Schleppkahn*) péniche *f*

Kai [kai] <-s, -e> *m* quai *m*

Kaiser(in) ['kaizɐ] <-s, -> *m(f)* empereur *m*/impératrice *f*

kaiserlich *Adj.* impérial(e)

Kaiserreich *nt* empire *m*

Kaiserschmarr[e]n *m* A ≈ variété *f* autrichienne de crêpes

> Le **Kaiserschmarren**, spécialité autrichienne, est également courante en Allemagne du sud et en Suisse. C'est une sorte de crêpe épaisse, déchiquetée en morceaux saupoudrés de sucre, auxquels on ajoute parfois des raisins secs. On retrouve son origine chez l'impératrice Elisabeth d'Autriche.

Kaiserschnitt *m* césarienne *f*

Kajak ['ka:jak] <-s, -s> *m o nt* kayak *m*

Kajüte [ka'jy:tə] <-, -n> *f* cabine *f*

Kakao [ka'kau] <-s, -s> *m* cacao *m* ▸ **jdn durch den ~ ziehen** *fam* se foutre [gentiment] de la gueule de qn

Kakaopulver [-fɐ, -vɐ] *nt* poudre *f* de cacao

K

Kakerlake <-, -n> *f* cafard *m*

Kaktus ['kaktʊs, *Pl:* 'kakte:ən] <-, Kakteen> *m* cactus *m*

Kalauer ['ka:laʊɐ] <-s, -> *m* (*Wortspiel*) calembour *m*

Kalb [kalp, *Pl:* 'kɛlbɐ] <-[e]s, Kälber> *nt* veau *m*

Kalbfleisch *nt* [viande *f* de] veau *m*

Kalender [ka'lɛndɐ] <-s, -> *m* (*Wandkalender*) calendrier *m* [mural]; (*Terminkalender*) agenda *m*

Kaliber [ka'li:bɐ] <-s, -> *nt* TECH calibre *m*

Kalium ['ka:liʊm] <-s> *nt* CHEM potassium *m*

Kalk [kalk] <-[e]s, -e> *m* ❶ (*Baumaterial*) chaux *f* ❷ (*Kalziumkarbonat*) calcaire *m* ❸ (*Kalzium*) calcium *m*

Kalkstein *m* pierre *f* à chaux

kalkulieren* **I.** *intr. V.* (*schätzen*) calculer **II.** *tr. V.* (*Kosten*) calculer

Kalorie [kalo'ri:] <-, -n> *f* calorie *f*

kalorienarm *Adj.* peu calorique **kalorienreich** **I.** *Adj.* calorique **II.** *Adv.* **~ essen** avoir une alimentation riche en calories

kalt [kalt] <kälter, kälteste> **I.** *Adj. a. fig* froid(e); **ihr ist ~** elle a froid **II.** *Adv.* (*sich waschen*) à l'eau froide; **etw ~ stellen** (*kühlen*) mettre qc au frais

Kaltblüter <-s, -> *m* animal *m* à sang froid

kaltblütig ['kaltbly:tɪç] *Adj.* ❶ qui garde son sang-froid ❷ (*skrupellos: Person*) qui agit de sang-froid

Kaltblütigkeit <-> *f* sang-froid *m*

Kälte ['kɛltə] <-> *f* froid *m;* (*des Windes*) fraîcheur *f*

Kaltfront *f* METEO front *m* froid **Kaltmiete** ['kaltmi:tə] *f* loyer *m* sans [les] charges **kaltschnäuzig** *fam Adj.* culotté(e) **kalt|stellen** *tr. V. fam* (*ausmanövrieren*) mettre au placard

Kalzium ['kaltsiʊm] <-s> *nt* calcium *m*

kam [ka:m] *Imp. von* **kommen**

Kamel [ka'me:l] <-[e]s, -e> *nt* ❶ chameau *m* ❷ *pej fam* (*Dummkopf*) andouille *f*

Kamera ['kaməra] <-, -s> *f* ❶ (*Filmkamera*) caméra *f* ❷ (*Fotoapparat*) appareil *m* photo

Kamerad(in) [kamə'ra:t] <-en, -en> *m(f)* camarade *mf*

Kameradschaft <-, -en> *f* camaraderie *f*

kameradschaftlich *Adj.* (*Beziehung*) de bonne camaraderie; (*Zusammenleben*) en [bons] camarades

Kameramann <-männer> *m,* **-frau** *f* caméraman *m*

Kamille [ka'mɪlə] <-, -n> *f* camomille *f*

Kamillentee *m* [infusion *f* de] camomille *f*

Kamin [ka'mi:n] <-s, -e> *m o* CH *nt* cheminée *f*

Kamm [kam, *Pl:* 'kɛmə] <-[e]s, Kämme> *m* ❶ peigne *m* ❷ ZOOL, GEO crête *f*

kämmen ['kɛmən] *tr. V.* **jdn/sich ~** coiffer qn/se coiffer

Kammer ['kamɐ] <-, -n> *f* chambre *f*

Kammerkonzert *nt* concert *m* de musique de chambre

Kampagne [kam'panjə] <-, -n> *f* campagne *f*

Kampf [kampf, *Pl:* 'kɛmpfə] <-[e]s, Kämpfe> *m* ❶ MIL, SPORT combat *m;* **den ~ aufnehmen** se lancer dans la bataille ❷ (*Schlägerei*) lutte *f;* **ein ~ auf Leben und Tod** un combat à mort ❸ *fig* **~ für/gegen etw** lutte *f* pour/contre qc

kämpfen ['kɛmpfən] *intr. V.* ❶ MIL, SPORT **für jdn/etw ~** se battre pour qn/qc ❷ *fig* **für/gegen etw ~** lutter pour/contre qc; **mit sich ~** mener un combat intérieur

Kämpfer(in) <-s, -> *m(f)* ❶ (*im Heer*) combattant(e) *m(f)* ❷ (*Streiter*) lutteur (-euse) *m(f)*

kämpferisch *Adj.* (*Person, Natur*) combatif(-ive)

Kampfflugzeug *nt* avion *m* de combat
Kampfhund *m* chien *m* de combat
Kampfrichter(in) *m(f)* juge-arbitre *mf*
Kampfsport *m* sport *m* de combat *souvent pl.*

kampieren* [kam'pi:rən] *intr. V.* camper

Kanada ['kanada] <-s> *nt* le Canada

Kanadier(in) [ka'na:diɐ] <-s, -> *m(f)* Canadien(ne) *m(f)*

kanadisch *Adj.* canadien(ne)

Kanal [ka'na:l, *Pl:* ka'nɛ:lə] <-s, Kanäle> *m* ❶ canal *m* ❷ GEO **der ~** la Manche ❸ (*Abwasserkanal*) égout *m*

Kanalisation [kanaliza'tsio:n] <-, -en> *f* égouts *mpl*

kanalisieren* [kanali'zi:rən] *tr. V. a. fig* canaliser **Kanaltunnel** *m* tunnel *m* sous la Manche

Kanarienvogel [ka'na:riənfo:gəl] *m* canari *m*

Kandidat(in) [kandi'da:t] <-en, -en> *m(f)* candidat(e) *m(f)*

Kandidatur [kandida'tu:ɐ̯] <-, -en> *f* candidature *f*

kandidieren* [kandi'di:rən] *intr. V.* **für etw ~** se porter candidat(e) à qc

kandiert [kan'di:ɐ̯t] *Adj.* confit(e)

Kandiszucker *m* sucre *m* candi

KänguruRR ['kɛŋguru], **Känguruh**ALT <-s, -s> *nt* kangourou *m*

Kaninchen [ka'ni:nçən] <-s, -> *nt* lapin *m*

Kanister [ka'nɪstɐ] <-s, -> *m* (*Behälter*) bidon *m*

Kännchen ['kɛnçən] <-s, -> *nt* ① *Dim. von* **Kanne** petit pot *m* ② (*Portion*) **ein ~ Kaffee** un grand café

Kanne ['kanə] <-, -n> *f* ① (*Kaffeekanne*) cafetière *f*; (*Teekanne*) théière *f* ② (*Gießkanne*) arrosoir *m*

Kannibale [kani'ba:lə] <-n, -n> *m*, **Kannibalin** *f* cannibale *mf*

kannte ['kantə] *Imp. von* **kennen**

Kanon ['ka:nɔn] <-s, -s> *m* canon *m*

Kanone [ka'no:nə] <-, -n> *f* (*Geschütz*) canon *m*

Kante ['kantə] <-, -n> *f* (*Ecke*) bord *m* ▸ **sich** (*Dat*) **die ~ geben** *fam* prendre une cuite

kantig *Adj.* (*Felsblock*) équarri(e); (*Gesicht*) anguleux(-euse)

Kantine [kan'ti:nə] <-, -n> *f* cantine *f*

Kanton [kan'to:n] <-s, -e> *m* canton *m*

> La Suisse est divisée en 26 **Kantone** dont six sont des *Halbkantone* (demi-cantons) : *Bâle-Ville, Bâle-Campagne, Nidwald, Obwald, Appenzell Rhodes-Intérieures* et *Appenzell Rhodes-Extérieures.* Les plus grands cantons sont *les Grisons, Berne* et *le Valais.* Les cantons élisent 46 représentants au *Ständerat* (Conseil des États), l'une des deux chambres législatives suisses.

kantonal [kanto'na:l] *Adj.* cantonal(e)

Kanu ['ka:nu] <-s, -s> *nt* canoë *m*

Kanzel ['kantsəl] <-, -n> *f* REL chaire *f*

Kanzlei [kants'lai] <-, -en> *f* (*eines Anwalts*) cabinet *m*; (*eines Notars*) étude *f*

Kanzler(in) ['kantslɐ] <-s, -> *m(f)* chancelier(-ière) *m(f)*

Kanzleramt *nt* chancellerie *f*

Kap [kap] <-s, -s> *nt* cap *m*

Kapazität [kapatsi'tɛ:t] <-, -en> *f* capacité *f*

Kapelle [ka'pɛlə] <-, -n> *f* ① (*Kirche*) chapelle *f* ② MUS orchestre *m*

Kaper ['ka:pɐ] <-, -n> *f* câpre *f*

kapieren* [ka'pi:rən] *tr., intr. V. fam* piger

Kapital [kapi'ta:l] <-s> *nt kein Pl.* capital *m*

Kapitalismus [kapita'lɪsmʊs] <-> *m* capitalisme *m*

Kapitalist(in) [kapita'lɪst] <-en, -en> *m(f)* capitaliste *mf*

kapitalistisch *Adj.* capitaliste

Kapitän [kapi'tɛ:n] <-s, -e> *m* NAUT, SPORT capitaine *m*

Kapitel [ka'pɪtəl] <-s, -> *nt* chapitre *m*

Kapitulation [kapitula'tsio:n] <-, -en> *f* capitulation *f*

kapitulieren* [kapitu'li:rən] *intr. V.* capituler

Kaplan [ka'pla:n] <-s, Kapläne> *m* (*Hilfsgeistlicher*) vicaire *m*

Kappe ['kapə] <-, -n> *f* (*Mütze*) casquette *f*

Kapsel ['kapsəl] <-, -n> *f* ① a. BOT, TECH capsule *f* ② (*Dosierkapsel*) capsule *f*, dosette *f*

kaputt [ka'pʊt] *Adj. fam* ① (*defekt*) fichu(e) ② (*beschädigt*) cassé(e) ③ (*erschöpft*) crevé(e) ④ (*Ehe*) brisé(e); (*Gesundheit*) délabré(e)

kaputt|gehen *intr. V. unreg + sein fam* (*Gerät*) ne plus marcher; (*Spiegel*) se casser; (*Kleidung*) s'abîmer **kaputt|lachen** *refl. V. fam* **sich ~** se tordre de rire; **ich lach' mich kaputt!** c'est à se tordre ! **kaputt|machen I.** *tr. V. fam* ① bousiller ② (*Ehe*) détruire; (*Gesundheit*) ruiner ③ (*Person*) tuer **II.** *refl. V. fam* **sich ~** s'esquinter

Kapuze [ka'pu:tsə] <-, -n> *f* capuchon *m*

Karabiner <-s, -> *m* (*Gewehr*) carabine *f*

Karaffe [ka'rafə] <-, -n> *f* carafe *f*

KaramelALT, **Karamell**RR [kara'mɛl] <-s> *m* caramel *m*

Karat [ka'ra:t] <-[e]s, -e> *nt* carat *m*

Karate [ka'ra:tə] <-[s]> *nt* karaté *m*

Karawane [kara'va:nə] <-, -n> *f* caravane *f*

Kardinal [kardi'na:l] <-s, Kardinäle> *m* REL, ZOOL cardinal *m*

Kardinalzahl *f* nombre *m* cardinal
Karfiol [kar'fi̯oːl] <-s> *m* A chou-fleur *m*
Karfreitag [kaːɐ̯'fraitaːk] *m* Vendredi *m* saint
karg [kark] <karger, kargste> *Adj.* (*Boden*) pauvre; (*Ausstattung*) austère
Kargheit <-> *f* (*des Bodens*) pauvreté *f*; (*der Ausstattung*) austérité *f*
kariert [ka'riːɐ̯t] *Adj.* à carreaux
Karies ['kaːriɛs] <-> *f* carie *f*
Karikatur [karika'tuːɐ̯] <-, -en> *f* caricature *f*
Karikaturist(in) [karikatu'rɪst] <-en, -en> *m(f)* caricaturiste *mf*
karikieren* *tr. V.* caricaturer
Karneval ['karnəval] <-s, -e> *m* carnaval *m*; *s.a.* **Fastnacht**
Kärnten ['kɛrntən] <-s> *nt* la Carinthie
Karo ['kaːro] <-s, -s> *nt* carreau *m*
Karosserie [karɔsə'riː] <-, -n> *f* carrosserie *f*
Karotte [ka'rɔtə] <-, -n> *f* carotte *f*
Karpfen ['karpfən] <-s, -> *m* carpe *f*
Karre ['karə] <-, -n> *f* ① *s.* **Karren** ② *fam* (*Auto*) bagnole *f*
Karren ['karən] <-s, -> *m* charrette *f*
Karriere [ka'ri̯eːrə] <-, -n> *f* carrière *f*
Karte ['kartə] <-, -n> *f* carte *f*; **~n spielen** jouer aux cartes
Kartei [kar'tai] <-, -en> *f* fichier *m*
Karteikarte *f* fiche *f* **Karteikasten** *m* fichier *m*
Kartell [kar'tɛl] <-s, -e> *nt* cartel *m*
Kartellamt *nt* office *m* des cartels
Kartenhaus ▶ **wie ein ~ in sich zusammenfallen** s'effondrer comme un château de cartes **Kartenleger(in)** <-s, -> *m(f)* cartomancien(ne) *m(f)* **Kartenspiel** *nt* ① *kein Pl.* (*das Spielen*) partie *f* de cartes ② (*Satz Karten*) jeu *m* de cartes **Kartentelefon** *nt* téléphone *m* à cartes **Kartenvorverkauf** *m* location *f* des billets
Kartoffel [kar'tɔfəl] <-, -n> *f* pomme *f* de terre
Kartoffelbrei *m* purée *f* [de pommes de terre] **Kartoffelchips** *Pl* chips *mpl* **Kartoffelpuffer** <-s, -> *m* galette *f* de pommes de terre [râpées] **Kartoffelpüree** *s.* **Kartoffelbrei** **Kartoffelsalat** *m* salade *f* de pommes de terre
Karton [kar'tɔŋ] <-s, -s> *m* carton *m*
Karussell [karʊ'sɛl] <-s, -s> *nt* manège *m*
Karwoche ['kaːɐ̯vɔxə] *f* semaine *f* sainte
Kaschmir ['kaʃmiːɐ] <-s, -e> *m* cachemire *m*
Käse ['kɛːzə] <-s, -> *m* fromage *m*
Käseblatt *nt pej fam* feuille *f* de chou **Käsefondue** ['kɛːzəfõdyː] *nt* fondue *f* au fromage **Käsekuchen** *m* gâteau *m* au fromage blanc
Kaserne [ka'zɛrnə] <-, -n> *f* caserne *f*
Kasino [ka'ziːno] <-s, -s> *nt* (*Spielkasino*) casino *m*
Kasper ['kaspɐ] <-s, -> *m* (*Puppe, Kind*) guignol *m*
Kasperl[e]theater, **Kaspertheater** *nt* guignol *m*

> Le **Kaspertheater** ou **Kasperl[e]theater** est l'équivalent allemand de guignol. Le rôle traditionnel de *Kasper* ou *Kasperl[e]* date de plus de 200 ans. Cependant les aventures de *Kasperl* en compagnie de son meilleur ami *Seppel* et de *Großmutter* (Grand-mère) ont été rendues populaires de nos jours par l'un des plus célèbres livres allemands pour enfants, dû à Otfried Preußler, *Der Räuber Hotzenplotz. Kasperl* et *Seppel*, en compagnie du capitaine de gendarmerie *Polizeihauptwachtmeister Dimpfelmoser*, cherchent continuellement à mettre un terme aux agissements malhonnêtes du *Hotzenplotz*, qui vit dans son repaire de brigands dans la forêt.

Kassa ['kasa] <-, Kassen> *f bes.* A caisse *f*
Kasse ['kasə] <-, -n> *f* ① (*Metallkasten, Zahlstelle*) caisse *f* ② *fam* (*Krankenkasse*) caisse *f* d'assurance maladie; (*in Frankreich*) sécu *f*
Kassenarzt *m*, **-ärztin** *f* médecin *mf* conventionné **Kassenbon** ['kasənbɔŋ] *m* ticket *m* de caisse **Kassenpatient(in)** *m(f)*: *patient(e) affilié(e) à une caisse d'assurance maladie assurant une couverture de base* **Kassenwart(in)** <-s, -e> *m(f)* caissier(-ière) *m(f)* **Kassenzettel** *s.* **Kassenbon**
Kasserolle <-, -n> *f* casserole *f*
Kassette [ka'sɛtə] <-, -n> *f* ① (*Video-, Musikkassette*) cassette *f* ② (*Kästchen*) coffret *m* **Kassettenrecorder** *m* magnétophone *m* [à cassettes]

K

Kassier [ka'siːɐ̯] A, CH, SDEUTSCH *s.* **Kassierer(in)**

kassieren* [ka'siːrən] **I.** *tr. V.* ❶ (*einziehen*) **etw bei jdm ~** encaisser qc auprès de qn ❷ *fam* (*konfiszieren*) sucrer **II.** *intr. V.* **bei jdm ~** (*Kellner*) encaisser l'addition de qn

Kassierer(in) <-s, -> *m(f)* caissier(-ière) *m(f)*

Kastagnette [kastan'jɛtə] <-, -n> *f* castagnette *f*

Kastanie [kas'taːni̯ə] <-, -n> *f* ❶ (*Rosskastanie*) marron *m* [d'Inde]; (*Esskastanie*) châtaigne *f* ❷ (*Rosskastanienbaum*) marronnier *m* [d'Inde]; (*Esskastanienbaum*) châtaignier *m*

Kastanienbaum *s.* **Kastanie 2**

Kästchen <-s, -> *nt* ❶ *Dim. von* **Kasten** coffret *m* ❷ (*Karo*) carreau *m*

Kaste <-, -n> *f* caste *f*

Kasten ['kastən, *Pl:* 'kɛstən] <-s, Kästen> *m* ❶ (*Behälter*) caisse *f*; (*für Schmuck*) coffret *m* ❷ A, CH (*Schrank*) armoire *f*

Kastenwagen *m* fourgonnette *f*

Kastration [kastra'tsi̯oːn] <-, -en> *f* castration *f*

kastrieren* [kas'triːrən] *tr. V.* châtrer

Kasus ['kaːzʊs] <-, -> *m* LING cas *m*

Kat [kat] <-s, -s> *m Abk. von* **Katalysator** pot *m* catalytique

Katakombe [kata'kɔmbə] <-, -n> *f* catacombe *f*

Katalog [kata'loːk] <-[e]s, -e> *m* ❶ (*Versandhauskatalog*) catalogue *m* ❷ (*Verzeichnis*) fichier *m*

katalogisieren* [katalogi'ziːrən] *tr. V.* cataloguer

Katalysator [kataly'zaːtoːɐ̯] <-s, -toren> *m* ❶ AUT pot *m* catalytique ❷ CHEM catalyseur *m*

Katamaran [katama'raːn] <-s, -e> *m* catamaran *m*

Kataster [ka'tastɐ] <-s, -> *m o nt* cadastre *m*

katastrophal [katastro'faːl] *Adj.* catastrophique

Katastrophe [katas'troːfə] <-, -n> *f* catastrophe *f*

Katastrophengebiet *nt* zone *f* sinistrée

Katechismus [katɛ'çɪsmʊs] <-, Katechismen> *m* catéchisme *m*

Kategorie [katego'riː] <-, -n> *f* catégorie *f*

kategorisch [kate'goːrɪʃ] *Adj.* catégorique

Kater ['kaːtɐ] <-s, -> *m* ❶ chat *m* ❷ *fam* (*nach Alkoholgenuss*) gueule *f* de bois

Kathedrale [kate'draːlə] <-, -n> *f* cathédrale *f*

Katheter [ka'teːtɐ] <-s, -> *m* MED cathéter *m*

Kathode [ka'toːdə] <-, -n> *f* PHYS cathode *f*

Katholik(in) [kato'liːk] <-en, -en> *m(f)* catholique *mf*

katholisch [ka'toːlɪʃ] **I.** *Adj* catholique **II.** *Adv.* **~ erzogen werden** recevoir une éducation catholique

Katholizismus [katoli'tsɪsmʊs] <-> *m* catholicisme *m*

Kätzchen <-s, -> *nt* chaton *m*

Katze ['katsə] <-, -n> *f* chat *m*; (*nur weiblich*) chatte *f*

Katzensprung *m fam* **das ist ein ~** c'est la porte à côté **Katzenwäsche** *f hum fam* toilette *f* de chat; **~ machen** se laver le bout du nez

Kauderwelsch <-[s]> *nt pej* (*unverständliche Sprache*) sabir *m*

kauen ['kauən] *tr. V.* mâcher

kauern ['kauɐn] *intr. V.* + *sein* **in einer Ecke ~** être accroupi dans un coin

Kauf [kauf, *Pl:* 'kɔyfə] <-[e]s, Käufe> *m* achat *m*; **ein günstiger ~** une bonne affaire

kaufen ['kaufən] *tr. V.* **jdm/sich etw ~** acheter qc à qn/[s']acheter qc

Käufer(in) ['kɔyfɐ] <-s, -> *m(f)* acheteur (-euse) *m(f)*

Kaufhaus *nt* grand magasin *m* **Kaufkraft** *f* pouvoir *m* d'achat

käuflich **I.** *Adj. pej* (*bestechlich*) vénal(e) **II.** *Adv. form* (*erwerben*) à titre onéreux

Kaufmann <-leute> *m*, **-frau** *f* ❶ **gelernter ~/gelernte Kauffrau** commercial(e) *m(f)* ❷ (*Lebensmittelhändler*) épicier(-ière) *m(f)*

kaufmännisch ['kaufmɛnɪʃ] *Adj.* commercial(e); **~er Angestellter** employé *m* de commerce

Kaufpreis *m* prix *m* d'achat **Kaufvertrag** *m* contrat *m* de vente

Kaugummi *m* chewing-gum *m*

Kaulquappe <-, -n> *f* têtard *m*

kaum [kaum] *Adv.* ❶ (*wahrscheinlich nicht*) difficilement; [**wohl**] **~!** sûrement pas ! ❷ (*fast nicht*) à peine; **es ~**

erwarten können brûler d'impatience; ~ **jemand** pratiquement personne

Kautabak *m* tabac *m* à chiquer

Kaution [kau'tsi̯oːn] <-, -en> *f* caution *f*

Kautschuk <-s, -e> *m* caoutchouc *m*

Kavalier [kava'liːɐ̯] <-s, -e> *m* gentleman *m*

Kavallerie [-'riːən] <-, -n> *f* cavalerie *f*

Kaviar ['kaːviaːɐ̯] <-s, -e> *m* caviar *m*

KB [kaː'beː] *nt Abk. von* **Kilobyte** Ko *m*

Kefir ['keːfɪr] <-s> *m* képhir *m*

Kegel ['keːgəl] <-s, -> *m* ❶ (*Spielgerät*) quille *f* ❷ MATH, GEO cône *m*

Kegelbahn *f* piste *f* de bowling **kegelförmig** *Adj.* conique

kegeln ['keːgəln] *intr. V.* jouer au bowling

Kehle ['keːlə] <-, -n> *f* gorge *f*

Kehlkopf *m* larynx *m*

kehren ['keːrən] *tr. V.* (*wenden*) tourner

Kehricht ['keːrɪçt] <-s> *m o nt* CH (*Müll*) ordures *fpl* [ménagères]

Kehrseite ▸**die ~ der Medaille** le revers de la médaille

kehrt|machen ['keːɐ̯tmaxən] *intr. V. fam* ❶ (*umkehren*) faire demi-tour ❷ MIL faire un demi-tour **Kehrtwendung** *f* ❶ MIL demi-tour *m* ❷ *fig* volte-face *f*

> **Die Kehrwoche** (la semaine de nettoyage, ou littéralement de balayage) est une invention souabe. Les occupants des appartements d'un immeuble assurent à tour de rôle, durant une semaine, le nettoyage des parties communes, telles que la cage d'escalier ou le trottoir.

keifen ['kaifən] *intr. V. pej* brailler

Keil [kail] <-[e]s, -e> *m* (*Unterlegkeil*) cale *f*

Keilriemen *m* courroie *f* [trapézoïdale]

Keim [kaim] <-[e]s, -e> *m* germe *m*

keimen *intr. V. a. fig* germer

keimfrei *Adj.* stérilisé(e); (*Umgebung*) stérile

Keimzelle *f* ❶ BIO gamète *m* ❷ *fig* ferment *m*

kein I. *unbest. Pron., adjektivisch* ❶ ~ **Wort sagen** ne pas dire un mot; ~**e Lust/Zeit haben** ne pas avoir envie/le temps; ~ **Auto haben** ne pas avoir de voiture; ~**e andere als Brigitte** nulle autre que Brigitte ❷ (*nicht einmal*) ~**e drei Stunden dauern** ne même pas durer trois heures **II.** *unbest. Pron., substantivisch* ❶ (*auf eine Person bezogen*) **das weiß ~er** personne ne le sait; **sie hat ~en von beiden geheiratet** elle n'en a épousé aucun des deux ❷ (*auf Dinge bezogen*) **von den Pullovern gefiel mir ~er** aucun des pull-overs ne m'a plu; **Saft habe ich ~en da** du jus, je n'en ai pas

keinerlei *Adj. unv, attr* ~ **Interesse zeigen** ne montrer vraiment aucun intérêt

keinesfalls *Adv.* **ich möchte dich ~ beunruhigen** je ne veux en aucun cas te causer du souci

keineswegs *Adv.* **sie ist ~ zufrieden** elle n'est absolument pas satisfaite

keins *s.* **kein**

Keks [keːks] <-es, -e> *m* gâteau *m* sec

Kelch [kɛlç] <-[e]s, -e> *m* ❶ (*Blüten-, Abendmahlskelch*) calice *m* ❷ (*Sektkelch*) flûte *f*

Kelle ['kɛlə] <-, -n> *f* (*Schöpflöffel*) louche *f*

Keller ['kɛlɐ] <-s, -> *m* cave *f*

Kellerfenster *nt* soupirail *m* **Kellergeschoss**[RR] *nt* sous-sol *m*

Kellner(in) ['kɛlnɐ] <-s, -> *m(f)* serveur (-euse) *m(f)*

Kelte ['kɛltə] <-n, -n> *m*, **Keltin** *f* Celte *mf*

keltisch ['kɛltɪʃ] *Adj.* celt[iqu]e

kennen ['kɛnən] <kannte, gekannt> **I.** *tr. V.* connaître; ~ **lernen** apprendre à connaître; **jdn ~ lernen** faire la connaissance de qn ▸**der wird mich noch ~ lernen!** *fam* il va voir de quel bois je me chauffe ! **II.** *refl. V.* **sich ~** se connaître; **sich ~ lernen** (*Bekanntschaft machen*) faire connaissance; (*vertraut werden*) apprendre à se connaître

kennen|lernen *s.* **kennen**

Kenner(in) <-s, -> *m(f)* (*der Materie*) expert(e) *m(f)*; (*guter Weine*) connaisseur(-euse) *m(f)*

kenntlich ['kɛntlɪç] *Adj.* **etw ~ machen** marquer qc

Kenntnis ['kɛntnɪs] <-, -se> *f* connaissance *f*; **jdn davon in ~ setzen, dass ...** porter à la connaissance de qn [le fait] que ...; **etw zur ~ nehmen** prendre acte de qc

K

Kennwort <-wörter> *nt* ❶ (*Codewort*) code *m* ❷ (*Losungswort*) mot *m* de passe **Kennzahl** *f* ❶ (*Ortsnetzkennzahl*) indicatif *m* ❷ (*Zahlenwert*) indice *m* **Kennzeichen** *nt* ❶ (*Autokennzeichen*) **amtliches ~** numéro *m* d'immatriculation ❷ (*Merkmal*) signe *m* distinctif; **unveränderliches ~** signe *m* particulier ❸ (*Markierung*) signe *m* de reconnaissance **kennzeichnen** **I.** *tr. V.* ❶ (*markieren*) marquer; (*Weg, Behälter*) signaler ❷ (*charakterisieren*) caractériser **II.** *refl. V.* **sich durch etw ~** se caractériser par qc **Kennziffer** *f* référence *f*

kentern ['kɛntɐn] *intr. V.* + *sein* chavirer

Keramik [ke'ra:mɪk] <-, -en> *f* céramique *f*

Kerbe ['kɛrbə] <-, -n> *f* encoche *f*

Kerbel ['kɛrbəl] <-s> *m* cerfeuil *m*

Kerbholz ▸ **etwas auf dem ~ haben** *fam* avoir qc à cacher

Kerker ['kɛrkɐ] <-s, -> *m* (*Verlies*) cachot *m*

Kerl [kɛrl] <-s, -e> *m fam* type *m*

Kern [kɛrn] <-[e]s, -e> *m* ❶ noyau *m*; (*Apfel-, Birnenkern*) pépin *m* ❷ (*eines Problems*) fond *m* ❸ (*einer Stadt*) cœur *m*

Kernenergie *s.* **Kernkraft** **Kernfusion** *f* fusion *f* nucléaire **Kerngehäuse** *nt* trognon *m* **kerngesund** *Adj.* en pleine santé **Kernkraft** *f* énergie *f* nucléaire **Kernkraftwerk** *nt* centrale *f* nucléaire

kernlos *Adj.* sans pépins

Kernphysik *f* physique *f* nucléaire **Kernpunkt** *s.* **Kern** **Kernreaktor** *m* réacteur *m* nucléaire **Kernschmelze** *f* fusion *f* du cœur du réacteur **Kernseife** *f* ≈ savon *m* de Marseille **Kernwaffe** *f* arme *f* nucléaire **kernwaffenfrei** ['kɛrnvafənfrai] *Adj.* dénucléarisé(e) **Kernzeit** *f* plage *f* fixe [de travail]

Kerosin [kero'zi:n] <-s, -e> *nt* kérosène *m*

Kerze ['kɛrtsə] <-, -n> *f* ❶ bougie *f*; REL cierge *m* ❷ (*Gymnastikübung*) chandelle *f*

kerzengerade ['kɛrtsəngə'ra:də] *Adj., Adv.* droit(e) comme un i **Kerzenhalter** *m* (*klein*) bougeoir *m*; (*groß*) chandelier *m* **Kerzenleuchter** *m* candélabre *m* **Kerzenlicht** *nt* lumière *f* des bougies

kess[RR] [kɛs], **keß**[ALT] **I.** *Adj.* ❶ (*Person*) effronté(e); (*Antwort*) audacieux(-euse) ❷ (*Hut*) affriolant(e) **II.** *Adv.* avec aplomb

Kessel ['kɛsəl] <-s, -> *m* ❶ (*Wasserkessel*) bouilloire *f* ❷ (*Heizkessel*) chaudière *f* ❸ GEO cuvette *f*

Kesselstein *m* tartre *m*

Ketchup, Ketschup[RR] ['kɛtʃap] <-[s], -s> *m o nt* ketchup *m*

Kette ['kɛtə] <-, -n> *f* ❶ a. COM, TEXTIL chaîne *f* ❷ (*Halskette*) collier *m* ❸ (*von Ereignissen*) série *f*

Kettenbrief *m* lettre *f* en chaîne **Kettenkarussell** *nt* chaises *fpl* volantes **Kettenraucher(in)** *m(f)* grand fumeur *m*/grande fumeuse *f* **Kettenreaktion** *f* réaction *f* en chaîne **Kettenschaltung** *f* dérailleur *m*

Ketzer(in) ['kɛtsɐ] <-s, -> *m(f)* hérétique *mf*

Ketzerei <-, -en> *f* hérésie *f*

ketzerisch *Adj.* hérétique

keuchen ['kɔyçən] *intr. V.* + *haben* (*schwer atmen*) haleter

Keuchhusten *m* coqueluche *f*

Keule ['kɔylə] <-, -n> *f* (*Waffe*) massue *f*

keusch [kɔyʃ] *Adj.* chaste

Keusche <-, -n> *f* A *pej* (*Bruchbude*) taudis *m*

Keuschheit <-> *f* chasteté *f*

Keyboard ['ki:bɔ:t] <-s, -s> *nt* orgue *m* électronique

Kfz [ka:ʔɛf'tsɛt] <-[s], -[s]> *nt Abk. von* **Kraftfahrzeug** automobile *f*

Kfz-Werkstatt *f* garage *m* **Kfz-Zulassungsstelle** *f* service *m* des immatriculations

kg *Abk. von* **Kilogramm** kg

KG [ka:'ge:] <-, -s> *f Abk. von* **Kommanditgesellschaft** SCS *f*

khakifarben *Adj.* kaki *inv.*

Kibbuz [kɪ'bu:ts] <-, Kibbuzim *o* -e> *m* kibboutz *m*

Kiberer <-s, -> *m* A *pej fam* flic *m*

Kichererbse *f* pois *m* chiche

kichern ['kɪçɐn] *intr. V.* ricaner

kicken ['kɪkən] *intr. V. fam* ❶ (*Fußball spielen*) jouer au foot ❷ (*Ball*) taper dans; **den Ball ins Aus ~** botter en touche

kidnappen ['kɪtnɛpən] *tr. V.* kidnapper

Kidnapper(in) ['kɪtnɛpɐ] <-s, -> *m(f)* kidnappeur(-euse) *m(f)*

Kids <-> *Pl fam* (*Kinder*) mômes *mpl*; (*Jugendliche*) ados *mpl*

kiefeln *intr. V.* A ❶ (*kauen*) **an etw** (*Dat*) **~** mordiller qc ❷ *fig* **an einem Problem ~** remâcher un problème

Kiefer[1] ['kiːfɐ] <-, -n> *f* (*Baum, Holz*) pin *m*
Kiefer[2] <-s, -> *m* ANAT mâchoire *f*
Kiefernzapfen *m* pomme *f* de pin
Kieme ['kiːmə] <-, -n> *f* branchie *f*
Kies [kiːs] <-es, -e> *m* (*kleine Steine*) gravier *m*
Kieselstein ['kiːzəlʃtain] *m* gravier *m*
Kiesgrube *f* gravière *f*
kiffen ['kɪfən] *intr. V. fam* fumer le bédo
kikeriki [kikəri'kiː] *Interj.* cocorico
Killer(in) ['kɪlɐ] <-s, -> *m(f) fam* tueur(-euse) *m(f)* [à gages]
Kilo ['kiːlo] <-s, -[s]> *nt Abk. von* **Kilogramm** kilo *m*
Kilobyte ['kiːlobait] *nt* kilo-octet *m* **Kilogramm** *nt* kilogramme *m* **Kilohertz** *nt* kilohertz *m* **Kilojoule** *nt* kilojoule *m* **Kilokalorie** *f* kilocalorie *f*
Kilometer *m* ① kilomètre *m* ② *fam* (*Stundenkilometer*) **er fuhr höchstens 50 ~** il roulait à 50 maxi
Kilometerstand *m* kilométrage *m* **Kilometerzähler** *m* compteur *m* kilométrique
Kilowatt *nt* kilowatt *m* **Kilowattstunde** *f* kilowattheure *m*
Kind [kɪnt] <-[e]s, -er> *nt* enfant *m;* **sie kriegt ein ~** *fam* elle va avoir un gosse; **~er, ~er!** *fam* (*Leute*) ah, mes enfants ! ▸ **das ~ mit dem Bade ausschütten** jeter le bébé avec l'eau du bain; **mit ~ und Kegel** *iron fam* avec toute la smala; **das ~ beim Namen nennen** appeler un chat un chat; **wir werden das ~ schon schaukeln** *fam* on va goupiller ça; **das weiß doch jedes ~!** *fam* [même] un gosse sait ça !
Kinderarbeit ['kɪndɐarbait] *f* travail *m* des mineurs **Kinderarzt** *m,* **-ärztin** *f* pédiatre *mf* **Kinderbuch** *nt* livre *m* d'enfant
Kinderei <-, -en> *f* enfantillage *m*
Kindererziehung *f* éducation *f* des enfants **kinderfeindlich** *Adj.* (*Gesellschaft*) qui ne fait rien pour les enfants **kinderfreundlich** *Adj.* (*Person*) qui aime les enfants; (*Gesellschaft*) ouvert(e) aux enfants
Kindergarten *m* ≈ école *f* maternelle

> Les **Kindergärten** sont en Allemagne des institutions publiques qui sont en général gérées par les autorités locales. Les enfants en âge pré-scolaire sont gardés durant quatre à six heures par jour par des enseignants ayant une formation spéciale. En Allemagne, chaque enfant âgé de trois ans a fondamentalement droit à une place dans un **Kindergarten**.

Kindergärtner(in) *m(f)* ≈ éducateur (-trice) *m(f)* d'école maternelle **Kindergeburtstag** *m* anniversaire *m* d'enfant **Kindergeld** *nt* ≈ allocations *fpl* familiales **Kinderheim** *nt* ≈ foyer *m* de la DDASS **Kinderhort** *m* garderie *f* **Kinderklinik** *f* hôpital *m* d'enfants **Kinderkrankheit** *f* maladie *f* infantile **Kinderkrippe** *f* crèche *f* **Kinderladen** *m* jardin *m* d'enfants alternatif (*utilisant des méthodes non-directives*) **Kinderlähmung** *f* poliomyélite *f* **kinderleicht** *Adj.* enfantin(e); **~ sein** être un jeu d'enfant **kinderlieb** *Adj.* qui aime les enfants **Kinderlied** *nt* chanson *f* enfantine
kinderlos *Adj.* sans enfants
Kindermädchen *nt* bonne *f* d'enfants **kinderreich** *Adj.* (*Paar*) qui a beaucoup d'enfants; (*Familie*) nombreux(-euse) **Kinderschänder(in)** <-s, -> *m(f)* violeur (-euse) *m(f)* d'enfants **Kinderschuh** *m* chaussure *f* d'enfant ▸ **noch in den ~en stecken** être encore aux [premiers] balbutiements **kindersicher I.** *Adj.* (*Spielzeug*) adapté(e) aux enfants **II.** *Adv.* (*aufbewahren*) hors de portée des enfants **Kindersicherung** *f* sécurité *f* enfants **Kindersitz** *m* siège *m* pour enfant **Kinderspiel** *nt* jeu *m* pour enfants ▸ **für jdn ein ~ sein** être un jeu d'enfant pour qn **Kinderspielplatz** *m* terrain *m* de jeu **Kindersterblichkeit** *f* mortalité *f* infantile **Kinderstube** ▸ **eine/keine gute ~ gehabt haben** avoir reçu une bonne/mauvaise éducation **Kindertagesstätte** *f s.* **Kita**
Kinderwagen *m* landau *m;* (*Sportwagen*) poussette *f* **Kinderzimmer** *nt* chambre *f* d'enfant
Kindesalter *nt* bas âge *m* **Kindesbeine** ▸ **etw von ~n an lernen** apprendre qc dès sa plus tendre enfance **Kindesmissbrauch**[RR] *m* abus *m* [sexuel] sur des enfants **Kindesmisshandlung**[RR] *f* maltraitance *f* des enfants
kindgemäß *Adj.* adapté(e) aux enfants
Kindheit <-> *f* enfance *f*

kindisch *pej Adj.* puéril(e)
kindlich **I.** *Adj.* d'enfant; ~ **sein** (*Person*) être très jeune **II.** *Adv.* (*sich verhalten*) comme un enfant
Kindstod *m* **plötzlicher** ~ mort *f* subite du nourrisson
kinetisch [ki'neːtɪʃ] *Adj.* cinétique
Kinn [kɪn] <-[e]s, -e> *nt* menton *m*
Kinnhaken *m* uppercut *m*
Kino ['kiːno] <-s, -s> *nt* cinéma *m*
Kinobesuch *m* séance *f* de cinéma **Kinobesucher(in)** *m(f)* spectateur(-trice) *m(f)* **Kinofilm** *m* film *m* [grand écran] **Kinoprogramm** *nt* ① (*gezeigte Filme*) affiche *f* ② (*gedrucktes Programm*) programme *m* des films
Kiosk ['kiːɔsk] <-[e]s, -e> *m* kiosque *m*
Kipfe[r]l <-s, -[n]> *nt* A croissant *m*
Kippe ['kɪpə] <-, -n> *f fam* ① (*Mülldeponie*) décharge *f* ② (*Zigarettenstummel*) mégot *m* ▶ **auf der ~ stehen** (*Entscheidung*) être en suspens
kippen ['kɪpən] **I.** *tr. V. + haben* ① (*schütten: Sand*) renverser; (*Flüssigkeit*) déverser ② (*schräg stellen*) basculer ▶ **einen** ~ *fam* s'en jeter un **II.** *intr. V. + sein* (*umfallen*) basculer
Kirche ['kɪrçə] <-, -n> *f* ① église *f* ② (*Institution*) Église *f*
Kirchenbuch *nt* registre *m* paroissial **Kirchenchor** *m* chorale *f* paroissiale **Kirchengemeinde** *f* paroisse *f* **Kirchenlied** *nt* cantique *m* **Kirchenmusik** *f* musique *f* religieuse **Kirchenrecht** *nt* droit *m* canon **Kirchenschiff** *nt* (*Längsschiff*) [grande] nef *f*; (*Querschiff*) nef latérale **Kirchenstaat** *m* HIST États *mpl* pontificaux
Kirchensteuer *f* ≈ impôt *m* au bénéfice des Églises

Le **Kirchensteuer** équivaut à environ huit pour cent de l'impôt sur le revenu. On doit le payer si l'on est de confession protestante ou catholique. En règle générale, il est directement reversé par le fisc aux églises concernées.
En Autriche, les Églises prélèvent elles-mêmes directement les sommes allouées au culte, d'un montant variable selon les personnes, et en Suisse, l'impôt au bénéfice des Églises est fixé suivant le droit des différents cantons.

kirchlich **I.** *Adj.* de l'Église; (*Feiertag, Trauung*) religieux(-euse) **II.** *Adv.* (*heiraten*) à l'église
Kirchturm *m* clocher *m*
Kirschbaum *m* (*Baum, Holz*) cerisier *m*
Kirsche ['kɪrʃə] <-, -n> *f* ① cerise *f* ② (*Baum, Holz*) cerisier *m* ▶ **mit jdm ist nicht gut ~n essen** *fam* qn n'est pas à prendre avec des pincettes
Kirschtorte *f* tarte *f* aux cerises; **Schwarzwälder** ~ forêt-noire *f* **Kirschwasser** *nt* kirsch *m*
Kissen ['kɪsən] <-s, -> *nt* (*Kopfkissen*) oreiller *m;* (*Sofakissen*) coussin *m*
Kissenbezug *m* (*Kopfkissenbezug*) taie *f* [d'oreiller]; (*Sofakissenbezug*) housse *f* [de coussin]
Kiste ['kɪstə] <-, -n> *f* caisse *f;* (*klein*) boîte *f*
kistenweise *Adv.* (*in großen Mengen*) ~ **Spielsachen wegwerfen** jeter des pleines caisses de jouets
Kita ['kiːta] <-, -s> *f fam Abk. von* **Kindertagesstätte** ≈ garderie *f* de jour

Au-delà du *Kindergarten* traditionnel, les parents qui travaillent sont de plus en plus nombreux à dépendre d'autres formes de gardes d'enfants qui présentent davantage de flexibilité et/ou des horaires d'ouverture plus étendus. Une *Krippe* (crêche) garde les moins de trois ans. Une **Kita** surveille les enfants en âge préscolaire. Puisqu'en Allemagne les heures de classe sont terminées vers l'heure du déjeuner, la plupart des écoles disposent d'un *Hort* ou d'une *Kernzeitbetreuung,* où les enfants, habituellement jusqu'à l'âge de dix ans, sont surveillés jusqu'en fin d'après-midi.

Kitsch [kɪtʃ] <-es> *m* kit[s]ch *m*
kitschig *Adj.* kit[s]ch *inv.*
Kitt [kɪt] <-[e]s, -e> *m* mastic *m*
Kittchen ['kɪtçən] <-s, -> *nt fam* taule *f*
Kittel ['kɪtəl] <-s, -> *m* (*Arbeitskittel*) blouse *f*
kitten ['kɪtən] *tr. V.* (*Riss*) mastiquer; (*Vase*) recoller; (*Partnerschaft*) cimenter
Kitz [kɪts] <-es, -e> *nt* (*eines Rehs*) faon *m;* (*einer Ziege*) chevreau *m*
kitzelig *s.* **kitzlig**

kitzeln ['kɪtsəln] *tr., intr. V.* chatouiller
kitzlig *Adj.* chatouilleux(-euse)
Kiwi ['kiːvi] <-, -s> *f* kiwi *m*
KKW [kaːkaː'veː] <-s, -s> *nt Abk. von* **Kernkraftwerk** centrale *f* nucléaire
klacks *Interj.* vlan
klaffen ['klafən] *intr. V.* (*Abgrund*) bâiller
kläffen ['klɛfən] *intr. V.* glapir
Klage ['klaːgə] <-, -n> *f* plainte *f;* **keinen Grund zur ~ haben** n'avoir aucune raison de se plaindre; **~ gegen jdn erheben** JUR porter plainte contre qn
klagen ['klaːgən] **I.** *intr. V.* ❶ (*jammern*) **über etw** (*Akk*) **~** se lamenter sur qc ❷ (*sich beklagen*) **über etw** (*Akk*) **~** se plaindre de qc ❸ JUR **gegen jdn ~** porter plainte contre qn **II.** *tr. V.* ❶ **jdm sein Leid ~** se plaindre de sa souffrance auprès de qn ❷ A *s.* **verklagen**
klagend I. *Adj.* ❶ (*Stimme*) plaintif(-ive) ❷ JUR (*Partei*) plaignant(e) **II.** *Adv.* en geignant
Kläger(in) ['klɛːgɐ] <-s, -> *m(f)* plaignant(e) *m(f)*
Klageschrift *f* plainte *f* **Klageweib** *nt* pleureuse *f*
kläglich ['klɛːklɪç] **I.** *Adj.* ❶ *pej* lamentable ❷ (*dürftig*) misérable ❸ (*jammervoll*) pitoyable **II.** *Adv. pej* (*scheitern*) lamentablement
klaglos *Adv.* sans rechigner
klamm [klam] *Adj.* (*Wäsche*) humide et froid(e)
Klammer ['klamɐ] <-, -n> *f* ❶ (*Wäscheklammer*) pince *f* [à linge] ❷ (*Heftklammer*) agrafe *f;* (*Büroklammer*) trombone *m* ❸ (*Haarklammer*) épingle *f* [à cheveux] ❹ (*Textsymbol*) **[runde] ~** parenthèse *f;* **eckige/spitze ~** crochet *m*/chevron *m*; **in ~n** entre parenthèses
Klammeraffe *m* INET *fam* ar[r]obas *m*
klammern ['klamɐn] **I.** *tr. V.* (*zusammenheften*) agrafer **II.** *refl. V.* **sich an jdn/etw ~** (*festhalten*) s'accrocher à qn/qc; *fig* se raccrocher à qn/qc
klammheimlich *fam Adv.* en douce
Klamotten [kla'mɔtə] *Pl fam* fringues *fpl*
klang [klaŋ] *Imp. von* **klingen**
Klang [klaŋ, *Pl:* 'klɛŋə] <-[e]s, Klänge> *m* (*Ton*) son *m;* (*einer Stimme*) timbre *m*
klanglos ['klaŋloːs] *Adj.* (*Stimme*) sans timbre **klangvoll** *Adj.* (*volltönend*) sonore; (*Name*) qui sonne bien
Klappe ['klapə] <-, -n> *f* ❶ (*eines Mülleimers*) couvercle *m;* (*einer Tasche*) rabat *m;* (*eines Ofens*) clapet *m* ❷ *fam* (*Mund*) clapet *m;* **eine große ~ haben** avoir une grande gueule; **[halt die] ~!** la ferme !
klappen ['klapən] **I.** *tr. V.* + *haben* **etw nach oben/hinten ~** rabattre qc vers le haut/en arrière **II.** *intr. V.* + *haben fam* (*funktionieren*) marcher
klapperig *s.* **klapprig**
klappern ['klapɐn] *intr. V.* (*Fensterflügel*) claquer; **mit den Zähnen ~** claquer des dents; **mit dem Geschirr ~** faire cliqueter la vaisselle
Klappfahrrad *nt* vélo *m* pliant **Klappmesser** *nt* canif *m*
klapprig *Adj. fam* ❶ (*gebrechlich*) décati(e) ❷ (*instabil*) déglingué(e)
Klappstuhl *m* chaise *f* pliante **Klapptisch** *m* table *f* pliante
Klaps [klaps] <-es, -e> *m* tape *f*
klar [klaːɐ̯] **I.** *Adj.* ❶ clair(e); (*Ergebnis*) évident(e); (*Vorsprung*) net(te) ❷ *fam* (*verständlich*) **alles ~?** c'est clair ?; **na ~!** mais bien sûr ! ❸ (*bewusst*) **jdm ist etw ~** qn comprend qc; **sich** (*Dat*) **über seine Gefühle ~ werden** prendre conscience de ses sentiments; **sich darüber ~ werden, dass ...** commencer à réaliser que ... **II.** *Adv.* (*erkennen*) clairement; **~ sehen [können]** (*gute Augen haben*) [pouvoir] voir clair (*fam*) ▶ **~ und deutlich** de façon claire et nette; **das ist so ~ wie sonst was!** *fam* y a pas photo !
Kläranlage ['klɛːɐ̯anlaːgə] *f* station *f* d'épuration
klären ['klɛːrən] **I.** *tr. V.* (*Problem*) élucider; (*Abwasser*) épurer **II.** *refl. V.* **sich ~** (*Problem*) se résoudre; (*Wasser*) se décanter **klar|gehen** *intr. V. unreg fam* **die Sache geht klar** c'est une affaire qui roule; **das geht klar** ça marche
Klarheit <-, -en> *f a. fig* clarté *f;* **sich** (*Dat*) **~ über etw** (*Akk*) **verschaffen** obtenir des précisions sur qc
Klarinette [klari'nɛtə] <-, -n> *f* clarinette *f*
klar|kommen *intr. V. unreg* + *sein fam* **mit jdm/etw ~** s'en sortir avec qn/qc

klar|machen **I.** *tr. V.* **jdm etw ~** faire comprendre qc à qn; **jdm ~, dass ...** expliquer à qn que ... **II.** *refl. V.* **sich** (*Dat*) **etw ~** se rendre compte de qc; **sich** (*Dat*) **~, dass ...** réaliser que ...
klar|sehen *intr. V. unreg* **in etw** (*Dat*) **~** y voir clair dans qc (*fam*) **Klarsichtfolie** *f* film *m* transparent [étirable] **Klarsichthülle** *f* chemise *f* transparente; (*zum Einheften*) pochette *f* perforée **klar|stellen** *tr. V.* ❶ (*klären*) clarifier ❷ (*deutlich mitteilen*) **ich möchte ~, dass ...** je tiens à préciser que... + *indic* **Klarstellung** *f* ❶ (*Klärung*) clarification *f* ❷ (*deutliche Mitteilung*) précision *f*

Klärung <-, -en> *f* ❶ (*von Problemen*) élucidation *f* ❷ (*von Abwässern*) épuration *f*

klar|werden *s.* **klar I.3**

klasse *Adj. unv. fam* super

Klasse ['klasə] <-, -n> *f* classe *f;* **erster/zweiter ~ fahren/fliegen** voyager en première/ seconde [classe]

Klassenarbeit *f* devoir *m* sur table **Klassenbeste(r)** *f(m) dekl wie Adj* premier(-ière) *m(f)* [de la classe] **Klassenbuch** *nt* cahier *m* de présence **Klassenkamerad(in)** *m(f)* camarade *mf* de classe **Klassenkampf** *m* lutte *f* des classes **Klassenlehrer(in)** *m(f)* professeur *mf* principal **Klassenraum** *s.* **Klassenzimmer** **Klassensprecher(in)** *m(f)* délégué(e) *m(f)* de classe **Klassentreffen** *nt* réunion *f* d'anciens [camarades de classe] **Klassenzimmer** *nt* salle *f* de classe

klassifizieren* [klasifi'tsi:rən] *tr. V.* classifier

Klassifizierung <-, -en> *f* classification *f*

Klassik ['klasɪk] <-> *f* ❶ (*Epoche*) classicisme *m* ❷ (*Altertum*) Antiquité *f* ❸ *fam* (*klassische Musik*) classique *m*

Klassiker(in) <-s, -> *m(f)* (*Schriftsteller, Künstler*) classique *m;* (*Komponist*) musicien(ne) *m(f)* classique

klassisch *Adj.* classique

Klassizismus [klasi'tsɪsmʊs] <-> *m* classicisme *m*

klassizistisch [klasi'tsɪstɪʃ] *Adj.* classique

Klatsch [klatʃ] <-[e]s> *m kein Pl. pej fam* ragots *mpl*

klatschen ['klatʃən] **I.** *intr. V.* ❶ + *haben* applaudir; **in die Hände ~** taper dans les mains; **sich** (*Dat*) **auf die Schenkel ~** se taper sur les cuisses ❷ + *sein* (*auftreffen*) **auf/gegen etw** (*Akk*) **~** s'écraser sur/contre qc ❸ + *haben pej fam* (*tratschen*) **über jdn ~** taper sur qn; **über etw** (*Akk*) **~** jaser sur qc **II.** *tr. V.* + *haben* **den Takt ~** battre la mesure [des mains]

Klatschmohn *m* coquelicot *m* **klatschnass**[RR] *Adj. fam* (*Kleidung, Haare*) tout(e) trempé(e); **~ sein** (*Person*) être trempé comme une soupe

Klaue ['klauə] <-, -n> *f* ❶ (*eines Raubvogels*) serres *fpl*; (*eines Raubtiers*) griffe *f* ❷ *pej fam* (*Handschrift*) écriture *f* de cochon

klauen ['klauən] **I.** *tr. V. fam* piquer **II.** *intr. V. fam* faucher

Klausel ['klauzəl] <-, -n> *f* clause *f*

Klausur [klau'zu:ɐ] <-, -en> *f* ❶ UNIV [examen *m*] partiel *m* ❷ SCHULE devoir *m* surveillé

Klavier [kla'vi:ɐ] <-s, -e> *nt* piano *m;* **~ spielen** jouer du piano

Klavierhocker *m* tabouret *m* de piano **Klavierkonzert** *nt* concerto *m* pour piano; (*Veranstaltung*) récital *m* de piano **Klaviersonate** *f* sonate *f* pour piano **Klavierspieler(in)** *m(f)* pianiste *mf* **Klavierstimmer(in)** *m(f)* accordeur (-euse) *m(f)* de pianos

Klebeband ['kle:bəbant] <-bänder> *nt* ruban *m* adhésif

kleben ['kle:bən] **I.** *intr. V.* ❶ coller; **an etw** (*Dat*) **~** (*haften*) être collé à qc ❷ *fam* **an etw** (*Dat*) **~** suivre fidèlement qc **II.** *tr. V.* ❶ (*befestigen, zusammenkleben*) coller ❷ (*reparieren*) recoller

Kleber <-s, -> *m fam* colle *f*

klebrig ['kle:brɪç] *Adj.* collant(e)

Klebstoff *m* colle *f*

kleckern ['klɛkən] **I.** *tr. V.* + *haben* **Soße auf etw** (*Akk*) **~** faire des taches de sauce sur qc **II.** *intr. V.* + *haben* **mit etw ~** faire des taches de qc (*fam*) **III.** *refl. V. fam* **sich voll ~** se faire des taches partout

Klecks [klɛks] <-es, -e> *m* (*Fleck*) [grosse] tache *f;* (*Farbklecks*) éclaboussure *f;* (*Tintenklecks*) pâté *m*

klecksen *intr. V.* + *haben* (*Person*) barbouiller (*fam*)(*Füller*) baver

Klee [kle:] <-s> *m* trèfle *m*

Kleeblatt *nt* [feuille *f* de] trèfle *m;* **vierblättriges ~** trèfle *m* à quatre feuilles

Kleid [klait] <-[e]s, -er> *nt* ① robe *f* ② *Pl* (*Kleidungsstück*) vêtements *mpl*

kleiden ['klaidən] *tr., refl. V.* [**sich**] **~** [s']habiller

Kleiderbügel *m* cintre *m* **Kleiderkasten** *m* A, CH, SDEUTSCH *s.* **Kleiderschrank** **Kleiderschrank** *m* armoire[-penderie] *f*

Kleidung <-, -en> *f* vêtements *mpl*

Kleidungsstück *nt* vêtement *m*

Kleie ['klaiə] <-, -n> *f* son *m*

klein [klain] **I.** *Adj.* ① petit(e) ② (*wenig Platz beanspruchend*) **sich ~ machen** se faire tout(e) petit(e); **der ~ gedruckte Text ist wichtig** le texte [écrit] en petits caractères est important ③ (*zerkleinert*) **Kaminholz ~ machen** faire du petit bois ④ (*kleingeschrieben: Buchstabe*) minuscule; **ein ~es a** un a minuscule; (*in mathematischen Gleichungen*) un petit a ⑤ (*gering, geringfügig*) **ein ~[es] bisschen** un [tout] petit peu; **die ~ste Bewegung** le moindre mouvement ▸**bis ins Kleinste** jusque dans le moindre détail; **von ~ auf** dès ma/sa/... plus tendre enfance **II.** *Adv.* **~ anfangen** *fam* partir de quasiment zéro; **~ beigeben** baisser le ton

Kleinbuchstabe *m* [lettre *f*] minuscule *f* **kleinbürgerlich** *Adj. pej* (*spießbürgerlich*) petit(e)-bourgeois(e)

Kleine(r) *f(m) dekl wie Adj* (*Kind*) petit(e) *m(f);* **na, ~/~r!** alors, ma petite/mon petit !

Kleine(s) *nt dekl wie Adj* ① (*Kind*) petit(e) *m(f)* ② (*Jungtier*) petit *m*

kleingedruckt *Adj.* [écrit(e)] en petits caractères **Kleingedruckte(s)** *nt dekl wie Adj* clauses *fpl* en petits caractères; (*eines Bestellformulars*) conditions *fpl* de vente en petits caractères **Kleingeld** *nt* monnaie *f* **klein|hacken** *s.* **hacken I.1** **Kleinhirn** *nt* ANAT cervelet *m*

Kleinigkeit ['klainɪçkait] <-, -en> *f* ① (*Bagatelle*) bricole *f;* **wegen jeder ~** pour la moindre broutille ② (*Einzelheit*) [petit] détail *m* ③ (*kleine Menge*) **eine ~ essen** manger un petit quelque chose

kleinkariert *Adj. pej fam* (*engstirnig*) borné(e) **Kleinkind** *nt* jeune enfant *m* **Kleinkram** *m fam* (*Kleinigkeiten*) broutilles *fpl* **klein|kriegen** *tr. V. fam* (*kaputtmachen*) **nicht kleinzukriegen sein** être increvable **Kleinkunstbühne** *f* café-théâtre *m* **kleinlaut I.** *Adj.* (*Antwort*) embarrassé(e) **II.** *Adv.* (*fragen*) d'une [toute] petite voix

kleinlich *Adj. pej* ① (*geizig*) pingre ② (*engstirnig*) mesquin(e)

Kleinlichkeit <-, -en> *f pej* mesquinerie *f* **klein|machen I.** *tr. V.* (*in Kleingeld wechseln*) **einen Geldschein ~** faire de la monnaie sur un billet **II.** *refl. V.* **sich ~** (*unterwürfig sein*) être obséquieux(-euse)

Kleinod ['klaino:t] <-[e]s, -odien> *nt a. fig geh* joyau *m*

klein|schneiden *s.* **schneiden I.1**

klein|schreiben *tr. V. unreg* ① (*mit kleinem Anfangsbuchstaben*) écrire avec une minuscule [*o* en minuscules] ② *fam* (*als unwichtig ansehen*) **bei ihnen wird Höflichkeit kleingeschrieben** chez eux, on ne fait pas grand cas de la politesse **Klein|schreibung** *f* écriture *f* sans majuscules **Kleinstadt** *f* petite ville *f;* (*mit mehr als 20.000 Einwohnern*) ville *f* moyenne **Kleinvieh** *nt* [animaux *mpl* de] basse-cour *f* **Kleinwagen** *m* petite voiture *f*

Kleister ['klaistɐ] <-s, -> *m* colle *f* [d'amidon]

Klementine [klemɛn'ti:nə] <-, -n> *f* clémentine *f*

Klemme ['klɛmə] <-, -n> *f* ① (*Haarklemme*) barrette *f* ② ELEC serre-fils *m;* (*eines Starthilfekabels*) pince *f* ③ *fam* **in der ~ sitzen** être dans le pétrin

klemmen I. *tr. V.* **etw in etw** (*Akk*) **~** coincer qc dans qc; **etw unter etw** (*Akk*) **~** glisser qc sous qc **II.** *refl. V.* ① (*sich quetschen*) **sich** (*Dat*) **den Daumen ~** se coincer le pouce ② *fam* (*sich kümmern um*) **sich hinter etw** (*Akk*) **~** s'attaquer à qc **III.** *intr. V.* (*Tür*) coincer (*fam*)(*Schloss*) être bloqué

Klempner(in) ['klɛmpnɐ] <-s, -> *m(f)* plombier *m*

Kleptomane <-n, -n> *m,* **Kleptomanin** *f* cleptomane *mf*

klerikal [kleri'ka:l] *Adj. geh* clérical(e)

Klerus ['kle:rʊs] <-> *m* clergé *m*

Klette ['klɛtə] <-, -n> *f* ① bardane *f* ② *pej fam* (*Mensch*) pot *m* de colle

Kletterer <-s, -> *m,* **Kletterin** *f* (*Bergsteiger*) alpiniste *mf;* (*Freikletterer*) varappeur(-euse) *m(f)*

klettern ['klɛtɐn] *intr. V. + sein* ❶ faire de l'escalade; **auf einen Berg ~** escalader une montagne; **auf einen Baum ~** grimper sur un arbre; **aufs Dach ~** monter sur le toit ❷ *fam* (*ansteigen: Temperatur*) grimper

Kletterpflanze *f* plante *f* grimpante

Klettverschluss[RR] *m* fermeture *f* velcro®

klicken ['klɪkən] *intr. V.* ❶ cliqueter ❷ INFORM **mit der Maus auf etw** (*Akk*) **~** cliquer avec la souris sur qc; **doppelt ~** double-cliquer

Klient(in) [kli'ɛnt] <-en, -en> *m(f)* client(e) *m(f)*

Klientel [kliɛn'teːl] <-, -en> *f* clientèle *f*

Kliff [klɪf] <-[e]s, -e> *nt* falaise *f*

Klima ['kliːma] <-s, -s> *nt* climat *m*

Klimaanlage *f* climatisation *f*

klimatisch [kli'maːtɪʃ] *Adj. attr* climatique

Klimawechsel *m* changement *m* d'air

Klimmzug *m* SPORT traction *f* [à la barre fixe]

K

klimpern ['klɪmpɐn] *intr. V.* ❶ (*Münzen*) tinter ❷ *fam* (*spielen*) **auf der Gitarre/dem Klavier ~** gratter de la guitare/pianoter

Klinge ['klɪŋə] <-, -n> *f* lame *f*

Klingel ['klɪŋəl] <-, -n> *f* sonnette *f*

Klingelknopf *m* [bouton *m* de] sonnette *f*

klingeln **I.** *intr. V.* (*Radfahrer*) tirer la sonnette; (*Wecker*) sonner; **an der Tür ~** sonner à la porte; **nach jdm ~** sonner qn **II.** *intr. V. unpers.* **es klingelt** (*an der Tür*) on sonne; (*in der Schule*) ça sonne

klingen ['klɪŋən] <klang, geklungen> *intr. V.* ❶ sonner; (*Gläser*) tinter ❷ (*sich anhören*) **gut ~** avoir l'air bien

Klinik ['kliːnɪk] <-, -en> *f* hôpital *m;* (*Privatklinik*) clinique *f*

klinisch **I.** *Adj.* (*Test*) clinique **II.** *Adv.* (*behandeln*) en milieu hospitalier; (*getestet*) en laboratoire; (*tot*) cliniquement

Klinke ['klɪŋkə] <-, -n> *f* poignée *f* [de porte]

Klippe ['klɪpə] <-, -n> *f* écueil *m*

klirren ['klɪrən] *intr. V.* (*Gläser*) tinter; (*Fensterscheibe*) vibrer; (*beim Zerbrechen*) faire un bruit de verre brisé

klirrend *Adj.* (*Kälte*) glacial(e)

Klischee [kli'ʃeː] <-s, -s> *nt* ❶ (*Klischeevorstellung*) stéréotype *m* ❷ *pej geh* (*Redensart*) lieu *m* commun ❸ TYP cliché *m*

klischeehaft [kli'ʃeːhaft] *Adj. pej geh* stéréotypé(e)

Klitoris ['kliːtorɪs] <-, -> *f* clitoris *m*

klitschnass[RR] *s.* **klatschnass**

Klo [kloː] <-s, -s> *nt fam* chiottes *fpl*

klobig ['kloːbɪç] *Adj.* (*Schuhe*) épais(se)

Klobrille ['kloːbrɪlə] *f fam* lunette *f* de/des W.-C. **Klobürste** *f fam* brosse *f* à W.-C.

Klon [kloːn] <-s, -e> *m* BIO clone *m*

klonen [kloːnən] *tr. V.* BIO cloner; **das Klonen** le clonage

Klopapier *nt fam* P.Q. *m*

klopfen ['klɔpfən] **I.** *intr. V.* ❶ **an die Tür ~** frapper à la porte; **mit dem Besen an die Decke ~** taper du balai contre le plafond ❷ (*schlagen*) **jdm auf die Schulter ~** taper qn sur l'épaule ❸ (*Herz*) battre **II.** *intr. V. unpers.* **es klopft an der Tür** on frappe à la porte **III.** *tr. V.* ❶ (*Teppich*) battre ❷ (*Schnitzel*) attendrir

Klopfer <-s, -> *m* ❶ (*Türklopfer*) heurtoir *m* ❷ (*Teppichklopfer*) tapette *f*

Klöppel ['klœpəl] <-s, -> *m* (*einer Glocke*) battant *m*

klöppeln *intr. V.* faire de la dentelle [au fuseau]

Klops [klɔps] <-es, -e> *m* (*Fleischkloß*) boulette *f* [de viande]

Klospülung *f fam* chasse *f* d'eau

Kloß [kloːs, *Pl:* 'kløːsə] <-es, Klöße> *m* boulette *f* ▶ **einen ~ im Hals haben** *fam* avoir une boule dans la gorge

Kloster ['kloːstɐ, *Pl:* 'kløːstɐ] <-s, Klöster> *nt* (*Mönchskloster*) monastère *m;* (*Nonnenkloster*) couvent *m*

Klotz [klɔts, *Pl:* 'klœtsə] <-es, Klötze> *m* (*Holzklotz*) bloc *m* de bois

Klötzchen <-s, -> *nt* (*Bauklotz*) cube *m* [d'un jeu de construction]

Klub [klʊp] <-s, -s> *m* club *m*

Klubmitglied *nt* membre *m* du club **Klubobmann** *m*, **-frau** *f* A POL (*Fraktionsvorsitzender*) président *m* du groupe parlementaire

Kluft [klʊft, *Pl:* klʏftə] <-, Klüfte> *f fig* fossé *m*

klug [kluːk] <klüger, klügste> **I.** *Adj.* (*Person, Handlungsweise*) avisé(e); (*Antwort*) habile; (*Rat*) judicieux(-euse); **~ sein** (*Person*) faire preuve de bon sens; **es ist ~/klüger, abzuwarten** il vaut/vaudrait mieux patienter; **es wird das Klügste sein ...** le plus sage serait de ... **II.** *Adv.* (*handeln*) intelligemment

Klugheit <-> *f kein Pl.* (*Vernunft*) bon sens *m*
Klümpchen <-s, -> *nt Dim. von* **Klumpen** grumeau *m*
klumpen *intr. V.* (*Soße*) faire des grumeaux
Klumpen ['klʊmpən] <-s, -> *m* (*Mehlklumpen*) grumeau *m;* (*Butterklumpen*) motte *f;* (*Tonklumpen*) bloc *m*
klumpig ['klʊmpɪç] *Adj.* grumeleux (-euse)
Klunker ['klʊŋkɐ] <-s, -> *m fam* (*Edelstein*) caillou *m*
km/h *m Abk. von* **Kilometer je Stunde** km/h
knabbern ['knabɐn] *tr., intr. V.* grignoter
Knabe ['kna:bə] <-n, -n> *m fam* (*Kerl*) **na, alter ~!** alors, mon vieux !
knabenhaft *Adj.* (*Mädchen*) à l'allure garçonnière; (*Junge*) à l'allure puérile
Knäckebrot ['knɛkəbro:t] *nt* pain *m* suédois
knacken ['knakən] **I.** *tr. V.* ① (*Nuss*) casser ② *fam* (*Code*) déchiffrer; (*Auto*) forcer **II.** *intr. V.* (*Holz*) craquer **III.** *intr. V. unpers.* **es knackt** il y a des craquements
knackig ['knakɪç] *Adj.* ① (*Salat*) croquant(e) ② *fam* craquant(e)
Knacks [knaks] <-es, -e> *m* ① *fam* (*Riss*) fêlure *f* ② *fam* (*Störung*) petit grain; **einen ~ haben** (*Person*) être un peu fêlé
Knall [knal] <-[e]s, -e> *m* détonation *f*
knallen **I.** *intr. V.* ① + *haben* (*Tür, Peitsche*) claquer; (*Korken*) sauter; (*Schuss*) retentir; **mit der Peitsche ~** faire claquer le fouet ② + *sein fam* (*prallen*) **gegen die Wand ~** cogner contre le mur; **auf den Boden ~** tomber par terre **II.** *intr. V. unpers.* + *haben* **es knallt** (*ein Unfall passiert*) ça cartonne (*fam*); (*ein Schuss fällt*) il y a une détonation **III.** *tr. V.* + *haben* ① (*Tür*) claquer ② *fam* (*werfen*) **das Päckchen in die Ecke ~** balancer le colis dans le coin ▸**jdm eine ~** *fam* balancer une baffe à qn
Knaller <-s, -> *m fam* (*Sensation*) bombe
Knallfrosch ['knalfrɔʃ] *m* pétard *m* à répétition **knallhart** *fam* **I.** *Adj.* (*Geschäftsmann*) impitoyable; (*Vorgehen*) brutal(e) **II.** *Adv.* (*sagen*) sans prendre de gants
knallig *Adj. fam* (*Farbe*) qui flashe
Knallkörper ['knalkœrpɐ] *m* pétard *m*
knallrot *Adj. fam* rouge vif
knapp [knap] **I.** *Adj.* ① (*gering: Vorräte*) maigre *antéposé*; (*Stellen*) rare *antéposé*; **~ sein** (*Vorräte*) être juste; (*Stellen*) être rare ② (*eng: T-Shirt*) un peu juste ③ (*kaum ausreichend: Sieg*) serré(e); (*Mehrheit*) petit(e) *antéposé*; **das wird [zeitlich] zu ~** ce sera trop juste ④ (*nicht ganz*) **ein ~er Meter** un petit mètre ⑤ (*kurz: Antwort*) concis(e) ▸**und nicht zu ~!** *fam* et pas qu'un peu ! **II.** *Adv.* ① (*mäßig*) **sehr ~ bemessen sein** être très juste ② (*nicht ganz*) **~ zwei Jahre alt sein** être âgé d'un peu moins de deux ans ③ (*haarscharf: verlieren*) de justesse ④ (*eng*) **~ sitzen** être juste
Knappheit <-> *f* ① (*Mangel*) pénurie *f* ② (*Kürze*) concision *f*
Knarre <-, -n> *f fam* (*Schusswaffe*) flingue *m*
knarren ['knarən] *intr. V.* (*Diele*) craquer; (*Bett*) grincer
Knast [knast, *Pl:* 'knɛstə] <-[e]s, Knäste> *m fam* taule *f*
knattern ['knatɐn] *intr. V.* (*Moped*) pétarader; (*Maschinengewehr*) crépiter
Knäuel ['knɔyəl] <-s, -> *m o nt* pelote *f*
Knauf [knauf, *Pl:* 'knɔyfə] <-[e]s, Knäufe> *m* (*Türknauf*) bouton *m*
knauserig *Adj. pej fam* radin(e)
knausern *intr. V. pej fam* radiner
knautschen ['knautʃən] *tr. V. fam* chiffonner
Knautschzone *f* zone *f* de déformation
Knebel ['kne:bəl] <-s, -> *m* bâillon *m*
knebeln *tr. V. a. fig* bâillonner
Knecht [knɛçt] <-[e]s, -e> *m* valet *m* de ferme ▸**~ Ruprecht** père *m* Fouettard
Knechtschaft <-, -en> *f* esclavage *m*
kneifen ['knaifən] <kniff, gekniffen> **I.** *tr. V.* pincer **II.** *intr. V. fam* **vor jdm ~** se dégonfler devant qn; **vor etw ~** se défiler face à qc
Kneifzange *f* tenailles *fpl*
Kneipe ['knaipə] <-, -n> *f fam* bistro[t] *m*
Knete <-> *f* ① *fam* (*Knetmasse*) pâte *f* à modeler ② *fam* (*Geld*) fric *m*
kneten ['kne:tən] *tr. V.* ① (*Teig*) pétrir ② (*formen*) modeler
Knetmasse *f* pâte *f* à modeler

K

Knick [knɪk] <-[e]s, -e> *m* ❶ (*Krümmung*) coude *m* ❷ (*Falte*) pli *m*
knicken **I.** *tr. V. + haben* ❶ plier; (*Buchseite*) faire un pli à; **bitte nicht ~!** ne pas plier, S.V.P. ! ❷ (*brechen: Streichholz*) casser; (*Bäume*) briser [net] **II.** *intr. V. + sein* (*Papier*) se plier
Knicks [knɪks] <-es, -e> *m* révérence *f*
knicksen *intr. V.* faire la révérence
Knie [kniː] <-s, -> *nt* ❶ genou *m;* **ihm zittern die ~** il [en] a les jambes qui flageolent ❷ (*eines Rohrs*) coude *m* ▸ **sich** (*Dat*) **ins [eigene] ~ schießen** *fam* se tirer une balle dans le pied
Kniebeuge *f* flexion *f* des genoux **Kniebundhose** *f* knickers *mpl* **Kniegelenk** *nt* articulation *f* du genou **Kniekehle** *f* jarret *m* **knielang** *Adj.* (*Rock*) s'arrêtant au genou
knien [kniːn] **I.** *intr. V.* être à genoux **II.** *refl. V.* **sich auf den Boden ~** s'agenouiller par terre
Kniescheibe *f* rotule *f* **Kniestrumpf** *m* (*Damenkniestrumpf*) mi-bas *m;* (*Herrenkniestrumpf*) chaussette *f* montante
kniff [knɪf] *Imp. von* **kneifen**
Kniff <-[e]s, -e> *m* (*Kunstgriff*) truc *m*
knipsen ['knɪpsən] *fam* **I.** *tr. V.* ❶ photographier ❷ (*Fahrkarte*) poinçonner **II.** *intr. V.* prendre des photos
Knirps [knɪrps] <-es, -e> *m fam* (*kleiner Junge*) petit bonhomme *m*
knirschen ['knɪrʃən] *intr. V.* (*Schnee*) crisser; **mit den Zähnen ~** grincer des dents
knistern ['knɪstɐn] **I.** *intr. V.* (*Papier*) faire du bruit en se froissant; (*Feuer*) crépiter; **mit etw ~** froisser qc **II.** *intr. V. unpers.* **es knistert** ça grésille
knittern ['knɪtɐn] *intr. V.* se froisser
knobeln ['knoːbəln] *intr. V.* ❶ (*würfeln*) **um etw ~** jouer qc aux dés ❷ *fam* (*tüfteln*) cogiter
Knoblauch ['knoːplaux] <-[e]s> *m* ail *m*
Knoblauchknolle *f* tête *f* d'ail **Knoblauchzehe** *f* gousse *f* d'ail
Knöchel ['knœçəl] <-s, -> *m* ❶ (*Fußknöchel*) cheville *f* ❷ (*Fingerknöchel*) articulation *f* [du doigt/des doigts]
Knochen ['knɔxən] <-s, -> *m* ❶ os *m* ❷ *Pl* (*Gliedmaßen*) membres *mpl*; **mir tun alle ~ weh** j'ai mal partout
Knochenbruch *m* fracture *f* **Knochenmark** *nt* moelle *f* [osseuse]
knochig *Adj.* osseux(-euse)
Knockout, **Knock-out**[RR] [nɔk'ʔaut] <-[s], -s> *m* knock-out *m*
Knödel ['knøːdəl] <-s, -> *m: boule à base de pomme de terre ou de pain trempé dans du lait, cuite à l'eau et servie en accompagnement*
Knolle ['knɔlə] <-, -n> *f* BOT tubercule *m*
Knopf [knɔpf, *Pl:* 'knœpfə] <-[e]s, Knöpfe> *m* bouton *m*
knöpfen ['knœpfən] *tr. V.* boutonner
Knopfloch *nt* boutonnière *f* **Knopfzelle** *f* pile *f* bouton
Knorpel ['knɔrpəl] <-s, -> *m* cartilage *m*
knorpelig *Adj.* cartilagineux(-euse)
Knospe ['knɔspə] <-, -n> *f* bourgeon *m;* (*Blütenknospe*) bouton *m;* **~n treiben** bourgeonner
knoten ['knoːtən] *tr. V.* faire un nœud à
Knoten ['knoːtən] <-s, -> *m* ❶ nœud *m* ❷ MED (*im Gelenk*) nodosité *f;* (*in der Brust*) nodule *f* ❸ (*Haarknoten*) chignon *m*
Knotenpunkt *m* (*Verkehrsknotenpunkt*) nœud *m* de communication
Know-how [noʊ'hau] <-s> *nt* savoir-faire *m*
knüllen *tr. V.* chiffonner
Knüller ['knʏlɐ] <-s, -> *m fam* ❶ (*Produkt*) truc *m* qui fait fureur ❷ (*Nachricht*) scoop *m*
knüpfen ['knʏpfən] **I.** *tr. V.* (*Netz*) nouer **II.** *refl. V.* **sich an etw** (*Akk*) **~** (*Erinnerungen*) être lié à qc
Knüppel ['knʏpəl] <-s, -> *m* (*Stock*) gourdin *m;* (*Gummiknüppel*) matraque *f* ▸ **jdm ~ zwischen die Beine werfen** *fam* mettre des bâtons dans les roues à qn
knurren ['knʊrən] **I.** *intr. V.* ❶ (*Hund*) gronder ❷ (*murren*) grogner **II.** *tr. V.* (*Antwort*) grommeler
Knurren <-s> *nt* (*eines Hundes*) grondement *m*
knuspern ['knʊspɐn] *intr. V.* grignoter
knusprig *Adj.* croustillant(e)
knutschen ['knuːtʃən] *fam tr. V.* bécoter
Knutschfleck *m fam* suçon *m*
Koala [ko'aːla] <-s, -s> *m* koala *m*
Koalition [koali'tsi̯oːn] <-, -en> *f* coalition *f*
Koalitionspartner(in) *m(f)* partenaire *mf* de la/de coalition
Kobold ['koːbɔlt] <-[e]s, -e> *m* lutin *m*
Kobra ['koːbra] <-, -s> *f* cobra *m*

K

Koch [kɔx, *Pl:* 'kœçə] <-s, Köche> *m*, **Köchin** *f* cuisinier(-ière) *m(f)*
Kochbuch *nt* livre *m* de cuisine
köcheln ['kœçəln] *intr. V.* (*Suppe, Soße*) mijoter; **etw ~ lassen** laisser mijoter qc
kochen ['kɔxən] **I.** *intr. V.* 1 bouillir; **etw zum Kochen bringen** porter qc à ébullition; **~des Wasser** de l'eau bouillante 2 (*Speisen zubereiten*) faire la cuisine; **gut ~** cuisiner bien 3 (*aufgebracht sein*) **vor Wut ~** bouillir de colère **II.** *tr. V.* 1 (*zubereiten*) **das Essen ~** préparer le repas; **Reis ~** faire du riz; **weich gekocht** (*Ei*) à la coque; (*Gemüse*) bien cuit(e); **ein hart gekochtes Ei** un œuf dur 2 (*Wäsche*) faire bouillir
Kocher <-s, -> *m* réchaud *m*
kochfest *Adj.* (*Wäsche*) lavable à 95° **Kochgelegenheit** *f* kitchenette *f* **Kochkunst** *f* 1 *kein Pl.* (*Gastronomie*) art *m* culinaire 2 *Pl* (*Fähigkeit*) dons *mpl* culinaires **Kochlöffel** *m* cuillère *f* en bois **Kochplatte** *f* plaque *f* électrique **Kochrezept** *nt* recette *f* [de cuisine] **Kochsalz** *nt kein Pl.* sel *m* de cuisine **Kochtopf** *m* casserole *f*; (*aus Gusseisen*) cocotte *f* **Kochwäsche** *f* linge *m* à bouillir
Kode [ko:t] <-s, -s> *m* code *m*
Köder ['kø:dɐ] <-s, -> *m* appât *m*
ködern ['kø:dɐn] *tr. V. a. fig* appâter
kodieren* *tr. V.* coder
Koffein [kɔfe'i:n] <-s> *nt* caféine *f*
koffeinfrei *Adj.* décaféiné(e)
Koffer ['kɔfɐ] <-s, -> *m* (*Reisekoffer*) valise *f*; **den ~ packen** faire sa valise
Kofferradio *nt* transistor *m* **Kofferraum** *m* coffre *m* [à bagages]
Kognak ['kɔnjak] <-s, -s> *m* cognac *m*
Kohl [ko:l] <-[e]s, -e> *m* chou *m*
Kohldampf *m fam* **~ haben** avoir la dalle
Kohle ['ko:lə] <-, -n> *f* 1 (*Brennstoff*) charbon *m*; (*Steinkohle*) houille *f*; (*Braunkohle*) lignite *f* 2 (*Zeichenkohle*) fusain *m* 3 *fam* (*Geld*) fric *m*
Kohlehydrat *s.* **Kohlenhydrat** **Kohlekraftwerk** *nt* centrale *f* thermique au charbon
Kohlendioxid [ko:lən'di:ʔɔksi:t] *nt kein Pl.* dioxyde *m* de carbone **Kohlenhydrat** *nt* glucide *m* **Kohlenmonoxid** *nt* [mon]oxyde *m* de carbone **Kohlensäure** *f* acide *m* carbonique; (*Kohlendioxid*) gaz *m* carbonique; **Mineralwasser mit/ohne ~** eau *f* [minérale] gazeuse/non gazeuse **Kohlenstoff** *m* CHEM carbone *m* **Kohlenwasserstoff** *m* hydrocarbure *m*
Kohlestift *m* fusain *m* **Kohlezeichnung** *f* fusain *m*
kohlrabenschwarz *Adj.* de jais
Kohlrabi [ko:l'ra:bi] <-[s], -[s]> *m* chou-rave *m*
Kohlroulade [ko:lrula:də] *f* chou *m* farci **Kohlsprosse** *f* A (*Rosenkohl*) chou *m* de Bruxelles
Kohorte [ko'hɔrtə] <-, -n> *f* cohorte *f*
Koitus ['ko:itʊs] <-, -> *m form* acte *m* sexuel
Koje ['ko:iə] <-, -n> *f* NAUT couchette *f*
Kokain [koka'i:n] <-s> *nt* cocaïne *f*
kokett [ko'kɛt] *Adj.* coquet(te)
kokettieren* [kokɛ'ti:rən] *intr. V.* **mit jdm ~** faire du charme à qn
Kokon [ko'kõ:] <-s, -s> *m* cocon *m*
Kokosnuss[RR] *f* noix *f* de coco **Kokospalme** *f* cocotier *m*
Koks[1] [ko:ks] <-es> *m* coke *m*
Koks[2] <-es> *m o nt fam* (*Kokain*) coke *f*
Kolben ['kɔlbən] <-s, -> *m* 1 (*eines Motors*) piston *m* 2 (*Gewehrkolben*) crosse *f* 3 (*Destilliergefäß*) ballon *m* 4 (*Maiskolben*) épi *m*
Kolibri ['ko:libri] <-s, -s> *m* colibri *m*
Kolik ['ko:lɪk] <-, -en> *f* colique *f*
Kollaborateur(in) [kɔlabora'tø:ɐ̯] <-s, -e> *m(f) pej* collaborateur(-trice) *m(f)*
Kollaboration [kɔlabora'tsi̯o:n] <-, -en> *f pej* collaboration *f*
Kollaps ['kɔlaps] <-es, -e> *m* 1 (*Kreislaufkollaps*) collapsus *m* [cardiovasculaire] 2 *geh* (*Zusammenbruch*) effondrement *m*
Kollege [kɔ'le:gə] <-n, -n> *m*, **Kollegin** *f* collègue *mf*
kollegial [kɔle'gi̯a:l] *Adj.* (*Mitarbeiter*) respectueux(-euse) de ses collègues; **~ sein** être bon collègue
Kollegium [kɔ'le:giʊm] <-s, -gien> *nt* (*Lehrerkollegium*) corps *m* enseignant
Kollekte [kɔ'lɛktə] <-, -n> *f* quête *f*
Kollektion [kɔlɛk'tsi̯o:n] <-, -en> *f* (*Sortiment*) collection *f*
kollektiv [kɔlɛk'ti:f] *geh Adj.* collectif(-ive)
kollidieren* [kɔli'di:rən] *intr. V. geh + sein* **mit etw ~** (*Fahrzeug*) entrer en collision avec qc

K

Kollision [kɔli'zi̯oːn] <-, -en> *f geh* collision *f*

Kolloquium [kɔ'loːkviʊm] <-s, -ien> *nt* ❶ UNIV séminaire *m* ❷ (*Symposium*) colloque *m*

Köln [kœln] <-s> *nt* Cologne

Kolonialismus [koloni̯a'lɪsmʊs] <-> *m* colonialisme *m*

Kolonie [-'niːən] <-, -n> *f* colonie *f*

Kolonisation [koloniza'tsi̯oːn] <-, -en> *f* colonisation *f*

kolonisieren* [koloni'ziːrən] *tr. V.* coloniser

Kolonne [ko'lɔnə] <-, -n> *f* (*Fahrzeugkolonne*) file *f;* **in [einer] ~ fahren** rouler les uns derrière les autres

kolorieren* [kolo'riːrən] *tr. V.* colorier; (*Film*) coloriser

Koloss[RR] [ko'lɔs] <-es, -e>, **Koloß**[ALT] <-sses, -sse> *m fam* (*Mensch*) colosse *m*

kolossal [kolɔ'saːl] *Adj.* ❶ (*Bauwerk*) colossal(e) ❷ *fam* (*Fehler*) monumental(e)

Kolumne [ko'lʊmnə] <-, -n> *f* ❶ PRESSE chronique *f* ❷ TYP colonne *f*

Koma ['koːma] <-s, -s> *nt* coma *m*

Kombination [kɔmbina'tsi̯oːn] <-, -en> *f* combinaison *f*

kombinieren* [kɔmbi'niːrən] **I.** *tr. V.* (*Kleidungsstücke*) assortir; (*Farben*) associer **II.** *intr. V.* faire une déduction/des déductions

Kombitherapie *f* (*gegen Aids*) trithérapie *f* **Kombizange** *f* pince *f* universelle

Komet [ko'meːt] <-en, -en> *m* comète *f*

Komfort [kɔm'foːɐ̯] <-s> *m* confort *m*

komfortabel [kɔmfɔr'taːbəl] *Adj.* confortable

Komik ['koːmɪk] <-> *f* comique *m*

Komiker(in) ['koːmikɐ] <-s, -> *m(f)* comique *mf*

komisch I. *Adj.* ❶ (*lustig*) comique ❷ (*sonderbar*) bizarre; **~ riechen/schmecken** avoir une drôle d'odeur/un drôle de goût ❸ *fam* (*unwohl*) drôle **II.** *Adv.* ❶ (*lustig*) bizarrement ❷ (*sonderbar*) **sich ~ fühlen** se sentir tout drôle (*fam*)

Komitee [komi'teː] <-s, -s> *nt* comité *m*

Komma ['kɔma] <-s, -s> *nt* virgule *f*

Kommandant(in) <-en, -en> *m(f)* commandant(e) *m(f)*

kommandieren* [kɔman'diːrən] *tr., intr. V.* commander; **jdn an die Front ~** (*abkommandieren*) affecter qn au front

Kommando [kɔ'mando] <-s, -s> *nt* ❶ *a.* MIL ordre *m;* **auf ~** (*handeln*) sur ordre; (*lachen*) sur commande ❷ *kein Pl.* (*Befehlsgewalt*) commandement *m* ❸ (*abkommandierte Gruppe*) détachement *m*

kommen ['kɔmən] <kam, gekommen> **I.** *intr. V. + sein* ❶ venir; **nach unten/oben ~** descendre/monter; **nach draußen ~** sortir; **ich komme ja schon!** j'arrive !; **komm!** viens [ici] !; **wie komme ich bitte zur Post?** pour aller à la poste, s'il vous plaît ?; **kommst du auch?** est-ce que tu y vas aussi ? ❷ (*ankommen*) arriver ❸ (*stammen*) **von weit her ~** venir de loin; **aus ärmlichen Verhältnissen ~** être issu d'un milieu modeste; **vom Rauchen ~** (*Husten*) [pro]venir de la cigarette ❹ (*gezeigt werden*) **im Fernsehen ~** passer à la télévision ❺ (*sich verschaffen*) **billig an Bücher ~** se procurer des livres bon marché ❻ (*Einfall haben*) **wie kommst du denn darauf?** qu'est-ce qui te fait croire ça ? ❼ (*Zeit finden*) **nicht zum Abwaschen ~** ne pas trouver le temps de faire la vaisselle ▸**komme, was wolle** quoi qu'il advienne; **[wieder] zu sich ~** revenir à soi; (*sich beruhigen*) se remettre **II.** *intr. V. unpers. + sein* **es kam zu einer Auseinandersetzung** on en vint à une querelle; **und so kam es, dass …** et c'est ainsi que …; **wie kommt es, dass …?** comment se fait-il que … ? ▸**es kam, wie es ~ musste** il est arrivé ce qui devait arriver

Kommen <-s> *nt* venue *f*

Kommentar [kɔmɛn'taːɐ̯] <-s, -e> *m* commentaire *m*

Kommentator <-s, -toren> *m,* **Kommentatorin** *f* commentateur(-trice) *m(f)*

kommentieren* [kɔmɛn'tiːrən] *tr. V.* commenter

kommerziell [kɔmɛr'tsi̯ɛl] *Adj.* commercial(e)

Kommilitone [kɔmili'toːnə] <-n, -n> *m,* **Kommilitonin** *f* camarade *mf* d'études

Kommissar(in) [kɔmɪ'saːɐ̯] <-s, -e> *m(f)* commissaire *mf*

Kommissariat [kɔmɪsari'aːt] <-s, -e> *nt* commissariat *m*

Kommission [kɔmɪ'si̯oːn] <-, -en> *f* (*Ausschuss*) commission *f;* **die Europäische ~** la Commission européenne

Kommode <-, -n> *f* commode *f*

kommunal [kɔmu'naːl] *Adj.* municipal(e); (*Abgaben*) local(e)
Kommunalpolitik *f* politique *f* municipale **Kommunalwahlen** *Pl* élections *fpl* municipales
Kommune <-, -n> *f* ❶ ADMIN commune *f* ❷ HIST **die Pariser ~** la Commune de Paris
Kommunikation [kɔmunika'tsi̯oːn] <-, -en> *f* communication *f*
Kommunion [kɔmu'ni̯oːn] <-, -en> *f* communion *f*
Kommuniqué [kɔmyni'keː] *nt* communiqué *m*
Kommunismus [kɔmu'nɪsmʊs] <-> *m* communisme *m*
Kommunist(in) [kɔmu'nɪst] <-en, -en> *m(f)* communiste *mf*
kommunistisch *Adj.* communiste
kommunizieren* *intr. V. geh* (*sich verständigen*) communiquer
Komödie [ko'møːdi̯ə] <-, -n> *f a. fig* comédie *f*
Kompagnon [kɔmpan'jõː] <-s, -s> *m* associé(e) *m(f)*
kompakt [kɔm'pakt] *Adj.* compact(e)
Kompanie [-'niːən] <-, -n> *f* compagnie *f*
Komparativ ['kɔmparatiːf] <-s, -e> *m* comparatif *m*
KompassRR ['kɔmpas] <-es, -e>, **Kompaß**ALT <-sses, -sse> *m* boussole *f;* NAUT compas *m*
kompatibel [kɔmpa'tiːbəl] *Adj.* compatible
Kompatibilität [kɔmpatibili'tɛːt] <-, -en> *f* compatibilité *f*
kompensieren* [kɔmpɛn'ziːrən] *tr. V.* a. PSYCH compenser
kompetent [kɔmpe'tɛnt] *Adj.* compétent(e)
Kompetenz [kɔmpe'tɛnts] <-, -en> *f* compétence *f*
komplett [kɔm'plɛt] *Adj.* complet(-ète); **sind wir ~?** *fam* sommes-nous au complet ?
komplex [kɔm'plɛks] *Adj.* complexe
Komplex [kɔm'plɛks] <-es, -e> *m* ARCHIT, PSYCH complexe *m*
Komplikation [kɔmplika'tsi̯oːn] <-, -en> *f* complication *f*
Kompliment [kɔmpli'mɛnt] <-[e]s, -e> *nt* compliment *m*
Komplize [kɔm'pliːtsə] <-n, -n> *m*, **Komplizin** *f* complice *mf*
komplizieren* *tr. V.* compliquer
kompliziert *Adj.* compliqué(e)
Komplott [kɔm'plɔt] <-[e]s, -e> *nt* complot *m* ▶ **ein ~ schmieden** tramer un complot (*soutenu*)
komponieren* [kɔmpo'niːrən] *tr., intr. V.* composer
Komponist(in) [kɔmpo'nɪst] <-en, -en> *m(f)* compositeur(-trice) *m(f)*
Komposition <-, -en> *f* composition *f*
Kompositum <-s, Komposita> *nt* LING [mot *m*] composé *m*
Kompost [kɔm'pɔst] <-[e]s, -e> *m* compost *m*
Komposthaufen [kɔm'pɔsthaufən] *m* tas *m* de compost
kompostieren* *tr. V.* **etw ~** faire du compost avec qc; **das Kompostieren** le compostage
Kompott [kɔm'pɔt] <-[e]s, -e> *nt* compote *f*
Kompresse [kɔm'prɛsə] <-, -n> *f* compresse *f*
Kompressor [kɔm'prɛsoːɐ̯] <-s, -pressoren> *m* compresseur *m*
komprimieren* *tr. V.* comprimer
KompromissRR [kɔmpro'mɪs] <-es, -e>, **Kompromiß**ALT <-sses, -sse> *m* compromis *m*
kompromittieren* **I.** *tr. V.* compromettre **II.** *refl. V.* **sich ~** se discréditer
Kondensation <-, -en> *f* condensation *f*
kondensieren* [kɔndɛn'ziːrən] **I.** *intr. V. + haben o sein* se condenser **II.** *tr. V. + haben* (*Milch*) concentrer
Kondensmilch [kɔn'dɛnsmɪlç] *f* lait *m* concentré
Kondition [kɔndi'tsi̯oːn] <-, -en> *f* condition *f;* [**eine gute**] **~ haben** être en [bonne] condition
Konditionalsatz [kɔnditsi̯o'naːlzats] *m* LING proposition *f* conditionnelle
Konditionstraining [-treːnɪŋ, -trɛː-] *nt* mise *f* en condition
Konditor [kɔn'diːtoːɐ̯] <-s, -toren> *m*, **Konditorin** *f* pâtissier *m* [confiseur]/pâtissière *f* [confiseuse]
Konditorei [kɔndito'rai] <-, -en> *f* pâtisserie *f* [confiserie]
Kondom [kɔn'doːm] <-s, -e> *m o nt* préservatif *m*
Konfekt [kɔn'fɛkt] <-[e]s, -e> *nt* ❶ (*Pralinen*) chocolats *mpl* ❷ A, CH (*Gebäck*) petits-fours *mpl*

K

Konferenz [kɔnfe'rɛnts] <-, -en> *f* ① conférence *f;* ~ **über Sicherheit und Zusammenarbeit in Europa** Conférence sur la sécurité et la coopération en Europe ② (*Lehrerkonferenz*) conseil *m* de classe

Konfession [kɔnfɛ'si̯oːn] <-, -en> *f* confession *f*

konfessionslos *Adj.* sans confession

Konfetti [kɔn'fɛti] <-[s]> *nt* confetti *m*

Konfiguration <-, -en> *f* INFORM configuration *f*

konfigurieren* *tr. V.* INFORM configurer

Konfirmand(in) [kɔnfɪr'mant] <-en, -en> *m(f)* confirmand(e) *m(f)*

Konfirmation [kɔnfɪrma'tsi̯oːn] <-, -en> *f* confirmation *f*

konfirmieren* [kɔnfɪr'miːrən] *tr. V.* confirmer

konfiszieren* *tr. V.* ① (*beschlagnahmen*) saisir ② *hum* (*wegnehmen*) confisquer

Konfitüre [kɔnfi'tyːrə] <-, -n> *f* confiture *f*

Konflikt [kɔn'flɪkt] <-s, -e> *m* conflit *m*

Konföderation <-, -en> *f* confédération *f*

Konfrontation [kɔnfrɔnta'tsi̯oːn] <-, -en> *f* ① (*Gegenüberstellung*) confrontation *f* ② (*Auseinandersetzung*) affrontement *m*

konfrontieren* [kɔnfrɔn'tiːrən] *tr. V.* **jdn mit jdm/etw ~** confronter qn avec qn/qc; **mit etw konfrontiert werden** être confronté à qc

konfus [kɔn'fuːs] *Adj.* confus(e); **jdn ~ machen** embrouiller qn

Kongress[RR] [kɔn'grɛs] <-es, -e>, **Kongreß**[ALT] <-sses, -sse> *m* congrès *m;* **der ~** (*US-Parlament*) le Congrès

Kongresshalle[RR] *f* salle *f* des congrès

Kongresszentrum[RR] *nt* palais *m* des congrès

kongruent [kɔngru'ɛnt] *Adj.* coïncident(e); ~ **sein** coïncider

König ['køːnɪç] <-s, -e> *m* roi *m;* **die Heiligen Drei ~e** les Rois mages

Königin <-, -nen> *f* reine *f*

königlich ['køːnɪklɪç] *Adj. a. fig* royal(e)

Königreich ['køːnɪkraiç] *nt* royaume *m;* **das Vereinigte ~** le Royaume-Uni

Konjugation [kɔnjuga'tsi̯oːn] <-, -en> *f* conjugaison *f*

konjugieren* [kɔnju'giːrən] *tr. V.* conjuguer

Konjunktion [kɔnjʊŋk'tsi̯oːn] <-, -en> *f* conjonction *f*

Konjunktionalsatz *m* LING [proposition *f*] conjonctive *f*

Konjunktiv ['kɔnjʊŋktiːf] <-s, -e> *m* LING subjonctif *m*

Konjunktur [kɔnjʊŋk'tuːɐ̯] <-, -en> *f* conjoncture *f*

konjunkturell [kɔnjʊŋktu'rɛl] *Adj.* conjoncturel(le)

konkret [kɔn'kreːt] *Adj.* ① (*Vorstellung*) concret(-ète) ② KUNST figuratif(-ive)

Konkurrent(in) [kɔnkʊ'rɛnt] <-en, -en> *m(f)* rival(e) *m(f);* COM concurrent(e) *m(f)*

Konkurrenz [kɔnkʊ'rɛnts] <-, -en> *f* ① *kein Pl.* concurrence *f* ② (*Wettkampf*) compétition *f;* **außer ~** hors compétition

konkurrenzfähig *Adj.* compétitif(-ive)

Konkurrenzkampf *m* concurrence *f*

konkurrieren* [kɔnkʊ'riːrən] *intr. V.* COM être en concurrence

Konkurs [kɔn'kʊrs] <-es, -e> *m* ① (*Zahlungsunfähigkeit*) faillite *f* ② (*Verfahren*) procédure *f* de faillite

können ['kœnən] **I.** <konnte, gekonnt> *tr. V.* (*Fremdsprache*) parler; **was ~ Sie?** qu'est-ce que vous savez faire ? ▸ **[et]was/nichts für etw ~** être/ne pas être responsable de qc; **der kann mich mal!** *fam* il peut aller se faire foutre ! **II.** <konnte, gekonnt> *intr. V.* pouvoir; **nicht mehr ~** *fam* (*erschöpft sein*) n'en pouvoir plus; (*satt sein*) ne plus pouvoir rien avaler **III.** <konnte, können> *Hilfsverb, modal* ① (*vermögen, dürfen*) **etw tun ~** pouvoir faire qc; ~ **Sie mir sagen, wo/wie ...?** pourriez-vous me dire où/comment ... ?; **kann ich Ihnen weiterhelfen?** puis-je vous aider ? ② (*eine Fertigkeit haben*) **laufen/lesen ~** savoir courir/lire ▸ **man kann nie wissen** on ne sait jamais

Können <-s> *nt* (*geistig*) compétence *f;* (*manuell*) savoir-faire *m*

Könner(in) <-s, -> *m(f)* expert(e) *m(f)*

konnte ['kɔntə] *Imp. von* **können**

Konsekutivsatz [kɔnzeku'tiːfzats] *m* [proposition *f* subordonnée] consécutive *f*

Konsens [kɔn'zɛns] <-es, -e> *m geh* (*Übereinstimmung*) consensus *m*

konsequent [kɔnze'kvɛnt] *Adj.* ① (*folgerichtig*) cohérent(e) ② (*unbeirrbar*) résolu(e)

Konsequenz [kɔnze'kvɛnts] <-, -en> *f* ① conséquence *f;* **aus etw die ~en**

ziehen tirer les conséquences de qc ❷ *kein Pl.* (*Folgerichtigkeit*) cohérence *f;* (*Unbeirrbarkeit*) détermination *f*

konservativ [kɔnzɛrva'tiːf] *Adj.* POL conservateur(-trice)

Konservative(r) *f(m) dekl wie Adj* conservateur(-trice) *m(f)*

Konservatorium [kɔnzɛrva'toːri̯ʊm] <-s, -rien> *nt* conservatoire *m*

Konserve [-və] <-, -n> *f* conserve *f*

Konservendose *f* boîte *f* de conserve

konservieren* [kɔnzɛr'viːrən] *tr. V.* conserver

Konservierung <-, -en> *f* (*von Lebensmitteln*) conservation *f*

Konsistenz <-> *f geh* consistance *f*

Konsole [kɔn'zoːlə] <-, -n> *f* console *f*

Konsonant [kɔnzo'nant] <-en, -en> *m* consonne *f*

konspirativ *Adj. geh* (*Tätigkeit*) conspirateur(-trice)

konstant [kɔn'stant] *Adj.* constant(e)

Konstellation [kɔnstɛla'tsi̯oːn] <-, -en> *f* ❶ *geh* (*Gesamtlage*) configuration *f* ❷ ASTRO constellation *f*

konstituieren* *geh* **I.** *tr. V.* constituer **II.** *refl. V.* **sich als etw ~** se constituer en qc

Konstitution [kɔnstitu'tsi̯oːn] <-, -en> *f* (*körperliche Verfassung*) condition *f;* (*Körperbau*) constitution *f*

konstruieren* [kɔnstru'iːrən] *tr. V. a.* LING construire

Konstrukteur(in) [kɔnstrʊk'tøːɐ̯] <-s, -e> *m(f)* constructeur(-trice) *m(f)*

Konstruktion [kɔnstrʊk'tsi̯oːn] <-, -en> *f* construction *f*

konstruktiv [kɔnstrʊk'tiːf] *Adj. geh* constructif(-ive)

Konsul ['kɔnzʊl] <-s, -n> *m,* **Konsulin** *f* consul *m*

Konsulat [kɔnzu'laːt] <-[e]s, -e> *nt* consulat *m*

konsultieren* [kɔnzʊl'tiːrən] *tr. V. form* consulter

Konsum [kɔn'zuːm] <-s> *m* consommation *f*

Konsument(in) [kɔnzu'mɛnt] <-en, -en> *m(f)* consommateur(-trice) *m(f)*

Konsumgut *nt meist Pl.* bien *m* de consommation

konsumieren* [kɔnzu'miːrən] *tr. V. geh* (*verbrauchen*) consommer

Kontakt [kɔn'takt] <-[e]s, -e> *m* contact *m;* **private/berufliche ~e** des relations *fpl* personnelles/d'affaires; **mit jdm ~ aufnehmen** prendre contact avec qn

kontaktfreudig *Adj.* sociable **Kontaktlinse** *f* lentille *f* [de contact]

Konten *Pl. von* **Konto**

kontern *intr. V.* (*antworten*) riposter

Kontext ['kɔntɛkst] <-[e]s, -e> *m* contexte *m*

Kontinent [kɔnti'nɛnt] <-[e]s, -e> *m* continent *m*

kontinental [kɔntinɛn'taːl] *Adj.* continental(e)

kontinuierlich [kɔntinu'iːɐ̯lɪç] *Adj. geh* continu(e)

Konto ['kɔnto] <-s, Konten> *nt* compte *m*

Kontoauszug *m* extrait *m* de compte **Kontonummer** *f* numéro *m* de/du compte **Kontostand** *m* situation *f* de compte

Kontrabass[RR] *m* contrebasse *f*

Kontrahent(in) [kɔntra'hɛnt] <-en, -en> *m(f) geh* adversaire *mf*

Kontrast [kɔn'trast] <-[e]s, -e> *m a.* CINE, PHOT, TV contraste *m*

Kontrolle [kɔn'trɔlə] <-, -n> *f* contrôle *m;* **unter ~ haben** (*Brand, Fahrzeug*) maîtriser

Kontrolleur(in) [kɔntrɔ'løːɐ̯] <-s, -e> *m(f)* contrôleur(-euse) *m(f)*

kontrollieren* [kɔntrɔ'liːrən] *tr. V.* ❶ (*überprüfen*) contrôler ❷ (*überwachen*) exercer un contrôle sur

Kontrolllampe[RR] *f* voyant *m* lumineux

kontrovers [-'vɛrs] *geh Adj.* (*umstritten*) controversé(e)

Konvention [-vɛn-] <-, -en> *f meist Pl.* (*Verhaltensnorm*) convention *f*

konventionell [kɔnvɛntsi̯o'nɛl] *Adj.* conventionnel(le)

Konversation [kɔnvɛrza'tsi̯oːn] <-, -en> *f geh* conversation *f*

konvertibel [kɔnvɛr'tiːbəl] *Adj.,* **konvertierbar** *Adj.* FIN convertible

konvertieren* [kɔnvɛr'tiːrən] **I.** *intr. V. + haben o sein* **zum Christentum ~** se convertir au christianisme **II.** *tr. V.* (*Datei*) convertir

Konvoi ['kɔnvɔɪ, kɔn'vɔɪ] <-s, -s> *m* convoi *m*

Konzentrat [kɔntsɛn'traːt] <-[e]s, -e> *nt* concentré *m*

K

Konzentration [kɔntsɛntraˈtsi̯oːn] <-, -en> *f* concentration *f*

Konzentrationsfähigkeit *f kein Pl.* pouvoir *m* de concentration **Konzentrationslager** *nt* camp *m* de concentration **Konzentrationsschwäche** *f* difficultés *fpl* de concentration

konzentrieren* [kɔntsɛnˈtriːrən] *refl. V.* **sich auf etw** (*Akk*) ~ se concentrer sur qc

konzentriert [kɔntsɛnˈtriːɐ̯t] **I.** *Adj.* (*Saft*) concentré(e); (*Nachdenken*) approfondi(e); (*Aufmerksamkeit*) soutenu(e) **II.** *Adv.* (*nachdenken*) en se concentrant

Konzept [kɔnˈtsɛpt] <-[e]s, -e> *nt* ① (*Entwurf*) brouillon *m* ② (*Plan*) projet *m*

Konzeption <-, -en> *f geh* concept *m*

Konzern [kɔnˈtsɛrn] <-s, -e> *m* groupe *m*

Konzert [kɔnˈtsɛrt] <-[e]s, -e> *nt* ① (*Komposition*) concerto *m* ② (*Aufführung*) concert *m*

Konzertabend *m* soirée *f* musicale **Konzertagentur** *f* agence *f* de spectacles **Konzertflügel** *m* piano *m* de concert

La musique classique joue un rôle essentiel dans la **Konzertlandschaft** (scène musicale) allemande, elle est prédominante dans les plus grands opéras d'Allemagne. Le terme de **Konzertlandschaft** ne se réfère pas seulement aux opéras en tant que bâtiments physiques où des concerts ont lieu, mais plus encore à leur importance en tant qu'institutions. Parmi les opéras et les salles de concert les plus prestigieux, citons la *Berliner Philharmonie,* le *Frankfurter Oper,* le *Dresdner Semperoper,* la *Stuttgarter Liederhalle,* ainsi que la fameuse et toute nouvelle *Hamburger Elbphilharmonie,* dont la construction a subi plusieurs retards en raison de son architecture élaborée.

Konzertsaal *m* salle *f* de concert

Konzession [kɔntsɛˈsi̯oːn] <-, -en> *f* (*Gewerbeerlaubnis*) licence *f*

Konzessivsatz [kɔntsɛˈsiːfzats] *m* [proposition *f*] concessive *f*

konzipieren* *tr. V.* concevoir

Kooperation [koʔoperaˈtsi̯oːn] <-, -en> *f* coopération *f*

kooperieren* [koʔopeˈriːrən] *intr. V.* coopérer

Koordinate [koʔɔrdiˈnaːtə] <-, -en> *f* coordonnée *f*

Koordination [koʔɔrdinaˈtsi̯oːn] <-, -en> *f geh* coordination *f*

koordinieren* [koʔɔrdiˈniːrən] *tr. V. geh* coordonner

Kopf [kɔpf, *Pl:* ˈkœpfə] <-[e]s, Köpfe> *m* ① tête *f;* **den ~ schütteln** secouer la tête; **pro ~** par tête; **ein ~ Salat** la tête d'une salade ② (*Rückseite einer Münze*) **~ oder Zahl?** pile ou face ? **von ~ bis Fuß** de la tête aux pieds; **den ~ in den Sand stecken** pratiquer la politique de l'autruche; **mit dem ~ durch die Wand wollen** *fam* faire du forcing; **nicht auf den ~ gefallen sein** *fam* ne pas être tombé sur la tête; **für jdn/etw den ~ hinhalten** *fam* aller au casse-pipe pour qn/qc; **etw auf den ~ hauen** *fam* dilapider qc; **sich** (*Dat*) **etw aus dem ~ schlagen** s'ôter qc de la tête; **sich** (*Dat*) **in den ~ setzen ...** se mettre en tête de ...; **jdm den ~ verdrehen** *fam* tourner la tête à qn; **jdm den ~ waschen** passer un savon à qn; **jdm etw an den ~ werfen** jeter qc à la figure de qn; **~ an ~** (*rennen*) au coude à coude

Kopfbahnhof *m* gare *f* terminus **Kopfball** *m* tête *f* **Kopfbedeckung** *f* couvre-chef *m*

Köpfchen [ˈkœpfçən] <-s, -> *nt* ① *Dim. von* **Kopf** [petite] tête *f* ② *fam* (*Cleverness*) **~ haben** être futé

köpfen [ˈkœpfən] *tr. V.* ① (*enthaupten*) décapiter ② (*Ball*) mettre de la tête

Kopfende *nt* (*eines Bettes*) tête *f* **Kopfgeld** *nt* prime *f* de capture **Kopfgeldjäger** *m* chasseur *m* de prime **Kopfhaut** *f* cuir *m* chevelu **Kopfhörer** *m* casque *m* **Kopfkissen** *nt* oreiller *m* **Kopfkissenbezug** *m* taie *f* d'oreiller

kopflos *Adj.* (*verwirrt*) affolé(e)

Kopfnicken <-s> *nt* signe *m* de tête **kopfrechnen** *intr. V.* calculer de tête **Kopfrechnen** *nt* calcul *m* mental **Kopfsalat** *m* laitue *f* **Kopfschmerz** *m meist Pl.* mal *m* de tête; **~en haben** avoir mal à la tête **Kopfschmerztablette** *f* cachet *m* contre le mal de tête **Kopfschütteln** <-s> *nt* hochement *m* de tête **Kopfsprung** *m* plongeon *m*

Kopfstand *m* poirier *m* **kopf|stehen** *intr. V. unreg* ❶ (*Kopfstand machen*) faire le poirier ❷ *fam* (*in heller Aufregung sein: Abteilung, Firma*) être en effervescence **Kopfstütze** *f* appuie-tête *m* **Kopftuch** <-tücher> *nt* foulard *m* **kopfüber** *Adv.* la tête la première **Kopfweh** *s.* **Kopfschmerz** **Kopfzerbrechen** *nt* **jdm ~ bereiten** causer du tracas à qn

Kopie [ko'pi:] <-, -n> *f* copie *f*

kopieren* [ko'pi:rən] *tr. V.* ❶ (*fotokopieren*) [photo]copier; **sich** (*Dat*) **etw ~** se faire une copie de qc ❷ a. INFORM faire une copie de

Kopierer <-s, -> *m fam*, **Kopiergerät** [ko'pi:ɐ̯gərɛ:t] *nt* photocopieuse *f*

kopiergeschützt *Adj.* INFORM (*Datei, Daten*) anti-piratage **Kopierschutz** *m* INFORM verrouillage *m*

Kopilot(in) ['ko:pilo:t] *m(f)* copilote *mf*

Koppel <-, -n> *f* (*Pferdekoppel*) enclos *m*

koppeln ['kɔpəln] *tr. V.* ❶ TELEC brancher ❷ AUT, EISENBAHN accrocher; AVIAT, NAUT amarrer

Kopp[e]lung <-, -en> *f* ❶ TELEC branchement *m* ❷ AUT, EISENBAHN accrochage *m* ❸ AVIAT, NAUT amarrage *m*

Koproduktion ['ko:prodʊktsi̯o:n] *f* coproduction *f*

Koralle [ko'ralə] <-, -n> *f* corail *m*

Koran [ko'ra:n] <-s, -e> *m* Coran *m*

Koranschule *f* école *f* coranique

Korb [kɔrp, *Pl:* 'kœrbə] <-[e]s, Körbe> *m* ❶ (*mit Henkeln*) panier *m;* (*ohne Henkel*) corbeille *f* ❷ SPORT panier *m* ❸ *fam* (*Abfuhr*) rebuffade *f;* **jdm einen ~ geben** envoyer promener qn

Körbchen ['kœrpçən] <-s, -> *nt Dim. von* **Korb** corbeille *f*

Kord *s.* **Cord**

Kordel <-, -n> *f* cordon *m*

Koriander [kori'andɐ] <-s, -> *m* coriandre *f*

Kork [kɔrk] <-[e]s, -e> *m* liège *m*

Korken ['kɔrkən] <-s, -> *m* bouchon *m*

Korkenzieher <-s, -> *m* tire-bouchon *m*

Kormoran [kɔrmo'ra:n] <-s, -e> *m* cormoran *m*

Korn[1] [kɔrn, *Pl:* 'kœrnɐ] <-[e]s, Körner> *nt* ❶ (*Samenkorn*) graine *f* ❷ *kein Pl.* (*Getreide*) céréales *fpl*

Korn[2] [kɔrn] <-s> *kein Pl. m* (*Getränk*) eau-de-vie *f*

Kornblume *f* bleuet *m* **Kornfeld** *nt* champ *m* de céréales

körnig *Adj.* (*Oberfläche*) rugueux(-euse)

Körper ['kœrpɐ] <-s, -> *m* corps *m*

körperbehindert *Adj. form* handicapé(e) physique **Körperbehinderte(r)** *f(m) dekl wie Adj form* handicapé(e) *m(f)* physique **Körpergewicht** *nt* poids *m* **Körpergröße** *f* taille *f*

körperlich **I.** *Adj.* (*Anstrengung*) physique; (*Gebrechen*) corporel(le) **II.** *Adv.* physiquement

Körperpflege *f* hygiène *f* corporelle

Körperschaft <-, -en> *f* **~ des öffentlichen Rechts** personne *f* morale de droit public

Körperteil *m* partie *f* du corps **Körpertemperatur** *f* température *f* [du corps] **Körperverletzung** *f* blessure *f* corporelle; **schwere ~** blessure grave; **wegen ~** pour coups et blessures

korpulent [kɔrpu'lɛnt] *Adj.* corpulent(e)

korrekt [kɔ'rɛkt] *Adj.* correct(e)

Korrektor <-s, -toren> *m*, **Korrektorin** *f* (*bei Prüfungen*) correcteur(-trice) *m(f)*

Korrektur [kɔrɛk'tu:ɐ̯] <-, -en> *f* ❶ correction *f* ❷ *geh* (*Veränderung*) rectification *f;* JUR amendement *m*

Korrespondent(in) [kɔrɛspɔn'dɛnt] <-en, -en> *m(f)* ❶ MEDIA correspondant(e) *m(f)* ❷ (*Handelskorrespondent*) correspondancier(-ière) *m(f)*

Korrespondenz [kɔrɛspɔn'dɛnts] <-, -en> *f* correspondance *f*

korrespondieren* [kɔrɛspɔn'di:rən] *intr. V.* **mit jdm ~** correspondre avec qn

Korridor ['kɔrido:ɐ̯] <-s, -e> *m* corridor *m*

korrigieren* [kɔri'gi:rən] *tr. V.* corriger

Korrosion [kɔro'zi̯o:n] <-, -en> *f* (*das Korrodieren*) corrosion *f*

korrupt [kɔ'rʊpt] *Adj. pej* corrompu(e)

Korruption [kɔrʊp'tsi̯o:n] <-, -en> *f* corruption *f*

Korse ['kɔrzə] <-n, -n> *m*, **Korsin** *f* Corse *mf*

Korsett [kɔr'zɛt] <-s, -s *o* -e> *nt* corset *m*

Korsika ['kɔrzika] <-s> *nt* la Corse

korsisch *Adj.* corse

Kortison [kɔrti'zo:n] <-s, -e> *nt* cortisone *f*

koscher ['ko:ʃɐ] *Adj.* ❶ REL casher *inv.* ❷ *fam* (*einwandfrei*) réglo; **nicht [ganz] ~ sein** ne pas être très catholique

K

Kosename *m* petit nom *m* **Kosewort** *nt* ❶ <-wörter> (*Kosename*) petit nom *m* ❷ <-worte> (*zärtliches Wort*) mot *m* tendre

Kosinus ['ko:zinʊs] <-, -> *m* cosinus *m*

Kosmetik [kɔs'me:tɪk] <-> *f* soins *mpl* de beauté

Kosmetiker(in) [kɔs'me:tikɐ] <-s, -> *m(f)* esthéticien(ne) *m(f)*

kosmetisch *Adj.* cosmétique

kosmisch *Adj.* (*Dimension*) planétaire

Kosmonaut(in) [kɔsmo'naut] <-en, -en> *m(f)* cosmonaute *mf*

Kosmos ['kɔsmɔs] <-> *m* cosmos *m*

Kost [kɔst] <-> *f a. fig* nourriture *f*

kostbar *Adj.* précieux(-euse)

Kostbarkeit <-, -en> *f* objet *m* précieux

kosten ['kɔstən] *tr. V.* coûter; **was** [*o* **wie viel**] **kostet das?** ça coûte combien ?; **viel ~** coûter cher ▸ **koste es, was es wolle** coûte que coûte

Kosten ['kɔstən] *Pl* coût *m;* (*Auslagen*) frais *mpl* ▸ **auf seine ~ kommen** en avoir pour son argent

kostendeckend *Adv.* en couvrant les frais **Kostenerstattung** *f* remboursement *m* des frais

kostenlos *Adj.* gratuit(e)

kostenpflichtig *Adj.* payant(e) **Kostenvoranschlag** *m* devis *m*

köstlich ['kœstlɪç] *Adj.* délicieux(-euse)

Köstlichkeit <-, -en> *f* (*Delikatesse*) délice *m*

Kostprobe *f* ❶ GASTR dégustation *f* ❷ (*Probe: des Könnens*) échantillon *m*

kostspielig *Adj.* onéreux(-euse); **~ sein** coûter cher

Kostüm [kɔs'ty:m] <-s, -e> *nt* ❶ (*Damenkostüm*) tailleur *m* ❷ (*Tracht, Verkleidung*) costume *m*

Kostümball *m* bal *m* costumé

Kot [ko:t] <-[e]s> *m* excréments *mpl*

Kotelett [kotə'lɛt] <-[e]s, -s> *nt* côtelette *f*

Kotelette <-, -n> *f meist Pl.* favoris *mpl*

Köter ['kø:tɐ] <-s, -> *m pej fam* cabot *m*

Kotflügel *m* aile *f*

kotzen ['kɔtsən] *intr. V. vulg* dégueuler

KP [ka:'pe:] <-, -s> *f Abk. von* **Kommunistische Partei** P.C. *m*

Krabbe ['krabə] <-, -n> *f* crabe *m;* (*Garnele*) crevette *f*

krabbeln ['krabəln] *intr. V. + sein* (*Kind*) marcher à quatre pattes; (*Spinne*) se promener

Krach [krax, *Pl:* 'krɛçə] <-[e]s, Kräche> *m* ❶ *kein Pl.* (*Lärm*) vacarme *m* ❷ *fam* (*Streit*) engueulade *f*

krachen *intr. V. + haben* (*laut knallen: Tür, Schuss*) claquer; (*Donner*) éclater (*fam*)

Kracherl <-s, -n> *nt* A, SDEUTSCH *fam* (*Limonade*) soda *m*

krächzen ['krɛçtsən] *intr. V.* ❶ (*Krähe*) croasser ❷ *fam* (*heiser sprechen*) parler d'une voix enrouée

Kräcker <-s, -> *m* cracker *m*

kraft *Präp. + Gen. form* **~ Gesetzes** au nom de la loi

Kraft [kraft, *Pl:* 'krɛftə] <-, Kräfte> *f* ❶ force *f;* **mit aller ~** de toutes ses/mes/... forces; **aus eigener ~** par ses/mes/... propres moyens; **über jds Kräfte** (*Akk*) **gehen** être au-dessus des forces de qn ❷ (*starke Wirkung*) pouvoir *m* ❸ PHYS énergie *f* ▸ **volle ~ voraus!** machine avant, toutes !; **in ~ sein/treten** être/entrer en vigueur

Kraftakt *m* tour *m* de force

Kraftfahrzeug *nt form* véhicule *m* automobile **Kraftfahrzeugbrief** *m: titre de propriété du véhicule* **Kraftfahrzeugmechaniker(in)** *m(f)* mécanicien(ne) *m(f)* [automobile] **Kraftfahrzeugschein** *m* carte *f* grise **Kraftfahrzeugsteuer** *f* ≈ vignette *f*

kräftig ['krɛftɪç] **I.** *Adj.* (*Person*) fort(e); (*Strömung*) puissant(e); (*Händedruck*) vigoureux(-euse); (*Farbton*) soutenu(e) **II.** *Adv.* (*drücken*) vigoureusement; (*einatmen*) profondément

kräftigen *tr. V. geh* (*Kur*) revigorer

kraftlos *Adj.* (*Person*) sans force; (*Händedruck*) mou(molle)

Kraftprobe *f* épreuve *f* de force **Kraftstoff** *m form* carburant *m* **kraftvoll** **I.** *Adj. geh* (*Körper*) vigoureux(-euse); (*Stimme*) puissant(e) **II.** *Adv.* (*zuschlagen*) violemment **Kraftwerk** *nt* centrale *f* [électrique]

Kragen ['kra:gən, *Pl:* 'krɛ:gən] <-s, - *o* CH, SDEUTSCH Krägen> *m* col *m* ▸ **ihm platzt der ~** *fam* il explose

Kragenweite ▸ **das ist nicht meine ~** *fam* ce n'est pas mon truc

Krähe ['krɛ:ə] <-, -n> *f* corneille *f*

krähen ['krɛːən] *intr. V.* (*Hahn*) chanter
Krake ['kraːkə] <-n, -n> *m* pieuvre *f*
Kralle ['kralə] <-, -n> *f* (*einer Katze*) griffe *f;* (*eines Raubvogels*) serre *f*
Kram [kraːm] <-[e]s> *m fam* ❶ (*Zeug*) bazar *m* ❷ (*Angelegenheit*) fourbi *m;* **kümmere dich um deinen eigenen ~!** mêle-toi de tes oignons !
kramen *intr. V.* fouiller
Krampf [krampf, *Pl:* 'krɛmpfə] <-[e]s, Krämpfe> *m* ❶ (*Muskelkrampf*) crampe *f* ❷ (*Kolik*) spasme *m*
Krampfader *f* varice *f*
krampfhaft *Adj.* (*Nachdenken*) obstiné(e); (*Versuch*) désespéré(e); (*Lachen*) convulsif(-ive)
Kran [kraːn, *Pl:* 'krɛːnə] <-[e]s, Kräne> *m* TECH grue *f*
Kranich ['kraːnɪç] <-s, -e> *m* grue *f*
krank [kraŋk] <kränker, kränkste> *Adj. a. fig* malade; ~ **werden** tomber malade; **jdn ~ machen** rendre qn malade
Kranke(r) *f(m) dekl wie Adj* malade *mf*
kränkeln *intr. V.* (*Branche*) être chancelant
kränken ['krɛŋkən] *tr. V.* blesser
Krankenbett *nt* (*Krankenlager*) chevet *m* du malade **Krankengeld** *nt* prestations *fpl* maladie **Krankengymnast(in)** <-en, -en> *m(f)* kinésithérapeute *mf* **Krankengymnastik** *f* kinésithérapie *f* **Krankenhaus** *nt* hôpital *m;* **ins ~ kommen** être hospitalisé **Krankenkasse** *f* caisse *f* d'assurance-maladie **Krankenpflege** *f* soins *mpl* [donnés aux malades] **Krankenpfleger(in)** *m(f)* infirmier(-ière) *m(f)* **Krankenschwester** *f* infirmière *f* **Krankenversichertenkarte** *f* ≈ carte *f* d'assuré social **Krankenversicherung** *f* assurance-maladie *f;* **gesetzliche ~** ≈ Sécurité *f* sociale; **private ~** ≈ caisse *f* d'assurance maladie

> Le système de santé allemand repose majoritairement sur les nombreuses **Krankenversicherungen** (caisses d'assurances maladies) publiques, financées à parts égales par les employés et les employeurs. Les travailleurs indépendants et les employés dont les revenus dépassent un certain seuil peuvent choisir de quitter la Sécurité sociale et d'opter pour un système privé d'assurance maladie.

Krankenwagen *m* ambulance *f*
krankhaft *Adj.* ❶ MED pathologique ❷ (*unnormal*) maladif(-ive)
Krankheit <-, -en> *f* maladie *f*
Krankheitserreger *m* agent *m* pathogène
krank|lachen *refl. V. fam* **sich ~** se marrer
kränklich *Adj.* maladif(-ive)
krank|melden[RR] *refl. V.* **sich ~** se faire porter malade **Krankmeldung** *f* déclaration *f* de maladie **krank|schreiben**[RR] *tr. V.* **jdn ~** prescrire un arrêt de travail à qn
Kränkung ['krɛnkʊŋ] <-, -en> *f* offense *f*
Kranz [krants, *Pl:* 'krɛntsə] <-es, Kränze> *m* (*aus Pflanzen*) gerbe *f*
Kranzniederlegung *f* dépôt *m* de gerbe
krass[RR], **kraß**[ALT] *Adj.* (*Außenseiter*) manifeste; (*Gegensatz*) flagrant(e)
Krater ['kraːtɐ] <-s, -> *m* cratère *m*
Krätze <-> *f* MED gale *f*
kratzen ['kratsən] **I.** *tr. V.* ❶ **jdn am Rücken ~** gratter le dos à qn ❷ (*Katze*) griffer **II.** *refl. V.* **sich ~** se gratter **III.** *intr. V.* ❶ gratter ❷ (*mit den Fingernägeln*) griffer **IV.** *tr. V. unpers. fam* **es kratzt ihn am Rücken** il a le dos qui le gratte
Kratzer <-s, -> *m* éraflure *f*
kraulen[1] ['kraulən] + *haben o sein* **I.** *intr. V.* SPORT nager le crawl **II.** *tr. V.* **hundert Meter ~** faire cent mètres en crawl
kraulen[2] *tr. V.* (*liebkosen*) grat[t]ouiller
kraus [kraus] *Adj.* ❶ (*Haar*) [tout(e)] frisé(e) ❷ (*faltig*) froissé(e)
kräuseln ['krɔyzəln] **I.** *tr. V.* (*Haare*) fris[ott]er; (*Stoff*) froncer **II.** *refl. V.* **sich ~** (*Haare*) frisotter; (*Wasser*) se rider
Kraut [kraut, *Pl:* 'krɔytɐ] <-[e]s, Kräuter> *nt* ❶ (*Pflanze*) herbe *f souvent pl.* ❷ *kein Pl.* (*von Karotten*) fanes *fpl* ❸ *kein Pl.* (*Kohl*) chou *m* ▶ **wie ~ und Rüben** *fam* sens dessus dessous
Kräuterbutter *f* beurre *m* persillé
Kräutertee *m* tisane *f*
Krautsalat *m* salade *f* de chou
Krawall [kra'val] <-s, -e> *m* (*Tumult*) bagarre *f*
Krawatte [kra'vatə] <-, -n> *f* cravate *f*
Kreation [krea'tsi̯oːn] <-, -en> *f* création *f*
kreativ [krea'tiːf] *Adj.* créatif(-ive)
Kreativität [kreativi'tɛːt] <-> *f* créativité *f*

K

Kreatur [krea'tu:ɐ̯] <-, -en> *f* créature *f*

Krebs [kre:ps] <-es, -e> *m* ① ZOOL crustacé *m;* (*Flusskrebs*) écrevisse *f* ② *kein Pl.* GASTR crabe *m* ③ *kein Pl.* ASTRO Cancer *m* ④ MED cancer *m;* ~ **haben** avoir un cancer

krebskrank *Adj.* cancéreux(-euse) **Krebskranke(r)** *f(m) dekl wie Adj* cancéreux(-euse) *m(f)* **Krebsvorsorge** *f* dépistage *m* du cancer

Kredit [kre'di:t] <-[e]s, -e> *m* crédit *m*

Kreditinstitut *nt* établissement *m* de crédit **Kreditkarte** *f* carte *f* de crédit **kreditwürdig** *Adj.* solvable

Kreide ['kraidə] <-, -n> *f* craie *f*

kreidebleich, **kreideweiß** *Adj.* blanc (blanche) comme un linge

kreieren* *tr. V.* créer

Kreis [krais] <-es, -e> *m* ① cercle *m;* **im ~e der Familie** au sein de la famille ② *Pl* (*gesellschaftliche Schicht*) milieux *mpl*

kreischen ['kraiʃən] *intr. V.* ① (*Person*) pousser des cris stridents ② (*Bremsen*) crier

Kreisel ['kraizəl] <-s, -> *m* (*Spielzeug*) toupie *f*

kreisen ['kraizən] *intr. V. + haben o sein* ① *a.* ASTRO, AVIAT **um etw ~** tourner autour de qc ② (*fliegen*) **über etw** (*Dat*) ~ tournoyer au-dessus de qc ③ (*bewegen*) **den Arm ~ lassen** effectuer des cercles avec le bras

kreisförmig ['kraisfœrmɪç] **I.** *Adj.* circulaire **II.** *Adv.* en cercle **Kreislauf** *m* ① (*des Lebens, der Natur*) cycle *m;* (*des Geldes*) circulation *f* ② (*Blutkreislauf*) circulation *f* **Kreislaufkollaps** *m* collapsus *m* cardiovasculaire **Kreislaufstörungen** *Pl* troubles *mpl* circulatoires **kreisrund** *Adj.* tout(e) rond(e) **Kreissäge** *f* scie *f* circulaire

Kreißsaal ['kraisza:l] *m* salle *f* d'accouchement

Kreisstadt *f* ≈ chef-lieu *m* de district; (*in Frankreich*) ≈ chef-lieu de canton **Kreisumfang** *m* MATH circonférence *f* du cercle **Kreisverkehr** *m* rond-point *m*

Krematorium [krema'to:riʊm] <-s, -rien> *nt* crématorium *m*

kremig ['kre:mɪç] *Adj.* onctueux(-euse)

Kreml ['kre:m(ə)l] <-s> *m* **der ~** le Kremlin

Krempe ['krɛmpə] <-, -n> *f* bord *m*

Krempel ['krɛmpəl] <-s> *m pej fam* camelote *f*

Kren [kre:n] <-s> *m* A raifort *m*

krepieren* [kre'pi:rən] *intr. V. + sein fam* crever

Krepp [krɛp] <-s, -e> *m* crêpe *m*

Kresse ['krɛsə] <-, -en> *f* cresson *m*

kreuz [krɔyts] ▶ **~ und quer** dans tous les sens

Kreuz [krɔyts] <-es, -e> *nt* ① *a.* REL croix *f* ② (*Rücken*) reins *mpl* ③ (*Autobahnkreuz*) échangeur *m* ④ SPIEL trèfle *m* ⑤ MUS dièse *m* ▶ **drei ~e machen** *fam* pousser un ouf de soulagement; **das Rote ~** la Croix-Rouge

kreuzen **I.** *tr. V. + haben* croiser **II.** *intr. V. + haben o sein* (*Segelschiff*) louvoyer; (*Flugzeug, Schiff*) croiser

Kreuzfahrt *f* croisière *f* **Kreuzgang** <-gänge> *m* cloître *m*

kreuzigen ['krɔytsɪgən] *tr. V.* crucifier

Kreuzigung <-, -en> *f* crucifixion *f*

Kreuzotter *f* vipère *f* péliade

Kreuzschmerzen *Pl fam* maux *mpl* de reins

Kreuzung <-, -en> *f* ① (*Straßenkreuzung*) carrefour *m* ② (*das Kreuzen*) croisement *m* ③ (*gekreuzte Tierrasse*) bâtard(e) *m(f)*

Kreuzverhör *nt* interrogatoire *m* contradictoire **Kreuzworträtsel** *nt* mots *mpl* croisés **Kreuzzug** *m* HIST *a. fig* croisade *f*

kribbelig *Adj. fam* (*unruhig*) fébrile; **ich bin ganz ~** je n'y tiens plus

kribbeln ['krɪbəln] *tr., intr. V. unpers.* **es kribbelt jdm** [*o* **jdn**] **in der Nase** qn a des picotements dans le nez

kribblig *s.* **kribbelig**

kriechen ['kri:çən] <kroch, gekrochen> *intr. V. + sein* ① *a. fig* ramper ② (*langsam fahren*) se traîner (*fam*)

Krieg [kri:k] <-[e]s, -e> *m* guerre *f;* **jdm den ~ erklären** déclarer la guerre à qn; **[einen] ~ gegen jdn führen** faire la guerre à qn

kriegen ['kri:gən] **I.** *tr. V. fam* ① (*bekommen*) recevoir; **etw zu essen ~** pouvoir manger qc; **Prügel von jdm ~** ramasser une volée de qn ② (*in Verbindung mit dem Partizip Präteritum*) **etw geregelt ~** arriver à régler qc; **er kriegt das Auto geliehen** on lui prête la voiture ❸ (*Bus, Zug*) attraper; (*Taxi*) dénicher ❹ (*Strafzettel*) récolter ❺ (*erwischen*) **jdn ~** mettre la main sur qn ❻ (*Grippe*) choper ❼ (*Kind*) aller avoir ▸**es mit jdm zu tun ~** avoir affaire à qn **II.** *refl. V. fam* **sich ~** être enfin réunis

kriegerisch ['kri:gərɪʃ] *Adj.* ❶ (*Volk*) guerrier(-ière); (*Einstellung*) belliqueux (-euse) ❷ (*militärisch*) militaire

Kriegsbeil *nt* hache *f* de guerre **Kriegsdienstverweigerer** <-s, -> *m* objecteur *m* de conscience **Kriegserklärung** *f* déclaration *f* de guerre **Kriegsfuß** ▸**mit etw auf ~ stehen** *fam* être brouillé avec qc **Kriegsgebiet** *nt* zone *f* en guerre **Kriegsgefangene(r)** *f(m) dekl wie Adj* prisonnier(-ière) *m(f)* de guerre **Kriegsgefangenschaft** *f* captivité *f* **Kriegspfad** ▸**auf dem ~ sein** *iron* être sur le sentier de la guerre **Kriegsverbrechen** *nt* crime *m* de guerre **Kriegsverbrecher(in)** *m(f)* criminel(le) *m(f)* de guerre **Kriegszustand** *m* guerre *f*; **sich im ~ befinden** être en guerre

Krimi ['kri:mi] <-s, -s> *m fam* polar *m*

Kriminalbeamte(r) *m*, **-beamtin** *f form* fonctionnaire *mf* de la police judiciaire

Kriminalist(in) <-en, -en> *m(f)* spécialiste *mf* des affaires criminelles; (*bei der Polizei*) agent *m* de la P.J.

kriminalistisch *Adj.* de détective

Kriminalität [kriminali'tɛ:t] <-> *f* criminalité *f*; **organisierte ~** crime *m* organisé

Kriminalkommissar(in) *m(f)* commissaire *mf* de police judiciaire **Kriminalpolizei** *f* police *f* judiciaire **Kriminalroman** *m* roman *m* policier

kriminell [krimi'nɛl] *Adj.* ❶ criminel(le); **~ sein** être délinquant ❷ *fam* (*gefährlich*) casse-gueule

Krimskrams <-es> *m fam* fourbi *m*

Kringel ['krɪŋəl] <-s, -> *m* (*Schnörkel*) petit rond *m*

kringeln *refl. V.* ❶ **sich ~** (*Haarsträhne*) frisotter; (*Schwanz*) tire-bouchonner ❷ *fam* **sich vor Lachen ~** se tordre de rire

Kripo ['kri:po] <-, -s> *f fam Abk. von* **Kriminalpolizei** P.J. *f*

Krippe ['krɪpə] <-, -n> *f* ❶ (*Futterkrippe*) mangeoire *f* ❷ (*Weihnachts-, Kinderkrippe*) crèche *f*

Krise ['kri:zə] <-, -n> *f* crise *f*

kriseln ['kri:zəln] *intr. V. unpers. fam* **es kriselt** ça va mal

Krisengebiet *nt* région *f* instable **Krisenherd** *m* poudrière *f* **Krisenstab** *m* cellule *f* de crise

Kristall[1] [krɪs'tal] <-s, -e> *m* MINER cristal *m*

Kristall[2] <-s> *nt* ❶ (*Kristallglas*) cristal *m* ❷ (*Gegenstände*) cristaux *mpl*

Kristallnacht *f* **die ~** NS la nuit de cristal **Kristallzucker** *m* sucre *m* cristallisé

Kriterium [kri'te:riʊm] <-s, -rien> *nt* critère *m*

Kritik [kri'ti:k] <-> *f kein Pl.* critique *f*; **an jdm/etw ~ üben** critiquer qn/qc

Kritiker(in) ['kri:tikɐ] <-s, -> *m(f)* ❶ (*Rezensent*) critique *mf* ❷ (*Gegner*) détracteur(-trice) *m(f)*

kritisch ['kri:tɪʃ] *Adj.* critique

kritisieren* [kriti'zi:rən] *tr., intr. V.* critiquer

kritzeln ['krɪtsəln] *tr., intr. V.* griffonner

Kroate <-n, -n> *m*, **Kroatin** *f* Croate *mf*

Kroatien [kro'ʔa:tsiən] <-s> *nt* la Croatie

kroatisch [kro'ʔa:tiʃ] **I.** *Adj.* croate **II.** *Adv.* **~ miteinander sprechen** discuter en croate

Kroatisch <-[s]> *nt kein Art.* croate *m*; *s.a.* **Deutsch**

kroch [krɔx] *Imp. von* **kriechen**

Krokant [kro'kant] <-s> *m* (*Masse*) nougatine *f*

Krokette [kro'kɛtə] <-, -n> *f* croquette *f*

Krokodil [kroko'di:l] <-s, -e> *nt* crocodile *m*

Krokus ['kro:kʊs] <-, -> *m* crocus *m*

Krone ['kro:nə] <-, -n> *f* couronne *f*

krönen ['krø:nən] *tr. V.* **jdn zum König ~** couronner qn roi

Kron[en]korken *m* capsule *f*

Kronleuchter *m* lustre *m* **Kronprinz** *m*, **-prinzessin** *f* prince *m* héritier/princesse *f* héritière

Krönung ['krø:nʊŋ] <-, -en> *f* couronnement *m*

Kropf [krɔpf, *Pl:* 'krœpfə] <-[e]s, Kröpfe> *m* MED goitre *m*

kross[RR] [krɔs], **kroß**[ALT] *Adj.* croustillant(e)

Kröte ['krø:tə] <-, -n> *f* ❶ ZOOL crapaud *m* ❷ *Pl fam* (*Geld*) fric *m*

Krücke ['krʏkə] <-, -n> *f* béquille *f*

K

Krug ['kru:k, *Pl:* 'kry:gə] <-[e]s, Krüge> *m* ❶ (*Wasserkrug*) cruche *f* ❷ (*Bierkrug*) chope *f*

Krümel ['kry:məl] <-s, -> *m* (*Brösel*) miette *f*

krümeln *intr. V.* ❶ (*Person*) faire des miettes ❷ (*Kuchen*) s'émietter

krumm [krʊm] **I.** *Adj.* (*nicht gerade*) tordu(e); (*Nase*) crochu(e); (*Rücken*) voûté(e) **II.** *Adv.* (*gehen*) le dos voûté; (*wachsen*) de travers

krümmen ['krʏmən] **I.** *tr. V.* ❶ (*biegen: Rücken*) courber; (*Finger*) plier ❷ MATH, PHYS **gekrümmt** (*Fläche*) incurvé(e) **II.** *refl. V.* ❶ **sich ~** (*Straße*) faire une courbe; (*Fluss*) faire un coude; (*Ast*) se courber ❷ *fig* **sich ~ vor Lachen** se tordre de rire

krumm|lachen *refl. V. fam* **sich ~** se tordre [de rire] ▸ **sich krumm- und schieflachen** être écroulé(e) de rire

krumm|legen *refl. V. fam* **sich ~** se défoncer **krumm|nehmen** *intr. V. unreg fam* **jdm ~, dass** en vouloir à qn de ce que + *subj*

Krümmung ['krʏmʊŋ] <-, -en> *f* ❶ (*einer Straße*) courbe *f;* (*eines Flusses*) coude *m* ❷ MED, PHYS courbure *f*

Krüppel ['krʏpəl] <-s, -> *m* estropié(e) *m(f)*

Kruste ['krʊstə] <-, -n> *f* croûte *f*

Kruzifix [krutsi'fɪks] <-es, -e> *nt* crucifix *m*

Krypta ['krʏpta] <-, Krypten> *f* crypte *f*

KSZE [ka:ʔɛstsɛt'ʔe:] <-> *f Abk. von* **Konferenz über Sicherheit und Zusammenarbeit in Europa** C.S.C.E. *f*

Kuba ['ku:ba] <-s> *nt* Cuba; **auf ~** à Cuba

Kübel ['ky:bəl] <-s, -> *m* (*Pflanzkübel*) jardinière *f*

Kubikmeter [ku'bi:kme:tɐ] *m o nt* mètre *m* cube **Kubikwurzel** *f* MATH racine *f* cubique **Kubikzahl** *f* MATH cube *m*

kubisch ['ku:bɪʃ] *Adj.* cubique

Kubismus [ku'bɪsmʊs] <-> *m* cubisme *m*

kubistisch *Adj.* cubiste

Küche ['kʏçə] <-, -n> *f* cuisine *f*

Kuchen ['ku:xən] <-s, -> *m* gâteau *m;* **einen ~ backen** faire un gâteau

Küchenabfälle *Pl* épluchures *fpl*

Kuchenblech *nt* plaque *f* [à pâtisserie] **Kuchenform** *f* moule *m* à gâteau[x] **Kuchengabel** *f* fourchette *f* à gâteaux

Küchenhandtuch *nt* essuie-mains *m* **Küchenmaschine** *f* robot *m* **Küchenpapier** *nt* essuie-tout *m inv.* **Küchenrolle** *f* rouleau *m* essuie-tout **Küchenuhr** *f* (*Wanduhr*) pendule *f* de cuisine

Kücken ['kʏkən] <-s, -> *nt* A *s.* **Küken**

kuckuck ['kʊkʊk] *Interj.* coucou

Kuckuck ['kʊkʊk] <-s, -e> *m* coucou *m* ▸ **weiß der ~[, ...]!** *fam* [...,] mystère et boule de gomme !

Kuckucksei *nt* ZOOL œuf *m* de coucou

Kuckucksuhr *f* coucou *m*

Kufe ['ku:fə] <-, -n> *f* (*eines Schlittens*) patin *m;* (*eines Schlittschuhs*) lame *f*

Kugel ['ku:gəl] <-, -n> *f* ❶ (*runder Gegenstand*) boule *f* ❷ MATH sphère *f* ❸ SPORT poids *m;* (*Kegelkugel*) boule *f* ❹ (*Geschoss*) balle *f*

kugelförmig ['ku:gəlfœrmɪç] *Adj.* sphérique **Kugelgelenk** *nt* ANAT énarthrose *f*

kugeln *intr. V. + sein* rouler

kugelrund ['ku:gəl'rʊnt] *Adj. fam* (*dick*) rondouillard(e) **Kugelschreiber** *m* stylo *m* [à] bille **kugelsicher** *Adj.* pare-balles; **~ sein** être à l'épreuve des balles **Kugelstoßen** <-s> *nt* lancer *m* du poids

Kuh [ku:, *Pl:* 'ky:ə] <-, Kühe> *f* ❶ vache *f* ❷ *fam* **eine blöde ~** une connasse

Kuhfladen *m* bouse *f* de vache **Kuhhaut** *f* ▸ **das geht auf keine ~** *fam* c'est pas croyable

kühl [ky:l] **I.** *Adj.* ❶ (*kalt*) frais(fraîche); **es wird/ist ~** ça se rafraîchit/il fait frais ❷ (*reserviert*) froid(e) **II.** *Adv.* ❶ (*kalt: lagern*) au frais; (*servieren*) frais(fraîche) ❷ (*reserviert*) avec froideur; (*empfangen*) fraîchement

Kühlbox *f* (*Kühltasche*) glacière *f*

Kühle <-> *f* (*Kälte*) fraîcheur *f*

kühlen ['ky:lən] **I.** *tr. V.* (*Getränk*) rafraîchir; (*Fisch*) réfrigérer; **gekühlte Getränke** des boissons *fpl* fraîches **II.** *intr. V.* rafraîchir

Kühler <-s, -> *m* ❶ (*eines Fahrzeugs*) radiateur *m;* (*Kühlerhaube*) capot *m* ❷ (*Sektkühler*) seau *m* à champagne

Kühlerhaube *f* capot *m*

Kühlraum *m* chambre *f* froide **Kühlschrank** *m* réfrigérateur *m* **Kühltasche** *f* glacière *f* **Kühltruhe** *f* congélateur *m* bahut

K

Kühlung <-, -en> *f kein Pl.* (*eines Motors*) refroidissement *m*

Kühlwasser *nt kein Pl.* eau *f* de refroidissement

kühn [kyːn] *Adj.* (*Held*) téméraire; (*Tat*) audacieux(-euse)

Kühnheit <-, -en> *f* ① *kein Pl.* (*Wagemut*) audace *f* ② (*Tat*) témérité *f*

Kuhstall *m* étable *f*

Küken ['kyːkən] <-s, -> *nt* poussin *m*

Kukuruz ['kʊkurʊts] <-[es]> *m* A maïs *m*

kulant [ku'lant] *Adj.* (*Geschäftsmann*) arrangeant(e); (*Verhalten*) accommodant(e)

Kulanz <-> *f* obligeance *f;* **aus ~** gracieusement

Kuli ['kuːli] <-s, -s> *m fam* (*Stift*) stylo *m*

kulinarisch [kuli'naːrɪʃ] *Adj.* culinaire

Kulisse [ku'lɪsə] <-, -n> *f* décor *m* ▶ **hinter den ~n** dans les coulisses

kullern ['kʊlɐn] *intr. V. + sein fam* rouler

Kult [kʊlt] <-[e]s, -e> *m* culte *m*

Kultfigur *f* personnage-culte *m* **Kultfilm** *m* film-culte *m*

kultivieren* [-'viː-] *tr. V.* cultiver

kultiviert [kʊlti'viːɐt] *Adj.* raffiné(e); (*Benehmen*) distingué(e)

Kultur [kʊl'tuːɐ] <-, -en> *f* ① (*Zivilisationsform*) civilisation *f;* **die ~ der Antike** la culture gréco-latine ② *kein Pl.* (*kulturelles Niveau*) degré *m* de civilisation ③ BOT plantation *f*

Kulturaustausch *m* échange *m* culturel **Kulturbeutel** *m* trousse *f* de toilette

kulturell [kʊltu'rɛl] *Adj.* culturel(le)

Kulturgeschichte *f kein Pl.* histoire *f* de la civilisation **Kulturpolitik** *f* politique *f* culturelle

Kultusminister(in) ['kʊltʊsminɪstɐ] *m(f)* ≈ ministre *mf* de l'Éducation et des Affaires culturelles [d'un land] **Kultusministerium** *nt* ≈ ministère *m* de l'Éducation et de la Culture [d'un land]

Kümmel ['kʏməl] <-s, -> *m* cumin *m*

Kummer ['kʊmɐ] <-s> *m* ① (*Betrübtheit*) chagrin *m* ② (*Unannehmlichkeiten*) soucis *mpl*

kümmerlich *Adj.* (*Rest*) maigre *antéposé*

kümmern ['kʏmɐn] **I.** *tr. V.* concerner; **was kümmert ihn das?** en quoi ça le regarde ? **II.** *refl. V.* ① **sich um jdn/etw ~** s'occuper de qn/qc; **sich darum ~, dass** veiller à ce que + *subj* ② (*achten auf*) **sich nicht darum ~, was ...** ne pas se [pré]occuper de savoir ce qui ...

Kumpel ['kʊmpəl] <-s, -> *m* ① MIN gueule *f* noire ② *fam* (*Kamerad*) pote *mf*

kumulieren *refl. V.* **sich ~** (*Schadstoffe, Gifte*) s'accumuler

Kunde ['kʊndə] <-n, -n> *m,* **Kundin** *f* client(e) *m(f)*

Kundendienst *m* service *m* après-vente

Kundgebung <-, -en> *f* manifestation *f*

kundig *Adj. geh* compétent(e)

kündigen ['kʏndɪgən] **I.** *tr. V.* (*Job*) démissionner de; (*Mitarbeiter*) licencier; (*Vertrag*) résilier **II.** *intr. V.* ① (*Arbeitnehmer*) démissionner ② (*das Arbeits-, Mietverhältnis beenden*) **jdm ~** (*Arbeitgeber*) licencier qn; (*Vermieter*) donner congé à qn

Kündigung <-, -en> *f* ① (*eines Vertrags*) résiliation *f* ② (*Entlassung*) licenciement *m* ③ (*Weggang*) démission *f*

Kündigungsfrist *f* (*eines Arbeits-, Mietvertrags*) délai *m* de préavis; (*eines Abonnements*) délai *m* de résiliation **Kündigungsschutz** *m* protection *f* contre les licenciements abusifs

Kundschaft <-, -en> *f* ① (*Kundenkreis*) clientèle *f* ② (*Kunden*) clients *mpl*

künftig ['kʏnftɪç] **I.** *Adj.* futur(e) *antéposé* **II.** *Adv.* à l'avenir

Kunst [kʊnst, *Pl:* 'kʏnstə] <-, Künste> *f* ① KUNST art *m;* **die bildende ~** les arts plastiques; **die schönen Künste** les beaux-arts ② *kein Pl.* (*Schulfach*) arts *mpl* plastiques

Kunstakademie *f* école *f* des beaux-arts **Kunstausstellung** *f* exposition *f* d'art **Kunstbanause** *m,* **-banausin** *f pej* béotien(ne) *m(f)* **Kunstdünger** *m* engrais *m* chimique **Kunstfaser** *f* fibre *f* synthétique **Kunstgeschichte** *f* histoire *f* de l'art **kunsthistorisch** *Adj.* (*Museum*) d'histoire de l'art; (*Bedeutung*) historico-culturel(le) **Kunstleder** *nt* similicuir *m*

Künstler(in) ['kʏnstlɐ] <-s, -> *m(f)* artiste *mf*

künstlerisch *Adj.* (*Arbeit*) d'artiste; (*Begabung*) artistique

Künstlername *m* nom *m* d'artiste

künstlich ['kʏnstlɪç] **I.** *Adj.* (*Beleuchtung, See*) artificiel(le); (*Diamant*) faux(fausse);

K

(*Heiterkeit*) factice **II.** *Adv.* artificiellement; (*herstellen*) industriellement
Kunstsammlung *f* collection *f* d'objets d'art **Kunststoff** *m* plastique *m*
Kunststück *nt* ① (*artistische Leistung*) tour *m* d'adresse ② (*schwierige Leistung*) tour *m* de force **Kunstwerk** *nt* ① œuvre *f* d'art ② (*Meisterleistung*) chef-d'œuvre *m*
Kupfer ['kʊpfɐ] <-s, -> *nt* cuivre *m*
Kupferstich *m* gravure *f* sur cuivre
Kupon [ku'põ:] *s.* **Coupon**
Kuppel ['kʊpəl] <-, -n> *f* (*Innenkuppel*) coupole *f;* (*Außenkuppel*) dôme *m*
kuppeln *intr. V.* (*Fahrer*) débrayer
Kupplung ['kʊplʊŋ] <-, -en> *f* ① embrayage *m;* **die ~ [durch]treten** débrayer; **die ~ kommen lassen** embrayer ② (*Anhängerkupplung*) attelage *m*
Kur [ku:ɐ̯] <-, -en> *f* cure *f*
Kür [ky:ɐ̯] <-, -en> *f* figures *fpl* libres
Kurbel ['kʊrbəl] <-, -n> *f* manivelle *f*
kurbeln *intr. V.* tourner la manivelle
Kurbelwelle *f* vilebrequin *m*
Kürbis ['kʏrbɪs] <-ses, -se> *m* potiron *m*
küren [ky:ɐ̯ən] <kürte, gekürt> *tr. V. geh* élire
Kurfürst *m* HIST prince *m* électeur
Kurgast *m* curiste *mf*
Kurier [ku'ri:ɐ̯] <-s, -e> *m* coursier *m*
Kurierdienst *m* ① (*Service*) service *m* de messageries ② (*Firma*) entreprise *f* de messagerie express
kurieren* [ku'ri:rən] *tr. V.* guérir
kurios*geh Adj.* singulier(-ière)
Kurort *m* station *f* thermale
Kurs [kʊrs] <-es, -e> *m* ① (*Fahrtrichtung*) cap *m;* **vom ~ abkommen** dériver ② (*politische Linie*) ligne *f* [politique] ③ (*Wechselkurs*) taux *m* de change ④ (*Kurswert: von Aktien*) cours *m* ⑤ (*Lehrgang*) cours *m;* **einen ~ besuchen** suivre un cours
Kursgewinn *m* FIN plus-value *f* boursière
kursieren* [kʊr'zi:rən] *intr. V.* circuler
kursiv [kʊr'zi:f] **I.** *Adj.* italique **II.** *Adv.* en italique
Kursivschrift *f* italique *m*
Kursus ['kʊrzʊs] *s.* **Kurs 5**
Kurtaxe *f* taxe *f* de séjour
Kurve ['kʊrvə] <-, -n> *f* ① virage *m* ② MATH courbe *f*
kurvenreich *Adj.* sinueux(-euse)

kurz [kʊrʦ] <kürzer, kürzeste> **I.** *Adj.* ① (*räumlich und zeitlich*) court(e); (*Blick*) bref(brève) *antéposé;* (*Pause*) petit(e) *antéposé;* **in ~er Zeit** en peu de temps ② (*knapp: Artikel*) court(e); (*Antwort, Silbe*) bref(brève) **II.** *Adv.* ① **etw ~ schneiden** couper qc court; **kürzer machen** (*Kleid*) raccourcir ② (*nicht lange: bleiben*) peu de temps; (*sprechen*) brièvement; **~ gesagt, ...** bref, ...; **vor ~em** il y a encore peu de temps; **seit ~em** depuis peu ③ (*wenig*) **es ist ~ vor acht** il n'est pas loin de huit heures; **~ hintereinander** à brefs intervalles ▶ **~ angebunden sein** être bourru; **~ und bündig** sans détour; **~ und gut** pour tout dire; **über ~ oder lang** tôt ou tard; **sich ~ fassen** être bref; **bei etw zu ~ kommen** être lésé lors de qc; **es ~ machen** être bref
Kurzarbeit *f* chômage *m* partiel **kurzärm[e]lig** *Adj.* à manches courtes
Kürze ['kʏrʦə] <-> *f kein Pl.* ① (*geringe Länge*) **die ~ dieser Strecke** ce court trajet ② (*kurze Dauer*) brièveté *f;* **in ~** sous peu ③ (*Knappheit: einer Antwort*) brièveté *f;* (*eines Artikels*) concision *f*
kürzen *tr. V.* ① **etw um drei Zentimeter ~** raccourcir qc de trois centimètres ② (*Text*) raccourcir ③ (*Sozialhilfe*) diminuer
kürzer|treten *intr. V. unreg fam* (*sich schonen*) lever le pied
Kurzfilm *m* court métrage *m* **kurzfristig I.** *Adj.* (*Vertrag*) à court terme; (*Zusage*) rapide; (*Programmänderung*) impromptu(e) **II.** *Adv.* ① (*informieren*) en dernière minute ② (*unterbrechen*) momentanément; (*gelten*) temporairement **Kurzgeschichte** *f* nouvelle *f* **kurzhaarig** *Adj.* (*Mensch*) aux cheveux courts **kurz|halten** *tr. V. unreg* (*sparsam erziehen*) tenir la bride haute à
kurzlebig *Adj.* (*Modeerscheinung*) éphémère; (*Produkt*) peu durable
kürzlich *Adv.* récemment
Kurzmeldung *f* RADIO flash *m* [d'information] **Kurznachrichten** *Pl* nouvelles *fpl* brèves **Kurzschluss**[RR] *m* ① ELEC court-circuit *m* ② PSYCH impulsion *f* irréfléchie **kurzsichtig** *Adj.* (*Person*) *a. fig* myope; (*Politik*) à courte vue **Kurzsichtigkeit** <-> *f* (*einer Person*) *a. fig* myopie *f* **Kurzstreckenrakete** *f* missile *m* [à] courte portée

Kürzung <-, -en> *f* ① FIN diminution *f* ② (*eines Textes*) abrégement *m*
Kurzurlaub *m* bref congé *m* **Kurzwelle** *f* onde *f* courte; **auf ~** sur ondes courtes **Kurzzeitgedächtnis** *nt* mémoire *f* à court terme
kuschelig *Adj. fam* (*Bett*) douillet(te)
kuscheln *fam* **I.** *refl. V.* **sich an jdn ~** se blottir contre qn **II.** *intr. V.* faire des câlins
Kusine [ku'zi:nə] <-, -n> *f* cousine *f*
Kuss[RR] [kʊs, *Pl:* 'kʏsə], **Kuß**[ALT] <-sses, Küsse> *m* baiser *m*
küssen ['kʏsən] **I.** *tr., intr. V.* embrasser; **jdm die Hand ~** baiser la main à qn **II.** *refl. V.* **sich ~** s'embrasser
Küste ['kʏstə] <-, -n> *f* ① (*Meeresufer*) côte *f* ② (*Gegend*) littoral *m*
Küstengebiet *nt* littoral *m* **Küstenwacht** *f* service *m* de surveillance côtière
Küster(in) ['kʏstɐ] <-s, -> *m(f)* sacristain(e) *m(f)*
Kutsche ['kʊtʃə] <-, -n> *f* (*geschlossen*) carrosse *m;* (*offen*) calèche *f*
Kutscher(in) <-s, -> *m(f)* cocher *m*
kutschieren* *tr. V. + haben fam* (*Person*) voiturer
Kutte ['kʊtə] <-, -n> *f* REL [robe *f* de] bure *f*
Kutter ['kʊtɐ] <-s, -> *m* cotre *m*
Kuvert [ku've:ɐ̯] <-s, -s> *nt* enveloppe *f*
Kuvertüre [-vɛr-] <-, -n> *f* chocolat *m* à napper
kW <-, -> *nt Abk. von* **Kilowatt** kW *m*
kWh <-, -> *f Abk. von* **Kilowattstunde** kWh *m*
Kybernetik [kybɛr'ne:tɪk] <-> *f* cybernétique *f*
kybernetisch *Adj.* cybernétique
kyrillisch [ky'rɪlɪʃ] **I.** *Adj.* cyrillique **II.** *Adv.* en caractères cyrilliques
KZ [ka:'tsɛt] <-s, -s> *nt Abk. von* **Konzentrationslager** camp *m* de concentration

L

L, l [ɛl] <-, -> *nt* L *m*/l *m*
l *Abk. von* **Liter** l
labern ['la:bɐn] *fam intr., tr. V.* dégoiser
labil [la'bi:l] *Adj.* (*Person*) instable; (*System*) fragile
Labor [la'bo:ɐ̯] <-s, -s> *nt* laboratoire *m*
Laborant(in) [labo'rant] <-en, -en> *m(f)* laborantin(e) *m(f)*
Laboratorium [labora'to:riʊm] *s.* **Labor**
Labyrinth [laby'rɪnt] <-[e]s, -e> *nt* labyrinthe *m*
Lache ['la:xə], **Lache**[1] <-, -n> *f* (*Pfütze*) flaque *f*
Lache[2] <-> *f pej fam* [façon *f* de] rire *m*
lächeln ['lɛçəln] *intr. V.* **über jdn/etw ~** sourire de qn/qc
Lächeln <-s> *nt* sourire *m*
lachen ['laxən] *intr. V.* **über jdn/etw ~** rire de qn/qc; **jdn zum Lachen bringen** faire rire qn ▸ **du hast gut ~!** tu as beau jeu de te moquer [de moi] !; **das wäre doch gelacht!** *fam* ça fait pas un pli !; **dass ich nicht lache!** *fam* laisse-moi rigoler !
Lachen <-s> *nt* rire *m*
Lacher(in) <-s, -> *m(f)* ▸ **die ~ auf seiner Seite haben** avoir les rieurs de son côté
lächerlich ['lɛçɐlɪç] *Adj.* ridicule; **~ machen** ridiculiser
Lächerlichkeit <-, -en> *f* ridicule *m*
lachhaft *Adj.* ridicule
Lachs [laks] <-es, -e> *m* saumon *m*
lachsfarben *Adj.* saumon *inv.* **Lachsschinken** *m* filet *m* de porc fumé
Lack [lak] <-[e]s, -e> *m* laque *f*
lackieren* [la'ki:rən] *tr. V.* (*Holz*) laquer; **sich** (*Dat*) **die Fingernägel ~** se vernir les ongles
Lackierung <-, -en> *f* ① *kein Pl.* (*das Lackieren*) laquage *m* ② (*Lack*) laque *f*
Lackleder *nt* cuir *m* verni
Lackschuh *m* chaussure *f* vernie
laden ['la:dən] <lädt, lud, geladen> *tr. V.* ① **etw auf den Lkw ~** charger qc sur le camion; **etw aus dem Auto ~** décharger qc de la voiture ② *geh* (*einladen*) inviter ③ (*Zeugen*) citer ④ (*Programm, Datei, Batterie, Pistole*) charger

Laden ['la:dən, *Pl:* 'lɛ:dən] <-s, Läden> *m* ❶ (*Geschäft*) magasin *m;* (*klein*) boutique *f* ❷ *fam* (*Betrieb*) boîte *f*

Ladendieb(in) *m(f)* voleur(-euse) *m(f)* à l'étalage **Ladendiebstahl** *m* vol *m* à l'étalage **Ladenhüter** *m* rossignol *m* **Ladenpreis** *m* prix *m* marqué **Ladenschluss**[RR] *m kein Pl.* fermeture *f* des magasins **Ladenschlussgesetz**[RR] *nt* loi *f* sur la fermeture des magasins

lädieren* *tr. V.* abîmer

lädt [lɛ:t] *3. Pers. Sg. Präs. von* **laden**

Ladung <-, -en> *f* ❶ (*Fracht*) chargement *m* ❷ (*notwendige Menge*) **eine ~ Dynamit** une charge de dynamite ❸ ELEC, PHYS charge *f*

lag [la:k] *Imp. von* **liegen**

Lage ['la:gə] <-, -n> *f* ❶ (*eines Orts*) site *m;* (*eines Hauses*) situation *f* ❷ (*Liegeposition*) position *f* ❸ (*Situation*) situation *f;* **sich in die ~ eines anderen versetzen** se mettre à la place d'autrui ❹ *fig* **in der ~ sein ...** être en mesure de ... ❺ (*Schicht*) couche *f*

Lagebericht *m* compte *m* rendu de la situation **Lageplan** *m* plan *m*

Lager ['la:gɐ] <-s, -> *nt* ❶ dépôt *m* ❷ (*Unterkunft*) camp *m* ▸ **etw auf ~ haben** *fam* avoir qc en réserve

Lagerfeuer *nt* feu *m* de camp **Lagerhalle** *f* hangar *m*

lagern **I.** *tr. V.* (*aufbewahren*) stocker; **kühl ~!** garder au frais ! **II.** *intr. V.* (*sich niederlassen*) camper

Lagerung <-, -en> *f* (*von Vorräten*) stockage *m*

Lagune [la'gu:nə] <-, -n> *f* lagune *f*

lahm [la:m] *Adj.* MED paralysé(e)

lahmen *intr. V.* boiter

lähmen ['lɛ:mən] *tr. V.* paralyser

lahm|legen *tr. V. fig* (*Verkehr*) paralyser

Lähmung <-, -en> *f* MED paralysie *f*

Laib [laip] <-[e]s, -e> *m bes.* SDEUTSCH **ein ~ Brot** une miche de pain

Laich [laiç] <-[e]s, -e> *m* frai *m*

laichen *intr. V.* frayer

Laie ['laiə] <-n, -n> *m,* **Laiin** *f* ❶ (*Nichtfachmann*) profane *mf* ❷ REL laïc *m,* laïque *mf*

laienhaft *Adj.* de profane

Lakai [la'kai] <-en, -en> *m* HIST laquais *m*

Laken ['la:kən] <-s, -> *nt* drap *m* [de lit]

lakonisch [la'ko:nɪʃ] *Adj.* laconique

Lakritze [la'krɪtsə] <-, -n> *f* réglisse *m o f*

lallen ['lalən] *tr., intr. V.* balbutier

Lama ['la:ma] <-s, -s> *nt* lama *m*

Lamelle [la'mɛlə] <-, -n> *f* lamelle *f*

Lametta [la'mɛta] <-s> *nt* lamelles *fpl* argentées/dorées

Lamm [lam, *Pl:* 'lɛmɐ] <-[e]s, Lämmer> *nt* agneau *m*

Lammfell *nt* fourrure *f* d'agneau **Lammfleisch** *nt* viande *f* d'agneau **lammfromm** *Adj.* **~ sein** être doux comme un agneau **Lammkeule** *f* gigot *m* d'agneau

Lampe ['lampə] <-, -n> *f* lampe *f*

Lampenfieber *nt* trac *m* **Lampenschirm** *m* abat-jour *m inv.*

Lampion [lam'pio͂] <-s, -s> *m* lampion *m*

Land [lant, *Pl:* 'lɛndɐ] <-[e]s, Länder> *nt* ❶ (*Staat*) pays *m* ❷ *kein Pl.* (*Festland*) terre *f* ❸ (*Bundesland*) Land *m;* **die 16 Länder** les 16 Länder ❹ *kein Pl.* (*Acker*) terrain *m;* **das ~ bebauen** cultiver la terre ❺ *kein Pl.* (*ländliche Gegend*) campagne *f* ▸ **andere Länder, andere Sitten** autres pays, autres mœurs; **das Gelobte ~** la Terre promise

Landammann *m* CH président(e) *m(f)* de gouvernement cantonal **Landarbeiter(in)** *m(f)* ouvrier(-ière) *m(f)* agricole **Landbesitz** *m* domaine *m* **Landbevölkerung** *f* population *f* rurale

Landebahn *f* piste *f* d'atterrissage **Landeerlaubnis** *f* autorisation *f* d'atterrir

landeinwärts *Adv.* à l'intérieur des terres

landen ['landən] *intr. V. + sein* ❶ (*Flugzeug*) atterrir; (*Schiff*) aborder ❷ *fam* (*ankommen*) **im Papierkorb ~** atterrir dans la corbeille à papier

Landeplatz *m* AVIAT terrain *m* d'atterrissage

Ländereien [lɛndə'raiən] *Pl* terres *fpl*

Landesebene *f* **auf ~** au niveau des Länder **Landesgrenze** *f* (*eines Staats*) frontière *f;* (*eines Bundeslandes*) limite *f* **Landeshauptmann** *m,* **-frau** *f* A chef *mf* de gouvernement *(d'un État fédéré)* **Landeshauptstadt** *f* capitale *f* [d'un Land] **Landesinnere(s)** *nt dekl wie Adj* intérieur *m* du pays; (*hinter der Küste*) arrière-pays *m* **Landeskunde** *f kein Pl.* civilisation *f* **Landesrat** *m,* **-rätin** *f* A membre *m* d'un gouvernement provincial **Landesregierung** *f* gouvernement *m* du Land **Landessprache** *f* lan-

gue *f* nationale **Landesteil** *m* région *f* **landesüblich** *Adj.* d'usage [dans le pays] **Landesverrat** *m* haute trahison *f* **Landeswährung** *f* monnaie *f* nationale
Landeverbot *nt* interdiction *f* d'atterrir
Landflucht *f* exode *m* rural **Landfriedensbruch** *m* JUR atteinte *f* à l'ordre public **Landgericht** *nt* JUR ≈ tribunal *m* de grande instance **Landgut** *nt* domaine *m* [rural] **Landhaus** *nt* maison *f* de campagne **Landkarte** *f* carte *f* géographique **Landkreis** *m* ≈ district *m* **Landleben** *nt* vie *f* à la campagne
ländlich ['lɛntlɪç] *Adj.* (*Brauch*) paysan(ne); (*Stille*) de la campagne
Landluft *f* air *m* de la campagne **Landrat** *m* CH Parlement *m* cantonal **Landrat** *m*, **-rätin** *f* chef *mf* [administratif] de district *(sous-préfet en France)*; CH parlementaire *mf* cantonal(e)
Landschaft <-, -en> *f* paysage *m*; GEO région *f*
landschaftlich *Adv.* ~ **reizvoll sein** offrir un paysage attrayant
Landschaftsschutzgebiet *nt* site *m* protégé
Landsitz *m* domaine *m*
Landsmann ['lantsman] <-leute> *m*, **-männin** *f* compatriote *mf*
Landstraße *f* ≈ [route *f*] départementale *f*; (*untergeordnete Straße*) route *f* secondaire **Landstreicher(in)** <-s, -> *m(f)* vagabond(e) *m(f)* **Landtag** *m* Parlement *m* d'un/du land, landtag *m*

Les **Landtage** sont les Parlements des länder allemands et autrichiens. Ils représentent donc le peuple dans les länder au niveau régional. C'est uniquement dans les *Stadtstaaten* (»villes-Länder«) que leur dénomination est différente : à Hambourg et à Brême on parle de la *Bürgerschaft*, à Berlin du *Abgeordnetenhaus* et à Vienne du *Gemeinderat*.
Les chambres régionales en Suisse s'appellent, selon les cantons, *Kantonsrat*, *Großer Rat* ou encore *Landrat*.

Landung <-, -en> *f* ❶ (*eines Flugzeugs*) atterrissage *m* ❷ MIL (*von Truppen*) largage *m*; (*per Schiff*) débarquement *m*
Landweg *m* **auf dem** ~ par voie *f* terrestre **Landwein** *m* vin *m* de pays **Landwirt(in)** *m(f)* agriculteur(-trice) *m(f)* **Landwirtschaft** *f kein Pl.* (*Erwerbstätigkeit*) agriculture *f* **landwirtschaftlich** *Adj.* agricole
lang [laŋ] <länger, längste> **I.** *Adj.* ❶ (*räumlich und zeitlich*) long(longue); **zwei Meter ~ sein** avoir deux mètres de long; **seit ~em** depuis longtemps ❷ *fam* (*groß gewachsen*) grand(e) **II.** *Adv.* ❶ longtemps; ~ **aufbleiben** veiller tard; **viele Jahre ~** pendant de nombreuses années; **schon ~[e]** depuis longtemps ❷ (*räumlich ausgedehnt*) ~ **gestreckt** (*Gebäude*) allongé(e) ❸ (*bei weitem*) ~**[e] nicht so schlimm sein wie ...** être loin d'être aussi grave que ... ▶ ~ **und breit** en long et en large
langärm[e]lig *Adj.* à manches longues **langatmig** *Adj. pej* qui traîne en longueur
lange ['laŋə] <länger, längste> *s.* **lang**
Länge ['lɛŋə] <-, -n> *f* ❶ longueur *f*; **ein Seil von zwei Metern ~** une corde d'une longueur de deux mètres; **der ~ nach** en long ❷ (*Dauer*) durée *f*; **in voller ~** (*zeigen*) en version intégrale; (*erscheinen*) en édition intégrale ❸ GEO longitude *f*
langen **I.** *intr. V. fam* ❶ (*ausreichen*) **jdm ~** suffire à qn ❷ (*sich erstrecken*) **bis zum Boden ~** (*Vorhang*) arriver jusqu'au sol ▶ **mir langt es** j'en ai marre (*fam*) **II.** *tr. V. fam* **jdm eine ~** en allonger une à qn
Längengrad *m* degré *m* de longitude **Längenmaß** *nt* mesure *f* de longueur
länger ['lɛŋɐ] *Komp. von* **lang**
Langeweile <-> *f* ennui *m*; ~ **haben** s'ennuyer
Langfinger *m hum fam* voleur(-euse) *m(f)* à la tire
langfristig *Adj.*, *Adv.* à long terme **langhaarig** *Adj.* (*Person*) aux longs cheveux; (*Tier*) à poil long **langjährig** *Adj.* (*Mitarbeiter, Freundschaft*) de longue date; (*Verhandlungen*) de plusieurs années **Langlauf** *m kein Pl.* ski *m* de fond **Langlaufski** *m* ski *m* de fond
langlebig *Adj.* qui vit longtemps
länglich ['lɛŋlɪç] *Adj.* oblong(-longue)
längs [lɛŋs] **I.** *Präp.* + *Gen.* ~ **des Kanals** le long du canal **II.** *Adv.* longitudinalement

L

langsam I. *Adj.* ❶ (*Person, Bewegung*) lent(e) ❷ (*allmählich*) progressif(-ive) II. *Adv.* ❶ (*nicht schnell*) lentement ❷ *fam* (*nach und nach*) petit à petit; **es ist ~ an der Zeit, dass** il serait [bientôt] temps de + *infin*/que + *subj* ▸**~, aber sicher** lentement mais sûrement

Langsamkeit <-> *f* lenteur *f*

Langschläfer(in) *m(f)* lève-tard *mf*

Langspielplatte *f* trente-trois tours *m*

Längsschnitt *m* coupe *f* longitudinale

längst [lɛŋst] *Adv.* ❶ (*seit langem*) depuis longtemps ❷ (*bei weitem*) **das ist ~ nicht alles** c'est loin d'être tout

längste(r, s) *Superl. von* **lang**

Langstreckenflug *m* vol *m* long-courrier **Langstreckenlauf** *m* course *f* de fond

Languste [laŋ'gʊstə] <-, -n> *f* langouste *f*

langweilen I. *tr. V.* ennuyer II. *refl. V.* **sich ~** s'ennuyer

langweilig *Adj.* ennuyeux(-euse)

Langwelle *f* grandes ondes *fpl*

langwierig ['laŋviːrɪç] *Adj.* de longue haleine

Langzeitarbeitslose(r) *f(m) dekl wie Adj* chômeur(-euse) *m(f)* de longue durée **Langzeitgedächtnis** *nt* mémoire *f* longue

Lanze ['lantsə] <-, -n> *f* lance *f*

lapidar [lapi'daːɐ̯] *geh Adj.* lapidaire

Lappalie [la'paːliə] <-, -n> *f* broutille *f*

Lappen ['lapən] <-s, -> *m* chiffon *m* ▸**jdm durch die ~ gehen** *fam* (*Auftrag*) passer sous le nez de qn

läppisch ['lɛpɪʃ] *Adj. pej* (*gering*) ridicule

Laptop ['lɛptɔp] <-s, -s> *m* [ordinateur *m*] portable *m*

Lärche ['lɛrçə] <-, -n> *f* mélèze *m*

Lärm [lɛrm] <-[e]s> *m* bruit *m* ▸**viel ~ um nichts machen** faire beaucoup de bruit pour rien

lärmen *intr. V.* faire du bruit; **~d** bruyant(e)

Lärmpegel *m* niveau *m* sonore **Lärmschutz** *m* protection *f* antibruit

Larve ['larfə] <-, -n> *f* larve *f*

las [laːs] *Imp. von* **lesen**

Lasagne [la'zanjə] *Pl* lasagne[s] *fpl*

lasch [laʃ] *fam Adj.* (*Händedruck*) mou (molle); (*Erziehung*) relâché(e)

Lasche ['laʃə] <-, -n> *f* (*einer Tasche*) rabat *m*

Laser ['leɪzɐ] <-s, -> *m* laser *m*

Laserdrucker *m* imprimante *f* [à] laser **Laserstrahl** *m* rayon *m* laser

lassen ['lasən] I. <lässt, ließ, gelassen> *tr. V.* ❶ (*unterlassen*) arrêter; **lass das!** arrête ! ❷ (*zurücklassen*) **die Kinder allein ~** laisser les enfants seuls; **die Tür offen ~** laisser la porte ouvert(e) ❸ (*zugestehen*) **jdm seinen Freiraum ~** laisser à qn sa liberté d'action; **jdn ~** (*nicht stören*) laisser qn [tranquille]; (*gewähren lassen*) laisser faire qn ❹ (*irgendwohin lassen*) **jdn ins Haus ~** laisser qn entrer dans la maison ❺ (*nicht anrühren*) **stehen ~** (*Essen*) ne pas toucher à; (*Wagen*) ne pas prendre ▸**alles stehen und liegen ~** laisser tout en plan (*fam*); **das muss man ihr ~** il faut lui rendre cette justice II. <lässt, ließ, -> *Hilfsverb, modal* ❶ (*dulden, zulassen*) permettre; **ich lasse mich nicht zwingen!** on ne me forcera pas ! ❷ (*veranlassen*) **jdn warten ~** faire attendre qn; **sich scheiden ~** divorcer ❸ (*Möglichkeit*) **das Fenster lässt sich öffnen** on peut ouvrir la fenêtre; **das lässt sich machen** c'est faisable; **es wird sich kaum vermeiden ~, dass** il est pratiquement inévitable que + *subj* ❹ (*Aufforderung*) **lass uns/lasst uns gehen!** allons-nous en ! III. <lässt, ließ, gelassen> *intr. V.* **von jdm/etw ~** renoncer à qn/qc; **lass/lasst mal!** laisse/laissez donc !

lässig ['lɛsɪç] I. *Adj.* décontracté(e) II. *Adv.* ❶ (*ungezwungen*) en toute décontraction ❷ *fam* (*mit Leichtigkeit*) les doigts dans le nez

Lässigkeit <-> *f* ❶ (*Ungezwungenheit*) décontraction *f* ❷ (*Leichtigkeit*) facilité *f*

lässt[RR] [lɛst], **läßt**[ALT] *3. Pers. Sg. Präs. von* **lassen**

Last [last] <-, -en> *f* charge *f*; **jdm zur ~ fallen** devenir une charge pour qn ▸**jdm etw zur ~ legen** mettre qc sur le dos de qn

lasten *intr. V.* **auf jdm ~** (*Verantwortung*) reposer sur [les épaules de] qn; (*Sorgen*) peser sur qn

Laster[1] ['lastɐ] <-s, -> *m fam* (*Lkw*) gros-cul *m*

Laster[2] <-s, -> *nt* (*Untugend*) vice *m*

lasterhaft *Adj. geh* débauché(e); (*Leben*) dissolu(e)

lästern ['lɛstɐn] *intr. V.* **über jdn/etw** ~ dénigrer qn/qc
lästig ['lɛstɪç] *Adj.* (*Person*) importun(e) (*soutenu*); (*Schmerzen*) pénible; (*Fliegen*) agaçant(e)
Lastkraftwagen *s.* **Lastwagen**
Last-Minute-Reise [la:st'mɪnɪt'raizə] *f* voyage *m* en last minute
Lastschrift *f* avis *m* de débit **Lastwagen** *m* camion *m*
Lasur [la'zu:ɐ̯] <-, -en> *f* lasure *f*
lasziv [las'tsi:f] *Adj.* lascif(-ive)
Latein [la'tain] <-s> *nt kein Art.* latin *m*; *s.a.* **Deutsch**
Lateinamerika *nt* l'Amérique *f* latine **lateinamerikanisch** *Adj.* latino-américain(e)
lateinisch **I.** *Adj.* latin(e); (*Vokabeln*) de latin; (*Inschrift*) en latin **II.** *Adv.* ~ **miteinander sprechen** discuter en latin
Lateinisch *nt kein Art.* latin *m*; *s.a.* **Deutsch**
latent [la'tɛnt] *Adj.* latent
Laterne [la'tɛrnə] <-, -n> *f* ❶ (*Straßenlaterne*) réverbère *m* ❷ (*Außenleuchte*) lanterne *f*
Latex ['la:tɛks, *Pl:* 'la:titse:s] <-, Latizes> *m* latex *m*
Latinum <-s> *nt: diplôme d'étude du latin*
latschen ['la:tʃən] *intr. V. + sein fam* **über die Straße** ~ traverser la rue en traînassant
Latschen <-s, -> *m fam* ❶ (*Hausschuh*) savate *f* ❷ *pej* (*Schuh*) grolle *f*
Latte ['latə] <-, -n> *f* ❶ (*Holzleiste*) latte *f* ❷ SPORT barre *f*
Lattenrost *m* sommier *m* à lattes **Lattenzaun** *m* palissade *f*
Latz [lats, *Pl:* 'lɛtsə] <-es, Lätze *o* A -e> *m* bavette *f*
Lätzchen <-s, -> *nt* bavette *f*
Latzhose *f* salopette *f*
lau [lau] *Adj.* tiède
Laub [laup] <-[e]s> *nt* (*Belaubung*) feuillage *m*; (*abgefallene Blätter*) feuilles *fpl* mortes
Laubbaum *m* arbre *m* feuillu
Laube ['laubə] <-, -n> *f* tonnelle *f*
Laubfrosch *m* rainette *f* [verte] **Laubsäge** *f* scie *f* à chantourner **Laubwald** *m* forêt *f* de feuillus
Lauch [laux] <-[e]s, -e> *m* poireau *m*
Lauer ['lauɐ] ▸ **auf der** ~ **liegen** être à l'affût
lauern *intr. V.* **auf jdn/etw** ~ guetter qn/qc
Lauf [lauf, *Pl:* 'lɔyfə] <-[e]s, Läufe> *m* ❶ *kein Pl.* (*das Laufen*) course *f* ❷ *kein Pl.* (*Flusslauf*) cours *m* ❸ (*Gewehrlauf*) canon *m* ❹ (*Verlauf*) cours *m*; **im ~e der Jahre** au fil des ans
Laufbahn *f* carrière *f* **Laufband** *nt* SPORT tapis *m* de course
laufen ['laufən] <läuft, lief, gelaufen> **I.** *intr. V. + sein* ❶ (*rennen*) courir; (*zu Fuß gehen*) marcher ❷ (*fließen*) couler; (*auslaufen*) s'écouler ❸ (*funktionieren: Motor*) tourner; (*Gerät*) marcher; (*eingeschaltet sein*) être en marche ❹ (*gezeigt werden*) passer ❺ (*Vertrag*) être valable ❻ (*ablaufen*) **gut** ~ se passer bien ▸ **jdn** ~ **lassen** *fam* laisser filer qn; **gelaufen sein** *fam* être fini **II.** *tr. V. + haben o sein* (*Rekord*) établir; (*hundert Meter*) courir; **Schlittschuh/Ski** ~ faire du patin à glace/du ski
laufend **I.** *Adj. attr* ❶ (*gegenwärtig*) en cours ❷ (*anfallend: Ausgaben*) courant(e) ▸ **jdn auf dem Laufenden halten** tenir qn au courant; **mit etw auf dem Laufenden sein** être à jour dans qc **II.** *Adv.* sans arrêt
laufen|lassen *s.* **laufen I.** ▸
Läufer ['lɔyfɐ] <-s, -> *m* ❶ coureur *m* ❷ (*Schachfigur*) fou *m* ❸ (*Teppich*) tapis *m* de couloir
Läuferin <-, -nen> *f* coureuse *f*
Lauffeuer ▸ **sich wie ein** ~ **verbreiten** *fam* se répandre comme une traînée de poudre
läufig ['lɔyfɪç] *Adj.* en chaleur
Laufmasche *f* maille *f* filée **Laufpass**[RR] ▸ **jdm den** ~ **geben** *fam* plaquer qn **Laufschritt** *m* **im** ~ au pas de gymnastique **Laufstall** *m* parc *m* **Laufsteg** *m* podium *m*
läuft [lɔyft] *3. Pers. Sg. Präs. von* **laufen**
Laufwerk *nt* INFORM lecteur *m* **Laufzeit** *f* (*eines Vertrags*) durée *f* de validité; (*eines Kredits*) durée
Lauge ['laugə] <-, -n> *f* ❶ (*Seifenlauge*) lessive *f* ❷ CHEM solution *f* alcaline
Laugenbrezel *f* bretzel *m*
Laune ['launə] <-, -n> *f* ❶ (*Stimmung*) humeur *f*; **gute/schlechte** ~ **haben** être de bonne/de mauvaise humeur; **jdn bei** ~ **halten** *fam* entretenir qn dans de bonnes dispositions ❷ (*abwegige Idee*) lubie *f*

L

launenhaft, **launisch** *Adj.* (*Person*) lunatique; (*Wetter*) instable
Laus [laus, *Pl:* 'lɔyzə] <-, Läuse> *f* ❶ (*Kopflaus*) pou *m* ❷ (*Blattlaus*) puceron *m*
Lauschangriff *m* écoute *f* sauvage
lauschen ['lauʃən] *intr. V.* écouter
lauschig *Adj.* cosy
lausig *Adj. fam* (*Arbeit*) minable; (*Kälte*) de canard; (*Geldsumme*) misérable
laut[1] [laut] *Adj.* fort(e); (*Straße*) [très] bruyant(e); **~ werden** (*Person*) hausser le ton; (*aufbrausen*) monter sur ses grands chevaux; (*Vermutung*) s'ébruiter; (*Verdacht*) transpirer
laut[2] *Präp. + Gen o Dat* selon
Laut <-[e]s, -e> *m* (*Ton*) son *m;* **keinen ~ von sich geben** ne pas faire le moindre bruit
Laute <-, -n> *f* luth *m*
lauten *intr. V.* **der Titel lautet ...** le titre est ...; **auf seinen Namen ~** être établi à son nom
läuten ['lɔytən] *intr. V.* sonner; **es läutet** on sonne; SCHULE ça sonne
lauter ['lautɐ] *Adv.* (*nichts als*) rien d'autre que
läutern ['lɔytɐn] *tr. V. geh* **jdn ~** (*Schicksal*) amender qn
lauthals ['lauthals] *Adv.* haut et fort **lautlos** **I.** *Adj.* silencieux(-euse) **II.** *Adv.* sans bruit **Lautschrift** *f* écriture *f* phonétique **Lautsprecher** *m* haut-parleur *m;* (*Lautsprecheranlage*) enceintes *fpl* **lautstark** *Adj.* bruyant(e) **Lautstärke** *f* son *m,* volume *m* [sonore]; **bei voller ~** à fond
lauwarm *Adj.* tiède
Lava ['la:va] <-, Laven> *f* lave *f*
Lavendel [la'vɛndəl] <-s, -> *m* lavande *f*
Lawine [la'vi:nə] <-, -n> *f* avalanche *f*
Lawinengefahr *f* danger *m* d'avalanche
Layout, **Lay-out**[RR] ['le:ʔaut] <-s, -s> *nt* mise *f* en page
Lazarett [latsa'rɛt] <-[e]s, -e> *nt* hôpital *m* militaire
leasen ['li:zən] *tr. V.* acheter en leasing
Leasing ['li:zɪŋ] <-s, -s> *nt* leasing *m*
leben ['le:bən] *intr. V.* vivre; (*lebendig sein*) être en vie; **lang lebe ...!** longue vie à ... ! ▸**leb[e] wohl!** adieu !; **mit etw ~ können** s'accommoder de qc
Leben <-s, -> *nt* vie *f;* **am ~ sein** être en vie; **jdm das ~ retten** sauver la vie à qn; **mit dem ~ davonkommen** s'en tirer; **bei etw ums ~ kommen** trouver la mort lors de/pendant qc; **jdm/sich das ~ schwermachen** mener la vie dure à qn/se compliquer la vie; **zeit meines/seines/... ~s** toute ma/sa/... vie ▸**das ewige ~** la vie éternelle; **nie im ~** jamais de la vie; **um sein ~ laufen** courir avec la mort à ses trousses; **etw ins ~ rufen** donner naissance à qc
lebend **I.** *Adj.* vivant(e); (*Virus*) actif (-ive) **II.** *Adv.* vif(vive)
lebendig [le'bɛndɪç] *Adj.* (*lebend*) vivant(e); (*gegenwärtig*) vivace
Lebendigkeit <-> *f* vivacité *f*
Lebensabschnitt *m* période *f* de la vie **Lebensaufgabe** *f* tâche *f* de toute une vie **Lebensbedingungen** *Pl* conditions *fpl* de vie **Lebensdauer** *f* longévité *f;* (*eines Geräts*) durée *f* de vie **Lebensende** *nt kein Pl.* fin *f;* **bis ans ~** jusqu'à ma/sa/... mort **Lebenserfahrung** *f* expérience *f* de la vie **Lebenserwartung** *f* espérance *f* de vie **lebensfähig** *Adj.* viable **Lebensfreude** *f kein Pl.* joie *f* de vivre **lebensfroh** *Adj.* **~ sein** respirer la joie de vivre **Lebensgefahr** *f* **~!** danger de mort ! **lebensgefährlich** *Adj.* (*Erkrankung*) pouvant être mortel(le); (*Verletzung*) présentant des risques vitaux **Lebensgefährte** *m,* **-gefährtin** *f* compagnon *m*/compagne *f* **Lebensgefühl** *nt kein Pl.* façon *f* d'aborder l'existence **Lebensgemeinschaft** *f* ❶ (*Zusammenleben*) communauté *f* de vie ❷ BIO, ZOOL biocénose *f* **Lebenshaltungskosten** *Pl* coût *m* de la vie **Lebensjahr** *nt* année *f* de vie; **vor/nach Vollendung des sechsten ~s** avant d'avoir six ans/à six ans révolus **Lebenskünstler(in)** *m(f)* bon vivant *m* **Lebenslage** *f* circonstance *f* [de la vie]; **in allen ~n** en toutes circonstances **lebenslang** **I.** *Adj.* (*Verpflichtung*) à vie; (*Haft*) à perpétuité **II.** *Adv.* toute sa/ma/... vie **lebenslänglich** *Adj., Adv.* à vie **Lebenslauf** *m* curriculum *m* [vitæ] **lebenslustig** *s.* **lebensfroh**
Lebensmittel *nt meist Pl.* denrées *fpl* alimentaires
Lebensmittelgeschäft *nt* épicerie *f* **Lebensmittelvergiftung** *f* intoxication *f* alimentaire

lebensmüde *Adj.* suicidaire **Lebensraum** *m* ① *kein Pl.* espace *m* vital ② ÖKOL biotope *m* **Lebensretter(in)** *m(f)* sauveteur(-euse) *m(f)* **Lebensstandard** *m kein Pl.* niveau *m* de vie **Lebensstil** *m* style *m* de vie **Lebensunterhalt** *m kein Pl.* subsistance *f* **Lebensverlängerung** *f* ① MED (*Hinauszögern des Sterbens*) fait *m* de garder un(e) malade en vie; ~ **mit allen Mitteln** acharnement *m* thérapeutique ② (*höhere Lebenserwartung*) prolongation *f* de la vie **Lebensversicherung** *f* assurance *f* [sur la] vie **Lebenswandel** *m kein Pl.* mode *m* de vie **Lebensweise** *f* mode *m* de vie **lebenswichtig** *Adj.* vital(e); (*Nahrungsmittel*) de première nécessité **Lebenszeichen** *nt* signe *m* de vie **Lebenszeit** *f kein Pl.* durée *f* de vie

Leber ['le:bɐ] <-, -n> *f* foie *m*

Leberfleck *m* grain *m* de beauté **Leberkäs[e]** *m: préparation de chair à saucisse traditionnelle dans le Sud de l'Allemagne* **Leberpastete** *f* pâté *m* de foie **Lebertran** *m* huile *f* de foie de morue **Leberwert** *m* taux *m* hépatique **Leberwurst** *f* pâté *m* de foie *(sous forme de saucisson)*

Lebewesen *nt* être *m* vivant; BIO organisme *m* **Lebewohl** <-[e]s, -s> *nt geh* adieu *m*

lebhaft **I.** *Adj.* (*angeregt*) vif(vive); (*Person*) plein(e) de vie; (*Treiben*) intense; (*Erinnerung*) vivace **II.** *Adv.* (*bedauern*) vivement; (*sich vorstellen*) très clairement

Lebhaftigkeit <-> *f* vivacité *f*

Lebkuchen ['le:pku:xən] *m* pain *m* d'épice **leblos** *Adj.* sans vie; (*Augen, Gesicht*) dépourvu(e) d'expression **Lebzeiten** ▸ **zu** ~ de son/leur/... vivant

lechzen ['lɛçtsən] *intr. V. geh* **nach Anerkennung** ~ être assoiffé de reconnaissance

leck [lɛk] *Adj.* (*Boot*) qui fait eau; (*Behälter, Leitung*) qui fuit

Leck <-[e]s, -s> *nt* (*eines Schiffs*) voie *f* d'eau; (*eines Behälters*) fuite *f*

lecken ['lɛkən] **I.** *intr. V.* **an jdm/etw** ~ lécher qn/qc **II.** *tr. V.* lécher; (*Eis*) sucer **III.** *refl. V.* **sich** ~ se lécher

lecker ['lɛkɐ] *Adj.* délicieux(-euse)

Leckerbissen *m a. fig* régal *m*

Leder ['le:dɐ] <-s, -> *nt* ① (*Tierhaut*) cuir *m* ② (*Ledertuch*) peau *f*

Lederhose *f* pantalon *m* de cuir; (*Trachtenhose*) culotte *f* de peau **Lederjacke** *f* veste *f* en cuir **Lederwaren** *Pl* articles *mpl* de maroquinerie

ledig ['le:dɪç] *Adj.* (*unverheiratet*) célibataire

lediglich ['le:dɪklɪç] *Adv. geh* juste

leer [le:ɐ̯] **I.** *Adj.* vide; (*Seite*) blanc(blanche) **II.** *Adv.* ~ **stehend** (*Wohnung*) inoccupé(e) ▸ **bei etw ~ ausgehen** repartir les mains vides lors de qc

Leere ['le:rə] <-> *f* vide *m*

leeren *tr. V.* (*leer machen*) vider; (*Briefkasten*) faire la levée de

Leergut *nt kein Pl.* bouteilles *fpl* consignées **Leerlauf** *m* ① (*eines Motors*) point *m* mort ② *fig* temps *mpl* morts **leerlaufen** *intr. V. unreg* ① (*auslaufen: Gefäß, Tank*) se vider ② (*ohne Belastung laufen: Motor*) tourner à vide ▸ **jdn ~ lassen** SPORT, MIL mettre qn en échec **leerstehend** *s.* **leer II. Leerstelle** *f* TYP, INFORM espace *m* **Leertaste** *f* touche *f* Espace

Leerung <-, -en> *f* (*eines Briefkastens*) levée *f*

Leerzeichen *nt* espace *f*

legal [le'ga:l] *Adj.* légal(e)

legalisieren* [legali'zi:rən] *tr. V.* légaliser

Legalität [legali'tɛ:t] <-> *f* légalité *f*

Legastheniker(in) [legas'te:nɪkɐ] <-s, -> *m(f)* dyslexique *mf*

legen ['le:gən] **I.** *tr. V.* ① (*hinlegen*) **etw auf den Tisch** ~ [dé]poser qc sur la table ② (*betten*) **jdn ins Bett** ~ allonger qn dans le lit ③ (*verlegen*) poser **II.** *refl. V.* ① (*hinlegen*) **sich ins Bett** ~ se mettre au lit ② (*sich senken auf*) **sich auf etw** (*Akk*) ~ (*Staub*) se déposer sur qc ③ (*nachlassen*) **sich** ~ (*Sturm*) s'apaiser; (*Wind*) tomber; (*Wut*) retomber

legendär [legɛn'dɛ:ɐ̯] *Adj.* légendaire

Legende [le'gɛndə] <-, -n> *f* ① (*Mythos, Sage*) légende *f* ② (*Lügenmärchen*) mythe *m*

leger [le'ʒe:ɐ̯] *Adj.* décontracté(e)

Leggings ['lɛgɪŋs] *Pl* caleçon *m;* SPORT collant *m*

legieren* *tr. V.* allier

Legierung <-, -en> *f* alliage *m*

L

Legion [le'gio:n] <-, -en> *f* HIST légion *f* **Legislative** [legɪsla'ti:və] <-n, -n> *f* [pouvoir *m*] législatif *m*
Legislaturperiode [legɪsla'tu:ɐperi'o:də] *f* législature *f*
legitim [legi'ti:m] *Adj.* légitime; (*Mittel*) légal(e)
Legitimation [legitima'tsio:n] <-, -en> *f* autorisation *f*
legitimieren* [legiti'mi:rən] *tr. V.* ❶ (*berechtigen*) **jdn zu etw** ~ habiliter qn à faire qc ❷ (*Kind*) reconnaître; (*Beziehung*) légitimer
Legitimität [legitimi'tɛ:t] <-> *f geh* légalité *f*
Lehm [le:m] <-[e]s, -e> *m* [terre *f*] glaise *f*
lehmig *Adj.* glaiseux(-euse)
Lehne ['le:nə] <-, -n> *f* (*Armlehne*) accoudoir *m;* (*Rückenlehne*) dossier *m*
lehnen I. *tr. V.* **etw an/gegen etw** (*Akk*) ~ appuyer qc contre qc II. *intr. V.* **an etw** (*Dat*) ~ être appuyé contre qc III. *refl. V.* **sich an** [*o* **gegen**] **jdn/etw** ~ s'appuyer contre qn/qc; **sich aus dem Fenster** ~ se pencher par la fenêtre
Lehnstuhl *m* fauteuil *m*
Lehramt *nt form* enseignement *m* **Lehrbuch** *nt* ❶ SCHULE manuel *m* scolaire ❷ UNIV traité *m*
Lehre ['le:rə] <-, -n> *f* ❶ (*Theorie*) théorie *f* ❷ (*Ideologie*) idéologie *f* ❸ (*Religion*) doctrine *f* ❹ (*Ausbildung*) apprentissage *m* ❺ (*Erfahrung*) leçon *f*
lehren ['le:rən] I. *tr. V.* enseigner; **jdn** ~ **etw zu tun** apprendre à qn à faire qc II. *intr. V.* **die Erfahrung lehrt, dass ...** l'expérience nous enseigne que ...
Lehrer(in) <-s, -> *m(f)* ❶ enseignant(e) *m(f);* (*Grundschullehrer*) instituteur(-trice) *m(f)*, maître(-esse) *m(f);* (*Fach-, Gymnasiallehrer*) professeur *mf* ❷ (*Reit-, Tennislehrer*) moniteur(-trice) *m(f)* ❸ (*Lehrmeister*) maître *m*
Lehrerkollegium *nt* personnel *m* enseignant **Lehrerzimmer** *nt* salle *f* des professeurs
Lehrgang <-gänge> *m* stage *m* [de formation] **Lehrjahr** *nt* année *f* d'apprentissage **Lehrkörper** *m form* ❶ SCHULE corps *m* enseignant ❷ UNIV enseignants *mpl* du supérieur **Lehrkraft** *f form* enseignant(e) *m(f)* **Lehrling** ['le:ɐlɪŋ] <-s, -e> *m* A apprenti(e) *m(f)*
Lehrmittel *nt* matériel *m* pédagogique **Lehrplan** *m* programme *m* scolaire **lehrreich** *Adj.* instructif(-ive) **Lehrsatz** *m* théorème *m* **Lehrstelle** *f* place *f* d'apprenti(e) **Lehrstuhl** *m* chaire *f*
Leib [laip] <-[e]s, -er> *m* ❶ (*Körper*) corps *m;* **bei lebendigem** ~ vif(vive) ❷ (*Bauch*) ventre *m* ▸**etw mit ~ und Seele tun** faire qc corps et âme; **sich** (*Dat*) **jdn/etw vom ~e halten** éviter qn/rester à l'écart de qc
Leibeskräfte *Pl* ▸**aus ~n schreien** crier de toutes ses forces **Leibesübungen** *Pl form* éducation *f* physique et sportive
Leibgericht *nt* plat *m* préféré
leibhaftig ['laip'haftɪç] *Adj. attr* en chair et en os ▸**der Leibhaftige** *euph* le malin
leiblich *Adj.* ❶ (*körperlich*) physique ❷ (*Erben*) du sang; **mein ~er Vater** mon propre père
Leibwache *f* garde *f* personnelle **Leibwächter(in)** *m(f)* garde *mf* du corps
Leiche ['laiçə] <-, -n> *f* cadavre *m* ▸**über ~n gehen** *fam* être prêt à tuer père et mère
leichenblass[RR] ['laiçən'blas] *Adj.* pâle comme la mort **Leichenhalle** *f* salle *f* mortuaire **Leichenschändung** *f* violation *f* de sépulture; (*sexuelles Vergehen*) nécrophilie *f* **Leichenschauhaus** *nt* institut *m* médico-légal **Leichenstarre** *f* rigidité *f* cadavérique **Leichenwagen** *m* corbillard *m*
Leichnam ['laiçna:m] <-s, -e> *m geh* dépouille *f* [mortelle]
leicht [laiçt] I. *Adj.* ❶ (*von geringem Gewicht*) léger(-ère) ❷ (*nicht kompliziert: Frage*) facile; (*Operation*) petit(e) ▸**es sich** (*Dat*) ~ **machen** ne pas se compliquer la vie II. *Adv.* ❶ (*bekleidet, würzen*) légèrement ❷ (*einfach*) facilement; ~ **zu erklären sein** être facile à expliquer ▸**das ist ~er gesagt als getan** c'est plus facile à dire qu'à faire
Leichtathlet(in) *m(f)* athlète *mf* **Leichtathletik** *f* athlétisme *m* **leicht|fallen** *intr. V. unreg* **jdm** ~ être facile pour qn; **Mathe fällt ihr leicht** elle n'a pas de difficulté[s] en maths; **es fällt mir nicht leicht, dir das zu sagen** ça me coûte de te dire ça **leichtfertig** I. *Adj.* irréfléchi(e) II. *Adv.* inconsidérément **leichtgläubig** *Adj.* crédule

Leichtigkeit <-> *f* ① facilité *f* ② (*Gewicht*) légèreté *f*

leicht|machen *s.* **leicht I.** ▶ **Leichtmetall** *nt* métal *m* léger **leicht|nehmen** *tr. V. unreg* prendre à la légère; **nimm's leicht!** ne t'en fais pas ! **Leichtsinn** *m kein Pl.* inconscience *f;* **aus [purem] ~** simplement par négligence **leichtsinnig I.** *Adj.* (*Person*) inconscient(e); (*Handlung*) inconsidéré(e) **II.** *Adv.* étourdiment

leid [lait] *Adj.* **jdn/etw ~ sein** en avoir assez de qn/qc

Leid <-[e]s> *nt* souffrance *f;* **jdm sein ~ klagen** confier ses chagrins à qn ▶ **jdm nichts zu ~e tun** ne pas faire de mal à qn

leiden ['laidən] <litt, gelitten> **I.** *intr. V.* **an einer Krankheit ~** souffrir d'une maladie **II.** *tr. V.* ① (*erdulden*) **Not ~** endurer la misère ② (*mögen*) **jdn/etw [gut]/nicht [gut] ~ können** aimer [bien]/ne pas pouvoir souffrir qn/qc

Leiden <-s, -> *nt Pl* souffrances *fpl*

Leidenschaft <-, -en> *f* passion *f;* **eine ~ für klassische Musik haben** être passionné de musique classique

leidenschaftlich I. *Adj.* passionné(e) **II.** *Adv.* ① passionnément; (*verteidigen*) avec ferveur; (*ablehnen*) énergiquement ② (*sehr*) **etw ~ gern tun** adorer faire qc

Leidensgefährte *m,* **-gefährtin** *f* compagnon *m* d'infortune **Leidensmiene** *f iron* airs *mpl* de martyr

leider ['laidɐ] *Adv.* malheureusement; **~ ja/nein** hélas oui/non

leid|tun *intr. V. unreg* ① (*bedauerlich sein*) **es tut jdm leid, dass** qn regrette que + *subj;* **tut mir ~!** *fam* désolé(e) ! ② (*mitleiderregend sein*) **jdm ~** faire pitié à qn ▶ **das wird dir noch ~!** tu t'en mordras les doigts ! **leidvoll** *Adj.* douloureux(-euse) **Leidwesen** *nt kein Pl.* **zu seinem/ihrem ~** à son grand regret

Leier ['laiɐ] <-, -n> *f* ① (*Drehleier*) vielle *f* ② (*Kithara*) lyre *f* ③ ASTRO Lyre *f*

Leihbücherei *f* bibliothèque *f* de prêt

leihen ['laiən] <lieh, geliehen> *tr. V.* ① **jdm etw ~** prêter qc à qn ② **sich** (*Dat*) **etw von jdm ~** emprunter qc à qn

Leihgabe *f* prêt *m* **Leihgebühr** *f* frais *mpl* de location **Leihmutter** *f* mère *f* porteuse **Leihwagen** *m* voiture *f* de location **leihweise** *Adv.* en prêt

Leim [laim] <-[e]s, -e> *m* colle *f* forte

leimen *tr. V.* (*kleben*) coller

Leine ['lainə] <-, -n> *f* corde *f;* (*Hundeleine*) laisse *f*

Leinen <-s, -> *nt* lin *m*

Leinsamen *m* linette *f* **Leintuch** <-tücher> *nt* A, CH, SDEUTSCH drap *m* **Leinwand** *f* ① (*Kinoleinwand*) écran *m* ② *kein Pl.* (*Gewebe*) toile *f*

leise ['laizə] **I.** *Adj.* (*Stimme*) bas(se); (*Musik*) doux(douce); (*Weinen*) étouffé(e); (*Geräusch, Zweifel*) léger(-ère); (*Ahnung*) vague; **~r stellen** (*Fernseher*) baisser le son de **II.** *Adv.* doucement

Leiste ['laistə] <-, -n> *f* ① (*Rahmenleiste*) baguette *f;* (*Fußleiste*) plinthe *f* ② ANAT aine *f*

leisten ['laistən] *tr. V.* ① (*arbeiten*) **viel ~** avoir du rendement ② (*Batterie*) produire; (*Motor*) développer ③ *fam* **sich** (*Dat*) **etw ~** (*gönnen*) s'accorder qc; (*sich anschaffen*) s'offrir qc; (*erlauben*) se permettre qc

Leistenbruch *m* MED hernie *f* inguinale

Leistung <-, -en> *f* ① rendement *m;* (*eines Sportlers*) prestation *f;* (*eines Schülers*) résultat *m* ② TECH réalisation *f* ③ (*einer Batterie*) capacité *f;* (*eines Motors*) puissance *f* mécanique ④ *form* (*Zahlung*) versement *m*

Leistungsdruck *m kein Pl.* compétitivité *f* **leistungsfähig** *Adj.* performant(e) **Leistungsgesellschaft** *f* société *f* fondée sur le rendement individuel **Leistungskurs** *m* option *f* renforcée **leistungsorientiert** *Adj.* axé(e) sur le rendement [individuel] **Leistungssport** *m* sport *m* de compétition

Leitartikel *m* éditorial *m* **Leitbild** *nt* modèle *m*

leiten ['laitən] *tr. V.* ① diriger ② *fig* **sich von Gefühlen ~ lassen** se laisser guider par son intuition ③ ELEC, PHYS conduire; **Strom in die Stadt ~** acheminer du courant dans la ville

leitend *Adj.* (*Position*) dirigeant(e); **~er Angestellter** cadre *m* [supérieur]

Leiter(in) ['laitɐ] <-s, -> *m(f)* (*einer Firma, Schule*) directeur(-trice) *m(f);* (*einer Arbeitsgruppe*) chef *mf*

Leiter[1] ['laitɐ] <-, -n> *f* (*Sprossenleiter*) échelle *f;* (*Stehleiter*) escabeau *m*

Leiter[2] <-s, -> *m* ELEC, PHYS conducteur *m*

Leitfähigkeit *f* conductibilité *f* **Leitgedanke** *m* idée *f* directrice **Leitmotiv** *nt* a. MUS, LITER leitmotiv *m* **Leitplanke** *f* glissière *f* de sécurité

Leitung <-, -en> *f* ❶ *kein Pl.* direction *f;* (*einer Diskussion*) conduite *f* ❷ (*Rohrleitung*) conduite *f* ❸ (*Strom-, Telefonleitung*) ligne *f*

Leitungsmast *m* poteau *m* électrique **Leitungsnetz** *nt* réseau *m* **Leitungsrohr** *nt* conduite *f* **Leitungswasser** *nt* eau *f* du robinet

Leitzins *m* taux *m* directeur

Lektion [lɛk'tsi̯oːn] <-, -en> *f* leçon *f*

Lektor ['lɛktoːɐ̯] <-s, -toren> *m,* **Lektorin** *f* UNIV, MEDIA lecteur(-trice) *m(f)*

Lektorat [lɛkto'raːt] <-[e]s, -e> *nt* ❶ (*Verlagsabteilung*) comité *m* de lecture ❷ (*Posten an der Universität*) poste *m* de lecteur(-trice)

Lektüre [lɛk'tyːrə] <-, -n> *f* lecture *f*

Lemming ['lɛmɪŋ] <-s, -e> *m* lemming *m*

Lende ['lɛndə] <-, -n> *f* ❶ ANAT reins *mpl* ❷ GASTR aloyau *m*

Lendenwirbel *m* ANAT vertèbre *f* lombaire

lenkbar *Adj.* (*Fahrzeug*) manœuvrable; (*Räder*) dirigeable

lenken ['lɛŋkən] **I.** *tr. V.* ❶ (*Fahrzeug*) conduire ❷ (*Menschen*) manipuler; (*Wirtschaft*) diriger ❸ (*richten: Blick*) poser; **jds Aufmerksamkeit auf etw** (*Akk*) ~ attirer l'attention de qn sur qc **II.** *intr. V.* (*Fahrer*) conduire; **nach links/rechts** ~ prendre à gauche/droite

Lenker <-s, -> *m* (*Fahrradlenker*) guidon *m*

Lenkrad *nt* volant *m* **Lenkstange** *f* guidon *m*

Lenkung <-, -en> *f* ❶ direction *f* ❷ *kein Pl.* (*Beeinflussung: der Medien*) orientation *f*

Lenz [lɛnts] <-es, -e> *m* ❶ *geh* (*Frühling*) saison *f* printanière ❷ *Pl iron* (*Lebensjahre*) printemps *mpl*

Leopard [leo'part] <-en, -en> *m* léopard *m*

Lepra ['leːpra] <-> *f* MED lèpre *f*

Lerche ['lɛrçə] <-, -n> *f* alouette *f*

lernbehindert *Adj.* inadapté(e)

lernen ['lɛrnən] **I.** *tr. V.* ❶ apprendre; **Mathe/lesen** ~ apprendre les maths/à lire; **etw bei/von jdm** ~ apprendre qc de qn; ~ **sich zu beherrschen** apprendre à se maîtriser ❷ (*eine Ausbildung machen*) **Friseur** ~ faire une formation de coiffeur ▶ **der wird es nie** ~ il ne le saura jamais **II.** *intr. V.* étudier; **für die Prüfung** ~ travailler pour l'examen

lernfähig *Adj.* ~ **sein** être capable de retenir **Lernprogramm** *nt* INFORM didacticiel *m* **Lernprozess**[RR] *m* apprentissage *m* **Lernsoftware** *f* didacticiel *m* **Lernziel** *nt* objectif *m* éducatif

lesbar *Adj.* lisible

Lesbe ['lɛsbə] <-, -n> *f,* **Lesbierin** ['lɛsbiərɪn] <-, -nen> *f* lesbienne *f*

lesbisch *Adj.* lesbien(ne)

Lesebrille *f* lunettes *fpl* pour lire **Lesebuch** *nt* livre *m* de lecture **Lesegerät** *nt* INFORM lecteur *m* **Lesekopf** *m* INFORM tête de lecture *m* **Leselampe** *f* lampe *f* [de lecture]

lesen ['leːzən] <liest, las, gelesen> *tr., intr. V.* lire; (*Erbsen*) trier

Leser(in) <-s, -> *m(f)* lecteur(-trice) *m(f)*

Leseratte *f iron fam* bouquineur(-euse) *m(f)*

Leserbrief *m* lettre *f* de lecteur

leserlich *Adj.* lisible

Lesesaal *m* salle *f* de lecture **Lese-Schreib-Kopf** *m* INFORM tête *f* lectrice-imprimante **Lesestift** *m* INFORM crayon *m* optique **Lesezeichen** *nt* marque-page *m*

Lesung <-, -en> *f a.* POL lecture *f*

Lette ['lɛtə] <-n, -n> *m,* **Lettin** *f* Letton(e) *m(f)*

Letter ['lɛtɐ] <-, -n> *f* (*Druckbuchstabe*) lettre *f*

lettisch **I.** *Adj.* letton(e) **II.** *Adv.* ~ **miteinander sprechen** discuter en letton

Lettisch <-[s]> *nt kein Art.* letton *m; s.a.* **Deutsch**

Lettland ['lɛtlant] *nt* la Lettonie

Letzt [lɛtst] ▶ **zu guter** ~ en fin de compte

letzte(r, s) ['lɛtstə, -tɐ, -təs] *Adj.* ❶ dernier(-ière) *antéposé*; **die** ~ **Gelegenheit** l'ultime occasion; **sein ~s Geld** l'argent qui lui reste; **beim ~n Mal** la dernière fois; **als Letzter/Letzte ankommen** arriver le dernier/la dernière ❷ (*vorige*) dernier(-ière) *post-*

posé; **~s Jahr** l'an dernier ③ *pej* (*sehr schlimm*) **der ~ Schuft** *fam* la dernière des fripouilles

Letzte(s) *nt dekl wie Adj* **ein ~s** une dernière chose; **das ist ja wohl das ~!** *pej fam* ça, c'est le bouquet !

letztemal[ALT] *s.* **Mal**

letztendlich *Adv.* en fin de compte

letztens *Adv.* ① (*kürzlich*) dernièrement ② (*abschließend*) pour finir

letztlich *Adv.* en fin de compte

Leuchte ['lɔyçtə] <-, -n> *f* lampe *f*

leuchten ['lɔyçtən] *intr. V.* (*Lampe*) éclairer; (*Licht, Stern*) briller; (*Zeiger*) être lumineux

leuchtend *Adj.* (*Farbe*) vif(vive); (*Vorbild*) éclatant(e)

Leuchter <-s, -> *m* chandelier *m*

Leuchtfarbe *f* peinture *f* fluorescente **Leuchtfeuer** *nt* feu *m* **Leuchtkäfer** *m* insecte *m* luisant **Leuchtkraft** *f kein Pl.* (*eines Sterns, einer Farbe*) luminosité *f* **Leuchtschrift** *f* lettres *fpl* lumineuses **Leuchtturm** *m* phare *m*

leugnen ['lɔygnən] *tr., intr. V.* nier

Leukämie [lɔykɛ'miː] <-, -n> *f* leucémie *f*

Leute ['lɔytə] *Pl* ① (*Mehrzahl von Person*) **hundert ~** cent personnes *fpl*; **es waren kaum ~ da** il n'y avait presque personne ② (*Mitmenschen*) gens *mpl*; **alle ~** tout le monde ▶ **die kleinen ~** les petites gens *fpl* (*fam*)

Leutnant ['lɔytnant] <-s, -s> *m* sous-lieutenant *m*

Level ['lɛvl] <-s, -s> *m* niveau *m*

Lexikon ['lɛksikɔn] <-s, Lexika> *nt* encyclopédie *f*

Liaison [liɛ'zõː] <-, -s> *f geh* liaison *f*

Liane [li'aːnə] <-, -n> *f* liane *f*

Libanon ['liːbanɔn] <-[s]> *m* **der ~** le Liban

Libelle [li'bɛlə] <-, -n> *f* libellule *f*

liberal [libe'raːl] *Adj.* libéral(e)

liberalisieren* [liberali'ziːrən] *tr. V.* libéraliser

Liberalisierung <-, -en> *f* libéralisation *f*

Libero ['liːbero] <-s, -s> *m* libéro *m*

Libido [li'biːdo] <-> *f* libido *f*

Libyen ['liːbyən] <-s> *nt* la Libye

Licht [lɪçt] <-[e]s, -er> *nt kein Pl.* lumière *f* ▶ **das ~ der Welt erblicken** *geh* voir le jour; **jdn hinters ~ führen** duper qn; **jdm geht ein ~ auf** *fam* qn commence à piger; **ans ~ kommen** éclater au grand jour

Lichtbild *nt form* photo *f* d'identité **Lichtblick** *m* éclaircie *f*, embellie *f* **lichtdurchlässig** *Adj.* translucide **lichtempfindlich** *Adj.* sensible au soleil; (*Film*) sensible

lichten I. *tr. V.* (*Gestrüpp, Wald*) éclaircir II. *refl. V.* **sich ~** (*Haare*) s'éclaircir; (*Vorräte*) se raréfier; (*Bestände*) diminuer; (*Angelegenheit*) se clarifier

Lichterkette *f* guirlande *f* lumineuse

Lichtgeschwindigkeit <-> *f* PHYS vitesse *f* de la lumière **Lichthupe** *f* avertisseur *m* lumineux **Lichtjahr** *nt* ASTRO année-lumière *f* **Lichtquelle** *f* source *f* lumineuse **Lichtschalter** *m* interrupteur *m* **Lichtschranke** *f* barrage *m* optique **Lichtschutzfaktor** *m* indice *m* de protection **Lichtstrahl** *m* rayon *m* lumineux

Lichtung <-, -en> *f* clairière *f*

Lid [liːt] <-[e]s, -er> *nt* paupière *f*

Lidschatten *m* fard *m* à paupières

lieb [liːp] I. *Adj.* ① **~ zu jdm sein** être gentil avec qn ② (*brav*) sage ③ (*in Briefen*) **~er Paul/~e Paula** cher Paul/chère Paula ④ (*Gast*) agréable II. *Adv.* ① (*liebenswürdig*) gentiment ② (*artig*) sagement ③ (*gern*) **jdn/etw ~ haben** aimer bien qn/qc; **jdn/etw am ~sten mögen** préférer qn/qc

liebäugeln ['liːpʔɔygəln] *intr. V.* **mit etw ~** lorgner qc

Liebe ['liːbə] <-, -n> *f* amour *m* ▶ **die ~ auf den ersten Blick** le coup de foudre

lieben I. *tr. V.* aimer II. *refl. V.* **sich ~** s'aimer; (*sexuell*) faire l'amour

Liebende(r) *f(m) dekl wie Adj* **zwei ~** deux amants *mpl*

liebenswert *Adj.* sympathique **liebenswürdig** *Adj.* aimable **Liebenswürdigkeit** <-, -en> *f* amabilité *f*

lieber ['liːbɐ] I. *Adj. Komp. von* **lieb**: **ihr wäre es ~, wenn du gehst** elle préférerait que tu partes II. *Adv.* ① *Komp. von* **gern**: **~ schwimmen als joggen** préférer nager que de faire du footing; **nichts ~ als das!** je ne demande que ça! ② (*besser*) **ich schweige ~** il vaut mieux que je me taise **Liebesbeziehung** *f* relation *f* amoureuse **Liebesbrief** *m* lettre *f* d'amour **Liebeserklärung** *f* déclaration *f* d'amour **Liebesgedicht** *nt* poème *m*

L

d'amour **Liebesgeschichte** *f* histoire *f* d'amour **Liebeskummer** *m* chagrin *m* d'amour **Liebesleben** *nt* vie *f* amoureuse **Liebeslied** *nt* chanson *f* d'amour **Liebespaar** *nt* couple *m* d'amoureux **Liebesroman** *m* roman *m* d'amour

liebevoll *Adj.* affectueux(-euse); (*Zuwendung*) tendre; (*Vorbereitung*) gentil(le)

lieb|haben *s.* **lieb II.3**

Liebhaber(in) <-s, -> *m(f)* ❶ amant *m*/ maîtresse *f* ❷ (*Anhänger*) amateur(-trice) *m(f)*

liebkosen* [liːpˈkoːzən] *tr. V. geh* cajoler

lieblich *Adj.* (*Duft*) suave; (*Wein*) moelleux(-euse); (*Anblick*) charmant(e)

Liebling [ˈliːplɪŋ] <-s, -e> *m* ❶ chéri(e) *m(f)* ❷ (*Favorit*) préféré(e) *m(f)*

Lieblingsbeschäftigung *f* activité *f* préférée **Lieblingsgericht** *nt* plat *m* préféré

lieblos I. *Adj.* (*Person*) dépourvu(e) de tendresse **II.** *Adv.* **jdn/etw ~ behandeln** traiter qn/qc sans soin

Liebste(r) *f(m) dekl wie Adj* **seine ~** sa bien-aimée; **ihr ~r** son bien-aimé

Liebstöckel <-s, -> *nt o m* livèche *f*

Liechtenstein [ˈlɪçtənʃtain] <-s> *nt* le Liechtenstein

Liechtensteiner(in) <-s, -> *m(f)* habitant(e) *m(f)* du Liechtenstein

Lied [liːt] <-[e]s, -er> *nt* chanson *f;* (*Kirchenlied*) chant *m;* (*Kunstlied*) lied *m*

Liederbuch *nt* recueil *m* de chansons; (*mit Kirchenliedern*) recueil *m* de chants

Liedermacher(in) *m(f)* auteur-compositeur[-interprète] *mf*

lief [liːf] *Imp. von* **laufen**

Lieferant(in) [lifəˈrant] <-en, -en> *m(f)* fournisseur(-euse) *m(f)*

lieferbar *Adj.* disponible

Lieferbedingungen *Pl* conditions *fpl* de livraison **Lieferfrist** *f* délai *m* de livraison

liefern [ˈliːfən] **I.** *tr. V.* ❶ (*Ware*) livrer ❷ (*Beweis, Rohstoff*) fournir **II.** *intr. V.* livrer

Lieferschein *m* bon *m* de livraison

Lieferung <-, -en> *f* livraison *f*

Lieferwagen *m* camionnette *f* de livraison

Liege [ˈliːgə] <-, -n> *f* ❶ (*Bett*) divan *m* ❷ (*Liegestuhl*) chaise *f* longue

liegen [ˈliːgən] <lag, gelegen> *intr. V.* + *haben o* A, CH, SDEUTSCH *sein* ❶ (*Person*) être couché; **auf dem Bett ~** être allongé sur le lit; **[noch] im Bett ~** être [encore] au lit ❷ (*herumliegen*) **auf dem Tisch liegt ein Buch** il y a un livre sur la table; **ganz hinten ~** être placé(e) loin derrière ❸ (*sich befinden*) **zur Straße ~** (*Zimmer*) donner sur la rue; **in Frankreich ~** être situé en France ❹ (*begraben sein*) **im Grab/in Weimar ~** reposer dans une tombe/à Weimar ❺ NAUT **am Kai ~** rester à quai; **im Hafen ~** mouiller dans le port ❻ (*zurückgehen auf*) **das liegt daran, dass ...** cela tient au fait que ... ❼ (*wichtig sein*) **mir liegt viel daran, dass** il m'importe beaucoup que + *subj;* **Sprachen ~ ihm** il est porté sur les langues ❽ (*zufallen*) **bei jdm ~** (*Verantwortung*) reposer sur qn; (*Schuld*) peser sur qn; **die Entscheidung liegt bei Ihnen** à vous de décider

liegen|bleiben *s.* **bleiben I.3, 7**

liegend *Adj., Adv.* couché

liegen|lassen *s.* **lassen I.**

Liegestuhl *m* chaise *f* longue **Liegestütz** <-es, -e> *m* traction *f* **Liegewagen** *m* voiture-couchettes *f*

lieh [liː] *Imp. von* **leihen**

ließ [liːs] *Imp. von* **lassen**

liest [liːst] *3. Pers. Sg. Präs. von* **lesen**

Lift [lɪft] <-[e]s, -e> *m* ❶ (*Aufzug*) ascenseur *m* ❷ (*Skilift*) téléski *m*

liften [ˈlɪftən] *tr. V.* faire un lifting à

Liga [ˈliːga] <-, Ligen> *f* ❶ ligue *f* ❷ SPORT division *f*

light [lait] *Adj.* (*Limonade*) light; (*Zigarette*) léger(-ère)

Likör [liˈkøːɐ̯] <-s, -e> *m* liqueur *f*

lila [ˈliːla] *Adj. unv.* [couleur] lilas

Lila <-s, -> *fam nt* mauve *m*

Lilie [ˈliːliə] <-, -n> *f* lys *m*

Liliputaner(in) [lilipuˈtaːnɐ] <-s, -> *m(f)* lilliputien(ne) *m(f)*

Limit [ˈlɪmɪt] <-s, -s> *nt* (*Preisgrenze*) plafond *m*

limitieren* [limiˈtiːrən] *tr. V.* limiter

Limonade [limoˈnaːdə] <-, -n> *f* limonade *f*

Linde [ˈlɪndə] <-, -n> *f* tilleul *m*

Lindenblütentee *m* [infusion *f* de] tilleul *m*

Ayant fêté son millième épisode en janvier 2005, **Lindenstraße** est le feuilleton télévisé diffusé depuis le plus longtemps en Allemagne. Cette série populaire est programmée le dimanche soir sur la chaîne de télévision du groupe *ARD*.

lindern ['lɪndɐn] *tr. V.* (*Schmerzen*) soulager; (*Not*) atténuer
Linderung <-> *f kein Pl.* soulagement *m*
lindgrün *Adj.* tilleul
Lineal [line'a:l] <-s, -e> *nt* règle *f*
linear [line'a:ɐ̯] *Adj.* linéaire
Linguistik [lɪŋgu'ɪstɪk] <-> *f* linguistique *f*
linguistisch *Adj.* linguistique
Linie ['li:niə] <-, -n> *f* ligne *f* ▶ **in erster ~** en premier lieu
Linienflug *m* vol *m* de ligne **Linienrichter(in)** *m(f)* juge *mf* de ligne
linieren* *tr. V.*, **liniieren*** *tr. V.* ligner
Link [lɪŋk] <-s, -s> *m* INET lien *m*
Linke <-n, -n> *f* ❶ (*Hand*) main *f* gauche ❷ SPORT gauche *m* ❸ POL **die ~** la gauche
linke(r, s) ['lɪŋkə, -kɐ, -kəs] *Adj. attr* ❶ gauche; (*Straßenseite*) de gauche; **die ~ Seite** (*eines Kleidungsstücks*) l'envers *m* ❷ POL (*Person*) de gauche
linken *tr. V. fam* entuber
links ['lɪŋks] **I.** *Adv.* ❶ (*auf der linken Seite*) à gauche; **~ oben** en haut à gauche; **~ von dir/hinter mir** à ta gauche/à gauche derrière moi; **von ~ nach rechts** de gauche à droite; **~ stricken** tricoter à l'envers ❷ POL **~ wählen** voter à gauche ▶ **jdn ~ liegen lassen** *fam* ne pas prêter attention à qn; **etw mit ~ machen** *fam* faire qc les doigts dans le nez **II.** *Präp.* + *Gen.* **~ des Rheins** à gauche du Rhin
Linksabbieger(in) <-s, -> *m(f)* chauffeur *m* tournant à gauche **Linksaußen** [lɪŋks'ʔausən] <-, -> *m* SPORT ailier *m* gauche **Linksextremist(in)** *m(f)* extrémiste *mf* de gauche **linksextremistisch** *Adj.* d'extrême gauche **linksgerichtet** *Adj.* POL orienté(e) à gauche **Linkshänder(in)** ['lɪŋkshɛndɐ] <-s, -> *m(f)* gaucher(-ère) *m(f)* **linkshändig** *Adj.* gaucher(-ère) **linksradikal** *Adj.* d'extrême gauche **linksrheinisch** *Adj.* [situé(e)] à l'ouest du Rhin **linksseitig** *Adj.* du côté gauche **Linksverkehr** *m* conduite *f* à gauche
Linoleum [li'no:leʊm] <-s> *nt* linoléum *m*
Linse ['lɪnzə] <-, -n> *f* ❶ GASTR, OPT lentille *f* ❷ ANAT cristallin *m*
LipglossRR <-, -> *nt* brillant *m* à lèvres
Lippe ['lɪpə] <-, -n> *f* lèvre *f*
Lippenstift *m* [bâton *m* de] rouge *m* à lèvres
Liquidität [likvidi:'tɛ:t] <-> *f* FIN solvabilité *f*
Lira ['li:ra] <-, Lire> *f* **italienische ~** HIST lire *f* [italienne]; **türkische ~** livre *f* turque
lispeln ['lɪspəln] *intr. V.* zézayer
Lissabon ['lɪsabɔn] <-s> *nt* Lisbonne
List [lɪst] <-, -en> *f* ruse *f*
Liste ['lɪstə] <-, -n> *f* liste *f*
listig *Adj.* (*Person*) rusé(e); (*Plan*) astucieux(-euse)
Litauen ['li:tauən] <-s> *nt* la Lituanie
Litauer(in) <-s, -> *m(f)* Lituanien(ne) *m(f)*
litauisch **I.** *Adj.* lituanien(ne) **II.** *Adv.* **~ miteinander sprechen** parler en lituanien
Litauisch <-[s]> *nt kein Art.* lituanien *m; s.a.* **Deutsch**
Liter ['li:tɐ] <-s, -> *m o nt* litre *m*
literarisch [lɪtə'ra:rɪʃ] *Adj.* littéraire
Literatur [lɪtəra'tu:ɐ̯] <-, -en> *f* littérature *f*
Literaturkritik *f* critique *f* littéraire **Literaturpreis** *m* prix *m* littéraire **Literaturwissenschaft** *f* lettres *fpl*
literweise *Adv.* au litre
Litfaßsäule *f* colonne *f* Morris
LithografieRR, **Lithographie** [litogra'fi:] <-, -n> *f* lithographie *f*
litt [lɪt] *Imp. von* **leiden**
Liturgie [litʊr'gi:] <-, -n> *f* liturgie *f*
liturgisch [li'tʊrgɪʃ] *Adj.* liturgique
live [laif] *Adj.*, *Adv.* en direct
LivesendungRR ['laif-] *f* émission *f* en direct **Livestream** ['laifstri:m] <-s, -s> *m* INET streaming *m;* **sich** (*Dat*) **einen Film per ~ ansehen** regarder un film en streaming
Lizenz [li'tsɛnts] <-, -en> *f* licence *f;* **jdm eine ~ erteilen** délivrer une licence à qn
Lizenzgebühr *f* royalties *fpl*
LizenziatRR [litsɛn'tsi̯a:t] <-[e]s, -e> *nt* UNIV ≈ licence *f* de théologie; CH ≈ licence de lettres et sciences humaines
Lkw, **LKW** [ɛlka:'ve:] <-[s], -[s]> *m* *Abk. von* **Lastkraftwagen** poids *m* lourd

L

Lob [lo:p] <-[e]s> *nt* félicitations *fpl*

Lobby ['lɔbi] <-, -s> *f* lobby *m*

loben ['lo:bən] **I.** *tr. V.* ① féliciter; **jds Arbeit** ~ louer qn pour son travail ② REL **Gott** ~ louer Dieu **II.** *intr. V.* complimenter

lobenswert *Adj.* digne d'éloges

Loblied *nt* ▸**ein ~ auf jdn/etw singen** chanter les louanges de qn/qc **Lobrede** *f* panégyrique *m*

Loch [lɔx, *Pl:* 'lœçɐ] <-[e]s, Löcher> *nt* trou *m* ▸**jdm ein ~ in den Bauch fragen** *fam* cribler qn de questions

lochen *tr. V.* perforer; (*Fahrkarte*) poinçonner

Locher <-s, -> *m* (*für Papier*) perforeuse *f*

löcherig *Adj.* troué(e)

löchern *tr. V. fam* gonfler

Locke ['lɔkə] <-, -n> *f* boucle *f* [de cheveux]

locken ['lɔkən] **I.** *tr. V.* ① (*verlockend sein*) attirer ② (*Tier*) appeler **II.** *refl. V.* **sich ~** (*Haare*) boucler

lockend *Adj.* alléchant(e)

Lockenwickler <-s, -> *m* bigoudi *m*

locker ['lɔkɐ] *Adj.* ① (*Schraube*) desserré(e); (*Zahn*) branlant(e); (*Muskel*) relâché(e); (*Boden*) poreux(-euse); (*Teig*) léger(-ère) ② *fam* (*Haltung*) détendu(e); (*Bekanntschaft*) vague

locker\|lassen *intr. V. unreg fam* **nicht ~** ne pas lâcher prise

lockern **I.** *tr. V.* ① (*Schraube*) desserrer; (*Zügel*) relâcher ② (*Muskeln*) décontracter ③ (*Gesetz*) assouplir **II.** *refl. V.* **sich ~** ① (*Schraube*) se desserrer ② (*sich entspannen*) se décontracter

lockig *Adj.* bouclé(e)

Lockvogel *m a. fig* appât *m*

Loden <-s, -> *m* loden *m*

lodern ['lo:dɐn] *intr. V. + haben* (*Feuer*) flamboyer; **~d** flamboyant(e)

Löffel ['lœfəl] <-s, -> *m* ① cuillère *f*; **ein ~ Mehl** une cuillérée de farine ② (*Hasen-, Kaninchenohr*) oreille *f*

löffeln *tr. V.* **seine Suppe ~** manger sa soupe à la cuillère

löffelweise *Adv.* (*essen, füttern*) à la cuillère; (*hinzugeben*) par cuillérées

log [lo:k] *Imp. von* **lügen**

Logarithmus [loga'rɪtmʊs] <-, -rithmen> *m* MATH logarithme *m*

Logbuch *nt* NAUT journal *m* de bord

Loge ['lo:ʒə] <-, -n> *f* loge *f*

Logik ['lo:gɪk] <-> *f* logique *f*

Login ['logɪŋ] <-s> *nt* INFORM ouverture *f* d'une session

Logis [lo'ʒi:] <-> *nt* logement *m*

logisch ['lo:gɪʃ] *Adj.* logique

Logistik [lo'gɪstɪk] <-> *f* logistique *f*

logistisch *Adj.* logistique

Logo ['lo:go] <-s, -s> *nt* logo *m*

Logoff <-s> *nt* INFORM clôture *f* d'une session

Logopäde [logo'pɛ:də] <-n, -n> *m*, **Logopädin** *f* orthophoniste *mf*

Lohn [lo:n, *Pl:* 'lø:nə] <-[e]s, Löhne> *m* ① (*Arbeitslohn*) salaire *m* ② *kein Pl.* (*Belohnung*) récompense *f*

Lohnempfänger(in) *m(f)* salarié(e) *m(f)*

lohnen ['lo:nən] **I.** *refl. V.* **sich für jdn ~ etw zu tun** valoir la peine pour qn de faire qc **II.** *tr. V.* (*wert sein*) **einen Besuch ~** mériter une visite

löhnen ['lø:nən] *intr. V. fam* casquer

lohnend *Adj.* profitable

Lohnerhöhung *f* hausse *f* des salaires; (*einer Einzelperson*) augmentation *f* [de salaire] **Lohnforderung** *f* revendication *f* salariale **Lohnfortzahlung** *f* maintien *m* du salaire **Lohnkosten** *Pl* coûts *mpl* salariaux **Lohnnebenkosten** *Pl* charges *fpl* annexes [au salaire]

Lohnsteuer *f* impôt *m* sur le salaire

Lohnsteuerjahresausgleich *m* ① (*Antrag*) *demande de régularisation annuelle du trop-perçu d'impôt sur le salaire* ② (*Rückzahlung*) *remboursement du trop-perçu d'impôt sur le salaire* **Lohnsteuerkarte** *f* fiche *f* fiscale *(sur laquelle figure la catégorie d'imposition d'un employé)*

Loipe ['lɔypə] <-, -n> *f* piste *f* de ski de fond

Lok [lɔk] <-, -s> *f Abk. von* **Lokomotive** locomotive *f*

lokal [lo'ka:l] *Adj.* local(e)

Lokal <-s, -e> *nt* (*Kneipe*) bistro[t] *m*; (*Speiselokal*) restaurant *m*; (*Vereinslokal*) cafétéria *f*

lokalisieren* [lokali'zi:rən] *tr. V.* localiser

Lokalnachricht *f meist Pl.* **~en** nouvelles *fpl* locales **Lokalpatriotismus** *m* esprit *m* de clocher

Lokomotive [lokomo'ti:və] <-, -n> *f* locomotive *f*

Lokomotivführer(in) *m(f)* conducteur(-trice) *m(f)* de locomotive

Lokus ['lo:kʊs] <-, -> *m fam* petit coin *m*

lol ['lɔl] *Interj. fam Abk. von* **laughing out loud** INET mdr

Lolli ['lɔli] <-s, -s> *m fam* sucette *f*

London ['lɔndɔn] <-> *nt* Londres

Londoner(in) <-s, -> *m(f)* Londonien(ne) *m(f)*

Look [lʊk] <-s, -s> *m* look *m*

Looping ['luːpɪŋ] <-s, -s> *m o nt* looping *m*

Lorbeer ['lɔrbeːɐ̯] <-s, -en> *m* laurier *m* ▸ **sich auf seinen ~en ausruhen** *fam* se reposer sur ses lauriers

Lorbeerblatt *nt* feuille *f* de laurier **Lorbeerkranz** *m* couronne *f* de laurier

los [loːs] **I.** *Adj.* ① (*abgetrennt*) défait(e) ② *fam* (*befreit*) **jdn/etw ~ sein** être débarrassé de qn/qc ③ (*im Gange*) **dort ist viel ~** [il] y a la grosse ambiance là-bas; **was ist ~?** qu'est-ce qu'[il] y a ? (*fam*) ▸ **mit ihm ist nichts ~** *fam* (*er ist erschöpft*) il n'est pas dans son assiette **II.** *Adv.* ① **~!** partez ! ② *fam* (*fort*) **sie ist schon ~** elle s'est déjà tirée

Los [loːs] <-es, -e> *nt* ① **etw durch das ~ entscheiden** décider qc au sort ② (*Lotterielos*) billet *m* ③ *kein Pl. geh* (*Schicksal*) sort *m* ▸ **mit jdm/etw das große ~ gezogen haben** avoir tiré le gros lot avec qn/qc

lösbar *Adj.* ① (*Aufgabe*) résoluble ② CHEM soluble

los|binden *tr. V. unreg* **etw/jdn von etw ~** détacher qc/qn de qc

Löschblatt *nt* buvard *m*

löschen ['lœʃən] *tr. V.* ① (*Feuer, Licht*) éteindre; **seinen Durst ~** se désaltérer ② (*tilgen*) effacer ③ NAUT décharger

Löschen <-s> *nt* extinction *f*

Löschfahrzeug *nt* voiture *f* de pompiers **Löschpapier** *nt* [papier *m*] buvard *m* **Löschtaste** *f* INFORM touche *f* effacement

lose ['loːzə] *Adj.* ① (*Knopf*) qui bouge; (*Halterung*) branlant(e); (*Blatt*) volant(e) ② (*unverpackt*) **etw ~ verkaufen** vendre qc en vrac

Lösegeld *nt* rançon *f* **Lösemittel** *nt* solvant *m*

losen ['loːzən] *intr. V.* **um etw ~** tirer qc au sort

lösen ['løːzən] **I.** *tr. V.* ① (*Schicht*) enlever ② (*Knoten*) défaire; (*Handbremse*) desserrer ③ (*Husten*) calmer ④ (*Aufgabe*) résoudre ⑤ (*Verlobung*) annuler; (*Vertrag*) résilier ⑥ CHEM dissoudre ⑦ (*Fahrschein*) prendre **II.** *refl. V.* ① **sich von etw ~** (*Schicht*) s'enlever de qc; (*Stein*) se détacher de qc ② (*sich auflösen*) **sich in etw** (*Dat*) **~** se dissoudre dans qc ③ (*sich aufklären*) **sich ~** se résoudre ④ (*sich befreien*) **sich von jdm ~** se détacher de qn; **sich von etw ~** se dégager de qc

los|fahren *intr. V. unreg + sein* **von etw ~** partir de qc

los|gehen *intr. V. unreg + sein* ① s'en aller ② *fam* (*beginnen*) commencer ③ (*angreifen*) **mit etw auf jdn ~** s'élancer sur qn avec qc

los|kommen *intr. V. unreg + sein fam* ① (*gehen können*) pouvoir partir ② (*sich befreien*) **von jdm ~** se sortir des pattes de qn

los|lassen *tr. V. unreg* lâcher; **jdn nicht ~** (*Vorstellung*) ne pas quitter qn

los|legen *intr. V. fam* (*anfangen*) **mit der Arbeit ~** s'attaquer au travail

löslich ['lœːslɪç] *Adj.* soluble

los|machen **I.** *tr. V.* (*losbinden*) détacher **II.** *refl. V. fam* **sich von etw ~** (*sich losreißen*) se dégager de qc; (*sich befreien*) se libérer de qc

los|reißen *unreg* **I.** *tr. V.* arracher **II.** *refl. V.* ① (*sich entwinden*) **sich von jdm ~** se dégager de qn ② *fam* (*sich innerlich lösen*) **sich ~** s'arrêter; **er konnte sich von dem Anblick nicht ~** il ne pouvait détourner son regard

los|schicken *tr. V.* envoyer

Losung ['loːzʊŋ] <-, -en> *f* (*Wahlspruch*) mot *m* d'ordre

Lösung ['løːzʊŋ] <-, -en> *f* ① (*das Lösen*) résolution *f* ② (*Ergebnis*) solution *f* ③ (*Aufhebung: einer Verlobung*) annulation *f;* (*eines Vertrags*) résiliation *f* ④ CHEM solution *f*

Lösungsmittel *nt* solvant *m*

los|werden *tr. V. unreg + sein* ① (*Person*) se débarrasser de; (*Gefühl*) se défaire de ② *fam* (*verkaufen*) fourguer

Lot [loːt] <-[e]s, -e> *nt* ① (*Senkblei*) fil *m* à plomb ② NAUT sonde *f*

loten *tr. V.* sonder

löten ['løːtən] *tr. V.* **etw an etw** (*Akk*) **~** souder qc à qc

Lothringen <-s> *nt* la Lorraine

L

Lotion [lo'tsi̯o:n] <-, -en> *f* lotion *f*
Lötkolben *m* fer *m* à souder
Lotse ['lo:tsə] <-n, -n> *m*, **Lotsin** *f* ❶ NAUT pilote *m* ❷ (*Fluglotse*) aiguilleur (-euse) *m(f)* du ciel
lotsen *tr. V.* (*Schiff*) piloter
Lotterie [lɔtə'ri:] <-, -n> *f* loterie *f*
Lotto ['lɔto] <-s, -s> *nt* loto *m*; ~ **spielen** jouer au loto
Lottogewinn *m* gain *m* au loto **Lottoschein** *m* bulletin *m* de loto
Löwe ['lø:və] <-n, -n> *m* ❶ lion *m* ❷ ASTRO Lion *m*
Löwenzahn *m kein Pl.* pissenlit *m*
Löwin ['lø:vɪn] *f* lionne *f*
loyal [lo̯a'ja:l] *geh Adj.* loyal(e)
Loyalität [lo̯ajali'tɛ:t] <-> *f* loyauté *f*
LP [ɛl'pe:] <-, -s> *f Abk. von* **long-playing record** 33 tours *m*
Luchs [lʊks] <-es, -e> *m* lynx *m*
Lücke ['lʏkə] <-, -n> *f* ❶ (*Zwischenraum*) trou *m* ❷ (*Unvollständigkeit*) lacune *f*
Lückenbüßer(in) <-s, -> *m(f)* **der ~ sein** *fam* jouer les bouche-trous
lückenhaft *Adj.* incomplet(-ète); (*Erinnerung*) défaillant(e)
lückenlos *Adj.* complet(-ète); (*Beweis*) irréfutable
lud [lu:t] *Imp. von* **laden**
Luder ['lu:dɐ] <-s, -> *nt fam* (*durchtriebene Frau*) bougresse *f*; (*kokette Frau*) garce *f*
Luft [lʊft, *Pl:* 'lʏftə] <-, Lüfte> *f* ❶ *kein Pl.* air *m*; **an die [frische] ~ gehen** aller prendre l'air ❷ *kein Pl.* (*Atem*) **die ~ anhalten** retenir son souffle; **keine ~ mehr bekommen** étouffer; **~ holen** inspirer ❸ *fam* (*Platz*) espace *m* ▶ **von ~ und Liebe leben** *iron fam* vivre d'amour et d'eau fraîche; **es herrscht dicke ~** *fam* il y a de l'orage dans l'air; **die ~ ist rein** *fam* pas de danger à l'horizon; **sich in ~ auflösen** se volatiliser; **jdn wie ~ behandeln** faire comme si qn n'existait pas; **es liegt etwas in der ~** il y a quelque chose qui se prépare
Luftabwehr *f* défense *f* antiaérienne **Luftangriff** *m* attaque *f* aérienne **Luftballon** *m* ballon *m* [de baudruche] **Luftblase** *f* bulle *f* [d'air] **Luftbrücke** *f* pont *m* aérien **luftdicht** *Adj.* hermétique **Luftdruck** *m kein Pl.* METEO pression *f* atmosphérique
lüften ['lʏftən] **I.** *tr. V.* (*Raum*) aérer; (*Geheimnis*) dévoiler **II.** *intr. V.* aérer
Luftfahrt *f kein Pl. form* aviation *f* **Luftfeuchtigkeit** *f* humidité *f* de l'air
luftig *Adj.* (*Kleidung*) léger(-ère)
Luftkurort *m* station *f* climatique **luftleer** *Adj.* vide d'air **Luftlinie** *f* ligne *f* droite **Luftmatratze** *f* matelas *m* pneumatique **Luftpost** *f* **mit ~** par avion **Luftpumpe** *f* pompe *f* [à air]; (*für Fahrrad*) pompe à vélo **Luftröhre** *f* ANAT trachée **Luftschiff** *nt* dirigeable *m* **Luftschlange** *f* serpentin *m* **Luftschloss**[RR] *nt meist Pl.* **Luftschlösser bauen** construire des châteaux en Espagne **Luftsprung** *m* bond *m* en l'air **Luftstützpunkt** *m* base *f* aérienne
Lüftung <-, -en> *f* (*Lüftungssystem*) ventilation *f*
Luftveränderung *f* changement *m* d'air **Luftverkehr** *m* trafic *m* aérien **Luftverschmutzung** *f* pollution *f* de l'air **Luftwaffe** *f* armée *f* de l'air **Luftweg** *m kein Pl.* AVIAT voie *f* aérienne **Luftzufuhr** *f kein Pl.* arrivée *f* d'air **Luftzug** *m* courant *m* d'air
Lüge ['ly:gə] <-, -n> *f* mensonge *m*
lügen <log, gelogen> *intr. V.* mentir; **das ist gelogen!** c'est faux !
Lügner(in) ['ly:gnɐ] <-s, -> *m(f) pej* menteur(-euse) *m(f)*
lügnerisch *Adj. pej* ❶ (*verlogen*) menteur(-euse) ❷ (*erlogen*) mensonger(-ère)
Luke ['lu:kə] <-, -n> *f* ❶ (*Dachluke*) lucarne *f* ❷ (*Schiffsluke*) écoutille *f*
lukrativ [lukra'ti:f] *Adj. geh* lucratif(-ive)
Lümmel ['lʏməl] <-s, -> *m* ❶ *pej* (*Flegel*) malotru *m* ❷ *fam* (*Bürschchen*) bonhomme *m*, coco *m*
Lump [lʊmp] <-en, -en> *m pej* crapule *f*
lumpen ['lʊmpən] ▶ **sich nicht ~ lassen** *fam* [ne] pas mégoter
Lumpen <-s, -> *m meist Pl.* (*Kleidung*) haillon *m souvent pl.*
Lunch [lantʃ] <-[e]s, -[e]s> *m* lunch *m*
Lunge ['lʊŋə] <-, -n> *f* poumons *mpl*
Lungenbläschen ['lʊŋənblɛ:sçən] *nt* ANAT alvéole *f* pulmonaire **Lungenentzündung** *f* MED pneumonie *f* **Lungenflügel** *m* poumon *m*
lungern ['lʊŋɐn] *intr. V. fam* glandouiller
Lunte ['lʊntə] <-, -n> *f* mèche *f* ▶ **~ riechen** flairer quelque chose

Lupe ['lu:pə] <-, -n> *f* loupe *f* ▸ **jdn/etw unter die ~ nehmen** *fam* examiner qn/qc sous toutes les coutures
Lurch [lʊrç] <-[e]s, -e> *m* amphibien *m*
Lust [lʊst, *Pl:* 'lʏstə] <-, Lüste> *f* ❶ *kein Pl.* (*Freude*) plaisir *m;* (*Neigung*) envie *f* ❷ (*sexuelle Begierde*) désir *m*
lüstern ['lʏstɐn] *Adj.* (*sexuell erregt*) lubrique
lustig ['lʊstɪç] *Adj.* ❶ (*fröhlich*) gai(e); **sich über jdn/etw ~ machen** se moquer de qn/qc ❷ (*spaßig*) drôle
lustlos **I.** *Adj.* morose **II.** *Adv.* sans entrain
Lustspiel *nt* comédie *f*
lutschen ['lʊtʃən] **I.** *tr. V.* (*Bonbon*) sucer; (*Eis*) manger **II.** *intr. V.* **an etw** (*Dat*) ~ sucer qc
Lutscher <-s, -> *m* sucette *f*
lütt *Adj.* NDEUTSCH petit(e)
Lüttich <-s> *nt* Liège
Luxemburg ['lʊksəmbʊrk] <-s> *nt* (*Stadt*) Luxembourg; (*Land*) le Luxembourg
Luxemburger(in) <-s, -> *m(f)* Luxembourgeois(e) *m(f)*
luxemburgisch *Adj.* luxembourgeois(e)
luxuriös [lʊksuri'ø:s] *Adj.* luxueux(-euse)
Luxus ['lʊksʊs] <-> *m kein Pl.* luxe *m*
Luxushotel *nt* hôtel *m* de luxe
Luzern [lu'tsɛrn] <-s> *nt* Lucerne
Luzifer ['lu:tsifɐ] <-s> *m* Lucifer *m*
Lymphe ['lʏmfə] <-, -n> *f* lymphe *f*
Lymphknoten *m* ANAT ganglion *m* lymphatique
lynchen ['lʏnçən] *tr. V.* lyncher
Lynchjustiz *f* justice *f* expéditive
Lyrik ['ly:rɪk] <-> *f* poésie *f* lyrique
lyrisch *Adj.* lyrique

Mm

M

M, m [ɛm] <-, -> *nt* M *m*/m *m*
m *Abk. von* **Meter** m
MA. *Abk. von* **Mittelalter**
machbar *Adj.* (*Projekt*) réalisable; (*Gehaltserhöhung*) possible
machen ['maxən] **I.** *tr. V.* ❶ (*tun*) faire; **Sport/Musik ~** faire du sport/de la musique; **gut gemacht!** bien joué !; **so etwas macht man nicht** ça ne se fait pas; **nichts zu ~!** rien à faire !; **ich mache das schon!** (*ich erledige das*) je m'en charge[rai] !; (*ich bringe das in Ordnung*) je vais arranger ça !; **du lässt ja alles mit dir ~!** tu te laisses complètement faire !; **etw mit Wasser voll ~** *fam* remplir qc d'eau ❷ (*fertigen*) **jdm etw ~** faire qc à qn; **selbst gemacht** de sa fabrication; (*Kuchen*) fait(e) maison ❸ (*Fleck*) faire; **Unordnung ~** mettre le désordre ❹ (*bereiten: Mut, Durst*) donner; **jdm Angst ~** faire peur à qn; **jdm Probleme ~** poser des problèmes à qn ❺ (*absolvieren, erhalten: Führerschein*) passer; (*Preis*) obtenir; (*Kurs*) suivre ❻ (*Party, Reise*) faire ❼ *fam* (*ergeben*) **wie viel macht drei mal sieben?** combien font trois fois sept ? ❽ (*kosten*) **was macht das?** combien ça fait ? ❾ *fam* (*verdienen: Gewinn*) réaliser ❿ (*werden lassen*) **jdn glücklich ~** rendre qn heureux(-euse); **jdn wütend ~** mettre qn en colère; **sich** (*Dat*) **Feinde ~** se faire des ennemis ⓫ (*erscheinen lassen*) **jdn schlank/dick ~** (*Kleidung*) amincir/grossir qn ⓬ (*ziehen*) **was machst du denn für ein Gesicht?** tu en fais une tête ! ⓭ (*bewirken*) **der Stress macht, dass ...** le stress a pour effet que ... ⓮ *fam* (*bestrebt sein*) **macht, dass ihr verschwindet!** arrangez-vous pour disparaître ! ⓯ *fam* (*sich befassen, sich beschäftigen*) **was macht Paul?** que devient Paul ?; (*beruflich*) que fait Paul ? ▸ **mach dir nichts daraus!** ne t'en fais pas !; **sich** (*Dat*) **etwas aus jdm/einer S. ~** s'intéresser à qn/qc; **sich** (*Dat*) **nichts aus jdm/einer S. ~** ne pas s'intéresser à qn/qc; **[das] macht nichts!** ça ne fait rien !; **für etw wie gemacht sein** être fait pour qc **II.** *tr. V. unpers.* ❶ **es macht mich traurig, dass** ça me rend triste que + *subj;* **es macht mich glücklich zu hören, dass ...** je suis heu-

reux(-euse) d'entendre que ... ② *fam* (*ein Geräusch erzeugen*) **es macht bumm** ça fait boum **III.** *intr. V.* ① **dumm ~** (*Fernsehen*) rendre débile ② *fam* (*seine Notdurft verrichten*) **ins Bett ~** faire [ses besoins] au lit ③ *fam* (*sich beeilen*) **schnell ~** se grouiller ④ *fam* (*sich geben*) **auf Experte ~** jouer les experts ⑤ (*handeln*) **lass ihn [nur] ~** laisse-le [donc] faire **IV.** *refl. V.* ① **sich bei jdm beliebt ~** s'attirer les sympathies de qn ② (*sich entwickeln*) **sich [gut] ~** (*Kind*) pousser ③ *fam* (*sich gut entwickeln*) **sich ~** avoir le vent en poupe ④ (*sich begeben*) **sich an die Arbeit ~** se mettre au travail ⑤ (*bereiten*) **sich Sorgen ~** se faire du souci; **machen Sie sich wegen mir keine Umstände!** ne vous dérangez pas pour moi !

Machenschaften *Pl pej* machinations *fpl*

Macho ['matʃo] <-s, -s> *m fam* macho *m*

Macht [maxt, *Pl:* 'mɛçtə] <-, Mächte> *f* ① *kein Pl.* (*Befugnis, Staatsgewalt*) pouvoir *m;* **die ~ ausüben** exercer le pouvoir; **an die ~ kommen** accéder au pouvoir ② (*mächtiger Staat*) puissance *f* ③ *kein Pl.* (*Einfluss*) **die ~ der Gewohnheit** la force de l'habitude

Machtergreifung *f* prise *f* du pouvoir **Machthaber(in)** <-s, -> *m(f) pej* dirigeant(e) *m(f)*

mächtig ['mɛçtɪç] **I.** *Adj.* ① (*einflussreich*) puissant(e) ② (*Schlag*) violent(e) ③ *fam* (*Hitze*) sacré(e) *antéposé* ④ *geh* (*kundig*) **des Französischen ~ sein** maîtriser le français **II.** *Adv. fam* (*sich ärgern*) drôlement

Machtkampf *m* lutte *f* pour le pouvoir

machtlos I. *Adj.* ① (*Politiker, Staat*) impuissant(e) ② (*hilflos*) **gegen etw ~ sein** être désarmé devant qc **II.** *Adv.* **einer S.** (*Dat*) **~ gegenüberstehen** faire face à qc avec un sentiment d'impuissance

Machtlosigkeit <-> *f* impuissance *f*

Machtmissbrauch[RR] *m* abus *m* de pouvoir **Machtpolitik** *f* politique *f* d'hégémonie **Machtwechsel** *m* changement *m* de gouvernement **Machtwort** <-worte> *nt* **ein ~ sprechen** faire acte d'autorité

Macke ['makə] <-, -n> *f fam* (*Tick*) tic *m;* **eine ~ haben** *fam* avoir le cerveau fêlé

Macker ['makɐ] <-s, -> *m fam* mec *m*

Mädchen ['mɛːtçən] <-s, -> *nt* ① fille *f* ② (*jugendliche Frau*) [jeune] fille *f*

mädchenhaft *Adj.* de jeune fille

Mädchenname *m* ① (*weiblicher Vorname*) prénom *m* féminin ② (*Geburtsname*) nom *m* de jeune fille

Made ['maːdə] <-, -n> *f* asticot *m*

madig *Adj.* véreux(-euse)

madig|machen *tr. V. fam* (*verleiden*) **jdm etw ~** dégoûter qn de qc

Mafia ['mafi̯a] <-> *f a. fig, pej* maf[f]ia *f*

Magazin [maga'tsiːn] <-s, -e> *nt* ① (*Lager*) magasin *m* ② (*Zeitschrift*) magazine *m* ③ TECH (*einer Schusswaffe*) chargeur *m*

Magdeburg ['makdəbʊrk] *nt* Magdebourg

Magen ['maːgən, *Pl:* 'mɛːgən] <-s, Mägen> *m* estomac *m;* **auf nüchternen ~** à jeun

Magenbeschwerden *Pl* troubles *mpl* gastriques **Magengeschwür** *nt* ulcère *m* à l'estomac **Magensäure** *f* acidité *f* gastrique **Magenschmerzen** *Pl* maux *mpl* d'estomac; **~ haben** avoir mal à l'estomac **Magenverstimmung** *f* indigestion *f*

mager ['maːgɐ] *Adj.* (*Person, Käse*) maigre; (*Ernte*) médiocre

Magermilch *f* lait *m* écrémé **Magersucht** *f kein Pl.* anorexie *f*

Maggikraut ['magi-] *nt kein Pl.* BOT, GASTR livèche *f*

Magie [ma'giː] <-> *f* magie *f*

Magier(in) ['maːgiɐ] <-s, -> *m(f)* ① (*Zauberkünstler*) prestidigitateur(-trice) *m(f)* ② (*Zauberer*) magicien(ne) *m(f)*

magisch I. *Adj.* magique **II.** *Adv.* comme par magie

Magister [ma'gɪstɐ] <-s, -> *m* ① (*Universitätsgrad*) **~ Artium** ≈ maîtrise *f* de sciences humaines ② (*Inhaber des Universitätsgrades*) ≈ titulaire *mf* d'une maîtrise

Magnesium [ma'gneːziʊm] <-s> *nt* magnésium *m*

Magnet [ma'gneːt] <-[e]s, -e[n]> *m* aimant *m*

Magnetband *nt* bande *f* magnétique **Magnetfeld** *nt* champ *m* magnétique

magnetisch *Adj.* magnétique

Magnolie [ma'gnoːli̯ə] <-, -n> *f* magnolia *m*

Mahagoni [maha'go:ni] <-s> *nt* acajou *m*

mähen ['mɛ:ən] *tr. V.* (*Wiese*) faucher; (*Getreide*) moissonner; (*Rasen*) tondre

Mahl [ma:l] <-[e]s, -e> *nt geh* repas *m*

mahlen ['ma:lən] <mahlte, gemahlen> *tr. V.* moudre

Mahlzeit *f* repas *m*

Mähne ['mɛ:nə] <-, -n> *f a. pej* crinière *f*

mahnen ['ma:nən] **I.** *tr. V.* ① **jdn zur Vorsicht ~** inviter qn à la prudence ② (*zur Zahlung auffordern*) envoyer un rappel à **II.** *intr. V.* ① (*anmahnen*) **zur Ruhe ~** inviter au calme ② (*zur Zahlung auffordern*) envoyer un rappel

Mahnmal <-[e]s, -e> *nt* mémorial *m*

Mahnung <-, -en> *f* ① (*Ermahnung*) avertissement *m* ② (*Mahnbrief*) lettre *f* de rappel

Mahnwache *f* commémoration *f* silencieuse

Mai [mai] <-[e]s, -e> *m* mai *m*; *s.a.* **April**

Maiglöckchen ['maiglœkçən] *nt* muguet *m* **Maikäfer** *m* hanneton *m*

Mail ['mɛɪl] <-, -s> *f* INET [e-]mail *m*

Mailbox ['mɛɪlbɔks] <-, -en> *f* INET boîte *f* aux lettres électronique

mailen ['mɛɪlən] *tr. V. fam* INET **etw ~** envoyer qc par [e-]mail

Main [main] <-s> *m* **der ~** le Main

Mainz [maints] <-> *nt* Mayence

Mais [mais] <-es, -e> *m* maïs *m*

Maiskolben *m* épi *m* de maïs

Majestät [majɛs'tɛ:t] <-> *f kein Pl.* Majesté *f*

majestätisch *Adj.* majestueux(-euse)

Majo [ma:jo] <-, -s> *f Abk. von* **Majonäse** *fam* mayo *f*

Majonäse[RR] [majo'nɛ:zə] <-, -n> *f* mayonnaise *f*

Major(in) [ma'jo:ɐ̯] <-s, -e> *m(f)* commandant(e) *m(f)*

Majoran ['ma:joran] <-s, -e> *m* ① (*Pflanze*) marjolaine *f* ② (*Gewürz*) origan *m*

makaber [ma'ka:bɐ] *Adj.* macabre

Makel ['ma:kəl] <-s, -> *m* ① (*Schandfleck*) tare *f* ② (*Fehler*) défaut *m*

makellos *Adj.* ① (*untadelig*) irréprochable ② (*fehlerlos*) impeccable

mäkeln ['mɛ:kəln] *intr. V. pej* critiquer

Make-up [me:k'ʔap] <-s, -s> *nt* maquillage *m*

Make-up-Entferner <-s, -> *m* démaquillant *m*

Makkaroni *Pl* macaroni *mpl*

Makler(in) ['ma:klɐ] <-s, -> *m(f)* courtier(-ière) *m(f)*; (*Immobilienmakler*) agent *m* immobilier

Makrele [ma'kre:lə] <-, -n> *f* maquereau *m*

Makro ['ma:kro] <-s, -s> *nt o m* INFORM macro *m*

Makrone [ma'kro:nə] <-, -n> *f* macaron *m*

mal [ma:l] *Adv.* ① *fam* (*einmal*) **wieder ~** une fois de plus; **das ist nun ~ so** c'est comme ça; **warst du schon ~ in Kanada?** tu as déjà été au Canada ? ② *fam* (*eben*) **komm ~ her!** viens ici ! ③ MATH **drei ~ vier ist zwölf** trois fois quatre [font] douze

Mal <-[e]s, -e> *nt* fois *f*; **das erste/letzte ~** la première/dernière fois; **das eine oder andere ~** de temps en temps; **von ~ zu ~** [à] chaque fois; **ein für alle ~** une fois pour toutes ▸ **mit einem ~** tout d'un coup

Malaria [ma'la:ria] <-> *f* paludisme *m*

malen ['ma:lən] **I.** *tr. V.* (*Gemälde*) peindre; (*Baum*) dessiner **II.** *intr. V.* peindre

Maler(in) <-s, -> *m(f)* ① (*Kunstmaler*) peintre *mf* ② (*Anstreicher*) peintre *mf* [en bâtiment]

Malerei [ma:lə'rai] <-> *f kein Pl.* peinture *f*

malerisch *Adj.* pittoresque

Malheur [ma'lø:ɐ̯] <-s, -s> *nt fam* [petit] accident *m*

mal|nehmen *tr. V. unreg* multiplier

Malta ['malta] <-s> *nt* Malte

malträtieren* *tr. V.* rudoyer

Malve ['malvə] <-, -n> *f* mauve *f*

Malz [malts] <-es> *nt* malt *m*

Malzbier *nt* bière *f* de malt

Mama [ma'ma:] <-, -s> *f*, **Mami** [ma'mi] <-, -s> *f fam* maman *f*

Mammut ['mamʊt] <-s, -s> *nt* mammouth *m*

mampfen ['mampfən] *fam* **I.** *intr. V.* se goinfrer **II.** *tr. V.* bouffer

man [man] *Pron. indef* on; **~ hat festgestellt, dass ...** il a été établi que ...

Management ['mɛnɪdʒmənt] <-s, -s> *nt* management *m*

managen ['mɛnɪdʒən] *tr. V.* (*Firma, Problem*) gérer; (*Künstler*) servir d'imprésario à; (*Sportler*) manager

Manager(in) ['mɛnɛdʒɐ] <-s, -> *m(f)* manager *mf*

M

manch *unbest. Pron.* ① ~ **eine Frau** plus d'une femme; **~e Menschen** bien des hommes ② *substantivisch* **~e lernen es nie** certains ne l'apprendront jamais; **~e von denen, die ...** beaucoup de ceux/celles qui ...
mancherlei ['mançɐ'lai] *Adj. unv.* toutes sortes de
manchmal *Adv.* quelquefois
Mandant(in) [man'dant] <-en, -en> *m(f)* mandant(e) *m(f)*
Mandarine [manda'riːnə] <-, -n> *f* mandarine *f*
Mandat [man'daːt] <-[e]s, -e> *nt* POL, JUR mandat *m*
Mandel ['mandəl] <-, -n> *f* ① amande *f* ② ANAT amygdale *f*
Mandelentzündung *f* amygdalite *f*
Mandoline [mando'liːnə] <-, -n> *f* mandoline *f*
Manege [ma'neːʒə] <-, -n> *f* piste *f*
Mangel[1] ['maŋəl, *Pl:* 'mɛŋəl] <-s, Mängel> *m* ① (*Fehler*) défaut *m* ② *kein Pl.* (*Knappheit*) manque *m* ③ *kein Pl.* (*Defizit*) ~ **an Vitaminen** carence *f* en vitamines; **aus ~ an Beweisen** faute de preuves
Mangel[2] <-, -n> *f* TECH repasseuse *f*
mangelhaft I. *Adj.* ① défectueux(-euse) ② (*Note*) médiocre **II.** *Adv.* (*vorbereitet*) insuffisamment
mangeln *intr. V. unpers.* **es mangelt ihm an ...** il manque de ...
mangelnd *Adj.* insuffisant(e); **das ~e Interesse** le manque d'intérêt
mangels *Präp. + Gen. form* ~ **eines Hammers** faute d'un marteau
Mango ['maŋgo] <-, -s> *f* mangue *f*
Mangold ['maŋgɔlt] <-[e]s, -e> *m* bette *f*
Manie [ma'niː] <-, -n> *f* manie *f*
Manier [ma'niːɐ̯] <-, -en> *f Pl* (*Umgangsformen*) manières *fpl*
manierlich *Adj.* convenable
Manifest [mani'fɛst] <-[e]s, -e> *nt* manifeste *m*
Maniküre [mani'kyːrə] <-, -n> *f* (*Person, Pflege*) manucure *f*
Manipulation [manipula'tsi̯oːn] <-, -en> *f geh* manipulation *f*
manipulieren* [manipu'liːrən] *tr. V. geh* manipuler
manisch ['maːnɪʃ] *Adj.* PSYCH maniaque
manisch-depressiv ['maːnɪʃdeprɛ'siːf] *Adj.* PSYCH maniacodépressif(-ive)
Manko ['maŋko] <-s, -s> *nt* ① (*Mangel*) défaut *m* ② COM trou *m*
Mann [man, *Pl:* 'mɛnɐ] <-[e]s, Männer> *m* ① (*männliche Person*) homme *m* ② (*Ehemann*) mari *m* ③ (*einzelne Person*) **pro ~** par personne ▶ **der kleine ~** le simple citoyen; **o ~!** *fam* purée !; **~, o ~!** *fam* eh ben, mon vieux !; **selbst ist der ~!** on n'est jamais si bien servi que par soi-même
Männchen ['mɛnçən] <-s, -> *nt* ① *Dim. von* **Mann** petit homme *m* ② (*männliches Tier*) mâle *m* ▶ ~ **machen** (*Hund*) faire le beau
Mannequin ['manəkɛ̃] <-s, -s> *nt* mannequin *m*
Männerfreundschaft *f* amitié *f* entre hommes **Männersache** *f* affaire *f* d'hommes
männlich ['mɛnlɪç] *Adj.* a. LING masculin(e); (*Kind*) du sexe masculin; (*Tier, Hormon*) mâle; (*Geschlechtsteil*) de l'homme; (*Auftreten*) résolu(e)
Männlichkeit <-> *f* virilité *f*
Mannschaft <-, -en> *f* (*von Sportlern, Mitarbeitern*) équipe *f*
Mannschaftssport *m* sport *m* d'équipe
Manöver [ma'nøːvɐ] <-s, -> *nt* MIL *a. fig* manœuvre *f*
manövrieren* [manøː'vriːrən] **I.** *intr. V.* **mit etw ~** manœuvrer qc **II.** *tr. V.* **das Bett durch die Tür ~** faire passer le lit par la porte
Mansarde [man'zardə] <-, -n> *f* mansarde *f*
Manschette [man'ʃɛtə] <-, -n> *f* ① (*Ärmelabschluss*) poignet *m* ② MED (*Halskrause*) manchon *m*
Manschettenknopf *m* bouton *m* de manchette
Mantel ['mantəl, *Pl:* 'mɛntəl] <-s, Mäntel> *m* ① manteau *m* ② (*Radmantel*) chape *f*
manuell [manu'ɛl] *Adj.* manuel(le)
Manuskript [manu'skrɪpt] <-[e]s, -e> *nt* manuscrit *m*
Mäppchen <-s, -> *nt* trousse *f* d'écolier
Mappe ['mapə] <-, -n> *f* ① (*Dokumentenhülle*) chemise *f* ② (*Zeichenmappe*) carton *m* à dessin ③ (*Aktentasche*) serviette *f*
Marathon ['maratɔn] <-s, -s> *m* marathon *m*

Marathonlauf *m* marathon *m* **Marathonläufer(in)** *m(f)* marathonien(ne) *m(f)*

Märchen ['mɛːɐ̯çən] <-s, -> *nt* ❶ LITER conte *m* ❷ *fam* (*erfundene Geschichte*) histoire *f* à dormir debout

Märchenbuch *nt* livre *m* de contes

märchenhaft *Adj.* fabuleux(-euse)

Märchenprinz *m*, **-prinzessin** *f* prince *m* charmant/princesse *f*

Marder ['mardɐ] <-s, -> *m* martre *f*

Margarine [marga'riːnə] <-, -n> *f* margarine *f*

Margerite [margə'riːtə] <-, -n> *f* marguerite *f*

marginalisieren* *tr. V. geh* marginaliser

Maria <-s> *f* (*Mutter Gottes*) Marie *f*; **die heilige ~** la Sainte Vierge

Marienbild *nt* Madone *f* **Marienkäfer** *m* coccinelle *f*

Marihuana [marihu'aːna] <-s> *nt* marijuana *f*

Marille [ma'rɪlə] <-, -n> *f* A abricot *m*

Marinade [mari'naːdə] <-, -n> *f* marinade *f*

Marine [ma'riːnə] <-, -n> *f* marine *f*

marineblau *Adj.* bleu marine *inv.*

marinieren* [mari'niːrən] *tr. V.* mariner

Marionette [mari̯o'nɛtə] <-, -n> *f a. fig, pej* marionnette *f*

Mark[1] [mark] <-, -> *f* HIST (*deutsche Währung*) mark *m*

Mark[2] <-[e]s> *nt* ❶ (*Knochenmark*) moelle *f* ❷ (*Fruchtmark*) pulpe *f*

markant [mar'kant] *Adj.* (*Kinn*) prononcé(e); (*Schrift*) ferme

Marke ['markə] <-, -n> *f* ❶ marque *f* ❷ (*Briefmarke*) timbre *m* ❸ (*Essensmarke*) ticket *m* ❹ (*Dienstmarke*) plaque *f*

Markenartikel *m* article *m* de marque **Markenname** *m* [nom *m* de] marque *f* **Markenzeichen** *nt* ❶ (*Warenzeichen*) logo *m* ❷ (*Merkmal*) image *f* de marque

Marker *m* surligneur *m*

markerschütternd *Adj.* perçant(e)

Marketing ['markətɪŋ] <-s> *nt* marketing *m*

markieren* [mar'kiːrən] *tr. V.* ❶ (*Textstelle, Tier*) marquer; (*Fahrbahn*) signaliser ❷ INFORM surligner

Markierung <-, -en> *f* (*einer Fahrbahn*) marquage *m*

Markise [mar'kiːzə] <-, -n> *f* store *m*

Markstück *nt* HIST pièce *f* d'un mark

Markt [markt, *Pl:* 'mɛrktə] <-[e]s, Märkte> *m* marché *m*

Marktanalyse *f* analyse *f* de marché **Marktanteil** *m* part *f* de marché **marktbeherrschend** *Adj. attr* (*Firma*) qui contrôle le marché; (*Stellung*) dominant(e) sur le marché **Marktforschung** *f kein Pl.* étude *f* de marché **Marktfrau** *f* marchande *f* [ambulante] **Marktführer** *m* leader *m* **Markthalle** *f* marché *m* couvert **Marktlücke** *f* créneau *m* [commercial] **Marktplatz** *m* place *f* du marché **Marktwort** *m* valeur *f* marchande **Marktwirtschaft** *f kein Pl.* économie *f* de marché

Marmelade [marmə'laːdə] <-, -n> *f* confiture *f*

Marmor ['marmoːɐ̯] <-s, -e> *m* marbre *m*

marmoriert [marmo'riːɐ̯t] *Adj.* marbré(e)

Marmorkuchen *m* gâteau *m* marbré

marode [ma'roːdə] *Adj.* épuisé(e); **~ sein** être en piteux état

Marokkaner(in) [marɔ'kaːnɐ] <-s, -> *m(f)* Marocain(e) *m(f)*

marokkanisch *Adj.* marocain(e)

Marokko [ma'rɔko] <-s> *nt* le Maroc

Marone [ma'roːnə] <-, -n> *f* (*Kastanie*) marron *m*

Marotte [ma'rɔtə] <-, -n> *f* marotte *f*

Mars [mars] <-> *m* ASTRO [**der**] ~ [la planète] Mars *f*

marsch [marʃ] *Interj. fam* [**los,**] **~!** [allez,] oust[e] !

Marsch [marʃ, *Pl:* 'mɛrʃə] <-[e]s, Märsche> *m* (*Fußmarsch, ~musik*) marche *f*

Marschall(in) ['marʃal] <-s, Marschälle> *m(f)* maréchal(e) *m(f)*

marschieren* [mar'ʃiːrən] *intr. V. + sein* ❶ MIL **durch eine Stadt ~** défiler dans une ville ❷ (*zu Fuß gehen*) marcher

Marschmusik *f* musique *f* militaire **Marschroute** *f* itinéraire *m*

Marsmensch *m* Martien(ne) *m(f)*

Marter ['martɐ] <-, -n> *f* supplice *m*

Marterl ['martɐl] <-s, -n> *nt* A calvaire *m*

martern *tr. V. geh* supplicier

Marterpfahl *m* poteau *m* de torture

martialisch [mar'tsi̯aːlɪʃ] *Adj.* martial

Märtyrer(in) ['mɛrtyrɐ] <-s, -> *m(f)* ❶ REL martyr(e) *m(f)* ❷ *fig geh* victime *f*

Martyrium [mar'tyːri̯ʊm] <-s, -rien> *nt* martyre *m*

Marxismus [mar'ksɪsmʊs] <-> *m* marxisme *m*

marxistisch *Adj.* marxiste

März [mɛrts] <-[es], -e> *m* mars *m; s.a.* **April**

Marzipan [martsi'pa:n] <-s, -e> *nt o m* pâte *f* d'amandes

Masche ['maʃə] <-, -n> *f* ❶ (*Schlaufe*) maille *f* ❷ A, CH (*Schleife*) nœud *m* ❸ *fam* (*Trick*) combine *f*

Maschendraht *m* grillage *m*

Mascherl ['maʃɐl] <-s, -n> *nt* A (*Fliege*) papillon *m*

Maschine [ma'ʃi:nə] <-, -n> *f* ❶ machine *f* ❷ (*Flugzeug*) appareil *m* ❸ *fam* (*Motorrad*) bécane *f*

maschinell [maʃi'nɛl] *Adj.* mécanique

Maschinenbau *m kein Pl.* ❶ IND construction *f* mécanique ❷ (*Lehrfach*) mécanique *f* **Maschinengewehr** *nt* mitrailleuse *f* **maschinenlesbar** *Adj.* exploitable par ordinateur **Maschinenpistole** *f* mitraillette *f* **Maschinenschrift** *f* dactylographie *f*

Masern ['ma:zɐn] *Pl* rougeole *f*

Maserung <-, -en> *f* veinure *f*

Maske ['maskə] <-, -n> *f* ❶ *a. fig* masque *m* ❷ THEAT maquillage *m* ❸ INFORM grille *f* d'écran

Maskenball *m* bal *m* masqué **Maskenbildner(in)** ['maskənbɪldnɐ] <-s, -> *m(f)* maquilleur(-euse) *m(f)*

maskieren* [mas'ki:rən] **I.** *tr. V.* masquer **II.** *refl. V.* **sich als Clown ~** se déguiser en clown

Maskottchen [mas'kɔtçən] <-s, -> *nt* mascotte *f*

maskulin [masku'li:n] *Adj.* masculin(e)

Masochist(in) [mazɔ'çɪst] <-en, -en> *m(f)* masochiste *mf*

masochistisch *Adj.* masochiste

Maß[1] [ma:s] <-es, -e> *nt* ❶ (*Maßeinheit*) mesure *f* ❷ (*Bandmaß*) mètre *m* ❸ *Pl* (*Körpermaße*) mesures *fpl* ❹ (*Ausmaß*) **in zunehmendem ~e** de plus en plus; **in dem ~[e], wie ...** dans la mesure où ... ▶ **in ~en** avec mesure

Maß[2] <-, -> *f* A, SDEUTSCH chope *f (d'un litre)*

Massage [ma'sa:ʒə] <-, -n> *f* massage *m*

Massaker [ma'sa:kɐ] <-s, -> *nt* massacre *m*

massakrieren* [masa'kri:rən] *tr. V.* massacrer

Maßanzug *m* costume *m* sur mesure **Maßarbeit** *f* travail *m* sur mesure

Masse ['masə] <-, -n> *f* ❶ *a.* PHYS masse *f* ❷ (*Teigmasse*) mélange *m* ❸ (*große Menge*) foule *f;* **in ~n** en masse; **die breite ~** le grand public

Maßeinheit *f* unité *f* de mesure

Massenandrang *m* affluence *f* **Massenarbeitslosigkeit** *f* chômage *m* généralisé **Massengrab** *nt* fosse *f* commune

massenhaft *Adj.* massif(-ive)

Massenmedien [-me:diən] *Pl* média *mpl* **Massenmord** *m* massacre *m* collectif **Massentierhaltung** *f* élevage *m* en batterie **massenweise** *s.* **massenhaft**

Masseur(in) [ma'sø:ɐ̯] <-s, -e> *m(f)* masseur(-euse)[-kinésithérapeute] *m*

Masseuse [ma'sø:zə] <-, -n> *f* masseuse *f*

maßgeblich *Adj.* (*Kreise*) autorisé(e); (*Urteil*) déterminant(e)

maßgeschneidert *Adj.* (*Kleidung*) sur mesure

massieren* [ma'si:rən] *tr. V.* masser

massig ['masɪç] *Adj.* (*Gestalt*) massif(-ive)

mäßig ['mɛ:sɪç] **I.** *Adj.* ❶ (*maßvoll*) modéré(e) ❷ (*Qualität*) médiocre; (*Verdienst*) modeste **II.** *Adv.* (*essen*) modérément

mäßigen *tr., refl. V.* [**sich**] ~ [se] modérer

Mäßigung <-> *f* modération *f*

massiv [ma'si:f] *Adj.* ❶ massif(-ive); (*Bau*) en dur ❷ (*heftig: Kritik*) vif(vive) ▶ **~ werden** (*zu drohen beginnen*) se mettre à faire des menaces; (*grob werden*) se mettre à dire des grossièretés

Massiv [ma'si:f] <-s, -e> *nt* massif *m*

maßlos **I.** *Adj.* démesuré(e) **II.** *Adv.* excessivement

Maßnahme ['ma:sna:mə] <-, -n> *f* mesure *f;* **~n gegen etw ergreifen** prendre des mesures contre qc

Maßstab *m* ❶ (*einer Karte*) échelle *f* ❷ (*Kriterium*) critère *m*

maßstab[s]getreu *Adj., Adv.* à l'échelle **maßvoll** **I.** *Adj.* modéré(e) **II.** *Adv.* avec modération

Mast [mast] <-[e]s, -en> *m* ❶ *a.* NAUT mât *m* ❷ (*Telefonmast*) poteau *m* ❸ (*Hochspannungsmast*) pylône *m*

mästen ['mɛstən] *tr. V.* engraisser

masturbieren* *intr. V.* se masturber
Matchball ['mɛtʃbal] *m* balle *f* de match
Material [materi'a:l] <-s, -ien> *nt* ① (*Rohstoff*) matériau *m* ② (*Ausrüstung*) matériel *m pas de pl.* ③ (*Unterlagen*) matériaux *mpl*
Materialismus [materia'lɪsmʊs] <-> *m* matérialisme *m*
materialistisch *Adj.* matérialiste
Materie [ma'te:riə] <-, -n> *f* ① *kein Pl.* matière *f* ② (*Thema*) sujet *m*
materiell [materi'ɛl] *Adj.* matériel(le)
Mathe ['matə] <-> *f fam* math[s] *fpl*
Mathematik [matema'ti:k] <-> *f* mathématiques *fpl*
mathematisch [mate'ma:tɪʃ] *Adj.* mathématique
Matjes ['matiəs] <-, -> *m: jeune hareng mariné dans du sel*
Matratze [ma'tratsə] <-, -n> *f* matelas *m*
Mätresse [mɛ'trɛsə] <-, -n> *f* maîtresse *f*
Matriarchat [matriar'ça:t] <-[e]s, -e> *nt* matriarcat *m*
Matrix ['ma:trɪks, *Pl:* ma'tri:tsən] <-, Matrizen> *f* matrice *f*
Matrixdrucker *m* INFORM imprimante *f* matricielle
Matrize [ma'tri:tsə] <-, -n> *f* stencil *m*
Matrose [ma'tro:zə] <-n, -n> *m* matelot *m*
Matsch [matʃ] <-[e]s> *m* ① (*Schlamm*) gadoue *f* ② (*Schneematsch*) soupe *f* ③ (*breiige Masse*) bouillie *f*
matschig *Adj. fam* ① (*schlammig*) boueux(-euse) ② (*Frucht*) écrabouillé(e)
matt [mat] *Adj.* ① (*Person*) las(se); (*Glieder*) fatigué(e); (*Augen*) terne; (*Foto*) mat(e); (*Licht*) faible; (*Glas*) dépoli(e) ② SPIEL **~ sein** être mat *inv.*
Matt [mat] <-s, -s> *nt* SPIEL mat *m*
Matte ['matə] <-, -n> *f* ① natte *f;* SPORT tapis *m* ② (*Fußmatte*) paillasson *m;* (*im Auto*) tapis *m* de sol ③ A, CH (*Bergwiese*) alpage *m*
Mattigkeit <-> *f* lassitude *f*
Matura [ma'tu:ra] <-> *f* A, CH, **Maturität** [maturi'tɛ:t] <-> *f* CH ≈ baccalauréat *m*
Mauer ['maʊɐ] <-, -n> *f* ① mur *m* ② (*Stadtmauer*) enceinte *f*
Mauerblümchen ['maʊɐbly:mçən] *nt fam* jeune fille *f* qui fait tapisserie
mauern *tr. V.* maçonner
Maul [maʊl, *Pl:* 'mɔylɐ] <-[e]s, Mäuler> *nt* gueule *f;* **halt's ~!** [ferme] ta gueule !
maulen *intr. V. fam* râler
Maulesel *m* mulet *m* **Maulheld(in)** *m(f) pej* grande gueule *f* (*fam*) **Maulkorb** *m* (*eines Hundes*) muselière *f* **Maultasche** *f: raviole souabe* **Maultier** *s.* **Maulesel** **Maulwurf** <-[e]s, -würfe> *m* taupe *f* **Maulwurfshügel** *m* taupinière *f*
Maurer(in) ['maʊrɐ] <-s, -> *m(f)* maçon(ne) *m(f)*
Maus [maʊs, *Pl:* 'mɔyzə] <-, Mäuse> *f* ① a. INFORM souris *f* ② *Pl fam* (*Geld*) pèze *m*
mauscheln *intr. V. fam* magouiller
Mausefalle *f* souricière *f* **Mauseloch** *nt* trou *m* de souris
Mauser ['maʊzɐ] <-> *f* mue *f*
mausern *refl. V.* **sich ~** ① (*Vogel*) muer ② *fam* se métamorphoser
Mausklick *m* INFORM **per ~** en cliquant
Mausoleum [maʊzo'le:ʊm] <-s, Mausoleen> *nt* mausolée *m*
Mauspad ['maʊzpɛt] <-s, -s> *nt* INFORM tapis *m* de souris **Maustreiber** *m* INFORM drive[u]r *m* de la souris
Maut [maut] <-, -en> *f bes.* A péage *m*
Mautstelle *f bes.* A péage *m*
maximal [maksi'ma:l] **I.** *Adj.* maximal(e) **II.** *Adv.* au maximum
Maximum ['maksimʊm] <-s, Maxima> *nt* maximum *m*
Mayonnaise [majo'nɛ:zə] *s.* **Majonäse**
mazedonisch *Adj.* macédonien
Mäzen [mɛ'tse:n] <-s, -e> *m* mécène *m*
MB [ɛm'be:] *nt Abk. von* **Megabyte** Mo *m*
m. E. *Abk. von* **meines Erachtens** à mon avis
Mechanik [me'ça:nɪk] <-> *f* mécanique *f*
Mechaniker(in) <-s, -> *m(f)* mécanicien(ne) *m(f)*
mechanisch *Adj.* mécanique
Mechanismus [meça'nɪsmʊs] <-, -nismen> *m* mécanisme *m*
meckern ['mɛkɐn] *intr. V.* ① (*Ziege*) bêler ② *fam* (*nörgeln*) râler
Mecklenburg-Vorpommern ['mɛklənbʊrg'fo:ɐ̯pɔmɐn] <-s> *nt* le Mecklembourg-Poméranie-Antérieure
Medaille [me'daljə] <-, -n> *f* médaille *f*
Medaillon [medal'jõ:] <-s, -s> *nt* médaillon *m*
Medien ['me:diən] *Pl* ① *Pl. von* **Medium** ② (*Informationsmittel*) média *mpl*

medienwirksam *Adj.* médiatique

Medikament [medika'mɛnt] <-[e]s, -e> *nt* médicament *m*

medikamentös [medikamɛn'tøːs] **I.** *Adj.* médicamenteux(-euse) **II.** *Adv.* avec des médicaments

Meditation [medita'tsi̯oːn] <-, -en> *f* méditation *f*

meditieren* [medi'tiːrən] *intr. V.* méditer

Medium ['meːdiʊm] <-s, -dien> *nt* ① (*Mensch*) médium *m* ② PHYS milieu *m*

Medizin [medi'tsiːn] <-, -en> *f* ① *kein Pl.* (*Heilkunde*) médecine *f* ② *fam* (*Medikament*) médicament *m*

Mediziner(in) <-s, -> *m(f)* médecin *mf*

medizinisch *Adj.* (*Ausbildung*) médical(e); (*Fakultät*) de médecine; (*Bad*) traitant(e)

Medizinmann <-männer> *m* guérisseur *m*

Meer [meːɐ̯] <-[e]s, -e> *nt* mer *f*; **am ~** au bord de la mer

Meerenge <-, -n> *f* détroit *m*

Meeresforschung *f* océanographie *f* **Meeresfrüchte** *Pl* fruits *mpl* de mer **Meereskunde** *s.* **Meeresforschung** **Meeresspiegel** *m* niveau *m* de la mer

Meerrettich *m* raifort *m* **Meerschweinchen** *nt* cochon *m* d'Inde **Meerwasser** *nt* eau *f* de mer

Meeting ['miːtɪŋ] <-s, -s> *nt* réunion *f*

Megabyte [mega'bait] *nt* mégaoctet *m*

Megafon[RR] [mega'foːn] <-s, -e> *nt* mégaphone *m*

Megahertz ['megahɛrts] *nt* méga-hertz *m*

Megaphon [mega'foːn] <-s, -e> *nt s.* **Megafon**

Mehl [meːl] <-[e]s, -e> *nt* farine *f*

mehlig *Adj.* (*Kartoffel*) farineux(-euse)

Mehlschwitze ['meːlʃvɪtsə] *f* roux *m*

mehr [meːɐ̯] **I.** *unbest. Pron., inv, Komp. von* **viel** plus; **~ Brot** plus de pain **II.** *Adv.* ① (*in größerem Maße*) davantage; **sich noch ~ ärgern** se fâcher encore plus ② (*in Verbindung mit Verneinungen*) **nicht ~ rauchen** ne plus fumer; **nichts ~ sagen** ne ... plus rien dire; **nie ~** ne ... plus jamais; **niemand/keiner ~** ne ... plus personne; **kein Geld/keine Zeit ~ haben** ne plus avoir d'argent/le temps

Mehr <-[s]> *nt* CH (*Stimmenmehrheit*) majorité *f*

mehrbändig ['meːɐ̯bɛndɪç] *Adj.* en plusieurs volumes

mehrdeutig ['meːɐ̯dɔytɪç] *Adj.* ambigu(ë)

Mehrdeutigkeit <-> *f* ambiguïté *f*

mehrere ['meːrərə] *unbest. Pron.* plusieurs; **~s** plusieurs choses *fpl*

mehrfach **I.** *Adj.* ① (*vielfach*) multiple ② (*wiederholt*) réitéré(e) **II.** *Adv.* à plusieurs reprises

Mehrfamilienhaus *nt* immeuble *m* **mehrfarbig** *Adj.* multicolore

Mehrheit <-, -en> *f* majorité *f*; **in der ~ sein** être majoritaire

mehrheitlich *Adv.* majoritairement

Mehrheitswahlrecht *nt kein Pl.* scrutin *m* majoritaire

mehrjährig *Adj.* pluriannuel

mehrmals *Adv.* plusieurs fois

mehrsprachig **I.** *Adj.* (*Person*) polyglotte; (*Land*) plurilingue **II.** *Adv.* en plusieurs langues **mehrstimmig** *Adj.*, *Adv.* à plusieurs voix **mehrstöckig** ['meːɐ̯ʃtœkɪç] **I.** *Adj.* de plusieurs étages **II.** *Adv.* sur plusieurs étages **mehrtägig** *Adj.* de plusieurs jours **Mehrwegverpackung** *f* emballage *m* réutilisable **Mehrwertsteuer** *f* taxe *f* à la valeur ajoutée **Mehrzahl** <-> *f* ① **die ~ der Besucher** la plupart des visiteurs ② (*Überzahl*) **in der ~ sein** être plus nombreux ③ LING pluriel *m*

meiden ['maidən] <mied, gemieden> *tr. V. geh* éviter

Meile ['mailə] <-, -n> *f* (*1,609 km*) mil[l]e *m*

Meilenstein *m* borne *f* **meilenweit** *Adv.* (*sich erstrecken*) sur des kilomètres

mein [main] *Possessivpron.* ① **~ Bruder** mon frère; **~e Schwester/Freundin** ma sœur/mon amie; **~e Eltern** mes parents; **dieses Buch ist ~[e]s** ce livre est à moi ② *substantivisch* **der/die/das ~e** le mien/la mienne; **das sind die ~en** ce sont les miens/miennes

Meineid ['mainʔait] *m* parjure *m*

meinen ['mainən] **I.** *tr. V.* ① (*denken*) **~, dass ...** penser que ... ② (*sagen*) **~[, dass ...]** dire [que ...]; **was meinst du damit?** qu'est-ce que tu entends par là ? ③ (*im Sinn haben*) **meinst du sie?** tu parles d'elle ? ④ (*beabsichtigen*) **es gut mit jdm ~** vouloir du bien à qn; **so war das nicht gemeint** ce n'est pas ce que j'ai voulu dire **II.** *intr. V.* **~ Sie?** vous croyez ?; **wenn Sie ~!** si vous voulez !

meiner *Personalpron., Gen. von* **ich** *geh* **wer erbarmt sich ~?** qui a pitié de moi ?

meinerseits ['mainɐ'zaits] *Adv.* (*was mich betrifft*) pour ma part ▸ **ganz** ~ de même pour moi

meines *s.* **mein 1**

meinesgleichen ['mainəs'glaiçən] *Pron. unv.* **ich verkehre nur mit ~** je ne fréquente que mes semblables

meinetwegen ['mainət've:gən] *Adv.* ❶ (*wegen mir*) à cause de moi ❷ (*mir zuliebe*) pour moi ❸ (*wenn es nach mir ginge*) s'il n'en tient qu'à moi

Meinung <-, -en> *f* avis *m;* **der ~ sein, dass ...** être d'avis que ...; **meiner ~ nach** à mon avis; **seine ~ ändern** changer d'avis

Meinungsaustausch *m* échange *m* de vues **Meinungsforschung** *f* sondage *m* d'opinion **Meinungsfreiheit** *f kein Pl.* liberté *f* d'expression **Meinungsumfrage** *f* sondage *m* [d'opinion] **Meinungsverschiedenheit** *f euph* (*Auseinandersetzung*) différend *m*

Meise ['maizə] <-, -n> *f* mésange *f*

Meißel ['maisəl] <-s, -> *m* ciseau *m*

meißeln *tr. V.* ❶ (*Inschrift*) ciseler; (*Skulptur*) sculpter ❷ (*einmeißeln*) graver

meist [maist] *s.* **meistens**

meistbietend *Adv.* **etw ~ verkaufen** vendre qc au plus offrant

meiste *unbest. Pron., Superl. von* **viel** ❶ (*der überwiegende Teil*) **die ~n Leute** la plupart des gens; **die ~ Zeit** la majeure partie de son/mon/... temps; **das ~** la plus grande partie ❷ (*die größte Gesamtmenge*) **die ~n Probleme macht mir diese Frage** c'est cette question qui me pose le plus de problèmes; **das ~** le plus

meistens *Adv.* le plus souvent

Meister(in) ['maistɐ] <-s, -> *m(f)* ❶ (*Handwerksmeister*) contremaître(-esse) *m(f);* (*Chef*) patron(ne) *m(f);* **den ~ machen** *fam* passer sa maîtrise ❷ SPORT champion(ne) *m(f)* ❸ KUNST, MUS maître *m*

Meisterbrief *m* brevet *m* de maîtrise

meisterhaft *Adv.* admirablement [bien]

meisterlich *s.* **meisterhaft**

meistern *tr. V.* venir à bout de

Meisterprüfung *f* brevet *m* professionnel

Meisterschaft <-, -en> *f* SPORT championnat *m*

Meisterwerk *nt* chef-d'œuvre *m*

Melancholie [melaŋko'li:] <-, -n> *f* mélancolie *f*

melancholisch [melaŋ'ko:lɪʃ] *Adj.* mélancolique

Melange [me'lã:ʒə] <-, -n> *f* A café *m* au lait

Melanzani [melan'tsa:ni] <-, -> *f* A aubergine *m*

melden ['mɛldən] **I.** *tr. V.* ❶ (*Vorfall*) signaler; (*Todesfall*) faire la déclaration de ❷ MEDIA (*veröffentlichen*) rapporter ❸ (*denunzieren*) **jdn bei jdm ~** dénoncer qn à qn ❹ (*anmelden*) **wen darf ich ~?** qui dois-je annoncer ? **II.** *refl. V.* ❶ (*die Hand heben*) **sich ~** lever le doigt ❷ (*sich zur Verfügung stellen*) **sich zu etw ~** se porter volontaire pour qc ❸ (*am Telefon*) **sich ~** répondre ❹ (*von sich hören lassen*) **sich bei jdm ~** se manifester auprès de qn

Meldepflicht *f* (*Pflicht zur An- und Abmeldung*) *obligation de déclarer tout changement de domicile au service administratif compétent*

meldepflichtig *Adj.* **~ sein** devoir être obligatoirement déclaré

Meldung <-, -en> *f* ❶ MEDIA information *f;* **~en vom Sport** nouvelles *fpl* sportives ❷ (*offizielle Mitteilung*) déclaration *f* [officielle]

meliert [me'li:ɐt] *Adj.* (*Wolle, Teppich*) chiné(e); [**grau**] **~e Haare** des cheveux poivre et sel

Melisse [me'lɪsə] <-, -n> *f* mélisse *f*

melken ['mɛlkən] <melkte, gemolken> **I.** *tr. V.* traire **II.** *intr. V.* faire la traite

Melkmaschine *f* trayeuse *f*

Melodie [melo'di:] <-, -n> *f* mélodie *f*

melodisch [me'lo:dɪʃ] *Adj.* mélodieux(-euse)

Melodram <-s, -en> *nt* mélodrame *m*

melodramatisch [melodra'ma:tɪʃ] *Adj.* mélodramatique

Melone [me'lo:nə] <-, -n> *f* ❶ (*Honigmelone*) melon *m;* (*Wassermelone*) pastèque *f* ❷ *fam* (*Hut*) [chapeau *m*] melon *m*

Membran [mɛm'bra:n] <-, -en>, **Membrane** [mɛm'bra:nə] <-, -n> *f* membrane *f*

Memoiren [memo'a:rən] *Pl* mémoires *mpl*

Menge ['mɛŋə] <-, -n> *f* ❶ quantité *f;* **eine kleine ~ Zucker** une petite quantité de sucre; **eine ~ Arbeit** *fam* un tas de travail; **eine ganze ~ Äpfel** *fam* pas mal de pommes 2 (*Menschenmenge*) foule *f* 3 MATH ensemble *m*

mengen **I.** *tr. V.* mélanger **II.** *refl. V. fam* **sich unter die Besucher ~** se mêler aux visiteurs

Mengenlehre *f kein Pl.* théorie *f* des ensembles **Mengenrabatt** *m* remise *f* sur achat en quantité

Meniskus [me'nɪskʊs] <-, Menisken> *m* ANAT ménisque *m*

Mensa ['mɛnza] <-, Mensen> *f* restaurant *m* universitaire

Mensch [mɛnʃ] <-en, -en> *m* 1 (*Person*) personne *f*; **ein höflicher ~** quelqu'un de poli; **viele ~en meinen, dass ...** beaucoup de gens sont d'avis que ...; **viel unter ~en kommen** voir du monde 2 (*Gattung*) homme *m* 3 *fam* (*Ausruf*) **~!** putain !

Menschenaffe *m* singe *m* anthropoïde **menschenfeindlich** *Adj.* (*Person, Haltung*) misanthrope; (*Klima*) hostile **Menschenfresser(in)** <-s, -> *m(f) fam* cannibale *mf* **Menschenhandel** *m* traite *f* des esclaves **Menschenkenntnis** *f kein Pl.* connaissance *f* du genre humain **Menschenkette** *f* chaîne *f* humaine **Menschenleben** *nt* 1 **zwei ~ fordern** (*Unfall*) coûter la vie à deux personnes 2 (*Leben eines Menschen*) vie *f* d'un homme **menschenleer** *Adj.* désert(e) **Menschenmenge** *f* foule *f* **Menschenrechte** *Pl* droits *mpl* de l'homme **menschenscheu** *Adj.* insociable

Menschenskind *Interj. fam* 1 (*Ausdruck der Freude, des Erstaunens*) nom de Dieu 2 (*Ausdruck des Vorwurfs, Ärgers*) bon Dieu

menschenunwürdig **I.** *Adj.* indigne d'un être humain **II.** *Adv.* de façon inhumaine **menschenverachtend** *Adj.* méprisant(e) pour le genre humain **Menschenverstand** ▸ **der gesunde ~** le bon sens **Menschenwürde** *f* dignité *f* humaine

Menschheit <-> *f* humanité *f*

menschlich **I.** *Adj.* humain(e) **II.** *Adv.* humainement

Menschlichkeit <-> *f* humanité *f*

Mensen *Pl. von* **Mensa**

Menstruation [mɛnstrua'tsi̯oːn] <-, -en> *f* règles *fpl*

mental [mɛn'taːl] *Adj.* mental(e)

Mentalität [mɛntali'tɛːt] <-, -en> *f* mentalité *f*

Menthol [mɛn'toːl] <-s> *nt* menthol *m*

Menü [me'nyː] <-s, -s> *nt* GASTR, INFORM menu *m*

menügesteuert *Adj.* INFORM commandé(e) par menu

Menüleiste *f* INFORM barre *f* de menu

Meridian [meri'di̯aːn] <-s, -e> *m* méridien *m*

Merkblatt *nt* notice *f*

merken ['mɛrkən] *tr. V.* 1 (*erkennen*) voir; **jdn etw nicht ~ lassen** ne pas montrer qc à qn 2 (*im Gedächtnis behalten*) **sich** (*Dat*) **etw ~** retenir qc; **merk dir das!** *fam* rentre-toi ça dans le crâne !

merklich *Adv.* sensiblement; **sich ~ verändern** changer beaucoup

Merkmal <-s, -e> *nt* caractéristique *f*; **besondere ~e** signes *mpl* particuliers

Merkur [mɛr'kuːɐ̯] <-s> *m* [**der**] **~** [la planète] Mercure

merkwürdig **I.** *Adj.* étrange **II.** *Adv.* étrangement

merkwürdigerweise *Adv.* curieusement

messbar[RR], **meßbar**[ALT] *Adj.* mesurable

Messbecher[RR], **Meßbecher**[ALT] *m* verre *m* mesureur

Messdiener[RR]**(in)**, **Meßdiener**[ALT]**(in)** *m(f)* enfant *mf* de chœur

Messe ['mɛsə] <-, -n> *f* 1 (*Gottesdienst*) messe *f* 2 (*Ausstellung*) foire[-exposition] *f*

Messegelände *nt* parc *m* des expositions **Messehalle** *f* hall *m* des expositions

messen ['mɛsən] <misst, maß, gemessen> **I.** *tr. V.* mesurer; **Fieber ~** prendre la température **II.** *refl. V. geh* **sich nicht mit jdm ~ können** ne pas être de taille à rivaliser avec qn

Messer ['mɛsɐ] <-s, -> *nt* couteau *m*

messerscharf *Adj.* (*Kante*) coupant(e); (*Verstand*) aigu(ë) **Messerspitze** *f* pointe *f* du couteau; **eine ~ Salz** une pointe de sel **Messerstecherei** <-, -en> *f* bagarre *f* au couteau

Messestand *m* stand *m* de foire

Messgerät[RR] *nt* **~ für die Einschaltquote** audimat *m*

Messias [mɛ'siːas] <-> *m* REL **der ~** le Messie

Messing ['mɛsɪŋ] <-s> *nt* laiton *m*

MessinstrumentRR, **Meßinstrument**ALT *nt* instrument *m* de mesure
Messung, MesswertRR, **Meßwert**ALT *m* mesure *f*
Metall [me'tal] <-s, -e> *nt* métal *m*
metallic [me'talɪk] *Adj. unv.* métallisé(e)
Metallindustrie *f* industrie *f* métallurgique
metallisch **I.** *Adj.* (*aus Metall, metallartig*) métallique **II.** *Adv.* ~ **glänzen** avoir des reflets métalliques
Metapher [me'tafɐ] <-, -n> *f* métaphore *f*
Metastase [meta'sta:zə] <-, -n> *f* métastase *f*
Meteor [mete'o:ɐ̯] <-s, -e> *m* météore *m*
Meteorit [meteo'ri:t] <-en, -e[n]> *m* météorite *m*
Meteorologe [meteoro'lo:gə] <-n, -n> *m*, **Meteorologin** *f* météorologiste *mf*
Meteorologie [meteorolo'gi:] <-> *f* météorologie *f*
meteorologisch [meteoro'lo:gɪʃ] *Adj.* météorologique
Meter ['me:tɐ] <-s, -> *m o nt* mètre *m*; **zwei ~ hoch sein** faire deux mètres de haut[eur]
Metermaß *nt* ① (*Bandmaß*) mètre *m* [à] ruban ② (*Zollstock*) mètre *m* pliant
Methode [me'to:də] <-, -n> *f* méthode *f*
methodisch *Adj.* méthodique
Metro ['me:tro] <-, -s> *f* métro *m*
Metronom [metro'no:m] <-s, -e> *nt* métronome *m*
Metropole [metro'po:lə] <-, -n> *f* (*Zentrum*) métropole *f*
Meute ['mɔytə] <-, -n> *f* meute *f*
Meuterei [mɔytə'rai] <-, -en> *f* mutinerie *f*
meutern ['mɔytɐn] *intr. V.* se mutiner
Mexiko ['mɛksiko] <-s> *nt* le Mexique
MEZ [ɛmʔe:'tsɛt] *Abk. von* **mitteleuropäische Zeit** heure *f* d'Europe centrale
MfS [ɛmʔɛf'ɛs] *nt: services de Sécurité de l'ex-R.D.A.*
MHz *Abk. von* **Megahertz** MHz
miauen* *intr. V.* miauler
mich [mɪç] **I.** *Personalpron., Akk. von* **ich**: **ohne ~** sans moi; **er sieht ~** il me voit **II.** *Reflexivpron.* **ich wasche ~** je me lave; **ich schäme ~** j'ai honte
mick[e]rig *Adj. pej fam* (*Kerl*) maigrichon(ne); (*Pflanze*) rabougri(e)
Mief [mi:f] <-[e]s> *m pej fam* ① (*Geruch von verbrauchter Luft*) odeur *f* de renfermé; (*Geruch von Abgasen*) air *m* vicié ② (*einer Kleinstadt*) la vie étriquée
miefen *intr. V. pej fam* [s]chlinguer
Miene ['mi:nə] <-, -n> *f* mine *f*; **mit freundlicher ~** d'un air sympathique
mies [mi:s] *Adj. fam* (*Wetter*) dégueulasse; (*Unterkunft*) minable
Miese *Pl fam* ▸ **in den ~n sein** être dans le rouge
mies|machen *tr. V. fam* (*verleiden*) **jdm etw ~** gâcher qc à qn
Miesmuschel ['mi:smʊʃəl] *f* moule *f*
Miete ['mi:tə] <-, -n> *f* (*Wohnungsmiete*) loyer *m*
mieten *tr. V.* louer
Mieter(in) <-s, -> *m(f)* locataire *mf*
Mieterhöhung *f* hausse *f* de loyer
Mietrecht *nt* droit *m* locatif
Mietshaus *nt* immeuble *m* locatif
Mietvertrag *m* contrat *m* de location **Mietwagen** *m* voiture *f* de location **Mietwohnung** *f* [logement *m* en] location *f*
Migräne [mi'grɛ:nə] <-, -n> *f* migraine *f*; **~ haben** avoir la migraine
Mikro ['mikro] <-s, -s> *nt fam Abk. von* **Mikrofon** micro *m*
Mikrobe [mi'kro:bə] <-, -n> *f* microbe *m*
Mikrochip ['mi:krotʃɪp] <-s, -s> *m* INFORM puce *f* **Mikroelektronik** *f* microélectronique *f* **Mikrofaser** *f* microfibre *f* **Mikrofiche** <-s, -s> *m o nt* microfiche *f* **Mikrofilm** *m* microfilm *m* **Mikrofon** <-s, -e> *nt* microphone *m* **Mikroorganismus** *m* micro[-]organisme *m* **Mikrophon** *s.* **Mikrofon** **Mikroprozessor** *m* INFORM microprocesseur *m* **Mikroskop** <-s, -e> *nt* microscope *m* **Mikrowelle** *f fam* (*Herd*) micro-ondes *m* **Mikrowellenherd** *m* four *m* à micro-ondes
Milbe ['mɪlbə] <-, -n> *f* acarien *m*
Milch [mɪlç] <-> *f* lait *m*
Milcheis *nt* glace *f* au lait **Milchflasche** *f* ① (*Flasche für Milch*) bouteille *f* à lait ② (*Babyfläschchen*) biberon *m*
milchig ['mɪlçɪç] *Adj.* (*Glas*) opale; (*Flüssigkeit*) laiteux(-euse)
Milchkaffee *m* café *m* au lait **Milchprodukt** *nt* produit *m* laitier **Milchpulver** *nt* lait *m* en poudre **Milchreis** *m* riz *m* au lait **Milchshake** [-ʃe:k]

<-s, -s> *m* milk-shake *m* **Milchstraße** *f* **die ~** la Voie lactée **Milchzahn** *m* dent *f* de lait

mild[e] **I.** *Adj.* (*Klima, Geschmack*) doux(douce); (*Richter, Worte*) indulgent(e); (*Urteil*) clément(e) **II.** *Adv.* **~ gewürzt** peu épicé(e)

Milde ['mɪldə] <-> *f* (*des Klimas, Geschmacks*) douceur *f;* (*eines Richters*) clémence *f*

mildern ['mɪldɐn] *tr. V.* (*Geschmack*) adoucir; (*Strafmaß*) commuer; (*Not*) atténuer

mildtätig *Adj. geh* (*Person*) charitable; (*Organisation*) caritatif(-ive)

Milieu [mɪ'li̯øː] <-s, -s> *nt* milieu *m*

militant [mili'tant] *Adj.* (*Demonstrant*) combatif(-ive); (*Gruppe*) activiste

Militär [mili'tɛːɐ̯] <-s> *nt* (*Armee*) armée *f*

Militärdienst *m kein Pl.* service *m* militaire

militärisch *Adj.* militaire

Militarist(in) <-en, -en> *m(f)* militariste *mf*

Militärstützpunkt *m* position *f* stratégique de défense

M

Miliz [mi'liːts] <-, -en> *f* milice *f*

Milliardär(in) [mɪli̯ar'dɛːɐ̯] <-s, -e> *m(f)* milliardaire *mf*

Milliarde [mɪ'li̯ardə] <-, -n> *f* milliard *m*

Milligramm [mɪli'gram] *nt* milligramme *m* **Milliliter** *m* millilitre *m* **Millimeter** *m o nt* millimètre *m*

Millimeterpapier *nt* papier *m* millimétré

Million [mɪ'li̯oːn] <-, -en> *f* million *m*

Millionär(in) [mɪli̯o'nɛːɐ̯] <-s, -e> *m(f)* millionnaire *mf*

Millionstel <-s, -> *nt* millionième *m*

Milz [mɪlts] <-, -en> *f* rate *f*

Milzbrand *m* MED maladie *f* du charbon

mimen *tr. V. fam* simuler

Mimik ['miːmɪk] <-> *f* mimique *f*

Mimose [mi'moːzə] <-, -n> *f* ❶ BOT mimosa *m* ❷ *pej* (*Mensch*) **eine ~ sein** être d'une sensibilité exacerbée

min., Min. *Abk. von* **Minute[n]** mn

minder *Adv.* moins

mindere(r, s) ['mɪndərə, -rɐ, -rəs] *Adj. attr* moindre

Minderheit <-, -en> *f* minorité *f;* **in der ~ sein** être minoritaire

minderjährig *Adj.* mineur(e) **Minderjährige(r)** *f(m) dekl wie Adj* mineur(e) *m(f)*

mindern *tr. V.* réduire

minderwertig *Adj.* ❶ (*Produkt*) de moindre qualité ❷ *fig* **sich ~ fühlen** se sentir inférieur(e) **Minderwertigkeit** <-> *f* mauvaise qualité *f* **Minderwertigkeitskomplex** *m* complexe *m* d'infériorité

Mindestalter *nt* âge *m* minimum

mindeste(r, s) ['mɪndəstə, -tɐ, -təs] *Adj.* **der/die/das ~ ...** le/la moindre ...

mindestens *Adv.* au moins

Mindesthaltbarkeitsdatum *nt* date *f* limite de conservation **Mindestlohn** *m* salaire *m* minimum **Mindestmaß** *nt* strict minimum *m*

Mine ['miːnə] <-, -n> *f* mine *f*

Mineral [mine'raːl] <-s, -e> *nt* minéral *m*

Mineralöl *nt* huile *f* minérale **Mineralölsteuer** *f* taxe *f* sur les produits pétroliers **Mineralstoffe** *Pl* sels *mpl* minéraux **Mineralwasser** *nt* eau *f* minérale

Miniatur [minia'tuːɐ̯] <-, -en> *f* miniature *f*

Minigolf *nt* minigolf *m*

> On appelle un **Minijob** une forme d'emploi secondaire permettant à un travailleur de gagner jusqu'à 450 euros par mois net d'impôts. Les employeurs doivent déclarer ces travailleurs, généralement connus sous le nom de *Minijobber*, à la *Minijobzentrale*, et payer une cotisation réduite à la Sécurité sociale et à la caisse d'assurance maladie. Les **Minijobs** sont par principe des petits boulots à temps partiel ne requérant que peu ou pas de qualification.

minimal [mini'maːl] *Adj.* minime

Minimum ['miːnimʊm] <-s, Minima> *nt geh* [strict] minimum *m*

Minirock *m* minijupe *f*

Minister(in) [mi'nɪstɐ] <-s, -> *m(f)* ministre *mf*

Ministerium [minɪs'teːriʊm] <-s, -rien> *nt* ministère *m*

Ministerpräsident(in) *m(f)* ministre-président(e) *m(f)*

> Le **Ministerpräsident** ou la **Ministerpräsidentin** est le chef du gouvernement d'un *Land* allemand.

En Autriche, le premier ministre d'un État fédéral porte le nom de *Landeshauptmann* ou de *Landeshauptfrau.* Le chef du gouvernement d'un canton suisse s'appelle le *Kantonalpräsident* (président/e du canton).

Ministerrat *m* Conseil *m* des ministres
Ministrant(in) [minɪs'trant] <-en, -en> *m(f)* REL enfant *mf* de chœur
Minnesänger *m* ≈ troubadour *m*
minus ['miːnʊs] **I.** *Präp. + Gen.* **tausend Euro ~ Mehrwertsteuer** mille euros moins la TVA **II.** *Konj.* MATH moins **III.** *Adv.* (*unter Null*) moins; **einige Grad ~** quelques degrés en dessous de zéro
Minus <-> *nt* déficit *m*
Minuspol *m* ❶ ELEC pôle *m* négatif ❷ PHYS pôle *m* magnétique négatif **Minuspunkt** *m* ❶ (*Strafpunkt*) pénalité *f* ❷ (*Manko*) point *m* négatif **Minuszeichen** *nt* signe *m* moins
Minute [mi'nuːtə] <-, -n> *f* minute *f;* **es ist zehn ~n nach/vor acht** il est huit heures dix/moins dix
Minutenzeiger *m* grande aiguille *f*
Minze ['mɪntsə] <-, -n> *f* menthe *f*
Mio. *Abk. von* **Million[en]** million[s]
mir [miːɐ̯] **I.** *Personalpron., Dat. von* **ich: mit ~** avec moi; **er folgt ~** il me suit; **er ist ein Freund von ~** il est un de mes amis; **es geht ~ heute besser** je vais mieux aujourd'hui; **das ist ~ egal** ça m'est égal; **sag es ~!** dis-le-moi ! ▸**von ~ aus!** *fam* j'ai rien contre ! **II.** *Reflexivpron.* **ich wasche ~ die Haare** je me lave les cheveux; **ich werde ~ einen Pulli anziehen** je vais mettre un pull
Mirabelle [mira'bɛlə] <-, -n> *f* (*Frucht*) mirabelle *f*
Mischbrot *nt* pain *m* bis
mischen ['mɪʃən] **I.** *tr. V.* mélanger **II.** *refl. V.* **sich ~** (*Flüssigkeiten*) se mélanger; **sich unter die Menge ~** se mêler à la foule
Mischling ['mɪʃlɪŋ] <-s, -e> *m* ❶ (*Mensch*) métis(se) *m(f)* ❷ ZOOL bâtard *m*
Mischmaschine *f* bétonnière *f* **Mischpult** *nt* pupitre *m* de mixage
Mischung <-, -en> *f* mélange *m*
Mischwald *m* forêt *f* d'essences mixtes
miserabel [mizə'raːbəl] **I.** *Adj.* (*Zustand, Film*) lamentable; (*Wetter, Essen*) exécrable **II.** *Adv.* (*sehr schlecht*) lamentablement
Misere [mi'zeːrə] <-, -n> *f geh* situation *f* désastreuse
missachten*RR [mɪs'ʔaxtən], **mißachten*ALT** *tr. V.* ❶ (*Vorschrift*) ne pas respecter; (*Warnung*) ne pas tenir compte de ❷ (*Person*) mésestimer
MissachtungRR, **MißachtungALT** *f* ❶ (*Geringschätzung*) mépris *m* ❷ (*Ignorierung: einer Vorschrift*) non-respect *m;* (*eines Ratschlags, einer Warnung*) non-prise *f* en compte
MissbildungRR, **MißbildungALT** <-, -en> *f* malformation *f*
missbilligen*RR [mɪs'bɪlɪgən], **mißbilligen*ALT** *tr. V.* désapprouver
missbilligendRR, **mißbilligendALT** **I.** *Adj.* (*Blick*) désapprobateur(-trice) **II.** *Adv.* d'un air réprobateur
MissbilligungRR, **MißbilligungALT** <-> *f* désapprobation *f*
MissbrauchRR [mɪs'braʊx], **MißbrauchALT** *m* (*von Drogen*) abus *m;* (*einer Notbremse*) emploi *m* abusif; **sexueller ~** abus sexuel
missbrauchen*RR [mɪs'braʊxən], **mißbrauchen*ALT** *tr. V.* (*Vertrauen*) abuser de; (*Medikament*) faire un usage abusif de; **jdn [sexuell] ~** abuser [sexuellement] de qn
MisserfolgRR, **MißerfolgALT** *m* (*einer Person*) échec *m;* (*eines Stücks*) fiasco *m*
MissernteRR, **MißernteALT** *f* mauvaise récolte *f*
Missetat ['mɪsətaːt] *f hum* sale tour *m*
missfallen*RR [mɪs'falən], **mißfallen*ALT** *intr. V. unreg geh* **jdm ~** déplaire à qn
MissgeburtRR, **MißgeburtALT** *f* enfant *mf* mal formé(e)
MissgeschickRR, **MißgeschickALT** *nt* malheur *m*
missglücken*RR [mɪs'glʏkən], **mißglücken*ALT** *intr. V. + sein* échouer
MissgriffRR, **MißgriffALT** *m* mauvais choix *m*
MissgunstRR, **MißgunstALT** *f* jalousie *f*
missgünstigRR, **mißgünstigALT** *Adj.* jaloux(-ouse)
misshandeln*RR [mɪs'handəln], **mißhandeln*ALT** *tr. V.* maltraiter

M

MisshandlungRR [mɪsˈhandlʊŋ], **Mißhandlung**ALT *f* mauvais traitements *mpl*
Mission [mɪˈsi̯oːn] <-, -en> *f* mission *f*
Missionar(in) [mɪsi̯oˈnaːɐ̯] <-s, -e> *m(f)*, **Missionär(in)** [mɪsi̯oˈnɛːɐ̯] <-s, -e> *m(f)* A missionnaire *mf*
missionarisch [mɪsi̯oˈnaːrɪʃ] *Adj.* missionnaire
MissklangRR, **Mißklang**ALT *m* ❶ MUS dissonance *f* ❷ (*Unstimmigkeit*) désaccord *m*
MisskreditRR, **Mißkredit**ALT *m kein Pl.* **jdn in ~ bringen** discréditer qn; **in ~ geraten** se discréditer
misslingenRR [mɪsˈlɪŋən] <misslang, misslungen>, **mißlingen**ALT <mißlang, mißlungen> *intr. V. + sein* échouer
MisslingenRR, **Mißlingen**ALT <-s> *nt* échec *m*
MissmutRR, **Mißmut**ALT *m* mauvaise humeur *f*
missmutigRR, **mißmutig**ALT *Adj., Adv.* de mauvaise humeur
missraten*RR [mɪsˈraːtən], **mißraten***ALT *intr. V. unreg + sein* rater; **ein ~es Kind** un enfant mal élevé
M
MissstandRR, **Mißstand**ALT *m* anomalie *f*
misstrauen*RR [mɪsˈtraʊən], **mißtrauen***ALT *intr. V.* **jdm/einer S. ~** se méfier de qn/qc
MisstrauenRR [ˈmɪstraʊən], **Mißtrauen**ALT <-s> *nt* méfiance *f*
MisstrauensantragRR, **Mißtrauensantrag**ALT *m* POL motion *f* de censure
MisstrauensvotumRR, **Mißtrauensvotum**ALT [mɪsˈtraʊənsvoːtʊm] *nt* POL vote *m* de défiance
misstrauischRR, **mißtrauisch**ALT *Adj.* méfiant(e)
MissverhältnisRR, **Mißverhältnis**ALT *nt* disproportion *f*
missverständlichRR, **mißverständlich**ALT *Adj.* qui prête à équivoque
MissverständnisRR, **Mißverständnis**ALT <-ses, -se> *nt* malentendu *m*
missverstehen*RR, **mißverstehen***ALT *tr. V. unreg* **jdn/etw ~** mal comprendre qn/qc; **sich missverstanden fühlen** se sentir mal compris(e)
MisswirtschaftRR, **Mißwirtschaft**ALT *f* mauvaise gestion *f*
Mist [mɪst] <-[e]s> *m* ❶ (*Dung*) fumier *m* ❷ *fam* (*Unsinn*) conneries *fpl* ❸ *fam* (*Ärger*) [**so ein**] **~!** merde !
Mistel [ˈmɪstəl] <-, -n> *f* gui *m*
Mistgabel *f* fourche *f* à fumier **Misthaufen** *m* tas *m* de fumier **Mistkäfer** *m* bousier *m* **Miststück** *nt pej fam* (*gemeine Frau*) salope *f* (*vulg*)
mit [mɪt] **I.** *Präp. + Dat.* ❶ (*zur Angabe der Art und Weise*) avec; **~ großen Schritten** à grands pas ❷ (*per*) **~ dem Fahrrad** à vélo; **~ dem Auto/Flugzeug** en voiture/avion; **~ dem Lkw** par camion; **~ der Post/Bahn** par la poste/le train ❸ (*in Begleitung von, versehen mit*) avec; **Tee ~ Rum** du thé au rhum ❹ (*zur Angabe des Zeitpunkts*) **~ 18 [Jahren]** à 18 ans ❺ *fam* (*und dazu*) **du ~ deiner Arroganz!** toi et ton arrogance ! ❻ (*hinsichtlich*) **~ dem Rauchen aufhören** arrêter de fumer **II.** *Adv.* **bist du ~ dabei gewesen?** est-ce que tu y étais aussi ?
Mitarbeit *f* ❶ (*Mitwirkung*) collaboration *f* ❷ SCHULE, UNIV participation *f*
mit|arbeiten *intr. V.* ❶ collaborer ❷ SCHULE, UNIV participer
Mitarbeiter(in) *m(f)* collaborateur *m*/collaboratrice *f*
mit|bekommen* *tr. V. unreg* ❶ (*bekommen*) recevoir ❷ (*hören*) entendre ❸ (*verstehen*) comprendre
mit|benutzen* *tr. V.* utiliser aussi
mit|bestimmen* **I.** *intr. V.* avoir voix au chapitre; (*Arbeitnehmer*) prendre part à la gestion **II.** *tr. V.* (*Verfahrensweise*) influer sur
Mitbestimmung *f* ❶ participation *f* ❷ (*im Betrieb*) [**betriebliche**] **~** cogestion *f* [d'entreprise]
Mitbestimmungsrecht *nt* droit *m* de cogestion
Mitbewohner(in) *m(f)* colocataire *mf*
mit|bringen *tr. V. unreg* (*Sachen*) apporter; (*Personen*) amener
Mitbringsel [ˈmɪtbrɪŋzəl] <-s, -> *nt fam* petit quelque chose *m*
Mitbürger(in) *m(f)* concitoyen(ne) *m(f)*
mit|denken *intr. V. unreg* (*überlegt handeln*) réfléchir
mit|dürfen *intr. V. unreg fam* **mit jdm ~** pouvoir venir avec qn
Miteigentümer(in) *m(f)* copropriétaire *mf*
miteinander [mɪtʔaiˈnandɐ] *Adv.* ❶ (*gemeinsam*) ensemble ❷ (*untereinander*) **gut ~ auskommen** s'entendre bien
Miteinander [mɪtʔaiˈnandɐ] <-s> *nt* coopération *f*

Mitesser <-s, -> *m* point *m* noir

mit|fahren *intr. V. unreg + sein* **mit jdm ~** faire le voyage avec qn

Mitfahrgelegenheit *f* possibilité *f* de faire le voyage avec qn **Mitfahrzentrale** *f* société *f* de covoiturage

mit|fühlen *intr. V.* **mit jdm ~** avoir de la compassion pour qn

mitfühlend **I.** *Adj.* compatissant(e) **II.** *Adv.* avec compassion

mit|führen *tr. V. form* **etw ~** avoir qc [avec soi]

mit|geben *tr. V. unreg* (*auf den Weg geben*) donner

Mitgefühl *nt kein Pl.* sympathie *f*

mit|gehen *intr. V. unreg + sein* ① (*begleiten*) **mit jdm ~** accompagner qn ② (*sich mitreißen lassen*) se laisser emporter ▶ **etw ~ lassen** *fam* piquer qc

Mitgift <-, -en> *f* dot *f*

Mitglied *nt* membre *m*

Mitgliederversammlung *f* assemblée *f* générale

Mitgliedsausweis *m* carte *f* de membre **Mitgliedsbeitrag** *m* cotisation *f*

Mitgliedschaft <-, -en> *f* appartenance *f*

Mitgliedsstaat *m* État *m* membre

mit|haben *tr. V. unreg fam* **etw ~** avoir qc sur soi

mit|halten *intr. V. unreg* (*nicht unterliegen*) tenir tête

mit|helfen *intr. V. unreg* aider

Mithilfe *f kein Pl.* aide *f*

mit|hören *tr. V.* surprendre

mit|kommen *intr. V. unreg + sein* ① **mit jdm ~** venir avec qn ② *fam* (*mithalten*) suivre

mit|kriegen *s.* **mitbekommen**

mit|laufen *intr. V. unreg + sein* ① (*ebenfalls laufen*) courir [aussi] ② (*Tonband*) tourner

Mitläufer(in) *m(f) pej* suiveur(-euse) *m(f)*

Mitlaut *m* consonne *f*

Mitleid *nt* pitié *f;* **~ mit jdm haben** avoir pitié de qn

mitleidig **I.** *Adj.* (*mitfühlend*) compatissant(e) **II.** *Adv.* (*voller Mitgefühl*) avec compassion

mit|machen **I.** *intr. V.* ① **bei etw ~** participer à qc; **machst du mit?** tu es partant(e) ? ② *fam* (*Herz*) tenir le coup; (*Wetter*) être de la partie **II.** *tr. V.* ① (*sich beteiligen*) participer à ② *fam* **viel mitgemacht haben** en avoir vu des vertes et des pas mûres

Mitmensch *m* semblable *mf*

mit|müssen *intr. V. unreg fam* (*mitgehen müssen*) être obligé d'y aller

mit|nehmen *tr. V. unreg* ① (*mit sich nehmen*) prendre ② (*körperlich erschöpfen*) épuiser ③ (*psychisch belasten*) bouleverser

mit|reden *intr. V.* **bei etw ~** avoir son mot à dire dans qc

mit|reißen *tr. V. unreg* ① (*mit sich reißen*) emporter ② (*begeistern*) enthousiasmer

mitreißend *Adj.* enthousiasmant(e)

mitsamt [mɪt'zamt] *Präp. + Dat.* avec

mit|schreiben *unreg* **I.** *tr. V.* **etw ~** prendre qc en note **II.** *intr. V.* prendre des notes

Mitschuld *f* complicité *f;* **seine/ihre ~ an etw** (*Dat*) (*Mitverantwortung*) sa part de responsabilité dans qc

Mitschüler(in) *m(f)* camarade *mf* d'école

mit|spielen *intr. V.* ① **bei etw ~** jouer aussi à qc ② SPORT jouer ③ CINE, THEAT faire partie de la distribution ▶ **jdm übel ~** jouer un sale tour à qn

Mitspracherecht *nt kein Pl.* droit *m* de regard

Mittag ['mɪta:k] <-[e]s, -e> *m* (*Mittagszeit*) midi *m;* **zu ~ essen** déjeuner; **einen Salat zu ~ essen** manger une salade à midi

Mittagessen *nt* déjeuner *m,* dîner *m* (BELG, CH); **was gibt es heute zum ~?** qu'est-ce qu'on mange à midi ?

mittags *Adv.* à midi

Mittagspause *f* pause *f* de midi **Mittagsruhe** *f* repos *m* de midi; **die ~ einhalten** respecter le repos de midi **Mittagsschlaf** *m* sieste *f* **Mittagszeit** *f* heure *f* du déjeuner

Mitte ['mɪtə] <-, -n> *f* ① milieu *m;* (*Mittelpunkt*) centre *m;* **~ des Jahres** au milieu de l'année; **~ Januar** à la mi-janvier; **~ zwanzig sein** avoir environ vingt-cinq ans; **sie nahmen ihn in die ~** ils l'ont pris entre eux ② POL centre *m*

mit|teilen *tr. V.* **jdm etw ~** annoncer qc à qn

mitteilsam *Adj.* communicatif(-ive)

Mitteilung *f* communication *f;* **die ~ bekommen, dass ...** être informé que ...

Mittel ['mɪtəl] <-s, -> *nt* ① (*Medikament*) médicament *m;* (*Hausmittel*) remède *m* ② (*Methode*) moyen *m* ③ *Pl* (*Geldmittel*) moyens *mpl* ④ (*Durchschnitt*) moyenne *f*

Mittelalter *nt* **das** ~ le Moyen Âge **mittelalterlich** *Adj.* médiéval(e) **Mittelamerika** *nt* l'Amérique *f* centrale **Mitteleuropa** *nt* l'Europe *f* centrale **mitteleuropäisch** *Adj.* d'Europe centrale **Mittelfeld** *nt* ① *kein Pl.* (*Teil des Spielfelds*) centre *m* du terrain ② (*Gruppe*) [gros *m* du] peloton *m* **Mittelfinger** *m* majeur *m* **mittelfristig** *Adj., Adv.* à moyen terme **Mittelklassewagen** *m* voiture *f* [de] milieu de gamme **Mittellinie** *f a.* SPORT ligne *f* médiane **mittellos** *Adj.* sans ressources **Mittelmaß** *nt kein Pl.* [petite] moyenne *f* **mittelmäßig** *Adj.* médiocre **Mittelmeer** *nt* **das** ~ la [mer] Méditerranée **Mittelpunkt** *m* ① (*Punkt*) centre *m;* (*einer Geraden*) milieu *m* ② (*Zentrum*) centre *m* ③ (*Hauptperson*) personnage *m* central

mittels *Präp. + Gen. geh* au moyen de

Mittelschule *f* ① *s.* **Realschule** ② CH (*höhere Schule*) *établissement d'enseignement du second degré*

Mittelstand *m* classe *f* moyenne **mittelständisch** *Adj.* des classes moyennes; **die ~en Betriebe** les petites et moyennes entreprises **Mittelstreckenrakete** *f* missile *m* [de] moyenne portée **Mittelstreifen** *m* terre-plein *m* **Mittelstufe** *f: classes de quatrième, troisième et seconde* **Mittelstürmer(in)** *m(f)* avant-centre *mf* **Mittelwelle** *f* RADIO onde *f* moyenne **Mittelwert** *m* valeur *f* moyenne

mitten ['mɪtən] *Adv.* ~ **im Wald** au milieu de la forêt; ~ **in der Nacht** au beau milieu de la nuit

mittendrin ['mɪtən'drɪn] *Adv. fam* ~ **sein** être en plein milieu **mittendurch** *Adv.* (*führen*) à travers

Mitternacht ['mɪtɐnaxt] *f kein Pl.* minuit *f*

mittlere(r, s) ['mɪtlərə, -rɐ, -rəs] *Adj. attr* ① (*Qualität*) moyen(ne); (*Katastrophe*) aux conséquences limitées; (*Verbrauch*) moyen(ne) ② (*Balkon*) du milieu ③ (*Bruder*) deuxième; **~n Alters** d'un certain âge

mittlerweile ['mɪtlɐ'vailə] *Adv.* (*währenddessen*) entre-temps; (*im Gegensatz zu früher*) maintenant

Mittwoch ['mɪtvɔx] <-s, -e> *m* mercredi *m; s.a.* **Dienstag**

Mittwochabend *m* mercredi *m* soir **Mittwochmorgen** *m* mercredi *m* matin

mittwochs *Adv.* le mercredi

mitunter [mɪt'ʔʊntɐ] *Adv.* parfois

mitverantwortlich *Adj.* ~ **sein** être coresponsable

mit|wirken *intr. V.* ① **bei/an etw** (*Dat*) ~ participer à qc ② CINE, THEAT *form* faire partie de la distribution

Mitwohnzentrale *f* centrale *f* immobilière

mixen ['mɪksən] *tr. V.* mixer

Mixer <-s, -> *m* mixe[u]r *m*

Mixtur [mɪks'tuːɐ̯] <-, -en> *f* mixture *f*

mm *Abk. von* **Millimeter** mm

Mob [mɔp] <-s> *m* populace *f*

Mobbing <-s> *nt* harcèlement *m* moral *(exercé sur le lieu de travail)*

Möbel ['møːbəl] <-s, -> *nt* meuble *m*

Möbelwagen *m* camion *m* de déménagement

mobil [mo'biːl] *Adj.* ① ~ **sein** être mobile ② MIL ~ **machen** mobiliser

Mobile <-s, -s> *nt* mobile *m*

Mobilfunk *m* téléphonie *f* [numérique] mobile

mobilisieren* [mobili'ziːrən] *tr. V.* mobiliser

Mobilität [mobili'tɛːt] <-> *f* mobilité *f*

Mobiltelefon *nt* téléphone *m* sans fil

möblieren* [mø'bliːrən] *tr. V.* meubler

Mode ['moːdə] <-, -n> *f* mode *f*

modebewusst[RR] *Adj.* modeux(-euse) (*fam*) **Modehaus** *nt* maison *f* de mode

Model ['mɔdəl] <-s, -s> *nt* modèle *m*

Modell [mo'dɛl] <-s, -e> *nt* ① (*verkleinerte Ausgabe*) modèle *m* réduit ② *a.* KUNST (*Ausführung*) modèle *m* ③ (*Kleidungsstück*) création *f*

Modelleisenbahn *f* train *m* électrique

modellieren* [modɛ'liːrən] *tr. V.* modeler

Modem ['moːdɛm] <-s, -s> *nt o m* INET modem *m*

Modenschau *f* défilé *m* de mode

Moderation [modera'tsi̯oːn] <-, -en> *f* présentation *f*

Moderator [mode'raːtoːɐ̯] <-s, -toren> *m,* **Moderatorin** *f* RADIO, TV présentateur(-trice) *m(f);* (*einer Spielshow*) animateur(-trice) *m(f)*

moderieren* *tr. V.* présenter

modern[1] ['mo:dɐn] *intr. V. + haben o sein* moisir
modern[2] [mo'dɛrn] **I.** *Adj.* moderne; (*Person*) de son temps; (*Kleidung*) [à la] mode **II.** *Adv.* (*sich kleiden*) [à la] mode
Moderne [mo'dɛrnə] <-> *f* **die ~** (*Epoche*) l'époque *f* moderne; (*Kunstrichtung*) l'école *f* moderne
modernisieren* [modɛrni'zi:rən] *tr. V.* moderniser
Modeschmuck *m* bijou *m* fantaisie **Modeschöpfer(in)** *m(f)* créateur(-trice) *m(f)* [de mode] **Modewort** *nt* LING mot *m* à la mode
Modi *Pl. von* **Modus**
modisch *Adj.* à la mode
Modul [mo'du:l] <-s, -e> *nt* INFORM module *m*
Modus ['mɔdʊs] <-, Modi> *m* mode *m*
Mofa ['mo:fa] <-s, -s> *nt* mobylette® *f*
mogeln ['mo:gəln] *intr. V. fam* tricher
mögen[1] ['mø:gən] <mag, mochte, gemocht> *tr. V.* ❶ (*gernhaben*) aimer ❷ (*haben wollen*) **was möchten Sie, bitte?** vous désirez ?; **ich möchte [gern] ...** je voudrais ... ❸ (*erwarten*) **sie möchte, dass** elle voudrait que + *subj*
mögen[2] <mochte, gemocht> *intr. V.* (*wollen*) vouloir [bien]; **sie möchte nach Hause** *fam* elle voudrait rentrer
mögen[3] <mochte, ~> *Hilfsverb, modal, mit Infin.* ❶ (*wollen*) **sie möchte hierbleiben** elle voudrait rester ici ❷ *geh* (*als Ausdruck des Zugestehens*) **mag sein, dass** il est possible que + *subj* ❸ (*sollen*) **Sie möchten ihn bitte zurückrufen** vous êtes prié(e) de le rappeler ❹ *geh* (*als Ausdruck eines Wunschs*) **~ sie miteinander glücklich werden!** qu'ils soient heureux ensemble ! ❺ (*geneigt sein*) **man möchte meinen, dass ...** on pourrait croire que ..
möglich ['mø:klɪç] *Adj.* ❶ (*durchführbar*) possible; **es ist ~, dass** il est possible que + *subj* ❷ (*denkbar*) **alle ~en Länder** tous les pays possibles; **alles Mögliche** toutes sortes de choses ❸ *attr* (*potenziell*) potentiel(le)
möglicherweise *Adv.* peut-être
Möglichkeit <-, -en> *f* possibilité *f*
möglichst *Adv.* ❶ **~ groß** le plus grand possible ❷ (*wenn möglich*) si possible
Mohn [mo:n] <-[e]s, -e> *m* pavot *m*; (*Klatschmohn*) coquelicot *m*
Möhre ['mø:rə] <-, -n> *f* carotte *f*
mokieren* [mo'ki:rən] *refl. V. geh* **sich über jdn/etw ~** se moquer de qn/qc
Mokka ['mɔka] <-s, -s> *m* moka *m*
Mole ['mo:lə] <-, -n> *f* môle *m*
Molekül [mole'ky:l] <-s, -e> *nt* molécule *f*
Molke ['mɔlkə] <-> *f* petit-lait *m*
Molkerei [mɔlkə'rai] <-, -en> *f* laiterie *f*
Moll [mɔl] <-> *nt* mineur *m*
mollig ['mɔlɪç] *Adj.* rondelet(te) (*fam*)
Molotowcocktail ['mo:lotɔfkɔkteɪl] *m* cocktail *m* Molotov
Moment [mo'mɛnt] <-[e]s, -e> *m* (*Augenblick*) moment *m*; (*kurze Zeitspanne*) instant *m*; **im ~** pour le moment; **~ mal!** eh, minute ! (*fam*)
momentan [momɛn'ta:n] *Adj.* ❶ (*derzeitig*) actuel(le) ❷ (*vorübergehend*) momentané(e)
Monaco ['mo:nako] <-s> *nt* [la Principauté de] Monaco
Monarch(in) [mo'narç] <-en, -en> *m(f)* monarque *m*
Monarchie [monar'çi:] <-, -n> *f* monarchie *f*
monarchistisch *Adj.* monarchiste
Monat ['mo:nat] <-[e]s, -e> *m* mois *m*; **diesen ~** ce mois-ci; **im nächsten ~** le mois prochain
monatelang **I.** *Adj. attr* de plusieurs mois **II.** *Adv.* pendant des mois
monatlich *Adj.* mensuel(le)
Monatsblutung *s.* **Menstruation** **Monatseinkommen** *nt* revenu *m* mensuel **Monatskarte** *f* (*Fahrkarte*) abonnement *m* [mensuel] **Monatsrate** *f* mensualité *f*
Mönch [mœnç] <-[e]s, -e> *m* moine *m*
Mond [mo:nt] <-[e]s, -e> *m* ❶ *kein Pl.* (*Erdsatellit*) lune *f*; (*in astronomischen Fachtexten*) Lune *f* ❷ (*Trabant*) satellite *m*
Mondfinsternis *f* éclipse *f* de Lune **Mondlandung** *f* alunissage *m*, atterrissage *m* sur la Lune **Mondlicht** *nt* clarté *f* de la lune **Mondschein** *m* clair *m* de lune **Mondsichel** *f* croissant *m* **mondsüchtig** *Adj.* somnambule
Monegasse [mone'gasə] <-n, -n> *m*, **Monegassin** *f* Monégasque *mf*
Moneten [mo'ne:tən] *Pl fam* pognon *m*
Mongole [mɔŋ'go:lə] <-n, -n> *m*, **Mongolin** *f* Mongol(e) *m(f)*

M

Mongolei [mɔŋgo'lai] <-> *f* **die ~** la Mongolie

Mongolismus [mɔŋgo'lɪsmʊs] <-> *m* MED mongolisme *m*

mongoloid [mɔŋgolo'iːt] *Adj.* MED mongoloïde

Monitor ['moːnitoːɐ̯] <-s, -toren> *m* moniteur *m*

Monogamie [monoga'miː] <-> *f* monogamie *f*

Monogramm [mono'gram] <-s, -e> *nt* monogramme *m*

Monokultur ['moːnokʊltuːɐ̯] *f* monoculture *f*

Monolog [mono'loːk] <-[e]s, -e> *m* monologue *m*

Monopol [mono'poːl] <-s, -e> *nt* monopole *m*

Monopolstellung *f* situation *f* de monopole

monoton [mono'toːn] *Adj.* monotone

Monotonie [monoto'niː] <-, -n> *f* monotonie *f*

Monoxid <-[e]s, -e> *nt* monoxyde *m*

Monster ['mɔnstɐ] <-s, -> *nt* monstre *m*

M

monströs [mɔn'strøːs] *Adj. geh* monstrueux(-euse); (*riesig*) énorme

Monstrum ['mɔnstrʊm] <-s, Monstren> *nt* monstre *m*

Monsun [mɔn'zuːn] <-s, -e> *m* mousson *f*

Montag ['moːntaːk] <-s, -e> *m* lundi *m; s.a.* **Dienstag**

Montagabend *m* lundi *m* soir

Montage [mɔn'taːʒə] <-, -n> *f* montage *m*

Montagmorgen *m* lundi *m* matin

montags *Adv.* le lundi

Monteur(in) [mɔn'tøːɐ̯] <-s, -e> *m(f)* installateur(-trice) *m(f)*

montieren* *tr. V.* ❶ (*zusammenbauen*) monter ❷ (*anbringen*) installer

Monument [monu'mɛnt] <-[e]s, -e> *nt* monument *m*

monumental [monumɛn'taːl] *Adj.* colossal(e)

Monumentalfilm *m* superproduction *f*

Moor [moːɐ̯] <-[e]s, -e> *nt* marais *m*

Moos [moːs] <-es, -e> *nt* ❶ BOT mousse *f* ❷ *kein Pl. fam* (*Geld*) pognon *m*

Moped ['moːpɛt] <-s, -s> *nt* vélomoteur *m*

Mopedfahrer(in) *m(f)* motocycliste *mf*

Mopp[RR] [mɔp] <-s, -s> *m* balai *m* à franges

Mops [mɔps, *Pl:* 'mœpsə] <-es, Möpse> *m* ZOOL carlin *m*

Moral [mo'raːl] <-> *f* (*Ethik*) morale *f*

moralisch *Adj.* moral(e)

Moralpredigt *f* sermon *m*

Morast [mo'rast] <-[e]s, -e *o* Moräste> *m* ❶ (*sumpfiges Gelände*) marécage *m* ❷ *kein Pl.* (*Schlamm*) boue *f*

Morchel ['mɔrçəl] <-, -n> *f* morille *f*

Mord [mɔrt] <-[e]s, -e> *m* meurtre *m*

Mordanschlag *m* attentat *m* **Morddrohung** *f* menace *f* de mort

morden ['mɔrdən] *intr. V.* assassiner; (*Massenmord begehen*) massacrer

Mörder(in) ['mœrdɐ] <-s, -> *m(f)* meurtrier(-ière) *m(f)*

mörderisch *Adj. fam* ❶ (*schrecklich*) atroce ❷ (*Hunger*) terrible; (*Tempo*) infernal(e)

Mordshunger ['mɔrts'hʊŋɐ] *m fam* faim *f* de loup

Mordwaffe *f* arme *f* du crime

morgen ['mɔrgən] *Adv.* demain; **~ früh** demain matin

Morgen[1] <-s> *nt* demain *m*

Morgen[2] <-s, -> *m* ❶ matin *m;* (*in seinem Verlauf*) matinée *f;* **am ~** le matin; **heute/Montag ~** ce/lundi matin; **am nächsten ~** le lendemain matin; [**guten**] **~!** bonjour ! ❷ (*Flächenmaß*) ≈ arpent *m*

morgendlich ['mɔrgəntlɪç] *Adj.* (*Stille*) matinal(e); (*Hektik*) du matin

Morgengrauen <-s, -> *nt* aube *f* **Morgenmantel** *m,* **Morgenrock** *m* robe *f* de chambre **Morgenmuffel** <-s, -> *m fam* **ich bin ein ~** le matin, je ne suis pas à prendre avec des pincettes

morgens *Adv.* le matin; **von ~ bis abends** du matin au soir

morgig *Adj. attr* de demain

Mormone [mɔr'moːnə] <-n, -n> *m,* **Mormonin** *f* mormon(e) *m(f)*

Morphium ['mɔrfiʊm] <-s> *nt* morphine *f*

morsch [mɔrʃ] *Adj.* (*Holz*) pourri(e)

Morsealphabet *nt* alphabet *m* morse

morsen ['mɔrzən] *tr., intr. V.* télégraphier en morse

Mörser ['mœrzɐ] <-s, -> *m* mortier *m*

Mörtel ['mœrtəl] <-s, -> *m* mortier *m*

Mosaik [moza'iːk] <-s, -e[n]> *nt* mosaïque *f*

Moschee [mɔ'ʃeː] <-, -n> *f* mosquée *f*

Moschus ['mɔʃʊs] <-> *m* musc *m*
Möse ['møːzə] <-, -n> *f vulg* con *m*
Mosel ['moːzəl] <-> *f* **die ~** la Moselle
Moskau ['mɔskaʊ] <-s> *nt* Moscou
Moskito [mɔs'kiːto] <-s, -s> *m* moustique *m*
Moslem ['mɔslɛm] <-s, -s> *m*, **Moslime** *f* musulman(e) *m(f)*
moslemisch [mɔs'leːmɪʃ] *Adj.* musulman(e)
Most [mɔst] <-[e]s> *m* moût *m*
Motel ['moːtəl] <-s, -s> *nt* motel *m*
Motiv [mo'tiːf] <-s, -e> *nt* motif *m*
Motivation [motiva'tsi̯oːn] <-, -en> *f* motivation *f*
motivieren* [moti'viːrən] *tr. V.* motiver
Motor ['moːtɔr] <-s, -toren> *m* moteur *m*
Motorboot *nt* bateau *m* à moteur **Motorhaube** *f* capot *m*
motorisiert *Adj.* motorisé(e) *(fam)*
Motorrad ['motorat] *nt* moto *f* **Motorradfahrer(in)** *m(f)* motocycliste *mf* **Motorroller** *m* scooter *m* **Motorsäge** *f* tronçonneuse *f*
Motte ['mɔtə] <-, -n> *f* mite *f*
Mottenkugel *f* boule *f* antimite
Motto ['mɔto] <-s, -s> *nt* devise *f*
motzen ['mɔtsən] *intr. V. fam* râler
Mountainbike ['maʊntənbaik] <-s, -s> *nt* vélo *m* tout-terrain, V.T.T. *m*
Möwe ['møːvə] <-, -n> *f* mouette *f*
Mrd. *Abk. von* **Milliarde[n]** Mrd.
MS [ɛm'ʔɛs] *Abk. von* **Multiple Sklerose** sclérose *f* en plaques
Mücke ['mʏkə] <-, -n> *f* moustique *m*
Mückenstich *m* piqûre *f* de moustique
Mucks [mʊks] <-es, -e> *m fam (Wort)* mot *m;* **ohne einen ~** sans moufter
mucksmäuschenstill ['mʊks'mɔɪsçən'ʃtɪl] *fam* **I.** *Adj.* silencieux(-euse); **seid ~!** pas de bruit ! **II.** *Adv.* sans faire de bruit
müde ['myːdə] **I.** *Adj.* fatigué(e); *(gelangweilt)* lassé(e); **einer S.** *(Gen)* **~ werden/sein** se lasser/être fatigué de qc **II.** *Adv.* **da kann ich nur ~ lächeln** je ne trouve pas cela très original
Müdigkeit <-> *f* fatigue *f*
Müesli ['myːɛsli] <-s, -s> *nt* CH mu[e]sli *m*
Mühe ['myːə] <-, -n> *f* peine *f;* **sich** *(Dat)* **~ geben** se donner du mal; **sich** *(Dat)* **die ~ machen etw zu tun** se donner la peine de faire qc; **machen Sie sich** *(Dat)* **keine ~!** ne vous dérangez pas ! ▸ **mit Müh und Not** *fam* avec bien du mal
mühelos **I.** *Adj.* facile **II.** *Adv.* sans peine
muhen ['muːən] *intr. V.* meugler
mühevoll *s.* **mühsam**
Mühle ['myːlə] <-, -n> *f* ❶ moulin *m* ❷ *(Brettspiel)* marelle *f* [assise]
Mühlrad *nt* roue *f* du moulin
mühsam *Adj.* pénible
Mulde ['mʊldə] <-, -n> *f* GEO cuvette *f*
Mull [mʊl] <-[e]s, -e> *m* MED gaze *f*
Müll [mʏl] <-s> *m* déchets *mpl*; *(Hausmüll)* ordures *fpl* ménagères
Müllabfuhr <-, -en> *f (das Abfahren)* ramassage *m* des ordures ménagères **Müllberg** *m fam (große Menge Müll)* montagne *f* d'ordures ménagères
Mullbinde *f* bande *f* de gaze
Müllcontainer *m* benne *f* à ordures **Mülldeponie** *f* décharge *f* **Mülleimer** *m* poubelle *f*
Müller(in) ['mʏlɐ] <-s, -> *m(f)* meunier(-ière) *m(f)*
Müllhalde *f* dépotoir *m* **Müllkippe** *f* décharge *f* **Müllmann** <-männer *o* Mülleute> *m fam* éboueur *m* **Müllschlucker** <-s, -> *m* vide-ordures *m inv.* **Mülltonne** *f* poubelle *f* **Mülltrennung** *f* triage *m* des déchets
Müllverbrennung *f* incinération *f* des ordures **Müllverbrennungsanlage** *f* usine *f* d'incinération des déchets **Müllwagen** *m* camion *m* de ramassage des ordures ménagères
mulmig ['mʊlmɪç] *Adj. fam (Gefühl)* étrange
multikulturell [mʊltikʊltu'rɛl] *Adj.* multiculturel(le) **Multimedia** <-[s]> *kein Pl.* **~** le multimédia **multinational** *Adj.* multinational(e)
Multiplikation [mʊltiplika'tsi̯oːn] <-, -en> *f* multiplication *f*
multiplizieren* [mʊltipli'tsiːrən] *tr. V.* **etw mit etw ~** multiplier qc par qc
Multitasking <-s> *nt* INFORM multiprogrammation *f*
Mumie ['muːmiə] <-, -n> *f* momie *f*
mumifizieren* [mumifi'tsiːrən] *tr. V.* momifier
Mumps [mʊmps] <-> *m* MED oreillons *mpl*
München ['mʏnçən] <-s> *nt* Munich

Mund [mʊnt, *Pl:* 'mʏndɐ] <-[e]s, Münder> *m* bouche *f;* **halt den ~!** *fam* boucle-la !
Mundart *f* patois *m*
münden ['mʏndən] *intr. V. + haben o sein* **in etw** (*Akk*) ~ (*Fluss*) se jeter dans qc; (*Diskussion*) aboutir à qc
Mundgeruch *m* mauvaise haleine *f* **Mundharmonika** *f* harmonica *m*
mündig ['mʏndɪç] *Adj.* ① (*Bürger*) responsable ② (*volljährig*) ~ **sein** avoir la majorité
mündlich ['mʏntlɪç] *Adj.* (*Prüfung*) oral(e); (*Vereinbarung*) verbal(e)
Mundpropaganda *f* bouche *m* à oreille **Mundschutz** *m* masque *m*
Mündung <-, -en> *f* ① (*eines Flusses*) embouchure *f* ② (*einer Kanone*) gueule *f;* (*eines Gewehrs*) extrémité *f*
Mundwasser *nt* bain *m* de bouche **Mundwerk** *nt* **ein freches ~ haben** *fam* avoir la langue bien pendue **Mund-zu-Mund-Beatmung** *f* bouche-à-bouche *m*
Munition [muni'tsi̯oːn] <-> *f* munitions *fpl*
Münster ['mʏnstɐ] <-s, -> *nt* cathédrale *f*
munter ['mʊntɐ] *Adj.* ① (*heiter*) gai(e) ② (*wach*) réveillé(e)
Münze ['mʏntsə] <-, -n> *f* pièce *f* de monnaie
Münzfernsprecher *m form* téléphone *m* à pièces
mürb[e] *Adj.* (*Fleisch*) tendre
Mürbeteig *m* pâte *f* brisée
Murmel ['mʊrməl] <-, -n> *f* bille *f*
murmeln ['mʊrməln] **I.** *intr. V.* marmonner **II.** *tr. V.* murmurer
Murmeltier *nt* marmotte *f* ▸ **schlafen wie ein ~** dormir comme un loir
murren ['mʊrən] *intr. V.* **über etw** (*Akk*) ~ maugréer au sujet de qc
mürrisch ['mʏrɪʃ] *Adj.* (*Person*) grincheux(-euse); (*Gesicht*) renfrogné(e)
Mus [muːs] <-es, -e> *nt o m* compote *f*
Muschel ['mʊʃəl] <-, -n> *f* coquillage *m;* (*Miesmuschel*) moule *f*
Muschi <-, -s> *f fam* chatte *f*
Muse ['muːzə] <-, -n> *f* muse *f*
Museum [mu'zeːʊm] <-s, Museen> *nt* musée *m*
Musical ['mjuːzikəl] <-s, -s> *nt* comédie *f* musicale
Musik [mu'ziːk] <-, -en> *f* musique *f*
musikalisch [muzi'kaːlɪʃ] *Adj.* ① (*die Musik betreffend*) musical(e) ② (*musikbegabt*) musicien(ne)
Musikant(in) [muzi'kant] <-en, -en> *m(f)* musicien(ne) *m(f)*
Musikbox *f* juke-box *m inv.*
Musiker(in) ['muːzikɐ] <-s, -> *m(f)* musicien(ne) *m(f)*
Musikhochschule *f* ≈ conservatoire *m* [de musique] **Musikinstrument** *nt* instrument *m* de musique **Musikkassette** *f* cassette *f* audio
musisch ['muːzɪʃ] *Adj.* (*Person*) doué(e) pour les arts; (*Begabung*) d'artiste
musizieren* [muzi'tsiːrən] *intr. V.* faire de la musique
Muskat <-[e]s, -e> *m* muscade *f*
Muskel ['mʊskəl] <-s, -n> *m* muscle *m*
Muskelkater *m* courbatures *fpl* **Muskelprotz** ['mʊskəlprɔts] <-es, -e> *m fam* paquet *m* de muscles (*hum*)
Musketier <-s, -e> *m* mousquetaire *m*
muskulös [mʊsku'løːs] *Adj.* musclé(e)
Müsli ['myːsli] <-s, -> *nt* mu[e]sli *m*
Muslim ['mʊslɪm] <-[s], -e> *m,* **Muslime** *f* musulman(e) *m(f)*
Muss[RR] [mʊs], **Muß**[ALT] <-> *nt* **ein ~ sein** être obligatoire
Muße ['muːsə] <-> *f* loisirs *mpl*
müssen ['mʏsən] **I.** <muss, musste, müssen> *tr. V., modal* ① **er muss arbeiten** il doit travailler; **lachen ~** ne pas pouvoir s'empêcher de rire; **das muss sein** c'est absolument nécessaire; **man müsste ...** il faudrait ... ② (*brauchen*) **du musst mir nicht helfen** tu n'as pas besoin de m'aider; **das muss nicht heißen, dass ...** cela ne veut pas forcément dire que ... ③ (*Ausdruck der Wahrscheinlichkeit*) **er muss krank sein** il doit être malade **II.** <musste, gemusst> *intr. V.* **ich muss zum Arzt** je dois aller chez le médecin; **du musst!** tu dois le faire !; [**mal**] ~ *fam* avoir besoin d'aller aux W.-C.
müßig *Adj.* oiseux(-euse)
müßig|gehen *intr. V. unreg geh* (*vorübergehend untätig sein*) rester oisif(-ive); (*dauerhaft untätig sein*) vivre dans l'oisiveté
Muster ['mʊstɐ] <-s, -> *nt* ① (*von Stoffen*) motif *m* ② (*Warenprobe*) échantillon *m* ③ (*Vorlage*) modèle *m* ④ (*Schnittmuster*) patron *m*

Musterbeispiel *nt* **ein ~ für etw** l'exemple *m* type de qc **Musterexemplar** *nt* échantillon *m;* (*Buch*) spécimen *m* **mustergültig** *Adj.*, **musterhaft** *Adj.* (*Person*) modèle; (*Verhalten*) exemplaire

mustern ['mʊstɐn] *tr. V.* ❶ examiner ❷ MIL **gemustert werden** passer les tests de sélection militaire

Musterprozess[RR] *m* procès *m* exemplaire **Musterschüler(in)** *m(f)* élève *mf* modèle

Musterung <-, -en> *f* MIL tests *mpl* de sélection militaire

Mut [mu:t] <-[e]s> *m* courage *m;* **den ~ verlieren** perdre courage

Mutation [muta'tsi̯o:n] <-, -en> *f* mutation *f*

mutieren* *intr. V.* BIO muter

mutig ['mu:tɪç] *Adj.* courageux(-euse)

mutlos *Adj.* découragé(e)

mutmaßlich *Adj. attr* (*Täter*) présumé(e)

Mutprobe *f* épreuve *f* de courage

Mutter[1] ['mʊtɐ, *Pl:* 'mʏtɐ] <-, Mütter> *f* mère *f;* **~ sein** être mère de famille

Mutter[2] <-, -n> *f* TECH écrou *m*

Muttergesellschaft *f* société *f* mère **Mutterleib** *m* **im ~** dans le ventre maternel

mütterlich ['mʏtɐlɪç] *Adj.* maternel(le)

mütterlicherseits *Adv.* du côté maternel

Mutterliebe *f* amour *m* maternel **Muttermal** *nt* tache *f* de naissance **Muttermilch** *f* lait *m* maternel **Muttermund** *m* ANAT col *m* de l'utérus

Mutterschaft <-> *f* maternité *f*

Mutterschaftsurlaub *m* congé *m* de maternité

Mutterschutz *m* protection *f* sociale de la femme enceinte **mutterseelenallein** ['mʊtɐ'ze:lənʔa'lain] *Adj.* **~ sein** être tout seul **Muttersöhnchen** <-s, -> *nt pej fam* petit garçon *m* à sa maman **Muttersprache** *f* langue *f* maternelle **Muttersprachler(in)** <-s, -> *m(f)* locuteur *m* natif **Muttertag** *m* fête *f* des Mères **Muttertier** *nt* AGR, ZOOL mère *f*

Mutti ['mʊti] <-, -s> *f fam* maman *f*

mutwillig **I.** *Adj.* causé(e) par un vandale/des vandales **II.** *Adv.* par vandalisme

Mütze ['mʏtsə] <-, -n> *f* (*Pudelmütze*) bonnet *m;* (*Schirmmütze*) casquette *f;* (*Baskenmütze*) béret *m*

MwSt. *Abk. von* **Mehrwertsteuer** T.V.A.

Myrr[h]e[RR] ['mʏrə] <-, -n> *f* myrrhe *f*

mysteriös [mʏsteri'ø:s] *Adj.* mystérieux(-euse)

Mystik ['mʏstɪk] <-> *f* mysticisme *m*

mythisch *Adj.* mythique

Mythologie [mytolo'gi:] <-, -n> *f* mythologie *f*

Mythos ['my:tɔs] <-, Mythen> *m* mythe *m*

M

Nn

N, n [ɛn] <-, -> *nt* N *m*/n *m*

N *Abk. von* **Norden** N

na [na] *Interj. fam* ❶ (*Ausdruck des Zweifels*) ben ❷ (*Ausruf der Entrüstung*) hé; ~ **warte!** eh là, pas si vite ! ▸ ~ **gut** bon, allez; ~ **also!** tu vois/vous voyez !; ~ **und?** et [puis] alors ?

Nabel ['naːbəl] <-s, -> *m* nombril *m*

Nabelschnur *f* cordon *m* ombilical

nach [naːx] **I.** *Präp.* + *Dat.* ❶ (*räumlich*) ~ **Nizza fahren** aller à Nice; ~ **Frankreich** en France; ~ **Dänemark** au Danemark; ~ **Norden** vers le nord; **der Zug** ~ **Bordeaux** le train pour Bordeaux; ~ **Hause gehen** aller à la maison ❷ (*zeitlich*) après; **fünf** [**Minuten**] ~ **drei** trois heures cinq [minutes]; ~ **drei Tagen** trois jours plus tard ❸ (*entsprechend*) selon; **meiner Meinung** ~ à mon avis; ~ **Autoren geordnet sein** (*Katalog*) être classé par auteurs; ~ **den Vorschriften** conformément au règlement **II.** *Adv.* ▸ ~ **und** ~ peu à peu; ~ **wie vor** toujours

nach|ahmen ['naːxʔaːmən] *tr. V.* imiter

Nachahmung <-, -en> *f* imitation *f*

Nachbar(in) ['naxbaːɐ̯] <-n, -n> *m(f)* voisin(e) *m(f)*

Nachbarschaft <-> *f* voisinage *m*

Nachbarstaat *m* [État *m*] voisin *m*

nach|bestellen* *tr. V.* **zwei Kisten** ~ commander deux autres caisses

Nachbildung *f* copie *f*

nachdem [naːx'deːm] *Konj.* ❶ (*zeitlich*) **kurz** ~ **wir zurückgekommen waren** peu après notre retour; ~ **er umgezogen war, ...** après avoir déménagé, ... ❷ (*da, weil*) comme

nach|denken *intr. V. unreg* **über etw** ~ réfléchir sur qc; (*eine Entscheidung suchen*) réfléchir à qc

nachdenklich *Adj.* pensif(-ive)

Nachdruck <-s> *m* insistance *f*; **mit** [**allem**] ~ (*verlangen*) expressément; (*ablehnen*) catégoriquement

nach|drucken *tr. V.* réimprimer

nachdrücklich ['naːxdrʏklɪç] **I.** *Adj.* insistant(e); (*Forderung*) ferme; (*Warnung*) appuyé(e) **II.** *Adv.* (*fordern*) fermement; (*warnen*) expressément; (*ablehnen*) catégoriquement

nach|eifern *intr. V.* **jdm** ~ prendre modèle sur qn

nacheinander [naːxʔai'nandɐ] *Adv.* ~ **den Raum verlassen** quitter la salle l'un(e) après l'autre; **etw zweimal** ~ **tun** faire qc deux fois de suite

Nacherzählung *f* compte *m* rendu de lecture

nach|fahren *intr. V. unreg* + *sein* ❶ (*verfolgen*) **jdm** ~ suivre qn ❷ (*später nachkommen*) **jdm** ~ rejoindre qn [en voiture/par le train]

nach|feiern *tr. V.* **etw** ~ fêter qc après coup

Nachfolge *f* succession *f*

nachfolgend *geh* **I.** *Adj.* suivant(e); **im Nachfolgenden** ci-après **II.** *Adv.* ensuite

Nachfolger(in) <-s, -> *m(f)* successeur *mf*

nach|fordern *tr. V.* demander après coup; **etw** ~ (*nachträglich fordern*) demander qc après coup; (*zusätzlich fordern*) demander qc en plus

nach|forschen *intr. V.* ~ faire des recherches

Nachforschung *f* recherches *fpl*

Nachfrage *f* ~ **nach etw** demande *f* de qc

nach|fragen *intr. V.* **bei jdm** ~**, ob/wie ...** se renseigner auprès de qn pour savoir si/comment ...

nach|fühlen *tr. V.* **er wird** [**mir**] **sicher** ~ **können, ...** il comprendra fort bien que + *subj*

nach|füllen *tr. V.* (*Glas*) remplir de nouveau

Nachfüllpackung *f* [éco]recharge *f*

nach|geben *intr. V. unreg* ❶ céder; (*Boden*) s'enfoncer ❷ FIN, ÖKON reculer

nach|gehen *intr. V. unreg* + *sein* ❶ **jdm** ~ suivre qn; **einem Hinweis** ~ vérifier un indice ❷ (*Uhr*) retarder

nachgemacht *Adj.* (*Unterschrift*) imité(e)

Nachgeschmack *m* arrière-goût *m*

nachgiebig ['naːxgiːbɪç] *Adj.* (*Person*) [trop] accommodant(e)

Nachgiebigkeit <-> *f* (*Wesensart*) manque *m* de fermeté

nach|gießen *tr., intr. V. unreg* resservir
nachhaltig ['na:xhaltɪç] *Adj.* durable
nachhause[RR] *Adv.* A, CH ~ **gehen** aller à la maison
nach|helfen *intr. V. unreg* donner un coup de pouce
nachher, nachher [na:x'he:ɐ̯] *Adv.* ❶ (*danach*) après ❷ (*gleich*) tout à l'heure
Nachhilfe *f*, **Nachhilfeunterricht** *m* cours *m* particulier
Nachhinein[RR] ['na:xhɪnain] **im ~** après coup
Nachholbedarf *m* ~ **an Bildung** retard *m* à combler en matière de culture
nach|holen *tr. V.* ❶ (*Jugend*) rattraper ❷ (*nachkommen lassen*) faire venir
nach|jagen *intr. V. + sein* **jdm/dem Geld ~** courir après qn/l'argent
nach|kaufen *tr. V.* **etw ~** racheter qc [par la suite]
Nachkomme ['na:xkɔmə] <-n, -n> *m* descendant(e) *m(f)*; **die ~n** la descendance
nach|kommen *intr. V. unreg + sein* ❶ **jdn ~ lassen** faire venir qn ❷ (*Schritt halten*) suivre
Nachkommenschaft <-> *f* descendance *f*
Nachkriegszeit *f* après-guerre *m*
nach|laden *intr., tr. V. unreg* recharger
Nachlass[RR] <-es, -e>, **Nachlaß**[ALT] ['na:xlas] <-lasses, -lasse> *m* ❶ (*eines Verstorbenen*) succession *f*; (*Werke*) œuvres *fpl* posthumes ❷ (*Preisnachlass*) réduction *f*
nach|lassen *intr. V. unreg* (*Sturm*) se calmer; (*Sehkraft*) faiblir; (*Schmerz*) s'atténuer
nachlässig **I.** *Adj.* (*Personal*) négligent(e); (*Arbeit, Äußeres*) négligé(e) **II.** *Adv.* ~ **arbeiten** être négligent dans son travail
Nachlässigkeit <-, -en> *f* négligence *f*
nach|laufen *intr. V. unreg + sein* **jdm ~** ❶ (*hinterherlaufen*) poursuivre qn ❷ *fam* (*erobern wollen*) courir après qn
nach|lesen *tr. V. unreg* **etw ~** vérifier qc
nach|lösen *tr. V.* acheter dans le train; **die Fahrkarte ~** acheter son billet dans le train
nach|machen *tr. V.* ❶ (*nachahmen*) imiter ❷ (*fälschen*) contrefaire
nach|messen *tr., intr. V. unreg* vérifier les mesures
Nachmieter(in) *m(f)* locataire *m* suivant
Nachmittag *m* après-midi *m o f inv.*; **am ~** l'après-midi; **heute ~** cet après-midi; **am frühen ~** tôt dans l'après-midi
nachmittags *Adv.* l'après-midi
Nachnahme ['na:xna:mə] <-, -n> *f* **etw per ~ schicken** envoyer qc contre remboursement
Nachname *m* nom *m* [de famille]
nachprüfbar *Adj.* vérifiable; **nicht ~** invérifiable
nach|prüfen *tr., intr. V.* vérifier
nach|rechnen **I.** *intr. V.* refaire les calculs **II.** *tr. V.* [re]vérifier
nach|reichen *tr. V.* **jdm etw ~** faire parvenir qc à qn ultérieurement
nach|reisen *intr. V. + sein* **jdm nach Italien ~** rejoindre qn en Italie
Nachricht ['na:xrɪçt] <-, -en> *f* ❶ information *f* ❷ (*Mitteilung*) nouvelle *f*
Nachrichtensprecher(in) *m(f)* présentateur(-trice) *m(f)* [du journal] **Nachrichtentechnik** *f* télécommunications *fpl*
nach|rücken *intr. V. + sein* ❶ prendre la place ❷ MIL **jdm ~** suivre qn
Nachruf *m* nécrologie *f*
nach|rüsten **I.** *intr. V.* MIL augmenter son potentiel militaire **II.** *tr. V.* (*Computer*) compléter l'équipement de
nach|sagen *tr. V.* (*behaupten*) **jdm Gutes ~** dire du bien de qn
Nachsaison *f* basse saison *f*
nach|schauen **I.** *tr. V.* vérifier **II.** *intr. V.* ❶ **~, ob ...** aller voir si ...; **im Wörterbuch ~** regarder dans le dictionnaire ❷ (*nachblicken*) **jdm/einer S. ~** suivre qn/qc des yeux
nach|schenken *geh* **I.** *tr. V.* **jdm Wasser ~** resservir de l'eau à qn **II.** *intr. V.* **jdm ~** resservir à boire à qn
nach|schicken *tr. V.* réexpédier
Nachschlag *m* portion *f* supplémentaire
nach|schlagen *unreg + haben* **I.** *tr. V.* ❶ (*suchen*) chercher ❷ (*überprüfen*) vérifier **II.** *intr. V.* **in einem Lexikon ~** consulter une encyclopédie
Nachschub <-[e]s, -schübe> *m* ravitaillement *m*
nach|sehen *unreg* **I.** *intr. V.* ❶ **~, ob/wo/...** aller voir si/où/... ❷ (*nachschlagen*) **in einem Lexikon ~** consulter une encyclopédie ❸ (*nachblicken*) **jdm/einer S. ~** suivre qn/qc des yeux

II. *tr. V.* ① **etw im Wörterbuch ~** chercher qc dans le dictionnaire ② (*kontrollieren*) vérifier ③ (*verzeihen*) **jdm etw ~** pardonner qc à qn

nach|senden *tr. V. unreg* **jdm etw ~** réexpédier qc à qn

Nachsicht <-> *f* indulgence *f*

nachsichtig **I.** *Adj.* indulgent(e) **II.** *Adv.* avec indulgence

nach|sitzen *intr. V. unreg* **~ müssen** être en retenue

Nachspeise *f* dessert *m*

nach|sprechen *tr., intr. V. unreg* répéter

nächstbeste(r, s) ['nɛːçst'bɛstə, -tɐ, -təs] *Adj. attr* **der/die Nächstbeste** le premier venu/la première venue

nächste(r, s) ['nɛːçstə, -tɐ, -təs] *Adj. Superl. von* **nah[e]** ① (*in größter Nähe gelegen*) **die ~ Tankstelle** la station d'essence la plus proche; **am ~n** le plus près ② (*bevorstehend*) **in der ~n Woche** la semaine prochaine; **am ~n Tag** le lendemain; **bei der ~n Gelegenheit** à la première occasion [qui se présente] ③ (*in Bezug auf eine Reihenfolge*) **der Nächste, bitte!** au suivant, s'il vous plaît ! ④ (*sehr vertraut*) **die ~n Verwandten/Angehörigen** les proches *mpl*

Nächste(r) *m* **mein ~r** mon prochain

nachstehend *Adj.* qui suit

nach|stellen *tr. V.* (*Uhr*) retarder; (*Szene*) jouer

Nächstenliebe *f* amour *m* du prochain

nächstens *Adv.* (*bald*) prochainement

nächstgelegen *Adj. attr* **das ~e Dorf** le village le plus proche **nächstliegend** *Adj. attr* **das Nächstliegende** le plus simple **nächstmöglich** *Adj. attr* **zum ~en Termin** le plus tôt possible

nachtALT *s.* **Nacht**

Nacht [naxt, *Pl:* 'nɛçtə] <-, Nächte> *f* nuit *f;* **heute ~** cette nuit; **es wird ~** il commence à faire nuit; **bei ~** de nuit; **gute ~!** bonne nuit ! ▸**über ~** du jour au lendemain

nachtaktiv *Adj.* ZOOL nocturne

Nachtarbeit *f* travail *m* de nuit

Nachteil <-[e]s, -e> *m* inconvénient *m;* **zum ~ der Steuerzahler** au détriment des contribuables; **im ~ sein** être désavantagé

nachteilig **I.** *Adj.* (*Auswirkungen*) préjudiciable **II.** *Adv.* **sich ~ auswirken** avoir des conséquences fâcheuses

nächtelang ['nɛçtə'laŋ] *Adv.* [pendant] des nuits entières

Nachthemd *nt* chemise *f* de nuit

Nachtigall ['naxtɪgal] <-, -en> *f* rossignol *m*

Nachtisch *m* dessert *m*

Nachtklub *m* boîte *f* [de nuit] **Nachtleben** *nt* vie *f* nocturne

nächtlich ['nɛçtlɪç] *Adj. attr* nocturne

Nachtlokal *nt* boîte *f*

Nachtrag <-[e]s, -träge> *m* annexe *f*

nach|tragen *tr. V. unreg* ① (*ergänzen*) ajouter ② *fig* **jdm etw ~** en vouloir à qn de qc

nachtragend *Adj.* rancunier(-ière)

nachträglich ['naːxtrɛːklɪç] *Adj.* (*Hinweis*) ultérieur(e); (*Genehmigung*) donné(e) par la suite

nach|trauern *intr. V.* **jdm ~** regretter qn

nachts *Adv.* la nuit; **spät ~** tard dans la nuit

Nachtschicht *f* ① (*Arbeit*) poste *m* de nuit ② (*Schichtarbeiter*) équipe *f* de nuit

Nachttisch *m* table *f* de chevet **Nachttischlampe** *f* lampe *f* de chevet **Nachtwache** *f* veillée *f*

nachvollziehbar *Adj.* compréhensible; **leicht ~ sein** être facile à comprendre

nach|vollziehen* *tr. V. unreg* suivre; (*verstehen*) comprendre

nach|wachsen *intr. V. unreg + sein* repousser

Nachweis ['naːxvais] <-es, -e> *m* preuve *f;* (*von Giftstoffen*) mise *f* en évidence

nachweisbar *Adj.* qui peut être prouvé

nach|weisen *tr. V. unreg* (*Wohnort*) prouver; (*Giftstoffe*) déceler la présence de; **jdm ~, dass ...** prouver à qn que ...

Nachwort <-worte> *nt* postface *f*

Nachwuchs *m* rejetons *mpl*

nach|zahlen **I.** *tr. V.* **Steuern ~** payer un rappel d'impôts **II.** *intr. V.* payer un supplément

nach|zählen *tr., intr. V.* recompter

Nachzahlung *f* ① (*Gehaltsnachzahlung*) rappel *m* ② (*zu bezahlender Betrag*) supplément *m*

nach|ziehen *unreg* **I.** *tr. V. + haben* (*Schraube*) resserrer **II.** *intr. V.* **mit etw ~** emboîter le pas en faisant qc

Nacken ['nakən] <-s, -> *m* nuque *f*

nackt [nakt] *Adj.* nu(e)

Nackte(r) *f(m) dekl wie Adj* homme *m* nu/femme *f* nue

Nadel ['na:dəl] <-, -n> *f* aiguille *f;* (*Stecknadel*) épingle *f*

Nadelbaum *m* conifère *m* **Nadeldrucker** *m* INFORM imprimante *f* matricielle **Nadelholz** *nt kein Pl.* (*Holz*) bois *m* de résineux

nadeln *intr. V.* perdre ses aiguilles

Nadelöhr *nt* chas *m;* (*Engpass*) goulet *m* d'étranglement

Nagel ['na:gəl, *Pl:* 'nɛ:gəl] <-s, Nägel> *m* ❶ (*Metallstift*) clou *m* ❷ (*Finger-, Zehennagel*) ongle *m* ▶ **den ~ auf den Kopf treffen** *fam* mettre le doigt dessus

Nagelfeile *f* lime *f* à ongles **Nagellack** *m* vernis *m* à ongles **Nagellackentferner** <-s, -> *m* dissolvant *m*

nageln *tr. V.* **etw vor das Fenster ~** clouer qc devant la fenêtre

Nagelschere *f* ciseaux *mpl* à ongles

nagen ['na:gən] *intr. V.* ❶ **an einem Knochen ~** ronger un os ❷ *fig* **an jdm ~** (*Schuldgefühle*) ronger qn

Nager ['na:gɐ] <-s, -> *m,* **Nagetier** *nt* rongeur *m*

nah [na:] <näher, nächste> **I.** *Adj.* ❶ (*räumlich/zeitlich*) **~ sein** être proche ❷ *fig* **den Tränen ~[e] sein** être au bord des larmes; **~[e] daran sein etw zu tun** être sur le point de faire qc **II.** *Adv.* ❶ (*räumlich: gelegen sein*) [tout] près; **von ~em** de près ❷ (*eng*) **ich bin ~ mit ihm verwandt** nous sommes proches parents

nahe ['na:ə] **I.** *Präp. + Dat.* **~ dem Brunnen** près du puits **II.** *Adj. s.* **nah**

Nähe ['nɛ:ə] <-> *f* ❶ proximité *f;* **in der ~** à proximité ❷ (*Anwesenheit: einer Person*) présence *f*

nahe|bringen *tr. V. unreg* **jdm einen Autor/die moderne Kunst ~** faire découvrir un auteur/l'art moderne à qn **nahe|gehen** *intr. V. unreg* **jdm ~** toucher profondément qn **nahe|kommen** *unreg* **I.** *intr. V.* ❶ (*Vertrauen schenken*) **jdm ~** se rapprocher de qn ❷ (*fast gleichkommen*) **der Wahrheit** (*Dat*) **~** [s']approcher de la vérité **II.** *refl. V.* **sich** (*Dat*) **~** (*Personen*) devenir très proche **nahe|legen** *tr. V.* ❶ (*ahnen lassen: Verdacht*) faire naître ❷ (*anraten*) **jdm ~, etw zu tun** suggérer à qn de faire qc **nahe|liegen** *intr. V. unreg* (*Gedanke, Idee, Verdacht*) se concevoir aisément; **es liegt nahe, dass ...** on conçoit aisément que + *subj* **naheliegend** *Adj.* (*Gedanke, Idee, Lösung*) qui tombe sous le sens; (*Grund, Argument*) tout(e) naturel(le)

nahen *intr. V. + sein geh* approcher

nähen ['nɛ:ən] **I.** *tr. V.* (*Kleid*) coudre; (*Wunde*) recoudre **II.** *intr. V.* faire de la couture

näher ['nɛ:ɐ] **I.** *Adj. Komp. von* **nahe** ❶ (*räumlich*) plus près; **in der ~en Umgebung des Bauernhofs** à proximité de la ferme ❷ (*zeitlich*) plus rapproché(e); **in ~er Zukunft** dans un proche avenir ❸ (*detaillierter*) plus précis(e) ❹ (*Bekannter*) assez proche; (*Zusammenarbeit*) assez étroit(e) **II.** *Adv.* ❶ (*räumlich*) plus près; **~ an etw** (*Akk*) **herantreten** se rapprocher [plus] de qc; **treten Sie ~!** veuillez vous approcher ! ❷ (*zeitlich*) **~ rücken** approcher ❸ (*detaillierter*) de façon plus précise

näher|bringen *tr. V. unreg* **jdm etw ~** faire mieux connaître qc à qn **näher|kommen** *intr. V. unreg* (*Vertrauen schenken*) **jdm ~** se rapprocher de qn; **sich** (*Dat*) **~** se rapprocher

nähern *refl. V.* ❶ (*räumlich*) **sich jdm/einer S. ~** [s']approcher de qn/qc ❷ (*zeitlich*) **sich einer S.** (*Dat*) **~** approcher de qc

nahe|stehen *intr. V. unreg* **jdm ~** être proche de qn; **sich** (*Dat*) **~** (*zwei Personen*) être proches l'un(e) de l'autre; (*mehrere Personen*) être proches les un(e)s des autres **nahezu** ['na:ə'tsu:] *Adv.* presque

Nähgarn *nt* fil *m* à coudre

nahm [na:m] *Imp. von* **nehmen**

Nähmaschine *f* machine *f* à coudre **Nähnadel** *f* aiguille *f* à coudre

Nahost ['na:'ɔst] *kein Art.* **aus/in ~** du/au Proche-Orient

nahrhaft ['na:ɐhaft] *Adj.* nourrissant(e)

Nährstoff *m* substance *f* nutritive

Nahrung ['na:rʊŋ] <-,> *f* nourriture *f;* **feste ~** des aliments *mpl* solides

Nahrungsaufnahme *f kein Pl. form* absorption *f* de nourriture; **die ~ verweigern** refuser la nourriture **Nahrungsmittel** *nt* produits *mpl* alimentaires

N

Nährwert *m* valeur *f* nutritive
Naht [naːt, *Pl:* ˈnɛːtə] <-, Nähte> *f* ❶ couture *f* ❷ MED [points *mpl* de] suture *f*
nahtlos I. *Adj.* (*lückenlos*) immédiat(e) **II.** *Adv.* sans pause
Nahverkehr *m* trafic *m* urbain; **der öffentliche** ~ les transports *mpl* en commun **Nahverkehrszug** *m* train *m* de banlieue
naiv [naˈiːf] *Adj.* naïf(-ïve)
Naivität [naiviˈtɛːt] <-> *f* naïveté *f*
Name [ˈnaːmə] <-ns, -n> *m,* **Namen** <-s, -> *m* nom *m* ▸ **im ~n des Gesetzes/des Volkes** au nom de la loi/du peuple
namenlos *Adj.* (*anonym*) anonyme
namens *Adv.* **ein Herr ~ Dietz** un monsieur du nom de Dietz
Namenstag *m* fête *f* **Namensvetter** *m* homonyme *m*
namentlich [ˈnaːməntlɪç] **I.** *Adj.* nominal(e) **II.** *Adv.* ❶ nommément ❷ (*insbesondere*) particulièrement
namhaft *Adj.* (*berühmt*) renommé(e)
nämlich [ˈnɛːmlɪç] *Adv.* ❶ (*und zwar*) et ce; (*genauer gesagt*) à savoir ❷ (*denn*) en effet

N

nannte [ˈnantə] *Imp. von* **nennen**
nanu [naˈnuː] *Interj.* ça alors
Napf [napf, *Pl:* ˈnɛpfə] <-[e]s, Näpfe> *m* gamelle *f*
Narbe [ˈnarbə] <-, -n> *f* cicatrice *f*
Narkose [narˈkoːzə] <-, -n> *f* anesthésie *f* générale
Narkosearzt *m,* **-ärztin** *f* anesthésiste *mf*
Narr [nar] <-en, -en> *m* ❶ (*Dummkopf*) imbécile *m* ❷ (*Hofnarr*) fou *m* ▸ **jdn zum ~en halten** se moquer de qn
Närrin [ˈnɛrɪn] <-, -nen> *f* imbécile *f*
Narzisse [narˈtsɪsə] <-, -n> *f* narcisse *m*
nasal [naˈzaːl] *Adj.* nasal(e)
naschen [ˈnaʃən] **I.** *intr. V.* grignoter des friandises; **von etw ~** (*heimlich kosten*) goûter [en cachette] à qc **II.** *tr. V.* grignoter
Nase [ˈnaːzə] <-, -n> *f* ❶ nez *m;* **sich** (*Dat*) **die ~ putzen** se moucher ❷ (*Schnauze*) truffe *f* ▸ **die ~ voll haben** *fam* en avoir plein le dos; **auf die ~ fallen** *fam* se casser le nez; **jdm auf der ~ herumtanzen** *fam* mener qn par le bout du nez; **vor seiner/deiner/... ~** *fam* sous son/ton nez

näseln [ˈnɛːzəln] *intr. V.* parler du nez
Nasenbluten <-s> *nt kein Pl.* saignement *m* de nez; **~ haben** saigner du nez **Nasenloch** *nt* narine *f* **Nasenspitze** *f* bout *m* du nez **Nasentropfen** *Pl* gouttes *fpl* pour le nez
Nashorn *nt* rhinocéros *m*
nass[RR], **naß**[ALT] [nas] <nasser, nasseste> *Adj.* ❶ mouillé(e); **ganz ~** trempé(e) ❷ (*regnerisch*) humide
Nässe [ˈnɛsə] <-> *f* humidité *f*
nasskalt[RR] *Adj.* froid(e) et humide
Nation [naˈtsi̯oːn] <-, -en> *f* nation *f;* **die Vereinten ~en** les Nations Unies
national [natsi̯oˈnaːl] *Adj.* national(e)
Nationalhymne *f* hymne *m* national
Nationalismus [natsi̯onaˈlɪsmʊs] <-> *m* nationalisme *m*
Nationalist(in) [natsi̯onaˈlɪst] <-en, -en> *m(f)* nationaliste *mf*
nationalistisch I. *Adj.* nationaliste **II.** *Adv.* en nationaliste
Nationalität [natsi̯onaliˈtɛːt] <-, -en> *f* nationalité *f*
Nationalmannschaft *f* équipe *f* nationale
Nationalpark *m* parc *m* national

Il existe quatorze **Nationalparks** en Allemagne, connus pour leur faune et leurs paysages naturels respectifs. Leur but est de préserver la flore typique ainsi que l'habitat naturel de nombreux animaux rares. La plupart des **Nationalparks**, comme ceux de la *Vorpommersche Boddenlandschaft*, de la *Sächsische Schweiz*, du *Harz* et de *Müritz* se trouvent dans les régions du nord de l'Allemagne, le plus étendu étant celui de la *Schleswig-Holsteinisches Wattenmeer*. Le *Bayerischer Wald*, *Berchtesgaden* et l'*Eifel* se trouvent dans d'autres **Nationalparks**.

Nationalrat *m kein Pl.* A, CH Conseil *m* national **Nationalrat** <-räte> *m,* **-rätin** *f* A, CH membre *m* du Conseil national **Nationalsozialismus** *m* national-socialisme *m* **Nationalsozialist(in)** *m(f)* national-socialiste *mf* **nationalsozialistisch** *Adj.* national-socialiste **Nationalversammlung** *f* (*französisches Parlament*) **die ~** l'Assemblée *f* nationale

NATO ['na:to] *f Abk. von* **North Atlantic Treaty Organization** O.T.A.N. *f*

Natrium ['na:triʊm] <-s> *nt* CHEM sodium *m*

Natron ['na:trɔn] <-s> *nt* CHEM natron *m*

Natter ['natɐ] <-, -n> *f* couleuvre *f*

Natur [na'tu:ɐ̯] <-> *f* (*a. Wesen*) nature *f*

Naturalien [natu'ra:liən] *Pl* produits *mpl* de la terre

Naturalismus [natura'lɪsmʊs] <-> *m* naturalisme *m*

Naturereignis *nt* phénomène *m* naturel **Naturforscher(in)** *m(f)* naturaliste *mf* **naturgemäß** *Adj.* naturel(le) **Naturgesetz** *nt* loi *f* de la nature **naturgetreu** *Adj.* fidèle [à la réalité] **Naturheilkunde** *f* médecine *f* douce **Naturkatastrophe** *f* catastrophe *f* naturelle **Naturkost** *f* aliments *mpl* naturels **Naturkundemuseum** *nt* musée *m* d'histoire naturelle

natürlich [na'ty:ɐ̯lɪç] **I.** *Adj.* ❶ naturel(le); (*Gebiss*) vrai(e) ❷ (*menschlich*) **es ist** [**nur**] **~, dass/wenn** il est tout naturel que + *subj* **II.** *Adv.* (*selbstverständlich*) naturellement

Natürlichkeit <-> *f* naturel *m*

Naturschutz *m* protection *f* de la nature; **unter ~ stehen** être protégé **Naturschutzgebiet** *nt* réserve *f* naturelle **Naturtalent** *nt* **du musst ein echtes ~ sein** tu dois être vraiment doué **naturverbunden** *Adj.* proche de la nature **Naturvolk** *nt* peuple *m* primitif **Naturwissenschaft** *f* **die ~en** les sciences naturelles **Naturwissenschaftler(in)** *m(f)* scientifique *mf* **naturwissenschaftlich** *Adj.* scientifique

Navigation [naviga'tsi̯o:n] <-> *f* navigation *f*

navigieren* [navi'gi:rən] **I.** *intr. V.* naviguer **II.** *tr. V.* piloter

Nazi ['na:tsi] <-s, -s> *m,* <-, -s> *f* nazi(e) *m(f)*

NC <-> *m* numerus *m* clausus

n. Chr. *Abk. von* **nach Christus** apr. J.-C.

'ne [nə] *unbest. Art. fam Abk. von* **eine** une

Neandertaler [ne'andɐta:lɐ] <-s, -> *m* homme *m* de Neandertal

Nebel ['ne:bəl] <-s, -> *m* ❶ brouillard *m;* (*leicht*) brume *f* ❷ ASTRO nébuleuse *f*

nebelig *Adj.* brumeux(-euse)

Nebelscheinwerfer *m* phare *m* antibrouillard

neben ['ne:bən] **I.** *Präp. + Dat.* **~ jdm/einer S.** à côté de qn/qc; **rechts ~ dem Eingang** à droite de l'entrée **II.** *Präp. + Akk.* **sich ~ jdn/etw setzen** s'asseoir à côté de qn/qc; **sich links ~ jdn/etw stellen** se mettre à gauche de qn/qc

nebenan [ne:bən'ʔan] *Adv.* à côté

nebenbei [ne:bən'bai] *Adv.* ❶ (*nebenher*) en plus [du reste] ❷ (*beiläufig*) ~ [**bemerkt**] soit dit en passant

nebenberuflich **I.** *Adj.* extra-professionnel(le) **II.** *Adv.* à titre d'activité annexe

Nebenbeschäftigung *f* activité *f* annexe

Nebenbuhler(in) <-s, -> *m(f)* rival(e) *m(f)*

Nebeneffekt *m* effet *m* secondaire

nebeneinander ['ne:bənʔai'nandɐ] *Adv.* ❶ (*räumlich*) côte à côte ❷ (*zeitlich*) conjointement

Nebeneinander <-s> *nt* coexistence *f*

nebeneinander|halten *tr. V. unreg* mettre côte à côte; **die Fotos ~** mettre les photos côte à côte **nebeneinander|legen** *tr. V.* mettre l'un(e) à côté de l'autre; **die beiden Zeitschriften ~** mettre les deux revues l'une à côté de l'autre **nebeneinander|liegen** *intr. V. unreg* ❶ (*zwei Personen*) être couché(e), l'un(e) à côté de l'autre; (*mehrere Personen*) être couché(e)s, les un(e)s à côté des autres; (*zwei Gegenstände*) être là, l'un(e) à côté de l'autre; (*mehrere Gegenstände*) être là, les un(e)s à côté des autres ❷ (*benachbart sein: Zimmer, Häuser*) être voisin(e) **nebeneinander|setzen** *tr. V.* ❶ (*nebeneinander hinsetzen: zwei Personen*) mettre l'un(e) à côté de l'autre; (*mehrere Personen*) mettre les un(e)s à côté des autres ❷ (*nebeneinander platzieren: zwei Personen*) placer l'un(e) à côté de l'autre; (*mehrere Personen*) placer les un(e)s à côté des autres **nebeneinander|sitzen** *intr. V. unreg* (*zwei Personen*) être là, l'un(e) à côté de l'autre; (*mehrere Personen*) être là, les un(e)s à côté des autres **nebeneinander|stehen** *intr. V. unreg* (*zwei Personen, zwei Gegenstände*) être là, l'un(e) à côté de l'autre; (*mehrere Personen, mehrere Gegenstände*) être là, les un(e)s à côté des autres **nebeneinander|stellen** *tr. V.* mettre l'un(e) à côté de l'autre

Nebeneingang *m* entrée *f* latérale

N

Nebenfach *nt* matière *f* secondaire
Nebenfluss[RR] *m* affluent *m*
nebenher ['ne:bən'he:ɐ̯] *Adv.* (*zusätzlich*) en plus
Nebenjob *m fam* boulot *m* d'appoint
Nebenkosten *Pl* ❶ (*zusätzliche Kosten*) frais *mpl* supplémentaires ❷ (*für Wohnung*) charges *fpl*
Nebenprodukt *nt* sous-produit *m*
Nebenrolle *f* rôle *m* secondaire
Nebensache *f* ~ **sein** être accessoire
nebensächlich *Adj.* accessoire
Nebensaison *f* basse saison *f*
Nebensatz *m* LING [proposition *f*] subordonnée *f*
Nebenstraße *f* route *f* secondaire
Nebenverdienst *m* revenu *m* supplémentaire
Nebenwirkung *f* effet *m* secondaire
Nebenzimmer *nt* chambre *f* voisine
neblig *s.* **nebelig**
necken ['nɛkən] *tr., refl. V.* [**sich**] ~ [se] taquiner
neckisch *Adj.* malicieux
nee [ne:] *Adv. fam* non
Neffe ['nɛfə] <-n, -n> *m* neveu *m*
negativ ['ne:gati:f] *Adj.* ❶ a. MED négatif(-ive) ❷ (*Folge*) défavorable
Negativ <-s, -e> *nt* négatif *m*
Neger(in) ['ne:gɐ] <-s, -> *m(f) pej* nègre *m*/négresse *f*
negieren* [ne'gi:rən] *tr. V.* LING **einen Satz** ~ mettre une phrase à la forme négative
Negligé[ALT], **Negligee**[RR] [negli'ʒe:] <-s, -s> *nt* CH déshabillé *m*
nehmen ['ne:mən] <nimmt, nahm, genommen> *tr. V.* prendre; (*Schmerzen*) supprimer; [**sich** (*Dat*)] **etw** ~ prendre qc; **jdm die Sicht** ~ boucher la vue à qn; **jdm die Lust an etw** ~ gâcher l'envie à qn; **jdm etw übel** ~ en vouloir à qn de qc; **sie nahm ihm die Angst** elle dissipa son angoisse
Neid [nait] <-[e]s> *m kein Pl.* envie *f* ▸**vor** ~ **erblassen** crever de jalousie
Neider(in) <-s, -> *m(f)* envieux(-euse) *m(f)*
neidisch **I.** *Adj.* (*Person*) envieux (-euse); **auf jdn** ~ **sein** envier qn **II.** *Adv.* (*betrachten*) avec envie
neidlos **I.** *Adj.* sincère **II.** *Adv.* sans arrière-pensée
neigen **I.** *intr. V.* **zu Übergewicht** ~ avoir une tendance à l'embonpoint **II.** *refl. V.* **sich** ~ (*Person*) se pencher; (*Hang*) être en pente; (*Schiff*) pencher **III.** *tr. V.* (*Kopf*) pencher
Neigung <-, -en> *f* ❶ (*Schräge*) inclinaison *f* ❷ (*Vorliebe*) penchant *m*
nein [nain] *Adv.* non; **leider** ~ malheureusement pas
Nein <-s> *nt* non *m*
Neinstimme *f* voix *f* contre
Nektarine [nɛkta'ri:nə] <-, -n> *f* nectarine *f*
Nelke ['nɛlkə] <-, -n> *f* ❶ (*Blume*) œillet *m* ❷ (*Gewürz*) clou *m* de girofle
'nem [nəm] *unbest. Art. fam Abk. von* **einem** [à] un(e)
'nen [nən] *unbest. Art. fam Abk. von* **einen** un(e)
nennen ['nɛnən] <nannte, genannt> **I.** *tr. V.* ❶ (*anreden*) appeler; **Katharina II., genannt die Große** Catherine II, dite la Grande ❷ (*bezeichnen*) **wie nennt man das?** comment appelle-t-on ça ? ❸ (*angeben*) indiquer **II.** *refl. V.* **sich Maler** ~ se dire peintre
nennenswert *Adj.* notable
Nenner <-s, -> *m* MATH dénominateur *m*
Neon ['ne:ɔn] <-s> *nt* néon *m*
Neonazi ['ne:ona:tsi] *m* néonazi(e) *m(f)*
Neonlicht *nt* néon *m* **Neonröhre** *f* [tube *m* au] néon *m*
neppen ['nɛpn] *tr. V. fam* arnaquer
Neptun [nɛp'tu:n] <-s> *m* ❶ HIST Neptune *m* ❷ ASTRO [**der**] ~ [la planète] Neptune
'ner [nɐ] *Art. indef fam Abk. von* **einer** un(e)
Nerv [nɛrf] <-s, -en> *m* ❶ ANAT nerf *m* ❷ *Pl* **gute ~en haben** avoir les nerfs solides; **die ~en verlieren** perdre le contrôle de soi-même ▸**jdm auf die ~en gehen** *fam* taper sur les nerfs de qn
nerven *fam* **I.** *tr. V.* **jdn** ~ casser les pieds à qn; **genervt sein** être énervé **II.** *intr. V.* (*Person*) être casse-pieds; (*Sache*) être horripilant
nervenaufreibend *Adj.* nerveusement éprouvant(e) **Nervenbündel** *nt* paquet *m* de nerfs **Nervengift** *nt* neurotoxine *f* **Nervenkitzel** <-s, -> *m fam* petit frisson *m* **Nervensäge** *f fam* casse-pieds *mf inv.* **Nervensystem** *nt* système *m* nerveux **Nervenzentrum** *nt* centre *m* nerveux **Nervenzusammenbruch** *m* dépression *f* nerveuse; **einen ~ haben** craquer nerveusement

nervig ['nɛrfɪç] *Adj.* tuant

nervlich ['nɛrflɪç] *Adj.* nerveux(-euse)

nervös [nɛr'vøːs] *Adj.* (*Person*) nerveux(-euse); (*Stimmung*) agité(e)

Nervosität [nɛrvozi'tɛːt] <-> *f* nervosité *f*

nervtötend *Adj. fam* tuant(e)

Nerz [nɛrts] <-es, -e> *m* vison *m*

Nessel <-, -n> *f* (*Brennnessel*) ortie *f*

Nest [nɛst] <-[e]s, -er> *nt* ❶ nid *m* ❷ *fam* (*Kaff*) patelin *m*

nett [nɛt] *Adj.* (*Person*) gentil(le); (*Abend*) sympathique; ~ **zu jdm sein** être gentil avec qn

netto ['nɛto] *Adv.* net

Netz [nɛts] <-es, -e> *nt* ❶ (*Stromnetz, System*) réseau *m* ❷ (*Fischer-, Einkaufsnetz*) a. SPORT filet *m* ❸ (*Spinnennetz*) toile *f*

Netzhaut *f* rétine *f* **Netzteil** *nt* transformateur *m* **Netzwerk** *nt* ❶ (*Gruppe von Personen*) réseau *m;* **soziales** ~ réseau social ❷ (*Computernetz*) réseau *m*

neu [nɔy] **I.** *Adj.* ❶ (*noch nicht gebraucht*) neuf(neuve); (*soeben hergestellt, gekauft*) nouveau(-velle) *antéposé* ❷ (*aktuell*) récent(e); **die ~esten Nachrichten** les [toutes] dernières nouvelles ❸ (*erneut*) nouveau(-velle) *antéposé* ❹ (*noch nicht da gewesen*) nouveau(-velle) ❺ (*unbekannt*) **das war mir** ~ je n'en savais rien ▸ **seit ~[e]stem** depuis peu; **von ~em** de nouveau **II.** *Adv.* ❶ (*von vorn*) **wieder ganz ~ anfangen müssen** devoir repartir à zéro ❷ (*erneut*) ~ **bearbeiten** remanier ❸ (*soeben*) ~ **eröffnet** qui vient d'ouvrir

Neuankömmling ['nɔyʔankœmlɪŋ] <-s, -e> *m* nouveau venu *m*/nouvelle venue *f*

neuartig *Adj.* (*Technologie*) inédit(e); (*Wörterbuch*) de conception nouvelle

Neuauflage *f kein Pl.* nouveau tirage *m*

Neubau <-bauten> *m* nouvel immeuble *m*

Neubaugebiet *nt* ≈ Z.U.P. *f* **Neubausiedlung** *f* nouveau lotissement *m*

Neubearbeitung *f* ❶ *kein Pl.* (*das Bearbeiten*) refonte *f* ❷ (*neue Ausgabe*) nouvelle édition *f* ❸ MUS, THEAT nouvelle adaptation *f*

Neubeginn *m* nouveau départ *m*

Neue(s) *nt dekl wie Adj* ❶ **das ~ an etw** (*Dat*) la nouveauté dans qc; **Altes und ~s** le vieux et le neuf ❷ (*neue Sache*) **etwas ~s** quelque chose de nouveau ❸ (*Neuigkeit*) **was gibt's ~s?** *fam* quoi de neuf ?

Neuentwicklung *f* innovation *f*

neuerdings ['nɔyɐ'dɪŋs] *Adv.* depuis peu [de temps]

neueröffnet *s.* **neu II.3**

Neuerung <-, -en> *f* innovation *f*

Neueste(s) *nt dekl wie Adj* **das** ~ (*neue Nachricht*) la dernière [nouvelle]; (*neues Produkt*) ce qui vient de sortir

neugeboren *Adj.* nouveau-né ▸ **wie** ~ tout revigoré

Neugeborene(s) *nt dekl wie Adj* nouveau-né(e) *m(f)*

Neugier[de] <-> *f* curiosité *f*

neugierig I. *Adj.* (*Person*) curieux(-euse); (*Frage*) indiscret(-ète); ~ **sein, ob/wie ...** être curieux de savoir si/comment ... **II.** *Adv.* avec curiosité

Neugriechisch <-[s]> *nt kein Art.* le grec moderne; *s.a.* **Deutsch**

Neuheit <-, -en> *f* nouveauté *f*

Neuigkeit <-, -en> *f* nouvelle *f*

Neujahr *nt kein Pl.* nouvel an *m* ▸ **prost** ~**!** bonne année !

Neujahrstag *m* jour *m* de l'an

Neuland *nt* terres *fpl* nouvelles

neulich *Adv.* récemment; ~ **abends** l'autre soir

Neuling ['nɔylɪŋ] <-s, -e> *m* novice *mf*

Neumond *m kein Pl.* nouvelle lune *f*

neun [nɔyn] *Num.* neuf ▸ **alle** ~**[e]!** strike !; *s.a.* **acht**[1]

Neun <-, -en> *f* neuf *m*

neuneinhalb *Num.* ~ **Meter** neuf mètres et demi; *s.a.* **achteinhalb**

neunerlei *Adj. unv.* ~ **Sorten Brot** neuf sortes de pain; *s.a.* **achterlei**

neunfach *Adj.* **die ~e Menge** neuf fois la quantité; *s.a.* **achtfach** **Neunfache(s)** *nt dekl wie Adj* **das ~ verdienen** gagner neuf fois plus; *s.a.* **Achtfache(s)** **neunhundert** *Num.* neuf cents **Neunjährige(r)** *f(m) dekl wie Adj* fille *f*/garçon *m* de neuf ans **neunmal** *Adv.* neuf fois; *s.a.* **achtmal**

neunt *Adv.* **zu ~ sein** être [à] neuf; *s.a.* **acht**[2]

neuntausend ['nɔyn'taʊzənt] *Num.* neuf mille

neunte(r, s) *Adj.* ❶ neuvième ❷ (*bei Datumsangaben*) **der ~ Mai** le neuf mai ❸ SCHULE **die ~ Klasse** ≈ la seconde; *s.a.* **achte(r, s)**

N

neuntel *Adj.* neuvième; *s.a.* **achtel**
Neuntel <-s, -> *nt a.* MATH neuvième *m*
neuntens *Adv.* neuvièmement
neunzehn *Num.* dix-neuf; *s.a.* **acht**[1]
neunzehnte(r, s) *Adj.* dix-neuvième; *s.a.* **achte(r, s)**
neunzig ['nɔyntsɪç] *Num.* quatre-vingt--dix, nonante (BELG, CH) *s.a.* **achtzig**
Neunzig <-, -en> *f* quatre-vingt-dix *m,* nonante *m* (BELG, CH)
neunziger *Adj.* **die ~ Jahre** les années *fpl* quatre-vingt-dix; *s.a.* **achtziger**
neunzigjährig *Adj. attr* de quatre-vingt--dix ans, de nonante ans (BELG, CH) *s.a.* **achtzigjährig**
neunzigste(r, s) *Adj.* quatre-vingt--dixième, nonantième (BELG, CH) *s.a.* **achtzigste(r, s)**
Neuordnung *f* réorganisation *f*
Neuregelung *f* nouvelle réglementation *f*
neureich *Adj.* parvenu(e)
Neurodermitis [nɔyrodɛr'mi:tɪs] *f* MED névrodermite *f*
Neurologe [nɔyro'lo:gə] <-n, -n> *m,* **Neurologin** *f* neurologue *mf*
neurologisch *Adj.* neurologique
Neurose [nɔy'ro:zə] <-, -n> *f* névrose *f*
neurotisch *Adj.* (*Person*) névrosé(e); (*Verhalten*) névrotique
Neuschnee *m* neige *f* fraîche
Neuseeland [nɔy'ze:lant] *nt* la Nouvelle-Zélande
Neuseeländer(in) <-s, -> *m(f)* Néo-Zélandais(e) *m(f)*
neuseeländisch *Adj.* néo-zélandais(e)
neusprachlich *Adj.* (*Unterricht*) de langues vivantes
Neuste(s) *s.* **Neueste(s)**
neustens *s.* **neuerdings**
neutral [nɔy'tra:l] **I.** *Adj.* neutre **II.** *Adv.* ❶ (*sich verhalten*) de façon impartiale ❷ CHEM **~ reagieren** avoir une réaction neutre
neutralisieren* [nɔytrali'zi:rən] *tr. V.* neutraliser
Neutralität [nɔytrali'tɛ:t] <-> *f* ❶ POL neutralité *f* ❷ *geh* (*Unparteilichkeit*) impartialité *f*
Neutron ['nɔytro:n] <-s, -tronen> *nt* neutron *m*
Neutrum ['nɔytrʊm] <-s, Neutra> *nt* LING neutre *m*
Neuverschuldung *f* nouvel endettement *m*
Neuwahl *f* nouvelle élection *f*
neuwertig *Adj.* comme neuf(neuve)
Neuzeit *f kein Pl.* **die ~** les temps *mpl* modernes
Newcomer ['nju:kamɐ] <-s, -> *m* nouveau venu *m*/nouvelle venue *f*
Newsgroup ['nju:zgru:p] <-, -s> *f* INET infogroupe *m*
nicht [nɪçt] *Adv.* ❶ ne ... pas; **um sich ~ zu erkälten** pour ne pas attraper froid; **~ schlecht/möglich** pas mauvais/possible; **~ sehr** pas très; **~ mehr** ne ... plus; **warum ~?** pourquoi pas ?; **bitte ~!** non, s'il te/vous plaît !; **~ eine(r)** [ne ...] pas un(e) [seul(e)]; **er ~!** pas lui ! ❷ (*stimmt's*) **~?** non ?
Nichtbeachtung *f form* non-respect *m*
Nichte ['nɪçtə] <-, -n> *f* nièce *f*
nichtig ['nɪçtɪç] *Adj.* JUR nul(le)
Nichtigkeit <-> *f kein Pl.* JUR nullité *f*
Nichtraucher(in) *m(f)* non-fumeur(-euse) *m(f)* **Nichtraucherabteil** *nt* compartiment *m* [réservé aux] non-fumeurs
nichts [nɪçts] *Pron. indef* ne ... rien; **gar ~** rien du tout; **~ mehr** [ne ...] plus rien; **das geht Sie ~ an!** ça ne vous regarde en rien !; **es ist ~** ce n'est rien; **das macht ~** ça ne fait rien ▶ **für ~ und wieder ~** *fam* pour des clopinettes; **~ wie weg!** tirons-nous ! (*fam*)
Nichts <-, -e> *nt kein Pl.* PHILOS **das ~** le néant ▶ **vor dem ~ stehen** avoir tout perdu; **aus dem ~** (*von irgendwoher*) comme tombé(e) du ciel
nichtsahnend *s.* **ahnen**
Nichtschwimmer(in) *m(f)* **~ sein** ne pas savoir nager
nichtsdestotrotz *Adv.* néanmoins
nichtsdestoweniger [nɪçtsdɛsto've:nɪgɐ] *Adv.* néanmoins
Nichtsnutz ['nɪçtsnʊts] <-es, -e> *m pej* vaurien(ne) *m(f)* **nichtssagend** *s.* **sagen I.4** **Nichtstuer(in)** ['nɪçtstu:ɐ] <-s, -> *m(f) pej* fainéant(e) *m(f)* **Nichtstun** *nt* ❶ (*Faulenzen*) oisiveté *f* ❷ (*Untätigkeit*) inaction *f*
Nichtwähler(in) *m(f)* POL abstentionniste *mf*
Nickel ['nɪkəl] <-s> *nt* nickel *m*
Nickelbrille *f* lunettes *fpl* cerclées
nicken ['nɪkən] *intr. V.* hocher la tête; (*Zustimmung signalisieren*) faire un signe d'approbation

N

Nickerchen ['nɪkɐçən] <-s> *nt fam* roupillon *m*

nie [niː] *Adv.* ❶ *(zu keinem Zeitpunkt)* ne ... jamais; **er hat ~ davon gesprochen** il n'en a jamais parlé; **~ wieder** ne ... plus jamais ❷ *(bestimmt nicht)* **das werden sie ~ schaffen** ils/elles n'y arriveront jamais

nieder ['niːdɐ] *Adv.* **~ mit dem Feind!** à bas l'ennemi !

nieder|brennen *intr. V. unreg + sein* se réduire en cendres

niederdeutsch *Adj.* LING bas allemand *inv.*

Niederdeutsch <-[s]> *nt kein Art.* le bas allemand

nieder|drücken *tr. V.* ❶ *(Türklinke, Taste)* appuyer sur ❷ *geh (deprimieren)* démoraliser; **~d** démoralisant(e)

niedere(r, s) *Adj. attr (Stand)* bas(se) *antéposé*; *(Beamte)* petit(e) *antéposé*

Niedergang *m kein Pl.* déclin *m*

nieder|gehen *intr. V. unreg + sein (Lawine)* s'abattre

niedergelassen *Adj.* CH *(Schweizer)* établi(e)

niedergeschlagen *Adj.* abattu(e)

nieder|knien *intr. V. + sein* s'agenouiller

Niederlage *f* ❶ MIL, SPORT, POL défaite *f* ❷ *(Misserfolg)* échec *m*

Niederlande ['niːdɐlandə] <-> *Pl* **die ~** les Pays-Bas *mpl*

Niederländer(in) ['niːdɐlɛndɐ] <-s, -> *m(f)* Néerlandais(e) *m(f)*

niederländisch **I.** *Adj.* néerlandais(e) **II.** *Adv.* **~ miteinander sprechen** discuter en néerlandais

Niederländisch <-[s]> *nt kein Art.* néerlandais *m; s.a.* **Deutsch**

nieder|lassen *refl. V. unreg* ❶ **sich in einer Stadt ~** s'établir dans une ville ❷ *geh (sich setzen)* prendre place

Niederlassung <-, -en> *f (Zweigstelle)* succursale *f*

nieder|legen *tr. V.* ❶ *(Amt)* se démettre de; *(Arbeit)* cesser; *(Mandat)* démissionner de ❷ *geh (Kranz)* déposer

Niederlegung <-, -en> *f* ❶ *(eines Kranzes)* dépôt *m* ❷ *(einer Aufgabe)* démission *f; (der Arbeit)* cessation *f*

nieder|machen *tr. V. fam* descendre

nieder|metzeln ['niːdɐmɛtsəln] *tr. V.* massacrer

Niederösterreich *nt* la Basse-Autriche

nieder|prasseln *intr. V. + sein a. fig* s'abattre

Niedersachsen ['niːdɐzaksn] *nt* la Basse-Saxe

Niederschlag *m* METEO précipitation *fpl*; CHEM précipité *m*

nieder|schlagen *unreg* **I.** *tr. V.* ❶ **jdn ~** frapper qn à terre ❷ *(Aufstand)* réprimer ❸ *(Augen)* baisser **II.** *refl. V. fig* **sich in etw** *(Dat)* **~** s'exprimer dans qc

niederschmetternd *Adj. (Nachricht)* bouleversant(e); *(Resultat)* catastrophique

nieder|schreiben *tr. V. unreg* mettre par écrit

Niedertracht <-> *f* bassesse *f*

niederträchtig ['niːdɐtrɛçtɪç] *Adj.* infâme

Niederträchtigkeit <-, -en> *f* ❶ *kein Pl. (Charaktereigenschaft)* bassesse *f* ❷ *(Tat)* infamie *f*

niedlich ['niːtlɪç] *Adj.* adorable

niedrig ['niːdrɪç] **I.** *Adj.* ❶ bas(se) ❷ *(gering)* peu élevé(e); *(Trinkgeld)* maigre *antéposé*; *(Geschwindigkeit)* réduite ❸ *(gemein)* bas(se) *antéposé* **II.** *Adv.* bas

Niedriglohn *m meist Pl.* bas salaires *mpl*

Niedrigwasser *nt* étiage *m*

niemals ['niːmaːls] *Adv.* ne ... jamais; *(auf keinen Fall)* ne ... jamais [de la vie]

niemand ['niːmant] *unbest. Pron.* ne ... personne; **das geht ~[en] von euch etwas an** cela ne regarde aucun de vous

Niemand <-s, -e> *m* rien du tout *mf*

Niere ['niːrə] <-, -n> *f* ❶ ANAT rein *m* ❷ *meist Pl.* GASTR rognon

Nierenentzündung *f* néphrite *f*

nieseln ['niːzəln] *intr. V. unpers.* **es nieselt** il bruine

Nieselregen *m* bruine *f*

niesen ['niːzən] *intr. V.* éternuer

Niesen <-s> *nt* éternuement *m*

Niete ['niːtə] <-, -n> *f* ❶ *(Los)* billet *m* perdant ❷ *fam (Versager)* minable *mf*, nullos *m* ❸ TECH, COUT rivet *m*

nieten *tr. V.* river

Nikolaus <-, -e> *m* ❶ *(Gestalt)* [**der**] **~** Saint Nicolas *m* ❷ *kein Pl. (Nikolaustag)* la Saint-Nicolas

Nikotin [niko'tiːn] <-s> *nt* nicotine *f*

Nilpferd *nt* hippopotame *m*

nimmer ['nɪmɐ] *Adv.* A, SDEUTSCH *(nicht mehr)* ne ... plus

nimmt [nɪmt] *3. Pers. Sg. Präs. von* **nehmen**
nippen ['nɪpən] *intr. V.* **an einem Glas ~** siroter un verre
nirgends ['nɪrgənts], **nirgendwo** ['nɪrgəntvo:] *Adv.* ne... nulle part
nirgendwohin *Adv.* ne ... nulle part
Nische ['ni:ʃə] <-, -n> *f* ❶ ARCHIT, BIO niche *f* ❷ (*Marktnische*) créneau *m*
nisten ['nɪstən] *intr. V.* nicher
Nitrat [ni'tra:t] <-[e]s, -e> *nt* nitrate *m*
Niveau [ni'vo:] <-s, -s> *nt* niveau *m;* **~ haben** (*Person*) être cultivé
nix [nɪks] *unbest. Pron. fam* rien
Nizza ['nɪtsa] <-s> *nt* Nice
NO *Abk. von* **Nordosten** N.-E.
nobel ['no:bəl] **I.** *Adj.* ❶ (*edel*) noble ❷ (*luxuriös*) chic **II.** *Adv.* (*edel*) avec noblesse
Nobelpreis [no'bɛlprais] *m* prix *m* Nobel
noch [nɔx] *Adv.* ❶ encore; **~ besser** encore mieux; **er ist immer ~ krank** il est toujours malade; **er hat ~ nicht angerufen** il n'a pas encore téléphoné; **bringen Sie mir ~ ein Bier!** apportez-moi une autre bière ! ❷ (*verstärkend*) **~ heute** aujourd'hui même ❸ (*eigentlich*) **wie war das ~?** comment c'était déjà ? ❹ (*knapp*) **den Zug gerade ~ erreichen können** pouvoir tout juste attraper le train
nochmals *Adv.* encore une fois
Nockerl ['nɔkɐl] <-s, -n> *nt* A (*kleiner Kloß*) quenelle *f*
Nominativ ['no:minati:f] <-[e]s, -e> *m* LING nominatif *m*
nominieren* [nomi'ni:rən] *tr. V.* **jdn für ein Amt ~** désigner qn à une fonction
Nonne ['nɔnə] <-, -n> *f* religieuse *f*
Nordamerika ['nɔrtʔa'me:rika] *nt* l'Amérique *f* du Nord **norddeutsch** *Adj.* de l'Allemagne du Nord **Norddeutschland** *nt* l'Allemagne *f* du nord
Norden ['nɔrdən] <-s> *m* ❶ (*Himmelsrichtung*) nord *m;* **nach ~** vers le nord; **von ~** du nord ❷ (*nördliche Gegend*) Nord *m* ▸ **im hohen ~** dans le Grand Nord
Nordfrankreich *nt* le nord de la France
Nordkap *nt* **das ~** le cap Nord **Nordküste** *f* côte *f* septentrionale
nördlich ['nœrtlɪç] **I.** *Adj.* [situé(e) au] nord **II.** *Präp.* + *Gen.* **~ des Polarkreises** au nord du cercle polaire
Nordlicht *nt* aurore *f* boréale **Nordosten** *m* nord-est *m; s.a.* **Norden** **nordöstlich** **I.** *Adj.* [situé(e) au] nord-est **II.** *Präp.* + *Gen.* **~ der Stadt** au nord-est de la ville **Nord-Ostsee-Kanal** *m* **der ~** le canal de la mer du Nord à la Baltique **Nordpol** *m* **der ~** le pôle Nord
Nordrhein-Westfalen ['nɔrtrainvɛst'fa:lən] *nt* la Rhénanie-du-Nord-Westphalie
Nordsee *f* **die ~** la mer du Nord **Nordseite** *f* côté *m* nord **nordwärts** *Adv.* vers le nord **Nordwesten** *m* nord-ouest *m; s.a.* **Norden** **nordwestlich** **I.** *Adj.* [situé(e) au] nord-ouest **II.** *Präp.* + *Gen.* **~ der Stadt** au nord-ouest de la ville
nörgeln ['nœrgəln] *intr. V.* **über etw** (*Akk*) **~** râler à cause de qc
Nörgler(in) <-s, -> *m(f)* râleur(-euse) *m(f)*
Norm [nɔrm] <-, -en> *f* norme *f*
normal [nɔr'ma:l] *Adj.* normal(e); **es ist** [**ganz**] **~, dass** il est [tout à fait] normal que + *subj*
Normalbenzin *nt* [essence *f*] ordinaire *m*
normalerweise *Adv.* normalement
normalisieren* [nɔrmali'zi:rən] **I.** *tr. V.* normaliser **II.** *refl. V.* **sich ~** revenir à la normale
Normalität [nɔrmali'tɛ:t] <-> *f* normalité *f*
Normalzustand *m kein Pl.* état *m* normal
Normandie [nɔrman'di:] <-> *f* **die ~** la Normandie
normannisch *Adj.* a. HIST normand(e)
normen *tr. V.* standardiser
normieren* [nɔr'mi:rən] *tr. V. geh* (*Maße*) standardiser
Norwegen ['nɔrve:gən] <-s> *nt* la Norvège
Norweger(in) ['nɔrve:gɐ] <-s, -> *m(f)* Norvégien(ne) *m(f)*
norwegisch ['nɔrve:gɪʃ] **I.** *Adj.* norvégien(ne) **II.** *Adv.* **~ miteinander sprechen** discuter en norvégien
Norwegisch <-[s]> *nt kein Art.* norvégien *m; s.a.* **Deutsch**
Nostalgie [nɔstal'gi:] <-> *f geh* nostalgie *f*
nostalgisch [nɔs'talgɪʃ] *Adj. geh* nostalgique

N

Not [noːt, *Pl:* 'nœːtə] <-, Nöte> *f* ❶ *kein Pl.* (*Armut*) misère *f* ❷ (*Bedrängnis*) détresse *f*; **in ~ sein** être dans le besoin ▸ **zur ~** au besoin

Notar(in) [no'taːɐ̯] <-s, -e> *m(f)* notaire *mf*

notariell [notari'ɛl] **I.** *Adj.* notarié(e) **II.** *Adv.* devant notaire; **~ beglaubigt werden** être notarié

Notarzt *m*, **-ärztin** *f* médecin *mf* d'urgence; (*in Frankreich*) médecin *mf* du SAMU **Notarztwagen** *m* voiture *f* du SAMU **Notaufnahme** *f* (*eines Krankenhauses*) urgences *fpl* **Notausgang** *m* sortie *f* de secours **Notbremse** *f* AUT signal *m* d'alarme

notdürftig *Adj.* (*Reparatur*) provisoire

Note ['noːtə] <-, -n> *f* ❶ MUS note *f*; *Pl* (*Notentext*) partition *f*; **ganze/halbe ~** ronde *f*/blanche *f* ❷ SCHULE, UNIV, SPORT note *f* ❸ (*Banknote*) billet *m*

Notebook ['noʊtbʊk] <-s, -s> *nt* notebook *m*, bloc-notes *m* électronique

Notenschlüssel *m* clé *f* **Notenständer** *m* pupitre *m*

Notepad-Computer ['noʊtpɛdkɔm-'pjuːtɐ] *m* bloc-notes *m* électronique

Notfall *m* ❶ (*Zwangslage*) situation *f* d'urgence ❷ MED [cas *m* d']urgence *f*

notfalls *Adv.* au besoin

notgedrungen *Adv.* bon gré mal gré

notieren* [no'tiːrən] **I.** *tr. V.* ❶ (*aufschreiben*) [**sich** (*Dat*)] **etw ~** noter qc ❷ FIN **notiert werden** être coté **II.** *intr. V.* ❶ (*schreiben*) noter ❷ FIN **mit hundert Euro ~** coter à cent euros

nötig ['nøːtɪç] *Adj.* nécessaire; **mit der ~en Vorsicht** avec la prudence qui s'impose; **etw ~/nicht ~ haben** (*Person*) avoir besoin de qc/pouvoir se passer de qc

nötigen *tr. V.* **jdn zu etw ~** forcer qn à faire qc

Nötigung <-, -en> *f* coercition *f*

Notiz [no'tiːts] <-, -en> *f* ❶ note *f* ❷ (*Pressenotiz*) entrefilet *m*

Notizblock <-blöcke> *m* bloc-notes *m* **Notizbuch** *nt* carnet *m*

Notlage *f* situation *f* critique **notlanden** <notlandete, notgelandet> *intr. V.* + *sein* faire un atterrissage forcé **Notlösung** *f* solution *f* provisoire **Notlüge** *f* pieux mensonge *m*

notorisch [no'toːrɪʃ] *Adj.* **ein ~er Lügner** un fieffé menteur

Notruf *m* (*Anruf*) appel *m* d'urgence **Notrufnummer** *f* numéro *m* d'appel d'urgence **Notstand** *m* cas *m* d'urgence, urgence *f*

not|tun[RR] *intr. V. unreg geh* [**jdm**] **~** être nécessaire [à qn] **Notwehr** <-> *f* légitime défense *f*

notwendig ['noːtvɛndɪç] *Adj.* nécessaire

Notwendigkeit <-, -en> *f* nécessité *f*

Nougat ['nuːgat] <-s, -s> *m o nt* praliné *m*

November [no'vɛmbɐ] <-s, -> *m* novembre *m*; *s.a.* **April**

Novize [no'viːtsə] <-n, -n> *m*, **Novizin** *f* novice *mf*

Nr. *Abk. von* **Nummer** n°

NS [ɛn'ʔɛs] **I.** *Abk. von* **Nationalsozialismus** national-socialisme *m* **II.** *Abk. von* **nationalsozialistisch** national-socialiste

NSDAP [ɛnʔɛsdeːaː'peː] *f* HIST *parti ouvrier allemand national-socialiste*

NS-Regime *nt* nazisme *m*

N.T. *nt Abk. von* **Neues Testament** N.T.

Nu [nuː] ▸ **im ~** en un clin d'œil

Nuance [ny'ãːsə] <-, -n> *f* nuance *f*

nüchtern ['nʏçtɐn] *Adj.* ❶ (*mit leerem Magen*) **~ sein** être à jeun ❷ (*nicht betrunken*) sobre ❸ (*realitätsbewusst*) lucide ❹ (*sachlich: Tatsachen*) concret (-ète); (*Stil*) sobre

nuckeln ['nʊkəln] *intr. V. fam* **an etw** (*Dat*) **~** téter qc

Nudel ['nuːdəl] <-, -n> *f meist Pl.* pâtes *fpl*

Nudelholz *nt* rouleau *m* à pâtisserie **Nudelsuppe** *f* soupe *f* au vermicelle

Nugat ['nuːgat] *s.* **Nougat**

nuklear [nukle'aːɐ̯] *Adj. attr* nucléaire

Nuklearmacht *f* puissance *f* nucléaire

null [nʊl] *Num.* zéro; **~ Fehler haben** avoir un sans faute; **um ~ Uhr** à minuit ▸ **~ und nichtig sein** être nul et non avenu

Null <-, -en> *f* ❶ zéro *m* ❷ *fam* (*Versager*) nullard *m*

Nullpunkt *m kein Pl.* zéro *m* ▸ **auf dem ~ ankommen** (*Stimmung*) être à zéro **Nulltarif** *m kein Pl.* **zum ~** gratuitement

numerieren*[ALT] *s.* **nummerieren**

numerisch [nu'meːrɪʃ] *Adj.* numérique

N

Les universités limitent, au moyen du **Numerus clausus**, le nombre de leurs étudiants dans les matières les plus populaires. Seuls les bacheliers dont la moyenne est supérieure à une note fixée pour le **Numerus clausus**, en général *sehr gut* (très bien), sont autorisés à y faire des études.

Nummer ['nʊmɐ] <-, -n> *f* ❶ (*Ziffer, Zahl*) numéro *m* ❷ (*Größe: Stiefel*) pointure *f*; (*Bluse*) taille *f* ❸ (*Autonummer*) numéro *m* [d'immatriculation]

nummerieren*RR [nume'ri:rən] *tr. V.* numéroter

Nummernschild *nt* plaque *f* d'immatriculation

nun [nu:n] *Adv.* ❶ maintenant; **von ~ an** désormais ❷ (*einlenkend*) ~ **gut** eh bien, soit; ~ **ja** ma foi ❸ (*auffordernd*) alors; ~ **mach schon!** allez, vas-y !

nur [nu:ɐ̯] *Adv.* ❶ (*lediglich*) seulement; **ich wollte ~ fragen, ob ...** je voulais juste demander si ...; **nicht ~ ..., sondern auch ...** non seulement ..., mais aussi ... ❷ (*ausschließlich*) ~ **Wasser trinken** ne boire que de l'eau ❸ (*bloß*) **wie konnte ich das ~ vergessen!** comment ai-je pu oublier!; **machen Sie sich ~ keine Umstände!** surtout, ne vous dérangez pas !; **er soll ~ kommen!** il n'a qu'à venir! ▸ ~ **Mut!** [du] courage, voyons !

N

Nürnberg ['nʏrnbɛrk] <-s> *nt* Nuremberg

nuscheln ['nʊʃəln] *tr., intr. V. fam* parler dans sa barbe

NussRR <-, Nüsse>, **Nuß**ALT [nʊs, *Pl:* 'nʏsə] <-, Nüsse> *f* (*Haselnuss*) noisette *f*; (*Walnuss*) noix *f*

NussbaumRR *m* noyer *m* **Nussknacker**RR *m* casse-noisettes *m inv.*

Nutte ['nʊtə] <-, -n> *f fam* pute *f* (*vulg*)

NutzRR ▸ **sich** (*Dat*) **etw zu ~e machen** tirer profit de qc

nutzbar *Adj.* (*Energie*) utilisable

nütze ['nʏtsə] ▸ **zu nichts ~ sein** n'être bon à rien

nutzen *tr. V.* ❶ (*Gegenstand*) se servir de; (*Gelegenheit*) profiter de ❷ *s.* **nützen II.**

Nutzen ['nʊtsən] <-s> *m* avantage *m*; **von ~ sein** être utile

nützen I. *intr. V.* **jdm ~** servir à qn **II.** *tr. V.* **jdm nichts ~** ne servir à rien à qn

nützlich *Adj.* utile ▸ **sich ~ machen** se rendre utile

Nützlichkeit <-> *f* utilité *f*

nutzlos *Adj.* inutile

Nutzung <-, -en> *f* utilisation *f*

NW *Abk. von* **Nordwesten** N.-O.

Nylonstrumpf ['nailɔnʃtrʊpf] *m* bas *m* nylon®

O o

O, **o** [oː] <-, -> *nt* O *m*/o *m*

O *Abk. von* **Osten** E

Oase [o'aːzə] <-, -n> *f* oasis *f*

ob [ɔp] *Konj.* si; **nicht wissen, ~ ...** ne pas savoir si ...; **~ Reich, ~ Arm** [qu'on soit] riche ou pauvre ▸ **und ~!** mais si !

obdachlos *Adj.* sans abri

Obdachlose(r) *f(m)* sans-abri *mf*

Obduktion [ɔpdʊk'tsjoːn] <-, -en> *f* autopsie *f*

obduzieren* [ɔpdu'tsiːrən] **I.** *tr. V.* autopsier **II.** *intr. V.* faire une autopsie

oben ['oːbən] *Adv.* ❶ (*opp: unten*) en haut; **~ im Schrank** en haut de l'armoire; **~ auf der Liste** en tête de liste; **dort ~** là-haut; **bis ~ [hin] voll sein** être plein jusqu'à ras bord; **jdn von ~ bis unten mustern** examiner qn de la tête aux pieds ❷ (*an der Oberseite*) **[hier] ~!** haut ! ❸ (*in einem oberen Stockwerk*) **nach ~ gehen** aller en haut; **das Klavier nach ~ tragen** monter le piano ❹ *fam* (*auf höherer Ebene*) en haut; **nach ~ wollen** vouloir faire carrière ❺ (*vorher*) plus haut; **siehe ~** voir ci-dessus ▸ **~ ohne** *fam* seins nus; **von ~ herab** de haut

obendrauf *Adv. fam* dessus **obendrein** *Adv.* par-dessus le marché

Ober ['oːbɐ] <-s, -> *m* (*Kellner*) **Herr ~!** garçon *m* [, s'il vous plaît] !

Oberarm ['oːbɐarm] *m* bras *m* **Oberarzt** *m*, **-ärztin** *f* médecin *mf* en chef **Oberbegriff** *m* terme *m* générique **Oberbürgermeister(in)** *m(f)* maire *m* (*d'une grande ville*)

obere(r, s) ['oːbərə, -rɐ, -rəs] *Adj. attr* a. GEO supérieur(e); (*Abschnitt*) précédent(e)

Oberfläche *f* surface *f* ▸ **[wieder] an die ~ kommen** (*Verdrängtes*) refaire surface

oberflächlich *Adj.* superficiel(le)

Oberflächlichkeit <-> *f* caractère *m* superficiel

ObergeschossRR *nt* étage *m* supérieur

oberhalb I. *Präp. + Gen.* **~ des Dorfes** au-dessus du village **II.** *Adv.* **~ von etw** au-dessus de qc

oberirdisch *Adj., Adv.* à la surface **Oberkiefer** *m* mâchoire *f* supérieure **Oberkörper** *m* (*Brustkorb*) buste *m*

Oberösterreich *nt* la Haute-Autriche

Oberschenkel *m* cuisse *f* **Oberschicht** *f* classe *f* supérieure **Oberschwester** *f* infirmière *f* [en] chef

Oberst ['oːbɐst] <-en, -e[n]> *m* colonel *m*

oberste(r, s) *Adj.* ❶ (*ganz oben befindlich*) supérieur(e); (*Stockwerk*) dernier (-ière); (*Schublade*) du haut ❷ (*rangmäßig*) plus élevé(e)

Oberstufe *f* SCHULE *les trois années avant le baccalauréat* **Oberteil** *nt* (*eines Kleidungsstücks*) haut *m*

obgleich [ɔp'glaiç] *Konj.* bien que + *subj*

Obhut ['ɔphuːt] <-> *f geh* garde *f*; **unter seiner/ihrer ~** sous sa protection

Objekt [ɔp'jɛkt] <-[e]s, -e> *nt* ❶ (*Gegenstand*) objet *m* ❷ (*Immobilie*) bien-fonds *m* ❸ LING complément *m* d'objet

objektiv [ɔpjɛk'tiːf] *Adj.* (*sachlich*) objectif(-ive); (*unvoreingenommen*) impartial(e)

Objektiv <-s, -e> *nt* (*eines Fotoapparats*) objectif *m*

obligatorisch [obliga'toːrɪʃ] *Adj. geh* obligatoire

Oboe [o'boːə] <-, -n> *f* hautbois *m*

Observatorium [ɔpzɛrva'toːriʊm] *nt* observatoire *m*

Obsorge <-> *f* A (*Fürsorge*) soins *mpl*

Obst [oːpst] <-[e]s> *nt* fruits *mpl*

Obstbaum *m* arbre *m* fruitier **Obstgarten** *m* verger *m* **Obstkuchen** *m* tarte *f* aux fruits

obszön [ɔps'tsøːn] *Adj.* obscène

obwohl [ɔp'voːl] *Konj.* bien que + *subj*

Occasion [ɔka'zioːn] <-, -en> *f* CH occasion *f*

Ochse ['ɔksə] <-n, -n> *m* ❶ bœuf *m* ❷ *fam* (*Dummkopf*) tête *f* d'âne

Ocker ['ɔkɐ] <-s, -> *m o nt* (*Farbe*) ocre *m*

öde ['øːdə] *Adj.* ❶ (*verlassen*) désert(e) ❷ (*fade*) ennuyeux(-euse)

oder ['oːdɐ] *Konj.* ❶ ou; **~ aber** ou alors ❷ (*nicht wahr*) **das schmeckt gut, ~?** c'est bon, n'est-ce pas ?

Oder <-> *f* **die ~** l'Oder *m*

Ofen ['o:fən, *Pl:* 'ø:fən] <-s, Öfen> *m* ❶ (*Heizofen*) poêle *m* ❷ (*Backofen*) four *m* ❸ TECH fourneau *m*

ofenfrisch *Adj.* qui sort du four

offen ['ɔfən] **I.** *Adj.* ❶ (*geöffnet: Fenster, Tür, Geschäft*) ouvert(e); (*Flasche*) entamé(e); **~ haben** (*Geschäft*) être ouvert(e) ❷ (*nicht zusammengebunden: Haare*) détaché(e) ❸ (*freimütig*) franc (franche); (*Protest*) déclaré(e) ❹ (*freizügig: Gesellschaft*) libéral(e) ❺ (*aufgeschlossen*) **jdm gegenüber ~ sein** être ouvert(e) envers qn ❻ (*unerledigt: Rechnung*) en souffrance ❼ (*unentschieden*) **noch ist alles ~** tout est encore possible **II.** *Adv.* (*auf freimütige Art*) franchement ▸ **~ gesagt** pour être franc

offenbar ['ɔfənba:ɐ̯] **I.** *Adj.* évident(e) **II.** *Adv.* manifestement

Offenbarung <-, -en> *f* révélation *f*

offen|bleiben *intr. V. unreg* (*Frage, Problem*) rester en suspens **offen|halten** *tr. V. unreg* (*Frage*) laisser en suspens; **sich** (*Dat*) **die Möglichkeit ~, ins Ausland zu gehen** se réserver la possibilité d'aller à l'étranger

Offenheit <-> *f* franchise *f*

offenherzig *Adj.* (*freimütig*) franc(franche)

offenkundig *Adj.* manifeste

offen|lassen *tr. V. unreg* (*Frage, Problem*) laisser en suspens **offen|legen** *tr. V.* (*Zahlen, Konten*) publier, rendre public(-ique); (*Beteiligungen*) rendre public(-ique); (*Erfindung*) révéler

offensichtlich **I.** *Adj.* évident(e); **~ sein** sauter aux yeux **II.** *Adv.* de toute évidence

offensiv [ɔfɛn'zi:f] *Adj.* offensif(-ive); (*Werbung*) agressif(-ive)

Offensive [ɔfɛn'zi:və] <-, -n> *f* offensive *f* ▸ **in die ~ gehen** passer à l'offensive

offen|stehen *intr. V. unreg* ❶ (*Betrag, Schuld, Rechnung*) être en souffrance ❷ (*freistehen*) **jdm ~** (*Alternative, Möglichkeit*) être ouvert(e) à qn

öffentlich *Adj.* public

Öffentlichkeit <-> *f* (*Allgemeinheit*) public *m;* **in aller ~** devant tout le monde

Öffentlichkeitsarbeit *f* relations *fpl* publiques

öffentlich-rechtlich *Adj. attr* (*Sender*) public(-ique)

offiziell [ɔfi'tsi̯ɛl] *Adj.* (*Schreiben, Anlass*) officiel(le); (*Feier*) solennel(le)

Offizier(in) [ɔfi'tsi:ɐ̯] <-s, -e> *m(f)* officier *m*

offline[RR] ['ɔflain] *Adv.* INFORM hors ligne; INET autonome

Offlinebetrieb[RR] *m* INET mode *m* autonome

öffnen ['œfnən] **I.** *tr., intr. V. a.* INFORM ouvrir **II.** *refl. V.* **sich ~** s'ouvrir

Öffnung <-, -en> *f* ❶ (*offene Stelle*) orifice *m* ❷ *kein Pl.* a. POL (*das Öffnen*) ouverture *f*

Öffnungszeiten *Pl* heures *fpl* d'ouverture

oft [ɔft] <öfter> *Adv.* souvent

öfter[s] *Adv.* assez souvent

oh [o:] *Interj.* oh

ohne ['o:nə] **I.** *Präp. + Akk.* sans ▸ **nicht ~ sein** *fam* avoir de la ressource **II.** *Konj.* **~ zu überlegen** sans réfléchir

ohnegleichen *Adj.* sans pareil

Ohnmacht ['o:nmaxt] <-, -en> *f* ❶ syncope *f;* **in ~ fallen** tomber en syncope ❷ *geh* (*Machtlosigkeit*) impuissance *f*

ohnmächtig ['o:nmɛçtɪç] *Adj.* ❶ évanoui(e); **~ werden** s'évanouir ❷ *geh* (*Wut*) impuissant(e)

Ohr [o:ɐ̯] <-[e]s, -en> *nt* oreille *f* ▸ **ganz ~ sein** *iron fam* être tout ouïe; **jdm die ~en lang ziehen** *fam* tirer les oreilles à qn; **halt die ~en steif!** *fam* tiens le coup !; **viel um die ~en haben** *fam* ne pas/plus savoir où donner de la tête; **jdn übers ~ hauen** se payer la tête de qn (*fam*); **sich** (*Dat*) **etw hinter die ~en schreiben** *fam* se mettre qc dans le crâne; **bis über beide ~en verliebt sein** être fou amoureux

Öhr <-[e]s, -e> *nt* chas *m*

ohrenbetäubend *Adj.* assourdissant(e)

Ohrfeige <-, -n> *f* gifle *f*

ohrfeigen *tr. V.* gifler

Ohrring *m* boucle *f* d'oreille

oje [o'je:] *Interj.* bon sang

Ökobauer ['ø:kobauɐ] *m,* **-bäuerin** *f* agriculteur(-trice) *m(f)* biologique **Ökoladen** *m* magasin *m* vert

Ökologe [øko'lo:gə] <-n, -n> *m,* **Ökologin** *f* écologiste *mf*

Ökologie [økolo'gi:] <-> *f* écologie *f*

ökologisch [øko'lo:gɪʃ] **I.** *Adj.* écologique **II.** *Adv.* sur le plan écologique
Ökonomie [økono'mi:] <-, -n> *f* économie *f*
ökonomisch [œko'no:mɪʃ] *Adj.* ❶ (*Problem*) économique ❷ (*sparsam*) économe
Ökosteuer *f* écotaxe *f* **Ökosystem** *nt* écosystème *m*
Oktave [ɔk'ta:və] <-, -n> *f* octave *f*
Oktober [ɔk'to:bɐ] <-s, -> *m* octobre *m*; *s.a.* **April**
Oktoberfest *nt* **das ~** *la fête de la bière à Munich*
Ökumene [øku'me:nə] <-> *f* œcuménisme *m*
ökumenisch *Adj.* œcuménique
Öl [ø:l] <-[e]s, -e> *nt* huile *f*; (*Erdöl*) pétrole *m*; (*Heizöl*) mazout *m*
Ölbild *nt* peinture *f* à l'huile
Oldtimer ['oʊltaimɐ] <-s, -> *m* (*Auto*) voiture *f* ancienne
ölen *tr. V.* huiler
Ölfarbe *f* peinture *f* à l'huile
Olive [o'li:və] <-, -n> *f* olive *f*
Olivenbaum *m* olivier *m* **Olivenöl** *nt* huile *f* d'olive
olivgrün *Adj.* vert olive *inv.*
Ölkrise *f* crise *f* du pétrole **Ölpest** *f* marée *f* noire **Ölquelle** *f* puits *m* de pétrole **Ölscheich** *m pej* prince *m* du pétrole
Ölung <-, -en> *f* ❶ huilage *m* ❷ REL **die Letzte ~** l'extrême-onction *f*
Ölwechsel *m* vidange *f*
Olympiade [olʏm'pi̯a:də] <-, -n> *f* olympiades *fpl*
olympisch [o'lʏmpɪʃ] *Adj.* olympique
Oma ['o:ma] <-, -s> *f* ❶ *fam* mamie *f* ❷ *pej fam* (*alte Frau*) mémère *f*
Omelett [ɔm(ə)'lɛt] <-[e]s, -e> *nt*, **Omelette** <-, -n> *f* A, CH omelette *f*
Omnibus ['ɔmnibʊs] *m* bus *m*
onanieren* [ona'ni:rən] *intr. V.* se masturber
Onkel ['ɔŋkəl] <-s, -> *m* oncle *m*
online ['ɔnlain] *Adj.* INET en ligne
Onlinebetrieb[RR] *m* INET mode *m* connecté
OP [o:'pe:] <-s, -s> *m Abk. von* **Operationssaal** salle *f* d'opération
Opa ['o:pa] <-s, -s> *m* ❶ *fam* papi *m* ❷ *pej fam* (*alter Mann*) pépère *m*
OPEC ['o:pɛk] <-> *f* O.P.E.P. *f*
Open Air[RR] ['oʊpn'ɛɐ] *nt* concert *m* en plein air
Oper ['o:pɐ] <-, -n> *f* opéra *m*
Operation [opəra'tsi̯o:n] <-, -en> *f* opération *f*
operativ [opəra'ti:f] *Adj.* ❶ MED chirurgical(e) ❷ MIL opérationnel(le)
Operator [opə'ra:tɔr] <-s, -oren> *m*, **Operatorin** *f* INFORM opérateur(-trice) *m(f)*
Operette [opə'rɛtə] <-, -n> *f* opérette *f*
operieren* [opə'ri:rən] **I.** *tr. V.* **jdn am Magen ~** opérer qn de l'estomac **II.** *intr. V.* ❶ MED opérer ❷ MIL mener une opération/des opérations
Operngias *nt* jumelles *fpl* de théâtre **Opernsänger(in)** *m(f)* chanteur *m* d'opéra/cantatrice *f*
Opfer ['ɔpfɐ] <-s, -> *nt* ❶ (*Menschenleben*) victime *f* ❷ a. REL sacrifice *m*
opfern **I.** *tr. V.* REL sacrifier; **jdm etw ~** donner qc en offrande à qn **II.** *refl. V.* **sich ~** se sacrifier
Opferung <-, -en> *f* sacrifice *m*
Opium ['o:piʊm] <-s> *nt* opium *m*
opportun [ɔpɔr'tu:n] *Adj. geh* ❶ (*angepasst*) opportuniste ❷ (*vorteilhaft*) **~ sein** être opportun
Opportunismus [ɔpɔrtu'nɪsmʊs] <-> *m* opportunisme *m*
Opportunist(in) *m(f)* opportuniste *mf*
opportunistisch **I.** *Adj.* opportuniste **II.** *Adv.* en opportuniste
Opposition [ɔpozi'tsi̯o:n] <-, -en> *f* a. POL opposition *f*; **in ~ zu jdm/etw stehen** être opposé à qn/qc
oppositionell [ɔpozitsi̯o'nɛl] *Adj.* POL de l'opposition
Optik ['ɔptɪk] <-, -en> *f* PHYS, PHOT optique *f*
Optiker(in) <-s, -> *m(f)* opticien(ne) *m(f)*
optimal [ɔpti'ma:l] *geh Adj.* optimal(e); (*Partner*) idéal(e)
Optimismus [ɔpti'mɪsmʊs] <-> *m* optimisme *m*
Optimist(in) <-en, -en> *m(f)* optimiste *mf*
optimistisch *Adj.* optimiste
optisch ['ɔptɪʃ] *Adj.* (*Linsen*) optique; (*Instrumente*) d'optique
Opus ['o:pʊs, *Pl:* 'o:pəra] <-, Opera> *nt* ❶ (*Gesamtwerk*) œuvre *f* ❷ MUS opus *m*
Orakel [o'ra:kəl] <-s, -> *nt* oracle *m*
oral [o'ra:l] *Adj.* oral(e); (*Einnahme*) par voie orale

orange [o'rãːʒə] *Adj. unv.* orange *inv.*
Orange[1] [o'rãːʒə] <-, -n> *f* (*Frucht*) orange *f*
Orange[2] <-, -> *nt* (*Farbe*) orange *m*
Orangenbaum *m* oranger *m*
Orang-Utan ['oːraŋ'ʔuːtan] <-s, -s> *m* orang-outan[g] *m*
Orchester [ɔr'kɛstɐ] <-s, -> *nt* (*Ensemble*) orchestre *m*
Orden ['ɔrdən] <-s, -> *m* ❶ MIL décoration *f* ❷ REL ordre *m*
ordentlich ['ɔrdəntlɪç] **I.** *Adj.* ❶ (*aufgeräumt*) rangé(e) ❷ (*Ordnung liebend*) ordonné(e) ❸ (*Benehmen*) correct(e) ❹ *fam* (*Portion*) bon(ne) *antéposé* **II.** *Adv.* ❶ *fam* (*tüchtig*) bien ❷ (*arbeiten*) sérieusement
ordern *tr., intr. V.* commander
Ordinalzahl [ɔrdi'naːltsaːl] *f* nombre *m* ordinal
ordinär [ɔrdi'nɛːɐ̯] *Adj.* ❶ (*vulgär*) vulgaire ❷ (*gewöhnlich*) simple *antéposé*
ordnen ['ɔrdnən] *tr. V.* ❶ (*sortieren*) classer ❷ (*in Ordnung bringen*) mettre de l'ordre dans
Ordner <-s, -> *m* (*Aktenordner*) classeur *m*
Ordnerin <-, -nen> *f* membre *m* du service d'ordre
Ordnung <-, -en> *f* ❶ *kein Pl.* (*das Sortieren*) classement *m* ❷ (*Aufgeräumtheit*) ordre *m* ❸ *kein Pl.* (*ordentliches Verhalten*) **jdn zur ~ rufen** rappeler qn à l'ordre *m* ❹ (*Vorschrift*) règlement *m* ▸ **in ~ sein** [bien] marcher; [**das ist**] **in ~!** *fam* d'accord !
ordnungsgemäß **I.** *Adj.* réglementaire **II.** *Adv.* en bonne et due forme **Ordnungsstrafe** *f* contravention *f* **Ordnungswidrigkeit** *f* infraction *f* **Ordnungszahl** *s.* **Ordinalzahl**
Organ [ɔr'gaːn] <-s, -e> *nt a. fig* organe *m*
Organisation [ɔrganiza'tsi̯oːn] <-, -en> *f* organisation *f*
Organisator [ɔrgani'zaːtoːɐ̯] <-s, -toren> *m*, **Organisatorin** *f* organisateur(-trice) *m(f)*
organisatorisch [ɔrganiza'toːrɪʃ] *Adj.* (*Leistung*) organisationnel(le)
organisch [ɔr'gaːnɪʃ] *Adj.* organique
organisieren* [ɔrgani'ziːrən] **I.** *tr. V.* organiser **II.** *intr. V.* s'occuper de l'organisation **III.** *refl. V.* **sich ~** (*Arbeitnehmer*) s'organiser
Organismus [ɔrga'nɪsmʊs] <-, -nismen> *m* organisme *m*
Organizer ['ɔːgənaɪzɐ] <-s, -> *m* INFORM agenda *m* électronique
Organspender(in) *m(f)* donneur(-euse) *m(f)* d'organes
Orgasmus [ɔr'gasmʊs] <-, Orgasmen> *m* orgasme *m*
Orgel ['ɔrgəl] <-, -n> *f* orgue *m*
Orgie ['ɔrgiə] <-, -n> *f* orgie *f*
Orient ['oːriɛnt] <-s> *m* **der ~** l'Orient *m*
orientalisch [oriɛn'taːlɪʃ] *Adj.* oriental(e)
orientieren* [oriɛn'tiːrən] *refl. V.* ❶ (*sich zurechtfinden*) **sich an etw** (*Dat*) **~** s'orienter à qc ❷ (*sich ausrichten nach*) **sich an jdm/etw ~** agir en fonction de qn/qc
Orientierung [oriɛn'tiːrʊŋ] <-, -en> *f* orientation *f*
Orientierungssinn *m kein Pl.* sens *m* de l'orientation
original [origi'naːl] *Adj.* original(e); (*Zustand*) d'origine
Original <-s, -e> *nt* original *m*
Originalfassung *f* version *f* originale **originalgetreu** *Adj.* fidèle [à l'original]
Originalität [originali'tɛːt] <-> *f* ❶ (*Echtheit*) authenticité *f* ❷ (*Einfallsreichtum*) originalité *f*
originell [origi'nɛl] *Adj.* original(e)
Orkan [ɔr'kaːn] <-[e]s, -e> *m* ouragan *m*
Ornament [ɔrna'mɛnt] <-[e]s, -e> *nt* ornement *m*
Ort [ɔrt] <-[e]s, -e> *m* ❶ (*Stelle*) lieu *m* ❷ (*Ortschaft*) localité *f* ❸ (*Belegstelle*) **am angegebenen ~** à l'endroit cité ▸ **an ~ und Stelle** sur place
Örtchen <-s, -> *nt* ▸ **das [stille] ~** *fam* le petit coin
orten *tr. V.* localiser
orthodox [ɔrto'dɔks] *Adj.* orthodoxe
Orthografie[RR] [ɔrtogra'fiː] <-, -en> *f* orthographe *f*
orthografisch[RR] *Adj.* (*Regel*) d'orthographe
Orthographie[ALT] [ɔrtogra'fiː] *s.* **Orthografie**
orthographisch[ALT] [ɔrto'graːfɪʃ] *s.* **orthografisch**
Orthopäde [ɔrto'pɛːdə] <-n, -n> *m*, **Orthopädin** *f* orthopédiste *mf*
orthopädisch *Adj.* orthopédique
örtlich ['œrtlɪç] *Adj.* local(e)

O

ortsansässig *Adj.* (*Firma*) local(e); **die ~en Bewohner** les autochtones

Ortschaft <-, -en> *f* localité *f;* **geschlossene ~** agglomération *f*

Ortsgespräch *nt* communication *f* locale **ortskundig** *Adj.* qui connaît l'endroit **Ortsname** *m* nom *m* de lieu **Ortsnetz** *nt* réseau *m* local **Ortsschild** <-schilder> *nt* (*am Ortseingang*) panneau *m* d'entrée en agglomération; (*am Ortsausgang*) panneau de fin d'agglomération **Ortstarif** *m* tarif *m* de la communication locale **Ortszeit** *f* heure *f* locale

Öse ['øːzə] <-, -n> *f* (*eines Schuhs*) œillet *m*

Oslo ['ɔslo] <-s> *nt* Oslo

Ossi ['ɔsi] <-s, -s> *m,* <-, -s> *f fam: surnom d'un(e) habitant(e) de l'ex-R.D.A.*

La chute du mur séparant l'Allemagne de l'Est *(Ostdeutschland)* de celle de l'Ouest a fait naître une nouvelle expression dans l'allemand familier. **Ossi** est un terme peu flatteur employé pour désigner les Allemands originaires de l'ancienne Allemagne de l'Est.

Ost [ɔst] <-[e]s> *m* ▸ **aus ~ und West** de l'Est *m* et de l'Ouest *m*

Le terme d'**Ostalgie** désigne une certaine nostalgie pour le «bon vieux temps» dans l'ex-République démocratique allemande que certaines personnes ont ressentie, et ressentent encore, après que l'euphorie initiale de la liberté eut cédé la place aux réalités du chômage et à la perte d'identité à l'ouest. L'**Ostalgie** magnifie souvent certains objets (par exemple le *Ampelmännchen* des feux de la circulation en RDA ou la *Trabant®*, petite voiture populaire en RDA) ou certains aspects de la vie quotidienne qui étaient typiques de la RDA.

Ostasien *nt* l'Asie *f* orientale **ostdeutsch** *Adj.* d'Allemagne de l'Est **Ostdeutschland** *nt* l'Allemagne *f* de l'Est

Osten ['ɔstən] <-s> *m* ❶ est *m* ❷ (*Osteuropa*) **der ~** l'Est *m* ❸ (*Kleinasien, Asien*) **der Nahe ~** le Proche-Orient; **der Mittlere ~** le Moyen-Orient; **der Ferne ~** l'Extrême-Orient *m; s.a.* **Norden**

Osterei *nt* œuf *m* de Pâques

Osterhase *m* lapin *m* de Pâques

A Pâques, l'**Osterhase** cache des œufs durs dont la coquille a été décorée de couleurs vives, des lapins en chocolat et d'autres cadeaux et friandises dans tout l'appartement ou dans le jardin. Ensuite les enfants doivent les chercher partout.

Osterlamm *nt* agneau *m* pascal **Ostermontag** *m* lundi *m* de Pâques

Ostern ['oːstɐn] <-, -> *nt* Pâques *fpl;* **frohe ~!** joyeuses Pâques !

Österreich ['øːstəraiç] <-s> *nt* l'Autriche *f*

Österreicher(in) <-s, -> *m(f)* Autrichien(ne) *m(f)*

österreichisch *Adj.* autrichien(ne)

Ostersonntag ['oːstɐ'zɔntaːk] *m* dimanche *m* de Pâques **Osterwoche** *f* semaine *f* sainte

Osteuropa *nt* l'Europe *f* de l'Est **Ostküste** *f* côte *f* orientale

östlich ['œstlɪç] **I.** *Adj.* GEO, METEO de l'est; (*Gebiet*) oriental(e) **II.** *Präp. + Gen.* **~ der Autobahn** à l'est de l'autoroute

ostpreußisch *Adj.* de la Prusse-Orientale

Östrogen [œstro'geːn] <-s, -e> *nt* œstrogène *m*

Ostsee *f* **die ~** la [mer] Baltique **Ostwind** *m* vent *m* d'est

ÖTV [øːteː'fau] <-> *f Abk. von* **Gewerkschaft Öffentliche Dienste, Transport und Verkehr** HIST *syndicat allemand des services publics, des transports et de la circulation*

out [aut] *Adj. fam* **~ sein** être out

outen ['autən] *refl. V.* **sich ~** se déclarer

Outfit ['autfɪt] <-s, -s> *nt* touche *f* (*fam*)

oval [o'vaːl] *Adj.* ovale

Oval [o'vaːl] <-s, -e> *nt* ovale *m*

Overall ['oʊvərɔːl] <-s, -s> *m* combinaison *f*

Overheadprojektor ['oːvə(r)hɛdpro'jɛktoːɐ̯] *m* rétroprojecteur *m*
ÖVP [øːfau'peː] <-> *f Abk. von* **Österreichische Volkspartei** *parti populaire autrichien*
Oxid [ɔ'ksiːt] <-[e]s, -e> *nt* oxyde *m*
oxidieren* **I.** *intr. V. + haben o sein* s'oxyder **II.** *tr. V. + haben* oxyder
Ozean ['oːtseaːn] <-s, -e> *m* océan *m*
Ozeandampfer *m* paquebot *m;* (*im Atlantischen Ozean*) transatlantique *m*
Ozon [o'tsoːn] <-s> *nt* ozone *m*
Ozonalarm *m* alerte *f* à la pollution par l'ozone **Ozonloch** *nt* trou *m* dans la couche d'ozone **Ozonwert** *m* taux *m* d'ozone

Pp

P, p [peː] <-, -> *nt* P *m*/p *m*
paar [paːɐ̯] *Adj. unv.* (*wenige*) **ein ~ Minuten** quelques minutes
Paar <-s, -e> *nt* ❶ (*Menschen*) couple *m* ❷ (*Dinge*) paire *f*
paaren ['paːrən] *refl. V.* **sich ~** s'accoupler
Paarung <-, -en> *f* accouplement *m*
Paarungszeit *f* saison *f* des amours
paarweise *Adv.* ❶ (*sich aufstellen*) par couples ❷ (*verkaufen*) par paire[s]
Pacht [paxt] <-, -en> *f* fermage *m*
pachten *tr. V.* louer
Pächter(in) ['pɛçtɐ] <-s, -> *m(f)* preneur(-euse) *m(f)* [à bail]
Pachtvertrag *m* bail *m*
Päckchen ['pɛkçən] <-s, -> *nt* ❶ POST petit paquet *m* ❷ (*Packung*) paquet *m*
Packeis *nt* banquise *f*
packen ['pakən] **I.** *tr. V.* ❶ (*Koffer*) faire; **jdn ~** (*Wut*) saisir qn; (*Buch*) captiver qn ❷ (*ergreifen*) saisir ❸ *fam* (*schaffen*) réussir **II.** *intr. V.* faire ses valises
Packen <-s, -> *m* **ein ~ Bücher** une pile de livres
packend *Adj.* captivant(e)
Packesel *m* âne *m* de bât **Packpapier** *nt* papier *m* kraft
Packung <-, -en> *f* (*Schachtel*) paquet *m;* (*Geschenkpackung*) boîte *f*
Pad [pɛt] <-s, -s> *nt* (*Dosierbeutel*) dosette *f*
Pädagoge [pɛda'goːgə] <-n, -n> *m*, **Pädagogin** *f* pédagogue *mf*
Pädagogik [pɛda'goːgɪk] <-> *f* pédagogie *f*
pädagogisch *Adj.* pédagogique
Paddel ['padəl] <-s, -> *nt* pagaie *f*
Paddelboot *nt* kayak *m*
paddeln ['padəln] *intr. V. + haben o sein* pagayer
paffen ['pafən] *fam* **I.** *intr. V.* fumer **II.** *tr. V.* (*Zigarette*) tirer sur
Paket [pa'keːt] <-[e]s, -e> *nt* ❶ POST colis *m* ❷ *a. fig* paquet *m*
Pakistan ['paːkɪstaːn] <-s> *nt* le Pakistan
Pakistani [pakɪs'taːni] <-[s], -[s]> *m*, <-, -[s]> *f* Pakistanais(e) *m(f)*
Pakt [pakt] <-[e]s, -e> *m* pacte *m*
Palast [pa'last, *Pl:* pa'lɛstə] <-[e]s, Paläste> *m* palais *m*
Palästina [palɛs'tiːna] <-s> *nt* la Palestine
Palästinenser(in) [palɛsti'nɛnzɐ] <-s, -> *m(f)* Palestinien(ne) *m(f)*
Palette [pa'lɛtə] <-, -n> *f* ❶ KUNST, IND palette *f* ❷ *geh* (*Vielfalt*) gamme *f*
Palme ['palmə] <-, -n> *f* palmier *m* ▶**jdn auf die ~ bringen** *fam* hérisser le poil à qn
Palmsonntag ['palm'zɔntaːk] *m* [**der**] **~** les Rameaux *mpl*
Pamphlet [pam'fleːt] <-[e]s, -e> *nt geh* pamphlet *m*
pampig *Adj. fam* (*frech*) malotru(e)
Panda ['panda] <-s, -s> *m* panda *m*
panieren* [pa'niːrən] *tr. V.* paner
Paniermehl *nt* chapelure *f*
Panik ['paːnɪk] <-, -en> *f* panique *f*
panisch **I.** *Adj. attr* panique **II.** *Adv.* (*reagieren*) par la panique
Panne ['panə] <-, -n> *f* ❶ (*Defekt*) panne *f* ❷ *fam* (*Missgeschick*) boulette *f*
Panorama [pano'raːma] <-s, Panoramen> *nt* panorama *m*

panschen **I.** *tr. V.* (*Wein*) couper **II.** *intr. V.* ① (*Winzer*) couper le vin ② *fam* (*planschen*) barboter

PanterRR, **Panther** ['pantɐ] <-s, -> *m* panthère *f*

Pantoffel [pan'tɔfəl] <-s, -n> *m* pantoufle *f* ▸ **unter dem ~ stehen** *fam* être mené par le bout du nez [par sa femme]

Pantomime [panto'miːmə] <-, -n> *f* pantomime *f*

pantomimisch **I.** *Adj.* mimé(e) **II.** *Adv.* en mimant

Panzer ['pantsɐ] <-s, -> *m* ① MIL (*Fahrzeug*) char *m* [d'assaut] ② ZOOL carapace *f*

panzern *tr. V.* blinder

Panzerschrank *m* coffre-fort *m*

Papa ['papa] <-s, -s> *m fam* papa *m*

Papagei [papa'gai] <-s, -en> *m* perroquet *m*

Papi ['papi] <-s, -s> *m fam* papa *m*

Papier [pa'piːɐ̯] <-s, -e> *nt* ① papier *m* ② (*Wertpapier*) titre *m*

Papierkorb *m* corbeille *f* [à papier]; INFORM corbeille *f* **Papierkram** *m fam* paperasse *f* (*péj*) **Papierkrieg** *m fam* guerre *f* bureaucratique **Papierstau** *m* bourrage *m* de papier **Papiertaschentuch** *nt* mouchoir *m* en papier

Pappe ['papə] <-, -n> *f* carton *m*

Pappel ['papəl] <-, -n> *f* peuplier *m*

Pappkarton *m* (*Schachtel*) boîte *f* en carton **Pappmaché**, **Pappmaschee**RR ['papmaʃeː] <-s, -s> *nt* papier *m* mâché

Paprika ['paprika] <-s, -[s]> *m* ① (*Schote*) poivron *m* ② *kein Pl.* (*Gewürz*) paprika *m*

Paprikaschote *f* poivron *m*

Papst [paːpst, *Pl:* 'pɛːpstə] <-[e]s, Päpste> *m* pape *m*

päpstlich ['pɛːpstlɪç] *Adj.* papal(e)

Papyrus [pa'pyːrʊs] <-, Papyri> *m* papyrus *m*

Parabel [pa'raːbəl] <-, -n> *f* parabole *f*

Parabolantenne *f* antenne *f* parabolique

Parade [pa'raːdə] <-, -n> *f* ① MIL défilé *m* ② SPORT parade *f*

Paradebeispiel *nt* exemple *m* révélateur

Paradelser [para'daizɐ] <-s, -> *m* A tomate *f*

Paradies [para'diːs] <-es, -e> *nt a. fig* paradis *m*

paradiesisch *Adj.* paradisiaque

paradox [para'dɔks] *Adj.* paradoxal(e)

Paradox <-es, -e> *nt geh* paradoxe *m*

paradoxerweise [para'dɔksɐ'vaizə] *Adv.* paradoxalement

Paragliding ['paːraglaidɪŋ] <-s> *nt* parapente *m*

ParagrafRR, **Paragraph** [para'graːf] <-en, -en> *m* article *m*

parallel [para'leːl] *Adj.* ① (*räumlich*) parallèle ② (*zeitlich*) simultané(e)

Parallelcomputer *m* INFORM ordinateur *m* parallèle

Parallele <-, -n> *f* ① MATH parallèle *f* ② *fig* parallèle *m*

Parallelklasse *f* classe *f* parallèle

Parallelogramm [paralelo'gram] <-s, -e> *nt* parallélogramme *m*

Paranoia [para'nɔya] <-> *f* paranoïa *f*

paranoid MED, PSYCH **I.** *Adj.* paranoïde **II.** *Adv.* (*reagieren*) comme un(e) paranoïaque

Parasit [para'ziːt] <-en, -en> *m* BIO *a. fig* parasite *m*

parat [pa'raːt] *Adj.* **eine Antwort ~ haben** avoir une réponse toute prête

Pärchen ['pɛːɐ̯çən] <-s, -> *nt* ① (*Liebespaar*) couple *m* [d'amoureux] ② (*Tierpärchen*) couple *m*

Pardon [par'dõː] <-s> *m o nt* (*Verzeihung*) pardon *m*

Parfüm [par'fyːm] <-s, -e> *nt* parfum *m*

Parfümerie [parfymə'riː] <-, -en> *f* parfumerie *f*

parfümieren* [parfy'miːrən] *tr., refl. V.* [**sich**] ~ [se] parfumer

parieren* [pa'riːrən] *intr. V.* obéir

Paris [pa'riːs] <-> *nt* Paris *m*

Pariser1 [pa'riːzɐ] *Adj. attr* (*Innenstadt*) de Paris; (*Akzent*) parisien(ne)

Pariser2 <-s, -> *m* ① Parisien *m* ② *fam* (*Kondom*) capote *f* [anglaise]

Pariserin <-, -nen> *f* Parisienne *f*

Park [park] <-s, -s> *m* parc *m*

Parka ['parka] <-s, -s> *m*, <-, -s> *f* parka *m o f*

parken ['parkən] **I.** *intr. V.* (*Person*) se garer; (*Fahrzeug*) être garé **II.** *tr. V.* (*Fahrzeug*) garer

Parkett [par'kɛt] <-s, -e> *nt* ① (*Parkettboden*) parquet *m* ② (*Tanzfläche*) piste *f* [de danse] ③ THEAT orchestre *m*

Parkett[fuß]boden *m* parquet *m*

Parkgebühr *f* taxe *f* de stationnement **Parkhaus** *nt* parking *m* à étages

Parklücke *f* place *f* libre **Parkplatz** *m* parking *m;* (*Parklücke*) place *f* de parking **Parkscheibe** *f* disque *m* de stationnement **Parkschein** *m* ticket *m* de parking **Parkscheinautomat** *m* parcmètre *m* **Parkuhr** *f* parcmètre *m* **Parkverbot** *nt* ❶ (*Verbot*) défense *f* de stationner ❷ (*Bereich*) stationnement *m* interdit

Parlament [parla'mɛnt] <-[e]s, -e> *nt* (*Institution*) Parlement *m;* **das Europäische ~** le Parlement européen

Parlamentarier(in) [parlamɛn'ta:riɐ] <-s, -> *m(f)* parlementaire *mf*

parlamentarisch *Adj.* parlementaire

Parlamentswahl *f* élections *fpl* législatives

Parmesan [parme'za:n] <-s> *m* parmesan *m*

Parodie [paro'di:] <-, -n> *f* parodie *f*

parodieren* [paro'di:rən] *tr. V.* parodier

Parodontose <-, -n> *f* parodontose *f*

Parole [pa'ro:lə] <-, -n> *f* ❶ MIL mot *m* de passe ❷ (*Losung*) slogan *m*

Partei [par'tai] <-, -en> *f* ❶ parti *m* ❷ JUR partie *f* ▸ **für jdn ~ ergreifen** prendre parti pour qn

parteiisch **I.** *Adj.* partial(e) **II.** *Adv.* avec partialité

parteilos *Adj.* sans étiquette; (*Abgeordneter*) non-inscrit(e) **Parteipolitik** *f* politique *f* de parti **parteipolitisch** *Adj.* qui relève de la politique de parti **Parteiprogramm** *nt* programme *m* de parti **Parteitag** *m* (*Konferenz*) congrès *m* de/du parti **Parteivorsitzende(r)** *f(m) dekl wie Adj* chef *mf* de/du parti

parterre [par'tɛr] *Adv.* au rez-de-chaussée

Parterre [par'tɛr(ə)] <-s, -s> *nt* rez-de-chaussée *m;* THEAT orchestre *m*

Partie [par'ti:] <-, -n> *f* partie *f*

partiell [par'tsi̯ɛl] *geh Adj.* partiel(le)

Partikel [par'ti:kl] <-s, -> *nt,* <-, -n> *f* particule *f*

Partisan(in) [parti'za:n] <-s, -en> *m(f)* partisan(e) *m(f)*

Partition <-, -en> *f* INFORM partition *f*

Partitur [parti'tu:ɐ̯] <-, -en> *f* MUS partition *f*

Partizip [parti'tsi:p] <-s, -ien> *nt* LING participe *m*

Partner(in) ['partnɐ] <-s, -> *m(f)* ❶ partenaire *mf;* (*Lebensgefährte*) compagnon *m*/compagne *f* ❷ (*Geschäftspartner*) associé(e) *m(f)*

Partnerschaft <-, -en> *f* ❶ (*Lebensgemeinschaft*) vie *f* en couple ❷ (*Städtepartnerschaft*) jumelage *m*

Partnerstadt *f* ville *f* jumelée

partout [par'tu:] *Adv.* (*wollen*) à tout prix

Party ['pa:ɐ̯ti] <-, -s> *f* soirée *f;* (*für Jugendliche*) boum *f,* teuf *f;* **~ machen** *fam* faire la boum [*o* la teuf]

Partygänger(in) ['pa:ɐ̯ti-] <-s, -> *m(f) fam* ambianceur(-euse) *m(f),* teufeur (-euse) *m(f)*

Parzelle <-, -n> *f* parcelle *f*

Pascha ['paʃa] <-s, -s> *m* pacha *m*

Pass[RR] <-es, Pässe>, **Paß**[ALT] [pas, *Pl:* 'pɛsə] <-sses, Pässe> *m* ❶ (*Reisepass*) passeport *m* ❷ (*Gebirgspass*) col *m* ❸ SPORT passe *f*

passabel [pa'sa:bəl] *Adj.* correct(e)

Passage [pa'sa:ʒə] <-, -n> *f* passage *m*

Passagier(in) [pasa'ʒi:ɐ̯] <-s, -e> *m(f)* passager(-ère) *m(f)*

Passagierflugzeug *nt* avion *m* de ligne

Passant(in) [pa'sant] <-en, -en> *m(f)* passant(e) *m(f)*

Passat <-[e]s, -e> *m* alizé *m*

Passbild[RR] *nt* photo *f* d'identité

passen ['pasən] *intr. V.* ❶ (*gut sitzen: Hose*) être à la bonne taille; (*Schuhe*) être à la bonne pointure ❷ (*harmonieren*) **zu jdm/etw ~** aller [bien] avec qn/qc ❸ (*sich einrichten lassen*) **jdm ~** (*Termin*) convenir à qn ❹ (*gefallen*) **jdm nicht ~** ne pas plaire à qn ❺ SPIEL passer

passend *Adj.* ❶ (*Hose*) à la bonne taille; (*Schuhe*) à la bonne pointure ❷ (*Farbe*) assorti(e); (*Kleidung*) convenable ❸ (*Worte*) approprié(e); (*Termin*) qui convient

Passfoto[RR] *s.* **Passbild**

passieren* [pa'si:rən] **I.** *intr. V. + sein* ❶ (*sich ereignen*) se passer ❷ (*vorkommen*) arriver; **jdm ~** arriver à qn ❸ (*zustoßen*) **ihm ist etwas passiert** il lui est arrivé quelque chose **II.** *tr. V. + haben* (*Grenze*) passer

Passion [pa'si̯o:n] <-, -en> *f* REL **die ~ [Jesu]** la Passion [de Jésus]

passioniert [pasi̯o'ni:ɐ̯t] *Adj.* passionné(e)

passiv ['pasi:f] *Adj.* (*Art*) passif(-ive)

Passiv <-s, -e> *nt* LING passif *m*

Passivität [pasivi'tɛ:t] <-> *f* passivité *f*
Passivrauchen ['pasi:frauxən] *nt* tabagisme *m* passif
PasskontrolleRR *f* contrôle *m* des passeports **Passwort**RR ['pasvɔrt] <-wörter> *nt* code *m* [d'accès]
Paste ['pastə] <-, -n> *f* pâte *f*
Pastell [pas'tɛl] <-s, -e> *nt* (*Technik, Bild*) pastel *m*
Pastete [pas'te:tə] <-, -n> *f* 1 (*Fleischpastete*) pâté *m* 2 (*Blätterteigpastete*) vol-au-vent *m*
pasteurisieren* [pastøri'zi:rən] *tr. V.* pasteuriser
Pate ['pa:tə] <-n, -n> *m*, **Patin** *f* parrain *m*/marraine *f*
Patenkind *nt* filleul(e) *m(f)* **Patenonkel** *m* parrain *m*
Patenschaft <-, -en> *f* parrainage *m*
patent [pa'tɛnt] *Adj. fam* **ein ~er Kerl** un type bien
Patent [pa'tɛnt] <-[e]s, -e> *nt* brevet *m*
Patentamt *nt* ≈ office *m* des brevets [d'inventions]
Patentante *f* marraine *f*
patentieren* [patɛn'ti:rən] *tr. V.* breveter
Patentrezept *nt* remède *m* miracle
Pater ['pa:tɐ] <-s, -> *m* père *m*
pathetisch [pa'te:tɪʃ] **I.** *Adj.* pathétique **II.** *Adv.* (*sich ausdrücken*) avec pathos
pathologisch [pato'lo:gɪʃ] *Adj.* (*Institut*) de pathologie
Pathos ['pa:tɔs] <-> *nt* pathos *m*
Patience [pa'si̯ã:s] <-, -n> *f* patience *f*
Patient(in) [pa'tsi̯ɛnt] <-en, -en> *m(f)* patient(e) *m(f)*
Patin ['pa:tɪn] *s.* **Pate**
Patres *Pl. von* **Pater**
Patriarch [patri'arç] <-en, -en> *m* REL patriarche *m*
patriarchalisch [patriar'ça:lɪʃ] *Adj.* patriarcal(e)
Patriarchat <-[e]s, -e> *nt* patriarcat *m*
Patriot(in) [patri'o:t] <-en, -en> *m(f)* patriote *mf*
patriotisch *Adj.* patriotique
Patriotismus [patrio'tɪsmʊs] <-> *m* patriotisme *m*
Patrone [pa'tro:nə] <-, -n> *f* 1 MIL cartouche *f* 2 (*Tintenpatrone*) cartouche *f*
Patrouille [pa'trʊljə] <-, -n> *f* MIL patrouille *f*
patrouillieren* [patrʊl'ji:rən] *intr. V.* patrouiller

patsch [patʃ] *Interj.* paf
Patsche ['patʃə] <-, -n> *f fam* ▶ **jdm aus der ~ helfen** tirer qn du pétrin
patzig *Adj. fam* (*Antwort*) culotté(e)
Pauke ['paukə] <-, -n> *f* timbale *f*
pauken **I.** *intr. V. fam* (*Schüler*) bûcher **II.** *tr. V. fam* (*Vokabeln*) potasser
Pauker(in) <-s, -> *m(f) fam* prof *mf*
pausbäckig ['pausbɛkɪç] *Adj.* joufflu(e)
pauschal [pau'ʃa:l] *Adj.* 1 (*undifferenziert*) global(e) 2 FIN forfaitaire
Pauschale [pau'ʃa:lə] <-, -n> *f* forfait *m*
Pauschalreise *f* voyage *m* à prix forfaitaire
Pause ['pauzə] <-, -n> *f* 1 a. MUS pause *f* 2 SCHULE **die große ~** la récréation; **die kleine ~** l'interclasse *m*
pausenlos **I.** *Adj. attr* incessant(e) **II.** *Adv.* sans répit
pausieren* [pau'zi:rən] *intr. V.* prendre du repos
Pauspapier *nt* 1 (*dünnes Papier*) [papier *m*] calque *m* 2 (*Kohlepapier*) [papier *m*] carbone *m*
Pavian ['pa:via:n] <-s, -e> *m* babouin *m*
Pavillon ['pavɪljõ] <-s, -s> *m* 1 (*Gartenhaus*) pavillon *m* 2 (*Musikpavillon*) kiosque *m* [à musique]
Pay-TV ['pɛɪti:vi:] <-s, -s> *nt* chaîne *f* à péage
Pazifik [pa'tsi:fɪk] <-s> *m* **der ~** le Pacifique
Pazifist(in) [patsi'fɪst] <-en, -en> *m(f)* pacifiste *mf*
pazifistisch *Adj.* pacifiste
PC [pe:'tse:] <-s, -s> *m Abk. von* **Personal Computer** P.C. *m*
PDS [pe:de:'ʔɛs] <-> *f Abk. von* **Partei des Demokratischen Sozialismus** *parti issu du S.E.D. de l'ex-RDA*
Pech [pɛç] <-[e]s> *nt* 1 (*Teer*) poix *f* 2 *kein Pl. fam* (*Missgeschick*) poisse *f*; [**echt**] **~ haben** ne pas avoir du cul; **~ gehabt!** *fam* tant pis pour toi/lui/elle/... !
pechschwarz ['pɛç'ʃvarts] *Adj. fam* (*Haare*) de jais
Pechvogel *m fam* malchanceux(-euse) *m(f)*
Pedal [pe'da:l] <-s, -e> *nt* pédale *f*
Pedant(in) [pe'dant] <-en, -en> *m(f)* maniaque *mf*
pedantisch **I.** *Adj.* tatillon(ne) **II.** *Adv.* (*vorgehen*) minutieusement

P

Peeling ['piːlɪŋ] <-s, -s> *nt* peeling *m*
PeepshowRR ['piːpʃoː] <-, -s> *f* peep-show *m*
Pegel ['peːgəl] <-s, ->, **Pegelstand** *m* niveau *m* des eaux
peilen ['pailən] **I.** *tr. V.* NAUT prendre le relèvement de **II.** *intr. V. fam* zieuter
peinigen *tr. V. geh* tourmenter
Peiniger(in) <-s, -> *m(f) geh* tortionnaire *mf*
peinlich **I.** *Adj.* (*Frage*) gênant(e); (*Genauigkeit*) minutieux(-euse) **II.** *Adv.* (*genau*) extrêmement
Peitsche ['paitʃə] <-, -n> *f* fouet *m*
peitschen **I.** *tr. V.* + *haben* fouetter **II.** *intr. V.* + *sein* **gegen etw ~** (*Regen*) fouetter qc
Peking ['peːkɪŋ] <-s> *nt* Pékin
Pelikan ['peːlikaːn] <-s, -e> *m* pélican *m*
Pelle ['pɛlə] ▸ **jdm auf die ~ rücken** *fam* coller à qn
pellen *tr. V. fam* peler
Pellkartoffel *f* pomme *f* de terre en robe des champs
Pelz [pɛlts] <-es, -e> *m* fourrure *f*
pelzig *Adj.* (*Haut*) velouté(e); (*Baumblatt*) velu(e)
Pendant [pɑ̃'dɑ̃ː] <-s, -s> *nt geh* **das ~ zu etw** le pendant de qc
Pendel ['pɛndəl] <-s, -> *nt* pendule *m*
pendeln *intr. V.* ① + *haben* (*Gegenstand*) osciller ② + *sein* (*Person, Bus*) faire la navette

P

Pendler(in) <-s, -> *m(f): personne qui fait tous les jours la navette entre son domicile et son lieu de travail*
penetrant [pene'trant] **I.** *Adj.* (*Geruch*) pénétrant(e); (*Person*) importun(e) **II.** *Adv.* (*riechen*) fort
peng [pɛŋ] *Interj.* pan
penibel [pe'niːbəl] *Adj. geh* (*in Bezug auf Sauberkeit*) méticuleux(-euse)
Penis ['peːnɪs] <-, -se> *m* pénis *m*
Penizillin [penitsɪ'liːn] <-s, -e> *nt* pénicilline *f*
Penne <-, -n> *f* bahut *m*
pennen ['pɛnən] *intr. V. fam* (*schlafen*) roupiller
Penner(in) <-s, -> *m(f) pej fam* (*Stadtstreicher*) clodo *mf*
Pension [pɑ̃'zi̯oːn] <-, -en> *f* ① (*Unterkunft*) pension *f* de famille ② (*Ruhegehalt*) pension *f* [de retraite] ③ (*Ruhestand*) retraite *f*
Pensionär(in) [pɑ̃zio'nɛːɐ] <-s, -e> *m(f)* retraité *m*
pensionieren* [pɑ̃zi̯o'niːrən] *tr. V.* **pensioniert werden** (*Beamter*) être mis à la retraite
pensioniert [pɛnzio'niːɐt] *Adj.* retraité(e)
Pensionierung [pɑ̃zio'niːrʊŋ] <-, -en> *f* mise *f* à la retraite
Pensionsgast *m* pensionnaire *mf*
Pensum [pɛnzʊm] <-s, Pensa> *nt* tâche *f*
Penthouse ['pɛnthaus] <-, -s> *nt* penthouse *m*
Peperoni [pepe'roːni] <-, -> *f* piment *m*
peppig ['pɛpɪç] *fam Adj.* (*Aufmachung*) tape-à-l'œil
per [pɛr] *Präp.* + *Akk.* ① (*durch*) **~ Luftpost** par avion; **~ Einschreiben** en recommandé ② (*pro*) pour
perfekt [pɛr'fɛkt] *Adj.* ① (*vollkommen*) parfait(e) ② *fam* (*abgeschlossen*) **etw ~ machen** conclure qc
Perfekt ['pɛrfɛkt] <-s, -e> *nt* LING passé *m* composé
Perfektion [pɛrfɛk'tsi̯oːn] <-> *f* perfection *f*
perfektionieren* *tr. V.* perfectionner
Perfektionist(in) [pɛrfɛktsi̯o'nɪst] <-en, -en> *m(f)* perfectionniste *mf*
Pergament [pɛrga'mɛnt] <-[e]s, -e> *nt* parchemin *m*
Pergamentpapier *nt* papier-parchemin *m*; (*Butterbrotpapier*) papier *m* sulfurisé
Periode [peri'oːdə] <-, -n> *f* ① *a.* MATH période *f* ② (*Menstruation*) règles *fpl*
Periodensystem *nt* (*Tafel*) système *m* périodique des éléments
periodisch *Adj.* périodique
Peripherie [perife'riː] <-, -n> *f* ① *a.* MATH périphérie *f* ② INFORM périphérique *m*
Perle ['pɛrlə] <-, -n> *f* ① (*Schmuckperle*) perle *f* ② (*Wasserperle*) goutte *f*
perlen *intr. V.* ① (*sprudeln*) pétiller ② (*sichtbar sein*) **auf etw** (*Dat*) **~** (*Regentropfen, Schweiß*) perler sur qc
Perlmutt ['pɛrlmʊt] <-s> *nt* nacre *f*
Perlon® ['pɛrlɔn] <-s> *nt* perlon® *m*
permanent [pɛrma'nɛnt] **I.** *Adj.* permanent(e) **II.** *Adv.* (*streiten*) constamment
perplex [pɛr'plɛks] *Adj.* perplexe
Perron [pɛ'rõː] <-s, -s> *m* A, CH quai *m*
Perser ['pɛrzɐ] <-s, -> *m* ① HIST Persan *m* ② *fam* (*Teppich*) tapis *m* persan

Perserin <-, -nen> *f* HIST Persane *f*
Perserteppich *m* tapis *m* persan
Persien ['pɛrziən] <-s> *nt* HIST la Perse
persisch I. *Adj.* HIST persan(e) **II.** *Adv.* **~ miteinander sprechen** discuter en persan
Persisch <-[s]> *nt kein Art.* persan *m; s.a.* **Deutsch**
Person [pɛr'zo:n] <-, -en> *f* ❶ personne *f;* **juristische/natürliche ~** JUR personne *f* morale/physique ❷ LITER personnage *m*
Personal [pɛrzo'na:l] <-s> *nt* personnel *m*
Personalabbau *m* réduction *f* du personnel **Personalabteilung** *f* service *m* du personnel **Personalausweis** *m* carte *f* d'identité **Personalcomputer** *m* micro-ordinateur *m*
Personalien [pɛrzo'na:liən] *Pl* identité *f*
Personalpronomen *nt* LING pronom *m* personnel **Personalrat** *m* (*Gremium*) délégation *f* du personnel **Personalrat** *m*, **-rätin** *f* délégué(e) *m(f)* du personnel
personell [pɛrzo'nɛl] *Adj.* de/du personnel
Personenbeschreibung *f* signalement *m* **Personenschaden** *m* dommage *m* corporel **Personenstand** *m form* état *m* civil
personifizieren* [pɛrzonifi'tsi:rən] *tr. V.* personnifier
persönlich [pɛr'zø:nlɪç] **I.** *Adj.* ❶ personnel(le); (*Freiraum*) individuel(le) ❷ (*anzüglich*) **~ werden** devenir vexant(e) **II.** *Adv.* (*erscheinen*) en personne
Persönlichkeit <-, -en> *f* personnalité *f*
Perspektive [pɛrspɛk'ti:və] <-, -n> *f* perspective *f*
perspektivisch [pɛrspɛk'ti:vɪʃ] *Adv.* en perspective
Peru [pe'ru:] <-s> *nt* le Pérou
Perücke [pe'rʏkə] <-, -n> *f* perruque *f*
pervers [pɛr'vɛrs] *Adj.* pervers(e)
Peseta [pe'ze:ta] <-, -ten> *f* HIST peseta *f*
Pessar [pɛ'sa:ɐ̯] <-s, -e> *nt* diaphragme *m*
Pessimismus [pɛsi'mɪsmʊs] <-> *m* pessimisme *m*
Pessimist(in) [pɛsi'mɪst] <-en, -en> *m(f)* pessimiste *mf*
pessimistisch I. *Adj.* pessimiste **II.** *Adv.* avec pessimisme
Pest [pɛst] <-> *f* peste *f*
Pestizid [pɛsti'tsi:t] <-s, -e> *nt* pesticide *m*
Peter ▸ **jdm den schwarzen ~ zuschieben** *fam* faire porter le chapeau à qn
Petersilie [pete'zi:li̯ə] <-, -n> *f* persil *m*
Petition [peti'tsi̯o:n] <-, -en> *f* pétition *f*
Petroleum [pe'tro:leʊm] <-s> *nt* pétrole *m;* (*für ~lampen*) pétrole lampant
Petrus <-> *m* Saint Pierre
Petting ['pɛtɪŋ] <-s, -s> *nt* attouchements *mpl*
petzen ['pɛtsən] *tr., intr. V. pej fam* rapporter
peu à peu [pøa'pø] *Adv.* peu à peu
Pf *Abk. von* **Pfennig** HIST pfennig *m*
Pfad [pfa:t] <-[e]s, -e> *m* ❶ sentier *m* ❷ INFORM chemin *m*
Pfadfinder(in) <-s, -> *m(f)* scout *m*/guide *f*
Pfahl [pfa:l, *Pl:* pfɛ:lə] <-[e]s, Pfähle> *m* (*Zaunpfahl*) pieu *m*
Pfalz [pfalts] <-, -en> *f* GEO **die ~** le Palatinat
Pfand [pfant, *Pl:* 'pfɛndɐ] <-[e]s, Pfänder> *nt* ❶ *kein Pl.* (*für Leergut*) consigne *f* ❷ *a.* SPIEL gage *m*
pfänden ['pfɛndən] *tr. V.* saisir
Pfandflasche *f* bouteille *f* consignée
Pfändung <-, -en> *f* saisie *f*
Pfanne ['pfanə] <-, -n> *f* ❶ (*Bratpfanne*) poêle *f* ❷ CH (*Topf*) casserole *f*
Pfannkuchen ['pfanku:xən] *m* crêpe *f* [épaisse]
Pfarrei [pfa'rai] <-, -en> *f* (*Gemeinde*) paroisse *f*
Pfarrer(in) ['pfarɐ] <-s, -> *m(f)* (*evangelisch*) pasteur *m;* (*katholisch*) curé *m*
Pfarrgemeinde *f* paroisse *f* **Pfarrhaus** *nt* presbytère *m*
Pfau [pfau] <-[e]s, -en> *m* paon *m*
Pfauenauge *nt* paon *m* de jour
Pfeffer ['pfɛfɐ] <-s, -> *m* poivre *m* ▸ **der soll bleiben, wo der ~ wächst!** il peut rester où il est !
Pfefferminz <-es> *nt* menthe *f*
Pfefferminze <-> *f* menthe *f* [poivrée]
Pfeffermühle *f* moulin *m* à poivre
pfeffern ['pfɛfɐn] *tr. V.* poivrer
Pfefferstreuer <-s, -> *m* poivrier *m*
Pfeife ['pfaifə] <-, -n> *f* ❶ (*Tabakspfeife*) pipe *f* ❷ (*Trillerpfeife*) sifflet *m* ❸ *fam* (*Nichtskönner*) nullard(e) *m(f)* ▸ **nach jds ~ tanzen** *fam* se laisser mener [par le bout du nez] par qn

P

pfeifen ['pfaifən] <pfiff, gepfiffen> **I.** *intr. V.* siffler; **auf etw** (*Akk*) **~** *fam* se ficher de qc **II.** *tr. V.* (*Lied*) siffler

Pfeifton *m* signal *m*

Pfeil [pfail] <-s, -e> *m* flèche *f*

Pfeiler ['pfailɐ] <-s, -> *m* pilier *m*

Pfennig ['pfɛnɪç] <-s, -e> *m* pfennig *m*

Pfennigabsatz *m fam* talon *m* aiguille **Pfennigfuchser(in)** ['pfɛnɪçfʊksɐ] <-s, -> *m(f) fam* grippe-sou *mf*

Pferd [pfeːɐ̯t] <-[e]s, -e> *nt* ① cheval *m;* **auf einem ~ reiten** chevaucher ② (*Turngerät*) cheval *m* d'arçons ③ SPIEL cavalier *m* ▸ **keine zehn ~e** *fam* rien au monde

Pferdeapfel *m* crottin *m* **Pferderennsport** *m* hippisme *m* **Pferdeschwanz** *m* queue *f* de cheval **Pferdestall** *m* écurie *f*

pfiff [pfɪf] *Imp. von* **pfeifen**

Pfiff [pfɪf] <-s, -e> *m* (*Pfeifton*) sifflement *m*

Pfifferling ['pfɪfɐlɪŋ] <-[e]s, -e> *m* girolle *f*

pfiffig ['pfɪfɪç] **I.** *Adj.* malin(-igne) **II.** *Adv.* avec finesse

Pfingsten ['pfɪŋstən] <-, -> *nt meist ohne Art.* la Pentecôte

Pfingstmontag *m* lundi *m* de Pentecôte **Pfingstsonntag** [pfɪŋst'zɔntaːk] *m* dimanche *m* de [la] Pentecôte

Pfirsich ['pfɪrzɪç] <-s, -e> *m* pêche *f*

Pfirsichbaum *m* pêcher *m*

Pflanze ['pflantsə] <-, -n> *f* plante *f*

pflanzen *tr. V.* (*setzen*) planter

Pflanzenfett *nt* graisse *f* végétale **Pflanzenfresser** *m* herbivore *m* **Pflanzenschutzmittel** *nt* produit *m* phytosanitaire

pflanzlich *Adj. attr* ① (*aus Pflanzen gewonnen*) végétal(e) ② (*Nahrung*) végétarien(ne)

Pflaster ['pflastɐ] <-s, -> *nt* ① (*Heftpflaster*) sparadrap *m* ② (*Straßenbelag*) chaussée *f;* (*Kopfsteinpflaster*) pavé *m*

pflastern *tr., intr. V.* paver

Pflasterstein *m* pavé *m*

Pflaume ['pflaumə] <-, -n> *f* (*Frucht*) prune *f*

Pflaumenbaum *m* prunier *m*

Pflege ['pfleːgə] <-> *f* ① (*Körper-, Krankenpflege*) soins *mpl* ② (*Obhut*) **jdn bei jdm in ~ geben** mettre qn en pension chez qn ③ (*von Anlagen*) entretien *m* ④ *geh* (*Aufrechterhaltung*) maintien *m*

pflegebedürftig *Adj.* (*Person*) dépendant(e) **Pflegeeltern** *Pl* parents *mpl* adoptifs **Pflegefall** *m* personne *f* qui réclame des soins constants **Pflegeheim** *nt* maison *f* médicalisée **Pflegekind** *nt* enfant *m* placé dans une famille **pflegeleicht** *Adj.* ① (*Kleidung*) facile à entretenir; (*Pflanze*) facile à soigner ② *fig, iron* (*Person*) facile à vivre

pflegen **I.** *tr. V.* ① (*Kranken, Tier, Pflanze*) soigner; (*Denkmal*) entretenir ② (*Beziehungen*) cultiver ③ (*gewöhnlich tun*) **er pflegt zu schwimmen** il a l'habitude de nager **II.** *refl. V.* **sich ~** soigner son apparence; (*sich schonen*) se ménager

Pfleger(in) <-s, -> *m(f)* infirmier(-ière) *m(f)*

Pflegeversicherung *f* assurance *f* dépendance

> En Allemagne, les assurances sociales comportent deux volets : la *Rentenversicherung*, qui est la caisse de retraite publique, et la **Pflegeversicherung** (l'équivalent de l'assurance dépendance), qui finance les soins des plus âgés. Les cotisations à ces deux caisses sont prélevées automatiquement sur le salaire mensuel de l'employé(e), en même temps que celle à la *Krankenversicherung* (assurance maladie).

Pflicht [pflɪçt] <-, -en> *f* devoir *m*

pflichtbewusst[RR] *Adj.* conscient(e) de ses devoirs **Pflichtbewusstsein**[RR] *nt,* **Pflichtgefühl** *nt* sens *m* du devoir **Pflichtfach** *nt* matière *f* obligatoire **Pflichtversicherung** *f* assurance *f* obligatoire **Pflichtverteidiger(in)** *m(f)* avocat(e) *m(f)* commis(e) d'office

Pflock [pflɔk, *Pl:* 'plœkə] <-[e]s, Pflöcke> *m* piquet *m*

pflücken ['pflʏkən] *tr. V.* cueillir

Pflug [pfluːk, *Pl:* 'pflyːgə] <-es, Pflüge> *m* charrue *f*

pflügen ['pflyːgən] *tr. V.* (*Acker*) labourer

Pforte ['pfɔrtə] <-, -n> *f* porte *f*

Pförtner(in) ['pfœrtnɐ] <-s, -> *m(f)* gardien(ne) *m(f)*

Pfosten ['pfɔstən] <-s, -> *m* poteau *m*

Pfote ['pfoːtə] <-, -n> *f* patte *f;* **~n weg!** *fam* bas les pattes !

Pfropfen <-s, -> *m* bouchon *m*
pfui [pfʊɪ] *Interj.* be[u]rk
Pfund [pfʊnt] <-[e]s, -e> *nt* livre *f*
pfuschen ['pfʊʃən] *intr. V. fam* bâcler le travail
Pfütze ['pfʏtsə] <-, -n> *f* flaque *f*
Phänomen [fɛno'meːn] <-s, -e> *nt* phénomène *m*
Phantasie [fanta'ziː] <-> *f kein Pl.* imagination *f*
phantasieren* *s.* **fantasieren**
phantastisch *s.* **fantastisch**
Phantom [fan'toːm] <-s, -e> *nt* fantôme *m*
Phantombild *nt* portrait-robot *m*
Pharao ['faːrao] <-s, Pharaonen> *m*, **Pharaonin** *f* pharaon(ne) *m(f)*
Pharisäer [fari'zɛːɐ̯] <-s, -> *m* ❶ REL pharisien *m* ❷ (*Getränk*) *café avec du rhum, couronné de crème Chantilly*
Pharmakonzern *m* groupe *m* pharmaceutique
pharmazeutisch [farma'tsɔʏtɪʃ] *Adj.* pharmaceutique
Pharmazie [farma'tsiː] <-> *f* pharmacie *f*
Phase ['faːzə] <-, -n> *f a.* ELEC phase *f*
Philharmonie [fɪlharmo'niː] <-, -n> *f* philharmonie *f*
Philharmoniker(in) [fɪlhar'moːnikɐ] <-s, -> *m(f) Pl* (*Orchester*) **die Wiener ~** l'orchestre *m* philharmonique de Vienne
Philippinen [filɪ'piːnən] *Pl* **die ~** les Philippines *fpl*
Philologie [filolo'giː] <-, -n> *f* philologie *f*
philologisch *Adj.* de philologie
Philosoph(in) [filo'zoːf] <-en, -en> *m(f)* philosophe *mf*
Philosophie [filozo'fiː] <-, -n> *f* philosophie *f*
philosophieren* [filozo'fiːrən] *intr. V.* philosopher
philosophisch *Adj.* philosophique
phlegmatisch *Adj. geh* indolent(e)
Phobie [fo'biː] <-, -n> *f* phobie *f*
Phonetik <-> *f* phonétique *f*
phonetisch *Adj.* phonétique
Phosphat [fɔs'faːt] <-[e]s, -e> *nt* phosphate *m*
Phosphor ['fɔsfoːɐ̯] <-s> *m* phosphore *m*
Photo *s.* **Foto**
Photosynthese *f* BIO photosynthèse *f*
Phrase ['fraːzə] <-, -n> *f pej* formule *f* [toute faite]
pH-Wert [peː'haːveːɐ̯t] *m* pH *m*
Physik [fʏ'ziːk] <-> *f* physique *f*
physikalisch [fyzi'kaːlɪʃ] *Adj.* (*Formel*) de physique; (*Gesetz*) physique
Physiker(in) ['fyːzikɐ] <-s, -> *m(f)* physicien(ne) *m(f)*
physiologisch [fyzio'loːgɪʃ] *Adj.* physiologique
physisch ['fyːzɪʃ] *Adj.* physique
Pi [piː] <-[s]> *nt* [**die Zahl**] ~ [le nombre] pi *m*
Pianist(in) [pi̯a'nɪst] <-en, -en> *m(f)* pianiste *mf*
piano *Adv.* piano
Pickel ['pɪkəl] <-s, -> *m* ❶ bouton *m* ❷ (*Eispickel*) piolet *m*
pick[e]lig *Adj.* (*Gesicht*) boutonneux(-euse)
picken ['pɪkən] *tr. V.* (*Körner*) picorer
Picknick ['pɪknɪk] <-s, -s> *nt* pique-nique *m*
picknicken *intr. V.* pique-niquer
picobello ['piːko'bɛlo] *Adv. fam* impec
Piep ▸ **keinen ~ sagen** *fam* ne pas piper [mot]
piepen ['piːpən] **I.** *intr. V.* (*Vogel*) pépier; (*Maus*) couiner (*fam*)(*Funkgerät*) faire bip[-bip] **II.** *intr. V. unpers. fam* **bei ihm piept's** il déraille
piepsen ['piːpsən] *intr. V. s.* **piepen I.**
Piepser <-s, -> *m fam* ❶ (*Piepton*) signal *m* sonore ❷ (*Personenrufgerät*) bip *m*
piesacken ['piːzakən] *tr. V. fam* **jdn ~** (*Person*) embêter qn; (*Tier*) enquiquiner qn
pietätlos [pie'tɛːt-] *Adj. geh* irrespectueux
Pigment [pɪ'gmɛnt] <-s, -e> *nt* pigment *m*
Pik [piːk] <-s, -> *nt* SPIEL pique *m*
pikant [pi'kant] **I.** *Adj.* ❶ relevé(e); (*Soße*) piquant(e) ❷ (*frivol: Witz*) piquant(e) **II.** *Adv.* **~ schmecken** être relevé
piken ['piːkən] *famtr., intr. V.* piquer
pikiert [pi'kiːɐ̯t] *geh* **I.** *Adj.* offusqué(e) **II.** *Adv.* (*reagieren*) avec indignation
Pikkolo ['pɪkolo] <-s, -s> *m* ≈ quart *m* de mousseux
piksen *s.* **piken**
Pilger(in) ['pɪlgɐ] <-s, -> *m(f)* pèlerin(e) *m(f)*
Pilgerfahrt *f* pèlerinage *m*
pilgern *intr. V. + sein* **nach Mekka ~** se rendre en pèlerinage à la Mecque

Pille ['pɪlə] <-, -n> *f* (*Tablette, Antibabypille*) pilule *f*
Pilot(in) [pi'lo:t] <-en, -en> *m(f)* pilote *mf*
Pilotfilm *m* film-pilote *m*
Pils [pɪls] <-, -> *nt* pils *f*
Pilz [pɪlʦ] <-es, -e> *m* a. MED champignon *m*
Pilzvergiftung *f* intoxication *f* par des champignons
Pimmel ['pɪməl] <-s, -> *m fam* zizi *m*
pingelig ['pɪŋəlɪç] *Adj. fam* maniaque
Pinguin ['pɪŋgui:n] <-s, -e> *m* pingouin *m*
Pinie ['pi:niə] <-, -n> *f* pin *m* parasol
Pink <-s, -s> *nt* rose *m* vif
pinkeln ['pɪŋkəln] *intr. V. fam* pisser
pinkfarben *Adj.* rose vif
Pinnwand ['pɪnvant] *f* tableau *m* aide-mémoire
Pinsel ['pɪnzəl] <-s, -> *m* pinceau *m*
pinseln *tr. V. fam* (*schreiben*) **einen Spruch an die Wand ~** barbouiller une inscription au mur
Pinzette [pɪn'ʦɛtə] <-, -n> *f* pincette *f;* (*Kosmetikpinzette*) pince *f* à épiler
Pionier(in) [pio'ni:ɐ̯] <-s, -e> *m(f) geh* pionnier(-ière) *m(f)*
Pipeline ['paiplain] <-, -s> *f* pipeline *m*
Pipette [pi'pɛtə] <-, -n> *f* pipette *f*
Pipi ['pɪpi] <-s> *nt Kinderspr.* **~ machen** faire pipi
Piranha [pi'ranja] <-[s], -s> *m* piranha *m*
Pirat(in) [pi'ra:t] <-en, -en> *m(f)* pirate *m*
Pirouette [pi'ruɛtə] <-n> *f* pirouette *f*
pissen ['pɪsən] *intr. V. vulg* pisser (*fam*)
Pissoir [pɪ'soa:ɐ] <-s, -s> *nt* urinoir *m*
Pistazie [pɪs'ta:ʦiə] <-, -n> *f* pistache *f*
Piste ['pɪstə] <-, -n> *f* piste *f*
Pistole [pɪs'to:lə] <-, -n> *f* pistolet *m* ▶**wie aus der ~ geschossen** *fam* du tac au tac
Pizza ['pɪʦa] <-, -s> *f* pizza *f*
Pizzeria <-, -s *o* -ien> *f* pizzeria *f*
Pkw ['pe:ka:ve:] <-s, -s> *m Abk. von* **Personenkraftwagen** voiture *f* [particulière]
Placebo [pla'ʦe:bo] <-s, -s> *nt* MED placebo *m*
Plackerei [plakə'rai] <-, -en> *f fam* galère *f*
plädieren* [plɛ'di:rən] *intr. V.* plaider
Plädoyer [plɛdo̯a'je:] <-s, -s> *nt* ❶ JUR (*eines Rechtsanwalts*) plaidoirie *f;* (*eines Staatsanwalts*) réquisitoire *m* ❷ *geh* (*Eintreten*) plaidoyer *m*
Plage ['pla:gə] <-, -n> *f* plaie *f;* (*Schädlingsplage*) fléau *m*
plagen **I.** *tr. V.* **jdn ~** (*Gewissen*) tourmenter qn; (*Hunger*) tenailler qn **II.** *refl. V.* **sich ~** s'esquinter (*fam*)
Plakat [pla'ka:t] <-[e]s, -e> *nt* affiche *f*
Plakette [pla'kɛtə] <-, -n> *f* badge *m*
Plan [pla:n, *Pl:* 'plɛ:nə] <-[e]s, Pläne> *m* ❶ plan *m* ❷ *meist Pl.* (*Planung*) projet *m*
Plane ['pla:nə] <-, -n> *f* bâche *f*
planen *tr. V.* (*Projekt*) planifier; (*Bauwerk*) dessiner les plans de
Planet [pla'ne:t] <-en, -en> *m* planète *f*
Planetarium [plane'ta:riʊm] <-s, -tarien> *nt* planétarium *m*
Planke ['plaŋkə] <-, -n> *f* planche *f*
Plankton ['plaŋktɔn] <-s> *nt* plancton *m*
planlos **I.** *Adj.* désordonné(e) **II.** *Adv.* au hasard
planmäßig **I.** *Adj.* (*Ankunft*) normal(e); (*Vorgehen*) méthodique **II.** *Adv.* (*stattfinden*) comme prévu
Planquadrat *nt* quadrilatère *m* [du plan]
Planschbecken *nt* pataugeoire *f*
planschen ['planʃən] *intr. V.* barboter
Plantage [plan'ta:ʒə] <-, -n> *f* plantation *f*
Planung <-, -en> *f* plan *m*
plappern ['plapɐn] *fam* **I.** *intr. V.* bavarder **II.** *tr. V.* marmonner
Plasma ['plasma] <-s, Plasmen> *nt* plasma *m*
Plastik[1] ['plastɪk] <-s> *nt* (*Kunststoff*) plastique *m*
Plastik[2] <-, -en> *f* KUNST sculpture *f*
Plastikmüll *m* déchets *mpl* plastiques
Plastiktüte *f* sac *m* en plastique
plastisch *Adj.* (*Wirkung*) en relief; (*Schilderung*) clairement réalisé(e); (*Chirurgie*) plastique
Platane [pla'ta:nə] <-, -n> *f* platane *m*
Plateau [pla'to:] <-s, -s> *nt* plateau *m*
Platin ['pla:ti:n] <-s> *nt* platine *m*
platonisch [pla'to:nɪʃ] *geh Adj.* (*Liebe*) platonique
platsch [platʃ] *Interj.* vlan; (*beim Aufprall aufs Wasser*) plouf
plätschern ['plɛtʃɐn] *intr. V.* ❶ + *haben* (*Wasser*) clapoter ❷ + *sein* (*Bach*) s'écouler en clapotant

platt [plat] **I.** *Adj.* ❶ (*flach*) plat(e); (*Nase*) aplati(e); (*Reifen*) à plat ❷ (*geistlos*) banal(e) ❸ *fam* (*verblüfft*) ~ **sein** [en] être baba **II.** *Adv.* ~ **drücken** écraser

Platt *s.* **Plattdeutsch**

plattdeutsch **I.** *Adj.* (*Dialekt*) bas allemand(e); (*Wort*) de bas allemand **II.** *Adv.* ~ **miteinander sprechen** discuter en bas allemand

Plattdeutsch *nt kein Art.* bas allemand *m; s.a.* **Deutsch**

Platte ['platə] <-, -n> *f* ❶ (*kleine Stein-, Keramikplatte*) carreau *m;* (*große* ~) dalle *f* ❷ (*Metallplatte*) plaque *f* ❸ (*Servierplatte*) plateau *m* ❹ (*Speisenplatte*) **kalte** ~ assiette *f* anglaise ❺ (*Schallplatte*) disque *m* ❻ (*Kochplatte*) plaque *f* [électrique]

Plattenspieler *m* platine *f* [disques]

Plattform *f* plate-forme *f* **Plattfuß** *m* pied *m* plat **plattmachen** *tr. V. fam* (*Unternehmen, Firma*) faire tomber en déconfiture, écraser; (*Gebäude*) démolir

Platz [plats, *Pl:* 'plɛtsə] <-es, Plätze> *m* ❶ place *f* ❷ (*Sportplatz*) terrain *m* ▸**fehl am** ~[e] **sein** (*Person*) ne pas être à sa place; (*Sache*) être déplacé

Platzangst *f fam* (*Klaustrophobie*) claustrophobie *f* **Platzanweiser(in)** <-s, -> *m(f)* ouvreur(-euse) *m(f)*

Plätzchen ['plɛtsçən] <-s, -> *nt* ❶ *Dim. von* **Platz** petite place *f* ❷ (*Gebäck*) ≈ petit gâteau *m* sec

Les **Plätzchen** sont des petits gâteaux secs que les mères de famille confectionnent en grande quantité pendant le temps de l'Avent, non seulement pour les apporter sur leur propre table mais aussi pour les offrir aux amis en vue de fêter Noël. Il en existe une grande variété traditionnelle que l'imagination individuelle contribue à étendre.

platzen ['platsən] *intr. V. + sein* ❶ (*Tüte*) éclater; (*Reifen*) crever; (*Naht*) craquer; **vor Neugier** (*Dat*) ~ crever de curiosité ❷ *fam* (*Termin*) foirer

platzieren*RR [pla'tsiːrən] *tr. V. a.* SPORT placer

PlatzierungRR <-, -en> *f* (*Rangfolge*) classement *m*

Platzkarte *f* [billet *m* de] réservation *f* **Platzverweis** *m* expulsion *f* [du terrain] **Platzwunde** *f* plaie *f* ouverte

Plauderei <-, -en> *f* causerie *f*

plaudern ['plaudɐn] *intr. V.* bavarder

plausibel [plau'ziːbəl] *Adj.* plausible

Playback, Play-backRR ['pleːbɛk] <-s, -s> *nt* play-back *m*

Playboy ['pleːbɔy] <-s, -s> *m* play-boy *m*

Plazenta [pla'tsɛnta] <-, -s> *f* MED placenta *m*

plazieren*ALT *s.* **platzieren**

PlazierungALT *s.* **Platzierung**

pleite ['plaitə] *Adj. fam* ~ **sein** (*Person*) être fauché(e); (*Firma*) être en déconfiture

Pleite <-, -n> *f fam* ❶ faillite *f* ❷ (*Reinfall*) fiasco *m*

pleite|gehenRR *intr. V. unreg fam* (*Firma, Geschäft*) tomber en déconfiture

plemplem [plɛm'plɛm] *Adj. fam* ~ **sein** être zinzin

Plenarsaal [ple'naːɐ̯zaːl] *m* ≈ hémicycle *m*

Plenum ['pleːnʊm] <-s, Plena> *nt* assemblée *f* plénière

PLO [peːʔɛl'ʔoː] <-> *f Abk. von* **Palestine Liberation Organization** OLP *f*

Plombe ['plɔmbə] <-, -n> *f* (*Zahnplombe*) plombage *m*

plombieren* [plɔm'biːrən] *tr. V.* plomber

Plotter ['plɔtɐ] <-s, -> *m* INFORM traceur *m*

P

plötzlich ['plœtslɪç] **I.** *Adj.* soudain(e); (*Tod*) subit(e) **II.** *Adv.* soudain

Plug-in [plʌg'ʔɪn] <-s, -s> *nt* INFORM plugiciel *m*

plump [plʊmp] *Adj.* ❶ (*Bewegungen*) gauche ❷ (*dummdreist*) primitif(-ive)

plumpsen ['plʊmpsən] *intr. V. + sein fam* **ins Wasser** ~ tomber dans l'eau en faisant un grand plouf

Plumpsklo[sett] *nt fam* latrines *fpl*

Plunder <-s> *m fam* bric-à-brac *m*

Plünderer <-s, -> *m,* **Plünderin** *f* pillard *m*

plündern ['plʏndɐn] **I.** *tr. V.* piller **II.** *intr. V.* se livrer au pillage

Plünderung <-, -en> *f* pillage *m*

Plural ['pluːraːl] <-s, -e> *m* pluriel *m*

pluralistisch [plura'lɪstɪʃ] *Adj. geh* pluraliste

plus [plʊs] **I.** *Präp. + Gen.* plus **II.** *Konj.* plus **III.** *Adv.* (*über null Grad*) **drei Grad** ~ plus trois degrés

Plus *nt* ❶ plus *m* ❷ (*Überschuss*) excédent *m*

Plüsch [ply:ʃ] <-[e]s, -e> *m* peluche *f*

Plüschtier *nt* animal *m* en peluche

Pluspol *m* pôle *m* positif **Pluspunkt** *m* (*Vorzug*) plus *m*

Plusquamperfekt ['plʊskvampɛrfɛkt] <-s, -e> *nt* LING plus-que-parfait *m*

plustern ['plu:stɐn] *tr., refl. V.* [**sich**] ~ [se] hérisser

Pluszeichen *nt* signe *m* plus

Pluto ['plu:to] <-s> *m* [la planète] Pluton *f*

Plutonium [plu'to:niʊm] <-s> *nt* plutonium *m*

PLZ *Abk. von* **Postleitzahl** code *m* postal

Po [po:] <-s, -s> *m fam* fesses *fpl*

Pöbel ['pø:bəl] <-s> *m pej* populace *f*

pöbeln *intr. V. fam* faire du barouf

pochen ['pɔxən] *intr. V. geh* ❶ (*klopfen*) **gegen/an etw** (*Akk*) ~ frapper contre/à qc ❷ (*Herz*) battre

Pocken ['pɔkən] *Pl* variole *f*

Podcast ['pɔtka:st] <-s, -s> *m* INET podcast *m*

podcasten ['pɔtka:stən] *tr. V.* INET podcaster

Podest [po'dɛst] <-[e]s, -e> *nt o m* estrade *f*

Podium ['po:diʊm] <-s, Podien> *nt* podium *m*

Podiumsdiskussion *f* débat *m* public

Poesie [poe'zi:] <-> *f geh* poésie *f*

Poesiealbum *nt* ≈ album *m* souvenir *(petit album d'enfant rempli par les parents et amis)*

poetisch *Adj. geh* poétique

Pogrom [po'gro:m] <-s, -e> *m o nt* pogrom[e] *m*

Pointe ['po̯ɛ̃:tə] <-, -n> *f* chute *f*

Pokal [po'ka:l] <-s, -e> *m* coupe *f*

Pokalspiel *nt* match *m* de coupe

pökeln ['pø:kəln] *tr. V.* saler

Poker ['po:kɐ] <-s> *nt o m* poker *m*

pokern *intr. V.* jouer au poker

Pol [po:l] <-s, -e> *m* pôle *m*

polar [po'la:ɐ̯] *Adj.* polaire

Polarkreis *m* cercle *m* polaire **Polarstern** *m* étoile *f* polaire

Pole ['po:lə] <-n, -n> *m,* **Polin** *f* Polonais(e) *m(f)*

polemisch [po'le:mɪʃ] *Adj.* polémique

polemisieren* [polemi'zi:rən] *intr. V.* polémiquer

Polen ['po:lən] <-s> *nt* la Pologne

Police [po'li:sə] <-, -n> *f* police *f* [d'assurance]

Polier(in) <-s, -e> *m(f)* contremaître *m*

polieren* [po'li:rən] *tr. V.* (*Schuhe*) lustrer; (*Auto*) briquer; **glatt** ~ polir

Polio ['po:lio] <-> *f* MED polio[myélite] *f*

Politesse [poli'tɛsə] <-, -n> *f* contractuelle *f*

Politik [poli'ti:k] <-> *f* politique *f*

Politiker(in) [po'li:tikɐ] <-s, -> *m(f)* homme *m*/femme *f* politique

politikverdrossen *Adj.* déçu(e) de la politique

Politikverdrossenheit *f* ras-le-bol *m* de la politique

politisch *Adj.* politique

politisieren* [politi'zi:rən] *intr. V.* parler politique

Politologie [politolo'gi:] <-> *f* science(s) *f(pl)* politique(s)

Polizei [poli'tsai] <-, -en> *f* ❶ police *f* ❷ *kein Pl.* (*Dienstgebäude*) poste *m* de police

Polizeidirektion *f* direction *f* de la police **Polizeieinsatz** *m* intervention *f* de la police

polizeilich **I.** *Adj.* (*Ermittlung*) policier (-ière) **II.** *Adv.* (*überwachen*) par mesure de police

Polizeipräsidium *nt* préfecture *f* de police **Polizeirevier** *nt* poste *m* **Polizeischutz** *m* protection *f* policière **Polizeistaat** *m* État *m* policier **Polizeistreife** *f* patrouille *f* de police **Polizeiwache** *f* poste *m* de police

Polizist(in) [poli'tsɪst] <-en, -en> *m(f)* policier(-ière) *m(f)*

Polka ['pɔlka] <-, -s> *f* polka *f*

Pollen ['pɔlən] <-s, -> *m* pollen *m*

Pollenallergie *f* allergie *f* au pollen

polnisch ['pɔlnɪʃ] **I.** *Adj.* polonais(e) **II.** *Adv.* ~ **miteinander sprechen** discuter en polonais

Polnisch <-[s]> *nt kein Art.* polonais *m; s.a.* **Deutsch**

Polo ['po:lo] <-s, -s> *nt* polo *m*

Polohemd ['po:lohɛmt] *nt* polo *m*

Polonaise [polo'nɛ:zə] <-, -n> *f* polonaise *f*

Polster ['pɔlstɐ] <-s, -> *nt o* A *m* ❶ (*eines Möbelstücks*) coussin *m;* (*Polsterung*) rembourrage *m* ❷ (*Schulterpolster*) épaulette *f* ❸ *fam* (*Rücklage*) pécule *m*

Polstermöbel *nt* meuble *m* rembourré
polstern *tr. V.* (*Möbel*) capitonner
Polterabend *m* ≈ veille *f* des noces

> La tradition du **Polterabend** remonte au 16e siècle. La veille d'un mariage, les amis et la famille des fiancés viennent le soir devant chez eux pour *poltern*, c'est-à-dire casser de la vaisselle et faire du vacarme, afin de leur porter bonheur. Ensuite, on laisse les futurs époux tout seuls pour qu'ils nettoient les dégâts.

poltern ['pɔltɐn] *intr. V.* ❶ + *haben* (*lärmen*) faire du vacarme ❷ + *sein* (*sich ~d bewegen*) **durch etw ~** faire du vacarme dans qc
Polyester [poly'ɛstɐ] <-s, -> *m* polyester *m*
polygam [poly'ga:m] *Adj.* polygame
Polygamie [polyga'mi:] <-> *f* polygamie *f*
Polynesien [poly'ne:ziən] <-s> *nt* la Polynésie
Polyp [po'ly:p] <-en, -en> *m* ZOOL, MED polype *m*
Pomade [po'ma:də] <-, -n> *f* pommade *f*
Pommes frites [pɔm'frɪt] *Pl* [pommes *fpl*] frites *fpl*
Pomp [pɔmp] <-[e]s> *m* faste *m*
pompös [pɔm'pø:s] *Adj.* somptueux(-euse); (*Ausstattung*) fastueux(-euse)
Poncho ['pɔntʃo] <-s, -s> *m* poncho *m*
Pony[1] ['pɔni] <-s, -s> *nt* poney *m*
Pony[2] <-s, -s> *m* (*Stirnfransen*) frange *f*
Pool [pu:l] <-s, -s> *m* piscine *f*
Pop [pɔp] <-s> *m* pop *f*
Popcorn ['pɔpkɔrn] <-s> *nt* popcorn *m*
Popel ['po:pəl] <-s, -> *m fam* crotte *f* de nez
popeln ['po:pəln] *intr. V. fam* se curer le nez
Popkonzert *nt* concert *m* [de musique] pop **Popmusik** *f* musique *f* pop
Popo [po'po:] <-s, -s> *m Kinderspr. fam* fesses *fpl*
populär [popu'lɛ:ɐ̯] *Adj.* populaire
Popularität [populari'tɛ:t] <-> *f* popularité *f*
Pore ['po:rə] <-, -n> *f* pore *m*
Porno ['pɔrno] <-s, -s> *m fam* porno *m*
Pornografie[RR] [pɔrnogra'fi:] <-> *f* pornographie *f*
pornografisch[RR] [pɔrno'gra:fɪʃ] *Adj.* pornographique
Pornographie *s.* **Pornografie**
pornographisch *s.* **pornografisch**
Pornoheft *nt fam* revue *f* porno
porös [po'rø:s] *Adj.* poreux(-euse)
Porree ['pɔre] <-s, -s> *m* poireau *m*
Portal [pɔr'ta:l] <-s, -e> *nt* portail *m*
Portemonnaie [pɔrtmɔ'ne:] <-s, -s> *nt* porte-monnaie *m*
Portier [pɔr'ti̯e:] <-s, -s> *m* portier *m*
Portion [pɔr'tsi̯o:n] <-, -en> *f* portion *f*; (*zugeteilte Menge*) part *f*
Portmonee[RR] [pɔrtmɔ'ne:] *s.* **Portemonnaie**
Porto ['pɔrto] <-s, -s> *nt* port *m*
Porträt [pɔr'trɛ:] <-s, -s> *nt* portrait *m*
porträtieren* *tr. V.* **jdn porträtieren** (*Maler*) faire le portrait de qn; (*Autor*) représenter qn
Portugal ['pɔrtugal] <-s> *nt* le Portugal
Portugiese [pɔrtu'gi:zə] <-n, -n> *m*, **Portugiesin** *f* Portugais(e) *m(f)*
portugiesisch **I.** *Adj.* portugais(e) **II.** *Adv.* **~ miteinander sprechen** discuter en portugais
Portugiesisch <-[s]> *nt kein Art.* portugais *m*; *s.a.* **Deutsch**
Portwein ['pɔrtvain] *m* porto *m*
Porzellan [pɔrtsɛ'la:n] <-s, -e> *nt* porcelaine *f*
Posaune [po'zaunə] <-, -n> *f* trombone *m*
Posaunist(in) *m(f)* tromboniste *mf* (*form*)
Pose ['po:zə] <-, -n> *f* pose *f*
posieren* [po'zi:rən] *intr. V. geh* poser
Position [pozi'tsi̯o:n] <-, -en> *f* ❶ *a.* MIL position *f* ❷ (*beruflich*) situation *f*
positiv ['po:ziti:f] *Adj. a.* MED, PHYS positif(-ive); **~ sein** *fam* (*HIV-~ sein*) être [séro]positif
Posse ['pɔsə] <-, -n> *f* farce *f*
Possessivpronomen ['pɔsɛsi:fprono:mən] *nt* LING [pronom *m*] possessif *m*; (*adjektivisches Pronomen*) [adjectif *m*] possessif *m*
Post [pɔst] <-> *f* ❶ (*Unternehmen*) poste *f* ❷ (*Postsendung*) courrier *m*; **elektronische ~** courrier électronique
Postamt *nt* bureau *m* de poste **Postanweisung** *f* mandat *m* **Postbote** *m*, **-botin** *f* facteur(-trice) *m(f)*

P

Posten ['pɔstən] <-s, -> *m* ❶ (*Amt*) poste *m* ❷ (*Wachmann*) sentinelle *f* ▸ **nicht ganz auf dem ~ sein** *fam* être mal fichu

Poster ['po:stɐ] <-s, -[s]> *nt* poster *m*

Postfach *nt* (*bei der Post*) boîte *f* postale; (*im Hotel, Büro*) casier *m* [à courrier] **Postgeheimnis** *nt* secret *m* postal

posthum *s.* **postum**

postieren* [pɔs'ti:rən] *tr. V.* poster

Postkarte *f* carte *f* postale **postlagernd** *Adj., Adv.* poste[-]restante **Postleitzahl** *f* code *m* postal

postmodern [pɔstmo'dɛrn] *Adj.* postmoderne

Postsendung *f* envoi *m* postal **Postsparbuch** *nt* livret *m* d'épargne de la poste **Poststempel** *m* cachet *m* de la poste

postum [pɔs'tu:m] *geh* **I.** *Adj.* posthume **II.** *Adv.* à titre posthume

postwendend ['pɔst'vɛndənt] *Adv.* par retour du courrier **Postwertzeichen** *nt form* timbre-poste *m* **Postwurfsendung** *f* publicité *f* distribuée par la poste

potent [po'tɛnt] *Adj.* (*Person*) sexuellement puissant(e)

Potential [potɛn'tsia:l] *s.* **Potenzial**

potentiell [potɛn'tsiɛl] *s.* **potenziell**

Potenz [po'tɛnts] <-, -en> *f* ❶ MATH puissance *f* ❷ (*sexuelle Potenz*) virilité *f*

PotenzialRR [potɛn'tsi̯a:l] <-s, -e> *nt a.* PHYS potentiel *m*

potenziellRR [potɛn'tsi̯ɛl] *geh Adj.* potentiel(le)

potenzieren* [potɛn'tsi:rən] *tr. V.* MATH **eine Zahl mit fünf ~** élever un nombre à la puissance cinq

Power ['pauɐ] <-> *f fam* (*einer Person*) punch *m*

PR [pe:'ʔɛr] <-> *f Abk. von* **Public Relations** relations *fpl* publiques

Präambel [prɛ'ambəl] <-, -n> *f* préambule *m*

Pracht [praxt] <-> *f* splendeur *f*

Prachtexemplar *nt* belle pièce *f*

prächtig ['prɛçtɪç] **I.** *Adj.* (*Raum*) somptueux(-euse); (*Wetter*) splendide **II.** *Adv.* (*sich verstehen*) à merveille

prachtvoll *s.* **prächtig**

Prädikat [prɛdi'ka:t] <-[e]s, -e> *nt* ❶ LING prédicat *m* ❷ COM label *m* [de qualité]

Präferenz [prɛfe'rɛnts] <-, -en> *f* préférence *f*

Präfix <-es, -e> *nt* préfixe *m*

Prag [pra:k] <-s> *nt* Prague

prägen ['prɛ:gən] *tr. V.* (*Münzen*) frapper; (*Landschaft*) caractériser; (*Begriff*) forger; **jdn ~** (*Erlebnis*) marquer qn

pragmatisch **I.** *Adj.* pragmatique **II.** *Adv.* avec pragmatisme

Prägung <-, -en> *f* (*Aufdruck*) gravure *f*

prähistorisch [prɛhɪs'to:rɪʃ] *Adj.* préhistorique

prahlen ['pra:lən] *intr. V.* [**mit etw**] **~** se vanter [de qc]

Prahlerei [pra:lə'rai] <-, -en> *f* vantardise *f*

Praktik ['praktɪk] <-, -en> *f meist Pl.* pratique *f*

praktikabel [prakti'ka:bəl] *Adj.* praticable

Praktikant(in) [prakti'kant] <-en, -en> *m(f)* stagiaire *mf*

Praktikum ['praktɪkʊm] <-s, Praktika> *nt* stage *m*

praktisch **I.** *Adj.* pratique **II.** *Adv.* ❶ (*in der Praxis*) dans la pratique ❷ (*so gut wie*) pratiquement

praktizieren* [prakti'tsi:rən] *intr. V.* (*Arzt*) exercer

Praline [pra'li:nə] <-, -n> *f* A chocolat *m*

prall [pral] **I.** *Adj.* (*Ballon*) bien gonflé(e) **II.** *Adv.* **~ gefüllt** bien rempli(e)

prallen ['pralən] *intr. V. + sein* **gegen jdn/etw ~** heurter qn/qc

Prämie ['prɛ:mi̯ə] <-, -n> *f* prime *f*

prämieren* *tr. V.* primer

Prämisse [prɛ'mɪsə] <-, -n> *f geh* prémisse *f*

prangen ['praŋən] *intr. V. geh* **am Himmel ~** (*Sterne*) resplendir dans le ciel

Pranger ['praŋɐ] <-s, -> *m* pilori *m*

Pranke ['praŋkə] <-, -n> *f* patte *f*

Präparat [prɛpa'ra:t] <-[e]s, -e> *nt* préparation *f*

präparieren* [prɛpa'ri:rən] *tr. V.* ❶ (*konservieren*) naturaliser ❷ (*sezieren*) disséquer

Präposition [prɛpozi'tsi̯o:n] <-, -en> *f* LING préposition *f*

Prärie [prɛ'ri:] <-, -n> *f* **die ~** la Prairie

Präsens ['prɛ:zɛns] <-, Präsenzien> *nt* LING présent *m*

präsent *Adj. geh* présent(e)

präsentieren* [prɛzɛn'ti:rən] *tr. V.* présenter

Präservativ [prɛzɛrva'ti:f] <-s, -e> *nt* préservatif *m*
Präsident(in) [prɛzi'dɛnt] <-en, -en> *m(f)* président(e) *m(f)*
Präsidentschaft <-, -en> *f* présidence *f*
Präsidentschaftswahlen *Pl* [élections *fpl*] présidentielles *fpl*
Präsidium [prɛ'zi:diʊm] <-s, Präsidien> *nt* (*Polizeipräsidium*) commissariat *m*
prasseln ['prasəln] *intr. V. + sein* **gegen/auf etw** (*Akk*) ~ crépiter contre/sur qc
präventiv [prɛvɛn'ti:f] *Adj.* préventif(-ive)
Praxis ['praksɪs] <-, Praxen> *f* ❶ (*Arztpraxis*) cabinet *m* ❷ (*Anwendung*) pratique *f*
Präzedenzfall [prɛtse'dɛntsfal] *m* précédent *m*
präzis[e] *geh* **I.** *Adj.* précis(e) **II.** *Adv.* avec précision
präzisieren* [prɛtsi'zi:rən] *tr. V. geh* préciser
Präzision [prɛtsi'zi̯o:n] <-> *f geh* précision *f*
predigen ['pre:dɪgən] **I.** *intr. V.* prêcher **II.** *tr. V.* (*Toleranz*) recommander
Prediger(in) <-s, -> *m(f)* prédicateur (-trice) *m(f)*
Predigt <-, -en> *f* (*Ermahnung*) sermon *m*
Preis [prais] <-es, -e> *m* prix *m;* **einen ~ auf etw** (*Akk*) **aussetzen** offrir une récompense pour qc
Preisanstieg *m* hausse *f* des prix **Preisausschreiben** *nt* [jeu-]concours *m*
Preiselbeere ['praizəlbe:rə] *f* airelle *f*
preisen ['praizən] <pries, gepriesen> *tr. V. geh* (*Gott*) louer
preis|geben *tr. V. unreg geh* ❶ (*aufgeben*) abandonner ❷ (*verraten*) révéler **preisgekrönt** *Adj.* primé(e) **preisgünstig** *Adj.* (*Artikel*) bon marché **Preislage** *f* gamme *f* de prix **Preis-Leistungs-Verhältnis** *nt* rapport *m* qualité-prix **Preisliste** *f* tarif *m* **Preisnachlass**[RR] *m* remise *f* **Preisschild** *nt* étiquette *f* **Preisträger(in)** *m(f)* lauréat(e) *m(f);* SPORT vainqueur *mf* **Preisverleihung** *f* remise *f* des prix
preiswert *s.* **preisgünstig**
Prellbock *m* butoir *m*
prellen ['prɛlən] **I.** *tr. V.* ❶ **sich** (*Dat*) **etw ~** se contusionner qc ❷ (*betrügen*) **jdn um etw ~** escroquer qn de qc **II.** *refl. V.* **sich an etw** (*Dat*) **~** se contusionner qc
Prellung <-, -en> *f* contusion *f*
Premiere [prə'mi̯e:rə] <-, -n> *f* première *f*
Premierminister(in) *m(f)* premier ministre *mf*
Presse ['prɛsə] <-, -n> *f* presse *f*
Pressefreiheit *f* liberté *f* de la presse **Pressekonferenz** *f* conférence *f* de presse
pressen ['prɛsən] **I.** *tr. V.* ❶ (*Blatt*) presser ❷ TECH presser **II.** *intr. V.* pousser
pressieren* [prɛ'si:rən] A, CH, SDEUTSCH **I.** *intr. V.* être pressant **II.** *intr. V. unpers.* **es pressiert nicht** ça ne presse pas
Prestige [prɛs'ti:ʒ(ə)] <-s> *nt geh* prestige *m*
Preuße ['prɔysə] <-n, -n> *m,* **Preußin** *f* Prussien(ne) *m(f)*
Preußen ['prɔysən] <-s> *nt* la Prusse
preußisch *Adj.* prussien(ne)
prickeln ['prɪkəln] *intr. V.* ❶ (*kribbeln*) picoter ❷ (*Sekt*) pétiller
Priel [pri:l] <-[e]s, -e> *m* petit chenal *m*
pries [pri:s] *Imp. von* **preisen**
Priester(in) ['pri:stɐ] <-s, -> *m(f)* prêtre(-esse) *m(f)*
prima ['pri:ma] *fam* **I.** *Adj. unv.* super **II.** *Adv.* super-bien
primär [pri'mɛ:ɐ̯] *geh* **I.** *Adj.* premier (-ière) *antéposé* **II.** *Adv.* en premier lieu
Primarschule [pri'ma:ɐ̯ʃu:lə] CH école *f* primaire
Primel ['pri:məl] <-, -n> *f* primevère *f*
primitiv [primi'ti:f] *Adj.* ❶ (*urtümlich*) primitif(-ive) ❷ (*simpel*) rudimentaire
Primzahl ['pri:mtsa:l] *f* MATH nombre *m* premier
Prinz [prɪnts] <-en, -en> *m,* **Prinzessin** *f* prince *m*/princesse *f*
Prinzip [prɪn'tsi:p] <-s, -ien> *nt* principe *m*
prinzipiell [prɪntsi'pi̯ɛl] **I.** *Adj.* de principe **II.** *Adv.* par principe
Priorität [priori'tɛ:t] <-, -en> *f geh* priorité *f*
Prise ['pri:zə] <-, -n> *f* pincée *f*
Pritsche ['prɪtʃə] <-, -n> *f* lit *m* rudimentaire
pritscheln [prɪtʃln] *intr. V.* A patauger
privat [pri'va:t] **I.** *Adj.* privé(e); (*Unterlagen*) personnel(le) **II.** *Adv.* (*sprechen*) en privé
Privatangelegenheit *f* affaire *f* privée **Privatdetektiv(in)** *m(f)* détective *mf*

P

privé(e) **Privateigentum** *nt* propriété *f* privée
privatisieren* [privati'zi:rən] *tr. V.* privatiser
Privatleben *nt* vie *f* privée **Privatperson** *f* particulier *m* **Privatvergnügen** *nt fam* **ich mache das nicht zu meinem ~** je ne le fais pas pour mon plaisir
Privileg [privi'le:k] <-[e]s, -ien> *nt geh* privilège *m*
privilegiert *Adj. geh* privilégié(e)
pro [pro:] **I.** *Präp. + Akk.* par **II.** *Adv.* pour
Pro <-> *nt* **[das] ~ und [das] Kontra** *geh* le pour et le contre
Probe ['pro:bə] <-, -n> *f* ❶ (*eines Gesteins*) échantillon *m* ❷ MUS, THEAT répétition *f* ❸ (*Prüfung*) épreuve *f*
Probealarm *m* simulation *f* d'alarme **Probeexemplar** *nt* spécimen *m* **Probefahrt** *f* essai *m* [sur route]
proben *tr., intr. V.* répéter
probeweise *Adv.* (*einstellen*) à l'essai **Probezeit** *f* période *f* d'essai
probieren* [pro'bi:rən] **I.** *tr. V.* essayer; (*Brot*) goûter; (*Wein*) déguster **II.** *intr. V.* ❶ essayer ❷ (*kosten*) goûter
Problem [pro'ble:m] <-s, -e> *nt* problème *m*
Problematik [proble'ma:tɪk] <-> *f geh* difficultés *fpl*
problematisch *Adj.* problématique
Problemfall *m* ❶ (*Angelegenheit*) cas *m* problématique ❷ (*problematischer Mensch*) problème *m* **problemlos** **I.** *Adj.* sans problème[s] **II.** *Adv.* sans [aucun] problème
Produkt [pro'dʊkt] <-[e]s, -e> *nt* produit *m*
Produktion [prodʊk'tsi̯o:n] <-, -en> *f* production *f*
produktiv [prodʊk'ti:f] *Adj.* productif(-ive)
Produktivität [prodʊktivi'tɛ:t] <-> *f* productivité *f*
Produzent(in) [produ'tsɛnt] <-en, -en> *m(f)* producteur(-trice) *m(f)*
produzieren* [produ'tsi:rən] **I.** *tr., intr. V.* produire **II.** *refl. V. pej fam* **sich vor jdm ~** faire l'intéressant(e) devant qn
profan [pro'fa:n] *Adj. geh* (*nicht sakral*) profane
professionell [profɛsi̯o'nɛl] **I.** *Adj.* professionnel(le) **II.** *Adv.* avec professionnalisme
Professor [pro'fɛso:ɐ̯] <-s, -soren> *m,* **Professorin** *f* professeur *mf*
Professur [profɛ'su:ɐ̯] <-, -en> *f* chaire *f* [de professeur]
Profi ['pro:fi] <-s, -s> *m fam* (*Sportler*) pro *mf*
Profil [pro'fi:l] <-s, -e> *nt* profil *m;* (*eines Reifens*) sculptures *fpl*
Profit [pro'fi:t] <-[e]s, -e> *m* profit *m*
profitieren* [profi'ti:rən] *intr. V.* ❶ faire du profit ❷ (*Nutzen haben*) **bei/von etw ~** profiter de qc
Prognose [pro'gno:zə] <-, -n> *f* ❶ *geh* prévision *f* ❷ MED pronostic *m*
Programm [pro'gram] <-s, -e> *nt* ❶ programme *m* ❷ INFORM logiciel *m*
Programmaufruf *m* INFORM appel *m* de programme **Programmfehler** *m* INFORM erreur *f* dans le programme
programmieren* [progra'mi:rən] *tr. V.* INFORM programmer
Programmierer(in) <-s, -> *m(f)* INFORM programmeur(-euse) *m(f)*
Programmiersprache *f* INFORM langage *m* de programmation
Programmierung <-, -en> *f* INFORM programmation *f*
progressiv [progrɛ'si:f] *Adj. geh* progressiste
Projekt [pro'jɛkt] <-[e]s, -e> *nt* projet *m*
Projektor [pro'jɛkto:ɐ̯] <-s, -toren> *m* projecteur *m*
projizieren* [proji'tsi:rən] *tr. V.* projeter
Proletariat [proletari'a:t] <-[e]s, -e> *nt* prolétariat *m*
Prolog [pro'lo:k] <-[e]s, -e> *m* prologue *m*
Promenade [promə'na:də] <-, -n> *f* promenade *f*
Promenadenmischung *f hum fam* bâtard *m*
Promille [pro'mɪlə] <-[s], -> *nt* ❶ **elf ~** onze pour mille ❷ *fam* (*Blutalkohol*) **0,5 ~ haben** avoir 0,5 gramme
prominent [promi'nɛnt] *Adj.* éminent(e)
Prominente(r) *f(m) dekl wie Adj* personnalité *f*
Promotion [promo'tsi̯o:n] <-, -en> *f* UNIV doctorat *m*
promovieren* [promo'vi:rən] *intr. V.* ❶ (*eine Doktorarbeit schreiben*) **über jdn/etw ~** préparer une thèse [de doctorat] sur qn/qc ❷ (*den Doktorgrad erwerben*) **in Philosophie** (*Dat*) **~** soutenir une thèse de philosophie

prompt [prɔmpt] **I.** *Adj.* rapide **II.** *Adv.* *fam* (*erwartungsgemäß*) aussi sec
Pronomen [pro'no:mən] <-s, -> *nt* LING pronom *m*
Propaganda [propa'ganda] <-> *f* propagande *f*
propagandistisch *Adj.* à des fins de propagande; (*Material*) de propagande
Propeller [pro'pɛlɐ] <-s, -> *m* hélice *f*
proper ['prɔpɐ] *Adj.* clean
Prophet(in) [pro'fe:t] <-en, -en> *m(f)* prophète *m*/prophétesse *f*
prophezeien* [profe'tsaɪən] *tr. V.* prophétiser
Prophezeiung <-, -en> *f* prophétie *f*
prophylaktisch [profy'laktɪʃ] **I.** *Adj.* prophylactique **II.** *Adv.* préventivement
Prophylaxe [profy'laksə] <-, -n> *f* prophylaxie *f*
Proportion [propɔr'tsi̯o:n] <-, -en> *f* proportion *f*
proportional [propɔrtsi̯o'na:l] *Adj.* *geh* proportionnel(le)
Prosa ['pro:za] <-> *f* prose *f*
prosit ['pro:zɪt] *s.* **prost**
Prosit <-s, -s> *nt* toast *m*
Prospekt [pro'spɛkt] <-[e]s, -e> *m* prospectus *m*
prost *Interj.* à la tienne/vôtre
Prostata ['prɔstata] <-> *f* ANAT prostate *f*
prostituieren* [prostitu'i:rən] *refl. V.* **sich ~** se prostituer
Prostituierte(r) *f(m)* *dekl wie Adj* prostitué(e) *m(f)*
Prostitution [prostitu'tsi̯o:n] <-> *f* prostitution *f*
Protein [prote'i:n] <-s, -e> *nt* protéine *f*
Protest [pro'tɛst] <-[e]s, -e> *m* protestation *f*
Protestant(in) [protɛs'tant] <-en, -en> *m(f)* protestant(e) *m(f)*
protestantisch *Adj.* protestant(e)
protestieren* [protɛs'ti:rən] *intr. V.* protester
Protestwähler(in) *m(f)* électeur(-trice) *m(f)* protestataire
Prothese [pro'te:zə] <-, -n> *f* ❶ (*Ersatzgliedmaße*) prothèse *f* ❷ (*Zahnersatz*) dentier *m*
Protokoll [proto'kɔl] <-s, -e> *nt* ❶ protocole *m;* (*Sitzungsprotokoll*) compte *m* rendu ❷ (*Vernehmungsprotokoll*) procès-verbal *m*
protokollieren* [protokɔ'li:rən] **I.** *tr. V.* (*Zeugenaussage*) enregistrer **II.** *intr. V.* établir le procès-verbal
Proton ['pro:tɔn] <-s, Protonen> *nt* PHYS proton *m*
Prototyp [pro:to'ty:p] *m* prototype *m*
protzig *fam* *Adj.* tape-à-l'œil
Proviant [provi'ant] <-s> *m* provisions *fpl*
Provinz [pro'vɪnts] <-, -en> *f* province *f*
provinziell [provɪn'tsi̯ɛl] *Adj.* *pej* provincial(e)
Provision [provi'zi̯o:n] <-, -en> *f* commission *f*
provisorisch [provi'zo:rɪʃ] **I.** *Adj.* provisoire; (*Unterkunft*) précaire **II.** *Adv.* provisoirement
provokant [provo'kant] *Adj.* *geh* provocant(e)
Provokation [provoka'tsi̯o:n] <-, -en> *f* *geh* provocation *f*
provozieren* [provo'tsi:rən] *tr. V.* provoquer
Prozent [pro'tsɛnt] <-[e]s, -e> *nt* ❶ **zehn ~** dix pour cent ❷ (*Alkoholgehalt*) degré *m* [d'alcool]
Prozentsatz *m* pourcentage *m*
prozentual [protsɛntu'a:l] **I.** *Adj.* exprimé(e) en pourcentage[s] **II.** *Adv.* au pourcentage
ProzessRR [pro'tsɛs] <-es, -e>, **Prozeß**ALT <-sses, -sse> *m* ❶ procès *m* ❷ (*Vorgang*) processus *m*
prozessieren* [protsɛ'si:rən] *intr. V.* **gegen jdn ~** intenter un procès à qn
Prozession [protsɛ'si̯o:n] <-, -en> *f* procession *f*
ProzesskostenRR *Pl* frais *mpl* de justice
Prozessor [pro'tsɛso:ɐ̯] <-s, -soren> *m* INFORM processeur *m*
prüde ['pry:də] *Adj.* prude
prüfen ['pry:fən] *tr. V.* ❶ **jdn ~** faire passer un examen à qn; **geprüft** (*Krankenschwester*) diplômé(e) ❷ (*Gerät*) vérifier; (*Antrag*) examiner
Prüfer(in) <-s, -> *m(f)* examinateur (-trice) *m(f)*
Prüfung <-, -en> *f* examen *m;* (*in einem Fach*) épreuve *f*
Prüfungsangst *f* trac *m* [de l'examen]
Prügel ['pry:gəl] <-s, -> *m* *Pl* (*Schläge*) coups *mpl*

Prügelei [pry:gə'lai] <-, -en> *f fam* bagarre *f*
Prügelknabe *m* souffre-douleur *m inv.*
prügeln **I.** *tr. V.* battre **II.** *refl. V.* **sich mit jdm** ~ se battre avec qn
Prunk [prʊŋk] <-s> *m* luxe *m* ostentatoire
prunkvoll **I.** *Adj.* somptueux(-euse) **II.** *Adv.* fastueusement
prusten ['pru:stən] *intr. V.* s'ébrouer; **vor Lachen** ~ pouffer de rire
PS [pe:'ʔɛs] <-, -> *nt* ❶ *Abk. von* **Pferdestärke** ch *m* ❷ *Abk. von* **Postskriptum** P.-S. *m*
Psalm [psalm] <-s, -en> *m* psaume *m*
Pseudonym <-s, -e> *nt* pseudonyme *m*
pst [pst] *Interj.* chut
Psychiater(in) [psy'çi̯a:tɐ] <-s, -> *m(f)* psychiatre *mf*
Psychiatrie [psyçi̯a'tri:] <-, -n> *f* psychiatrie *f*
psychiatrisch [psy'çi̯a:trɪʃ] **I.** *Adj.* psychiatrique; (*Abteilung*) de psychiatrie **II.** *Adv.* **jdn** ~ **behandeln** soumettre qn à un traitement psychiatrique
psychisch ['psy:çɪʃ] *Adj.* psychique
Psychoanalyse [psyçoʔana'ly:zə] *f* psychanalyse *f* **Psychoanalytiker(in)** [psyçoana'ly:tikɐ] *m(f)* psychanalyste *mf*
Psychologe [psyço'lo:gə] <-n -n> *m*, **Psychologin** *f* psychologue *mf*
Psychologie [psyçolo'gi:] <-> *f* psychologie *f*
psychologisch [psyço'lo:gɪʃ] **I.** *Adj.* psychologique **II.** *Adv.* ~ **ausgebildet sein** avoir une formation en psychologie
Psychopharmakon [psy:ço'farmakɔn] <-s, -pharmaka> *nt meist Pl.* médicament *m* psychopharmacologique
psychosomatisch [psyçozo'ma:tɪʃ] *Adj.* psychosomatique
Psychoterror ['psy:çotɛro:ɐ̯] *m fam* terrorisme *m* intellectuel **Psychotherapie** *f* psychothérapie *f*
Pubertät [pubɛr'tɛ:t] <-> *f* puberté *f*
pubertieren* *intr. V. geh* faire sa puberté
Publicity [pʌ'blɪsətɪ] <-> *f* médiatisation *f*
publik [pu'bli:k] *Adj.* ~ **werden** être rendu public
Publikation [publika'tsi̯o:n] <-, -en> *f* publication *f*
Publikum ['pu:blikʊm] <-s> *nt* ❶ (*Besucher*) public *m* ❷ (*Zuhörerschaft*) auditoire *m*
publizieren* [publi'tsi:rən] *tr. V.* publier
Pudding ['pʊdɪŋ] <-s, -s> *m* pudding *m*
Puddingpulver [-fɐ, -vɐ] *nt* préparation *f* pour pudding
Pudel ['pu:dəl] <-s, -> *m* caniche *m*
Pudelmütze *f* bonnet *m* [à pompon]
pudelwohl ['pu:dəl'vo:l] *Adj.* ▶ **sich** ~ **fühlen** *fam* prendre son pied
Puder ['pu:dɐ] <-s, -> *m o fam nt* poudre *f*
Puderdose *f* poudrier *m*
pudern **I.** *tr. V.* poudrer **II.** *refl. V.* **sich** ~ se poudrer
Puderzucker *m* sucre *m* glace
Puff [pʊf] <-[e]s, -e> *m fam* (*Bordell*) bordel *m* (*vulg*)
Puffer <-s, -> *m*, **Pufferspeicher** *m* INFORM mémoire *f* tampon
Pull-down-Menü [pʊl'daunmeny:] *nt* INFORM menu *m* déroulant
Pulli ['pʊli] <-s, -s> *m fam* pull *m*
Pullover [pʊ'lo:vɐ] <-s, -> *m* pull-over *m*
Puls [pʊls] <-es, -e> *m* pouls *m*
Pulsader *f* veine *f* du poignet
pulsieren* [pʊl'zi:rən] *intr. V.* (*Schlagader*) battre; (*Blut*) circuler
Pult [pʊlt] <-[e]s, -e> *nt* pupitre *m*
Pulver ['pʊlvɐ] <-s, -> *nt* poudre *f*
Pulverkaffee ['pʊlfɐ-] *m* café *m* en poudre **Pulverschnee** *m* poudreuse *f*
Puma ['pu:ma] <-s, -s> *m* puma *m*
pumm[e]lig ['pʊm(ə)lɪç] *Adj. fam* dodu(e)
Pump ▶ **auf** ~ *fam* à crédit
Pumpe ['pʊmpə] <-, -n> *f* ❶ TECH pompe *f* ❷ *fam* (*Herz*) palpitant *m*
pumpen **I.** *tr. V.* ❶ pomper ❷ *fam* (*leihen*) **jdm etw** ~ filer qc à qn **II.** *intr. V.* (*Herz*) battre; (*Maschine*) pomper
Pumps [pœmps] <-, -> *m* escarpin *m*
Punker(in) ['paŋkɐ] <-s, -> *m(f)* punk *mf*
Punkt [pʊŋkt] <-[e]s, -e> *m* ❶ point *m* ❷ (*Tupfen*) pois *m* ❸ (*Stelle*) endroit *m* ❹ (*bei Zeitangaben*) ~ **drei** [**Uhr**] à trois heures précises

Les matériaux d'emballage, tels que cartons, boîtes de conserve, bouteilles et pots de yaourts, portent un **grüner Punkt®** (point vert) caractéristique indiquant qu'ils peuvent être collectés, triés et réutilisés, conformément au *Duales System Deutschland GmbH* (système de recyclage), ce qui permet de réduire les montagnes de détritus.

pünktlich ['pʏŋktlɪç] **I.** *Adj.* ~ **sein** être ponctuel **II.** *Adv.* à l'heure
Pünktlichkeit <-> *f* ponctualité *f*
Punsch [pʊnʃ] <-es, -e> *m* punch *m*
Pupille [pu'pɪlə] <-, -n> *f* pupille *f*
Puppe ['pʊpə] <-, -n> *f* (*Spielzeug*) poupée *f*
Puppentheater *nt* théâtre *m* de marionnettes **Puppenwagen** *m* landau *m* de poupée
pupsen *intr. V. fam* péter
pur [puːɐ̯] *Adj.*, *Adv.* pur(e)
Püree [py'reː] <-s, -s> *nt* purée *f*
Pürierstab *m* GASTR presse-purée *m*
Puritaner(in) [puri'taːnɐ] <-s, -> *m(f)* puritain(e) *m(f)*
Purpur ['pʊrpʊr] <-s> *m* (*Farbe*) pourpre *m*
Purzelbaum *m fam* galipette *f*
purzeln ['pʊrtsəln] *intr. V. + sein* **von der Bank** ~ dégringoler du banc
Pusteblume *f fam* aigrette *f* de pissenlit
Pustel ['pʊstəl] <-, -n> *f* pustule *f*
pusten ['puːstən] *intr. V. fam* souffler
Pute ['puːtə] <-, -n> *f* dinde *f*
Puter ['puːtɐ] <-s, -> *m* dindon *m*
Putsch [pʊtʃ] <-[e]s, -e> *m* putsch *m*
Putz [pʊts] <-es, -e> *m* crépi *m*
putzen ['pʊtsən] **I.** *tr. V.* nettoyer **II.** *refl. V.* **sich** ~ (*Tier*) faire sa toilette
Putzfrau *f* femme *f* de ménage
putzig ['pʊtsɪç] *Adj. fam* (*niedlich*) trognon
Putzlappen *m* lavette *f*; (*Wischlappen*) serpillière *f* **putzmunter** ['pʊts'mʊntɐ] *Adj. fam* frais(fraîche) comme un gardon
Puzzle ['pazəl] <-s, -s> *nt* puzzle *m*
PVC [peːfau'tseː] <-, -s> *nt Abk. von* **Polyvinylchlorid** P.V.C. *m*
Pyjama [py'(d)ʒaːma] <-s, -s> *m o* A, CH, SDEUTSCH *nt* pyjama *m*
Pyramide [pyra'miːdə] <-, -n> *f* pyramide *f*
Pyrenäen [pyre'nɛːən] *Pl* **die** ~ les Pyrénées *fpl*
Python ['pyːtɔn] <-, -s> *m o f* python *m*

P

Qq

Q, q [kuː] <-, -> *nt* Q *m*/q *m*
Quacksalber [ˈkvakzalbɐ] <-s, -> *m pej* charlatan *m*
Quader [ˈkvaːdɐ] <-s, -> *m* ❶ (*Baustein*) pierre *f* de taille ❷ MATH parallélépipède *m* rectangle
Quadrat [kvaˈdraːt] <-[e]s, -e> *nt* MATH carré *m*
quadratisch *Adj.* carré(e)
quaken [ˈkvaːkən] *intr. V.* (*Frosch*) coasser; (*Ente*) cancaner
Qual [kvaːl] <-, -en> *f* ❶ supplice *m* ❷ *meist Pl.* (*Leid*) souffrance *f*
quälen [ˈkvɛːlən] **I.** *tr. V.* ❶ (*Person*) torturer; (*Tier*) martyriser ❷ *fig* **jdn ~** (*Person, Gedanke*) tourmenter qn **II.** *refl. V.* ❶ **sich ~** souffrir ❷ (*sich herumquälen*) **sich mit etw ~** se tourmenter avec qc
quälend *Adj. attr* (*Schmerzen*) pénible; (*Ungewissheit*) cruel(le)
Quälerei [kvɛləˈrai] <-, -en> *f* ❶ *kein Pl. fam* (*Anstrengung*) calvaire *m* ❷ (*das Zusetzen*) harcèlement *m*
Quälgeist *m fam* enquiquineur(-euse) *m(f)*
Qualifikation [kvalifikaˈtsi̯oːn] <-, -en> *f* qualification *f*
qualifizieren* [kvalifiˈtsiːrən] *tr., refl. V.* [**sich**] **~** [se] qualifier
qualifiziert *Adj.* qualifié(e)
Qualität [kvaliˈtɛːt] <-, -en> *f* qualité *f*
qualitativ [kvalitaˈtiːf] *Adj.* qualitatif(-ive)
Qualle [ˈkvalə] <-, -n> *f* méduse *f*
Qualm [kvalm] <-[e]s> *m* [épaisse] fumée *f*
qualmen *intr. V.* ❶ (*Schornstein*) fumer ❷ *fam* (*rauchen*) fumer
qualvoll *Adj.* (*Tod*) atroce; (*Ungewissheit*) [très] pénible
Quäntchen[RR] <-s, -> *nt* **ein ~ Salz** une once de sel
Quantität [kvantiˈtɛːt] <-, -en> *f* quantité *f*
Quarantäne [karanˈtɛːnə] <-, -n> *f* quarantaine *f*
Quark [kvark] <-s> *m* ❶ ≈ fromage *m* blanc ❷ *fam* (*Unsinn*) conneries *fpl*
Quartal [kvarˈtaːl] <-s, -e> *nt* trimestre *m*
Quarte <-, -n> *f* quarte *f*
Quartett [kvarˈtɛt] <-[e]s, -e> *nt* MUS quatuor *m*
Quartier [kvarˈtiːɐ̯] <-s, -e> *nt* (*Unterkunft*) logement *m*; (*Ferienquartier*) location *f*
Quarz [kvaːɐ̯ts] <-es, -e> *m* quartz *m*
Quarzuhr *f* montre *f* à quartz
quasi [ˈkvaːzi] *Adv.* quasiment
quasseln [ˈkvasəln] *fam* **I.** *intr. V.* papoter **II.** *tr. V.* **Blödsinn ~** débiter des conneries
Quatsch <-[e]s> *m fam* ❶ (*dummes Gerede*) conneries *fpl*; [**so ein**] **~!** n'importe quoi ! ❷ (*Unfug*) connerie *f*
quatschen *fam* **I.** *tr. V.* **dummes Zeug ~** sortir des conneries **II.** *intr. V.* **mit jdm ~** tailler une bavette avec qn
Quatschkopf *m pej fam* radoteur(-euse) *m(f)*
Quebec [keˈbɛk] <-s> *nt* Québec
Quecksilber [ˈkvɛkzɪlbɐ] *nt* mercure *m*
Quelle [ˈkvɛlə] <-, -n> *f* source *f*
quellen [ˈkvɛlən] <quillt, quoll, gequollen> *intr. V.* + *sein* ❶ (*herausfließen*) **aus etw ~** couler de qc ❷ (*aufquellen*) gonfler
Quellenangabe *f* indication *f* des sources **Quellensteuer** *f* FIN retenue *f* à la source
Quengelei [kvɛŋəˈlai] <-, -en> *f fam* pleurnicheries *fpl*
quengelig *Adj. fam* (*Kind*) pleurnicheur(-euse)
quengeln [ˈkvɛŋəln] *intr. V. fam* pleurnicher
quenglig *s.* **quengelig**
quer [kveːɐ̯] *Adv.* en travers
Quere [ˈkveːrə] ▸ **jdm in die ~ kommen** se mettre en travers de son/mon/... chemin
querfeldein [ˈkveːɐ̯fɛltˈʔain] *Adv.* à travers champs
Querflöte *f* flûte *f* traversière **Querformat** *nt* format *m* oblong **quer|legen** *refl. V. fam* **sich ~** se mettre en travers; **sich bei einer Entscheidung ~** se mettre en travers d'une décision **Querschiff** *nt* ARCHIT transept *m* **Querschnitt** *m* ❶ (*Schnitt*) coupe *f* transversale ❷ (*Überblick*) aperçu *m*
querschnitt[s]gelähmt *Adj.* paraplégique

Querstraße *f* rue *f* transversale **Querstreifen** *m* rayure *f* horizontale
Querulant(in) [kveru'lant] <-en, -en> *m(f) geh* chicaneur(-euse) *m(f)*
Querverbindung *f* (*Beziehung, Zusammenhang*) connexion *f*
quetschen ['kvɛtʃən] **I.** *tr. V.* 1 (*zwängen*) entasser 2 (*verletzen*) **sich** (*Dat*) **einen Finger** ~ se coincer un doigt **II.** *refl. V.* 1 *fam* **sich durch** (*Akk*) ~ se forcer un passage à travers 2 (*sich verletzen*) **sich** ~ se pincer
Quetschung <-, -en> *f* (*Verletzung*) contusion *f*
Queue [køː] <-s, -s> *nt o m* queue *f*
quicklebendig ['kvɪkle'bɛndɪç] *Adj. fam* fringant(e)
quieken ['kviːkən] *intr. V.* (*Ferkel, Maus*) couiner (*fam*)
quietschen ['kviːtʃən] *intr. V.* (*Bremsen*) grincer; (*Reifen*) crisser
quillt [kvɪlt] *3. Pers. Sg. Präs. von* **quellen**
Quinte ['kvɪntə] <-, -n> *f* dominante *f*
Quintessenz ['kvɪntɛsɛnts] *f geh* quintessence *f*
Quintett [kvɪn'tɛt] <-[e]s, -e> *nt* quintette *m*
Quirl [kvɪrl] <-s, -e> *m* batteur *m*
quirlen *tr. V.* (*Zutaten*) battre
quirlig *Adj. fam* remuant(e); (*Kind*) turbulent(e)
quitt [kvɪt] *Adj.* quitte
Quitte ['kvɪtə] <-, -n> *f* (*Frucht*) coing *m*
quittieren* [kvɪ'tiːrən] *tr. V.* (*Rechnung*) acquitter
Quittung ['kvɪtʊŋ] <-, -en> *f* (*Zahlungsbeleg*) reçu *m*
Quiz [kvɪs] <-, -> *nt* quiz *m;* (*Fernsehsendung*) jeu *m* télévisé
quoll [kvɔl] *Imp. von* **quellen**
Quote ['kvoːtə] <-, -n> *f* (*Anteil*) taux *m*
Quotenregelung *f* règles *f* d'attribution de postes par fixation de quotas
Quotient [kvo'tsi̯ɛnt] <-en, -en> *m* MATH quotient *m*

Rr

R, r [ɛr] <-, -> *nt* R *m*/r *m*
Rabatt [ra'bat] <-[e]s, -e> *m* remise *f*
Rabe ['raːbə] <-n, -n> *m* corbeau *m*
rabiat [rabi'aːt] *Adj.* 1 (*grob*) brutal(e) 2 (*aufgebracht*) ~ **werden** voir rouge
Rache ['raxə] <-> *f* vengeance *f;* **aus** ~ par vengeance
Racheakt *m* acte *m* de vengeance
Rachen ['raxən] <-s, -> *m* gorge *f*
rächen ['rɛçən] **I.** *tr. V.* (*Person, Tat*) venger **II.** *refl. V.* 1 (*Rache nehmen*) **sich an jdm für etw** ~ se venger de qc sur qn 2 (*sich nachteilig auswirken*) **sich** ~ (*Leichtsinn*) se payer
Rächer(in) <-s, -> *m(f)* vengeur *m*/vengeresse *f*
Rachsucht *f kein Pl.* soif *f* de vengeance
Raclette ['raklɛt, ra'klɛt] <-, -s> *f,* <-s, -s> *nt* raclette *f*
Rad [raːt, *Pl:* 'rɛːdɐ] <-[e]s, Räder> *nt* 1 roue *f* 2 (*Fahrrad*) bicyclette *f;* ~ **fahren** aller à vélo; (*Radsport betreiben*) faire du vélo
Radar [ra'daːɐ̯] <-s> *m o nt* [système *m*] radar *m*
Radarfalle *f fam* contrôle-radar *m* **Radargerät** *nt* radar *m* **Radarkontrolle** *f* contrôle-radar *m*
Radau [ra'dau] <-s> *m fam* raffut *m*
radeln ['raːdəln] *intr. V. + sein fam* faire du vélo
Räderwerk ['rɛːdɐvɛrk] *nt* rouages *mpl*
rad|fahren[ALT] *s.* **Rad 2** **Radfahrer(in)** *m(f)* cycliste *mf* **Radfahrweg** *s.* **Radweg**
Radiator [ra'diaːtor] <-s, -toren> *m* radiateur *m*
radieren* [ra'diːrən] *tr., intr. V.* gommer
Radiergummi *m* gomme *f*
Radierung <-, -en> *f* gravure *f* [sur métal]; (*Ätzung*) [gravure à l']eau-forte *f*
Radieschen [ra'diːsçən] <-s, -> *nt* radis *m*
radikal [radi'kaːl] *Adj.* 1 POL extrémiste 2 (*Bruch*) radical(e); (*Ablehnung*) catégorique

R

Radikale(r) *f(m) dekl wie Adj* extrémiste *mf*
radikalisieren* *tr. V.* radicaliser
Radikalismus [radika'lɪsmʊs] <-> *m* extrémisme *m*
Radio ['ra:dio] <-s, -s> *nt o* CH, SDEUTSCH *m* radio *f;* ~ **hören** écouter la radio; **im** ~ à la radio
radioaktiv [radioʔak'ti:f] **I.** *Adj.* radioactif(-ive) **II.** *Adv.* ~ **verseucht/verstrahlt** contaminé(e)/irradié(e) **Radioaktivität** *f kein Pl.* radioactivité *f*
Radiologie [radio'lo:gə] <-> *f* radiologie *f*
Radiorecorder [ra:diore'kɔrdɐ] *m* radiocassette *f* **Radiowecker** *m* radio-réveil *m*
Radius ['ra:diʊs] <-, Radien> *m* rayon *m*
Radler ['ra:dlɐ] <-s, -> *m fam* ❶ cycliste *m* ❷ SDEUTSCH (*Getränk*) panaché *m*
Radlerin <-, -nen> *f* cycliste *f*
Radrennbahn *f* vélodrome *m* **Radrennen** *nt* course *f* cycliste **Radtour** *f* randonnée *f* à vélo **Radweg** *m* piste *f* cyclable
RAF [ɛrʔa:'ʔɛf] <-> *f Abk. von* **Rote Armee Fraktion** HIST fraction *f* armée rouge
raffen ['rafən] *tr. V.* ❶ (*einsammeln*) rafler (*fam*) ❷ (*Stoff*) plisser ❸ (*kürzen*) abréger; **gerafft** (*Form*) condensé(e)
Raffinerie [-'ri:ən] <-, -n> *f* raffinerie *f*
Raffinesse [rafi'nɛsə] <-, -n> *f* (*luxuriöses Detail*) **mit allen ~n [ausgestattet]** hyperéquipé(e)
raffiniert **I.** *Adj.* ❶ (*durchtrieben*) rusé(e) ❷ (*Plan*) astucieux(-euse) ❸ (*Speise*) raffiné(e) **II.** *Adv.* (*durchtrieben*) astucieusement
Rafting ['ra:ftɪŋ] <-s> *nt* rafting *m*
Rage ['ra:ʒə] <-> *f fam* ❶ (*Wut*) rogne *f* ❷ (*Erregung*) énervement *m*
ragen ['ra:gən] *intr. V.* **in die Luft** ~ s'élever en l'air; **aus dem Wasser** ~ se dresser au-dessus de l'eau; **über das Gelände** ~ dépasser du terrain
Ragout [ra'gu:] <-s, -s> *nt* ragoût *m*
Rahm [ra:m] <-[e]s> *m* crème *f*
rahmen ['ra:mən] *tr. V.* encadrer
Rahmen <-s, -> *m* ❶ cadre *m* ❷ (*Türrahmen*) encadrement *m* ❸ (*Bereich*) **im ~ des Möglichen** dans les limites de mes/ses/... moyens
Rakete [ra'ke:tə] <-, -n> *f* ❶ (*Flugkörper*) fusée *f* ❷ (*Waffe*) missile *m*
Rallye ['rali] <-, -s> *f* rallye *m*
RAM [ram] <-[s], -[s]> *nt Abk. von* **random access memory** INFORM RAM *f*
rammen ['ramən] *tr. V.* ❶ (*Fahrzeug*) emboutir ❷ (*stoßen*) enfoncer
Rampe ['rampə] <-, -n> *f* rampe *f*
ramponieren* [rampo'ni:rən] *tr. V. fam* esquinter; **ramponiert** (*Gegenstand*) en piteux état
Ramsch [ramʃ] <-[e]s> *m fam* camelote *f*
ran [ran] *Adv. fam* [**jetzt aber**] **~!** allez[, on y va] !
Rand [rant, *Pl:* 'rɛndɐ] <-es, Ränder> *m* ❶ bord *m;* (*einer Stadt*) périphérie *f* ❷ (*Stoffrand*) bordure *f* ❸ (*unbeschriebener Teil*) marge *f*
randalieren* [randa'li:rən] *intr. V.* faire du grabuge (*fam*)
Randbemerkung *f* (*Bemerkung*) remarque *f* accessoire **randlos** *Adj.* (*Brille*) sans cercle
rang [raŋ] *Imp. von* **ringen**
Rang [raŋ, *Pl:* 'rɛŋə] <-[e]s, Ränge> *m* ❶ (*Stellung*) rang *m* [social] ❷ *kein Pl.* (*Kategorie*) valeur *f;* **ersten ~es** de premier ordre ❸ (*Dienstgrad*) grade *m* ❹ (*Zuschauerraum*) balcon *m;* (*Sportstadion*) gradin *m*
ran|gehen ['range:ən] *intr. V. unreg + sein fam* ❶ (*sich nähern*) **an etw** (*Akk*) ~ se rapprocher de qc ❷ (*offensiv sein*) attaquer
rangieren* [raŋ'ʒi:rən] *tr. V.* (*Waggon*) aiguiller
Rangordnung *f* hiérarchie *f*
ranken ['raŋkən] *refl. V. + haben* **sich nach oben** ~ (*Pflanze*) grimper
rann [ran] *Imp. von* **rinnen**
rannte ['rantə] *Imp. von* **rennen**
Ranzen ['rantsən] <-s, -> *m* SCHULE cartable *m*
ranzig ['rantsɪç] *Adj.* rance; ~ **werden** rancir
Rap [rɛp] <-> *m* MUS rap *m*
rapide *Adj.* rapide
Rappen ['rapən] <-s, -> *m* centime *m*
Rapper(in) ['rɛpɐ] <-s, -> *m(f)* rap[p]eur(-euse) *m(f)*
Raps [raps] <-es, -e> *m* colza *m*
rar [ra:ɐ̯] *Adj.* rare; ~ **werden** se raréfier
Rarität <-, -en> *f* rareté *f*
rar|machen[RR] *refl. V.* **sich** ~ se faire rare

rasant [ra'zant] **I.** *Adj.* (*Fahrer*) rapide; (*Tempo*) infernal(e) **II.** *Adv.* (*schnell*) à toute vitesse

rasch [raʃ] **I.** *Adj.* rapide **II.** *Adv.* vite

rascheln ['raʃəln] *intr. V.* (*Papier*) faire entendre un froissement; (*Laub*) frémir

rasen ['ra:zən] *intr. V.* ① + *sein* (*schnell fahren*) rouler à toute allure ② + *sein* (*Zeit*) filer à toute allure ③ + *haben* (*toben*) être déchaîné

Rasen ['ra:zən] <-s, -> *m* ① gazon *m* ② SPORT pelouse *f*

rasend *Adj.* (*Geschwindigkeit*) fou(folle); (*Person*) furieux(-euse); (*Menge*) déchaîné(e); (*Schmerz*) atroce

Rasenmäher <-s, -> *m* tondeuse *f* à gazon

Raserei [ra:zə'rai] <-, -en> *f* ① *fam* (*schnelles Fahren*) vitesse *f* excessive ② *kein Pl.* (*Wutanfall*) fureur *f*

Rasierapparat *m* rasoir *m*

rasieren* [ra'zi:rən] *tr., refl. V.* [**sich**] ~ [se] raser

Rasierer <-s, -> *m fam* (*Elektrorasierer*) rasoir *m*

Rasierklinge *f* lame *f* de rasoir **Rasierpinsel** *m* blaireau *m* **Rasierschaum** *m* mousse *f* à raser **Rasierwasser** *nt* après-rasage *m*

raspeln ['raspəln] *tr. V.* râper

Rasse ['rasə] <-, -n> *f* race *f*

Rassel ['rasəl] <-, -n> *f* (*Babyspielzeug*) hochet *m*

rasseln *intr. V.* ① + *haben* (*Schlüssel*) cliqueter ② + *sein fam* **durch die Prüfung** ~ louper l'examen

Rassendiskriminierung *f* discrimination *f* raciale **Rassentrennung** *f kein Pl.* ségrégation *f* raciale

Rassismus [ra'sɪsmʊs] <-> *m* racisme *m*

Rassist(in) [ra'sɪst] <-en, -en> *m(f)* raciste *mf*

rassistisch *Adj.* raciste

Rast [rast] <-, -en> *f* pause *f*; ~ **machen** faire une halte

rastlos **I.** *Adj.* ① (*unermüdlich*) sans relâche ② (*Person*) agité(e); (*Leben*) mouvementé(e) **II.** *Adv.* inlassablement

Rastlosigkeit <-> *f* (*Unermüdlichkeit*) activité *f* inlassable

Rastplatz *m* aire *f* de repos équipée **Raststätte** *f* restoroute® *m*

Rasur [ra'zu:ɐ̯] <-, -en> *f* rasage *m*

Rat[1] <-[e]s> *m* conseil *m*; **jdn um ~ fragen** demander conseil à qn; **auf seinen ~ [hin]** sur son conseil

Rat[2] [ra:t, *Pl:* rɛ:tə] <-[e]s, Räte> *m* ① (*Person*) conseiller *m* municipal ② (*Institution*) conseil *m* [municipal]; **der ~ der Europäischen Union** le Conseil de l'Union européenne; **Großer ~** CH Grand Conseil

rät [rɛ:t] *3. Pers. Sg. Präs. von* **raten**

Rate ['ra:tə] <-, -n> *f* (*Monatsrate*) mensualité *f*; **auf ~n** à crédit; **in ~n** à tempérament

raten ['ra:tən] <rät, riet, geraten> *intr., tr. V.* ① (*einen Rat geben*) conseiller ② (*erraten*) deviner

Ratenzahlung *f kein Pl.* paiement *m* à crédit

Ratgeber <-s, -> *m* conseiller *m*; (*Buch*) guide *m*

Ratgeberin <-, -nen> *f* conseillère *f*

Rathaus *nt* hôtel *m* de ville; (*in kleineren Orten*) mairie *f*

ratifizieren* *tr. V.* ratifier

Rätin ['rɛ:tɪn] <-, -nen> *f* (*Stadträtin*) conseillère *f* [municipale]

Ration [ra'tsi̯o:n] <-, -en> *f* ration *f*

rational [ratsi̯o'na:l] *Adj. geh* rationnel(le)

rationalisieren* [ratsi̯onali'zi:rən] *tr. V.* (*Ablauf*) rationaliser

rationieren* [ratsi̯o'ni:rən] *tr. V.* rationner

ratlos **I.** *Adj.* perplexe; **völlig ~ sein** être désemparé **II.** *Adv.* avec perplexité

Ratlosigkeit <-> *f* perplexité *f*

rätoromanisch **I.** *Adj.* rhéto-roman(e) **II.** *Adv.* ~ **miteinander sprechen** discuter en rhéto-roman; *s.a.* **deutsch**

ratsam *Adj.* opportun(e)

Ratschlag ['ra:tʃa:k] *m* conseil *m*

Rätsel ['rɛ:tsəl] <-s, -> *nt* énigme *f*

rätselhaft *Adj.* (*Person, Lächeln*) énigmatique; (*Umstände*) mystérieux(-euse)

rätseln *intr. V.* chercher

Ratsherr(in) *m(f)* conseiller(-ère) *m(f)* municipal(e)

Ratte ['ratə] <-, -n> *f* rat *m*

rattern ['ratɐn] *intr. V.* + *haben* (*Blechteile*) vibrer [bruyamment]; (*Maschine*) pétarader

rau[RR] [rau] *Adj.* ① (*Haut, Putz*) rugueux(-euse); (*Oberfläche*) raboteux(-euse) ② (*Stimme*) rauque ③ (*Gegend*) rude; (*Klima*) rigoureux(-euse) ④ (*Umgangston*) grossier(-ière)

R

Raub [raup] <-[e]s> *m* (*das Rauben*) vol *m* [à main armée]; (*Menschenraub*) rapt *m*
Raubbau *m kein Pl.* exploitation *f* effrénée; ~ **an etw** (*Dat*) exploitation effrénée de qc
rauben ['raubən] **I.** *tr. V.* ① **jdm etw** ~ dérober qc à qn ② (*entführen*) enlever **II.** *intr. V.* voler
Räuber(in) ['rɔybɐ] <-s, -> *m(f)* brigand *m*
räuberisch *Adj.* ① (*Unternehmung*) criminel(le) ② ZOOL (*Tier*) rapace
Raubkatze *f* félin *m* **Raubkopie** *f* copie *f* pirate **Raubmord** *m* crime *m* crapuleux **Raubtier** *nt* carnassier *m* **Raubüberfall** *m* attaque *f* à main armée **Raubvogel** *m* oiseau *m* de proie
Rauch [raux] <-[e]s> *m* fumée *f*
rauchen ['rauxən] *tr., intr. V.* fumer
Raucher(in) <-s, -> *m(f)* fumeur(-euse) *m(f)*
Raucherabteil *nt* compartiment *m* fumeurs
räuchern ['rɔyçɐn] *tr. V.* fumer
rauchig *Adj.* enfumé(e); (*Stimme*) rauque
räudig *Adj.* galeux(-euse)
rauf [rauf] *s.* **herauf, hinauf**
RaufasertapeteRR *f* ≈ papier peint *m* d'apprêt
raufen ['raufən] **I.** *intr. V.* **mit jdm** ~ se battre avec qn **II.** *refl. V.* **sich** ~ se battre
Rauferei [raufə'rai] <-, -en> *f* rixe *f*
rauhALT *s.* **rau**
Raum [raum, *Pl:* 'rɔymə] <-[e]s, Räume> *m* ① (*Zimmer*) pièce *f* ② *kein Pl.* (*Platz*) espace *m;* ~ **für etw schaffen** faire de la place pour qc
räumen ['rɔymən] *tr. V.* (*Wohnung*) libérer; (*entfernen*) **etw in das Regal** ~ ranger qc sur les étagères; **etw aus dem Weg** ~ enlever qc du passage
Raumfahrt *f kein Pl.* navigation *f* spatiale **Rauminhalt** *m* volume *m*
räumlich ['rɔymlɪç] *Adv.* ① ~ **eingeengt sein** être à l'étroit ② (*dreidimensional*) ~ **sehen** avoir une vue stéréoscopique
Raumschiff *nt* vaisseau *m* spatial
Räumung ['rɔymʊŋ] <-, -en> *f* évacuation *f*
Räumungsverkauf *m* liquidation [totale] *f*
raunen ['raunən] *tr., intr. V. geh* susurrer
Raupe ['raupə] <-, -n> *f* chenille *f*
Raupenfahrzeug *nt* véhicule *m* à chenilles
RaureifRR *m kein Pl.* gelée *f* blanche
raus [raus] *Adv. fam* dehors; *s.a.* **heraus, hinaus**
Rausch [rauʃ, *Pl:* 'rɔyʃə] <-[e]s, Räusche> *m* ① ivresse *f;* **einen** ~ **haben** être ivre ② *geh* (*Ekstase*) griserie *f*
rauschen ['rauʃən] *intr. V.* + *haben* (*Wind*) mugir; (*Bach*) gronder; (*Blätter*) bruire; (*Lautsprecherbox*) grésiller
rauschend *Adj.* (*Beifall*) retentissant(e)
Rauschgift *nt* drogue *f* **Rauschgifthandel** *m* trafic *m* de drogue **rauschgiftsüchtig** *Adj.* toxicomane
raus|kriegen *tr. V. fam* (*Lösung*) finir par trouver
räuspern ['rɔyspɐn] *refl. V.* **sich** ~ se racler la gorge
raus|schmeißen ['rausʃmaisən] *tr. V. unreg fam* ① (*entlassen*) virer ② (*wegwerfen*) balancer
Raute ['rautə] <-, -n> *f* losange *m*
Razzia ['ratsi̯a] <-, Razzien> *f* descente *f* [de police]
Reagenzglas *nt* éprouvette *f*
reagieren* [rea'giːrən] *intr. V.* a. CHEM, PHYS réagir; **mit etw** ~ réagir à qc
Reaktion [reak'tsi̯oːn] <-, -en> *f* réaction *f*
reaktionär *Adj.* réactionnaire
reaktivieren* [-'viː-] *tr. V.* (*Person*) rappeler
Reaktor [re'aktoːɐ̯] <-s, -toren> *m* réacteur *m*
real [re'aːl] **I.** *Adj.* réel(le) **II.** *Adv.* ① *geh* (*tatsächlich*) réellement ② ÖKON en valeur réelle
realisierbar *Adj.* réalisable
realisieren* [reali'ziːrən] *tr. V.* réaliser
Realisierung <-, -en> *f* réalisation *f*
Realismus <-> *m* réalisme *m*
Realist(in) [rea'lɪst] <-en, -en> *m(f)* réaliste *mf*
realistisch [rea'lɪstɪʃ] **I.** *Adj.* réaliste **II.** *Adv.* ① (*betrachten*) avec réalisme ② KUNST de manière réaliste
Realität [reali'tɛːt] <-, -en> *f* ① réalité *f* ② *Pl* A (*Immobilien*) immeubles *mpl*
Reality-TV <[-s]> *nt kein pl* téléréalité *f*
RealschulabschlussRR *m* ≈ brevet *m* des collèges

R

Realschule *f* ≈ collège *m*

En Allemagne, dans le cadre de la formation scolaire, la **Realschule** se situe entre la *Hauptschule* et le *Gymnasium,* tous trois correspondant à peu près au collège en France. La **Realschule** se termine après la dixième classe par un examen, la *mittlere Reife* (équivalent du brevet des collèges). Les élèves quittent alors l'école et suivent une formation professionnelle de trois ans. Toutefois ceux ayant obtenu de très bonnes notes ont la possibilité de continuer leur scolarité au *Gymnasium.*

Realschüler(in) *m(f)* ≈ collégien(ne) *m(f)*

Rebell(in) [re'bɛl] <-en, -en> *m(f)* rebelle *mf*

rebellieren* [rebɛ'liːrən] *intr. V.* se rebeller

Rebellion [rebɛ'li̯oːn] <-, -en> *f* rébellion *f*

rebellisch *Adj.* ① (*Truppen*) rebelle ② *geh* (*aufbegehrend*) insurgé(e)

Rechen ['rɛçən] <-s, -> *m bes.* SDEUTSCH râteau *m*

Rechenaufgabe *f* (*Rechenübung*) exercice *m* de calcul; (*Hausaufgabe*) calcul *m*

Rechenschaft <-> *f* **~ über etw** (*Akk*) **ablegen** rendre des comptes au sujet de qc; **jdn für etw zur ~ ziehen** demander des comptes à qn au sujet de qc

Rechenzentrum *nt* centre *m* informatique

Recherche [re'ʃɛrʃə] <-, -n> *f* recherche *f*

recherchieren* [reʃɛr'ʃiːrən] **I.** *intr. V.* faire des recherches **II.** *tr. V.* (*Fall*) enquêter sur

rechnen ['rɛçnən] **I.** *tr. V.* ① MATH (*Aufgabe*) calculer ② (*veranschlagen*) compter ③ (*einstufen*) **jdn zu den Besten ~** compter qn parmi les meilleurs **II.** *intr. V.* ① calculer ② (*erwarten*) compter; **damit ~, dass** s'attendre à ce que + *subj* **III.** *refl. V.* **sich ~** être rentable

Rechner <-s, -> *m* (*Computer*) ordinateur *m*

Rechner(in) <-s, -> *m(f)* calculateur (-trice) *m(f)*

rechnergesteuert *Adj.* informatisé(e)

rechnerisch *Adj.* arithmétique

Rechnerleistung *f* capacité *f* [de l'ordinateur] **rechnerunterstützt** *Adj.* assisté(e) par ordinateur

Rechnung <-, -en> *f* ① facture *f;* (*im Restaurant*) addition *f;* (*im Hotel*) note *f;* **jdm etw auf die ~ setzen** mettre qc sur le compte de qn ② (*das Rechnen*) calcul *m*

Rechnungshof *m* ≈ Cour *f* des comptes; **der Europäische ~** la Cour des Comptes Européenne

recht [rɛçt] **I.** *Adj.* ① (*Ort*) bon(ne); (*Augenblick*) opportun(e) ② (*richtig*) **ganz ~!** très juste ! ③ (*angenehm*) **jdm ~ sein** convenir à qn **II.** *Adv.* ① (*richtig*) bien; **ich weiß nicht ~** je ne sais pas trop ② (*ziemlich*) assez ▸ **das geschieht ihm ~!** c'est bien fait pour lui/elle !

Recht <-[e]s, -e> *nt* ① droit *m* ② (*Anspruch*) **ein ~ auf etw** (*Akk*) **haben** avoir droit à qc; **zu ~** à juste titre ▸ **das ist dein gutes ~** c'est ton bon droit

Rechte <-n, -n> *f* a. SPORT, POL droite *f*

rechte(r, s) ['rɛçtə, -tɐ, -təs] *Adj. attr* ① (*opp: linke*) droit(e); (*Straßenseite*) de droite ② POL de droite; (*Flügel*) droit(e)

Rechte(r) *f(m) dekl wie Adj* homme *m*/femme *f* de droite

Rechteck <-[e]s, -e> *nt* rectangle *m*

rechteckig *Adj.* rectangulaire

rechtfertigen **I.** *tr. V.* justifier **II.** *refl. V.* **sich vor jdm für etw ~** se justifier de qc devant qn

Rechtfertigung *f* justification *f*

rechthaberisch *Adj. pej* **~ sein** vouloir toujours avoir raison

rechtlich *Adj.* juridique

rechtmäßig *Adj.* ① (*legitim*) légitime ② (*legal*) légal(e)

Rechtmäßigkeit <-> *f* ① (*Legitimität*) légitimité *f* ② (*Legalität*) légalité *f*

rechts [rɛçts] *Adv.* ① à droite; **~ oben** en haut à droite; **~ von dir** à ta droite; **sich ~ einordnen** se mettre sur la voie de droite; **nach ~** à droite ② (*auf, von der Außenseite*) **etw von ~ bügeln** repasser qc sur l'endroit

Rechtsabbieger <-s, -> *m* véhicule *m* qui tourne à droite

R

Rechtsanwalt *m*, **-anwältin** *f* avocat(e) *m(f)*

Rechtsaußen <-, -> *m* SPORT ailier *m* droit

rechtschaffen **I.** *Adj.* (*Person*) honnête **II.** *Adv.* avec honnêteté

Rechtschreibfehler *m* faute *f* d'orthographe **Rechtschreibung** *f* orthographe *f*

Rechtsextremist(in) *m(f)* extrémiste *mf* de droite **rechtsextremistisch** *Adj.* d'extrême droite **rechtsgültig** *Adj.* valide

Rechtshänder(in) ['rɛçtshɛndɐ] <-s, -> *m(f)* droitier(-ière) *m(f)*

rechtshändig **I.** *Adj.* droitier(-ière) **II.** *Adv.* de la main droite

rechtsherum *Adv.* (*fahren*) à droite; (*sich drehen*) de gauche à droite

rechtskräftig *Adj.* (*Beschluss*) qui a force de loi; (*Urteil*) exécutoire **Rechtslage** *f* situation *f* juridique **Rechtsmittel** *nt* recours *m* **Rechtsordnung** *f* législation *f*

Rechtsprechung <-, -en> *f* justice *f*

rechtsradikal *Adj.* d'extrême droite **Rechtsradikale(r)** *f(m)* extrémiste *mf* de droite **rechtsrheinisch** *Adj.* [situé(e)] sur la rive droite du Rhin **rechtsrum** *s.* **rechtsherum**

Rechtsstaat *m* État *m* de droit **rechtsstaatlich** *Adj.* (*Grundsatz*) fondé(e) sur le droit

Rechtsverkehr *m* conduite *f* à droite

Rechtsweg *m kein Pl.* procédure *f* **rechtswidrig** *Adj.* illégal(e) **Rechtswissenschaft** *f kein Pl.* droit *m*

rechtwinklig *Adj.* (*Dreieck*) rectangle

rechtzeitig **I.** *Adj.* (*Ankunft*) à l'heure; (*Anmeldung*) en temps voulu **II.** *Adv.* (*dasein*) à l'heure [fixée]; (*erfolgen*) en temps voulu

Reck [rɛk] <-[e]s, -e> *nt* barre *f* fixe

recken **I.** *tr. V.* (*Hals, Faust*) tendre **II.** *refl. V.* **sich ~** s'étirer

Recorder <-s, -> *m* ❶ (*Kassettenrecorder*) magnéto[phone] *m* ❷ (*Videorecorder*) magnétoscope *m*

recyceln* [ri'saikln] *tr. V.* recycler

Recycling [ri'saiklɪŋ] <-s> *nt* recyclage *m*

Recyclingpapier *nt* papier *m* recyclé

Redakteur(in) [redak'tøːɐ̯] <-s, -e> *m(f)* rédacteur(-trice) *m(f)*

Redaktion [redak'tsi̯oːn] <-, -en> *f* rédaction *f*

Redaktor [re'daktoːɐ̯] <-s, -toren> *m*, **Redaktorin** *f* CH rédacteur(-trice) *m(f)*

Rede ['reːdə] <-, -n> *f* discours *m*; **die ~ ist von ...** il est question de ...

Redefreiheit *f kein Pl.* liberté *f* d'expression

reden **I.** *intr. V.* **über jdn/etw ~** parler de qn/qc; **mit sich selbst ~** parler tout(e) seul(e) **II.** *tr. V.* (*Unsinn*) dire

Redewendung *f* tournure *f*

redlich ['reːtlɪç] **I.** *Adj.* honnête **II.** *Adv.* (*sich bemühen*) considérablement

Redner(in) ['reːdnɐ] <-s, -> *m(f)* orateur(-trice) *m(f)*

redselig ['reːtzeːlɪç] *Adj.* bavard(e)

reduzieren* [redu'tsiːrən] *tr. V.* réduire

Reederei [reːdə'rai] <-, -en> *f* compagnie *f* maritime

reell [re'ɛl] *Adj.* (*Chance*) véritable

Referat [refe'raːt] <-[e]s, -e> *nt* SCHULE, UNIV exposé *m*

Referendar(in) [referɛn'daːɐ̯] <-s, -e> *m(f)* stagiaire *mf*

Referendariat [referɛndari'aːt] <-[e]s, -e> *nt* stage *m*

Referent(in) [refe'rɛnt] <-en, -en> *m(f)* (*Redner*) conférencier(-ière) *m(f)*

referieren* [refe'riːrən] *intr. V.* **über jdn/etw ~** faire un exposé sur qn/qc

Reflektor [re'flɛktoːɐ] <-s, -toren> *m* (*am Fahrrad*) cataphote® *m*

Reflex [re'flɛks] <-es, -e> *m* ❶ ANAT réflexe *m* ❷ (*Lichtreflex*) reflet *m*

reflexiv *Adj.* LING (*Verb*) pronominal(e)

Reflexivpronomen *nt* pronom *m* réfléchi

Reform [re'fɔrm] <-, -en> *f* réforme *f*

Reformation [refɔrma'tsi̯oːn] <-> *f* HIST **die ~** la Réforme

Reformer(in) [re'fɔrmɐ] <-s, -> *m(f)* ❶ (*wer Reformen durchführt*) réformateur(-trice) *m(f)* ❷ (*wer Reformen anstrebt*) réformiste *mf*

reformieren* [refɔr'miːrən] *tr. V.* réformer

Refrain [rə'frɛ̃ː] <-s, -s> *m* refrain *m*

Regal [re'gaːl] <-s, -e> *nt* étagère *f*

Regatta [re'gata] <-, Regatten> *f* régate *f*

rege ['reːgə] *Adj.* (*Anteilnahme*) vif (vive); (*Beteiligung*) actif(-ive)

Regel ['reːgəl] <-, -n> *f* ❶ (*Norm*) règle *f* ❷ (*Menstruation*) règles *fpl*

regelmäßig **I.** *Adj.* régulier(-ière); (*Verstöße*) répété(e) **II.** *Adv.* régulièrement

Regelmäßigkeit <-> *f* régularité *f*

regeln **I.** *tr. V.* ❶ (*erledigen*) régler ❷ (*Bestimmungen*) réglementer **II.** *refl. V.* **sich ~** se régler

regelrecht *fam* **I.** *Adj.* véritable **II.** *Adv.* carrément

Regelung <-, -en> *f* ❶ (*Vereinbarung*) convention *f* ❷ *kein Pl.* (*das Regulieren*) régulation *f*

regelwidrig *Adv.* SPORT **sich ~ verhalten** faire une faute

Regelwidrigkeit *f* SPORT faute *f*

regen ['re:gən] *refl. V.* **sich ~** (*Lebewesen*) bouger; (*Gefühle*) s'éveiller

Regen ['re:gən] <-s, -> *m* pluie *f*; **saurer ~** pluies acides

Regenbogen *m* arc *m* en ciel

Regeneration [regenera'tsi̯o:n] *f a.* BIO, MED régénération *f*

regenerieren* *tr., refl. V.* [**sich**] **~** [se] régénérer

Regenmantel *m* imperméable *m* **Regenschirm** *m* parapluie *m* **Regentropfen** *m* goutte *f* de pluie **Regenwald** *m* [**tropischer**] **~** forêt *f* équatoriale **Regenwetter** *nt* temps *m* pluvieux **Regenzeit** *f* saison *f* des pluies

Reggae ['rɛge:] *m* reggae *m*

Regie [re'ʒi:] <-, -n> *f* ❶ THEAT mise *f* en scène; CINE, RADIO, TV réalisation *f* ❷ (*Verantwortung*) **in eigener ~** tout(e) seul(e)

regieren* [re'gi:rən] *tr., intr. V.* [**ein Land**] **~** gouverner [un pays]; (*Herrscher*) régner sur [un pays]

Regierung <-, -en> *f* ❶ (*Kabinett*) gouvernement *m* ❷ (*Regierungsgewalt*) pouvoir *m*; **an der ~ sein** être au pouvoir

Regierungschef(in) *m(f)* chef *mf* de/du gouvernement **Regierungspartei** *f* parti *m* au pouvoir **Regierungsrat** *m kein Pl.* CH Conseil *m* d'État **Regierungsrat** *m*, **-rätin** *f* CH (*Mitglied der Kantonsregierung*) membre du Conseil d'État *m* **Regierungssprecher(in)** *m(f)* porte-parole *m* gouvernemental

Regime [re'ʒi:m] <-s, -s> *nt pej* régime *m*

Regiment [regi'mɛnt] <-[e]s, -er> *nt* MIL régiment *m*

Region [re'gi̯o:n] <-, -en> *f* région *f*

regional [regi̯o'na:l] **I.** *Adj.* régional(e) **II.** *Adv.* selon les régions

Regisseur(in) [reʒɪ'sø:ɐ̯] <-s, -e> *m(f)* THEAT metteur(-euse) *m(f)* en scène; CINE, RADIO, TV réalisateur(-trice) *m(f)*

Register [re'gɪstɐ] <-s, -> *nt* ❶ (*Index*) index *m* ❷ ADMIN registre *m*

registrieren* [regɪs'tri:rən] *tr. V.* enregistrer

Regler ['re:glɐ] <-s, -> *m* régulateur *m*

reglos ['re:klo:s] *Adj., Adv.* immobile

regnen ['re:gnən] *intr. V. unpers.* pleuvoir; **es regnet** il pleut

regnerisch *Adj.* pluvieux(-euse)

regulär [regu'lɛ:ɐ̯] **I.** *Adj.* (*Preis*) réglementaire **II.** *Adv.* normalement

regulieren* [regu'li:rən] *tr. V.* (*einstellen*) régler

Regulierung <-, -en> *f* (*der Heizung*) réglage *m*

Regung ['re:gʊŋ] <-, -en> *f* ❶ (*Bewegung*) mouvement *m* ❷ (*Empfindung*) émotion *f*

regungslos *Adj., Adv.* immobile

Reh [re:] <-[e]s, -e> *nt* chevreuil *m*

Rehabilitation [rehabilita'tsi̯o:n] <-, -en> *f* MED rééducation *f*

rehabilitieren* [rehabili'ti:rən] **I.** *tr. V.* (*Kranken*) rééduquer; (*Behinderten*) réinsérer **II.** *refl. V. geh* **sich ~** se réhabiliter

Rehbock *m* chevreuil *m* [mâle]

Reibe ['raibə] <-, -n> *f* râpe *f*

Reibekuchen *m* galette *f* de pommes de terre [râpées]

reiben ['raibən] <rieb, gerieben> **I.** *tr. V.* frotter; (*Möhre, Käse*) râper **II.** *intr. V.* frotter

Reibereien *Pl fam* frictions *fpl*

Reibung <-> *f kein Pl.* PHYS frottement *m*

reibungslos *Adj., Adv.* sans problème

reich [raiç] **I.** *Adj.* riche; **~ an Vitaminen sein** être riche en vitamines **II.** *Adv.* (*beschenken*) richement

Reich [raiç] <-[e]s, -e> *nt* ❶ empire *m*; **das „Dritte ~"** le IIIe Reich ❷ (*Königreich*) royaume *m*

Reiche(r) *f(m) dekl wie Adj* riche *mf*

reichen ['raiçən] **I.** *intr. V.* (*Vorräte*) suffire; **weit ~d** (*Geschütz*) à longue portée; **vom Sofa bis zur Wand ~** aller du canapé jusqu'au mur **II.** *intr. V. unpers.* **es reicht** [**mir**], **wenn ...** ça [me] suffit si ... **III.** *tr. V. geh* ❶ (*geben*) **jdm etw ~** passer qc à qn ❷ (*servieren*) **jdm etw ~** servir qc à qn

reichhaltig *Adj.* (*Angebot*) varié(e); (*Mahlzeit*) copieux(-euse)

reichlich **I.** *Adj.* (*Niederschläge*) abondant(e) **II.** *Adv.* (*vorhanden sein*) en quantité; (*jung*) plutôt

Durant les années du Reich allemand, le **Reichstag** (assemblée souveraine) se composait de députés qui étaient élus pour quatre ans, conformément à la constitution de la République de Weimar.
Après la réunification, le Parlement de Bonn décida de se réimplanter à Berlin. Et en 1994, le bâtiment du **Reichstag** à Berlin redevint le siège du Parlement fédéral en Allemagne.

Reichtum <-[e]s> *m kein Pl.* richesse *f;* **zu ~ kommen** faire fortune

Reichweite *f* ❶ (*eines Senders*) portée *f* ❷ (*greifbare Nähe*) **in ~ sein** être à portée de [la] main; **außer ~ sein** être hors de portée

reif [raif] *Adj.* mûr(e)

Reif [raif] <-[e]s, -e> *m* (*Armreif*) bracelet *m*

Reife <-> *f* maturité *f* ▸ **mittlere ~** ≈ brevet *m* des collèges

reifen *intr. V. + sein a. fig* mûrir

Reifen ['raifən] <-s, -> *m* pneu *m;* **den ~ wechseln** changer de roue

Reifenpanne *f* crevaison *f*

reiflich *Adj.* (*Überlegung*) mûr(e) *antéposé*

Reihe ['raiə] <-, -n> *f* ❶ (*von Personen*) rang *m;* (*von Stühlen*) rangée *f;* (*von Ziffern*) série *f;* **eine ~ von Fragen** un nombre important de questions ❷ (*Sitzreihe*) rang *m* ❸ (*Reihenfolge*) **der ~ nach** l'un(e) après l'autre ▸ **du bist an der ~** c'est ton tour

Reihenfolge *f* ordre *m* **Reihenhaus** *nt* maison *f* mitoyenne

Reiher <-s, -> *m* héron *m*

reihum [rai'ʔʊm] *Adv.* à tour de rôle; **~ gehen** faire le tour

Reim [raim] <-[e]s, -e> *m* ❶ rime *f* ❷ *Pl* (*Verse*) vers *mpl*

reimen *refl. V.* **sich mit etw/auf etw** (*Akk*) **~** rimer avec qc

rein[1] [rain] *s.* **herein, hinein**

rein[2] **I.** *Adj.* ❶ (*Zufall*) pur(e) *antéposé;* **eine ~e Wohngegend** un quartier purement résidentiel ❷ (*Gold*) pur(e) ❸ (*Hemd*) propre **II.** *Adv.* ❶ (*symbolisch*) purement ❷ *fam* (*ganz und gar*) **~ gar nichts** absolument rien

Reinerlös *m* produit *m* net

Reinfall *m* bide *m* (*fam*)

rein|fallen ['rainfalən] *intr. V. unreg + sein fam* (*enttäuscht werden*) tomber dans le piège; **auf jdn/etw ~** se faire avoir par qn/avec qc

Reingewinn *m* bénéfice *m* net

Reinheit <-> *f* (*der Luft, eines Edelsteins*) pureté *f*

Reinheitsgebot *nt: loi allemande garantissant la pureté de fabrication de la bière s.a.* **Bier**

reinigen ['rainɪgən] *tr. V.* (*Kleider*) nettoyer

Reinigung <-, -en> *f* ❶ *kein Pl.* nettoyage *m* ❷ (*Reinigungsbetrieb*) pressing *m;* **chemische ~** nettoyage *m* à sec

rein|legen *tr. V. fam* (*hintergehen*) **jdn ~** rouler qn

reinrassig *Adj.* de [pure] race

Reis [rais] <-es> *m* riz *m*

Reise ['raizə] <-, -n> *f* voyage *m;* **auf ~n gehen** partir en voyage; **gute ~!** bon voyage !

Reiseandenken *nt* souvenirs *mpl* de voyage **Reisebüro** *nt* agence *f* de voyages **Reisebus** *m* autocar *m* de tourisme **Reiseführer(in)** *m(f)* guide *mf* **Reisekosten** *Pl* frais *mpl* de voyage **Reiseleiter(in)** *m(f)* guide *mf* **reiselustig** *Adj.* **~ sein** aimer voyager

reisen *intr. V. + sein* voyager

Reisende(r) *f(m) dekl wie Adj* voyageur (-euse) *m(f)*

Reiseproviant *m* provisions *fpl* de route **Reiseroute** *f* itinéraire *m* **Reisezeit** *f* saison *f* touristique

Reisig ['raizɪç] <-s> *nt* bois *m* mort

reißen ['raisən] <riss, gerissen> **I.** *intr. V. + sein* (*Papier*) se déchirer; (*Faden*) casser **II.** *tr. V. + haben* ❶ (*Stoff, Karton*) déchirer; [**sich** (*Dat*)] **ein Loch in die Hose ~** [se] faire un trou dans le pantalon ❷ (*gewaltsam an sich nehmen*) **jdm etw aus den Händen ~** arracher qc des mains à qn; **an sich** (*Akk*) **~** (*Herrschaft, Macht*) s'emparer de **III.** *refl. V. + haben fam* **sich um jdn/etw ~** se battre pour avoir qn/qc

R

reißend *Adj.* ① (*mit starker Strömung*) déchaîné(e) ② *fam* **~en Absatz finden** se vendre comme des petits pains (*fig*)

reißfest *Adj.* indéchirable **Reißverschluss**RR *m* fermeture *f* éclair®

reiten ['raitən] <ritt, geritten> *intr. V.* + *sein* faire du cheval

Reiter(in) <-s, -> *m(f)* cavalier(-ière) *m(f)*

Reithose *f* culotte *f* de cheval **Reitkappe** *f* bombe *f* **Reitpferd** *nt* cheval *m* de selle **Reitsport** *m* sport *m* hippique **Reitstall** *m* (*Gebäude*) écurie *f* **Reitstiefel** *m* botte *f* de cheval

Reiz ['raits] <-es, -e> *m* ① charme *m* ② ANAT stimulus *m*

reizbar *Adj.* irritable

Reizbarkeit <-> *f* irritabilité *f*

reizen **I.** *tr. V.* ① (*verlocken*) attirer ② MED irriter ③ (*provozieren*) provoquer **II.** *intr. V.* ① **zum Lachen/Weinen ~** provoquer le rire/les larmes ② SPIEL surenchérir

reizend *Adj.* (*Mensch*) charmant(e); (*[An]blick*) ravissant(e)

Reizung <-, -en> *f* MED irritation *f*

reizvoll *Adj.* attrayant(e); (*Angebot*) alléchant(e)

Reklamation [reklama'tsi̯o:n] <-, -en> *f* réclamation *f*

Reklame [re'kla:mə] <-, -n> *f* ① (*Werbematerial*) publicité *f* ② (*Werbung*) réclame *f*

reklamieren* [rekla'mi:rən] *tr., intr. V.* réclamer; [**etw**] **~** réclamer [au sujet de qc]

rekonstruieren* [rekɔnstru'i:rən] *tr. V.* reconstituer

Rekonstruktion [rekɔnstrʊk'tsi̯o:n] *f* reconstitution *f*

Rekord [re'kɔrt] <-s, -e> *m* record *m*

Rekordzeit *f* temps *m* record; **in ~** en un temps record

Rekrut(in) [re'kru:t] <-en, -en> *m(f)* recrue *f*

rekrutieren* [rekru'ti:rən] *tr. V.* recruter

Rekrutierung <-, -en> *f* recrutement *m*

Rektor ['rɛkto:ɐ̯] <-s, -toren> *m*, **Rektorin** *f* ① UNIV recteur *m* ② SCHULE directeur(-trice) *m(f)*

Rektorat [rɛkto'ra:t] <-[e]s, -e> *nt* UNIV rectorat *m;* SCHULE bureau *m* du directeur

Relation [rela'tsi̯o:n] <-, -en> *f geh* relation *f*

relativ [rela'ti:f] *Adj.* relatif(-ive)

relativieren* [relati'vi:rən] *tr. V. geh* relativiser

Relativpronomen *nt* pronom *m* relatif **Relativsatz** *m* [proposition *f*] relative *f*

Relevanz [rele'vants] <-> *f geh* pertinence *f*

Relief [re'li̯ɛf] <-s, -s> *nt* relief *m*

Religion [reli'gi̯o:n] <-, -en> *f* ① religion *f* ② (*Religionsunterricht*) instruction *f* religieuse

Religionsfreiheit *f* liberté *f* religieuse **Religionsgemeinschaft** *f form* communauté *f* religieuse

religiös [reli'gi̯ø:s] **I.** *Adj.* ① (*opp: weltlich*) religieux(-euse) ② (*fromm*) pieux(-euse) **II.** *Adv.* (*prägen*) par la religion; (*erziehen*) religieusement

Reling ['re:lɪŋ] <-, -s *o* -e> *f* bastingage *m*

Reliquie [re'li:kvi̯ə] <-, -n> *f* relique *f*

Renaissance [rənɛ'sã:s] <-> *f kein Pl.* HIST Renaissance *f*

Rendezvous [rãde'vu:] <-, -> *nt* rendez-vous *m* [galant]

Rennbahn *f* (*beim Pferdesport*) hippodrome *m;* (*beim Motorsport*) circuit *m;* (*beim Radsport*) vélodrome *m*

rennen ['rɛnən] <rannte, gerannt> *intr. V.* + *sein* (*schnell laufen*) courir

Rennen <-s, -> *nt* (*Autorennen*) course *f* automobile; (*Pferderennen*) course *f* de chevaux

Rennfahrer(in) *m(f)* ① AUT pilote *m* de course ② (*Fahrradrennfahrer*) coureur(-euse) *m(f)* cycliste **Rennpferd** *nt* cheval *m* de course **Rennstrecke** *f* circuit *m* **Rennwagen** *m* voiture *f* de course

Renommee <-s, -s> *nt geh* renommée *f*

renommiert *Adj. geh* renommé(e)

renovieren* [reno'vi:rən] *tr. V.* rénover; (*Fassade*) ravaler

Renovierung <-, -en> *f* rénovation *f;* (*der Fassade*) ravalement *m*

rentabel [rɛn'ta:bəl] **I.** *Adj.* rentable **II.** *Adv.* de façon rentable

Rentabilität <-> *f* rentabilité *f*
Rente ['rɛntə] <-, -n> *f* (*Altersruhegeld*) [pension *f* de] retraite *f*; **in ~ gehen** prendre sa retraite
Rentenversicherung *f* assurance retraite *f*
rentieren* [rɛn'tiːrən] *refl. V.* **sich für jdn ~** être rentable pour qn
Rentner(in) ['rɛntnɐ] <-s, -> *m(f)* retraité(e) *m(f)*
reparabel *Adj. geh* réparable
Reparatur [repara'tuːɐ̯] <-, -en> *f* réparation *f*
Reparaturwerkstatt *f* (*Autowerkstatt*) garage *m*
reparieren* [repa'riːrən] *tr. V.* **jdm etw ~** réparer qc à qn
Repertoire [repɛr'toaːɐ̯] <-s, -s> *nt* répertoire *m*
Reportage [repɔr'taːʒə] <-, -n> *f* reportage *m*
Reporter(in) <-s, -> *m(f)* reporter *m*
Repräsentation [reprɛzɛnta'tsi̯oːn] <-, -en> *f* représentation *f*
repräsentativ [reprɛzɛnta'tiːf] *Adj.* représentatif(-ive)
repräsentieren* [reprɛzɛn'tiːrən] *tr., intr. V. geh* représenter
Reproduktion [reprodʊk'tsi̯oːn] <-, -en> *f* TYP, KUNST reproduction *f*
reproduzieren* [reprodu'tsiːrən] *tr. V.* reproduire
Reptil [rɛp'tiːl] <-s, -ien> *nt* reptile *m*
Republik [repu'bliːk] <-, -en> *f* république *f*
Republikaner(in) [republi'kaːnɐ] <-s, -> *m(f)* ❶ (*in den USA*) républicain(e) *m(f)* ❷ (*in Deutschland*) *membre ou militant(e) d'un parti d'extrême droite*
republikanisch *Adj.* républicain(e)
Requiem ['reːkviɛm] <-s, Requien> *nt* requiem *m*
Requisit [rekvi'ziːt] <-s, -en> *nt* a. THEAT accessoire *m*
Reserve [re'zɛrvə] <-, -n> *f* réserve *f*
Reservekanister *m* bidon *m* de réserve **Reserverad** *nt* roue *f* de secours **Reservereifen** *m* pneu *m* de rechange
reservieren* [rezɛr'viːrən] *tr. V.* réserver
Reservierung <-, -en> *f* réservation *f*
Reset-Taste ['riːsɛtastə] *f* touche *f* reset
Residenz [rezi'dɛnts] <-, -en> *f* résidence *f*
resignieren* [rezɪ'gniːrən] *intr. V. geh* se résigner; **wegen etw ~** se résigner à cause de qc
resolut [rezo'luːt] **I.** *Adj.* résolu(e) **II.** *Adv.* résolument
Resonanz [rezo'nants] <-, -en> *f* ❶ *geh* (*Reaktion*) écho *m* ❷ MUS résonance *f*
Respekt [re'spɛkt] <-s> *m* respect *m*; **vor jdm/etw ~ haben** avoir du respect pour qn/qc; **sich** (*Dat*) **~ verschaffen** se faire respecter
respektabel *Adj. geh* respectable
respektieren* [respɛk'tiːrən] *tr. V.* respecter
respektlos **I.** *Adj.* irrespectueux(-euse) **II.** *Adv.* avec irrespect
respektvoll *Adj.* respectueux(-euse)
Ressort [rɛ'soːɐ̯] <-s, -s> *nt* ❶ (*Zuständigkeitsbereich*) **jds ~** le ressort de qn ❷ (*Abteilung*) département *m*
Ressource [rɛ'sʊrsə] <-, -n> *f meist Pl.* a. FIN ressources *fpl*
Rest [rɛst] <-[e]s, -e *o* CH -en> *m* reste *m*
Restaurant [rɛsto'rɑ̃ː] <-s, -s> *nt* restaurant *m*
restaurieren* [restau'riːrən] *tr. V.* restaurer
Restaurierung <-, -en> *f* restauration *f*
restlich *Adj.* (*Betrag*) restant(e); (*Leute*) autre
restlos *Adj.* total(e)
Restposten *m* fin *f* de série
Resultat [rezʊl'taːt] <-[e]s, -e> *nt* résultat *m*
Resümee [rezy'meː] <-s, -s> *nt geh* ❶ (*Schlussfolgerung*) conclusion *f* ❷ (*Zusammenfassung*) résumé *m*
Retorte [re'tɔrtə] <-, -n> *f* cornue *f*
Retortenbaby [ret'tɔrtənbeːbi] *nt* bébé-éprouvette *m*
retour [re'tuːɐ̯] *Adv.* A, CH **etw ~ gehen lassen** renvoyer qc; **eine Fahrkarte nach Basel und [wieder] ~!** un aller [et] retour pour Bâle !
Retourspiel *nt* A, CH match *m* retour
retten ['rɛtən] **I.** *tr. V.* sauver; (*Gebäude*) sauvegarder **II.** *refl. V.* **sich ~** se sauver
Retter(in) <-s, -> *m(f)* sauveur(-euse) *m(f)*

Rettich <-s, -e> *m* radis *m*

Rettung <-, -en> *f* sauvetage *m;* (*des Gebäudes*) sauvegarde *f*

Rettungsboot *nt* bateau *m* de sauvetage **Rettungsdienst** *m* service *m* de secours **rettungslos** *Adv.* sans espoir [de secours]; **wir sind ~ verloren** tout espoir est perdu **Rettungsring** *m* bouée *f* de sauvetage **Rettungsschwimmer(in)** *m(f)* maître nageur *m* **Rettungswagen** *m* ambulance *f*

Returntaste [rɪ'tœːntastə] *f* INFORM touche *f* Entrée

Reue ['rɔyə] <-> *f* **~ über etw** (*Akk*) regret *m* de qc

reuen *tr. V. unpers.* **es reut jdn, etw getan zu haben** qn regrette d'avoir fait qc

Revanche [re'vãːʃ(ə)] <-, -n> *f* revanche *f*

revanchieren* [revã'ʃiːrən] *refl. V.* ① (*sich erkenntlich zeigen*) **sich ~** rendre la pareille ② (*sich rächen*) **sich für etw ~** se venger de qc

revidieren* [revi'diːrən] *tr. V.* ① (*rückgängig machen: Entscheidung*) revenir sur ② CH *geh* (*Maschine*) réviser

Revier [re'viːɐ̯] <-s, -e> *nt* ① (*Polizeidienststelle*) commissariat *m* ② (*Bezirk*) district *m* ③ (*Jagdrevier*) territoire *m* de chasse ④ ZOOL territoire *m*

Revision [revi'zi̯oːn] <-, -en> *f* ① FIN vérification *f* ② JUR cassation *f;* **~ einlegen** se pourvoir en cassation ③ TYP révision *f* [des épreuves]

Revolte [re'vɔltə] <-, -n> *f* révolte *f*

Revolution [revolu'tsi̯oːn] <-, -en> *f* révolution *f;* **die Französische ~** la Révolution française

revolutionär [revolutsi̯o'nɛːɐ̯] *Adj.* révolutionnaire

Revolutionär(in) <-s, -e> *m(f)* révolutionnaire *mf*

Revolver [re'vɔlvɐ] <-s, -> *m* revolver *m*

rezensieren* [retsɛn'ziːrən] *tr. V.* critiquer

Rezension [retsɛn'zi̯oːn] <-, -en> *f* critique *f*

Rezept [re'tsɛpt] <-[e]s, -e> *nt* ① recette *f* ② MED ordonnance *f*

rezeptfrei *Adj.* en vente libre

Rezeption [retsɛp'tsi̯oːn] <-, -en> *f* réception *f*

rezeptpflichtig *Adj.* délivré(e) uniquement sur ordonnance

Rezession [retsɛ'si̯oːn] <-, -en> *f* récession *f*

rezitieren* [retsi'tiːrən] *tr., intr. V.* réciter

Rhabarber [ra'barbɐ] <-s, -> *m* rhubarbe *f*

Rhein [rain] <-s> *m* **der ~** le Rhin; **Kehl am ~** Kehl sur Rhin

rheinisch *Adj. attr* rhénan(e)

Rheinländer(in) <-s, -> *m(f)* Rhénan(e) *m(f)*

Rheinland-Pfalz [rainlant'pfalts] *f* la Rhénanie-Palatinat

Rhesusfaktor ['reːzʊsfaktoːɐ̯] *m* ~ [facteur *m*] rhésus *m*

Rhetorik [re'toːrɪk] <-> *f* rhétorique *f*

rhetorisch I. *Adj.* rhétorique; (*Figur*) de rhétorique **II.** *Adv.* **~ begabt** doué(e) en matière de rhétorique

Rheuma ['rɔyma] <-s> *nt fam* rhumatisme *m souvent pl.*

rheumatisch *Adj.* rhumatismal(e)

Rheumatismus [rɔyma'tɪsmʊs] <-> *m form* rhumatisme *m*

Rhinozeros [ri'noːtserɔs] <-[ses], -se> *nt* rhinocéros *m*

rhythmisch ['rʏtmɪʃ] *Adj.* (*Bewegungen*) rythmé(e); (*Gymnastik*) rythmique

Rhythmus ['rʏtmʊs] <-, Rhythmen> *m* rythme *m*

richten ['rɪçtən] **I.** *refl. V.* ① (*sich orientieren*) **sich nach jdm/etw ~** se conformer à qn/qc ② (*abhängen von*) **sich nach etw ~** dépendre de qc **II.** *tr. V.* ① (*Brief*) adresser; (*Blick*) diriger; (*Finger*) pointer ② (*Heizung*) réparer **III.** *intr. V. geh* (*urteilen*) **über jdn/etw ~** juger qn/qc

Richter(in) ['rɪçtɐ] <-s, -> *m(f)* JUR juge *mf*

richterlich *Adj. attr* judiciaire

Richtfest *nt* fête *f* pour l'achèvement du gros œuvre *(à laquelle le propriétaire convie les artisans et éventuellement des voisins)* **Richtgeschwindigkeit** *f* vitesse *f* conseillée

richtig ['rɪçtɪç] **I.** *Adj.* ① (*Antwort, Haus, Haltung*) bon(ne) *antéposé*; **das ist ~** c'est juste; **zur ~en Zeit** au bon moment; **es ist ~ gewesen, dass** c'était bien que + *subj* ② (*Eltern, Name, Idiot*) vrai(e) *antéposé* **II.** *Adv.* ① (*schreiben*) correctement; (*verstehen*) bien; ~ **gehen** (*Uhr*) donner l'heure exacte ❷ (*vorgehen*) judicieusement; **sehr ~!** très juste ! ❸ (*stehen*) à la bonne place ❹ *fam* (*wütend*) vraiment

Richtige(r) *f(m) dekl wie Adj* ❶ (*Partner*) bon(ne) partenaire *mf* ❷ (*Treffer*) **sechs ~ im Lotto** six bons numéros *mpl* au loto

Richtige(s) *nt dekl wie Adj* (*Zusagendes*) **das ~/etwas ~s** ce qu'il me/te/... faut

Richtigkeit <-> *f* (*der Lösung*) justesse *f*, (*der Schreibung*) exactitude *f*; **mit etw hat es seine ~** qc est justifié(e)

richtig|liegen *intr. V. unreg fam* (*recht haben*) avoir raison; **mit etw nicht ~** se planter avec qc ▸ **bei jdm ~** (*an der richtigen Adresse sein*) être à la bonne adresse avec qn **richtig|stellen** *tr. V. fam* (*berichtigen*) rectifier **Richtigstellung** *f* rectification *f*

Richtlinie *f meist Pl.* directive *f*

Richtung <-, -en> *f* ❶ (*Himmelsrichtung*) direction *f*; **aus östlicher ~** de l'est; **in ~ Bahnhof** en direction de la gare ❷ (*Tendenz*) **politische ~** tendance *f* politique

Richtwert *m* valeur *f* indicative

rieb [riːp] *Imp. von* **reiben**

riechen ['riːçən] <roch, gerochen> **I.** *intr. V.* (*Geruch verströmen*) **gut/schlecht ~** sentir bon/mauvais; **nach Parfüm ~** sentir le parfum **II.** *tr. V.* (*als Geruch wahrnehmen*) sentir **III.** *intr. V. unpers.* **es riecht nach Zitrone** ça sent le citron

R

rief [riːf] *Imp. von* **rufen**

Riegel ['riːgəl] <-s, -> *m* ❶ (*Verschluss*) verrou *m*; **den ~ vorlegen** mettre le verrou ❷ (*Schokoladenriegel*) barre *f*

Riemen ['riːmən] <-s, -> *m* (*der Tasche*) courroie *f*

Riese ['riːzə] <-n, -n> *m*, **Riesin** *f* géant(e) *m(f)*

rieseln ['riːzəln] *intr. V. + sein* (*Körner*) s'écouler; (*Putz*) se détacher des murs

Riesenerfolg *m* succès *m* formidable **riesengroß** *Adj. fam* ❶ (*sehr groß*) géant(e) ❷ (*Enttäuschung*) énorme *antéposé* (*fig*)

riesig **I.** *Adj.* (*Gebäude*) gigantesque; **ein ~er Kerl** un géant; (*Anstrengung*) immense; (*Überraschung*) sacré(e) *antéposé* (*fam*) **II.** *Adv.* (*sich freuen*) énormément

riet [riːt] *Imp. von* **raten**

rigoros [rigo'roːs] *Adj.* (*Maßnahme*) rigoureux(-euse)

Rikscha ['rɪkʃa] <-, -s> *f* pousse-pousse *m*

Rille ['rɪlə] <-, -n> *f* rainure *f*

Rind ['rɪnt] <-[e]s, -er> *nt* bovin *m*

Rinde ['rɪndə] <-, -n> *f* ❶ (*Baumrinde*) écorce *f* ❷ (*Brot-, Käserinde*) croûte *f*

Rinderwahnsinn *m* maladie *f* de la vache folle

Rindfleisch *nt* [viande *f* de] bœuf *m*

Rindvieh <-viecher> *nt fam* (*Dummkopf*) andouille *f*

Ring [rɪŋ] <-[e]s, -e> *m* ❶ (*ringförmiger Gegenstand*) anneau *m* ❷ (*Fingerring*) bague *f*; (*Ehering*) alliance *f* ❸ (*von Personen*) cercle *m* ❹ (*Ringstraße*) périphérique *m* ❺ SPORT ring *m* ❻ *Pl* (*Turngerät*) anneaux *mpl*

Ringbuch *nt* classeur *m*

ringeln **I.** *tr. V.* (*Schwanz*) enrouler **II.** *refl. V.* **sich ~** (*Haare*) s'enrouler

ringen ['rɪŋən] <rang, gerungen> *intr. V.* **mit jdm/sich ~** lutter contre qn/soi-même; **um Fassung ~** essayer de se reprendre

Ringfinger *m* annulaire *m* **ringförmig** *Adj.* circulaire **Ringkampf** *m a. fig* combat *m* [de lutte]

rings [rɪŋs] *Adv.* **~ um das Haus** autour de la maison; **~ um jdn/etw stehen** se tenir autour de qn/qc

ringsherum, **ringsum**, **ringsumher** *Adv.* [tout] autour

Rinne ['rɪnə] <-, -n> *f* ❶ (*Vertiefung*) cavité *f* ❷ (*Dachrinne*) gouttière *f*

rinnen ['rɪnən] <rann, geronnen> *intr. V. + sein* ❶ (*fließen, rieseln*) couler ❷ (*herausfließen, -rieseln*) *a. fig* s'écouler

Rinnstein *m* ❶ (*Gosse*) caniveau *m* ❷ (*Bordstein*) bordure *f* de trottoir

Rippchen ['rɪpçən] <-s, -> *nt* côtelette *f*

Rippe ['rɪpə] <-, -n> *f* ANAT côte *f*

Risiko ['riːziko] <-s, -s> *nt* risque *m*; **kein ~ eingehen** ne prendre aucun risque; **auf dein [eigenes] ~** à tes risques et périls

riskant [rɪs'kant] *Adj.* risqué(e)

riskieren* [rɪs'kiːrən] *tr. V.* (*Leben*) risquer; **es ~ etw zu tun** se risquer à faire qc

rissRR [rɪs], **riß**ALT *Imp. von* **reißen**

RissRR [rɪs] <-es, -e>, **Riß**ALT <Risses, Risse> *m* ❶ (*rissige Stelle*) fissure *f* ❷ (*beschädigte Stelle*) déchirure *f*

rissig *Adj.* crevassé(e)

ritt [rɪt] *Imp. von* **reiten**

Ritt [rɪt] <-[e]s, -e> *m* promenade *f* à cheval

Ritter ['rɪtɐ] <-s, -> *m* chevalier *m*

rittlings ['rɪtlɪŋs] *Adv.* à califourchon

Ritual [ritu'a:l] <-s, -e> *nt* rituel *m*

rituell [ritu'ɛl] *Adj.* rituel(le)

Ritus ['ri:tʊs] <-, Riten> *m* rite *m*

Ritze ['rɪtsə] <-, -n> *f* fissure *f*

ritzen **I.** *tr. V.* graver **II.** *refl. V.* **sich an etw** (*Dat*) ~ s'égratigner à qc

Rivale [ri'va:lə] <-n, -n> *m*, **Rivalin** *f* rival(e) *m(f)*

rivalisieren* [rivali'zi:rən] *intr. V. geh* rivaliser

Riviera [ri'vie:ra] <-> *f* **die** ~ la Riviera

RNS [ɛrʔɛn'ʔɛs] <-> *f Abk. von* **Ribonukleinsäure** A.R.N. *m*

Roastbeef ['ro:stbi:f] <-s, -s> *nt* rosbif *m*

Robbe ['rɔbə] <-, -n> *f* phoque *m*

Roboter ['rɔbɔtɐ] <-s, -> *m* robot *m*

robust [ro'bʊst] *Adj.* robuste

roch [rɔx] *Imp. von* **riechen**

röcheln ['rœçəln] *intr. V.* râler

Rock1 [rɔk, *Pl:* 'rœkə] <-[e]s, Röcke> *m* ❶ jupe *f* ❷ CH (*Kleid*) robe *f*; (*Jackett*) veste *f*

Rock2 <-[s]> *m* MUS rock *m*

Rockband ['rɔkbɛnt], **Rockgruppe** *f* groupe *m* de rock

Rocker(in) ['rɔkɐ] <-s, -> *m(f)* (*Halbstarker*) blouson *m* noir

Rodel1 ['ro:dəl] <-s, -> *m* CH, SDEUTSCH fichier *m*

Rodel2 <-s, -> *m*, <-, -n> *f* A, SDEUTSCH luge *f*

rodeln ['ro:dəln] *intr. V. + haben o sein* (*Schlitten fahren*) faire de la luge

roden ['ro:dən] *tr. V.* (*Bäume*) enlever; (*Land*) défricher

Roggen ['rɔgən] <-s> *m* seigle *m*

roh [ro:] *Adj.* ❶ (*Fleisch, Gemüse*) cru(e) ❷ (*Holz, Diamant*) brut(e) ❸ (*Person*) brutal(e) ❹ (*rau, grob*) grossier(-ière)

Rohbau *m kein Pl.* (*Bauabschnitt*) gros œuvre *m*

RoheitALT, **Rohheit**RR <-> *f kein Pl.* (*brutale Art*) rudesse *f*

Rohkost *f* crudités *fpl*

Rohling <-s, -e> *m* TECH pièce *f* brute

Rohr [ro:ɐ̯] <-[e]s, -e> *nt* ❶ TECH tube *m*; (*groß*) tuyau *m* ❷ (*Teil eines Geschützes*) canon *m* ❸ A, SDEUTSCH (*Backofen*) four *m*

Rohrbruch *m* rupture *f* de canalisation

Röhrchen <-s, -> *nt Dim. von* **Röhre** ❶ MED tube *m* ❷ (*Alkoholteströhrchen*) embout *m*

Röhre ['rø:rə] <-, -n> *f* ❶ TECH tuyau *m* ❷ ELEC tube *m* ❸ (*Backofen*) four *m*

röhren *intr. V.* ❶ (*Hirsch, Elch*) bramer ❷ (*dröhnen: Auspuff, Motorrad*) vrombir

Rohrleitung *f* canalisation *f* **Rohrzucker** *m* sucre *m* de canne

Rohstoff *m* matière *f* première

Rokoko ['rɔkoko] <-[s]> *nt* rococo *m*

RolladenALT *s.* **Rollladen**

Rollator [rɔ'la:to:ɐ] <-s, -toren> *m* déambulateur *m*

Rollbalken <-s, -> *m* A (*Rollladen*) volet *m* roulant

Rolle ['rɔlə] <-, -n> *f* ❶ rouleau *m*; (*Garnrolle*) bobine *f* ❷ (*eines Möbelstücks*) roulette *f* ❸ CINE, THEAT, SOZIOL rôle *m* ▸ **es spielt keine ~, ob** ça n'a pas d'importance que + *subj*

rollen ['rɔlən] **I.** *intr. V. + sein* rouler **II.** *tr. V. + haben* ❶ rouler ❷ (*fortbewegen*) faire rouler

Rollenspiel *nt* jeu *m* de rôle

Roller ['rɔlɐ] <-s, -> *m* ❶ (*Kinderroller*) trottinette *f* ❷ (*Motorroller*) scooter *m* ❸ A *s.* **Rollo**

Rollerskates ['ro:lɐske:ts] *Pl* patins *mpl* à roulettes

Rollfeld *nt* AVIAT piste *f* [de décollage/d'atterrissage] **Rollkragen** *m* col *m* roulé **Rollladen**RR <-s, -läden> *m* volet *m* roulant

Rollo ['rɔlo] <-s, -s> *nt* store *m*

Rollschuh *m* patin *m* à roulettes **Rollschuhläufer(in)** *m(f)* patineur(-euse) *m(f)* à roulettes **Rollsplitt** *m* gravillon *m* **Rollstuhl** *m* fauteuil *m* roulant **Rollstuhlfahrer(in)** *m(f)* handicapé(e) *m(f)* en fauteuil roulant **rollstuhlgerecht** *Adj.* adapté(e) aux fauteuils roulants **Rolltreppe** *f* escalator *m*

Rom [ro:m] <-s> *nt* Rome

ROM [rɔm] <-[s], -[s]> *nt Abk. von* **Read Only Memory** INFORM ROM *f*

Roma ['ro:ma] *Pl* Rom *mpl*
Roman [ro'ma:n] <-s, -e> *m* roman *m*
Romanik [ro'ma:nɪk] <-> *f* ARCHIT, KUNST [style *m*] roman *m*
romanisch *Adj.* ❶ LING, ARCHIT, KUNST roman(e) ❷ GEO latin(e)
Romanistik [roma'nɪstɪk] <-> *f* étude *f* des langues et littératures romanes
Romanschriftsteller(in) *m(f)* romancier(-ière) *m(f)*
Romantik [ro'mantɪk] <-> *f* ❶ LITER romantisme *m* ❷ (*eines Abends*) romanesque *m*
Romantiker(in) [ro'mantɪkɐ] <-s, -> *m(f)* romantique *mf*
romantisch *Adj.* (*Stimmung*) romantique; (*Altstadt*) pittoresque
Romanze [ro'mantsə] <-, -n> *f* idylle *f*
Römer(in) <-s, -> *m(f)* Romain(e) *m(f)*
römisch *Adj.* romain(e)
römisch-katholisch *Adj.* catholique romain(e)
ROM-Speicher *m* mémoire *f* morte
röntgen ['rœntgən] *tr. V.* radiographier; **sich ~ lassen** passer une radio
Röntgen <-s> *nt* radio[graphie] *f*
Röntgenaufnahme *f* radio[graphie] *f* **Röntgenstrahlen** *Pl* rayons *mpl* X
rosa ['ro:za] *Adj. unv.* rose
Rosa <-s, - *o fam* -s> *nt* rose *m*
Rose ['ro:zə] <-, -n> *f* ❶ (*Blüte*) rose *f* ❷ (*Strauch*) rosier *m*
Rosé <-s, -s> *m* rosé *m*
Rosenkohl *m* chou *m* de Bruxelles **Rosenkranz** *m* chapelet *m* **Rosenmontag** *m: lundi précédant le Mardi gras* **Rosenstock** *m* rosier *m*
Roséwein *m* rosé *m*
rosig ['ro:zɪç] *Adj. a. fig* rose
Rosine [ro'zi:nə] <-, -n> *f* raisin *m* sec
Rosmarin ['ro:smari:n] <-s> *m* romarin *m*
Ross[RR] [rɔs] <-es, -e>, **Roß**[ALT] <Rosses, Rosse> *nt* A, CH, SDEUTSCH (*Pferd*) cheval *m*
Rosskastanie[RR] *f* ❶ (*Frucht*) marron *m* d'Inde ❷ (*Baum*) marronnier *m* d'Inde
Rost [rɔst] <-[e]s, -e> *m* ❶ (*Gitter*) grille *f* ❷ (*Grillrost*) gril *m* ❸ *kein Pl.* (*Eisenoxyd*) rouille *f*
rostbraun *Adj.* cuivré(e)
rosten ['rɔstən] *intr. V. + haben o sein* rouiller
rösten ['rœstən] *tr. V.* (*Brot*) faire griller; (*Kaffee*) torréfier; (*Kartoffeln*) faire sauter
rostfrei *Adj.* inoxydable
Rösti ['rœsti] *Pl* CH *s.* **Röstkartoffeln**
rostig *Adj.* rouillé(e)
Röstkartoffeln *Pl* pommes *fpl* [de terre] sautées
Rostschutz *m* protection *f* contre la rouille
rot [ro:t] <-er, -este> *Adj.* rouge; (*Haare*) roux(rousse); **~ werden** rougir
Rot <-s, -> *nt* rouge *m*
rotbraun *Adj.* cuivré(e)
Röte ['rø:tə] <-, -n> *f* rouge *m*
Röteln ['rø:təln] *Pl* rubéole *f*
röten I. *refl. V.* **sich ~** (*Haut*) rougir; (*Himmel*) devenir rouge **II.** *tr. V.* faire rougir
Rotfuchs *m* ❶ (*Fuchs*) renard *m* roux ❷ (*Pferd*) alezan *m* **rothaarig** *Adj.* roux (rousse)
rotieren* [ro'ti:rən] *intr. V. + haben* (*sich drehen, den Posten tauschen*) tourner
Rotkäppchen ['ro:tkɛpçən] <-s> *nt* [**das**] ~ le Petit Chaperon rouge **Rotkehlchen** <-s, -> *nt* rouge-gorge *m* **Rotkohl** *m*, **Rotkraut** *nt* A, SDEUTSCH chou *m* rouge
rötlich *Adj.* rougeâtre; (*Haare*) tirant sur le roux
Rotlicht *nt kein Pl.* lumière *f* rouge **rot|sehen** *intr. V. unreg fam* voir rouge
Rötung <-, -en> *f* rougeur *f*
Rotwein *m* vin *m* rouge **Rotwild** *nt* cerfs *mpl*
Rotz [rɔts] <-es> *m fam* (*Nasenschleim*) morve *f*
Rotznase *f vulg* (*Nase*) nez *m* qui coule
Rouge [ru:ʒ] <-s, -s> *nt* rouge *m*
Roulade [ru'la:də] <-, -n> *f* roulade *f*
Roulett [ru'lɛt] <-[e]s, -e *o* -s>, **Roulette** [ru'lɛt] <-s, -s> *nt* roulette *f*
Route ['ru:tə] <-, -n> *f* itinéraire *m*
Routine [ru'ti:nə] <-> *f* ❶ (*Erfahrung*) savoir-faire *m* ❷ (*Gewohnheit*) routine *f*
routiniert [ruti'ni:ɐ̯t] **I.** *Adj.* expérimenté(e) **II.** *Adv.* avec savoir-faire
Rowdy ['raudi] <-s, -s> *m pej* voyou *m*
rubbeln ['rʊbəln] *tr. V. fam* (*Körper*) frotter
Rübe ['ry:bə] <-, -n> *f* betterave *f*; [**Gelbe**] ~ CH, SDEUTSCH (*Möhre*) carotte *f*

Rubel ['ru:bəl] <-s, -> *m* rouble *m*
rüber ['ry:bɐ] *Adv. fam s.* **herüber, hinüber**
Rubin [ru'bi:n] <-s, -e> *m* rubis *m*
Rubrik [ru'bri:k] <-, -en> *f* rubrique *f*
Ruck [rʊk] <-[e]s, -e> *m* (*Stoß*) secousse *f;* **mit einem ~** d'un [seul] coup
ruckartig *Adj.* brusque
Rückblende *f* flash-back *m* **Rückblick** *m* retour *m* en arrière **rückblickend** *Adj.* rétrospectif(-ive)
rucken *intr. V.* avancer par à-coups
rücken ['rʏkən] **I.** *intr. V. + sein* ① (*wegrücken*) se pousser ② (*gelangen*) *fig* **in den Mittelpunkt ~** devenir le point de mire **II.** *tr. V. + haben* (*Möbelstück*) pousser
Rücken ['rʏkən] <-s, -> *m* (*einer Person*) dos *m* ▸**jdm in den ~ fallen** poignarder qn dans le dos
Rückendeckung *f* ① MIL couverture *f* de l'arrière ② *fig* soutien *m* **Rückenlehne** *f* dossier *m* **Rückenmark** *nt* moelle *f* épinière **Rückenschmerzen** *Pl* **~ haben** avoir mal au dos **Rückenschwimmen** *nt* nage *f* sur le dos **Rückenwind** *m* vent *m* favorable
rück|erstatten* *tr. V. nur Infin und PP* rembourser **Rückfahrkarte** *f* [billet *m*] aller retour *m* **Rückfahrt** *f* [voyage *m*]retour *m;* **auf der ~** au retour **Rückfall** *m* ① MED rechute *f* ② JUR récidive *f* **Rückflug** *m* vol *m* retour; **auf dem ~** au retour **Rückgabe** *f* (*Umtausch einer Ware*) retour *m* **Rückgang** *m* recul *m* **rückgängig** *Adj.* (*Entwicklung*) en recul ▸**etw ~ machen** annuler qc **Rückgewinnung** *f* TECH recyclage *m* **Rückgrat** <-[e]s, -e> *nt* ① colonne *f* vertébrale ② *kein Pl. geh* (*Stehvermögen*) force *f* d'âme **Rückhalt** *m* soutien *m* **Rückhand** *f kein Pl.* SPORT revers *m*
Rückkehr ['rʏkke:ɐ̯] <-> *f* retour *m*
rückläufig *Adj.* à la baisse **Rücklicht** *nt* feu *m* arrière
rücklings ['rʏklɪŋs] *Adv.* (*sitzen*) à l'envers; (*überfallen*) par derrière
Rückmeldung *f* ① UNIV réinscription *f* ② (*Reaktion*) réaction *f* **Rückreise** *f* retour *m;* **auf der ~** au retour **Rückruf** *m* (*Anruf*) rappel *m*
Rucksack ['rʊkzak] *m* sac *m* à dos
Rückschlag *m* (*Verschlechterung*) revers *m* **Rückschritt** *m* régression *f* **Rückseite** *f* ① (*einer Seite*) verso *m* ② (*eines Gebäudes*) derrière *m* **Rücksendung** *f* retour *m* **Rücksicht** <-, -en> *f* (*Schonung*) égard *m;* **auf etw** (*Akk*) **~ nehmen** tenir compte de qc **rücksichtslos I.** *Adj.* (*Verhalten*) sans scrupules; **~ sein** ne manifester aucun égard **II.** *Adv.* (*ohne Nachsicht*) sans scrupules **rücksichtsvoll I.** *Adj.* prévenant(e) **II.** *Adv.* avec prévenance **Rücksitz** *m* siège *m* arrière **Rückspiegel** *m* rétroviseur *m* **Rückspiel** *nt* match *m* retour **Rücksprache** *f* entretien *m;* **nach ~ mit Frau Braun** après avoir consulté Mme Braun **Rückstand** *m* ① (*der Abstand*) retard *m* ② (*Bodensatz*) résidu *m* **rückständig** *Adj.* arriéré(e) **Rückständigkeit** <-> *f* retard *m* **Rücktritt** *m* ① (*Amtsniederlegung*) démission *f* ② (*von einem Vertrag*) résiliation *f* **Rücktrittbremse** *f* frein *m* à rétropédalage
rückwärts ['rʏkvɛrts] *Adv.* ① **~ einparken** se garer en marche arrière; (*parallel zum Straßenrand*) faire un créneau ② A (*hinten*) à l'arrière; **von ~** par derrière
rückwärts|fahren[RR] *intr. V. unreg* (*Person, Auto*) faire marche arrière **Rückwärtsgang** *m* marche *f* arrière **rückwärts|gehen**[RR] *intr. V. unreg* marcher à reculons, reculer
Rückweg *m* [chemin *m* du] retour *m*
Rückzahlung *f* remboursement *m*
Rückzug *m* MIL retraite *f;* **den ~ antreten** battre en retraite
Rüde <-n, -n> *m* mâle *m*
Rudel ['ru:dəl] <-s, -> *nt* harde *f*
Ruder ['ru:dɐ] <-s, -> *nt* ① (*Paddel*) rame *f* ② (*Steuerruder*) gouvernail *m*
Ruderboot *nt* barque *f;* SPORT canoë *m*
rudern I. *intr. V. + haben o sein* ramer **II.** *tr. V. + haben* **jdn/etw über den Fluss ~** ramener qn/qc de l'autre côté de la rive à la rame
Rudersport *m* aviron *m*
Ruf [ru:f] <-[e]s, -e> *m* ① (*Ausruf*) appel *m* ② (*eines Vogels*) cri *m* ③ *kein Pl.* (*Ansehen*) réputation *f*
rufen ['ru:fən] <rief, gerufen> **I.** *intr. V.* appeler; (*laut schreien*) crier; **nach**

R

jdm/etw ~ appeler qn/à qc **II.** *tr. V.* ① (*ausrufen*) crier; **Hilfe ~** appeler à l'aide ② (*herbestellen*) **jdn/ein Taxi ~** appeler qn/un taxi

Rüffel <-s, -> *m fam* savon *m*

Rufname *m* prénom *m* usuel **Rufnummer** *f* numéro *m* de téléphone

Rüge ['ryːgə] <-, -n> *f* réprimande *f*

rügen *tr. V.* (*Verhalten*) condamner; (*Person*) réprimander

Ruhe ['ruːə] <-> *f* ① (*Stille*) silence *m* ② (*Erholung*) repos *m* ③ (*Gelassenheit*) calme *m*; **jdn aus der ~ bringen** faire perdre son calme à qn; **immer mit der ~!** *fam* on se calme ! ▶ **die letzte ~ finden** *geh* trouver le repos éternel

ruhelos *Adj.* anxieux(-euse)

ruhen *intr. V.* ① (*ausruhen*) se reposer ② *fig geh* (*Verantwortung*) reposer sur qn/qc ③ (*liegen, verweilen*) **auf jdm/etw ~** (*Blick*) être posé sur qn/qc

Ruhepause *f* pause *f* **Ruhestand** *m kein Pl.* retraite *f*; **im ~** en retraite **Ruhestörung** *f* atteinte *f* à la tranquillité **Ruhetag** *m* **dienstags ~** fermeture *f* hebdomadaire le mardi

ruhig ['ruːɪç] **I.** *Adj.* ① (*still, beruhigt*) calme; **Sie können ganz ~ sein** vous pouvez être rassuré(e) ② (*entspannt, unbeweglich*) **einen Patienten ~ stellen** calmer un malade; **ein Gelenk ~ stellen** immobiliser une articulation **II.** *Adv.* ① (*untätig*) tranquillement ② *fam* **wir können ~ darüber reden** on peut bien en parler

Ruhm [ruːm] <-es> *m* gloire *f*

rühmen ['ryːmən] **I.** *tr. V.* **jdn wegen etw ~** féliciter qn pour qc; **etw ~** célébrer qc **II.** *refl. V.* **ohne mich ~ zu wollen** sans vouloir me vanter

rühmlich *Adj.* glorieux(-euse)

ruhmreich *Adj.* glorieux(-euse)

Ruhr <-> *f* ① GEO **die ~** la Ruhr ② MED dysenterie *f*

Rührei *nt* œufs *mpl* brouillés

rühren ['ryːrən] **I.** *tr. V.* ① (*Teig*) remuer ② (*unterrühren*) mélanger ③ (*erweichen*) toucher **II.** *intr. V.* ① (*umrühren*) remuer ② (*erwähnen*) **an etw** (*Akk*) **~** évoquer qc **III.** *refl. V.* **sich ~** (*sich bewegen*) bouger

rührend *Adj.* touchant(e)

Ruhrgebiet *nt* **das ~** le bassin de la Ruhr

Rührung <-> *f* émotion *f*

Ruin [ru'iːn] <-s> *m* ruine *f*

Ruine [ru'iːnə] <-, -n> *f* ruines *fpl*

ruinieren* [rui'niːrən] *tr. V.* (*Person*) ruiner; (*Gegenstand*) abîmer

rülpsen ['rʏlpsən] *intr. V. fam* roter

Rum [rʊm] <-s, -s> *m* rhum *m*

Rumäne [ru'mɛːnə] <-n, -n> *m*, **Rumänin** *f* Roumain(e) *m(f)*

Rumänien [ru'mɛːniən] <-s> *nt* la Roumanie

rumänisch **I.** *Adj.* roumain(e) **II.** *Adv.* **~ miteinander sprechen** discuter en roumain

Rumänisch <-[s]> *nt kein Art.* roumain *m*; *s.a.* **Deutsch**

Rummel ['rʊməl] <-s> *m fam* foire *f*

Rumpf [rʊmpf, *Pl:* 'rʏmpfə] <-[e]s, Rümpfe> *m* ANAT tronc *m*

rümpfen ['rʏmpfən] *tr. V.* **über etw** (*Akk*) **die Nase ~** faire la moue à qc

Rumpsteak ['rʊmpsteːk, -ʃteːk] *nt* rumsteck *m*

Run [ran] <-s, -s> *m* **~ auf etw** (*Akk*) ruée *f* sur qc

rund [rʊnt] **I.** *Adj.* ① rond(e) ② (*Zahl*) arrondi(e) **II.** *Adv.* ① **~ um etw führen/gehen** faire le tour de qc ② *fam* (*kosten*) en gros

Rundblick *m* panorama *m* **Rundbrief** *m* circulaire *f*

Runde ['rʊndə] <-, -n> *f* ① (*Gesellschaft*) assemblée *f* ② (*Rundgang, -fahrt, -flug*) tour *m* ③ SPORT round *m* ④ SPIEL partie *f*

runden *tr. V.* (*aufrunden, abrunden*) arrondir

Rundfahrt *f* circuit *m* [touristique] **Rundfunk** *m* radio *f* **Rundfunkgerät** *nt form* [poste *m* de] radio *f* **Rundfunksprecher(in)** *m(f)* animateur (-trice) *m(f)* radio **Rundgang** *m* tour *m* [à pied]; (*eines Wachmanns*) ronde *f* **rundherum** *Adv.* ① (*ringsherum*) tout autour ② *s.* **rundum**

rundlich *Adj.* (*Person*) rondelet(te); (*Gesicht*) rond(e)

Rundreise *f* circuit *m* **Rundschreiben** *s.* **Rundbrief** **rundum** *Adv.* ① (*ringsum*) à la ronde ② (*zufrieden*) tout à fait

Rundung <-, -en> *f* (*Wölbung*) arrondi *m*

runter *Interj. fam* dégage; ~ **von dem Balkon!** (*komm herein*) dégage du balcon !

runter|fallen *intr. V. unreg + sein fam* tomber **runter|kommen** *intr. V. unreg + sein fam* (*herunterkommen*) descendre **runter|laufen** *intr. V. unreg + sein fam* (*Straße, Treppe*) descendre

runzeln *tr. V.* (*Stirn*) plisser

Rüpel <-s, -> *m pej* mufle *m*

rupfen ['rʊpfən] *tr. V.* (*Geflügel*) plumer; (*Unkraut*) arracher

ruppig ['rʊpɪç] *Adj. pej* grossier(-ière)

Ruß [ruːs] <-es> *m* suie *f*

Russe ['rʊsə] <-n, -n> *m*, **Russin** *f* Russe *mf*

Rüssel ['rʏsəl] <-s, -> *m* (*eines Elefanten*) trompe *f*; (*eines Schweins*) groin *m*

rußen ['ruːsən] *intr. V.* (*Kerze*) fumer; (*Ofen*) faire de la suie

rußig *Adj.* couvert(e) de suie

russisch **I.** *Adj.* russe **II.** *Adv.* ~ **miteinander sprechen** discuter en russe

Russisch <-[s]> *nt kein Art.* russe *m*; *s.a.* **Deutsch**

Russland^RR ['rʊslant], **Rußland**^ALT *nt* la Russie

Russlanddeutsche(r)^RR *f(m) dekl wie Adj* Russe *mf* d'origine allemande

rüsten ['rʏstən] *intr. V.* MIL **zum Krieg** ~ se lancer dans des préparatifs de guerre

rüstig ['rʏstɪç] *Adj.* vigoureux(-euse)

rustikal [rʊsti'kaːl] *Adj.* rustique

Rüstung ['rʏstʊŋ] <-, -en> *f* ❶ *kein Pl.* (*das Rüsten*) armement *m* ❷ (*Ritterrüstung*) armure *f*

Rute ['ruːtə] <-, -n> *f* ❶ (*Gerte*) baguette *f* ❷ (*Angelrute*) canne *f*

Rutsch [rʊtʃ] <-es, -e> *m* glissement *m* (de terrain) ▸ **guten ~!** *fam* bonne année !

Rutschbahn *f* ❶ (*Rutsche*) toboggan *m* ❷ *fam* (*Eisbahn*) patinoire *f*

Rutsche <-, -n> *f a.* TECH toboggan *m*

rutschen ['rʊtʃən] *intr. V. + sein* ❶ (*ausrutschen*) glisser ❷ *fam* (*rücken*) se pousser ❸ (*herunterrutschen: Brille*) tomber; **vom Stuhl** ~ (*Person*) glisser de la chaise ❹ (*die Rutschbahn benutzen*) faire du toboggan

Rutschgefahr *f* (*für Fahrzeuge*) risque *m* de dérapage

rutschig *Adj.* glissant(e)

rütteln ['rʏtəln] **I.** *tr. V.* secouer **II.** *intr. V.* **an der Tür** ~ secouer la porte

R

S s

S, s [ɛs] <-, -> *nt* S *m*/s *m*

s. *Abk. von* **siehe** cf.

S *Abk. von* **Süden** S

S. *Abk. von* **Seite** p.

Saal ['za:l, *Pl:* 'zɛ:lə] <-[e]s, Säle> *m* salle *f*

Saar [za:ɐ] <-> *f* **die ~** la Sarre

Saarbrücken *nt* Sarrebruck

Saarland *nt* **das ~** la Sarre

Saat [za:t] <-, -en> *f* ❶ *kein Pl.* (*das Säen*) semailles *fpl* ❷ (*Saatgut*) semence *f*

Saatgut *nt* semences *fpl*

Sabbat ['zabat] <-s, -e> *m* sabbat *m*

sabbern ['zabɐn] *intr. V. fam* baver

Säbel ['zɛ:bəl] <-s, -> *m* sabre *m*

Sabotage [zabo'ta:ʒə] <-, -n> *f* sabotage *m*

Saboteur(in) [zabo'tø:ɐ] <-s, -e> *m(f)* saboteur(-euse) *m(f)*

sabotieren* [zabo'ti:rən] *tr. V.* saboter

Sa[c]charin [zaxa'ri:n] <-s> *nt* saccharine® *f*

Sachbearbeiter(in) *m(f)* personne *f* chargée du dossier **Sachbeschädigung** *f* déprédation *f* **Sachbuch** *nt* livre *m* spécialisé **sachdienlich** *Adj. form* (*Hinweis*) utile

Sache ['zaxə] <-, -n> *f* ❶ (*Angelegenheit*) chose *f*; **das ist seine ~** c'est son affaire ❷ (*Zweck*) cause *f* ❸ (*Thema*) **zur ~ kommen** en venir au fait; **bei der ~ sein** être attentif ❹ (*Arbeit*) **seine ~ gut machen** faire bien son travail ❺ *Pl* (*Kleidungsstück*) **warme/leichte ~n** vêtements *mpl* chauds/légers ❻ *Pl* (*Dummheit*) **was machst du bloß für ~n!** *fam* [mais] qu'est-ce que tu fabriques ! ❼ JUR affaire *f*

Sachgebiet *nt* domaine *m* **sachgemäß** I. *Adj.* adéquat(e) II. *Adv.* correctement **Sachkenntnis** *f* compétences *fpl* **sachkundig** I. *Adj.* (*Person*) expert(e); (*Information*) documenté(e) II. *Adv.* avec compétence

Sachlage *f* situation *f*

sachlich I. *Adj.* ❶ (*objektiv*) objectif(-ive) ❷ (*die Sache betreffend*) conforme aux faits ❸ (*schmucklos*) sobre II. *Adv.* (*objektiv*) avec objectivité

sächlich ['zɛçlɪç] *Adj.* neutre

Sachlichkeit <-> *f* objectivité *f*

Sachschaden *m* dégâts *mpl* matériels

Sachse ['zaksə] <-n, -n> *m,* **Sächsin** *f* Saxon(ne) *m(f)*

Sachsen ['zaksən] <-s> *nt* la Saxe

Sachsen-Anhalt ['zaksən'ʔanhalt] <-s> *nt* la Saxe-Anhalt

sächsisch [-ks-] *Adj.* saxon(ne)

Sächsisch ['zɛksɪʃ] *nt* le saxon

sacht[e] I. *Adj.* (*Berührung, Gefälle*) léger(-ère); (*Streicheln*) doux(douce) II. *Adv.* ❶ (*berühren*) délicatement ❷ (*ansteigen*) légèrement

Sachverhalt <-[e]s, -e> *m* faits *mpl*

Sachverständige(r) *f(m) dekl wie Adj* expert(e) *m(f)*

Sack [zak, *Pl:* 'zɛkə] <-[e]s, Säcke> *m* ❶ (*Beutel*) sac *m* ❷ A, CH, SDEUTSCH (*Hosentasche*) poche *f* [de pantalon]

sacken ['zakən] *intr. V. + sein* (*Gebäude*) s'affaisser

Sackgasse *f* ❶ cul-de-sac *m* ❷ (*fig*) impasse *f* **Sackkleid** *nt* robe *f* housse

Sadismus [za'dɪsmʊs] <-, Sadismen> *m* sadisme *m*

Sadist(in) [za'dɪst] <-en, -en> *m(f)* sadique *mf*

sadistisch *Adj.* sadique

säen ['zɛ:ən] *tr., intr. V. a. fig* semer

Safari [za'fa:ri] <-, -s> *f* safari *m*

Safe [seɪf] <-s, -s> *m* coffre-fort *m*

Safer Sex [se:fer] <-es> *m* rapports *mpl* protégés

Safran ['zafran] <-s, -e> *m* safran *m*

Saft [zaft, *Pl:* 'zɛftə] <-[e]s, Säfte> *m* ❶ (*Fruchtsaft*) jus *m* ❷ (*Pflanzensaft*) sève *f*

saftig *Adj.* ❶ (*Frucht*) juteux(-euse) ❷ *fam* (*Rechnung*) salé(e)

Saftpresse *f* presse-fruits *m inv.*

Sage ['za:gə] <-, -n> *f* légende *f*

Säge ['zɛ:gə] <-, -n> *f* ❶ (*Werkzeug*) scie *f* ❷ A (*Sägewerk*) scierie *f*

Sägemehl *nt* sciure *f*

sagen ['za:gən] I. *tr. V.* ❶ **jdm etw ~** dire qc à qn; **was ich noch ~ wollte** à propos ❷ (*befehlen*) **jdm ~, dass er warten soll** dire à qn d'attendre; **sich** (*Dat*) **nichts ~ lassen** ne vouloir écouter personne ③ (*meinen*) **was soll ich dazu ~?** qu'est-ce que tu veux/vous voulez que je réponde à ça? ④ (*bedeuten*) **nichts zu ~ haben** ne pas avoir d'importance; **nichts ~d** creux(-euse); **viel ~d** (*Blick*) qui en dit long **II.** *intr. V.* **wie gesagt** comme je viens de le dire; **genauer gesagt** plus précisément

sägen ['zɛːgən] *tr., intr. V.* scier

sagenhaft *Adj.* ① *fam* fabuleux(-euse) ② *geh* (*Gestalt*) légendaire

Sägespäne *Pl* sciure *f* [de bois] **Sägewerk** *nt* scierie *f*

sah [zaː] *Imp. von* **sehen**

Sahara [za'haːra] <-> *f* **die ~** le Sahara

Sahne ['zaːnə] <-> *f* crème *f*

sahnig *Adj.* crémeux(-euse)

Saison [zɛ'zõː] <-, -s *o* A -en> *f* saison *f*

saisonbedingt *Adj.* saisonnier(-ière)

Saite ['zaitə] <-, -n> *f* corde *f*

Saiteninstrument *nt* instrument *m* à cordes

Sakko ['zako] <-s, -s> *m o nt* veston *m*

sakral [za'kraːl] *Adj. geh* sacré(e)

Sakrament [zakra'mɛnt] <-[e]s, -e> *nt* sacrement *m*

Sakristei [zakrɪs'tai] <-, -en> *f* sacristie *f*

Salamander [zala'mandɐ] <-s, -> *m* salamandre *f*

Salami [za'laːmi] <-, -s> *f* salami *m*

Salat [za'laːt] <-[e]s, -e> *m* salade *f*

Salatschüssel *f* saladier *m*

Salbe ['zalbə] <-, -n> *f* crème *f*; (*fettig*) pommade *f*

Salbei ['zalbai] <-s> *m* sauge *f*

Salbung <-, -en> *f* onction *f*

salbungsvoll *Adj. pej* (*Predigt*) onctueux(-euse) (*iron*); (*Worte*) mielleux(-euse) (*iron*)

Saldo ['zaldo] <-s, -s> *m* solde *m*

Säle ['zɛːlə] *Pl. von* **Saal**

Salmiak [zal'mi̯ak] <-s> *m o nt* chlorure *m* d'ammonium

Salmonelle [zalmo'nɛlə] *f meist Pl.* salmonelle *f*

Salon [za'lõː] *m geh* salon *m*

salonfähig *Adj.* (*Person*) présentable

salopp [za'lɔp] *Adj.* (*Kleidung*) décontracté(e); (*Redeweise*) léger(-ère)

Salpetersäure *f* acide *m* nitrique

Salto ['zalto] <-s, -s> *m* saut *m* périlleux

salutieren* [zalu'tiːrən] *intr. V.* faire le salut militaire

Salz [zalts] <-es, -e> *nt* sel *m*

Salzburg ['zaltsbʊrk] <-s, -> *nt* ① (*Stadt*) Salzbourg ② (*Bundesland*) la province de Salzbourg

> Le **Salzburger Festspiele** (Festival de Salzbourg) fut inauguré en août 1920 et, au cours des premières années, les productions de Shakespeare par Max Reinhardt remportèrent un grand succès. Les représentations de *Jedermann* sur le parvis de la cathédrale de Salzbourg ont également acquis une renommée mondiale.

salzen *tr., intr. V.* saler

salzig *Adj.* (*Essen*) salé(e)

Salzkartoffel *f meist Pl.* pomme *f* de terre [cuite] à l'eau **Salzsäure** *f* acide *m* chlorhydrique **Salzstange** *f* stick *m* [salé] **Salzstreuer** <-s, -> *m* salière *f* **Salzwasser** *nt* eau *f* salée

Samariter [zama'riːtɐ] <-s, -> *m* ▸ **ein barmherziger ~** *geh* un bon Samaritain

Samen ['zaːmən] <-s, -> *m* ① BOT semence *f* ② *kein Pl.* (*Sperma*) sperme *m*

Samenerguss[RR] *m* éjaculation *f* **Samenkorn** <-körner> *nt* graine *f*

sämig *Adj.* (*Soße, Suppe*) velouté(e)

Sammelband <-bände> *m* recueil *m* **Sammelbegriff** *m* terme *m* générique **Sammelbestellung** *f* commande *f* groupée

sammeln ['zaməln] **I.** *tr. V.* ① (*Beeren*) cueillir; (*Pilze*) ramasser ② (*Briefmarken*) collectionner ③ (*Altkleider*) collecter ④ (*Informationen, Eindrücke*) recueillir **II.** *refl. V.* **sich ~** (*sich versammeln*) se rassembler; (*sich konzentrieren*) se concentrer

Sammeltaxi *nt* taxi *m* collectif

Sammler(in) <-s, -> *m(f)* collectionneur(-euse) *m(f)*

Sammlung <-, -en> *f* (*von Gegenständen*) collection *f*

Sampler ['saːmplɐ, 'zamplɐ] <-s, -> *m* best-of *m*

Samstag ['zamstaːk] <-[e]s, -e> *m* samedi *m*; *s.a.* **Dienstag**

Samstagabend *m* samedi *m* soir **Samstagmorgen** *m* samedi *m* matin

samstags *Adv.* le samedi
Samt [zamt] <-[e]s, -e> *m* velours *m*
sämtlich ['zɛmtlɪç] *Adj.* **~e Freunde** tous les amis
samtweich *Adj.* velouté(e)
Sanatorium [zana'to:riʊm] <-s, -rien> *nt* sanatorium *m*
Sand [zant] <-[e]s, -e> *m* sable *m*
Sandale [zan'da:lə] <-, -n> *f* sandale *f*
Sandalette [zanda'lɛtə] <-, -n> *f* sandalette *f*
sandig *Adj.* (*Boden*) sablonneux(-euse); (*Schuhe*) plein(e) de sable
Sandkasten *m* bac *m* à sable **Sandkorn** <-körner> *nt* grain *m* de sable **Sandmännchen** *nt* marchand *m* de sable **Sandstrand** *m* plage *f* de sable **Sandsturm** *m* tempête *f* de sable
sandte ['zantə] *Imp. von* **senden²**
Sanduhr *f* sablier *m*
Sandwich ['sɛntvɪtʃ] <-[s], -[e]s> *nt o m* sandwich *m*
sanft [zanft] **I.** *Adj.* (*Händedruck, Brise*) léger(-ère); (*Musik, Person*) doux (douce); (*Tourismus*) respectueux(-euse) de l'environnement **II.** *Adv.* ❶ (*sacht*) doucement ❷ (*abfallen*) légèrement
Sänfte ['zɛnftə] <-, -n> *f* chaise *f* à porteurs
sanftmütig ['zanftmy:tɪç] *Adj. geh* débonnaire
sang [zaŋ] *Imp. von* **singen**
Sänger(in) ['zɛŋɐ] <-s, -> *m(f)* chanteur (-euse) *m(f)*
sanieren* [za'ni:rən] *tr. V. a.* ÖKON assainir
Sanierung <-, -en> *f a.* ÖKON assainissement *m*

S

sanitär [zani'tɛ:ɐ̯] *Adj. attr* sanitaire
Sanität [zani'tɛ:t] <-, -en> *f* ❶ *kein Pl.* A (*Gesundheitsdienst*) service *m* de santé publique ❷ CH (*Ambulanz*) SAMU *m* ❸ A, CH (*Sanitätstruppe*) service *m* de santé
Sanitäter(in) [zani'tɛ:tɐ] <-s, -> *m(f)* MED secouriste *mf*
sank [zaŋk] *Imp. von* **sinken**
Sankt [zaŋkt] *Adj. unv.* **~ Peter** saint Pierre
Sanktion [zaŋk'tsi̯o:n] <-, -en> *f* sanction *f*
sanktionieren* [zaŋktsi̯o'ni:rən] *tr. V.* ❶ *geh* (*Maßnahme*) cautionner ❷ JUR (*Besetzung*) entériner
sann [zan] *Imp. von* **sinnen**
Saphir ['za:fiɐ] <-s, -e> *m* saphir *m*
Sarde ['zardə] <-n, -n> *m*, **Sardin** *f* Sarde *mf*
Sardelle [zar'dɛlə] <-, -n> *f* anchois *m*
Sardine [zar'di:nə] <-, -n> *f* sardine *f*
Sardinien [zar'di:niən] <-s> *nt* la Sardaigne
Sarg [zark, *Pl:* 'zɛrgə] <-[e]s, Särge> *m* cercueil *m*
Sarkasmus [zar'kasmʊs] <-, -men> *m* sarcasme *m*
sarkastisch [zar'kastɪʃ] *Adj.* sarcastique
Sarkophag [zarko'fa:k] <-[e]s, -e> *m* sarcophage *m*
saß [za:s] *Imp. von* **sitzen**
Satan ['za:tan] <-s> *m kein Pl.* REL **der ~** Satan *m*
satanisch [za'ta:nɪʃ] *Adj. attr* satanique; (*Plan*) diabolique
Satellit [zatɛ'li:t] <-en, -en> *m* satellite *m*
Satellitenschüssel *f* antenne *f* parabolique **Satellitenstadt** *f* cité-satellite *f*
Satin [za'tɛ̃:] <-s, -s> *m* satin *m*
Satire [za'ti:rə] <-, -n> *f* satire *f*
satirisch *Adj.* satirique
satt [zat] *Adj.* ❶ rassasié(e); **sich ~ essen** manger à sa faim ❷ (*Farbton*) soutenu(e)
Sattel ['zatəl, *Pl:* 'zɛtəl] <-s, Sättel> *m* ❶ selle *f* ❷ (*Bergrücken*) croupe *f*
satteln *tr. V.* seller
satt|habenᴿᴿ *tr. V. unreg fam* **jdn/etw ~** en avoir marre de qn/qc; **ich habe das alles satt!** j'en ai marre de de tout ça !
sättigen ['zɛtɪgən] **I.** *tr. V.* ❶ *geh* (*Person*) rassasier ❷ CHEM saturer **II.** *intr. V.* (*Suppe*) rassasier
sättigend *Adj.* consistant(e)
satt|sehenᴿᴿ *refl. V. unreg* **sich an etw** (*Dat*) **nicht ~ können** ne pas se lasser de regarder qc
Saturn [za'tʊrn] <-s> *m* [**der**] **~** [la planète] Saturne
Satz [zats, *Pl:* 'zɛtsə] <-es, Sätze> *m* ❶ phrase *f* ❷ MUS mouvement *m* ❸ TYP composition *f* ❹ (*festgelegter Betrag*) tarif *m* ❺ SPORT set *m* ❻ MATH **der ~ des Pythagoras** le théorème de Pythagore ❼ (*Sprung*) bond *m* ❽ (*Kaffeesatz*) marc *m*
Satzung ['zatsʊŋ] <-, -en> *f* statuts *mpl*
Satzzeichen *nt* signe *m* de ponctuation

Sau [zau, *Pl:* 'zɔyə] <-, -en> *f* ① (*weibliches Schwein*) truie *f* ② *pej fam* (*schmutziger Mensch*) gros porc *m*
sauber ['zaubɐ] **I.** *Adj.* ① (*rein*) propre; (*Luft*) pur(e); (*Umwelt*) sain(e); **jdn/etw ~ machen** laver qn/nettoyer qc ② (*Arbeit*) soigné(e) **II.** *Adv.* (*sorgfältig*) soigneusement; **~ machen** faire le ménage
Sauberkeit <-> *f* propreté *f*
sauber|machen *s.* **sauber I.1, II.**
säubern ['zɔybɐn] *tr. V.* ① *geh* (*reinigen*) nettoyer ② *euph* (*befreien*) épurer
Saudi-Arabien [-biən] <-s> *nt* l'Arabie *f* Saoudite
saudumm ['zau'dʊm] *Adj. fam* débile
sauer ['zauɐ] **I.** *Adj.* ① (*Frucht*) acide; (*Wein*) aigre; (*Drops*) acidulé(e) ② (*geronnen*) tourné(e) ③ (*Gurke*) au vinaigre; (*Hering*) mariné(e) ④ CHEM acide ⑤ *fam* **~ sein** être de mauvais poil; **auf jdn ~ sein** être en rogne contre qn **II.** *Adv. fam* (*reagieren*) avec mauvaise humeur
Sauerbraten *m* rôti *m* de bœuf mariné [dans du vinaigre]
Sauerei [zauə'rai] <-, -en> *f fam* saloperie *f*
Sauerkirsche *f* ① (*Frucht*) griotte *f* ② (*Baum*) cerisier *m* **Sauerkraut** *nt* choucroute *f*
säuerlich ['zɔyɐlɪç] *Adj.* (*Geschmack*) aigrelet(te); (*Wein*) vert(e)
säuern **I.** *tr. V.* acidifier **II.** *intr. V.* donner des aigreurs
Sauerstoff *m kein Pl.* oxygène *m* **Sauerstoffgerät** *nt* (*Atemgerät*) masque *m* à oxygène **Sauerteig** *m* levain *m*
saufen ['zaufən] <säuft, soff, gesoffen> **I.** *tr. V.* boire **II.** *intr. V.* ① (*Tier*) s'abreuver ② *fam* (*Alkoholiker sein*) picoler
Säufer(in) ['zɔyfɐ] <-s, -> *m(f) fam* pochard(e) *m(f)*
säuft [zɔyft] *3. Pers. Sg. Präs. von* **saufen**
saugen ['zaugən] <sog, gesogen> **I.** *intr. V.* **an der Brust ~** (*Baby*) téter le sein **II.** *tr. V.* (*Teppich*) passer l'aspirateur sur; (*Flüssigkeit*) aspirer
säugen ['zɔygən] *tr. V.* allaiter
Sauger <-s, -> *m* (*auf einer Flasche*) tétine *f*
Säugetier *nt* mammifère *m*
saugfähig *Adj.* absorbant(e)
Säugling ['zɔyklɪŋ] <-s, -e> *m* nourrisson *m*
Saugnapf *m* ventouse *f*
saukalt *Adj. fam* **es ist ~** il fait un froid de canard
Säule ['zɔylə] <-, -n> *f* ① colonne *f* ② *fig geh* pilier *m*
Säulengang *m* colonnade *f*
Saum [zaum, *Pl:* 'zɔymə] <-[e]s, Säume> *m* (*umgenähter Rand*) ourlet *m*
säumen ['zɔymən] *tr. V.* (*Stoff*) ourler
Sauna ['zauna] <-, -s> *f* sauna *m*
Säure ['zɔyrə] <-, -n> *f* ① CHEM acide *m* ② (*Geschmack*) acidité *f*
Saurier ['zauriɐ] <-s, -> *m* saurien *m*
säuseln ['zɔyzəln] *intr. V* ① (*Wind*) murmurer ② *geh* (*sprechen*) susurrer
sausen ['zauzən] *intr. V.* ① + *haben* (*Sturm*) mugir ② + *sein* (*sich bewegen*) **durch die Luft ~** (*Pfeil*) fendre l'air en sifflant
Saustall *m fam* bordel *m* **Sauwetter** *nt fam* temps *m* de cochon **sauwohl** ['zau'vo:l] *Adv. fam* **sich ~ fühlen** se sentir vachement bien
Savanne [za'vanə] <-, -n> *f* savane *f*
Saxofon[RR], **Saxophon** [zakso'fo:n] <-[e]s, -e> *nt* saxophone *m*
SB [ɛs'be:] *Abk. von* **Selbstbedienung** libre-service *m*
S-Bahn® ['ɛsba:n] *f* train *m* de banlieue; (*in Paris*) R.E.R. *m*
SBB ['ɛsbe:be:] *f Abk. von* **Schweizerische Bundesbahn** *société des chemins de fers suisses*
scannen ['skɛnən] *tr. V.* scanner
Scanner ['skɛnɐ] <-s, -> *m* INFORM scanne[u]r *m*
Schabe ['ʃa:bə] <-, -n> *f* cafard *m*
Schabernack ['ʃa:bɐnak] <-[e]s, -e> *m* farce *f*
schäbig ['ʃɛ:bɪç] *Adj.* miteux(-euse); (*Verhalten*) mesquin(e)
Schablone [ʃa'blo:nə] <-, -n> *f* (*Vorlage*) modèle *m*; (*Malschablone*) pochoir *m*
Schach [ʃax] <-s> *nt* échecs *mpl*; **~ spielen** jouer aux échecs; **~ und matt!** échec et mat !
Schachbrett *nt* échiquier *m*
schachern ['ʃaxɐn] *intr. V. pej* marchander
Schachfigur *f* ① pièce *f* d'échecs ② *fig* pion *m* **schachmatt** *Adj.* **jdn ~ setzen** mettre qn échec et mat **Schachspiel** *nt* jeu *m* d'échecs

S

Schacht [ʃaxt, *Pl:* 'ʃɛçtə] <-[e]s, Schächte> *m* a. MIN puits *m;* (*eines Fahrstuhls*) cage *f*

Schachtel ['ʃaxtəl] <-, -n> *f* boîte *f*

Schachzug *m* ① coup *m* ② (*Manöver*) manœuvre *f*

schade ['ʃaːdə] *Adj.* [**das ist**] **~!** [c'est] dommage !; **es ist wirklich ~, dass** c'est vraiment dommage que + *subj;* **zu ~ für jdn sein** (*Person*) être trop bien pour qn; (*Geschenk*) être trop beau pour qn; **sich** (*Dat*) **für nichts zu ~ sein** ne reculer devant rien

Schädel ['ʃɛːdəl] <-s, -> *m* crâne *m*

schaden ['ʃaːdən] *intr. V.* ① **jdm/sich mit etw ~** nuire à qn/se nuire en faisant qc ② *fam* (*verkehrt sein*) **es kann nichts ~, wenn …** ça peut pas faire de mal si …; **das schadet nichts** ça fait rien

Schaden <-s, Schäden> *m* ① (*Sachschaden*) dommage *m;* (*Verwüstung*) dégâts *mpl* ② (*Beeinträchtigung*) **jdm/einer S. ~ zufügen** faire du tort à qn/qc ③ (*Verletzung*) lésion *f*

Schadenersatz *s.* **Schadensersatz**

Schadenfreude *f* malin plaisir *m*

schadenfroh *Adj.* **~ sein** (*Person*) se réjouir du malheur des autres

Schadensersatz *m* dommages et intérêts *mpl*; (*Schmerzensgeld*) pretium *m* doloris

schadhaft *Adj.* défectueux(-euse)

schädigen ['ʃɛːdɪgən] *tr. V.* ① **jdn/etw ~** nuire à qn/qc ② (*beschädigen*) endommager

schädlich ['ʃɛːtlɪç] *Adj.* nocif(-ive)

Schädling ['ʃɛːtlɪŋ] <-s, -e> *m* parasite *m*

Schädlingsbekämpfung *f* destruction *f* des parasites

Schadstoff *m* polluant *m* **schadstoffarm** *Adj.* peu polluant(e) **schadstofffrei** *Adj.* biologique

Schaf [ʃaːf] <-[e]s, -e> *nt* ① mouton *m* ② *fam* (*Dummkopf*) andouille *f*

Schafbock *m* bélier *m*

Schäfchenwolken *Pl* nuages *mpl* moutonnés

Schäfer(in) ['ʃɛːfɐ] <-s, -> *m(f)* berger (-ère) *m(f)*

Schäferhund *m* berger *m* allemand

schaffen¹ ['ʃafən] <schaffte, geschafft> **I.** *tr. V.* ① (*Examen*) réussir; **es ~** y arriver; **ich schaffe es nicht mehr** je n'en peux plus ② (*bekümmern*) **jdm zu ~ machen** causer [bien] du souci à qn **II.** *intr. V.* CH, SDEUTSCH (*arbeiten*) travailler

schaffen² <schuf, geschaffen> *tr. V.* créer; (*Frieden*) faire

Schaffner(in) ['ʃafnɐ] <-s, -> *m(f)* contrôleur(-euse) *m(f)*

Schafskäse *m* fromage *m* de brebis

Schaft [ʃaft, *Pl:* 'ʃɛftə] <-[e]s, Schäfte> *m* (*einer Axt*) manche *m;* (*einer Lanze*) corps *m;* (*eines Baums*) fût *m;* (*einer Pflanze, eines Stiefels*) tige *f*

Schakal [ʃa'kaːl] <-s, -e> *m* chacal *m*

schäkern ['ʃɛːkɐn] *intr. V.* flirter

schal [ʃaːl] *Adj.* (*abgestanden*) éventé(e)

Schal [ʃaːl] <-s, -s> *m* écharpe *f;* (*aus Seide*) foulard *m*

Schale ['ʃaːlə] <-, -n> *f* ① (*Eierschale*) coquille *f* ② (*Haut von Obst, Gemüse*) peau *f;* (*von Orangen, Zitronen*) écorce *f;* (*abgeschält*) pelure *f* ③ (*Gefäß*) coupe *f*

schälen ['ʃɛːlən] **I.** *tr. V.* (*Obst, Kartoffel*) éplucher; (*Nuss, Ei*) écaler **II.** *refl. V.* **sich ~** (*Haut*) peler

Schalk [ʃalk] <-[e]s, -e *o* Schälke> *m* ▸ **jdm sitzt der ~ im Nacken** qn est très farceur(-euse)

Schall [ʃal] <-s, -e> *m* ① *geh* (*Klang*) bruit *m* ② *kein Pl.* PHYS son *m*

schalldämmend *Adj.* isolant(e) **Schalldämpfer** *m* silencieux *m* **schalldicht** *Adj.* (*Fenster*) insonore; (*Raum*) insonorisé(e)

schallen *intr. V.* résonner

schallend **I.** *Adj.* retentissant(e) **II.** *Adv.* (*lachen*) aux éclats

Schallgeschwindigkeit *f kein Pl.* vitesse *f* [de propagation] du son **Schallmauer** *f kein Pl.* mur *m* du son **Schallplatte** *f* disque *m* **Schallwelle** *f* onde *f* sonore

Schalotte [ʃa'lɔtə] <-, -n> *f* échalote *f*

schalt [ʃalt] *Imp. von* **schelten**

schalten ['ʃaltən] **I.** *tr. V.* ① (*einstellen*) **etw auf „ein" ~** allumer qc ② ELEC, TELEC **eine Leitung ~** mettre une ligne en service **II.** *intr. V.* ① (*Gang einlegen*) changer de vitesse; **in den zweiten Gang ~** passer la seconde ② *fam* (*begreifen*) piger

Schalter <-s, -> *m* ① (*Theke*) guichet *m* ② ELEC, TECH interrupteur *m*

Schalterstunden *Pl* heures *fpl* d'ouverture des guichets

Schalthebel *m* ① (*einer Gangschaltung*) levier *m* de vitesse ② ELEC [levier *m* de] commande *f* **Schaltjahr** *nt* année *f* bissextile **Schaltplan** *m* schéma *m* de connexion **Schalttag** *m* jour *m* intercalaire

Schaltung <-, -en> *f* ① (*Gangschaltung*) changement *m* de vitesse ② ELEC circuit *m*

Scham [ʃaːm] <-> *f* honte *f*

Schambein *nt* pubis *m*

schämen [ˈʃɛːmən] *refl. V.* **sich für jdn/wegen etw ~** avoir honte pour qn/de qc

Schamgefühl *nt kein Pl.* pudeur *f* **Schamhaar** *nt* (*einzelnes Haar*) poil *m* du pubis

schamhaft *Adj.* pudique

Schamlippen *Pl* grandes lèvres *fpl*

schamlos *Adj.* (*unverschämt*) impudent(e)

Schande [ˈʃandə] <-> *f* honte *f*

schänden [ˈʃɛndən] *tr. V.* (*entweihen*) profaner

Schandfleck *m* souillure *f*

schändlich [ˈʃɛntlɪç] *Adj.* (*niederträchtig*) ignoble

Schank <-, -en> *f* A (*Tresen*) comptoir *m*

Schänke[RR] [ˈʃɛŋkə] *s.* **Schenke**

Schanze [ˈʃantsə] <-, -n> *f* (*Sprungschanze*) tremplin *m*

Schar [ʃaːɐ̯] <-, -en> *f* (*große Menge*) bande *f*; **in ~en** en masse

scharen [ˈʃaːrən] *refl. V.* **sich um jdn/etw ~** se rassembler autour de qn/qc

scharf [ʃarf] <schärfer, schärfste> **I.** *Adj.* ① (*Messer*) coupant(e) ② (*Kante*) aigu(ë) ③ (*stark gewürzt*) épicé(e) ④ (*Beobachter*) perspicace; (*Kontrolle*) strict(e) ⑤ (*Hund*) méchant(e) ⑥ (*Munition*) à balles [réelles]; (*Bombe*) amorcé(e) ⑦ (*Augen*) perçant(e) ⑧ (*präzise*) précis(e) ⑨ (*Kurve*) serré(e) ⑩ *fam* (*versessen*) **auf jdn ~ sein** être dingue de qn; **auf etw ~ sein** avoir vachement envie de qc ⑪ *fam* (*Typ, Auto*) d'enfer **II.** *Adv.* ① (*kräftig*) **etw ~ würzen** bien épicer qc ② (*kritisieren*) énergiquement ③ (*ansehen*) fixement; (*nachdenken*) bien ④ (*sehen*) nettement ⑤ (*bremsen*) soudainement

Scharfblick *m kein Pl.* perspicacité *f*

Schärfe [ˈʃɛrfə] <-, -n> *f* ① (*eines Messers*) tranchant *m* ② (*starke Würze*) goût *m* très épicé ③ (*Heftigkeit*) **in aller ~** (*kritisieren*) très sévèrement; (*zurückweisen*) avec force ④ (*des Verstandes*) acuité *f*

schärfen [ˈʃɛrfən] *tr. V.* aiguiser

scharf|machen *tr. V. fam* ① (*Hund*) rendre méchant(e) ② (*erregen, antörnen*) exciter

Scharfschütze *m*, **-schützin** *f* tireur (-euse) *m(f)* d'élite **Scharfsinn** *m kein Pl.* sagacité *f* **scharfsinnig** **I.** *Adj.* (*Person*) sagace; (*Bemerkung*) pertinent(e) **II.** *Adv.* avec sagacité

Scharlach [ˈʃarlax] <-s> *m* MED scarlatine *f*

Scharlatan [ˈʃarlatan] <-s, -e> *m* charlatan *m*

Scharnier [ʃarˈniːɐ̯] <-s, -e> *nt* charnière *f*

Schärpe [ˈʃɛrpə] <-, -n> *f* écharpe *f*

scharren [ˈʃarən] **I.** *intr. V.* gratter **II.** *tr. V.* (*Loch*) creuser

Scharte [ˈʃartə] <-, -n> *f* (*Einkerbung*) brèche *f*

Schaschlik [ˈʃaʃlɪk] <-s, -s> *nt* brochette *f*

Schatten [ˈʃatən] <-s, -> *m* ombre *f*

Schattenmorelle *f* (*Frucht*) griotte *f* **Schattenseite** *f* (*Kehrseite*) revers *m* de la médaille

schattieren* [ʃaˈtiːrən] *tr. V.* ombrer

Schattierung <-, -en> *f geh* (*Nuance*) tendance *f*

schattig *Adj.* ombragé(e)

Schatz [ʃats, *Pl:* ˈʃɛtse] <-es, Schätze> *m* ① trésor *m* ② *fam* (*Liebling*) chéri(e) *m(f)*

schätzen [ˈʃɛtsən] **I.** *tr. V.* ① (*einschätzen*) estimer; **etw auf tausend Euro** (*Akk*) **~** évaluer qc à mille euros ② (*würdigen*) estimer **II.** *intr. V.* **ich schätze, dass ...** je pense que ...

Schatzmeister(in) *m(f)* trésorier(-ière) *m(f)*

Schätzung <-, -en> *f* estimation *f*

schätzungsweise *Adv.* approximativement

Schau [ʃau] <-, -en> *f* show *m*

Schaubild *nt* graphique *m*

Schauder [ˈʃaʊdɐ] <-s, -> *m geh* (*Gefühl*) frémissement *m*

schauderhaft *Adj.* ① (*Szene*) d'horreur; (*Gestank*) horrible ② *fam* (*sehr schlecht*) épouvantable

S

schaudern *tr. V. unpers.* **ihm schaudert es bei dem Gedanken, dass** il frémit à l'idée que + *subj*

schauen ['ʃauən] *intr. V.* (*blicken*) regarder

Schauer ['ʃauɐ] <-s, -> *m* ❶ (*Regenschauer*) averse *f* ❷ (*Frösteln*) frisson *m*

Schaufel ['ʃaufəl] <-, -n> *f* (*Werkzeug*) pelle *f*

schaufeln *tr., intr. V.* pelleter; (*Loch*) creuser [à la pelle]

Schaufenster *nt* vitrine *f* **Schaufensterbummel** *m fam* **einen ~ machen** faire du lèche-vitrine **Schaufensterpuppe** *f* mannequin *m*

Schaukel ['ʃaukəl] <-, -n> *f* balançoire *f*

schaukeln *intr. V.* ❶ (*auf einer Schaukel*) faire de la balançoire ❷ (*wippen*) se balancer

Schaukelpferd *nt* cheval *m* à bascule **Schaukelstuhl** *m* rocking-chair *m*

Schaulustige(r) *f(m) dekl wie Adj* badaud(e) *m(f)*

Schaum [ʃaum, *Pl:* 'ʃɔymə] <-s, Schäume> *m* ❶ (*Seifenschaum*) mousse *f*; (*Wellenschaum, Geifer*) écume *f* ❷ GASTR mousse *f*

schäumen ['ʃɔymən] *intr. V.* ❶ mousser ❷ *geh* (*in Rage sein*) écumer

Schaumfestiger *m* mousse *f* fixante **Schaumgummi** *m* caoutchouc *m* mousse

schaumig *Adj.* mousseux(-euse); (*Gewässer*) écumeux(-euse)

Schaumkrone *f* (*von Wellen*) mouton *m* d'écume **Schaumstoff** *m* mousse *f* **Schaumwein** *m form* vin *m* mousseux

Schauplatz *m* théâtre *m*

schaurig ['ʃaurɪç] *Adj.* (*Geschichte*) macabre; (*Ort*) lugubre

Schauspiel *nt* ❶ THEAT pièce *f* de théâtre ❷ *geh* (*Anblick*) spectacle *m* **Schauspieler(in)** *m(f)* ❶ THEAT comédien(ne) *m(f)* ❷ TV acteur(-trice) *m(f)* **schauspielern** *intr. V.* ❶ faire du théâtre ❷ (*sich verstellen*) jouer la comédie **Schauspielhaus** *nt* théâtre *m* **Schauspielschule** *f* conservatoire *m* d'art dramatique

Schausteller(in) <-s, -> *m(f)* forain(e) *m(f)*

Scheck [ʃɛk] <-s, -s> *m* chèque *m*

Scheckkarte *f* carte *f* bancaire

scheffeln ['ʃɛfəln] *tr. V.* **Geld ~** amasser de l'argent

Scheibe ['ʃaibə] <-, -n> *f* ❶ (*große Glasscheibe*) verre *m*; (*Fensterscheibe*) vitre *f*; (*Windschutzscheibe*) parebrise *f* ❷ (*Brotscheibe*) tranche *f* ❸ (*runder Gegenstand*) disque *m*

Scheibenwaschanlage *f* lave-glace *m* **Scheibenwischer** <-s, -> *m* essuie-glace *m*

Scheich [ʃaiç] <-s, -e> *m* cheik *m*

Scheide ['ʃaidə] <-, -n> *f* ❶ (*eines Schwerts*) fourreau *m* ❷ ANAT vagin *m*

scheiden ['ʃaidən] <schied, geschieden> **I.** *tr. V.* + *haben* (*Ehe*) dissoudre; **sich von jdm ~ lassen** divorcer de qn **II.** *intr. V. geh* + *sein* **aus einem Amt ~** quitter un poste

Scheideweg *m* ▶**am ~ stehen** être à la croisée des chemins

Scheidung <-, -en> *f* divorce *m*

Schein [ʃain] <-[e]s, -e> *m* ❶ *kein Pl.* (*einer Lampe*) lumière *f* ❷ *kein Pl.* (*Anschein*) apparence *f* ❸ (*Banknote*) billet *m* ❹ *fam* (*Bescheinigung*) attestation *f* ❺ UNIV *fam* (*Leistungsnachweis*) unité *f* de valeur

> Dans les universités allemandes, les étudiants doivent obtenir des **Scheine** pour passer d'une année à la suivante. Seuls ceux ayant acquis un certain nombre ou certaines catégories de ces certificats sont autorisés à s'inscrire aux épreuves intermédiaires, puis aux examens finaux.

scheinbar *Adj.* apparent(e)

Scheinchen <-s, -> *nt fam* (*Geldschein*) biffeton *m*

scheinen ['ʃainən] <schien, geschienen> **I.** *intr. V.* ❶ (*Sonne, Mond*) briller ❷ (*den Anschein haben*) **er scheint zu schlafen** il a l'air de dormir; **das scheint schwierig zu sein** cela semble être difficile **II.** *intr. V. unpers.* **es scheint, dass ...** il semble que ...

Scheinfirma *f* société *f* fictive **scheinheilig** *Adj. pej* hypocrite **Scheinwerfer** *m* projecteur *m*; (*Autoscheinwerfer*) phare *m*

Scheiß <-> *m pej fam* conneries *fpl*

Scheiße ['ʃaisə] <-> *f fam* merde *f*

scheißen <schiss, geschissen> *intr. V.* ❶ *fam* chier ❷ *fam* (*nichts geben auf*) **ich scheiße drauf!** j'en ai rien à foutre !

S

Scheißkerl *m fam* sale con *m*
Scheit [ʃait] <-[e]s, -e *o* A, CH -er> *nt* bûche *f*
Scheitel ['ʃaitəl] <-s, -> *m* raie *f*
Scheiterhaufen ['ʃaitɐhaufən] *m* bûcher *m*
Scheitern <-s> *nt* échec *m*
Schelle ['ʃɛlə] <-, -n> *f* ❶ TECH collier *m* [de serrage] ❷ (*Klingel*) sonnette *f*
Schelm [ʃɛlm] <-[e]s, -e> *m* farceur *m*
schelmisch *Adj.* malicieux(-euse)
schelten <schilt, schalt, gescholten> *gehtr. V.* (*ausschimpfen*) **jdn wegen etw ~** réprimander qn pour qc
Schema ['ʃe:ma] <-s, -s> *nt* schéma *m*
schematisch [ʃe'ma:tɪʃ] **I.** *Adj.* (*Darstellung*) schématique **II.** *Adv.* (*darstellen*) schématiquement
Schemel ['ʃe:məl] <-s, -> *m* tabouret *m*
Schemen *Pl. von* **Schema**
Schenke ['ʃɛŋkə] <-, -n> *f* auberge *f*
Schenkel ['ʃɛŋkəl] <-s, -> *m* ❶ cuisse *f* ❷ MATH (*eines Winkels*) côté *m*
schenken ['ʃɛnkən] *tr. V.* (*Blumen*) faire cadeau de; **jdm etw ~** offrir qc à qn; **etw geschenkt bekommen** recevoir qc en cadeau; **jdm Beachtung ~** accorder de l'attention à qn
Schenkung <-, -en> *f* JUR donation *f*
Scherbe ['ʃɛrbə] <-, -n> *f* débris *m*
Schere ['ʃe:rə] <-, -n> *f* ❶ [paire *f* de] ciseaux *mpl* ❷ (*eines Krebses*) pince *f*
scheren[1] ['ʃe:rən] <schor, geschoren> *tr. V.* (*Tier*) tondre; (*Hecke*) tailler
scheren[2] <scherte, geschert> **I.** *refl. V.* **sich nicht um jdn/etw ~** ne pas s'occuper de qn/qc **II.** *tr. V.* **was schert mich das?** qu'est-ce que ça peut bien me faire ?
Schererei <-, -en> *f meist Pl. fam* embêtement *m*
Scherz [ʃɛrts] <-es, -e> *m* plaisanterie *f*
Scherzartikel *m meist Pl.* farces *fpl* et attrapes
scherzen *intr. V.* plaisanter
scherzhaft **I.** *Adj.* pour plaisanter **II.** *Adv.* en plaisantant
scheu [ʃɔy] *Adj.* ❶ (*Verhalten*) timide; (*Blick*) craintif(-ive) ❷ (*menschenscheu*) farouche
Scheu <-> *f* (*Hemmung*) timidité *f*
scheuchen ['ʃɔyçən] *tr. V.* chasser
scheuen ['ʃɔyən] **I.** *tr. V.* (*Arbeit*) reculer devant; **keine Kosten ~** ne pas regarder à la dépense **II.** *refl. V.* **sich vor etw** (*Dat*) **~** reculer devant qc **III.** *intr. V.* (*Pferd*) se dérober
scheuern ['ʃɔyɐn] **I.** *tr. V.* (*Topf*) récurer; (*Fußboden*) frotter **II.** *intr. V.* (*Kragen*) gratter
Scheuklappe *f* œillère *f*
Scheune ['ʃɔynə] <-, -n> *f* grange *f*
Scheusal ['ʃɔyza:l] <-s, -e> *nt* monstre *m*
scheußlich ['ʃɔyslɪç] **I.** *Adj.* ❶ (*Anblick*) monstrueux(-euse); (*Film*) horrible ❷ *fam* (*Schmerzen*) atroce **II.** *Adv.* **~ riechen** avoir une odeur infecte
Schi *s.* **Ski**
Schicht [ʃɪçt] <-, -en> *f* ❶ (*Lage*) couche *f* ❷ SOZIOL couche *f* [sociale] ❸ (*Arbeitsgruppe*) équipe *f*; **~ arbeiten** être travailleur posté
Schichtarbeit *f kein Pl.* travail *m* posté
schichten ['ʃɪçtən] *tr. V.* empiler
Schichtwechsel *m* relève *f*
schick [ʃɪk] *Adj., Adv.* chic
Schick <-s> *m* (*eines Kleidungsstücks*) chic *m*
schicken ['ʃɪkən] **I.** *tr. V.* (*senden*) **jdm etw ~** envoyer qc à qn **II.** *intr. V. geh* **nach jdm ~** faire venir qn **III.** *refl. V.* **das schickt sich nicht** cela ne se fait pas
Schickeria [ʃɪkə'ri:a] <-> *f pej fam* gratin *m*
Schicksal ['ʃɪkza:l] <-s, -e> *nt* destin *m*
schicksalhaft *Adj.* ❶ (*Ereignis*) lourd(e) de conséquences; (*Tag*) fatidique ❷ (*unabwendbar*) fatal(e)
Schicksalsschlag *m* coup *m* du destin
Schiebedach *nt* toit *m* ouvrant
schieben ['ʃi:bən] <schob, geschoben> **I.** *tr. V.* pousser; **sich** (*Dat*) **etw in den Mund ~** se fourrer qc dans la bouche; **die Schuld auf jdn ~** rejeter la culpabilité sur qn **II.** *intr. V.* pousser
Schieber <-s, -> *m fam* (*Schwarzhändler*) trafiquant *m*
Schiebetür *f* porte *f* coulissante
schied [ʃi:t] *Imp. von* **scheiden**
Schiedsrichter(in) *m(f)* arbitre *mf*
Schiedsspruch *m* sentence *f* arbitrale
schief [ʃi:f] **I.** *Adj.* ❶ (*Wand*) penché(e); (*Ebene*) incliné(e) ❷ (*Bild*) faux(fausse) **II.** *Adv.* (*aufsetzen*) de travers
Schiefer ['ʃi:fɐ] <-s, -> *m* ardoise *f*
schief|gehen *intr. V. unreg fam* (*fehlschlagen*) foirer ▶ [**es**] **wird schon ~!** ça va marcher ! **schief|lachen** *refl. V.*

fam **sich** ~ se tordre [de rire] ▸**sich schief- und krummlachen** être écroulé(e) de rire **schief|laufen** *intr. V. fam* aller de traviole; **heute läuft alles schief!** tout va de traviole aujourd'hui !

schief|liegen *intr. V. unreg fam* se fourrer le doigt dans l'œil; **mit etw** ~ se ficher dedans avec qc

schielen ['ʃiːlən] *intr. V.* ❶ loucher ❷ *fam* **nach jdm/etw** ~ reluquer qn/qc

schien [ʃiːn] *Imp. von* **scheinen**

Schienbein *nt* tibia *m*

Schiene ['ʃiːnə] <-, -n> *f* ❶ (*Zug-, Führungsschiene*) rail *m* ❷ MED éclisse *f*

schienen *tr. V.* MED éclisser

Schienennetz *nt* (*Bahnnetz*) réseau *m* ferroviaire

Schießbude *f* baraque *f* de tir

schießen ['ʃiːsən] <schoss, geschossen> **I.** *intr. V.* ❶ + *haben* **mit dem Gewehr** ~ tirer au fusil ❷ + *sein fam* **um die Ecke** ~ débouler au coin **II.** *tr. V.* + *haben* tirer

Schießerei [ʃiːsə'rai] <-, -en> *f pej* fusillade *f*

Schiff [ʃɪf] <-[e]s, -e> *nt* ❶ bateau *m*; **mit dem ~ fahren** prendre le bateau ❷ (*Kirchenschiff*) nef *f*

Schiffahrt[ALT] *s.* **Schifffahrt**

schiffbar *Adj.* navigable

Schiffbau *m kein Pl.* construction *f* navale **Schiffbruch** *m* naufrage *m* **Schiffbrüchige(r)** *f(m) dekl wie Adj* naufragé(e) *m(f)* **Schifffahrt**[RR] *f kein Pl.* navigation *f*

Schiffsjunge *m* mousse *m* **Schiffsverkehr** *m* trafic *m* maritime

Schikane [ʃi'kaːnə] <-, -n> *f* chicane *f*

schikanieren* [ʃika'niːrən] *tr. V.* chicaner

Schikoree[RR] [ʃiko'reː] *s.* **Chicorée**

Schild[1] [ʃɪlt] <-[e]s, -er> *nt* ❶ (*Verkehrsschild*) panneau *m* ❷ (*Hinweisschild*) écriteau *m* ❸ *fam* (*Preisschild*) étiquette *f*

Schild[2] <-[e]s, -e> *m* (*Schutzschild*) bouclier *m*

Schilddrüse *f* [glande *f*] thyroïde *f*

schildern ['ʃɪldɐn] *tr. V.* décrire

Schildkröte *f* tortue *f*

Schilf [ʃɪlf] <-[e]s, -e> *nt* (*Pflanze*) roseau *m*

schillern ['ʃɪlɐn] *intr. V.* chatoyer

schillernd *Adj.* (*Seide*) chatoyant(e)

Schilling ['ʃɪlɪŋ] <-s, -e> *m* schilling *m*

schilt [ʃɪlt] *3. Pers. Sg. Präs. von* **schelten**

Schimmel ['ʃɪməl] <-s> *m kein Pl.* (*Schimmelpilz*) moisissure *f*

schimmelig *Adj.* moisi(e)

schimmeln *intr. V.* + *haben o sein* moisir

Schimmer ['ʃɪmɐ] <-s> *m* (*Glanz*) reflet *m*; **ein ~ von Hoffnung** une lueur d'espoir

schimmern *intr. V.* reluire

Schimpanse [ʃɪm'panzə] <-n, -n> *m* chimpanzé *m*

Schimpf <-[e]s> *m* ▸**mit ~ und Schande** avec ignominie

schimpfen ['ʃɪmpfən] *intr. V.* ❶ (*wettern*) **auf jdn/etw** ~ pester contre qn/qc ❷ (*zurechtweisen*) **mit jdm** ~ gronder qn

schimpflich *Adj. geh* ignominieux(-euse)

Schimpfwort <-wörter> *nt* gros mot *m*

Schindel ['ʃɪndəl] <-, -n> *f* bardeau *m*

schinden ['ʃɪndən] <schindete, geschunden> **I.** *refl. V.* **sich** ~ s'échiner **II.** *tr. V.* ❶ (*Arbeiter*) épuiser ❷ *fam* **bei jdm Eindruck ~ wollen** vouloir épater qn

Schinken ['ʃɪŋkən] <-s, -> *m* ❶ jambon *m* ❷ *pej fam* (*Buch*) pavé *m*

Schinkenspeck *m* lard *m* maigre

Schippe ['ʃɪpə] <-, -n> *f* NDEUTSCH pelle *f*

Schirm [ʃɪrm] <-[e]s, -e> *m* ❶ (*Regenschirm*) parapluie *m* ❷ (*Sonnenschirm*) parasol *m* ❸ (*Lampenschirm*) abat-jour *m*

Schirmherr(in) *m(f)* parrain *m*/marraine *f* **Schirmherrschaft** *f* parrainage *m* **Schirmmütze** *f* casquette *f* à visière **Schirmständer** *m* porte-parapluies *m*

schiss[RR] [ʃɪs], **schiß**[ALT] *Imp. von* **scheißen**

Schiss[RR], **Schiß**[ALT] ▸**vor jdm/etw ~ haben** *fam* avoir la trouille de qn/qc

schizophren [ʃitso'freːn] *Adj.* MED schizophrène

schlabberig *Adj. fam pej* (*wässerig*) clairet(te); **dieses ~e Bier/dieser ~e Kaffee** cette bibine/lavasse

schlabbern ['ʃlabɐn] **I.** *intr. V. fam* ❶ (*sabbern*) baver ❷ (*Kleidung*) pendouiller **II.** *tr. V. fam* (*Katze*) laper

Schlacht [ʃlaxt] <-, -en> *f* bataille *f*

Schlachtbank *f* table *f* d'équarrissage

schlachten ['ʃlaxtən] *tr. V.* abattre

Schlachter(in) <-s, -> *m(f)* NDEUTSCH boucher(-ère) *m(f)*

Schlachtfeld *nt* champ *m* de bataille **Schlachthof** *m* abattoirs *mpl*

Schlacke ['ʃlakə] <-, -n> *f* scories *fpl*

Schlaf [ʃlaːf] <-[e]s> *m* sommeil *m*

Schlafanzug *m* pyjama *m*

Schläfchen <-s, -> *nt* [petit] somme *m*

Schläfe ['ʃlɛːfə] <-, -n> *f* tempe *f*

schlafen ['ʃlaːfən] <schläft, schlief, geschlafen> *intr. V.* ① dormir; ~ **gehen** aller se coucher ② *fam* **mit jdm** ~ coucher avec qn

Schläfer(in) <-s, -> *m(f)* dormeur(-euse) *m(f)*

schlaff [ʃlaf] *Adj.* (*Segel*) qui pend [mollement]; (*Seil*) lâche

Schlafgelegenheit *f* (*in einer Stadt*) endroit *m* où dormir **Schlaflied** *nt* berceuse *f* **schlaflos** *Adj.* (*Nacht*) blanc (blanche) **Schlaflosigkeit** <-> *f* insomnie *f* **Schlafmittel** *nt* somnifère *m* **Schlafmütze** *f fam* (*Mensch*) endormi(e) *m(f)*

schläfrig ['ʃlɛːfrɪç] *Adj.* somnolent(e); ~ **sein** avoir sommeil

Schlafsaal *m* dortoir *m* **Schlafsack** *m* sac *m* de couchage **Schlafstörungen** *Pl* troubles *mpl* du sommeil

schläft [ʃlɛːft] *3. Pers. Sg. Präs. von* **schlafen**

Schlaftablette *f* somnifère *m* **Schlafwagen** *m* wagon-lit *m* **schlafwandeln** *intr. V. + haben o sein* être somnambule **Schlafwandler(in)** <-s, -> *m(f)* somnambule *mf* **Schlafzimmer** *nt* chambre *f* à coucher

Schlag [ʃlaːk, *Pl:* 'ʃlɛːgə] <-[e]s, Schläge> *m* ① (*Hieb*) coup *m* ② (*Hall*) bruit *m* [de choc]; (*einer Uhr*) coup *m* ③ (*Schicksalsschlag*) coup *m* dur ④ (*Stromschlag*) électrocution *f* ▸ **mich trifft der ~!** *fam* je vais avoir une attaque !

Schlagabtausch <-[e]s> *m* (*Rededuell*) prise *f* de bec **Schlagader** *f* artère *f* **Schlaganfall** *m* attaque *f* [d'apoplexie]

schlagartig *Adj.* brusque

Schlagbaum *m* barrière *f* **Schlagbohrer** *m* perceuse *f* à percussion

schlagen ['ʃlaːgən] <schlägt, schlug, geschlagen> **I.** *tr. V. + haben* ① **jdn ins Gesicht** ~ frapper qn au visage ② (*besiegen*) battre ③ (*Baum*) abattre ④ (*Nagel*) enfoncer ⑤ (*läuten*) sonner **II.** *intr. V. + haben* ① **mit etw auf etw** (*Akk*)/**gegen etw** ~ frapper avec qc sur/contre qc ② (*zuschlagen*) **um sich** ~ se débattre ③ (*Herz*) battre **III.** *refl. V.* **sich mit jdm** ~ se battre avec qn; **sich gut** ~ bien se défendre

Schlager ['ʃlaːgɐ] <-s, -> *m* ① (*Lied*) tube *m* (*fam*) ② *fam* (*Verkaufsschlager*) article *m* qu'on s'arrache

Schläger ['ʃlɛːgɐ] <-s, -> *m* (*Tennisschläger*) raquette *f;* (*Hockeyschläger*) crosse *f;* (*Golfschläger*) club *m;* (*Baseballschläger*) batte *f*

Schlägerei [ʃlɛːgə'rai] <-, -en> *f* bagarre *f*

Schlagersänger(in) *m(f)* chanteur(-euse) *m(f)* de variété

schlagfertig **I.** *Adj.* (*Person*) qui a de la répartie **II.** *Adv.* du tac au tac **Schlagfertigkeit** <-> *f* sens *m* de la répartie **Schlaginstrument** *nt* instrument *m* à percussion **Schlagkraft** <-> *f* (*Wirksamkeit: eines Arguments, Beweises*) force *f* de persuasion **schlagkräftig** *Adj.* ① (*Armee*) puissante ② (*Argument*) persuasif(-ive) **Schlagloch** *nt* nid-de-poule *m* **Schlagsahne** *f* (*flüssig*) crème *f* fleurette; (*geschlagen*) [crème *f*] chantilly *f*

schlägt [ʃlɛːkt] *3. Pers. Sg. Präs. von* **schlagen**

Schlagwort <-worte> *nt pej* (*Parole*) formule *f* [toute faite] **Schlagzeile** *f* gros titre *m* **Schlagzeug** <-[e]s, -e> *nt* batterie *f* **Schlagzeuger(in)** <-s, -> *m(f)* batteur(-euse) *m(f)*

schlaksig ['ʃlaksɪç] *Adj. fam* (*Bewegungen*) désarticulé(e)

Schlamassel <-s, -> *m o nt fam* (*Durcheinander*) bordel *m*

Schlamm [ʃlam] <-[e]s, -e> *m* boue *f*

schlammig *Adj.* boueux(-euse)

Schlammschlacht *f* foire *f* d'empoigne

Schlampe ['ʃlampə] <-, -n> *f pej fam* (*liederliche Frau*) traînée *f*

Schlamperei [ʃlampə'rai] <-, -en> *f fam* (*Nachlässigkeit*) bâclage *m*

schlampig *fam* **I.** *Adj.* (*Arbeit*) bâclé(e); (*Äußeres*) débraillé(e) **II.** *Adv.* ① (*nachlässig*) à la va comme je te pousse ② (*ungepflegt*) en débraillé

schlang [ʃlaŋ] *Imp. von* **schlingen**

Schlange ['ʃlaŋə] <-, -n> *f* ① ZOOL serpent *m* ② (*Warteschlange*) queue *f;* ~ **stehen** faire la queue

S

schlängeln [ˈʃlɛŋəln] *refl. V.* **sich durch etw** (*Akk*) **~** (*Schlange*) ramper à travers qc; (*Straße*) serpenter à travers qc

schlank [ʃlaŋk] *Adj.* (*Person*) mince

Schlankheitskur *f* cure *f* d'amaigrissement

schlapp [ʃlap] *Adj. fam* **~ sein** être flagada

Schlappe <-, -n> *f fam* veste *f*

schlapp|machen *intr. V. fam* craquer

Schlaraffenland [ʃlaˈrafənlant] *nt* pays *m* de cocagne

schlau [ʃlau] *Adj.* ❶ astucieux(-euse) ❷ *fam* **aus jdm/etw nicht ~ werden** ne pas comprendre qn/ne rien comprendre à qc

Schlauberger [ˈʃlaubɛrgɐ] <-s, -> *m fam iron* (*Besserwisser*) Monsieur *m* Je-sais-tout

Schlauch [ʃlaux, *Pl:* ˈʃlɔyçə] <-[e]s, Schläuche> *m* ❶ tuyau *m* ❷ (*Reifenschlauch*) chambre *f* à air

Schlauchboot *nt* bateau *m* pneumatique

schlauchen [ˈʃlauxən] *tr., intr. V. fam* pomper

Schlaufe [ˈʃlaufə] <-, -n> *f* ❶ (*Gürtelschlaufe*) passant *m;* (*an einer Jacke*) bride *f* ❷ (*Halteband*) dragonne *f*

Schlaumeier [ˈʃlaumaiɐ] *s.* **Schlauberger**

schlecht [ʃlɛçt] **I.** *Adj.* ❶ (*nicht gut*) mauvais(e) *antéposé;* (*Material*) de mauvaise qualité; **ein ~es Benehmen haben** se tenir mal ❷ (*Bezahlung*) médiocre ❸ (*verdorben*) **~ werden/sein** s'abîmer/être avarié ❹ (*übel*) **jdm wird/ist ~** qn se sent mal **II.** *Adv.* ❶ mal; **~ gelaunt sein** être de mauvaise humeur ❷ (*negativ*) **~ über jdn denken** penser du mal de qn

schlechter|stellen *tr. V.* (*finanziell schwächen: Mitarbeiter, Familien*) détériorer la situation de

schlecht|machen *tr. V.* (*herabsetzen, anschwärzen*) dénigrer

schlecken [ˈʃlɛkən] **I.** *tr. V.* lécher **II.** *intr. V.* (*naschen*) manger des sucreries

Schlegel <-s, -> *m* A, CH, SDEUTSCH (*Geflügel-, Hasenkeule*) cuisse *f;* (*Reh-, Wildschweinkeule*) cuissot *m*

schleichen [ˈʃlaiçən] <schlich, geschlichen> **I.** *intr. V. + sein* ❶ se déplacer furtivement ❷ *fam* (*langsam fahren*) se traîner **II.** *refl. V.* **sich aus dem Haus ~** sortir de la maison furtivement

schleichend *Adj. attr* MED insidieux(-euse)

Schleichwerbung *f* publicité *f* déguisée

Schleier [ˈʃlaiɐ] <-s, -> *m* voile *m*

schleierhaft *Adj. fam* **jdm ~ sein** être un mystère pour qn

Schleife [ˈʃlaifə] <-, -n> *f* ❶ (*Knoten*) nœud *m* ❷ (*Kurve*) méandre *m*

schleifen¹ [ˈʃlaifən] **I.** *tr. V. + haben* traîner **II.** *intr. V. + haben o sein* **an etw** (*Dat*) **~** (*Fahrradkette*) frotter contre qc

schleifen² <schliff, geschliffen> *tr. V.* (*Messer*) aiguiser; (*Edelstein*) tailler

Schleifpapier *nt* papier *m* de verre

Schleim [ʃlaim] <-[e]s, -e> *m* ❶ MED mucus *m* ❷ (*einer Schnecke*) bave *f*

schleimen *intr. V. fam* faire de la lèche

Schleimhaut *f* muqueuse *f*

schleimig [ˈʃlaimɪç] *Adj.* ❶ MED muqueux(-euse) ❷ (*Schnecke*) baveux(-euse)

schlemmen [ˈʃlɛmən] **I.** *intr. V.* faire bombance **II.** *tr. V.* déguster

Schlemmer(in) <-s, -> *m(f)* fine bouche *f*

schlendern [ˈʃlɛndɐn] *intr. V. + sein* **durch die Stadt ~** flâner en ville

schlenkern [ˈʃlɛŋkɐn] **I.** *intr. V.* (*Arme*) ballotter; **mit den Armen ~** balancer les bras **II.** *tr. V.* (*Handtasche*) balancer

Schleppe [ˈʃlɛpə] <-, -n> *f* traîne *f*

schleppen [ˈʃlɛpən] **I.** *tr. V.* (*schwer tragen*) traîner avec peine **II.** *refl. V.* (*sich fortbewegen*) **sich zum Telefon ~** se traîner jusqu'au téléphone

schleppend **I.** *Adj.* (*Gang*) traînant(e); (*Bearbeitung*) lent(e) **II.** *Adv.* (*vorangehen*) lentement

Schlepper <-s, -> *m* ❶ (*Schleppschiff*) remorqueur *m* ❷ *fam* (*Schleuser*) passeur *m*

Schlepplift *m* remonte-pente *m*

Schlesien [ˈʃleːziən] <-s> *nt* la Silésie

schlesisch *Adj.* silésien(ne)

Schleswig-Holstein [ʃleːsvɪçˈhɔlʃtain] <-s> *nt* le Schleswig-Holstein

Schleuder [ˈʃlɔydɐ] <-, -n> *f* ❶ (*Waffe*) fronde *f* ❷ (*Wäscheschleuder*) essoreuse *f*

schleudern **I.** *tr. V. + haben* ❶ **etw ~** (*Person*) lancer qc ❷ (*Wäsche*) essorer **II.** *intr. V. + sein* (*Fahrzeug*) déraper

Schleudersitz *m* siège *m* éjectable

S

schleunigst *Adv.* dans les plus brefs délais

Schleuse ['ʃlɔyzə] <-, -n> *f* NAUT écluse *f*

schleusen *tr. V.* (*heimlich bringen*) **jdn über die Grenze ~** faire passer en douce la frontière à qn

schlich [ʃlɪç] *Imp. von* **schleichen**

Schliche ['ʃlɪçə] *Pl* **jdm auf die ~ kommen** découvrir les combines de qn (*fam*)

schlicht [ʃlɪçt] **I.** *Adj.* (*Person*) simple **II.** *Adv.* ① (*einrichten*) sobrement ② (*glattweg*) tout simplement

schlichten ['ʃlɪçtən] *tr. V.* régler

Schlick [ʃlɪk] <-[e]s, -e> *m* vase *f*

schlief [ʃli:f] *Imp. von* **schlafen**

Schliere ['ʃli:rə] <-, -n> *f* traînée *f* [grasse]

schließen ['ʃli:sən] <schloss, geschlossen> **I.** *intr. V.* ① fermer ② (*Schlüssel*) tourner [dans la serrure]; **schlecht ~** (*Fenster*) fermer mal ③ (*enden*) terminer ④ FIN (*Börse*) clôturer ⑤ (*schlussfolgern*) **auf etw** (*Akk*) **~** conclure qc; **von sich auf andere ~** généraliser [son cas] **II.** *tr. V.* (*Fenster, Augen*) fermer; (*Konferenz*) clôturer; (*Abkommen*) conclure; (*Lücke*) combler; **etw aus seinen Beobachtungen ~** conclure qc de ses observations **III.** *refl. V.* **sich ~** se fermer

Schließfach *nt* (*Gepäckschließfach*) consigne *f* automatique

schließlich *Adv.* ① finalement ② (*immerhin*) après tout

Schließmuskel *m* ANAT muscle *m* constricteur

Schließung <-, -en> *f* fermeture *f*

schliff [ʃlɪf] *Imp. von* **schleifen²**

schlimm [ʃlɪm] **I.** *Adj.* (*Nachricht*) grave; (*Zeit*) difficile; **es ist ~, dass** c'est grave que + *subj;* **es gibt Schlimmeres** il y a pire **II.** *Adv.* mal; **~ dran sein** *fam* être dans de beaux draps

schlimmstenfalls *Adv.* dans le pire des cas

Schlinge ['ʃlɪŋə] <-, -n> *f* ① (*Schlaufe*) nœud *m* coulant ② (*Armbinde*) écharpe *f*

Schlingel ['ʃlɪŋəl] <-s, -> *m fam* affreux jojo *m*

schlingen ['ʃlɪŋən] <schlang, geschlungen> **I.** *tr. V.* ① **seine Arme um jdn ~** prendre qn dans ses bras ② (*Essen*) engloutir **II.** *intr. V.* (*Person, Tier*) dévorer

schlingern ['ʃlɪŋɐn] *intr. V.* NAUT rouler

Schlingpflanze *f* plante *f* grimpante

Schlips [ʃlɪps] <-es, -e> *m* cravate *f*

Schlitten ['ʃlɪtən] <-s, -> *m* (*Rodelschlitten*) luge *f;* **~ fahren** faire de la luge

schlittern ['ʃlɪtɐn] *intr. V.* + *sein* ① glisser ② *fam* (*ungewollt geraten*) **in etw** (*Akk*) **~** se retrouver dans qc

Schlittschuh *m* patin *m* à glace; **~ laufen** faire du patin à glace **Schlittschuhlaufen** <-s> *nt* patinage *m*

Schlitz [ʃlɪts] <-es, -e> *m* ① (*Einsteckschlitz*) fente *f* ② (*Spalt*) interstice *m* ③ *fam* (*Hosenschlitz*) braguette *f*

Schlitzauge *nt* œil *m* bridé **Schlitzohr** *nt fam* roublard *m*

Schlögel <-s, -> *m* A (*Keule*) gigot *m*

schloss[RR] [ʃlɔs], **schloß**[ALT] *Imp. von* **schließen**

Schloss[RR] [ʃlɔs] <-es, Schlösser>, **Schloß**[ALT] <-sses, Schlösser> *nt* ① (*Palast*) château *m* ② (*Türschloss*) serrure *f*

Schlosser(in) ['ʃlɔsɐ] <-s, -> *m(f)* serrurier(-ière) *m(f)*

Schlosserei [ʃlɔsə'rai] <-, -en> *f* serrurerie *f*

Schlot [ʃlo:t, *Pl:* 'ʃlo:tə] <-[e]s, -e> *m* (*Schornstein*) cheminée *f* [d'usine]

schlottern ['ʃlɔtɐn] *intr. V.* trembler

Schlucht [ʃlʊxt] <-, -en> *f* gorge *f*

schluchzen ['ʃlʊxtsən] *intr. V.* sangloter

Schluck [ʃlʊk, *Pl:* 'ʃlʊkə] <-[e]s, -e> *m* gorgée *f;* **ein kleiner ~** une goutte

Schluckauf <-s> *m* hoquet *m*

schlucken [ʃlʊkən] **I.** *tr. V.* ① (*hinunterschlucken*) avaler ② *fam* (*Ausrede*) gober ③ (*Geräusche*) assourdir **II.** *intr. V.* avaler

Schlucker <-s, -> *m* **armer ~** *fam* pauvre type *m*

Schluckimpfung *f* vaccination *f* orale

schludrig *s.* **schlampig**

schlug [ʃlu:k] *Imp. von* **schlagen**

schlummern *intr. V. geh* sommeiller

Schlund [ʃlʊnt, *Pl:* 'ʃlʏndə] <-[e]s, Schlünde> *m* ① ANAT gosier *m* ② *geh* (*Abgrund*) abîme *m*

schlüpfen ['ʃlʏpfən] *intr. V.* + *sein* ① **aus dem Ei ~** sortir de l'œuf ② (*hineinschlüpfen*) **in etw** (*Akk*) **~** enfiler qc

Schlüpfer <-s, -> *m* [petite] culotte *f*

Schlupfloch *nt* (*Öffnung*) trou *m* pour passer

S

schlüpfrig ['ʃlʏpfrɪç] *Adj.* (*anstößig*) scabreux(-euse)

Schlupfwinkel *m* repaire *m*

schlurfen ['ʃlʊrfən] *intr. V.* + *sein* marcher en traînant les pieds

schlürfen ['ʃlʏrfən] *tr., intr. V.* aspirer bruyamment

Schluss^RR [ʃlʊs] <-es, Schlüsse>, **Schluß**^ALT <Schlusses, Schlüsse> *m* (*Ende*) fin *f*; **zum ~** pour terminer; **~ damit!** ça suffit !

Schlüssel ['ʃlʏsəl] <-s, -> *m* ❶ clé *f* ❷ *fig* **der ~ zum Erfolg** la clé du succès ❸ (*Verteilungsschema*) barème *m*

Schlüsselanhänger *m* porte-clés *m* **Schlüsselbein** *nt* clavicule *f* **Schlüsselbund** <-bunde> *m o nt* trousseau *m* de clés **schlüsselfertig** *Adj., Adv.* clés en main **Schlüsselloch** *nt* trou *m* de serrure

schlussfolgern^RR *tr. V.* déduire **Schlussfolgerung**^RR <-, -en> *f* déduction *f*; **seine ~en ziehen** tirer ses conclusions

schlüssig ['ʃlʏsɪç] *Adj.* (*folgerichtig*) concluant(e)

Schlusslicht^RR *nt* ❶ (*eines Fahrzeugs*) feu *m* [rouge] arrière ❷ *fam* (*Letzter*) **das ~ sein** être la lanterne rouge **Schlussstrich**^RR *m* ▸ **einen ~ unter etw** (*Akk*) **ziehen** tirer un trait sur qc **Schlussverkauf**^RR *m* soldes *mpl*

Schmach [ʃma:x] <-> *f geh* ignominie *f*

schmachten ['ʃmaxtən] *intr. V. geh* languir

schmachtend *Adj.* langoureux(-euse)

schmächtig ['ʃmɛçtɪç] *Adj.* fluet(te)

schmackhaft ['ʃmakhaft] *Adj. geh* (*Speise*) savoureux(-euse)

Schmäh [ʃmɛ:] <-s, -s> *m* A (*Scherz*) plaisanterie *f*

schmal [ʃma:l] <-er, -ste> *Adj.* (*Hüften, Straße*) étroit(e); (*Taille*) mince

schmälern ['ʃmɛ:lɐn] *tr. V.* dénigrer

Schmalz [ʃmalts] <-es, -e> *nt* GASTR saindoux *m*

schmalzig *Adj. pej fam* à l'eau de rose

schmarotzen* *intr. V.* ❶ *pej* faire le/la pique-assiette ❷ BIO croître en parasite

Schmarotzer [ʃma'rɔtsɐ] <-s, -> *m* ❶ *pej* (*Mensch*) pique-assiette *m* ❷ BIO parasite *m*

Schmarr[e]n <-s, -> *m* ❶ GASTR A, SDEUTSCH *spécialité à base de lambeaux de crêpe* ❷ *kein Pl. fam* (*Unsinn*) conneries *fpl*

schmatzen ['ʃmatsən] *intr. V.* (*beim Essen*) faire du bruit en mâchant

schmecken ['ʃmɛkən] **I.** *intr. V.* ❶ (*munden*) **etw schmeckt** qc est bon(ne); **es schmeckt [ihr]** [elle trouve que] c'est bon ❷ (*Geschmack haben*) **sauer ~** avoir un goût acide **II.** *tr. V.* goûter

Schmeichelei [ʃmaiçə'lai] <-, -en> *f* flatterie *f*

schmeichelhaft *Adj.* flatteur(-euse)

schmeicheln ['ʃmaiçəln] *intr. V.* **jdm ~** flatter qn

Schmeichler(in) <-s, -> *m(f)* flatteur (-euse) *m(f)*

schmeißen ['ʃmaisən] <schmiss, geschmissen> *fam* **I.** *tr. V.* ❶ (*werfen*) balancer; **jdn aus dem Haus ~** foutre qn dehors ❷ (*Laden*) faire tourner **II.** *intr. V.* **mit Geld um sich ~** (*fig*) dépenser sans compter

Schmeißfliege ['ʃmaisfli:gə] *f* mouche *f* bleue

schmelzen ['ʃmɛ:ltsən] <schmilzt, schmolz, geschmolzen> **I.** *intr. V.* + *sein* fondre **II.** *tr. V.* + *haben* (*Metall*) fondre; (*Eis*) faire fondre

Schmelzpunkt *m* point *m* de fusion

Schmerz [ʃmɛrts] <-es, -en> *m* MED, PSYCH douleur *f*

schmerzempfindlich *Adj.* (*Person*) douillet(te)

schmerzen **I.** *intr. V.* faire mal; **mir schmerzen die Füße** j'ai mal aux pieds **II.** *tr. V.* affecter

Schmerzensgeld *nt* pretium *m* doloris

Schmerzgrenze *f* limite *f* du supportable

schmerzhaft *Adj.* douloureux(-euse)

schmerzlich **I.** *Adj.* douloureux(-euse) **II.** *Adv.* (*vermissen*) amèrement

schmerzlos *Adj.* (*Eingriff*) indolore **schmerzstillend** *Adj.* analgésique **Schmerztablette** *f* comprimé *m* contre la douleur

Schmetterball *m* smash *m*

Schmetterling ['ʃmɛtəlɪŋ] <-s, -e> *m* papillon *m*

schmettern ['ʃmɛtɐn] **I.** *tr. V.* + *haben* ❶ (*schleudern*) **etw an die Wand ~** envoyer qc contre le mur ❷ SPORT (*Ball*) smasher ❸ (*Lied*) entonner **II.** *intr. V.* + *sein* (*aufprallen*) **gegen etw ~** s'écraser contre qc

Schmied(in) [ʃmiːt] <-[e]s, -e> *m(f)* forgeron *m*
Schmiede [ˈʃmiːdə] <-, -n> *f* forge *f*
schmieden [ˈʃmiːdən] *tr. V.* forger
schmiegen [ˈʃmiːgən] *refl. V.* ❶ (*sich kuscheln*) **sich an jdn ~** se blottir contre qn ❷ (*eng anliegen*) **sich an etw** (*Akk*) **~** mouler qc
Schmiere [ˈʃmiːrə] <-, -n> *f* (*Fett*) cambouis *m*
schmieren [ˈʃmiːrən] **I.** *tr. V.* ❶ (*Brot*) tartiner ❷ (*Scharnier*) graisser ❸ *pej fam* (*bestechen*) graisser la patte à ▸ **jdm eine ~** *fam* en coller une à qn **II.** *intr. V. fam* (*Kugelschreiber*) baver
Schmierfett *nt* graisse *f* **Schmierfink** *m fam pej* (*Journalist*) pisseur *m* de copie **Schmiergeld** *nt fam* bakchich *m* **Schmieröl** *nt* huile *f* lubrifiante **Schmierseife** *f* savon *m* noir **Schmierzettel** *m* bout *m* de papier
schmilzt [ʃmɪltst] *3. Pers. Sg. Präs. von* **schmelzen**
Schminke [ˈʃmɪŋkə] <-, -n> *f* maquillage *m*
schminken *tr., refl. V.* [**sich**] **~** [se] maquiller
schmirgeln [ˈʃmɪrgəln] *tr., intr. V.* poncer
Schmirgelpapier *nt* papier *m* [d']émeri
schmiss[RR] [ʃmɪs], **schmiß**[ALT] *Imp. von* **schmeißen**
Schmöker [ˈʃmøːkɐ] <-s, -> *m fam* roman *m* de gare
schmökern [ˈʃmøːkɐn] *intr. V. fam* **in etw** (*Dat*) **~** bouquiner qc
schmollen [ˈʃmɔlən] *intr. V.* bouder
schmolz [ʃmɔlts] *Imp. von* **schmelzen**
Schmorbraten *m* bœuf *m* braisé
schmoren [ˈʃmoːrən] **I.** *tr. V.* (*Braten*) faire braiser **II.** *intr. V.* ❶ (*Braten*) cuire à petit feu ❷ *fam* (*warten*) **jdn ~ lassen** laisser mariner qn
Schmuck [ʃmʊk] <-[e]s> *m* ❶ bijoux *mpl* ❷ (*Verzierung*) décoration *f*
schmücken [ˈʃmʏkən] *tr. V.* (*Raum*) décorer
Schmuckkästchen *nt* coffret *m* à bijoux **Schmuckstück** *nt* bijou *m*
schmudd[e]lig *Adj.* sale, crasseux (-euse)
Schmuggel [ˈʃmʊgəl] <-s> *m* contrebande *f*
schmuggeln **I.** *tr. V.* (*Waren*) faire de la contrebande de; (*Drogen, Waffen*) faire du trafic de **II.** *intr. V.* faire de la contrebande
Schmuggler(in) <-s, -> *m(f)* contrebandier(-ière) *m(f)*
schmunzeln [ˈʃmʊntsəln] *intr. V.* sourire
schmusen [ˈʃmuːzən] *intr. V. fam* **mit jdm ~** faire des mamours à qn
Schmutz [ʃmʊts] <-es> *m* saleté *f*
Schmutzfink *m fam* [petit] cochon *m*
schmutzig *Adj.* ❶ sale; **sich ~ machen** se salir ❷ *pej* (*anrüchig*) sale
Schnabel [ˈʃnaːbəl, *Pl:* ˈʃnɛːbəl] <-s, Schnäbel> *m* bec *m*
Schnake [ˈʃnaːkə] <-, -n> *f* (*nicht stechende Mücke*) cousin *m*
Schnalle [ˈʃnalə] <-, -n> *f* boucle *f*
schnallen *tr. V.* ❶ **etw enger ~** serrer qc ❷ *fam* (*begreifen*) piger
schnalzen [ˈʃnaltsən] *intr. V.* **mit den Fingern ~** faire claquer ses doigts
Schnäppchen [ˈʃnɛpçən] <-s, -> *nt fam* [bonne] affaire *f*
schnappen [ˈʃnapən] **I.** *intr. V.* ❶ + *haben* **nach etw ~** essayer d'attraper qc; **nach jdm ~** (*Hund*) chercher à mordre qn ❷ + *sein* **ins Schloss ~** s'enclencher dans la serrure **II.** *tr. V.* + *haben fam* (*ergreifen*) **sich** (*Dat*) **jdn ~** harponner qn; **sich** (*Dat*) **etw ~** se choper qc
Schnappschloss[RR] *nt* serrure *f* à ressort **Schnappschuss**[RR] *m* instantané *m*
Schnaps [ʃnaps, *Pl:* ˈʃnɛpsə] <-es, Schnäpse> *m* eau-de-vie *f* **Schnapsidee** *f fam* idée *f* loufoque
schnarchen [ˈʃnarçən] *intr. V.* ronfler
schnattern [ˈʃnatɐn] *intr. V.* (*Ente*) cancaner; (*Gans*) criailler
schnauben [ˈʃnaubən] *intr. V.* (*Pferd*) s'ébrouer
schnaufen [ˈʃnaufən] *intr. V.* ❶ + *haben* (*angestrengt atmen*) haleter ❷ + *haben* SDEUTSCH (*atmen*) respirer
Schnauzbart *m* moustache *f*
Schnauze [ˈʃnautsə] <-, -n> *f* gueule *f* ▸ **die ~ voll haben** *fam* en avoir ras le bol
schnauzen *intr. V. fam* gueuler
schnäuzen[RR] [ˈʃnɔytsən] *refl. V.* **sich die Nase ~** se moucher le nez
Schnauzer <-s, -> *m* (*Hundeart*) schnauzer *m*

S

Schnecke ['ʃnɛkə] <-, -n> *f* escargot *m*
Schneckenhaus *nt* coquille *f* [d'escargot] **Schneckentempo** *nt fam* **im ~** comme un escargot/des escargots
Schnee [ʃneː] <-s> *m* neige *f*
Schneeball *m* a. BOT boule *f* de neige **Schneeballschlacht** *f* bataille *f* de boules de neige **Schneebesen** *m* fouet *m* **Schneefall** *m* chute *f* de neige **Schneeflocke** *f* flocon *m* [de neige] **Schneeglöckchen** <-s, -> *nt* perce-neige *m o f* **Schneekette** *f meist Pl.* chaîne *f* [à neige] **Schneemann** <-männer> *m* bonhomme *m* de neige **Schneematsch** *m* neige *f* fondante **Schneepflug** *m* chasse-neige *m* **Schneeregen** *m* neige *f* fondue **schneeweiß** *Adj.* (*Haare*) blanc(blanche) comme la neige; (*Haut*) laiteux(-euse)
Schneewittchen [ʃneː'vɪtçən] <-s> *nt* Blanche-Neige *f*
Schneid [ʃnait] <-[e]s> *m fam* **~ haben** avoir du cran
Schneide ['ʃnaidə] <-, -n> *f* fil *m*, tranchant *m*
schneiden ['ʃnaidən] <schnitt, geschnitten> **I.** *tr. V.* ① (*mit dem Messer*) couper; (*mit der Schere*) découper; **die Zwiebeln klein ~** hacher menu les oignons ② (*Fingernägel, Haare*) couper; (*Bart*) tailler ③ (*Fahrzeug*) faire une queue de poisson à ④ (*Film*) monter ⑤ (*meiden*) fuir **II.** *refl. V.* ① **sich** (*Akk o Dat*) **in den Finger ~** se couper au doigt ② (*sich kreuzen*) **sich ~** (*Straßen*) se couper
schneidend *Adj.* (*Kälte*) mordant(e)
Schneider ['ʃnaidɐ] <-s, -> *m* tailleur *m*
Schneiderei [ʃnaidə'rai] <-, -en> *f* atelier *m* de couture
Schneiderin <-, -nen> *f* couturière *f*
schneidern *intr. V.* (*als Beruf*) être tailleur/couturière; (*als Hobby*) faire de la couture
Schneidersitz *m* **im ~** en tailleur
Schneidezahn *m* incisive *f*
schneien ['ʃnaiən] *intr. V. unpers.* neiger; **es schneit** il neige
Schneise ['ʃnaizə] <-, -n> *f* tranchée *f*
schnell [ʃnɛl] **I.** *Adj.* rapide ▶**auf die Schnelle** *fam* vite fait **II.** *Adv.* (*gehen*) vite; (*arbeiten*) rapidement
Schnelle <-, -n> *f* (*Stromschnelle*) rapide *m*
schnellen *intr. V. + sein* **in die Höhe ~** faire un bond
Schnellhefter *m* chemise *f* **Schnellimbiss**RR *m* snack *m* **Schnellkochtopf** *m* autocuiseur *m*, cocotte-minute® *f*
schnellstens *Adv.* au plus vite
Schnellstraße *f* voie *f* rapide **Schnellzug** *m* train *m* express
schneuzenALT *s.* **schnäuzen**
schniefen ['ʃniːfən] *intr. V.* renifler
Schnippchen ▶**jdm ein ~ schlagen** *fam* faire un pied de nez à qn
schnippen ['ʃnɪpən] *intr. V.* **mit den Fingern ~** claquer des doigts
schnippisch ['ʃnɪpɪʃ] *Adj. pej* impertinent(e)
Schnipsel ['ʃnɪpsəl] <-s, -> *m o nt* petit morceau *m*
schnitt [ʃnɪt] *Imp. von* **schneiden**
Schnitt [ʃnɪt] <-[e]s, -e> *m* ① a. MED (*Einschnitt*) incision *f* ② (*Schnittwunde*) coupure *f* ③ CINE montage *m* ④ (*von Kleidung*) coupe *f*
Schnitte <-, -n> *f* tranche *f*; (*belegt*) tartine *f*
Schnittfläche *f* coupe *f* **Schnittkäse** *m: fromage vendu en tranches* **Schnittlauch** *m kein Pl.* ciboulette *f* **Schnittmuster** *nt* patron *m* **Schnittpunkt** *m* (*von Linien*) point *m* d'intersection **Schnittstelle** *f* INFORM interface *f* **Schnittwunde** *f* coupure *f*; (*tief*) entaille *f*
Schnitzel ['ʃnɪtsəl] <-s, -> *nt* GASTR escalope *f*
schnitzen ['ʃnɪtsən] *tr., intr. V.* sculpter
Schnitzer <-s, -> *m fam* (*Fehler*) **einen ~ machen** *fam* faire une gaffe
schnöde ['ʃnøːdə] *Adj. pej geh* (*Geiz, Motiv, Tat*) sordide
Schnorchel ['ʃnɔrçəl] <-s, -> *m* tuba *m*
Schnörkel ['ʃnœrkəl] <-s, -> *m* (*Ornament*) fioriture *f*
schnorren ['ʃnɔrən] *fam* **I.** *intr. V.* faire la manche **II.** *tr. V.* taxer
Schnorrer(in) <-s, -> *m(f) fam* tapeur(-euse) *m(f)*
Schnösel ['ʃnøːzəl] <-s, -> *m pej fam* morveux *m*
schnüffeln ['ʃnʏfəln] *intr. V.* **an jdm/etw ~** flairer qn/qc
Schnüffler(in) <-s, -> *m(f) pej fam* (*Detektiv*) privé(e) *m(f)*
Schnuller ['ʃnʊlɐ] <-s, -> *m* sucette *f*

Schnulze ['ʃnʊltsə] <-, -n> *f pej fam* (*Lied*) chanson *f* sentimentale

schnulzig *Adj. fam* sentimental

schnupfen ['ʃnʊpfən] *tr. V.* (*Schnupftabak*) priser; (*Kokain*) sniffer

Schnupfen <-s, -> *m* rhume *m;* ~ **haben/bekommen** avoir un rhume/s'enrhumer

schnuppern ['ʃnʊpɐn] *intr. V.* **an etw** ~ renifler qc

Schnur [ʃnuːɐ̯, *Pl:* 'ʃnyːrə] <-, Schnüre> *f* ❶ ficelle *f;* (*einer Angel*) fil *m* ❷ ELEC *fam* fil *m*

schnüren ['ʃnyːrən] *tr. V.* (*Paket*) ficeler; **sich** (*Dat*) **die Schuhe** ~ lacer ses chaussures

schnurgerade ['ʃnuːɐ̯gə'raːdə] **I.** *Adj.* rectiligne **II.** *Adv.* (*verlaufen*) en ligne droite

schnurlos *Adj.* (*Telefon*) sans fil

Schnurrbart *m* moustache *f*

schnurren ['ʃnʊrən] *intr. V.* ronronner

Schnurrhaare *Pl* moustaches *fpl*

Schnürsenkel ['ʃnyːɐ̯zɛŋkəl] *m* lacet *m*

schnurstracks ['ʃnuːɐ̯'ʃtraks] *Adv. fam* (*geradewegs*) tout droit

Schnute ['ʃnuːtə] <-, -n> *f fam* petite bouche *f*

schob [ʃoːp] *Imp. von* **schieben**

Schock [ʃɔk] <-[e]s, -s> *m* choc *m*

schocken *tr. V. fam* choquer

schockieren* [ʃɔ'kiːrən] *tr. V.* choquer

Schöffe ['ʃœfə] <-n, -n> *m,* **Schöffin** *f* assesseur *m (non-professionnel)*

Schokolade [ʃoko'laːdə] <-, -n> *f* chocolat *m*

Schokoriegel *m* barre *f* de chocolat

scholl *Imp. von* **schallen**

Scholle ['ʃɔlə] <-, -n> *f* ❶ (*Fisch*) carrelet *m* ❷ (*Erdscholle*) motte *f* ❸ (*Eisscholle*) bloc *m* de glace

schon [ʃoːn] *Adv.* ❶ (*bereits*) déjà; ~ **jetzt** dès maintenant; ~ **immer** depuis toujours; ~ **wieder?** encore ? ❷ (*irgendwann*) **er wird es** ~ **noch lernen** il apprendra bien ça un jour ❸ (*allein*) ~ **deshalb** rien que pour cela ❹ (*durchaus*) plutôt ❺ (*denn*) **was macht das** ~**?** qu'est-ce que ça peut bien faire ? ❻ (*irgendwie*) **es wird** ~ **klappen** ça va bien marcher ❼ *fam* (*endlich*) **sag** ~**!** allez, dis !

schön [ʃøːn] **I.** *Adj.* ❶ beau(belle); **etwas Schönes** quelque chose de beau ❷ (*Abend, Urlaub*) bon(ne); **bei ihnen ist es** ~ c'est bien chez eux ❸ *fam* (*gut*) **na** ~**!** c'est bon ❹ *iron fam* (*Geschichte*) beau(belle) **II.** *Adv.* (*angenehm*) bien

schonen ['ʃoːnən] *tr. V.* (*Person, Gegenstand*) ménager

schonend **I.** *Adj.* (*Behandlung*) soigneux(-euse); (*Waschmittel*) doux (douce) **II.** *Adv.* (*pfleglich*) avec précaution; (*rücksichtsvoll*) avec ménagements

schöngeistig *Adj.* esthétique

Schönheit <-, -en> *f* (*Eigenschaft*) beauté *f*

Schönheitschirurgie *f* chirurgie *f* esthétique **Schönheitsfehler** *m* (*eines Menschen*) imperfection *f* [esthétique] **Schönheitsoperation** *f* opération *f* de chirurgie esthétique

Schonkost *f* nourriture *f* diététique

schön|machen *refl. V. fam* **sich** ~ se faire beau(belle)

Schönschrift *f* (*in Reinschrift*) au propre

schonungslos *Adj.* (*Offenheit*) impitoyable

Schonzeit *f* période *f* de fermeture de la chasse

Schopf [ʃɔpf, *Pl:* 'ʃœpfə] <-[e]s, Schöpfe> *m* ❶ toupet *m* ❷ ZOOL aigrette *f*

schöpfen ['ʃœpfən] *tr. V.* ❶ (*Suppe*) prendre ❷ (*Mut*) reprendre

Schöpfer(in) <-s, -> *m(f)* ❶ (*eines Kunstwerks*) créateur(-trice) *m(f)* ❷ (*Gott*) **der** ~ le Créateur

schöpferisch **I.** *Adj.* (*Person, Talent*) créateur(-trice) **II.** *Adv.* ~ **tätig sein** travailler dans le domaine créatif

Schöpfkelle *f* louche *f*

Schöpfung <-, -en> *f* ❶ *geh* (*das Geschaffene*) création *f* ❷ *kein Pl.* REL (*Welt*) Création *f*

Schöpfungsgeschichte *f kein Pl.* Genèse *f*

Schoppen ['ʃɔpən] <-s, -> *m* (*Viertelliter*) quart *m;* **ein** ~ **Wein** un quart de vin

schor [ʃoːɐ̯] *Imp. von* **scheren**[1]

Schorf [ʃɔrf] <-[e]s, -e> *m* croûte *f*

Schorle <-, -n> *f* SDEUTSCH (*Weinschorle*) *mélange de vin et d'eau minérale gazeuse*

Schornstein ['ʃɔrnʃtain] *m* cheminée *f*

S

Schornsteinfeger(in) <-s, -> *m(f)* ramoneur(-euse) *m(f)*

schossRR [ʃɔs], **schoß**ALT *Imp. von* **schießen**

Schoß [ʃoːs, *Pl:* ˈʃøːsə] <-es, Schöße> *m* **auf dem/den ~** sur les genoux

Schoßhund *m* bichon *m*

Schote [ˈʃoːtə] <-, -n> *f* cosse *f*

Schotte [ˈʃɔtə] <-n, -n> *m,* **Schottin** *f* Écossais(e) *m(f)*

Schotter [ˈʃɔtɐ] <-s, -> *m* gravier *m*

schottisch *Adj.* écossais(e)

Schottland [ˈʃɔtlant] *nt* l'Écosse *f*

schraffieren* [ʃraˈfiːrən] *tr. V.* hachurer

schräg [ʃrɛːk] **I.** *Adj.* (*Wand*) incliné(e); (*Linie*) oblique; (*Stellung*) penché(e) **II.** *Adv.* (*halten*) de travers; (*verlaufen*) en biais

Schräge <-, -n> *f* ❶ (*schräge Fläche*) plan *m* incliné ❷ (*einer Wand*) inclinaison *f;* (*eines Dachs*) pente *f*

Schrägstrich *m* barre *f* oblique

Schramme [ˈʃramə] <-, -n> *f* (*Verletzung*) éraflure *f*

schrammen **I.** *intr. V. + sein* faire des rayures **II.** *refl. V. + haben* **sich** (*Dat*) **das Knie ~** s'érafler le genou

Schrank [ʃraŋk, *Pl:* ˈʃrɛŋkə] <-[e]s, Schränke> *m* (*Wandschrank*) placard *m;* (*Kleiderschrank*) armoire *f*

Schranke [ˈʃraŋkə] <-, -n> *f* barrière *f*

schrankenlos *Adj.* (*Vertrauen*) sans bornes

Schrankwand *f* bibliothèque *f (composée d'éléments modulables)*

Schraube [ˈʃraubə] <-, -n> *f* ❶ TECH vis *f* ❷ NAUT hélice *f* ▶ **bei ihm ist eine ~ locker** *fam* il ne tourne pas rond

schrauben *tr. V.* (*anbringen*) **etw an/auf etw** (*Akk*) **~** visser qc à/sur qc

Schraubenschlüssel *m* clé *f* **Schraubenzieher** <-s, -> *m* tournevis *m*

Schraubstock *m* étau *m* **Schraubverschluss**RR *m* fermeture *f* à vis

Schrebergarten [ˈʃreːbɐgartən] *m* jardin *m* ouvrier

Schreck [ʃrɛk] <-s> *m* peur *f;* **jdm einen ~ einjagen** faire peur à qn; **einen ~ bekommen** *fam* avoir peur

schrecken[1] <schreckte, geschreckt> *tr. V. + haben geh* (*Person*) effrayer

schrecken[2] <schrak, geschrocken> *intr. V. + sein geh* **aus dem Schlaf ~** être tiré brutalement de son sommeil

Schrecken <-s, -> *m* peur *f;* **mit dem ~ davonkommen** en être quitte pour la peur

Schreckensherrschaft *f* régime *m* de terreur

Schreckgespenst *nt* spectre *m*

schreckhaft *Adj.* peureux(-euse)

schrecklich **I.** *Adj.* ❶ terrible ❷ *pej fam* (*Mensch*) affreux(-euse) **II.** *Adv.* ❶ (*furchtbar*) horriblement ❷ *fam* (*heiß, einsam*) affreusement; (*gernhaben*) terriblement

SchreckschusspistoleRR *f* pistolet *m* d'alarme

Schrei [ʃrai] <-[e]s, -e> *m* cri *m*

Schreibblock <-blöcke> *m* bloc-notes *m*

schreiben [ˈʃraibən] <schrieb, geschrieben> **I.** *tr. V.* (*Text*) écrire; (*Klassenarbeit*) faire; (*Rechnung*) établir **II.** *intr. V.* écrire **III.** *refl. V.* (*korrespondieren*) **sich** (*Dat*) **~** s'écrire

Schreiben <-s, -> *nt* lettre *f*

Schreiber(in) [ˈʃraibɐ] <-s, -> *m(f)* auteur *mf*

schreibfaul *Adj.* trop paresseux(-euse) pour écrire **Schreibfehler** *m* faute *f* d'orthographe **Schreibheft** *nt* cahier *m* **Schreibkraft** *f* dactylo *mf* **Schreibmaschine** *f* machine *f* à écrire **Schreibschrift** *f* a. TYP écriture *f* cursive **Schreibschutz** *m* INFORM protection *f* en écriture **Schreibtisch** *m* bureau *m* **Schreibunterlage** *f* sous-main *m* **Schreibwaren** *Pl* [articles *mpl* de] papeterie *f* **Schreibwarenhandlung** *f* papeterie *f* **Schreibweise** *f* (*Schreibung*) orthographe *f*

schreien [ˈʃraiən] <schrie, geschrie[e]n> **I.** *intr. V.* (*Mensch*) crier; (*Baby*) pleurer **II.** *tr. V.* crier

schreiend *Adj.* (*Farbe*) criard(e); (*Unrecht*) criant(e)

Schreihals *m fam* braillard(e) *m(f)*

Schreiner(in) [ˈʃrainɐ] <-s -> *m(f)* SDEUTSCH menuisier(-ière) *m(f)*

schreiten [ˈʃraitən] <schritt, geschritten> *intr. V. + sein geh* s'avancer; **zur Tat ~** *fig* passer à l'acte

schrie [ʃriː] *Imp. von* **schreien**

schrieb [ʃriːp] *Imp. von* **schreiben**

Schrift [ʃrɪft] <-, -en> *f* ❶ (*Handschrift*) écriture *f* ❷ TYP caractères *mpl* ❸ (*Abhandlung*) écrit *m* ❹ REL **die Heilige ~** les Saintes Écritures *fpl*

Schriftdeutsch *nt* allemand *m* écrit **Schriftgröße** *f* INFORM taille *f* des caractères

schriftlich **I.** *Adj.* écrit(e) **II.** *Adv.* par écrit

Schriftsprache *f* langue *f* écrite

Schriftsteller(in) <-s, -> *m(f)* écrivain *m*

Schriftstück *nt* document *m* **Schriftzeichen** *nt* caractère *m*

schrill [ʃrɪl] *Adj.* (*Ton*) strident(e)

schritt [ʃrɪt] *Imp. von* **schreiten**

Schritt [ʃrɪt] <-[e]s, -e> *m* ❶ pas *m;* **mit leisen ~en** à pas de loup ❷ *kein Pl.* (*Tempo*) pas *m;* **mit jdm ~ halten** suivre l'allure de qn ❸ (*Maßnahme*) mesure *f* ❹ COUT entrejambe *m*

Schrittempo[ALT] *s.* **Schritttempo** **Schrittmacher** *m* MED stimulateur *m* cardiaque **Schritttempo**[RR] *nt* vitesse *f* réduite **schrittweise** *Adv.* (*vorankommen*) progressivement

schroff [ʃrɔf] **I.** *Adj.* ❶ (*steil*) abrupt(e) ❷ (*barsch*) sec(sèche); (*Verhalten*) cassant(e) **II.** *Adv.* (*abfallen*) à pic

schröpfen [ˈʃrœpfən] *tr. V. fam* (*ausnehmen*) plumer

Schrot [ʃroːt] <-[e]s, -e> *m o nt* ❶ *kein Pl.* (*gemahlenes Getreide*) farine *f* grossière ❷ JAGD plomb *m* [de chasse]

Schrotflinte *f* carabine *f* à plombs

Schrott [ʃrɔt] <-[e]s> *m* ❶ ferraille *f* ❷ (*wertloses Zeug*) camelote *f*

Schrotthändler(in) *m(f)* ferrailleur(-euse) *m(f)* **Schrottplatz** *m* (*Autoschrottplatz*) casse *f* **schrottreif** *Adj.* bon(ne) pour la casse

schrubben [ˈʃrʊbən] *fam tr. V.* (*Boden*) frotter

Schrubber <-s, -> *m* balai-brosse *m*

schrullig *Adj. fam* lunatique

schrumpelig [ˈʃrʊmpəlɪç] *s.* **schrumplig**

schrumpfen [ˈʃrʊmpfən] *intr. V.* + *sein* (*Muskeln*) fondre; (*Frucht*) se ratatiner; (*Vorräte*) se réduire

schrumplig *Adj. fam* (*Schale, Haut*) ratatiné(e)

Schub [ʃuːp, *Pl:* ˈʃyːbə] <-[e]s, Schübe> *m* PHYS poussée *f;* MED crise *f*

Schubkarre *f* brouette *f* **Schubkarren** *m* brouette *f* **Schubkraft** *f* poussée *f* **Schublade** <-, -n> *f* tiroir *m*

schubsen [ˈʃʊpsən] *tr. V. fam* bousculer

schüchtern [ˈʃʏçtɐn] *Adj.* timide

Schüchternheit <-> *f* timidité *f*

schuf [ʃuːf] *Imp. von* **schaffen**[2]

Schuft [ʃʊft] <-[e]s, -e> *m pej* crapule *f*

schuften [ˈʃʊftən] *intr. V. fam* trimer

Schufterei [ʃʊftəˈrai] <-, -en> *f fam* boulot *m* de forçat

Schuh [ʃuː] <-[e]s, -e> *m* chaussure *f*

Schuhbändel CH, SDEUTSCH *s.* **Schnürsenkel** **Schuhcreme** *f* cirage *m* **Schuhgeschäft** *nt* magasin *m* de chaussures **Schuhgröße** *f* pointure *f;* **ich habe ~ 40** je fais du 40 **Schuhlöffel** *m* chausse-pied *m* **Schuhmacher(in)** *m(f)* cordonnier(-ière) *m(f)* **Schuhsohle** *f* semelle *f* [de chaussure] **Schulanfang** *m* (*Schulbeginn nach den Ferien*) rentrée *f* [scolaire] **Schularbeiten** *Pl* devoirs *mpl* [à la maison] **Schulbank** <-bänke> *f* banc *m* d'école **Schulbesuch** *m* scolarisation *f* **Schulbildung** *f kein Pl.* formation *f* scolaire **Schulbuch** *nt* livre *m* [scolaire] **Schulbus** *m* car *m* de ramassage [scolaire]

schuld [ʃʊlt] ▸**an etw** (*Dat*) **~ sein** (*Person*) être responsable de qc; (*Sache*) être à l'origine de qc

Schuld [ʃʊlt] <-, -en> *f* ❶ *kein Pl.* (*Verschulden*) culpabilité *f* ❷ (*Verantwortung*) **an etw** (*Dat*) **~ haben** être responsable de qc; **jdm ~ geben** donner la faute à qn ❸ *a.* FIN (*Verpflichtung*) dette *f;* **~en machen** s'endetter

schuldbewusst[RR] *Adj.* (*Miene*) coupable

schulden [ˈʃʊldən] *tr. V.* **jdm Geld ~** devoir de l'argent à qn

Schuldgefühl *nt* sentiment *m* de culpabilité

schuldig *Adj.* ❶ responsable ❷ JUR coupable; **jdn ~ sprechen** déclarer qn coupable ❸ (*verpflichtet*) **jdm Geld ~ sein** devoir de l'argent à qn

Schuldige(r) *f(m) dekl wie Adj* coupable *mf*

Schuldirektor(in) *m(f)* directeur(-trice) *m(f)* de l'école

schuldlos **I.** *Adj.* non responsable **II.** *Adv.* (*unverschuldet*) sans y être pour rien

Schuldner(in) [ˈʃʊldnɐ] <-s, -> *m(f)* débiteur(-trice) *m(f)*

Schuldzuweisung *f* accusation *f*

Schule [ˈʃuːlə] <-, -n> *f* ❶ école *f;* **zur ~ gehen** aller à l'école/au collège/au lycée ❷ *kein Pl.* (*Unterricht*) **die ~ ist aus** l'école *f* est finie; **am Samstag ist ~** il y a classe le samedi

schulen *tr. V.* (*Person*) former; (*Gedächtnis*) exercer

S

Schüler(in) ['ʃy:lɐ] <-s, -> *m(f)* ❶ élève *mf* ❷ (*eines Philosophen*) disciple *mf*

Schüleraustausch *m* échange *m* scolaire **Schülerausweis** *m* ≈ carte *f* de lycéen(ne) **Schülerzeitung** *f* journal *m* scolaire

Schulfach *nt* matière *f* **Schulferien** *Pl* vacances *fpl* scolaires

schulfrei *Adj.* (*Samstag*) sans école; ~ **haben** ne pas avoir classe **Schulfreund(in)** *m(f)* camarade *mf* d'école/de collège/lycée **Schulgeld** *nt* frais *mpl* de scolarité **Schulheft** *nt* cahier *m* **Schulhof** *m* cour *f* [de l'école]

schulisch *Adj.* scolaire

Schuljahr *nt* année *f* scolaire **Schulkamerad(in)** *m(f)* s. **Schulfreund** **Schulklasse** *f* classe *f* **Schulleiter(in)** *m(f)* chef *mf* d'établissement **Schulpflicht** *f kein Pl.* obligation *f* scolaire **schulpflichtig** *Adj.* (*Kind*) d'âge scolaire **Schulranzen** *m* cartable *m* [à bretelles] **Schulschluss**[RR] *m kein Pl.* fin *f* des cours **Schulsprecher(in)** *m(f)* délégué(e) *m(f)* des élèves **Schulsystem** *nt* système *m* scolaire **Schultag** *m* jour *m* de classe

Schulter ['ʃʊltɐ] <-, -n> *f* épaule *f*

Schulterblatt *nt* omoplate *f* **schulterfrei** *Adj.* (*Kleid*) à épaules nues **schulterlang** *Adj.* arrivant aux épaules

schultern *tr. V.* mettre sur l'épaule

Schulterpolster *nt* épaulette *f*

Schulung <-, -en> *f* ❶ (*Kurs*) formation *f* ❷ (*des Gedächtnisses*) entraînement *m*

> Une **Schultüte** est une pochette-surprise géante offerte par ses parents à un enfant de six ans pour fêter son premier jour d'école. Sa photo-souvenir avec la **Schultüte** fait partie de la tradition et trône en place d'honneur jusqu'au prochain grand événement.

Schulunterricht *m* cours *mpl* **Schulweg** *m* chemin *m* de l'école **Schulzeit** *f* scolarité *f* **Schulzeugnis** *nt* bulletin *m* scolaire

schummeln ['ʃʊməln] *intr. V. fam* tricher

schumm[e]rig *Adj. fam* (*Beleuchtung*) tamisé(e)

Schund [ʃʊnt] <-[e]s> *m pej fam* (*wertlose Ware*) camelote *f*

Schuppe ['ʃʊpə] <-, -n> *f* ❶ ZOOL écaille *f* ❷ *Pl* (*Kopfschuppe*) pellicules *fpl*

Schuppen ['ʃʊpən] <-s, -> *m* hangar *m*; (*klein*) appentis *m*

schuppig *Adj.* (*Fisch, Haut*) écailleux (-euse); (*Haar*) pelliculeux(-euse)

schüren ['ʃy:rən] *tr. V.* attiser

schürfen ['ʃʏrfən] **I.** *intr. V.* **nach Gold** ~ prospecter pour trouver de l'or **II.** *tr. V.* **sich** (*Dat*) **das Knie** ~ s'érafler le genou

Schürfwunde *f* écorchure *f*

Schürhaken *m* tisonnier *m*

Schurke ['ʃʊrkə] <-n, -n> *m* crapule *f*

Schurwolle *f* laine *f* vierge

Schürze ['ʃʏrtsə] <-, -n> *f* tablier *m*

Schürzenjäger *m pej fam* dragueur *m*

Schuss[RR] <-es, Schüsse>, **Schuß**[ALT] [ʃʊs] <-sses, Schüsse> *m* ❶ coup *m* de feu ❷ (*Munition*) balle *f* ❸ (*Spritzer*) **ein** ~ **Essig** un filet de vinaigre ❹ SPORT tir *m*

Schussel <-s, -> *m fam* (*ungeschickter Mensch*) manchot(e) *m(f)*

Schüssel ['ʃʏsəl] <-, -n> *f* ❶ plat *m* creux; (*Salatschüssel*) saladier *m* ❷ (*Waschschüssel*) cuvette *f*

schusselig *Adj. fam* (*ungeschickt*) manchot(e)

Schusslinie[RR] *f* ligne *f* de tir **Schusswaffe**[RR] *f* arme *f* à feu

Schuster(in) ['ʃu:stɐ] <-s, -> *m(f)* cordonnier(-ière) *m(f)*

Schutt [ʃʊt] <-[e]s> *m* gravats *mpl*; (*Gebäudetrümmer*) décombres *mpl*

Schuttabladeplatz *m* décharge *f* de déblais

Schüttelfrost *m* frissons *mpl*

schütteln ['ʃʏtəln] **I.** *tr., intr. V.* [**jdn/etw**] ~ secouer [qn/qc] **II.** *refl. V.* **sich** ~ s'ébrouer

schütten ['ʃʏtən] **I.** *tr. V.* (*Wasser, Mehl*) verser **II.** *intr. V. unpers. fam* **es schüttet** il pleut comme vache qui pisse

Schutz [ʃʊts] <-es> *m* ❶ ~ **vor/gegen etw** protection *f* contre qc ❷ (*Sicherheit*) ~ **vor etw suchen** chercher à se mettre à l'abri de qc ▸ **jdn vor jdm in** ~ **nehmen** protéger qn contre qn

Schutzanzug *m* combinaison *f* protectrice **Schutzblech** *nt* (*eines Fahrrads*) garde-boue *m* **Schutzbrille** *f* lunettes *fpl* de protection

Schütze ['ʃʏtsə] <-n, -n> *m*, **Schützin** *f* ❶ SPORT, JAGD tireur(-euse) *m(f)* ❷ ASTRO Sagittaire *m*
schützen ['ʃʏtsən] **I.** *tr. V.* **etw vor Nässe ~** protéger qc contre l'humidité **II.** *intr. V.* **gegen die Kälte ~** protéger contre le froid **III.** *refl. V.* **sich vor etw** (*Dat*) **~** se protéger contre qc
schützend *Adj.* protecteur(-trice)
Schützenfest *nt* fête *f* de la société de tir
Schutzengel *m* ange *m* gardien
Schützengraben *m* tranchée *f*
Schutzgeld *nt* taxe *f (extorquée par des racketteurs)* **Schutzhelm** *m* casque *m* de sécurité **Schutzhütte** *f* refuge *m* **Schutzimpfung** *f* vaccination *f* préventive **schutzlos** *Adj., Adv.* sans défense **Schutzmarke** *f* marque *f* déposée **Schutzmaßnahme** *f* mesure *f* protectrice **Schutzumschlag** *m* jaquette *f*
Schwabe ['ʃvaːbə] <-n, -n> *m*, **Schwäbin** *f* Souabe *mf*
Schwaben ['ʃvaːbən] <-s> *nt* la Souabe
schwäbisch *Adj.* souabe
schwach [ʃvax] <schwächer, schwächste> **I.** *Adj.* (*Person, Schüler, Argument*) faible; (*Herz*) fragile; **bei jdm/etw ~ werden** *fam* craquer devant qn/qc ▶ **nur nicht ~ werden!** *fam* (*bleib/bleibt standhaft*) ce n'est pas le moment de mollir !; (*halt/haltet durch*) ce n'est pas le moment de flancher ! **II.** *Adv.* (*duften*) légèrement; (*besucht*) peu
Schwäche ['ʃvɛçə] <-> *f kein Pl.* ❶ (*geringe Kraft*) faiblesse *f* ❷ (*Vorliebe*) **eine ~ für jdn/etw haben** avoir un faible pour qn/qc
Schwächeanfall *m* malaise *m*
schwächen *tr., intr. V.* affaiblir
Schwachkopf *m fam* débile *mf*
schwächlich *Adj.* (*Person*) chétif(-ive)
Schwächling ['ʃvɛçlɪŋ] <-s, -e> *m* gringalet *m*
schwach|machen[RR] *tr. V. fam* faire craquer ▶ **mach mich nicht schwach!** tu veux me faire marcher !
Schwachsinn *m kein Pl.* MED débilité *f* mentale **schwachsinnig** *Adj.* ❶ MED débile [mental(e)] ❷ *fam* (*unsinnig*) débile **Schwachstelle** *f* point *m* faible
Schwächung <-, -en> *f a. fig* affaiblissement *m*
Schwaden ['ʃvaːdən] <-s, -> *m meist Pl.* (*Rauchschwaden*) nuage *m;* (*Nebelschwaden*) nappe *f*
schwafeln ['ʃvaːfəln] *fam* **I.** *intr. V.* (*lange reden*) radoter **II.** *tr. V.* sortir
Schwager ['ʃvaːgɐ, *Pl:* 'ʃvɛːgɐ] <-s, Schwäger> *m*, **Schwägerin** *f* beau-frère *m*/belle-sœur *f*
Schwalbe ['ʃvalbə] <-, -n> *f* hirondelle *f*
Schwall [ʃval] <-[e]s, -e> *m* (*von Wasser, Worten*) flot *m*
schwamm [ʃvam] *Imp. von* **schwimmen**
Schwamm [ʃvam, *Pl:* 'ʃvɛmə] <-[e]s, Schwämme> *m* ❶ a. ZOOL éponge *f* ❷ A, CH (*Pilz*) champignon *m* [comestible]
schwammig *Adj.* (*vage*) évasif(-ive)
Schwan [ʃvaːn, *Pl:* 'ʃvɛːnə] <-[e]s, Schwäne> *m* cygne *m*
schwand [ʃvant] *Imp. von* **schwinden**
schwang [ʃvaŋ] *Imp. von* **schwingen**
schwanger ['ʃvaŋɐ] *Adj.* (*Frau*) enceinte
Schwangere *f dekl wie Adj* femme *f* enceinte
Schwangerschaft <-, -en> *f* grossesse *f*
Schwangerschaftsabbruch *m* interruption *f* [volontaire] de grossesse **Schwangerschaftstest** *m* test *m* de grossesse
schwanken ['ʃvaŋkən] *intr. V.* ❶ + *haben* (*Gerüst*) osciller; (*Preis*) fluctuer ❷ + *sein* (*Mensch*) tituber
Schwankung <-, -en> *f* variation *f*
Schwanz [ʃvants, *Pl:* 'ʃvɛntsə] <-es, Schwänze> *m* queue *f*
schwänzen ['ʃvɛntsən] *tr., intr. V. fam* sécher
schwappen ['ʃvapən] *intr. V.* ❶ + *sein* **über den Rand ~** déborder ❷ + *haben* (*sich hin und her bewegen*) clapoter
Schwarm [ʃvarm, *Pl:* 'ʃvɛrmə] <-[e]s, Schwärme> *m* ❶ **ein ~ Bienen/Heuschrecken/Fische** un essaim d'abeilles/une nuée de sauterelles/un banc de poissons ❷ *kein Pl. fam* (*verehrter Mensch*) idole *f*
schwärmen ['ʃvɛrmən] *intr. V.* + *haben* (*begeistert reden*) **von etw ~** parler avec enthousiasme de qc
Schwärmerei [ʃvɛrmə'rai] <-, -en> *f* (*Begeisterung*) engouement *m*
schwärmerisch **I.** *Adj.* (*Person*) passionné(e) **II.** *Adv.* avec emballement

S

Schwarte ['ʃvartə] <-, -n> *f* GASTR couenne *f*

schwarz [ʃvarts] <schwärzer, schwärzeste> **I.** *Adj.* ❶ noir(e) ❷ *fam* (*Liste*) noir(e); (*Benutzung*) illégal(e); (*Erwerb*) au noir **II.** *Adv.* ❶ (*gekleidet*) en noir ❷ *fam* (*illegal*) au noir

Schwarzafrika *nt* l'Afrique *f* noire **Schwarzarbeit** *f kein Pl.* travail *m* au noir **Schwarzarbeiter(in)** *m(f)* travailleur(-euse) *m(f)* au noir **Schwarzbrot** *nt* pain *m* noir

Schwarze(r) *f(m) dekl wie Adj* Noir(e) *m(f)*

schwärzen *tr. V.* noircir

schwarz\|fahren ['ʃvartsfa:rən] *intr. V. unreg + sein* voyager sans billet **Schwarzfahrer(in)** *m(f)* (*Mensch ohne Fahrausweis*) voyageur(-euse) *m(f)* sans billet **schwarzhaarig** *Adj.* (*Mann, Frau*) aux cheveux noirs; ~ **sein** avoir les cheveux noirs **Schwarzhandel** *m,* **Schwarzmarkt** *m* marché *m* noir **schwarz\|malen** *intr. V.* (*pessimistisch sein*) voir tout en noir **schwarz\|sehen** *intr. V. unreg* ❶ (*pessimistisch sein*) **für jdn** ~ voir qn mal parti(e); **für etw** ~ être pessimiste sur qc ❷ (*Fernsehgebühren hinterziehen*) resquiller sur la redevance télé[vision] **Schwarzwald** *m* **der** ~ la Forêt-Noire **schwarzweiß** ['ʃvarts'vais], **schwarz-weiß**^RR *Adj.* ❶ (*Zeichnung*) noir et blanc *inv.* ❷ CINE, PHOT [en] noir et blanc **Schwarz-Weiß-Film**^RR *m* PHOT pellicule *f* noir et blanc; CINE film *m* [en] noir et blanc **Schwarz-Weiß-Foto**^RR *f* photo *f* [en] noir et blanc **Schwarzwurzel** *f* salsifis *m*

S

Schwatz [ʃvats] <-es, -e> *m fam* causette

schwatzen *intr. V.* (*tratschen*) bavarder

Schwätzer(in) <-s, -> *m(f) pej* bavard(e) *m(f)*

schwatzhaft *Adj.* bavard(e)

Schwebe ['ʃve:bə] **in der ~ sein** (*Entscheidung*) être en suspens

Schwebebahn *f* chemin *m* de fer suspendu

schweben *intr. V.* ❶ + *haben* (*Mensch*) planer; (*Verfahren*) être en suspens ❷ + *sein* (*herabsinken*) **zu Boden** ~ descendre lentement

Schwede ['ʃve:də] <-n, -n> *m,* **Schwedin** *f* Suédois(e) *m(f)*

Schweden ['ʃve:dən] <-s> *nt* la Suède

schwedisch **I.** *Adj.* suédois(e) **II.** *Adv.* ~ **miteinander sprechen** parler en suédois

Schwedisch <-[s]> *nt kein Art.* suédois *m; s.a.* **Deutsch**

Schwefel ['ʃve:fəl] <-s> *m* soufre *m*

Schwefelsäure *f* CHEM acide *m* sulfurique

Schweif [ʃvaif] <-[e]s, -e> *m* queue *f*

schweifen ['ʃvaifən] *intr. V. + sein geh* (*Gedanken, Blick*) vagabonder

Schweigemarsch *m* marche *f* silencieuse

schweigen ['ʃvaigən] <schwieg, geschwiegen> *intr. V.* (*Person*) garder le silence; **schweig!** silence ! ▶**ganz zu ~ von ...** sans parler de ...

Schweigen <-s> *nt* silence *m;* (*absichtliches Nichtreden*) mutisme *m* ▶**jdn zum ~ bringen** faire taire qn

schweigend **I.** *Adj.* silencieux(-euse) **II.** *Adv.* sans dire un mot

Schweigepflicht *f* **ärztliche** ~ secret médical

schweigsam *Adj.* (*Person*) taciturne

Schwein [ʃvain] <-s, -e> *nt* ❶ cochon *m* ❷ *fam* (*Schweinefleisch*) porc *m* ❸ *fam* (*Mensch*) salaud *m;* **ein armes** ~ un pauvre mec

Schweinebraten *m* rôti *m* de porc **Schweinefleisch** *nt* porc *m,* viande *f* de porc **Schweinegrippe** *f* MED grippe *f* porcine

Schweinerei [ʃvainə'rai] <-, -en> *f fam* ❶ (*Unordnung*) cochonnerie *f* ❷ (*Gemeinheit*) vacherie *f*

Schweineschmalz *nt* saindoux *m* **Schweinestall** *m fam* porcherie *f*

schweinisch *fam* **I.** *Adj.* cochon(ne) **II.** *Adv.* (*sich verhalten*) comme un cochon/des cochons

Schweiß [ʃvais] <-es> *m kein Pl.* sueur *f*

Schweißausbruch *m* accès *m* de transpiration

Schweißbrenner *m* chalumeau *m*

schweißen ['ʃvaisən] *tr., intr. V.* souder

schweißgebadet ['ʃvaisgə'ba:dət] *Adj.* en nage

Schweißnaht *f* soudure *f*

schweißnass^RR *Adj.* trempé(e) de sueur **Schweißtropfen** *m* goutte *f* de sueur

Schweiz [ʃvaits] <-> *f* **die** ~ la Suisse; **die deutschsprachige/französische/italienische** ~ la Suisse alémanique/romande/italienne

Schweizer *Adj. attr* suisse; (*Hauptstadt*) de la Suisse

Schweizer(in) <-s, -> *m(f)* Suisse(-esse) *m(f)*

schweizerdeutsch **I.** *Adj.* suisse-allemand(e) **II.** *Adv.* ~ **miteinander sprechen** discuter en suisse-allemand

Schweizerdeutsch *nt kein Art.* suisse-allemand *m; s.a.* **Deutsch**

schweizerisch *s.* **Schweizer**

schwelgen ['ʃvɛlgən] *intr. V.* ① (*sich gütlich tun*) se régaler, se délecter ② *geh* (*sich gehen lassen*) **in Erinnerungen** ~ plonger dans ses souvenirs

Schwelle ['ʃvɛlə] <-, -n> *f* ① (*Tür-, Reizschwelle*) seuil *m* ② (*Bahnschwelle*) traverse *f*

schwellen ['ʃvɛlən] <schwillt, schwoll, geschwollen> *intr. V. + sein* MED enfler

Schwellenangst *f* appréhension *f (à aborder une situation nouvelle)* **Schwellenland** *nt* nouveau pays *m* industrialisé

Schwellung <-, -en> *f* enflure *f*

schwenkbar *Adj.* orientable

schwenken ['ʃvɛŋkən] *tr. V. + haben* ① (*Brief*) agiter ② (*Kamera*) diriger ③ GASTR **etw in Butter** (*Dat*) ~ remuer qc dans du beurre

schwer [ʃveːɐ̯] **I.** *Adj.* ① lourd(e); **fünf Kilo ~ sein** peser cinq kilos ② (*Verletzung*) grave ③ (*Bedenken*) grave *antéposé*; (*Irrtum*) lourd(e) *antéposé* ④ (*hart*) dur(e) ⑤ (*Krankheit*) grave ⑥ (*schwierig*) difficile ⑦ *attr* (*Sturm, Lkw*) gros(se) *antéposé* ⑧ (*Essen, Wein*) lourd(e) **II.** *Adv.* ① (*beladen*) lourdement; (*wiegen*) lourd ② (*arbeiten*) durement ③ (*enttäuschen*) profondément; (*treffen*) durement ④ (*atmen*) difficilement; (*hören*) mal ⑤ (*sich verletzen*) gravement ⑥ (*bestrafen*) sévèrement ⑦ (*nicht leicht*) **es ~ haben** avoir la vie dure

Schwerarbeit *f kein Pl.* travail *m* de force **schwerbehindert** *s.* **behindern** **Schwerbehinderte(r)** *f(m) dekl wie Adj* handicapé(e) *m(f)* sévère

Schwere <-> *f* JUR, MED gravité *f*

schwerelos *Adj.* (*Gegenstand, Körper*) en apesanteur; (*Zustand*) d'apesanteur

Schwerelosigkeit <-> *f* apesanteur *f* **schwer|fallen** *intr. V. unreg* ① (*belastend sein, zu schaffen machen*) **diese Arbeit fällt ihm schwer** ce travail lui pèse; **der Abschied fällt ihr schwer** le départ lui coûte; **es fällt mir schwer, das zu sagen** j'ai du mal à dire ça ② (*körperlich anstrengend sein*) **das Treppensteigen fällt ihr schwer** elle a du mal à monter les escaliers

schwerfällig *Adj.* (*Person, Tier*) lourdaud(e); (*Bewegung*) pataud(e); (*Stil*) gauche

Schwergewicht *nt* ① (*Gewichtsklasse*) catégorie *f* [des] poids lourds ② (*Sportler*) poids *m* lourd **schwerhörig** *Adj.* malentendant(e) **Schwerhörigkeit** *f kein Pl.* surdité *f* partielle **Schwerindustrie** *f* industrie *f* lourde **Schwerkraft** *f kein Pl.* pesanteur *f* **Schwerkranke(r)** *f(m) dekl wie Adj* malade *mf* grave **Schwermetall** *nt* métal *m* lourd **schwermütig** *Adj.* mélancolique **schwer|nehmen** *tr. V. unreg* prendre au tragique; **alles ~** prendre tout au tragique; **das Leben ~** prendre la vie du mauvais côté; **nimm das doch nicht so schwer!** ne t'en fais pas tellement ! **Schwerpunkt** *m* ① **den ~ auf etw** (*Akk*) **legen** mettre l'accent sur qc ② PHYS centre *m* de gravité

Schwert [ʃveːɐ̯t] <-[e]s, -er> *nt* (*Waffe*) épée *f*

schwer|tun *refl. V. unreg* **sich** (*Akk o Dat*) ~ avoir bien du mal; **sich** (*Akk o Dat*) **mit jdm/etw ~** avoir bien du mal avec qn/qc

Schwerverbrecher(in) *m(f)* grand(e) criminel(le) *m(f)* **Schwerverletzte(r)** *f(m) dekl wie Adj* blessé(e) *m(f)* grave **schwerwiegend** *Adj.* grave; (*Bedenken*) sérieux(-euse)

Schwester ['ʃvɛstɐ] <-, -n> *f* ① *a.* REL sœur *f* ② (*Krankenschwester*) infirmière *f*

schwesterlich **I.** *Adj.* de sœur; (*Liebe*) d'une sœur **II.** *Adv.* comme des sœurs

schwieg [ʃviːk] *Imp. von* **schweigen**

Schwiegereltern ['ʃviːgɐʔɛltɐn] *Pl* beaux-parents *mpl* **Schwiegermutter** *f* belle-mère *f* **Schwiegersohn** *m* gendre *m* **Schwiegertochter** *f* belle-fille *f* **Schwiegervater** *m* beau-père *m*

Schwiele ['ʃviːlə] <-, -n> *f* cal *m*

schwierig ['ʃviːrɪç] *Adj.* difficile

Schwierigkeit <-, -en> *f* difficulté *f*; **jdn in ~en bringen** mettre qn en difficulté

schwillt [ʃvɪlt] *3. Pers. Sg. Präs. von* **schwellen**

Schwimmbad *nt* piscine *f*
schwimmen ['ʃvɪmən] <schwamm, geschwommen> **I.** *intr. V. + sein* ❶ nager ❷ *(treiben)* **auf dem/im Wasser ~** *(Gegenstand)* flotter sur/surnager dans l'eau **II.** *tr. V. + haben o sein* **hundert Meter ~** nager un cent mètres
Schwimmer(in) ['ʃvɪmɐ] <-s, -> *m(f)* nageur(-euse) *m(f)*
Schwimmhalle *f* piscine *f* couverte **Schwimmweste** *f* gilet *m* de sauvetage
Schwindel ['ʃvɪndəl] <-s> *m* ❶ *(Betrug)* escroquerie *f* ❷ *(benommener Zustand)* vertige *m*
Schwindelanfall *m* étourdissement *m*
Schwindelei <-, -en> *f fam* bobard *m*
schwindelfrei *Adj.* **~ sein** ne pas avoir le vertige
schwindelig *s.* **schwindlig**
schwindeln *intr. V. fam* raconter des bobards
schwinden ['ʃvɪndən] <schwand, geschwunden> *intr. V. + sein (Ressourcen)* s'amenuiser; *(Interesse)* tomber
Schwindler(in) <-s, -> *m(f)* *(Betrüger)* escroc *m*
schwindlig *Adj.* **jdm ist ~** qn a le vertige
schwingen ['ʃvɪŋən] <schwang, geschwungen> **I.** *tr. V. + haben (Fähnchen)* agiter; *(Schwert)* brandir **II.** *intr. V. + haben o sein (Membran, Saite)* vibrer; *(Brücke)* osciller **III.** *refl. V. + haben* **sich aufs Motorrad ~** sauter sur sa moto
Schwingung <-, -en> *f* *(Pendelbewegung)* oscillation *f*
S
Schwips [ʃvɪps] <-es, -e> *m fam* **einen ~ haben** être pompette
schwirren ['ʃvɪrən] *intr. V. + sein* **durch die Luft ~** *(Vögel)* voler dans un bruissement d'ailes
schwitzen ['ʃvɪtsən] *intr. V.* suer
Schwitzen <-s> *nt* transpiration *f;* **ins ~ kommen** se mettre à transpirer
schwoll [ʃvɔl] *Imp. von* **schwellen**
schwören ['ʃvøːrən] <schwor, geschworen> **I.** *intr. V.* jurer **II.** *tr. V.* ❶ **einen Eid ~** prêter serment ❷ *(geloben)* **jdm etw ~** jurer à qn qc ❸ *(fest versichern)* **jdm ~ etw zu tun** jurer à qn de faire qc
schwul [ʃvuːl] *Adj. fam* homo
schwül [ʃvyːl] *Adj.* lourd(e); **es ist ~** il fait lourd
Schwule(r) *m dekl wie Adj fam* homo *m,* pédé *m*
schwulstig ['ʃvʊlstɪç] *Adj.* A, **schwülstig** ['ʃvʏlstɪç] *Adj.* *(Stil)* ampoulé(e)
Schwund [ʃvʊnt] <-[e]s> *m* *(Verlust)* perte *f*
Schwung [ʃvʊŋ, *Pl:* 'ʃvʏŋə] <-[e]s, Schwünge> *m* *(Bewegung)* élan *m;* **~ holen** prendre son élan
schwunghaft *Adj.* florissant(e)
schwungvoll **I.** *Adj.* *(Bewegung)* impétueux(-euse); *(Handschrift)* vigoureux(-euse) **II.** *Adv.* *(mit Schwung)* avec vivacité; *(mit Elan, Anlauf)* avec entrain
Schwur [ʃvuːɐ̯, *Pl:* 'ʃvyːrə] <-[e]s, Schwüre> *m* serment *m*
Schwurgericht *nt* cour *f* d'assises
SciencefictionRR ['saɪəns'fɪkʃən] <-, -s> *f* science-fiction *f*
sechs [zɛks] *Num.* six; *s.a.* **acht**[1]
Sechs <-, -en> *f* ❶ *(Zahl, Spielkarte, Augenzahl)* six *m* ❷ *(schlechteste Schulnote)* ≈ zéro *m;* CH *(beste Schulnote)* ≈ vingt *m*
Sechseck *nt* hexagone *m* **sechseckig** *Adj.* hexagonal(e)
sechseinhalb *Num.* **~ Meter** six mètres et demi; *s.a.* **achteinhalb**
Sechser <-s, -> *m fam* ❶ *(schlechteste Schulnote)* bulle *f;* CH *(beste Schulnote)* ≈ vingt *m* ❷ *(Lottogewinn)* six bons numéros *mpl*
sechserlei *Adj. unv.* **~ Sorten Brot** six sortes de pain; *s.a.* **achterlei**
Sechserpack *m* pack *m* de six
sechsfach **I.** *Adj.* **die ~e Menge nehmen** prendre six fois la quantité **II.** *Adv.* *(falten)* en six; *s.a.* **achtfach** **sechshundert** *Num.* six cents **sechsmal** *Adv.* six fois; *s.a.* **achtmal**
sechst *Adv.* **zu ~ sein** être six; *s.a.* **acht**[2] **sechstausend** *Num.* six mille
sechste(r, s) *Adj.* ❶ sixième ❷ *(bei Datumsangaben)* **der ~ März** le six mars; *s.a.* **achte(e, r)**
sechstel *Adj.* sixième; *s.a.* **achtel**
Sechstel <-s, -> *nt* sixième *m*
sechstens *Adv.* sixièmement
sechzehn ['zɛçtseːn] *Num.* seize; *s.a.* **acht**[1] **Sechzehntel** *nt* a. MATH seizième *m*

sechzig ['zɛçtsɪç] *Num.* soixante; *s.a.* **achtzig**
Sechzig <-, -en> *f* soixante *m*
sechziger *Adj. unv.* **die ~ Jahre** les années *fpl* soixante; *s.a.* **achtziger**
sechzigste(r, s) *Adj.* soixantième; *s.a.* **achtzigste(r, s)**
Secondhandladen ['sɛkəndhɛndla:dn] *m* friperie *f*
SED [ɛsʔe:'de:] <-> *f* HIST *Abk. von* **Sozialistische Einheitspartei Deutschlands** *parti socialiste unifié de l'ex-R.D.A.*
See[1] [ze:] <-s, -n> *m* lac *m*
See[2] <-> *f kein Pl.* (*Meer, ~gang*) mer *f*
Seebad *nt* station *f* balnéaire **Seegang** *m kein Pl.* houle *f*; **starker ~** mer forte *f* **Seehund** *m* phoque *m* **Seeigel** *m* oursin *m* **seekrank** *Adj.* **~ sein** avoir le mal de mer **Seekrankheit** *f kein Pl.* mal *m* de mer **Seelachs** *m* colin *m*
Seele ['ze:lə] <-, -n> *f* ① REL âme *f* ② (*Psyche*) psychisme *m* ③ (*Herz*) **aus tiefster ~** de tout cœur
Seelenheil *nt* salut *m* [de l'âme] **Seelenruhe** *f* **in aller ~** en toute tranquillité **seelenruhig** *Adv.* tranquillement
Seeleute *Pl. von* **Seemann**
seelisch **I.** *Adj.* psychique **II.** *Adv.* **~ bedingt** (*Krankheit*) psychosomatique
Seelsorge *f kein Pl.* direction *f* de conscience **Seelsorger(in)** <-s, -> *m(f)* directeur(-trice) *m(f)* de conscience
Seeluft *f kein Pl.* air *m* marin **Seemann** <-leute> *m* marin *m* **Seemeile** *f* mille *m* marin **Seenot** *f kein Pl.* **in ~ geraten** se retrouver en [situation de] détresse **Seepferdchen** ['ze:pfe:ɐ̯tçən] *nt* hippocampe *m* **Seeräuber** *m* pirate *m* **Seereise** *f* croisière *f* **Seerose** *f* ① BOT nénuphar *m* ② ZOOL anémone *f* de mer **Seestern** *m* étoile *f* de mer **Seetang** *m* fucus *m* **Seeweg** *m* voie *f* maritime **Seezunge** *f* sole *f*
Segel ['ze:gəl] <-s, -> *nt* voile *f*
Segelboot *nt* voilier *m* **segelfliegen** *intr. V. nur Infin* faire du vol à voile **Segelfliegen** *nt* vol *m* à voile **Segelflugzeug** *nt* planeur *m* **Segeljacht** *f* yacht *m* à voiles
segeln *intr. V. + sein* ① (*fahren*) naviguer [à la voile] ② (*den Segelsport betreiben*) faire de la voile
Segelschiff *nt* voilier *m* **Segeltuch** <-tuche> *nt* toile *f* [à voile]
Segen ['ze:gən] <-s, -> *m* bénédiction *f*
segensreich *Adj. geh* salutaire
Segler <-s, -> *m* ① navigateur *m* ② (*Segelschiff*) voilier *m*
segnen ['ze:gnən] *tr. V.* bénir
sehbehindert *Adj.* malvoyant(e)
sehen ['ze:ən] <sieht, sah, gesehen> **I.** *tr. V.* ① voir; **sich ~ lassen** se manifester ② (*ansehen: Fernsehfilm*) regarder; (*Theaterstück, Kinofilm*) voir ③ (*betrachten*) **so gesehen** vu sous cet angle ④ (*erleben, ertragen*) **etw nicht ~ können** ne pas supporter la vue de qc **II.** *intr. V.* ① voir ② (*hinschauen*) **darf ich mal ~?** puis-je regarder ?; **siehe oben/unten** (*Verweis*) voir plus haut/ci-dessous **III.** *refl. V.* **sich ~** se voir
Sehen <-s> *nt* **jdn vom ~ kennen** connaître qn de vue
Sehenswürdigkeit <-, -en> *f* curiosité *f*
Sehkraft *f kein Pl.* vue *f*
Sehne ['ze:nə] <-, -n> *f* ① ANAT tendon *m* ② a. MATH corde *f*
sehnen ['ze:nən] *refl. V.* **sich nach jdm/etw ~** rêver d'avoir qn/désirer [ardemment] qc
Sehnenscheidenentzündung *f* MED inflammation *f* du tendon
Sehnerv *m* nerf *m* optique
sehnig *Adj.* (*Person*) nerveux(-euse)
sehnlich **I.** *Adj.* (*Hoffnung, Wunsch*) ardent(e); (*Erwartung*) éperdu(e) **II.** *Adv.* ardemment
Sehnsucht <-, Sehnsüchte> *f* nostalgie *f*; **~ nach jdm haben** se languir de qn
sehnsüchtig **I.** *Adj. attr* (*Blick*) nostalgique; (*Erwartung*) éperdu(e); (*Hoffnung*) ardent(e) **II.** *Adv.* ardemment
sehr [ze:ɐ̯] <mehr, am meisten> *Adv.* ① *mit Verb* beaucoup; **jdn ~ lieben** aimer beaucoup qn ② *mit Adj., Adv.* très; **~ groß** très grand; **~ viel** énormément
Sehtest *m* test *m* visuel **Sehvermögen** *nt kein Pl.* vue *f*
seicht [zaiçt] *Adj.* (*Gewässer*) peu profond(e); (*Unterhaltung*) insipide
seid [zait] *2. Pers. Pl. Präs. von* **sein**[1]
Seide ['zaidə] <-, -n> *f* soie *f*
Seidenpapier *nt* papier *m* de soie **Seidenraupe** *f* ver *m* à soie
seidig *Adj.* soyeux(-euse)

S

Seife ['zaifə] <-, -n> *f* savon *m*

Seifenblase *f* bulle *f* de savon **Seifenoper** *f* soap-opéra *m*

Seil [zail] <-[e]s, -e> *nt* corde *f;* (*Drahtseil*) câble *m*

Seilbahn *f* (*auf Schienen*) funiculaire *m;* (*Drahtseilbahn*) téléphérique *m* **seil|springen** *intr. V. irr, nur Infin und PP + sein* sauter à la corde **Seiltänzer(in)** *m(f)* funambule *mf*

sein[1] [zain] <bin, bist, ist, sind, seid, war, gewesen> **I.** *intr. V. + sein* ❶ être; **so nett ~ etw zu tun** être assez gentil pour faire qc ❷ *mit Nom* **Angestellter ~** être employé ❸ (*existieren*) exister; **hallo, ist da jemand?** ohé! Il y a quelqu'un ? ❹ (*herstammen*) **aus Frankreich ~** être [originaire] de France ❺ (*empfunden werden*) **jdm peinlich ~** gêner qn ❻ (*ergeben*) **2 und 2 ist 4** 2 et 2 font 4; **wie viel ist das?** ça fait combien ? ❼ (*geschehen*) **was ist?** qu'est-ce qu'il y a ? ❽ *mit modalem Hilfsverb* **~ können/dürfen** être possible; **das muss ~** c'est indispensable ❾ *mit zu und Infin* **das ist schwer zu sagen** c'est difficile à dire ▸ **das wär's!** c'est tout ! **II.** *intr. V. unpers. + sein* ❶ *mit adj* **es ist schön, dass** c'est bien que + *subj* ❷ (*die betreffende Person sein*) **ich bin's!** *fam* c'est moi ! ❸ (*bei Zeitangaben*) **es ist Montag** c'est lundi; **es ist Januar** on est en janvier; **es ist sieben Uhr** il est sept heures ❹ METEO **es ist warm** il fait chaud ❺ (*empfunden werden*) **jdm ist kalt** qn a froid ▸ **es sei denn ...** à moins que ... **III.** *Hilfsverb mit PP* ❶ *zur Bildung des Zustandspassivs* **fotografiert worden ~** avoir été photographié(e) ❷ *zur Bildung des Perfekts* **gefahren/gesprungen ~** être allé/avoir sauté; **krank gewesen ~** avoir été malade

sein[2] *Possessivpron.* ❶ **~ Bruder** son frère; **~e Schwester/Freundin** sa sœur/son amie; **~e Eltern** ses parents ❷ *substantivisch* **der/die/das ~e** le sien/la sienne; **das sind nicht meine Socken, sondern die ~en** ce ne sont pas mes chaussettes, mais les siennes

Sein <-s> *nt* être *m*

seiner *Personalpron., Gen. von* **er** *geh* **ich werde ~ gedenken** je me souviendrai de lui

seinerseits ['zainɐ'zaits] *Adv.* ❶ (*er wiederum*) de son côté ❷ (*was ihn betrifft*) pour sa part

seinerzeit *Adv.* à l'époque

seinesgleichen ['zainəs'glaiçən] *Pron. unv.* ❶ *pej* (*Menschen seines Schlags*) [**er und**] **~** [lui et] ses semblables ❷ (*Menschen wie er*) **nur mit ~ verkehren** n'avoir affaire qu'à ses semblables

seinetwegen ['zainət'veːgən] *Adv.* ❶ (*wegen ihm*) à cause de lui ❷ (*ihm zuliebe*) pour lui

seinetwillen ['zainət'vɪlən] *Adv.* **um ~** [par amour] pour lui

Seismograf[RR] [zaismo'graːf], **Seismograph** <-en, -en> *m* s[é]ismographe *m*

seit [zait] **I.** *Präp. + Dat.* depuis **II.** *Konj. s.* **seitdem II.**

seitdem [zait'deːm] **I.** *Adv.* depuis [ce moment-là] **II.** *Konj.* depuis que

Seite ['zaitə] <-, -n> *f* ❶ côté *m;* (*eines Würfels*) face *f;* **etw auf die ~ legen** mettre qc de côté ❷ (*Buchseite*) page *f* ❸ (*beteiligte Partei*) **auf jds ~** (*Dat*) **sein** être du côté de qn ❹ (*Richtung*) **nach allen ~n** dans toutes les directions; **zur ~ gehen** s'écarter ▸ **auf der einen ~ ..., auf der anderen ~ ...** d'un côté ..., de l'autre ...; **~ an ~** côte à côte

Seitenansicht *f* vue *f* latérale **Seitenhieb** *m fig* coup *m* de griffe **Seitenlage** *f* position *f* latérale

seitens *Präp. + Gen. form* du côté de

Seitensprung *m fam* infidélité *f* **Seitenstechen** *nt kein Pl.* point *m* de côté **Seitenstraße** *f* rue *f* latérale **Seitenstreifen** *m* (*der Straße*) bas-côté *m;* (*der Autobahn*) bande *f* d'arrêt d'urgence **seitenverkehrt** *Adj., Adv.* à l'envers **Seitenzahl** *f* ❶ numéro *m* de page ❷ (*Anzahl der Seiten*) nombre *m* de pages

seither [zait'heːɐ̯] *Adv.* depuis [ce moment-là]

seitlich **I.** *Adj.* latéral(e) **II.** *Präp. + Gen.* à côté de **III.** *Adv.* sur le côté

seitwärts ['zaitvɛrts] *Adv.* sur le côté

sek., Sek. *Abk. von* **Sekunde** s

Sekret [ze'kreːt] <-[e]s, -e> *nt* sécrétion *f*

Sekretär [zekre'tɛːɐ̯] <-s, -e> *m* secrétaire *m*

Sekretär(in) [zekre'tɛːɐ̯] <-s, -e> *m(f)* secrétaire *mf*

Sekretariat [zekretari'aːt] <-[e]s, -e> *nt* secrétariat *m*
Sekt [zɛkt] <-[e]s, -e> *m* [vin *m*] mousseux *m*
Sekte ['zɛktə] <-, -n> *f* secte *f*
Sektflasche *f* bouteille *f* à champagne **Sektglas** *nt* verre *m* à champagne
Sektor ['zɛktoːɐ̯] <-s, -toren> *m* secteur *m*
sekundär [zekʊn'dɛːɐ̯] *Adj. geh* secondaire
Sekundarschule *f* CH ≈ collège *m*, ~ C.E.S. *m* **Sekundarstufe** *f* ~ secondaire *m*; ~ **I/II** ≈ premier/second cycle *m*
Sekunde [ze'kʊndə] <-, -n> *f* seconde *f*
Sekundenzeiger *m* trotteuse *f*
selbe(r, s) ['zɛlbə, -bɐ, -bəs] *Pron.* même; **am ~n Tag** le même jour
selber *s.* **selbst**
selbig *s.* **selbe(r, s)**
selbst [zɛlbst] **I.** *Demonstrativpron.* ❶ (*an sich*) **der Film/die Ferien ~** le film en lui-même/les vacances en elles-mêmes ❷ (*in eigener Person*) **der Direktor ~** le directeur en personne ❸ (*persönlich*) **sie ist nicht mehr sie ~** elle n'est plus elle-même ❹ (*ohne fremde Hilfe*) tout seul; **er macht das ~** il le fait lui-même **II.** *Adv.* **~ du würdest ihm Recht geben** même toi, tu lui donnerais raison
Selbstachtung *f* amour-propre *m*
selbständig ['zɛlpʃtɛndɪç] *s.* **selbstständig**
Selbständige(r) *s.* **Selbstständige(r)**
Selbstbedienung *f* libre-service *m* **Selbstbefriedigung** *f* masturbation *f* **Selbstbeherrschung** *f* sang-froid *m* **Selbstbestimmung** *f kein Pl.* autodétermination *f* **Selbstbeteiligung** *f* franchise *f*; (*bei Krankenkassen*) ticket *m* modérateur **selbstbewusst**[RR] *Adj.* sûr(e) de soi **Selbstbewusstsein**[RR] *nt* conscience *f* de sa propre valeur **Selbstdarstellung** *f* présentation *f* de soi **Selbsterkenntnis** *f kein Pl.* ▶ **~ ist der erste Schritt zur Besserung** *prov* la connaissance de soi est la première condition du progrès **selbstgefällig** *Adj.* imbu(e) de sa personne **Selbstgespräch** *nt* soliloque *m*; **~e führen** soliloquer **Selbsthilfe** *f kein Pl.* **zur ~ greifen** s'organiser par ses propres moyens **Selbsthilfegruppe** *f* association *f* d'entraide **selbstklebend** *Adj.* autocollant(e) **Selbstkostenpreis** *m* **zum ~** à prix coûtant **selbstkritisch** *Adj.* (*Person*) critique envers soi-même **selbstlos** *Adj.* désintéressé(e) **Selbstmitleid** *nt* apitoiement *m* sur soi-même
Selbstmord *m* suicide *m*; **~ begehen** se suicider **Selbstmörder(in)** *m(f)* suicidé(e) *m(f)* **selbstmörderisch** *Adj.* suicidaire **Selbstmordversuch** *m* tentative *f* de suicide
selbstsicher **I.** *Adj.* (*Person*) sûr(e) de soi; (*Art*) plein(e) d'assurance **II.** *Adv.* avec assurance **Selbstsicherheit** *f kein Pl.* assurance *f*
selbstständig[RR] **I.** *Adj.* (*Person, Handeln*) autonome; (*Tätigkeit*) indépendant(e); **sich als Übersetzer ~ machen** se mettre traducteur à son compte **II.** *Adv.* (*handeln*) de façon autonome
Selbstständige(r)[RR] *f(m) dekl wie Adj* travailleur(-euse) *m(f)* indépendant(e)
selbsttätig *Adj.* automatique **selbstverständlich** **I.** *Adj.* tout(e) naturel(le); **das ist doch ~!** ça va de soi ! **II.** *Adv.* [bien] évidemment; [**aber**] **~!** [mais] bien entendu! **Selbstverständlichkeit** <-, -en> *f* évidence *f* **Selbstverteidigung** *f* autodéfense *f* **Selbstvertrauen** *nt* confiance *f* en soi **Selbstverwaltung** *f* gestion *f* autonome **Selbstverwirklichung** *f* épanouissement *m* personnel **Selbstwertgefühl** *nt* amour-propre *m* **Selbstzweck** *m kein Pl.* fin *f* en soi
selektieren* *tr. V. geh* sélectionner
Selen [ze'leːn] <-s> *nt* CHEM sélénium *m*
selig ['zeːlɪç] *Adj.* ❶ (*Gefühl*) de bonheur ❷ (*seliggesprochen, sehr glücklich*) bienheureux(-euse) *antéposé*
Seligkeit <-> *f* ❶ (*Glücksgefühl*) [sentiment *m* de] béatitude *f* ❷ REL bonheur *m* éternel
selig|sprechen *tr. V. unreg* béatifier
Sellerie ['zɛləri] <-s, -[s]> *m*, <-, -> *f* A céleri *m*
selten ['zɛltən] **I.** *Adj.* rare **II.** *Adv.* rarement
Seltenheit <-> *f kein Pl.* rareté *f*; **es ist eine ~, dass** il est rare que + *subj*
seltsam **I.** *Adj.* (*Person*) curieux(-euse); (*Aussehen*) bizarre **II.** *Adv.* (*sich benehmen*) bizarrement; **~ schmecken** avoir un drôle de goût

S

seltsamerweise *Adv.* curieusement

Semantik [ze'mantɪk] <-> *f* LING sémantique *f*

Semester [ze'mɛstɐ] <-s, -> *nt* UNIV semestre *m (unité de temps utilisée pour le décompte des années d'études dans les universités allemandes)*

Semesterferien *Pl* vacances *fpl* semestrielles

Semikolon [zemi'ko:lɔn] <-s, -s> *nt geh* point-virgule *m*

Seminar [zemi'na:ɐ̯] <-s, -e *o* A -ien> *nt* ❶ (*Lehrveranstaltung*) séminaire *m* ❷ (*Universitätsinstitut*) institut *m*

Semit(in) [ze'mi:t] <-en, -en> *m(f)* Sémite *mf*

semitisch *Adj.* sémite; (*Sprache*) sémitique

Semmel ['zɛməl] <-, -n> *f* A, SDEUTSCH petit pain *m*

Semmelknödel *m* A, SDEUTSCH boulette *f* à base de pain

Senat [ze'na:t] <-[e]s, -e> *m* ❶ POL (*in Berlin, Bremen und Hamburg*) sénat *m (nom donné au gouvernement régional)*; (*in Frankreich und den USA*) Sénat *m* ❷ JUR cour *f* ❸ UNIV conseil *m* d'administration [de l'université]

Senator(in) [ze'na:to:ɐ̯] <-s, -toren> *m(f)* HIST, POL sénateur(-trice) *m(f)*

senden[1] ['zɛndən] <sendete, hat gesendet *o* CH sandte, hat gesandt> **I.** *tr. V.* (*Film*) diffuser; (*Botschaft*) envoyer **II.** *intr. V.* émettre

senden[2] <sandte, gesandt> *tr. V.* (*Brief, Paket*) envoyer; **jdm etw ~** adresser qc à qn

Sendepause *f* intermède *m;* (*zwischen Sendeschluss und Sendebeginn*) arrêt *m* des émissions

Sender <-s, -> *m* ❶ (*Sendeanstalt*) station *f* ❷ (*Sendegerät*) [poste *m*] émetteur *m*

Sendereihe *f* série *f* d'émissions **Sendeschluss**[RR] *m* fin *f* des programmes **Sendezeit** *f* temps *m* d'antenne

Sendung <-, -en> *f* ❶ (*Rundfunk-, Fernsehsendung*) émission *f* ❷ *kein Pl.* **auf ~ sein** être à l'antenne ❸ (*Warensendung*) envoi *m*

Senf [zɛnf] <-[e]s, -e> *m* moutarde *f*

sengend *Adj.* (*Sonne*) brûlant(e); (*Hitze*) torride

senil [ze'ni:l] *Adj.* sénile

senior ['ze:ni̯ɔ:ɐ̯] *Adj. unv.* **Gustav Müller ~** Gustav Müller père

Senior(in) ['ze:ni̯o:ɐ̯] <-s, Senioren> *m(f)* ❶ (*ältere Person*) personne *f* âgée ❷ *Pl* SPORT **die ~en** les seniors *mpl*

Senke ['zɛŋkə] <-, -n> *f* dépression *f* [de terrain]

senken ['zɛŋkən] **I.** *tr. V.* (*Arm, Kopf*) baisser; (*Wasserstand*) abaisser; (*Steuern*) réduire; (*Fieber*) faire baisser **II.** *refl. V.* **sich ~** (*Grundwasserspiegel*) baisser

senkrecht *Adj.* vertical(e)

Senkrechte <-n, -n> *f dekl wie Adj* perpendiculaire *f*

Senkung <-, -en> *f* ❶ (*des Erdbodens*) affaissement *m* ❷ *kein Pl.* (*Verringerung*) réduction *f*

Sensation [zɛnza'tsi̯o:n] <-, -en> *f* sensation *f*

sensationell [zɛnzatsi̯o'nɛl] *Adj.* sensationnel(le)

Sensationsgier *f*, **Sensationshunger** *m* sensationnalisme *m*

sensationsgierig, **sensationshungrig** **I.** *Adj.* sensationnaliste **II.** *Adv.* de manière sensationnaliste

Sense ['zɛnzə] <-, -n> *f* faux *f*

sensibel [zɛn'zi:bəl] **I.** *Adj.* sensible **II.** *Adv.* avec sensibilité

sensibilisieren* [zɛnzibili'zi:rən] *tr. V. geh* **jdn für etw ~** sensibiliser qn à qc

Sensibilität [zɛnzibili'tɛ:t] <-, -en> *f geh* sensibilité *f*

Sensor ['zɛnzo:ɐ] <-s, -soren> *m* capteur *m*

sentimental [zɛntimɛn'ta:l] *Adj.* sentimental(e)

Sentimentalität [zɛntimɛntali'tɛ:t] <-, -en> *f* sentimentalité *f*

separat [zepa'ra:t] *Adj.* séparé(e)

separatistisch *Adj.* séparatiste

September [zɛp'tɛmbɐ] <-[s], -> *m* septembre *m; s.a.* **April**

Sequenz [ze'kvɛnts] <-, -en> *f* séquence *f*

Sera *Pl. von* **Serum**

Serbe <-n, -n> *m*, **Serbin** *f* Serbe *mf*

Serbien ['zɛrbiən] <-s> *nt* la Serbie

serbisch ['zɛrbɪʃ] *Adj.* serbe

serbokroatisch [zɛrbokro'a:tɪʃ] *Adj.* serbo-croate

Seren *Pl. von* **Serum**

Serie ['ze:riə] <-, -n> *f* série *f*

seriell *Adj.* (*Schnittstelle*) séquentiel(le)
serienmäßig **I.** *Adj.* (*Herstellung*) en série; (*Ausstattung*) de série **II.** *Adv.* (*herstellen*) en série
serienweise ['ze:riən-] *Adv.* COM en série
seriös [zeri'ø:s] *Adj.* sérieux(-euse)
Serpentine [zɛrpɛn'ti:nə] <-, -n> *f* route *f* en lacets
Serum ['ze:rʊm] <-s, Seren> *nt* sérum *m*
Server ['sœ:vɐ] <-s, -> *m* INFORM serveur *m*
Service[1] ['sœrvɪs] <-> *m* service *m*
Service[2] [zɛr'vi:s] <-[s], -> *nt* (*Geschirr*) service *m*
servieren* [zɛr'vi:rən] **I.** *tr. V.* **jdm etw ~** servir qc à qn **II.** *intr. V.* faire le service
Serviette [zɛr'vi̯ɛtə] <-, -n> *f* serviette *f* [de table]
Servolenkung *f* direction *f* assistée
servus ['zɛrvʊs] *Interj.* A, SDEUTSCH salut (*fam*)
Sesam ['ze:zam] <-s, -s> *m* sésame *m*
Sesambrot *nt* pain *m* de sésame
Sessel ['zɛsəl] <-s, -> *m* 1 fauteuil *m* 2 A (*Stuhl*) chaise *f*
Sessellift *m* télésiège *m*
sesshaftRR ['zɛshaft], **seßhaft**ALT *Adj.* sédentaire
Set [sɛt] <-s, -s> *m o nt* 1 lot *m* 2 (*Platzdeckchen*) set *m* [de table]
setzen ['zɛtsən] **I.** *tr. V.* + *haben* 1 **das Kind auf den Stuhl ~** mettre l'enfant sur la chaise; **den Hut auf den Kopf ~** mettre son chapeau 2 (*Pflanze*) planter 3 (*Denkmal*) élever 4 (*Frist*) fixer 5 (*Geldsumme*) miser **II.** *refl. V.* + *haben* 1 **sich ~** (*Person, Tier*) s'asseoir; (*Vogel*) se poser; **sich aufs Fahrrad ~** monter sur le vélo; **sitz!** assis ! 2 (*sich senken*) **sich ~** (*Erdreich*) s'affaisser **III.** *intr. V.* + *haben* (*wetten*) **auf jdn/etw ~** miser sur qn/qc
Setzerei [zɛtsə'rai] <-, -en> *f* TYP atelier *m* de composition
Seuche ['zɔyçə] <-, -n> *f* épidémie *f*
seufzen ['zɔyftsən] *tr., intr. V.* soupirer
Seufzer <-s, -> *m* soupir *m*
Sex [zɛks] <-[es]> *m* sexe *m*
Sexfilm *m* film *m* érotique
Sexist(in) [zɛ'ksɪst] <-en, -en> *m(f)* sexiste *mf*
sexistisch *Adj.* sexiste
Sexshop [zɛksʃɔp] <-s, -s> *m* sex-shop *m*
Sextourismus *m* tourisme *m* sexuel
Sexualität [zɛksuali'tɛ:t] <-> *f* sexualité *f*
Sexualkunde *f kein Pl.* éducation *f* sexuelle **Sexualtäter(in)** *m(f)* auteur *mf* de délit sexuel
sexuell [zɛ'ksuɛl] *Adj.* sexuel(le)
sexy ['zɛksi] *Adj. unv. fam* sexy
sezieren* [ze'tsi:rən] *tr. V.* (*Leiche*) disséquer
Shampoo ['ʃampu] <-s, -s> *nt* shampo[o]ing *m*
Shareware ['ʃɛ:ɐvɛ:ɐ] <-, -s> *f* INFORM logiciel *m* contributif, partagiciel *m* (CAN)
Sherry ['ʃɛrɪ] <-s, -s> *m* sherry *m*
Shift-Taste ['ʃɪftastə] *f* INFORM touche *f* Majuscule
Shirt [ʃœrt] <-s, -s> *nt* t[ee]-shirt *m*
Shortcut ['ʃɔ:tkʌt] *m* INFORM raccourci *m* clavier
Shorts [ʃɔrts] *Pl* short *m*
Show [ʃɔʊ] <-, -s> *f* show *m*
ShowbusinessRR ['ʃo:'bɪznɪs], **Showbusineß**ALT *nt kein Pl.*, **Showgeschäft** *nt kein Pl.* show-business *m*
siamesisch [zia'me:zɪʃ] *Adj.* siamois(e)
Siamkatze *f* chat *m* siamois
Sibirien [zi'bi:riən] <-s> *nt* la Sibérie
sibirisch *Adj.* sibérien(ne); (*Hauptstadt*) de la Sibérie
sich [zɪç] **I.** *Reflexivpron., Akk* se; (*Höflichkeitsform*) vous; **~ waschen** se laver; **stolz auf ~ sein** être fier de soi **II.** *Reflexivpron., Dat* se; (*Höflichkeitsform*) vous; **~ die Haare waschen** se laver les cheveux
Sichel ['zɪçəl] <-, -n> *f* faucille *f*; (*des Mondes*) croissant *m*
sicher ['zɪçɐ] **I.** *Adj.* 1 (*gewiss*) certain(e); **jdm ~ sein** (*Sieg*) être assuré pour qn 2 (*Arbeitsplatz, Zufluchtsort*) sûr(e); (*Abstand*) de sécurité; **vor jdm/etw ~ sein** (*Person*) être à l'abri de qn/qc 3 (*Zusage*) ferme ▸ **~ ist ~** deux précautions valent mieux qu'une **II.** *Adv.* 1 (*höchstwahrscheinlich*) certainement 2 (*aufbewahren*) en sécurité 3 (*fahren*) avec sûreté
sicher|gehen *intr. V. unreg* + *sein* prendre ses précautions
Sicherheit <-, -en> *f* 1 *kein Pl.* sécurité *f*; **soziale ~** protection *f* sociale 2 *kein Pl.* (*Gewissheit*) certitude *f* 3 *kein Pl.* (*einer Methode*) fiabilité *f* 4 (*Kaution*) caution *f*; FIN garantie *f*

S

Sicherheitsabstand *m* distance *f* de sécurité **Sicherheitsgurt** *m* ceinture *f* de sécurité **sicherheitshalber** *Adv.* par [mesure de] précaution **Sicherheitskopie** *f* INFORM [copie *f* de] sauvegarde *f* **Sicherheitsnadel** *f* épingle *f* de sûreté

sicherlich *Adv.* sûrement

sichern *tr. V.* ❶ (*schützen*) protéger; (*Frieden*) assurer; (*Spuren*) relever; (*Daten*) sauvegarder ❷ (*Schusswaffe*) mettre le cran de sûreté à

sicher|stellen *tr. V.* (*Diebesgut*) saisir

Sicherung <-, -en> *f* ❶ *kein Pl.* INFORM sauvegarde *f* ❷ ELEC fusible *m*

Sicherungskopie *f* INFORM sauvegarde *f*

Sicht [zɪçt] <-> *f* ❶ vue *f* ❷ (*Betrachtungsweise*) vision *f*; **aus heutiger ~** du point de vue actuel ▸**auf lange ~** à long terme

sichtbar **I.** *Adj.* ❶ visible ❷ (*Fortschritt*) sensible **II.** *Adv.* (*altern*) nettement; (*sich verschlechtern*) sensiblement

sichten *tr. V.* ❶ NAUT apercevoir ❷ (*Korrespondenz*) passer en revue

sichtlich *Adj.* visible

Sichtverhältnisse *Pl* [conditions *fpl* de] visibilité *f* **Sichtweite** *f* visibilité *f*; **außer/in ~ sein** être hors de/en vue

sickern ['zɪkɐn] *intr. V. + sein* suinter; **in den Erdboden ~** s'infiltrer dans la terre

sie[1] [zi:] **I.** *Personalpron., 3. Pers. Sg, Nom* ❶ elle; **da kommt ~!** la voilà qui arrive ! ❷ **eine Katze fotografieren, während ~ frisst** photographier un chat pendant qu'il mange **II.** *Personalpron., 3. Pers. Sg, Akk* ❶ la; **ich werde ~ anrufen** je lui téléphonerai ❷ **da drüben ist eine Katze, siehst du ~?** là-bas, il y a un chat, tu le vois ?

sie[2] **I.** *Personalpron., 3. Pers. Pl, Nom* ❶ ils/elles; (*allein stehend*) eux; **da kommen ~!** les voilà qui arrivent ! ❷ **den Katzen zuschauen, während ~ fressen** observer les chats pendant qu'ils mangent **II.** *Personalpron., 3. Pers. Pl, Akk* ❶ **er begleitet ~** il les accompagne; **ich werde ~ fragen** je leur demanderai; **ohne ~** sans eux; (*auf ausschließlich weibliche Personen, Tiere bezogen*) sans elles ❷ (*allgemein auf Tiere und Sachen bezogen*) les

Sie[1] *Personalpron., Höflichkeitsform* vous; **kommen ~ schnell!** venez vite !

Sie[2] <-> *nt* **jdn mit ~ anreden** vouvoyer qn

Sie[3] <-, -s> *f fam* **eine ~** une nana; (*weibliches Tier*) une femelle; **Er sucht sportliche ~** Homme cherche femme sportive

Sieb [zi:p] <-[e]s, -e> *nt* (*Küchensieb*) passoire *f*; (*für Sand*) tamis *m*

sieben[1] *Num.* sept; *s.a.* **acht**[1]

sieben[2] *tr. V.* ❶ tamiser ❷ *fam* (*Bewerber*) faire une sélection de

Sieben <-, - *o* -en> *f* sept *m*

siebenarmig *Adj.* à sept branches

siebeneinhalb *Num.* **~ Meter** sept mètres et demi; *s.a.* **achteinhalb**

siebenerlei *Adj. unv.* **~ Sorten Brot** sept sortes de pain; *s.a.* **achterlei**

siebenfach **I.** *Adj.* **die ~e Menge nehmen** prendre sept fois plus **II.** *Adv.* (*falten*) sept fois; *s.a.* **achtfach** **siebenhundert** ['zi:bən'hʊndɐt] *Num.* sept cents **siebenjährig** *Adj.* (*Kind, Amtszeit*) de sept ans **siebenmal** *Adv.* sept fois; *s.a.* **achtmal** **Siebensachen** *Pl fam* **seine ~ packen** prendre ses cliques et ses claques **Siebenschläfer** *m* loir *m*

siebentägig *Adj.* de sept jours

siebentausend ['zi:bən'tauzənt] *Num.* sept mille

siebt *Adj.* **zu ~ sein** être [à] sept; *s.a.* **acht**[2]

siebte(r, s) *Adj.* ❶ septième ❷ (*bei Datumsangaben*) **der ~ Mai** le sept mai; *s.a.* **achte(r, s)**

siebtel *Adj.* septième; *s.a.* **achtel**

Siebtel <-s, -> *nt a.* MATH septième *m*

siebtens *Adv.* septièmement

siebzehn *Num.* dix-sept; *s.a.* **acht**[1]

siebzig ['zi:ptsɪç] *Num.* soixante-dix, septante (BELG, CH) *s.a.* **achtzig**

Siebzig <-> *f* soixante-dix *m*, septante *m* (BELG, CH)

siebziger *Adj. unv.* **die ~ Jahre** les années *fpl* soixante-dix; *s.a.* **achtziger**

Siebzigjährige(r) *f(m) dekl wie Adj* homme *m*/femme *f* de soixante-dix ans

siedeln ['zi:dəln] *intr. V.* s'établir

sieden ['zi:dən] *intr. V.* bouillir

Siedepunkt *m* température *f* d'ébullition

Siedler(in) ['zi:dlɐ] <-s, -> *m(f)* colon *m*

Siedlung <-, -en> *f* (*Wohnhausgruppe*) lotissement *m*

S

Sieg [ziːk] <-[e]s, -e> *m* victoire *f*
Siegel [ˈziːgəl] <-s, -> *nt* ① (*Abdruck*) sceau *m* ② (*Stempel*) cachet *m*
siegen [ˈziːgən] *intr. V.* ① MIL être vainqueur ② SPORT gagner
Sieger(in) <-s, -> *m(f)* vainqueur *mf*
Siegerehrung *f* remise *f* des prix
siegessicher *Adj.* (*Person*) sûr(e) de la victoire
siegreich **I.** *Adj.* victorieux(-euse) **II.** *Adv.* en vainqueur
sieht [ziːt] *3. Pers. Sg. Präs. von* **sehen**
siezen [ˈziːtsən] *tr. V.* vouvoyer
Signal [zɪˈgnaːl] <-s, -e> *nt* signal *m*
signalisieren* [zɪgnaliˈziːrən] *tr. V.* **jdm etw ~** laisser entendre qc à qn
Signatur [zɪgnaˈtuːɐ̯] <-, -en> *f* ① (*Buchsignatur*) cote *f* ② *geh* (*Unterschrift*) signature *f*
signieren* [zɪˈgniːrən] *tr. V.* **etw ~** signer qc; (*Schriftsteller*) dédicacer qc
Silbe [ˈzɪlbə] <-, -n> *f* syllabe *f*
Silbentrennung *f* division *f* en syllabes
Silber [ˈzɪlbɐ] <-s> *nt* ① (*Edelmetall*) argent *m* ② (*Tafelsilber*) argenterie *f*
Silberbesteck *nt* argenterie *f* **Silberhochzeit** *f* noces *fpl* d'argent **Silbermedaille** *f* médaille *f* d'argent
silbern *Adj.* (*aus Silber*) en argent
Silhouette [ziˈluɛtə] <-, -n> *f* silhouette *f*
Silikon [ziliˈkoːn] <-s, -e> *nt* CHEM silicone *f*
Silo [ˈziːlo] <-s, -s> *m* silo *m*
Silvester [zɪlˈvɛstɐ] <-s, -> *m o nt* Saint-Sylvestre *f*
simpel [ˈzɪmpəl] *Adj.* simple
Sims [zɪms] <-es, -e> *m o nt* (*Fenstersims*) rebord *m;* (*Kaminsims*) corniche *f*
simsen [ˈzɪmzən] *tr., intr. V.* **jdm ~** (*eine SMS schicken*) envoyer un SMS [*o* un texto®] à qn; (*mehrere SMS schicken*) envoyer des SMS [*o* des textos®] à qn
Simulant(in) [zimuˈlant] <-en, -en> *m(f)* simulateur(-trice) *m(f)*
Simulation <-, -en> *f* simulation *f*
simulieren* [zimuˈliːrən] *tr., intr. V.* simuler
simultan [zimʊlˈtaːn] *geh Adj.* simultané(e)
sind [zɪnt] *1. und 3. Pers. Pl. Präs. von* **sein**[1]
Sinfonie [zɪnfoˈniː] <-, -n> *f* symphonie *f*
Sinfonieorchester *nt* orchestre *m* symphonique
Singapur [ˈzɪŋgapuːɐ] <-s> *nt* Singapour
singen [ˈzɪŋən] <sang, gesungen> *intr., tr. V.* chanter
Single[1] [sɪŋgl] <-, -s> *f* (*Schallplatte*) 45 tours *m*
Single[2] <-s, -s> *m* célibataire *mf*
Singular [ˈzɪŋgulaːɐ̯] <-s, -e> *m* LING singulier *m*
Singvogel *m* [oiseau *m*] chanteur *m*
sinken [ˈzɪŋkən] <sank, gesunken> *intr. V. + sein* ① (*versinken*) couler ② (*Ballon*) descendre ③ (*niedersinken*) tomber ④ (*Kurs, Fieber*) baisser
Sinn [zɪn] <-[e]s, -e> *m* ① *kein Pl.* sens *m;* **das macht keinen ~** *fam* c'est n'importe quoi ② (*Verstand*) **bist du noch bei ~en?** tu as encore toute ta tête ?
Sinnbild *nt* symbole *m* **sinnbildlich** *Adj.* symbolique
sinnen [ˈzɪnən] <sann, gesonnen> *intr. V. geh* (*grübeln*) **über etw** (*Akk*) **~** méditer sur qc; (*nachdenken*) réfléchir à qc
Sinnesorgan *nt* organe *m* sensoriel **Sinnestäuschung** *f* illusion *f* des sens **Sinneswandel** *m* revirement *m*
sinngemäß *Adj., Adv.* en substance
sinnig *Adj.* sensé(e)
sinnlich **I.** *Adj.* (*Wahrnehmung*) sensoriel(le); (*Begierde*) sensuel(le) **II.** *Adv.* (*wahrnehmen*) au niveau sensoriel
Sinnlichkeit <-> *f* sensualité *f*
sinnlos **I.** *Adj.* ① (*Handlung*) absurde ② (*Anstrengung*) vain(e) **II.** *Adv.* ① (*nutzlos*) sans raison ② (*sich anstrengen*) en vain ③ (*hemmungslos*) complètement
Sinnlosigkeit <-, -en> *f* ① (*Nutzlosigkeit*) absurdité *f* ② (*Vergeblichkeit*) vanité *f*
sinnvoll *Adj.* ① (*zweckmäßig*) sensé(e) ② (*erfüllend*) intéressant(e)
Sintflut [ˈzɪntfluːt] *f* déluge *m*
Sinti [ˈzɪnti] *Pl* Sinté *mpl*
Sinus [ˈziːnʊs] <-, -> *m* MATH sinus *m*
Sippe [ˈzɪpə] <-, -n> *f fam* tribu *f*
Sirene [ziˈreːnə] <-, -n> *f* sirène *f*
Sirup [ˈziːrʊp] <-s, -e> *m* (*Fruchtsirup*) sirop *m*
Sisal [ˈziːzal] <-s> *m* sisal *m*
Site [saɪt] <-, -s> *f* INET site *m*
Sitte [ˈzɪtə] <-, -n> *f* ① (*Gepflogenheit*) coutume *f* ② *meist Pl.* (*Benehmen*) manières *fpl*

Sittich ['zɪtɪç] <-s, -e> *m* perruche *f*
sittlich *Adj. form* moral(e)
Situation [zitua'tsi̯oːn] <-, -en> *f* situation *f*
situiert *Adj.* **gut ~ sein** avoir une bonne situation
Sitz [zɪts] <-es, -e> *m* (*Sitzgelegenheit, Amtssitz*) siège *m*
Sitzblockade *f* sit-in *m*
sitzen ['zɪtsən] <saß, gesessen> *intr. V. + haben o* A, CH, SDEUTSCH *sein* ❶ (*a. Tiere*) être assis; **beim Friseur/Essen ~** être chez le coiffeur/à table ❷ *fam* (*inhaftiert sein*) être en taule ❸ (*angebracht sein*) **schief ~** (*Krawatte*) être de travers; **gut ~** (*Hose*) tomber bien ❹ (*Bemerkung*) faire mouche ▶ **~ bleiben** rester assis(e)
sitzen|bleiben *intr. V.* (*Schüler*) redoubler **sitzen|lassen** *tr. V. fam* (*versetzen*) poser un lapin à
Sitzordnung *f* ❶ (*Übersicht*) plan *m* des places assises ❷ (*Sitzanordnung*) répartition *f* des sièges **Sitzplatz** *m* place *f* assise **Sitzstreik** *m* sit-in *m*
Sitzung <-, -en> *f* ❶ (*Besprechung*) réunion *f* ❷ (*Kabinettssitzung*) session *f*
sizilianisch *Adj.* sicilien(ne)
Sizilien [zi'tsiːliən] <-s> *nt* la Sicile
Skala ['skaːla] <-, Skalen> *f* (*Gradeinteilung*) échelle *f* graduée
Skalp [skalp] <-s, -e> *m* scalp *m*
Skalpell [skal'pɛl] <-s, -e> *nt* scalpel *m*
Skandal [skan'daːl] <-s, -e> *m* scandale *m*
skandalös [skanda'løːs] *Adj.* scandaleux(-euse)
Skandinavien [skandi'naːviən] <-s> *nt* la Scandinavie
Skandinavier(in) <-s, -> *m(f)* Scandinave *mf*
skandinavisch [-'naːvɪʃ] *Adj.* scandinave
Skat [skaːt] <-[e]s, -e> *m* skat *m* (*jeu de cartes à trois joueurs*)
Skateboard ['skɛɪtbɔːt] <-s, -s> *nt* skate[-board] *m*
skaten ['skeːtn] *intr. V. fam* faire du roller
Skelett [ske'lɛt] <-[e]s, -e> *nt* squelette *m*
Skepsis ['skɛpsɪs] <-> *f* scepticisme *m*
skeptisch I. *Adj.* sceptique **II.** *Adv.* avec scepticisme
Sketch [skɛtʃ] <-[es], -e[s]> *m* sketch *m*, saynète *f*

S

Ski [ʃiː] <-s, - *o* er> *m* ski *m*
Skifahren *nt* ski *m* **Skigebiet** *nt* domaine *m* skiable **Skiläufer(in)** *m(f)* skieur(-euse) *m(f)* **Skilehrer(in)** *m(f)* moniteur(-trice) *m(f)* de ski **Skilift** *m* téléski *m*
Skinhead ['skɪnhɛt] <-s, -s> *m* skin [head] *mf*
Skipass[RR] *m* forfait *m* de ski **Skisport** *m* ski *m* **Skispringen** *nt* saut *m* à skis
Skizze ['skɪtsə] <-, -n> *f* (*Zeichnung*) esquisse *f*
skizzieren* [skɪ'tsiːrən] *tr. V.* (*zeichnen*) esquisser
Sklave ['sklaːvə] <-n, -n> *m*, **Sklavin** *f a. fig* esclave *mf*
Sklavenhandel *m* commerce *m* des esclaves; (*mit Schwarzen*) traite *f* des noirs
Sklaverei [sklaːvə'rai] <-, -en> *f* esclavage *m*
Sklerose [skle'roːzə] <-, -n> *f* MED **multiple ~** sclérose en plaques
Skonto ['skɔnto] <-s, -s> *nt o m* escompte *m*
Skorpion [skɔr'pi̯oːn] <-s, -e> *m* ❶ scorpion *m* ❷ ASTRO Scorpion *m*
Skript [skrɪpt] <-[e]s, -en> *nt* UNIV notes *fpl* [de cours]
Skrupel ['skruːpəl] <-s, -> *m meist Pl.* scrupule *m*
skrupellos *Adj., Adv.* sans scrupules
Skrupellosigkeit <-> *f* absence *f* de scrupules
Skulptur [skʊlp'tuːɐ̯] <-, -en> *f* sculpture *f*
skurril [skʊ'riːl] *Adj. geh* (*Person*) bizarre
Slalom ['slaːlɔm] <-s, -s> *m a.* SPORT slalom *m*
Slang [slɛŋ] <-s> *m* (*saloppe Sprache*) argot *m*
Slawe ['slaːvə] <-n, -n> *m*, **Slawin** *f* Slave *mf*
slawisch *Adj.* slave
Slip [slɪp] <-s, -s> *m* slip *m*
Slipeinlage *f* protège-slip *m*
Slogan ['slɔʊgən] <-s, -s> *m* slogan *m*
Slowake [slo'vaːkə] <-n, -n> *m*, **Slowakin** *f* Slovaque *mf*
Slowakei [slova'kai] <-> *f* **die ~** la Slovaquie
slowakisch I. *Adj.* slovaque **II.** *Adv.* **~ miteinander sprechen** discuter en slovaque

Slowakisch <-[s]> *nt kein Art.* slovaque *m; s.a.* **Deutsch**

Slowene [slo'veːnə] <-n, -n> *m,* **Slowenin** *f* Slovène *mf*

Slowenien [slo'veːniən] <-s> *nt* la Slovénie

slowenisch **I.** *Adj.* slovène **II.** *Adv.* ~ **miteinander sprechen** discuter en slovène

Slowenisch <-[s]> *nt kein Art.* slovène *m; s.a.* **Deutsch**

Slum [slam] <-s, -s> *m* bidonville *m*

Smalltalk ['smɔːltɔːk] <- -s> *m* brin *m* de causette

Smaragd [sma'rakt] <-[e]s, -e> *m* émeraude *f*

Smog [smɔk] <-[s], -s> *m* smog *m*

Smogalarm *m* alerte *f* au smog

Smoking ['smoːkɪŋ] <-s, -s> *m* smoking *m*

SMS®[1] [ɛsʔɛm'ʔɛs] <-> *m Abk. von* **short message service** SMS *m*

SMS[2] [ɛsʔɛm'ʔɛs] <-, -> *f o nt* (*Kurznachricht*) SMS *m*, texto® *m*

Snob [snɔp] <-s, -s> *m* snob *mf*

snobistisch [sno'bɪstɪʃ] *Adj.* snob

Snowboard ['snɔʊbɔːt] <-s, -s> *nt* snowboard *m*

so [zoː] **I.** *Adv.* ① *mit adj, adv* si; ~ **groß wie ein Pferd** aussi grand(e) qu'un cheval; **es war ~ kalt, dass ...** il faisait tellement froid que ... ② *mit Verb* ~ [**sehr**] **lieben** aimer tellement ③ (*auf diese Weise*) comme ça ④ (*solch*) ~ **eine Gelegenheit** une occasion comme celle-là ⑤ (*solchermaßen*) ~ **genannt** soi-disant *inv.*; **es ist ~, wie du sagst** c'est comme tu dis ⑥ (*gleichsam*) **~, als ob ...** comme si ... ⑦ (*etwa*) à peu près; ~ **gegen acht Uhr** aux environs de huit heures ▸ ~ **oder** ~ d'une manière ou d'une autre; ~ **was von ...** *fam* ... de chez ...; **das ist ~ was von krass!** c'est grave de chez grave ! **II.** *Konj.* ① ~ **dass ...** à tel point que ... ② (*wie ... auch*) même si **III.** *Interj.* (*zusammenfassend*) bon; (*auffordernd*) allez

s.o. *Abk. von* **siehe oben** voir plus haut

sobald [zo'balt] *Konj.* dès que ...

Söckchen <-s, -> *nt Dim. von* **Socke** socquette *f*

Socke ['zɔkə] <-, -n> *f* chaussette *f*

Sockel ['zɔkəl] <-s, -> *m* ① (*eines Denkmals*) socle *m* ② ARCHIT soubassement *m*

sodass[RR] [zo'das], **sodaß**[ALT] *Konj.* à tel point que...

Sodbrennen ['zoːtbrɛnən] *nt* brûlures *fpl* d'estomac

soeben [zo'ʔeːbən] *Adv.* (*gerade eben*) juste; **er ist ~ gegangen** il vient de partir

Sofa ['zoːfa] <-s, -s> *nt* canapé *m*

sofern [zo'fɛrn] *Konj.* si; ~ **nicht** à moins que + *subj*

soff [zɔf] *Imp. von* **saufen**

sofort [zo'fɔrt] *Adv.* tout de suite

sofortig *Adj.* immédiat(e)

Software ['sɔftwɛːɐ̯] <-> *f* INFORM logiciel *m*

Softwarepaket *nt* INFORM progiciel *m*

sog [zoːk] *Imp. von* **saugen**

sog. *Adj. Abk. von* **sogenannt**

Sog [zoːk] <-[e]s, -e> *m* (*eines Strudels*) remous *mpl*

sogar [zo'gaːɐ̯] *Adv.* même

sogenannt *Adj.* soi-disant *inv.*

Sohle ['zoːlə] <-, -n> *f* ① (*Schuhsohle*) semelle *f* ② (*Fußsohle*) plante *f* du pied

Sohn [zoːn, *Pl:* 'zøːnə] <-[e]s, Söhne> *m* fils *m*

Sojabohne *f* soja *m*

solang[e] *Konj.* tant que ...

Solarenergie *f* énergie *f* solaire

Solarium [zo'laːriʊm] <-s, -ien> *nt* solarium *m*

Solarzelle *f* photopile *f*

solch *Adj. unv.* ~ **eine Frage** une question pareille

solche(r, s) *Adj.* ~ **Leute** de telles personnes

Sold [zɔlt] <-[e]s> *m* solde *f*

Soldat(in) [zɔl'daːt] <-en, -en> *m(f)* soldat(e) *m(f)*

Söldner(in) ['zœldnɐ] <-s, -> *m(f)* mercenaire *mf*

Soli *Pl. von* **Solo**

solidarisch [soli'daːrɪʃ] *Adj.* solidaire

solidarisieren* *refl. V.* **sich mit jdm/etw ~** se solidariser avec qn/qc

Solidarität [zolidari'tɛːt] <-> *f* solidarité *f*

Solidaritätsbeitrag *m* impôt *m* [de] solidarité

solid[e] *Adj.* ① (*stabil*) solide ② (*Lebenswandel*) sérieux(-euse)

Solist(in) [zo'lɪst] <-en, -en> *m(f)* soliste *mf*

Soll [zɔl] <-[s], -[s]> *nt* doit *m*

S

sollen[1] ['zɔlən] <sollte, ~> *Hilfsverb, modal* ❶ (*müssen*) **er soll zuhören** il doit écouter ❷ (*brauchen*) **du sollst dir deswegen keine Gedanken machen** tu n'as pas à te faire de souci pour ça ❸ (*können*) **man sollte annehmen, dass ...** on pourrait supposer que ... ❹ (*möglich sein*) **sollte ich vor dir sterben ...** si je venais à mourir avant toi ...; **was soll das heißen?** qu'est-ce que ça veut dire ? ❺ (*vermuten*) **er soll abgereist sein** il paraît qu'il est parti ❻ (*dürfen*) **das hättest du nicht tun** ~ tu n'aurais pas dû faire ça

sollen[2] <sollte, gesollt> *intr. V.* ❶ (*gehen/kommen müssen*) **du solltest besser ins Bett** tu ferais mieux d'aller te coucher ❷ *fam* (*bedeuten*) **was soll diese Frage?** que veut dire cette question ? ▸**was soll's?** *fam* et alors ?

solo ['zo:lo] *Adj. unv. fam* (*ohne Partner*) ~ **sein** être seul

Solo ['zo:lo] <-s, Soli> *nt* solo *m*

somatisieren* [zomati'zi:rən] *intr., tr. V.* somatiser

somit [zo'mɪt] *Adv.* par conséquent

Sommer ['zɔmɐ] <-s, -> *m* été *m*

Sommeranfang *m* début *m* de l'été **Sommerferien** *Pl* SCHULE grandes vacances *fpl*

sommerlich *Adj.* estival(e)

Sommerloch *nt fam* creux *m* estival **Sommerschlussverkauf**[RR] *m* soldes *fpl* d'été **Sommersemester** *nt* semestre *m* d'été **Sommersprosse** *f meist Pl.* tache *f* de rousseur **Sommerzeit** *f* (*Uhrzeit*) heure *f* d'été

Sonate [zo'na:tə] <-, -n> *f* sonate *f*

Sonde ['zɔndə] <-, -n> *f* MED, AVIAT sonde *f*

Sonderangebot *nt* offre *f* spéciale

sonderbar *Adj.* (*Person*) curieux(-euse); (*Verhalten*) étrange

Sonderfall *m* cas *m* particulier **Sondergenehmigung** *f* autorisation *f* spéciale

sonderlich **I.** *Adj. attr* particulier(-ière) **II.** *Adv.* particulièrement

Sondermarke *f* timbre *m* de collection **Sondermüll** *m* déchets *mpl* spéciaux

sondern ['zɔndɐn] *Konj.* mais

Sonderschule *f* école *f* spécialisée *(pour enfants déficients ou inadaptés)*

sondieren* *tr., intr. V. geh* sonder

Sonett [zo'nɛt] <-[e]s, -e> *nt* sonnet *m*

Song [sɔŋ] <-s, -s> *m fam* tube *m*

Sonnabend ['zɔnʔa:bənt] *m* NDEUTSCH samedi *m*

Sonne ['zɔnə] <-> *f* ❶ soleil *m* ❷ ASTRO Soleil *m*

sonnen *refl. V.* **sich** ~ prendre un bain de soleil

Sonnenaufgang *m* lever *m* du soleil **Sonnenblume** *f* tournesol *m* **Sonnenbrand** *m* coup *m* de soleil **Sonnenbrille** *f* lunettes *fpl* de soleil **Sonnenenergie** *f* énergie *f* solaire **Sonnenfinsternis** *f* éclipse *f* de Soleil **Sonnenlicht** *nt kein Pl.* lumière *f* du soleil **Sonnenschein** *m* soleil *m* **Sonnenschirm** *m* parasol *m* **Sonnenschutzcreme** *f* crème *f* de protection solaire **Sonnenstich** *m* insolation *f* **Sonnenstrahl** *m* rayon *m* de soleil **Sonnensystem** *nt* système *m* solaire **Sonnenuhr** *f* cadran *m* solaire **Sonnenuntergang** *m* coucher *m* du soleil

sonnig *Adj.* ensoleillé(e)

Sonntag ['zɔnta:k] *m* dimanche *m*; *s.a.* **Dienstag**

Sonntagabend *m* dimanche *m* soir

sonntäglich *Adj.* dominical(e)

Sonntagmorgen *m* dimanche *m* matin

sonntags *Adv.* le dimanche

sonn- und feiertags *Adv.* les dimanches et jours fériés

sonst [zɔnst] *Adv.* ❶ (*andernfalls*) sinon ❷ (*gewöhnlich*) d'habitude ❸ (*außerdem*) à part ça; [**darf es**] ~ **noch etwas** [**sein**]**?** et avec ça ? ❹ *indef fam* ~ **was** n'importe quoi; ~ **wohin** quelque part ailleurs ❺ *fam* (*anders*) **wer** [**denn**] **~?** qui d'autre ?

sonstig *Adj. attr* autre *antéposé*

sonstwas[ALT] *s.* **sonst 4** **sonstwohin**[ALT] *s.* **sonst 4**

sooft [zo'ʔɔft] *Konj.* tant que ...

Sopran [zo'pra:n] <-s, -e> *m* (*Stimme*) soprano *m*

Sopranist(in) [zopra'nɪst] <-en, -en> *m(f)* soprano *mf*

Sorge ['zɔrgə] <-, -n> *f* souci *m*; **mit** ~ avec inquiétude ▸**lass das meine** ~ **sein!** laisse-moi faire !

sorgen **I.** *intr. V.* **für jdn** ~ s'occuper de qn; **dafür ~, dass** veiller à ce que + *subj*; **für Aufsehen** ~ faire du bruit **II.** *refl. V.* **sich um jdn** ~ se faire du souci pour qn

sorgenfrei *Adj., Adv.* sans souci **sorgenvoll** **I.** *Adj.* (*Gesicht*) soucieux (-euse) **II.** *Adv.* avec inquiétude
Sorgerecht *nt kein Pl.* droit *m* de garde des enfants
Sorgfalt ['zɔrkfalt] <-> *f* soin *m*
sorgfältig ['zɔrkfɛltɪç] *Adj.* (*Arbeit*) soigné(e)
sorglos *Adj.* (*achtlos*) négligent(e)
Sorglosigkeit <-> *f* insouciance *f*
sorgsam *Adj. geh s.* **sorgfältig**
Sorte ['zɔrtə] <-, -n> *f* ① (*Art*) sorte *f* ② *Pl* FIN devises *fpl*
sortieren* [zɔr'tiːrən] *tr. V.* (*ordnen*) trier
Sortiment [zɔrti'mɛnt] <-[e]s, -e> *nt* assortiment *m*
SOS [ɛsoː'ɛs] <-, -> *nt* S.O.S. *m*
sosehr [zo'zeːɐ̯] *Konj.* ~ **...** [**auch**] bien que + *subj*
Soße ['zoːsə] <-, -n> *f* sauce *f*
sott [zɔt] *Imp. von* **sieden**
Souffleur [zu'fløːɐ] <-s, -e> *m*, **Souffleuse** *f* souffleur(-euse) *m(f)*
soufflieren* [zu'fliːrən] *intr. V.* **jdm** ~ souffler à qn
Sound [saund] <-s, -s> *m fam* son *m*
Soundkarte *f* INFORM carte *f* son
Souvenir [zuvə'niːɐ̯] <-s, -s> *nt* souvenir *m*
souverän [zuvə'rɛːn] **I.** *Adj.* ① POL souverain(e) ② (*überlegen*) supérieur(e) **II.** *Adv.* (*überlegen*) suprêmement
Souveränität [zuvərɛni'tɛːt] <-> *f* souveraineté *f*
soviel[ALT1] [zo'fiːl] *Adv. s.* **viel I.1**
soviel[2] *Konj.* [pour] autant que + *subj;* ~ **ich weiß** à ce que je sais
soweit[ALT1] [zo'vait] *Adv. s.* **weit II.2**
soweit[2] *Konj.* pour autant que + *subj*
sowenig *Konj.* ~ **mir das auch gefällt** même si ça ne me plaît pas beaucoup
sowie [zo'viː] *Konj.* ① (*sobald*) aussitôt que ... ② *form* (*und*) ainsi que
sowieso [zovi'zoː] *Adv.* en tout cas
sowjetisch *Adj.* soviétique
Sowjetunion *f* HIST **die** ~ l'Union *f* soviétique
sowohl [zo'voːl] *Konj.* ~ **... als auch ...** non seulement ..., mais [encore] ...
sozial [zo'tsi̯aːl] *Adj.* social(e)
Sozialabgaben *Pl* charges *fpl* sociales **Sozialamt** *nt* bureau *m* d'aide sociale **Sozialdemokrat(in)** *m(f)* social(e)-démocrate *m(f)* **sozialdemokratisch** *Adj.* social(e)-démocrate **Sozialhilfe** *f kein Pl.* ≈ R.M.I. *m*
Sozialismus [zotsi̯a'lɪsmʊs] <-> *m* socialisme *m*
Sozialist(in) [zotsi̯a'lɪst] <-en, -en> *m(f)* socialiste *mf*
sozialistisch *Adj.* socialiste
Sozialleistungen *Pl* prestations *fpl* sociales **Sozialstaat** *m* État *m* social **Sozialversicherung** *f* assurance *f* sociale; (*in Frankreich*) Sécurité *f* sociale **Sozialwohnung** *f* ≈ H.L.M. *m o f*
Soziologe [zotsi̯o'loːgə] <-n, -n> *m*, **Soziologin** *f* sociologue *mf*
Soziologie [zotsi̯olo'giː] <-> *f* sociologie *f*
soziologisch [zotsi̯o'loːgɪʃ] *Adj.* sociologique
sozusagen [zoːtsu'zaːgən] *Adv.* pour ainsi dire
Spachtel ['ʃpaxtəl] <-s, -> *m* (*Werkzeug*) spatule *f*
spachteln **I.** *tr. V.* mastiquer à la spatule **II.** *intr. V.* mastiquer
Spagat [ʃpa'gaːt] <-[e]s, -e> *m o nt* SPORT grand écart *m*
Spaghetti [ʃpa'gɛti] *Pl* spaghetti *mpl*
spähen ['ʃpɛːən] *intr. V.* (*blicken*) guetter
Spalier [ʃpa'liːɐ̯] <-s, -e> *nt fig* haie *f*
Spalt [ʃpalt] <-[e]s, -e> *m* ① (*Schlitz*) fente *f* ② (*Felsspalt*) fissure *f* ③ (*Spaltbreit*) entrebâillement *m*
Spalte ['ʃpaltə] <-, -n> *f* ① (*breiter Riss*) fissure *f;* (*eines Gletschers*) crevasse *f* ② TYP colonne *f*
spalten **I.** *tr. V.* ① *<PP* **gespalten***>* (*Holz*) fendre ② PHYS diviser **II.** *refl. V.* (*Fraktionen bilden*) **sich in zwei Lager** ~ se diviser en deux camps
Spaltung <-, -en> *f* ① PHYS fission *f* ② PSYCH ~ **der Persönlichkeit** dédoublement *m* de la personnalité
Span [ʃpaːn, *Pl:* 'ʃpɛːnə] <-[e]s, Späne> *m* copeau *m*
Spanferkel ['ʃpaːnfɛrkəl] *nt* cochon *m* de lait
Spange ['ʃpaŋə] <-, -n> *f* ① (*Haarspange*) barrette *f* ② (*Zahnspange*) appareil *m* [de correction] dentaire
Spanien ['ʃpaːniən] <-s> *nt* l'Espagne *f*
Spanier(in) <-s, -> *m(f)* Espagnol(e) *m(f)*
spanisch **I.** *Adj.* espagnol(e) **II.** *Adv.* ~ **miteinander sprechen** discuter en espagnol ▸**etw kommt jdm ~ vor** *fam* qc ne paraît pas [très] catholique à qn

S

Spanisch <-[s]> *nt kein Art.* espagnol *m; s.a.* **Deutsch**

spann [ʃpan] *Imp. von* **spinnen**

Spanne ['ʃpanə] <-, -n> *f* (*Gewinnspanne*) marge *f*

spannen ['ʃpanən] **I.** *tr. V.* ❶ (*straffen*) tendre; (*Muskel*) contracter ❷ (*aufspannen*) **etw über etw** (*Akk*) ~ tendre qc au-dessus de qc **II.** *intr. V.* (*Kleidungsstück*) serrer trop; (*Haut*) tirer

spannend *Adj.* (*Film*) captivant(e)

Spanner <-s, -> *m fam* (*Voyeur*) voyeur *m*

Spannkraft *f kein Pl.* vigueur *f*

Spannung <-, -en> *f* ❶ *kein Pl.* (*fesselnde Art*) suspense *m;* (*gespannte Erwartung*) tension *f* [nerveuse] ❷ ELEC tension *f*

Spannweite *f* (*der Flügel*) envergure *f*

Sparbuch *nt* livret *m* [de caisse] d'épargne **Sparbüchse** *f* tirelire *f*

sparen ['ʃpa:rən] **I.** *tr. V.* ❶ (*Betrag*) épargner ❷ (*Zeit*) économiser ❸ (*unterlassen*) **sich** (*Dat*) **einen Ratschlag** ~ garder un conseil pour soi **II.** *intr. V.* ❶ épargner ❷ (*sparsam sein*) se montrer économe; **an etw** (*Dat*) ~ rogner sur qc

Sparer(in) <-s, -> *m(f)* épargnant(e) *m(f)*

Sparflamme *f* petite flamme *f* ▸ **auf ~ arbeiten** *fam* bosser au ralenti

Spargel ['ʃpargəl] <-s, -> *m* asperge *f*

Sparkasse *f* caisse *f* d'épargne

spärlich ['ʃpɛ:ɐ̯lɪç] **I.** *Adj.* (*Haarwuchs*) clairsemé(e) **II.** *Adv.* peu

sparsam **I.** *Adj.* (*Person*) économe; (*Motor*) économique **II.** *Adv.* (*verwenden*) avec parcimonie

Sparsamkeit <-> *f* [sens *m* de l']économie *f*

Sparschwein *nt* tirelire *f*

spartanisch *Adj.* (*Leben*) de Spartiate

Sparte ['ʃpartə] <-, -n> *f* ❶ (*Branche*) branche *f* ❷ (*Spezialbereich*) spécialité *f* ❸ (*Rubrik*) rubrique *f*

Spaß [ʃpa:s, *Pl:* 'ʃpɛ:sə] <-es, Späße> *m* ❶ *kein Pl.* (*Vergnügung*) divertissement *m;* (*Freude*) plaisir *m;* **viel ~!** amuse-toi/amusez-vous bien ! ❷ (*Scherz*) plaisanterie *f*

spaßen *intr. V.* plaisanter

spaßig *Adj.* **eine ~e Geschichte** une drôle d'histoire

Spaßverderber(in) <-s, -> *m(f)* rabat-joie *m* **Spaßvogel** *m* plaisantin *m*

spastisch ['ʃpastɪʃ] *Adj.* spastique

spät [ʃpɛ:t] **I.** *Adj.* ❶ **es ist ~** il est tard; **wie ~ ist es?** quelle heure est-il? ❷ (*die Spätphase betreffend*) tardif(-ive) **II.** *Adv.* [**zu**] ~ [trop] tard

spätabends *Adv.* tard dans la soirée

Spatel ['ʃpa:təl] <-s, -> *m* MED spatule *f*

Spaten ['ʃpa:tən] <-s, -> *m* bêche *f*

später ['ʃpɛ:tɐ] **I.** *Adj.* (*Generation*) futur(e) **II.** *Adv.* plus tard

spätestens *Adv.* au plus tard

Spätfolgen *Pl* (*einer Krankheit*) séquelles *fpl* tardives **Spätschicht** *f* équipe *f* du soir **Spätsommer** *m* fin *f* de l'été

Spatz [ʃpats] <-en, -en> *m* moineau *m*

Spätzle ['ʃpɛtslə] *Pl* GASTR spaetzle *fpl* (*spécialité de pâtes alsacienne et souabe*)

spazieren* [ʃpa'tsi:rən] *intr. V.* + *sein* **mit jdm ~ gehen** aller se promener avec qn

spazieren|gehen^ALT *s.* **spazieren**

Spaziergang <-gänge> *m* promenade *f* [à pied] **Spaziergänger(in)** [ʃpa'tsi:rgɛŋɐ] <-s, -> *m(f)* promeneur(-euse) *m(f)*

SPD [ɛspe:'de:] <-> *f Abk. von* **Sozialdemokratische Partei Deutschlands** *parti social-démocrate allemand*

Specht [ʃpɛçt] <-[e]s, -e> *m* pic *m*

Speck [ʃpɛk] <-[e]s, -e> *m* lard *m*

Spediteur(in) [ʃpedi'tø:ɐ̯] <-s, -e> *m(f)* transporteur *m*

Spedition [ʃpedi'tsi̯o:n] <-, -en> *f* entreprise *f* de transport

Speer [ʃpe:ɐ̯] <-[e]s, -e> *m* javelot *m*

Speiche ['ʃpaiçə] <-, -n> *f* (*eines Rads*) rayon *m*

Speichel ['ʃpaiçəl] <-s> *m* salive *f*

Speicher ['ʃpaiçɐ] <-s, -> *m* INFORM mémoire *f*

Speicherchip *m* INFORM puce *f* à mémoire **Speicherkapazität** *f* INFORM capacité *f* de mémoire

speichern *tr., intr. V.* INFORM sauvegarder

Speicherung <-, -en> *f* INFORM sauvegarde *f*

speien ['ʃpaiən] <spie, gespien> *tr. V.* *geh* (*Lava*) cracher; (*Blut*) vomir

Speise ['ʃpaizə] <-, -n> *f* ❶ *meist Pl.* *geh* (*Gericht*) repas *m* ❷ (*Nahrung*) nourriture *f*

Speisekammer *f* cellier *m* **Speisekarte** *f* carte *f*

speisen **I.** *intr. V. geh* se restaurer **II.** *tr. V.* ❶ *geh* (*essen*) consommer ❷ (*Stromnetz*) alimenter

Speiseröhre *f* œsophage *m* **Speisesaal** *m* salle *f* à manger **Speisewagen** *m* wagon-restaurant *m*

Spektakel[1] [ʃpɛk'ta:kəl] <-s, -> *m fam* tintouin *m*

Spektakel[2] <-s, -> *nt* (*Schauspiel*) spectacle *m*

spektakulär [ʃpɛktaku'lɛ:ɐ̯] *Adj.* spectaculaire

Spektrum ['ʃpɛktrʊm] <-s, Spektren> *nt* PHYS spectre *m*

Spekulation [ʃpekula'tsi̯o:n] <-, -en> *f* spéculation *f*

spekulativ *Adj. geh* spéculatif(-ive)

spekulieren* [ʃpeku'li:rən] *intr. V.* 1 *fam* (*rechnen*) **auf etw** (*Akk*) ~ spéculer sur qc 2 (*Spekulant sein*) **an der Börse** ~ spéculer à la bourse

Spelunke [ʃpe'lʊŋkə] <-, -n> *f pej fam* boui[-]boui *m*

spendabel [ʃpɛn'da:bəl] *Adj. fam* généreux(-euse)

Spende ['ʃpɛndə] <-, -n> *f* don *m*

spenden **I.** *tr. V.* a. MED donner **II.** *intr. V.* **für jdn/etw** ~ faire un don pour qn/qc

Spender(in) <-s, -> *m(f)* (*Person*) donateur *m*/donatrice *f*; MED donneur *m*/donneuse *f*

spendieren* [ʃpɛn'di:rən] *tr. V. fam* **jdm etw** ~ payer qc à qn

Sperber <-s, -> *m* épervier *m*

Sperling ['ʃpɛrlɪŋ] <-s, -e> *m* moineau *m*

Sperma ['ʃpɛrma] <-s, Spermen> *nt* sperme *m*

sperrangelweit [ʃpɛr'ʔaŋəl'vait] *Adv. fam* ~ **offen** grand ouvert(e)

Sperre ['ʃpɛrə] <-, -n> *f* 1 (*der Polizei*) barrage *m* 2 (*Barrikade*) barricade *f* 3 (*Spielverbot*) suspension *f*

sperren ['ʃpɛrən] **I.** *tr. V.* 1 (*Grenze*) fermer; (*Gebiet*) interdire 2 (*Kredit*) bloquer; (*Telefon*) couper 3 (*einsperren*) enfermer 4 SPORT suspendre **II.** *refl. V.* **sich** ~ se braquer

Sperrgebiet *nt* zone *f* interdite

sperrig *Adj.* (*Gegenstand*) encombrant(e)

Sperrmüll *m* 1 (*Müll*) *vieux objets encombrants dont on veut se débarrasser* 2 (*Sperrmüllabfuhr*) *collecte de vieux objets encombrants*

Sperrung <-, -en> *f* 1 (*Schließung*) fermeture *f* 2 (*eines Kontos, Kredits*) blocage *m*

Spesen ['ʃpe:zən] *Pl* frais *mpl* [de gestion]

Spezialgebiet [ʃpe'tsi̯a:lgəbi:t] *nt* spécialité *f*

spezialisieren* [ʃpetsi̯ali'zi:rən] *refl. V.* **sich auf etw** (*Akk*) ~ se spécialiser dans qc

Spezialist(in) [ʃpetsi̯a'lɪst] <-en, -en> *m(f)* spécialiste *mf*

Spezialität [ʃpetsi̯ali'tɛ:t] <-, -en> *f* spécialité *f*

speziell [ʃpe'tsi̯ɛl] *Adj.* spécial(e)

Spezies ['ʃpe:tsiɛs, 'sp-] <-, -> *f* espèce *f*

spezifisch [ʃpe'tsi:fɪʃ] *Adj.* spécifique

spezifizieren* *tr. V.* préciser

Sphäre ['sfɛ:rə] <-, -n> *f* sphère *f*

Sphinx [sfɪŋks] <-, -e> *f* sphinx *m*

spie [ʃpi:] *Imp. von* **speien**

Spiegel ['ʃpi:gəl] <-s, -> *m* miroir *m*

Spiegelbild *nt* reflet *m* **spiegelglatt** *Adj.* (*Straße*) très glissant(e)

spiegeln **I.** *intr. V.* 1 (*spiegelblank sein*) briller 2 (*reflektieren*) miroiter **II.** *refl. V.* **sich in etw** (*Dat*) ~ se refléter dans qc

Spiegelreflexkamera *f* [appareil *m*] reflex *m*

Spiel [ʃpi:l] <-[e]s, -e> *nt* 1 jeu *m* 2 SPORT match *m*; **die Olympischen ~e** les Jeux olympiques 3 SPIEL (*Partie*) partie *f* ▸ **jdn/etw aus dem ~ lassen** laisser qn/qc en dehors de ça

Spielautomat *m* machine *f* à sous

spielen **I.** *tr. V.* 1 **Domino/Fußball ~** jouer aux dominos/au football 2 MUS **Klavier ~** jouer du piano 3 (*Rolle*) jouer **II.** *intr. V.* jouer; **gegen jdn ~** SPORT jouer contre qn

spielend *Adv.* facilement

Spieler(in) <-s, -> *m(f)* joueur(-euse) *m(f)*

Spielerei [ʃpi:lə'rai] <-, -en> *f kein Pl.* (*Kinderspiel*) rigolade *f* (*fam*)

spielerisch **I.** *Adj.* (*Eleganz*) désinvolte; (*Leistung*) technique **II.** *Adv.* (*bewältigen*) avec désinvolture

Spielfeld *nt* terrain *m*; (*Tennisplatz*) court *m* **Spielfilm** *m* film *m* **Spielkasino** *nt* casino *m* **Spielplatz** *m* terrain *m* de jeux **Spielraum** *m* marge *f* de manœuvre **Spielregel** *f meist Pl.* règle *f* du jeu **Spielsachen** *Pl* jouets *mpl* **Spielstand** *m* score *m* **Spielverderber(in)** <-s, -> *m(f)* rabat-joie *mf inv.* **Spielwaren** *Pl* jouets *mpl* **Spielzeit** *f* 1 SPORT temps *m* réglementaire 2 (*Theatersaison*) saison *f* **Spielzeug** *nt* jouet *m*

Spieß [ʃpiːs] <-es, -e> *m* (*Bratenspieß*) broche *f;* (*klein*) brochette *f*

Spießer(in) <-s, -> *m(f) fam* petit(e)-bourgeois(e) *m(f)*

spießig *Adj. fam* petit(e)-bourgeois(e)

Spikes [ʃpaiks] *Pl* (*an Sportschuhen*) crampons *mpl*

Spinat [ʃpi'naːt] <-[e]s> *m* ❶ BOT épinard *m* ❷ GASTR épinards *mpl*

Spind [ʃpɪnt] <-[e]s, -e> *m* armoire *f* métallique

Spindel ['ʃpɪndəl] <-, -n> *f* (*eines Spinnrads*) fuseau *m*

spindeldürr ['ʃpɪndəl'dʏr] *Adj. fam* (*Person*) maigre comme un clou

Spinne ['ʃpɪnə] <-, -n> *f* araignée *f*

spinnen ['ʃpɪnən] <spann, gesponnen> **I.** *tr. V.* (*Netz*) filer **II.** *intr. V.* ❶ (*am Spinnrad*) filer ❷ *fam* (*verrückt sein*) débloquer

Spinnennetz *nt* toile *f* d'araignée

Spinner(in) <-s, -> *m(f) fam* (*verrückter Mensch*) cinglé(e) *m(f)*

Spinnerei [ʃpɪnə'rai] <-, -en> *f* ❶ (*Textilbetrieb*) filature *f* ❷ *kein Pl. pej fam* (*Blödsinn*) connerie *f*

Spinnrad *nt* rouet *m*

Spion [ʃpi̯oːn] <-s, -e> *m* ❶ (*Kundschafter*) espion *m* ❷ *fam* (*Türspion*) judas *m*

Spionage [ʃpio'naːʒə] <-> *f* espionnage *m*

spionieren* [ʃpio'niːrən] *intr. V.* ❶ (*als Spion tätig sein*) faire de l'espionnage ❷ *fam* (*heimlich lauschen*) espionner

Spionin <-, -nen> *f* espionne *f*

Spirale [ʃpi'raːlə] <-, -n> *f* ❶ spirale *f* ❷ MED stérilet *m*

Spirituosen *Pl* GASTR *form* spiritueux *mpl*

Spiritus ['ʃpiːritʊs] <-> *m* alcool [à brûler] *m*

Spital [ʃpi'taːl, *Pl:* ʃpi'tɛːlɐ] <-s, Spitäler> *nt* A, CH hôpital *m*

spitz [ʃpɪts] **I.** *Adj.* pointu(e); (*Winkel, Schrei*) aigu(ë); (*Bemerkung*) acéré(e) **II.** *Adv.* (*spitzzüngig*) d'un ton piquant

Spitzbart *m* (*Bart*) bouc *m* **Spitzbube** ['ʃpɪtsbuːbə] *m fam* galopin *m* **spitzbübisch** ['ʃpɪtsbyːbɪʃ] *Adj.* (*Grinsen*) malicieux(-euse)

Spitze ['ʃpɪtsə] <-, -n> *f* ❶ (*spitzes Ende*) pointe *f* ❷ (*eines Zugs*) tête *f* ❸ TEXTIL dentelle *f*

Spitzel ['ʃpɪtsəl] <-s, -> *m* indicateur *m*

spitzeln *intr. V.* être un indicateur

spitzen *tr. V.* ❶ (*Bleistift*) tailler ❷ (*aufstellen*) **die Ohren ~** tendre l'oreille

Spitzenkandidat(in) *m(f)* tête *f* de liste **Spitzenleistung** *f* prouesse *f* **Spitzenreiter(in)** *m(f)* (*Mensch*) leader *m* **Spitzensportler(in)** *m(f)* sportif(-ive) *m(f)* de haut niveau **Spitzentechnologie** *f* technologie *f* de pointe

spitzfindig I. *Adj.* (*haarspalterisch*) pointilleux(-euse) **II.** *Adv.* en ergotant **Spitzfindigkeit** <-, -en> *f* (*Äußerung*) ergoterie *f* **Spitzname** *m* sobriquet *m*

Spleen [ʃpliːn] <-s, -s> *m fam* dada *m*

SplissRR ['ʃplɪs] <-es>, **Spliß**ALT <-sses> *m* (*Haarspliss*) fourches *fpl*

splitten ['ʃplɪtn] *tr. V.* répartir

Splitter ['ʃplɪtɐ] <-s, -> *m* éclat *m;* (*Glassplitter*) éclat de verre

splittern *intr. V.* ❶ + *sein* (*Glas*) voler en éclats ❷ + *haben* (*Splitter bilden*) se fragmenter

splitternackt *Adj.*, *Adv. fam* [complètement] à poil

SPÖ [ɛspeː'ʔøː] <-> *f Abk. von* **Sozialistische Partei Österreichs** *parti social-démocrate autrichien*

Spoiler ['ʃpɔylɐ] <-s, -> *m* spoiler *m*

sponsern ['ʃpɔnzɐn] *tr. V.* sponsoriser

Sponsor ['ʃpɔnzɐ] <-s, -soren> *m,* **Sponsorin** *f* sponsor *m*

spontan [ʃpɔn'taːn] *Adj.* spontané(e)

Spontaneität [ʃpɔntanei'tɛːt] <-> *f geh* spontanéité *f*

sporadisch [ʃpo'raːdɪʃ] *Adj.* sporadique

Sporn [ʃpɔrn, *Pl:* 'ʃpoːrən] <-[e]s, Sporen> *m meist Pl.* éperon *m*

Sport [ʃpɔrt] <-[e]s> *m* sport *m*

Sportart *f* discipline *f* [sportive] **Sporthalle** *f* gymnase *m;* (*für Sportveranstaltungen*) salle *f* de sport **Sportlehrer(in)** *m(f)* professeur *mf* d'éducation physique et sportive

Sportler(in) <-s, -> *m(f)* sportif(-ive) *m(f)*

sportlich I. *Adj.* (*Person*) sportif(-ive); (*Kleidung*) de sport *inv.* **II.** *Adv.* **sich ~ betätigen** faire du sport

Sportplatz *m* terrain *m* de sport

Sportverein *m* club *m* sportif **Sportwagen** *m* ❶ (*Auto*) voiture *f* de sport ❷ (*Kinderwagen*) poussette *f*

Spot [spɔt] <-s, -s> *m* spot *m*

Spott [ʃpɔt] <-[e]s> *m* moquerie *f*

spottbillig ['ʃpɔt'bɪlɪç] *fam* **I.** *Adj.* vraiment donné(e) **II.** *Adv.* pour que dalle

spötteln ['ʃpœtəln] *s.* **spotten**

spotten ['ʃpɔtən] *intr. V.* **über jdn/etw** ~ se moquer de qn/qc

Spötter(in) ['ʃpœtɐ] <-s, -> *m(f)* moqueur(-euse) *m(f)*

spöttisch *Adj.* moqueur(-euse)

Spottpreis *m* prix *m* ridicule

sprach [ʃpraːx] *Imp. von* **sprechen**

Sprache ['ʃpraːxə] <-, -n> *f* ① langue *f* ② *kein Pl.* (*Ausdrucksweise, Sprachfähigkeit*) langage *m;* **hast du die ~ verloren?** tu as perdu ta langue ?

Sprachfehler *m* défaut *m* de prononciation **Sprachführer** *m* guide *m* de conversation **Sprachgefühl** *nt kein Pl.* sens *m* de la langue **Sprachkenntnisse** *Pl* (*einer Sprache/mehrerer Sprachen*) connaissances *fpl* de la langue/des langues **Sprachkurs** *m* cours *m* de langue **Sprachlabor** *nt* laboratoire *m* de langues

sprachlich *Adj.* linguistique

sprachlos *Adj.* muet(te) **Sprachrohr** ▸ **sich zum ~ einer S. machen** se faire le porte-parole de qc **Sprachwissenschaft** *f* linguistique *f*

sprang [ʃpraŋ] *Imp. von* **springen**

Spray [ʃpreː] <-s, -s> *m o nt* aérosol *m;* (*Kosmetikspray*) spray *m*

Spraydose ['ʃpreː-, 'spreː-] *f* (*Kosmetikspraydose*) spray *m*

sprayen ['ʃprɛɪən] **I.** *intr. V.* peindre à la bombe **II.** *tr. V.* (*Parole*) bomber (*fam*)

Sprechanlage *f* interphone *m* **Sprechblase** *f* bulle *f*

sprechen ['ʃprɛçən] <spricht, sprach, gesprochen> **I.** *intr. V.* ① (*reden*) parler ② (*telefonieren*) **mit jdm ~** parler à qn [au téléphone] ③ (*empfangen*) **für niemanden zu ~ sein** n'être là pour personne ④ (*tratschen*) **über jdn ~** raconter des choses sur qn ⑤ (*eintreten*) **für jdn ~** plaider en faveur de qn **II.** *tr. V.* ① (*Wort*) dire; (*Nachrichten*) présenter ② (*beherrschen*) **sprechen Sie Chinesisch?** parlez-vous [le] chinois ? ③ (*sich unterreden mit*) parler à

Sprechen <-s> *nt* (*das Reden*) **beim ~** en parlant

Sprecher(in) <-s, -> *m(f)* ① (*Wortführer*) porte-parole *m inv.* ② (*Rundfunksprecher*) présentateur(-trice) *m(f)*

Sprechstunde *f* consultation *f* **Sprechzimmer** *nt* cabinet *m*

spreizen ['ʃpraitsən] *tr. V.* (*Beine*) écarter; (*Flügel*) déployer

sprengen ['ʃprɛŋən] *tr. V.* ① (*mit Sprengstoff zerstören*) faire sauter ② (*Versammlung*) disperser ③ (*Rasen*) arroser

Sprengkopf *m* tête *f* explosive **Sprengstoff** *m* ① explosif *m* ② *fig* dynamite *f*

Spreu [ʃprɔy] <-> *f* bal[l]e *f*

spricht [ʃprɪçt] *3. Pers. Sg. Präs. von* **sprechen**

Sprichwort ['ʃprɪçvɔrt] *nt* proverbe *m*

sprichwörtlich *Adj.* proverbial(e)

sprießen ['ʃpriːsən] <spross, gesprossen> *intr. V.* + *sein* (*Knospe*) éclore; (*Haare*) pousser

Springbrunnen *m* fontaine *f*

springen ['ʃprɪŋən] <sprang, gesprungen> **I.** *intr. V.* + *sein* ① (*hüpfen*) sauter ② (*Vase*) se fendre **II.** *tr. V.* + *haben o sein* (*vier Meter*) sauter

Springer <-s, -> *m* (*beim Schach*) cavalier *m* **Springform** *f* moule *m* au bord amovible

Sprint [ʃprɪnt] <-s, -s> *m* sprint *m*

sprinten ['ʃprɪntən] *intr. V.* + *sein* ① SPORT sprinter ② *fam* (*schnell laufen*) **über die Straße ~** traverser la rue au sprint

Sprinter(in) <-s, -> *m(f)* sprinte[u]r (-euse) *m(f)*

Sprit [ʃprɪt] <-[e]s> *m fam* (*Benzin*) essence *f*

Spritze ['ʃprɪtsə] <-, -n> *f* ① (*Injektionsspritze*) seringue *f* ② (*Injektion*) piqûre *f*

spritzen ['ʃprɪtsn] **I.** *intr. V.* ① + *haben o sein* (*Fett, Wasser*) gicler ② + *haben* MED faire une piqûre/des piqûres **II.** *tr. V.* + *haben* ① (*Auto*) peindre au pistolet ② (*Rasen*) arroser ③ MED **jdm Insulin ~** injecter de l'insuline à qn

Spritzer <-s, -> *m* ① (*Tropfen*) éclaboussure *f* ② (*kleine Menge*) giclée *f*

spritzig *Adj.* (*Dialog*) pétulant(e)

Spritztour *f fam* virée *f* [en voiture]

spröde ['ʃprøːdə] *Adj.* ① (*unelastisch*) cassant(e) ② (*Person*) revêche

spross[RR] [ʃprɔs], **sproß**[ALT] *Imp. von* **sprießen**

Spross[RR] [ʃprɔs] <-es, -e>, **Sproß**[ALT] <-sses, -sse> *m* BOT jeune pousse *f*

Sprosse ['ʃprɔsə] <-, -n> *f* (*Leitersprosse*) échelon *m*

Sprössling[RR], **Sprößling**[ALT] ['ʃprœslɪŋ] <-s, -e> *m iron* rejeton *m*

S

Spruch [ʃprʊx, *Pl:* 'ʃprʏçə] <-[e]s, Sprüche> *m* ① (*Spruchweisheit*) dicton *m* ② (*Bibelspruch*) verset *m; pej* formule *f* toute faite

Spruchband <-bänder> *nt* banderole *f*

spruchreif *Adj. fam* ~ **sein** être mûr

Sprudel ['ʃpru:dəl] <-s, -> *m* eau *f* gazeuse

sprudeln *intr. V.* ① + *haben* (*aufkochen*) bouillonner ② + *sein* **aus dem Boden** ~ (*Quelle*) jaillir du sol

sprühen ['ʃpry:ən] **I.** *tr. V.* + *haben* (*Flüssigkeit*) pulvériser; (*Parfüm*) vaporiser **II.** *intr. V.* ① + *sein* (*Funken*) jaillir ② + *haben* **vor Lebenslust** ~ pétiller de joie de vivre

Sprühregen *m* bruine *f*

Sprung [ʃprʊŋ, *Pl:* 'ʃprʏŋə] <-[e]s, Sprünge> *m* ① (*einer Person, eines Tiers*) saut *m* ② (*feiner Riss*) craquelure *f* ③ *fam* (*kurze Entfernung*) **es ist nur ein** ~ ce n'est qu'à deux pas

Sprungbrett *nt* SPORT tremplin *m*

sprunghaft *Adj.* ① (*Anstieg*) brutal(e) ② (*unstet*) versatile

Sprungschanze *f* tremplin *m* [de saut à skis] **Sprungtuch** <-tücher> *nt* toile *f* de sauvetage

Spucke ['ʃpʊkə] <-> *f fam* salive *f*

spucken *intr., tr. V.* cracher

Spuk [ʃpu:k] <-[e]s, -e> *m* ① (*Geistererscheinung*) apparition *f* de fantômes ② (*Albtraum*) cauchemar *m*

spuken *intr. V. unpers.* **hier spukt es** il y a des fantômes ici

Spule ['ʃpu:lə] <-, -n> *f a.* ELEC bobine *f*

Spüle ['ʃpy:lə] <-, -n> *f* évier *m*

spulen ['ʃpu:lən] *tr. V.* (*Film*) embobiner

spülen ['ʃpy:lən] **I.** *intr. V.* ① (*Toilette*) tirer la chasse [d'eau] ② SDEUTSCH (*abwaschen*) laver la vaisselle **II.** *tr. V.* ① (*abspülen*) laver ② (*schwemmen*) **etw ans Ufer** ~ rejeter qc sur la rive ③ (*Geschirr*) rincer

Spülmaschine *f* lave-vaisselle *m* **spülmaschinenfest** *Adj.* garanti(e) lave-vaisselle **Spülmittel** *nt* produit *m* [pour la] vaisselle

Spülung <-, -en> *f* (*Wasserspülung*) chasse *f* d'eau

Spur [ʃpu:ɐ̯] <-, -en> *f* ① trace *f;* **von ihr fehlt jede** ~ elle n'a plus donné signe de vie ② (*Fußspur*) trace *f* [de pas] ③ (*Fahrbahn*) voie *f*

spürbar *Adj.* sensible

spüren ['ʃpy:rən] *tr. V.* (*bemerken, fühlen*) sentir; (*Schmerz*) ressentir

Spurenelement *nt* oligoélément *m*

spurlos *Adv.* (*verschwinden*) sans laisser de traces

Spürsinn *m kein Pl.* flair *m*

Squash ['skvɔʃ] <-> *nt* squash *m*

Sri Lanka ['sri: 'laŋka] <-s> *nt* le Sri Lanka

St. ① *Abk. von* **Stück** pièce *f* ② *Abk. von* **Sankt** St/Ste

Staat [ʃta:t] <-[e]s, -en> *m* POL État *m*

Staatenbund <-bünde> *m* confédération *f* [d'États]

staatlich **I.** *Adj.* (*Förderung*) de l'État; (*Einrichtung*) public(-ique) **II.** *Adv.* (*anerkannt*) par l'État

Staatsangehörige(r) *f(m) dekl wie Adj* ressortissant(e) *m(f)* **Staatsangehörigkeit** <-, -en> *f* nationalité *f* **Staatsanwalt** *m*, **-anwältin** *f* avocat *m* général/avocate *f* générale **Staatsbegräbnis** *nt* obsèques *fpl* nationales **Staatsbesuch** *m* visite *f* officielle **Staatsbürger(in)** *m(f) form* citoyen(ne) *m(f)* **staatsbürgerlich** *Adj. attr form* civique **Staatsbürgerschaft** *f form s.* **Staatsangehörigkeit**

Staatsexamen *nt* ≈ examen *m* d'État

Dans les universités allemandes, les études de certaines spécialités, telles que la médecine, l'enseignement et le droit, s'achèvent par une ou deux séries de **Staatsexamen** (examens finaux) que font passer des examinateurs homologués par le gouvernement.

Staatskasse *f* Trésor *m* [public], caisses *fpl* de l'État **Staatsmann** <-männer> *m geh* homme *m* d'État **Staatsministerium** *nt* ministère *m* d'État **Staatsoberhaupt** *nt* chef *mf* d'État/de l'État **Staatssekretär(in)** *m(f)* secrétaire *mf* d'État **Staatssicherheitsdienst** *m* HIST *services de Sécurité de l'État de l'ex-R.D.A.*

Stab [ʃta:p, *Pl:* 'ʃtɛ:bə] <-[e]s, Stäbe> *m* ① (*Holzstab*) baguette *f* ② (*Gitterstab*) barreau *m* ③ (*Gruppe*) équipe *f* ④ MIL état-major *m*

Stäbchen <-s, -> *nt* baguette *f*

Stabhochsprung *m* saut *m* à la perche
stabil [ʃta'biːl] *Adj.* (*Möbel*) solide; (*Wetterlage*) stable; (*Beziehung*) durable
stabilisieren* [ʃtabili'ziːrən] **I.** *tr. V.* (*Regal*) consolider; (*Kreislauf*) stabiliser **II.** *refl. V. a.* MED **sich** ~ se stabiliser
Stabilität [ʃtabili'tɛːt] <-> *f* stabilité *f*
stach [ʃtaːx] *Imp. von* **stechen**
Stachel [ʃtaxəl] <-s, -n> *m* (*eines Igels*) piquant *m;* (*eines Insekts*) dard *m;* (*einer Pflanze*) épine *f*
Stachelbeere *f* groseille *f* à maquereau
Stacheldraht *m* [fil *m* de fer] barbelé *m*
stach[e]lig *Adj.* (*Tier*) hérissé(e) [de piquants]; (*Pflanze*) épineux(-euse)
Stachelschwein *nt* porc-épic *m*
Stadion ['ʃtaːdiɔn] <-s, Stadien> *nt* stade *m*
Stadium ['ʃtaːdiʊm] <-s, Stadien> *nt* ❶ (*einer Entwicklung*) phase *f* ❷ MED stade *m*
Stadt [ʃtat, *Pl:* 'ʃtɛ(ː)tə] <-, Städte> *f* ❶ ville *f* ❷ (*Stadtverwaltung*) municipalité *f*
Stadtbezirk *m* arrondissement *m* **Stadtbücherei** *f* bibliothèque *f* municipale **Stadtbummel** *m* promenade *f* en ville
städtebaulich *Adj.* d'urbanisme
stadteinwärts *Adv.* ~ **fahren** entrer dans la ville
Städtepartnerschaft *f* jumelage *m*
Städter(in) <-s, -> *m(f)* citadin(e) *m(f)*
städtisch ['ʃtɛtɪʃ] *Adj.* ❶ municipal(e) ❷ *geh* (*urban*) urbain(e)
Stadtmauer *f* rempart *m* **Stadtmitte** *f* centre-ville *m* **Stadtplan** *m* plan *m* de la ville **Stadtrand** *m* périphérie *f* de la ville **Stadtrat** *m* (*Verwaltungsorgan*) conseil *m* municipal **Stadtrat** *m,* **-rätin** *f* (*Person*) conseiller *m* municipal/conseillère *f* municipale **Stadtrundfahrt** *f* visite *f* guidée de la ville **Stadtstaat** *m* ville-État *f* **Stadtstreicher(in)** <-s, -> *m(f)* clochard(e) *m(f)* **Stadtteil** *m* quartier *m* **Stadtverwaltung** *f* administration *f* municipale **Stadtwerke** *Pl* services *mpl* techniques [de la ville]
Staffel ['ʃtafəl] <-, -n> *f* ❶ (*beim ~lauf*) équipe *f* de relais ❷ (*Fliegerstaffel*) escadrille *f*
Staffelei [ʃtafə'lai] <-, -en> *f* chevalet *m*
Staffellauf *m* course *f* de relais
staffeln *tr. V.* (*Preise, Gebühren*) échelonner
Stagnation [ʃtagna'tsi̯oːn] <-, -en> *f* stagnation *f*
stagnieren* [ʃta'gniːrən] *intr. V.* stagner
stahl [ʃtaːl] *Imp. von* **stehlen**
Stahl [ʃtaːl, *Pl:* 'ʃtɛːlə] <-[e]s, Stähle> *m* acier *m*
Stahlindustrie *f* industrie *f* sidérurgique
stak *Imp. von* **stecken**
Stalinismus [ʃtali'nɪsmʊs] <-> *m* stalinisme *m*
stalinistisch [ʃtali'nɪstɪʃ] *Adj.* stalinien(ne)
Stall [ʃtal, *Pl:* 'ʃtɛlə] <-[e]s, Ställe> *m* (*Kuhstall*) étable *f;* (*Pferdestall*) écurie *f;* (*Schweinestall*) porcherie *f;* (*Kaninchenstall*) clapier *m;* (*Hühnerstall*) poulailler *m*
Stamm [ʃtam, *Pl:* 'ʃtɛmə] <-[e]s, Stämme> *m* ❶ (*eines Baums*) tronc *m* ❷ (*Volksstamm*) tribu *f* ❸ (*Kundenstamm*) clientèle *f*
Stammbaum *m* arbre *m* généalogique **Stammbuch** *nt* livret *m* de famille **Stammdaten** *Pl* INFORM données *fpl* de base
stammeln ['ʃtaməln] *tr., intr. V.* bredouiller
stammen ['ʃtamən] *intr. V.* ❶ **aus Spanien** ~ être originaire d'Espagne; **aus sehr einfachen Verhältnissen** ~ être d'origine très modeste ❷ (*herrühren*) **von jdm** ~ (*Werk*) être de qn; **aus dem 16. Jahrhundert** ~ dater du 16e siècle
Stammgast *m* habitué(e) *m(f)*
stämmig ['ʃtɛmɪç] *Adj.* trapu(e)
Stammkneipe *f fam* café *m* habituel **Stammkunde** *m,* **-kundin** *f* client *m* habituel/cliente *f* habituelle **Stammtisch** *m* ❶ (*Tisch*) table *f* des habitués ❷ (*Stammgäste*) tablée *f* d'habitués

> La plupart des cafés et des restaurants ont leur **Stammtisch**, la table réservée aux habitués, qui est clairement indiquée par une petite pancarte. Il est donc très mal vu de s'y asseoir sans autorisation préalable.

stampfen ['ʃtampfən] **I.** *intr. V.* + *haben* (*mit den Füßen*) trépigner; (*mit den Hufen*) piaffer **II.** *tr. V.* + *haben* (*Kartoffeln*) écraser
stand [ʃtant] *Imp. von* **stehen**

S

Stand [ʃtant, *Pl:* 'ʃtɛndə] <-[e]s, Stände> *m* ① (*eines Zählers*) niveau *m* ② *kein Pl.* (*Zustand*) état *m* ③ (*Spielstand*) score *m* ④ (*Verkaufsstand*) étal *m;* (*Messestand*) stand *m* ⑤ (*gesellschaftliche Schicht*) catégorie *f* ▸ **zu etw im ~e sein** être capable de qc

Standard ['ʃtandart] <-s, -s> *m* standard *m*

standardisieren* [ʃtandardi'ziːrən] *tr. V.* standardiser

Standbild *nt* ① KUNST statue *f* ② TV arrêt *m* sur image

Ständchen ['ʃtɛntçən] <-s, -> *nt* chanson *f* en son/mon/… honneur

Ständer ['ʃtɛndɐ] <-s, -> *m* ① (*Gestell*) support *m* ② (*Kleiderständer*) portemanteau *m* ③ (*Notenständer*) pupitre *m*

Standesamt *nt* [bureau *m* de l']état *m* civil **standesamtlich** *Adj.* (*Trauung*) civil(e) **Standesbeamte(r)** *m dekl wie Adj*, **Standesbeamtin** *f* officier *m* d'état civil **standesgemäß** *Adj.* conforme à ma/sa/… position [sociale]

standhaft *Adj.* ferme

Standhaftigkeit <-> *f* fermeté *f*

stand|halten *intr. V. unreg* tenir le coup; **einer S.** (*Dat*) ~ résister à qc

ständig ['ʃtɛndɪç] **I.** *Adj.* ① (*dauernd*) permanent(e) ② (*Wohnsitz*) fixe **II.** *Adv.* (*dauernd*) continuellement

Standlicht *nt kein Pl.* feux *mpl* de position **Standort** *m* (*eines Unternehmens*) lieu *m* d'implantation; (*Produktionsstätte*) site *m* de production **Standpauke** *f fam* savon *m* **Standpunkt** *m* point *m* de vue **standrechtlich** *Adj.*, *Adv.* par décision de la cour martiale **Standspur** *f* bande *f* d'arrêt d'urgence

Stange ['ʃtaŋə] <-, -n> *f* ① barre *f* ② (*Fahnenstange*) hampe *f*

StängelRR ['ʃtɛŋəl] <-s, -> *m* tige *f*

stank [ʃtaŋk] *Imp. von* **stinken**

stanzen ['ʃtantsən] *tr. V.* ① (*Blech*) emboutir ② (*einstanzen*) poinçonner

Stapel ['ʃtaːpəl] <-s, -> *m* (*Haufen*) pile *f*

stapeln *tr., refl. V.* [**sich**] ~ [s']empiler

stapfen ['ʃtapfən] *intr. V. + sein* **durch den Schnee** ~ marcher en s'enfonçant dans la neige

Star[1] [ʃtaːɐ̯] <-[e]s, -e> *m* ZOOL étourneau *m*

Star[2] [ʃtaːɐ̯] <-[e]s> *m* MED **grauer** ~ cataracte *f;* **grüner** ~ glaucome *m*

Star[3] [staːɐ̯] <-s, -s> *m* ① (*Filmstar*) star *f* ② *fig* vedette *f*

starb [ʃtarb] *Imp. von* **sterben**

stark [ʃtark] <stärker, stärkste> **I.** *Adj.* ① fort(e) ② (*Schulklasse, Ast*) gros(se) *antéposé*; (*Balken*) épais(se); **tausend Mann ~ sein** compter mille personnes ③ (*Nerven*) solide ④ (*Ab-, Zuneigung*) grand(e); (*Gefühl*) profond(e) ⑤ (*Motor*) puissant(e) ⑥ *fam* (*hervorragend*) super **II.** *Adv.* ① (*sehr*) très; (*übertreiben*) beaucoup; (*hoffen*) bien; (*beeindruckt*) fortement ② (*intensiv*) ~ **duften** sentir fort ③ *fam* (*hervorragend*) vachement bien

Stärke ['ʃtɛrkə] <-, -n> *f* ① force *f* ② (*Dicke*) épaisseur *f* ③ (*des Winds*) force *f;* (*der Schmerzen*) intensité *f* ④ (*einer Brille*) puissance *f* ⑤ (*zahlenmäßige Größe*) nombre *m;* (*einer Armee*) effectif *m* ⑥ (*pflanzliche Substanz*) amidon *m*

stärken **I.** *tr. V.* ① (*Kreislauf*) régulariser; (*Widerstandskraft*) augmenter ② (*verbessern*) renforcer ③ (*Wäsche*) amidonner **II.** *refl. V.* **sich** ~ se restaurer

Starkstrom *m* courant *m* haute tension

Stärkung <-, -en> *f* (*Mahlzeit*) collation *f*

starr [ʃtar] *Adj.* (*Haltung*) rigide; ~ **vor Schreck** paralysé(e) par la peur

Starre ['ʃtarə] <-> *f* torpeur *f;* (*einer Leiche*) rigidité *f*

starren ['ʃtarən] *intr. V.* (*starr blicken*) avoir le regard fixe; **an die Decke** ~ regarder fixement le plafond

Starrsinn *m* entêtement *m* **starrsinnig** **I.** *Adj.* entêté(e) **II.** *Adv.* obstinément

Start [ʃtart] <-s, -s> *m* ① (*eines Flugzeugs*) décollage *m* ② SPORT départ *m* ③ (*Beginn*) démarrage *m*

Startbahn *f* piste *f* d'envol **startbereit** *Adj.* ~ **sein** (*Sportler*) être prêt au départ; (*Flugzeug*) être prêt à décoller

starten **I.** *intr. V. + sein* ① (*Flugzeug*) décoller ② SPORT prendre le départ ③ (*Tournee*) démarrer **II.** *tr. V. + haben* ① (*Auto*) mettre en route; (*Computer*) mettre en marche ② (*Kampagne*) lancer ③ INFORM (*Programm*) démarrer

Startkapital *nt* capital *m* initial **Startmenü** *nt* INFORM menu *m* démarrer **Startschuss**RR *m* signal *m* du départ ▸ **den ~ für etw geben** donner le feu vert à qc

Startseite *f* INET page *f* d'accueil
Stasi ['ʃta:zi] <-> *f fam Abk. von* **Staatssicherheit[sdienst]** *abréviation familière pour services de Sécurité de l'État de l'ex-R.D.A.*
Statement ['ste:tmənt] <-s, -s> *nt* déclaration *f* publique; (*eines Pressesprechers*) communiqué *m* officiel
Statik ['ʃta:tɪk] <-, -en> *f* statique *f*
Station [ʃta'tsi̯o:n] <-, -en> *f* ❶ (*Haltestelle*) station *f* ❷ (*einer Reise*) étape *f* ❸ MED service *m*
stationär [ʃtatsi̯o'nɛ:ɐ̯] **I.** *Adj.* (*Behandlung*) à l'hôpital **II.** *Adv.* **jdn ~ behandeln** hospitaliser qn
stationieren* [ʃtatsi̯o'ni:rən] *tr. V.* ❶ **Truppen ~** mettre des troupes en place ❷ (*Raketen*) déployer
Stationsarzt *m*, **-ärztin** *f* [médecin-]chef *mf* du/de service
statisch ['ʃta:tɪʃ] *Adj.* statique
Statist(in) [ʃta'tɪst] <-en, -en> *m(f)* figurant(e) *m(f)*
Statistik [ʃta'tɪstɪk] <-, -en> *f* statistique *f*
statistisch [ʃta'tɪstɪʃ] *Adj.* statistique
Stativ [ʃta'ti:f] <-s, -e> *nt* pied *m*
statt [ʃtat] **I.** *Präp. + Gen.* à la place de **II.** *Konj.* **~ zu warten** au lieu d'attendre
stattdessen[RR] *Adv.* au lieu de cela
Stätte ['ʃtɛtə] <-, -n> *f geh* lieu *m*
statt|finden *intr. V. unreg* avoir lieu
stattlich ['ʃtatlɪç] *Adj.* ❶ (*Erscheinung*) imposant(e) ❷ (*beträchtlich*) considérable
Statue ['ʃta:tuə] <-, -n> *f* statue *f*
Statur [ʃta'tu:ɐ̯] <-, -en> *f geh* stature *f*
Status ['ʃta:tʊs] <-, -> *m geh* statut *m*
Status quo <- -> *m geh* statu quo *m*
Statussymbol *nt* symbole *m* de réussite sociale
Statut [ʃta'tu:t] <-[e]s, -en> *nt meist Pl.* statut *m*
Stau [ʃtau] <-[e]s, -e> *m* bouchon *m*
Staub [ʃtaup] <-[e]s, -e> *m* poussière *f*; **~ saugen** passer l'aspirateur ▸ **sich aus dem ~ machen** *fam* prendre la poudre d'escampette
stauben ['ʃtaubən] *intr. V. unpers.* **es staubt** ça fait de la poussière
staubig *Adj.* poussiéreux(-euse)
Staubkorn <-körner> *nt* grain *m* de poussière **staubsaugen** < *PP* staubgesaugt> **I.** *intr. V.* passer l'aspirateur **II.** *tr. V.* (*Zimmer*) passer l'aspirateur dans **Staubsauger** *m* aspirateur *m*
Staudamm *m* barrage *m*
Staude ['ʃtaudə] <-, -n> *f* plante *f* vivace
stauen ['ʃtauən] **I.** *tr. V.* (*Wasser*) retenir; (*Bach*) endiguer **II.** *refl. V.* **sich ~** (*Wasser*) s'accumuler; (*Bach*) stagner; (*Autos*) former un bouchon (*fam*)
staunen ['ʃtaunən] *intr. V.* **über jdn/etw ~** être étonné par qn/de qc
Staunen <-s> *nt* étonnement *m*; **jdn in ~ versetzen** étonner qn
Stausee *m* lac *m* de barrage
Stauung <-, -en> *f* (*Verkehrsstau*) embouteillage *m*
Steak [ste:k] <-s, -s> *nt* steak *m*
stechen ['ʃtɛçən] <sticht, stach, gestochen> **I.** *intr. V.* ❶ (*Insekt, Kaktus*) piquer; (*Sonne*) taper ❷ (*hineinstechen*) **mit einer Nadel in etw** (*Akk*) **~** enfoncer une aiguille dans qc ❸ SPIEL **mit etw ~** couper avec qc **II.** *tr. V.* ❶ piquer ❷ SPIEL **die Zehn mit dem As ~** prendre le dix avec l'as ❸ (*gravieren*) **etw in etw** (*Akk*) **~** graver qc sur qc ❹ (*Spargel*) ramasser **III.** *refl. V.* **sich an den Dornen ~** se piquer avec les épines
Stechen <-s, -> *nt* (*Schmerz*) élancement *m*
stechend *Adj.* (*Blick*) perçant(e); (*Schmerz*) lancinant(e)
Stechmücke *f* moustique *m* **Stechpalme** *f* houx *m* **Stechuhr** *f* pointeuse *f*
Steckbrief *m* avis *m* de recherche
Steckdose *f* prise *f* [de courant]
stecken ['ʃtɛkən] **I.** *intr. V.* ❶ **in etw** (*Dat*) **~** (*Dorn, Splitter*) être enfoncé(e) dans qc; **im Schnee ~** être bloqué(e) dans la neige ❷ (*sich befinden*) **im Schloss ~** (*Schlüssel*) être sur la porte; **in Schwierigkeiten** (*Dat*) **~** (*Person*) avoir de gros problèmes ❸ (*verantwortlich sein*) **hinter einer Sache ~** être pour quelque chose dans une affaire **II.** *tr. V.* ❶ **etw in eine Schublade ~** mettre qc dans un tiroir; **er steckte ihr den Ring an den Finger** il lui passa la bague au doigt ❷ *fam* **jdn ins Gefängnis ~** fourrer qn en prison ❸ *fam* **viel Geld in etw** (*Akk*) **~** investir beaucoup d'argent dans qc

Steckenpferd *nt* violon *m* d'Ingres
Stecker <-s, -> *m* fiche *f* [d'alimentation]
Stecknadel *f* épingle *f*
Steg [ʃteːk] <-[e]s, -e> *m* ❶ (*kleine Brücke*) passerelle *f* ❷ (*Bootssteg*) appontement *m*
Stegreif ['ʃteːkraif] ▸**aus dem** ~ au pied levé
stehen ['ʃteːən] <stand, gestanden> **I.** *intr. V. + haben o* A, CH, SDEUTSCH *sein* ❶ (*Person*) être debout; **am Fenster** ~ être à la fenêtre; **auf einer Liste** ~ être inscrit(e) sur une liste ❷ (*Maschine, Uhr*) être arrêté(e) ❸ (*beeinflusst sein*) **unter Schock** ~ être sous le choc ❹ (*konfrontiert sein*) **vor dem Ruin** ~ être au bord de la ruine ❺ LING **im Futur** ~ être au futur ❻ (*kleidsam sein*) **jdm [gut]** ~ (*Frisur*) aller [bien] à qn ❼ SPORT, SPIEL **es steht unentschieden** le score est nul ❽ *fam* (*Vortrag*) être prêt(e); (*Mannschaft*) être formé(e) ❾ (*unterstützen*) **zu/hinter jdm** ~ soutenir qn; **zu einer Abmachung** ~ s'en tenir à un accord ❿ (*gleichbedeutend sein mit*) **für etw** ~ (*Abkürzung*) signifier qc; (*Symbol*) représenter qc ⓫ (*stecken*) **jd steht hinter etw** (*Dat*) il y a qn derrière qc ⓬ *fam* (*gut finden*) **auf jdn/etw** ~ craquer pour qn/être fana de qc ⓭ (*unanfechtbar sein*) **über etw** (*Dat*) ~ être au-dessus de qc ⓮ (*sein*) **offen** ~ (*Fenster*) être ouvert(e) **II.** *intr. V. unpers.* **es steht schlecht um ihn** il va mal
Stehen <-s> *nt* **etw im** ~ **tun** faire qc debout; **zum** ~ **kommen** (*Auto*) s'arrêter
stehen|bleibenALT *s.* **bleiben I.4, 7**
stehend *Adj. attr* (*Gewässer*) stagnant(e)
stehen|lassenALT *s.* **lassen I.5,** ▸
Stehkragen *m* col *m* droit **Stehlampe** *f* lampadaire *m*
stehlen ['ʃteːlən] <stiehlt, stahl, gestohlen> **I.** *tr. V.* voler **II.** *refl. V.* **sich aus dem Haus** ~ s'esquiver de la maison
Stehplatz *m* place *f* debout
Steiermark ['ʃtaiɐmark] <-, -> *f* Styrie *f*
steif [ʃtaif] **I.** *Adj.* ❶ (*starr*) rigide ❷ (*Bein*) raide; (*Gelenk*) ankylosé(e) ❸ (*förmlich*) guindé(e) **II.** *Adv.* (*förmlich*) froidement

S

Steigbügel *m a.* ANAT étrier *m*
Steige ['ʃtaigə] <-, -n> *f* A (*Obstkiste*) boîte *f* à fruit
steigen ['ʃtaigən] <stieg, gestiegen> **I.** *intr. V. + sein* ❶ (*klettern*) **auf eine Leiter/einen Berg** ~ monter sur une échelle/escalader une montagne ❷ (*aufsitzen, absitzen*) **aufs Fahrrad** ~ monter à vélo; **vom Fahrrad** ~ descendre de vélo ❸ (*einsteigen, aussteigen*) **in den Zug** ~ monter dans le train; **aus dem Auto** ~ descendre de la voiture ❹ (*Ballon, Spannung*) monter ❺ (*sich erhöhen*) **um drei Prozent** ~ augmenter de trois pour cent **II.** *tr. V. + sein* (*Treppen*) monter
steigern ['ʃtaigɐn] **I.** *tr. V.* ❶ augmenter; (*Spannung*) faire monter; (*Qualität*) améliorer ❷ LING **ein Adjektiv** ~ mettre un adjectif au comparatif/superlatif **II.** *refl. V.* **sich** ~ s'améliorer; (*Geschwindigkeit*) augmenter
Steigerung <-, -en> *f* ❶ (*der Geschwindigkeit*) augmentation *f*; (*der Leistung, Qualität*) amélioration *f* ❷ LING comparaison *f*
Steigung <-, -en> *f* ❶ (*steile Strecke*) côte *f* ❷ (*Neigung*) pente *f*
steil [ʃtail] **I.** *Adj.* ❶ (*Abhang*) escarpé(e); (*Straße*) raide ❷ *fig* (*Karriere*) fulgurant(e) **II.** *Adv.* (*ansteigen*) abruptement; (*abfallen*) à pic
Steilhang *m* escarpement *m* **Steilküste** *f* falaise *f*
Stein [ʃtain] <-[e]s, -e> *m* ❶ pierre *f* ❷ (*Kieselstein*) caillou *m* ❸ (*Pflasterstein*) pavé *m* ▸**ihm/ihr fällt ein** ~ **vom Herzen** ça lui ôte un grand poids
steinalt ['ʃtain'ʔalt] *Adj.* très vieux(vieille)
Steinbock *m* ❶ bouquetin *m* ❷ ASTRO Capricorne *m* **Steinbruch** *m* carrière *f* [de pierres]
steinern *Adj.* en pierre
steinhart *Adj.* dur(e) comme pierre
steinig *Adj.* (*mit Steinen bedeckt*) pierreux(-euse)
steinigen *tr. V.* lapider
Steinkohle *f kein Pl.* houille *f*
Steinmetz(in) ['ʃtainmɛts] <-en, -en> *m(f)* tailleur(-euse) *m(f)* de pierres
Steinpilz *m* cèpe *m* **steinreich** *Adj. fam* richissime **Steinschlag** *m* chute *f* de pierres **Steinzeit** *f kein Pl.* âge *m* de pierre

Steiß [ʃtais] <-es, -e> *m* ❶ ANAT coccyx *m* ❷ *fam* (*Hintern*) postérieur *m*
Steißbein *nt* ANAT coccyx *m*
Stelle [ˈʃtɛlə] <-, -n> *f* ❶ endroit *m* ❷ (*Fleck*) tache *f* ❸ (*Textstelle*) passage *m* ❹ MATH chiffre *m* ❺ (*Arbeitsplatz*) emploi *m;* (*im öffentlichen Dienst*) poste *m* ❻ (*Abteilung*) service *m* ❼ (*Rang*) **an erster ~ stehen** occuper la première place ▸**an deiner/seiner ~** (*Dat*) à ta/sa place
stellen [ˈʃtɛlən] **I.** *tr. V.* ❶ poser ❷ (*aufrecht hinstellen*) mettre debout ❸ (*einstellen: Wecker*) régler; **leiser ~** baisser [le son de] ❹ (*Frage*) poser; (*Antrag*) présenter ❺ (*Aufgabe*) donner ❻ (*Täter*) arrêter ❼ (*Prognose*) faire; (*Diagnose*) établir ❽ (*bereitstellen*) fournir **II.** *refl. V.* ❶ **sich hinter etw** (*Akk*) **~** se mettre derrière qc; **sich den Journalisten ~** faire face aux journalistes; **sich jdm ~** (*Täter*) se livrer à qn ❷ (*sich ausgeben*) **sich schlafend ~** faire semblant de dormir ❸ (*sich aufdrängen*) **es stellt sich die Frage, ob ...** la question se pose de savoir si ...
Stellenangebot *nt* offre *f* d'emploi **Stellenausschreibung** *f* avis *m* de recrutement **Stellengesuch** *nt* recherche *f* d'emploi **stellenweise** *Adv.* par endroits **Stellenwert** *m* importance *f*
Stellplatz *m* place *f* de stationnement
Stellung <-, -en> *f* ❶ position *f* ❷ (*Arbeitsplatz*) emploi *m* ❸ (*Rang*) rang *m*
Stellungnahme [ˈʃtɛlʊŋnaːmə] <-, -n> *f* ❶ *kein Pl.* (*das Äußern*) prise *f* de position ❷ (*geäußerte Meinung*) position *f*
stellvertretend *Adj.* suppléant(e) **Stellvertreter(in)** *m(f)* suppléant(e) *m(f)* **Stellvertretung** *f* suppléance *f*
Stelze [ˈʃtɛltsə] <-, -n> *f* échasse *f*
stelzen *intr. V.* + *sein* (*Vogel*) se déplacer sur ses pattes d'échassier
stemmen [ˈʃtɛmən] **I.** *tr. V.* (*schweren Gegenstand*) soulever; **die Arme in die Seiten ~** mettre les poings sur les hanches **II.** *refl. V.* **sich gegen etw ~** s'appuyer contre qc
Stempel [ˈʃtɛmpəl] <-s, -> *m* (*Gerät, ~abdruck*) tampon *m*
Stempelkissen *nt* tampon *m* encreur
stempeln **I.** *tr. V.* (*Formular*) tamponner; (*Briefmarke*) oblitérer **II.** *intr. V.* tamponner
Stengel[ALT] *s.* **Stängel**
Steno [ʃteːno] <-> *f fam Abk. von* **Stenographie** sténo *f*
Stenographie [ʃtenograˈfiː] <-> *f* sténographie *f*
stenographieren* *tr., intr. V.* sténographier
Stenotypist(in) [ʃtenotyˈpɪst] <-en, -en> *m(f)* sténotypiste *mf*
Steppdecke *f* couette *f*
Steppe [ˈʃtɛpə] <-, -n> *f* steppe *f*
steppen [ˈʃtɛpən] *intr. V.* faire des claquettes
Stepptanz[RR] *m* claquettes *fpl*
Sterbebett *nt* lit *m* de mort **Sterbehilfe** *f kein Pl.* euthanasie *f*
sterben [ˈʃtɛrbən] <stirbt, starb, gestorben> *intr. V.* + *sein* ❶ **an Krebs** (*Dat*) **~** mourir d'un cancer ❷ *fam* (*vergehen*) **ich bin vor Angst fast gestorben** j'ai failli mourir de peur ▸**gestorben sein** *fam* (*Sache*) être à l'eau
sterbenslangweilig *Adj. fam* à mourir d'ennui **Sterbenswörtchen** [ˈʃtɛrbənsˈvœrtçən] ▸**kein ~ verraten** ne pas dire un [traître] mot
Sterbesakramente *Pl* derniers sacrements *mpl* **Sterbeurkunde** *f* acte *m* de décès
sterblich *Adj. geh* mortel(le)
Sterblichkeit <-> *f* mortalité *f*
stereo [ˈʃteːreo, ˈsteːreo] *Adv.* en stéréo
Stereo [ˈʃteːreo] <-> *nt* stéréo *f*
Stereoanlage *f* chaîne *f* stéréo
stereotyp [ʃtereoˈtyːp] *Adj.* stéréotypé(e)
steril [ʃteˈriːl] *Adj.* stérile
Sterilisation [ʃterilizaˈtsi̯oːn] <-, -en> *f* stérilisation *f*
sterilisieren* [ʃteriliˈziːrən] *tr. V.* stériliser
Stern [ʃtɛrn] <-[e]s, -e> *m* étoile *f*
Sternbild *nt* constellation *f*
sternhagelvoll [ˈʃtɛrnˈhaːgəlˈfɔl] *Adj. fam* pinté(e)
sternklar *Adj.* étoilé(e) **Sternschnuppe** <-, -n> *f* étoile *f* filante **Sternstunde** *f geh* moment *m* fort **Sternzeichen** *nt* signe *m* astrologique
Stethoskop [ʃtetoˈskoːp] <-s, -e> *nt* stéthoscope *m*
stetig *Adj.* permanent(e)
stets [ʃteːts] *Adv.* constamment
Steuer[1] [ˈʃtɔyɐ] <-s, -> *nt* ❶ (*Lenkrad*) volant *m* ❷ (*Ruder*) gouvernail *m*

S

Steuer[2] <-, -n> *f* impôt *m*
Steuerberater(in) *m(f)* conseiller *m* fiscal/conseillère *f* fiscale
steuerbord *Adv.* à tribord
Steuererklärung *f* déclaration *f* d'impôt[s]
Steuergelder *Pl* deniers *mpl* publics
Steuerhinterziehung *f* fraude *f* fiscale
Steuerklasse *f* tranche *f* d'imposition
Steuerknüppel *m* levier *m* de commande
steuerlich *Adj.* fiscal(e)
Steuermann <-männer *o* -leute> *m* ❶ (*Offizier*) second *m* ❷ (*Steuerer eines Ruderboots*) barreur(-euse) *m(f)*
steuern **I.** *tr. V. + haben* ❶ (*Fahrzeug*) conduire; (*Schiff*) piloter ❷ (*regulieren*) régler ❸ (*Entwicklung*) orienter **II.** *intr. V. + haben* **nach rechts ~** (*Fahrer*) diriger la voiture à droite; (*Steuermann*) diriger le bateau à droite
steuerpflichtig *Adj.* imposable
Steuerrad *nt* ❶ (*Lenkrad*) volant *m* ❷ NAUT barre *f*
Steuerreform *f* réforme *f* fiscale
Steuerung <-, -en> *f* (*eines Flugzeugs*) système *m* de pilotage; (*eines Schiffs*) gouverne *f*
Steuerzahler(in) *m(f)* contribuable *mf*
Steward ['stju:ɐt] <-s, -s> *m* steward *m*
Stewardess[RR] ['stju:ɐdɛs] <-, -en> *f*, **Stewardeß**[ALT] <-, -ssen> *f* hôtesse *f* de l'air
StGB [ɛste:ge:'be:] <-[s]> *nt Abk. von* **Strafgesetzbuch** ≈ code *m* pénal
stibitzen* [ʃti'bɪtsən] *tr. V. hum fam* piquer
Stich [ʃtɪç] <-[e]s, -e> *m* ❶ (*Insektenstich*) piqûre *f* ❷ (*Stichverletzung*) coup *m* de couteau ❸ (*Schmerz*) élancement *m* ❹ (*Nähstich*) point *m* ❺ (*Farbnuance*) **ein [leichter] ~ ins Bläuliche** une pointe de bleu ❻ (*Radierung*) gravure *f* ❼ SPIEL pli *m*
sticheln ['ʃtɪçəln] *intr. V.* lancer des piques (*fam*)
stichhaltig *Adj.* (*Beweis*) concluant(e)
Stichprobe *f* prélèvement *m*
sticht [ʃtɪçt] *3. Pers. Sg. Präs. von* **stechen**
Stichtag *m* jour *m* fixé **Stichwahl** *f* scrutin *m* de ballottage **Stichwort** *nt* ❶ <-wörter> (*in Nachschlagewerken*) entrée *f;* (*in Registern*) mot-clé *m* ❷ <-worte> (*Äußerung*) mot *m* repère; (*Gedächtnisstütze*) mot-clé *m* **Stichwunde** *f* coup *m* de couteau
sticken ['ʃtɪkən] *tr., intr. V.* broder
Stickerei [ʃtɪkə'rai] <-, -en> *f* broderie *f*
stickig ['ʃtɪkɪç] *Adj.* (*Luft*) confiné(e)
Stickstoff ['ʃtɪkʃtɔf] *m kein Pl.* CHEM azote *m*
Stiefbruder ['ʃti:fbru:dɐ] *m* demi-frère *m*
Stiefel ['ʃti:fəl] <-s, -> *m* botte *f*
Stiefeltern *Pl* beaux-parents *mpl* **Stiefkind** *nt* enfant *mf* d'un autre lit **Stiefmutter** *f* belle-mère *f* **Stiefmütterchen** *nt* pensée *f* **Stiefschwester** *f* demi-sœur *f* **Stiefsohn** *m* beau-fils *m* **Stieftochter** *f* belle-fille *f* **Stiefvater** *m* beau-père *m*
stieg [ʃti:k] *Imp. von* **steigen**
stiehlt [ʃti:lt] *3. Pers. Sg. Präs. von* **stehlen**
Stiel [ʃti:l] <-[e]s, -e> *m* ❶ (*Griff*) manche *m;* (*eines Glases*) pied *m* ❷ (*einer Blume*) tige *f;* (*eines Apfels*) queue *f*
Stier [ʃti:ɐ] <-[e]s, -e> *m* ❶ taureau *m* ❷ ASTRO Taureau *m*
stieren ['ʃti:rən] *intr. V.* **vor sich hin ~** regarder fixement devant soi
Stierkampf *m* corrida *f*
stieß [ʃti:s] *Imp. von* **stoßen**
Stift[1] [ʃtɪft] <-[e]s, -e> *m* ❶ (*Schreibgerät*) crayon *m* ❷ (*Nagel*) clou *m*
Stift[2] <-[e]s, -e> *nt* (*christliche Institution*) fondation *f*
stiften ['ʃtɪftən] *tr. V.* ❶ (*Preis*) offrir; **jdm etw ~** faire don de qc à qn ❷ (*Unfrieden*) provoquer
Stiftung <-, -en> *f* fondation *f;* (*Schenkung*) don *m*

Stiftung Warentest® est une organisation de consommateurs allemande qui teste régulièrement des produits de consommation courante, depuis les denrées alimentaires jusqu'aux produits cosmétiques en passant par les sièges de voiture pour enfants et les outils de jardinage. Les résultats sont publiés régulièrement dans la revue *Test*, comparable au magazine *Que Choisir* en France. Les cotes positives accordées par **Stiftung Warentest®** sont des preuves très enviables de la qualité d'un produit.

Stil [ʃti:l] <-[e]s, -e> *m* ❶ style *m* ❷ (*Verhaltensweise*) genre *m*
stilecht *Adj.* de style

stilisiert *Adj.* stylisé(e)
stilistisch *Adj.* stylistique
still [ʃtɪl] **I.** *Adj.* ❶ calme; **sei ~!** tais-toi ! ❷ (*Leben*) tranquille; (*Hoffnung*) secret(-ète); (*Einvernehmen*) tacite **II.** *Adv.* ❶ (*lautlos*) silencieusement ❷ (*bewegungslos*) tranquillement; **den Kopf ~ halten** ne pas bouger la tête
Stille [ʃtɪlə] <-> *f* (*Laut-/Bewegungslosigkeit*) calme *m*
Stilleben[ALT] *s.* **Stillleben**
stil|legen[ALT] *s.* **stilllegen**
stillen **I.** *tr. V.* ❶ (*Baby*) allaiter ❷ (*Durst*) étancher; (*Hunger*) calmer; (*Verlangen*) assouvir ❸ (*Blutung*) arrêter **II.** *intr. V.* (*Mutter*) allaiter
still|halten *intr. V. unreg* se tenir tranquille
Stillleben[RR] *nt* nature *f* morte
still|legen[RR] *tr. V.* fermer; **stillgelegt** abandonné(e)
Stilllegung[RR] <-, -en> *f* fermeture *f*
still|liegen[RR] *intr. V. unreg + haben* (*Fabrik*) être fermé
stillos **I.** *Adj.* (*Einrichtung, Architektur*) dépourvu(e) de style **II.** *Adv.* sans style
Stillschweigen *nt* silence *m* **stillschweigend** **I.** *Adj.* tacite **II.** *Adv.* en silence; (*billigen*) tacitement **Stillstand** *m kein Pl.* arrêt *m* **still|stehen** *intr. V. unreg* (*Maschine*) être arrêté
stilvoll **I.** *Adj.* de bon goût **II.** *Adv.* avec goût
Stimmband <-bänder> *nt meist Pl.* corde *f* vocale **Stimmberechtigte(r)** *f(m) dekl wie Adj* votant(e) *m(f)* **Stimmbruch** *m* mue *f*
Stimme ['ʃtɪmə] <-, -n> *f a. fig* voix *f*
stimmen ['ʃtɪmən] **I.** *intr. V.* ❶ (*zutreffen*) être juste; (*Rechnung*) être bon ❷ (*votieren*) **für jdn ~** voter pour qn **II.** *tr. V.* ❶ MUS accorder ❷ (*machen*) **jdn traurig ~** rendre qn triste
Stimmenthaltung *f* vote *m* blanc **Stimmgabel** *f* diapason *m*
stimmhaft *Adj.* sonore
stimmlos *Adj.* LING sourd(e) **Stimmrecht** *nt* droit *m* de vote
Stimmung <-, -en> *f* ❶ (*Laune*) humeur *f* ❷ *fam* (*gute Laune*) bonne humeur *f*; (*gute Atmosphäre*) ambiance *f*
Stimmungskanone *f fam* boute-en-train *m* **stimmungsvoll** *Adj.* (*Gedicht*) évocateur(-trice); (*Lied*) sentimental(e)
Stimmzettel *m* bulletin *m* de vote
Stimulation [ʃtimula'tsi̯o:n] <-, -en> *f geh* stimulation *f*
Stinkbombe *f* boule *f* puante
stinken ['ʃtɪŋkən] <stank, gestunken> *intr. V.* ❶ **nach Schweiß ~** puer la sueur ❷ *fam* (*Sache*) être louche
stinklangweilig ['ʃtɪnk'laŋvailɪç] *Adj. fam* barbant(e), chiant(e) **stinksauer** ['ʃtɪŋk'zauɐ] *Adj. fam* furax **Stinktier** *nt* mouffette *f*
Stipendiat(in) <-en, -en> *m(f)* boursier (-ière) *m(f)*
Stipendium [ʃti'pɛndiʊm] <-s, -dien> *nt* bourse *f* [d'études]
stirbt [ʃtɪrpt] *3. Pers. Sg. Präs. von* **sterben**
Stirn [ʃtɪrn] <-, -en> *f* front *m*; **die ~ runzeln** plisser le front
Stirnband <-bänder> *nt* bandeau *m*
stöbern ['ʃtø:bɐn] *intr. V.* **in etw** (*Dat*) **~** fouiller dans qc
stochern ['ʃtɔxɐn] *intr. V.* **im Essen ~** picorer dans son assiette; **sich** (*Dat*) **in den Zähnen ~** se curer les dents
Stock[1] [ʃtɔk, *Pl:* 'ʃtœkə] <-[e]s, Stöcke> *m* ❶ bâton *m* ❷ (*Spazierstock*) canne *f*
Stock[2] <-[e]s> *m* étage *m*
stockdunkel *Adj. fam* **eine stockdunkle Nacht** une nuit d'encre
stocken ['ʃtɔkən] *intr. V.* (*innehalten*) s'interrompre; (*Gespräch*) être interrompu; (*Verkehr*) être bloqué
Stockholm ['ʃtɔkhɔlm] <-s> *nt* Stockholm
Stockwerk *nt* étage *m*
Stoff [ʃtɔf] <-[e]s, -e> *m* ❶ (*Textilmaterial*) tissu *m* ❷ (*Substanz*) substance *f* ❸ *kein Pl.* (*Thema*) matière *f* ❹ *kein Pl. fam* (*Rauschgift*) came *f*
Stofftier *nt* [animal *m* en] peluche *f* **Stoffwechsel** *m* métabolisme *m*
stöhnen ['ʃtø:nən] *intr. V.* gémir
Stöhnen <-s> *nt* gémissement *m*
Stola ['ʃto:la] <-, Stolen> *f* étole *f*
Stollen ['ʃtɔlən] <-s, -> *m* ❶ MIN galerie *f* ❷ (*Gebäck*) stollen *m* (*gâteau brioché de Noël*)
stolpern ['ʃtɔlpɐn] *intr. V. + sein* **über etw** (*Akk*) **~** trébucher sur qc
stolz [ʃtɔlts] *Adj.* ❶ fier(fière) ❷ *fam* (*Preis*) substantiel(le)
Stolz <-es> *m* fierté *f*

S

stolzieren* [ʃtɔl'tsiːrən] *intr. V. + sein* se pavaner

stopfen ['ʃtɔpfən] **I.** *tr. V.* ❶ **etw in die Tasche ~** enfoncer qc dans le sac ❷ (*Socken*) raccommoder ❸ (*Ritze*) boucher ❹ (*Kissen*) bourrer **II.** *intr. V.* ❶ (*ausbessern*) faire du raccommodage ❷ (*Verstopfung verursachen*) constiper

stopp [ʃtɔp] *Interj.* stop

Stopp <-s, -s> *m* (*Halt*) arrêt *m*

Stoppel ['ʃtɔpəl] <-, -n> *f meist Pl.* ❶ (*Getreidestoppel*) chaume *m* ❷ (*Bartstoppel*) poil *m* dru

stoppen **I.** *tr. V.* ❶ (*anhalten*) stopper ❷ (*Zeit*) chronométrer **II.** *intr. V.* **vor etw** (*Dat*) ~ s'arrêter devant qc

Stoppschild <-schilder> *nt* [panneau *m*] stop *m* **Stoppuhr** *f* chronomètre *m*

Stöpsel ['ʃtœpsəl] <-s, -> *m* ❶ (*Pfropfen*) bouchon *m* ❷ *hum fam* (*Knirps*) moutard *m*

Storch [ʃtɔrç, *Pl:* 'ʃtœrçə] <-[e]s, Störche> *m* cigogne *f*

stören ['ʃtøːrən] **I.** *tr. V.* ❶ (*belästigen*) déranger ❷ (*Veranstaltung*) troubler ❸ (*Leitung*) perturber **II.** *intr. V.* (*lästig sein*) déranger

Störenfried ['ʃtøːrənfriːt] <-[e]s, -e> *m* trouble-fête *m* (*fam*)

Störfall *m* incident *m*

stornieren* *tr. V.* (*Auftrag*) annuler; (*Betrag*) rectifier

Storno ['ʃtɔrno] <-s, Storni> *m o nt* (*einer Reise, eines Auftrags*) annulation *f*; (*eines Betrags*) rectification *f*

störrisch ['ʃtœrɪʃ] *Adj.* (*Mensch, Esel*) têtu(e)

Störung <-, -en> *f* ❶ (*Unterbrechung*) dérangement *m* ❷ (*Störgeräusch*) perturbation *f* ❸ (*technischer Defekt*) incident *m* ❹ MED dysfonctionnement *m*

Störungsstelle *f* [service *m* des] dérangements *mpl*

Stoß [ʃtoːs, *Pl:* 'ʃtøːsə] <-es, Stöße> *m* ❶ (*Schubs*) poussée *f* ❷ (*Aufprall*) choc *m* ❸ (*Erschütterung*) secousse *f* ❹ (*Stapel*) pile *f*

Stoßdämpfer *m* amortisseur *m*

stoßen ['ʃtoːsən] <stößt, stieß, gestoßen> **I.** *tr. V. + haben* ❶ (*schubsen*) pousser ❷ (*Messer*) flanquer un coup de ❸ (*Kugel*) lancer **II.** *refl. V. + haben* ❶ (*sich verletzen*) **sich ~** se cogner ❷ (*Anstoß nehmen*) **sich an etw** (*Dat*) ~ s'offusquer de qc **III.** *intr. V. + sein* ❶ **gegen jdn/etw ~** heurter qn/qc ❷ (*finden*) **auf jdn/etw ~** tomber sur qn/qc; **auf Ablehnung** (*Akk*) ~ se heurter à un refus

Stoßgebet *nt* oraison *f* jaculatoire **Stoßstange** *f* pare-chocs *m*

stößt [ʃtøːst] *3. Pers. Sg. Präs. von* **stoßen**

stoßweise *Adv.* ❶ (*ruckartig*) par saccades ❷ (*in Stapeln*) en tas **Stoßzahn** *m* défense *f* **Stoßzeit** *f* (*Hauptverkehrszeit*) heures *fpl* de pointe

stottern ['ʃtɔtɐn] **I.** *intr. V.* bégayer **II.** *tr. V.* (*Antwort*) bredouiller

Stövchen ['ʃtøːfçən] <-s, -> *nt* réchaud *m*

Str. *Abk. von* **Straße** r.

Strafanzeige *f* plainte *f* **Strafarbeit** *f* punition *f*

strafbar *Adj.* répréhensible; **sich ~ machen** être passible d'une sanction

Strafe ['ʃtraːfə] <-, -n> *f* ❶ (*Bestrafung*) punition *f* ❷ JUR (*Haftstrafe*) peine *f*; (*Geldstrafe*) amende *f*

strafen *tr. V.* **jdn für etw ~** punir qn pour qc; **jdn mit Verachtung ~** *fig* répondre à qn par le mépris

strafend *Adj.* (*Blick*) réprobateur(-trice)

straff [ʃtraf] **I.** *Adj.* (*Seil*) tendu(e); (*Haut*) ferme; (*Organisation*) sévère **II.** *Adv.* ❶ (*fest*) étroitement ❷ (*organisieren*) rigoureusement

straffällig *Adj.* JUR délinquant(e); **~ werden** tomber dans la délinquance

straffen *tr. V.* ❶ (*anziehen*) tendre ❷ (*Text*) condenser

Strafgefangene(r) *f(m) dekl wie Adj* prisonnier(-ière) *m(f)* **Strafgesetzbuch** *nt* ≈ code *m* pénal

sträflich ['ʃtrɛːflɪç] **I.** *Adj.* inadmissible **II.** *Adv.* **jdn/etw ~ vernachlässigen** délaisser éhontément qn/qc

Sträfling ['ʃtrɛːflɪŋ] <-s, -e> *m* détenu(e) *m(f)*

strafmildernd *Adj.* favorable **Strafprozess**[RR] *m* procès *m* pénal **strafrechtlich** **I.** *Adj.* pénal(e) **II.** *Adv.* **jdn ~ verfolgen** poursuivre qn pour délit **Straftat** *f* délit *m* **Straftäter(in)** *m(f)* délinquant(e) *m(f)* **Strafverfahren** *nt* procédure *f* pénale **Strafzettel** *m fam* P.-V. *m*

Strahl [ʃtraːl] <-[e]s, -en> *m* ❶ (*Lichtstrahl*) rayon *m* ❷ (*Flüssigkeitsstrahl*) jet *m* ❸ *Pl* PHYS **radioaktive ~en** radiations *fpl*

strahlen *intr. V.* ① (*leuchten*) briller ② (*erfreut sein*) **vor Freude** (*Dat*) ~ rayonner de joie ③ (*radioaktiv sein*) irradier

Strahlenbelastung *f* irradiation *f*

strahlend **I.** *Adj.* ① (*Wetter*) radieux (-euse); (*Sonnenschein*) éclatant(e) ② (*radioaktiv*) radioactif(-ive) **II.** *Adv.* ① (*leuchtend*) ~ **weiß sein** être d'un blanc éclatant ② (*freudig: ansehen*) d'un air radieux

Strahlung <-, -en> *f* rayonnement *m;* (*radioaktiv*) radiations *fpl*

Strähne ['ʃtrɛːnə] <-, -n> *f* mèche *f*

stramm [ʃtram] *Adj.* ① (*straff*) tendu(e) ② (*Bursche*) robuste ③ (*Waden*) potelé(e)

strampeln ['ʃtrampəln] *intr. V.* + *haben* **mit den Beinen** ~ gigoter les jambes

Strand [ʃtrant, *Pl:* 'ʃtrɛndə] <-[e]s, Strände> *m* plage *f*

stranden ['ʃtrandən] *intr. V.* + *sein* (*auf Grund laufen*) [s']échouer

Strandkorb *m* fauteuil-cabine *m* en osier

Les **Strandkörbe** sont typiques des plages de la mer du Nord et de la mer Baltique. Ce sont de grands fauteuils solides en osier à deux places dont la capote et les joues en osier tressé protègent leurs occupants du vent du nord, frais et parfois violent, de la pluie, ainsi que d'un rayonnement solaire trop vif.

Strandpromenade *f* promenade *f*

Strang [ʃtraŋ, *Pl:* 'ʃtrɛŋə] <-[e]s, Stränge> *m* ① (*Strick*) corde *f* ② (*Muskelstrang*) cordon *m*

strangulieren* [ʃtraŋgu'liːrən] *refl., tr. V.* [**sich**] ~ [s']étrangler

Strapaze [ʃtra'paːtsə] <-, -n> *f* fatigue *f*

strapazieren* [ʃtrapa'tsiːrən] *tr. V.* (*Schuhe*) fatiguer; (*Sitzmöbel*) malmener; **jds Geduld** ~ mettre la patience de qn à rude épreuve

strapaziös [ʃtrapa'tsi̯øːs] *Adj.* épuisant(e)

Straps [ʃtraps] <-es, -e> *m* (*Strumpfhalter*) jarretelle *f*

Straßburg ['ʃtraːsbʊrk] <-s> *nt* Strasbourg

Straße ['ʃtraːsə] <-, -n> *f* ① (*in Ortschaften*) rue *f;* (*Landstraße*) route *f* ② (*Meerenge*) détroit *m*

Straßenbahn *f* tram[way] *m* **Straßenbau** *m kein Pl.* construction *f* de routes **Straßenglätte** *f* verglas *m* **Straßengraben** *m* fossé *m* **Straßenkarte** *f* carte *f* routière **Straßenkreuzung** *f* (*im Ort*) carrefour *m* **Straßenrand** *m* bas-côté *m* **Straßenschild** <-schilder> *nt* plaque *f* de rue **Straßenverkehr** *m* circulation *f* routière **Straßenverkehrsordnung** *f* code *m* de la route

Strategie [ʃtrate'giː] <-, -en> *f* stratégie *f*

strategisch [ʃtra'teːgɪʃ] *Adj.* stratégique

sträuben [ʃtrɔybən] **I.** *refl. V.* **sich** ~ ① (*sich widersetzen*) regimber; **sich gegen etw** ~ s'opposer à qc ② (*Fell, Gefieder*) se hérisser **II.** *tr. V.* **das Fell/Gefieder** ~ hérisser ses poils/plumes

Strauch [ʃtraux, *Pl:* 'ʃtrɔyçɐ] <-[e]s, Sträucher> *m* arbuste *m*

straucheln ['ʃtrauxəln] *intr. V.* + *sein geh* ① (*stolpern*) trébucher ② (*straffällig werden*) mal tourner

Strauß[1] [ʃtraus, *Pl:* 'ʃtrɔysə] <-es, Sträuße> *m* (*Gebinde*) bouquet *m*

Strauß[2] [ʃtraus] <-es, -e> *m* autruche *f*

Streaming ['striːmɪŋ] <-s, -s> *nt* INET streaming *m;* **sich** (*Dat*) **einen Film per** ~ **ansehen** regarder un film en streaming

streben ['ʃtreːbən] *intr. V.* + *haben* **nach Anerkennung** ~ aspirer à être reconnu; **danach** ~ **etw zu tun** ambitionner de faire qc

Streber(in) <-s, -> *m(f) pej fam* (*Schüler*) fayot(e) *m(f);* (*Berufstätiger*) arriviste *mf*

strebsam *Adj.* (*Schüler*) assidu(e)

Strecke ['ʃtrɛkə] <-, -n> *f* ① (*Wegstrecke*) route *f;* **auf halber** ~ à mi-chemin ② (*Entfernung*) distance *f* ③ (*Eisenbahnstrecke*) ligne *f* [de chemin de fer] ④ (*zurückgelegter Weg*) trajet *m*

strecken ['ʃtrɛkən] **I.** *tr. V.* ① (*Arm, Bein*) tendre ② *fam* (*Suppe*) allonger **II.** *refl. V.* **sich** ~ s'étirer

Streich [ʃtraiç] <-[e]s, -e> *m* plaisanterie *f*

streicheln ['ʃtraiçəln] *tr. V.* caresser

streichen ['ʃtraiçən] <strich, gestrichen> **I.** *tr. V.* + *haben* ① (*anstreichen*) peindre ② (*schmieren*) **Butter aufs Brötchen** ~ tartiner du beurre sur le petit pain ③ (*glätten*) **glatt** ~

S

(*Haar*) lisser; (*Zettel*) défroisser ❹ (*Namen*) rayer; (*Wort*) barrer ❺ (*Zuschuss*) supprimer **II.** *intr. V.* ❶ + *haben* **mit der Hand über etw** (*Akk*) ~ passer la main sur qc ❷ + *sein* (*streifen*) **ums Haus** ~ rôder autour de la maison

Streicher(in) <-s, -> *m(f)* MUS **die** ~ les cordes *fpl*

Streichholz *nt* allumette *f* **Streichinstrument** *nt* instrument *m* à cordes

Streichung <-, -en> *f* (*gestrichener Text*) passage *m* supprimé

Streife ['ʃtraifə] <-, -n> *f* patrouille *f*

streifen ['ʃtraifən] **I.** *tr. V.* + *haben* ❶ (*flüchtig berühren*) frôler ❷ (*flüchtig erwähnen*) effleurer ❸ (*überziehen*) **sich** (*Dat*) **den Pullover über den Kopf** ~ enfiler le pull **II.** *intr. V. geh* + *sein* **durch den Wald** ~ errer dans la forêt

Streifen <-s, -> *m* ❶ (*schmale Linie*) rayure *f*; (*breite Linie*) bande *f* ❷ (*Striemen*) marque *f* ❸ (*Stoffstreifen*) bande *f* ❹ *fam* (*Film*) film *m*

Streifenwagen *m* voiture *f* de police

Streifzug *m* ❶ (*Bummel*) balade *f* ❷ (*Exkurs*) tour *m* d'horizon

Streik [ʃtraik] <-[e]s, -s> *m* grève *f*

Streikbrecher(in) *m(f)* briseur(-euse) *m(f)* de grève

streiken *intr. V.* ❶ **für etw** ~ faire grève pour qc ❷ *iron fam* (*sich weigern*) faire grève

Streikende(r) *f(m) dekl wie Adj* gréviste *mf*

Streikposten *m* piquet *m* de grève

Streit [ʃtrait] <-[e]s, -e> *m* ❶ (*privater Konflikt*) dispute *f*; (*öffentlich*) altercation *f*; (*mit Handgreiflichkeiten*) rixe *f* ❷ (*Kontroverse*) polémique *f*; (*Meinungsverschiedenheit*) différend *m*

streiten ['ʃtraitən] <stritt, gestritten> **I.** *intr. V.* ❶ **mit jdm** ~ se disputer avec qn ❷ (*diskutieren*) **mit jdm über etw** (*Akk*) ~ débattre de qc avec qn **II.** *refl. V.* ❶ (*zanken*) **sich** ~ se disputer ❷ (*diskutieren*) **sich [darüber] ~, wer/wie ...** débattre pour savoir qui/comment ...

Streiterei [ʃtaitə'rai] <-, -en> *f fam* chamaillerie *f*

Streitgespräch *nt* débat *m*

streitig *Adj.* **jdm den Vorrang ~ machen** disputer la vedette à qn

Streitigkeiten *Pl* querelles *fpl*

Streitkräfte *Pl* forces *fpl* armées **streitsüchtig** *Adj.* querelleur(-euse)

streng [ʃtrɛŋ] **I.** *Adj.* ❶ (*unnachsichtig*) sévère ❷ (*Anweisung, Winter*) rigoureux(-euse); (*Diät*) draconien(ne); (*Bettruhe*) absolu(e); (*Geruch*) pénétrant(e) **II.** *Adv.* ❶ (*bestrafen*) sévèrement ❷ (*strikt*) strictement ❸ (*genau*) **~ genommen** à proprement parler

Strenge ['ʃtrɛŋə] <-> *f* sévérité *f*

strenggenommen *s.* **streng II.3**

strenggläubig *Adj.* très croyant(e)

Stress^RR [ʃtrɛs] <-es>, **Streß**^ALT <-sses> *m kein Pl.* stress *m*

stressen *tr. V. fam* stresser

stressig *Adj. fam* stressant(e)

Streu [ʃtrɔy] <-> *f* litière *f*

streuen ['ʃtrɔyən] *tr. V.* ❶ (*Dünger*) épandre; (*Mehl*) saupoudrer ❷ (*gegen Glätte schützen*) **die Straße** ~ (*mit Sand/Salz*) sabler/saler la rue

streunen ['ʃtrɔynən] *intr. V.* + *sein* (*Person*) vagabonder; **~de Hunde** des chiens errants

Streuselkuchen ['ʃtrɔyzəlku:xn] *m* tarte *f* fleurie *(avec des boules de farine et beurre)*

strich [ʃtrɪç] *Imp. von* **streichen**

Strich [ʃtrɪç] <-[e]s, -e> *m* ❶ (*Linie*) trait *m*; (*schräg, senkrecht*) barre *f* ❷ (*Teilstrich einer Skala*) division *f* ❸ *fam* (*Straßenstrich*) quartier *m* chaud; **auf den ~ gehen** faire le trottoir ▸ **unterm** ~ *fam* au bout du compte

Strichcode *m* code-barres *m* **Strichpunkt** *m* point-virgule *m*

Strick [ʃtrɪk] <-[e]s, -e> *m* corde *f*

stricken ['ʃtrɪkən] *tr., intr. V.* tricoter

Strickjacke *f* gilet *m* **Strickleiter** *f* échelle *f* de corde **Stricknadel** *f* aiguille *f* à tricoter

striegeln *tr. V.* étriller

Striemen ['ʃtri:mən] <-s, -> *m* marque *f* de coup de fouet/ceinture

strikt [ʃtrɪkt] *Adj.* (*Weigerung*) catégorique

strippen ['strɪpən] *intr. V. fam* faire du strip[-]tease

Striptease ['strɪpti:s] <-> *m o nt* strip[tease] *m*

stritt [ʃtrɪt] *Imp. von* **streiten**

strittig ['ʃtrɪtɪç] *Adj.* (*Frage*) controversé(e); (*Fall*) litigieux(-euse)

S

Stroh [ʃtroː] <-[e]s> *nt* paille *f*
Strohhalm *m* ❶ (*Getreidehalm*) brin *m* de paille ❷ (*Trinkhalm*) paille *f* **Strohhut** *m* chapeau *m* de paille **Strohmann** <-männer> *m* homme *m* de paille (*péj*)
Strom [ʃtroːm, *Pl:* 'ʃtrœːmə] <-[e]s, Ströme> *m* ❶ *kein Pl.* [**elektrischer**] ~ courant *m* [électrique] ❷ (*breiter Fluss*) fleuve *m* ❸ *fig* (*von Besuchern*) flot *m*
stromabwärts *Adv.* en aval **stromaufwärts** *Adv.* en amont
Stromausfall *m* panne *f* de courant
strömen ['ʃtrøːmən] *intr. V. + sein* ❶ **in das Becken ~** se déverser en grande quantité dans le bassin; **aus etw ~** (*Wasser, Gas*) s'échapper en grande quantité de qc ❷ (*eilen*) **ins Freie ~** affluer vers la sortie
Stromkabel *nt* câble *m* électrique **Stromkreis** *m* circuit *m* électrique **Stromleitung** *f* ligne *f* électrique **Stromnetz** *nt* réseau *m* électrique **Stromschnelle** *f meist Pl.* rapides *mpl* **Stromstärke** *f* intensité *f* du courant
Strömung <-, -en> *f* courant *m*
Stromzähler *m* compteur *m* électrique
Strophe ['ʃtroːfə] <-, -n> *f* strophe *f*
strubb[e]lig ['ʃtrʊbəlɪç] *Adj.* (*Haar*) ébouriffé(e); (*Fell*) hérissé(e)
Strudel ['ʃtruːdəl] <-s, -> *m* ❶ (*Wirbel*) tourbillon *m* ❷ GASTR strudel *m*
strudeln *intr. V.* faire des tourbillons
Struktur [ʃtrʊk'tuːɐ̯] *f* ❶ (*Gliederung*) structure *f* ❷ TEXTIL texture *f*
strukturieren* [ʃtrʊktu'riːrən] *tr. V.* structurer
Strukturierung <-, -en> *f* (*Struktur*) texture *f*
Strumpf [ʃtrʊmpf, *Pl:* 'ʃtrʏmpfə] <-[e]s, Strümpfe> *m* ❶ (*Kniestrumpf*) chaussette *f* ❷ (*Damenstrumpf*) bas *m*
Strumpfhose *f* collant *m*
Strunk <-[e]s, Strünke> *m* trognon *m*
struppig ['ʃtrʊpɪç] *Adj.* (*Haare*) hérissé(e); (*Fell*) dur(e)
Stube ['ʃtuːbə] <-, -n> *f* pièce *f* commune; **die gute ~** le salon
Stubenarrest *m fam* **~ bekommen/haben** être privé de sortie **stubenrein** *Adj.* (*Katze, Hund*) propre
Stuck [ʃtʊk] <-[e]s> *m* stuc *m*
Stück [ʃtʏk] <-[e]s, -e> *nt* ❶ morceau *m*; **etw in ~e reißen** déchirer qc en mille morceaux ❷ (*einer Schnur, Straße*) bout *m* ❸ (*eines Textes*) partie *f* ❹ (*wertvoller Gegenstand, Theaterstück*) pièce *f* ▸ **aus freien ~en** de mon/ton/... propre chef; **das ist ein starkes ~!** *fam* c'est le bouquet !
Stückpreis *m* prix *m* à l'unité **stückweise** *Adv.* à la pièce **Stückzahl** *f* nombre *m* de pièces
Student(in) [ʃtu'dɛnt] <-en, -en> *m(f)* étudiant(e) *m(f)*
Studentenausweis *m* carte *f* d'étudiant **Studentenwohnheim** *nt* foyer *m* d'étudiants
studentisch *Adj. attr* (*Selbstverwaltung*) des étudiants
Studie ['ʃtuːdiə] <-, -n> *f* étude *f*
Studien ['ʃtuːdiən] *Pl. von* **Studium**
Studienabschluss[RR] *m* diplôme *m* universitaire **Studiengang** *m* filière *f* universitaire **Studienplatz** *m* place *f* à l'université **Studienrat** *m*, **-rätin** *f* ≈ professeur *mf* certifié *(premier échelon des professeurs du secondaire)* **Studienreise** *f* voyage *f* d'études
studieren* [ʃtu'diːrən] **I.** *intr. V.* faire des études [supérieures] **II.** *tr. V.* ❶ **Philosophie ~** faire des études de philosophie ❷ (*genau betrachten*) étudier
Studio ['ʃtuːdio] <-s, -s> *nt* ❶ (*Aufnahmestudio, Wohnung*) studio *m* ❷ (*Atelier*) atelier *m*
Studium ['ʃtuːdiʊm] <-s, Studien> *nt* ❶ études *fpl* [supérieures] ❷ *kein Pl.* (*genaues Lesen*) étude *f*
Stufe ['ʃtuːfə] <-, -n> *f* ❶ (*einer Treppe*) marche *f*; (*einer Entwicklung*) phase *f*; (*eines Geräts*) vitesse *f* ❷ (*Niveau*) niveau *m*
Stufenschnitt *m* dégradé *m*
stufenweise *Adv.* par étapes
Stuhl [ʃtuːl, *Pl:* 'ʃtyːlə] <-[e]s, Stühle> *m* ❶ chaise *f* ❷ (*Behandlungsstuhl*) fauteuil *m* ❸ REL **der Heilige ~** le Saint-Siège ❹ *form* (*Stuhlgang*) selles *fpl*
Stuhlbein *nt* pied *m* de chaise **Stuhlgang** *m kein Pl. form* transit *m* intestinal **Stuhllehne** *f* dossier *m* de chaise
stülpen ['ʃtʏlpən] *tr. V.* **eine Haube über etw** (*Akk*) **~** recouvrir qc d'une housse
stumm [ʃtʊm] **I.** *Adj.* ❶ [**von Geburt an**] **~** muet(te) [de naissance] ❷ (*schweigsam*) **~ werden/sein** se taire/être silencieux ❸ (*Vorwurf, Konsonant*) muet(te); (*Blick*) taciturne **II.** *Adv.* silencieusement

S

Stummel ['ʃtʊməl] <-s, -> *m* (*Kerzenstummel*) lumignon *m;* (*Bleistiftstummel*) bout *m;* (*Gliedstummel*) moignon *m*
Stummfilm *m* film *m* muet
Stümper(in) ['ʃtʏmpɐ] <-s, -> *m(f) pej* branquignol *m* (*fam*)
Stümperei <-, -en> *f pej* (*stümperhafte Leistung*) travail *m* bâclé
stumpf [ʃtʊmpf] *Adj.* ① (*Klinge*) émoussé(e) ② (*Bleistift*) usé(e) ③ (*Haare*) terne ④ MATH (*Winkel*) obtus
Stumpf [ʃtʊmpf, *Pl:* 'ʃtʏmpfə] <-[e]s, Stümpfe> *m* (*Körperglied*) moignon *m*
Stumpfsinn *m kein Pl.* ① (*geistige Trägheit*) hébétude *f* ② (*Stupidität*) stupidité *f* **stumpfsinnig** *Adj.* ① (*geistig träge*) hébété(e) ② (*Arbeit*) abrutissant(e)
Stunde ['ʃtʊndə] <-, -n> *f* ① heure *f;* **bis zur ~** à l'heure qu'il est; **~n geben** (*unterrichten*) donner des cours ② *meist Pl.* (*Moment*) moment *m*
Stundengeschwindigkeit *f* vitesse *f* [horaire] **Stundenkilometer** *Pl* kilomètres-heure *mpl* **stundenlang** **I.** *Adj.* (*Verhandlung*) qui dure/durent des heures **II.** *Adv.* (*warten, herumlaufen*) [pendant] des heures **Stundenlohn** *m* salaire *m* horaire **Stundenplan** *m* emploi *m* du temps **stundenweise** *Adv.* (*arbeiten*) quelques heures
stündlich ['ʃtʏntlɪç] *Adj., Adv.* toutes les heures
Stunk [ʃtʊŋk] <-s> *m fam* grabuge *m*
Stuntman ['stantmɛn, -wumən] <-s, -men> *m,* **-woman** *f* cascadeur(-euse) *m(f)*
Stupsnase *f* nez *m* retroussé
stur [ʃtuːɐ̯] **I.** *Adj.* ① (*dickköpfig*) entêté(e) ② (*Haltung*) borné(e) **II.** *Adv.* (*uneinsichtig*) obstinément
Sturheit <-> *f* obstination *f*
Sturm [ʃtʊrm, *Pl:* 'ʃtʏrmə] <-[e]s, Stürme> *m* ① (*starker Wind*) tempête *f* ② SPORT attaque *f*
stürmen ['ʃtʏrmən] **I.** *intr. V. unpers. + haben* **es stürmt** la tempête fait rage **II.** *intr. V. + sein* (*rennen*) **zum Eingang ~** se précipiter vers l'entrée **III.** *tr. V. + haben* **etw ~** prendre d'assaut qc
Stürmer(in) <-s, -> *m(f)* attaquant(e) *m(f)*
Sturmflut *f* raz[-]de[-]marée *m*
stürmisch ['ʃtʏrmɪʃ] **I.** *Adj.* (*Tag*) de tempête; (*Meer*) déchaîné(e); (*Begrüßung*) frénétique; **nicht so ~!** doucement! **II.** *Adv.* (*begrüßen*) frénétiquement
Sturmschaden *m meist Pl.* dégâts *mpl* causés par la tempête
Sturz [ʃtʊrts, *Pl:* 'ʃtʏrtsə] <-es, Stürze> *m* ① chute *f* ② (*Fenstersturz*) linteau *m*
stürzen ['ʃtʏrtsən] **I.** *intr. V. + sein* ① (*fallen*) tomber ② (*rennen*) **nach draußen ~** bondir dehors ③ POL **über etw** (*Akk*) **~** (*Regierung*) être renversé à la suite de qc **II.** *tr. V. + haben* ① **jdn aus dem Fenster ~** précipiter qn par la fenêtre ② (*Regierung, Backform*) renverser **III.** *refl. V.* ① **sich aus dem Fenster ~** se jeter par la fenêtre ② *fig* **sich auf jdn/etw ~** se précipiter sur qn/qc; **sich in Unkosten** (*Akk*) **~** se lancer dans les dépenses
Sturzflug *m* vol *m* en piqué; **im ~** en piqué **Sturzhelm** *m* casque *m* [de moto]
Stuss[RR] [ʃtʊs] <-es>, **Stuß**[ALT] <-sses> *m fam* connerie *f*
Stute ['ʃtuːtə] <-, -n> *f* jument *f*
Stütze ['ʃtʏtsə] <-, -n> *f* ① (*Gebäudeteil*) étai *m* ② (*Halt*) appui *m* ③ (*seelischer Beistand*) soutien *m*
stutzen ['ʃtʊtsən] **I.** *intr. V.* (*Person*) rester coi(te) **II.** *tr. V.* (*Hecke, Bart*) tailler; (*Flügel*) couper
stützen ['ʃtʏtsən] **I.** *tr. V.* ① (*physischen Halt geben*) **jdn ~** (*Person*) soutenir qn; **etw ~** (*Vorrichtung*) [servir à] maintenir qc ② (*Gebäude, Währung*) soutenir ③ (*aufstützen*) **den Arm auf etw** (*Akk*) **~** appuyer son bras sur qc ④ (*Theorie*) étayer **II.** *refl. V.* **sich auf jdn/etw ~** *a. fig* s'appuyer sur qn/qc
stutzig *Adj.* **~ werden** avoir des soupçons
Stützpunkt *m* MIL base *f* militaire
stylen ['stailən] *tr. V.* (*Haare*) sculpter
stylisch ['stailɪʃ], **stylish** *Adj. fam* (*Schuhe, Handy*) modeux(-euse)
s.u. *Abk. von* **siehe unten** voir ci-dessous
Subjekt [zʊp'jɛkt] <-[e]s, -e> *nt* ① LING sujet *m* ② *pej* (*übler Mensch*) individu *m*
subjektiv [zʊpjɛk'tiːf] *Adj.* subjectif(-ive)
Subjektivität [zʊpjɛktivi'tɛːt] <-> *f* subjectivité *f*
Substantiv ['zʊpstantiːf] <-s, -e> *nt* substantif *m*
Substanz [zʊp'stants] <-, -en> *f* substance *f*

S

subtil [zʊp'tiːl] *Adj. geh* ❶ (*nuanciert*) subtil(e) ❷ (*kompliziert*) complexe

subtrahieren* [zʊptra'hiːrən] *tr., intr. V.* soustraire

Subtraktion [zʊptrak'tsi̯oːn] <-, -en> *f* soustraction *f*

Subtropen ['zʊptroːpən] *Pl* GEO **die ~** la zone subtropicale

subtropisch ['zʊptroːpɪʃ] *Adj.* subtropical(e)

Subvention [zʊpvɛn'tsi̯oːn] <-, -en> *f* subvention *f*

subventionieren* [zʊpvɛntsi̯o'niːrən] *tr. V.* subventionner

subversiv [zʊpvɛr'ziːf] *Adj. geh* subversif(-ive)

Suchaktion *f* recherches *fpl*

Suche ['zuːxə] <-, -en> *f* **auf der ~ nach einer Wohnung sein** être à la recherche d'un logement

suchen ['zuːxən] **I.** *tr. V.* chercher; **bei jdm Schutz ~** chercher protection auprès de qn ▸ **er hat hier nichts zu ~!** *fam* il n'a rien à foutre ici ! **II.** *intr. V.* chercher; **nach jdm/etw ~** être à la recherche de qn/qc

Sucher <-s, -> *m* viseur *m*

Suchmaschine *f* INET outil *m* de recherche

Sucht [zʊxt, *Pl:* 'zʏçtə] <-, Süchte> *f* ❶ MED dépendance *f;* (*Rauschgiftsucht*) toxicomanie *f* ❷ (*starkes Verlangen*) manie *f*

süchtig ['zʏçtɪç] *Adj.* ❶ MED dépendant(e); (*rauschgiftsüchtig*) toxicomane ❷ (*versessen*) **~ nach etw sein** être avide de qc

Süchtige(r) *f(m) dekl wie Adj* toxicomane *mf*

Suchtmittel *nt* substance *f* addictive

Südafrika *nt* l'Afrique *f* du Sud **Südafrikaner(in)** *m(f)* Sud-Africain(e) *m(f)* **südafrikanisch** *Adj.* sud-africain(e) **Südamerika** *nt* l'Amérique *f* du Sud **Südamerikaner(in)** *m(f)* Sud-Américain(e) *m(f)* **südamerikanisch** *Adj.* sud-américain(e) **süddeutsch** *Adj.* de l'Allemagne du Sud **Süddeutschland** *nt* l'Allemagne *f* du Sud

Süden ['zyːdən] <-s> *m* sud *m; s.a.* **Norden**

Südeuropa *nt* l'Europe *f* du Sud **Südeuropäer(in)** *m(f)* Européen(ne) *m(f)* du Sud **Südfrankreich** *nt* Midi *m* **südfranzösisch** *Adj.* du sud de la France **Südfrüchte** *Pl* fruits *mpl* exotiques **Südhalbkugel** *f* hémisphère *m* sud **Südkorea** ['zyːtkoreːa] <-s> *nt* la Corée du Sud **Südkoreaner(in)** ['zyːtkoreaːnɐ] *m(f)* Sud-Coréen(ne) *m(f)* **südkoreanisch** ['zyːtkoreaːnɪʃ] *Adj.* sud-coréen(ne) **Südküste** *f* côte *f* méridionale **Südländer(in)** <-s, -> *m(f)* Méditerranéen(ne) *m(f)* **südländisch** *Adj.* méditerranéen(ne)

südlich **I.** *Adj.* du sud *inv.* **II.** *Präp. + Gen.* **~ des Polarkreises** au sud du cercle polaire

Südosten *m* sud-est *m; s.a.* **Norden** **südöstlich** **I.** *Adj.* [situé(e) au] sud-est; **in ~er Richtung** en direction du sud-est **II.** *Präp. + Gen.* **~ des Dorfs** au sud-est du village **Südpol** *m* **der ~** le pôle Sud **Südsee** *f* **die ~** les mers *fpl* du Sud **Südseite** *f* face *f* sud **Südtirol** *nt* le Tyrol du Sud **Südwesten** *m* sud-ouest *m; s.a.* **Norden** **südwestlich** **I.** *Adj.* [situé(e) au] sud-ouest; **in ~er Richtung** en direction du sud-ouest **II.** *Präp. + Gen.* **~ des Flusses** au sud-ouest du fleuve **Südwind** *m* vent *m* du sud

Suff [zʊf] <-[e]s> *m fam* ivrognerie *f*

süffig ['zʏfɪç] *Adj.* agréable en bouche

Suffix ['zʊfɪks] <-es, -e> *nt* LING suffixe *m*

suggerieren* [zʊge'riːrən] *tr. V. geh* **jdm etw ~** suggérer qc à qn

Sühne ['syːnə] <-, -n> *f geh* expiation *f*

Suite ['sviːtə, zu'iːtə] <-, -n> *f a.* MUS suite *f*

Sulfat [zʊl'faːt] <-[e]s, -e> *nt* CHEM sulfate *m*

Sultan(in) ['zʊltaːn] <-s, -e> *m(f)* sultan(e) *m(f)*

Sülze ['zʏltsə] <-, -n> *f* ❶ (*Aspik*) gelée *f* ❷ (*Speise in Aspik*) aspic *m*

Summe ['zʊmə] <-, -n> *f* ❶ MATH total *m* ❷ FIN somme *f*

summen ['zʊmən] **I.** *intr. V.* (*Person*) fredonner; (*Biene*) bourdonner **II.** *tr. V.* (*Melodie*) fredonner

summieren* [zʊ'miːrən] *refl. V.* **sich ~** s'additionner

Sumpf [zʊmpf, *Pl:* 'zʏmpfə] <-[e]s, Sümpfe> *m* (*Morast*) marais *m*

sumpfig *Adj.* marécageux(-euse)

Sünde ['zʏndə] <-, -n> *f* ❶ REL péché *m* ❷ (*Fehltritt*) faute *f*

Sündenbock *m* bouc *m* émissaire **Sündenfall** *m kein Pl.* **der ~** la chute [originelle]
Sünder(in) <-s, -> *m(f)* pécheur(-eresse) *m(f)*
sündhaft *Adj.* ① REL (*Leben*) de péchés; (*Tat*) infâme ② *fam* (*Preis*) exorbitant(e)
sündig *Adj.* ① REL (*Leben*) de péchés; (*Tat*) infâme ② (*Blick*) vicieux(-euse)
sündigen *intr. V.* REL pécher
super ['zuːpɐ] *fam* **I.** *Adj. unv.* **ein ~ Film** un film super **II.** *Adv.* (*klingen*) super bien; **~ schmecken** être super bon
Super <-s> *nt* super *m*
Superlativ ['zuːpelatiːf] <-[e]s, -e> *m* LING superlatif *m*
Supermarkt *m* supermarché *m*
Suppe ['zʊpə] <-, -n> *f* soupe *f*; **klare ~** bouillon *m*
Suppengrün *nt* herbes *fpl* potagères **Suppenschüssel** *f* soupière *f* **Suppenteller** *m* assiette *f* creuse
Surfbrett *nt* surf *m*; (*Windsurfbrett*) planche *f* à voile
surfen ['sœːɐ̯fən] *intr. V. a.* INFORM surfer; (*windsurfen*) faire de la planche à voile
Surfer(in) ['sœrfɐ] <-s, -> *m(f)* surfeur(-euse) *m(f)*; (*Windsurfer*) [véli]planchiste *mf*
Surrealismus [zʊrea'lɪsmʊs] <-> *m* surréalisme *m*
surren ['zʊrən] *intr. V. + haben* (*Insekt, Stromleitung*) bourdonner; (*Ventilator*) ronronner
suspekt [zʊs'pɛkt] *Adj. geh* suspect(e)
suspendieren* [zʊspɛn'diːrən] *tr. V.* **jdn vom Dienst ~** suspendre qn de service
süß [zyːs] *Adj.* ① (*Gericht, Getränk*) sucré(e); (*Wein*) doux(douce) ② (*Duft*) suave ③ (*Kind*) mignon(ne)
Süße(r) *f(m) dekl wie Adj* **[mein] ~r/[meine] ~** [mon] chéri/[ma] chérie
süßen *tr., intr. V.* sucrer
Süßholz ▸ **~ raspeln** *fam* passer de la pommade à qn
Süßigkeit <-, -en> *f meist Pl.* sucrerie *f*
süßlich *Adj.* (*Geschmack*) douceâtre
süßsauer[RR] ['zyːs'zauɐ] *Adj.* (*Speise*) aigre-doux(douce) **Süßspeise** *f* entremets *m* [sucré] **Süßstoff** *m* aspartam[e] *m* **Süßwasser** *nt* eau *f* douce
Sweatshirt ['swɛtʃœːt] <-s, -s> *nt* sweat-shirt *m*
Swimmingpool ['svɪmɪŋpuːl] <-s, -s> *m* piscine *f*
Symbiose [zʏmbi'oːzə] <-, -n> *f* symbiose *f*
Symbol [zʏm'boːl] <-s, -e> *nt* symbole *m*
symbolisch *Adj.* symbolique
symbolisieren* [zʏmbolizi:rən] *tr. V.* symboliser
Symmetrie [zʏme'triː] <-, -n> *f* symétrie *f*
symmetrisch [zʏ'meːtrɪʃ] *Adj.* symétrique
Sympathie [zʏmpa'tiː] <-, -en> *f* sympathie *f*
sympathisch [zʏm'paːtɪʃ] *Adj.* ① (*Mensch*) sympathique ② (*Vorstellung*) réjouissant(e)
sympathisieren* [zʏmpati'ziːrən] *intr. V.* **mit jdm ~** sympathiser avec qn
Symphonie [zʏmfo'niː] *s.* **Sinfonie**
Symposium [zʏm'poːziʊm] <-s, Symposien> *nt* symposium *m*
Symptom [zʏmp'toːm] <-s, -e> *nt* symptôme *m*
symptomatisch [zʏmpto'maːtɪʃ] *Adj. geh* symptomatique
Synagoge [zyna'goːgə] <-, -n> *f* synagogue *f*
synchron [zʏn'kroːn] *geh* **I.** *Adj.* (*Übersetzung*) simultané(e); (*Bewegung*) synchrone **II.** *Adv.* **~ zu etw verlaufen** se dérouler parallèlement à qc
Synchronisation [zʏnkroniza'tsi̯oːn] <-, -en> *f* doublage *m*
synchronisieren* [zʏnkroni'ziːrən] *tr. V.* (*Film*) doubler
Syndrom [zʏn'droːm] <-s, -e> *nt* syndrome *m*
Synode [zy'noːdə] <-, -n> *f* synode *m*
Synonym <-s, -e> *nt* synonyme *m*
syntaktisch [zʏn'taktɪʃ] *Adj.* syntaxique
Syntax <-, -en> *f* LING syntaxe *f*
Synthese [zʏn'teːzə] <-, -n> *f* synthèse *f*
Synthesizer ['zʏntəsaizɐ] <-s, -> *m* synthétiseur *m*
Synthetik [zʏn'teːtɪk] <-s> *nt* synthétique *m*
synthetisch [zʏn'teːtɪʃ] *Adj.* CHEM, MED synthétique
Syphilis ['zyːfilɪs] <-> *f* syphilis *f*

Syrer(in) ['zy:rɐ] <-s, -> *m(f)* Syrien(ne) *m(f)*
Syrien ['zy:riən] <-s> *nt* la Syrie
syrisch *Adj.* syrien(ne)
System [zʏs'te:m] <-s, -e> *nt* ① système *m* ② ÖKOL **Duales ~ Deutschland** *système de recyclage*
systematisch [zʏste'ma:tɪʃ] **I.** *Adj.* (*Arbeit*) méthodique; (*Beeinflussung*) systématique **II.** *Adv.* systématiquement
systematisieren* [zʏstemati'zi:rən] *tr. V.* systématiser
Szene ['stse:nə] <-, -n> *f* ① (*Theaterszene*) scène *f* ② (*Bereich*) milieux *mpl*

T t

T, t [te:] <-, -> *nt* T *m*/t *m*
Tabak ['tabak] <-s, -e> *m* tabac *m*
tabellarisch [tabɛ'la:rɪʃ] *Adj., Adv.* sous forme de tableau
Tabelle [ta'bɛlə] <-, -n> *f* tableau *m*
Tabellenkalkulationsprogramm *nt* INFORM tableur *m*
Tablet ['tɛblɛt] <-s, -s> *nt*, **Tablet-Computer** *m* tablette *f*
Tablett [ta'blɛt] <-[e]s, -s> *nt* plateau *m*
Tablette [ta'blɛtə] <-, -n> *f* comprimé *m*
tablettensüchtig *Adj.* pharmacodépendant(e)
tabu [ta'bu:] *Adj. unv.* **~ sein** être tabou *inv.*
Tabu <-s, -s> *nt geh* tabou *m*
tabuisieren* [tabui'zi:rən] *tr. V.* tabouiser
Tabulator [tabu'la:tɔr] <-s, -toren> *m* tabulateur *m*
Tabulatortaste *f* touche *f* Tabulation
Tacho ['taxo] <-s, -s> *m fam*, **Tachometer** *m o nt* compteur *m* de vitesse
Tadel ['ta:dəl] <-s, -> *m* réprimande *f*
tadellos *Adj.* impeccable
tadeln *tr. V.* blâmer; **jdn für etw ~** réprimander qn pour qc
Tafel ['ta:fəl] <-, -n> *f* ① (*Wandtafel*) tableau *m* ② (*Gedenktafel*) plaque *f* ③ (*rechteckiges Stück*) **eine ~ Schokolade** une tablette de chocolat ④ *form* (*Tisch*) table *f*
Taft [taft] <-[e]s, -e> *m* taffetas *m*
Tag [ta:k] <-[e]s, -e> *m* ① jour *m*; **der ~ X** le jour J; **der Jüngste ~** REL le Jugement dernier; **guten ~!** bonjour !; **es ist ~** il fait jour; **bei ~[e]** de jour; **auf den ~ [genau]** au jour près ② (*Tagesverlauf*) journée *f*; **am ~** dans la journée; **den ganzen ~ [lang]** toute la journée ▶ **an den ~ kommen** éclater au grand jour

La République démocratique allemande (R.D.A.) ou l'Allemagne de l'Est, a été rattachée à la République fédérale d'Allemagne (R.F.A.) le 3 octobre 1990. Dès le 12 septembre, le traité sur le règlement définitif de la question allemande a été signé à Moscou par les quatre puissances victorieuses de la Seconde guerre mondiale, la République fédérale d'Allemagne et le ministre-président de la R.D.A. Depuis lors, on célèbre la fête nationale le 3 octobre, **der Tag der Deutschen Einheit** (la journée de l'unité allemande).

tagaus [ta:k'ʔaus] *Adv.* ▶ **~, tagein** jour après jour
Tagebau <-baue> *m* mine *f* à ciel ouvert **Tagebuch** *nt* journal *m* [intime]
tagelang **I.** *Adj.* qui dure des jours entiers **II.** *Adv.* [pendant] des journées entières
tagen ['ta:gən] **I.** *intr. V. unpers. geh* **es tagt** le jour point **II.** *intr. V.* (*konferieren*) siéger
Tagesanbruch *m* lever *m* du jour **Tageskarte** *f* GASTR menu *m* du jour **Tageslicht** *nt kein Pl.* lumière *f* du jour **Tagesmutter** *f* nourrice *f* **Tagesordnung** *f* ordre *m* du jour
Tageszeit *f* moment *m* de la journée **Tageszeitung** *f* quotidien *m*
tageweise *Adv.* à la journée

täglich ['tɛːklɪç] *Adj.* quotidien(ne)
tagsüber *Adv.* pendant la journée
tagtäglich ['taːk'tɛːklɪç] **I.** *Adj.* quotidien(ne) **II.** *Adv.* tous les jours [sans exception]
Tagung <-, -en> *f* congrès *m*
Taifun [tai'fuːn] <-s, -e> *m* typhon *m*
Taille ['taljə] <-, -n> *f* taille *f*
Takelage [takə'laːʒə] <-, -n> *f* gréement *m*
Takt [takt] <-[e]s, -e> *m* ① MUS mesure *f;* **im ~** en mesure ② *kein Pl.* (*Feingefühl*) tact *m*
Taktgefühl *nt* tact *m*, délicatesse *f*
taktieren* *intr. V.* user de tactique; **geschickt ~** user d'une habile tactique
Taktik ['taktɪk] <-, -en> *f* tactique *f*
Taktiker(in) <-s, -> *m(f)* tacticien(ne) *m(f)*
taktisch **I.** *Adj.* tactique **II.** *Adv.* (*vorgehen*) tactiquement; (*klug*) d'un point de vue tactique
taktlos **I.** *Adj.* dénué(e) de tact **II.** *Adv.* sans [le moindre] tact
Taktstock *m* baguette *f* [de chef d'orchestre]
taktvoll **I.** *Adj.* plein(e) de tact **II.** *Adv.* avec tact
Tal [taːl, *Pl:* 'tɛːlɐ] <-[e]s, Täler> *nt* vallée *f*
Talar [ta'laːɐ̯] <-s, -e> *m* toge *f*
Talent [ta'lɛnt] <-[e]s, -e> *nt* talent *m*
talentiert [talɛn'tiːɐ̯t] *Adj.* (*Person*) qui a du talent
Talg [talk] <-[e]s, -e> *m* ① BIO sébum *m* ② GASTR suif *m*
Talisman ['taːlɪsman] <-s, -e> *m* talisman *m*
TalkshowRR ['tɔːkʃoː] <-, -s> *f* talk-show *m*
Talsperre *f* barrage *m*
Tamburin ['tamburiːn] <-s, -e> *nt* tambourin *m*
Tampon ['tampɔn] <-s, -s> *m* tampon *m*
Tandem ['tandɛm] <-s, -s> *nt* tandem *m;* **~ fahren** faire du tandem
Tang [taŋ] <-[e]s, -e> *m* varech *m*
Tangente [taŋ'gɛntə] <-, -n> *f* ① MATH tangente *f* ② (*Straße*) rocade *f*
tangieren* [taŋ'giːrən] *tr. V. geh* ① (*streifen*) effleurer ② (*betreffen*) toucher
Tango ['taŋgo] <-s, -s> *m* tango *m*
Tank [taŋk] <-s, -s> *m* ① (*Benzintank*) réservoir *m* ② (*Flüssigkeitsbehälter*) citerne *f*
tanken **I.** *intr. V.* prendre de l'essence **II.** *tr. V.* ① **zehn Liter/bleifrei ~** prendre dix litres [d'essence]/du sans plomb ② *fig fam* **frische Luft ~** faire le plein d'air frais
Tanker <-s, -> *m* pétrolier *m*
Tankfüllung *f* plein *m* **Tankstelle** *f* station-service *f* **Tankwart(in)** *m(f)* pompiste *mf*
Tanne ['tanə] <-, -n> *f* sapin *m*
Tannenbaum *m* sapin *m* [de Noël] **Tannennadel** *f* aiguille *f* de sapin **Tannenzapfen** *m* pomme *f* de pin
Tante ['tantə] <-, -n> *f* tante *f*
Tante-Emma-Laden [tantə'ɛmalaːdən] *m fam* petite épicerie *f* [du coin]
Tantieme [tɑ̃'tieːmə, tɑ̃'tiɛːme] <-, -n> *f meist Pl.* ① (*Gewinnbeteiligung*) tantième *m* ② (*Autorenhonorar*) droits *mpl* d'auteur
Tanz [tants, *Pl:* 'tɛntsə] <-es, Tänze> *m* ① danse *f;* **jdn zum ~ auffordern** inviter qn à danser ② (*Tanzveranstaltung*) bal *m*
Tanzabend *m* soirée *f* dansante
tänzeln ['tɛntsəln] *intr. V. + haben o sein* (*Boxer*) sautiller; (*Pferd*) piaffer
tanzen [tantsən] *tr., intr. V.* danser
Tänzer(in) ['tɛntsɐ] <-s, -> *m(f)* danseur(-euse) *m(f)*
Tanzfläche *f* piste *f* [de danse] **Tanzkurs** *m* cours *m* de danse **Tanzpartner(in)** *m(f)* cavalier(-ière) *m(f)* **Tanzschule** *f* école *f* de danse
Tapete [ta'peːtə] <-, -n> *f* papier *m* peint
Tapetenwechsel *m fam* changement *m* d'air
tapezieren* [tape'tsiːrən] *tr. V.* tapisser
tapfer ['tapfɐ] **I.** *Adj.* (*Person*) brave; (*Verhalten*) courageux(-euse) **II.** *Adv.* avec bravoure
Tapferkeit <-> *f* bravoure *f*
tappen ['tapən] *intr. V.*, **tapsen** ['tapsən] *intr. V. fam + sein* avancer à tâtons
tapsig *Adj. fam* pataud(e)
Tarantel <-, -n> *f* tarentule *f*
Tarif [ta'riːf] <-[e]s, -e> *m* ① accord *m* salarial ② (*Gebühr*) tarif *m*
Tarifgruppe *f* groupe *m* tarifaire **Tariflohn** *m* salaire *m* contractuel **Tarifverhandlungen** *Pl* négociations *fpl* sur la convention collective **Tarifvertrag** *m* convention *f* collective

tarnen ['tarnən] **I.** *tr. V.* camoufler **II.** *refl. V.* **sich als etw ~** se camoufler en qc
Tarnfarbe *f* peinture *f* de camouflage
Tarnung <-> *f kein Pl.* camouflage *m*
Tasche ['taʃə] <-, -n> *f* ❶ (*an der Kleidung*) poche *f* ❷ (*Tragetasche*) sac *m*
Taschenbuch *nt* livre *m* de poche **Taschendieb(in)** *m(f)* pickpocket *mf* **Taschengeld** *nt* argent *m* de poche **Taschenlampe** *f* lampe *f* de poche **Taschenmesser** *nt* canif *m* **Taschenrechner** *m* calculette *f* **Taschentuch** *nt* mouchoir *m*
Tasse ['tasə] <-, -n> *f* tasse *f*
Tastatur [tasta'tuːɐ̯] <-, -en> *f* clavier *m*
Taste ['tastə] <-, -n> *f* touche *f*
tasten ['tastən] **I.** *intr. V.* **nach etw ~** chercher qc à tâtons **II.** *refl. V.* **sich zur Tür ~** avancer en tâtonnant vers la porte **III.** *tr. V.* (*Schwellung*) sentir en palpant
Tasteninstrument *nt* instrument *m* à clavier **Tastentelefon** *nt* téléphone *m* à touches
Tastsinn *m kein Pl.* toucher *m*
tat [taːt] *Imp. von* **tun**
Tat [taːt] <-, -en> *f* ❶ acte *m* ❷ (*Straftat*) délit *m* ▸ **in der ~!** effectivement !
Tatbestand *m* état *m* de fait
tatenlos **I.** *Adj.* inactif(-ive) **II.** *Adv.* sans rien faire
Täter(in) ['tɛːtɐ] <-s, -> *m(f)* coupable *mf*
tätig ['tɛːtɪç] *Adj.* ❶ (*berufstätig*) **als etw ~ sein** être employé comme qc ❷ (*Person*) actif(-ive)
tätigen *tr. V. form* (*Einkäufe*) effectuer; (*Anruf*) passer
Tätigkeit <-, -en> *f* activité *f*
Tatkraft *f kein Pl.* dynamisme *m* **tatkräftig** **I.** *Adj.* dynamique, énergique **II.** *Adv.* activement **Tatort** *m* lieu *m* du crime
tätowieren* [tɛto'viːrən] *tr. V.* tatouer
Tätowierung <-, -en> *f* tatouage *m*
Tatsache *f* fait *m*
tatsächlich **I.** *Adj. attr* (*Ereignis*) réel(le); (*Grund*) véritable **II.** *Adv.* ❶ (*in Wirklichkeit*) en réalité ❷ (*wirklich*) réellement
tätscheln ['tɛtʃəln] *tr. V.* tapoter [affectueusement]
Tatze ['tatsə] <-, -n> *f* ZOOL patte *f*
Tau[1] [tau] <-[e]s> *m* METEO rosée *f*
Tau[2] <-[e]s, -e> *nt* NAUT cordage *m*
taub [taup] *Adj.* ❶ sourd(e) ❷ (*Körperteil*) insensible
Taube ['taubə] <-, -n> *f* pigeon *m*
Taubenschlag *m* pigeonnier *m*
Taubheit <-> *f* ❶ surdité *f* ❷ (*von Gliedmaßen*) insensibilité *f*
taubstumm *Adj.* sourd(e)-muet(te) **Taubstumme(r)** *f(m) dekl wie Adj* sourd-muet *m*/sourde-muette *f*
tauchen ['tauxən] **I.** *intr. V.* + *haben o sein* plonger **II.** *tr. V.* + *haben* **jdn/etw in etw** (*Akk*) **~** plonger qn/qc dans qc
Taucher(in) <-s, -> *m(f)* plongeur(-euse) *m(f)*
Taucherbrille *f* lunettes *fpl* de plongée
tauen ['tauən] **I.** *intr. V. unpers.* + *haben* dégeler **II.** *intr. V.* + *sein* fondre
Taufe ['taufə] <-, -n> *f* baptême *m*
taufen *tr. V.* **jdn ~** baptiser qn
Taufpate *m*, **-patin** *f* parrain *m*/marraine *f*
taufrisch *Adj.* humide de rosée
taugen ['taugən] *intr. V.* **etwas ~** (*Person*) être bon à quelque chose; (*Sache*) valoir quelque chose
Taugenichts <-[es], -e> *m pej* propre *mf* à rien
tauglich *Adj.* ❶ **~ sein** convenir ❷ MIL apte [au service militaire]
Taumel ['tauməl] <-s> *m* ❶ vertige *m* ❷ (*Überschwang*) ivresse *f*
taumeln *intr. V.* + *sein* chanceler
Tausch [tauʃ] <-[e]s, -e> *m* échange *m*
tauschen **I.** *tr. V.* échanger **II.** *intr. V.* faire un échange
täuschen ['tɔyʃən] *tr., intr., refl. V.* [**sich**] **~** [se] tromper
täuschend **I.** *Adj.* trompeur(-euse) **II.** *Adv.* **jdm ~ ähnlich sehen** ressembler à s'y méprendre à qn
Tauschhandel *m kein Pl.* (*das Handeln*) [commerce *m* de] troc *m*
Täuschung <-, -en> *f* ❶ tromperie *f*; (*beim Examen*) fraude *f* ❷ (*Irrtum*) erreur *f*; **optische ~** illusion *f* d'optique
Täuschungsmanöver *nt* feinte *f*
tausend ['tauzənt] *Num.* ❶ mille; *s.a.* **acht** ❷ *fam* (*viele*) [tout] un tas de
Tausend <-, -en> *f* (*die Zahl 1000*) mille *m*
Tausender <-s, -> *m* ❶ *fam* (*Geldschein*) billet *m* de mille ❷ MATH millier *m*

Tausendfüßler ['tauzəntfy:slɐ] <-s, -> *m* mille-pattes *m*
tausendjährig *Adj. attr* ① (*tausend Jahre alt*) millénaire ② (*tausend Jahre dauernd*) de mille ans **tausendmal** *Adv.* ① mille fois; *s.a.* **achtmal** ② *fam* (*vielmals*) des tas et des tas de fois
tausendste(r, s) *Adj.* millième; *s.a.* **achte(r, s)**
tausendstel *Adj.* millième *m; s.a.* **achtel**
Tautropfen *m* goutte *f* de rosée **Tauwetter** *nt a. fig* dégel *m*
Tauziehen *nt* tir *m* à la corde
Taxe ['taksə] <-, -n> *f* ① (*Kurtaxe*) taxe *f* de séjour ② (*Schätzwert*) estimation *f*
Taxi ['taksi] <-s, -s> *nt* taxi *m*
Taxifahrer(in) *m(f)* chauffeur *m* de taxi **Taxistand** *m* station *f* de taxis
Team [ti:m] <-s, -s> *nt* équipe *f*
Teamarbeit *f* travail *m* d'équipe
Technik ['tɛçnɪk] <-> *f kein Pl.* ① technique *f* ② (*einer Maschine*) technologie *f*
Techniker(in) <-s, -> *m(f)* technicien(ne) *m(f)*
technisch I. *Adj.* technique **II.** *Adv.* sur le plan technique
Techno ['tɛkno] <-(s)> *m o nt* MUS techno *m*
Technologie <-, -n> *f* technologie *f*
technologisch *Adj.* technologique
Teddybär ['tɛdibɛ:ɐ̯] *m* ours *m* en peluche
Tee [te:] <-s, -s> *m* ① [**schwarzer**] ~ thé *m* [noir] ② (*Kräutertee*) tisane *f* ③ (*Teestrauch*) thé[ier] *m*
Teebeutel *m* sachet *m* de thé **Teekanne** *f* théière *f* **Teelicht** *nt* bougie *f* à chauffe-plat **Teelöffel** *m* ① petite cuillère *f* ② (*Menge*) **ein ~ Zucker** une cuillerée à café de sucre
Teenager ['ti:nɛɪdʒɐ] <-s, -> *m* teenager *mf*
Teenie ['ti:ni] <-s, -s> *m fam* ado *mf*
Teer [te:ɐ̯] <-[e]s, -e> *m* goudron *m*
teeren ['te:rən] *tr. V.* goudronner
Teestube *f* salon *m* de thé **Teetasse** *f* tasse *f* à thé
Teich [taiç] <-[e]s, -e> *m* étang *m*
Teig [taik] <-[e]s, -e> *m* pâte *f*
Teigwaren *Pl* pâtes *fpl* [alimentaires]
Teil[1] [tail] <-[e]s, -e> *m o nt* ① partie *f* ② (*Anteil*) part *f*; **ich für meinen ~** en ce qui me concerne
Teil[2] <-[e]s, -e> *nt* (*eines Geräts*) pièce *f*
teilbar *Adj.* **durch zehn ~** divisible par dix
Teilchen ['tailçən] <-s, -> *nt* PHYS particule *f*
teilen I. *tr. V.* ① (*aufteilen*) **sich** (*Dat*) **etw ~** se partager qc ② MATH **durch vier ~** diviser par quatre ③ (*mitfühlen*) **Freude mit jdm ~** prendre part à la joie de qn; **jds Schicksal ~** subir le même sort que qn **II.** *refl. V.* **sich ~** se séparer **III.** *intr. V.* partager
teil|haben *intr. V. unreg* prendre part **Teilhaber(in)** <-s, -> *m(f)* associé(e) *m(f)*
Teilnahme ['tailna:mə] <-, -n> *f* participation *f*
teilnahmslos I. *Adj.* indifférent(e) **II.** *Adv.* avec indifférence
teil|nehmen *intr. V. unreg* participer
Teilnehmer(in) <-s, -> *m(f)* ① participant(e) *m(f)* ② TELEC abonné(e) *m(f)*
teils *Adv.* en partie; **~, ~** *fam* oui et non
Teilstrecke *f* section *f*
Teilung <-, -en> *f* ① *kein Pl.* partage *m* ② (*das Geteiltsein*) division *f*
teilweise I. *Adv.* partiellement **II.** *Adj. attr* partiel(le)
Teilzahlung *f* **auf ~** à crédit
Teilzeitarbeit *f* travail *m* à temps partiel **teilzeitbeschäftigt** *Adj.* employé(e) à temps partiel
Teint [tɛ̃:] <-s, -s> *m* teint *m*
Telearbeit *f* télétravail *m*
Telefax ['te:lefaks] *nt* fax *m*
Telefon [tele'fo:n] <-s, -e> *nt* téléphone *m*
Telefonanlage *f* installation *f* téléphonique **Telefonanruf** *m* appel *m* téléphonique **Telefonanschluss**[RR] *m* ligne *f* téléphonique
Telefonat [telefo'na:t] <-[e]s, -e> *nt form* communication *f* téléphonique
Telefonbuch *nt* annuaire *m* [téléphonique] **Telefongespräch** *nt* conversation *f* téléphonique
telefonieren* [telefo'ni:rən] *intr. V.* **mit jdm ~** téléphoner à qn
telefonisch [tele'fo:nɪʃ] **I.** *Adj.* téléphonique **II.** *Adv.* par téléphone
Telefonkarte *f* carte *f* de téléphone **Telefonkonferenz** *f* multiplexe *m* **Telefonleitung** *f* ligne *f* [téléphonique] **Telefonnummer** *f* numéro *m* de téléphone **Telefonsex** *m fam* amour *m* au

téléphone **Telefonverbindung** *f* liaison *f* [téléphonique] **Telefonzelle** *f* cabine *f* téléphonique

Telegraf [tele'gra:f] <-en, -en> *m* télégraphe *m*

telegrafieren* [telegra'fi:rən] **I.** *intr. V.* envoyer un télégramme **II.** *tr. V.* télégraphier

telegrafisch [tele'gra:fɪʃ] *Adj.* télégraphique, par télégramme

Telegramm [tele'gram] <-gramme> *nt* télégramme *m*

Telekommunikation *f* télécommunications *fpl*

Teleobjektiv ['te:leʔɔpjɛkti:f] *nt* téléobjectif *m*

Teleshopping ['te:leʃɔpɪŋ] <-s> *nt* téléachat *m*

Teleskop [tele'sko:p] <-s, -e> *nt* télescope *m*

Telespiel ['te:leʃpi:l] *nt* jeu *m* vidéo

Telex ['te:lɛks] <-, -e> *nt* télex *m*

Teller ['tɛlɐ] <-s, -> *m* assiette *f*

Tellerwäscher(in) *m(f)* plongeur(-euse) *m(f)*

Tempel ['tɛmpəl] <-s, -> *m* temple *m*

Temperament [tɛmp(ə)ra'mɛnt] <-[e]s, -e> *nt* tempérament *m*

temperamentvoll **I.** *Adj.* plein(e) de tempérament **II.** *Adv.* avec ferveur

Temperatur [tɛmpəra'tu:ɐ̯] <-, -en> *f* a. MED température *f*

Tempo ['tɛmpo] <-s, -s> *nt* ① vitesse *f* ② MUS tempo *m*

Tempolimit *nt* limitation *f* de vitesse

Tendenz [tɛn'dɛnts] <-, -en> *f* tendance *f*

tendenziell [tɛndɛn'tsi̯ɛl] *Adj.* **eine ~e Verbesserung** une tendance à l'amélioration

tendenziös *Adj. pej* tendancieux(-euse)

tendieren* [tɛn'di:rən] *intr. V.* **zu etw ~** avoir tendance à qc; **dazu ~ etw zu tun** être enclin à faire qc

Tennis ['tɛnɪs] <-> *nt* tennis *m*

Tennisball *m* balle *f* de tennis **Tennisplatz** *m* court *m* de tennis **Tennisschläger** *m* raquette *f* de tennis

Tenor[1] ['te:nɔr] <-s> *m* fond *m*

Tenor[2] [te'no:ɐ̯] <-s, Tenöre> *m* MUS ténor *m*

Teppich ['tɛpɪç] <-s, -e> *m* tapis *m*

Teppichboden *m* moquette *f* **Teppichklopfer** <-s, -> *m* tapette *f* [à tapis]

Termin [tɛr'mi:n] <-s, -e> *m* ① (*Uhrzeit*) rendez-vous *m;* **sich** (*Dat*) **einen ~ geben lassen** prendre rendez-vous ② (*Datum*) date *f*

Terminal[1] ['tœ:minəl] <-s, -s> *nt* INFORM terminal *m*

Terminal[2] <-s, -s> *nt o m* AVIAT, NAUT terminal *m*

termingerecht *Adj., Adv.* dans les délais **Terminkalender** *m* agenda *m*

Terminologie [tɛrminolo'gi:] <-, -n> *f* terminologie *f*

Terminplan *m* planning *m*

Terpentin [tɛrpɛn'ti:n] <-s, -e> *nt o A m* térébenthine *f*

Terrakotta [tɛra'kɔta] <-, -kotten> *f* terre *f* cuite

Terrasse [tɛ'rasə] <-, -n> *f* terrasse *f*

territorial [tɛritori'a:l] *Adj.* territorial(e)

Territorium [tɛri'to:riʊm] <-s, -rien> *nt* territoire *m*

Terror ['tɛro:ɐ̯] <-s> *m* terrorisme *m*

Terroranschlag *m* attentat *m* terroriste

terrorisieren* [tɛrori'zi:rən] *tr. V.* terroriser

Terrorismus [tɛro'rɪsmʊs] <-> *m* terrorisme *m*

Terrorist(in) [tɛro'rɪst] <-en, -en> *m(f)* terroriste *mf*

terroristisch *Adj.* terroriste

Terrornetzwerk *nt* réseau *m* terrorriste

Terz [tɛrts] <-, -en> *f* tierce *f*

Tesafilm® ['te:zafɪlm] *m* scotch® *m*

Test [tɛst] <-[e]s, -s> *m* test *m*

Testament [tɛsta'mɛnt] <-[e]s, -e> *nt* ① testament *m* ② REL **das Alte/Neue ~** l'Ancien/le Nouveau Testament

testamentarisch [tɛstamɛn'ta:rɪʃ] **I.** *Adj.* testamentaire **II.** *Adv.* par testament

testen ['tɛstən] *tr. V.* tester

Tetanus ['tɛtanʊs] <-> *m* tétanos *m*

teuer ['tɔyɐ] **I.** *Adj.* cher(chère) **II.** *Adv.* cher ▸ **jdn ~ zu stehen kommen** coûter cher à qn

Teufel ['tɔyfəl] <-s, -> *m* ① *kein Pl.* diable *m* ② (*böser Mensch*) démon *m* ▸ **weiß der ~, ...!** *fam* ..., Dieu seul le sait !

Teufelskreis *m* cercle *m* vicieux

teuflisch ['tɔyflɪʃ] *Adj.* diabolique

Text [tɛkst] <-[e]s, -e> *m* texte *m*

Textdatei *f* INFORM fichier-texte *m*

texten ['tɛkstən] *tr. V.* (*Schlager*) composer; (*Slogan*) écrire

T

Textilien [tɛks'tiːliən] *Pl* [matières *fpl*] textiles *mpl*
Textilindustrie *f* industrie *f* textile
Textmarker *m* surligneur *m* **Textverarbeitungsprogramm** *nt* [programme *m* de] traitement *m* de texte
Thailand ['tailant] *nt* la Thaïlande
Thailänder(in) ['tailɛndɐ] <-s, -> *m(f)* Thaïlandais(e) *m(f)*
thailändisch **I.** *Adj.* thaïlandais(e) **II.** *Adv.* ~ **miteinander sprechen** discuter en thaïlandais
Thailändisch <-[s]> *nt kein Art.* thaïlandais *m*; *s.a.* **Deutsch**
Theater [te'aːtɐ] <-s, -> *nt* théâtre *m*; ~ **spielen** faire du théâtre
Theateraufführung *f* représentation *f* théâtrale

La **Theaterlandschaft** allemande (le monde du théâtre) se compose de plus de 250 théâtres publics ou privés répartis dans 120 villes d'Allemagne, grandes et moyennes. Parmi les théâtres les plus éminents, citons le *Thalia* et le très traditionnel *Schauspielhaus* à Hambourg, le *Berliner Ensemble* et le *Deutsches Theater* à Berlin, le *Schauspiel* à Francfort, les *Münchner Kammerspiele* à Munich et le *Staatstheater Stuttgart*. Le *Mannheimer Nationaltheater*, dont la fondation date de 1779, est le théâtre municipal le plus ancien du monde.

Theaterstück *nt* pièce *f* de théâtre
theatralisch [tea'traːlɪʃ] *Adj.* théâtral(e)
Theke ['teːkə] <-, -n> *f* bar *m*; (*Ladentisch*) comptoir *m*
Thema ['teːma] <-s, Themen> *nt* sujet *m* ▸**für jdn kein ~ sein** être hors de question pour qn
Themse ['tɛmzə] <-> *f* **die** ~ la Tamise
Theologe [teo'loːgə] <-n, -n> *m*, **Theologin** *f* théologien(ne) *m(f)*
Theologie [teolo'giː] <-, -n> *f* théologie *f*
theoretisch [teo'reːtɪʃ] *Adj.* théorique
Theorie [teo'riː] <-, -n> *f* théorie *f*
Therapeut(in) [tera'pɔyt] <-en, -en> *m(f)* thérapeute *mf*
Therapie [tera'piː] <-, -n> *f* thérapie *f*
Thermalbad [tɛr'maːlbaːt] *nt* bain *m* thermal
Thermometer [tɛrmo'meːtɐ] <-s, -> *nt* thermomètre *m*
Thermosflasche® ['tɛrmɔsflaʃe] *f* [bouteille *f*] thermos® *f*
Thermostat [tɛrmo'staːt] <-es, -e[n]> *m* thermostat *m*
These ['teːzə] <-, -n> *f geh* thèse *f*
Thriller ['θrɪlɐ] <-s, -> *m* thriller *m*
Thrombose [trɔm'boːzə] <-, -n> *f* thrombose *f*
Thron [troːn] <-[e]s, -e> *m* trône *m*
thronen *intr. V.* trôner
Thronfolger(in) <-s, -> *m(f)* prétendant(e) *m(f)* au trône
ThunfischALT *s.* **Tunfisch**
Thüringen ['tyːrɪŋən] <-s> *nt* la Thuringe
Thymian ['tyːmiaːn] <-s, -e> *m* thym *m*
Tick [tɪk] <-[e]s, -s> *m fam* MED tic *m* nerveux
ticken ['tɪkən] *intr. V.* faire tic-tac
Ticket ['tɪkət] <-s, -s> *nt* billet *m*
tief [tiːf] **I.** *Adj.* ❶ profond(e); (*Schnee*) épais(se); **hundert Meter** ~ de cent mètres de profondeur ❷ (*Temperatur*) bas(se) ❸ (*Stimme*) grave ❹ (*Schlaf*) profond(e); (*Blau*) foncé(e) **II.** *Adv.* ❶ (*tauchen*) profondément; (*bohren*) en profondeur; ~ **fallen** tomber de haut ❷ (*hängen*) bas ❸ (*sitzen*) en profondeur ❹ (*empfinden, atmen*) profondément
Tief <-[e]s, -e> *nt* a. METEO dépression *f*
Tiefbau *m kein Pl.* travaux *mpl* publics [en sous-sol] **Tiefdruck** *m kein Pl.* ❶ METEO basses pressions *fpl* ❷ TYP impression *f* en creux, hélio[gravure] *f* **Tiefdruckgebiet** *nt* zone *f* de basse pression
Tiefe ['tiːfə] <-, -n> *f* profondeur *f*
Tiefenschärfe *f* FOTO profondeur *f* de champ
Tiefgang *m kein Pl.* ❶ NAUT tirant *m* d'eau ❷ *fig* profondeur *f* **Tiefgarage** [-garaːʒə] *f* parking *m* souterrain **tiefgekühlt** *Adj.* congelé(e) **tiefgründig** *Adj.* profond(e) **Tiefkühlkost** *f* [produits *mpl*] surgelés *mpl* **Tiefkühlschrank** *m* congélateur *m* [armoire] **Tiefkühltruhe** *f* congélateur *m* [bahut] **Tiefpunkt** *m* niveau *m* zéro **Tiefschlag** *m* SPORT coup *m* bas **tiefschwarz** *Adj.* noir(e) d'ébène **Tiefsee** *f* grands fonds *mpl*

T

Tiegel ['ti:gəl] <-s, -> *m* poêlon *m*
Tier [ti:ɐ̯] <-[e]s, -e> *nt* animal *m*, bête *f*
Tierarzt *m*, **-ärztin** *f* vétérinaire *mf*
Tierhaltung *f* entretien *m* d'animaux **Tierheim** *nt* refuge *m* [pour animaux]
tierisch **I.** *Adj.* ❶ animal(e) ❷ *fam* (*sehr*) terrible **II.** *Adv. fam* comme une bête; (*wehtun*) vachement
Tierkreiszeichen *nt* signe *m* du zodiaque **tierlieb** *Adj.* ami(e) des animaux **Tierpark** *m* parc *m* zoologique **Tierquälerei** *f* cruauté *f* envers les animaux **Tierversuch** *m* expérience *f* sur des animaux **Tierzucht** *f kein Pl.* élevage *m*
Tiger(in) ['ti:gɐ] <-s, -> *m(f)* tigre(sse) *m(f)*
Tilde ['tɪldə] <-, -n> *f* tilde *m*
tilgen ['tɪlgən] *tr. V. geh* ❶ (*Kredit*) rembourser; (*Schuld*) éteindre ❷ (*Spuren*) éliminer
timen ['taimən] *tr. V.* **etw ~** prévoir le timing de qc
TimesharingRR ['taimʃɛ:rɪŋ] <-s> *nt* INFORM temps *m* partagé
Timing ['taimɪŋ] <-s> *nt* timing *m*
tingeln *intr. V.* + *sein fam* **durch die Kneipen ~** se produire dans les cafés
Tinktur [tɪŋk'tu:ɐ̯] <-, -en> *f* teinture *f*
Tinte ['tɪntə] <-, -n> *f* encre *f*
TintenfassRR *nt* encrier *m* **Tintenfisch** *m* seiche *f* **Tintenstrahldrucker** *m* imprimante *f* à jet d'encre
TippRR [tɪp] <-s, -s> *m fam* ❶ (*Hinweis*) tuyau *m* ❷ (*beim Wetten*) pronostic *m*
tippen ['tɪpən] **I.** *intr. V.* ❶ *fam* (*Schreibmaschine schreiben*) taper [à la machine] ❷ (*Lotto spielen*) jouer [au loto] ❸ *fam* (*vorhersagen*) **auf jdn/etw ~** parier sur qn/qc **II.** *tr. V. fam* ❶ (*Text*) taper ❷ (*wetten*) **die 15 ~** jouer le 15
Tippfehler *m* faute *f* de frappe
tipptopp ['tɪp'tɔp] *Adj. fam* impeccable
Tirol [ti'ro:l] <-s> *nt* le Tyrol
Tiroler(in) <-s, -> *m(f)* Tyrolien(ne) *m(f)*
Tisch [tɪʃ] <-[e]s, -e> *m* table *f*; **sich an den ~ setzen** se mettre à table
Tischbein *nt* pied *m* de table **Tischdecke** *f* nappe *f*
Tischler(in) ['tɪʃlɐ] <-s -> *m(f)* menuisier(-ière) *m(f)*
Tischlerei <-, -en> *f* menuiserie *f*
tischlern *tr. V. fam* menuiser
Tischplatte *f* dessus *m* de table **Tischrede** *f* discours *m* de banquet **Tischtennis** *nt* tennis *m* de table **Tischtennisplatte** *f* table *f* de ping-pong **Tischtennisschläger** *m* raquette *f* de ping-pong
Titel ['ti:təl] <-s, -> *m a.* SPORT titre *m*
Titelbild *nt* photo *f* de couverture **Titelblatt** *nt* (*eines Buches*) page *f* de titre **Titelrolle** *f* rôle-titre *m* **Titelseite** *f* couverture *f* **Titelverteidiger(in)** *m(f)* tenant(e) *m(f)* du titre
Titte ['tɪtə] <-, -n> *f vulg meist Pl.* nichon *m* (*fam*)
Toast [to:st] <-[e]s, -e> *m* ❶ pain *m* grillé ❷ (*Trinkspruch*) toast *m*
Toastbrot ['to:st-] *nt* (*Brot zum Toasten*) pain *m* de mie
toasten ['to:stn] *tr. V.* faire griller
Toaster ['to:stɐ] <-s, -> *m* grille-pain *m*
toben ['to:bən] *intr. V.* ❶ + *haben* (*wütend*) fulminer; (*begeistert*) être déchaîné ❷ + *haben* (*Kinder*) se défouler; (*Sturm*) faire rage
Tobsucht *f kein Pl.* rage *f* **tobsüchtig** *Adj.* furieux(-euse)
Tochter ['tɔxtɐ, *Pl:* 'tœçtɐ] <-, Töchter> *f* fille *f*
Tochtergesellschaft *f* filiale *f*
Tod [to:t] <-[e]s, -e> *m* mort *f* ▸ **sich zu ~e langweilen** s'ennuyer à mourir
todernst ['to:t'ʔɛrnst] **I.** *Adj.* [très] sérieux(-euse); (*Miene*) d'enterrement **II.** *Adv.* avec une extrême gravité
Todesangst *f* angoisse *f* de la mort **Todesfall** *m* décès *m* **Todeskampf** *m* agonie *f* **Todesopfer** *nt* mort *m* **Todesstrafe** *f* peine *f* de mort **Todesursache** *f* cause *f* de la mort **Todesurteil** *nt* condamnation *f* à mort
todkrank ['to:t'kraŋk] *Adj.* très gravement malade; (*sterbend*) moribond(e)
tödlich ['tø:tlɪç] **I.** *Adj.* mortel(le); (*Gefahr*) de mort **II.** *Adv.* ❶ **~ verunglücken** avoir un accident mortel ❷ *fam* (*beleidigen*) à mort
todmüde ['to:t'my:də] *Adj.* mort(e) de fatigue **todschick** *Adj. fam* très classe **todsicher** *Adj. fam* (*Angelegenheit*) totalement fiable **Todsünde** *f* péché *m* mortel
Tohuwabohu [to:huva'bo:hu] <-[s], -s> *nt* pagaille *f* (*fam*)
Toilette [toa'lɛtə] <-, -n> *f* toilettes *fpl*, W.-C. *mpl*

Toilettenpapier *nt* papier *m* hygiénique
Tokio ['to:kio] <-s> *nt* Tokyo
tolerant [tole'rant] *Adj.* tolérant(e)
Toleranz [tole'rants] <-> *f kein Pl.* tolérance *f*
tolerieren* [tole'ri:rən] *tr. V.* tolérer
toll [tɔl] **I.** *Adj. fam* extra; (*Idee*) super **II.** *Adv. fam* (*wild*) de façon débridée
tollen *intr. V.* ❶ + *haben* **im Kinderzimmer ~** faire le fou(la folle) dans la chambre ❷ + *sein* (*laufen*) **durch das Haus ~** courir comme un fou(une folle) dans la maison
tollkühn *Adj.* intrépide; (*Plan*) très audacieux(-euse) **Tollpatsch**[RR] <-es, -e> *m* empoté(e) *m(f)* **tollpatschig**[RR] *Adj.* empoté(e) (*fam*) **Tollwut** *f* rage *f* **tollwütig** *Adj.* enragé(e)
Tölpel ['tœlpəl] <-s, -> *m* empoté(e) *m(f)* (*fam*)
Tomate [to'ma:tə] <-, -n> *f* tomate *f*
Tomatenketchup, **Tomatenketschup**[RR] *m o nt* ketchup *m* **Tomatenmark** *nt* concentré *m* de tomates **Tomatensoße** *f* sauce *f* tomate
Tombola ['tɔmbola] <-, -s> *f* tombola *f*
Tomographie [tomogra'fi:] <-, -n> *f* tomographie *f*
Ton[1] <-[e]s, -e> *m* MINER argile *f*
Ton[2] [to:n, *Pl:* 'tø:nə] <-[e]s, Töne> *m* ❶ son *m* ❷ *fam* (*Wort*) **keinen ~ herausbringen** ne pas arriver à sortir un mot ▶**der gute ~** la bienséance
Tonart *f a. fig* ton *m* **Tonband** <-bänder> *nt* bande *f* magnétique **Tonbandgerät** *nt* magnétophone *m*
tönen ['tø:nən] **I.** *intr. V.* (*Stimme*) sonner **II.** *tr. V.* (*Haare*) teindre
Toner <-s, -> *m* (*eines Fotokopierers*) encre *f*; (*eines Laserdruckers*) toner *m*
tönern ['tø:nɐn] *Adj.* en terre [cuite]
Tonfall *m* ton *m* **Tonkopf** *m* tête *f* [de lecture] **Tonleiter** *f* gamme *f*
Tonne ['tɔnə] <-, -n> *f* ❶ fût *m*; (*Mülltonne*) poubelle *f* ❷ (*Maßeinheit*) tonne *f*
Tontechniker(in) *m(f)* ingénieur *mf* du son
Tönung <-, -en> *f* ❶ *kein Pl.* (*das Tönen*) teinture *f* ❷ (*Farbton*) teinte *f*
Tool [tu:l] <-s, -s> *nt* INFORM outil *m*
Top [tɔp] <-s, -s> *nt* COUT débardeur *m*
Topf [tɔpf, *Pl:* 'tœpfə] <-[e]s, Töpfe> *m* ❶ (*Kochtopf*) casserole *f* ❷ (*Blumen-, Nachttopf*) pot *m*

Töpfer(in) ['tœpfɐ] <-s, -> *m(f)* potier(-ière) *m(f)*
Töpferei [tœpfə'rai] <-, -en> *f* [atelier *m* de] poterie *f*
töpfern ['tœpfɐn] *intr. V.* faire de la poterie
Topflappen *m* manique *f* **Topfpflanze** *f* plante *f* en pot
Tor [to:ɐ̯] <-[e]s, -e> *nt* ❶ porte *f* ❷ SPORT buts *mpl*; **ein ~ schießen** marquer un but
Torf [tɔrf] <-[e]s, -e> *m* tourbe *f*
Torheit <-> *f geh kein Pl.* folie *f*
töricht ['tø:rɪçt] *Adj. geh* insensé(e)
torkeln ['tɔrkəln] *intr. V.* + *sein* tituber
Tornado [tɔr'na:do] <-s, -s> *m* tornade *f*
torpedieren* [tɔrpe'di:rən] *tr. V. a. fig* torpiller
Torpedo [tɔr'pe:do] <-s, -s> *m* torpille *f*
Torschütze *m*, **-schützin** *f* buteur *m*
Torso ['tɔrzo] <-s, -s *o* Torsi> *m* KUNST torse *m*
Torte ['tɔrtə] <-, -n> *f* (*Obsttorte*) tarte *f*; (*Cremetorte*) gâteau *m*
Tortenboden *m* fond *m* de tarte **Tortenheber** <-s, -> *m* pelle *f* à tarte
Tortur [tɔr'tu:ɐ̯] <-, -en> *f geh* torture *f*
Torwart ['to:ɐ̯vart] *m*, **-frau** *f* gardien(ne) *m(f)* [de but]
tosen ['to:zən] *intr. V.* + *haben* mugir; (*Sturm*) faire rage
tot [to:t] *Adj.* mort(e)
total [to'ta:l] **I.** *Adj.* complet(-ète) **II.** *Adv. fam* totalement
totalitär [totali'tɛ:ɐ̯] *Adj.* totalitaire
Totalschaden *m* destruction *f* totale
Tote(r) *f(m) dekl wie Adj* mort(e) *m(f)*; (*Unfallopfer*) tué(e) *m(f)*
töten ['tø:tən] *tr. V.* tuer
Totenkopf *m* crâne *m*; (*Symbol*) tête *f* de mort **Totensonntag** *m* Fête *f* des morts *(dans la liturgie protestante)* **totenstill** *Adj.* **es ist ~** il règne un silence de mort **Totenstille** *f* silence *m* de mort
tot|fahren *tr. V. unreg* écraser **Totgeburt** *f* enfant *m* mort-né **tot|lachen** *refl. V. fam* **zum Totlachen sein** être à mourir de rire
Toto ['to:to] <-s, -s> *nt o m* loto *m* sportif
Totschlag *m kein Pl.* homicide *m* involontaire **tot|schweigen** *tr. V. unreg* passer sous silence

T

Touchscreen ['tatʃskriːn] <-, -s> *f* INFORM écran *m* tactile

Toupet [tu'peː] <-s, -s> *nt* postiche *m*

Tour [tuːɐ̯] <-, -en> *f* ❶ (*Reise*) excursion *f* ❷ (*Fahrt*) tournée *f* ❸ *Pl* (*Umdrehung*) tour *m* ❹ *fam* (*Vorgehen*) magouille *f*

Tourismus [tu'rɪsmʊs] <-> *m* tourisme *m*

Tourist(in) [tu'rɪst] <-en, -en> *m(f)* touriste *mf*

Tournee [tʊr'neː] <-, -n *o* -s> *f* tournée *f*; **auf ~ gehen** partir en tournée

Tower ['tauɐ] <-s, -> *m* INFORM tour *f*

toxisch ['tɔksɪʃ] *Adj.* toxique

Trab [traːp] <-[e]s> *m* trot *m*

Trabant [tra'bant] <-en, -en> *m* satellite *m*

traben ['traːbən] *intr. V. + sein* trotter

Trabi <-s, -s> *m: surnom donné à la voiture de la marque "Trabant" fabriquée en R.D.A.*

Tracht [traxt] <-, -en> *f* costume *m* traditionnel

> **Tracht** est le nom du costume traditionnel ou de l'uniforme que l'on porte dans certaines régions ou dans des professions particulières.

trachten ['traxtən] *intr. V. geh* **nach etw ~** aspirer à qc

trächtig ['trɛçtɪç] *Adj.* plein(e)

Trackball ['trɛkbɔːl] <-s, -s> *m* INFORM trackball *m*

Tradition [tradi'tsi̯oːn] <-, -en> *f* tradition *f*

traditionell [traditsi̯o'nɛl] *Adj.* traditionnel(le)

traf [traːf] *Imp. von* **treffen**

Trafo ['traːfo] <-[s], -s> *m fam Abk. von* **Transformator** transfo *m*

Tragbahre *f* brancard *m*

tragbar *Adj.* ❶ portable ❷ (*akzeptabel*) acceptable

träge *Adj.* ❶ (*körperlich schwerfällig*) mou(molle) ❷ (*geistig schwerfällig*) indolent(e) ❸ PHYS, CHEM inerte

tragen ['traːgən] <trägt, trug, getragen> **I.** *tr. V.* ❶ porter; **bei sich ~** porter sur soi; **das Haar offen ~** ne pas attacher ses cheveux ❷ (*Früchte*) donner ❸ (*Folgen*) subir; (*Schicksal*) supporter **II.** *intr. V.* ❶ (*Baum*) donner ❷ (*trächtig sein*) être en gestation ❸ (*begehbar sein*) tenir ▸ **zum Tragen kommen** entrer en vigueur **III.** *refl. V.* ❶ **sich angenehm ~** se porter agréablement ❷ *geh* **sich mit dem Gedanken ~, auszuwandern** caresser l'idée d'émigrer ❸ (*finanziell*) **sich ~** s'autofinancer

Träger ['trɛgɐ] <-s, -> *m* ❶ [autorité *f*] responsable *m* ❷ *meist Pl.* COUT bretelles *fpl* ❸ TECH poutrelle *f*

Träger(in) <-s, -> *m(f)* ❶ (*Lastenträger*) porteur(-euse) *m(f)* ❷ (*eines Titels*) détenteur(-trice) *m(f)*

Tragetasche *f* sac *m*

tragfähig *Adj.* ❶ résistant(e) ❷ *fig geh* acceptable **Tragfläche** *f* surface *f* portante

Trägheit <-, -en> *f* ❶ indolence *f*; (*Schwerfälligkeit*) paresse *f* ❷ PHYS inertie *f*

Tragik ['traːgɪk] <-> *f* tragique *m*

tragisch *Adj.* tragique

Traglast *f form* chargement *m*

Tragödie [tra'gøːdi̯ə] <-, -n> *f* tragédie *f*

trägt [trɛːkt] *3. Pers. Sg. Präs. von* **tragen**

Tragweite *f* portée *f*

Trainer ['trɛːnɐ] <-s, -> *m* CH survêtement *m*

Trainer(in) <-s, -> *m(f)* entraîneur(-euse) *m(f)*

trainieren* [trɛ'niːrən] **I.** *tr. V.* ❶ (*Sportler*) entraîner ❷ (*Sportart*) s'entraîner à **II.** *intr. V.* s'entraîner

Training ['trɛːnɪŋ] <-s, -s> *nt* entraînement *m*

Trainingsanzug *m* survêtement *m*

traktieren* [trak'tiːrən] *tr. V. fam* malmener

Traktor ['traktoːɐ̯] <-s, -toren> *m* tracteur *m*

trällern ['trɛlɐn] *tr., intr. V.* fredonner

Tram [tram] <-s, -s> *nt* tram *m*

Trampel ['trampəl] <-s, -> *m o nt fam* lourdaud(e) *m(f)*

trampeln ['trampəln] *intr. V. + haben o sein* piétiner

Trampelpfad *m* piste *f* battue **Trampeltier** *nt* chameau *m* [à deux bosses]

trampen ['trɛmpən] *intr. V. + sein fam* faire du stop

Tramper(in) ['trɛmpɐ] <-s, -> *m(f) fam* auto-stoppeur(-euse) *m(f)*

T

Trampolin ['trampoli:n] <-s, -e> *nt* trampoline *m*
Tramway ['tramvai] <-, -s> *f* A tramway *m*
Trance ['trãs(ə)] <-, -n> *f* transe *f*
tranchieren* [trã'ʃi:rən] *tr. V.* découper
Träne ['trɛ:nə] <-, -n> *f* larme *f*
tränen *intr. V.* larmoyer
Tränengas *nt* gaz *m* lacrymogène
tranig *Adj.* ❶ (*Fett, Geschmack*) rance ❷ *fam* (*träge*) flemmard(e)
trank [traŋk] *Imp. von* **trinken**
Trank [traŋk, *Pl:* 'trɛŋkə] <-[e]s, Tränke> *m geh* breuvage *m*
Tränke ['trɛŋkə] <-, -n> *f* abreuvoir *m*
tränken *tr. V.* ❶ abreuver ❷ (*durchnässen*) **etw** ~ imbiber qc
Transaktion [trans?ak'tsi̯o:n] *f* transaction *f*
Transfer [trans'fɛ:ɐ̯] <-s, -s> *m* transfert *m*
transferieren* [transfe'ri:rən] *tr. V.* transférer
Transformator [transfɔr'ma:to:ɐ̯] <-s, -toren> *m* transformateur *m*
Transfusion [transfu'zi̯o:n] <-, -en> *f* transfusion *f*
Transistor [tran'zɪsto:ɐ̯] <-s, -toren> *m* transistor *m*
Transit [tran'zi:t] <-s, -s> *m* transit *m*
transitiv ['tranziti:f] *Adj.* transitif(-ive)
Transitverkehr *m* trafic *m* de transit
transparent [transpa'rɛnt] *Adj.* transparent(e)
Transparent <-[e]s, -e> *nt* banderole *f*
Transparenz [transpa'rɛnts] <-> *f geh* transparence *f*
transpirieren* [transpi'ri:rən] *intr. V. geh* transpirer
T
Transplantation [transplanta'tsi̯o:n] <-, -en> *f* transplantation *f*
transplantieren* [transplan'ti:rən] *tr. V.* transplanter
Transport [trans'pɔrt] <-[e]s, -e> *m* ❶ *kein Pl.* (*das Transportieren*) transport *m* ❷ (*Wagenladung*) convoi *m*
transportabel [transpɔr'ta:bəl] *Adj.* transportable
transportfähig *Adj.* transportable
transportieren [transpɔr'ti:rən] *tr. V.* transporter
Transportkosten *Pl* frais *mpl* de transport
transsexuell *Adj.* transsexuel(le)
Transvestit [transvɛs'ti:t] <-en, -en> *m* travesti *m*
Trapez [tra'pe:ts] <-es, -e> *nt a.* MATH trapèze *m*
Trasse ['trasə] <-, -n> *f* tracé *m*
trat [tra:t] *Imp. von* **treten**
Tratsch [tra:tʃ] <-[e]s> *m fam* ragot *m*
tratschen *intr. V. fam* cancaner
Traualtar *m* **eine Frau zum ~ führen** *geh* mener une femme à l'autel
Traube ['traubə] <-, -n> *f* ❶ (*einzelne Beere*) grain *m* ❷ *Pl* (*Weintrauben*) raisins *mpl* ❸ BOT grappe *f*
Traubensaft *m* jus *m* de raisin **Traubenzucker** *m* glucose *m*
trauen ['trauən] **I.** *intr. V.* **jdm** ~ faire confiance à qn; **einer S.** (*Dat*) ~ croire à qc **II.** *tr. V.* (*Paar*) marier **III.** *refl. V.* **sich ~ etw zu tun** oser faire qc
Trauer ['trauɐ] <-> *f* tristesse *f*; ~ **tragen** porter le deuil
Trauerfall *m* décès *m* **Trauerkleidung** *f* vêtements *mpl* de deuil **Trauermarsch** *m* marche *f* funèbre
trauern *intr. V.* **um jdn** ~ porter le deuil de qn
Trauerweide *f* saule *m* pleureur **Trauerzug** *m* cortège *m* funèbre
träufeln ['trɔyfəln] *tr. V.* **etw in/auf etw** (*Akk*) ~ instiller des gouttes de qc dans qc
Traum [traum, *Pl:* 'trɔymə] <-[e]s, Träume> *m* rêve *m* ▶ **das wäre mir nicht im ~ eingefallen** cela ne me viendrait même pas à l'esprit
Trauma ['trauma] <-s, Traumen> *nt* traumatisme *m*
träumen ['trɔymən] *tr., intr. V. a. fig* rêver; **etwas Schönes** ~ faire de beaux rêves
Träumer(in) <-s, -> *m(f)* rêveur(-euse) *m(f)*, utopiste *mf*
träumerisch *Adj.* rêveur(-euse)
traurig ['traurɪç] *Adj.* ❶ (*Person*) affligé(e); (*Blick*) triste; **über jdn/etw ~ sein** avoir de la peine au sujet de qn/être attristé par qc ❷ (*Sache*) affligeant(e); [**es ist**] **~, dass** [il est] triste que + *subj*
Traurigkeit <-> *f* tristesse *f*
Trauring *m* alliance *f*
Trauung <-, -en> *f* mariage *m*
Trauzeuge *m*, **-zeugin** *f* témoin *m* [de mariage]

Trecker ['trɛkɐ] <-s, -> *m fam* tracteur *m*

Treff <-s, -s> *m fam* ❶ (*Treffen*) rencontre *f* ❷ (*Treffpunkt*) rendez-vous *m*

treffen ['trɛfən] <trifft, traf, getroffen> **I.** *tr. V. + haben* ❶ (*begegnen*) rencontrer ❷ (*vorfinden*) trouver ❸ (*Ziel*) atteindre; **getroffen!** touché ! ❹ (*innerlich berühren*) toucher ❺ (*Maßnahmen*) prendre; (*Vorbereitungen*) faire ▶ **es mit etw gut/schlecht getroffen haben** être bien/mal tombé avec qc **II.** *intr. V. + haben* **das Ziel ~** (*Person*) atteindre son objectif; (*Schuss*) toucher sa cible **III.** *refl. V. + haben* ❶ **sich ~** (*Personen*) se rencontrer; **sich mit jdm ~** rencontrer qn ❷ (*sich fügen*) **das trifft sich [gut]** ça tombe bien

Treffen <-s, -> *nt* rencontre *f*

treffend *Adj.* pertinent(e)

Treffer <-s, -> *m* ❶ (*Schuss*) coup *m* réussi ❷ SPORT (*Tor*) but *m;* (*Boxhieb*) coup *m* de poing ❸ (*Erfolg*) coup *m* heureux

Treffpunkt *m* [lieu *m* de] rendez-vous *m*

Treibeis *nt* glaces *fpl* flottantes

treiben ['traibən] <trieb, getrieben> **I.** *tr. V. + haben* ❶ *a. fig* pousser; **jdn zur Eile ~** presser qn de se dépêcher ❷ (*antreiben: Maschine*) mouvoir ❸ (*betreiben*) **Handel ~** faire du commerce ▶ **es mit jdm ~** *fam* baiser avec qn **II.** *intr. V.* ❶ *+ sein* **auf dem Wasser ~** dériver dans l'eau ❷ *+ haben* BOT bourgeonner ❸ *+ haben* (*harntreibend wirken*) être diurétique ▶ **sich ~ lassen** se laisser porter par les événements

Treiben <-s> *nt* agitation *f*

Treiber <-s, -> *m* INFORM pilote *m*

Treibgas *nt* gaz *m* propulseur **Treibhaus** *nt* serre *f* **Treibhauseffekt** *m kein Pl.* effet *m* de serre **Treibjagd** *f* battue *f* **Treibstoff** *m* carburant *m*

Trekking [trɛkɪŋ] <-s, -s> *nt* trekking *m*

Trend [trɛnt] <-s, -s> *m* tendance *f*

trennen ['trɛnən] **I.** *tr. V.* ❶ séparer ❷ COUT découdre ❸ (*Wort*) couper **II.** *refl. V.* **sich ~** se séparer **III.** *intr. V.* (*unterscheiden*) faire la différence

Trennung <-, -en> *f* ❶ séparation *f* ❷ (*Unterscheidung*) distinction *f*

Trennungsstrich *m* LING trait *m* d'union

Trennwand *f* cloison *f*

treppauf *Adv.* **~, treppab gehen** monter et descendre les escaliers

Treppe ['trɛpə] <-, -n> *f* escalier *m*

Treppenabsatz *m* palier *m* **Treppenhaus** *nt* cage *f* d'escalier **Treppenstufe** *f* marche *f* [d'escalier]

Tresen ['tre:zən] <-s, -> *m* (*Theke*) bar *m;* (*Ladentisch*) comptoir *m*

Tresor [tre'zo:ɐ̯] <-s, -e> *m* coffre-fort *m*

Tretboot *nt* pédalo *m*

treten ['tre:tən] <tritt, trat, getreten> **I.** *tr. V. + haben* ❶ donner un coup de pied à ❷ (*Pedal*) appuyer sur **II.** *intr. V.* ❶ *+ haben* (*Person*) donner des coups de pieds ❷ *+ sein* (*gehen*) **in/auf etw** (*Akk*) **~** (*Person*) marcher dans/sur qc ❸ *+ haben o sein* (*betätigen*) **auf etw** (*Akk*) **~** appuyer sur qc ❹ *+ sein* **aus etw ~** (*Sache*) sortir de qc

treu [trɔy] *Adj.* fidèle

Treue <-> *f* fidélité *f*

treuherzig *Adj.* (*Blick*) candide

treulos *Adj.* infidèle

Triangel ['tri:aŋəl] <-s, -> *m o* A *nt* triangle *m*

Triathlon ['tri:atlɔn] <-s, -s> *nt* triathlon *m*

Tribüne [tri'by:nə] <-, -n> *f* tribune *f*

Tribut [tri'bu:t] <-[e]s, -e> *m* tribut *m pas de pl.*

Trichter ['trɪçtɐ] <-s, -> *m* ❶ entonnoir *m* ❷ (*Bombentrichter*) cratère *m*

Trick [trɪk] <-s, -s> *m* truc *m*

Trickfilm *m* dessin *m* animé

trieb [tri:p] *Imp. von* **treiben**

Trieb [tri:p] <-[e]s, -e> *m* ❶ impulsion *f* ❷ BOT pousse *f*

Triebtäter(in) *m(f)* maniaque *mf* [sexuel(le)] **Triebwerk** *nt* réacteur *m*

triefen ['tri:fən] <triefte, getrieft> *intr. V.* ❶ *+ haben* (*nass sein*) dégouliner ❷ *+ sein* (*rinnen*) **aus/von etw ~** ruisseler de qc

Trier [tri:ɐ] <-s> *nt* Trèves

trifft [trɪft] *3. Pers. Sg. Präs. von* **treffen**

triftig ['trɪftɪç] *Adj.* pertinent(e); (*Argument*) solide

Trikolore [triko'lo:rə] <-, -n> *f* drapeau *m* tricolore

Trikot [tri'ko:] <-s, -s> *nt* maillot *m*

trillern ['trɪlɐn] *intr. V.* faire des trilles

Trillerpfeife *f* sifflet *m* à roulette

Trilogie [trilo'gi:] <-, -n> *f* trilogie *f*

Trimester <-s, -> *nt* trimestre *m*

Trimm-dich-Pfad ['trɪmdɪçpfa:t] *m* parcours *m* de santé

trinkbar *Adj.* (*Wasser*) potable
trinken ['trɪŋkən] <trank, getrunken> *tr., intr. V.* boire; **auf jdn ~** boire à la santé de qn
Trinker(in) <-s, -> *m(f)* ivrogne *mf*
trinkfest *Adj.* **~ sein** bien tenir l'alcool
Trinkgeld *nt* pourboire *m* **Trinkspruch** *m* toast *m;* **einen ~ auf jdm/etw halten** porter un toast à qn/qc
Trinkwasser *nt* eau *f* potable
Trio ['tri:o] <-s, -s> *nt* trio *m*
trippeln ['trɪpəln] *intr. V.* trottiner
Tripper ['trɪpɐ] <-s, -> *m* MED blennorragie *f*
trist [trɪst] *Adj. geh* sinistre
tritt [trɪt] *3. Pers. Sg. Präs. von* **treten**
Tritt [trɪt] <-[e]s, -e> *m* ❶ coup *m* de pied ❷ (*Laufrhythmus*) **aus dem ~ kommen** perdre le rythme
Trittbrett *nt* marchepied *m*
Triumph [tri'ʊmf] <-[e]s, -e> *m* triomphe *m*
Triumphbogen *m* arc *m* de triomphe
triumphieren* [triʊm'fi:rən] *intr. V. geh* **über jdn/etw ~** triompher de qn/qc
triumphierend *Adj.* triomphant(e)
trivial [tri'vi̯a:l] *Adj.* banal(e)
trocken ['trɔkən] *Adj.* sec(sèche); (*Sekt*) brut(e)
Trockenhaube *f* casque *m*
Trockenheit <-, -en> *f* aridité *f;* (*einer Jahreszeit*) sécheresse *f*
trocken|legen *tr. V.* ❶ (*Baby*) changer ❷ (*Sumpf*) assécher **Trockenmilch** *f* lait *m* en poudre **Trockenzeit** *f* saison *f* sèche
trocknen ['trɔknən] **I.** *intr. V. + sein* sécher **II.** *tr. V. + haben* ❶ sécher; **sich** (*Dat*) **die Haare ~** se sécher les cheveux ❷ (*dörren*) dessécher
Trockner <-s, -> *m* sèche-linge *m*
Trödel ['trø:dəl] <-s> *m fam* bric-à-brac *m*
Trödelmarkt *m* foire *f* à la brocante
trödeln ['trø:dəln] *intr. V. + haben* traîner (*fam*)
Trödler(in) <-s, -> *m(f)* brocanteur (-euse) *m(f)*
troff [trɔf] *Imp. von* **triefen**
trog [tro:k] *Imp. von* **trügen**
Trog [tro:k, *Pl:* 'trø:gə] <-[e]s, Tröge> *m* auge *f;* (*Backtrog*) pétrin *m*
Trommel ['trɔməl] <-, -n> *f* tambour *m;* (*eines Revolvers*) barillet *m*
Trommelfell *nt* tympan *m*
trommeln **I.** *intr. V.* ❶ jouer du tambour ❷ (*klopfen: Person*) tambouriner; (*Regen*) frapper **II.** *tr. V.* (*Marsch*) tambouriner; (*Takt*) battre
Trompete [trɔm'pe:tə] <-, -n> *f* ❶ MUS trompette *f* ❷ *fam* (*Joint*) bédo *m*
trompeten* *intr. V.* jouer de la trompette
Trompeter(in) <-s, -> *m(f)* trompettiste *mf*
Tropen ['tro:pən] *Pl* **die ~** les tropiques *mpl*
Tropenholz *nt* bois *m* exotique **Tropenwald** *m* forêt *f* tropicale
Tropf [trɔpf] <-[e]s, -e> *m* goutte-à-goutte *m*
tröpfeln ['trœpfəln] **I.** *intr. V. + haben* goutter **II.** *intr. V. unpers.* **es tröpfelt** il tombe des gouttes **III.** *tr. V.* **etw auf/in etw** (*Akk*) **~** verser des gouttes de qc sur/dans qc
tropfen ['trɔpfən] *intr. V.* goutter
Tropfen <-s, -> *m* goutte *f;* **ein edler ~** *fig* une bonne bouteille (*fam*)
Trophäe [tro'fɛ:ə] <-, -n> *f* trophée *m*
tropisch *Adj.* tropical(e)
Trost [tro:st] <-[e]s> *m* consolation *f* ▶ **nicht ganz bei ~ sein** *fam* dérailler
trösten ['trø:stən] *refl., tr. V.* [**sich**] **~** [se] consoler
tröstlich *Adj.* réconfortant(e)
trostlos *Adj.* (*Wetter*) démoralisant(e); (*Gegend*) sinistre **Trostpreis** *m* lot *m* de consolation
Trott [trɔt] <-s> *m* **der alte ~** le train-train
Trottel ['trɔtəl] <-s, -> *m fam* gourde *f*
trotz [trɔts] *Präp. + Gen.* malgré
Trotz [trɔts] <-es> *m* rébellion *f;* **aus ~** par bravade; **jdm/einer S. zum ~** en dépit de qn/qc
trotzdem *Adv.* tout de même
trotzen *intr. V.* **der Gefahr** (*Dat*) **~** braver le danger
trotzig **I.** *Adj.* rétif(-ive) **II.** *Adv.* avec entêtement
trübe *Adj.* ❶ (*Flüssigkeit*) trouble; (*Fensterscheibe*) terne ❷ (*Wetter*) maussade ❸ (*Stimmung*) sombre
Trubel ['tru:bəl] <-s> *m* tumulte *m*
trüben *refl., tr. V.* [**sich**] **~** [se] troubler
Trübsal ['try:pza:l] <-> *f geh* ▶ **~ blasen** *fam* broyer du noir

trübselig *Adj.* morose
trübsinnig *Adj.* sombre
trudeln ['tru:dəln] *intr. V. + haben o sein* (*Flugzeug*) tomber en vrille
Trüffel ['trʏfəl] <-, -n> *f* truffe *f*
trug [tru:k] *Imp. von* **tragen**
trügen ['try:gən] <trog, getrogen> **I.** *tr. V.* tromper **II.** *intr. V.* être trompeur
trügerisch *Adj.* illusoire
Trugschluss[RR] *m* jugement *m* fallacieux
Truhe ['tru:ə] <-, -n> *f* coffre *m*
Trümmer ['trʏmɐ] *Pl* ruines *fpl*
Trumpf [trʊmpf, *Pl:* 'trʏmpfə] <-[e]s, Trümpfe> *m* atout *m*
Trunkenbold ['trʊŋkənbɔlt] <-[e]s, -e> *m pej fam* buveur *m*
Trunkenheit <-> *f* ivresse *f*
Trunksucht *f geh kein Pl.* alcoolisme *m* [chronique]
Truppe ['trʊpə] <-, -n> *f* ① *kein Pl.* MIL unité *f* ② THEAT troupe *f*
Truppenabzug *m* retrait *m* des troupes
Truthahn ['tru:tha:n] *m* dindon *m*
Truthenne *f* dinde *f*
Tscheche ['tʃɛçə] <-n, -n> *m*, **Tschechin** *f* Tchèque *mf*
Tschechien ['tʃɛçiən] <-s> *nt* la République tchèque
tschechisch **I.** *Adj.* tchèque **II.** *Adv.* ~ **miteinander sprechen** discuter en tchèque
Tschechisch <-[s]> *nt kein Art.* tchèque *m; s.a.* **Deutsch**
Tschechoslowakei <-> *f* HIST **die ~** la Tchécoslovaquie
tschüs [tʃy:s], **tschüss**[RR] [tʃʏs] *Interj. fam* salut
T-Shirt ['ti:ʃœ:t] <-s, -s> *nt* t[ee]-shirt *m*
TU [te:'ʔu:] <-, -s> *f Abk. von* **Technische Universität** ≈ I.U.T. *m*
Tuba ['tu:ba] <-, Tuben> *f* tuba *m*
Tube ['tu:bə] <-, -n> *f* tube *m*
Tuberkulose [tubɛrku'lo:zə] <-, -n> *f* tuberculose *f*
Tuch[1] [tu:x] <-[e]s, Tücher> *nt* ① COUT foulard *m* ② (*Putztuch*) chiffon *m*
Tuch[2] <-[e]s, -e> *nt* (*Stoff*) tissu *m*
tüchtig ['tʏçtɪç] **I.** *Adj.* capable *antéposé* (*Schüler*) bon(ne) **II.** *Adv.* ① (*helfen*) beaucoup ② *fam* (*viel*) pas mal
Tüchtigkeit <-> *f* compétence *f*
Tücke ['tʏkə] <-> *f kein Pl.* perfidie *f*
tückisch *Adj.* perfide; (*Kurve*) traître
tüfteln ['tʏftəln] *intr. V. fam* bricoler
Tugend ['tu:gənt] <-, -en> *f* vertu *f*
tugendhaft *Adj.* vertueux(-euse)
Tülle ['tʏlə] <-, -n> *f* (*einer Kanne*) bec *m* verseur
Tulpe ['tʊlpə] <-, -n> *f* tulipe *f*
tummeln ['tʊməln] *refl. V.* **sich ~** s'ébattre
Tumor ['tu:mo:ɐ̯] <-s, Tumoren> *m* tumeur *f*
Tümpel ['tʏmpəl] <-s, -> *m* mare *f*
Tumult [tu'mʊlt] <-[e]s, -e> *m meist Pl.* émeute *f*
tun [tu:n] <tut, tat, getan> **I.** *tr. V.* ① (*machen*) faire; **etw wieder** [*o* **erneut**] ~ refaire qc ② *fam* (*legen, stellen*) **irgendwohin ~** mettre quelque part ③ (*antun*) **jdm etwas ~** faire quelque chose à qn ④ *fam* (*ausreichen*) **damit ist es nicht getan** cela ne suffit pas ▶ **es mit jdm zu ~ kriegen** *fam* aller avoir affaire à qn **II.** *refl. V.* **es tut sich etwas** il se passe quelque chose **III.** *intr. V.* **zu ~ haben** avoir à faire ▶ **tu doch nicht so!** *fam* ne fais pas semblant !
Tünche ['tʏnçə] <-, -n> *f* badigeon *m*
tünchen *tr. V.* badigeonner
tunen ['tju:nən] *tr. V.* (*Motor*) trafiquer (*fam*)
Tuner ['tju:nɐ] <-s, -> *m* tuner *m*
Tunesien [tu'ne:ziən] <-s> *nt* la Tunisie
Tunesier(in) [tu'ne:ziɐ] <-s, -> *m(f)* Tunisien(ne) *m(f)*
tunesisch *Adj.* tunisien(ne)
Tunfisch[RR] ['tu:nfɪʃ] *m* thon *m*
Tunke ['tʊŋkə] <-, -n> *f* sauce *f* [froide]
tunken *tr. V.* tremper
tunlichst ['tu:nlɪçst] *Adv.* si possible
Tunnel ['tʊnəl] <-s, -> *m* tunnel *m*
Tunte ['tʊntə] <-, -n> *f fam* folle *f*
tupfen ['tʊpfən] *tr. V.* **sich** (*Dat*) **etw von der Stirn ~** s'essuyer qc sur le front
Tupfen <-s, -> *m* pois *m*
Tupfer <-s, -> *m* MED compresse *f*
Tür [ty:ɐ̯] <-, -en> *f* ① porte *f* ② (*Fahrzeugtür*) portière *f* ▶ **mit der ~ ins Haus fallen** *fam* annoncer tout de but en blanc
Turban ['tʊrba:n] <-s, -e> *m* turban *m*
Turbine [tʊr'bi:nə] <-, -n> *f* turbine *f*
turbulent [tʊrbu'lɛnt] *Adj.* agité(e)

Turbulenz [tʊrbu'lɛnts] <-, -en> *f* METEO, PHYS turbulence *f*

Türke ['tʏrkə] <-n, -n> *m,* **Türkin** *f* Turc(Turque) *m(f)*

Türkei [tʏr'kai] <-> *f* **die ~** la Turquie

türkis [tʏr'kiːs] *Adj.* turquoise *inv.*

türkisch ['tʏrkɪʃ] **I.** *Adj.* turc(turque) **II.** *Adv.* **~ miteinander sprechen** discuter en turc

Türkisch <-[s]> *nt kein Art.* turc *m; s.a.* **Deutsch**

Türklinke *f* poignée *f* de porte

Turm [tʊrm, *Pl:* 'tʏrmə] <-[e]s, Türme> *m* ❶ a. SPIEL tour *f* ❷ *(Glockenturm)* clocher *m* ❸ *(Sprungturm)* [grand] plongeoir *m*

türmen ['tʏrmən] **I.** *tr. V. + haben* empiler **II.** *refl. V. + haben* **sich ~** s'entasser **III.** *intr. V. + sein fam* se casser

Turmuhr *f* horloge *f*

turnen ['tʊrnən] *intr. V.* faire de la gymnastique

Turnen <-s> *nt* gymnastique *f; (Sportunterricht)* E.P.S. *f*

Turner(in) <-s, -> *m(f)* gymnaste *mf*

Turnhalle *f* gymnase *m*

Turnier [tʊr'niːɐ̯] <-s, -e> *nt* tournoi *m*

Turnschuh *m* chaussure *f* de sport

Turnus ['tʊrnʊs] <-, -se> *m* roulement *m*

Türrahmen *m* chambranle *m* **Türschild** *nt* plaque *f* **Türschloss**[RR] *nt* serrure *f* **Türspalt** *m* entrebâillement *m*

turteln ['tʊrtəln] *intr. V.* roucouler

Turteltaube *f* tourterelle *f*

Tusch [tʊʃ] <-es, -e> *m* fanfare *f*

Tusche ['tʊʃə] <-, -n> *f* encre *f* de Chine

tuscheln ['tʊʃəln] *intr. V.* murmurer

Tussi ['tʊsi] <-, -s> *f fam* nana *f*

tut *3. Pers. Sg. Präs. von* **tun**

T

Tüte ['tyːtə] <-, -n> *f* ❶ sac *m; (klein)* sachet *m* ❷ *fam (Joint)* bédo *m* ▸ **[das] kommt nicht in die ~!** *fam* pas question !

tuten ['tuːtən] *intr. V.* corner

Tutor ['tuːtoːɐ̯] <-s, Tutoren> *m,* **Tutorin** *f* ❶ UNIV moniteur(-trice) *m(f)* ❷ SCHULE tuteur(-trice) *m(f)*

TÜV [tʏf] <-, -[s]> *m Abk. von* **Technischer Überwachungs-Verein** *(garage)* centre *m* de contrôle technique

> Le **TÜV** est l'équivalent du contrôle technique en France et concerne les voitures de tourisme, les camions, les mobylettes ou autres véhicules motorisés. Chaque véhicule immatriculé pour circuler sur la voie publique doit d'abord subir une *TÜV-Untersuchung* (contrôle technique). Si aucune défaillance n'a été relevée, la *TÜV-Plakette* (plaquette de contrôle technique), valable deux ans, est fixée à la plaque d'immatriculation arrière du véhicule.

TV-Serie [teː'fauzeːriə] *f* feuilleton *m* télévisé

twittern ['tvɪtɐn] *intr. V.* INET tweeter, poster un tweet/des tweets

Typ [tyːp] <-s, -en> *m* ❶ individu *m;* **ein bestimmter ~ von Männern/Frauen** un certain type d'hommes/de femmes ❷ *fam (Kerl)* mec *m*

Typhus ['tyːfʊs] <-> *m* typhus *m*

typisch ['tyːpɪʃ] **I.** *Adj.* typique **II.** *Adv.* typiquement

Typografie[RR] [typogra'fiː] <-, -n> *f* typographie *f*

Typographie *s.* **Typografie**

Typus ['tyːpʊs] <-, Typen> *m* type *m*

Tyrann(in) [ty'ran] <-en, -en> *m(f)* tyran *m*

Tyrannei [tyra'nai] <-, -en> *f* tyrannie *f*

tyrannisch *Adj.* tyrannique

tyrannisieren* [tyrani'ziːrən] *tr. V.* tyranniser

Uu

U, u [uː] <-, -> *nt* U *m*/u *m*
u. *Abk. von* **und**
u.a. *Abk. von* **unter anderem/anderen**
U-Bahn ['uːbaːn] *f* métro *m* **U-Bahnhof** *m* station *f* de métro
übel ['yːbəl] **I.** *Adj.* ① (*Geruch*) mauvais(e); (*Gefühl*) pénible ② (*schlimm*) sale *antéposé*; **jdm etw ~ nehmen** en vouloir à qn de qc; **jdm ~ nehmen, dass er gelogen hat** en vouloir à qn d'avoir menti ③ (*verkommen*) mal famé(e) ④ (*schlecht*) **jdm ist/wird ~** qn a mal au cœur **II.** *Adv.* ① mal ② (*unangenehm*) **~ riechen/schmecken** sentir/être mauvais
Übel <-s, -> *nt* mal *m*
Übelkeit <-, -en> *f* nausée *f*
Übeltäter(in) *m(f)* malfaiteur(-trice) *m(f)*
üben ['yːbən] **I.** *tr. V.* ① s'exercer à ② (*Lied*) travailler **II.** *refl. V. fig* **sich in Geduld ~** s'armer de patience **III.** *intr. V.* **mit jdm ~** (*für die Schule*) travailler avec qn; (*trainieren*) s'entraîner avec qn
über ['yːbɐ] **I.** *Präp. + Dat.* ① **~ dem Sofa** au-dessus du canapé ② (*zusätzlich zu*) **~ dem Hemd einen Pulli tragen** porter un pull par-dessus la chemise **II.** *Präp. + Akk.* ① **ein Poster ~ das Sofa hängen** accrocher un poster au-dessus du canapé ② (*auf, entlang*) **den Mantel ~ den Stuhl legen** poser le manteau sur la chaise; **sie strich ihm ~ die Wange** elle lui caressa la joue ③ (*quer hinüber*) **~ die Straße gehen** traverser la rue; **~ den Zaun schauen** regarder par-dessus la clôture; **der Blick ~ das Tal** la vue sur la vallée ④ (*betreffend*) **~ jdn/etw sprechen** parler de qn/discuter de qc; **ein Buch ~ Schiller** un livre sur Schiller ⑤ (*in Höhe von*) **ein Scheck ~ hundert Euro** un chèque de cent euros ⑥ (*durch, mittels*) **~ jdn erfahren, dass ...** apprendre par qn que ...; **~ Satellit** par satellite; **etw ~ den Rundfunk bekannt geben** annoncer qc à la radio ⑦ (*via*) **~ Dijon nach Lyon fahren** aller à Lyon en passant par Dijon ⑧ (*zur Angabe der Dauer*) **den ganzen Tag ~** toute la journée; **~ Ostern verreisen** partir pour Pâques **III.** *Adv.* ① (*mehr als*) plus de; **bei ~ 40° C** au-dessus de 40 °C ② (*älter als*) de plus de
überall [yːbɐ'ʔal] *Adv.* ① partout ② (*immer*) **~ mitreden** avoir toujours quelque chose à dire
Überalterung <-> *f* sur-vieillissement *m*
Überangebot *nt* suroffre *f*
überanstrengen* [yːbɐ'ʔanʃtrɛŋən] **I.** *refl. V.* **sich ~** se surmener **II.** *tr. V.* **seine Augen durch etw ~** s'esquinter les yeux avec qc (*fam*)
Überanstrengung *f* surmenage *m*
überarbeiten* [yːbɐ'ʔarbaitən] **I.** *tr. V.* remanier **II.** *refl. V.* **sich ~** se surmener
überaus ['yːbɐʔaus] *Adv. geh* extrêmement
überbacken* *tr. V. unreg* **etw ~** faire gratiner qc
überbeanspruchen* <überzubeanspruchen> *tr. V.* (*Person*) épuiser; (*Kräfte*) présumer de; (*Bandscheiben, Gelenke*) surmener; (*Motor, Reifen*) malmener
überbelichten* <überzubelichten> *tr. V.* surexposer
Überbevölkerung *f kein Pl.* surpopulation *f*
überbezahlen* <überzubezahlen> *f* surpayer
überbieten* [yːbɐ'biːtən] *unreg* **I.** *tr. V.* ① SPORT améliorer ② (*übertreffen*) **nicht zu ~ sein** être inégalable **II.** *refl. V.* **sich [gegenseitig] an Mut ~** rivaliser de courage
Überblick *m* ① (*Sicht*) **~ über etw** (*Akk*) vue *f* d'ensemble de qc ② *fig* **ein kurzer ~ über etw** (*Akk*) un bref aperçu de qc ③ (*Übersicht*) **den ~ verlieren** ne plus savoir où on en est
überblicken* [yːbɐ'blɪkən] *tr. V.* ① **etw ~ können** pouvoir embrasser qc du regard ② (*Aktivitäten*) se faire une idée globale de
überbringen* [yːbɐ'brɪŋən] *tr. V. unreg* remettre; (*Nachricht*) transmettre
überbrücken* [yːbɐ'brʏkən] *tr. V.* ① pallier ② (*Differenzen*) concilier
überdachen* [yːbɐ'daxən] *tr. V.* couvrir

U

überdenken* [y:bɐˈdɛŋkən] *tr. V. unreg* reconsidérer

überdimensional [ˈy:bɐdimɛnzi̯ona:l] *Adj.* démesuré(e)

Überdosis *f* surdose *f;* (*bei Drogen*) overdose *f*

überdreht *Adj. fam* surexcité(e)

Überdruck <-drücke> *m* surpression *f*

ÜberdrussRR [ˈy:bɐdrʊs] <-es>, **Überdruß**ALT <-sses> *m* saturation *f*

überdrüssig [ˈy:bɐdrʏsɪç] *Adj.* **einer S.** (*Gen*) **~ sein** en avoir [plus qu']assez de qc

überdurchschnittlich **I.** *Adj.* supérieur(e) à la moyenne **II.** *Adv.* **~ gut sein** être meilleur que la moyenne

übereifrig *Adj.* trop zélé(e)

übereilt *Adj.* précipité(e)

übereinander *Adv.* **~ reden** (*zwei Personen*) parler l'un(e) sur l'autre; (*mehrere Personen*) parler les un(e)s sur les autres; **~ herziehen** *fam* se débiner

übereinander|legen *tr. V.* (*Bücher, Zeitschriften, Hemden*) empiler **übereinander|liegen** *intr. V. unreg* (*zwei Bücher, zwei Hemden*) être posé(e) l'un(e) sur l'autre; (*mehrere Bücher, mehrere Hemden*) être posé(e)s les un(e)s sur les autres **übereinander|schlagen** *tr. V. unreg* (*Beine*) croiser

Übereinkunft <-, -künfte> *f* accord *m*

überein|stimmen *intr. V.* ① convenir ② (*sich gleichen*) être conforme

übereinstimmend **I.** *Adj.* (*Aussage*) concordant(e); (*Ansicht*) unanime **II.** *Adv.* **~ erklären, dass ...** déclarer à l'unanimité que ...

Übereinstimmung *f* ① accord *m* ② (*Gleichheit*) unanimité *f*

überempfindlich **I.** *Adj.* MED hypersensible **II.** *Adv.* MED **~ auf etw** (*Akk*) **reagieren** avoir une réaction allergique à qc

überfahren* [y:bɐˈfa:rən] *tr. V. unreg* ① écraser ② (*Ampel*) brûler; (*Linie*) dépasser ③ *fam* (*übertölpeln*) embobiner

Überfahrt *f* traversée *f*

Überfall *m* **der ~ auf jdn/etw** l'agression *f* de qn/l'attaque *f* de qc

überfallen* [y:bɐˈfalən] *tr. V. unreg* ① (*Person*) agresser; (*Bank*) attaquer ② (*bestürmen*) **jdn mit etw ~** assaillir qn de qc

überfällig *Adj.* (*Schiff*) en retard; (*Zahlung*) en souffrance

überfliegen* [y:bɐˈfli:gən] *tr. V. unreg* ① (*Gebiet*) survoler ② (*Buch*) parcourir

ÜberflussRR *m kein Pl.* [sur]abondance *f* ▶**zu allem ~** pour couronner le tout

überflüssig *Adj.* **es ist ~, dass** il est superflu que + *subj*

überfluten* [y:bɐˈflu:tən] *tr. V.* (*Gebiet*) inonder

überfordern* [y:bɐˈfɔrdɐn] *tr. V.* **jdn ~** en demander trop à qn; **überfordert sein** être dépassé

Überforderung *f kein Pl.* (*körperlich*) surmenage *m;* (*geistig*) exigences *fpl* trop grandes

überführen* [y:bɐˈfy:rən] *tr. V.* ① JUR **jdn ~** convaincre qn ② (*Patienten*) transférer; (*Fahrzeug*) convoyer

Überführung *f* passage *m* supérieur

überfüllt [y:bɐˈfʏlt] *Adj.* surchargé(e); (*Gebäude*) bondé(e)

Übergabe *f* remise *f*

Übergang <-gänge> *m* ① passage *m* ② (*Überweg*) passage *m* clouté

übergeben* [y:bɐˈge:bən] *unreg* **I.** *tr. V.* ① (*überreichen*) remettre ② MIL livrer **II.** *refl. V.* **sich ~** vomir

über|gehen¹ [ˈy:bɐge:ən] *intr. V. unreg* + *sein* ① (*überwechseln*) **zu etw ~** passer à qc ② (*übertragen werden*) **in jds Besitz** (*Akk*) **~** devenir propriété de qn

übergehen*² [y:bɐˈge:ən] *tr. V. unreg* ① **jdn ~** oublier qn ② (*Einwand*) passer outre ③ (*Abschnitt*) sauter

übergeschnappt [ˈy:bɐgəʃnapt] *Adj. fam* maboul(e)

Übergewicht *nt kein Pl.* excès *m* de poids

überglücklich *Adj.* comblé(e) de bonheur

Übergriff *m* acte *m* de violence

überhand|nehmenRR [y:bɐˈhant-] *intr. V.* prendre des proportions démesurées

überhäufen* [y:bɐˈhɔyfən] *tr. V.* ① **jdn mit etw ~** accabler qn de qc ② (*bedecken*) **etw mit etw ~** couvrir qc de qc

überhaupt [y:bɐˈhaupt] *Adv.* ① (*eigentlich*) **was fällt dir ~ ein?** qu'est-ce qui te prend ? ② (*abgesehen davon, zudem*) vraiment ③ *verstärkend* (*ganz und gar*) **~ nicht** [pas] du tout

überheblich *Adj.* arrogant(e)

überhöht [y:bɐˈhø:t] *Adj.* excessif(-ive)

überholen* [y:bɐˈho:lən] **I.** *tr. V.* ① (*vorbeifahren*) doubler ② (*instand setzen*) réviser **II.** *intr. V.* doubler

U

Überholspur *f* voie *f* de gauche
überholt *Adj.* (*Ansichten, Moral*) dépassé(e)
Überholverbot *nt* interdiction *f* de dépasser
überhören* [yːbɐˈhøːrən] *tr. V.* ❶ ne pas entendre ❷ (*nicht hören wollen*) ignorer
überirdisch *Adj.* surnaturel(le)
über|kochen *intr. V. + sein* déborder
überkommen* [yːbɐˈkɔmən] *unregtr. V.* s'emparer de; **jdn ~** (*Gefühl*) s'emparer de qn
überladen* [yːbɐˈlaːdən] *tr. V. unreg* surcharger
Überlänge *f* **ein Film mit ~** un film très long
überlassen* [yːbɐˈlasən] *tr. V. unreg* **jdm etw ~** laisser qc à qn
überlasten* [yːbɐˈlastən] *tr. V.* ❶ surcharger; (*Organ*) trop solliciter ❷ (*Telefonnetz*) encombrer
Überlastung <-, -en> *f* ❶ (*überlasteter Zustand: einer Person*) exténuation *f*; **nervliche ~** stress *m* ❷ ELEC, TELEC (*des Stromnetzes*) surcharge *f*
überlaufen*¹ [ˈyːbɐlaufən] *tr. V. unreg* SPORT passer
über|laufen² [yːbɐˈlaufən] *intr. V. unreg + sein* ❶ (*Flüssigkeit*) déborder ❷ (*Soldat*) passer à l'ennemi
Überläufer(in) *m(f)* transfuge *m*
überleben* [yːbɐˈleːbən] **I.** *tr., intr. V.* survivre **II.** *refl. V.* **sich ~** passer
Überlebende(r) *f(m) dekl wie Adj* survivant(e) *m(f)*
überlegen*¹ [yːbɐˈleːgən] **I.** *intr. V.* réfléchir **II.** *tr. V.* [**sich** (*Dat*)] **etw ~** réfléchir à qc; [**sich** (*Dat*)] **~, ob ...** réfléchir si ...
über|legen² [ˈyːbɐleːgən] *tr. V.* **jdm etw ~** couvrir qn avec qc
überlegen³ *Adj.* **jdm ~ sein** être supérieur à qn
Überlegenheit <-> *f* ❶ (*überlegener Status*) supériorité *f*; **~ gegenüber jdm** supériorité par rapport à qn ❷ (*Herablassung*) condescendance *f*
Überlegung <-, -en> *f Pl* (*Erwägungen*) réflexions *fpl*
überliefern* [yːbɐˈliːfɐn] *tr. V.* **jdm etw ~** transmettre qc à qn
Überlieferung *f* ❶ *kein Pl.* transmission *f* ❷ (*Brauchtum*) tradition *f*
überlisten* [yːbɐˈlɪstən] *tr. V.* (*Person*) berner; (*System*) déjouer
überm [ˈyːbɐm] = **über dem** *s.* **über**
Übermacht *f kein Pl.* supériorité *f*
übermäßig **I.** *Adj.* extrême **II.** *Adv.* ❶ (*sich anstrengen*) trop ❷ (*trinken*) sans modération
Übermensch *m* surhomme *m*
übermenschlich *Adj.* surhumain(e)
übermitteln* [yːbɐˈmɪtəln] *tr. V.* transmettre; **jdm etw ~** transmettre qc à qn
übermorgen *Adv.* après-demain; **~ früh/Abend** après-demain matin/soir
übermüdet [yːbɐˈmyːdət] *Adj.* épuisé(e)
Übermut *m* (*Leichtsinn*) exubérance *f*; **aus ~** par malice ▶ **~ tut selten gut** *prov* ≈ prudence est mère de sûreté
übermütig [ˈyːbɐmyːtɪç] **I.** *Adj.* ❶ exubérant(e) ❷ (*aufgeregt*) turbulent(e) **II.** *Adv.* **sich ~ aufführen** être turbulent
übern [ˈyːbɐn] = **über den** *s.* **über**
übernachten* [yːbɐˈnaxtən] *intr. V.* **im Hotel/bei Freunden ~** passer la nuit à l'hôtel/chez des amis
Übernachtung <-, -en> *f* **~ mit Frühstück** nuit[ée] *f* avec petit-déjeuner
Übernahme [ˈyːbɐnaːmə] <-, -n> *f* ❶ (*der Verantwortung*) prise *f* en charge ❷ (*einer Firma*) reprise *f*
übernatürlich *Adj.* surnaturel(le)
übernehmen* [yːbɐˈneːmən] *unreg* **I.** *tr. V.* ❶ reprendre ❷ (*Verantwortung*) assumer; (*Kosten*) se charger de ❸ (*Auftrag*) accepter ❹ (*Mitarbeiter*) garder **II.** *refl. V.* **sich ~** vouloir trop en faire **III.** *intr. V.* prendre le relais
Überproduktion *f* surproduction *f*
überprüfen* [yːbɐˈpryːfən] *tr. V.* ❶ contrôler; (*Bewerber*) examiner ❷ (*Angabe*) vérifier l'exactitude de ❸ (*Motor*) réviser
Überprüfung *f kein Pl.* ❶ (*eines Bewerbers*) examen *m* ❷ (*einer Aussage*) vérification *f* ❸ (*eines Motors, Wagens*) révision *f* ❹ (*einer Haltung*) révision *f*
überqueren* [yːbɐˈkveːrən] *tr. V.* traverser
überragen* [yːbɐˈraːgən] *tr. V.* **jdn ~** dépasser qn; **etw um zwei Meter ~** dominer qc de deux mètres
überragend [yːbɐˈraːgənt] *Adj.* excellent(e)

U

überraschen* [yːbɐˈraʃən] *tr. V.* surprendre

überraschend **I.** *Adj.* inattendu(e) **II.** *Adv.* (*besuchen*) à l'improviste; (*sterben*) subitement

Überraschung <-, -en> *f* surprise *f*

Überreaktion *f* réaction *f* excessive

überreden* [yːbɐˈreːdən] *tr. V.* convaincre

überregional *Adj.* interrégional(e)

überreichen* [yːbɐˈraiçən] *tr. V.* remettre

Überrest *m meist Pl.* vestiges *mpl*

überrumpeln* [yːbɐˈrʊmpəln] *tr. V.* **den Gegner ~** prendre l'adversaire par surprise

übers [ˈyːbɐs] = **über das** *s.* **über**

Überschall *m* fréquence supersonique *f*

überschatten* [yːbɐˈʃatən] *tr. V.* jeter une ombre sur

überschätzen* [yːbɐˈʃɛtsən] *refl., tr. V.* [**sich**] ~ [se] surestimer

überschaubar [yːbɐˈʃaubaːɐ̯] *Adj.* dont on garde une bonne vue d'ensemble

Überschlag *m* SPORT roue *f*

überschlagen*[1] [yːbɐˈʃlaːgən] *unreg* **I.** *tr. V.* ❶ (*auslassen*) sauter ❷ (*berechnen*) **die Kosten ~** évaluer les coûts [approximativement] **II.** *refl. V.* **sich ~** ❶ (*Akrobat*) faire une culbute; (*Fahrzeug*) faire un tonneau ❷ (*Ereignisse*) se précipiter; (*Nachrichten*) affluer ❸ *fam* (*übereifrig sein*) faire du zèle ❹ (*Stimme*) devenir strident(e)

über|schlagen[2] [ˈyːbɐʃlaːgən] *unreg tr. V. + haben* (*Beine*) croiser

über|schnappen *intr. V. + sein fam* débloquer

überschneiden* [yːbɐˈʃnaidən] *refl. V. unreg* **sich ~** se chevaucher

überschreiben* [yːbɐˈʃraibən] *tr. V. unreg* ❶ INFORM (*Datei*) réécrire sur ❷ (*übertragen*) **seinen Besitz jdm ~** transférer ses biens à qn

überschreiten* [yːbɐˈʃraitən] *tr. V. unreg* ❶ (*Grenze*) franchir ❷ *fig* (*Fähigkeiten*) dépasser; (*Befugnisse*) outrepasser

Überschrift *f* titre *m*

Überschuss[RR] *m* excédent *m*; **ein ~ an Arbeitskräften** un sureffectif

überschütten* [yːbɐˈʃʏtən] *tr. V. fig* **mit Geschenken ~** couvrir de cadeaux; **mit Vorwürfen ~** accabler de reproches

überschwänglich[RR] [ˈyːbɐʃvɛŋlɪç] **I.** *Adj.* débordant(e) **II.** *Adv.* **sich ~ bedanken** se confondre en remerciements

überschwemmen* [yːbɐˈʃvɛmən] *tr. V.* a. COM inonder

Überschwemmung <-, -en> *f* inondation *f*

überschwenglich[ALT] *s.* **überschwänglich**

Übersee ▶ **in ~** outre-mer; **nach ~** outre-mer

überseeisch *Adj.* d'outre-mer

übersehen* [yːbɐˈzeːən] *tr. V. unreg* ❶ (*nicht sehen*) ne pas voir ❷ (*abschätzen*) **etw ~** mesurer l'ampleur de qc ❸ (*überblicken*) **etw ~** avoir une vue d'ensemble de qc

übersetzen*[1] [ˈyːbɐzɛtsən] **I.** *tr. V.* traduire **II.** *intr. V.* faire une traduction

über|setzen[2] [yːbɐˈzɛtsən] **I.** *tr. V. + haben* **jdn ~** [faire] passer qn sur l'autre rive **II.** *intr. V. + sein* **mit der Fähre ~** passer avec le ferry

Übersetzer(in) *m(f)* traducteur(-trice) *m(f)*

Übersetzung <-, -en> *f* ❶ traduction *f* ❷ (*eines Getriebes*) transmission *f*

Übersicht <-, -en> *f* ❶ *kein Pl.* (*Überblick*) vue *f* d'ensemble ❷ (*knappe Darstellung*) aperçu *m* [général]

übersichtlich *Adj.* ❶ (*Form*) clair(e) ❷ (*Platz*) dégagé(e)

Übersiedler(in) *m(f): immigré(e) [politique] de la RDA en RFA*

übersinnlich *Adj.* surnaturel(le)

überspielen* [yːbɐˈʃpiːlən] *tr. V.* ❶ MEDIA copier ❷ (*kaschieren*) dissimuler

überspringen*[1] [ˈyːbɐʃprɪŋən] *tr. V. unreg* ❶ franchir ❷ (*Lektion*) sauter

über|springen[2] [yːbɐˈʃprɪŋən] *intr. V. unreg + sein* **auf jdn/etw ~** gagner qn/qc

überstehen*[1] [yːbɐˈʃteːən] *tr. V. unreg* (*Belastung*) surmonter

über|stehen[2] [ˈyːbɐʃteːən] *intr. V. unreg + haben* (*Ladung*) dépasser

übersteigen* [yːbɐˈʃtaigən] *tr. V. unreg* ❶ (*klettern über*) passer par-dessus ❷ (*Fähigkeiten*) dépasser; (*Kräfte*) être au-dessus de

überstimmen* [yːbɐˈʃtɪmən] *tr. V.* **jdn ~** mettre qn en minorité

Überstunde *f* heure *f* supplémentaire

überstürzen* [yːbɐˈʃtʏrtsən] *refl., tr. V.* [**sich**] ~ [se] précipiter

U

überstürzt *Adj.* précipité(e)
überteuert *Adj.* (*Preis*) exorbitant(e)
übertönen* *tr. V.* **etw/jdn ~** couvrir qc/la voix de qn
Übertrag ['y:bɐtra:k, *Pl:* 'y:bɐtrɛ:gə] <-[e]s, Überträge> *m* report *m*
übertragbar [y:bɐ'tra:kba:ɐ̯] *Adj.* ❶ MED contagieux(-euse) ❷ (*Methode*) applicable ❸ (*Ausweis*) transmissible
übertragen*[1] [y:bɐ'tra:gən] *unreg* **I.** *tr. V.* ❶ RADIO, TV diffuser ❷ MED **etw auf jdn ~** transmettre qc à qn ❸ (*übernehmen*) **etw auf eine neue Seite ~** reporter qc sur une nouvelle page ❹ (*übergeben*) **jdm die Verantwortung ~** déléguer la responsabilité à qn ❺ JUR **jdm etw ~** transférer qc à qn ❻ (*Methode*) appliquer **II.** *refl. V.* ❶ MED **sich ~** être contagieux; **sich auf jdn ~** se transmettre à qn ❷ (*beeinflussen*) **sich auf jdn ~** (*Nervosität*) gagner qn
übertragen[2] **I.** *Adj.* (*Bedeutung*) figuré(e) **II.** *Adv.* au [sens] figuré
Übertragung <-, -en> *f* ❶ *kein Pl.* (*das Senden*) diffusion *f* ❷ (*Sendung*) retransmission *f* ❸ *kein Pl.* (*einer Krankheit*) transmission *f* ❹ *kein Pl.* (*von Befugnissen*) délégation *f* ❺ *kein Pl.* (*von Besitz*) transfert *m* ❻ *kein Pl.* (*einer Methode*) application *f*
übertreffen* [y:bɐ'trɛfən] *unreg* **I.** *tr. V.* ❶ (*besser sein*) **jdn ~** surpasser qn ❷ (*hinausgehen über*) **alle Erwartungen ~** dépasser toutes les attentes **II.** *refl. V.* **sich selbst ~** se surpasser
übertreiben* [y:bɐ'traibən] *tr., intr. V. unreg* exagérer
Übertreibung <-, -en> *f* exagération *f*
über|treten[1] ['y:bɐtre:tən] *intr. V. unreg + sein* ❶ REL se convertir ❷ SPORT mordre sur la ligne
übertreten*[2] [y:bɐ'tre:tən] *tr. V. unreg* (*Vorschrift*) enfreindre
übertrieben [y:bɐ'tri:bən] *Adj.* exagéré(e)
Übertritt *m* conversion *f*
überwachen* [y:bɐ'vaxən] *tr. V.* ❶ surveiller ❷ (*Ablauf*) superviser; (*Qualität*) contrôler
überwältigen* [y:bɐ'vɛltɪgən] *tr. V.* maîtriser
überwältigend [y:bɐ'vɛltɪgənt] *Adj.* ❶ grandiose; (*Gefühl*) renversant(e) ❷ (*Mehrheit*) écrasant(e)
überweisen* [y:bɐ'vaizən] *tr. V. unreg* ❶ **Geld ~** virer de l'argent ❷ MED **jdn zu einem Facharzt ~** adresser qn à un spécialiste
Überweisung <-, -en> *f* ❶ (*Geldüberweisung*) virement *m* ❷ (*eines Patienten*) transfert *m*
überwiegen* [y:bɐ'vi:gən] *unreg* **I.** *intr. V.* prédominer **II.** *tr. V.* **etw ~** (*Neugier*) l'emporter sur qc
überwiegend **I.** *Adj.* large *antéposé* **II.** *Adv.* plutôt
überwinden* [y:bɐ'vɪndən] *unreg* **I.** *tr. V.* ❶ (*Bedenken*) surmonter; (*Problem*) venir à bout de ❷ (*Gegner*) vaincre ❸ (*Mauer*) franchir **II.** *refl. V.* **sich ~** faire un effort sur soi-même
Überwindung <-> *f* (*Selbstüberwindung*) effort *m* sur soi-même
überwintern* [y:bɐ'vɪntɐn] *intr. V.* ❶ passer l'hiver ❷ (*Bär*) hiberner
Überzahl *f kein Pl.* **in der ~ sein** être supérieur en nombre
überzeugen* [y:bɐ'tsɔygən] **I.** *tr. V.* convaincre; **jdn davon ~, dass ...** persuader qn que ... **II.** *intr. V.* (*Person*) être convaincant **III.** *refl. V.* **sich von etw ~** s'assurer de qc
überzeugend *Adj.* convaincant(e)
überzeugt *Adj.* convaincu(e)
Überzeugung <-, -en> *f* conviction *f*
überziehen*[1] ['y:bɐtsi:ən] *unreg* **I.** *tr. V.* ❶ (*bedecken*) recouvrir ❷ (*belasten*) **das Konto um hundert Euro ~** mettre son compte à découvert de cent euros **II.** *intr. V.* (*Person*) dépasser son temps d'antenne
über|ziehen[2] [y:bɐ'tsi:ən] *refl., tr. V. unreg* **[sich] etw ~** [se] passer qc
Überzug *m* ❶ (*Schicht*) couche *f* ❷ (*Hülle*) housse *f*
üblich ['y:plɪç] *Adj.* usuel(le); **wie ~** comme d'habitude
U-Boot ['u:bo:t] *nt* sous-marin *m*
übrig ['y:brɪç] **I.** *Adj.* ❶ *attr* (*restlich*) **die ~en Teilnehmer** les autres participants; **die ~en Bücher** les livres restants ❷ (*übrig bleibend*) **~ sein** rester ▶ **im Übrigen** du reste **II.** *Adv.* **~ bleiben** rester
übrig|haben[RR] *tr. V. unreg* **für jdn etwas ~** avoir un faible pour qn; **für jdn nichts ~** n'avoir aucune sympathie pour qn; **für etw etwas ~** être attiré(e) par qc; **für etw nichts ~** ne pas être attiré(e) par qc

übrigens ['y:brɪgəns] *Adv.* ❶ (*nebenbei bemerkt*) au fait ❷ (*außerdem*) d'ailleurs

Übung ['y:bʊŋ] <-, -en> *f* exercice *m*

UEFA-Cup [u'ʔe:fakap] <-s, -s> *m*, **UEFA-Pokal** *m* coupe *f* de l'U.E.F.A.

Ufer ['u:fɐ] <-s, -> *nt* rive *f*; (*Meeresufer*) côte *f*; **am ~ stehen** être au bord de l'eau

Ufo <-[s], -s> *nt Abk. von* **unbekanntes Flugobjekt** OVNI *m*

Uganda [u'ganda] <-s> *nt* l'Ouganda *m*

U-Haft ['u:haft] *f fam* détention *f* préventive

Uhr [u:ɐ̯] <-, -en> *f* ❶ (*öffentliche Uhr*) horloge *f*; (*Armbanduhr*) montre *f*; (*Wanduhr*) pendule *f* ❷ (*bei Zeitangaben*) **um drei ~** à trois heures; **um zwölf ~ mittags** à midi; **es ist fünf ~ früh** il est cinq heures du matin; **um wie viel ~?** à quelle heure?; **wie viel ~ ist es?** quelle heure est-il? ▶ **rund um die ~** vingt-quatre heures sur vingt-quatre

Uhrmacher(in) *m(f)* horloger(-ère) *m(f)* **Uhrzeiger** *m* aiguille *f* [d'une horloge/montre] **Uhrzeit** *f* heure *f*

Uhu ['u:hu] <-s, -s> *m* grand duc *m*

Ukraine [ukra'i:nə] <-> *f* l'Ukraine *f*

Ukrainer(in) [ukra'i:nɐ] <-s, -> *m(f)* Ukrainien(ne) *m(f)*

ukrainisch [ukra'i:nɪʃ] **I.** *Adj.* ukrainien(ne) **II.** *Adv.* **~ miteinander sprechen** discuter en ukrainien

Ukrainisch [ukra'i:nɪʃ] <-[s]> *nt kein Art.* ukrainien *m*; *s.a.* **Deutsch**

UKW [u:ka:'ve:] <-> *Abk. von* **Ultrakurzwelle** FM *f*

ulkig *Adj. fam* marrant(e)

Ulme ['ʊlmə] <-, -n> *f* orme *m*

Ultimatum [ʊltɪ'ma:tʊm] <-s, -s> *nt* ultimatum *m*

Ultrabook ['ʊltrabʊ:k] <-s, -s> *nt* INFORM ultra-portable *m* **Ultrakurzwelle** [ʊltra'kʊrtsvɛlə] *f* modulation *f* de fréquence **Ultraschall** *m* ❶ PHYS ultrason *m* ❷ MED échographie *f* **Ultraschalluntersuchung** *f* [examen *m* par] échographie *f* **ultraviolett** *Adj.* ultraviolet(te)

um [ʊm] **I.** *Präp. + Akk.* ❶ (*örtlich*) **~ die Ecke** au coin de la rue; **~ den Park herum** autour du parc; **~ sich schlagen/treten** se débattre ❷ (*bei Zeitangaben*) **~ fünf Uhr/Mitternacht** à cinq heures/minuit ❸ (*ungefähr*) environ; **~ die fünfzig Euro kosten** coûter dans les cinquante euros ❹ (*hinsichtlich, wegen*) **~ deinetwillen** [par égard] pour toi; **~ der Freundschaft willen** par amitié ❺ (*zur Angabe des Ausmaßes*) **~ zehn Zentimeter größer sein** être plus long de dix centimètres **II.** *Konj.* **er kam, ~ zu siegen** il vint pour vaincre **III.** *Adv.* **~ sein** être passé

umarmen* [ʊm'ʔarmən] *tr. V.* **jdn ~** serrer qn dans ses bras

Umarmung <-, -en> *f* accolade *f*

Umbau <-[e]s> *m kein Pl.* (*eines Gebäudes*) transformations *fpl*; **sich im ~ befinden** être en travaux

um|bauen¹ ['ʊmbauən] **I.** *tr. V.* (*Gebäude*) transformer **II.** *intr. V.* faire des transformations

umbauen*² [ʊm'bauən] *tr. V.* entourer de constructions

um|benennen* *tr. V. unreg* rebaptiser

um|bilden *tr. V.* POL remanier

um|binden *tr. V. unreg* [**sich** (*Dat*)] **etw ~** [se] mettre qc

um|blättern *intr. V.* tourner la page

um|bringen *unreg* **I.** *tr. V.* tuer **II.** *refl. V.* **sich ~** se suicider

um|buchen *tr., intr. V.* modifier une réservation

um|denken *intr. V. unreg* réviser son opinion

umdrehen **I.** *tr. V. + haben* ❶ **jdn/etw ~** retourner qn/qc ❷ (*Schlüssel*) tourner **II.** *refl. V. + haben* **sich nach jdm/etw ~** se retourner en direction de qn/qc **III.** *intr. V. + haben o sein* faire demi-tour

umeinander [ʊmʔai'nandɐ] *Adv.* **sich ~ kümmern** s'occuper l'un(e) de l'autre

um|fahren¹ ['ʊmfa:rən] *tr. V. unreg fam* renverser

umfahren*² [ʊm'fa:rən] *tr. V. unreg* (*Hindernis*) contourner; (*Stau*) éviter

um|fallen *intr. V. unreg + sein* ❶ (*Figur*) se renverser; (*Baum*) se coucher ❷ (*zu Boden fallen*) **tot ~** tomber raide mort(e) (*fam*)

Umfang <-[e]s, Umfänge> *m* ❶ (*einer Kugel*) circonférence *f* ❷ (*eines Gebiets*) superficie *f*; (*eines Verlusts*) étendue *f*

umfangreich *Adj.* (*Werk*) riche et varié(e); (*Studien*) dans des domaines divers
umfassen* [ʊmˈfasən] *tr. V.* ❶ **jdn ~** prendre qn dans ses bras; **etw ~** prendre qc dans ses mains ❷ (*enthalten*) comprendre
umfassend **I.** *Adj.* ❶ (*Vollmachten*) étendu(e) ❷ (*alles enthaltend*) complet(-ète) **II.** *Adv.* **~ berichten** faire un rapport détaillé
Umfeld *nt* milieu *m*
um|formen *tr. V.* modifier
Umfrage *f* sondage *m*
um|füllen *tr. V.* transvaser
um|funktionieren* *tr. V.* transformer
Umgang *kein Pl. m* ❶ (*Kontakt*) **im ~ mit Kindern** avec les enfants ❷ (*Freunde*) fréquentations *fpl*
umgänglich *Adj.* conciliant(e)
Umgangssprache *f* (*im täglichen Umgang verwendet*) langage *m* courant; (*nachlässige Sprache*) langage familier
umgeben* [ʊmˈgeːbən] *refl., tr. V. unreg* [**sich**] ~ [s']entourer
Umgebung <-, -en> *f* environs *mpl*
um|gehen[1] [ʊmˈgeːən] *intr. V. unreg + sein* ❶ (*behandeln*) traiter ❷ (*Gerücht*) circuler
umgehen*[2] [ˈʊmgeːən] *tr. V. unreg* ❶ (*vermeiden*) esquiver; **etw ist nicht zu ~** qc ne peut pas être évité ❷ (*Embargo*) contourner
umgehend [ˈʊmgeːənt] **I.** *Adj.* immédiat(e) **II.** *Adv.* dans les plus brefs délais
Umgehungsstraße [ʊmˈgeːʊŋsʃtraːsə] *f* contournement *m*
umgekehrt **I.** *Adj.* inverse; **genau ~!** tout le contraire ! **II.** *Adv.* (*andersherum*) dans l'autre sens
um|graben *tr. V. unreg* bêcher
Umhang <-[e]s, Umhänge> *m* cape *f*
um|hängen *tr. V.* **sich** (*Dat*) **eine Jacke ~** se mettre une veste sur les épaules
Umhängetasche *f* sac *m* à bandoulière
um|hauen *tr. V. unreg fam* (*verblüffen*) souffler
umher [ʊmˈheːɐ̯] *Adv.* **weit ~** tout le pays à la ronde
umher|irren *intr. V. + sein* errer
umkämpft [ʊmˈkɛmpft] *Adj.* assiégé(e)
Umkehr <-> *f* retour *m*
umkehrbar *Adj.* réversible
um|kehren **I.** *intr. V. + sein* faire demi-tour **II.** *tr. V. + haben geh* (*Mandatsverteilung*) renverser
um|kippen **I.** *intr. V. + sein* ❶ (*Person*) tomber; (*Gegenstand*) se renverser ❷ *fam* (*bewusstlos werden*) tourner de l'œil ❸ *fam* (*die Meinung ändern*) retourner sa veste ❹ ÖKOL s'asphyxier **II.** *tr. V. + haben* renverser
umklammern* *tr. V.* se cramponner à
Umkleideraum *m* vestiaire *m*
um|kommen *intr. V. unreg + sein* **bei etw/in etw** (*Dat*) ~ mourir dans qc
Umkreis *m* **im ~ der Stadt** à la périphérie de la ville; **im ~ von zehn Kilometern** dans un rayon de dix kilomètres
umkreisen* *tr. V.* tourner autour de
um|krempeln *tr. V.* ❶ retrousser; [**sich** (*Dat*)] **die Ärmel ~** retrousser ses manches ❷ *fam* (*Person*) tourner la boule à; (*Firma, Leben*) chambouler
Umland *nt kein Pl.* périphérie *f*
Umlauf *m* ❶ circulaire *f* ❷ (*Zirkulation*) **im ~ sein** (*Münze*) être en circulation
Umlaufbahn *f* ASTRO orbite *f*
Umlaut *m* voyelle *f* infléchie
um|legen *tr. V.* ❶ **jdm einen Schal ~** mettre une écharpe à qn ❷ *fam* (*umbringen*) zigouiller ❸ (*Kabel*) changer de position
um|leiten *tr. V.* (*Verkehr*) dévier; (*Fluss*) détourner
Umleitung *f* déviation *f*
um|lernen *intr. V.* changer son comportement; (*einen anderen Beruf erlernen*) se reconvertir
umliegend *Adj.* alentour *inv.*
Umnachtung *f geh* **geistige ~** démence *f*
um|organisieren* *tr. V.* réorganiser
umranden* *tr. V.* entourer
um|räumen **I.** *intr. V.* changer les meubles de place **II.** *tr. V.* changer de place
um|rechnen *tr. V.* convertir
umreißen* [ˈʊmraisən] *tr. V. unreg* (*Situation*) esquisser
um|rennen *tr. V. unreg* renverser [en courant]
Umriss[RR] *m* (*einer Person*) silhouette *f*; (*eines Gegenstands*) contours *mpl*
um|rühren *tr., intr. V.* remuer
ums [ʊms] = **um das** *s.* **um**
Umsatz *m* chiffre *m* d'affaires
um|schalten **I.** *intr. V.* ❶ (*Ampel*) changer; **auf Grün ~** passer au vert ❷ (*den*

Fernsehsender wechseln) changer de chaîne **II.** *tr. V.* **ein Gerät auf Wechselstrom ~** brancher un appareil sur le courant alternatif

Umschlag *m* ① (*Briefumschlag*) enveloppe *f* ② (*eines Buchs*) jaquette *f* ③ MED compresse *f* ④ *kein Pl.* (*von Waren*) transbordement *m*

um|schlagen *unreg* **I.** *tr. V.* + *haben* ① (*Ärmel*) rabattre ② (*Güter*) transborder **II.** *intr. V.* + *sein* changer; (*Wind*) tourner

umschlingen* *tr. V. unreg* ① enlacer ② (*sich herumschlingen*) **einen Baum ~** (*Pflanze*) enlacer un arbre

umschlungen *Adj.* **sich ~ halten** se tenir enlacé(e)s

um|schreiben¹ ['ʊmʃraibən] *tr. V. unreg* ① (*Text*) ré[é]crire ② JUR **auf jdn ~** mettre au nom de qn

umschreiben*² [ʊm'ʃraibən] *tr. V. unreg* (*mit anderen Worten ausdrücken*) périphraser

um|schulen *tr. V.* ① (*beruflich*) **jdn ~** reconvertir qn; **sich ~ lassen** se reconvertir ② SCHULE **sein Kind ~** changer son enfant d'école

Umschulung *f* (*beruflich*) reconversion *f*

Umschweife ['ʊmʃvaifə] *Pl* circonlocutions *fpl*; **ohne ~ zur Sache kommen** ne pas y aller par quatre chemins

um|schwenken *intr. V.* + *sein* ① (*zur Seite schwenken*) changer de direction ② *pej* (*die Meinung ändern*) retourner sa veste

Umschwung *m* ① revirement *m* ② SPORT soleil *m* ③ CH (*Gelände*) terrain *m*

um|sehen *refl. V. unreg* ① (*sich informieren*) **sich ~** regarder ② (*suchen*) **sich nach jdm/etw ~** chercher qn/qc du regard

um|sein^ALT *s.* **um III.**

um|setzen **I.** *tr. V.* ① **jdn ~** faire changer de place à qn ② (*Erfahrungen*) appliquer; **etw in die Praxis ~** mettre qc en pratique **II.** *refl. V.* **sich ~** changer de place

umsichtig **I.** *Adj.* circonspect(e) **II.** *Adv.* avec circonspection

um|siedeln **I.** *tr. V.* + *haben* déplacer **II.** *intr. V.* + *sein* **nach Köln ~** aller s'installer à Cologne

umso^RR ['ʊmzo] *Konj.* **~ mehr/weniger** d'autant plus/moins; **~ besser** tant mieux

umsonst *Adv.* ① (*kostenlos*) gratuitement ② (*vergebens*) inutilement

Umstand <-[e]s, Umstände> *m* ① (*Tatsache*) fait *m;* (*Bedingung*) circonstance *f;* **unter allen Umständen** quoi qu'il arrive ② *Pl* (*Schwierigkeiten*) complications *fpl*; **jdm Umstände machen** causer des problèmes à qn

umständlich *Adj.* (*Person*) compliqué(e)

um|steigen *intr. V. unreg* + *sein* (*den Zug/Bus wechseln*) changer de train/bus; **in den Zug nach Frankfurt ~** prendre la correspondance pour Francfort

um|stellen ['ʊmʃtɛlən] **I.** *tr. V.* ① (*Möbelstück*) déplacer ② (*Schalter*) modifier le réglage de **II.** *intr. V.* **auf Gas ~** passer au gaz **III.** *refl. V.* **sich auf etw** (*Akk*) **~** s'adapter à qc

Umstellung *f* changement *m*

um|stimmen *tr. V.* **jdn ~** faire changer qn d'avis

um|stoßen *tr. V. unreg* ① faire tomber ② (*Entschluss*) revenir sur

umstritten [ʊm'ʃtrɪtən] *Adj.* controversé(e)

um|strukturieren* *tr. V.* restructurer

Umsturz *m* coup *m* d'état

um|stürzen **I.** *intr. V.* + *sein* se renverser **II.** *tr. V.* + *haben* ① (*Säule*) faire tomber ② *fig* (*Regime*) renverser

Umtausch *m* ① (*von Waren*) échange *m* ② FIN **~ von Euro in Dollar** change *m* d'euros en dollars

um|tauschen *tr. V.* ① échanger; **jdm etw ~** reprendre qc à qn ② FIN **Geld ~** changer de l'argent

um|topfen *tr. V.* (*Pflanze*) rempoter

Umtrunk *m* pot *m* (*fam*)

Umverpackung *f* [sur]emballage *m*

um|verteilen* *tr. V.* redistribuer

um|wandeln *tr. V.* transformer

Umwandlung *f* transformation *f*

Umweg *m* détour *m*

Umwelt *f kein Pl.* ① ÖKOL environnement *m* ② (*Mitmenschen*) entourage *m*

Umweltbelastung *f* pollution *f* **umweltbewusst**^RR *Adj., Adv.* écologique **umweltfreundlich** *Adj.* écologique **Umweltkriminalität** *f* délits *mpl* en matière d'environnement **Umweltpapier** *nt* papier *m* recyclé **Umweltpolitik** *f* politique *f* de l'environnement **Umweltschützer(in)** *m(f)* écologiste *mf* **Umweltverschmutzer(in)** <-s, -> *m(f)* pollueur(-euse) *m(f)*

um|werfen *tr. V. unreg* ❶ (*Glas*) renverser; (*Plan*) bouleverser ❷ *fam* (*verblüffen*) **jdn ~** renverser qn

umwerfend I. *Adj.* renversant(e) **II.** *Adv.* incroyablement

umwickeln* [ʊmˈvɪkəln] *tr. V.* **etw mit Papier ~** entourer qc de papier

um|ziehen *unreg* **I.** *intr. V. + sein* déménager **II.** *refl. V. + haben* **sich ~** se changer

umzingeln* [ʊmˈtsɪŋəln] *tr. V.* encercler

Umzug *m* ❶ déménagement *m* ❷ (*Festzug*) défilé *m*

UN [uːˈʔɛn] <-> *Pl Abk. von* **United Nations: die ~** les Nations *fpl* Unies

unabhängig *Adj.* indépendant(e)

Unabhängigkeit *f kein Pl.* indépendance *f*

unabsehbar [ʊnʔapˈzeːbaːɐ̯] *Adj.* imprévisible

unabsichtlich *Adj.* involontaire

unabwendbar *Adj.* inéluctable

Unachtsamkeit *f* inattention *f*

unanfechtbar [ʊnʔanˈfɛçtbaːɐ̯] *Adj.* incontestable

unangefochten *Adj.* incontesté(e)

unangemeldet I. *Adj.* (*Besucher*) qui n'a pas annoncé sa venue; (*Patient*) qui n'a pas pris rendez-vous **II.** *Adv.* **~ kommen** venir à l'improviste; (*ohne Terminabsprache kommen*) sans [prendre] rendez-vous

unangemessen *Adj.* inconvenant(e)

unangenehm I. *Adj.* désagréable; **das ist mir ~** ça m'est pénible **II.** *Adv.* (*riechen*) mauvais; **~ schmecken** avoir mauvais goût

unangreifbar *Adj.* inattaquable

Unannehmlichkeit *f meist Pl.* désagrément *m;* **~en bekommen/haben** s'attirer/connaître des ennuis

unansehnlich *Adj.* insignifiant(e)

unanständig *Adj.* indécent(e)

unantastbar *Adj.* intangible

unappetitlich *Adj.* dégoûtant(e)

Unart *f* mauvaise habitude *f*

unartig *Adj.* mal élevé(e)

unauffällig I. *Adj.* discret(-ète) **II.** *Adv.* discrètement

unauffindbar *Adj.* introuvable

unaufhaltsam [ʊnʔaufˈhaltzaːm] *Adj.* inexorable

unaufhörlich [ʊnʔaufˈhøːɐ̯lɪç] **I.** *Adj.* continuel(le) **II.** *Adv.* **es regnet ~** il n'arrête pas de pleuvoir

unaufmerksam *Adj.* ❶ (*Schüler*) inattentif(-ive); **~ werden** relâcher son attention ❷ (*Begleiter*) peu prévenant(e)

Unaufmerksamkeit *f kein Pl.* inattention *f*

unaufrichtig *Adj.* **~ sein** ne pas être franc

unausgeglichen *Adj.* ❶ pas très équilibré(e) ❷ ÖKON en déséquilibre

unaussprechlich [ʊnʔausˈʃprɛçlɪç] *Adj.* indicible

unausstehlich [ʊnʔausˈʃteːlɪç] *Adj.* insupportable

unausweichlich [ʊnʔausˈvaiçlɪç] *Adj.* inéluctable

unbändig [ˈʊnbɛndɪç] **I.** *Adj.* ❶ turbulent(e) ❷ (*Verlangen*) irrépressible **II.** *Adv.* (*lachen*) à gorge déployée; (*weinen*) à chaudes larmes

unbarmherzig *Adj.* impitoyable

unbeabsichtigt I. *Adj.* involontaire **II.** *Adv.* sans faire exprès

unbedenklich I. *Adj.* **~ sein** (*Aktion*) être sans risques **II.** *Adv.* en toute tranquillité

unbedeutend I. *Adj.* ❶ (*Ereignis*) insignifiant(e) ❷ (*Menge*) négligeable **II.** *Adv.* à peine

unbedingt I. *Adj. attr* absolu(e) **II.** *Adv.* **nicht ~** pas forcément; **~!** absolument !

unbefangen I. *Adj.* ❶ (*Zeuge*) impartial(e) ❷ (*Kind*) spontané(e) **II.** *Adv.* ❶ (*unvoreingenommen*) sans préjugés ❷ (*nicht gehemmt*) sans complexe

unbefriedigend I. *Adj.* insatisfaisant(e) **II.** *Adv.* de façon peu satisfaisante

unbefristet I. *Adj.* à durée indéterminée; (*Aufenthaltserlaubnis*) permanent(e) **II.** *Adv.* sans limitation de durée

unbegreiflich [ʊnbəˈgraiflɪç] *Adj.* incompréhensible

unbegrenzt *Adj.* ❶ (*Zeit, Dauer*) indéterminé(e) ❷ (*grenzenlos*) sans limites

unbegründet *Adj.* infondé(e)

Unbehagen *nt* gêne *f*

unbehaglich I. *Adj.* qui met mal à l'aise **II.** *Adv.* **sich ~ fühlen** se sentir mal à l'aise

unbeholfen [ˈʊnbəhɔlfən] **I.** *Adj.* gauche **II.** *Adv.* maladroitement

unbekannt *Adj.* inconnu(e); **~ verzogen** parti(e) sans laisser d'adresse

Unbekannte <-n, -n> *f* a. MATH inconnue *f*

unbekümmert ['ʊnbəkʏmɐt] **I.** *Adj.* insouciant(e) **II.** *Adv.* avec insouciance

unbelastet **I.** *Adj.* ❶ (*frei*) libre ❷ POL (*schuldlos*) correct(e) ❸ ÖKOL naturel(le) **II.** *Adv.* l'esprit libre

unbelehrbar ['ʊnbəle:ɐ̯ba:ɐ̯] *Adj.* incorrigible

unbeliebt *Adj.* peu apprécié(e)

unbemannt *Adj.* **~e Raumfahrt** navigation *f* spatiale inhabitée

unbemerkt **I.** *Adj.* inaperçu(e) **II.** *Adv.* sans être aperçu

unbenutzt **I.** *Adj.* inutilisé(e) **II.** *Adv.* sans l'avoir utilisé(e)

unbeobachtet *Adj.* **in einem ~en Moment** dans un moment d'inattention

unbequem *Adj.* inconfortable

unberechenbar [ʊnbə'rɛçənba:ɐ̯] *Adj.* imprévisible

unberücksichtigt *Adj.* **~ bleiben** ne pas être pris en compte

unberührt *Adj.* ❶ (*Natur*) sauvage ❷ (*Bett*) non défait(e) ❸ (*unbeeindruckt*) **~ bleiben** rester impassible

unbeschreiblich ['ʊnbəʃraiplɪç] **I.** *Adj.* indescriptible **II.** *Adv.* (*schnell*) infiniment; (*dumm*) extrêmement

unbeschrieben *Adj.* (*Blatt, Seite*) blanc (blanche)

unbesonnen **I.** *Adj.* irréfléchi(e) **II.** *Adv.* sans réfléchir

unbesorgt **I.** *Adj.* **~ sein** ne pas se faire de souci **II.** *Adv.* **etw ~ tun können** pouvoir sans crainte faire qc

unbeständig *Adj.* instable

unbestechlich [ʊnbə'ʃtɛçlɪç] *Adj.* incorruptible

unbestimmt *Adj.* ❶ vague; (*Gefühl*) confus(e) ❷ LING indéfini(e)

unbestritten [ʊnbə'ʃtrɪtən] **I.** *Adj.* incontesté(e); **es ist ~, dass er lügt** il ment, sans conteste **II.** *Adv.* sans conteste

unbeteiligt [ʊnbə'tailɪçt] *Adj.* ❶ **an einem Unfall ~ sein** ne pas être impliqué dans un accident ❷ (*desinteressiert*) peu intéressé(e)

unbewaffnet *Adj.* sans arme; **~ sein** ne pas être armé

unbeweglich [ʊnbə'veklɪç] *Adj.* ❶ immobile; (*Miene*) impassible ❷ (*Feiertag*) fixe

unbewegt *Adj.* ❶ immobile ❷ (*Miene*) impassible

unbewohnbar *Adj.* inhabitable

unbewohnt *Adj.* inoccupé(e); (*Planet*) inhabité(e)

unbewusst[RR] **I.** *Adj.* inconscient(e) **II.** *Adv.* inconsciemment

unbezahlbar [ʊnbə'tsa:lba:ɐ̯] *Adj.* ❶ exorbitant(e) ❷ *iron fam* (*Tipp*) précieux(-euse)

unbezahlt *Adj.* ❶ (*Rechnung*) impayé(e) ❷ (*Überstunde*) non payé(e)

unbezähmbar *Adj.* irrépressible

unbezwingbar *Adj.* ❶ (*Festung*) imprenable ❷ (*Verlangen*) irrésistible

unblutig **I.** *Adj.* sans effusion de sang **II.** *Adv.* **~ verlaufen** se dérouler sans effusion de sang

unbrauchbar *Adj.* inutilisable; **als Chef ~ sein** ne pas convenir comme chef

unbürokratisch **I.** *Adj.* qui ne passe pas par la bureaucratie **II.** *Adv.* sans passer par la bureaucratie

und [ʊnt] *Konj.* ❶ et; **du ~ ich** toi et moi ❷ (*als Ausdruck der Intensivierung*) **sie redet ~ redet** elle n'arrête pas de parler ❸ (*selbst wenn*) **~ sei es noch so spät** aussi tard soit-il; **~ wenn du noch so schreist** même si tu cries autant

Undank *m geh* ingratitude *f*

undankbar *Adj.* ingrat(e)

undefinierbar [ʊndefi'ni:ɐ̯ba:ɐ̯] *Adj.* indéfinissable

undenkbar [ʊn'dɛŋkba:ɐ̯] *Adj.* impensable

undeutlich **I.** *Adj.* ❶ (*Schrift*) illisible; (*Aussprache*) indistinct(e) ❷ (*Vorstellung*) vague **II.** *Adv.* ❶ (*erkennen*) indistinctement ❷ (*formulieren*) en termes vagues

undicht *Adj.* non étanche; (*Rohr, Ventil*) qui fuit

Unding *nt* **es ist ein ~, das zu tun** c'est une aberration de faire cela

undiszipliniert *Adj.* indiscipliné(e)

undurchlässig *Adj.* (*Stoff*) imperméable; (*Beton*) étanche

undurchschaubar *Adj.* (*Person*) difficile à cerner; (*Plan*) mystérieux(-euse)

undurchsichtig *Adj.* ❶ (*Fenster*) opaque ❷ (*Person*) louche

uneben *Adj.* inégal(e); (*Gelände*) accidenté(e)

Unebenheit <-, -en> *f* ❶ *kein Pl.* (*unebene Beschaffenheit*) inégalité *f* ❷ (*unebene Stelle*) aspérité *f*
unecht *Adj.* faux(fausse)
unehelich *Adj.* naturel(le)
unehrlich *Adj.* (*Person, Charakter*) pas franc(franche); (*Mitarbeiter, Absicht*) malhonnête
uneigennützig **I.** *Adj.* désintéressé(e) **II.** *Adv.* ~ **denken** avoir des pensées désintéressées
uneingeschränkt *Adj., Adv.* sans réserve
uneinig *Adj.* en désaccord
unempfindlich *Adj.* ❶ insensible ❷ (*Material*) résistant(e)
unendlich [ʊnˈʔɛntlɪç] **I.** *Adj.* infini(e) **II.** *Adv. fam* vachement; ~ **viele Leute** un monde pas possible
Unendlichkeit *f* ❶ *kein Pl.* (*das Unendlichsein*) infinité *f* ❷ *fam* (*sehr lange Zeit*) éternité *f*
unentbehrlich [ʊnʔɛntˈbeːɐ̯lɪç] *Adj.* indispensable
unentgeltlich *Adj.* (*Benutzung*) gratuit(e); (*Arbeit, Einsatz*) bénévole
unentschieden **I.** *Adj.* ❶ SPORT nul(le) ❷ (*unentschlossen*) indécis(e) **II.** *Adv.* SPORT ~ **spielen** faire match nul
Unentschieden <-s, -> *nt* match *m* nul
unentschlossen **I.** *Adj.* indécis(e) **II.** *Adv.* sans parvenir à se décider
unentschuldigt **I.** *Adj.* non excusé(e) **II.** *Adv.* sans excuse; (*in der Schule*) sans mot d'excuse
unerbittlich [ʊnʔɛɐ̯ˈbɪtlɪç] **I.** *Adj.* impitoyable **II.** *Adv.* impitoyablement
unerfahren *Adj.* inexpérimenté(e)
unerfreulich **I.** *Adj.* fâcheux(-euse) **II.** *Adv.* mal
unerhört [ˈʊnʔɛɐ̯høːɐ̯t] **I.** *Adj.* ❶ *pej* (*Benehmen*) inouï(e) ❷ (*Summe*) exorbitant(e) **II.** *Adv.* ❶ (*empörend*) **sich ~ aufführen** se comporter comme un malotru ❷ (*fleißig*) incroyablement
unerklärlich [ʊnʔɛɐ̯ˈklɛːɐ̯lɪç] *Adj.* inexplicable
unerlässlich[RR] [ʊnʔɛɐ̯ˈlɛslɪç], **unerläßlich**[ALT] *Adj.* indispensable
unermesslich[RR] *geh* **I.** *Adj.* (*Ausdehnung, Dimensionen*) incommensurable; (*Elend, Verwüstungen*) énorme **II.** *Adv.* (*reich*) immensément; ~ **wertvoll** d'une valeur inestimable
unermüdlich [ʊnʔɛɐ̯ˈmyːtlɪç] **I.** *Adj.* infatigable **II.** *Adv.* inlassablement
unerreichbar [ʊnʔɛɐ̯ˈraiçbaːɐ̯] *Adj.* ❶ inaccessible ❷ (*telefonisch nicht zu erreichen*) ~ **sein** ne pas être joignable
unersättlich *Adj.* insatiable
unerschöpflich *Adj.* inépuisable
unerschütterlich [ʊnʔɛɐ̯ˈʃʏtɐlɪç] **I.** *Adj.* inébranlable **II.** *Adv.* (*festhalten, glauben*) de façon inébranlable
unerschwinglich [ʊnʔɛɐ̯ˈʃvɪŋlɪç] *Adj.* inabordable
unersetzlich *Adj.* (*Mitarbeiter*) irremplaçable; (*Schaden*) irréparable
unerträglich [ʊnʔɛɐ̯ˈtrɛːklɪç] *Adj., Adv.* insupportable
unerwartet **I.** *Adj.* imprévu(e) **II.** *Adv.* (*besuchen*) inopinément
unerwünscht *Adj.* indésirable
UNESCO [uˈnɛsko] <-> *f Abk. von* **United Nations Educational, Scientific and Cultural Organization** Unesco *f*
unfähig *Adj.* incapable
Unfähigkeit *f kein Pl.* incapacité *f*
unfair *Adj.* **das ist ~!** *fam* ce n'est pas juste !
Unfall *m* accident *m;* **bei einem ~** dans un accident
Unfallflucht *f* délit *m* de fuite **Unfallgefahr** *f* risque *m* d'accident **Unfallopfer** *nt* accidenté(e) *m(f)* **Unfallversicherung** *f* assurance-accidents *f*
unfassbar[RR] *Adj.* ❶ (*Wunder*) inconcevable ❷ (*unvorstellbar*) inimaginable
unfehlbar **I.** *Adj.* (*Person*) infaillible **II.** *Adv.* immanquablement
unförmig [ˈʊnfœrmɪç] *Adj.* informe
unfreiwillig **I.** *Adj.* ❶ contre son/mon/... gré ❷ (*Witz*) involontaire **II.** *Adv.* contre son/mon/... gré
unfreundlich **I.** *Adj.* ❶ peu aimable; ~ **zu jdm sein** ne pas être aimable avec qn ❷ (*Klima*) désagréable **II.** *Adv.* **sich jdm gegenüber ~ benehmen** se montrer désagréable avec qn
unfruchtbar *Adj.* stérile
Unfug [ˈʊnfuːk] <-s> *m* bêtises *fpl*
Ungar(in) [ˈʊŋgar] <-n, -n> *m(f)* Hongrois(e) *m(f)*
ungarisch [ˈʊŋgarɪʃ] **I.** *Adj.* hongrois(e) **II.** *Adv.* ~ **miteinander sprechen** discuter en hongrois
Ungarisch <-[s]> *nt kein Art.* hongrois *m; s.a.* **Deutsch**

U

Ungarn ['ʊŋgarn] <-s> *nt* la Hongrie
ungastlich I. *Adj.* inhospitalier(-ère) II. *Adv.* de façon inhospitalière
ungeachtet [ʊngə'ʔaxtət] *Präp. + Gen. geh* ~ **dieser Tatsache** en dépit de ce fait; ~ **dessen, dass** bien que + *subj*
ungebeten I. *Adj.* indésirable II. *Adv.* ~ **kommen** venir à l'improviste
ungebildet *Adj.* inculte
ungebräuchlich *Adj.* inusité(e); (*Methode*) inhabituel(le)
ungebunden *Adj.* ① (*Buch*) non relié(e) ② (*ohne Verpflichtungen*) indépendant(e); ~ **sein** ne pas avoir d'attaches familiales
ungedeckt *Adj.* ① (*Tisch*) qui n'est pas mis(e) ② (*Scheck*) sans provision ③ (*Spieler*) qui n'est pas marqué(e)
Ungeduld *f* impatience *f*
ungeduldig I. *Adj.* impatient(e); ~ **werden** s'impatienter II. *Adv.* impatiemment
ungeeignet *Adj.* (*Bewerber*) incompétent(e); (*Mittel*) inadapté(e)
ungefähr [ʊngə'fɛːɐ̯] I. *Adv.* à peu près; ~ **um acht Uhr** aux environs de huit heures; ~ **ein Pfund Mehl** environ une livre de farine; **das könnte ~ stimmen** c'est à peu près ça II. *Adj.* approximatif(-ive)
ungefährlich *Adj.* pas dangereux(-euse); (*Erkrankung*) bénin(-igne)
ungeheuer [ʊngə'hɔyɐ] I. *Adj.* énorme; (*Schätze*) immense II. *Adv.* extrêmement
Ungeheuer <-s, -> *nt* monstre *m*
ungehobelt *Adj.* ① (*Brett*) non raboté(e) ② *pej* (*unhöflich*) mal dégrossi(e)
ungehörig *Adj.* inconvenant(e)
ungehorsam *Adj.* désobéissant(e); **jdm gegenüber ~ sein** désobéir à qn
ungeklärt I. *Adj.* ① non élucidé(e) ② (*Abwässer*) non épuré(e) II. *Adv.* (*ungereinigt*) sans épuration
ungekürzt I. *Adj.* intégral(e) II. *Adv.* intégralement
ungelegen I. *Adj.* gênant(e); (*Zeitpunkt*) mal choisi(e) II. *Adv.* **jdm ~ kommen** déranger qn
ungelernt *Adj.* non qualifié(e)
ungelöst *Adj.* (*Problem*) non résolu(e); (*Fall*) non éclairci(e); (*Frage*) sans réponse
ungemein [ʊngə'main] I. *Adj.* considérable II. *Adv.* énormément
ungemütlich I. *Adj.* inconfortable II. *Adv.* (*eingerichtet*) sans confort
ungenau I. *Adj.* imprécis(e); (*Messung*) inexact(e) II. *Adv.* avec imprécision
Ungenauigkeit <-, -en> *f Pl* (*Fehler*) **eine Arbeit voller ~en** un travail plein d'inexactitudes
ungeniert [ʊnʒe'niːɐ̯t] I. *Adj.* désinvolte II. *Adv.* sans se gêner
ungenießbar [ʊngə'niːsbaːɐ̯] *Adj.* ① (*Pilz*) non comestible; (*Essen*) immangeable; (*Getränk*) imbuvable ② *iron fam* (*Person*) invivable
ungenügend *Adj.* insuffisant(e)
ungenutzt I. *Adj.* (*Raum*) inutilisé(e); (*Gelegenheit*) qu'on a laissé passer; (*Ressourcen*) inexploité(e)
ungepflegt *Adj.* (*Hände, Haare*) mal soigné(e); (*Garten, Park*) mal entretenu(e)
ungerade *Adj.* impair(e)
ungerecht *Adj.* a. JUR injuste
Ungerechtigkeit <-, -en> *f* injustice *f*
ungereimt I. *Adj.* ① (*verworren*) absurde, inepte ② (*reimlos*) non rimé(e) II. *Adv.* ~ **klingen** avoir l'air absurde
ungern *Adv.* ① (*nicht gerade gern*) **etw ~ tun** ne pas faire qc volontiers ② (*widerwillig*) à contrecœur
ungeschickt I. *Adj.* maladroit(e) II. *Adv.* **sich ~ anstellen** *fam* être empoté
ungeschliffen *Adj.* ① (*Edelstein*) brut(e) ② (*Benehmen, Manieren*) grossier(-ière), fruste
ungeschminkt I. *Adj.* ① non maquillé(e) ② (*ohne Beschönigung*) sans fard II. *Adv.* ① sans être maquillé ② (*unverblümt*) sans fard; ~ **die Wahrheit sagen** dire la vérité toute nue
ungesetzlich *Adj.* illégal(e)
ungestört I. *Adj.* tranquille II. *Adv.* en paix
ungesund I. *Adj.* ① malsain(e) ② (*Aussehen*) maladif(-ive) II. *Adv.* ~ **leben** avoir un mode de vie mauvais pour la santé
ungewiss[RR] *Adj.* ① (*Ausgang*) incertain(e); **es ist noch ~, ob/wie ...** on ne sait toujours pas si/comment ... ② (*unklar*) **jdn über etw** (*Akk*) **im Ungewissen lassen** laisser qn dans l'incertitude quant à qc
Ungewissheit[RR] <-, -en> *f* incertitude *f*
ungewöhnlich *Adj.* ① inhabituel(le) ② (*außergewöhnlich*) exceptionnel(le)

ungewohnt *Adj.* inhabituel(le)
ungewollt **I.** *Adj.* involontaire; **das war ~** ce n'était pas intentionnel **II.** *Adv.* **~ grinsen müssen** ne pas pouvoir s'empêcher de ricaner
Ungeziefer <-s> *nt* vermine *f*
ungezogen *Adj.* mal élevé(e); (*Benehmen*) impoli(e)
ungezwungen *Adj.* décontracté(e) (*fam*)
ungläubig **I.** *Adj.* ① incrédule ② (*gottlos*) **ein ~er Mensch** un incroyant **II.** *Adv.* d'un air incrédule
unglaublich ['ʊnglauplɪç] *Adj.* incroyable
unglaubwürdig **I.** *Adj.* invraisemblable; **er ist ~** il n'est pas crédible **II.** *Adv.* **~ wirken** avoir l'air peu crédible
ungleich **I.** *Adj.* inégal(e) **II.** *Adv.* (*weitaus*) **~ größer** largement plus grand
ungleichmäßig *Adj.* ① (*Puls*) irrégulier(-ière) ② (*Verteilung*) inégal(e)
Unglück <-e> *nt* ① malheur *m;* (*Zugunglück*) catastrophe *f* ② *kein Pl.* (*Pech*) malchance *f*
unglücklich **I.** *Adj.* malheureux(-euse) **II.** *Adv.* ① **~ aussehen** avoir l'air malheureux ② (*ungeschickt*) **~ stürzen** faire une mauvaise chute
unglücklicherweise *Adv.* malheureusement
ungültig *Adj.* ① (*Ausweis*) périmé(e); (*Eintrittskarte*) non valable; **~ werden** (*Ausweis*) expirer ② (*Wahl*) nul(le)
ungünstig **I.** *Adj.* (*Zeitpunkt*) mal choisi(e); (*Wetter*) défavorable **II.** *Adv.* **sich ~ auswirken** avoir un effet défavorable
unhandlich *Adj.* peu pratique
Unheil *nt geh* malheur *m;* **~ anrichten** *fam* (*Person*) faire un désastre
unheilbar [ʊn'hailbaːɐ̯] *Adj.* incurable
unheimlich **I.** *Adj.* ① (*Geschichte*) macabre; (*Haus*) lugubre; (*Erlebnis*) inquiétant(e) ② *fam* (*Zufall*) pas croyable ③ *fam* (*Angst*) terrible; **es hat uns ~en Spaß gemacht** cela nous a énormément plu **II.** *Adv.* ① (*grauenerregend*) **~ aussehen** être à faire peur ② *fam* (*sehr*) vachement
unhöflich *Adj.* impoli(e)
uni [y'niː] *Adj. unv.* uni(e)
Uni <-, -s> *f fam Abk. von* **Universität** fac *f*
UNICEF ['uːnitsɛf] <-> *f Abk. von* **United Nations International Children's Emergency Fund** UNICEF *f*
Uniform [uni'fɔrm] <-, -en> *f* uniforme *m*
uninteressant *Adj.* inintéressant(e)
Union [u'ni̯oːn] <-, -en> *f* union *f;* **Europäische ~** Union européenne
universell [univɛr'zɛl] **I.** *Adj.* universel(le) **II.** *Adv.* (*begabt*) en tout
Universität [univɛrzi'tɛːt] <-, -en> *f* université *f*
Universitätsklinik *f* centre *m* hospitalo-universitaire, C.H.U. *m*
Universum [uni'vɛrzʊm] <-s> *nt* univers *m*
unkenntlich *Adj.* méconnaissable; (*Kennzeichen*) indéchiffrable
Unkenntnis *f kein Pl.* ignorance *f;* **aus ~** par ignorance
unklar **I.** *Adj.* ① peu clair(e); (*Text*) confus(e) ② (*Situation*) confus(e) ▸ **jdn im Unklaren lassen** laisser qn dans l'incertitude **II.** *Adv.* de manière ambiguë
Unklarheit <-, -en> *f* ① *kein Pl.* (*Ungewissheit*) confusion *f* ② (*ungeklärter Tatbestand*) ambiguïté *f*
unklug *Adj.* imprudent(e)
unkompliziert *Adj.* (*Person, Fall*) simple, qui n'est pas compliqué(e)
unkontrollierbar ['ʊnkɔntrɔliːɐ̯baːɐ̯] *Adj.* incontrôlable
unkonventionell **I.** *Adj.* peu conventionnel(le) **II.** *Adv.* de manière peu conventionnelle
Unkosten *Pl* frais *mpl*
Unkraut *nt* mauvaise herbe *f*
unkritisch **I.** *Adj.* qui n'est pas critique **II.** *Adv.* avec un manque de sens critique
unlauter *Adj.* déloyal(e)
unleserlich [ʊn'leːzɐlɪç] **I.** *Adj.* illisible **II.** *Adv.* illisiblement
unlogisch *Adj.* illogique
unlösbar [ʊn'løːsbaːɐ̯] *Adj.* insoluble
unmäßig **I.** *Adj.* immodéré(e); **~es Rauchen** l'abus de tabac; **~es Essen** l'alimentation excessive **II.** *Adv.* sans modération
Unmenge *f* **eine ~ von Fragen** une quantité énorme de questions; **~n von Touristen** une foule de touristes
Unmensch *m* monstre *m*
unmenschlich [ʊn'mɛnʃlɪç] *Adj.* ① inhumain(e) ② *fam* (*Schmerzen*) épouvantable
unmerklich [ʊn'mɛrklɪç] *Adj.* imperceptible

U

unmissverständlich[RR] [ʊnmɪsfɛɐ̯ʃtɛntlɪç] **I.** *Adj.* sans équivoque; (*Weigerung*) catégorique **II.** *Adv.* sans équivoque
unmittelbar **I.** *Adj.* immédiat(e) **II.** *Adv.* ~ **bevorstehen** être imminent
unmodern **I.** *Adj.* démodé(e) **II.** *Adv.* **sich ~ kleiden** porter des vêtements démodés
unmöglich [ʊn'mø:klɪç] **I.** *Adj.* impossible; **es ist ihm/ihr ~ das zu tun** il/elle est dans l'impossibilité de faire cela **II.** *Adv.* ❶ (*keinesfalls*) **er kann ~ der Täter sein** il est impossible que ce soit lui le coupable ❷ *pej fam* ~ **aussehen** avoir un air pas possible
Unmöglichkeit *f kein Pl.* impossibilité *f*
unmoralisch *Adj.* immoral(e)
unmotiviert [-vi:-] **I.** *Adj.* (*Frage*) gratuit(e); (*Lachen*) immotivé(e); (*Wutanfall*) irraisonné(e) **II.** *Adv.* sans motif, sans raison
unmündig *Adj.* ❶ mineur(e) ❷ (*geistig unselbstständig*) irresponsable
unnachahmlich *Adj.* inimitable
unnachgiebig *Adj.* intransigeant(e)
unnahbar *Adj.* inaccessible
unnatürlich **I.** *Adj.* peu naturel(le); (*Bedingungen*) artificiel(le) **II.** *Adv.* de manière contrainte
unnötig *Adj.* superflu(e); **es ist ~ etw zu tun** ce n'est pas la peine de faire qc
unnütz ['ʊnnʏts] *Adj.* inutile
UNO ['u:no] <-> *f kein Pl. Abk. von* **United Nations Organization** O.N.U. *f*
UNO-Friedenstruppen *Pl* casques *mpl* bleus
unordentlich **I.** *Adj.* (*Person*) désordonné(e); (*Zimmer*) en désordre **II.** *Adv.* ❶ (*arbeiten*) négligemment ❷ (*unaufgeräumt*) en désordre
Unordnung *f kein Pl.* désordre *m*
unparteiisch **I.** *Adj.* impartial(e) **II.** *Adv.* en toute impartialité
unpassend *Adj.* ❶ (*unangebracht*) déplacé(e) ❷ (*ungelegen*) mal venu(e)
unpersönlich *Adj.* (*Person*) froid(e); (*Art*) impersonnel(le)
unpolitisch *Adj.* apolitique
unpraktisch *Adj.* ❶ (*Methode*) pas pratique ❷ (*Person*) maladroit(e) [de ses mains]
unproblematisch **I.** *Adj.* qui ne pose aucun problème **II.** *Adv.* sans problème
unpünktlich **I.** *Adj.* ❶ ~ **sein** ne pas être ponctuel; **du bist immer ~!** tu n'es jamais à l'heure ! ❷ (*verspätet*) ~ **sein** avoir du retard **II.** *Adv.* en retard
unrealistisch *Adj.* irréaliste
unrecht *Adj.* ❶ *geh* (*Weise*) injuste ❷ (*unpassend*) **das ist mir gar nicht so ~!** cela ne tombe pas si mal !
Unrecht *nt kein Pl.* tort *m;* **zu ~** à tort
unrechtmäßig *Adj.* illégal(e)
unregelmäßig **I.** *Adj.* irrégulier(-ière) **II.** *Adv.* ~ **konjugiert werden** avoir une conjugaison irrégulière
unrein *Adj.* impur(e); (*Haut*) peu sain(e)
unrichtig *Adj.* inexact(e)
Unruhe *f* ❶ agitation *f;* (*Sorge*) inquiétude *f* ❷ *Pl* (*Tumulte*) troubles *mpl*
unruhig **I.** *Adj.* ❶ agité(e) ❷ (*besorgt*) inquiet(-iète) ❸ (*Herzschlag*) irrégulier(-ière) **II.** *Adv.* ~ **schlafen** avoir un sommeil agité
uns [ʊns] **I.** *Personalpron., Dat. von* **wir** ❶ nous; **wem hat er es gegeben? – Uns!** à qui l'a-t-il donné? – À nous ! ❷ *refl.* nous; **wir haben ~ gedacht, dass** nous avons pensé que **II.** *Personalpron., Akk. von* **wir** ❶ nous; **er wollte ~ sprechen** il voulait nous parler ❷ *refl.* nous; **wir haben ~ umgedreht** nous nous sommes retournés
unsachlich *Adj.* (*Person*) partial(e); (*Bemerkung*) subjectif(-ive)
unsauber **I.** *Adj.* sale **II.** *Adv.* mal
unscharf *Adj.* ❶ (*Umrisse*) flou(e) ❷ (*Einstellung*) imprécis(e)
unschätzbar [ʊn'ʃɛtsba:ɐ̯] *Adj.* (*Mitarbeiter*) très précieux(-euse); (*Wert*) inestimable
unscheinbar *Adj.* (*Aussehen*) insignifiant(e); (*Pflanze*) qui n'a l'air de rien
unschlagbar *Adj.* imbattable
unschlüssig **I.** *Adj.* indécis(e) **II.** *Adv.* d'un air indécis
unschön *Adj.* ❶ (*hässlich*) laid(e) ❷ (*unerfreulich*) déplaisant(e)
Unschuld *f* innocence *f*
unschuldig **I.** *Adj.* innocent(e); **an etw** (*Dat*) ~ **sein** ne pas être responsable de qc **II.** *Adv.* ❶ à tort ❷ (*arglos*) d'un air innocent
unselbständig[ALT], **unselbstständig**[RR] *Adj.* ❶ dépendant(e) des autres ❷ (*Tätigkeit*) salarié(e)
unser ['ʊnzɐ] *Possessivpron.* ❶ notre; **~e Eltern** nos parents; **das ist alles**

~es c'est tout à nous; **ist das dein Ball oder ~er?** est-ce ton ballon ou le nôtre? ❷ *substantivisch* **der/die/das ~e** le/la nôtre; **das sind die ~en** ce sont les nôtres

unsereiner, unsereins *unbest. Pron. fam* nous [autres]; **~ ist immer hilfsbereit** (*wir*) nous, nous sommes toujours serviables; (*ich*) moi, je suis toujours serviable

unsererseits *Adv.* ❶ (*wir wiederum*) de notre côté ❷ (*was uns betrifft*) de notre part

unseresgleichen *Pron. unv.* ❶ (*Menschen unseres Schlags*) nos semblables; **wir sind unter ~** nous sommes entre gens du même monde ❷ (*Menschen wie wir*) **das kann sich ~ nicht leisten** nous autres, nous ne pouvons pas nous le permettre

unseretwegen *Adv.* ❶ (*wegen uns*) à cause de nous ❷ (*uns zuliebe*) pour nous ❸ (*von uns aus*) en ce qui nous concerne

unseretwillen ['ʊnzərət'vɪlən] *Adv.* **um ~** pour nous faire plaisir

unsers *s.* **unser**

unsicher I. *Adj.* ❶ peu sûr(e) ❷ (*Person*) qui manque d'assurance; **jdn ~ machen** ébranler qn ❸ (*Zukunft*) incertain(e) ❹ (*Schritte*) mal assuré(e) **II.** *Adv.* ❶ (*sich bewegen*) en chancelant ❷ (*fragen*) d'une voix hésitante

Unsicherheit *f* ❶ *kein Pl.* manque *m* d'assurance ❷ *kein Pl.* (*mangelnde Verlässlichkeit*) manque *m* de fiabilité

unsichtbar *Adj.* invisible ▶ **sich ~ machen** *fam* se déguiser en courant d'air

Unsinn *m kein Pl.* absurdité *f*

unsinnig *Adj.* insensé(e)

Unsitte *f* mauvaise habitude *f*

unsittlich I. *Adj.* indécent(e) **II.** *Adv.* **~ berührt werden** être victime d'attouchements

unsportlich *Adj.* ❶ (*Person*) pas sportif(-ive) ❷ (*Verhalten*) antisportif(-ive)

unsre *s.* **unser**

unsrerseits *s.* **unsererseits**

unsresgleichen *s.* **unseresgleichen**

unsrige(r, s) *Possessivpron. geh* **der/die/das ~** le/la nôtre; **die Unsrigen** les nôtres

unsterblich ['ʊnʃtɛrplɪç] **I.** *Adj.* immortel(le) **II.** *Adv. fam* **sich ~ verlieben** tomber éperdument amoureux(-euse)

Unsterblichkeit *f* immortalité *f*

unstet *Adj. geh* instable, inconstant(e)

unstillbar *Adj. geh* (*Sehnsucht*) insatiable

Unstimmigkeit <-, -en> *f* ❶ (*Ungenauigkeit*) inexactitude *f* ❷ *meist Pl.* (*Differenzen*) dissension *f*

unsympathisch *Adj.* (*Vorstellung*) désagréable; **jdm ~ sein** être antipathique à qn

untätig I. *Adj.* inactif(-ive) **II.** *Adv.* les bras croisés

untauglich *Adj.* ❶ (*Methode*) inapproprié(e) ❷ a. MIL (*Person*) **für etw ~ sein** être inapte à qc

unteilbar *Adj.* indivisible

unten ['ʊntən] *Adv.* ❶ (*opp: oben*) en bas; **~ im Koffer** au fond de la valise; **weiter ~** plus bas ❷ (*an der Unterseite*) **das Auto ist ~ durchgerostet** le dessous de la voiture est rouillé; **wo ist denn ~?** où est le bas? ❸ (*in einem unteren Stockwerk*) **~ im Keller** en bas à la cave; **nach ~ gehen** descendre; **von ~ kommen** venir d'en bas ❹ (*nachher*) **siehe ~** voir ci-dessous

unter ['ʊntɐ] **I.** *Präp. + Dat.* ❶ sous; **einen Meter ~ der Decke hängen** pendre à un mètre du plafond; **er wohnt ~ ihm** il habite au-dessous de lui ❷ (*schlechter als*) **~ dem Durchschnitt** en dessous de la moyenne ❸ (*inmitten, zwischen*) parmi; **mitten ~ uns** parmi nous; **~ anderem** entre autres [choses] ❹ (*untergeordnet*) **jdn ~ sich haben** avoir qn sous ses ordres; **~ seiner Leitung** sous sa direction **II.** *Präp. + Akk.* sous **III.** *Adv.* ❶ (*weniger als*) **Einkommen ~ tausend Euro** des revenus de moins de mille euros; **bei ~ 25 Grad** en dessous de 25 degrés ❷ (*jünger als*) **etwas ~ dreißig sein** avoir un peu moins de trente ans

Unterarm *m* avant-bras *m*

unterbelichten* *tr. V.* sous-exposer

unterbewusst[RR] *Adj.* subconscient(e)

Unterbewusstsein[RR] *nt* subconscient *m*

unterbieten* [ʊntɐ'biːtən] *tr. V. unreg* ❶ (*billiger sein*) **jdn ~** vendre moins cher que qn ❷ (*Rekord*) battre; (*Zeit*) améliorer

unterbinden* [ʊntɐ'bɪndən] *tr. V. unreg* (*Belästigung*) mettre un terme à; (*Diskussion*) couper court à

U

unterbrechen* [ʊntɐ'brɛçən] *tr. V. unreg* ① (*Person*) couper la parole à; (*Arbeit*) interrompre ② (*Leitung*) couper

Unterbrechung <-, -en> *f* (*vorübergehende Aufhebung*) interruption *f*

unter|bringen *tr. V. unreg* ① (*Person*) loger; (*Verwaltung*) installer ② (*Möbel*) caser

unterderhandALT [ʊntɐde:ɐ̯'hant] *s.* **Hand** ▸

unterdessen *Adv. geh* pendant ce temps[-là]

unterdrücken* [ʊntɐ'drʏkən] *tr. V.* (*Person*) opprimer; (*Gefühl, Unruhen*) réprimer

Unterdrückung <-, -en> *f* (*eines Volks*) oppression *f*

unterdurchschnittlich **I.** *Adj.* inférieur(e) à la moyenne **II.** *Adv.* (*verdienen*) au-dessous de la moyenne

untere(r, s) ['ʊntərə, -rɐ, -rəs] *Adj. attr* inférieur(e); (*Wohnung*) d'en bas

untereinander *Adv.* ① (*besprechen*) entre eux/elles/nous/... ② (*sich helfen*) mutuellement

untereinander|hängenRR *tr. V.* (*zwei Bilder*) accrocher l'un(e) au-dessous de l'autre; (*mehrere Bilder*) accrocher les un(e)s au-dessous des autres **untereinander|schreiben**RR *tr. V. unreg* (*zwei Zahlen, zwei Wörter*) écrire l'un(e) au-dessous de l'autre; **viele Zahlen** ~ écrire des colonnes de chiffres

unterentwickelt *Adj.* ① (*Organ*) atrophié(e); ~ **sein** être insuffisamment développé ② ÖKON sous-développé(e)

unterernährt *Adj.* sous-alimenté(e)

Unterführung [ʊntɐ'fy:rʊŋ] *f* passage *m* souterrain

Untergang <-gänge> *m* ① (*eines Schiffs*) naufrage *m* ② ASTRO coucher *m* ③ (*eines Reiches*) chute *f*; (*einer Kultur*) disparition *f*

U

Untergebene(r) *f(m) dekl wie Adj* subalterne *mf*

unter|gehen *intr. V. unreg + sein* ① couler ② ASTRO se coucher ③ (*Kultur, Reich*) disparaître

untergeordnet *Adj.* ① (*zweitrangig*) secondaire ② (*subaltern*) subalterne

UntergeschossRR *nt* sous-sol *m*

untergewichtig *Adj.* ~ **sein** avoir un poids insuffisant

untergliedern* *tr. V.* structurer

Untergrund *m* ① GEO sous-sol *m* ② *kein Pl.* POL clandestinité *f*

Untergrundbahn *f form* métropolitain *m*

unterhalb **I.** *Präp. + Gen.* ~ **des Dorfes** au-dessous du village **II.** *Adv.* ~ **von der Burg** au-dessous du château fort

Unterhalt <-[e]s> *m kein Pl.* ~ **zahlen** verser une pension alimentaire

unterhalten*1 [ʊntɐ'haltən] *tr. V. unreg* ① (*Familie*) subvenir aux besoins de ② (*Kraftfahrzeug*) entretenir; (*Firma*) diriger

unterhalten2 *unreg* **I.** *tr. V.* (*Publikum*) divertir **II.** *refl. V.* ① (*sich vergnügen*) **sich** ~ s'amuser ② (*sprechen*) **sich mit jdm** ~ s'entretenir avec qn

unterhaltsam *Adj.* divertissant(e)

Unterhaltspflicht *f* obligation *f* alimentaire

Unterhaltung [ʊntɐ'haltʊŋ] <-, -en> *f* ① entretien *m* ② *kein Pl.* (*Zeitvertreib*) distraction *f*

Unterhaltungsindustrie *f* industrie *f* des loisirs

Unterhändler(in) ['ʊntɐhɛndlɐ] *m(f)* négociateur(-trice) *m(f)*

Unterhemd *nt* (*Herrenunterhemd*) tricot *m* de corps; (*Damenunterhemd*) chemise *f* américaine

Unterhose *f* (*Boxershorts*) caleçon *m*; [**kurze**] ~[**n**] slip *m*

unterirdisch **I.** *Adj.* souterrain(e) **II.** *Adv.* sous terre

Unterkiefer *m* mâchoire *f* inférieure

unter|kommen *intr. V. unreg + sein* ① (*Unterkunft finden*) trouver à se loger ② *fam* (*Arbeit finden*) **in einer Firma** ~ trouver un boulot dans une entreprise ③ *fam* (*begegnen*) **so etwas/jemand ist mir noch nicht untergekommen** je n'ai encore jamais vu cela/quelqu'un comme ça

Unterkunft ['ʊntɐkʊnft, *Pl:* 'ʊntɐkʏnftə] <-, -künfte> *f* gîte *m*; (*für längere Zeit*) logement *m*

Unterlage *f* ① support *m* ② *meist Pl.* (*Dokument*) document *m*

unterlassen* *tr. V. unreg* ① (*nicht ausführen*) omettre [de faire] ② (*bleiben lassen*) se dispenser de

Unterlauf *m* cours *m* inférieur

unterlaufen* [ʊntɐ'laufən] *unreg* **I.** *intr. V. + sein* échapper **II.** *tr. V. + haben* (*Bestimmungen*) contourner

unter|legen[1] ['ʊntɐleːgən] *tr. V.* (*darunterlegen*) **etw ~** mettre qc dessous; **jdm etw ~** mettre qc sous qn

unterlegen[2] *Adj.* inférieur(e)

Unterleib *m* bas-ventre *m*

unterliegen* [ʊntɐ'liːgən] *intr. V. unreg + sein* ① (*verlieren*) perdre ② (*unterworfen sein*) **der Kontrolle ~** être soumis à un contrôle; **einem Irrtum ~** être victime d'une erreur

Unterlippe *f* lèvre *f* inférieure

Untermiete *f* **in/zur ~ wohnen** sous-louer une chambre

Untermieter(in) *m(f)* sous-locataire *mf*

unternehmen* [ʊntɐ'neːmən] *tr. V. unreg* entreprendre

Unternehmen <-s, -> *nt* entreprise *f*

Unternehmer(in) <-s, -> *m(f)* entrepreneur(-euse) *m(f)*

unternehmungslustig *Adj.* entreprenant(e)

Unteroffizier(in) *m(f)* (*Dienstgrad*) sous-officier *m*

unter|ordnen **I.** *tr. V.* ① (*zurückstellen*) **seine Bedürfnisse einer S.** (*Dat*) **~** subordonner ses besoins à qc ② (*unterstellen*) **jdm/einer Institution untergeordnet sein** être soumis à qn/à une institution **II.** *refl. V.* **sich jdm ~** se soumettre à qn

Unterredung [ʊntɐ'reːdʊŋ] <-, -en> *f* entrevue *f*

Unterricht ['ʊntɐrɪçt] <-[e]s> *m* (*Unterrichtsstunde*) cours *m;* (*in der Grundschule*) classe *f*

unterrichten* [ʊntə'rɪçtən] **I.** *tr. V.* ① enseigner ② *form* (*informieren*) instruire **II.** *intr. V.* enseigner **III.** *refl. V.* **sich über etw** (*Akk*) **~** s'informer de qc

Unterrichtsfach *nt* matière *f*

Unterrock *m* combinaison *f*

untersagen* [ʊntɐ'zaːgən] *tr. V.* interdire

unterschätzen* [ʊntɐ'ʃɛtsən] *tr. V.* sous-estimer

unterscheiden* [ʊntɐ'ʃaidən] *unreg* **I.** *tr. V.* ① différencier ② (*auseinanderhalten*) distinguer **II.** *intr. V.* **zwischen verschiedenen Dingen ~** faire la différence entre différentes choses **III.** *refl. V.* **sich ~** différer

Unterscheidung *f* distinction *f*

Unterschenkel *m* jambe *f*

Unterschied ['ʊntɐʃiːt] <-[e]s, -e> *m* ① différence *f* ② (*Unterscheidung*) distinction *f*

unterschiedlich *Adj.* différent(e)

unterschlagen* ['ʊntɐʃlaːgən] *tr. V. unreg* ① JUR soustraire; **Geld ~** détourner de l'argent ② (*Informationen*) dissimuler

Unterschlagung <-, -en> *f* détournement *m*, soustraction *f*

Unterschlupf ['ʊntɐʃlʊpf] <-[e]s, -e> *m* refuge *m*

unterschreiben* [ʊntɐ'ʃraibən] *tr., intr. V. unreg* signer

Unterschrift *f* signature *f*

unterschwellig *Adj.* subliminal(e)

Unterseeboot *nt* sous-marin *m*

Unterseite *f* (*eines Geräts, Tellers*) dessous *m;* (*einer Decke, Matratze*) envers *m*

Unterstand *m* abri *m*

unterste(r, s) ['ʊntɐstə, -tɐ, -təs] *Adj. Superl. von* **untere(r, s)**

unterstehen* *unreg* **I.** *intr. V.* **jdm/einer S. ~** dépendre de qn/qc **II.** *refl. V.* **was ~ Sie sich?** pour qui vous prenez-vous ?

unterstellen*[1] *tr. V.* ① **ihm sind vier Mitarbeiter unterstellt** il a quatre collaborateurs sous ses ordres ② (*vorwerfen*) **jdm Nachlässigkeit ~** taxer qn de négligence ③ (*annehmen*) **~ wir einmal, dass** supposons que + *subj*

unter|stellen[2] **I.** *tr. V.* (*Fahrrad*) rentrer **II.** *refl. V.* **sich ~** s'abriter

Unterstellung *f* allégation *f* [mensongère]

unterstreichen* [ʊntɐ'ʃtraiçən] *tr. V. unreg* souligner

Unterstufe *f* premier cycle *m*

unterstützen* [ʊntɐ'ʃtʏtsən] *tr. V.* ① soutenir ② (*Projekt*) subventionner

Unterstützung *f* ① *kein Pl.* (*Hilfe*) soutien *m* ② FIN aide *f* financière

untersuchen* [ʊntɐ'zuːxən] *tr. V.* ① examiner; (*Blut*) analyser ② (*durchsuchen*) fouiller

Untersuchung <-, -en> *f* ① MED (*eines Patienten*) examen *m* ② (*Studie, Analyse*) étude *f* ③ (*durch die Polizei*) enquête *f*

Untersuchungsausschuss[RR] *m* commission *f* d'enquête **Untersuchungshaft** *f* détention *f* provisoire

Untertan(in) <-en, -en> *m(f)* sujet(te) *m(f)*

Untertasse *f* soucoupe *f*
unter|tauchen *intr. V. + sein* ① (*tauchen*) plonger ② (*sich verstecken*) **im Ausland ~** se réfugier à l'étranger ③ (*verschwinden*) **in der Menge** (*Dat*) **~** se fondre dans la foule
Unterteil *nt o m* partie *f* inférieure, bas *m*
unterteilen* [ʊntɐ'tailən] *tr. V.* diviser; **etw noch einmal/weiter ~** [encore] subdiviser qc
Untertitel *m* sous-titre *m*
Unterwalden ['ʊntɐvaldn] <-s> *nt* l'Unterwald *m*
Unterwäsche *f* sous-vêtements *mpl*; (*Damenunterwäsche*) lingerie *f*
unterwegs [ʊntɐ've:ks] *Adv.* ① **~ nach Berlin sein** être en route pour Berlin ② (*auf, während der Reise*) en cours de route
unterweisen* [ʊntɐ'vaizən] *tr. V. unreg geh* instruire
Unterwelt *f kein Pl.* ① (*Kriminellenmilieu*) pègre *f* ② HIST enfers *mpl*
unterwerfen* [ʊntɐ'vɛrfən] *refl., tr. V. unreg* [**sich**] **~** [se] soumettre
unterwürfig ['ʊntɐ'vʏrfɪç] *Adj. pej* (*Person*) obséquieux(-euse); (*Verhalten*) servile
unterzeichnen* [ʊntɐ'tsaiçnən] *tr. V. form* signer
unterziehen*[1] ['ʊntɐtsi:ən] *unreg* **I.** *refl. V.* **sich einer S.** (*Dat*) **~** se soumettre à qc; **sich einer Operation ~** subir une opération **II.** *tr. V.* **jdn/etw einer S.** (*Dat*) **~** soumettre qn/qc à qc
unter|ziehen[2] [ʊntɐ'tsi:ən] *tr. V. unreg* [**sich** (*Dat*)] **ein T-Shirt ~** mettre un tee-shirt dessous
Untiefe *f* (*seichte Stelle*) bas-fond *m*
untragbar *Adj.* (*Zustand*) insupportable
untrennbar [ʊn'trɛnba:ɐ̯] *Adj.* inséparable; (*Wort*) insécable
untreu *Adj.* infidèle; **jdm ~ sein** tromper qn
Untreue *f* infidélité *f*
untröstlich [ʊn'trø:stlɪç] *Adj.* ① inconsolable ② (*voller Bedauern*) **ich bin ~, dass ich es vergessen habe** je suis désolé(e) de l'avoir oublié
untrüglich *Adj.* qui ne trompe pas
untypisch *Adj.* inhabituel(le)
unüberlegt I. *Adj.* inconsidéré(e) **II.** *Adv.* sans réfléchir
unübersichtlich *Adj.* ① (*Kurve*) sans visibilité; (*Gelände*) sans vue dégagée ② (*nicht einschätzbar*) confus(e)
unüblich *Adj.* inhabituel(le)
unumgänglich *Adj.* inévitable
unumstritten [ʊnʔʊm'ʃtrɪtən] **I.** *Adj.* incontesté(e); **es ist ~, dass ...** il est incontestable que ... **II.** *Adv.* **von ~ guter Qualität** d'une qualité incontestable
ununterbrochen [ʊnʔʊntɐ'brɔxən] **I.** *Adj.* ininterrompu(e) **II.** *Adv.* sans arrêt
unveränderlich [ʊnfɛɐ̯'ʔɛndɐlɪç] *Adj.* invariable
unverändert [ʊnfɛɐ̯'ʔɛndɐt] **I.** *Adj.* ① (*Gesundheit*) stable; (*Einsatz*) constant(e) ② (*ohne Änderung*) intégral(e) **II.** *Adv.* toujours; **morgen bleibt es ~ kalt** pas de changement pour demain, il fera froid
unverantwortlich [ʊnfɛɐ̯'ʔantvɔrtlɪç] **I.** *Adj.* irresponsable **II.** *Adv.* en personne irresponsable
unverbesserlich *Adj.* incorrigible
unverbindlich *Adj.* ① (*Auskunft*) sans engagement ② (*Art*) peu amène
unverbleit *Adj.* sans plomb
unverblümt *Adj.* direct(e), sans détour
unvereinbar *Adj.* incompatible; **mit etw ~ sein** être incompatible avec qc
unverfälscht [ʊnfɛɐ̯'fɛlʃt] *Adj.* non trafiqué(e)
unverfroren [ʊnfɛɐ̯'fro:rən] *Adj.* **~ sein** être effronté
unvergesslichRR [ʊnfɛɐ̯'gɛslɪç] *Adj.* inoubliable
unvergleichlich [ʊnfɛɐ̯'glaiçlɪç] **I.** *Adj.* sans pareil(le) **II.** *Adv.* extrêmement
unverhältnismäßig *Adv.* excessivement
unverheiratet *Adj.* non marié(e)
unverhofft [ʊnfɛɐ̯'hɔft] **I.** *Adj.* inespéré(e); (*Besuch*) inattendu(e) **II.** *Adv.* (*besuchen*) à l'improviste ▶ **~ kommt oft** il faut s'attendre à tout
unverkäuflich [ʊnfɛɐ̯'kɔyflɪç] *Adj.* **~es Muster** échantillon *m* gratuit
unvermeidbar [ʊnfɛɐ̯'maitba:ɐ̯] *Adj.*, **unvermeidlich** [ʊnfɛɐ̯'maitlɪç] *Adj.* inévitable
unvernünftig I. *Adj.* déraisonnable; **es ist ~ etw zu tun** ce n'est pas raisonnable de faire qc **II.** *Adv.* **~ handeln** ne pas agir en personne raisonnable

U

unveröffentlicht *Adj.* inédit(e)
unverschämt I. *Adj.* ❶ impertinent(e); **~es Benehmen** impertinence *f* ❷ (*Frechheit*) qui dépasse les bornes; (*Preis*) exorbitant(e) **II.** *Adv.* ❶ (*grinsen*) avec insolence ❷ (*teuer*) **~ teure Preise** des prix exorbitants
Unverschämtheit <-, -en> *f* (*unverschämte Art*) impertinence *f*
unverschuldet [ʊnfɛɐ̯'ʃʊldət] *Adv.* sans en être responsable
unversehrt *Adj.* (*Person*) indemne
unversöhnlich [ʊnfɛɐ̯'zøːnlɪç] *Adj.* irréconciliable; (*Gegner*) irréductible
unverstanden *Adj.* incompris(e)
unverständlich *Adj.* incompréhensible
Unverständnis *nt* incompréhension *f*
unverträglich *Adj.* ❶ (*Person*) peu sociable, insociable ❷ (*Lebensmittel*) indigeste
unverwechselbar ['ʊnfɛɐ̯vɛksəlbaːɐ̯] *Adj.* unique; (*Gegenstand*) très caractéristique
unverwüstlich [ʊnfɛɐ̯'vyːstlɪç] *Adj.* très résistant(e)
unverzeihlich [ʊnfɛɐ̯'tsailɪç] *Adj.* impardonnable
unverzüglich I. *Adj.* immédiat(e) **II.** *Adv.* sans attendre
unvollendet *Adj.* inachevé(e)
unvollständig [ʊnfɔl'ʃtɛndɪç] *Adj.* incomplet(-ète)
unvorbereitet I. *Adj.* improvisé(e); (*Prüfung*) non préparé(e) **II.** *Adv.* ❶ (*unterrichten*) sans préparation; **~ eine Rede halten** improviser un discours ❷ (*unerwartet*) de façon inattendue
unvoreingenommen *Adj.*, *Adv.* sans prévention
unvorhergesehen I. *Adj.* imprévu(e) **II.** *Adv.* (*passieren*) de façon imprévue; (*besuchen*) à l'improviste
unvorsichtig *Adj.* imprudent(e); (*Bemerkung*) inconsidéré(e)
unvorstellbar [ʊnfoːɐ̯'ʃtɛlbaːɐ̯] *Adj.* inimaginable; **es ist ~, dass** il est inimaginable que + *subj*
unwahr *Adj.* contraire à la vérité, faux (fausse)
Unwahrheit *f* **die ~ sagen** mentir
unwahrscheinlich *Adj.* ❶ invraisemblable; **es ist ~, dass** il est peu vraisemblable que + *subj* ❷ *fam* (*unerhört*) incroyable
unweigerlich [ʊn'vaigɐlɪç] *Adj.* *attr* inévitable
unwesentlich I. *Adj.* minime **II.** *Adv.* à peine
Unwetter *nt* tempête *f*
unwichtig *Adj.* insignifiant(e)
unwiderruflich [ʊnviːdɐ'ruːflɪç] *Adj.* irrévocable
unwiderstehlich [ʊnviːdɐ'ʃteːlɪç] *Adj.* irrésistible
unwillig I. *Adj.* maussade **II.** *Adv.* (*widerwillig*) à contrecœur
unwillkürlich I. *Adj.* involontaire **II.** *Adv.* (*lachen, zittern*) sans le faire exprès
unwirklich *Adj.* irréel(le)
unwirksam *Adj.* ❶ inefficace ❷ (*Vertrag*) nul(le)
unwirtlich *Adj.* inhospitalier(-ière)
unwirtschaftlich *Adj.* (*Fahrweise*) peu économique; (*Verfahren*) peu rentable
unwissend *Adj.* ❶ ignorant(e) ❷ (*ahnungslos*) **~ sein** ne pas être au courant
Unwissenheit <-> *f* ignorance *f*
unwohl *Adj.* **sich ~ fühlen** (*schlecht*) ne pas se sentir bien; (*unbehaglich*) être mal à l'aise
Unwohlsein *nt* indisposition *f*
unwürdig *Adj.* indigne
unzählig [ʊn'tsɛːlɪç] *Adj.* **~e Freunde** d'innombrables amis
unzerbrechlich [ʊntsɛɐ'brɛçlɪç] *Adj.* incassable
unzertrennlich [ʊntsɛɐ'trɛnlɪç] *Adj.* inséparable
unzüchtig *Adj.* obscène
unzufrieden *Adj.* **mit jdm/etw ~ sein** être mécontent de qn/qc
Unzufriedenheit *f* mécontentement *m*
Unzukömmlichkeit *f* CH <-, -en> *f*, **Unzulänglichkeit** <-, -en> *f* insuffisance *f*
unzulässig *Adj.* inadmissible
unzumutbar *Adj.* (*Belastung*) intolérable
unzurechnungsfähig *Adj.* irresponsable
unzutreffend *Adj.* inexact(e)
unzuverlässig *Adj.* ❶ **er/sie ist ~** il/elle n'est pas fiable ❷ (*Zeuge*) peu crédible
Update ['apdɛɪt] <-s, -s> *nt* INFORM dernière version *f*

U

uploaden ['aplɔʊdən] <uploadest, uploadete, upgeloaded> *tr. V.* INET (*Datei*) télécharger
üppig ['ʏpɪç] *Adj.* ① (*Mahlzeit*) copieux(-euse) ② (*Vegetation*) luxuriant(e) ③ (*Formen*) opulent(e)
Ural [u'ra:l] <-s> *m* **der ~** l'Oural *m*
uralt *Adj.* ① (*Baum*) très vieux(vieille); (*Brauch*) très ancien(ne) ② *fam* (*Trick*) archiconnu(e)
Uran [u'ra:n] <-s> *nt* CHEM uranium *m*
Uraufführung *f* première représentation *f*
urban *Adj. geh* urbain(e)
urchig CH *s.* **urig**
Ureinwohner(in) *m(f)* aborigène *mf*
Urenkel(in) *m(f)* arrière-petit-fils *m*/arrière-petite-fille *f*
urgieren *tr. V.* A faire avancer
Urgroßeltern *Pl* arrière-grands-parents *mpl* **Urgroßvater** *m* arrière-grand-père *m*
Urheberrecht *nt* ① (*eines Autors*) droit *m* d'auteur, copyright *m* ② (*Gesetz*) loi *f* sur la propriété littéraire et artistique
urheberrechtlich **I.** *Adj.* concernant le droit d'auteur **II.** *Adv.* **~ geschützt sein** être protégé [par un copyright]
Uri ['u:ri] <-s> *nt* l'Uri *m*
urig ['u:rɪç] *Adj. fam* ① (*Kauz*) folklo ② (*Weinkeller*) très couleur locale
Urin [u'ri:n] <-s, -e> *m* urine *f*
urinieren* *intr. V. form* uriner
Urkunde ['u:ɐ̯kʊndə] <-, -n> *f* ① document *m* ② (*Ernennungsurkunde*) arrêté *m* de nomination
Urkundenfälschung *f* faux *m* en écriture
Urlaub ['u:ɐ̯laup] <-[e]s, -e> *m* congé *m*; **~ haben** être en congé
Urlauber(in) <-s, -> *m(f)* vacancier(-ère) *m(f)*
Urlaubsgeld *nt* prime *f* de vacances **Urlaubszeit** *f* (*Ferienzeit*) période *f* des vacances
Urne ['ʊrnə] <-, -n> *f* urne *f*
urplötzlich ['u:ɐ̯'plœtslɪç] **I.** *Adj. attr* (*Auftreten*) soudain(e); (*Einfall*) subit(e) **II.** *Adv.* subitement
Ursache *f* cause *f*; **~ und Wirkung** la cause et l'effet ▸**keine ~!** [il n'y a] pas de quoi !
Ursprung <-s, Ursprünge> *m* (*einer Zivilisation*) origines *fpl*; (*eines Wortes*) origine *f*
ursprünglich ['u:ɐ̯ʃprʏŋlɪç] **I.** *Adj.* ① *attr* (*Projekt*) initial(e); (*Haltung*) premier(-ière); (*Absicht*) à l'origine ② (*Landschaft*) à l'état sauvage **II.** *Adv.* au début
Urteil ['ʊrtail] <-s, -e> *nt* ① JUR **ein ~ fällen** rendre un jugement ② (*Meinung*) opinion *f*
urteilen *intr. V.* **über jdn/etw ~** juger qn/qc
Urteilsspruch *m* verdict *m* **Urteilsvermögen** *nt* [faculté *f* de] jugement *m*
Urwald *m* forêt *f* vierge **urwüchsig** ['u:ɐ̯vy:ksɪç] *Adj.* primitif(-ive) **Urzeit** *f* **die ~** l'ère *f* primaire
USA [u:ʔɛs'ʔa:] *Pl Abk. von* **United States of America: die ~** les USA *mpl*
USB-Stick [ju:ʔɛs'bi:stɪk] <-s, -s> *m* INFORM clé *f* USB
User(in) ['ju:sɐ] <-s, -> *m(f)* INFORM utilisateur(-trice) *m(f)*
usw. *Abk. von* **und so weiter** etc.
Utensil [utɛn'zi:l] <-s, -ien> *nt meist Pl.* ustensile *m*
Utility [ju'tɪlɪti] <-s, -s> *nt* INFORM utilitaire *f*
Utopie [uto'pi:] <-, -n> *f* utopie *f*
utopisch [u'to:pɪʃ] *Adj.* utopique; (*Roman*) d'anticipation
u.v.a.[m.] *Abk. von* **und vieles andere [mehr]** etc.

V v

V, v [fau] <-, -> *nt* V *m/v m*
Vagabund(in) [vaga'bʊnt] <-en, -en> *m(f)* vagabond(e) *m(f)*
vage ['vaːgə] *Adj.* vague
vaginal [vagi'naːl] *Adj.* vaginal(e)
Vakuum ['vaːkuʊm] <-s, Vakuen> *nt a. fig* vide *m*
vakuumverpackt *Adj.* [conditionné(e)] sous vide
Vamp [vɛmp] <-s, -s> *m* vamp *f*
Vampir ['vampiːɐ] <-s, -e> *m* vampire *m*
Vanille [va'nɪljə] <-, -en> *f* vanille *f*
Vanilleeis *nt* glace *f* à la vanille **Vanillezucker** *m* sucre *m* vanillé
variabel [va-] *Adj.* variable
Variante [vari'antə] <-, -n> *f* variante *f*
Variation [varia'tsioːn] <-, -en> *f* MUS variation *f*
Varieté, Varietee[RR] [varie'teː] <-s, -s> *nt* ❶ (*Vorführung*) spectacle *m* de variétés ❷ (*Gebäude*) music-hall *m*
variieren* [vari'iːrən] *intr. V.* varier
Vasall [va'zal] <-en, -en> *m* vassal *m*
Vase ['vaːzə] <-, -n> *f* vase *m*
Vaseline [va-] <-> *f* vaseline *f*
Vater ['faːtɐ, *Pl:* 'fɛːtɐ] <-s, Väter> *m* père *m*
Vaterland *nt* patrie *f*
väterlich ['fɛːtɐlɪç] **I.** *Adj.* paternel(le) **II.** *Adv.* comme un père
Vaterschaft <-, -en> *f* paternité *f*
Vatertag *m* fête *f* des pères **Vaterunser** <-s, -> *nt* **das/ein** ~ le/un Notre Père
Vatikan [vati'kaːn] <-s> *m* **der** ~ le Vatican
V-Ausschnitt ['faʊaʊsʃnɪt] *m* encolure *f* en V
v. Chr. *Abk. von* **vor Christus** av. J.-C.
Vegetarier(in) [vege'taːriɐ] <-s, -> *m(f)* végétarien(ne) *m(f)*
vegetarisch [vegetaːriʃ] *Adj.* végétarien(ne)
Vegetation [vegeta'tsioːn] <-, -en> *f* végétation *f*
vegetativ [ve-] *Adj.* ❶ BIO végétatif(-ive) ❷ MED **das ~e Nervensystem** le système neurovégétatif
vegetieren* [vege'tiːrən] *intr. V.* végéter
Veilchen ['faɪlçən] <-s, -> *nt* violette *f*
Vektor ['vɛ-] <-s, -toren> *m* MATH, PHYS vecteur *m*
Velo ['veːlo] <-s, -s> *nt* CH vélo *m*
Vene ['veːnə] <-, -n> *f* veine *f*
Venedig [ve'neːdɪç] <-s> *nt* Venise
Venezolaner(in) [venetso'laːnɐ] <-s, -> *m(f)* Vénézuélien(ne) *m(f)*
Venezuela [venetsu̯eːla] <-s> *nt* le Venezuela
Ventil [vɛn'tiːl] <-s, -e> *nt* ❶ (*Schlauchventil*) valve *f* ❷ AUT soupape *f* ❸ MUS piston *m*
Ventilator [vɛnti'laːtoːɐ] <-s, -toren> *m* ventilateur *m*
Venus ['veː-] <-> *f* ASTRO Vénus *f;* **die** ~ la planète Vénus
verabreden* [fɛɐ'ʔapreːdən] **I.** *refl. V.* **sich** ~ prendre rendez-vous **II.** *tr. V.* **einen Ort/Termin** ~ fixer un endroit/rendez-vous; **wie verabredet** comme convenu
Verabredung <-, -en> *f* ❶ rendez-vous *m* ❷ (*Vereinbarung*) accord *m*
verabreichen* *tr. V. form* **jdm ein Medikament** ~ administrer un médicament à qn
verabscheuen* *tr. V.* détester
verabschieden* **I.** *refl. V.* **sich von jdm** ~ dire au revoir à qn **II.** *tr. V.* (*Gesetz*) voter; (*Haushalt*) adopter
verachten* *tr. V.* mépriser
verächtlich [fɛɐ'ʔɛçtlɪç] **I.** *Adj.* ❶ (*Verachtung zeigend*) méprisant(e) ❷ (*zu verabscheuen*) méprisable **II.** *Adv.* avec mépris
Verachtung *f* mépris *m*
verallgemeinern* *tr., intr. V.* généraliser
Verallgemeinerung <-, -en> *f* généralisation *f*
veralten* *intr. V. + sein* vieillir
veraltet *Adj.* (*Ansichten*) suranné(e); (*Gerät*) dépassé(e)
Veranda [ve'randa] <-, Veranden> *f* véranda *f*
veränderlich *Adj. a.* METEO variable
verändern* **I.** *tr. V.* changer; (*Ablauf*) modifier **II.** *refl. V.* **sich** ~ changer
Veränderung *f* ❶ (*Wandel*) changement *m;* (*Änderung*) modification *f* ❷ (*beruflich*) changement *m* d'emploi

verängstigen* *tr. V.* effrayer
veranlagt *Adj.* **künstlerisch ~ sein** être doué pour les arts; **praktisch ~ sein** avoir le sens pratique
veranlassen* *tr. V.* ❶ (*in die Wege leiten*) faire le nécessaire pour; **~, dass** faire en sorte que + *subj* ❷ (*dazu bringen*) **jdn dazu ~, etw zu tun** amener qn à faire qc
Veranlassung <-, -en> *f* ❶ **auf seine/ihre ~ [hin]** à son instigation ❷ (*Grund*) raison *f*
veranschaulichen* *tr. V.* **jdm etw ~** illustrer qc pour qn
veranschlagen* *tr. V.* estimer
veranstalten* *tr. V.* organiser
Veranstaltung <-, -en> *f* ❶ *kein Pl.* (*das Durchführen*) organisation *f* ❷ (*Ereignis*) manifestation *f*
verantworten* **I.** *tr. V.* **etw vor jdm ~** assumer la responsabilité de qc devant qn **II.** *refl. V.* **sich für etw vor jdm ~** se justifier de qc auprès de qn
verantwortlich *Adj.* ❶ **~ dafür sein, dass** être responsable du fait que + *subj* ❷ (*schuldig*) **jdn für etw ~ machen** rendre qn responsable de qc
Verantwortung <-, -en> *f* responsabilité *f*
verantwortungsbewusst[RR] *Adj.* conscient(e) de ses responsabilités **verantwortungslos** **I.** *Adj.* irresponsable **II.** *Adv.* **~ handeln** être irresponsable [dans ses actes] **verantwortungsvoll** *Adj.* à responsabilité
verarbeiten* *tr. V.* ❶ (*Rohstoff*) traiter ❷ (*Zement*) utiliser ❸ (*Eindrücke*) assimiler; (*Scheidung*) assumer
Verarbeitung <-, -en> *f* ❶ (*das Verarbeiten*) transformation *f* ❷ (*Fertigungsqualität*) finition *f*
verärgern* *tr. V.* fâcher
Verärgerung <-, -en> *f* irritation *f*
verarzten* *tr. V. fam* soigner
verausgaben* *refl. V.* **sich ~** (*physisch*) se donner à fond; (*finanziell*) se ruiner
veräußern* *tr. V. form* céder
Verb [vɛrp] <-s, -en> *nt* verbe *m*
Verband <-[e]s, Verbände> *m* ❶ MED bandage *m* ❷ (*Bund*) association *f* ❸ MIL unité *f*
Verband[s]material *nt*, **Verband[s]zeug** *nt* pansements *mpl*
verbannen* *tr. V. geh* bannir
Verbannung <-, -en> *f* exil *m*

verbarrikadieren* [fɛɐbarika'diːrən] *refl., tr. V.* **[sich] ~** [se] barricader
verbergen* *refl., tr. V. unreg* **[sich] ~** [se] cacher
verbessern* **I.** *tr. V.* ❶ améliorer ❷ (*Text*) corriger **II.** *refl. V.* ❶ (*besser werden*) **sich in etw** (*Dat*) **~** s'améliorer dans qc ❷ (*beruflich vorwärts kommen*) **sich ~** trouver une meilleure situation
Verbesserung <-, -en> *f* amélioration *f*
verbeugen* *refl. V.* **sich ~** s'incliner
Verbeugung *f* révérence *f*
verbeulen* *tr. V.* cabosser
verbiegen* *refl., tr. V. unreg* **[sich] ~** [se] tordre
verbieten <verbot, verboten> *tr. V.* interdire
verbinden* *unreg* **I.** *tr. V.* ❶ (*Person*) faire un bandage à; (*Wunde, Arm*) bander ❷ (*zusammenfügen*) raccorder ❸ TELEC **jdn mit jdm ~** passer qn à qn; **[Sie sind] falsch verbunden!** vous avez fait un faux numéro ! ❹ AUT **Berlin mit Bonn ~** (*Straße*) relier Berlin à Bonn ❺ (*assoziieren*) **einen Namen mit etw ~** associer un nom à qc ❻ (*zusammengehörig machen*) **[miteinander] verbunden sein** être unis; **uns ~ gemeinsame Erinnerungen** nous sommes lié(e)s par des souvenirs communs **II.** *intr. V.* ❶ (*zusammenhängen*) **mit Kosten verbunden sein** impliquer des frais ❷ (*Zusammengehörigkeit schaffen: Erlebnisse*) créer des liens **III.** *refl. V.* ❶ CHEM **sich mit etw ~** se combiner à qc ❷ (*sich zusammenschließen*) **sich mit jdm/etw ~** s'associer à qn/qc
verbindlich **I.** *Adj.* sûr(e); (*Vereinbarung*) contractuel(le) **II.** *Adv.* de façon ferme
Verbindlichkeit <-> *f kein Pl.* ❶ (*bindender Charakter*) fiabilité *f* ❷ (*entgegenkommende Art*) amabilité *f*
Verbindung *f* ❶ rapport *m*; **in ~ mit etw** associé(e) à qc ❷ (*gedankliche Verknüpfung*) combinaison *f* ❸ (*[persönliche] Beziehung*) relation *f* ❹ (*Kontakt*) **sich mit jdm in ~ setzen** contacter qn; **mit jdm/etw in ~ stehen** être en relation avec qn/qc ❺ TELEC, AUT **~ nach Paris** liaison *f* avec Paris ❻ (*Telefongespräch*) communication *f* ❼ CHEM composé *m*

V

verbissen [fɛɐ'bɪsən] **I.** *Adj.* ❶ acharné(e) ❷ (*Miene*) crispé(e) **II.** *Adv.* avec acharnement

Verbissenheit <-> *f* (*eines Gegners*) acharnement *m*

verbitten* *tr. V. unreg* **sich** (*Dat*) **etw ~** ne pas tolérer qc

verbittern* *tr. V.* rendre amer(amère)

verbittert *Adj.* aigri(e), amer(amère)

verblassen* *intr. V. + sein* ❶ (*Farbe*) passer ❷ *geh* (*Eindruck*) s'estomper

verbleiben* *intr. V. unreg + sein* rester

verbleit [fɛɐ'blaɪt] *Adj.* contenant du plomb

verblöden*fam* **I.** *intr. V. + sein* devenir abruti(e) **II.** *tr. V. + haben* abrutir

verblüffen* *tr. V.* épater

verblüfft **I.** *Adj.* stupéfait(e) **II.** *Adv.* **~ schauen** avoir l'air stupéfait

verblühen* *intr. V. + sein* faner

verbohrt *Adj. pej fam* borné(e)

verborgen* [fɛɐ'bɔrgən] *s.* **verleihen**

verbot [fɛɐ'bo:t] *Imp. von* **verbieten**

Verbot <-[e]s, -e> *nt* interdiction *f*

verboten [fɛɐ'bo:tən] **I.** *PP von* **verbieten** **II.** *Adj.* ❶ interdit(e); **es ist ~, etw zu tun** il est interdit de faire qc ❷ *fam* (*Aussehen*) pas possible

verbrach *Imp. von* **verbrechen**

Verbrauch <-> *m* consommation *f*

verbrauchen* *tr. V.* ❶ (*Vorräte*) consommer ❷ (*Energien, Geld*) dépenser

Verbraucher(in) <-s, -> *m(f)* consommateur(-trice) *m(f)*

verbrechen <verbricht, verbrach, verbrochen> *tr. V. fam* commettre

Verbrechen <-s, -> *nt* crime *m*

Verbrecher(in) <-s, -> *m(f)* criminel(le) *m(f)*

verbrecherisch *Adj.* criminel(le)

verbreiten* **I.** *tr. V.* ❶ (*Gerücht, Krankheit*) propager; **weit verbreitet** commun(e); (*Ansicht*) [très] répandu(e) ❷ (*Entsetzen*) semer **II.** *refl. V.* a. MED **sich ~** se propager

verbreitern* *tr., refl. V.* [**sich**] **~** [s']élargir

verbreitet *Adj.* répandu(e)

Verbreitung <-, -en> *f* ❶ *kein Pl.* (*einer Lüge*) propagation *f* ❷ (*Vertrieb*) diffusion *f* ❸ MED, BOT (*einer Krankheit*) propagation *f*

verbrennen* *unreg* **I.** *tr. V. + haben* ❶ (*Holz*) brûler; (*Müll*) incinérer ❷ *fam* (*Toten*) incinérer **II.** *refl. V. + haben* **sich ~** se brûler **III.** *intr. V. + sein* brûler

Verbrennung <-, -en> *f* ❶ *kein Pl.* incinération *f* ❷ TECH combustion *f*

verbringen* *tr. V. unreg* **den Tag mit Lesen ~** passer la journée à lire

verbrochen [fɛɐ'brɔxən] *PP von* **verbrechen**

verbrüdern* [fɛɐ'bry:dɐn] *refl. V.* **sich ~** fraterniser

verbrühen* *refl. V.* **sich ~** s'ébouillanter

verbuchen* *tr. V.* COM **etw ~** enregistrer qc

verbummeln* *tr. V. fam* ❶ **den Nachmittag ~** passer l'après-midi à glandouiller ❷ (*verlieren*) paumer

Verbund <-bunde> *m* groupement *m*

verbünden* [fɛɐ'bʏndən] *refl. V.* a. POL **sich mit jdm ~** s'allier à qn

Verbündete(r) *f(m)* allié(e) *m(f)*

verbürgen* *refl. V.* **sich für jdn/etw ~** se porter garant(e) de qn/qc

verbüßen* *tr. V.* purger

Verdacht [fɛɐ'daxt] <-[e]s> *m* soupçon *m souvent pl.* ▶**auf ~** *fam* à tout hasard

verdächtig [fɛɐ'dɛçtɪç] **I.** *Adj.* suspect(e) **II.** *Adv.* **im Haus ist es ~ ruhig** il règne un silence suspect dans la maison

verdächtigen* *tr. V.* **jdn einer S.** (*Gen*) **~** soupçonner qn de qc

verdammen* *tr. V.* ❶ (*verfluchen*) maudire ❷ (*verurteilen*) condamner

verdammt **I.** *Adj.* ❶ *fam* (*widerwärtig*) foutu(e) *antéposé* ❷ *fam* (*sehr groß*) **er hat ~es Glück gehabt!** il a eu une de ces chances ! ❸ REL **~ sein** être damné **II.** *Adv. fam* (*ärgerlich*) vachement

verdampfen* *intr. V. + sein* s'évaporer

verdanken* *tr. V.* ❶ **jdm/einer S. etw ~** devoir qc à qn/qc; **es ist ihm zu ~, dass ich noch lebe** si je suis encore en vie, c'est grâce à lui ❷ CH *form* (*Dank aussprechen*) **jdm etw ~** remercier qn pour qc

verdarb [fɛɐ'darp] *Imp. von* **verderben**

verdauen* [fɛɐ'daʊən] *tr., intr. V. a. fig* digérer

verdaulich *Adj.* digeste; **schwer ~** difficile à digérer

Verdauung <-> *f* digestion *f*

Verdeck <-[e]s, -e> *nt* capote *f*

verdecken* *tr. V.* cacher

verdeckt *Adj.* secret(-ète)

verdenken* *tr. V. unreg geh* **jdm etw ~** tenir rigueur à qn de qc; **das kann Ihnen keiner ~** personne ne peut vous en vouloir

verderben [fɛɐ'dɛrbən] <verdirbt, verdarb, verdorben> **I.** *tr. V. + haben* ① (*Charakter*) corrompre ② (*zunichtemachen*) **jdm das Fest ~** gâcher la fête à qn ③ (*verscherzen*) **es sich** (*Dat*) **mit niemandem ~ wollen** vouloir ménager la chèvre et le chou **II.** *intr. V. + sein* (*Lebensmittel*) s'avarier; (*Sahne*) tourner

verderblich *Adj.* périssable

verdeutlichen* *tr. V.* clarifier

verdichten* *refl. V.* **sich ~** ① (*Bewölkung*) s'amonceler; (*Nebel*) s'épaissir ② (*Eindruck*) s'accentuer

verdienen* **I.** *tr. V.* ① gagner ② (*finanzieren*) **sich** (*Dat*) **sein Studium selbst ~** financer ses études soi-même ③ (*Lob*) mériter **II.** *intr. V.* ① **gut/schlecht ~** gagner bien/mal sa vie ② (*Gewinn machen*) **an etw** (*Dat*) **~** faire des bénéfices sur qc

Verdienst <-[e]s, -e> *m* revenu *m*

verdient **I.** *Adj.* ① mérité(e) ② (*Person*) émérite **II.** *Adv.* **~ siegen** remporter une victoire méritée

verdirbt [fɛɐ'dɪrpt] *3. Pers. Sg. Präs. von* **verderben**

verdoppeln* **I.** *tr. V.* ① doubler ② (*Anstrengungen*) redoubler **II.** *refl. V.* **sich ~** doubler

verdorben [fɛɐ'dɔrbən] **I.** *PP von* **verderben** **II.** *Adj.* ① (*Fleisch*) avarié(e); (*Käse*) moisi(e) ② (*moralisch*) dépravé(e)

verdorren* [fɛɐ'dɔrən] *intr. V. + sein* se dessécher

verdrängen* *tr. V.* **jdn von seinem Platz ~** prendre la place de qn

Verdrängung <-, -en> *f* ① PHYS déplacement *m* ② (*das Ersetzen*) remplacement *m* ③ PSYCH refoulement *m*

verdrehen* *tr. V.* ① (*Hals*) tourner; **die Augen ~** rouler des yeux ② *fam* (*Sachverhalt*) déformer

verdreifachen* *tr., refl. V.* **[sich] ~** tripler

verdrossen [fɛɐ'drɔsən] *Adj.* renfrogné(e); (*Gesicht*) maussade

verdrücken**fam* **I.** *tr. V.* **etw ~** s'envoyer qc **II.** *refl. V.* **sich ~** se tirer

verduften* *intr. V. + sein fam* se barrer

verdunkeln* **I.** *tr. V.* ① (*Fenster*) masquer ② (*verdüstern*) **etw ~** (*Wolke*) obscurcir qc **II.** *refl. V.* **sich ~** (*Himmel*) s'assombrir

verdünnen* *tr. V.* **etw ~** diluer qc

verdunsten* *intr. V. + sein* s'évaporer

verdursten* *intr. V. + sein* mourir de soif

verdüstern**geh* **I.** *refl. V.* **sich ~** (*Himmel*) s'obscurcir; (*Miene*) s'assombrir **II.** *tr. V.* **etw ~** (*Wolke*) obscurcir qc

verdutzt [fɛɐ'dʊtst] **I.** *Adj.* déconcerté(e) **II.** *Adv.* **jdn ~ ansehen** regarder qn l'air ahuri(e)

verehren* *tr. V. a.* REL vénérer

Verehrer(in) <-s, -> *m(f)* ① admirateur(-trice) *m(f)* ② *iron* (*Flirt*) soupirant *m*

Verehrung *f kein Pl.* (*Bewunderung*) admiration *f*

vereidigen* *tr. V.* ① assermenter ② (*verpflichten*) **jdn auf etw** (*Akk*) **~** faire prêter serment à qn sur qc

Verein [fɛɐ'ʔaɪn] <-[e]s, -e> *m* association *f*; (*Sportverein*) club *m*

vereinbar *Adj.* compatible

vereinbaren* *tr. V.* convenir

Vereinbarung <-, -en> *f* (*Abmachung*) accord *m*; **laut ~** comme convenu

vereinen* *tr. V.* ① regrouper ② (*vereinbaren*) **etw mit etw ~ können** pouvoir concilier qc avec qc

vereinfachen* *tr. V.* simplifier

Vereinfachung <-, -en> *f* simplification *f*

vereinheitlichen* *tr. V.* uniformiser

vereinigen* **I.** *tr. V.* (*Firmen*) fusionner; (*Organisationen*) réunir **II.** *refl. V.* ① **sich ~** s'associer ② (*bekommen*) **hundert Stimmen auf sich** (*Akk*) **~** cumuler cent voix [électorales]

vereinigt *Adj.* associé(e)

Vereinigung <-, -en> *f* (*Organisation*) association *f*

vereinsamen* *intr. V. + sein* s'isoler

vereinzelt **I.** *Adj.* (*Rufe*) sporadique; (*Fälle*) isolé(e) **II.** *Adv.* METEO **~ Schauer** des averses par endroits

vereisen* *intr. V. + sein* (*Fahrbahn*) devenir verglacé(e); (*Fensterscheibe*) se givrer

verenden* *intr. V. + sein* être en train de crever

verengen* *refl. V.* **sich ~** (*Gefäße*) se contracter; (*Straße*) se rétrécir

vererben* *tr. V.* ① JUR léguer ② BIO transmettre héréditairement

verewigen* **I.** *refl. V.* **sich ~** s'immortaliser **II.** *tr. V.* perpétuer
verfahren*[1] *unreg* **I.** *intr. V. + sein* procéder **II.** *refl. V.* **sich ~** se tromper de route **III.** *tr. V.* (*Kraftstoff*) consommer
verfahren[2] *Adj.* sans issue
Verfahren <-s, -> *nt* ① procédé *m* ② JUR procédure *f*
Verfall *m kein Pl.* ① (*eines Gebäudes*) délabrement *m;* (*der Kräfte*) déclin *m;* (*des Körpers*) dégradation *f* ② *geh* (*Niedergang*) déclin *m* ③ (*das Ungültigwerden*) expiration *f*
verfallen* *intr. V. unreg + sein* ① (*Gebäude*) se délabrer; (*Mensch*) décliner ② (*Fahrkarte*) être périmé; (*Anspruch*) être déchu ③ (*erliegen*) **jdm ~** tomber sous l'emprise de qn; **dem Alkohol ~** sombrer dans l'alcool
Verfallsdatum *nt* date *f* de péremption
verfälschen* *tr. V.* déformer
Verfälschung *f* bidonnage *m*
verfärben* **I.** *refl. V.* **sich ~** changer de couleur **II.** *tr. V.* (*Wäsche*) déteindre sur
verfassen* *tr. V.* (*Artikel*) rédiger; (*Buch*) écrire
Verfasser(in) <-s, -> *m(f)* auteur(-trice) *m(f)*
Verfassung *f* ① *kein Pl.* (*Befinden*) état *m* ② POL constitution *f*
Verfassungsschutz *m fam* (*Bundesamt für Verfassungsschutz*) ≈ Direction *f* de la sécurité du territoire
verfaulen* *intr. V. + sein* ① (*Gemüse, Obst*) se gâter; (*Fleisch*) s'avarier ② (*verwesen*) pourrir
verfehlen* *tr. V.* ① (*danebentreffen*) manquer ② (*Person, Bus*) rater ③ (*nicht erreichen*) **das Thema ~** s'éloigner du sujet
verfeinden* *refl. V.* **sich ~** se brouiller
verfeinern* *tr. V.* améliorer
verfilmen* *tr. V.* porter à l'écran
Verfilmung <-, -en> *f* adaptation *f* cinématographique
verfilzen* *intr. V. + sein* (*Wollpullover*) [se] feutrer; (*Haare*) s'emmêler
verfilzt *Adj. fam* embrouillé(e)
verfinstern* *refl. V.* **sich ~** s'obscurcir; (*Miene*) s'assombrir
Verflechtung <-, -en> *f* ÖKON interdépendance *f*
verfliegen* *intr. V. unreg + sein* s'évaporer; (*Kummer*) s'envoler
verflixt [fɛɐ'flɪkst] **I.** *Adj. fam* **dieser ~e Kerl!** ce con de type ! **II.** *Adv. fam* foutrement **III.** *Interj. fam* **~!** la vache !
verflossen [fɛɐ'flɔsən] *Adj. geh* (*Jahre*) écoulé(e)
verfluchen* *tr. V.* maudire
verflucht *fam* **I.** *Adj.* (*Kerl*) sale *antéposé;* (*Auto*) foutu(e) *antéposé* **II.** *Adv.* vachement **III.** *Interj.* **~!** nom d'un chien !
verflüchtigen* *refl. V.* **sich ~** s'évaporer
verflüssigen* *tr. V.* liquéfier
verfolgen* *tr. V.* ① (*nachsetzen*) **jdn ~** poursuivre qn ② (*Spur*) suivre ③ (*drangsalieren*) persécuter
Verfolgung <-, -en> *f* ① poursuite *f* ② (*Drangsalierung*) persécution *f*
Verfolgungswahn *m* délire de [la] persécution *m*
verformen* *tr., refl. V.* **[sich] ~** se déformer
verfrachten* *tr. V. fam* **jdn ins Bett ~** expédier qn au lit
verfremden *tr. V.* distancier *(pour créer l'effet de distanciation)*
verfressen* *Adj. fam* morfal(e)
verfrüht *Adj.* prématuré(e)
verfügbar *Adj.* disponible
verfügen* **I.** *intr. V.* **über etw** (*Akk*) **~** disposer de qc **II.** *tr. V.* **~, dass** ordonner que + *subj*
Verfügung <-, -en> *f* **jdm zur ~ stehen** être à la disposition de qn
verführen* *tr. V.* ① **jdn zu etw ~** entraîner qn à faire qc ② (*Mann, Frau*) séduire
Verführer(in) *m(f)* séducteur(-trice) *m(f)*
verführerisch *Adj.* séduisant(e)
vergammeln* *fam* **I.** *intr. V. + sein* moisir **II.** *tr. V. + haben* **den Tag ~** passer la journée à glander
vergangen [fɛɐ'gaŋən] *Adj.* passé(e)
Vergangenheit <-> *f* passé *m*
Vergangenheitsbewältigung *f* fait d'assumer son passé *m*
vergänglich *Adj.* éphémère
vergasen* *tr. V.* ① (*töten*) gazer ② TECH gazéifier
vergaß [fɛɐ'ga:s] *Imp. von* **vergessen**
vergeben* *unreg* **I.** *intr. V.* **jdm ~** pardonner à qn **II.** *tr. V.* ① *geh* (*verzeihen*) **etw ~** pardonner qc ② (*Auftrag*) attribuer; **Eintrittskarten zu ~ für ...** billets à donner pour ...
vergeblich **I.** *Adj.* vain(e) **II.** *Adv.* en vain
Vergebung <-, -en> *f* pardon *m*

vergegenwärtigen *refl. V.* **sich** (*Dat*) **etw** ~ réaliser qc

vergehen* *unreg* **I.** *intr. V. + sein* ① (*Zeit*) passer ② (*Schmerz*) disparaître; **jdm vergeht die Lust** qn [en] perd l'envie ③ (*fast umkommen*) **vor Angst** ~ mourir de peur **II.** *refl. V. + haben* **sich an jdm** ~ abuser de qn

Vergehen <-s, -> *nt* délit *m*

vergelten *tr. V. unreg* récompenser

vergessen [fɛɐ'gɛsən] <vergisst, vergaß, vergessen> **I.** *tr. V.* oublier ▶ **das werde ich dir/ihr nie** [*o* **nicht**] ~! je m'en souviendrai ! **II.** *refl. V.* **sich** ~ perdre son sang-froid

vergesslich[RR], **vergeßlich**[ALT] *Adj.* étourdi(e)

vergeuden* [fɛɐ'gɔɪdən] *tr. V.* gaspiller

Vergeudung <-, -en> *f* gaspillage *m*

vergewaltigen* *tr. V.* violer

Vergewaltigung <-, -en> *f* viol *m*

vergewissern* *refl. V.* **sich ~, dass ...** s'assurer que ...

vergießen* *tr. V. unreg* verser

vergiften* **I.** *tr. V.* empoisonner **II.** *refl. V.* ① **sich durch verdorbenen Fisch** ~ s'intoxiquer en mangeant du poisson avarié ② (*Selbstmord begehen*) **sich** ~ s'empoisonner

Vergiftung <-> *f kein Pl.* empoisonnement *m*, intoxication *f*

vergilben* *intr. V. + sein* jaunir

Vergissmeinnicht[RR] <-[e]s, -[e]> *nt* myosotis *m*

vergisst[RR], **vergißt**[ALT] [fɛɐ'gɪst] *3. Pers. Sg. Präs. von* **vergessen**

verglasen* *tr. V.* vitrer

Vergleich [fɛɐ'glaɪç] <-[e]s, -e> *m* comparaison *f*; **im ~ zu den anderen** en comparaison des autres

vergleichbar *Adj.* comparable

vergleichen* *unreg* **I.** *tr. V.* comparer; **vergleiche S. 20** voir p. 20 **II.** *refl. V.* **sich mit jdm** ~ se comparer à qn

vergleichsweise *Adv.* relativement

vergnügen* [fɛɐ'gny:gən] **I.** *refl. V.* **sich mit etw** ~ s'amuser en faisant qc; **sich mit jdm** ~ se divertir avec qn **II.** *tr. V.* amuser

Vergnügen <-s, -> *nt* plaisir *m*; **viel ~!** amuse-toi/amusez-vous bien !; **mit ~!** avec plaisir ! ▶ **hinein ins ~!** *fam* allez, on va s'éclater !

vergnügt **I.** *Adj.* réjoui(e) **II.** *Adv.* joyeusement

Vergnügung <-, -en> *f* divertissement *m*

Vergnügungspark *m* parc *m* d'attractions

vergolden* *tr. V.* dorer

vergraben* *unreg* **I.** *tr. V.* (*Leiche*) enterrer; (*Schatz*) enfouir **II.** *refl. V.* (*sich beschäftigen mit*) **sich in etw** (*Akk*) ~ se plonger dans qc

vergraulen* *tr. V. fam* faire ficher le camp

vergreifen* *refl. V. unreg* **sich an jdm** ~ s'en prendre à qn

vergriffen [fɛɐ'grɪfən] *Adj.* épuisé(e)

vergrößern [fɛɐ'grø:sɐn] **I.** *tr. V.* ① *a.* PHOT agrandir ② (*Abstand*) augmenter **II.** *refl. V.* MED **sich** ~ grossir **III.** *intr. V.* OPT **stark** ~ grossir énormément

Vergrößerung <-, -en> *f* PHOT agrandissement *m*

Vergünstigung <-, -en> *f* ① avantage *m* ② (*Ermäßigung*) réduction *f*

verhaften* *tr. V.* arrêter

Verhaftung <-, -en> *f* arrestation *f*

verhalten*[1] *refl. V. unreg* **sich** ~ ① se comporter ② CHEM réagir

verhalten[2] *Adj.* ① (*Fahrweise*) modéré(e) ② (*Ärger*) retenu(e)

verhaltensgestört *Adj.* perturbé(e)

Verhältnis [fɛɐ'hɛltnɪs] <-ses, -se> *nt* ① **im ~ zu jdm/etw** par rapport à qn/qc ② (*Proportion*) proportion *f* ③ (*Beziehung*) **ein gutes ~ zu jdm haben** avoir de bons rapports avec qn ④ (*Liebesverhältnis*) liaison *f* ⑤ *Pl* (*Zustand*) situation *f* ⑥ *Pl* (*Lebensumstand*) conditions *fpl* ▶ **er lebt über seine ~se** il vit au-dessus de ses moyens; **in keinem ~ zu etw stehen** être disproportionné à qc

verhältnismäßig *Adv.* relativement

Verhältniswahlrecht *nt* proportionnelle *f*

verhandeln* **I.** *intr. V.* **über etw** (*Akk*) ~ négocier qc **II.** *tr. V.* JUR juger

Verhandlung *f* ① *meist Pl.* négociation *f* ② JUR audience *f*

verhängen* *tr. V.* masquer

verhängnisvoll *Adj.* fatal(e)

verharmlosen* *tr. V.* minimiser

verhärten* *refl. V.* **sich** ~ ① se durcir ② MED s'indurer

verhasst[RR] *Adj.* détesté(e)

verhauen* <verhaute, verhauen> **I.** *tr. V. fam* ① tabasser ② (*Klassenarbeit*) louper **II.** *refl. V. fam* **sich um zwanzig Euro** ~ se planter de vingt euros

verheerend **I.** *Adj.* dévastateur(-trice) **II.** *Adv.* affreusement
verheilen* *intr. V. + sein* cicatriser
verheimlichen* *tr. V.* **etw ~** cacher qc
verheiraten* *tr. V.* marier; **sein Kind mit jdm ~** marier son enfant à qn
verheiratet *Adj.* marié(e); **glücklich ~ sein** être heureux en ménage
verhelfen* *intr. V. unreg* **jdm zu seinem Recht ~** aider qn à obtenir son bon droit
verherrlichen* *tr. V.* exalter
verhexen* *tr. V.* ensorceler
verhindern* *tr. V.* **~, dass** empêcher que ... [ne] + *subj*
verhöhnen* *tr. V.* se moquer de
Verhör <-[e]s, -e> *nt* interrogatoire *m;* (*eines Zeugen*) audition *f*
verhören* **I.** *tr. V.* interroger **II.** *refl. V.* **sich ~** entendre de travers
verhüllen* **I.** *tr. V.* **das Gesicht mit einem Schleier ~** se voiler le visage **II.** *refl. V.* **sich mit etw ~** se couvrir de qc
verhungern* *intr. V. + sein* mourir de faim
verhunzen* *tr. V. fam* défigurer
verhüten* *tr. V.* (*Empfängnis*) empêcher; (*Schwangerschaft*) éviter
Verhütungsmittel *nt* contraceptif *m*
verinnerlichen* *tr. V.* assimiler
verirren* *refl. V.* **sich ~** s'égarer
verjagen* *tr. V.* chasser
verjähren* *intr. V. + sein* se prescrire
verjüngen* **I.** *intr. V.* rajeunir **II.** *tr. V.* **jdn ~** [faire] rajeunir qn **III.** *refl. V.* **sich ~** (*schmaler werden*) se rétrécir
verkabeln* *tr. V.* câbler
verkalken* *intr. V. + sein* ❶ TECH s'entartrer ❷ (*Arterien*) se scléroser
Verkalkung <-, -en> *f* ❶ TECH entartrage *m* ❷ MED (*der Gefäße*) calcification *f* ❸ *fam* (*Vergreisung*) ramollissement *m*
verkannt *Adj.* méconnu(e)
Verkauf *m* vente *f*
verkaufen* **I.** *tr. V.* ❶ vendre; **zu ~** à vendre ❷ *fam* (*weismachen*) **jdm etw ~** faire gober qc à qn **II.** *refl. V.* **sich gut/schlecht ~** (*Ware*) se vendre bien/mal; (*Person*) savoir/ne pas savoir se vendre
Verkäufer(in) *m(f)* vendeur(-euse) *m(f)*
verkäuflich *Adj.* **~ sein** être à vendre
Verkehr [fɛɐ'keːɐ̯] <-[e]s> *m* ❶ circulation *f* ❷ (*Transportverkehr*) trafic *m* ❸ *geh* (*Geschlechtsverkehr*) rapports *mpl*
verkehren* *intr. V.* ❶ *+ haben o sein* circuler ❷ *+ haben* (*Gast sein*) **bei jdm/in etw** (*Dat*) **~** fréquenter qn/qc
Verkehrsampel *f* feux *mpl* de signalisation **verkehrsberuhigt** *Adj.* à circulation réduite et vitesse limitée **verkehrsgünstig** *Adj.* **in ~er Lage wohnen** habiter un quartier bien desservi **Verkehrsmittel** *nt* moyen *m* de transport **Verkehrsregel** *f* règle *f* de conduite **Verkehrsschild** *nt* panneau *m* de signalisation **Verkehrsteilnehmer(in)** *m(f) form* usager(-ère) *m(f)* de la route **Verkehrszeichen** *s.* **Verkehrsschild**
verkehrt **I.** *Adj.* **der ~e Schlüssel** la mauvaise clé; **in die ~e Richtung gehen** aller dans la direction inverse **II.** *Adv.* ❶ (*erzählen*) de travers ❷ (*aufmachen*) du mauvais côté; **~ herum** à l'envers
verkennen* *tr. V. unreg* méconnaître
Verkettung <-, -en> *f* (*von Misserfolgen*) enchaînement *m*
verklagen* *tr. V.* **jdn ~** porter plainte contre qn
verklären* **I.** *refl. V.* **sich ~** ❶ (*Blick*) s'illuminer; **verklärt** radieux(-euse) ❷ (*zu schön erscheinen: Vergangenheit*) s'enjoliver **II.** *tr. V.* (*Vergangenheit*) enjoliver
verkleiden* *tr. V.* ❶ (*kostümieren*) déguiser ❷ (*Heizkörper*) recouvrir; (*Wand*) revêtir
Verkleidung *f* ❶ (*Kostümierung*) déguisement *m* ❷ (*einer Wand*) revêtement *m*
verkleinern* **I.** *tr. V.* ❶ rapetisser ❷ (*Format*) réduire **II.** *refl. V.* **sich ~** ❶ rapetisser ❷ (*Tumor*) diminuer de volume
Verkleinerungsform *f* diminutif *m*
verklemmen* *refl. V.* **sich ~** se coincer
verklemmt *Adj.* coincé(e) (*fam*)
verkneifen* *refl. V. unreg fam* **sich** (*Dat*) **eine Bemerkung ~** se retenir de faire une remarque
verkniffen *pej* **I.** *Adj.* pincé(e) **II.** *Adv.* d'un air pincé
verknoten* **I.** *tr. V.* nouer **II.** *refl. V.* **sich ~** s'emmêler
verknüpfen* *tr. V.* ❶ **etw mit der Bedingung ~, dass** associer qc à la condition que + *subj* ❷ INFORM **eine Datei mit einem Programm ~** associer un fichier à un programme

verkommen* *intr. V. unreg + sein* (*Person*) tourner mal; (*Gebäude*) se délabrer
verkörpern* *tr. V.* incarner
verkraften* *tr. V.* supporter
verkrampfen* *refl. V.* **sich ~** se contracter
verkriechen* *refl. V. unreg* ❶ **sich ~** se terrer ❷ *fam* **sich unter der Decke ~** se fourrer sous les draps
verkrüppelt *Adj.* estropié(e)
verkünden* [fɛɐ'kʏndən] *tr. V.* ❶ *geh* annoncer ❷ JUR prononcer
verkürzen* **I.** *tr. V.* ❶ (*Schnur*) raccourcir ❷ (*Dauer*) réduire **II.** *refl. V.* **sich ~** (*Abstand*) diminuer
verladen* *tr. V. unreg* charger
Verlag [fɛɐ'la:k, *Pl:* fɛɐ'la:gə] <-[e]s, -e> *m* maison *f* d'édition
verlagern* *tr. V.* ❶ déplacer ❷ (*verlegen*) **etw ins Ausland ~** transférer qc à l'étranger
verlangen* **I.** *tr. V.* ❶ (*Geld*) réclamer ❷ (*erfordern*) **Mut ~** exiger du courage ▸ **das ist ein bisschen viel verlangt!** c'est demander beaucoup ! **II.** *intr. V. geh* **nach jdm/etw ~** réclamer qn/qc
Verlangen <-s> *nt* ❶ (*Wunsch*) désir *m* ❷ (*Forderung*) exigence *f*
verlängern* [fɛɐ'lɛŋɐn] **I.** *tr. V.* ❶ **etw ~** [r]allonger qc ❷ (*andauern lassen*) prolonger **II.** *refl. V.* **sich ~** se prolonger
Verlängerung <-> *f kein Pl.* (*einer Frist*) prolongation *f*
Verlängerungskabel *nt* rallonge *f*
verlangsamen* [fɛɐ'laŋza:mən] **I.** *tr. V.* ❶ ralentir ❷ (*Entwicklung*) freiner **II.** *refl. V.* **sich ~** se ralentir
verlassen* *unreg* **I.** *tr. V.* ❶ quitter ❷ (*verloren gehen*) **jdn ~** (*Hoffnung*) abandonner qn **II.** *refl. V.* **sich auf jdn/etw ~** compter sur qn/qc
Verlassenschaft <-, -en> *f* A succession *f*
verlässlichRR *Adj.* (*Freund*) sur lequel on peut compter; (*Zeuge*) digne de foi
Verlauf *m* ❶ tracé *m;* (*eines Flusses*) cours *m* ❷ (*Entwicklung*) déroulement *m*
verlaufen* *unreg* **I.** *intr. V. + sein* ❶ (*sich erstrecken*) **am Seeufer ~** passer au bord du lac ❷ (*ablaufen*) se dérouler **II.** *refl. V. + haben* **sich ~** ❶ (*sich verirren*) s'égarer ❷ (*auseinandergehen*) se disperser
verlegen*1 *tr. V.* ❶ (*Schlüssel*) égarer ❷ (*verschieben*) reporter ❸ (*legen*) poser ❹ (*publizieren*) éditer ❺ (*Behörde*) transférer
verlegen2 *Adj.* embarrassé(e); **~ werden** être gagné par l'embarras
Verlegenheit <-> *f kein Pl.* (*Betretenheit*) gêne *f*
Verlegung <-> *f* ❶ (*Verschiebung*) report *m* ❷ (*das Legen*) pose *f* ❸ (*von Patienten, Behörden*) transfert *m*
Verleih <-[e]s> *m kein Pl.* (*das Verleihen*) location *f*
verleihen* *tr. V. unreg* ❶ prêter; (*gegen Entgelt*) louer ❷ (*Orden*) décerner ❸ (*geben*) **jdm Kraft ~** donner de la force à qn
verleiten* *tr. V.* inciter
verlernen* *tr. V.* oublier
verlesen* *unreg* **I.** *tr. V.* (*Namen*) donner lecture de **II.** *refl. V.* **sich ~** se tromper en lisant
verletzbar *Adj.* susceptible
verletzen* [fɛɐ'lɛtsən] **I.** *tr. V.* ❶ blesser ❷ (*Vorschrift*) enfreindre **II.** *refl. V.* **sich ~** se blesser
Verletzte(r) *f(m) dekl wie Adj* blessé(e) *m(f)*
Verletzung <-, -en> *f* ❶ (*Wunde*) blessure *f* ❷ *kein Pl.* (*das Nichtbefolgen*) **die ~ der Bestimmungen** la violation du règlement
verleugnen* *tr. V.* renier; **nicht ~ können, dass ...** ne [pas] pouvoir nier que ...
Verleumdung <-, -en> *f* calomnie *f*
verlieben* *refl. V.* **sich in jdn ~** tomber amoureux(-euse) de qn
verliebt *Adj.* (*Person, Blick*) amoureux (-euse)
verlieren [fɛɐ'li:rən] <verlor, verloren> **I.** *tr. V.* ❶ perdre ❷ (*Öl*) laisser s'échapper; **Luft ~** fuir **II.** *refl. V.* **sich ~** passer **III.** *intr. V.* **an Bedeutung** (*Dat*) **~** perdre en signification
Verlierer(in) <-s, -> *m(f)* perdant(e) *m(f);* (*eines Kriegs*) vaincu(e) *m(f)*
Verlies <-es, -e> *nt* oubliettes *fpl*
verloben* *refl. V.* se fiancer
verlobt *Adj.* **mit jdm ~ sein** être fiancé à qn
Verlobte(r) *f(m) dekl wie Adj* fiancé(e) *m(f)*
verlockend *Adj.* attrayant(e)

verlogen [fɛɐ'loːgən] *Adj.* menteur (-euse)
verlor [fɛɐ'loːɐ] *Imp. von* **verlieren**
verloren [fɛɐ'loːrən] **I.** *PP von* **verlieren II.** *Adj.* perdu(e) **III.** *Adv.* ~ **gehen** se perdre
verloren|gehenALT *s.* **verloren III.**
verlosen* *tr. V.* tirer au sort
Verlust [fɛɐ'lʊst] <-[e]s, -e> *m* perte *f*
vermachen* *tr. V.* ❶ JUR **jdm etw** ~ léguer qc à qn ❷ *fam* (*schenken*) **jdm etw** ~ faire cadeau de qc à qn
vermarkten* *tr. V.* **ein Produkt** ~ commercialiser un produit
vermasseln* *tr. V. fam* **jdm das Geschäft** ~ foutre en l'air l'affaire de qn
vermehren* **I.** *refl. V.* **sich** ~ ❶ se reproduire ❷ (*zunehmen*) augmenter **II.** *tr. V.* ❶ multiplier ❷ (*Besitz*) accroître
vermeidbar *Adj.* évitable
vermeiden* *tr. V. unreg* éviter
vermelden* *tr. V.* annoncer
Vermerk <-[e]s, -e> *m* note *f*
vermessen*1 *unreg* **I.** *tr. V.* mesurer **II.** *refl. V.* **sich** ~ se tromper en mesurant
vermessen2 *Adj. geh* présomptueux (-euse)
Vermessung *f* mesurage *m*
vermieten* *tr., intr. V.* louer
Vermieter(in) *m(f)* ❶ (*Hauswirt*) propriétaire *mf* ❷ (*Verleiher*) loueur(-euse) *m(f)*
Vermietung <-, -en> *f* location *f*
vermindern* **I.** *tr. V.* réduire **II.** *refl. V.* **sich** ~ diminuer
verminen* *tr. V.* miner
vermissen* *tr. V.* ❶ **ich vermisse dich** tu me manques ❷ (*als abwesend feststellen*) **vermisst werden** être porté disparu ❸ (*Schlüssel*) ne plus retrouver
vermitteln* **I.** *tr. V.* ❶ (*Stelle*) fournir; (*Arbeitskräfte*) recruter ❷ (*Lehrstoff*) transmettre **II.** *intr. V.* **in etw** (*Dat*) ~ servir d'intermédiaire dans qc
Vermittler(in) <-s, -> *m(f)* ❶ (*Schlichter*) médiateur(-trice) *m(f)* ❷ (*Makler*) intermédiaire *mf*
Vermittlung <-> *f kein Pl.* ❶ (*das Vermitteln*) **die ~ von Arbeitskräften** le placement de la main-d'œuvre ❷ (*Schlichtung*) médiation *f* ❸ TELEC (*das Schalten*) **die ~ eines Gesprächs** l'établissement *m* d'une communication
vermöbeln* *tr. V. fam* tabasser
Vermögen <-s, -> *nt* ❶ fortune *f* ❷ *kein Pl. geh* **sein ~ etw zu tun** sa capacité à faire qc
vermögend *Adj. geh* fortuné(e); ~ **sein** avoir des biens
vermummen* *refl. V.* **sich** ~ dissimuler son visage
vermuten* [fɛɐ'muːtən] *tr. V.* ~**, dass ...** supposer que ...
vermutlich *Adj. attr* probable
Vermutung <-, -en> *f* supposition *f*, présomption *f*
vernachlässigen* **I.** *tr. V.* (*Kind*) délaisser; (*Kleidung*) négliger **II.** *refl. V.* **sich** ~ se laisser aller
vernageln* *tr. V.* (*Kiste, Sarg*) clouer; **das Fenster mit Brettern** ~ condamner la fenêtre en clouant des planches
vernarben* *intr. V.* + *sein* se cicatriser
vernehmen* *tr. V. unreg* ❶ (*Zeugen*) entendre; (*Beschuldigten*) interroger ❷ *geh* (*hören*) percevoir ❸ *geh* (*erfahren*) apprendre
vernehmlich *Adj. geh* audible; (*Stimme*) clair(e)
Vernehmung <-, -en> *f* (*eines Zeugen*) audition *f*; (*Verhör*) interrogatoire *m*
verneigen* *refl. V. geh* **sich** ~ s'incliner
verneinen* *tr. V.* ❶ (*Frage*) donner une réponse négative à ❷ (*leugnen*) nier
Verneinung <-, -en> *f* ❶ (*einer Frage*) réponse *f* négative ❷ (*Leugnung*) négation *f*
vernetzen *tr. V.* INFORM **Rechner [miteinander]** ~ mettre des ordinateurs en réseau
Vernetzung <-, -en> *f* ❶ INFORM mise *f* en réseau, interconnexion *f* ❷ (*Verbindung*) imbrication *f*
vernichten* [fɛɐ'nɪçtn] *tr. V.* détruire; (*Arbeitsplätze*) supprimer
vernichtend **I.** *Adj.* écrasant(e) **II.** *Adv.* **jdn ~ schlagen** battre qn à plate[s] couture[s]
Vernichtung <-, -en> *f* (*von Beweisen, einer Ernte*) destruction *f*; (*von Arbeitsplätzen*) suppression *f*
Vernunft [fɛɐ'nʊnft] <-> *f* raison *f*
vernünftig [fɛɐ'nʏnftɪç] **I.** *Adj.* ❶ (*Person*) raisonnable ❷ (*Argument*) sensé(e) **II.** *Adv. fam* (*akzeptabel*) convenablement
veröffentlichen* [fɛɐ'œfntlɪçn] *tr. V.* publier

V

Veröffentlichung <-, -en> *f* publication *f*
verordnen* *tr. V.* prescrire
Verordnung <-, -en> *f* ❶ *kein Pl.* (*das Verschreiben*) prescription *f* ❷ *form* (*Verfügung*) disposition *f*
verpachten* *tr. V.* (*Bauernhof*) affermer; **ein Lokal ~** donner un établissement à bail
verpacken* *tr. V.* emballer
Verpackungsmüll *m* emballages *mpl* usagés
verpassen* *tr. V.* (*Bus*) rater; (*Chance*) laisser passer
verpatzen* *tr. V. fam* gâcher
verpesten* *tr. V.* polluer
verpfeifen* *tr. V. unreg fam* balancer
verpflegen* *refl., tr. V.* [**sich**] **~** [se] nourrir
Verpflegung *f* alimentation *f*
verpflichten* **I.** *tr. V.* obliger **II.** *intr. V.* **nicht zum Kauf ~** être sans obligation d'achat **III.** *refl. V.* **sich zu etw ~** s'engager à qc
Verpflichtung <-, -en> *f meist Pl.* (*Pflicht*) engagement *m*
verpfuschen* *tr. V. a. fig fam* bousiller
verpixeln* [fɛɐ̯'pɪksəln] *tr. V.* INFORM pixéliser
verplanen* *tr. V.* ❶ (*Summe*) prévoir; (*Zeit*) programmer ❷ *fam* (*ausbuchen*) **verplant sein** être pris
verprassen* *tr. V.* **etw ~** dilapider qc
verprügeln* *tr. V.* **jdn ~** rouer qn de coups
verputzen* *tr. V.* ❶ (*Haus*) crépir; (*Wand*) enduire ❷ *fam* (*aufessen*) avaler
Verrat <-[e]s> *m* **~ begehen** commettre une trahison
verraten <verrät, verriet, verraten> **I.** *tr. V.* ❶ trahir ❷ *iron fam* (*sagen*) **sie hat mir nicht ~ wollen, wer ...** elle n'a pas voulu me dire qui ... **II.** *refl. V.* **sich ~** se trahir
Verräter(in) <-s, -> *m(f)* traître(-esse) *m(f)*
verräterisch **I.** *Adj.* (*Handbewegung*) qui trahit **II.** *Adv.* **jdm ~ zuzwinkern** faire un clin d'œil traître à qn
verrauchen* **I.** *intr. V.* + *sein* (*Ärger*) se dissiper **II.** *tr. V.* + *haben* **ein verrauchtes Lokal** un bistro[t] enfumé
verrechnen* **I.** *refl. V.* ❶ **sich um zehn Euro ~** se tromper de dix euros en comptant ❷ (*sich irren*) **sich ~** faire une erreur [dans ses calculs] **II.** *tr. V.* **die Anzahlung mit dem Gesamtbetrag ~** déduire l'acompte du montant total
Verrechnungsscheck *m* chèque *m* barré
verregnet *Adj.* très pluvieux(-euse)
verreisen* *intr. V.* + *sein* **mit dem Zug ~** partir en voyage par le train
verrenken* [fɛɐ̯'rɛŋkən] *refl. V.* **sich** (*Dat*) **den Hals ~** se tordre le cou
verrichten* *tr. V.* accomplir
verriegeln* *tr. V.* verrouiller
verringern* [fɛɐ̯'rɪŋɐn] **I.** *tr. V.* réduire **II.** *refl. V.* **sich ~** ❶ diminuer ❷ (*sich verschlechtern*) s'amenuiser
Verriss^{RR} *m* mauvaise critique *f*
verrosten* *intr. V.* + *sein* rouiller
verrotten* [fɛɐ̯'rɔtən] *intr. V.* + *sein* pourrir
verrückt *Adj. fam* ❶ fou(folle); **jdn ~ machen** *fam* rendre qn cinglé(e); **bist du ~?** *fam* t'es malade [ou quoi] ? ❷ (*Kleidung*) dingue ❸ (*versessen*) **nach jdm ~ sein** être dingue de qn; **auf etw** (*Akk*)/**nach etw ~ sein** raffoler de qc ▸ **wie ~** *fam* comme un fou/une folle
Verrückte(r) *f(m) dekl wie Adj fam* fou (folle) *m(f)*
Verruf *m* **in ~ kommen** compromettre sa réputation
verrufen *Adj.* mal famé(e)
Vers [fɛrs] <-es, -e> *m* ❶ vers *m* ❷ (*Bibelvers*) verset *m*
versagen* **I.** *intr. V.* ❶ échouer; **aus Angst zu ~** par peur de l'échec ❷ (*Erziehung*) être un échec ❸ (*Alarmanlage*) ne pas fonctionner; **seine Stimme versagte** sa voix lui fit défaut **II.** *tr. V.* *geh* **jdm etw ~** refuser qc à qn
Versagen <-s> *nt* ❶ échec *m* ❷ (*eines Herzens*) arrêt *m* ❸ (*Fehlverhalten*) **menschliches ~** défaillance *f* humaine
Versager(in) <-s, -> *m(f)* raté(e) *m(f)*
versalzen* *tr. V. unreg* ❶ (*Essen*) trop saler ❷ *fam* (*verderben*) **diese Freude werde ich ihm ~!** je vais lui gâcher ce plaisir !
versammeln* *tr., refl. V.* [**sich**] **~** [se] rassembler
Versammlung *f* ❶ réunion *f* ❷ (*die versammelten Menschen*) assemblée *f*

Versand <-[e]s> *m* (*das Versenden*) envoi *m*
Versandhaus *nt* entreprise *f* de vente par correspondance
versauen* *tr. V. fam* (*Boden*) dégueulasser
versäumen* *tr. V.* ❶ (*Termin*) manquer; (*Gelegenheit*) laisser passer ❷ (*unterlassen*) [**es**] ~ **etw zu tun** omettre de faire qc
Versäumnis [fɛɐ̯'zɔʏmnɪs] <-ses, -se> *nt geh* omission *f*
verschaffen* **I.** *tr. V.* **das wird dir Respekt** ~ ainsi, tu te feras respecter **II.** *refl. V.* **sich** (*Dat*) **Geld** ~ se procurer de l'argent; **sich** (*Dat*) **Respekt** ~ s'attirer le respect
verschämt I. *Adj.* gêné(e) **II.** *Adv.* timidement
verschärfen* **I.** *refl. V.* **sich** ~ s'aggraver **II.** *tr. V.* ❶ (*Bestimmung*) renforcer; (*Strafe*) alourdir ❷ (*zuspitzen*) aggraver
verschätzen* *refl. V.* (*sich täuschen*) **sich** ~ se tromper
verschenken* *tr. V.* (*Kleider, Geld*) donner; (*Besitz*) faire don de
verscherzen* *refl. V.* **sich** (*Dat*) **jds Freundschaft** ~ perdre l'amitié de qn par sa faute
verschicken* *tr. V.* envoyer
verschieben* *unreg* **I.** *tr. V.* ❶ (*verrücken*) **etw** ~ déplacer qc ❷ (*verlegen*) reporter; **etw auf die nächste Woche** ~ remettre qc à la semaine prochaine **II.** *refl. V.* ❶ **sich auf die nächste Woche** ~ être reporté à la semaine prochaine ❷ (*verrutschen*) **sich** ~ glisser
Verschiebung *f* report *m*
verschieden [fɛɐ̯'ʃi:dən] **I.** *Adj.* ❶ différent(e) ❷ *attr* (*einige*) **~e Leute** plusieurs personnes **II.** *Adv.* ~ **breit/hoch sein** être de largeurs/hauteurs différentes
verschiedenartig *Adj.* de différentes sortes
verschiedentlich [fɛɐ̯'ʃi:dəntlɪç] *Adv.* à diverses reprises
verschimmeln* *intr. V. + sein* moisir
verschlafen*[1] *unreg* **I.** *intr. V.* se réveiller trop tard **II.** *tr. V. fam* (*vergessen*) oublier carrément
verschlafen[2] *Adj.* (*Person*) encore [tout(e)] endormi(e)
verschlagen* *tr. V. unreg* ❶ (*schlagen*) battre ❷ (*Ball*) rater
verschlampen* *tr. V. fam* paumer
verschlechtern* **I.** *tr. V.* aggraver **II.** *refl. V.* **sich** ~ ❶ (*Lage*) s'aggraver ❷ (*beruflich*) être bien moins loti
Verschlechterung <-, -en> *f* (*einer Lage*) aggravation *f;* (*des Wetters*) dégradation
verschleiern* [fɛɐ̯'ʃlaɪɐ̯n] **I.** *tr. V.* ❶ *a. fig* voiler ❷ (*Sachverhalt*) dissimuler **II.** *refl. V.* **sich** ~ se voiler
verschleißen [fɛɐ̯'ʃlais] <verschliss, verschlissen> **I.** *intr. V. + sein* s'user **II.** *tr., refl. V. + haben* [**sich**] ~ [s']user
verschleppen* *tr. V.* ❶ déplacer ❷ (*Krankheit*) traîner
verschleudern* *tr. V.* dilapider
verschließen* *unreg* **I.** *tr. V.* ❶ fermer [à clé] ❷ (*Flasche*) boucher **II.** *refl. V.* **sich einer Überlegung** ~ se fermer à une réflexion
verschlimmern* *refl., tr. V.* [**sich**] ~ [s']aggraver
verschlingen* *tr. V. unreg* dévorer
verschlissen [fɛɐ̯'ʃlɪsən] **I.** *PP von* **verschleißen II.** *Adj.* usé(e)
verschlossen [fɛɐ̯'ʃlɔsən] *Adj.* ❶ (*Person*) renfermé(e) ❷ (*unverständlich*) **jdm ~ bleiben** rester un mystère pour qn
verschlucken* **I.** *tr. V.* ❶ avaler ❷ (*dämpfen*) étouffer **II.** *refl. V.* **sich an etw** (*Dat*) ~ avaler qc de travers
Verschluss[RR] *m* (*eines Glases*) couvercle *m;* (*einer Flasche*) bouchon *m* ▶ **etw unter** ~ **halten** garder qc sous clé
verschlüsseln* *tr. V.* coder; **das Programm verschlüsselt senden** diffuser le programme crypté
verschmelzen* *intr. V. unreg + sein* **mit etw** ~ fondre et se mélanger à qc
verschmerzen* *tr. V.* se consoler de
verschmitzt I. *Adj.* malicieux(-euse) **II.** *Adv.* ~ **lächeln** arborer un sourire malicieux
verschmutzen* **I.** *tr. V. + haben* ❶ salir ❷ (*Umwelt*) polluer **II.** *intr. V. + sein* **schnell** ~ se salir facilement
verschnaufen* *intr., refl. V. fam* [**sich**] ~ reprendre son souffle
Verschnaufpause *f* ▶ **eine** ~ **einlegen** souffler un peu
verschneit *Adj.* enneigé(e)

V

verschnupft *Adj.* ❶ enrhumé(e) ❷ *fam* (*verärgert*) en rogne
verschollen [fɛɐ̯ˈʃɔlən] *Adj.* [porté(e)] disparu(e)
verschonen* *tr. V.* épargner qn/qc
verschönern* [fɛɐ̯ˈʃøːnɐn] *tr. V.* embellir
verschränken* [fɛɐ̯ˈʃrɛŋkən] *tr. V.* (*Arme, Beine*) croiser
verschreiben* *unreg* **I.** *tr. V.* **jdm etw ~** prescrire qc à qn **II.** *refl. V.* ❶ (*falsch schreiben*) **sich ~** faire une faute [d'orthographe] ❷ (*sich widmen*) **sich einer S.** (*Dat*) **~** se vouer à qc
verschreibungspflichtig *Adj.* délivré(e) sur ordonnance
verschroben *Adj.* extravagant(e)
verschrotten* *tr. V.* **etw ~** mettre qc à la ferraille
verschüchtert [fɛɐ̯ˈʃʏçtɐt] *Adj., Adv.* effarouché(e)
verschulden* **I.** *tr. V.* + *haben* (*Unfall*) être responsable de **II.** *intr. V.* + *sein* s'endetter **III.** *refl. V.* + *haben* **sich bei jdm ~** s'endetter auprès de qn
Verschuldung <-, -en> *f* endettement *m*
verschütten* *tr. V.* ❶ renverser ❷ (*begraben*) ensevelir
verschütt|gehen *intr. V. unreg fam* (*verloren gehen*) se faire la malle
verschweigen* *tr. V. unreg* **etw ~** taire qc; **jdm etw ~** cacher qc à qn
verschwenden* *tr. V.* ❶ **Geld ~** gaspiller de l'argent ❷ *fig* **keinen einzigen Gedanken an jdn/etw ~** ne pas accorder la moindre pensée à qn/qc
verschwenderisch **I.** *Adj.* ❶ (*Person*) gaspilleur(-euse) ❷ (*Pracht*) opulent(e) **II.** *Adv.* **mit Energie ~ umgehen** gaspiller l'énergie
Verschwendung <-, -en> *f* gaspillage *m*
verschwiegen [fɛɐ̯ˈʃviːgən] *Adj.* discret(-ète)
Verschwiegenheit <-> *f* discrétion *f*
verschwimmen* *intr. V. unreg* + *sein* s'estomper
verschwinden* *intr. V. unreg* + *sein* ❶ disparaître ❷ (*sich davonmachen*) **rasch ~** s'esquiver
verschwitzen* *tr. V.* ❶ **etw ~** mouiller qc de sueur ❷ *fam* (*vergessen*) **einen Termin ~** foirer un rendez-vous
verschwommen [fɛɐ̯ˈʃvɔmən] *Adj.* flou(e)
verschwören* *refl. V. unreg* conspirer
Verschwörer(in) <-s, -> *m(f)* conspirateur(-trice) *m(f)*
Verschwörung <-, -en> *f* conspiration *f*
versehen* *unreg* **I.** *tr. V. form* **jdn mit etw ~** munir qn de qc; **etw mit einem Stempel ~** apposer un tampon sur qc **II.** *refl. V.* **sich mit etw ~** se munir de qc
Versehen <-s, -> *nt* méprise *f;* **aus ~** par mégarde
versehentlich [fɛɐ̯ˈzeːəntlɪç] **I.** *Adj. attr* accidentel(le) **II.** *Adv.* par erreur
versenden* *tr. V. unreg o reg* expédier
versenken* *tr. V.* ❶ (*Schiff*) couler ❷ (*Verdeck*) escamoter
Versenkung *f* ▸**aus der ~ auftauchen** *fam* refaire surface
versetzen* **I.** *tr. V.* ❶ ADMIN **jdn ~** muter qn ❷ SCHULE **jdn in die höhere Klasse ~** faire passer qn dans la classe supérieure ❸ (*Spielfigur*) déplacer ❹ (*verpfänden*) **etw ~** mettre qc en gage ❺ *fam* (*umsonst warten lassen*) **jdn ~** poser un lapin à qn ❻ (*geben*) **jdm einen Stoß ~** donner un coup à qn **II.** *intr. V. geh* (*erwidern*) rétorquer **III.** *refl. V.* (*sich einfühlen*) **sich in die Lage seines Freundes ~** se mettre à la place de son ami
Versetzung <-, -en> *f* ❶ ADMIN mutation *f* ❷ (*eines Schülers*) passage *m*
verseuchen* *tr. V.* ❶ contaminer; (*Umwelt*) polluer ❷ INFORM **etw ~** (*Virus*) contaminer qc
versichern* **I.** *tr. V.* ❶ **jdn/etw ~** assurer qn/qc ❷ (*beteuern*) **jdm ~, dass ...** donner l'assurance à qn que ... ❸ *geh* (*zusichern*) **jdn seiner Freundschaft** (*Gen*) **~** répondre de son amitié à qn **II.** *refl. V.* **sich gegen etw ~** s'assurer contre qc
Versicherung *f* assurance *f*
Versicherungsgesellschaft *f* compagnie *f* d'assurances **versicherungspflichtig** *Adj.* obligé(e) de s'assurer
versiegeln* *tr. V.* (*Brief*) cacheter; (*Wohnung*) sceller; (*Parkett*) vitrifier
versinken *intr. V. unreg* + *sein* ❶ **im Meer ~** (*Schiff*) sombrer au fond de la mer; **versunken** (*Schatz*) englouti(e) ❷ (*einsinken*) s'enfoncer
versinnbildlichen* *tr. V.* symboliser
Version [vɛrˈzioːn] <-, -en> *f* version *f*
versklaven* [fɛɐ̯ˈsklaːvn] *tr. V.* **jdn ~** réduire qn en esclavage

V

versnobt *Adj.* snob
versöhnen* [fɛɐ'zøːnən] *tr., refl. V.* [**sich**] ~ [se] réconcilier
versöhnlich *Adj.* conciliant(e)
versorgen* **I.** *tr. V.* ❶ (*Person, Tier*) s'occuper de ❷ (*versehen*) **jdn mit etw** ~ fournir qc à qn **II.** *refl. V.* **sich mit Reiseproviant** ~ faire des provisions pour le voyage
Versorgung <-> *f* ❶ (*das Versorgen*) **sich um die ~ der Tiere/Pflanzen kümmern** s'occuper des animaux/soigner les plantes ❷ (*das Ausstatten*) l'approvisionnement *m*
verspäten* *refl. V.* **sich** ~ (*Person*) se mettre en retard; (*Flugzeug*) être en retard
verspätet *Adj., Adv.* en retard
Verspätung <-, -en> *f* retard *m*
verspeisen* *tr. V. geh* ingurgiter
versperren* *tr. V.* ❶ (*Straße*) couper; (*Weg*) barrer ❷ (*Aussicht*) boucher
verspielen* *tr. V.* ❶ (*Geld*) perdre au jeu ❷ (*Chance*) gâcher ▶ **bei jdm verspielt haben** être discrédité auprès de qn
verspielt *Adj.* ❶ ~ **sein** (*Kind, Hund*) être joueur ❷ (*Dekor*) fantaisie *inv.*
verspotten* *tr. V.* se moquer de
versprechen* *unreg* **I.** *tr. V.* promettre **II.** *refl. V.* ❶ (*erwarten*) **sich** (*Dat*) **von einer Reise viel** ~ attendre beaucoup d'un voyage ❷ (*sich beim Sprechen vertun*) **sich** ~ faire un lapsus
Versprechen <-s, -> *nt* promesse *f*
verspritzen* *tr. V.* ❶ (*versprengen*) **Wasser** ~ faire gicler de l'eau; **etw über jdn/etw** ~ asperger qn/qc de qc ❷ (*Farbe, Tinte*) pulvériser ❸ (*ausstoßen*) cracher
verspüren* *tr. V. geh* ressentir, éprouver
verstaatlichen* *tr. V.* nationaliser
Verstand [fɛɐ'ʃtant] <-[e]s> *m* raison *f*
verstanden [fɛɐ'ʃtandən] *PP von* **verstehen**
verständigen* **I.** *tr. V.* informer **II.** *refl. V.* ❶ (*sich verständlich machen*) **sich** ~ se faire comprendre ❷ (*sich einigen*) **sich** ~ s'entendre
verständlich [fɛɐ'ʃtɛntlɪç] *Adj.* ❶ (*begreiflich*) compréhensible; **leicht** ~ facile à comprendre ❷ (*hörbar*) intelligible
verständnislos **I.** *Adj.* d'incompréhension **II.** *Adv.* avec un air d'incompréhension
verstärken* **I.** *tr. V.* ❶ (*Mauer*) consolider ❷ (*vergrößern*) **die Belegschaft** ~ renforcer les effectifs ❸ MEDIA amplifier **II.** *refl. V.* **sich** ~ se renforcer
Verstärker <-s, -> *m* amplificateur *m*
Verstärkung *f kein Pl.* ❶ (*einer Mauer*) consolidation *f* ❷ (*eines Teams*) renforcement *m* ❸ (*der Anstrengungen*) intensification *f*
verstauben* *intr. V. + sein* se [re]couvrir de poussière; **verstaubt sein** être empoussiéré
verstaubt *Adj.* (*Ansichten*) poussiéreux(-euse)
verstauchen* *tr. V.* **sich** (*Dat*) **etw** ~ se fouler qc
Verstauchung <-, -en> *f* foulure *f*
verstauen* *tr. V.* **etw im Auto** ~ mettre qc dans la voiture
Versteck <-[e]s, -e> *nt* cachette *f*
verstecken* **I.** *tr. V.* cacher **II.** *refl. V.* **sich** ~ se cacher
Verstecken ▶ ~ **spielen** jouer à cache-cache
versteckt *Adj.* ❶ (*verborgen*) caché(e) ❷ (*abgelegen*) très à l'écart ❸ (*unausgesprochen*) voilé(e)
verstehen <verstand verstanden> **I.** *tr. V.* ❶ (*akustisch wahrnehmen*) comprendre; **kaum zu ~ sein** être presque inintelligible ❷ (*begreifen*) comprendre; **jdn richtig/falsch** ~ comprendre qn bien/mal **II.** *refl. V.* ❶ (*auskommen*) **sich mit jdm** ~ s'entendre avec qn ❷ (*sich einschätzen*) **sich als Künstler** ~ se considérer comme artiste ▶ **sich von selbst** ~ aller de soi **III.** *intr. V.* comprendre; **verstanden?** compris ?
versteigern* *tr. V.* vendre aux enchères
Versteigerung *f* vente aux enchères *f*
versteinern *intr. V. + sein* ❶ GEO se fossiliser ❷ *fig* **er saß mit versteinertem Gesicht da** il était là, le visage pétrifié
Versteinerung <-, -en> *f* fossile *m*
verstellbar *Adj.* réglable
verstellen* **I.** *tr. V.* ❶ (*Höhe*) régler ❷ (*woandershin stellen*) déplacer ❸ (*Weg*) barrer ❹ (*Stimme*) contrefaire **II.** *refl. V.* **sich** ~ simuler
versteuern* *tr. V.* payer des impôts sur
verstimmen* *tr. V.* **jdn** ~ (*Person*) fâcher qn

Verstimmung *f* mauvaise humeur *f*
verstohlen **I.** *Adj.* furtif(-ive) **II.** *Adv.* (*winken*) en cachette
verstopft *Adj.* (*Rohr, Nase*) bouché(e); (*Straße*) encombré(e)
Verstopfung <-, -en> *f* MED constipation *f*
verstorben [fɛɐ'ʃtɔrbən] *Adj. geh* défunt(e); ~ **sein** être décédé (*form*)
Verstorbene(r) *f(m) dekl wie Adj* défunt(e) *m(f)*
verstört *Adj., Adv.* bouleversé(e)
Verstoß *m* infraction *f*
verstoßen* *unreg* **I.** *intr. V.* **gegen ein Gesetz** ~ transgresser une loi; **gegen die Disziplin** ~ manquer à la discipline **II.** *tr. V.* **jdn** ~ rejeter qn
verstrahlen *tr. V.* irradier
verstreichen* *unreg* **I.** *tr. V.* + *haben* **Creme** ~ étaler de la crème **II.** *intr. V.* + *sein* (*Ultimatum*) expirer; (*Zeit*) s'écouler; **etw ~ lassen** laisser passer qc
verstreuen* *tr. V.* ❶ (*ausstreuen*) répandre ❷ (*achtlos hinwerfen*) **etw auf dem Boden** ~ éparpiller qc par terre
verstreut [fɛɐ'ʃtrɔɪt] *Adj.* disséminé(e)
verstricken* **I.** *tr. V.* entraîner **II.** *refl. V.* **sich in etw** (*Akk*) ~ s'empêtrer dans qc
verströmen* *tr. V. geh* (*Duft, Aroma*) exhaler
verstümmeln* [fɛɐ'ʃtʏməln] *tr. V.* ❶ (*verletzen*) **jdn/sich** ~ mutiler qn/se mutiler ❷ (*Text*) tronquer
Versuch [fɛɐ'zuːx] <-[e]s, -e> *m* ❶ essai *m* ❷ (*Experiment*) expérience *f*
versuchen* **I.** *tr. V.* ❶ (*einen Versuch unternehmen*) tenter ❷ (*ausprobieren*) essayer ❸ (*Kuchen*) goûter **II.** *refl. V.* **sich in der Malerei** ~ s'essayer à faire de la peinture
Versuchskaninchen *nt fam* cobaye *m* **Versuchstier** *nt* animal *m* de laboratoire
Versuchung <-, -en> *f* tentation *f*
versunken [fɛɐ'zʊŋkən] **I.** *PP von* **versinken** **II.** *Adj.* ❶ (*Kultur*) disparu(e) ❷ (*vertieft*) **in etw** (*Akk*) ~ **sein** être plongé dans qc
versüßen* *tr. V. fig* **jdm den Abschied** ~ rendre les adieux moins amers à qn
vertagen* **I.** *tr. V.* ajourner **II.** *refl. V.* **sich** ~ ajourner sa session
vertauschen* *tr. V.* ❶ (*verwechseln*) **etw** ~ prendre qc pour le sien/la sienne ❷ (*austauschen*) échanger
verteidigen* [fɛɐ'taɪdɪgən] **I.** *tr. V.* ❶ défendre ❷ (*Vorsprung*) maintenir **II.** *refl. V.* **sich** ~ se défendre
Verteidiger(in) <-s, -> *m(f)* ❶ JUR avocat(e) *m(f)* de la défense ❷ SPORT défenseur(-euse) *m(f)*
Verteidigung <-, -en> *f* défense *f*
Verteidigungsminister(in) *m(f)* ministre *mf* de la Défense; (*in Frankreich*) ministre de la Défense nationale **Verteidigungsministerium** *nt* ministère *m* de la Défense; (*in Frankreich*) ministère de la Défense nationale **Verteidigungspolitik** *f* politique *f* de défense
verteilen* **I.** *tr. V.* ❶ distribuer ❷ (*platzieren*) disposer ❸ (*Blumenerde*) répandre **II.** *refl. V.* **sich** ~ se répartir
Verteilung *f* ❶ (*Austeilung*) distribution *f* ❷ (*das Ausstreuen: von Dünger*) épandage *m*
verteuern* *refl., tr. V.* [**sich**] ~ augmenter
vertiefen* **I.** *tr. V.* approfondir **II.** *refl. V.* **sich in etw** (*Akk*) ~ se plonger dans qc
Vertiefung <-, -en> *f* ❶ creux *m* ❷ (*von Kenntnissen*) approfondissement *m*
vertikal [vɛrti'kaːl] **I.** *Adj.* vertical(e) **II.** *Adv.* à la verticale
vertilgen* *tr. V.* ❶ (*Unkraut*) détruire; (*Ungeziefer*) exterminer ❷ *fam* (*aufessen*) liquider
Vertrag [fɛɐ'traːk, *Pl:* fɛɐ'trɛːgə] <-[e]s, Verträge> *m* ❶ JUR contrat *m* ❷ POL traité *m*
vertragen* *unreg* **I.** *tr. V.* supporter **II.** *refl. V.* (*auskommen*) **sich mit jdm** ~ s'entendre avec qn
verträglich [fɛɐ'trɛːklɪç] *Adj.* ❶ (*umgänglich*) accommodant(e) ❷ (*Essen*) digeste
Vertragsabschluss[RR] *m* signature *f* du contrat **vertragsbrüchig** *Adj.* qui rompt un contrat **Vertragshändler(in)** *m(f)* concessionnaire *mf* **vertragswidrig** **I.** *Adj.* non conforme aux termes du contrat **II.** *Adv.* contrairement au contrat
vertrauen* *intr. V.* ❶ (*glauben*) **jdm** ~ faire confiance à qn ❷ (*sich verlassen auf*) **auf etw** (*Akk*) ~ se fier à qc

Vertrauen <-s> *nt* ❶ confiance *f* ❷ POL **jdm das ~ aussprechen/entziehen** accorder/retirer sa confiance à qn ▸ **im ~** tout à fait confidentiellement

Vertrauensbruch *m* abus *m* de confiance **vertrauensselig** *Adj.* crédule **vertrauensvoll** I. *Adj.* basé(e) sur la confiance II. *Adv.* en toute confiance **vertrauenswürdig** *Adj.* digne de confiance

vertraulich *Adj.* confidentiel(le)

verträumt *Adj.* ❶ (*idyllisch*) idyllique ❷ (*realitätsfern*) rêveur(-euse)

vertraut *Adj.* ❶ familier(-ière); (*Umgang*) intime ❷ (*bekannt*) **sich mit etw ~ machen** se familiariser avec qc

vertreiben* *tr. V. unreg* ❶ chasser ❷ (*Minderheit*) expulser

vertretbar *Adj.* ❶ (*Argument*) défendable; (*Haltung*) justifiable ❷ (*Zeitraum*) acceptable

vertreten* *tr. V. unreg* ❶ (*Kollegen*) remplacer ❷ (*Angeklagten*) défendre [les intérêts de] ❸ (*repräsentieren*) représenter ❹ (*verfechten*) soutenir

Vertreter(in) <-s, -> *m(f)* ❶ (*Stellvertreter*) remplaçant(e) *m(f)* ❷ (*Handelsvertreter*) représentant(e) *m(f)*

Vertretung <-, -en> *f* ❶ *kein Pl.* (*das Vertreten*) remplacement *m* ❷ (*Stellvertreter*) remplaçant(e) *m(f)* ❸ (*Mission*) **diplomatische ~** représentation *f* diplomatique

Vertrieb <-[e]s> *m* COM ❶ (*das Vertreiben*) distribution *f* ❷ (*Vertriebsabteilung*) service commercial *m*

Vertriebene(r) *f(m) dekl wie Adj* expatrié(e) *m(f)*

Vertriebsgesellschaft *f* société *f* de distribution **Vertriebsleitung** *f* direction *f* des ventes

vertrocknen* *intr. V. + sein* sécher; (*Brot*) rassir; **vertrocknet** sec(sèche)

vertrösten* *tr. V.* faire patienter

vertun* *unreg* I. *refl. V. fam* **sich ~** se gourer II. *tr. V.* (*ungenutzt lassen*) laisser passer

vertuschen* *tr. V.* dissimuler

verübeln* *tr. V.* **jdm eine Bemerkung ~** en vouloir à qn d'une remarque

verüben* *tr. V.* commettre

verunfallen* *intr. V. + sein* CH avoir un accident

verunglücken* *intr. V. + sein* **mit dem Auto ~** avoir un accident de voiture; **verunglückt** accidenté(e)

verunsichern* *tr. V.* **jdn ~** (*Person*) inquiéter qn; (*Situation*) ébranler qn

verunstalten* [fɛɐ'ʔʊnʃtaltən] *tr. V.* défigurer

veruntreuen* *tr. V.* détourner

verursachen* *tr. V.* provoquer

Verursacher(in) <-s, -> *m(f)* responsable *mf*

verurteilen* *tr. V.* ❶ JUR condamner ❷ (*bestimmen*) **zum Scheitern verurteilt sein** être voué à l'échec

Verurteilung <-, -en> *f* condamnation *f*

vervielfachen* *refl., tr. V.* **[sich] ~** [se] multiplier

vervollkommnen* [fɛɐ'fɔlkɔmnən] I. *tr. V.* (*Methode*) perfectionner; (*Werk*) parfaire II. *refl. V.* **sich ~** se perfectionner

vervollständigen* *tr. V.* compléter

verwahren* I. *tr. V.* garder II. *refl. V. geh* **sich gegen etw ~** s'indigner contre qc

verwahrlosen* *intr. V. + sein* (*Person*) tomber bien bas; (*Gebäude*) se délabrer

verwalten* *tr. V.* ❶ ADMIN administrer ❷ AGR, FIN, INFORM gérer

Verwalter(in) <-s, -> *m(f)* FIN administrateur(-trice) *m(f)*

verwandeln* *refl., tr. V.* **[sich] ~** [se] transformer

Verwandlung *f* métamorphose *f*

verwandt[1] [fɛɐ'vant] *Adj.* ❶ **mit jdm ~ sein** être parent avec qn ❷ (*artverwandt*) de la même famille ❸ *fig* (*Sprachen*) apparenté(e)

verwandt[2] *PP von* **verwenden**

verwandte *Imp. von* **verwenden**

Verwandte(r) *f(m) dekl wie Adj* parent(e) *m(f)*

Verwandtschaft <-, -en> *f* (*die Verwandten*) **die [nähere] ~** les [proches] parents *mpl*; **meine ~** ma famille

verwarnen* *tr. V.* ❶ avertir ❷ (*gebührenpflichtig*) **jdn ~** mettre une contravention à qn

Verwarnung *f* ❶ *kein Pl.* (*das Verwarnen*) avertissement *m* ❷ (*Strafmandat*) **gebührenpflichtige ~** contravention *f* payable sur place

verwaschen *Adj.* (*Farbe*) délavé(e)

verwässern* *tr. V.* ❶ (*Wein*) couper ❷ (*abschwächen: Gesetz*) édulcorer

verwechseln* [fɛɐ'vɛksln] *tr. V.* confondre

Verwechslung [-'vɛks-] <-, -en> *f* confusion *f*

verwegen [fɛɐ̯'ve:gən] *Adj.* audacieux (-euse)
verwehren* *tr. V. geh* **jdm etw ~** proscrire qc à qn
verweichlichen* **I.** *intr. V. + sein* s'amollir; **verweichlicht** amolli(e) **II.** *tr. V. + haben* **jdn ~** amollir qn
verweigern* *tr. V.* refuser
Verweis [fɛɐ̯'vaɪs] <-es, -e> *m* blâme *m*
verweisen* *unreg* **I.** *tr. V.* ① renvoyer ② SPORT **jdn vom Platz ~** expulser qn du terrain **II.** *intr. V.* **auf etw** (*Akk*) **~** renvoyer à qc
verwelken* *intr. V. + sein* se faner
verwenden <verwendete, verwendet> *tr. V.* utiliser
Verwendung <-, -en> *f* utilisation *f*, emploi *m*
verwerfen* *tr. V. unreg* rejeter
verwerflich *Adj. geh* blâmable
verwerten* *tr. V.* (*Faserstoffe*) assimiler; (*Abfälle*) utiliser
verwesen* [fɛɐ̯'ve:zən] *intr. V. + sein* se décomposer
Verwesung <-> *f* décomposition *f*
verwickeln* **I.** *tr. V.* **jdn in einen Skandal ~** impliquer qn dans un scandale **II.** *refl. V.* **sich in Widersprüche ~** s'emmêler dans des contradictions
verwildern* *intr. V. + sein* ① (*Park*) tomber en friche ② (*zum Wildtier werden*) redevenir sauvage ③ (*Umgangsformen*) se dégrader
verwinkelt *Adj.* (*Gebäude*) tout(e) en coins et recoins; (*Gasse*) tortueux(-euse)
verwirklichen* **I.** *tr. V.* (*Traum*) réaliser; (*Gedanken*) concrétiser **II.** *refl. V.* **sich ~** se réaliser
Verwirklichung <-, -en> *f* (*eines Traums*) réalisation *f*; (*einer Idee*) concrétisation *f*
verwirren* *tr. V.* déconcerter
Verwirrung <-, -en> *f* désarroi *m*
verwischen* **I.** *tr. V.* ① étaler ② (*Spur*) effacer **II.** *refl. V.* **sich ~** s'estomper
V **Verwitterung** *f* érosion *m*
verwitwet *Adj.* veuf(veuve)
verwöhnen* [fɛɐ̯'vø:nən] **I.** *tr. V.* gâter **II.** *refl. V.* **sich ~** s'accorder une petite gâterie
verwöhnt [fɛɐ̯'vø:nt] *Adj.* exigeant(e); (*Kind*) gâté(e)
verworren [fɛɐ̯'vɔrən] *Adj.* embrouillé(e)
verwundbar *Adj.* vulnérable
verwunden* *tr. V.* blesser
verwunderlich *Adj.* **es ist ~, dass** il est surprenant que + *subj*
verwundern* **I.** *tr. V.* étonner; **es verwundert mich, dass** je suis étonné(e) que + *subj* **II.** *refl. V.* **sich über etw** (*Akk*) **~** s'étonner de qc
Verwunderung <-> *f* étonnement *m*; **voller ~** avec stupéfaction
verwünschen* *tr. V.* ① (*verfluchen*) maudire ② (*verzaubern*) **jdn/etw ~** jeter un sort à qn/ensorceler qc
verwüsten* *tr. V.* **etw ~** (*Armee*) ravager qc; (*Sturm*) dévaster qc
Verwüstung <-, -en> *f meist Pl.* ravages *mpl*
verzählen* *refl. V.* **sich ~** se tromper en comptant
verzapfen* *tr. V. fam* **Blödsinn ~** débiter des bêtises
verzaubern* *tr. V.* ① (*verhexen*) ensorceler ② (*bezaubern*) envoûter
Verzehr [fɛɐ̯'tse:ɐ̯] <-[e]s> *m form* consommation *f*
verzeichnen* *tr. V.* répertorier
Verzeichnis <-ses, -se> *nt* INFORM répertoire *m*
verzeigen* *tr. V.* CH porter plainte contre
verzeihen [fɛɐ̯'tsaɪən] <verzieh, verziehen> *tr., intr. V.* pardonner
verzeihlich *Adj.* pardonnable
verzerren* **I.** *tr. V.* ① (*Mund*) tordre; **das Gesicht vor Wut ~** grimacer de colère ② (*entstellen*) **jds Gesicht ~** déformer le visage de qn ③ (*Tatsachen*) déformer; (*Wettbewerb*) fausser; **etw verzerrt wiedergeben** donner une version déformée de qc **II.** *refl. V.* **sich zu einer Grimasse ~** se déformer en grimace
Verzicht <-[e]s, -e> *m* renoncement *m*
verzichten* *intr. V.* **auf etw** (*Akk*) **~** renoncer à qc
verzieh [fɛɐ̯'tsi:] *Imp. von* **verzeihen**
verziehen*[1] [fɛɐ̯'tsi:ən] *unreg* **I.** *tr. V. + haben* ① (*Mund*) tordre; **das Gesicht ~** faire une grimace ② (*Kind*) élever mal **II.** *intr. V. + sein* **sie sind ins Ausland verzogen** ils sont partis à l'étranger **III.** *refl. V. + haben* **sich ~** disparaître
verziehen[2] *PP von* **verzeihen**
verzieren* *tr. V.* décorer
verzinsen* **I.** *tr. V.* payer des intérêts sur **II.** *refl. V.* **sich gut/schlecht ~** rapporter des intérêts élevés/bas

verzögern* **I.** *tr. V.* retarder **II.** *refl. V.* **sich um eine Stunde ~** être retardé d'une heure
Verzögerung <-, -en> *f* retard *m*
verzollen* *tr. V.* dédouaner; **haben Sie etwas zu ~?** avez-vous quelque chose à déclarer ?
Verzug <-[e]s> *m* retard *m;* **in ~ kommen** prendre du retard
verzweifeln* *intr. V. + sein* désespérer
verzweifelt *Adj.* désespéré(e)
Verzweiflung <-> *f* désespoir *m*
verzweigen* *refl. V.* **sich** ~ se ramifier
verzwickt [fɛɐ'tsvɪkt] *Adj. fam* inextricable
Veto ['ve:to] <-s, -s> *nt* veto *m*
Vetter ['fɛtɐ] <-s, -n> *m* cousin *m*
vgl. *Abk. von* **vergleiche** cf.
Viadukt [via-] <-[e]s, -e> *m o nt* viaduc *m*
vibrieren* [vi'bri:rən] *intr. V.* vibrer
Video ['vi:deo] <-s, -s> *nt* ❶ (*Videofilm*) [film *m*] vidéo *f;* (*Videoclip*) clip *m;* (*Videokassette*) cassette *f* vidéo ❷ *kein Pl.* (*Medium*) vidéo *f*
Videofilm *m* film *m* vidéo **Videokamera** *f* caméscope *m* **Videorecorder** <-s, -> *m* magnétoscope *m* **Videospiel** *nt* jeu *m* vidéo **Videotext** *m kein Pl.* Télétex® *m* **Videothek** [video'te:k] <-, -en> *f* vidéoclub *m*
Vieh [fi:] <-[e]s> *nt* ❶ (*Rinder*) bétail *m* ❷ *fam* (*Tier*) bestiau *m*
Viehzucht *f* élevage *m*
viel [fi:l] **I.** <mehr, meiste> *unbest. Pron.* ❶ **~ Salz** beaucoup de sel; **so ~ Arbeit** tellement de travail; **so ~ Salz wie nötig** autant de sel que nécessaire; **zu ~ Arbeit** trop de travail ❷ *substantivisch* **~es** beaucoup de choses; **~es [von dem], was ...** beaucoup de ce qui/que ... **II.** *Adj.* ❶ **~e Leute** beaucoup de gens ❷ (*diese große Menge*) **die ~e Arbeit** tout ce travail **III.** <mehr, am meisten> *Adv.* beaucoup
vielbeschäftigt^ALT^ *s.* **beschäftigt 1** **vieldeutig** **I.** *Adj.* ambigu(ë) **II.** *Adv.* avec ambiguïté
vielerlei ['fi:lɐ'laɪ] *Adj. unv.* **~ Sorten Käse** toutes sortes de fromages
vielfach **I.** *Adj.* ❶ **die ~e Menge** une quantité bien plus grande ❷ (*Hinsicht*) multiple **II.** *Adv.* (*häufig*) très souvent **Vielfalt** <-, -en> *f* diversité *f* **vielfältig** *Adj.* varié(e) **Vielfraß** <-es, -e> *m* ❶ *fam* (*Mensch*) morfal(e) *m(f)* ❷ ZOOL glouton *m*
vielleicht [fi'laɪçt] *Adv.* ❶ (*eventuell*) peut-être ❷ (*ungefähr*) à peu près ❸ *fam* (*etwa*) par hasard ❹ *fam* (*wirklich*) **das ist ~ schwierig!** que c'est difficile !
vielmals *Adv. geh* de nombreuses fois
vielmehr [fi:l'me:ɐ̯] **I.** *Adv.* ❶ (*im Gegenteil*) au contraire ❷ (*genauer gesagt*) plutôt **II.** *Konj.* mais
vielsagend^ALT^ *s.* **sagen I.4**
vielseitig **I.** *Adj.* ❶ (*Person*) polyvalent(e) ❷ (*Interessen*) varié(e) ❸ (*Gerät*) à fonctions multiples **II.** *Adv.* ❶ **~ interessiert sein** avoir des intérêts variés ❷ (*für unterschiedliche Zwecke*) **~ verwendbar sein** servir à de multiples usages
vielversprechend **I.** *Adj.* prometteur(-euse); (*Nachricht*) encourageant(e) **II.** *Adv.* **sich ~ anhören** paraître prometteur(-euse) **Vielzahl** *f kein Pl.* multitude *f*
vier [fi:ɐ] *Num.* quatre; *s.a.* **acht**[1] ▸ **auf allen ~en** *fam* à quatre pattes
Vier <-, -en> *f* quatre *m;* (*Schulnote*) ≈ dix *m* sur vingt
Vieraugengespräch [fi:ɐ'aʊgəngəʃprɛ:ç] *nt* tête-à-tête *m* **vierbeinig** *Adj.* (*Tisch*) à quatre pieds; (*Tier*) quadrupède **Viereck** *nt* quadrilatère *m* **viereckig** *Adj.* rectangulaire **viereinhalb** *Num.* **~ Kilometer** quatre kilomètres et demi; *s.a.* **achteinhalb**
viererlei *Adj. unv.* **~ Sorten Käse** quatre sortes de fromages; *s.a.* **achterlei**
vierfach **I.** *Adj.* **das ~e Gewicht** quatre fois le poids **II.** *Adv.* (*falten*) par quatre; *s.a.* **achtfach** **vierhändig** *Adj., Adv.* MUS à quatre mains **vierhundert** ['fi:ɐ'hʊndɐt] *Num.* quatre cents **Vierkantschlüssel** *m* clé *f* à quatre pans **viermal** *Adv.* quatre fois; *s.a.* **achtmal** **Vierradantrieb** *m* quatre roues *fpl* motrices **vierspurig** *Adj., Adv.* à quatre voies **vierstimmig** *Adj., Adv.* à quatre voix
viert *Adv.* **zu ~ sein** être quatre; *s.a.* **acht**[2]
viertausend ['fi:ɐ'taʊzənt] *Num.* quatre mille
vierte(r, s) *Adj.* ❶ quatrième ❷ (*bei Datumsangaben*) **der ~ Mai** le quatre mai
viertel ['fɪrtl] *Num.* **ein/drei ~ Liter** un quart/trois quarts de litre; *s.a.* **achtel**

V

Viertel ['fɪrtl] <-s, -> *nt* ❶ *a.* MATH quart *m;* **ein ~ Wein** un quart de vin ❷ (*15 Minuten*) **es ist ~ vor elf** il est onze heures moins le quart ❸ (*Stadtbezirk*) quartier *m*

Viertelfinale *nt* quart *m* de finale **Vierteljahr** *nt* trimestre *m* **vierteljährlich** *Adj.* trimestriel(le)

vierteln ['fɪrtln] *tr. V.* couper en quatre

Viertelnote *f* noire *f* **Viertelpause** *f* soupir *m* **Viertelstunde** *f* quart *m* d'heure

viertens *Adv.* quatrièmement

Viervierteltakt *m* mesure *f* à quatre temps

Vierwaldstätter See [fiːɐ'valtʃtɛtɐ 'zeː] *m* **der ~** le lac des Quatre-Cantons

vierzehn ['fɪːɐtseːn] *Num.* quatorze; **~ Tage dauern** durer quinze jours; *s.a.* **acht**[1]

vierzehntägig ['fɪːɐtseːntɛːgɪç] *Adj.* de quinze jours

Vierzeiler <-s, -> *m* quatrain *m*

vierzig ['fɪrtsɪç] *Num.* quarante; *s.a.* **achtzig**

Vierzig ['fɪrtsɪç] <-, -en> *f* ❶ (*Zahl*) quarante *m* ❷ (*Alter*) quarantaine *f;* **auf die ~ zugehen** aller sur ses quarante ans

vierziger ['fɪrtsɪgɐ] *Adj. unv.* **die ~ Jahre** les années *fpl* quarante; *s.a.* **achtziger**

Vierzigerjahre ['fɪrtsɪgɐ-] *Pl* **die ~** les années *fpl* quarante

vierzigste(r, s) ['fɪrtsɪgstə] *Adj.* quarantième; *s.a.* **achtzigste(r, s)**

Vierzigstundenwoche [fɪrtsɪç-] *f* semaine *f* de quarante heures

Vierzimmerwohnung ['fiːɐ'tsɪmɐvoːnʊŋ] *f* quatre-pièces *m*

Vietnam [viɛt'nam] <-s> *nt* le Viêt-nam

Vietnamese [viɛtna'meːzə] <-n, -n> *m,* **Vietnamesin** *f* Vietnamien(ne) *m(f)*

vietnamesisch [viɛtna'meːzɪʃ] **I.** *Adj.* vietnamien(ne) **II.** *Adv.* **~ miteinander sprechen** discuter en vietnamien

Vietnamesisch [viɛtna'meːzɪʃ] <-[s]> *nt kein Art.* vietnamien *m; s.a.* **Deutsch**

Vikar(in) [vi-] <-s, -e> *m(f)* vicaire *m*

Villa ['vɪla] <-, Villen> *f* villa *f*

violett [vio'lɛt] *Adj.* violet(te)

Violine [vio'liːnə] <-, -n> *f* violon *m*

Violinkonzert [vio-] *nt* concert *m* pour violon[s] **Violinschlüssel** *m* clé *f* de sol

VIP [viːʔai'piː, vɪp] <-, -s> *m Abk. von* **very important person** V.I.P. *mf* (*fam*)

Viper ['viːpɐ] <-, -n> *f* vipère *f*

Viren ['viːrən] *Pl. von* **Virus**

Virensuchprogramm *nt* [programme *m*] antivirus *m*

virtuell [vɪrtu'ɛl] *Adj.* virtuel(le)

virtuos [vɪrtu'oːs] **I.** *Adj. geh* (*Musiker*) virtuose; (*Leistung, Spiel*) brillant(e) **II.** *Adv. geh* avec virtuosité

Virtuose [vɪrtu'oːzə] <-n, -n> *m,* **Virtuosin** *f* virtuose *mf*

Virus ['viːrʊs] <-, Viren> *nt o m* virus *m*

Virusinfektion *f* infection *f* virale

Visa ['viːza] *Pl. von* **Visum**

Visage [vi'zaːʒə] <-, -n> *f pej fam* tronche *f*

Visier [vi'ziːɐ] <-s, -e> *nt* (*einer Schusswaffe*) viseur *m;* (*eines Helms*) visière *f*

Vision [vi'zioːn] <-, -en> *f geh* vision *f*

Visite [vi'ziːtə] <-, -n> *f a.* MED visite *f*

Visitenkarte [vi-] *f* carte *f* de visite

visuell [vi'zuɛl] *Adj. geh* visuel(le)

Visum ['viːzʊm] <-s, Visa> *nt* visa *m*

vital [vi'taːl] *Adj. geh* ❶ (*Person*) plein(e) de vitalité ❷ (*Bedeutung*) vital(e)

Vitamin [vita'miːn] <-s, -e> *nt* vitamine *f*

Vitaminmangel *m* carence *f* en vitamines

Vitrine [vi'triːnə] <-, -n> *f* vitrine *f*

Vizepräsident(in) *m(f)* vice-président(e) *m(f)*

Vogel ['foːgəl, *Pl:* 'føːgəl] <-s, Vögel> *m* oiseau *m*

Vogelfutter *nt* graines *fpl* pour les oiseaux **Vogelgrippe** *f* grippe *f* aviaire **Vogelkäfig** *m* cage *f*

vögeln ['føːgəln] *intr., tr. V. vulg* tringler (*vulg*)

Vogelnest *nt* nid *m* d'oiseau **Vogelperspektive** *f* perspective *f* à vol d'oiseau; **aus der ~** à vue d'oiseau; PHOT en plongée **Vogelscheuche** <-, -n> *f a. fig* épouvantail *m*

Vogerlsalat *m* A mâche *f*

Vogesen [vo'geːzən] <-> *Pl* **die ~** les Vosges *fpl*

Vokabel [vo'kaːbəl] <-, -n> *f* ❶ mot *m* de vocabulaire ❷ *geh* (*Begriff*) terme[-clé] *m*

Vokabular [vo-] <-s, -e> *nt geh* (*Wortschatz*) vocabulaire *m*

Vokal [vo'kaːl] <-s, -e> *m* voyelle *f*

Volk [fɔlk, *Pl:* 'fœlkɐ] <-[e]s, Völker> *nt* ❶ (*Nation*) peuple *m* ❷ *kein Pl.* (*die Menschen*) **das ~** le peuple ▶ **sich unters ~ mischen** *fam* prendre un bain de foule

Vö̩lkermord *m* génocide *m* **Vö̩lkerrecht** *nt kein Pl.* droit *m* international public **Vö̩lkerwanderung** *f* **die ~** les grandes invasions *fpl*

Vọlksabstimmung *f* référendum *m* **Vọlksbegehren** *nt* initiative *f* populaire **Vọlksfest** *nt* fête *f* populaire

> La **Volksfest** est une fête traditionnelle qui a lieu en plein air et souvent durant plusieurs jours. Elle propose diverses attractions comme une grande roue, des montagnes russes et des châpiteaux sous lesquels on peut boire de la bière. L'une des plus célèbres **Volksfeste** est la *Münchner Oktoberfest*, c'est-à-dire la fête de la bière à Munich.

Vọlkshochschule *f* ≈ université *f* populaire

> En Allemagne, les **Volkshochschulen** sont des centres publics de formation pour adultes. L'éventail des cours qui y sont proposés va de l'informatique à la philosophie, en passant par les langues et la danse. Ces cours sont destinés à toutes les classes d'âge, indépendamment du statut social, et sont de plus en plus pris en considération pour assurer une formation professionnelle supplémentaire.

Vọlksinitiative CH *s.* **Volksbegehren** **Vọlkslied** *nt* chanson *f* populaire **Vọlksmehr** <-s> *nt* CH majorité *f* confédérale **Vọlksmund** *m* langage *m* populaire **Vọlksmusik** *f* musique *f* folklorique **Vọlksrepublik** *f* république *f* populaire **Vọlksschule** *f* A (*Grundschule*) ≈ école *f* primaire **Vọlkstanz** *m* danse *f* folklorique

vọlkstümlich ['fɔlksty:mlɪç] *Adj.* traditionnel(le); (*Fest*) populaire

Vọlksvertretung *f* représentation *f* nationale **Vọlkswirt(in)** *m(f)* économiste *mf* **Vọlkswirtschaft** *f* (*Nationalökonomie*) économie *f* [nationale] **Vọlkszählung** *f* recensement *m*

vọll [fɔl] **I.** *Adj.* ❶ plein(e); **~ werden** se remplir ❷ (*bedeckt*) **~[er] Schnee sein** être recouvert(e) de neige ❸ (*Jahr, Monat*) entier(-ière) ❹ (*vollständig*) **die ~e Summe** la totalité de la somme ❺ (*Gewissheit*) total(e) ❻ *fam* (*satt*) **~ sein** être gavé(e) ❼ *fam* (*betrunken*) **~ sein** être plein(e) **II.** *Adv.* ❶ (*ausnutzen*) pleinement; (*sperren*) totalement ❷ (*treffen*) très violemment ❸ *fam* (*sehr*) vachement; **~ doof sein** être complètement nul

Vọllbart *m* barbe *f*

Vọllbeschäftigung *f kein Pl.* plein emploi *m*

Vọllblüter <-s, -> *m* pur-sang *m*

Vọllbremsung *f* freinage *m* brusque

vollbrịngen* [fɔl'bʀɪŋən] *tr. V. unreg geh* accomplir

vọll|dröhnen *refl. V. sl* **sich ~** (*sich betrinken*) se bourrer; (*Drogen nehmen*) se défoncer

vollẹnden* [fɔl'ʔɛndən] *tr. V. geh* achever

vollẹndet [fɔl'ʔɛndət] *Adj.* ❶ (*Kunstwerk*) parfait(e) ❷ (*Gastgeber*) accompli(e)

vọllends ['fɔlɛnts] *Adv.* complètement

vọller *Adj. mit Gen.* **eine Schachtel ~ Kekse** une boîte pleine de petits gâteaux

Volleyball ['vɔlibal] *m kein Pl.* volley[ball] *m*

vọll|fressen *refl. V.* **sich ~** ❶ (*Tier*) manger à sa faim ❷ *sl* (*übermäßig essen: Person*) s'empiffrer **vọll|füllen** *tr. V.* (*Gefäß*) remplir complètement **Vọllgas** *nt* **~ geben** accélérer à fond **vọll|gießen** *tr. V. unreg* (*Glas, Tasse*) remplir à ras bol

vö̩llig ['fœlɪç] **I.** *Adj.* total(e) **II.** *Adv.* parfaitement

vọlljährig *Adj.* majeur(e); **~ werden** atteindre sa majorité

Vọlljährigkeit <-> *f* majorité *f* **vọll|kleckern** *fam* **I.** *tr. V.* (*Tischtuch, Hose*) faire plein de taches sur **II.** *refl. V.* **sich ~** se faire des taches partout

vollkọmmen ['fɔlkɔmən] **I.** *Adj.* ❶ parfait(e) ❷ (*Übereinstimmung*) total(e); (*Katastrophe*) complet(-ète) **II.** *Adv.* (*unmöglich*) complètement

Vọllkornbrot *nt* pain *m* complet

vọll|labernRR *tr. V. fam* **jdn ~** casser les oreilles à qn **vọll|laden**RR *tr. V. unreg* (*Lastwagen, Schiff*) charger à plein; **ein vollgeladenes Schiff** un navire en pleine charge **vọll|laufen**RR *intr. V. unreg* (*Behälter, Gefäß*) se remplir; **etw ~ lassen** remplir qc ▸ **sich ~ lassen** *sl* se

V

bourrer la gueule **voll|machen** *tr. V. fam* ❶ (*füllen: Glas, Tasse*) remplir ❷ (*beschmutzen*) [**sich** (*Dat*)] **die Hose[n]** ~ *a. fig* faire dans sa culotte

Vollmacht <-, -en> *f* procuration *f* **voll|malen** *tr. V. fam* (*Heft*) griffonner complètement; (*Wände*) barbouiller

Vollmilch *f* lait *m* entier

Vollmilchschokolade *f* chocolat *m* au lait

Vollmond *m kein Pl.* pleine lune *f* **voll|packen** *tr. V.* (*Koffer, Auto*) bourrer

Vollpension *f* pension *f* complète **voll|pfropfen** *tr. V. fam* (*Koffer, Auto*) bourrer **voll|pumpen** *tr. V.* (*Reifen, Ball*) remplir **voll|saugen** *refl. V.* **sich** ~ (*Schwamm, Tuch*) s'imbiber complètement; **sich ganz mit Wasser** ~ s'imbiber complètement d'eau **voll|schlagen** *fam* **I.** *tr. V.* **sich** (*Dat*) **den Bauch** ~ s'empiffrer **II.** *refl. V.* **sich** ~ se goinfrer

vollschlank *Adj.* rondelet(te)

voll|schmieren **I.** *tr. V.* ❶ (*vollschreiben, vollmalen: Heft*) griffonner complètement; (*Wand*) barbouiller ❷ (*beschmutzen*) salir **II.** *refl. V.* **sich** ~ se salir

voll|schreiben *tr. V. unreg* (*Blatt, Seite*) noircir; **ein Heft** ~ remplir un cahier jusqu'à la dernière page

voll|spritzen *tr. V.* (*schmutzig machen: Mantel, Windschutzscheibe*) éclabousser

vollständig **I.** *Adj.* complet(-ète) **II.** *Adv.* (*besiegen*) à plate couture

Vollständigkeit <-> *f* intégrité *f*; (*von Angaben*) caractère *m* complet

voll|stopfen *tr. V.* (*Auto, Koffer*) bourrer; **sich** (*Dat*) **den Mund** ~ se mettre plein la bouche

vollstrecken* [fɔl'ʃtrɛkən] *tr. V.* exécuter

voll|tanken *intr., tr. V.* faire le plein; **das Auto** ~ faire le plein de la voiture; **bitte ~!** le plein, s'il vous plaît ! **voll|texten** *tr. V. fam* **jdn** ~ gaver qn à tchatcher sans arrêt

Volltreffer *m* ❶ (*Treffer*) coup *m* dans le mille ❷ *fam* (*Erfolg*) coup *m* de maître

Vollversammlung *f* assemblée *f* générale

vollwertig *Adj.* ❶ (*Ernährung*) complet (-ète) ❷ (*Ersatz*) **kein ~er Ersatz für jdn sein** ne pas remplacer totalement qn

vollzählig **I.** *Adj.* complet(-ète) **II.** *Adv.* ~ **erschienen sein** être apparus au complet; ~ **anwesend sein** être tous présents/toutes présentes

vollziehen* [fɔl'tsi:ən] *unreg* **I.** *tr. V. geh* (*Befehl*) exécuter; (*Ehe*) consommer **II.** *refl. V. geh* **sich** ~ s'accomplir

Vollzug *m kein Pl. form* ❶ (*eines Befehls*) exécution *f* ❷ (*Strafvollzug*) détention *f*; **offener** ~ régime *m* de semi-liberté

Volontär(in) [volɔn'tɛ:ɐ] <-s, -e> *m(f)* stagiaire *mf*

Volontariat [vo-] <-[e]s, -e> *nt* ❶ (*Ausbildungszeit bei einer Zeitung*) stage *m* de journalisme ❷ (*Stelle*) stage *m*

Volt [vɔlt] <-[e]s, -> *nt* volt *m*

Volumen [vo'lu:mən] <-s, -> *nt* volume *m*

vom [fɔm] = **von dem** *s.* **von**

von [fɔn] *Präp. + Dat.* ❶ (*räumlich*) ~ **der Leiter steigen** descendre de l'échelle; **das Glas vom Tisch nehmen** prendre le verre sur la table; **links** ~ **ihm** à gauche de lui; ~ **Paris nach Brüssel** de Paris à Bruxelles ❷ (*zeitlich*) **die Zeitung** ~ **gestern** le journal d'hier; ~ **morgen an** à partir de demain ❸ (*Urheberschaft*) **ein Brief** ~ **den Eltern** une lettre des parents ❹ (*über, wegen*) ~ **etw erzählen/träumen** raconter qc/rêver de qc ❺ (*zur Angabe der handelnden Person*) par; ~ **allen abgelehnt werden** être refusé de tous ❻ (*in Bezug auf*) ~ **Beruf ist sie Ärztin** elle est médecin de profession ❼ (*als Adelsprädikat*) **der Prinz** ~ **Wales** le Prince de Galles ▶ **etw** ~ **sich aus tun** faire qc de son plein gré; ~ **wegen!** *fam* des clous !

voneinander [fɔnʔaɪ'nandɐ] *Adv.* ~ **lernen** (*zwei Personen*) apprendre l'un(e) de l'autre; (*mehrere Personen*) apprendre les un(e)s des autres

vonstatten|gehen[RR] *intr. V. unreg* se dérouler

vor [fo:ɐ] **I.** *Präp. + Dat.* ❶ (*räumlich*) ~ **mir/dem Haus** devant moi/la maison ❷ (*zeitlich*) ~ **einer Woche** il y a une semaine; **das war schon** ~ **Jahren** ça remonte à loin ❸ (*in Bezug auf eine Reihenfolge*) ~ **dem Urlaub** avant les vacances ❹ (*bedingt durch*) ~ **Angst zittern** trembler de peur **II.** *Präp. + Akk.*

~ **das Haus gehen** aller devant la maison ▸ ~ **sich hin gehen** marcher tranquillement **III.** *Adv.* ~ **und zurück** d'avant en arrière

vorab [foːɐ'ʔap] *Adv.* au préalable

Vorabend *m* veille *f*

Vorahnung *f* pressentiment *m*

voran [fo'ran] *Adv.* ① (*vorwärts*) en avant ② (*vorn befindlich*) en tête

voran|gehen *unreg* **I.** *intr. V.* + *sein* ① **jdm** ~ précéder qn ② (*Arbeit*) avancer **II.** *intr. V. unpers.* + *sein* **es geht voran** ça avance

voran|kommen *intr. V. unreg* + *sein* ① (*vorwärts kommen*) progresser ② (*Fortschritte machen*) avancer

Vorarbeiter(in) *m(f)* contremaître(-esse) *m(f)*

Vorarlberg ['foːɐʔarlbɛrk] <-s> le Vorarlberg

voraus [fo'raʊs, *aber:* ɪm 'foːraʊs] *Adv.* devant ▸ **jdm** ~ **sein** avoir de l'avance sur qn; **im Voraus** (*bezahlen*) d'avance; (*wissen*) à l'avance

voraus|sagen *tr. V.* prédire

vorausschauend **I.** *Adj.* prévoyant(e) **II.** *Adv.* en anticipant

voraus|sehen *tr. V. unreg* prévoir; **nicht vorauszusehen sein** être imprévisible

voraus|setzen *tr. V.* ① **etw als selbstverständlich** ~ considérer qc comme une évidence; **vorausgesetzt, dass** à supposer que + *subj* ② (*erfordern*) **Geduld** ~ supposer de la patience

Voraussetzung <-, -en> *f* ① (*Vorbedingung*) condition *f* préalable; **unter der ~, dass** à condition que + *subj* ② (*Prämisse*) hypothèse *f*

voraussichtlich **I.** *Adj.* prévu(e) **II.** *Adv.* probablement

Vorbau <-bauten> *m* avancée *f*

Vorbehalt ['foːɐbəhalt] <-[e]s, -e> *m* réserve *f*; **unter** ~ sous réserve

vorbei [foːɐ'baɪ] *Adv.* ① (*räumlich*) **an jdm/etw** ~ à côté de qn/le long de qc ② (*zeitlich*) ~ **sein** être fini

vorbei|fahren *intr. V. unreg* + *sein* ① (*vorüberfahren*) passer; **im Vorbeifahren** en passant [devant] ② (*aufsuchen*) **bei jdm** ~ passer chez qn

vorbei|gehen *intr. V. unreg* + *sein* ① (*vorübergehen*) **an jdm/etw** ~ passer devant qn/qc ② *fam* (*aufsuchen*) **bei jdm** ~ passer chez qn

vorbei|kommen *intr. V. unreg* + *sein* ① *fam* (*kurz besuchen*) passer ② (*vorbeigehen können*) **kommst du hier vorbei?** tu peux passer ?

vorbei|lassen *tr. V. unreg* laisser passer

vorbei|marschieren *intr. V.* + *sein* MIL défiler

vorbei|reden *intr. V.* **aneinander** ~ avoir un dialogue de sourds

vorbei|ziehen *intr. V. unreg* + *sein* ① (*vorüberziehen*) défiler ② (*überholen*) **an jdm** ~ (*Fahrzeug*) doubler qn

vorbelastet *Adj.* ▸ **sein** être désavantagé

vor|bereiten* *refl., tr. V.* [**sich**] ~ [se] préparer

Vorbereitung <-, -en> *f* préparation *f*

vor|bestellen* *tr. V.* réserver

Vorbestellung *f* réservation *f*

vorbestraft *Adj.* ayant des antécédents judiciaires

vor|beugen **I.** *intr. V.* ① MED prévenir le mal ② (*unterbinden*) **einer S.** (*Dat*) ~ prévenir qc **II.** *tr. V.* **sich** ~ se pencher en avant

vorbeugend *Adj.* préventif(-ive)

Vorbild *nt* modèle *m*

vorbildlich *Adj.* modèle; (*Verhalten*) exemplaire

vor|bringen *tr. V. unreg* (*Fakten*) présenter; (*Frage*) formuler

vordere(r, s) ['fɔrdərə, -rɐ, -rəs] *Adj.* de devant; **der ~ Teil** la partie avant

Vordergrund *m* **im** ~ au premier plan ▸ **im ~ stehen** occuper le devant de la scène **Vordermann** <-männer> *m* **mein** ~ mon voisin de devant **Vorderpfote** *f* patte avant *f* **Vorderrad** *nt* roue *f* avant **Vordersitz** *m* siège *m* avant

vorderste(r, s) *Adj. Superl. von* **vordere(r, s)** le plus avancé/la plus avancée; **der ~ Platz** la toute première place

Vorderteil *m o nt* devant *m*

vor|drängen *refl. V.* **sich** ~ ① passer devant ② *fig* se mettre en avant

vor|dringen *intr. V. unreg* + *sein* ① gagner du terrain ② (*gelangen*) **bis zu jdm** ~ arriver jusqu'à qn

voreilig *Adj.* (*Entschluss, Urteil*) hâtif (-ive), précipité(e)

voreinander [foːɐʔaɪ'nandɐ] *Adv.* ~ **Angst haben** (*zwei Personen*) avoir

V

peur l'un/l'une de l'autre; (*zwei Gruppen*) avoir peur les uns/les unes des autres

Vorentscheidung *f* ❶ décision *f* préliminaire ❷ SPORT **die ~ war gefallen** la partie était jouée d'avance

vorerst ['foːɐʔeːɐst] *Adv.* dans un premier temps

Vorfahr(in) <-en, -en> *m(f)* ancêtre *mf*

vor|fahren *unreg* **I.** *intr. V. + sein* ❶ se présenter; **mit einem Taxi ~** arriver en taxi ❷ (*weiterfahren*) **etwas ~** avancer un peu **II.** *tr. V. + haben* avancer

Vorfahrt *f* priorité *f*

Vorfahrtsstraße *f* route *f* prioritaire

vor|finden *tr. V. unreg* trouver

Vorfreude *f* **seine ~ auf die Party** sa joie à la perspective de la fête

vor|führen *tr. V.* ❶ (*Film*) projeter; (*Modell*) présenter ❷ (*Häftling*) amener

Vorführung *f* (*eines Films*) projection *f*; (*von Kleidern*) présentation *f*

Vorgänger(in) ['foːɐɡɛŋɐ] <-s, -> *m(f)* prédécesseur *m*

vor|geben *tr. V. unreg* ❶ (*vorschützen*) prétexter ❷ *fam* (*nach vorn geben*) **etw ~** faire passer qc [devant]

vorgefasstRR, **vorgefaßt**ALT *Adj.* **eine ~e Meinung** une opinion toute faite

vor|gehen *intr. V. unreg + sein* ❶ (*vorausgehen*) partir devant ❷ (*zu schnell gehen*) **fünf Minuten ~** avancer de cinq minutes ❸ (*Priorität haben*) passer avant ❹ (*vorrücken*) **gegen jdn/etw ~** (*Polizei*) avancer sur qn/qc

Vorgehen *nt* ❶ (*Einschreiten*) intervention *f* ❷ (*Verfahrensweise*) manière d'agir *f*

Vorgeschichte *f* ❶ antécédents *mpl* ❷ *kein Pl.* (*Prähistorie*) préhistoire *f*

vorgeschichtlich *Adj.* préhistorique

Vorgeschmack *m* ▸ **einen kleinen ~ von etw bekommen** avoir un petit avant-goût de qc

V

Vorgesetzte(r) *f(m) dekl wie Adj* supérieur(e) *m(f)* [hiérarchique]

vorgestern *Adv.* avant-hier; **~ Abend** avant-hier soir; **~ Nacht** dans la nuit d'avant-hier

vor|greifen *intr. V. unreg* **jdm ~** devancer qn; **dem Ergebnis ~** anticiper sur le résultat

vor|haben *tr. V. unreg* **~ zu verreisen** avoir l'intention de partir en voyage; **ich habe morgen Abend schon etwas vor** j'ai déjà prévu quelque chose pour demain soir

Vorhaben <-s, -> *nt* projet *m*

vorhanden [foːɐ'handən] *Adj.* ❶ (*verfügbar*) disponible ❷ (*existierend*) existant(e)

Vorhang <-s, Vorhänge> *m* rideau *m*

VorhängeschlossRR *nt* cadenas *m*

vorher ['foːɐheːɐ] *Adv.* auparavant; **kurz ~** peu de temps avant

vorher|bestimmen* *tr. V.* **etw ~** déterminer qc à l'avance

vorhergehend *Adj.* précédent(e)

vor|herrschen *intr. V.* (*Meinung*) prévaloir; (*Steppe*) être prédominant

vorherrschend **I.** *Adj.* dominant(e) **II.** *Adv.* **morgen ~ Regen** demain prédominance des pluies

Vorhersage *f* ❶ METEO prévisions *fpl* [météo] ❷ (*Voraussage*) prédiction *f*

vorher|sehen *tr. V. unreg* prévoir

vorhin [foːɐ'hɪn] *Adv.* à l'instant; **Stefan hat ~ angerufen** Stefan vient d'appeler

Vorhof *m* ❶ ARCHIT avant-cour *f* ❷ ANAT (*des Herzens*) oreillette *f*

vorig *Adj. attr* ❶ (*Jahr*) dernier(-ière); (*Mal*) dernier(-ière) *antéposé* ❷ (*Wohnsitz*) précédent(e)

Vorjahr *nt* année *f* dernière

Vorkehrung <-, -en> *f* mesure *f* [préventive]

Vorkenntnis *f meist Pl.* connaissance *f* préalable

vor|kommen *unreg* **I.** *intr. V. + sein* ❶ (*Fehler*) se produire; (*Zwischenfall*) arriver; **es kommt vor, dass** il arrive que + *subj* ❷ (*anzutreffen sein*) **diese Pflanze kommt nur in Asien vor** on ne trouve cette plante qu'en Asie ❸ (*erscheinen*) **das kommt mir komisch vor** cela me semble bizarre ❹ (*nach vorn kommen*) venir devant **II.** *refl. V.* **sich** (*Dat*) **dumm ~** se sentir bête

Vorkommen <-s, -> *nt* ❶ *meist Pl.* MIN, MINER gisement *m* ❷ (*das Auftreten: von Erregern*) apparition *f*

Vorkommnis <-ses, -se> *nt* événement *m*; (*unangenehm*) incident *m*

Vorkriegszeit *f* avant-guerre *m o f*; **in der ~** avant la guerre

vor|laden *tr. V. unreg* citer

Vorladung *f kein Pl.* (*das Vorladen*) citation *f*

Vorlage *f* ❶ (*Zeichenvorlage*) modèle *m* ❷ *kein Pl.* (*das Vorlegen*) présentation *f* ❸ (*Gesetzesvorlage*) projet *m* de loi

vor|lassen *tr. V. unreg* ❶ *fam* (*Vortritt lassen*) **jdn ~** laisser passer qn devant ❷ (*Zutritt gewähren*) laisser passer

Vorläufer(in) *m(f)* précurseur *m*

vorläufig I. *Adj.* provisoire **II.** *Adv.* (*ausreichen*) pour l'instant

vorlaut *Adj.* impertinent(e)

vor|legen *tr. V.* ❶ (*Beweis*) produire; **jdm etw ~** présenter qc à qn ❷ (*Kette*) mettre

vor|lesen *unreg* **I.** *tr. V.* lire **II.** *intr. V.* lire à haute voix; **jdm aus einem Buch ~** lire tout haut un livre à qn

Vorlesung *f* UNIV cours *m*

vorletzte(r, s) *Adj.* avant-dernier(-ière)

Vorliebe *f* prédilection *f;* **eine ~ haben** avoir une préférence

vorlieb|nehmen *intr. V. unreg* **mit jdm/etw ~** se contenter de qn/qc

vor|liegen *intr. V. unreg* **es liegt eine Beschwerde gegen Sie vor** une plainte a été déposée contre vous; **sobald uns Ihre Bewerbung vorliegt, ...** dès que votre candidature nous sera parvenue, ...

vor|machen *tr. V.* montrer; **jdm etwas ~** jouer la comédie à qn; **sich** (*Dat*) **etwas ~** se faire des idées

Vormarsch *m* avance *f*

vormittagALT *s.* **Vormittag**

Vormittag *m* matinée *f;* **am ~** dans la matinée; **heute/Samstag ~** ce/samedi matin

vormittags *Adv.* le matin

Vormund <-[e]s, -e *o* Vormünder> *m* (*eines Minderjährigen*) tuteur *m;* (*eines Entmündigten*) curateur *m*

Vormundschaft <-, -en> *f* tutelle *f*

vorn [fɔrn] *Adv.* ❶ (*im vorderen Bereich*) devant; **~ im Bus** à l'avant du bus; **nach ~ gehen** s'avancer ❷ (*auf der Vorderseite*) devant; **etw von ~ betrachten** regarder qc de face ❸ (*zu Beginn*) **~ im Buch** au début du livre ❹ (*an der Vorderfront*) devant

Vorname *m* prénom *m*

vorne *s.* **vorn**

vornehm ['foːɐneːm] *Adj.* ❶ distingué(e) ❷ (*Gegend*) chic; (*Limousine*) élégant(e) ❸ (*Familie*) aristocratique

vor|nehmen *tr. V. unreg* ❶ **sich** (*Dat*) **~ etw zu tun** prévoir de faire qc ❷ *fam* (*zur Rede stellen*) **sich** (*Dat*) **jdn ~** faire sa fête à qn (*iron*) ❸ (*Überprüfung*) effectuer

Vorort *m* faubourg *m;* **die ~e** la banlieue

vorrangig I. *Adj.* prioritaire **II.** *Adv.* en priorité

Vorrat <-[e]s, Vorräte> *m* réserves *fpl meist Pl.* (*Lebensmittel*) provisions *fpl;* **solange der ~ reicht** jusqu'à épuisement des stocks

vorrätig *Adj.* en stock

vor|rechnen *tr. V.* faire le compte

Vorrichtung <-, -en> *f* dispositif *m*

vor|rücken I. *intr. V.* + *sein* ❶ avancer ❷ MIL progresser ❸ SPORT remonter au classement **II.** *tr. V.* + *haben* (*Stuhl*) avancer

vor|sagen *tr., intr. V.* souffler

Vorsaison *f* avant-saison *f*

Vorsatz <-es, Vorsätze> *m* ❶ (*Absicht*) résolution *f* ❷ TYP (*eines Buchs*) gardes *fpl*

vorsätzlich ['foːɐzɛtslɪç] *Adj.* intentionnel(le); (*Körperverletzung*) volontaire

Vorschein *m* ▸**etw zum ~ bringen** faire apparaître qc; (*Hass*) se manifester

vor|schieben *tr. V. unreg* ❶ (*nach vorn schieben*) avancer ❷ (*Riegel*) pousser ❸ (*Verhinderung*) prétexter

Vorschlag *m* proposition *f*

vor|schlagen *tr. V. unreg* **jdm ~ etw zu tun** proposer à qn de faire qc

vor|schreiben *tr. V. unreg* ❶ (*niederschreiben*) **etw ~** écrire qc en modèle ❷ (*befehlen*) prescrire

Vorschrift *f* consigne *f;* **das ist ~** c'est le règlement; **nach ~** conformément au règlement

vorschriftsmäßig I. *Adj.* réglementaire **II.** *Adv.* réglementairement

Vorschule *f* grande section *f (de l'école maternelle)*

> En Suisse, chaque enfant a le droit de passer au moins une ou deux années dans une **Vorschule** privée et gratuite. Dans la plupart des cantons, la garde des enfants est assurée de quatre à cinq heures par jour et les prépare à entrer à l'école primaire.

Vorschulalter *nt* âge *m* préscolaire *(avant six ans)*

VorschussRR *m* avance *f*

vor|sehen *unreg* **I.** *refl. V.* **sich vor jdm/etw ~** prendre garde à qn/qc; **sich ~, dass** prendre garde que + *subj* **II.** *tr. V.* prévoir; **für etw vorgesehen sein** être destiné à qc; **es ist vorgesehen, dass/etw zu tun** il est prévu que + *subj*/de faire qc

vor|setzen I. *tr. V.* ❶ (*anbieten*) servir ❷ (*nach vorn setzen*) **jdn ~** faire asseoir qn devant **II.** *refl. V.* **sich ~** aller s'asseoir devant

Vorsicht <-> *f* prudence *f;* **~!** attention !

vorsichtig I. *Adj.* prudent(e) **II.** *Adv.* ❶ (*vorgehen*) prudemment; (*transportieren*) avec précaution ❷ (*schätzen*) raisonnablement

vorsichtshalber *Adv.* par [mesure de] précaution **Vorsichtsmaßnahme** *f* [mesure *f* de] précaution *f*

Vorsilbe *f* préfixe *m*

vor|singen *unreg* **I.** *tr. V.* **jdm etw ~** chanter qc à qn **II.** *intr. V.* **jdm ~** auditionner devant qn

Vorsitz *m* présidence *f;* **den ~ bei etw haben** présider qc

Vorsitzende(r) *f(m) dekl wie Adj* président(e) *m(f)*

Vorsorge *f* ❶ prévoyance *f* ❷ (*Altersversicherung*) **private ~** assurance *f* vieillesse complémentaire

vor|sorgen *intr. V.* prendre des précautions; **fürs Alter ~** préparer sa retraite

Vorsorgeuntersuchung *f* examen *m* de dépistage

vorsorglich I. *Adj.* préventif(-ive) **II.** *Adv.* à titre préventif

Vorspann <-[e]s, -e> *m* générique *m* [de début]

Vorspeise *f* (*erster Gang*) hors-d'œuvre *m;* (*Eingangsgericht*) entrée *f*

vor|spielen I. *tr. V.* MUS **jdm etw ~** jouer qc à qn **II.** *intr. V.* **jdm ~** auditionner devant qn

vor|sprechen *unreg* **I.** *tr. V.* **[jdm] etw ~** montrer [à qn] comment on prononce qc **II.** *intr. V.* THEAT **jdm ~** auditionner devant qn

Vorsprung *m* ❶ avance *f* ❷ ARCHIT saillie *f*

Vorstand *m* ❶ comité *m* directeur, conseil *m* d'administration ❷ (*Vorstandsmitglied*) membre *m* du comité directeur

vorstellbar *Adj.* concevable; **kaum ~ sein** être à peine imaginable

vor|stellen I. *refl. V.* ❶ (*sich bekannt machen*) **sich jdm ~** se présenter à qn ❷ (*vergegenwärtigen*) **sich** (*Dat*) **etw ~** [s']imaginer qc; **darunter kann ich mir nichts ~** ça ne me dit rien **II.** *tr. V.* ❶ présenter ❷ (*Uhr*) avancer

Vorstellung *f* ❶ *kein Pl.* **die ~ der neuen Kollegin übernehmen** se charger de présenter la nouvelle collègue ❷ (*gedankliches Bild*) idée *f* ❸ (*Theateraufführung*) représentation *f* ❹ (*eines Produkts*) présentation *f*

Vorstellungsgespräch *nt* entretien *m* [d'embauche]

vor|strecken *tr. V.* ❶ (*leihen*) **etwas Geld ~** avancer un peu d'argent ❷ (*Hand*) tendre; (*Kopf*) avancer

Vorstufe *f* stade *m* préliminaire

Vortag *m* **die Zeitung vom ~** le journal de la veille

vor|täuschen *tr. V.* simuler; **Interesse ~** faire semblant d'être intéressé

Vorteil <-s, -e> *m* ❶ (*Vorzug*) avantage *m* ❷ (*Nutzen*) intérêt *m* ▶ **jdm gegenüber im ~ sein** être avantagé par rapport à qn

vorteilhaft I. *Adj.* (*günstig*) avantageux(-euse) **II.** *Adv.* (*erwerben, kaufen*) à des conditions avantageuses

Vortrag ['foːɐtraːk, *Pl:* 'foːɐtrɛːgə] <-[e]s, Vorträge> *m* (*längeres Referat*) conférence *f;* (*auf einem Kongress*) communication *f*

vor|tragen *tr. V. unreg* ❶ réciter, interpréter ❷ (*Bitte*) exposer

vor|treten *intr. V. unreg + sein* ❶ [s']avancer ❷ *fam* (*Augen*) ressortir; (*Ader*) saillir

Vortritt *m kein Pl.* CH *s.* **Vorfahrt**

vorüber [fo'ryːbɐ] *Adv.* ❶ (*räumlich*) **der Läufer ist schon ~** le coureur est déjà passé; **wir sind an dem Geschäft schon ~** nous avons déjà dépassé le magasin ❷ (*zeitlich*) **~ sein** (*Veranstaltung*) être terminé

vorüber|gehen *intr. V. unreg + sein* ❶ (*vorbeigehen*) **an jdm/etw ~** passer devant qn/qc; **im Vorübergehen** en passant ❷ (*ein Ende finden: Kummer*) [se] passer

vorübergehend I. *Adj.* (*Erscheinung*) passager(-ère), temporaire; (*Abwesenheit*) momentané(e) **II.** *Adv.* (*abwesend*) momentanément; (*sich bessern*) provisoirement

V

Vorurteil *nt* préjugé *m*
Vorverkauf *m* location *f*
vor|verlegen* *tr. V.* (*Termin*) avancer
Vorwahl *f* ❶ POL [élection *f*] primaire *f* ❷ (*Vorwahlnummer*) indicatif *m*
Vorwand ['fo:ɐvant, *Pl:* 'fo:ɐvɛndə] <-[e]s, Vorwände> *m* prétexte *m;* **unter dem ~ etw tun zu müssen** sous prétexte de faire qc
vorwärts ['fo:ɐvɛrts] *Adv.* (*nach vorn*) en avant; **~ einparken** se garer en marche avant; **eine Rolle ~ machen** faire une roulade avant; **~!** en avant !
vorwärts|bringen *tr. V. unreg* **jdn/etw ~** faire avancer qn/qc
Vorwärtsgang <-gänge> *m* marche *f* avant
vorwärts|gehen *intr. V. unreg* avancer; **es geht vorwärts** ça avance **vorwärts|kommen** *intr. V. unreg* progresser
vorweg|nehmen *tr. V. unreg* **die Pointe ~** trahir la chute de l'histoire
vor|werfen *tr. V. unreg* reprocher
vorwiegend *Adv.* ❶ principalement ❷ METEO le plus souvent
vorwitzig *Adj.* hardi(e)
Vorwort <-worte> *nt* préface *f*
Vorwurf <-[e]s, Vorwürfe> *m* reproche *m;* **das kann mir niemand zum ~ machen** personne ne peut me le reprocher
vorwurfsvoll **I.** *Adj.* réprobateur(-trice) **II.** *Adv.* d'un air réprobateur
Vorzeichen *nt* ❶ signe *m* avant-coureur ❷ MUS altération *f*
vor|zeigen *tr. V.* présenter
vorzeitig **I.** *Adj.* prématuré(e) **II.** *Adv.* **~ in den Ruhestand treten** prendre une retraite anticipée
vor|ziehen *tr. V. unreg* ❶ préférer ❷ (*früher erfolgen lassen*) avancer; **vorgezogener Ruhestand** retraite *f* anticipée
Vorzimmer *nt* secrétariat *m*
Vorzug <-[e]s, Vorzüge> *m* ❶ (*Vorteil*) avantage *m* ❷ (*gute Eigenschaft*) qualité *f* ❸ *form* (*Vorrang*) **jdm/einer S. den ~ geben** donner la préférence à qn/qc
vorzüglich [fo:ɐ'tsy:klɪç] **I.** *Adj.* (*Qualität*) excellent(e); (*Gericht*) délicieux (-euse) **II.** *Adv.* ❶ (*speisen*) merveilleusement ❷ (*hauptsächlich*) en premier lieu
vorzugsweise *Adv.* de préférence
Votum ['vo:tʊm] <-s, Voten> *nt geh* ❶ POL vote *m* ❷ (*Entscheidung*) verdict *m*
Voyeur(in) [voa'jø:ɐ] <-s, -e> *m(f)* voyeur(-euse) *m(f)*
vulgär [vʊl'gɛ:ɐ] **I.** *Adj. pej geh* (*Wort*) grossier(-ière); (*Pose*) vulgaire **II.** *Adv.* **~ aussehen** avoir l'air vulgaire
Vulkan [vʊl'ka:n] <-[e]s, -e> *m* volcan *m*
vulkanisch [vʊlka:nɪʃ] *Adj.* volcanique

Ww

W, w [veː] <-, -> *nt* W *m*/w *m*

W *Abk. von* **Westen** O

Waage ['vaːgə] <-, -n> *f* balance *f*

waag[e]recht *Adj.* horizontal(e)

Waagschale *f* plateau *m* de [la] balance ▸ **etw in die ~ werfen** *geh* mettre qc dans la balance

Wabe ['vaːbə] <-, -n> *f* rayon *m* [de miel]

wach [vax] *Adj.* (*Person*) éveillé(e); **~ werden** se réveiller

Wache ['vaxə] <-, -n> *f* ❶ *kein Pl.* (*Wachdienst*) [service *m* de] garde *f* ❷ MIL sentinelle *f* ❸ (*Polizeiwache*) poste *m* [de police]

wachen *intr. V.* ❶ veiller ❷ (*beaufsichtigen*) surveiller

Wachhund *m* chien *m* de garde **Wachmann** <-leute *o* -männer> *m* gardien(ne) *m(f)*

Wacholder [va'xɔldɐ] <-s, -> *m* genévrier *m*

wach|rufen *tr. V. unreg* réveiller; **etw in jdm ~** réveiller qc en qn **wach|rütteln** *tr. V.* **jdn ~** secouer qn pour le réveiller

Wachs [vaks] <-es, -e> *nt* cire *f*

wachsam **I.** *Adj.* vigilant(e) **II.** *Adv.* attentivement

wachsen[1] ['vaksən] <wächst, wuchs, gewachsen> *intr. V.* + *sein* ❶ (*Kind*) grandir; (*Pflanze, Haare*) pousser ❷ (*Begeisterung*) augmenter

wachsen[2] *tr. V.* (*Boden*) cirer; (*Ski*) farter

wächst [vɛkst] *3. Pers. Sg. Präs. von* **wachsen**[1]

Wachstum ['vakstuːm] <-[e]s> *nt kein Pl.* croissance *f*; (*einer Geschwulst*) développement *m*

Wachtel ['vaxtəl] <-, -n> *f* caille *f*

Wächter(in) ['vɛçtɐ] <-s, -> *m(f)* surveillant(e) *m(f)*

Wachtmeister(in) ['vaxtmaistɐ] *m(f)* agent *m* de police

wackelig *Adj.* (*Stuhl*) bancal(e); (*Konstruktion*) branlant(e)

Wackelkontakt *m* faux *m* contact

wackeln ['vakəln] *intr. V.* ❶ + *haben* (*Stuhl*) être bancal ❷ + *haben* (*sich bewegen*) vaciller

wacklig *s.* **wackelig**

Wade ['vaːdə] <-, -n> *f* mollet *m*

Wadenbein *nt* péroné *m* **Wadenkrampf** *m* crampe *f* au mollet

Waffe ['vafə] <-, -n> *f* arme *f*

Waffel ['vafəl] <-, -n> *f* gaufre *f*; (*Eistüte*) cornet *f*

Waffeleisen *nt* gaufrier *m*

Waffenruhe *f* cessez-le-feu *m* **Waffenschein** *m* permis *m* de port d'armes **Waffenstillstand** *m* armistice *m*

wagemutig **I.** *Adj.* audacieux(-euse) **II.** *Adv.* de manière audacieuse

wagen ['vaːgən] **I.** *tr. V.* ❶ risquer ❷ (*sich getrauen*) oser **II.** *refl. V.* **sich an ein Projekt ~** oser entreprendre un projet

Wagen ['vaːgən] <-, - *o* A Wägen> *m* ❶ voiture *f*; **mit dem ~** en voiture ❷ ASTRO **der Große ~** la Grande Ourse

Wagenheber <-s, -> *m* cric *m*

Waggon [va'gõː] <-s, -s> *m* wagon *m*

waghalsig **I.** *Adj.* intrépide **II.** *Adv.* (*fahren*) de manière risquée

Wagnis ['vaːknɪs] <-ses, -se> *nt* entreprise *f* hasardeuse

Wagon[RR] [va'gõː] *s.* **Waggon**

Wahl [vaːl] <-, -en> *f* ❶ choix *m* ❷ (*Abstimmung*) élection *f souvent pl.*; **zur ~ gehen** aller voter ❸ (*Ergebnis*) **die ~ annehmen** accepter le verdict des urnes

wählbar *Adj.* POL éligible

Wahlbenachrichtigung *f* ≈ carte *f* d'électeur *(qui tient lieu de convocation pour une élection précise)* **wahlberechtigt** *Adj.* qui a le droit de vote **Wahlbeteiligung** *f* participation *f* [électorale]

wählen ['vɛːlən] **I.** *tr. V.* ❶ (*Partei*) voter pour; **jdn zum Kanzler ~** élire qn chancelier ❷ (*Telefonnummer*) faire ❸ (*aussuchen*) choisir **II.** *intr. V.* ❶ POL voter ❷ (*auswählen*) **unter etw** (*Dat*) **~** choisir parmi qc

Wähler(in) <-s, -> *m(f)* électeur(-trice) *m(f)*

Wahlergebnis *nt* résultat *m* des élections

wählerisch *Adj.* difficile

W

Wählerschaft <-, -en> *f form* électorat *m*
Wahlfach *nt* option *f* **Wahlgang** <-gänge> *m* tour *m* [de scrutin] **Wahlkampf** *m* campagne *f* électorale **Wahllokal** *nt* bureau *m* de vote **wahllos** *Adv.* au hasard **Wahlrecht** *nt kein Pl.* ❶ (*Recht*) droit *m* de vote ❷ (*Gesetze*) loi *f* électorale **Wahlsieg** *m* victoire *f* électorale
Wahlsystem *nt* système *m* électoral

> Le **Wahlsystem** allemand est une combinaison du système classique du scrutin à un tour et de la représentation proportionnelle. Le *Stimmzettel* (bulletin de vote) exige deux sortes de vote pour être valable : le premier en faveur du candidat choisi dans le *Wahlkreis* (la circonscription électorale) du votant, le second pour le parti favori du votant. Les partis se voient alors attribués un certain nombre de sièges par *Bundesland,* en fonction de la proportion de bulletins obtenus. Le parti ou, si nécessaire, la coalition de partis ayant la majorité des sièges au *Bundestag* choisit le chancelier ou la chancelière. Les mêmes principes électoraux s'appliquent aux *Landtagswahlen* qui ont lieu tous les quatre ans dans chaque État fédéral.

Wahlurne *f* urne *f* **wahlweise** *Adv.* au choix
Wahn [vaːn] <-[e]s> *m* a. MED folie *f*
Wahnsinn *m kein Pl.* ❶ *fam* (*Unsinn*) folie *f* ❷ MED aliénation *f* mentale ▶ **etw ist heller ~** qc est complètement dingue; **das ist [ja] ~!** c'est du délire !
wahnsinnig I. *Adj.* ❶ MED fou(folle) ❷ *attr fam* (*Hitze*) sacré(e) *antéposé*; (*Sturm*) terrible ❸ *fam* (*herrlich*) super **II.** *Adv. fam* vachement
Wahnsinnige(r) *f(m) dekl wie Adj* fou *m*/folle *f*
wahr [vaːɐ̯] *Adj.* ❶ (*Geschichte*) vrai(e); (*Aussage*) véridique; **nicht ~?** n'est-ce-pas? ❷ *attr* (*Freund*) véritable *antéposé*; (*Glück*) vrai(e) *antéposé*
wahren ['vaːrən] *tr. V.* ❶ (*Interessen*) préserver ❷ (*Ruf*) conserver; (*Geheimnis*) garder
währen *intr. V.* ▶ **was lange währt, wird endlich gut** *prov* tout vient à point à qui sait attendre
während ['vɛːrənt] **I.** *Präp.* + *Gen.* pendant **II.** *Konj.* ❶ (*wohingegen*) alors que ... ❷ (*in der Zeit als*) pendant que ...
währenddessen [vɛːrənt'dɛsən] *Adv.* pendant ce temps[-là]
wahrhaben *tr. V. unreg* **etw nicht ~ wollen** ne pas vouloir admettre qc
Wahrheit <-, -en> *f* vérité *f;* **in ~** en réalité ▶ **um die ~ zu sagen** à vrai dire
Wahrheitsgehalt *m* véracité *f* **wahrheitsgetreu** *Adj.* fidèle
wahrnehmbar *Adj.* perceptible
wahr|nehmen *tr. V. unreg* ❶ (*Geräusch*) percevoir ❷ (*Gelegenheit*) profiter de ❸ (*Interessen*) défendre
Wahrnehmung <-, -en> *f* ❶ (*eines Geräuschs*) perception *f* ❷ (*von Interessen*) défense *f;* (*von Angelegenheiten*) prise *f* en charge
wahr|sagen I. *intr. V.* prédire l'avenir **II.** *tr. V.* **jdm etw ~** prédire qc à qn
Wahrsager(in) <-s, -> *m(f)* voyant(e) *m(f)*
wahrscheinlich [vaːɐ̯'ʃainlɪç] *Adj.* probable; **es ist [nicht] ~, dass** il est [peu] probable que + *subj*
Wahrscheinlichkeit <-, -en> *f* probabilité *f;* **mit hoher ~** très probablement
Wahrung <-> *f* préservation *f*
Währung ['vɛːrʊŋ] <-, -en> *f* monnaie *f*
Währungseinheit *f* unité *f* monétaire **Währungsinstitut** *nt* **das Europäische ~** l'Institut *m* monétaire européen **Währungsreform** *f* réforme *f* monétaire **Währungssystem** *nt* système *m* monétaire; **das Europäische ~** le Système monétaire européen **Währungsunion** *f* union *f* monétaire; **die Europäische ~** l'union monétaire européenne
Wahrzeichen *nt* emblème *m*
Waise ['vaizə] <-, -n> *f* orphelin(e) *m(f)*
Waisenhaus *nt* orphelinat *m* **Waisenkind** *nt* [petit] orphelin *m*/[petite] orpheline *f*
Wal [vaːl] <-[e]s, -e> *m* baleine *f*
Wald [valt, *Pl:* 'vɛldɐ] <-[e]s, Wälder> *m* forêt *f;* (*kleiner*) bois *m*
waldig *Adj.* boisé(e)
Waldlauf *m* footing *m* en forêt

La première **Waldorfschule** a été fondée à Stuttgart par *Rudolf Steiner* quand les directeurs de la fabrique de cigarettes *Waldorf Astoria* lui ont demandé de créer pour les enfants des ouvriers une nouvelle école qui les instruirait selon ses propres méthodes d'éducation anthroposophiques, ce qui implique la prise en considération du développement de l'enfant comme un tout, et non pas seulement en fonction de ses résultats scolaires. Citons, parmi les sujets typiques traités dans une **Waldorfschule**, l'*Eurythmie*, une combinaison de danse et d'imitation, où les sons et les mouvements se correspondent.

Waldsterben *nt* dépérissement *m* des forêts

Wales [wɛɪls] <-> *nt* le pays de Galles

Walkie-TalkieRR ['wɔːkɪ'tɔːkɪ] <-[s], -s> *nt* talkie-walkie *m*

Walkman® ['wɔːkmən] <-s, -men> *m* baladeur *m*

Wall [val, *Pl:* 'vɛlə] <-[e]s, Wälle> *m* talus *m*

Wallfahrer(in) *m(f)* pèlerin *m* **Wallfahrtsort** *m* [lieu *m* de] pèlerinage *m*

Wallis ['valɪs] <-> *nt* **das** ~ le Valais

Wallone <-n, -n> *m*, **Wallonin** *f* Wallon(ne) *m(f)*

WalnussRR ['valnʊs], **Walnuß**ALT *f* 1 noix *f* 2 (*Baum*) noyer *m*

Walpurgisnacht *f* nuit *f* de Walpurgis

Selon l'ancien folklore allemand, la **Walpurgisnacht**, la veille du premier mai, est la nuit du sabbat des sorcières sur le *Blocksberg*, nom plus récent du *Brocken*, le plus haut sommet des montagnes du Harz, en plein cœur de l'Allemagne.

W

WalrossRR ['vaːlrɔs], **Walroß**ALT *nt* morse *m*

walten ['valtən] *intr. V. geh* 1 (*Geist*) régner; (*Kräfte*) se manifester 2 (*üben*) **Gnade ~ lassen** faire preuve de grâce

Walze ['valtsə] <-, -n> *f* 1 MATH, TECH cylindre *m* 2 (*Straßenwalze*) rouleau *m* compresseur

walzen ['valtsən] *tr. V.* 1 (*Piste*) damer 2 (*Stahl*) laminer

wälzen ['vɛltsən] **I.** *tr. V.* 1 **jdn auf die Seite ~** tourner qn sur le côté 2 GASTR **etw in Mehl ~** rouler qc dans la farine 3 *fam* (*Buch*) compulser 4 *fam* (*Probleme*) ruminer **II.** *refl. V.* **sich im Schlamm ~** se vautrer dans la boue

Walzer ['valtsɐ] <-s, -> *m* valse *f*

Wampe ['vampə] <-, -n> *f fam* brioche *f*

wand [vant] *Imp. von* **winden**[1]

Wand [vant, *Pl:* 'vɛndə] <-, Wände> *f* 1 (*Mauer*) mur *m*; **~ an ~** porte à porte 2 (*Wandschirm*) **spanische ~** paravent *m*

Wandalismus [vanda'lɪsmʊs] <-> *m* vandalisme *m*

Wandel ['vandəl] <-s> *m geh* changement *m*

wandeln ['vandəln] *geh* **I.** *tr. V.* modifier **II.** *refl. V.* **sich ~** changer **III.** *intr. V. + sein* **auf und ab ~** déambuler

Wanderausstellung *f* exposition *f* itinérante

Wanderer <-s, -> *m*, **Wanderin** *f* randonneur(-euse) *m(f)*

Wanderkarte *f* guide *m* des sentiers de grande randonnée

wandern ['vandɐn] *intr. V. + sein* 1 faire de la randonnée; **das Wandern** la marche 2 (*Gletscher*) se déplacer 3 (*Völker*) migrer

Wanderung <-, -en> *f* 1 randonnée *f* 2 (*von Völkern*) migration *f*

Wanderweg *m* sentier *m* de [grande] randonnée

Wandlampe *f* applique *f*

Wandlung ['vandlʊŋ] <-, -en> *f geh* transformation *f*

Wandschrank *m* placard *m*

wandte ['vantə] *Imp. von* **wenden**

Wandteppich *m* tapis *m* mural; (*gewebt*) tapisserie *f*

Wange ['vaŋə] <-, -n> *f geh* joue *f*; **~ an ~** joue contre joue

wankelmütig ['vaŋkəlmyːtɪç] *Adj. geh* versatile

wanken ['vaŋkən] *intr. V.* 1 *+ haben* (*Person*) chanceler; (*Turm*) vaciller 2 *+ sein* **nach Hause ~** tituber jusqu'à la maison

wann [van] *Frageadv.* quand; **seit ~** depuis quand; **von ~ an** à partir de quand; **~ [auch] immer** n'importe quand

Wanne ['vanə] <-, -n> *f* (*Badewanne*) baignoire *f;* **in die ~ gehen** prendre un bain

Wanze ['vantsə] <-, -n> *f* ① punaise *f* ② *fam* (*Abhörgerät*) micro *m*

Wappen ['vapən] <-s, -> *nt* armoiries *fpl*

wappnen ['vapnən] *refl. V. geh* **sich ~** se mettre sur ses gardes; **gewappnet sein** être paré

war [vaːɐ̯] *Imp. von* **sein**[1]

warb [varp] *Imp. von* **werben**

Ware ['vaːrə] <-, -n> *f* ① marchandise *f* ② (*Lebensmittel*) denrées *fpl*

Warenhaus *nt* grand magasin *m* **Warenzeichen** *nt* marque *f* déposée

warf [varf] *Imp. von* **werfen**

warm [varm] <wärmer, wärmste> **I.** *Adj.* ① chaud(e); **es ist ~ hier** il fait chaud ici; **jdm ist ~** qn a chaud; **den Tee ~ halten** tenir le thé au chaud ② SPORT **sich ~ laufen** s'échauffer ③ TECH **~ laufen** (*Motor*) chauffer ▶ **mit jdm ~ werden** *fam* accrocher avec qn **II.** *Adv.* ① **~ duschen** prendre une douche chaude ② (*nachdrücklich*) **jdn wärmstens empfehlen** recommander très chaleureusement qn

Warmblüter <-s, -> *m* animal *m* à sang chaud

Wärme ['vɛrmə] <-> *f* chaleur *f*

Wärmedämmung *f* isolation *f* [thermique]

wärmen **I.** *tr., intr. V.* chauffer **II.** *refl. V.* **sich ~** se réchauffer

Wärmflasche *f* bouillotte *f*

Warmfront *f* METEO front *m* chaud **warm|halten** *tr. V. unreg fam* **sich** (*Dat*) **jdn ~** rester bien avec qn **Warmhalteplatte** *f* chauffe-plat *m* **warmherzig** *Adj.* chaleureux(-euse) **warm|laufen**ALT *intr. V. unreg* TECH *s.* **warm I.3** **Warmluft** *f* air *m* chaud **Warmmiete** *f* loyer *m* charges comprises **Warmstart** *m* INFORM démarrage *m* à chaud **Warmwasserversorgung** *f* approvisionnement *m* en eau chaude

Warnblinkanlage *f* feux *mpl* de détresse **Warndreieck** *nt* triangle *m* de signalisation

warnen ['varnən] **I.** *tr. V.* prévenir **II.** *intr. V.* mettre en garde

Warnschild <-schilder> *nt* panneau *m* avertisseur; (*Verkehrsschild*) panneau de danger **Warnschuss**RR *m* tir *m* de sommation **Warnsignal** *nt* (*optisches Zeichen*) signal *m* lumineux; (*akustisches Zeichen*) signal sonore **Warnstreik** *m* grève *f* d'avertissement

Warnung <-, -en> *f* avertissement *m*

Warnzeichen *nt* ① (*Warnschild*) signal *m* ② (*Anzeichen*) avertissement *m*

Warschau ['varʃau] <-s> *nt* Varsovie

Wartehalle *f* hall *m* d'attente **Warteliste** *f* liste *f* d'attente

warten ['vartən] **I.** *intr. V.* **auf jdn/etw ~** attendre qn/qc; **auf sich** (*Akk*) **~ lassen** se faire attendre; **warte mal!** attends voir ! **II.** *tr. V.* TECH (*Auto*) réviser

Wartesaal *m* (*in Bahnhöfen*) salle *f* d'attente **Wartezeit** *f* attente *f* **Wartezimmer** *nt* salle *f* d'attente

Wartung <-, -en> *f* (*eines Autos*) entretien *m;* (*eines Geräts*) maintenance *f*

warum [va'rʊm] *Frageadv.* pourquoi; **~ nicht?** pourquoi pas ?

Warze ['vartsə] <-, -n> *f* verrue *f*

was [vas] **I.** *Fragepron.* ① **~ ist [denn] das?** qu'est-ce que c'est [que ça] ?; **~ ist?** qu'est-ce qu'il y a ?; **~ für ein Glück!** quelle chance ! ② *fam* (*wie viel*) **~ kostet das?** qu'est-ce que ça coûte ? ③ *fam* (*wie bitte*) **~?** quoi ? ④ *fam* (*woran, worauf*) **an ~ denkst du?** à quoi penses-tu ? ⑤ *fam* (*nicht wahr*) **schmeckt gut, ~?** c'est bon, hein ? **II.** *Relativpron.* **sie bekommt immer [das], ~ sie will** elle obtient toujours ce qu'elle veut **III.** *unbest. Pron. fam* (*etwas*) quelque chose

waschbar *Adj.* lavable **Waschbär** *m* raton *m* laveur **Waschbecken** *nt* lavabo *m*

Wäsche ['vɛʃə] <-> *f kein Pl.* ① lessive *f;* **~ waschen** faire la lessive ② (*Textilien*) linge *m;* (*Unterwäsche*) sous-vêtements *mpl*; (*für Frauen*) dessous *mpl*

waschecht *Adj.* grand teint

Wäscheklammer *f* pince *f* à linge **Wäscheleine** *f* corde *f* à linge

waschen ['vaʃən] <wäscht, wusch, gewaschen> **I.** *tr. V.* ① laver ② *fam* (*Geld*) blanchir **II.** *intr. V.* faire une lessive

Wäscherei [vɛʃə'rai] <-, -en> *f* blanchisserie *f*

W

Wäscheständer *m* séchoir *m* [à linge] **Wäschetrockner** *m* sèche-linge *m*

Waschküche *f* buanderie *f* **Waschlappen** *m* gant *m* de toilette **Waschmaschine** *f* machine *f* à laver **Waschmittel** *nt* lessive *f* **Waschpulver** *nt* lessive *f* [en poudre] **Waschsalon** *m* laverie *f* [automatique] **Waschstraße** *f* tunnel *m* de lavage

wäscht [vɛʃt] *3. Pers. Sg. Präs. von* **waschen**

Wasser ['vasɐ] <-s, -> *nt* ❶ *kein Pl.* eau *f*; **fließend ~** eau courante ❷ *euph* (*Urin*) **~ lassen** uriner ▶**jdm steht das ~ bis zum Hals** *fam* qn est dans la panade; **jdm läuft das ~ im Mund[e] zusammen** qn en a l'eau à la bouche; **sich über ~ halten** garder la tête hors de l'eau

Wasserbad *nt* bain-marie *m* **Wasserball** *m* ❶ *kein Pl.* (*Sportart*) water-polo *m* ❷ (*Ball*) ballon *m* **Wasserdampf** *m* vapeur *f* d'eau **wasserdicht** *Adj.* (*Uhr*) étanche; (*Stoff*) imperméable **Wasserfall** *m* cascade *f* **Wasserfarbe** *f* peinture *f* à l'eau **wasserfest** *Adj.* ❶ (*Farbe*) lavable ❷ *s.* **wasserdicht** **Wasserflugzeug** *nt* hydravion *m* **Wasserglas** *nt* verre *m* à eau **Wasserhahn** *m* robinet *m*

wässerig ['vɛsərɪç] *s.* **wässrig**

Wasserkessel *m* bouilloire *f* **Wasserkraftwerk** *nt* centrale *f* hydroélectrique **Wasserlauf** *m* cours *m* d'eau **Wasserleitung** *f* conduite *f* d'eau **wasserlöslich** *Adj.* soluble **Wassermann** <-männer> *m* ASTRO Verseau *m* **Wassermelone** *f* pastèque *f*

wassern *intr. V. + haben o sein* amerrir

wässern ['vɛsɐn] *tr. V.* arroser

Wasseroberfläche *f* surface *f* de l'eau **Wasserpflanze** *f* plante *f* aquatique **Wasserpistole** *f* pistolet *m* à eau **Wasserratte** *f* rat *m* d'eau **wasserscheu** *Adj.* qui a peur de l'eau **Wasserspiegel** *m* ❶ (*Wasseroberfläche*) surface *f* de l'eau ❷ (*Wasserstand*) niveau *m* d'eau **Wassersport** *m* sport *m* aquatique **Wasserspülung** *f* chasse *f* d'eau **Wasserstand** *m* niveau *m* d'eau **Wasserstoff** *m* hydrogène *m* **Wasserstoffbombe** *f* bombe *f* à hydrogène **Wasserstrahl** *m* jet *m* d'eau **Wasserstraße** *f* voie *f* navigable **Wassertropfen** *m* goutte *f* d'eau **Wasserturm** *m* château *m* d'eau **Wasserverbrauch** *m* consommation *f* d'eau **Wasserverschmutzung** *f* pollution *f* des eaux **Wasserversorgung** *f* approvisionnement *m* en eau **Wasservogel** *m* oiseau *m* aquatique **Wasserwerfer** *m* canon *m* à eau **Wasserwerk** *nt* centre *m* de distribution des eaux **Wasserzeichen** *nt* filigrane *m*

wässrig[RR] ['vɛsrɪç], **wäßrig**[ALT] *Adj.* ❶ (*Kaffee*) clairet(te) ❷ (*Lösung*) aqueux(-euse) ❸ (*Farbe*) glauque

waten ['va:tən] *intr. V. + sein* **durch das Wasser ~** passer l'eau à gué

Watschen <-, -> *f* A *fam* baffe *f*

Watt[1] [vat] <-s, -> *nt* PHYS watt *m*

Watt[2] [vat] <-s, -en> *nt* GEO plage *f* de la mer du Nord découverte à marée basse

> **Das Watt** est une vaste étendue de bancs de boue, laissés par les marées, sur la côte de la mer du Nord. A marée basse, on peut marcher sur ces fonds marins sablonneux qui, à marée haute, se trouvent submergés sous plusieurs mètres d'eau, de sorte que des bâteaux côtiers à fond plat peuvent passer au-dessus d'eux.

Watte ['vatə] <-, -n> *f* coton *m*

Wattebausch *m* [morceau *m* de] coton *m*

Wattenmeer *nt kein Pl.* **das ~** le Wattenmeer *(eaux qui recouvrent le Watt à marée haute)*

Wattestäbchen ['vatəʃtɛ:pçən] *nt* coton-tige® *m*

wattieren* [va'ti:rən] *tr. V.* (*Jacke*) ouatiner; **wattiert** molletonné(e)

WC [ve:'tse:] <-s, -s> *nt* W.-C. *mpl*

weben ['ve:bən] **I.** *tr. V.* tisser **II.** *intr. V.* faire du tissage

Weber(in) <-s, -> *m(f)* tisserand(e) *m(f)*

Weberei [ve:bə'rai] <-, -en> *f* [usine *f* de] tissage *m*

Webseite ['wɛp-] *f* INET page *f* web [*o* Web] **Website** ['wɛpsait] *f* INET site *m* web [*o* Web]

Webstuhl *m* métier *m* à tisser

Wechsel ['vɛksəl] <-s, -> *m* ❶ changement *m* ❷ (*Geldwechsel*) change *m* ❸ FIN lettre *f* de change

Wechselgeld *nt* monnaie *f*

wẹchselhaft *Adj.* instable

Wẹchseljahre *Pl* ménopause *f* **Wẹchselkurs** *m* taux *m* de change

wẹchseln ['vɛksln] **I.** *tr. V. + haben* ❶ changer ❷ (*Briefe, Ringe*) échanger **II.** *intr. V.* ❶ + *haben* **jdm ~** faire le change à qn ❷ + *haben* (*eine neue Stelle antreten*) changer d'employeur ❸ + *sein* **auf die andere Spur ~** changer de voie

wẹchselseitig **I.** *Adj.* réciproque **II.** *Adv.* mutuellement

Wẹchselstrom *m* courant *m* alternatif **Wẹchselstube** *f* bureau *m* de change

wẹchselweise *Adv.* en alternance; (*in Bezug auf Menschen*) à tour de rôle

Wẹchselwirkung *f* interaction *f*

wẹcken ['vɛkən] *tr. V.* ❶ réveiller ❷ (*Interesse*) susciter

Wẹcken <-s, -> *m* A petit pain *m*

Wẹcker <-s, -> *m* réveil *m*

wedeln *intr. V. + haben* **mit etw ~** remuer qc

weder ['veːdɐ] *Konj.* **~ ... noch ...** ni ... ni

wẹg [vɛk] *Adv.* **~ sein** (*abwesend sein*) ne pas être là; (*weggegangen sein*) être parti; (*verschwunden sein*) avoir disparu

Weg [veːk] <-[e]s, -e> *m* ❶ chemin *m;* (*Route*) itinéraire *m;* **auf dem ~ ins Kino sein** être en route pour le ciné; **sich auf den ~ zu jdm machen** partir chez qn; **das liegt auf dem ~** c'est sur le chemin; **aus dem ~!** dégage/dégagez le passage ! ❷ (*Methode*) moyen *m* ❸ (*Art, Weise*) **auf diesem ~e** de cette façon; **auf illegalem ~e** par des moyens illégaux ▸ **jdm/einer S. aus dem ~ gehen** éviter qn/qc; **etw in die ~e leiten** engager qc; **jdm/einer S. im ~ stehen** faire obstacle à qn/qc

wẹg|bleiben *intr. V. unreg + sein* ne pas venir; **lange ~** s'absenter longtemps

wẹg|bringen *tr. V. unreg* (*Person*) emmener

wegen ['veːgən] *Präp. + Gen.* ❶ (*aufgrund von*) **~ des Regens** à cause de la pluie ❷ (*bezüglich*) **~ einer S.** à propos de qc ❸ (*um ... willen*) à cause de

wẹg|fahren *unreg* **I.** *intr. V. + sein* ❶ (*verreisen*) partir [en voyage] ❷ (*abfahren*) partir **II.** *tr. V. + haben* (*Fahrzeug*) déplacer

wẹg|fallen *intr. V. unreg + sein* devenir caduc(-uque); **etw ~ lassen** supprimer qc

wẹg|fliegen *intr. V. unreg + sein* (*Flugzeug*) s'envoler

wẹg|geben *tr. V. unreg* se débarrasser de

wẹg|gehen *intr. V. unreg + sein* ❶ (*fortgehen*) partir; **geh weg!** va-t'en ! ❷ *fam* (*Fleck*) s'en aller

wẹg|gießen *tr. V. unreg* jeter

wẹg|jagen *tr. V.* chasser

wẹg|kommen *intr. V. unreg + sein fam* ❶ (*loskommen*) se défaire de ❷ (*abhandenkommen*) disparaître ❸ (*abschneiden*) **gut/schlecht ~** bien/mal s'en sortir

wẹg|lassen *tr. V. unreg* ❶ *fam* (*auslassen*) laisser tomber; (*versehentlich*) omettre ❷ (*fortgehen lassen*) laisser partir

wẹg|laufen *intr. V. unreg + sein* ❶ (*fortlaufen*) se sauver; **vor jdm ~** fuir devant qn ❷ *fam* **von zu Hause ~** faire une fugue

wẹg|legen *tr. V.* poser

wẹg|machen *tr. V. fam* enlever

wẹg|nehmen *tr. V. unreg* enlever

Wegrand *m* bord *m* du chemin

wẹg|räumen *tr. V.* évacuer

wẹg|rennen *intr. V. unreg + sein* (*Reißaus nehmen*) décamper

wẹg|schauen *s.* **wegsehen**

wẹg|schicken *tr. V.* (*Brief*) envoyer; (*Person*) renvoyer

wẹg|schmeißen *tr. V. unreg fam* balancer

wẹg|schnappen *tr. V. fam* **jdm etw ~** souffler qc à qn

wẹg|sehen *intr. V. unreg* ❶ (*nicht hinsehen*) détourner les yeux ❷ *fam* (*hinwegsehen*) **[über etw** (*Akk*)**] ~** fermer les yeux [sur qc]

wẹg|setzen *tr., refl. V.* **[sich] ~** changer de place

wẹg|stecken *tr. V. fam* ❶ (*einstecken*) ranger ❷ (*verkraften*) encaisser

wẹg|stellen *tr. V.* déplacer

wẹg|tragen *tr. V. unreg* emporter

wẹg|treten *intr. V. unreg + sein* MIL rompre les rangs; **weggetreten!** rompez !

wẹg|tun *tr. V. unreg* ❶ (*weglegen*) enlever ❷ (*wegwerfen*) jeter

wegweisend ['veːkvaizənt] *Adj.* porteur(-euse) d'avenir; **~ sein** ouvrir des perspectives

Wegweiser <-s, -> *m* poteau *m* indicateur

wẹg|werfen *tr. V. unreg* jeter

Wegwerfgesellschaft *f pej* société *f* de gaspillage

weg|ziehen *unreg* **I.** *intr. V. + sein* ① (*fortziehen*) déménager ② (*Vögel*) migrer **II.** *tr. V. + haben* (*Hand*) retirer

weh [veː] *Adj.* douloureux(-euse)

wehe ['veːə] *Interj.* malheureux(-euse) !; ~ [**dir**], **wenn ...!** gare à toi si ... !

Wehe ['veːə] <-, -n> *f* ① (*Schneewehe*) congère *f* ② *meist Pl.* (*Geburtswehe*) contraction *f*

wehen ['veːən] *intr. V.* ① *+ haben* (*Wind*) souffler ② *+ haben* **im Wind** ~ (*Haare*) flotter au vent

wehklagen *intr. V. geh* se lamenter

wehleidig *Adj.* douillet(te)

Wehmut ['veːmuːt] <-> *f geh* nostalgie *f*

wehmütig ['veːmyːtɪç] *geh Adj.* nostalgique

Wehr[1] [veːɐ̯] *f* ▸ **sich zur** ~ **setzen** se défendre

Wehr[2] <-[e]s, -e> *nt* (*Stauanlage*) digue *f*

Wehrdienst *m kein Pl.* service *m* militaire **Wehrdienstverweigerer** <-s, -> *m,* **-verweigerin** *f* objecteur *m* de conscience **Wehrdienstverweigerung** *f* objection *f* de conscience

wehren ['veːrən] *refl. V.* ① **sich** ~ (*sich verteidigen*) se défendre ② (*sich sträuben*) **sich dagegen** ~ **etw zu tun** se refuser à faire qc

Wehrersatzdienst *m* service *m* civil

wehrlos *Adj., Adv.* sans défense

Wehrmacht *f* HIST **die** ~ la Wehrmacht **Wehrpflicht** *f kein Pl.* [**allgemeine**] ~ service *m* militaire obligatoire **wehrpflichtig** *Adj.* astreint(e) au service militaire

weh|tun[RR] **I.** *intr. V.* ① (*schmerzen: Verletzung, Magen, Kopf*) faire mal; **mein Fuß tut mir weh** j'ai mal au pied; **mir tut der Rücken weh** j'ai mal au dos ② (*Schmerz zufügen*) **sich** (*Dat*) ~ se faire mal; **tu ihm nicht weh!** ne lui fais pas mal ! ③ (*verletzend sein: Person, Worte*) faire de la peine; **diese Vorwürfe taten ihm weh** ces reproches lui ont faitde la peine

Weib [vaip] <-[e]s, -er> *nt fam* bonne femme *f*

Weibchen ['vaipçən] <-s, -> *nt* ZOOL femelle *f*

weibisch *Adj.* efféminé(e)

W

weiblich *Adj.* ① a. LING féminin(e) ② BOT femelle

Weiblichkeit <-> *f* féminité *f*

weich [vaiç] *Adj.* ① doux(douce); (*Boden*) mou(molle); (*Bett*) moelleux(-euse) ② (*Gemüse*) bien cuit(e); (*Fleisch*) tendre; **ein Ei** ~ **kochen** faire cuire un œuf à la coque; **das Gemüse** ~ **kochen** faire bien cuire les légumes; **die Schnitzel** ~ **klopfen** attendrir les escalopes ③ FIN faible ▸ ~ **werden** *fam* se laisser attendrir

Weiche ['vaiçə] <-, -n> *f* aiguillage *m*

weichen ['vaiçən] <wịch, gewịchen> *intr. V. + sein* ① (*Spannung*) s'apaiser ② (*nachgeben*) **einer S.** (*Dat*) ~ céder à qc ③ (*weggehen*) **zur Seite** ~ s'écarter

weichgekocht *s.* **weich 2**

Weichkäse *m* fromage *m* à pâte molle

weichlich *Adj.* mou(molle)

Weichling <-s, -e> *m pej* mollasse *mf*

Weichsel [-ks-] <-> *f* **die** ~ la Vistule

Weichspüler <-s, -> *m* assouplissant *m* **Weichteile** *Pl* ① (*Eingeweide*) parties *fpl* molles ② *fam* (*Geschlechtsteile*) parties *fpl* **Weichtier** *nt* mollusque *m*

Weide ['vaidə] <-, -n> *f* ① (*Baum*) saule *m* ② (*Viehweide*) pâturage *m*

Weideland *nt* pâturages *mpl*

weiden I. *intr. V.* paître **II.** *tr. V.* faire paître **III.** *refl. V.* (*sich erfreuen*) **sich an etw** (*Dat*) ~ se délecter de qc

Weidenkorb *m* panier *m* d'osier

weigern ['vaigɐn] *refl. V.* **sich** ~ refuser

Weigerung <-, -en> *f* refus *m*

Weihe ['vaiə] <-, -n> *f* REL ① *kein Pl.* (*das Weihen*) consécration *f* ② (*eines Priesters*) ordination *f*

weihen *tr. V.* ① consacrer ② (*die Weihe erteilen*) **jdn zum Priester** ~ ordonner qn prêtre

Weiher ['vaiɐ] <-s, -> *m* étang *m*

Weihnachten <-, -> *nt* Noël *m*; **fröhliche ~!** joyeux Noël !

weihnachtlich I. *Adj.* de Noël **II.** *Adv.* pour Noël

Weihnachtsbaum *m* arbre *m* de Noël **Weihnachtsfest** *nt kein Pl.* jour *m* de Noël **Weihnachtsgeld** *nt* prime *f* de Noël **Weihnachtsgeschenk** *nt* cadeau *m* de Noël **Weihnachtslied** *nt* chant *m* de Noël **Weihnachtsmann** <-männer> *m* père *m* Noël

Weihnachtsmarkt *m* marché *m* de Noël

> Le **Weihnachtsmarkt** le plus célèbre en Allemagne est celui de Nürnberg (Nuremberg) mais il existe dans la plupart des villes des marchés similaires où l'on peut acheter des cadeaux et des décorations de Noël, des bonnes choses à manger typiques, ainsi que du *Glühwein*.

Weihnachtszeit *f* **die ~** la période de Noël

Weihrauch *m* encens *m* **Weihwasser** *nt* eau *f* bénite

weil [vail] *Konj.* ① *(da)* parce que ② *(da ... nun)* comme

Weilchen ['vailçən] <-s> *nt* **ein ~** un petit moment

Weile ['vailə] <-> *f* moment *m;* **vor einer ~** il y a un moment; **eine [ganze] ~** un [bon] moment

Weiler ['vailɐ] <-s, -> *m geh* hameau *m*

Wein [vain] <-[e]s, -e> *m* ① *(Getränk)* vin *m* ② *kein Pl. (Weinrebe)* vigne *f* ③ *kein Pl. (Weintrauben)* **der ~ wird im Oktober geerntet** les vendanges se font en octobre

Weinbau *m kein Pl.* viticulture *f* **Weinbeere** *f* ① *(einzelne Beere)* grain *m* de raisin ② A, CH *s.* **Rosine** **Weinberg** *m* vignoble *m* **Weinbrand** *m* cognac *m*

weinen ['vainən] *tr., intr. V.* pleurer

weinerlich ['vainɐlɪç] *Adj.* *(Person)* pleurnichard(e) *(fam)*; *(Stimme)* pleurnicheur(-euse)

Weinfass[RR] *nt* tonneau *m* de vin **Weingeist** *m kein Pl.* esprit-de-vin *m* **Weingut** *nt* domaine *m* viticole **Weinkarte** *f* carte *f* des vins **Weinkeller** *m* cave *f* à vins

Weinkrampf *m* crise *f* de larmes

Weinlese *f* vendanges *fpl* **Weinprobe** *f* dégustation *f* [de vins] **Weinrebe** *f* vigne *f* **weinrot** *Adj.* bordeaux *inv.* **Weinstube** *f* bar *m* à vin[s] **Weintraube** *f* *(einzelne Beere)* grain *m* de raisin; **blaue ~n kaufen** acheter du raisin noir

weise *Adj. geh* sage

Weise ['vaizə] <-, -n> *f* ① *(Art)* manière *f;* **auf diese ~** de cette manière; **in der ~, dass ...** *(auf diese Art)* de telle manière que ...; *(sodass)* de manière que + *subj* ② *geh (Melodie)* air *m*

Weise(r) *f(m) dekl wie Adj* sage *m/* femme *f* sage

weisen ['vaizən] <**wies, gewiesen**> *tr. V. geh* ① *(Weg)* indiquer ② *(fortschicken)* **jdn aus dem Haus ~** chasser qn de la maison ▸ **etw [weit] von sich ~** rejeter qc

Weisheit <-, -en> *f* ① *kein Pl.* sagesse *f* ② *meist Pl. (Erkenntnis)* conseil *m* de bon sens

Weisheitszahn *m* dent *f* de sagesse

weis|machen *tr. V. fam* **jdm ~, dass ...** faire gober à qn que ...

weiß[1] [vais] *1. und 3. Pers. Präs. von* **wissen**

weiß[2] *Adj.* blanc(blanche); **~ werden** *(Haare)* blanchir; *(Gesicht)* pâlir

Weiß <-[es]> *nt* blanc *m*

weissagen *tr. V.* prédire

Weissagung <-, -en> *f* prédiction *f*

Weißbier *nt* bière *f* blanche **Weißblech** *nt* fer-blanc *m* **Weißbrot** *nt* pain *m* blanc **Weißdorn** *m* aubépine *f*

Weiße(r) *f(m) dekl wie Adj* Blanc *m/* Blanche *f*

Weißglut *f kein Pl.* incandescence *f* ▸ **jdn zur ~ treiben** échauffer les oreilles à qn **Weißgold** *nt* or *m* blanc **weißhaarig** *Adj.* aux cheveux blancs **Weißkohl** *m,* **Weißkraut** *nt* A chou *m* blanc

weißlich *Adj.* blanchâtre

Weißrussland[RR] *nt* la Biélorussie **Weißwein** *m* vin *m* blanc **Weißwurst** *f* boudin *m* blanc

Weisung <-, -en> *f* directive *f*

weit [vait] **I.** *Adj.* ① *(Schuhe)* large; **etw ~er machen** élargir qc ② *(Strecke)* long(longue) *antéposé*; **ist es noch ~ bis zum Hotel?** c'est encore loin jusqu'à l'hôtel ? ③ *(zeitlich entfernt)* **es ist noch ~ bis zum Sommer?** l'été, c'est encore loin ? **II.** *Adv.* ① *(gehen)* loin; **~ offen [stehend]** grand(e) ouvert(e); **fünf Meter ~ springen** sauter à cinq mètres; **haben Sie es noch sehr ~?** vous allez encore loin ? ② *(in zeitlicher Hinsicht)* **so ~ sein** être prêt; **~ nach zehn Uhr** bien après dix heures; **~ zurückliegen** être il y a longtemps ③ *fig* **es ~ gebracht haben**

avoir réussi; **das geht [entschieden] zu ~!** c'en est trop !; **wie ~ bist du [gekommen]?** où en es-tu ? ❹ (*schlechter*) bien [plus]; (*übertreffen*) de beaucoup ▸**so ~, so gut** bon, jusque là, tout va; **so ~ kommt es [noch]!** *fam* et puis quoi encore !

weitab ['vait'ʔap] *Adv.* loin [de tout]

weitaus ['vait'ʔaus] *Adv.* ❶ (*schöner*) bien [plus] ❷ (*eindeutig*) **er ist der ~ beste Schüler** il est de loin le meilleur élève **Weitblick** *m kein Pl.* clairvoyance *f*

Weite <-, -n> *f* ❶ étendue *f* ❷ (*Breite*) largeur *f*

weiten *tr. V.* élargir

weiter ['vaitɐ] *Adv.* ❶ *Komp. von* **weit**: **~ oben** plus haut; **~!** on continue ! ❷ (*sonst*) **das hat ~ nichts zu sagen** ça ne veut rien dire; **und ~?** et après ? ▸**und so ~ [und so fort]** et cætera

weiter|arbeiten *intr. V.* continuer son/le travail **weiter|bilden** *refl. V.* **sich ~** compléter sa formation **Weiterbildung** *f* formation *f* continue **weiter|bringen** *tr. V. unreg* faire avancer

weitere(r, s) *Adj.* autre *antéposé*; **alles Weitere besprechen wir morgen** on discutera des détails demain ▸**bis auf ~s** momentanément; **ohne ~s** sans problèmes

weiter|empfehlen* *tr. V. unreg* recommander **weiter|entwickeln*** **I.** *tr. V.* (*Gerät*) perfectionner; (*Idee*) développer **II.** *refl. V.* **sich ~** évoluer **weiter|erzählen*** **I.** *tr. V.* (*Neuigkeit*) répéter **II.** *intr. V.* continuer à raconter **weiter|fahren** *intr. V. unreg + sein* **nach Basel ~** continuer sa route vers Bâle **weiter|führen** *tr. V.* ❶ (*Projekt*) poursuivre ❷ (*weiterbringen*) **jdn ~** (*Vorschlag*) faire avancer qn **Weitergabe** *f* (*von Unterlagen*) transmission *f* **weiter|geben** *tr. V. unreg* (*weiterreichen*) faire passer; (*mitteilen*) transmettre **weiter|gehen** *intr. V. unreg + sein* ❶ poursuivre son chemin ❷ (*seinen Fortgang nehmen*) continuer; **wie soll es nun ~?** qu'est-ce qu'on va faire ? **weiter|helfen** *intr. V. unreg* aider; **jdm in einer Angelegenheit ~** aider qn dans une affaire **weiterhin** *Adv.* ❶ (*immer noch*) encore ❷ (*auch zukünftig*) dans l'avenir ❸ (*außerdem*) en outre **weiter|kommen** *intr. V. unreg + sein* avancer **weiter|laufen** *intr. V. unreg + sein* (*Person, Kosten*) continuer à courir **weiter|leiten** *tr. V.* (*Information*) transmettre; (*Brief*) faire suivre **weiter|machen** *intr. V. fam* continuer **weiter|sagen** *tr. V.* répéter; **nicht ~!** motus et bouche cousue !

weitgehend <weitgehender *o* A weitergehend, weitestgehend> **I.** *Adj.* étendu(e) **II.** *Adv.* à quelques détails près

weither *Adv. geh* de loin

weithin *Adv. geh* (*hörbar*) alentour

weitläufig **I.** *Adj.* ❶ vaste *antéposé* ❷ (*Verwandtschaft*) éloigné(e) **II.** *Adv.* **~ [miteinander] verwandt sein** être parents éloignés

weitreichend *s.* **reichen I.**

weitschweifig *Adj.* diffus(e)

Weitsicht *s.* **Weitblick**

weitsichtig *Adj.* MED presbyte

Weitsprung *m* ❶ *kein Pl.* (*Disziplin*) saut *m* en longueur ❷ (*Sprung*) saut *m*

weitverbreitet *s.* **verbreiten I.1**

Weizen ['vaitsən] <-s> *m* blé *m*

Weizenmehl *nt* farine *f* de froment

welch *Pron. interrog geh* **~ eine Enttäuschung!** quelle déception !

welche(r, s) ['vɛlçə, -çɐ, -çəs] **I.** *Fragepron.* quel(le) **II.** *Relativpron.* **das Programm, mit ~m sie arbeitet** le logiciel avec lequel elle travaille **III.** *unbest. Pron.* ❶ en; **brauchst du Streichhölzer? Hier sind ~!** tu as besoin d'allumettes? En voici ! ❷ *Pl fam* (*einige Leute*) **es gibt ~, die ...** il y en a qui ...

welk [vɛlk] *Adj.* flétri(e)

welken *intr. V. + sein geh* se flétrir

Wellblech *nt* tôle *f* ondulée

Welle ['vɛlə] <-, -n> *f* ❶ *a. fig* vague *f* ❷ (*Locke*) ondulation *f* ❸ PHYS, RADIO onde *f*

wellen *refl. V.* **sich ~** onduler

Wellenbrecher <-s, -> *m* briselame[s] *m* **Wellenlänge** *f* longueur *f* d'onde **Wellenlinie** *f* ligne *f* ondulée **Wellenreiten** *nt* surf *m* **Wellensittich** *m* perruche *f*

wellig *Adj.* ondulé(e)

Wellness[RR] ['vɛlnɛs] <-> *f* bien-être *m*

Le terme de **Wellness** se rapporte à toutes les sortes de traitements qu'on trouve dans une station thermale visant à améliorer le bien-être général du sujet, tels que les massages, les bains et l'aromathérapie. L'expansion de la mode du *Wellnessurlaub* (vacances en cure thermale) a donné naissance à toute une industrie de traitements holistiques et en station thermale, de *Wellnesshotels* et de centres de loisirs.

WellnesshotelRR ['vɛlnɛs-] *nt* hôtel *m* médicalisé, spa *m* **Wellnesswochenende**RR *nt* week-end *m* bien-être
Wellpappe *f* carton *m* ondulé
Welpe ['vɛlpə] <-n, -n> *m* chiot *m*
Welt [vɛlt] <-, -en> *f* ❶ *kein Pl.* (*die Erde*) **die ~** le monde; **in aller ~** dans le monde entier ❷ *kein Pl. fam* (*die Menschen*) **alle ~** tout le monde ❸ (*politische Sphäre*) **die westliche ~** l'Occident *m;* **die Dritte ~** le tiers-monde ▶ **etw aus der ~ schaffen** mettre fin à qc
Weltall *nt* univers *m* **Weltanschauung** *f* conception *f* du monde **weltberühmt** *Adj.* célèbre dans le monde entier **Weltbild** *nt* vision *f* du monde **weltfremd** *Adj.* irréaliste **Weltgeschichte** *f kein Pl.* histoire *f* universelle ▶ **in der ~ herumfahren** *hum fam* rouler sa bosse **weltgeschichtlich** *Adj.* (*Ereignis*) qui fait date **Weltkrieg** *m* guerre *f* mondiale; **der Erste/Zweite ~** la Première/Seconde Guerre mondiale **Weltliteratur** *f kein Pl.* littérature *f* mondiale **Weltmacht** *f* grande puissance *f* **Weltmarkt** *m* marché *m* international **Weltmeister(in)** *m(f)* champion(ne) *m(f)* du monde **Weltmeisterschaft** *f* championnat *m* du monde **Weltraum** *m kein Pl.* espace *m* **Weltreich** *nt* empire *m* **Weltreise** *f* tour *m* du monde **Weltrekord** *m* record *m* du monde **Weltsicherheitsrat** *m* Conseil *m* de sécurité de l'O.N.U. **Weltstadt** *f* grande ville *f* de renommée mondiale **Weltuntergang** *m* fin *f* du monde **weltweit** I. *Adj.* mondial(e) II. *Adv.* (*tätig sein*) dans le monde entier; (*bedeutsam sein*) pour le monde entier **Weltwirtschaft** *f* économie *f* mondiale **Weltwunder** *nt* **die sieben ~** les Sept Merveilles *fpl* du monde
wem [veːm] I. *Fragepron., Dat. von* **wer**: **~ gehört ...?** à qui appartient ...?; **mit ~** avec qui; **von ~** de qui II. *Relativpron., Dat. von* **wer** celui à qui
wen [veːn] I. *Fragepron., Akk. von* **wer**: **durch/für ~** par/pour qui II. *Relativpron., Akk. von* **wer**: **~** celui que
Wende ['vɛndə] <-, -n> *f* ❶ tournant *m* ❷ HIST **die ~** le tournant (*désigne la réunification allemande*)
Wendekreis *m* ❶ (*eines Autos*) rayon *m* de braquage ❷ GEO **der nördliche ~** le tropique du Cancer; **der südliche ~** le tropique du Capricorne
Wendeltreppe ['vɛndəltrɛpə] *f* escalier *m* en colimaçon
wenden1 ['vɛndən] *refl. V.* ❶ (*sich drehen*) se tourner ❷ (*sich richten an*) **sich an jdn ~** s'adresser à qn ❸ (*entgegentreten*) **sich gegen jdn ~** se retourner contre qn; **sich gegen etw ~** réfuter qc
wenden2 I. *tr. V.* (*Blatt*) retourner; **bitte ~!** tournez, s'il vous plaît ! II. *intr. V.* faire demi-tour
Wendepunkt *m* tournant *m*
wendig *Adj.* (*Person*) souple d'esprit; (*Auto*) manœuvrable
Wendung <-, -en> *f* ❶ retournement *m* ❷ LING tournure *f*
wenig ['veːnɪç] I. *Adj., unbest. Pron.* ❶ **~ Zeit** peu de temps; **zu ~** trop peu ❷ (*nicht viele*) **es kamen nur ~e** peu de gens sont venus ❸ (*etwas*) **ein ~ Zucker** un peu de sucre II. *Adv.* ❶ (*kaum, nicht sehr*) **~ hilfreich** guère secourable; **nicht ~ überrascht sein** ne pas être peu surpris ❷ (*selten*) **~ ausgehen** sortir peu ❸ (*etwas*) **ein ~ verärgert** un peu irrité(e)
weniger ['veːnɪgɐ] I. *Adj., unbest. Pron., Komp. von* **wenig**: **~ Zeit** moins de temps; **er verdient ~ als ich** il gagne moins que moi; **etwas ~** un peu moins; **~ werden** (*Vorräte*) diminuer; (*Vermögen*) s'amenuiser ▶ **~ wäre mehr gewesen** le mieux est l'ennemi du bien II. *Adv. Komp. von* **wenig** moins III. *Konj.* moins; **21 ~ 4 ist 17** 21 moins 4 égale 17
wenigste(r, s) I. *Adj., Pron. Superl. von* **wenig**: **das ~ Geld** le moins d'argent II. *Adv. Superl. von* **wenig** le moins
wenigstens ['veːnɪçstns] *Adv.* ❶ (*mindestens*) au moins ❷ (*zumindest*) du moins

W

wenn [vɛn] *Konj.* ❶ (*falls*) si ❷ (*sobald*) dès que ❸ (*obwohl*) **~ sie auch Recht hat** même si elle a raison ❹ (*in Wunschsätzen*) **~ es morgen bloß nicht regnet!** si seulement il ne pleuvait pas demain !

wenngleich [vɛn'glaiç] *Konj. geh* bien que + *subj*

wer [veːɐ̯] **I.** *Fragepron.* qui [est-ce qui] **II.** *Relativpron.* [celui] qui **III.** *unbest. Pron. fam* **wenn ~ anruft** s'il y a quelqu'un qui téléphone ▶ **er/sie ist ~** il/elle n'est pas n'importe qui

Werbeagentur *f* agence *f* de publicité **Werbefernsehen** *nt* publicité *f* à la télévision **Werbegeschenk** *nt* cadeau *m* publicitaire

werben ['vɛrbən] <wirbt, warb, geworben> **I.** *tr. V.* (*Kunden*) parrainer **II.** *intr. V.* ❶ (*Reklame machen*) **für etw ~** faire de la publicité pour qc ❷ (*zu erhalten suchen*) **um Vertrauen ~** chercher à gagner la confiance

Werbespot ['vɛrbəspɔt] *m* spot *m* publicitaire **werbewirksam** *Adj.* **ein ~er Slogan** un slogan publicitaire qui fait de l'effet

Werbung <-> *f* ❶ publicité *f* ❷ (*das Anwerben*) parrainage *m*

Werdegang <-gänge> *m* ❶ **beruflicher/künstlerischer ~** parcours *m* professionnel/artistique ❷ (*Lebenslauf*) curriculum *m* vitæ

werden ['veːɐ̯dən] **I.** <wird, wurde, geworden> *intr. V. + sein* ❶ (*seinen Zustand, Status verändern*) devenir; **krank ~** tomber malade; **schlimmer ~** empirer ❷ (*seine Befindlichkeit verändern*) **jdm wird besser** qn se sent mieux; **jdm wird schwindlig** qn a des vertiges ❸ (*sich entwickeln*) **aus diesem Jungen wird noch etwas** ce garçon ira loin; **was soll nur aus ihm ~?** que va-t-il devenir ? ❹ (*ein Alter erreichen*) **er wird zehn [Jahre alt]** il va avoir dix ans **II.** <*PP* worden> *Hilfsverb* ❶ (*zur Bildung des Futurs*) **sie wird ihm bald schreiben** elle va lui écrire bientôt ❷ (*zur Bildung des Passivs*) **gesehen ~** être vu ❸ (*zur Bildung des Konjunktivs*) **würdest du mir kurz helfen?** tu pourrais m'aider un instant ?

werfen ['vɛrfən] <wirft, warf, geworfen> **I.** *tr. V.* ❶ lancer ❷ (*tun*) jeter ❸ (*bilden: Falten*) faire ❹ (*gebären*) **Junge ~** faire des petits **II.** *intr. V.* ❶ lancer ❷ (*Junge bekommen*) mettre bas **III.** *refl. V.* (*sich stürzen*) **sich auf den Boden ~** se jeter par terre

Werft [vɛrft] <-, -en> *f* chantier *m* naval

Werk [vɛrk] <-[e]s, -e> *nt* ❶ (*Fabrik*) usine *f* ❷ (*eines Künstlers*) œuvre *f* ❸ (*Buch*) ouvrage *m* ❹ *kein Pl. geh* (*Arbeit*) ouvrage *m*; **sich ans ~ machen** se mettre à l'œuvre

Werkbank <-bänke> *f* établi *m* **Werkstatt** *f* (*Schreinerwerkstatt*) atelier *m*; (*Autowerkstatt*) garage *m* **Werktag** *m* jour *m* ouvrable **werktags** *Adv.* en semaine **Werkzeug** <-[e]s, -e> *nt* outil *m* **Werkzeugkasten** *m* caisse *f* à outils

Wermut ['veːɐ̯muːt] <-[e]s> *m* ❶ BOT absinthe *f* ❷ (*Wein*) vermout[h] *m*

wert [veːɐ̯t] *Adj.* ❶ **viel ~ sein** valoir beaucoup ❷ *fig* **das ist nicht der Mühe** (*Gen*) **~** ça ne vaut pas la peine

Wert <-[e]s, -e> *m* ❶ (*Preis*) valeur *f* ❷ *Pl* (*Untersuchungsergebnis*) résultats *mpl* ❸ (*wertvolle Eigenschaft*) qualité *f* ❹ (*Bedeutung*) valeur *f*; **einer S.** (*Dat*) **viel ~ beimessen** *geh* attacher beaucoup d'importance à qc ▶ **das hat keinen ~** *fam* c'est pas la peine

wertbeständig *Adj.* à valeur stable **Wertbrief** *m* lettre *f* chargée

werten *tr. V.* ❶ noter ❷ (*Aussage*) considérer; (*Sachverhalt*) juger

Wertgegenstand *m* objet *m* de valeur **wertlos** *Adj.* sans valeur; **für jdn ~ sein** ne servir à rien à qn **Wertpapier** *nt* valeur *f* **Wertsache** *f meist Pl.* objet *m* de valeur **Wertstoff** *m* matériau *m* recyclable

Wertung <-> *f kein Pl.* ❶ notation *f* ❷ (*von Sachverhalten*) appréciation *f*

wertvoll *Adj.* de grande valeur

Wesen ['veːzən] <-s, -> *nt* ❶ (*Geschöpf*) créature *f*; **menschliches ~** être *m* humain ❷ *kein Pl.* (*einer Ideologie*) essence *f*

Wesensart *f* nature *f* **Wesenszug** *m* trait *m* de caractère

wesentlich ['veːzəntlɪç] **I.** *Adj.* essentiel(le); (*Bedeutung*) fondamental(e) **II.** *Adv.* bien plus

weshalb [vɛs'halp] **I.** *Frageadv.* pourquoi **II.** *Relativadv.* **der Grund, ~ ...** la raison pour laquelle ...

Wespe ['vɛspə] <-, -n> *f* guêpe *f*

Wespennest *nt* nid *m* de guêpes ▸ **in ein ~ stechen** *fam* [sou]lever un lièvre
wessen ['vɛsən] **I.** *Fragepron., Gen. von* **wer**: **~ Geldbörse ist das?** à qui appartient ce porte-monnaie ? **II.** *Fragepron., Gen. von* **was**: **~ klagt man ihn an?** de quoi l'accuse-t-on ?
Wessi ['vɛsi] <-s, -s> *m,* <-, -s> *f fam surnom d'un(e) habitant(e) de l'ex-Allemagne de l'Ouest*

Le terme peu flatteur de **Wessi** est le pendant de *Ossi.* Il a été forgé par les Allemands de l'Est, après la Réunification de l'Allemagne, pour désigner les Allemands de l'Ouest et la tendance ressentie chez eux à tout savoir mieux que les autres. On retrouve aussi ce terme dans l'expression familière *Besserwessi,* qui est un jeu de mots sur *Besserwisser* (Monsieur Je-sais-tout ou gros malin).

westdeutsch *Adj.* de l'Allemagne de l'Ouest; HIST *(Regierung)* ouest-allemand(e) **Westdeutschland** *nt* GEO l'Allemagne *f* occidentale; HIST l'Allemagne *f* de l'Ouest
Weste ['vɛstə] <-, -n> *f* gilet *m*
Westen ['vɛstən] <-s> *m* ❶ ouest *m* ❷ POL **der ~** l'Occident *m; s.a.* **Norden** ▸ **der Wilde ~** le Far West
Western ['vɛstɐn] <-[s], -> *m* western *m*
Westeuropa *nt* GEO l'Europe *f* occidentale; POL l'Europe *f* de l'Ouest
Westfale [vɛst'fa:lə] <-n, -n> *m,* **Westfälin** *f* Westphalien(ne) *m(f)*
Westfalen [vɛst'fa:lən] <-s> *nt* la Westphalie
westfälisch [vɛst'fɛ:lɪʃ] *Adj.* de Westphalie
Westküste *f* côte *f* ouest
westlich **I.** *Adj.* ❶ *(Land)* [situé(e)] à l'ouest; *(Wind)* [en provenance] de l'ouest; **in ~er Richtung** en direction de l'ouest ❷ POL occidental(e) **II.** *Adv.* à l'ouest **III.** *Präp. + Gen.* à l'ouest de
Westmächte *Pl* puissances *fpl* occidentales **Westwind** *m* vent *m* d'ouest
weswegen [vɛs've:gən] *s.* **weshalb**
Wettbewerb ['vɛtbəvɛrp] <-[e]s, -e> *m* ❶ *kein Pl.* concurrence *f* ❷ *(Veranstaltung)* concours *m;* **sportlicher ~** compétition *f* sportive
Wette ['vɛtə] <-, -n> *f* pari *m;* **eine ~ abschließen** faire un pari
wetteifern *intr. V. geh* **mit jdm um etw ~** rivaliser avec qn pour qc
wetten **I.** *intr. V.* parier; **mit jdm um zehn Euro ~** parier dix euros avec qn; **~, dass ...?** *fam* on parie que ... ? **II.** *tr. V. (Geld)* parier
Wetter ['vɛtɐ] <-s> *nt kein Pl.* temps *m;* **es ist schönes/schlechtes ~** il fait beau/mauvais
Wetterbericht *m* bulletin *m* météo[rologique] **wetterfest** *Adj.* résistant(e) aux intempéries **wetterfühlig** *Adj.* sensible aux changements de temps **Wetterkarte** *f* carte *f* météo[rologique] **Wettervorhersage** *f* prévisions *fpl* météo[rologiques]
Wettkampf *m* compétition *f* **Wettlauf** *m* course *f* à pied **wett|machen** *tr. V. (Zeit)* rattraper; *(Versäumnis)* réparer **Wettrennen** *nt* course *f* **Wettrüsten** *nt* course *f* aux armements
wetzen ['vɛtsən] **I.** *tr. V. + haben* aiguiser **II.** *intr. V. + sein fam* **nach Hause ~** filer à la maison
WG [ve:'ge:] <-, -s> *f Abk. von* **Wohngemeinschaft** communauté *f (personnes partageant un appartement)*
Whisky ['wɪski] <-s, -s> *m* whisky *m*
wich [vɪç] *Imp. von* **weichen**
wichtig ['vɪçtɪç] *Adj.* important(e)
Wichtigkeit <-> *f* importance *f*
wichtig|machen^RR *refl. V. fam* **sich ~** faire l'important(e)
Wickel ['vɪkəl] <-s, -> *m* MED compresse *f*
wickeln **I.** *tr. V.* ❶ *(herumbinden)* **sich** *(Dat)* **einen Schal um den Hals ~** s'enrouler une écharpe autour du cou ❷ *(einwickeln)* envelopper ❸ *(Baby)* langer **II.** *refl. V.* **sich um etw ~** s'enrouler autour de qc
Wickeltisch *m* table *f* à langer
Widder ['vɪdɐ] <-s, -> *m a.* ASTRO bélier *m*
wider ['vi:dɐ] *Präp. + Akk. geh* contre
widerfahren* [vi:dɐ'fa:rən] *intr. V. unreg + sein geh* **jdm ~** arriver à qn **Widerhall** *m geh* écho *m* **wider|hallen** *intr. V.* résonner, retentir **widerlegen*** *tr. V.* réfuter
widerlich *Adj.* répugnant(e)
widerrechtlich *Adj.* illégal(e) **Widerrede** *f* objection *f;* **keine ~!** pas de dis-

W

cussion ! **Widerruf** *m* révocation *f*; **bis auf ~** jusqu'à nouvel ordre **widerrufen*** *tr. V. unreg* (*Genehmigung*) révoquer; (*Aussage*) revenir sur **Widersacher(in)** ['vi:dɐzaxɐ] <-s, -> *m(f)* adversaire *mf* **widersetzen*** *refl. V.* **sich jdm ~** résister à qn; **sich einer S.** (*Dat*) **~** s'opposer à qc **widersinnig** *Adj.* absurde **widerspenstig** *Adj.* rebelle; (*Kind*) rétif(-ive) **wider|spiegeln** *geh* **I.** *tr. V.* renvoyer l'image de **II.** *refl. V.* **sich in etw ~** (*Dat*) se refléter dans qc **widersprechen*** *intr. V. unreg* contredire **Widerspruch** *m kein Pl.* contradiction *f* **widersprüchlich** *Adj.* contradictoire **widerspruchslos I.** *Adj.* exempt(e) de protestations **II.** *Adv.* sans protester

Widerstand *m* résistance *f* **widerstandsfähig** *Adj.* robuste; (*Material*) résistant(e) **Widerstandskämpfer(in)** *m(f)* résistant(e) *m(f)* **widerstandslos** *Adj.* sans résistance

widerstehen* *intr. V. unreg* résister **widerstreben*** *intr. V. geh* **es widerstrebt ihm dorthin zu gehen** ça le répugne d'y aller **widerwärtig** *Adj.* répugnant(e) **Widerwille** *m* répugnance *f*; **mit ~n** à contrecœur **widerwillig** *Adj., Adv.* à contrecœur

widmen ['vɪtmən] **I.** *tr. V.* **jdm etw ~** dédier qc à qn **II.** *refl. V.* **sich jdm/einer S. ~** se consacrer à qn/qc

Widmung <-, -en> *f* dédicace *f*

widrig ['vi:drɪç] *Adj. geh* défavorable

wie [vi:] **I.** *Frageadv.* ① comment; **~ heißt du?** comment t'appelles-tu ?; **~ geht es dir?** comment vas-tu ?; **~ bitte?** comment ? ② (*auf welche Weise*) comment ③ (*in welchem Maße*) **~ alt bist du?** quel âge as-tu ?; **~ groß bist du?** combien mesures-tu ?; **~ spät ist es?** quelle heure est-il ?; **~ oft ...** combien de fois ... ④ (*welche Menge*) **~ viel** combien ⑤ (*in Ausrufen*) **~ schön!** que c'est beau !; **~ schade!** comme c'est dommage ! **II.** *Relativadv.* **die Art, ~ ...** la façon dont ... **III.** *Konj.* ① (*vergleichend*) **weiß ~ Schnee** blanc comme neige; **so groß ~ ein Fass** aussi grand(e) qu'un tonneau; **er ist so alt ~ ich** il a le même âge que moi ② (*beispielsweise*) comme ③ (*entsprechend dem, was*) **~ ich höre** d'après ce que j'entends dire ④ (*dass*) **er sah, ~ der Krug umkippte** il a vu la cruche basculer

wieder ['vi:dɐ] *Adv.* ① (*erneut*) de nouveau; **nie ~** plus jamais; **es regnet schon ~** il pleut encore ② (*allerdings*) en tout cas

Wiederaufbau [vi:dɐ'ʔaufbau] *m kein Pl.* reconstruction *f*

wieder|auf|bauen [vi:dɐ'ʔaufbauən] *tr. V.* (*Land, Staat*) reconstruire

wieder|auf|bereiten* *tr. V.* (*Brennelemente*) retraiter

Wiederaufbereitung [vi:dɐ'ʔaufbəraitʊŋ] <-, -en> *f* ÖKOL retraitement *m*

Wiederaufbereitungsanlage *f* ÖKOL usine *f* de traitement des déchets radioactifs

Wiederaufnahme [vi:dɐ'ʔaufna:mə] *f* reprise *f*

wieder|bekommen* *tr. V. unreg* récupérer

wieder|beleben* *tr. V.* (*Person*) r[é]animer

Wiederbelebung *f* ① (*eines Menschen*) réanimation *f* ② (*Neubelebung*) renaissance *f*

wieder|entdecken* *tr. V.* redécouvrir

wieder|erkennen* *tr. V. unreg* reconnaître; **nicht wiederzuerkennen sein** être méconnaissable

wieder|eröffnen* *tr. V.* (*Geschäft, Restaurant*) rouvrir

Wiedereröffnung *f* réouverture *f*

wieder|finden *unreg* **I.** *tr. V.* (*Schlüssel, Brille*) retrouver **II.** *refl. V.* (*gefunden werden*) **sich ~** (*Schlüssel, Brille*) refaire surface, réapparaître

Wiedergabe *f* ① reproduction *f* ② (*Schilderung*) description *f*

wieder|geben *tr. V. unreg* rendre

Wiedergeburt *f* réincarnation *f*

wieder|gewinnen* *tr. V. unreg* ① ÖKOL **etw aus Abfällen ~** obtenir qc en retraitant des déchets ② (*Eigentum*) récupérer

Wiedergewinnung <-> *f* récupération *f* [après traitement]

wieder|gut|machen [vi:dɐ'ʔgu:tmaxən] *tr. V.* (*Fehler, Schaden, Unrecht*) réparer

Wiedergutmachung <-, -en> *f* réparation *f*

wieder|haben *tr. V. unreg fam* récupérer

W

wieder|her|stellen [viːdɐˈʔheːɐ̯ʃtɛlən] *tr. V.* ❶ rétablir ❷ (*restaurieren*) **etw ~** remettre qc en état
wiederholen*¹ [ˈviːdɐhoːlən] **I.** *tr. V.* ❶ (*Satz*) répéter ❷ (*Film*) rediffuser ❸ (*Klasse*) redoubler ❹ (*Lektion*) réviser **II.** *refl. V.* **sich ~** se répéter
wieder|holen² [viːdɐˈhoːlən] *tr. V.* **sich** (*Dat*) **etw ~** récupérer qc
wiederholt [viːdɐˈhoːlt] **I.** *Adj.* répété(e) **II.** *Adv.* à plusieurs reprises
Wiederholung [viːdɐˈhoːlʊŋ] <-, -en> *f* ❶ (*eines Worts*) répétition *f* ❷ (*eines Films*) rediffusion *f* ❸ (*einer Klasse*) redoublement *m*
Wiederhören *nt* [**auf**] **~!** au revoir !
wieder|käuen [ˈviːdɐkɔyən] **I.** *tr. V.* ❶ (*Gras*) ruminer ❷ *pej* (*ständig wiederholen*) rabâcher **II.** *intr. V.* ruminer
Wiederkäuer <-s, -> *m* ruminant *m*
wieder|kommen *intr. V. unreg + sein* ❶ revenir ❷ (*Gelegenheit*) se représenter
wieder|sehen *tr., refl. V. unreg* revoir
Wiedersehen <-s, -> *nt* [**auf**] **~!** au revoir !
wiederum [ˈviːdərʊm] *Adv.* ❶ (*abermals*) de nouveau ❷ (*dagegen*) en revanche
wieder|vereinigen* **I.** *tr. V.* (*Land, Staat*) réunifiér; **das wiedervereinigte Deutschland** l'Allemagne réunifiée **II.** *refl. V.* **sich ~** (*Land, Staat*) se réunifier
Wiedervereinigung *f* réunification *f*
wieder|verheiraten* *refl. V.* **sich ~** se remarier
wiederverwendbar* *Adj.* réutilisable; (*recycelbar*) recyclable
wieder|verwenden* *tr. V.* réutiliser
Wiederverwendung *f* réutilisation *f*
wieder|verwerten* *tr. V.* réutiliser; (*recyceln*) recycler
Wiederverwertung *f* recyclage *m*
Wiederwahl *f* réélection *f*
wieder|wählen *tr. V.* réélir
Wiege [ˈviːgə] <-, -n> *f geh* berceau *m*
Wiegemesser *nt* hachoir *m*
wiegen¹ [ˈviːgən] <wog, gewogen> *tr., refl. V.* [**sich**] **~** [se] peser
wiegen² **I.** *tr. V.* (*Kind*) bercer **II.** *refl. V.* (*sich bewegen*) **sich ~** se balancer
Wiegenlied *nt* berceuse *f*
wiehern [ˈviːɐn] *intr. V.* hennir
Wien [viːn] <-s> *nt* Vienne
Wiener(in) <-s, -> *m(f)* Viennois(e) *m(f)*
Wiese [ˈviːzə] <-, -n> *f* pré *m*
Wiesel [ˈviːzəl] <-s, -> *nt* belette *f*
wieso [viˈzoː] *Frageadv.* pourquoi
wievielALT *s.* **wie I.4**
wievielte(r, s) *Frageadj.* **zum ~n Mal ...?** combien de fois ... ?; **der Wievielte ist heute?** le combien sommes-nous aujourd'hui ? (*fam*)
Wikinger(in) <-s, -> *m(f)* HIST Viking *mf*
wild [vɪlt] **I.** *Adj.* ❶ sauvage ❷ (*Spekulation*) fou(folle) *antéposé* ❸ *fam* (*wütend*) furieux(-euse) ▸ **wie ~** comme un(e) enragé(e) **II.** *Adv.* ❶ (*in freier Natur*) à l'état sauvage ❷ (*unkontrolliert*) sauvagement
Wild <-[e]s> *nt* gibier *m*
Wildbahn *f* **in freier ~** en liberté
Wilde(r) *f(m) dekl wie Adj* sauvage *mf*
Wilderer <-s, -> *m* braconnier *m*
wildern [ˈvɪldɐn] *intr. V.* ❶ (*Person*) braconner ❷ (*Tier*) chasser
wildfremd [ˈvɪltˈfrɛmt] *Adj. fam* totalement inconnu(e)
Wildheit <-, -en> *f* ❶ sauvagerie *f* ❷ (*eines Kampfs*) violence *f*
Wildkatze *f* chat *m* sauvage **Wildleder** *nt* daim *m*
Wildnis <-, -se> *f* contrée *f* sauvage
Wildschwein *nt* sanglier *m*
Wille [ˈvɪlə] <-ns, -n> *m* ❶ volonté *f;* **etw aus freiem ~n tun** faire qc de sa propre initiative; **etw wider ~n tun** faire qc sans le vouloir ❷ (*Absicht*) volonté *f;* **das war kein böser ~** ce n'était pas intentionnel ▸ **sein/ihr letzter ~** *geh* ses dernières volontés
willen *Präp. + Gen.* **um seiner/deiner ~** pour l'amour de lui/de toi
willenlos *Adj.* sans la moindre volonté
willens *Adj. geh* **~ sein etw zu tun** être disposé à faire qc
Willenskraft *f kein Pl.* volonté *f* **willensschwach** *Adj.* sans volonté
willig *Adj.* [qui fait preuve] de bonne volonté; (*Kind*) docile
willkommen [vɪlˈkɔmən] *Adj.* ❶ bienvenu(e) ❷ (*Gelegenheit*) opportun(e)
Willkommen <-s, -> *nt* bienvenue *f*
Willkür [ˈvɪlkyːɐ̯] <-> *f* arbitraire *m*
willkürlich *Adj.* arbitraire
wimmeln [ˈvɪməln] *intr. V. unpers.* grouiller
wimmern [ˈvɪmɐn] *intr. V.* geindre; (*Baby*) vagir
Wimpel [ˈvɪmpəl] <-s, -> *m* fanion *m*

Wimper ['vɪmpɐ] <-, -n> *f* cil *m* ▸ **ohne mit der ~ zu zucken** sans sourciller

Wimperntusche *f* mascara *m*

Wind [vɪnt] <-[e]s, -e> *m* vent *m*

Windbeutel *m* chou *m* à la crème

Winde ['vɪndə] <-, -n> *f* ❶ TECH treuil *m* ❷ BOT liseron *m*

Windel ['vɪndəl] <-, -n> *f* couche *f*

windelweich ['vɪndəl'vaiç] *Adj.* ▸ **jdn ~ schlagen** *fam* tabasser qn

winden ['vɪndən] <wand, gewunden> **I.** *refl. V.* ❶ **sich vor Schmerzen ~** se tordre de douleur ❷ (*sich vorwärts bewegen*) **sich ~** (*Schlange, Wurm*) se faufiler ❸ (*in Kurven verlaufen*) **sich ~** serpenter **II.** *tr. V.* (*herumschlingen*) **etw um etw ~** enrouler qc autour de qc

Windenergie *f* énergie *f* éolienne

windgeschützt *Adj., Adv.* à l'abri du vent **Windhund** *m* lévrier *m*

windig *Adj.* ❶ (*mit viel Wind*) venteux (-euse); **es ist ~** il y a du vent ❷ *fam* (*Vertreter*) pas sérieux(-euse); (*Sache*) foireux(-euse)

Windjacke *f* blouson *m* **Windkraftanlage** *f* éolienne *f* **Windmühle** *f* moulin *m* à vent **Windpocken** *Pl* varicelle *f* **Windrichtung** *f* direction *f* du vent **Windschatten** *m* côté *m* abrité du vent **windschief** *Adj.* tout(e) tordu(e) **Windschutzscheibe** *f* pare-brise *m* **Windstärke** *f* force *f* du vent **windstill** *Adj.* sans vent **Windstille** *f* calme *m* plat **Windstoß** *m* bourrasque *f* **Windsurfen** *nt* planche *f* à voile **Windsurfer(in)** *m(f)* [véli]planchiste *mf*

Windung <-, -en> *f* (*eines Wasserlaufs*) méandre *m;* (*einer Straße*) lacet *m*

Wink [vɪŋk] <-[e]s, -e> *m* ❶ indication *f* ❷ (*Bewegung*) signe *m*

Winkel ['vɪŋkəl] <-s, -> *m* ❶ MATH angle *m* ❷ (*Ecke*) coin *m* ❸ (*Winkelmaß*) équerre *f*

winken ['vɪŋkən] **I.** *intr. V.* ❶ faire signe ❷ (*in Aussicht stehen*) **jdm winkt etw** qc attend qn **II.** *tr. V.* **sie winkte ihn zu sich** elle lui fit signe de s'approcher d'elle

winseln ['vɪnzəln] *intr. V.* gémir

Winter ['vɪntɐ] <-s, -> *m* hiver *m*

Winteranfang *m* début *m* de l'hiver **Wintereinbruch** *m* irruption *f* de l'hiver **Wintergarten** *m* jardin *m* d'hiver

winterlich **I.** *Adj.* d'hiver **II.** *Adv.* pour affronter l'hiver

Wintermantel *m* manteau *m* d'hiver **Winterreifen** *m* pneu *m* neige **Winterschlaf** *m* hibernation *f;* **~ halten** hiberner **Winterschlussverkauf**RR *m* soldes *mpl* d'hiver **Wintersemester** *nt* semestre *m* d'hiver **Wintersport** *m* sports *mpl* d'hiver

Winzer(in) ['vɪntsɐ] <-s, -> *m(f)* vigneron(ne) *m(f)*

winzig ['vɪntsɪç] *Adj.* ❶ minuscule ❷ (*Menge*) infime

Wipfel ['vɪpfəl] <-s, -> *m* cime *f*

Wippe ['vɪpə] <-, -n> *f* bascule *f*

wippen *intr. V.* se balancer

wir [viːɐ] *Personalpron.* nous; **wer ist draußen? – Wir!** qui est là ? – C'est nous !

Wirbel ['vɪrbəl] <-s, -> *m* ❶ ANAT vertèbre *f* ❷ *fam* (*Trubel*) remue-ménage *m* ❸ (*Wasserwirbel*) remous *m;* (*Luftwirbel*) tourbillon *m* ❹ (*Haarwirbel*) épi *m*

wirbeln *intr. V.* ❶ + *sein* (*geweht werden*) tourbillonner ❷ + *haben fam* (*geschäftig sein*) s'activer

Wirbelsäule *f* colonne *f* vertébrale **Wirbelsturm** *m* cyclone *m* **Wirbeltier** *nt* vertébré *m*

wirbt [vɪrpt] *3. Pers. Sg. Präs. von* **werben**

wird [vɪrt] *3. Pers. Sg. Präs. von* **werden**

wirft [vɪrft] *3. Pers. Sg. Präs. von* **werfen**

wirken ['vɪrkən] **I.** *intr. V.* ❶ (*Substanz*) agir; **gut/nicht ~** être efficace/inefficace ❷ (*Drohung*) faire effet ❸ (*erscheinen*) **müde ~** avoir l'air fatigué(e); **lächerlich ~** être ridicule ❹ (*zur Geltung kommen*) **gut ~** rendre bien **II.** *tr. V.* **Wunder ~** faire des miracles

wirklich ['vɪrklɪç] **I.** *Adj.* ❶ (*Begebenheit*) véritable; **sein ~er Name** son vrai nom ❷ (*Hilfe*) réel(le) **II.** *Adv.* ❶ (*tatsächlich*) réellement; **~?** c'est vrai ?; **~ nicht?** vraiment pas ? ❷ (*aufrichtig, sehr*) vraiment

Wirklichkeit <-, -en> *f* réalité *f;* **in ~** en réalité

wirksam *Adj.* ❶ efficace ❷ (*rechtskräftig*) **~ werden** entrer en vigueur

Wirksamkeit <-> *f* efficacité *f*

Wirkstoff *m* substance *f* active

Wirkung <-, -en> *f* ❶ effet *m* ❷ (*Rechtskraft*) **mit ~ vom 15. Oktober** avec effet au 15 octobre

wirkungslos *Adj.* inefficace **wirkungsvoll** *Adj.* efficace

wirr [vɪr] **I.** *Adj.* ❶ emmêlé(e) ❷ (*Traum*) confus(e) **II.** *Adv.* en désordre
Wirren ['vɪrən] *Pl* troubles *mpl*
Wirrkopf *m pej* esprit *m* confus
Wirrwarr ['vɪrvar] <-s> *m* fouillis *m;* (*von Stimmen*) mélange *m* confus
Wirsing <-s> *m* chou *m* frisé
Wirt(in) ['vɪrt] <-[e]s, -e> *m(f)* patron(ne) *m(f)*
Wirtschaft ['vɪrtʃaft] <-, -en> *f* ❶ économie *f* ❷ (*Wirtschaftszweig*) **die freie ~** le secteur privé ❸ (*Gastwirtschaft*) bistro[t] *m*
wirtschaften *intr. V.* ❶ (*Geld, Mittel verwalten*) gérer son budget; **eine Firma/ein Land zugrunde ~** ruiner une entreprise/mener un pays à la ruine ❷ (*sich betätigen*) **in der Küche ~** être occupé à la cuisine
wirtschaftlich *Adj.* ❶ économique; **seine ~en Verhältnisse** sa situation financière ❷ (*Hausfrau*) économe; (*Denken*) en termes d'économie
Wirtschaftlichkeit <-> *f* ❶ fonctionnement *m* économique ❷ (*Rentabilität*) rentabilité *f*
Wirtschaftsgymnasium *nt* lycée *m* à dominante économique **Wirtschaftskriminalität** *f* criminalité *f* économique **Wirtschaftskrise** *f* crise *f* économique **Wirtschaftslage** *f* situation *f* économique **Wirtschaftspolitik** *f* politique *f* économique **Wirtschaftsprüfer(in)** *m(f)* expert-comptable(experte-comptable) *m(f)* **Wirtschafts- und Währungsunion** *f* union *f* économique et monétaire **Wirtschaftswachstum** *nt* croissance *f* économique **Wirtschaftswissenschaft** *f meist Pl.* sciences *fpl* économiques

> Provoqué par la réforme monétaire de 1948, le **Wirtschaftswunder** (miracle économique) fut une remontée spectaculaire de l'économie allemande pendant les années d'après-guerre, ce qui assura les bases d'une phase de stabilité et de prospérité en R.F.A.

Wirtshaus *nt* auberge *f*
Wisch [vɪʃ] <-[e]s, -e> *m pej fam* papelard *m*
wischen ['vɪʃən] *tr. V.* ❶ (*Fußboden*) passer la serpillière sur ❷ (*entfernen*) **sich** (*Dat*) **den Schweiß von der Stirn ~** essuyer la sueur sur son front
wispern ['vɪspɐn] **I.** *tr. V.* chuchoter **II.** *intr. V.* parler en chuchotant
Wissbegier[de][RR], **Wißbegier[de]**[ALT] *f kein Pl.* besoin *m* de savoir **wissbegierig**[RR], **wißbegierig**[ALT] *Adj.* extrêmement curieux(-euse)
wissen ['vɪsən] <weiß, wusste, gewusst> **I.** *tr. V.* ❶ (*als Kenntnisse besitzen*) savoir; (*Fakten*) connaître; **viel ~** avoir beaucoup de connaissances; **davon weiß ich nichts** je ne suis absolument pas au courant ❷ (*können*) **sich** (*Dat*) **zu helfen ~** savoir se débrouiller ❸ (*erfahren*) **jdn etw ~ lassen** faire savoir qc à qn **II.** *intr. V.* ❶ **von etw ~** *geh* avoir connaissance de qc; **soviel ich weiß** autant que je sache ❷ (*sich erinnern*) **weißt du/~ Sie noch?** tu te rappelles/vous vous rappelez ? ▶**nicht mehr ein noch aus ~** ne plus savoir quoi faire
Wissen <-s> *nt* connaissances *fpl*
Wissenschaft <-, -en> *f* science *f*
Wissenschaftler(in) <-s, -> *m(f)* scientifique *mf*
wissenschaftlich *Adj.* scientifique
Wissensdurst *m geh* soif *f* de savoir **Wissenslücke** *f* lacune *f*
wissentlich ['vɪsəntlɪç] **I.** *Adj.* délibéré(e) **II.** *Adv.* délibérément
wittern ['vɪtɐn] *tr. V.* flairer
Witterung <-, -en> *f* ❶ METEO temps *m* ❷ JAGD flair *m*
Witwe ['vɪtvə] <-, -n> *f* veuve *f*
Witwer ['vɪtvɐ] <-s, -> *m* veuf *m*
Witz [vɪts] <-es, -e> *m* ❶ plaisanterie *f* ❷ *kein Pl. geh* (*Esprit*) esprit *m* ▶**mach keine ~e!** *fam* allez, arrête tes conneries !; **das soll wohl ein ~ sein!** *fam* c'est une blague ou quoi ?
Witzbold ['vɪtsbɔlt] <-[e]s, -e> *m* plaisantin *m*
witzig *Adj.* amusant(e)
witzlos *Adj. fam* (*sinnlos*) **~ sein** ne servir à rien
WM [veːˈʔɛm] <-, -s> *f Abk. von* **Weltmeisterschaft**
wo [voː] **I.** *Frageadv.* où; **~ bist du?** où es-tu ? **II.** *Relativadv.* **die Stelle, ~ es passierte** l'endroit où c'est arrivé

III. *Konj.* ❶ (*zumal*) d'autant que … ❷ (*obwohl*) alors que …
woanders [vo'ʔandɐs] *Adv.* ailleurs
wob [vo:p] *Imp. von* **weben**
wobei [vo'bai] **I.** *Frageadv.* comment **II.** *Relativadv.* ❶ (*bei welcher Sache*) au cours duquel/de laquelle ❷ (*während welcher Sache*) pendant lequel/laquelle ❸ (*aber, jedoch*) cependant
Woche ['vɔxə] <-, -n> *f* semaine *f;* **nächste ~** la semaine prochaine; **pro ~** par semaine
Wochenarbeitszeit *f* durée *f* hebdomadaire du travail **Wochenende** *nt* week-end *m;* **am ~** le week-end; **schönes ~!** bon week-end ! **Wochenendhaus** *nt* résidence *f* secondaire *(surtout pour le week-end)* **wochenlang** **I.** *Adj.* de plusieurs semaines **II.** *Adv.* pendant plusieurs semaines **Wochenmarkt** *m* marché *m* **Wochentag** *m* jour *m* de la semaine; **an ~en** en semaine **wochentags** *Adv.* en semaine
wöchentlich ['vœçəntlɪç] **I.** *Adj.* hebdomadaire **II.** *Adv.* chaque semaine; **zweimal ~** deux fois par semaine
Wochenzeitschrift *f* [revue *f*] hebdomadaire *m*
Wodka ['vɔtka] <-s, -s> *m* vodka *f*
wodurch [vo'dʊrç] **I.** *Frageadv.* comment **II.** *Relativadv.* ce qui explique que + *subj*
wofür [vo'fy:ɐ̯] **I.** *Frageadv.* pour quoi; **~ halten Sie mich eigentlich?** pour qui me prenez-vous ?; **~ interessieren Sie sich?** à quoi vous intéressez-vous ? **II.** *Relativadv.* **das Match, ~ sie trainiert** le match pour lequel elle s'entraîne
wog [vo:k] *Imp. von* **wiegen**[1]
Woge ['vo:gə] <-, -n> *f geh* vague *f;* **die ~n** les flots *mpl*
wogegen [vo'ge:gən] **I.** *Frageadv.* contre quoi **II.** *Relativadv.* contre lequel/laquelle **III.** *Konj.* alors que; *s.a.* **wohingegen**
wogen ['vo:gən] *intr. V. geh* ❶ (*Meer*) rouler des vagues ❷ (*Kampf*) faire rage
woher [vo'he:ɐ̯] *Frageadv., rel* d'où
wohin [vo'hɪn] **I.** *Frageadv.* où; **~ gehst du?** où vas-tu ? **II.** *Relativadv.* où; **geh, ~ du willst!** va où tu veux !
wohingegen *Konj. geh* alors que
wohl [vo:l] *Adv.* ❶ **sich ~ fühlen** se sentir bien ❷ (*gut*) **jdm ist nicht ~ bei etw** qc met qn mal à l'aise ❸ (*wahrscheinlich*) vraisemblablement ❹ (*doch, schon*) tout à fait; **das kann man ~ sagen!** ça, tu peux/vous pouvez le dire ! ❺ (*überhaupt*) **ob das ~ genügt?** ça suffira, vraiment ? ❻ (*endlich*) **willst du ~ gehorchen!** alors, tu te décides à obéir ! ▶ **~ oder übel** bon gré mal gré; **leb ~!** adieu !
Wohl <-[e]s> *nt* ❶ bien *m* ❷ (*Wohlbefinden*) bien-être *m;* **zum ~!** à ta/votre santé !
wohlauf [vo:l'ʔauf] *Adj. geh* **~ sein** se porter bien
Wohlbefinden <-s> *nt geh* bien-être *m*
wohlbehalten *Adv.* ❶ en bon état ❷ (*unverletzt*) sain(e) et sauf(sauve)
wohlbekannt *Adj.* bien connu(e)
wohlerzogen ['vo:lʔɛɐ̯tso:gən] <besser erzogen, besterzogen> *Adj. geh* bien élevé(e)
Wohlfahrtsstaat *m pej* État[-]providence *m*
wohlgemerkt *Adv.* il faut le souligner
wohlhabend <wohlhabender, wohlhabendste> *Adj.* fortuné(e)
wohlig *Adj.* agréable
wohlklingend <wohlklingender, wohlklingendste> *Adj. geh* (*Stimme*) mélodieux(-euse)
wohlschmeckend <wohlschmeckender, wohlschmeckendste> *Adj. geh* savoureux(-euse)
Wohlstand *m kein Pl.* aisance *f*
Wohlstandsgesellschaft *f* société *f* d'abondance
Wohltat *f kein Pl.* délice *m*
Wohltäter(in) *m(f)* bienfaiteur(-trice) *m(f)*
wohltätig *Adj.* charitable; **ein ~er Zweck** un but caritatif
Wohltätigkeitsbasar *m* vente *f* de charité
wohltuend [vo:ltu:ənt] <wohltuender, wohltuendste> *Adj.* bienfaisant(e)
wohlverdient *Adj. geh* bien mérité(e)
wohlweislich ['vo:lvaislɪç] *Adv.* en toute connaissance de cause
Wohlwollen <-s> *nt* bienveillance *f*
wohlwollend <wohlwollender, wohlwollendste> **I.** *Adj.* bienveillant(e) **II.** *Adv.* avec bienveillance
wohnen ['vo:nən] *intr. V.* habiter

Wohnfläche *f* surface *f* habitable **Wohngebiet** *nt* zone *f* résidentielle **Wohngegend** *f* zone *f* résidentielle **Wohngemeinschaft** *f* communauté *f (personnes partageant un appartement ou une maison)*

wohnhaft *Adj. form* **in Berlin ~ sein** être domicilié à Berlin

Wohnhaus *nt* immeuble *m* d'habitation **Wohnheim** *nt* (*Studentenwohnheim*) foyer *m* pour étudiants **Wohnlage** *f* quartier *m*

wohnlich **I.** *Adj.* agréable à habiter **II.** *Adv.* avec confort

Wohnmobil ['vo:nmobi:l] <-s, -e> *nt* camping-car *m* **Wohnort** *m* domicile *m* **Wohnraum** *m* ❶ (*Raum*) pièce *f* d'habitation ❷ *kein Pl.* (*Wohnungen*) [parc *m* de] logements *mpl* **Wohnsitz** *m* domicile *m*

Wohnung <-, -en> *f* appartement *m*

Wohnungsbau *m kein Pl.* construction *f* de logements **Wohnungsmarkt** *m* marché *m* du logement **Wohnungssuche** *f* recherche *f* d'un logement [à louer] **Wohnungstür** *f* porte *f* de l'appartement

Wohnviertel *nt* quartier *m* résidentiel **Wohnwagen** *m* caravane *f* **Wohnzimmer** *nt* [salle *f* de] séjour *m*

Wok [vɔk] <-, -s> *m* wok *m*

wölben ['vœlbən] *refl. V.* ❶ (*sich biegen*) **sich ~** bomber ❷ (*überspannen*) **sich über etw** (*Akk*) **~** (*Dach*) former une voûte au-dessus de qc

Wölbung <-, -en> *f* ARCHIT voûte *f*

Wolf [vɔlf, *Pl:* 'vœlfə] <-[e]s, Wölfe> *m* ❶ loup *m* ❷ (*Fleischwolf*) hachoir *m*

Wölfin ['vœlfɪn] <-, -nen> *f* louve *f*

Wolke ['vɔlkə] <-, -n> *f* nuage *m*

Wolkenbruch *m* pluie *f* torrentielle **Wolkenkratzer** *m* gratte-ciel *m* **wolkenlos** *Adj.* sans nuages

wolkig *Adj.* couvert(e)

Wolldecke *f* couverture *f* en laine

Wolle ['vɔlə] <-, -n> *f* laine *f*

wollen ['vɔlən] <will, wollte, wollen> **I.** *Hilfsverb, modal* ❶ **arbeiten ~** vouloir travailler; **ich wollte Sie fragen, ob ...** (*Höflichkeitsfloskel*) je voulais vous demander si ...; **willst du lieber eine Kassette oder eine CD haben?** tu préfères avoir une cassette ou un CD ? ❷ (*in Aufforderungssätzen*) **~ Sie einen Moment Platz nehmen?** auriez-vous l'obligeance de prendre place un instant ? ❸ (*werden*) **es sieht aus, als wolle es gleich ein Gewitter geben** on dirait qu'il va bientôt faire de l'orage **II.** <will, wollte, gewollt> *intr. V.* ❶ vouloir ❷ (*gehen, reisen wollen*) **zu jdm ~** vouloir voir qn ❸ (*wünschen*) **wie du willst** c'est comme tu veux; **ich wollte, ...** j'aimerais que ... ▶ **dann ~ wir mal!** eh bien allons-y ! **III.** *tr. V.* ❶ (*haben ~, wünschen*) vouloir; **willst du lieber Kaffee oder Tee?** tu préfères du café ou du thé ?; **ohne es zu ~** sans le vouloir ❷ (*bezwecken*) **was willst du mit dem Hammer?** que veux-tu faire avec ce marteau ? ▶ **da ist nichts zu ~** *fam* y a pas moyen; **was will man mehr!** que demande le peuple !

Wollknäuel *nt* pelote *f* de laine

Wollust ['vɔlʊst] <-> *f geh* volupté *f*

womit [vo'mɪt] *Adv.* ❶ **~ sollen wir anfangen?** par quoi devons-nous commencer ? ❷ (*mit welchem Gegenstand*) **~ waren sie bewaffnet?** de quoi étaient-ils armés ? ❸ (*wie, mit welchem Mittel*) **~ kann man diesen Fleck entfernen?** comment peut-on enlever cette tache ? ❹ (*mit dem, mit der*) **das, ~ alle einverstanden sind** ce avec quoi tous sont d'accord

womöglich [vo'mœ:klɪç] *Adv.* peut-être [même]

wonach [vo'na:x] *Adv.* ❶ **~ suchst du?** qu'est-ce que tu cherches? ❷ (*nach dem, nach denen*) **es gibt Gerüchte, ~ er ein Spieler sein soll** il y a un bruit qui court qui dit qu'il serait un joueur

Wonne ['vɔnə] <-, -n> *f geh* exaltation *f*

woran [vo'ran] *Adv.* ❶ **~ denkst du gerade?** à quoi penses-tu en ce moment ? ❷ (*an welchem Gegenstand*) **~ kann ich mich festhalten?** à quoi est-ce que je peux me tenir ? ❸ (*aus welchem Grund, Anlass*) **~ ist er gestorben?** de quoi est-il mort ? ❹ (*an dem, an der*) **das Einzige, ~ ich mich erinnere** la seule chose dont je me souviens

worauf [vo'rauf] *Adv.* ❶ **~ wartest du?** qu'est-ce que tu attends ?; **ich habe nicht verstanden, ~ er sich bezieht** je n'ai pas compris ce à quoi il se réfère

W

② (*auf was*) ~ **kann ich mich setzen?** je peux m'asseoir sur quoi ? ③ (*auf den, auf die, auf das*) **etwas, ~ ich nicht gefasst war** ce à quoi je ne m'attendais pas

woraus [vo'raus] *Adv.* ① (*aus welchem Material*) ~ **besteht diese Legierung?** de quoi est fait cet alliage? ② (*aus welchen Anzeichen*) ~ **schließen Sie das?** d'où tirez-vous cette conclusion ?

worden *PP von* **werden**

worin [vo'rɪn] *Adv.* ① ~ **liegt das Problem?** où est le problème ? ② (*in welchem Raum*) où ③ (*in dem, in der*) **etwas, ~ sich die Angebote unterscheiden** ce en quoi les offres diffèrent

Workaholic [wœːkə'hɔlɪk] <-s, -s> *m fam* stakhano *mf*

Workshop ['wɔːkʃɔp] <-s, -s> *m* atelier *m*

World Wide Web [wœrldwaɪd'wɛp] <-> *nt* World Wide Web *m*

Wort [vɔrt] <-[e]s, -e> *nt* ① <Wörter *o* -e> mot *m;* **mit anderen ~en** en d'autres termes ② (*Begriff*) **etw in ~e fassen** rendre qc par des mots ③ (*Äußerung*) parole *f* ④ *kein Pl.* (*Versprechen*) **jdm sein ~ geben** donner sa parole à qn; **jdn beim ~ nehmen** prendre qn au mot ⑤ *kein Pl.* (*Rede*) **jdm ins ~ fallen** couper la parole à qn ▸**ein ernstes ~ mit jdm reden** dire deux mots à qn; **mit einem ~** en un mot

Wortart *f* catégorie *f* grammaticale

wortbrüchig *Adj. geh* parjure

Wörterbuch ['vœrtɐbuːx] *nt* dictionnaire *m*

Wortfetzen *Pl* bribes *fpl* de conversation **wortgetreu** *Adj.* (*Übersetzung*) littéral(e); (*Wiedergabe*) textuel(le) **wortgewandt** **I.** *Adj.* éloquent(e) **II.** *Adv.* avec éloquence **wortkarg** *Adj.* peu loquace **Wortlaut** *m kein Pl.* contenu *m;* (*eines Vertrages*) termes *mpl*

W

wörtlich ['vœrtlɪç] **I.** *Adj.* ① littéral(e) ② LING **~e Rede** discours *m* direct **II.** *Adv.* **etw ~ nehmen** prendre qc au pied de la lettre

wortlos **I.** *Adj.* muet(te) **II.** *Adv.* sans mot dire

Wortschatz *m kein Pl.* vocabulaire *m* **Wortspiel** *nt* jeu *m* de mots **Wortwechsel** *m* altercation *f* **wortwörtlich** **I.** *Adj.* textuel(le) **II.** *Adv.* mot pour mot

worüber [vo'ryːbɐ] *Adv.* ① ~ **habt ihr gesprochen?** de quoi avez-vous parlé ? ② (*über welchen/welchem Gegenstand*) ~ **bist du gestolpert?** sur quoi as-tu trébuché ? ③ (*über dem, über das*) **etwas, ~ wir sprechen müssen** quelque chose dont nous devons parler

worum [vo'rʊm] *Adv.* ① **ich habe keine Ahnung, ~ es geht** je n'ai aucune idée de quoi il s'agit ② (*um den, um das*) **alles, ~ du mich bittest** tout ce que tu me demandes

worunter [vo'rʊntɐ] *Adv.* ① ~ **leidet er?** de quoi souffre-t-il ? ② (*unter den, unter die*) **der Schrank, ~ sie den Karton gestellt hatte** l'armoire sous laquelle elle avait mis la boîte ③ (*unter dem, unter der*) **ein Bündel Geldscheine, ~ auch Falschgeld war** une liasse de billets parmi lesquels il y avait des faux billets

wovon [vo'fɔn] *Adv.* ① ~ **ist sie aufgewacht?** qu'est-ce qui l'a réveillée ?; **ich weiß nicht, ~ du sprichst** je ne sais pas de quoi tu parles ② (*von dem, von der*) dont ③ (*wodurch*) **er redete viel, ~ er Halsschmerzen bekam** il parla beaucoup ce qui lui donna des maux de gorge

wovor [vo'foːɐ̯] *Adv.* ① ~ **hat er Angst?** de quoi a-t-il peur ? ② (*vor dem*) **das Einzige, ~ sie sich fürchtet** la seule chose qui lui fait peur

wozu [vo'tsuː] *Adv.* ① (*warum, wofür*) ~ **brauchst du das Geld?** tu as besoin de l'argent pour quoi faire ?; **ich weiß nicht, ~ das gut ist** je ne sais pas à quoi ça sert ② (*zu dem, zu der*) **die Miete, ~ noch die Heizkosten kommen** le loyer auquel s'ajoutent les frais de chauffage

Wrack [vrak] <-s, -s> *nt* épave *f*

wringen ['vrɪŋən] <wrang, gewrungen> *tr. V.* tordre; **das Wasser aus etw ~** essorer qc

Wucher ['vuːxɐ] <-s> *m pej* (*zu hoher Preis*) prix *mpl* exorbitants; (*zu hohe Zinsen*) usure *f*

wucherisch *Adj.* (*Zinsen*) usuraire; (*Preis*) exorbitant(e)

wuchern ['vuːxɐn] *intr. V.* + *haben o sein* (*Pflanzen*) proliférer; (*Geschwulst*) grossir

Wucherpreis *m pej* prix *m* exorbitant
Wucherung <-, -en> *f* néoplasme *m*
wuchs [vu:ks] *Imp. von* **wachsen**[1]
Wuchs [vu:ks] <-es> *m* ❶ croissance *f* ❷ (*Gestalt*) taille *f*
Wucht [vʊxt] <-> *f* violence *f*
wuchtig *Adj.* ❶ (*mit Wucht*) violent(e) ❷ (*Gegenstand*) imposant(e)
wühlen ['vy:lən] **I.** *intr. V.* (*kramen*) **in etw** (*Dat*) ~ fouiller dans qc **II.** *refl. V.* ❶ (*sich bewegen*) **sich in die Erde** ~ s'enfouir dans la terre ❷ *fam* (*arbeiten*) **sich durch etw** ~ liquider qc
Wühlmaus *f* campagnol *m*
Wulst [vʊlst, *Pl:* 'vʏlstə] <-es, Wülste> *m* bourrelet *m*
wulstig *Adj.* (*Lippen*) épais(se)
wund [vʊnt] *Adj.* (*Ferse*) écorché(e); **das Baby ist am Po** ~ le bébé a les fesses irritées
Wunde ['vʊndə] <-, -n> *f* plaie *f*
Wunder ['vʊndɐ] <-s, -> *nt* miracle *m;* **es ist kein ~, dass** *fam* c'est pas étonnant que + *subj* ▸**sein blaues ~ erleben** *fam* avoir une drôle de surprise; **an ein ~ grenzen** tenir du miracle; **~ wirken** faire des miracles
wunderbar **I.** *Adj.* (*Person*) fantastique; (*Abend*) merveilleux(-euse) **II.** *Adv.* tellement
Wunderkerze *f* cierge *m* magique **Wunderkind** *nt* enfant *m* prodige
wunderlich *Adj.* bizarre
Wundermittel *nt* remède *m* miracle
wundern **I.** *tr. V.* étonner **II.** *refl. V.* **sich über etw** (*Akk*) ~ s'étonner de qc
wunderschön ['vʊndɐ'ʃø:n] *Adj.* superbe **wundervoll** *Adj.* merveilleux(-euse)
Wundsalbe *f* pommade *f* cicatrisante **Wundstarrkrampf** *m* MED tétanos *m*
Wunsch [vʊnʃ, *Pl:* 'vʏnʃə] <-[e]s, Wünsche> *m* ❶ souhait *m;* **haben Sie sonst noch einen ~?** vous désirez autre chose ?; **auf ~** sur demande ❷ (*Glückwunsch*) vœux *mpl*
wünschen ['vʏnʃən] **I.** *refl. V.* **sich** (*Dat*) **etw** ~ vouloir qc **II.** *tr. V.* ❶ **jdm Glück** ~ souhaiter bonne chance à qn ❷ (*erhoffen*) **~, dass** souhaiter que + *subj* ❸ (*Erklärung*) demander; **was ~ Sie?** que désirez-vous?; **wie gewünscht** comme souhaité **III.** *intr. V.* **Sie ~?** vous désirez ?; [**ganz**] **wie Sie** ~ comme vous voulez

wünschenswert *Adj.* souhaitable
Wunschzettel *m* liste *f* de cadeaux
wurde ['vʊrdə] *Imp. von* **werden**
Würde ['vʏrdə] <-> *f kein Pl.* dignité *f*
würdelos *Adj.* indigne
Würdenträger(in) *m(f) geh* dignitaire *m*
würdevoll **I.** *Adj. geh* digne **II.** *Adv.* avec dignité
würdig **I.** *Adj.* ❶ digne ❷ (*Rahmen*) adéquat(e) **II.** *Adv.* ❶ (*mit Würde*) avec dignité ❷ (*gebührend*) dignement
würdigen *tr. V.* ❶ (*Person*) rendre hommage à ❷ (*schätzen*) **etw zu ~ wissen** savoir apprécier qc à sa juste valeur ❸ *geh* **jdn keines Blickes** ~ ne pas daigner jeter un seul regard à qn
Würdigung <-, -en> *f* (*einer Person, Sache*) reconnaissance *f*
Wurf [vʊrf, *Pl:* 'vʏrfə] <-[e]s, Würfe> *m* ❶ (*mit einem Ball*) lancer *m;* (*mit einem Stein*) jet *m* ❷ SPORT lancer *m* ❸ (*beim Würfeln*) coup *m* ❹ (*Jungtiere*) portée *f*
Würfel ['vʏrfəl] <-s, -> *m* ❶ dé *m* ❷ MATH cube *m*
würfeln **I.** *intr. V.* **um etw** ~ jouer qc aux dés **II.** *tr. V.* ❶ **eine Fünf** ~ faire un cinq ❷ (*in Würfel schneiden*) **den Speck** ~ couper le lard en dés
Würfelspiel *nt* jeu *m* de dés **Würfelzucker** *m kein Pl.* sucre *m* en morceaux
würgen ['vʏrgən] **I.** *tr. V.* étrangler **II.** *intr. V.* (*Brechreiz haben*) être pris de nausée[s]
Wurm [vʊrm, *Pl:* 'vʏrmɐ] <-[e]s, Würmer> *m* ver *m* ▸**da ist der ~ drin** *fam* c'est un sac de nœuds
Wurmfortsatz *m* appendice *m*
wurmstichig *Adj.* (*Apfel*) véreux(-euse); (*Holz*) vermoulu(e)
Wurst [vʊrst, *Pl:* 'vʏrstə] <-, Würste> *f* ❶ *kein Pl.* (*Wurstwaren*) charcuterie *f* ❷ (*Würstchen*) saucisse *f;* (*geräuchert*) saucisson *m* ▸**das ist mir/ihm** ~ *fam* j'en ai/il en a rien à cirer
Wurstbrot *nt* sandwich *m* au saucisson
Würstchen ['vʏrstçən] <-s, -> *nt* ❶ saucisse *f* ❷ *pej fam* (*Mensch*) mauviette *m*
Würzburg <-s> *nt* Wurtzbourg
Würze ['vʏrtsə] <-, -n> *f* saveur *f*
Wurzel ['vʊrtsəl] <-, -n> *f* ❶ *a.* MATH racine *f* ❷ *geh* (*Ursprung*) origine *f*

wurzeln *intr. V. geh* **in etw** (*Dat*) ~ avoir son origine dans qc
Wurzelzeichen *nt* MATH radical *m*
würzen ['vʏrtsən] *tr. V.* assaisonner
würzig *Adj.* épicé(e)
wusch [vu:ʃ] *Imp. von* **waschen**
Wuschelkopf *m fam* frisettes *fpl*
wussteRR ['vʊstə], **wußte**ALT *Imp. von* **wissen**
Wust [vu:st] <-[e]s> *m fam* **ein ~ von Akten** un tas *m* de dossiers
wüst [vy:st] *Adj.* désert(e)
Wüste ['vy:stə] <-, -n> *f* désert *m*
Wut [vu:t] <-> *f* rage *f*
Wutanfall *m* accès *m* de fureur
wüten ['vy:tən] *intr. V.* ❶ se déchaîner ❷ (*Zerstörung verursachen: Sturm*) faire des ravages
wütend *Adj.* furieux(-euse)
wutentbrannt ['vu:tʔɛnt'brant] **I.** *Adj.* saisi(e) de furie **II.** *Adv.* comme une furie
WWW [ve:ve:'ve:] *nt Abk. von* **World Wide Web** WWW *m*

Xx

X, x [ɪks] <-, -> *nt* ❶ X *m*/x *m* ❷ *fam* (*unzählige*) **x Briefe schreiben** écrire trente-six lettres
X-Beine ['ɪksbaɪnə] *Pl* jambes *fpl* en [forme de] x
x-beliebig ['ɪksbə'li:bɪç] **I.** *Adj. fam* **ein ~er Käse** n'importe quel fromage **II.** *Adv. fam* de n'importe quelle façon
X-Chromosom ['ɪkskromozo:m] *nt* chromosome *m* X
x-fach ['ɪksfax] **I.** *Adj. fam* multiple **II.** *Adv. fam* trente-six fois
x-mal ['ɪksma:l] *Adv. fam* x fois plus une
x-te(r, s)RR ['ɪkstə, -tɐ] *Adj. fam* **das ~ Mal** la ixième fois
x-temalALT ['ɪkstəma:l] *s.* **x-te(r, s)**
Xylophon [ksylo'fo:n] <-s, -e> *nt* xylophone *m*

Yy

Y, y ['ʏpsilɔn] <-, -> *nt* Y *m*/y *m*
Yacht [jaxt] <-, -en> *f* yacht *m*
Yeti ['je:ti] <-s, -s> *m* yéti *m*
Yoga ['jo:ga] <-[s]> *m o nt* yoga *m*
Ypsilon ['ʏpsilɔn] <-[s], -s> *nt* i grec *m*
Yuppie ['jʊpi] <-s, -s> *m*, <-, -s> *f* yuppie *mf*

Zz

Z, z [tsɛt] <-, -> *nt* Z *m*/z *m*
Zack [tsak] ▸ **auf ~ sein** *fam* avoir la pêche
Zacke ['tsakə] <-, -n> *f* dent *f*
zackig I. *Adj.* ① déchiqueté(e) ② *fam* (*Marsch*) qui chauffe **II.** *Adv.* crânement
zaghaft *Adj.* timide
zäh [tsɛː] **I.** *Adj.* ① (*Fleisch*) dur(e) ② (*zähflüssig*) visqueux(-euse) ③ (*schleppend*) ardu(e) ④ (*Mensch*) résistant(e) ⑤ (*hartnäckig*) obstiné(e) **II.** *Adv.* ① (*schleppend*) péniblement ② (*hartnäckig*) obstinément
zähflüssig *Adj.* dense
Zahl [tsaːl] <-, -en> *f* ① nombre *m* ② (*Ziffer*) chiffre *m*
zahlbar *Adj.* payable
zahlen ['tsaːlən] *intr., tr. V.* payer
zählen ['tsɛːlən] **I.** *intr. V.* ① compter ② (*zugerechnet werden*) **zu den beliebtesten Kollegen ~** faire partie des collègues les plus appréciés ③ (*sich verlassen*) **auf jdn/etw ~** compter sur qn/qc **II.** *tr. V.* ① (*Besucher*) compter ② *geh* (*dazurechnen*) **jdn zu seinen Freunden ~** compter qn au nombre de ses amis
zahlenmäßig I. *Adj.* numérique **II.** *Adv.* (*in Zahlen*) par des chiffres
Zahlenschloss[RR] *nt* cadenas *m* à chiffres
Zähler <-s, -> *m* compteur *m*
Zählerstand *m* consommation *f* compteur
zahllos *Adj.* innombrable
zahlreich I. *Adj.* **~e Briefe** de nombreuses lettres **II.** *Adv.* en grand nombre **Zahltag** *m* jour *m* de paie
Zahlung <-, -en> *f* versement *m*
Zählung <-, -en> *f* (*Volkszählung*) recensement *m*
zahlungsfähig *Adj.* solvable **Zahlungsmittel** *nt* moyen *m* de paiement **Zahlungsmoral** *f kein Pl.* morale *f* de paiement **zahlungsunfähig** *Adj.* insolvable **Zahlungsverkehr** *m* **elektronischer ~** monétique *f*
Zahlwort <-wörter> *nt* numéral *m*
zahm [tsaːm] *Adj.* apprivoisé(e)
zähmen ['tsɛːmən] *tr. V.* ① (*Tier*) apprivoiser ② (*Neugier*) refréner
Zähmung <-, -en> *f* apprivoisement *m*
Zahn [tsaːn, *Pl:* 'tsɛːnə] <-[e]s, Zähne> *m* dent *f*
Zahnarzt *m*, **-ärztin** *f* [chirurgien *m*] dentiste *mf* **Zahnarzthelfer(in)** *m(f)* assistant(e) *m(f)* dentaire **Zahnarztpraxis** *f* cabinet *m* dentaire **Zahnbelag** *m* plaque *f* dentaire **Zahnbürste** *f* brosse *f* à dents **Zahncreme** *f* dentifrice *m*
zähneklappernd *Adj. attr* claquant des dents
Zahnersatz *m* dentier *m* **Zahnfleisch** *nt* gencive *f* **zahnlos** *Adj.* édenté(e) **Zahnpasta** *s.* **Zahncreme** **Zahnpflege** *f* soins *mpl* dentaires **Zahnrad** *nt* roue *f* dentée **Zahnradbahn** *f* chemin *m* de fer à crémaillère **Zahnschmelz** *m* émail *m* **Zahnschmerzen** *Pl* mal *m* de dents **Zahnseide** *f* fil *m* dentaire **Zahnspange** *f* appareil *m* [dentaire] **Zahnstein** *m kein Pl.* tartre *m* **Zahnstocher** <-s, -> *m* cure-dent *m* **Zahnweh** *s.* **Zahnschmerzen**
Zander ['tsandɐ] <-s, -> *m* sandre *m*
Zange ['tsaŋə] <-, -n> *f* pince *f*
Zank <-[e]s> *m* dispute *f*
zanken I. *intr. V.* se disputer; (*Kinder*) se chamailler **II.** *refl. V.* **sich ~** se disputer; (*Kinder*) se chamailler
Zäpfchen ['tsɛpfçən] <-s, -> *nt* ① MED suppositoire *m* ② ANAT luette *f*
Zapfen ['tsapfən] <-s, -> *m* ① (*von Nadelbäumen*) pomme *f* de pin ② (*Eiszapfen*) stalactite *f*
Zapfenstreich *m* MIL couvre-feu *m*
Zapfsäule *f* pompe *f* à essence
zappelig *Adj.* (*Kind*) agité(e)
zappeln ['tsapəln] *intr. V.* **mit den Beinen ~** gigoter des jambes (*fam*)
zappen ['tsɛpn] *intr. V. fam* zapper
Zar(in) [tsaːɐ̯] <-en, -en> *m(f)* tsar *m*/tsarine *f*
zart [tsaːɐ̯t] **I.** *Adj.* ① doux(douce) ② (*Gesundheit*) délicat(e) ③ (*Fleisch*) tendre **II.** *Adv.* tendrement ▸ **~ besaitet** délicat(e)
Zartbitterschokolade *f* chocolat *m* noir

Zartheit <-> *f* ❶ (*der Haut*) douceur *f* ❷ (*d: von Fleisch*) tendreté *f*
zärtlich ['tsɛːɐ̯tlɪç] *Adj.* tendre
Zärtlichkeit <-, -en> *f* ❶ *kein Pl.* tendresse *f* ❷ *Pl* (*Liebkosung*) caresses *fpl*
Zauber ['tsaubɐ] <-s, -> *m* ❶ *kein Pl.* (*das Zaubern*) sortilège *m* ❷ (*Zauberwirkung*) sort *m* ❸ *kein Pl.* (*Faszination*) charme *m*
Zauberei [tsaubə'rai] <-> *f kein Pl.* magie *f*
Zauberer <-s, -> *m*, **Zauberin** *f* ❶ (*Hexer*) magicien(ne) *m(f)* ❷ (*Zauberkünstler*) prestidigitateur(-trice) *m(f)*
Zauberformel *f* (*Formel*) formule *f* magique
zauberhaft *Adj.* merveilleux(-euse)
Zauberkünstler(in) *m(f)* prestidigitateur(-trice) *m(f)* **Zauberkunststück** *nt* tour *m* de magie
zaubern **I.** *intr. V.* ❶ (*Fee*) faire de la magie ❷ (*Zauberkunststücke vorführen*) faire des tours de prestidigitation **II.** *tr. V.* ❶ (*erscheinen lassen*) **etw aus dem Zylinder ~** faire sortir qc du chapeau comme par enchantement ❷ *fam* (*kochen*) mitonner
Zauberspruch *s.* **Zauberformel** **Zauberstab** *m* baguette *f* magique **Zaubertrick** *s.* **Zauberkunststück**
zaudern ['tsaudɐn] *intr. V.* hésiter
Zaum [tsaum, *Pl:* 'tsɔymə] <-[e]s, Zäume> *m* bride *f* ▸ **etw im ~ halten** mettre un frein à qc
zäumen ['tsɔymən] *tr. V.* brider
Zaun [tsaun, *Pl:* 'tsɔynə] <-[e]s, Zäune> *m* clôture *f*
z.B. *Abk. von* **zum Beispiel** par ex.
ZDF [tsɛtde:'ʔɛf] <-s> *nt Abk. von* **Zweites Deutsches Fernsehen** *deuxième chaîne de la télévision allemande*
Zebra ['tse:bra] <-s, -s> *nt* zèbre *m*
Zebrastreifen *m* passage *m* clouté
Zeche ['tsɛçə] <-, -n> *f* ❶ MIN mine *f* [de charbon] ❷ *fam* (*Rechnung*) addition *f*
zechen ['tsɛçən] *intr. V. iron* biberonner (*fam*)
Zecke ['tsɛkə] <-, -n> *f* tique *f*
Zeder ['tse:dɐ] <-, -n> *f* cèdre *m*
Zeh [tse:] <-s, -en> *m* orteil *m*; **der große ~** le [gros] orteil
Zehe ['tse:ə] <-, -n> *f* ❶ orteil *m* ❷ BOT, GASTR gousse *f*; **eine ~ Knoblauch** une gousse d'ail
Zehenspitze *f* pointe *f* de/du pied
zehn [tse:n] *Num.* dix; *s.a.* **acht** [1]
Zehn <-, -en> *f* dix *m*; *s.a.* **Acht** [1]
Zehner <-s, -> *m fam* (*Zehneuroschein*) billet *m* de dix euros
Zehnerkarte *f* carnet *m* de dix
zehnerlei *Adj. unv.* **~ Sorten Brot** dix sortes de pain; *s.a.* **achterlei**
Zehneuroschein *m* billet *m* de dix euros
zehnfach **I.** *Adj.* **die ~e Menge nehmen** [en] prendre dix fois plus **II.** *Adv.* (*kopieren*) en dix exemplaires; *s.a.* **achtfach** **zehnjährig** *Adj.* (*Amtszeit*) de dix ans **Zehnkampf** *m* décathlon *m*
zehnmal *Adv.* dix fois; *s.a.* **achtmal**
zehnt *Adv.* **zu ~ sein** être dix; *s.a.* **acht** [2]
zehntausend ['tse:n'tauzənt] *Num.* dix mille
zehnte(r, s) *Adj.* ❶ dixième ❷ (*bei Datumsangaben*) **der ~ März** le dix mars; *s.a.* **achte(r,s)**
zehntel *Adj.* dixième; *s.a.* **achtel**
Zehntel <-s, -> *nt* dixième
zehntens *Adv.* dixièmement
Zeichen ['tsaiçən] <-s, -> *nt* ❶ signe *m* ❷ (*Markierung*) marque *f* ❸ CHEM symbole *m* ❹ INFORM caractère *m*
Zeichenblock <-blöcke *o* -blocks> *m* bloc *m* à dessin **Zeichensetzung** <-> *f* ponctuation *f* **Zeichensprache** *f* langage *m* des signes **Zeichentrickfilm** *m* dessin *m* animé
zeichnen ['tsaiçnən] **I.** *tr. V.* ❶ dessiner ❷ (*erkennbar prägen*) marquer ❸ (*unterschreiben*) signer **II.** *intr. V.* **mit Tusche ~** dessiner à l'encre de Chine
Zeichner(in) <-s, -> *m(f)* (*Beruf*) **technischer ~/technische ~in** dessinateur industriel/dessinatrice industrielle
Zeichnung <-, -en> *f* dessin *m*
Zeigefinger *m* index *m*
zeigen ['tsaigən] **I.** *tr. V.* ❶ **jdm etw ~** montrer qc à qn ❷ (*im Fernsehen bringen*) passer ❸ (*zum Ausdruck bringen*) **Interesse ~** montrer de l'intérêt ❹ (*anzeigen*) **10° C ~** indiquer 10° C ❺ (*erkennen lassen*) **~, dass …** (*Vorfall*) [dé]montrer que … **II.** *intr. V.* ❶ (*deuten*) montrer ❷ (*weisen*) **nach Norden ~** (*Nadel*) indiquer le nord **III.** *refl. V.* ❶ (*sich sehen lassen*) **sich ~** (*Person*) se montrer ❷ (*sich herausstellen*) **es zeigt sich, dass …** il s'avère que …
Zeiger <-s, -> *m* aiguille *f*

Zeile ['tsailə] <-, -n> *f* ligne *f*
Zeilenabstand *m* interligne *m*
Zeisig ['tsaizɪç] <-s, -e> *m* serin *m*
Zeit [tsait] <-, -en> *f* ❶ temps *m* ❷ (*Uhrzeit*) heure *f* ❸ (*Zeitraum*) **in letzter ~** ces derniers temps; **eine ~ lang** un certain temps ❹ (*Epoche*) époque *f*; **zur ~ Karls des Großen** à l'époque de Charlemagne ❺ (*Normalzeit*) temps *m*; **mitteleuropäische ~** heure *f* de l'Europe centrale
Zeitabschnitt *m* période *f* **Zeitalter** *nt* époque *f* **Zeitansage** *f* heure *f* [exacte] **zeitaufwändig**[RR], **zeitaufwendig** *Adj.* qui nécessite beaucoup de temps **Zeitbombe** *f* bombe *f* à retardement **Zeitdruck** *m kein Pl.* course *f* contre la montre **Zeiteinteilung** *f* organisation *f* du temps **Zeitgeist** *m kein Pl.* esprit *m* du temps **Zeitgenosse** *m*, **-genossin** *f* contemporain(e) *m(f)* **zeitgenössisch** *Adj.* ❶ (*heutig*) contemporain(e) ❷ (*der damaligen Epoche*) de l'époque **Zeitgeschehen** *nt kein Pl.* actualité *f* **Zeitgeschichte** *f kein Pl.* histoire *f* contemporaine
zeitig *Adv.* de bonne heure
zeitlich **I.** *Adj.* chronologique **II.** *Adv.* au niveau de l'heure/du jour
zeitlos *Adj.* classique
Zeitlupe *f kein Pl.* ralenti *m* **Zeitnot** *f kein Pl.* manque *m* extrême de temps **Zeitplan** *m* calendrier *m* **Zeitpunkt** *m* (*Termin*) date *f*; (*Stunde*) heure *f*
zeitraubend *Adj.* qui prend beaucoup de temps
Zeitraum *m* période *f* **Zeitrechnung** *f kein Pl.* ère *f* **Zeitschrift** *f* magazine *m* **Zeitspanne** *f* laps *m* de temps **Zeitumstellung** *f* changement *m* d'heure
Zeitung ['tsaitʊŋ] <-, -en> *f* journal *m*
Zeitungsabonnement *nt* abonnement *m* à un journal **Zeitungsannonce** *f* petite annonce *f* **Zeitungsartikel** *m* article *m* de journal **Zeitungsausschnitt** *m* coupure *f* de presse **Zeitungspapier** *nt* papier *m* journal
Zeitverschiebung *f* décalage *m* horaire **Zeitverschwendung** *f kein Pl.* gaspillage *m* de temps **Zeitvertreib** <-[e]s, -e> *m* passe-temps *m*
zeitweilig ['tsaitvailɪç] **I.** *Adj.* ❶ temporaire ❷ (*Schneefall*) passager(-ère) **II.** *Adv.* *s.* **zeitweise**
zeitweise *Adv.* ❶ par intermittence ❷ (*eine Zeit lang*) par moments
zelebrieren* [tsele'bri:rən] *tr. V.* ❶ REL célébrer ❷ *geh* (*feierlich gestalten*) solenniser
Zelle ['tsɛlə] <-, -n> *f* ❶ a. BIO cellule *f* ❷ (*Telefonzelle*) cabine *f*
Zellkern *m* BIO noyau *m* cellulaire **Zellteilung** *f* BIO division *f* cellulaire
Zelluloid [tsɛlu'lɔyt] <-s> *nt* celluloïd *m*
Zelt [tsɛlt] <-[e]s, -e> *nt* tente *f*
zelten *intr. V.* camper
Zeltlager *nt* campement *m*
Zement [tse'mɛnt] <-[e]s, -e> *m* ciment *m*
zementieren* [tsemɛn'ti:rən] *tr. V.* cimenter
Zenit [tse'ni:t] <-[e]s> *m* zénith *m*
zensieren* [tsɛn'zi:rən] *tr. V.* ❶ noter ❷ (*der Zensur unterwerfen*) censurer
Zensur [tsɛn'zu:ɐ̯] <-, -en> *f* ❶ note *f* ❷ *kein Pl.* (*Kontrolle*) censure *f*
Zentiliter *m o nt* centilitre *m*
Zentimeter [tsɛnti'me:tɐ] *m o nt* centimètre *m*
Zentimetermaß *nt* mètre *m*
Zentner ['tsɛntnɐ] <-s, -> *m* demi-quintal *m*
zentral [tsɛn'tra:l] **I.** *Adj.* central(e) **II.** *Adv.* (*liegen*) au centre; (*erfassen*) de manière centralisée
Zentralafrika *nt* l'Afrique *f* centrale **Zentralbank** <-banken> *f* banque *f* centrale; **die Europäische ~** la banque centrale européenne; **Europäisches System der ~en** Système *m* européen des banques centrales
Zentrale <-, -n> *f* ❶ siège *m* ❷ (*Telefonzentrale*) standard *m*
Zentralheizung *f* chauffage *m* central
zentralisieren* [tsɛntrali'zi:rən] *tr. V.* centraliser
Zentralmassiv *nt* GEO **das ~** le Massif central **Zentralverriegelung** <-, -en> *f* verrouillage *m* central[isé]
Zentren *Pl. von* **Zentrum**
Zentrifugalkraft *f* force *f* centrifuge
Zentrum ['tsɛntrʊm] <-s, Zentren> *nt* centre *m*
Zeppelin ['tsɛpəli:n] <-s, -e> *m* dirigeable *m*
Zepter ['tsɛptɐ] <-s, -> *nt* sceptre *m*
zerbeißen* *tr. V. unreg* ❶ (*Bonbon*) croquer ❷ (*Schuh*) mordiller ❸ *fam* (*stechen*) **jdn ~** (*Floh*) dévorer qn

zerbrechen* *unreg* **I.** *tr. V. + haben* casser **II.** *intr. V. + sein* ① se casser ② *fig* se briser

zerbrechlich *Adj.* fragile

zerbröckeln* **I.** *tr. V. + haben* (*Brot*) émietter; (*Erde*) effriter **II.** *intr. V. + sein* (*Kuchen*) s'émietter

zerdrücken* *tr. V.* ① écraser ② *s.* **zerknittern**

Zeremonie [tseremo'ni:] <-, -n> *f* cérémonie *f*

Zerfall *m kein Pl.* ① dégradation *f* ② (*Niedergang*) décadence *f* ③ PHYS désintégration *f*

zerfallen* *intr. V. unreg + sein* ① tomber en ruine ② PHYS se désintégrer ③ (*sich gliedern*) **in etw** (*Akk*) ~ se diviser en qc

zerfetzen* *tr. V.* ① déchirer ② (*verstümmeln*) déchiqueter

zerfleddern* *tr. V. fam* esquinter

zerfleischen* **I.** *tr. V.* déchiqueter **II.** *refl. V.* **sich** ~ se torturer

zerfließen* *intr. V. unreg + sein* ① (*Butter*) fondre; (*Make-up*) couler ② *fig* **vor Mitleid** ~ se confondre en apitoiements

zerkleinern* *tr. V.* **etw** ~ couper qc en petits morceaux

zerklüftet *Adj.* (*Berg, Felsen*) crevassé(e)

zerknirscht *Adj., Adv.* contrit(e)

zerknittern* *tr. V.* chiffonner

zerknüllen* *tr. V.* froisser

zerkratzen* *tr. V.* ① rayer ② (*verletzen*) griffer

zerlassen* *tr. V. unreg* faire fondre

zerlegen* *tr. V.* ① démonter ② (*Gans*) découper

zerlumpt [tsɛɐ'lʊmpt] *Adj.* déguenillé(e)

zermahlen* *tr. V.* moudre

zermürben* *tr. V.* épuiser; **~d sein** être usant

zerplatzen* *intr. V. + sein* éclater

zerquetschen* *tr. V.* écraser

zerreiben* *tr. V. unreg* piler

zerreißen* *unreg* **I.** *tr. V. + haben* déchirer **II.** *intr. V. + sein* se déchirer

Zerreißprobe *f* épreuve *f* de vérité

zerren ['tsɛrən] **I.** *tr. V.* **jdn ins Zimmer** ~ tirer qn dans la pièce **II.** *intr. V.* **an etw** (*Dat*) ~ tirer sur qc **III.** *refl. V.* **sich** (*Dat*) **einen Muskel** ~ se froisser un muscle

zerrinnen* *intr. V. unreg + sein geh* (*Träume*) partir en fumée

zerrissen [tsɛɐ'rɪsən] *Adj. fig* déchiré(e)

Zerrung <-, -en> *f* élongation *f*

zerrütten* [tsɛɐ'rʏtən] *tr. V.* (*Nerven*) démolir; (*Ehe*) briser

zersägen* *tr. V.* scier

zerschellen* *intr. V. + sein* s'écraser

zerschlagen*[1] *unreg* **I.** *tr. V.* casser **II.** *refl. V.* **sich** ~ tomber à l'eau

zerschlagen[2] *Adj.* ~ **sein** être fourbu

zerschmettern* *tr. V.* (*Schädel*) fracasser; (*Kiefer*) briser

zerschneiden* **I.** *tr. V. unreg* découper **II.** *refl. V.* **sich** (*Dat*) **die Hand** ~ se couper la main

zersetzen* *tr., refl. V.* [**sich**] ~ [se] décomposer

Zersetzung <-> *f* ① décomposition *f* ② (*Untergrabung*) dégradation *f*

zersplittern* **I.** *tr. V. + haben* faire éclater **II.** *intr. V. + sein* voler en éclats

zerspringen* *intr. V. unreg + sein* éclater

zerstampfen* *tr. V.* écraser

zerstäuben* [tsɛɐ'ʃtɔybən] *tr. V.* (*Parfüm*) vaporiser

Zerstäuber <-s, -> *m* vaporisateur *m*

zerstören* *tr. V.* détruire

zerstörerisch *Adj.* destructeur(-trice)

Zerstörung <-, -en> *f* ① *kein Pl.* (*das Zerstören*) destruction *f* ② (*Verwüstung*) dévastation *f*

zerstoßen* *tr. V. unreg* concasser

zerstreiten* *refl. V. unreg* **sich** ~ se brouiller

zerstreuen* **I.** *tr. V.* ① (*auseinandertreiben*) disperser ② (*Truppen*) disséminer; (*Papiere*) éparpiller **II.** *refl. V.* **sich** ~ ① (*sich amüsieren*) se distraire ② (*Menschenmenge*) se disperser ③ (*Sorgen*) s'envoler

zerstreut *Adj.* ① (*unkonzentriert*) distrait(e) ② (*verstreut*) éparpillé(e)

Zerstreuung <-, -en> *f* distraction *f*

zerstückeln* *tr. V.* dépecer

zerteilen* *tr. V.* découper

Zertifikat [tsɛrtifi'ka:t] <-[e]s, -e> *nt* certificat *m*

zertrampeln* *tr. V.* piétiner

zertreten* *tr. V. unreg* (*Käfer*) écraser; (*Gras*) piétiner

zertrümmern* *tr. V.* ① (*Fensterscheibe*) défoncer ② (*Schädel*) fracasser ③ (*Nierenstein*) détruire

zerwühlen* *tr. V.* ❶ (*Boden*) labourer ❷ (*Bett*) défaire

zetern ['tse:tɐn] *intr. V. pej* brailler

Zettel ['tsɛtəl] <-s, -> *m* ❶ [bout *m* de] papier *m;* (*mit einer Notiz*) note *f* ❷ (*Einkaufszettel*) liste *f*

Zeug [tsɔyk] <-[e]s> *nt fam* ❶ bazar *m* ❷ (*Nahrungsmittel*) truc *m* ❸ (*Unsinn*) **dummes ~ reden** raconter des conneries

Zeuge ['tsɔygə] <-n, -n> *m,* **Zeugin** *f* témoin *m*

zeugen[1] ['tsɔygən] *tr. V. geh* (*Kind*) engendrer

zeugen[2] *intr. V.* **von großer Erfahrung ~** témoigner d'une grande expérience

Zeugenaussage *f* témoignage *m* **Zeugenstand** *m* **jdn in den ~ rufen** appeler qn à la barre [des témoins]

Zeugnis ['tsɔyknɪs] <-ses, -se> *nt* ❶ (*Schulzeugnis*) bulletin *m* [scolaire] ❷ (*Arbeitszeugnis*) certificat *m* de travail

Zeugung <-, -en> *f geh* procréation *f*

zeugungsunfähig *Adj. form* inapte à procréer

z.H[d]. *Abk. von* **zu Händen** à l'attention de

Zicke ['tsɪkə] <-, -n> *f pej fam* chiante *f*

Zickzack ['tsɪktsak] *m* **im ~** en zigzag

Ziege ['tsi:gə] <-, -n> *f* ❶ chèvre *f* ❷ *pej fam* (*Schimpfwort*) **diese [blöde] ~!** cette conne !

Ziegel ['tsi:gəl] <-s, -> *m* ❶ (*Ziegelstein*) brique *f* ❷ (*Dachziegel*) tuile *f*

Ziegeldach *nt* toit *m* de tuiles

Ziegelei [tsi:gə'lai] <-, -en> *f* briqueterie *f;* (*für Dachziegel*) tuilerie *f*

Ziegelstein *s.* **Ziegel**

Ziegenbock *m* bouc *m* **Ziegenkäse** *m* [fromage *m* de] chèvre *m* **Ziegenmilch** *f* lait *m* de chèvre

ziehen ['tsi:ən] <zog, gezogen> **I.** *tr. V.* + *haben* ❶ tirer ❷ (*bewegen*) **die Rollläden nach oben ~** monter des volets roulants ❸ (*zerren*) **jdn an den Haaren ~** tirer qn par les cheveux ❹ (*Fäden*) retirer; (*Zahn*) arracher ❺ (*Degen*) sortir ❻ (*Zaun*) installer ❼ (*Pflanzen*) cultiver ❽ (*anziehen*) **alle Blicke auf sich** (*Akk*) **~** attirer tous les regards sur soi ❾ (*zur Folge haben*) **Veränderungen nach sich** (*Akk*) **~** entraîner des changements **II.** *intr. V.* ❶ + *haben* (*zerren*) **an etw** (*Dat*) **~** tirer sur qc ❷ + *sein* (*umziehen*) **nach Berlin ~** déménager à Berlin ❸ + *sein* (*unterwegs sein*) **durch die Stadt ~** traverser la ville ❹ + *sein* ZOOL (*Vögel*) migrer ❺ (*sich bewegen*) **nach rechts/links ~** (*Fahrzeug*) tirer à droite/gauche ❻ + *haben* (*beim Rauchen*) **an etw** (*Dat*) **~** tirer sur qc ❼ + *sein* (*dringen*) **durchs Haus ~** (*Duft*) se répandre dans la maison ❽ + *haben* (*Tee*) infuser **III.** *intr. V. unpers.* + *haben* ❶ **es zieht!** il y a un courant d'air! ❷ (*schmerzen*) **es zieht [mir] in den Beinen** ça [me] tire dans les jambes; **ein ~der Schmerz** une douleur lancinante **IV.** *tr. V. unpers.* + *haben* **jdn zieht es in die Ferne** qn est attiré(e) par les contrées lointaines **V.** *refl. V.* + *haben* ❶ **sich ~** (*Verhandlungen*) traîner en longueur ❷ (*sich erstrecken*) **sich durch das Tal ~** (*Straße*) s'étendre à travers la vallée ❸ (*sich hochziehen*) **sich in die Höhe ~** se hisser en haut

Ziehharmonika *f* accordéon *m*

Ziehung <-, -en> *f* tirage *m*

Ziel [tsi:l] <-[e]s, -e> *nt* ❶ (*Reiseziel*) destination *f* ❷ (*opp: Start*) [ligne *f* d']arrivée *f* ❸ (*Zielscheibe*) cible *f* ❹ *fig* but *m*

zielen *intr. V.* ❶ viser ❷ (*gerichtet sein*) **auf jdn/etw ~** (*Waffe*) être pointé sur qn/qc

Zielgruppe *f* [groupe *m*] cible *f* **Ziellinie** *f* ligne *f* d'arrivée

ziellos *Adj., Adv.* sans but [précis]

Zielscheibe *f* cible *f* **zielsicher** **I.** *Adj.* **ein ~er Schütze** un fin tireur **II.** *Adv.* **~ auf jdn/etw zugehen** se diriger sans hésiter vers qn/qc

zielstrebig **I.** *Adj.* déterminé(e) **II.** *Adv.* avec détermination

ziemlich **I.** *Adj. fam* **eine ~e Entfernung** une bonne petite distance **II.** *Adv.* assez; **er musste sich ~ beeilen** il a dû pas mal se dépêcher

Zierde ['tsi:ɐ̯də] <-, -n> *f* parure *f;* **zur ~** comme décoration

zieren ['tsi:rən] **I.** *tr. V.* orner **II.** *refl. V.* **sich ~** faire des manières

Zierfisch *m* poisson *m* [exotique] d'aquarium

zierlich *Adj.* menu(e)

Z

Ziffer ['tsɪfɐ] <-, -n> *f* chiffre *m*
Zifferblatt *nt* cadran *m*
zig [tsɪç] *Adj. fam* trente-six
Zigarette [tsiga'rɛtə] <-, -n> *f* cigarette *f*
Zigarettenautomat *m* distributeur *m* de cigarettes **Zigarettenschachtel** *f* paquet *m* de cigarettes
Zigarre [tsi'garə] <-, -n> *f* cigare *m*
Zigeuner(in) [tsi'gɔynɐ] <-s, -> *m(f)* tzigane *mf*; (*in Südfrankreich, Spanien lebend*) gitan(e) *m(f)*
zigmal ['tsɪçma:l] *Adv. fam* trente-six fois
Zikade [tsi'ka:də] <-, -n> *f* cigale *f*
Zimmer ['tsɪmɐ] <-s, -> *nt* ❶ pièce *f* ❷ (*zum Schlafen*) chambre *f*
Zimmerdecke *f* plafond *m* **Zimmerlautstärke** *f* **etw auf ~** (*Akk*) **stellen** mettre qc en sourdine **Zimmermädchen** *nt* femme *f* de chambre **Zimmermann** <-leute> *m* charpentier *m*
zimmern ['tsɪmɐn] **I.** *tr. V.* fabriquer **II.** *intr. V.* **an etw** (*Dat*) **~** bricoler qc
Zimmerpflanze *f* plante *f* d'appartement **Zimmersuche** *f* recherche d'une chambre *f* **Zimmertemperatur** *f* température *f* ambiante
zimperlich ['tsɪmpɐlɪç] *Adj.* douillet(te)
Zimt [tsɪmt] <-[e]s> *m* cannelle *f*
Zink [tsɪŋk] <-[e]s> *nt* zinc *m*
zinken *tr. V.* biseauter
Zinn [tsɪn] <-[e]s> *nt* étain *m*
Zinne ['tsɪnə] <-, -n> *f* créneau *m*
Zins [tsɪns] <-es, -en> *m* intérêt *m*
Zinseszins *m* intérêts *mpl* composés
zinslos *Adj., Adv.* sans intérêts
Zinssatz *m* taux *m* d'intérêt
Zipfel ['tsɪpfəl] <-s, -> *m* (*eines Kissens*) coin *m;* (*einer Wurst*) entame *f*
Zipfelmütze *f* bonnet *m* à pointe
zirka ['tsɪrka] *Adv.* environ
Zirkel ['tsɪrkəl] <-s, -> *m* compas *m*
zirkulieren* [tsɪrku'li:rən] *intr. V.* circuler
Zirkus ['tsɪrkʊs] <-, -se> *m* cirque *m*
Zirkuszelt *nt* chapiteau *m*
zirpen ['tsɪrpən] *intr. V.* chanter
zisch [tsɪʃ] *Interj.* (*Geräusch einer hervorsprudelnden Flüssigkeit*) pschitt; **~ machen** faire pschitt
zischen ['tsɪʃən] *intr. V.* ❶ + *haben* (*Schlange*) siffler; (*Fett*) grésiller ❷ + *sein* **aus etw ~** (*Dampf*) chuinter en sortant de qc; (*Bier*) jaillir de qc ❸ + *haben* (*Unmut äußern*) siffler
ziselieren* *tr. V.* ciseler
Zisterne <-, -n> *f* citerne *f*
Zitat [tsi'ta:t] <-[e]s, -e> *nt* citation *f*
zitieren* [tsi'ti:rən] *tr. V.* citer
Zitronat [tsitro'na:t] <-[e]s, -e> *nt* citron *m* confit
Zitrone [tsi'tro:nə] <-, -n> *f* citron *m*
Zitronenlimonade *f* citronnade *f* **Zitronensaft** *m* jus *m* de citron
Zitrusfrucht ['tsi:trʊsfrʊxt] *f* agrume *m*
zittern ['tsɪtɐn] *intr. V.* ❶ trembler ❷ *fam* (*Angst haben*) **vor jdm ~** avoir la frousse de qn
Zitze ['tsɪtsə] <-, -n> *f* (*einer Kuh, Sau*) mamelle *f;* (*einer Katze, Hündin*) tétine *f*
Zivi ['tsi:vi] <-s, -s> *m fam* jeune homme *m* effectuant son service civil

> Avant l'abolition du service militaire obligatoire en 2011, les *Kriegsdienstverweigerer* (objecteurs de conscience) allemands étaient obligés d'effectuer un *Zivildienst* de treize mois en remplacement du service militaire. Depuis 1997, ce service civil existe aussi en Suisse. En Autriche, il dure douze mois.
> Le **Zivi**, abréviation familière de *Zivildienstleistender,* l'effectuait la plupart du temps dans des services de santé.

zivil [tsi'vi:l] *Adj.* ❶ civil(e) ❷ *fam* (*akzeptabel*) **~e Preise** des prix potables
Zivil <-s> *nt* tenue *f* civile; **in ~** en civil
Zivilbevölkerung *f* population *f* civile **Zivilcourage** *f* courage *m* de ses opinions; (*politisch*) courage civique **Zivildienst** *m kein Pl.* service *m* civil
Zivildienstleistende(r) *f(m) dekl wie adj: objecteur de conscience qui effectue son service civil*
Zivilisation [tsiviliza'tsio:n] <-, -en> *f* civilisation *f*
Zivilisationskrankheit *f: maladie liée au mode de vie dans les pays industrialisés*
zivilisieren* [tsivili'zi:rən] *tr. V.* civiliser
zivilisiert [tsivili'zi:ɐt] **I.** *Adj.* civilisé(e) **II.** *Adv.* **sich ~ benehmen** se comporter en personne civilisée
Zivilist(in) [tsivi'lɪst] <-en, -en> *m(f)* civil(e) *m(f)*

ZivilprozessRR *m* procès *m* civil **Zivilrecht** *nt* droit *m* civil **Zivilschutz** *m* sécurité civile *f*

zocken ['tsɔkən] *intr. V. fam* jouer; (*um hohe Beträge spielen*) flamber

Zoff ['tsɔf] <-s> *m fam* engueulade *f*

zögerlich ['tsø:gəlɪç] *Adj.* hésitant(e)

zögern ['tsø:gen] *intr. V.* hésiter

Zögern <-s> *nt* hésitation *f*

zögernd **I.** *Adj.* hésitant(e) **II.** *Adv.* en hésitant

Zölibat [tsøli'ba:t] <-[e]s, -e> *nt o m* célibat *m*

Zoll[1] [tsɔl, *Pl:* 'tsœlə] <-[e]s, Zölle> *m* ① (*Einfuhrabgabe*) droits *mpl* de douane ② *kein Pl.* (*Zollverwaltung*) **der ~** la Douane ③ *kein Pl. fam* (*Zollkontrolle*) **durch den ~ müssen** devoir passer la douane

Zoll[2] <-[e]s, -> *m* pouce *m;* **17-~-Monitor** écran *m* 17 pouces

Zollbeamte(r) *m,* **-beamtin** *f* douanier *m*/douanière *f* **zollfrei** *Adj., Adv.* en franchise **Zollkontrolle** *f* contrôle douanier *m* **zollpflichtig** *Adj.* à déclarer **Zollstock** *m* mètre *m* [pliant]

Zombie ['tsɔmbi] <-[s], -s> *m* zombie *m*

Zone ['tso:nə] <-, -n> *f* zone *f*

Zoo [tso:] <-s, -s> *m* zoo *m*

Zoologie [tsoolo'gi:] <-> *f* zoologie *f*

zoologisch [tsoo-] *Adj.* zoologique

Zoom [zu:m] *nt* zoom *m*

Zopf [tsɔpf, *Pl:* 'tsœpfə] <-[e]s, Zöpfe> *m* ① (*Haarzopf*) natte *f;* (*klein*) tresse *f* ② (*Hefezopf*) brioche *f* tressée

Zopfmuster *nt* torsades *fpl*

Zorn [tsɔrn] <-[e]s> *m* colère *f;* (*heftig*) fureur *f*

zornig *Adj.* en colère

zottelig *Adj. fam* (*Haar*) hirsute; (*Fell*) touffu(e)

z.T. *Abk. von* **zum Teil**

zu [tsu:] **I.** *Präp. + Dat.* ① (*bei Richtungsangaben*) **~m Arzt gehen** aller chez le médecin ② *fig* **sich ~ jdm hingezogen fühlen** se sentir attiré(e) par qn ③ (*bei Entfernungs-, Fristangaben*) **ich habe bis ~m 10. März Zeit, um das fertig zu machen** j'ai jusqu'au 10 mars pour finir ça; (*die Frist einhalten müssen*) je dois finir ça pour le 10 mars ④ (*in Eigennamen*) **das Gasthaus zur Sonne** l'Auberge *f* du Soleil ⑤ (*bei Zeitangaben*) **~ Ostern** à Pâques ⑥ (*anlässlich*) **jdm ~m Geburtstag gratulieren** souhaiter l'anniversaire à qn ⑦ (*gemeinsam*) **gut ~ etw passen** (*Bluse*) aller bien avec qc ⑧ (*bezüglich*) **jdn ~ etw befragen** questionner qn au sujet de qc ⑨ (*bei Angaben des Zwecks*) **hast du etwas ~m Schreiben?** tu as quelque chose pour écrire ? ⑩ (*eine Veränderung ausdrückend*) **jdn ~m Sprecher wählen** élire qn porte-parole ⑪ (*eine Relation ausdrückend*) **es steht zwei ~ zwei** il y a deux à deux; **~ zweit spielen** jouer à deux **II.** *Adv.* ① (*allzu*) trop; **ich würde ja ~ gern abreisen** j'aimerais tant partir ② (*geschlossen*) **~ sein** (*Tür*) être fermé ③ *fam* (*betrunken*) **~ sein** être raide ④ (*bei Richtungsangaben*) **nach Süden ~** vers le sud **III.** *Konj.* ① **sie hat vor ~ kommen** elle a l'intention de venir ② (*als Ausdruck des Könnens*) **er ist nicht ~ sprechen** il ne peut pas recevoir ③ (*als Ausdruck des Müssens*) **ich habe viel ~ tun** j'ai beaucoup à faire

zuallererst [tsu'ʔalɐ'ʔe:ɐ̯st] *Adv.* avant toute chose

zuallerletzt [tsu'ʔalɐ'lɛtst] *Adv.* en tout dernier lieu

Zubehör ['tsu:bəhø:ɐ̯] <-[e]s> *nt o m* accessoires *mpl*

zu|beißen *intr. V. unreg* mordre

zu|bereiten* *tr. V.* préparer

Zubereitung <-, -en> *f* préparation *f*

zu|billigen *tr. V.* accorder

zu|binden *tr. V. unreg* (*Sack*) fermer; (*Schuh*) lacer; (*Schürze, Senkel*) nouer

zu|blinzeln **I.** *intr. V.* **jdm ~** faire un clin d'œil à qn **II.** *refl. V.* **sich** (*Dat*) **~** se faire un clin d'œil

Zucchini [tsʊ'ki:ni] *f* courgette *f*

Zucht [tsʊxt] <-, -en> *f* ① (*Tiere*) race *f;* (*Pflanzen*) variété *f* ② *kein Pl.* (*Disziplin*) discipline *f*

züchten ['tsʏçtən] *tr. V.* (*Tiere*) faire l'élevage de; (*Pflanzen*) cultiver

Züchter(in) <-s, -> *m(f)* (*von Tieren*) éleveur(-euse) *m(f);* (*von Pflanzen*) cultivateur(-trice) *m(f)*

Zuchthengst *m* étalon *m*

züchtigen ['tsʏçtɪgən] *tr. V. geh* châtier

Zuchtperle *f* perle *f* de culture

Züchtung <-, -en> *f* (*Tiere*) race *f;* (*Pflanzen*) variété *f*

zucken ['tsʊkən] *intr. V.* ① *+ haben* (*Augenlid*) tressaillir; (*Mundwinkel*) frémir

② + *sein* **über den Himmel ~** (*Blitz*) sillonner le ciel

zücken ['tsʏkən] *tr. V. geh* (*Messer*) sortir; (*Degen*) dégainer

Zucker ['tsʊkɐ] <-s, -> *m* ① sucre *m* ② *fam* (*Zuckerkrankheit*) diabète *m*

Zuckerdose *f* sucrier *m* **Zuckerguss**RR *m* glaçage *m* **zuckerkrank** *Adj.* diabétique

zuckern *tr. V.* sucrer

Zuckerrohr *nt* canne *f* à sucre **Zuckerrübe** *f* betterave *f* à sucre

Zuckung <-, -en> *f meist Pl.* convulsion *f*; **nervöse ~en** des tics *mpl*

zu|decken *tr. V.* couvrir

zudem [tsu'de:m] *Adv. geh* de surcroît

zu|drehen *tr. V.* ① fermer ② (*zuwenden*) **jdm den Rücken ~** tourner le dos à qn

zudringlich *Adj.* collant(e) (*fam*)

Zudringlichkeit <-, -en> *f* ① *kein Pl.* (*zudringliche Art*) insistance *f* [déplacée] ② *meist Pl.* (*Handlung*) avance *f*

zu|drücken **I.** *tr. V.* fermer **II.** *intr. V.* **ziemlich fest ~** (*beim Händeschütteln*) serrer assez fort[ement]

zueinander [tsuʔai'nandɐ] *Adv.* **nicht ~ passen** ne pas aller ensemble

zuerst [tsu'ʔe:ɐ̯st] *Adv.* ① (*als Erster*) **~ durchs Ziel gehen** franchir le premier la ligne d'arrivée ② (*erledigen*) en premier ③ (*anfangs*) d'abord

Zufahrt *f* accès *m*

Zufahrtsstraße *f* voie d'accès *f*

Zufall *m* hasard *m*

zu|fallen *intr. V. unreg* + *sein* ① (*Tür*) se refermer [brusquement] ② (*zuteilwerden*) **jdm ~** (*Erbe*) revenir à qn

zufällig **I.** *Adj.* fortuit(e) **II.** *Adv.* par hasard

zu|fliegen *intr. V. unreg* + *sein* ① **auf jdn/etw ~** (*Flugzeug*) voler en direction de qn/qc; (*Vogel, Ball*) se diriger sur qn/qc ② (*geflogen kommen*) **jdm ~** (*Vogel*) venir s'installer chez qn ③ *fam* (*zufallen: Tür*) se refermer [brusquement]

Zuflucht <-, -en> *f* refuge *m*

Zufluchtsort *m* refuge *m*

ZuflussRR *m* ① *kein Pl.* (*das Zufließen*) afflux *m* ② (*Gewässer*) affluent *m*

zu|flüstern *tr. V.* chuchoter

zufolge [tsu'fɔlgə] *Präp.* + *Dat.* d'après

zufrieden [tsu'fri:dən] **I.** *Adj.* ① satisfait(e); **jdn ~ stellen** satisfaire qn ② (*froh*) content(e) **II.** *Adv.* (*lächeln*) d'un air satisfait

zufrieden|geben *refl. V. unreg* **sich mit etw ~** se contenter de qc

Zufriedenheit <-> *f* [sentiment *m* de] satisfaction *f*

zufrieden|lassen *tr. V. unreg* laisser tranquille **zufrieden|stellen** *tr. V.* satisfaire

zu|frieren *intr. V. unreg* + *sein* geler complètement

zu|fügen *tr. V* ① **jdm etw ~** infliger qc à qn ② *geh* (*hinzufügen*) additionner

Zufuhr ['tsu:fu:ɐ̯] <-, -en> *f* ① (*Versorgung*) approvisionnement *m* ② (*von Frischluft*) arrivée *f*

zu|führen *intr. V.* mener

Zug [tsu:k, *Pl:* 'tsy:gə] <-[e]s, Züge> *m* ① train *m* ② (*Lastzug*) semi-remorque *m* ③ (*Inhalieren des Rauchs*) bouffée *f* ④ (*Schluck*) gorgée *f* ⑤ *kein Pl.* (*Luftzug*) courant *m* d'air ⑥ (*Spielzug*) coup *m* ⑦ (*lange Kolonne*) cortège *m* ⑧ (*Gesichtszug*) trait *m*

Zugabe *f* ① MUS bis *m* ② (*Dreingabe*) cadeau *m* [publicitaire]

Zugabteil *nt* compartiment *m*

Zugang <-gänge> *m* ① (*Eingang*) accès *m* ② *kein Pl.* (*Zutritt*) **~ zu etw** accès *m* à qc ③ *kein Pl.* (*Zugriff*) **~ zu allen Daten haben** avoir accès à toutes les données

zugänglich ['tsu:gɛŋlɪç] *Adj.* ① **leicht ~ sein** être facilement accessible ② (*verfügbar*) **etw ist allen ~** tout le monde a accès à qc ③ (*Person*) d'un abord facile

Zugbrücke *f* pont-levis *m*

zu|geben *tr. V. unreg* admettre

zugegen [tsu'ge:gən] *Adj. geh* présent(e)

zu|gehen *unreg* **I.** *intr. V.* + *sein* ① (*sich schließen lassen*) fermer; (*Klappe*) se [re]fermer ② (*sich schließen*) **[von allein] ~** se fermer [automatiquement] ③ (*zusteuern*) **auf jdn/etw ~** s'avancer vers qn/qc ④ (*sich nähern*) **auf die vierzig ~** approcher de la quarantaine **II.** *intr. V. unpers.* + *sein* **hier geht es lustig zu** on s'amuse bien ici

zugehörig *Adj.* ① *attr* (*Unterlagen*) qui vont avec ② (*nicht ausgeschlossen*) **sich ~ fühlen** se sentir bien intégré(e)

Zugehörigkeit <-> *f* appartenance *f*

zugeknöpft *Adj. fam* **ziemlich ~ sein** ne pas être très causant
Zügel ['tsy:gəl] <-s, -> *m* rêne *f*
zügellos *Adj.* (*Person*) excessif(-ive)
zügeln ['tsy:gəln] **I.** *tr. V. + haben* ❶ (*Pferd*) tenir la bride courte à ❷ (*Neugierde*) refréner **II.** *refl. V. + haben* **sich ~** se refréner
Zugeständnis *nt* concession *f*
Zugfahrplan *m* horaire *m* des trains
zügig ['tsy:gɪç] *Adj.* rapide
zugleich [tsu'glaiç] *Adv.* en même temps
Zugluft *f kein Pl.* courant *m* d'air
zu|greifen *intr. V. unreg* ❶ (*zupacken*) [s']agripper ❷ (*sich bedienen*) se servir ❸ (*ein Angebot wahrnehmen*) **sofort ~** sauter sur l'occasion (*fam*) ❹ INFORM **auf etw** (*Akk*) **~** avoir accès à qc
Zugrestaurant *nt* wagon-restaurant *m*
Zugriff *m* INFORM **~ auf etw** (*Akk*) accès *m* à qc
Zugriffsgeschwindigkeit *f*, **Zugriffszeit** *f* INFORM vitesse *f* d'accès
zugrunde [tsu'grʊndə] *Adv.* **~ gehen** (*Person*) se perdre; **dieser Politik** (*Dat*) **liegt das Prinzip ~, dass** cette politique est fondée sur le principe que
Zugunglück *nt* accident *m* de chemin de fer
zugunsten, zu Gunsten[RR] [tsu'gʊnstən] **II.** *Präp. + Gen.* **~ seines Kindes** en faveur de son enfant **II.** *Präp. + Dat.* **seinem Freund ~** en faveur de son ami
zugute|kommen[RR] [tsu'gu:tə-] *intr. V. unreg* **jdm ~** (*Erfahrung, Kenntnisse*) se révéler être un avantage pour qn; **einer Organisation ~** (*Geld, Spenden*) être [versé(e)] au profit d'une organisation
Zugverbindung *f* liaison *f* [ferroviaire] **Zugverkehr** *m* trafic *m* ferroviaire **Zugvogel** *m* oiseau *m* migrateur **Zugzwang** *m* **in ~ geraten** se retrouver au pied du mur
zu|haben *unreg* **I.** *intr. V.* (*Geschäft*) être fermé **II.** *tr. V.* (*Koffer*) avoir fermé
zu|halten *tr. V. unreg fam* **sich** (*Dat*) **die Ohren ~** se boucher les oreilles
Zuhälter(in) ['tsu:hɛltɐ] <-s, -> *m(f)* proxénète *mf*
zu|hauen *unreg* **I.** *tr. V. fam* (*Tür*) claquer **II.** *s.* **zuschlagen**
Zuhause [tsu'hauzə] <-s> *nt* maison *f*
zu|heilen *intr. V. + sein* se refermer
zu|hören *intr. V.* **jdm ~** écouter qn
Zuhörer(in) *m(f)* auditeur(-trice) *m(f)*
zu|jubeln *intr. V.* **jdm ~** acclamer qn
zu|klappen **I.** *tr. V. + haben* [re]fermer **II.** *intr. V. + sein* se [re]fermer
zu|kleben *tr. V.* cacheter
zu|knallen *fam* **I.** *tr. V. + haben* (*Tür*) claquer **II.** *intr. V. + sein* se fermer en claquant
zu|knöpfen *tr. V.* boutonner
zu|kommen *intr. V. unreg + sein* ❶ **auf jdn/etw ~** venir vers qn/qc ❷ *fig* **alles auf sich** (*Akk*) **~ lassen** laisser faire les choses ❸ (*bevorstehen*) **auf jdn ~** (*Aufgabe*) attendre qn ❹ (*gebühren*) **jdm ~** revenir à qn ❺ *geh* (*zuteilwerden*) **jdm etw ~ lassen** (*übermitteln*) faire parvenir qc à qn; (*gewähren*) accorder qc à qn
Zukunft ['tsu:kʊnft] <-> *f* ❶ avenir *m*; **in ~** à l'avenir ❷ LING futur *m*
zukünftig **I.** *Adj.* futur(e) **II.** *Adv.* à l'avenir
Zukunftsperspektive *f* perspective *f* d'avenir
zu|lächeln *intr. V.* **jdm ~** sourire à qn
Zulage <-, -n> *f* prime *f*
zu|langen *intr. V. fam* ❶ **kräftig ~** se servir copieusement ❷ (*in Bezug auf Geld*) matraquer le client ❸ (*zuschlagen*) cogner
zu|lassen *tr. V. unreg* ❶ (*dulden*) tolérer ❷ (*ermöglichen*) **wenn die Situation es zulässt** si la situation le permet ❸ (*Deutung*) autoriser ❹ (*amtliche Erlaubnis erteilen*) **jdn zur Prüfung ~** autoriser qn à passer un examen ❺ (*Kraftfahrzeug*) faire immatriculer ❻ *fam* (*geschlossen lassen*) **etw ~** laisser qc fermé(e); (*nicht aufknöpfen*) garder qc boutonné(e)
zulässig *Adj.* autorisé(e); (*Abweichung*) toléré(e)
Zulassung <-, -en> *f fam* (*Fahrzeugschein*) carte *f* grise
Zulauf *m* ❶ (*Rohr, Schlauch*) arrivée *f* [d'eau] ❷ (*Zuspruch*) **~ haben** (*Arzt*) avoir une grosse clientèle
zu|laufen *intr. V. unreg + sein* ❶ (*sich nähern*) **auf jdn/etw ~** courir vers qn/qc ❷ (*enden*) **spitz ~** (*Schere*) se terminer en pointe ❸ (*gelaufen kommen*) **jdm ~** (*Katze*) trouver refuge chez qn
zu|legen **I.** *tr. V. fam* (*zunehmen*) **fünf Kilo ~** prendre cinq kilos **II.** *intr. V. fam* (*zunehmen*) prendre du poids

III. *refl. V. fam* **sich** (*Dat*) **ein Fahrrad ~** se payer un vélo

zuleide [tsu'laidə] *Adv.* **jdm etwas ~ tun** faire du mal à qn

zuletzt [tsu'lɛtst] *Adv.* ❶ (*als Letzter*) **~ ins Ziel kommen** passer la ligne d'arrivée le dernier/la dernière ❷ (*zum Schluss*) [**ganz**] ~ [tout] à la fin ❸ *fam* (*sehen*) pour la dernière fois ▶ **nicht ~** notamment; **nicht ~, weil wir ein Zeichen setzen wollen** d'autant plus que nous voulons donner l'exemple

zuliebe [tsu'li:bə] *Adv.* **etw jdm ~ tun** faire qc pour [faire plaisir à] qn

Zulieferer <-s, -> *m*, **Zulieferin** *f* sous-traitant(e) *m(f)*

zum [tsʊm] = **zu dem** *s.* **zu**

zu|machen I. *tr. V.* fermer; (*Flasche*) [re]fermer; (*Schuh*) lacer **II.** *intr. V.* fermer

zumal [tsu'ma:l] **I.** *Konj.* d'autant plus que **II.** *Adv.* surtout

zu|mauern *tr. V.* murer

zumeist [tsu'maist] *Adv.* la plupart du temps

zumindest [tsu'mɪndəst] *Adv.* ❶ du moins; (*wenigstens*) au moins ❷ (*jedenfalls*) en tout cas

zumutbar *Adj.* tolérable

Zumutbarkeit <-, -en> *f* **die Grenzen der ~** les limites *fpl* du tolérable

zumute [tsu'mu:tə] *Adv.* **jdm ist zum Weinen ~** qn a envie de pleurer

zu|muten ['tsu:mu:tən] **I.** *tr. V.* **jdm viel ~** exiger beaucoup de qn **II.** *refl. V.* **sich zu viel ~** présumer de ses forces

Zumutung *f* **eine ~ sein** être plus qu'on ne peut en supporter

zunächst [tsu'nɛ:çst] *Adv.* ❶ (*anfangs*) [tout] d'abord ❷ (*vorläufig*) pour l'instant

Zunahme ['tsu:na:mə] <-, -n> *f* augmentation *f*

Zuname *m* nom *m* patronymique (*form*)

zündeln ['tsʏndəln] *intr. V.* A jouer avec des allumettes

zünden ['tsʏndən] *tr. V.* (*Triebwerk*) procéder à la mise à feu de

zündend *Adj.* (*Idee*) de génie, lumineux(-euse); (*Rede*) enflammé(e)

Zünder <-s, -> *m* détonateur *m*

Zündkerze *f* bougie *f* **Zündschloss**RR *nt* contact *m* **Zündschlüssel** *m* clé *f* de contact **Zündschnur** *f* mèche *f*

Zündung <-, -en> *f* allumage *m*

zu|nehmen *unreg* **I.** *intr. V.* ❶ (*Person*) grossir ❷ (*Spannung*) grandir; (*Umweltverschmutzung*) augmenter ❸ (*stärker werden*) gagner en intensité **II.** *tr. V.* [**wieder**] **zehn Kilo ~** [re]prendre dix kilos

zunehmend I. *Adj.* croissant(e) **II.** *Adv.* constamment

zu|neigen *refl. V.* **sich dem Ende ~** toucher à sa fin

Zuneigung *f* penchant *m*

Zunft [tsʊnft, *Pl:* 'tsʏnftə] <-, Zünfte> *f* corporation *f*

Zunge ['tsʊŋə] <-, -n> *f* langue *f*

züngeln ['tsʏŋəln] *intr. V.* ❶ darder sa langue ❷ (*Flammen*) jaillir

Zungenbrecher <-s, -> *m* (*schwer auszusprechender Satz*) phrase *f* difficile à prononcer **Zungenspitze** *f* bout *m* de la langue

zunichte|machenRR [tsu'nɪçtə-] *tr. V.* réduire à néant

zu|nicken *intr. V.* **jdm ~** faire un signe de tête à qn

zunutze [tsu'nʊtsə] *Adv.* **sich** (*Dat*) **etw ~ machen** tirer profit de qc

zu|ordnen *tr. V.* **jdn einer politischen Richtung** (*Dat*) **~** classer qn dans un courant politique

zu|packen *intr. V.* ❶ serrer ❷ (*mithelfen*) donner un coup de main

zupfen ['tsʊpfən] *tr. V.* **jdn am Ärmel ~** tirer qn par la manche

zur [tsu:ɐ̯] = **zu der** *s.* **zu**

Zürcher *Adj.* de Zurich

Zürcher(in) <-s, -> *m(f)* Zurichois(e) *m(f)*

zu|rechnen *tr. V. s.* **zuordnen**

zurechnungsfähig *Adj.* responsable de ses actes

zurecht|finden [tsu'rɛçtfɪndən] *refl. V. unreg* s'y retrouver **zurecht|kommen** *intr. V. unreg + sein* ❶ **mit den Kollegen ~** s'entendre avec les collègues ❷ (*klarkommen*) **mit einem Gerät nicht ~** ne pas s'en sortir avec un appareil **zurecht|machen** *tr. V. fam* ❶ **das Bett ~** faire le lit ❷ (*schminken*) **sich ~** se faire une beauté **zurecht|rücken** *tr. V.* (*Krawatte*) rajuster; (*Stuhl*) remettre en place **zurecht|weisen** *tr. V. unreg* réprimander **Zurechtweisung** *f* réprimande *f*

zu|reden *intr. V.* **jdm gut ~** essayer de raisonner qn

Z

Zürich ['tsyːrɪç] <-s> *nt* Zurich

Züricher(in) *s.* **Zürcher(in)**

zu|richten *tr. V.* ❶ **jdn furchtbar ~** mettre qn dans un état effrayant ❷ (*beschädigen*) **etw schlimm ~** mettre qc dans un état pitoyable

zurück [tsu'rʏk] *Adv.* ❶ (*zurückgekehrt*) **~ sein** être de retour ❷ (*in Bezug auf den Rückweg*) **einmal Stuttgart-Nancy und ~, bitte!** un aller et retour Stuttgart-Nancy, s'il vous plaît !; **~!** demi-tour ! ❸ (*rückwärts*) **drei Schritte ~!** trois pas en arrière !

Zurück <-s> *nt* **es gibt kein ~** il n'est pas possible de faire machine arrière

zurück|blicken *intr. V.* ❶ (*sich umsehen*) jeter un regard en arrière ❷ (*betrachten*) **auf etw** (*Akk*) **~** jeter un regard rétrospectif sur qc **zurück|behalten*** *tr. V. unreg* (*Narbe, Schaden*) garder **zurück|bekommen*** *tr. V. unreg* récupérer **zurück|bilden** *refl. V.* **sich ~** se résorber **zurück|bleiben** *intr. V. unreg + sein* ❶ rester ❷ (*langsam sein*) rester en arrière **zurück|blicken** *intr. V.* ❶ (*sich umsehen*) jeter un regard en arrière ❷ (*betrachten*) **auf etw** (*Akk*) **~** jeter un regard rétrospectif sur qc **zurück|bringen** *tr. V. unreg* (*Person*) ramener; (*Gegenstand*) rapporter **zurück|datieren*** *tr. V.* antidater **zurück|denken** *intr. V. unreg* repenser **zurück|drängen** *tr. V.* repousser **zurück|erhalten*** *s.* **zurückbekommen** **zurück|erobern*** *tr. V.* (*Region, Fans*) reconquérir **zurück|fahren** *unreg* **I.** *intr. V. + sein* ❶ repartir ❷ (*zurückweichen*) **vor jdm/etw ~** reculer brusquement devant qn/pour éviter qc **II.** *tr. V. + haben* ❶ (*Fahrzeug*) reculer ❷ (*Person*) reconduire; (*Gegenstand*) rapporter **zurück|fallen** *intr. V. unreg + sein* ❶ (*fallen*) **sich ~ lassen** s'affaler ❷ (*Läufer*) être distancé ❸ (*absteigen*) **auf den vierten Platz ~** (*Sportler*) retomber au quatrième rang ❹ (*angelastet werden*) **auf jdn ~** (*Verhalten*) retomber sur qn **zurück|finden** *intr. V. unreg* retrouver le chemin **zurück|fliegen** *unreg* **I.** *intr. V. + sein* (*Person*) repartir [par avion]; (*Flugzeug*) repartir **II.** *tr. V. + haben* **jdn/etw ~** ramener qn/qc [en avion] **zurück|fordern** *tr. V.* exiger la restitution **zurück|führen** **I.** *tr. V.* ❶ **der Unfall ist auf einen technischen Fehler zurückzuführen** l'accident est dû à une erreur technique ❷ (*zurückbringen*) **jdn ins Zimmer ~** reconduire qn dans la pièce **II.** *intr. V.* **zur Hauptstraße ~** (*Weg*) revenir à la route principale **zurück|geben** *tr. V. unreg* ❶ (*wiedergeben*) rendre ❷ (*Waren*) rendre ❸ (*erneut verleihen*) **jdm sein Selbstvertrauen ~** redonner de l'assurance à qn **zurückgeblieben** *Adj.* (*Kind*) retardé(e) **zurück|gehen** *intr. V. unreg + sein* ❶ retourner ❷ (*Umsatz*) reculer; (*Fieber*) baisser ❸ (*Schwellung*) se résorber **zurückgezogen** *Adj.* retiré(e) **zurück|greifen** *intr. V. unreg* **auf etw** (*Akk*) **~** recourir à qc **zurück|halten** *unreg* **I.** *refl. V.* ❶ (*sich beherrschen*) **sich ~** se contenir ❷ (*sich vorsichtig äußern*) **sich mit seiner Kritik ~** rester mesuré(e) dans sa critique **II.** *tr. V.* ❶ (*Person*) retenir ❷ (*Beweise*) faire de la rétention de **zurückhaltend** **I.** *Adj.* ❶ (*reserviert*) réservé(e) ❷ (*vorsichtig*) mesuré(e) **II.** *Adv.* (*vorsichtig*) avec circonspection

Zurückhaltung *f kein Pl.* retenue *f*, réserve *f*

zurück|holen *tr. V.* **jdn ~** ramener qn [ici]; [**sich** (*Dat*)] **etw ~** récupérer qc **zurück|kehren** *intr. V. + sein geh* revenir; **zu jdm ~** retourner vivre avec qn **zurück|kommen** *intr. V. unreg + sein* revenir **zurück|lassen** *tr. V. unreg* abandonner; (*Adresse*) laisser **zurück|legen** *tr. V.* ❶ (*legen*) reposer; **etw auf den Tisch ~** remettre qc sur la table ❷ (*reservieren*) **jdm etw ~** mettre qc de côté pour qn ❸ (*Strecke*) parcourir; (*Entfernung*) couvrir ❹ (*sparen*) [**sich** (*Dat*)] **Geld ~** mettre de l'argent de côté **zurück|lehnen** *refl. V.* **sich ~** se pencher en arrière **zurück|melden** *refl. V.* MIL **sich bei jdm ~** se faire porter rentrant(e) auprès de qn **zurück|nehmen** *tr. V. unreg* ❶ reprendre ❷ (*Vorwurf*) retirer **zurück|rollen** *intr. V. + sein* (*Fahrzeug*) se mettre à reculer; (*Ball*) rouler en arrière **zurück|rufen** *tr., intr. V. unreg a.* TELEC rappeler **zurück|schalten** *intr. V.* **in den zweiten Gang ~** rétrograder en deuxième **zurück|schauen** *s.* **zurückblicken** **zurück|schicken** *tr.*

V. ❶ (*Brief*) renvoyer ❷ (*nicht einreisen lassen*) refouler **zurück|schieben** *tr. V. unreg* **etw** ~ pousser qc en arrière **zurück|schlagen** *unreg* **I.** *tr. V.* ❶ (*Ball*) renvoyer ❷ (*Bettdecke*) rejeter **II.** *intr. V.* a. MIL riposter **zurück|schrauben** *tr. V. fam* (*Erwartungen*) réduire **zurück|schrecken** *intr. V. unreg + haben o sein* reculer **zurück|spulen** *tr., intr. V.* rembobiner **zurück|stecken** **I.** *tr. V.* remettre; **etw in die Hosentasche** ~ remettre qc dans sa poche **II.** *intr. V.* ❶ (*nachgeben*) céder ❷ (*sich bescheiden*) se montrer moins exigeant **zurück|stellen** *tr. V.* ❶ (*wegräumen*) remettre; **etw ins Regal** ~ remettre qc dans l'étagère ❷ (*Möbelstück, Zeiger*) reculer ❸ (*Kind*) retarder la scolarisation de; (*Plan*) repousser **zurück|stufen** *tr. V.* (*Kfz-Versicherten*) appliquer un malus à **zurück|tragen** *tr. V. unreg* **jdn/etw** ~ ramener qn/remporter qc **zurück|treten** *intr. V. unreg + sein* ❶ (*zurückgehen*) reculer ❷ (*seinen Rücktritt erklären*) démissionner ❸ (*rückgängig machen*) **von einem Vertrag** ~ résilier un contrat **zurück|verfolgen*** *tr. V.* remonter **zurück|weichen** *intr. V. unreg + sein* reculer **zurück|weisen** *tr. V. unreg* récuser **zurück|werfen** *tr. V. unreg* renvoyer **zurück|zahlen** *tr. V.* rembourser **zurück|ziehen** *unreg* **I.** *tr. V. + haben* ❶ (*Hand*) retirer; (*Vorhang*) rouvrir ❷ (*Kandidatur*) retirer; (*Angebot*) annuler **II.** *refl. V. + haben* **sich** ~ se retirer

Zuruf *m* appel *m;* (*eines Zuschauers*) acclamation *f*

zu|rufen *tr. V. unreg* **jdm einen Gruß** ~ crier bonjour à qn

zurzeit[RR] *Adv.* pour le moment, actuellement

Zusage *f* réponse *f* positive

zu|sagen **I.** *tr. V.* **jdm Hilfe** ~ promettre de l'aide à qn **II.** *intr. V.* ❶ (*bestätigen*) répondre positivement; **sie will noch nicht** ~ elle ne veut pas encore s'engager ❷ (*gefallen*) **jdm** ~ (*Angebot*) plaire à qn; (*Essen*) être au goût de qn

zusammen [tsu'zamən] *Adv.* ❶ ensemble; **mit jdm** ~ **sein** (*befreundet sein*) être avec qn ❷ (*zusammengerechnet*) au total

Zusammenarbeit *f kein Pl.* collaboration *f;* POL coopération *f*

zusammen|arbeiten *intr. V.* travailler ensemble **zusammen|bauen** *tr. V.* monter **zusammen|bekommen*** *tr. V. unreg fam* ❶ (*Geld*) arriver à dégoter ❷ (*Puzzle*) arriver à monter; (*Geschichte*) arriver à reconstituer **zusammen|binden** *tr. V. unreg* [**sich** (*Dat*)] **die Haare** ~ se nouer les cheveux **zusammen|brechen** *intr. V. unreg + sein* ❶ (*Person*) s'écrouler; (*Brücke*) s'effondrer ❷ (*Verkehr*) s'immobiliser; (*Rechnernetz*) se planter

Zusammenbruch *m* ❶ (*eines Systems*) effondrement *m* ❷ (*Kollaps*) syncope *f;* (*Nervenzusammenbruch*) dépression *f* nerveuse

zusammen|drängen **I.** *tr. V.* (*Menschenmenge*) entasser **II.** *refl. V.* **sich auf dem Marktplatz** ~ s'entasser sur la place du marché **zusammen|drücken** *tr. V.* ❶ comprimer ❷ (*aneinanderdrücken*) **die Hände** ~ presser les mains l'une contre l'autre **zusammen|fahren** *unreg* **I.** *intr. V. + sein* (*erschrecken*) sursauter **II.** *tr. V. + haben fam* (*Auto*) esquinter **zusammen|fallen** *intr. V. unreg + sein* (*sich ereignen*) coïncider **zusammen|falten** *tr. V.* plier **zusammen|fassen** **I.** *tr. V.* ❶ résumer ❷ (*vereinigen*) **Verschiedenes unter einem Oberbegriff** ~ regrouper diverses choses sous un terme générique **II.** *intr. V.* résumer **zusammenfassend** **I.** *Adj.* récapitulatif(-ive) **II.** *Adv.* en résumé

Zusammenfassung *f* résumé *m* **zusammen|flicken** *tr. V. fam* rafistoler **zusammen|fließen** *intr. V. unreg + sein* confluer **zusammen|fügen** *tr. V. geh* assembler **zusammen|gehören*** *intr. V.* (*Ehepartner*) être faits l'un pour l'autre; (*Teile*) aller ensemble **zusammengehörig** **I.** *Adj.* (*Teile*) qui vont ensemble **II.** *Adv.* **sich** ~ **fühlen** se sentir uni(e)s

Zusammengehörigkeitsgefühl *nt* sentiment *m* d'union

zusammengewürfelt *Adj.* (*Gruppe, Mobiliar*) hétéroclite

Zusammenhalt *m kein Pl.* cohésion *f*

zusammen|halten *unreg* **I.** *intr. V.* ❶ tenir ensemble ❷ (*zueinander halten*)

Z

être solidaire(s) **II.** *tr. V.* **seine Ersparnisse ~** être assis sur ses économies

Zusammenhang <-[e]s, -hänge> *m* **1** (*Verbindung*) rapport *m;* **jdn mit einem Vorfall in ~ bringen** établir un lien entre qn et un incident **2** (*Kontext*) contexte *m*

zusammen|hängen *intr. V. unreg* **1** **mit etw ~** être en rapport avec qc **2** (*Teile*) être collés **zusammenhängend** *Adj.* cohérent(e)

zusammenhang[s]los *Adj.* incohérent(e)

zusammen|heften *tr. V.* agrafer **zusammen|kehren** *tr. V.* balayer **zusammenklappbar** *Adj.* pliant(e) **zusammen|klappen** **I.** *tr. V. + haben* (*Taschenmesser*) [re]fermer; (*Klappstuhl*) [re]plier **II.** *intr. V. + sein* **1** se replier **2** *fam* (*kollabieren*) tomber dans les pommes **zusammen|kleben** *tr., intr. V.* coller **zusammen|kneifen** *tr. V. unreg* (*Augen*) plisser **zusammen|kommen** *intr. V. unreg + sein* **1** se retrouver; **mit jdm ~** rencontrer qn **2** (*sich anhäufen*) s'accumuler **zusammen|kriegen** *s.* **zusammenbekommen**

Zusammenkunft [tsu'zamənkʊnft] <-, -künfte> *f* rencontre *f*

zusammen|laufen *intr. V. unreg + sein* **1** (*Straßen*) se rencontrer **2** (*Neugierige*) s'attrouper **zusammen|leben** *intr. V.* vivre ensemble; **mit jdm ~** vivre avec qn **zusammen|legen** **I.** *tr. V.* **1** (*Wolldecke*) [re]plier **2** (*Häftlinge*) mettre ensemble **II.** *intr. V.* se cotiser **zusammen|nähen** *tr. V.* coudre [ensemble] **zusammen|nehmen** *unreg* **I.** *tr. V.* **seinen ganzen Mut ~** prendre son courage à deux mains **II.** *refl. V.* **sich ~** se maîtriser **zusammen|packen** *tr. V.* emballer **zusammen|passen** *intr. V.* **1** (*Einzelteile*) s'accorder **2** (*Personen, Farben*) aller bien ensemble **zusammen|pferchen** *tr. V.* parquer

Zusammenprall *m* collision *f*

zusammen|prallen *intr. V. + sein* entrer en collision; **mit den Köpfen ~** se cogner la tête **zusammen|pressen** *tr. V.* (*Lippen*) serrer **zusammen|raufen** *refl. V. fam* **sich ~** trouver un terrain d'entente **zusammen|rechnen** *tr. V.* faire le total de **zusammen|reißen** *refl. V. unreg fam* **sich ~** se ressaisir **zusammen|rollen** **I.** *tr. V.* [en]rouler **II.** *refl. V.* **sich ~** (*Person*) se pelotonner; (*Katze*) se mettre en boule **zusammen|rücken** **I.** *intr. V. + sein* se rapprocher **II.** *tr. V. + haben* (*Gegenstände*) rapprocher **zusammen|schlagen** *unreg* **I.** *tr. V. + haben* **1** (*Person*) rouer de coups **2** (*Einrichtung*) mettre en pièces **II.** *intr. V. + sein* **über jdm ~** s'abattre sur qn **zusammen|schließen** *refl. V. unreg* **sich ~** **1** s'associer **2** (*fusionieren*) fusionner

Zusammenschluss[RR] *m* fusion *f*

zusammen|sein[ALT] *s.* **zusammen 1** **zusammen|setzen** **I.** *tr. V.* **1** (*Stücke*) assembler **2** (*nebeneinandersetzen*) mettre l'un(e) à côté de l'autre **II.** *refl. V.* **1** **sich aus einzelnen Teilen ~** se composer de différentes pièces **2** (*sich zueinander setzen*) **sich ~** s'asseoir l'un(e) à côté de l'autre

Zusammensetzung <-, -en> *f* composition *f*

zusammen|stauchen *tr. V. fam* **jdn ~** engueuler qn **zusammen|stehen** *intr. V. unreg* se trouver ensemble **zusammen|stellen** *tr. V.* (*Möbel*) rassembler; (*Liste*) établir

Zusammenstellung *f* liste *f* [par écrit]

Zusammenstoß *m* **1** collision *f* **2** *fam* (*Auseinandersetzung*) échauffourée *f*

zusammen|stoßen *intr. V. unreg + sein* (*Fahrzeuge*) entrer en collision; (*Personen*) se heurter **zusammen|strömen** *intr. V. + sein* (*Demonstranten, Zuschauer*) affluer **zusammen|stürzen** *intr. V. + sein* s'écrouler **zusammen|tragen** *tr. V. unreg* recueillir **zusammen|treffen** *intr. V. unreg + sein* **1** (*Personen*) se rencontrer **2** (*Umstände*) coïncider

Zusammentreffen *nt* **1** rencontre *f* **2** (*gleichzeitiges Eintreten*) coïncidence *f*

zusammen|treten *intr. V. unreg + sein* (*Versammlung*) se réunir **zusammen|trommeln** *tr. V. fam* rameuter **zusammen|tun** *refl. V. unreg fam* **sich ~** se mettre ensemble **zusammen|wachsen** [-ks-] *intr. V. unreg + sein* **1** se souder; **wieder ~** (*Knochen*) se ressouder **2** *fig* (*Ortsteile*) finir par ne faire qu'un **zusammen|wirken** *intr. V. geh* être concomitants **zusammen|zählen** *tr. V.* additionner **zusammen|ziehen** *unreg* **I.** *tr. V. + haben* **1** (*Netz*) [res]-

serrer ② (*Truppen*) amasser; (*Polizeiaufgebot*) concentrer **II.** *refl. V. + haben* **sich ~** ① (*Pupillen*) [se] rétrécir; (*Muskel*) se contracter ② (*Gewitter*) se préparer **III.** *intr. V. + sein* s'installer ensemble **zusammen|zucken** *intr. V. + sein* tressaillir

Zusatz *m* ① ajout *m* ② (*Zusatzstoff*) additif *m* ③ *kein Pl.* (*das Hinzufügen*) addition *f*

Zusatzinformation *f* information *f* complémentaire

zusätzlich ['tsuːzɛtslɪç] **I.** *Adj.* (*Kosten*) supplémentaire; (*Versicherung*) complémentaire **II.** *Adv.* en plus

Zusatzzahl *f* numéro *m* complémentaire

zu|schauen *s.* **zusehen**

Zuschauer(in) <-s, -> *m(f)* spectateur(-trice) *m(f)*

Zuschauerraum *m* salle *f* **Zuschauertribüne** *f* tribune *f*

zu|schieben *tr. V. unreg* ① **jdm etw ~** passer qc à qn ② (*zur Last legen*) **jdm die Verantwortung ~** faire endosser la responsabilité à qn ③ (*Schiebetür*) fermer

Zuschlag *m* (*zum Lohn*) majoration *f*; (*zum Fahrpreis*) supplément *m*

zu|schlagen *unreg* **I.** *tr. V. + haben* (*Tür*) claquer; (*Buch*) refermer **II.** *intr. V.* ① *+ sein* (*zufallen: Tür*) claquer ② *+ haben* **mit einem Knüppel ~** donner un coup/des coups de matraque ③ *+ haben* (*Schicksal*) frapper ④ *+ haben fam* (*ein Angebot nutzen*) saisir l'occasion ⑤ *+ haben fam* (*viel essen*) **beim kalten Büfett kräftig ~** vraiment faire honneur au buffet froid

zuschlagpflichtig *Adj.* à supplément

zu|schließen *tr., intr. V. unreg* fermer à clé

zu|schnappen *intr. V.* ① *+ haben* (*Hund*) happer ② *+ sein* (*Tür*) se refermer

zu|schneiden *tr. V. unreg* (*Stoff*) couper; (*Brett*) découper

zu|schnüren *tr. V.* (*Schuhe, Korsett*) lacer; (*Paket*) ficeler

zu|schrauben *tr. V.* [**wieder**] **~** [re]visser

Zuschrift *f* lettre *f*

zuschulden [tsu'ʃʊldən] **sich** (*Dat*) **etwas ~ kommen lassen** avoir quelque chose à se reprocher

Zuschuss^RR *m* aide *f* financière; (*aus öffentlichen Kassen*) subvention *f*

zu|sehen *intr. V. unreg* ① regarder ② (*tatenlos bleiben*) **einem Unrecht tatenlos ~** assister à une injustice sans rien faire ③ (*dafür sorgen*) **~, dass alles rechtzeitig fertig wird** veiller à ce que tout soit terminé à temps

zusehends ['tsuːzeːənts] *Adv.* à vue d'œil

zu|sein^ALT *s.* **zu II.2, 3**

zu|senden *tr. V.* envoyer

zu|setzen *intr. V.* ① (*Krankheit*) éprouver ② (*bedrängen*) harceler

zu|sichern *tr. V.* assurer

Zusicherung *f* ① *kein Pl.* (*das Zusichern*) assurance *f* ② (*das Zugesicherte*) promesse *f*

zu|sperren *tr. V.* A **die Tür ~** fermer la porte à clé

zu|spielen *tr. V.* **jdm den Ball ~** passer le ballon à qn

zu|spitzen *refl. V.* **sich ~** s'aggraver

zu|sprechen *tr. V. unreg* ① **jdm Trost ~** prodiguer des paroles de consolations à qn (*soutenu*) ② JUR **das Kind wurde der Mutter zugesprochen** la garde de l'enfant a été confiée à la mère

Zuspruch *m kein Pl. geh* ① (*Trost*) paroles *fpl* de réconfort ② (*Interesse*) **~ finden** avoir du succès ③ (*Zustimmung*) approbation *f*

Zustand <-[e]s, -stände> *m* ① état *m* ② *Pl pej* (*Gegebenheit*) **katastrophale Zustände** des conditions *fpl* de vie catastrophiques

zustande [tsu'ʃtandə] *Adv.* **eine Einigung ~ bringen** parvenir à un accord; **nichts ~ bringen** n'arriver à rien; **~ kommen** (*Vertrag*) être conclu

zuständig *Adj.* compétent(e)

Zuständigkeit <-, -en> *f* compétence *f*

zu|stecken *tr. V.* glisser

zu|stehen *intr. V. unreg* ① **jdm ~** (*Erbschaft*) revenir [de droit] à qn ② (*zukommen*) **eine solche Äußerung steht Ihnen nicht zu** il ne vous appartient pas de tenir de tels propos

zu|steigen *intr. V. unreg + sein* monter [en cours de voyage]

zu|stellen *tr. V.* ① *form* (*bringen*) distribuer ② (*Eingang*) encombrer

Zusteller(in) <-s, -> *m(f) form* préposé(e) *m(f)*

Z

Zustellung *f form* (*eines Briefs*) distribution *f;* (*eines Urteils*) notification *f*

zu|steuern *intr. V. + sein* ❶ **auf jdn/etw ~** se diriger vers qn/qc ❷ *fig* **auf eine Katastrophe ~** aller au-devant d'une catastrophe

zu|stimmen *intr. V.* ❶ (*gleicher Meinung sein*) être du même avis ❷ (*einverstanden sein*) être d'accord

zustimmend I. *Adj.* approbateur(-trice) **II.** *Adv.* d'un air approbateur

Zustimmung *f* approbation *f*

zu|stoßen *unreg* **I.** *intr. V.* ❶ *+ haben* frapper ❷ *+ sein* (*Unglück*) arriver **II.** *tr. V. + haben* **etw mit dem Fuß ~** fermer qc d'un coup de pied

Zustrom *m kein Pl. a. fig* afflux *m*

zutage [tsu'ta:gə] *Adv.* **~ fördern** étaler au grand jour

Zutat <-, -en> *f meist Pl.* ingrédient *m*

zu|teilen *tr. V.* (*Portion*) distribuer; (*Mitarbeiter*) attribuer

Zuteilung *f* ❶ (*eines Anteils*) distribution *f;* (*einer Arbeit*) attribution *f* ❷ (*zugeteilte Portion*) rationnement *m*

zuteil|werden[RR] [tsu'tail-] *intr. V. unreg geh* **jdm ~** (*Ehre, Auszeichnung*) être imparti(e) à qn

zutiefst [tsu'ti:fst] *Adv.* au plus haut point

zu|tragen *unreg gehrefl. V.* **sich ~** se passer

zuträglich *Adj. geh* sain(e); **jdm/einer S. ~ sein** convenir à qn/qc; **der Gesundheit** (*Dat*) **nicht ~ sein** être insalubre

zu|trauen *tr. V.* **jdm etw ~** croire qn capable de qc

Zutrauen <-s> *nt* confiance *f*

zutraulich *Adj.* (*Kind*) confiant(e); (*Hund*) familier(-ière)

zu|treffen *intr. V. unreg* être juste; **auf jdn/etw ~** (*Beschreibung*) correspondre à qn/s'appliquer à qc

zutreffend *Adj.* exact(e)

Zutritt *m kein Pl.* accès *m*

Zutun *nt* **das geschah ohne mein ~** je n'y suis pour rien

zuunterst [tsu'ʔʊntɐst] *Adv.* tout en dessous

zuverlässig ['tsu:fɛɐ̯lɛsɪç] *Adj.* fiable

Zuverlässigkeit <-> *f* fiabilité *f*

Zuversicht ['tsu:fɛɐ̯zɪçt] <-> *f* confiance *f*

zuversichtlich *Adj.* confiant(e)

zuviel[ALT] *s.* **viel I.1**

zuvor [tsu'fo:ɐ̯] *Adv.* ❶ (*früher*) auparavant; **am Tag ~** la veille ❷ (*zunächst*) au préalable

zuvor|kommen *intr. V. unreg + sein* devancer

zuvorkommend I. *Adj.* prévenant(e) **II.** *Adv.* avec prévenance

Zuwachs ['tsu:vaks] <-es, Zuwächse> *m* ❶ accroissement *m* ❷ *iron fam* (*Kind*) **die Familie bekommt ~** il va y avoir une naissance dans la famille

Zuwanderer *m*, **Zuwanderin** *f* immigrant(e) *m(f)*

Zuwanderung *f* immigration *f*

zuwege [tsu've:gə] *Adv.* **etw ~ bringen** mener qc à bien

zuweilen [tsu'vailən] *Adv. geh* de temps à autre

zu|weisen *tr. V. unreg* (*Aufgabe*) assigner; (*Arbeitsplatz*) attribuer

zu|wenden *unreg* **I.** *tr. V.* **jdm den Rücken ~** tourner le dos à qn **II.** *refl. V.* ❶ **sich jdm ~** se tourner vers qn ❷ (*sich widmen*) **sich einer S. ~** se consacrer à qc

Zuwendung *f* ❶ *kein Pl.* attention *f* ❷ (*finanzielle Unterstützung: seitens des Staats*) allocation *f;* (*seitens einer Privatperson*) aide *f*

zuwenig[ALT] [tsu've:nɪç] *Pron. s.* **wenig I.1**

zu|werfen *tr. V. unreg* lancer

zuwider [tsu'vi:dɐ] *Adj.* **jdm ~ sein** inspirer de la répugnance à qn

zuwider|handeln *intr. V.* contrevenir

Zuwiderhandlung *f form* infraction *f;* (*gegen ein Verbot*) transgression *f*

zu|winken *intr. V.* faire un signe [de la main]

zu|zahlen I. *tr. V.* payer en supplément **II.** *intr. V.* payer un supplément

zu|ziehen *unreg* **I.** *tr. V. + haben* (*Schlinge*) serrer; (*Vorhang*) tirer **II.** *refl. V. + haben* **sich ~** ❶ (*auf sich ziehen*) s'attirer ❷ (*Verletzung*) se faire **III.** *intr. V. + sein* (*Einwohner*) [venir] s'installer

zuzüglich ['tsu:tsy:klɪç] *Präp. + Gen.* **hundert Euro ~ Mehrwertsteuer** cent euros, la T.V.A. en sus

zu|zwinkern *intr. V.* faire un clin/des clins d'œil

ZVS [tsɛtfau'ʔɛs] <-> *f Abk. von* **Zentralstelle für die Vergabe von Studienplätzen** *centre de répartition des inscriptions dans les universités allemandes*

Z

Zwang [tsvaŋ, *Pl:* 'tsvɛŋə] <-[e]s, Zwänge> *m* contrainte *f*

zwängen ['tsvɛŋən] **I.** *tr. V.* **etw in den Koffer ~** bourrer qc dans la valise **II.** *refl. V.* **sich durch die Tür ~** se faufiler à travers la porte

zwanghaft *Adj.* (*Verhalten*) maladif(-ive)

zwanglos I. *Adj.* sans cérémonie **II.** *Adv.* librement

Zwangsarbeit *f* travaux *mpl* forcés **Zwangsjacke** *f* camisole *f* [de force] **Zwangslage** *f* situation *f* [très] embarrassante **zwangsläufig** *Adj.* inévitable **zwangsversteigern*** *tr. V.* **zwangsversteigert werden** être vendu aux enchères publiques **Zwangsversteigerung** *f* vente *f* judiciaire

zwanzig ['tsvantsɪç] *Num.* vingt; *s.a.* **achtzig**

Zwanzig <-, -en> *f* vingt *m*

zwanziger *Adj. unv.* **die ~ Jahre** les années *fpl* vingt; *s.a.* **achtziger**

Zwanziger[1] <-s, -> *m fam* (*Zwanzigeuroschein*) billet *m* de vingt euros

Zwanziger[2] <-, -> *f* HIST *fam* (*Briefmarke*) timbre *m* à vingt pfennigs

Zwanzigerjahre *Pl* **die ~** les années *fpl* vingt

Zwanzigeuroschein *m* billet *m* de vingt euros

zwanzigste(r, s) *Adj.* vingtième; *s.a.* **achtzigste(r, s)**

zwar [tsvaːɐ̯] *Adv.* ❶ (*einschränkend*) certes ❷ (*präzisierend*) **und ~** à savoir

Zweck [tsvɛk] <-[e]s, -e> *m* ❶ (*Ziel*) objectif *m*, but *m*; **für einen guten ~** pour une bonne cause ❷ (*Sinn*) raison *f* d'être ❸ (*Verwendungszweck*) fonction *f*

zweckdienlich *Adj.* utile **zweckentfremden*** *tr. V.* **etw ~** détourner qc de sa fonction **zwecklos** *Adj.* (*Unterfangen*) inutile

zwecks *Präp.* + *Gen.form* en vue de

zwei [tsvai] *Num.* deux; *s.a.* **acht** [1]

Zwei <-, -en> *f* ❶ (*Zahl, Augenzahl*) deux *m* ❷ (*Schulnote*) *bonne note située entre quatorze et seize sur vingt;* CH *mauvaise note située entre trois et six sur vingt* ❸ *kein Pl.* (*U-Bahn-Linie*) deux *m*

Zweibeiner <-s, -> *m hum fam* bipède *m*

Zweibettzimmer *nt* chambre *f* double; (*im Krankenhaus*) chambre à deux lits **zweideutig** *Adj.* ❶ ambigu(ë) ❷ (*Bemerkung*) équivoque **zweidimensional I.** *Adj.* bidimensionnel(le) **II.** *Adv.* en deux dimensions **Zweidrittelmehrheit** *f* majorité *f* des deux tiers

zweierlei *Adj. unv.* **~ Sorten Wein** deux sortes de vin; *s.a.* **achterlei**

Zweierreihe *f* double rangée *f*

zweifach I. *Adj.* double; **die ~e Summe** deux fois la somme **II.** *Adv.* (*falten*) deux fois; *s.a.* **achtfach**

Zweifamilienhaus [-li̯ən-] *nt* maison *f* de deux appartements

Zweifel ['tsvaifəl] <-s, -> *m meist Pl.* doute *m*

zweifelhaft *Adj.* (*a. péj*) douteux(-euse)

zweifellos *Adv.* incontestablement

zweifeln *intr. V.* douter

Zweifelsfall *m* ▸ **im ~** dans le doute

Zweig [tsvaik] <-[e]s, -e> *m* ❶ *a.* COM branche *f* ❷ (*Fachrichtung*) option *f*

zweigeteilt *Adj.* coupé(e) en deux **zweigleisig** *Adj.* ❶ (*Strecke*) à double voie ❷ *fig* **~e Verhandlungen** des négociations sur deux fronts

Zweigstelle *f* succursale *f*; (*der Post*) bureau *m*

zweihundert ['tsvai'hʊndɐt] *Num.* deux cents **zweijährig** *Adj.* (*Kind*) de deux ans **Zweijährige(r)** *f(m) dekl wie Adj* garçon *m*/fille *f* de deux ans **zweimal** *Adv.* deux fois; *s.a.* **achtmal** **Zweirad** *nt form meist Pl.* deux-roues *m* **zweiseitig** *Adj.* (*Brief*) de deux pages **zweispaltig** *Adj., Adv.* sur deux colonnes **zweisprachig I.** *Adj.* bilingue **II.** *Adv.* **~ aufwachsen** avoir une éducation bilingue **zweispurig** *Adj.* à deux voies **zweistellig** *Adj.* à deux chiffres **zweistimmig** *Adj., Adv.* à deux voix **zweistöckig** ['tsvaiʃtœkɪç] *Adj.* de deux étages **zweistündig** *Adj. attr* de deux heures

zweit *Adv.* **zu ~ sein** être [à] deux; *s.a.* **acht**[2]

Zweitakter <-s, -> *m* véhicule *m* deux-temps

zweitälteste(r, s) ['tsvait'ʔɛltəstə, -tɐ, -təs] *Adj.* ❶ (*Einwohner*) second(e) [par rang d'âge] ❷ (*Kind*) cadet(te)

zweitausend ['tsvai'tauzənt] *Num.* deux mille

Zweitausender <-s, -> *m* sommet *m* de [plus de] deux mille mètres

Z

zweitbeste(r, s) ['tsvait'bɛstə, -tɐ, -təs] *Adj.* deuxième meilleur(e)

zweite(r, s) *Adj.* ❶ deuxième ❷ (*bei Datumsangaben*) **der ~ März** le deux mars; *s.a.* **achte(r, s)**

zweiteilig *Adj.* en deux parties

zweitens *Adv.* deuxièmement

zweitgrößte(r, s) *Adj.* (*Person*) deuxième en taille; (*Stadt*) deuxième **zweithöchste(r, s)** *Adj.* ❶ (*Berg*) deuxième [plus haut(e)] ❷ (*Stellung*) deuxième dans la hiérarchie **zweitklassig** *Adj. pej* de deuxième catégorie **zweitletzte(r, s)** *Adj.* avant-dernier(-ière) **zweitrangig** *Adj.* ❶ (*Problem*) de second ordre ❷ *s.* **zweitklassig** **Zweitschlüssel** *m* double *m* **Zweitstimme** *f* POL deuxième voix *f* *(accordée à une liste nationale lors des élections au Bundestag ou au Landtag)*

Zweitürer <-s, -> *m fam* deux portes *f* **zweitürig** *Adj.* [à] deux portes

Zweitwagen *m* deuxième voiture *f* **Zweitwohnung** *f* résidence *f* secondaire

Zweizimmerwohnung [tsvai'tsɪmɐvoːnʊŋ] *f* deux-pièces *m*

Zwerchfell ['tsvɛrçfɛl] *nt* ANAT diaphragme *m*

Zwerg(in) [tsvɛrk] <-[e]s, -e> *m(f) a. fig, pej* nain(e) *m(f)*

Zwetschge <-, -n> *f* quetsche *f*

zwicken ['tsvɪkən] A **I.** *intr. V.* (*Hose*) serrer **II.** *tr. V.* pincer

Zwicker <-s, -> *m* A pince-nez *m*

Zwickmühle *f* ▸ **in der ~ sein** *fam* être coincé

Zwieback ['tsviːbak] <-[e]s, -e> *m* biscotte *f*

Zwiebel ['tsviːbəl] <-, -n> *f* oignon *m*

Zwiebelkuchen *m* tarte *f* à l'oignon **Zwiebelsuppe** *f* soupe *f* à l'oignon

Zwiegespräch ['tsviːgəʃprɛːç] *nt geh* tête-à-tête *m* **Zwielicht** *nt kein Pl.* pénombre *f* ▸ **ins ~ geraten** être entraîné dans une affaire douteuse **zwielichtig** *Adj. pej* louche **Zwiespalt** *m kein Pl.* tiraillement *m* [intérieur] **zwiespältig** *Adj. geh* partagé(e) **Zwietracht** <-> *f geh* discorde *f*

Zwilling ['tsvɪlɪŋ] <-s, -e> *m* ❶ jumeau *m*/jumelle *f* ❷ ASTRO **die ~e** les Gémeaux *mpl*

Zwillingsbruder *m* [frère *m*] jumeau *m* **Zwillingsschwester** *f* [sœur *f*] jumelle *f*

zwingen ['tsvɪŋən] <zwang, gezwungen> **I.** *tr. V.* ❶ forcer ❷ *geh* (*drängen*) **zu Boden ~** faire toucher le sol **II.** *refl. V.* **sich zu einer Arbeit ~** (*sich überwinden*) se forcer à [faire] un travail

zwingend I. *Adj.* impérieux(-euse) **II.** *Adv.* forcément

Zwinger <-s, -> *m* chenil *m*

zwinkern ['tsvɪŋkɐn] *intr. V.* cligner des yeux/de l'œil

zwirbeln ['tsvɪrbəln] *tr. V.* (*Bart*) tortiller

Zwirn [tsvɪrn] <-s, -e> *m* fil *m* [retors]

zwischen ['tsvɪʃən] **I.** *Präp. + Dat.* entre **II.** *Präp. + Akk.* entre

Zwischenbemerkung *f* parenthèse *f* **Zwischending** *nt fam* **ein ~ zwischen Stock und Krücke** quelque chose entre la canne et la béquille **zwischendurch** *Adv.* ❶ (*gelegentlich*) de temps en temps; (*inzwischen*) entre-temps ❷ (*außer der Reihe*) **nichts ~ essen** ne rien manger entre les repas ❸ (*örtlich*) au milieu **Zwischenfall** *m* incident *m* **Zwischenfrage** *f* question *f* [incidente] **Zwischenlager** *nt* **atomares ~** lieu de stockage provisoire des déchets nucléaires **zwischen|lagern** *tr. V.* stocker provisoirement **zwischen|landen** *intr. V. + sein* faire escale **Zwischenlandung** *f* escale *f* **Zwischenmahlzeit** *f* collation *f* **zwischenmenschlich** *Adj.* entre les personnes; **~e Beziehungen** des relations avec les autres **Zwischenraum** *m* ❶ (*räumlicher Abstand*) intervalle *m*; (*eng*) interstice *m* ❷ (*Zeilenabstand*) interligne *m* **Zwischenruf** *m* interpellation *f* **Zwischenstation** *f* halte *f* **Zwischenzeit** *f* **in der ~** dans l'intervalle **Zwischenzeugnis** *nt* (*Schulzeugnis*) bulletin *m* intermédiaire; (*in Frankreich*) bulletin trimestriel

Zwist [tsvɪst] <-es, -e> *m geh* dissension *f*

zwitschern ['tsvɪtʃɐn] *intr. V.* gazouiller

Zwitter ['tsvɪtɐ] <-s, -> *m* hermaphrodite *m*

zwo [tsvoː] *Num. fam* deux

zwölf [tsvœlf] *Num.* douze; *s.a.* **acht** [1]

zwölffach I. *Adj.* **die ~e Menge nehmen** prendre douze fois plus **II.** *Adv.* (*falten*) douze fois; *s.a.* **achtfach** **Zwölffingerdarm** *m* ANAT duodénum *m* **zwölfmal** *Adv.* douze fois; *s.a.* **achtmal**

zwölft *Adv.* **zu ~ sein** être douze; *s.a.* **acht** [2]

zwölfte(r, s) *Adj.* ❶ douzième ❷ (*bei Datumsangaben*) **der ~ März** le douze mars; *s.a.* **achte(r, s)**

zwölftel *Adj.* douzième; *s.a.* **achtel**

Zwölftel <-s, -> *nt* douzième *m*

Zyankali [tsyan'ka:li] <-s> *nt* CHEM cyanure *m* de potassium; (*Gift*) cyanure

zyklisch ['tsy:klɪʃ] *Adj.* *a.* CHEM cyclique

Zyklon [tsy'klo:n] <-s, -e> *m* cyclone *m*

Zyklus ['tsy:klʊs] <-, Zyklen> *m* ❶ *a.* BIO cycle *m* ❷ (*von Gedichten*) córic *f*

Zylinder [tsi'lɪndɐ] <-s, -> *m* ❶ MATH, TECH cylindre *m* ❷ (*Hut*) haut-de-forme *m*

zylindrisch [tsy'lɪndrɪʃ] *Adj.* cylindrique

Zyniker(in) ['tsy:nɪkɐ] <-s, -> *m(f)* cynique *mf*

zynisch **I.** *Adj.* cynique **II.** *Adv.* avec cynisme

Zynismus [tsy'nɪsmʊs] <-, -ismen> *m* ❶ *kein Pl.* cynisme *m* ❷ (*Bemerkung*) remarque *f* cynique

Zypern ['tsy:pɐn] <-s> *nt* Chypre *f*

Zypresse [tsy'prɛsə] <-, -n> *f* cyprès *m*

zypriotisch *Adj.* cypriote, chypriote

zz[t]. *Abk. von* **zurzeit** actuellement

z.Z[t]. *Abk. von* **zur Zeit**

Z

Anhang
Appendice

Französische Kurzgrammatik
Précis de grammaire française

1 Der Artikel

1.1 Der bestimmte Artikel

Die Formen des bestimmten Artikels

		vor Konsonant		vor stummem h		vor Vokal	
männliche Formen	**Singular**	**le**	train	**l'**	hôtel	**l'**	arbre
	Plural	**les**	trains	**les**	hôtels	**les**	arbres
weibliche Formen	**Singular**	**la**	ville	**l'**	heure	**l'**	autoroute
	Plural	**les**	villes	**les**	heures	**les**	autoroutes

Die Präpositionen *à* und *de* und der bestimmte Artikel

à + le	=	au	de + le	=	du
à + les	=	aux	de + les	=	des

Der Gebrauch des bestimmten Artikels

Der bestimmte Artikel wird verwendet bei:

– der Gesamtheit einer Menge:

J'aime **les** livres.

– Eigennamen:

Les Noblet habitent à Paris.

– Titeln:

Le docteur Lacroix est parti en vacances.

– Körperteilen:

Géraldine a **les** yeux verts.

– festen Wendungen:

J'apprends **le** français.

1.2 Der unbestimmte Artikel

	männlich		weiblich	
Singular	**un**	livre	**une**	voiture
Plural	**des**	livres	**des**	voitures

1.3 Der Teilungsartikel

Die Formen des Teilungsartikels

Der Teilungsartikel besteht aus der Präposition **de** und dem bestimmten Artikel.

Der Gebrauch des Teilungsartikels

1. Der Teilungsartikel wird verwendet, wenn man eine **unbestimmte Menge**, d.h. unzählbare Dinge, bezeichnen möchte. Er gibt einen Teil eines Ganzen an.
2. Nach **sans** und **de** steht kein Teilungsartikel. Sollte jedoch eine bestimmte Menge gemeint sein, dann steht bei ***de*** der bestimmte Artikel:

   Jean a besoin **de l'**argent **qu'il a gagné**.

3. Nach **avec** wird der Teilungsartikel verwendet:

   Jean prend son pain **avec de la** confiture.

4. Außerdem steht der Teilungsartikel bei einigen festen Wendungen, z. B.:

faire **du** volley/**du** sport	Volleyball spielen/Sport treiben
jouer **du** piano	Klavier spielen
avoir **de** la chance	Glück haben

5. Die Verneinung wird beim Teilungsartikel mit **ne … pas de** gebildet.

Mengenangaben mit *de*

An Mengenangaben wird das nachfolgende Substantiv nur mit der Präposition **de** angeschlossen:

Il faut acheter un litre **de** vin, un kilo **de** tomates, une bouteille **d'**eau minérale, beaucoup **de** fruits, un peu **de** fromage, assez **de** limonade.

2 Das Substantiv

2.1 Das Geschlecht der Substantive

2.1.1 Das Geschlecht bei Lebewesen

1. Bei Personen oder Tieren gibt es in der Regel für jedes Geschlecht eine Form.

männlich	→	**weiblich**			
un ami un employé un acteur	→ → →	une amie une employ**ée** une ac**trice**	- **-é** **-teur** *Ausnahme:* un chant**eur**	→ → → →	**-e** **-ée** **-trice** une chant**euse**
un vend**eur**	→	une vend**euse**	**-eur** *Ausnahme:* un péch**eur**	→ →	**-euse** une péch**eresse**

männlich	→	**weiblich**			
un boulang**er**	→	une boulang**ère**	**-er**	→	**-ère**
un vois**in**	→	une vois**ine**	**-in**	→	**-ine**
			Ausnahme:		
			un cop**ain**	→	une cop**ine**
un pays**an**	→	une pays**anne**	**-an**	→	**-anne**
un espi**on**	→	une espi**onne**	**-on**	→	**-onne**
un Ital**ien**	→	une Ital**ienne**	**-ien**	→	**-ienne**
un veu**f**	→	une veu**ve**	**-f**	→	**-ve**
un tigr**e**	→	une tigr**esse**	**-e**	→	**-esse**

2. Bei einigen Substantiven kann man das Geschlecht nur am **Artikel** erkennen, da die **männlichen** und die **weiblichen** Formen **identisch** sind:

un/une élève, **un/une** enfant, **un/une** journaliste, **un/une** secrétaire

3. Aber es gibt auch Bezeichnungen, bei denen die **männliche** und **weibliche** Form aus zwei verschiedenen Substantiven bestehen:

un homme – **une** femme, **un** frère – **une** sœur, **un** coq – **une** poule

2.1.2 Das Geschlecht bei Sachen und Dingen

Das Geschlecht von Wortgruppen

Männlich sind	– Wochentage:	**le** lundi, **le** vendredi;
	– Jahreszeiten:	**le** printemps, **l'**automne;
	– Himmelsrichtungen:	**le** sud, **le** nord;
	– Sprachen:	**le** portugais, **l'**italien;
	– Bäume:	**le** chêne, **le** sapin;
	– Metalle:	**l'**or, **le** platine;
	– chemische Elemente:	**le** mercure, **le** soufre, **l'**uranium;
	– Transportmittel:	**le** bus, **le** train, **l'**avion.

Weiblich sind	– Länder:	**la** France, **la** Pologne,	*aber:*	**le** Portugal, **le** Danemark, **le** Luxembourg;
	– Flüsse:	**la** Saône, **la** Moselle,	*aber:*	**le** Rhône, **le** Danube;
	– Wissenschaften:	**la** géographie, **la** médecine,	*aber:*	**le** droit;
	– Autonamen:	**la** BMW, **la** Citroën.		

2.2 Der Plural der Substantive

Singular	Plural	Ausnahmen	
le train	→ les train**s**		
la voiture	→ les voiture**s**		
le pri**x**	→ les pri**x**		
le ne**z**	→ les ne**z**		
le Français	→ les Français		
le gât**eau**	→ les gâteau**x**		
le **jeu**	→ les jeu**x**	le pneu	→ les pneu**s**
le bij**ou**	→ les bijou**x**	le cou	→ les cou**s**
le journ**al**	→ les journ**aux**	le bal	→ les bal**s**
le trav**ail**	→ les trav**aux**	le détail	→ les détail**s**

3 Das Adjektiv

3.1 Die Stellung des Adjektivs

Das Adjektiv als Attribut

1. Die meisten Adjektive, insbesondere mehrsilbige Adjektive, stehen in der Regel **hinter** dem Substantiv.
2. Kurze und häufig gebrauchte Adjektive stehen **vor** dem Substantiv, z. B.

grand, gros, petit, jeune, vieux, bon, mauvais, beau und *joli.*

3. Bei einigen Adjektiven ändert sich die Bedeutung je nachdem, ob sie **vor** oder **hinter** dem Substantiv stehen, z. B.:

un pauvre homme (ein **bedauernswerter** Mann)
un homme pauvre (ein **armer** Mann)

3.2 Das Adjektiv im Singular und im Plural

	männlich	weiblich
Singular	le petit jardin le jardin est petit	la petit**e** maison la maison est petit**e**
Plural	les petit**s** jardins les jardins sont petit**s**	les petit**es** maisons les maisons sont petit**es**

Die weibliche Form des Adjektivs bildet man, indem man an die männliche Form ein ***-e*** anhängt. Endet die männliche Form bereits auf ***-e,*** so bleibt die weibliche Form unverändert, z. B.:

le livre roug**e**	la voiture roug**e.**

Der Plural wird durch Anhängen von ***-s*** an die jeweilige Form des Singulars gebildet. Es gibt einige wenige Adjektive, die **nicht verändert** werden, so zum Beispiel ***bon marché, orange*** und ***chic.***

3.3 Sonderfälle bei den Feminformen

Regel			männlich		weiblich	Ausnahme
-er	→	**-ère**	cher	→	chère	
-et	→	**-ète**	complet	→	complète	muet → muette
-c	→	**-que**	turc	→	turque	blanc → blanche
						sec → sèche
						grec → grecque
-f	→	**-ve**	actif	→	active	
-g	→	**-gue**	long	→	longue	
-eux	→	**-euse**	heureux	→	heureuse	
-el	→	**-elle**	naturel	→	naturelle	
-il	→	**-ille**	gentil	→	gentille	
-en	→	**-enne**	européen	→	européenne	
-on	→	**-onne**	bon	→	bonne	
-os	→	**-osse**	gros	→	grosse	
-teur	→	**-teuse**	menteur	→	menteuse	
	→	**-trice**	conservateur	→	conservatrice	
-eur	→	**-eure**	meilleur	→	meilleure	
	→	**-euse**	rieur	→	rieuse	

3.4 Sonderfälle bei der Pluralbildung

	männlich			weiblich		
Singular	un homme		brut**al**	une femme		brut**ale**
Plural	des hommes		brut**aux**	des femmes		brut**ales**
Singular	un un	beau gros	jour sac	une une	belle grosse	surprise valise
Plural	de(s) de(s)	**beaux** **gros**	jours sacs	de(s) de(s)	**belles** **grosses**	surprises valises

3.5 Die Adjektive *beau, nouveau* und *vieux*

beau, nouveau, vieux vor männlichen Substantiven, die mit **Konsonant** beginnen.

bel, nouvel, vieil vor männlichen Substantiven, die mit **Vokal** oder **stummem h** beginnen.

Bei prädikativem Gebrauch stehen im Singular männlicher Substantive nur die Formen ***beau, nouveau*** und ***vieux*** zur Verfügung stehen, z.B:

L'hôtel est **beau.**
L'ordinateur est **nouveau.**
L'ordinateur est **vieux.**

3.6 Die Steigerung der Adjektive

Der Positiv und der Komparativ

Positiv:	Pierre est	**grand.** *(Pierre ist groß.)*	
Komparativ:	Pierre est	**plus grand que**	moi. *(Pierre ist größer als ich.)*
	Pierre est	**moins grand que**	moi. *(Pierre ist kleiner als ich.)*
	Pierre est	**aussi grand que**	moi. *(Pierre ist genauso groß wie ich.)*

Der Superlativ

Quel est	le	fleuve	**le**	**plus**	**long**	**d'**Europe ?
Quelle est	la	ville	**la**	**plus**	**grande**	**du** monde ?
Quels sont	les	trains	**les**	**moins**	**rapides**	**de** France ?

Unregelmäßige Steigerungsformen:

bon, bonne *(gut)*	meilleur, e *(besser)*	le/la meilleur, e *(der/die/das beste)*
mauvais, e *(schlecht)*	pire *(schlechter)*	le/la pire *(der/die/das schlechteste)*

4 Das Adverb

4.1 Die Formen

Die abgeleiteten Adverbien

Adjektiv		**Adverb**
männlich	**weiblich**	
fort	forte	fort**ement**
sérieux	séri**euse**	séri**eusement**
terrib**le**	terrible	terrib**lement**
pratique	pratique	pratiqu**ement**

Bei Adjektiven, die auf einem **hörbaren Vokal**, aber nicht auf **-e** enden, wird **-ment** an die männliche Form angehängt, z. B.:

Adjektiv		**Adverb**
männlich	**weiblich**	
vra**i**	vraie	vra**iment**
absol**u**	absolue	absol**ument**

Ausnahmen sind z. B.:

gai, gaie → gai**ement**
nouveau, nouv**elle** → nouv**ellement**
fou, **folle** → **follement**

Adjektive, die auf *-ant* oder *-ent* enden, bilden ihr Adverb auf *-amment* und *-emment.*

Adjektiv		Adverb
männlich	weiblich	
élég**ant**	élégante	élég**amment**
évid**ent**	évidente	évid**emment**

Es gibt außerdem unregelmäßige Adverbformen, z. B.:

précis – précise – **précisément**
gentil – gentille – **gentiment**
bref – brève – **brièvement**
bon – bonne – **bien**
meilleur – meilleure – **mieux**
mauvais – mauvaise – **mal**

4.2 Die Stellung der Adverbien

Die Adverbien des Ortes und der bestimmten Zeit stehen am **Satzanfang** oder am **Satzende.**

Aujourd'hui il fait beau.	*oder:*	Il fait beau **aujourd'hui.**

Die meisten anderen Adverbien stehen direkt **hinter** dem konjugierten Verb.

Philippe regarde **toujours** la télé.
Hier, il a **beaucoup** travaillé.
Aujourd'hui, il ne fait **pratiquement** rien.

Tôt, tard und ***ensemble*** stehen in zusammengesetzten Zeiten immer **hinter** dem *Participe passé* und bei Infinitivkonstruktionen **hinter** dem Infinitiv.

Nous sommes arrivés **tôt**. Nous voulons manger **ensemble**.

Adverbien, die sich auf den ganzen Satz beziehen, stehen in der Regel am **Anfang** oder am **Ende** des Satzes. Sie werden durch ein Komma vom restlichen Satz getrennt.

Malheureusement, je n'ai pas trouvé l'hôtel.

4.3 Die Steigerung der Adverbien

Positiv	Elle court	**vite.**		(*Sie rennt schnell.*)
Komparativ	Elle court	**plus vite que**	son mari.	(*Sie rennt schneller als ihr Mann.*)
	Elle court	**moins vite que**	son mari.	(*Sie rennt langsamer als ihr Mann.*)
	Elle court	**aussi vite que**	son mari.	(*Sie läuft genauso schnell wir ihr Mann.*)
Superlativ	Elle court	**le plus vite de**	tous.	(*Sie rennt von allen am schnellsten.*)
	Elle court	**le moins vite de**	tous.	(*Sie rennt von allen am langsamsten.*)

Unregelmäßige Steigerungsformen:

bien (gut)	mieux (besser)	le mieux (am besten),
beaucoup (viel)	plus (mehr)	le plus (am meisten),
peu (wenig)	moins (weniger)	le moins (am wenigsten)

5 Die Pronomen

5.1 Die verbundenen Personalpronomen

Singular	1. Person	**je/j'** (vor Vokal und stummem h)	*ich*
	2. Person	**tu**	*du*
	3. Person	**il/elle**	*er/sie*
Plural	1. Person	**nous**	*wir*
	2. Person	**vous**	*ihr, Sie*
	3. Person	**ils** (männlich)/**elles** (weiblich)	*sie*

Der Gebrauch der verbundenen Personalpronomen *il(s), elle(s)*

männlich	weiblich
Monsieur Pasquali est d'où ? **Il** est de Montpellier.	**Madame Pasquali** est d'où ? **Elle** est aussi de Montpellier.
Le livre est où ? **Il** est sur la table.	**La clé** est où ? **Elle** est sur la table.
Les garçons sont d'où ? **Ils** sont de Lyon.	**Les filles** sont d'où ? **Elles** sont de Paris.
Les livres sont où ? **Ils** sont sur la table.	**Les clés** sont où ? **Elles** sont sur la table.

Les filles et les garçons sont où ? – **Ils** sont dans le jardin.

Die Höflichkeitsform *vous*

Monsieur Noblet, **vous** êtes fatigué ?	*Sind Sie müde, Herr Noblet?*
Voulez-**vous** entrer, Madame ?	*Wollen Sie eintreten?*
Mesdames et Messieurs, voulez-**vous** entrer ?	*Meine Damen und Herren, wollen Sie eintreten?*

5.2 Die unverbundenen Personalpronomen

Die Formen der unverbundenen Personalpronomen

Singular	1. Person	**moi**	*ich*
	2. Person	**toi**	*du*
	3. Person	**lui/elle**	*er/sie*
Plural	1. Person	**nous**	*wir*
	2. Person	**vous**	*ihr, Sie*
	3. Person	**eux** (männlich)/**elles** (weiblich)	*sie*

Der Gebrauch der unverbundenen Personalpronomen

Die unverbundenen oder betonten Personalpronomen werden verwendet

- nach einer Präposition:

Est-ce que tu sors **avec moi**, ce soir ? – Non, je préfère sortir **sans toi**.

- zur Hervorhebung eines Subjekts:

Qu'est-ce-que vous faites dans la vie ? – **Moi**, je suis pharmacienne.

- allein:

Qui veut apprendre le français ? – **Moi** !

- nach *c'est* und *ce sont:*

Qui est-ce qui a pris les photos ? – **C'est lui** qui a pris les photos.

- beim bejahten Imperativ:

Donnez-**moi** le livre, s'il vous plaît.

5.3 Die direkten Objektpronomen

Die Formen der direkten Objektpronomen

Singular	1. Person	**me/m'**	(vor Vokal und stummem h)	*mich*
	2. Person	**te/t'**	(vor Vokal und stummem h)	*dich*
	3. Person	**le/l'**	(vor Vokal und stummem h)	*ihn, es*
		la/l'	(vor Vokal und stummem h)	*sie*
Plural	1. Person	**nous**		*uns*
	2. Person	**vous**		*euch, Sie*
	3. Person	**les**		*sie*

Der Gebrauch der direkten Objektpronomen

Die direkten Objektpronomen ersetzen ein **Akkusativobjekt** und stimmen in Zahl und Geschlecht mit ihm überein, z. B.:

männlich	weiblich
Est-ce que tu as vu **Jean** ?	Est-ce que tu as vu **Brigitte** ?
Oui, je **l'**ai vu.	Oui, je **l'**ai vue.
Est-ce que tu as vu **les garçons** ?	Est-ce que tu as vu **les filles** ?
Oui, je **les** ai vus.	Oui, je **les** ai vues.
Est-ce que Eric lit **ce livre** ?	Est-ce que vous lisez **cette revue** ?
Oui, il **le** lit.	Non, nous ne **la** lisons pas.
Est-ce que Eric lit **ces livres** ?	Est-ce que vous lisez **ces revues** ?
Oui, il **les** lit.	Non, nous ne **les** lisons pas.

Die Stellung der direkten Objektpronomen

1. Die direkten Objektpronomen stehen **vor dem konjugierten Verb**. Wird der Satz verneint, so umschließt die Verneinung das Objektpronomen und das konjugierte Verb. Steht der Satz im *Passé composé* oder im Plusquamperfekt, dann stehen die Objektpronomen vor dem konjugierten Hilfsverb:

La télé t'intéresse ?	– Oui, elle **m'**intéresse. – Non, elle ne **m'**intéresse pas.
Est-ce que vous avez acheté les journaux ?	– Oui, nous **les** avons achetés. – Non, nous ne **les** avons pas achetés.

2. Bei Verben, die einen Infinitiv bei sich haben, steht das direkte Objektpronomen **vor dem Infinitiv**:

Est-ce que tu vas écouter la radio ?	– Oui, je vais **l'**écouter. – Non, je ne vais pas **l'**écouter.
Est-ce que tu peux ranger ta chambre ?	– Oui, je peux **la** ranger. – Non, je ne peux pas **la** ranger.

3. Bei Imperativen wird das Objektpronomen **an den bejahten Imperativ** mit Hilfe eines Bindestrichs angehängt:

Maman, est-ce que je peux inviter mes amis ? – Oui, invite-**les**.

5.4 Die indirekten Objektpronomen

Die Formen der indirekten Objektpronomen

Singular	1. Person	**me/ m'**	(vor Vokal und stummem h)	*mir*
	2. Person	**te/t'**	(vor Vokal und stummem h)	*dir*
	3. Person	**lui**		*ihm, ihr*
Plural	1. Person	**nous**		*uns*
	2. Person	**vous**		*euch, Ihnen*
	3. Person	**leur**		*ihnen*

Der Gebrauch der indirekten Objektpronomen

Die indirekten Objektpronomen ersetzen Dativobjekte, die in der Zahl mit dem Dativobjekt übereinstimmen.

männlich	weiblich
Tu donnes ton adresse **à Jean** ?	Tu vas répondre **à Sandra** ?
Oui, je **lui** donne mon adresse.	Non, je ne vais pas **lui répondre.**
Vous écrivez **à vos amis** ?	Vous pouvez téléphoner **à mes amies** ?
Oui, nous **leur** écrivons.	Oui, nous pouvons **leur** téléphoner.

Die Stellung der indirekten Objektpronomen

1. Die indirekten Objektpronomen stehen **vor dem konjugierten Verb.** Wird der Satz verneint, so umschließt die Verneinung das Objektpronomen und das konjugierte Verb. Steht der Satz im *Passé composé* oder im Plusquamperfekt, dann steht das Objektpronomen vor dem konjugierten Hilfsverb:

Brigitte, tu téléphones à tes amies ?	– Oui, je **leur** téléphone. – Non, je ne **leur** téléphone pas.
Est-ce que tu as montré les photos à ton copain ?	– Oui, je **lui** ai montré les photos. – Non, je ne **lui** ai pas montré les photos.

2. Bei Verben, die einen Infinitiv bei sich haben, steht das indirekte Objektpronomen **vor dem Infinitiv**:

Est-ce que tu vas écrire à ta grand-mère ?	– Oui, je vais **lui** écrire. – Non, je ne vais pas **lui** écrire.

5.5 Die Reflexivpronomen

Je	**m'**	appelle Annie.
Tu	**t'**	appelles Jean.
Il/Elle	**se**	promène en ville.
Nous	**nous**	lavons les mains.
Vous	**vous**	douchez ce soir.
Ils/Elles	**s'**	habillent.

5.6 Das Adverbialpronomen en

Der Gebrauch von *en*

1. ***En*** ist ein Pronomen, das bestimmte Ergänzungen, meist Mengen, vertritt und in diesem

Zusammenhang oft mit *davon* übersetzt wird. Es vertritt

– *des* + Substantiv:

Est-ce que tu achètes **des fruits** ?
Oui, j'**en** achète.

– den Teilungsartikel + Substantiv:

Est-ce que tu prends **de la limonade** ?
Oui, j'**en** prends.

– Mengenangabe + Substantiv:

Tu veux **une bouteille de coca** ?
Oui, j'**en** veux **une.**

– Zahlwort + Substantiv:

Tu prends **dix pommes** ?
Non, j'**en** prends seulement **six**.

– *un/une* + Substantiv:

Est-ce que tu prends **une pomme** ?
Oui, j'**en** prends **une**.

2. ***En*** vertritt auch andere Ergänzungen mit ***de***. In diesen Fällen wird ***en*** oft mit *davon, darüber, von dort* und *dorther* übersetzt:

Tu es déjà rentré **du Portugal** ? Oui, j'**en** suis rentré hier, mais j'**en** rêve encore.

Folgt jedoch auf die Präposition ***de*** ein Personensubstantiv, so übernehmen die betonten Personalpronomen seine Vertretung, z. B.:

Tu te souviens **d'Annette** ? Non, je ne me souviens pas **d'elle**.

Die Stellung von *en*

1. Das Pronomen ***en*** steht **vor dem konjugierten Verb.** Wird der Satz verneint, so umschließt die Verneinung ***en*** und das konjugierte Verb. Steht der Satz im *Passé composé* oder im Plusquamperfekt, dann steht ***en*** vor dem konjugierten Hilfsverb:

Est-ce que tu prends du beurre ?	Oui, j'**en** prends.
Est-ce que Martin a acheté du beurre hier ?	Oui, il **en** a acheté./ Non, il n'**en** a pas acheté.

2. Bei Verben, die einen Infinitiv bei sich haben, steht ***en*** **vor dem Infinitiv**:

Il me manque du café. Alors je vais **en** acheter tout de suite.

3. Bei Imperativen wird ***en*** **an den bejahten Imperativ** mit Hilfe eines Bindestrichs angehängt:

Est-ce que je peux prendre du fromage ? – Oui, prends-**en**.

5.7 Das Adverbialpronomen *y*

Der Gebrauch von *y*

Das Pronomen ***y*** vertritt

- Ortsbestimmungen, die durch Präpositionen wie *à, dans, en, chez, sur* und *sous* eingeleitet werden:

Est-ce que vous habitez **à Paris** ? – Oui, nous **y** habitons.

- Ergänzungen mit à + Sachsubstantiven:

Est-ce que tu penses **à Noël** ? – Oui, j'**y** pense toujours.

Die Stellung von *y*

1. Das Pronomen ***y*** steht **vor dem konjugierten Verb.** Wird der Satz verneint, so umschließt die Verneinung ***y*** und das konjugierte Verb. Steht der Satz im *Passé composé* oder im Plusquamperfekt, dann steht ***y*** vor dem konjugierten Hilfsverb:

Est-ce que vous allez en France ?	Oui, nous **y** allons./ Non, nous n'**y** allons pas.

2. Bei Verben, die einen Infinitiv bei sich haben, steht ***y*** **vor dem Infinitiv**:

J'ai oublié mon porte-monnaie à la boulangerie. Alors je vais **y** aller tout de suite.

3. Bei Imperativen wird ***y*** **an den bejahten Imperativ** mit Hilfe eines Bindestrichs angehängt. Bei den Verben auf *-er* sowie bei dem unregelmäßigen Verb *aller* wird an den Imperativ Singular jedoch ein *-s* angehängt:

Va**s-y.**

5.8 Die Stellung mehrerer Pronomen im Satz

me te se nous vous	le la les	lui leur	y	en	+ konjugierte Verbform oder Infinitiv

Wie die folgenden Beispiele zeigen, können bis zu zwei Pronomen vor dem konjugierten Verb oder dem Infinitiv stehen:

Maman, est-ce que tu me racontes l'histoire ?	– Oui, je **te la** raconte tout de suite.
Est-ce que vous lui avez donné le livre ?	– Non, je ne **le lui** ai pas encore donné.
Est-ce que tu peux nous parler des vacances ?	– Oui, je vais **vous en** parler tout de suite.
Il y a encore du café ?	– Oui, il **y en** a encore.

5.9 Die Demonstrativpronomen

Die Formen der Demonstrativpronomen

	vor Konsonant		vor Vokal		vor stummem h	
männlich						
Singular	**ce**	train	**cet**	arbre	**cet**	hôtel
Plural	**ces**	trains	**ces**	arbres	**ces**	hôtels
weiblich						
Singular	**cette**	ville	**cette**	information	**cette**	histoire
Plural	**ces**	villes	**ces**	informations	**ces**	histoires

Der Gebrauch der Demonstrativpronomen

Die Demonstrativpronomen werden benutzt, um auf bestimmte Gegenstände oder Personen hinzuweisen:

Il faut lire **ce** livre.	*Dieses Buch muss man lesen.*

Die Demonstrativpronomen gebraucht man auch in folgenden Wendungen:

ce matin	***heute*** *Morgen*
cet après-midi	***heute*** *Nachmittag*
ce soir	***heute*** *Abend*

5.10 Die Possessivpronomen

Die Formen der Possessivpronomen

	Singular		Plural
	männlich	**weiblich**	**männlich + weiblich**
Ein Besitzer			
1. Person	**mon** frère	**ma** sœur	**mes** frères/amis
	mon ami	**mon** amie	**mes** sœurs/amies
2. Person	**ton** frère	**ta** sœur	**tes** frères/amis
	ton ami	**ton** amie	**tes** sœurs/amies
3. Person	**son** frère	**sa** sœur	**ses** frères/amis
	son ami	**son** amie	**ses** sœurs/amies
Mehrere Besitzer			
1. Person	**notre** frère	**notre** sœur	**nos** frères/sœurs
2. Person	**votre** frère	**votre** sœur	**vos** frères/sœurs
3. Person	**leur** frère	**leur** sœur	**leurs** frères/sœurs

Der Gebrauch der Possessivpronomen

Die Possessivpronomen werden verwendet, um ein Besitz- oder ein Zugehörigkeitsverhältnis zum Ausdruck zu bringen:

Sur la table, il y a **mon** livre.	*Auf dem Tisch befindet sich mein Buch.*
Je vais passer les vacances avec **mes** parents.	*Ich werde die Ferien mit meinen Eltern verbringen.*

5.11 Die Indefinitpronomen

5.11.1 *aucun*

Aucun stimmt im Genus mit seinem Bezugselement überein. Es wird in **verneinten** Sätzen von der Negation ***ne*** begleitet und mit **kein** übersetzt:

Est-ce qu'il y a un problème?	*Gibt es ein Problem?*
Non, nous n'avons **aucun** problème.	*Nein, wir haben **kein** Problem.*

5.11.2 *certain*

certain als Begleiter des Substantivs

		männlich		weiblich	
Singular	Il y a	**un certain**	problème avec	**une certaine**	personne.
Plural	Il y a	**certains**	problèmes avec	**certaines**	personnes.

Wenn ***certain*** als Begleiter des Substantivs verwendet wird, so gleicht es sich in Zahl und Geschlecht dem Substantiv an, auf das es sich bezieht. Im Singular steht vor *certain, certaine* der unbestimmte Artikel ***un*** oder ***une***, der im Plural entfällt.

certains als Stellvertreter des Substantivs

Wenn ***certains*** als Stellvertreter des Substantivs gebraucht wird, ist es unveränderlich. Das Verb wird dann in der 3. Person Plural angeschlossen:

Tous mes amis veulent faire une fête, mais **certains** ne veulent pas m'aider à la préparer.

5.11.3 *chaque, chacun*

Chaque ist unveränderlicher Begleiter des Substantivs:

Le chef du supermarché parle aux employés:	On a besoin de **chaque** client et de **chaque** cliente
	Wir brauchen **jeden** Kunden und **jede** Kundin.

Chacun und ***chacune*** ersetzen ein Substantiv. Sie werden nur im Singular gebraucht. **Chacun** steht für männliche Substantive. ***Chacune*** ersetzt weibliche Substantive:

Il dit bonjour à **chacun** et à **chacune**.	*Er sagt **jedem** und jeder guten Tag.*

5.11.4 Das unpersönliche *on*

On wird in der Umgangssprache häufig für ***nous*** verwendet und folglich mit **wir** übersetzt:

Vous êtes où?	**Nous** sommes ici.	***Wir** sind hier.*
	On est ici.	***Wir** sind hier.*

On kann auch für das deutsche **man** stehen:

On dit que …	***Man** sagt, dass …*

5.11.5 *plusieurs*

Plusieurs in der Bedeutung von **mehrere** ist unveränderlich und steht als

- Begleiter des Substantivs:

On a vendu **plusieurs** jupes et pantalons.

- Stellvertreter des Substantivs:

Plusieurs sont bon marché.

5.11.6 *quelqu'un/quelque chose – personne/rien*

Quelqu'un est venu. *(**Jemand** ist gekommen.)*	**Personne n'**est venu. *(**Niemand** ist gekommen.)*
Quelque chose me fait plaisir. *(**Etwas** macht mir Spaß.)*	**Rien** ne me fait plaisir. *(**Nichts** macht mir Spaß.)*
J'ai vu **quelqu'un**. *(Ich habe **jemanden** gesehen.)*	Je **n'**ai vu **personne**. *(Ich habe **niemanden** gesehen.)*
J'ai trouvé **quelque chose**. *(Ich habe **etwas** gefunden.)*	Je **n'**ai **rien** trouvé. *(Ich habe **nichts** gefunden.)*

5.11.7 *quelque(s)*

Il me faut **quelque** temps pour terminer le livre.	*Ich benötige **einige** Zeit, um das Buch zu beenden.*
Je vais acheter **quelques** livres.	*Ich werde **einige** Bücher kaufen.*
Plus tard, je vais acheter aussi **quelques** pommes.	*Später werde ich auch **einige** Äpfel kaufen.*

5.11.8 *tout*

Die Formen von *tout* als Begleiter des Substantivs

	männlich		**weiblich**	
(Singular)	**tout**	le monde	**toute**	ma famille
(Plural)	**tous**	ces quartiers	**toutes**	les capitales

Der Gebrauch von *tout* als Begleiter des Substantivs

***Tout* + bestimmter Artikel** wird gebraucht, um **der/die/das ganze** oder **alle** zum Ausdruck zu bringen.

Das unveränderliche *tout*

Tout ist in der Bedeutung von **alles** unveränderlich:

Est-ce que tu as **tout** mangé ?	*Hast du alles gegessen?*

6 Das Verb

6.1 Die Bildung der Verben auf *-er* im Präsens

Die regelmäßigen Verben auf *-er*

parler	je	parle	nous	parl**ons**
	tu	parl**es**	vous	parl**ez**
	il/elle	parle	ils/elles	parl**ent**

Die Verben auf *-er* mit Besonderheiten in der Schreibweise

commencer				**manger**			
je	commence	nous	commen**ç**ons	je	mange	nous	man**ge**ons
tu	commences	vous	commencez	tu	manges	vous	mangez
il/elle	commence	ils/elles	commencent	il/elle	mange	ils/elles	mangent

Damit die Aussprache des Stammes immer erhalten bleibt, wird bei den Verben:
- auf *-cer* in der 1. Person Plural *-c-* zu *-ç-*.
- auf *-ger* in der 1. Person Plural *-g-* zu *-ge-*.

Die Verben auf *-ayer, -oyer* und *-uyer*

payer	je	pa**i**e/pa**y**e	nous	pa**y**ons
	tu	pa**i**es/pa**y**es	vous	pa**y**ez
	il/elle	pa**i**e/pa**y**e	ils/elles	pa**i**ent/pa**y**ent

nettoyer				**essuyer**			
je	netto**i**e	nous	netto**y**ons	j'	essu**i**e	nous	essu**y**ons
tu	netto**i**es	vous	netto**y**ez	tu	essu**i**es	vous	essu**y**ez
il/elle	netto**i**e	ils/elles	netto**i**ent	il/elle	essu**i**e	ils/elles	essu**i**ent

Verben auf *-er* mit stamm- und endungsbetonten Formen

Bei Verben mit stammbetonten und endungsbetonten Formen sind immer die 1., 2. und 3. Person Singular sowie die 3. Person Plural stammbetont und die 1. und 2. Person Plural endungsbetont.

acheter				**jeter**			
j'	ach**è**te	nous	ach**e**tons	je	je**tt**e	nous	je**t**ons
tu	ach**è**tes	vous	ach**e**tez	tu	je**tt**es	vous	je**t**ez
il/elle	ach**è**te	ils/elles	ach**è**tent	il/elle	je**tt**e	ils/elles	je**tt**ent

préférer	je	préf**è**re	nous	préf**é**rons
	tu	préf**è**res	vous	préf**é**rez
	il/elle	préf**è**re	ils/elles	préf**è**rent

6.2 Die Bildung der Verben auf *-ir* im Präsens

ohne Stammerweiterung partir				**mit Stammerweiterung finir**			
je	par**s**	nous	part**ons**	je	fini**s**	nous	fini**ssons**
tu	par**s**	vous	part**ez**	tu	fini**s**	vous	fini**ssez**
il/elle	par**t**	ils/elles	part**ent**	il/elle	fini**t**	ils/elles	fini**ssent**

6.3 Die Bildung der Verben auf *-re* im Präsens

lire	je	li**s**	nous	li**sons**
	tu	li**s**	vous	li**sez**
	il/elle	li**t**	ils/elles	li**sent**

Die Verben auf *-dre* im Präsens

attendre	j'	attend**s**	nous	attend**ons**
	tu	attend**s**	vous	attend**ez**
	il/elle	attend	ils/elles	attend**ent**

6.4 Die Bildung der reflexiven Verben

s'habiller			**se laver**		
je	**m'**	habille	je	**me**	lave
tu	**t'**	habilles	tu	**te**	laves
il/elle	**s'**	habille	il/elle	**se**	lave
nous	**nous**	habillons	nous	**nous**	lavons
vous	**vous**	habillez	vous	**vous**	lavez
ils/elles	**s'**	habillent	ils/elles	**se**	lavent

6.5 Die Bildung des Imperfekts

regarder	je	regard**ais**	nous	regard**ions**
	tu	regard**ais**	vous	regard**iez**
	il/elle	regard**ait**	ils/elles	regard**aient**

Das Imperfekt wird gebildet, indem man an den Stamm der 1. Person Plural Präsens die Imperfektendungen ***-ais, -ais, -ait, -ions, -iez*** und ***-aient*** anhängt.

Im Imperfekt ist nur ***être*** unregelmäßig.

Damit die Aussprache des Stammes immer erhalten bleibt, wird bei den Verben:

- auf ***-cer*** bei *je, tu, il, elle, on, ils* und *elles* ***-c-*** zu ***-ç-***.
- auf ***-ger*** bei *je, tu, il, elle, on, ils* und *elles* ***-g-*** zu ***-ge-***.

6.6 Die Bildung des Passé composé

6.6.1 Die Formen des Passé composé mit *avoir* und *être*

parler	j'	**ai**	**parlé**	nous	**avons**	**parlé**
	tu	**as**	**parlé**	vous	**avez**	**parlé**
	il/elle	**a**	**parlé**	ils/elles	**ont**	**parlé**

arriver	je	**suis**	**arrivé(e)**	nous	**sommes**	**arrivé(e)s**
	tu	**es**	**arrivé(e)**	vous	**êtes**	**arrivé(e)s**
	il	**est**	**arrivé**	ils	**sont**	**arrivés**
	elle	**est**	**arrivée**	elles	**sont**	**arrivées**
	on	**est**	**arrivé(e)(s)**			

Bei der Bildung des *Passé composé* mit ***avoir*** bleibt das Partizip Perfekt in der Regel unveränderlich.

Wird das *Passé composé* jedoch mit ***être*** gebildet, so gleicht sich das Partizip Perfekt in Geschlecht und Zahl dem Subjekt des Satzes an. Bezieht sich das Partizip Perfekt auf ein Subjekt, das aus unterschiedlichem Genus besteht, so richtet es sich nach dem Männlichen, z. B.:

Marc et Marie sont all**és** à la piscine.

6.6.2 Die Bildung des Passé composé mit *avoir* oder *être*

Die meisten Verben bilden das *Passé composé* mit ***avoir***:

Hier, Pierre **a** préparé le repas. Puis, il **a** mangé.

Einige wenige Verben bilden das *Passé composé* mit ***être:*** dazu gehören einige Verben der Bewegungsrichtung oder des Verweilens, z. B. ***aller, arriver, entrer, partir, rester, rentrer, tomber, venir*** und ***revenir***:

Hier, je **suis** allé(e) à Paris. Je **suis** arrivé(e) vers dix heures.

Die Verben ***naître, devenir, mourir*** und ***décéder*** bilden das *Passé composé* mit ***être***:

Il **est** né en 1960.

Die **reflexiven Verben** bilden das *Passé composé* stets mit ***être***:

Elle s'**est** réveillée. Puis, elle s'**est** levée.

6.6.3 Besonderheiten beim Partizip Perfekt im Passé composé mit *avoir*

Geht dem *Passé composé* ein **direktes Objekt** voraus, so wird das Partizip Perfekt in Geschlecht und Zahl dem direkten Objekt angeglichen. Das direkte Objekt kann ein **direktes Objektpronomen**, z. B. ***me, te, le, la, nous, vous*** oder ***les***, sein. Es kann aber auch in Form des Relativpronomens ***que*** vorausgehen:

Est-ce que vous avez **vu Julie** ? Oui, nous **l'**avons **vue**. C'est **Julie que** nous avons **vue**.

J'ai acheté **les** livres. Je **les** ai achet**és**. Ce sont **les** livres **que** j'ai achet**és**.

6.7 Die Bildung des Plusquamperfekts

lire			rester		
j'	**avais**	**lu**	j'	**étais**	**resté/restée**
tu	**avais**	**lu**	tu	**étais**	**resté/restée**
il elle on	**avait**	**lu**	il	**était**	**resté**
			elle	**était**	**restée**
			on	**était**	**resté(s)/restée(s)**
nous	**avions**	**lu**	nous	**étions**	**restés/restées**
vous	**aviez**	**lu**	vous	**étiez**	**restés/restées**
ils elles	**avaient**	**lu**	ils	**étaient**	**restés**
			elles	**étaient**	**restées**

6.8 Die Bildung des Passé simple

	parler	attendre	choisir	croire
je/j'	parl**ai**	attend**is**	chois**is**	cr**us**
tu	parl**as**	attend**is**	chois**is**	cr**us**
il/elle/on	parl**a**	attend**it**	chois**it**	cr**ut**
nous	parl**âmes**	attend**îmes**	chois**îmes**	cr**ûmes**
vous	parl**âtes**	attend**îtes**	chois**îtes**	cr**ûtes**
ils/elles	parl**èrent**	attend**irent**	chois**irent**	cr**urent**

6.9 Die Bildung des Futur composé

je	**vais**	**aller**	**nous**	**allons**	**rester**
tu	**vas**	**chercher**	**vous**	**allez**	**boire**
il/elle	**va**	**prendre**	**ils/elles**	**vont**	**faire**

6.10 Die Bildung des Futurs I

regarder		attendre		écrire	
je	regarder**ai**	j'	attendr**ai**	j'	écri**rai**
tu	regarder**as**	tu	attendr**as**	tu	écri**ras**
il/elle/on	regarder**a**	il/elle/on	attendr**a**	il/elle/on	écri**ra**
nous	regarder**ons**	nous	attendr**ons**	nous	écri**rons**
vous	regarder**ez**	vous	attendr**ez**	vous	écri**rez**
ils/elles	regarder**ont**	ils/elles	attendr**ont**	ils/elles	écri**ront**

6.11 Die Bildung des Futurs II

parler			arriver		
j'	**aurai**	**parlé**	je	**serai**	**arrivé/arrivée**
tu	**auras**	**parlé**	tu	**seras**	**arrivé/arrivée**
il			il	**sera**	**arrivé**
elle	**aura**	**parlé**	elle	**sera**	**arrivée**
on			on	**sera**	**arrivé(s)/arrivée(s)**
nous	**aurons**	**parlé**	nous	**serons**	**arrivés/arrivées**
vous	**aurez**	**parlé**	vous	**serez**	**arrivés/arrivées**
ils			ils	**seront**	**arrivés**
elles	**auront**	**parlé**	elles	**seront**	**arrivées**

6.12 Die Bildung des Konditionals I

regarder		attendre		écrire	
je	regarde**rais**	j'	attend**rais**	j'	écri**rais**
tu	regarde**rais**	tu	attend**rais**	tu	écri**rais**
ils/elle/ on	regarde**rait**	ils/elle/ on	attend**rait**	ils/elle/on	écri**rait**
nous	regarde**rions**	nous	attend**rions**	nous	écri**rions**
vous	regarde**riez**	vous	attend**riez**	vous	écri**riez**
ils/elles	regarde**raient**	ils/elles	attend**raient**	ils/elles	écri**raient**

6.13 Die Bildung des Konditionals II

parler			arriver		
j'	**aurais**	**parlé**	je	**serais**	**arrivé/arrivée**
tu	**aurais**	**parlé**	tu	**serais**	**arrivé/arrivée**
il			il	**serait**	**arrivé**
elle	**aurait**	**parlé**	elle	**serait**	**arrivée**
on			on	**serait**	**arrivé(e)(s)**
nous	**aurions**	**parlé**	nous	**serions**	**arrivés/arrivées**
vous	**auriez**	**parlé**	vous	**seriez**	**arrivés/arrivées**
ils			ils	**seraient**	**arrivés**
elles	**auraient**	**parlé**	elles	**seraient**	**arrivées**

6.14 Die Bildung des Partizips Perfekt

Das Partizip Perfekt der Verben auf ***-er*** wird gebildet, indem die Endung des Infinitivs, ***-er***, durch ***-é*** ersetzt wird:

parl**er** – parl**é**

Das Partizip Perfekt der Verben auf -***ir*** wird gebildet, indem die Endung des Infinitivs, -***ir***, durch -***i*** ersetzt wird:

dorm**ir** – dorm**i**,
chois**ir** – chois**i**

Das Partizip Perfekt der Verben auf -***re*** wird gebildet, indem die Endung des Infinitivs, -***re***, durch -***u*** ersetzt wird:

attend**re** – attend**u**

6.15 Die Bildung des Partizips Präsens

Infinitiv	1. Person Plural Präsens			Partizip Präsens
parler	nous	**parl**	ons	**parlant**
dormir	nous	**dorm**	ons	**dormant**
choisir	nous	**choisiss**	ons	**choisissant**
attendre	nous	**attend**	ons	**attendant**

Es gibt nur ganz wenige unregelmäßige Formen:

avoir – **ayant,**
être – **étant,**
savoir – **sachant**

6.16 Die Bildung des Gerundiums

Infinitiv	Gerundium	Infinitiv	Gerundium
être	**en étant**	dormir	**en dormant**
avoir	**en ayant**	finir	**en finissant**
attendre	**en attendant**	regarder	**en regardant**

6.17 Die Bildung des Imperativs

Infinitiv	Du-Form	Wir-Form	Sie-Form/Ihr-Form
parler	parle	parlons	parlez
descendre	descends	descendons	descendez
dormir	dors	dormons	dormez
choisir	choisis	choisissons	choisissez
faire	fais	faisons	faites

Der Imperativ verfügt nur über wenige unregelmäßige Formen:

Infinitiv	Du-Form	Wir-Form	Sie-Form/Ihr-Form
avoir	aie	ayons	ayez
être	sois	soyons	soyez
savoir	sache	sachons	sachez

6.18 Die Bildung des Subjonctif

Die *Subjonctif*-Endungen

Il veut que j'	attende.	Il veut que nous	attendions.
Il veut que tu	attendes.	Il veut que vous	attendiez.
Il veut qu'il/elle	attende.	Il veut qu'ils/elles	attendent.

Die Ableitung des *Subjonctif*

Infinitiv	3. Person Plural Präsens			Subjonctif		
parler	ils	**parl**	ent	que je	**parl**	e
mettre	ils	**mett**	ent	que tu	**mett**	es
partir	ils	**part**	ent	qu'il/elle/on	**part**	e
connaître	ils	**connaiss**	ent	que nous	**connaiss**	ions
plaire	ils	**plais**	ent	que vous	**plais**	iez
vivre	ils	**viv**	ent	qu'ils/elles	**viv**	ent

6.19 Die Bildung des Subjonctif passé

	travailler			sortir	
Il faut	que j'/je	**aie**	**travaillé.**	**sois**	**sorti/sortie.**
	que tu	**aies**	**travaillé.**	**sois**	**sorti/sortie.**
	qu'il			**soit**	**sorti.**
	qu'elle	**ait**	**travaillé.**	**soit**	**sortie.**
	qu'on			**soit**	**sorti(s)/sortie(s).**
	que nous	**ayons**	**travaillé.**	**soyons**	**sortis/sorties.**
	que vous	**ayez**	**travaillé.**	**soyez**	**sortis/sorties.**
	qu'ils/qu'elles	**aient**	**travaillé.**	**soient**	**sortis/sorties.**

6.20 Die Bildung des Passivs

Die Passivformen im Präsens

je	**suis**	**interrogé/interrogée**	nous	**sommes**	**interrogé(e)s**
tu	**es**	**interrogé/interrogée**	vous	**êtes**	**interrogé(e)s**
il	**est**	**interrogé**	ils	**sont**	**interrogés**
elle	**est**	**interrogée**	elles	**sont**	**interrogées**
on	**est**	**interrogé(s)/interrogée(s)**			

Das Passiv in anderen Zeiten und Modi

Il	**a été**	interrogé.	*Passé composé*	Il	**sera**	interrogé	Futur I
Il	**était**	interrogé.	Imperfekt	Il	**serait**	interrogé.	Konditional I
Il	**fut**	interrogé.	*Passé simple*	Il faut qu'il	**soit**	interrogé.	*Subjonctif*

Die Nennung des Urhebers im Passiv

Der **Urheber** der Handlung wird einfach mit der Präposition ***par*** als präpositionale Ergänzung angeschlossen:

Il sera interrogé **par** la police.	*Er wird von der Polizei verhört.*

7 Satzarten

7.1 Der Aussagesatz

Adverbiale Bestimmung Zeit/Ort	Subjekt	Prädikat	direktes Objekt	indirektes Objekt	Adverbiale Bestimmung Zeit/Ort
	J'	achète	un livre.		
	Je	donne	un livre	à Jean.	
Hier,	j'	ai donné	un livre	à Jean.	
Hier, à l'école,	j'	ai donné	un livre	à Jean.	
	Il	habite			en France.

7.2 Der Fragesatz

7.2.1 Die Intonationsfrage

Die Intonationsfrage wird im gesprochenen Französisch als Gesamtfrage häufig benutzt. Sie behält die Stellung der Satzglieder des Aussagesatzes bei, wird aber mit steigender Intonation gesprochen, z. B.:

Luc va au bureau ?	*Geht Luc ins Büro?*

7.2.2 Die Frage mit *est-ce que* als Gesamtfrage

Est-ce que	**Aussagesatz**	
Est-ce que	tu vas au bureau ?	*Gehst du ins Büro?*
Est-ce qu'	on va au cinéma ce soir ?	*Gehen wir heute Abend ins Kino?*

7.2.3 Die Frage mit Fragepronomen

Die Frage mit *est-ce que* + Fragepronomen

Fragewort	est-ce que	Subjekt	Prädikat	Objekte	Adverbiale Bestimmungen
Quand	**est-ce que**	tu	ranges	ta chambre ?	
Où	**est-ce que**	tu	as trouvé	ton sac ?	
Pourquoi	**est-ce que**	vous	étudiez	le français ?	
Qu'	**est-ce qu'**	il	fait		demain ?

Die Frage mit nachgestelltem Fragepronomen

Aussagesatz	Fragepronomen
Tu t'appelles	**comment?**
Tu pars	**quand?**
Tu arrives	**d'où?**

7.2.4 Die Frage mit *qui*

Die Frage nach dem Subjekt

Qui habite à Paris?	*Wer wohnt in Paris?*
Qui est-ce qui habite à Paris?	*Wer wohnt in Paris?*

Die Frage nach dem Objekt

Wird ***qui*** mit einer **Präposition** verbunden, ist ***est-ce que*** immer notwendig, z. B.:

A qui est-ce que tu donnes le livre?	*Wem gibst du das Buch?*

Die Frage – nach dem direkten Objekt lautet:

Qui est-ce que vous cherchez?

– nach dem indirekten Objekt lautet:

A qui est-ce que tu penses?

7.2.5 Die Frage mit *que*

Die Frage nach dem Objekt

Que fait Paul?	*Was macht Paul?*

Mit ***que*** können Sachen erfragt werden. Wenn nach dem direkten Objekt gefragt werden soll, verwendet man ***que*** oder ***qu'est-ce que:***

Qu'est-ce que tu cherches?	*Was suchst du?*
Que cherches-tu?	*Was suchst du?*

Bei der Frage nach dem indirekten Objekt wird ***à quoi*** verwendet, z. B.:

A quoi est-ce qu'il pense?	*Woran denkt er?*

7.2.6 Die Inversionsfrage

Die Inversionsfrage wird im gesprochenen Französisch nicht sehr häufig verwendet. Man trifft sie hauptsächlich in schriftlich fixierten Texten an, z. B. in Briefen usw.

Fragewort	Verb + Subjektpronomen	Ergänzungen
Quand	**pars-tu**	en vacances?
Comment	**vas-tu**	en vacances?
Comment	**va-t-il?**	
Où	**habite-t-elle?**	
	Veux-tu	prendre le train?

Bei der Inversionsfrage steht das **Subjektpronomen hinter dem Verb**. Zwischen Verb und Subjekt wird ein **Bindestrich** eingefügt. In der 3. Person Singular bei ***il, elle*** oder ***on*** tritt zwischen Verb und Subjektpronomen ein ***-t-***, wenn die Verbform auf ***-e*** oder ***-a*** endet. Die **Fragewörter** stehen bei Inversionsfragen **vor dem Verb.**

7.3 Der Relativsatz

7.3.1 Der Relativsatz mit *qui*

Das Relativpronomen ***qui*** leitet einen Relativsatz ein, bei dem ***qui*** gleichzeitig **Subjekt** des Relativsatzes ist. ***Qui*** ist unveränderlich und kann sich im Singular und Plural

– auf Personen beziehen:

J'ai **une amie**	**qui**	m'aide toujours.

– auf Sachen beziehen:

J'ai reçu **un livre**	**qui**	me plaît beaucoup.

7.3.2 Der Relativsatz mit *que*

Das Relativpronomen ***que*** leitet einen Relativsatz ein, bei dem ***que*** gleichzeitig **direktes Objekt** des Relativsatzes ist. ***Que***, das sich vor Vokal und stummem h in ***qu'*** verwandelt, kann sich im Singular und Plural

– auf Personen beziehen:

J'ai **une amie**	**que**	j'aime beaucoup.

– auf Sachen beziehen:

J'ai reçu **un livre**	**que**	j'aime beaucoup.

7.3.3 Der Relativsatz mit *dont*

Das Relativpronomen ***dont*** vertritt **Ergänzungen mit *de*** in einem Relativsatz. ***Dont*** bezieht sich im Singular und Plural

– auf Personen:

C'est Paul	**dont**	Marie est amoureuse.

– auf Sachen:

Il cherche la maison	**dont**	il a besoin.

7.3.4 Der Relativsatz mit *lequel, laquelle, lesquels, lesquelles*

	männlich	**weiblich**
Singular	**lequel**	**laquelle**
Plural	**lesquels**	**lesquelles**

Der Gebrauch von *lequel* im Relativsatz

Die Relativpronomen ***lequel, laquelle, lesquels*** und ***lesquelles*** vertreten in der Regel in einem Relativsatz **Sachen** oder **Personen**, die nach

– Präpositionen stehen:

C'était un hiver	**pendant lequel**	il neigeait.
C'était la raison	**pour laquelle**	il y avait beaucoup d'accidents.

– präpositionalen Ausdrücken stehen:

Il a une maison	**à côté de**	**laquelle** se trouve la gare.

à + lequel	= **auquel**	de + lequel	= **duquel**
à + laquelle	= **à laquelle**	de + laquelle	= **de laquelle**
à + lesquels	= **auxquels**	de + lesquels	= **desquels**
à + lesquelles	= **auxquelles**	de + lesquelles	= **desquelles**

Die Formen ***duquel, de laquelle*** usw. finden nur dann Verwendung, wenn ihnen eine **Präposition**, z. B. *près de,* vorausgeht. Einfache **Ergänzungen mit *de*** werden im Relativsatz durch ***dont*** vertreten.

7.3.5 Der Relativsatz mit *où*

Das Relativpronomen ***où*** vertritt **Ortsbestimmungen** im Relativsatz:

Montpellier est la ville **où** Jean fait ses études.

7.3.6 Der Relativsatz mit *ce qui, ce que*

Die Relativpronomen ***ce qui*** und ***ce que*** haben kein direktes Bezugswort:

Ce qui ist Subjekt:

Je sais bien	**ce qui**	m'intéresse.

Ce que ist Objekt:

Je sais bien	**ce que**	Julien a dit.

7.4 Der Bedingungssatz

7.4.1 Der reale Bedingungssatz

Der Gebrauch des realen Bedingungssatzes

Der reale Bedingungssatz wird verwendet, wenn es sich um eine **Bedingung** handelt, die **tatsächlich** erfüllt werden kann, z. B.:

Si j'ai le temps, je lirai un livre.	*Wenn ich Zeit habe, lese ich ein Buch.*

Die Bildung des realen Bedingungssatzes

***Si*-Satz im Präsens**	**Hauptsatz im Futur I/Präsens**
Si tu **as** le temps,	nous **ferons** les courses.
S'il **fait** beau,	je **vais** à la piscine.

7.4.2 Der irreale Bedingungssatz

Der Gebrauch des irrealen Bedingungssatzes

Der irreale Bedingungssatz wird verwendet, wenn eine Bedingung der Wirklichkeit nicht entspricht und ihre Erfüllung fraglich oder unmöglich ist, z. B.:

Si j'étais riche, je ferais le tour du monde.	*Wenn ich reich wäre, würde ich eine Weltreise machen.*

Die Bildung des irrealen Bedingungssatzes

Im ***si*-Satz** darf **nie** das **Konditional** verwendet werden, sondern nur das **Imperfekt**.

***Si*-Satz im Imperfekt**	**Hauptsatz im Konditional**
S'il **avait** plus d'argent	il **achèterait** une maison.
Si je **faisais** le tour du monde	je **ferais** beaucoup de connaissances.

7.5 Die indirekte Rede

7.5.1 Die Bildung der indirekten Rede/Frage

Die indirekte Rede

Die indirekte Rede wird durch *que* eingeleitet; vor Vokal wird *que* zu *qu'*:

Elle dit	**que**	la jupe est bon marché.
Elle dit	**qu'**	il a raison.

Die indirekte Frage

Die indirekte Frage wird durch

- ***si*** eingeleitet:

Elle demande	**si**	Luc veut aller au cinéma.

- ***s'*** vor Vokal eingeleitet:

Elle demande	**s'**	il veut aller au cinéma.

– das entsprechende **Fragewort** eingeleitet:

Paul veut savoir	**où**	son copain travaille.
Elle veut savoir	**pourquoi**	Nicole habite à Lyon.
Il me demande	**quand**	j'ai commencé à travailler.

7.5.2 Die Zeitenfolge in der indirekten Rede/Frage

Die Zeitenfolge in der Gegenwart

Steht das redeeinleitende Verb im **Präsens**, so steht das Verb im Nebensatz, d. h. in der indirekten Rede/Frage, in der gleichen Zeit wie in der direkten Rede/Frage.

Direkte Rede:	Marie dit : « Je **vais partir** en vacances. »
Indirekte Rede:	Marie dit qu'elle **va partir** en vacances.

Die Zeitenfolge in der Vergangenheit

Bei der indirekten Rede in der **Vergangenheit** gilt es einige Besonderheiten im Hinblick auf die Verwendung der Zeiten zu beachten.

1. Zeit in der	**– direkten Rede:**	**Präsens**		
	Il a dit :	« Elle	**va**	au cinéma. »
	– indirekten Rede:	**Imperfekt**		
	Il a dit	qu'elle	**allait**	au cinéma.
2. Zeit in der	**– direkten Rede:**	**Perfekt**		
	Il avait dit :	« Elle	**est allée**	au cinéma. »
	– indirekten Rede:	**Plusquamperfekt**		
	Il avait dit	qu'elle	**était allée**	au cinéma.
3. Zeit in der	**– direkten Rede:**	**Imperfekt**		
	Il disait :	« Elle	**allait**	au cinéma. »
	– indirekten Rede:	**Imperfekt**		
	Il disait	qu'elle	**allait**	au cinéma.
4. Zeit in der	**– direkten Rede:**	**Plusquamperfekt**		
	Il a dit :	« Elle	**était allée**	au cinéma. »
	– indirekten Rede:	**Plusquamperfekt**		
	Il a dit	qu'elle	**était allée**	au cinéma.
5. Zeit in der	**– direkten Rede:**	**Futur I**		
	Il disait :	« Elle	**ira**	au cinéma. »
	– indirekten Rede:	**Konditional I**		
	Il disait	qu'elle	**irait**	au cinéma.
6. Zeit in der	**– direkten Rede:**	**Futur II**		
	Il a dit :	« Elle	**sera allée**	au cinéma. »
	– indirekten Rede:	**Konditional II**		
	Il a dit	qu'elle	**serait allée**	au cinéma.

7. Zeit in der	**– direkten Rede:**	**Konditional I**		
	Il disait :	« Elle	**irait**	au cinéma. »
	– indirekten Rede:	**Konditional I**		
	Il disait	qu'elle	**irait**	au cinéma.
8. Zeit in der	**– direkten Rede:**	**Konditional II**		
	Il a dit :	« Elle	**serait allée**	au cinéma. »
	– indirekten Rede:	**Konditional II**		
	Il a dit	qu'elle	**serait allée**	au cinéma.

Diese Zeitenverschiebung gilt nicht nur in der indirekten Rede/Frage, sondern auch in anderen Nebensätzen, z. B.:

Präsens	Je crois	que tu	**es**	en vacances.
Imperfekt	Je croyais	que tu	**étais**	en vacances.

Französische Verben
Verbes français

Innerhalb der Konjugationsmuster für die Verbendungen -**er**, -**ir** und -**re** gibt es wiederkehrende Besonderheiten, die im folgenden an 14 Musterverben dargestellt werden. Aus Platzgründen wurden die Verben im Wörterbuchteil mit Ziffern in Spitzklammern versehen; diese Ziffern zeigen den Konjugationstyp des betreffenden Verbs an und verweisen auf diese Musterverben hier. Verben, die sehr viele Besonderheiten aufweisen, sind im Wörterbuchteil mit *<irr>* gekennzeichnet. Diese Verben sind im Anschluss an die 14 Musterverben in alphabetischer Reihenfolge aufgeführt.

La conjugaison des verbes terminés en -**er**, -**ir** et -**re** présente des particularités qui se répètent. Le tableau ci-dessous résume ces particularités à l'exemple de 14 verbes modèles. Pour des raisons d'économie de place, les verbes sont suivis dans la partie dictionnaire de chiffres entre chevrons ; ces chiffres indiquent le type de conjugaison du verbe et renvoient à l'un des verbes de référence ci-dessous. Les verbes présentant de nombreuses irrégularités sont annotés dans le dictionnaire du symbole *<irr>*. Vous trouverez ces verbes ordonnés alphabétiquement dans une liste à la suite des 14 verbes exemples.

1 chanter

	Indicatif				**Subjonctif**
	Présent	**Imparfait**	**Futur simple**	**Passé composé**	**Présent**
(que) je/j'	chante	chantais	chanterai	ai chanté	chante
(que) tu	chantes	chantais	chanteras	as chanté	chantes
(qu')il/elle	chante	chantait	chantera	a chanté	chante
(que) nous	chantons	chantions	chanterons	avons chanté	chantions
(que) vous	chantez	chantiez	chanterez	avez chanté	chantiez
(qu')ils/elles	chantent	chantaient	chanteront	ont chanté	chantent

2 commencer

	Indicatif				**Subjonctif**
	Présent	**Imparfait**	**Futur simple**	**Passé composé**	**Présent**
(que) je/j'	commence	commençais	commencerai	ai commencé …	commence
(que) tu	commences	commençais	…		commences
(qu')il/elle	commence	commençait			commence
(que) nous	commençons	commencions			commencions
(que) vous	commencez	commenciez			commenciez
(qu')ils/elles	commencent	commençaient			commencent

2a changer

	Indicatif				Subjonctif
	Présent	Imparfait	Futur simple	Passé composé	Présent
(que) je/j'	change	changeais	changerai …	ai changé …	change
(que) tu	changes	changeais			changes
(qu')il/elle	change	changeait			change
(que) nous	changeons	changions			changions
(que) vous	changez	changiez			changiez
(qu')ils/elles	changent	changeaient			changent

3 rejeter

	Indicatif				Subjonctif
	Présent	Imparfait	Futur simple	Passé composé	Présent
(que) je/j'	rejette	rejetais …	rejetterai …	ai rejeté …	rejette
(que) tu	rejettes				rejettes
(qu')il/elle	rejette				rejette
(que) nous	rejetons				rejetions
(que) vous	rejetez				rejetiez
(qu')ils/elles	rejettent				rejettent

4 peler

	Indicatif				Subjonctif
	Présent	Imparfait	Futur simple	Passé composé	Présent
(que) je/j'	pèle	pelais …	pèlerai	ai pelé …	pèle
(que) tu	pèles		pèleras		pèles
(qu')il/elle	pèle		pèlera		pèle
(que) nous	pelons		pèlerons		pelions
(que) vous	pelez		pèlerez		peliez
(qu')ils/elles	pèlent		pèleront		pèlent

5 préférer

	Indicatif				Subjonctif
	Présent	Imparfait	Futur simple	Passé composé	Présent
(que) je/j'	préfère	préférais …	préférerai …	ai préféré …	préfère
(que) tu	préfères				préfères
(qu')il/elle	préfère				préfère
(que) nous	préférons				préférions
(que) vous	préférez				préfériez
(qu')ils/elles	préfèrent				préfèrent

6 appuyer

	Indicatif				Subjonctif
	Présent	Imparfait	Futur simple	Passé composé	Présent
(que) je/j'	appuie	appuyais …	appuierai …	ai appuyé …	appuie
(que) tu	appuies				appuies
(qu')il/elle	appuie				appuie
(que) nous	appuyons				appuyions
(que) vous	appuyez				appuyiez
(qu')ils/elles	appuient				appuient

7 essayer

	Indicatif				Subjonctif
	Présent	Imparfait	Futur simple	Passé composé	Présent
(que) je/j'	essaie/essaye	essayais …	essaierai/ essayerai …	ai essayé …	essaie/essaye
(que) tu	essaies/ essayes				essaies/ essayes
(qu')il/elle	essaie/essaye				essaie/essaye
(que) nous	essayons				essayions
(que) vous	essayez				essayiez
(qu')ils/elles	essaient/ essayent				essaient/ essayent

8 agir

	Indicatif				Subjonctif
	Présent	Imparfait	Futur simple	Passé composé	Présent
(que) je/j'	agis	agissais	agirai	ai agi …	agisse
(que) tu	agis	agissais	agiras		agisses
(qu')il/elle	agit	agissait	agira		agisse
(que) nous	agissons	agissions	agirons		agissions
(que) vous	agissez	agissiez	agirez		agissiez
(qu')ils/elles	agissent	agissaient	agiront		agissent

9 devenir

	Indicatif				Subjonctif
	Présent	Imparfait	Futur simple	Passé composé	Présent
(que) je/j'	deviens	devenais …	deviendrai	suis devenu (e) …	devienne
(que) tu	deviens		deviendras		deviennes
(qu')il/elle	devient		deviendra		devienne
(que) nous	devenons		deviendrons		devenions
(que) vous	devenez		deviendrez		deveniez
(qu')ils/elles	deviennent		deviendront		deviennent

10 sortir

	Indicatif				Subjonctif
	Présent	Imparfait	Futur simple	Passé composé	Présent
(que) je/j'	sors	sortais …	sortirai …	suis sorti (e) …	sorte
(que) tu	sors				sortes
(qu')il/elle	sort				sorte
(que) nous	sortons				sortions
(que) vous	sortez				sortiez
(qu')ils/elles	sortent				sortent

11 ouvrir

	Indicatif				Subjonctif
	Présent	Imparfait	Futur simple	Passé composé	Présent
(que) je/j'	ouvre	ouvrais …	ouvrirai …	ai ouvert …	ouvre
(que) tu	ouvres				ouvres
(qu')il/elle	ouvre				ouvre
(que) nous	ouvrons				ouvrions
(que) vous	ouvrez				ouvriez
(qu')ils/elles	ouvrent				ouvrent

12 apercevoir

	Indicatif				Subjonctif
	Présent	Imparfait	Futur simple	Passé composé	Présent
(que) je/j'	aperçois	apercevais …	apercevrai …	ai aperçu …	aperçoive
(que) tu	aperçois				aperçoives
(qu')il/elle	aperçoit				aperçoive
(que) nous	apercevons				apercevions
(que) vous	apercevez				aperceviez
(qu')ils/elles	aperçoivent				aperçoivent

13 comprendre

	Indicatif				Subjonctif
	Présent	Imparfait	Futur simple	Passé composé	Présent
(que) je/j'	comprends	comprenais	comprendrai	ai compris …	comprenne
(que) tu	comprends	comprenais	comprendras		comprennes
(qu')il/elle	comprend	comprenait	comprendra		comprenne
(que) nous	comprenons	comprenions	comprendrons		comprenions
(que) vous	comprenez	compreniez	comprendrez		compreniez
(qu')ils/elles	comprennent	comprenaient	comprendront		comprennent

14 vendre

	Indicatif				Subjonctif
	Présent	Imparfait	Futur simple	Passé composé	Présent
(que) je/j'	vends	vendais	vendrai …	ai vendu …	vende
(que) tu	vends	vendais			vendes
(qu')il/elle	vend	vendait			vende
(que) nous	vendons	vendions			vendions
(que) vous	vendez	vendiez			vendiez
(qu')ils/elles	vendent	vendaient			vendent

Unregelmäßige französische Verben – Verbes français irréguliers

Infinitif	Présent	Imparfait	Futur	Participe passé	Subjonctif présent
abattre *siehe battre,* **abstraire** *siehe extraire,* **accourir** *siehe courir*					
accroître	j'accrois	j'accroissais	j'accroîtrai	accru, e	que j'accroisse
	il accroît	il accroît	il accroîtra		qu'il accroisse
	nous accroissons	nous accroissions	nous accroîtrons		que nous accroissions
	ils accroissent	ils accroissaient	ils accroîtront		qu'ils accroissent
accueillir *siehe cueillir*					
acquérir	j'acquiers	j'acquérais	j'acquerrai	acquis, e	que j'acquière
	il acquiert	il acquérait	il acquerra		qu'il acquière
	nous acquérons	nous acquérions	nous acquerrons		que nous acquérions
	ils acquièrent	ils acquéraient	ils acquerront		qu'ils acquièrent
admettre *siehe mettre*					
aller	je vais	j'allais	j'irai	allé, e	que j'aille
	tu vas	tu allais	tu iras		que tu ailles
	il va	il allait	il ira		qu'il aille
	nous allons	nous allions	nous irons		que nous allions
	vous allez	vous alliez	vous irez		que vous alliez
	ils vont	ils allaient	ils iront		qu'ils aillent

Infinitif	Présent	Imparfait	Futur	Participe passé	Subjonctif présent
apparaître *siehe paraître*					
asseoir	j'assieds	j'asseyais	j'assiérai	assis, e	que j'asseye
	il assied	il asseyait	il assiéra		qu'il asseye
	nous asseyons	nous asseyions	nous assiérons		que nous asseyions
	ils asseyent *o* j'assois	ils asseyaient *o* j'assoyais	ils assiéront *o* j'assoirai		qu'ils asseyent *o* que j'assoie
	il assoit	il assoyait	il assoira		qu'il assoie
	nous assoyons	nous assoyions	nous assoirons		que nous assoyions
	ils assoient	ils assoyaient	ils assoiront		qu'ils assoient
atteindre *siehe peindre*					
avoir	j'ai	j'avais	j'aurai	eu, e	que j'aie
	tu as	tu avais	tu auras		que tu aies
	il a	il avait	il aura		qu'il ait
	nous avons	nous avions	nous aurons		que nous ayons
	vous avez	vous aviez	vous aurez		que vous ayez
	ils ont	ils avaient	ils auront		qu'ils aient
battre	je bats	je battais	je battrai	battu, e	que je batte
	il bat	il battait	il battra		qu'il batte
	nous battons	nous battions	nous battrons		que nous battions
	ils battent	ils battaient	ils battront		qu'ils battent

Infinitif	Présent	Imparfait	Futur	Participe passé	Subjonctif présent
boire	je bois	je buvais	je boirai	bu, e	que je boive
	il boit	il buvait	il boira		qu'il boive
	nous buvons	nous buvions	nous boirons		que nous buvions
	ils boivent	ils buvaient	ils boiront		qu'ils boivent

bouillir	je bous	je bouillais	je bouillirai	bouilli, e	que je bouille
	nous bouillons	nous bouillions	nous bouillirons		que nous bouillions
	ils bouillent	ils bouillaient	ils bouilliront		qu'ils bouillent

circonscrire *siehe écrire*, **combattre** *siehe battre*, **commettre** *siehe mettre*, **comparaître** *siehe paraître*
compromettre *siehe mettre*

conclure	je conclus	je concluais	je conclurai	conclu, e	que je conclue

concourir *siehe courir*

conduire	je conduis	je conduisais	je conduirai	conduit, e	que je conduise

connaître *siehe paraître*, **conquérir** *siehe acquérir*, **construire** *siehe conduire*, **contraindre** *siehe craindre*
contredire *siehe dire* (Ausnahme: vous contredisez), **contrefaire** *siehe faire*, **convaincre** *siehe vaincre*, **corrompre** *siehe rompre*

coudre	je couds	je cousais	je coudrai	cousu, e	que je couse
	il coud	il cousait	il coudra		qu'il couse
	nous cousons	nous cousions	nous coudrons		que nous cousions
	ils cousent	ils cousaient	ils coudront		qu'ils cousent

Infinitif	Présent	Imparfait	Futur	Participe passé	Subjonctif présent
courir	je cours	je courais	je courrai	couru, e	que je coure
	il court	il courait	il courra		qu'il coure
	nous courons	nous courions	nous courrons		que nous courions
	ils courent	ils couraient	ils courront		qu'ils courent
craindre	je crains	je craignais	je craindrai	craint, e	que je craigne
	nous craignons	nous craignions	nous craindrons		que nous craignions
	ils craignent	ils craignaient	ils craindront		qu'ils craignent
croire	je crois	je croyais	je croirai	cru, e	que je croie
	il croit	il croyait	il croira		qu'il croie
	nous croyons	nous croyions	nous croirons		que nous croyions
	ils croient	ils croyaient	ils croiront		qu'ils croient
croître	je croîs	je croissais	je croîtrai	crû, crue, cru (e)s	que je croisse
	nous croissons	nous croissions	nous croîtrons		que nous croissions
	ils croissent	ils croissaient	ils croîtront		qu'ils croissent
cueillir	je cueille	je cueillais	je cueillerai	cueilli, e	que je cueille
	il cueille	il cueillait	il cueillera		qu'il cueille
	nous cueillons	nous cueillions	nous cueillerons		que nous cueillions
	ils cueillent	ils cueillaient	ils cueilleront		qu'ils cueillent

Infinitif	Présent	Imparfait	Futur	Participe passé	Subjonctif présent
cuire *siehe conduire,* **débattre** *siehe battre,* **décrire** *siehe écrire,* **décroître** *siehe accroître,* **déduire** *siehe conduire* **défaire** *siehe faire,* **démettre** *siehe mettre,* **dépeindre** *siehe peindre,* **déplaire** *siehe plaire,* **desservir** *siehe servir* **détruire** *siehe conduire,* **dévêtir** *siehe vêtir*					
devoir	je dois	je devais	je devrai	dû, due, du (e)s	que je doive
	il doit	il devait	il devra		qu'il doive
	nous devons	nous devions	nous devrons		que nous devions
	ils doivent	ils devaient	ils devront		qu'ils doivent
dire	je dis	je disais	je dirai	dit, e	que je dise
	nous disons	nous disions	nous dirons		que nous disions
	vous dites	vous disiez	vous direz		que vous disiez
	ils disent	ils disaient	ils diront		qu'ils disent
disparaître *siehe paraître,* **dissoudre** *siehe absoudre,* **distraire** *siehe extraire*					
dormir	je dors	je dormais	je dormirai	dormi	que je dorme
	nous dormons	nous dormions	nous dormirons		que nous dormions
	ils dorment	ils dormaient	ils dormiront		qu'ils dorment
écrire	j'écris	j'écrivais	j'écrirai	écrit, e	que j'écrive
	il écrit	il écrivait	il écrira		qu'il écrive
	nous écrivons	nous écrivions	nous écrirons		que nous écrivions
	ils écrivent	ils écrivaient	ils écriront		qu'ils écrivent

Infinitif	Présent	Imparfait	Futur	Participe passé	Subjonctif présent

élire *siehe lire,* **émettre** *siehe mettre,* **émouvoir** *wie mouvoir* (Ausnahme: ému, e), **endormir** *siehe dormir*
enduire *siehe conduire,* **enfreindre** *siehe peindre,* **enfuir** *siehe fuir,* **ensuivre** *siehe suivre,* **entrevoir** *siehe voir*

Infinitif	Présent	Imparfait	Futur	Participe passé	Subjonctif présent
envoyer	j'envoie	j'envoyais	j'enverrai	envoyé, e	que j'envoie
	nous envoyons	nous envoyions	nous enverrons		que nous envoyions
	ils envoient	ils envoyaient	ils enverront		qu'ils envoient

équivaloir *siehe valoir,* **éteindre** *siehe peindre*

Infinitif	Présent	Imparfait	Futur	Participe passé	Subjonctif présent
être	je suis	j'étais	je serai	été	que je sois
	tu es	tu étais	tu seras		que tu sois
	il est	il était	il sera		qu'il soit
	nous sommes	nous étions	nous serons		que nous soyons
	vous êtes	vous étiez	vous serez		que vous soyez
	ils sont	ils étaient	ils seront		qu'ils soient
exclure	j'exclus	j'excluais	j'exclurai	exclu, e	que j'exclue
	il exclut	il excluait	il exclura		qu'il exclue
	nous excluons	nous excluions	nous exclurons		que nous excluions
	ils excluent	ils excluaient	ils excluront		qu'ils excluent
extraire	j'extrais	j'extrayais	j'extrairai	extrait, e	que j'extraie
	nous extrayons	nous extrayions	nous extrairons		que nous extrayions
	ils extraient	ils extrayaient	ils extrairont		qu'ils extraient

Infinitif	Présent	Imparfait	Futur	Participe passé	Subjonctif présent
faillir	je faillis	je faillissais	je faillirai	failli	que je faillisse
	nous faillissons	nous faillissions	nous faillirons		que nous faillissions
	ils faillissent	ils faillissaient *o* je faillais	ils failliront *o* je faudrai		qu'ils faillissent *o* que je faille
		nous faillions	nous faudrons		que nous faillions
		ils faillaient	ils faudront		qu'ils faillent
faire	je fais	je faisais	je ferai	fait, e	que je fasse
	tu fais	tu faisais	tu feras		que tu fasses
	il fait	il faisait	il fera		qu'il fasse
	nous faisons	nous faisions	nous ferons		que nous fassions
	vous faites	vous faisiez	vous ferez		que vous fassiez
	ils font	ils faisaient	ils feront		qu'ils fassent
falloir	il faut	il fallait	il faudra	fallu	qu'il faille
frire	je fris	*fehlt*	je frirai	frit, e	*fehlt*
	nous/vous/ils *fehlt*		nous frirons		
			ils friront		
fuir	je fuis	je fuyais	je fuirai	fui, e	que je fuie
	il fuit	il fuyait	il fuira		qu'il fuie
	nous fuyons	nous fuyions	nous fuirons		que nous fuyions
	ils fuient	ils fuyaient	ils fuiront		qu'ils fuient

Infinitif	Présent	Imparfait	Futur	Participe passé	Subjonctif présent
haïr	je hais	je haïssais	je haïrai	haï, e	que je haïsse
	il hait	il haïssait	il haïra		qu'il haïsse
	nous haïssons	nous haïssions	nous haïrons		que nous haïssions
	ils haïssent	ils haïssaient	ils haïront		qu'ils haïssent

inscrire *siehe écrire*, **interdire** *siehe dire* (Ausnahme: vous interdisez), **interrompre** *siehe rompre*, **introduire** *siehe conduire*

joindre	je joins	je joignais	je joindrai	joint, e	que je joigne
	il joint	il joignait	il joindra		qu'il joigne
	nous joignons	nous joignions	nous joindrons		que nous joignions
	ils joignent	ils joignaient	ils joindront		qu'ils joignent
lire	je lis	je lisais	je lirai	lu, e	que je lise
	il lit	il lisait	il lira		qu'il lise
	nous lisons	nous lisions	nous lirons		que nous lisions
	ils lisent	ils lisaient	ils liront		qu'ils lisent

luire *siehe nuire*

mettre	je mets	je mettais	je mettrai	mis, e	que je mette
	il met	il mettait	il mettra		qu'il mette
	nous mettons	nous mettions	nous mettrons		que nous mettions
	ils mettent	ils mettaient	ils mettront		qu'ils mettent

Infinitif	Présent	Imparfait	Futur	Participe passé	Subjonctif présent
moudre	je mouds	je moulais	je moudrai	moulu, e	que je moule
	il moud	il moulait	il moudra		qu'il moule
	nous moulons	nous moulions	nous moudrons		que nous moulions
	ils moulent	ils moulaient	ils moudront		qu'ils moulent
mourir	je meurs	je mourais	je mourrai	mort, e	que je meure
	il meurt	il mourait	il mourra		qu'il meure
	nous mourons	nous mourions	nous mourrons		que nous mourions
	ils meurent	ils mouraient	ils mourront		qu'ils meurent
naître	je nais	je naissais	je naîtrai	né, e	que je naisse
	il naît	il naissait	il naîtra		qu'il naisse
	nous naissons	nous naissions	nous naîtrons		que nous naissions
	ils naissent	ils naissaient	ils naîtront		qu'ils naissent
nuire	je nuis	je nuisais	je nuirai	nui	que je nuise
	nous nuisons	nous nuisions	nous nuirons		que nous nuisions
	ils nuisent	ils nuisaient	ils nuiront		qu'ils nuisent
paraître	je parais	je paraissais	je paraîtrai	paru, e	que je paraisse
	il paraît	il paraissait	il paraîtra		qu'il paraisse
	nous paraissons	nous paraissions	nous paraîtrons		que nous paraissions
	ils paraissent	ils paraissaient	ils paraîtront		qu'ils paraissent

Infinitif	Présent	Imparfait	Futur	Participe passé	Subjonctif présent
parcourir *siehe courir*					
peindre	je peins	je peignais	je peindrai	peint, e	que je peigne
	nous peignons	nous peignions	nous peindrons		que nous peignions
	ils peignent	ils peignaient	ils peindront		qu'ils peignent
permettre *siehe mettre*					
plaindre	je plains	je plaignais	je plaindrai	plaint, e	que je plaigne
	il plaint	il plaignait	il plaindra		qu'il plaigne
	nous plaignons	nous plaignions	nous plaindrons		que nous plaignions
	ils plaignent	ils plaignaient	ils plaindront		qu'ils plaignent
plaire	je plais	je plaisais	je plairai	plu	que je plaise
	il plaît	il plaisait	il plaira		qu'il plaise
pleuvoir	il pleut	il pleuvait	il pleuvra	plu	qu'il pleuve
fig	ils pleuvent	ils pleuvaient	ils pleuvront		qu'ils pleuvent
poursuivre *siehe suivre*					

Infinitif	Présent	Imparfait	Futur	Participe passé	Subjonctif présent
pouvoir	je peux	je pouvais	je pourrai	pu	que je puisse
	il peut	il pouvait	il pourra		qu'il puisse
	nous pouvons	nous pouvions	nous pourrons		que nous puissions
	ils peuvent	ils pouvaient	ils pourront		qu'ils puissent

prédire	je prédis	je prédisais	je prédirai	prédit, e	que je prédise
	il prédit	il prédisait	il prédira		qu'il prédise
	nous prédisons	nous prédisions	nous prédirons		que nous prédisions

prévoir *wie voir* (Ausnahme: je prévoirai), **produire** *siehe conduire*, **promettre** *siehe mettre*, **rasseoir** *siehe asseoir*
réapparaître *siehe paraître*, **reconduire** *siehe conduire*, **reconnaître** *siehe paraître*, **reconstruire** *siehe conduire*
recoudre *siehe coudre*, **récrire** *siehe écrire*, **recueillir** *siehe cueillir*, **recuire** *siehe conduire*, **redire** *siehe dire*
redormir *siehe dormir*, **réduire** *siehe conduire*, **refaire** *siehe faire*, **réinscrire** *siehe écrire*, **rejoindre** *siehe joindre*
relire *siehe lire*, **remettre** *siehe mettre*, **reparaître** *siehe paraître*, **reproduire** *siehe conduire*

résoudre	je résous	je résolvais	je résoudrai	résolu, e	que je résolve
	il résout	il résolvait	il résoudra		qu'il résolve
	nous résolvons	nous résolvions	nous résoudrons		que nous résolvions
	ils résolvent	ils résolvaient	ils résoudront		qu'ils résolvent

resservir *siehe servir*, **retransmettre** *siehe mettre*, **revaloir** *siehe valoir*, **revivre** *siehe vivre*, **revoir** *siehe voir*
revouloir *siehe vouloir*

Infinitif	Présent	Imparfait	Futur	Participe passé	Subjonctif présent
rire	je ris	je riais	je rirai	ri	que je rie
	il rit	il riait	il rira		qu'il rie
	nous rions	nous riions	nous rirons		que nous riions
	ils rient	ils riaient	ils riront		qu'ils rient
rompre	je romps	je rompais	je romprai	rompu, e	que je rompe
	il rompt	il rompait	il rompra		qu'il rompe
	nous rompons	nous rompions	nous romprons		que nous rompions
	ils rompent	ils rompaient	ils rompront		qu'ils rompent

satisfaire *siehe faire*

Infinitif	Présent	Imparfait	Futur	Participe passé	Subjonctif présent
savoir	je sais	je savais	je saurai	su, e	que je sache
	il sait	il savait	ils saura		qu'il sache
	nous savons	nous savions	nous saurons		que nous sachions
	ils savent	ils savaient	ils sauront		qu'ils sachent

secourir *siehe courir*, **séduire** *siehe conduire*

Infinitif	Présent	Imparfait	Futur	Participe passé	Subjonctif présent
servir	je sers	je servais	je servirai	servi, e	que je serve
	il sert	il servait	il servira		qu'il serve
	nous servons	nous servions	nous servirons		que nous servions
	ils servent	ils servaient	ils serviront		qu'ils servent

soumettre *siehe mettre*, **sourire** *siehe rire*, **soustraire** *siehe extraire*

Infinitif	Présent	Imparfait	Futur	Participe passé	Subjonctif présent
suffire	je suffis	je suffisais	je suffirai	suffi	que je suffise
	nous suffisons	nous suffisions	nous suffirons		que nous suffisions
	ils suffisent	ils suffisaient	ils suffiront		qu'ils suffisent
suivre	je suis	je suivais	je suivrai	suivi, e	que je suive
	il suit	il suivait	il suivra		qu'il suive
	nous suivons	nous suivions	nous suivrons		que nous suivions
	ils suivent	ils suivaient	ils suivront		qu'ils suivent
survivre *siehe vivre*					
taire	je tais	je taisais	je tairai	tu, e	que je taise
	il tait	il taisait	il taira		qu'il taise
	nous taisons	nous taisions	nous tairons		que nous taisions
	ils taisent	ils taisaient	ils tairont		qu'ils taisent
traduire	je traduis	je traduisais	je traduirai	traduit, e	que je traduise
	il traduit	il traduisait	il traduira		qu'il traduise
	nous traduisons	nous traduisions	nous traduirons		que nous traduisions
	ils traduisent	ils traduisaient	ils traduiront		qu'ils traduisent
traire	je trais	je trayais	je trairai	trait, e	que je traie
	il trait	il trayait	il traira		qu'il traie
	nous trayons	nous trayions	nous trairons		que nous trayions
	ils traient	ils trayaient	ils trairont		qu'ils traient

Infinitif	Présent	Imparfait	Futur	Participe passé	Subjonctif présent
transcrire *siehe écrire*, **transmettre** *siehe mettre*, **transparaître** *siehe paraître*, **tressaillir** *siehe défaillir*					
vaincre	je vaincs	je vainquais	je vaincrai	vaincu, e	que je vainque
	il vainc	il vainquait	il vaincra		qu'il vainque
	nous vainquons	nous vainquions	nous vaincrons		que nous vainquions
	ils vainquent	ils vainquaient	ils vaincront		qu'ils vainquent
valoir	je vaux	je valais	je vaudrai	valu, e	que je vaille
	il vaut	il valait	il vaudra		qu'il vaille
	nous valons	nous valions	nous vaudrons		que nous valions
	ils valent	ils valaient	ils vaudront		qu'ils vaillent
vêtir	je vêts	je vêtais	je vêtirai	vêtu, e	que je vête
	il vêt	il vêtait	il vêtira		qu'il vête
	nous vêtons	nous vêtions	nous vêtirons		que nous vêtions
	ils vêtent	ils vêtaient	ils vêtiront		qu'ils vêtent
vivre	je vis	je vivais	je vivrai	vécu, e	que je vive
	il vit	il vivait	il vivra		qu'il vive
	nous vivons	nous vivions	nous vivrons		que nous vivions
	ils vivent	ils vivaient	ils vivront		qu'ils vivent

Infinitif	Présent	Imparfait	Futur	Participe passé	Subjonctif présent
voir	je vois	je voyais	je verrai	vu, e	que je voie
	il voit	il voyait	il verra		qu'il voie
	nous voyons	nous voyions	nous verrons		que nous voyions
	ils voient	ils voyaient	ils verront		qu'ils voient
vouloir	je veux	je voulais	je voudrai	voulu, e	que je veuille
	il veut	il voulait	il voudra		qu'il veuille
	nous voulons	nous voulions	nous voudrons		que nous voulions
	ils veulent	ils voulaient	ils voudront		qu'ils veuillent

Deutsche Kurzgrammatik
Précis de grammaire allemande

L'article

Un substantif allemand peut être **masculin**, **féminin** ou **neutre**.
C'est grâce aux articles suivants (*der*, *die* ou *das*) que l'on reconnaît le **genre** du substantif.

	article défini				article indéfini			
	m	**f**	**nt**	**pl**	**m**	**f**	**nt**	**pl**
nom.	der	die	das	die	ein	eine	ein	*il n'existe pas de forme du pluriel en allemand*
acc.	den	die	das	die	einen	eine	ein	
gén.	des	der	des	der	eines	einer	eines	
datif	dem	der	dem	den	einem	einer	einem	

Le substantif

Il existe en allemand trois types de déclinaison du substantif: la déclinaison faible, la déclinaison forte et la déclinaison mixte (voir aussi la déclinaison des adjectifs).

On reconnaît les substantifs forts à leur terminaison en *-s*, *-sch*, *ß* et *z*. Ils prennent au génitif singulier la terminaison *-es*.

Hals – Halses, Busch – Busches, Fuß – Fußes, Reiz – Reizes, Kuss – Kusses

1. Déclinaison forte : masculin et neutre

	pluriel en ~e	**pluriel en ⍨e**	**pluriel en ~er**	**pluriel en ⍨er**
singulier				
nominatif	der Tag	der Traum	das Kind	das Dach
accusatif	den Tag	den Traum	das Kind	das Dach
génitif	des Tag(e)s	des Traum(e)s	des Kind(e)s	des Dach(e)s
datif	dem Tag(e)	dem Traum(e)	dem Kind(e)	dem Dach(e)
pluriel				
nominatif	die Tage	die Träume	die Kinder	die Dächer
accusatif	die Tage	die Träume	die Kinder	die Dächer
génitif	der Tage	der Träume	der Kinder	der Dächer
datif	den Tagen	den Träumen	den Kindern	den Dächern

	pluriel en ~s	pluriel sans terminaison ¨	pluriel sans terminaison	pluriel sans terminaison
singulier				
nominatif	das Auto	der Vogel	der Tischler	der Lappen
accusatif	das Auto	den Vogel	den Tischler	den Lappen
génitif	des Autos	des Vogels	des Tischlers	des Lappens
datif	dem Auto	dem Vogel	dem Tischler	dem Lappen
pluriel				
nominatif	die Autos	die Vögel	die Tischler	die Lappen
accusatif	die Autos	die Vögel	die Tischler	die Lappen
génitif	der Autos	der Vögel	der Tischler	der Lappen
datif	den Autos	den Vögeln	den Tischlern	den Lappen

2. Déclinaison forte : féminin

	puriel en ¨e	pluriel sans terminaison ¨	pluriel en ~s
singulier			
nominatif	die Wand	die Mutter	die Bar
accusatif	die Wand	die Mutter	die Bar
génitif	der Wand	der Mutter	der Bar
datif	der Wand	der Mutter	der Bar
pluriel			
nominatif	die Wände	die Mütter	die Bars
accusatif	die Wände	die Mütter	die Bars
génitif	der Wände	der Mütter	der Bars
datif	den Wänden	den Müttern	den Bars

3. Déclinaison faible : masculin

	pluriel en ~n	pluriel en ~en	pluriel en ~n
singulier			
nominatif	der Bauer	der Bär	der Hase
accusatif	den Bauern	den Bären	den Hasen
génitif	des Bauern	des Bären	des Hasen
datif	dem Bauern	dem Bären	dem Hasen

pluriel			
nominatif	die Bauern	die Bären	die Hasen
accusatif	die Bauern	die Bären	die Hasen
génitif	der Bauern	der Bären	der Hasen
datif	den Bauern	den Bären	den Hasen

4. Déclinaison faible : féminin

	pluriel en ~en	**pluriel en ~n**	**pluriel en ~n**	**pluriel en ~nen**
singulier				
nominatif	die Uhr	die Feder	die Gabe	die Ärztin
accusatif	die Uhr	die Feder	die Gabe	die Ärztin
génitif	der Uhr	der Feder	der Gabe	der Ärztin
datif	der Uhr	der Feder	der Gabe	der Ärztin
pluriel				
nominatif	die Uhren	die Federn	die Gaben	die Ärztinnen
accusatif	die Uhren	die Federn	die Gaben	die Ärztinnen
génitif	der Uhren	der Federn	der Gaben	der Ärztinnen
datif	den Uhren	den Federn	den Gaben	den Ärztinnen

5. Déclinaison mixte : masculin et féminin

Ils se déclinent au singulier comme des substantifs *forts*, au pluriel comme des substantifs *faibles*.

	pluriel en ~n	**pluriel en ~en**	**pluriel en ~n**	**pluriel en ~en**
singulier				
nominatif	das Auge	das Ohr	der Name	das Herz
accusatif	das Auge	das Ohr	den Namen	das Herz
génitif	des Auges	des Ohr(e)s	der Namens	des Herzens
datif	dem Auge	dem Ohr(e)	dem Namen	dem Herzen
pluriel				
nominatif	die Augen	die Ohren	die Namen	die Herzen
accusatif	die Augen	die Ohren	die Namen	die Herzen
génitif	der Augen	der Ohren	der Namen	der Herzen
datif	den Augen	den Ohren	den Namen	den Herzen

6. Déclinaison des adjectifs substantivés

	masculin	
singulier		
nominatif	der Reisende	ein Reisender
accusatif	den Reisenden	einen Reisenden
génitif	des Reisenden	eines Reisenden
datif	dem Reisenden	einem Reisenden
pluriel		
nominatif	die Reisenden	Reisende
accusatif	die Reisenden	Reisende
génitif	der Reisenden	Reisender
datif	den Reisenden	Reisenden

	féminin	
singulier		
nominatif	die Reisende	eine Reisende
accusatif	die Reisende	eine Reisende
génitif	der Reisenden	einer Reisenden
datif	der Reisenden	einer Reisenden
pluriel		
nominatif	die Reisenden	Reisende
accusatif	die Reisenden	Reisende
génitif	der Reisenden	Reisender
datif	den Reisenden	Reisenden

	neutre	
singulier		
nominatif	das Neugeborene	ein Neugeborenes
accusatif	das Neugeborene	ein Neugeborenes
génitif	des Neugeborenen	eines Neugeborenen
datif	dem Neugeborenen	einem Neugeborenen
pluriel		
nominatif	die Neugeborenen	Neugeborene
accusatif	die Neugeborenen	Neugeborene
génitif	der Neugeborenen	Neugeborener
datif	den Neugeborenen	Neugeborenen

7. Déclinaison des noms propres

Les noms propres forment leur forme génitive selon les règles suivantes:

nom propre avec article	nom propre sans article	nom propre qui se termine en *-s, -ß, -x, -z*	plusieurs noms propres qui se suivent	nom propre avec apposition
est invariable	**prend un *-s***	**prend une apostrophe**	**le dernier nom prend un *-s***	**est décliné comme un substantif**
des Aristoteles	Marias Auto	Aristoteles' (Schriften)	Johann Sebastian Bachs (Musik)	**nominatif** Karl der Große **accusatif** Karl den Großen **génitif** Karls des Großen **datif** Karl dem Großen
des (schönen) Berlin	die Straßen Berlins	die Straßen Calais'		

Les noms de famille prennent un *-s* au pluriel.

die Schneider**s**.

S'ils se terminent par *-s*, *-ß*, *-x* ou *-z*, ils peuvent avoir un pluriel en *-ens*.

die Schmitz**ens**.

Les noms propres de rues, d'édifices, d'entreprises, de bateaux, de journaux et d'organisations sont toujours déclinés.

Les adjectifs

Lorsqu'un adjectif se situe devant un substantif, il s'accorde en **cas**, en **genre** et en **nombre** avec ce substantif. Ainsi l'adjectif est décliné. Et comme pour le substantif, l'adjectif connaît une déclinaison *forte*, une déclinaison *faible* et une déclinaison *mixte*.

1. La déclinaison forte

- lorsque l'adjectif est relié à un substantif sans article,
- lorsque l'adjectif est précédé d'un mot qui ne donne aucune indication de genre,

  mehrere liebe Kinder, manch guter Wein

- après des nombres cardinaux et après *ein paar, ein bisschen,*

  Sie hörte zwei laute Schritte.
  Wir machen eine Reise mit ein paar guten Freunden.
  Mit einem bisschen guten Willen schaffst du das.

	m	f	nt
singulier			
nominatif	guter Wein	schöne Frau	liebes Kind
accusatif	guten Wein	schöne Frau	liebes Kind
génitif	guten Wein(e)s	schönen Frau	lieben Kindes
datif	gutem Wein(e)	schönen Frau	liebem Kind(e)

pluriel			
nominatif	gute Weine	schöne Frauen	liebe Kinder
accusatif	gute Weine	schöne Frauen	liebe Kinder
génitif	guter Weine	schöner Frauen	lieber Kinder
datif	guten Weinen	schönen Frauen	lieben Kindern

2. La forme faible

- est appliquée lorsque l'adjectif est relié au substantif avec l'article défini *der, die, das,*
- avec des pronoms qui donnent une indication de genre du substantif, par ex. *diese(r), folgende(r), jede(r), welche(r, s).*

	m	f	nt
singulier			
nominatif	der gute Wein	die schöne Frau	das liebe Kind
accusatif	den guten Wein	die schöne Frau	das liebe Kind
génitif	des guten Wein(e)s	der schönen Frau	des lieben Kindes
datif	dem guten Wein	der schönen Frau	dem lieben Kind

pluriel			
nominatif	die guten Weine	die schönen Frauen	die lieben Kinder
accusatif	die guten Weine	die schönen Frauen	die lieben Kinder
génitif	der guten Weine	der schönen Frauen	der lieben Kinder
datif	den guten Weinen	den schönen Frauen	den lieben Kindern

3. La forme mixte

- est appliquée lorsque l'adjectif est relié à un substantif avec l'article indéfini *ein, kein* (au singulier pour les substantifs masculins et neutres),
- avec les pronoms possessifs *mein, dein, sein, unser, euer, ihr.*

	m	nt
singulier		
nominatif	ein guter Wein	ein liebes Kind
accusatif	einen guten Wein	ein liebes Kind
génitif	eines guten Wein(e)s	eines lieben Kindes
datif	einem guten Wein(e)	einem lieben Kind

4. Les adjectifs en *-abel, -ibel, -el*

Déclinés, ces adjectifs perdent le *-e* de la syllabe finale.

	miserabel	**penibel**	**heikel**
singulier			
nominatif	ein miserabler Stil	eine penible Frau	ein heikles Problem
accusatif	einen miserablen Stil	eine penible Frau	ein heikles Problem
génitif	eines miserablen Stils	einer peniblen Frau	eines heiklen Problems
datif	einem miserablen Stil	einer peniblen Frau	einem heiklen Problem
pluriel			
nominatif	miserable Stile	penible Frauen	heikle Probleme
accusatif	miserable Stile	penible Frauen	heikle Probleme
génitif	miserabler Stile	penibler Frauen	heikler Probleme
datif	miserablen Stilen	peniblen Frauen	heiklen Problemen

5. Les adjectifs en *-er, -en*

En règle générale, déclinés, ces adjectifs conservent le *-e* de la syllabe finale, sauf dans le style littéraire.

finster	seine finstren Züge

L'exception concerne aussi les adjectifs d'origine étrangère.

makaber	eine makabre Geschichte
integer	ein integrer Beamter

6. Les adjectifs en *-auer, -euer*

En règle générale, déclinés, ils perdent le *-e* de la syllabe finale.

teuer	ein teures Geschenk
sauer	saure Gurken

7. Les degrés de l'adjectif

Les qualités peuvent être soumises à des comparaisons. On distingue alors trois formes ou trois degrés de comparaison :

	m	**f**	**nt**
positif	schön	schöne	schönes
comparatif	schöner	schönere	schöneres
superlatif	der schönste	die schönste	das schönste

Si l'on veut mettre l'une des formes de la comparaison au génitif, au datif ou à l'accusatif, alors les mêmes règles de déclinaison doivent être appliquées que pour un adjectif positif accompagné d'un substantif.

Der Garten mit den schönsten Blumen. (datif, pluriel)

Particularités:

1. Les adjectifs et les adverbes prennent un *e* devant la terminaison du superlatif.

- lorsqu'ils sont monosyllabiques,
- si l'accent tombe sur la dernière syllabe,
- s'ils se terminent en *-s, -ß, -st, -x, -z* (toujours),
- s'ils se terminent en *-d, -t, -sch* (presque toujours).

spitz	adj. adv.	spitze(r, s) am spitzesten
beliebt	adj. adv.	beliebteste(r, s) am beliebtesten

La même règle est valable pour les adjectifs et les adverbes composés et ceux qui détiennent un préfixe, sans tenir compte de la syllabe sur laquelle l'accent tombe.

unsanft	adj. adv.	unsanfteste(r, s) am unsanftesten

2. Les adjectifs monosyllabiques qui ont au radical un *a, o* ou un *u* prennent au comparatif et au superlatif une inflexion (*Umlaut*).

arm	ärmer	ärmste(r, s)
groß	größer	größte(r, s)
klug	klüger	klügste(r, s)

3. Les groupes des adjectifs suivants ne prennent jamais d'inflexion (*Umlaut*) au superlatif et au comparatif.

- avec une **diphtongue** (par ex. *au*),

faul	fauler	faulste(r, s)

- avec les **suffixes** *-bar, -haft, -ig, -lich, -sam,*

dankbar	dankbarer	dankbarste(r, s)
schwatzhaft	schwatzhafter	schwatzhafteste(r, s)
schattig	schattiger	schattigste(r, s)
stattlich	stattlicher	stattlichste(r, s)
sorgsam	sorgsamer	sorgsamste(r, s)

- lorsqu'ils sont employés comme des **participes**,

überrascht	überraschter	überraschteste(r, s)

– lorsqu'ils sont **d'origine étrangère**.

banal	banaler	banalste(r, s)
interessant	interessanter	interessanteste(r, s)
grandios	grandioser	grandioseste(r, s)

4. Formes irrégulières du comparatif et du superlatif de certains adjectifs et adverbes

gut	besser	beste(r, s)
viel	mehr	meiste(r, s)
gern	lieber	am liebsten
bald	eher	am ehesten

L'adverbe

Lorsque les adjectifs ont un emploi adverbial, ils sont invariables.

Sie singt gut.
Er schreibt schön.
Sie läuft schnell.

Les adverbes employés à la forme comparative suivent les mêmes règles que pour l'adjectif.

Sie singt besser.
Er schreibt schöner.
Sie läuft schneller.

La plupart des adverbes forment leur superlatif selon la structure suivante: *am.......sten.*

Sie singt am besten.
Er schreibt am schönsten.
Sie läuft am schnellsten.

Les verbes

Le présent

Le présent permet d'exprimer en allemand **une action qui est en train de se dérouler au moment de l'énonciation, un fait établi** ou **un déroulement avenir.**

Was machst du? Ich lese.
Die Erde dreht sich um die Sonne.
Morgen habe ich frei.

1. Les verbes réguliers (verbes faibles)

	machen	**legen**	**sagen**	**sammeln**
ich	mache	lege	sage	sammle
du	machst	legst	sagst	sammelst
er sie es	macht	legt	sagt	sammelt
wir	machen	legen	sagen	sammeln
ihr	macht	legt	sagt	sammelt
sie	machen	legen	sagen	sammeln

Les verbes dont le radical se termine en *s, ss, ß* und *z.*

	rasen	**passen**	**küssen**	**grüßen**	**reizen**
ich	rase	passe	küsse	grüße	reize
du	rast	passt	küsst	grüßt	reizt
er sie es	rast	passt	küsst	grüßt	reizt
wir	rasen	passen	küssen	grüßen	reizen
ihr	rast	passt	küsst	grüßt	reizt
sie	rasen	passen	küssen	grüßen	reizen

Les verbes dont le radical se termine en *d* ou *t*, avec une consonne + *m*, ou une consonne + *n*, prennent un *-e* à la deuxième personne du singulier.

	reden	**wetten**	**atmen**	**trocknen**
ich	rede	wette	atme	trockne
du	redest	wettest	atmest	trocknest
er sie es	redet	wettet	atmet	trocknet
wir	reden	wetten	atmen	trocknen
ihr	redet	wettet	atmet	trocknet
sie	reden	wetten	atmen	trocknen

Les verbes dont le radical se termine par *e* oder *er* atone perdent le *e* à la première personne du singulier.

angeln	ich angle
zittern	ich zittre

2. En ce qui concerne les verbes irréguliers (verbes forts), ils changent pour la plupart leur voyelle du radical.

	tragen	**blasen**	**laufen**	**essen**
ich	trage	blase	laufe	esse
du	trägst	bläst	läufst	isst
er sie es	trägt	bläst	läuft	isst
wir	tragen	blasen	laufen	essen
ihr	tragt	blast	lauft	esst
sie	tragen	blasen	laufen	essen

→ Se reporter dans le dictionnaire aux verbes irréguliers et à la liste en annexe.

Le préterit

Le prétérit exprime une **action passée.**

Letztes Jahr reisten wir nach Spanien.

1. Les verbes réguliers

	machen	**sammeln**	**küssen**	**grüßen**	**reizen**
ich	machte	sammelte	küsste	grüßte	reizte
du	machtest	sammeltest	küsstest	grüßtest	reiztest
er sie es	machte	sammelte	küsste	grüßte	reizte
wir	machten	sammelten	küssten	grüßten	reizten
ihr	machtet	sammeltet	küsstet	grüßtet	reiztet
sie	machten	sammelten	küssten	grüßten	reizten

Les verbes dont le radical se termine par *d*, *t*, une consonne + *m* ou une consonne + *n*

	reden	**wetten**	**atmen**	**trocknen**
ich	redete	wettete	atmete	trocknete
du	redetest	wettetest	atmetest	trocknetest
er sie es	redete	wettete	atmete	trocknete
wir	redeten	wetteten	atmeten	trockneten
ihr	redetet	wettetet	atmetet	trocknetet
sie	redeten	wetteten	atmeten	trockneten

2. Les verbes irréguliers

	tragen	blasen	laufen	essen
ich	trug	blies	lief	aß
du	trugst	bliest	liefst	aßt
er sie es	trug	blies	lief	aß
wir	trugen	bliesen	liefen	aßen
ihr	trugt	bliest	lieft	aßt
sie	trugen	bliesen	liefen	aßen

→ Se reporter dans le dictionnaire aux verbes irréguliers et à la liste en annexe.

Le passé composé

Le passé composé exprime une **action totalement révolue** ou **un état**,

Der Zug ist abgefahren.
Heute Nacht hat es geregnet.

Le passé composé est formé des formes du présent des auxiliaires *haben* ou *sein* et du participe passé du verbe conjugué.

1. Les verbes qui expriment un mouvement ou un changement d'état forment le passé composé avec l'auxiliaire *sein*.

	radeln	fahren	verstummen	sterben
ich	bin geradelt	bin gefahren	bin verstummt	bin gestorben
du	bist geradelt	bist gefahren	bist verstummt	bist gestorben
er sie es	ist geradelt	ist gefahren	ist verstummt	ist gestorben
wir	sind geradelt	sind gefahren	sind verstummt	sind gestorben
ihr	seid geradelt	seid gefahren	seid verstummt	seid gestorben
sie	sind geradelt	sind gefahren	sind verstummt	sind gestorben

2. Les verbes transitifs, réfléchis et impersonnels forment le passé composé avec l'auxiliaire *avoir*, alors que la plupart des verbes intransitifs qui expriment un état qui dure, forment le passé composé avec l'auxiliaire *être*.

	legen	sich freuen	regnen	leben
ich	habe gelegt	habe mich gefreut		habe gelebt
du	hast gelegt	hast dich gefreut		hast gelebt
er sie es	hat gelegt	hat sich gefreut	es hat geregnet	hat gelebt
wir	haben gelegt	haben uns gefreut		haben gelebt
ihr	habt gelegt	habt euch gefreut		habt gelebt
sie	haben gelegt	haben sich gefreut		haben gelebt

Pour les verbes auxiliaires, les mêmes règles que pour le passé composé sont valables.

Le plus-que-parfait

Le plus-que-parfait exprime **une action accomplie et antérieure à une autre action passée.**

Als er im Kino ankam, hatte der Film schon begonnen.

Il est constitué des formes du prétérit des auxiliaires *haben* ou *sein* et du participe passé du verbe conjugué.

Les règles concernant l'emploi des auxiliaires sont les mêmes que pour le prétérit.

	fahren	sterben	legen	leben
ich	war gefahren	war gestorben	hatte gelegt	hatte gelebt
du	warst gefahren	warst gestorben	hattest gelegt	hattest gelebt
er sie es	war gefahren	war gestorben	hatte gelegt	hatte gelebt
wir	waren gefahren	waren gestorben	hatten gelegt	hatten gelebt
ihr	wart gefahren	wart gestorben	hattet gelegt	hattet gelebt
sie	waren gefahren	waren gestorben	hatten gelegt	hatten gelebt

Les verbes auxiliaires *haben, sein* et *werden*

On les appelle verbes auxiliaires, car ils permettent de construire certaines formes de temps des verbes (par ex. le passé composé, le plus-que-parfait, le futur) ainsi que le passif.

Présent

	sein	**haben**	**werden**
ich	bin	habe	werde
du	bist	hast	wirst
er sie es	ist	hat	wird
wir	sind	haben	werden
ihr	seid	habt	werdet
sie	sind	haben	werden

Prétérit et participe

	sein	**haben**	**werden**
ich	war	hatte	wurde
du	warst	hattest	wurdest
er sie es	war	hatte	wurde
wir	waren	hatten	wurden
ihr	wart	hattet	wurdet
sie	waren	hatten	wurden
Participe	gewesen	gehabt	geworden

Les verbes modaux

Présent

	können	**dürfen**	**mögen**	**müssen**	**sollen**	**wollen**
ich	kann	darf	mag	muss	soll	will
du	kannst	darfst	magst	musst	sollst	willst
er sie es	kann	darf	mag	muss	soll	will
wir	können	dürfen	mögen	müssen	sollen	wollen
ihr	könnt	dürft	mögt	müsst	sollt	wollt
sie	können	dürfen	mögen	müssen	sollen	wollen

Prétérit

	können	**dürfen**	**mögen**	**müssen**	**sollen**	**wollen**
ich	konnte	durfte	mochte	musste	sollte	wollte
du	konntest	durftest	mochtest	musstest	solltest	wolltest
er sie es	konnte	durfte	mochte	musste	sollte	wollte
wir	konnten	durften	mochten	mussten	sollten	wollten
ihr	konntet	durftet	mochtet	musstet	solltet	wolltet
sie	konnten	durften	mochten	mussten	sollten	wollten

Passé composé

können	ich habe gekonnt
dürfen	ich habe gedurft
mögen	ich habe gemocht
müssen	ich habe gemusst
sollen	ich habe gesollt
wollen	ich habe gewollt

Le participe passé des verbes modaux (par ex. *gekonnt*) est remplacé par l'infinitif (*können*) s'il est précédé par un autre verbe à l'infinitif.

Ich habe gehen können.
Ich habe fragen dürfen.

Participe I (participe présent)

On forme le participe I ou participe présent en ajoutant un *-d* à l'infinitif du verbe.

singen**d**, lachen**d**, etc.

Il exprime de manière brève une proposition subordonnée.

Er saß in der Badewanne und sang.	– Er saß singen**d** in der Badewanne.
Sie öffnete die Tür und lachte.	– Sie öffnete lachen**d** die Tür.

Participe II (participe passé)

Le participe passé des verbes réguliers est formé selon les règles suivantes :

	préfixe	**+ radical**	**+ terminaison**
machen	– ge	+ mach	+ t

legen	– **ge**leg**t**
sagen	– **ge**sag**t**
vierteln	– **ge**viertel**t**
rasen	– **ge**ras**t**
hassen	– **ge**hass**t**
küssen	– **ge**küss**t**
rußen	– **ge**ruß**t**
reizen	– **ge**reiz**t**
reden	– **ge**rede**t**
wetten	– **ge**wette**t**
trocknen	– **ge**trockne**t**

Aux verbes qui se terminent en *-ieren* ainsi qu'aux verbes qui commencent par *be-*, *em-*, *ent-*, *er-*, *ge-*, *miss*, *ver-*, et *zer-* on ne rajoute pas le préfixe *ge-*. Ils sont marqués d'un * dans la partie allemand-français du dictionnaire. Ils suivent les règles suivantes :

	radical	**+ terminaison**
manövrieren*	– manövrier	+ t

empören*	– empör**t**
entgiften*	– entgifte**t**
ersetzen*	– ersetz**t**
vertrösten*	– vertröste**t**
zerreden*	– zerrede**t**

Le préfixe *ge-* tombe aussi pour les verbes composés à particule inséparable. Ces verbes sont aussi marqués d'un *.

übersetzen*	– übersetz**t**
durchwaten*	– durchwate**t**
unterlegen*	– unterleg**t**
umarmen*	– umarm**t**

Le participe passé des verbes composés à particule séparable (par ex. *durchmachen*) se forme selon les règles suivantes :

préfixe verbe	+ Préfixe ppll ge-	+ radical du verbe	+ terminaison *t*
durch	+ ge	+ mach	+ t

anbeten	– an**ge**bete**t**
überschnappen	– über**ge**schnapp**t**
umdeuten	– um**ge**deute**t**

Tous les verbes composés à particule séparable sont marqués dans le dictionnaire du signe |. Les formes irrégulières sont données à l'infinitif. Les verbes composés dont les formes correspondent à celles du verbe de base irrégulier sont signalés par la mention *irr.* Les verbes allemands irréguliers les plus courants sont à consulter dans la liste en annexe.

Futur

Avec le futur on exprime des **états de choses qui se rapportent au futur**, par ex. des déclarations, des intentions, des suppositions ou des promesses.

Il est constitué des formes du présent de l'auxiliaire *werden* et de l'infinitif du verbe conjugué.

Morgen wird es schneien.	(indication de date)
Er wird noch im Urlaub sein.	(supposition)
Ich werde dich immer lieben.	(promesse, intention)

	legen	fahren	sein	haben	können
ich	werde legen	werde fahren	werde sein	werde haben	werde können
du	wirst legen	wirst fahren	wirst sein	wirst haben	wirst können
er sie es	wird legen	wird fahren	wird sein	wird haben	wird können
wir	werden legen	werden fah-ren	werden sein	werden haben	werden kön-nen
ihr	werdet legen	werdet fahren	werdet sein	werdet haben	werdet können
sie	werden legen	werden fah-ren	werden sein	werden haben	werden kön-nen

Le *Konjunktiv I* (mode du potentiel)

Le *Konjunktif I* se forme à partir du radical du verbe au présent auquel on ajoute les terminaisons *-e*, *-est*, *-e*, *-en*, *-et*, *-en*. Le *Konjunktiv I* permet de s'exprimer au **discours indirect.**

Kannst du mir helfen?	(discours direct)
Er fragt sie, ob sie ihm helfen könne.	(discours indirect)

Certains verbes irréguliers changent leur inflexion (*Umlaut*) ou leur voyelle à l'indicatif (mode du réel) mais pas au *Konjunktiv I*.

infinitif	présent de l'indicatif	Konjunktiv I
fallen	du fällst	du fallest
geben	du gibst	du gebest

Le *Konjunktiv I* est non seulement employé dans le discours indirect mais aussi dans certaines locutions figées.

Er lebe hoch!
Gott sei Dank!
Man nehme Salz, Mehl und Butter …

	legen	**hassen**	**küssen**	**reden**
ich	lege	hasse	küsse	rede
du	legst	hassest	küssest	redest
er sie es	lege	hasse	küsse	rede
wir	legen	hassen	küssen	reden
ihr	leget	hasset	küsset	redet
sie	legen	hassen	küssen	reden

Le *Konjunktiv I* des auxiliaires sein, haben et werden

	sein	**haben**	**werden**
ich	sei	habe	werde
du	seist	habest	werdest
er sie es	sei	habe	werde
wir	seien	haben	werden
ihr	seiet	habet	werdet
sie	seien	haben	werden

Le *Konjunktiv I* des verbes modaux

	können	**dürfen**	**mögen**	**müssen**	**sollen**	**wollen**
ich	könne	dürfe	möge	müsse	solle	wolle
du	könnest	dürfest	mögest	müssest	sollest	wollest
er sie es	könne	dürfe	möge	müsse	solle	wolle
wir	können	dürfen	mögen	müssen	sollen	wollen
ihr	könn(e)t	dürf(e)t	mög(e)t	müss(e)t	soll(e)t	woll(e)t
sie	können	dürfen	mögen	müssen	sollen	wollen

Le *Konjunktiv II*

Le *Konjunktiv II* est formé à partir du radical du verbe au prétérit auquel on ajoute les terminaisons *-e, -(e)st, -e, -en, -(e)t, -en.* Pour les verbes réguliers, les formes du *Konjunktiv II* et du prétérit de l'indicatif sont identiques. En ce qui concerne les verbes irréguliers en *i* ou *ie* dans leur forme du prétérit, ils conservent le *i* et *ie* dans les formes du *Konjunktiv II.*

Le *Konjunktiv II* est le mode du **discours irréel**, il est aussi employé dans les **comparaisons** et dans **les formules de politesse**.

Wenn ich Zeit hätte, ginge ich heute mit dir ins Kino.	(irréel)
Die Leiter schwankte so, als fiele sie gleich um.	(comparaison)
Können Sie uns bitte eine Auskunft geben?	(politesse)

	gehen/ging	**rufen/rief**	**greifen/griff**
ich	ginge	riefe	griffe
du	ging(e)st	rief(e)st	griff(e)st
er sie es	ginge	riefe	griffe
wir	gingen	riefen	griffen
ihr	gin(e)t	rief(e)t	griff(e)t
sie	gingen	riefen	griffen

Les verbes qui ont la voyelle *a*, *o* ou *u* au prétérit de l'indicatif prennent au *Konjunktiv II* une inflexion (*Umlaut*).

	singen/ sang	**fliegen/ flog**	**fahren/ fuhr**	**sein/war**	**haben/ hatte**	**werden/ wurde**
ich	sänge	flöge	führe	wäre	hätte	würde
du	säng(e)st	flög(e)st	führ(e)st	wär(e)st	hättest	würdest
er sie es	sänge	flöge	führe	wäre	hätte	würde
wir	sängen	flögen	führen	wären	hätten	würden
ihr	säng(e)t	flög(e)t	führ(e)t	wär(e)t	hättet	würdet
sie	sängen	flögen	führen	wären	hätten	würden

Les formes les plus importantes du *Konjunktiv II*

befehlen	- beföhle	**haben**	- hätte	**sehen**	- sähe
beginnen	- begänne	**heben**	- höbe	**sein**	- wäre
bergen	- bärge	**helfen**	- hülfe	**singen**	- sänge
bersten	- bärste	**klingen**	- klänge	**sinken**	- sänke
bewegen	- bewöge	**kommen**	- käme	**sinnen**	- sänne
biegen	- böge	**können**	- könne	**sitzen**	- säße
bieten	- böte	**kriechen**	- kröche	**spinnen**	- spänne
binden	- bände	**laden**	- lüde	**sprechen**	- spräche
bitten	- bäte	**lesen**	- läse	**sprießen**	- sprösse
brechen	- bräche	**liegen**	- läge	**springen**	- spränge
brennen	- brennte	**löschen**	- lösche	**stechen**	- stäche
bringen	- brächte	**lügen**	- löge	**stehen**	- stände/ stünde
denken	- dächte	**melken**	- mölke	**stehlen**	- stähle
dreschen	- drösche	**messen**	- mäße	**sterben**	- stürbe
dringen	- dränge	**misslingen**	- misslänge	**stinken**	- stänke
dürfen	- dürfte	**mögen**	- möchte	**tragen**	- trüge
empfehlen	- empföhle	**müssen**	- müsste	**treffen**	- träfe
empfinden	- empfände	**nehmen**	- nähme	**treten**	- träte
essen	- äße	**quellen**	- quölle	**trinken**	- tränke
fahren	- führe	**riechen**	- röche	**trügen**	- tröge
finden	- fände	**ringen**	- ränge	**tun**	- täte
flechten	- flöchte	**rinnen**	- ränne	**verderben**	- verdürbe
fliegen	- flöge	**saufen**	- söffe	**vergessen**	- vergäße
fliehen	- flöhe	**schaffen**	- schüfe	**verlieren**	- verlöre
fließen	- flösse	**schelten**	- schölte	**wachsen**	- wüchse
fressen	- fräße	**scheren**	- schöre	**wiegen**	- wöge
frieren	- fröre	**schieben**	- schöbe	**waschen**	- wüsche
gären	- gäre	**schießen**	- schösse	**werben**	- würbe
gebären	- gebäre	**schinden**	- schünde	**werden**	- würde
geben	- gäbe	**schlagen**	- schlüge	**werfen**	- würfe
gelingen	- gelänge	**schließen**	- schlösse	**wiegen**	- wörfe
gelten	- gälte	**schlingen**	- schlänge	**winden**	- wände
genießen	- genösse	**schmelzen**	- schmölze	**wissen**	- wüsste
geschehen	- geschähe	**schwellen**	- schwölle	**ziehen**	- zöge
gewinnen	- gewönne	**schwimmen**	- schwömme	**zwingen**	- zwänge
gießen	- gösse	**schwinden**	- schwände		
glimmen	- glömme	**schwingen**	- schwänge		
graben	- grübe	**schwören**	- schwüre		

La phrase au conditionnel

Le *Konjunktiv II* de *werden* ajouté à l'*infinitif* du verbe conjugué exprime **un état de chose** subordonné à quelque condition ou éventualité. Il est donc le mode de l'hypothétique.

Wenn ihr uns einladen würdet, würden wir fahren (au lieu de: *führen*).

Certaines formes du *Konjunktiv II* particulièrement inusitées ou vieillies sont remplacées aujourd'hui par l'emploi de la structure suivante: *werden* au *Konjunktiv II* + infinitif du verbe.

Wenn Flugzeuge nicht umweltfreundlicher fliegen würden (au lieu de: *flögen),*
würde es bald keine saubere Luft mehr geben (au lieu de: *gäbe*).

	legen	**fahren**
ich	würde legen	würde fahren
du	würdest legen	würdest fahren
er sie es	würde legen	würde fahren
wir	würden legen	würden fahren
ihr	würdet legen	würdet fahren
sie	würden legen	würden fahren

L'impératif

L'impératif sert à exprimer **une sommation, une requête, un avertissement**, etc. ou une **interdiction.** Il ne connaît que deux formes: la deuxième personne du singulier et celle du pluriel.

1. **Pour les verbes réguliers, on ajoute au singulier un *e* et au pluriel un *t* au radical du verbe. La forme du pluriel de l'impératif est identique à la deuxième personne du pluriel de l'indicatif présent.**

Dans la forme de politesse avec *Sie* on a un phénomène **d'inversion** (c'est-à-dire que le prédicat est placé avant le sujet). L'ordre normal des mots est inversé.

Sie schreiben einen Brief.	(constat/indicatif)
Schreiben Sie einen Brief!	(sommation/impératif)

infinitif	**singulier**	**pluriel**	**forme de politesse**
schreiben	schreibe	schreibt	schreiben Sie
singen	singe	singt	singen Sie
trinken	trinke	trinkt	trinken Sie
atmen	atme	atmet	atmen Sie
reden	rede	redet	reden Sie

Particularités :

Les verbes qui se terminent en *-eln*, *-ern* peuvent perdre le *-e* au singulier.

infinitif	singulier	pluriel	forme de politesse
sammeln	samm(e)le	sammelt	sammeln Sie
fördern	förd(e)re	fördert	fördern Sie
handeln	hand(e)le	handelt	handeln Sie

Si le radical du verbe se termine en *m* ou *n* précédé *d'un m, n, r, l, h,* il peut perdre le *-e* final au singulier.

infinitiv	singulier	pluriel	forme de politesse
kämmen	kämm(e)	kämmt	kämmen Sie
rennen	renn(e)	rennt	rennen Sie
lernen	lern(e)	lernt	lernen Sie
qualmen	qualm(e)	qualmt	qualmen Sie
rühmen	rühm(e)	rühmt	rühmen Sie

Exceptions :

Si on trouve une autre consonne devant le *-m* ou le *-n*, alors la terminaison *-e* doit absolument être conservée.

atme, rechne

2. Les verbes irréguliers qui ne changent pas leur voyelle en *-i* ou *-ie* au présent suivent à l'impératif les mêmes règles que les verbes réguliers.

→ Les formes de l'impératif sont indiquées dans la liste des verbes allemands irréguliers en annexe.

Changement vocalique en *-i* ou *-ie*

infinitif	singulier	pluriel
lesen	lies	lest
werfen	wirf	werft
sterben	stirb	sterbt
essen	iss	esst
sehen	sieh	seht

Les auxiliaires *sein*, *haben* et *werden*

infinitif	singulier	pluriel
sein	sei	seid
haben	habe	habt
werden	werde	werdet

La voix active et la voix passive

La voix active **décrit un déroulement qui est vu du point de vue du sujet agissant**. Au passif **c'est le déroulement même qui est au centre de l'énoncé**, sans que le sujet agissant n'ai besoin d'être nommé.

Die Parlamentarier wählen den Präsidenten.	(voix active)
Der Präsident wird von den Parlamentariern gewählt.	(voix passive)

Le passif est formé de l'auxiliaire *werden* et du participe passé du verbe conjugué.

	lieben	schlagen
présent	ich werde geliebt	ich werde geschlagen
prétérit	ich wurde geliebt	ich wurde geschlagen

Le pronom

Les pronoms en allemand sont déclinés comme les articles, les substantifs, les adjectifs et les adverbes.

1. Le pronom personnel

Il désigne la personne qui parle ou dont il est question dans la phrase.

nominatif	accusatif	génitif	datif
ich	mich	meiner	mir
du	dich	deiner	dir
er	ihn	seiner	ihm
sie	sie	ihrer	ihr
es	es	seiner	ihm
wir	uns	unser	uns
ihr	euch	euer	euch
sie	sie	ihrer	ihnen

2. Le pronom réfléchi

Il se rapporte au sujet de la phrase et doit s'accorder en **personne** et en **nombre** avec lui.

Ich wasche mich.
Du wäschst dich.
Er/Sie/Es wäscht sich.
Wir waschen uns.
Ihr wascht euch.
Sie waschen sich.

3. Le pronom possessif

Il indique **une relation d'appartenance** ou un **rapport de possession** et s'accorde en **cas**, en **genre** et en **nombre** avec le substantif auquel il se rapporte.

Il peut se trouver comme un adjectif devant le substantif ou remplacer le substantif.

a) Emploi adjectival

	m	f	nt	pl
1ère personne du singulier				
nominatif	mein	meine	mein	meine
accusatif	meinen	meine	mein	meine
génitif	meines	meiner	meines	meiner
datif	meinem	meiner	meinem	meinen
2e personne du singulier (décliné comme *mein*)				
nominatif	dein	deine	dein	deine
3e Personne du singulier (m) (décliné comme *mein*)				
nominatif	sein	seine	sein	seine
3e personne du singulier (f) (décliné comme *mein*)				
nominatif	ihr	ihre	ihr	ihre
3e personne du singulier (nt) (décliné comme *mein*)				
nominatif	sein	seine	sein	seine
1ère personne du pluriel				
nominatif	unser	uns(e)re	unser	uns(e)re
accusatif	uns(e)ren	uns(e)re	unser	uns(e)re
génitif	uns(e)res	uns(e)rer	uns(e)res	uns(e)rer
datif	uns(e)rem unserm	uns(e)rer	uns(e)rem unserm	uns(e)ren unsern
2e personne du pluriel				
nominatif	euer	eure	euer	eure
accusatif	euren	eure	euer	eure
génitif	eures	eurer	eures	eurer
datif	eurem	eurer	eurem	euren
3e personne du pluriel				
nominatif	ihr	ihre	ihr	ihre
accusatif	ihren	ihre	ihr	ihre
génitif	ihres	ihrer	ihres	ihrer
datif	ihrem	ihrer	ihrem	ihren

b) Employé à la place du substantif

se référant à	m	f	nt	pl
1ère p. du sing.	meiner	meine	mein(e)s	meine
2e p. du sing.	deiner	deine	dein(e)s	deine
3e p. du sing. m, nt	seiner	seine	sein(e)s	seine
3e pers. du sing. f	ihrer	ihre	ihr(e)s	ihre
1ère pers. du pl.	uns(e)rer	uns(e)re	uns(e)res	uns(e)re
2e pers. du pl.	eurer	eure	eures, euers	eure
3e pers. du pl.	ihrer	ihre	ihr(e)s	ihre

4. Le pronom démonstratif

Il reprend ou désigne un élément dont il vient d'être question dans l'énoncé.

	m	f	nt	pl
nominatif	dieser	diese	dieses	diese
accusatif	diesen	diese	dieses	diese
génitif	dieses	dieser	dieses	dieser
datif	diesem	dieser	diesem	diesen
nominatif	jener	jene	jenes	jene
accusatif	jenen	jene	jenes	jene
génitif	jenes	jener	jenes	jener
datif	jenem	jener	jenem	jenen
nominatif	derjenige	diejenige	dasjenige	diejenigen
accusatif	denjenigen	diejenige	dasjenige	diejenigen
génitif	desjenigen	derjenigen	desjenigen	derjenigen
datif	demjenigen	derjenigen	demjenigen	denjenigen
nominatif	derselbe	dieselbe	dasselbe	dieselben
accusatif	denselben	dieselben	dasselbe	dieselben
génitif	desselben	derselben	desselben	derselben
datif	demselben	derselben	demselben	denselben

Dieser renvoie à un élément **proche** ; *jener* à un élément **éloigné**. L'article défini *der, die, das* peut être employé aussi comme un pronom démonstratif.

5. Le pronom relatif

Les pronoms relatifs les plus usités sont *der, die, das*; moins courants sont *welcher, welche, welches*. Tous introduisent une proposition subordonnée dans laquelle est donné un nouvel énoncé qui complète celui de la phrase principale. Le pronom relatif s'accorde en **genre** et en **nombre** avec le mot de la principale auquel il se rapporte,

Par ex.	Er putzt sein neues Auto, das/welches er sich gekauft hat.

	m	f	nt	pl
nominatif	welcher	welche	welches	welche
accusatif	welchen	welche	welches	welche
génitif	dessen	deren	dessen	deren
datif	welchem	welcher	welchem	welchen

Wer et *was* peuvent aussi être employés comme des pronoms relatifs.

Wer das behauptet, lügt.
Mach doch, was du willst!

6. Le pronom interrogatif

Le pronom interrogatif se distingue selon qu'il se rapporte à une **personne** *(Wer?)* ou à une **chose** *(Was?)*. Il ne possède que des formes du singulier.

	personne	chose
nominatif	*Wer* spielt mit?	*Was* ist das?
accusatif	*Wen* liebst du?	*Was* höre ich da?
génitif	*Wessen* Haus ist das?	
datif	*Wem* gehört das Haus?	

Le génitif du pronom interrogatif *wessen* est de plus en plus remplacé par le datif *wem*.

Wem gehört das Haus?

Par l'expression *was für ein(er)* la question porte sur les caractéristiques d'une personne ou d'une chose.

Was für ein Mensch ist Peter eigentlich?
Was für einen Anzug möchten Sie?

Avec les pronoms interrogatifs *welcher, welche* et *welches* la question porte sur une personne ou une chose concrète parmi un ensemble ou groupe.

Welche Schuhe soll ich nehmen?	(Die braunen oder die schwarzen?)
Mit welchem Bus kommst du?	(Mit dem um 16 oder um 17 Uhr?)
Welches Eis schmeckt dir besser?	(Erdbeer- oder Schokoladeneis?)

	m	f	nt	pl
nominatif	welcher	welche	welches	welche
accusatif	welchen	welche	welches	welche
génitif	welches	welcher	welches	welcher
datif	welchem	welcher	welchem	welchen

Les prépositions

Des prépositions qui régissent

– l'**accusatif**:	bis	durch
	für	gegen
	je	ohne
	pro	um
	wider	
– le **datif**:	ab	aus
	außer	bei
	binnen	entgegen
	entsprechend	gegenüber
	gemäß	mit
	nach	nächst
	nahe	nebst
	samt	seit
	von	zu
	zufolge	zuwider
– l'**accusatif** ou le **datif** *:	an	auf
	entlang	hinter
	in	neben
	über	unter
	vor	zwischen

* Lorsqu'elles décrivent un mouvement ou un changement de direction *(Wohin?)* elles régissent l'accusatif.
Lorsqu'elles donnent une indication de lieu *(Wo?)* elles régissent le datif.

Er hängt die Uhr an die Wand.	*(Wohin?)*
Die Uhr hängt an der Wand.	*(Wo?)*

→ Dans le dictionnaire on trouve pour chaque préposition une indication concernant leur rection.

Certaines prépositions peuvent s'agglutiner à certaines formes grammaticales de l'article pour former un seul mot.

an/in	+ dem	devient	am/im
bei	+ dem		beim
von	+ dem		vom
zu	+ dem/der		zum/zur
an/in	+ das		ans/ins

Deutsche unregelmäßige Verben

Verbes allemands irréguliers

Die unregelmäßigen Formen der mit *auf-*, *ab-*, *be-*, *er-*, *zer-* usw. präfigierten Verben entsprechen denen ihrer Grundform. Neben dem Infinitiv wird zusätzlich die 2. Person Singular angegeben, wenn diese gegenüber der Grundform einen Umlaut aufweist oder eine Vokalveränderung erfährt. Ebenso wird zum Partizip Perfekt das Hilfsverb aufgeführt, mit welchem es gebildet wird.

La conjugaison des verbes dérivés à partir des préfixes *auf-*, *ab-*, *be-*, *er-*, *zer-* etc. correspond à celle du verbe de base. En plus de la forme infinitive, la liste suivante donne la 2ᵉ personne du singulier du verbe si celui-ci prend une inflexion *(Umlaut)* ou change de voyelle. La liste indique aussi pour chaque participe passé l'auxiliaire avec lequel il est formé.

1. Infinitiv **1. Infinitif**	**2. Imperfekt** **2. Prétérit**	**3. Partizip Perfekt** **3. Participe passé**	**4. Imperativ – Sing/Pl** **4. Impératif – sing/pl**
backen bäckst, backst	backte	hat gebacken	back[e]/backt
befehlen befiehlst	befahl	hat befohlen	befiehl/befehlt
beginnen	begann	hat begonnen	beginn[e]/beginnt
beißen	biss	hat gebissen	beiß[e]/beißt
bergen birgst	barg	hat geborgen	birg/bergt
bersten birst	barst	ist geborsten	birst/berstet
bewegen	bewog	hat bewogen	beweg[e]/bewegt
biegen	bog	hat/ist gebogen	bieg[e]/biegt
bieten	bot	hat geboten	biet[e]/bietet
binden	band	hat gebunden	bind[e]/bindet
bitten	bat	hat gebeten	bitt[e]/bittet
blasen bläst	blies	hat geblasen	blas[e]/blast
bleiben	blieb	ist geblieben	bleib[e]/bleibt
bleichen	bleichte blich	hat gebleicht hat geblichen	bleich[e]/bleicht
braten brätst	briet	hat gebraten	brat[e]/bratet
brechen brichst	brach	hat/ist gebrochen	brich/brecht
brennen	brannte	hat gebrannt	brenn[e]/brennt
bringen	brachte	hat gebracht	bring/bringt
denken	dachte	hat gedacht	denk[e]/denkt
dreschen drischst	drosch	hat/ist gedroschen	drisch/drescht
dringen	drang	ist gedrungen	dring[e]/dringt

1. Infinitiv 1. Infinitif	2. Imperfekt 2. Prétérit	3. Partizip Perfekt 3. Participe passé	4. Imperativ – Sing/Pl 4. Impératif – sing/pl
dürfen darfst	durfte	hat gedurft	
empfangen empfängst	empfing	hat empfangen	empfang[e]/empfangt
empfehlen empfiehlst	empfahl	hat empfohlen	empfiehl/empfehlt
empfinden	empfand	hat empfunden	empfind[e]/empfindet
erlöschen erlischst	erlosch	hat erloschen	erlisch/erlöscht
erschrecken erschrickst	erschrak	ist erschrocken	erschrick/erschreckt
essen isst	aß	hat gegessen	iss/esst
fahren fährst	fuhr	hat/ist gefahren	fahr[e]/fahrt
fallen fällst	fiel	ist gefallen	fall[e]/fallt
fangen fängst	fing	hat gefangen	fang[e]/fangt
fechten fichtst	focht	hat gefochten	ficht/fechtet
finden	fand	hat gefunden	find[e]/findet
flechten flichtst	flocht	hat geflochten	flicht/flechtet
fliegen	flog	hat/ist geflogen	flieg[e]/fliegt
fliehen	floh	ist geflohen	flieh[e]/flieht
fließen	floss	ist geflossen	fließ[e]/fließt
fressen frisst	fraß	hat gefressen	friss/fresst
frieren	fror	hat gefroren	frier[e]/friert
gären	gor gärte	hat/ist gegoren hat/ist gegärt	gär[e]/gärt
gebären gebierst	gebar	ist geboren	gebier[e]/gebärt
geben gibst	gab	hat gegeben	gib/gebt
gedeihen	gedieh	ist gediehen	gedeih[e]/gedeiht
gefallen gefällst	gefiel	hat gefallen	gefall[e]/gefallt
gehen	ging	ist gegangen	geh[e]/geht
gelingen	gelang	ist gelungen	geling[e]/gelingt
gelten giltst	galt	hat gegolten	gilt/geltet
genesen	genas	ist genesen	genese/genest
genießen	genoss	hat genossen	genieß[e]/genießt
geraten gerätst	geriet	ist geraten	gerat[e]/geratet
gerinnen	gerann	ist geronnen	gerinn[e]/gerinnt

1. Infinitiv 1. Infinitif	2. Imperfekt 2. Prétérit	3. Partizip Perfekt 3. Participe passé	4. Imperativ – Sing/Pl 4. Impératif – sing/pl
geschehen geschieht	geschah	ist geschehen	geschieh/gescheht
gestehen	gestand	hat gestanden	gesteh[e]/gesteht
gewinnen	gewann	hat gewonnen	gewinn[e]/gewinnt
gießen	goss	hat gegossen	gieß[e]/gießt
gleichen	glich	hat geglichen	gleich[e]/gleicht
gleiten	glitt	ist geglitten	gleit[e]/gleitet
glimmen	glomm	hat geglommen	glimm[e]/glimmt
graben gräbst	grub	hat gegraben	grab[e]/grabt
greifen	griff	hat gegriffen	greif[e]/greift
haben hast	hatte	hat gehabt	hab[e]/habt
halten hältst	hielt	hat gehalten	halt[e]/haltet
hängen	hing	hat gehangen	häng[e]/hängt
hauen	haute hieb	hat gehauen	hau[e]/haut
heben	hob	hat gehoben	heb[e]/hebt
heißen	hieß	hat geheißen	heiß[e]/heißt
helfen hilfst	half	hat geholfen	hilf/helft
kennen	kannte	hat gekannt	kenn[e]/kennt
klingen	klang	hat geklungen	kling[e]/klingt
kneifen	kniff	hat gekniffen	kneif[e]/kneift
kommen	kam	ist gekommen	komm[e]/kommt
können kannst	konnte	hat gekonnt	
kriechen	kroch	ist gekrochen	kriech[e]/kriecht
küren	kürte	hat gekürt	kür[e]/kürt
laden lädst	lud	hat geladen	lad[e]/ladet
lassen lässt	ließ	hat gelassen	lass/lasst
laufen läufst	lief	ist gelaufen	lauf[e]/lauft
leiden	litt	hat gelitten	leid[e]/leidet
leihen	lieh	hat geliehen	leih[e]/leiht
lesen liest	las	hat gelesen	lies/lest
liegen	lag	hat gelegen	lieg[e]/liegt
lügen	log	hat gelogen	lüg[e]/lügt
mahlen	mahlte	hat gemahlen	mahl[e]/mahlt
meiden	mied	hat gemieden	meid[e]/meidet
melken	molk melkte	hat gemolken hat gemelkt	melk[e], milk/melkt

1. Infinitiv 1. Infinitif	2. Imperfekt 2. Prétérit	3. Partizip Perfekt 3. Participe passé	4. Imperativ – Sing/Pl 4. Impératif – sing/pl
messen misst	maß	hat gemessen	miss/messt
misslingen	misslang	ist misslungen	
mögen magst	mochte	hat gemocht	
müssen musst	musste	hat gemusst	
nehmen nimmst	nahm	hat genommen	nimm/nehmt
nennen	nannte	hat genannt	nenn[e]/nennt
pfeifen	pfiff	hat gepfiffen	pfeif[e]/pfeift
preisen	pries	hat gepriesen	preis[e]/preist
quellen quillst	quoll	ist gequollen	quill/quellt
raten rätst	riet	hat geraten	rat[e]/ratet
reiben	rieb	hat gerieben	reib[e]/reibt
reißen	riss	hat/ist gerissen	reiß/reißt
reiten	ritt	hat/ist geritten	reit[e]/reitet
rennen	rannte	ist gerannt	renn[e]/rennt
riechen	roch	hat gerochen	riech[e]/riecht
ringen	rang	hat gerungen	ring[e]/ringt
rinnen	rann	ist geronnen	rinn[e]/rinnt
rufen	rief	hat gerufen	ruf[e]/ruft
salzen	salzte	hat gesalzen hat gesalzt	salz[e]/salzt
saufen säufst	soff	hat gesoffen	sauf[e]/sauft
schaffen	schuf	hat geschaffen	schaff[e]/schafft
schallen	schallte scholl	hat geschallt	schall[e]/schallt
scheiden	schied	hat/ist geschieden	scheid[e]/scheidet
scheinen	schien	hat geschienen	schein[e]/scheint
scheißen	schiss	hat geschissen	scheiß[e]/scheißt
schelten schiltst	schalt	hat gescholten	schilt/scheltet
scheren	schor	hat geschoren hat geschert	scher[e]/schert
schieben	schob	hat geschoben	schieb[e]/schiebt
schießen	schoss	hat geschossen	schieß[e]/schießt
schinden	schindete	hat geschunden	schind[e]/schindet
schlafen schläfst	schlief	hat geschlafen	schlaf[e]/schlaft
schlagen schlägst	schlug	hat geschlagen	schlag[e]/schlagt
schleichen	schlich	ist geschlichen	schleich[e]/schleicht

1. Infinitiv 1. Infinitif	2. Imperfekt 2. Prétérit	3. Partizip Perfekt 3. Participe passé	4. Imperativ – Sing/Pl 4. Impératif – sing/pl
schleifen	schliff	hat geschliffen	schleif[e]/schleift
schließen	schloss	hat geschlossen	schließ[e]/schließt
schlingen	schlang	hat geschlungen	schling[e]/schlingt
schmeißen	schmiss	hat geschmissen	schmeiß[e]/schmeißt
schmelzen schmilzt	schmolz	ist geschmolzen	schmilz/schmelzt
schnauben	schnaubte	hat geschnaubt	schnaub[e]/schnaubt
	schnob	hat geschnoben	
schneiden	schnitt	hat geschnitten	schneid[e]/schneidet
schreiben	schrieb	hat geschrieben	schreib[e]/schreibt
schreien	schrie	hat geschrie[e]n	schrei[e]/schreit
schreiten	schritt	ist geschritten	schreit[e]/schreitet
schweigen	schwieg	hat geschwiegen	schweig[e]/schweigt
schwellen schwillst	schwoll	ist geschwollen	schwill/schwellt
schwimmen	schwamm	hat/ist geschwom- men	schwimm[e]/schwimmt
schwinden	schwand	ist geschwunden	schwind[e]/schwindet
schwingen	schwang	hat geschwungen	schwing[e]/schwingt
schwören	schwor	hat geschworen	schwör[e]/schwört
sehen siehst	sah	hat gesehen	sieh/seht
sein *1. Präs Sing* bin *2. Präs Sing* bist *3. Präs Sing* ist *1. Präs Pl* sind *2. Präs Pl* seid *3. Präs Pl* sind	war	ist gewesen	sei/seid
senden	sendete CH sandte	hat gesendet CH hat gesandt	send[e]/sendet
sieden	siedete sott	hat gesiedet hat gesotten	sied[e]/siedet
singen	sang	hat gesungen	sing[e]/singt
sinken	sank	ist gesunken	sink[e]/sinkt
sinnen	sann	hat gesonnen	sinn[e]/sinnt
sitzen	saß	hat gesessen	sitz[e]/sitzt
sollen	sollte	hat gesollt	
spalten	spaltete	hat gespalten hat gespaltet	spalt[e]/spaltet
speien	spie	hat gespie[e]n	spei[e]/speit
spinnen	spann	hat gesponnen	spinn[e]/spinnt
sprechen sprichst	sprach	hat gesprochen	sprich/sprecht
sprießen	spross sprießte	ist gesprossen ist gesprießt	sprieß[e]/sprießt

1. Infinitiv 1. Infinitif	2. Imperfekt 2. Prétérit	3. Partizip Perfekt 3. Participe passé	4. Imperativ – Sing/Pl 4. Impératif – sing/pl
springen	sprang	ist gesprungen	spring[e]/springt
stechen stichst	stach	hat gestochen	stich/stecht
stecken	steckte stak	hat gesteckt	steck[e]/steckt
stehen	stand	hat gestanden	steh[e]/steh
stehlen stiehlst	stahl	hat gestohlen	stiehl/stehlt
steigen	stieg	ist gestiegen	steig[e]/steigt
sterben stirbst	starb	ist gestorben	stirb/sterbt
stinken	stank	hat gestunken	stink[e]/stinkt
stoßen stößt	stieß	hat gestoßen	stoß[e]/stoßt
streichen	strich	hat gestrichen	streich[e]/streicht
streiten	stritt	hat gestritten	streit[e]/streitet
tragen trägst	trug	hat getragen	trag[e]/tragt
treffen triffst	traf	hat getroffen	triff/trefft
treiben	trieb	hat getrieben	treib[e]/treibt
treten trittst	trat	hat getreten	tritt/tretet
triefen	triefte troff	hat getrieft hat getroffen	trief[e]/trieft
trinken	trank	hat getrunken	trink[e]/trinkt
trügen	trog	hat getrogen	trüg[e]/trügt
tun *1. Präs Sing* tue *2. Präs Sing* tust *3. Präs Sing* tut	tat	hat getan	tu[e]/tut
verbieten	verbot	hat verboten	verbiet[e]/verbietet
verbrechen verbrichst	verbrach	hat verbrochen	verbrich/verbrecht
verderben verdirbst	verdarb	hat verdorben	verdirb/verderbt
vergessen vergisst	vergaß	hat vergessen	vergiss/vergesst
verlieren	verlor	hat verloren	verlier[e]/verliert
verraten verrätst	verriet	hat verraten	verrat[e]/verratet
verschleißen	verschliss	hat verschlissen	verschleiß[e]/verschleißt
verstehen	verstand	hat verstanden	versteh[e]/versteht
verwenden	verwendete verwandt	hat verwendet hat verwandt	verwend[e]/verwendet
verzeihen	verzieh	hat verziehen	verzeih[e]/verzeiht

1. Infinitiv 1. Infinitif	2. Imperfekt 2. Prétérit	3. Partizip Perfekt 3. Participe passé	4. Imperativ – Sing/Pl 4. Impératif – sing/pl
wachsen wächst	wuchs	ist gewachsen	wachs[e]/wachst
waschen wäschst	wusch	hat gewaschen	wasch[e]/wascht
weben	wob webte	hat gewoben hat gewebt	web[e]/webt
weichen	wich	ist gewichen	weich[e]/weicht
weisen	wies	hat gewiesen	weis[e]/weist
wenden	wendete wandte	hat gewendet hat gewandt	wend[e]/wendet
werben wirbst	warb	hat geworben	wirb/werbt
werden wirst	wurde	ist geworden	werd[e]/werdet
werfen wirfst	warf	hat geworfen	wirf/werft
wiegen	wog	hat gewogen	wieg[e]/wiegt
winden	wand	hat gewunden	wind[e]/windet
wissen weißt	wusste	hat gewusst	wiss[e]/wisset
wollen willst	wollte	hat gewollt	woll[e]/wollt
ziehen	zog	hat/ist gezogen	zieh[e]/zieht
zwingen	zwang	hat gezwungen	zwing[e]/zwingt

Faux amis

Falsche Freunde

Die falschen Freunde sind alphabetisch geordnet. Ausschlaggebend ist dabei die französische Schreibung.

L'ordre alphabétique respecte l'orthographe française qui est la plupart du temps à l'origine des faux amis allemands correspondants.

Bedeutung des französischen Ausdrucks im Deutschen: Signification de l'expression française en allemand:	français	deutsch	Französische Übersetzung des deutschen Ausdrucks: Traduction de l'expression allemande en français:
Mitglied der Académie française	**académicien**	**Akademiker**	diplômé de l'enseignement supérieur
1) Attribut, Eigenschaft 2) prädikative Ergänzung zum Subjekt	**attribut**	**Attribut**	1) particularité 2) épithète
Waage	**balance**	**Balance**	équilibre
1) schaukeln 2) schwenken 3) (weg)schmeißen	**balancer**	**balancieren**	[se] tenir en équilibre
1) Streifen, Band 2) Binde 3) Gruppe, Schar	**bande**	**Band**	1) ruban 2) bande 3) volume 4) orchestre
1) [Auto]batterie 2) Schlagzeug 3) Reihe, Set	**batterie**	**Batterie**	1) pile, batterie (de voiture) 2) mélangeur
1) Tier, Vieh 2) Ungeziefer 3) dumm	**bête**	**Bestie**	1) bête féroce 2) monstre
1) tadeln 2) die Schuld geben 3) einen Verweis erteilen	**blâmer**	**blamieren**	1) ridiculiser 2) se couvrir de ridicule
1) weiß 2) leer 3) sauber 4) unschuldig 5) Schein-	**blanc**	**blank**	1) brillant(e), étincelant(e) 2) pur(e) 3) nu(e)
1) [Arbeits]kittel 2) Bluse	**blouse**	**Bluse**	chemisier
Feuerzeug	**briquet**	**Brikett**	briquette

Bedeutung des französischen Ausdrucks im Deutschen: Signification de l'expression française en allemand:	français	deutsch	Französische Übersetzung des deutschen Ausdrucks: Traduction de l'expression allemande en français:
1) Schnalle 2) Locke 3) Schleife, Windung	**boucle**	**Buckel**	bosse (dans le dos, du terrain)
1) Pilz 2) Gaspedal	**champignon**	**Champignon**	champignon de Paris
1) Endivie 2) Kaffee-Ersatz	**chicorée**	**Chicorée**	endive
1) Ziffer, Zahl 2) Betrag 3) Kode	**chiffre**	**Chiffre**	1) numéro d'identification 2) code secret
Tastatur	**clavier**	**Klavier**	piano
1) Truhe 2) Kofferraum 3) Safe	**coffre**	**Koffer**	valise, malle
1) Wettbewerb 2) Preisausschreiben	**concours**	**Konkurs**	faillite
1) [Herren]anzug 2) Tracht	**costume**	**Kostüm**	1) tailleur 2) costume
1) zugedeckt 2) versichert/ 1) Besteck 2) Gedeck	**couvert**	**Kuvert**	enveloppe (pour le courrier)
Daten	**dates**	**Daten**	1) dates (pluriel de: *Datum*) 2) données, informations
anständig	**décent**	**dezent**	discret(-ète)
1) Beweis 2) Beweisführung 3) Demonstration 4) Vorführung	**démonstration**	**Demonstration**	1) manifestation 2) démonstration
Schonkost, Diät	**diète**	**Diät**	régime (alimentaire)
führende Persönlichkeit, Führung	**dirigeant**	**Dirigent**	chef d'orchestre
Aufsatz	**dissertation**	**Dissertation**	thèse de doctorat
ausschließlich, alleinig, Exklusiv-	**exclusif**	**exklusiv**	raffiné(e)
1) Laune 2) Marotte 3) Einfallsreichtum	**fantaisie**	**Phantasie**	imagination

Bedeutung des französischen Ausdrucks im Deutschen: Signification de l'expression française en allemand:	français	deutsch	Französische Übersetzung des deutschen Ausdrucks: Traduction de l'expression allemande en français:
1) verhängnisvoll 2) tödlich 3) unabwendbar 4) schicksalhaft	**fatal**	**fatal**	fatal(e), affreux(-euse)
1) treu 2) wahrheitsgetreu/ Gläubige	**fidèle**	**fidel**	joyeux(-euse), gai(e)
1) Gesicht 2) Persönlichkeit 3) Figur, graphische Darstellung	**figure**	**Figur**	1) silhouette 2) pièce 3) personnage 4) figure
Geruchssinn	**flair**	**Flair**	1) aura 2) ambiance 3) charme
1) Flotte 2) Wasser 3) Regen	**flotte**	**flott**	1) rapide, dégourdi(e), entraînant(e) 2) smart(e), fringant(e) 3) dépensier(-ière)
1) Eis 2) Spiegel 3) Glasscheibe	**glace**	**Glas**	verre (matériau et ustensile)
dick, schwer, grob, groß	**gros(se)**	**groß**	grand(e), gros(e)
Turnhalle, Turnplatz	**gymnase**	**Gymnasium**	lycée
1) nicht kennen, nicht wissen 2) ignorieren	**ignorer**	**ignorieren**	ignorer, ne pas prendre en considération
1) Eifersucht 2) Neid	**jalousie**	**Jalousie**	jalousie, store
Heide(land)	**lande**	**Land**	pays, terre, terrain, campagne
1) leicht, dünn 2) mild, leise, schwach	**léger (légère)**	**leger**	décontracté(e)
Kompott, Marmelade	**marmelade**	**Marmelade**	confiture
Messe	**messe**	**Messe**	1) messe (catholique) 2) foire
1) Welt 2) Menschenmenge	**monde**	**Mond**	lune
1) sauber, ordentlich 2) klar, eindeutig	**net(te)**	**nett**	1) gentil 2) sympathique

Bedeutung des französischen Ausdrucks im Deutschen:			Französische Übersetzung des deutschen Ausdrucks:
Signification de l'expression française en allemand:	**français**	**deutsch**	**Traduction de l'expression allemande en français:**
1) alltäglich, üblich 2) einfach 3) gewöhnlich	**ordinaire**	**ordinär**	1) vulgaire 2) simple
1) Wort, Ausspruch, 2) Sprache	**parole**	**Parole**	slogan
auf dem Boden/ Parkett (im Theater), Gartenbeet	**par terre**	**Parterre**	1) rez-de-chaussée 2) orchestre
überall	**partout**	**partout**	absolument, à tout prix
1) Chef 2) Wirt 3) Boss	**patron(e)**	**Patrone**	cartouche
schulmeisterlich, besserwisserisch	**pédant**	**pedantisch**	tatillon(ne)
1) anstrengend, schwierig 2) traurig 3) unangenehm	**pénible**	**penibel**	1) méticuleux(-euse) 2) rigoureux(-euse)
Satz	**phrase**	**Phrase**	formule [toute faite]
1) Stapel 2) Batterie 3) [Münz]vorderseite 4) pünktlich	**pile**	**Pille**	pilule
1) Versteck 2) ruhiger Job 3) Unterschlupf	**planque**	**Planke**	planche
Höflichkeit	**politesse**	**Politesse**	contractuelle (de la police)
gebrannte Mandel	**praline**	**Praline**	(bonbon au/crotte de) chocolat
1) Lehrer 2) Professor, Dozent	**professeur**	**Professor**	professeur d'université
1) Beförderung 2) Aufstieg 3) Jahrgang 4) Sonderangebot	**promotion**	**Promotion**	doctorat
1) Schläger 2) Schneeschuh	**raquette**	**Rakete**	fusée, missile
Ratte	**rat(e)**	**Rat**	conseil
Milz	**rate**	**Rate**	traite, mensualité

Bedeutung des französischen Ausdrucks im Deutschen:			Französische Übersetzung des deutschen Ausdrucks:
Signification de l'expression française en allemand:	**français**	**deutsch**	**Traduction de l'expression allemande en français:**
1) Rezept (GASTR) 2) Einnahmen	**recette**	**Rezept**	1) recette (MED) 2) ordonnance
Genuss, Gaumenfreude	**régal**	**Regal**	étagère, rayon (de bibliothèque)
1) Termin, Verabredung 2) Rendezvous 3) Treffpunkt	**rendez-vous**	**Rendezvous**	rendez-vous galant
Fels	**roc**	**Rock**	1) jupe 2) rock (and roll)
1) Nutte 2) Miststück	**salope**	**salopp**	décontracté, léger, osé
1) Handtuch, Badetuch 2) Serviette 3) Aktentasche	**serviette**	**Serviette**	serviette de table
1) fest 2) stabil 3) fundiert	**solide**	**solide**	1) solide 2) sérieux 3) solvable
1) Anblick 2) Vorstellung	**spectacle**	**Spektakel**	1) tintouin 2) spectacle
1) Lutschtablette 2) Ablageplatte 3) Tafel (Schokolade)	**tablette**	**Tablett/ Tablette**	plateau/comprimé

Bedeutung des französischen Ausdrucks im Deutschen:			Französische Übersetzung des deutschen Ausdrucks:
Signification de l'expression française en allemand:	**français**	**deutsch**	**Traduction de l'expression allemande en français:**
1) Fleck 2) Makel 3) Klecks/ 1) Arbeit 2) Aufgabe	**tache/tâche**	**Tasche**	1) poche 2) sac
1) Klaps 2) Teppichklopfer, Fliegenklappe 3) Falle	**tapette**	**Tapete**	papier peint, tapisserie
[schwarzer] Tee	**thé**	**Tee**	1) thé 2) infusion, tisane
1) Turm 2) Hochhaus	**(la) tour**	**Tour**	1) excursion 2) tournée 3) tour
1) (um)drehen 2) (zu)wenden 3) (um)rühren	**tourner**	**turnen**	faire de la gymnastique
1) Spur, Fährte 2) Pfad	**trace**	**Trasse**	tracé (d'une voie)
[Transparent]folie	**transparent**	**Transparent**	banderole
Schatz	**trésor**	**Tresor**	coffre-fort
1) Jacke 2) Jackett 3) Strickjacke	**veste**	**Weste**	gilet

Die Zahlwörter
Les numéraux

Die Grundzahlen
Les nombres cardinaux

null	0	zéro
einer, eine, eins; ein, eine, ein	1	un, une
zwei	2	deux
drei	3	trois
vier	4	quatre
fünf	5	cinq
sechs	6	six
sieben	7	sept
acht	8	huit
neun	9	neuf
zehn	10	dix
elf	11	onze
zwölf	12	douze
dreizehn	13	treize
vierzehn	14	quatorze
fünfzehn	15	quinze
sechzehn	16	seize
siebzehn	17	dix-sept
achtzehn	18	dix-huit
neunzehn	19	dix-neuf
zwanzig	20	vingt
einundzwanzig	21	vingt et un
zweiundzwanzig	22	vingt-deux
dreiundzwanzig	23	vingt-trois
vierundzwanzig	24	vingt-quatre
fünfundzwanzig	25	vingt-cinq
dreißig	30	trente
einunddreißig	31	trente et un
zweiunddreißig	32	trente-deux
dreiunddreißig	33	trente-trois
vierzig	40	quarante
einundvierzig	41	quarante et un
zweiundvierzig	42	quarante-deux
fünfzig	50	cinquante
einundfünfzig	51	cinquante et un
zweiundfünfzig	52	cinquante-deux
sechzig	60	soixante

einundsechzig	61	soixante et un
zweiundsechzig	62	soixante-deux
siebzig	70	soixante-dix
einundsiebzig	71	soixante et onze
zweiundsiebzig	72	soixante-douze
fünfundsiebzig	75	soixante-quinze
neunundsiebzig	79	soixante-dix-neuf
achtzig	80	quatre-vingt(s)
einundachtzig	81	quatre-vingt-un
zweiundachtzig	82	quatre-vingt-deux
fünfundachtzig	85	quatre-vingt-cinq
neunzig	90	quatre-vingt-dix
einundneunzig	91	quatre-vingt-onze
zweiundneunzig	92	quatre-vingt-douze
neunundneunzig	99	quatre-vingt-dix-neuf
hundert	100	cent
hundert(und)eins	101	cent un
hundert(und)zwei	102	cent deux
hundert(und)zehn	110	cent dix
hundert(und)zwanzig	120	cent vingt
hundert(und)neunundneunzig	199	cent quatre-vingt-dix-neuf
zweihundert	200	deux cents
zweihundert(und)eins	201	deux cent un
zweihundert(und)zweiund-zwanzig	222	deux cent vingt-deux
dreihundert	300	trois cents
vierhundert	400	quatre cents
fünfhundert	500	cinq cents
sechshundert	600	six cents
siebenhundert	700	sept cents
achthundert	800	huit cents
neunhundert	900	neuf cents
tausend	1 000	mille (1.000)
tausend(und)eins	1 001	mille un
tausend(und)zehn	1 010	mille dix
tausend(und)einhundert	1 100	mille cent
zweitausend	2 000	deux mille
zehntausend	10 000	dix mille
hunderttausend	100 000	cent mille
eine Million	1 000 000	un million (1.000.000)
zwei Millionen	2 000 000	deux millions
zwei Millionen fünfhundert-tausend	2 500 000	deux millions cinq cent mille
eine Milliarde	1 000 000 000	un milliard
eine Billion	1 000 000 000 000	mille milliard

Die Ordnungszahlen
Les nombres ordinaux

(der, die, das)			
erste	1.	1er, 1re	premier, première
zweite	2.	2nd, 2nde, 2e	second, seconde deuxième
dritte	3.	3e	troisième
vierte	4.	4e	quatrième
fünfte	5.	5e	cinquième
sechste	6.	6e	sixième
siebte	7.	7e	septième
achte	8.	8e	huitième
neunte	9.	9e	neuvième
zehnte	10.	10e	dixième
elfte	11.	11e	onzième
zwölfte	12.	12e	douzième
dreizehnte	13.	13e	treizième
vierzehnte	14.	14e	quatorzième
fünfzehnte	15.	15e	quinzième
sechzehnte	16.	16e	seizième
siebzehnte	17.	17e	dix-septième
achtzehnte	18.	18e	dix-huitième
neunzehnte	19.	19e	dix-neuvième
zwanzigste	20.	20e	vingtième
einundzwanzigste	21.	21e	vingt et unième
zweiundzwanzigste	22.	22e	vingt-deuxième
dreiundzwanzigste	23.	23e	vingt-troisième
dreißigste	30.	30e	trentième
einunddreißigste	31.	31e	trente et unième
zweiunddreißigste	32.	32e	trente-deuxième
vierzigste	40.	40e	quarantième
fünfzigste	50.	50e	cinquantième
sechzigste	60.	60e	soixantième
siebzigste	70.	70e	soixante-dixième
einundsiebzigste	71.	71e	soixante et onzième
zweiundsiebzigste	72.	72e	soixante-douzième
neunundsiebzigste	79.	79e	soixante-dix-neuvième
achtzigste	80.	80e	quatre-vingtième
einundachtzigste	81.	81e	quatre-vingt-unième
zweiundachtzigste	82.	82e	quatre-vingt-deuxième
neunzigste	90.	90e	quatre-vingt-dixième
einundneunzigste	91.	91e	quatre-vingt-onzième
neunundneunzigste	99.	99e	quatre-vingt-dix-neuvième

hundertste	100.	100^{e}	centième
hundertunderste	101.	101^{e}	cent unième
hundertundzehnte	110.	110^{e}	cent dixième
hundertundfünfund-neunzigste	195.	195^{e}	cent quatre-vingt-quin-zième
zweihundertste	200.	200^{e}	deux(-)centième
dreihundertste	300.	300^{e}	trois(-)centième
fünfhundertste	500.	500^{e}	cinq(-)centième
tausendste	1 000.	$1\,000^{e}$	millième (1.000^{e})
zweitausendste	2 000.	$2\,000^{e}$	deux(-)millième
millionste	1 000 000.	$1\,000\,000^{e}$	millionième
zehnmillionste	10 000 000.	$10\,000\,000^{e}$	dix(-)millionième

Die Bruchzahlen
Les fractions

ein halb	$^{1}/_{2}$	un demi
ein drittel	$^{1}/_{3}$	un tiers
ein viertel	$^{1}/_{4}$	un quart
ein fünftel	$^{1}/_{5}$	un cinquième
ein zehntel	$^{1}/_{10}$	un dixième
ein hundertstel	$^{1}/_{100}$	un centième
ein tausendstel	$^{1}/_{1000}$	un millième
ein millionstel	$^{1}/_{1\,000\,000}$	un millionième
zwei drittel	$^{2}/_{3}$	deux tiers
drei viertel	$^{3}/_{4}$	trois quarts
zwei fünftel	$^{2}/_{5}$	deux cinquièmes
drei zehntel	$^{3}/_{10}$	trois dixièmes
anderthalb, ein(und)einhalb	$1\,^{1}/_{2}$	un et demi
zwei(und)einhalb	$2\,^{1}/_{2}$	deux et demi
fünf(und)dreiachtel	$5\,^{3}/_{8}$	cinq trois huitièmes
eins Komma eins	1,1	un virgule un

Maße und Gewichte
Poids et mesures

Dezimalsystem
Système décimal

méga	1 000 000	M	Mega
hectokilo	100 000	hk	Hektokilo
myria	10 000	ma	Myria
kilo	1 000	k	Kilo
hecto	100	h	Hekto
déca	10	da	Deka
déci	0,1	d	Dezi
centi	0,01	c	Zenti
milli	0,001	m	Milli
décimilli	0,000 1	dm	Dezimilli
centimilli	0,000 01	cm	Zentimilli
micro	0,000 001	µ	Mikro

Längenmaße
Mesures de longueur

mille marin	1 852 m	–	Seemeile
kilomètre	1 000 m	km	Kilometer
hectomètre	100 m	hm	Hektometer
décamètre	10 m	dam	Dekameter
mètre	1 m	m	Meter
décimètre	0,1 m	dm	Dezimeter
centimètre	0,01 m	cm	Zentimeter
millimètre	0,001 m	mm	Millimeter
micron	0,000 001 m	µ	Mikron, My
millimicron	0,000 000 001 m	mµ	Millimikron, -my
Angstrœm	0,000 000 000 1 m	Å	Ångströmeinheit

Flächenmaße
Mesures de surface

kilomètre carré	1 000 000 m^2	km^2	Quadratkilometer
hectomètre carré hectare	10 000 m^2	hm^2 ha	Quadrathektometer Hektar
décamètre carré are	100 m^2	dam^2 a	Quadratdekameter Ar
mètre carré	1 m^2	m^2	Quadratmeter
décimètre carré	0,01 m^2	dm^2	Quadratdezimeter
centimètre carré	0,000 1 m^2	cm^2	Quadratzentimeter
millimètre carré	0,000 001 m^2	mm^2	Quadratmillimeter

Kubik- und Hohlmaße
Mesures de volume

kilomètre cube	1 000 000 000 m^3	km^3	Kubikkilometer
mètre cube stère	1 m^3	m^3 st	Kubikmeter Ster
hectolitre	0,1 m^3	hl	Hektoliter
décalitre	0,01 m^3	dal	Dekaliter
décimètre cube litre	0,001 m^3	dm^3 l	Kubikdezimeter Liter
décilitre	0,000 1 m^3	dl	Deziliter
centilitre	0,000 01 m^3	cl	Zentiliter
centimètre cube	0,000 001 m^3	cm^3	Kubikzentimeter
millilitre	0,000 001 m^3	ml	Milliliter
millimètre cube	0,000 000 001 m^3	mm^3	Kubikmillimeter

Gewichte
Poids

tonne	1 000 kg	t	Tonne
quintal	100 kg	q	Doppelzentner
kilogramme	1 000 g	kg	Kilogramm
hectogramme	100 g	hg	Hektogramm
décagramme	10 g	dag	Dekagramm
gramme	1 g	g	Gramm
carat	0,2 g	–	Karat
décigramme	0,1 g	dg	Dezigramm
centigramme	0,01 g	cg	Zentigramm
milligramme	0,001 g	mg	Milligramm
microgramme	0,000 001 g	µg, g	Mikrogramm

Deutschland
L'Allemagne

Länder (und Hauptstädte)	Länder (et capitales)
Baden-Württemberg (Stuttgart)	le Bade-Wurtemberg (Stuttgart)
Bayern (München)	la Bavière (Munich)
Berlin (Berlin)	Berlin (Berlin)
Brandenburg (Potsdam)	le Brandebourg (Potsdam)
Bremen (Bremen)	l'État de Brême (Brême)
Hamburg (Hamburg)	l'État de Hambourg (Hambourg)
Hessen (Wiesbaden)	la Hesse (Wiesbaden)
Mecklenburg-Vorpommern (Schwerin)	le Mecklembourg-Poméranie-Antérieure (Schwerin)
Niedersachsen (Hannover)	la Basse-Saxe (Hanovre)
Nordrhein-Westfalen (Düsseldorf)	la Rhénanie-du-Nord-Westphalie (Düsseldorf)
Rheinland-Pfalz (Mainz)	la Rhénanie-Palatinat (Mayence)
Saarland (Saarbrücken)	la Sarre (Sarrebruck)
Sachsen (Dresden)	la Saxe (Dresde)
Sachsen-Anhalt (Magdeburg)	la Saxe-Anhalt (Magdebourg)
Schleswig-Holstein (Kiel)	le Schleswig-Holstein (Kiel)
Thüringen (Erfurt)	la Thuringe (Erfurt)

Österreich
L'Autriche

Bundesländer (und Hauptstädte)	provinces (et capitales)
Burgenland (Eisenstadt)	le Burgenland (Eisenstadt)
Kärnten (Klagenfurt)	la Carinthie (Klagenfurt)
Niederösterreich (St. Pölten)	la Basse-Autriche (St. Pölten)
Oberösterreich (Linz)	la Haute-Autriche (Linz)
Salzburg (Salzburg)	la province de Salzbourg (Salzbourg)
Steiermark (Graz)	la Styrie (Graz)
Tirol (Innsbruck)	le Tyrol (Innsbruck)
Vorarlberg (Bregenz)	le Vorarlberg (Bregenz)
Wien (Wien)	Vienne (Vienne)

Die Schweiz
La Suisse

Kantone (und Hauptorte)	cantons (et chefs-lieux)
Aargau (Aarau)	l'Argovie (Aarau)
Appenzell Außerrhoden (*orthographe suisse:* Ausserrhoden) (Herisau)	le demi-canton d'Appenzell Rhodes-Extérieures (Herisau)
Appenzell Innerrhoden (Appenzell)	le demi-canton d'Appenzell Rhodes-Intérieures (Appenzell)
Basel-Landschaft (Liestal)	le demi-canton de Bâle-Campagne (Liestal)
Basel-Stadt (Basel)	le demi-canton de Bâle-Ville (Bâle)
Bern (Bern)	le canton de Berne (Berne)

Kantone (und Hauptorte)	cantons (et chefs-lieux)
Freiburg (Freiburg)	le canton de Fribourg (Fribourg)
Genf (Genf)	le canton de Genève (Genève)
Glarus (Glarus)	le canton de Glaris (Glaris)
Graubünden (Chur)	le canton des Grisons (Coire)
Jura (Delsberg)	le canton du Jura (Delémont)
Luzern (Luzern)	le canton de Lucerne (Lucerne)
Neuenburg (Neuenburg)	le canton de Neuchâtel (Neuchâtel)
Sankt Gallen (Sankt Gallen)	le canton de Saint-Gall (Saint-Gall)
Schaffhausen (Schaffhausen)	le canton de Schaffhouse (Schaffhouse)
Schwyz (Schwyz)	le canton de Schwyz (Schwyz)
Solothurn (Solothurn)	le canton de Soleure (Soleure)
Tessin (Bellinzona)	le Tessin (Bellinzona)
Thurgau (Frauenfeld)	la Thurgovie (Frauenfeld)
Nidwalden (Stans)	le demi-canton de Nidwald Unterwald (Stans)
Obwalden (Sarnen)	le demi-canton d'Obwald Unterwald (Sarnen)
Uri (Altdorf)	le canton d'Uri (Altdorf)
Waadt (Lausanne)	le canton de Vaud (Lausanne)
Wallis (Sitten)	le Valais (Sion)
Zug (Zug)	le canton de Zoug (Zoug)
Zürich (Zürich)	le canton de Zurich (Zurich)

La France
Frankreich

régions (et préfectures)	Regionen (und Regierungsstädte)
l'Alsace (Strasbourg)	das Elsass (Straßburg)
l'Aquitaine (Bordeaux)	Aquitanien *nt* (Bordeaux)
l'Auvergne (Clermont-Ferrand)	die Auvergne (Clermont-Ferrand)
la Bourgogne (Dijon)	Burgund *nt* (Dijon)
la Bretagne (Rennes)	die Bretagne (Rennes)
le Centre (Orléans)	das Centre (Orleans)
la Champagne-Ardenne (Châlons-en-Champagne)	(die Region) Champagne-Ardennen (Châlons en Champagne)
la Corse (Ajaccio)	Korsika *nt* (Ajaccio)
la Franche-Comté (Besançon)	die Franche-Comté (Besançon)
l'Île-de-France (Paris)	die Ile de France (Paris)
le Languedoc-Roussillon (Montpellier)	das Languedoc-Roussillon (Montpellier)
le Limousin (Limoges)	das Limousin (Limoges)
la Lorraine (Metz)	Lothringen *nt* (Metz)
le Midi-Pyrénées (Toulouse)	(die Region) Midi-Pyrénées (Toulouse)
le Nord-Pas-de-Calais (Lille)	der Nord-Pas de Calais (Lille)
la Basse-Normandie (Caen)	die (westliche) Normandie (Caen)
la Haute-Normandie (Rouen)	die (östliche) Normandie (Rouen)
les Pays de la Loire (Nantes)	(die Region) Pays de la Loire (Nantes)
la Picardie (Amiens)	die Picardie (Amiens)
le Poitou-Charentes (Poitiers)	(die Region) Poitou-Charentes (Poitiers)
(la région) Provence-Alpes-Côte d'Azur (Marseille)	(die Region) Provence-Alpes-Côte d'Azur (Marseille)
(la région) Rhône-Alpes (Lyon)	(die Region) Rhône-Alpes (Lyon)

La Belgique
Belgien

régions	Regionen
la Flandre	Flandern *nt*
la Wallonie	Wallonien *nt*

provinces (et chefs-lieux) en Flandre	Provinzen (und Hauptstädte) in Flandern
(la province d') Anvers (Anvers)	(die Provinz) Antwerpen (Antwerpen)
le Brabant flamand (Bruxelles)	das flämische Brabant (Brüssel)
la Flandre occidentale (Bruges)	Westflandern *nt* (Brügge)
la Flandre orientale (Gand)	Ostflandern *nt* (Gent)
le Limbourg (Hasselt)	(die Provinz) Limburg (Hasselt)

provinces (et chefs-lieux) en Wallonie	Provinzen (und Hauptstädte) in Wallonien
le Brabant wallon (Bruxelles)	das wallonische Brabant (Brüssel)
le Hainaut (Mons)	der Hennegau (Bergen)
(la province de) Liège (Liège)	(die Provinz) Lüttich (Lüttich)
(la province de) Luxembourg (Arlon)	(die Provinz) Luxemburg (Arlon)
(la province de) Namur (Namur)	(die Provinz) Namur (Namur)

Le Québec
Quebec

province (et capitale)	Provinz (und Hauptstadt)
le Québec (Québec)	Quebec *nt* (Quebec)

Notizen

Notizen

Structure des articles allemand–français

Toutes les entrées sont présentées dans l'ordre alphabétique et imprimées en couleur.

Les exposants en chiffre arabe indiquent qu'il s'agit de mots identiques avec des sens différents (homographes).

L'ancienne orthographe est marquée par le signe ^{ALT}, la nouvelle par ^{RR} signifiant « Rechtschreibreform » (réforme de l'orthographe).

Le tilde remplace l'entrée dans les exemples et tournures idiomatiques.

On montre les terminaisons des substantifs au génitif singulier et au nominatif pluriel.

Les formes irrégulières au pluriel sont indiquées entre chevrons.

Les chiffres romains subdivisent une entrée en differentes catégories grammaticales.

Les chiffres arabes subdivisent une entrée en ses différents sens.

Le signe ▶ introduit le bloc des expressions figées. Les mots soulignés permettent une meilleure orientation.

De nombreuses balises sémantiques permettent de trouver la bonne traduction:

- indication du domaine de spécialité
- definitions et synonymes, sujets et objets typiques et autres explications
- indication des régionalismes
- indication du niveau de langue